総目次　教育小六法〈2024年版〉

◆印＝参照条文等つき2色刷法令
◇印＝参照条文等つき法令
ゴシック文字＝略称法令名

教育奨励編

学校保健編

私立学校編

社会教育・生涯学習・スポーツ法編

教育職員編

*

教育行政編

教育財政編

情報法編

福祉・文化編

子ども法編

諸法編

国際教育法規編

資料編

教育小六法 2024

■編集委員（50音順）
勝野正章　東京大学教授
窪田眞二　常葉大学特任教授
今野健一　山形大学教授
中嶋哲彦　愛知工業大学教授
野村武司　東京経済大学教授

学陽書房

『教育小六法』編集委員一覧（敬称略）

宗　像　誠　也　（監修：昭和44年版～昭和47年版）
兼　子　　　仁　（昭和44年版～平成14年版）
佐　藤　　　司　（昭和44年版～平成14年版）
鈴　木　英　一　（昭和44年版～平成14年版）
平　原　春　好　（昭和44年版～平成14年版）
渡　辺　孝　三　（昭和44年版～平成14年版）
室　井　　　力　（昭和47年版～平成14年版）
浦　野　東洋一　（平成11年版～平成27年版）
成　嶋　　　隆　（平成11年版～2019年版）
小野田　正　利　（平成15年版～2019年版）
市　川　須美子　（平成15年版～2020年版）
窪　田　眞　二　（平成15年版～　　　　）
中　嶋　哲　彦　（平成15年版～　　　　）
勝　野　正　章　（平成28年版～　　　　）
今　野　健　一　（2020年版～　　　　）
世取山　洋　介　（2021年版～2022年版）
野　村　武　司　（2023年版～　　　　）

※弊社では、本書『教育小六法』を昭和26年版から刊行しております。
編集委員制度となりました昭和44年版からの監修と編集委員の氏名をここに記載いたします。

はしがき

この『教育小六法』は、教育法に関する学習・研究用の資料、学校教育・社会教育・教育行政などにおける実務資料、そして教育問題に深い関心を寄せる一般市民のための学習の手引きとして、利用しやすくかつ信頼性の高い教育法規集になることをめざして編集された。

本書は、教育法規集として、あくまで教育法規の条文とそのコメントを主にしているが、利用者の便宜を図るためいくつかの工夫もこらしている。一つは、わが国の教育法規の全体像を理解しうるようにするため、編集委員の分担執筆による「教育法制のあらまし」を巻頭に掲げたこと、もう一つは、関連する主要な教育法資料や主要教育判例の分野別リストなどを収めた資料編を、一層充実したものにすべく努力している点である。資料編には、通知や指針、手引き等の重要なものについて厳選して収録しており、教育法規の制定の背景を知り、その運用のあり方について深く考えるために役立ててもらえるよう意図している。

収録法令の選定・見直しはもとより、「教育法制のあらまし」や資料編、基本となる法令に付す判例・行政実例等の改訂に関しては、頁数の制約の下で、いかに充実を図れるか、かねて苦心してきたところである。厳しさを増す出版事情や、持ち運びの便利さという観点からも、本書のボリュームを見直すことは、ここにきて、避けて通れない課題となるに至った。そこで、本年版では、内容のいっそうの精錬を図ることで、思い切ったスリム化を志向することとした。

大きい変更としては、スポーツ法編を削除し、「スポーツ基本法」を社会教育・生涯学習編に加えることで、社会教育・生涯学習・スポーツ法編に改編したことが挙げられる。また、スポーツ法以外にも、全般的に収録法令を見直し、えり抜く作業（抄録化を含む）を突き詰めた結果、惜しくも削除とせざるを得なかった法令が少なくない。

もちろん、これまでと同様、既収録法令に加えられた新たな改正は、これを漏れなく反映させている。本年版における改訂は、読者に役立ててもらえる工夫を施した教育法規集という本書の存在理由を、いささかもそこなうものではないと、編集委員一同、確信している。

二〇〇六年の教育基本法の改正以降、わが国の教育法制は恒常的な教育立法・施策の激動期に入っている。このような状況においては、年度ごとの変化のフォローも必要であるが、ときに、激動する全体動向の中で、変化の方向性を見定める視点をもつことが重要性を増すことになろう。大きな変動の渦中にある教育法制の動向を、人びとがそれぞれの立場から的確に把握し、問題の所在を見極めるうえで、本書のような教育法規集のはたす役割はますます重要となっている。編集委員会は、本書がこれまで以上に多くの方々に活用され、所期の役割を大いに発揮することを切に願うものである。

二〇二四年一月

『教育小六法』編集委員一同

凡　例

【本書の目的】本書は、学校教育・社会教育・教育行政に携わる人びとと、教育学を学ぶ学生のために、実務と学習に便利な法規集として編集してある。

【教育法制のあらまし】各項目の文責は、執筆した編集委員の頭一文字を［ ］の中に入れて文末に表示した。

【収録件数】本書の目的に沿って利用度の高いものを選択して、法令191件、資料6件を収録してある。

【内容現在日】本書の収録法令は、二〇二三年一二月一日までに公布され、施行期日が二〇二四年一〇月一日までのものをもって加除訂正してある。

【本書の分類】本書は、全体を16編に分け、基本、学校教育、高等教育、教育奨励、学校保健、私立学校、社会教育・生涯学習・スポーツ法、教育職員、教育行政、教育財政、情報法、福祉・文化、子ども法、諸法、国際教育法規、資料の順に配列してある。

【法令の抜すい】収録法令のうち、本書の目的に照して関連性の薄い条項については、一部を省略して、その法令題名の下に［抄］を付してある。

【公布年月日と法令番号】法令題名の下に略記して、掲げてある。略記号は次例のとおりである。

法…法律　文科令…文部科学省令　文部令…文部省令
文科訓令…文部科学省訓令　文部訓令…文部省訓令
文科告示…文部科学省告示　文部告示…文部省告示

【法令の改正】「改正」の文字の下に、改正法の法令番号を掲げてある。

1　参照条文をつけた法令には、制定以降のすべてを略記して掲げてある。

2　そのほかの法令には、「最終改正」として、最新の改正のみを掲げてある（制定以降一度だけの場合は、「改正」と表記）。

【附則について】参照条文をつけた法令以外の法令の附則については、原則として制定時の附則のみ収録してある。

【条文見出し・項番号】条文見出し及び項番号が、本来法令に付されているものは、見出し＝（ ）、項番号＝2、3……で表記した。ただし、本来付されていない法令については、検索の便宜をはかって、見出し＝〔 〕、項番号＝②③…と表示して、付してある。

【参照条文等】とくに基本となる法令には、逐条ごとに参判行…と表記して、その条文の解釈や運用上参照すべき参照条文・判例・通達等を付し、2色刷りとした。次の11件がそれである。

- 日本国憲法
- 児童の権利に関する条約
- 教育基本法
- 学校教育法
- 学校教育法施行令
- 学校教育法施行規則
- 社会教育法
- 教育公務員特例法
- 教育公務員特例法施行令
- 教育職員免許法
- 地方教育行政の組織及び運営に関する法律

「地方公務員法」と「地方自治法」については、必要な条文にのみ参照条文等を付し、1色刷りとした。

【参照条文（参）内で法令を参照する際の法令の表記方法】

- 条約　…その条約自体
- 法　…その法律自体、または母法
- 施令　…その法律に基づく「施行令」
- 施規　…その法律に基づく「施行規則」
- 規則　…その法律・母法の「施行規則」またはその省令自体
- 令　…その法律・母法の「施行令」またはその政令自体

㊟その他の法令は、巻末の法令略称表にあるものは、その表記。それ以外は正式名称。

【判例・行政実例について】日付の古いものも歴史的価値・学習的見地から掲載してあるが、現行の判断・解釈は、日付の新しいものによる。

【条文改正沿革】参照条文の付された法令の条文には、「＊」の下に、過去の全部改正・追加のみを掲げた。

参照条文等略記号表

略記号	説　明
参	その条文についての参照条文
1 2 …	その条文の第一項あるいは第二項…に関して参照する法令の規定
一 二 …	その条文の第一号あるいは第二号…に関して参照する法令の規定
【＝	その条文中の、解釈・運用上問題となる事項
ー）	参照法令の条文見出し。とくに学校教育法・同施行令・同施行規則、社会教育法に付した。
五①2	参照法令の「第五条第一項第二号」を表わす。
ETC	「……など」の意味
判	その条文に関連した裁判例
最高、高、地	それぞれ、「最高裁判所」「高等裁判所」「地方裁判所」を表わす。
判、決	それぞれ、裁判所の「判決」「決定」を表わす。
行	その条文に関連した通達・行政実例等
資	その条文に関連した参照・参考資料等
↓	関連する参照すべき事項を表わす。

教育小六法の使い方

【教育法の概要を把握する】

・「あらまし」では、教育法とはどのような法を指すか、どのような歴史を歩んできたか、そして法令やその運用がどのような状況にあるかをコンパクトに整理しています。個々の法令をより深く理解するためには、領域ごとの概要や教育法制の全体像を把握しておくことが重要です。

【法令を探す】

・法令の正式名称から探す　「法令名索引」を用いて、掲載頁を探してください。
・法令の略称から探す　「法令名略称表」で正式名称を確認し、次に「法令名索引」で掲載頁を探してください。法令にはさまざまな略称があるため、本書で用いる略称と完全には一致しない場合があります。該当するものが見つからないときは、正式名称を類推しながら「法令名索引」または「総目次」で探してください。
・関連する事項から探す　「事項索引」でその事項について定めた法令が調べられます。「事項索引」は原則として法令用語で索引してありますが、例外的に実務上用いられている言葉を索引しているものもあります。用例用語以外には「*」が付けられています。

【法律の意味を理解する】

・主要法令の各条文の後ろに、青い文字で（地方公務員法及び地方自治法は黒い文字で）、次の情報が記載してあります。これらは条文解釈の手掛かりになります。
・参には、その条文に関連する他の規定のうち、主なものが示されています。
・判では、その条項に関連する主な判決を紹介しています。同じ条項でも裁判によって解釈や適用が異なることは少なくありません。一つの条項に複数の判決が紹介されている場合は、それらの判旨を注意深く読み取ってください。その際、関連する専門書や『法律時報』、『判例時報』、『判例タイムズ』『法学セミナー』などに掲載される判例評釈を参照するとよいでしょう。
・行には、文部科学省等が出した通知や行政実例のうち主なものが掲載されています。それらは各条項に関する行政機関の解釈（行政解釈、公権解釈）を示したものですから、行政機関等が各法令をどのように解釈・運用しているかを知ることができます。

【さらに理解を深める】

・「戦後教育法年表」には、一九四五年から現在までの教育法と教育全般の動態が時系列的にまとめられています。法律の制定改廃がどのような社会情勢の下で行われ、またそれらが教育にどのような影響を及ぼしたかを知る手掛かりになります。
・「主要教育法判例分野別リスト」には、重要な判例がリストアップしてあります。このリストを手掛かりにして、司法における教育法解釈の実態を知ることができます。
・「通知等」には、法律等の施行に関する通知等や審議会答申等のうち、比較的近年のもので、とくに重要なものを収録しています。教育法の制定改廃の意図や教育政策との関連を知る手掛かりになるでしょう。
・教育制度に関する事項や法令用語について疑問がある場合は、対応する事典・辞書を参照することを勧めます。
・わが国には教育法を主要な研究対象とする学会として日本教育法学会があり、その研究成果は毎年刊行される『日本教育法学会年報』で公開されています。
・次のウェブサイトでは、著書・論文のタイトル、著者名、掲載誌、キーワードなどを手掛かりに検索できます。
「CiNii Research」 https://cir.nii.ac.jp/
国立国会図書館サーチ　https://iss.ndl.go.jp/
J-STAGE　https://www.jstage.jst.go.jp/browse/-char/ja/

【法令データベース】

・e-Gov 法令検索　https://elaws.e-gov.go.jp/
・日本法令索引　https://hourei.ndl.go.jp/#/
現行法令だけでなく、廃止法令、制定法令、法律案、条約承認案も収録されています。このデータベースでは条文のほか、法令沿革や審議経過の詳細な情報が得られます。
・日本法令外国語訳データベースシステム　https://www.japaneselawtranslation.go.jp/ja/
・地方公共団体の条例・教育委員会規則
地方公共団体はそれぞれ、ウェブサイトに例規集を掲載しています。同志社大学の「条例Ｗｅｂアーカイブデータベース」（https://jorei.slis.doshisha.ac.jp/）では横断的な検索ができますが、更新が年二回のため注意が必要です。
・旧法令は『明治以降教育制度発達史』（一八六八～一九二七年）や『近代日本教育制度史料』（一九二七～一九四七年）、『現代日本教育制度史料』（一九四七～）のほか、日本法令索引のウェブサイトでも入手できます。
・外国法については、国立国会図書館議会官庁資料室（https://www.ndl.go.jp/jp/tokyo/parliamentary/index.html）で閲覧できるほか、法令集を所蔵している大学図書館もあります。

【国会議事録】

・国会会議録検索システム　https://kokkai.ndl.go.jp/#/
衆参両院の本会議及び各委員会の逐語的な議事録が登録されており、日付や委員会名のほか、発言者の氏名や発言内容で全議事録を検索できます。
・帝国議会会議録検索システム　https://teikokugikai-i.ndl.go.jp/#/
帝国議会の会議録検索システムです。敗戦後も、日本国憲法施行前までは帝国議会が存在し、教育基本法や学校教育法などは帝国議会で審議・可決されました。

・法律案等の審議状況

衆議院　https://www.shugiin.go.jp/Internet/index.nsf/html/rippo_top.htm

参議院　https://www.sangiin.go.jp/japanese/joho1/kousei/gian/212/gian.htm（第二一二回国会の場合）

・その他国会の動き

衆議院憲法審査会　https://www.shugiin.go.jp/internet/itdb_kenpou.nsf/html/kenpou/index.htm

・参議院憲法審査会　https://www.kenpoushinsa.sangiin.go.jp/

・衆議院調査局作成資料　https://www.Shugiin.go.jp/internet/itdb_rchome.nsf/html/rchome/shiryo/index.htm

・参議院調査室作成資料　https://www.sangiin.go.jp/japanese/annai/chousa/index.html

・憲政資料室

日本占領関係資料　https://rnavi.ndl.go.jp/occupation/jp/index.html

憲政資料　https://rnavi.ndl.go.jp/kensei/jp/index.html

【判例】

・裁判所の判決で重要なものは各種判例集のほか、最高裁判所が運営するウェブページの「裁判例情報」（https://www.courts.go.jp/app/hanrei_jp/search1）で入手できます。最高裁判所のウェブサイトで、事件番号、裁判年月日、参照法条、判決の言葉を手掛かりに判例を検索しダウンロードできます。また、判例ごとに判示事項や裁判要旨が掲載されています。ただし、すべての裁判例が掲載されているわけではありません。

【文部科学省】

・告示・通達

文部科学省関係の告示・通達　https://www.mext.go.jp/b_menu/hakusho/index.htm

・学習指導要領

学習指導要領（平成二九年三月・平成三〇年三月公示）https://www.mext.go.jp/a_menu/shotou/new-cs/1384661.htm

学習指導要領（旧）https://www.mext.go.jp/a_menu/shotou/cs/index.htm

・教育振興基本計画　https://www.mext.go.jp/a_menu/keikaku/index.htm

・『文部科学白書』、『科学技術・イノベーション白書』等　https://www.mext.go.jp/b_menu/hakusho/hakusho.htm

・統計情報　https://www.mext.go.jp/b_menu/toukei/main_b8.htm

『学校基本調査』、『学校教員統計調査』、『社会教育調査』、『地方教育費調査』、『子供の学習費調査』、『学校保健統計調査』等

・中央教育審議会　https://www.mext.go.jp/b_menu/shingi/chukyo/chukyo0/toushin/index.html

・その他の資料

『学制百年史』、『学制百年史資料編』、『学制百二十年史』、"*Japan's Modern Educational System*"

【教育・子ども関連政策】

・こども家庭審議会（答申等）https://www.cfa.go.jp/councils/shingikai/

・教育未来創造会議提言　https://www.cas.go.jp/jp/seisaku/kyouikumirai/index.html

・（旧）教育再生実行会議提言　https://www.kantei.go.jp/jp/headline/kyouikusaisei2013.html

【白書、世論調査、政府統計等】

・政府の白書　https://www.e-gov.go.jp/about-government/white-papers.html

『少子化社会対策白書』（二〇〇九年までは『少子化社会白書』、二〇一〇～二〇一二年は『子ども・子育て白書』）『子ども・若者白書』『障害者白書』『男女共同参画白書』『地方財政白書』『厚生労働白書』などが電子データで提供されています。

・日本ユニセフ協会『世界子供白書』

OECD『図表でみる教育 OECD インディケータ』（二〇〇一年以降）英語版（Education at a Glance）の電子データは、https://www.mext.go.jp/b_menu/toukei/002/index01.htm で入手可能。

日本子どもを守る会の『子ども白書』（草土文化刊）

・内閣府の世論調査（一九四七年八月以降）https://survey.gov-online.go.jp/index.html

・政府統計の総合窓口　https://www.e-stat.go.jp/

・レファレンス協同データベース　https://crd.ndl.go.jp/reference/

・国連子どもの権利委員会政府報告書審査（日本弁護士連合会訳）https://www.nichibenren.or.jp/activity/international/library/human_rights/child_report-1st.html

【学校数・在学者数・教員数等の現状と推移】

・学校基本調査　https://www.mext.go.jp/b_menu/toukei/chousa01/kihon/1267795.htm

＊ここで紹介するサイトのURLは、各サイトの運営者によって変更されることがあります。

教育法制のあらまし

◆本欄における教育基本法の表記については、原則として、二〇〇六年改正前のもの（昭二二・三・三一、法二五）を旧教基法、改正後のもの（平成一八・一二・二二、法一二〇）を新教基法と記すこととする。

Ⅰ章　教育法規とは何か

1　教育法制における教育法規の分類

法規とは、国や自治体などの国家機関を拘束し、国民・住民の権利・義務を定める公式の法規範であるが、教育の世界でも法規の役割は重要で、教育制度の理解の上で教育法規の段階的構造や分類を知っておくことが不可欠である。また、一定の歴史段階における教育法規の全体を一つの法的しくみと捉えるのが教育法制という概念であり、その意味で戦後改革により成立した教育法制は憲法・教育基本法法制と呼ばれる。二〇〇六（平成一八）年の「教育基本法」の全面改正は、戦後教育改革と一体的に成立した憲法・教育基本法法制の根本的改変を意図しているが、法規の段階的構造ゆえに、戦後教育法制は根本的に変容せしめられることはなく、現在にあっても通用している。

戦前の大日本帝国憲法下で学校制度を定めていたのは天皇の命令である勅令であったが、日本国憲法と歩を合わせて戦後教育改革のもとに成立した教育法制では、国会の定める法律によって学校制度が定められることになった。法律および行政機関が定める法規としての政・省令・規則（あわせて「法令」）が教育法規の最大の領域である。同時に、教育における自治体の役割の重要性と近時の分権化の動きがあいまって、自治体の議会立法である条例が教育法制のなかで比重を増してきている。また、教育委員会規則も自治体ごとの教育施策の個性化を担っている（自治体の条例と規則をあわせて「例規」）。

法令や例規のような国内法規だけでなく、子どもの権利条約（児童の権利に関する条約）のような国際教育法規の役割も、条約実施の監視システムである報告審査制度の存在も含めて、教育法制のなかで高まっている。現在の教育法制は、批准により国内法的効力を持つに至った国際教育法規も含めて体系的に理解される必要がある。

2　教育法規の形式のいろいろ

教育法規がどのような内容的な体系を成しているかは、第Ⅲ章で述べていく。その前に、現行教育法規に見られる法形式のいろいろを整理し、教育法規の段階的構造をおさえておくことが、教育法規の正しい解釈運用のために必要である。

(1) 教育基本法規

① 憲法の教育条項　日本国憲法で、国民の「教育を受ける権利」を定める二六条と「学問の自由」を保障する二三条、および国家の宗教教育と私的教育への国家助成とを禁ずる二〇条三項・八九条のほか、親や私学の教育の自由にかかわる一三条等や、教育制度にも「地方自治の本旨」を及ぼす九二条などは、現行教育法制における憲法原理を定めていることになる。もっとも、平和主義と民主主義の日本国憲法が〝憲法教育〟の優れた内容となることは、自らまた別論である。

② 教育基本法　日本国憲法と一体的に一九四七（昭和二二）年三月に制定された旧教基法は、一法律の形式ではあるが、教育法制の基本原理を定めた〝基本原理的法律〟であると一般に解され、他の教育法令の解釈運用を拘束するものと公認されていた（学力テスト事件の最高裁大法廷判決、昭五一・五・二一）。二〇〇六年新教基法と日本国憲法との関係は、前文においてなお「日本国憲法の精神にのっとり」とされているが、改正内容において、憲法的価値との緊張を強めざるを得ないねじれを生じめさせ、憲法との一体性を全体として弱めている。この意味で、同法全体の教育法制全般の解釈・運用指針としての位置づけも変化せざるを得ない。しかし、新教基法は、日本国憲法の下にある限り、解釈の限界を超え、違憲としか判断し得ない場合を除き、憲法適合的に解釈されなければならないのであって、「不当な支配」の禁止など、日本国憲法の教育条項と一体的に解釈されてきた個々の規範の位置づけは不動である。憲法と新教基法との矛盾は、憲法改正により解消されるべきなのか、それとも、教基法再改正によって克服されるべきなのかが立法論として問われよう。現段階にあっては、憲法的価値にもとづく新教基法の立憲主義的解釈が求められている。

③ 批准された教育国際条約　児童の権利に関する条約（一九八九年国連採択、九四年日本国批准）などは、その国内法的効力として少なくとも教育法制の原理（子どもの「最善の利益」の保障、「意見の尊重」等）を定めたものと解される。それ以外の国際教育法文書も、ＩＬＯ・ユネスコ「教員の地位」勧告（一九六六年）、国連・障害者権利宣言（一九七五年）、ユネスコ「学習権」宣言（一九八五年）、障害者権利条約（二〇一四年）など、国内教育法制の解釈原理の根拠になるものとして位置づけられよう。

(2) 国家教育法規（教育法令）

④ 教育法律（教育関係事項を定める法律）　憲法二六条に「法律の定めるところにより」教育を受ける権利を保障するむね書かれ、国会制定法（憲法五九条一項）である「法律」による規律（法律主義）が現行教育法制の原理になったとされる。が、同時に旧教基法一〇条の原理（教育に対する「不当な支配」の禁止と教育行政の「条件整備」性）にかんがみ、教育に関する法律は教育内容規制法ではなく、教育条件整備立法たるべきであり、学校体系、学校種、各学校の設置基準等の学校制度が法律によって定められるべきものと解される（「学校制度法定主義」）。「学校教育法」（昭二二）、「私立学校法」（昭二四）、「教育職員免許法」（同年）、「社会教育法」（同年）などは、このことを前提にして制定されている。

⑤ 教育法律の施行令（政令）　内閣が定める「政令」（憲法七三条六号）は、教育法律に施行令等として付属し法律を具体化する定めをするのが原則である（学校教育法施行令など）。

⑥ 文部科学省令等　各省大臣が定める行政立法として「省令」（国家行政組織法一二条一項）が、省の外局である庁の長官、内閣府の外局であ

る庁の長官が定める「規則」（前者は国家行政組織法一三条一項、後者は内閣府設置法五八条四項）がある。省令としては、教育法律を施行令よりも細目化する「文部科学省令」が存する。他に法律施行規則（学校教育法施行規則など。規則の名称であるが省令）のほか、法律の委任に基づく個別省令（国立大学法人法二二条三項に基づく「国立大学等の授業料その他の費用に関する省令」など）がある。

⑦　文部科学省告示について　「告示」は当然に法規を示す形式ではなく、行政措置を国民一般に知らせる公示の形式にすぎない（国家行政組織法一四条一項）。したがって「学習指導要領」が教育課程の国家基準（学校教育法施行規則五二条・七四条・八四条等に基づく）として文科省告示にされていても、その法規性・法的拘束性については解釈の余地が有りえた（伝習館高校事件の最高裁判決平成二・一・一八が法規説を採っているが、教育法学界の通説は指導助言文書説である）。

なお、「通達」は、文部科学省から自治体教育委員会等に発せられていたものを含めて、二〇〇〇（平成一二）年の地方分権一括法で、名称としても廃止された。法定受託事務については、処理基準（解釈基準または裁量基準）として定められることがあるが、法的拘束力はないとされている。また自治体の教育委員会等に宛てた「通知」（地方自治法二四五条の四第一項に基づく）は、内容が教育法令の解釈運用を記したものの場合、実際上役割は小さくないが〝助言通知〟にすぎない。

(3)　**自治教育法規（教育例規）**

⑧　教育条例　地方公共団体（自治体と通称）の議会立法である「条例」（憲法九四条、地方自治法九六条一項一号）は、現行法制において法律委任事項に関する必要的委任条例としての性格のものが少なからず存在している。それらの事項は、公立学校・公民館等の公立教育施設の設置（地方自治法二四四条の二第一項、社会教育法二四条等）、公立高校授業料その他の公立教育施設の使用料（地方自治法二二八条一項等）、県費負担教職員の定数・勤務条件等（地方教育行政法四一条・四二条等）、教育委員会関係の重要組織（地方教育行政法三条・一九（旧二一）条＝町村等の教育委員定数・教委事務局職員定数、社会教育法一八条＝社会教育委員定数、等）などである。

しかし今日、自治立法たる〝自主条例〟としての教育条例が、住民の「直接請求」等に基づいて制定され、各自治体における教育地方自治を象徴するところであり、大いに注目される。かねて、私立高校授業料補助条例、義務教育費住民負担禁止条例、教育委員準公選条例などが存したが、近年、子どもの人権オンブズパーソン条例（平成一〇、川西市）、川崎市（平成一二年）をはじめとして子どもの権利条例づくりの取組みも広がっている。

⑨　教育委員会規則　「教育委員会は、法令又は条例に違反しない限りにおいて、その権限に属する事務に関し、教育委員会規則を制定することができる」（地方教育行政法一五（旧一四）条一項）。法律の委任に基づく必要的規則事項が存するほか（地方教育行政法一六（旧一五）条・三三条＝教委会議規則・学校管理規則など）、自治教育施策を条例と分担的に定める教委規則が有りえ、今後住民からの請願対象ともなりうることであろう。なお、地方教育行政法二五条に基づく教育委員会規則による教育長への権限委任について、その定め方にもよるが委任された範囲の解釈は慎重に行われる必要がある。

なお、教育委員会「規程」は、自治体の教育行政内規を意味する（地方自治法一三八条の四第二項・一六条五項）。また、公立中学・高校の「学則」は法令上は教委規程の位置づけながら、実質的には、各学校の内部編制等（学校教育法施行規則四条一項所定の事項）を定める「学校内規」として、私立学校の学則と共通し、同時にそれは、生徒心得のような「校則」に類して、児童生徒・保護者との間の法的しくみを定める、一種の在学関係「約款」の性質をも有すると考えられる。

以上のうち、条例および教育委員会規則は、各自治体の自治法規集である加除式やホームページ公表の「例規集」に収められ（「例規」は条例規則を合わせた語と読めるが、実際には規程や告示も含む）、住民にとって重要ながら入手には努力が要る。〝教育例規集〟を住民に入手しやすいように整えることは、今後の教育委員会行政の課題となろう。〝学校内規集〟を生徒・父母住民に入手しやすくすることは、各学校の情報公開としての課題となろう。

とはいえ、自治体の教育例規は国の教育法令に違反できないとされているので（地方自治法一四条一項・一三八条の四第二項）、国の教育法令のありようがやはり肝要な問題であるにちがいない。 ［野］

Ⅱ章　教育法制の歴史

1　第二次大戦前の旧教育法制

近代的な学校制度を日本で最初に構想した法令は、一八七二（明治五）年の「学制」（文部省布達）である。それは、全国の府県を八の大学区に分けたうえで、一大学区を三二中学区、一中学区を二一〇の小学区に分け、それぞれに大学校、中学校、小学校を置くという壮大な計画（小学校設置予定数五三七六〇校）であった。

当時の日本の状況下でそれが実現されるはずはなく、地方の実情を重んずる一八七九（明治一二）年の教育令（太政官布告、いわゆる自由教育令）、府県の地方官に強い権限を与えた一八八〇（明治一三）年の教育令（いわゆる干渉教育令）など法改正があいつぎ、教育法制は不安定であった。

一八八五（明治一八）年に太政官制度が廃止され、内閣制度に移行した。初代文部大臣森有礼のもとで、一八八六（明治一九）年に帝国大学令、師範学校令、小学校令、中学校令（いずれも勅令）が公布された。これら諸学校令の内容をみると、帝国大学令一条は「帝国大学ハ国家ノ須要ニ応スル学術技芸ヲ教授シ及其蘊奥ヲ攻究スルヲ以テ目的トス」というものである。師範学校令一条には「生徒ヲシテ順良信愛威重ノ気質ヲ備エシムルコトニ注目スヘキモノトス」というただし書がある。これらは、森有礼の教育行政が国家主義的性格を強くもっていたことを示している。

小学校令において、就学に関しはじめて「義務」という表現が使われた。父母後見人等に子どもを尋常小学校へ就学させる義務が課せられたのである。しかし「其児童ノ授業料ヲ支弁スヘキモノトス」とされた。教科書については文部大臣による検定制度が導入され、この点は中学校令においても同様であった。

一八八九（明治二二）年に大日本帝国憲法が発布された。天皇主権の欽定憲法であり、教育に関する条項はなかった。帝国議会成立後も、教育にかかわる法令は、教育財政制度を除き、すべて勅令として発せられ、内閣から枢密院の審議を経て天皇により裁可されるという手続きがとられた。

一八九〇（明治二三）年一〇月三〇日に「教育ニ関スル勅語」が発布され、全国の学校に謄本が下賜されることになった。一八九一（明治二四）年には小学校祝日大祭日儀式規程（文部省令）が出され、紀元節など学校での儀式で勅語を必ず奉読することが定められた。教育勅語は第二次世界大戦敗戦までの教育理念として絶大な役割を担うことになる。

一八九〇年一〇月に、地方学事通則（法律）と小学校令が公布された。これにより、市町村が行う教育事務は、市町村固有の事務ではなく国の事務であるという原則が確立した。一九〇〇（明治三三）年に、小学校令が改正された。この改正で、尋常小学校は四年とされ、義務教育年限が四年に統一された。また、特別の場合を除き授業料の徴収は禁止された。一九〇三（明治三六）年の小学校令改正で、国定教科書制度が導入された。一九〇七（明治四〇）年の小学校令改正で、尋常小学校が六年とされ、義務教育年限は六年となった。就学率も向上し、義務教育制度は確立期を迎えたといってよい。

これに先立つ一八九九（明治三二）年の中学校令の改正、実業学校令・高等女学校令の公布により、中等教育制度が整備されることになった。しかしそこには、中等教育段階で男子の中学校と女子の高等女学校が区別され、また普通教育を行なう中学校と実業教育を行なう実業学校も画然と区別され、さらに男子の中学校だけが高等教育へと接続するという「複線型学校体系」または「分岐型（フォーク型）学校体系」の問題点がある。

一九一四（大正三）年に勃発した第一次世界大戦など新しい情勢に対応する教育制度改革を行なうため、一九一七（大正六）年、内閣直属の諮問機関として臨時教育会議が設置された。その議論をうけて一九一八（大正七）年に市町村義務教育費国庫負担法が制定された。

また、高等教育改革が重視され、一九一八年末に高等学校令と大学令が公布された。高等学校については、修業年限は七年（高等科三年と尋常科四年）とされたが、高等科のみの高等学校も設置できた。大学令では、大学の目的規程の文言に「人格ノ陶冶及国家思想ノ涵養」が加えられた。公立私立大学の設置が認められ、単科大学の設置も可能となった。この大学令によって、一九〇三年の専門学校令に基づいていた私立の学校が、続々と大学に昇格していくことになる。

一九三一（昭和六）年の満州事変以降、日本はファシズムと戦争への傾斜を強めていった。一九三七（昭和一二）年に内閣直属の諮問機関として設置された教育審議会は、戦時体制下の教育のあり方を審議することになった。その答申に基づき一九三九（昭和一四）年に青年学校令が、一九四一（昭和一六）年に国民学校令が、一九四三（昭和一八）年に中等学校令が公布された。しかし戦争の拡大とともに教育体制は崩壊した。

第二次世界大戦の敗北まで、日本は台湾・朝鮮などの地域を植民地支配していた。一八九八（明治三一）年の台湾公学校令、台湾総督府小学校官制（勅令）、一九一一（明治四四）年の朝鮮教育令をはじめとする植民地教育法制が存在し、他民族を皇国臣民化する教育を強制した。

2　戦後教育改革に根ざす教育法制とその変容

一九四五（昭和二〇）年八月、日本政府はポツダム宣言を受諾し、敗戦を迎えた。占領軍の要請により、一九四六（昭和二一）年三月に第一次米国教育使節団が来日した。使節団は「米国教育使節団に協力すべき日本側教育家の委員会」など日本側と意見交換したうえで、六・三・三・四制の学校制度の採用など戦後教育改革の青写真ともいうべき勧告（報告書）を提出した。「個人の価値」「自由」「機会均等」などを基調としたその理念は、教育刷新委員会において、「教育基本法」、「学校教育法」などの立法構想として具体化されることになった。

一九四六（昭和二一）年一一月三日に日本国憲法が公布され、翌年五月三日に施行された。この間三月三一日に、「教育基本法」と「学校教育法」が公布され、即日（学校教育法は翌四月一日）施行された。さらに、一九四八（昭和二三）年に「教育委員会法」が、翌年には「教育公務員特例法」が公布された。

国民主権をうたう新憲法（日本国憲法）の制定により、義務としての教育から権利としての教育へと原理的転換がとげられ、また勅令主義は廃止され教育立法における法律主義が確立した（憲法二六条）。教育勅語の忠君愛国にかわり、教育目的として「人格の完成」（旧教基法一条）がうたわれ、一九四八（昭和二三）年六月には衆議院で「教育勅語等排除に関する決議」が、参議院で「教育勅語等の失効確認に関する決議」がなされた。

これら諸法による戦後教育改革の基本的な方向は、①複線型学校制度から単線型学校制度へ、②義務教育年限の六年から九年への延長、教育の機会均等の実現へ、③中央集権の教育行政から地方自治の尊重、公選制教育委員会の設置へ、④学問と教育の分離から教育における学問の自由の尊重へ、⑤教育に対する不当な支配の禁止、教育における政治的・宗教的中立の確保、などであった。

なお、一九四九（昭和二四）年公布の「教育職員免許法」、「社会教育法」、「私立学校法」、翌一九五〇（昭和二五）年公布の「図書館法」なども重要な戦後教育改革立法としてある。

朝鮮戦争の勃発など国際情勢の変化にともないアメリカの対日占領方針が変わり、一九五一（昭和二六）年に対日講和条約と日米安全保障条約が締結され、占領状態は終結に向かった。政令改正諮問委員会はその前後から、戦後教育改革の見直しを提言していた。

まず一九五四（昭和二九）年に「教育二法」が制定された。これは教職員組合運動の抑圧をねらったもので、一つは教員の政治活動の制限を強化するための「教育公務員特例法の一部改正」、いまひとつは「義務教育諸学校における教育の政治的中立の確保に関する臨時措置法」であった。

一九五五（昭和三〇）年に、社会党が統一し、保守合同により自由民主党が結成され、いわゆる〝五五年体制〟が始まった。翌一九五六（昭和三一）年には、教育委員会法が廃止され、「地方教育行政の組織及び運営に関する法律」（略称、地方教育行政法・地教行法）が制定された。これは教育委員の公選制を廃止して任命制とし、教育委員会の権限を弱め、文部大臣・都道府県教委・市町村教委の間に上下関係をもちこむものであった。

こうした体制をつくったうえで、一九五八（昭和三三）年の学習指導要領の官報告示（法規性の主張）、教職員に対する勤務評定の実施、一九六一（昭和三六）年の全国一斉学力テストの実施などの行政施策が強行的に実施された。他方で一九六〇年代の高度経済成長は高校や大学への進学率を押し上げ、「学校教育法」の一部改正により、高等専門学校の創設（昭三六）、短期大学の恒久的制度化（昭三九）、専修学校制度の創設（昭五〇）などが行われた。

一九七〇年代には、一九七四（昭和四九）年に「学校教育の水準の維持向上のための義務教育諸学校の教育職員の人材確保に関する特別措置法」の制定、教頭職の法制化（学校教育法の一部改正）、一九七六（昭和五一）年には主任制度化（学校教育法施行規則の一部改正）が行われた。

一九八四（昭和五九）年に、「臨時教育審議会設置法」が公布され、総理大臣直属の臨時教育審議会（臨教審）が発足した。臨教審は、個性重視の原則、生涯学習体系への移行、国際化・情報化などの変化への対応を教育改革の視点として掲げ、一九八七（昭和六二）年の最終答申まで四次にわたる答申を提出した。答申はその後の教育改革や各種教育審議会での議論に大きな影響を与えた。一九八八（昭和六三）年の教員の初任者研修の制度化（教育公務員特例法および地方教育行政法の一部改正）、教員の専修免許状・特別免許状の創設（教育職員免許法の一部改正）、一九九〇（平成二）年の「生涯学習の振興のための施策の推進体制等の整備に関する法律」の制定などが、その当初の例である。

一九八九（平成元）年に国連総会で採択された児童の権利に関する条約

（子どもの権利条約）は、一九九四（平成六）年に国会で批准された。

3 一九九〇年代以降の教育法制改革

「東西冷戦」や五五年体制の終焉といった国内外政治情勢の変化、グローバル化、情報社会化、少子高齢社会化などの社会変化を背景として、一九九〇年代以降の教育法制の変動もまた著しい。

一九九二（平成四）年九月に「学校週五日制」が始まった（当初は月一回、平成七年度から月二回、平成一四年度から完全実施）。ゆとりの中で「生きる力」を育むことを目標に掲げる教育改革と並行して、特に二〇〇〇年代に入る頃から、規制緩和・民営化を進める教育立法が相次ぐ。その主なものとして、二〇〇一（平成一三）年の地方教育行政法改正（高校の通学区に関する規定の削除）と二〇〇三（平成一五）年の学校教育法施行規則改正（公立小中学校就学に関する規定の追加）による「学校選択の自由化」がある。二〇〇二（平成一四）年、「構造改革特別区域法」が制定され、株式会社も学校を設置できることになり、二〇〇三（平成一五）年には地方自治法が改正されて、「指定管理者制度」により保育所や公民館などの公の施設の民営化が可能となった。高等教育においても、二〇〇四（平成一六）年四月、国立大学が法人化された（「国立大学法人法」）。

このような規制緩和・民営化は、教育機関内部における管理権限の集中を促すとともに、その運営に関する説明責任を課すものであった。すなわち、二〇〇〇（平成一二）年の学校教育法施行規則改正により、校長の「補助機関」としての職員会議の性格が明確化され、二〇〇七（平成一九）年には学校教育法及び同施行規則が改正され、学校の自己評価と保護者・住民への情報提供が義務化された（それに先立ち、平成一四年度には努力義務化されていた）。高等教育においても、学校教育法の改正により、二〇一五（平成二七）年度から学長を中心とした大学運営体制が一層強化され、教授会の権限が縮小された。さらに国立大学では、二〇二二（令和四）年度から、学長の職務執行状況の報告を求める権限を学長選考・監察会議に付与するとともに、監事の体制強化が行われている（国立大学法人法改正・令和三年）。

戦後教育法制の中心理念である「教育の機会均等」を揺るがす変化として、学校体系の複線化がある（中等教育学校：一九九九年～、専門職大学院：二〇〇三年～、義務教育学校（小中一貫教育校）：二〇一六年～、専門職大学：二〇一九年～）。このような学校の種類の多様化が目的に掲げるのは、子どもや学習者の個性・能力等に応じた教育や社会からの要求に応える教育だが、教育における競争を亢進させ、教育機会の不平等を拡大させる危険性もはらんでいる。

二〇〇六（平成一八）年一二月、教基法が全面改正された。新教基法には、「我が国と郷土を愛する」態度を養うことなど、国家主義・権威主義的傾向を持つ教育の目標が新たに盛り込まれた。また、旧教育基本法の「国民全体に対する直接責任性を定めた規定（一〇条一項）が削除されて、教育は「この法律及び他の法律の定めるところにより行われるべき」とされた。さらに、教育行政の目標としての「条件整備」規定（旧教育基本法一〇条二項）も削除された。新教基法一六条二項「国は、全国的な教育の機会均等と教育水準の維持向上を図るため、教育に関する施策を総合的に策定し、実施しなければならない」は、教育の機会均等保障という戦後教育法制の理念を継承するものではあるが、正当な国家的介入の境界線をどこで画すのかという点で問題を残すものと言える。

新教基法の施行を受け、二〇〇七（平成一九）年には、学校教育法の大幅な改正（学校教育目標の見直し、副校長・主幹教諭・指導教諭の職の新設、学校評価等）、地方教育行政法の一部改正（文部科学大臣の「指示」「是正要求」、教育委員会の体制整備等）、教育職員免許法・教育公務員特例法の一部改正（教員免許更新制の導入等。ただし、教員免許更新制は二〇二二（令和四）年七月に廃止）が行われた。二〇一四（平成二六）年、地方教育行政法が改正され、首長の地方教育行政に関する権限を強化する教育委員会制度改革も行われた。

一方、教育の機会均等（平等）を保障する要である「教育の無償化」にも進展が見られた。二〇一〇（平成二二）年、その前年に発足した民主党を中心とする政権のもとで、公立高等学校に係る授業料の不徴収及び高等学校修学支援金の支給に関する法律（現行「高等学校等修学支援金の支給に関する法律」）が制定され、公立高等学校の無償化が実現した。二〇一二（平成二四）年、日本政府は中等・高等教育の漸進的無償化を定める「経済的、社会的及び文化的権利に関する国際規約【A規約】」一三条二項（b）（c）の留保撤回を決定し、国連に通告した。二〇一九（令和元）年、「子ども・子育て支援法」改正と「大学等における修学の支援に関する法律」制定により、保育・幼児教育の無償化、高等教育の負担軽減も実施された。しかしながら、これらは二〇一八（平成三〇）年に閣議決定された教育振興基本計画（第三期：二〇一八年～二〇二二年）の教育投資論、すなわち技術革新による「超スマート社会（Society 5.0）」の実現や人口減少社会における「生産性革命」をねらいとする経済政策の一環としての側面が色濃い。

文部科学省は二〇一五（平成二七）年頃から、実質的に教育を受けずに中学校を卒業した者の中学校夜間学級入学と特別な事情による小学校未修了者の中学校入学を積極的に認めるようになった。二〇一六（平成二八）年に制定された「義務教育の段階における普通教育に相当する教育の機会確保等に関する法律」は、超党派の議員連盟らが求めていたフリースクールでの学習を正式な義務教育として認めるには至らなかったが、国及び地方自治体に不登校児童・生徒の多様な学習活動の実情を踏まえ、個々の状況に応じた必要な支援を講ずることを求めている。

二〇二三（令和五）年四月一日に内閣府の外局として「こども家庭庁」が設置され、児童虐待や子どもの貧困対策、子ども・子育て支援など、従来は内閣府や厚生労働省等によって分散的に担われていた事務が移管された。同時に、日本国憲法と子どもの権利条約（児童の権利に関する条約）の精神に則った子どもの権利擁護を謳う「子ども基本法」（議員立法）も施行された。同法により、国や地方自治体は、子どもの最善の利益を優先して関連する政策・施策を実施することが求められる。［勝］

Ⅲ章　教育法規の体系

本書は、利用者の便宜を図るために全体を一八編に分けて構成している。以下、各編の解説を付す。

基本編

(1) 日本国憲法

教育法規を含めた日本の法体系の頂点に位置する日本国憲法は、〈個人の尊重・尊厳〉を機軸とし、徹底した平和主義と人権保障、さらに国民主権（民主主義）を基本原理とする憲法である。憲法二六条は、〈権利としての教育〉の思想に立脚して、「教育を受ける権利」を明文で保障するとともに、これを実質化するために、義務教育を受けさせる義務と義務教育の無償性を定める。

明らかな教育人権条項である二六条のほかにも、「学問の自由」を保障する二三条が教育法にとって重要であるし、個人の尊重と幸福追求権を定める一三条は（親・私学の）教育の自由の保障に関わる。さらに、一九条（思想・良心の自由）、二〇条一項・二項（信教の自由）および二一条（表現の自由）など市民的自由の保障にかかる条項や、二六条一項（教育の機会均等の保障）とともに教育における平等の実現に関わる一四条一項（法の下の平等）、児童の酷使を禁止する二七条三項、教員もその適用対象となる二八条（労働基本権）などが、各教育当事者・教育関係者の教育人権保障を支えるものとなる。なお、直接「教育」に言及して重要な憲法準則を規定する条項として、国家による宗教教育を禁じる二〇条三項、公の支配に属しない教育事業への公金支出の禁止を定める八九条がある。

二六条では「法律の定めるところにより」とされて、教育のあり方の基本は国会の制定する法律をもって定めるべきこと（教育の法律主義）が明示された。戦後教育改革では、（旧）教育基本法をはじめとする重要な法律が次々と制定され、新しい教育法の体系が整備された。ただし、教育の法律主義といっても、教育への法的規律には教育条理上の限界がある。教育が人間精神にかかわる文化的・創造的な営みであり、教育的価値の決定が政治的多数決になじまないものである以上、教育の具体的な内容・方法を法律で定めることは許されない。立法化になじむのは、学校制度・施設設備・教職員制度などにかかわる教育条件整備の領域である。なお、教育の法律主義の原則の下で、教育行政は、一般行政と同様、法律による行政の原理に服せしめられる。現代の行政国家化のなかで教育行政立法の比重が増しているが、立法の委任の限界（包括的委任の禁止等）を踏まえつつ、教育行政立法の特質や限界が教育法的に検討されねばならない。

日本国憲法は地方自治に憲法レベルの保障を与えており（第八章）、教育と教育行政にも地方自治の原理が適用される（教育の地方自治原理）。「地方自治の本旨」（九二条）に基づき組織・運営される地方公共団体には、「法律の範囲内で条例を制定する権限」（九四条）が与えられている。地方公共団体の自治立法としての教育条例は、自治体や教育委員会に自主性を期待し創意工夫の余地を認めるものであるが、法律との効力関係という点で一定の限界を有する。この点、教育の地方自治原理を正しく踏まえた法令解釈の下に、条例内容を慎重に吟味することが求められよう。

日本国憲法は国際協調主義を採用し（前文三段）、確立された国際法規の誠実な遵守を義務づけている（九八条二項）。第二次世界大戦後における人権の国際的保障の流れを受け、日本でもすでに教育法に関連する各種の重要な国際人権条約（国際教育法）を批准してきている。国内法の効力関係において条約は憲法より下位にあるが国会制定法よりも上位に位置づく。国際教育法規範の受容を通じ、憲法の〈権利としての教育〉の思想を徹底させるため国内教育法規範の補完・充実を図ることが課題である。

(2)　子どもの権利条約（児童の権利に関する条約）

子どもの権利条約は、現行教育法体系の基本に位置づくものとして重要である。子どもの権利の包括的・現実的な保障を目指し、一九八九年一一月に国連総会において採択された（日本政府による同条約の批准は一九九四年四月）。子どもの権利条約は、あらゆる差別の禁止、子どもの最善の利益確保、生存・発達への権利、子どもの意見の尊重を一般原則としたうえで、体系的かつ包括的に子どもの権利を保障する。同条約の特徴として、子どもを単に保護の客体と捉えることをせず、権利行使の主体としても位置づけるアプローチを採る点が挙げられる。そのことを端的に示すのが、子どもの意見表明権（一二条）の保障である。同条約の実施状況を監視する機関として設置された子どもの権利委員会からは、定期的な審査により、これまで日本の子どもの状況に対して多くの懸念が提示されてきた。関連国内法の整備や裁判規範としての同条約の活用など、子どもの人権保障のための課題は依然多い。

(3) 教育基本法

旧教基法(昭二二・三・三一、法二五)は、日本国憲法の教育条項と密接な関連を有し、〈権利としての教育〉の具体的なありようを示していた。憲法とともに戦後教育法制の基幹をなしてきた旧教基法は、二〇〇六(平成一八)年一二月に全面改正され、新教基法(平成一八・一二・二二、法一二〇)がこれに代わった。旧教基法は、その制定の経緯や内容的特質から「準憲法」「憲法附属法」としての性格を有すると言われていた。戦後教育の民主化・自由化を先導する基本理念を提示する、まさしく「基本法」なのであった。これに対し、新教基法は、むしろ憲法理念とのつながりを意識的に弱めており、政府の教育政策を方向づける政策立法としての性格が色濃い。しかも、国家(教育行政)の教育統制・介入の権限を著しく強める方向性を示している。①「教育の目標」を新たに定める二条で、「公共の精神」、「我が国と郷土を愛する」態度の涵養など二〇を超える徳目が列挙された。②教育の自主性(教育の自由)を擁護するための重要な根拠と解されていた旧教基法一〇条一項に「法律の定めるところにより」を挿入し、法律に基づく教育の支配は「不当な支配」に当たらないとする行政解釈の根拠づけを図った(一六条)。③旧教基法一〇条二項の教育行政の条件整備義務を削除し、教育振興基本計画の策定に関する定め(一七条)が設けられた。子どもの学習権の普遍的保障を放棄し、政府の教育内容統制を強め得る仕組みが整えられたといえる。新教基法を憲法適合的に解釈・運用する営みが重要である。〔今〕

学校教育編

「学校教育法」は、学校制度法定主義を具体化する法として、学校体系、学校体系を構成する学校種、各学校の設置・認可、管理と経費負担、教職員の種類と職務、各学校段階の教育目標・修業年限、児童・生徒の学校教育措置・懲戒など学校制度の骨格を定め、国公私立の学校設置主体の別を問わず正規の学校体系に位置づくすべての学校に適用される。

二〇〇七(平成一九)年、新教基法下で学校法が全面的に改正された。第一に、新教基法の詳細な教育目標規定を受けて、学校種別ごとの教育目標を見直し、新設された義務教育の章では、義務教育の目標として、規範意識・公共の精神、生命及び自然を尊重する精神、伝統と文化の尊重と我が国と郷土を愛する態度などを選択的に強調している。第二に、従来枝番号で処理されてきた学校種別を年齢順に並び替え、学校体系の複線化が法制的にも明示された。第三に、学校管理体制の強化と教諭職の階層化のために、副校長、主幹教諭、指導教諭の職が新設された。第四に、設置基準に規定されていた学校評価を法本体に取り込むとともに、学校運営情報の提供義務を定め、学校の説明責任を制度化した。第五に、文部科学大臣の教科に関する行政立法権が「教育課程」に拡大された。今後の教育活動・学校運営に大きなインパクトを与える改正といえる。二〇一五(平成二七)年には、小・中一貫の義務教育学校が新設され、さらに複線化が進められた。

「学校教育法施行令」は、主に就学義務関係と認可・届け出事項について定める。「学校教育法施行規則」は、児童・生徒の処遇、学校内部組織編成、教科・教育課程などの細目を定めるが、法律事項と行政立法である省令事項の境界は微妙であり、学校評議員の設置など省令改正による新施策の導入には批判もある。二〇一五年、施行規則改正により、道徳が「特別の教科」とされた(二〇一八年小学校から施行)。二〇一七年、施行規則改正により、部活動指導員、スクールカウンセラー、スクールソーシャルワーカーの職が省令化された。

学校の施設・設備および編成についての基準である学校設置基準は、学校法三条の規定にかかわらず、ながらく小・中学校について定められていなかった。設置基準の不在は二〇〇二（平成一四）年の文部科学省令による設置基準の制定および二〇〇七（平成一九）年における学校法施行規則の改正によって一応は克服されるが、基準の法的性格が曖昧であるうえ、基準実施のための国家財政による裏付けも欠けたままとなっている。なお、二〇二二（令和四）年に特別支援学校設置基準（文部科学省令）が施行されたが、過大規模（教室不足）解消は依然深刻な課題である。

学級編制および教職員定数については、国庫負担基準としてナショナルミニマムを定める「公立義務教育諸学校の学級編制及び教職員定数の標準に関する法律」、「公立高等学校の適正配置及び教職員定数の標準等に関する法律」がある。

教科書については、学校法は三四条で検定済教科書の使用について定めるのみであるが、「教科用図書検定規則」（文部科学省令）が検定手続を定め、検定基準（文部科学省告示）が内容基準を定める。教科書無償法は教科書の無償化についての宣言法であるが、教科書無償措置法は、採択手続、教科書発行者に対する規制を定めている。

学校図書館については、学校教育において欠くことのできない基礎的な設備として、その設置義務や司書教員配置を規定する「学校図書館法」が特に定められている。

本編には他に、「いじめ防止対策推進法」（平成二五）、「義務教育の段階における普通教育に相当する教育の機会の確保に関する法律」（平成二八）などを収録している。なお、「義務教育諸学校における教育の政治的中立の確保に関する法律」は、一九五四（昭二九）年に成立した「教育二法」のひとつで、教員組合の組織等を利用して特定政党の支持・反対のための政治教育を教唆・先導することを禁止した「教育公務員特例法」改正とともに、政治教育に多大な萎縮効果をもたらした法律である。〔勝〕

高等教育編

戦前の複線型の高等教育機関（大学・旧制高校・専門学校・師範学校）は、戦後教育改革における六・三・三・四制の導入により一本化され、「学校教育法」（昭二二）は大学および大学院を高等教育機関として規定した（その後の改正で短期大学、高等専門学校を追加）。この時期に成立した高等教育に関する主要な法律としては、「学校教育法」のほか、国立大学などの設置に関する「国立学校設置法」（昭二四＊平成一五、法一一七にて廃止）と、国公立大学の学長・教員・部局長の選考などに関する「教育公務員特例法」（昭二四）の二つがあげられるが、戦後教育政策の展開のなかで、主として産業界からの高等教育に対する要望を背景として、これらの高等教育部分は数次の改正を受けた。加えて、「大学の運営に関する臨時措置法」（昭四四＊平成一一、法一六〇にて廃止）、「科学技術・イノベーション基本法」（平成七）、「大学の教員等の任期に関する法律」（平成九）、「研究開発システムの改革の推進等による研究開発能力の強化及び研究開発等の効率的推進等に関する法律」（平成二〇）などの制定により、高等教育に対する国家統制及び大学の政策手段化が徐々に強められた。

一九九〇年代以降、大学は国際化、規制緩和、競争原理、選択、多様化、自己責任などの政策原理にもとづく改革の波にさらされている。とりわけ、二〇〇三（平成一五）年「国立大学法人法」、「独立行政法人国立高等専門学校機構法」、「独立行政法人大学改革支援・学位授与機構法」、「独立行政法人国立大学財務・経営センター法」などが成立し、国立大学は二〇〇四（平成一六）年に法人化された。公立大学についても、「地方独立行政法人法」により法人化が可能となった。国公立大学の法人化は、中期目標・計画、法人評価、運営費、交付金などの制度を通して、国立大学に対する国家統制が強化された。

二〇一七（平成二九）年には「国立大学法人法」改正により指定国立大学制度が導入され、二〇一九（令和元）年には同法改正により一法人複数大学制が導入された。さらに、二〇二一（令和三）年の同法改正により、二〇二二（令和四）年四月をもって学長選考会議を学長選考・監察会議と改称し、学長を同会議の構成員から除外するとともに、同会議に学長に対して職務の執行状況について報告を求める権限を与えた。また、監事のうち少なくとも一人を常勤化し、学長に不正行為や法令違反があると認めるときは、学長選考・監察会議への報告を義務づけた。

二〇二二（令和四）年、「大学設置基準」などが改正され、教員組織に代えて教育研究実施組織、専任教員に代えて基幹教員が導入されたほか、教員以外の指導補助者に授業を分担させることが可能とされた。また、授業方法別に定められていた授業時間数の基準が廃止された。 ［中］

教育奨励編

憲法二六条に照らし、国は国民の利用に供すべく学校等の教育施設を設置するなど、教育条件の整備に関して責任を負う。新教基法の下でも、国・地方公共団体が教育の振興・条件整備に努めるものとされている（四条二項・三項、五条三項・四項、八条、一二条、一六条、一七条など）。本編に収録したのは、教育条件整備立法のうち、経済的理由等による就学（修学）困難者に対する奨学の措置を定める法である。

例えば、「就学困難な児童及び生徒に係る就学奨励についての国の援助に関する法律」（昭三一）が、義務教育段階の児童・生徒の保護者に対する就学援助の一定の費目につき国の負担を定め、「特別支援学校への就学奨励に関する法律」（昭二九）が、保護者の経済的負担軽減により特別支援学校への就学の充実を図ろうとする。また、高等学校以上の学校についての奨学制度を定めるものとして「独立行政法人日本学生支援機構法」（平成一五）がある。

教育の機会均等を実質化するため公教育の無償化が求められてきたが、二〇一〇（平成二二）年制定の「公立高等学校に係る授業料の不徴収及び高等学校等就学支援金の支給に関する法律」で、公立高校は授業料不徴収、私立高校には就学支援金を支給することとされた。二〇一三（平成二五）年の改正（「高等学校等就学支援金の支給に関する法律」と改称）で就学支援金制度に一本化され、新たに所得制限が設けられた。また、二〇一九（令和元）年五月制定の「大学等における修学の支援に関する法律」は、高等教育機関の学生に対する授業料等の減免措置と学資支給金の支給を定める。 ［今］

学校保健編

学校という場所は、子どもにとって、また教職員・保護者・住民にとって、安全で安心できる場所でなければならない。このことについては特に「三・一一」（東日本大震災、平成二三）、二〇二〇（令和二）年からの新型コロナウイルス感染拡大を契機に再認識がせまられた。学校教育において児童生徒等や教職員の安全や健康が守られるべきことは、権利としての教育に内在する要請である。

本編に収録した法令は、⑴学校保健安全法関係の法令と⑵学校給食法関係の法令である。

⑴ 学校の保健衛生については、かつては一九五八（昭和三三）年制定

的に定めていた。

「学校保健法」は、二〇〇八（平成二〇）年に改正され、名称も「学校保健安全法」（法七三による改正）に変わった。その背景事情としては、登下校時における子どもの不幸な事件や学校への不審者侵入による事件の発生があげられる。改正法は、学校保健分野では、学校保健計画の策定、学校環境衛生基準の制定、健康相談・健康診断、地域の医療機関等との連携、感染症の予防、学校医等の配置などについて定めている。また学校安全分野では、学校安全計画の策定、学校環境の安全の確保などについて定めている。

二〇二一（令和三）年、「医療的ケア児及びその家族に対する支援に関する法律」が制定された。医療的ケア児が保育所や学校で教育を受けられるようにするため、国・地方公共団体、保育所・学校の設置者には、看護師ら医療的ケアの担い手の配置などが求められる。

(2)　戦後の食糧不足事情のもとでの欠食児童救済措置として始められた学校給食は、その後、食生活の合理化等の教育目的を付与された学校教育の一環として位置づけられ、一九五四（昭和二九）年に「学校給食法」が制定された。その後の改正を経た現行「学校給食法」は、義務教育諸学校の学校給食の目標、学校給食栄養管理者、学校給食実施基準、学校給食衛生管理基準、学校給食を活用した食に関する指導、経費の負担などについて定めている。他に学校教育に関連する法律として「食育基本法」（平成一七）や「アレルギー疾患対策基本法」（平成二六）がある。〔勝〕

の「学校保健法」が基本法的な存在であった。同法は、学校法一二条（健康診断等）を受けて制定されたものであり、健康診断・健康相談の実施、伝染病の予防、学校医・学校歯科医・学校薬剤師の配置などについて総合

私立学校編

公教育において私立学校の果たす役割は大きなものとなっている。私立学校への包括的な法的規律を行う基本的な教育法として重要なのが「私立学校法」（昭二四）である。戦前、教育を国家の専属事業とする考え方が支配するなか、私立学校の自由が認められる余地はなかった。日本国憲法の下では、憲法一三条などを根拠に私立学校の自由が保障されると解されている。国公立学校の補完物ではなく、私学が独自の存在であることが承認され、私学の自主性が保障される。他方で、私学は新教基法で「公の性質」（六条、八条）をもつとされる公共性のある存在である。私学は国民の教育要求に応じるものとして、社会的・公共的に管理・運営されるべきものとするのが私学の公共性の原理であると解されている。

「私立学校法」は、私学の自主性を保障するとともに、その公共性を高めることを目的とする。そして、私学の特性を考慮した私学教育行政を確立し、私学経営の主体である学校法人の組織・管理・運営に対し公共性確保に資する法的規律を加え、さらに、私学の公共性を背景に私学助成の制度を根拠づけている。

私学助成制度の根幹をなすのが、「私立学校振興助成法」（昭五〇）と「日本私立学校振興・共済事業団法」（平成九＊改正前・「日本私学振興財団法」）である。「私立学校振興助成法」は、私学の教育条件の維持・向上、在学生の修学上の負担軽減、および私学経営の健全性を高めることを目的とし、①大学等を設置する学校法人に対して経常費につき、その二分の一以内を補助することができること、②学校法人に対する都道府県の補助について国が補助できること、③国による助成は日本私立学校振興・共済事業団を通じて行うことができることなどを定める。「日本私立学校振興・共済事

共済事業団法」は、日本私立学校振興・共済事業団が、私学の教育の充実・向上、経営の安定、私学教職員の福利厚生を図ることなどを目的に設立され、補助金の交付、資金貸付などの業務を行うことを定める。［今］

社会教育・生涯学習・スポーツ法編

旧教基法二条は「教育の目的は、あらゆる機会に、あらゆる場所において実現されなければならない」と定めていた。これを受けて、社会教育に関する国と地方公共団体の任務を明らかにするために「社会教育法」（昭二四）が制定された。同法によれば社会教育とは、学校教育活動を除き、主として青少年および成人に対して行われる組織的な教育活動のことである（二条）。また、国と地方自治体の任務は、すべての国民が自ら教養を高め得るような環境を醸成することである（三条）。ここで「環境を醸成する」と定めたのは、戦前の社会教育が「国家による国民（臣民）の教化・思想統制」の性格を強く持っていたことへの反省に立ってのことである。「社会教育法」の精神にもとづいて「図書館法」（昭二五）と「博物館法」（昭二六）が制定されている。

一九六五（昭和四〇）年に開催されたユネスコの成人教育推進国際委員会において、P・ラングランは「生涯教育」（life-long integrated education）という考え方を提唱した。この提唱の影響は大きく、一九七〇年代には我が国においても「生涯教育」という用語が政策文書においても用いられるようになった。一九八〇年代には成人を教育の「対象」とみなすイメージをさけて、「生涯学習」という用語が用いられるようになった。

一九九〇（平成二）年に「生涯学習の振興のための施策の推進体制等の整備に関する法律」が制定された。同法の制定前後から、学社連携（大学をふくめた学校教育と社会教育の連携）、さらには学社融合が唱えられた。

一九九〇年代以降の行財政改革（経費削減、規制緩和、民間の参入、競争と評価など）の影響はこの分野にも及んだ。「社会教育法」の一九九九（平成一一）年改正（公民館運営審議会の任意設置化、など）、二〇〇三（平成一五）年の「地方自治法」改正による公の施設の「指定管理者制度」の創設などがその例である。

新教基法は、三条（生涯学習の理念）、一〇条（家庭教育）、一一条（幼児期の教育）、一二条（社会教育）、一三条（学校、家庭及び地域住民等の相互の連携協力）など関係する条項を多設した。これを受けて、二〇〇八（平成二〇）年に「社会教育法」、「図書館法」、「博物館法」の一部改正が行われた。二〇一七（平成二九）年には、学校運営の充実改善を図る観点から、市町村教育委員会に地域住民等が学校と協働して行う「地域学校協働活動」のための体制整備等を課す、社会教育法の改正が行われた。

なお、「スポーツを通じて幸福で豊かな生活を営む権利」を前提にスポーツの基本理念を定める「スポーツ基本法」（平成二三）は、社会教育・生涯学習とかかわりが深いため、本編に収録している。同法は、国にスポーツに関する総合的施策策定実施義務を、自治体に地域施策策定実施義務を課し、スポーツ団体にもスポーツ推進の努力義務を課している。二〇一五（平成二七）年には、文部科学省の外局として「スポーツ庁」が発足し、スポーツ審議会（文部科学省組織令九一条）が置かれた。［勝］

教育職員編

新教基法九条により、法律に定める学校の教員は、その使命を自覚し、研究と修養に励み、職責の遂行に努めなければならない。その使命と職責の重要性から、身分の尊重と待遇の適正が期せられるとともに、養成と研修の充実が図られなければならないと規定されている。

公立学校に勤務する教職員の身分と待遇については、一般法である「地方公務員法」とともに、特別法である「教育公務員特例法」で規定されている。とりわけ、政治的行為については、地方公務員であっても教育公務員については国家公務員法が適用される。

待遇の適正に関わっては、義務教育諸学校教員の人材確保、公立義務教育諸学校の給与等については特別措置法が制定されている。

教職員も労働者であり、「労働基準法」「労働安全衛生法」「育児休業、介護休業等育児又は家族介護を行う労働者の福祉に関する法律」その他の諸法令の適用を受ける。

「教育職員免許法」は教員養成課程認定を受けた大学で所定の単位を履修することを基本としているが、幼小高及び特別支援の教員免許については「教員資格認定試験規程」が定められている。教職課程の免許状取得に必要な科目区分が「教科及び教職に関する科目」と大括り化されることとなった。また、各大学においては、コアカリキュラム、地域のニーズ、大学の独自性等を踏まえて体系的な教職課程を編成するなど大幅な改正が行われた（一部を除き二〇一九（平成三一）年四月施行）。研修は、「教育公務員特例法」により定められており、法定研修としては初任者研修、中堅教諭等資質向上研修があり、指導不適格教員に対する指導改善研修がある。文部科学大臣は研修に関する指針を定め、教員の任命権者はその指針を参酌して教員育成のための指標を策定し、教員の研修実施者はその指標を踏まえ教員研修計画を定めることとされている。［窪］

教育行政編

中央教育行政に関する法規としては、「国家行政組織法」とこれに基づく「文部科学省設置法」、地方教育行政に関する法規としては、地方教育行政法と「地方自治法」が主な法律である。

教育委員会制度の在り方については、既に一五年以上、中教審だけでなく、さまざまな会議で審議が重ねられ、教育委員会の必置規制の撤廃論や教育委員会の活性化論などの議論が進められてきた。教育委員会が首長とどのような関係のもとで教育行政を行っていくかが検討課題の焦点となった。二〇一四（平成二六）年の地方教育行政法の改正により、教育委員長と教育長を一本化した新「教育長」を設置し、教育長のチェック機能を強化するとともに責任体制の明確化が図られた。また、すべての地方公共団体に首長と教育委員により構成される総合教育会議を設置し、首長は総合教育会議で教育の振興に関する施策の大綱を策定することとされた。［窪］

教育財政編

憲法は、すべて国民はひとしく教育を受ける権利を有するとしたうえで、「義務教育は、これを無償とする」と規定している（二六条）。そして、新教基法では、教育の機会均等（四条）をうたい、教育行政にその施策の実施を求めている（一六条）。新教基法一七条では、国及び地方公共団体がそれぞれ教育振興基本計画を策定・実施しなければならないと定めているが、同法には教育財政の確保に関する規定がないため実効性が問われている。

「学校教育法」では設置者管理・負担主義を原則としている。ただ、国に厚く地方に薄い財源配分と地方自治体間の財政力格差から、現実の地方教育財政は国・都道府県の負担・補助に大きく依存してきた。地方自治が阻害される可能性は否定できないが、これらは国・都道府県の「教育の機会均等」実現のための条件整備義務に属すると考えられる。

地方教育財政に対する国の負担・補助としては、第一に、これにより国庫負担金（地財法一〇条）がある。これは、地方公共団体が法令で実施を義務づけられている事務のうち、「その円滑な運営を期するためには、なお、国が進んで経費を負担する必要がある」とされるものについて、国がその経費の全部又は一部を負担するものである。「義務教育費国庫負担法」、「義務教育諸学校等の施設費の国庫負担等に関する法律」、「高等学校等就学支援金の支給に関する法律」、「公立学校施設災害復旧費国庫負担法」等による国庫負担がこれにあたる。第二に、国庫補助金（同法一六条）は、施策実施上または地方公共団体の財政上特別の必要がある場合に交付するもので、「就学困難な児童及び生徒に係る就学奨励についての国の援助に関する法律」、「理科教育振興法」等、数多くの補助金制度がある。第三に、地方交付税による一般財源の補助は、地方公共団体の財源の均衡化を図り、地方行政の計画的な運営を保障することで、地方自治を強化しようとするものである（交付税法一条）。

県費負担教職員の給与費等の実額の半分を国が負担してきた義務教育費国庫負担制度は二〇〇四（平成一六）年度から「総額裁量制」が導入されるとともに、二〇〇六（平成一八）年度から国の負担分は三分の一となった。また、「就学困難な児童及び生徒に係る就学奨励についての国の援助に関する法律」（昭三一）の二〇〇五（平成一七）年改正により、市町村が行う就学援助（就学奨励）に対する国の補助が縮小された。

なお、いわゆる私学助成は憲法八九条で禁止する「公の支配に属しない」教育事業への公金の支出にあたらず、合憲的になしうるものと解されている。　［中］

情報法編

情報法制は情報公開法制と個人情報保護法制から構成される。前者は、行政機関が保有する情報を国民に開示することを通じて、行政活動の透明性を高め、公正かつ民主的な行政を実現することを目指すものである。後者は行政機関等による個人情報の収集利用をコントロールするとともに、第三者による閲覧利用を制限する一方、情報当事者による閲覧・訂正請求等を認め、個人の権利利益を保護することを目的としている。

わが国では、地方公共団体による情報公開条例・個人情報保護条例の整備が先行した。国は一九八八（昭和六三）年に「行政機関の保有する電子計算機処理に係る個人情報の保護に関する法律」（旧法）、二〇〇三（平成一五）年に「行政機関の保有する個人情報の保護に関する法律」（旧法）及び「個人情報の保護に関する法律」を制定し個人情報保護法制を整備した。しかし、情報公開法制の整備は大幅に遅れ、「行政機関の保有する情報の公開に関する法律」の制定は一九九九（平成一一）年、「独立行政法人等の保有する情報の公開に関する法律」の制定は二〇〇一（平成一三）年だった。

二〇二一（令和三）年、国の個人情報保護法制は「個人情報の保護に関する法律」に一本化され、地方公共団体の個人情報保護制度についても全国的な共通ルールを定め、国の個人情報保護委員会がそれら全体を所管することになった。

学校教育情報は各地方公共団体の条例により地方ごとに管理されているが、公開開示の対象は徐々に拡大する傾向にある。たとえば、人事関係では校長の教育委員会への意見具申文書の一部開示、体罰教師に対する人事措置に関する文書の開示請求が認められている。学校事故関係では、いじめ報告書や、加害生徒の反省文、体罰報告書に添付された手紙も開示が相当と判断されている。また、教育委員会議事録や職員会議議事録、高校入試に関する調査書、障害児の就学指導資料を開示した事例も見られる。

なお、学校のＩＣＴ環境の整備が進むにつれて、学校が保有する教育情報は、自然災害のほか、部内者の故意または過失、児童生徒のいたずら、部外者の悪意による漏えい・不正アクセス・改ざん・滅失などの脅威にさらされている。そこで、文部科学省は二〇一七（平成二九）年一〇月「教育情報セキュリティポリシーに関するガイドライン」を作成し（二〇二二〈令和四〉年改訂）、地方公共団体における教育情報に関するセキュリティポリシーの策定や見直しの参考として公表した。〔中〕

福祉・文化編

「生活保護法」は、憲法二五条に規定する国の生存権保障義務に基づき、国が生活に困窮するすべての国民に対し、その困窮の程度に応じ、必要な保護を行い、その最低限度の生活を保障するとともに、その自立を助長することを目的としている。同法一三条において、教育扶助について規定され、困窮のため最低限度の生活を維持することのできない者に対して、①義務教育に伴って必要な教科書その他の学用品、②義務教育に伴って必要な通学用品、③学校給食その他義務教育に伴って必要なものについて原則として金銭により支給される。

「障害者基本法」は、障害者の自立と社会参加の支援等のための施策に関する基本的理念と国、地方公共団体等の責務を明らかにして、施策の総合的で計画的な推進により障害者の福祉を増進することを目的としている。また、「発達障害者支援法」は、発達障害を早期に発見し、支援に関する国・地方公共団体の責務を明らかにし、学校教育や就労における発達障害者への支援、発達障害者支援センターの指定等について定め、発達障害者の自立と社会参加に資するよう生活全般にわたる支援を図って福祉の増進に寄与することを目的としている。また、二〇一六（平成二八）年四月施行の「障害を理由とする差別の解消の推進に関する法律」では、国及び地方公共団体は障害を理由とする差別の解消の推進に関して必要な施策を策定し、及びこれを実施することが責務とされ、併せて国民の責務が示されている。

二〇一九（平成三一）年四月施行の改正文化財保護法では、地域における文化財の総合的な保存・活用のために、都道府県は文化財の保存・活用に関する総合的な施策の大綱を策定できると規定されたほか、個々の文化財の確実な継承に向けた保存活用制度の見直しが行われた。〔窪〕

子ども法編

子ども法とは、子どもの最善の利益を指導理念に子どもの権利や福祉に関わる諸法を統一的に捉える概念である。

子ども法の憲法とも位置づけられるのが基本法編に収録された子どもの権利条約（児童の権利に関する条約）である。戦後教育改革において、日本における子どもの権利宣言として、「児童憲章」が定められ子どもに関する法制の指導理念を明らかにし、「児童福祉法」が子どもに対する福祉サービス施策の法としての役割を担った。二〇一六（平成二八）年、「児童福祉法」が改正され、すべての児童は「児童の権利に関する条約の精神にのっとり」適切に養育されることを等しく保障される権利を有することが、法の理念として明示されている。

二〇二二（令和四）年、「こども基本法」、「こども家庭庁設置法」および同法に伴う「整備法」が制定された。こども家庭庁をこども施策の「指令塔」とするとともに、「こども基本法」は一条の目的規定で、子どもの権利条約の精神にのっとりとした上で、三条において、子どもの権利条約の一般原則を含むこども施策の基本理念が示された。こども施策は「こども大綱」（九条）で大枠が示されることになるが、これまで法律ごとに実施されていた「こども施策」が一つの基本理念の下に置かれることとなった。

個別法制に目を向けると、二〇〇六（平成一八）年「就学前の子どもに関する教育、保育等の総合的な提供の推進に関する法律」（いわゆる認定こども園法）は、課題であった幼保一元化問題への一つの回答であり、さらに、二〇一二（平成二四）年「子ども・子育て支援法」等の子ども・子育て関連三法が制定され、子ども・子育て新システムが導入された。市町村の保育の実施義務を核とする保育法制は、市町村による「保育の必要性」の認定、認定を受けた保護者と保育施設等との直接契約による保育サービスの利用及び利用者援助方式の仕組となった。また、法改正により、二〇一九（令和元）年一〇月より幼児教育・保育の無償化が実施されている。

二〇〇九（平成二一）年「子ども・若者育成支援推進法」は、乳幼児から三〇代までを広く対象とする子ども・若者育成施策の基本理念（自立を強調）や国の施策大綱の作成を定めるとともに、ニート・ひきこもり等に対する訪問支援を含む地域ネットワークによる支援の実施を規定した。二〇一三（平成二五）年、子どもの貧困に対し、その対策の基本を定める「子どもの貧困対策の推進に関する法律」が制定された。また、ハーグ条約の批准にともない「国際的な子の奪取の民事上の側面に関する条約の実施に関する法律」が制定された。

増加傾向をたどる子ども虐待への対応は、「児童福祉法」に加えて、二〇〇〇（平成一二）年に制定された「児童虐待防止法」を根拠として行われている。数次にわたる改正で児童相談所の体制強化等が行われている。二〇二二（令和四）年、民法の懲戒権規定の廃止に伴って「児童福祉法」等の改正も行われた。また、同改正法では、こども家庭センターの設置を市町村に努力義務とする他、入所措置等における子どもの意見聴取等の措置を定めた。一時保護における司法関与の規定も新設されている（以上、二〇二四（令和六）年施行）。

一方、「少年法」は、二〇〇〇（平成一二）年の改正により、「厳罰化」が行われた。続く二〇〇七（平成一九）年および二〇一四（平成二六）年の「少年法」改正は、国選付添人制度の拡大など改善面もあるが、触法少年についての警察の調査権限規定および少年院送致などが規定された。さらに、民法の成人年齢の一八歳への引き下げに伴う二〇二一（令和三）年の改正では、一八、一九歳を特定少年として、少年法の対象とするもののいわゆる逆送の範囲を広げるなどの改正がなされ、「厳罰化」の一層の強化が懸念される。二〇一四（平成二六）年に、「少年院法」が全面改正され、「少年鑑別所法」が独立した。 ［野］

諸法編

諸法編は、教育法規の枠からは外れるが、一般法として教育領域でも一定の役割をはたしている法、部分的に教育活動の部面を規律している法、教育活動と密接な関係を有する政策立法、教育隣接領域の法などを収録している。

「民法」第一編総則は法の一般原則を定めており、やや技術的な「年齢計算ニ関スル法律」および「法の適用に関する通則法」も法の一般原則を補完する。「民法」第四編親族法からは、教育の当事者である父母と子ども の親子関係を規律する親権と未成年後見部分を収録している。二〇一一（平成二三）年に、児童虐待への法的対応として、民法の親権制度が改正された。硬直的な親権喪失よりも柔軟に対応できる親権停止の制度の創設、親権喪失の要件の「子の利益」の視点を中心にした改定、親権制限の申立権者の子ども自身や未成年後見者への拡大などを内容とする。二〇二二（令和四）年には親権者による懲戒権の規定が削除された。二〇一八（平成三〇）年民法改正により、成年年齢が二〇歳から一八歳に引き下げられた。

教育にかかわる法紛争でも、一般法である不法行為法や訴訟法が適用される。「民法」不法行為および「国家賠償法」は、学校事故・体罰・いじめなど教育活動における不法行為に対する損害賠償請求訴訟で適用され、国・公立学校の学校教育措置・生徒処分、教師に対する分限・懲戒処分のような不利益処分などを争う場合には「行政事件訴訟法」が適用される。「国民の祝日に関する法律」および国旗国歌法は、それぞれ学校の休日、学校行事における国旗・国歌教育との関係で教育活動に深くかかわっている。また、「職業安定法」は学校の進路指導の一環である職業指導について規定しているし、「著作権法」は、コピーの一般化で、日常的教育活動における教材や試験問題としての著作物利用も規律している。

男女共同参画法は、性別による差別の解消を実現する男女共同参画社会の形成の基本理念などを定める基本法であり、男女平等教育の理念と重なり合っている。

構造改革特別区域法・国家戦略特別区域法は、株式会社立学校など、教育領域にも大きな影響を与えている。〔野〕

国際教育法規編

第二次世界大戦後、人権問題は国際問題としても扱われ、人権宣言は、各国憲法においてだけでなく、国際連合の宣言や国際条約などでも採択されるようになる。日本国憲法は確立された国際法規の誠実な遵守を義務づけており（九八条二項）、日本が批准した、教育人権の保障にかかる種々の国際人権条約については、その誠実な実施に向けた国内教育法規の整備・充実が課題となっている。

国際的に採択された人権文書の代表的なものである「世界人権宣言」や、法的拘束力をもつ国際条約として採択された「国際人権規約」（「経済的、社会的及び文化的権利に関する国際規約（A規約）」、「市民的及び政治的権利に関する国際規約（B規約）」）は、教育への権利や、教育における差別の禁止、子どもの権利の保障などを含んでおり、重要な国際教育法規であるといえる。そのほか、「教育における差別の防止に関する条約」や「あらゆる形態の人種差別の撤廃に関する国際条約」、「女子に対するあらゆる形態の差別の撤廃に関する条約」、「障害者の権利に関する条約」なども、教育への権利の平等な保障を定めるものである。

子どもを含めてすべての人の学習・教育の権利の重要性を明らかにするものとして、「児童の権利に関する条約」（基本編に収録）とその源流である「児童権利宣言」のほか、「学習権宣言」、「ユネスコ学校図書館宣言」などがある。また、「教員の地位に関する勧告」、「高等教育教員の地位に関する勧告」は、学校教育に責任を負う教員の地位に関する国際的な認識の水準を示すものである。〔今〕

資料編

資料編は読者の便宜のために設けたものである。そこで、どのような観点ないし配慮から資料を選定しているかについて述べておきたい。

第一は、教育法令の歴史的理解に必要な資料である。「大日本帝国憲法」、「教育ニ関スル勅語」、「教育勅語等排除に関する決議」、「教育勅語等の失効確認に関する決議」、「教育基本法（旧法）」、「教育委員会法（旧法）」、「戦後教育法年表」がそれである。教基法（旧法）と教育委員会法（旧法）については、その歴史的意義にかんがみ、それぞれに編集委員（これまでの委員を含む。）のコメントを付してある。冒頭の「教育法制のあらまし」の「Ⅱ章　教育法制の歴史」とあわせてこの資料編をご活用いただきたいと考えている。

第二は、裁判に関わる「主要教育法判例分野別リスト」である。法令の解釈・適用について学ぶ方法として、実際の裁判例を研究してみること（ケース・スタディ）が効果的である。

第三は、「通知等」である。法令が制定・改正された場合、その法令を所管する国の機関（教育関係の場合は文部科学省）から、その法令の解釈・運用について記載した「通知」が発出されることが多い。この「通知等」には、できるだけ最近の「通知」を収録するように努めている。「通知等」にはそのほか、最近の中教審答申などに関する資料も収録するように努めている。

第四は、巻末の「事項索引」である。これは教育法令用語辞典として活用していただきたい。たとえば、教科書や新聞記事や教員採用試験の問題集等で分からない教育法令用語に出会った時は、この「事項索引」でどの法令のどこに出てくる言葉かを調べてみるとよいであろう。〔野〕

基本編

目次

◆印＝参照条文等つき2色刷法令

○日本国憲法

昭二一・一一・三

日本国民は、正当に選挙された国会における代表者を通じて行動し、われらとわれらの子孫のために、諸国民との協和による成果と、わが国全土にわたつて自由のもたらす恵沢を確保し、政府の行為によつて再び戦争の惨禍が起ることのないやうにすることを決意し、ここに主権が国民に存することを宣言し、この憲法を確定する。そもそも国政は、国民の厳粛な信託によるものであつて、その権威は国民に由来し、その権力は国民の代表者がこれを行使し、その福利は国民がこれを享受する。これは人類普遍の原理であり、この憲法は、かかる原理に基くものである。われらは、これに反する一切の憲法、法令及び詔勅を排除する。

日本国民は、恒久の平和を念願し、人間相互の関係を支配する崇高な理想を深く自覚するのであつて、平和を愛する諸国民の公正と信義に信頼して、われらの安全と生存を保持しようと決意した。われらは、平和を維持し、専制と隷従、圧迫と偏狭を地上から永遠に除去しようと努めてゐる国際社会において、名誉ある地位を占めたいと思ふ。われらは、全世界の国民が、ひとしく恐怖と欠乏から免かれ、平和のうちに生存する権利を有することを確認する。

われらは、いづれの国家も、自国のことのみに専念して他国を無視してはならないのであつて、政治道徳の法則は、普遍的なものであり、この法則に従ふことは、自国の主権を維持し、他国と対等関係に立たうとする各国の責務であると信ずる。

日本国民は、国家の名誉にかけ、全力をあげてこの崇高な理想と目的を達成することを誓ふ。

参 【憲法と教基法＝旧教基法前文、教基法前文

第一章　天皇

〔天皇の象徴的地位、国民主権〕

第一条　天皇は、日本国の象徴であり日本国民統合の象徴であつて、この地位は、主権の存する日本国民の総意に基く。

参 【国旗・国歌＝国旗国歌法一・二

判 ●原告は、主権者ではない天皇を礼賛する「君が代」は憲法一条に違反する旨主張するが、天皇は日本国及び日本国民統合の象徴であるから（憲法一条）、「君が代」の「君」が天皇を指すからといって、直ちにその歌詞が憲法一条を否定することには結び付かない。（東京地判平成一五・一二・三　君が代ピアノ伴奏職務命令拒否事件）

資 ●君が代の「君」は、日本国憲法の下においては、日本国及び日本国民統合の象徴であり、その地位が主権の存する国民の総意に基づく天皇のことを指している。君が代の「代」とは本来、時間的概念を表すものだが、転じて国を表す意味もあると理解している。君が代とは、日本国憲法のもとでは、日本国民の総意に基づき、天皇を日本国及び日本国民統合の象徴とするわが国のことであり、君が代の歌詞も、そうしたわが国の末永い繁栄と平和を祈念したものと解することが適当である。（国旗国歌法案提出理由説明、一九九九・六・二九衆議院本会議・小渕恵三内閣総理大臣）

●「天皇の地位」については、日本国憲法に定める天皇の国事に関する行為など児童に理解しやすい具体的な事項を取り上げ、歴史に関する学習との関連も図りながら、天皇についての理解と敬愛の念を深めるようにすること。（小学校学習指導要領（平成二九・三・三一文科省告示六三）社会科第六学年「内容の取扱い」の項）

〔皇位の世襲・承継〕

第二条　皇位は、世襲のものであつて、国会の議決した皇室典範の定めるところにより、これを継承する。

〔天皇の国事行為に対する内閣の助言・承認および責任〕

第三条　天皇の国事に関するすべての行為には、内閣の助言と承認を必要とし、内閣が、その責任を負ふ。

〔天皇の権能、天皇の国事行為の委任〕

第四条　天皇は、この憲法の定める国事に関する行為のみを行ひ、国政に関する権能を有しない。

②　天皇は、法律の定めるところにより、その国事に関する行為を委任することができる。

〔摂政〕

第五条　皇室典範の定めるところにより摂政を置

くときは、摂政は、天皇の名でその国事に関する行為を行ふ。この場合には、前条第一項の規定を準用する。

〔天皇による内閣総理大臣・最高裁長官の任命〕

第六条 天皇は、国会の指名に基いて、内閣総理大臣を任命する。

② 天皇は、内閣の指名に基いて、最高裁判所の長たる裁判官を任命する。

〔天皇の国事行為の範囲〕

第七条 天皇は、内閣の助言と承認により、国民のために、左の国事に関する行為を行ふ。

一 憲法改正、法律、政令及び条約を公布すること。

二 国会を召集すること。

三 衆議院を解散すること。

四 国会議員の総選挙の施行を公示すること。

五 国務大臣及び法律の定めるその他の官吏の任免並びに全権委任状及び大使及び公使の信任状を認証すること。

六 大赦、特赦、減刑、刑の執行の免除及び復権を認証すること。

七 栄典を授与すること。

八 批准書及び法律の定めるその他の外交文書を認証すること。

九 外国の大使及び公使を接受すること。

十 儀式を行ふこと。

〔皇室の財産授受〕

第八条 皇室に財産を譲り渡し、又は皇室が、財産を譲り受け、若しくは賜与することは、国会の議決に基かなければならない。

第二章 戦争の放棄

〔戦争の放棄、戦力の不保持、交戦権の否認〕

第九条 日本国民は、正義と秩序を基調とする国際平和を誠実に希求し、国権の発動たる戦争と、武力による威嚇又は武力の行使は、国際紛争を解決する手段としては、永久にこれを放棄する。

② 前項の目的を達するため、陸海空軍その他の戦力は、これを保持しない。国の交戦権は、これを認めない。

第三章 国民の権利及び義務

〔日本国民たる要件〕

第十条 日本国民たる要件は、法律でこれを定める。

参【国籍を取得する権利＝児童の権利条約七】

〔基本的人権の享有と本質〕

第十一条 国民は、すべての基本的人権の享有を妨げられない。この憲法が国民に保障する基本的人権は、侵すことのできない永久の権利として、現在及び将来の国民に与へられる。

〔自由・権利の保持の責任とその濫用の禁止〕

第十二条 この憲法が国民に保障する自由及び権利は、国民の不断の努力によつて、これを保持しなければならない。又、国民は、これを濫用してはならないのであつて、常に公共の福祉のためにこれを利用する責任を負ふ。

〔個人の尊重、生命・自由・幸福追求の権利の尊重〕

第十三条 すべて国民は、個人として尊重される。生命、自由及び幸福追求に対する国民の権利については、公共の福祉に反しない限り、立法その他の国政の上で、最大の尊重を必要とする。

参【児童の生命に対する権利＝児童の権利条約六】【児童のアイデンティティの保全＝児童の権利条約七・八】【児童の意見表明権＝児童の権利条約一二】【児童のプライバシー権＝児童の権利条約一六】【個人情報の保護＝個人情報の保護に関する法律】【民族性の保持＝児童の権利条約三〇】

判 ●子どもが自由かつ独立の人格として成長することを妨げるような国家的介入は憲法一三条に反するとされた事例（最高判（大法廷）昭五一・五・二一 北海道旭川学力テスト事件）→二六の判

●パーマ禁止校則と憲法一三条＝個人が頭髪について髪型を自由に決定しうる権利は、個人が一定の重要な私的事項について、公権力から干渉されることなく自ら決定できる権利の一内容として憲法一三条により保障される。しかし、本件の校則は特定の髪型を強制するものでない点で制約の度合いは低いといえるのであり、また原告が本件の高校に入学する際、パーマが禁止されていることを知っていたことを併せ考えるならば、…本件校則は髪型決定の自由を不当に制限するものとはいえない…。（東京地判平成三・六・二一、東京

高判平成四・一〇・三〇、最高判平成八・七・一八　修徳高校パーマ退学事件）

●心身障害児の特殊学級への入級処分と憲法一三条後段＝憲法一三条後段の幸福追求権の解釈については、…何が子どもにとって幸福であるかは、公教育制度を離れて子どもや親が主観的に欲するものが即同条でいう子どもの「幸福」に該当し、または合致するものではないのであって、この規定が心身障害児が学校において普通学級に属するか特殊学級に属するかの選択権を子どもとその親に保障したものではない。（旭川地判平成五・一〇・二六）→一四・二六の判

●市条例の個人情報開示請求権＝原告…は、憲法一三条及び当該市条例一三条により認められる自己に関する情報コントロールの権利に基づき、本人の情報を記載した調査書は当然に開示されるべきであること、また調査書は…憲法二六条により保障される親の教育の自由・子どもの学習権に基づき開示されるべきであり、さらにこの開示請求は国際人権規約（B規約）一七条、子どもの権利条約二八条に根拠を有すると主張するが、本件条例で定められた情報開示請求権は…本件条例により創設的に認められた権利である。したがって、原告に調査書開示請求権があるか否かは、条例の趣旨・文言に即して決せられる問題であって…自己情報のコントロール権、教育の自由・学習権に基づき当然に本人に開示されるのではない。（大阪地判平成六・一二・二〇、大阪高判平成八・九・二七　高槻市内申書非開示処分事件）→児童の権利条約二八の判

●〔生徒の作文を〕開示したときには、…生徒として認識、評価した事実が…客観的事実情報として取り扱われることになるから、その結果として、…自由な認識、評価を記載することが抑制され、又は赤裸々な心情の吐露、真摯な内省等を期待し得なくなる…。…この場合には作文による生活指導そのものの効果が阻害されることになるから、本件作文中にX〔＝原告〕の個人情報と同視すべき亡A〔＝自殺したXの子〕に関する事実情報があるとしても、それは、三号情報〔＝「開示することにより実施機関の公正な職務の執行が著しく阻害される恐れがあるもの」〕に該当するものというべきである。（東京地判平成九・五・九　町田市学校作文非開示処分取消請求事件）

●内申書とプライバシー＝本件調査書の記載は上告人の思想、信条そのものの記載ではなく、外部的行為の記載も思想、信条を了知させるものではない。また、その記載による情報の開示は入学者選抜に関する特定小範囲の人に対するものであって、情報の公開には該当しないから、教育上のプライバシーの権利を侵害するものではない。（最高判昭六三・七・一五　麹町中学内申書事件）

●少年法六一条と子どもの名誉権・プライバシー権＝少年あるいは子ども（未成年者）においても、…憲法一三条の「個人の尊厳」原理と結びついた生命、自由及び幸福追求権に由来する、個人の人格価値の発現である名誉権、プライバシーの権利を享受し得る…。少年法六一条は、…成長発達過程にあり、健全に成長するためにより配慮した取扱いを受けるという基本的人権を保護し、併せて少年の名誉権、プライバシーの権利の保護を図っているものと解するのが相当である。（名古屋高判平成一二・六・二九）

●大学が講演会参加者名簿を無断で警視庁に提供したことがプライバシーの侵害にあたるとされた事例（最高判平成一五・九・一二　早稲田大学名簿提供事件）

資

●県立高校などの入学式・卒業式の国歌斉唱時に起立しなかった教職員の氏名を校長に報告させる県教委の行為が、県個人情報保護条例の禁止する「『思想・信条』に関する個人情報の収集」に該当すると判断された事例（神奈川県個人情報保護審査会答申七六号平成一九・一〇・二四）

〔法の下の平等、貴族制度の否認、栄典の限界〕

第十四条　すべて国民は、法の下に平等であつて、人種、信条、性別、社会的身分又は門地により、政治的、経済的又は社会的関係において、差別されない。

② 華族その他の貴族の制度は、これを認めない。

③ 栄誉、勲章その他の栄典の授与は、いかなる特権も伴はない。栄典の授与は、現にこれを有し、又は将来これを受ける者の一代に限り、その効力を有する。

参 1【権利の平等保障＝世界人権宣言二、国際人権A・B規約二、児童の権利条約二、人種差別撤廃条約、女子差別撤廃条約【教育の機会均等＝教基法四、児童の権利条約二八、人種差別撤廃条約五【男女共学＝旧教基法五【教育における女性差別の撤廃＝女子差別撤廃条約一〇【障害児の権利＝児童の権利条約二三、障害者権利条約【平等取扱（い）＝国公法二七、地公法一三

判

●筋ジストロフィー症に罹患した公立高校入学志願者と憲法一四条等＝…全日制普通高校の教育目標に従い、三年間の全課程の履修が可能であるにもかかわらず高校校長が行なった入学不許可処分は、もっぱら身体的障害を理由になされたもの

であり、憲法一四条、二六条一項、〔旧〕教基法三条等に違反する。（神戸地判平成四・三・一三）→二六の判、教基法四の判

●心身障害児の特殊学級への入級処分と憲法一四条一項＝憲法一四条の趣旨に照らして、…特殊学級の教育と普通学級のそれとの間の差異に合理性が認められるかについては、…前者については、…心身障害児に対し必要な教育措置がとられる以上、合理性を欠くものとはいえないし、所属人員が少ないことにより、かえって個々の生徒に対し適切な教育的措置をとりうると解される一方、普通学級において他の心身障害を持たない子どもとまったく同一の授業を受けることに困難がまったくないとはいえないことから、これらの取扱いの違いは、なお、合理的理由がある…。（旭川地判平成五・一〇・二六）→一三、二六の判

●昭和二二年民法改正時から現在に至るまでの間の社会の動向、我が国における家族形態の多様化やこれに伴う国民の意識の変化、諸外国の立法のすう勢及び我が国が批准した条約の内容とこれに基づき設置された委員会からの指摘、嫡出子と嫡出でない子の区別に関わる法制等の変化、更にはこれまでの当審判例における度重なる問題の指摘等を総合的に考察すれば、家族という共同体の中における個人の尊重がより明確に認識されてきたことは明らかである……。法律婚という制度自体は我が国に定着しているとしても、上記のような認識の変化に伴い、……父母が婚姻関係になかったという、子にとっては自ら選択ないし修正する余地のない事柄を理由としてその子に不利益を及ぼすことは許されず、子を個人として尊重し、その権利を保障すべきであるという考えが確立されてきている……。以上を総合すれば、遅くとも……相続が開始した……当時においては、立法府の裁量権を考慮しても、嫡出子と嫡出でない子の法定相続分を区別する合理的な根拠は失われていた……。したがって、本件規定〔民法九〇〇条四号但書き〕は、……当時において、憲法一四条一項に違反していたものというべきである。（最高決（大法廷）平成二五・九・四　非嫡出子相続分差別事件）→児童の権利条約二の判

●国籍法三条一項が、日本国民である父と日本国民でない母との間に出生した後に父から認知された子について、父母の婚姻により嫡出子たる身分を取得した（準正のあった）場合に限り日本国籍の取得を認めていることにより、認知されたにとどまる子と準正のあった子との間に日本国籍の取得に関する区別を生じさせていることが、憲法一四条一項に違反するとされた事例（最高判（大法廷）平成二〇・六・四　国籍法違憲訴訟）

●国外での出生により外国籍を取得し日本国籍との重国籍となるべき子について、出生の日から三箇月以内に父母等による日本国籍留保の意思表示がなされなければ日本国籍を失うとする国籍法一二条が憲法一四条一項に反しないとされた事例（最高判平成二七・三・一〇）

●戸籍法四九条二項一号の規定のうち出生の届出に係る届書に嫡出子又は嫡出でない子の別を記載すべきものと定める部分が、憲法一四条一項に違反しないとされた事例（最高判平成二五・九・二六）

●〔国民年金〕法改正時において、是正措置をとるかどうかは立法者が…判断すべきことであり、…是正措置を講じていないことをもって、憲法一四条に違反する状態が生じていたとはいえない。…二〇歳未満障害者と二〇歳になった後に障害を負った学生との取扱いの差異は、立法者の裁量の範囲内の制度選択の結果である。（東京高判平成一七・三・二五、ほぼ同旨・京都地判平成一七・五・一八、大阪地判平成一八・一・二〇、最高判平成一九・九・二八、最高判平成一九・一〇・九　学生無年金障害者訴訟）→二五の判

〔公務員の選定罷免権、公務員の本質、普通選挙・秘密投票の保障〕

第十五条　公務員を選定し、及びこれを罷免することは、国民固有の権利である。

②　すべて公務員は、全体の奉仕者であつて、一部の奉仕者ではない。

③　公務員の選挙については、成年者による普通選挙を保障する。

④　すべて選挙における投票の秘密は、これを侵してはならない。選挙人は、その選択に関し公的にも私的にも責任を問はれない。

参 1【教育委員の解職請求＝自治法一三③、地方教育行政法八】 2【教員の全体奉仕者性＝旧教基法六②、国公法九六①、地公法三〇、教特法一】 3【成年者による普通選挙＝公選法九】

〔請願権〕

第十六条　何人も、損害の救済、公務員の罷免、法律、命令又は規則の制定、廃止又は改正その他の事項に関し、平穏に請願する権利を有し、何人も、かかる請願をしたためにいかなる差別待遇も受けない。

〔国及び公共団体の賠償責任〕

第十七条　何人も、公務員の不法行為により、損

害を受けたときは、法律の定めるところにより、国又は公共団体に、その賠償を求めることができる。

参 【公権力の行使、公の営造物の管理等の瑕疵にもとづく損害の賠償責任、求償権等＝国家賠償法一～三】

判 ●正課授業中の事故＝市立中学校の水泳の授業中、生徒が飛び込み練習でプール底に頭を激突させ四肢麻痺となった事故につき、指導をしていた教諭の注意義務違反が認定され、国家賠償法一条に基づき市に損害賠償責任が認められた事例（最高判昭六二・二・六）

●学校行事に伴う事故＝県立高校の体育祭で行われた騎馬戦において生じた事故について、安全確保に不十分な点があり、安全配慮義務に違背したとして県に賠償責任があるとされた事例（福岡地判平成二七・三・三）

●部活動中の事故＝市立中学校における柔道部練習中の人身事故につき指導教諭の過失が否定され市の損害賠償責任が否定された事例（最高判平成九・九・四）

●県立高校の剣道部活動中に生徒が熱中症で倒れ死亡した事故をめぐり、生徒の遺族が大分県を相手取り、当時の顧問らに損害賠償をさせるよう求めた住民訴訟において、元顧問に重過失があったとする遺族側の主張が認められ、県に対して元顧問への求償権の行使が命じられた事例（大分地判平成二八・一二・二二、同旨・福岡高判平成二九・一〇・二）

●児童・生徒間事故＝朝自習時間に公立小学校三年生の男子児童がベストを頭上で振り回したところ、ファスナー部分が女子児童の右目に当たって負傷させた事故につき、担任教諭に児童の安全確保又は児童に対する監督指導についての過失はないとされた事例（最高判平成二〇・四・一八）

●学校施設の瑕疵に基づく事故＝県立高校のプールでの飛び込みにより障害を負った事故につき、プールの設置又は管理に瑕疵があったとして、県の国家賠償責任が認められた事例（奈良地判平成二八・四・二八）

●東日本大震災の津波で犠牲になった宮城県石巻市立大川小の児童二三人の遺族が、市と県に約二三億円の損害賠償を求めた訴訟の控訴審で、一審・仙台地裁が認めなかった震災前の過失が認定され、一千万円を増額した約一四億三六〇〇万円の賠償が命じられた事例（仙台高判平成三〇・四・二六）

●市立高校バスケットボール部の男子生徒が顧問だった元教師から体罰を受け自殺した事案で、体罰と自殺との因果関係が認められ、市側に損害賠償が命じられた事例（東京地判平成二八・二・二四）

●公立小学校の教師が、女子数人を蹴るなどの悪ふざけをした二年生の男子を追いかけて捕まえ、胸元をつかんで壁に押し当て大声で叱った行為が、国家賠償法上違法とはいえないとされた事例（最高判平成二一・四・二八）

●公立中学校の安全保持義務違反の有無を判断するに際しては、本件いじめが被害生徒の心身に重大な危害を及ぼすような悪質重大ないじめであることの認識が可能であれば足り、必ずしも自殺することまでの予見可能性があることを要しない。（福島地いわき支判平成二・一二・二六）

●人がいかなる要因によって自殺への準備状態を形成し、何を直接的な契機として自殺を決行するに至るかの機序は外部的には不可視であり、明白に自殺念慮を表白していたなどの特段の事情がない限り、これを予知することは不可能である。このような意味での予見可能性ないし相当因果関係の問題としてみる限り、本件公立中学校の教員等としては自殺を予見することができなかったものと解するのが相当である。（東京地判平成三・三・二、東京高判平成六・五・二〇）

●公立中学校における性的暴行事件で、性暴力が発生した日に、教頭が被害生徒の両親に対しすでに了知していた重大な性暴力被害を隠し、ことさら被害内容を軽く報告した事実につき報告義務違反を認定し、両親に各一〇万円の固有の慰謝料を認めた事例（旭川地判平成一三・一・三〇　旭川市立中学校性的いじめ事件）

●横浜市が市条例を改正して市立保育所を廃止・民営化したことから、入所中であった児童およびその保護者らが本件改正条例の制定は「特定の保育所で保育の実施を受ける権利」等を侵害する違法な行政処分であるとして、条例制定の取消しと廃止・民営化による精神的損害についての国家賠償を求めた事案で、国家賠償請求が認められた事例（横浜地判平成一八・五・二二、一部取消・国家賠償請求棄却・東京高判平成二一・一・二九、上告棄却・国家賠償請求棄却・最高判平成二一・一一・二六）

●問題行動を繰り返す都立高校の生徒に対する進路変更勧奨は、校長や教諭の合理的な裁量の範囲を超えた社会通念上不合理な措置ではなく違法とはいえないとして、生徒の都に対する国家賠償請求が棄却された事例（東京地判平成二八・七・一一）

●公立図書館の図書館職員である公務員が、図書の廃棄について、…著作者又は著作物に対する独断的な評価や個人的な好みによって不公正な取扱いをしたときは、当該図書の著作者の…人格的利益を侵害するものとして国家賠償法上違法となるというべきである。（最高判平成一七・七・一四、同旨・東京高判平成一七・一一・二四）

〔奴隷的拘束・苦役からの自由〕

第十八条　何人も、いかなる奴隷的拘束も受けない。又、犯罪に因る処罰の場合を除いては、その意に反する苦役に服させられない。

参【児童虐待等の禁止＝憲法二七③、児童の権利条約一九・三二～三六、児童福祉法三四、児童虐待防止法、児童買春・児童ポルノ処罰法【児童労働の制限＝児童の権利条約三二、労基法五六～六四、船員法八四～八六

〔思想及び良心の自由〕

第十九条　思想及び良心の自由は、これを侵してはならない。

参【信教・表現・学問の自由＝憲法二〇・二一・二三【児童の思想・良心の自由＝児童の権利条約一四【信条による教育上の差別の禁止＝教基法四①

判●私立大学の学則に違反する行動に出た学生の責任追及は、学生の思想内容に干渉しその改変を求めたものでも思想信条による差別扱いでもない。（東京高判昭四二・四・一〇、同旨・最高判昭四九・七・一九　昭和女子大事件）

●勤評「長野方式」の合憲性＝教職員に自己観察等を記入させる勤評方式の合憲性については、沈黙の自由…の保障の対象は世界観、人生観等個人の人格形成の核心をなすものに限られ、本件自己観察等は、前記に属する価値観に基づかなくても書けるもので違憲ではない。（長野地判昭三九・六・二、ほぼ同旨・東京高判昭四一・二・七、最高判昭四七・一一・三〇）

●思想調査の結果による教職員の転任処分の違憲性＝教職員の人事異動は…教職員の身分を尊重しつつなされるべきである。このような配慮を欠き、僻地、非僻地間の交流を図る等の目標を名目に当該教員の思想、信条を理由としてなされた転任処分は憲法一四条、一九条、教基法に反する。（札幌地判昭四六・一一・一九　北海道赤間小学校思想調査事件）

●…ピアノ伴奏を拒否することは、上告人にとっては、…歴史観ないし世界観に基づく一つの選択ではあろうが、一般的には、これと不可分に結び付くものということはできず、…ピアノ伴奏を求める…本件職務命令が、直ちに上告人の…歴史観ないし世界観それ自体を否定するものと認めることはできない…。本件職務命令は、…上告人に対して、特定の思想を持つことを強制したり、あるいはこれを禁止したりするものではなく、特定の思想の有無について告白することを強要するものでもなく、児童に対して一方的な思想や理念を教え込むことを強制するものとみることもできない。…本件職務命令は、…憲法一九条に反するとはいえない…。（最高判平成一九・二・二七　君が代ピアノ伴奏職務命令拒否訴訟）

●…本件において問題とされるべき上告人の「思想及び良心」としては、…「君が代」が果たしてきた役割に対する否定的評価という歴史観ないし世界観…もさることながら、…学校の入学式のような公的儀式の場で、公的機関が、参加者にその意思に反してでも一律に行動すべく強制することに対する否定的評価といった側面が含まれている可能性があるのであり、また、後者の側面こそが、本件では重要なのではないかと考える。（最高判平成一九・二・二七　君が代ピアノ伴奏職務命令拒否訴訟・藤田裁判官反対意見）

●…我が国において、日の丸、君が代は、…皇国思想や軍国主義思想の精神的支柱として用いられてきたことがあることは否定し難い歴史的事実であり、国旗・国歌法により、日の丸、君が代が国旗、国歌と確定された現在においても、なお国民の間で…日の丸、君が代が価値中立的なものと認められるまでには至っていない…。このため、国民の間には、公立学校の入学式、卒業式において、国旗掲揚、国歌斉唱をすることに反対する者も少なからずおり、このような世界観、主義、主張を持つ者の思想・良心の自由も、…公共の福祉に反しない限り、憲法上、保護に値する権利というべきである。…したがって、教職員に対し、一律に、入学式、卒業式等の式典において国歌斉唱の際に国旗に向かって起立し、国歌を斉唱すること、ピアノ伴奏をすることについて義務を課すことは、思想・良心の自由に対する制約になる…。（東京地判平成一八・九・二一　国歌斉唱義務不存在確認等請求事件）

●入学式、卒業式等の国歌斉唱の際に日の丸に向かって起立し、君が代を斉唱し、ピアノ伴奏をするという行為は、入学式、卒業式等の出席者にとって通常想定され、かつ、期待されるものということができ、これを行う教職員が特定の思想を有するということを外部に表明するような行為であると評価することは困難である。特に、職務命令に従ってこのような行為が行われる場合には、上記のように評価することは一層困難である…。結局、本件通達は、…憲法一九条の問題となることはない…。（東京高判平成二三・一・二八、同旨

・最高判平成二四・二・九　国歌斉唱義務不存在確認等請求事件）↓二〇、二六の判

●過去に入学式の際の服装等に係る職務命令違反による戒告一回の処分歴があることのみを理由に同第一審原告に対する懲戒処分として減給処分を選択した都教委の判断は、減給の期間の長短及び割合の多寡にかかわらず、処分の選択が重きに失するものとして社会観念上著しく妥当を欠き、上記減給処分は懲戒権者としての裁量権の範囲を超えるものとして違法の評価を免れない…。〔養護学校教員に対する減給処分を取り消した原判決（東京高判平成二三・三・一〇）を支持〕（最高判平成二四・一・一六　懲戒処分取消等請求事件）

●同種の問題に関して規律や秩序を害する程度の大きい積極的な妨害行為を非違行為とする複数の懲戒処分を含む懲戒処分五回及び上記内容の文書の配布等を非違行為とする文書訓告二回を受けていたことを踏まえて同上告人に対する懲戒処分において停職処分を選択した都教委の判断は、停職期間（三月）の点を含め、処分の選択が重きに失するものとして社会観念上著しく妥当を欠くものとはいえず、上記停職処分は懲戒権者としての裁量権の範囲を超え又はこれを濫用したものとして違法であるとはいえない…。〔一審（東京地判平成二一・三・二六）および原審（東京高判平成二三・三・二五）で停職処分取消請求が棄却された公立学校教員につき上告を棄却〕（最高判平成二四・一・一六　停職処分取消等請求事件）

●〔国歌斉唱の際の〕不起立に対して、…戒告から減給、減給から停職へと機械的に一律にその処分を加重していくとすると、教職員は、二、三年間不起立を繰り返すだけで停職処分を受けることになってしまい、仮にその後にも不起立を繰り返すと、…ついには免職処分を受けることにならざるを得ない事態に至って、自己の歴史観や世界観を含む思想等により忠実であろうとする教員にとっては、自らの思想や信条を捨てるか、それとも教職員としての身分を捨てるかの二者択一の選択を迫られることとなり、そのような事態は、もともとその者が地方公務員としての教職員という地位を自ら選択したものであることを考慮しても、日本国憲法が保障している個人としての思想及び良心の自由に対する実質的な侵害につながるものであり、相当ではないというべきである。〔一審原告一名につき停職処分（六月）を取り消し、損害賠償請求を認容。もう一名につき損害賠償請求を認容（後者は確定）〕（東京高判平成二七・五・二八　停職処分取消等請求事件、同旨・最高決平成二八・五・三一）

●〔国歌斉唱の際の〕起立斉唱命令は、個人の歴史観ないし世界観に由来する行動（敬意の表明の拒否）と異なる外部的行動（敬意の表明の要素を含む行為）を求められることになる限りにおいて、…思想及び良心の自由についての間接的な制約となる面がある…。〔しかし〕本件職務命令については、…職務命令の目的及び内容並びにこれによってもたらされる…制約の態様等を総合的に較量すれば、…制約を許容し得る程度の必要性及び合理性が認められる。（最高判平成二三・五・三〇　嘱託採用拒否処分取消等請求事件、同旨・最高判平成二三・六・六、最高判平成二三・六・一四、最高判平成二三・六・二一、東京地判平成二三・七・二五）

●「日の丸」に向かって起立し、「君が代」を斉唱する行為は、慣例上の儀礼的な所作ではなく上告人ら自身の歴史観ないし世界観等にとって譲れない一線を越える行動であり、上告人らの思想及び良心の核心を動揺させる〔ものである〕。（最高判平成二三・六・六　嘱託採用拒否処分取消請求事件・宮川裁判官反対意見）

●卒業式等での国歌斉唱時に起立・斉唱しなかったことを理由に定年退職後の再雇用を拒否された都立高校の教職員らが都に損害賠償を求めた訴訟で、原告らの請求が棄却された事例（再雇用拒否を違法として都に損害賠償を命じた一審（東京地判平成二七・五・二五）および二審（東京高判平成二七・一二・一〇）の判断を覆す）（最高判平成三〇・七・一九）

●卒業式等での国歌斉唱時に起立せず職務命令に違反したとして懲戒処分を受けた都立学校の教職員五〇人が処分の取り消しを求めた事案で、二六人三一件の減給・停職処分が取り消され、二六件の戒告処分の取消請求が棄却された事例（東京地判平成二七・一・一六、同旨・東京高判平成二七・一二・四）

●卒業式の国歌斉唱時での起立斉唱を求める校長の職務命令に違反したとして、大阪府立学校の教員が府の国旗国歌条例に基づく懲戒処分を受けた事案で、職務命令およびその前提となる府条例が憲法一九条に違反しないとされた事例（大阪地判平成二七・一二・二一、同旨・大阪高判平成二八・一〇・二四、最高判平成二九・三・三〇）

●卒業式で君が代を起立斉唱しなかったことを理由に定年退職後の再任用を拒否されたのは違法として、府立高校と市立小学校の元教員ら三人が大阪府及び高槻市を相手取り、約二三〇〇万円の国家賠償を求めた訴訟で、職務命令は間接的に個人の思想、良心などを制約する面があるが、命令には行事の秩序の確保や円滑な進行を図る目的があり、違法性はないと判断され、元教員らの請求が棄却された事例（大阪地判平成二九・五・一〇）

●本件研修が、…公務員としての服務規律を含む教職員としてあるべき一定の水準の維持向上や職務命令違反の再発防止を目的として、それに必要な範囲内で外形的な指導を行うものにとどまるのであれば違憲違法の問題は生じない…が、…研修の意義、目的、内容等を理解しつつ、自己の思想、信条に反すると表明する者に対して、何度も繰り返し同一内容の研修を受けさせ、自己の非を認めさせようとするなど、公務員個人の内心の自由に踏み込み、著しい精神的苦痛を与える程度にいたるものであれば、…違憲違法の問題を生じる可能性がある…。（東京地決平成一六・七・二三　服務事故再発防止研修命令効力停止申立事件）

●都立高校の卒業式で、国歌斉唱時に着席するよう保護者らに呼びかけるなどした行為が、威力業務妨害罪に当たるとされた事例（東京地判平成一八・五・三〇、同旨・東京高判平成二〇・五・二九、同旨・最高判平成二三・七・七　都立板橋高校事件）→二一の[判]

●公立中学校における生徒の思想・信条の自由＝教育の目的が生徒の人格の完成をめざし、思想、信条によって差別されるべきでないとされていることにかんがみれば、公立中学校においても生徒の思想、信条の自由は最大限に保障されるべきであって、生徒の思想、信条のいかんによって生徒を分類評定することは違法である。（東京地判昭五四・三・二八　麹町中学内申書事件）→二一の[判]、教基法四の[判]

●本件調査書の記載は、上告人の思想、信条そのものを記載したものではなく、右の記載に係る外部的行為によっては上告人の思想、信条を了知し得るものではないし、また上告人の思想、信条自体を入学者選抜の資料に供したものではないから、〔旧〕教基法三条一項、憲法一九条に違反しない。（最高判昭六三・七・一五　麹町中学内申書事件）→二一の[判]、教基法四の[判]

●憲法九条について詠んだ俳句の公民館月報への掲載を拒否されたことをめぐり、作者がさいたま市に損害賠償などを求めた訴訟の控訴審で、不掲載は作者の思想・信条を理由とした不公正な扱いであるとして、市に損害賠償を命じた一審の判断を支持したうえで賠償額を減額した事例（東京高判平成三〇・五・一八）→二一の[判]

[行]　●入学式、卒業式等における国旗掲揚及び国歌斉唱の実施について（東京都教育委員会通達五六九号平成一五・一〇・二三）

[資]　●入学式や卒業式などにおいては、その意義を踏まえ、国旗を掲揚するとともに、国歌を斉唱するよう指導するものとする。（小学校学習指導要領（平成二九・三・三一文科省告示六三）「特別活動」の項。中学校学習指導要領（平成二九・三・三一文科省告示六四）も同文）

●国歌「君が代」は、いずれの学年においても歌えるよう指導すること。（小学校学習指導要領（平成二九・三・三一文科省告示六三）音楽科「指導計画の作成と内容の取扱い」の項）

●大阪府の施設における国旗の掲揚及び教職員による国歌の斉唱に関する条例（平成二三・六・一三）

第二十条〔信教の自由、国の宗教活動の禁止〕　信教の自由は、何人に対してもこれを保障する。いかなる宗教団体も、国から特権を受け、又は政治上の権力を行使してはならない。

② 何人も、宗教上の行為、祝典、儀式又は行事に参加することを強制されない。

③ 国及びその機関は、宗教教育その他いかなる宗教的活動もしてはならない。

[参]　【思想・良心の自由、表現の自由＝憲法一九・二一】【児童の宗教の自由＝児童の権利条約一四】【宗教的寛容・宗教に関する一般的教養・宗教の社会的地位の尊重＝教基法一五①】【国公立学校における宗教教育等の禁止＝教基法一五②】【公金・公の財産の宗教用途支出・提供の制限＝憲法八九】

[判]　●日曜参観授業と信仰の自由＝公教育上の特別の必要性がある授業日の振替えの範囲内では、宗教教団の集会と抵触することになったとしても、法はこれを合理的根拠に基づくやむをえない制約として容認している…。国民の自由権…も、それが内心にとどまるものではなく外形的行為となって現れる以上、法が許容する合理的根拠に基づく一定の制約を受けざるをえないことについては、信仰の自由も例外となるものではない。（東京地判昭六一・三・二〇　キリスト教徒日曜日訴訟）→教基法一五の[判]

●信教の自由の侵害と格闘技への不参加を理由とする退学処分＝宗教上の理由で剣道実技の授業に不参加の学生に対し、高専側が教育的裁量を適切に行使して右授業の代替措置をとることは信教の自由を侵すものではないし、教育を受ける機会を保障しようとするものである。しかしながら、高専側が代替措置をまったく講じないままに学生の体育科目の不認定を基に、進級拒否処分を連続二度にわたって行ない、それを理由に…学業劣等で成業の見込みのない学生として退学処分にしたことは、その処分理由・必要性について裁量権を著しく逸脱し違法である。（大阪高判平成六・一二・二二、ほぼ同旨・最高判平成八・三・八「エ

ホバの証人」高専生進級拒否・退学処分事件）↓教基法一五の判

●親権は、…未成年の子を心身ともに健全な社会人として育成するためその全生活にわたり監護教育を施す権利を含み、それは同時に義務性ある権能でもある。…未成年の子に対する監護教育権行使の意義は、次代における健全な市民の形成にあるのであって、未成年の子の信教の自由に対する干渉も、それが明らかに未成年の子の幸福に反するなど濫用にわたるものと認められない限り許容され…る。統一教会信者である未成年者をその父等が…強制的に連れ戻し、拘束している本件の状態は、親権行使の濫用にまで至っているものとは認めがたい。（徳島地判昭五八・一二・一二）

●現時点での一般的な社会通念に照らせば、…日の丸及び…君が代が国家神道と不可分ないし密接な関係にあると認識されているとは認められないので、…入学式、卒業式等が宗教上の行為等に当たるとは認められず、…起立して国旗掲揚・国歌斉唱することが…キリスト教以外の神を拝む行為…や賛美歌…に該当すると認めることはできないから、被控訴人らのうちのキリスト教徒の信仰上の教義に直接反するものともいえない。したがって、被控訴人らの上記［憲法二〇条違反との］主張は…失当である。（東京高判平成二三・一・二八　国歌斉唱義務不存在確認等請求訴訟）↓一九、二六の判

〔集会・結社・表現の自由、検閲の禁止、通信の秘密〕

第二十一条　集会、結社及び言論、出版その他一切の表現の自由は、これを保障する。

②　検閲は、これをしてはならない。通信の秘密は、これを侵してはならない。

参　【思想・良心の自由、学問の自由＝憲法一九・二三】【児童の表現の自由＝児童の権利条約一三】【児童の結社・集会の自由＝児童の権利条約一五】【児童の情報へのアクセス権＝児童の権利条約一七】【児童ポルノの禁止＝児童買春・児童ポルノ処罰法七】

1　【公務員の政治的行為＝国公法一〇二・一一②、人規一四―七（政治的行為）、地公法三六】【教員の政治的行為＝教特法一八、中立確保法三】

判　●教科書検定の法的性格は、文部大臣が…特定の図書に対し、…教科書として使用しうる法律上の資格を付与・設定するか否かを審査し決定する行政処分…である。そして、検定に際し思想内容等に立入ることがあっても、それは教科書としての特性上、中立・公正保持の観点からその限度での審査の対象とするにとどまるのであり、しかも、教科書検定の申請原稿は…すでに出版されて市場にある図書であっても妨げなく、また、検定不合格の原稿を一般の図書として出版することも禁止されないから、教科書検定は発表前の表現物の内容の審査あるいはその発表の禁止という検閲の備えるべき特質を欠いており、憲法二一条二項前段の検閲に当るとはいえない。…。また、教科書は心身ともに未発達の児童、生徒が使用を強制されるものであるから、心身の発達段階に相応した理解能力に合わせて教科の系統的、組織的学習に適するよう各教科課程の構成に応じて組織、配列され、その内容も一定水準が保たれることを要する等教育上の観点からの一定の規制が必要である…。したがって、教科書検定が教科書執筆者の表現行為の事前抑制になるにしても、執筆者側に受忍するのを相当とする特段の合理的な理由がある…。（東京高判昭六一・三・一九、ほぼ同旨・最高判平成五・三・一六　家永第一次教科書訴訟、東京高判平成五・一〇・二〇、ほぼ同旨・最高判平成九・八・二九　同第三次訴訟、ただし第三次訴訟上告審においては違法と認定された検定箇所あり）

●生徒の言論、表現の自由もしくはこれにかかる行為は、教育の目的にかんがみ最大限に尊重されるべきであるから、右行為が生徒の精神的発達に伴う自発的な行為であるときには、当該学校の正常な運営もしくはその教育環境が破壊されるおそれがあるなど学校側の教育の場としての使命を保持するための利益が侵害されるおそれのある場合でない限り、右行為を内申書記載上マイナスに評価することは許されない。（東京地判昭五四・三・二八　麹町中学内申書事件）↓一九の判

●表現の自由といえども公共の福祉によって制約を受けるものであるが、上告人の行為はいずれも中学校における学習とは全く関係のないものであり、かかる行為を自由とすることは中学校における教育環境に悪影響を及ぼし、学習効果をあげる上で放置できない弊害を発生させる相当の蓋然性があるから、…学校当局の許可のない文書の配布を禁止することは必要かつ合理的な範囲の制約であって、憲法二一条に違反しない。（最高判昭六三・七・一五　麹町中学内申書事件）↓一九の判

●都立高校の卒業式で国歌斉唱時に着席するよう保護者らに呼びかけるなどした行為を威力業務妨害罪により処罰しても、憲法二一条に違反しないとされた事例（東京地判平成一八・五・三〇、同旨・東京高判平成二〇・五・二九、同旨・最高判平成二三・七・七　都立板橋高校事件）↓一九の判

●青少年保護条例により、特に卑わいな姿態若しくは性行為を被写体とした写真を掲載する刊行物を有害図書として自動販売機への収納を禁止することは、青少年の健全な育成を阻害する有害環境を浄化するための規制に伴う必要やむを得ない制約であり、本条一項に違反しない。（最高判平成元・九・一九 岐阜県青少年保護育成条例事件）

●実名等の推知報道を禁止する少年法六一条は、…少年の人権ないし権利を保護するためのやむを得ない制約であり、憲法二一条（…）に違反しない…。国民の知る権利も右の限度で譲歩すべきものである。（名古屋高判平成一二・六・二九）

●憲法九条について詠んだ俳句の公民館月報への掲載を拒否されたことをめぐり、作者がさいたま市に損害賠償や月報への掲載を求めた訴訟で、掲載期待権の侵害を認定して市に損害賠償を命じつつ、表現の自由の侵害はないとして掲載請求を棄却した事例（東京地判平成二九・一〇・一三）↓一九の判

●朝鮮学校を中傷する街頭宣伝活動などが人種差別に該当するとして、当該宣伝を行った団体に損害賠償と学校周辺での街宣活動禁止が命じられた事例（京都地判平成二五・一〇・七、同旨・大阪高判平成二六・七・八、最高決平成二六・一二・九（上告不受理））

〔居住・移転・職業選択の自由、外国移住・国籍離脱の自由〕

第二十二条 何人も、公共の福祉に反しない限り、居住、移転及び職業選択の自由を有する。

② 何人も、外国に移住し、又は国籍を離脱する自由を侵されない。

参【家族再会のための出入国＝児童の権利条約一〇【国外不法移送・不返還の防止＝児童の権利条約一一

判 ●学校や病院から二〇〇メートル以内での風俗案内所の営業を禁じた京都府条例の規定が、営業の自由を保障する憲法に違反するかが争われた訴訟の上告審で、上告が棄却され、当該規定を合憲とした二審大阪高裁判決が確定した事例（最高判平成二八・一二・一五）

〔学問の自由〕

第二十三条 学問の自由は、これを保障する。

参【思想・良心の自由、信教の自由、表現の自由＝憲法一九～二一【学問・教育の自由、教育の自主性＝憲法一三・二六、教基法二【大学の目的＝教基法七①、学校法八三【教授会の権限等＝学校法九三

判 ●学問の自由、大学の自治と警察権の限界＝大学が真理を探求し、専門学芸を教授研究することを本質とすることから、直接には教授・研究員の研究、学説発表、教授の自由が保障される。…これらの自由と自治の効果として、施設が大学当局によって自治的に管理され、学生も学問の自由と施設の利用を認められる。それゆえに、学生の集会も実社会の政治的活動に当たる場合は、…特別な学問の自由、自治は享有できないし、警察官が入っても、大学の自治を侵すものではない。（最高判（大法廷）昭三八・五・二二、同旨・最高判再上告審昭四八・三・二二 東大ポポロ座事件）

●憲法二三条と教育の自由＝憲法二三条は、教師に対し、自らの正当とする学問的見解を教授する自由をも保障している…。いわゆる下級教育機関における公教育内容の組織化のためにも、教師の教育の自由を尊重しつつ、これに対する指導助言等法的拘束力を有しない方法があり、それが高い識見とすぐれた学問的成果に基づけば、十分の指導性を発揮することができるのであるから、下級教育機関における教授ないし教育の自由を否定するのは妥当でない。…国が教科書の採択に当たって教師の関与を制限したり、あるいは学習指導要領にしてもその細目にわたってこれを法的拘束力あるものとして現場の教師に強制することは教育の自由に照らし妥当ではない。（東京地判昭四五・七・一七 家永第二次教科書訴訟）

●憲法二三条と教育の自由＝憲法の保障する学問の自由には、下級教育機関における教育の自由を含まない…。そこでは教育の対象が心身の発達が十分ではない児童・生徒であり、その教育は普通教育であって、教育の機会均等、教育水準の維持向上を図るため適当な範囲における教育内容、教材、教授方法等の画一化ならびに教育の中立性確保が必然的に要請されること、児童・生徒は十分な批判力もないから、その発達段階に応じた慎重にして適切な教育的配慮が必要であって、教室は学問研究の結果を主張、発表する場ではないことが教育の自由の制約を容認する要素となる。（東京地判昭四九・七・一六 家永第一次教科書訴訟、ほぼ同旨・最高判平成五・三・一六 同第一次訴訟、東京高判平成五・一〇・二〇 同第三次訴訟、ほぼ同旨・横浜地判平成一〇・四・二二、東京高判平成一四・五・二九、最高判平成一七・一二・一 横浜教科書訴訟）

●普通教育の場においても、子どもの教育が教師と子どもとの間の直接の人格的接触を通じ、個性に応じて行なわれなければならないという本質的要請に照らし、一定の範囲における教授の自由が保障されるべきである。（最高判（大法廷）昭五

一・五・二一 北海道旭川学力テスト事件）

●教科書使用義務と学問の自由・教育を受ける権利＝学校法〔旧〕二一条一項の教科書使用義務は教師の教育活動における創意、工夫、自主性の要請を阻害する虞れはなく、〔旧〕教基法一〇条一項の教育への不当な支配となり得ず、憲法二三条の学問の自由、二六条の教育を受ける権利を侵害するとは言えないので、原告の教科書使用義務がないとの主張は採用できない。（福岡高判昭五八・一二・二四、最高判平成二・一・一八伝習館訴訟）

●私立大学における教授会と教員の懲戒処分＝学校法〔旧〕五九条一項から、私立大学においても「重要な事項」については、必ず教授会の議を経なければならない…。右の「重要な事項」…の範囲を確定するに当っては、学問の自由、大学の自治の保障、強化をはかる憲法二三条等の立法趣旨を十分考慮すべきである。〔旧〕教基法六条二項には教員の身分保障が要求されており、そのためには教員の懲戒処分については慎重な制度と手続が必要である。また教特法では国公立大学教員の懲戒処分は一般公務員より慎重な手続を経ることが必要とされている（同法九条等）。以上の点から、私立大学教員の懲戒処分は、教授会の審査を経なければならない。（神戸地決昭五四・一一・一六 親和女子大学賃金支払仮処分事件）

●大学教員が、その担当する学生に単位を与えない方針を決めていたにもかかわらず、所属学部の教員らで構成する会議において学部長から、右学生を卒業させる方向で検討するよう指示をされ、右学生の指導担当教員を変更する措置を講じられたことにより、憲法二三条に基づく成績評価権や名誉を侵害されたとして提起した損害賠償請求等が棄却された事例（大阪高判平成二八・三・二二）

●県立高等学校の校長が生徒会の担当教諭に対する職務命令として教諭が寄稿した回想文を生徒会誌から削除するよう指示した行為が憲法二三条に違反しないとされた事例（最高判平成一六・七・一五 謝罪広告等請求事件）

資 ●教員の地位に関する勧告（特別政府間会議昭四一）＝国際教育法規編所収

●高等教育の教育職員の地位に関する勧告（ユネスコ総会平成九）

〔婚姻、家族生活における個人の尊厳と両性の本質的平等〕

第二十四条 婚姻は、両性の合意のみに基いて成立し、夫婦が同等の権利を有することを基本として、相互の協力により、維持されなければならない。

② 配偶者の選択、財産権、相続、住居の選定、離婚並びに婚姻及び家族に関するその他の事項に関しては、法律は、個人の尊厳と両性の本質的平等に立脚して、制定されなければならない。

参 【婚姻適齢＝民法七三一】【親からの分離禁止と分離の手続＝児童の権利条約九、児童福祉法二八、児童虐待防止法】【親の第一次的養育責任と国の援助＝児童の権利条約一八】【養子縁組＝児童の権利条約二一】

〔生存権、国の生存権保障義務〕

第二十五条 すべて国民は、健康で文化的な最低限度の生活を営む権利を有する。

② 国は、すべての生活部面について、社会福祉、社会保障及び公衆衛生の向上及び増進に努めなければならない。

参 【教育を受ける権利＝憲法二六】【教育扶助＝生活保護法一三】【児童の健康・医療への権利＝児童の権利条約二四、児童福祉法】【児童の社会保障への権利＝児童の権利条約二六、児童福祉法】【児童の生活水準への権利＝児童の権利条約二七、児童扶養手当法、母子寡婦福祉法、児童手当法】

判 ●生存権的基本権と憲法二六条＝憲法二六条は、憲法二五条をうけて、いわゆる生存権的基本権のいわば文化的側面として、国民にひとしく教育を受ける権利を保障し、…国に対し右の教育を受ける権利を実現するための立法その他の措置を講ずべき責務を負わせたものである。（東京地判昭四五・七・一七 家永第二次教科書訴訟）

●生活保護法上、被保護世帯の子弟の義務教育に伴う費用は、教育扶助として保護の対象とされているが（…）、高等学校修学に要する費用は保護の対象とはされていない。しかし、近時においては、ほとんどの者が高等学校に進学する状況であり、高等学校に進学することが自立のために有用であるとも考えられるところであって、生活保護の実務においても、…世帯内修学を認める運用がされるようになってきている…から、被保護世帯において、…子弟の高等学校修学のための費用を蓄える努力をすることは、同法の趣旨目的に反するものではない…。（最高判平成一六・三・一六）

●〔一九八九年改正前の国民年金法が学生を国民年金制度の強制加入被保険者としなかったことについて〕憲法二五条の趣旨にこたえる具体的な立法措置の選択決定は立法府の広い裁量にゆだねられ、それが著しく合理性を欠き明らかに裁量の逸脱、濫用とみざるを得ないような場合を除き、裁判所が審査判断するのに適しない事柄であるが、…受給権者の範囲、支給要件等につき何ら合理的理由のない不当な差別的取扱いをするときは…憲法一四条違反の問題を生じ得る…。…学生は一般に保険料負担能力を有せず、国民年金制度に加入する必要性や実益が常にあるわけではなく、経済的負担の問題や障害者基本法、生活保護法等による諸施策が講じられていることに照らせば、学生に対して国民年金制度への任意加入を認めつつも強制加入被保険者とはしなかったことは、著しく合理性を欠くということはできず、加入等に関する区別が何ら合理的理由のない不当な差別的取扱いであるということもできず、…憲法二五条・一四条一項に違反しない。（最高判平成一九・九・二八、ほぼ同旨・最高判平成一九・一〇・九 学生無年金障害者訴訟）↓一四の判

●子どもの奨学金を収入と認定され、生活保護費を減額されたことにより精神的苦痛を受けたとして、母子が市を相手取り一〇〇万円の損害賠償を求めた訴訟で、市に一〇万円の支払いが命じられた事例（福島地判平成二〇・一・一六）

〔教育を受ける権利、教育を受けさせる義務、義務教育の無償〕

第二十六条 すべて国民は、法律の定めるところにより、その能力に応じて、ひとしく教育を受ける権利を有する。

② すべて国民は、法律の定めるところにより、その保護する子女に普通教育を受けさせる義務を負ふ。義務教育は、これを無償とする。

参【学問の自由＝憲法二三、旧教基法二、教基法二【生存権＝憲法二五

1【教育を受ける権利＝旧教基法三、児童憲章、世界人権宣言二六、国際人権A規約一三、児童の権利条約二八【教育奨励＝教基法四③、学生支援機構法、高校等就学支援金法、大学修学支援法【教育扶助＝生活保護法一一①・一三・三二【障害者の教育への権利＝障害者基本法一六、障害者権利条約二四

2【義務教育＝教基法五、学校法一六～二一【監護教育の権利・義務＝民法八二〇・八五七、学校法一六～一九・一四四【学齢児童等使用者と義務教育＝学校法二〇【入所中の児童の就学措置＝児童福祉法四八【少年院における矯正教育＝少年院法二三【授業料＝学校法六【義務教育費＝教育費負担法【義務教育の無償＝教基法五④、学校法六、教科書無償措置法【義務教育の政治的中立性＝中立確保法三

判

●教育を受ける権利＝憲法二六条は、…生存権的基本権の文化的側面として子どもに教育を受ける権利を保障したものである。子どもは未来における可能性をもつ存在であるから、将来においてその人間性を十分に開花させるべく自ら学習し、事物を知り、これによって自らを成長させることが子どもの生来的権利であり、このような子どもの学習する権利を保障することは国民的課題である。子どもの教育を受ける権利に対応して子どもを教育する責務を担うものは親を中心として国民全体であり、このような国民の教育の責務は、いわゆる国家教育権に対する概念として国民の教育の自由とよばれる。（東京地判昭四五・七・一七 家永第二次教科書訴訟）

●憲法二六条と子どもの学習する権利＝この規定の背後には、国民各自が一個の人間として、また一市民として、成長、発達し、自己の人格を完成するために必要な学習をする固有の権利を有するとの観念が存するが、子どもの教育は、教育を施す者の支配的権能ではなく、何よりも子どもの学習する権利に対応し、その充足をはかりうる立場にある者の責務である。しかし、このようなことからは、教育の内容および方法を、誰が、いかに決定することができるかという問題は当然には導き出せない。（最高判（大法廷）昭五一・五・二一 北海道旭川学力テスト事件）

●国の教育内容決定権の限界＝公共的な問題について国民全体の意見を組織的に決定、実現すべき立場にある国は、国政の一部として広く適切な教育政策を樹立・実施すべく、憲法上は、子ども自身の利益のため、あるいは子どもの成長に対する社会公共の利益にこたえるため、必要かつ相当と認められる範囲において、教育内容について決定する権能を有する…。しかし、本来人間の内面的価値に関する文化的な営みとして、党派的な政治的観念や利害によって支配されるべきでない教育（内容）に対して、国家的介入はできるだけ抑制的であることが要請されるし、…子どもが自由かつ独立の人格として成長することを妨げるような国家的介入、例えば、誤った知識や一方的な観念を子どもに植えつけるような内容の教育を施すことを強制するようなことは、憲法二六条、一三条の規定上からも許されない…。（最高判（大法廷）昭五一・五・二一 北海道旭川学力テスト事件、福岡地判昭五三・七・二八 伝習館訴訟）↓一三の判

●本件通達は、現行学習指導要領に基づき発出されたものであり、現行学習指導要領の国旗・国歌条項は、これからの国際社会に生きていく国民として、我が国の国旗・国歌はもとより諸外国の国旗・国歌に対する正しい認識とそれらを尊重する

態度を育てることが重要であるとの考え方に基づき設定されたものであることからすると、本件通達が誤った知識や一方的な観念を子どもに植えつけ、子どもの自由かつ独立した人格形成を妨げるような内容の教育を施すことを強制するものとは認められず、憲法二六条に違反するものとはいえない。（東京高判平成二三・一・二八　国歌斉唱義務不存在確認等請求訴訟）→一九、二〇の判

●学校による生徒募集の際に説明、宣伝された教育内容や指導方法の一部が変更され、これが実施されなくなったことが、親の期待、信頼を損なう違法なものとして不法行為を構成するのは、当該学校において生徒が受ける教育全体の中での当該教育内容や指導方法の位置付け、当該変更の程度、当該変更の必要性、合理性等の事情に照らし、当該変更が、学校設置者や教師に教育内容や指導方法の変更につき裁量が認められることを考慮してもなお、社会通念上是認することができない…場合に限られる。（最高判平成二一・一二・一〇　江戸川学園道徳教育履行請求事件）

●大学における在学契約の性質＝大学を設置運営する学校法人等（…）と当該大学の学生（…）との間に締結される在学契約は、大学が学生に対して、…教育役務を提供するとともに、これに必要な教育施設等を利用させる義務を負い、他方、学生が大学に対して、これらに対する対価を支払う義務を負うことを中核的な要素とする…。在学契約は、複合的な要素を有するものである以上、…大学の目的や大学の公共性（…）等から、教育法規や教育の理念によって規律されることが予定されており、取引法の原理にはなじまない側面も少なからず有している。以上の点にかんがみると、在学契約は、有償双務契約としての性質を有する私法上の無名契約と解するのが相当である。（最高判平成一八・一一・二七　学納金返還訴訟）

●国立大学法人における在学関係＝国立大学法人の設置する大学に在学する学生とその国立大学法人との…法律関係は、学校法人立の大学におけるそれと同じく、在学契約関係である…。…在学契約は、複合的な要素を有するものである以上、学校教育法（旧）五二条、（旧）六九条の二第一項所定の目的や国立大学の公共性等から、教育法規や教育の理念によって規律されることが予定されており、取引法の原理にはなじまない側面も…有している。以上の点にかんがみると、在学契約は、有償双務契約としての性質を有する無名契約と解するのが相当である。（東京高判平成一九・三・二九）

●憲法二六条二項後段の解釈について＝国が義務教育を提供するさい有償としないこと、つまり保護者に対し子女の普通教育の対価を徴収しないことを定めたものであり、教育提供に対する対価とは授業料を意味するものと認められるから、同条文の無償とは授業料不徴収の意味と解すべきである。（最高判（大法廷）昭三九・二・二六、同旨・初中局長通達昭三六・四・二〇委初四三）

●…高校教育の実態からいえば、高校教育を無償制に近づける方策が望ましいが、現行の諸施策以上に立法措置、予算措置を講じていないことが右裁量権の範囲をこえ又これを濫用するものとはいえないし、また、公立高校と私立高校の授業料等の格差があるとしても、…私立高校に対していかなる程度の助成を行うかは、国がその財政状況、将来の高校進学者数、私学助成の歴史的経過等の要素を総合して決定すべきものであり、私立学校の学費軽減に関する国の施策が高校教育を無償制に近づけるとの観点にたっても憲法二六条違反とはいえない。（大阪地判昭五五・五・一四、同旨・大阪高判昭五九・一一・二九　私立高校生超過学費返還請求事件）

●公立中学生の学習権と教師の教育評価権＝生徒の思想信条の自由は最大限に保障されるべきであり、生徒の自発的な行為であるときには、学校の正常な運営や教育環境が破壊されるなどの恐れがない限り、内申書でマイナスの評価をすることは許されないし、学習権の侵害にあたる。（東京地判昭五四・三・二八　麹町中学内申書事件）

●公立中学生の学習権と教師の教育評価権＝学習権あるいは進学権が万人に保障されたものであるとしても、各人の能力に応じた分量的制約を伴うものである。内申書は本人に有利に又は不利に働くこともあり、本人に有利にしか働かないという内申書制度は不可能である。（東京高判昭五七・五・一九、ほぼ同旨・最高判昭六三・七・一五　麹町中学校内申書事件）

●県立高校の入学者合同選抜の違憲性＝高校の入学者選抜の制度や方法については、教委において諸々の要素を総合考慮して…裁量権の範囲内で決定し得るから、本件合同選抜制度の採用にあたり、県教委が学校間格差を是正することを考慮したからといって、…憲法二六条一項、（旧）教基法三条一項の許容する裁量権の範囲を逸脱するものといえず、また学校選択の自由の不当な制限にもあたらない。（大分地判昭六二・二・二三）→教基法四の判

●筋ジストロフィー症の市立高校入学志願者に対し校長が行った入学不許可処分＝当該高校への入学許否の処分は、…校長の裁量的判断に任される。しかし、その判断が憲法その他の法令（…）から導き出される諸原則に反する場合には、その処分は違法となる。また、県教委が定めた入学選抜要綱…に定められた手続を著しく逸脱し、さら

に処分が事実の誤認に基づいていたり、その内容が社会通念に照らして著しく不合理である場合は、裁量権の逸脱、濫用としてその処分が違法となる。(神戸地判平成四・三・一三、神戸地決平成三・七・一二 同高校入学不許可処分執行停止申立事件ー申立ての利益を欠くとして却下)→一四の判、教基法四の判

●肢体不自由を理由とする特殊学級入級措置処分と憲法二六条＝教育を受ける権利などを定めた憲法二六条、幸福追求権などを定めた憲法一三条等は、子どもまたは親に対し、普通学級と特殊学級のいずれに所属するかを選択する権利を保障しているとはいえない。学校教育法上、子どもを普通学級と特殊学級のいずれかに所属させるかを決定する権限は校長にあり、この制度は憲法二六条違反ではない。(旭川地判平成五・一〇・二六、ほぼ同旨・札幌高判平成六・五・二四)→一三、一四の判

●市立養護学校への就学を拒否された児童につき、市教委が当該児童を同養護学校に就学させるべき旨の仮の指定を行うよう命じられた事例(大阪地決平成一九・八・一〇)→教基法五の判

●小学校では普通学級で学んでいた障害児の中学進学に際し、特別支援学校に就学させるべきとした教育委員会の判断が、著しく妥当性を欠き、特別支援教育の理念を没却するものとして、その裁量権を逸脱または濫用し違法であるとされた事例(奈良地決平成二一・六・二六)

●マイノリティの教育権＝(憲法二六条一項・旧教基法三条一項により)国は、国民の教育を受ける権利が現実に保障されるよう教育制度を整備すべき法的義務を負う…が、これらの規定が、…マイノリティの教育権という具体的な権利を直接保障していると認めることも困難である。(大阪地判平成二〇・一・二三、同旨・大阪高判平成二〇・一一・二七)→児童の権利条約三〇の判、教基法四の判

●市立中学校に在籍していた在日韓国人の生徒の母親が、同校校長の「外国籍生徒は義務教育学校への就学義務はない」との発言を受けて当該生徒の退学届を提出したところ、校長が当該生徒の意見を聴取することなく退学届を受理したことにつき、義務教育を受ける権利の侵害等を理由に損害賠償が請求された事案で、市の国家賠償責任が認められた事例(大阪地判平成二〇・九・二六)

●学校法人大阪朝鮮学園が、大阪府と同市による補助金の不支給決定の取消しなどを求めた訴訟で、不支給決定は裁量の範囲内とされ請求が棄却された事例(大阪地判平成二九・一・二六、同旨・大阪高判平成三〇・三・二〇)

●高校等就学支援金の支給措置から朝鮮高校を除外した国の処分について、学校法人広島朝鮮学園および広島朝鮮高級学校の生徒らが就学支援金支給校不指定処分の取消し、支給校指定の義務付けおよび損害賠償を求めた訴訟で、支給校指定の義務付けの訴えが却下され、その余の請求が棄却された事例(広島地判平成二九・七・一九、同種事案につきほぼ同旨・東京地判平成二九・九・一三、名古屋地判平成三〇・四・二七、大阪高判平成三〇・九・二七、福岡地小倉支判平成三一・三・一四、最高決令和元・八・二七)→教基法一六の判

●大阪の朝鮮高校を高校等就学支援金の支給措置の適用対象から外した国の対応の是非が争われた訴訟で、学校側の請求が全面的に認められ、支給校不指定処分の取消し、指定の義務付けが命じられた事例(大阪地判平成二九・七・二八)→教基法一六の判

行 ●義務教育公費負担分の父兄負担軽減について(東京都立学校長宛都教育長通達昭四二・三・二〇)

資 学習権宣言(ユネスコ国際成人教育会議昭六〇)＝国際教育法規編所収

〔勤労の権利・義務、勤労条件の基準、児童酷使の禁止〕

第二十七条 すべて国民は、勤労の権利を有し、義務を負ふ。

② 賃金、就業時間、休息その他の勤労条件に関する基準は、法律でこれを定める。

③ 児童は、これを酷使してはならない。

参 3【児童福祉の保障＝児童の権利条約二四・二六、児童憲章、児童福祉法 【児童虐待等の禁止＝児童の権利条約一九・三二～三六、児童福祉法三四、児童虐待防止法 【年少者の労働＝児童の権利条約三二、労基法五六～六四、船員法八四～八六

判 ●教職員の宿直と労基法四一条三号、憲法二七条等について＝教職員の宿直は労基法四一条三号の断続的労働に当たるので、八時間労働の原則を規定した労基法三二条、憲法二七条に違反しない。(東京高判昭三八・一〇・二二、福岡高判昭三八・一二・一〇)

行 ●年少者の就業の件(婦少局・学教局長通達昭二三・一一・一婦発四五)

●新聞配達業務に従事する満一五未満の児童の就労保護について(婦少局・労基局長通達昭三一・一二・二二婦発二六五、初中局長通達昭三一・一二・二二国初一一六)→学校法二〇の行

〔勤労者の団結権・団体交渉権その他の団体行動権〕

第二十八条　勤労者の団結する権利及び団体交渉その他の団体行動をする権利は、これを保障する。

参【争議行為の禁止＝地公法三七①・六一4、国公法九八②・一一〇①16　【職員団体＝地公法五二・五三・五五・五五の二・五六、国公法一〇八の二・一〇八の三・一〇八の五～一〇八の七

判 ●教育公務員の争議権と公共の福祉＝教職員が、…同盟罷業を行なったならば、…国民の教育を受ける権利を一応侵害することになるが、学校の年間教育に及ぼすべき支障はきわめて僅少であり、それによって住民が蒙るべき実質的な不利益は比較的軽微であったというべきであり、これら同盟罷業は、公共の福祉に反するおそれのないことは明らかである。（佐賀地判昭三七・八・二七　佐教組事件、同昭四六・八・一〇　同懲戒処分事件、福岡地判昭三七・一二・二一　福教組事件、福岡高判昭四二・一二・一八　同佐教組・福教組事件、最高判昭四六・三・二三　同上事件）

●地方公務員の争議行為の一律禁止と刑事罰の合憲性＝地公法三七条、六一条四号の規定が、文字通りに地方公務員のいっさいの争議行為を禁止し、これらの争議行為をそそのかし、あおる等の行為をすべて処罰できると解すれば、それは公務員の労働基本権を保障した憲法の趣旨に反し、必要やむを得ない限度をこえて争議行為を禁止し、かつ必要最小限度にとどめなければならないとの要請を無視し、その限度をこえて刑罰の対象としているこれらの規定は、違憲の疑を免れない。（最高判（大法廷）昭四四・四・二　都教組勤評事件、大阪高判昭四三・三・二九、最高判昭四五・七・一六　和教組事件）

●公務員の争議行為の一律禁止と刑事罰の合憲性＝①公務員が争議行為に及ぶことは、その地位の特殊性および職務の公共性と相容れないばかりでなく、多かれ少なかれ公務の停廃をもたらし、国民全体の利益に重大な影響を及ぼす、②公務員の勤務条件の決定は、私企業の場合と異なり、国会の制定する法律と予算によって定められるが、公務員が争議行為によってこれに影響を及ぼすことは、右の決定についての正常かつ民主的な過程をゆがめる、③公務員の争議行為の禁止については、有効な代償措置制度が設けられている。（最高判（大法廷）昭四八・四・二五　全農林事件、最高判（大法廷）昭五一・五・二一　岩教組学テ事件）

●地公法三七条一項と教職員の争議行為＝教職員の職務は公共性の強いものであるが、教育計画は絶対的、不可変的なものでなく日常的にある程度の弾力性、柔軟性をもって実施されており、争議行為が行われてもその職務の停廃が容易に回復できる範囲のものである場合は、地方住民への影響は重大とは思われないし、地公法三七条一項に反しない。（佐賀地判昭四六・八・一〇、福岡高判昭五八・五・二七、最高判昭六三・一・二一　佐教組懲戒処分事件、ほぼ同旨・東京地判昭四六・一〇・一五　都教組懲戒処分事件）

●地方公務員の争議行為禁止と代償措置＝勤務条件の法定及び人事委員会又は公平委員会の制度等は、地方公務員について経済的地位の向上を図るための勤務条件を実現できる有効性を期待し得るものと解され、地方公務員の争議行為の一律禁止に見合う代償措置と評価することができ、地方公務員の争議行為を一律に禁止する地公法三七条一項は、憲法二八条に違反するとはいえない。（札幌地判平成二〇・七・七）↓九八の判

●市教職員組合が、労働組合等への便宜供与を一律に禁止する市の労使関係条例を根拠として教研集会のための市立小学校の使用につき不許可処分をしたのは違法だとして市に損害賠償等を求めた事案で、賠償請求が認容されるとともに、該条例が不許可処分を適法化するために適用される限りにおいて憲法二八条に違反し無効となるとされた事例（大阪地判平成二六・一一・二六）

〔財産権の保障〕

第二十九条　財産権は、これを侵してはならない。

② 財産権の内容は、公共の福祉に適合するやうに、法律でこれを定める。

③ 私有財産は、正当な補償の下に、これを公共のために用ひることができる。

参【未成年者の行為能力＝民法五

〔納税の義務〕

第三十条　国民は、法律の定めるところにより、納税の義務を負ふ。

〔法定の手続の保障〕

第三十一条　何人も、法律の定める手続によらなければ、その生命若しくは自由を奪はれ、又はその他の刑罰を科せられない。

参【児童に対する適正手続の保障＝児童の権利条約三七、少年法

判 ●地公法三七条・六一条四号と刑法上の適正手続＝地公法で実行行為者を罰せず、扇動行為者を罰するのは一般刑法上特異であるから、扇動行為者を処罰する場合は、よほど違法性が強くなければならない。そうでない限りは、憲法三一条に違反する。（福岡高判昭四二・一二・一八）

●地公法三七条一項と憲法三一条＝地公法三七条一項の規定は、いかなる職務の地方公務員のいかなる種類・態様の争議行為が禁止されているのか、必ずしも明確であるとはいいがたい。このような漠然とした犯罪構成要件の規定のしかたは、憲法三一条ならびに罪刑法定主義に反する疑いがある。（東京地判昭四六・一〇・一五　都教組懲戒処分事件）

●教科書検定制度と法治主義＝憲法は、一般に行政処分ないしその手続に関しては、事柄の性質の多様性にかんがみて直接には明文の規定を設けず、むしろ法治主義の原則によって国民の権利自由を保障しようとしている…。そして学校法〔旧〕二一条は教科書検定権限を文部大臣に付与しているだけではあるが、検定の基準、手続をどの範囲まで下位法に委ねるかは、結局は立法の裁量に属するというべきであるから、現行検定制度が法治主義原則に反するとはいえない。（東京地判昭四五・七・一七　家永第二次教科書訴訟、ほぼ同旨・東京地判昭四九・七・一六　同第一次教科書訴訟、東京地判平成元・一〇・三　同第三次訴訟）

●福岡県青少年保護育成条例〔現在廃止〕一〇条一項にいう「淫行」とは、…青少年を誘惑し、威迫し、欺罔しまたは困惑させる等その心身の未成熟に乗じた不当な手段により行う性交または性交類似行為のほか、青少年を単に自己の性的欲望を満足させるための対象として扱っているとしか認められないような性交または性交類似行為をいうものと解するのが相当である。「淫行」の意義を右のように解釈するときは、…処罰の範囲が不当に広すぎるとも不明確であるともいえないから、本件各規定が本条に違反するものとはいえない。（最高判（大法廷）昭六〇・一〇・二三）

〔裁判を受ける権利〕

第三十二条　何人も、裁判所において裁判を受ける権利を奪はれない。

〔逮捕の要件〕

第三十三条　何人も、現行犯として逮捕される場合を除いては、権限を有する司法官憲が発し、且つ理由となつてゐる犯罪を明示する令状によらなければ、逮捕されない。

〔抑留・拘禁の要件・不法拘禁に対する保障〕

第三十四条　何人も、理由を直ちに告げられ、且つ、直ちに弁護人に依頼する権利を与へられなければ、抑留又は拘禁されない。又、何人も、正当な理由がなければ、拘禁されず、要求があれば、その理由は、直ちに本人及びその弁護人の出席する公開の法廷で示されなければならない。

〔住居侵入・捜索・押収に対する保障〕

第三十五条　何人も、その住居、書類及び所持品について、侵入、捜索及び押収を受けることのない権利は、第三十三条の場合を除いては、正当な理由に基いて発せられ、且つ捜索する場所及び押収する物を明示する令状がなければ、侵されない。

②　捜索又は押収は、権限を有する司法官憲が発する各別の令状により、これを行ふ。

〔拷問及び残虐な刑罰の絶対的禁止〕

第三十六条　公務員による拷問及び残虐な刑罰は、絶対にこれを禁ずる。

〔刑事被告人の諸権利〕

第三十七条　すべて刑事事件においては、被告人は、公平な裁判所の迅速な公開裁判を受ける権利を有する。

②　刑事被告人は、すべての証人に対して審問する機会を充分に与へられ、又、公費で自己のために強制的手続により証人を求める権利を有する。

③　刑事被告人は、いかなる場合にも、資格を有する弁護人を依頼することができる。被告人が自らこれを依頼することができないときは、国でこれを附する。

〔自己に不利益な供述、自白の証拠能力〕

第三十八条　何人も、自己に不利益な供述を強要されない。

②　強制、拷問若しくは脅迫による自白又は不当に長く抑留若しくは拘禁された後の自白は、これを証拠とすることができない。

③　何人も、自己に不利益な唯一の証拠が本人の自白である場合には、有罪とされ、又は刑罰を科せられない。

〔遡及処罰の禁止、一事不再理〕

第三十九条　何人も、実行の時に適法であつた行為又は既に無罪とされた行為については、刑事上の責任を問はれない。又、同一の犯罪について、重ねて刑事上の責任を問はれない。

〔刑事補償〕

第四十条　何人も、抑留又は拘禁された後、無罪の裁判を受けたときは、法律の定めるところにより、国にその補償を求めることができる。

第四章　国会

〔国会の地位、立法権〕

第四十一条　国会は、国権の最高機関であつて、国の唯一の立法機関である。

判 ●教科書は、内容が正確かつ中立・公正であり、当該学校の目的、教育の目標、教科の内容に適合し、内容の程度が児童、生徒の心身の発達段階に応じたもので、児童、生徒の使用の便宜にかなうものでなければならない…。そして、旧検定規則、旧検定基準は、…関係法律から明らかな教科書の要件を審査の内容及び基準として具体化したものにすぎず、文部大臣が、学校教育法八八条の規定に基づいて、右審査の内容及び基準並びに検定の施行細則である検定の手続を定めたことが、法律の委任を欠くとまではいえない。したがって、本件検定が憲法一三条、四一条、七三条六号の規定に違反するとの論旨は、その前提を欠き、失当である。（最高判平成九・八・二九）

〔両院制〕

第四十二条　国会は、衆議院及び参議院の両議院でこれを構成する。

〔両議院の組織〕

第四十三条　両議院は、全国民を代表する選挙された議員でこれを組織する。

② 両議院の議員の定数は、法律でこれを定める。

〔議員及び選挙人の資格〕

第四十四条　両議院の議員及びその選挙人の資格は、法律でこれを定める。但し、人種、信条、性別、社会的身分、門地、教育、財産又は収入によつて差別してはならない。

〔衆議院議員の任期〕

第四十五条　衆議院議員の任期は、四年とする。但し、衆議院解散の場合には、その期間満了前に終了する。

〔参議院議員の任期〕

第四十六条　参議院議員の任期は、六年とし、三年ごとに議員の半数を改選する。

〔選挙に関する事項〕

第四十七条　選挙区、投票の方法その他両議院の議員の選挙に関する事項は、法律でこれを定める。

〔両議院議員兼職の禁止〕

第四十八条　何人も、同時に両議院の議員たることはできない。

〔議員の歳費〕

第四十九条　両議院の議員は、法律の定めるところにより、国庫から相当額の歳費を受ける。

〔議員の不逮捕特権〕

第五十条　両議院の議員は、法律の定める場合を除いては、国会の会期中逮捕されず、会期前に逮捕された議員は、その議院の要求があれば、会期中これを釈放しなければならない。

〔議員の発言・表決の無責任〕

第五十一条　両議院の議員は、議院で行つた演説、討論又は表決について、院外で責任を問はれない。

〔常会〕

第五十二条　国会の常会は、毎年一回これを召集する。

〔臨時会〕

第五十三条　内閣は、国会の臨時会の召集を決定することができる。いづれかの議院の総議員の四分の一以上の要求があれば、内閣は、その召集を決定しなければならない。

〔衆議院の解散、特別会、参議院の緊急集会〕

第五十四条　衆議院が解散されたときは、解散の日から四十日以内に、衆議院議員の総選挙を行ひ、その選挙の日から三十日以内に、国会を召集しなければならない。

② 衆議院が解散されたときは、参議院は、同時に閉会となる。但し、内閣は、国に緊急の必要があるときは、参議院の緊急集会を求めることができる。

③ 前項但書の緊急集会において採られた措置は、臨時のものであつて、次の国会開会の後十日以内に、衆議院の同意がない場合には、その効力を失ふ。

〔議員の資格争訟〕

第五十五条　両議院は、各〻その議員の資格に関する争訟を裁判する。但し、議員の議席を失はせるには、出席議員の三分の二以上の多数による議決を必要とする。

〔定足数・表決〕

第五十六条 両議院は、各〻その総議員の三分の一以上の出席がなければ、議事を開き議決することができない。

② 両議院の議事は、この憲法に特別の定のある場合を除いては、出席議員の過半数でこれを決し、可否同数のときは、議長の決するところによる。

〔会議の公開、秘密会、会議録、表決の記載〕

第五十七条 両議院の会議は、公開とする。但し、出席議員の三分の二以上の多数で議決したときは、秘密会を開くことができる。

② 両議院は、各〻その会議の記録を保存し、秘密会の記録の中で特に秘密を要すると認められるもの以外は、これを公表し、且つ一般に頒布しなければならない。

③ 出席議員の五分の一以上の要求があれば、各議員の表決は、これを会議録に記載しなければならない。

〔役員の選任、議院規則・懲罰〕

第五十八条 両議院は、各〻その議長その他の役員を選任する。

② 両議院は、各〻その会議その他の手続及び内部の規律に関する規則を定め、又、院内の秩序をみだした議員を懲罰することができる。但し、議員を除名するには、出席議員の三分の二以上の多数による議決を必要とする。

〔法律案の議決、衆議院の優越〕

第五十九条 法律案は、この憲法に特別の定のある場合を除いては、両議院で可決したとき法律となる。

② 衆議院で可決し、参議院でこれと異なつた議決をした法律案は、衆議院で出席議員の三分の二以上の多数で再び可決したときは、法律となる。

③ 前項の規定は、法律の定めるところにより、衆議院が、両議院の協議会を開くことを求めることを妨げない。

④ 参議院が、衆議院の可決した法律案を受け取つた後、国会休会中の期間を除いて六十日以内に、議決しないときは、衆議院は、参議院がその法律案を否決したものとみなすことができる。

〔衆議院の予算先議、予算議決に関する優越〕

第六十条 予算は、さきに衆議院に提出しなければならない。

② 予算について、参議院で衆議院と異なつた議決をした場合に、法律の定めるところにより、両議院の協議会を開いても意見が一致しないとき、又は参議院が、衆議院の可決した予算を受け取つた後、国会休会中の期間を除いて三十日以内に、議決しないときは、衆議院の議決を国会の議決とする。

〔条約の国会承認と衆議院の優越〕

第六十一条 条約の締結に必要な国会の承認については、前条第二項の規定を準用する。

〔議院の国政調査権〕

第六十二条 両議院は、各〻国政に関する調査を行ひ、これに関して、証人の出頭及び証言並びに記録の提出を要求することができる。

〔国務大臣の議院出席の権利と義務〕

第六十三条 内閣総理大臣その他の国務大臣は、両議院の一に議席を有すると有しないとにかかはらず、何時でも議案について発言するため議院に出席することができる。又、答弁又は説明のため出席を求められたときは、出席しなければならない。

〔弾劾裁判所〕

第六十四条 国会は、罷免の訴追を受けた裁判官を裁判するため、両議院の議員で組織する弾劾裁判所を設ける。

② 弾劾に関する事項は、法律でこれを定める。

第五章　内閣

〔行政権と内閣〕

第六十五条 行政権は、内閣に属する。

〔内閣の組織、国会に対する連帯責任〕

第六十六条 内閣は、法律の定めるところにより、その首長たる内閣総理大臣及びその他の国務大臣でこれを組織する。

② 内閣総理大臣その他の国務大臣は、文民でなければならない。

③ 内閣は、行政権の行使について、国会に対し連帯して責任を負ふ。

〔内閣総理大臣の指名、衆議院の優越〕

第六十七条　内閣総理大臣は、国会議員の中から国会の議決で、これを指名する。この指名は、他のすべての案件に先だつて、これを行ふ。

② 衆議院と参議院とが異なつた指名の議決をした場合に、法律の定めるところにより、両議院の協議会を開いても意見が一致しないとき、又は衆議院が指名の議決をした後、国会休会中の期間を除いて十日以内に、参議院が、指名の議決をしないときは、衆議院の議決を国会の議決とする。

〔国務大臣の任命及び罷免〕

第六十八条　内閣総理大臣は、国務大臣を任命する。但し、その過半数は、国会議員の中から選ばれなければならない。

② 内閣総理大臣は、任意に国務大臣を罷免することができる。

〔衆議院の内閣不信任、内閣の総辞職〕

第六十九条　内閣は、衆議院で不信任の決議案を可決し、又は信任の決議案を否決したときは、十日以内に衆議院が解散されない限り、総辞職をしなければならない。

〔内閣総理大臣の欠缺・新国会の召集と内閣の総辞職〕

第七十条　内閣総理大臣が欠けたとき、又は衆議院議員総選挙の後に初めて国会の召集があつたときは、内閣は、総辞職をしなければならない。

〔総辞職後の内閣の職務〕

第七十一条　前二条の場合には、内閣は、あらたに内閣総理大臣が任命されるまで引き続きその職務を行ふ。

〔内閣総理大臣の職務〕

第七十二条　内閣総理大臣は、内閣を代表して議案を国会に提出し、一般国務及び外交関係について国会に報告し、並びに行政各部を指揮監督する。

〔内閣の事務〕

第七十三条　内閣は、他の一般行政事務の外、左の事務を行ふ。

一　法律を誠実に執行し、国務を総理すること。

二　外交関係を処理すること。

三　条約を締結すること。但し、事前に、時宜によつては事後に、国会の承認を経ることを必要とする。

四　法律の定める基準に従ひ、官吏に関する事務を掌理すること。

五　予算を作成して国会に提出すること。

六　この憲法及び法律の規定を実施するために、政令を制定すること。但し、政令には、特にその法律の委任がある場合を除いては、罰則を設けることができない。

七　大赦、特赦、減刑、刑の執行の免除及び復権を決定すること。

〔法律・政令の署名・連署〕

第七十四条　法律及び政令には、すべて主任の国務大臣が署名し、内閣総理大臣が連署することを必要とする。

〔国務大臣の訴追〕

第七十五条　国務大臣は、その在任中、内閣総理大臣の同意がなければ、訴追されない。但し、これがため、訴追の権利は、害されない。

第六章　司法

〔司法権、裁判所、特別裁判所の禁止、裁判官の独立〕

第七十六条　すべて司法権は、最高裁判所及び法律の定めるところにより設置する下級裁判所に属する。

② 特別裁判所は、これを設置することができない。行政機関は、終審として裁判を行ふことができない。

③ すべて裁判官は、その良心に従ひ独立してその職権を行ひ、この憲法及び法律にのみ拘束される。

参 ②【行政機関の審判と司法裁判との関係＝国公法三③④、地公法八⑧⑨

判 ●学校教育措置と司法審査＝…国立大学の在学関係を特別権力関係と解すべき合理的理由はない。しかし、その国立大学でも学生に対する教育的措置について全面的に司法審査が及ぶものではなく、学生の権利・利益と大学教育の専門性・自律性との較量のうえ、司法審査の対象とするか否かを決めるべきである。（金沢地判昭四六・三・一〇）

●学校教育措置と司法審査＝大学は、…学生の教育と学術の研究とを目的とする教育研究施設であって、その設置目的を達成するために必要な諸事項については、…学則等によりこれを規定し、これを実施することのできる自律的、包括的な権能を有し、一般市民社会とは異なる特殊な部分社会を形成しているのであるから、…大学における法律上の係争のすべてが当然に裁判所の司法審査の対象になるものではなく、一般市民法秩序と直接の関係を有しない内部的な問題は右司法審査の対象から除かれる…。…〔単位認定行為は〕学生が当該授業科目を履修し試験に合格したことを確認する教育上の措置であり、卒業の要件をなすものではあるが、…それが一般市民法秩序との直接の関係を有するものであることを肯認するに足りる特段の事情のない限り、純然たる大学内部の問題として大学の自主的、自律的な判断に委ねられるべきものであって、裁判所の司法審査の対象にはならない。（最高判昭五二・三・一五　富山大学単位不認定事件）

●学校教育措置と司法審査＝〔国立大学法人の設置する大学は〕国が財政の基盤を与え、運営の大枠に関与する公の営造物であるから、入学試験における合否の判定にあたり、憲法及び法令に反する判定基準、例えば、合理的な理由なく、年齢、性別、社会的身分等によって差別が行なわれたことが明白である場合には、…医師としての資質、学力の有無とは直接関係のない事柄によって合否の判定が左右されたことが明らかであるということになり（いわゆる他事考慮）、…国立大学に与えられた裁量権を逸脱、濫用したものと判断するのが相当である。…そのような他事考慮がなされたかどうか、なされたとしてその他事考慮が許されるものであるかどうかの問題は、…裁判所が具体的に法令を適用して審判しうる事柄である…。（東京高判平成一九・三・二九）

●学校教育措置と司法審査＝高等学校は、…高等普通教育及び専門教育を目的とする学校であり、本件高校は、都立高等学校として、学校側にその教育目的達成に必要な限度で教育的裁量が認められるが、その反面、公の教育施設として市民の利用に供され、その利用関係は一般市民法秩序と深くかかわりを有するものであるところ、本件原級留置処分は、…控訴人に対し本件高校第二学年としての利用の拒否を受忍させる法的効果を有するものであるから、控訴人の市民法秩序における権利義務に影響を与えるものとして抗告訴訟の対象となる…。本件単位認定の適否も、…そのまま本件処分に結びつくことになっているから、やはり司法審査の対象となる…。（東京高判昭六二・一二・一六　都立大山高校事件）

〔裁判所の規則制定権〕

第七十七条　最高裁判所は、訴訟に関する手続、弁護士、裁判所の内部規律及び司法事務処理に関する事項について、規則を定める権限を有する。

② 検察官は、最高裁判所の定める規則に従はなければならない。

③ 最高裁判所は、下級裁判所に関する規則を定める権限を、下級裁判所に委任することができる。

〔裁判官の身分保障〕

第七十八条　裁判官は、裁判により、心身の故障のために職務を執ることができないと決定された場合を除いては、公の弾劾によらなければ罷免されない。裁判官の懲戒処分は、行政機関がこれを行ふことはできない。

〔最高裁判所の裁判官、国民審査、定年、報酬〕

第七十九条　最高裁判所は、その長たる裁判官及び法律の定める員数のその他の裁判官でこれを構成し、その長たる裁判官以外の裁判官は、内閣でこれを任命する。

② 最高裁判所の裁判官の任命は、その任命後初めて行はれる衆議院議員総選挙の際国民の審査に付し、その後十年を経過した後初めて行はれる衆議院議員総選挙の際更に審査に付し、その後も同様とする。

③ 前項の場合において、投票者の多数が裁判官の罷免を可とするときは、その裁判官は、罷免される。

④ 審査に関する事項は、法律でこれを定める。

⑤ 最高裁判所の裁判官は、法律の定める年齢に達した時に退官する。

⑥ 最高裁判所の裁判官は、すべて定期に相当額の報酬を受ける。この報酬は、在任中、これを減額することができない。

〔下級裁判所の裁判官〕

第八十条　下級裁判所の裁判官は、最高裁判所の指名した者の名簿によつて、内閣でこれを任命する。その裁判官は、任期を十年とし、再任されることができる。但し、法律の定める年齢に達した時には退官する。

② 下級裁判所の裁判官は、すべて定期に相当額の報酬を受ける。この報酬は、在任中、これを

減額することができない。

〔法令審査権と最高裁判所〕

第八十一条　最高裁判所は、一切の法律、命令、規則又は処分が憲法に適合するかしないかを決定する権限を有する終審裁判所である。

判　●教科書検定の制度違憲性＝学校法〔旧〕二一条一項、〔旧〕五一条、旧検定規則、旧検定基準等に基づく検定は、憲法二三条、二一条、二三条、二六条等に違反しない。（最高判平成五・三・一六、最高判平成九・八・二九）

●教科書検定の運用（適用）違憲性＝本件不合格処分は教科書執筆者としての思想（…）内容を事前審査するものというべきであるから、憲法二一条二項の禁止する検閲に該当〔する〕。（東京地判昭四五・七・一七　家永第二次教科書訴訟）

●教科書検定の運用（適用）違憲性＝本件検定が、制度の目的及び趣旨に従って行われる限り、…教科書の執筆等に一定の制約が生じるとしても、適用上違憲になるということはない。教科書の検定が、教育に対する不当な介入を意図する目的の下に、検定制度の目的、趣旨を逸脱して行われるようなことがあれば、適用上の違憲の問題も生じ得るが、…本件検定処分等を通じてそのような運用がされたとは認められない…。（最高判平成九・八・二九　家永第三次教科書訴訟）

〔裁判の公開〕

第八十二条　裁判の対審及び判決は、公開法廷でこれを行ふ。

②　裁判所が、裁判官の全員一致で、公の秩序又は善良の風俗を害する虞があると決した場合には、対審は、公開しないでこれを行ふことができる。但し、政治犯罪、出版に関する犯罪又はこの憲法第三章で保障する国民の権利が問題となつてゐる事件の対審は、常にこれを公開しなければならない。

第七章　財政

〔財政処理の基本原則〕

第八十三条　国の財政を処理する権限は、国会の議決に基いて、これを行使しなければならない。

〔課税の法律主義〕

第八十四条　あらたに租税を課し、又は現行の租税を変更するには、法律又は法律の定める条件によることを必要とする。

〔国費支出と国の債務負担〕

第八十五条　国費を支出し、又は国が債務を負担するには、国会の議決に基くことを必要とする。

〔予算の作成と国会の議決〕

第八十六条　内閣は、毎会計年度の予算を作成し、国会に提出して、その審議を受け議決を経なければならない。

〔予備費〕

第八十七条　予見し難い予算の不足に充てるため、国会の議決に基いて予備費を設け、内閣の責任でこれを支出することができる。

②　すべて予備費の支出については、内閣は、事後に国会の承諾を得なければならない。

〔皇室財産・皇室の費用〕

第八十八条　すべて皇室財産は、国に属する。すべて皇室の費用は、予算に計上して国会の議決を経なければならない。

〔公の財産の支出又は利用の制限〕

第八十九条　公金その他の公の財産は、宗教上の組織若しくは団体の使用、便益若しくは維持のため、又は公の支配に属しない慈善、教育若しくは博愛の事業に対し、これを支出し、又はその利用に供してはならない。

参　【教育事業への公金等の支出・提供と公の支配】＝教基法八・一五②、私学法五九、社教法一二・一三

判　●「公の支配」に属する事業とは、国又は公共団体が人事、組織、予算等について根本的に支配することまで必要とする趣旨ではなく、私立学校に対する公的助成は、…私立学校の自主性、独立性を害し、あるいは私立学校の基礎となっている特定の信念、主義、思想等を助長することにより、思想、良心及び学問に対する国家の公正、中立性が損なわれない限り許される。（千葉地判昭六一・五・二八）

●「公の支配」とは、公の機関が、国民の自由な活動に対し、国民の自律作用による弊害発生の抑制が効果的になされる基盤となる組織及び内容を要求し、あるいは指揮、監督及び処分を行なう等の強制的手段を加え、国民の社会、文化に一定の秩序を与えることをいい、教育における一定の秩序とは、国民が…教育の自由及び教育を受ける権利を有することに鑑み、父母、教員らが教育の自由を確保しつつ、国民が教育の事業により、教育

を受け得ることであり、また、右支配により濫費が防止されることとなると解される。（浦和地判昭六一・六・九、東京高判平成二・一・二九）

●国立大学の構内に神社を存置することは憲法八九条の精神に反するが、私人の信教の自由を侵害するものではないなどとして、私人の大学に対する損害賠償請求が棄却された事例（東京高判平成一六・七・一四）

行 ●憲法八九条にいう教育の事業について＝学校教育やこれに類似する講習のように人を教え導くための一定の目標や計画に従って行なわれる事業をいうのであって、それ以外のこれらに関連のある事業までは含まない。（法制局第一部長回答昭三二・二・二二法制局一発八）

〔決算・会計検査院〕

第九十条　国の収入支出の決算は、すべて毎年会計検査院がこれを検査し、内閣は、次の年度に、その検査報告とともに、これを国会に提出しなければならない。

② 会計検査院の組織及び権限は、法律でこれを定める。

〔内閣の財政状況報告〕

第九十一条　内閣は、国会及び国民に対し、定期に、少くとも毎年一回、国の財政状況について報告しなければならない。

第八章　地方自治

〔地方自治の基本原則〕

第九十二条　地方公共団体の組織及び運営に関する事項は、地方自治の本旨に基いて、法律でこれを定める。

参 【地方自治の本旨＝自治法一、教基法一六、地方教育行政法一【地方公共団体の教育事務＝自治法二②⑤【教育委員会の事務等＝自治法一八〇の八

判 ●文部大臣は、地方教育行政法（旧）五四条二項によっては地教委に対し本件学力テストの実施をその義務として、要求をすることができないのであるから、このような要求をすることは、教育に関する地方自治の原則に反する。しかし、このことはただちに地教委の実施した学力テストが地方自治の原則に違反することになるのではなく、地教委が自らの判断と意見に基づき、その有する権限の行使としてした実施行為は地方自治の原則に違反しない。（最高判（大法廷）昭五一・五・二一　旭川学力テスト事件）

〔地方公共団体の機関とその直接選挙〕

第九十三条　地方公共団体には、法律の定めるところにより、その議事機関として議会を設置する。

② 地方公共団体の長、その議会の議員及び法律の定めるその他の吏員は、その地方公共団体の住民が、直接これを選挙する。

〔地方公共団体の権能・条例〕

第九十四条　地方公共団体は、その財産を管理し、事務を処理し、及び行政を執行する権能を有し、法律の範囲内で条例を制定することができる。

参 【地方公共団体の教育事務＝自治法二②⑤【必要的条例事項（教育事務）＝自治法一四②

〔特別法の住民投票〕

第九十五条　一の地方公共団体のみに適用される特別法は、法律の定めるところにより、その地方公共団体の住民の投票においてその過半数の同意を得なければ、国会は、これを制定することができない。

第九章　改正

〔憲法改正の手続、その公布〕

第九十六条　この憲法の改正は、各議院の総議員の三分の二以上の賛成で、国会が、これを発議し、国民に提案してその承認を経なければならない。この承認には、特別の国民投票又は国会の定める選挙の際行はれる投票において、その過半数の賛成を必要とする。

② 憲法改正について前項の承認を経たときは、天皇は、国民の名で、この憲法と一体を成すものとして、直ちにこれを公布する。

参 【憲法改正手続＝憲法改正手続法

第十章　最高法規

〔基本的人権の本質〕

第九十七条　この憲法が日本国民に保障する基本的人権は、人類の多年にわたる自由獲得の努力の成果であつて、これらの権利は、過去幾多の試錬に堪へ、現在及び将来の国民に対し、侵す

ことのできない永久の権利として信託されたものである。

〔憲法の最高法規性、条約・国際法規の遵守〕

第九十八条　この憲法は、国の最高法規であつて、その条規に反する法律、命令、詔勅及び国務に関するその他の行為の全部又は一部は、その効力を有しない。

② 日本国が締結した条約及び確立された国際法規は、これを誠実に遵守することを必要とする。

判 ●公務員の争議行為禁止措置を否定する国際慣習法は、現存するものとは認めがたい。（最高判（大法廷）昭四四・四・二）

●憲法九八条二項によって、わが国の国内法として法源性を認められるものは、「締結した条約」及び「確立された国際法規」であるところ、…公務員の争議権の保障が、ＩＬＯ八七号条約三条一項の意味内容として当然に含まれていたということはできないし、「確立された国際法規」とは国際社会一般に承認され、実行されている不文の慣習国際法を指すのであって、勧告、報告等は…該当しない…。したがって、地公法三七条一項が憲法九八条二項及びＩＬＯ八七号条約に違反するとはいえない。（札幌地判平成二〇・七・七）→二八の判

〔憲法尊重擁護の義務〕

第九十九条　天皇又は摂政及び国務大臣、国会議員、裁判官その他の公務員は、この憲法を尊重し擁護する義務を負ふ。

参【教育公務員の欠格事由＝地公法一六4、国公法三八4】【教育公務員の宣誓＝地公法三一、国公法九七

判 ●憲法を擁護する義務が、憲法違反の行為に対して抵抗し、憲法の実効を確保するために努力することを意味するものであったとしても、その抵抗ないし努力は、いかなる手段方法をも是認する趣旨ではない。（福岡地小倉支判昭三九・三・一六　福岡学力テスト事件）

第十一章　補則

〔憲法施行期日、準備手続〕

第百条　この憲法は、公布の日から起算して六箇月を経過した日〔昭二二・五・三〕から、これを施行する。

② この憲法を施行するために必要な法律の制定、参議院議員の選挙及び国会召集の手続並びにこの憲法を施行するために必要な準備手続は、前項の期日よりも前に、これを行ふことができる。

〔経過規定―参議院未成立の間の国会〕

第百一条　この憲法施行の際、参議院がまだ成立してゐないときは、その成立するまでの間、衆議院は、国会としての権限を行ふ。

〔経過規定―第一期の参議院議員の任期〕

第百二条　この憲法による第一期の参議院議員のうち、その半数の者の任期は、これを三年とする。その議員は、法律の定めるところにより、これを定める。

〔経過規定―公務員の地位〕

第百三条　この憲法施行の際現に在職する国務大臣、衆議院議員及び裁判官並びにその他の公務員で、その地位に相応する地位がこの憲法で認められてゐる者は、法律で特別の定をした場合を除いては、この憲法施行のため、当然にはその地位を失ふことはない。但し、この憲法によつて、後任者が選挙又は任命されたときは、当然その地位を失ふ。

○児童の権利に関する条約（政府訳）

平成六・五・一六
条　約　二

前　文

この条約の締約国は、

国際連合憲章において宣明された原則によれば、人類社会のすべての構成員の固有の尊厳及び平等のかつ奪い得ない権利を認めることが世界における自由、正義及び平和の基礎を成すものであることを考慮し、

国際連合加盟国の国民が、国際連合憲章において、基本的人権並びに人間の尊厳及び価値に関する信念を改めて確認し、かつ、一層大きな自由の中で社会的進歩及び生活水準の向上を促進することを決意したことに留意し、

国際連合が、世界人権宣言及び人権に関する国際規約において、すべての人は人種、皮膚の色、性、言語、宗教、政治的意見その他の意見、国民的若しくは社会的出身、財産、出生又は他の地位等によるいかなる差別もなしに同宣言及び同規約に掲げるすべての権利及び自由を享有することができることを宣明し及び合意したことを認め、

国際連合が、世界人権宣言において、児童は特別な保護及び援助についての権利を享有することができることを宣明したことを想起し、

家族が、社会の基礎的な集団として、並びに家族のすべての構成員特に児童の成長及び福祉のための自然な環境として、社会においてその責任を十分に引き受けることができるよう必要な保護及び援助を与えられるべきであることを確信し、

児童が、その人格の完全なかつ調和のとれた発達のため、家庭環境の下で幸福、愛情及び理解のある雰囲気の中で成長すべきであることを認め、

児童が、社会において個人として生活するため十分な準備が整えられるべきであり、かつ、国際連合憲章において宣明された理想の精神並びに特に平和、尊厳、寛容、自由、平等及び連帯の精神に従って育てられるべきであることを考慮し、

児童に対して特別な保護を与えることの必要性が、千九百二十四年の児童の権利に関するジュネーヴ宣言及び千九百五十九年十一月二十日に国際連合総会で採択された児童の権利に関する宣言において述べられており、また、世界人権宣言、市民的及び政治的権利に関する国際規約（特に第二十三条及び第二十四条）、経済的、社会的及び文化的権利に関する国際規約（特に第十条）並びに児童の福祉に関係する専門機関及び国際機関の規程及び関係文書において認められていることに留意し、

児童の権利に関する宣言において示されているとおり「児童は、身体的及び精神的に未熟であるため、その出生の前後において、適当な法的保護を含む特別な保護及び世話を必要とする。」ことに留意し、

国内の又は国際的な里親委託及び養子縁組を特に考慮した児童の保護及び福祉についての社会的及び法的な原則に関する宣言、少年司法の運用のための国際連合最低基準規則（北京規則）及び緊急事態及び武力紛争における女子及び児童の保護に関する宣言の規定を想起し、

極めて困難な条件の下で生活している児童が世界のすべての国に存在すること、また、このような児童が特別の配慮を必要としていることを認め、

児童の保護及び調和のとれた発達のために各人民の伝統及び文化的価値が有する重要性を十分に考慮し、

あらゆる国特に開発途上国における児童の生活条件を改善するために国際協力が重要であることを認めて、

次のとおり協定した。

参　国連憲章、世界人権宣言、国際人権Ａ・Ｂ規約、国際連盟児童の権利宣言、児童権利宣言、憲法、児童憲章、児童福祉法一

第一部

第一条

この条約の適用上、児童とは、十八歳未満のすべての者をいう。ただし、当該児童で、その者に適用される法律によりより早く成年に達したものを除く。

参 【成年（行為能力取得年齢）＝民法四 【選挙権取得年齢＝公選法九 【婚姻年齢＝民法七三一 【遺言能力＝民法九六一 【最低雇用年齢＝労基法五六① 【刑事責任年齢＝刑法四一、少年法二①・三① 【児童＝学校法一七〔学齢児童〕、道交法一四③（六歳以上一三歳未満）、労基法五六①（一五歳未満）、児童福祉法四、児童手当法三①、児童扶養手当法三①（一八歳未満）、母子寡婦福祉法六③（二〇歳未満）

第二条

1 締約国は、その管轄の下にある児童に対し、児童又はその父母若しくは法定保護者の人種、皮膚の色、性、言語、宗教、政治的意見その他の意見、国民的、種族的若しくは社会的出身、財産、心身障害、出生又は他の地位にかかわらず、いかなる差別もなしにこの条約に定める権利を尊重し、及び確保する。

2 締約国は、児童がその父母、法定保護者又は家族の構成員の地位、活動、表明した意見又は信念によるあらゆる形態の差別又は処罰から保護されることを確保するためのすべての適当な措置をとる。

参 【権利の平等保障・差別の禁止＝世界人権宣言二①・二五②後段、国際人権A規約二②・一〇③、B規約二①・二四①、児童権利宣言一、女子差別撤廃条約、人種差別撤廃条約、障害者権利条約、教育差別撤廃条約、移住労働者権利条約、憲法一四・二四・二六・四四、教基法二・四、雇用機会均等法、男女参画法、障害者基本法 【国籍＝国籍法二1 【嫡出でない子＝戸籍法四九②1 【婚姻年齢＝民法七三一 【障害児教育＝学校法七二～八二（特別支援教育） 【民族＝国際人権B規約二七、アイヌ施策推進法

判 ●嫡出子と非嫡出子の法定相続分を区別する合理的根拠が失われた理由の一つとして「我が国が批准した条約の内容とこれに基づき設置された委員会からの指摘」が挙げられた事例（最高決（大法廷）平成二五・九・四 非嫡出子相続分差別事件）→憲法一四の判

資 ●教育基本法第五条の廃止について、改正前の法第五条後段に規定する「男女共学」が認められるべきとの趣旨は、法の制定から約六〇年が経過して、現に我が国に浸透し、歴史的意義を果たしているといえる。旧法第五条前段には、「男女の敬重と協力の重要性」が規定されていたが、改正後の教育基本法でも、その趣旨を引き継ぎ、第二条の「教育の目標」において、新たに「男女の平等」と「自他の敬愛と協力」を……規定している。〔第三回最終所見三三〕においては、……教育基本法第五条の削除に対する懸念が改めて表明されているが、これはこうした歴史的経緯と事実関係を踏まえたものではないことを改めて表明する。（第四・五回政府報告書三二）

●戸籍の父母との続柄欄の記載については、二〇〇四年一一月一日付けで戸籍法施行規則の一部が改正され、嫡出でない子についても嫡出である子と同様に、「長男（長女）」等と記載することとされた。なお、従前の戸籍上の取扱いの差異は、戸籍が私法上の身分関係を正確に登録・公証することを目的としているものであることから、法律的な事実に基づく区別をそのまま記載しているものであって、不合理な差別ではないと考えている。（日本政府第三回締約国報告書二一九、二〇〇八・四＝以下、第三回政府報告書）

第三条

1 児童に関するすべての措置をとるに当たっては、公的若しくは私的な社会福祉施設、裁判所、行政当局又は立法機関のいずれによって行われるものであっても、児童の最善の利益が主として考慮されるものとする。

2 締約国は、児童の父母、法定保護者又は児童について法的に責任を有する他の者の権利及び義務を考慮に入れて、児童の福祉に必要な保護及び養護を確保することを約束し、このため、すべての適当な立法上及び行政上の措置をとる。

3 締約国は、児童の養護又は保護のための施設、役務の提供及び設備が、特に安全及び健康の分野に関し並びにこれらの職員の数及び適格性並びに適正な監督に関し権限のある当局の設定した基準に適合することを確保する。

参 1 【児童の最善の利益＝児童権利宣言二・七、女子差別撤廃条約一六①、児童の権利条約（以下、「条約」）前文、条約九①③・一八①・二〇①・二一・三七c・四〇②biii

2 【親等の権利・義務の考慮＝世界人権宣言二五、条約前文・五・七①・八①・一四②・一六①・一八① 【児童の福祉に必要な保護及び養護に関する締約国の義務＝条約一八②③・二七③、国際人権A規約一〇 【国による代替的養護等＝条約二〇・二一

3 【児童の養護・保護のための施設・役務・設備の基準遵守＝児童福祉法、社会福祉法、地域保健法、医療法、幼稚園・高校各基準、少年院法

第四条

締約国は、この条約において認められる権利の実現のため、すべての適当な立法措置、行政措置その他の措置を講ずる。締約国は、経済的、社会的及び文化的権利に関しては、自国における利用可能な手段の最大限の範囲内で、また、必要な場合には国際協力の枠内で、これらの措置を講ずる。

資 ●児童の権利に関する条約…の内容の多くは、…経済的、社会的及び文化的権利に関する国際規約並びに市民的及び政治的権利に関する国際規約に規定されていること、また、憲法を始めとする現行国内法制によって保障されていることから、この条約の批准に当たっては、現行国内法令の改正又は新たな国内立法措置は行っていない。（日本政府第一回締約国報告書一二、一九九六・五・三〇＝以下、第一回政府報告書）

●委員会は、締約国が条約第三七条cに対して付した留保、ならびに第九条一項および第一〇条一項に関して行われた解釈宣言に、懸念とともに留意する。（国連子どもの権利委員会第一回最終所見六、一九九八・六・五＝以下、第一回最終所見）

●委員会は、…裁判所が国際人権条約一般およびとくに子どもの権利条約を判決の中で直接適用しないのが通例であることに、懸念とともに留意する。（第一回最終所見七）

●これまで児童の権利条約を直接適用し得るか否かを明示的に判示した裁判例はないが、政府としては、当該規定の目的、内容及び文言等を勘案し、具体的場合に応じて判断すべきものと考えている。（日本政府第二回締約国報告書八、二〇〇一・一一＝以下、第二回政府報告書）

●法令等について児童の権利条約違反が当事者から主張された裁判例はいくつかあるが、児童の権利条約に違反する旨の判断を示した判例はこれまでのところない。（第二回政府報告書一〇）

●児童の相対的貧困率がこの数年高いままであることに鑑み、また、児童の権利実現のための公共予算編成に関する一般的意見第一九号（二〇一六年）を想起しつつ、委員会は、締約国が、児童の権利の視点を含み、児童に対する明確な配分額を定め、かつ本条約の実施のための資源分配の妥当性、有効性及び衡平性の監視及び評価を行うための具体的指標及び追跡システムを包含した予算策定手続を確立するよう、強く勧告する。（国連子どもの権利委員会第四・五回最終所見一〇、二〇一九年三月五日＝以下、第四・五回最終所見）

第五条

締約国は、児童がこの条約において認められる権利を行使するに当たり、父母若しくは場合により地方の慣習により定められている大家族若しくは共同体の構成員、法定保護者又は児童について法的に責任を有する他の者がその児童の発達しつつある能力に適合する方法で適当な指示及び指導を与える責任、権利及び義務を尊重する。

参 【父母・法定保護者等＝民法五（法定代理人）・七二五（親族）・八〇九（養親）・八一八・八一九（父母）・八二〇（親権を行う者）・八三九～八四一（未成年後見人）・八四八・八四九（未成年後見監督人）、児童福祉法二七①3（里親）・四七（児童福祉施設の長）、少年法二②（保護者）【父母等による指示・指導＝条約一四②・一八【親の教育権＝世界人権宣言二六③、国際人権A規約一三③

第六条

1 締約国は、すべての児童が生命に対する固有の権利を有することを認める。

2 締約国は、児童の生存及び発達を可能な最大限の範囲において確保する。

参 1【生命に対する固有の権利＝世界人権宣言三、国際人権B規約六①、憲法一三・三一【児童に対する死刑の禁止＝国際人権B規約六⑤、条約三七a

2【生存・発達の権利＝児童権利宣言二・四、国際人権A規約一〇③

資 ●児童……の自殺案件に関する……締約国の取組に留意するが、委員会は、児童・青少年の自殺、及び自殺・自殺未遂のリスク要因についての調査が欠如していることに、依然として懸念を有する。（国連子どもの権利委員会第三回最終所見四一、二〇一〇・六・一一＝以下、第三回最終所見、ほぼ同旨・第四・五回最終所見二〇）

第七条

1 児童は、出生の後直ちに登録される。児童は、出生の時から氏名を有する権利及び国籍を取得する権利を有するものとし、また、できる限りその父母を知りかつその父母によって養育される権利を有する。

2 締約国は、特に児童が無国籍となる場合を含めて、国内法及びこの分野における関連する国際文書に基づく自国の義務に従い、1の権利の実現を確保する。

参【登録・氏名・国籍を得る権利＝世界人権宣言一五、国際人権B規約二四②③、児童権利宣言三、無国籍者の削減に関する条約（日本未批准）【父母を知る権利・父母により養育される権利＝児童権利宣言六【登録＝戸籍法五二、住民基本台帳法七【国籍＝国籍法二・三

行●出生届が提出されない子に係る住民票の記載の取り扱いについては、受理しないかぎり、住民票を作成してはならない。（自治省通知平成元一二・二二自治振九八）

資●委員会は、締約国に以下のことを勧告する。

(a) すべての子どもの登録を確保し、法的な無国籍から子どもを保護するために、…その国籍法および規則を改正すること

(b) 無国籍者の地位に関する条約（一九五四年）および無国籍者の削減に関する条約（一九六一年）の批准を検討すること（第三回最終所見四六、ほぼ同旨・第四・五回最終所見二三）

●無国籍者の地位に関する条約については、国内で無国籍者の存在やその地位・権利の保護が大きな問題となったことはなく、条約締結の国内的ニーズが明らかでない。また、無国籍者の削減に関する条約については、国籍法の改正が締結の前提となり、国民的な議論が必要となる。現時点では、両条約の締結について積極的な検討は進められていない。（第四・五回政府報告書五三）

第八条

1　締約国は、児童が法律によって認められた国籍、氏名及び家族関係を含むその身元関係事項について不法に干渉されることなく保持する権利を尊重することを約束する。

2　締約国は、児童がその身元関係事項の一部又は全部を不法に奪われた場合には、その身元関係事項を速やかに回復するため、適当な援助及び保護を与える。

参【特別養子のアイデンティティ＝民法八一七の二〜一一、戸籍法六三①・六八の二

第九条

1　締約国は、児童がその父母の意思に反してその父母から分離されないことを確保する。ただし、権限のある当局が司法の審査に従うことを条件として適用のある法律及び手続に従いその分離が児童の最善の利益のために必要であると決定する場合は、この限りでない。このような決定は、父母が児童を虐待し若しくは放置する場合又は父母が別居しており児童の居住地を決定しなければならない場合のような特定の場合において必要となることがある。

2　すべての関係当事者は、1の規定に基づくいかなる手続においても、その手続に参加しかつ自己の意見を述べる機会を有する。

3　締約国は、児童の最善の利益に反する場合を除くほか、父母の一方又は双方から分離されている児童が定期的に父母のいずれとも人的な関係及び直接の接触を維持する権利を尊重する。

4　3の分離が、締約国がとった父母の一方若しくは双方又は児童の抑留、拘禁、追放、退去強制、死亡（その者が当該締約国により身体を拘束されている間に何らかの理由により生じた死亡を含む。）等のいずれかの措置に基づく場合には、当該締約国は、要請に応じ、父母、児童又は適当な場合には家族の他の構成員に対し、家族のうち不在となっている者の所在に関する重要な情報を提供する。ただし、その情報の提供が児童の福祉を害する場合は、この限りでない。締約国は、更に、その要請の提出自体が関係者に悪影響を及ぼさないことを確保する。

参①【家族の保護＝世界人権宣言一六③、国際人権B規約二三①【父母からの分離禁止原則＝児童権利宣言六、条約前文・七①・一八①【父母からの分離禁止原則に対する例外＝条約一九・二〇①・三七c、児童福祉法二七、児童虐待防止法

②【関係当事者の手続参加＝条約一二

③【父母との関係・接触の維持＝自由を奪われた少年の保護のための国連規則（ハバナ規則）六〇・六一、児童虐待防止法一二

④【不在者に関する情報の提供＝自由を奪われた少年の保護のための国連規則（ハバナ規則）二一・二二・五六・五七

行●第九条第一項は、…児童が…その父母から分離されないことを確保する旨規定している。我が国は、この規定は、出入国管理法（現行・出入国管理及び難民認定法）に基づく退去強制の結果として児童が父母から分離される場合に適用されるものではないと解する旨の宣言を行う。（外務省「児童の権利に関する条約の説明書」平

成五・一一＝以下、外務省説明書）

資 ●（留保の見直し）我が国は、委員会より、…第一回報告を受けて出された最終見解で、…第九条一…に関する解釈宣言を撤回する方向で見直すことを検討するよう奨励する旨の勧告を受け、また、…第二回報告を受けて出された最終見解で右…解釈宣言を撤回することを求める勧告を受けた。今回の政府報告書作成にあたり、…解釈宣言の見直しの可能性について検討したが、…撤回することは考えていない。（第三回政府報告書六）↓一〇、三七の資

第十条

1 前条1の規定に基づく締約国の義務に従い、家族の再統合を目的とする児童又はその父母による締約国への入国又は締約国からの出国の申請については、締約国が積極的、人道的かつ迅速な方法で取り扱う。締約国は、更に、その申請の提出が申請者及びその家族の構成員に悪影響を及ぼさないことを確保する。

2 父母と異なる国に居住する児童は、例外的な事情がある場合を除くほか定期的に父母との人的な関係及び直接の接触を維持する権利を有する。このため、前条1の規定に基づく締約国の義務に従い、締約国は、児童及びその父母がいずれの国（自国を含む。）からも出国し、かつ、自国に入国する権利を尊重する。出国する権利は、法律で定められ、国の安全、公の秩序、公衆の健康若しくは道徳又は他の者の権利及び自由を保護するために必要であり、かつ、この条約において認められる他の権利と両立する制限にのみ従う。

参 1【家族の再統合＝世界人権宣言一六③、国際人権B規約二三①、児童権利宣言六】【移動の自由＝世界人権宣言一三②、国際人権B規約一二、憲法二二】【出入国管理＝出入国管理及び難民認定法】

行 ●第一〇条第一項は、家族の再統合のための児童又はその父母による締約国への入国又は締約国からの出国の申請について締約国が「積極的、人道的かつ迅速な方法」で取り扱う旨規定している。我が国は、この規定にいう「積極的、人道的かつ迅速な方法」で取り扱うとの義務はそのような申請の結果に影響を与えるものではないと解する旨の宣言を行う。（外務省説明書）

資 ●（留保の見直し）今回の政府報告書作成にあたり、…〔第一〇条第一項に関する〕解釈宣言の見直しの可能性について検討したが、…撤回することは考えていない。（第三回政府報告書六）↓九、三七の資

第十一条

1 締約国は、児童が不法に国外へ移送されることを防止し及び国外から帰還することができない事態を除去するための措置を講ずる。

2 このため、締約国は、二国間若しくは多数国間の協定の締結又は現行の協定への加入を促進する。

参 条約三五、刑法二二六

第十二条

1 締約国は、自己の意見を形成する能力のある児童がその児童に影響を及ぼすすべての事項について自由に自己の意見を表明する権利を確保する。この場合において、児童の意見は、その児童の年齢及び成熟度に従って相応に考慮されるものとする。

2 このため、児童は、特に、自己に影響を及ぼすあらゆる司法上及び行政上の手続において、国内法の手続規則に合致する方法により直接に又は代理人若しくは適当な団体を通じて聴取される機会を与えられる。

参 1【意見表明権＝憲法一三・二一、世界人権宣言一九、国際人権B規約一九】【最善の利益の考慮＝条約三】【父母等による指示・指導＝条約五・一四②】【児童に影響を及ぼすすべての事項＝条約九（父母からの分離）・一〇（家族の再統合）・二〇（家庭環境を奪われた児童の保護）・二一（養子縁組）・二八②（学校懲戒）・三七c d（自由を奪われた児童の適正な取扱い）・四〇（少年司法）】【関係国内法＝民法七六六・八二六、国際的な子の奪取の民事上の側面に関する条約の実施に関する法律（家庭・親子関係）、学校法一一・三五・四九、四九の八、学校法施規二六（学校懲戒等）、児童福祉法二六・二七、精神保健及び精神障害者福祉に関する法律二九・三三（福祉・医療）】

判 ●入学式・卒業式等の国歌斉唱時の起立、国歌の斉唱、…を命ずる通達に基づく国旗・国歌の指導が児童・生徒の思想良心の自由、信教の自由を侵害するものではないことなどから本条に違反しないとされた事例（東京地判平成二一・三・二六

懲戒処分取消等請求事件）→条約一四の[判]

[行] ●本条約第一二条の意見表明する権利については、…児童の意見がその年齢や成熟の度合いによって相応に考慮されるべきであるという理念を一般的に定めたものであり、必ず反映されるということまでをも求めているものではない。（文部事務次官通知平成六・五・二〇文初高一四九＝以下、文部事務次官通知）

[資] ●学校において児童生徒に対し、懲戒を行う際には、当該児童生徒等から事情や意見をよく聞く機会を持つなど児童生徒等の個々の状況に十分留意し、その措置が…真に教育的効果を持つものとなるよう配慮することについて、教育委員会等に指導してきたところである。一方、他の児童生徒の教育を受ける権利を保障するための制度である出席停止は、児童生徒の権利・義務に直接関わる処分であることから、…適正な手続を踏むことが重要であり、…当該児童生徒や保護者の弁明を聴く機会をもつことが望ましいこと、文書の交付により行うことが適当であることなど指導してきたところである。（第二回政府報告書一二二、ほぼ同旨・第三回政府報告書一九三）

●校則の制定、カリキュラムの編成等は、…第一二条一項でいう意見を表明する権利の対象となる事項ではない。しかし、児童の発達段階に応じて、校則の見直しにあたり、アンケートの実施や学級会・生徒会での討議の場を設けたり、…生徒の選択を生かしたカリキュラムの編成等の工夫を行うなど、…児童の意見を考慮した政策策定を実施している。（第三回政府報告書二〇五、同旨・第四・五回政府報告書三八）

第十三条

1　児童は、表現の自由についての権利を有する。この権利には、口頭、手書き若しくは印刷、芸術の形態又は自ら選択する他の方法により、国境とのかかわりなく、あらゆる種類の情報及び考えを求め、受け及び伝える自由を含む。

2　1の権利の行使については、一定の制限を課することができる。ただし、その制限は、法律によって定められ、かつ、次の目的のために必要とされるものに限る。

(a)　他の者の権利又は信用の尊重

(b)　国の安全、公の秩序又は公衆の健康若しくは道徳の保護

[参]【表現・情報の自由＝憲法一三・二一、世界人権宣言一九、国際人権B規約一九

[判] ●業者により青少年条例によるコンピュータ・ゲームソフト規制が本条に違反すると主張された事例（福岡高宮崎支判平成七・三・一）

●当事者により校則の本条違反が主張された事例（最高判平成八・二・二二、名古屋地判平成七・八・二一）

第十四条

1　締約国は、思想、良心及び宗教の自由についての児童の権利を尊重する。

2　締約国は、児童が1の権利を行使するに当たり、父母及び場合により法定保護者が児童に対しその発達しつつある能力に適合する方法で指示を与える権利及び義務を尊重する。

3　宗教又は信念を表明する自由については、法律で定める制限であって公共の安全、公の秩序、公衆の健康若しくは道徳又は他の者の基本的な権利及び自由を保護するために必要なもののみを課することができる。

[参] [1]【思想・良心・宗教の自由＝憲法一九・二〇、教基法四①・一五①、世界人権宣言一八、国際人権B規約一八

[2]【父母等による指示・指導＝条約五、国際人権B規約一八④

[判] ●入学式・卒業式等の国歌斉唱時の起立、国歌の斉唱、…を命ずる通達に基づく国旗・国歌の指導が児童・生徒の思想良心の自由、信教の自由を侵害するものではないとされた事例（東京地判平成二一・三・二六　懲戒処分取消等請求事件）→条約一二の[判]

[行] ●学校における国旗・国歌の指導は、児童生徒等が自国の国旗・国歌の意義を理解し、それを尊重する心情と態度を育てるとともに、すべての国の国旗・国歌に対して等しく敬意を表する態度を育てるためのものであること。その指導は、児童生徒等が国民として必要とされる基礎的・基本的な内容を身につけるために行うものであり、もとより児童生徒等の思想・良心を制約しようというものではないこと。…。（文部事務次官通知）

第十五条

1　締約国は、結社の自由及び平和的な集会の自由についての児童の権利を認める。

2　1の権利の行使については、法律で定める制限であって国の安全若しくは公共の安全、公の秩序、公衆の健康若しくは道徳の保護又は他の

者の権利及び自由の保護のため民主的社会において必要なもの以外のいかなる制限も課することができない。

参【集会・結社の自由＝憲法二一、世界人権宣言二〇、国際人権B規約二一・二二】

行 ●高等学校等における政治的教養の教育と高等学校等の生徒による政治的活動等について（初中局長通知平成二七・一〇・二九文科初九三三）→教基法一四の行

第十六条

1 いかなる児童も、その私生活、家族、住居若しくは通信に対して恣意的に若しくは不法に干渉され又は名誉及び信用を不法に攻撃されない。

2 児童は、1の干渉又は攻撃に対する法律の保護を受ける権利を有する。

参【プライバシー・通信・名誉の保護＝憲法一三・二一②、世界人権宣言一二、国際人権B規約一七、少年法六一】

資 ●委員会は、児童のプライバシー権が完全に尊重されていないこと、特に、児童の持ち物に対する検査や施設職員が児童の私信に介入する点について懸念する。（国連子どもの権利委員会第二回最終所見三三、二〇〇四・一・三〇＝以下、第二回最終所見）

●我が国においては、児童のプライバシーの権利は尊重されるべきこととされている。仮に、学校に危険なものが持ち込まれている可能性が高いと判断される場合など、…所持品を検査せざるを得ないと…認めた場合においては、その目的、理由、必要性等について保護者、児童生徒に説明を行って理解を求めつつ、状況に応じた適切な方法で実施する必要がある旨…指導している。（第三回政府報告書二三二）

第十七条

締約国は、大衆媒体（マス・メディア）の果たす重要な機能を認め、児童が国の内外の多様な情報源からの情報及び資料、特に児童の社会面、精神面及び道徳面の福祉並びに心身の健康の促進を目的とした情報及び資料を利用することができることを確保する。このため、締約国は、

(a) 児童にとって社会面及び文化面において有益であり、かつ、第二十九条の精神に沿う情報及び資料を大衆媒体（マス・メディア）が普及させるよう奨励する。

(b) 国の内外の多様な情報源（文化的にも多様な情報源を含む。）からの情報及び資料の作成、交換及び普及における国際協力を奨励する。

(c) 児童用書籍の作成及び普及を奨励する。

(d) 少数集団に属し又は原住民である児童の言語上の必要性について大衆媒体（マス・メディア）が特に考慮するよう奨励する。

(e) 第十三条及び次条の規定に留意して、児童の福祉に有害な情報及び資料から児童を保護するための適当な指針を発展させることを奨励する。

参【情報へのアクセス＝憲法一三・二一、世界人権宣言一九、国際人権B規約一九②、条約二四②ef・二八①d・二九①・三一・三三・四二、自由を奪われた少年の保護のための国連規則（ハバナ規則）六二】【インターネット規制＝インターネット異性紹介事業を利用して児童を誘引する行為の規制等に関する法律（出会い系サイト規制法）、青少年インターネット法

第十八条

1 締約国は、児童の養育及び発達について父母が共同の責任を有するという原則についての認識を確保するために最善の努力を払う。父母又は場合により法定保護者は、児童の養育及び発達についての第一義的な責任を有する。児童の最善の利益は、これらの者の基本的な関心事項となるものとする。

2 締約国は、この条約に定める権利を保障し及び促進するため、父母及び法定保護者が児童の養育についての責任を遂行するに当たりこれらの者に対して適当な援助を与えるものとし、また、児童の養護のための施設、設備及び役務の提供の発展を確保する。

3 締約国は、父母が働いている児童が利用する資格を有する児童の養護のための役務の提供及び設備からその児童が便益を受ける権利を有することを確保するためのすべての適当な措置をとる。

参【父母の養育責任＝憲法一三、民法八二〇、世界人権宣言二六③、国際人権A規約一三③】【父

母の共同責任＝憲法二四、国際人権B規約二三④、女子差別撤廃条約一六①、民法八一八③、育児休業法、男女参画法

第十九条

1　締約国は、児童が父母、法定保護者又は児童を監護する他の者による監護を受けている間において、あらゆる形態の身体的若しくは精神的な暴力、傷害若しくは虐待、放置若しくは怠慢な取扱い、不当な取扱い又は搾取（性的虐待を含む。）からその児童を保護するためすべての適当な立法上、行政上、社会上及び教育上の措置をとる。

2　1の保護措置には、適当な場合には、児童及び児童を監護する者のために必要な援助を与える社会的計画の作成その他の形態による防止のための効果的な手続並びに1に定める児童の不当な取扱いの事件の発見、報告、付託、調査、処置及び事後措置並びに適当な場合には司法の関与に関する効果的な手続を含むものとする。

参　憲法一八・二四、児童福祉法、児童虐待防止法

資　●委員会は、学校において体罰が明示的に禁止されていることに留意するものの、禁止規定が実効的に実施されていないとの報告に懸念を表明する。委員会は、すべての体罰が禁止されるとしなかった一九八一年の東京高裁判決の不明瞭な判断に留意し、これを懸念する。（第三回最終所見四七）

第二十条

1　一時的若しくは恒久的にその家庭環境を奪われた児童又は児童自身の最善の利益にかんがみその家庭環境にとどまることが認められない児童は、国が与える特別の保護及び援助を受ける権利を有する。

2　締約国は、自国の国内法に従い、1の児童のための代替的な監護を確保する。

3　2の監護には、特に、里親委託、イスラム法のカファーラ、養子縁組又は必要な場合には児童の監護のための適当な施設への収容を含むことができる。解決策の検討に当たっては、児童の養育において継続性が望ましいこと並びに児童の種族的、宗教的、文化的及び言語的な背景について、十分な考慮を払うものとする。

参　民法七九二～八一七の一一、児童福祉法

第二十一条

養子縁組の制度を認め又は許容している締約国は、児童の最善の利益について最大の考慮が払われることを確保するものとし、また、

(a)　児童の養子縁組が権限のある当局によってのみ認められることを確保する。この場合において、当該権限のある当局は、適用のある法律及び手続に従い、かつ、信頼し得るすべての関連情報に基づき、養子縁組が父母、親族及び法定保護者に関する児童の状況にかんがみ許容されること並びに必要な場合には、関係者が所要のカウンセリングに基づき養子縁組について事情を知らされた上での同意を与えていることを認定する。

(b)　児童がその出身国内において里親若しくは養家に託され又は適切な方法で監護を受けることができない場合には、これに代わる児童の監護の手段として国際的な養子縁組を考慮することができることを認める。

(c)　国際的な養子縁組が行われる児童が国内における養子縁組の場合における保護及び基準と同等のものを享受することを確保する。

(d)　国際的な養子縁組において当該養子縁組が関係者に不当な金銭上の利得をもたらすことがないことを確保するためのすべての適当な措置をとる。

(e)　適当な場合には、二国間又は多数国間の取極又は協定を締結することによりこの条の目的を促進し、及びこの枠組みの範囲内で他国における児童の養子縁組が権限のある当局又は機関によって行われることを確保するよう努める。

参　【児童の最善の利益＝条約三

資　●国際養子縁組に関する子の保護および協力に関する条約（ハーグ国際養子条約一九九三年・日本未批准）

第二十二条

1　締約国は、難民の地位を求めている児童又は適用のある国際法及び国際的な手続若しくは国内法及び国内的な手続に基づき難民と認められている児童が、父母又は他の者に付き添われて

いるかいないかを問わず、この条約及び自国が締約国となっている人権又は人道に関する他の国際文書に定める権利であって適用のあるものの享受に当たり、適当な保護及び人道的援助を受けることを確保するための適当な措置をとる。

2 このため、締約国は、適当と認める場合には、1の児童を保護し及び援助するため、並びに難民の児童の家族との再統合に必要な情報を得ることを目的としてその難民の児童の父母又は家族の他の構成員を捜すため、国際連合及びこれと協力する他の権限のある政府間機関又は関係非政府機関による努力に協力する。その難民の児童は、父母又は家族の他の構成員が発見されない場合には、何らかの理由により恒久的又は一時的にその家庭環境を奪われた他の児童と同様にこの条約に定める保護が与えられる。

参【難民＝難民の地位に関する条約一、難民の地位に関する議定書一②、出入国管理及び難民認定法二3の2

第二十三条

1 締約国は、精神的又は身体的な障害を有する児童が、その尊厳を確保し、自立を促進し及び社会への積極的な参加を容易にする条件の下で十分かつ相応な生活を享受すべきであることを認める。

2 締約国は、障害を有する児童が特別の養護についての権利を有することを認めるものとし、利用可能な手段の下で、申込みに応じた、かつ、当該児童の状況及び父母又は当該児童を養護している他の者の事情に適した援助を、これを受ける資格を有する児童及びこのような児童の養護について責任を有する者に与えることを奨励し、かつ、確保する。

3 障害を有する児童の特別な必要を認めて、2の規定に従って与えられる援助は、父母又は当該児童を養護している他の者の資力を考慮して可能な限り無償で与えられるものとし、かつ、障害を有する児童が可能な限り社会への統合及び個人の発達（文化的及び精神的な発達を含む。）を達成することに資する方法で当該児童が教育、訓練、保健サービス、リハビリテーション・サービス、雇用のための準備及びレクリエーションの機会を実質的に利用し及び享受することができるように行われるものとする。

4 締約国は、国際協力の精神により、予防的な保健並びに障害を有する児童の医学的、心理学的及び機能的治療の分野における適当な情報の交換（リハビリテーション、教育及び職業サービスの方法に関する情報の普及及び利用を含む。）であってこれらの分野における自国の能力及び技術を向上させ並びに自国の経験を広げることができるようにすることを目的とするものを促進する。これに関しては、特に、開発途上国の必要を考慮する。

参【障害児の権利＝憲法一四・二六、教基法四②、世界人権宣言二、国際人権A規約二②・一三、B規約二①・二四・二六、児童権利宣言五、障害者権利条約二四、障害者基本法、身体障害者福祉法、知的障害者福祉法、児童福祉法、精神保健及び精神障害者福祉に関する法律、障害者総合支援法、学校法七二～八二、障害児童生徒教科用特定図書促進法

第二十四条

1 締約国は、到達可能な最高水準の健康を享受すること並びに病気の治療及び健康の回復のための便宜を与えられることについての児童の権利を認める。締約国は、いかなる児童もこのような保健サービスを利用する権利が奪われないことを確保するために努力する。

2 締約国は、1の権利の完全な実現を追求するものとし、特に、次のことのための適当な措置をとる。

(a) 幼児及び児童の死亡率を低下させること。

(b) 基礎的な保健の発展に重点を置いて必要な医療及び保健をすべての児童に提供することを確保すること。

(c) 環境汚染の危険を考慮に入れて、基礎的な保健の枠組みの範囲内で行われることを含めて、特に容易に利用可能な技術の適用により並びに十分に栄養のある食物及び清潔な飲料水の供給を通じて、疾病及び栄養不良と戦うこと。

(d) 母親のための産前産後の適当な保健を確保すること。

(e) 社会のすべての構成員特に父母及び児童が、児童の健康及び栄養、母乳による育児の利点、衛生（環境衛生を含む。）並びに事故の防止についての基礎的な知識に関して、情報を提供され、教育を受ける機会を有し及びその知識の使用について支援されることを確保すること。

(f) 予防的な保健、父母のための指導並びに家族計画に関する教育及びサービスを発展させること。

3 締約国は、児童の健康を害するような伝統的な慣行を廃止するため、効果的かつ適当なすべての措置をとる。

4 締約国は、この条において認められる権利の完全な実現を漸進的に達成するため、国際協力を促進し及び奨励することを約束する。これに関しては、特に、開発途上国の必要を考慮する。

参【健康・医療への権利＝憲法一三・二五、世界人権宣言二五①、児童権利宣言四・五、条約六

第二十五条

締約国は、児童の身体又は精神の養護、保護又は治療を目的として権限のある当局によって収容された児童に対する処遇及びその収容に関連する他のすべての状況に関する定期的な審査が行われることについての児童の権利を認める。

第二十六条

1 締約国は、すべての児童が社会保険その他の社会保障からの給付を受ける権利を認めるものとし、自国の国内法に従い、この権利の完全な実現を達成するための必要な措置をとる。

2 1の給付は、適当な場合には、児童及びその扶養について責任を有する者の資力及び事情並びに児童によって又は児童に代わって行われる給付の申請に関する他のすべての事項を考慮して、与えられるものとする。

参【社会保障への権利＝憲法二五、世界人権宣言二二、国際人権A規約九・一〇、社会福祉法、生活保護法、母子寡婦福祉法、児童福祉法、児童手当法、児童扶養手当法

第二十七条

1 締約国は、児童の身体的、精神的、道徳的及び社会的な発達のための相当な生活水準についてのすべての児童の権利を認める。

2 父母又は児童について責任を有する他の者は、自己の能力及び資力の範囲内で、児童の発達に必要な生活条件を確保することについての第一義的な責任を有する。

3 締約国は、国内事情に従い、かつ、その能力の範囲内で、1の権利の実現のため、父母及び児童について責任を有する他の者を援助するための適当な措置をとるものとし、また、必要な場合には、特に栄養、衣類及び住居に関して、物的援助及び支援計画を提供する。

4 締約国は、父母又は児童について金銭上の責任を有する他の者から、児童の扶養料を自国内で及び外国から、回収することを確保するためのすべての適当な措置をとる。特に、児童について金銭上の責任を有する者が児童と異なる国に居住している場合には、締約国は、国際協定への加入又は国際協定の締結及び他の適当な取決めの作成を促進する。

参【生活水準への権利＝憲法二五、世界人権宣言二五①、国際人権A規約一一①、生活保護法、学校給食法、公営住宅法

第二十八条

1 締約国は、教育についての児童の権利を認めるものとし、この権利を漸進的にかつ機会の平等を基礎として達成するため、特に、

(a) 初等教育を義務的なものとし、すべての者に対して無償のものとする。

(b) 種々の形態の中等教育（一般教育及び職業教育を含む。）の発展を奨励し、すべての児童に対し、これらの中等教育が利用可能であり、かつ、これらを利用する機会が与えられるものとし、例えば、無償教育の導入、必要な場合における財政的援助の提供のような適当な措置をとる。

(c) すべての適当な方法により、能力に応じ、すべての者に対して高等教育を利用する機会が与えられるものとする。

(d) すべての児童に対し、教育及び職業に関する情報及び指導が利用可能であり、かつ、こ

れらを利用する機会が与えられるものとする。

(e) 定期的な登校及び中途退学率の減少を奨励するための措置をとる。

2 締約国は、学校の規律が児童の人間の尊厳に適合する方法で及びこの条約に従って運用されることを確保するためのすべての適当な措置をとる。

3 締約国は、特に全世界における無知及び非識字の廃絶に寄与し並びに科学上及び技術上の知識並びに最新の教育方法の利用を容易にするため、教育に関する事項についての国際協力を促進し、及び奨励する。これに関しては、特に、開発途上国の必要を考慮する。

参【教育への権利＝憲法二六、旧教基法三、世界人権宣言二六①、国際人権A規約一三①、児童権利宣言七

判 調査書の本人開示請求権が本条を根拠として認められると主張された事例（大阪地判平成六・一二・二〇、大阪高判平成八・九・二七 高槻市内申書非開示処分事件）→憲法一三の判

行 ●学校における…懲戒処分は真に教育的配慮をもって慎重かつ的確に行われなければならず、その際には、当該児童生徒等から事情や意見をよく聴く機会を持つなど児童生徒等の個々の状況に十分留意し、その措置が単なる制裁にとどまることなく真に教育的効果を持つものとなるよう配慮すること。また、…出席停止の措置を適用する際には、当該児童生徒や保護者の意見をよく聴く機会を持つことに配慮すること。（文部事務次官通知）

資 ●委員会は、……学校や大学への入学のために競争する児童の人数が減少しているにもかかわらず、過度の競争に関する苦情が増加し続けていることに懸念をもって留意する。委員会はまた、高度に競争的な学校環境が、就学年齢にある児童の間で、いじめ、精神障害、不登校、中途退学、自殺を助長している可能性があることを懸念する。（第三回最終所見七〇）

●委員会は、中華学校、韓国・朝鮮人学校及びその他の出身の児童のための学校が不十分な補助金しか受けていないことを懸念する。委員会はまた、これらの学校の卒業生が、日本の大学入学試験を受験する資格がない場合があることを懸念する。（第三回最終所見七二、ほぼ同旨・第四・五回最終所見三九）

●外国人学校のうち各種学校として認可を受けたもの等について、税制面等での優遇措置のほか、それぞれの地方の実情に応じ、各地方自治体から助成が行なわれている。……また、法令に規定された外国人学校に通う高校生は高等学校等就学支援金制度の対象となり、授業料に対する支援を受けうる。（第四・五回政府報告書一二五）

●我が国の大学の入学資格は、我が国の国籍の有無にかかわらず、我が国の高等学校等の卒業者又はこれと同等以上の学力があると認められた者に認められる。外国人学校に関する大学入学資格については、①我が国において外国の高等学校相当として指定した外国人学校、②国際的な評価団体（……）の認定を受けた外国人学校については、日本の高等学校を卒業したものと同等に大学への入学資格があり、①及び②の指定や認定を受けていない外国人学校の生徒に関しても、各大学において個別の入学資格審査により認められた者については大学への入学資格があり、大学入学試験のアクセスは差別的なものとはなっていない。（第四・五回政府報告書一二六）

第二十九条

1 締約国は、児童の教育が次のことを指向すべきことに同意する。

(a) 児童の人格、才能並びに精神的及び身体的な能力をその可能な最大限度まで発達させること。

(b) 人権及び基本的自由並びに国際連合憲章にうたう原則の尊重を育成すること。

(c) 児童の父母、児童の文化的同一性、言語及び価値観、児童の居住国及び出身国の国民的価値観並びに自己の文明と異なる文明に対する尊重を育成すること。

(d) すべての人民の間の、種族的、国民的及び宗教的集団の間の並びに原住民である者の間の理解、平和、寛容、両性の平等及び友好の精神に従い、自由な社会における責任ある生活のために児童に準備させること。

(e) 自然環境の尊重を育成すること。

2 この条又は前条のいかなる規定も、個人及び団体が教育機関を設置し及び管理する自由を妨げるものと解してはならない。ただし、常に、1に定める原則が遵守されること及び当該教育機関において行われる教育が国によって定められる最低限度の基準に適合することを条件とする。

参 1【教育の目的＝教基法前文・一、世界人権宣言二六②、国際人権A規約一三①　2【個人・団体の教育機関設置の自由＝国際人権A規約一三④

資 ●委員会は、日本国民のためではない学校に対する補助を増やすこと、および、大学・短大の入学試験へのアクセスが非差別的なものとなることを確保することを締約国に奨励する。また、教育における差別の撤廃に関するユネスコ条約を批准することを締約国に奨励する。（第三回最終所見七三）

●ユネスコの教育における差別待遇の防止に関する条約については、現時点で締結する具体的な予定はない。なお、教育における差別防止について、我が国においては、既に教育基本法において、全ての国民は教育上差別されないとして教育の機会均等を定めており、これを基本原則として、我が国は教育施策を進めているところである。我が国に居住する外国人についても、希望する者については義務教育の機会の保障等日本人と同等の取扱いを行っている。（第四・五回政府報告書一二七）

●委員会は、アジア・太平洋地域における歴史的事実についてのバランスのとれた見方が検定教科書に提示されることを確保することを、締約国に勧告する。（第三回最終所見七五）

●教科書検定制度は、国が特定の歴史認識、歴史事実を確定するという立場に立って行うものではなく民間が著作・編集した図書の具体の記述について、政府外の有識者をメンバーとする教科用図書検定調査審議会が、検定の時点における客観的な学問的成果や適切な資料等に照らして、明らかな誤りや著しくバランスを欠いた記述などの欠点を指摘することにより実施されている。その際、他国を尊重し、国際社会の平和と発展に寄与する態度を養うことを目標に掲げる教育基本法や、近隣のアジア諸国との国際理解と国際協調の見地から必要な配慮がなされていること等を内容とする教科用図書検定基準等に基づいて審査が行われている。（第四・五回政府報告書一二八）

第三十条

種族的、宗教的若しくは言語的少数民族又は原住民である者が存在する国において、当該少数民族に属し又は原住民である児童は、その集団の他の構成員とともに自己の文化を享有し、自己の宗教を信仰しかつ実践し又は自己の言語を使用する権利を否定されない。

参【少数民族の権利＝国際人権B規約二七、【民族教育＝学校法一、私学法二・三、私学助成法二、アイヌ施策推進法【民族学校卒業生の受験資格＝学校法五七（高校）・九〇①（大学）、学校法施規九五（高校）・一五〇（大学）

判 ●本条の文言は、自由権規約二七条と同様、国家に積極的な作為を求めるマイノリティの教育権を保障するものではないとされた事例（大阪地判平成二〇・一・二三、同旨・大阪高判平成二〇・一一・二七）→憲法二六の判、教基法四の判

資 ●朝鮮学校の処遇に関する日本弁護士連合会勧告書（平成一〇・二・二〇）

第三十一条

1 締約国は、休息及び余暇についての児童の権利並びに児童がその年齢に適した遊び及びレクリエーションの活動を行い並びに文化的な生活及び芸術に自由に参加する権利を認める。

2 締約国は、児童が文化的及び芸術的な生活に十分に参加する権利を尊重しかつ促進するものとし、文化的及び芸術的な活動並びにレクリエーション及び余暇の活動のための適当かつ平等な機会の提供を奨励する。

参【休息・余暇、遊び、文化的・芸術的生活への参加＝世界人権宣言二四・二七、国際人権A規約一五、児童権利宣言七、条約一三・一五・一七・二八・三〇

第三十二条

1 締約国は、児童が経済的な搾取から保護され及び危険となり若しくは児童の教育の妨げとなり又は児童の健康若しくは身体的、精神的、道徳的若しくは社会的な発達に有害となるおそれのある労働への従事から保護される権利を認める。

2 締約国は、この条の規定の実施を確保するための立法上、行政上、社会上及び教育上の措置をとる。このため、締約国は、他の国際文書の関連規定を考慮して、特に、

(a) 雇用が認められるための一又は二以上の最低年齢を定める。

(b) 労働時間及び労働条件についての適当な規則を定める。

(c) この条の規定の効果的な実施を確保するための適当な罰則その他の制裁を定める。

参【経済的搾取・有害労働からの保護＝憲法一八・二七③、児童権利宣言九、国際人権A規約一〇③、労基法五六・六〇～六四、船員法八四～八六、児童福祉法三四

第三十三条

締約国は、関連する国際条約に定義された麻薬及び向精神薬の不正な使用から児童を保護し並びにこれらの物質の不正な生産及び取引における児童の使用を防止するための立法上、行政上、社会上及び教育上の措置を含むすべての適当な措置をとる。

第三十四条

締約国は、あらゆる形態の性的搾取及び性的虐待から児童を保護することを約束する。このため、締約国は、特に、次のことを防止するためのすべての適当な国内、二国間及び多数国間の措置をとる。

(a) 不法な性的な行為を行うことを児童に対して勧誘し又は強制すること。

(b) 売春又は他の不法な性的な業務において児童を搾取的に使用すること。

(c) わいせつな演技及び物において児童を搾取的に使用すること。

参【性的搾取・虐待からの保護＝児童買春・児童ポルノ処罰法、児童虐待防止法、児童福祉法三四、刑法一七七・一八二、売春防止法六

第三十五条

締約国は、あらゆる目的のための又はあらゆる形態の児童の誘拐、売買又は取引を防止するためのすべての適当な国内、二国間及び多数国間の措置をとる。

参 刑法二二四

第三十六条

締約国は、いずれかの面において児童の福祉を害する他のすべての形態の搾取から児童を保護する。

参【社会的搾取＝国際人権A規約一〇③

第三十七条

締約国は、次のことを確保する。

(a) いかなる児童も、拷問又は他の残虐な、非人道的な若しくは品位を傷つける取扱い若しくは刑罰を受けないこと。死刑又は釈放の可能性がない終身刑は、十八歳未満の者が行った犯罪について科さないこと。

(b) いかなる児童も、不法に又は恣意的にその自由を奪われないこと。児童の逮捕、抑留又は拘禁は、法律に従って行うものとし、最後の解決手段として最も短い適当な期間のみ用いること。

(c) 自由を奪われたすべての児童は、人道的に、人間の固有の尊厳を尊重して、かつ、その年齢の者の必要を考慮した方法で取り扱われること。特に、自由を奪われたすべての児童は、成人とは分離されないことがその最善の利益であると認められない限り成人とは分離されるものとし、例外的な事情がある場合を除くほか、通信及び訪問を通じてその家族との接触を維持する権利を有すること。

(d) 自由を奪われたすべての児童は、弁護人その他適当な援助を行う者と速やかに接触する権利を有し、裁判所その他の権限のある、独立の、かつ、公平な当局においてその自由の剝奪の合法性を争い並びにこれについての決定を速やかに受ける権利を有すること。

参【死刑・拷問等の禁止＝憲法三六、世界人権宣言五、拷問及び他の残虐な、非人道的な又は品位を傷つける取扱い又は刑罰に関する条約、国連死刑廃止条約（未批准）【自由を奪われた児童の適正な取扱い＝国際人権B規約一〇、少年司法の運営に関する国連最低基準規則（北京規則）、自由を奪われた少年の保護のための国連規則（ハバナ規則）、少年非行の防止のための国連指針（リヤド・ガイドライン）、少年法

行 ●日本国は、児童の権利に関する条約第三七条(c)の適用に当たり、日本国においては、自由を奪われた者に関しては、国内法上原則として二〇歳未満の者と二〇歳以上の者とを分離することとされていることにかんがみ、この規定の第二文にいう「自由を奪われたすべての児童は、成人とは分離されないことがその最善の利益であると認められない限り成人とは分離される」に拘束されない権利を留保する。（閣議決定「児童の権利に関する日本国政府の留保」平成五・一二・二六）

資 ●（留保の見直し）我が国は、委員会より、…第一回報告を受けて出された最終見解で、第三七

条(c)に対する留保…を撤回する方向で見直すことを検討するよう奨励する旨の勧告を受け、また、…第二回報告を受けて出された最終見解で右留保…を撤回することを求める勧告を受けた。今回の政府報告書作成にあたり、政府部内において留保…の見直しの可能性について検討したが、…撤回することは考えていない。（第三回政府報告書六）→九、一〇の資

●委員会は、締約国が本条約三七条（c）の留保を維持していることに遺憾の念を表明する。委員会は、本条約の完全な適用の妨げとなっている三七条（c）への留保の撤回を検討することを締約国に勧告する。（第三回最終所見九・一〇、同旨・第四・五回最終所見六）

第三十八条

1　締約国は、武力紛争において自国に適用される国際人道法の規定で児童に関係を有するものを尊重し及びこれらの規定の尊重を確保することを約束する。

2　締約国は、十五歳未満の者が敵対行為に直接参加しないことを確保するためのすべての実行可能な措置をとる。

3　締約国は、十五歳未満の者を自国の軍隊に採用することを差し控えるものとし、また、十五歳以上十八歳未満の者の中から採用するに当たっては、最年長者を優先させるよう努める。

4　締約国は、武力紛争において文民を保護するための国際人道法に基づく自国の義務に従い、武力紛争の影響を受ける児童の保護及び養護を確保するためのすべての実行可能な措置をとる。

第三十九条

締約国は、あらゆる形態の放置、搾取若しくは虐待、拷問若しくは他のあらゆる形態の残虐な、非人道的な若しくは品位を傷つける取扱い若しくは刑罰又は武力紛争による被害者である児童の身体的及び心理的な回復及び社会復帰を促進するためのすべての適当な措置をとる。このような回復及び復帰は、児童の健康、自尊心及び尊厳を育成する環境において行われる。

参　条約一九・三二・三四・三七・三八・四〇

【関連国内法＝犯罪被害者等基本法、犯罪被害者保護法、犯罪被害者等給付金支給法、児童買春・児童ポルノ処罰法

第四十条

1　締約国は、刑法を犯したと申し立てられ、訴追され又は認定されたすべての児童が尊厳及び価値についての当該児童の意識を促進させるような方法であって、当該児童が他の者の人権及び基本的自由を尊重することを強化し、かつ、当該児童の年齢を考慮し、更に、当該児童が社会に復帰し及び社会において建設的な役割を担うことがなるべく促進されることを配慮した方法により取り扱われる権利を認める。

2　このため、締約国は、国際文書の関連する規定を考慮して、特に次のことを確保する。

(a)　いかなる児童も、実行の時に国内法又は国際法により禁じられていなかった作為又は不作為を理由として刑法を犯したと申し立てられ、訴追され又は認定されないこと。

(b)　刑法を犯したと申し立てられ又は訴追されたすべての児童は、少なくとも次の保障を受けること。

(i)　法律に基づいて有罪とされるまでは無罪と推定されること。

(ii)　速やかにかつ直接に、また、適当な場合には当該児童の父母又は法定保護者を通じてその罪を告げられること並びに防御の準備及び申立てにおいて弁護人その他適当な援助を行う者を持つこと。

(iii)　事案が権限のある、独立の、かつ、公平な当局又は司法機関により法律に基づく公正な審理において、弁護人その他適当な援助を行う者の立会い及び、特に当該児童の年齢又は境遇を考慮して児童の最善の利益にならないと認められる場合を除くほか、当該児童の父母又は法定保護者の立会いの下に遅滞なく決定されること。

(iv)　供述又は有罪の自白を強要されないこと。不利な証人を尋問し又はこれに対し尋問させること並びに対等の条件で自己のための証人の出席及びこれに対する尋問を求めること。

(v)　刑法を犯したと認められた場合には、その認定及びその結果科せられた措置について、法律に基づき、上級の、権限のある、独立の、かつ、公平な当局又は司法機関に

よって再審理されること。

(vi) 使用される言語を理解すること又は話すことができない場合には、無料で通訳の援助を受けること。

(vii) 手続のすべての段階において当該児童の私生活が十分に尊重されること。

3 締約国は、刑法を犯したと申し立てられ、訴追され又は認定された児童に特別に適用される法律及び手続の制定並びに当局及び施設の設置を促進するよう努めるものとし、特に、次のことを行う。

(a) その年齢未満の児童は刑法を犯す能力を有しないと推定される最低年齢を設定すること。

(b) 適当なかつ望ましい場合には、人権及び法的保護が十分に尊重されていることを条件として、司法上の手続に訴えることなく当該児童を取り扱う措置をとること。

4 児童がその福祉に適合し、かつ、その事情及び犯罪の双方に応じた方法で取り扱われることを確保するため、保護、指導及び監督命令、カウンセリング、保護観察、里親委託、教育及び職業訓練計画、施設における養護に代わる他の措置等の種々の処置が利用し得るものとする。

参【憲法三一～四〇、世界人権宣言九～一一、国際人権B規約一〇・一四④、少年司法の運営に関する国連最低基準規則（北京規則）、自由を奪われた少年の保護のための国連規則（ハバナ規則）、少年非行の防止のための国連指針（リャド・ガイドライン）、少年法、少年院法、少年審判規則

資 ●委員会は、締約国第二回報告の審査に基づいて二〇〇四年二月に表明された、二〇〇〇年少年法改正がかなり厳罰主義的なアプローチを採用し、非行少年の権利および司法的保障を制限したとの懸念を重ねて表明する。とくに、刑事処分可能年齢の一六歳から一四歳への引き下げにより、一四歳から一六歳の子どもが刑務所に収容される。重罪を犯した一六歳以上の子どもは刑事裁判所に送られる。観護措置は四週間から八週間に延長された。…新しい裁判員制度は、特別の少年裁判所による少年犯罪者の取扱いの障害となっている。（第三回最終所見八三）

●二〇〇〇年の少年法改正において、刑事処分可能年齢を一六歳から一四歳に引き下げることとしたのは、一四歳、一五歳の年少少年による凶悪重大事件が後を絶たず憂慮すべき状況にあったことにかんがみ、少年の健全育成のためには、この年齢層の少年であっても、罪を犯せば処罰されることがあることを明示することにより、規範意識を育て、社会生活における責任を自覚させる必要があると考えられるために、刑事処分可能年齢を刑法における刑事責任年齢と一致させて一四歳としたものであって、……従前の一六歳へ引き上げる為の再改正を要する状況にはないものと認識している。（第四・五回政府報告書一五五）

●委員会は、…成人用の刑事裁判所に送られた子どもの数が著しく増加していることを懸念し、…法に抵触した子どもの手続保障が体系的に実施されておらず、とくに、自白の強制および非合法的な捜査活動という結果をもたらしていることを遺憾に思う。委員会はまた、少年矯正施設における収容者への暴力の数、および公判前勾留において少年が成人と一緒に勾留される可能性について懸念を表明する。（第三回最終所見八四）

●少年法は、留置施設においては少年を成人と分離して収容しなければならない旨規定しており、警察の留置施設に少年を留置する場合、成人用の居室とは分離された少年用の居室において処遇し、成人被留置者と少年が相互に接触しないようにしている。（第四・五回政府報告書一六四）

第四十一条

この条約のいかなる規定も、次のものに含まれる規定であって児童の権利の実現に一層貢献するものに影響を及ぼすものではない。

(a) 締約国の法律

(b) 締約国について効力を有する国際法

第二部

第四十二条

締約国は、適当かつ積極的な方法でこの条約の原則及び規定を成人及び児童のいずれにも広く知らせることを約束する。

資 ●本条約が締約国に義務づけている広報に当たっては、関係行政機関、地方公共団体、教育現場を含め国民全体に幅広くこの条約の趣旨、目的及び規定の周知徹底に努めるものとし、特に子どもも条約を理解し得るように配慮すること。（衆院本会議「児童の権利条約に関する件」平成五・五・二六＝以下、衆院決議）

●学校においては、この条約等人権に関する国際法の意義と役割、基本的人権の尊重、児童の成長や人間形成について指導することとなっている。二〇〇三年に一部改正した学習指導要領においても、総則に「人間尊重の精神と生命に対する畏敬

の念を家庭、学校、その他社会における具体的な生活に生か」すことを掲げるなど、各教科、道徳、特別活動、総合的な学習の時間の特質に応じて、学校の教育活動全体を通じて人権に配慮した教育を行うことを一層推進することとしている。（第三回政府報告書八八）

第四十三条

1　この条約において負う義務の履行の達成に関する締約国による進捗の状況を審査するため、児童の権利に関する委員会（以下「委員会」という。）を設置する。委員会は、この部に定める任務を行う。

2　委員会は、徳望が高く、かつ、この条約が対象とする分野において能力を認められた十人の専門家で構成する。委員会の委員は、締約国の国民の中から締約国により選出されるものとし、個人の資格で職務を遂行する。その選出に当たっては、衡平な地理的配分及び主要な法体系を考慮に入れる。

3　委員会の委員は、締約国により指名された者の名簿の中から秘密投票により選出される。各締約国は、自国民の中から一人を指名することができる。

4　委員会の委員の最初の選挙は、この条約の効力発生の日の後六箇月以内に行うものとし、その後の選挙は、二年ごとに行う。国際連合事務総長は、委員会の委員の選挙の日の遅くとも四箇月前までに、締約国に対し、自国が指名する者の氏名を二箇月以内に提出するよう書簡で要請する。その後、同事務総長は、指名された者のアルファベット順による名簿（これらの者を指名した締約国名を表示した名簿とする。）を作成し、この条約の締約国に送付する。

5　委員会の委員の選挙は、国際連合事務総長により国際連合本部に招集される締約国の会合において行う。これらの会合は、締約国の三分の二をもって定足数とする。これらの会合においては、出席しかつ投票する締約国の代表によって投じられた票の最多数で、かつ、過半数の票を得た者をもって委員会に選出された委員とする。

6　委員会の委員は、四年の任期で選出される。委員は、再指名された場合には、再選される資格を有する。最初の選挙において選出された委員のうち五人の委員の任期は、二年で終了するものとし、これらの五人の委員は、最初の選挙の後直ちに、最初の選挙が行われた締約国の会合の議長によりくじ引で選ばれる。

7　委員会の委員が死亡し、辞任し又は他の理由のため委員会の職務を遂行することができなくなったことを宣言した場合には、当該委員を指名した締約国は、委員会の承認を条件として自国民の中から残余の期間職務を遂行する他の専門家を任命する。

8　委員会は、手続規則を定める。

9　委員会は、役員を二年の任期で選出する。

10　委員会の会合は、原則として、国際連合本部又は委員会が決定する他の適当な場所において開催する。委員会は、原則として毎年一回会合する。委員会の会合の期間は、国際連合総会の承認を条件としてこの条約の締約国の会合において決定し、必要な場合には、再検討する。

11　国際連合事務総長は、委員会がこの条約に定める任務を効果的に遂行するために必要な職員及び便益を提供する。

12　この条約に基づいて設置する委員会の委員は、国際連合総会が決定する条件に従い、同総会の承認を得て、国際連合の財源から報酬を受ける。

第四十四条

1　締約国は、(a)当該締約国についてこの条約が効力を生ずる時から二年以内に、(b)その後は五年ごとに、この条約において認められる権利の実現のためにとった措置及びこれらの権利の享受についてもたらされた進歩に関する報告を国際連合事務総長を通じて委員会に提出することを約束する。

2　この条の規定により行われる報告には、この条約に基づく義務の履行の程度に影響を及ぼす要因及び障害が存在する場合には、これらの要因及び障害を記載する。当該報告には、また、委員会が当該国における条約の実施について包括的に理解するために十分な情報を含める。

3　委員会に対して包括的な最初の報告を提出した締約国は、1(b)の規定に従って提出するその後の報告においては、既に提供した基本的な情報を繰り返す必要はない。

4　委員会は、この条約の実施に関連する追加の情報を締約国に要請することができる。

5　委員会は、その活動に関する報告を経済社会理事会を通じて二年ごとに国際連合総会に提出する。

6　締約国は、1の報告を自国において公衆が広く利用できるようにする。

行 ●日本政府第一回締約国報告書（CRC/C/41/Add. 1)（一九九六・五・三〇）
●日本政府第二回締約国報告書（CRC/C/104/Add. 2)（二〇〇一・一一）
●日本政府第三回定期報告（CRC/C/JPN/3)（二〇〇八・四）
●日本政府第四・五回締約国報告（CRC/C/JPN/4-5)（二〇一七・六）

資 ●本条約の義務に基づき児童の権利に関する委員会に対して報告書を提出した場合には、当外務委員会に対しても同報告書を提出すること。（衆院決議）

第四十五条

この条約の効果的な実施を促進し及びこの条約が対象とする分野における国際協力を奨励するため、

(a)　専門機関及び国際連合児童基金その他の国際連合の機関は、その任務の範囲内にある事項に関するこの条約の規定の実施についての検討に際し、代表を出す権利を有する。委員会は、適当と認める場合には、専門機関及び国際連合児童基金その他の権限のある機関に対し、これらの機関の任務の範囲内にある事項に関するこの条約の実施について専門家の助言を提供するよう要請することができる。委員会は、専門機関及び国際連合児童基金その他の国際連合の機関に対し、これらの機関の任務の範囲内にある事項に関するこの条約の実施について報告を提出するよう要請することができる。

(b)　委員会は、適当と認める場合には、技術的な助言若しくは援助の要請を含んでおり又はこれらの必要性を記載している締約国からのすべての報告を、これらの要請又は必要性の記載に関する委員会の見解及び提案がある場合は当該見解及び提案とともに、専門機関及び国際連合児童基金その他の権限のある機関に送付する。

(c)　委員会は、国際連合総会に対し、国際連合事務総長が委員会のために児童の権利に関連する特定の事項に関する研究を行うよう同事務総長に要請することを勧告することができる。

(d)　委員会は、前条及びこの条の規定により得た情報に基づく提案及び一般的な性格を有する勧告を行うことができる。これらの提案及び一般的な性格を有する勧告は、関係締約国に送付し、締約国から意見がある場合にはその意見とともに国際連合総会に報告する。

第三部

第四十六条

この条約は、すべての国による署名のために開放しておく。

第四十七条

この条約は、批准されなければならない。批准書は、国際連合事務総長に寄託する。

第四十八条

この条約は、すべての国による加入のために開放しておく。加入書は、国際連合事務総長に寄託する。

第四十九条

1　この条約は、二十番目の批准書又は加入書が国際連合事務総長に寄託された日の後三十日目の日に効力を生ずる。

2　この条約は、二十番目の批准書又は加入書が寄託された後に批准し又は加入する国については、その批准書又は加入書が寄託された日の後三十日目の日に効力を生ずる。

第五十条

1　いずれの締約国も、改正を提案し及び改正案を国際連合事務総長に提出することができる。同事務総長は、直ちに、締約国に対し、その改正案を送付するものとし、締約国による改正案の審議及び投票のための締約国の会議の開催についての賛否を示すよう要請する。その送付の日から四箇月以内に締約国の三分の一以上が会議の開催に賛成する場合には、同事務総長は、国際連合の主催の下に会議を招集する。会議において出席しかつ投票する締約国の過半数によって採択された改正案は、承認のため、国際連合総会に提出する。

2　1の規定により採択された改正は、国際連合総会が承認し、かつ、締約国の三分の二以上の多数が受諾した時に、効力を生ずる。

3　改正は、効力を生じたときは、改正を受諾した締約国を拘束するものとし、他の締約国は、改正前のこの条約の規定（受諾した従前の改正を含む。）により引き続き拘束される。

第五十一条

1　国際連合事務総長は、批准又は加入の際に行われた留保の書面を受領し、かつ、すべての国に送付する。

2　この条約の趣旨及び目的と両立しない留保は、認められない。

3　留保は、国際連合事務総長にあてた通告によりいつでも撤回することができるものとし、同事務総長は、その撤回をすべての国に通報する。このようにして通報された通告は、同事務総長により受領された日に効力を生ずる。

第五十二条

締約国は、国際連合事務総長に対して書面による通告を行うことにより、この条約を廃棄することができる。廃棄は、同事務総長がその通告を受領した日の後一年で効力を生ずる。

第五十三条

国際連合事務総長は、この条約の寄託者として指名される。

第五十四条

アラビア語、中国語、英語、フランス語、ロシア語及びスペイン語をひとしく正文とするこの条約の原本は、国際連合事務総長に寄託する。

英文〔略〕

○教育基本法

平成一八・一二・二二
法 一 二 〇

我々日本国民は、たゆまぬ努力によって築いてきた民主的で文化的な国家を更に発展させるとともに、世界の平和と人類の福祉の向上に貢献することを願うものである。

我々は、この理想を実現するため、個人の尊厳を重んじ、真理と正義を希求し、公共の精神を尊び、豊かな人間性と創造性を備えた人間の育成を期するとともに、伝統を継承し、新しい文化の創造を目指す教育を推進する。

ここに、我々は、日本国憲法の精神にのっとり、我が国の未来を切り拓く教育の基本を確立し、その振興を図るため、この法律を制定する。

参 憲法前文・二六、児童の権利条約、児童憲章

資 ●大日本帝国憲法（明二二・二・一一）＝資料編所収
●教育ニ関スル勅語（明二三・一〇・三〇）＝資料編所収
●日本国憲法（昭二一・一一・三）
●教育基本法（旧教基法）（昭二二・三・三一）＝資料編所収
●教育勅語等排除に関する決議（衆議院昭二三・六・一九）、教育勅語等の失効確認に関する決議（参議院昭二三・六・一九）＝資料編所収

第一章 教育の目的及び理念

（教育の目的）

第一条 教育は、人格の完成を目指し、平和で民主的な国家及び社会の形成者として必要な資質を備えた心身ともに健康な国民の育成を期して行われなければならない。

参 憲法前文・一三・一四・一九・二〇・二一・二三・二六【教育の目的＝世界人権宣言二六②、国際人権Ａ規約一三①、児童の権利条約二九【教育の目標＝法二【学校の目的＝学校法二二（幼稚園）・二九（小学校）・四五（中学校）・四九の二（義務教育学校）・五〇（高等学校）・六三（中等教育学校）・七二（特別支援学校）・八三（大学）・八三の二（専門職大学）・九九①（大学院）・九九②③（専門職大学院）・一〇八（短期大学・専門職短期大学）・一一五（高等専門学校）・一二四（専修学校）

判 ●人格の完成と生徒の思想・信条等の自由＝教育の目的が生徒の人格の完成をめざし（旧教基法一条）、思想、信条により差別されるべきではない（同法三条）とされていることにかんがみれば、…生徒の思想、信条の自由は、最大限に保障されるべきであ〔る〕。…また生徒の言論、表現の自由もしくはこれにかかる行為も、教育の目的にかんがみ最大限に尊重されるべきである。（東京地判昭五四・三・二八 麴町中学内申書事件）↓憲法一九の判

●人格の完成と校長の校則制定権＝中学校長は、教育の実現のため、生徒を規律する校則を定める包括的な権能を有するが、教育は人格の完成をめざす（旧教基法第一条）ものであるから、右校則の中には、…生徒の服装等いわば生徒のしつけに関するものも含まれる。（熊本地判昭六〇・一一・一三 丸刈り校則事件）

●新学習指導要領の国旗条項…は、…入学式、卒業式は、学校生活に有意義な変化や折り目をつけ、厳粛かつ清新な雰囲気の中で、新しい生活への動機付けを行い、学校、社会、国家などの集団への所属感を深める上でよい機会となることをもって、このような意義を踏まえた上で、これらの式典において、国旗を掲揚するように指導する趣旨のもとで設けられたものであり（…）、国旗条項の上記趣旨に照らせば、同条項が、…教育の目的について規定した〔旧〕教基法一条の精神に反するものとまではいい難い。（大津地判平成一三・五・七 大津日の丸事件）

資 ●旧教基法一
●期待される人間像（中教審答申昭四一・一〇・三一）

（教育の目標）

第二条 教育は、その目的を実現するため、学問の自由を尊重しつつ、次に掲げる目標を達成するよう行われるものとする。

一 幅広い知識と教養を身に付け、真理を求める態度を養い、豊かな情操と道徳心を培うとともに、健やかな身体を養うこと。

二 個人の価値を尊重して、その能力を伸ばし、創造性を培い、自主及び自律の精神を養うとともに、職業及び生活との関連を重視し、勤労を重んずる態度を養うこと。

三 正義と責任、男女の平等、自他の敬愛と協力を重んずるとともに、公共の精神に基づ

き、主体的に社会の形成に参画し、その発展に寄与する態度を養うこと。

四　生命を尊び、自然を大切にし、環境の保全に寄与する態度を養うこと。

五　伝統と文化を尊重し、それらをはぐくんできた我が国と郷土を愛するとともに、他国を尊重し、国際社会の平和と発展に寄与する態度を養うこと。

参　憲法前文・一三・一四・一九・二〇・二一・二三・二六、法前文・一【教育（保育）の目標＝学校法二一（義務教育）・二三（幼稚園）・三〇（小学校）・四六（中学校）・四九の三（義務教育学校）・五一（高等学校）・六四（中等教育学校）

資　●旧教基法前文・一・二・五

（生涯学習の理念）

第三条　国民一人一人が、自己の人格を磨き、豊かな人生を送ることができるよう、その生涯にわたって、あらゆる機会に、あらゆる場所において学習することができ、その成果を適切に生かすことのできる社会の実現が図られなければならない。

参　憲法一三・二三・二六①、法一二、学校法、私学法、社教法、図書館法、博物館法、生涯学習振興法、スポーツ基本法、音楽文化学習環境整備法、子どもの読書活動の推進に関する法律、文字・活字文化振興法【生涯学習＝生涯学習振興法一、高齢社会対策基本法一一、設置法三・四

資　●旧教基法七

（教育の機会均等）

第四条　すべて国民は、ひとしく、その能力に応じた教育を受ける機会を与えられなければならず、人種、信条、性別、社会的身分、経済的地位又は門地によって、教育上差別されない。

2　国及び地方公共団体は、障害のある者が、その障害の状態に応じ、十分な教育を受けられるよう、教育上必要な支援を講じなければならない。

3　国及び地方公共団体は、能力があるにもかかわらず、経済的理由によって修学が困難な者に対して、奨学の措置を講じなければならない。

参　憲法一四①・二六①、世界人権宣言二①、国際人権A規約二②、国際人権B規約二①、児童権利宣言一、児童の権利条約二①、人権教育啓発推進法

[1]【教育における平等・教育の機会均等＝憲法一四①・二六①、法二3、児童の権利条約二八①、人種差別撤廃条約五、女子差別撤廃条約一〇、教育費負担法、学校法、私学助成法

[2]【障害者教育支援＝障害者権利条約二四、障害者基本法、特別支援学校就学奨励法、発達障害者支援法、障害児童生徒教科用特定図書促進法、学校法七二

[3]【教育福祉・就学奨励＝学校法一九、就学奨励法、高校等就学支援金法、学生支援機構法一三～一七、大学修学支援法、学校保健安全法二四・二五、学校給食法、生活保護法一一①2・一三・三二、母子寡婦福祉法一三、児童扶養手当法四・五、児童手当法

判　●教育課程の国家基準設定の限界と教育の機会均等＝〔学習指導要領は〕全体としてみた場合、教育政策上の当否はともかく、少なくとも法的見地からは、教育の機会均等の確保等の目的のために必要かつ合理的な基準の設定として是認できる。（最高判（大法廷）昭五一・五・二一　北海道旭川学力テスト事件）

●生徒が思想、信条によって差別されるべきではないから、思想、信条のいかんによって生徒を分類評定することは違法となるとされた事例（東京地判昭五四・三・二八　麹町中学内申書事件）→憲法一九の判

●生徒が生徒会規則に反し、校内秩序を乱す行動をした場合、これを内申書に記載し高校に知らせることは教育上の差別ではないとされた事例（東京高判昭五七・五・一九、ほぼ同旨・最高判昭六三・七・一五　麹町中学内申書事件）→憲法一九の判

●県立高校の入学合同選抜制＝この制度は県教委が学校間格差を考慮したものであり、〔旧〕教基法三条一項の許容する裁量権内にある。（大分地判昭六二・二・二三）→憲法二六の判

●筋ジストロフィー症に罹患した入学志願者に対する入学許否処分＝当該入学許否処分が、高校長の裁量に委ねられるとしても、その判断が憲法二六条一項、憲法一四条、〔旧〕教基法三条一項から導き出される諸原則に反する場合は、その処分が違法となる。（神戸地判平成四・三・一三、神戸地決平成三・七・二二　高校入学不許可処分執行停止申立事件―申立ての利益を欠くとして却下）→憲法一四、二六の判

●旧教基法三条一項がマイノリティの教育権という具体的な権利を直接保障していると認めることは困難であるとされた事例（大阪地判平成二〇・一・二三）→憲法二六の判、児童の権利条約三〇

の判

●教育基本法は、障害者の教育の機会均等を実質的に保障するため、教育上必要な支援を講じることを国及び地方公共団体に対して義務付けるとともに、学校教育が、教育を受ける者の心身の発達に応じて、体系的かつ組織的に行われるべきことを要請して［いる］（同法四条二項、六条二項）…。（福岡高判令和二・七・六）

資 ●旧教基法三・五

第二章 教育の実施に関する基本

（義務教育）

第五条 国民は、その保護する子に、別に法律で定めるところにより、普通教育を受けさせる義務を負う。

2 義務教育として行われる普通教育は、各個人の有する能力を伸ばしつつ社会において自立的に生きる基礎を培い、また、国家及び社会の形成者として必要とされる基本的な資質を養うことを目的として行われるものとする。

3 国及び地方公共団体は、義務教育の機会を保障し、その水準を確保するため、適切な役割分担及び相互の協力の下、その実施に責任を負う。

4 国又は地方公共団体の設置する学校における義務教育については、授業料を徴収しない。

参 憲法二六②

1 【義務教育・就学義務＝世界人権宣言二六①、国際人権A規約一三②、児童の権利宣言七、児童の権利条約二八①、学校法一六～二一 【学齢児童等使用者と義務教育＝学校法二〇 【入所中の児童の就学措置＝児童福祉法四八 【少年院における矯正教育＝少年院法二四～二九 【義務教育の年齢主義＝学校法一七 【義務教育の政治的中立性＝中立確保法三

2 【普通教育＝憲法二六②、学校法一六・二一（義務教育）・二九（小学校）・四五（中学校）・四九の二（義務教育学校）・五〇（高等学校）・六三（中等教育学校）

4 【義務教育の無償＝憲法二六②、世界人権宣言二六①、国際人権A規約一三②、児童権利宣言七、児童の権利条約二八①、学校法六、教科書無償措置法、国立大学法人法施規三、高専機構法一二

判 ●義務教育無償は、国公立義務教育学校の授業料不徴収のみを意味し、他の教育費の無償は立法政策の問題である。（最高判（大法廷）昭三九・二・二六）→憲法二六の判

●市立養護学校への就学を拒否された児童につき、市教委が当該児童を同養護学校に就学させるべき旨の仮の指定を行うよう命じられた事例（大阪地決平成一九・八・一〇）→憲法二六の判

行 ●公立小中学校越境入学者の取扱い＝地方公共団体は、その区域外にある学齢児童又は学齢生徒に対して、その設置する小学校又は中学校への就学を許すか否かは、自由であるけれども、それをひとたび許した以上、授業料を徴収することはできない。（法務府法制意見第一局長回答昭二六・一〇・三一法意一発八五）

●朝鮮人子弟の義務教育費＝日本国政府から永住を許可された朝鮮人子弟は、義務教育費（教科書等）無償の対象となる。（文部次官通達昭四〇・一二・二五）

資 ●旧教基法四

（学校教育）

第六条 法律に定める学校は、公の性質を有するものであって、国、地方公共団体及び法律に定める法人のみが、これを設置することができる。

2 前項の学校においては、教育の目標が達成されるよう、教育を受ける者の心身の発達に応じて、体系的な教育が組織的に行われなければならない。この場合において、教育を受ける者が、学校生活を営む上で必要な規律を重んずるとともに、自ら進んで学習に取り組む意欲を高めることを重視して行われなければならない。

参 憲法二六

1 【法律に定める学校＝法九①・一四②、学校法一 【学校の設置者＝学校法二 【法律に定める法人＝国立大学法人法二、高専機構法、地方独行法人法六八①、私学法三、私学事業団法、放送大学学園法 【個人・団体の教育機関設置の自由＝国際人権A規約一三④、児童の権利条約二九②

判 ●教育基本法六条一項が、法律に定める学校は公の性質を有する旨を定めていることからすると、私立大学であっても公の性質を有するものと考えるのが相当であり、個別に設置目的を有する私立大学の特性に鑑みてやむを得ない場合は別として、入学者の選抜に関しても、憲法やそれを受けた公法上の諸規定の趣旨を尊重する義務を負うと解すべきである。（東京地判令和二・三・六）

資 ●旧教基法六

（大学）

第七条　大学は、学術の中心として、高い教養と専門的能力を培うとともに、深く真理を探究して新たな知見を創造し、これらの成果を広く社会に提供することにより、社会の発展に寄与するものとする。

2　大学については、自主性、自律性その他の大学における教育及び研究の特性が尊重されなければならない。

参　憲法二三、学校法八三～一一三、国立大学法人法、高専機構法、地方独行法人法、私学法、放送大学学園法
1【高等教育＝世界人権宣言二六①、国際人権A規約一三②、児童の権利条約二八①
2【大学評価＝大学改革支援・学位機構法

行　国立大学法人等の組織及び業務全般の見直しについて（文科相通知平成二七・六・八文科高二六九）

（私立学校）

第八条　私立学校の有する公の性質及び学校教育において果たす重要な役割にかんがみ、国及び地方公共団体は、その自主性を尊重しつつ、助成その他の適当な方法によって私立学校教育の振興に努めなければならない。

参　憲法二三・二六、私学法、私学助成法、私学事業団法【個人・団体の教育機関設置の自由＝国際人権A規約一三④、児童の権利条約二九②

判　●私立大学の公共性＝私立学校であっても高度に公の性質を有する…。私立大学も、…私立大学の特性に鑑みてやむを得ない場合は別として、憲法に定められた諸規定の趣旨を尊重する義務を負う…。入学試験に合格し、…当然大学に入学する資格を得た者について特別に入学不許可にするには、…入学不許可にしなければ真にやむを得ない事情がある場合を除いては、違法との評価を免れない…。（東京地判平成一八・二・二〇）

（教員）

第九条　法律に定める学校の教員は、自己の崇高な使命を深く自覚し、絶えず研究と修養に励み、その職責の遂行に努めなければならない。

2　前項の教員については、その使命と職責の重要性にかんがみ、その身分は尊重され、待遇の適正が期せられるとともに、養成と研修の充実が図られなければならない。

参　憲法一五②・二三・二六、学校法七～一一・二七・三七・四九・四九の八・六〇・六二・六九・七〇・八二・九二・一二〇・一二九、教特法、免許法、小中免許特例法、教員人材確保法、教職給与特別法、地公法、労基法、労組法、雇用機会均等法、地方公務員育児休業法、育児休業法
1【法律に定める学校＝法六①・一四②、学校法一
2【大学教員の任期＝大学の教員等の任期に関する法律
3【教員の地位利用による国民投票運動の禁止＝憲法改正手続法一〇三②

判　●講座開設への妨害行為や教授会の議事内容のマスコミへの漏洩等が非違行為に当たるとして懲戒解雇された私立大学教員が地位確認等を請求した事案で、当該非違行為に対する懲戒は解雇権の濫用であるとされ、また、解雇に際して本人に弁明の機会を与えておらず手続が違法であるとされ、解雇は無効であるとして請求が一部認容された事例（福岡地判平成二一・六・一八）

●被告〔市教委〕は、…各教員の職務に対する主体的意欲と児童生徒に対する指導力の伸長を促すため、…研修を命じる権限を付与されているところ、意欲や指導力の程度、問題性は個々の教員によって異なり、また、…研修を命じる必要性の有無や研修を実施する場合の期間、内容、実施機関の決定は、…諸般の事情を総合的に考慮して検討すべき事項であるから、被告が教員に対して研修を命じる職務命令は、被告の裁量行為である。もっとも、…本件命令のように学校の現場を離れて長期にわたり研修を命じる場合には、その教員に対して与える不利益の程度も大きいから、研修の必要性がないことが明らかである場合や、研修の目的に照らしてその実施内容が著しく不相当である場合には、裁量権の逸脱ないし濫用に当たり違法になる…。〔本件命令については、裁量権の逸脱、濫用は認められない。〕（仙台地判平成一五・二・一七）

●…都教委が本件職務命令の違反のみをもって、原告らの勤務成績を良好でないとした判断は、…不起立、国歌不斉唱という行為を、極端に過大視したものといわざるを得ない。…本件〔再雇用職員選考における〕不合格は、…職務命令違反をあまりにも過大視する一方で、…他の事情をおよそ考慮した形跡がないのであって、客観的合理性や社会的相当性を著しく欠くものといわざるを得ず、都教委はその裁量を逸脱、濫用したものと認めるのが相当である。（東京地判平成二〇・二・七、一部取消・請求棄却・東京高判平成二二・一・二八、同旨・最高判平成二三・六・六　嘱託採

用拒否処分取消請求事件）→教基法一六の判

●初任者研修の満了時における分限免職処分の取消しが求められた事案で、教員として不適格とする任命権者の判定の客観的な合理性が疑わしく、裁量権の行使を誤った違法があるとして当該処分が取消された事例（京都地判平成二〇・二・二八、同旨・大阪高判平成二一・六・四、上告不受理（二審確定）最高決平成二二・二・二五　京都初任者研修訴訟）

●公立学校教職員の時間外勤務について勤務管理上の安全配慮義務違反があったとして、一部教員について慰謝料請求が認容された事例（京都地判平成二〇・四・二三、一審判決一部変更（請求一部認容・一部棄却）大阪高判平成二一・一〇・一、破棄自判（一審原告の請求棄却）最高判平成二三・七・一二　京都市教組超勤事件）

●私立小学校の教頭が運営主体である学校法人の理事長及び理事の横領・背任等を告発する書面を県に提出したこと等を理由とする、同教頭に対する普通解雇が有効とされた事例（東京高判平成二八・一二・七）

●大学の元職員が、長期間十分な仕事を与えられず精神的苦痛を受けたとして、国立大学法人に五五〇万円の損害賠償を求めた訴訟で、大学のパワハラ行為が認定され、五〇万円の支払いが命じられた事例（神戸地判平成二九・八・九）

資　●旧教基法六②

●地位勧告（ユネスコにおける特別政府間会議昭四一・九・二一―一〇・五）＝国際教育法規編所収

●高等教育教員の地位に関する勧告（ユネスコ総会平成九）

●教師の倫理綱領（日本教職員組合昭三六・五・二〇）

●有給教育休暇に関する条約（ＩＬＯ第一四〇号昭四九・六・二）

●家族的責任を有する男女労働者の機会及び待遇の均等に関する条約（ＩＬＯ第一五六号平成七・六・一二）

（家庭教育）

第十条　父母その他の保護者は、子の教育について第一義的責任を有するものであって、生活のために必要な習慣を身に付けさせるとともに、自立心を育成し、心身の調和のとれた発達を図るよう努めるものとする。

2　国及び地方公共団体は、家庭教育の自主性を尊重しつつ、保護者に対する学習の機会及び情報の提供その他の家庭教育を支援するために必要な施策を講ずるよう努めなければならない。

参　憲法一三・二四・二六【家庭・家族の保護＝世界人権宣言一六③、国際人権Ａ規約一〇①【子の保護＝憲法二六②、児童の権利条約、民法八二〇・八五七、児童福祉法六、少年法二②【親の教育責任・教育権＝憲法二六②、児童の権利条約五・一四②・一八、世界人権宣言二六③、民法八二〇・八五七【家族と家庭の役割＝学校法二一、子ども・子育て支援法、いじめ防止対策推進法

資　●旧教基法二・七

（幼児期の教育）

第十一条　幼児期の教育は、生涯にわたる人格形成の基礎を培う重要なものであることにかんがみ、国及び地方公共団体は、幼児の健やかな成長に資する良好な環境の整備その他適当な方法によって、その振興に努めなければならない。

参　憲法一三・二四・二五・二六・二七③、児童の権利条約、児童憲章、学校法二二～二八、児童福祉法三九・三九の二、児童手当法、児童扶養手当法、児童虐待防止法、児童買春・児童ポルノ処罰法、インターネット異性紹介事業を利用して児童を誘引する行為の規制等に関する法律、風俗営業法、少年法、民法八二〇、認定こども園法

（社会教育）

第十二条　個人の要望や社会の要請にこたえ、社会において行われる教育は、国及び地方公共団体によって奨励されなければならない。

2　国及び地方公共団体は、図書館、博物館、公民館その他の社会教育施設の設置、学校の施設の利用、学習の機会及び情報の提供その他の適当な方法によって社会教育の振興に努めなければならない。

参　憲法一三・二三・二六、法前文・一～三、社教法

1【社会教育と国・地方公共団体の任務＝法一六、社教法三～六、設置法三・四、地方教育行政法二三、生涯学習振興法二、スポーツ基本法、子どもの読書活動の推進に関する法律、文字・活字文化振興法、高齢社会対策基本法、人権教育啓発推進法、男女参画法

2【図書館＝図書館法【博物館＝博物館法【公民館＝社教法二〇～四二【学校の施設の利用＝学校法一三七、社教法四四～四七、学校施設の確保に関する政令

行 ●社会教育関係団体に対する助成の基本方針＝憲法にいう教育事業に該当しない事業であって、公共性のある適切な緊急な事業であれば社会教育関係団体に対して、その自主性を尊重しつつ積極的に助成を行う。（社教局長通達昭三四・一二・一四文社社二三二）

資 ●旧教基法七
●図書館の自由に関する宣言（日本図書館協会総会決議昭五四・五・三〇）

（学校、家庭及び地域住民等の相互の連携協力）

第十三条　学校、家庭及び地域住民その他の関係者は、教育におけるそれぞれの役割と責任を自覚するとともに、相互の連携及び協力に努めるものとする。

参 憲法二六①、法六・一〇・一二、学校法、社教法、生涯学習振興法

（政治教育）

第十四条　良識ある公民として必要な政治的教養は、教育上尊重されなければならない。

2　法律に定める学校は、特定の政党を支持し、又はこれに反対するための政治教育その他政治的活動をしてはならない。

参 1 【国民主権＝憲法前文・一】【参政権＝憲法一五・一六・九三、世界人権宣言二一、国際人権B規約二五】【思想・良心、表現・集会・結社、学問の自由＝憲法一九・二一・二三、法二、世界人権宣言一八～二〇、国際人権B規約一八～二二、児童の権利条約一三～一五】【意見表明権＝児童の権利条約一二】【情報へのアクセス＝憲法二一、児童の権利条約一七

2 【法律に定める学校＝法六①・九①、学校法一】【政党＝政治資金規正法三①、政党助成法二】【教員の政治的活動の制限＝中立確保法、同法第五条の請求の手続を定める政令、公選法八九～九一・一三七、国公法一〇二・一一〇、人規一四―七、地公法三六、教特法一八】【教員の地位利用による国民投票運動の禁止＝憲法改正手続法一〇三②

判 ●授業内容を根拠とする解雇の違法性＝学校法人の理事者等は教員の教育内容に対し命令、監督することを避けるべきであり、援助、ないし助成でなければならない。…本件の授業内容は〔旧〕教基法八条二項の禁止する政治的活動にあたらない。したがつて右授業内容を根拠とする本件解雇は無効である。（東京地判昭四七・三・三一　私立目黒高校事件）
●高校生の政治活動の自由とその制約＝高校生といえども…国の政治に関心を持ち、自ら相応の政治活動を行なうことは正当であって、…指導の名のもとに…、生徒の政治的自由を不当に抑圧することがあってはならないし、生徒にそのように受けとられないよう慎重な配慮がなければならず政治的集会やデモ参加を一律に禁止することはできない。（大阪地判昭四九・四・一六）
●公立学校教員の憲法に関する文言記載の服装着用＝憲法及び〔旧〕教基法上、公立学校教員が公務の遂行にあたり特定の政治的意見を表明する自由が基本的人権として保障されているとは解されない（福岡地小倉支判平成一一・七・一三）
●県立高校の教諭が定年退職する前に寄稿した回想文（内容は安保条約の問題等の政治的意見）が同校の生徒会誌に掲載されたが、同校校長が回想文の切り取りを職務命令として指示したのは違法であるとして、同校長及び県に対し、謝罪文の掲載及び損害賠償等を求めたが、当該職務命令が違法ではないとして、請求が棄却された事例（東京高判平成一四・五・九、同旨・最高判平成一六・七・一五　謝罪広告等請求事件）

行 ●高等学校等における政治的教養の教育と高等学校等の生徒による政治的活動等について（初中局長通知平成二七・一〇・二九文科初九三三）＝資料編所収
●人事院規則一四―七（政治的行為）の運用方針（人事院事務総長通牒昭二四・一〇・二一）
●教育公務員が選挙ポスターに推薦者として名を連ねる行為は、人規一四―七（政治的行為）六項八号に該当する。なお、行為の態様によっては、同項一号に該当する場合もある。（公務員課長回答昭三七・一〇・二三自治丁公発一〇九）

資 ●旧教基法八
●地位勧告（ユネスコ特別政府間会議昭四一・九・二一～一〇・五）＝国際教育法規編所収

（宗教教育）

第十五条　宗教に関する寛容の態度、宗教に関する一般的な教養及び宗教の社会生活における地位は、教育上尊重されなければならない。

2　国及び地方公共団体が設置する学校は、特定の宗教のための宗教教育その他宗教的活動をしてはならない。

参 1 【信教の自由＝憲法二〇①②、世界人権宣言一八、国際人権B規約一八、児童の権利条約一四】【親の宗教教育の自由＝憲法二〇①、世界人

権宣言二六③、国際人権A規約一三③、B規約一八④、児童の権利条約一四②【宗教的少数民族の権利＝国際人権B規約二七、児童の権利条約三〇

②【政教分離＝憲法二〇①③・八九

判 ●旧教基法九条一項について＝〔本規定は〕…社会生活における宗教の地位の尊重について配慮を促したものである。したがって、右規定は宗教的活動の自由に教育に優先する地位を与えたり、その価値を順序づけようとするものではなく、この規定から日曜日の宗教教育が本件授業の実施に優先して尊重されなければならないものではない。まして公教育の担当機関が児童の出席の要否を決めるために、各宗教活動の教義上の重要性を判断して、公教育に対する優先の度合を測るというようなことは、公教育に要請される宗教的中立性（同法九条二項）に抵触することにもなる。したがって、キリスト教信仰者が日曜日には、自由に教会学校に出席することができるという利益が憲法上保護されるべき程度も、公教育上の特別の必要がある場合に優先するものではなく、本件欠席記載を違法ならしめるものではない。（東京地判昭六一・三・二〇　キリスト教徒日曜日訴訟）→憲法二〇判

●信教の自由と教育上の代替措置＝剣道等の実技に参加していないにもかかわらず、…参加したのと同様の評価をするのは、…他の生徒の消極的な信教の自由と緊張関係を生じるだけでなく、公教育に要求されている宗教的中立を損ない、また〔旧〕教基法九条一項の宗教に対する寛容等も、この宗教的中立を前提とするものであり、宗教に教育上の理由に対して絶対優先する地位を認めるものでない。（神戸地決平成四・六・一二、ほぼ同旨・大阪高決平成四・一〇・一五、神戸地判平成五・二・二二「エホバの証人」高専生退学処分等事件）

●信教の自由と教育上の代替措置＝高専において、宗教的信条に基づく学生…に代替措置を行なうことは、信教の自由を侵されない状況の下で、教育を受ける機会を保障しようとすることであって、学生が信奉する宗教を援助、促進する効果を生ずるものでない。（大阪高判平成六・一二・二二、ほぼ同旨・最高判平成八・三・八「エホバの証人」高専生退学処分等事件）→憲法二〇判

行 ●社会科その他、初等・中等教育における宗教の取扱いについて＝学校が主催して、礼拝や宗教的儀式・祭典に参加する目的をもって神社・寺院・教会等の宗教施設を訪問してはならない。（次官通達昭二四・一〇・二五文初庶一五二）

資 ●旧教基法九

第三章　教育行政

（教育行政）

第十六条　教育は、不当な支配に服することなく、この法律及び他の法律の定めるところにより行われるべきものであり、教育行政は、国と地方公共団体との適切な役割分担及び相互の協力の下、公正かつ適正に行われなければならない。

2　国は、全国的な教育の機会均等と教育水準の維持向上を図るため、教育に関する施策を総合的に策定し、実施しなければならない。

3　地方公共団体は、その地域における教育の振興を図るため、その実情に応じた教育に関する施策を策定し、実施しなければならない。

4　国及び地方公共団体は、教育が円滑かつ継続的に実施されるよう、必要な財政上の措置を講じなければならない。

参 ①【教育行政＝憲法前文・一三・二六・三一・四一・六五・六六③・七三・八三・八九・九二・九四、地方教育行政法、設置法

②【教育の機会均等＝憲法一四①・二六①、法四・五③【教育振興基本計画（国）＝法一七①

③【地方教育行政＝地方教育行政法、自治法【教育委員会の任務等＝地方教育行政法二一・三三・四三、自治法一八〇の八【教育振興基本計画（地方公共団体）＝法一七②

④【義務教育の無償＝憲法二六②、法五④【私学助成＝法八、私学法五九、私学助成法四・九、私学事業団法

判 ●旧教基法一〇条の解釈＝教育行政機関が…法律を運用する場合においても、〔旧〕教基法一〇条一項にいう「不当な支配」とならないように拘束を受ける…。また国の教育統制権能を前提としつつ、教育行政の目標を教育の目的遂行に必要な諸条件の整備確立に置くが、教育の自主性尊重の見地から、「不当な支配」とならないように限定が付されるところにその意味があり、…教育に対する行政権力の介入は許容される目的が必要かつ合理的であれば、たとえ教育の内容・方法であっても禁止されない。（東京地判昭四七・三・二四、東京高判昭四九・五・八　伊藤校長免職処分事件、最高判（大法廷）昭五一・五・二一　北海道旭川学力テスト事件、ほぼ同旨・最高判昭五四・一〇・九　大阪（高校）学力テスト事件、東京高判昭六一・三・一九　家永第一次教科書訴訟控訴

審、ほぼ同旨・最高判平成五・三・一六、東京地判平成元・一〇・三、ほぼ同旨・最高判平成九・八・二九 同第三次訴訟、横浜地判平成一〇・四・二二 高校公民科現代社会教科書検定訴訟）

●教科書検定と旧教基法一〇条＝教科書検定の審査は、教科書の誤記、誤植その他の客観的な誤り、教科書についての技術的事項および教科書内容が教育課程の大綱的基準内にあるかの諸点にとどめるべきであつて、その限度を超えて、教科書の記述内容の当否にまで及ぶときは、検定は〔旧〕教基法一〇条に違反する。（東京地判昭四五・七・一七 家永第二次教科書訴訟）

●旧教基法一〇条一項と学校法二一条一項＝教科書使用義務〔は〕…教師の教育活動における創意、工夫、自主性の要請を阻害する虞れはなく、〔旧〕教基法一〇条一項の教育に対する不当な支配とはなり得ない。（福岡高判昭五八・一二・二四、最高判平成二・一・一八 伝習館訴訟）

●…本件通達及び…被告都教委の…指導等は、教育の自主性を侵害するうえ、教職員に対し一方的な一定の理論や観念を生徒に教え込むことを強制することに等しく、教育における機会均等の確保と一定の水準の維持という目的のために必要かつ合理的と認められる大綱的な基準を逸脱している…。したがって、本件通達及び…被告都教委…の指導等は、〔旧〕教基法一〇条一項所定の不当な支配に該当するものとして違法…であ〔る〕。（東京地判平成一八・九・二一 国歌斉唱義務不存在確認等請求訴訟）

●本件通達は、卒業式等における国歌斉唱及び国歌斉唱に関する実施指針を定めるものであって、教職員が生徒に対して「日の丸」、「君が代」に関する歴史的な事実等を教えることを禁止するものではないし、教職員に対し、国旗、国歌について、一方的に一定の理論を生徒に教え込むことを強制するものとはいえない。…以上によれば、本件通達は、旧教育基本法一〇条一項にいう「不当な支配」に該当するとは認められない。（東京地判平成二〇・二・七、一部取消・請求棄却・東京高判平成二二・一・二八、同旨・最高判平成二三・六・六 嘱託採用拒否処分取消請求事件）→教基法九の[判]

●被告都議らが本件視察の際に…原告らを批判し、非難した行為は、…政治家である被告都議らが…本件養護学校における性教育に介入・干渉するものであり、…教育の自主性を阻害しこれを歪める危険のある行為として、「不当な支配」にも当たる…。したがって、…本件視察に同行した被告都教委の職員らには、このような…「不当な支配」から…教員を保護する義務があったというべきである。ところが、…被告都教委の職員…は、…被告都議らが原告らに対してその授業内容を批判したり、非難したりするのに任せたものであるから、被告都教委の職員は、教育に対する「不当な支配」から教員を保護するよう配慮すべき職務上の義務に違反したものというべきであり、このような被告都教委の職員の不作為は、国家賠償法上、違法というべきである。（東京地判平成二一・三・一二、同旨・東京高判平成二三・九・一六 七生養護学校事件）

●校長の録音による教師の授業内容を根拠とした解雇の違法性＝学校法人の理事者等は教員の教育内容について命令、監督を行なつてはならないが、校長もその手段としての録音は適正でなく教育の自由を侵し「不当な支配」に該当する。（東京地判昭四七・三・三一 私立目黒高校事件）

●政党の教育に対する不当な支配＝政党議員…が…原告…のした授業内容について直接非難した行為は、…教育に対する「不当な支配」に当たるものであり、都が法的に教師に対して負っている義務、すなわち〔旧〕教基法の目的・趣旨に従い教育にたずさわる教員を「不当な支配」から保護するよう配慮すべき義務に違反する。（東京地判昭四九・七・二六、東京高判昭五〇・一二・二三、最高判昭五二・一〇・一一）

●教員の学級担任外しと旧教基法一〇条一項＝学校法には、学級担任を含む校内人事の決定権を職員会議に付与する旨の規定はなく、学校法〔旧〕二八条三項は校長の校務掌理権を定めている。また憲法上教員の教育権限の独立を認める規定はなく、さらに〔旧〕教基法一〇条一項から当然に教員又は教員集団の教育内容を自由に決定しうる権限が導き出されるとはいえない。したがって校内人事権が教員集団によって自治的になされる法的根拠はなく、学級担任の決定も…校長の職務権限に属する。（名古屋地判平成二・一一・三〇）

●〔朝鮮高校に対する朝鮮総聯等の「不当な支配」について〕上記〔被告〕主張の根拠となる事実は……証拠（……）により、認めることができる。……本件学校について、就学支援金を支給したとしても、授業料に係る……「債権の弁済への確実な充当」が適正に行われると認めるに至らないとの文部科学大臣の判断に、裁量の範囲の逸脱、濫用が認められるとはいえない。（広島地判平成二九・七・一九、同種事案につきほぼ同旨・東京地判平成二九・九・一三、名古屋地判平成三〇・四・二七、大阪高判平成三〇・九・二七、福岡地小倉支判平成三一・三・一四、最高決令和元・八・二七）→憲法二六の[判]

●〔朝鮮高校に対する朝鮮総聯等の「不当な支配」について〕特定の団体が私立学校の教育方針ないし教育内容に賛同して同校に寄付等を行うこ

とは特異なことではなく、在日朝鮮人の民族教育を行う朝鮮高級学校に在日朝鮮人の団体である朝鮮総聯等が一定の援助をすること自体が不自然であるということはできないことからすると、上記の程度の寄付を受けていることをもって直ちに朝鮮学校と朝鮮総聯及び教育会との関係が適正を欠くものであるということはできない。（大阪地判平成二九・七・二八）↓憲法二六の判

行 ●教科書検定訴訟の第一審判決について＝教科書検定は教育的見地から教科書としての適否を判断するものであって、検閲ではなく、さらに国は国民の信託に基づいて教育内容についても責任を負うものであるから、教科書の記述内容について審査するのは当然であり〔旧〕教基法一〇条に反しない。（初中局長通知昭四五・八・七）

●１ 学習指導要領に基づき、入学式、卒業式等を適正に実施すること。２ 入学式、卒業式等の実施に当たっては、別紙「入学式、卒業式等における国旗掲揚及び国歌斉唱に関する実施指針」のとおり行うものとすること。３ 国旗掲揚及び国歌斉唱の実施に当たり、教職員が本通達に基づく校長の職務命令に従わない場合は、服務上の責任を問われることを、教職員に周知すること。（東京都教育委員会教育長通達平成一五・一〇・二三）

資 ●旧教基法一〇

（教育振興基本計画）

第十七条 政府は、教育の振興に関する施策の総合的かつ計画的な推進を図るため、教育の振興に関する施策についての基本的な方針及び講ずべき施策その他必要な事項について、基本的な計画を定め、これを国会に報告するとともに、公表しなければならない。

２ 地方公共団体は、前項の計画を参酌し、その地域の実情に応じ、当該地方公共団体における教育の振興のための施策に関する基本的な計画を定めるよう努めなければならない。

参 憲法二六・四一・六五・七三・九二・九四、法前文・一・二・一六

資 ●教育振興基本計画（第四期）（令和五・六・一六閣議決定）

第四章 法令の制定

第十八条 この法律に規定する諸条項を実施するため、必要な法令が制定されなければならない。

参 【教育立法の法律主義＝憲法二六・四一【政令の限界＝憲法七三6、内閣法一一【省令＝国家行政組織法一二【行政委員会規則＝国家行政組織法一三【告示・訓令・通達＝国家行政組織法一四【条例＝憲法九四、自治法一四①【地方公共団体の長の規則＝自治法一五①【教育委員会規則＝地方教育行政法一五

附 則（抄）

（施行期日）

１ この法律は、公布の日から施行する。

学校教育編

目次

◆印＝参照条文等つき2色刷法令

○学校教育法

昭二二・三・三一
法　二　六

改正　昭二三・七・一〇法一二三、七・一五法一七〇　昭二四・五・三一法一四八、六・一法一七九、一二・一五法二七〇　昭二五・四・一九法一〇三　昭二八・八・五法一六七、八・一五法二二三　昭二九・三・三一法一九、六・三法一五九　昭三二・六・一法一四九　昭三三・四・一〇法五六　昭三五・三・三一法一六　昭三六・六・一七法一四四、一〇・三一法一六六　昭三七・九・一五法一六一　昭三九・六・一九法一一〇　昭四二・五・三一法一八、八・一法一二〇　昭四四・三・二五法二　昭四五・五・六法四八、六・一法一一一　昭四八・九・二九法一〇三　昭四九・六・一法七〇　昭五〇・七・一一法五九　昭五一・五・二五法二五　昭五三・五・二三法五五　昭五六・六・一一法八〇　昭五七・七・二三法六九　昭五八・五・二五法五五、一二・二法七八　昭六二・九・一〇法八八　昭六三・一一・一五法八八　平成三・四・二法二三、四・二法二五、五・二一法七九　平成五・一一・一二法八九　平成六・六・二九法四九　平成一〇・六・一二法一〇一、九・二八法一一〇　平成一一・五・二八法五五、七・一六法八七、七・一六法一〇二、一二・八法一五一、一二・二二法一六〇　平成一二・三・三一法一〇　平成一三・七・一一法一〇五　平成一四・五・三一法五五、一一・二九法一一八、一二・一三法一五六　平成一五・七・一六法一一七、七・一六法一一九　平成一六・五・二一法四九　平成一七・七・一五法八三　平成一八・六・二一法八〇　平成一九・六・二七法九六、六・二七法九八　平成二三・五・二法三七、六・三法六一　平成二六・五・三〇法四二、六・四法五一、六・一三法六九、六・二七法八八　平成二七・五・二七法二七、六・二四法四六、六・二六法五〇　平成二八・五・二〇法四七　平成二九・三・三一法五、五・三一法四一　平成三〇・六・一法三九　令和元・五・二四法一一、六・一四法三七、六・二六法四四　令和四・六・一七法六八、六・二二法七六

第一章　総則

〔学校の範囲〕

第一条　この法律で、学校とは、幼稚園、小学校、中学校、義務教育学校、高等学校、中等教育学校、特別支援学校、大学及び高等専門学校とする。

参　教基法六①—法律に定める学校）【名称の専用と専修学校・各種学校＝法一三五①・一四六—罰則】

行　●一条学校の名称使用の禁止＝一条学校の名称使用禁止は、一定の教育または研究上の設置目的を有し、法令の定める設置基準等の条件を具備する一条学校の教育を公認するとともに、一条学校以外の教育施設が一条学校の名称を用いることにより、一般私人に不利益を及ぼすことがないようにするために設けられた規定である。（労働大臣官房長あて文部大臣官房長通知昭四〇・二・二七文総審一八）

〔学校の設置者〕

第二条　学校は、国（国立大学法人法（平成十五年法律第百十二号）第二条第一項に規定する国立大学法人及び独立行政法人国立高等専門学校機構を含む。以下同じ。）、地方公共団体（地方独立行政法人法（平成十五年法律第百十八号）第六十八条第一項に規定する公立大学法人（以下「公立大学法人」という。）を含む。次項及び第百二十七条において同じ。）及び私立学校法（昭和二十四年法律第二百七十号）第三条に規定する学校法人（以下「学校法人」という。）のみが、これを設置することができる。

② この法律で、国立学校とは、国の設置する学校を、公立学校とは、地方公共団体の設置する学校を、私立学校とは、学校法人の設置する学校をいう。

参　1　教基法六①　【国立大学の設置＝国立大学法人法　【地方公共団体の学校設置＝自治法二①～⑤、地方教育行政法三〇　【学校法人の学校設置＝私学法三・二五～五八　【放送大学学園の大学設置＝放送大学学園法三　【本項の特例＝法附則六—幼稚園の設置）【株式会社の学校設置＝構造改革特区法一二　【特定非営利活動法人の学校設置＝構造改革特別区域法一三）

〔学校の設置基準〕

第三条　学校を設置しようとする者は、学校の種類に応じ、文部科学大臣の定める設備、編制そ

の他に関する設置基準に従い、これを設置しなければならない。

参 教基法六①　標準法三【学校の設置者＝法二【学校の種類＝法一【設置基準の定＝〔各学校共通〕規則一、〔小学校〕規則四〇～四九、小学校基準、〔中学校〕規則六九～七一・七九、中学校基準、〔義務教育学校〕規則七九の二～七九の五、〔高校〕規則八〇～八二、高校基準、高校通信教育規程、単位制高校規程、〔大学〕規則一四二、大学基準、大学通信教育基準、〔大学院〕大学院基準、〔短大〕短大基準、短大通信教育基準、〔特別支援学校〕規則一一八～一二五・一三五～一三七、特別支援学校設置基準、〔高等専門学校〕規則一七四・一七五、高専基準、〔幼稚園〕規則三六・三七、幼稚園基準、〔専修学校〕規則一八〇・一八五、専修学校基準、規則一九一、各種学校規程

〔設置廃止等の認可〕

第四条　次の各号に掲げる学校の設置廃止、設置者の変更その他政令で定める事項（次条において「設置廃止等」という。）は、それぞれ当該各号に定める者の認可を受けなければならない。これらの学校のうち、高等学校（中等教育学校の後期課程を含む。）の通常の課程（以下「全日制の課程」という。）、夜間その他特別の時間又は時期において授業を行う課程（以下「定時制の課程」という。）及び通信による教育を行う課程（以下「通信制の課程」という。）、大学の学部、大学院及び大学院の研究科並びに第百八条第二項の大学の学科についても、同様とする。

一　公立又は私立の大学及び高等専門学校　文部科学大臣

二　市町村（市町村が単独で又は他の市町村と共同して設立する公立大学法人を含む。次条、第十三条第二項、第十四条、第百三十条第一項及び第百三十一条において同じ。）の設置する高等学校、中等教育学校及び特別支援学校　都道府県の教育委員会

三　私立の幼稚園、小学校、中学校、義務教育学校、高等学校、中等教育学校及び特別支援学校　都道府県知事

②　前項の規定にかかわらず、同項第一号に掲げる学校を設置する者は、次に掲げる事項を行うときは、同項の認可を受けることを要しない。この場合において、当該学校を設置する者は、文部科学大臣の定めるところにより、あらかじめ、文部科学大臣に届け出なければならない。

一　大学の学部若しくは大学院の研究科又は第百八条第二項の大学の学科の設置であつて、当該大学が授与する学位の種類及び分野の変更を伴わないもの

二　大学の学部若しくは大学院の研究科又は第百八条第二項の大学の学科の廃止

三　前二号に掲げるもののほか、政令で定める事項

③　文部科学大臣は、前項の届出があつた場合において、その届出に係る事項が、設備、授業その他の事項に関する法令の規定に適合しないと認めるときは、その届出をした者に対し、必要な措置をとるべきことを命ずることができる。

④　地方自治法（昭和二十二年法律第六十七号）第二百五十二条の十九第一項の指定都市（以下「指定都市」という。）（指定都市が単独で又は他の市町村と共同して設立する公立大学法人を含む。）の設置する高等学校、中等教育学校及び特別支援学校については、第一項の規定は、適用しない。この場合において、当該高等学校、中等教育学校及び特別支援学校を設置する者は、同項の規定により認可を受けなければならないとされている事項を行おうとするときは、あらかじめ、都道府県の教育委員会に届け出なければならない。

⑤　第二項第一号の学位の種類及び分野の変更に関する基準は、文部科学大臣が、これを定める。

参 1認可＝令二三

〔幼稚園の設置廃止等の届出〕

第四条の二　市町村は、その設置する幼稚園の設置廃止等を行おうとするときは、あらかじめ、都道府県の教育委員会に届け出なければならない。

＊平成二三法三七・追加

〔学校の管理・経費の負担〕

第五条　学校の設置者は、その設置する学校を管理し、法令に特別の定のある場合を除いては、その学校の経費を負担する。

参【学校の設置者＝法二【学校の管理＝〔国立学校〕国立大学法人法二①、〔公立大学〕地方教育行政法二二1・三二、〔大学以外の公立学校〕地方教育行政法二一1・三二、【経費の負担＝〔公立学校〕自治法二三二・二四四の二、地財法九―地方公共団体の支弁義務〕【法令の特別の定＝給与負担法、教育費負担法―義務教育職員の給与等・義務教育の教材の経費〕教員人材確保法、教職給与特別法、施設費負担法等

判　市町村立学校の教諭が体罰によって生徒に損害を与えた場合、給与負担者として生徒に損害賠償をした都道府県は、賠償額全額を学校設置者である当該市町村に対し求償することができる。（最高判平二一・一〇・二三）

〔授業料の徴収〕

第六条　学校においては、授業料を徴収することができる。ただし、国立又は公立の小学校及び中学校、義務教育学校、中等教育学校の前期課程又は特別支援学校の小学部及び中学部における義務教育については、これを徴収することができない。

参【義務教育の授業料不徴収＝憲法二六②後段、教基法五④【高校授業料相当額の選別的現金給付＝高校等就学支援金法

判●義務教育の無償＝憲法二六条二項の規定は、国が義務教育を提供するにつき対価、すなわち授業料を無償にすることを意味しており、教科書その他学用品等をいっさい無償にするということではない。（最高判（大法廷）昭三九・二・二六）

●学納金返還訴訟＝その額が不相当に高額であるなど他の性質を有するものと認められる特段の事情のない限り、学生が大学に入学し得る地位を取得する対価の性質を有する入学金については、その納付をもって学生は上記地位を取得するものであるから、その後に在学契約等が解除され、あるいは失効しても、大学はその返還義務を負う理由はない。（最高判平成一八・一一・二七）

●消費者契約法施行後に合格者と大学との間に締結された在学契約は、同法二条三項所定の消費者契約に該当し、授業料不返還特約には消費者契約法九条一号が適用される。よって、在学契約の解除の意思表示が三月三一日までになされた場合には、原則として、大学に生ずべき平均的な損害は存しないので、不返還特約はすべて無効となり、解除の意思表示が同日より後にされた場合には、原則として、学生が納付した授業料等は、それが初年度に納付すべき範囲内にとどまる限り、大学に生ずべき平均的な損害を超えず、不返還特約はすべて有効となる。（最高判平成一八・一一・二七）

●消費者契約法施行前の入学手続で、入学辞退者について繰り上げ合格による欠員補充が困難となる一定時期以降の欠員回避策としての学納金不返還特約は公序良俗に反するとまではいえない。（大阪地判平成一五・九・一九）

●消費者契約法施行前の入学手続における四月一日以前の入学辞退者について、学納金不返還特約は暴利行為であり、損害賠償予定額は大学の実損額を大幅に上回る異常な高額であるので、公序良俗に違反して無効である。大学は入学金の返還を要しないが、その余の学納金を返還すべきである。（大阪高判平成一六・九・一〇）

●授業料不返還特約は、その目的、意義に照らして、学生の大学選択に関する自由な意思決定を過度に制約し、その他学生の著しい不利益において大学が過大な利益を得ることになるような著しく合理性を欠くと認められるものでない限り、公序良俗に反するものとはいえない。（最高判平成一八・一一・二七）

●専修学校の推薦入試・単願等による入学許可者についての学費不返還特約は、二次募集の最終試験日等までに在学契約を解除した場合には通常容易に代わりの入学者を確保できるので、消費者契約法九条一号に反し無効である。（名古屋地判平成二四・一二・二一）

●予備校の授業料不返還特約は、当該予備校が年度途中の入学者を受け入れることは大学に比較して容易であるので、平均的損害を超えるものとして消費者契約法九条一号により無効である。（大分地判平成二六・四・一四）

行●授業料の意味＝学校法にいう公立学校は、地方公共団体の営造物であって、一般に営造物の使用については、利用者から使用料を徴収しうべく、学校と学校生徒との間の関係は、この営造物利用の一般関係と異なるものではない。したがって授業料も使用料の一種である。（自治課長回答昭二三・八・一八自発六五二）

〔校長・教員〕

第七条　学校には、校長及び相当数の教員を置かなければならない。

参【校長・教員の設置＝法三七①②―小学校、四九―中学校、四九の八―義務教育学校、六〇①②―高校、六九―中等教育学校、九二①②―大

学）、一二〇①②―高等専門学校）、八二…三七・四九・六〇準用―特別支援学校）、二七①②―幼稚園）、一二九①―専修学校）【司書教諭＝学校図書館法五①②・附則②】【外国人の教員の任用＝公立大学外国人教員任用特別措置法一・二】【大学教員の任期＝大学の教員等の任期に関する法律】

〔校長・教員の資格〕

第八条　校長及び教員（教育職員免許法（昭和二十四年法律第百四十七号）の適用を受ける者を除く。）の資格に関する事項は、別に法律で定めるもののほか、文部科学大臣がこれを定める。

＊昭二四法一四八・全部改正

参　教基法九【教育職員の免許＝免許法三・二①―適用範囲】、法一二九―専修学校の校長・教員】【定め＝規則二〇―校長の資格】、二一―私立学校長の資格の特例、二三―副校長・教頭の資格】、二二―校長の任命・採用の特例とその資質】、【免許状を要しない非常勤の講師―免許法三の二】、【別に法律で定める＝小学校及び中学校の教諭の普通免許状授与に係る教育職員免許法の特例等に関する法律】

判　●資格要件＝免許状を有することが教育職員の資格要件であるから、臨時免許状（助教諭免許状）が失効した場合には教育職員は当然に失職するものと解するほかはない。（最高判（三小）昭三九・三・三）

●無資格教員の授業＝無資格の教員による授業は、生徒の授業を受ける権利を侵害する不法行為である。（秋田地判平成九・一二・一九）

●選考基準の設定＝教育公務員の採用について、法は任命権者が選考基準を設定することを予定しているものと考えられる（特例法一三）から、「教頭採用候補者の選考につき満五五歳未満の者に限る」との選考基準を設けることが違法となるものではない。（福岡高判平成元・四・一七）

●校長の任命権＝本件当時存在していた、校長の任命について高教組の推せん又は承認を要するとする慣行は、校長の任命権が県教委にあるとする法制に反するものであるから、慣行と異なる方法で任命したことは違法ではなく、校長任命は地公法五二条三項の管理運営事項として正規の交渉事項とはなり得ないものである。（福岡高判昭六〇・九・二七、最高判（二小）平成元・九・八――同旨）

行　●日本国籍を有しない者の公立学校の教員への任用について（助成局長平成三・三・二二文教地八〇）

〔校長・教員の欠格事由〕

第九条　次の各号のいずれかに該当する者は、校長又は教員となることができない。

一　禁錮以上の刑に処せられた者

二　教育職員免許法第十条第一項第二号又は第三号に該当することにより免許状がその効力を失い、当該失効の日から三年を経過しない者

三　教育職員免許法第十一条第一項から第三項までの規定により免許状取上げの処分を受け、三年を経過しない者

四　日本国憲法施行の日以後において、日本国憲法又はその下に成立した政府を暴力で破壊することを主張する政党その他の団体を結成し、又はこれに加入した者

＊昭二四法一四八・全部改正

参　法八　三【禁錮以上の刑＝刑法九】　四【政党その他の団体＝政治資金規正法三、破壊活動防止法】

〔私立学校長の届出〕

第十条　私立学校は、校長を定め、大学及び高等専門学校にあつては文部科学大臣に、大学及び高等専門学校以外の学校にあつては都道府県知事に届け出なければならない。

参　【届出＝規則二七】

〔児童・生徒等の懲戒〕

第十一条　校長及び教員は、教育上必要があると認めるときは、文部科学大臣の定めるところにより、児童、生徒及び学生に懲戒を加えることができる。ただし、体罰を加えることはできない。

参　【学校の懲戒行為＝刑法三五―正当行為】【定め＝規則二六、法三五―出席停止（対比）】

判　●懲戒の種類＝学校法一一条の懲戒には、退学・停学及び訓告等の処分を行うこと、すなわち法律上の懲戒をすることのほか、当該学校に在学する生徒に対し教育目的を達成するための教育作用として、一定の範囲において法的効果を伴わない事実行為としての教育的措置を講ずること、すな

わち事実行為としての懲戒を加えることも含まれていると解される。（東京高判昭五六・四・一　水戸五中事件）

●体罰の範囲＝懲戒の方法・形態としては単なる口頭の説教のみにとどまることなく、そのような方法・形態の懲戒によるだけでは微温的に過ぎて感銘力に欠け、生徒に訴える力に乏しいと認められる時は、教師は必要に応じ生徒に対し一定の限度内で有形力を行使することも許される。（東京高判昭和五六・四・一　水戸五中事件）

●体罰の範囲＝学校教育における懲戒の方法として、慎重な教育上の配慮のもとに、状況に応じ一定の限度内で懲戒のための有形力の行使が許容される。（浦和地判昭和六〇・二・二二）

●体罰の禁止＝教員の生徒に対する懲戒行為としての有形力の行使が、殴打・足蹴りなど生徒の身体に傷害の結果を生じさせるようなものである場合には、民法上の不法行為となる。（浦和地判平成二・三・二六）

●体罰＝中学校教師が、家庭訪問の際に生徒に対して行った暴行（体罰）については、生徒らが被った損害を国家賠償法一条に基づき賠償すべき責任を負う。（大阪地判平成九・三・二八）

●体罰＝私立高校の女子生徒が、学年集会の場で横を向いて話を聞いていたとの理由で教師に暴行され受傷したことについては、学校に使用者責任がある。（千葉地判平成一〇・三・二五）

●体罰＝小学校の教師が悪ふざけをして逃げた小学二年生男子を追いかけて捕まえ、胸元をつかんで壁に押し当て、大声で叱った行為は、その目的、態様、継続時間等からして、許される教育的指導の範囲を逸脱せず、体罰に該当しない。（最高判（三小）平成二一・四・二八）

●体罰＝校則に違反して髪を明るい茶色に染色していた女子中学生に対し、教師たちが保健室で髪を黒色に染めた行為は、本人の承諾のもとで行われ、その方法・態様や継続時間から見ても社会的に相当であり、体罰にもあたらず、違法ではない。（大阪地判平成二三・三・二八）

●障害児体罰＝体育大会練習時にダウン症児（中二）の座り込みに対し教師の加えた殴打は、単なる暴力行為であり、防衛力の乏しい障害児の衝撃は、健常児に比してはるかに深刻である。（神戸地判平成一七・一一・一一）

●養護学校体罰＝養護学校設置者は、信義則上、就学関係の付随的義務として、安全配慮義務を負い、義務違反により児童の損害が生じたときには、債務不履行による損害賠償義務を負担する。担任教師が、障害児童に体罰を繰り返し、人格を傷つけるような言動をしたことは、安全配慮義務違反である。（神戸地判平成一九・二・二三）

●部活体罰＝部活指導の一環として行ったものであっても、教師が生徒を平手又は竹刀を用いて頭やみぞおち等の身体枢要部を複数回にわたり叩くことは、違法な有形力の行使である暴行に該当し、慰謝料は一三〇万円が相当である。（前橋地判平成二四・二・一七）

●担任教諭の体罰による自殺＝担任教諭の行為は、教育的指導とは評価できない単なる暴力であり、現場の状況に照らして児童の自殺は、教諭の行為によるものであり、教育専門家である教師の有すべき「子どもの自殺に関する専門的知見」からすれば、体罰と自殺との相当因果関係も認められる。（神戸地姫路支平成一二・一・三一）

●体罰による自殺＝小学五年生が、担任教師の胸ぐらを両手でつかんでゆする体罰を受けた後自殺した事件で、自殺に対する外部的要因がない以上、懲戒行為及び事後行為に内在する危険性が現実化したものと認めるのが相当であり、自殺と懲戒行為との間の相当因果関係が認められ、被告市に損害賠償責任（過失相殺九割）がある。（福岡地小倉支判平成二一・一〇・一）

●部活体罰による自殺＝バスケットボール部キャプテンの生徒が多数回の暴行と威迫的言動等を繰り返されて自殺した事件で、「指導死」が社会問題化しており、文科省も生徒等に対する身体的、心理的虐待による自殺の危険性の増大を注意喚起していた中で、部活顧問教員は、生徒の自殺の危険性を増大させるような暴行、言動を自ら行い、強度を激化させていったもので、自殺の予見可能性が認められる（過失相殺三割）。（東京地判平成二八・二・二四／大阪府立高校部活体罰自殺事件）

●体罰情報の公開＝学校の体罰情報のうち加害教員の氏名、性別、年齢及び校務分掌、学校名は、公務員の職務遂行に関する情報として公開すべき情報にあたる。（大阪高判平成一八・一二・二二）

●体罰情報の公開＝体罰を受けた事実及びこれに関連する事実は、体罰を受けた児童生徒の名誉等にも関わる情報であるから、非開示部分に係る情報を開示した場合に被害児童・生徒を特定し得るときには、……個人に関する情報として非開示とすることができる。（高知地判令和三・二・五）

●カンニング摘発直後に校舎四階から飛びおりて自殺した高校生について、スポーツ振興センターの見舞金は、故意による死亡として、支給されない。（東京地判平成二六・五・三〇）

［行］ ●児童懲戒権の限界について＝【問1】学校法一一条にいわゆる「体罰」の意義如何。たとえば放課後学童を教室内に残留させることは「体罰」に該当するか。また、それは刑法の監禁罪を

構成するか。

【答】 1 学校法一一条にいう「体罰」とは、懲戒の内容が身体的性質のものである場合を意味する。すなわち、①身体に対する侵害を内容とする懲戒――なぐる・けるの類――がこれに該当することはいうまでもないが、さらに、②被罰者に肉体的苦痛を与えるような懲戒もまたこれに該当する。たとえば端座・直立等、特定の姿勢を長時間にわたって保持させるというような懲戒は体罰の一種と解せられなければならない。

2 しかし、特定の場合が右の②の意味の「体罰」に該当するかどうかは、機械的に判定することはできない。たとえば、同じ時間直立させるにしても教室内の場合と炎天下または寒風中の場合とでは被罰者の身体に対する影響がまったくちがうからである。それゆえに、当該児童の年齢・健康・場所的および時間的環境等、種々の条件を考え合わせて肉体的苦痛の有無を判定しなければならない。

3 放課後教室に残留させることは、前記1の定義からいって、通常「体罰」には該当しない。ただし、用便のためにも室外に出ることを許さないとか、食事時間を過ぎて長く留めおくとかいうことがあれば、肉体的苦痛を生じさせるから、体罰に該当するであろう。

4 右の、教室に残留させる行為は、肉体的苦痛を生じさせない場合であっても、刑法の監禁罪の構成要件を充足するが、合理的な限度をこえない範囲内の行為ならば、正当な懲戒権の行使として、刑法三五条により違法性が阻却され、犯罪は成立しない。合理的な限度をこえてこのような懲戒を行なえば監禁罪の成立はまぬかれない。

つぎに、しからば右の合理的な限度とは具体的にどの程度を意味するのか、という問題になると、あらかじめ一般的な標準を立てることは困難である。個々の具体的な場合に、当該の非行の性質、非行者の性行および年齢、留め置いた時間の長さなど、一切の条件を綜合的に考察して、通常の理性をそなえた者が当該の行為をもって懲戒権の合理的な行使と判断するであろうか否かを標準として決定する外はない。

【問2】～【問8】 略

（法務調査意見長官回答昭二三・一二・二二法務庁調査二発一八 国家地方警察本部長官、厚生省社会局、文部省学校教育局あて）

●学校教育法第一一条に規定する児童生徒の懲戒・体罰等に関する参考事例

本紙は、学校現場の参考に資するよう、具体の事例について、通常、どのように判断されうるかを示したものである。本紙は飽くまで参考として、事例を簡潔に示して整理したものであるが、個別の事案が体罰に該当するか等を判断するに当たっては、本通知2(1)の諸条件を総合的に考え、個々の事案ごとに判断する必要がある。

(1) 体罰（通常、体罰と判断されると考えられる行為）

○ 身体に対する侵害を内容とするもの

・体育の授業中、危険な行為をした児童の背中を足で踏みつける。

・帰りの会で足をぶらぶらさせて座り、前の席の児童に足を当てた児童を、突き飛ばして転倒させる。

・授業態度について指導したが反抗的な言動をした複数の生徒らの頬を平手打ちする。

・立ち歩きの多い生徒を叱ったが聞かず、席につかないため、頬をつねって席につかせる。

・生徒指導に応じず、下校しようとしている生徒の腕を引いたところ、生徒が腕を振り払ったため、当該生徒の頭を平手で叩く（たたく）。

・給食の時間、ふざけていた生徒に対し、口頭で注意したが聞かなかったため、持っていたボールペンを投げつけ、生徒に当てる。

・部活動顧問の指示に従わず、ユニフォームの片づけが不十分であったため、当該生徒の頬を殴打する。

○ 被罰者に肉体的苦痛を与えるようなもの

・放課後に児童を教室に残留させ、児童がトイレに行きたいと訴えたが、一切、室外に出ることを許さない。

・別室指導のため、給食の時間を含めて生徒を長く別室に留め置き、一切室外に出ることを許さない。

・宿題を忘れた児童に対して、教室の後方で正座で授業を受けるよう言い、児童が苦痛を訴えたが、そのままの姿勢を保持させた。

(2) 認められる懲戒（通常、懲戒権の範囲内と判断されると考えられる行為）（ただし肉体的苦痛を伴わないものに限る。）

※ 学校教育法施行規則に定める退学・停学・訓告以外で認められると考えられるものの例

・放課後等に教室に残留させる。

・授業中、教室内に起立させる。

・学習課題や清掃活動を課す。

・学校当番を多く割り当てる。

・立ち歩きの多い児童生徒を叱って席につかせ

る。
・練習に遅刻した生徒を試合に出さずに見学させる。
(3) 正当な行為（通常、正当防衛、正当行為と判断されると考えられる行為）
○ 児童生徒から教員等に対する暴力行為に対して、教員等が防衛のためにやむを得ずした有形力の行使
・児童が教員の指導に反抗して教員の足を蹴ったため、児童の背後に回り、体をきつく押さえる。
○ 他の児童生徒に被害を及ぼすような暴力行為に対して、これを制止したり、目前の危険を回避するためにやむを得ずした有形力の行使
・休み時間に廊下で、他の児童を押さえつけて殴るという行為に及んだ児童がいたため、この児童の両肩をつかんで引き離す。
・全校集会中に、大声を出して集会を妨げる行為があった生徒を冷静にさせ、別の場所で指導するため、別の場所に移るよう指導したが、なおも大声を出し続けて抵抗したため、生徒の腕を手で引っ張って移動させる。
・他の生徒をからかっていた生徒を指導しようとしたところ、当該生徒が教員に暴言を吐きつばを吐いて逃げ出そうとしたため、生徒が落ち着くまでの数分間、肩を両手でつかんで壁へ押しつけ、制止させる。
・試合中に相手チームの選手とトラブルになり、殴りかかろうとする生徒を、押さえつけて制止させる。
「体罰の禁止及び児童生徒理解に基づく指導の徹底について」（初中局長通知平成二五・三・一三）

〔健康診断等〕
第十二条 学校においては、別に法律で定めるところにより、幼児、児童、生徒及び学生並びに職員の健康の保持増進を図るため、健康診断を行い、その他その保健に必要な措置を講じなければならない。

＊昭三三法五六・全部改正
参【別の法律の定＝学校保健安全法】
判 ●健康診断の結果の通知＝学校の健康診断でWPW症候群（経過観察）と診断された場合には、これを保護者に通知する義務がある。（大阪高判平成九・四・二五）

〔学校閉鎖命令〕
第十三条 第四条第一項各号に掲げる学校が次の各号のいずれかに該当する場合においては、それぞれ同項各号に定める者は、当該学校の閉鎖を命ずることができる。
一 法令の規定に故意に違反したとき
二 法令の規定によりその者がした命令に違反したとき
三 六箇月以上授業を行わなかつたとき
② 前項の規定は、市町村の設置する幼稚園に準用する。この場合において、同項中「それぞれ同項各号に定める者」とあり、及び同項第二号中「その者」とあるのは、「都道府県の教育委員会」と読み替えるものとする。

〔設備・授業等の変更命令〕
第十四条 大学及び高等専門学校以外の市町村の設置する学校については都道府県の教育委員会、大学及び高等専門学校以外の私立学校については都道府県知事は、当該学校が、設備、授業その他の事項について、法令の規定又は都道府県の教育委員会若しくは都道府県知事の定める規程に違反したときは、その変更を命ずることができる。

参【法令の規定＝法三―設置基準等】【本条の特例―私学法五―不適用】
行 ●授業その他の事項＝「設備、授業」という例示があるので、それによつて範囲はおのずから限定される。（初中局長回答昭二七・一二・二五委初四三〇）

〔大学等の設備・授業等の改善勧告・変更命令等〕
第十五条 文部科学大臣は、公立又は私立の大学及び高等専門学校が、設備、授業その他の事項について、法令の規定に違反していると認めるときは、当該学校に対し、必要な措置をとるべきことを勧告することができる。
② 文部科学大臣は、前項の規定による勧告によつてもなお当該勧告に係る事項（次項において「勧告事項」という。）が改善されない場合には、当該学校に対し、その変更を命ずることができる。

③　文部科学大臣は、前項の規定による命令によってもなお勧告事項が改善されない場合には、当該学校に対し、当該勧告事項に係る組織の廃止を命ずることができる。

④　文部科学大臣は、第一項の規定による勧告又は第二項若しくは前項の規定による命令を行うために必要があると認めるときは、当該学校に対し、報告又は資料の提出を求めることができる。

＊平成一四法一一八・全部改正

第二章　義務教育

＊平成一九法九六・追加

〔義務教育年限〕

第十六条　保護者（子に対して親権を行う者（親権を行う者のないときは、未成年後見人）をいう。以下同じ。）は、次条に定めるところにより、子に九年の普通教育を受けさせる義務を負う。

＊平成一九法九六・追加

参　憲法二六②、教基法五①—別に法律で定める普通教育を受けさせる義務）

〔就学させる義務〕

第十七条　保護者は、子の満六歳に達した日の翌日以後における最初の学年の初めから、満十二歳に達した日の属する学年の終わりまで、これを小学校、義務教育学校の前期課程又は特別支援学校の小学部に就学させる義務を負う。ただし、子が、満十二歳に達した日の属する学年の終わりまでに小学校の課程、義務教育学校の前期課程又は特別支援学校の小学部の課程を修了しないときは、満十五歳に達した日の属する学年の終わり（それまでの間においてこれらの課程を修了したときは、その修了した日の属する学年の終わり）までとする。

②　保護者は、子が小学校の課程、義務教育学校の前期課程又は特別支援学校の小学部の課程を修了した日の翌日以後における最初の学年の初めから、満十五歳に達した日の属する学年の終わりまで、これを中学校、義務教育学校の後期課程、中等教育学校の前期課程又は特別支援学校の中学部に就学させる義務を負う。

③　前二項の義務の履行の督促その他これらの義務の履行に関し必要な事項は、政令で定める。

＊平成一九法九六・追加

参　①　憲法二六②、教基法五①【親権＝民法八二〇～八三三【親権を行う者＝民法八一八・八一九—父母等の親権行使】、児童福祉法四七—親権の代行【親権を行う者のないとき＝民法八三八・八四一【未成年後見人＝民法八三九・八四〇・八五七、児童福祉法四七①—児童福祉施設の長の親権】【年齢の計算＝年齢計算ニ関スル法律【児童福祉施設と就学＝児童福祉法四八【少年院在院者と就学＝少年院法二六・二七【義務の猶予免除＝法一八

③　政令の定め＝令一～二三

判　③　外国人生徒の公立中学退学について、保護者からの退学届受理の際に、生徒本人の意思を確認しなかったことは、法的利益を侵害し違法である。（大阪地判平成二〇・九・二六）

行　●帰国子女の学年＝日本国籍を有する学齢児童または学齢生徒（満六歳から満一五歳まで）が外国から帰国した場合、保護者はその学齢児童または学齢生徒を小学校または中学校に就学させる義務を負うことになつており、他方当該学齢児童・生徒の住所地の市町村（東京都にあつては特別区）は、児童・生徒をその年齢に応じ、その設置する小学校または中学校の相当学年に入学させなければならないことになつているので、このような場合、編入学のための試験を行ない、その結果によつて入学の許可または不許可を決するという措置はとりえないことになつている。なお相当学年の課程における教育を受けることが適当でないと認められるときは、保護者の希望等により学校の生活に適応するまで、下学年に一時的に編入する措置がとられる場合もある。（文部事務次官より外務事務次官へ回答昭三五・四・二五国初一一）

●年齢計算＝年齢計算ニ関スル法律により出生の日より起算して翌年の出生の日の前日までをもつて満一年とすることになつている。すなわち四月一日生まれの者は翌年三月三一日をもつて満一歳になる。（地方連絡課長回答昭二六・二・五）

〔病弱等による就学義務の猶予・免除〕

第十八条　前条第一項又は第二項の規定によつて、保護者が就学させなければならない子（以

下それぞれ「学齢児童」又は「学齢生徒」という。）で、病弱、発育不完全その他やむを得ない事由のため、就学困難と認められる者の保護者に対しては、市町村の教育委員会は、文部科学大臣の定めるところにより、同条第一項又は第二項の義務を猶予又は免除することができる。

＊平成一九法九六・追加

参　法一七　【定め＝規則三四・三五　法一七行】

〔経済的就学困難への援助義務〕

第十九条　経済的理由によつて、就学困難と認められる学齢児童又は学齢生徒の保護者に対しては、市町村は、必要な援助を与えなければならない。

＊平成一九法九六・追加

参　憲法二六②―義務教育の無償、教基法四、就学奨励法、特別支援学校就学奨励法、学校保健安全法二四―医療費用の援助、学校給食法一二②―学校給食費の補助、特別支援学校就学奨励法―特別支援学校への就学経費の援助、生活保護法四・一一①2・②・一三・三二―教育扶助

行　●本条と生活保護法との関係＝学校法は、生活保護法四条二項の規定によれば他の法律とみなされるから、市町村は、生活保護法とは別個に就学奨励を行なうことはさしつかえなく、この場合に行なつた就学奨励は生活保護法の教育扶助に優先するから、教育扶助はその限りにおいて行なう必要がない。（初中局長回答昭二五・八・二五）

〔学齢児童・生徒の使用者の義務〕

第二十条　学齢児童又は学齢生徒を使用する者は、その使用によつて、当該学齢児童又は学齢生徒が、義務教育を受けることを妨げてはならない。

＊平成一九法九六・追加

参　憲法二六、教基法五、法一七―就学義務）【労働者としての子女の使用＝労基法五六①―使用児童の年齢制限、六〇②―年少者労働基準、五六②―満一三歳未満児童を使用できる場合、五七―同上の使用手続】【本条違反＝法一四五―罰則】

行　●未成年タレントの保護について＝未成年タレント（養成中を含む）であつて、義務教育就学年齢にある者を出演（養成・練習を含む）させる場合にはその就学を妨げてはならない。未成年タレントは、心身の成長過程にあることにかんがみ、スケジユール作成にあたつては、これらの弊害を排除するとともに、健全な環境において出演させるよう十分に配慮すること。未成年タレントのうち労働基準法九条にいう労働者であると認められる者については、労働基準法を遵守し、適正な労働条件のもとに就業させること。（初中局長通知昭四九・三・二〇文初中一八七、労働省労働基準局長通知昭四九・三・二〇基発一三三、労働省婦人少年局長通知昭四九・三・二〇婦発六五）

〔義務教育の目標〕

第二十一条　義務教育として行われる普通教育は、教育基本法（平成十八年法律第百二十号）第五条第二項に規定する目的を実現するため、次に掲げる目標を達成するよう行われるものとする。

一　学校内外における社会的活動を促進し、自主、自律及び協同の精神、規範意識、公正な判断力並びに公共の精神に基づき主体的に社会の形成に参画し、その発展に寄与する態度を養うこと。

二　学校内外における自然体験活動を促進し、生命及び自然を尊重する精神並びに環境の保全に寄与する態度を養うこと。

三　我が国と郷土の現状と歴史について、正しい理解に導き、伝統と文化を尊重し、それらをはぐくんできた我が国と郷土を愛する態度を養うとともに、進んで外国の文化の理解を通じて、他国を尊重し、国際社会の平和と発展に寄与する態度を養うこと。

四　家族と家庭の役割、生活に必要な衣、食、住、情報、産業その他の事項について基礎的な理解と技能を養うこと。

五　読書に親しませ、生活に必要な国語を正しく理解し、使用する基礎的な能力を養うこと。

六　生活に必要な数量的な関係を正しく理解し、処理する基礎的な能力を養うこと。

七　生活にかかわる自然現象について、観察及び実験を通じて、科学的に理解し、処理する基礎的な能力を養うこと。

八　健康、安全で幸福な生活のために必要な習慣を養うとともに、運動を通じて体力を養い、心身の調和的発達を図ること。

九　生活を明るく豊かにする音楽、美術、文芸その他の芸術について基礎的な理解と技能を養うこと。

十　職業についての基礎的な知識と技能、勤労を重んずる態度及び個性に応じて将来の進路を選択する能力を養うこと。

＊平成一九法九六・追加

参　憲法二六、教基法二・五

第三章　幼稚園

＊平成一九法九六・追加

〔幼稚園の目的〕

第二十二条　幼稚園は、義務教育及びその後の教育の基礎を培うものとして、幼児を保育し、幼児の健やかな成長のために適当な環境を与えて、その心身の発達を助長することを目的とする。

＊平成一九法九六・追加

参　教基法一・二・一一、法二三（類似施設＝児童福祉法三九—保育所、認定こども園法三—認定こども園）

〔幼稚園教育の目標〕

第二十三条　幼稚園における教育は、前条に規定する目的を実現するため、次に掲げる目標を達成するよう行われるものとする。

一　健康、安全で幸福な生活のために必要な基本的な習慣を養い、身体諸機能の調和的発達を図ること。

二　集団生活を通じて、喜んでこれに参加する態度を養うとともに家族や身近な人への信頼感を深め、自主、自律及び協同の精神並びに規範意識の芽生えを養うこと。

三　身近な社会生活、生命及び自然に対する興味を養い、それらに対する正しい理解と態度及び思考力の芽生えを養うこと。

四　日常の会話や、絵本、童話等に親しむことを通じて、言葉の使い方を正しく導くとともに、相手の話を理解しようとする態度を養うこと。

五　音楽、身体による表現、造形等に親しむことを通じて、豊かな感性と表現力の芽生えを養うこと。

＊平成一九法九六・追加

参　教基法一・二、法二二・二五

〔家庭・地域への教育支援〕

第二十四条　幼稚園においては、第二十二条に規定する目的を実現するための教育を行うほか、幼児期の教育に関する各般の問題につき、保護者及び地域住民その他の関係者からの相談に応じ、必要な情報の提供及び助言を行うなど、家庭及び地域における幼児期の教育の支援に努めるものとする。

＊平成一九法九六・追加

〔教育課程等の保育内容〕

第二十五条　幼稚園の教育課程その他の保育内容に関する事項は、第二十二条及び第二十三条の規定に従い、文部科学大臣が定める。

②　文部科学大臣は、前項の規定により幼稚園の教育課程その他の保育内容に関する事項を定めるに当たつては、児童福祉法（昭和二十二年法律第百六十四号）第四十五条第二項の規定により児童福祉施設に関して内閣府令で定める基準（同項第三号の保育所における保育の内容に係る部分に限る。）並びに就学前の子どもに関する教育、保育等の総合的な提供の推進に関する法律（平成十八年法律第七十七号）第十条第一項の規定により主務大臣が定める幼保連携型認定こども園の教育課程その他の教育及び保育の内容に関する事項との整合性の確保に配慮しなければならない。

③　文部科学大臣は、第一項の幼稚園の教育課程その他の保育内容に関する事項を定めるときは、あらかじめ、内閣総理大臣に協議しなければならない。

＊平成一九法九六・追加

参　【定め＝規則三七—教育週数】、三八—教育課程の基準

〔入園資格〕

第二十六条　幼稚園に入園することのできる者は、満三歳から、小学校就学の始期に達するまでの幼児とする。

＊平成一九法九六・追加

参【年齢の計算＝年齢計算ニ関スル法律【小学校就学の始期＝法一七①【乳児・幼児＝児童福祉法四・三九―保育所】

〔幼稚園職員の配置と職務〕

第二十七条　幼稚園には、園長、教頭及び教諭を置かなければならない。

② 幼稚園には、前項に規定するもののほか、副園長、主幹教諭、指導教諭、養護教諭、栄養教諭、事務職員、養護助教諭その他必要な職員を置くことができる。

③ 第一項の規定にかかわらず、副園長を置くときその他特別の事情のあるときは、教頭を置かないことができる。

④ 園長は、園務をつかさどり、所属職員を監督する。

⑤ 副園長は、園長を助け、命を受けて園務をつかさどる。

⑥ 教頭は、園長（副園長を置く幼稚園にあつては、園長及び副園長）を助け、園務を整理し、及び必要に応じ幼児の保育をつかさどる。

⑦ 主幹教諭は、園長（副園長を置く幼稚園にあつては、園長及び副園長）及び教頭を助け、命を受けて園務の一部を整理し、並びに幼児の保育をつかさどる。

⑧ 指導教諭は、幼児の保育をつかさどり、並びに教諭その他の職員に対して、保育の改善及び充実のために必要な指導及び助言を行う。

⑨ 教諭は、幼児の保育をつかさどる。

⑩ 特別の事情のあるときは、第一項の規定にかかわらず、教諭に代えて助教諭又は講師を置くことができる。

⑪ 学校の実情に照らし必要があると認めるときは、第七項の規定にかかわらず、園長（副園長を置く幼稚園にあつては、園長及び副園長）及び教頭を助け、命を受けて園務の一部を整理し、並びに幼児の養護又は栄養の指導及び管理をつかさどる主幹教諭を置くことができる。

＊平成一九法九六・追加

参 ①② 法七【教員等の設置＝法三、規則三六、幼稚園基準五・六―設置基準】【その他必要な職員の例＝規則三九…六四準用―講師〕、…六五準用―学校用務員〕、学校保健安全法二三―学校医等〕

〔準用規定〕

第二十八条　第三十七条第六項、第八項及び第十二項から第十七項まで並びに第四十二条から第四十四条までの規定は、幼稚園に準用する。

＊平成一九法九六・追加

第四章　小学校

〔小学校の目的〕

第二十九条　小学校は、心身の発達に応じて、義務教育として行われる普通教育のうち基礎的なものを施すことを目的とする。

参 教基法一・二・五②、法三〇・三三【普通教育＝教基法五①】

〔小学校教育の目標〕

第三十条　小学校における教育は、前条に規定する目的を実現するために必要な程度において第二十一条各号に掲げる目標を達成するよう行われるものとする。

② 前項の場合においては、生涯にわたり学習する基盤が培われるよう、基礎的な知識及び技能を習得させるとともに、これらを活用して課題を解決するために必要な思考力、判断力、表現力その他の能力をはぐくみ、主体的に学習に取り組む態度を養うことに、特に意を用いなければならない。

参 教基法一・二・五②、法二九・三三、規則五〇〜五四―小学校学習指導要領

判 ●掃除当番＝掃除当番の割当ても、結局就学児童に教育目標の一つである健康な社会人としての自律心、整理整頓の習慣、環境美化の心構え、勤労尊重の態度、公徳心の養成などの育成を目的とする教育活動の一環に過ぎないのであつて、その方法、内容の如何によつては教育活動としての適否を論ずる余地はあるにしても、決して児童をし

て清掃作業に従事すべく公権力を行使しているものでもなく、いわんや法律上の義務を賦課するがごとき行政処分と解することはできない。（札幌地判昭三八・三・八）

〔児童の体験活動の充実〕

第三十一条　小学校においては、前条第一項の規定による目標の達成に資するよう、教育指導を行うに当たり、児童の体験的な学習活動、特にボランティア活動など社会奉仕体験活動、自然体験活動その他の体験活動の充実に努めるものとする。この場合において、社会教育関係団体その他の関係団体及び関係機関との連携に十分配慮しなければならない。

＊平成一三法一〇五・追加

参　社教法五14—青少年に対する事業の実施及び奨励

行　●体験活動に関する留意点＝①多様な体験活動の充実、②活動の推進体制の整備、③情報の収集・提供等、④多様な活動の場・機会の確保、⑤民間グループに対する施設利用の便宜供与、⑥指導者・協力者の確保、人材養成、⑦プライバシー・情報の保護、⑧安全確保、適切な応急処置、⑨その他（初中局長・生涯学習局長通知平成一三・九・一四文科初五九七）

〔修業年限〕

第三十二条　小学校の修業年限は、六年とする。

参　教基法五①、法一七①—就学させる期間

〔教育課程〕

第三十三条　小学校の教育課程に関する事項は、第二十九条及び第三十条の規定に従い、文部科学大臣が定める。

参　【定め＝規則五〇—教育課程の編成）、五一—標準授業時数）、五二—教育課程の基準）、五二の二～五二の四—連携型小学校の教育課程・授業時数、五三—教科の特例、五四—履修困難な各教科の学習指導、〔教育課程の特例　五五—教育課程研究、五五の二—特色ある教育課程、五六—不登校児、五六の二・五六の三—日本語教育、五六の四—学齢超過者、一三八—特別支援学級〕

〔教科用図書その他の教材の使用〕

第三十四条　小学校においては、文部科学大臣の検定を経た教科用図書又は文部科学省が著作の名義を有する教科用図書を使用しなければならない。

② 前項に規定する教科用図書（以下この条において「教科用図書」という。）の内容を文部科学大臣の定めるところにより記録した電磁的記録（電子的方式、磁気的方式その他人の知覚によつては認識することができない方式で作られる記録であつて、電子計算機による情報処理の用に供されるものをいう。）である教材がある場合には、同項の規定にかかわらず、文部科学大臣の定めるところにより、児童の教育の充実を図るため必要があると認められる教育課程の一部において、教科用図書に代えて当該教材を使用することができる。

③ 前項に規定する場合において、視覚障害、発達障害その他の文部科学大臣の定める事由により教科用図書を使用して学習することが困難な児童に対し、教科用図書に用いられた文字、図形等の拡大又は音声への変換その他の同項に規定する教材を電子計算機において用いることにより可能となる方法で指導することにより当該児童の学習上の困難の程度を低減させる必要があると認められるときは、文部科学大臣の定めるところにより、教育課程の全部又は一部において、教科用図書に代えて当該教材を使用することができる。

④ 教科用図書及び第二項に規定する教材以外の教材で、有益適切なものは、これを使用することができる。

⑤ 第一項の検定の申請に係る教科用図書に関し調査審議させるための審議会等（国家行政組織法（昭和二十三年法律第百二十号）第八条に規定する機関をいう。以下同じ。）については、政令で定める。

参　1 【教科用図書＝教科書発行法二①　【教科用図書検定規則　【文部科学大臣の検定＝設置法四①10・文部科学省組織令七五—教科用図書検定調査審議会）、【教科用図書の発行＝教科書発行法【公立学校の教科書採択＝教科書無償措置法一〇～一七　【学校その他の教育機関における複製＝著作権法三五

2 3 【定め＝学校教育法第三四条第二項に規

定する教材の使用について定める件（平成三〇文科省告示一三七）

④【教材の使用＝地方教育行政法二一6・三三―使用の規則】【学校その他の教育機関における著作物の複製＝著作権法三三～三六

⑤【審議会＝文部科学省組織令七五―教科用図書検定調査審議会】

判 ●教科書検定＝学校における教育は、正確かつ中立・公正でなければならず、心身の発達に応じて定められた当該学校の目的、教育の目標、教科の内容（具体的には法律の委任を受けて定められた学習指導要領）などによって行なわれるべきことは、教育基本法、学校教育法の関係条文から明らかであり、これらによれば教科書は、以上の条件に適合し、内容の程度が児童、生徒の心身の発達段階に応じたもので、児童、生徒の使用の便宜に適するものでなければならないことはおのずから明らかである。（最高判（三小）平成五・三・一六 家永教科書裁判第一次訴訟）

●教科書検定＝本件改訂検定申請に係る「新日本史」が初めに検定を経た際に効力を有していた昭和三五年指導要領と現行の昭和五三年指導要領との間では、その変動の程度が微小であって、これによる検定審査基準の実質的な変更が少ないということはできず、また、高校日本史の教科書について、指導要領の改正にもかかわらず旧指導要領下で検定を経た教科書を引き続き使用することがやむを得ないとされるような特別の事情も認められない。したがって、このような旧指導要領下で検定を経た教科書について、新指導要領のもとで改訂検定を受けられるものと解すべき理由はない。

そうすると、少なくとも昭和五三年の指導要領の改正の結果、被控訴人は、本件不合格処分の取消しを受けても、右処分の対象となった「新日本史」について改訂検定を受ける余地はなく、本件訴訟についての本来的な訴えの利益は失われたというべきである。（東京高判平成元・六・二七 家永教科書第二次訴訟―最高裁差戻審＝確定判決）

●普通教育は、その内容が正確かつ中立・公正で、地域、学校のいかんにかかわらず全国的に一定の水準が確保されていることや、児童、生徒の心身の発達段階に応じたものであることなどが要請される。普通教育の場で用いられる教科書について文部大臣が行う検定は、これらの要請を実現するために行われるものであって、それによって教科書執筆者の表現の自由、研究発表の自由が制限される面があるにしても、それは教科書という特殊な形態での表現、発表を制限するにすぎず、合理的で必要やむを得ない限度のものというべきであるから、憲法二一条、二三条に違反しない。

文部大臣の判断の過程に、検定当時の学説状況、教育状況についての認識や旧検定基準に違反するとの評価等に看過し難い過誤がある場合には、その判断は、裁量権の範囲を逸脱したものとして、国家賠償法の対象となる。（最高判（三小）平成九・八・二九家永教科書裁判第三次訴訟）

●教科書検定と文部大臣の裁量権＝検定基準等の解釈は、法規の解釈に準じて厳格になさるべきものである。草隊についての検定意見は、見過しがたい誤りがある。また軍の婦女暴行に関する学界の支配的見解は、暴行を南京占領の特徴的事実としている。（東京高判平成五・一〇・二〇―同上）

●教科書検定＝検定意見への一本化、決定留保制の下での検定制度も、憲法一三条、二一条、二三条、二六条に違反しない（最高判平成一七・一二・一 横浜教科書訴訟上告審判決）

●教科書及び教科書以外の使用＝教科書は、学習指導要領の目標及び内容によって編成されており、これを使用することは、教育の機会均等の確保と一定水準の維持という普通教育の目的に対して有効なものであり、さらに教授技術上も教科書を使用して授業をすることは、教師及び生徒の双方にとってきわめて有利である。（福岡高判昭五八・一二・二四 伝習館高校事件）

●教科書の使用＝学校法五一条により高等学校に準用される同法二一条が高等学校における教科書使用義務を定めた規定であると解することは、憲法二六条、（旧）教基法一〇条に違反するものではない。（最高判（一小）平成二・一・一八）

●有害図書＝有害図書が、青少年の健全な育成に有害であることは、既に社会共通の認識になっている。有害図書の自動販売機への収納の禁止は、憲法二一条一項に違反しない。（最高判（三小）平成元・九・一九）

●教材等著作物の複製＝私立中学校等への進学希望者の学習指導のために作成した試験問題は、編集著作物と認められるから、これを複製することは、複製権の侵害である。（東京高判平成一〇・二・一二）

行 ●補充教材の使用＝地図・図表・新聞・雑誌その他検定を経ない図書を補充教材として訓育のために教室において使用することはさしつかえない。この補充教材は、児童生徒に購入を強制してはならず、それを購入しなければ児童生徒が学習するのに困難を感ずるような教え方をしてはならない。（教科書局長通達昭二三・四・二八発教五一）

〔児童の出席停止〕

第三十五条　市町村の教育委員会は、次に掲げる行為の一又は二以上を繰り返し行う等性行不良であつて他の児童の教育に妨げがあると認める児童があるときは、その保護者に対して、児童の出席停止を命ずることができる。

一　他の児童に傷害、心身の苦痛又は財産上の損失を与える行為

二　職員に傷害又は心身の苦痛を与える行為

三　施設又は設備を損壊する行為

四　授業その他の教育活動の実施を妨げる行為

② 市町村の教育委員会は、前項の規定により出席停止を命ずる場合には、あらかじめ保護者の意見を聴取するとともに、理由及び期間を記載した文書を交付しなければならない。

③ 前項に規定するもののほか、出席停止の命令の手続に関し必要な事項は、教育委員会規則で定めるものとする。

④ 市町村の教育委員会は、出席停止の命令に係る児童の出席停止の期間における学習に対する支援その他の教育上必要な措置を講ずるものとする。

＊平成一三法一〇五・全部改正

参【感染症（伝染病）による出席停止＝学校保健安全法一九、同施行令六・七、同施規一八～二一】

判 ●いじめ行為等をした高校生に対する欠席指導は、強制ではなく、進路変更の検討を目的とする措置に違法性はない。（大阪地判平成二八・九・一五）

行 ●改正の趣旨＝要件の明確化及び手続に関する規定の整備を図り、また、児童生徒の学習の支援等必要な措置を講ずることとしたこと。（文科事務次官通知平成一三・七・一一文科初四六六）

●運用の基本的な在り方＝①本人に対する懲戒という観点からではなく、学校の秩序を維持し、他の児童生徒の義務教育を受ける権利を保障する観点から設けられた、②国民の就学義務ともかかわる重要な措置であることにかんがみ、市町村教育委員会の権限と責任において行われるべきなので、校長への権限委任等は慎重にすべきである、③対応には日ごろからの生徒指導を充実することがまずもって必要であり、学校が最大限の努力を行っても解決せず、他の児童生徒の教育が妨げられている場合に出席停止の措置が講じられる。（初中局長通知平成一三・一一・六文科初七二五）

〔学齢未満の子の入学禁止〕

第三十六条　学齢に達しない子は、小学校に入学させることができない。

参【就学の始期＝法一七①】

〔職員〕

第三十七条　小学校には、校長、教頭、教諭、養護教諭及び事務職員を置かなければならない。

② 小学校には、前項に規定するもののほか、副校長、主幹教諭、指導教諭、栄養教諭その他必要な職員を置くことができる。

③ 第一項の規定にかかわらず、副校長を置くときその他特別の事情のあるときは教頭を、養護をつかさどる主幹教諭を置くときは養護教諭を、特別の事情のあるときは事務職員を、それぞれ置かないことができる。

④ 校長は、校務をつかさどり、所属職員を監督する。

⑤ 副校長は、校長を助け、命を受けて校務をつかさどる。

⑥ 副校長は、校長に事故があるときはその職務を代理し、校長が欠けたときはその職務を行う。この場合において、副校長が二人以上あるときは、あらかじめ校長が定めた順序で、その職務を代理し、又は行う。

⑦ 教頭は、校長（副校長を置く小学校にあつては、校長及び副校長）を助け、校務を整理し、及び必要に応じ児童の教育をつかさどる。

⑧ 教頭は、校長（副校長を置く小学校にあつては、校長及び副校長）に事故があるときは校長の職務を代理し、校長（副校長を置く小学校にあつては、校長及び副校長）が欠けたときは校長の職務を行う。この場合において、教頭が二人以上あるときは、あらかじめ校長が定めた順序で、校長の職務を代理し、又は行う。

⑨ 主幹教諭は、校長（副校長を置く小学校にあつては、校長及び副校長）及び教頭を助け、命を受けて校務の一部を整理し、並びに児童の教育をつかさどる。

⑩ 指導教諭は、児童の教育をつかさどり、並びに教諭その他の職員に対して、教育指導の改善及び充実のために必要な指導及び助言を行う。

⑪　教諭は、児童の教育をつかさどる。
⑫　養護教諭は、児童の養護をつかさどる。
⑬　栄養教諭は、児童の栄養の指導及び管理をつかさどる。
⑭　事務職員は、事務をつかさどる。
⑮　助教諭は、教諭の職務を助ける。
⑯　講師は、教諭又は助教諭に準ずる職務に従事する。
⑰　養護助教諭は、養護教諭の職務を助ける。
⑱　特別の事情のあるときは、第一項の規定にかかわらず、教諭に代えて助教諭又は講師を、養護教諭に代えて養護助教諭を置くことができる。
⑲　学校の実情に照らし必要があると認めるときは、第九項の規定にかかわらず、校長（副校長を置く小学校にあつては、校長及び副校長）及び教頭を助け、命を受けて校務の一部を整理し、並びに児童の養護又は栄養の指導及び管理をつかさどる主幹教諭を置くことができる。

参　法五（学校の管理権）、行政機関の保有する情報の公開に関する法律【職員会議関係＝規則四八・七九・七九の八・一〇四・一一三・一三五・一三九【学校評議員関係＝規則四九・七九・七九の八・一〇四・一一三・一三五・一三九【児童虐待の早期発見＝児童虐待防止法二、五

1　法七【教員の設置＝法三）【養護教諭の設置＝法附則七（その特例）【その他必要な職員の例＝学校保健安全法二三（学校医等）、学校図書館法五（司書教諭）

7　【二人教頭制＝法六一（義務設置）

判

●校務＝本条は、校長の職務権限を定めたものであり、校長はすべての校務について決定権があるというべきである。そして右の校務としては、物的教育条件に関する事務のほか、全校的教育内容的事項があり、さらに教育活動そのものがある。（福岡高宮崎支判平成五・三・二二）

●教育の自由＝大学教育の場合には、学生が一応教授内容を批判する能力を備えていると考えられるのに対し、普通教育においては、児童生徒にこのような能力がなく、教師が児童生徒に対して強い影響力・支配力を有することを考え、また、普通教育においては、子どもの側に学校や教師を選択する余地が乏しく、教育の機会均等をはかる上からも全国的に一定の水準を確保すべき強い要請があること等に思いをいたすときは、普通教育における教師に完全な教授の自由を認めることは、とうてい許されないところといわなければならない。（最高判（大法廷）昭五一・五・二一）

●校長の監督権＝校長は教職員を指導監督するために教室を見回り授業学習を参観観察することがあるのであるが、これをもつて教諭としての教授権又は地位を侵害し、その名誉信用を傷つける程度のものとは認められない。（東京高判昭三六・八・七、同旨・最高判昭三七・一〇・二三）

●職務命令＝二八条六項は、教師の主たる職務を定めたにすぎず、校長は、教師に校務を分掌させ、包括的にあるいは個々に職務命令を発することができる。（宮崎地判昭六三・四・二八）

●校長の裁量権＝問題のある言動等のあった教諭を、学級担任とはしないとした校務分掌決定に、校長の裁量権の濫用はない。（名古屋地判昭六二・四・一九）

●合理的配慮＝学校教育における教育内容及び指導方法の決定には教育専門家であり当該学校の事情にも精通する学校設置者や教師に一定の裁量が認められるものの、その決定が障害者基本法または障害者差別解消法に違反するものであるときは、学校設置者や教師の裁量権の範囲を逸脱し、又はこれを濫用するものとして違法となる。（名古屋地判令和二・八・一九）

●教師の教育活動の性格＝国家賠償法一条一項にいう「公権力の行使」には、教師の教育活動も含まれる。学校行事も教育活動の一環として行なわれるものである以上、教師は生徒を保護すべき義務を負う。（最高判（二小）平成二・三・二三）

●教員の職務＝卒業式に、担任児童の国歌斉唱拒否の発言及び着席に呼応して着席し、退場の際に、右手のこぶしを振り上げるという教師の行為は、公務員としての職の信用を傷つけるものであり、この行為を理由として教諭に対してなされた市教育委員会による戒告処分は、妥当性を欠くとはいえない（福岡地判平成一〇・二・二四、最高判（二小）平成一二・九・八＝福岡ゲルニカ訴訟）

●教員の職務＝学習指導要領の国旗・国歌条項から、教職員に国歌起立・斉唱義務、ピアノ伴奏義務を導き出すことはできない。（東京地判平成一八・九・二一）

●教員の職務＝公立中学校の教員には、学校における教育活動及びこれに密接に関連する生活関係における生徒の安全の確保に配慮すべき義務があり、特に他の生徒の行為により生徒の生命、身体、精神、財産などに大きな悪影響ないし危害が及ぶおそれが現にあるようなときには、そのような悪影響ないし危害の発生を未然に防止するため、その事態に応じた適切な措置を講ずる義務があるといわなければならない。（東京高判平成六

・五・二〇）

●学校事故＝（応援団による刺殺事件）地元暴力団と関係して伝統的に暴力的風潮を有する応援団員等によって、同校三年生の生徒が刺殺されたことについては、学校側に責任がある。（東京高判平成一一・九・二八、最高判（二小）平成一三・六・八）

●学校事故＝中学校の剣道部員が、竹刀でホッケー遊びをしていて、他の部員の左眼を失明させた事故には、指導教諭に過失がある。（大阪高判平成一〇・五・一二）

●学校事故＝熱中症を発症したラグビー部員（中一）に対し、仮病を使って怠けていると決めてかかり、応急措置や医療機関への速やかな搬送措置をとらず、死亡事故に至ったときには、教師に安全配慮義務違反の過失がある。（神戸地判平成一五・六・三〇）

●学校事故＝学校給食を食べる児童が抵抗力の弱い若年者であることなどからすれば、学校給食には極めて高度な安全性が求められている。安全性の瑕疵によって食中毒を始めとする事故が起これば、結果的に給食提供者の過失が推定される。（大阪地堺支部判平成一一・九・一〇　〇‐一五七食中毒訴訟）

●学校事故＝クラブ活動担当教師は、できる限り生徒の安全にかかわる事故の危険性を具体的に予見し、事故発生を防止する措置を執り、生徒を保護する注意義務を負うので、暗雲が立ち込め、雷鳴が聞こえ、放電が目撃される状況では、クラブ担当教師は落雷事故発生の危険を具体的に予見することが可能であった。（最高判（二小）平成一八・三・一三）

●学校事故＝小学三年生が朝自習時にほこりを払おうとしてベストを振り回した際に、女子児童の右眼を負傷させた事故について、教室内で他の児童の応対をしていた担任教諭は、当該児童の突発的な行動による事故を防止できなかったとしても、過失はない。（最高判（二小）平成二〇・四・一八）

●学校事故＝約三週間前に練習中に負傷した高校二年生が、陸上競技大会で棒高跳び競技に出場し、空中でバランスを崩して負傷した事故につき、顧問教諭には、事故の予見可能性があり、出場を認めた過失がある。（福岡高判平成二二・二・四）

●学校事故＝熱中症死亡事故について、熱痙攣を起こして練習を中断した県立高校二年硬式野球部員に対し、一〇〇ｍダッシュの再開を命じ、倒れこんだ後にも適切な熱中症に対する応急措置をとらなかった顧問教諭に過失が認められる。（高松高判平成二七・五・二九）

●学校事故＝バドミントン部活動中に熱中症により脳梗塞を発症した中学生の事故につき、中学校長には、部活動を行う場所に温度計を設置し、ＷＢＧＴ等の温度を把握できる環境を整備する義務があり、温度計を設置していなかった過失がある。（大阪高判平成二八・一二・二二）

●学校事故＝県立高校体育祭の騎馬戦において、騎手の生徒が落下し重篤な後遺障害を生じさせた事故について、転落時の安全確保についての手段の指導及び練習の不足、危険防止のための十分な審判の配置義務違反など校長及び指導担当教諭に過失が認められる。（福岡地判平成二七・三・三）

●学校事故＝三・一一東日本大震災津波時の避難誘導中に津波に襲われ児童等が被災した事件で、校長等には津波被災の予見可能性があり、その危険に対応する危機管理マニュアルを策定していなかった過失が認められる。（仙台高判平成三〇・四・二六　大川小児童津波被災国家賠償請求事件）

●柔道事故＝市立中一年生が、柔道部の回し乱取り練習中に、大外刈りで受け身がとれず頭部を負傷して重度の後遺障害が残った事故について、受け身の習得度合いや練習程度からみて、顧問教諭が乱取り練習に参加させたことに過失はない。（最高判（一小）平成九・九・四）

●柔道事故＝市立中三年生が、柔道部顧問の教諭と乱取り練習中に、絞め技で「半落ち」の状態になったのに覚醒後なおも技を掛けられ受傷し、重篤な後遺障害を負うこととなった事故について、意識がもうろうとした状態で乱取りを再開すれば、生徒に重大な障害が生じうることを予見できたので、教諭には過失がある。（横浜地判平成二三・一二・二七）

●柔道事故＝道立高校一年生が、事故前に練習で負傷していたのに、他校の柔道部員との練習試合に出て、頭部を強打して重篤な後遺障害が残った事故について、漫然と試合に参加させた顧問教諭には過失が認められる。（札幌地判平成二四・三・九）

●柔道事故＝中学二年生が乱取り練習中に頭部に受傷し急性硬膜下血腫により死亡した事故について、乱取り練習途中に意識障害が疑われる症状が見られたのに漫然と練習を続行させた点に顧問教諭に過失が認められる。（大津地判平成二五・五・一四）

●障害児学校事故＝特別支援学級に在籍する小学三年生の自閉症児の転落負傷事故について、担任教師は、障害を持つ児童一人一人の行動の特質に対し日頃から注目し、自ら危険行為に出る恐れのある児童については、かかる結果の発生を回避すべく十分な指導や配慮をなすべき義務がある。（東京地八王子支判平成二〇・一二・一八）

●ストーカー殺人事件＝県立高校二年生の男子生徒が、同級生の女子生徒に付きまとい、刺殺した学校の責任は重い。（名古屋地岡崎支判平成一二・五・一五）

●「いじめ」と教師の職務＝教師らは、適切な問題意識を持って対処することを怠ったため、最後まで本件いじめの実態を正しく把握し、教師全体が一体となって適切な指導を行ない、保護者、関係機関との連係、協力のもとに本件いじめの防止のための適切な措置を講ずることができず、そのため、悪質かつ長期間にわたったいじめにより、生徒が深刻な肉体的、精神的な苦痛を被ることを防止できなかったものであるから、教員らには過失があるというべきである。（東京高判平成六・五・二〇）

●いじめ＝市立中学在学中に、同級生から暴行を受け、脾臓摘出の後遺症を受けた事故について、生徒や家族から暴力行為（いじめ）の申告がないことをもって、予見できない理由とすることはできず、学校側が適切な予防措置を取らなかったことについては過失がある。（大阪地判平成七・三・二四）

●いじめ＝転校して来た小学校五年生の児童が、同級生らのいじめによって負傷し、登校拒否となったことについて、学校及び加害生徒らの親権者は、賠償する責を負う。（名古屋高金沢支判平成九・一〇・二九）

●いじめ＝小学校から中学校まで続いたいじめで転校を余儀なくされた中学一年生について、暴行脅迫を予見しえた学校に責任があり、転居費用について、加害者と親は賠償責任がある。（京都地判平成一七・二・二二）

●いじめ＝いじめの認識に関し、学校はいじめの兆候について情報収集、情報交換および情報の集積義務がある。（福岡地判平成一三・一二・一八）

●いじめ＝全寮制の私立高校で、多数の一年生が退寮を希望するなど問題状況が生じていたのに、寮の管理体制を改善することなく放置し、いじめによる集団暴行を防止しえなかった学校側には安全配慮義務違反がある。（神戸地姫路支判平成一八・七・一〇）

●いじめ＝中学校在学中に、カバンを刃物で切られたり、「きもい、うざい」の言葉によるいじめにより、神経症・心因性難聴となった女子中学生について、学校側には安全配慮義務違反がある。（横浜地判平成二一・六・五）

●いじめ＝教師がいじめ被害児童をしていじめ加害児童に謝罪をさせたことが被害児童の人格権を侵害し、違法であるとされた事例（横浜地川崎支部判令和二・三・二四）

●いじめ自殺の予見可能性＝加害少年らの執拗な暴行やたかりにより、被害者が極度に追い詰められた状態にあり、かつ、自殺事例の報道などから、加害少年らは被害者の自殺を予見することが可能であった。（鹿児島地判平成一四・一・二八）

●いじめ自殺の予見可能性＝転校生である中学二年生に対し、トラブル、いじめが継続していることを認識していた担任教師には、自殺を予見することが可能であった。（東京高判平成一四・一・三一）

●作文の開示＝親権者は、その被扶養者である未成年者の個人情報の開示を請求し得るが、作文はその作成経過などから、公開することを予定したものではなく、開示することは書いた生徒の意図に反し、作文による生徒指導そのものの効果が期待できなくなることは明らかであるから、非開示は正当である。（東京高判平成一一・八・二三）

行 ●職員会議は、学校教育法二八条三項等における校長の権限と責任とを前提として、校長の職務の円滑な執行に資するためのもので、職員会議は校長が主宰する。（規則二三の二関係、文部事務次官通知平成一二・一・二一）

●公立学校等における性的言動に起因する問題の防止について（教育助成局地方課長通知平成一一・四・一二）

●いじめの問題について当面緊急に対応すべき点について＝すべての学校は、自らの学校にもいじめがあるのではないかとの問題意識を持って、直ちに学校を挙げて総点検を行うとともに、真剣に実情を把握し、適切な対応を取る必要がある。（初中局長通知平成六・一二・一六）

●いじめの問題への取り組みの徹底等について（初中局長通知平成七・一二・一五文初中三七一）

●「いじめの問題に関する文部大臣緊急アピールについて」（初中・生涯学習局長通知平成八・一・三〇文初中三八六）

●「問題行動を起こす児童生徒に対する指導について」（初中局長通知平成一九・二・五）

●「学校におけるいじめ問題への的確な対応について」（警察庁生活安全局長通知平成二五・一・二四）

●「早期に警察へ相談・通報すべきいじめ事案について」（初中局長通知平成二五・五・一六）

●「学校事故対応に関する指針」（平成二八・三・三一文科省）

〔小学校設置義務〕

第三十八条　市町村は、その区域内にある学齢児童を就学させるに必要な小学校を設置しなければならない。ただし、教育上有益かつ適切であると認めるときは、義務教育学校の設置をもつてこれに代えることができる。

参 地方教育行政法三〇【小学校の設置＝〔事務の所管〕地方教育行政法二一1－教委の権限〕、〔経費〕法五－設置者負担〕、令二五－設置廃止等についての届出〕、施設費負担法－国庫負担〕

判 ●公立小学校の廃止を内容とする条例の制定、議決及び公布等は、抗告訴訟の対象となる処分に当たらない。公立小学校の廃止が違法であるとして慰謝料の支払いを請求することはできない。（東京高判平成八・一一・二七）

行 ●学校の区域外設置＝市町村は、その区域外に小学校または中学校を設置することができる。（初中局長回答昭三四・四・二三委初八〇）

〔学校組合の設置〕

第三十九条　市町村は、適当と認めるときは、前条の規定による事務の全部又は一部を処理するため、市町村の組合を設けることができる。

＊昭三六法一六六・全部改正

参 法三八【市町村学校組合の設置＝自治法二八四～二九三－地方公共団体の組合】

〔学齢児童の教育事務の委託〕

第四十条　市町村は、前二条の規定によることを不可能又は不適当と認めるときは、小学校又は義務教育学校の設置に代え、学齢児童の全部又は一部の教育事務を、他の市町村又は前条の市町村の組合に委託することができる。

② 前項の場合においては、地方自治法第二百五十二条の十四第三項において準用する同法第二百五十二条の二の二第二項中「都道府県知事」とあるのは、「都道府県知事及び都道府県の教育委員会」と読み替えるものとする。

参 1 法三八・三九【事務の委託＝自治法二五二の一四～二五二の一六

行 ●委託経費＝委託に要する経費は、その児童生徒の居住する地方公共団体が支払うか否か、及び支払う場合の額は、両地方公共団体が協議して定めるべきである。（自治法二五二条の一四及び一五）（初中局長回答昭三二・一一・五委初一）

〔小学校設置の補助〕

第四十一条　町村が、前二条の規定による負担に堪えないと都道府県の教育委員会が認めるときは、都道府県は、その町村に対して、必要な補助を与えなければならない。

参 法三九・四〇【補助＝自治法二三二の二

〔学校運営評価〕

第四十二条　小学校は、文部科学大臣の定めるところにより当該小学校の教育活動その他の学校運営の状況について評価を行い、その結果に基づき学校運営の改善を図るため必要な措置を講ずることにより、その教育水準の向上に努めなければならない。

＊平成一九法九六・追加

参 【定め＝規則六六～六八

〔学校運営情報提供義務〕

第四十三条　小学校は、当該小学校に関する保護者及び地域住民その他の関係者の理解を深めるとともに、これらの者との連携及び協力の推進に資するため、当該小学校の教育活動その他の学校運営の状況に関する情報を積極的に提供するものとする。

＊平成一九法九六・追加

判 ●市独自の学力テストの学校別成績（平均得点及び到達評価）の非公開決定は、入学試験もなく、学校選択制も採用されていない状況では、学校のランク付けによる生徒の劣等感・優越感、保護者からの不当な圧力などの弊害の発生は認められないので、違法である。（大阪地判平成一八・八・三）

●全国学力テストの各中学校別平均点の非公開決定は、同情報が「公開により国等との協力関係を著しく損なうと認められるもの」に該当するので適法である。（大阪地判平成二一・五・一五）

●全国学力テストの市町村別・学校別データの非開示決定は、「公にすることにより、事務の公正かつ適切な執行に著しい支障を及ぼすおそれのあるもの」に該当するので適法である。（大阪地判平成二二・六・一八）

〔私立小学校の所管〕

第四十四条　私立の小学校は、都道府県知事の所管に属する。

参【所管＝私学法二・四2・六【知事の所管＝地方教育行政法二二3、私学法四・五

第五章　中学校

〔中学校の目的〕

第四十五条　中学校は、小学校における教育の基礎の上に、心身の発達に応じて、義務教育として行われる普通教育を施すことを目的とする。

参 教基法一・二・五②

判 ●校則＝教育は人格の完成をめざす（教育基本法第一条）ものであるから、校則の中には、教科の学習に関するものだけでなく、生徒の服装等いわば生徒のしつけに関するものも含まれる。もっとも、中学校における教育に関連し、かつ、その内容が社会通念に照らして合理的と認められる範囲においてのみ是認されるものであるが、具体的に生徒の服装等にいかなる程度、方法の規制を加えることが適切であるかは、実際に教育を担当する者、最終的には中学校長の専門的、技術的な判断に委ねられるべきものである。（熊本地判昭六〇・一一・一三）

●校則＝市立中学の校則として中学校生徒心得が定められ、その中には制服が図入りで示されているほか、男子について頭髪を丸刈りとすると規定され、外出のときは制服又は体操服を着用しと定められているが、このような校則は、生徒の守るべき心得を示すに止まり、法的効果をもつものではない。（最高判平成八・二・二二　校則無効確認訴訟）

〔中学校教育の目標〕

第四十六条　中学校における教育は、前条に規定する目的を実現するため、第二十一条各号に掲げる目標を達成するよう行われるものとする。

参 教基法一・二・五②、法四五・四八【教育課程の編成等＝規則七二～七四・七九

〔修業年限〕

第四十七条　中学校の修業年限は、三年とする。

参 教基法五①、法一七②―就学させる期間

〔教育課程〕

第四十八条　中学校の教育課程に関する事項は、第四十五条及び第四十六条の規定並びに次条において読み替えて準用する第三十条第二項の規定に従い、文部科学大臣が定める。

参【定め＝〔教育課程の編成〕規則七二、〔標準授業時数〕七三、〔教育課程の基準〕七四、〔小学校連携型中学校の教育課程・授業時数〕七四の二～七四の四、〔連携型中学校の教育課程・授業時数〕七六・七七、〔教育課程編成の特例〕七九、〔特別支援学級の教育課程の特例〕一三一、〔履修困難な各教科の学習指導〕七九―五四の準用

〔準用規定〕

第四十九条　第三十条第二項、第三十一条、第三十四条、第三十五条及び第三十七条から第四十四条までの規定は、中学校に準用する。この場合において、第三十条第二項中「前項」とあるのは「第四十六条」と、第三十一条中「前条第一項」とあるのは「第四十六条」と読み替えるものとする。

第五章の二　義務教育学校

＊平成二七法四六・追加

〔義務教育学校の目的〕

第四十九条の二　義務教育学校は、心身の発達に応じて、義務教育として行われる普通教育を基礎的なものから一貫して施すことを目的とする。

＊平成二七法四六・追加

参 規則七九の九～七九の一二＝中学校併設型小学校及び小学校併設型中学校

〔義務教育学校の目標〕

第四十九条の三　義務教育学校における教育は、前条に規定する目的を実現するため、第二十一条各号に掲げる目標を達成するよう行われるものとする。

＊平成二七法四六・追加

〔修業年限〕

第四十九条の四　義務教育学校の修業年限は、九年とする。

＊平成二七法四六・追加

〔義務教育学校の課程区分〕

第四十九条の五　義務教育学校の課程は、これを前期六年の前期課程及び後期三年の後期課程に区分する。

＊平成二七法四六・追加

〔各課程教育の目標〕

第四十九条の六　義務教育学校の前期課程における教育は、第四十九条の二に規定する目的のうち、心身の発達に応じて、義務教育として行われる普通教育のうち基礎的なものを施すことを実現するために必要な程度において第二十一条各号に掲げる目標を達成するよう行われるものとする。

②　義務教育学校の後期課程における教育は、第四十九条の二に規定する目的のうち、前期課程における教育の基礎の上に、心身の発達に応じて、義務教育として行われる普通教育を施すことを実現するため、第二十一条各号に掲げる目標を達成するよう行われるものとする。

＊平成二七法四六・追加

〔各課程の教育課程〕

第四十九条の七　義務教育学校の前期課程及び後期課程の教育課程に関する事項は、第四十九条の二、第四十九条の三及び前条の規定並びに次条において読み替えて準用する第三十条第二項の規定に従い、文部科学大臣が定める。

＊平成二七法四六・追加

参　【定め＝規則七九の六・七九の七

〔準用規定〕

第四十九条の八　第三十条第二項、第三十一条、第三十四条から第三十七条まで及び第四十二条から第四十四条までの規定は、義務教育学校に準用する。この場合において、第三十条第二項中「前項」とあるのは「第四十九条の三」と、第三十一条中「前条第一項」とあるのは「第四十九条の三」と読み替えるものとする。

＊平成二七法四六・追加

第六章　高等学校

〔高等学校の目的〕

第五十条　高等学校は、中学校における教育の基礎の上に、心身の発達及び進路に応じて、高度な普通教育及び専門教育を施すことを目的とする。

参　教基法一・二、法五一・五二

〔高等学校教育の目標〕

第五十一条　高等学校における教育は、前条に規定する目的を実現するため、次に掲げる目標を達成するよう行われるものとする。

一　義務教育として行われる普通教育の成果を更に発展拡充させて、豊かな人間性、創造性及び健やかな身体を養い、国家及び社会の形成者として必要な資質を養うこと。

二　社会において果たさなければならない使命の自覚に基づき、個性に応じて将来の進路を決定させ、一般的な教養を高め、専門的な知識、技術及び技能を習得させること。

三　個性の確立に努めるとともに、社会について、広く深い理解と健全な批判力を養い、社会の発展に寄与する態度を養うこと。

参　教基法一・二、法五〇・五二

判　●生徒総会という学内組織の性格に鑑み、生徒の学校内における教育諸条件に密接に関連した要求運動であり、かつ党派性の薄いものであることが必要であり、内容的に特別活動としての限界を超えた指導は、教員としての職務に違反する。（宮崎地判昭六三・四・二八）

●安全配慮義務＝高校の設置者である県の生徒に対する安全配慮義務の実施は、生徒に教育を行う教諭、校長の指導監督義務の一つであり、これに欠けるところがあるときは、県の債務不履行となる。（東京高判平成一一・九・二八）

●校則＝校則が憲法の規定に違反するかどうかを論ずる余地はない。私立学校は建学の精神に基づく独自の校風や教育方針による教育活動を目的としており、パーマを禁止しているのも高校生にふさわしい髪形を維持し、非行を防止するためであり、社会通念上、不合理とは言えず、校則は民法にも違反しない。（最高判平成八・七・一八　私立高校パーマ退学事件）

〔学科・教育課程〕

第五十二条　高等学校の学科及び教育課程に関する事項は、前二条の規定及び第六十二条において読み替えて準用する第三十条第二項の規定に従い、文部科学大臣が定める。

参　法五〇〔高等学校の目的〕、五一〔高等学校の教育目標〕【定め＝〔設置基準〕高校基準、規則八〇、〔教育課程の編成〕八三、〔教育課程の基準〕八四、〔教育課程等の特例〕八五、〔単位制高等学校〕一〇三

〔定時制の課程〕

第五十三条　高等学校には、全日制の課程のほか、定時制の課程を置くことができる。

② 高等学校には、定時制の課程のみを置くことができる。

参　【課程の設置廃止＝法四、令二三①2〔監督庁の認可事項〕〔最終学年の期間〕規則一〇四

行　●定時制の課程と通信教育との二重在籍の可否＝高等学校通信教育規程八条および九条の規定により可能である。（初中局長回答昭三〇・五・二）

〔通信制の課程〕

第五十四条　高等学校には、全日制の課程又は定時制の課程のほか、通信制の課程を置くことができる。

② 高等学校には、通信制の課程のみを置くことができる。

③ 市（指定都市を除く。以下この項において同じ。）町村（市町村が単独で又は他の市町村と共同して設立する公立大学法人を含む。）の設置する高等学校については都道府県の教育委員会、私立の高等学校については都道府県知事は、高等学校の通信制の課程のうち、当該高等学校の所在する都道府県の区域内に住所を有する者のほか、全国的に他の都道府県の区域内に住所を有する者を併せて生徒とするものその他政令で定めるもの（以下この項において「広域の通信制の課程」という。）に係る第四条第一項に規定する認可（政令で定める事項に係るものに限る。）を行うときは、あらかじめ、文部科学大臣に届け出なければならない。都道府県（都道府県が単独で又は他の地方公共団体と共同して設立する公立大学法人を含む。）又は指定都市（指定都市が単独で又は他の指定都市若しくは市町村と共同して設立する公立大学法人を含む。）の設置する高等学校の広域の通信制の課程について、当該都道府県又は指定都市の教育委員会（公立大学法人の設置する高等学校にあつては、当該公立大学法人）がこの項前段の政令で定める事項を行うときも、同様とする。

④ 通信制の課程に関し必要な事項は、文部科学大臣が、これを定める。

＊昭三六法一六六・全部改正

参　③【政令で定める課程＝令二四【政令で定める事項＝令二四の二【法四条の認可＝学校の設置廃止〕
④【定め＝規則一〇一、高校通信教育規程

〔定通制の技能教育〕

第五十五条　高等学校の定時制の課程又は通信制の課程に在学する生徒が、技能教育のための施設で当該施設の所在地の都道府県の教育委員会の指定するものにおいて教育を受けているときは、校長は、文部科学大臣の定めるところにより、当該施設における学習を当該高等学校における教科の一部の履修とみなすことができる。

② 前項の施設の指定に関し必要な事項は、政令で、これを定める。

＊昭三六法一六六・追加

参　【定める＝〔技能教育施設の指定等に関する規則〕昭三七文部令八、〔指定の申請〕令三二、〔指定の基準〕三三、〔内容変更の届出〕三四、〔廃止の届出〕三五、〔指定の解除〕三六、〔調査等〕三七

〔修業年限〕

第五十六条　高等学校の修業年限は、全日制の課程については、三年とし、定時制の課程及び通信制の課程については、三年以上とする。

＊昭三六法一六六・全部改正

参　【定時制の課程＝法五三、通信制の課程＝法五四【修業年限に関する配慮＝規則一〇二【修業年限が三年を超える場合の最終学年の特例＝規則一〇四②

〔入学資格〕

第五十七条　高等学校に入学することのできる者は、中学校若しくはこれに準ずる学校若しくは義務教育学校を卒業した者若しくは中等教育学校の前期課程を修了した者又は文部科学大臣の定めるところにより、これと同等以上の学力があると認められた者とする。

参【入学の許可、入学者の選抜＝規則九〇【定め＝規則九五―同等以上の学力があると認められる者

判 ●入学者選抜にあたって、一部受験生の点数の水増を部下に命令した校長に対する懲戒免職処分は、適法である。（東京高判昭五四・二・二六）

●入学者選抜において、実施要綱にない茶髪・ピアス等のチェック基準により減点して、本来合格するはずの受検者を不合格にしたエンカレッジスクール校長に対する懲戒免職処分は適法である。（東京地判平成二〇・五・一五）

●中高一貫教育＝中高一貫教育を標榜している学校においても、それは主として教育内容に関するものであって、そのことから直ちに中高の教育期間全体について、在学契約が締結されたと考えることはできず、また募集要項や学則等において、高校進学に際しては、進学判定をすることを明記しているのであるから、高校を含めた六年間の契約であるとは認められない。（高知地判平成六・一一・二八）

行 ●帰国者の入学＝外国から帰国した者が高等学校へ入学する場合、外国において学校教育における九年の課程を修了した者に対して高等学校への入学資格が与えられているので、入学を希望する高等学校の入学者選抜にもとづき校長が許可すれば、入学することができる。（次官回答昭四〇・八・六国初四二）

〔専攻科・別科〕

第五十八条　高等学校には、専攻科及び別科を置くことができる。

② 高等学校の専攻科は、高等学校若しくはこれに準ずる学校若しくは中等教育学校を卒業した者又は文部科学大臣の定めるところにより、これと同等以上の学力があると認められた者に対して、精深な程度において、特別の事項を教授し、その研究を指導することを目的とし、その修業年限は、一年以上とする。

③ 高等学校の別科は、前条に規定する入学資格を有する者に対して、簡易な程度において、特別の技能教育を施すことを目的とし、その修業年限は、一年以上とする。

参 1【専攻科・別科の設置廃止＝法四

〔専攻科修了者の大学編入資格〕

第五十八条の二　高等学校の専攻科の課程（修業年限が二年以上であることその他の文部科学大臣の定める基準を満たすものに限る。）を修了した者（第九十条第一項に規定する者に限る。）は、文部科学大臣の定めるところにより、大学に編入学することができる。

＊平成二七法四六・追加

参【定め＝規則一〇〇の二

〔入学・退学・転学等〕

第五十九条　高等学校に関する入学、退学、転学その他必要な事項は、文部科学大臣が、これを定める。

参【定める＝規則九〇〜一〇〇の二【外国の高等学校への留学等＝規則九三

判 ●高校入試の合否判定は、教育上の裁量判断に委ねられるが、事実誤認に基づいて、憲法・法令の原則に違反したり、障害者を差別したときは、裁量権を逸脱し違法となる。（神戸地判平成四・三・一三筋ジストロフィ事件）

行 ●入学許可権と取消権＝高等学校の入学・転学・休学および退学の許可の取消権は、許可権を有する校長にある。（初中局長回答昭三〇・五・二）

〔職員〕

第六十条　高等学校には、校長、教頭、教諭及び事務職員を置かなければならない。

② 高等学校には、前項に規定するもののほか、副校長、主幹教諭、指導教諭、養護教諭、栄養教諭、養護助教諭、実習助手、技術職員その他必要な職員を置くことができる。

③ 第一項の規定にかかわらず、副校長を置くときは、教頭を置かないことができる。

④ 実習助手は、実験又は実習について、教諭の職務を助ける。

⑤ 特別の事情のあるときは、第一項の規定にかかわらず、教諭に代えて助教諭又は講師を置く

ことができる。

⑥ 技術職員は、技術に従事する。

参 1 2 法七・九・三七【その他必要な職員の例＝規則六五準用―学校用務員）、規則八〇＝高校基準九・一〇―養護をつかさどる職員、実習助手）、規則七〇準用―生徒指導主事）、七一準用―進路指導主事）、四四準用―教務主任・学年主任）、四五準用―保健主事）、学校保健安全法二三―学校医等）

〔二人以上の教頭の設置〕

第六十一条 高等学校に、全日制の課程、定時制の課程又は通信制の課程のうち二以上の課程を置くときは、それぞれの課程に関する校務を分担して整理する教頭を置かなければならない。ただし、命を受けて当該課程に関する校務をつかさどる副校長が置かれる一の課程については、この限りでない。

＊昭四九法七〇・追加

参【法三七⑧＝教頭二人制）

〔準用規定〕

第六十二条 第三十条第二項、第三十一条、第三十四条、第三十七条第四項から第十七項まで及び第十九項並びに第四十二条から第四十四条までの規定は、高等学校に準用する。この場合において、第三十条第二項中「前項」とあるのは「第五十一条」と、第三十一条中「前条第一項」とあるのは「第五十一条」と読み替えるものとする。

第七章 中等教育学校

＊平成一〇法一〇一・追加

〔中等教育学校の目的〕

第六十三条 中等教育学校は、小学校における教育の基礎の上に、心身の発達及び進路に応じて、義務教育として行われる普通教育並びに高度な普通教育及び専門教育を一貫して施すことを目的とする。

＊平成一〇法一〇一・追加

参 教基法一・二・五②、法一・六四・六七、規則一〇五～一一三

行 ●学校教育法等の一部を改正する法律の施行に伴う関係政令の整備に関する政令及び学校教育法施行規則等の一部を改正する省令等の改正について。（平成一〇・一一・二四文初高四七五）

●今回の改正は、中等教育の多様化を一層推進し、生徒の個性をより重視した教育を実現するため、現行の義務教育制度に加えて、中高一貫教育制度を前提としつつ、中学校と高等学校の制度に加えて、中高一貫教育制度を選択的に導入することとし、学校教育法上、新たな学校種として中等教育学校を創設するとともに、同一の設置者が設置する中学校及び高等学校において中高一貫教育を行う制度を設けるものである。（初中局長、助成局長通知平成一〇・六・二六）

〔中等教育学校の目標〕

第六十四条 中等教育学校における教育は、前条に規定する目的を実現するため、次に掲げる目標を達成するよう行われるものとする。

一 豊かな人間性、創造性及び健やかな身体を養い、国家及び社会の形成者として必要な資質を養うこと。

二 社会において果たさなければならない使命の自覚に基づき、個性に応じて将来の進路を決定させ、一般的な教養を高め、専門的な知識、技術及び技能を習得させること。

三 個性の確立に努めるとともに、社会について、広く深い理解と健全な批判力を養い、社会の発展に寄与する態度を養うこと。

＊平成一〇法一〇一・追加

参 教基法一・二・五②、法六三・六七

〔修業年限〕

第六十五条 中等教育学校の修業年限は、六年とする。

＊平成一〇法一〇一・追加

参 法七〇②

行 ●中等教育学校の中高一貫教育が、いわゆる「受験エリート校」化することがあってはならないことや、受験競争の低年齢化を招くことのないよう、公立学校の場合には入学者の決定に当たって学力試験は行わないこと。（初中局長、助成局長通知平成一〇・六・二六）

〔課程〕

第六十六条 中等教育学校の課程は、これを前期

三年の前期課程及び後期三年の後期課程に区分する。

＊平成一〇法一〇一・追加

参 法四七・五六、規則一〇七〜一〇九

〔各課程の目標〕

第六十七条 中等教育学校の前期課程における教育は、第六十三条に規定する目的のうち、小学校における教育の基礎の上に、心身の発達に応じて、義務教育として行われる普通教育を施すことを実現するため、第二十一条各号に掲げる目標を達成するよう行われるものとする。

② 中等教育学校の後期課程における教育は、第六十三条に規定する目的のうち、心身の発達及び進路に応じて、高度な普通教育及び専門教育を施すことを実現するため、第六十四条各号に掲げる目標を達成するよう行われるものとする。

＊平成一〇法一〇一・追加

参 法四六・五一、規則一〇七〜一〇九

〔各課程の学科・教育課程〕

第六十八条 中等教育学校の前期課程の教育課程に関する事項並びに後期課程の学科及び教育課程に関する事項は、第六十三条、第六十四条及び前条の規定並びに第七十条第一項において読み替えて準用する第三十条第二項の規定に従い、文部科学大臣が定める。

＊平成一〇法一〇一・追加

参 規則一〇七〜一〇九

行 ●中等教育学校並びに併設型中学校及び併設型高等学校の教育課程の基準の特例を定める件（文部省告示一五四、平成一〇・一一・一七）
●中等教育学校並びに併設型中学校及び併設型高等学校の教育課程の基準の特例を定める件の一部改正（文部省告示五九、平成一一・三・二九）

〔職員〕

第六十九条 中等教育学校には、校長、教頭、教諭、養護教諭及び事務職員を置かなければならない。

② 中等教育学校には、前項に規定するもののほか、副校長、主幹教諭、指導教諭、栄養教諭、実習助手、技術職員その他必要な職員を置くことができる。

③ 第一項の規定にかかわらず、副校長を置くときは教頭を、養護をつかさどる主幹教諭を置くときは養護教諭を、それぞれ置かないことができる。

④ 特別の事情のあるときは、第一項の規定にかかわらず、教諭に代えて助教諭又は講師を、養護教諭に代えて養護助教諭を置くことができる。

＊平成一〇法一〇一・追加

参 法三七④〜⑰・六〇【教職員の職務＝法三七④〜⑰・六〇④⑥【教員の資格＝免許法三【中等教育学校を設置する市町村に関する特例＝地方教育行政法六一

〔準用規定〕

第七十条 第三十条第二項、第三十一条、第三十四条、第三十七条第四項から第十七項まで及び第十九項、第四十二条から第四十四条まで、第五十九条並びに第六十条第四項及び第六項の規定は中等教育学校に、第五十三条から第五十五条まで、第五十八条、第五十八条の二及び第六十一条の規定は中等教育学校の後期課程に、それぞれ準用する。この場合において、第三十条第二項中「前項」とあるのは「第六十四条」と、第三十一条中「前条第一項」とあるのは「第六十四条」と読み替えるものとする。

② 前項において準用する第五十三条又は第五十四条の規定により後期課程に定時制の課程又は通信制の課程を置く中等教育学校については、第六十五条の規定にかかわらず、当該定時制の課程又は通信制の課程に係る修業年限は、六年以上とする。この場合において、第六十六条中「後期三年の後期課程」とあるのは、「後期三年以上の後期課程」とする。

＊平成一〇法一〇一・追加

〔一貫教育〕

第七十一条 同一の設置者が設置する中学校及び高等学校においては、文部科学大臣の定めるところにより、中等教育学校に準じて、中学校における教育と高等学校における教育を一貫して施すことができる。

＊平成一〇法一〇一・追加

参 規則一一四～一一七＝併設型中学校及び併設型高等学校

行 ●「同一の設置者」とは、国立の場合は国、公立の場合は同一の地方公共団体、私立の場合は同一の学校法人であり、監督庁の定めとしては、教育課程の編成や併設型中学校及び併設型高等学校への入学等については、学校教育法施行規則において定める。（初中局長、助成局長通知平成一〇・六・二六）

第八章 特別支援教育

＊平成一九法九六・追加

〔特別支援学校の目的〕

第七十二条 特別支援学校は、視覚障害者、聴覚障害者、知的障害者、肢体不自由者又は病弱者（身体虚弱者を含む。以下同じ。）に対して、幼稚園、小学校、中学校又は高等学校に準ずる教育を施すとともに、障害による学習上又は生活上の困難を克服し自立を図るために必要な知識技能を授けることを目的とする。

＊平成一九法九六・追加

〔特別支援学校の教育責務〕

第七十三条 特別支援学校においては、文部科学大臣の定めるところにより、前条に規定する者に対する教育のうち当該学校が行うものを明らかにするものとする。

＊平成一九法九六・追加

〔普通学校における特別支援教育の助言・援助〕

第七十四条 特別支援学校においては、第七十二条に規定する目的を実現するための教育を行うほか、幼稚園、小学校、中学校、義務教育学校、高等学校又は中等教育学校の要請に応じて、第八十一条第一項に規定する幼児、児童又は生徒の教育に関し必要な助言又は援助を行うよう努めるものとする。

＊平成一九法九六・追加

〔障害の程度〕

第七十五条 第七十二条に規定する視覚障害者、聴覚障害者、知的障害者、肢体不自由者又は病弱者の障害の程度は、政令で定める。

＊平成一九法九六・追加

参 【政令の定め＝令二二の三

〔小学部・中学部の設置義務と幼稚部・高等部〕

第七十六条 特別支援学校には、小学部及び中学部を置かなければならない。ただし、特別の必要のある場合においては、そのいずれかのみを置くことができる。

② 特別支援学校には、小学部及び中学部のほか、幼稚部又は高等部を置くことができ、また、特別の必要のある場合においては、前項の規定にかかわらず、小学部及び中学部を置かないで幼稚部又は高等部のみを置くことができる。

＊平成一九法九六・追加

参 1 法三八—小学校の設置義務、四九—中学校設置義務

判 ●養護学校設置者の責任＝養護学校（都道府県）は児童側に対して信義則上児童の生命及び健康等を危険から保護するよう配慮すべき責任を負う。とくに、養護学校の場合は、精神薄弱者等の要保護児童を預かるのであるから、児童の特性と具体的状況等に応じた万全の安全保障設備ないし児童の保護体制を確立すべき信義則上の安全配慮義務がある。（京都地判平成五・三・一九）

●特別支援学校の目的に沿った教育を施すためには、まず、学校が児童生徒の障害の内容や特性を把握し、それに応じて安全を確保する措置を講じることが必要だと解される。そうすると、特別支援学校においては、その教育目的を達成するため、保護者や医療関係者との間で、児童生徒が有する障害の内容や特性に関する情報を提供し、教育機関として、その安全確保のためになし得る措置を講じる一般的な注意義務を負っている……。（福岡高判令和二・七・六）

〔教育課程〕

第七十七条 特別支援学校の幼稚部の教育課程その他の保育内容、小学部及び中学部の教育課程

又は高等部の学科及び教育課程に関する事項は、幼稚園、小学校、中学校又は高等学校に準じて、文部科学大臣が定める。

＊平成一九法九六・追加
参 規則一二六～一二九

〔寄宿舎の設置〕
第七十八条　特別支援学校には、寄宿舎を設けなければならない。ただし、特別の事情のあるときは、これを設けないことができる。

＊平成一九法九六・追加

〔寄宿舎指導員〕
第七十九条　寄宿舎を設ける特別支援学校には、寄宿舎指導員を置かなければならない。
② 寄宿舎指導員は、寄宿舎における幼児、児童又は生徒の日常生活上の世話及び生活指導に従事する。

＊平成一九法九六・追加

〔特別支援学校の設置義務〕
第八十条　都道府県は、その区域内にある学齢児童及び学齢生徒のうち、視覚障害者、聴覚障害者、知的障害者、肢体不自由者又は病弱者で、その障害が第七十五条の政令で定める程度のものを就学させるに必要な特別支援学校を設置しなければならない。

＊平成一九法九六・追加

〔特別支援学級〕
第八十一条　幼稚園、小学校、中学校、義務教育学校、高等学校及び中等教育学校においては、次項各号のいずれかに該当する幼児、児童及び生徒その他教育上特別の支援を必要とする幼児、児童及び生徒に対し、文部科学大臣の定めるところにより、障害による学習上又は生活上の困難を克服するための教育を行うものとする。
② 小学校、中学校、義務教育学校、高等学校及び中等教育学校には、次の各号のいずれかに該当する児童及び生徒のために、特別支援学級を置くことができる。
一　知的障害者
二　肢体不自由者
三　身体虚弱者
四　弱視者
五　難聴者
六　その他障害のある者で、特別支援学級において教育を行うことが適当なもの
③ 前項に規定する学校においては、疾病により療養中の児童及び生徒に対して、特別支援学級を設け、又は教員を派遣して、教育を行うことができる。

＊平成一九法九六・追加

〔準用規定〕
第八十二条　第二十六条、第二十七条、第三十一条（第四十九条及び第六十二条において読み替えて準用する場合を含む。）、第三十二条、第三十四条（第四十九条及び第六十二条において準用する場合を含む。）、第三十六条、第三十七条（第二十八条、第四十九条及び第六十二条において準用する場合を含む。）、第四十二条から第四十四条まで、第四十七条及び第五十六条から第六十条までの規定は特別支援学校に、第八十四条の規定は特別支援学校の高等部に、それぞれ準用する。

＊平成一九法九六・追加
参【特別支援学級を置く区分＝規則一三七【特別支援学級の特例＝規則一三八・一三九【障害の程度＝令二二の三】

第九章　大学

〔大学の目的〕
第八十三条　大学は、学術の中心として、広く知識を授けるとともに、深く専門の学芸を教授研究し、知的、道徳的及び応用的能力を展開させることを目的とする。
② 大学は、その目的を実現するための教育研究を行い、その成果を広く社会に提供することにより、社会の発展に寄与するものとする。

参 憲法二三、教基法一・二・七

判 ●大学の自治＝大学において教授その他の研究者が、その専門の研究結果を教授する自由は、これを保障され、これを保障するための自治を認められる。しかし、実社会の政治的社会的活動であり、かつ公開の集会またはこれに準じるものは、大学の学問の自由と自治は、これを享有しない。（最高判（大法廷）昭三八・五・二二 東大ポポロ座事件）

●大学の自治＝大学が、政治的目的をもつ署名運動に学生が参加し、又は政治的活動を目的とする学外の団体に学生が加入することについて、大学の教育方針に基づき、届出制あるいは許可制をとることを不合理なものということはできない。（最高判（小法廷）昭四九・七・一九）

行 ●在籍者の指導管理＝学籍にある者の指導管理について再検討を加え、学外でひき起した事件についても非違を犯した者の責任を明確にし、それに対して厳正適切な措置を迅速にとられるよう、命により通知します。（文部次官通知昭四七・六・二文大生三四六）

資 ●大学等の連携・統合の促進

1 国立大学の一法人複数大学制の導入

○一法人複数大学制の導入に向けて、
・法人の長と学長の役割分担と選考の在り方
・理事（役員会）・監事・経営協議会・教育研究評議会の在り方
・中期目標・中期計画・評価の在り方
・一法人複数大学を導入した法人における特例措置などについて検討する。

2 私立大学の連携・統合の円滑化に向けた方策

○各学校法人の自主的な判断の下、その強みを活かし、弱みを補い合うために行う連携・統合について、「建学の精神」の継承に配慮しつつ、支援する。

○高等教育の質保証に十分留意しつつ、設置認可の仕組みについては基本的に枠組みを維持しながら、申請に必要な書類の精選等私立大学の学部単位等での事業譲渡の円滑化の方策を検討する。

○経営指導強化指標（「運用資産—外部負債」がマイナス、経常収益差額が三か年マイナス）を設定し、法人の自主的な経営改善を一層促進するとともに、経営改善に向けた指導を強化し、資金ショートの恐れを含む経営困難な場合に、撤退を含む早期の適切な経営判断を促す指導を実施する。

3 国公私立の枠組みを越えた連携の仕組み

○国公私立の設置形態の枠組みを越えて、大学等の機能の分担及び教育研究や事務の連携を進めるなど、各大学等の強みを活かした連携を可能とする制度（大学等連携推進法人（仮称））を導入する。その際、連携を推進するための制度的な見直し（例えば、単位互換制度に関連して全ての科目を自大学で開設するという設置基準の緩和等）を、質の保証に留意しつつ、併せて検討する。なお、定員割れや赤字経営の大学の安易な救済とならないよう配意する。（中央教育審議会答申「二〇四〇年に向けた高等教育のグランドデザイン」平成三〇・一一・二六）

〔専門職大学〕

第八十三条の二 前条の大学のうち、深く専門の学芸を教授研究し、専門性が求められる職業を担うための実践的かつ応用的な能力を展開させることを目的とするものは、専門職大学とする。

② 専門職大学は、文部科学大臣の定めるところにより、その専門性が求められる職業に就いている者、当該職業に関連する事業を行う者その他の関係者の協力を得て、教育課程を編成し、及び実施し、並びに教員の資質の向上を図るものとする。

③ 専門職大学には、第八十七条第二項に規定する課程を置くことができない。

＊平成二九法四一・追加

参 法八七の二—専門職大学の課程） 法八八の二—実務経験の修業年限への通算） 法一〇四②—専門職大学の授与する学位） 法九九②③—専門職大学院） 法一〇八④—専門職短期大学） 大学基準四二～四二の一〇、短大基準三五～三五の九—専門職学科の特例）

② 【定め＝規則一四二②・一七二の二②、学位規則、専門職大学基準一一—教育課程連携協議会）

〔通信による教育の実施〕

第八十四条 大学は、通信による教育を行うことができる。

＊平成一三法一〇五・追加

参 大学通信教育基準

〔学部等〕

第八十五条 大学には、学部を置くことを常例とする。ただし、当該大学の教育研究上の目的を達成するため有益かつ適切である場合においては、学部以外の教育研究上の基本となる組織を置くことができる。

＊昭四八法一〇三・全部改正

参 大学基準【学部および学部以外の組織の設置＝法三、規則一四二】【学部の設置廃止＝法四①―監督庁の認可事項】

〔夜間学部・通信教育学部〕

第八十六条 大学には、夜間において授業を行う学部又は通信による教育を行う学部を置くことができる。

参 法八四―通信教育】法八五―学部等】法一〇一―夜間において授業を行う研究科等】【夜間学部等の特例＝法八七①―修業年限】

〔修業年限〕

第八十七条 大学の修業年限は、四年とする。ただし、特別の専門事項を教授研究する学部及び前条の夜間において授業を行う学部については、その修業年限は、四年を超えるものとすることができる。

② 医学を履修する課程、歯学を履修する課程、薬学を履修する課程のうち臨床に係る実践的な能力を培うことを主たる目的とするもの又は獣医学を履修する課程については、前項本文の規定にかかわらず、その修業年限は、六年とする。

参 ①【本項の特例＝法一〇八②―短期大学】

〔専門職大学の課程〕

第八十七条の二 専門職大学の課程は、これを前期二年の前期課程及び後期二年の後期課程又は前期三年の前期課程及び後期一年の後期課程（前条第一項ただし書の規定により修業年限を四年を超えるものとする学部にあつては、前期二年の前期課程及び後期二年以上の後期課程又は前期三年の前期課程及び後期一年以上の後期課程）に区分することができる。

② 専門職大学の前期課程における教育は、第八十三条の二第一項に規定する目的のうち、専門性が求められる職業を担うための実践的かつ応用的な能力を育成することを実現するために行われるものとする。

③ 専門職大学の後期課程における教育は、前期課程における教育の基礎の上に、第八十三条の二第一項に規定する目的を実現するために行われるものとする。

④ 第一項の規定により前期課程及び後期課程に区分された専門職大学の課程においては、当該前期課程を修了しなければ、当該前期課程から当該後期課程に進学することができないものとする。

＊平成二九法四一・追加

〔修業年限の通算〕

第八十八条 大学の学生以外の者として一の大学において一定の単位を修得した者が当該大学に入学する場合において、当該単位の修得により当該大学の教育課程の一部を履修したと認められるときは、文部科学大臣の定めるところにより、修得した単位数その他の事項を勘案して大学が定める期間を修業年限に通算することができる。ただし、その期間は、当該大学の修業年限の二分の一を超えてはならない。

＊平成一〇法一〇一・追加

参 【科目等履修生として修得した単位＝規則一四六】

〔実務経験の修業年限への通算〕

第八十八条の二 専門性が求められる職業に係る実務の経験を通じて当該職業を担うための実践的な能力を修得した者が専門職大学等（専門職大学又は第百八条第四項に規定する目的をその目的とする大学（第百四条第五項及び第六項において「専門職短期大学」という。）をいう。以下同じ。）に入学する場合において、当該実践的な能力の修得により当該専門職大学等の教育課程の一部を履修したと認められるときは、文部科学大臣の定めるところにより、修得した実践的な能力の水準その他の事項を勘案して専門職大学等が定める期間を修業年限に通算することができる。ただし、その期間は、当該専門職大学等の修業年限の二分の一を超えない範囲内で文部科学大臣の定める期間を超えてはならない。

＊平成二九法四一・追加

参【定め＝規則一四六の二、専門職大学基準二六③、専門職短大基準二三③】

〔早期卒業の特例〕

第八十九条 大学は、文部科学大臣の定めるところにより、当該大学の学生（第八十七条第二項に規定する課程に在学するものを除く。）で当該大学に三年（同条第一項ただし書の規定により修業年限を四年を超えるものとする学部の学生にあつては、三年以上で文部科学大臣の定める期間）以上在学したもの（これに準ずるものとして文部科学大臣の定める者を含む。）が、卒業の要件として当該大学の定める単位を優秀な成績で修得したと認める場合には、同項の規定にかかわらず、その卒業を認めることができる。

＊平成一一法五五・追加

参【大学が早期卒業を認定する場合の要件＝規則一四七】【三年以上で文部科学大臣の定める期間＝規則一四八―四年】【大学に三年以上在学したものに準ずるものとして文部科学大臣の定める者＝規則一四九】

〔入学資格〕

第九十条 大学に入学することのできる者は、高等学校若しくは中等教育学校を卒業した者若しくは通常の課程による十二年の学校教育を修了した者（通常の課程以外の課程によりこれに相当する学校教育を修了した者を含む。）又は文部科学大臣の定めるところにより、これと同等以上の学力があると認められた者とする。

② 前項の規定にかかわらず、次の各号に該当する大学は、文部科学大臣の定めるところにより、高等学校に文部科学大臣の定める年数以上在学した者（これに準ずる者として文部科学大臣が定める者を含む。）であつて、当該大学の定める分野において特に優れた資質を有すると認めるものを、当該大学に入学させることができる。

一 当該分野に関する教育研究が行われている大学院が置かれていること。

二 当該分野における特に優れた資質を有する者の育成を図るのにふさわしい教育研究上の実績及び指導体制を有すること。

参①【定め＝規則一五〇、高等学校卒業程度認定試験規則、高等学校卒業程度認定審査規則】【高等専門学校卒業よりの編入学＝法一二二、規則一七八】②【定め＝規則一五一～一五四】

行①●帰国者の入学＝外国から帰国した者が大学へ入学する場合、外国において学校教育における一二年の課程を修了した者に対して大学入学の資格が与えられているので、入学を希望する大学の入学選抜をうけて入学が許可される。（次官回答昭四〇・八・六国初四二）

〔専攻科・別科〕

第九十一条 大学には、専攻科及び別科を置くことができる。

② 大学の専攻科は、大学を卒業した者又は文部科学大臣の定めるところにより、これと同等以上の学力があると認められた者に対して、精深な程度において、特別の事項を教授し、その研究を指導することを目的とし、その修業年限は、一年以上とする。

③ 大学の別科は、前条第一項に規定する入学資格を有する者に対して、簡易な程度において、特別の技能教育を施すことを目的とし、その修業年限は、一年以上とする。

参②【定め＝規則一五五】

〔職員〕

第九十二条 大学には学長、教授、准教授、助教、助手及び事務職員を置かなければならない。ただし、教育研究上の組織編制として適切と認められる場合には、准教授、助教又は助手を置かないことができる。

② 大学には、前項のほか、副学長、学部長、講師、技術職員その他必要な職員を置くことができる。

③ 学長は、校務をつかさどり、所属職員を統督する。

④ 副学長は、学長を助け、命を受けて校務をつかさどる。

⑤ 学部長は、学部に関する校務をつかさどる。

⑥ 教授は、専攻分野について、教育上、研究上

又は実務上の特に優れた知識、能力及び実績を有する者であつて、学生を教授し、その研究を指導し、又は研究に従事する。

⑦ 准教授は、専攻分野について、教育上、研究上又は実務上の優れた知識、能力及び実績を有する者であつて、学生を教授し、その研究を指導し、又は研究に従事する。

⑧ 助教は、専攻分野について、教育上、研究上又は実務上の知識及び能力を有する者であつて、学生を教授し、その研究を指導し、又は研究に従事する。

⑨ 助手は、その所属する組織における教育研究の円滑な実施に必要な業務に従事する。

⑩ 講師は、教授又は准教授に準ずる職務に従事する。

参 ①② 【教員の設置＝法三、規則一四二、大学基準七～一〇】、学校保健安全法二三①―学校医】【名誉教授＝法一〇六】【外国人教員の任用＝公立大学外国人教員任用特別措置法】【大学の教員の任期＝大学の教員等の任期に関する法律一～六】 ③～⑩ 【教員の資格＝大学基準一二～一七】

行 副学長の職務＝副学長の職務は、これまでは「学長の職務を助ける」と規定されてきたが、学長の補佐体制を強化するため、学長の指示を受けた範囲において、副学長が自らの権限で校務を処理することを可能にすることで、より円滑かつ柔軟な大学運営を可能にするため、副学長の職務を、「学長を助け、命を受けて校務をつかさどる」に改めたこと。（高等教育局長・研究振興局長通知平成二六・八・二九文科高四四一）

判 ●国立大学法人は国家賠償法一条一項にいう「公共団体」にあたり、その職員が行う職務は純然たる私経済作用を除いては一般に公権力の行使にあたると解するのが相当である。（東京地判平成二一・三・二四）

〔教授会〕

第九十三条 大学に、教授会を置く。

② 教授会は、学長が次に掲げる事項について決定を行うに当たり意見を述べるものとする。

一 学生の入学、卒業及び課程の修了

二 学位の授与

三 前二号に掲げるもののほか、教育研究に関する重要な事項で、教授会の意見を聴くことが必要なものとして学長が定めるもの

③ 教授会は、前項に規定するもののほか、学長及び学部長その他の教授会が置かれる組織の長（以下この項において「学長等」という。）がつかさどる教育研究に関する事項について審議し、及び学長等の求めに応じ、意見を述べることができる。

④ 教授会の組織には、准教授その他の職員を加えることができる。

参 【外国人教員の教授会等への参加＝公立大学外国人教員任用特別措置法二②】

判 ●平成二六法八八による改正前の本条に規定する教授会の権限（「重要な事項」）に関する解釈＝理事会が学長を選任するについては、まずその候補者が学長たるの適格を有するかどうか等について、教授らをもつて構成する教授会に十分審議させ、その自主的な判断の結果をできるだけ尊重すべきものであつて、右のような教授会の審議をへずしてなされた理事会の学長選任の決議は、右学校教育法の法条に反するものであり、教授会の審議をへ、その結果を尊重することが、学問の自由、大学の自治にもかなうきわめて重要な事柄であることを考慮すると、右に違反する選任決議は無効であるといわなければならない。（京都地決昭四八・九・二一）

●平成二六法八八による改正前の本条に規定する教授会の権限（「重要な事項」）に関する解釈＝大学教員の懲戒処分は、学校法五九条一項の「重要な事項」に含まれ、教授会の審査を経なければならないものと解するのが相当である。（神戸地決昭五四・一一・一六）

行 教授会の役割の明確化＝教授会については、これまで「重要な事項を審議する」と規定されてきたが、教授会は、教育研究に関する事項について審議する機関であり、また、決定権者である学長等に対して、意見を述べる関係にある…。（高等教育局長・研究振興局長通知平成二六・八・二九文科高四四一）

〔大学設置基準等を定める場合の諮問〕

第九十四条 大学について第三条に規定する設置基準を定める場合及び第四条第五項に規定する基準を定める場合には、文部科学大臣は、審議会等で政令で定めるものに諮問しなければならない。

＊昭六二法八八・追加

参 【審議会等で政令で定めるもの＝令四二―中央

教育審議会】

〔設置認可等を行う場合の諮問〕
第九十五条 大学の設置の認可を行う場合及び大学に対し第四条第三項若しくは第十五条第二項若しくは第三項の規定による命令又は同条第一項の規定による勧告を行う場合には、文部科学大臣は、審議会等で政令で定めるものに諮問しなければならない。

参【審議会等で政令で定めるもの＝令四三―大学設置・学校法人審議会】

〔研究施設の附置〕
第九十六条 大学には、研究所その他の研究施設を附置することができる。

〔大学院〕
第九十七条 大学には、大学院を置くことができる。

参 法九九～一〇二―大学院の規定【本条不適用＝法一〇八⑩】

〔公私立大学の所轄庁〕
第九十八条 公立又は私立の大学は、文部科学大臣の所轄とする。

参【私立学校の所轄庁＝私学法四】

〔大学院の目的〕
第九十九条 大学院は、学術の理論及び応用を教授研究し、その深奥をきわめ、又は高度の専門性が求められる職業を担うための深い学識及び卓越した能力を培い、文化の進展に寄与することを目的とする。

② 大学院のうち、学術の理論及び応用を教授研究し、高度の専門性が求められる職業を担うための深い学識及び卓越した能力を培うことを目的とするものは、専門職大学院とする。

③ 専門職大学院は、文部科学大臣の定めるところにより、その高度の専門性が求められる職業に就いている者、当該職業に関連する事業を行う者その他の関係者の協力を得て、教育課程を編成し、及び実施し、並びに教員の資質の向上を図るものとする。

参 教基法一・二・七、法九七
③【定め＝規則一四二③・一七二の二②、学位規則、専門職大学院基準六の二＝教育課程連携協議会】

資 このように、多様な社会や学生の要請に応える教育を展開するためには、各大学院の教育内容が明確にされ、分かりやすく社会や学生に提供されることが重要である。このため、博士課程、修士課程、専門職学位課程それぞれに、
① 課程ごとにどのような人材を養成しようとしているのか明示する、
② 専攻の枠を超えて、学位課程を担当する教員によって、組織的な教育・研究指導体制を構築する、
③ 教員間の綿密な協議に基づき、修得すべき知識・能力を具体的・体系的に示す、
④ 一貫性のある教育を通じて、その課程を選択した学生に必要な知識・能力を修得させ、その証しとして学位を授与する、
といった学位プログラムとしての大学院教育を確立し、学生の質を保証する体系を整えることが重要となる。（中央教育審議会答申「グローバル化社会の大学院教育」平成二三・一・三一）

〔大学院の研究科等〕
第百条 大学院を置く大学には、研究科を置くことを常例とする。ただし、当該大学の教育研究上の目的を達成するため有益かつ適切である場合においては、文部科学大臣の定めるところにより、研究科以外の教育研究上の基本となる組織を置くことができる。

＊平成一一法五五・全部改正

参【研究科＝大学院基準五】【定め＝大学院基準七の三】【研究科と学部等との関係＝大学院基準七・七の二】

〔夜間研究科・通信教育研究科〕
第百一条 大学院を置く大学には、夜間において授業を行う研究科又は通信による教育を行う研究科を置くことができる。

＊平成一三法一〇五・追加

〔大学院の入学資格〕
第百二条 大学院に入学することのできる者は、第八十三条の大学を卒業した者又は文部科学大臣の定めるところにより、これと同等以上の学力があると認められた者とする。ただし、研究

科の教育研究上必要がある場合においては、当該研究科に係る入学資格を、修士の学位若しくは第百四条第三項に規定する文部科学大臣の定める学位を有する者又は文部科学大臣の定めるところにより、これと同等以上の学力があると認められた者とすることができる。

② 前項本文の規定にかかわらず、大学院を置く大学は、文部科学大臣の定めるところにより、第八十三条の大学に文部科学大臣の定める年数以上在学した者（これに準ずる者として文部科学大臣が定める者を含む。）であつて、当該大学院を置く大学の定める単位を優秀な成績で修得したと認めるもの（当該単位の修得の状況及びこれに準ずるものとして文部科学大臣が定めるものに基づき、これと同等以上の能力及び資質を有すると認めるものを含む。）を、当該大学院に入学させることができる。

参 1【大学卒業者と同等以上の学力があると認められる者＝規則一五五】【修士の学位を有する者等と同等の学力のある者＝規則一五六】 2【定め＝規則一五七〜一六〇の二】

〔大学院大学〕

第百三条 教育研究上特別の必要がある場合においては、第八十五条の規定にかかわらず、学部を置くことなく大学院を置くものを大学とすることができる。

＊昭五一法二五・追加

〔学位の授与〕

第百四条 大学（専門職大学及び第百八条第二項の大学（以下この条において「短期大学」という。）を除く。以下この項及び第七項において同じ。）は、文部科学大臣の定めるところにより、大学を卒業した者に対し、学士の学位を授与するものとする。

② 専門職大学は、文部科学大臣の定めるところにより、専門職大学を卒業した者（第八十七条の二第一項の規定によりその課程を前期課程及び後期課程に区分している専門職大学にあつては、前期課程を修了した者を含む。）に対し、文部科学大臣の定める学位を授与するものとする。

③ 大学院を置く大学は、文部科学大臣の定めるところにより、大学院（専門職大学院を除く。）の課程を修了した者に対し修士又は博士の学位を、専門職大学院の課程を修了した者に対し文部科学大臣の定める学位を授与するものとする。

④ 大学院を置く大学は、文部科学大臣の定めるところにより、前項の規定により博士の学位を授与された者と同等以上の学力があると認める者に対し、博士の学位を授与することができる。

⑤ 短期大学（専門職短期大学を除く。以下この項において同じ。）は、文部科学大臣の定めるところにより、短期大学を卒業した者に対し、短期大学士の学位を授与するものとする。

⑥ 専門職短期大学は、文部科学大臣の定めるところにより、専門職短期大学を卒業した者に対し、文部科学大臣の定める学位を授与するものとする。

⑦ 独立行政法人大学改革支援・学位授与機構は、文部科学大臣の定めるところにより、次の各号に掲げる者に対し、当該各号に定める学位を授与するものとする。

一 短期大学（専門職大学の前期課程を含む。）若しくは高等専門学校を卒業した者（専門職大学の前期課程にあつては、修了した者）又はこれに準ずる者で、大学における一定の単位の修得又はこれに相当するものとして文部科学大臣の定める学習を行い、大学を卒業した者と同等以上の学力を有すると認める者　学士

二 学校以外の教育施設で学校教育に類する教育を行うもののうち当該教育を行うにつき他の法律に特別の規定があるものに置かれる課程で、大学又は大学院に相当する教育を行うと認めるものを修了した者　学士、修士又は博士

⑧ 学位に関する事項を定めるについては、文部科学大臣は、第九十四条の政令で定める審議会等に諮問しなければならない。

＊平成三法二三・追加

参【定め＝規則一四五、学位規則】 ⑦【大学改革支援・学位機構法一六①4】 ⑧【政令で定める審議会等＝令四二―中央教育審議会】

〔特別課程〕

第百五条 大学は、文部科学大臣の定めるところにより、当該大学の学生以外の者を対象とした特別の課程を編成し、これを修了した者に対し、修了の事実を証する証明書を交付することができる。

＊平成一九法九六・追加

参【定め＝規則一六四】

〔名誉教授〕

第百六条 大学は、当該大学に学長、副学長、学部長、教授、准教授又は講師として勤務した者であつて、教育上又は学術上特に功績のあつた者に対し、当該大学の定めるところにより、名誉教授の称号を授与することができる。

＊昭二五法一〇三・追加

参【本条の特例＝法附則一〇―従前の大学等における特例】

〔公開講座〕

第百七条 大学においては、公開講座の施設を設けることができる。

② 公開講座に関し必要な事項は、文部科学大臣が、これを定める。

参 ②【定め＝規則一六五】

〔短期大学〕

第百八条 大学は、第八十三条第一項に規定する目的に代えて、深く専門の学芸を教授研究し、職業又は実際生活に必要な能力を育成することを主な目的とすることができる。

② 前項に規定する目的をその目的とする大学は、第八十七条第一項の規定にかかわらず、その修業年限を二年又は三年とする。

③ 前項の大学は、短期大学と称する。

④ 第二項の大学のうち、深く専門の学芸を教授研究し、専門性が求められる職業を担うための実践的かつ応用的な能力を育成することを目的とするものは、専門職短期大学とする。

⑤ 第八十三条の二第二項の規定は、前項の大学に準用する。

⑥ 第二項の大学には、第八十五条及び第八十六条の規定にかかわらず、学部を置かないものとする。

⑦ 第二項の大学には、学科を置く。

⑧ 第二項の大学には、夜間において授業を行う学科又は通信による教育を行う学科を置くことができる。

⑨ 第二項の大学を卒業した者は、文部科学大臣の定めるところにより、第八十三条の大学に編入学することができる。

⑩ 第九十七条の規定は、第二項の大学については適用しない。

＊昭三九法一二〇・追加

参 教基法二・二・七、短大基準、短大通信教育基準、専門職短大基準 ⑦【学科＝短大基準三】 ⑨【定め＝規則一六一】

〔自己評価・認証評価〕

第百九条 大学は、その教育研究水準の向上に資するため、文部科学大臣の定めるところにより、当該大学の教育及び研究、組織及び運営並びに施設及び設備（次項及び第五項において「教育研究等」という。）の状況について自ら点検及び評価を行い、その結果を公表するものとする。

② 大学は、前項の措置に加え、当該大学の教育研究等の総合的な状況について、政令で定める期間ごとに、文部科学大臣の認証を受けた者（以下「認証評価機関」という。）による評価（以下「認証評価」という。）を受けるものとする。ただし、認証評価機関が存在しない場合その他特別の事由がある場合であつて、文部科学大臣の定める措置を講じているときは、この限りでない。

③ 専門職大学等又は専門職大学院を置く大学にあつては、前項に規定するもののほか、当該専門職大学等又は専門職大学院の設置の目的に照らし、当該専門職大学等又は専門職大学院の教育課程、教員組織その他教育研究活動の状況について、政令で定める期間ごとに、認証評価を

受けるものとする。ただし、当該専門職大学等又は専門職大学院の課程に係る分野について認証評価を行う認証評価機関が存在しない場合その他特別の事由がある場合であつて、文部科学大臣の定める措置を講じているときは、この限りでない。

④　前二項の認証評価は、大学からの求めにより、大学評価基準（前二項の認証評価を行うために認証評価機関が定める基準をいう。以下この条及び次条において同じ。）に従つて行うものとする。

⑤　第二項及び第三項の認証評価においては、それぞれの認証評価の対象たる教育研究等状況（第二項に規定する大学の教育研究等の総合的な状況及び第三項に規定する専門職大学等又は専門職大学院の教育課程、教員組織その他教育研究活動の状況をいう。次項及び第七項において同じ。）が大学評価基準に適合しているか否かの認定を行うものとする。

⑥　大学は、教育研究等状況について大学評価基準に適合している旨の認証評価機関の認定（次項において「適合認定」という。）を受けるよう、その教育研究水準の向上に努めなければならない。

⑦　文部科学大臣は、大学が教育研究等状況について適合認定を受けられなかつたときは、当該大学に対し、当該大学の教育研究等状況について、報告又は資料の提出を求めるものとする。

＊平成一四法一一八・追加

参　国立大学法人法九―国立大学法人評価
1〔定め＝規則一六六〕
2〔政令＝令四〇―七年以内〕
3〔政令で定める期間＝令四〇―五年以内〕〔文部科学大臣の定める措置＝規則一六七〕

〔認証評価機関〕

第百十条　認証評価機関になろうとする者は、文部科学大臣の定めるところにより、申請により、文部科学大臣の認証を受けることができる。

②　文部科学大臣は、前項の規定による認証の申請が次の各号のいずれにも適合すると認めるときは、その認証をするものとする。

一　大学評価基準及び評価方法が認証評価を適確に行うに足りるものであること。

二　認証評価の公正かつ適確な実施を確保するために必要な体制が整備されていること。

三　第四項に規定する措置（同項に規定する通知を除く。）の前に認証評価の結果に係る大学からの意見の申立ての機会を付与していること。

四　認証評価を適確かつ円滑に行うに必要な経理的基礎を有する法人（人格のない社団又は財団で代表者又は管理人の定めのあるものを含む。次号において同じ。）であること。

五　次条第二項の規定により認証を取り消され、その取消しの日から二年を経過しない法人でないこと。

六　その他認証評価の公正かつ適確な実施に支障を及ぼすおそれがないこと。

③　前項に規定する基準を適用するに際して必要な細目は、文部科学大臣が、これを定める。

④　認証評価機関は、認証評価を行つたときは、遅滞なく、その結果を大学に通知するとともに、文部科学大臣の定めるところにより、これを公表し、かつ、文部科学大臣に報告しなければならない。

⑤　認証評価機関は、大学評価基準、評価方法その他文部科学大臣の定める事項を変更しようとするとき、又は認証評価の業務の全部若しくは一部を休止若しくは廃止しようとするときは、あらかじめ、文部科学大臣に届け出なければならない。

⑥　文部科学大臣は、認証評価機関の認証をしたとき、又は前項の規定による届出があつたときは、その旨を官報で公示しなければならない。

＊平成一四法一一八・追加

参　1〔定め＝規則一六八・一六九〕
3〔定め＝規則一七〇〕
4〔定め＝規則一七一〕
5〔文部科学大臣の定める事項＝規則一七二〕

〔認証の取り消し〕

第百十一条　文部科学大臣は、認証評価の公正かつ適確な実施が確保されないおそれがあると認めるときは、認証評価機関に対し、必要な報告又は資料の提出を求めることができる。

② 文部科学大臣は、認証評価機関が前項の求めに応じず、若しくは虚偽の報告若しくは資料の提出をしたとき、又は前条第二項及び第三項の規定に適合しなくなつたと認めるときその他認証評価の公正かつ適確な実施に著しく支障を及ぼす事由があると認めるときは、当該認証評価機関に対してこれを改善すべきことを求め、及びその求めによつてもなお改善されないときは、その認証を取り消すことができる。

③ 文部科学大臣は、前項の規定により認証評価機関の認証を取り消したときは、その旨を官報で公示しなければならない。

＊平成一四法一一八・追加

〔審議会への諮問〕

第百十二条 文部科学大臣は、次に掲げる場合には、第九十四条の政令で定める審議会等に諮問しなければならない。

一 認証評価機関の認証をするとき。

二 第百十条第三項の細目を定めるとき。

三 認証評価機関の認証を取り消すとき。

＊平成一四法一一八・追加

〔教育研究活動の状況の公表〕

第百十三条 大学は、教育研究の成果の普及及び活用の促進に資するため、その教育研究活動の状況を公表するものとする。

＊平成一九法九六・追加

参 〔公表する状況＝規則一七二の二〕

〔準用規定〕

第百十四条 第三十七条第十四項及び第六十条第六項の規定は、大学に準用する。

第十章 高等専門学校

＊昭三六法一四四・追加

〔高等専門学校の目的〕

第百十五条 高等専門学校は、深く専門の学芸を教授し、職業に必要な能力を育成することを目的とする。

② 高等専門学校は、その目的を実現するための教育を行い、その成果を広く社会に提供することにより、社会の発展に寄与するものとする。

＊昭三六法一四四・追加

参 教基法一・二

資 高等専門学校におけるキャリア教育推進のポイント＝地域や産業界と連携しつつ、学生の発達段階に応じたきめ細かいキャリア教育を段階的かつ継続的に実施するとともに、幅広い職業意識の形成に着目した授業科目や、様々な専門分野の教育を充実することが重要である。

高等専門学校における職業教育推進のポイント＝地域における産業界等との連携による先導的な職業教育の取り組みの促進や、新分野への展開等のための教育組織の充実、専攻科の整備・充実による教育の一層の高度化の推進が期待される。（中央教育審議会答申「今後の学校におけるキャリア教育・職業教育の在り方について」平成二三・一・三一）

〔学科〕

第百十六条 高等専門学校には、学科を置く。

② 前項の学科に関し必要な事項は、文部科学大臣が、これを定める。

＊昭三六法一四四・追加

参 法一一五〔高等専門学校の目的〕

［1］〔学科＝高専基準四〕

［2］〔定め＝規則一七四、高専基準〕

〔修業年限〕

第百十七条 高等専門学校の修業年限は、五年とする。ただし、商船に関する学科については、五年六月とする。

＊昭三六法一四四・追加

参 〔外国の高等学校、大学への留学、その単位の認定＝規則一七六〕

〔入学資格〕

第百十八条 高等専門学校に入学することのできる者は、第五十七条に規定する者とする。

＊昭三六法一四四・追加

参 〔法五七の準用＝高等学校の入学資格〕

〔専攻科〕

第百十九条　高等専門学校には、専攻科を置くことができる。

② 高等専門学校の専攻科は、高等専門学校を卒業した者又は文部科学大臣の定めるところにより、これと同等以上の学力があると認められた者に対して、精深な程度において、特別の事項を教授し、その研究を指導することを目的とし、その修業年限は、一年以上とする。

＊平成三法二五・追加

参 ②【定め＝規則一七七】

〔職員〕

第百二十条　高等専門学校には、校長、教授、准教授、助教、助手及び事務職員を置かなければならない。ただし、教育上の組織編制として適切と認められる場合には、准教授、助教又は助手を置かないことができる。

② 高等専門学校には、前項のほか、講師、技術職員その他必要な職員を置くことができる。

③ 校長は、校務を掌り、所属職員を監督する。

④ 教授は、専攻分野について、教育上又は実務上の特に優れた知識、能力及び実績を有する者であつて、学生を教授する。

⑤ 准教授は、専攻分野について、教育上又は実務上の優れた知識、能力及び実績を有する者であつて、学生を教授する。

⑥ 助教は、専攻分野について、教育上又は実務上の知識及び能力を有する者であつて、学生を教授する。

⑦ 助手は、その所属する組織における教育の円滑な実施に必要な業務に従事する。

⑧ 講師は、教授又は准教授に準ずる職務に従事する。

＊昭三六法一四四・追加

参 ①②【教員の設置＝法三、規則一七四、高専基準】【その他必要な職員＝規則一七五（教務主事、学生主事、寮務主事）、学校保健安全法二三（学校医、学校歯科医、学校薬剤師）】

〔準学士〕

第百二十一条　高等専門学校を卒業した者は、準学士と称することができる。

＊平成三法二五・追加

〔卒業者の大学編入学資格〕

第百二十二条　高等専門学校を卒業した者は、文部科学大臣の定めるところにより、大学に編入学することができる。

参【定め＝規則一七八】

〔準用規定〕

第百二十三条　第三十七条第十四項、第五十九条、第六十条第六項、第九十四条（設置基準に係る部分に限る。）、第九十五条、第九十八条、第百五条から第百七条まで、第百九条（第三項を除く。）及び第百十条から第百十三条までの規定は、高等専門学校に準用する。

＊昭三六法一四四・追加

第十一章　専修学校

＊昭五〇法五九・追加

〔専修学校の目的等〕

第百二十四条　第一条に掲げるもの以外の教育施設で、職業若しくは実際生活に必要な能力を育成し、又は教養の向上を図ることを目的として次の各号に該当する組織的な教育を行うもの（当該教育を行うにつき他の法律に特別の規定があるもの及び我が国に居住する外国人を専ら対象とするものを除く。）は、専修学校とする。

一　修業年限が一年以上であること。

二　授業時数が文部科学大臣の定める授業時数以上であること。

三　教育を受ける者が常時四十人以上であること。

＊昭五〇法五九・追加

参 教基法一・二【他の法律＝職業能力開発促進法（公共職業能力開発施設）、児童福祉法（保育所）、防衛省設置法（防衛大学校）等】

〔課程〕

第百二十五条　専修学校には、高等課程、専門課程又は一般課程を置く。

② 専修学校の高等課程においては、中学校若しくはこれに準ずる学校若しくは義務教育学校を卒業した者若しくは中等教育学校の前期課程を修了した者又は文部科学大臣の定めるところによりこれと同等以上の学力があると認められた者に対して、中学校における教育の基礎の上に、心身の発達に応じて前条の教育を行うものとする。

③ 専修学校の専門課程においては、高等学校若しくはこれに準ずる学校若しくは中等教育学校を卒業した者又は文部科学大臣の定めるところによりこれに準ずる学力があると認められた者に対して、高等学校における教育の基礎の上に、前条の教育を行うものとする。

④ 専修学校の一般課程においては、高等課程又は専門課程の教育以外の前条の教育を行うものとする。

＊昭五〇法五九・追加

参 ②【定め＝規則一八二】 ③【定め＝規則一八三】

〔高等課程、専門課程の名称〕

第百二十六条 高等課程を置く専修学校は、高等専修学校と称することができる。

② 専門課程を置く専修学校は、専門学校と称することができる。

＊昭五〇法五九・追加

行【専門課程の修了者＝専門士の称号（文部省告示八四、平成六・六・二一）】

〔設置者〕

第百二十七条 専修学校は、国及び地方公共団体のほか、次に該当する者でなければ、設置することができない。

一 専修学校を経営するために必要な経済的基礎を有すること。

二 設置者（設置者が法人である場合にあつては、その経営を担当する当該法人の役員とする。次号において同じ。）が専修学校を経営するために必要な知識又は経験を有すること。

三 設置者が社会的信望を有すること。

＊昭五〇法五九・追加

参 二【法人＝民法三三～三七】

〔適合基準〕

第百二十八条 専修学校は、次に掲げる事項について文部科学大臣の定める基準に適合していなければならない。

一 目的、生徒の数又は課程の種類に応じて置かなければならない教員の数

二 目的、生徒の数又は課程の種類に応じて有しなければならない校地及び校舎の面積並びにその位置及び環境

三 目的、生徒の数又は課程の種類に応じて有しなければならない設備

四 目的又は課程の種類に応じた教育課程及び編制の大綱

＊昭五〇法五九・追加

参 専修学校基準

〔校長・教員〕

第百二十九条 専修学校には、校長及び相当数の教員を置かなければならない。

② 専修学校の校長は、教育に関する識見を有し、かつ、教育、学術又は文化に関する業務に従事した者でなければならない。

③ 専修学校の教員は、その担当する教育に関する専門的な知識又は技能に関し、文部科学大臣の定める資格を有する者でなければならない。

＊昭五〇法五九・追加

参 法七・八、専修学校基準

〔認可事項〕

第百三十条 国又は都道府県（都道府県が単独で又は他の地方公共団体と共同して設立する公立大学法人を含む。）が設置する専修学校を除くほか、専修学校の設置廃止（高等課程、専門課程又は一般課程の設置廃止を含む。）、設置者の変更及び目的の変更は、市町村の設置する専修学校にあつては都道府県の教育委員会、私立の専修学校にあつては都道府県知事の認可を受けなければならない。

② 都道府県の教育委員会又は都道府県知事は、専修学校の設置（高等課程、専門課程又は一般課程の設置を含む。）の認可の申請があつたときは、申請の内容が第百二十四条、第百二十五条及び前三条の基準に適合するかどうかを審査した上で、認可に関する処分をしなければならない。

③ 前項の規定は、専修学校の設置者の変更及び目的の変更の認可の申請があつた場合について準用する。

④ 都道府県の教育委員会又は都道府県知事は、第一項の認可をしない処分をするときは、理由を付した書面をもつて申請者にその旨を通知しなければならない。

＊昭五〇法五九・追加

〔届出事項〕

第百三十一条 国又は都道府県（都道府県が単独で又は他の地方公共団体と共同して設立する公立大学法人を含む。）が設置する専修学校を除くほか、専修学校の設置者は、その設置する専修学校の名称、位置又は学則を変更しようとするときその他政令で定める場合に該当するときは、市町村の設置する専修学校にあつては都道府県の教育委員会に、私立の専修学校にあつては都道府県知事に届け出なければならない。

＊昭和五〇法五九・追加

参【政令の定め＝令二四の三】

〔大学への編入学〕

第百三十二条 専修学校の専門課程（修業年限が二年以上であることその他の文部科学大臣の定める基準を満たすものに限る。）を修了した者（第九十条第一項に規定する者に限る。）は、文部科学大臣の定めるところにより、大学に編入学することができる。

＊平成一〇法一〇一・追加

参【定め＝規則一八六】

〔準用規定〕

第百三十三条 第五条、第六条、第九条から第十二条まで、第十三条第一項、第十四条及び第四十二条から第四十四条までの規定は専修学校に、第百五条の規定は専門課程を置く専修学校に準用する。この場合において、第十条中「大学及び高等専門学校にあつては文部科学大臣に、大学及び高等専門学校以外の学校にあつては都道府県知事に」とあるのは「都道府県知事に」と、同項中「第四条第一項各号に掲げる学校」とあるのは「市町村（市町村が単独で又は他の市町村と共同して設立する公立大学法人を含む。）の設置する専修学校又は私立の専修学校」と、「同項各号に定める者」とあるのは「都道府県の教育委員会又は都道府県知事」と、同項第二号中「その者」とあるのは「当該都道府県の教育委員会又は都道府県知事」と、第十四条中「大学及び高等専門学校以外の市町村の設置する学校については都道府県の教育委員会、大学及び高等専門学校以外の私立学校については都道府県知事」とあるのは「市町村（市町村が単独で又は他の市町村と共同して設立する公立大学法人を含む。）の設置する専修学校については都道府県の教育委員会、私立の専修学校については都道府県知事」と読み替えるものとする。

② 都道府県の教育委員会又は都道府県知事は、前項において準用する第十三条第一項の規定による処分をするときは、理由を付した書面をもつて当該専修学校の設置者にその旨を通知しなければならない。

＊昭五〇法五九・追加

参 1【法五の準用＝学校の管理・経費の負担】【六の準用＝授業料の徴収】【九の準用＝校長・教員の欠格事由】【一〇の準用＝私立学校長の届け出】【一一の準用＝学生・生徒等の懲戒】【一二の準用＝健康診断等】【一三①の準用＝学校閉鎖命令】【一四の準用＝設備・授業等の変更命令】 2【法一三①の処分―学校閉鎖命令】

第十二章　雑則

〔各種学校〕

第百三十四条 第一条に掲げるもの以外のもので、学校教育に類する教育を行うもの（当該教育を行うにつき他の法律に特別の規定があるもの及び第百二十四条に規定する専修学校の教育を行うものを除く。）は、各種学校とする。

② 第四条第一項前段、第五条から第七条まで、第九条から第十一条まで、第十三条第一項、第十四条及び第四十二条から第四十四条までの規定は、各種学校に準用する。この場合において、第四条第一項前段中「次の各号に掲げる学校」とあるのは「市町村の設置する各種学校又は私立の各種学校」と、「当該各号に定める者」とあるのは「都道府県の教育委員会又は都道府県知事」と、第十条中「大学及び高等専門学校にあつては文部科学大臣に、大学及び高等専門学校以外の学校にあつては都道府県知事に」とあるのは「都道府県知事に」と、第十三条中「第四条第一項各号に掲げる学校」とあるのは「市町村の設置する各種学校又は私立の各種学校」と、「同項各号に定める者」とあるのは「都道府県の教育委員会又は都道府県知事」と、同項第二号中「その者」とあるのは「当該都道府県の教育委員会又は都道府県知事」と、第十四条中「大学及び高等専門学校以外の市町村の設置する学校については都道府県の教育委員会、大学及び高等専門学校以外の私立学校については都道府県知事」とあるのは「市町村の設置する各種学校については都道府県の教育委員会、私立の各種学校については都道府県知事」と読み替えるものとする。

③ 前項のほか、各種学校に関し必要な事項は、文部科学大臣が、これを定める。

参 各種学校規程
１【各種学校に該当しない例＝警察法二七―警察大学校、外務省組織令九三―外務省研修所、総務省組織令一二七―自治大学校】
３【定め＝規則一九〇―準用規定、一九一―各種学校規程】

判 ●各種学校である外国人学校に対する補助金不交付決定は、憲法・国際人権規約等に違反せず、裁量の逸脱・濫用もない。（大阪高判平成三〇・三・二〇）

行 ●技能者養成施設＝労基法七〇条に規定する技能者養成施設は、本条一項の除外規定（当該教育を行なうにつき他の法律に特別の規定があるもの）に当たるから、学校法による規制は受けない。なお除外規定に該当するものの具体的な例としては、航空大学校、防衛大学校、教護院などがあげられる。（初中局庶務課長回答昭二九・一〇・一五）

〔名称の専用〕

第百三十五条 専修学校、各種学校その他第一条に掲げるもの以外の教育施設は、同条に掲げる学校の名称又は大学院の名称を用いてはならない。

② 高等課程を置く専修学校以外の教育施設は高等専修学校の名称を、専門課程を置く専修学校以外の教育施設は専門学校の名称を、専修学校以外の教育施設は専修学校の名称を用いてはならない。

＊昭五〇法五九・追加

〔設置認可の申請の勧告、教育の停止命令等〕

第百三十六条 都道府県の教育委員会（私人の経営に係るものにあつては、都道府県知事）は、学校以外のもの又は専修学校若しくは各種学校以外のものが専修学校又は各種学校の教育を行うものと認める場合においては、関係者に対し、一定の期間内に専修学校設置又は各種学校設置の認可を申請すべき旨を勧告することができる。ただし、その期間は、一箇月を下ることができない。

② 都道府県の教育委員会（私人の経営に係るものにあつては、都道府県知事）は、前項に規定する関係者が、同項の規定による勧告に従わず引き続き専修学校若しくは各種学校の教育を行つているとき、又は専修学校設置若しくは各種学校設置の認可を申請したがその認可が得られなかつた場合において引き続き専修学校若しくは各種学校の教育を行つているときは、当該関係者に対して、当該教育をやめるべき旨を命ずることができる。

③ 都道府県知事は、前項の規定による命令をなす場合においては、あらかじめ私立学校審議会の意見を聞かなければならない。

参 １ 法一二四・一三四【都道府県監督庁＝〔公立〕法一三四②―教委、〔私立〕一三四②―知事】
２【命令違反＝法一四三―罰則】
３【私立学校審議会＝私学法九】

〔社会教育施設の附置・目的外利用〕

第百三十七条　学校教育上支障のない限り、学校には、社会教育に関する施設を附置し、又は学校の施設を社会教育その他公共のために、利用させることができる。

参　教基法一二、憲法八九―公の財産の使用制限【社会教育のための利用＝社教法四三～四八、スポーツ基本法一三【公共のための利用＝自治法二三八の四⑦、公選法一六一①1【生涯学習のための利用＝生涯学習振興法三①・五①②

判　●学校施設の目的外使用の許可は、管理者の裁量に委ねられている。使用許否事由の学校教育上の支障とは、物理的支障に限らず、教育的配慮の観点から、現在の具体的な支障だけでなく、将来における教育上の支障が生ずるおそれが明白に認められる場合も含まれる。（最高判平成一八・二・七）

行　●学校教育上の支障の存否の判断＝それは、現在における具体的な支障の存否の面からだけではなく、将来において支障が生ずる明白な危険性の存否の面からもなされるのが適当である。したがって、教具等を使用に供する場合において、その物の現状と用途及び使用を申し出た者のもつ技能熱意その他使用の程度等を参酌して総合的に判断した結果、特に著しい形質の変更、火災、盗難等のおそれがあるような場合には、学校教育上支障があると認めることは適当である。（社会教育課長回答昭二七・一二・一八）

●特定政党の学校施設利用＝特定政党が学校施設を利用することは、通常の場合は、学校法八五条の社会教育その他公共のための利用とは認められない。（大臣官房総務課長回答昭二四・七・八委総二）

●公選議員の議会報告演説のための利用＝本条の「社会教育その他公共のため」という規定に照して内容的に限定するのが適当と思われる。（大臣官房総務課長回答昭二四・九・二委総一）

●同前＝学校敷地内に忠魂碑を建設することは、学校教育上の立場から、できるだけ避けることが望ましい。（初中局長回答昭三一・一〇・七委初三二五）

●学校施設の目的外使用＝学校の設置目的以外の使用を許可する場合は、その本来の目的達成に支障をきたさないかどうかの観点から判断すべきであるから、その使用の許可は、管理者たる教育委員会の権限に属する。（初中局長通知昭三一・九・一〇文初地四一一「別紙質疑応答」）

〔行政手続法の適用除外〕

第百三十八条　第十七条第三項の政令で定める事項のうち同条第一項又は第二項の義務の履行に関する処分に該当するもので政令で定めるものについては、行政手続法（平成五年法律第八十八号）第三章の規定は、適用しない。

＊平成五法八九・追加

参　【政令で定めるもの＝令二三の二【行政手続法一二～三一―不利益処分の通則、聴聞、弁明の機会の付与の不適用

〔不服申立ての制限〕

第百三十九条　文部科学大臣がする大学又は高等専門学校の設置の認可に関する処分又はその不作為については、審査請求をすることができない。

＊昭三七法一六一・全部改正

参　【学校設置の認可＝法四

〔都の区の取扱〕

第百四十条　この法律における市には、東京都の区を含むものとする。

参　自治法二八一―特別区、二八三―市の規定の適用

〔学部・研究科以外の組織への学部・研究科規定の適用〕

第百四十一条　この法律（第八十五条及び第百条を除く。）及び他の法令（教育公務員特例法（昭和二十四年法律第一号）及び当該法令に特別の定めのあるものを除く。）において、大学の学部には第八十五条ただし書に規定する組織を含み、大学の大学院の研究科には第百条ただし書に規定する組織を含むものとする。

＊昭四八法一〇三・追加

参　法八五ただし書―学部以外の組織…筑波大学（学群・学系）

〔本法施行事項の政令・文部科学大臣への委任〕

第百四十二条　この法律に規定するもののほか、この法律施行のため必要な事項で、地方公共団体の機関が処理しなければならないものについては政令で、その他のものについては文部科学大臣が、これを定める。

第十三章　罰則

（学校閉鎖命令違反等の処罰）

第百四十三条　第十三条第一項（同条第二項、第百三十三条第一項及び第百三十四条第二項において準用する場合を含む。）の規定による閉鎖命令又は第百三十六条第二項の規定による命令に違反した者は、六月以下の懲役若しくは禁錮又は二十万円以下の罰金に処する。

（就学義務違反の処罰）

第百四十四条　第十七条第一項又は第二項の義務の履行の督促を受け、なお履行しない者は、十万円以下の罰金に処する。

②　法人の代表者、代理人、使用人その他の従業者が、その法人の業務に関し、前項の違反行為をしたときは、行為者を罰するほか、その法人に対しても、同項の刑を科する。

＊平成一九法九六・追加

（学齢児童等使用者の義務違反の処罰）

第百四十五条　第二十条の規定に違反した者は、十万円以下の罰金に処する。

（学校名称使用の禁止違反の処罰）

第百四十六条　第百三十五条の規定に違反した者は、十万円以下の罰金に処する。

附　則（抄）

第一条　この法律は、昭和二十二年四月一日から、これを施行する。ただし、第二十二条第一項及び第三十九条第一項に規定する盲学校、聾（ろう）学校及び養護学校における就学義務並びに第七十四条に規定するこれらの学校の設置義務に関する部分の施行期日は、政令で、これを定める。

〔養護学校＝昭五四・四・一〕

第二条　この法律施行の際、現に存する従前の規定による国民学校、国民学校に類する各種学校及び国民学校に準ずる各種学校並びに幼稚園は、それぞれこれらをこの法律によつて設置された小学校及び幼稚園とみなす。

第三条　この法律施行の際、現に存する従前の規定（国民学校令を除く。）による学校は、従前の規定による学校として存続することができる。

②　前項の規定による学校に関し、必要な事項は、文部科学大臣が定める。

参　規則附則二～四

第四条　従前の規定による学校の卒業者の資格に関し必要な事項は、文部科学大臣の定めるところによる。

参　規則附則九～一二

第五条　削除〔平成一八法四七〕

第六条　私立の幼稚園は、第二条第一項の規定にかかわらず、当分の間、学校法人によつて設置されることを要しない。

参　法二①

＊昭二四法一七〇・全部改正

第七条　小学校、中学校、義務教育学校及び中等教育学校には、第三十七条（第四十九条及び第四十九条の八において準用する場合を含む。）及び第六十九条の規定にかかわらず、当分の間、養護教諭を置かないことができる。

参　法三七・四九・四九の八・六九

第八条　中学校は、当分の間、尋常小学校卒業者及び国民学校初等科修了者に対して、通信による教育を行うことができる。

②　前項の教育に関し必要な事項は、文部科学大臣の定めるところによる。

参【中学校の通信教育＝規則附則一三、中学校通信教育規程

第九条　高等学校、中等教育学校の後期課程及び特別支援学校並びに特別支援学級においては、当分の間、第三十四条第一項（第四十九条、第四十九条の八、第六十二条、第七十条第一項及び第八十二条において準用する場合を含む。）

の規定にかかわらず、文部科学大臣の定めるところにより、第三十四条第一項に規定する教科用図書以外の教科用図書を使用することができる。

② 第三十四条第二項及び第三項の規定は、前項の規定により使用する教科用図書について準用する。

参【教科用図書の使用＝法三四【文部科学大臣の定め＝規則八九（高校の教科書）、一三一②（特別支援学校の教科書）【教科用図書採択の特例＝教科書無償措置法一三④

第十条 第百六条の規定により名誉教授の称号を授与する場合においては、当分の間、旧大学令、旧高等学校令、旧専門学校令又は旧教員養成諸学校官制の規定による大学、大学予科、高等学校高等科、専門学校及び教員養成諸学校並びに文部科学大臣の指定するこれらの学校に準ずる学校の校長（総長及び学長を含む。）又は教員としての勤務を考慮することができるものとする。

＊昭二五法一〇三・追加

参 法一〇六―名誉教授

附 則（令和四・六・二二法七六）（抄）

（施行期日）

第一条 この法律は、こども家庭庁設置法（令和四年法律第七十五号）の施行の日〔令和五・四・一〕から施行する。〔ただし書略〕

○刑法等の一部を改正する法律の施行に伴う関係法律の整理等に関する法律（抄）

令和四・六・一七
法 六 八

（学校教育法の一部改正）

第二百九条 学校教育法（昭和二十二年法律第二十六号）の一部を次のように改正する。

第九条第一号中「禁錮」を「拘禁刑」に改める。

第百四十三条中「懲役若しくは禁錮」を「拘禁刑」に改める。

附 則（抄）

（施行期日）

1 この法律は、刑法等一部改正法施行日〔令和七・六・一〕から施行する。〔ただし書略〕

○学校教育法施行令

昭二八・一〇・三一
政令三四〇

注 本政令中〔　〕囲みの見出しは、便宜上編集部で付けたものである。

改正 昭三二・六・一政令一二三 昭三三・六・一〇政令一七四、六・三〇政令二〇二 昭三六・八・一七政令二九一 昭三七・三・三一政令一一四 昭四二・九・一一政令二九二、一二・二六政令三七五 昭四五・六・一政令一五八 昭四七・七・一政令二六三 昭五〇・一二・二七政令三八一 昭五一・三・三〇政令四二 昭五三・八・一八政令三一〇 昭五七・七・二三政令二〇五 昭五九・六・二八政令二二九 昭六〇・三・三〇政令七〇 昭六一・三・二五政令三五、五・二七政令一八三 昭六二・九・一〇政令三〇二 昭六三・八・九政令二三九 平成元・三・二九政令八一 平成三・五・二一政令一七〇 平成六・九・一九政令三〇三、一一・三〇政令三七七 平成一〇・一〇・三〇政令三五一、一一・二六政令三七二、一二・二八政令四一八 平成一二・二・一六政令四二、六・七政令三〇八 平成一四・四・二四政令一六三 平成一五・三・二六政令七四、一二・三政令四八七 平成一七・九・九政令二九五 平成一九・三・二二政令五五、一二・一二政令三六三 平成二三・五・二政令一一八 平成二五・八・二六政令二四四 平成二七・一・三〇政令三〇、一二・一六政令四二一 平成二八・一一・二四政令三五三 平成二九・九・一政令二三二、九・一三政令二三八 平成三〇・一二・二七政令三五五 令和元・六・二八政令四四、一〇・一八政令一二八 令和四・一二・二八政令四〇三

第一章　就学義務

第一節　学齢簿

（学齢簿の編製）

第一条　市（特別区を含む。以下同じ。）町村の教育委員会は、当該市町村の区域内に住所を有する学齢児童及び学齢生徒（それぞれ学校教育法（以下「法」という。）第十八条に規定する学齢児童及び学齢生徒をいう。以下同じ。）について、学齢簿を編製しなければならない。

２　前項の規定による学齢簿の編製は、当該市町村の住民基本台帳に基づいて行なうものとする。

３　市町村の教育委員会は、文部科学省令で定めるところにより、第一項の学齢簿を磁気ディスク（これに準ずる方法により一定の事項を確実に記録しておくことができる物を含む。以下同じ。）をもつて調製することができる。

４　第一項の学齢簿に記載（前項の規定により磁気ディスクをもつて調製する学齢簿にあつては、記録。以下同じ。）をすべき事項は、文部科学省令で定める。

参【特別区＝自治法二八一①】【住所を有する＝民法二二―住所）、住民基本台帳法】【磁気ディスク等による学齢簿＝規則二九・三〇】【文部科学省令の定め＝規則三〇】

行 ●住所＝児童生徒の学齢簿の編製は、当該児童生徒のいわゆる生活の本拠たる住所であるかどうかを明らかにした上で、行なうべきものである。（初中局長回答昭三四・一〇・五委初二三三）

●学齢簿の編製義務の内容＝学齢簿の編製義務は、単に児童生徒等が入学するときだけでなく、就学義務が終了するまで、これを整備し、保管することを意味する。（次官通達昭二八・一一・七文総審一一八）

●就学機会への配慮＝子女のうちには、その市町村に居住し学齢に達しながら、住民票に記載されていないために就学の機会を失っているものについては、特別の配慮のもとに関係諸機関の協力を得て、就学の機会が与えられるようにされたい。（初中局長通達昭二八・一一・二二）

〔学齢簿の作成期日〕

第二条　市町村の教育委員会は、毎学年の初めから五月前までに、文部科学省令で定める日現在において、当該市町村に住所を有する者で前学年の初めから終わりまでの間に満六歳に達する者について、あらかじめ、前条第一項の学齢簿を作成しなければならない。この場合においては、同条第二項から第四項までの規定を準用する。

参【文部科学省令で定める日現在＝規則三一】【年齢の計算＝年齢計算ニ関スル法律

〔学齢簿の加除訂正〕

第三条　市町村の教育委員会は、新たに学齢簿に記載をすべき事項を生じたとき、学齢簿に記載をした事項に変更を生じたとき、又は学齢簿の記載に錯誤若しくは遺漏があるときは、必要な加除訂正を行わなければならない。

参　規則三〇

行　●入学および卒業年月日の記載＝それぞれ教育委員会が通知した入学期日、校長が卒業を認定した期日であつて、これらは原則として、四月一日又は三月三一日とすることが適切である。（初中局長回答昭二九・八・一二委初二八九）

●少年院・教護院入院児童生徒についての処置＝その児童生徒の住所がなおその市町村にあるときは、そのまま。その住所が移つたときは、学齢簿の記載を消除し、新しい住所地の教育委員会においてその児童が就学の始期に達した年の学齢簿に記載する。（初中局長回答昭二八・九・二九）

（児童生徒等の住所変更に関する届出の通知）

第四条　第二条に規定する者、学齢児童又は学齢生徒（以下「児童生徒等」と総称する。）について、住民基本台帳法（昭和四十二年法律第八十一号）第二十二条又は第二十三条の規定による届出（第二条に規定する者にあつては、同条の規定により文部科学省令で定める日の翌日以後の住所地の変更に係るこれらの規定による届出に限る。）があつたときは、市町村長（特別区にあつては区長とし、地方自治法（昭和二十二年法律第六十七号）第二百五十二条の十九第一項の指定都市にあつては区長又は総合区長とする。）は、速やかにその旨を当該市町村の教育委員会に通知しなければならない。

＊昭四二政令二九二・全部改正

参　規則三〇

第二節　小学校、中学校、義務教育学校及び中等教育学校

（入学期日等の通知、学校の指定）

第五条　市町村の教育委員会は、就学予定者（法第十七条第一項又は第二項の規定により、翌学年の初めから小学校、中学校、義務教育学校、中等教育学校又は特別支援学校に就学させるべき者をいう。以下同じ。）のうち、認定特別支援学校就学者（視覚障害者、聴覚障害者、知的障害者、肢体不自由者又は病弱者（身体虚弱者を含む。）で、その障害が、第二十二条の三の表に規定する程度のもの（以下「視覚障害者等」という。）のうち、当該市町村の教育委員会が、その者の障害の状態、その者の教育上必要な支援の内容、地域における教育の体制の整備の状況その他の事情を勘案して、その住所の存する都道府県の設置する特別支援学校に就学させることが適当であると認める者をいう。以下同じ。）以外の者について、その保護者に対し、翌学年の初めから二月前までに、小学校、中学校又は義務教育学校の入学期日を通知しなければならない。

2　市町村の教育委員会は、当該市町村の設置する小学校及び義務教育学校の数の合計数が二以上である場合又は当該市町村の設置する中学校（法第七十一条の規定により高等学校における教育と一貫した教育を施すもの（以下「併設型中学校」という。）を除く。以下この項、次条第七号、第六条の三第一項、第七条及び第八条において同じ。）及び義務教育学校の数の合計数が二以上である場合においては、前項の通知において当該就学予定者の就学すべき小学校、中学校又は義務教育学校を指定しなければならない。

3　前二項の規定は、第九条第一項又は第十七条の届出のあつた就学予定者については、適用しない。

参　法七二、令二二の三―心身の故障の程度、規則三一＝保護者の意見聴取

判　●学籍の移管＝いわゆる越境入学の生徒に対し、是正のため学籍移管の措置を行なうことは、地方教育行政法二三条四号ならびに学校教育法施行令五条により教育委員会に与えられた就学指定権に当然含まれるものである。（山口地決昭四二・七・二〇）

●学校指定の処分性＝市町村教委が区域内に居住する児童生徒等に就学すべき学校として、当該市町村の設置する小学校、中学校、または特別支援学校を指定する処分は、在学関係を設定し、保護者の就学させる義務を発生させる法的効果を有するものとして、抗告訴訟の対象となる行政処分に該当する。（大阪地決平成二〇・七・一八）

●仮の指定＝市立特別支援学校への就学校指定を希望するアレルギー性皮膚炎などに罹患し長期の不登校状態にある中学二年生について、市教委が同学校への就学校指定をしないことは、普通校が指定された場合、不登校状態が継続する蓋然性が高いのに比して、特別支援学校においてはその教育上のニーズに応じた適切な教育を受けることができると一応認められるので、行訴法三七条の五の「償うことのできない損害を避けるための緊急の必要がある」との要件を満たし、市教委は、同特別支援学校を就学校に仮に指定すべきである。（大阪地決平成二〇・七・一八）

●障害児の認定就学者該当の判断の考慮要素＝教育委員会に一定の裁量が認められるが、当該生徒及び保護者の意向、学校の施設・設備の整備状況、専門性の高い教員配置の有無、当該生徒の障害の内容、程度等に応じた安全上の配慮や適切な指導の必要性の有無・程度などを総合考慮したうえ、中学校への就学が、障害のある生徒一人一人の教育上のニーズに応じた教育の実施という観点から慎重に検討しなければならず、その判断が、事実に対する評価が合理性を欠くなど著しく妥当性を欠き、特別支援教育の理念を没却するような場合には、裁量権を逸脱または濫用したものとして違法である。（奈良地決平成二一・六・二六）

[行]　●学校の指定＝教育委員会が児童の入学する学校を指定する行為は、行政行為の中の命令的処分に属するものであり、この指定は児童の保護者に対して義務を課するものと解される。（初中局庶務課長回答昭二七・四・一七）

●障害のある児童生徒の就学について＝就学校の決定にあたっては、就学指導委員会の設置により障害の判断等につき教育学、医学、心理学等の専門家の意見を聴くことが重要である。また、保護者に対する情報提供と意見表明の機会の保障も必要である。（初中局長通知平成一四・五・二七）

〔学校指定の変更〕

第六条　前条の規定は、次に掲げる者について準用する。この場合において、同条第一項中「翌学年の初めから二月前までに」とあるのは、「速やかに」と読み替えるものとする。

一　就学予定者で前条第一項に規定する通知の期限の翌日以後に当該市町村の教育委員会が作成した学齢簿に新たに記載されたもの又は学齢児童若しくは学齢生徒でその住所地の変更により当該学齢簿に新たに記載されたもの（認定特別支援学校就学者及び当該市町村の設置する小学校、中学校又は義務教育学校に在学する者を除く。）

二　次条第二項の通知を受けた学齢児童又は学齢生徒

三　第六条の三第二項の通知を受けた学齢児童又は学齢生徒（同条第三項の通知に係る学齢児童及び学齢生徒を除く。）

四　第十条又は第十八条の通知を受けた学齢児童又は学齢生徒（認定特別支援学校就学者を除く。）

五　第十二条第一項の通知を受けた学齢児童又は学齢生徒のうち、認定特別支援学校就学者の認定をした者以外の者（同条第三項の通知に係る学齢児童及び学齢生徒を除く。）

六　第十二条の二第一項の通知を受けた学齢児童又は学齢生徒のうち、認定特別支援学校就学者の認定をした者以外の者（同条第三項の通知に係る学齢児童及び学齢生徒を除く。）

七　小学校、中学校又は義務教育学校の新設、廃止等によりその就学させるべき小学校、中学校又は義務教育学校を変更する必要を生じた児童生徒等

＊平成一四政令一六三・全部改正

〔視覚障害者等でなくなつた者の教育委員会への通知〕

第六条の二　特別支援学校に在学する学齢児童又は学齢生徒で視覚障害者等でなくなつたものがあるときは、当該学齢児童又は学齢生徒の在学する特別支援学校の校長は、速やかに、当該学齢児童又は学齢生徒の住所の存する都道府県の教育委員会に対し、その旨を通知しなければならない。

2　都道府県の教育委員会は、前項の通知を受けた学齢児童又は学齢生徒について、当該学齢児童又は学齢生徒の住所の存する市町村の教育委員会に対し、速やかに、その氏名及び視覚障害者等でなくなつた旨を通知しなければならない。

＊昭五三政令三一〇・追加

〔特別支援学校に在学する学齢児童生徒で小中学校等に就学することが適当な者の教育委員会への通知〕

第六条の三　特別支援学校に在学する学齢児童又は学齢生徒でその障害の状態、その者の教育上必要な支援の内容、地域における教育の体制の整備の状況その他の事情の変化により当該学齢児童又は学齢生徒の住所の存する市町村の設置する小学校、中学校又は義務教育学校に就学することが適当であると思料するもの（視覚障害者等でなくなつた者を除く。）があるときは、当該学齢児童又は学齢生徒の在学する特別支援学校の校長は、速やかに、当該学齢児童又は学齢生徒の住所の存する都道府県の教育委員会に対し、その旨を通知しなければならない。

2　都道府県の教育委員会は、前項の通知を受けた学齢児童又は学齢生徒について、当該学齢児童又は学齢生徒の住所の存する市町村の教育委員会に対し、速やかに、その氏名及び同項の通知があつた旨を通知しなければならない。

3　市町村の教育委員会は、前項の通知を受けた学齢児童又は学齢生徒について、当該特別支援学校に引き続き就学させることが適当であると認めたときは、都道府県の教育委員会に対し、速やかに、その旨を通知しなければならない。

4　都道府県の教育委員会は、前項の通知を受けたときは、第一項の校長に対し、速やかに、その旨を通知しなければならない。

＊平成一四政令一六三・追加

〔小中学校等に在学する者で視覚障害者等でなくなった者の教育委員会への通知〕

第六条の四　学齢児童及び学齢生徒のうち視覚障害者等で小学校、中学校、義務教育学校又は中等教育学校に在学するもののうち視覚障害者等でなくなつたものがあるときは、その在学する小学校、中学校、義務教育学校又は中等教育学校の校長は、速やかに、当該学齢児童又は学齢生徒の住所の存する市町村の教育委員会に対し、その旨を通知しなければならない。

＊平成一四政令一六三・追加

〔就学児童生徒の学校長への通知〕

第七条　市町村の教育委員会は、第五条第一項（第六条において準用する場合を含む。）の通知と同時に、当該児童生徒等を就学させるべき小学校、中学校又は義務教育学校の校長に対し、当該児童生徒等の氏名及び入学期日を通知しなければならない。

〔就学学校の変更の学校長等への通知〕

第八条　市町村の教育委員会は、第五条第二項（第六条において準用する場合を含む。）の場合において、相当と認めるときは、保護者の申立てにより、その指定した小学校、中学校又は義務教育学校を変更することができる。この場合においては、速やかに、その保護者及び前条の通知をした小学校、中学校又は義務教育学校の校長に対し、その旨を通知するとともに、新たに指定した小学校、中学校又は義務教育学校の校長に対し、同条の通知をしなければならない。

参　規則三三＝就学校指定変更手続の制定・公表義務

行　●保護者の申立を相当と認める場合＝規則三二条二項の正当な理由とは普通には主として地理的な理由や児童の身体的な理由が考えられる。要するに指定せられた小学校に入学することが他の小学校に入学する場合に比し、児童若しくはその保護者に対して著しく過重な負担となることが、客観的に予測せられる場合をいうものと解せられる。（初中局庶務課長回答昭二七・四・一七）

●いじめにより児童生徒の心身の安全が脅かされるような深刻な悩みを持っている等の場合は、従来から学校教育法施行令第八条に規定する学校指定の変更の相当と認められているところであるが、今後ともその運用に当つては、医師、教育相談機関の専門家、関係学校長などの意見等も十分踏まえた上、各市町村教育委員会が適切に対処されたいこと。（初中局長通知昭六〇・六・二九文初中二〇一）

●保護者の希望による措置＝公立の小・中学校においては、保護者の希望により、医師、教育相談機関の専門家、関係学校長などの意見等も十分に踏まえた上で、就学すべき学校の指定の変更や区域外就学を認める措置を講じていく必要がある。（初中局長通知平成六・一二・一六）

●通学区域の弾力化＝通学制度の運用の弾力化については、①各市町村教育委員会において、地域の実情に即し、保護者の意向に十分配慮した多様な工夫を行うこと。②学校指定の変更や区域外就学を認める理由については、児童生徒の具体的な事情に即して、弾力的な取り扱いができること。

③通学区域制度の仕組みを保護者に通知するとともに、学校及び市町村教育委員会における就学に関する相談体制の充実を図ること。（初中局長通知平成九・一・二七文初小七八）

（区域外就学等）

第九条　児童生徒等をその住所の存する市町村の設置する小学校、中学校（併設型中学校を除く。）又は義務教育学校以外の小学校、中学校、義務教育学校又は中等教育学校に就学させようとする場合には、その保護者は、就学させようとする小学校、中学校、義務教育学校又は中等教育学校が市町村又は都道府県の設置するものであるときは当該市町村又は都道府県の教育委員会の、その他のものであるときは当該小学校、中学校、義務教育学校又は中等教育学校における就学を承諾する権限を有する者の承諾を証する書面を添え、その旨をその児童生徒等の住所の存する市町村の教育委員会に届け出なければならない。

2　市町村の教育委員会は、前項の承諾（当該市町村の設置する小学校、中学校（併設型中学校を除く。）又は義務教育学校への就学に係るものに限る。）を与えようとする場合には、あらかじめ、児童生徒等の住所の存する市町村の教育委員会に協議するものとする。

行　●協議不調の場合の承諾書による就学の効力＝協議がととのわない場合でも、教育委員会から交付された承諾書により、保護者が住所地の教育委員会に一項の届出をしたときは、その区域外就学は有効である。（初中局長回答昭三〇・六・一、同旨・初中局財務課長回答昭三〇・九・六、同上昭三〇・九・一〇、初中局長回答昭三一・五・一〇地初三一）

●いじめ等により児童生徒の心身の安全が脅かされるような深刻な悩みを持っている等の場合は、学校教育法施行令第九条の区域外就学について相当の理由に該当するとされるので、今後ともその運用に当っては、医師、教育相談機関の専門家、関係学校長などの意見も十分に踏まえた上、各市町村教育委員会が適切に対処されたいこと。（初中局長通知昭六〇・六・二九文初中二〇一）

●いじめられる生徒には、保護者の希望により、関係学校の校長などの意見等も十分踏まえて、就学すべき学校の指定の変更や区域外就学を認める措置について配慮する必要があること。この場合、いじめにより児童生徒の心身の安全が脅かされるような恐れがある場合はもちろん、いじめられる児童生徒の立場に立って、いじめから守り通すため必要があれば弾力的に対応すべきこと。（初中局長・生涯学習局長通知平成八・七・二六文初中三八六）

（中退児童生徒の教育委員会への通知）

第十条　学齢児童及び学齢生徒でその住所の存する市町村の設置する小学校、中学校（併設型中学校を除く。）又は義務教育学校以外の小学校、中学校、義務教育学校又は中等教育学校に在学するものが、小学校、中学校若しくは義務教育学校又は中等教育学校の前期課程の全課程を修了する前に退学したときは、当該小学校、中学校若しくは義務教育学校又は中等教育学校の校長は、速やかに、その旨を当該学齢児童又は学齢生徒の住所の存する市町村の教育委員会に通知しなければならない。

参　【全課程の修了＝規則五七】

第三節　特別支援学校

（特別支援学校への就学についての通知）

第十一条　市町村の教育委員会は、第二条に規定する者のうち認定特別支援学校就学者について、都道府県の教育委員会に対し、翌学年の初めから三月前までに、その氏名及び特別支援学校に就学させるべき旨を通知しなければならない。

2　市町村の教育委員会は、前項の通知をするときは、都道府県の教育委員会に対し、同項の通知に係る者の学齢簿の謄本（第一条第三項の規定により磁気ディスクをもつて学齢簿を調製している市町村の教育委員会にあつては、その者の学齢簿に記録されている事項を記載した書類）を送付しなければならない。

3　前二項の規定は、第九条第一項又は第十七条の届出のあつた者については、適用しない。

＊平成一四政令一六三・全部改正

第十一条の二　前条の規定は、小学校又は義務教育学校の前期課程に在学する学齢児童のうち視覚障害者等で翌学年の初めから特別支援学校の中学部に就学させるべき者として認定特別支援学校就学者の認定をしたものについて準用する。

＊平成一四政令一六三・追加

第十一条の三　第十一条の規定は、第二条の規定により文部科学省令で定める日の翌日以後の住所地の変更により当該市町村の教育委員会が作成した学齢簿に新たに記載された児童生徒等のうち認定特別支援学校就学者について準用する。この場合において、第十一条第一項中「翌学年の初めから三月前までに」とあるのは、「翌学年の初めから三月前までに（翌学年の初日から三月前の応当する日以後に当該学齢簿に新たに記載された場合にあつては、速やかに）」と読み替えるものとする。

2　第十一条の規定は、第十条又は第十八条の通知を受けた学齢児童又は学齢生徒のうち認定特別支援学校就学者について準用する。この場合において、第十一条第一項中「翌学年の初めから三月前までに」とあるのは、「速やかに」と読み替えるものとする。

＊平成一四政令一六三・追加

（視覚障害者等となつた者の教育委員会への通知）

第十二条　小学校、中学校、義務教育学校又は中等教育学校に在学する学齢児童又は学齢生徒で視覚障害者等になつたものがあるときは、当該学齢児童又は学齢生徒の在学する小学校、中学校、義務教育学校又は中等教育学校の校長は、速やかに、当該学齢児童又は学齢生徒の住所の存する市町村の教育委員会に対し、その旨を通知しなければならない。

2　第十一条の規定は、前項の通知を受けた学齢児童又は学齢生徒のうち認定特別支援学校就学者の認定をした者について準用する。この場合において、同条第一項中「翌学年の初めから三月前までに」とあるのは、「速やかに」と読み替えるものとする。

3　第一項の規定による通知を受けた市町村の教育委員会は、同項の通知を受けた学齢児童又は学齢生徒について現に在学する小学校、中学校、義務教育学校又は中等教育学校に引き続き就学させることが適当であると認めたときは、同項の校長に対し、その旨を通知しなければならない。

（小中学校等に在学する視聴覚障害者等で小中学校等に就学することが適当でなくなつた者の教育委員会への通知）

第十二条の二　学齢児童及び学齢生徒のうち視覚障害者等で小学校、中学校、義務教育学校又は中等教育学校に在学するもののうち、その障害の状態、その者の教育上必要な支援の内容、地域における教育の体制の整備の状況その他の事情の変化によりこれらの小学校、中学校、義務教育学校又は中等教育学校に就学させることが適当でなくなつたと思料するものがあるときは、当該学齢児童又は学齢生徒の在学する小学校、中学校、義務教育学校又は中等教育学校の校長は、当該学齢児童又は学齢生徒の住所の存する市町村の教育委員会に対し、速やかに、その旨を通知しなければならない。

2　第十一条の規定は、前項の通知を受けた学齢児童又は学齢生徒のうち認定特別支援学校就学者の認定をした者について準用する。この場合において、同条第一項中「翌学年の初めから三月前までに」とあるのは、「速やかに」と読み替えるものとする。

3　第一項の規定による通知を受けた市町村の教育委員会は、同項の通知を受けた学齢児童又は学齢生徒について現に在学する小学校、中学校、義務教育学校又は中等教育学校に引き続き就学させることが適当であると認めたときは、同項の校長に対し、その旨を通知しなければならない。

＊平成一四政令一六三・追加

（学齢簿の加除訂正の通知）

第十三条　市町村の教育委員会は、第十一条第一項（第十一条の二、第十一条の三、第十二条第二項及び前条第二項において準用する場合を含む。）の通知に係る児童生徒等について第三条の規定による加除訂正をしたときは、速やかに、都道府県の教育委員会に対し、その旨を通知しなければならない。

（区域外就学等の届出の通知）

第十三条の二 市町村の教育委員会は、第十一条第一項（第十一条の二、第十一条の三、第十二条第二項及び第十二条の二第二項において準用する場合を含む。）の通知に係る児童生徒等について、その通知の後に第九条第一項又は第十七条の届出があつたときは、速やかに、都道府県の教育委員会に対し、その旨を通知しなければならない。

＊平成二五政令二四四・追加

（特別支援学校の入学期日等の通知、学校の指定）

第十四条 都道府県の教育委員会は、第十一条第一項（第十一条の二、第十一条の三、第十二条第二項及び第十二条の二第二項において準用する場合を含む。）の通知を受けた児童生徒等及び特別支援学校の新設、廃止等によりその就学させるべき特別支援学校を変更する必要を生じた児童生徒等について、その保護者に対し、第十一条第一項（第十一条の二において準用する場合を含む。）の通知を受けた児童生徒等にあつては翌学年の初めから二月前までに、その他の児童生徒等にあつては速やかに特別支援学校の入学期日を通知しなければならない。

2 都道府県の教育委員会は、当該都道府県の設置する特別支援学校が二校以上ある場合においては、前項の通知において当該児童生徒等を就学させるべき特別支援学校を指定しなければならない。

3 前二項の規定は、前条の通知を受けた児童生徒等については、適用しない。

判 ●肢体不自由者を中学校の普通・特殊学級のいずれに入級させるかは、校務をつかさどる校長の判断によるべきで、本人ないし両親の意思によって決すべきことではない。すなわち教育施設・教師・介護員等の要員の問題を度外視すると教育の現場に混乱をもたらすから、子どもに対する教育的配慮は、専門的経験的知識に立脚すべきだからである。（旭川地判平成五・一〇・二六）

〔視覚障害者等の就学・教育委員会への通知〕

第十五条 都道府県の教育委員会は、前条第一項の通知と同時に、当該児童生徒等を就学させるべき特別支援学校の校長及び当該児童生徒等の住所の存する市町村の教育委員会に対し、当該児童生徒等の氏名及び入学期日を通知しなければならない。

2 都道府県の教育委員会は、前条第二項の規定により当該児童生徒等を就学させるべき特別支援学校を指定したときは、前項の市町村の教育委員会に対し、同項に規定する事項のほか、その指定した特別支援学校を通知しなければならない。

〔視覚障害者等の就学の変更の通知〕

第十六条 都道府県の教育委員会は、第十四条第二項の場合において、相当と認めるときは、保護者の申立により、その指定した特別支援学校を変更することができる。この場合においては、速やかに、その保護者並びに前条の通知をした特別支援学校の校長及び市町村の教育委員会に対し、その旨を通知するとともに、新たに指定した特別支援学校の校長に対し、同条第一項の通知をしなければならない。

（区域外就学等）

第十七条 児童生徒等のうち視覚障害者等をその住所の存する都道府県の設置する特別支援学校以外の特別支援学校に就学させようとする場合には、その保護者は、就学させようとする特別支援学校が他の都道府県の設置するものであるときは当該都道府県の教育委員会の、その他のものであるときは当該特別支援学校における就学を承諾する権限を有する者の就学を承諾する書面を添え、その旨をその児童生徒等の住所の存する市町村の教育委員会に届け出なければならない。

〔視覚障害者等の中途退学者の処置〕

第十八条 学齢児童及び学齢生徒のうち視覚障害者等でその住所の存する都道府県の設置する特別支援学校以外の特別支援学校に在学するものが、特別支援学校の小学部又は中学部の全課程を修了する前に退学したときは、当該特別支援学校の校長は、速やかに、その旨を当該学齢児童又は学齢生徒の住所の存する市町村の教育委員会に通知しなければならない。

第三節の二　保護者及び視覚障害者等の就学に関する専門的知識を有する者の意見聴取

＊平成一四政令一六三・追加

（保護者等の意見聴取）

第十八条の二　市町村の教育委員会は、児童生徒等のうち視覚障害者等について、第五条（第六条（第二号を除く。）において準用する場合を含む。）又は第十一条第一項（第十一条の二、第十一条の三、第十二条第二項及び第十二条の二第二項において準用する場合を含む。）の通知をしようとするときは、その保護者及び教育学、医学、心理学その他の障害のある児童生徒等の就学に関する専門的知識を有する者の意見を聴くものとする。

＊平成一四政令一六三・追加

判 ●本条は、教育学、医学、心理学その他の専門家の第三者的な客観的な意見を聴くものとしているので、市町村教育委員会は、保護者の意見が不合理でない限り、原則として、保護者の意向に拘束されるとの主張は採用できない。（横浜地判令和二・三・一八）

第四節　督促等

（校長の義務）

第十九条　小学校、中学校、義務教育学校、中等教育学校及び特別支援学校の校長は、常に、その学校に在学する学齢児童又は学齢生徒の出席状況を明らかにしておかなければならない。

（長期欠席者等の教育委員会への通知）

第二十条　小学校、中学校、義務教育学校、中等教育学校及び特別支援学校の校長は、当該学校に在学する学齢児童又は学齢生徒が、休業日を除き引き続き七日間出席せず、その他その出席状況が良好でない場合において、その出席させないことについて保護者に正当な事由がないと認められるときは、速やかに、その旨を当該学齢児童又は学齢生徒の住所の存する市町村の教育委員会に通知しなければならない。

行 ●学齢児童・生徒の休学は、短期のものであれば、保護者が診断書を添えて校長に届け出るだけでよい。就学猶予を要するものであれば、学校法二三条の規定による。（初中局長回答昭二五・八・二八）

●校長が出席扱いにできる場合＝登校拒否児童生徒が学校外の施設において相談・指導を受けるとき、必要な要件を満たすとともに、当該施設への通所又は入所が学校への復帰を前提とし、かつ、登校拒否児童生徒の自立を助けるうえで有効・適切であると判断される場合に、校長は指導要録上出席扱いとすることができる。（初中局長通知平成四・九・二四）

●登校拒否児童生徒が学校外の公的機関等に通所する場合の通学定期乗車券制度の適用について（初中局中学校課長通知平成五・三・一九）

（教育委員会の行う出席の督促等）

第二十一条　市町村の教育委員会は、前条の通知を受けたときその他当該市町村に住所を有する学齢児童又は学齢生徒の保護者が法第十七条第一項又は第二項に規定する義務を怠つていると認められるときは、その保護者に対して、当該学齢児童又は学齢生徒の出席を督促しなければならない。

行 ●就学の督促の取扱＝就学の督促をするときは、単に書面による形式的督促だけでなく、事情に応じて福祉事務所に連絡する等の積極的措置を講ずるようにされたい。（次官通達昭二八・一一・七文総審一一八）

第五節　就学義務の終了

（全課程修了者の通知）

第二十二条　小学校、中学校、義務教育学校、中等教育学校及び特別支援学校の校長は、毎学年の終了後、速やかに、小学校、中学校、義務教育学校の前期課程若しくは後期課程、中等教育学校の前期課程又は特別支援学校の小学部若しくは中学部の全課程を修了した者の氏名をその者の住所の存する市町村の教育委員会に通知しなければならない。

参 【全課程の修了＝規則五八・七九・七九の八・一三五②】

第六節　行政手続法の適用除外

＊平成六政令三〇三・追加

（行政手続法第三章の規定を適用しない処分）

第二十二条の二　法第百三十八条の政令で定める処分は、第五条第一項及び第二項（これらの規定を第六条において準用する場合を含む。）並びに第十四条第一項及び第二項の規定による処分とする。

＊平成六政令三〇三・追加

第二章　視覚障害者等の障害の程度

＊昭三七政令一一四・追加

（障害の程度）

第二十二条の三　法第七十五条の政令で定める視覚障害者、聴覚障害者、知的障害者、肢体不自由者又は病弱者の障害の程度は、次の表に掲げるとおりとする。

区分	障害の程度
視覚障害者	両眼の視力がおおむね〇・三未満のもの又は視力以外の視機能障害が高度のもののうち、拡大鏡等の使用によつても通常の文字、図形等の視覚による認識が不可能又は著しく困難な程度のもの
聴覚障害者	両耳の聴力レベルがおおむね六〇デシベル以上のもののうち、補聴器等の使用によつても通常の話声を解することが不可能又は著しく困難な程度のもの
知的障害者	一　知的発達の遅滞があり、他人との意思疎通が困難で日常生活を営むのに頻繁に援助を必要とする程度のもの 二　知的発達の遅滞の程度が前号に掲げる程度に達しないもののうち、社会生活への適応が著しく困難なもの
肢体不自由者	一　肢体不自由の状態が補装具の使用によつても歩行、筆記等日常生活における基本的な動作が不可能又は困難な程度のもの 二　肢体不自由の状態が前号に掲げる程度に達しないもののうち、常時の医学的観察指導を必要とする程度のもの
病弱者	一　慢性の呼吸器疾患、腎臓疾患及び神経疾患、悪性新生物その他の疾患の状態が継続して医療又は生活規制を必要とする程度のもの 二　身体虚弱の状態が継続して生活規制を必要とする程度のもの

備考

一　視力の測定は、万国式試視力表によるものとし、屈折異常があるものについては、矯正視力によつて測定する。

二　聴力の測定は、日本産業規格によるオージオメータによる。

＊昭三七政令一一四・追加、平成一四政令一六三・全部改正

参　法七五

行　障害のある児童・生徒の就学について（初中局長通知平成一四・五・二七）

第三章　認可、届出等

第一節　認可及び届出等

（法第四条第一項の政令で定める事項）

第二十三条　法第四条第一項（法第百三十四条第二項において準用する場合を含む。）の政令で定める事項（法第四条の二に規定する幼稚園に係るものを除く。）は、次のとおりとする。

一　市町村（市町村が単独で又は他の市町村と共同して設立する公立大学法人（地方独立行政法人法（平成十五年法律第百十八号）第六十八条第一項に規定する公立大学法人をいう。以下同じ。）を含む。以下この項及び第二十四条の三において同じ。）の設置する特別支援学校の位置の変更

二　高等学校等（高等学校及び中等教育学校の後期課程をいう。以下同じ。）の学科又は市町村の設置する特別支援学校の高等部の学科、専攻科若しくは別科の設置及び廃止

三　特別支援学校の幼稚部、小学部、中学部又は高等部の設置及び廃止

四　市町村の設置する特別支援学校の高等部の

学級の編制及びその変更
五　特別支援学校の高等部における通信教育の開設及び廃止並びに大学の学部若しくは大学院の研究科又は法第百八条第二項の大学の学科における通信教育の開設
六　私立の大学の学部の学科の設置
七　専門職大学の課程（法第八十七条の二第一項の規定により前期課程及び後期課程に区分されたものに限る。次条第一項第一号ロにおいて同じ。）の設置及び変更
八　大学の大学院の研究科の専攻の設置及び当該専攻に係る課程（法第百四条第三項に規定する課程をいう。次条第一項第一号ハにおいて同じ。）の変更
九　高等専門学校の学科の設置
十　市町村の設置する高等学校、中等教育学校又は特別支援学校の分校の設置及び廃止
十一　高等学校等の広域の通信制の課程（法第五十四条第三項（法第七十条第一項において準用する場合を含む。第二十四条及び第二十四条の二において同じ。）に規定する広域の通信制の課程をいう。以下同じ。）に係る学則の変更（軽微な変更として文部科学省令で定めるものを除く。）
十二　私立の学校（高等学校等の広域の通信制の課程及び大学を除く。）又は私立の各種学校の収容定員に係る学則の変更
十三　私立の大学の学部若しくは大学院の研究科又は法第百八条第二項の大学の学科の収容定員に係る学則の変更
2　法第四条の二に規定する幼稚園に係る法第四条第一項の政令で定める事項は、分校の設置及び廃止とする。

参　法四①＝学校の設置廃止等

（法第四条第二項第三号の政令で定める事項）
第二十三条の二　法第四条第二項第三号の政令で定める事項は、次のとおりとする。
一　大学に係る次に掲げる設置又は変更であつて、当該大学が授与する学位の種類及び分野の変更を伴わないもの
イ　私立の大学の学部の学科の設置
ロ　専門職大学の課程の変更（前期課程及び後期課程の修業年限の区分の変更（当該区分の廃止を除く。）を伴うものを除く。）
ハ　大学の大学院の研究科の専攻の設置又は当該専攻に係る課程の変更
二　高等専門学校の学科の設置であつて、当該高等専門学校が設置する学科の分野の変更を伴わないもの
三　大学の学部若しくは大学院の研究科又は法第百八条第二項の大学の学科における通信教育の開設であつて、当該大学が授与する通信教育に係る学位の種類及び分野の変更を伴わないもの
四　私立の大学の学部又は法第百八条第二項の大学の学科の収容定員（通信教育及び文部科学大臣の定める分野に係るものを除く。）に係る学則の変更であつて、当該収容定員の総数の増加を伴わないもの
五　私立の大学の学部又は法第百八条第二項の大学の学科の通信教育に係る収容定員に係る学則の変更であつて、当該収容定員の総数の増加を伴わないもの
六　私立の大学の大学院の研究科の収容定員（通信教育及び文部科学大臣の定める分野に係るものを除く。）に係る学則の変更
七　私立の大学の大学院の研究科の通信教育に係る収容定員に係る学則の変更
八　私立の高等専門学校の収容定員に係る学則の変更であつて、当該収容定員の総数の増加を伴わないもの
2　前項第一号の学位の種類及び分野の変更、同項第二号の学科の分野の変更並びに同項第三号の通信教育に係る学位の種類及び分野の変更に関する基準は、文部科学大臣が定める。
3　前項に規定する基準を定める場合には、文部科学大臣は、中央教育審議会に諮問しなければならない

＊平成一五政令七四・追加

（法第五十四条第三項の政令で定める通信制の課程）
第二十四条　法第五十四条第三項の政令で定める高等学校等の通信制の課程（法第四条第一項に

規定する通信制の課程をいう。以下同じ。）は、当該高等学校等の所在する都道府県の区域内に住所を有する者のほか、他の二以上の都道府県の区域内に住所を有する者を併せて生徒とするものとする。

＊昭三七政令二一四・全部改正

参【広域通信制高校＝法五四③】【広域の通信制の課程＝令二三①11】

（法第五十四条第三項の政令で定める事項）

第二十四条の二 法第五十四条第三項の政令で定める事項は、次のとおりとする。

一 学校の設置及び廃止
二 通信制の課程の設置及び廃止
三 設置者の変更
四 学則の記載事項のうち文部科学省令で定めるものに係る変更

＊昭四五政令一五八・追加

参【広域の通信制＝法五四③】【学則の記載事項＝規則四①②】

（法第百三十一条の政令で定める場合）

第二十四条の三 法第百三十一条の政令で定める場合は、市町村の設置する専修学校にあつては第一号に掲げる場合とし、私立の専修学校にあつては第一号及び第二号に掲げる場合とする。

一 分校を設置し、又は廃止しようとするとき。
二 校地、校舎その他直接教育の用に供する土地及び建物に関する権利を取得し、若しくは処分しようとするとき、又は用途の変更、改築等によりこれらの土地及び建物の現状に重要な変更を加えようとするとき。

＊昭五〇政令三八一・追加

参 法一三一＝専修学校に関する届出事項

（市町村立小中学校等の設置廃止等についての届出）

第二十五条 市町村の教育委員会又は市町村が単独で若しくは他の市町村と共同して設立する公立大学法人の理事長は、当該市町村又は公立大学法人の設置する小学校、中学校又は義務教育学校（第五号の場合にあつては、特別支援学校の小学部及び中学部を含む。）について次に掲げる事由があるときは、その旨を都道府県の教育委員会に届け出なければならない。

一 設置し、又は廃止しようとするとき。
二 新たに設置者となり、又は設置者たることをやめようとするとき。
三 名称又は位置を変更しようとするとき。
四 分校を設置し、又は廃止しようとするとき。
五 二部授業を行おうとするとき。

参【届出の手続＝令二八】

（市町村立幼稚園等の名称の変更等についての届出等）

第二十六条 次に掲げる場合においては、市町村の教育委員会又は市町村が単独で若しくは他の市町村と共同して設立する公立大学法人の理事長は、当該市町村又は公立大学法人の設置する幼稚園、高等学校、中等教育学校及び特別支援学校（第二号の場合にあつては、特別支援学校を除く。）について都道府県の教育委員会に対し、市町村又は都道府県の教育委員会は、当該市町村又は都道府県の設置する高等専門学校について文部科学大臣に対し、市町村長又は都道府県知事は、当該市町村又は都道府県の設置する大学について文部科学大臣に対し、公立大学法人の理事長は、当該公立大学法人の設置する大学及び高等専門学校について文部科学大臣に対し、それぞれその旨を届け出なければならない。

一 名称を変更しようとするとき。
二 位置を変更しようとするとき。
三 学則の変更（第二十三条第一項第十一号に規定する学則の変更を除く。）をしたとき。

2 市町村の教育委員会又は市町村が単独で若しくは他の市町村と共同して設立する公立大学法人の理事長は、当該市町村又は公立大学法人の設置する高等学校等の専攻科若しくは別科を設置し、又は廃止しようとするときは、その旨を都道府県の教育委員会に届け出なければならない。

3　都道府県の教育委員会は、市町村又は市町村が単独で若しくは他の市町村と共同して設立する公立大学法人の設置する高等学校等で広域の通信制の課程を置くものについて第一項第一号の届出又は同項第二号の届出（当該課程に係るものに限る。）を受けたときは、その旨を文部科学大臣に報告しなければならない。都道府県の教育委員会又は都道府県が単独で若しくは他の地方公共団体と共同して設立する公立大学法人の理事長が当該都道府県又は公立大学法人の設置する高等学校等で広域の通信制の課程を置くものについて名称又は当該課程に係る位置を変更したときも、同様とする。

参【届出の手続＝令二八、規則一七【学則＝規則四

行●二号規定事項の届出制の趣旨＝これは教育的な観点からこれらの施設・設備が適当であるかどうか、また教育施設として建築上適当であるかどうかについて、必要のある場合には指導・助言を与えようとするものである。（次官通達昭二八・一一・七文総審一一八）

（市町村立各種学校の目的等の変更についての届出）

第二十六条の二　次に掲げる場合においては、市町村の教育委員会は、当該市町村の設置する各種学校について都道府県の教育委員会に対し、その旨を届け出なければならない。

一　目的、名称又は位置を変更しようとするとき。

二　分校を設置し、又は廃止しようとするとき。

三　学則を変更したとき。

＊昭五一政令四二・追加

参　法一三四—各種学校

（通信教育に関する規程の変更についての届出）

第二十七条　市町村若しくは市町村が単独で若しくは他の市町村と共同して設立する公立大学法人の設置する特別支援学校の高等部又は市町村、都道府県若しくは公立大学法人の設置する大学の学部若しくは大学院の研究科若しくは法第百八条第二項の大学の学科における通信教育に関する規程を変更しようとするときは、市町村の教育委員会又は市町村が単独で若しくは他の市町村と共同して設立する公立大学法人の理事長は、当該市町村又は公立大学法人の設置する特別支援学校の高等部について都道府県の教育委員会に対し、市町村長、都道府県知事又は公立大学法人の理事長は、当該市町村、都道府県又は公立大学法人の設置する大学の学部若しくは大学院の研究科又は同項の大学の学科について文部科学大臣に対し、それぞれその旨を届け出なければならない。

＊昭三七政令一一四・全部改正

参【届出の手続＝令二八

（私立学校の目的の変更等についての届出等）

第二十七条の二　私立の学校の設置者は、その設置する学校（大学及び高等専門学校を除く。）について次に掲げる事由があるときは、その旨を都道府県知事に届け出なければならない。

一　目的、名称若しくは位置の変更又は学則の変更（第二十三条第一項第十一号及び第十二号に規定する学則の変更を除く。）をしようとするとき。

二　高等学校等の専攻科若しくは別科又は特別支援学校の高等部の学科、専攻科若しくは別科を設置し、又は廃止しようとするとき。

三　分校を設置し、又は廃止しようとするとき。

四　特別支援学校の高等部における通信教育に関する規程を変更しようとするとき。

五　経費の見積り及び維持方法を変更しようとするとき。

六　校地、校舎その他直接保育若しくは教育の用に供する土地及び建物に関する権利を取得し、若しくは処分しようとするとき、又は用途の変更、改築等によりこれらの土地及び建物の現状に重要な変更を加えようとするとき。

2　都道府県知事は、広域の通信制の課程を置く私立の高等学校等について前項第一号の届出で名称の変更又は位置の変更（当該課程に係るものに限る。）に係るものを受けたときは、その

旨を文部科学大臣に報告しなければならない。

＊平成一二政令四二一・追加

参 私学法三〇、規則一八

（私立各種学校の目的の変更等についての届出）

第二十七条の三 私立の各種学校の設置者は、その設置する各種学校について次に掲げる事由があるときは、その旨を都道府県知事に届け出なければならない。

一 目的、名称、位置又は学則（収容定員に係るものを除く。）を変更しようとするとき。

二 分校を設置し、又は廃止しようとするとき。

三 校地、校舎その他直接教育の用に供する土地及び建物に関する権利を取得し、若しくは処分しようとするとき、又は用途の変更、改築等によりこれらの土地及び建物の現状に重要な変更を加えようとするとき。

＊平成一二政令四二一・追加

参 法一三四、私学法六四、規則一九・一九〇・一九一（各種学校規程）

（文部科学省令への委任）

第二十八条 法及びこの節の規定に基づいてなすべき認可の申請、届出及び報告の手続その他の細則については、文部科学省令で定める。

参【省令の定め＝規則二～一九】

第二節 学期、休業日及び学校廃止後の書類の保存

（学期及び休業日）

第二十九条 公立の学校（大学を除く。以下この条において同じ。）の学期並びに夏季、冬季、学年末、農繁期等における休業日又は家庭及び地域における体験的な学習活動その他の学習活動のための休業日（次項において「体験的学習活動等休業日」という。）は、市町村又は都道府県の設置する学校にあつては当該市町村又は都道府県の教育委員会が、公立大学法人の設置する学校にあつては当該公立大学法人の理事長が定める。

2 市町村又は都道府県の教育委員会は、体験的学習活動等休業日を定めるに当たつては、家庭及び地域における幼児、児童、生徒又は学生の体験的な学習活動その他の学習活動の体験的学習活動等休業日における円滑な実施及び充実を図るため、休業日の時期を適切に分散させて定めることその他の必要な措置を講ずるよう努めるものとする。

＊平成一〇政令四一八・全部改正

参 規則六一

第三十条 削除〔平成一〇政令四一八〕

（学校廃止後の書類の保存）

第三十一条 公立又は私立の学校（私立の大学及び高等専門学校を除く。）が廃止されたときは、市町村又は都道府県の設置する学校（大学を除く。）については当該学校を設置していた市町村又は都道府県の教育委員会が、市町村又は都道府県の設置する大学については当該大学を設置していた市町村又は都道府県の長が、公立大学法人の設置する学校については当該学校を設置していた公立大学法人の設立団体（地方独立行政法人法第六条第三項に規定する設立団体をいう。）の長が、私立の学校については当該学校の所在していた都道府県の知事が、文部科学省令で定めるところにより、それぞれ当該学校に在学し、又はこれを卒業した者の学習及び健康の状況を記録した書類を保存しなければならない。

参【省令の定め＝規則二八③】【学習・身体の状況を記録した書類＝規則二四】指導要録】

第四章 技能教育施設の指定

＊昭三七政令一一四・追加

（指定の申請）

第三十二条 技能教育のための施設の設置者で法第五十五条の規定による指定（第三十三条の二並びに第三十四条第二項及び第三項を除き、以下「指定」という。）を受けようとするものは、

当該施設の所在地の都道府県の教育委員会に対し、その指定を申請しなければならない。

＊昭三七政令一一四・追加

参　法五五―定通制の技能教育

（指定の基準）

第三十三条　指定の基準は、次のとおりとする。

一　設置者が、高等学校における教育に理解を有し、かつ、この政令及びこの政令に基づく文部科学省令を遵守する等設置者として適当であると認められる者であること。

二　修業年限が一年以上であり、年間の指導時間数が六百八十時間以上であること。

三　技能教育を担当する者（実習を担任する者を除く。）のうち、半数以上の者が担当する技能教育に係る高等学校教諭の免許状を有する者又はこれと同等以上の学力を有すると認められる者であり、かつ、実習を担任する者のうち、半数以上の者が担任する実習に係る高等学校教諭の免許状を有する者若しくはこれと同等以上の学力を有すると認められる者又は六年以上担任する実習に関連のある実地の経験を有し、技術優秀と認められる者であること。

四　技能教育の内容に文部科学大臣が定める高等学校の教科に相当するものが含まれていること。

五　技能教育を担当する者及び技能教育を受ける者の数、施設及び設備並びに運営の方法が、それぞれ文部省令で定める基準に適合するものであること。

＊昭三七政令一一四・追加

（連携科目等の指定）

第三十三条の二　都道府県の教育委員会は、法第五十五条の規定による指定をするときは、連携科目等（当該指定に係る技能教育のための施設における科目のうち同条に規定する措置の対象となるもの及び当該科目の学習をその履修とみなすことができる高等学校の教科の一部（文部科学省令で定める区分によるものとする。）をいう。以下同じ。）を併せて指定しなければならない。

＊平成一二政令四二・追加

参　法五五―定通制の技能教育

（指定の公示）

第三十三条の三　都道府県の教育委員会は、指定をしたときは、当該指定を受けた技能教育のための施設（以下「指定技能教育施設」という。）の名称、所在地及び連携科目等を公示しなければならない。

＊平成一二政令四二・追加

参　法五五―定通制の技能教育

（内容変更の届出等）

第三十四条　指定技能教育施設の設置者は、当該指定技能教育施設の名称、所在地、技能教育の種類その他の文部科学省令で定める事項を変更しようとするときは、あらかじめ、当該指定技能教育施設について指定をした都道府県の教育委員会（以下「施設指定教育委員会」という。）に届け出なければならない。

2　指定技能教育施設の設置者は、連携科目等の追加、変更又は廃止をしようとするときは、施設指定教育委員会に対し、それぞれその指定、指定の変更又は指定の解除を申請しなければならない。

3　施設指定教育委員会は、第一項の規定による届出（名称又は所在地の変更に係るものに限る。）があつたとき又は前項の規定による指定、指定の変更若しくは指定の解除をしたときは、その旨を公示しなければならない。

＊昭三七政令一一四・追加

参　法五五―定通制の技能教育

（廃止の届出）

第三十五条　指定技能教育施設の設置者は、当該指定技能教育施設を廃止しようとするときは、廃止しようとする日の三月前までに、施設指定教育委員会に対し、その旨及び廃止の時期を届け出なければならない。

2　施設指定教育委員会は、前項の規定による届出があつたときは、その旨を公示しなければならない。

＊昭三七政令一一四・追加

参　法五五―定通制の技能教育

（指定の解除）

第三十六条　施設指定教育委員会は、その指定に係る指定技能教育施設が第三十三条各号に掲げる基準に適合しなくなつたときは、その指定を解除することができる。

2　施設指定教育委員会は、前項の規定による指定の解除をしたときは、その旨を公示しなければならない。

＊昭三七政令一一四・追加

参　法五五―定通制の技能教育

（調査等）

第三十七条　施設指定教育委員会は、その指定に係る指定技能教育施設について、第三十三条各号に掲げる基準に適合しているかどうかを調査し、及び当該指定技能教育施設の設置者に対し、当該指定技能教育施設における技能教育に関する報告又は資料の提出を求めることができる。

＊昭三七政令一一四・追加

（文部科学省令への委任）

第三十八条　第三十二条から前条までに規定するもののほか、指定の申請の手続その他指定に関し必要な事項は、文部科学省令で定める。

＊昭三七政令一一四・追加

（中等教育学校の後期課程の定時制の課程又は通信制の課程に係る技能教育施設）

第三十九条　第三十二条から前条までの規定は、中等教育学校の後期課程の定時制の課程（法第四条第一項に規定する定時制の課程をいう。）又は通信制の課程に係る技能教育のための施設について準用する。この場合において、第三十三条第一号及び第四号並びに第三十三条の二中「高等学校」とあるのは、「中等教育学校の後期課程」と読み替えるものとする。

＊平成一〇政令三五一・追加

第五章　認証評価

＊平成一五政令七四・追加

（認証評価の期間）

第四十条　法第百九条第二項（法第百二十三条において準用する場合を含む。）の政令で定める期間は七年以内、法第百九条第三項の政令で定める期間は五年以内とする。

＊平成一五政令七四・追加

第六章　審議会等

＊昭五九政令二二九・追加

（法第三十四条第五項の審議会等）

第四十一条　法第三十四条第五項（法第四十九条、第四十九条の八、第六十二条、第七十条第一項及び第八十二条において準用する場合を含む。）に規定する審議会等は、教科用図書検定調査審議会とする。

＊昭五九政令二二九・追加

参　【教科用図書検定調査審議会＝文部科学省組織令七五―設置】

（法第九十四条の審議会等で政令で定めるもの）

第四十二条　法第九十四条（法第百二十三条において準用する場合を含む。）の審議会等で政令で定めるものは、中央教育審議会とする。

＊平成一二政令四二・追加

参　【中央教育審議会＝文部科学省組織令七五―設置】中央教育審議会令―組織等

（法第九十五条の審議会等で政令で定めるもの）

第四十三条　法第九十五条（法第百二十三条において準用する場合を含む。）の審議会等で政令で定めるものは、大学設置・学校法人審議会とする。

＊平成一二政令四二・追加

参【大学設置・学校法人審議会＝文部科学省組織令七五―設置】大学設置・学校法人審議会令―組織等）

附　則

この政令は、公布の日から施行する。

附　則（令和四・一二・二八政令四〇三）

（施行期日）

1　この政令は、令和五年四月一日から施行する。

（認可の申請に関する経過措置）

2　この政令の施行の際現に学校教育法第四条第一項の規定によりされている改正前の学校教育法施行令第二十三条第一項第十一号に規定する学則の変更の認可の申請は、当該変更が改正後の学校教育法施行令（以下「新令」という。）第二十三条第一項第十一号の文部科学省令で定める変更に該当する場合には、文部科学省令で定めるところにより、新令第二十六条第一項又は第二十七条の二第一項の規定による学則の変更の届出とみなす。

○学校教育法施行規則

昭二二・五・二三
文部令一一

改正　昭二三・一〇・一五文部令一八　昭二四・九・二二文部令三四、一一・一文部令三九、一二・二九文部令四四　昭二五・三・一四文部令一二、四・一四文部令一三、九・二文部令二四、一〇・九文部令二八　昭二六・四・二〇文部令八、六・二二文部令一三　昭二八・一一・二七文部令二五　昭二九・六・二五文部令一六、七・一〇文部令一九、一〇・三〇文部令二九　昭三〇・三・二六文部令六　昭三一・四・一文部令九、七・二五文部令二二、九・二七文部令二三、一〇・二二文部令二八、一二・五文部令三一、一二・一三文部令三二、一二・一八文部令三三　昭三二・一二・四文部令二一　昭三三・六・一三文部令一八、八・一九文部令二四、八・二八文部令二五　昭三五・一〇・一五文部令一六　昭三六・八・三〇文部令二二　昭三七・三・三一文部令一二、六・一文部令二八、九・一文部令三二　昭三八・二・二六文部令三、八・二三文部令二一　昭三九・三・一九文部令五、七・一一文部令二一　昭四〇・二・一二文部令五　昭四一・二・二一文部令三、七・一文部令三五　昭四二・八・一文部令一五、一〇・六文部令一八　昭四三・七・一一文部令二五、一〇・一文部令三〇　昭四四・四・一四文部令一一　昭四五・六・一文部令一八、一〇・一五文部令二三　昭四六・三・三一文部令一七、一二・二四文部令三一　昭四七・二・一〇文部令二、三・一八文部令六、一〇・二七文部令四六　昭四九・二・九文部令二、六・二〇文部令二八、八・八文部令三八　昭五〇・四・二八文部令二一、一二・二六文部令四一　昭五一・一・一〇文部令一、四・一文部令一四、五・三一文部令二九、七・二四文部令三二　昭五二・七・二三文部令三〇　昭五三・五・三〇文部令二三、八・一八文部令三〇、八・三〇文部令三一、一一・九文部令四二　昭五四・七・二文部令一九、八・二四文部令二〇　昭五六・一〇・二九文部令三三　昭五七・三・二三文部令三、七・二三文部令二九　昭五八・四・一文部令一五　昭五九・七・二〇文部令三九　昭六一・五・二七文部令三〇　昭六三・二・三文部令四、三・三一文部令五、一〇・八文部令三八　平成元・三・一五文部令一、三・二二文部令三、三・三一文部令一〇、九・一文部令三六、一〇・二四文部令四〇、一〇・二六文部令四四　平成三・三・一五文部令一、六・二五文部令三七、一一・一四文部令四五　平成四・三・二三文部令四　平成五・一・二八文部令一、三・三文部令二、三・一〇文部令三　平成六・一・一七文部令一、八・一〇文部令三四、一一・二四文部令四六、一一・三〇文部令四八　平成七・三・二八文部令四、一二・二六文部令二一　平成九・三・二四文部令六、七・三一文部令三二　平成一〇・三・二七文部令三、八・一四文部令三三、一一・一七文部令三八、一二・一四文部令四四、平成一一・一・一八文部令一、三・二三文部令五、三・二九文部令七、三・三一文部令一九、八・三一文部令三四、八・三一文部令三五、九・一四文部令三七　平成一二・一・二一文部令三、三・九文部令九、一〇・三一文部令五三　平成一三・三・三〇文科令四九、一一・二七文科令八〇　平成一四・三・二七文科令七、三・二九文科令一四、三・二九文科令一五、三・二九文科令一六、三・二九文科令一七　平成一五・三・三一文科令一三、三・三一文科令一五、九・一六文科令三九、九・一九文科令四一　平成一六・三・一二文科令八、三・三一文科令一五、三・三一文科令二〇、三・三一文科令二二、一二・一三文科令四二、一二・一五文科令四三　平成一七・一・三一文科令一、三・三文科令二、三・三一文科令一六、四・一文科令二九、七・六文科令三八、九・九文科令四〇、九・九文科令四二　平成一八・三・三〇文科令五、三・三一文科令一一、三・三一文科令二二　平成一九・三・三〇文科令五、七・三一文科令二二、一〇・三〇文科令三四、一二・一四文科令三八、一二・二五文科令四〇　平成二〇・三・二八文科令五、七・三一文科令二二、八・二一文科令二六　平成二一・三・九文科令三、三・二六文科令五、三・三一文科令一〇、八・二〇文科令三〇　平成二二・三・二四文科令八、六・一五文科令一五、七・一五文科令一七　平成二三・五・二文科令一八、七・二九文科令二八　平成二四・三・一四文科令六、三・三〇文科令一四　平成二五・一一・二九文科令三一　平成二六・一・一四文科令二、七・二内文厚令二、八・二九文科令二五　平成二七・三・二七文科令一一、三・三〇文科令一三、四・一文科令一九、六・一文科令二六、八・一九文科令二八、一〇・二文科令三五　平成二八・三・二二文科令四、三・三〇文科令一〇、三・三一文科令一六、三・三一文科令一九、一二・九文科令三四　平成二九・三・一四文科令四、三・三一文科令一二、三・三一文科令一八、三・三一文科令二〇、三・三一文科令二四、四・二八文科令二七、九・八文科令三

五、九・一三文科令三六　平成三〇・三・二七文科令六、三・三〇文科令一三、五・一文科令一八、八・二七文科令二七、一二・二七文科令三五　平成三一・一・三〇文科令二、二・四文科令三　令和元・八・一三文科令一一、八・二一文科令二一　令和二・二・一〇文科令一、四・一文科令一五　令和三・二・二六文科令九、三・三一文科令一四、八・二三文科令三七、九・一三文科令四四、九・二四文科令四五、一〇・二九文科令四九　令和四・三・一七文科令三、三・二二文科令六、三・三一文科令一五、四・一文科令一八、六・二〇文科令二〇、八・三一文科令二九、九・三〇文科令三四　令和五・三・三一文科令一八

第一章　総則

第一節　設置廃止等

〔学校の施設設備と位置〕

第一条　学校には、その学校の目的を実現するために必要な校地、校舎、校具、運動場、図書館又は図書室、保健室その他の設備を設けなければならない。

② 学校の位置は、教育上適切な環境に、これを定めなければならない。

参 法三 1【学校の目的＝法二二・二九・四五・四九の二・五〇・六三・七二・一二四】

判 ●学校環境の破壊＝校庭やプールへの日照は、学校施設の機能にとって、重要であるから、小学校に隣接する土地に六階以上の建物を建設することは、児童の受忍限度を超え、学校環境を破壊するものとして、工事を禁止する。（大阪地判昭五四・三・三一）

●プールが通常有すべき安全性を欠き、その設置管理に瑕疵があったと認められるときは、プールの設置者は被害者の被った損害を賠償すべき責任がある。（鹿児島地判平成一〇・二・二〇）

〔私立学校の目的変更等の届出〕

第二条　私立の学校の設置者は、その設置する大学又は高等専門学校について次に掲げる事由があるときは、その旨を文部科学大臣に届け出なければならない。

一　目的、名称、位置又は学則（収容定員に係るものを除く。）を変更しようとするとき。

二　分校を設置し、又は廃止しようとするとき。

三　大学の学部、大学院の研究科、短期大学の学科その他の組織の位置を、我が国から外国に、外国から我が国に、又は一の外国から他の外国に変更するとき。

四　大学における通信教育に関する規程を変更しようとするとき。

五　経費の見積り及び維持方法を変更しようとするとき。

六　校地、校舎その他直接教育の用に供する土地及び建物に関する権利を取得し、若しくは処分しようとするとき、又は用途の変更、改築等によりこれらの土地及び建物の現状に重要な変更を加えようとするとき。

＊平成一二文部令九・全部改正

参 法四【届出手続＝規則二〜一五】

〔学校設置の認可手続〕

第三条　学校の設置についての認可の申請又は届出は、それぞれ認可申請書又は届出書に、次の事項（市（特別区を含む。以下同じ。）町村立の小学校、中学校及び義務教育学校（市町村が単独で又は他の市町村と共同して設立する公立大学法人（地方独立行政法人法（平成十五年法律第百十八号）第六十八条第一項に規定する公立大学法人をいう。以下同じ。）の設置する小学校、中学校及び義務教育学校を含む。第七条において同じ。）については、第四号及び第五号の事項を除く。）を記載した書類及び校地、校舎その他直接保育又は教育の用に供する土地及び建物（以下「校地校舎等」という。）の図面を添えてしなければならない。

一　目的

二　名称

三　位置

四　学則

五　経費の見積り及び維持方法

六　開設の時期

＊昭二八文部令二五・全部改正

参 法四、令二五・二八

〔学則の必要記載事項〕

第四条　前条の学則中には、少くとも、次の事項を記載しなければならない。

一　修業年限、学年、学期及び授業を行わない日（以下「休業日」という。）に関する事項

二　部科及び課程の組織に関する事項

三　教育課程及び授業日時数に関する事項

四　学習の評価及び課程修了の認定に関する事項

五　収容定員及び職員組織に関する事項

六　入学、退学、転学、休学及び卒業に関する事項

七　授業料、入学料その他の費用徴収に関する事項

八　賞罰に関する事項

九　寄宿舎に関する事項

②　前項各号に掲げる事項のほか、通信制の課程を置く高等学校（中等教育学校の後期課程を含む。第五条第三項において同じ。）については、前条の学則中に、次の事項を記載しなければならない。

一　通信教育を行う区域に関する事項

二　通信教育連携協力施設（高等学校通信教育規程（昭和三十七年文部省令第三十二号）第三条第一項に規定する通信教育連携協力施設をいう。第五条第三項において同じ。）に関する事項

③　第一項各号に掲げる事項のほか、特別支援学校については、前条の学則中に、学校教育法（昭和二十二年法律第二十六号）第七十二条に規定する者に対する教育のうち当該特別支援学校が行うものに関する事項を記載しなければならない。

＊昭二八文部令二五・全部改正

参　法四、令二八【通信制の課程を置く高等学校＝法五四、令二四

判　●学則による政治活動の規制＝大学において、学生の政治的活動を学の内外を問わず全く自由に放任するときは、あるいは学生が学業を疎かにし、あるいは学内における教育及び研究の環境を乱し、本人及び他の学生に対する教育目的の達成や研究の遂行を損う等大学設置の目的の実現を妨げるおそれがあるのであるから、大学当局がこれらの政治的活動に対してなんらかの規制を加えること自体は十分にその合理性が認められ、大学が、政治的目的をもつ署名運動に学生が参加し又は政治的活動を目的とする学外の団体に学生が加入することについて、大学の教育方針に基づき、届出制あるいは許可制をとることを不合理なものとすることはできない。（最高判（三小）昭四九・七・一九）

〔学校の目的等の変更の認可申請・届出の手続〕

第五条　学則の変更は、前条第一項各号、第二項各号、第三項並びに第百八十七条第二項第一号及び第二号に掲げる事項に係る学則の変更とする。

②　学校の目的、名称、位置、学則又は経費の見積り及び維持方法の変更についての認可の申請又は届出は、それぞれ認可申請書又は届出書に、変更の事由及び時期を記載した書類を添えてしなければならない。

③　高等学校の広域の通信制の課程（学校教育法第五十四条第三項（同法第七十条第一項において準用する場合を含む。）に規定する広域の通信制の課程をいう。）ごとの定員（高等学校通信教育規程第四条第二項に規定する通信教育連携協力施設ごとの定員をいう。）又は私立学校の収容定員に係る学則の変更についての認可の申請又は届出は、それぞれ認可申請書又は届出書に、前項の書類のほか、経費の見積り及び維持方法を記載した書類並びに当該変更後の定員又は収容定員に必要な校地校舎等の図面を添えてしなければならない。

＊昭三六文部令二一・追加

参　法四、令二八、規則一八九・一九〇

〔校地校舎等の取得・処分等の届出手続〕

第六条　学校の校地校舎等に関する権利を取得し、若しくは処分し、又は用途の変更、改築等によりこれらの現状に重要な変更を加えることについての届出は、届出書に、その事由及び時期を記載した書類並びに当該校地校舎等の図面を添えてしなければならない。

＊昭二八文部令二五・全部改正

参 令二六①2・二八

〔分校設置の認可申請・届出手続〕

第七条　分校（私立学校の分校を含む。第十五条において同じ。）の設置についての認可の申請又は届出は、それぞれ認可申請書又は届出書に、次の事項（市町村立の小学校、中学校及び義務教育学校については、第四号及び第五号の事項を除く。）を記載した書類及び校地校舎等の図面を添えてしなければならない。

一　事由
二　名称
三　位置
四　学則の変更事項
五　経費の見積り及び維持方法
六　開設の時期

＊昭二八文部令二五・全部改正

参 法四、令二三①10・二五4・二八、規則一八九・一九〇

行 ●学校の廃止が認可事項とされているのは、在学中の児童生徒等を保護するためもある。（初中局財務課長回答昭二八・一二・六）

〔私立学校在外組織の変更届出書記載事項〕

第八条　第二条第三号に掲げる事由に係る届出は、届出書に、次の事項を記載した書類及び校地校舎等の図面を添えてしなければならない。

一　事由
二　名称
三　位置
四　学則の変更事項
五　経費の見積り及び維持方法
六　変更の時期

＊平成一六文科令四二・追加

〔二部授業実施の届出手続〕

第九条　二部授業を行うことについての届出は、届出書に、その事由、期間及び実施方法を記載した書類を添えてしなければならない。

＊昭二八文部令二五・全部改正

参 法四、令二五5・二八

〔学級の編制・その変更の認可申請・届出手続〕

第十条　学級の編制についての認可の申請又は届出は、それぞれ認可申請書又は届出書に、各学年ごとの各学級別の生徒の数（数学年の生徒を一学級に編制する場合にあつては、各学級ごとの各学年別の生徒の数とする。本条中以下同じ。）を記載した書類を添えてしなければならない。

②　学級の編制の変更についての認可の申請又は届出は、それぞれ認可申請書又は届出書に、変更の事由及び時期並びに変更前及び変更後の各学年ごとの各学級別の生徒の数を記載した書類を添えてしなければならない。

＊昭二八文部令二五・追加

参 令二三①4・二八

〔課程・学科・専攻科・別科設置の認可申請・届出手続〕

第十一条　高等学校（中等教育学校の後期課程を含む。）の全日制の課程、定時制の課程、通信制の課程、学科、専攻科若しくは別科、特別支援学校の高等部の学科、専攻科若しくは別科、大学の学部、学部の学科、大学院、大学院の研究科若しくは研究科の専攻、短期大学の学科若しくは高等専門学校の学科の設置又は大学院の研究科の専攻に係る課程の変更についての認可の申請又は届出は、それぞれ認可申請書又は届出書に、第七条各号の事項を記載した書類及びその使用に係る部分の校地校舎等の図面を添えてしなければならない。

＊昭二八文部令二五・追加

参 法四、令二三①2・6〜9・二八、規則一五

〔大学の通信教育の開設手続〕

第十二条　特別支援学校の高等部又は大学における通信教育の開設についての認可の申請又は届出は、それぞれ認可申請書又は届出書に、第七条各号の事項を記載した書類、通信教育に関する規程及びその使用に係る部分の校地校舎等の図面を添えてしなければならない。

② 特別支援学校の高等部又は大学における通信教育に関する規程の変更についての届出は、届出書に、変更の事由及び時期を記載した書類を添えてしなければならない。

③ 特別支援学校の高等部又は大学における通信教育の廃止についての認可の申請又は届出は、それぞれ認可申請書又は届出書に、廃止の事由及び時期並びに生徒又は学生の処置方法を記載した書類を添えてしなければならない。

＊昭三六文部令二一・追加
参 法四、令二三①5・二八

〔特別支援学校の幼・小・中・高等部設置の認可の申請手続〕

第十三条 特別支援学校の幼稚部、小学部、中学部又は高等部の設置についての認可の申請又は届出は、それぞれ認可申請書又は届出書に、第七条各号の事項を記載した書類及びその使用に係る部分の校地校舎等の図面を添えてしなければならない。

＊昭二八文部令二五・追加
参 法四、令二三①3・二八

〔設置者変更の認可申請・届出手続〕

第十四条 学校の設置者の変更についての認可の申請又は届出は、それぞれ認可申請書又は届出書に、当該設置者の変更に関係する地方公共団体（公立大学法人（地方独立行政法人法（平成十五年法律第百十八号）第六十八条第一項に規定する公立大学法人をいう。以下同じ。）を含む。以下この条において同じ。）又は学校法人（私立の幼稚園を設置する学校法人以外の法人及び私人を含む。）が連署して、変更前及び変更後の第三条第一号から第五号まで（小学校、中学校又は義務教育学校の設置者の変更の場合において、新たに設置者となろうとする者が市町村であるときは、第四号及び第五号を除く。）の事項並びに変更の事由及び時期を記載した書類を添えてしなければならない。ただし、新たに設置者となろうとする者が成立前の地方公共団体である場合においては、当該成立前の地方公共団体の連署を要しない。

＊昭二八文部令二五・追加

〔学校等の廃止の認可申請・届出手続〕

第十五条 学校若しくは分校の廃止、高等学校（中等教育学校の後期課程を含む。）の全日制の課程、定時制の課程、通信制の課程、学科、専攻科若しくは別科の廃止、特別支援学校の幼稚部、小学部、中学部、高等部若しくは高等部の学科、専攻科若しくは別科の廃止、大学の学部、学部の学科、大学院、大学院の研究科若しくは研究科の専攻の廃止、短期大学の学科の廃止又は高等専門学校の学科の廃止についての認可の申請又は届出は、それぞれ認可申請書又は届出書に、廃止の事由及び時期並びに幼児、児童、生徒又は学生（以下「児童等」という。）の処置方法を記載した書類を添えてしなければならない。

＊昭二八文部令二五・追加
参 法四、令二三・二八

〔認可を要しない軽微な変更〕

第十五条の二 学校教育法施行令（昭和二十八年政令第三百四十号）第二十三条第一項第十一号の軽微な変更として文部科学省令で定めるものは、次に掲げるものとする。

一 第四条第一項第八号及び第九号に掲げる事項に係る変更
二 地域の名称の変更又は地番の変更に伴う変更
三 前二号に掲げるもののほか、市町村の教育委員会又は市町村が単独で若しくは他の市町村と共同して設立する公立大学法人の設置する高等学校（中等教育学校の後期課程を含む。以下この号において同じ。）にあつては都道府県の教育委員会、私立の高等学校にあつては都道府県知事が、軽微な変更として認めるもの（第四条第一項第一号から第七号まで及び第二項各号に掲げる事項に係る変更を除く。）

＊令和五文科令一八・追加
参 法四、令二三①11

〔学則の記載事項〕

第十六条　学校教育法施行令第二十四条の二第四号の文部科学省令で定める学則の記載事項は、第四条第一項第一号（修業年限に関する事項に限る。）及び第五号並びに同条第二項各号に掲げる事項とする。

② 学校教育法施行令第二十四条の二に規定する事項についての認可の届出は、認可申請書に係る書類の写しを添えてしなければならない。

＊昭四五文部令一八・全部改正
参 法四、令二八

〔都道府県の教委報告書への添付書類〕

第十七条　学校教育法施行令第二十六条第三項の規定による都道府県の教育委員会又は都道府県が単独で若しくは他の地方公共団体と共同して設立する公立大学法人の理事長の報告は、報告書に、市町村の教育委員会又は市町村が単独で若しくは他の市町村と共同して設立する公立大学法人の理事長からの届出に係るものについては当該届出に係る書類の写しを、当該都道府県又は当該都道府県が単独で若しくは他の地方公共団体と共同して設立する公立大学法人の設置する高等学校に係るものについては変更の事由及び時期を記載した書類を添えてしなければならない。

＊平成一二文部令九・追加
参 令二六—報告の手続

〔都道府県知事への報告書の添付書類〕

第十八条　学校教育法施行令第二十七条の二第二項の規定による都道府県知事の報告は、報告書に当該届出に係る書類の写しを添えてしなければならない。

＊平成一二文部令九・追加
参 令二七の二—報告の手続

〔認可申請・届出の手続その他の細則〕

第十九条　学校教育法、学校教育法施行令及びこの省令の規定に基づいてなすべき認可の申請、届出及び報告の手続その他の細則については、文部科学省令で定めるもののほか、公立又は私立の大学及び高等専門学校に係るものにあつては文部科学大臣、大学及び高等専門学校以外の市町村（市町村が単独で又は他の市町村と共同して設立する公立大学法人を含む。）の設置する学校に係るものにあつては都道府県の教育委員会、大学及び高等専門学校以外の私立学校に係るものにあつては都道府県知事が、これを定める。

＊昭二八文部令二五・追加
参 法四、令二三・二五〜二八、規則二

第二節　校長、副校長及び教頭の資格

〔校長の資格〕

第二十条　校長（学長及び高等専門学校の校長を除く。）の資格は、次の各号のいずれかに該当するものとする。

一　教育職員免許法（昭和二十四年法律第百四十七号）による教諭の専修免許状又は一種免許状（高等学校及び中等教育学校の校長にあつては、専修免許状）を有し、かつ、次に掲げる職（以下「教育に関する職」という。）に五年以上あつたこと

イ　学校教育法第一条に規定する学校及び同法第百二十四条に規定する専修学校の校長（就学前の子どもに関する教育、保育等の総合的な提供の推進に関する法律（平成十八年法律第七十七号）第二条第七項に規定する幼保連携型認定こども園（以下「幼保連携型認定こども園」という。）の園長を含む。）の職

ロ　学校教育法第一条に規定する学校及び幼保連携型認定こども園の教授、准教授、助教、副校長（幼保連携型認定こども園の副園長を含む。）、教頭、主幹教諭（幼保連携型認定こども園の主幹養護教諭及び主幹栄養教諭を含む。）、指導教諭、教諭、助教諭、養護教諭、養護助教諭、栄養教諭、主幹保育教諭、指導保育教諭、保育教諭、助保育教諭、講師（常時勤務の者に限る。）及び同法第百二十四条に規定する専修学校の教員（以下本条中「教員」という。）の

職

ハ　学校教育法第一条に規定する学校及び幼保連携型認定こども園の事務職員（単純な労務に雇用される者を除く。本条中以下同じ。）、実習助手、寄宿舎指導員及び学校栄養職員（学校給食法（昭和二十九年法律第百六十号）第七条に規定する職員のうち栄養教諭以外の者をいい、同法第六条に規定する施設の当該職員を含む。）の職

ニ　学校教育法等の一部を改正する法律（平成十九年法律第九十六号）第一条の規定による改正前の学校教育法第九十四条の規定により廃止された従前の法令の規定による学校及び旧教員養成諸学校官制（昭和二十一年勅令第二百八号）第一条の規定による教員養成諸学校の長の職

ホ　ニに掲げる学校及び教員養成諸学校における教員及び事務職員に相当する者の職

ヘ　海外に在留する邦人の子女のための在外教育施設（以下「在外教育施設」という。）で、文部科学大臣が小学校、中学校又は高等学校の課程と同等の課程を有するものとして認定したものにおけるイからハまでに掲げる者に準ずるものの職

ト　へに規定する職のほか、外国の学校におけるイからハまでに掲げる者に準ずるものの職

チ　少年院法（平成二十六年法律第五十八号）による少年院又は児童福祉法（昭和二十二年法律第百六十四号）による児童自立支援施設（児童福祉法等の一部を改正する法律（平成九年法律第七十四号）附則第七条第一項の規定により証明書を発行することができるもので、同条第二項の規定によりその例によることとされた同法による改正前の児童福祉法第四十八条第四項ただし書の規定による指定を受けたものを除く。）において教育を担当する者の職

リ　イからチまでに掲げるもののほか、国又は地方公共団体において教育事務又は教育を担当する国家公務員又は地方公務員（単純な労務に雇用される者を除く。）の職

ヌ　外国の官公庁におけるリに準ずる者の職

二　教育に関する職に十年以上あつたこと

＊平成一二文部令三・全部改正

参　法八―校長の資格

〔私立学校長の資格の特例〕

第二十一条　私立学校の設置者は、前条の規定により難い特別の事情のあるときは、五年以上教育に関する職又は教育、学術に関する業務に従事し、かつ、教育に関し高い識見を有する者を校長として採用することができる。

＊昭二九文部令二九・全部改正

参　規則二〇

〔校長の任命・採用の特例とその資質〕

第二十二条　国立若しくは公立の学校の校長の任命権者又は私立学校の設置者は、学校の運営上特に必要がある場合には、前二条に規定するもののほか、第二十条各号に掲げる資格を有する者と同等の資質を有すると認める者を校長として任命し又は採用することができる。

＊平成一二文部令三・追加

〔副校長・教頭の資格〕

第二十三条　前三条の規定は、副校長及び教頭の資格について準用する。

＊平成一二文部令三・全部改正

第三節　管理

〔指導要録〕

第二十四条　校長は、その学校に在学する児童等の指導要録（学校教育法施行令第三十一条に規定する児童等の学習及び健康の状況を記録した書類の原本をいう。以下同じ。）を作成しなければならない。

②　校長は、児童等が進学した場合においては、その作成に係る当該児童等の指導要録の抄本又は写しを作成し、これを進学先の校長に送付しなければならない。

③　校長は、児童等が転学した場合においては、その作成に係る当該児童等の指導要録の写しを作成し、その写し（転学してきた児童等につい

ては転学により送付を受けた指導要録（就学前の子どもに関する教育、保育等の総合的な提供の推進に関する法律施行令（平成二十六年政令第二百三号）第八条に規定する園児の学習及び健康の状況を記録した書類の原本を含む。）の写しを含む。）及び前項の抄本又は写しを転学先の校長、保育所の長又は認定こども園の長に送付しなければならない。

＊昭二八文部令二五・追加

参　法一四二【学校備付表簿＝規則二八①4【保存期間＝規則二八②③【学校廃止に伴う指導要録等の保存＝令三一

判　●指導要録・内申書等の開示＝開示すれば、生徒と教師の信頼関係が破壊されるという主張によって、高校入試の資料としての指導要録や内申書の所見欄や評定欄の開示を拒むことはできない。（大阪高判平成一一・一一・二六）

●調査書特記事項欄の開示＝特記事項の記載は、記載の適否を第三者が客観的な見地から審査する余地は全くなく、記載事項を本人や保護者に開示することが恣意や不正を防止する唯一の方法であり、調査書は全面開示すべきである。（東京地判平成一三・九・一二）

●指導要録の開示＝公文書開示条例の自己情報開示請求権にもとづく指導要録の開示請求につき、数値等による段階評価、検査結果などは非開示情報に該当しない。（最高判平成一五・一一・一一）（一審＝標準検査の記録等＝開示）（控訴審＝全部不開示）

●情報公開＝取材対象が公的機関であったとしても、情報開示が法的に義務とされていない場合、報道機関の取材を拒否することが直ちに違法になるものではない（大阪地裁堺支部判平成九・一一・二八）

行　●少年院・教護院入院児童生徒についての処置＝指導要録は、その性質上常に児童生徒の教育を行なうところにあるべきものであるから、少年院・教護院長に送付し、児童生徒在院中の教育に資するとともに、所要事項の記入を依頼するのが適当である。退院したときは、送付を求める。（初中局長回答昭二八・九・二九）

●指導要録及び指導要録の抄本の様式、その記入要領及び取扱要領の決定は、公立学校にあっては、地方教育行政法二三条一号、四号、五号及び九号の規定によって教育委員会である。（初中局長回答昭三六・五・二九委初七八）

●登校拒否児童等の出席扱い＝登校拒否児童生徒の中で、学校外の施設において相談指導を受けているとき、一定の要件を満たすとともに、当該施設への通所又は入所が学校への復帰を前提とし、かつ、登校拒否児童の自立を助けるうえで有効・適切であると判断される場合に、校長は指導要録上出席扱いとすることができる。（初中局長通知平成四・九・二四文初中三三〇）

〔出席簿〕

第二十五条　校長（学長を除く。）は、当該学校に在学する児童等について出席簿を作成しなければならない。

＊昭二八文部令二五・追加

参　法一四二【小学校等の校長の職務＝令一九【学校備付表簿＝規則二八①4

行　●出席簿の記入―出席停止の取扱＝学校法二六条の規定は出席停止に関する規定であるが、その停止期間中は、児童・生徒は学校への出席を要しないから通常の出席、欠席とは別個の取り扱いをすべきものであって、出席簿には「何の事由により何月何日から何月何日まで出席停止」と記入すべきである。（初中局長回答昭二九・一〇・二七委初三五六）

●登校拒否問題への対応について（初中局長通知平成四・九・二四文初中三三〇）

〔懲戒〕

第二十六条　校長及び教員が児童等に懲戒を加えるに当つては、児童等の心身の発達に応ずる等教育上必要な配慮をしなければならない。

②　懲戒のうち、退学、停学及び訓告の処分は、校長（大学にあつては、学長の委任を受けた学部長を含む。）が行う。

③　前項の退学は、市町村立の小学校、中学校（学校教育法第七十一条の規定により高等学校における教育と一貫した教育を施すもの（以下「併設型中学校」という。）を除く。）若しくは義務教育学校又は公立の特別支援学校に在学する学齢児童又は学齢生徒を除き、次の各号のいずれかに該当する児童等に対して行うことができる。

一　性行不良で改善の見込がないと認められる者

二　学力劣等で成業の見込がないと認められる者

三　正当の理由がなくて出席常でない者

四　学校の秩序を乱し、その他学生又は生徒としての本分に反した者

④　第二項の停学は、学齢児童又は学齢生徒に対しては、行うことができない。

⑤　学長は、学生に対する第二項の退学、停学及び訓告の処分の手続を定めなければならない。

＊昭三二文部令二一・全部改正

参　法一一、行政手続法三①7―適用除外

③④　法一七

判　●懲戒処分の性格＝大学の学生に対する懲戒処分は、教育施設としての大学の内部規律を維持し教育目的を達するために認められる自律的作用にほかならない。そして、懲戒権者たる学長が学生の行為に対し懲戒処分を発動するに当たり、その行為が懲戒に値いするものであるかどうか、懲戒処分のうちいずれの処分を選ぶべきかを決するについては、当該行為の軽重のほか、本人の性質および平素の行状、右行為の他の学生に与える影響、懲戒処分の本人および他の学生におよぼす訓戒的効果等の諸般の要素を考慮する必要があり、これらの点の判断は、学内の事情に通ぎようし直接教育の衝に当たるものの裁量に任すのでなければ、適切な結果を期することができないことは明らかである。それゆえ、学生の行為に対し、懲戒処分を発動するかどうか、懲戒処分のうちいずれの処分を選ぶかを決定することは、その決定がまつたく事実上の根拠に基づかないと認められる場合であるか、もしくは社会観念上著しく妥当を欠き……裁量権の範囲を超えるものと認められる場合を除き、懲戒権者の裁量に任されているものと解するのが相当である。原審が上告人等に対する退学処分は懲戒権者たる学長の裁量権の範囲内の行為であると判断したことは正当である。（最高判（三小）昭二九・七・三〇―棄却）

●政治活動の届出制＝私立大学において、学生が政治的目的をもつ署名運動に参加し、又は政治活動を目的とする学外団体に加入することについて、届出制あるいは許可制をとることは憲法に違反しない。（最高判（三小）昭四九・七・一九）

●懲戒の必要性＝学生が、学生みずからをも含む大学の教育的機能を停廃せしめることを目指して行なう一斉授業放棄等の抗議行動は、学生が教官と対等同質の構成員でもなく、また大学における対立の契機も基本的には共通の基盤に立つものであることを看過し、大学の自治否定を認める結果となるので、自治活動の範囲を超えて、大学の研究教育機関としての機能を阻害する者に対しては、大学はみずからの権限と責任において一定の懲戒処分をなしうるものであり、また、それが大学に課せられた社会的責務でもある。（東京地判昭四六・六・二九　東京教育大学生処分事件）

●退学処分＝退学処分は、学生の身分を剥奪する重大な措置であり、学校教育法施行規則一三条三項も四個の退学事由を限定的に定めている。また原級留置処分の決定や他の処分に当たっても、同様に慎重な配慮が要求されるものというべきである。信仰上の理由による剣道実技の履修拒否を、正当な理由のない履修拒否と区別することなく、代替措置について何ら検討することもなく、原級留置処分をし、さらに退学処分をした本件各処分は、裁量権の範囲を超える違法なものといわざるを得ない。（最高判平成八・三・八「エホバの証人」高専学生退学事件）

●退学処分＝学則等に格別の定めのない限り、本人に反省を促すための補導の過程を経由することが常に退学処分を行うについての学校当局の法的な義務であるわけでなく、したがって補導面に欠ける点があっても、それだけで退学処分が違法となるものではない。（最高判昭四九・七・一九）

●退学処分と個別指導＝本人への教育指導により同種の非違行為に及ぶことを防止する可能性があったにもかかわらず、このような指導がなされていないこと等から、学校から排除することが教育上やむを得ないとまでは認められないとして退学処分が違法とされた事例。（さいたま地川越支部判令和元・六・一三）

●自主退学勧告＝本件校則（バイクの三ない原則）は、社会通念上不合理とは言えない。また本件の事実関係（バイクを他の生徒に貸し与え無免許運転事故）に鑑み、本件の自主退学勧告は違法ではない。（最高判平成三・九・三　高校生バイク禁止校則違反自主退学勧告事件）

●自主退学勧告＝生徒の校則違反の態様、学校側の厳重注意を無視した反省なき行為や言辞等の平素の行状、これに対する学校の指導及び措置並びに自主退学勧告に至る経緯を勘案すれば、本件自主退学勧告に所論の違法があるとは言えない。（最高判平成八・七・一八）

●ビラ等の配付＝ビラ等の文書の配付及び落書を自由とすることは、中学校における教育環境に悪影響を及ぼし、学習効果の減殺等学習効果をあげる上において放置できない弊害を発生させる相当の蓋然性があるものということができるのであるから、かかる弊害を未然に防止するため、右のような行為をしないよう指導説得することはもちろん、前記生徒会規則において生徒の校内における文書の配付を学校当局の許可にかからしめ、その許可のない文書の配付を禁止することは、必要かつ合理的な範囲の制約であって、憲法二一条に違

反するものでない。（最高判（二小）昭六三・七・一五　麹町中内申書裁判）

●校則＝学校設置者は、生徒の校外での活動についても、生徒に教育を施すことが在学関係を成立させる目的である限りでは、これを規律することができる。（東京地判平成三・五・二七）

●校則＝中学校において髪型が、思想の表現である場合はきわめて稀であるから、本件校則は憲法二一条に違反しない。男子中学生の丸刈りの校則は、その教育目的・効果において多分に疑問の余地があるけれども、本件校則が著しく不合理で裁量権が逸脱しているとまで断ずることはできない。（熊本地判昭六〇・一一・一三　男子中学生丸刈り校則事件）

●校則＝市立中学の校則として中学校生徒心得が定められ、その中には制服が図入りで示されているほか、男子について頭髪を丸刈りとすると規定され、外出のときは制服又は体操服を着用しと定められているが、このような校則は生徒の守るべき心得を示すに止まり、法的効果をもつものではない。（最高判平成八・二・二二　校則無効確認訴訟）

●校則＝校則が憲法の規定に違反するかどうかを論ずる余地はない。私立学校は建学の精神に基づく独自の校風や教育方針により教育活動を目的としており、パーマを禁止しているのも高校生にふさわしい髪形を維持し、非行を防止するためであり、社会通念上、不合理とは言えず、校則は民法にも違反しない。（最高判平成八・七・一八　私立高校パーマ退学事件）

行　●二項の趣旨＝事実行為として行なわれるものを除き、処分として行なわれる懲戒は、校長が行なうものであることを明らかにしたものである。（次官通達昭三三・一二・二二文初財六二五）

●児童生徒の指導に当つては、教師は、児童生徒の生活実態のきめ細かい把握に基づき、児童生徒との間の信頼関係の上に立つて指導を行うことが必要であり、いやしくも、学校教育法一一条により禁止されている体罰が行われることのないよう留意すること。（初中局長通知昭六〇・六・二九文初中二〇一）

●生徒指導提要（平成二二年三月）にも示されているとおり、……校則に基づき指導を行う場合には、……児童生徒の内面的な自覚を促し、校則を自分のものとしてとらえ、自主的に守るように指導を行っていくことが重要です。……また、校則の指導が真に効果を上げるためには、その内容や必要性について児童生徒・保護者との間に共通理解を持つようにすることが重要です。（初中局児童生徒課事務連絡　令和三・六・八）

〔私立学校長の届出手続〕

第二十七条　私立学校が、校長を定め、大学及び高等専門学校にあつては文部科学大臣、大学及び高等専門学校以外の学校にあつては都道府県知事に届け出るに当たつては、その履歴書を添えなければならない。

参　法一〇

〔備付表簿、その保存期間〕

第二十八条　学校において備えなければならない表簿は、概ね次のとおりとする。

一　学校に関係のある法令
二　学則、日課表、教科用図書配当表、学校医執務記録簿、学校歯科医執務記録簿、学校薬剤師執務記録簿及び学校日誌
三　職員の名簿、履歴書、出勤簿並びに担任学級、担任の教科又は科目及び時間表
四　指導要録、その写し及び抄本並びに出席簿及び健康診断に関する表簿
五　入学者の選抜及び成績考査に関する表簿
六　資産原簿、出納簿及び経費の予算決算についての帳簿並びに図書機械器具、標本、模型等の教具の目録
七　往復文書処理簿

② 前項の表簿（第二十四条第二項の抄本又は写しを除く。）は、別に定めるもののほか、五年間保存しなければならない。ただし、指導要録及びその写しのうち入学、卒業等の学籍に関する記録については、その保存期間は、二十年間とする。

③ 学校教育法施行令第三十一条の規定により指導要録及びその写しを保存しなければならない期間は、前項のこれらの書類の保存期間から当該学校においてこれらの書類を保存していた期間を控除した期間とする。

参　①二【学則＝規則四　【学校医執務記録簿等＝学校保健安全法施行規則二一〜二四　四【指導要録等＝規則二四　【健康診断に関する表簿＝学校保健安全法施行規則八　五【入学者の選抜＝規則九〇―高校】

② 〔別の定め＝学校保健安全法施規八④―児童等の健康診断票等の保存期間〕

第二章　義務教育

＊平成一九文科令四〇・追加

〔磁気ディスク等による学齢簿〕

第二十九条　市町村の教育委員会は、学校教育法施行令第一条第三項（同令第二条において準用する場合を含む。）の規定により学齢簿を磁気ディスク（これに準ずる方法により一定の事項を確実に記録しておくことができる物を含む。以下同じ。）をもつて調製する場合には、電子計算機（電子計算機による方法に準ずる方法により一定の事項を確実に記録しておくことができる機器を含む。以下同じ。）の操作によるものとする。

２　市町村の教育委員会は、前項に規定する場合においては、当該学齢簿に記録されている事項が当該市町村の学齢児童又は学齢生徒に関する事務に従事している者以外の者に同項の電子計算機に接続された電気通信回線を通じて知られること及び当該学齢簿が滅失し又はき損することを防止するために必要な措置を講じなければならない。

＊平成一九文科令四〇・追加

参　令一・二・一

〔学齢簿の様式〕

第三十条　学校教育法施行令第一条第一項の学齢簿に記載（同条第三項の規定により磁気ディスクをもつて調製する学齢簿にあつては、記録。以下同じ。）をすべき事項は、次の各号に掲げる区分に応じ、当該各号に掲げる事項とする。

一　学齢児童又は学齢生徒に関する事項　氏名、現住所、生年月日及び性別

二　保護者に関する事項　氏名、現住所及び保護者と学齢児童又は学齢生徒との関係

三　就学する学校に関する事項

イ　当該市町村の設置する小学校、中学校（併設型中学校を除く。）又は義務教育学校に就学する者について、当該学校の名称並びに当該学校に係る入学、転学及び卒業の年月日

ロ　学校教育法施行令第九条に定める手続により当該市町村の設置する小学校、中学校（併設型中学校を除く。）又は義務教育学校以外の小学校、中学校、義務教育学校又は中等教育学校に就学する者について、当該学校及びその設置者の名称並びに当該学校に係る入学、転学、退学及び卒業の年月日

ハ　特別支援学校の小学部又は中学部に就学する者について、当該学校及び部並びに当該学校の設置者の名称並びに当該部に係る入学、転学、退学及び卒業の年月日

四　就学の督促等に関する事項　学校教育法施行令第二十条又は第二十一条の規定に基づき就学状況が良好でない者等について、校長から通知を受けたとき、又は就学義務の履行を督促したときは、その旨及び通知を受け、又は督促した年月日

五　就学義務の猶予又は免除に関する事項　学校教育法第十八条の規定により保護者が就学させる義務を猶予又は免除された者について、猶予の年月日、事由及び期間又は免除の年月日及び事由並びに猶予又は免除された者のうち復学した者については、その年月日

六　その他必要な事項　市町村の教育委員会が学齢児童又は学齢生徒の就学に関し必要と認める事項

２　学校教育法施行令第二条に規定する者について作成する学齢簿に記載をすべき事項については、前項第一号、第二号及び第六号の規定を準用する。

＊平成一九文科令四〇・追加

参　法一七

〔学齢簿の作成現在期日〕

第三十一条　学校教育法施行令第二条の規定による学齢簿の作成は、十月一日現在において行うものとする。

＊平成一九文科令四〇・追加

参　令一～四―学齢簿の編製

〔就学校指定前の保護者の意見聴取及びその手続〕

第三十二条　市町村の教育委員会は、学校教育法施行令第五条第二項（同令第六条において準用する場合を含む。次項において同じ。）の規定により就学予定者の就学すべき小学校、中学校又は義務教育学校（次項において「就学校」という。）を指定する場合には、あらかじめ、その保護者の意見を聴取することができる。この場合においては、意見の聴取の手続に関し必要な事項を定め、公表するものとする。

2　市町村の教育委員会は、学校教育法施行令第五条第二項の規定による就学校の指定に係る通知において、その指定の変更についての同令第八条に規定する保護者の申立ができる旨を示すものとする。

＊平成一九文科令四〇・追加

〔就学校指定の変更の要件及び手続〕

第三十三条　市町村の教育委員会は、学校教育法施行令第八条の規定により、その指定した小学校、中学校又は義務教育学校を変更することができる場合の要件及び手続に関し必要な事項を定め、公表するものとする。

＊平成一九文科令四〇・追加

〔就学義務の猶予・免除手続〕

第三十四条　学齢児童又は学齢生徒で、学校教育法第十八条に掲げる事由があるときは、その保護者は、就学義務の猶予又は免除を市町村の教育委員会に願い出なければならない。この場合においては、当該市町村の教育委員会の指定する医師その他の者の証明書等その事由を証するに足る書類を添えなければならない。

＊平成一九文科令四〇・追加

行 ●「医師」の指定＝医師の指定は、小児科（内科）・外科・眼科・耳鼻いんこう科・精神科等の各専門の分野ごとに行なうことが望ましいが、かかる医師が得られない場合は、当該市町村の教委が適当と認める医師を指定すること。

●就学義務猶予の証明＝帰国子女の日本語修得のための就学義務の猶予の証明は、市（特別区を含む）町村の教育委員会が指定する学校（通常は、就学義務が猶予されなければ就学することとなる学校）の校長が行なうのが適当である。（初中局長回答昭四九・一二・六委初四七）

〔就学猶予・免除者の相当学年への編入〕

第三十五条　学校教育法第十八条の規定により保護者が就学させる義務を猶予又は免除された子について、当該猶予の期間が経過し、又は当該猶予若しくは免除が取り消されたときは、校長は、当該子を、その年齢及び心身の発達状況を考慮して、相当の学年に編入することができる。

＊平成一九文科令四〇・追加

第三章　幼稚園

＊平成一九文科令四〇・追加

〔設置基準〕

第三十六条　幼稚園の設備、編制その他設置に関する事項は、この章に定めるもののほか、幼稚園設置基準（昭和三十一年文部省令第三十二号）の定めるところによる。

＊平成一九文科令四〇・追加

参 法三

〔教育週数〕

第三十七条　幼稚園の毎学年の教育週数は、特別の事情のある場合を除き、三十九週を下つてはならない。

＊平成一九文科令四〇・追加

〔教育課程の基準〕

第三十八条　幼稚園の教育課程その他の保育内容については、この章に定めるもののほか、教育課程その他の保育内容の基準として文部科学大臣が別に公示する幼稚園教育要領によるものとする。

＊平成一九文科令四〇・追加

参 法二二・二三・二五

〔準用規定〕

第三十九条　第四十八条、第四十九条、第五十四条、第五十九条から第六十八条までの規定は、幼稚園に準用する。

＊平成一九文科令四〇・追加

第四章　小学校

＊平成一九文科令四〇・追加

第一節　設備編制

＊平成一九文科令四〇・追加

〔設置基準〕

第四十条　小学校の設備、編制その他設置に関する事項は、この節に定めるもののほか、小学校設置基準（平成十四年文部科学省令第十四号）の定めるところによる。

＊平成一九文科令四〇・追加

参　法三

〔学級数〕

第四十一条　小学校の学級数は、十二学級以上十八学級以下を標準とする。ただし、地域の実態その他により特別の事情のあるときは、この限りでない。

＊平成一九文科令四〇・追加

参　法三、規則四〇・四二

〔分校の学級数〕

第四十二条　小学校の分校の学級数は、特別の事情のある場合を除き、五学級以下とし、前条の学級数に算入しないものとする。

＊平成一九文科令四〇・追加

参　法三、規則四〇・四一

〔校務分掌〕

第四十三条　小学校においては、調和のとれた学校運営が行われるためにふさわしい校務分掌の仕組みを整えるものとする。

＊平成一九文科令四〇・追加

参　法三七④⑤⑦⑨—校務

行　●学校においては、規律を守り、校内の秩序ある生活をつくらなければならないが、一方、教員や児童生徒の創造的な活動を励まし、教育活動を適切に指導することが必要である。これら二つの人間関係の調和を保つことが、教育の場としての学校にとっては望ましいものである。（事務次官通達昭五一・一・一三文初地一三六）

●「校務分掌の仕組みを整える」とは、学校において全教職員の校務を分担する組織を有機的に編制し、その組織が有効に作用するよう整備することである。（同前）

●市町村立学校の管理機関である市町村教育委員会は、地教行法三三条の規定に基づいて当然にみずから管理する学校の組織を定めるべきものである。（初中局長回答昭三四・六・一九委初三五五）

〔教務主任・学年主任〕

第四十四条　小学校には、教務主任及び学年主任を置くものとする。

2　前項の規定にかかわらず、第四項に規定する教務主任の担当する校務を整理する主幹教諭を置くときその他特別の事情のあるときは教務主任を、第五項に規定する学年主任の担当する校務を整理する主幹教諭を置くときその他特別の事情のあるときは学年主任を、それぞれ置かないことができる。

3　教務主任及び学年主任は、指導教諭又は教諭をもつて、これに充てる。

4　教務主任は、校長の監督を受け、教育計画の立案その他の教務に関する事項について連絡調整及び指導、助言に当たる。

5　学年主任は、校長の監督を受け、当該学年の教育活動に関する事項について連絡調整及び指導、助言に当たる。

＊平成一九文科令四〇・追加

参　法三・三七①②⑨⑩⑪

行　●主任等の発令＝主任等の発令に関しては、当該学校を所管する教育委員会が行なうかまたは校長が行なうかについて、当該学校を所管する教育委員会が教育委員会規則で定めるものとし、従来の校務分掌の一翼を担う主任の選び方を変えるものではない。（事務次官通達昭五一・一・一三文初地一三六）

●主任の性格＝主任等は、いわゆる中間管理職ではなく、それぞれの職務に係る事項について、教職員間の連絡調整及び関係教職員に対する指導、助言に当るものであり、当該職務に係る事項に関して、必要があれば、校長及び教頭の指示を受け

てこれを関係教職員に伝え、あるいは、その内容を円滑に実施するため必要な調整を行うものである。（同前）

〔保健主事〕
第四十五条　小学校においては、保健主事を置くものとする。
2　前項の規定にかかわらず、第四項に規定する保健主事の担当する校務を整理する主幹教諭を置くときその他特別の事情のあるときは、保健主事を置かないことができる。
3　保健主事は、指導教諭、教諭又は養護教諭をもつて、これに充てる。
4　保健主事は、校長の監督を受け、小学校における保健に関する事項の管理に当たる。

＊平成一九文科令四〇・追加
参　法三・三七

〔研修主事〕
第四十五条の二　小学校には、研修主事を置くことができる。
2　研修主事は、指導教諭又は教諭をもつて、これに充てる。
3　研修主事は、校長の監督を受け、研修計画の立案その他の研修に関する事項について連絡調整及び指導、助言に当たる。

＊令和四文科令二九・追加

〔事務主任〕
第四十六条　小学校には、事務長又は事務主任を置くことができる。
2　事務長及び事務主任は、事務職員をもつて、これに充てる。
3　事務長は、校長の監督を受け、事務職員その他の職員が行う事務を総括する。
4　事務主任は、校長の監督を受け、事務に関する事項について連絡調整及び指導、助言に当たる。

＊平成一九文科令四〇・追加
参　法三・三七①②⑭
行　●事務主任＝事務職員の学歴、経験年数等を考慮して命ずるものであること。（事務次官通達昭五一・一・一三文初地一三六）

〔校務を分担する主任等〕
第四十七条　小学校においては、前四条に規定する教務主任、学年主任、保健主事、研修主事及び事務主任のほか、必要に応じ、校務を分担する主任等を置くことができる。

＊平成一九文科令四〇・追加
参　法三・三七①②

〔職員会議の設置〕
第四十八条　小学校には、設置者の定めるところにより、校長の職務の円滑な執行に資するため、職員会議を置くことができる。
2　職員会議は、校長が主宰する。

＊平成一九文科令四〇・追加
参　【設置者＝法二、法三七―職員】

〔学校評議員の設置〕
第四十九条　小学校には、設置者の定めるところにより、学校評議員を置くことができる。
2　学校評議員は、校長の求めに応じ、学校運営に関し意見を述べることができる。
3　学校評議員は、当該小学校の職員以外の者で教育に関する理解及び識見を有するもののうちから、校長の推薦により、当該小学校の設置者が委嘱する。

＊平成一九文科令四〇・追加

第二節　教育課程

＊平成一九文科令四〇・追加

〔教育課程の編成〕
第五十条　小学校の教育課程は、国語、社会、算数、理科、生活、音楽、図画工作、家庭、体育及び外国語の各教科（以下この節において「各教科」という。）、特別の教科である道徳、外国語活動、総合的な学習の時間並びに特別活動によつて編成するものとする。
2　私立の小学校の教育課程を編成する場合は、前項の規定にかかわらず、宗教を加えることができる。この場合においては、宗教をもつて前項の特別の教科である道徳に代えることができる。

＊平成一九文科令四〇・追加

参 法三三 【教育課程の改善のための研究の特例＝規則五五 【特別支援学校の特例＝規則一三二

判 ●親権者の教育課程編成についての原告適格＝親権者はその子女が学校においてほどこされる教科・科目の授業およびそのもとになる教育課程の編成について法律上の利害関係を有するものというべきであり、教育課程の内容が、生徒に適切な教育をほどこすことを目的として制定された教育関係法令の規定に違反していると、原告には右課程の編成の取消を求める適格があるといわなければならない。（大阪地判昭四八・三・一）

〔授業時数〕

第五十一条　小学校（第五十二条の二第二項に規定する中学校連携型小学校及び第七十九条の九第二項に規定する中学校併設型小学校を除く。）の各学年における各教科、特別の教科である道徳、外国語活動、総合的な学習の時間及び特別活動のそれぞれの授業時数並びに各学年におけるこれらの総授業時数は、別表第一に定める授業時数を標準とする。

＊平成一九文科令四〇・追加

参 法三三、規則五〇 【本条の特例＝規則五三―小学校の合科の特例）、五五―教育課程の改善のための研究の特例）、一三二―特別支援学校の特例）

〔教育課程の基準〕

第五十二条　小学校の教育課程については、この節に定めるもののほか、教育課程の基準として文部科学大臣が別に公示する小学校学習指導要領によるものとする。

＊平成一九文科令四〇・追加

参 法三三、規則五〇・五一 【本条の特例＝規則五二の四・五三・五五・五五の二・五六・五六の二・五六の四・一三二

判 ●学習指導要領の性格＝文部大臣は、学校法三八条、一〇六条による中学校の教科に関する事項を定める権限にもとづき、普通教育に属する中学校における教育の内容および方法につき、上述のような教育の機会均等の確保等の目的のために必要かつ合理的な基準を設定することができるものと解すべきところ、本件当時の中学校学習指導要領の内容を通覧するに、おおむね、中学校において地域差、学校差を超えて全国的に共通なものとして教授されることが必要最少限度の基準と考えても必ずしも不合理とはいえない事項が、その根幹をなしていると認められるのであり、右指導要領の下における教師による創造的かつ弾力的な教育の余地や、地方ごとの特殊性を反映した個別化の余地が十分に残されており、全体としてはなお全国的な大綱的基準としての性格をもつものと認められるし、また、その内容においても、教師に対し一方的な一定の理論ないしは観念を生徒に教えこむことを強制するような点はまつたく含まれていないのである。それゆえ、上記指導要領は、全体としてみた場合、教育政策上の当否はともかくとして、少なくとも法的見地からは、上記目的のために必要かつ合理的な基準の設定として是認することができるものと解するのが、相当である。（最高判（大法廷）昭五一・五・二一　学力テスト旭川事件）

●学習指導要領の法規性＝学習指導要領は法規としての性質を有すると解することが、憲法二三条、二六条に違反するものでないこと、および学校法五一条により高等学校に準用される同法二一条が高等学校における教科書使用義務を定めた規定であると解することが、憲法二六条、教基法一〇条に違反するものでないことは、学力テスト事件最高裁判決（昭五一・五・二一＝右参照）の趣旨とするところである。また、考査不実施、一律評価が校内規程に違反し、職務義務違反になるとした原審の認定は正当として是認できる。

本件処分は、社会観念上著しく妥当を欠くものとまではいいがたく、その裁量権を逸脱したものと判断することはできない。（最高判（一小）平成二・一・一八　伝習館高校事件）

●政治教育と学習指導要領＝控訴人の行為は、毛沢東思想の正しさを強調することによって当時の内閣、特定の政党に反対する教育を行なったことになり、教基法八条二項に抵触する。

学習指導要領が法的拘束力をもつことは、学力調査事件最高裁判決（昭五一・五・二一）の示すところである。本件懲戒処分は社会通念上著しく妥当を欠くとはいえず、裁量権の濫用があったとはいえない。（広島高判昭六〇・五・三一、最高判（三小）平成二・一・二〇――同旨　毛語録事件）

●新学習指導要領の指導助言者研究協議会は、道

教委の実施する事業であり、従前からこの種の研究協議会については、道教委と北教組との間で、その実施方に つき事実上話合いが行われてきた慣行が存在するとしても、本来は、地公法五五条三項所定のいわゆる管理運営事項に属し、団体交渉の対象とすることができないものである。（札幌高判昭五九・五・一七）

行 ●国旗及び国歌に関する法律について（大臣官房長通知平成一一・八・一三文総審一一三）

●学校における国旗及び国歌に関する指導について＝国旗及び国歌に関する法律は、長年の慣行により、国民の間に国旗及び国歌として定着していた「日章旗」及び「君が代」について、成文法でその根拠を定めたものです。この法律の制定を機に、国旗及び国歌に対する正しい理解が一層促進されるようお願いします。（初中局長、高等局長通知平成一一・九・一七文初小一四五）

〔連携型小学校の教育課程の編成〕

第五十二条の二　小学校（第七十九条の九第二項に規定する中学校併設型小学校を除く。）においては、中学校における教育との一貫性に配慮した教育を施すため、当該小学校の設置者が当該中学校の設置者との協議に基づき定めるところにより、教育課程を編成することができる。

2　前項の規定により教育課程を編成する小学校（以下「中学校連携型小学校」という。）は、第七十四条の二第一項の規定により教育課程を編成する中学校と連携し、その教育課程を実施するものとする。

＊平成二八文科令四・追加

〔連携型小学校の授業時数〕

第五十二条の三　中学校連携型小学校の各学年における各教科、特別の教科である道徳、外国語活動、総合的な学習の時間及び特別活動のそれぞれの授業時数並びに各学年におけるこれらの総授業時数は、別表第二の二に定める授業時数を標準とする。

＊平成二八文科令四・追加

〔連携型小学校の教育課程〕

第五十二条の四　中学校連携型小学校の教育課程については、この章に定めるもののほか、教育課程の基準の特例として文部科学大臣が別に定めるところによるものとする。

＊平成二八文科令四・追加

〔教育課程編成の特例〕

第五十三条　小学校においては、必要がある場合には、一部の各教科について、これらを合わせて授業を行うことができる。

＊平成一九文科令四〇・追加

参 法三三、規則五〇～五二

〔履修困難な各教科の学習指導〕

第五十四条　児童が心身の状況によって履修することが困難な各教科は、その児童の心身の状況に適合するように課さなければならない。

＊平成一九文科令四〇・追加

参 法三三、学校保健安全法施規九

〔教育課程の研究上の特例〕

第五十五条　小学校の教育課程に関し、その改善に資する研究を行うため特に必要があり、かつ、児童の教育上適切な配慮がなされていると文部科学大臣が認める場合においては、文部科学大臣が別に定めるところにより、第五十条第一項、第五十一条（中学校連携型小学校にあつては第五十二条の三、第七十九条の九第二項に規定する中学校併設型小学校にあつては第七十九条の十二において準用する第七十九条の五第一項）又は第五十二条の規定によらないことができる。

＊平成一九文科令四〇・追加

参 法三三、規則五〇～五四、中央教育審議会令

〔特色ある教育課程編成の特例〕

第五十五条の二　文部科学大臣が、小学校において、当該小学校又は当該小学校が設置されている地域の実態に照らし、より効果的な教育を実施するため、当該小学校又は当該地域の特色を生かした特別の教育課程を編成して教育を実施する必要があり、かつ、当該特別の教育課程に

ついて、教育基本法（平成十八年法律第百二十号）及び学校教育法第三十条第一項の規定等に照らして適切であり、児童の教育上適切な配慮がなされているものとして文部科学大臣が定める基準を満たしていると認める場合においては、文部科学大臣が別に定めるところにより、第五十条第一項、第五十一条（中学校連携型小学校にあつては第五十二条の三、第七十九条の九第二項に規定する中学校併設型小学校にあつては第七十九条の十二において準用する第七十九条の五第一項）又は第五十二条の規定の全部又は一部によらないことができる。

＊平成二〇文科令五・追加

〔不登校児に対する教育課程編成の特例〕

第五十六条　小学校において、学校生活への適応が困難であるため相当の期間小学校を欠席し引き続き欠席すると認められる児童を対象として、その実態に配慮した特別の教育課程を編成して教育を実施する必要があると文部科学大臣が認める場合においては、文部科学大臣が別に定めるところにより、第五十条第一項、第五十一条（中学校連携型小学校にあつては第五十二条の三、第七十九条の九第二項に規定する中学校併設型小学校にあつては第七十九条の十二において準用する第七十九条の五第一項）又は第五十二条の規定によらないことができる。

＊平成一九文科令四〇・追加

〔日本語教育のための教育課程編成の特例〕

第五十六条の二　小学校において、日本語に通じない児童のうち、当該児童の日本語を理解し、使用する能力に応じた特別の指導を行う必要があるものを教育する場合には、文部科学大臣が別に定めるところにより、第五十条第一項、第五十一条（中学校連携型小学校にあつては第五十二条の三、第七十九条の九第二項に規定する中学校併設型小学校にあつては第七十九条の十二において準用する第七十九条の五第一項）及び第五十二条の規定にかかわらず、特別の教育課程によることができる。

＊平成二六文科令二・追加

〔日本語教育授業の特例〕

第五十六条の三　前条の規定により特別の教育課程による場合においては、校長は、児童が設置者の定めるところにより他の小学校、義務教育学校の前期課程又は特別支援学校の小学部において受けた授業を、当該児童の在学する小学校において受けた当該特別の教育課程に係る授業とみなすことができる。

＊平成二六文科令二・追加

〔学齢超過者のための教育課程編成の特例〕

第五十六条の四　小学校において、学齢を経過した者のうち、その者の年齢、経験又は勤労の状況その他の実情に応じた特別の指導を行う必要があるものを夜間その他特別の時間において教育する場合には、文部科学大臣が別に定めるところにより、第五十条第一項、第五十一条（中学校連携型小学校にあつては第五十二条の三、第七十九条の九第二項に規定する中学校併設型小学校にあつては第七十九条の十二において準用する第七十九条の五第一項）及び第五十二条の規定にかかわらず、特別の教育課程によることができる。

＊平成二九文科令一八・追加

〔教科用図書代替教材の使用〕

第五十六条の五　学校教育法第三十四条第二項に規定する教材（以下この条において「教科用図書代替教材」という。）は、同条第一項に規定する教科用図書（以下この条において「教科用図書」という。）の発行者が、その発行する教科用図書の内容の全部（電磁的記録に記録することに伴って変更が必要となる内容を除く。）をそのまま記録した電磁的記録である教材とする。

2　学校教育法第三十四条第二項の規定による教科用図書代替教材の使用は、文部科学大臣が別に定める基準を満たすように行うものとする。

3　学校教育法第三十四条第三項に規定する文部科学大臣の定める事由は、次のとおりとする。

一　視覚障害、発達障害その他の障害
二　日本語に通じないこと
三　前二号に掲げる事由に準ずるもの

4　学校教育法第三十四条第三項の規定による教科用図書代替教材の使用は、文部科学大臣が別に定める基準を満たすように行うものとする。

＊平成三〇文科令三五・追加

〔課程の修了・卒業の認定〕

第五十七条　小学校において、各学年の課程の修了又は卒業を認めるに当たつては、児童の平素の成績を評価して、これを定めなければならない。

＊平成一九文科令四〇・追加

参　法三三、規則五八・九六・一一三、少年院法二七

判　●成績評定の義務＝考査不実施、一律評価は、義務違反になる。（最高判（一小）平成二・一・一八　伝習館高校事件）

行　●認定の時期＝各学年の終わりである。（初中局長回答昭二九・一〇・一九雑初三五六）

●各学年の課程を修了しないで上級学年への進級は認められない。（同前）

●進級の例外＝本人が相当の年齢に達しているときなどは、本人に対する教育的効果、他の児童生徒に及ぼす影響を考慮して適宜相当学年に編入することもできる。（初中局長回答昭二九・七・一四委初二六一）

●原級留置の可否＝認定の結果不可と認めた場合には、規則二七条、三八条により原級留置は可能である。（初中局長回答昭二八・三・一二委初二八）

●原級留置と就学義務の関係＝学校法三九条は、満一五歳までの就学義務を規定したものであるから、満一五歳をこえて原級に留まつた場合には、保護者の就学義務は延長されることにはならない。（同前）

●長期欠席児童生徒の卒業の認定＝学校の定めた総授業時数に満たない児童生徒についても適当な方法でその成績を評価することにより卒業を認定することはありうることである。しかし、一般的にいつて、第三学年の総授業時数の半分以上も欠席した児童生徒については、特別の事情のない限り、卒業の認定は与えられないのが普通であろう。（同前）

〔卒業証書の授与〕

第五十八条　校長は、小学校の全課程を修了したと認めた者には、卒業証書を授与しなければならない。

＊平成一九文科令四〇・追加

参　法三三、規則五七・九六【全課程修了者の通知＝令二二―住所地市町村教委に通知】【少年院長の証明書の発行＝少年院法施規一八

判　●卒業証明書の交付義務＝学校は卒業生に対し卒業証明書を交付すべき義務がある。（京都地判平成七・九・二二）

行　●本条の趣旨＝本条は、卒業証書を授与すべきことを規定したものであつて、卒業に必要な単位を充足した期日をもつて卒業日とするように定めたものとは解釈できない。（初中局長回答昭二八・三・一二委初二九）

●授与の裁量の可否＝校長は、全課程を修了した者には、学齢児童生徒たると否とにかかわらず、すべて卒業証書を授与しなければならない。（初中局長回答昭二九・七・一四委初二六一）

●卒業の認定と指導要録＝指導要録は、卒業の認定にはもとより重要な資料であることはいうまでもないが、それがなければ卒業の認定ができないというものではない。このことは学年の修了の認定の場合にも同様である。（初中局長回答昭三一・二・三委初一〇）

第三節　学年及び授業日

＊平成一九文科令四〇・追加

〔学年〕

第五十九条　小学校の学年は、四月一日に始まり、翌年三月三十一日に終わる。

＊平成一九文科令四〇・追加

参　法一七、規則一六三②―大学の特例

〔授業終始の時刻〕

第六十条　授業終始の時刻は、校長が定める。

＊平成一九文科令四〇・追加

参　規則一八四

〔公立小学校の休業日〕

第六十一条　公立小学校における休業日は、次のとおりとする。ただし、第三号に掲げる日を除き、当該学校を設置する地方公共団体の教育委員会（公立大学法人の設置する小学校にあつて

は、当該公立大学法人の理事長。第三号において同じ。）が必要と認める場合は、この限りでない。

一　国民の祝日に関する法律（昭和二十三年法律第百七十八号）に規定する日

二　日曜日及び土曜日

三　学校教育法施行令第二十九条第一項の規定により教育委員会が定める日

＊平成一九文科令四〇・追加

参　法一四二【休業日の意味＝規則四①1【学校管理規則の設定＝地方教育行政法三三①

行　●休業日の授業と勤務＝特別の必要がある場合には、国民の祝日に関する法律に規定する日および日曜日に授業を行なうことができる。この場合において、他に休業日を設けることは要件ではないが、学校管理規則において、他に休業日を設ける旨の規定をおくことはさしつかえない。なお、日曜日が教職員について勤務を要しない日である場合においては、日曜日以外に勤務を要しない日を設ける必要がある。（初中局長回答昭三六・一〇・二〇委初八〇）

●完全学校週五日制の実施について（事務次官通知平成一四・三・四）

〔私立小学校の休業日〕

第六十二条　私立小学校における学期及び休業日は、当該学校の学則で定める。

＊平成一九文科令四〇・追加

参　規則四①1

〔非常変災等による臨時休業〕

第六十三条　非常変災その他急迫の事情があるときは、校長は、臨時に授業を行わないことができる。この場合において、公立小学校についてはこの旨を当該学校を設置する地方公共団体の教育委員会（公立大学法人の設置する小学校にあつては、当該公立大学法人の理事長）に報告しなければならない。

＊平成一九文科令四〇・追加

第四節　職員

＊平成一九文科令四〇・追加

〔講師の勤務態様〕

第六十四条　講師は、常時勤務に服しないことができる。

＊平成一九文科令四〇・追加

参　法三七⑯

〔学校用務員〕

第六十五条　学校用務員は、学校の環境の整備その他の用務に従事する。

＊平成一九文科令四〇・追加

参　法三・三七②

〔医療的ケア看護職員〕

第六十五条の二　医療的ケア看護職員は、小学校における日常生活及び社会生活を営むために恒常的に医療的ケア（人工呼吸器による呼吸管理、喀痰吸引その他の医療行為をいう。）を受けることが不可欠である児童の療養上の世話又は診療の補助に従事する。

＊令和三文科令三七・追加

参　医療的ケア児支援法四～十

〔スクールカウンセラー〕

第六十五条の三　スクールカウンセラーは、小学校における児童の心理に関する支援に従事する。

＊平成二九文科令二四・追加

〔スクールソーシャルワーカー〕

第六十五条の四　スクールソーシャルワーカーは、小学校における児童の福祉に関する支援に従事する。

＊平成二九文科令二四・追加

〔情報通信技術支援員〕

第六十五条の五　情報通信技術支援員は、教育活動その他の学校運営における情報通信技術の活用に関する支援に従事する。

＊令和三文科令三七・追加

参　学校教育情報化推進法四～七・一八

〔特別支援教育支援員〕

第六十五条の六　特別支援教育支援員は、教育上特別の支援を必要とする児童の学習上又は生活上必要な支援に従事する。

＊令和三文科令三七・追加

参　法八一

〔教育業務支援員〕

第六十五条の七　教員業務支援員は、教員の業務の円滑な実施に必要な支援に従事する。

＊令和三文科令三七・追加

第五節　学校評価

＊平成一九文科令四〇・追加

〔学校運営自己評価と結果公表義務〕

第六十六条　小学校は、当該小学校の教育活動その他の学校運営の状況について、自ら評価を行い、その結果を公表するものとする。

2　前項の評価を行うに当たつては、小学校は、その実情に応じ、適切な項目を設定して行うものとする。

＊平成一九文科令四〇・追加

参　法四二・四三

〔保護者等による学校評価〕

第六十七条　小学校は、前条第一項の規定による評価の結果を踏まえた当該小学校の児童の保護者その他の当該小学校の関係者（当該小学校の職員を除く。）による評価を行い、その結果を公表するよう努めるものとする。

＊平成一九文科令四〇・追加

参　法四二・四三

〔学校評価結果報告義務〕

第六十八条　小学校は、第六十六条第一項の規定による評価の結果及び前条の規定により評価を行つた場合はその結果を、当該小学校の設置者に報告するものとする。

＊平成一九文科令四〇・追加

参　法四二・四三

第五章　中学校

＊平成一九文科令四〇・追加

〔設置基準〕

第六十九条　中学校の設備、編制その他設置に関する事項は、この章に定めるもののほか、中学校設置基準（平成十四年文部科学省令第十五号）の定めるところによる。

＊平成一九文科令四〇・追加

参　法三

〔生徒指導主事〕

第七十条　中学校には、生徒指導主事を置くものとする。

2　前項の規定にかかわらず、第四項に規定する生徒指導主事の担当する校務を整理する主幹教諭を置くときその他特別の事情のあるときは、生徒指導主事を置かないことができる。

3　生徒指導主事は、指導教諭又は教諭をもつて、これに充てる。

4　生徒指導主事は、校長の監督を受け、生徒指導に関する事項をつかさどり、当該事項について連絡調整及び指導、助言に当たる。

＊平成一九文科令四〇・追加

参　法三・三七①②⑨⑩⑪

〔進路指導主事〕

第七十一条　中学校には、進路指導主事を置くものとする。

2　前項の規定にかかわらず、第三項に規定する進路指導主事の担当する校務を整理する主幹教諭を置くときは、進路指導主事を置かないことができる。

3　進路指導主事は、指導教諭又は教諭をもつて、これに充てる。校長の監督を受け、生徒の職業選択の指導その他の進路の指導に関する事項をつかさどり、当該事項について連絡調整及び指導、助言に当たる。

＊平成一九文科令四〇・追加

参 法三七①②⑨⑩⑪【学校と公共職業安定所の協力・分担＝職業安定法二六・二七【生徒等の職業紹介＝職業安定法二六①

〔教育課程の編成〕

第七十二条 中学校の教育課程は、国語、社会、数学、理科、音楽、美術、保健体育、技術・家庭及び外国語の各教科（以下本章及び第七章中「各教科」という。）、特別の教科である道徳、総合的な学習の時間並びに特別活動によつて編成するものとする。

＊平成一九文科令四〇・追加

参 法四八、規則七三【特例＝規則七四の四・七七・七九・一三二

判 ●学校教育内容の事後的変更と親の期待権＝学校による生徒募集時に説明された教育内容の一部が変更されたことが、親の期待、信頼を損なう違法な不法行為となるのは、学校において生徒が受ける教育全体の中での当該教育内容等の位置づけ、当該変更の程度、当該変更の必要性、合理性等の事情に照らし、当該変更が学校設置者や教師に認められる裁量を考慮してもなお、社会通念上是認することができないものと認められる場合に限定される。（最高判（一小）平成二一・一二・一〇）

〔授業時数〕

第七十三条 中学校（併設型中学校、第七十四条の二第二項に規定する小学校連携型中学校、第七十五条第二項に規定する連携型中学校及び第七十九条の九第二項に規定する小学校併設型中学校を除く。）の各学年における各教科、特別の教科である道徳、総合的な学習の時間及び特別活動のそれぞれの授業時数並びに各学年におけるこれらの総授業時数は、別表第二に定める授業時数を標準とする。

＊平成一九文科令四〇・追加

参 法四八、規則七二

〔教育課程の基準〕

第七十四条 中学校の教育課程については、この章に定めるもののほか、教育課程の基準として文部科学大臣が別に公示する中学校学習指導要領によるものとする。

＊平成一九文科令四〇・追加

参 法四八、規則七二・七三【本条の特例＝規則七九・五五～五六の二

判 規則五二の判参照

〔小学校連携型中学校の教育課程の編成〕

第七十四条の二 中学校（併設型中学校、第七十五条第二項に規定する連携型中学校及び第七十九条の九第二項に規定する小学校併設型中学校を除く。）においては、小学校における教育との一貫性に配慮した教育を施すため、当該中学校の設置者が当該小学校の設置者との協議に基づき定めるところにより、教育課程を編成することができる。

2 前項の規定により教育課程を編成する中学校（以下「小学校連携型中学校」という。）は、中学校連携型小学校と連携し、その教育課程を実施するものとする。

＊平成二八文科令四・追加

〔小学校連携型中学校の授業時数〕

第七十四条の三 小学校連携型中学校の各学年における各教科、特別の教科である道徳、総合的な学習の時間及び特別活動のそれぞれの授業時数並びに各学年におけるこれらの総授業時数は、別表第二の三に定める授業時数を標準とする。

＊平成二八文科令四・追加

〔小学校連携型中学校の教育課程〕

第七十四条の四 小学校連携型中学校の教育課程については、この章に定めるもののほか、教育課程の基準の特例として文部科学大臣が別に定めるところによるものとする。

＊平成二八文科令四・追加

〔連携型中学校の教育課程の編成〕

第七十五条 中学校（併設型中学校、小学校連携型中学校及び第七十九条の九第二項に規定する小学校併設型中学校を除く。）においては、高等学校における教育との一貫性に配慮した教育

を施すため、当該中学校の設置者が当該高等学校の設置者との協議に基づき定めるところにより、教育課程を編成することができる。

２　前項の規定により教育課程を編成する中学校（以下「連携型中学校」という。）は、第八十七条第一項の規定により教育課程を編成する高等学校と連携し、その教育課程を実施するものとする。

＊平成一九文科令四〇・追加

〔連携型中学校の授業時数〕

第七十六条　連携型中学校の各学年における各教科、特別の教科である道徳、総合的な学習の時間及び特別活動のそれぞれの授業時数並びに各学年におけるこれらの総授業時数は、別表第四に定める授業時数を標準とする。

＊平成一九文科令四〇・追加

〔連携型の教育課程〕

第七十七条　連携型中学校の教育課程については、この章に定めるもののほか、教育課程の基準の特例として文部科学大臣が別に定めるところによるものとする。

＊平成一九文科令四〇・追加

〔メディア利用授業の教室外履修〕

第七十七条の二　中学校は、当該中学校又は当該中学校が設置されている地域の実態に照らし、より効果的な教育を実施するため必要がある場合であって、生徒の教育上適切な配慮がなされているものとして文部科学大臣が定める基準を満たしていると認められるときは、文部科学大臣が別に定めるところにより、授業を、多様なメディアを高度に利用して、当該授業を行う教室等以外の場所で履修させることができる。

＊令和元文科令一一・追加

〔進学生徒の調査書等の送付〕

第七十八条　校長は、中学校卒業後、高等学校、高等専門学校その他の学校に進学しようとする生徒のある場合には、調査書その他必要な書類をその生徒の進学しようとする学校の校長に送付しなければならない。ただし、第九十条第三項（第百三十五条第五項において準用する場合を含む。）及び同条第四項の規定に基づき、調査書を入学者の選抜のための資料としない場合は、調査書の送付を要しない。

＊平成一九文科令四〇・追加

参　行政機関の保有する情報の公開に関する法律

判　●調査書備考欄の記載＝本件調査書の備考欄の記載は、上告人の思想、信条そのものの記載でもなく、外部的行為の記載も上告人の思想、信条を了知させ、また、それを評価の対象とするものとはみられないのみならず、その記載に係る行為は、いずれも調査書に記載して入学者の選抜の資料として適法に記載し得るものであるから、所論違憲の主張は、その前提を欠き、採用できない。調査書には、入学者の選抜の資料の一とされる目的に適合するよう生徒の性格、行動に関しても、これを把握し得る客観的事実を公正に記載すべきものである以上、上告人の右生徒会規則に違反する前記行為及び大学生ＭＬ派の集会の参加行為をいずれも上告人の性格、行動を把握し得る客観的事実としてこれらを本件調査書に記載し、入学者選抜の資料に供したからといって、上告人の表現の自由を侵し又は違法に制約するものとすることはできず、所論は採用できない。（最高判（二小）昭六三・七・一五　麹町中内申書事件）

●調査書の開示＝総合所見欄に記載すべき内容・範囲も、見方によっては、かなり抽象的、概括的で広範囲に及ぶものであるから、これを本人に開示することによって、教師への不信感や遺恨等を招き、教師と生徒との信頼関係を損なうような事態も起きないとはいえず、生徒本人・保護者への開示を前提とすれば、これらの弊害をおそれて、「各教科の学習、特別活動及び性格行動等について、その特質を明らかにすると思われる事項及び指導上必要な事項」の記入が抑制され、その結果、この欄の記載が形骸化し、入学者選抜資料としての客観性、公正さが減殺されるおそれが生じ得るといわざるを得ない。（大阪地判平成六・一二・二〇）

●調査書特記事項欄の開示＝特記事項の記載は、記載の適否を第三者が客観的な見地から審査する余地は全くなく、記載事項を本人や保護者に開示することが、恣意や不正を防止する唯一の方法であり、調査書は全面開示すべきである。（東京地判平成一三・九・一二）

●調査書等出願書類の作成拒否＝国立大学附属中学校長が、附属高校の一般入試を希望した生徒の出願書類の作成を拒否したのは、助言、援助活動としての進路指導の限界を越え違法である。
（名古屋地判平成一六・九・一五）

〔部活動指導員〕
第七十八条の二　部活動指導員は、中学校におけるスポーツ、文化、科学等に関する教育活動（中学校の教育課程として行われるものを除く。）に係る技術的な指導に従事する。

＊平成二九文科令四・追加

〔準用規定〕
第七十九条　第四十一条から第四十九条まで、第五十条第二項、第五十四条から第六十八条までの規定は、中学校に準用する。この場合において、第四十二条中「五学級」とあるのは「二学級」と、第五十五条から第五十六条の二まで及び第五十六条の四の規定中「第五十条第一項」とあるのは「第七十二条」と、「第五十一条（中学校連携型小学校にあつては第五十二条の三、第七十九条の九第二項に規定する中学校併設型小学校にあつては第七十九条の十二において準用する第七十九条の五第一項）」とあるのは「第七十三条（併設型中学校にあつては第百十七条において準用する第百七条、小学校連携型中学校にあつては第七十四条の三、連携型中学校にあつては第七十六条、第七十九条の九第二項に規定する小学校併設型中学校にあつては第七十九条の十二において準用する第七十九条の五第二項）」と、「第五十二条」とあるのは「第七十四条」と、第五十五条の二中「第三十条第一項」とあるのは「第四十六条」と、第五十六条の三中「他の小学校、義務教育学校の前期課程又は特別支援学校の小学部」とあるのは「他の中学校、義務教育学校の後期課程、中等教育学校の前期課程又は特別支援学校の中学部」と読み替えるものとする。

＊平成一九文科令四〇・追加

第五章の二　義務教育学校並びに中学校併設型小学校及び小学校併設型中学校

＊平成二八文科令四・追加

第一節　義務教育学校

＊平成二八文科令四・追加

〔設置基準〕
第七十九条の二　義務教育学校の前期課程の設備、編制その他設置に関する事項については、小学校設置基準の規定を準用する。

２　義務教育学校の後期課程の設備、編制その他設置に関する事項については、中学校設置基準の規定を準用する。

＊平成二八文科令四・追加

〔学級数〕
第七十九条の三　義務教育学校の学級数は、十八学級以上二十七学級以下を標準とする。ただし、地域の実態その他により特別の事情のあるときは、この限りでない。

＊平成二八文科令四・追加

〔分校の学級数〕
第七十九条の四　義務教育学校の分校の学級数は、特別の事情のある場合を除き、八学級以下とし、前条の学級数に算入しないものとする。

＊平成二八文科令四・追加

〔授業時数〕
第七十九条の五　次条第一項において準用する第五十条第一項に規定する義務教育学校の前期課程の各学年における各教科、特別の教科である道徳、外国語活動、総合的な学習の時間及び特別活動のそれぞれの授業時数並びに各学年におけるこれらの総授業時数は、別表第二の二に定める授業時数を標準とする。

２　次条第二項において準用する第七十二条に規定する義務教育学校の後期課程の各学年における各教科、特別の教科である道徳、総合的な学習の時間及び特別活動のそれぞれの授業時数並びに各学年におけるこれらの総授業時数は、別表第二の三に定める授業時数を標準とする。

＊平成二八文科令四・追加

〔教育課程の基準〕

第七十九条の六　義務教育学校の前期課程の教育課程については、第五十条、第五十二条の規定に基づき文部科学大臣が公示する小学校学習指導要領及び第五十五条から第五十六条の四までの規定を準用する。この場合において、第五十五条から第五十六条までの規定中「第五十条第一項、第五十一条（中学校連携型小学校にあつては第五十二条の三、第七十九条の九第二項に規定する中学校併設型小学校にあつては第七十九条の十二において準用する第七十九条の五第一項）又は第五十二条」とあるのは「第七十九条の五第一項又は第七十九条の六第一項において準用する第五十条第一項若しくは第五十二条の規定に基づき文部科学大臣が公示する小学校学習指導要領」と、第五十五条の二中「第三十条第一項」とあるのは「第四十九条の六第一項」と、第五十六条の二及び第五十六条の四中「第五十条第一項、第五十一条（中学校連携型小学校にあつては第五十二条の三、第七十九条の九第二項に規定する中学校併設型小学校にあつては第七十九条の十二において準用する第七十九条の五第一項）及び第五十二条」とあるのは「第七十九条の五第一項並びに第七十九条の六第一項において準用する第五十条第一項及び第五十二条の規定に基づき文部科学大臣が公示する小学校学習指導要領」と読み替えるものとする。

2　義務教育学校の後期課程の教育課程については、第五十条第二項、第五十五条から第五十六条の四まで及び第七十二条の規定並びに第七十四条の規定に基づき文部科学大臣が公示する中学校学習指導要領の規定を準用する。この場合において、第五十五条から第五十六条までの規定中「第五十条第一項、第五十一条（中学校連携型小学校にあつては第五十二条の三、第七十九条の九第二項に規定する中学校併設型小学校にあつては第七十九条の十二において準用する第七十九条の五第一項）又は第五十二条」とあるのは「第七十九条の五第二項又は第七十九条の六第二項において準用する第七十二条若しくは第七十四条の規定に基づき文部科学大臣が公示する中学校学習指導要領」と、第五十五条の二中「第三十条第一項」とあるのは「第四十九条の六第二項」と、第五十六条の二及び第五十六条の四中「第五十条第一項、第五十一条（中学校連携型小学校にあつては第五十二条の三、第七十九条の九第二項に規定する中学校併設型小学校にあつては第七十九条の十二において準用する第七十九条の五第一項）及び第五十二条」とあるのは「第七十九条の五第二項並びに第七十九条の六第二項において準用する第七十二条及び第七十四条の規定に基づき文部科学大臣が公示する中学校学習指導要領」と、第五十六条の三中「他の小学校、義務教育学校の前期課程又は特別支援学校の小学部」とあるのは「他の中学校、義務教育学校の後期課程、中等教育学校の前期課程又は特別支援学校の中学部」と読み替えるものとする。

＊平成二八文科令四・追加

〔教育課程の特例〕

第七十九条の七　義務教育学校の教育課程については、この章に定めるもののほか、教育課程の基準の特例として文部科学大臣が別に定めるところによるものとする。

＊平成二八文科令四・追加

参　義務教育学校並びに中学校併設型小学校及び小学校併設型中学校の教育課程の基準の特例を定める件（平成二八文科告示五五）

〔準用規定〕

第七十九条の八　第四十三条から第四十九条まで、第五十三条、第五十四条、第五十六条の五から第七十一条まで（第六十九条を除く。）及び第七十八条の規定は、義務教育学校に準用する。

2　第七十七条の二及び第七十八条の二の規定は、義務教育学校の後期課程に準用する。

＊平成二八文科令四・追加

第二節　中学校併設型小学校及び小学校併設型中学校

＊平成二八文科令四・追加

〔同一設置者による一貫教育〕

第七十九条の九　同一の設置者が設置する小学校（中学校連携型小学校を除く。）及び中学校（併設型中学校、小学校連携型中学校及び連携型中学校を除く。）においては、義務教育学校に準じて、小学校における教育と中学校における教育を一貫して施すことができる。

2　前項の規定により中学校における教育と一貫した教育を施す小学校（以下「中学校併設型小学校」という。）及び同項の規定により小学校における教育と一貫した教育を施す中学校（以下「小学校併設型中学校」という。）においては、小学校における教育と中学校における教育を一貫して施すためにふさわしい運営の仕組みを整えるものとする。

＊平成二八文科令四・追加

〔教育課程の特例〕

第七十九条の十　中学校併設型小学校の教育課程については、第四章に定めるもののほか、教育課程の基準の特例として文部科学大臣が別に定めるところによるものとする。

2　小学校併設型中学校の教育課程については、第五章に定めるもののほか、教育課程の基準の特例として文部科学大臣が別に定めるところによるものとする。

＊平成二八文科令四・追加

参　義務教育学校並びに中学校併設型小学校及び小学校併設型中学校の教育課程の基準の特例を定める件（平成二八文科告示五五）

〔教育課程の編成〕

第七十九条の十一　中学校併設型小学校及び小学校併設型中学校においては、小学校における教育と中学校における教育を一貫して施すため、設置者の定めるところにより、教育課程を編成するものとする。

＊平成二八文科令四・追加

〔準用規定〕

第七十九条の十二　第七十九条の五第一項の規定は中学校併設型小学校に、同条第二項の規定は小学校併設型中学校に準用する。

＊平成二八文科令四・追加

第六章　高等学校

＊平成一九文科令四〇・追加

第一節　設備、編制、学科及び教育課程

＊平成一九文科令四〇・追加

〔設置基準〕

第八十条　高等学校の設備、編制、学科の種類その他設置に関する事項は、この節に定めるもののほか、高等学校設置基準（平成十六年文部科学省令第二十号）の定めるところによる。

＊平成一九文科令四〇・追加

参　法三

〔学科主任・農場長〕

第八十一条　二以上の学科を置く高等学校には、専門教育を主とする学科（以下「専門学科」という。）ごとに学科主任を置き、農業に関する専門学科を置く高等学校には、農場長を置くものとする。

2　前項の規定にかかわらず、第四項に規定する学科主任の担当する校務を整理する主幹教諭を置くときその他特別の事情のあるときは学科主任を、第五項に規定する農場長の担当する校務を整理する主幹教諭を置くときその他特別の事情のあるときは農場長を、それぞれ置かないことができる。

3　学科主任及び農場長は、指導教諭又は教諭をもつて、これに充てる。

4　学科主任は、校長の監督を受け、当該学科の教育活動に関する事項について連絡調整及び指導、助言に当たる。

5　農場長は、校長の監督を受け、農業に関する実習地及び実習施設の運営に関する事項をつかさどる。

＊平成一九文科令四〇・追加

参　法三・三七①②⑨⑩⑪

〔事務長〕

第八十二条　高等学校には、事務長を置くものとする。

2　事務長は、事務職員をもつて、これに充てる。

3　事務長は、校長の監督を受け、事務職員その他の職員が行う事務を総括する。

＊平成一九文科令四〇・追加

参　法三・三七①②⑭

行　●事務長＝事務職員の学歴、経験年数等を考慮して命ずるものであること。（事務次官通達昭五一・一・一三文初地一三六）

〔教育課程の編成〕

第八十三条　高等学校の教育課程は、別表第三に定める各教科に属する科目、総合的な探究の時間及び特別活動によつて編成するものとする。

＊平成一九文科令四〇・追加

参　法五〇〜五二、規則八四

行　●総合学科について＝総合学科は普通教育及び専門教育を選択履修を旨として、総合的に施す学科であり、高等学校教育の一層の個性化・多様化を推進するため、普通科、専門学科に並ぶ新たな学科として設けられたものである。（初中局長通達平成五・三・二二文初高二〇二・文初職二〇三）

〔教育課程の基準〕

第八十四条　高等学校の教育課程については、この章に定めるもののほか、教育課程の基準として文部科学大臣が別に公示する高等学校学習指導要領によるものとする。

＊平成一九文科令四〇・追加

参　法五〇〜五二、規則八三

判　規則五二の判参照

〔教育課程の研究上の特例〕

第八十五条　高等学校の教育課程に関し、その改善に資する研究を行うため特に必要があり、かつ、生徒の教育上適切な配慮がなされていると文部科学大臣が認める場合においては、文部科学大臣が別に定めるところにより、前二条の規定によらないことができる。

＊平成一九文科令四〇・追加

〔特色ある教育課程編成の特例〕

第八十五条の二　文部科学大臣が、高等学校において、当該高等学校又は当該高等学校が設置されている地域の実態に照らし、より効果的な教育を実施するため、当該高等学校又は当該地域の特色を生かした特別の教育課程を編成して教育を実施する必要があり、かつ、当該特別の教育課程について、教育基本法及び学校教育法第五十一条の規定等に照らして適切であり、生徒の教育上適切な配慮がなされているものとして文部科学大臣が定める基準を満たしていると認める場合においては、文部科学大臣が別に定めるところにより、第八十三条又は第八十四条の規定の全部又は一部によらないことができる。

＊平成二〇文科令五・追加

〔不登校生徒等に対する教育課程編成の特例〕

第八十六条　高等学校において、学校生活への適応が困難であるため、相当の期間高等学校を欠席し引き続き欠席すると認められる生徒、高等学校を退学し、その後高等学校に入学していないと認められる者若しくは学校教育法第五十七条に規定する高等学校の入学資格を有するが、高等学校に入学していないと認められる者又は疾病による療養のため若しくは障害のため、相当の期間高等学校を欠席すると認められる生徒、高等学校を退学し、その後高等学校に入学していないと認められる者若しくは学校教育法第五十七条に規定する高等学校の入学資格を有するが、高等学校に入学していないと認められる者を対象として、その実態に配慮した特別の教育課程を編成して教育を実施する必要があると文部科学大臣が認める場合においては、文部科学大臣が別に定めるところにより、第八十三条又は第八十四条の規定によらないことができる。

＊平成一九文科令四〇・追加

〔日本語教育のための教育課程編成の特例〕

第八十六条の二　高等学校において、日本語に通じない生徒のうち、当該生徒の日本語を理解し、使用する能力に応じた特別の指導を行う必要があるものを教育する場合には、文部科学大臣が別に定めるところにより、第八十三条及び第八十四条の規定にかかわらず、特別の教育課程によることができる。

＊令和四・三・三一文科令一五・追加

〔日本語教育授業の特例〕

第八十六条の三　前条の規定により特別の教育課程による場合においては、校長は、生徒が設置者の定めるところにより他の高等学校、中等教育学校の後期課程又は特別支援学校の高等部において受けた授業を、当該生徒の在学する高等学校において受けた当該特別の教育課程に係る授業とみなすことができる。

＊令和四・三・三一文科令一五・追加

〔一貫教育のための教育課程編成〕

第八十七条　高等学校（学校教育法第七十一条の規定により中学校における教育と一貫した教育を施すもの（以下「併設型高等学校」という。）を除く。）においては、中学校における教育との一貫性に配慮した教育を施すため、当該高等学校の設置者が当該中学校の設置者との協議に基づき定めるところにより、教育課程を編成することができる。

2　前項の規定により教育課程を編成する高等学校（以下「連携型高等学校」という。）は、連携型中学校と連携し、その教育課程を実施するものとする。

＊平成一九文科令四〇・追加

〔連携型の教育課程の特例〕

第八十八条　連携型高等学校の教育課程については、この章に定めるもののほか、教育課程の基準の特例として文部科学大臣が別に定めるところによるものとする。

＊平成一九文科令四〇・追加

〔国際バカロレア認定校の教育課程の特例〕

第八十八条の二　スイス民法典に基づく財団法人である国際バカロレア事務局から国際バカロレア・ディプロマ・プログラムを提供する学校として認められた高等学校の教育課程については、この章に定めるもののほか、教育課程の基準の特例として文部科学大臣が別に定めるところによるものとする。

＊平成二七文科令二八・追加

〔メディア利用教室外履修〕

第八十八条の三　高等学校は、文部科学大臣が別に定めるところにより、授業を、多様なメディアを高度に利用して、当該授業を行う教室等以外の場所で履修させることができる。

＊平成二七文科令一九・追加

〔教科用図書の特例〕

第八十九条　高等学校においては、文部科学大臣の検定を経た教科用図書又は文部科学省が著作の名義を有する教科用図書のない場合には、当該高等学校の設置者の定めるところにより、他の適切な教科用図書を使用することができる。

2　第五十六条の五の規定は、学校教育法附則第九条第二項において準用する同法第三十四条第二項又は第三項の規定により前項の他の適切な教科用図書に代えて使用する教材について準用する。

＊平成一九文科令四〇・追加

参　法三四―教科用図書の使用）、地方教育行政法三三②―学校管理規則による補助教材の承認・届出制）規則五六の五―教科用図書代替教材の使用

第二節　入学、退学、転学、留学、休学及び卒業等

＊平成一九文科令四〇・追加

〔入学の許可、入学者の選抜〕

第九十条　高等学校の入学は、第七十八条の規定により送付された調査書その他必要な書類、選抜のための学力検査（以下この条において「学力検査」という。）の成績等を資料として行う入学者の選抜に基づいて、校長が許可する。

2　学力検査は、特別の事情のあるときは、行わないことができる。

3　調査書は、特別の事情のあるときは、入学者の選抜のための資料としないことができる。

4　連携型高等学校における入学者の選抜は、第七十五条第一項の規定により編成する教育課程に係る連携型中学校の生徒については、調査書及び学力検査の成績以外の資料により行うことができる。

5　公立の高等学校（公立大学法人の設置する高等学校を除く。）に係る学力検査は、当該高等学校を設置する都道府県又は市町村の教育委員会が行う。

＊平成一九文科令四〇・追加

参　法五九　1　地方教育行政法二一4

判　●入学者合同選抜制度の適法性＝県立高等学校の入学者合同選抜制度は、高校生の人格形成上および学校間格差是正に最善として採用されたもので、憲法二六条一項・教育基本法三条一項に適合し、学校選択の自由の不当な制限には当たらない。（福岡高判昭六三・五・三一）

●高校の入学者選抜において、校長が、実施要綱にない茶髪・ピアス等のチェック基準により受検者を不合格にしたことは、実施要綱違反である。（東京地判平成二〇・六・二九）

●高校入学の許可＝身体に障害を有する受験者について、障害のための単位認定が困難という理由で不合格の判断をするなど、障害者に対する不当な差別を招来することのないように留意しなければならない。（神戸地判平成四・三・一三）

●調査書の記載＝調査書は、学校教育法施行規則五九条一項の規定により学力検査の成績等と共に入学者の選抜の資料とされ、その選抜に基づいて高等学校の入学が許可されるものであるから、生徒の学力はもちろんのこと、その性格、行動等、右選抜の参考となり得る事情は本人に有利なものであれ、不利なものであれ、客観的に、公正に記載されるべきは当然のことであり、生徒本人に有利な点のみを調査書に記載すべしとまで言っているわけではない。（大阪地判平成六・一二・二〇）

●内申書の開示＝所見欄にマイナスを記載するには、日頃から本人や保護者にその趣旨が伝えられ、かつ指導されていなければならないのであって、開示すれば生徒と教師との信頼関係が破壊されるという主張は、開示を拒む理由にはならない（大阪高判平成一一・一一・二六）

行　●教育委員会は高等学校の入学者選抜方法を決定できるか＝「選抜を行うことができる」者は校長であるが、選抜方法については当該教育委員会が必要に応じて決定できる。（初中局長回答昭二七・一一・二八）

●入学許可の取消＝高等学校の入学許可の取消権は、許可権を有する校長にある。（初中局長回答昭三〇・五・二）

●高等学校の入学者選抜について＝(1)高等学校の入学者選抜は公教育としてふさわしい適切な資料に基づいて行われるべきものであり、業者テストの結果を資料として用いた入学者の選抜が行われることがあってはならないこと。(2)入学者選抜に関し一切、中学校にあっては、業者テストの結果を高等学校に提供しないよう、また、高等学校にあっては、業者テストや学習塾の実施するテストの偏差値の提供を中学校に求めないよう、平成六年度入学者選抜から直ちに改善すること。（文部事務次官通知平成五・二・二二文初高二四三）

〔編入学の資格〕

第九十一条　第一学年の途中又は第二学年以上に入学を許可される者は、相当年齢に達し、当該学年に在学する者と同等以上の学力があると認められた者とする。

＊平成一九文科令四〇・追加

参　法五九

行　帰国子女の編入学＝帰国子女など外国の高等学校からの編入学を円滑にするため、各学年を通じ、随時、編入学を行うことができることを明らかにしたものである。

なお第一学年の途中への入学については、外国の学校とわが国の学校とでは卒業・入学の時期に相当のずれがある場合が多いことにかんがみ、外国においてわが国の中学校に相当する学校教育の課程を修了し、高等学校に相当する課程に在学するに至っていない者についても、相当年齢に達し、他の生徒と同等以上の学力があり、当該高等学校の教育課程を履修し得ると認められる場合には、第一学年の途中に入学することを許可するこ

とができる。（文部事務次官通達昭六三・一〇・八文初高七二）

〔転学・転籍〕

第九十二条　他の高等学校に転学を志望する生徒のあるときは、校長は、その事由を具し、生徒の在学証明書その他必要な書類を転学先の校長に送付しなければならない。転学先の校長は、教育上支障がない場合には、転学を許可することができる。

２　全日制の課程、定時制の課程及び通信制の課程相互の間の転学又は転籍については、修得した単位に応じて、相当学年に転入することができる。

＊平成一九文科令四〇・追加

参 法五九

〔外国の高等学校への留学、その単位の認定〕

第九十三条　校長は、教育上有益と認めるときは、生徒が外国の高等学校に留学することを許可することができる。

２　校長は、前項の規定により留学することを許可された生徒について、外国の高等学校における履修を高等学校における履修とみなし、三十六単位を超えない範囲で単位の修得を認定することができる。

３　校長は、前項の規定により単位の修得を認定された生徒について、第百四条第一項において準用する第五十九条又は第百四条第二項に規定する学年の途中においても、各学年の課程の修了又は卒業を認めることができる。

＊平成一九文科令四〇・追加

〔休・退学〕

第九十四条　生徒が、休学又は退学をしようとするときは、校長の許可を受けなければならない。

＊平成一九文科令四〇・追加

参 法五九

行 ●休学許可の取消＝高等学校の生徒の休学許可の取消権は、許可権を有する校長にある。（初中局長回答昭三〇・五・二）

●退学許可の取消高等学校の生徒の退学許可の取消権は、許可権を有する校長にある。（同前）

〔中学校卒業者と同等以上の学力があると認められる者〕

第九十五条　学校教育法第五十七条の規定により、高等学校入学に関し、中学校を卒業した者と同等以上の学力があると認められる者は、次の各号のいずれかに該当する者とする。

一　外国において、学校教育における九年の課程を修了した者

二　文部科学大臣が中学校の課程と同等の課程を有するものとして認定した在外教育施設の当該課程を修了した者

三　文部科学大臣の指定した者

四　就学義務猶予免除者等の中学校卒業程度認定規則（昭和四十一年文部省令第三十六号）により、中学校を卒業した者と同等以上の学力があると認定された者

五　その他高等学校において、中学校を卒業した者と同等以上の学力があると認めた者

＊平成一九文科令四〇・追加

〔校長の全課程修了の認定〕

第九十六条　校長は、生徒の高等学校の全課程の修了を認めるに当たつては、高等学校学習指導要領の定めるところにより、七十四単位以上を修得した者について行わなければならない。ただし、第八十五条、第八十五条の二又は第八十六条の規定により、高等学校の教育課程に関し第八十三条又は第八十四条の規定によらない場合においては、文部科学大臣が別に定めるところにより行うものとする。

２　前項前段の規定により全課程の修了の要件として修得すべき七十四単位のうち、第八十八条の三に規定する授業の方法により修得する単位数は三十六単位を超えないものとする。ただし、疾病による療養のため又は障害のため、病院その他の適当な場所で医療の提供その他の支援を受ける必要がある生徒であつて、相当の期間高等学校を欠席すると認められるものについては、この限りでない。

＊平成一九文科令四〇・追加

参　規則五七・一三三

〔他校での単位修得〕

第九十七条　校長は、教育上有益と認めるときは、生徒が当該校長の定めるところにより他の高等学校又は中等教育学校の後期課程において一部の科目又は総合的な探究の時間の単位を修得したときは、当該修得した単位数を当該生徒の在学する高等学校が定めた全課程の修了を認めるに必要な単位数のうちに加えることができる。

2　前項の規定により、生徒が他の高等学校又は中等教育学校の後期課程において一部の科目又は総合的な探究の時間の単位を修得する場合においては、当該他の高等学校又は中等教育学校の校長は、当該生徒について一部の科目又は総合的な探究の時間の履修を許可することができる。

3　同一の高等学校に置かれている全日制の課程、定時制の課程及び通信制の課程相互の間の併修については、前二項の規定を準用する。

＊平成一九文科令四〇・追加

参　法五九

〔学修による単位授与の特例〕

第九十八条　校長は、教育上有益と認めるときは、当該校長の定めるところにより、生徒が行う次に掲げる学修を当該生徒の在学する高等学校における科目の履修とみなし、当該科目の単位を与えることができる。

一　大学、高等専門学校又は専修学校の高等課程若しくは専門課程における学修その他の教育施設等における学修で文部科学大臣が別に定めるもの

二　知識及び技能に関する審査で文部科学大臣が別に定めるものに係る学修

三　ボランティア活動その他の継続的に行われる活動（当該生徒の在学する高等学校の教育活動として行われるものを除く。）に係る学修で文部科学大臣が別に定めるもの

＊平成一九文科令四〇・追加

参　法五九

〔単位認定に関する制限〕

第九十九条　第九十七条の規定に基づき加えることのできる単位数及び前条の規定に基づき与えることのできる単位数の合計数は三十六を超えないものとする。

＊平成一九文科令四〇・追加

〔入学前を含む学修による単位授与の特例〕

第百条　校長は、教育上有益と認めるときは、当該校長の定めるところにより、生徒が行う次に掲げる学修（当該生徒が入学する前に行つたものを含む。）を当該生徒の在学する高等学校における科目の履修とみなし、当該科目の単位を与えることができる。

一　高等学校卒業程度認定試験規則（平成十七年文部科学省令第一号）の定めるところにより合格点を得た試験科目（同令附則第二条の規定による廃止前の大学入学資格検定規程（昭和二十六年文部省令第十三号。以下「旧規程」という。）の定めるところにより合格点を得た受検科目を含む。）に係る学修

二　高等学校の別科における学修で高等学校学習指導要領の定めるところに準じて修得した科目に係る学修

三　少年院法（平成二十六年法律第五十八号）の規定による矯正教育で高等学校学習指導要領の定めるところに準じて修得したと認められるものに係る学修

＊平成一九文科令四〇・追加

〔大学編入学資格を得られる専攻科の基準〕

第百条の二　学校教育法第五十八条の二に規定する文部科学大臣の定める基準は、次のとおりとする。

一　修業年限が二年以上であること。

二　課程の修了に必要な総単位数その他の事項が、別に定める基準を満たすものであること。

2　前項の基準を満たす高等学校の専攻科の課程

を修了した者は、編入学しようとする大学の定めるところにより、当該大学の修業年限から、修了した高等学校の専攻科における修業年限に相当する年数以下の期間を控除した期間を在学すべき期間として、当該大学に編入学することができる。ただし、在学すべき期間は、一年を下つてはならない。

＊平成二八文科令一〇・追加

〔評価の公表〕

第百条の三　前条第一項の基準を満たす専攻科を置く高等学校は、当該専攻科について、第百四条第一項において準用する第六十六条第一項の規定による評価の結果を踏まえた高等教育の段階における教育活動等に関し識見を有する者その他適当と認める者（当該高等学校の職員を除く。）による評価を行い、その結果を公表するものとする。

＊平成二八文科令一〇・追加

第三節　定時制の課程及び通信制の課程並びに学年による教育課程の区分を設けない場合その他

＊平成一九文科令四〇・追加

〔通信教育〕

第百一条　通信制の課程の設備、編制その他に関し必要な事項は、この章に定めるもののほか、高等学校通信教育規程の定めるところによる。

２　第八十条（施設、設備及び編制に係るものに限る。）並びに第百四条において準用する第五十九条及び第六十一条から第六十三条までの規定は、通信制の課程に適用しない。

＊平成一九文科令四〇・追加

参　法五四

〔修業年限に関する配慮〕

第百二条　高等学校の定時制の課程又は通信制の課程の修業年限を定めるに当たつては、勤労青年の教育上適切な配慮をするよう努めるものとする。

＊平成一九文科令四〇・追加

参　法五六

〔単位制高等学校〕

第百三条　高等学校においては、第百四条第一項において準用する第五十七条（各学年の課程の修了に係る部分に限る。）の規定にかかわらず、学年による教育課程の区分を設けないことができる。

２　前項の規定により学年による教育課程の区分を設けない場合における入学等に関する特例その他必要な事項は、単位制高等学校教育規程（昭和六十三年文部省令第六号）の定めるところによる。

＊平成一九文科令四〇・追加

参　単位制高校規程

〔育成する資質能力・教育課程の編成実施・入学者受け入れの方針〕

第百三条の二　高等学校は、当該高等学校、全日制の課程、定時制の課程若しくは通信制の課程又は学科ごとに、次に掲げる方針を定め、公表するものとする。

一　高等学校学習指導要領に定めるところにより育成を目指す資質・能力に関する方針

二　教育課程の編成及び実施に関する方針

三　入学者の受入れに関する方針

＊令和三文科令一四・追加

〔準用規定等〕

第百四条　第四十三条から第四十九条まで（第四十六条を除く。）、第五十四条、第五十六条の五から第七十一条まで（第六十九条を除く。）及び第七十八条の二の規定は、高等学校に準用する。

２　前項の規定において準用する第五十九条の規定にかかわらず、修業年限が三年を超える定時制の課程を置く場合は、その最終の学年は、四月一日に始まり、九月三十日に終わるものとすることができる。

3　校長は、特別の必要があり、かつ、教育上支障がないときは、第一項において準用する第五十九条に規定する学年の途中においても、学期の区分に従い、入学（第九十一条に規定する入学を除く。）を許可し並びに各学年の課程の修了及び卒業を認めることができる。

＊平成一九文科令四〇・追加

参　法五九、規則一〇二

行　●生徒が全課程を修了する時期＝学校の教育計画は、学年の区分に基づいて構成され、学年は規則四四条（本条で高校に準用）により四月一日に始まり、翌年三月三一日に終わる。よつて生徒が全課程を修了する時期は、学年末期でなければならないものと解する。規則二八条は卒業証書を授与すべきことを規定したものであつて、授与すべき時期について規定したものではない。（初中局長回答昭二八・三・一二委初二九）

●同前＝三年間で卒業のための所要単位が履修できないで第四年度の年度途中においてこれを履修した生徒に対し、学年の途中において随時卒業させることはできない。この場合に、第四年度を休学とし、通信教育において必要単位を履修させてから復学させるという方法については、通常の課程と通信教育との二重在籍は認められていないから、この方法はとれない。ただし不足単位が通信教育実施課目である場合には通常の課程を退学し、必要な単位を通信教育によつて得て卒業することは可能であるが、この場合には卒業認定は通信教育実施校の校長が行なう。（初中局長回答昭二八・一・二一）

●第三項関係＝これは、外国の学校とわが国の学校とでは卒業・入学の時期に相当のずれがある場合が多いことにかんがみ、帰国子女など外国においてわが国の中学校に相当する学校教育の課程を修了した者について、四月・三月以外の時期にわが国の高等学校に入学させ及び卒業させようとする場合の特例を定めたものである。

この場合においては、教育課程について特別な編成を行うなど教育上支障がないよう配慮するとともに、生徒の進級及び卒業の取扱いについて、修業年限に従い適切なものとなるようにする必要がある。（文部事務次官通達昭六三・一〇・八文初高七二）

第七章　中等教育学校並びに併設型中学校及び併設型高等学校

＊平成一九文科令四〇・追加

第一節　中等教育学校

＊平成一九文科令四〇・追加

〔設置基準〕

第百五条　中等教育学校の設置基準は、この章に定めるもののほか、別に定める。

＊平成一九文科令四〇・追加

参　法六三・六四・六七

〔前期・後期課程の基準〕

第百六条　中等教育学校の前期課程の設備、編制その他設置に関する事項については、中学校設置基準の規定を準用する。

2　中等教育学校の後期課程の設備、編制、学科の種類その他設置に関する事項については、高等学校設置基準の規定を準用する。

＊平成一九文科令四〇・追加

〔前期課程の授業時数〕

第百七条　次条第一項において準用する第七十二条に規定する中等教育学校の前期課程の各学年における各教科、特別の教科である道徳、総合的な学習の時間及び特別活動のそれぞれの授業時数並びに各学年におけるこれらの総授業時数は、別表第四に定める授業時数を標準とする。

＊平成一九文科令四〇・追加

参　規則七二・七三

〔中等教育学校の教育課程〕

第百八条　中等教育学校の前期課程の教育課程については、第五十条第二項、第五十五条から第五十六条の四まで及び第七十二条の規定並びに第七十四条の規定に基づき文部科学大臣が公示する中学校学習指導要領の規定を準用する。この場合において、第五十五条から第五十六条までの規定中「第五十条第一項、第五十一条（中学校連携型小学校にあつては第五十二条の三、第七十九条の九第二項に規定する中学校併設型小学校にあつては第七十九条の十二において準用する第七十九条の五第一項）又は第五十二条」とあるのは「第百七条又は第百八条第一項において準用する第七十二条若しくは第七十四条の規定に基づき文部科学大臣が公示する中学校学習指導要領」と、第五十五条の二中「第三十条第一項」とあるのは「第六十七条第一項」と、第五十六条の二及び第五十六条の四中「第五十条第一項、第五十一条（中学校連携型小学校にあつては第五十二条の三、第七十九条の九第二項に規定する中学校併設型小学校にあつては第七十九条の十二において準用する第七十九条の五第一項）及び第五十二条」とあるのは「第百七条並びに第百八条第一項において準用する第七十二条及び第七十四条の規定に基づき文部科学大臣が公示する中学校学習指導要領」と、第五十六条の三中「他の小学校、義務教育学校の前期課程又は特別支援学校の小学部」とあるのは「他の中学校、義務教育学校の後期課程、中等教育学校の前期課程又は特別支援学校の中学部」と読み替えるものとする。

2　中等教育学校の後期課程の教育課程については、第八十三条、第八十五条から第八十六条の三まで及び第八十八条の二の規定並びに第八十四条の規定に基づき文部科学大臣が公示する高等学校学習指導要領の規定を準用する。この場合において、第八十五条中「前二条」とあり、並びに第八十五条の二及び第八十六条中「第八十三条又は第八十四条」とあるのは、「第百八条第二項において準用する第八十三条又は第八十四条の規定に基づき文部科学大臣が公示する高等学校学習指導要領」と、第八十五条の二中「第五十一条」とあるのは「第六十七条第二項」と、第八十六条の二中「第八十三条及び第八十四条」とあるのは「第百八条第二項において準用する第八十三条及び第八十四条の規定に基づき文部科学大臣が公示する高等学校学習指導要領」と読み替えるものとする。

＊平成一九文科令四〇・追加

参 1 規則七四＝中学校の教育課程、中学校学習指導要領　2 規則八四＝高等学校の教育課程、高等学校学習指導要領

〔教育課程の基準〕

第百九条　中等教育学校の教育課程については、この章に定めるもののほか、教育課程の基準の特例として文部科学大臣が別に定めるところによるものとする。

＊平成一九文科令四〇・追加

行 ●中等教育学校並びに併設型中学校及び併設型高等学校の教育課程の基準の特例を定める件（平一〇文部省告示一五四）の一部改正（平一一文部省告示五九）

〔入学の許可〕

第百十条　中等教育学校の入学は、設置者の定めるところにより、校長が許可する。

2　前項の場合において、公立の中等教育学校については、学力検査を行わないものとする。

＊平成一九文科令四〇・追加

参 【設置者＝法四①2

〔後期課程の通信制〕

第百十一条　中等教育学校の後期課程の通信制の課程の設備、編制その他に関し必要な事項は、この章に定めるもののほか、高等学校通信教育規程の規定を準用する。

＊平成一九文科令四〇・追加

参 法五四

〔入学等の特例〕

第百十二条　次条第三項において準用する第百三条第一項の規定により学年による教育課程の区分を設けない場合における入学等に関する特例その他必要な事項は、単位制高等学校教育規程の規定を準用する。

＊平成一九文科令四〇・追加

参 単位制高校規程

〔準用規定〕

第百十三条　第四十三条から第四十九条まで（第四十六条を除く。）、第五十四条、第五十六条の五から第七十一条まで（第六十九条を除く。）、第七十八条の二、第八十二条、第九十一条、第九十四条及び第百条の三の規定は、中等教育学校に準用する。この場合において、同条中「第

百四条第一項」とあるのは、「第百十三条第一項」と読み替えるものとする。

2　第七十七条の二及び第七十八条の規定は、中等教育学校の前期課程に準用する。

3　第八十一条、第八十八条の三、第八十九条、第九十二条、第九十三条、第九十六条から第百条の二まで、第百一条第二項、第百二条、第百三条第一項、第百三条の二（第三号を除く。）及び第百四条第二項の規定は、中等教育学校の後期課程に準用する。この場合において、第九十六条第一項中「第八十五条、第八十五条の二又は第八十六条」とあるのは「第百八条第二項において読み替えて準用する第八十五条、第八十五条の二又は第八十六条」と、「第八十三条又は第八十四条」とあるのは「第百八条第二項において準用する第八十三条又は第八十四条の規定に基づき文部科学大臣が公示する高等学校学習指導要領」と読み替えるものとする。

＊平成一九文科令四〇・追加

第二節　併設型中学校及び併設型高等学校

＊平成二八文科令四・全部改正

〔併設型の教育課程の特例〕

第百十四条　併設型中学校の教育課程については、第五章に定めるもののほか、教育課程の基準の特例として文部科学大臣が別に定めるところによるものとする。

2　併設型高等学校の教育課程については、第六章に定めるもののほか、教育課程の基準の特例として文部科学大臣が別に定めるところによるものとする。

＊平成一九文科令四〇・追加
参　法七一、規則七四・八四

〔一貫教育のための教育課程〕

第百十五条　併設型中学校及び併設型高等学校においては、中学校における教育と高等学校における教育を一貫して施すため、設置者の定めるところにより、教育課程を編成するものとする。

＊平成一九文科令四〇・追加
参　法七一―一貫教育

〔入学者の選抜〕

第百十六条　第九十条第一項の規定にかかわらず、併設型高等学校においては、当該高等学校に係る併設型中学校の生徒については入学者の選抜は行わないものとする。

＊平成一九文科令四〇・追加
参　法七一―一貫教育

〔準用規定〕

第百十七条　第百七条及び第百十条の規定は、併設型中学校に準用する。

＊平成一九文科令四〇・追加

第八章　特別支援教育

＊平成一九文科令四〇・追加

〔設置基準〕

第百十八条　特別支援学校の設備、編制その他設置に関する事項及び特別支援学級の設備編制は、この章及び特別支援学校設置基準（令和三年文部科学省令第四十五号）に定めるもののほか、別に定める。

＊平成一九文科令四〇・追加
参　法三

〔特別支援学校の学則等の制定〕

第百十九条　特別支援学校においては、学校教育法第七十二条に規定する者に対する教育のうち当該特別支援学校が行うものを学則その他の設置者の定める規則（次項において「学則等」という。）で定めるとともに、これについて保護者等に対して積極的に情報を提供するものとする。

2　前項の学則等を定めるに当たつては、当該特別支援学校の施設及び設備等の状況並びに当該特別支援学校の所在する地域における障害のある児童等の状況について考慮しなければならない。

＊平成一九文科令四〇・追加

第百二十条から第百二十三条まで　削除

＊平成一九文科令四〇・追加、令和三文科令四五・削除

〔寮務主任・舎監〕

第百二十四条　寄宿舎を設ける特別支援学校には、寮務主任及び舎監を置かなければならない。

2　前項の規定にかかわらず、第四項に規定する寮務主任の担当する寮務を整理する主幹教諭を置くときその他特別の事情のあるときは寮務主任を、第五項に規定する舎監の担当する寮務を整理する主幹教諭を置くときは舎監を、それぞれ置かないことができる。

3　寮務主任及び舎監は、指導教諭又は教諭をもつて、これに充てる。

4　寮務主任は、校長の監督を受け、寮務に関する事項について連絡調整及び指導、助言に当たる。

5　舎監は、校長の監督を受け、寄宿舎の管理及び寄宿舎における児童等の教育に当たる。

＊平成一九文科令四〇・追加

参　法三・三七②・七八【公立学校の寮務主任・舎監＝地方教育行政法三三①―学校管理規則の設定】

〔各部の主事〕

第百二十五条　特別支援学校には、各部に主事を置くことができる。

2　主事は、その部に属する教諭等をもつて、これに充てる。校長の監督を受け、部に関する校務をつかさどる。

＊平成一九文科令四〇・追加

参　規則一一八

〔小学部の教育課程〕

第百二十六条　特別支援学校の小学部の教育課程は、国語、社会、算数、理科、生活、音楽、図画工作、家庭、体育及び外国語の各教科、特別の教科である道徳、外国語活動、総合的な学習の時間、特別活動並びに自立活動によつて編成するものとする。

2　前項の規定にかかわらず、知的障害者である児童を教育する場合は、生活、国語、算数、音楽、図画工作及び体育の各教科、特別の教科である道徳、特別活動並びに自立活動によつて教育課程を編成するものとする。ただし、必要がある場合には、外国語活動を加えて教育課程を編成することができる。

＊平成一九文科令四〇・追加

参　法七七、規則一二九【教育課程の特例＝規則一三一】

〔中学部の教育課程〕

第百二十七条　特別支援学校の中学部の教育課程は、国語、社会、数学、理科、音楽、美術、保健体育、技術・家庭及び外国語の各教科、特別の教科である道徳、総合的な学習の時間、特別活動並びに自立活動によつて編成するものとする。

2　前項の規定にかかわらず、知的障害者である生徒を教育する場合は、国語、社会、数学、理科、音楽、美術、保健体育及び職業・家庭の各教科、特別の教科である道徳、総合的な学習の時間、特別活動並びに自立活動によつて教育課程を編成するものとする。ただし、必要がある場合には、外国語科を加えて教育課程を編成することができる。

＊平成一九文科令四〇・追加

参　法七七、規則一二九【教育課程の特例＝規則一三一】

〔高等部の教育課程〕

第百二十八条　特別支援学校の高等部の教育課程は、別表第三及び別表第五に定める各教科に属する科目、総合的な探究の時間、特別活動並びに自立活動によつて編成するものとする。

2　前項の規定にかかわらず、知的障害者である生徒を教育する場合は、国語、社会、数学、理科、音楽、美術、保健体育、職業、家庭、外国語、情報、家政、農業、工業、流通・サービス及び福祉の各教科、第百二十九条に規定する特別支援学校高等部学習指導要領で定めるこれら

以外の教科及び特別の教科である道徳、総合的な探究の時間、特別活動並びに自立活動によって教育課程を編成するものとする。

＊平成一九文科令四〇・追加

参　法七七【教育課程の基準＝規則一二九―学習指導要領】【研究上の特例＝規則一三一】

〔教育課程の基準〕

第百二十九条　特別支援学校の幼稚部の教育課程その他の保育内容並びに小学部、中学部及び高等部の教育課程については、この章に定めるもののほか、教育課程その他の保育内容又は教育課程の基準として文部科学大臣が別に公示する特別支援学校幼稚部教育要領、特別支援学校小学部・中学部学習指導要領及び特別支援学校高等部学習指導要領によるものとする。

＊平成一九文科令四〇・追加

参　法三三・七七、規則一二六～一二八

〔授業の特例―合科授業〕

第百三十条　特別支援学校の小学部、中学部又は高等部においては、特に必要がある場合は、第百二十六条から第百二十八条までに規定する各教科（次項において「各教科」という。）又は別表第三及び別表第五に定める各教科に属する科目の全部又は一部について、合わせて授業を行うことができる。

2　特別支援学校の小学部、中学部又は高等部においては、知的障害者である児童若しくは生徒又は複数の種類の障害を併せ有する児童若しくは生徒を教育する場合において特に必要があるときは、各教科、特別の教科である道徳、外国語活動、特別活動及び自立活動の全部又は一部について、合わせて授業を行うことができる。

＊平成一九文科令四〇・追加

参　法三三・七七

〔教育課程の特例〕

第百三十一条　特別支援学校の小学部、中学部又は高等部において、複数の種類の障害を併せ有する児童若しくは生徒を教育する場合又は教員を派遣して教育を行う場合において、特に必要があるときは、第百二十六条から第百二十九条までの規定にかかわらず、特別の教育課程によることができる。

2　前項の規定により特別の教育課程による場合において、文部科学大臣の検定を経た教科用図書又は文部科学省が著作の名義を有する教科用図書を使用することが適当でないときは、当該学校の設置者の定めるところにより、他の適切な教科用図書を使用することができる。

3　第五十六条の五の規定は、学校教育法附則第九条第二項において準用する同法第三十四条第二項又は第三項の規定により前項の他の適切な教科用図書に代えて使用する教材について準用する。

＊平成一九文科令四〇・追加

参　①法三三・七七　②法三四、規則五六の五・八九

〔教育課程の研究上の特例〕

第百三十二条　特別支援学校の小学部、中学部又は高等部の教育課程に関し、その改善に資する研究を行うため特に必要があり、かつ、児童又は生徒の教育上適切な配慮がなされていると文部科学大臣が認める場合においては、文部科学大臣が別に定めるところにより、第百二十六条から第百二十九条までの規定によらないことができる。

＊平成一九文科令四〇・追加

参　法三三・七七、規則一二六～一二九

〔特色ある教育課程編成の特例〕

第百三十二条の二　文部科学大臣が、特別支援学校の小学部、中学部又は高等部において、当該特別支援学校又は当該特別支援学校が設置されている地域の実態に照らし、より効果的な教育を実施するため、当該特別支援学校又は当該地域の特色を生かした特別の教育課程を編成して教育を実施する必要があり、かつ、当該特別の教育課程について、教育基本法及び学校教育法第七十二条の規定等に照らして適切であり、児童又は生徒の教育上適切な配慮がなされている

ものとして文部科学大臣が定める基準を満たしていると認める場合においては、文部科学大臣が別に定めるところにより、第百二十六条から第百二十九条までの規定の一部又は全部によらないことができる。

＊平成二〇文科令五・追加

〔特別支援学校の日本語教育のための教育課程編成の特例〕

第百三十二条の三　特別支援学校の小学部、中学部又は高等部において、日本語に通じない児童又は生徒のうち、当該児童又は生徒の日本語を理解し、使用する能力に応じた特別の指導を行う必要があるものを教育する場合には、文部科学大臣が別に定めるところにより、第百二十六条から第百二十九条までの規定にかかわらず、特別の教育課程によることができる。

＊平成二六文科令二・追加

〔特別支援学校の日本語教育授業の特例〕

第百三十二条の四　前条の規定により特別の教育課程による場合においては、校長は、児童又は生徒が設置者の定めるところにより他の小学校、中学校、義務教育学校、高等学校、中等教育学校又は特別支援学校の小学部、中学部若しくは高等部において受けた授業を、当該児童又は生徒の在学する特別支援学校の小学部、中学部又は高等部において受けた当該特別の教育課程に係る授業とみなすことができる。

＊平成二六文科令二・追加

〔特別支援学校の学齢超過者のための教育課程編成の特例〕

第百三十二条の五　特別支援学校の小学部又は中学部において、学齢を経過した者のうち、その者の年齢、経験又は勤労の状況その他の実情に応じた特別の指導を行う必要があるものを夜間その他特別の時間において教育する場合には、文部科学大臣が別に定めるところにより、第百二十六条、第百二十七条及び第百二十九条の規定にかかわらず、特別の教育課程によることができる。

＊平成二九文科令一八・追加

〔高等部の全課程修了の認定〕

第百三十三条　校長は、生徒の特別支援学校の高等部の全課程の修了を認めるに当たつては、特別支援学校高等部学習指導要領に定めるところにより行うものとする。ただし、第百三十二条又は第百三十二条の二の規定により、特別支援学校の高等部の教育課程に関し第百二十八条及び第百二十九条の規定によらない場合においては、文部科学大臣が別に定めるところにより行うものとする。

2　前項前段の規定により全課程の修了の要件として特別支援学校高等部学習指導要領の定めるところにより校長が定める単位数又は授業時数のうち、第百三十五条第五項において準用する第八十八条の三に規定する授業の方法によるものは、それぞれ全課程の修了要件として定められた単位数又は授業時数の二分の一に満たないものとする。ただし、疾病による療養のため又は障害のため、病院その他の適当な場所で医療の提供その他の支援を受ける必要がある生徒であつて、相当の期間特別支援学校を欠席すると認められるもの又は教員を派遣して教育を行う必要があると認められるものについては、この限りでない。

＊平成一九文科令四〇・追加

参　規則五七―課程の修了・卒業の認定、五八―卒業証書の授与

〔高等部の通信教育〕

第百三十四条　特別支援学校の高等部における通信教育に関する事項は、別に定める。

＊平成一九文科令四〇・追加

第百三十四条の二　校長は、特別支援学校に在学する児童等について個別の教育支援計画（学校と医療、保健、福祉、労働等に関する業務を行う関係機関及び民間団体（次項において「関係機関等」という。）との連携の下に行う当該児童等に対する長期的な支援に関する計画をいう。）を作成しなければならない。

2　校長は、前項の規定により個別の教育支援計画を作成するに当たつては、当該児童等又はその保護者の意向を踏まえつつ、あらかじめ、関係機関等と当該児童等の支援に関する必要な情報の共有を図らなければならない。

＊平成三〇文科令二七・追加

〔準用規定〕

第百三十五条　第四十三条から第四十九条まで（第四十六条を除く。）、第五十四条、第五十九条から第六十三条まで、第六十五条から第六十八条まで、第八十二条及び第百条の三の規定は、特別支援学校に準用する。この場合において、同条中「第百四条第一項」とあるのは、「第百三十五条第一項」と読み替えるものとする。

2　第五十六条の五から第五十八条まで、第六十四条及び第八十九条の規定は、特別支援学校の小学部、中学部及び高等部に準用する。

3　第三十五条、第五十条第二項及び第五十三条の規定は、特別支援学校の小学部に準用する。

4　第三十五条、第五十条第二項、第七十条、第七十一条及び第七十七条の二から第七十八条の二までの規定は、特別支援学校の中学部に準用する。

5　第七十条、第七十一条、第七十八条の二、第八十一条、第八十八条の三、第九十条第一項から第三項まで、第九十一条から第九十五条まで、第九十七条第一項及び第二項、第九十八条から第百条の二まで並びに第百四条第三項の規定は、特別支援学校の高等部に準用する。この場合において、第九十七条第一項及び第二項中「他の高等学校又は中等教育学校の後期課程」とあるのは「他の特別支援学校の高等部、高等学校又は中等教育学校の後期課程」と、同条第二項中「当該他の高等学校又は中等教育学校」とあるのは「当該他の特別支援学校、高等学校又は中等教育学校」と読み替えるものとする。

＊平成一九文科令四〇・追加

〔特別支援学級の一学級の児童数〕

第百三十六条　小学校、中学校若しくは義務教育学校又は中等教育学校の前期課程における特別支援学級の一学級の児童又は生徒の数は、法令に特別の定めのある場合を除き、十五人以下を標準とする。

＊平成一九文科令四〇・追加
参　法八一

〔特別支援学級の設置区分〕

第百三十七条　特別支援学級は、特別の事情のある場合を除いては、学校教育法第八十一条第二項各号に掲げる区分に従つて置くものとする。

＊平成一九文科令四〇・追加
参　法八一、規則一一八

〔特別支援学級の教育課程編成の特例〕

第百三十八条　小学校、中学校若しくは義務教育学校又は中等教育学校の前期課程における特別支援学級に係る教育課程については、特に必要がある場合は、第五十条第一項（第七十九条の六第一項において準用する場合を含む。）、第五十一条、第五十二条（第七十九条の六第一項において準用する場合を含む。）、第五十二条の三、第七十二条（第七十九条の六第二項及び第百八条第一項において準用する場合を含む。）、第七十三条、第七十四条（第七十九条の六第二項及び第百八条第一項において準用する場合を含む。）、第七十四条の三、第七十六条、第七十九条の五（第七十九条の十二において準用する場合を含む。）及び第百七条（第百十七条において準用する場合を含む。）の規定にかかわらず、特別の教育課程によることができる。

＊平成一九文科令四〇・追加
参　法三三・四八・四九の七・六八、規則五〇①・五一・五二・七二～七四・七九の六・七九の七・一〇八・一〇九

〔特別支援学級の使用する教科書の特例〕

第百三十九条　前条の規定により特別の教育課程による特別支援学級においては、文部科学大臣の検定を経た教科用図書を使用することが適当でない場合には、当該特別支援学級を置く学校の設置者の定めるところにより、他の適切な教

科用図書を使用することができる。

２　第五十六条の五の規定は、学校教育法附則第九条第二項において準用する同法第三十四条第二項又は第三項の規定により前項の他の適切な教科用図書に代えて使用する教材について準用する。

＊平成一九文科令四〇・追加

参　法三四、規則五六の五

第百三十九条の二　第百三十四条の二の規定は、小学校、中学校若しくは義務教育学校又は中等教育学校の前期課程における特別支援学級の児童又は生徒について準用する。

＊平成三〇文科令二七・追加

〔障害に応じた特別の指導―通級指導〕

第百四十条　小学校、中学校、義務教育学校、高等学校又は中等教育学校において、次の各号のいずれかに該当する児童又は生徒（特別支援学級の児童及び生徒を除く。）のうち当該障害に応じた特別の指導を行う必要があるものを教育する場合には、文部科学大臣が別に定めるところにより、第五十条第一項（第七十九条の六第一項において準用する場合を含む。）、第五十一条、第五十二条（第七十九条の六第一項において準用する場合を含む。）、第五十二条の三、第七十二条（第七十九条の六第二項及び第百八条第一項において準用する場合を含む。）、第七十三条、第七十四条（第七十九条の六第二項及び第百八条第一項において準用する場合を含む。）、第七十四条の三、第七十六条、第七十九条の五（第七十九条の十二において準用する場合を含む。）、第八十三条及び第八十四条（第百八条第二項において準用する場合を含む。）並びに第百七条（第百十七条において準用する場合を含む。）の規定にかかわらず、特別の教育課程によることができる。

一　言語障害者

二　自閉症者

三　情緒障害者

四　弱視者

五　難聴者

六　学習障害者

七　注意欠陥多動性障害者

八　その他障害のある者で、この条の規定により特別の教育課程による教育を行うことが適当なもの

＊平成一九文科令四〇・追加

参　法三三・四八、規則一三一

〔他の小中学校の授業の取扱い〕

第百四十一条　前条の規定により特別の教育課程による場合においては、校長は、児童又は生徒が、当該小学校、中学校、義務教育学校、高等学校又は中等教育学校の設置者の定めるところにより他の小学校、中学校、義務教育学校、高等学校、中学部若しくは高等部において受けた授業を、当該小学校、中学校、義務教育学校、高等学校又は中等教育学校において受けた当該特別の教育課程に係る授業とみなすことができる。

＊平成一九文科令四〇・追加

参　規則一三一・一三八

第百四十一条の二　第百三十四条の二の規定は、第百四十条の規定により特別の指導が行われている児童又は生徒について準用する。

＊平成三〇文科令二七・追加

第九章　大学

第一節　設備、編制、学部及び学科

〔設置基準〕

第百四十二条　大学（専門職大学及び短期大学並びに大学院を除く。以下この項において同じ。）の設備、編制、学部及び学科に関する事項、教員の資格に関する事項、通信教育に関する事項その他大学の設置に関する事項は、大学設置基準（昭和三十一年文部省令第二十八号）及び大学通信教育設置基準（昭和五十六年文部省令第三十三号）の定めるところによる。

②　専門職大学（大学院を除く。以下この項において同じ。）の設備、編制、学部及び学科に関

する事項、教員の資格に関する事項その他専門職大学の設置に関する事項は、専門職大学設置基準（平成二十九年文部科学省令第三十三号）の定めるところによる。

③　大学院の設備、編制、研究科、教員の資格に関する事項及び通信教育に関する事項その他大学院の設置に関する事項は、大学院設置基準（昭和四十九年文部省令第二十八号）及び専門職大学院設置基準（平成十五年文部科学省令第十六号）の定めるところによる。

④　短期大学（専門職短期大学を除く。以下この項において同じ。）の設備、編制、学科、教員の資格、通信教育に関する事項その他短期大学の設置に関する事項は、短期大学設置基準（昭和五十年文部省令第二十一号）及び短期大学通信教育設置基準（昭和五十七年文部省令第三号）の定めるところによる。

⑤　専門職短期大学の設備、編制、学科、教員の資格その他専門職短期大学の設置に関する事項は、専門職短期大学設置基準（平成二十九年文部科学省令第三十四号）の定めるところによる。

〔代議員会等〕

第百四十三条　教授会は、その定めるところにより、教授会に属する職員のうちの一部の者をもつて構成される代議員会、専門委員会等（次項において「代議員会等」という。）を置くことができる。

2　教授会は、その定めるところにより、代議員会等の議決をもつて、教授会の議決とすることができる。

＊平成七文部令二二・追加

参 ①② 【教授会＝法九三】

〔共同利用教育施設〕

第百四十三条の二　大学における教育に係る施設は、教育上支障がないと認められるときは、他の大学の利用に供することができる。

2　前項の施設を他の大学の利用に供する場合において、当該施設が大学教育の充実に特に資するときは、教育関係共同利用拠点として文部科学大臣の認定を受けることができる。

＊平成二二文科令三〇・追加

〔共同利用研究施設〕

第百四十三条の三　大学には、学校教育法第九十六条の規定により大学に附置される研究施設として、大学の教員その他の者で当該研究施設の目的たる研究と同一の分野の研究に従事する者に利用させるものを置くことができる。

2　前項の研究施設のうち学術研究の発展に特に資するものは、共同利用・共同研究拠点として文部科学大臣の認定を受けることができる。

3　第一項の研究施設のうち学術研究の発展に特に資するものであつて国際的な研究活動の中核としての機能を備えたものは、国際共同利用・共同研究拠点として文部科学大臣の認定を受けることができる。

4　第二項の認定と前項の認定は、重ねて受けることができない。

＊平成三〇文科令二二・追加

第二節　入学及び卒業等

＊平成一九文科令四〇・追加

第百四十四条　削除（平成二六文科令二五）

〔学位〕

第百四十五条　学位に関する事項は、学位規則（昭和二十八年文部省令第九号）の定めるところによる。

＊平成一九文科令四〇・追加

参 【学位の授与＝法一〇四】

〔修業年限の通算〕

第百四十六条　学校教育法第八十八条に規定する修業年限の通算は、大学の定めるところにより、大学設置基準第三十一条第一項、専門職大学設置基準第二十八条第一項、短期大学設置基準第十七条第一項若しくは専門職短期大学設置基準第二十五条第一項に規定する科目等履修生（第百六十三条の二において「科目等履修生」という。）又は大学設置基準第三十一条第二項、専門職大学設置基準第二十八条第二項、短期大学設置基準第十七条第二項若しくは専門職短期大学設置基準第二十五条第二項に規定する特別の課程履修生（いずれも大学の学生以外の者に限る。）として一の大学において一定の単位を修得した者に対し、大学設置基準第三十条第一項（同条第二項において準用する場合を含む。）、専門職大学設置基準第二十六条第一項（同条第二項において準用する場合を含む。）、短期大学設置基準第十六条第一項（同条第二項において準用する場合を含む。）又は専門職短期大学設置基準第二十三条第一項（同条第二項において準用する場合を含む。）の規定により当該大学に入学した後に修得したものとみなすことのできる当該単位数、その修得に要した期間その他大学が必要と認める事項を勘案して行うものとする。

＊平成一九文科令四〇・追加

〔実務経験の修業年限への通算〕

第百四十六条の二　学校教育法第八十八条の二に規定する修業年限の通算は、専門職大学等（専門職大学及び専門職短期大学をいう。以下同じ。）の定めるところにより、専門職大学設置基準第二十六条第四項又は専門職短期大学設置基準第二十三条第四項の規定により当該職業を担うための実践的な能力（当該専門職大学等で修得させることとしているものに限る。）の修得を当該専門職大学等における授業科目の履修とみなして単位を与えられた者に対し、与えられた当該単位数、当該実践的な能力の修得に要した期間その他専門職大学等が必要と認める事項を勘案して行うものとする。

2　学校教育法第八十八条の二ただし書に規定する文部科学大臣が定める期間は、当該専門職大学等の修業年限の四分の一とする。

＊平成二九文科令三五・追加

〔早期卒業認定の要件〕

第百四十七条　学校教育法第八十九条に規定する卒業の認定は、次の各号に掲げる要件のすべてに該当する場合（学生が授業科目の構成等の特別の事情を考慮して文部科学大臣が別に定める課程に在学する場合を除く。）に限り行うことができる。

一　大学が、学修の成果に係る評価の基準その他の学校教育法第八十九条に規定する卒業の認定の基準を定め、それを公表していること。

二　大学が、大学設置基準第二十七条の二又は専門職大学設置基準第二十二条に規定する履修科目として登録することができる単位数の上限を定め、適切に運用していること。

三　学校教育法第八十七条第一項に定める学部の課程を履修する学生が、卒業の要件として修得すべき単位を修得し、かつ、当該単位を優秀な成績をもつて修得したと認められること。

四　学生が、学校教育法第八十九条に規定する卒業を希望していること。

＊平成一九文科令四〇・追加

〔在学期間の算定〕

第百四十八条　学校教育法第八十七条第一項ただし書の規定により修業年限を四年を超えるものとする学部に在学する学生にあつては、同法第八十九条の規定により在学すべき期間は、四年とする。

＊平成一九文科令四〇・追加

〔在学期間の通算〕

第百四十九条　学校教育法第八十九条の規定により、一の大学（短期大学を除く。以下この条において同じ。）に三年以上在学したものに準ずる者を、次の各号のいずれかに該当する者であつて、在学期間が通算して三年以上となつたものと定める。

一　第百四十七条第一号及び第二号の要件を満たす一の大学から他の当該各号の要件を満たす大学へ転学した者

二　第百四十七条第一号及び第二号の要件を満たす大学を退学した者であつて、当該大学における在学期間以下の期間を別の当該各号の要件を満たす大学の修業年限に通算されたもの

三　第百四十七条第一号及び第二号の要件を満

たす大学を卒業した者であつて、当該大学における修業年限以下の期間を別の当該各号の要件を満たす大学の修業年限に通算されたもの

＊平成一九文科令四〇・追加

〔高等学校卒業者と同等以上の学力があると認められる者〕

第百五十条 学校教育法第九十条第一項の規定により、大学入学に関し、高等学校を卒業した者と同等以上の学力があると認められる者は、次の各号のいずれかに該当する者とする。

一 外国において学校教育における十二年の課程を修了した者又はこれに準ずる者で文部科学大臣の指定したもの

二 文部科学大臣が高等学校の課程と同等の課程を有するものとして認定した在外教育施設の当該課程を修了した者

三 専修学校の高等課程（修業年限が三年以上であることその他の文部科学大臣が定める基準を満たすものに限る。）で文部科学大臣が別に指定するものを文部科学大臣が定める日以後に修了した者

四 文部科学大臣の指定した者

五 高等学校卒業程度認定試験規則による高等学校卒業程度認定試験に合格した者（旧規程による大学入学資格検定（以下「旧検定」という。）に合格した者を含む。）

五の二 学校教育法第九十条第二項の規定により大学に入学した者であつて、高等学校卒業程度認定審査規則（令和四年文部科学省令第十八号）による高等学校卒業程度認定審査に合格した者

六 学校教育法第九十条第二項の規定により大学に入学した者であつて、当該者をその後に入学させる大学において、大学における教育を受けるにふさわしい学力があると認めたもの

七 大学において、個別の入学資格審査により、高等学校を卒業した者と同等以上の学力があると認めた者で、十八歳に達したもの

＊平成一九文科令四〇・追加

参 一【文部科学大臣の指定＝昭五六文部省告示一五三】 二【高等学校の課程に相当する課程を有する在外教育施設＝平成三文部省告示一一四】 三【専修学校の高等課程で文部科学大臣が指定するもの＝平成一七文科省告示一三七、最終改正平成二四・三・三〇】 四【文部科学大臣の指定＝昭二三文部省告示四七】

〔飛び入学をさせる大学〕

第百五十一条 学校教育法第九十条第二項の規定により学生を入学させる大学は、特に優れた資質を有すると認めるに当たつては、入学しようとする者の在学する学校の校長の推薦を求める等により、同項の入学に関する制度が適切に運用されるよう工夫を行うものとする。

＊平成一九文科令四〇・追加

〔飛び入学をさせる大学の自己評価等〕

第百五十二条 学校教育法第九十条第二項の規定により学生を入学させる大学は、同項の入学に関する制度の運用の状況について、同法第百九条第一項に規定する点検及び評価を行い、その結果を公表しなければならない。

＊平成一九文科令四〇・追加

〔大学への飛び入学可能な高等学校在学年数〕

第百五十三条 学校教育法第九十条第二項に規定する文部科学大臣の定める年数は、二年とする。

＊平成一九文科令四〇・追加

〔大学への飛び入学可能年数高等学校に在学した者に準ずる者〕

第百五十四条 学校教育法第九十条第二項の規定により、高等学校に文部科学大臣が定める年数以上在学した者に準ずる者を、次の各号のいずれかに該当する者と定める。

一 中等教育学校の後期課程、特別支援学校の高等部又は高等専門学校に二年以上在学した者

二　外国において、学校教育における九年の課程に引き続く学校教育の課程に二年以上在学した者

三　文部科学大臣が高等学校の課程と同等の課程を有するものとして認定した在外教育施設（高等学校の課程に相当する課程を有するものとして指定したものを含む。）の当該課程に二年以上在学した者

四　第百五十条第三号の規定により文部科学大臣が別に指定する専修学校の高等課程に同号に規定する文部科学大臣が定める日以後において二年以上在学した者

五　文部科学大臣が指定した者

六　高等学校卒業程度認定試験規則第四条に定める試験科目の全部（試験の免除を受けた試験科目を除く。）について合格点を得た者（旧規程第四条に規定する受検科目の全部（旧検定の一部免除を受けた者については、その免除を受けた科目を除く。）について合格点を得た者を含む。）で、十七歳に達したもの

＊平成一九文科令四〇・追加

参 五【文部科学大臣の指定＝平成一三・一一・二七文部科学省告示一六七、最終改正平成三一・一・三一】

〔大学卒業者と同等以上の学力があると認められる者〕

第百五十五条　学校教育法第九十一条第二項又は第百二条第一項本文の規定により、大学（短期大学を除く。以下この項において同じ。）の専攻科又は大学院への入学に関し大学を卒業した者と同等以上の学力があると認められる者は、次の各号のいずれかに該当する者とする。ただし、第七号及び第八号については、大学院への入学に係るものに限る。

一　学校教育法第百四条第七項の規定により学士の学位を授与された者

二　外国において、学校教育における十六年（医学を履修する博士課程、歯学を履修する博士課程、薬学を履修する博士課程（当該課程に係る研究科の基礎となる学部の修業年限が六年であるものに限る。以下同じ。）又は獣医学を履修する博士課程への入学については、十八年）の課程を修了した者

三　外国の学校が行う通信教育における授業科目を我が国において履修することにより当該外国の学校教育における十六年（医学を履修する博士課程、歯学を履修する博士課程、薬学を履修する博士課程又は獣医学を履修する博士課程への入学については、十八年）の課程を修了した者

四　我が国において、外国の大学の課程（その修了者が当該外国の学校教育における十六年（医学を履修する博士課程、歯学を履修する博士課程、薬学を履修する博士課程又は獣医学を履修する博士課程への入学については、十八年）の課程を修了したとされるものに限る。）を有するものとして当該外国の学校教育制度において位置付けられた教育施設であつて、文部科学大臣が別に指定するものの当該課程を修了した者

四の二　外国の大学その他の外国の学校（その教育研究活動等の総合的な状況について、当該外国の政府又は関係機関の認証を受けた者による評価を受けたもの又はこれに準ずるものとして文部科学大臣が別に指定するものに限る。）において、修業年限が三年（医学を履修する博士課程、歯学を履修する博士課程、薬学を履修する博士課程又は獣医学を履修する博士課程への入学については、五年）以上である課程を修了すること（当該外国の学校が行う通信教育における授業科目を我が国において履修することにより当該課程を修了すること及び当該外国の学校教育制度において位置付けられた教育施設であつて前号の指定を受けたものにおいて課程を修了することを含む。）により、学士の学位に相当する学位を授与された者

五　専修学校の専門課程（修業年限が四年以上であることその他の文部科学大臣が定める基準を満たすものに限る。）で文部科学大臣が別に指定するものを文部科学大臣が定める日以後に修了した者

六　文部科学大臣の指定した者

七　学校教育法第百二条第二項の規定により大

学院に入学した者であつて、当該者をその後に入学させる大学院において、大学院における教育を受けるにふさわしい学力があると認めたもの

八　大学院において、個別の入学資格審査により、大学を卒業した者と同等以上の学力があると認めた者で、二十二歳（医学を履修する博士課程、歯学を履修する博士課程、薬学を履修する博士課程又は獣医学を履修する博士課程への入学については、二十四歳）に達したもの

2　学校教育法第九十一条第二項の規定により、短期大学の専攻科への入学に関し短期大学を卒業した者と同等以上の学力があると認められる者は、次の各号のいずれかに該当する者とする。

一　高等学校（中等教育学校の後期課程及び特別支援学校の高等部を含む。以下この号において同じ。）の専攻科の課程を修了した者のうち学校教育法第五十八条の二（同法第七十条第一項及び第八十二条において準用する場合を含む。）の規定により大学に編入学することができるもの（修業年限を二年とする短期大学の専攻科への入学については、修業年限を三年以上とする高等学校の専攻科の課程を修了した者に限る。）

二　専門職大学の前期課程を修了した者（修業年限を三年とする短期大学の専攻科への入学については、修業年限を三年とする専門職大学の前期課程を修了した者に限る。）

三　高等専門学校を卒業した者（修業年限を二年とする短期大学の専攻科への入学に限る。）

四　専修学校の専門課程を修了した者のうち学校教育法第百三十二条の規定により大学に編入学することができるもの（修業年限を三年とする短期大学の専攻科への入学については、修業年限を三年以上とする専修学校の専門課程を修了した者に限る。）

五　外国において、学校教育における十四年（修業年限を三年とする短期大学の専攻科への入学については、十五年）の課程を修了した者

六　外国の学校が行う通信教育における授業科目を我が国において履修することにより当該外国の学校教育における十四年（修業年限を三年とする短期大学の専攻科への入学については、十五年）の課程を修了した者

七　我が国において、外国の短期大学の課程（その修了者が当該外国の学校教育における十四年（修業年限を三年とする短期大学の専攻科への入学については、十五年）の課程を修了したとされるものに限る。）を有するものとして当該外国の学校教育制度において位置付けられた教育施設であつて、文部科学大臣が別に指定するものの当該課程を修了した者

八　その他短期大学の専攻科において、短期大学を卒業した者と同等以上の学力があると認めた者

＊平成一九文科令四〇・追加

参 1六 【文部科学大臣の指定＝昭二八文部省告示五、最終改正平成一九・一二・二五】

〔修士の学位又は同法第百四条第三項に規定する文部科学大臣の定める学位と同等の学力ある者〕

第百五十六条　学校教育法第百二条第一項ただし書の規定により、大学院への入学に関し修士の学位又は同法第百四条第三項に規定する文部科学大臣の定める学位を有する者と同等以上の学力があると認められる者は、次の各号のいずれかに該当する者とする。

一　外国において修士の学位又は専門職学位（学校教育法第百四条第三項の規定に基づき学位規則第五条の二に規定する専門職学位をいう。以下この条において同じ。）に相当する学位を授与された者

二　外国の学校が行う通信教育における授業科目を我が国において履修し、修士の学位又は専門職学位に相当する学位を授与された者

三　我が国において、外国の大学院の課程を有するものとして当該外国の学校教育制度において位置付けられた教育施設であつて、文部科学大臣が別に指定するものの当該課程を修了し、修士の学位又は専門職学位に相当する学位を授与された者

四　国際連合大学本部に関する国際連合と日本国との間の協定の実施に伴う特別措置法（昭和五十一年法律第七十二号）第一条第二項に規定する千九百七十二年十二月十一日の国際連合総会決議に基づき設立された国際連合大学（次号及び第百六十二条において「国際連合大学」という。）の課程を修了し、修士の学位に相当する学位を授与された者

五　外国の学校、第三号の指定を受けた教育施設又は国際連合大学の教育課程を履修し、大学院設置基準第十六条の二に規定する試験及び審査に相当するものに合格し、修士の学位を有する者と同等以上の学力があると認められた者

六　文部科学大臣の指定した者

七　大学院において、個別の入学資格審査により、修士の学位又は専門職学位を有する者と同等以上の学力があると認めた者で、二十四歳に達したもの

＊平成一九文科令四〇・追加

〔大学院への飛び入学をさせる大学の単位等の公表〕

第百五十七条　学校教育法第百二条第二項の規定により学生を入学させる大学は、同項に規定する大学の定める単位その他必要な事項をあらかじめ公表するなど、同項の入学に関する制度が適切に運用されるよう配慮するものとする。

＊平成一九文科令四〇・追加

〔大学院への飛び入学をさせる大学の自己評価等〕

第百五十八条　学校教育法第百二条第二項の規定により学生を入学させる大学は、同項の入学に関する制度の運用の状況について、同法第百九条第一項に規定する点検及び評価を行い、その結果を公表しなければならない。

＊平成一九文科令四〇・追加

〔大学院への飛び入学可能な大学在学年数〕

第百五十九条　学校教育法第百二条第二項に規定する文部科学大臣の定める年数は、三年（医学を履修する博士課程、歯学を履修する博士課程、薬学を履修する博士課程又は獣医学を履修する博士課程への入学については、医学を履修する課程、歯学を履修する課程、薬学を履修する課程のうち臨床に係る実践的な能力を培うことを主たる目的とするもの又は獣医学を履修する課程に四年）とする。

＊平成一九文科令四〇・追加

〔大学院への飛び入学可能年数大学に在学した者に準ずる者〕

第百六十条　学校教育法第百二条第二項の規定により、大学に文部科学大臣の定める年数以上在学した者に準ずる者を、次の各号のいずれかに該当するものと定める。

一　外国において学校教育における十五年（医学を履修する博士課程、歯学を履修する博士課程、薬学を履修する博士課程又は獣医学を履修する博士課程への入学については、十六年）の課程を修了した者

二　外国の学校が行う通信教育における授業科目を我が国において履修することにより当該外国の学校教育における十五年（医学を履修する博士課程、歯学を履修する博士課程、薬学を履修する博士課程又は獣医学を履修する博士課程への入学については、十六年）の課程を修了した者

三　我が国において、外国の大学の課程（その修了者が当該外国の学校教育における十五年（医学を履修する博士課程、歯学を履修する博士課程、薬学を履修する博士課程又は獣医学を履修する博士課程への入学については、十六年）の課程を修了したとされるものに限る。）を有するものとして当該外国の学校教育制度において位置付けられた教育施設であつて、文部科学大臣が別に指定するものの当該課程を修了した者

＊平成一九文科令四〇・追加

〔法第一〇二条第二項の単位修得状況に「準ずるもの」としての法科大学院試験結果〕

第百六十条の二　学校教育法第百二条第二項に規定する単位の修得の状況に準ずるものとして文部科学大臣が定めるものは、法科大学院（専門職大学院であつて、法曹に必要な学識及び能力を培うことを目的とするものをいう。以下この条において同じ。）が当該法科大学院において必要とされる法学の基礎的な学識を有するかどうかを判定するために実施する試験の結果とする。

＊令和元文科令二一・追加

〔短期大学卒業者の大学編入学〕

第百六十一条　短期大学を卒業した者は、編入学しようとする大学（短期大学を除く。）の定めるところにより、当該大学の修業年限から、卒業した短期大学における修業年限に相当する年数以下の期間を控除した期間を在学すべき期間として、当該大学に編入学することができる。

2　前項の規定は、外国の短期大学を卒業した者及び外国の短期大学の課程を有するものとして当該外国の学校教育制度において位置付けられた教育施設であつて、文部科学大臣が別に指定するものの当該課程を我が国において修了した者（学校教育法第九十条第一項に規定する者に限る。）について準用する。

＊平成一九文科令四〇・追加

〔外国の課程を有する教育施設の学生の転学〕

第百六十二条　我が国において、外国の大学、大学院又は短期大学の課程を有するものとして当該外国の学校教育制度において位置付けられた教育施設であつて、文部科学大臣が別に指定するものの当該課程に在学した者（大学及び短期大学にあつては学校教育法第九十条第一項に規定する者に、大学院にあつては同法第百二条第一項に規定する者に限る。）及び国際連合大学の課程に在学した者は、転学しようとする大学、大学院又は短期大学の定めるところにより、それぞれ当該大学、大学院又は短期大学に転学することができる。

＊平成一九文科令四〇・追加

〔学年の始期及び終期〕

第百六十三条　大学の学年の始期及び終期は、学長が定める。

2　大学は、前項に規定する学年の途中においても、学期の区分に従い、学生を入学させ及び卒業させることができる。

＊平成一九文科令三八・全部改正

行 ●今回の改正により、各大学の判断により、学年の始期を四月以外と定めることが可能となること。なお、学年の終期は、学生の在学関係を継続させる必要があるため、学年が正確に一年間となるよう定めるよう留意すること。

今後とも、各大学の判断により、学年の途中においても学期の区分に従い学生を入学させ及び卒業させることができること。したがって、原則として四月に学生を受け入れ、一部を秋季等にも受け入れる場合には、従来どおり、学年の始期は四月と定めることが適当であること。一方、原則として一〇月等に学生を受け入れ、一部を四月等にも受け入れようとする場合には、学年の始期を一〇月等と定めることが適当であること。

学年の始期及び終期は、大学の学部、学科又は課程、大学院の研究科、専攻、短期大学の学科、専攻課程その他の組織（以下「学部等」という。）の単位で、それぞれ定めることが可能であること。なお、学生の入学時期は、従来どおり、各大学の判断により、学部等の単位でそれぞれ複数に分けて設定することが可能であること。（文科省高等教育局長通知平成一九・一二・一四）

〔科目等履修生の学修証明書〕

第百六十三条の二　大学は、大学の定めるところにより、当該大学の学生又は科目等履修生として体系的に開設された授業科目の単位を修得した者に対し、学修証明書（その事実を証する書面をいう。）を交付することができる。

＊令和元文科令二一・追加

第三節　履修証明書が交付される特別の課程

＊平成一九文科令四〇・追加

〔大学の学生以外の者を対象とする特別課程の編成〕

第百六十四条　大学（大学院及び短期大学を含む。以下この条において同じ。）は、学校教育法第百五条に規定する特別の課程（以下この条において「特別の課程」という。）の編成に当たつては、当該大学の開設する講習若しくは授業科目又はこれらの一部により体系的に編成するものとする。

2　特別の課程の総時間数は、六十時間以上とする。

3　特別の課程の履修資格は、大学において定めるものとする。ただし、当該資格を有する者は、学校教育法第九十条第一項の規定により大学に入学することができる者でなければならない。

4　特別の課程における講習又は授業の方法は、大学設置基準、大学通信教育設置基準、専門職大学設置基準、大学院設置基準、専門職大学院設置基準、短期大学設置基準、短期大学通信教育設置基準及び専門職短期大学設置基準の定めるところによる。

5　大学は、特別の課程の編成に当たつては、当該特別の課程の名称、目的、総時間数、履修資格、定員、内容、講習又は授業の方法、修了要件、大学設置基準第三十一条第二項（大学院設置基準第十五条において準用する場合を含む。）、専門職大学院設置基準第十三条の二、第二十一条の二及び第二十七条の二、専門職大学設置基準第二十八条第二項、短期大学設置基準第十七条第二項並びに専門職短期大学設置基準第二十五条第二項の規定による単位の授与の有無、実施体制その他当該大学が必要と認める事項をあらかじめ公表するものとする。

6　大学は、学校教育法第百五条に規定する証明書（次項において「履修証明書」という。）に、特別の課程の名称、内容の概要、総時間数その他当該大学が必要と認める事項を記載するものとする。

7　大学は、特別の課程の編成及び当該特別の課程の実施状況の評価並びに履修証明書の交付を行うために必要な体制を整備しなければならない。

＊平成一九文科令四〇・追加

第四節　認証評価その他

〔公開講座〕

第百六十五条　公開講座に関する事項は、別にこれを定める。

参　法一〇七【別の定め＝なし】

〔卒業認定・教育課程の編成実施・入学者受け入れの方針〕

第百六十五条の二　大学は、当該大学、学部又は学科若しくは課程（大学院にあつては、当該大学院、研究科又は専攻）ごとに、その教育上の目的を踏まえて、次に掲げる方針を定めるものとする。

一　卒業又は修了の認定に関する方針

二　教育課程の編成及び実施に関する方針

三　入学者の受入れに関する方針

2　前項第二号に掲げる方針を定めるに当たつては、同項第一号に掲げる方針との一貫性の確保に特に意を用いなければならない。

＊平成二八文科令一六・追加

〔自己評価の項目・体制〕

第百六十六条　大学は、学校教育法第百九条第一項に規定する点検及び評価を行うに当たつては、同項の趣旨に即し適切な項目を設定するとともに、適当な体制を整えて行うものとする。

＊平成一六文科令八・追加

〔文部科学大臣の定める措置〕

第百六十七条　学校教育法第百九条第三項ただし書に規定する文部科学大臣の定める措置は、次の各号に掲げるいずれかの措置とする。

一　専門職大学等又は専門職大学院を置く大学が、外国に主たる事務所を有する法人その他の団体であつて、当該専門職大学等又は専門職大学院の課程に係る分野について評価を行うもののうち、適正な評価を行うと国際的に認められたものとして文部科学大臣が指定した団体から、当該専門職大学等又は専門職大学院の教育課程、教育研究実施組織その他教育研究活動の状況について定期的に評価を受け、その結果を公表するとともに、文部科学大臣に報告すること。

二　専門職大学等が、学校教育法第百九条第一項に規定する点検及び評価の結果のうち、当該専門職大学等の教育課程、教育研究実施組織その他の教育研究活動の状況について、当該専門職大学等の課程に係る分野に識見を有する者（当該専門職大学等の職員を除く。）による検証を定期的に行い、その結果を公表するとともに、文部科学大臣に報告すること。

＊平成二三文科令二八・全部改正

〔認証評価機関の申請〕

第百六十八条　学校教育法第百九条第二項の認証評価に係る同法第百十条第一項の申請は、大学又は短期大学の学校の種類に応じ、それぞれ行うものとする。

2　学校教育法第百九条第三項の認証評価に係る同法第百十条第一項の申請は、専門職大学等又は専門職大学院の課程に係る分野ごとに行うものとする。

＊平成一六文科令八・追加

〔申請書の記載事項等〕

第百六十九条　学校教育法第百十条第一項の申請は、次に掲げる事項を記載した申請書を文部科学大臣に提出して行うものとする。

一　名称及び事務所の所在地

二　役員（申請者が人格のない社団又は財団で代表者又は管理人の定めのあるものである場合においては、当該代表者又は管理人）の氏名

三　評価の対象

四　大学評価基準及び評価方法

五　評価の実施体制

六　評価の結果の公表の方法

七　評価の周期

八　評価に係る手数料の額

九　その他評価の実施に関し参考となる事項

2　前項の申請書には、次に掲げる書類を添付するものとする。

一　定款若しくは寄附行為及び登記事項証明書又はこれらに準ずるもの

二　申請の日の属する事業年度の前事業年度における財産目録及び貸借対照表（申請の日の属する事業年度に設立された法人（申請者が人格のない社団又は財団で代表者又は管理人の定めのあるものを含む。）にあつては、その設立時における財産目録）

三　申請の日の属する事業年度の前事業年度における大学の教育研究活動等の状況についての評価の業務の実施状況（当該評価の業務を実施していない場合にあつては、申請の日の属する事業年度及びその翌事業年度における認証評価の業務に係る実施計画）を記載した書面

四　認証評価の業務以外の業務を行つている場合には、その業務の種類及び概要を記載した書面

＊平成一六文科令八・追加

〔認証基準の細目〕

第百七十条　学校教育法第百十条第三項に規定する細目は、学校教育法第百十条第二項に規定する基準を適用するに際して必要な細目を定める省令（平成十六年文部科学省令第七号）の定めるところによる。

＊平成一六文科令八・追加

〔認証評価の結果の公表〕

第百七十一条　学校教育法第百十条第四項に規定する公表は、刊行物への掲載、インターネットの利用その他広く周知を図ることができる方法によつて行うものとする。

＊平成一六文科令八・追加

〔変更・廃止等の届出〕

第百七十二条　学校教育法第百十条第五項に規定する文部科学大臣の定める事項は、第百六十九条第一項第一号から第三号まで及び第五号から第八号までに掲げる事項とする。

＊平成一六文科令八・追加

〔教育研究活動等の情報の公表〕

第百七十二条の二　大学は、次に掲げる教育研究活動等の状況についての情報を公表するものとする。

一　大学の教育研究上の目的及び第百六十五条の二第一項の規定により定める方針に関すること

二　教育研究上の基本組織に関すること

三　教育研究実施組織、教員の数並びに各教員が有する学位及び業績に関すること

四　入学者の数、収容定員及び在学する学生の数、卒業又は修了した者の数並びに進学者数及び就職者数その他進学及び就職等の状況に関すること

五　授業科目、授業の方法及び内容並びに年間の授業の計画（大学設置基準第十九条の二第一項（大学院設置基準第十五条において読み替えて準用する場合を含む。）、専門職大学設置基準第十一条第一項、専門職大学院設置基準第六条の三第一項、短期大学設置基準第五条の二第一項及び専門職短期大学設置基準第八条第一項の規定により当該大学が自ら開設したものとみなす授業科目（次号において「連携開設科目」という。）に係るものを含む。）に関すること

六　学修の成果に係る評価（連携開設科目に係るものを含む。）及び卒業又は修了の認定に当たつての基準に関すること

七　校地、校舎等の施設及び設備その他の学生の教育研究環境に関すること

八　授業料、入学料その他の大学が徴収する費用に関すること

九　大学が行う学生の修学、進路選択及び心身の健康等に係る支援に関すること

2　専門職大学等及び専門職大学院を置く大学は、前項各号に掲げる事項のほか、学校教育法第八十三条の二第二項、第九十九条第三項及び第百八条第五項の規定による専門性が求められる職業に就いている者、当該職業に関連する事業を行う者その他の関係者との協力の状況についての情報を公表するものとする。

3　大学院（専門職大学院を除く。）を置く大学は、第一項各号に掲げる事項のほか、大学院設置基準第十四条の二第二項に規定する学位論文に係る評価に当たつての基準についての情報を公表するものとする。

4　大学は、前各項に規定する事項のほか、教育上の目的に応じ学生が修得すべき知識及び能力に関する情報を積極的に公表するよう努めるものとする。

5　前各項の規定による情報の公表は、適切な体制を整えた上で、刊行物への掲載、インターネットの利用その他広く周知を図ることができる方法によつて行うものとする。

＊平成二二文科令一五・追加

行　●本条第一項第三号の教員が有する業績＝各教員の業績については、研究業績等にとどまらず、各教員の多様な業績を積極的に明らかにすることにより、教育上の能力に関する事項や職務上の実績に関する事項など、当該教員の専門性と提供できる教育内容に関することを確認できるという点に留意すること。（文部科学大臣政務官通知平成二二・六・一六／二二文科高二三六）

〔準用規定及び大学入学・卒業の特例〕

第百七十三条　第五十八条の規定は、大学に準用する。

第十章　高等専門学校

＊平成一九文科令四〇・追加

〔設置基準〕

第百七十四条　高等専門学校の設備、編制、学科、教育課程、教員の資格に関する事項その他高等専門学校の設置に関する事項については、高等専門学校設置基準（昭和三十六年文部省令第二十三号）の定めるところによる。

＊平成一九文科令四〇・追加

〔教務主事、学生主事〕

第百七十五条　高等専門学校には、教務主事及び学生主事を置くものとする。

2　高等専門学校には、寮務主事を置くことができる。
3　教務主事は、校長の命を受け、教育計画の立案その他教務に関することを掌理する。
4　学生主事は、校長の命を受け、学生の厚生補導に関すること（寮務主事を置く高等専門学校にあつては、寮務主事の所掌に属するものを除く。）を掌理する。
5　寮務主事は、校長の命を受け、寄宿舎における学生の厚生補導に関することを掌理する。

＊平成一九文科令四〇・追加
参 法三・一二〇

〔外国の高等学校、大学への留学、単位の認定〕
第百七十六条　校長は、教育上有益と認めるときは、学生が外国の高等学校又は大学に留学することを許可することができる。
2　校長は、前項の規定により留学することを許可された学生について、高等専門学校設置基準第二十条第三項により準用する同条第一項の規定により単位の修得を認定した場合においては、当該学生について、第百七十九条において準用する第五十九条に規定する学年の途中においても、各学年の課程の修了又は卒業を認めることができる。

＊平成一九文科令四〇・追加

〔高等専門学校を卒業した者と同等以上の学力があると認められる者〕
第百七十七条　学校教育法第百十九条第二項の規定により、高等専門学校を卒業した者と同等以上の学力があると認められる者は、次の各号のいずれかに該当する者とする。
一　高等学校（中等教育学校の後期課程及び特別支援学校の高等部を含む。）の専攻科の課程を修了した者のうち学校教育法第五十八条の二（同法第七十条第一項及び第八十二条において準用する場合を含む。）の規定により大学に編入学することができるもの
二　専門職大学の前期課程を修了した者
三　短期大学を卒業した者
四　専修学校の専門課程を修了した者のうち学校教育法第百三十二条の規定により大学に編入学することができるもの
五　外国において、学校教育における十四年の課程を修了した者
六　外国の学校が行う通信教育における授業科目を我が国において履修することにより当該外国の学校教育における十四年の課程を修了した者
七　我が国において、外国の短期大学の課程（その修了者が当該外国の学校教育における十四年の課程を修了したとされるものに限る。）を有するものとして当該外国の学校教育制度において位置付けられた教育施設であつて、文部科学大臣が別に指定するものの当該課程を修了した者
八　その他高等専門学校の専攻科において、高等専門学校を卒業した者と同等以上の学力があると認めた者

＊平成一九文科令四〇・追加
参 法一一九―専攻科の設置）

〔高等専門学校卒業者の大学編入学〕
第百七十八条　高等専門学校を卒業した者は、編入学しようとする大学の定めるところにより、当該大学の修業年限から、二年以下の期間を控除した期間を在学すべき期間として、当該大学に編入学することができる。

＊平成一九文科令四〇・追加

〔準用規定〕
第百七十九条　第五十七条から第六十二条まで、第九十条第一項及び第二項、第九十一条、第九十二条第一項、第九十四条、第九十五条、第百四条第三項、第百六十四条から第百六十六条まで並びに第百六十九条から第百七十二条の二（第三項を除く。）までの規定は、高等専門学校に準用する。この場合において、第百六十四条第一項中「第百五条」とあるのは「第百二十三

条において準用する第百五条」と、同条第三項中「第九十条第一項の規定により大学」とあるのは「第百十八条の規定により高等専門学校」と、同条第四項中「大学設置基準、大学通信教育設置基準、専門職大学院設置基準、大学院設置基準、専門職大学設置基準、短期大学設置基準、短期大学通信教育設置基準及び専門職短期大学設置基準」とあるのは「高等専門学校設置基準」と、同条第五項中「大学設置基準第三十一条第二項、専門職大学設置基準第二十八条第二項、短期大学設置基準第十七条第二項及び専門職短期大学設置基準第二十五条第二項の規定による単位の授与の有無」とあるのは「高等専門学校設置基準第二十一条第二項の規定による単位の修得の認定の有無」と、同条第六項中「第百五条」とあるのは「第百二十三条において準用する第百五条」と読み替えるものとする。

＊平成一九文科令四〇・追加

第十一章 専修学校

＊平成一九文科令四〇・追加

〔設置基準〕

第百八十条 専修学校の設備、編制、授業、教員の資格その他専修学校の設置に関する事項は、専修学校設置基準（昭和五十一年文部省令第二号）の定めるところによる。

＊平成一九文科令四〇・追加

参 法一二八・一二九

〔入学、退学、休学等〕

第百八十一条 専修学校の生徒の入学、退学、休学等については、校長が定める。

＊平成一九文科令四〇・追加

〔中学校卒業者と同等以上の学力があると認められる者〕

第百八十二条 学校教育法第百二十五条第二項に規定する専修学校の高等課程の入学に関し中学校を卒業した者と同等以上の学力があると認められる者は、第九十五条各号のいずれかに該当する者とする。この場合において、同条第五号中「高等学校」とあるのは「専修学校」とする。

＊平成一九文科令四〇・追加

参 規則九五

〔高等学校卒業者に準ずる学力があると認められる者〕

第百八十三条 学校教育法第百二十五条第三項に規定する専修学校の専門課程の入学に関し高等学校を卒業した者に準ずる学力があると認められる者は、同法第九十条第一項に規定する通常の課程による十二年の学校教育を修了した者（通常の課程以外の課程によりこれに相当する学校教育を修了した者を含む。）若しくは第百五十条第一号、第二号、第四号若しくは第五号に該当する者又は次の各号のいずれかに該当する者とする。

一 修業年限が三年以上の専修学校の高等課程を修了した者

二 学校教育法第九十条第二項の規定により大学に入学した者であつて、当該者をその後に入学させる専修学校において、高等学校を卒業した者に準ずる学力があると認めたもの

三 専修学校において、個別の入学資格審査により、高等学校を卒業した者に準ずる学力があると認めた者で、十八歳に達したもの

＊平成一九文科令四〇・追加

参 法九〇①、規則一五〇

〔学年による教育課程の区分〕

第百八十三条の二 専修学校設置基準第三条第一項の規定により置かれる専修学校の学科のうち、同令第四条第一項に規定する昼間学科及び夜間等学科においては、学年による教育課程の区分を設け、各学年ごとに、当該学年における生徒の平素の成績を評価して、当該学年の課程の修了の認定を行うものとする。

2 前項の規定にかかわらず、同項に規定する学科においては、教育上有益と認めるときは、学

年による教育課程の区分を設けないことができる。

＊平成二四文科令一四・追加

〔全課程修了の認定〕

第百八十三条の三　前条第一項に規定する学科において、全課程の修了を認めるに当たつては、専修学校設置基準第十七条（前条第二項の規定により学年による教育課程の区分を設けない学科にあつては同令第二十七条、同令第五条第一項に規定する通信制の学科にあつては同令第三十七条）に規定する要件を満たす者について行わなければならない。

＊平成二四文科令一四・追加

〔学年の始期及び終期〕

第百八十四条　専修学校の学年の始期及び終期は、校長が定める。

＊平成一九文科令四〇・追加

〔職員〕

第百八十五条　専修学校には、校長及び教員のほか、助手、事務職員その他の必要な職員を置くことができる。

＊平成一九文科令四〇・追加

〔大学編入学の基準〕

第百八十六条　学校教育法第百三十二条に規定する文部科学大臣の定める基準は、次のとおりとする。

一　修業年限が二年以上であること。

二　課程の修了に必要な総授業時数が別に定める授業時数以上であること。ただし、第百八十三条の二第二項の規定により学年による教育課程の区分を設けない学科及び専修学校設置基準第五条第一項に規定する通信制の学科にあつては、課程の修了に必要な総単位数が別に定める単位数以上であること。

2　前項の基準を満たす専修学校の専門課程を修了した者は、編入学しようとする大学の定めるところにより、当該大学の修業年限から、修了した専修学校の専門課程における修業年限に相当する年数以下の期間を控除した期間を在学すべき期間として、当該大学に編入学することができる。ただし、在学すべき期間は、一年を下つてはならない。

＊平成一九文科令四〇・追加

参 1二【定め＝平成一〇・八・一四文部省告示一二五】

〔設置認可申請の準用規定〕

第百八十七条　第三条及び第四条第一項の規定は、専修学校の設置（高等課程、専門課程又は一般課程の設置を含む。）の認可の申請について準用する。

2　専修学校設置基準第五条第一項に規定する通信制の学科を置く専修学校については、前項で準用する第三条の学則中に、前項で準用する第四条第一項各号に掲げる事項のほか、次の事項を記載しなければならない。

一　通信教育を行う区域に関する事項

二　面接による指導の実施に係る体制に関する事項

＊平成一九文科令四〇・追加

〔廃止認可等の準用規定〕

第百八十八条　第十五条の規定は、専修学校の廃止（高等課程、専門課程又は一般課程の廃止を含む。）の認可の申請、専修学校の分校の廃止の届出及び専修学校の学科の廃止に係る学則の変更の届出について準用する。

＊平成一九文科令四〇・追加

〔準用・読み替え規定〕

第百八十九条　第五条の規定は専修学校の名称、位置又は学則の変更の届出について、第十一条の規定は専修学校の目的の変更の認可の申請及び専修学校の学科の設置に係る学則の変更の届出について、第六条、第七条、第十四条、第十九条、第二十五条から第二十八条まで、第五十八条、第六十条及び第六十六条から第六十八条までの規定は専修学校について、第百六十三条の二及び第百六十四条の規定は専門課程を置く専修学校について、それぞれ準用する。この場合において、第十九条中「公立又は私立の大学及び高等専門学校に係るものにあつては文部科学大臣、大学及び高等専門学校以外の市町村(市町村が単独で又は他の市町村と共同して設立する公立大学法人を含む。)の設置する学校に係るものにあつては都道府県の教育委員会、大学及び高等専門学校以外の私立学校に係るものにあつては都道府県知事」とあるのは「市町村(市町村が単独で又は他の市町村と共同して設立する公立大学法人を含む。)の設置する専修学校に係るものにあつては都道府県の教育委員会、私立の専修学校に係るものにあつては都道府県知事」と、第二十七条中「大学及び高等専門学校にあつては文部科学大臣、大学及び高等専門学校以外の学校にあつては都道府県知事」とあるのは「都道府県知事」と、第百六十三条の二中「授業科目」とあるのは「授業科目を履修し、又は当該授業科目」と、第百六十四条第一項中「第百五条」とあるのは「第百三十三条第一項において準用する同法第百五条」と、同条第三項中「第九十条第一項の規定により大学」とあるのは「第百二十五条第三項に規定する専修学校の専門課程」と、同条第四項中「大学設置基準、大学通信教育設置基準、専門職大学設置基準、大学院設置基準、専門職大学院設置基準、短期大学設置基準、短期大学通信教育設置基準及び専門職短期大学設置基準」とあるのは「専修学校設置基準」と、同条第五項中「大学設置基準第三十一条第二項、専門職大学設置基準第二十八条第二項、短期大学設置基準第十七条第二項及び専門職短期大学設置基準第二十五条第二項の規定による単位の授与の有無」とあるのは「専修学校設置基準第十九条の規定による授業時数の単位数への換算又は同令第二十二条の規定による単位の授与の有無」と、同条第六項中「第百五条」とあるのは「第百三十三条第一項において準用する同法第百五条」と読み替えるものとする。

＊平成一九文科令四〇・追加

第十二章 雑則

〔各種学校への正規の学校の規定の準用〕

第百九十条 第三条から第七条まで、第十四条、第十五条、第十九条、第二十六条から第二十八条まで及び第六十六条から第六十八条までの規定は、各種学校に準用する。この場合において、第十九条中「公立又は私立の大学及び高等専門学校に係るものにあつては文部科学大臣、大学及び高等専門学校以外の市町村(市町村が単独で又は他の市町村と共同して設立する公立大学法人を含む。)の設置する学校に係るものにあつては都道府県の教育委員会、大学及び高等専門学校以外の私立学校に係るものにあつては都道府県知事」とあるのは「市町村の設置する各種学校に係るものにあつては都道府県の教育委員会、私立の各種学校に係るものにあつては都道府県知事」と、第二十七条中「大学及び高等専門学校にあつては文部科学大臣、大学及び高等専門学校以外の学校にあつては都道府県知事」とあるのは「都道府県知事」と読み替えるものとする。

＊昭二八文部令二五・全部改正

参 法一三四

〔各種学校規程〕

第百九十一条 前条に規定するもののほか、各種学校に関し必要な事項は、各種学校規程(昭和三十一年文部省令第三十一号)の定めるところによる。

附 則(抄)

＊昭二二文部令一一・全部改正

第一条 この省令は、昭和二十二年四月一日から、これを適用する。

第二条 従前の規定による師範学校、高等師範学校及び女子高等師範学校の附属国民学校及び附属幼稚園は、それぞれこれを学校教育法による小学校及び幼稚園とみなす。

② 従前の規定による盲学校及び聾唖学校の初等部並びにその予科は、それぞれこれを学校教育

法による特別支援学校の小学部及び幼稚部とみなす。

第三条　従前の規定による高等師範学校の附属中学校、女子高等師範学校の附属高等女学校、中学校、高等女学校及び実業学校並びに盲学校及び聾唖学校の中等部には、それぞれ学校教育法による中学校並びに盲学校及び聾学校の中学部を併置したものとみなす。

第四条　私立学校令によつてのみ設立された学校（別に定めるものを除く。）は、学校教育法第百三十四条の規定による各種学校とみなす。

第五条　この省令適用の際、左表の上欄に掲げる学校の課程を修了した者は、下欄のように編入し、又は入学させる。

国民学校（師範教育令による附属国民学校並びに盲学校及聾唖学校令による盲学校及び聾唖学校の初等部を含む。）、国民学校に準ずる各種学校又は国民学校に類する各種学校の初等科の左記学年の課程を修了した者	学校教育法による小学校又は中学校へ編入し、又は入学させる学年
第一学年を修了した者	小学校第二学年
第二学年を修了した者	小学校第三学年
第三学年を修了した者	小学校第四学年
第四学年を修了した者	小学校第五学年
第五学年を修了した者	小学校第六学年
第六学年を修了した者	中学校第一学年

国民学校初等科修了を入学資格とする中等学校（師範教育令による附属中学校及び附属高等女学校並びに盲学校及聾唖学校令による盲学校及び聾唖学校の中等部を含む。）の左記学年の課程を修了した者	学校教育法による中学校へ編入する学年
第一学年を修了した者	第二学年
第二学年を修了した者	第三学年

②　この省令適用の際、左表の上欄に掲げる学校の課程を修了した者は、これを下欄のように編入することができる。

国民学校高等科（師範教育令による附属国民学校高等科を含む。）及び青年学校普通科（師範教育令による附属青年学校の普通科を含む。）の左記学年の課程を修了した者	学校教育法による中学校へ編入できる学年
第一学年を修了した者	第二学年
第二学年を修了した者	第三学年

国民学校特修科又は青年学校本科の左記学年の課程を修了した者	学校教育法による中学校へ編入できる学年
第一学年を修了した者	第三学年

③　国民学校高等科修了を入学資格とする中学校、高等女学校及び実業学校の第一学年に入学した者は、学校教育法による中学校の第三学年に入学した者とみなす。

④　幼稚園令による幼稚園（師範教育令による附属幼稚園及び盲学校及聾唖学校令による盲学校及び聾唖学校の初等部の予科を含む。）に在園する幼児は、これをそのまま学校教育法による幼稚園に編入する。

⑤　私立学校令によつてのみ設立された学校（別に定めるものを除く。）に在学する者は、これを学校教育法第百三十四条の規定による各種学校の在学者として、編入する。

第六条　この省令適用の際、左表の上欄に掲げる学校の課程を修了した者は、これを下欄のように編入することができる。

国民学校初等科修了を入学資格とする中等学校（師範教育令による附属中学校及び附属高等女学校並びに盲学校及聾唖学校令による盲学校及び聾唖学校の中等部を含む。）の左記学年の課程を修了した者	学校教育法による高等学校（特別支援学校の高等部を含む。）の全日制の課程へ編入することのできる学年
第四学年	第二学年
第五学年	第三学年
国民学校高等科修了を入学資格とする中等学校（夜間の課程を除く。）の左記学	学校教育法による高等学校（特別支援学校の高等部を含む。）の全日制の

年の課程を修了した者	課程へ編入することのできる学年
第二学年	第二学年
第三学年	第三学年
修業年限四年の高等女学校卒業程度を入学資格とする高等女学校の高等科若しくは専攻科の左記学年の課程を修了した者	学校教育法による高等学校（特別支援学校の高等部を含む。）の全日制の課程へ編入することのできる学年
第一学年	第三学年
修業年限四年の実業学校卒業程度を入学資格とする実業学校専攻科の左記学年の課程を修了した者	学校教育法による高等学校（特別支援学校の高等部を含む。）の全日制の課程へ編入することのできる学年
第一学年	第三学年

＊昭二三文部令一八・追加

第七条　左表の上欄に掲げる従前の規定による学校の課程を修了し、又はこれらの学校を卒業した者は、学年の初めにおいて下欄のように大学に編入し、又は入学させることができる。

従前の規定による大学学部の左記学年の課程を修了した者	学校教育法による大学（短期大学を除く。）へ編入した場合の在学すべき年数
第一学年を修了した者（学年制をとらない大学学部にあっては一年間在学した者）	一年以上

従前の規定による大学予科、高等学校高等科、中等学校卒業程度を入学資格とする専門学校の本科若しくは予科、教員養成諸学校（師範学校及び青年師範学校については本科に限る。）又は従前の規定による大学において高等学校高等科若しくは専門学校本科と同等以上の学校としてその卒業者について大学の入学資格を認めた学校の左記学年の課程を修了し、又はこれらの学校を卒業した者	学校教育法による大学（短期大学を除く。）へ入学し又は編入した場合の在学すべき年数	短期大学へ入学し又は編入した場合の在学すべき年数	
		修業年限二年の短期大学の場合	修業年限三年の短期大学の場合
第一学年を修了した者	四年以上	二年以上	三年以上
第二学年を修了した者	三年以上	一年以上	二年以上
第三学年を修了し又は卒業した者	二年以上		一年以上
第四学年を修了し又は卒業した者	一年以上		

高等学校卒業程度を入学資格とする従前の規定による専門学校本科又は予科に入学し、左記学年の課程を修了し、又はこれらの学校を卒業した者	学校教育法による大学（短期大学を除く。）へ編入した場合の在学すべき年数	短期大学へ編入した場合の在学すべき年数	
		修業年限二年の短期大学の場合	修業年限三年の短期大学の場合
第一学年を修了した者	三年以上	一年以上	二年以上
第二学年を修了し又は卒業した者	二年以上		一年以上
第三学年を修了し又は卒業した者	一年以上		

②　専門学校卒業程度検定規程（昭和十八年文部省令第四十六号）による専門学校卒業程度検定に合格した者は、前項の表の適用については、従前の規定による中等学校卒業程度を入学資格とする従前の規定による専門学校の本科の第三学年の課程又は高等学校卒業程度を入学資格とする従前の規定による専門学校本科第二学年の課程をそれぞれ修了し、又はこれらの学校を卒業した者とみなす。

③　旧高等学校高等科学力検定規程（大正十年文部省訓令）による高等学校高等科学力検定に合格した者は、第一項の表の適用については、従前の規定による高等学校高等科を卒業した者と

みなす。

＊昭二五文部令一三・全部改正

第八条　前条の規定によつて学校教育法による大学に編入し、又は入学した者は、その大学で定める課程を履修しなければならない。

＊昭二三文部令一八・追加

第九条　尋常小学校卒業者及び国民学校初等科修了者は、学校教育法による小学校の卒業者とみなす。

② 国民学校高等科、国民学校特修科及び青年学校普通科修了者は、学校教育法による中学校の第二学年修了者とみなす。

第十条　左表の上欄に掲げる従前の規定による学校の卒業者は、下欄に掲げる学校教育法による高等学校（学校教育法による特別支援学校の高等部を含む。）の全日制の課程の各学年の課程を修了した者と見なす。

国民学校初等科修了を入学資格とする修業年限四年の中等学校（盲学校及聾唖学校令による盲学校及び聾唖学校の中等部を含む。）の卒業者	第一学年
国民学校高等科修了を入学資格とする修業年限二年の中等学校の卒業者	第一学年
国民学校高等科修了を入学資格とする修業年限三年の夜間において授業を行う中等学校の卒業者	第一学年
国民学校初等科修了を入学資格とする修業年限五年の中等学校（盲学校及聾唖学校令による盲学校及び聾唖学校の中等部を含む。）の卒業者	第二学年
国民学校高等科修了を入学資格とする修業年限三年の中等学校（夜間の課程を除く。）の卒業者	第二学年
国民学校高等科修了を入学資格とする修業年限四年の夜間において授業を行う中等学校の卒業者	第二学年

② 左表の上欄に規定する者は、下欄に掲げる学校教育法による高等学校（学校教育法による特別支援学校の高等部を含む。）の全日制の課程の各学年の課程を修了した者とみなす。

高等学校高等科入学資格試験に合格した者及び文部科学大臣において高等学校高等科入学に関し中学校第四学年修了者と同等以上の学力を有する者と指定した者	第一学年
専門学校入学者検定規程による試験検定に合格した者、専門学校入学者検定規程により指定した専門学校入学無試験検定を受験する資格を有する者、実業学校卒業程度検定規程による試験検定に合格した者及び高等試験令第七条により予備試験を受ける資格を有する者	第二学年

＊昭二三文部令一八・追加

第十一条　従前の規定による中学校、高等女学校又は実業学校の各学年の課程を修了した者の資格については、附則第五条及び第六条の規定による。

＊昭二三文部令一八・追加

第十二条　前三条に規定するもののほか、従前の規定による学校の卒業者の資格については、別に定める。

＊昭二三文部令一八・追加

第十三条　学校教育法附則第八条の規定による通信教育については、別に定める。

附　則（平成二九・三・三一文科令二〇）

最終改正　平成二九・七・七文科令二九

1　この省令は、平成三十二年四月一日から施行する。ただし、次項及び附則第三項の規定は平成三十年四月一日から施行する。

2　平成三十年四月一日から平成三十二年三月三十一日までの間、小学校の各学年における外国語活動の授業時数及び総授業時数は、学校教育法施行規則別表第一の規定にかかわらず、附則別表第一に定める外国語活動の授業時数及び総授業時数を標準とする。ただし、同表に定める外国語活動の授業の実施のために特に必要がある場合には、総合的な学習の時間の授業時数及び総授業時数から十五を超えない範囲内の授業時数を減じることができることとする。

3　平成三十年四月一日から平成三十二年三月三十一日までの間、中学校連携型小学校、義務教育学校の前期課程及び中学校併設型小学校の各学年における外国語活動の授業時数及び総授業時数は、学校教育法施行規則別表第二の二の規定にかかわらず、附則別表第二に定める外国語活動の授業時数及び総授業時数を標準とする。ただし、同表に定める外国語活動の授業時数の授業の実施のために特に必要がある場合には、総合的な学習の時間の授業時数及び総授業時数から十五を超えない範囲内の授業時数を減じることができることとする。

附則別表第一（附則第二項関係）

区分	第一学年	第二学年	第三学年	第四学年	第五学年	第六学年
外国語活動の授業時数			一五	一五	五〇	五〇
総授業時数	八五〇	九一〇	九六〇	九九五	九九五	九九五

備考　この表の授業時数の一単位時間は、四十五分とする。

附則別表第二（附則第三項関係）

区分	第一学年	第二学年	第三学年	第四学年	第五学年	第六学年
外国語活動の授業時数			一五	一五	五〇	五〇
総授業時数	八五〇	九一〇	九六〇	九九五	九九五	九九五

備考
一　この表の授業時数の一単位時間は、四十五分とする。
二　各学年においては、外国語活動から、文部科学大臣が別に定めるところにより義務教育学校、中学校連携型小学校及び小学校連携型中学校並びに中学校併設型小学校及び小学校併設型中学校の教育課程を編成するために特に必要な教科等の授業時数に充てることができる。

附　則（平成三〇・三・三〇文科令一三）（抄）

最終改正　令和三・三・三一文科令一四

1　この省令は、令和四年四月一日から施行する。ただし、附則第四項から第六項までの規定は平成三十一年四月一日から施行する。

2　改正後の学校教育法施行規則（以下「新令」という。）第八十三条、第九十七条第一項及び第二項並びに別表第三の規定並びに改正後の高等学校通信教育規程（次項から附則第五項において「新規程」という。）第十二条第一項から第三項までの規定は、施行の日以降高等学校（中等教育学校の後期課程及び特別支援学校の高等部を含む。次項から附則第五項までにおいて同じ。）に入学した生徒（新令第九十一条（新令第百十三条第一項及び第百三十五条第五項で準用する場合を含む。附則第四項及び第五項において同じ。）の規定により入学した生徒であって同日前に入学した生徒に係る教育課程により履修するものを除く。）に係る教育課程から適用する。

3　前項の規定により新令第八十三条、第九十七条第一項及び第二項並びに別表第三の規定並びに新規程第十二条第一項から第三項までの規定が適用されるまでの高等学校の教育課程については、なお従前の例による。

4　平成三十一年四月一日から令和四年三月三十一日までの間に高等学校に入学した生徒（新令第九十一条の規定により入学した生徒であって平成三十一年三月三十一日までに入学した生徒に係る教育課程により履修するものを除く。次項において同じ。）に係る教育課程についての平成三十一年四月一日から新令第八十三条の規定が適用されるまでの間における改正前の学校教育法施行規則（以下「旧令」という。）第八十三条の規定の適用については、同条中「総合的な学習の時間」とあるのは「総合的な探究の時間」とする。

5　平成三十一年四月一日から令和四年三月三十一日までの間に高等学校に入学した生徒に係る教育課程についての令和三年四月一日から新令第九十七条第一項及び第二項の規定並びに新規程第十二条第一項から第三項までの規定が適用されるまでの間における旧令第九十七条第一項及び第二項の規定並びに改正前の高等学校通信教育規程第十二条第一項から第三項までの規定の適用については、これらの規定中「総合的な学習の時間」とあるのは「総合的な探究の時間」とする。

6　平成三十一年四月一日から新令別表第三の規定が適用されるまでの間における旧令別表第三の規定の適用については、同表(二)の表福祉の項中「福祉情報活用」とあるのは「福祉情報活用、福祉情報」とする。

附　則（平成三〇・八・二七文科令二七）

1　この省令は、公布の日から施行する。

2　この省令による改正後の学校教育法施行規則（以下「新令」という。）第百三十四条の二、第百三十九条の二又は第百四十一条の二の規定の適用については、この省令の施行の際現に特別支援学校幼稚部教育要領（平成二十九年文部科学省告示第七十二号）、特別支援学校小学部・中学部学習指導要領（平成二十九年文部科学省告示第七十三号）、特別支援学校高等部学習指導要領（平成二十一年文部科学省告示第三十七号）、小学校学習指導要領（平成二十九年文部科学省告示第六十三号）、中学校学習指導要領（平成二十九年文部科学省告示第六十四号）又は高等学校学習指導要領（平成二十一年文部科学省告示第三十四号）の規定により作成されている個別の教育支援計画は、新令第百三十四条の二、第百三十九条の二又は第百四十一条の二の規定により作成されたものとみなす。

附　則（平成三一・二・四文科令三）（抄）

1　この省令は、平成三十四年四月一日から施行する。ただし、附則第四項及び第五項の規定は平成三十一年四月一日から、附則第六項の規定は平成三十二年四月一日から施行する。

2　この省令による改正後の学校教育法施行規則（以下「新令」という。）第百二十八条、第百三十条第二項及び別表第五の規定は、この省令の施行の日以降特別支援学校の高等部に入学した生徒（新令第百三十五条第五項の規定により準用される新令第九十一条の規定により入学した生徒であって同日前に入学した生徒に係る教育課程により履修するものを除く。）に係る教育課程から適用する。

3　前項の規定により新令第百二十八条、第百三十条第二項及び別表第五の規定が適用されるまでの特別支援学校の高等部の教育課程については、なお従前の例による。

4　平成三十一年四月一日から平成三十四年三月三十一日までの間に特別支援学校の高等部に入学した生徒（新令第百三十五条第五項の規定により準用される新令第九十一条の規定により入学した生徒であって平成三十一年三月三十一日までに入学した生徒に係る教育課程により履修するものを除く。）に係る教育課程についての平成三十一年四月一日から新令第百二十八条の規定が適用されるまでの間におけるこの省令による改正前の学校教育法施行規則（以下「旧令」という。）第百二十八条の規定の適用については、同条中「総合的な学習の時間」とあるのは「総合的な探究の時間」とする。

5　平成三十一年四月一日から新令別表第五の規定が適用されるまでの間における旧令別表第五の規定の適用については、同表(一)の表保健理療の項中「課題研究」とあるのは「課題研究、保健理療情報」とし、同表理療の項中「課題研究」とあるのは「課題研究、理療情報」とし、同表理学療法の項中「課題研究」とあるのは「課題研究、理学療法管理学、理学療法臨床実習、理学療法情報」とし、同表(二)の表印刷の項中「課題研究」とあるのは「課題研究、印刷製版技術、DTP技術、印刷情報技術、デジタル画像技術」とし、同表理容・美容の項中「課題研究」とあるのは「課題研究、関係法規・制度、保健、香粧品化学、文化論、運営管理、美容実習、理容・美容情報」とし、同表歯科技工の項中「課題研究」とあるのは「課題研究、歯科技工情報」とする。

6　平成三十二年四月一日から平成三十四年三月三十一日までの間に特別支援学校の高等部に入学した生徒（新令第百三十五条第五項の規定により準用される新令第九十一条の規定により入学した生徒であって平成三十二年三月三十一日までに入学した生徒に係る教育課程により履修するものを除く。）に係る教育課程についての平成三十二年四月一日から新令第百二十八条第二項及び第百三十条第二項の規定が適用されるまでの間における旧令第百二十八条第二項の規定の適用については、同項中「道徳」とあるのは「特別の教科である道徳」とし、旧令第百三十条第二項の規定の適用については、同項中「特別の教科である道徳（特別支援学校の高等部にあつては、前条に規定する特別支援学校高等部学習指導要領で定める道徳）」とあるのは「特別の教科である道徳」とする。

附　則（令和三・三・三一文科令一四）（抄）

（施行期日）

第一条　この省令は、令和四年四月一日から施行する。ただし、第一条中学校教育法施行規則第七十九条の六第二項及び第百八条第一項の改正規定は公布の日から、第一条中学校教育法施行規則第九十七条第一項及び第二項の改正規定並びに第百条に一号を加える改正規定（中略）並びに附則第六条の規定は令和三年四月一日から施行する。

（経過措置）

第二条　この省令の施行の際現に存する通信制の課程を置く高等学校（中等教育学校の後期課程を含む。次条及び附則第四条において同じ。）の学則については、この省令の施行の日以後最初に学校教育法施行規則第五条第一項の学則の変更についての認可の申請がなされる日又は令和五年三月三十一日のいずれか早い日までの間は、第一条の規定による改正後の学校教育法施行規則（次条において「新規則」という。）第四条第二項第二号の規定にかかわらず、なお従前の例によることができる。

第三条　新規則第百三条の二（同条第一号及び第二号の規定を新規則第百十三条第三項において準用する場合を含む。）の規定にかかわらず、この省令の施行の日から令和七年三月三十一日までの間は、高等学校の設置者が、特別の事情があり、かつ、教育上支障がないと認める場合には、高等学校は、同条各号に掲げる方針を定め、公表することを要しない。

附　則（令和五・三・三一文科令一八）（抄）

（施行期日）

1　この省令は、令和五年四月一日から施行する。

別表第一（第五十一条関係）

＊平成二九文科令二〇・全部改正

区分		第一学年	第二学年	第三学年	第四学年	第五学年	第六学年
各教科の授業時数	国語	三〇六	三一五	二四五	二四五	一七五	一七五
	社会			七〇	九〇	一〇〇	一〇五
	算数	一三六	一七五	一七五	一七五	一七五	一七五
	理科			九〇	一〇五	一〇五	一〇五
	生活	一〇二	一〇五				
	音楽	六八	七〇	六〇	六〇	五〇	五〇
	図画工作	六八	七〇	六〇	六〇	五〇	五〇
	家庭					六〇	五五
	体育	一〇二	一〇五	一〇五	一〇五	九〇	九〇
	外国語					七〇	七〇
特別の教科である道徳の授業時数		三四	三五	三五	三五	三五	三五
外国語活動の授業時数				三五	三五		
総合的な学習の時間の授業時数				七〇	七〇	七〇	七〇
特別活動の授業時数		三四	三五	三五	三五	三五	三五
総授業時数		八五〇	九一〇	九八〇	一〇一五	一〇一五	一〇一五

備考

一　この表の授業時数の一単位時間は、四十五分とする。

二　特別活動の授業時数は、小学校学習指導要領で定める学級活動（学校給食に係るものを除く。）に充てるものとする。

三　第五十条第二項の場合において、特別の教科である道徳のほかに宗教を加えるときは、宗教の授業時数をもつてこの表の特別の教科である道徳の授業時数の一部に代えることができる。（別表第二から別表第二の三まで及び別表第四の場合においても同様とする。）

別表第二（第七十三条関係）

＊平成二〇文科令五・全部改正

区分		第一学年	第二学年	第三学年
各教科の授業時数	国語	一四〇	一四〇	一〇五
	社会	一〇五	一〇五	一四〇
	数学	一四〇	一〇五	一四〇
	理科	一〇五	一四〇	一四〇
	音楽	四五	三五	三五
	美術	四五	三五	三五
	保健体育	一〇五	一〇五	一〇五
	技術・家庭	七〇	七〇	三五
	外国語	一四〇	一四〇	一四〇
特別の教科である道徳の授業時数		三五	三五	三五
総合的な学習の時間の授業時数		五〇	七〇	七〇
特別活動の授業時数		三五	三五	三五
総授業時数		一〇一五	一〇一五	一〇一五

備考

一　この表の授業時数の一単位時間は、五十分とする。

二　特別活動の授業時数は、中学校学習指導要領で定める学級活動（学校給食に係るものを除く。）に充てるものとする。

別表第二の二（第五十二条の三、第七十九条の五第一項、第七十九条の十二関係）

＊平成二九文科令二〇・全部改正

区分	第一学年	第二学年	第三学年	第四学年	第五学年	第六学年
国語	三〇六	三一五	二四五	二四五	一七五	一七五

各教科の授業時数	社会			七〇	九〇	一〇〇	一〇五
	算数	一三六	一七五	一七五	一七五	一七五	一七五
	理科			九〇	一〇五	一〇五	一〇五
	生活	一〇二	一〇五				
	音楽	六八	七〇	六〇	六〇	五〇	五〇
	図画工作	六八	七〇	六〇	六〇	五〇	五〇
	家庭					六〇	五五
	体育	一〇二	一〇五	一〇五	一〇五	九〇	九〇
	外国語					七〇	七〇
特別の教科である道徳の授業時数		三四	三五	三五	三五	三五	三五
外国語活動の授業時数				三五	三五		
総合的な学習の時間の授業時数				七〇	七〇	七〇	七〇
特別活動の授業時数		三四	三五	三五	三五	三五	三五
総授業時数		八五〇	九一〇	九八〇	一〇一五	一〇一五	一〇一五

備考

一　この表の授業時数の一単位時間は、四十五分とする。

二　特別活動の授業時数は、小学校学習指導要領（第七十九条の六第一項において準用する場合を含む。）で定める学級活動（学校給食に係るものを除く。）に充てるものとする。

三　各学年においては、各教科、特別の教科である道徳、外国語活動、総合的な学習の時間及び特別活動の授業時数から、文部科学大臣が別に定めるところにより義務教育学校、中学校連携型小学校及び小学校連携型中学校並びに中学校併設型小学校及び小学校併設型中学校の教育課程を編成するために特に必要な教科等（別表第二の三において「小中一貫教科等」という。）の授業時数に充てることができる。

別表第二の三（第七十四条の三、第七十九条の五第二項、第七十九条の十二関係）

＊平成二八文科令四・追加

区分		第七学年	第八学年	第九学年
各教科の授業時数	国語	一四〇	一四〇	一〇五
	社会	一〇五	一〇五	一四〇
	数学	一四〇	一〇五	一四〇
	理科	一〇五	一四〇	一四〇
	音楽	四五	三五	三五
	美術	四五	三五	三五
	保健体育	一〇五	一〇五	一〇五
	技術・家庭	七〇	七〇	三五
	外国語	一四〇	一四〇	一四〇
特別の教科である道徳の授業時数		三五	三五	三五
総合的な学習の時間の授業時数		五〇	七〇	七〇
特別活動の授業時数		三五	三五	三五
総授業時数		一〇一五	一〇一五	一〇一五

備考

一　この表の授業時数の一単位時間は、五十分とする。

二　特別活動の授業時数は、中学校学習指導要領（第七十九条の六第二項において準用する場合を含む。）で定める学級活動（学校給食に係るものを除く。）に充てるものとする。

三　各学年においては、各教科、特別の教科である道徳、総合的な学習の時間及び特別活動の授業時数から、文部科学大臣が別に定めるところにより小中一貫教科等の授業時数に充てることができる。

別表第三（第八十三条、第百八条、第百二十八条関係）

＊平成三〇文科令一三・全部改正

(一)　各学科に共通する各教科

各教科	各教科に属する科目

国語	現代の国語、言語文化、論理国語、文学国語、国語表現、古典探究
地理歴史	地理総合、地理探究、歴史総合、日本史探究、世界史探究
公民	公共、倫理、政治・経済
数学	数学Ⅰ、数学Ⅱ、数学Ⅲ、数学A、数学B、数学C
理科	科学と人間生活、物理基礎、物理、化学基礎、化学、生物基礎、生物、地学基礎、地学
保健体育	体育、保健
芸術	音楽Ⅰ、音楽Ⅱ、音楽Ⅲ、美術Ⅰ、美術Ⅱ、美術Ⅲ、工芸Ⅰ、工芸Ⅱ、工芸Ⅲ、書道Ⅰ、書道Ⅱ、書道Ⅲ
外国語	英語コミュニケーションⅠ、英語コミュニケーションⅡ、英語コミュニケーションⅢ、論理・表現Ⅰ、論理・表現Ⅱ、論理・表現Ⅲ
家庭	家庭基礎、家庭総合
情報	情報Ⅰ、情報Ⅱ
理数	理数探究基礎、理数探究

(二)　主として専門学科において開設される各教科

各教科	各教科に属する科目
農業	農業と環境、課題研究、総合実習、農業と情報、作物、野菜、果樹、草花、畜産、栽培と環境、飼育と環境、農業経営、農業機械、植物バイオテクノロジー、食品製造、食品化学、食品微生物、食品流通、森林科学、森林経営、林産物利用、農業土木設計、農業土木施工、水循環、造園計画、造園施工管理、造園植栽、測量、生物活用、地域資源活用
工業	工業技術基礎、課題研究、実習、製図、工業情報数理、工業材料技術、工業技術英語、工業管理技術、工業環境技術、機械工作、機械設計、原動機、電子機械、生産技術、自動車工学、自動車整備、船舶工学、電気回路、電気機器、電力技術、電子技術、電子回路、電子計測制御、通信技術、プログラミング技術、ハードウェア技術、ソフトウェア技術、コンピュータシステム技術、建築構造、建築計画、建築構造設計、建築施工、建築法規、設備計画、空気調和設備、衛生・防災設備、測量、土木基盤力学、土木構造設計、土木施工、社会基盤工学、工業化学、化学工学、地球環境化学、材料製造技術、材料工学、材料加工、セラミック化学、セラミック技術、セラミック工業、繊維製品、繊維・染色技術、染織デザイン、インテリア計画、インテリア装備、インテリアエレメント生産、デザイン実践、デザイン材料、デザイン史
商業	ビジネス基礎、課題研究、総合実践、ビジネス・コミュニケーション、マーケティング、商品開発と流通、観光ビジネス、ビジネス・マネジメント、グローバル経済、ビジネス法規、簿記、財務会計Ⅰ、財務会計Ⅱ、原価計算、管理会計、情報処理、ソフトウェア活用、プログラミング、ネットワーク活用、ネットワーク管理
水産	水産海洋基礎、課題研究、総合実習、海洋情報技術、水産海洋科学、漁業、航海・計器、船舶運用、船用機関、機械設計工作、電気理論、移動体通信工学、海洋通信技術、資源増殖、海洋生物、海洋環境、小型船舶、食品製造、食品管理、水産流通、ダイビング、マリンスポーツ
家庭	生活産業基礎、課題研究、生活産業情報、消費生活、保育基礎、保育実践、生活と福祉、住生活デザイン、服飾文化、ファッション造形基礎、ファッション造形、ファッションデザイン、服飾手芸、フードデザイン、食文化、調理、栄養、食品、食品衛生、公衆衛生、総合調理実習
看護	基礎看護、人体の構造と機能、疾病の成り立ちと回復の促進、健康支援と社会保障制度、成人看護、老年看護、小児看護、母性看護、精神看護、在宅看護、看護の統合と実践、看護臨地実習、看護情報
情報	情報産業と社会、課題研究、情報の表現と管理、情報テクノロジー、情報セキュリティ、情報システムのプログラミング、ネットワークシステム、データベース、情報デザイン、コンテンツの制作と発信、メディアとサービス、情報実習
福祉	社会福祉基礎、介護福祉基礎、コミュニケーション技術、生活支援技術、介護過程、介護総合演習、介護実習、こころとからだの理解、福祉情報

理数	理数数学Ⅰ、理数数学Ⅱ、理数数学特論、理数物理、理数化学、理数生物、理数地学
体育	スポーツ概論、スポーツⅠ、スポーツⅡ、スポーツⅢ、スポーツⅣ、スポーツⅤ、スポーツⅥ、スポーツ総合演習
音楽	音楽理論、音楽史、演奏研究、ソルフェージュ、声楽、器楽、作曲、鑑賞研究
美術	美術概論、美術史、鑑賞研究、素描、構成、絵画、版画、彫刻、ビジュアルデザイン、クラフトデザイン、情報メディアデザイン、映像表現、環境造形
英語	総合英語Ⅰ、総合英語Ⅱ、総合英語Ⅲ、ディベート・ディスカッションⅠ、ディベート・ディスカッションⅡ、エッセイライティングⅠ、エッセイライティングⅡ

備考

一　㈠及び㈡の表の上欄に掲げる各教科について、それぞれの表の下欄に掲げる各教科に属する科目以外の科目を設けることができる。

二　㈠及び㈡の表の上欄に掲げる各教科以外の教科及び当該教科に関する科目を設けることができる。

別表第四（第七十六条、第百七条、第百十七条関係）

＊平成二〇文科令五・全部改正

区分		第一学年	第二学年	第三学年
各教科の授業時数	国語	一四〇	一四〇	一〇五
	社会	一〇五	一〇五	一四〇
	数学	一四〇	一〇五	一四〇
	理科	一〇五	一四〇	一四〇
	音楽	四五	三五	三五
	美術	四五	三五	三五
	保健体育	一〇五	一〇五	一〇五
	技術・家庭	七〇	七〇	三五
	外国語	一四〇	一四〇	一四〇
特別の教科である道徳の授業時数		三五	三五	三五
総合的な学習の時間の授業時数		五〇	七〇	七〇
特別活動の授業時数		三五	三五	三五
総授業時数		一〇一五	一〇一五	一〇一五

備考

一　この表の授業時数の一単位時間は、五十分とする。

二　特別活動の授業時数は、中学校学習指導要領（第百八条第一項において準用する場合を含む。次号において同じ。）で定める学級活動（学校給食に係るものを除く。）に充てるものとする。

三　各学年においては、各教科の授業時数から七十を超えない範囲内の授業時数を減じ、文部科学大臣が別に定めるところにより中学校学習指導要領で定める選択教科の授業時数に充てることができる。ただし、各学年において、各教科の授業時数から減ずる授業時数は、一教科当たり三十五を限度とする。

別表第五（第百二十八条関係）

＊平成二一文科令三・全部改正

㈠　視覚障害者である生徒に対する教育を行う特別支援学校の主として専門学科において開設される各教科

各教科	各教科に属する科目
保健理療	医療と社会、人体の構造と機能、疾病の成り立ちと予防、生活と疾病、基礎保健理療、臨床保健理療、地域保健理療と保健理療経営、保健理療基礎実習、保健理療臨床実習、保健理療情報、課題研究
理療	医療と社会、人体の構造と機能、疾病の成り立ちと予防、生活と疾病、基礎理療学、臨床理療学、地域理療と理療経営、理療基礎実習、理療臨床実習、理療情報、課題研究
理学療法	人体の構造と機能、疾病と障害、保健・医療・福祉とリハビリテーション、基礎理学療法学、理学療法管理学、理学療法評価学、理学療法治療学、地域理学療法学、理学療法臨床実習、理学療法情報、

課題研究

㈡ 聴覚障害者である生徒に対する教育を行う特別支援学校の主として専門学科において開設される各教科

各教科	各教科に属する科目
印刷	印刷概論、印刷デザイン、印刷製版技術、DTP技術、印刷情報技術、デジタル画像技術、印刷総合実習、課題研究
理容・美容	関係法規・制度、衛生管理、保健、香粧品化学、文化論、理容・美容技術理論、運営管理、理容実習、美容実習、理容・美容情報、課題研究
クリーニング	クリーニング関係法規、公衆衛生、クリーニング理論、繊維、クリーニング機器・装置、クリーニング実習、課題研究
歯科技工	歯科技工関係法規、歯科技工学概論、歯科理工学、歯の解剖学、顎口腔機能学、有床義歯技工学、歯冠修復技工学、矯正歯科技工学、小児歯科技工学、歯科技工実習、歯科技工情報、課題研究

備考

一 ㈠及び㈡の表の上欄に掲げる各教科について、それぞれの表の下欄に掲げる各教科に属する科目以外の科目を設けることができる。

二 ㈠及び㈡の表の上欄に掲げる各教科以外の教科及び当該教科に関する科目を設けることができる。

〇小学校設置基準

平成一四・三・二九
文科令一四

最終改正 平成一九・一二・二五文科令四〇

第一章 総則

（趣旨）

第一条 小学校は、学校教育法（昭和二十二年法律第二十六号）その他の法令の規定によるほか、この省令の定めるところにより設置するものとする。

2 この省令で定める設置基準は、小学校を設置するのに必要な最低の基準とする。

3 小学校の設置者は、小学校の編制、施設、設備等がこの省令で定める設置基準より低下した状態にならないようにすることはもとより、これらの水準の向上を図ることに努めなければならない。

第二条及び第三条 削除

第二章 編制

（一学級の児童数）

第四条 一学級の児童数は、法令に特別の定めがある場合を除き、四十人以下とする。ただし、特別の事情があり、かつ、教育上支障がない場合は、この限りでない。

（学級の編制）

第五条 小学校の学級は、同学年の児童で編制するものとする。ただし、特別の事情があるときは、数学年の児童を一学級に編制することができる。

（教諭の数等）

第六条 小学校に置く主幹教諭、指導教諭及び教諭（以下この条において「教諭等」という。）の数は、一学級当たり一人以上とする。

2 教諭等は、特別の事情があり、かつ、教育上支障がない場合は、校長、副校長若しくは教頭が兼ね、又は助教諭若しくは講師をもって代えることができる。

3 小学校に置く教員等は、教育上必要と認められる場合は、他の学校の教員等と兼ねることができる。

第三章 施設及び設備

（一般的基準）

第七条 小学校の施設及び設備は、指導上、保健衛生上、安全上及び管理上適切なものでなければならない。

（校舎及び運動場の面積等）

第八条 校舎及び運動場の面積は、法令に特別の定めがある場合を除き、別表に定める面積以上とする。ただし、地域の実態その他により特別の事情があり、かつ、教育上支障がない場合は、この限りでない。

2 校舎及び運動場は、同一の敷地内又は隣接する位置に設けるものとする。ただし、地域の実態その他により特別の事情があり、かつ、教育上及び安全上支障がない場合は、その他の適当な位置にこれを設けることができる。

（校舎に備えるべき施設）

第九条 校舎には、少なくとも次に掲げる施設を備えるものとする。

一 教室（普通教室、特別教室等とする。）

二 図書室、保健室

三 職員室

2 校舎には、前項に掲げる施設のほか、必要に応じて、特別支援学級のための教室を備えるものとする。

（その他の施設）

第十条 小学校には、校舎及び運動場のほか、体育館を備えるものとする。ただし、地域の実態その他により特別の事情があり、かつ、教育上支障がない場合は、この限りでない。

（校具及び教具）

第十一条 小学校には、学級数及び児童数に応じ、指導上、保健衛生上及び安全上必要な種類及び数の校具及び教具を備えなければならない。

2 前項の校具及び教具は、常に改善し、補充しなければならない。

（他の学校等の施設及び設備の使用）

第十二条 小学校は、特別の事情があり、かつ、教育上及び安全上支障がない場合は、他の学校等の施設及び設備を使用することができる。

附 則（抄）

（施行期日等）

1 この省令は、平成十四年四月一日から施行する。ただし、第二章及び第三章の規定、附則第三項の規定（学校教育法施行規則（昭和二十二年文部省令第十一号）第十六条の改正規定を除く。）並びに別表の規定は、平成十五年四月一日から施行する。

2 第二章及び第三章の規定並びに別表の規定の施行の際現に存する小学校の編制並びに施設及び設備については、当分の間、なお従前の例によることができる。

別表（第八条関係）

イ 校舎の面積

児童数	面積（平方メートル）
一人以上四〇人以下	500
四一人以上四八〇人以下	500＋5×（児童数－40）
四八一人以上	2700＋5×（児童数－480）

ロ 運動場の面積

児童数	面積（平方メートル）
一人以上二四〇人以下	2400
二四一人以上七二〇人以下	2400＋10×（児童数－240）
七二一人以上	7200

○中学校設置基準

平成一四・三・二九
文科令一五

最終改正 平成一九・一二・二五文科令四〇

第一章 総則

（趣旨）

第一条 中学校は、学校教育法（昭和二十二年法律第二十六号）その他の法令の規定によるほか、この省令の定めるところにより設置するものとする。

2 この省令で定める設置基準は、中学校を設置するのに必要な最低の基準とする。

3 中学校の設置者は、中学校の編制、施設、設備等がこの省令で定める設置基準より低下した状態にならないようにすることはもとより、これらの水準の向上を図ることに努めなければならない。

第二条及び第三条 削除

第二章 編制

（一学級の生徒数）

第四条 一学級の生徒数は、法令に特別の定めがある場合を除き、四十人以下とする。ただし、特別の事情があり、かつ、教育上支障がない場合は、この限りでない。

（学級の編制）

第五条 中学校の学級は、同学年の生徒で編制するものとする。ただし、特別の事情があるときは、数学年の生徒を一学級に編制することができる。

（教諭の数等）

第六条 中学校に置く主幹教諭、指導教諭及び教諭（以下この条において「教諭等」という。）の数は、一学級当たり一人以上とする。

2 教諭等は、特別の事情があり、かつ、教育上支障がない場合は、校長、副校長若しくは教頭が兼ね、又は助教諭若しくは講師をもって代えることができる。

3 中学校に置く教員等は、教育上必要と認められる場合は、他の学校の教員等と兼ねることができる。

第三章 施設及び設備

（一般的基準）

第七条 中学校の施設及び設備は、指導上、保健衛生上、安全上及び管理上適切なものでなければならない。

（校舎及び運動場の面積等）

第八条 校舎及び運動場の面積は、法令に特別の定めがある場合を除き、別表に定める面積以上とする。ただし、地域の実態その他により特別の事情があり、かつ、教育上支障がない場合は、この限りでない。

2 校舎及び運動場は、同一の敷地内又は隣接する位置に設けるものとする。ただし、地域の実態その他により特別の事情があり、かつ、教育上及び安全上支障がない場合は、その他の適当な位置にこれを設けることができる。

（校舎に備えるべき施設）

第九条 校舎には、少なくとも次に掲げる施設を備えるものとする。

一 教室（普通教室、特別教室等とする。）

二 図書室、保健室

三 職員室

2 校舎には、前項に掲げる施設のほか、必要に応じて、特別支援学級のための教室を備えるものとする。

（その他の施設）

第十条 中学校には、校舎及び運動場のほか、体育館を備えるものとする。ただし、地域の実態その他により特別の事情があり、かつ、教育上支障がない場合は、この限りでない。

（校具及び教具）

第十一条 中学校には、学級数及び生徒数に応じ、指導上、保健衛生上及び安全上必要な種類及び数の校具及び教具を備えなければならない。

2 前項の校具及び教具は、常に改善し、補充しなければならない。

（他の学校等の施設及び設備の使用）

第十二条 中学校は、特別の事情があり、かつ、教育上及び安全上支障がない場合は、他の学校等の施設及び設備を使用することができる。

附 則（抄）

（施行期日等）

1 この省令は、平成十四年四月一日から施行する。ただし、第二章及び第三章の規定、附則第三項の規定（学校教育法施行規則（昭和二十二年文部省令第十一号）第五十一条及び第六十五条の三の改正規定を除く。）並びに別表の規定は、平成十五年四月一日から施行する。

2 第二章及び第三章の規定並びに別表の規定の施行の際現に存する中学校の編制並びに施設及び設備については、当分の間、なお従前の例によることができる。

別表（第八条関係）

イ 校舎の面積

生徒数	面積（平方メートル）
一人以上四〇人以下	600
四一人以上四八〇人以下	600＋6×（生徒数－40）
四八一人以上	3240＋4×（生徒数－480）

ロ 運動場の面積

生徒数	面積（平方メートル）
一人以上二四〇人以下	3600
二四一人以上七二〇人以下	3600＋10×（生徒数－240）
七二一人以上	8400

○高等学校設置基準

平成一六・三・三一
文　科　令　二　〇

最終改正　令和三・三・三一文科令一四

第一章　総則

（趣旨）

第一条　高等学校は、学校教育法その他の法令の規定によるほか、この省令の定めるところにより設置するものとする。

2　この省令で定める設置基準は、高等学校を設置するのに必要な最低の基準とする。

3　高等学校の設置者は、高等学校の編制、施設、設備等がこの省令で定める設置基準より低下した状態にならないようにすることはもとより、これらの水準の向上を図ることに努めなければならない。

（設置基準の特例）

第二条　公立の高等学校については都道府県の教育委員会、私立の高等学校については都道府県知事（以下「都道府県教育委員会等」という。）は、高等学校に全日制の課程及び定時制の課程を併置する場合又は二以上の学科を設置する場合その他これらに類する場合において、教育上支障がないと認めるときは、高等学校の編制、施設及び設備に関し、必要と認められる範囲内において、この省令に示す基準に準じて、別段の定めをすることができる。

2　専攻科及び別科の編制、施設、設備等については、この省令に示す基準によらなければならない。ただし、教育上支障がないと認めるときは、都道府県教育委員会等は、専攻科及び別科の編制、施設及び設備に関し、必要と認められる範囲内において、この省令に示す基準に準じて、別段の定めをすることができる。

第三条及び第四条　削除

第二章　学科

（学科の種類）

第五条　高等学校の学科は次のとおりとする。

一　普通教育を主とする学科
二　専門教育を主とする学科
三　普通教育及び専門教育を選択履修を旨として総合的に施す学科

第六条　前条第一号に定める学科は、普通科その他普通教育を施す学科として適当な規模及び内容があると認められる学科とする。

2　前条第二号に定める学科は、次に掲げるとおりとする。

一　農業に関する学科
二　工業に関する学科
三　商業に関する学科
四　水産に関する学科
五　家庭に関する学科
六　看護に関する学科
七　情報に関する学科
八　福祉に関する学科
九　理数に関する学科
十　体育に関する学科
十一　音楽に関する学科
十二　美術に関する学科
十三　外国語に関する学科
十四　国際関係に関する学科
十五　その他専門教育を施す学科として適当な規模及び内容があると認められる学科

3　前条第三号に定める学科は、総合学科とする。

（学科の名称）

第六条の二　高等学校の学科の名称は、学科として適当であるとともに、当該学科に係る学校教育法施行規則（昭和二十二年文部省令第十一号）第百三条の二各号に掲げる方針（第十九条において「方針」という。）にふさわしいものとする。

第三章　編制

（授業を受ける生徒数）

第七条　同時に授業を受ける一学級の生徒数は、四十人以下とする。ただし、特別の事情があり、かつ、教育上支障がない場合は、この限りでない。

（教諭の数等）

第八条　高等学校に置く副校長及び教頭の数は当該高等学校に置く全日制の課程又は定時制の課程ごとに一人以上とし、主幹教諭、指導教諭及び教諭（以下この条において「教諭等」という。）の数は当該高等学校の収容定員を四十で除して得た数以上で、かつ、教育上支障がないものとする。

2　教諭等は、特別の事情があり、かつ、教育上支障がない場合は、助教諭又は講師をもって代えることができる。

3　高等学校に置く教員等は、教育上必要と認められる場合は、他の学校の教員等と兼ねることができる。

（養護教諭等）

第九条　高等学校には、相当数の養護をつかさどる主幹教諭、養護教諭その他の生徒の養護をつかさどる職員を置くよう努めなければならない。

（実習助手）

第十条　高等学校には、必要に応じて相当数の実習助手を置くものとする。

（事務職員の数）

第十一条　高等学校には、全日制の課程及び定時制の課程の設置の状況、生徒数等に応じ、相当数の事務職員を置かなければならない。

第四章　施設及び設備

（一般的基準）

第十二条　高等学校の施設及び設備は、指導上、保健衛生上、安全上及び管理上適切なものでなければならない。

（校舎の面積）

第十三条　校舎の面積は、法令に特別の定めがある場合を除き、全日制の課程若しくは定時制の課程の別又は学科の種類にかかわらず、次の表に定める面積以上とする。ただし、地域の実態その他により特別の事情があり、かつ、教育上支障がない場合は、この限りでない。

収容定員	面積（平方メートル）
一二〇人以下	1200
一二一人以上四八〇人以下	1200＋6×（収容定員－120）
四八一人以上	3360＋4×（収容定員－480）

（運動場の面積）

第十四条　運動場の面積は、全日制の課程若しくは定時制の課程の別又は収容定員にかかわらず、八、四〇〇平方メートル以上とする。ただし、体育館等の屋内運動施設を備えている場合その他の教育上支障がない場合は、この限りでない。

（校舎に備えるべき施設）

第十五条　校舎には、少なくとも次に掲げる施設を備えるものとする。

一　教室（普通教室、特別教室等とする。）

二　図書室、保健室

三　職員室

2　校舎には、前項に掲げる施設のほか、必要に応じて、専門教育を施すための施設を備えるものとする。

（その他の施設）

第十六条　高等学校には、校舎及び運動場のほか、体育館を備えるものとする。ただし、地域の実態その他により特別の事情があり、かつ、教育上支障がない場合は、この限りでない。

（校具及び教具）

第十七条　高等学校には、学科の種類、生徒数等に応じ、指導上、保健衛生上及び安全上必要な種類及び数の校具及び教具を備えなければならない。

2　前項の校具及び教具は、常に改善し、補充しなければならない。

（他の学校等の施設及び設備の使用）

第十八条　高等学校は、特別の事情があり、かつ、教育上及び安全上支障がない場合は、他の学校等の施設及び設備を使用することができる。

第五章　関係機関等との連携協力

（関係機関等との連携協力体制の整備）

第十九条　高等学校は、当該高等学校に置く学科に係る方針を踏まえ、当該学科における教育活動その他の学校運営を行うに当たり、当該高等学校が所在する地域の行政機関、事業者、大学等（大学、高等専門学校及び専門課程を置く専修学校をいう。以下同じ。）、国の機関、国際機関その他の関係機関及び関係団体との連携協力体制の整備に努めなければならない。

（学際領域に関する学科における関係機関等との連携協力体制の整備）

第二十条　普通教育を主とする学科のうち、学際的な分野に関する学校設定教科（学校教育法施行規則別表第三(一)及び(二)の表の上欄に掲げる各教科以外の教科をいう。以下同じ。）に関する科目を開設する学科（次項において「学際領域に関する学科」という。）を置く高等学校は、当該科目の開設及び実施その他の学校運営の円滑かつ効果的な実施を図るため、大学等、国の機関又は国際機関その他の国際的な活動を行う国内外の機関若しくは団体との連携協力体制を整備するものとする。

2　学際領域に関する学科を置く高等学校は、前項の連携協力体制の整備に関し、関係機関及び関係団体との連携協力が円滑に行われるよう、連絡調整を行う職員の配置その他の措置を講ずるよう努めるものとする。

（地域社会に関する学科における関係機関等との連携協力体制の整備）

第二十一条　普通教育を主とする学科のうち、地域社会に関する学校設定教科に関する科目を開設する学科（次項において「地域社会に関する学科」という。）を置く高等学校は、当該科目の開設及び実施その他の学校運営の円滑かつ効果的な実施を図るため、当該高等学校が所在する地域の行政機関又は事業者その他の地域の活性化に資する活動を行う機関若しくは団体との連携協力体制を整備するものとする。

2　地域社会に関する学科を置く高等学校は、前項の連携協力体制の整備に関し、関係機関及び関係団体との連携協力が円滑に行われるよう、連絡調整を行う職員の配置その他の措置を講ずるよう努めるものとする。

附　則（抄）

（施行期日等）

1　この省令は、平成十六年四月一日から施行する。

○単位制高等学校教育規程

昭六三・三・三一
文部令六

最終改正　令和三・三・三一文科令一四

（趣旨）

第一条　この省令は、学校教育法施行規則（昭和二十二年文部省令第十一号）第百三条第一項の規定により学年による教育課程の区分を設けない全日制の課程、定時制の課程及び通信制の課程（以下「単位制による課程」という。）に関し、同令の特例その他必要な事項を定めるものとする。

（入学者の選抜の方法）

第二条　単位制による課程のうち定時制の課程又は通信制の課程であるものに係る入学者の選抜の方法は、当該単位制による課程を置く高等学校の設置者が定める。

（入学及び卒業の時期）

第三条　単位制による課程については、教育上支障がないときは、学期の区分に従い、生徒を入学させ、又は卒業させることができる。

（編入学）

第四条　単位制による課程に係る編入学は、相当年齢に達し、相当の学力があると認められた者について、相当の期間を在学すべき期間として、これを許可することができる。

（転入学）

第五条　単位制による課程に係る転学又は転籍は、修得した単位及び在学した期間に応じて、相当の期間を在学すべき期間として、これを許可することができる。

（科目の開設等）

第六条　単位制による課程を置く高等学校においては、高等学校教育の機会に対する多様な要請にこたえるため、多様な科目を開設するよう努めるものとする。

2　単位制による課程のうち定時制の課程又は通信制の課程であるものを置く高等学校においては、高等学校教育の機会に対する多様な要請にこたえるため、複数の時間帯又は特定の時期における授業の実施その他の措置を講ずるよう努めるものとする。

（過去に在学した高等学校において修得した単位）

第七条　単位制による課程を置く高等学校（中等教育学校の後期課程を含む。）の校長は、当該単位制による課程の生徒が過去に在学した高等学校（中等教育学校の後期課程を含む。）において単位を修得しているときは、当該修得した単位数を当該単位制による課程を置く高等学校（中等教育学校の後期課程を含む。）が定めた全課程の修了を認めるに必要な単位数のうちに加えることができる。

（休業日）

第八条　公立高等学校の単位制による課程のうち定時制の課程又は通信制の課程であるものに係る休業日は、当該高等学校を設置する都道府県又は市町村の教育委員会（公立大学法人（地方独立行政法人法（平成十五年法律第百十八号）第六十八条第一項に規定する公立大学法人をいう。以下この条において同じ。）の設置する高等学校にあつては、当該公立大学法人の理事長）が定める。

（科目履修生）

第九条　単位制による課程のうち定時制の課程又は通信制の課程であるものを置く高等学校においては、当該単位制による課程の聴講生として特定の科目を履修する者（以下「科目履修生」という。）に対し、多様な教育の機会の確保について配慮するよう努めるものとする。

2　単位制による課程のうち定時制の課程又は通信制の課程であるものを置く高等学校の校長は、当該単位制による課程の生徒が当該高等学校に入学する前に科目履修生として特定の科目を履修している場合において、教育上有益と認めるときは、当該科目履修生としての履修とみなし、その成果について単位を与えることができる。

（情報の公表）

第十条　単位制による課程を置く高等学校の設置者は、当該高等学校が単位制による課程を置くものであることを明示するものとする。

2　単位制による課程のうち全日制の課程又は定時制の課程であるものを置く高等学校の設置者は、当該高等学校の単位制による課程に係る教育課程に関する情報を公表するものとする。

3　第一項の規定による明示及び前項の規定による情報の公表は、刊行物への掲載、インターネットの利用その他広く周知を図ることができる方法によつて行うものとする。

附　則

この省令は、昭和六十三年四月一日から施行する。

○高等学校通信教育規程

昭三七・九・一
文部令三二

最終改正 令和四・一二・二八文科令四〇

（趣旨）

第一条 高等学校の通信制の課程については、学校教育法施行規則（昭和二十二年文部省令第十一号）に規定するもののほか、この省令の定めるところによる。

2 この省令で定める基準は、高等学校の通信制の課程において教育を行うために必要な最低の基準とする。

3 通信制の課程を置く高等学校の設置者は、通信制の課程の編制、施設、設備等がこの省令で定める基準より低下した状態にならないようにすることはもとより、これらの水準の向上を図ることに努めなければならない。

（通信教育の方法等）

第二条 高等学校の通信制の課程で行う教育（以下「通信教育」という。）は、添削指導、面接指導及び試験の方法により行うものとする。

2 通信教育においては、前項に掲げる方法のほか、放送その他の多様なメディアを利用した指導等の方法を加えて行うことができる。

3 通信教育においては、生徒に通信教育用学習図書その他の教材を使用して学習させるものとする。

（通信教育連携協力施設）

第三条 通信制の課程を置く高等学校（以下「実施校」という。）の設置者は、通信教育連携協力施設（当該実施校の行う通信教育について連携協力を行う次に掲げる施設をいう。以下同じ。）を設けることができる。この場合において、当該通信教育連携協力施設が他の設置者が設置するものであるときは、実施校の設置者は、当該通信教育連携協力施設の設置者の同意を得なければならない。

一 面接指導又は試験等の実施について連携協力を行う施設（以下「面接指導等実施施設」という。）

二 生徒の進路選択及び心身の健康等に係る相談、添削指導に附帯する事務の実施その他の学習活動等の支援について連携協力を行う施設であつて、面接指導等実施施設以外のもの（第十条の二第二項において「学習等支援施設」という。）

2 面接指導等実施施設は、実施校の分校又は協力校であることを基本とする。ただし、特別の事情があり、かつ、教育上支障がない場合は、大学、専修学校、指定技能教育施設（学校教育法第五十五条の規定による指定を受けた技能教育のための施設をいう。）その他の学校又は施設を面接指導等実施施設とすることができる。

3 前項に規定する協力校とは、実施校の行う通信教育について連携協力を行うものとしてその設置者が定めた高等学校（中等教育学校の後期課程を含む。）をいう。

4 通信教育連携協力施設は、実施校の設置者の定めるところにより実施校の行う通信教育に連携協力を行うものとする。

（通信制の課程の規模）

第四条 実施校における通信制の課程に係る収容定員は、教員及び職員の数その他教職員組織、施設、設備等を踏まえ、適切に定めるものとする。

2 実施校の設置者は、前条第一項の規定により通信教育連携協力施設を設ける場合には、実施校の通信制の課程に係る収容定員のうち、通信教育連携協力施設ごとの定員を学則で定めるものとする。

（面接指導を受ける生徒数）

第四条の二 同時に面接指導を受ける生徒数は、少人数とすることを基本とし、四十人を超えてはならない。

（通信教育実施計画の作成等）

第四条の三 実施校の校長は、通信教育の実施に当たつては、次に掲げる事項を記載した計画（第十四条第一項第二号において「通信教育実施計画」という。）を作成し、生徒に対して、あらかじめ明示するものとする。

一 通信教育を実施する科目等（学校教育法施行規則別表第三に定める各教科に属する科目、総合的な探究の時間及び特別活動をいう。次号及び第三号において同じ。）の名称及び目標に関すること。

二 通信教育を実施する科目等ごとの通信教育の方法及び内容並びに一年間の通信教育の計画に関すること。

三 通信教育を実施する科目等ごとの学習の成果に係る評価及び単位の修得の認定に当たつての基準に関すること。

（教諭の数等）

第五条 実施校における通信制の課程に係る副校長、教頭、主幹教諭、指導教諭及び教諭の数は、五又は当該課程に在籍する生徒数（新たに設置する通信制の課程にあつては、当該課程に在籍する生徒の見込数）を八十で除して得た数のうちいずれか大きい方の数以上とし、かつ、教育上支障がないものとする。

2 前項の教諭は、特別の事情があり、かつ、教育上支障がない場合は、助教諭又は講師をもつてこれに代えることができる。

3 実施校に置く教員等は、教育上必要と認められる場合は、他の学校の教員等と兼ねることができる。

（事務職員の数）

第六条 実施校には、生徒数に応じ、相当数の通信制の課程に係る事務職員を置かなければならない。

（施設及び設備の一般的基準）

第七条 実施校の施設及び設備は、指導上、保健衛生上、安全上及び管理上適切なものでなければならない。

（校舎の面積）

第八条 通信制の課程のみを置く高等学校（以下「独立校」という。）の校舎の面積は、一、二〇〇平方メートル以上とする。ただし、次条第四項の規定により、他の学校等の施設を兼用する場合又は地域の実態その他により特別の事情があり、かつ、教育上支障がない場合は、この限りでない。

（校舎に備えるべき施設）

第九条 実施校の校舎には、少なくとも次に掲げる施設を備えなければならない。
一　教室（普通教室、特別教室等とする。）
二　図書室、保健室
三　職員室

2　前項に掲げる施設のほか、必要に応じて、専門教育を施すための施設を備えるものとする。

3　全日制の課程又は定時制の課程を併置する実施校における第一項第一号及び第二号に掲げる施設については、当該各号に掲げる施設に相当する全日制の課程又は定時制の課程で行う教育の用に供する施設を兼用することができる。

4　独立校における第一項第一号及び第二号に掲げる施設については、当該独立校と同一の敷地内又は当該独立校の敷地の隣接地に所在する他の学校等の当該各号に掲げる施設に相当する施設を兼用することができる。

（校具及び教具）

第十条　実施校には、学科の種類、生徒数等に応じ、指導上、保健衛生上及び安全上必要な種類及び数の校具及び教具を備えなければならない。

2　前項の校具及び教具は、常に改善し、補充しなければならない。

（通信教育連携協力施設の編制、施設及び設備）

第十条の二　面接指導等実施施設の編制、施設及び設備は、当該面接指導等実施施設に係る学校又は施設の種類、連携協力の内容及びその定員その他の事情を勘案し、前六条に定める基準に照らして、面接指導又は試験等の実施について適切に連携協力を行うことができるものでなければならない。

2　学習等支援施設の施設及び設備等は、教育上及び安全上支障がないものでなければならない。

3　実施校の設置者は、第三条第一項の規定により通信教育連携協力施設を設ける場合には、当該通信教育連携協力施設が前二項の基準に適合することについて、確認を行うものとする。この場合において、当該通信教育連携協力施設が実施校の存する都道府県の区域外に所在するときは、その所在地の都道府県知事が定める高等学校の通信制の課程の設置の認可に係る基準（当該基準が定められていないとき又は公表されていないときを除く。）を参酌して当該確認を行わなければならない。

（他の学校等の施設及び設備の使用）

第十一条　通信教育連携協力施設の施設及び設備を使用する場合並びに第九条第四項に規定する場合のほか、実施校は、特別の事情があり、かつ、教育上及び安全上支障がない場合は、他の学校等の施設及び設備を一時的に使用することができる。

（定時制の課程又は他の通信制の課程との併修）

第十二条　実施校の校長は、当該実施校の通信制の課程の生徒が、当該校長の定めるところにより当該高等学校の定時制の課程又は他の高等学校（中等教育学校の後期課程を含む。）の定時制の課程若しくは通信制の課程において一部の科目又は総合的な探究の時間の単位を修得したときは、当該修得した単位数を当該実施校が定めた全課程の修了を認めるに必要な単位数のうちに加えることができる。

2　定時制の課程を置く高等学校の校長は、当該高等学校の定時制の課程の生徒が、当該校長の定めるところにより当該高等学校の通信制の課程又は他の高等学校（中等教育学校の後期課程を含む。）の通信制の課程において一部の科目又は総合的な探究の時間の単位を修得したときは、当該修得した単位数を当該定時制の課程を置く高等学校が定めた全課程の修了を認めるに必要な単位数のうちに加えることができる。

3　前二項の規定により、高等学校の通信制の課程又は定時制の課程の生徒（以下この項において単に「生徒」という。）が当該高等学校の定時制の課程若しくは通信制の課程又は他の高等学校（中等教育学校の後期課程を含む。以下この項において同じ。）の定時制の課程若しくは通信制の課程において一部の科目又は総合的な探究の時間の単位を修得する場合においては、当該生徒が一部の科目又は総合的な探究の時間の単位を修得しようとする課程を置く高等学校の校長は、当該生徒について一部の科目又は総合的な探究の時間の履修を許可することができる。

4　第一項又は第二項の場合においては、学校教育法施行規則第九十七条の規定は適用しない。

（通信教育連携協力の状況の評価）

第十三条　実施校は、第三条第一項の規定により通信教育連携協力施設を設ける場合においては、通信教育連携協力施設ごとに、当該通信教育連携協力施設における連携協力に係る活動の状況について評価を行い、その結果を公表するものとする。

2　実施校は、前項の規定による評価の結果を踏まえた当該通信教育連携協力施設において通信教育を受ける生徒の保護者その他の当該通信教育連携協力施設の関係者（当該実施校及び当該通信教育連携協力施設の職員を除く。）による評価を行い、その結果を公表するよう努めるものとする。

3　実施校は、第一項の規定による評価の結果及び前項の規定により評価を行った場合はその結果を、当該実施校の設置者に報告するとともに、これらの結果に基づき、当該通信教育連携協力施設における連携協力に係る活動の改善を図るため必要な措置を講ずるものとする。

（情報の公表）

第十四条　実施校は、次に掲げる教育活動等の状況（第四号から第九号までに掲げる事項にあつては、通信教育連携協力施設ごとの当該教育活動等の状況を含む。）についての情報を公表するものとする。
一　学科の組織並びに学科及び通信教育連携協力施設ごとの定員に関すること。
二　通信教育を行う区域に関すること。
三　通信教育連携協力施設ごとの名称及び位置に関すること。
四　教員及び職員の数その他教職員組織に関すること。
五　入学、退学、転学、休学及び卒業に関すること（入学者の数、在籍する生徒の数、退学若しくは転学又は卒業した者の数並びに進学者数及び就職者数その他進学及び就職等の状況を含む。）。
六　通信教育実施計画に関すること。

七　校地、校舎等の施設及び設備その他の生徒の教育環境に関すること。
八　授業料、入学料その他の費用徴収に関すること。
九　生徒の学習活動、進路選択及び心身の健康等に係る支援に関すること。
2　前項の規定による情報の公表は、適切な体制を整えた上で、刊行物への掲載、インターネットの利用その他広く周知を図ることができる方法によつて行うものとする。

附　則（抄）

1　この省令は、公布の日から施行する。
2　実施校の校長は、当分の間、入学資格のない者で特定の科目を履修しようとする者があるときは、その者が相当年令に達し、かつ、当該科目を履修することができると認めた場合に限り、特科生として当該科目の受講を許可することができる。

○特別支援学校設置基準

令和三・九・二四
文科令四五

第一章　総則

（趣旨）
第一条　特別支援学校は、学校教育法（昭和二十二年法律第二十六号）その他の法令の規定によるほか、この省令の定めるところにより設置するものとする。
2　この省令で定める設置基準は、特別支援学校を設置するのに必要な最低の基準とする。
3　特別支援学校の設置者は、特別支援学校の編制、施設及び設備等がこの省令で定める設置基準より低下した状態にならないようにすることはもとより、これらの水準の向上を図ることに努めなければならない。

（設置基準の特例）
第二条　高等部を置く特別支援学校で公立のものについては都道府県の教育委員会、私立のものについては都道府県知事（次項において「都道府県教育委員会等」という。）は、二以上の学科を設置する場合その他これに類する場合において、教育上支障がないと認めるときは、特別支援学校の編制、施設及び設備に関し、必要と認められる範囲内において、この省令に示す基準に準じて、別段の定めをすることができる。
2　専攻科及び別科の編制、施設及び設備等については、この省令に示す基準によらなければならない。ただし、教育上支障がないと認めるときは、都道府県教育委員会等は、専攻科及び別科の編制、施設及び設備等に関し、必要と認められる範囲内において、この省令に示す基準に準じて、別段の定めをすることができる。

第二章　学科

（学科の種類）
第三条　特別支援学校の高等部の学科は、次のとおりとする。
一　普通教育を主とする学科
二　専門教育を主とする学科
第四条　前条第一号に定める学科は、普通科とする。
2　前条第二号に定める学科は、次の各号に掲げる区分に応じ、当該各号に掲げる学科その他専門教育を施す学科として適正な規模及び内容があると認められるものとする。
一　視覚障害者である生徒に対する教育を行う学科
イ　家庭に関する学科
ロ　音楽に関する学科
ハ　理療に関する学科
ニ　理学療法に関する学科
二　聴覚障害者である生徒に対する教育を行う学科
イ　農業に関する学科
ロ　工業に関する学科
ハ　商業に関する学科
ニ　家庭に関する学科
ホ　美術に関する学科
ヘ　理容・美容に関する学科
ト　歯科技工に関する学科
三　知的障害者、肢体不自由者又は病弱者（身体虚弱者を含む。第六条第二項及び別表において同じ。）である生徒に対する教育を行う学科
イ　農業に関する学科
ロ　工業に関する学科
ハ　商業に関する学科
ニ　家庭に関する学科
ホ　産業一般に関する学科

第三章　編制

（一学級の幼児、児童又は生徒の数）
第五条　幼稚部の一学級の幼児数は、五人（視覚障害、聴覚障害、知的障害、肢体不自由又は病弱（身体虚弱を含む。以下この条及び別表において同じ。）のうち二以上併せ有する幼

児で学級を編制する場合にあっては、三人）以下とする。ただし、特別の事情があり、かつ、教育上支障がない場合は、この限りでない。

2 小学部又は中学部の一学級の児童又は生徒の数は、六人（視覚障害、聴覚障害、知的障害、肢体不自由又は病弱のうち二以上併せ有する児童又は生徒で学級を編制する場合にあっては、三人）以下とする。ただし、特別の事情があり、かつ、教育上支障がない場合は、この限りでない。

3 高等部の一学級の生徒数は、八人（視覚障害、聴覚障害、知的障害、肢体不自由又は病弱のうち二以上併せ有する生徒で学級を編制する場合にあっては、三人）以下とする。ただし、特別の事情があり、かつ、教育上支障がない場合は、この限りでない。

（学級の編制）

第六条 特別支援学校の学級は、特別の事情がある場合を除いては、幼稚部にあっては、学年の初めの日の前日において同じ年齢にある幼児で編制するものとし、小学部、中学部及び高等部にあっては、同学年の児童又は生徒で編制するものとする。

2 特別支援学校の学級は、特別の事情がある場合を除いては、視覚障害者、聴覚障害者、知的障害者、肢体不自由者又は病弱者の別ごとに編制するものとする。

（教諭等の数等）

第七条 複数の部又は学科を設置する特別支援学校には、相当数の副校長又は教頭を置くものとする。

2 特別支援学校に置く主幹教諭、指導教諭又は教諭（次項において「教諭等」という。）の数は、一学級当たり一人以上とする。

3 教諭等は、特別の事情があり、かつ、教育上支障がない場合は、副校長若しくは教頭が兼ね、又は助教諭若しくは講師をもって代えることができる。

（養護教諭等）

第八条 特別支援学校には、幼児、児童及び生徒（以下「児童等」という。）の数等に応じ、相当数の養護をつかさどる主幹教諭、養護教諭その他の児童等の養護をつかさどる職員を置くよう努めなければならない。

（実習助手）

第九条 高等部を置く特別支援学校には、必要に応じて相当数の実習助手を置くものとする。

（事務職員の数）

第十条 特別支援学校には、部の設置の状況、児童等の数等に応じ、相当数の事務職員を置かなければならない。

（寄宿舎指導員の数）

第十一条 寄宿舎を設ける特別支援学校には、寄宿する児童等の数等に応じ、相当数の寄宿舎指導員を置かなければならない。

（他の学校の教員等との兼務）

第十二条 特別支援学校に置く教員等は、教育上必要と認められる場合は、他の学校の教員等と兼ねることができることとする。

第四章 施設及び設備

（一般的基準）

第十三条 特別支援学校の施設及び設備は、指導上、保健衛生上、安全上及び管理上適切なものでなければならない。

（校舎及び運動場の面積等）

第十四条 校舎及び運動場の面積は、法令に特別の定めがある場合を除き、別表に定める面積以上とする。ただし、地域の実態その他により特別の事情があり、かつ、教育上支障がない場合は、この限りでない。

2 校舎及び運動場は、同一の敷地内又は隣接する位置に設けるものとする。ただし、地域の実態その他により特別の事情があり、かつ、教育上及び安全上支障がない場合は、その他の適当な位置にこれを設けることができる。

（校舎に備えるべき施設）

第十五条 校舎には、少なくとも次に掲げる施設を備えるものとする。ただし、特別の事情があるときは、教室と自立活動室及び保育室と遊戯室とは、それぞれ兼用することができる。

一 教室（普通教室、特別教室等とする。ただし、幼稚部にあっては、保育室及び遊戯室とする。）

二 自立活動室

三 図書室（小学部、中学部又は高等部を置く特別支援学校に限る。）、保健室

四 職員室

2 校舎には、前項に掲げる施設のほか、必要に応じて、専門教育を施すための施設を備えるものとする。

（その他の施設）

第十六条 特別支援学校には、校舎及び運動場のほか、小学部、中学部又は高等部を置く場合にあっては体育館を備えるものとする。ただし、地域の実態その他により特別の事情があり、かつ、教育上支障がない場合は、この限りでない。

（校具及び教具）

第十七条 特別支援学校には、障害の種類及び程度、部及び学科の種類、学級数及び幼児、児童又は生徒の数等に応じ、指導上、保健衛生上及び安全上必要な種類及び数の校具及び教具を備えなければならない。

2 前項の校具及び教具は、常に改善し、補充しなければならない。

（他の学校等の施設及び設備の使用）

第十八条 特別支援学校は、特別の事情があり、かつ、教育上及び安全上支障がない場合は、他の学校等の施設及び設備を使用することができる。

附 則（抄）

（施行期日等）

1 この省令は、令和四年四月一日から施行する。ただし、第三章及び第四章の規定並びに別表の規定は、令和五年四月一日から施行する。

2 第三章及び第四章の規定並びに別表の規定の施行の際現に存する特別支援学校の編制並びに施設及び設備については、当分の間、なお従前の例によることができる。

3 （略）

4 （特別支援学校の高等部の学科を定める省令の廃止）
特別支援学校の高等部の学科を定める省令（昭和四十一年文部省令第二号）は、廃止する。

別表（第十四条関係）
イ 校舎の面積

学校の種類	部の種類	幼児、児童又は生徒数	面積（平方メートル）
視覚障害者である幼児、児童又は生徒に対する教育を行う特別支援学校	幼稚部	一人以上五人以下	190
		六人以上	190＋18×（幼児数－5）
	小学部又は中学部	一人以上十八人以下	1110
		十九人以上百八人以下	1110＋24×（児童又は生徒数－18）
		百九人以上	3270＋16×（児童又は生徒数－108）
	幼稚部、小学部及び中学部のいずれをも置かない学校の高等部	一人以上二十四人以下	1410
		二十五人以上百四十四人以下	1410＋17×（生徒数－24）
		百四十五人以上	3450＋13×（生徒数－144）
	幼稚部、小学部又は中学部を置く学校の高等部	一人以上二十四人以下	480
		二十五人以上百四十四人以下	480＋21×（生徒数－24）
		百四十五人以上	3000＋13×（生徒数－144）
聴覚障害者である幼児、児童又は生徒に対する教育を	幼稚部	一人以上五人以下	170
		六人以上	170＋18×（幼児数－5）
	小学部又は中	一人以上十八人以下	950

行う特別支援学校	学部	十九人以上百八人以下	950＋24×（児童又は生徒数－18）
		百九人以上	3110＋16×（児童又は生徒数－108）
	幼稚部、小学部及び中学部のいずれをも置かない学校の高等部	一人以上二十四人以下	1240
		二十五人以上百四十四人以下	1240＋17×（生徒数－24）
		百四十五人以上	3280＋13×（生徒数－144）
	幼稚部、小学部又は中学部を置く学校の高等部	一人以上二十四人以下	480
		二十五人以上百四十四人以下	480＋20×（生徒数－24）
		百四十五人以上	2880＋13×（生徒数－144）
知的障害者である幼児、児童又は生徒に対する教育を行う特別支援学校	幼稚部	一人以上五人以下	190
		六人以上	190＋18×（幼児数－5）
	小学部又は中学部	一人以上十八人以下	1070
		十九人以上百八人以下	1070＋27×（児童又は生徒数－18）
		百九人以上	3500＋17×（児童又は生徒数－108）
	幼稚部、小学部及び中学部のいずれをも置かない学校の高等部	一人以上二十四人以下	1260
		二十五人以上百四十四人以下	1260＋20×（生徒数－24）
		百四十五人以上	3360＋14×（生徒数－144）
	幼稚部、小学部又は中学部を置く学校の高等部	一人以上二十四人以下	490
		二十五人以上百四十四人以下	490＋22×（生徒数－24）
		百四十五人以上	3130＋14×（生徒数－144）
肢体不自由者である幼児、児童又は生徒に対する教育を行う特別支援学校	幼稚部	一人以上五人以下	220
		六人以上	220＋22×（幼児数－5）
	小学部又は中学部	一人以上十八人以下	1210
		十九人以上百八人以下	1210＋30×（児童又は生徒数－18）
		百九人以上	3910＋21×（児童又は生徒数－108）
	幼稚部、小学部及び中学部のいずれをも置かない学校の高等部	一人以上二十四人以下	1570
		二十五人以上百四十四人以下	1570＋22×（生徒数－24）
		百四十五人以上	4210＋17×（生徒数－144）
	幼稚部、小学部又は中学部を置く学校の高等部	一人以上二十四人以下	590
		二十五人以上百四十四人以下	590＋26×（生徒数－24）
		百四十五人以上	3710＋18×（生徒数－144）

病弱者である幼児、児童又は生徒に対する教育を行う特別支援学校	幼稚部	一人以上五人以下	190
		六人以上	190＋18×（幼児数－5）
	小学部又は中学部	一人以上十八人以下	870
		十九人以上百八人以下	870＋24×（児童又は生徒数－18）
		百九人以上	3030＋15×（児童又は生徒数－108）
	幼稚部、小学部及び中学部のいずれをも置かない学校の高等部	一人以上二十四人以下	1160
		二十五人以上百四十四人以下	1160＋17×（生徒数－24）
		百四十五人以上	3200＋13×（生徒数－144）
	幼稚部、小学部又は中学部を置く学校の高等部	一人以上二十四人以下	480
		二十五人以上百四十四人以下	480＋20×（生徒数－24）
		百四十五人以上	2880＋13×（生徒数－144）

備考

一　小学部及び中学部を置く特別支援学校は、小学部及び中学部の児童及び生徒数を合算した数に対応する面積とする。

二　視覚障害、聴覚障害、知的障害、肢体不自由又は病弱のうち二以上併せ有する幼児、児童又は生徒は、主たる障害区分に応じて、その数に幼稚部は一・六七、小学部及び中学部は二、高等部は二・六七を乗じて得た数（小数点以下の端数があるときは、これを四捨五入する。）とする。

三　視覚障害者である児童等、聴覚障害者である児童等、知的障害者である児童等、肢体不自由者である児童等又は病弱者である児童等の二以上に対する教育を行う特別支援学校の各部の校舎に係る基準面積は、当該部（小学部及び中学部を置く場合は小学部及び中学部）の全幼児、児童又は生徒数をそれぞれの障害区分の全幼児、児童又は生徒数とみなしてイの表を適用して得た面積を、当該障害区分の幼児、児童又は生徒数により加重平均した面積とする。

ロ　運動場の面積

部の種類	幼児、児童又は生徒数	面積（平方メートル）
幼稚部	一人以上十人以下	360
	十一人以上	360＋10×（幼児数－10）
小学部	一人以上二百四十人以下	2400
	二百四十一人以上	2400＋10×（児童数－240）
中学部又は高等部	一人以上二百四十人以下	3600
	二百四十一人以上	3600＋10×（生徒数－240）

備考

一　中学部及び高等部を置く特別支援学校は、中学部及び高等部の生徒数を合算した数に対応する面積とする。

二　幼稚部、小学部、中学部又は高等部の二以上の部を置く特別支援学校の運動場の基準面積は、幼児、児童又は生徒数を踏まえ、置かれる部の中で最も面積の大きくなる部の面積とする。

○幼稚園設置基準

昭三一・一二・一三
文部令三二
最終改正　平成二六・七・三一文科令二三

第一章　総則

（趣旨）

第一条　幼稚園設置基準は、学校教育法施行規則（昭和二十二年文部省令第十一号）に定めるもののほか、この省令の定めるところによる。

（基準の向上）

第二条　この省令で定める設置基準は、幼稚園を設置するのに必要な最低の基準を示すものであるから、幼稚園の設置者は、幼稚園の水準の向上を図ることに努めなければならない。

第二章　編制

（一学級の幼児数）

第三条　一学級の幼児数は、三十五人以下を原則とする。

（学級の編制）

第四条　学級は、学年の初めの日の前日において同じ年齢にある幼児で編制することを原則とする。

（教職員）

第五条　幼稚園には、園長のほか、各学級ごとに少なくとも専任の主幹教諭、指導教諭又は教諭（次項において「教諭等」という。）を一人置かなければならない。

2　特別の事情があるときは、教諭等は、専任の副園長又は教頭が兼ね、又は当該幼稚園の学級数の三分の一の範囲内で、専任の助教諭若しくは講師をもつて代えることができる。

3　専任でない園長を置く幼稚園にあつては、前二項の規定により置く主幹教諭、指導教諭、教諭、助教諭又は講師のほか、副園長、教頭、主幹教諭、指導教諭、教諭、助教諭又は講師を一人置くことを原則とする。

4　幼稚園に置く教員等は、教育上必要と認められる場合は、他の学校の教員等と兼ねることができる。

第六条　幼稚園には、養護をつかさどる主幹教諭、養護教諭又は養護助教諭及び事務職員を置くように努めなければならない。

第三章　施設及び設備

（一般的基準）

第七条　幼稚園の位置は、幼児の教育上適切で、通園の際安全な環境にこれを定めなければならない。

2　幼稚園の施設及び設備は、指導上、保健衛生上、安全上及び管理上適切なものでなければならない。

（園地、園舎及び運動場）

第八条　園舎は、二階建以下を原則とする。園舎を二階建とする場合及び特別の事情があるため園舎を三階建以上とする場合にあつては、保育室、遊戯室及び便所の施設は、第一階に置かなければならない。ただし、園舎が耐火建築物で、幼児の待避上必要な施設を備えるものにあつては、これらの施設を第二階に置くことができる。

2　園舎及び運動場は、同一の敷地内又は隣接する位置に設けることを原則とする。

3　園地、園舎及び運動場の面積は、別に定める。

（施設及び設備等）

第九条　幼稚園には、次の施設及び設備を備えなければならない。ただし、特別の事情があるときは、保育室と遊戯室及び職員室と保健室とは、それぞれ兼用することができる。

一　職員室
二　保育室
三　遊戯室
四　保健室
五　便所
六　飲料水用設備、手洗用設備、足洗用設備

2　保育室の数は、学級数を下つてはならない。

3　飲料水用設備は、手洗用設備又は足洗用設備と区別して備えなければならない。

4　飲料水の水質は、衛生上無害であることが証明されたものでなければならない。

第十条　幼稚園には、学級数及び幼児数に応じ、教育上、保健衛生上及び安全上必要な種類及び数の園具及び教具を備えなければならない。

2　前項の園具及び教具は、常に改善し、補充しなければならない。

第十一条　幼稚園には、次の施設及び設備を備えるように努めなければならない。

一　放送聴取設備
二　映写設備
三　水遊び場
四　幼児清浄用設備
五　給食施設
六　図書室
七　会議室

（他の施設及び設備の使用）

第十二条　幼稚園は、特別の事情があり、かつ、教育上及び安全上支障がない場合は、他の学校等の施設及び設備を使用することができる。

第四章　雑則

（保育所等との合同活動等に関する特例）

第十三条　幼稚園は、次に掲げる場合においては、各学級の幼児と当該幼稚園に在籍しない者を共に保育することができる。

一　当該幼稚園及び保育所等（就学前の子どもに関する教育、保育等の総合的な提供の推進に関する法律（平成十八年法律第七十七号）第二条第五項に規定する保育所等をいう。以下同じ。）のそれぞれの用に供される建物及びその附属設備が一体的に設置されている場合における当該保育

所等において、満三歳以上の子どもに対し学校教育法第二十三条各号に掲げる目標が達成されるよう保育を行うに当たり、当該幼稚園との緊密な連携協力体制を確保する必要があると認められる場合

二　前号に掲げる場合のほか、経済的社会的条件の変化に伴い幼児の数が減少し、又は幼児が他の幼児と共に活動する機会が減少したことその他の事情により、学校教育法第二十三条第二号に掲げる目標を達成することが困難であると認められることから、幼児の心身の発達を助長するために特に必要があると認められる場合

2　前項の規定により各学級の幼児と当該幼稚園に在籍しない者を共に保育する場合においては、第三条中「一学級の幼児数」とあるのは「一学級の幼児数（当該幼稚園に在籍しない者であつて当該学級の幼児と共に保育されるものの数を含む。）」と、第五条第四項中「他の学校の教員等」とあるのは「他の学校の教員等又は保育所等の保育士等」と、第十条第一項中「幼児数」とあるのは「幼児数（当該幼稚園に在籍しない者であつて各学級の幼児と共に保育されるものの数を含む。）」と読み替えて、これらの規定を適用する。

附　則

1　この省令は、昭和三十二年二月一日から施行する。

2　園地、園舎及び運動場の面積は、第八条第三項の規定に基き別に定められるまでの間、園地についてはなお従前の例により、園舎及び運動場については別表第一及び別表第二に定めるところによる。ただし、この省令施行の際現に存する幼稚園については、特別の事情があるときは、当分の間、園舎及び運動場についてもなお従前の例によることができる。

3　第十三条第一項の規定により幼稚園の幼児と保育所等に入所している児童を共に保育し、かつ、当該保育所等と保育室を共用する場合においては、別表第一及び別表第二中「面積」とあるのは、「面積（保育所等の施設及び設備のうち幼稚園と共用する部分の面積を含む。）」と読み替えて、これらの表の規定を適用する。

別表第1（園舎の面積）

学級数	1学級	2学級以上
面積	平方メートル 180	平方メートル 320＋100×（学級数－2）

別表第2（運動場の面積）

学級数	2学級以下	3学級以上
面積	平方メートル 330＋30×（学級数－1）	平方メートル 400＋80×（学級数－3）

○専修学校設置基準

昭五一・一・一〇
文部令二

最終改正　令和五・二・二八文科令五

第一章　総則

（趣旨）

第一条　専修学校は、学校教育法（昭和二十二年法律第二十六号）その他の法令の規定によるほか、この省令の定めるところにより設置するものとする。

2　この省令で定める設置基準は、専修学校を設置するのに必要な最低の基準とする。

3　専修学校は、この省令で定める設置基準より低下した状態にならないようにすることはもとより、広く社会の要請に応じ、専修学校の目的を達成するため多様な分野にわたり組織的な教育を行うことをその使命とすることにかんがみ、常にその教育水準の維持向上に努めなければならない。

第二章　組織編制

（教育上の基本組織）

第二条　専修学校の高等課程、専門課程又は一般課程には、専修学校の目的に応じた分野の区分ごとに教育上の基本となる組織（以下「基本組織」という。）を置くものとする。

2　基本組織には、教育上必要な教員組織その他を備えなければならない。

（学科）

第三条　基本組織には、専攻により一又は二以上の学科を置くものとする。

2　前項の学科は、専修学校の教育を行うため適当な規模及び内容があると認められるものでなければならない。

第四条　基本組織には、昼間において授業を行う学科（以下

「昼間学科」という。）又は夜間その他特別な時間において授業を行う学科（以下「夜間等学科」という。）を置くことができる。

（通信制の学科の設置）

第五条　昼間学科又は夜間等学科を置く基本組織には、通信による教育を行う学科（当該基本組織に置かれる昼間学科又は夜間等学科と専攻分野を同じくするものに限る。以下「通信制の学科」という。）を置くことができる。

2　通信制の学科は、通信による教育によつて十分な教育効果が得られる専攻分野について置くことができる。

（同時に授業を行う生徒）

第六条　専修学校において、一の授業科目について同時に授業を行う生徒数は、四十人以下とする。ただし、特別の事由があり、かつ、教育上支障のない場合は、この限りでない。

第七条　専修学校において、教育上必要があるときは、学年又は学科を異にする生徒を合わせて授業を行うことができる。

第三章　教育課程等

第一節　通則

（授業科目）

第八条　専修学校の高等課程においては、中学校における教育の基礎の上に、心身の発達に応じて専修学校の教育を施すにふさわしい授業科目を開設しなければならない。

2　専修学校の専門課程においては、高等学校における教育の基礎の上に、深く専門的な程度において専修学校の教育を施すにふさわしい授業科目を開設しなければならない。

3　前項の専門課程の授業科目の開設に当たつては、豊かな人間性を涵養するよう適切に配慮しなければならない。

4　専修学校の一般課程においては、その目的に応じて専修学校の教育を施すにふさわしい授業科目を開設しなければならない。

（単位時間）

第九条　専修学校の授業における一単位時間は、五十分とすることを標準とする。

（他の専修学校における授業科目の履修等）

第十条　専修学校の高等課程においては、教育上有益と認めるときは、専修学校の定めるところにより、生徒が行う他の専修学校の高等課程又は専門課程における授業科目の履修を、当該高等課程の修了に必要な総授業時数の二分の一を超えない範囲で、当該高等課程における授業科目の履修とみなすことができる。

2　専修学校の専門課程においては、教育上有益と認めるときは、専修学校の定めるところにより、生徒が行う他の専修学校の専門課程における授業科目の履修を、当該専門課程の修了に必要な総授業時数の二分の一を超えない範囲で、当該専門課程における授業科目の履修とみなすことができる。

（専修学校以外の教育施設等における学修）

第十一条　専修学校の高等課程においては、教育上有益と認めるときは、専修学校の定めるところにより、生徒が行う高等学校又は中等教育学校の後期課程における科目の履修その他文部科学大臣が別に定める学修を、当該高等課程における授業科目の履修とみなすことができる。

2　前項により当該高等課程における授業科目の履修とみなすことができる授業時数は、前条第一項により当該高等課程における授業科目の履修とみなす授業時数と合わせて当該高等課程の修了に必要な総授業時数の二分の一を超えないものとする。

3　専修学校の専門課程においては、教育上有益と認めるときは、専修学校の定めるところにより、生徒が行う大学における学修その他文部科学大臣が別に定める学修を、当該専門課程における授業科目の履修とみなすことができる。

4　前項により当該専門課程における授業科目の履修とみなすことができる授業時数は、前条第二項により当該専門課程における授業科目の履修とみなす授業時数と合わせて当該専門課程の修了に必要な総授業時数の二分の一を超えないものとする。

5　第一項及び第二項の規定は、専修学校において、当該専修学校の高等課程に相当する教育を行つていると認めた外国の教育施設に生徒が留学する場合について、前二項の規定は、専修学校において、当該専修学校の専門課程に相当する教育を行つていると認めた外国の教育施設に生徒が留学する場合について、それぞれ準用する。

（入学前の授業科目の履修等）

第十二条　専修学校の高等課程においては、教育上有益と認めるときは、専修学校の定めるところにより、生徒が当該高等課程に入学する前に行つた専修学校の高等課程又は専門課程における授業科目の履修（第十五条第一項及び第二項の規定により行つた授業科目の履修を含む。）並びに生徒が当該高等課程に入学する前に行つた前条第一項及び第五項に規定する学修を、当該高等課程における授業科目の履修とみなすことができる。

2　前項により当該高等課程における授業科目の履修とみなすことができる授業時数は、転学等の場合を除き、当該高等課程において履修した授業時数以外のものについては、第十条第一項並びに前条第一項及び第五項により当該高等課程における授業科目の履修とみなす授業時数と合わせて当該高等課程の修了に必要な総授業時数の二分の一を超えないものとする。

3　専修学校の専門課程においては、教育上有益と認めるときは、専修学校の定めるところにより、生徒が当該専門課程に入学する前に行つた専修学校の専門課程における授業科目の履修（第十五条第一項及び第二項の規定により行つた授業科目の履修を含む。）並びに生徒が当該専門課程に入学する前に行つた前条第三項及び第五項に規定する学修を、当該専門課程における授業科目の履修とみなすことができる。

4　前項により当該専門課程における授業科目の履修とみなすことができる授業時数は、転学等の場合を除き、当該専門課程において履修した授業時数以外のものについては、第十条第二項並びに前条第三項及び第五項により当該専門課程における授業科目の履修とみなす授業時数と合わせて当該専門課程の修了に必要な総授業時数の二分の一を超えないものとする。

（授業の方法）

第十三条　専修学校は、文部科学大臣が別に定めるところにより、授業を、多様なメディアを高度に利用して、当該授業を行う教室等以外の場所で履修させることができる。
２　前項の授業の方法による授業科目の履修は、専修学校の全課程の修了に必要な総授業時数のうち四分の三を超えないものとする。

（昼夜開講制）
第十四条　専修学校は、教育上必要と認められる場合には、昼夜開講制（同一学科において昼間及び夜間の双方の時間帯において授業を行うことをいう。）により授業を行うことができる。

（科目等履修生等）
第十五条　専修学校は、専修学校の定めるところにより、当該専修学校の生徒以外の者に、当該専修学校において、一又は複数の授業科目を履修させることができる。
２　専修学校の専門課程においては、専修学校の定めるところにより、当該専修学校の生徒以外の者に、学校教育法第百三十三条第一項において準用する同法第百五条に規定する特別の課程を履修させることができる。

第二節　昼間学科及び夜間等学科の教育課程等

（昼間学科及び夜間等学科の授業時数）
第十六条　昼間学科の授業時数は、一年間にわたり八百単位時間以上とする。
２　夜間等学科の授業時数は、一年間にわたり四百五十単位時間以上とする。

（昼間学科及び夜間等学科における全課程の修了要件）
第十七条　昼間学科における全課程の修了の要件は、八百単位時間に修業年限の年数に相当する数を乗じて得た授業時数以上の授業科目を履修することとする。
２　夜間等学科における全課程の修了の要件は、四百五十単位時間に修業年限の年数を乗じて得た授業時数（当該授業時数が八百単位時間を下回る場合にあつては、八百単位時間）以上の授業科目を履修することとする。

（授業時数の単位数への換算）
第十八条　専修学校の高等課程における生徒（第十五条第一項の規定により授業科目を履修する者（以下「科目等履修生」という。）を含む。）の学修の成果を証する必要がある場合において、当該生徒が履修した授業科目の授業時数を単位数に換算するときは、三十五単位時間をもつて一単位とする。
第十九条　専修学校の専門課程における生徒（科目等履修生及び第十五条第二項の規定により特別の課程を履修する者その他の生徒以外の者（以下「科目等履修生等」という。）を含む。）の学修の成果を証する必要がある場合において、当該生徒が履修した授業科目の授業時数を単位数に換算するときは、四十五時間の学修を必要とする内容の授業科目を一単位とすることを標準とし、専修学校の教育の特性を踏まえつつ、授業の方法に応じ、当該授業による教育効果、授業時間外に必要な学修等を考慮して、次の基準により行うものとする。
一　講義及び演習については、十五時間から三十時間までの範囲で専修学校が定める授業時数をもつて一単位とする。
二　実験、実習及び実技については、三十時間から四十五時間までの範囲で専修学校が定める授業時数をもつて一単位とする。ただし、芸術等の分野における個人指導による実技の授業については、専修学校が定める授業時数をもつて一単位とすることができる。
２　前項の規定にかかわらず、卒業研究、卒業制作等の授業科目の授業時数については、これらに必要な学修等を考慮して、単位数に換算するものとする。

第三節　単位制による昼間学科及び夜間等学科の教育課程等

（単位制による昼間学科及び夜間等学科の授業時数）
第二十条　第十六条第一項の規定にかかわらず、学校教育法施行規則第百八十三条の二第二項の規定により学年による教育課程の区分を設けない学科（以下「単位制による学科」という。）のうち昼間学科であるものの一年間の授業時数は、八百単位時間以上であり、かつ、次の各号に掲げる課程の区分に応じ、当該各号に定める単位数を修得させるために必要な授業時数を下らないものとする。
一　高等課程又は一般課程　二十三単位
二　専門課程　三十単位
２　第十六条第二項の規定にかかわらず、単位制による学科のうち夜間等学科であるものの一年間の授業時数は、四百五十単位時間以上であり、かつ、次の各号に掲げる課程の区分に応じ、当該各号に定める単位数を修得させるために必要な授業時数を下らないものとする。
一　高等課程又は一般課程　十三単位
二　専門課程　十七単位

（多様な授業科目の開設等）
第二十一条　単位制による学科を置く専修学校においては、専修学校における教育の機会に対する多様な要請にこたえ、当該専修学校の教育の目的に応じ、多様な授業科目の開設、複数の時間帯又は特定の時期における授業の実施その他の措置を講ずるよう努めるものとする。

（単位の授与）
第二十二条　単位制による学科においては、一の授業科目を履修した生徒（科目等履修生等を含む。）に対しては、専修学校の定めるところにより、審査、試験その他の専修学校の教育の特性を踏まえた適切な方法で、学修の成果を評価した上、単位を与えるものとする。

（各授業科目の単位数）
第二十三条　単位制による学科における各授業科目の単位数は、専修学校において定めるものとする。
２　高等課程又は一般課程における授業科目について、前項の単位数を定めるに当たつては、三十五単位時間の授業をもつて一単位とする。
３　専門課程における授業科目について、第一項の単位数を定めるに当たつては、一単位の授業科目を四十五時間の学修を必要とする内容をもつて構成することを標準とし、専修学校の教育の特性を踏まえつつ、授業の方法に応じ、当該授業による教育効果、授業時間外に必要な学修等を考慮して、次の基準により単位数を計算するものとする。
一　講義及び演習については、十五時間から三十時間までの範囲で専修学校が定める時間の授業をもつて一単位とする。

二　実験、実習及び実技については、三十時間から四十五時間までの範囲で専修学校が定める時間の授業をもつて一単位とする。ただし、芸術等の分野における個人指導による実技の授業については、専修学校が定める時間の授業をもつて一単位とすることができる。

三　一の授業科目について、講義若しくは演習又は実験、実習若しくは実技のうち二以上の方法の併用により行う場合については、その組合せに応じ、前二号に規定する基準を考慮して専修学校が定める時間の授業をもつて一単位とする。

4　前項の規定にかかわらず、卒業研究、卒業制作等の授業科目については、これらの学修の成果を評価して単位を授与することが適切と認められる場合には、これらに必要な学修等を考慮して、単位数を定めることができる。

（履修科目の登録の上限）

第二十四条　単位制による学科を置く専修学校は、生徒が各年次にわたつて適切に授業科目を履修するため、単位制による学科における全課程の修了の要件として生徒が修得すべき単位数について、生徒が一年間又は一学期に履修する授業科目として登録することができる単位数の上限を定めるよう努めなければならない。

（長期にわたる教育課程の履修）

第二十五条　単位制による学科を置く専修学校は、専修学校の定めるところにより、生徒が、職業を有している等の事情により、修業年限を超えて一定の期間にわたり計画的に当該単位制による学科の教育課程を履修し卒業することを希望する旨を申し出たときは、その計画的な履修を認めることができる。

（単位制による学科を置く専修学校における科目等履修生等）

第二十六条　単位制による学科を置く専修学校においては、科目等履修生等に対し、多様な教育の機会の確保について配慮するよう努めるものとする。

（単位制による学科における全課程の修了要件）

第二十七条　第十七条第一項の規定にかかわらず、単位制による学科のうち昼間学科における全課程の修了の要件は、当該昼間学科に修業年限の年数以上在学し、次の各号に掲げる課程の区分に応じ、当該各号に定める単位数以上を修得することとする。

一　高等課程又は一般課程　二十三単位に当該昼間学科の修業年限の年数に相当する数を乗じて得た単位数

二　専門課程　三十単位に当該昼間学科の修業年限の年数に相当する数を乗じて得た単位数

2　第十七条第二項の規定にかかわらず、単位制による学科のうち夜間等学科であるものにおける全課程の修了の要件は、当該夜間等学科に修業年限の年数以上在学し、次の各号に掲げる課程の区分に応じ、当該各号に掲げる単位数以上を修得することとする。

一　高等課程又は一般課程　十三単位に当該夜間等学科の修業年限の年数に相当する数を乗じて得た単位数（当該単位数が二十三単位を下回る場合にあつては、二十三単位）

二　専門課程　十七単位に当該夜間等学科の修業年限の年数に相当する数を乗じて得た単位数（当該単位数が三十単位を下回る場合にあつては、三十単位）

（単位制による学科に係る読替え）

第二十八条　単位制による学科に係る第十条から第十三条までの規定の適用については、これらの規定中「授業時数」とあるのは「単位数」と、第十条、第十一条第一項及び第三項並びに第十二条第一項及び第三項の規定中「履修とみなす」とあるのは「履修とみなし、単位を与える」と、第十一条第二項及び第十二条第二項の規定中「前項により当該高等課程における授業科目の履修とみなす」とあるのは「前項により与える」と、第十一条第四項及び第十二条第四項の規定中「前項により当該専門課程における授業科目の履修とみなす」とあるのは「前項により与える」と、第十二条第二項及び第四項の規定中「履修した」とあるのは「修得した」と、同条第二項中「ものとする。」とあるのは「ものとする。ただし、高等課程の単位制による学科は、この限りでない。」と、第十三条第二項の規定中「授業の方法による授業科目の履修」とあるのは「授業の方法により修得する単位数」とする。

第四節　通信制の学科の教育課程等

（通信制の学科の授業時数）

第二十九条　通信制の学科における対面により行う実習、実技、実験、演習又は講義の授業（以下「対面授業」という。）の授業時数は、一年間にわたり百二十単位時間以上とする。

（通信制の学科における授業の方法等）

第三十条　通信制の学科における授業は、印刷教材その他これに準ずる教材を送付若しくは指定し、又はその内容をインターネットその他の高度情報通信ネットワークを通じて提供し、主としてこれらにより学修させる授業（以下「印刷教材等による授業」という。）と対面授業との併用により行うものとする。

2　通信制の学科においては、前項に掲げる授業のほか、第十三条第一項の方法による授業（以下「遠隔授業」という。）を加えて行うことができる。

3　印刷教材等による授業の実施に当たつては、添削等による指導を併せ行うものとする。

第三十一条　通信制の学科における授業は、定期試験等を含め、年間を通じて適切に行うものとする。

（通信制の学科における添削等のための組織等）

第三十二条　通信制の学科を置く専修学校は、添削等による指導及び教育相談を円滑に処理するため、適当な組織等を設けるものとする。

（主たる校地から遠く隔たつた場所に設けられる施設における指導の体制等）

第三十三条　通信制の学科を置く専修学校は、主たる校地から遠く隔たつた場所に面接による指導を行うための施設を設ける場合には、主たる校地において指導を行う教員組織との連携を図りつつ、当該施設における指導を適切に行うための体制を整えるものとする。この場合において、当該施設は、主たる校地の所在する都道府県の区域内に置かなければならない。

（授業科目の開設等に関する規定の準用）

第三十四条　第二十一条及び第二十四条から第二十六条までの規定は、通信制の学科を置く専修学校に、第二十二条及び第二十三条の規定は通信制の学科に準用する。

（印刷教材等による授業科目の単位数）

第三十五条　通信制の学科における印刷教材等による授業の授業科目について単位数を定めるに当たつては、前条において準用する第二十三条第二項及び第三項の規定にかかわらず、次の各号に掲げる課程の区分に応じ、当該各号に定める基準により単位数を計算するものとする。

一　高等課程又は一般課程　三十五時間の学修を必要とする印刷教材等の学修をもつて一単位とする。

二　専門課程　四十五時間の学修を必要とする印刷教材等の学修をもつて一単位とする。

第三十六条　一の授業科目について、印刷教材等による授業と対面授業又は遠隔授業との併用により行う場合においては、その組合せに応じ、第三十四条において準用する第二十三条第二項及び第三項並びに前条に規定する基準を考慮して、当該授業科目の単位数を定めるものとする。

（通信制の学科における全課程の修了要件）

第三十七条　通信制の学科における全課程の修了の要件は、次の各号のいずれにも該当することとする。

一　当該通信制の学科に修業年限の年数以上在学し、次のイ及びロに掲げる課程の区分に応じ、それぞれイ及びロに掲げる単位数以上を修得すること

イ　高等課程又は一般課程　十三単位に当該通信制の学科の修業年限の年数に相当する数を乗じて得た単位数（当該単位数が二十三単位を下回る場合にあつては、二十三単位）

ロ　専門課程　十七単位に当該通信制の学科の修業年限の年数に相当する数を乗じて得た単位数（当該単位数が三十単位を下回る場合にあつては、三十単位）

二　百二十単位時間に当該通信制の学科の修業年限の年数に相当する数を乗じて得た授業時数以上の対面授業を履修すること

（通信制の学科に係る読替え）

第三十八条　通信制の学科に係る第十条から第十三条までの規定の適用については、これらの規定中「授業時数」とあるのは「単位数」と、第十条、第十一条第一項及び第三項並びに第十二条第一項及び第三項の規定中「履修とみなす」とあるのは「履修とみなし、単位を与える」と、第十一条第二項及び第十二条第二項の規定中「前項により当該高等課程における授業科目の履修とみなす」とあるのは「前項により与える」と、第十一条第四項及び第十二条第四項の規定中「前項により当該専門課程における授業科目の履修とみなす」とあるのは「前項により与える」と、第十二条第二項及び第四項の規定中「履修した」とあるのは「修得した」と、同条第二項中「ものとする。」とあるのは「ものとする。ただし、高等課程の単位制による学科は、この限りでない。」と、第十三条第二項の規定中「授業の方法による授業科目の履修」とあるのは「授業の方法により修得する単位数」とする。

第四章　教員

（昼間学科又は夜間等学科のみを置く専修学校の教員数）

第三十九条　昼間学科又は夜間等学科のみを置く専修学校における教員の数は、別表第一に定める数以上とする。

2　前項の教員の数の半数以上は、基幹教員（本務として当該専修学校における教育に従事する教員（専ら当該専修学校における教育に従事する校長が教員を兼ねる場合にあつては、当該校長を含む。以下この条及び次条第四項において同じ。）又は一の分野に属する一若しくは二以上の学科の教育課程に係る授業科目を一年につき八単位以上担当する教員をいう。以下この条及び次条において同じ。）でなければならない。ただし、当該基幹教員の数は、三人を下回ることができない。

3　前項の規定により置かなければならない基幹教員の数（以下この条において「必要基幹教員数」という。）の四分の三以上は、本務として当該専修学校における教育に従事する教員とする。

4　必要基幹教員数に、本務として当該専修学校における教育に従事する教員として算入することができるのは、一の専修学校における一の分野についてのみとする。

5　必要基幹教員数には、一の基幹教員は、同一専修学校ごとに一の分野についてのみ算入するものとする。ただし、同一の専修学校における複数の分野において、それぞれ一年につき八単位以上の当該分野に属する一又は二以上の学科の教育課程に係る授業科目を担当する教員は、当該学科の属する分野のそれぞれについて必要基幹教員数の四分の一の範囲内で算入することができる。

（通信制の学科を置く専修学校の教員数）

第四十条　通信制の学科を置く専修学校における教員の数は、別表第一に定める数と別表第三に定める数とを合計した数以上とする。

2　前項の教員の数の半数以上は基幹教員でなければならない。ただし、当該基幹教員の数は三人を下回ることができない。

3　前項の規定により置かなければならない基幹教員の数（以下この条において「必要基幹教員数」という。）の四分の三以上は、本務として当該専修学校における教育に従事する教員とする。

4　必要基幹教員数に、本務として当該専修学校における教育に従事する教員として算入することができるのは、一の専修学校における一の分野についてのみとする。

5　必要基幹教員数には、一の基幹教員は、同一専修学校ごとに一の分野についてのみ算入するものとする。ただし、同一の専修学校における複数の分野において、それぞれ一年につき八単位以上の当該分野に属する一又は二以上の学科の教育課程に係る授業科目を担当する教員は、当該学科の属する分野のそれぞれについて必要基幹教員数の四分の一の範囲内で算入することができる。

（教員の資格）

第四十一条　専修学校の専門課程の教員は、次の各号のいずれかに掲げる者でその担当する教育に関し、専門的な知識、技術、技能等を有するものでなければならない。

一　専修学校の専門課程を修了した後、学校、専修学校、各種学校、研究所、病院、工場等（以下「学校、研究所等」という。）においてその担当する教育に関する教育、研究又は技術に関する業務に従事した者であつて、当該専門課程の修業年限と当該業務に従事した期間とを通算して六年以上となる者

二　学士の学位（学位規則（昭和二十八年文部省令第九号）第二条の二の表に規定する専門職大学を卒業した者に授与する学位を含む。次条第四号において同じ。）を有する者にあつては二年以上、短期大学士の学位（学位規則第五条の五に規定する短期大学士（専門職）の学位を含む。次条第三号において同じ。）又は準学士の称号を有する者にあつては四年以上、学校、研究所等においてその担当する教育に関する教育、研究又は技術に関する業務に従事した者

三　高等学校（中等教育学校の後期課程を含む。）において二年以上主幹教諭、指導教諭又は教諭の経験のある者

四　修士の学位又は学位規則第五条の二に規定する専門職学位を有する者

五　特定の分野について、特に優れた知識、技術、技能及び経験を有する者

六　その他前各号に掲げる者と同等以上の能力があると認められる者

第四十二条　専修学校の高等課程の教員は、次の各号のいずれかに掲げる者でその担当する教育に関し、専門的な知識、技術、技能等を有するものでなければならない。

一　前条各号のいずれかに掲げる者

二　専修学校の専門課程を修了した後、学校、研究所等においてその担当する教育に関する教育、研究又は技術に関する業務に従事した者であつて、当該専門課程の修業年限と当該業務に従事した期間とを通算して四年以上となる者

三　短期大学士の学位又は準学士の称号を有する者で、二年以上、学校、研究所等においてその担当する教育に関する教育、研究又は技術に関する業務に従事した者

四　学士の学位を有する者

五　その他前各号に掲げる者と同等以上の能力があると認められる者

第四十三条　専修学校の一般課程の教員は、次の各号のいずれかに掲げる者でその担当する教育に関し、専門的な知識、技術、技能等を有するものでなければならない。

一　前二条各号のいずれかに掲げる者

二　高等学校又は中等教育学校卒業後、四年以上、学校、研究所等においてその担当する教育に関する教育、研究又は技術に関する業務に従事した者

三　その他前二号に掲げる者と同等以上の能力があると認められる者

第五章　施設及び設備等

（位置及び環境）

第四十四条　専修学校の校地及び校舎の位置及び環境は、教育上及び保健衛生上適切なものでなければならない。

（校地等）

第四十五条　専修学校は、次条に定める校舎等を保有するに必要な面積の校地を備えなければならない。

2　専修学校は、前項の校地のほか、目的に応じ、運動場その他必要な施設の用地を備えなければならない。

（校舎等）

第四十六条　専修学校の校舎には、目的、生徒数又は課程に応じ、教室（講義室、演習室、実習室等とする。）、教員室、事務室その他必要な附帯施設を備えなければならない。

2　専修学校の校舎には、前項の施設のほか、なるべく図書室、保健室、教員研究室等を備えるものとする。

3　専修学校は、目的に応じ、実習場その他の必要な施設を確保しなければならない。

（昼間学科又は夜間等学科のみを置く専修学校の校舎の面積）

第四十七条　昼間学科又は夜間等学科のみを置く専修学校の校舎の面積は、次の各号に定める区分に応じ、当該各号に定める面積以上とする。ただし、地域の実態その他により特別の事情があり、かつ、教育上支障がない場合は、この限りでない。

一　一の課程のみを置く専修学校で当該課程に一の分野についてのみ学科を置くもの　別表第二イの表により算定した面積

二　一の課程のみを置く専修学校で当該課程に二以上の分野について学科を置くもの又は二若しくは三の課程を置く専修学校で、当該課程にそれぞれ一若しくは二以上の分野について学科を置くもの　次のイ及びロに掲げる面積を合計した面積

イ　これらの課程ごとの分野のうち別表第二イの表第四欄の生徒総定員四十人までの面積が最大となるいずれか一の分野について同表により算定した面積

ロ　これらの課程ごとの分野のうち前イの分野以外の分野についてそれぞれ別表第二ロの表により算定した面積を合計した面積

（通信制の学科を置く専修学校の校舎等）

第四十八条　通信制の学科を置く専修学校は、目的、生徒数又は課程に応じ、当該通信制の学科に係る第四十六条各項に規定する施設を備えるほか、特に添削等による指導並びに印刷教材等の保管及び発送のための施設について、教育に支障のないようにするものとする。

2　通信制の学科を置く専修学校の校舎の面積は、当該専修学校の昼間学科又は夜間等学科の校舎について前条の規定に準じて算定した面積と、当該専修学校の通信制の学科の校舎について次の各号に掲げる区分に応じ、当該各号に定める面積とを合計した面積以上とする。ただし、地域の実態その他により特別の事情があり、かつ、教育上支障がない場合は、この限りでない。

一　一の課程に一の分野についてのみ通信制の学科を置くもの　別表第四イの表により算定した面積

二 一の課程に二以上の分野について通信制の学科を置くもの又は二若しくは三の課程にそれぞれ一若しくは二以上の分野について通信制の学科を置くもの　次のイ及びロに掲げる面積を合計した面積

イ これらの課程ごとの分野のうち別表第四イの表第四欄の生徒総定員八十人までの面積が最大となるいずれか一の分野について同表により算定した面積

ロ これらの課程ごとの分野のうち前イの分野以外の分野についてそれぞれ別表第四ロの表により算定した面積を合計した面積

（設備）

第四十九条 専修学校は、目的、生徒数又は課程に応じ、必要な種類及び数の機械、器具、標本、図書その他の設備を備えなければならない。

第五十条 夜間において授業を行う専修学校は、適当な照明設備を備えなければならない。

（他の学校等の施設及び設備の使用）

第五十一条 専修学校は、特別の事情があり、かつ、教育上及び安全上支障がない場合は、他の学校等の施設及び設備を使用することができる。

（名称）

第五十二条 専修学校の名称は、専修学校として適当であるとともに、当該専修学校の目的にふさわしいものでなければならない。

附 則（抄）

1 この省令は、昭和五十一年一月十一日から施行する。

別表第一 昼間学科又は夜間等学科に係る教員数（第三十九条関係）

課程の区分	学科の属する分野の区分	学科の属する分野ごとの生徒総定員の区分	教員数
高等課程又は専門課程	工業関係、農業関係、医療関係、衛生関係又は教育・社会福祉関係	八十人まで	3
		八十一人から二百人まで	$3+\frac{\text{生徒総定員}-80}{40}$
		二百一人から六百人まで	$6+\frac{\text{生徒総定員}-200}{50}$
		六百一人以上	$14+\frac{\text{生徒総定員}-600}{60}$
	商業実務関係、服飾・家政関係又は文化・教養関係	八十人まで	3
		八十一人から二百人まで	$3+\frac{\text{生徒総定員}-80}{40}$
		二百一人から四百人まで	$6+\frac{\text{生徒総定員}-200}{50}$
		四百一人以上	$10+\frac{\text{生徒総定員}-400}{60}$
一般課程	工業関係、農業関係、医療関係、衛生関係、教育・社会福祉関係、商業実務関係、服飾・家政関係又は文化・教養関係	八十人まで	3
		八十一人から二百人まで	$3+\frac{\text{生徒総定員}-80}{40}$
		二百一人以上	$6+\frac{\text{生徒総定員}-200}{60}$

備考

一 この表の算式中生徒総定員とあるのは、学科の属する分野ごとの生徒総定員をいう。

二 一の情報に関する学科（以下「情報関係学科」という。）を工業関係の分野に属する学科として設置する場合（他に工業関係の分野に属する学科を置いていない場合に限る。）であつて、当該情報関係学科の教育課程と一の他の分野に属する一又は二以上の学科（以下「他分野学科」という。）の教育課程との間に一定以上の関連性があることを確認できる場合における教員数は、次のイ及びロに掲げる数の合計数とする。

イ　当該情報関係学科と当該他分野学科が、工業関係の分野に属するものとして算定した教員数に、当該情報関係学科の定員数が、当該情報関係学科の定員数と当該他分野学科の属する分野の生徒総定員の合計数（以下「情報関係定員総数」という。）に占める割合を乗じて得た数

ロ　当該情報関係学科と当該他分野学科が、当該他分野学科の属する分野に属するものとして算定した教員数に、当該他分野学科の属する分野の生徒総定員が、情報関係定員総数に占める割合を乗じて得た数

三　次に掲げる場合のいずれかに該当する場合においては、教育に支障のないよう、相当数の教員を増員するものとする。

イ　昼間学科と夜間等学科とを併せ置く場合

ロ　科目等履修生等を学科の属する分野ごとの生徒総定員を超えて相当数受け入れる場合

別表第二　昼間学科又は夜間等学科に係る校舎面積（第四十七条関係）

イ　基準校舎面積の表

課程の区分	学科の属する分野の区分	学科の属する分野ごとの生徒総定員の区分	面積（平方メートル）
高等課程又は専門課程	工業関係、農業関係、医療関係、衛生関係又は教育・社会福祉関係	四十人まで	260
		四十一人以上	260＋3.0×（生徒総定員－40）
	商業実務関係、服飾・家政関係又は文化・教養関係	四十人まで	200
		四十一人以上	200＋2.5×（生徒総定員－40）
一般課程	工業関係、農業関係、医療関係、衛生関係又は教育・社会福祉関係	四十人まで	130
		四十一人以上	130＋2.5×（生徒総定員－40）
	商業実務関係、服飾・家政関係又は文化・教養関係	四十人まで	130
		四十一人以上	130＋2.3×（生徒総定員－40）

備考

一　この表の算式中生徒総定員とあるのは、学科の属する分野ごとの生徒総定員をいう。（ロの表において同じ。）

二　一の情報関係学科を工業関係の分野に属する学科として設置する場合（他に工業関係の分野に属する学科を置いていない場合に限る。）であつて、当該情報関係学科と他分野学科の教育課程との間に一定以上の関連性があることを確認できる場合における校舎面積は、次のイ及びロに掲げる数の合計数とする（ロの表において同じ。）。

イ　当該情報関係学科と当該他分野学科が、工業関係の分野に属するものとして算定した面積に、当該情報関係学科の定員数が、情報関係定員総数に占める割合を乗じて得た数

ロ　当該情報関係学科と当該他分野学科が、当該他分野学科の属する分野に属するものとして算定した面積に、当該他分野学科の属する分野の生徒総定員が、情報関係定員総数に占める割合を乗じて得た数

三　科目等履修生等を学科の属する分野ごとの生徒総定員を超えて相当数受け入れる場合においては、教育に支障のないよう、相当の面積を増加するものとする。（ロの表において同じ。）

ロ　加算校舎面積の表

課程の区分	学科の属する分野の区分	学科の属する分野ごとの生徒総定員の区分	面積（平方メートル）
高等課程又は専門課程	工業関係、農業関係、医療関係、衛生関係又は教育・社会福祉関係	四十人まで	180
		四十一人以上	180＋3.0×（生徒総定員－40）
	商業実務関係、服飾・家政関係又は文化・教養関係	四十人まで	140
		四十一人以上	140＋2.5×（生徒総定員－40）
一般課程	工業関係、農業関係、医療関係、衛生関係又は教育・社会福祉関係	四十人まで	110
		四十一人以上	110＋2.5×（生徒総定員－40）
	商業実務関係、服飾・家政関係又は文化・教養関係	四十人まで	100
		四十一人以上	100＋2.3×（生徒総定員－40）

別表第三 通信制の学科に係る教員数（第四十条関係）

課程の区分	学科の属する分野の区分	学科の属する分野ごとの生徒総定員の区分	教員数
高等課程又は専門課程	工業関係、農業関係、医療関係、衛生関係又は教育・社会福祉関係	八十人まで	3
		八十一人から二百人まで	$3+\frac{生徒総定員-80}{60}$
		二百一人から八百人まで	$5+\frac{生徒総定員-200}{75}$
		八百一人から千七百人まで	$13+\frac{生徒総定員-800}{90}$
		千七百一人以上	$23+\frac{生徒総定員-1700}{105}$
	商業実務関係、服飾・家政関係又は文化・教養関係	八十人まで	3
		八十一人から二百人まで	$3+\frac{生徒総定員-80}{60}$
		二百一人から六百五十人まで	$5+\frac{生徒総定員-200}{75}$
		六百五十一人から千三百七十人まで	$11+\frac{生徒総定員-650}{90}$
		千三百七十一人以上	$19+\frac{生徒総定員-1370}{105}$
一般課程	工業関係、農業関係、医療関係、衛生関係、教育・社会福祉関係、商業実務関係、服飾・家政関係又は文化・教養関係	八十人まで	3
		八十一人から二百人まで	$3+\frac{生徒総定員-80}{60}$
		二百一人から千百人まで	$5+\frac{生徒総定員-200}{90}$
		千百一人以上	$15+\frac{生徒総定員-1100}{105}$

備考

一 この表の算式中生徒総定員とあるのは、学科の属する分野ごとの生徒総定員をいう。

二 一の情報関係学科を工業関係の分野に属する学科として設置する場合（他に工業関係の分野に属する学科を置いていない場合に限る。）であつて、当該情報関係学科と他分野学科の教育課程との間に一定以上の関連性があることを確認できる場合における教員数は、次のイ及びロに掲げる数の合計数とする。

イ 当該情報関係学科と当該他分野学科が、工業関係の分野に属するものとして算定した教員数に、当該情報関係学科の定員数が、情報関係定員総数に占める割合を乗じて得た数

ロ 当該情報関係学科と当該他分野学科が、当該他分野学科の属する分野に属するものとして算定した教員数に、当該他分野学科の属する分野の生徒総定員が、情報関係定員総数に占める割合を乗じて得た数

三 次に掲げる場合のいずれかに該当する場合においては、教育に支障のないよう、相当数の教員を増員するものとする。

イ 科目等履修生等を学科の属する分野ごとの生徒総定員を超えて相当数受け入れる場合

ロ 主たる校地から遠く隔つた場所に面接による指導を行うための施設を設ける場合

別表第四 通信制の学科の校舎に係る校舎面積（第四十八条関係）

イ 基礎校舎面積の表

課程の区分	通信制の学科の属する分野の区分	通信制の学科の属する分野ごとの生徒総定員の区分	面積（平方メートル）
高等課程又は専門課程	工業関係、農業関係、医療関係、衛生関係又は教育・社会福祉関係	八十人まで	260
		八十一人以上	260＋1.8×（生徒総定員－80）
	商業実務関係、服飾・家政関係又は文化・教養関係	八十人まで	200
		八十一人以上	200＋1.5×（生徒総定員－80）
	工業関係、農業関係、医療関係、衛生関係又	八十人まで	130
		八十一人以上	130＋1.5×（生徒総定員－80）

一般課程	は教育・社会福祉関係		
	商業実務関係、服飾・家政関係又は文化・教養関係	八十人まで 八十一人以上	130 130＋1.4×（生徒総定員－80）

備考

一　この表の算式中生徒総定員とあるのは、学科の属する分野ごとの生徒総定員をいう。（ロの表において同じ。）

二　一の情報関係学科を工業関係の分野に属する学科として設置する場合（他に工業関係の分野に属する学科を置いていない場合に限る。）であつて、当該情報関係学科と他分野学科の教育課程との間に一定以上の関連性があることを確認できる場合における校舎面積は、次のイ及びロに掲げる数の合計数とする（ロの表において同じ。）。

イ　当該情報関係学科と当該他分野学科が、工業関係の分野に属するものとして算定した面積に、当該情報関係学科の定員数が、情報関係定員総数に占める割合を乗じて得た数

ロ　当該情報関係学科と当該他分野学科が、当該他分野学科の属する分野に属するものとして算定した面積に、当該他分野学科の属する分野の生徒総定員が、情報関係定員総数に占める割合を乗じて得た数

三　次に掲げる場合のいずれかに該当する場合においては、教育に支障のないよう、相当の面積を増加するものとする。（ロの表において同じ。）

イ　科目等履修生等を学科の属する分野ごとの生徒総定員を超えて相当数受け入れる場合

ロ　主たる校地から遠く隔つた場所に面接による指導を行うための施設を設ける場合

ロ　加算校舎面積の表

課程の区分	通信制の学科の属する分野の区分	通信制の学科の属する分野ごとの生徒総定員の区分	面積（平方メートル）
高等課程又は専門	工業関係、農業関係、医療関係、衛生関係又は教育・社会福祉関係	八十人まで 八十一人以上	180 180＋1.8×（生徒総定員－80）

課程	商業実務関係、服飾・家政関係又は文化・教養関係	八十人まで 八十一人以上	140 140＋1.5×（生徒総定員－80）
一般課程	工業関係、農業関係、医療関係、衛生関係又は教育・社会福祉関係	八十人まで 八十一人以上	110 110＋1.5×（生徒総定員－80）
	商業実務関係、服飾・家政関係又は文化・教養関係	八十人まで 八十一人以上	100 100＋1.4×（生徒総定員－80）

○各種学校規程

昭三一・一二・五
文部令三一

最終改正　平成一九・一〇・三〇文科令三四

（趣旨）

第一条　各種学校に関し必要な事項は、学校教育法（昭和二十二年法律第二十六号）その他の法令に規定するもののほか、この省令の定めるところによる。

（水準の維持、向上）

第二条　各種学校は、この省令に定めるところによることはもとより、その水準の維持、向上を図ることに努めなければならない。

（修業期間）

第三条　各種学校の修業期間は、一年以上とする。ただし、簡易に修得することができる技術、技芸等の課程については、三月以上一年未満とすることができる。

（授業時数）

第四条　各種学校の授業時数は、その修業期間が、一年以上の場合にあつては一年間にわたり六百八十時間以上を基準として定めるものとし、一年未満の場合にあつてはその修業期間に応じて授業時数を減じて定めるものとする。

（生徒数）

第五条　各種学校の収容定員は、教員数、施設及び設備その他の条件を考慮して、適当な数を定めるものとする。

2　各種学校の同時に授業を行う生徒数は、四十人以下とする。ただし、特別の事由があり、かつ、教育上支障のない場合は、この限りでない。

（入学資格の明示）

第六条　各種学校は、課程に応じ、一定の入学資格を定め、これを適当な方法によつて明示しなければならない。

（校長）

第七条　各種学校の校長は、教育に関する識見を有し、かつ、教育、学術又は文化に関する職又は業務に従事した者でなければならない。

（教員）

第八条　各種学校には、課程及び生徒数に応じて必要な数の教員を置かなければならない。ただし、三人を下ることができない。

2　各種学校の教員は、その担当する教科に関して専門的な知識、技術、技能等を有する者でなければならない。

3　各種学校の教員は、つねに前項の知識、技術、技能等の向上に努めなければならない。

（位置及び施設、設備）

第九条　各種学校の位置は、教育上及び保健衛生上適切な環境に定めなければならない。

2　各種学校には、その教育の目的を実現するために必要な校地、校舎、校具その他の施設、設備を備えなければならない。

第十条　各種学校の校舎の面積は、百十五・七〇平方メートル以上とし、かつ、同時に授業を行う生徒一人当り二・三一平方メートル以上とする。ただし、地域の実態その他により特別の事情があり、かつ、教育上支障がない場合は、この限りでない。

2　校舎には、教室、管理室、便所その他必要な施設を備えなければならない。

3　各種学校は、課程に応じ、実習場その他の必要な施設を備えなければならない。

4　各種学校は、特別の事情があり、かつ、教育上及び安全上支障がない場合は、他の学校等の施設及び設備を使用することができる。

第十一条　各種学校は、課程及び生徒数に応じ、必要な種類及び数の校具、教具、図書その他の設備を備えなければならない。

2　前項の設備は、学習上有効適切なものであり、かつ、つねに補充し、改善されなければならない。

3　夜間において授業を行う各種学校は、適当な照明設備を備えなければならない。

（名称）

第十二条　各種学校の名称は、各種学校として適当であるとともに、課程にふさわしいものでなければならない。

（標示）

第十三条　各種学校は、設置の認可を受けたことを、公立の各種学校については都道府県教育委員会、私立の各種学校については都道府県知事の定めるところにより標示することができる。

（各種学校の経営）

第十四条　各種学校の経営は、その設置者が学校教育以外の事業を行う場合には、その事業の経営と区別して行われなければならない。

2　各種学校の設置者が個人である場合には、教育に関する識見を有し、かつ、各種学校を経営するにふさわしい者でなければならない。

附　則（抄）

1　この省令は、昭和三十二年一月一日から施行する。

○義務教育の段階における普通教育に相当する教育の機会の確保等に関する法律

平成二八・一二・一四
法　一　〇　五

改正　令和四・六・二二法七六

第一章　総則

（目的）

第一条　この法律は、教育基本法（平成十八年法律第百二十号）及び児童の権利に関する条約等の教育に関する条約の趣旨にのっとり、教育機会の確保等に関する施策に関し、基本理念を定め、並びに国及び地方公共団体の責務を明らかにするとともに、基本指針の策定その他の必要な事項を定めることにより、教育機会の確保等に関する施策を総合的に推進することを目的とする。

（定義）

第二条　この法律において、次の各号に掲げる用語の意義は、それぞれ当該各号に定めるところによる。

一　学校　学校教育法（昭和二十二年法律第二十六号）第一条に規定する小学校、中学校、義務教育学校、中等教育学校の前期課程又は特別支援学校の小学部若しくは中学部をいう。

二　児童生徒　学校教育法第十八条に規定する学齢児童又は学齢生徒をいう。

三　不登校児童生徒　相当の期間学校を欠席する児童生徒であって、学校における集団の生活に関する心理的な負担その他の事由のために就学が困難である状況として文部科学大臣が定める状況にあると認められるものをいう。

四　教育機会の確保等　不登校児童生徒に対する教育の機会の確保、夜間その他特別な時間において授業を行う学校における就学の機会の提供その他の義務教育の段階における普通教育に相当する教育の機会の確保及び当該教育を十分に受けていない者に対する支援をいう。

（基本理念）

第三条　教育機会の確保等に関する施策は、次に掲げる事項を基本理念として行われなければならない。

一　全ての児童生徒が豊かな学校生活を送り、安心して教育を受けられるよう、学校における環境の確保が図られるようにすること。

二　不登校児童生徒が行う多様な学習活動の実情を踏まえ、個々の不登校児童生徒の状況に応じた必要な支援が行われるようにすること。

三　不登校児童生徒が安心して教育を十分に受けられるよう、学校における環境の整備が図られるようにすること。

四　義務教育の段階における普通教育に相当する教育を十分に受けていない者の意思を十分に尊重しつつ、その年齢又は国籍その他の置かれている事情にかかわりなく、その能力に応じた教育を受ける機会が確保されるようにするとともに、その者が、その教育を通じて、社会において自立的に生きる基礎を培い、豊かな人生を送ることができるよう、その教育水準の維持向上が図られるようにすること。

五　国、地方公共団体、教育機会の確保等に関する活動を行う民間の団体その他の関係者の相互の密接な連携の下に行われるようにすること。

（国の責務）

第四条　国は、前条の基本理念にのっとり、教育機会の確保等に関する施策を総合的に策定し、及び実施する責務を有する。

（地方公共団体の責務）

第五条　地方公共団体は、第三条の基本理念にのっとり、教育機会の確保等に関する施策について、国と協力しつつ、当該地域の状況に応じた施策を策定し、及び実施する責務を有する。

（財政上の措置等）

第六条　国及び地方公共団体は、教育機会の確保等に関する施策を実施するため必要な財政上の措置その他の措置を講ずるよう努めるものとする。

第二章　基本指針

第七条　文部科学大臣は、教育機会の確保等に関する施策を総合的に推進するための基本的な指針（以下この条において「基本指針」という。）を定めるものとする。

2　基本指針においては、次に掲げる事項を定めるものとする。

一　教育機会の確保等に関する基本的事項

二　不登校児童生徒等に対する教育機会の確保等に関する事項

三　夜間その他特別な時間において授業を行う学校における就学の機会の提供等に関する事項

四　その他教育機会の確保等に関する施策を総合的に推進するために必要な事項

3　文部科学大臣は、基本指針を作成し、又はこれを変更しようとするときは、内閣総理大臣に協議するとともに、地方公共団体及び教育機会の確保等に関する活動を行う民間の団体その他の関係者の意見を反映させるために必要な措置を講ずるものとする。

4　文部科学大臣は、基本指針を定め、又はこれを変更したときは、遅滞なく、これを公表しなければならない。

第三章　不登校児童生徒等に対する教育機会の確保等

（学校における取組への支援）

第八条　国及び地方公共団体は、全ての児童生徒が豊かな学校生活を送り、安心して教育を受けられるよう、児童生徒と学校の教職員との信頼関係及び児童生徒相互の良好な関係の構築を図るための取組、児童生徒の置かれている環境その他の事情及びその意思を把握するための取組、学校生活上の困難を有する個々の児童生徒の状況に応じた支援その他の学校における取組を支援するために必要な措置を講ずるよう努めるものとする。

（支援の状況等に係る情報の共有の促進等）

第九条 国及び地方公共団体は、不登校児童生徒に対する適切な支援が組織的かつ継続的に行われることとなるよう、不登校児童生徒の状況及び不登校児童生徒に対する支援の状況に係る情報を学校の教職員、心理、福祉等に関する専門的知識を有する者その他の関係者間で共有することを促進するために必要な措置その他の措置を講ずるものとする。

（特別の教育課程に基づく教育を行う学校の整備等）

第十条 国及び地方公共団体は、不登校児童生徒に対しその実態に配慮して特別に編成された教育課程に基づく教育を行う学校の整備及び当該教育を行う学校における教育の充実のために必要な措置を講ずるよう努めるものとする。

（学習支援を行う教育施設の整備等）

第十一条 国及び地方公共団体は、不登校児童生徒の学習活動に対する支援を行う公立の教育施設の整備及び当該支援を行う公立の教育施設における教育の充実のために必要な措置を講ずるよう努めるものとする。

（学校以外の場における学習活動の状況等の継続的な把握）

第十二条 国及び地方公共団体は、不登校児童生徒が学校以外の場において行う学習活動の状況、不登校児童生徒の心身の状況その他の不登校児童生徒の状況を継続的に把握するために必要な措置を講ずるものとする。

（学校以外の場における学習活動等を行う不登校児童生徒に対する支援）

第十三条 国及び地方公共団体は、不登校児童生徒が学校以外の場において行う多様で適切な学習活動の重要性に鑑み、個々の不登校児童生徒の休養の必要性を踏まえ、当該不登校児童生徒の状況に応じた学習活動が行われることとなるよう、当該不登校児童生徒及びその保護者（学校教育法第十六条に規定する保護者をいう。）に対する必要な情報の提供、助言その他の支援を行うために必要な措置を講ずるものとする。

第四章 夜間その他特別な時間において授業を行う学校における就学の機会の提供等

（就学の機会の提供等）

第十四条 地方公共団体は、学齢期を経過した者（その者の満六歳に達した日の翌日以後における最初の学年の初めから満十五歳に達した日の属する学年の終わりまでの期間を経過した者をいう。次条第二項第三号において同じ。）であって学校における就学の機会が提供されなかったもののうちにその機会の提供を希望する者が多く存在することを踏まえ、夜間その他特別な時間において授業を行う学校における就学の機会の提供その他の必要な措置を講ずるものとする。

（協議会）

第十五条 都道府県及び当該都道府県の区域内の市町村は、前条に規定する就学の機会の提供その他の必要な措置に係る事務についての当該都道府県及び当該市町村の役割分担に関する事項の協議並びに当該事務の実施に係る連絡調整を行うための協議会（以下この条において「協議会」という。）を組織することができる。

2 協議会は、次に掲げる者をもって構成する。

一 都道府県の知事及び教育委員会

二 当該都道府県の区域内の市町村の長及び教育委員会

三 学齢期を経過した者であって学校における就学の機会が提供されなかったもののうちその機会の提供を希望する者に対する支援活動を行う民間の団体その他の当該都道府県及び当該市町村が必要と認める者

3 協議会において協議が調った事項については、協議会の構成員は、その協議の結果を尊重しなければならない。

4 前三項に定めるもののほか、協議会の運営に関し必要な事項は、協議会が定める。

第五章 教育機会の確保等に関するその他の施策

（調査研究等）

第十六条 国は、義務教育の段階における普通教育に相当する教育を十分に受けていない者の実態の把握に努めるとともに、その者の学習活動に対する支援の方法に関する調査研究並びにこれに関する情報の収集、整理、分析及び提供を行うものとする。

（国民の理解の増進）

第十七条 国及び地方公共団体は、広報活動等を通じて、教育機会の確保等に関する国民の理解を深めるよう必要な措置を講ずるよう努めるものとする。

（人材の確保等）

第十八条 国及び地方公共団体は、教育機会の確保等が専門的知識に基づき適切に行われるよう、学校の教職員その他の教育機会の確保等に携わる者の養成及び研修の充実を通じたこれらの者の資質の向上、教育機会の確保等に係る体制等の充実のための学校の教職員の配置、心理、福祉等に関する専門的知識を有する者であって教育相談に応じるものの確保その他の必要な措置を講ずるよう努めるものとする。

（教材の提供その他の学習の支援）

第十九条 国及び地方公共団体は、義務教育の段階における普通教育に相当する教育を十分に受けていない者のうち中学校を卒業した者と同等以上の学力を修得することを希望する者に対して、教材の提供（通信の方法によるものを含む。）その他の学習の支援のために必要な措置を講ずるよう努めるものとする。

（相談体制の整備）

第二十条 国及び地方公共団体は、義務教育の段階における普通教育に相当する教育を十分に受けていない者及びこれらの者以外の者であって学校生活上の困難を有する児童生徒であるもの並びにこれらの者の家族からの教育及び福祉に関する相談をはじめとする各種の相談に総合的に応ずることができるようにするため、関係省庁相互間その他関係機関、学校及び民間の団体の間の連携の強化その他必要な体制の整備に努めるものとする。

附　則（抄）

（施行期日）

1　この法律は、公布の日から起算して二月を経過した日から施行する。ただし、第四章の規定は、公布の日から施行する。

○就学義務猶予免除者等の中学校卒業程度認定規則

昭四一・七・一
文部令三六

最終改正　令和二・三・二五文科令七

（趣旨）

第一条　学校教育法（以下「法」という。）第十八条の規定により保護者が就学させる義務を猶予又は免除された子（以下「就学義務猶予免除者」という。）等について、高等学校入学に関し、中学校を卒業した者と同等以上の学力があるかどうかの認定を行う場合は、この省令の定めるところによる。

（認定試験）

第二条　文部科学大臣は、毎年一回、前条に規定する認定のための試験（以下「認定試験」という。）を行う。

（受験資格）

第三条　認定試験を受けることのできる者は、次の各号の一に該当する者とする。

一　就学義務猶予免除者である者又は就学義務猶予免除者であつた者で、受験しようとする認定試験の日の属する年度（四月一日から翌年三月三十一日までをいう。以下同じ。）の終わりまでに満十五歳以上になるもの

二　保護者が法第十八条の規定による就学させる義務の猶予又は免除を受けず、かつ、受験しようとする認定試験の日の属する年度の終わりまでに満十五歳に達する者で、その年度の終わりまでに中学校を卒業できないと見込まれることについてやむを得ない事由があると文部科学大臣が認めたもの（第四号に掲げる者を除く。）

三　受験しようとする認定試験の日の属する年度の終わりまでに満十六歳以上になる者（第一号及び次号に掲げる者を除く。）

四　日本の国籍を有しない者で、受験しようとする認定試験の日の属する年度の終わりまでに満十五歳以上になるもの

（認定試験の施行）

第四条　認定試験の施行期日、場所及び出願の期限は、あらかじめ、インターネットの利用その他の適切な方法により公示する。

2　前項の規定による認定試験の場所のほか、文部科学大臣は、認定試験を受けようとする者の障害の程度等を勘案して、認定試験の場所を別に定めることができる。この場合において、文部科学大臣は、当該認定試験を受けようとする者に、別に定めた場所を通知するものとする。

（試験科目、方法及び程度）

第五条　認定試験の試験科目（以下「試験科目」という。）は、中学校の国語、社会、数学、理科及び外国語の各教科とする。この場合において、外国語は英語とする。

2　認定試験は筆記の方法により、中学校において前項に規定する教科を履修した程度において行う。

（試験の免除等）

第六条　知識及び技能に関する審査で、当該審査に合格した者の学力が当該審査に対応する中学校の教科を履修した者の学力と同等以上と認められるものとして文部科学大臣が定めるものに合格した者に対しては、文部科学大臣が定めるところにより、当該合格した者の願出により、認定試験の一部を免除する。

第七条　認定試験を受けようとする者のうち、第三条第四号に該当する者その他の国語の教科の学習を行うに当たり特別の配慮を要すると認められる者として文部科学大臣が定めるもの（以下「特例受験者」という。）であつて、国語に関する知識及び技能に関する審査で、文部科学大臣が定めるものに合格した者に対しては、その願出により、試験科目のうち国語の教科についての試験を免除する。

2　特例受験者は、その願出により、全ての試験科目について当該試験の試験問題の文章に用いられている漢字（漢字の読みを問う場合における当該漢字を除く。）に振り仮名を付し

て作成された試験問題により、認定試験を受験することができる。

（受験方法）

第八条　認定試験は、二回以上にわたり、それぞれ一以上の試験科目について受けることができる。

（受験手続）

第九条　認定試験を受けようとする者は、認定試験願書に次の各号に掲げる書類を添えて文部科学大臣に願い出なければならない。

一　履歴書一通

二　戸籍抄本又は住民票の写し一通（いずれも出願前六月以内に交付を受けたもの）

三　写真二枚（出願前六月以内に撮影した無帽かつ正面上半身のもの）

四　市町村（特別区を含む。次号において同じ。）の教育委員会の作成した就学義務の猶予又は免除を証する書類（第三条第一号に掲げる者に限る。）

五　市町村の教育委員会の作成した中学校を卒業できないと見込まれることについてのやむを得ない事由に関する書類（第三条第二号に掲げる者に限る。）

六　第六条又は第七条第一項若しくは第二項の規定に基づく試験の免除等を願い出る場合、次のイからハまでに掲げる者の区分に応じ、それぞれイからハまでに定める書類

イ　第六条の規定に基づき試験の免除を願い出る者　免除を受ける資格を証する書類

ロ　第七条第一項の規定に基づき試験の免除を願い出る者　免除を受ける資格を証する書類及び特例受験者であることを証する書類

ハ　第七条第二項の規定に基づく受験を願い出る者　特例受験者であることを証する書類

2　前項第二号に掲げる書類は、やむを得ない事由があると文部科学大臣が特に認めた場合においては、他の証明書をもって代えることができる。

（認定）

第十条　文部科学大臣は、試験科目（第六条又は第七条第一項の規定に基づき試験の免除を受けた試験科目を除く。）の全てについて合格点を得た者を、中学校を卒業した者と同等以上の学力がある者と認定する。

2　前項の規定により認定された者（以下「認定された者」という。）が、受験した認定試験の日の属する年度の終わりまでに満十五才に達する者であるときは、当該年度の終わりの日から認定された者となるものとする。

3　高等学校卒業程度認定試験規則（平成十七年文部科学省令第一号）第四条に規定する試験科目の全部（試験の免除を受けた試験科目を除く。）について合格点を得た者（同規則附則第二条の規定による廃止前の大学入学資格検定規程（昭和二十六年文部省令第十三号。以下「旧規程」という。）第四条に規定する受検科目の全部（旧規程による大学入学資格検定の一部免除を受けた者については、その免除を受けた科目を除く。）について合格点を得た者を含み、中学校（特別支援学校（学校教育法等の一部を改正する法律（平成十八年法律第八十号）第一条の規定による改正前の法第一条に規定する盲学校、聾学校及び養護学校を含む。）の中等部を含む。）及び義務教育学校を卒業した者並びに中等教育学校の前期課程を修了した者並びに学校教育法施行規則（昭和二十二年文部省令第十一号）第九十五条の規定により中学校を卒業した者と同等以上の学力があると認められた者を除く。）は、認定された者とみなす。

（証書の授与等）

第十一条　認定された者（前条第三項の規定により認定された者とみなされた者を除く。）に対しては、認定証書を授与する。

2　試験科目のうち一部の科目について合格点を得た者を科目合格者とし、科目合格者に対しては、科目合格証書を授与する。

3　認定証書又は科目合格証書（以下この項において「証書」という。）を有する者がその氏名若しくは本籍（日本の国籍を有しない者については、その国籍）を変更し、又は証書を破損し、若しくは紛失した場合において、その事由をしるして願い出たときは、証書を書き換え又は再交付する。

（認定証明書の交付）

第十二条　認定された者（第十条第三項の規定により認定された者とみなされた者を含む。）が認定の証明を願い出たときは、認定証明書を交付する。

附　則

この省令は、昭和四十二年四月一日から施行する。

附　則（平成一五・三・三一文科令一二）

1　この省令は、公布の日から施行する。ただし、第五条の改正規定は、平成十六年四月一日から施行する。

2　第五条の改正規定の施行の際現に改正前の就学義務猶予免除者等の中学校卒業程度認定規則（以下「旧規則」という。）第九条の規定により旧規則第五条の外国語の試験科目（ドイツ語又はフランス語に限る。）についての認定試験を免除されている者は、改正後の就学義務猶予免除者等の中学校卒業程度認定規則第五条の外国語の試験科目について合格点を得た者とみなす。この場合において、当該者に対しては、科目合格証書を授与しないものとする。

附　則（平成二四・七・三文科令二五）

（施行期日）

1　この省令は、住民基本台帳法の一部を改正する法律（平成二十一年法律第七十七号）の一部及び出入国管理及び難民認定法及び日本国との平和条約に基づき日本の国籍を離脱した者等の出入国管理に関する特例法の一部を改正する等の法律（平成二十一年法律第七十九号）の施行の日（平成二十四年七月九日）から施行する。

（経過措置）

2　この省令の施行の日から起算して六月を経過する日までの間における改正後の就学義務猶予免除者等の中学校卒業程度認定規則第九条第一項第二号並びに高等学校卒業程度認定試験規則第七条第一項第二号及び同条第三項の規定の適用については、これらの規定中「住民票の写し」とあるのは、「住民票の写し（日本の国籍を有しない者にあっては、住民票の

写し又は出入国管理及び難民認定法及び日本国との平和条約に基づき日本の国籍を離脱した者等の出入国管理に関する特例法の一部を改正する等の法律第四条の規定による廃止前の外国人登録法（昭和二十七年法律第百二十五号）に規定する外国人登録原票の写し若しくは登録原票記載事項証明書）」とする。

○公立義務教育諸学校の学級編制及び教職員定数の標準に関する法律

昭三三・五・一
法 一一六

最終改正 令和三・六・一一法六三

（この法律の目的）

第一条 この法律は、公立の義務教育諸学校に関し、学級規模と教職員の配置の適正化を図るため、学級編制及び教職員定数の標準について必要な事項を定め、もつて義務教育水準の維持向上に資することを目的とする。

（定義）

第二条 この法律において「義務教育諸学校」とは、学校教育法（昭和二十二年法律第二十六号）に規定する小学校、中学校、義務教育学校、中等教育学校の前期課程又は特別支援学校の小学部若しくは中学部をいう。

2 この法律において「特別支援学校」とは、学校教育法に規定する特別支援学校で小学部又は中学部を置くものをいう。

3 この法律において「教職員」とは、校長、副校長及び教頭（中等教育学校の前期課程にあつては、当該課程の属する中等教育学校の校長、副校長及び教頭とし、特別支援学校の小学部又は中学部にあつては、当該部の属する特別支援学校の校長、副校長及び教頭とする。）、主幹教諭、指導教諭、教諭、養護教諭、栄養教諭、助教諭、養護助教諭、講師、寄宿舎指導員、学校栄養職員（学校給食法（昭和二十九年法律第百六十号）第七条に規定する職員のうち栄養の指導及び管理をつかさどる主幹教諭並びに栄養教諭以外の者をいう。以下同じ。）並びに事務職員（それぞれ常勤の者に限る。第十七条を除き、以下同じ。）をいう。

（学級編制の標準）

第三条 公立の義務教育諸学校の学級は、同学年の児童又は生徒で編制するものとする。ただし、当該義務教育諸学校の児童又は生徒の数が著しく少いかその他特別の事情がある場合においては、政令で定めるところにより、数学年の児童又は生徒を一学級に編制することができる。

2 各都道府県ごとの、都道府県又は市（地方自治法（昭和二十二年法律第六十七号）第二百五十二条の十九第一項の指定都市（以下単に「指定都市」という。）を除き、特別区を含む。第八条第三号並びに第八条の二第一号及び第二号を除き、以下同じ。）町村の設置する小学校（義務教育学校の前期課程を含む。次条第二項において同じ。）又は中学校（義務教育学校の後期課程及び中等教育学校の前期課程を含む。同項において同じ。）の一学級の児童又は生徒の数の基準は、次の表の上欄に掲げる学校の種類及び同表の中欄に掲げる学級編制の区分に応じ、同表の下欄に掲げる数を標準として、都道府県の教育委員会が定める。ただし、都道府県の教育委員会は、当該都道府県における児童又は生徒の実態を考慮して特に必要があると認める場合については、この項本文の規定により定める数を下回る数を、当該場合に係る一学級の児童又は生徒の数の基準として定めることができる。

学校の種類	学級編制の区分	一学級の児童又は生徒の数
小学校（義務教育学校の前期課程を含む。次条第二項にお	同学年の児童で編制する学級	三十五人
	二の学年の児童で編制する学級	十六人（第一学年の児童を含む学級にあつては、八人）
	学校教育法第八十一条第二項及び第三項に規定する特別支援学級（以下この表及び第七条第一	八人

いて同じ。）	項第五号において単に「特別支援学級」という。）	
中学校（義務教育学校の後期課程及び中等教育学校の前期課程を含む。同項において同じ。）	同学年の生徒で編制する学級	四十人
	二の学年の生徒で編制する学級	八人
	特別支援学級	八人

3 各都道府県ごとの、都道府県又は市町村の設置する特別支援学校の小学部又は中学部の一学級の児童又は生徒の数の基準は、六人（文部科学大臣が定める障害を二以上併せ有する児童又は生徒で学級を編制する場合にあつては、三人）を標準として、都道府県の教育委員会が定める。ただし、都道府県の教育委員会は、当該都道府県における児童又は生徒の実態を考慮して特に必要があると認める場合については、この項本文の規定により定める数を下回る数を、当該場合に係る一学級の児童又は生徒の数の基準として定めることができる。

（学級編制）

第四条 都道府県又は市町村の設置する義務教育諸学校の学級編制は、前条第二項又は第三項の規定により都道府県の教育委員会が定めた基準を標準として、当該学校を設置する地方公共団体の教育委員会が、当該学校の児童又は生徒の実態を考慮して行う。

2 指定都市の設置する義務教育諸学校の学級編制は、小学校又は中学校にあつては前条第二項の表の上欄に掲げる学校の種類及び同表の中欄に掲げる学級編制の区分に応じ同表の下欄に掲げる数を一学級の児童又は生徒の数の標準とし、特別支援学校の小学部又は中学部にあつては六人（文部科学大臣が定める障害を二以上併せ有する児童又は生徒で学級を編制する場合にあつては、三人）を一学級の児童又は生徒の数の標準として、当該指定都市の教育委員会が、当該学校の児童又は生徒の実態を考慮して行う。

（学級編制についての都道府県の教育委員会への届出）

第五条 市町村の教育委員会は、毎学年、当該市町村の設置する義務教育諸学校に係る前条第一項の学級編制を行つたときは、遅滞なく、都道府県の教育委員会に届け出なければならない。届け出た学級編制を変更したときも、同様とする。

（都道府県小中学校等教職員定数等の標準）

第六条 各都道府県ごとの、都道府県及び市町村の設置する小学校、中学校及び義務教育学校並びに中等教育学校の前期課程（学校給食法第六条に規定する施設を含む。以下この項において同じ。）に置くべき教職員の総数（以下「都道府県小中学校等教職員定数」という。）並びに各指定都市ごとの、指定都市の設置する小学校、中学校及び義務教育学校並びに中等教育学校の前期課程に置くべき教職員の総数（以下「指定都市小中学校等教職員定数」という。）は、それぞれ、次条、第七条第一項及び第二項並びに第八条から第九条までに規定する数を合計した数を標準として定めるものとする。この場合においては、各都道府県が定める都道府県小中学校等教職員定数及び各指定都市が定める指定都市小中学校等教職員定数ごとに、それぞれ、当該各条に規定する数を標準として、当該各条に定める教職員の職の種類の区分ごとの総数を定めなければならない。

2 都道府県小中学校等教職員定数については、第七条第一項第一号から第三号まで及び第三項、第八条第一号並びに第九条第一号から第三号までに規定する学級の数は、第三条第二項の規定により都道府県の教育委員会が定めた基準により算定するものとする。

第六条の二 校長の数は、小学校、中学校及び義務教育学校並びに中等教育学校の前期課程の数の合計数に一を乗じて得た数とする。

第七条 副校長、教頭、主幹教諭（養護又は栄養の指導及び管理をつかさどる主幹教諭を除く。）、指導教諭、教諭、助教諭及び講師（以下「教頭及び教諭等」という。）の数は、次に定めるところにより算定した数を合計した数とする。

一 次の表の上欄に掲げる学校の種類ごとに同表の中欄に掲げる学校規模ごとの学校の学級総数に当該学校規模に応ずる同表の下欄に掲げる数を乗じて得た数（一未満の端数を生じたときは、一に切り上げる。以下同じ。）の合計数

学校の種類	学校規模	乗ずる数
小学校（義務教育学校の前期課程を含む。）	一学級及び二学級の学校	一・〇〇〇
	三学級及び四学級の学校	一・二五〇
	五学級の学校	一・二〇〇
	六学級の学校	一・二九二
	七学級の学校	一・二六四
	八学級及び九学級の学校	一・二四九
	十学級及び十一学級の学校	一・二三四
	十二学級から十五学級までの学校	一・二一〇
	十六学級から十八学級までの学校	一・二〇〇
	十九学級から二十一学級までの学校	一・一七〇
	二十二学級から二十四学級までの学校	一・一六五
	二十五学級から二十七学級までの学校	一・一五五
	二十八学級から三十学級までの学校	一・一五〇
	三十一学級から三十三学級までの学校	一・一四〇

	三十四学級から三十六学級までの学校	一・一三七
	三十七学級から三十九学級までの学校	一・一三三
	四十学級以上の学校	一・一三〇
中学校（義務教育学校の後期課程及び中等教育学校の前期課程を含む。）	一学級の学校	四・〇〇〇
	二学級の学校	三・〇〇〇
	三学級の学校	二・六六七
	四学級の学校	二・〇〇〇
	五学級の学校	一・六六〇
	六学級の学校	一・七五〇
	七学級及び八学級の学校	一・七二五
	九学級から十一学級までの学校	一・七二〇
	十二学級から十四学級までの学校	一・五七〇
	十五学級から十七学級までの学校	一・五六〇
	十八学級から二十学級までの学校	一・五五七
	二十一学級から二十三学級までの学校	一・五五〇
	二十四学級から二十六学級までの学校	一・五二〇
	二十七学級から三十二学級までの学校	一・五一七
	三十三学級から三十五学級までの学校	一・五一五
	三十六学級以上の学校	一・四八三

二　二十七学級以上の小学校（義務教育学校の前期課程を含む。）の数、二十四学級以上の中学校（義務教育学校の後期課程及び中等教育学校の前期課程を含む。）の数及び義務教育学校の数の合計数に一を乗じて得た数

三　三十学級以上の小学校（義務教育学校の前期課程を含む。）の数に二分の一を乗じて得た数、十八学級から二十九学級までの中学校（義務教育学校の後期課程及び中等教育学校の前期課程を含む。以下この号において同じ。）の数に一を乗じて得た数及び三十学級以上の中学校の数に二分の三を乗じて得た数の合計数

四　次の表の上欄に掲げる児童又は生徒の数の区分ごとの小学校（義務教育学校の前期課程を含む。）又は中学校（義務教育学校の後期課程及び中等教育学校の前期課程を含む。）の数にそれぞれ当該区分に応ずる同表の下欄に掲げる数を乗じて得た数の合計数

児童又は生徒の数	乗ずる数
二百人から二百九十九人まで	〇・二五
三百人から五百九十九人まで	〇・五〇
六百人から七百九十九人まで	〇・七五
八百人から千百九十九人まで	一・〇〇
千二百人以上	一・二五

五　小学校（義務教育学校の前期課程を含む。）又は中学校（義務教育学校の後期課程及び中等教育学校の前期課程を含む。）において障害に応じた特別の指導であつて政令で定めるものが行われている児童又は生徒（特別支援学級の児童又は生徒を除く。）の数にそれぞれ十三分の一を乗じて得た数の合計数

六　小学校（義務教育学校の前期課程を含む。）又は中学校（義務教育学校の後期課程及び中等教育学校の前期課程を含む。）において日本語を理解し、使用する能力に応じた特別の指導であつて政令で定めるものが行われている児童又は生徒の数にそれぞれ十八分の一を乗じて得た数の合計数

七　小学校（義務教育学校の前期課程を含む。）又は中学校（義務教育学校の後期課程及び中等教育学校の前期課程を含む。）の教諭、助教諭及び講師のうち教育公務員特例法（昭和二十四年法律第一号）第二十三条第一項に規定する初任者研修（第十一条第一項第六号において単に「初任者研修」という。）を受ける者の数にそれぞれ六分の一を乗じて得た数の合計数

八　小学校の分校の数、中学校（中等教育学校の前期課程を含む。）の分校の数及び義務教育学校の分校の数の合計数に一を乗じて得た数

九　次の表の上欄に掲げる寄宿する児童又は生徒の数の区分ごとの寄宿舎を置く小学校、中学校及び義務教育学校並びに中等教育学校の前期課程の数の合計数に当該区分に応ずる同表の下欄に掲げる数を乗じて得た数の合計数

寄宿する児童又は生徒の数	乗ずる数
四十人以下	一
四十一人から八十人まで	二
八十一人から百二十人まで	三
百二十一人以上	四

2　小学校、中学校若しくは義務教育学校又は中等教育学校の前期課程において、児童又は生徒の心身の発達に配慮し個性に応じた教育を行うため、複数の教頭及び教諭等の協力による指導が行われる場合、少数の児童若しくは生徒により構成される集団を単位として指導が行われる場合、教育課程（小学校の教育課程及び義務教育学校の前期課程の教育課程を除く。）の編成において多様な選択教科が開設される場合又は専門的な知識若しくは技能に係る教科等（小学校の教科等及び義務教育学校の前期課程の教科等に限る。）に関し専門的な指導が行われる場合には、前項の規定により算定した数に政令で定める数を加えた数を教頭及び教諭等の数とする。この場合において、当該政令で定める数については、当該学校の校長及び当該学校を設置する地方公共団体の教育委員会の意向を踏まえ、当該学校において児童又は生徒の心身の発達に配慮し個性に応じた教育を行うのに必要かつ十分なものとなるよう努めなければならない。

3　前二項に定めるところにより算定した数（以下この項にお

いて「小中学校等教頭教諭等標準定数」という。）のうち、副校長及び教頭の数は二十七学級以上の小学校（義務教育学校の前期課程を含む。以下この項において同じ。）の数と二十四学級以上の中学校（義務教育学校の後期課程及び中等教育学校の前期課程を含む。以下この項において同じ。）の数との合計数に二を乗じて得た数、九学級から二十六学級までの小学校の数、六学級から二十三学級までの中学校の数及び義務教育学校の数の合計数に一を乗じて得た数、六学級から八学級までの小学校の数に四分の三を乗じて得た数並びに三学級から五学級までの中学校の数に二分の一を乗じて得た数の合計数（以下この項において「小中学校等教頭等標準定数」という。）とし、主幹教諭（養護又は栄養の指導及び管理をつかさどる主幹教諭を除く。）、指導教諭、教諭、助教諭及び講師の数は小中学校等教頭教諭等標準定数から小中学校等教頭等標準定数を減じて得た数とする。

第八条　養護をつかさどる主幹教諭、養護教諭及び養護助教諭（以下「養護教諭等」という。）の数は、次に定めるところにより算定した数を合計した数とする。

一　三学級以上の小学校（義務教育学校の前期課程を含む。）及び中学校（義務教育学校の後期課程を含む。）並びに中等教育学校の前期課程の数の合計数に一を乗じて得た数

二　児童の数が八百五十一人以上の小学校（義務教育学校の前期課程を含む。）の数と生徒の数が八百一人以上の中学校（義務教育学校の後期課程及び中等教育学校の前期課程を含む。）の数との合計数に一を乗じて得た数

三　医療機関（医療法（昭和二十三年法律第二百五号）第一条の五に規定する病院又は診療所をいう。）が存しない市（特別区を含む。次条第一号及び第二号において同じ。）町村の数等を考慮して政令で定めるところにより算定した数

第八条の二　栄養の指導及び管理をつかさどる主幹教諭、栄養教諭並びに学校栄養職員（以下「栄養教諭等」という。）の数は、次に定めるところにより算定した数を合計した数とする。

一　学校給食（給食内容がミルクのみである給食を除く。第十三条の二において同じ。）を実施する小学校（義務教育学校の前期課程を含む。）若しくは中学校（義務教育学校の後期課程を含む。）又は中等教育学校の前期課程で専ら当該学校又は当該課程の学校給食を実施するために必要な施設を置くもの（以下この号において「単独実施校」という。）のうち児童又は生徒の数が五百五十人以上のもの（次号において「五百五十人以上単独実施校」という。）の数の合計数に一を乗じて得た数と単独実施校のうち児童又は生徒の数が五百四十九人以下のもの（以下この号及び次号において「五百四十九人以下単独実施校」という。）の数の合計数から同号に該当する市町村の設置する五百四十九人以下単独実施校の数の合計数を減じて得た数に四分の一を乗じて得た数との合計数

二　五百五十人以上単独実施校又は共同調理場（学校給食法第六条に規定する施設をいう。以下同じ。）を設置する市町村以外の市町村で当該市町村の設置する五百四十九人以下単独実施校の数の合計数が一以上三以下の市町村の数に一を乗じて得た数

三　次の表の上欄に掲げる共同調理場に係る小学校、中学校及び義務教育学校並びに中等教育学校の前期課程の児童及び生徒（給食内容がミルクのみである給食を受ける者を除く。以下この号において同じ。）の数の区分ごとの共同調理場の数に当該区分に応ずる同表の下欄に掲げる数を乗じて得た数の合計数

共同調理場に係る小学校、中学校及び義務教育学校並びに中等教育学校の前期課程の児童及び生徒の数	乗ずる数
千五百人以下	一
千五百一人から六千人まで	二
六千一人以上	三

第九条　事務職員の数は、次に定めるところにより算定した数を合計した数とする。

一　四学級以上の小学校（義務教育学校の前期課程を含む。）及び中学校（義務教育学校の後期課程を含む。）並びに中等教育学校の前期課程の数の合計数に一を乗じて得た数

二　三学級の小学校（義務教育学校の前期課程を含む。）及び中学校（義務教育学校の後期課程を含む。）並びに中等教育学校の前期課程の数の合計数に四分の三を乗じて得た数

三　二十七学級以上の小学校（義務教育学校の前期課程を含む。）の数に一を乗じて得た数と二十一学級以上の中学校（義務教育学校の後期課程及び中等教育学校の前期課程を含む。）の数に一を乗じて得た数との合計数

四　就学困難な児童及び生徒に係る就学奨励についての国の援助に関する法律（昭和三十一年法律第四十号）第二条に規定する保護者（同条に規定する費用等の支給を受けるものに限る。）及びこれに準ずる程度に困窮している者で政令で定めるものの児童又は生徒の数が著しく多い小学校（義務教育学校の前期課程を含む。）若しくは中学校（義務教育学校の後期課程を含む。）又は中等教育学校の前期課程で政令で定めるものの数の合計数に一を乗じて得た数

（都道府県特別支援学校教職員定数等の標準）

第十条　各都道府県ごとの、都道府県及び市町村の設置する特別支援学校の小学部及び中学部に置くべき教職員の総数（以下「都道府県特別支援学校教職員定数」という。）並びに各指定都市ごとの、指定都市の設置する特別支援学校の小学部及び中学部に置くべき教職員の総数（以下「指定都市特別支援学校教職員定数」という。）は、それぞれ、次条、第十一条第一項及び第十二条から第十四条までに規定する数を合計した数を標準として定めるものとする。

2　都道府県特別支援学校教職員定数については、第十一条第一項第一号、第二号及び第四号並びに第二項に規定する学級の数は、第三条第三項の規定により都道府県の教育委員会が定めた基準により算定するものとする。

第十条の二　校長の数は、特別支援学校の数に一を乗じて得た数とする。

第十一条　教頭及び教諭等の数は、次に定めるところにより算定した数を合計した数とする。

一　次の表の上欄に掲げる部の別ごとに同表の中欄に掲げる部の規模ごとの部の学級総数に当該部の規模に応ずる同表の下欄に掲げる数を乗じて得た数の合計数

部の別	部の規模	乗ずる数
小学部	一学級の部	二・〇〇〇
	二学級の部	一・五〇〇
	三学級の部	一・五八三
	四学級の部	一・五〇〇
	五学級の部	一・四〇〇
	六学級の部	一・二九二
	七学級の部	一・二六四
	八学級及び九学級の部	一・二四九
	十学級及び十一学級の部	一・二三四
	十二学級から十五学級までの部	一・二一〇
	十六学級から十八学級までの部	一・二〇〇
	十九学級から二十一学級までの部	一・一七〇
	二十二学級から二十四学級までの部	一・一六五
	二十五学級から二十七学級までの部	一・一五五
	二十八学級から三十学級までの部	一・一五〇
	三十一学級から三十三学級までの部	一・一四〇
	三十四学級から三十六学級までの部	一・一三七
	三十七学級から三十九学級までの部	一・一三三
	四十学級以上の部	一・一三〇
中学部	一学級の部	四・〇〇〇
	二学級の部	三・〇〇〇
	三学級の部	二・六六七
	四学級の部	二・〇〇〇
	五学級の部	一・六六〇
	六学級の部	一・七五〇
	七学級及び八学級の部	一・七二五
	九学級から十一学級までの部	一・七二〇
	十二学級から十四学級までの部	一・五七〇
	十五学級から十七学級までの部	一・五六〇
	十八学級から二十学級までの部	一・五五七
	二十一学級から二十三学級までの部	一・五五〇
	二十四学級から二十六学級までの部	一・五二〇
	二十七学級から三十二学級までの部	一・五一七
	三十三学級から三十五学級までの部	一・五一五
	三十六学級以上の部	一・四八三

二　小学部及び中学部の学級数が二十七学級以上の特別支援学校の数に二を乗じて得た数と中学部の学級数が十八学級以上の特別支援学校の数に一を乗じて得た数との合計数

三　小学部及び中学部の児童及び生徒の数が百一人から百五十人までの特別支援学校の数に一を乗じて得た数、小学部及び中学部の児童及び生徒の数が百五十一人から二百人までの特別支援学校の数に二を乗じて得た数並びに小学部及び中学部の児童及び生徒の数が二百一人以上の特別支援学校の数に三を乗じて得た数の合計数

四　次の表の上欄に掲げる特別支援学校の区分ごとの学校（小学部及び中学部が置かれていないものを除く。）の数に当該特別支援学校の区分に応ずる同表の下欄に掲げる数を乗じて得た数の合計数と小学部及び中学部の学級数が七学級以上の特別支援学校ごとに当該学校の小学部及び中学部の学級数から六を減じて得た数に四分の一（肢体不自由者である児童又は生徒に対する教育を主として行う特別支援学校にあつては、三分の一）を乗じて得た数の合計数とを合計した数

特別支援学校の区分	乗ずる数
視覚障害者である児童又は生徒に対する教育を主として行う特別支援学校	四
聴覚障害者である児童又は生徒に対する教育を主として行う特別支援学校	四
知的障害者である児童又は生徒に対する教育を主として行う特別支援学校	五
肢体不自由者である児童又は生徒に対する教育を主として行う特別支援学校	七
病弱者（身体虚弱者を含む。）である児童又は生徒に対する教育を主として行う特別支援学校	五

五　小学部及び中学部において日本語を理解し、使用する能力に応じた特別の指導であつて政令で定めるものが行われている児童及び生徒の数に十八分の一を乗じて得た数

六　小学部及び中学部の教諭、助教諭及び講師のうち初任者研修を受ける者の数に六分の一を乗じて得た数

七　特別支援学校の分校の数に一を乗じて得た数

八　次の表の上欄に掲げる寄宿する小学部及び中学部の児童及び生徒の数の区分ごとの寄宿舎を置く特別支援学校の数

に当該区分に応ずる同表の下欄に掲げる数を乗じて得た数の合計数

寄宿する小学部及び中学部の児童及び生徒の数	乗ずる数
八十人以下	二
八十一人から二百人まで	三
二百一人以上	四

2　前項に定めるところにより算定した数（以下この項において「特別支援学校教頭教諭等標準定数」という。）のうち、副校長及び教頭の数は小学部及び中学部の学級数が六学級から二十六学級までの特別支援学校の数に一を乗じて得た数と小学部及び中学部の学級数が二十七学級以上の特別支援学校の数に二を乗じて得た数との合計数（以下この項において「特別支援学校教頭等標準定数」という。）とし、主幹教諭（養護又は栄養の指導及び管理をつかさどる主幹教諭を除く。）、指導教諭、教諭、助教諭及び講師の数は特別支援学校教頭教諭等標準定数から特別支援学校教頭等標準定数を減じて得た数とする。

第十二条　養護教諭等の数は、特別支援学校の数に一（小学部及び中学部の児童及び生徒の数が六十一人以上の特別支援学校にあつては、二）を乗じて得た数とする。

第十三条　寄宿舎指導員の数は、寄宿舎を置く特別支援学校ごとに次に定めるところにより算定した数の合計数（その数が十二に達しない場合にあつては、十二）を合計した数とする。

一　寄宿舎に寄宿する小学部及び中学部の児童及び生徒（肢体不自由者である児童及び生徒を除く。）の数の合計数に五分の一を乗じて得た数

二　寄宿舎に寄宿する肢体不自由者である小学部及び中学部の児童及び生徒の数の合計数に三分の一を乗じて得た数

第十三条の二　栄養教諭等の数は、学校給食を実施する特別支援学校の数に一を乗じて得た数とする。

第十四条　事務職員の数は、特別支援学校の小学部及び中学部の部の数の合計数に一を乗じて得た数とする。

（教職員定数の算定に関する特例）

第十五条　第七条から第九条まで及び第十一条から前条までの規定により教頭及び教諭等、養護教諭等、栄養教諭等、寄宿舎指導員並びに事務職員の数を算定する場合において、次に掲げる事情があるときは、これらの規定により算定した数に、それぞれ政令で定める数を加えるものとする。この場合において、当該政令で定める数については、公立の義務教育諸学校の校長及び当該学校を設置する地方公共団体の教育委員会の意向を踏まえ、当該事情に対応するため必要かつ十分なものとなるよう努めなければならない。

一　小学校、中学校若しくは義務教育学校又は中等教育学校の前期課程の存する地域の社会的条件についての政令で定める教育上特別の配慮を必要とする事情

二　小学校、中学校若しくは義務教育学校又は中等教育学校の前期課程（第八条の二第三号の規定により栄養教諭等の数を算定する場合にあつては、共同調理場に係る小学校、中学校若しくは義務教育学校又は中等教育学校の前期課程とする。）において教育上特別の配慮を必要とする児童又は生徒（障害のある児童又は生徒を除く。）に対する特別の指導であつて政令で定めるものが行われていること。

三　当該学校において、障害のある児童又は生徒に対する指導体制の整備を行うことについて特別の配慮を必要とする事情として政令で定めるもの

四　主幹教諭を置く小学校、中学校若しくは義務教育学校又は中等教育学校の前期課程の運営体制の整備について特別の配慮を必要とする事情として政令で定めるもの

五　小学校、中学校若しくは義務教育学校又は中等教育学校の前期課程において当該学校を含む二以上の学校に係る事務を共同処理する共同学校事務室（地方教育行政の組織及び運営に関する法律（昭和三十一年法律第百六十二号）第四十七条の四第一項に規定する共同学校事務室をいう。）が当該学校に置かれていることその他これらの学校において多様な教育を行うための諸条件の整備に関する事情であつて事務処理上特別の配慮を必要とするものとして政令で定めるもの

六　当該学校の教職員が教育公務員特例法第二十二条第三項に規定する長期にわたる研修を受けていること、当該学校において教育指導の改善に関する特別な研究が行われていることその他の政令で定める特別の事情

（分校等についての適用）

第十六条　第七条から第九条まで及び第十一条から前条までの規定（第七条第一項第八号、第八条第一号及び第二号、第八条の二第一号及び第二号、第九条第一号及び第二号並びに第十一条第一項第七号の規定を除く。）の適用については、本校及び分校は、それぞれ一の学校とみなす。

2　義務教育諸学校の統合に伴い必要となつた校舎の建築が完成しないため、統合前の学校の校舎で授業を行なつている場合には、統合に伴い必要となつた校舎の建築が完成するまでは、第七条から第九条まで及び第十一条から前条までの規定の適用については、統合前の学校は、それぞれ一の学校とみなす。

3　第八条第一号又は第九条第一号の規定の適用については、同一の設置者が設置する小学校と中学校（中等教育学校の前期課程を含む。以下この項において同じ。）でこれらの規定の適用の区分に従いそれぞれ政令で定める規模のものの敷地が同一である場合又は政令で定める距離の範囲内に存する場合には、当該小学校及び中学校は、一の学校とみなす。

（教職員定数の短時間勤務の職を占める者等の数への換算）

第十七条　第六条の二から第九条まで又は第十条の二から第十四条までに定めるところにより算定した教職員の数は、政令で定めるところにより、公立の義務教育諸学校（共同調理場を含む。）に置く校長、副校長、教頭、主幹教諭、指導教諭、教諭、養護教諭、栄養教諭、助教諭、養護助教諭、講師、寄

宿舎指導員、学校栄養職員又は事務職員で地方公務員法（昭和二十五年法律第二百六十一号）第二十二条の四第一項に規定する短時間勤務の職を占める者の数に換算することができる。

２　第七条又は第十一条に定めるところにより算定した教頭及び教諭等の数は、政令で定めるところにより、公立の義務教育諸学校に置く講師（地方公務員法第二十二条の二第一項第一号に掲げる者に限り、その配置の目的等を考慮して政令で定める者を除く。）の数に換算することができる。

（教職員定数に含まない数）

第十八条　第六条第一項及び第十条第一項の規定による都道府県小中学校等教職員定数、指定都市小中学校等教職員定数、都道府県特別支援学校教職員定数及び指定都市特別支援学校教職員定数には、次に掲げる者に係るものを含まないものとする。

一　休職者

二　教育公務員特例法第二十六条第一項の規定により同項に規定する大学院修学休業をしている者

三　地方公務員法第二十六条の五第一項の規定により同項に規定する自己啓発等休業をしている者

四　地方公務員法第二十六条の六第七項の規定により任期を定めて採用される者及び臨時的に任用される者

五　女子教職員の出産に際しての補助教職員の確保に関する法律（昭和三十年法律第百二十五号）第三条第一項（同条第三項において準用する場合を含む。）の規定により臨時的に任用される者

六　地方公務員の育児休業等に関する法律（平成三年法律第百十号）第六条第一項の規定により任期を定めて採用される者及び臨時的に任用される者

（報告及び指導又は助言）

第十九条　文部科学大臣は、公立の義務教育諸学校における学級規模と教職員の配置の適正化を図るため必要があると認めるときは、都道府県又は指定都市に対し、学級編制の基準又は公立の義務教育諸学校に置かれている教職員の総数について、報告を求め、及びあらかじめ総務大臣に通知して、指導又は助言をすることができる。

（政令への委任）

第二十条　この法律に特別の定があるもののほか、この法律の実施のための手続その他その執行について必要な事項は、政令で定める。

附　則（抄）

（施行期日）

１　この法律は、公布の日から施行する。

附　則（平成二三・四・二二法一九）（抄）

最終改正　平成二七・六・二四法四六

（施行期日）

１　この法律は、平成二十三年四月一日又はこの法律の公布の日のいずれか遅い日から施行する。ただし、附則第六項の規定は公布の日から、第一条中公立義務教育諸学校の学級編制及び教職員定数の標準に関する法律第四条から第六条まで、第十条及び第十八条の改正規定（中略）は平成二十四年四月一日から施行する。

（検討等）

２　政府は、この法律の施行後、豊かな人間性を備えた創造的な人材を育成する上で義務教育水準の維持向上を図ることが重要であることに鑑み、公立の義務教育諸学校（公立義務教育諸学校の学級編制及び教職員定数の標準に関する法律第二条第一項に規定する義務教育諸学校をいう。以下同じ。）における教育の状況その他の事情を勘案しつつ、これらの学校の学級規模及び教職員の配置の適正化に関し、公立の小学校（義務教育学校の前期課程を含む。附則第五項において同じ。）の第二学年から第六学年まで及び中学校（義務教育学校の後期課程及び中等教育学校の前期課程を含む。）に係る学級編制の標準を順次に改定することその他の措置を講ずることについて検討を行い、その結果に基づいて法制上の措置その他の必要な措置を講ずるものとする。

３　政府は、前項の措置を講ずるに当たっては、これに必要な安定した財源の確保に努めるものとする。

４　公立の義務教育諸学校の学級編制並びに教職員の任免等及び定数の在り方については、この法律の施行後、この法律の施行状況等を勘案し、教育上の諸課題に適切に対応するため、きめ細かな指導の一層の充実等を図る観点から、その全般に関し検討が加えられ、その結果に基づいて所要の措置が講じられるものとする。

（児童又は生徒の実態を考慮した学級編制を行う場合における教職員定数に関する特別の配慮）

５　第一条の規定による改正前又は改正後の公立義務教育諸学校の学級編制及び教職員定数の標準に関する法律第四条第一項の規定により公立の義務教育諸学校を設置する地方公共団体の教育委員会が当該学校の学級編制を行うに当たり、障害のある児童又は生徒に対する特別の指導を必要とする事情、小学校において専門的な知識又は技能に係る教科等に関し専門的な指導を必要とする事情、平成二十三年東北地方太平洋沖地震に係る教職員定数の特別措置を必要とする事情その他の当該学校の児童又は生徒の実態を考慮して、第一条の規定による改正後の同法（以下「新標準法」という。）第三条第二項の規定により小学校の第一学年の児童で編制する学級に係る一学級の児童の数に関して都道府県の教育委員会が定めた基準によらないこととした特段の事情がある場合においては、都道府県の教育委員会は、教職員の定数に関し、教育上特別の配慮をすることができる。

（平成二十三年東北地方太平洋沖地震に係る教職員定数の特別措置）

６　平成二十三年東北地方太平洋沖地震により被害を受けた地域に所在する公立の義務教育諸学校（当該地震後に、被災した児童又は生徒が転学した公立の義務教育諸学校を含む。）において、被災した児童又は生徒に関し、学習に対する支援を行うこと、心身の健康の回復のための特別の指導を行うこと等が喫緊の課題になっている事情に鑑み、国及び当該学校が所在する都道府県の教育委員会（当該学校が指定都市（地方自治法（昭和二十二年法律第六十七号）第二百五十二条の十九第一項の指定都市をいう。）の設置するものである場合

にあっては、当該指定都市の教育委員会）は、当該学校の教職員の定数に関し、当該事情に迅速かつ的確に対応するため必要な特別の措置を講ずるものとする。

（平成二十三年度における義務教育費国庫負担法等の規定の適用）

7 附則第一項の規定によりこの法律の施行の日が公布の日とされた場合は、平成二十三年度においては、新標準法第三条第二項の規定が平成二十三年四月一日から適用されたものとみなして、義務教育費国庫負担法（昭和二十七年法律第三百三号）その他の法令の規定を適用するものとする。

附 則（平成二九・三・三一法五）（抄）

改正 令和三・三・三一法一四

（施行期日）

第一条 この法律は、平成二十九年四月一日から施行する。

（公立義務教育諸学校の学級編制及び教職員定数の標準に関する法律の一部改正に伴う経過措置）

第二条 公立義務教育諸学校の学級編制及び教職員定数の標準に関する法律（以下この条において「標準法」という。）第六条（令和七年三月三十一日までの間にあっては、公立義務教育諸学校の学級編制及び教職員定数の標準に関する法律の一部を改正する法律（令和三年法律第十四号）附則第二条第二項の規定により読み替えて適用する標準法第六条）に規定する都道府県小中学校等教職員定数及び指定都市小中学校等教職員定数又は標準法第十条に規定する都道府県特別支援学校教職員定数及び指定都市特別支援学校教職員定数の標準については、令和八年三月三十一日までの間は、これらの規定にかかわらず、公立の小学校、中学校及び義務教育学校並びに中等教育学校の前期課程又は特別支援学校の児童又は生徒の数及び教職員の総数の推移等を考慮し、これらの規定に定めるところにより算定した標準となる数に漸次近づけることを旨として、毎年度、政令で定める。

附 則（令和三・三・三一法一四）（抄）

（施行期日）

第一条 この法律は、令和三年四月一日から施行する。

（経過措置）

第二条 令和七年三月三十一日までの間におけるこの法律による改正後の公立義務教育諸学校の学級編制及び教職員定数の標準に関する法律第三条第二項の規定の適用については、同項の表小学校（義務教育学校の前期課程を含む。次条第二項において同じ。）の項中「三十五人」とあるのは、「三十五人（児童の数の推移等を考慮し、第二学年から第六学年まで段階的に三十五人とすることを旨として、毎年度、政令で定める学年及び文部科学大臣が定める特別の事情がある小学校にあつては、四十人）」とする。

2 前項の規定の適用がある場合における公立義務教育諸学校の学級編制及び教職員定数の標準に関する法律（以下この項及び次条において「標準法」という。）第四条及び第六条第二項の規定の適用については、標準法第四条第一項中「前条第二項又は第三項」とあるのは「公立義務教育諸学校の学級編制及び教職員定数の標準に関する法律の一部を改正する法律（令和三年法律第十四号。次項及び第六条第二項において「改正法」という。）附則第二条第一項の規定により読み替えて適用する前条第二項の規定又は前条第三項」と、同条第二項中「前条第二項」とあるのは「改正法附則第二条第一項の規定により読み替えて適用する前条第二項」と、標準法第六条第二項中「第三条第二項」とあるのは「改正法附則第二条第一項の規定により読み替えて適用する第三条第二項」とする。

3 前二項に規定するもののほか、この法律の施行に関し必要な経過措置は、政令で定める。

（検討）

第三条 政府は、公立の義務教育諸学校（標準法第二条第一項に規定する義務教育諸学校をいう。以下この条において同じ。）における教育水準の維持向上のためには、学級規模及び教職員の配置の適正化を図ることに加え、多様な知識又は経験を有する質の高い教員が教育を行うとともに、教員以外の教育活動を支援する人材（以下この条において「外部人材」という。）を活用することが重要であることに鑑み、この法律の施行後速やかに、学級編制の標準となる数の引下げが学力の育成その他の公立の義務教育諸学校における教育活動に与える影響及び外部人材の活用の効果に関する実証的な研究を行うとともに、教員の免許に関する制度その他教員の資質の保持及び向上に関する制度の在り方について検討を行い、それらの結果に基づいて法制上の措置その他の必要な措置を講ずるものとする。

附 則（令和三・六・一一法六三）（抄）

（施行期日）

第一条 この法律は、令和五年四月一日から施行する。〔ただし書略〕

○公立義務教育諸学校の学級編制及び教職員定数の標準に関する法律施行令

昭三三・六・三〇
政令二〇二

最終改正　令和四・三・三〇政令一二九

（数学年の児童又は生徒を一学級に編制する場合の標準）

第一条　公立義務教育諸学校の学級編制及び教職員定数の標準に関する法律（以下「法」という。）第三条第一項ただし書の規定に基づく学級の編制は、次の表の上欄に掲げる児童又は生徒の数の区分に応じ、同表の下欄に掲げる児童又は生徒で行うものとする。

児童又は生徒の数	一学級に編制する児童又は生徒
小学校（義務教育学校の前期課程を含む。以下この条において同じ。）の第一学年の児童の数と当該学年に引き続く一の学年の児童の数との合計数が八人以下である場合（当該引き続く一の学年が小学校の第二学年以外の学年である場合で、小学校の第一学年又は当該引き続く一の学年のいずれかの児童の数が四人を超えるときを除く。）	当該児童
小学校の引き続く二の学年（第一学年を含むものを除く。）の児童の数の合計数が十六人以下である場合（当該引き続く二の学年が一の学年と当該学年より一学年上の学年及び一学年下の学年以外の学年とである場合で、当該引き続く二の学年のいずれかの児童の数が八人を超えるときを除く。）	当該児童
中学校（義務教育学校の後期課程及び中等教育学校の前期課程を含む。以下この条において同じ。）の引き続く二の学年の生徒の数の合計数が八人以下である場合（当該引き続く二の学年が中学校の第一学年と第三学年とである場合で、これらの学年のいずれかの生徒の数が四人を超えるときを除く。）	当該生徒
小学校又は中学校の特別支援学級に編制する二以上の学年の児童又は生徒の数の合計数が八人以下である場合	当該児童又は生徒
特別支援学校の小学部又は中学部の重複障害学級（法第三条第三項の規定により文部科学大臣が定める障害を二以上併せ有する児童又は生徒で編制する学級をいう。）に編制する二以上の学年の児童又は生徒の数の合計数が三人以下である場合	当該児童又は生徒

（法第七条第一項第五号及び第六号の政令で定める特別の指導）

第二条　法第七条第一項第五号の政令で定める特別の指導は、障害による学習上又は生活上の困難を克服するために障害に応じて行われる特別の指導であつて、小学校（義務教育学校の前期課程を含む。次項において同じ。）又は中学校（義務教育学校の後期課程及び中等教育学校の前期課程を含む。次項において同じ。）の児童又は生徒（特別支援学級の児童又は生徒を除く。）のうち当該指導を文部科学大臣が定めるところにより教育課程の一部として行う必要があると認められる者に対して行われるものとする。

2　法第七条第一項第六号の政令で定める特別の指導は、日本語に通じないことによる学習上又は生活上の困難を克服するために、日本語を理解し、使用する能力に応じて行われる特別の指導であつて、小学校又は中学校の児童又は生徒のうち当該指導を文部科学大臣が定めるところにより教育課程の一部として行う必要があると認められる者に対して行われるものとする。

（複数の教頭及び教諭等の協力による指導が行われる場合等における教頭及び教諭等の数の算定）

第三条　法第七条第二項の政令で定める数は、都道府県又は地方自治法（昭和二十二年法律第六十七号）第二百五十二条の十九第一項の指定都市（以下単に「指定都市」という。）の教育委員会が小学校、中学校若しくは義務教育学校又は中等教育学校の前期課程において行われる複数の教頭及び教諭等（法第七条第一項に規定する教頭及び教諭等をいう。以下この条及び第九条において同じ。）の協力による指導に係る授業時数及び児童又は生徒の数、小学校、中学校若しくは義務教育学校又は中等教育学校の前期課程において行われる少数の児童又は生徒により構成される集団を単位とした指導に係る授業時数及び児童又は生徒の数、中学校、義務教育学校の後期課程又は中等教育学校の前期課程において開設される選択教科の数及び授業時数並びに当該選択教科の履修に係る生徒の数、小学校又は義務教育学校の前期課程において行われる専門的な知識又は技能に係る教科等に関する専門的な指導に係る授業時数及び児童の数その他の事情を勘案して教頭及び教諭等を置くことについての配慮を必要とすると認める学校の数等を考慮し、文部科学大臣が定める数とする。

（養護教諭等の数の算定）

第四条　法第八条第三号の政令で定めるところにより算定する数は、次に定めるところにより算定した数を合計した数とする。

一　医療機関（医療法（昭和二十三年法律第二百五号）第一条の五に規定する病院又は診療所（医師が常駐していないもの及び歯科医業のみを行うものを除く。）をいう。次号において同じ。）が存しない市（特別区を含む。第七条第一項各号を除き、以下同じ。）町村で二学級以下の小学校（義務教育学校の前期課程を含む。以下この条において同じ。）若しくは中学校（義務教育学校の後期課程を含む。以下この条において同じ。）又は中等教育学校の前期課程を設置するものの数に一を乗じて得た数

二　医療機関が存しない離島地域（島の全部又は一部の地域で離島振興法（昭和二十八年法律第七十二号）第二条第一項の規定に基づく離島振興対策実施地域の指定に係るもの、奄美群島振興開発特別措置法（昭和二十九年法律第百八十九号）第一条に規定する奄美群島の区域内に存する島の地域及び沖縄振興特別措置法（平成十四年法律第十四号）第三条第三号に規定する離島の地域をいう。）で当該離島地域内に二学級以下の小学校若しくは中学校又は中等教育学校の前期課程の存するもの（以下この号において「小規模校所在離島地域」という。）の数に一を乗じて得た数（小規模校所在離島地域のみをその区域とする市町村が存する場合には、当該乗じて得た数から当該市町村の数に一を乗じて得た数を減ずるものとする。）

2　都道府県又は市（指定都市を除く。）町村の設置する小学校若しくは中学校又は中等教育学校の前期課程に係る前項各号に規定する学級の数は、法第三条第二項の規定により都道府県の教育委員会が定めた基準により算定するものとする。

3　指定都市の設置する小学校若しくは中学校又は中等教育学校の前期課程に係る第一項各号に規定する学級の数は、法第四条第二項の規定により指定都市の教育委員会が編制した学級の数とする。

（事務職員の数の算定）

第五条　法第九条第四号の政令で定める者は、市町村の教育委員会が学校教育法（昭和二十二年法律第二十六号）第十六条に規定する保護者のうち生活保護法（昭和二十五年法律第百四十四号）第六条第二項に規定する要保護者に準ずる程度に困窮していると認める者（就学困難な児童及び生徒に係る就学奨励についての国の援助に関する法律（昭和三十一年法律第四十号）第二条各号に掲げる費用等の支給を当該市町村から受けるものに限る。）とする。

2　法第九条第四号の政令で定める小学校（義務教育学校の前期課程を含む。以下この項において同じ。）若しくは中学校（義務教育学校の後期課程を含む。以下この項において同じ。）又は中等教育学校の前期課程は、同号に規定する児童又は生徒の数が百人以上の小学校若しくは中学校又は中等教育学校の前期課程で、当該数のその学校における児童又は生徒の総数に対する割合が百分の二十五以上であるものとする。

（法第十一条第一項第五号の政令で定める特別の指導）

第六条　法第十一条第一項第五号の政令で定める特別の指導は、日本語に通じないことによる学習上又は生活上の困難を克服するために、日本語を理解し、使用する能力に応じて行われる特別の指導であって、特別支援学校の小学部又は中学部の児童又は生徒のうち当該指導を文部科学大臣が定めるところにより教育課程の一部として行う必要があると認められる者に対して行われるものとする。

（教職員定数の算定に関する特例）

第七条　法第十五条第一号の政令で定める教育上特別の配慮を必要とする事情は、次の各号のいずれかに該当することとし、同条の規定により教職員の数を加える場合においては、法第七条第一項の規定により統合前の各学校について算定した教職員の数の合計数と同項の規定により統合後の学校について算定した教職員の数の合計数との差を考慮して文部科学大臣が定める数を同条の規定により算定した数に加えるものとする。

一　平成十七年三月三十一日までに行われた地方自治法（昭和二十二年法律第六十七号）第七条第一項又は第三項の規定による申請に係る市町村の合併（旧市町村の合併の特例に関する法律（昭和四十年法律第六号）附則第二条第二項の規定によりなお効力を有することとされる同法（以下この号において「旧合併特例法」という。）第二条第一項に規定する市町村の合併をいう。）が平成十八年三月三十一日までに行われ、かつ、旧合併特例法第五条第一項の規定に基づき作成された市町村建設計画に基づく統合のため教育上特別の配慮を必要とすると認められる小学校若しくは中学校又は中等教育学校の前期課程であってその統合の日から五年を経過しないものが存すること。

二　平成十七年四月一日以降に行われた地方自治法第七条第一項又は第三項の規定による申請に係る市町村の合併（市町村の合併の特例に関する法律（平成十六年法律第五十九号）第二条第一項に規定する市町村の合併をいう。）が令和十二年三月三十一日までに行われ、かつ、市町村の合併の特例に関する法律第六条第一項の規定に基づき作成された合併市町村基本計画に基づく統合のため教育上特別の配慮を必要とすると認められる小学校、中学校若しくは義務教育学校又は中等教育学校の前期課程であってその統合の日から五年を経過しないものが存すること。

2　法第十五条第二号の政令で定める特別の指導は、次の各号に掲げる指導とし、同条の規定により教職員の数を加える場合においては、それぞれ当該各号に掲げる数を当該各号に定める法の規定により算定した数に加えるものとする。

一　小学校、中学校若しくは義務教育学校又は中等教育学校の前期課程において、学習指導上、生徒指導上又は進路指導上特別の配慮が必要と認められる事情を有する児童又は生徒に対して当該事情に応じた特別の指導が行われる場合にあっては、当該指導が行われる学校の数等を考慮して文部科学大臣が定める数　法第七条

二　小学校、中学校若しくは義務教育学校又は中等教育学校の前期課程において、心身の健康を害している児童又は生徒に対してその回復のための特別の指導が行われる場合にあっては、当該指導が行われる学校の数等を考慮して文部科学大臣が定める数　法第八条

三　小学校、中学校若しくは義務教育学校又は中等教育学校の前期課程（法第八条の二第三号の規定により栄養教諭等（同条に規定する栄養教諭等をいう。第九条第一項において同じ。）の数を算定する場合にあつては、共同調理場（学校給食法（昭和二十九年法律第百六十号）第六条に規定する施設をいう。第六項及び第九条第一項において同じ。）に係る小学校、中学校若しくは義務教育学校又は中等教育学校の前期課程とする。）において、著しく肥満している児童又は生徒その他の飲食に関して特別の注意が必要である児童又は生徒に対して食生活の改善のための特別の指導が行われる場合にあつては、当該指導が行われる学校の数等を考慮して文部科学大臣が定める数　法第八条の二

3　法第十五条第三号の政令で定める事情は、次の各号に掲げる整備を行うことが特に必要であると認められることとし、同条の規定により教職員の数を加える場合においては、それぞれ当該各号に掲げる数を当該各号に定める法の規定により算定した数に加えるものとする。

一　小学校、中学校若しくは義務教育学校又は中等教育学校の前期課程について、当該学校において障害に応じた特別の指導が行われる必要がある児童又は生徒の当該障害の種類及び当該学校の所在する地域の地理的条件を勘案し、当該学校において当該指導を適切に行うことができるよう、当該学校の人的体制の整備を行うことが特に必要であると認められる場合にあつては、当該整備を行うことが特に必要であると認められる学校の数等を考慮して文部科学大臣が定める数　法第七条

二　特別支援学校の小学部又は中学部について、当該学校に対する学校教育法第七十四条の要請の状況並びに当該学校の規模、教職員の配置の状況その他の組織及び運営の状況を勘案し、当該学校が当該要請に応じて同条の責務を十分に果たすことができるよう、当該学校の人的体制の整備を行うことが特に必要であると認められる場合にあつては、当該整備を行うことが特に必要であると認められる学校の数等を考慮して文部科学大臣が定める数　法第十一条

4　法第十五条第四号の政令で定める事情は、主幹教諭（養護又は栄養の指導及び管理をつかさどる主幹教諭を除く。）を置く小学校、中学校若しくは義務教育学校又は中等教育学校の前期課程について、当該主幹教諭の職務の内容並びに当該学校の規模、教職員の配置の状況その他の組織及び運営の状況を勘案し、当該学校の効果的かつ効率的な運営を図るため、当該主幹教諭がその校務の整理に係る職責を十分に果たすことができるよう、当該学校の人的体制の整備を行うことが特に必要であると認められることとし、同条の規定により教職員の数を加える場合においては、当該整備を行うことが特に必要であると認められる学校の数等を考慮して文部科学大臣が定める数を法第七条の規定により算定した数に加えるものとする。

5　法第十五条第五号の政令で定める事情は、小学校、中学校若しくは義務教育学校又は中等教育学校の前期課程について、当該学校を含む複数の義務教育諸学校において多様な人材の活用、情報化の促進等により多様な教育が行われる場合に当該学校がそのための事務処理の拠点となつていることとし、同条の規定により教職員の数を加える場合においては、同号に規定する共同学校事務室が置かれている学校及び当該拠点となつている学校の数等を考慮して文部科学大臣が定める数を法第九条の規定により算定した数に加えるものとする。

6　法第十五条第六号の政令で定める特別の事情は、当該学校の教職員が同号に規定する研修を受けていること、当該学校（共同調理場を含む。）において文部科学大臣が定める教育指導の改善若しくは事務処理の効率化に関する特別な研究が行われていること又は当該学校の教職員が教育公務員特例法（昭和二十四年法律第一号）第二十五条第一項の指導改善研修を受けていることとし、法第十五条の規定により教職員の数を加える場合においては、当該学校（共同調理場を含む。）の数等を考慮して文部科学大臣が定める数を法第七条から第九条まで又は第十一条の規定により算定した数に加えるものとする。

（併設校の規模等）

第八条　法第十六条第三項の政令で定める規模の小学校及び中学校（中等教育学校の前期課程を含む。以下この条において同じ。）は、法第八条第一号の規定を適用する場合にあつては三学級の小学校及び中学校（中等教育学校の前期課程を含む。以下この条において同じ。）とし、法第九条第一号の規定を適用する場合にあつては四学級から六学級までの小学校及び四学級又は五学級の中学校とする。

2　都道府県又は市（指定都市を除く。）町村の設置する小学校及び中学校に係る前項に規定する学級の数は、法第三条第二項の規定により都道府県の教育委員会が定めた基準により算定するものとする。

3　指定都市の設置する小学校及び中学校に係る第一項に規定する学級の数は、法第四条第二項の規定により指定都市の教育委員会が編制した学級の数とする。

4　法第十六条第三項の政令で定める距離は、五百メートルとする。

（教職員定数の短時間勤務の職を占める者等の数への換算の方法）

第九条　法第十七条第一項の規定により教職員の数を校長、副校長、教頭、主幹教諭、指導教諭、教諭、養護教諭、栄養教諭、助教諭、養護助教諭、講師、寄宿舎指導員、学校栄養職員又は事務職員で地方公務員法（昭和二十五年法律第二百六十一号）第二十二条の四第一項に規定する短時間勤務の職を占める者（以下この項において「短時間勤務職員」という。）の数に換算する場合においては、公立の小学校、中学校及び義務教育学校並びに中等教育学校の前期課程（共同調理場を含む。）の教職員の数に係る場合にあつては校長、教頭及び教諭等、養護教諭等（法第八条に規定する養護教諭等をいう。以下この項において同じ。）、栄養教諭等又は事務職員の別、公立の特別支援学校の小学部及び中学部の教職員の数に係る場合にあつては校長、教頭及び教諭等、養護教諭等、栄養教諭等、寄宿舎指導員又は事務職員の別ごとに、第一号に

掲げる数が第二号に掲げる数と等しくなる場合における当該条件を満たす短時間勤務職員の数に換算するものとする。

一　換算しようとする教職員の数

二　短時間勤務職員の一週間当たりの通常の勤務時間数（以下この条において「週当たり勤務時間数」という。）による区分ごとに当該週当たり勤務時間数に当該区分に係る短時間勤務職員の数を乗じて得た数の合計数を四十で除して得た数（一未満の端数を生じた場合にあつては、小数点以下第一位の数字が五以上であるときは一に切り上げ、四以下であるときは切り捨てる。次項において同じ。）

2　法第十七条第二項の規定により教頭及び教諭等の数を同項に規定する講師（以下この項において単に「講師」という。）の数に換算する場合においては、公立の小学校、中学校及び義務教育学校並びに中等教育学校の前期課程の教頭及び教諭等又は公立の特別支援学校の小学部及び中学部の教頭及び教諭等ごとに、第一号に掲げる数が第二号に掲げる数と等しくなる場合における当該条件を満たす講師の数に換算するものとする。

一　換算しようとする教頭及び教諭等の数

二　講師の週当たり勤務時間数による区分ごとに当該週当たり勤務時間数に当該区分に係る講師の数を乗じて得た数の合計数を四十で除して得た数

（法第十七条第二項の政令で定める者）

第十条　法第十七条第二項の政令で定める者は、次に掲げる講師（地方公務員法第二十二条の二第一項第一号に掲げる者に限る。）とする。

一　地方教育行政の組織及び運営に関する法律（昭和三十一年法律第百六十二号）第四十七条の三第一項に規定する非常勤の講師その他の教育公務員特例法第二十三条第一項の初任者研修を実施するために配置される講師

二　前号に掲げる者のほか、市（指定都市を除く。）町村における学校教育の振興を目的として配置される講師のうち当該都道府県における教職員の配置の適正化を図ることを目的としないもの

三　前二号に掲げる者のほか、その配置の目的等を考慮して文部科学大臣が定める講師

（文部科学省令への委任）

第十一条　この政令に定めるもののほか、法及びこの政令の実施について必要な事項は、文部科学省令で定める。

附　則（抄）

（施行期日）

1　この政令は、公布の日から施行し、第一条、第四条、第五条、附則第二項、附則第三項、附則第五項、附則第六項、附則第八項及び附則第九項の規定は、昭和三十三年五月一日から適用する。

（学級編制の暫定標準等）

2　法附則第二項に規定する都道府県に係る一学級の児童又は生徒の数の標準となるべき数は、昭和三十八年三月三十一日までは、同学年の児童又は生徒を五以上の学級に編制する場合の学級については、小学校にあつては五十四人、中学校にあつては五十二人とし、二以上の学年の児童若しくは生徒で編制する学級又は学校教育法（昭和二十二年法律第二十六号）第七十五条に規定する特殊学級については、法第三条第二項の表の中欄に掲げる学級編制の区分に応じ、同表の下欄に掲げる数に五人を加えた数とする。

4　法の施行の際、現に公立の小学校又は中学校の同学年の児童又は生徒を四以下の学級に編制する場合の学級編制の認可に当り第一条の表の上欄に掲げる学級編制の区分に応ずる一学級の児童又は生徒の数について同表の下欄に掲げる数の上限をこえる数を基準としている都道府県に係る当該一学級の児童又は生徒の数の標準となるべき数は、昭和三十八年三月三十一日までは、次の表の上欄に掲げる学校の種類及び同表の中欄に掲げる学級編制の区分に応じ、同表の下欄に掲げる数とする。

学校の種類	学級編制の区分	一学級の児童又は生徒の数
小学校	二の学級に編制する場合	二十八人から五十四人まで
	三の学級に編制する場合	二の学級については三十六人から五十四人まで、一の学級については三十七人から五十四人まで
	四の学級に編制する場合	三の学級については四十一人から五十四人まで、一の学級については四十人から五十四人まで
中学校	三の学級に編制する場合	二の学級については三十六人から五十二人まで、一の学級については三十五人から五十二人まで
	四の学級に編制する場合	三の学級については三十九人から五十二人まで、一の学級については四十人から五十二人まで

（教職員定数の暫定標準）

6　法附則第三項に規定する都道府県の小学校教職員定数又は中学校教職員定数の標準となるべき数は、昭和三十八年三月三十一日までは、次の式により算定して得た数（一人未満の端数を生じたときは、一人に切り上げる。）又は現員（当該各都道府県ごとの法附則第三項に規定する現員をいう。以下同じ。）のうち、いずれか定数（法附則第三項に規定する定数をいう。以下同じ。）に近い数とする。

$$定数 \times \frac{昭和三十六年五月一日現在における現員}{昭和三十六年五月一日の定数}$$

○公立義務教育諸学校の学級編制及び教職員定数の標準に関する法律施行規則

昭三三・七・三一
文部令一九

最終改正　平成二九・一・一〇文科令一

第一条　文部科学大臣は、必要があると認めるときは、都道府県及び地方自治法（昭和二十二年法律第六十七号）第二百五十二条の十九第一項の指定都市（以下単に「指定都市」という。）の教育委員会に対し、毎学年、別に定めるところにより、学級編制及び教職員配当の基準に関する報告を求めることができる。

第二条　文部科学大臣は、必要があると認めるときは、都道府県及び指定都市の教育委員会に対し、毎年度、別に定めるところにより、五月一日現在の教職員定数及び標準学級数に関する報告を求めることができる。

（学級編制又はその変更についての届出）

第三条　都道府県の教育委員会は、市（指定都市を除き、特別区を含む。以下この条において同じ。）町村の設置する義務教育諸学校の学級編制について、当該市町村の教育委員会から公立義務教育諸学校の学級編制及び教職員定数の標準に関する法律（昭和三十三年法律第百十六号。第四号及び次項において「法」という。）第五条の規定による届出を受けた場合には、次の各号に掲げる事項を記載した書類の提出を求めることができる。

一　各学校ごとの学級数

二　学年別及び学級別の児童又は生徒の数（数学年の児童又は生徒を一の学級に編制する場合にあつては、各学級ごとの学年別の児童又は生徒の数。）

三　普通教室の数

四　法第四条の規定に基づき、法第三条第二項の規定により都道府県の教育委員会が定めた基準によらず、学級編制を行つた場合にはその理由

五　その他都道府県の教育委員会において必要と認める事項

2　都道府県の教育委員会は、市町村の設置する義務教育諸学校の学級編制の変更について、当該市町村の教育委員会から法第五条の規定による届出を受けた場合には、各学校ごとの変更の事由及び時期を記載した書類並びに前項各号に掲げる事項を記載した書類の提出を求めることができる。

附　則

1　この省令は、公布の日から施行する。

2　昭和三十三年度においては、第三条中「当該年度の六月十日」とあるのは「昭和三十三年八月二十日」と読み替えるものとする。

○公立高等学校の適正配置及び教職員定数の標準等に関する法律

昭三六・一一・六
法一八八

最終改正　令和四・一一・二八法九二

第一章　総則

（目的）

第一条　この法律は、公立の高等学校に関し、配置、規模及び学級編制の適正化並びに教職員定数の確保を図るため、学校の適正な配置及び規模並びに学級編制及び教職員定数の標準について必要な事項を定めるとともに、公立の中等教育学校の後期課程及び特別支援学校の高等部に関し、学級編制の適正化及び教職員定数の確保を図るため、学級編制及び教職員定数の標準について必要な事項を定め、もつて高等学校、中等教育学校の後期課程及び特別支援学校の高等部の教育水準の維持向上に資することを目的とする。

（定義）

第二条　この法律において、「教職員」とは、校長（中等教育学校の校長を除き、特別支援学校の高等部にあつては、当該部のみを置く特別支援学校の校長とする。以下同じ。）、副校長、教頭、主幹教諭、指導教諭、教諭、養護教諭、助教諭、養護助教諭、講師、実習助手、寄宿舎指導員及び事務職員（それぞれ常勤の者に限る。第二十三条を除き、以下同じ。）をいう。

2　この法律において、「全日制の課程」とは学校教育法第四条第一項に規定する全日制の課程をいい、「定時制の課程」とは同項に規定する定時制の課程をいい、「通信制の課程」とは同項に規定する通信制の課程をいう。

3　この法律において、「農業に関する学科」とは農業に関する専門教育を主とする学科をいい、「水産に関する学科」とは水産に関する専門教育を主とする学科をいい、「工業に関する学科」とは工業に関する専門教育を主とする学科をいい、「商業に関する学科」とは商業に関する専門教育を主とする学科をいい、「家庭に関する学科」とは家庭に関する専門教育を主とする学科をいう。

第二章　削除

第三条　削除

第三章　公立の高等学校の適正な配置及び規模

（公立の高等学校の適正な配置及び規模）

第四条　都道府県は、高等学校の教育の普及及び機会均等を図るため、その区域内の公立の高等学校の配置及び規模の適正化に努めなければならない。この場合において、都道府県は、その区域内の私立の高等学校並びに公立及び私立の中等教育学校の配置状況を充分に考慮しなければならない。

第五条　削除

第四章　公立の高等学校等の学級編制の標準

（学級編制の標準）

第六条　公立の高等学校（中等教育学校の後期課程を含む。以下この条において同じ。）の全日制の課程又は定時制の課程における一学級の生徒の数は、四十人を標準とする。ただし、やむを得ない事情がある場合及び高等学校を設置する都道府県又は市町村の教育委員会が当該都道府県又は市町村における生徒の実態を考慮して特に必要があると認める場合については、この限りでない。

第五章　公立の高等学校等の教職員定数の標準

（教職員定数の標準）

第七条　公立の高等学校（中等教育学校の後期課程を含む。以下この条において同じ。）に置くべき教職員の当該高等学校を設置する都道府県又は市町村ごとの総数（以下「高等学校等教職員定数」という。）は、次条から第十二条までに規定する数を合計した数を標準として定めるものとする。

（校長の数）

第八条　校長の数は、学校（中等教育学校を除く。）の数に一を乗じて得た数とする。

（教諭等の数）

第九条　副校長、教頭、主幹教諭（養護をつかさどる主幹教諭を除く。）、指導教諭、教諭、助教諭及び講師（以下「教諭等」という。）の数は、次に定めるところにより算定した数を合計した数とする。

一　次に掲げる数の合計数に一を乗じて得た数

イ　生徒の収容定員が二百一人以上の全日制の課程及び定時制の課程の数

ロ　二以上の学科を置く全日制の課程又は定時制の課程（その学科のいずれもが同一の専門教育の分野に係る専門教育を主とする学科であるものを除く。ハにおいて「複数学科設置課程」という。）でその生徒の収容定員が六百八十一人以上のものの数

ハ　複数学科設置課程以外の全日制の課程又は定時制の課程でその生徒の収容定員が九百二十一人以上のものの数

ニ　通信制の課程の数

二　全日制の課程（本校の全日制の課程及び分校の全日制の課程は、それぞれ一の全日制の課程とみなす。第八号において同じ。）又は定時制の課程（本校の定時制の課程及び分校の定時制の課程は、それぞれ一の定時制の課程とみなす。同号において同じ。）について、次の表の上欄に掲げる課程の別に従い、同表の中欄に掲げる生徒の収容定員による課程の規模の区分ごとの課程の生徒の収容定員の総数を、当該区分に応ずる同表の下欄に掲げる数で除して得た数（一未満の端数を生じたときは、一に切り上げる。第十二条第一号及び第四号において同じ。）の合計数

課程の別	生徒の収容定員による課程の規模の区分	除すべき数
全日制の課程	四十人以下の課程	八
	四十一人から八十人までの課程	十一・四
	八十一人から百二十人までの課程	十五
	百二十一人から二百四十人までの課程	十六
	二百四十一人から二百八十人までの課程	十六・四
	二百八十一人から四百人までの課程	十七・一
	四百一人から五百二十人までの課程	十七・七
	五百二十一人から六百四十人までの課程	十八・二
	六百四十一人から七百六十人までの課程	十八・九
	七百六十一人から八百八十人までの課程	十九・五
	八百八十一人から千人までの課程	二十
	千一人から千百二十人までの課程	二十・五
	千百二十一人以上の課程	二十一
定時制の課程	四十人以下の課程	八
	四十一人から八十人までの課程	十一・四
	八十一人から百二十人までの課程	十五
	百二十一人から二百四十人までの課程	十八・五
	二百四十一人から二百八十人までの課程	十九・三
	二百八十一人から四百四十人までの課程	二十・七
	四百四十一人から六百人までの課程	二十二・二
	六百一人から七百六十人までの課程	二十三・五
	七百六十一人から九百二十人までの課程	二十四・七
	九百二十一人から千八十人までの課程	二十五・八
	千八十一人以上の課程	二十六・七

三　通信制の課程を置く学校（本校及び分校は、それぞれ一の学校とみなす。）について、当該課程の生徒の数を、次の表の上欄に掲げる人員に区分し、各区分ごとの生徒の数を、順次同表の下欄に掲げる数で除して得た数の合計数（一未満の端数を生じた場合にあつては、小数点以下第一位の数字が一以上であるときは一に切り上げ、零であるときは切り捨てるものとする。）を合算した数

人員の区分	除すべき数
一人から六百人まで	四十六・二
六百一人から千二百人まで	六十六・七
千二百一人以上	百

四　生徒の収容定員が三百二十一人以上の全日制の課程又は生徒の収容定員が四百四十一人以上の定時制の課程について、次の表の上欄に掲げる課程の別に従い、同表の中欄に掲げる生徒の収容定員による課程の規模の区分ごとの課程の数に当該区分に応ずる同表の下欄に掲げる数を乗じて得た数の合計数

課程の別	生徒の収容定員による課程の規模の区分	乗ずる数
全日制の課程	三百二十一人から五百六十人までの課程	一
	五百六十一人から六百八十人までの課程	二
	六百八十一人から千四十人までの課程	三
	千四十一人から千百六十人までの課程	四
	千百六十一人以上の課程	五
定時制の課程	四百四十一人から九百二十人までの課程	一
	九百二十一人以上の課程	二

五　通信制の課程について、次の表の上欄に掲げる生徒の数による課程の規模の区分ごとの課程の数に当該区分に応ずる同表の下欄に掲げる数を乗じて得た数の合計数

生徒の数による課程の規模の区分	乗ずる数
二千四百一人から三千人までの課程	一
三千一人から三千六百人までの課程	二
三千六百一人以上の課程	三

六　生徒の収容定員が六百八十一人から千四十人までの全日制の課程の数に一を乗じて得た数、生徒の収容定員が千四十一人以上の全日制の課程の数に二を乗じて得た数、生徒の収容定員が四百四十一人以上の定時制の課程の数に一を乗じて得た数及び通信制の課程の数に一を乗じて得た数の合計数

七　農業、水産又は工業に関する学科を置く全日制の課程又は定時制の課程について、次の表の上欄に掲げる学科の区分に応じ、同表の下欄に掲げる方法により算定した数の合計数を合算した数

学科の区分	算定の方法
農業に関する学科	当該学科の数に一を乗じ、当該学科の生徒の収容定員の合計数が二百一人以上の全日制の課程については当該乗じて得た数に二を加え、当該学科の生徒の収容定員の合計数が二百八十一人以上の定時制の課程については当該乗じて得た数に一を加える。
水産に関する学科	当該学科の数に一を乗じ、当該学科の生徒の収容定員の合計数が二百一人以上の全日制の課程については当該乗じて得た数に二を加え、当該学科の生徒の収容定員の合計数が二百八十一人以上の定時制の課程については当該乗じて得た数に一を加える。
工業に関する学科	当該学科の数に二を乗じ、当該学科を置く全日制の課程については当該乗じて得た数に一（当該学科の生徒の収容定員の合計数が二百一人から九百二十人までの全日制の課程にあつては二とし、当該学科の生徒の収容定員の合計数が九百二十一人以上の全日制の課程にあつては三とする。）を加え、当該学科の生徒の収容定員の合計数が二百八十一人以上の定時制の課程については当該乗じて得た数に一を加える。

八　商業又は家庭に関する学科を置く全日制の課程又は定時制の課程について、次の表の上欄に掲げる課程の別に従い、同表の中欄に掲げる商業又は家庭に関する学科の生徒の収容定員の合計数の区分ごとの課程の数に当該区分に応ずる同表の下欄に掲げる数を乗じて得た数の合計数

課程の別	商業又は家庭に関する学科の生徒の収容定員の合計数の区分	乗ずる数
全日制の課程	四十一人から二百人まで	一
	二百一人から三百二十人まで	三
	三百二十一人から六百八十人まで	四
	六百八十一人から千百六十人まで	五
	千百六十一人以上	六

定時制の課程	百二十一人から二百人まで	一
	二百一人から二百八十人まで	二
	二百八十一人から四百四十人まで	三
	四百四十一人から千八十人まで	四
	千八十一人以上	五

九 寄宿する生徒の数が五十一人以上の寄宿舎を置く学校の数に一を乗じて得た数

2 全日制の課程又は定時制の課程に置かれる普通教育を主とする学科において、教科又は科目の特質に応じた教育を行うため少数の生徒により構成される集団を単位として指導が行われる場合には、前項の規定により算定した数に政令で定める数を加えた数を教諭等の数とする。

（養護教諭等の数）

第十条 養護をつかさどる主幹教諭、養護教諭及び養護助教諭（以下「養護教諭等」という。）の数は、次に定めるところにより算定した数を合計した数とする。

一 高等学校の本校に置かれる生徒の収容定員が八十一人から八百人までの全日制の課程の数と高等学校の本校に置かれる生徒の収容定員が百二十一人から八百人までの定時制の課程の数との合計数に一を乗じて得た数

二 高等学校の本校に置かれる生徒の収容定員が八百一人以上の全日制の課程及び定時制の課程の数の合計数に二を乗じて得た数

三 中等教育学校の本校に置かれる全日制の課程であつてその生徒の収容定員と当該中等教育学校の前期課程の生徒の数との合計数が八百一人以上のもの（当該中等教育学校の前期課程の生徒の数が八百一人以上のものを除く。）の数と中等教育学校の本校に置かれる生徒の収容定員が百二十一人から八百人までの定時制の課程の数との合計数に一を乗じて得た数

四 中等教育学校の本校に置かれる生徒の収容定員が八百一人以上の定時制の課程の数に二を乗じて得た数

（実習助手の数）

第十一条 実習助手の数は、次の各号に定めるところにより算定した数を合計した数とする。

一 生徒の収容定員が二百一人から九百六十人までの全日制の課程及び定時制の課程の数の合計数に一を乗じて得た数と生徒の収容定員が九百六十一人以上の全日制の課程及び定時制の課程の数の合計数に二を乗じて得た数との合計数

二 農業、水産、工業、商業又は家庭に関する学科を置く全日制の課程又は定時制の課程について、次の表の上欄に掲げる学科の区分に応じ、同表の下欄に掲げる方法により算定した数の合計数を合算した数

学科の区分	算定の方法
農業に関する学科	当該学科の数に二を乗じ、当該学科の生徒の収容定員の合計数が六百八十一人以上の課程については当該乗じて得た数に一を加える。
水産に関する学科	当該学科の数に二を乗じ、当該学科の生徒の収容定員の合計数が六百八十一人以上の課程については当該乗じて得た数に一を加える。
工業に関する学科	当該学科の数に二を乗じて得た数に一（当該学科の生徒の収容定員の合計数が六百八十一人以上の課程にあつては、二）を加える。
商業又は家庭に関する学科	当該学科の生徒の収容定員の合計数が五百六十一人以上の課程について一とする。

三 全日制の課程又は定時制の課程を置く学校の分校で農業、水産又は工業に関する学科に係る授業を行なうものの数に一を乗じて得た数

（事務職員の数）

第十二条 事務職員の数は、次に定めるところにより算定した数を合計した数とする。

一 全日制の課程及び定時制の課程の数の合計数に一を乗じて得た数と生徒の収容定員が二百一人以上の全日制の課程又は定時制の課程ごとに当該課程の生徒の収容定員の数から二百を減じて得た数を三百六十で除して得た数の合計数とを合計した数

二 生徒の収容定員が四百四十一人以上の全日制の課程及び定時制の課程の数の合計数に一を乗じて得た数

三 全日制の課程又は定時制の課程で当該課程に置かれる農業、水産又は工業に関する学科の生徒の収容定員の合計数が二百一人以上のものの数に一を乗じて得た数

四 通信制の課程を置く学校について、当該課程の生徒の数を四百で除して得た数を合算した数

第十三条 削除

第六章 公立の特別支援学校の高等部の学級編制の標準

（学級編制の標準）

第十四条 公立の特別支援学校の高等部の一学級の生徒の数は、重複障害生徒（文部科学大臣が定める障害を二以上併せ有する生徒をいう。以下この条において同じ。）で学級を編制する場合にあつては三人、重複障害生徒以外の生徒で学級を編制する場合にあつては八人を標準とする。ただし、やむを得ない事情がある場合及び高等部を置く特別支援学校を設置する都道府県又は市町村の教育委員会が当該都道府県又は市町村における生徒の実態を考慮して特に必要があると認める場合については、この限りでない。

第七章　公立の特別支援学校の高等部の教職員定数の標準

（教職員定数の標準）
第十五条　公立の特別支援学校の高等部に置くべき教職員の当該特別支援学校を設置する都道府県又は市町村ごとの総数（以下「特別支援学校高等部教職員定数」という。）は、次条から第二十一条までに規定する数を合計した数を標準として定めるものとする。

（校長の数）
第十六条　校長の数は、高等部のみを置く特別支援学校の数に一を乗じて得た数とする。

（教諭等の数）
第十七条　教諭等の数は、次に定めるところにより算定した数を合計した数とする。
一　六学級以上の高等部のみを置く特別支援学校の数と高等部を置く特別支援学校でその学級数（幼稚部の学級数を除く。）が二十七学級以上のもの（小学部及び中学部の学級数が二十七学級以上のものを除く。）の数との合計数に一を乗じて得た数
二　特別支援学校の高等部の学級数の合計数に二を乗じて得た数
三　特別支援学校の高等部でその学級数が六学級から十七学級のものの数に一を乗じて得た数と特別支援学校の高等部でその学級数が十八学級以上のものの数に二を乗じて得た数との合計数
四　特別支援学校の高等部に置かれる専門教育を主とする学科の数と知的障害者、肢体不自由者又は病弱者（身体虚弱者を含む。次号において同じ。）である生徒に対する教育を主として行う特別支援学校（以下「養護特別支援学校」という。）の高等部（専門教育を主とする学科のみを置くものを除く。）の数との合計数に二を乗じて得た数と養護特別支援学校の高等部で専門教育を主とする学科のみを置くものの数に一を乗じて得た数との合計数
五　次の表の上欄に掲げる特別支援学校の区分ごとの学校（高等部が置かれていないものを除く。）の数に当該特別支援学校の区分に応ずる同表の下欄に掲げる数を乗じて得た数の合計数、四学級以上の高等部ごとに当該部の学級数から三を減じて得た数に六分の一を乗じて得た数（一未満の端数を生じたときは、一に切り上げる。第二十条において同じ。）の合計数及び高等部のみを置く特別支援学校の数に一を乗じて得た数を合計した数

特別支援学校の区分	乗ずる数
視覚障害者である生徒に対する教育を主として行う特別支援学校	一
聴覚障害者である生徒に対する教育を主として行う特別支援学校	一
知的障害者である生徒に対する教育を主として行う特別支援学校	一
肢体不自由者である生徒に対する教育を主として行う特別支援学校	三
病弱者である生徒に対する教育を主として行う特別支援学校	一

六　次の表の上欄に掲げる寄宿する特別支援学校の児童及び生徒の数の区分ごとの寄宿舎を置く特別支援学校の数に当該区分に応ずる同表の下欄に掲げる数を乗じて得た数の合計数から公立義務教育諸学校の学級編制及び教職員定数の標準に関する法律（昭和三十三年法律第百十六号）第十一条第一項第八号に定めるところにより算定した数を減じて得た数

寄宿する特別支援学校の児童及び生徒の数	乗ずる数
八十人以下	二
八十一人から二百人まで	三
二百一人以上	四

（養護教諭等の数）
第十八条　養護教諭等の数は、高等部のみを置く特別支援学校の数と高等部を置く特別支援学校でその児童及び生徒の数が六十一人以上のもの（小学部及び中学部の児童及び生徒の数が六十一人以上のものを除く。）の数との合計数に一を乗じて得た数とする。

（実習助手の数）
第十九条　実習助手の数は、次の各号に定めるところにより算定した数を合計した数とする。
一　特別支援学校の高等部について、当該部に置かれる専門教育を主とする学科の数に二を乗じて得た数の合計数
二　養護特別支援学校の高等部（専門教育を主とする学科のみを置くものを除く。）の数に二を乗じて得た数

（寄宿舎指導員の数）
第二十条　寄宿舎指導員の数は、寄宿舎を置く特別支援学校ごとに次に定めるところにより算定した数の合計数（高等部の生徒のみを寄宿させる寄宿舎のみを置く特別支援学校については当該合計数が十二に達しない場合にあつては、十二）を合算した数とする。
一　寄宿舎に寄宿する高等部の生徒（肢体不自由者である生徒を除く。）の数に五分の一を乗じて得た数
二　寄宿舎に寄宿する肢体不自由者である高等部の生徒の数に三分の一を乗じて得た数

（事務職員の数）
第二十一条　事務職員の数は、特別支援学校の高等部の数に二

を乗じて得た数とする。

第八章　雑則

（教職員定数の算定に関する特例）

第二十二条　第九条から第十二条まで及び第十七条から前条までの規定により教諭等、養護教諭等、実習助手、寄宿舎指導員及び事務職員の数を算定する場合において、次に掲げる事情があるときは、これらの規定により算定した数にそれぞれ政令で定める数を加え、又はこれらの規定により算定した数からそれぞれ政令で定める数を減ずるものとする。

一　農業、水産又は工業に関する学科を置く公立の高等学校（中等教育学校の後期課程を含む。以下この条において同じ。）についての政令で定める特別の事情

二　公立の高等学校又は特別支援学校の高等部にそれぞれ政令で定める学科を置くこと。

三　公立の高等学校において教育上特別の配慮を必要とする生徒に対する特別の指導であつて政令で定めるものが行われていること。

四　公立の高等学校において多様な教育を行うための教育課程の編成についての政令で定める特別の事情

五　当該学校の教職員が教育公務員特例法（昭和二十四年法律第一号）第二十二条第三項に規定する長期にわたる研修を受けていること、当該学校において教育指導の改善に関する特別な研究が行われていることその他の政令で定める特別の事情

（教職員定数の短時間勤務の職を占める者等の数への換算）

第二十三条　第八条から第十二条まで又は第十六条から第二十一条までに定めるところにより算定した教職員の数は、政令で定めるところにより、公立の高等学校（中等教育学校の後期課程を含む。）又は特別支援学校の高等部に置く校長、副校長、教頭、主幹教諭、指導教諭、教諭、養護教諭、助教諭、養護助教諭、講師、実習助手、寄宿舎指導員又は事務職員で地方公務員法（昭和二十五年法律第二百六十一号）第二十二条の四第一項に規定する短時間勤務の職を占める者の数に換算することができる。

2　第九条又は第十七条に定めるところにより算定した教諭等の数は、政令で定めるところにより、公立の高等学校（中等教育学校の後期課程を含む。）又は特別支援学校の高等部に置く講師（地方公務員法第二十二条の二第一項第一号に掲げる者に限り、その配置の目的等を考慮して政令で定める者を除く。）の数に換算することができる。

（教職員定数に含まない数）

第二十四条　第七条及び第十五条に規定する高等学校等教職員定数及び特別支援学校高等部教職員定数には、次に掲げる者に係るものを含まないものとする。

一　休職者

二　教育公務員特例法第二十六条第一項の規定により同項に規定する大学院修学休業をしている者

三　地方公務員法第二十六条の五第一項の規定により同項に規定する自己啓発等休業をしている者

四　地方公務員法第二十六条の六第七項の規定により任期を定めて採用される者及び臨時的に任用される者

五　女子教職員の出産に際しての補助教職員の確保に関する法律（昭和三十年法律第百二十五号）第三条第一項の規定により臨時的に任用される者

六　地方公務員の育児休業等に関する法律（平成三年法律第百十号）第六条第一項の規定により任期を定めて採用される者及び臨時的に任用される者

附　則（抄）

1　この法律は、公布の日から施行する。

11　平成二十五年四月一日から令和十五年三月三十一日までの間においては、第九条から第十二条まで及び第十七条から第二十一条までの規定により教諭等、養護教諭等、実習助手、寄宿舎指導員及び事務職員の数を算定する場合において、離島振興法（昭和二十八年法律第七十二号）第二条第一項の規定により離島振興対策実施地域として指定された地区に公立の高等学校（中等教育学校の後期課程を含む。）及び特別支援学校の高等部が設置されているときは、当該地域における教育の特殊事情に鑑み、これらの規定により算定した数にそれぞれ政令で定める数を加えるものとする。

○公立高等学校の適正配置及び教職員定数の標準等に関する法律施行令

昭三七・五・二二
政令二一五

最終改正　令和四・三・三〇政令一二九

（教科又は科目の特質に応じた少数の生徒により構成される集団を単位とした指導が行われる場合における教諭等の数の算定）

第一条　公立高等学校の適正配置及び教職員定数の標準等に関する法律（以下「法」という。）第九条第二項の政令で定める数は、都道府県又は市町村の教育委員会が公立の高等学校（中等教育学校の後期課程を含む。以下同じ。）の全日制の課程又は定時制の課程に置かれる普通教育を主とする学科において行われる教科又は科目の特質に応じた少数の生徒により構成される集団を単位とした指導に係る授業時数及び生徒の数その他の事情を勘案して教諭等（同条第一項に規定する教諭等をいう。第三条において同じ。）を置くことについての配慮を必要とすると認める学校の数等を考慮し、文部科学大臣が定める数とする。

（教職員定数の算定に関する特例）

第二条　法第二十二条第一号の政令で定める特別の事情は、次の表の中欄に掲げるとおりとし、同条の政令で定める数は、全日制の課程又は定時制の課程の別に従い、同表の中欄に掲げる特別の事情の区分に応じ、同表の下欄に掲げる数とする。

項	特別の事情	加減する数
一	農業、水産又は工業に関する学科について、当該学科の生徒の収容定員が三百二十一人以上であること。	イ　法第九条の規定により算定した数に加える数 当該学科の数に一を乗じて得た数と当該学科の生徒の収容定員の数から三百二十一を減じて得た数を百二十で除して得た数（一未満の端数を生じたときは、切り捨てる。以下この表において同じ。）との合計数 ロ　法第十一条の規定により算定した数に加える数 当該学科の数に一を乗じて得た数と当該学科の生徒の収容定員の数から三百二十一を減じて得た数を百二十で除して得た数との合計数
二	農業又は工業に関する専門教育を行うため必要な施設で、次のイ又はロに掲げるものを置いていること。 イ　家畜若しくは家きんの飼育施設で、その延べ面積が五百三十二・二三平方メートルを超えるもの又は温室で、その延べ面積が八百二十九・七五平方メートルを超えるもの ロ　機械実習（機械工作、仕上組立て、鍛造、木型工作、鋳造、原動機実験、機械材料試験、機械精密測定及び板金工作をいう。）のための施設で、その延べ面積が千六百四十二・九八平方メートルを超えるもの	法第十一条の規定により算定した数に加える数 当該施設で、その延べ面積が中欄イ又はロに掲げる施設ごとの面積に百分の百三十を乗じて得た面積を超えるものの数に二を乗じて得た数と当該施設で、その延べ面積が中欄イ又はロに掲げる施設ごとの面積に百分の百三十を乗じて得た面積を超えないものの数に一を乗じて得た数との合計数
三	農業に関する学科について、農業経営者の育成を目的とし、かつ、当該学科に属する生徒に対し半年以上の宿泊を伴う教育を行っていること。	イ　法第九条の規定により算定した数に加える数 当該学科を置く全日制の課程及び定時制の課程の数の合計数に二を乗じて得た数、当該学科で当該宿泊を伴う教育を二年以上行うものを置く全日制の課程及び定時制の課程の数の合計数に一を乗じて得た数並びに当該学科を置く高等学校で寄宿する生徒の数が五十人以下の寄宿舎を置くものの数に一を乗じて得た数の合計数 ロ　法第十一条の規定により算定した数に加える数 当該学科を置く全日制の課程及び定時制の課程の数の合計数に三を乗じ

		て得た数
四	水産に関する専門教育を行うため必要な船舶で、総トン数百五十トンを超えるものを置いていること。	法第十一条の規定により算定した数に加える数　当該船舶の数に二を乗じて得た数
五	農業、水産又は工業に関する学科について、学科の新設又は生徒の募集停止等のため当該学科に属する生徒のうち一以上の学年の生徒が欠けていること（次項に該当するものを除く。）。	法第十一条の規定により算定した数から減ずる数　当該学科の数に一を乗じて得た数
六	農業、水産又は工業に関する学科について、当該学科に係る授業を分校のみにおいて行つていること。	法第十一条の規定により算定した数から減ずる数　当該学科の数に二を乗じて得た数

2　法第二十二条第二号の政令で定める学科は、次の表の第二欄に掲げる学校の種類等に応じ同表第三欄に掲げるとおりとし、同条の政令で定める数は、同表の第三欄に掲げる学科の区分に応じ、同表の第四欄に掲げる数とする。

項	学校の種類等	学科	加減する数
一	高等学校	商業に関する学科で情報処理に係るもの	イ　法第九条の規定により算定した数に加える数　当該学科を置く全日制の課程及び定時制の課程の数の合計数に二を乗じて得た数 ロ　法第十一条の規定により算定した数に加える数　当該学科でその生徒の収容定員が八十一人以上のものを置く全日制の課程及び定時制の課程の数の合計数に二を乗じて得た数と当該学科でその生徒の収容定員が八十人以下のものを置く全日制の課程及び定時制の課程の数の合計数に一を乗じて得た数との合計数
		情報に関する専門教育を主とする学科	イ　法第九条の規定により算定した数に加える数　次の(1)及び(2)に掲げる合計数を合計した数 (1)　全日制の課程について、次に掲げる当該学科の生徒の収容定員による課程の規模の区分ごとの課程の数に当該区分に応じそれぞれ次に定める数を乗じて得た数の合計数 (i)　四十人以下の課程　二 (ii)　四十一人から二百人までの課程　三 (iii)　二百一人から三百二十人までの課程　五 (iv)　三百二十一人から六百八十人までの課程　六 (v)　六百八十一人から千百六十人までの課程　七 (vi)　千百六十一人以上の課程　八 (2)　定時制の課程について、次に掲げる当該学科の生徒の収容定員による課程の規模の区分ごとの課程の数に当該区分に応じそれぞれ次に定める数を乗じて得た数の合計数 (i)　百二十人以下の課程　二 (ii)　百二十一人から二百人までの課程　三 (iii)　二百一人から二百八十人までの課程　四 (iv)　二百八十一人から四百四十人までの課程　五 (v)　四百四十一人から千八十人までの課程　六 (vi)　千八十一人以上の課程　七 ロ　法第十一条の規定により算定した数に加える数　全日制の課程及び定時制の課程について、次に掲げる当該学科の生徒の収容定員による課程の規模の区分ごとの課程の数に当該区分に応じそれぞれ次に定める数を乗じて得た数の合計数 (1)　八十人以下の課程　一 (2)　八十一人から五百六十人までの課程　二 (3)　五百六十一人以上の課程

三	美術、音楽又は体育に関する専門教育を主とする学科	法第九条の規定により算定した数に加える数　当該学科を置く全日制の課程又は定時制の課程ごとに当該学科の生徒の収容定員の合計数を四十で除して得た数（一未満の端数を生じたときは、一に切り上げる。）に三分の二を乗じて得た数（一未満の端数を生じたときは、一に切り上げる。）の合計数
	理数に関する専門教育を主とする学科	イ　法第九条の規定により算定した数に加える数　当該学科を置く全日制の課程の数の合計数に二を乗じて得た数と当該学科でその生徒の収容定員が三百二十一人以上のものを置く全日制の課程又は定時制の課程ごとに当該学科の生徒の収容定員の数から二百一を減じて得た数を百二十で除して得た数（一未満の端数を生じたときは、切り捨てる。以下この表において同じ。）の合計数とを合計した数 ロ　法第十一条の規定により算定した数に加える数　当該学科を置く全日制の課程及び定時制の課程の数の合計数に二を乗じて得た数と当該学科でその生徒の収容定員が三百二十一人以上のものを置く全日制の課程又は定時制の課程ごとに当該学科の生徒の収容定員の数から二百一を減じて得た数を百二十で除して得た数の合計数とを合計した数
	厚生に関する専門教育を主とする学科で衛生看護に係るもの	イ　法第九条の規定により算定した数に加える数　当該学科でその生徒の収容定員が三百二十人以下のものを置く全日制の課程及び定時制の課程の数の合計数に四を乗じて得た数、当該学科でその生徒の収容定員が三百二十一人から四百四十人までのものを置く全日制の課程及び定時制の課程の数の合計数に九を乗じて得た数並びに当該学科でその生徒の収容定員が四百四十一人以上のものを置く全日制の課程及び定時制の課程の数の合計数に十一を乗じて得た数の合計数 ロ　法第十一条の規定により算定した数に加える数　当該学科でその生徒の収容定員が三百二十人以下のものを置く全日制の課程及び定時制の課程の数の合計数に二を乗じて得た数、当該学科でその生徒の収容定員が三百二十一人から四百四十人までのものを置く全日制の課程及び定時制の課程の数の合計数に三を乗じて得た数並びに当該学科でその生徒の収容定員が四百四十一人以上のものを置く全日制の課程及び定時制の課程の数の合計数に四を乗じて得た数の合計数
	福祉に関する専門教育を主とする学科	法第九条の規定により算定した数に加える数　次のイ及びロに掲げる合計数を合計した数 イ　全日制の課程について、次に掲げる当該学科の生徒の収容定員による課程の規模の区分ごとの課程の数に当該区分に応じそれぞれ次に定める数を乗じて得た数の合計数 (1)　四十一人から二百人までの課程　一 (2)　二百一人から三百二十人までの課程　三 (3)　三百二十一人から六百八十人までの課程　四 (4)　六百八十一人から千百六十人までの課程　五 (5)　千百六十一人以上の課程　六 ロ　定時制の課程について、次に掲げる当該学科の生徒の収容定員による課程の規模の区分ごとの課程の数に当該区分に応じそれぞれ次に定める数を乗じて得た数の合計数 (1)　百二十一人から二百人ま

		での課程　一 (2)　二百一人から二百八十人までの課程　二 (3)　二百八十一人から四百四十人までの課程　三 (4)　四百四十一人から千八十人までの課程　四 (5)　千八十一人以上の課程　五
	外国語に関する専門教育を主とする学科	法第九条の規定により算定した数に加える数　当該学科を置く全日制の課程及び定時制の課程の数の合計数に二を乗じて得た数と当該学科でその生徒の収容定員が三百二十一人以上のものを置く全日制の課程又は定時制の課程ごとに当該学科の生徒の収容定員の数から二百一を減じて得た数を百二十で除して得た数の合計数とを合計した数
	国際関係に関する専門教育を主とする学科	法第九条の規定により算定した数に加える数　当該学科を置く全日制の課程及び定時制の課程の数の合計数に二を乗じて得た数と当該学科でその生徒の収容定員が三百二十一人以上のものを置く全日制の課程又は定時制の課程ごとに当該学科の生徒の収容定員の数から二百一を減じて得た数を百二十で除して得た数の合計数とを合計した数
	普通教育に関する科目及び専門教育に関する科目を生徒の選択により履修させることを旨として総合的に履修させる学科（以下「総合学科」という。）	法第九条、第十一条又は第十二条の規定により算定した数に加える数　当該学科の生徒の収容定員等を考慮して文部科学大臣が定める数
二　特別支援学校の高等部	普通教育を主とする学科（知的障害者、肢体不自由者又は病弱者（身体虚弱者を含む。）である生徒に対する教育を主として行うものに限る。）	法第十七条の規定により算定した数に加える数　当該学科の数に一を乗じて得た数
	保健理療に関する専門教育を主とする学科（視覚障害者である生徒に対する教育を主として行うものに限る。）	法第十七条の規定により算定した数に加える数　当該学科の数に一を乗じて得た数
	産業工芸、被服、理容又は美容に関する専門教育を主とする学科（聴覚障害者である生徒に対する教育を主として行うものに限る。）	法第十七条の規定により算定した数に加える数　当該学科の数に一を乗じて得た数

3　法第二十二条第三号の政令で定める特別の指導は、次の表の中欄に掲げるとおりとし、同条の政令で定める数は、同表の中欄に掲げる特別の指導の区分に応じ、同表の下欄に掲げる数とする。

項	特別の指導	加減する数
一	公立の高等学校において、障害による学習上又は生活上の困難を克服するために障害に応じて行われる特別の指導であって、当該指導を文部科学大臣が定めるところにより教育課程の一部として行う必要があると認めら	法第九条の規定により算定した数に加える数　当該指導が行われる学校の数等を考慮して文部科学大臣が定める数

	れる生徒に対して行われるもの	
二	公立の高等学校において、学習指導上、生徒指導上又は進路指導上特別の配慮が必要と認められる事情を有する生徒に対して行われる当該事情に応じた特別の指導	法第九条の規定により算定した数に加える数　当該指導が行われる学校の数等を考慮して文部科学大臣が定める数
三	公立の高等学校において心身の健康を害している生徒に対して行われるその回復のための特別の指導	法第十条の規定により算定した数に加える数　当該指導が行われる学校の数等を考慮して文部科学大臣が定める数

4　法第二十二条第四号の政令で定める特別の事情は、次の表の中欄に掲げるとおりとし、同条の政令で定める数は、同表の中欄に掲げる特別の事情の区分に応じ、同表の下欄に掲げる数とする。

項	特別の事情	加減する数
一	公立の高等学校の全日制の課程又は定時制の課程に置かれる普通教育を主とする学科について、専門教育に関する教育課程の類型を設け、かつ、当該類型に係る専門教育に関する科目のうち職業に関するものの単位数が文部科学大臣の定める数を超えていること（全日制の課程に置かれる普通教育を主とする学科については、二の項に該当する場合を除く。）。	法第九条の規定により算定した数に加える数　当該学科の数等を考慮して文部科学大臣が定める数
二	公立の高等学校の全日制の課程に置かれる普通教育を主とする学科について、当該学科の生徒の収容定員が文部科学大臣の定める数を超え、かつ、生徒の進路及び特性その他の事情に応じた多様な教育を施すため、当該学科に特に多数の科目を開設することにより、当該科目の数を当該学科の全ての生徒が履修すべきものとされる科目の数で除して得た数が文部科学大臣の定める数以上となっていること。	法第九条の規定により算定した数に加える数　当該学科ごとに当該学科の生徒の収容定員の数を四十で除して得た数（一未満の端数を生じたときは、一に切り上げる。）に二・一を乗じて得た数（一未満の端数を生じたときは、一に切り上げる。）から当該学科についてその生徒の収容定員を基礎として法第九条第一項第二号の全日制の課程に係る規定の例により算定した数を減じて得た数の合計数の範囲内で、当該学科の数等を考慮して文部科学大臣が定める数
三	公立の高等学校の全日制の課程に置かれる普通教育を主とする学科（当該学科が二の項に該当する場合を除く。）について、当該学科に開設される科目の数（当該学科が一の項に該当する場合にあつては、当該学科に開設される科目の数から同項に規定する専門教育に係る教育課程の類型に係る専門教育に関する科目のうち職業に関するものの数を減じて得た数）が文部科学大臣の定める数を超えていること。	法第九条の規定により算定した数に加える数　当該学科の数等を考慮して文部科学大臣が定める数
四	学年による教育課程の区分を設けない教育（以下「単位制による教育」という。）を行う公立の高等学校の全日制の課程又は定時制の課程について、単位制による教育に係る生徒の収容定員（総合学科であつて単位制による教育を行うものに係る生徒の収容定員を除く。）が一の学年当たり八十一人以上であり、かつ、単位制による教育に係る開設科目（総合学科であつて単位制による教育を行うものに係る開設科目を除く。以下この項において同じ。）の授業時数が文部科学大臣の定める数を超えていること。	法第九条の規定により算定した数に加える数　当該課程の数及び当該開設科目の授業時数並びに当該課程のうち単位制による教育に係る開設科目について専門教育に関する科目のうち職業に関するものの数が十以上のものの数等を考慮して文部科学大臣が定める数
五	公立の高等学校の全日制の課程に置かれる普通教育を主とする学科（当該	法第十二条の規定により算定した数に加える数　当該学科の数等を考慮して文部

	学科が二の項に該当する場合を除く。）について、当該学科に開設される科目の数が文部科学大臣の定める数を超えていること。	科学大臣が定める数
六	公立の高等学校の全日制の課程又は定時制の課程について、単位制による教育を行つていること（総合学科において行つている場合を除く。）。	法第十二条の規定により算定した数に加える数　当該課程の数等を考慮して文部科学大臣が定める数

5　法第二十二条第五号の政令で定める特別の事情は、当該学校の教職員が同号に規定する研修を受けていること、当該学校において文部科学大臣が定める教育指導の改善に関する特別な研究が行われていること、当該学校の教職員が教育公務員特例法（昭和二十四年法律第一号）第二十三条第一項の初任者研修若しくは同法第二十五条第一項の指導改善研修を受けていること又は公立の高等学校の定時制の課程に修業年限が三年のものがあることとし、法第二十二条の規定により教職員の数を加える場合においては、当該学校の数又は当該定時制の課程の数等を考慮して文部科学大臣が定める数を法第九条、第十条又は第十七条の規定により算定した数に加えるものとする。

（教職員定数の短時間勤務の職を占める者等の数への換算の方法）

第三条　法第二十三条第一項の規定により教職員の数を校長、副校長、教頭、主幹教諭、指導教諭、教諭、養護教諭、助教諭、養護助教諭、講師、実習助手、寄宿舎指導員又は事務職員で地方公務員法（昭和二十五年法律第二百六十一号）第二十二条の四第一項に規定する短時間勤務の職を占める者（以下この項において「短時間勤務職員」という。）の数に換算する場合においては、公立の高等学校の教職員の数に係る場合にあつては校長、教諭等、養護教諭等（法第十条に規定する養護教諭等をいう。以下この項において同じ。）、実習助手又は事務職員の別、公立の特別支援学校の高等部の教職員の数に係る場合にあつては校長、教諭等、養護教諭等、実習助手、寄宿舎指導員又は事務職員の別ごとに、第一号に掲げる数が第二号に掲げる数と等しくなる場合における当該条件を満たす短時間勤務職員の数に換算するものとする。

一　換算しようとする教職員の数

二　短時間勤務職員の一週間当たりの通常の勤務時間数（以下この条において「週当たり勤務時間数」という。）による区分ごとに当該週当たり勤務時間数に当該区分に係る短時間勤務職員の数を乗じて得た数の合計数を四十で除して得た数（一未満の端数を生じた場合にあつては、小数点以下第一位の数字が五以上であるときは一に切り上げ、四以下であるときは切り捨てる。次項において同じ。）

2　法第二十三条第二項の規定により教諭等の数を同項に規定する講師（以下この項において単に「講師」という。）の数に換算する場合においては、公立の高等学校の教諭等又は公立の特別支援学校の高等部の教諭等ごとに、第一号に掲げる数が第二号に掲げる数と等しくなる場合における当該条件を満たす講師の数に換算するものとする。

一　換算しようとする教諭等の数

二　非常勤の講師の週当たり勤務時間数による区分ごとに当該週当たり勤務時間数に当該区分に係る非常勤の講師の数を乗じて得た数の合計数を四十で除して得た数

（法第二十三条第二項の政令で定める者）

第四条　法第二十三条第二項の政令で定める者は、次に掲げる講師（地方公務員法第二十二条の二第一項第一号に掲げる者に限る。）とする。

一　地方教育行政の組織及び運営に関する法律（昭和三十一年法律第百六十二号）第四十七条の三第一項に規定する非常勤の講師その他の教育公務員特例法第二十三条第一項の初任者研修を実施するために配置される講師

二　前号に掲げる者のほか、その配置の目的等を考慮して文部科学大臣が定める講師

附　則

（施行期日）

1　この政令は、公布の日から施行する。ただし、第二条第一項の規定は、昭和四十二年四月一日から施行する。

（法附則第十一項の政令で定める数）

2　法附則第十一項の政令で定める数は、離島振興法（昭和二十八年法律第七十二号）第二条第一項の規定により離島振興対策実施地域として指定された地区に設置されている公立の高等学校又は特別支援学校の高等部の規模、教職員の配置の状況その他の組織及び運営の状況を勘案して教育の充実を図るためには当該学校の人的体制の整備を行うことが特に必要であると認める学校の数等を考慮し、文部科学大臣が定める数とする。

○教科書の発行に関する臨時措置法

昭二三・七・一〇
法　一　三　二

最終改正　平成二八・五・二〇法四七

（この法律の目的）

第一条　この法律は、現在の経済事情にかんがみ、教科書の需要供給の調整をはかり、発行を迅速確実にし、適正な価格を維持して、学校教育の目的達成を容易ならしめることを目的とする。

（定義）

第二条　この法律において「教科書」とは、小学校、中学校、義務教育学校、高等学校、中等教育学校及びこれらに準ずる学校において、教育課程の構成に応じて組織排列された教科の主たる教材として、教授の用に供せられる児童又は生徒用図書であつて、文部科学大臣の検定を経たもの又は文部科学省が著作の名義を有するものをいう。

2　この法律において「発行」とは、教科書を製造供給することをいい、「発行者」とは、発行を担当する者をいう。

（教科書の記載事項）

第三条　教科書には、その表紙に「教科書」の文字を、その末尾に著作者の氏名、発行者の氏名住所及び発行の年月日、並びに印刷者の氏名住所及び印刷の年月日を記載しなければならない。

2　著作者及び発行者が法人その他の団体であるときは、団体名及びその代表者名を併記するものとする。

3　印刷者の住所と印刷所の所在地とが異なるときは、印刷所の名称及びその所在地をも記載しなければならない。

（書目の届出）

第四条　発行者は、毎年、文部科学大臣の指示する時期に、発行しようとする教科書の書目を、文部科学大臣に届け出なければならない。

（教科書展示会）

第五条　都道府県の教育委員会は、毎年、文部科学大臣の指示する時期に、教科書展示会を開かなければならない。

2　教科書展示会に関しては、文部科学省令をもつてその基準を定める。

（目録の作成、送付、配付、教科書見本の出品）

第六条　文部科学大臣は、第四条の届出に基き目録（義務教育諸学校の教科書については、義務教育諸学校の教科用図書の無償措置に関する法律（昭和三十八年法律第百八十二号）第十八条第一項に規定する教科用図書発行者の届出に基づくものに限る。）を作成し、都道府県の教育委員会にこれを送付するものとする。

2　都道府県の教育委員会は、前項の目録を当該都道府県の区域内にある第二条第一項に規定する学校に、配布するものとする。

3　発行者は、第四条によつて届け出た教科書の見本を、前条の教科書展示会に出品することができる。

（教科書需要数の報告）

第七条　市町村の教育委員会並びに学校教育法（昭和二十二年法律第二十六号）第二条第二項に規定する国立学校、公立学校（地方独立行政法人法（平成十五年法律第百十八号）第六十八条第一項に規定する公立大学法人が設置するものに限る。）及び私立学校の長は、採択した教科書の需要数を、都道府県の教育委員会に報告しなければならない。

2　都道府県の教育委員会は、都道府県内の教科書の需要数を、文部科学省令の定めるところにより、文部科学大臣に報告しなければならない。

（発行の指示）

第八条　文部科学大臣は、前条第二項の需要数を基礎にして、発行者にその発行すべき教科書の種類及び部数の指示（以下「発行の指示」という。）をしなければならない。

（他の発行者への発行の指示）

第九条　文部科学大臣は、左の各号の一に当る事由があるときは、需要者の意思を考慮して、他の発行者に発行の指示を行うことができる。

一　需要数が教科書の発行に不十分なとき。

二　発行者の事業能力、信用状態が教科書の発行に不適当と認められるとき。

三　発行者が文部科学大臣の指示した発行を引き受けないとき。

四　第十四条又は第十五条の規定により発行の指示の全部又は一部を取り消したとき。

五　義務教育諸学校の教科用図書の無償措置に関する法律第二十一条の規定により発行の指示を取り消したとき。

（発行義務、その責任範囲、履行状況の調査）

第十条　発行の指示を承諾した者は、文部科学省令の定めるところに従い、教科書を発行する義務を負う。

2　発行者は、教科書を各学校に供給するまで、発行の責任を負うものとする。

3　文部科学大臣は、必要に応じ、発行者から報告をとり、又はその業務の履行の状況を調査することができる。

（定価）

第十一条　教科書の定価は、文部科学大臣の認可を経なければならない。

（保証金）

第十二条　発行者は、発行の指示を受けた日から十五日以内に、発行部数に応じて定価の一分にあたる保証金を、現金又は文部科学省令の定める種類の有価証券をもつて文部科学大臣に納めなければならない。

（保証金の還付請求等の制限）

第十三条　保証金は、第十条の義務を履行した後でなければ、その還付を請求し、又はその債権を譲渡することができない。

（発行指示の取消—発行義務違反の場合）

第十四条　第十条第一項の義務に違反する行為があると認めるときは、文部科学大臣は、発行の指示を取り消し、又はその後三年間、発行の指示を行わないことができる。

（同前―保証金不納に因る場合）

第十五条 第十二条に定める保証金の全部又は一部を納めない者に対しては、文部科学大臣は、発行の指示の全部又は一部を取り消すことができる。

（保証金の没取）

第十六条 発行者において、第十条第一項の義務に違反する行為があると認められるときは、保証金は、これを国庫に帰属せしめることができる。

（省令への委任）

第十七条 この法律に定めるものの外、この法律施行のため必要な事項は、文部科学省令でこれを定める。

（指定図書への法の準用）

第十八条 この法律の規定は、教科書以外の教授上用いられる図書であつて、文部科学大臣の指定したものに、これを準用する。

第十九条 第五条第一項、第六条第二項及び第七条第二項の規定により都道府県が処理することとされている事務並びに同条第一項の規定により市町村が処理することとされている事務は、地方自治法（昭和二十二年法律第六十七号）第二条第九項第一号に規定する第一号法定受託事務とする。

附 則

この法律は、公布の日から、これを施行する。

○教科書の発行に関する臨時措置法施行規則

昭二三・八・一三
文部令一五

最終改正 令和二・一二・二八文科令四四

（「教科書」の文字）

第一条 教科書の発行に関する臨時措置法（以下「法」という。）第三条の規定によつて、教科書の表紙に記載する「教科書」の文字は、「文部科学省検定済教科書」又は「文部科学省著作教科書」として用いるものとする。

（書目の届出―その時期）

第二条 法第四条の文部科学大臣の指示する時期については、これを告示する。

（同前―記載の内訳）

第三条 法第四条による教科書の書目の届出は、別記様式によりこれを行うものとする。

（教科書展示会―開催地域の分割）

第四条 都道府県の教育委員会は、数個の地域において教科書展示会を開催することができる。

（同前―開催時期）

第五条 教科書展示会は、六月一日から七月三十一日までの間にこれを行うものとし、毎年その開始の時期及び期間を指示する。

2 前項の指示は、告示をもつてこれを行う。

（同前―出品教科書の差別取扱の禁止）

第六条 教科書展示会の出品教科書に対しては、その取扱上の差別をしてはならない。

（同前―教科書の書目目録の作成、配布）

第七条 文部科学大臣は、法第六条第一項の目録を、教科書展示会開催日の二週間前までに、都道府県の教育委員会に送達するものとする。

2 都道府県の教育委員会は、法第六条第二項に基いて、前項の目録を教科書展示会開催の前に配布するものとする。

（同前―教科書見本の出品）

第八条 法第六条第三項によつて教科書の見本を出品しようとする者は、教科書展示会開催の日の二週間前までに、都道府県の教育委員会に、見本を届けなければならない。

2 前項の見本が、次条第一項によつて都道府県の教育委員会に保存されているものと同じであるときは、保存本をもつてこれに代えるものとする。

3 前項の場合には、発行者は、その旨を文部科学大臣及び都道府県の教育委員会に通知しなければならない。

（同前―出品見本の保存、その出品）

第九条 都道府県の教育委員会は、出品教科書を一年間保存しなければならない。

2 前条第三項の通知があつたときは、都道府県の教育委員会は、保存本を出品するものとする。

（同前―一般公開）

第十条 教科書展示会は、一般にこれを公開することができる。

（同前―開催の周知）

第十一条 都道府県の教育委員会は、展示会の開催時期、場所等を周知徹底させなければならない。

第十二条 削除

（教科書需要数の報告―需要票の提出）

第十三条 市町村の教育委員会並びに学校教育法（昭和二十二年法律第二十六号）第二条第二項に規定する国立学校、公立学校（地方独立行政法人法（平成十五年法律第百十八号）第六十八条第一項に規定する公立大学法人が設置するものに限る。）及び私立学校の長は、教科書需要票を別に定める様式により作成して、都道府県の教育委員会に提出しなければならない。

（同前―報告の様式・期限）

第十四条 都道府県の教育委員会は、前条の教科書需要票に基づき、教科書需要集計一覧表を別に定める様式により作成して、九月十六日までに文部科学大臣に提出しなければならない。

第十五条及び第十六条　削除

〔他の発行者への発行の指示の告示、需要票の送付〕

第十七条　法第九条によつて、他の発行者に発行の指示をしたときは、文部科学大臣は、その旨を告示するものとする。

〔教科書の発行―製造工程予定計画書等の提出〕

第十八条　発行の指示を承諾した者は、すみやかに製造工程に関する予定計画書、供給計画書及び定価の算出書を文部科学大臣に提出し、定価の算出書については、その承認を経なければならない。

2　前項の書類に変更を加える必要が生じたときは、発行者は、理由を添えて、計画書については文部科学大臣に届け出、算出書についてはその承認を求めることができる。

3　文部科学大臣は、第一項の計画書（前項の規定により変更の届け出があつたものを含む。）に不適当と認める箇所があるときは、その変更を命ずることができる。

4　第一項の書類に記載すべき事項は、文部科学大臣の指示するところによる。

第十九条　削除

〔同前―定価の決定、その告示〕

第二十条　第十八条第一項の算出書（同条第二項の規定により変更の承認の求めのあつたものを含む。）について、文部科学大臣の承認があつたときは、算出書の価格を法第十一条の定価とする。

2　前項の定価は、これを告示するものとする。

〔同前―供給時期供給の責任〕

第二十一条　発行者は、教科書を、その供給計画書に記載した時期までに供給しなければならない。

〔同前―出品見本との同等性〕

第二十二条　供給する教科書の用紙、印刷及び製本は、出品した見本と同等のものでなければならない。

〔同前―資材の管理、在庫教科書の保管等〕

第二十三条　発行者は、用紙及びその他の資材の入手状況、その在庫量、使用量を明らかにしなければならない。

2　発行者は、在庫教科書の保管に注意し、その供給状況を明らかにしなければならない。

〔同前―立入調査〕

第二十四条　文部科学大臣は、必要に応じて、発行者に、用紙その他の資材の入手、保管、消費の状況又は教科書の製造、供給の状況について報告を求め、あるいは職員を派してそれらを調査し、又はそれらに関する帳簿書類の提示を求めることができる。

〔保証金の納入―有価証券の種類〕

第二十五条　法第十二条の有価証券は、これを国債又は文部科学大臣が適当と認める金融債とする。

〔同前―定価未定の場合〕

第二十六条　保証金納付の時期までに定価が未定であるときは、文部科学大臣の指示する予定定価によつて、保証金を納めるものとする。

2　前項の定価が決定したとき又は定価に変更のあつたときは、その差額をすみやかに清算しなければならない。

〔同前―その返還時期〕

第二十七条　発行者が第十八条から第二十四条までの義務を履行したときは、納付の保証金は、請求の日から一箇月以内に、これを返還しなければならない。

〔発行の指示取消処分の告示〕

第二十八条　文部科学大臣が法第十四条又は第十五条に基く処分をしたときは、理由をつけて告示するものとする。

第二十九条　削除

附　則（抄）

〔施行期日〕

第三十条　この省令は、公布の日から、これを施行する。

別記様式〔略〕

○教科用図書検定規則

平成元・四・四
文部令二〇

最終改正　令和三・二・八文科令五

第一章　総則

〔趣旨〕

第一条　学校教育法（昭和二十二年法律第二十六号）第三十四条第一項（同法第四十九条、第四十九条の八、第六十二条、第七十条第一項及び第八十二条において準用する場合を含む。）に規定する教科用図書の検定に関し必要な事項は、この省令の定めるところによる。

〔教科用図書〕

第二条　この省令において「教科用図書」とは、小学校、中学校、義務教育学校、中等教育学校、高等学校並びに特別支援学校の小学部、中学部及び高等部の児童又は生徒が用いるため、教科用として編修された図書をいう。

〔検定の基準〕

第三条　教科用図書（以下「図書」という。）の検定の基準は、文部科学大臣が別に公示する教科用図書検定基準の定めるところによる。

第二章　検定手続

〔検定の申請〕

第四条　図書の著作者又は発行者は、その図書の検定を文部科学大臣に申請することができる。

2　前項の申請を行うことができる図書の種目並びに各年度において申請を行うことができる図書の種目及び期間は、文部科学大臣が官報で告示する。

3　教育課程の基準又は教科用図書検定基準（以下この項において「教育課程の基準等」という。）が変更されたときは、検定を経た図書の発行者（当該変更に係る種目の図書を現に発行する者であって、当該変更後においても引き続き当該種目の図書を発行しようとするものに限る。）は、当該変更の内容その他の事情を勘案して文部科学大臣が特に必要がないと認める場合を除き、文部科学大臣の定めるところにより、当該種目の図書について、当該変更後の教育課程の基準等に基づく検定の申請を行うものとする。

第五条　前条第一項又は第三項の申請を行おうとする者は、文部科学大臣が別に定める様式による検定審査申請書に申請図書を添えて文部科学大臣に提出するとともに、第十三条に規定する検定審査料を納付しなければならない。

2　前項の申請図書の作成の要領及び提出部数については、文部科学大臣が別に定める。

（申請図書等の適切な管理）

第六条　検定の申請者は、文部科学大臣が定めるところにより、申請図書その他の検定審査に関する資料及び審査内容（次条第三項において「申請図書等」という。）について適切に管理を行うものとする。

（申請図書の審査）

第七条　文部科学大臣は、申請図書について、検定の決定又は検定審査不合格の決定を行い、その旨を申請者に通知するものとする。ただし、必要な修正を行った後に再度審査を行うことが適当である場合には、決定を留保して検定意見を申請者に通知するものとする。

2　文部科学大臣は、申請図書が図書の検定、採択又は発行に関して文部科学大臣が別に定める不公正な行為をした申請者によるものであって当該行為がなされた図書の属する種目と同一の種目に属する場合には、前項の規定にかかわらず、当該種目の申請を行うことができる年度（以下この項及び次項第二号において「申請年度」という。）のうち当該行為が認められたときから直近の一の年度（第四条第二項の規定に基づき当該種目が連続する二以上の年度にわたって申請を行うことができる種目として告示されている場合には当該二以上の年度とし、当該行為が認められた後に当該申請図書の検定審査が行われる当該行為が認められた年度を含む。）に行われる検定審査（検定審査不合格の決定が行われた後に当該図書について不公正な行為が認められた場合であって、当該種目の申請年度以外の年度に第十二条第一項の規定による再申請を行うことが可能であるときは、当該再申請に基づいて行われる検定審査）に限り当該申請図書について検定審査不合格の決定を行い、その旨を申請者に通知するものとする。

3　前項に定めるもののほか、文部科学大臣は、申請図書が特定行為（申請図書等の不適切な情報管理その他の検定審査に重大な影響を及ぼすものとして文部科学大臣が別に定める行為をいう。以下この項において同じ。）を行った申請者によるものであるときは、第一項の規定にかかわらず、次の各号に掲げる場合に応じ、それぞれ当該各号に定める検定審査に限り、当該申請図書について検定審査不合格の決定を行い、その旨を申請者に通知するものとする。

一　当該申請図書に係る特定行為が、検定の申請から検定の決定又は検定審査不合格の決定が行われるまでの期間に認められた場合　当該期間に行われる検定審査

二　検定の決定又は検定審査不合格の決定が行われた図書に係る当該申請者の特定行為が認められた場合（次号に掲げる場合を除く。）　当該特定行為がなされた図書の属する種目と同一の種目の図書について、当該種目の申請年度のうち当該行為が行われたときから直近の一の年度（第四条第二項の規定に基づき当該種目が連続する二以上の年度にわたって申請を行うことができる種目として告示されている場合には、当該二以上の年度（当該特定行為に基づいて、この項の検定審査不合格の決定が行われた後の年度を除く。））に行われる検定審査

三　検定審査不合格の決定が行われた後に当該図書に係る特定行為が認められた場合であって、当該図書について第十二条第一項の規定による再申請が可能であるとき　当該特定行為が認められたときから直近の再申請に基づいて行われる検定審査

（不合格理由の事前通知及び反論の聴取）

第八条　文部科学大臣は、前条の検定審査不合格の決定を行おうとするとき（第三項及び第四項の規定により決定を行おうとするときを除く。）は、検定審査不合格となるべき理由を申請者に対し事前に通知するものとする。

2　前項の通知を受けた者は、通知のあった日の翌日から起算して二十日以内に、文部科学大臣が別に定める様式による反論書を文部科学大臣に提出することができる。

3　前項の反論書の提出がないときは、文部科学大臣は、前条の検定審査不合格の決定を行うものとする。

4　第二項の反論書の提出があったときは、文部科学大臣は、これを踏まえ、当該申請図書について前条の検定の決定又は検定審査不合格の決定を行うものとする。ただし、必要な修正を行った後に再度審査を行うことが適当である場合には、前条の検定意見の通知を行うものとする。

（検定意見に対する意見の申立て）

第九条　第七条第一項の検定意見の通知を受けた者は、通知のあった日の翌日から起算して二十日以内に、文部科学大臣が別に定める様式による検定意見に対する意見申立書を文部科学大臣に提出することができる。

2　前項の意見申立書の提出があった場合において、文部科学大臣は、申し立てられた意見を相当と認めるときは、当該検定意見を取り消すものとする。

（修正が行われた申請図書の審査）

第十条　第七条第一項の検定意見の通知を受けた者は、文部科学大臣が指示する期間内に、申請図書について検定意見に従って修正した内容を、文部科学大臣が別に定める様式による修正表提出届により、文部科学大臣に提出するものとする。

2　文部科学大臣は、前項の修正が行われた申請図書について、検定の決定又は検定審査不合格の決定を行い、その旨を申請者に通知するものとする。

3　第一項の修正表提出届の提出がないときは、文部科学大臣は、検定審査不合格の決定を行い、その旨を申請者に通知するものとする。

（教科書調査官による調査）
第十一条　第七条第一項、第八条第四項、第九条第二項、前条第二項又は第三項の場合において、教科書調査官は、申請図書に係る専門的な調査審議のために教科用図書検定調査審議会に提出される調査意見（第七条第一項の検定意見の原案をいう。第十八条において同じ。）を記載した資料その他の必要な資料を作成するため、申請図書について必要な調査を行うものとする。

（不合格図書の再申請）
第十二条　申請図書又は修正が行われた申請図書について、第七条第一項若しくは第三項又は第十条第二項若しくは第三項の検定審査不合格の決定の通知を受けた者は、その図書に必要な修正を加えた上、文部科学大臣が別に定める期間内に再申請することができる。
2　前項の規定による再申請は、一の図書につき二回を超えて行うことができない。

（検定審査料）
第十三条　検定審査料は、申請図書につき文部科学大臣が別に定めるところにより算定したページ数を、小学校用の図書にあっては二百七十円、中学校用の図書にあっては四百四十円、高等学校用の図書にあっては五百四十円に乗じて得た額とする。ただし、これによって算定した額が申請図書一件につき五万四千円未満のときは、五万四千円とする。
2　検定審査料は、文部科学省初等中等教育局長が別に定める期日までに国庫に納付しなければならない。
3　申請者が前項に規定する期日までに検定審査料を納付しないときは、その申請は取り下げたものとみなす。
4　第二項に規定する納付の方法については、文部科学省初等中等教育局長が別に定める。
5　検定審査料は、これを納付した後においては、返還しない。

第三章　検定済図書の訂正等

（検定済図書の訂正）
第十四条　検定を経た図書について、誤記、誤植、脱字若しくは誤った事実の記載又は客観的事情の変更に伴い明白に誤りとなった事実の記載若しくは学習する上に支障を生ずるおそれのある記載があることを発見したときは、発行者は、文部科学大臣の承認を受け、必要な訂正を行わなければならない。
2　検定を経た図書について、前項に規定する記載を除くほか、更新を行うことが適切な事実の記載若しくは統計資料の記載又は変更を行うことが適切な体裁その他の記載（検定を経た図書の基本的な構成を変更しないものに限る。次項において同じ。）があることを発見したときは、発行者は、文部科学大臣が別に定める日以降に申請を行い、文部科学大臣の承認を受け、必要な訂正を行うことができる。
3　第一項に規定する記載の訂正が、客観的に明白な誤記、誤植若しくは脱字に係るものであって、内容の同一性を失わない範囲のものであるとき、又は前項に規定する記載の訂正が、同一性をもった資料により統計資料の記載の更新を行うもの若しくは変更を行うことが適切な体裁その他の記載の更新に係るものであって、内容の同一性を失わない範囲のものであるときは、発行者は、前二項の規定にかかわらず、文部科学大臣が別に定める日までにあらかじめ文部科学大臣へ届け出ることにより訂正を行うことができる。
4　文部科学大臣は、検定を経た図書について、第一項及び第二項に規定する記載があると認めるときは、発行者に対し、その訂正の申請を勧告することができる。
5　第三条の規定は、第一項又は第二項の承認について準用する。

（検定済図書の訂正の手続）
第十五条　前条第一項又は第二項の承認を受けようとする者は、文部科学大臣が別に定める様式による訂正申請書に、訂正本一部を添えて文部科学大臣に提出するものとする。
2　前条第三項の届出をしようとする者は、文部科学大臣が別に定める様式による訂正届出書を文部科学大臣に提出するものとする。
3　前条第一項若しくは第二項の承認を受けた者又は同条第三項の訂正を行った者は、その図書の供給が既に完了しているときは、速やかに当該訂正の内容を、その図書を現に使用している学校の校長並びに当該学校を所管する教育委員会及び当該学校の存する都道府県の教育委員会に通知しなければならない。

（参照するウェブサイトの内容の変更の手続）
第十五条の二　検定を経た図書について、当該図書中にウェブサイトのアドレス（二次元コードその他のこれに代わるものを含む。）が記載されている場合であって、当該ウェブサイトの内容を変更しようとするときは、発行者は、文部科学大臣が別に定める日までにあらかじめ文部科学大臣へ報告するものとする。
2　前項の報告をしようとする者は、文部科学大臣が別に定める様式による変更報告書を文部科学大臣に提出するものとする。

第四章　雑則

（検定済の表示等）
第十六条　検定を経た図書には、その表紙に「文部科学省検定済教科書」の文字、その図書の目的とする学校及び教科の種類並びにその図書の名称を、その奥付に検定の年月日をそれぞれ表示しなければならない。

（見本の提出）
第十七条　第七条第一項又は第十条第二項の規定による検定の決定の通知を受けた者は、文部科学大臣が別に定める期間内に、図書として完成した見本を作成し、文部科学大臣が別に定める様式による見本提出届に、文部科学大臣が別に定める部数の見本を添えて文部科学大臣に提出するものとする。

（申請図書等の公開）
第十八条　文部科学大臣は、検定審査終了後、別に定めるところにより、申請図書、見本、調査意見及び検定意見の内容その他検定の申請に係る資料を公開するものとする。

（検定済図書の告示等）

第十九条　文部科学大臣は、検定を経た図書の名称、目的とする学校及び教科の種類、検定の年月日、著作者の氏名並びに発行者の氏名及び住所（法人にあっては、その名称、代表者の氏名及び主たる事務所の所在地）を官報で告示する。

2　検定を経た図書の著作者の氏名又は発行者の氏名若しくは住所（法人にあっては、その名称、代表者の氏名又は主たる事務所の所在地）の記載を変更したときは、発行者は、速やかにその内容を文部科学大臣に届け出なければならない。

附　則（抄）

1　この省令は、平成二年四月一日から施行する。

○義務教育諸学校教科用図書検定基準（抄）

平成二九・八・一〇
文科告示一〇五

最終改正　令和三・一二・二七文科告示一九九

第1章　総則

(1)　本基準は、教科用図書検定規則第三条の規定に基づき、学校教育法に規定する小学校、中学校、義務教育学校、中等教育学校の前期課程並びに特別支援学校の小学部及び中学部において使用される義務教育諸学校教科用図書について、その検定のために必要な審査基準を定めることを目的とする。

(2)　本基準による審査においては、その教科用図書が、教育課程の構成に応じて組織排列された教科の主たる教材として、教授の用に供せられる児童又は生徒用図書であることにかんがみ、知・徳・体の調和がとれ、生涯にわたって自己実現を目指す自立した人間、公共の精神を尊び、国家・社会の形成に主体的に参画する国民及び我が国の伝統と文化を基盤として国際社会を生きる日本人の育成を目指す教育基本法に示す教育の目標並びに学校教育法及び学習指導要領に示す目標を達成するため、これらの目標に基づき、第二章及び第三章に掲げる各項目に照らして適切であるかどうかを審査するものとする。

【教育基本法（平成十八年法律第百二十号）（抄）】

（教育の目標）

第二条　教育は、その目的を実現するため、学問の自由を尊重しつつ、次に掲げる目標を達成するよう行われるものとする。

一　幅広い知識と教養を身に付け、真理を求める態度を養い、豊かな情操と道徳心を培うとともに、健やかな身体を養うこと。

二　個人の価値を尊重して、その能力を伸ばし、創造性を培い、自主及び自律の精神を養うとともに、職業及び生活との関連を重視し、勤労を重んずる態度を養うこと。

三　正義と責任、男女の平等、自他の敬愛と協力を重んずるとともに、公共の精神に基づき、主体的に社会の形成に参画し、その発展に寄与する態度を養うこと。

四　生命を尊び、自然を大切にし、環境の保全に寄与する態度を養うこと。

五　伝統と文化を尊重し、それらをはぐくんできた我が国と郷土を愛するとともに、他国を尊重し、国際社会の平和と発展に寄与する態度を養うこと。

第2章　教科共通の条件

1　基本的条件

（教育基本法及び学校教育法との関係）

(1)　教育基本法第一条の教育の目的及び同法第二条に掲げる教育の目標に一致していること。また、同法第五条第二項の義務教育の目的及び学校教育法第二十一条に掲げる義務教育の目標並びに同法に定める各学校の目的及び教育の目標に一致していること。

（学習指導要領との関係）

(2)　学習指導要領の総則や教科の目標に一致していること。

(3)　小学校学習指導要領（平成二十九年文部科学省告示第六十三号）又は中学校学習指導要領（平成二十九年文部科学省告示第六十四号）（以下「学習指導要領」という。）に示す教科及び学年、分野又は言語の「目標」（以下「学習指導要領に示す目標」という。）に従い、学習指導要領に示す学年、分野又は言語の「内容」（以下「学習指導要領に示す内容」という。）及び「内容の取扱い」（「指導計画の作成と内容の取扱い」を含む。以下「学習指導要領に示す内容の取扱い」という。）に示す事項を不足なく取り上げていること。

（4）本文、問題、説明文、注、資料、作品、挿絵、写真、図など教科用図書の内容（以下「図書の内容」という。）には、学習指導要領に示す目標、学習指導要領に示す内容及び学習指導要領に示す内容の取扱いに照らして不必要なものは取り上げていないこと。

（心身の発達段階への適応）

（5）図書の内容は、その使用される学年の児童又は生徒の心身の発達段階に適応しており、また、心身の健康や安全及び健全な情操の育成について必要な配慮を欠いているところはないこと。

2　選択・扱い及び構成・排列

（学習指導要領との関係）

（1）図書の内容の選択及び扱いには、学習指導要領の総則、学習指導要領に示す目標、学習指導要領に示す内容及び学習指導要領に示す内容の取扱いに照らして不適切なところその他児童又は生徒が学習する上に支障を生ずるおそれのあるところはないこと。その際、知識及び技能の活用、思考力、判断力、表現力等及び学びに向かう力、人間性等の発揮により、資質・能力の育成に向けた児童又は生徒の主体的・対話的で深い学びの実現に資する学習及び指導ができるよう適切な配慮がなされていること。

（2）図書の内容に、学習指導要領に示す他の教科などの内容と矛盾するところはなく、話題や題材が他の教科などにわたる場合には、十分な配慮なく専門的な知識を扱っていないこと。

（3）学習指導要領の内容及び学習指導要領の内容の取扱いに示す事項が、学校教育法施行規則別表第一又は別表第二に定める授業時数に照らして図書の内容に適切に配分されていること。

（政治・宗教の扱い）

（4）政治や宗教の扱いは、教育基本法第十四条（政治教育）及び第十五条（宗教教育）の規定に照らして適切かつ公正であり、特定の政党や宗派又はその主義や信条に偏っていたり、それらを非難していたりするところはないこと。

（選択・扱いの公正）

（5）話題や題材の選択及び扱いは、児童又は生徒が学習内容を理解する上に支障を生ずるおそれがないよう、特定の事項、事象、分野などに偏ることなく、全体として調和がとれていること。

（6）図書の内容に、児童又は生徒が学習内容を理解する上に支障を生ずるおそれがないよう、特定の事柄を特別に強調し過ぎていたり、一面的な見解を十分な配慮なく取り上げていたりするところはないこと。

（特定の企業、個人、団体の扱い）

（7）図書の内容に、特定の営利企業、商品などの宣伝や非難になるおそれのあるところはないこと。

（8）図書の内容に、特定の個人、団体などについて、その活動に対する政治的又は宗教的な援助や助長となるおそれのあるところはなく、また、その権利や利益を侵害するおそれのあるところはないこと。

（引用資料）

（9）引用、掲載された教材、写真、挿絵、統計資料などは、信頼性のある適切なものが選ばれており、その扱いは公正であること。

（10）引用、掲載された教材、写真、挿絵などについては、著作権法上必要な出所や著作者名その他必要に応じて出典、年次など学習上必要な事項が示されていること。また、児童又は生徒がそれらの教材、写真、挿絵などの読み取りや活用を的確に行うことができるよう適切な配慮がされていること。

（11）統計資料については、原則として、最新のものを用いており、児童又は生徒が学習する上に支障を生ずるおそれのあることはなく、出典、年次など学習上必要な事項が示されていること。

（構成・排列）

（12）図書の内容は、全体として系統的、発展的に構成されており、網羅的、羅列的になっているところはなく、その組織及び相互の関連は適切であること。

（13）図書の内容のうち、説明文、注、資料などは、主たる記述と適切に関連付けて扱われていること。

（14）実験、観察、実習、調べる活動などに関するものについては、児童又は生徒が自ら当該活動を行うことができるよう適切な配慮がされていること。

（発展的な学習内容）

（15）1の(4)にかかわらず、児童又は生徒の理解や習熟の程度に応じ、学習内容を確実に身に付けることができるよう、学習指導要領に示す内容及び学習指導要領に示す内容の取扱いに示す事項を超えた事項（以下「発展的な学習内容」という。）を取り上げることができること。

（16）発展的な学習内容を取り上げる場合には、学習指導要領に示す内容や学習指導要領に示す内容の取扱いに示す事項との適切な関連の下、学習指導要領の総則、学習指導要領に示す目標や学習指導要領に示す内容の趣旨を逸脱せず、児童又は生徒の負担過重とならないものとし、その内容の選択及び扱いには、これらの趣旨に照らして不適切なところその他児童又は生徒が学習する上に支障を生ずるおそれのあるところはないこと。

（17）発展的な学習内容を取り上げる場合には、それ以外の内容と客観的に区別され、発展的な学習内容であることが明示されていること。その際、原則として当該内容を学習すべき学校種及び学年などの学習指導要領上の位置付けを明示すること。

（ウェブページのアドレス等）

（18）学習上の参考に供するために真に必要であり、図書中にウェブページのアドレス又は二次元コードその他のこれに代わるものを掲載する場合には、当該ウェブページのアドレス等が参照させるものは図書の内容と密接な関連を有するとともに、児童又は生徒に不適切であることが客観的に明白な情報を参照させるものではなく、情報の扱いは公正であること。なお、図書中に掲載するウェブページのアドレス等は発行者の責任において管理できるものを参照させていること。

3 正確性及び表記・表現

(1) 図書の内容に、誤りや不正確なところ、相互に矛盾しているところはないこと（(2)の場合を除く。）。

(2) 図書の内容に、客観的に明白な誤記、誤植又は脱字がないこと。

(3) 図書の内容に、児童又は生徒がその意味を理解し難い表現や、誤解するおそれのある表現はないこと。

(4) 漢字、仮名遣い、送り仮名、ローマ字つづり、用語、記号、計量単位などの表記は適切であって不統一はなく、別表に掲げる表記の基準によっていること。

(5) 図、表、グラフ、地図などは、教科に応じて、通常の約束、方法に従って記載されていること。

第三章 教科固有の条件

【特別の教科】

〔道徳科〕

1 基本的条件

(1) 小学校学習指導要領第三章の第三「指導計画の作成と内容の取扱い」の3の(1)及び中学校学習指導要領第三章の第三「指導計画の作成と内容の取扱い」の3の(1)に示す題材の全てを教材として取り上げていること。

(2) 小学校学習指導要領第三章の第三「指導計画の作成と内容の取扱い」の3の(2)のア及びイ並びに中学校学習指導要領第三章の第三「指導計画の作成と内容の取扱い」の3の(2)のア及びイに照らして適切な教材を取り上げていること。

2 選択・扱い及び構成・排列

(1) 図書の内容全体を通じて、小学校学習指導要領第三章の第三「指導計画の作成と内容の取扱い」の2の(4)及び中学校学習指導要領第三章の第三「指導計画の作成と内容の取扱い」の2の(4)に示す言語活動について適切な配慮がされていること。

(2) 図書の内容全体を通じて、小学校学習指導要領第三章の第三「指導計画の作成と内容の取扱い」の2の(5)及び中学校学習指導要領第三章の第三「指導計画の作成と内容の取扱い」の2の(5)に示す問題解決的な学習や道徳的行為に関する体験的な学習について適切な配慮がされていること。

(3) 小学校学習指導要領第三章の第三「指導計画の作成と内容の取扱い」の3の(2)及び中学校学習指導要領第三章の第三「指導計画の作成と内容の取扱い」の3の(2)に照らして取り上げ方に不適切なところはないこと。

特に、多様な見方や考え方のできる事柄を取り上げる場合には、その取り上げ方について特定の見方や考え方に偏った取扱いはされておらず公正であるとともに、児童又は生徒の心身の発達段階に即し、多面的・多角的に考えられるよう適切な配慮がされていること。

(4) 図書の主たる記述と小学校学習指導要領第三章の第二「内容」及び中学校学習指導要領第三章の第二「内容」に示す項目との関係が明示されており、その関係は適切であること。

附 則

1 この告示は平成三十年四月一日から施行し、小学校の教科用図書については平成三十二年度以降の使用に係るもの、中学校の教科用図書については平成三十三年度以降の使用に係るものの検定から適用する。

2 義務教育諸学校教科用図書検定基準（平成二十一年文部科学省告示第三十三号）は、廃止する。ただし、平成三十一年三月三十一日までに検定の申請が受理される中学校の教科用図書の検定並びに平成三十二年三月三十一日までに訂正の申請が受理される小学校学習指導要領（平成二十年文部科学省告示第二十七号）に基づき編集された教科用図書の訂正及び平成三十三年三月三十一日までに訂正の申請が受理される中学校学習指導要領（平成二十年文部科学省告示第二十八号）に基づき編集された教科用図書の訂正については、なお従前の例による。

附 則（令和元・七・一文科告示一八）（抄）

（施行期日等）

1 この告示は、公布の日から施行する。

2 第十条〔中略〕の規定は、令和四年度以降の使用に係る教科用図書の検定から適用する。

附 則（令和三・一二・二七文科告示一九九）

この告示は、公布の日から施行し、令和六年度以降の使用に係る教科用図書の検定から適用する。

別表〔略〕

○高等学校教科用図書検定基準（抄）

平成三〇・九・一八
文科告示一七四
最終改正　令和三・一二・二七文科告示一九九

第一章　総則

(1)　本基準は、教科用図書検定規則第三条の規定に基づき、学校教育法に規定する高等学校、中等教育学校の後期課程及び特別支援学校の高等部において使用される高等学校教科用図書について、その検定のために必要な審査基準を定めることを目的とする。

(2)　本基準による審査においては、その教科用図書が、教育課程の構成に応じて組織排列された教科の主たる教材として、教授の用に供せられる生徒用図書であることにかんがみ、知・徳・体の調和がとれ、生涯にわたって自己実現を目指す自立した人間、公共の精神を尊び、国家・社会の形成に主体的に参画する国民及び我が国の伝統と文化を基盤として国際社会を生きる日本人の育成を目指す教育基本法に示す教育の目標並びに学校教育法及び学習指導要領に示す目標を達成するため、これらの目標に基づき、第二章及び第三章に掲げる各項目に照らして適切であるかどうかを審査するものとする。

【教育基本法（平成十八年法律第百二十号）（抄）】

（教育の目標）

第二条　教育は、その目的を実現するため、学問の自由を尊重しつつ、次に掲げる目標を達成するよう行われるものとする。

一　幅広い知識と教養を身に付け、真理を求める態度を養い、豊かな情操と道徳心を培うとともに、健やかな身体を養うこと。

二　個人の価値を尊重して、その能力を伸ばし、創造性を培い、自主及び自律の精神を養うとともに、職業及び生活との関連を重視し、勤労を重んずる態度を養うこと。

三　正義と責任、男女の平等、自他の敬愛と協力を重んずるとともに、公共の精神に基づき、主体的に社会の形成に参画し、その発展に寄与する態度を養うこと。

四　生命を尊び、自然を大切にし、環境の保全に寄与する態度を養うこと。

五　伝統と文化を尊重し、それらをはぐくんできた我が国と郷土を愛するとともに、他国を尊重し、国際社会の平和と発展に寄与する態度を養うこと。

第二章　各教科共通の条件

1　基本的条件

（教育基本法及び学校教育法との関係）

(1)　教育の目標に一致していること。教育基本法第一条の教育の目的及び同法第二条に掲げる教育の目標に一致していること。また、学校教育法に定める各学校の目的及び教育の目標に一致していること。

（学習指導要領との関係）

(2)　学習指導要領の総則や教科の目標に一致していること。

(3)　高等学校学習指導要領（平成三十年文部科学省告示第六十八号。以下「学習指導要領」という。）に示す教科及び科目の「目標」（以下「学習指導要領に示す目標」という。）に従い、学習指導要領に示す科目の「内容」（以下「学習指導要領に示す内容」という。）及び「内容の取扱い」（「各科目にわたる指導計画の作成と内容の取扱い」を含む。以下「学習指導要領に示す内容の取扱い」という。）に示す事項を不足なく取り上げていること。

(4)　本文、問題、説明文、注、資料、作品、挿絵、写真、図など教科用図書の内容（以下「図書の内容」という。）には、学習指導要領に示す目標、学習指導要領に示す内容及び学習指導要領に示す内容の取扱いに照らして不必要なものは取り上げていないこと。

（心身の発達段階への適応）

(5)　図書の内容は、生徒の心身の発達段階に適応しており、また、心身の健康や安全及び健全な情操の育成について必要な配慮を欠いているところはないこと。

2　選択・扱い及び構成・排列

（学習指導要領との関係）

(1)　図書の内容の選択及び扱いには、学習指導要領の総則、学習指導要領に示す目標、学習指導要領に示す内容及び学習指導要領に示す内容の取扱いに照らして不適切なところその他生徒が学習する上に支障を生ずるおそれのあるところはないこと。その際、知識及び技能の活用、思考力、判断力、表現力等及び学びに向かう力、人間性等の発揮により、資質・能力の育成に向けた生徒の主体的・対話的で深い学びの実現に資する学習及び指導ができるよう適切な配慮がされていること。

(2)　話題や題材が他の教科及び科目にわたる場合には、十分な配慮なく専門的な知識を扱っていないこと。

(3)　学習指導要領の内容及び学習指導要領の内容の取扱いに示す事項が、学習指導要領に示す標準単位数に対応する授業時数に照らして図書の内容に適切に配分されていること。

（政治・宗教の扱い）

(4)　政治や宗教の扱いは、教育基本法第十四条（政治教育）及び第十五条（宗教教育）の規定に照らして適切かつ公正であり、特定の政党や宗派又はその主義や信条に偏っていたり、それらを非難していたりするところはないこと。

（選択・扱いの公正）

(5)　話題や題材の選択及び扱いは、生徒が学習内容を理解する上に支障を生ずるおそれがないよう、特定の事項、事象、分野などに偏ることなく、全体として調和がとれていること。

(6) 図書の内容に、生徒が学習内容を理解する上に支障を生ずるおそれがないよう、特定の事柄を特別に強調し過ぎていたり、一面的な見解を十分な配慮なく取り上げていたりするところはないこと。

（特定の企業、個人、団体の扱い）

(7) 図書の内容に、特定の営利企業、商品などの宣伝や非難になるおそれのあるところはないこと。

(8) 図書の内容に、特定の個人、団体などについて、その活動に対する政治的又は宗教的な援助や助長となるおそれのあるところはなく、また、その権利や利益を侵害するおそれのあるところはないこと。

（引用資料）

(9) 引用、掲載された教材、写真、挿絵、統計資料などは、信頼性のある適切なものが選ばれており、その扱いは公正であること。

(10) 引用、掲載された教材、写真、挿絵などについては、著作権法上必要な出所や著作者名その他必要に応じて出典、年次など学習上必要な事項が示されていること。また、生徒がそれらの教材、写真、挿絵などの読み取りや活用を的確に行うことができるよう適切な配慮がされていること。

(11) 統計資料については、原則として、最新のものを用いており、生徒が学習する上に支障を生ずるおそれのあることはなく、出典、年次など学習上必要な事項が示されていること。

（構成・排列）

(12) 図書の内容は、全体として系統的、発展的に構成されており、網羅的、羅列的になっているところはなく、その組織及び相互の関連は適切であること。

(13) 図書の内容のうち、説明文、注、資料などは、主たる記述と適切に関連付けて扱われていること。

(14) 実験、観察、実習、調べる活動などに関するものについては、生徒が自ら当該活動を行うことができるよう適切な配慮がされていること。

（発展的な学習内容）

(15) 1の(4)にかかわらず、生徒の理解や習熟の程度に応じ、学習内容を確実に身に付けることができるよう、学習指導要領に示す内容及び学習指導要領に示す内容の取扱いに示す事項を超えた事項（以下「発展的な学習内容」という。）を取り上げることができること。

(16) 発展的な学習内容を取り上げる場合には、学習指導要領に示す内容や学習指導要領に示す内容の取扱いに示す事項との適切な関連の下、学習指導要領の総則、学習指導要領に示す目標や学習指導要領に示す内容の趣旨を逸脱せず、生徒の負担過重とならないものとし、その内容の選択及び扱いには、これらの趣旨に照らして不適切なところその他生徒が学習する上に支障を生ずるおそれのあるところはないこと。

(17) 発展的な学習内容を取り上げる場合には、それ以外の内容と客観的に区別され、発展的な学習内容であることが明示されていること。その際、原則として当該内容を学習すべき科目などの学習指導要領上の位置付けを明示すること。

（ウェブページのアドレス等）

(18) 学習上の参考に供するために真に必要であり、図書中にウェブページのアドレス又は二次元コードその他のこれに代わるものを掲載する場合は、当該ウェブページのアドレス等が参照させるものは図書の内容と密接な関連を有するとともに、生徒に不適切であることが客観的に明白な情報を参照させるものではなく、情報の扱いは公正であること。なお、図書中に掲載するウェブページのアドレス等は発行者の責任において管理できるものを参照させていること。

3 正確性及び表記・表現

(1) 図書の内容に、誤りや不正確なところ、相互に矛盾しているところはないこと（(2)の場合を除く。）。

(2) 図書の内容に、客観的に明白な誤記、誤植又は脱字がないこと。

(3) 図書の内容に、生徒がその意味を理解し難い表現や、誤解するおそれのある表現はないこと。

(4) 漢字、仮名遣い、送り仮名、ローマ字つづり、用語、記号、計量単位などの表記は適切であって不統一はなく、別表に掲げる表記の基準によっていること。

第三章 各教科固有の条件〔略〕

附 則

1 この告示は平成三十一年四月一日から施行し、平成三十四年四月一日以降高等学校の第一学年に入学した生徒（学校教育法施行規則（昭和二十二年文部省令第十一号）第百三条第一項に規定する学年による教育課程の区分を設けない場合にあっては、同日以降に入学した生徒（学校教育法施行規則第九十一条の規定により入学した生徒で同日前に入学した生徒に係る教育課程により履修するものを除く。）及び中等教育学校の第四学年に進級した生徒の使用に係る教科用図書の検定から適用する。

2 高等学校教科用図書検定基準（平成二十一年文部科学省告示第百六十六号）は、廃止する。ただし、平成三十三年三月三十一日までに検定の申請が受理される改正前の高等学校学習指導要領（平成二十一年文部科学省告示第三十四号）に基づく高等学校の教科用図書の検定については、なお、従前の例による。

附 則（令和元・七・一文科告示一八）

（施行期日等）

1 この告示は、公布の日から施行する。

2 第十条及び第十二条の規定は、令和四年度以降の使用に係る教科用図書の検定から適用する。

附 則（令和三・一二・二七文科告示一九九）

この告示は、公布の日から施行し、令和六年度以降の使用に係る教科用図書の検定から適用する。

別表〔略〕

○義務教育諸学校の教科用図書の無償に関する法律

昭三七・三・三一
法　六〇

（趣旨）

第一条　義務教育諸学校の教科用図書は、無償とする。

2　前項に規定する措置に関し必要な事項は、別に法律で定める。

（調査会）

第二条　前条第一項に規定する義務教育諸学校（学校教育法（昭和二十二年法律第二十六号）に規定する小学校、中学校並びに盲学校、聾学校及び養護学校の小学部及び中学部をいう。以下同じ。）の教科用図書を無償とする措置につき調査審議するため、文部省に、臨時義務教育教科用図書無償制度調査会（以下「調査会」という。）を置く。

2　調査会は、文部大臣の諮問に応じて義務教育諸学校において使用する教科用図書を無償とする措置に関する重要事項を調査審議し、及びこれに関し必要と認める事項を文部大臣に建議する。

3　調査会は、委員二十人以内で組織し、委員は、学識経験のある者及び関係行政機関の職員のうちから、文部大臣が任命する。

4　調査会は、第二項の規定により文部大臣から諮問のあつた事項のうち昭和三十七年度の予算の執行及び昭和三十八年度の予算の作成に関係のある部分については、その調査審議した結果を昭和三十七年十一月三十日までに文部大臣に答申しなければならない。

5　この法律に定めるもののほか、調査会に関し必要な事項は、政令で定める。

附　則（抄）

1　この法律は、昭和三十七年四月一日から施行する。

2　第一条第一項に規定する措置で昭和三十七年度の予算の執行に係るものを実施するため必要な事項については、同条第二項の規定にかかわらず、政令の定めるところによることができる。

4　第二条の規定は、昭和三十八年三月三十一日限り、その効力を失う。

○義務教育諸学校の教科用図書の無償措置に関する法律

昭三八・一二・二一
法　一八二

最終改正　令和四・六・一七法六八

第一章　総則

（この法律の目的）

第一条　この法律は、教科用図書の無償給付その他義務教育諸学校の教科用図書を無償とする措置について必要な事項を定めるとともに、当該措置の円滑な実施に資するため、義務教育諸学校の教科用図書の採択及び発行の制度を整備し、もつて義務教育の充実を図ることを目的とする。

（定義）

第二条　この法律において「義務教育諸学校」とは、学校教育法（昭和二十二年法律第二十六号）に規定する小学校、中学校、義務教育学校、中等教育学校の前期課程並びに特別支援学校の小学部及び中学部をいう。

2　この法律において「教科用図書」とは、学校教育法第三十四条第一項（同法第四十九条、第四十九条の八、第七十条第一項及び第八十二条において準用する場合を含む。）及び附則第九条第一項に規定する教科用図書をいう。

3　この法律において「発行」とは、教科用図書を製造供給することをいう。

第二章　無償給付及び給与

（教科用図書の無償給付）

第三条　国は、毎年度、義務教育諸学校の児童及び生徒が各学年の課程において使用する教科用図書で第十三条、第十四条及び第十六条の規定により採択されたものを購入し、義務教育諸学校の設置者に無償で給付するものとする。

（契約の締結）

第四条　文部科学大臣は、教科用図書の発行者と、前条の規定により購入すべき教科用図書を購入する旨の契約を締結するものとする。

（教科用図書の給与）

第五条　義務教育諸学校の設置者は、第三条の規定により国から無償で給付された教科用図書を、それぞれ当該学校の校長を通じて児童又は生徒に給与するものとする。

2　学年の中途において転学した児童又は生徒については、その転学後において使用する教科用図書は、前項の規定にかかわらず、文部科学省令で定める場合を除き、給与しないものとする。

（都道府県の教育委員会の責務）

第六条　都道府県の教育委員会は、政令で定めるところにより、教科用図書の無償給付及び給与の実施に関し必要な事務を行なうものとする。

（給付の完了の確認の時期の特例）

第七条　第四条の規定による契約に係る政府契約の支払遅延防止等に関する法律（昭和二十四年法律第二百五十六号）第四条第一号に掲げる時期については、同法第五条第一項中「十日以内の日」とあるのは「二十日以内の日」と読み替えて同項の規定を適用する。

第八条　削除

（政令への委任）

第九条　この章に規定するもののほか、教科用図書の無償給付及び給与に関し必要な事項は、政令で定める。

第三章　採択

（都道府県の教育委員会の任務）

第十条　都道府県の教育委員会は、当該都道府県内の義務教育諸学校において使用する教科用図書の採択の適正な実施を図るため、義務教育諸学校において使用する教科用図書の研究に関し、計画し、及び実施するとともに、市（特別区を含む。以下同じ。）町村の教育委員会及び義務教育諸学校（公立の義務教育諸学校を除く。）の校長の行う採択に関する事務について、適切な指導、助言又は援助を行わなければならない。

（教科用図書選定審議会）

第十一条　都道府県の教育委員会は、前条の規定により指導、助言又は援助を行なおうとするときは、あらかじめ教科用図書選定審議会（以下「選定審議会」という。）の意見をきかなければならない。

2　選定審議会は、毎年度、政令で定める期間、都道府県に置く。

3　選定審議会は、条例で定める人数の委員で組織する。

（採択地区）

第十二条　都道府県の教育委員会は、当該都道府県の区域について、市町村の区域又はこれらの区域を併せた地域に、教科用図書採択地区（以下この章において「採択地区」という。）を設定しなければならない。

2　都道府県の教育委員会は、採択地区を設定し、又は変更しようとするときは、あらかじめ市町村の教育委員会の意見をきかなければならない。

3　都道府県の教育委員会は、採択地区を設定し、又は変更したときは、すみやかにこれを告示するとともに、文部科学大臣にその旨を報告しなければならない。

（教科用図書の採択）

第十三条　都道府県内の義務教育諸学校（都道府県立の義務教育諸学校を除く。）において使用する教科用図書の採択は、第十条の規定によつて当該都道府県の教育委員会が行なう指導、助言又は援助により、種目（教科用図書の教科ごとに分類された単位をいう。以下同じ。）ごとに一種の教科用図書について行なうものとする。

2　都道府県立の義務教育諸学校において使用する教科用図書の採択は、あらかじめ選定審議会の意見をきいて、種目ごとに一種の教科用図書について行なうものとする。

3　公立の中学校で学校教育法第七十一条の規定により高等学校における教育と一貫した教育を施すもの及び公立の中等教育学校の前期課程において使用する教科用図書については、市町村の教育委員会又は都道府県の教育委員会は、前二項の規定にかかわらず、学校ごとに、種目ごとに一種の教科用図書の採択を行うものとする。

4　第一項の場合において、採択地区が二以上の市町村の区域を併せた地域であるときは、当該採択地区内の市町村の教育委員会は、協議により規約を定め、当該採択地区内の市町村立の小学校、中学校及び義務教育学校において使用する教科用図書の採択について協議を行うための協議会（次項及び第十七条において「採択地区協議会」という。）を設けなければならない。

5　前項の場合において、当該採択地区内の市町村の教育委員会は、採択地区協議会における協議の結果に基づき、種目ごとに同一の教科用図書を採択しなければならない。

6　第一項から第三項まで及び前項の採択は、教科書の発行に関する臨時措置法（昭和二十三年法律第百三十二号。以下「臨時措置法」という。）第六条第一項の規定により文部科学大臣から送付される目録に登載された教科用図書のうちから行わなければならない。ただし、学校教育法附則第九条第一項に規定する教科用図書については、この限りでない。

（同一教科用図書を採択する期間）

第十四条　義務教育諸学校において使用する教科用図書については、政令で定めるところにより、政令で定める期間、毎年度、種目ごとに同一の教科用図書を採択するものとする。

（採択した教科用図書の種類等の公表）

第十五条　市町村の教育委員会、都道府県の教育委員会及び義務教育諸学校（公立の義務教育諸学校を除く。）の校長は、義務教育諸学校において使用する教科用図書を採択したときは、遅滞なく、当該教科用図書の種類、当該教科用図書を採択した理由その他文部科学省令で定める事項を公表するよう努めるものとする。

（指定都市に関する特例）

第十六条　指定都市（地方自治法（昭和二十二年法律第六十七号）第二百五十二条の十九第一項の指定都市をいう。以下この条において同じ。）については、当該指定都市を包括する都道府県の教育委員会は、第十二条第一項の規定にかかわらず、指定都市の区若しくは総合区の区域又はこれらの区域を併せた地域に、採択地区を設定しなければならない。

2　指定都市の教育委員会は、第十条の規定によつて都道府県の教育委員会が行う指導、助言又は援助により、前項の採択地区ごとに、当該採択地区内の指定都市の設置する小学校、中学校及び義務教育学校において使用する教科用図書として、種目ごとに一種の教科用図書を採択する。

3　第十三条第三項及び第六項の規定は、前項の採択について準用する。

（政令への委任）

第十七条　この章に規定するもののほか、選定審議会の所掌事務、組織及び運営並びに採択地区の設定、採択地区協議会の組織及び運営、採択の時期その他採択に関し必要な事項は、政令で定める。

第四章　発行

（発行者の指定）

第十八条　文部科学大臣は、義務教育諸学校において使用する教科用図書（学校教育法附則第九条第一項に規定する教科用図書を除く。以下この章において同じ。）の発行を担当する者で次に掲げる基準に該当するものを、その者の申請に基づき、教科用図書発行者として指定する。

一　次のいずれかに掲げる者でないものであること。

イ　破産手続開始の決定を受けて復権を得ない者

ロ　次条の規定により指定を取り消された日から三年を経過していない者

ハ　禁錮以上の刑に処せられ、又はこの法律の規定に違反し、若しくは義務教育諸学校において使用する教科用図書の採択に関し刑法（明治四十年法律第四十五号）第百九十八条若しくは第二百三十三条の罪、組織的な犯罪の処罰及び犯罪収益の規制等に関する法律（平成十一年法律第百三十六号）第三条第一項（同項第十一号に係る部分に限る。）若しくは同条第二項（同条第一項第十一号に係る部分に限る。）の罪若しくは公職にある者等のあっせん行為による利得等の処罰に関する法律（平成十二年法律第百三十号）第四条の罪を犯して罰金の刑に処せられ、その刑の執行を終わつた日又は執行を受けることがなくなつた日から三年を経過していない者

ニ　法人で、その役員のうちにイからハまでのいずれかに該当する者があるもの

ホ　営業に関し成年者と同一の行為能力を有しない未成年者で、その法定代理人がイからニまでのいずれかに該当するもの

二　その事業能力及び信用状態について政令で定める要件を備えたものであること。

2　前項の指定を受けようとする者は、文部科学省令で定めるところにより、申請書に必要な書類を添えて、文部科学大臣に提出しなければならない。

（指定の取消し）

第十九条　文部科学大臣は、教科用図書発行者が次の各号のいずれかに該当することとなつたときは、前条第一項の指定を取り消さなければならない。

一　前条第一項各号のいずれかに掲げる基準に適合しなくなつたとき。

二　虚偽又は不正の事実に基づいて前条第一項の指定を受けたことが判明したとき。

（報告及び資料の提出）

第二十条　文部科学大臣は、教科用図書発行者について、第十八条第一項各号に掲げる基準に適合しているかどうかを調査するため必要があると認めるときは、教科用図書発行者に対し、必要な報告又は資料の提出を求めることができる。

（発行の指示の取消し）

第二十一条　文部科学大臣は、教科用図書発行者が第十九条の規定により指定を取り消されたときは、その者に係る臨時措置法第八条の規定による発行の指示を取り消さなければならない。

（臨時措置法との関係）

第二十二条　教科用図書の発行及び教科用図書発行者については、この章に規定するもののほか、臨時措置法の定めるところによる。

第五章　罰則

第二十三条　第二十条の規定による報告若しくは資料の提出の要求に応ぜず、又は虚偽の報告をし、若しくは虚偽の資料を提出した者は、三万円以下の罰金に処する。

第二十四条　法人の代表者又は法人若しくは人の代理人、使用人その他の従業者が、その法人又は人の業務又は財産に関し、前条の違反行為をしたときは、その行為者を罰するほか、その法人又は人に対しても、同条の刑を科する。

附　則（抄）

（施行期日）

1　この法律は、公布の日から施行する。〔ただし書略〕

○刑法等の一部を改正する法律の施行に伴う関係法律の整理等に関する法律（抄）

令和四・六・一七
法　六　八

（宗教法人法等の一部改正）

第二百十五条　次に掲げる法律の規定中「禁錮」を「拘禁刑」に改める。

一・二　〔略〕

三　義務教育諸学校の教科用図書の無償措置に関する法律（昭和三十八年法律第百八十二号）第十八条第一項第一号ハ

四　〔略〕

附　則（抄）

（施行期日）

1　この法律は、刑法等一部改正法施行日〔令和七・六・一〕から施行する。〔ただし書略〕

○義務教育諸学校の教科用図書の無償措置に関する法律施行令

昭三九・二・三
政令　一四

最終改正　令和元・九・一一政令九七

（教科用図書の受領及び給付）

第一条　義務教育諸学校の教科用図書の無償措置に関する法律（以下「法」という。）第四条の規定による契約に係る教科用図書の受領及び法第三条の規定による教科用図書の無償給付に関する事務は、公立の義務教育諸学校（法第二条第一項に規定する義務教育諸学校をいう。以下同じ。）の児童及び生徒に係る教科用図書については当該義務教育諸学校を所管する教育委員会、私立の義務教育諸学校の児童及び生徒に係る教科用図書については当該義務教育諸学校を設置する学校法人の理事長、国立大学法人法（平成十五年法律第百十二号）第二十三条の規定により国立大学法人が設置する大学に附属して設置される義務教育諸学校の児童及び生徒に係る教科用図書については当該国立大学法人の学長又は理事長、地方独立行政法人法（平成十五年法律第百十八号）第七十七条の二第一項の規定により公立大学法人（同法第六十八条第一項に規定する公立大学法人をいう。以下この項において同じ。）が設置する大学に附属して設置される義務教育諸学校の児童及び生徒に係る教科用図書については当該公立大学法人の理事長（以下「実施機関」という。）が行うものとする。

2　実施機関は、前項の規定により教科用図書の発行者（以下「発行者」という。）から教科用図書を受領したときは、義務教育諸学校の設置者に対し、直ちにこれを給付するものとする。

（実施機関の報告及び証明）

第二条　実施機関は、前条第一項の規定により発行者から教科用図書を受領したときは、文部科学省令で定めるところにより、その教科用図書の名称及び冊数その他文部科学省令で定める事項を記載した書類（以下「受領報告書」という。）を作成し、これを都道府県の教育委員会に提出するとともに、これらの事項を記載した受領証明書（以下「受領証明書」という。）を作成し、これを当該教科用図書の発行者に交付しなければならない。

（発行者の納入冊数集計表の提出）

第三条　発行者は、受領証明書を受け取つたときは、これに基づき、文部科学省令で定めるところにより、都道府県ごとに教科用図書の納入冊数を集計した書類（以下「納入冊数集計表」という。）を作成し、受領証明書を添えて当該都道府県の教育委員会に提出しなければならない。

（都道府県の教育委員会の確認及び報告）

第四条　都道府県の教育委員会は、受領報告書を受け取つたときは、これに基づき、文部科学省令で定めるところにより、当該都道府県内の教科用図書の受領冊数を集計した書類（以下「受領冊数集計報告書」という。）を作成しなければならない。

2　都道府県の教育委員会は、受領冊数集計報告書と前条の規定により発行者から提出のあつた納入冊数集計表とを照合し、教科用図書ごとに冊数が同一であることを確認したときは、文部科学省令で定めるところにより、受領冊数集計報告書を文部科学大臣に提出するとともに、納入冊数集計表及び受領証明書を当該発行者に返付しなければならない。

（給与名簿の作成及び給与児童生徒数の報告）

第五条　義務教育諸学校の設置者は、法第五条第一項の規定による教科用図書の給与が完了したときは、文部科学省令で定めるところにより、給与を受けた児童及び生徒の名簿を作成するとともに、給与を受けた児童及び生徒の総数を都道府県の教育委員会に報告しなければならない。

2　都道府県の教育委員会は、前項の報告を受けたときは、文部科学省令で定めるところにより、当該都道府県内の給与を受けた児童及び生徒の総数を文部科学大臣に報告しなければならない。

（調査及び報告）

第六条　文部科学大臣は、法第三条の規定による教科用図書の無償給付及び法第五条の規定による教科用図書の給与に関し、その実施の状況を調査し、及び義務教育諸学校の設置者に対し必要な報告を求めることができる。

2　文部科学大臣は、都道府県の教育委員会に対し、前項の調査を行い、及び義務教育諸学校の設置者に対し同項の報告を求めるよう指示をすることができる。

（教科用図書選定審議会の設置期間）

第七条　教科用図書選定審議会（以下「選定審議会」という。）を置く期間は、四月一日から八月三十一日までとする。

（選定審議会の所掌事務）

第八条　選定審議会は、都道府県の教育委員会の諮問に応じ、次に掲げる事項を調査審議し、及び必要と認めるときは、これらの事項について都道府県の教育委員会に建議する。

一　市（特別区を含む。以下同じ。）町村の教育委員会及び義務教育諸学校（公立の義務教育諸学校を除く。）の校長の行う教科用図書の採択に関する事務について都道府県の教育委員会の行う採択基準の作成、選定に必要な資料の作成その他指導、助言又は援助に関する重要事項

二　都道府県の設置する義務教育諸学校において使用する教科用図書の採択に関する事項

（選定審議会の委員）

第九条　選定審議会の委員は、次に掲げる者のうちから、都道府県の教育委員会が任命する。この場合において、第一号に掲げる者のうちから任命される委員の数は、委員の定数のおおむね三分の一になるようにしなければならない。

一　義務教育諸学校の校長及び教員

二　都道府県の教育委員会の事務局に置かれる指導主事その他学校教育に専門的知識を有する職員並びに市町村の教育委員会の教育長、委員及び事務局に置かれる指導主事その他学校教育に専門的知識を有する職員

三　教育に関し学識経験を有する者

2　教科用図書の採択に直接の利害関係を有する者は、選定審議会の委員となることができない。

（教育委員会規則への委任）

第十条　前条に定めるもののほか、選定審議会の組織及び運営に関し必要な事項は、都道府県の教育委員会規則で定める。

（採択地区協議会の組織及び運営）

第十一条　採択地区協議会は、関係市町村の教育委員会が採択地区協議会の規約の定めるところにより指名する委員をもつて組織する。

2　採択地区協議会に会長を置き、採択地区協議会の規約の定めるところにより、委員のうちから定める。

3　会長は、会務を総理する。

4　会長に事故があるときは、会長があらかじめ指名する委員が、その職務を代理する。

5　前各項に定めるもののほか、採択地区協議会の組織及び運営に関し必要な事項は、採択地区協議会の規約で定める。

（採択地区協議会の規約事項）

第十二条　採択地区協議会の規約には、次に掲げる事項を定めなければならない。

一　採択地区協議会の名称

二　採択地区協議会を設ける市町村の教育委員会

三　採択地区協議会の組織

四　教科用図書の選定の方法

五　採択地区協議会の経費の支弁の方法

（採択地区協議会の規約の変更）

第十三条　採択地区協議会を設けた市町村の教育委員会は、採択地区協議会の規約を変更しようとするときは、協議によりこれを行わなければならない。

（採択の時期）

第十四条　義務教育諸学校において使用する教科用図書の採択は、当該教科用図書を使用する年度の前年度の八月三十一日までに行わなければならない。

2　九月一日以後において新たに教科用図書を採択する必要が生じたときは、速やかに教科用図書の採択を行わなければならない。

（同一教科用図書を採択する期間）

第十五条　法第十四条の規定により種目ごとに同一の教科用図書を採択する期間（以下この条において「採択期間」という。）は、学校教育法（昭和二十二年法律第二十六号）附則第九条第一項に規定する教科用図書を採択する場合を除き、四年とする。

2　採択期間内において採択した教科用図書（以下この条において「既採択教科用図書」という。）の発行が行われないこととなつた場合その他の文部科学省令で定める場合には、新たに既採択教科用図書以外の教科用図書を採択することができる。

3　前項に規定する場合（教育課程の基準の変更に伴い既採択教科用図書の発行が行われないこととなつた場合を除く。）において、新たに採択する教科用図書についての採択期間は、第一項の規定にかかわらず、既採択教科用図書についての採択期間から文部科学省令で定める期間を控除した期間とする。

（発行者の指定の要件）

第十六条　法第十八条第一項第二号に規定する政令で定める要件は、次のとおりとする。

一　会社にあつては資本金の額又は出資の総額が千万円以上、会社以外の者にあつては文部科学省令で定める資産の額が千万円を超えない範囲内において文部科学省令で定める額以上であること。

二　専ら教科用図書の編集を担当する者について文部科学省令で定める基準に適合しているものであること。

三　法人にあつては一人以上の役員（その法人の業務を監査する者を除く。）、人にあつてはその者が図書の出版に関する相当の経験を有する者であること。

四　法人にあつてはその法人又はその法人を代表する者、人にあつてはその者が図書の発行に関し著しく不公正な行為

をしたことのない者であること。

（事務の区分）

第十七条 第一条第二項、第二条、第四条、第五条第二項及び第六条第二項の規定により都道府県が処理することとされている事務並びに第一条第二項及び第二条の規定により市町村が処理することとされている事務は、地方自治法（昭和二十二年法律第六十七号）第二条第九項第一号に規定する第一号法定受託事務とする。

附 則（抄）

この政令は、公布の日から施行する。

○義務教育諸学校の教科用図書の無償措置に関する法律施行規則

昭三九・二・一四
文部令二

最終改正 令和二・一二・二八文科令四四

（転学した児童生徒に教科用図書を給与する場合）

第一条 義務教育諸学校の教科用図書の無償措置に関する法律（昭和三十八年法律第百八十二号。以下「法」という。）第五条第二項の文部科学省令で定める場合は、二月末日までの間に転学した児童又は生徒について、種目（法第十三条第一項に規定する種目をいう。以下同じ。）ごとに転学後において使用する教科用図書が転学前に給与を受けた教科用図書と異なる場合とする。

（受領報告書及び受領証明書の作成等）

第二条 義務教育諸学校の教科用図書の無償措置に関する法律施行令（昭和三十九年政令第十四号。以下「令」という。）第二条の規定により実施機関（令第一条第一項に規定する実施機関をいう。以下同じ。）の作成する受領報告書（以下「受領報告書」という。）及び受領証明書（以下「受領証明書」という。）は、別に定める様式により、それぞれ作成しなければならない。

2 実施機関は、前項の規定により作成した受領報告書及び受領証明書を、前期用の教科用図書（四月一日から四月十五日までに受領した教科用図書（転学した児童又は生徒に対し前条に規定する場合において給与すべきものを除く。）をいう。以下同じ。）に係るものにあつては毎年度四月二十日までに、後期用の教科用図書（九月一日から九月十五日までに受領した教科用図書（転学した児童又は生徒に対し前条に規定する場合において給与すべきものを除く。）をいう。以下同じ。）及び前期転学用の教科用図書（四月一日から八月三十一日までに受領した教科用図書（前期用の教科用図書を除く。）をいう。以下同じ。）に係るものにあつてはそれぞれ毎年度九月三十日までに、後期転学用の教科用図書（九月一日から二月末日までに受領した教科用図書（後期用の教科用図書を除く。）をいう。以下同じ。）に係るものにあつては毎年度三月十日までに、それぞれ提出又は交付しなければならない。

（納入冊数集計表の作成等）

第三条 令第三条の規定により発行者の作成する納入冊数集計表（以下「納入冊数集計表」という。）は、別に定める様式により作成し、前期用の教科用図書に係るものにあつては毎年度五月十五日までに、後期用の教科用図書及び前期転学用の教科用図書に係るものにあつてはそれぞれ毎年度十月十五日までに、後期転学用の教科用図書に係るものにあつては毎年度三月二十日までに、それぞれこれを提出しなければならない。

（受領冊数集計報告書の作成等）

第四条 令第四条第一項の規定により都道府県の教育委員会の作成する受領冊数集計報告書（以下「受領冊数集計報告書」という。）は、別に定める様式により作成しなければならない。

2 令第四条第二項の規定により都道府県の教育委員会が受領冊数集計報告書を提出し並びに納入冊数集計表及び受領証明書を返付するにあたつては、受領冊数集計報告書及び納入冊数集計表に同条同項の規定による確認をした旨をそれぞれ記載し、前期用の教科用図書に係るものにあつては毎年度五月三十一日までに、後期用の教科用図書及び前期転学用の教科用図書に係るものにあつてはそれぞれ毎年度十月三十一日までに、後期転学用の教科用図書に係るものにあつては毎年度三月二十五日までに、それぞれ提出又は返付しなければならない。

（給与名簿の作成及び給与児童生徒数の報告）

第五条 令第五条第一項の規定による児童及び生徒の名簿は、

別に定める様式により作成しなければならない。

2　令第五条第一項の規定による都道府県の教育委員会に対する児童及び生徒の総数の報告は、別に定める様式により作成した書類により、前期用の教科用図書の給与に係るものにあつては毎年度四月三十日までに、後期用の教科用図書及び前期転学用の教科用図書の給与に係るものにあつてはそれぞれ毎年度九月三十日までに、後期転学用の教科用図書の給与に係るものにあつては毎年度三月十日までに、それぞれこれをしなければならない。

3　令第五条第二項の規定による文部科学大臣に対する児童及び生徒の総数の報告は、別に定める様式により作成した書類により、前期用の教科用図書の給与に係るものにあつては毎年度五月三十一日までに、後期用の教科用図書及び前期転学用の教科用図書の給与に係るものにあつてはそれぞれ毎年度十月三十一日までに、後期転学用の教科用図書の給与に係るものにあつては毎年度三月二十五日までに、それぞれこれをしなければならない。

（同一教科用図書の採択の特例）

第六条　法第十四条の規定により種目ごとに同一の教科用図書を採択する期間についての令第十五条第二項の規定により文部科学省令で定める場合は、教育課程の基準の変更に伴い採択した教科用図書の発行が行われないこととなつた場合及び次の各号に掲げる場合とし、同条第三項の規定により文部科学省令で定める期間は当該各号に掲げる場合の区分に応じ当該各号に定める期間とする。

一　採択した教科用図書の発行が行われないこととなつた場合（教育課程の基準の変更に伴い採択した教科用図書の発行が行われないこととなつた場合を除く。）　発行が行われないこととなつた教科用図書を採択していた期間

二　採択した教科用図書の採択に関し発行者その他の教科用図書の採択に直接の利害関係を有する者の不公正な行為があつたと認められる場合　当該採択に関し不公正な行為があつたと認められる教科用図書を採択していた期間

三　教科用図書検定規則（平成元年文部省令第二十号）第十二条の規定による再申請（同条に規定する検定審査不合格の決定の通知に係る申請図書について、当該通知を受けた年度の翌年度に行われたものに限る。）により文部科学大臣の検定を経て、新たに発行されることとなつた教科用図書がある場合　当該再申請が行われた年度に採択された教科用図書を採択していた期間

四　採択地区が設定又は変更された場合　採択地区の設定又は変更前に当該地域において採択されていた教科用図書の採択されていた期間

五　採択地区内において市（特別区を含む。以下同じ。）町村又は義務教育諸学校（公立の義務教育諸学校を除く。以下この号において同じ。）若しくは法第十三条第三項に規定する学校が設置された場合　市町村又は義務教育諸学校若しくは同項に規定する学校の設置前に当該市町村又は義務教育諸学校若しくは同項に規定する学校が設置された地域の属する採択地区内において採択されていた教科用図書の採択されていた期間

（教科用図書を採択したときに公表すべき事項）

第七条　法第十五条の文部科学省令で定める事項は、次に掲げるものとする。

一　義務教育諸学校において使用する教科用図書の研究のために資料を作成したときは、その資料

二　採択地区協議会を設ける市町村の教育委員会にあつては、採択地区協議会の会議の議事録を作成したときは、その議事録

（発行者の指定の申請書の提出）

第八条　法第十八条第一項の教科用図書発行者の指定を受けようとする者は、発行しようとする義務教育諸学校の教科用図書（学校教育法（昭和二十二年法律第二十六号）附則第九条第一項に規定する教科用図書を除く。以下同じ。）が採択されることとなる年度の前年度の一月三十一日までに、別記様式による申請書を文部科学大臣に提出しなければならない。

2　前項の申請書には、次に掲げる書類を添付しなければならない。

一　発行しようとする教科用図書の製造及び供給の計画を記載した書類

二　法人にあつては定款又は寄附行為及び法人の登記事項証明書、人にあつてはその者（未成年者である場合においては、その法定代理人を含む。）の戸籍謄本（法定代理人が法人である場合においては、その定款又は寄附行為及び登記事項証明書）

三　申請者が、法第十八条第一項第一号イからホまでのいずれかに掲げる者でないことを明らかにした書類

四　法人にあつてはその法人の最近三年間における損益計算書及び事業の状況を記載した書類並びに申請の日の属する事業年度の前年度末現在における貸借対照表及び財産目録、人にあつては財産目録その他資産の状況を証する書類で最近三月以内に作成したもの

五　法人にあつてはその役員、人にあつてはその者の履歴を記載した書類（図書の出版に関する履歴については、関与した出版に係る図書の名称、従事した職務の内容等を詳細に記載したものを含む。）

六　教科用図書の編集を担当する者の氏名及び履歴を記載した書類

七　法人にあつてはその法人又はその法人を代表する者、人にあつてはその者が図書の発行に関し著しく不公正な行為をしたことのないものであることを明らかにした書類

（会社以外の者の資産の範囲）

第九条　令第十六条第一号の規定により会社以外の者について文部科学省令で定める資産の額は、現金、預金、有価証券等の流動資産の額及び土地、建物等の固定資産の額の合計額から負債の額を控除した額とする。

（会社以外の者の資産の額）

第十条　令第十六条第一号の規定により会社以外の者について文部科学省令で定める額は、千万円とする。

（編集担当者の基準）

第十一条　令第十六条第二号の規定により専ら教科用図書の編集を担当する者について文部科学省令で定める基準は、教科

用図書の編集を適切に行い得ると認められる者が五人以上置かれていることとする。

2　発行しようとする教科用図書の種目等により編集の業務の適切な遂行に支障がないと認められる特別な場合は、前項の規定にかかわらず、教科用図書の編集を適切に行い得ると認められる者が前項の数を下る数置かれていることを基準とすることができる。

附　則（抄）

（施行期日）

1　この省令は、公布の日から施行する。

附　則（平成二六・九・三文科令二七）

（施行期日）

1　この省令は、平成二十七年四月一日から施行する。

（経過措置）

2　地方教育行政の組織及び運営に関する法律の一部を改正する法律（平成二十六年法律第七十六号）附則第二条第一項の場合においては、この省令による改正前の義務教育諸学校の教科用図書の無償措置に関する法律施行規則第七条第二号の規定は、なおその効力を有する。

附　則（平成二八・六・二〇文科令二七）

1　この省令は、公布の日から施行する。

2　この省令による改正後の義務教育諸学校の教科用図書の無償措置に関する法律施行規則第六条第二号の規定は、施行の日以後に行われた教科用図書の採択に関し不公正な行為があったと認められる場合について適用する。

別記様式（略）

○障害のある児童及び生徒のための教科用特定図書等の普及の促進等に関する法律

平成二〇・六・一八
法　八一

最終改正　平成三〇・六・一法三九

第一章　総則

（目的）

第一条　この法律は、教育の機会均等の趣旨にのっとり、障害のある児童及び生徒のための教科用特定図書等の発行の促進を図るとともに、その使用の支援について必要な措置を講ずること等により、教科用特定図書等の普及の促進等を図り、もって障害その他の特性の有無にかかわらず児童及び生徒が十分な教育を受けることができる学校教育の推進に資することを目的とする。

（定義）

第二条　この法律において「教科用特定図書等」とは、視覚障害のある児童及び生徒の学習の用に供するため文字、図形等を拡大して検定教科用図書等を複製した図書（以下「教科用拡大図書」という。）、点字により検定教科用図書等を複製した図書その他障害のある児童及び生徒の学習の用に供するため作成した教材であって検定教科用図書等に代えて使用し得るものをいう。

2　この法律において「検定教科用図書等」とは、学校教育法（昭和二十二年法律第二十六号）第三十四条第一項（同法第四十九条、第四十九条の八、第六十二条及び第七十条第一項において準用する場合を含む。）に規定する教科用図書をいう。

3　この法律において「発行」とは、図書その他の教材を製造供給することをいう。

4　この法律において「教科用図書発行者」とは、検定教科用図書等の発行を担当する者であって、教科書の発行に関する臨時措置法（昭和二十三年法律第百三十二号）第八条の発行の指示を承諾したものをいう。

5　この法律において「電磁的記録」とは、電子的方式、磁気的方式その他人の知覚によっては認識することができない方式で作られる記録であって、電子計算機による情報処理の用に供されるものをいう。

（国の責務）

第三条　国は、児童及び生徒が障害その他の特性の有無にかかわらず十分な教育を受けることができるよう、教科用特定図書等の供給の促進並びに児童及び生徒への給与その他教科用特定図書等の普及の促進等のために必要な措置を講じなければならない。

（教科用図書発行者の責務）

第四条　教科用図書発行者は、児童及び生徒が障害その他の特性の有無にかかわらず十分な教育を受けることができるよう、その発行をする検定教科用図書等について、適切な配慮をするよう努めるものとする。

第二章　教科用特定図書等の発行の促進等

（教科用図書発行者による電磁的記録の提供等）

第五条　教科用図書発行者は、文部科学省令で定めるところにより、その発行をする検定教科用図書等に係る電磁的記録を文部科学大臣又は当該電磁的記録を教科用特定図書等の発行をする者に適切に提供することができる者として文部科学大臣が指定する者（次項において「文部科学大臣等」という。）に提供しなければならない。

2　教科用図書発行者から前項の規定による電磁的記録の提供

を受けた文部科学大臣等は、文部科学省令で定めるところにより、教科用特定図書等の発行をする者に対して、その発行に必要な電磁的記録の提供を行うことができる。

3　国は、教科用図書発行者による検定教科用図書等に係る電磁的記録の提供の方法及び当該電磁的記録の教科用特定図書等の作成への活用に関して、助言その他の必要な援助を行うものとする。

（教科用特定図書等の標準的な規格の策定等）

第六条　文部科学大臣は、教科用拡大図書その他教科用特定図書等のうち必要と認められるものについて標準的な規格を定め、これを公表しなければならない。

2　教科用図書発行者は、指定種目（検定教科用図書等の教科ごとに分類された単位のうち文部科学大臣が指定するものをいう。次項において同じ。）の検定教科用図書等に係る標準教科用特定図書等（前項の規格に適合する教科用特定図書等をいう。以下同じ。）の発行に努めなければならない。

3　国は、教科用図書発行者による指定種目の検定教科用図書等に係る標準教科用特定図書等の発行に関して、助言その他の必要な援助を行うものとする。

（発達障害等のある児童及び生徒が使用する教科用特定図書等に関する調査研究等の推進）

第七条　国は、発達障害その他の障害のある児童及び生徒であって検定教科用図書等において一般的に使用される文字、図形等を認識することが困難なものが使用する教科用特定図書等の整備及び充実を図るため、必要な調査研究等を推進するものとする。

（障害その他の特性に適切な配慮がなされた検定教科用図書等の普及）

第八条　国は、障害その他の特性の有無にかかわらずできる限り多くの児童及び生徒が検定教科用図書等を使用して学習することができるよう適切な配慮がなされた検定教科用図書等の普及のために必要な措置を講ずるものとする。

第三章　小中学校及び高等学校における教科用特定図書等の使用の支援

（小中学校及び高等学校における教科用特定図書等の使用の支援）

第九条　小中学校（小学校、中学校（中等教育学校の前期課程を含む。以下同じ。）及び義務教育学校をいい、学校教育法第八十一条第二項及び第三項に規定する特別支援学級（以下単に「特別支援学級」という。）を除く。以下同じ。）及び高等学校（中等教育学校の後期課程を含み、特別支援学級を除く。以下同じ。）においては、当該学校に在学する視覚障害その他の障害のある児童及び生徒が、その障害の状態に応じ、採択された検定教科用図書等に代えて、当該検定教科用図書等に係る教科用特定図書等を使用することができるよう、必要な配慮をしなければならない。

2　国及び地方公共団体は、前項の規定による配慮がなされるよう、発行が予定される教科用特定図書等に関する情報の収集及び提供その他の必要な措置を講ずるものとする。

（小中学校の設置者に対する教科用特定図書等の無償給付）

第十条　国は、毎年度、小中学校に在学する視覚障害その他の障害のある児童及び生徒が検定教科用図書等に代えて使用する教科用特定図書等を購入し、小中学校の設置者に無償で給付するものとする。

（契約の締結）

第十一条　文部科学大臣は、教科用特定図書等の発行をする者と、前条の規定により購入すべき教科用特定図書等を購入する旨の契約を締結するものとする。

（教科用特定図書等の給与）

第十二条　小中学校の設置者は、第十条の規定により国から無償で給付された教科用特定図書等を、それぞれ当該学校の校長を通じて、当該学校に在学する視覚障害その他の障害のある児童又は生徒に給与するものとする。

2　学年の中途において転学した視覚障害その他の障害のある児童又は生徒については、その転学後において使用する教科用特定図書等は、前項の規定にかかわらず、文部科学省令で定める場合を除き、給与しないものとする。

（都道府県の教育委員会の責務）

第十三条　都道府県の教育委員会は、政令で定めるところにより、教科用特定図書等の無償給付及び給与の実施に関し必要な事務を行うものとする。

（給付の完了の確認の時期の特例）

第十四条　第十一条の規定による契約に係る政府契約の支払遅延防止等に関する法律（昭和二十四年法律第二百五十六号）第四条第一号に掲げる時期については、同法第五条第一項中「十日以内の日」とあるのは、「二十日以内の日」と読み替えて同項の規定を適用する。

（政令への委任）

第十五条　第十条から前条までに規定するもののほか、教科用特定図書等の無償給付及び給与に関し必要な事項は、政令で定める。

第四章　標準教科用特定図書等の円滑な発行の確保

（標準教科用特定図書等の需要数の報告）

第十六条　市町村の教育委員会並びに学校教育法第二条第二項に規定する国立学校、公立学校（地方独立行政法人法（平成十五年法律第百十八号）第六十八条第一項に規定する公立大学法人が設置するものに限る。）及び私立学校の長は、次に掲げる標準教科用特定図書等の需要数を、文部科学省令で定めるところにより、都道府県の教育委員会に報告しなければならない。

一　小中学校について採択された検定教科用図書等に係る標準教科用特定図書等であって、当該標準教科用特定図書等を使用する年度において発行が予定されているもののうち、小中学校に在学する視覚障害その他の障害のある児童及び生徒が当該検定教科用図書等に代えて使用するもの

二　特別支援学校の小学部及び中学部並びに小学校、中学校

及び義務教育学校に置かれる特別支援学級について学校教育法附則第九条第一項に規定する教科用図書として採択された標準教科用特定図書等であって、当該標準教科用特定図書等を使用する年度において発行が予定されているもの

2　都道府県の教育委員会は、前項各号に掲げる標準教科用特定図書等の都道府県内の需要数を、文部科学省令で定めるところにより、文部科学大臣に報告しなければならない。

（標準教科用特定図書等の発行の通知等）

第十七条　文部科学大臣は、前条第二項の規定による報告に基づき、標準教科用特定図書等の発行を予定している者にその発行をすべき標準教科用特定図書等の種類及び部数を通知しなければならない。

2　文部科学大臣は、必要に応じ、前項の通知を受けた者に対し報告を求めることができる。

（事務の区分）

第十八条　第十六条第二項の規定により都道府県が処理することとされている事務及び同条第一項の規定により市町村が処理することとされている事務は、地方自治法（昭和二十二年法律第六十七号）第二条第九項第一号に規定する第一号法定受託事務とする。

附　則（抄）

（施行期日）

第一条　この法律は、公布の日から起算して三月を超えない範囲内において政令で定める日〔平成二〇・九・一七〕から施行し、平成二十一年度において使用される検定教科用図書等及び教科用特定図書等から適用する。

○学校教育の情報化の推進に関する法律

令和元・六・二八
法　四　七

改正　令和三・五・一九法三五

第一章　総則

（目的）

第一条　この法律は、デジタル社会の発展に伴い、学校における情報通信技術の活用により学校教育が直面する課題の解決及び学校教育の一層の充実を図ることが重要となっていることに鑑み、全ての児童生徒がその状況に応じて効果的に教育を受けることができる環境の整備を図るため、学校教育の情報化の推進に関し、基本理念を定め、国、地方公共団体等の責務を明らかにし、及び学校教育の情報化の推進に関する計画の策定その他の必要な事項を定めることにより、学校教育の情報化の推進に関する施策を総合的かつ計画的に推進し、もって次代の社会を担う児童生徒の育成に資することを目的とする。

（定義）

第二条　この法律において「学校」とは、学校教育法（昭和二十二年法律第二十六号）第一条に規定する小学校、中学校、義務教育学校、高等学校、中等教育学校及び特別支援学校（幼稚部を除く。）をいう。

2　この法律において「学校教育の情報化」とは、学校の各教科等の指導等における情報通信技術の活用及び学校における情報教育（情報及び情報手段（電子計算機、情報通信ネットワークその他の情報処理又は情報の流通のための手段をいう。次条第一項において同じ。）を主体的に選択し、及びこれを活用する能力の育成を図るための教育をいう。第十四条において同じ。）の充実並びに学校事務（学校における事務をいう。以下同じ。）における情報通信技術の活用をいう。

3　この法律において「児童生徒」とは、学校に在籍する児童又は生徒をいう。

4　この法律において「デジタル教材」とは、電磁的記録（電子的方式、磁気的方式その他人の知覚によっては認識することができない方式で作られる記録であって、電子計算機による情報処理の用に供されるものをいう。）として作成される教材をいう。

5　この法律において「デジタル教科書」とは、教科書に代えて、又は教科書として使用されるデジタル教材をいう。

（基本理念）

第三条　学校教育の情報化の推進は、情報通信技術の特性を生かして、個々の児童生徒の能力、特性等に応じた教育、双方向性のある教育（児童生徒の主体的な学習を促す教育をいう。）等が学校の教員による適切な指導を通じて行われることにより、各教科等の指導等において、情報及び情報手段を主体的に選択し、及びこれを活用する能力の体系的な育成その他の知識及び技能の習得等（心身の発達に応じて、基礎的な知識及び技能を習得させるとともに、これらを活用して課題を解決するために必要な思考力、判断力、表現力その他の能力を育み、主体的に学習に取り組む態度を養うことをいう。）が効果的に図られるよう行われなければならない。

2　学校教育の情報化の推進は、デジタル教科書その他のデジタル教材を活用した学習その他の情報通信技術を活用した学習とデジタル教材以外の教材を活用した学習、体験学習等とを適切に組み合わせること等により、多様な方法による学習が推進されるよう行われなければならない。

3　学校教育の情報化の推進は、全ての児童生徒が、その家庭の経済的な状況、居住する地域、障害の有無等にかかわらず、等しく、学校教育の情報化の恵沢を享受し、もって教育の機会均等が図られるよう行われなければならない。

4　学校教育の情報化の推進は、情報通信技術を活用した学校事務の効率化により、学校の教職員の負担が軽減され、児童生徒に対する教育の充実が図られるよう行われなければならない。

5　学校教育の情報化の推進は、児童生徒等の個人情報の適正な取扱い及びサイバーセキュリティ（サイバーセキュリティ基本法（平成二十六年法律第百四号）第二条に規定するサイバーセキュリティをいう。第十七条において同じ。）の確保を図りつつ行われなければならない。

6　学校教育の情報化の推進は、児童生徒による情報通信技術の利用が児童生徒の健康、生活等に及ぼす影響に十分配慮して行われなければならない。

（国の責務）

第四条　国は、前条の基本理念（以下単に「基本理念」という。）にのっとり、学校教育の情報化の推進に関する施策を総合的かつ計画的に策定し、及び実施する責務を有する。

（地方公共団体の責務）

第五条　地方公共団体は、基本理念にのっとり、学校教育の情報化の推進に関し、国との適切な役割分担を踏まえて、その地方公共団体の地域の状況に応じた施策を総合的かつ計画的に策定し、及び実施する責務を有する。

（学校の設置者の責務）

第六条　学校の設置者は、基本理念にのっとり、その設置する学校における学校教育の情報化の推進のために必要な措置を講ずる責務を有する。

（法制上の措置等）

第七条　政府は、学校教育の情報化の推進に関する施策を実施するため必要な法制上又は財政上の措置その他の措置を講じなければならない。

第二章　学校教育情報化推進計画等

（学校教育情報化推進計画）

第八条　文部科学大臣は、学校教育の情報化の推進に関する施策の総合的かつ計画的な推進を図るため、学校教育の情報化の推進に関する計画（以下「学校教育情報化推進計画」という。）を定めなければならない。

2 学校教育情報化推進計画は、次に掲げる事項について定めるものとする。
一 学校教育の情報化の推進に関する基本的な方針
二 学校教育情報化推進計画の期間
三 学校教育情報化推進計画の目標
四 学校教育の情報化の推進に関する施策に関し総合的かつ計画的に講ずべき施策
五 前各号に掲げるもののほか、学校教育の情報化の推進に関する施策を総合的かつ計画的に推進するために必要な事項
3 学校教育情報化推進計画は、教育基本法（平成十八年法律第百二十号）第十七条第一項に規定する基本的な計画との調和が保たれたものでなければならない。
4 文部科学大臣は、情勢の推移により必要が生じたときは、学校教育情報化推進計画を変更するものとする。
5 文部科学大臣は、学校教育情報化推進計画を定め、又は変更しようとするときは、総務大臣、経済産業大臣その他の関係行政機関の長と協議しなければならない。
6 文部科学大臣は、学校教育情報化推進計画を定め、又は変更したときは、遅滞なく、これを公表しなければならない。

（都道府県学校教育情報化推進計画等）
第九条 都道府県は、学校教育情報化推進計画を基本として、その都道府県の区域における学校教育の情報化の推進に関する施策についての計画（以下この条において「都道府県学校教育情報化推進計画」という。）を定めるよう努めなければならない。
2 市町村（特別区を含む。以下この条において同じ。）は、学校教育情報化推進計画（都道府県学校教育情報化推進計画が定められているときは、学校教育情報化推進計画及び都道府県学校教育情報化推進計画）を基本として、その市町村の区域における学校教育の情報化の推進に関する施策についての計画（次項において「市町村学校教育情報化推進計画」という。）を定めるよう努めなければならない。
3 都道府県又は市町村は、都道府県学校教育情報化推進計画又は市町村学校教育情報化推進計画を定め、又は変更したときは、遅滞なく、これを公表するよう努めるものとする。

第三章 学校教育の情報化の推進に関する施策

（デジタル教材等の開発及び普及の促進）
第十条 国は、情報通信技術を活用した多様な方法による学習を促進するため、デジタル教材等（デジタル教材及びデジタル教材を利用するための情報通信機器をいう。次項において同じ。）、情報通信技術を活用した教育方法等の開発及び普及の促進に必要な施策を講ずるものとする。
2 国は、前項の施策を講ずるに当たっては、障害の有無にかかわらず全ての児童生徒が円滑に利用することができるデジタル教材等の開発の促進に必要な措置を講ずるものとする。

（教科書に係る制度の見直し）
第十一条 国は、前条第一項の学習を促進するため、教科書として使用することが適切な内容のデジタル教材について各教科等の授業においてデジタル教科書として使用することができるよう、その教育効果を検証しつつ、教科書に係る制度（教科書の位置付け及び教科書に係る検定、義務教育諸学校の児童生徒への教科書の無償の供与、教科書への掲載に係る著作物の利用等に関する制度をいう。次項において同じ。）について検討を加え、その結果に基づき、必要な措置を講ずるものとする。
2 国は、前項の措置の実施の状況等を踏まえ、学校における情報通信技術の活用のための環境の整備の状況等を考慮しつつ、教科書に係る制度の在り方について不断の見直しを行うものとする。

（障害のある児童生徒の教育環境の整備）
第十二条 国は、情報通信技術の活用により可能な限り障害のある児童生徒が障害のない児童生徒と共に教育を受けることができる環境の整備が図られるよう、必要な施策を講ずるものとする。

（相当の期間学校を欠席する児童生徒に対する教育の機会の確保）
第十三条 国は、情報通信技術の活用により疾病による療養その他の事由のため相当の期間学校を欠席する児童生徒に対する教育の機会の確保が図られるよう、必要な施策を講ずるものとする。

（学校の教職員の資質の向上）
第十四条 国は、情報通信技術を活用した効果的な教育方法の普及、情報通信技術の活用による教育方法の改善及び情報教育の充実並びに情報通信技術の活用による学校事務の効率化を図るため、学校の教員の養成及び学校の教職員の研修を通じたその資質の向上のために必要な施策を講ずるものとする。

（学校における情報通信技術の活用のための環境の整備）
第十五条 国は、デジタル教材の円滑な使用を確保するための情報通信機器その他の機器の導入及び情報通信ネットワークを利用できる環境の整備、学校事務に係る情報システムの構築その他の学校における情報通信技術の活用のための環境の整備に必要な施策を講ずるものとする。

（学習の継続的な支援等のための体制の整備）
第十六条 国は、児童生徒に対する学習の継続的な支援等が円滑に行われるよう、情報通信技術の活用により児童生徒の学習活動の状況等に関する情報を学校間及び学校の教職員間で適切に共有する体制を整備するために必要な施策を講ずるものとする。

（個人情報の保護等）
第十七条 国は、児童生徒及び学校の教職員が情報通信技術を適切にかつ安心して利用することができるよう、学校における児童生徒等の個人情報の適正な取扱い及びサイバーセキュリティの確保を図るため、学校におけるサイバーセキュリティに関する統一的な基準の策定、研修の実施その他の必要な施策を講ずるものとする。

（人材の確保等）
第十八条 国は、学校の教職員による情報通信技術の活用を支援する人材の確保、養成及び資質の向上が図られるよう、必

要な施策を講ずるものとする。

（調査研究等の推進）

第十九条　国は、デジタル教材の教育効果、情報通信技術の利用が児童生徒の健康、生活等に及ぼす影響等に関する調査研究、情報通信技術の進展に伴う新たなデジタル教材、教育方法等の研究開発等の推進及びその成果の普及に必要な施策を講ずるものとする。

（国民の理解と関心の増進）

第二十条　国は、学校教育の情報化の重要性に関する国民の理解と関心を深めるよう、学校教育の情報化に関する広報活動及び啓発活動の充実その他の必要な施策を講ずるものとする。

（地方公共団体の施策）

第二十一条　地方公共団体は、第十条から前条までの国の施策を勘案し、その地方公共団体の地域の状況に応じた学校教育の情報化のための施策の推進を図るよう努めるものとする。

第四章　学校教育情報化推進会議

第二十二条　政府は、関係行政機関（文部科学省、総務省、経済産業省その他の関係行政機関をいう。次項において同じ。）相互の調整を行うことにより、学校教育の情報化の総合的、一体的かつ効果的な推進を図るため、学校教育情報化推進会議を設けるものとする。

2　関係行政機関は、学校教育の情報化に関し専門的知識を有する者によって構成する学校教育情報化推進専門家会議を設け、前項の調整を行うに際しては、その意見を聴くものとする。

附　則

この法律は、公布の日から施行する。

○いじめ防止対策推進法

平成二五・六・二八
法　七　一

最終改正　令和三・四・二八法二七

第一章　総則

（目的）

第一条　この法律は、いじめが、いじめを受けた児童等の教育を受ける権利を著しく侵害し、その心身の健全な成長及び人格の形成に重大な影響を与えるのみならず、その生命又は身体に重大な危険を生じさせるおそれがあるものであることに鑑み、児童等の尊厳を保持するため、いじめの防止等（いじめの防止、いじめの早期発見及びいじめへの対処をいう。以下同じ。）のための対策に関し、基本理念を定め、国及び地方公共団体等の責務を明らかにし、並びにいじめの防止等のための対策に関する基本的な方針の策定について定めるとともに、いじめの防止等のための対策の基本となる事項を定めることにより、いじめの防止等のための対策を総合的かつ効果的に推進することを目的とする。

（定義）

第二条　この法律において「いじめ」とは、児童等に対して、当該児童等が在籍する学校に在籍している等当該児童等と一定の人的関係にある他の児童等が行う心理的又は物理的な影響を与える行為（インターネットを通じて行われるものを含む。）であって、当該行為の対象となった児童等が心身の苦痛を感じているものをいう。

2　この法律において「学校」とは、学校教育法（昭和二十二年法律第二十六号）第一条に規定する小学校、中学校、義務教育学校、高等学校、中等教育学校及び特別支援学校（幼稚部を除く。）をいう。

3　この法律において「児童等」とは、学校に在籍する児童又は生徒をいう。

4　この法律において「保護者」とは、親権を行う者（親権を行う者のないときは、未成年後見人）をいう。

（基本理念）

第三条　いじめの防止等のための対策は、いじめが全ての児童等に関係する問題であることに鑑み、児童等が安心して学習その他の活動に取り組むことができるよう、学校の内外を問わずいじめが行われなくなるようにすることを旨として行われなければならない。

2　いじめの防止等のための対策は、全ての児童等がいじめを行わず、及び他の児童等に対して行われるいじめを認識しながらこれを放置することがないようにするため、いじめが児童等の心身に及ぼす影響その他のいじめの問題に関する児童等の理解を深めることを旨として行われなければならない。

3　いじめの防止等のための対策は、いじめを受けた児童等の生命及び心身を保護することが特に重要であることを認識しつつ、国、地方公共団体、学校、地域住民、家庭その他の関係者の連携の下、いじめの問題を克服することを目指して行われなければならない。

（いじめの禁止）

第四条　児童等は、いじめを行ってはならない。

（国の責務）

第五条　国は、第三条の基本理念（以下「基本理念」という。）にのっとり、いじめの防止等のための対策を総合的に策定し、及び実施する責務を有する。

（地方公共団体の責務）

第六条　地方公共団体は、基本理念にのっとり、いじめの防止等のための対策について、国と協力しつつ、当該地域の状況に応じた施策を策定し、及び実施する責務を有する。

（学校の設置者の責務）

第七条　学校の設置者は、基本理念にのっとり、その設置する学校におけるいじめの防止等のために必要な措置を講ずる責務を有する。

（学校及び学校の教職員の責務）

第八条　学校及び学校の教職員は、基本理念にのっとり、当該学校に在籍する児童等の保護者、地域住民、児童相談所その他の関係者との連携を図りつつ、学校全体でいじめの防止及び早期発見に取り組むとともに、当該学校に在籍する児童等がいじめを受けていると思われるときは、適切かつ迅速にこれに対処する責務を有する。

（保護者の責務等）

第九条　保護者は、子の教育について第一義的責任を有するものであって、その保護する児童等がいじめを行うことのないよう、当該児童等に対し、規範意識を養うための指導その他の必要な指導を行うよう努めるものとする。

2　保護者は、その保護する児童等がいじめを受けた場合には、適切に当該児童等をいじめから保護するものとする。

3　保護者は、国、地方公共団体、学校の設置者及びその設置する学校が講ずるいじめの防止等のための措置に協力するよう努めるものとする。

4　第一項の規定は、家庭教育の自主性が尊重されるべきことに変更を加えるものと解してはならず、また、前三項の規定は、いじめの防止等に関する学校の設置者及びその設置する学校の責任を軽減するものと解してはならない。

（財政上の措置等）

第十条　国及び地方公共団体は、いじめの防止等のための対策を推進するために必要な財政上の措置その他の必要な措置を講ずるよう努めるものとする。

第二章　いじめ防止基本方針等

（いじめ防止基本方針）

第十一条　文部科学大臣は、関係行政機関の長と連携協力して、いじめの防止等のための対策を総合的かつ効果的に推進するための基本的な方針（以下「いじめ防止基本方針」という。）を定めるものとする。

2　いじめ防止基本方針においては、次に掲げる事項を定めるものとする。

一　いじめの防止等のための対策の基本的な方向に関する事

項
二　いじめの防止等のための対策の内容に関する事項
三　その他いじめの防止等のための対策に関する重要事項

（地方いじめ防止基本方針）
第十二条　地方公共団体は、いじめ防止基本方針を参酌し、その地域の実情に応じ、当該地方公共団体におけるいじめの防止等のための対策を総合的かつ効果的に推進するための基本的な方針（以下「地方いじめ防止基本方針」という。）を定めるよう努めるものとする。

（学校いじめ防止基本方針）
第十三条　学校は、いじめ防止基本方針又は地方いじめ防止基本方針を参酌し、その学校の実情に応じ、当該学校におけるいじめの防止等のための対策に関する基本的な方針を定めるものとする。

（いじめ問題対策連絡協議会）
第十四条　地方公共団体は、いじめの防止等に関係する機関及び団体の連携を図るため、条例の定めるところにより、学校、教育委員会、児童相談所、法務局又は地方法務局、都道府県警察その他の関係者により構成されるいじめ問題対策連絡協議会を置くことができる。
2　都道府県は、前項のいじめ問題対策連絡協議会を置いた場合には、当該いじめ問題対策連絡協議会におけるいじめの防止等に関係する機関及び団体の連携が当該都道府県の区域内の市町村が設置する学校におけるいじめの防止等に活用されるよう、当該いじめ問題対策連絡協議会と当該市町村の教育委員会との連携を図るために必要な措置を講ずるものとする。
3　前二項の規定を踏まえ、教育委員会といじめ問題対策連絡協議会との円滑な連携の下に、地方いじめ防止基本方針に基づく地域におけるいじめの防止等のための対策を実効的に行うようにするため必要があるときは、教育委員会に附属機関として必要な組織を置くことができるものとする。

第三章　基本的施策

（学校におけるいじめの防止）
第十五条　学校の設置者及びその設置する学校は、児童等の豊かな情操と道徳心を培い、心の通う対人交流の能力の素地を養うことがいじめの防止に資することを踏まえ、全ての教育活動を通じた道徳教育及び体験活動等の充実を図らなければならない。
2　学校の設置者及びその設置する学校は、当該学校におけるいじめを防止するため、当該学校に在籍する児童等の保護者、地域住民その他の関係者との連携を図りつつ、いじめの防止に資する活動であって当該学校に在籍する児童等が自主的に行うものに対する支援、当該学校に在籍する児童等及びその保護者並びに当該学校の教職員に対するいじめを防止することの重要性に関する理解を深めるための啓発その他必要な措置を講ずるものとする。

（いじめの早期発見のための措置）
第十六条　学校の設置者及びその設置する学校は、当該学校におけるいじめを早期に発見するため、当該学校に在籍する児童等に対する定期的な調査その他の必要な措置を講ずるものとする。
2　国及び地方公共団体は、いじめに関する通報及び相談を受け付けるための体制の整備に必要な施策を講ずるものとする。
3　学校の設置者及びその設置する学校は、当該学校に在籍する児童等及びその保護者並びに当該学校の教職員がいじめに係る相談を行うことができる体制（次項において「相談体制」という。）を整備するものとする。
4　学校の設置者及びその設置する学校は、相談体制を整備するに当たっては、家庭、地域社会等との連携の下、いじめを受けた児童等の教育を受ける権利その他の権利利益が擁護されるよう配慮するものとする。

（関係機関等との連携等）
第十七条　国及び地方公共団体は、いじめを受けた児童等又はその保護者に対する支援、いじめを行った児童等に対する指導又はその保護者に対する助言その他のいじめの防止等のための対策が関係者の連携の下に適切に行われるよう、関係省庁相互間その他関係機関、学校、家庭、地域社会及び民間団体の間の連携の強化、民間団体の支援その他必要な体制の整備に努めるものとする。

（いじめの防止等のための対策に従事する人材の確保及び資質の向上）
第十八条　国及び地方公共団体は、いじめを受けた児童等又はその保護者に対する支援、いじめを行った児童等に対する指導又はその保護者に対する助言その他のいじめの防止等のための対策が専門的知識に基づき適切に行われるよう、教員の養成及び研修の充実を通じた教員の資質の向上、生徒指導に係る体制等の充実のための教諭、養護教諭その他の教員の配置、心理、福祉等に関する専門的知識を有する者であっていじめの防止を含む教育相談に応じるものの確保、いじめへの対処に関し助言を行うために学校の求めに応じて派遣される者の確保等必要な措置を講ずるものとする。
2　学校の設置者及びその設置する学校は、当該学校の教職員に対し、いじめの防止等のための対策に関する研修の実施その他のいじめの防止等のための対策に関する資質の向上に必要な措置を計画的に行わなければならない。

（インターネットを通じて行われるいじめに対する対策の推進）
第十九条　学校の設置者及びその設置する学校は、当該学校に在籍する児童等及びその保護者が、発信された情報の高度の流通性、発信者の匿名性その他のインターネットを通じて送信される情報の特性を踏まえて、インターネットを通じて行われるいじめを防止し、及び効果的に対処することができるよう、これらの者に対し、必要な啓発活動を行うものとする。
2　国及び地方公共団体は、児童等がインターネットを通じて行われるいじめに巻き込まれていないかどうかを監視する関係機関又は関係団体の取組を支援するとともに、インターネットを通じて行われるいじめに関する事案に対処する体制の整備に努めるものとする。

3　インターネットを通じていじめが行われた場合において、当該いじめを受けた児童等又はその保護者は、当該いじめに係る情報の削除を求め、又は発信者情報（特定電気通信役務提供者の損害賠償責任の制限及び発信者情報の開示に関する法律（平成十三年法律第百三十七号）第二条第六号に規定する発信者情報をいう。）の開示を請求しようとするときは、必要に応じ、法務局又は地方法務局の協力を求めることができる。

（いじめの防止等のための対策の調査研究の推進等）

第二十条　国及び地方公共団体は、いじめの防止及び早期発見のための方策等、いじめを受けた児童等又はその保護者に対する支援及びいじめを行った児童等に対する指導又はその保護者に対する助言の在り方、インターネットを通じて行われるいじめへの対応の在り方その他のいじめの防止等のために必要な事項やいじめの防止等のための対策の実施の状況についての調査研究及び検証を行うとともに、その成果を普及するものとする。

（啓発活動）

第二十一条　国及び地方公共団体は、いじめが児童等の心身に及ぼす影響、いじめを防止することの重要性、いじめに係る相談制度又は救済制度等について必要な広報その他の啓発活動を行うものとする。

第四章　いじめの防止等に関する措置

（学校におけるいじめの防止等の対策のための組織）

第二十二条　学校は、当該学校におけるいじめの防止等に関する措置を実効的に行うため、当該学校の複数の教職員、心理、福祉等に関する専門的な知識を有する者その他の関係者により構成されるいじめの防止等の対策のための組織を置くものとする。

（いじめに対する措置）

第二十三条　学校の教職員、地方公共団体の職員その他の児童等からの相談に応じる者及び児童等の保護者は、児童等からいじめに係る相談を受けた場合において、いじめの事実があると思われるときは、いじめを受けたと思われる児童等が在籍する学校への通報その他の適切な措置をとるものとする。

2　学校は、前項の規定による通報を受けたときその他当該学校に在籍する児童等がいじめを受けていると思われるときは、速やかに、当該児童等に係るいじめの事実の有無の確認を行うための措置を講ずるとともに、その結果を当該学校の設置者に報告するものとする。

3　学校は、前項の規定による事実の確認によりいじめがあったことが確認された場合には、いじめをやめさせ、及びその再発を防止するため、当該学校の複数の教職員によって、心理、福祉等に関する専門的な知識を有する者の協力を得つつ、いじめを受けた児童等又はその保護者に対する支援及びいじめを行った児童等に対する指導又はその保護者に対する助言を継続的に行うものとする。

4　学校は、前項の場合において必要があると認めるときは、いじめを行った児童等についていじめを受けた児童等が使用する教室以外の場所において学習を行わせる等いじめを受けた児童等その他の児童等が安心して教育を受けられるようにするために必要な措置を講ずるものとする。

5　学校は、当該学校の教職員が第三項の規定による支援又は指導若しくは助言を行うに当たっては、いじめを受けた児童等の保護者といじめを行った児童等の保護者との間で争いが起きることのないよう、いじめの事案に係る情報をこれらの保護者と共有するための措置その他の必要な措置を講ずるものとする。

6　学校は、いじめが犯罪行為として取り扱われるべきものであると認めるときは所轄警察署と連携してこれに対処するものとし、当該学校に在籍する児童等の生命、身体又は財産に重大な被害が生じるおそれがあるときは直ちに所轄警察署に通報し、適切に、援助を求めなければならない。

（学校の設置者による措置）

第二十四条　学校の設置者は、前条第二項の規定による報告を受けたときは、必要に応じ、その設置する学校に対し必要な支援を行い、若しくは必要な措置を講ずることを指示し、又は当該報告に係る事案について自ら必要な調査を行うものとする。

（校長及び教員による懲戒）

第二十五条　校長及び教員は、当該学校に在籍する児童等がいじめを行っている場合であって教育上必要があると認めるときは、学校教育法第十一条の規定に基づき、適切に、当該児童等に対して懲戒を加えるものとする。

（出席停止制度の適切な運用等）

第二十六条　市町村の教育委員会は、いじめを行った児童等の保護者に対して学校教育法第三十五条第一項（同法第四十九条において準用する場合を含む。）の規定に基づき当該児童等の出席停止を命ずる等、いじめを受けた児童等その他の児童等が安心して教育を受けられるようにするために必要な措置を速やかに講ずるものとする。

（学校相互間の連携協力体制の整備）

第二十七条　地方公共団体は、いじめを受けた児童等といじめを行った児童等が同じ学校に在籍していない場合であっても、学校がいじめを受けた児童等又はその保護者に対する支援及びいじめを行った児童等に対する指導又はその保護者に対する助言を適切に行うことができるようにするため、学校相互間の連携協力体制を整備するものとする。

第五章　重大事態への対処

（学校の設置者又はその設置する学校による対処）

第二十八条　学校の設置者又はその設置する学校は、次に掲げる場合には、その事態（以下「重大事態」という。）に対処し、及び当該重大事態と同種の事態の発生の防止に資するため、速やかに、当該学校の設置者又はその設置する学校の下に組織を設け、質問票の使用その他の適切な方法により当該重大事態に係る事実関係を明確にするための調査を行うものとする。

一　いじめにより当該学校に在籍する児童等の生命、心身又は財産に重大な被害が生じた疑いがあると認めるとき。

二　いじめにより当該学校に在籍する児童等が相当の期間学校を欠席することを余儀なくされている疑いがあると認めるとき。

2　学校の設置者又はその設置する学校は、前項の規定による調査を行ったときは、当該調査に係るいじめを受けた児童等及びその保護者に対し、当該調査に係る重大事態の事実関係等その他の必要な情報を適切に提供するものとする。

3　第一項の規定により学校が調査を行う場合においては、当該学校の設置者は、同項の規定による調査及び前項の規定による情報の提供について必要な指導及び支援を行うものとする。

（国立大学に附属して設置される学校に係る対処）

第二十九条　国立大学法人（国立大学法人法（平成十五年法律第百十二号）第二条第一項に規定する国立大学法人をいう。以下この条において同じ。）が設置する国立大学に附属して設置される学校は、前条第一項各号に掲げる場合には、当該国立大学法人の学長又は理事長を通じて、重大事態が発生した旨を、文部科学大臣に報告しなければならない。

2　前項の規定による報告を受けた文部科学大臣は、当該報告に係る重大事態への対処又は当該重大事態と同種の事態の発生の防止のため必要があると認めるときは、前条第一項の規定による調査の結果について調査を行うことができる。

3　文部科学大臣は、前項の規定による調査の結果を踏まえ、当該調査に係る国立大学法人又はその設置する国立大学に附属して設置される学校が当該調査に係る重大事態への対処又は当該重大事態と同種の事態の発生の防止のために必要な措置を講ずることができるよう、国立大学法人法第三十五条において準用する独立行政法人通則法（平成十一年法律第百三号）第六十四条第一項に規定する権限の適切な行使その他の必要な措置を講ずるものとする。

（公立の学校に係る対処）

第三十条　地方公共団体が設置する学校は、第二十八条第一項各号に掲げる場合には、当該地方公共団体の教育委員会を通じて、重大事態が発生した旨を、当該地方公共団体の長に報告しなければならない。

2　前項の規定による報告を受けた地方公共団体の長は、当該報告に係る重大事態への対処又は当該重大事態と同種の事態の発生の防止のため必要があると認めるときは、附属機関を設けて調査を行う等の方法により、第二十八条第一項の規定による調査の結果について調査を行うことができる。

3　地方公共団体の長は、前項の規定による調査を行ったときは、その結果を議会に報告しなければならない。

4　第二項の規定は、地方公共団体の長に対し、地方教育行政の組織及び運営に関する法律（昭和三十一年法律第百六十二号）第二十一条に規定する事務を管理し、又は執行する権限を与えるものと解釈してはならない。

5　地方公共団体の長及び教育委員会は、第二項の規定による調査の結果を踏まえ、自らの権限及び責任において、当該調査に係る重大事態への対処又は当該重大事態と同種の事態の発生の防止のために必要な措置を講ずるものとする。

第三十条の二　第二十九条の規定は、公立大学法人（地方独立行政法人法（平成十五年法律第百十八号）第六十八条第一項に規定する公立大学法人をいう。）が設置する公立大学に附属して設置される学校について準用する。この場合において、第二十九条第一項中「文部科学大臣」とあるのは「当該公立大学法人を設立する地方公共団体の長（以下この条において単に「地方公共団体の長」という。）」と、同条第二項及び第三項中「文部科学大臣」とあるのは「地方公共団体の長」と、同項中「国立大学法人法第三十五条において準用する独立行政法人通則法（平成十一年法律第百三号）第六十四条第一項」とあるのは「地方独立行政法人法第百二十一条第一項」と読み替えるものとする。

（私立の学校に係る対処）

第三十一条　学校法人（私立学校法（昭和二十四年法律第二百七十号）第三条に規定する学校法人をいう。以下この条において同じ。）が設置する学校は、第二十八条第一項各号に掲げる場合には、重大事態が発生した旨を、当該学校を所轄する都道府県知事（以下この条において単に「都道府県知事」という。）に報告しなければならない。

2　前項の規定による報告を受けた都道府県知事は、当該報告に係る重大事態への対処又は当該重大事態と同種の事態の発生の防止のため必要があると認めるときは、附属機関を設けて調査を行う等の方法により、第二十八条第一項の規定による調査の結果について調査を行うことができる。

3　都道府県知事は、前項の規定による調査の結果を踏まえ、当該調査に係る学校法人又はその設置する学校が当該調査に係る重大事態への対処又は当該重大事態と同種の事態の発生の防止のために必要な措置を講ずることができるよう、私立学校法第六条に規定する権限の適切な行使その他の必要な措置を講ずるものとする。

4　前二項の規定は、都道府県知事に対し、学校法人が設置する学校に対して行使することができる権限を新たに与えるものと解釈してはならない。

第三十二条　学校設置会社（構造改革特別区域法（平成十四年法律第百八十九号）第十二条第二項に規定する学校設置会社をいう。以下この条において同じ。）が設置する学校は、第二十八条第一項各号に掲げる場合には、当該学校設置会社の代表取締役又は代表執行役を通じて、重大事態が発生した旨を、同法第十二条第一項の規定による認定を受けた地方公共団体の長（以下「認定地方公共団体の長」という。）に報告しなければならない。

2　前項の規定による報告を受けた認定地方公共団体の長は、当該報告に係る重大事態への対処又は当該重大事態と同種の事態の発生の防止のため必要があると認めるときは、附属機関を設けて調査を行う等の方法により、第二十八条第一項の規定による調査の結果について調査を行うことができる。

3　認定地方公共団体の長は、前項の規定による調査の結果を踏まえ、当該調査に係る学校設置会社又はその設置する学校が当該調査に係る重大事態への対処又は当該重大事態と同種の事態の発生の防止のために必要な措置を講ずることができるよう、構造改革特別区域法第十二条第十項に規定する権限の適切な行使その他の必要な措置を講ずるものとする。

4　前二項の規定は、認定地方公共団体の長に対し、学校設置会社が設置する学校に対して行使することができる権限を新たに与えるものと解釈してはならない。

5　第一項から前項までの規定は、学校設置非営利法人（構造改革特別区域法第十三条第二項に規定する学校設置非営利法人をいう。）が設置する学校について準用する。この場合において、第一項中「学校設置会社の代表取締役又は代表執行役」とあるのは「学校設置非営利法人の代表権を有する理事」と、「第十二条第一項」とあるのは「第十三条第一項」と、第二項中「前項」とあるのは「第五項において準用する前項」と、第三項中「前項」とあるのは「第五項において準用する前項」と、「学校設置会社」とあるのは「学校設置非営利法人」と、「第十二条第十項」とあるのは「第十三条第三項において準用する同法第十二条第十項」と、前項中「前二項」とあるのは「次項において準用する前二項」と読み替えるものとする。

（文部科学大臣又は都道府県の教育委員会の指導、助言及び援助）

第三十三条　地方自治法（昭和二十二年法律第六十七号）第二百四十五条の四第一項の規定によるほか、文部科学大臣は都道府県又は市町村に対し、都道府県の教育委員会は市町村に対し、重大事態への対処に関する都道府県又は市町村の事務の適正な処理を図るため、必要な指導、助言又は援助を行うことができる。

第六章　雑則

（学校評価における留意事項）

第三十四条　学校の評価を行う場合においていじめの防止等のための対策を取り扱うに当たっては、いじめの事実が隠蔽されず、並びにいじめの実態の把握及びいじめに対する措置が適切に行われるよう、いじめの早期発見、いじめの再発を防止するための取組等について適正に評価が行われるようにしなければならない。

（高等専門学校における措置）

第三十五条　高等専門学校（学校教育法第一条に規定する高等専門学校をいう。以下この条において同じ。）の設置者及びその設置する高等専門学校は、当該高等専門学校の実情に応じ、当該高等専門学校に在籍する学生に係るいじめに相当する行為の防止、当該行為の早期発見及び当該行為への対処のための対策に関し必要な措置を講ずるよう努めるものとする。

附　則

（施行期日）

第一条　この法律は、公布の日から起算して三月を経過した日から施行する。

（検討）

第二条　いじめの防止等のための対策については、この法律の施行後三年を目途として、この法律の施行状況等を勘案し、検討が加えられ、必要があると認められるときは、その結果に基づいて必要な措置が講ぜられるものとする。

2　政府は、いじめにより学校における集団の生活に不安又は緊張を覚えることとなったために相当の期間学校を欠席することを余儀なくされている児童等が適切な支援を受けつつ学習することができるよう、当該児童等の学習に対する支援の在り方についての検討を行うものとする。

○義務教育諸学校における教育の政治的中立の確保に関する臨時措置法

昭二九・六・三
法　一　五　七

最終改正　令和四・六・一七法六八

（この法律の目的）

第一条　この法律は、教育基本法（平成十八年法律第百二十号）の精神に基き、義務教育諸学校における教育を党派的勢力の不当な影響又は支配から守り、もつて義務教育の政治的中立を確保するとともに、これに従事する教育職員の自主性を擁護することを目的とする。

（定義）

第二条　この法律において「義務教育諸学校」とは、学校教育法（昭和二十二年法律第二十六号）に規定する小学校、中学校、義務教育学校、中等教育学校の前期課程又は特別支援学校の小学部若しくは中学部をいう。

2　この法律において「教育職員」とは、校長、副校長若しくは教頭（中等教育学校の前期課程又は特別支援学校の小学部若しくは中学部にあつては、当該課程の属する中等教育学校又は当該部の属する特別支援学校の校長、副校長又は教頭とする。）又は主幹教諭、指導教諭、教諭、助教諭若しくは講師をいう。

（特定の政党を支持させる等の教育の教唆及びせん動の禁止）

第三条　何人も、教育を利用し、特定の政党その他の政治的団体（以下「特定の政党等」という。）の政治的勢力の伸長又は減退に資する目的をもつて、学校教育法に規定する学校の職員を主たる構成員とする団体（その団体を主たる構成員とする団体を含む。）の組織又は活動を利用し、義務教育諸学校に勤務する教育職員に対し、これらの者が、義務教育諸学校の児童又は生徒に対して、特定の政党等を支持させ、又はこれに反対させる教育を行うことを教唆し、又は、せん動してはならない。

（罰則）

第四条　前条の規定に違反した者は、一年以下の懲役又は三万円以下の罰金に処する。

（処罰の請求）

第五条　前条の罪は、当該教育職員が勤務する義務教育諸学校の設置者の区別に応じ、次に掲げるものの請求がなければ公訴を提起することができない。

一　国立大学法人法（平成十五年法律第百十二号）第二十三条の規定により国立大学に附属して設置される義務教育諸学校又は地方独立行政法人法（平成十五年法律第百十八号）第七十七条の二第一項の規定により公立大学に附属して設置される義務教育諸学校にあつては、当該大学の学長

二　公立の義務教育諸学校にあつては、当該学校を設置する地方公共団体の教育委員会

三　私立の義務教育諸学校にあつては、当該学校を所轄する都道府県知事

2　前項の請求の手続は、政令で定める。

附　則

この法律は、公布の日から起算して十日を経過した日から施行し、当分の間、その効力を有する。

○刑法等の一部を改正する法律の施行に伴う関係法律の整理等に関する法律（抄）

令和四・六・一七
法　六　八

（私立学校教職員共済法等の一部改正）

第二百十七条　次に掲げる法律の規定中「懲役」を「拘禁刑」に改める。

一　〔略〕

二　義務教育諸学校における教育の政治的中立の確保に関する臨時措置法（昭和二十九年法律第百五十七号）第四条

三～二十八　〔略〕

附　則（抄）

（施行期日）

1　この法律は、刑法等一部改正法施行日（令和七・六・一）から施行する。〔ただし書略〕

○学校図書館法

昭二八・八・八
法　一　八　五

最終改正　平成二七・六・二四法四六

（この法律の目的）

第一条　この法律は、学校図書館が、学校教育において欠くことのできない基礎的な設備であることにかんがみ、その健全な発達を図り、もつて学校教育を充実することを目的とする。

（定義）

第二条　この法律において「学校図書館」とは、小学校（義務教育学校の前期課程及び特別支援学校の小学部を含む。）、中学校（義務教育学校の後期課程、中等教育学校の前期課程及び特別支援学校の中学部を含む。）及び高等学校（中等教育学校の後期課程及び特別支援学校の高等部を含む。）（以下「学校」という。）において、図書、視覚聴覚教育の資料その他学校教育に必要な資料（以下「図書館資料」という。）を収集し、整理し、及び保存し、これを児童又は生徒及び教員の利用に供することによつて、学校の教育課程の展開に寄与するとともに、児童又は生徒の健全な教養を育成することを目的として設けられる学校の設備をいう。

（設置義務）

第三条　学校には、学校図書館を設けなければならない。

（学校図書館の運営）

第四条　学校は、おおむね左の各号に掲げるような方法によつて、学校図書館を児童又は生徒及び教員の利用に供するものとする。

一　図書館資料を収集し、児童又は生徒及び教員の利用に供すること。

二　図書館資料の分類排列を適切にし、及びその目録を整備すること。

三　読書会、研究会、鑑賞会、映写会、資料展示会等を行うこと。
四　図書館資料の利用その他学校図書館の利用に関し、児童又は生徒に対し指導を行うこと。
五　他の学校の学校図書館、図書館、博物館、公民館等と緊密に連絡し、及び協力すること。
2　学校図書館は、その目的を達成するのに支障のない限度において、一般公衆に利用させることができる。

（司書教諭）
第五条　学校には、学校図書館の専門的職務を掌らせるため、司書教諭を置かなければならない。
2　前項の司書教諭は、主幹教諭（養護又は栄養の指導及び管理をつかさどる主幹教諭を除く。）、指導教諭又は教諭（以下この項において「主幹教諭等」という。）をもつて充てる。この場合において、当該主幹教諭等は、司書教諭の講習を修了した者でなければならない。
3　前項に規定する司書教諭の講習は、大学その他の教育機関が文部科学大臣の委嘱を受けて行う。
4　前項に規定するものを除くほか、司書教諭の講習に関し、履修すべき科目及び単位その他必要な事項は、文部科学省令で定める。

（学校司書）
第六条　学校には、前条第一項の司書教諭のほか、学校図書館の運営の改善及び向上を図り、児童又は生徒及び教員による学校図書館の利用の一層の促進に資するため、専ら学校図書館の職務に従事する職員（次項において「学校司書」という。）を置くよう努めなければならない。
2　国及び地方公共団体は、学校司書の資質の向上を図るため、研修の実施その他の必要な措置を講ずるよう努めなければならない。

（設置者の任務）
第七条　学校の設置者は、この法律の目的が十分に達成されるようその設置する学校の学校図書館を整備し、及び充実を図ることに努めなければならない。

（国の任務）
第八条　国は、第六条第二項に規定するもののほか、学校図書館を整備し、及びその充実を図るため、次の各号に掲げる事項の実施に努めなければならない。
一　学校図書館の整備及び充実並びに司書教諭の養成に関する総合的計画を樹立すること。
二　学校図書館の設置及び運営に関し、専門的、技術的な指導及び勧告を与えること。
三　前二号に掲げるもののほか、学校図書館の整備及び充実のため必要と認められる措置を講ずること。

附　則（抄）

（施行期日）
1　この法律は、昭和二十九年四月一日から施行する。

（司書教諭の設置の特例）
2　学校には、平成十五年三月三十一日までの間（政令で定める規模以下の学校にあつては、当分の間）、第五条第一項の規定にかかわらず、司書教諭を置かないことができる。

附　則（平成二六・六・二七法九三）

（施行期日）
1　この法律は、平成二十七年四月一日から施行する。

（検討）
2　国は、学校司書（この法律による改正後の学校図書館法（以下この項において「新法」という。）第六条第一項に規定する学校司書をいう。以下この項において同じ。）の職務の内容が専門的知識及び技能を必要とするものであることに鑑み、この法律の施行後速やかに、新法の施行の状況等を勘案し、学校司書としての資格の在り方、その養成の在り方等について検討を行い、その結果に基づいて必要な措置を講ずるものとする。

高等教育編

目次

＊

○大学設置基準

昭三一・一〇・二二
文部令二八

最終改正　令和五・九・一文科令二九

第一章　総則

（趣旨）
第一条　大学（専門職大学及び短期大学を除く。以下同じ。）は、学校教育法（昭和二十二年法律二十六号）その他の法令の規定によるほか、この省令の定めるところにより設置するものとする。
2　この省令で定める設置基準は、大学を設置するのに必要な最低の基準とする。
3　大学は、この省令で定める設置基準より低下した状態にならないようにすることはもとより、学校教育法第百九条第一項の点検及び評価の結果並びに認証評価の結果を踏まえ、教育研究活動等について不断の見直しを行うことにより、その水準の向上を図ることに努めなければならない。

（教育研究上の目的）
第二条　大学は、学部、学科又は課程ごとに、人材の養成に関する目的その他の教育研究上の目的を学則等に定めるものとする。

（入学者選抜）
第二条の二　入学者の選抜は、学校教育法施行規則（昭和二十二年文部省令第十一号）第百六十五条の二第一項第三号の規定により定める方針に基づき、公正かつ妥当な方法により、適切な体制を整えて行うものとする。

第二章　教育研究上の基本組織

（学部）
第三条　学部は、専攻により教育研究の必要に応じ組織されるものであつて、教育研究上適当な規模内容を有し、教育研究実施組織、教員数その他が学部として適当であると認められるものとする。

（学科）
第四条　学部には、専攻により学科を設ける。
2　前項の学科は、それぞれの専攻分野を教育研究するに必要な組織を備えたものとする。

（課程）
第五条　学部の教育上の目的を達成するため有益かつ適切であると認められる場合には、学科に代えて学生の履修上の区分に応じて組織される課程を設けることができる。

（学部以外の基本組織）
第六条　学校教育法第八十五条ただし書に規定する学部以外の教育研究上の基本となる組織（以下「学部以外の基本組織」という。）は、当該大学の教育研究上の目的を達成するため有益かつ適切であると認められるものであつて、次の各号に掲げる要件を備えるものとする。
一　教育研究上適当な規模内容を有すること。
二　教育研究上必要な教育研究実施組織、施設、設備その他の諸条件を備えること。
三　教育研究を適切に遂行するためにふさわしい運営の仕組みを有すること。
2　学部以外の基本組織に係る基幹教員（第八条第一項に規定する基幹教員をいう。次条第七項において同じ。）の数、校舎の面積及び学部以外の基本組織の教育研究に必要な附属施設の基準は、当該学部以外の基本組織の教育研究上の分野に相当すると認められる分野の学部又は学科に係るこれらの基準（第四十二条第一項に規定する専門職学科、第四十五条第一項に規定する共同学科（第十条及び第三十七条の二において「共同学科」という。）及び第五十条第一項に規定する国際連携学科に係るものを含む。）に準ずるものとする。
3　この省令において、この章、第十条、第三十七条の二、第三十九条、第四十二条の三、第四十六条、第四十八条、第四十九条（第三十九条の規定に係る附属施設について適用する場合に限る。）、第五十五条、第五十六条（第三十九条の規定に係る附属施設について適用する場合に限る。）、別表第一、別表第二及び別表第三を除き、「学部」には学部以外の基本組織を、「学科」には学部以外の基本組織を置く場合における相当の組織を含むものとする。

第三章　教育研究実施組織等

（教育研究実施組織等）
第七条　大学は、その教育研究上の目的を達成するため、その規模並びに授与する学位の種類及び分野に応じ、必要な教員及び事務職員等からなる教育研究実施組織を編制するものとする。
2　大学は、教育研究実施組織を編制するに当たつては、当該大学の教育研究活動等の運営が組織的かつ効果的に行われるよう、教員及び事務職員等相互の適切な役割分担の下での協働や組織的な連携体制を確保しつつ、教育研究に係る責任の所在を明確にするものとする。
3　大学は、学生に対し、課外活動、修学、進路選択及び心身の健康に関する指導及び援助等の厚生補導を組織的に行うため、専属の教員又は事務職員等を置く組織を編制するものとする。
4　大学は、教育研究実施組織及び前項の組織の円滑かつ効果的な業務の遂行のための支援、大学運営に係る企画立案、当該大学以外の者との連携、人事、総務、財務、広報、情報システム並びに施設及び設備の整備その他の大学運営に必要な業務を行うため、専属の教員又は事務職員等を置く組織を編制するものとする。
5　大学は、当該大学及び学部等の教育上の目的に応じ、学生が卒業後自らの資質を向上させ、社会的及び職業的自立を図るために必要な能力を、教育課程の実施及び厚生補導を通じて培うことができるよう、大学内の組織間の有機的な連携を図り、適切な体制を整えるものとする。
6　大学は、教育研究水準の維持向上及び教育研究の活性化を図るため、教員の構成が特定の範囲の年齢に著しく偏ることのないよう配慮するものとする。

7　大学は、二以上の校地において教育を行う場合においては、それぞれの校地ごとに必要な教員及び事務職員等を置くものとする。なお、それぞれの校地には、当該校地における教育に支障のないよう、原則として基幹教員を少なくとも一人以上置くものとする。ただし、その校地が隣接している場合は、この限りでない。

（授業科目の担当）

第八条　大学は、各教育課程上主要と認める授業科目（以下「主要授業科目」という。）については原則として基幹教員（教育課程の編成その他の学部の運営について責任を担う教員（助手を除く。）であつて、当該学部の教育課程に係る主要授業科目を担当するもの（専ら当該大学の教育研究に従事するものに限る。）又は一年につき八単位以上の当該学部の教育課程に係る授業科目を担当するものをいう。以下同じ。）に、主要授業科目以外の授業科目についてはなるべく基幹教員に担当させるものとする。

2　大学は、演習、実験、実習又は実技を伴う授業科目については、なるべく助手に補助させるものとする。

3　大学は、各授業科目について、当該授業科目を担当する教員以外の教員、学生その他の大学が定める者（以下「指導補助者」という。）に補助させることができ、また、十分な教育効果を上げることができると認められる場合は、当該授業科目を担当する教員の指導計画に基づき、指導補助者に授業の一部を分担させることができる。

（授業を担当しない教員）

第九条　大学には、教育研究上必要があるときは、授業を担当しない教員を置くことができる。

（基幹教員数）

第十条　大学における基幹教員の数は、別表第一により当該大学に置く学部の種類及び規模に応じ定める基幹教員の数（共同学科を置く学部にあつては、当該学部における共同学科以外の学科を一の学部とみなして同表を適用して得られる基幹教員の数と第四十六条の規定により得られる当該共同学科に係る基幹教員の数を合計した数とし、第五条の規定に基づき学科に代えて課程を設ける工学に関する学部にあつては、第四十九条の四の規定により得られる基幹教員の数とする。）と別表第二により大学全体の収容定員に応じ定める基幹教員の数を合計した数以上とする。

（組織的な研修等）

第十一条　大学は、当該大学の教育研究活動等の適切かつ効果的な運営を図るため、その教員及び事務職員等に必要な知識及び技能を習得させ、並びにその能力及び資質を向上させるための研修（次項に規定する研修に該当するものを除く。）の機会を設けることその他必要な取組を行うものとする。

2　大学は、学生に対する教育の充実を図るため、当該大学の授業の内容及び方法を改善するための組織的な研修及び研究を行うものとする。

3　大学は、指導補助者（教員を除く。）に対し、必要な研修を行うものとする。

第四章　教員の資格

（学長の資格）

第十二条　学長となることのできる者は、人格が高潔で、学識が優れ、かつ、大学運営に関し識見を有すると認められる者とする。

（教授の資格）

第十三条　教授となることのできる者は、次の各号のいずれかに該当し、かつ、大学における教育を担当するにふさわしい教育上の能力を有すると認められる者とする。

一　博士の学位（外国において授与されたこれに相当する学位を含む。）を有し、研究上の業績を有する者

二　研究上の業績が前号の者に準ずると認められる者

三　学位規則（昭和二十八年文部省令第九号）第五条の二に規定する専門職学位（外国において授与されたこれに相当する学位を含む。）を有し、当該専門職学位の専攻分野に関する実務上の業績を有する者

四　大学又は専門職大学において教授、准教授又は基幹教員としての講師の経歴（外国におけるこれらに相当する教員としての経歴を含む。）のある者

五　芸術、体育等については、特殊な技能に秀でていると認められる者

六　専攻分野について、特に優れた知識及び経験を有すると認められる者

（准教授の資格）

第十四条　准教授となることのできる者は、次の各号のいずれかに該当し、かつ、大学における教育を担当するにふさわしい教育上の能力を有すると認められる者とする。

一　前条各号のいずれかに該当する者

二　大学又は専門職大学において助教又はこれに準ずる職員としての経歴（外国におけるこれらに相当する職員としての経歴を含む。）のある者

三　修士の学位又は学位規則第五条の二に規定する専門職学位（外国において授与されたこれらに相当する学位を含む。）を有する者

四　研究所、試験所、調査所等に在職し、研究上の業績を有する者

五　専攻分野について、優れた知識及び経験を有すると認められる者

（講師の資格）

第十五条　講師となることのできる者は、次の各号のいずれかに該当する者とする。

一　第十三条又は前条に規定する教授又は准教授となることのできる者

二　その他特殊な専攻分野について、大学における教育を担当するにふさわしい教育上の能力を有すると認められる者

（助教の資格）

第十六条　助教となることのできる者は、次の各号のいずれかに該当し、かつ、大学における教育を担当するにふさわしい教育上の能力を有すると認められる者とする。

一　第十三条各号又は第十四条各号のいずれかに該当する者

二　修士の学位（医学を履修する課程、歯学を履修する課

程、薬学を履修する課程のうち臨床に係る実践的な能力を培うことを主たる目的とするもの又は獣医学を履修する課程を修了した者については、学士の学位）又は学位規則第五条の二に規定する専門職学位（外国において授与されたこれらに相当する学位を含む。）を有する者

三 専攻分野について、知識及び経験を有すると認められる者

（助手の資格）

第十七条 助手となることのできる者は、次の各号のいずれかに該当する者とする。

一 学士の学位又は学位規則第二条の二の表に規定する専門職大学を卒業した者に授与する学位（外国において授与されたこれらに相当する学位を含む。）を有する者

二 前号の者に準ずる能力を有すると認められる者

第五章 収容定員

第十八条 収容定員は、学科又は課程を単位とし、学部ごとに学則で定めるものとする。この場合において、第二十六条の規定による昼夜開講制を実施するときはこれに係る収容定員を、第五十八条の規定により外国に学部、学科その他の組織を設けるときはこれに係る収容定員を、編入学定員を設けるときは入学定員及び編入学定員を、それぞれ明示するものとする。

2 収容定員は、教育研究実施組織、校地、校舎等の施設、設備その他の教育上の諸条件を総合的に考慮して定めるものとする。

3 大学は、教育にふさわしい環境の確保のため、在学する学生の数を収容定員に基づき適正に管理するものとする。

第六章 教育課程

（教育課程の編成方針）

第十九条 大学は、学校教育法施行規則第百六十五条の二第一項第一号及び第二号の規定により定める方針に基づき、必要な授業科目を自ら開設し、体系的に教育課程を編成するものとする。

2 教育課程の編成に当たつては、大学は、学部等の専攻に係る専門の学芸を教授するとともに、幅広く深い教養及び総合的な判断力を培い、豊かな人間性を涵養するよう適切に配慮しなければならない。

3 大学に専攻分野におけるおおむね五年以上の実務の経験を有し、かつ、高度の実務の能力を有する教員を置く場合であつて、当該教員が一年につき六単位以上の授業科目を担当する場合には、大学は、当該教員が教育課程の編成について責任を担うこととするよう努めるものとする。

（連携開設科目）

第十九条の二 大学は、当該大学、学部及び学科又は課程等の教育上の目的を達成するために必要があると認められる場合には、前条第一項の規定にかかわらず、次の各号のいずれかに該当する他の大学、専門職大学又は短期大学（以下この条において「他大学」という。）が当該大学と連携して開設する授業科目（次項に規定する要件に適合するものに限る。以下この条及び第二十七条の三において「連携開設科目」という。）を、当該大学が自ら開設したものとみなすことができる。

一 当該大学の設置者（その設置する他大学と当該大学との緊密な連携が確保されているものとして文部科学大臣が別に定める基準に適合するものに限る。）が設置する他大学

二 大学等連携推進法人（その社員のうちに大学、専門職大学又は短期大学の設置者が二以上ある一般社団法人のうち、その社員が設置する大学、専門職大学又は短期大学の間の連携の推進を目的とするものであつて、当該大学、専門職大学又は短期大学の間の緊密な連携が確保されていることについて文部科学大臣の認定を受けたものをいう。次項第二号及び第四十五条第三項において同じ。）（当該大学の設置者が社員であるものであり、かつ、連携開設科目に係る業務を行うものに限る。）の社員が設置する他大学

2 前項の規定により当該大学が自ら開設したものとみなすことができる連携開設科目は、次の各号に掲げる区分に応じ、当該各号に定める方針に沿つて開設されなければならない。

一 前項第一号に該当する他大学が開設するもの 同号に規定する基準の定めるところにより当該大学の設置者が策定する連携開設科目の開設及び実施に係る方針

二 前項第二号に該当する他大学が開設するもの 同号の大学等連携推進法人が策定する連携推進方針（その社員が設置する大学、専門職大学又は短期大学の間の教育研究活動等に関する連携を推進するための方針をいう。）

3 第一項の規定により連携開設科目を自ら開設したものとみなす大学及び当該連携開設科目を開設する他大学は、当該連携開設科目を開設し、及び実施するため、文部科学大臣が別に定める事項についての協議の場を設けるものとする。

（教育課程の編成方法）

第二十条 教育課程は、各授業科目を必修科目、選択科目及び自由科目に分け、これを各年次に配当して編成するものとする。

（単位）

第二十一条 各授業科目の単位数は、大学において定めるものとする。

2 前項の単位数を定めるに当たつては、一単位の授業科目を四十五時間の学修を必要とする内容をもつて構成することを標準とし、第二十五条第一項に規定する授業の方法に応じ、当該授業による教育効果、授業時間外に必要な学修等を考慮して、おおむね十五時間から四十五時間までの範囲で大学が定める時間の授業をもつて一単位として単位数を計算するものとする。ただし、芸術等の分野における個人指導による実技の授業については、大学が定める時間の授業をもつて一単位とすることができる。

3 前項の規定にかかわらず、卒業論文、卒業研究、卒業制作等の授業科目については、これらの学修の成果を評価して単位を授与することが適切と認められる場合には、これらに必要な学修等を考慮して、単位数を定めることができる。

（一年間の授業期間）

第二十二条 一年間の授業を行う期間は、三十五週にわたるこ

とを原則とする。

（各授業科目の授業期間）

第二十三条　各授業科目の授業は、十分な教育効果を上げることができるよう、八週、十週、十五週その他の大学が定める適切な期間を単位として行うものとする。

（授業を行う学生数）

第二十四条　大学が一の授業科目について同時に授業を行う学生数は、授業の方法及び施設、設備その他の教育上の諸条件を考慮して、教育効果を十分に上げられるような適当な人数とするものとする。

（授業の方法）

第二十五条　授業は、講義、演習、実験、実習若しくは実技のいずれかにより又はこれらの併用により行うものとする。

2　大学は、文部科学大臣が別に定めるところにより、前項の授業を、多様なメディアを高度に利用して、当該授業を行う教室等以外の場所で履修させることができる。

3　大学は、第一項の授業を、外国において履修させることができる。前項の規定により、多様なメディアを高度に利用して、当該授業を行う教室等以外の場所で履修させる場合についても、同様とする。

4　大学は、文部科学大臣が別に定めるところにより、第一項の授業の一部を、校舎及び附属施設以外の場所で行うことができる。

（成績評価基準等の明示等）

第二十五条の二　大学は、学生に対して、授業の方法及び内容並びに一年間の授業の計画をあらかじめ明示するものとする。

2　大学は、学修の成果に係る評価及び卒業の認定に当たつては、客観性及び厳格性を確保するため、学生に対してその基準をあらかじめ明示するとともに、当該基準にしたがつて適切に行うものとする。

（昼夜開講制）

第二十六条　大学は、教育上必要と認められる場合には、昼夜開講制（同一学部において昼間及び夜間の双方の時間帯において授業を行うことをいう。）により授業を行うことができる。

第七章　卒業の要件等

（単位の授与）

第二十七条　大学は、一の授業科目を履修した学生に対しては、試験その他の大学が定める適切な方法により学修の成果を評価して単位を与えるものとする。

（履修科目の登録の上限）

第二十七条の二　大学は、学生が各年次にわたつて適切に授業科目を履修するため、卒業の要件として学生が修得すべき単位数について、学生が一年間又は一学期に履修科目として登録することができる単位数の上限を定めるよう努めなければならない。

2　大学は、その定めるところにより、所定の単位を優れた成績をもつて修得した学生については、前項に定める上限を超えて履修科目の登録を認めることができる。

（連携開設科目に係る単位の認定）

第二十七条の三　大学は、学生が他の大学、専門職大学又は短期大学において履修した連携開設科目について修得した単位を、当該大学における授業科目の履修により修得したものとみなすものとする。

（他の大学、専門職大学又は短期大学における授業科目の履修等）

第二十八条　大学は、教育上有益と認めるときは、学生が大学の定めるところにより他の大学、専門職大学又は短期大学において履修した授業科目について修得した単位を、六十単位を超えない範囲で当該大学における授業科目の履修により修得したものとみなすことができる。

2　前項の規定は、学生が、外国の大学（専門職大学に相当する外国の大学を含む。以下同じ。）又は外国の短期大学に留学する場合、外国の大学又は外国の短期大学が行う通信教育における授業科目を我が国において履修する場合及び外国の大学又は外国の短期大学の教育課程を有するものとして当該外国の学校教育制度において位置付けられた教育施設であつて、文部科学大臣が別に指定するものの当該教育課程における授業科目を我が国において履修する場合について準用する。

（大学以外の教育施設等における学修）

第二十九条　大学は、教育上有益と認めるときは、学生が行う短期大学又は高等専門学校の専攻科における学修その他文部科学大臣が別に定める学修を、当該大学における授業科目の履修とみなし、大学の定めるところにより単位を与えることができる。

2　前項により与えることができる単位数は、前条第一項及び第二項により当該大学において修得したものとみなす単位数と合わせて六十単位を超えないものとする。

（入学前の既修得単位等の認定）

第三十条　大学は、教育上有益と認めるときは、学生が当該大学に入学する前に大学、専門職大学又は短期大学において履修した授業科目について修得した単位（第三十一条第一項及び第二項の規定により修得した単位を含む。）を、当該大学に入学した後の当該大学における授業科目の履修により修得したものとみなすことができる。

2　前項の規定は、第二十八条第二項の場合に準用する。

3　大学は、教育上有益と認めるときは、学生が当該大学に入学する前に行つた前条第一項に規定する学修を、当該大学における授業科目の履修とみなし、大学の定めるところにより単位を与えることができる。

4　前三項により修得したものとみなし、又は与えることのできる単位数は、編入学、転学等の場合を除き、当該大学において修得した単位（第二十七条の三の規定により修得したものとみなすものとする単位を含む。）以外のものについては、第二十八条第一項（同条第二項において準用する場合を含む。）及び前条第一項により当該大学において修得したものとみなす単位数と合わせて六十単位を超えないものとする。

（長期にわたる教育課程の履修）

第三十条の二　大学は、大学の定めるところにより、学生が、職業を有している等の事情により、修業年限を超えて一定の期間にわたり計画的に教育課程を履修し卒業することを希望する旨を申し出たときは、その計画的な履修を認めることができる。

（科目等履修生等）

第三十一条 大学は、大学の定めるところにより、当該大学の学生以外の者で一又は複数の授業科目を履修する者（以下この条において「科目等履修生」という。）に対し、単位を与えることができる。

2 大学は、大学の定めるところにより、当該大学の学生以外の者で学校教育法第百五条に規定する特別の課程を履修する者（以下この条において「特別の課程履修生」という。）に対し、単位を与えることができる。

3 科目等履修生及び特別の課程履修生に対する単位の授与については、第二十七条の規定を準用する。

4 大学は、科目等履修生、特別の課程履修生その他の学生以外の者（次項において「科目等履修生等」という。）を相当数受け入れる場合においては、第十条、第十三条、第三十七条及び第三十七条の二に規定する基準を考慮して、教育に支障のないよう、それぞれ相当の基幹教員並びに校地及び校舎の面積を増加するものとする。

5 大学は、科目等履修生等を受け入れる場合においては、一の授業科目について同時に授業を行うこれらの者の人数は、第二十四条の規定を踏まえ、適当な人数とするものとする。

（卒業の要件）

第三十二条 卒業の要件は、百二十四単位以上を修得することのほか、大学が定めることとする。

2 前項の規定にかかわらず、医学又は歯学に関する学科に係る卒業の要件は、百八十八単位以上を修得することのほか、大学が定めることとする。ただし、教育上必要と認められる場合には、大学は、修得すべき単位の一部の修得について、これに相当する授業時間の履修をもつて代えることができる。

3 第一項の規定にかかわらず、薬学に関する学科のうち臨床に係る実践的な能力を培うことを主たる目的とするものに係る卒業の要件は、百八十六単位以上（将来の薬剤師としての実務に必要な薬学に関する臨床に係る実践的な能力を培うことを目的として大学の附属病院その他の病院及び薬局で行う実習（以下「薬学実務実習」という。）に係る二十単位以上を含む。）を修得することのほか、大学が定めることとする。

4 第一項の規定にかかわらず、獣医学に関する学科に係る卒業の要件は、百八十二単位以上を修得することのほか、大学が定めることとする。

5 前四項又は第四十二条の九の規定により卒業の要件として修得すべき単位数のうち、第二十五条第二項の授業の方法により修得する単位数は六十単位を超えないものとする。

6 第一項から第四項まで又は第四十二条の九の規定により卒業の要件として修得すべき単位数のうち、第二十七条の三の規定により修得したものとみなすものとする単位数は三十単位を超えないものとする。

（授業時間制をとる場合の特例）

第三十三条 前条第二項ただし書により授業時間の履修をもつて単位の修得に代える授業科目に係る第二十一条第一項又は第二十七条の規定の適用については、第二十一条第一項中「単位数」とあるのは「授業時間数」と、第二十七条中「一の授業科目」とあるのは「授業科目」と、「単位を与えるものとする」とあるのは「修了を認定するものとする」とする。

2 授業時間数を定めた授業科目については、当該授業科目の授業時間数をこれに相当する単位数とみなして第二十八条第一項（同条第二項において準用する場合を含む。）第二十九条第一項又は第三十条第一項第三十条第一項（同条第二項において準用する場合を含む。）若しくは第三項の規定を適用することができる。

第八章 校地、校舎等の施設及び設備等

（校地）

第三十四条 校地は、学生間の交流及び学生と教員等との間の交流が十分に行えるなどの教育にふさわしい環境をもち、校舎の敷地には、学生が交流、休息その他に利用するのに適当な空地を有するものとする。

2 前項の規定にかかわらず、大学は、法令の規定による制限その他のやむを得ない事由により所要の土地の取得を行うことが困難であるため前項に規定する空地を校舎の敷地に有することができないと認められる場合において、学生が交流、休息その他に利用するため、適当な空地を有することにより得られる効用と同等以上の効用が得られる措置を当該大学が講じている場合に限り、空地を校舎の敷地に有しないことができる。

3 前項の措置は、次の各号に掲げる要件を満たす施設を校舎に備えることにより行うものとする。

一 できる限り開放的であつて、多くの学生が余裕をもつて交流、休息その他に利用できるものであること。

二 交流、休息その他に必要な設備が備えられていること。

（運動場等）

第三十五条 大学は、学生に対する教育又は厚生補導を行う上で必要に応じ、運動場、体育館その他のスポーツ施設、講堂及び寄宿舎、課外活動施設その他の厚生補導施設を設けるものとする。

（校舎）

第三十六条 大学は、その組織及び規模に応じ、教育研究に支障のないよう、教室、研究室、図書館、医務室、事務室その他必要な施設を備えた校舎を有するものとする。

2 教室は、学科又は課程に応じ、講義、演習、実験、実習又は実技を行うのに必要な種類と数を備えるものとする。

3 研究室は、基幹教員及び専ら当該大学の教育研究に従事する教員に対しては必ず備えるものとする。

4 夜間において授業を行う学部（以下「夜間学部」という。）を置く大学又は昼夜開講制を実施する大学にあつては、教室、研究室、図書館その他の施設の利用について、教育研究に支障のないようにするものとする。

（校地の面積）

第三十七条　大学における校地の面積（附属病院以外の附属施設用地及び寄宿舎の面積を除く。）は、収容定員上の学生一人当たり十平方メートルとして算定した面積に附属病院建築面積を加えた面積とする。

2　前項の規定にかかわらず、同じ種類の昼間学部（昼間において授業を行う学部をいう。以下同じ。）及び夜間学部が近接した施設等を使用し、又は施設等を共用する場合の校地の面積は、当該昼間学部及び夜間学部における教育研究に支障のない面積とする。

3　昼夜開講制を実施する場合においては、これに係る収容定員、履修方法、施設の使用状況等を考慮して、教育に支障のない限度において、第一項に規定する面積を減ずることができる。

（校舎の面積）

第三十七条の二　校舎の面積は、一個の学部のみを置く大学にあつては、別表第三イ(1)若しくは(2)又はロの表に定める面積（共同学科を置く場合にあつては、当該学部における共同学科以外の学科を一の学部とみなして同表を適用して得られる面積に第四十八条第一項の規定により得られる当該共同学科に係る面積を加えた面積）以上とし、複数の学部を置く大学にあつては、当該複数の学部のうち同表に定める面積（共同学科を置く学部については、当該学部における共同学科以外の学科を一の学部とみなして同表を適用して得られる面積）が最大である学部についての同表に定める面積（共同学科を置く学部については、当該学部における共同学科以外の学科を一の学部とみなして同表を適用して得られる面積）に当該学部以外の学部についてのそれぞれ別表第三ロ又はハ(1)若しくは(2)の表に定める面積（共同学科を置く学部については、当該学部における共同学科以外の学科を一の学部とみなして同表を適用して得られる面積）を合計した面積を加えた面積（共同学科を置く場合にあつては、第四十八条第一項の規定により得られる当該学科に係る面積を加えた面積）以上とする。

（教育研究上必要な資料及び図書館）

第三十八条　大学は、教育研究を促進するため、学部の種類、規模等に応じ、図書、学術雑誌、電磁的方法（電子情報処理組織を使用する方法その他の情報通信の技術を利用する方法をいう。）により提供される学術情報その他の教育研究上必要な資料（次項において「教育研究上必要な資料」という。）を、図書館を中心に系統的に整備し、学生、教員及び事務職員等へ提供するものとする。

2　図書館は、教育研究上必要な資料の収集、整理を行うほか、その提供に当たつて必要な情報の処理及び提供のシステムの整備その他の教育研究上必要な資料の利用を促進するために必要な環境の整備に努めるとともに、教育研究上必要な資料の提供に関し、他の大学の図書館等との協力に努めるものとする。

3　図書館には、その機能を十分に発揮させるために必要な専門的職員その他の専属の教員又は事務職員等を置くものとする。

（附属施設）

第三十九条　次の表の上欄に掲げる学部を置き、又は学科を設ける大学には、その学部又は学科の教育研究に必要な施設として、それぞれ下欄に掲げる附属施設を置くものとする。

学部又は学科	附属施設
教員養成に関する学部又は学科	附属学校又は附属幼保連携型認定こども園（就学前の子どもに関する教育、保育等の総合的な提供の推進に関する法律（平成十八年法律第七十七号）第二条第七項に規定する幼保連携型認定こども園であつて、大学に附属して設置されるものをいう。）
医学又は歯学に関する学部	附属病院（医療法（昭和二十三年法律第二百五号）第七十条第一項に規定する参加法人が開設する病院（医学又は歯学に関する学部の教育研究に必要な病院の機能が確保される場合として文部科学大臣が別に定める場合に限る。）を含む。）
農学に関する学部	農場
林学に関する学科	演習林
獣医学に関する学部又は学科	家畜病院
畜産学に関する学部又は学科	飼育場又は牧場
水産学又は商船に関する学部	練習船（共同利用による場合を含む。）
水産増殖に関する学科	養殖施設
薬学に関する学部又は学科	薬用植物園（薬草園）
体育に関する学部又は学科	体育館

2　工学に関する学部を置く大学には、原則として実験・実習工場を置くものとする。

（薬学実務実習に必要な施設）

第三十九条の二　薬学に関する学部又は学科のうち臨床に係る実践的な能力を培うことを主たる目的とするものを置き、又は設ける大学は、薬学実務実習に必要な施設を確保するものとする。

（機械、器具等）

第四十条　大学は、学部又は学科の種類、教員数及び学生数に応じて必要な種類及び数の機械、器具及び標本を備えるものとする。

（二以上の校地において教育研究を行う場合における施設及び設備）

第四十条の二　大学は、二以上の校地において教育研究を行う場合においては、それぞれの校地ごとに教育研究に支障のないよう必要な施設及び設備を備えるものとする。ただし、その校地が隣接している場合は、この限りでない。

（教育研究環境の整備）

第四十条の三　大学は、その教育研究上の目的を達成するため、必要な経費の確保等により、教育研究にふさわしい環境の整備に努めるものとする。

（大学等の名称）

第四十条の四　大学、学部及び学科（以下「大学等」という。）の名称は、大学等として適当であるとともに、当該大学等の教育研究上の目的にふさわしいものとする。

第九章　学部等連係課程実施基本組織に関する特例

第四十一条　大学は、横断的な分野に係る教育課程を実施する上で特に必要があると認められる場合であつて、教育研究に支障がないと認められる場合には、当該大学に置かれる二以上の学部等（学部又は学部以外の基本組織（この条の規定により置かれたものを除く。）をいう。以下この条において同じ。）との緊密な連係及び協力の下、当該二以上の学部等が有する教育研究実施組織並びに施設及び設備等の一部を用いて横断的な分野に係る教育課程を実施する学部以外の基本組織（以下この条及び別表第一において「学部等連係課程実施基本組織」という。）を置くことができる。

2　学部等連係課程実施基本組織に係る基幹教員は、教育研究に支障がないと認められる場合には、前項に規定する二以上の学部等（以下この条において「連係協力学部等」という。）の基幹教員がこれを兼ねることができる。

3　学部等連係課程実施基本組織に係る基幹教員数、校舎の面積及び附属施設の基準は、連係協力学部等の全てがそれぞれに係る当該基準をそれぞれ満たすことをもつて足りるものとする。

4　学部等連係課程実施基本組織の収容定員は、連係協力学部等の収容定員の内数とし、当該学部等連係課程実施基本組織ごとに学則で定めるものとする。

5　第六条第三項の規定にかかわらず、この省令において、第二章、第十条、第十八条、第三十七条の二、第三十九条、第十章から第十三章まで、第五十八条及び別表第一から別表第三までを除き、「学部」には学部等連係課程実施基本組織を含むものとする。

第十章　専門職学科に関する特例

（専門職学科とする学科等）

第四十二条　大学の学部の学科（学校教育法第八十七条第二項に規定する課程に係る学科を除く。）のうち、専門性が求められる職業を担うための実践的かつ応用的な能力を展開する教育課程を編成するものは、専門職学科とする。

2　前項に規定する専門職学科のみで組織する学部は、専門職学部とする。

（専門職学科に係る入学者選抜）

第四十二条の二　専門職学科を設ける大学は、専門職学科に係る入学者の選抜に当たつては、第二条の二に定めるところによるほか、実務の経験を有する者その他の入学者の多様性の確保に配慮した入学者選抜を行うよう努めるものとする。

（実務の経験等を有する基幹教員）

第四十二条の三　専門職学科を置く学部に係る第十条の規定による基幹教員数のうち、別表第一イ(2)による専門職学科の基幹教員数のおおむね四割以上は、専攻分野におけるおおむね五年以上の実務の経験を有し、かつ、高度の実務の能力を有する者（次項において「実務の経験等を有する基幹教員」という。）とする。

2　専門職学科に係る実務の経験等を有する基幹教員のうち、前項に規定するおおむね四割の基幹教員の数に二分の一を乗じて算出される数（小数点以下の端数があるときは、これを四捨五入する。）以上は、次の各号のいずれかに該当する者とする。

一　大学又は専門職大学において教授、准教授、基幹教員としての講師又は助教の経歴（外国におけるこれらに相当する教員としての経歴を含む。）のある者

二　博士の学位、修士の学位又は学位規則第五条の二に規定する専門職学位（外国において授与されたこれらに相当する学位を含む。）を有する者

三　企業等に在職し、実務に係る研究上の業績を有する者

3　第一項に規定するおおむね四割の基幹教員の数に二分の一を乗じて算出される数（小数点以下の端数があるときは、これを四捨五入する。）の範囲内については、基幹教員以外の者であつても、一年につき六単位以上の授業科目を担当し、かつ、教育課程の編成その他の学部の運営について責任を担う者で足りるものとする。ただし、当該者の数は、別表第一イ(1)備考第二号ただし書の規定により複数の学部について算入する基幹教員の数及び同表備考第三号の規定により算入する教員の数と合わせて、別表第一イ(2)に定める基幹教員数の四分の一を超えないものとする。

（専門職学科に係る教育課程の編成方針）

第四十二条の四　専門職学科の教育課程の編成に当たつては、専門職学科を設ける大学は、第十九条第一項及び第二項に定めるところによるほか、専門性が求められる職業を担うための実践的な能力及び当該職業の分野において創造的な役割を担うための応用的な能力を展開させるとともに、職業倫理を涵養するよう適切に配慮しなければならない。

2　専門職学科を設ける大学は、専門職学科の専攻に係る職業を取り巻く状況を踏まえて必要な授業科目を開発し、当該職業の動向に即した教育課程の編成を行うとともに、当該状況の変化に対応し、授業科目の内容、教育課程の構成等について、不断の見直しを行うものとする。

3　前項の規定による授業科目の開発、教育課程の編成及びそれらの見直しは、次条に規定する教育課程連携協議会の意見を勘案するとともに、適切な体制を整えて行うものとする。

（教育課程連携協議会）

第四十二条の五　専門職学科を設ける大学は、産業界及び地域社会との連携により、専門職学科の教育課程を編成し、及び円滑かつ効果的に実施するため、教育課程連携協議会を設け

るものとする。

2　教育課程連携協議会は、次に掲げる者をもつて構成する。

一　学長又は専門職学科を設ける学部の長（以下この条において「学長等」という。）が指名する教員その他の職員

二　当該専門職学科の課程に係る職業に就いている者又は当該職業に関連する事業を行う者による団体のうち、広範囲の地域で活動するものの関係者であつて、当該職業の実務に関し豊富な経験を有するもの

三　地方公共団体の職員、地域の事業者による団体の関係者その他の地域の関係者

四　臨地実務実習（第四十二条の九第一項第三号に規定する臨地実務実習をいう。）その他の授業科目の開設又は授業の実施において当該専門職学科を設ける大学と協力する事業者

五　当該専門職学科を設ける大学の教員その他の職員以外の者であつて学長等が必要と認めるもの

3　教育課程連携協議会は、次に掲げる事項について審議し、学長等に意見を述べるものとする。

一　産業界及び地域社会との連携による授業科目の開設その他の専門職学科の教育課程の編成に関する基本的な事項

二　産業界及び地域社会との連携による授業の実施その他の専門職学科の教育課程の実施に関する基本的な事項及びその実施状況の評価に関する事項

（専門職学科の授業科目）

第四十二条の六　専門職学科を設ける大学は、次の各号に掲げる授業科目を開設するものとする。

一　一般・基礎科目（幅広く深い教養及び総合的な判断力を培うための授業科目並びに生涯にわたり自らの資質を向上させ、社会的及び職業的自立を図るために必要な能力を育成するための授業科目をいう。）

二　職業専門科目（専攻に係る特定の職業において必要とされる理論的かつ実践的な能力及び当該職業の分野全般にわたり必要な能力を育成するための授業科目をいう。）

三　展開科目（専攻に係る特定の職業の分野に関連する分野における応用的な能力であつて、当該職業の分野において創造的な役割を果たすために必要なものを育成するための授業科目をいう。）

四　総合科目（修得した知識及び技能等を総合し、専門性が求められる職業を担うための実践的かつ応用的な能力を総合的に向上させるための授業科目をいう。）

（専門職学科に係る授業を行う学生数）

第四十二条の七　専門職学科を設ける大学が当該専門職学科の一の授業科目について同時に授業を行う学生数は、第二十四条の規定にかかわらず、四十人以下とする。ただし、授業の方法及び施設、設備その他の教育上の諸条件を考慮して、十分な教育効果を上げることができると認められる場合は、この限りでない。

（入学前の実務経験を通じて修得した実践的な能力についての単位認定）

第四十二条の八　専門職学科を設ける大学は、学生が当該大学に入学する前に専門性が求められる職業に係る実務の経験を通じ、当該職業を担うための実践的な能力（当該専門職学科において修得させることとしているものに限る。）を修得している場合において、教育上有益と認めるときは、文部科学大臣が別に定めるところにより、当該実践的な能力の修得を、当該専門職学科における授業科目の履修とみなし、三十単位を超えない範囲で大学の定めるところにより、単位を与えることができる。

2　前項により与えることができる単位数は、編入学、転学等の場合を除き、第二十八条第一項（同条第二項において準用する場合を含む。）、第二十九条第一項並びに第三十条第一項（同条第二項において準用する場合を含む。）及び第三項により当該大学において修得したものとみなし、又は与える単位数（第三十条第一項（同条第二項において準用する場合を含む。）により修得したものとみなす単位数にあつては、当該大学において入学前に修得した単位以外のものに限る。）と合わせて六十単位を超えないものとする。

（専門職学科に係る卒業の要件）

第四十二条の九　専門職学科に係る卒業の要件は、第三十二条第一項及び第五項に定めるところによるほか、次の各号のいずれにも該当することとする。

一　同条第一項の規定により卒業の要件として修得すべき百二十四単位以上の単位に、一般・基礎科目及び展開科目に係るそれぞれ二十単位以上、職業専門科目に係る六十単位以上並びに総合科目に係る四単位以上が含まれること。

二　実験、実習又は実技による授業科目（やむを得ない事由があり、かつ、教育効果を十分に上げることができると認める場合には、演習、実験、実習又は実技による授業科目）に係る四十単位以上を修得すること。

三　前号の授業科目に係る単位に臨地実務実習（企業その他の事業者の事業所又はこれに類する場所において、当該事業者の実務に従事することにより行う実習による授業科目であつて、文部科学大臣が別に定めるところにより開設されるものをいう。以下同じ。）に係る二十単位が含まれること。ただし、やむを得ない事由があり、かつ、教育効果を十分に上げることができると認められる場合には、五単位を超えない範囲で、連携実務演習等（企業その他の事業者と連携して開設する演習、実験、実習又は実技による授業科目のうち、当該事業者の実務に係る課題に取り組むもの（臨地実務実習を除く。）であつて、文部科学大臣が別に定めるところにより開設されるものをいう。）をもつてこれに代えることができること。

（実務実習に必要な施設）

第四十二条の十　専門職学科を設ける大学は、実験・実習室及び附属施設のほか、当該専門職学科に係る臨地実務実習その他の実習に必要な施設を確保するものとする。

第十一章　共同教育課程に関する特例

（共同教育課程の編成）

第四十三条　二以上の大学は、その大学等の教育上の目的を達成するために必要があると認められる場合には、第十九条第一項の規定にかかわらず、当該二以上の大学のうち一の大学

が開設する授業科目を、当該二以上の大学のうち他の大学の教育課程の一部とみなして、それぞれの大学ごとに同一内容の教育課程（通信教育に係るもの及び大学が外国に設ける学部、学科その他の組織において開設される授業科目の履修により修得する単位を当該学科に係る卒業の要件として修得すべき単位の全部又は一部として修得するものを除く。以下「共同教育課程」という。）を編成することができる。ただし、共同教育課程を編成する大学（以下「構成大学」という。）は、それぞれ当該共同教育課程に係る主要授業科目の一部を必修科目として自ら開設するものとする。

2 大学は、共同教育課程（大学院の課程に係るものを含む。）のみを編成することはできない。

3 構成大学は、当該共同教育課程を編成し、及び実施するための協議の場を設けるものとする。

（共同教育課程に係る単位の認定）

第四十四条 構成大学は、学生が当該構成大学のうち一の大学において履修した共同教育課程に係る授業科目について修得した単位（第三十二条第二項ただし書により授業時間の履修をもつて代えるものを含む。）を、当該構成大学のうち他の大学における当該共同教育課程に係る授業科目の履修により修得したものとそれぞれみなすものとする。

（共同学科に係る卒業の要件）

第四十五条 共同教育課程を編成する学科（以下「共同学科」という。）に係る卒業の要件は、第三十二条第一項、第三項若しくは第四項又は第四十二条の九に定めるもののほか、それぞれの大学において当該共同教育課程に係る授業科目の履修により三十一単位以上を修得することとする。

2 前項の規定にかかわらず、医学又は歯学に関する共同学科に係る卒業の要件は、第三十二条第二項に定めるもののほか、それぞれの大学において当該共同教育課程に係る授業科目の履修により三十二単位（同項ただし書により授業時間の履修をもつて代えるものを含む。）以上を修得することとする。

3 全ての構成大学の設置者が同一であり、かつ、第十九条の二第一項第一号に規定する基準に適合している場合又は全ての構成大学の設置者が同一の大学等連携推進法人（共同教育課程に係る業務を行うものに限る。）の社員である場合における前二項の規定の適用については、これらの項中「三十一単位」及び「三十二単位」とあるのは、「二十単位」とする。

4 前三項の規定によりそれぞれの大学において当該共同教育課程に係る授業科目の履修により修得する単位数には、第二十七条の三、第二十八条第一項（同条第二項において準用する場合を含む。）、第二十九条第一項、第三十条第一項（同条第二項において準用する場合を含む。）若しくは第三項、第四十二条の八第一項又は前条の規定により修得したものとみなし、若しくは与えることができ、又はみなすものとする単位を含まないものとする。

（共同学科に係る基幹教員数）

第四十六条 共同学科に係る基幹教員の数は、それぞれの大学に置く当該共同教育課程を編成する学科を合わせて一の学部とみなして、その種類及び規模に応じ別表第一イ(1)若しくは(2)の表の中欄又はロの表を適用して得られる基幹教員の数（次項において「全体基幹教員数」という。）をこれらの学科に係る収容定員の割合に応じて按分した数（その数に一に満たない端数があるときはこれを切り捨てる。以下この条において「大学別基幹教員数」という。）以上とする。

2 前項に規定する当該共同教育課程を編成する学科に係る大学別基幹教員数の合計が全体基幹教員数に満たないときは、その不足する数の基幹教員をいずれかの大学の当該共同教育課程を編成する学科に置くものとする。

3 第一項の規定による当該共同教育課程を編成する学科に係る大学別基幹教員数（前項の規定により当該学科に不足する数の基幹教員を置くときは、当該基幹教員の数を加えた数）が、当該学科の種類に応じ、別表第一イ(1)若しくは(2)の表の下欄（保健衛生学関係（看護学関係）にあつては、中欄）に定める基幹教員の数の八割に相当する数又は別表第一ロの表の収容定員三六〇人までの場合の基幹教員数の欄の数（以下これらをこの項において「最小大学別基幹教員数」という。）に満たないときは、前二項の規定にかかわらず、当該学科に係る基幹教員の数は、最小大学別基幹教員数以上とする。

（共同学科に係る校地の面積）

第四十七条 第三十七条第一項の規定にかかわらず、共同学科に係る校地の面積については、それぞれの大学に置く当該共同教育課程を編成する学科に係る校地の面積を合計した面積がこれらの学科に係る収容定員を合計した数に十平方メートルを乗じて得た面積を超え、かつ、教育研究に支障がないと認められる場合には、それぞれの大学ごとに当該学科に係る収容定員上の学生一人当たり十平方メートルとして算定した面積を有することを要しない。

（共同学科に係る校舎の面積）

第四十八条 共同学科に係る校舎の面積は、それぞれの大学に置く当該共同教育課程を編成する学科を合わせて一の学部とみなしてその種類に応じ別表第三イ(1)若しくは(2)又はロの表を適用して得られる面積（次項において「全体校舎面積」という。）をこれらの学科に係る収容定員の割合に応じて按分した面積（次項において「大学別校舎面積」という。）以上とする。

2 第三十七条の二及び前項の規定にかかわらず、共同学科に係る校舎の面積については、それぞれの大学に置く当該共同教育課程を編成する学科に係る校舎の面積を合計した面積が全体校舎面積を超え、かつ、教育研究に支障がないと認められる場合には、それぞれの大学ごとに大学別校舎面積を有することを要しない。

（共同学科に係る施設及び設備）

第四十九条 前二条に定めるもののほか、第三十四条から第三十六条まで、第三十八条から第四十条まで及び第四十二条の十の規定にかかわらず、共同学科に係る施設及び設備については、それぞれの大学に置く当該共同教育課程を編成する学科を合わせて一の学部又は学科とみなしてその種類、教員数及び学生数に応じて必要な施設及び設備を備え、かつ、教育研究に支障がないと認められる場合には、それぞれの大学ごとに当該学科に係る施設及び設備を備えることを要しない。

第十二章　工学に関する学部の教育課程等に関する特例

（工学に関する学部の教育課程の編成）

第四十九条の二　工学に関する学部を設ける大学であつて当該学部を基礎とする大学院の研究科を設けるものは、当該学部における教育及び当該研究科における教育の連続性に配慮した教育課程（以下「工学分野の連続性に配慮した教育課程」という。）を編成することができる。

2　工学分野の連続性に配慮した教育課程を編成する大学は、当該教育課程を履修する学生が幅広く深い教養及び総合的な判断力を向上させることができるよう、当該大学における工学に関する学部において、工学以外の専攻分野に係る授業科目、企業等との連携による授業科目その他多様な授業科目を開設するよう努めるものとする。

（工学分野の連続性に配慮した教育課程に係る教員の配置）

第四十九条の三　前条第二項に規定する工学以外の専攻分野に係る授業科目を開設する場合は、第十条に規定する数の基幹教員に加え、当該授業科目の実施に必要な教員を置くものとする。この場合において、当該教員については、大学における教育研究の遂行に支障がないと認められる場合には、当該大学における工学に関する学部以外の学部における基幹教員をもつて充てることができる。

2　前条第二項に規定する企業等との連携による授業科目を開設する場合は、第十条に規定する数の基幹教員に加え、当該授業科目の実施に必要な基幹教員として、専攻分野におけるおおむね五年以上の実務の経験を有し、かつ、高度の実務の能力を有する者を置くものとする。この場合において、当該教員が基幹教員以外の者である場合には、一年につき六単位以上の授業科目を担当し、かつ、教育課程の編成その他の教育研究上の組織の運営について責任を担うこととする。

（課程を設ける工学に関する学部に係る基幹教員数）

第四十九条の四　第五条の規定に基づき学科に代えて課程を設ける工学に関する学部に係る基幹教員の数は、次に掲げる区分に応じ、それぞれ次に定める数とする。ただし、収容定員が、第一号に掲げる場合にあつては別表第一イの表に定める数、第二号に掲げる場合にあつては同表に定める数に専攻分野の数を乗じた数に満たない場合の基幹教員数は、その二割の範囲内において基幹教員以外の教員（助手を除く。）を算入することができる。

一　当該学部が一の専攻分野のみを有する場合　別表第一イの表の中欄に定める基幹教員数とする。収容定員が同欄に定める数を超える場合は、その超える収容定員に応じて四〇〇人につき基幹教員三人の割合により算出される数の基幹教員を増加するものとする。

二　当該学部が二以上の専攻分野を有する場合　別表第一イの表の下欄に定める基幹教員数に専攻分野の数を乗じた数とする。収容定員が同欄に定める数に専攻分野の数を乗じた数を超える場合は、その超える収容定員に応じて四〇〇人につき基幹教員三人の割合により算出される数の基幹教員を増加するものとする。

第十三章　国際連携学科に関する特例

（国際連携学科の設置）

第五十条　大学は、その学部の教育上の目的を達成するために必要があると認められる場合には、学部に、文部科学大臣が別に定めるところにより、外国の大学と連携して教育研究を実施するための学科（第五条の課程を含む。）（以下「国際連携学科」という。）を設けることができる。

2　大学は、国際連携学科のみを設けることはできない。

3　国際連携学科を設ける大学は、外国における災害その他の事由により外国の大学と連携した教育研究を継続することが困難となる事態に備え、計画の策定その他国際連携学科の学生の学修の継続に必要な措置を講ずるものとする。

（国際連携教育課程の編成）

第五十一条　国際連携学科を設ける大学は、第十九条第一項の規定にかかわらず、国際連携学科において連携して教育研究を実施する一以上の外国の大学（以下「連携外国大学」という。）が開設する授業科目を教育課程の一部とみなして、当該連携外国大学と連携した教育課程（通信教育に係るものを除く。）（以下「国際連携教育課程」という。）を編成するものとする。ただし、国際連携学科を設ける大学は、国際連携教育課程に係る主要授業科目の一部を必修科目として自ら開設するものとする。

2　国際連携学科を設ける大学は、国際連携教育課程を編成し、及び実施するため、連携外国大学と文部科学大臣が別に定める事項についての協議の場を設けるものとする。

（共同開設科目）

第五十二条　国際連携学科を設ける大学は、第十九条第一項の規定にかかわらず、連携外国大学と共同して授業科目を開設することができる。

2　国際連携学科を設ける大学が前項の授業科目（以下この項において「共同開設科目」という。）を開設した場合、当該大学の国際連携学科の学生が当該共同開設科目の履修により修得した単位は、三十単位を超えない範囲で、当該大学又は連携外国大学のいずれかにおいて修得した単位とすることができる。ただし、当該大学及び連携外国大学において修得した単位数が、第五十四条第一項及び第二項の規定により当該大学及びそれぞれの連携外国大学において修得することとされている単位数に満たない場合は、共同開設科目の履修により修得した単位を当該大学及び連携外国大学において修得した単位とすることはできない。

（国際連携教育課程に係る単位の認定）

第五十三条　国際連携学科を設ける大学は、学生が連携外国大学において履修した国際連携教育課程に係る授業科目について修得した単位（第三十二条第二項ただし書により授業時間の履修をもつて代えるものを含む。）を、当該国際連携教育課程に係る授業科目の履修により修得したものとみなすものとする。

（国際連携学科に係る卒業の要件）

第五十四条　国際連携学科に係る卒業の要件は、第三十二条第一項、第三項若しくは第四項又は第四十二条の九に定めるものほか、国際連携学科を設ける大学及びそれぞれの連携外国大学において国際連携教育課程に係る授業科目の履修により三十一単位以上を修得することとする。

2　前項の規定にかかわらず、医学又は歯学に関する国際連携学科に係る卒業の要件は、第三十二条第二項に定めるもののほか、国際連携学科を設ける大学及びそれぞれの連携外国大学において国際連携教育課程に係る授業科目の履修により三十二単位以上（同項ただし書により授業時間の履修をもつて代えるものを含む。）を修得することとする。

3　前二項の規定により国際連携学科を設ける大学及びそれぞれの連携外国大学において国際連携教育課程に係る授業科目の履修により修得する単位数には、第二十七条の三、第二十八条第一項（同条第二項において準用する場合を含む。）、第二十九条第一項、第三十条第一項（同条第二項において準用する場合を含む。以下この項において同じ。）若しくは第三項、第四十二条の八第一項又は前条の規定により修得したものとみなし、若しくは与えることができ、又はみなすものとする単位を含まないものとする。ただし、第三十条第一項の規定により修得したものとみなす単位について、国際連携教育課程を編成し、及び実施するために特に必要と認められる場合は、この限りでない。

（国際連携学科に係る基幹教員数）

第五十五条　国際連携学科を置く学部に係る基幹教員の数は、第十条に定める学部の種類及び規模に応じて定める基幹教員の数に、一を加えた数以上とする。

2　別表第一の規定にかかわらず、特定国際連携学科（その収容定員が当該学科を置く学部の収容定員の内数として定められ、かつ、当該学科において授与される学位の種類及び分野と当該学部に置かれる他の学科において授与される学位の種類及び分野とが同一である国際連携学科をいう。次条第二項において同じ。）の基幹教員は、教育研究に支障がないと認められる場合には、当該学部に置かれる当該他の学科の基幹教員がこれを兼ねることができる。

（国際連携学科に係る施設及び設備）

第五十六条　国際連携学科を設ける大学が外国において国際連携教育課程に係る教育研究を行う場合においては、教育研究に支障のないよう必要な施設及び設備を備えるものとする。

2　第三十四条から第三十六条まで、第三十八条から第四十条まで及び第四十二条の十の規定にかかわらず、特定国際連携学科に係る施設及び設備については、当該特定国際連携学科を置く学部の施設及び設備を利用することができるものとし、教育研究に支障がないと認められる場合には、当該特定国際連携学科に係る施設及び設備を備えることを要しない。

（国際連携学科を設ける二以上の大学が国際連携学科において連携して教育研究を実施する場合の適用）

第五十六条の二　国際連携学科を設ける二以上の大学は、国際連携学科において連携して教育研究を実施することができる。この場合において、第五十一条第二項、第五十二条及び第五十四条の規定の適用については、第五十一条第二項及び第五十二条中「国際連携学科を設ける大学」とあるのは「国際連携学科を設ける二以上の大学」と、「、連携外国大学」とあるのは「、それぞれの大学及び連携外国大学」と、「当該大学」とあるのは「それぞれの大学」と、第五十四条中「国際連携学科を設ける大学」とあるのは「それぞれの国際連携学科を設ける大学」とする。

（国際連携学科を設ける二以上の大学が国際連携学科において連携して教育研究を実施する場合の国際連携教育課程の編成）

第五十六条の三　前条の場合（以下この章において「共同国際連携教育課程の場合」という。）にあつては、当該二以上の大学は、第十九条第一項の規定にかかわらず、当該二以上の大学のうち一の大学が開設する授業科目を、当該二以上の大学のうち他の大学の国際連携教育課程の一部とみなして、それぞれの大学ごとに同一内容の国際連携教育課程を編成するものとする。

（共同国際連携教育課程の場合の国際連携教育課程に係る単位の認定）

第五十六条の四　共同国際連携教育課程の場合にあつては、当該二以上の大学は、学生が当該二以上の大学のうち一の大学において履修した国際連携教育課程に係る授業科目について修得した単位（第三十二条第二項ただし書により授業時間の履修をもつて代えるものを含む。）を、当該二以上の大学のうち他の大学における当該国際連携教育課程に係る授業科目の履修により修得したものとそれぞれみなすものとする。

（共同国際連携教育課程の場合の国際連携学科に係る基幹教員数）

第五十六条の五　第五十五条第一項の規定にかかわらず、共同国際連携教育課程の場合にあつては、国際連携学科を置くそれぞれの学部に係る基幹教員の数は、当該学部における当該国際連携学科以外の学科を一の学部とみなして第十条の規定を適用して得られる学部の種類及び規模に応じて定める基幹教員の数と、次項から第四項までの規定により得られる当該国際連携学科に係る基幹教員の数を合計した数に、一を加えた数以上とする。

2　共同国際連携教育課程の場合にあつては、国際連携学科に係る基幹教員の数は、それぞれの大学に置く当該国際連携学科を合わせて一の学部とみなして、その種類及び規模に応じ別表第一イ⑴若しくは⑵の表の中欄又はロの表を適用して得られる基幹教員の数（次項において「全体基幹教員数」という。）をこれらの国際連携学科に係る収容定員の割合に応じて按分した数（その数に一に満たない端数があるときはこれを切り捨てる。以下この条において「大学別基幹教員数」という。）以上とする。

3　前項に規定する当該国際連携学科に係る大学別基幹教員数の合計が全体基幹教員数に満たないときは、その不足する数の基幹教員をいずれかの大学の当該国際連携学科に置くものとする。

4　第二項の規定による当該国際連携学科に係る大学別基幹教員数（前項の規定により当該国際連携学科に不足する数の基幹教員を置くときは、当該基幹教員の数を加えた数）が、当該国際連携学科の種類に応じ、別表第一イ⑴若しくは⑵の表の下欄（保健衛生学関係（看護学関係）にあつては、中欄に定める基幹教員の数の八割に相当する数又は別表第一ロの表の収容定員三六〇人までの場合の基幹教員数の欄の数（以下これらをこの項において「最小大学別基幹教員数」という。）に満たないときは、前二項の規定にかかわらず、当該国際連携学科に係る基幹教員の数は、最小大学別基幹教員数以上とする。

（共同国際連携教育課程の場合の国際連携学科に係る校地の面積）

第五十六条の六　第三十七条第一項の規定にかかわらず、共同国際連携教育課程の場合にあつては、国際連携学科に係る校地の面積については、それぞれの大学に置く当該国際連携学科に係る校地の面積を合計した面積がこれらの国際連携学科に係る収容定員を合計した数に十平方メートルを乗じて得た面積を超え、かつ、教育研究に支障がないと認められる場合には、それぞれの大学ごとに当該国際連携学科に係る収容定員上の学生一人当たり十平方メートルとして算定した面積を有することを要しない。

（共同国際連携教育課程の場合の国際連携学科に係る校舎の面積）

第五十六条の七　共同国際連携教育課程の場合にあつては、国際連携学科を置くそれぞれの大学における第三十七条の二の規定の適用については、同条中「共同学科」とあるのは、「共同学科又は共同国際連携教育課程の場合の国際連携学科」とし、「第四十八条第一項」とあるのは、「第四十八条第一項又は第五十六条の七第二項」とする。

2　共同国際連携教育課程の場合にあつては、国際連携学科に係る校舎の面積については、それぞれの大学に置く当該国際連携学科を合わせて一の学部とみなしてその種類に応じ別表第三イ(1)若しくは(2)又はロの表を適用して得られる面積（次項において「全体校舎面積」という。）をこれらの国際連携学科に係る収容定員の割合に応じて按分した面積（次項において「大学別校舎面積」という。）以上とする。

3　第三十七条の二及び前二項の規定にかかわらず、共同国際連携教育課程の場合にあつては、国際連携学科に係る校舎の面積については、それぞれの大学に置く当該国際連携学科に係る校舎の面積を合計した面積が全体校舎面積を超え、かつ、教育研究に支障がないと認められる場合には、それぞれの大学ごとに大学別校舎面積を有することを要しない。

（共同国際連携教育課程の場合の国際連携学科に係る施設及び設備）

第五十六条の八　前二条に定めるもののほか、第三十四条から第三十六条まで、第三十八条から第四十条まで及び第四十二条の十の規定にかかわらず、共同国際連携教育課程の場合にあつては、国際連携学科に係る施設及び設備については、それぞれの大学に置く当該国際連携学科を合わせて一の学部又は学科とみなしてその種類、教員数及び学生数に応じて必要な施設及び設備を備え、かつ、教育研究に支障がないと認められる場合には、それぞれの大学ごとに当該国際連携学科に係る施設及び設備を備えることを要しない。

第十四章　教育課程等に関する事項の改善に係る先導的な取組に関する特例

第五十七条　この省令に定める教育課程又は施設及び設備等に関する事項に関し、その改善に係る実証的な成果の創出に資する先導的な取組を行うため特に必要があると認められる場合であつて、大学が、当該先導的な取組を行うとともに、教育研究活動等の状況について自ら行う点検、評価及び見直しの体制の整備、教育研究活動等の状況の積極的な公表並びに学生の教育上適切な配慮を行う大学であることの文部科学大臣の認定を受けたときには、文部科学大臣が別に定めるところにより、第十九条第一項、第二十一条、第二十八条、第二十九条第二項、第三十条第四項、第三十二条第五項若しくは第六項、第三十七条、第三十七条の二、第四十一条第三項（基幹教員数に係る部分を除く。）、第四十二条の八、第四十五条第一項から第三項まで、第四十七条、第四十八条、第五十二条第二項、第五十四条第一項若しくは第二項、第五十六条の六又は第五十六条の七第二項若しくは第三項の規定（次項において「特例対象規定」という。）の全部又は一部によらないことができる。

2　教育課程等特例認定大学（前項の規定により認定を受けた大学をいう。）は、特例対象規定の全部又は一部によらない教育を行うための教育課程又は施設及び設備等に関する事項を学則等に定め、公表するものとする。

第十五章　雑則

（外国に設ける組織）

第五十八条　大学は、文部科学大臣が別に定めるところにより、外国に学部、学科その他の組織を設けることができる。

（学校教育法第百三条に定める大学についての適用除外）

第五十九条　第三十四条、第三十五条、第三十七条、第三十七条の二、第四十七条、第四十八条、第四十九条（第三十四条及び第三十五条の規定に係る施設及び設備について適用する場合に限る。）、第五十六条の六、第五十六条の七及び第五十六条の八（第三十四条及び第三十五条の規定に係る施設及び設備について適用する場合に限る。）の規定は、学校教育法第百三条に定める大学には適用しない。

（その他の基準）

第六十条　大学院その他に関する基準は、別に定める。

（段階的整備）

第六十一条　新たに大学等を設置し、又は薬学を履修する課程の修業年限を変更する場合の教育研究実施組織、校舎等の施設及び設備については、別に定めるところにより、段階的に整備することができる。

附　則（抄）

1　この省令は、公布の日から施行する。

2　この省令施行の際、現に設置されている大学に在職する教員については、その教員が現に在職する教員の職に在る限り、この省令の教員の資格に関する規定は、適用しない。

3　この省令施行の際、現に設置されている大学の組織、編制、施設及び設備でこの省令施行の日前に係るものについては、当分の間、なお従前の例によることができる。

4　平成二十二年度以降に期間（令和十一年度までの間の年度間に限る。）を付して医学に関する学部の学科に係る収容定員を、七百二十人を超えて、地域における医療及び介護の総合的な確保の促進に関する法律（平成元年法律第六十四号）第四条第一項に規定する都道府県計画その他の都道府県が作成する医療に関する計画に記載された大学の入学定員及び編入学定員の増加により算出される収容定員の増加のみにより八百四十人までの範囲で増加する大学（次項及び附則第六項において「医学部の収容定員を七百二十人を超えて増加する大学」という。）の基幹教員数の算定については、別表第一ロに定める医学関係の基幹教員数は、収容定員が七百八十人までの場合にあつては百五十人、収容定員が八百四十人までの場合にあつては百六十人とし、かつ、文部科学大臣が別に定める基準に適合することとして、第十条の規定を適用する。

5　医学部の収容定員を七百二十人を超えて増加する大学の校地の面積の算定については、当該大学の医学に関する学部の学科における七百二十人を超える部分の収容定員の増加はないものとみなして第三十七条第一項の規定を適用する。

6　医学部の収容定員を七百二十人を超えて増加する大学の校舎の面積の算定については、別表第三ロに定める医学関係の校舎の面積を別表第三ロに定める収容定員七百二十人までの場合の医学関係の校舎の面積に七百二十人を超える収容定員に応じて六人につき七十五平方メートルの割合により算出される面積を増加した面積とし、及び別表第三ロに定める医学関係の附属病院の面積を別表第三ロに定める収容定員七百二十人までの場合の医学関係の附属病院の面積に七百二十人を超える収容定員に応じて六人につき百平方メートルの割合により算出される面積を増加した面積として、第三十七条の二の規定を適用する。

附　則（令和五・六・一五文科令二四）

（施行期日）

第一条　この省令は、令和五年十月一日から施行する。

（認可の申請に係る審査に関する経過措置）

第二条　令和六年度又は令和七年度に行おうとする大学の設置等（大学の設置等の認可の申請及び届出に係る手続等に関する規則（平成十八年文部科学省令第十二号）第一条に規定する大学の設置等をいう。以下同じ。）の認可の申請に係る審査については、なお従前の例による。

2　令和八年度以後に行おうとする大学の設置等の認可（設置者の変更に係るものに限る。）の申請に係る審査については、前項の規定を準用する。

（届出に関する経過措置）

第三条　この省令の施行の日前にした大学の設置等の届出については、なお従前の例による。

2　令和六年度又は令和七年度に行おうとする大学の設置等の届出については、なお従前の例による。

（教員に関する経過措置）

第四条　この省令の施行の際現に設置されている教員養成に関する学部を置く大学に対するこの省令による改正後の大学設置基準別表第一イ(1)備考第十一号及び同表イ(2)備考第三号の規定の適用については、なお従前の例による。

2　前項の規定にかかわらず、令和八年度以後に行おうとする大学の設置等の認可（設置者の変更に係るものを除く。）の申請又は届出をする場合（教員養成に関する学部に係るものを含む場合に限る。）には、当該認可の申請又は届出に係る大学については、この省令による改正後の規定を適用する。

別表第一　学部の種類及び規模に応じ定める基幹教員数（第十条関係）

イ　医学又は歯学に関する学部以外の学部に係る基幹教員数

(1)　専門職学科以外の学科に係るもの

学部の種類	一学科で組織する場合の基幹教員数		二以上の学科（専門職学科を含む。）で組織する場合の一学科の収容定員並びに基幹教員数	
	収容定員	基幹教員数	収容定員	基幹教員数
文学関係	三二〇—六〇〇	一〇	二〇〇—四〇〇	六
教育学・保育学関係	三二〇—六〇〇	一〇	二〇〇—四〇〇	六
法学関係	四〇〇—八〇〇	一四	四〇〇—六〇〇	一〇
経済学関係	四〇〇—八〇〇	一四	四〇〇—六〇〇	一〇
社会学・社会福祉学関係	四〇〇—八〇〇	一四	四〇〇—六〇〇	一〇
理学関係	二〇〇—四〇〇	一四	一六〇—三二〇	八
工学関係	二〇〇—四〇〇	一四	一六〇—三二〇	八
農学関係	二〇〇—四〇〇	一四	一六〇—三二〇	八
獣医学関係	三〇〇—六〇〇	二八	二四〇—四八〇	一六
薬学関係（臨床に係る実践的な能力を培うことを主たる目的とするもの）	三〇〇—六〇〇	二八	二四〇—三六〇	一六
薬学関係（臨床に係る実践的な能力を培うことを主たる目的とするものを除く。）	二〇〇—四〇〇	一四	一六〇—二四〇	八
家政関係	二〇〇—四〇〇	一〇	一六〇—二四〇	六
美術関係	二〇〇—四〇〇	一〇	一六〇—二四〇	六
音楽関係	二〇〇—四〇〇	一〇	一六〇—二四〇	六
体育関係	二〇〇—四〇〇	一二	一六〇—三二〇	八
保健衛生学関係（看護学関係）	二〇〇—四〇〇	一二	―	―
保健衛生学関係（看護学関係を除く。）	二〇〇—四〇〇	一四	一六〇—三二〇	八

備考

一　この表に定める基幹教員数の半数以上は原則として教授とすることとし、四分の三以上は専ら当該大学の教育研究に従事する教員とする（(2)の表及び別表第二において同じ。）。

二　この表に定める基幹教員数には、一の基幹教員は、同一大学ごとに一の学部についてのみ算入するものとする。ただし、複数の学部（他の大学若しくは専門職大学に置かれる学部又は短期大学に置かれる学科を含む。以下この号及び次号において同じ。）において、それぞれ一年につき八単位以上の当該学部の教育課程に係る授業科目を担当する基幹教員は、当該学部について当該基幹教員数の四分の一の範囲内で算入することができる（(2)及びロの表において同じ。）。

三　収容定員がこの表に定める数に満たない場合の基幹教員数には、その二割の範囲内において基幹教員以外の教員（助手を除く。）を算入することができる。ただし、前号ただし書の規定により複数の学部について算入する基幹教員と合わせて、この表に定める基幹教員数の四分の一を超えないものとする（(2)の表において同じ。）。

四　収容定員がこの表の定める数を超える場合は、その超える収容定員に応じて四〇〇人につき基幹教員三人（獣医学関係又は薬学関係（臨床に係る実践的な能力を培うことを主たる目的とするもの）にあつては、収容定員六〇〇人につき基幹教員六人）の割合により算出される数の基幹教員を増加するものとする（ロの表において同じ。）。

五　夜間学部がこれと同じ種類の昼間学部と同一の施設等を使用する場合の基幹教員数は、この表に定める基幹教員数の三分の一以上とする。ただし、夜間学部の収容定員が当該昼間学部の収容定員を超える場合は、夜間学部の基幹教員数はこの表に定める基幹教員数とし、当該昼間学部の基幹教員数はこの表に定める基幹教員数の三分の一以上とする（(2)の表及び別表第二において同じ。）。

六　昼夜開講制を実施する場合は、これに係る収容定員、履修方法、授業の開設状況等を考慮して、教育に支障のない限度において、この表に定める基幹教員数を減ずることができる（(2)の表及び別表第二において同じ。）。

七　二以上の学科で組織する学部における基幹教員数は、同一分野に属する二以上の学科ごとにそれぞれこの表又は(2)の表の下欄から算出される基幹教員数の合計数とする。ただし、同一分野に属する学科が他にない場合には、当該学科については、この表の中欄から算出される基幹教員数とする。

八　二以上の学科で組織される学部に獣医学関係の学科を置く場合における基幹教員数は、それぞれの学科が属する分野のこの表の下欄から算出される基幹教員数の合計数とする。

九　薬学分野に属する二以上の学科で組織される学部に薬学関係（臨床に係る実践的な能力を培うことを主たる目的とするもの）の一学科を置く場合における当該一学科に対するこの表の適用については、下欄中「一六」とあるのは、「二二」とする。

十　薬学関係（臨床に係る実践的な能力を培うことを主たる目的とするもの）の学部に係る基幹教員のうちには、文部科学大臣が別に定めるところにより、薬剤師としての実務の経験を有する者を含むものとする。

十一　この表に掲げる学部以外の学部に係る基幹教員数については、当該学部に類似するこの表に掲げる学部の例によるものとする。ただし、教員養成に関する学部については、免許状の種類に応じ、教育職員免許法（昭和二十四年法律第百四十七号）及び教育職員免許法施行規則（昭和二十九年文部省令第二十六号）に規定する教科及び教職に関する科目の所要単位を修得させるのに必要な数の教員を置くものとするほか、基幹教員のうちには、文部科学大臣が別に定めるところにより、専攻分野における実務の経験を有し、かつ、高度の実務の能力を有する者を含むものとする。

十二　学部等連係課程実施基本組織に係る基幹教員数は、当該学部等連係課程実施基本組織を一学科で組織する学部とみなしてこの表の中欄から算出される基幹教員数とする。

(2)　専門職学科に係るもの

学部の種類	一学科で組織する場合の基幹教員数				二以上の学科（専門職学科以外の学科を含む。）で組織する場合の一学科の収容定員並びに基幹教員数			
	収容定員	基幹教員数	収容定員	基幹教員数	収容定員	基幹教員数	収容定員	基幹教員数
文学関係	一六〇—三一九	八	三二〇—六〇〇	一〇	一〇〇—一九九	五	二〇〇—四〇〇	六
教育学・保育学関係	一六〇—三一九	八	三二〇—六〇〇	一〇	一〇〇—一九九	五	二〇〇—四〇〇	六
法学関係	二〇〇—三九九	一二	四〇〇—八〇〇	一四	二〇〇—三九九	八	四〇〇—六〇〇	一〇
経済学関係	二〇〇—三九九	一二	四〇〇—八〇〇	一四	二〇〇—三九九	八	四〇〇—六〇〇	一〇
社会学・社会福祉学関係	二〇〇—三九九	一二	四〇〇—八〇〇	一四	二〇〇—三九九	八	四〇〇—六〇〇	一〇
理学関係	一〇〇—一九九	一二	二〇〇—四〇〇	一四	八〇—一五九	七	一六〇—三二〇	八
工学関係	一〇〇—一九九	一二	二〇〇—四〇〇	一四	八〇—一五九	七	一六〇—三二〇	八
農学関係	一〇〇—一九九	一二	二〇〇—四〇〇	一四	八〇—一五九	七	一六〇—三二〇	八
薬学関係	一〇〇—一九九	一二	二〇〇—四〇〇	一四	八〇—一五九	七	一六〇—三二〇	八
家政関係	一〇〇—一九九	八	二〇〇—四〇〇	一〇	八〇—一五九	五	一六〇—二四〇	六
美術関係	一〇〇—一九九	八	二〇〇—四〇〇	一〇	八〇—一五九	五	一六〇—二四〇	六
音楽関係	一〇〇—一九九	八	二〇〇—四〇〇	一〇	八〇—一五九	五	一六〇—二四〇	六
体育関係	一〇〇—一九九	一〇	二〇〇—四〇〇	一二	八〇—一五九	七	一六〇—三二〇	八
保健衛生学関係（看護学関係）	一〇〇—一九九	一〇	二〇〇—四〇〇	一二	—	—	—	—
保健衛生学関係（看護学関係を除く。）	一〇〇—一九九	一二	二〇〇—四〇〇	一四	八〇—一五九	七	一六〇—三二〇	八

備考

一　収容定員がこの表の定める数を超える場合は、その超える収容定員に応じて四〇〇人につき基幹教員三人の割合により算出される数の基幹教員を増加するものとする。

二　この表に定める基幹教員数のおおむね四割以上は実務の経験等を有する基幹教員とする。

三　この表に掲げる学部以外の学部に係る教員数については、当該学部に類似するこの表に掲げる学部の例によるものとする。ただし、教員養成に関する学部については、免許状の種類に応じ、教育職員免許法及び教育職員免許法施行規則に規定する教科及び教職に関する科目の所要単位を修得させるのに必要な教員を置くものとする。

四　二以上の学科で組織する学部における基幹教員数は、同一分野に属する二以上の学科ごとにそれぞれこの表又は(1)の表の下欄から算出される基幹教員数の合計数とする。ただし、同一分野に属する学科が他にない場合には、当該学科については、この表の中欄から算出される基幹教員数とする。

ロ　医学又は歯学に関する学部に係る基幹教員数

学部の種類＼収容定員	収容定員三六〇人までの場合の基幹教員数	収容定員四八〇人までの場合の基幹教員数	収容定員六〇〇人までの場合の基幹教員数	収容定員七二〇人までの場合の基幹教員数	収容定員八四〇人までの場合の基幹教員数	収容定員九六〇人までの場合の基幹教員数
医学関係	一三〇	一四〇	一四〇	一四〇	—	—

歯学関係	七五	八五	九二	九九	一〇六	一一三

備考

一　この表に定める医学に関する学部に係る基幹教員数のうち教授、准教授又は講師の合計数は、六十人以上とし、そのうち三十人以上は教授とする。

二　この表に定める歯学に関する学部に係る基幹教員数のうち、教授、准教授又は講師の合計数は、三十六人以上とし、そのうち十八人以上は教授とする。

三　この表に定める基幹教員数の四分の三以上は専ら当該大学の教育研究に従事する教員とする。

四　附属病院における教育、研究及び診療に主として従事する相当数の基幹教員を別に置くものとする。

五　この表に定める基幹教員数は、医学又は歯学に関する学科のみを置く場合に係る基幹教員数とし、その他の学科を置く場合に係る基幹教員数については、医学又は歯学に関する学科についてこの表に定める基幹教員数と当該医学又は歯学に関する学科以外の学科についてイ(1)又は(2)の表に定める基幹教員数の合計数とする。

別表第二　大学全体の収容定員に応じ定める基幹教員数（第十条関係）

大学全体の収容定員	四〇〇人	八〇〇人
基幹教員数	七	一二

備考

一　この表に定める収容定員は、医学又は歯学に関する学部以外の学部の収容定員を合計した数とする。

二　この表に定める基幹教員数には、別表第一の基幹教員数に算入した基幹教員の数を算入しないものとする。

三　収容定員がこの表に定める数に満たない場合の基幹教員数には、その二割の範囲内において基幹教員以外の教員（助手を除く。）を算入することができる。ただし、専ら当該大学の教育研究に従事する教員以外の教員の数と合わせて、この表に定める基幹教員数の四分の一を超えないものとする。

四　収容定員がこの表に定める数を超える場合は、収容定員が四〇〇人を超え八〇〇人未満の場合にあつては収容定員八〇人につき基幹教員一人の割合により、収容定員が八〇〇人を超える場合にあつては収容定員四〇〇人につき基幹教員三人の割合により算出される数の基幹教員を増加するものとする。

五　医学又は歯学に関する学部を置く場合（当該学部に医学又は歯学に関する学科のみを置く場合に限る。）においては、当該学部の収容定員が四八〇人の場合にあつては七人、七二〇人の場合にあつては八人をこの表に定める数に加えるものとする。ただし、当該学部の収容定員が四八〇人未満の場合には、その加える数を六人とすることができる。

六　医学又は歯学に関する学部を置く場合で当該学部に医学又は歯学に関する学科以外の学科を置く場合においては、当該医学又は歯学に関する学科については前号により算出される基幹教員数とし、当該医学又は歯学に関する学科以外の学科についてはその収容定員と他の学部の収容定員の合計数から第一号により算出される基幹教員数とする。

別表第三　学部の種類に応じ定める校舎の面積（第三十七条の二関係）

イ　医学又は歯学に関する学部以外の学部に係る基準校舎面積

(1)　専門職学部以外の学部に係る基準校舎面積

学部の種類＼収容定員	二〇〇人までの場合の面積（平方メートル）	四〇〇人までの場合の面積（平方メートル）	八〇〇人までの場合の面積（平方メートル）	八〇一人以上の場合の面積（平方メートル）
文学関係	2,644	(収容定員－200)×661÷200+2,644	(収容定員－400)×1,653÷400+3,305	(収容定員－800)×1,322÷400+4,958
教育学・保育学関係	2,644	(収容定員－200)×661÷200+2,644	(収容定員－400)×1,653÷400+3,305	(収容定員－800)×1,322÷400+4,958
法学関係	2,644	(収容定員－200)×661÷200+2,644	(収容定員－400)×1,653÷400+3,305	(収容定員－800)×1,322÷400+4,958
経済学関係	2,644	(収容定員－200)×661÷200+2,644	(収容定員－400)×1,653÷400+3,305	(収容定員－800)×1,322÷400+4,958
社会学・社会福祉学関係	2,644	(収容定員－200)×661÷200+2,644	(収容定員－400)×1,653÷400+3,305	(収容定員－800)×1,322÷400+4,958

学部の種類	一〇〇人までの場合の面積（平方メートル）	二〇〇人までの場合の面積（平方メートル）	四〇〇人までの場合の面積（平方メートル）	八〇〇人までの場合の面積（平方メートル）
理学関係	4,628	（収容定員－200）×1,157÷200＋4,628	（収容定員－400）×3,140÷400＋5,785	（収容定員－800）×3,140÷400＋8,925
工学関係	5,289	（収容定員－200）×1,322÷200＋5,289	（収容定員－400）×4,628÷400＋6,611	（収容定員－800）×4,628÷400＋11,239
農学関係	5,024	（収容定員－200）×1,256÷200＋5,024	（収容定員－400）×4,629÷400＋6,280	（収容定員－800）×4,629÷400＋10,909
獣医学関係	5,024	（収容定員－200）×1,256÷200＋5,024	（収容定員－400）×4,629÷400＋6,280	（収容定員－800）×4,629÷400＋10,909
薬学関係	4,628	（収容定員－200）×1,157÷200＋4,628	（収容定員－400）×1,983÷400＋5,785	（収容定員－800）×1,983÷400＋7,768
家政関係	3,966	（収容定員－200）×992÷200＋3,966	（収容定員－400）×1,984÷400＋4,958	（収容定員－800）×1,984÷400＋6,942
美術関係	3,834	（収容定員－200）×959÷200＋3,834	（収容定員－400）×3,140÷400＋4,793	（収容定員－800）×3,140÷400＋7,933
音楽関係	3,438	（収容定員－200）×859÷200＋3,438	（収容定員－400）×2,975÷400＋4,297	（収容定員－800）×2,975÷400＋7,272
体育関係	3,438	（収容定員－200）×859÷200＋3,438	（収容定員－400）×1,983÷400＋4,297	（収容定員－800）×1,983÷400＋6,280
保健衛生学関係（看護学関係）	3,966	（収容定員－200）×992÷200＋3,966	（収容定員－400）×1,984÷400＋4,958	（収容定員－800）×1,984÷400＋6,942
保健衛生学関係（看護学関係を除く。）	4,628	（収容定員－200）×1,157÷200＋4,628	（収容定員－400）×3,140÷400＋5,785	（収容定員－800）×3,140÷400＋8,925

備考

一　この表に掲げる面積には、第三十五条のスポーツ施設、講堂及び厚生補導施設、第三十九条の附属施設並びに第三十九条の二の薬学実務実習に必要な施設の面積は含まない（ロ及びハ(1)の表において同じ。）。

二　夜間学部（同じ種類の昼間学部と同一の施設等を使用するものを除く。）における面積については、この表に掲げる学部の例によるものとする（(2)並びにハ(1)及び(2)の表において同じ。）。

三　夜間学部が同じ種類の昼間学部と同一の施設等を使用する場合は、夜間学部又は昼間学部の収容定員のいずれか多い数によりこの表に定める面積とする（(2)並びにハ(1)及び(2)の表において同じ。）。

四　昼夜開講制を実施する場合においては、これに係る収容定員、履修方法、授業の開設状況等を考慮して、教育に支障のない限度において、この表に定める面積を減ずることができる（(2)並びにハ(1)及び(2)において同じ。）。

五　この表に掲げる学部以外の学部における面積については、当該学部に類似するこの表に掲げる学部の例によるものとする（(2)の表において同じ。）。

六　この表に定める面積は、専用部分の面積とする。ただし、当該大学と他の学校、就学前の子どもに関する教育、保育等の総合的な提供の推進に関する法律第二条第七項に規定する幼保連携型認定こども園、専修学校又は各種学校（以下この号において「学校等」という。）が同一の敷地内又は隣接地に所在する場合であつて、それぞれの学校等の校舎の専用部分の面積及び共用部分の面積を合算した面積が、それぞれの学校等が設置の認可を受ける場合において基準となる校舎の面積を合算した面積以上のものであるときは、当該大学の教育研究に支障がない限度において、この表に定める面積に当該学校等との共用部分の面積を含めることができる（(2)、ロ並びにハ(1)及び(2)の表において同じ。）。

(2)　専門職学部に係る基準校舎面積

収容定員／学部の種類	一〇〇人までの場合の面積（平方メートル）	二〇〇人までの場合の面積（平方メートル）	四〇〇人までの場合の面積（平方メートル）	八〇〇人までの場合の面積（平方メートル）	八〇一人以上の場合の面積（平方メートル）

文学関係	2,314	（収容定員－100）×330÷100＋2,314	（収容定員－200）×661÷200＋2,644	（収容定員－400）×1,653÷400＋3,305	（収容定員－800）×1,322÷400＋4,958
教育学・保育学関係	2,314	（収容定員－100）×330÷100＋2,314	（収容定員－200）×661÷200＋2,644	（収容定員－400）×1,653÷400＋3,305	（収容定員－800）×1,322÷400＋4,958
法学関係	2,314	（収容定員－100）×330÷100＋2,314	（収容定員－200）×661÷200＋2,644	（収容定員－400）×1,653÷400＋3,305	（収容定員－800）×1,322÷400＋4,958
経済学関係	2,314	（収容定員－100）×330÷100＋2,314	（収容定員－200）×661÷200＋2,644	（収容定員－400）×1,653÷400＋3,305	（収容定員－800）×1,322÷400＋4,958
社会学・社会福祉学関係	2,314	（収容定員－100）×330÷100＋2,314	（収容定員－200）×661÷200＋2,644	（収容定員－400）×1,653÷400＋3,305	（収容定員－800）×1,322÷400＋4,958
理学関係	4,049	（収容定員－100）×579÷100＋4,049	（収容定員－200）×1,157÷200＋4,628	（収容定員－400）×3,140÷400＋5,785	（収容定員－800）×3,140÷400＋8,925
工学関係	4,628	（収容定員－100）×661÷100＋4,628	（収容定員－200）×1,322÷200＋5,289	（収容定員－400）×4,628÷400＋6,611	（収容定員－800）×4,628÷400＋11,239
農学関係	4,396	（収容定員－100）×628÷100＋4,396	（収容定員－200）×1,256÷200＋5,024	（収容定員－400）×4,629÷400＋6,280	（収容定員－800）×4,629÷400＋10,909
薬学関係	4,049	（収容定員－100）×579÷100＋4,049	（収容定員－200）×1,157÷200＋4,628	（収容定員－400）×1,983÷400＋5,785	（収容定員－800）×1,983÷400＋7,768
家政関係	3,470	（収容定員－100）×496÷100＋3,470	（収容定員－200）×992÷200＋3,966	（収容定員－400）×1,984÷400＋4,958	（収容定員－800）×1,984÷400＋6,942
美術関係	3,355	（収容定員－100）×479÷100＋3,355	（収容定員－200）×959÷200＋3,834	（収容定員－400）×3,140÷400＋4,793	（収容定員－800）×3,140÷400＋7,933
音楽関係	3,009	（収容定員－100）×429÷100＋3,009	（収容定員－200）×859÷200＋3,438	（収容定員－400）×2,975÷400＋4,297	（収容定員－800）×2,975÷400＋7,272
体育関係	3,009	（収容定員－100）×429÷100＋3,009	（収容定員－200）×859÷200＋3,438	（収容定員－400）×1,983÷400＋4,297	（収容定員－800）×1,983÷400＋6,280
保健衛生学関係（看護学関係）	3,470	（収容定員－100）×496÷100＋3,470	（収容定員－200）×992÷200＋3,966	（収容定員－400）×1,984÷400＋4,958	（収容定員－800）×1,984÷400＋6,942
保健衛生学関係（看護学関係を除く。）	4,049	（収容定員－100）×579÷100＋4,049	（収容定員－200）×1,157÷200＋4,628	（収容定員－400）×3,140÷400＋5,785	（収容定員－800）×3,140÷400＋8,925

備考

一　この表に掲げる面積には、第三十五条のスポーツ施設、講堂及び厚生補導施設並びに第三十九条の附属施設に必要な施設の面積は含まない（ハ(2)の表において同じ。）。

二　第四十二条の九第一項第三号に規定する卒業に必要な臨地実務実習を実施するに当たり、実験・実習室その他の実習に必要な施設の一部を企業等の事業者の施設の使用により確保する場合その他の相当の事由があると認められる場合には、教育研究に支障がない限度において、この表に定める面積を減ずることができる（ハ(2)の表において同じ。）。

ロ　医学又は歯学に関する学部に係る校舎の面積

学部の種類	区分＼収容定員	収容定員三六〇人までの場合の面積（平方メートル）	収容定員四八〇人までの場合の面積（平方メートル）	収容定員六〇〇人までの場合の面積（平方メートル）	収容定員七二〇人までの場合の面積（平方メートル）	収容定員八四〇人までの場合の面積（平方メートル）	収容定員九六〇人までの場合の面積（平方メートル）
医学関係	校舎	一三、六五〇	一四、三〇〇	一六、七五〇	一八、二五〇	—	—
	附属病院	二八、〇五〇	三二、一〇〇	三三、一〇〇	三五、一〇〇	—	—
歯学関係	校舎	八、八五〇	九、六〇〇	一〇、三五〇	一一、一〇〇	一一、九五〇	一二、七〇〇
	附属病院	五、七〇〇	五、八〇〇	五、九〇〇	六、〇〇〇	六、一〇〇	六、二〇〇

備考　この表に定める面積は、医学又は歯学に関する学科のみを置く場合に係る面積とし、その他の学科を置く場合に係る面積については、医学又は歯学に関する学科についてこの表に定める面積と当該医学又は歯学に関する学科以外の学科についてイ(1)又は(2)の表に定める面積の合計とする。

ハ　医学又は歯学に関する学部以外の学部に係る加算校舎面積

(1)　専門職学部以外の学部に係る加算校舎面積

学部の種類＼収容定員	二〇〇人までの場合の面積（平方メートル）	四〇〇人までの場合の面積（平方メートル）	六〇〇人までの場合の面積（平方メートル）	八〇〇人までの場合の面積（平方メートル）	一〇〇〇人までの場合の面積（平方メートル）	一二〇〇人までの場合の面積（平方メートル）	一四〇〇人までの場合の面積（平方メートル）	一六〇〇人までの場合の面積（平方メートル）	一八〇〇人までの場合の面積（平方メートル）	二〇〇〇人までの場合の面積（平方メートル）
文学関係	一、七七九	二、一四八	二、九七五	三、八〇二	四、四六二	五、一二三	五、七八五	六、四四六	七、一〇七	七、七六八
教育学・保育学関係	一、七七九	二、一四八	二、九七五	三、八〇二	四、四六二	五、一二三	五、七八五	六、四四六	七、一〇七	七、七六八
法学関係	一、七七九	二、一四八	二、九七五	三、八〇二	四、四六二	五、一二三	五、七八五	六、四四六	七、一〇七	七、七六八
経済学関係	一、七七九	二、一四八	二、九七五	三、八〇二	四、四六二	五、一二三	五、七八五	六、四四六	七、一〇七	七、七六八
社会学・社会福祉学関係	一、七七九	二、一四八	二、九七五	三、八〇二	四、四六二	五、一二三	五、七八五	六、四四六	七、一〇七	七、七六八
理学関係	三、一七三	三、九六六	五、六一九	七、一〇七	八、七六〇	一〇、二四七	一一、七三四	一三、二二一	一四、七〇八	一六、一九五
工学関係	三、八三四	四、七九三	七、一〇七	九、四一二	一一、七三五	一四、〇四九	一六、三六三	一八、六七七	二〇、九九一	二三、三〇五
農学関係	三、六三六	四、六二八	六、九四二	九、二五六	一一、五七〇	一三、八八四	一六、一九八	一八、五一二	二〇、八二六	二三、一四〇
獣医学関係	三、六三六	四、六二八	六、九四二	九、二五六	一一、五七〇	一三、八八四	一六、一九八	一八、五一二	二〇、八二六	二三、一四〇
薬学関係	三、三〇五	四、一三三	五、一二三	六、一一五	七、一〇七	八、〇九九	九、〇九一	一〇、〇八三	一一、〇七五	一二、〇六七
家政関係	二、五一二	三、一四〇	四、一一三	五、一一三	六、一一五	七、一〇七	八、〇九九	九、〇九一	一〇、〇八三	一一、〇七五
美術関係	二、六四四	三、三〇五	四、九五八	六、六一一	八、〇九九	九、五八六	一一、〇七三	一二、五六〇	一四、〇四七	一五、五三四
音楽関係	二、五一二	三、一四〇	四、六二八	六、二八〇	七、六〇三	九、〇九〇	一〇、五七七	一二、〇六四	一三、五五一	一五、〇三八
体育関係	二、七七六	三、四七一	四、四六二	五、四五四	六、四四六	七、七六八	九、〇九〇	一〇、四二二	一一、七三四	一三、〇五六
保健衛生学関係（看護学関係）	二、五一二	三、一四〇	四、一一三	五、一一三	六、一一五	七、一〇七	八、〇九九	九、〇九一	一〇、〇八三	一一、〇七五
保健衛生学関係（看護学関係を除く。）	三、一七三	三、九六六	五、六一九	七、一〇七	八、七六〇	一〇、二四七	一一、七三四	一三、二二一	一四、七〇八	一六、一九五

備考　収容定員が二、〇〇〇人を超える場合は、二〇〇人を増すごとに、この表に定める二、〇〇〇人までの面積から一、八〇〇人までの面積を減じて算出される数を加算するものとする（(2)の表において同じ。）。

(2)　専門職学部に係る加算校舎面積

学部の種類＼収容定員	一〇〇人までの場合の面積（平方メートル）	二〇〇人までの場合の面積（平方メートル）	四〇〇人までの場合の面積（平方メートル）	六〇〇人までの場合の面積（平方メートル）	八〇〇人までの場合の面積（平方メートル）	一〇〇〇人までの場合の面積（平方メートル）	一二〇〇人までの場合の面積（平方メートル）	一四〇〇人までの場合の面積（平方メートル）	一六〇〇人までの場合の面積（平方メートル）	一八〇〇人までの場合の面積（平方メートル）	二〇〇〇人までの場合の面積（平方メートル）
文学関係	一、五〇五	一、七二九	二、一四八	二、九七五	三、八〇二	四、四六二	五、一二三	五、七八五	六、四四六	七、一〇七	七、七六八
教育学・保育学関係	一、五〇五	一、七二九	二、一四八	二、九七五	三、八〇二	四、四六二	五、一二三	五、七八五	六、四四六	七、一〇七	七、七六八
法学関係	一、五〇五	一、七二九	二、一四八	二、九七五	三、八〇二	四、四六二	五、一二三	五、七八五	六、四四六	七、一〇七	七、七六八
経済学関係	一、五〇五	一、七二九	二、一四八	二、九七五	三、八〇二	四、四六二	五、一二三	五、七八五	六、四四六	七、一〇七	七、七六八
社会学・社会福祉学関係	一、五〇五	一、七二九	二、一四八	二、九七五	三、八〇二	四、四六二	五、一二三	五、七八五	六、四四六	七、一〇七	七、七六八
理学関係	二、七七七	三、一七三	三、九六六	五、六一九	七、一〇七	八、七六〇	一〇、二四七	一一、七三四	一三、二二一	一四、七〇八	一六、一九五
工学関係	三、三五五	三、八三四	四、七九三	七、一〇七	九、四二一	一一、七三五	一四、〇四九	一六、三六三	一八、六七七	二〇、九九一	二三、三〇五
農学関係	三、一四〇	三、六三六	四、六二八	六、九四二	九、二五六	一一、五七〇	一三、八八四	一六、一九八	一八、五一二	二〇、八二六	二三、一四〇
薬学関係	二、八九一	三、三〇五	四、一三二	五、一二三	六、一一五	七、一〇七	八、〇九九	九、〇九一	一〇、〇八三	一一、〇七五	一二、〇六七
家政関係	二、一九八	二、五一二	三、一四〇	四、一三二	五、一二三	六、一一五	七、一〇七	八、〇九九	九、〇九一	一〇、〇八三	一一、〇七五
美術関係	二、三二四	二、六四四	三、三〇五	四、九五八	六、六一一	八、〇九九	九、五八六	一二、〇七三	一三、五六〇	一四、〇四七	一五、五三四
音楽関係	二、一九八	二、五一二	三、一四〇	四、六二八	六、二八〇	七、六〇三	九、〇九〇	一〇、五七七	一二、〇六四	一三、五五一	一五、〇三八
体育関係	二、四二九	二、七七六	三、四七一	四、四六二	五、四五四	六、四四六	七、七六八	九、〇九〇	一〇、四一二	一一、七三四	一三、〇五六
保健衛生学関係（看護学関係）	二、一九八	二、五一二	三、一四〇	四、一三二	五、一二三	六、一一五	七、一〇七	八、〇九九	九、〇九一	一〇、〇八三	一一、〇七五
保健衛生学関係（看護学関係を除く。）	二、七七七	三、一七三	三、九六六	五、六一九	七、一〇七	八、七六〇	一〇、二四七	一一、七三四	一三、二二一	一四、七〇八	一六、一九五

○専門職大学設置基準（抄）

平成二九・九・八
文科令三三

最終改正　令和五・七・三一文科令二六

第一章　総則

（趣旨）

第一条　専門職大学は、学校教育法その他の法令の規定によるほか、この省令の定めるところにより設置するものとする。

2　この省令で定める設置基準は、専門職大学を設置するのに必要な最低の基準とする。

3　専門職大学は、この省令で定める設置基準より低下した状態にならないようにすることはもとより、学校教育法第百九条第一項の点検及び評価の結果並びに認証評価の結果を踏まえ、教育研究活動等について不断の見直しを行うことにより、その水準の向上を図ることに努めなければならない。

（教育研究上の目的）

第二条　専門職大学は、学部、学科又は課程ごとに、人材の養成に関する目的その他の教育研究上の目的を学則等に定めるものとする。

（入学者選抜）

第三条　入学者の選抜は、学校教育法施行規則（昭和二十二年文部省令第十一号）第百六十五条の二第一項第三号の規定により定める方針に基づき、公正かつ妥当な方法により、適切な体制を整えて行うものとする。

2　専門職大学は、実務の経験を有する者その他の入学者の多様性の確保に配慮した入学者選抜を行うよう努めるものとする。

第二章　教育研究上の基本組織

（学部）

第四条　学部は、専攻により教育研究の必要に応じ組織されるものであつて、教育研究上適当な規模内容を有し、教育研究実施組織、教員数その他が学部として適当であると認められるものとする。

（学科）

第五条　学部には、専攻により学科を設ける。

2　前項の学科は、それぞれの専攻分野を教育研究するに必要な組織を備えたものとする。

（課程）

第六条　学部の教育上の目的を達成するため有益かつ適切であると認められる場合には、学科に代えて学生の履修上の区分に応じて組織される課程を設けることができる。

（学部以外の基本組織）

第七条　学校教育法第八十五条ただし書に規定する学部以外の教育研究上の基本となる組織（以下「学部以外の基本組織」という。）は、当該専門職大学の教育研究上の目的を達成するため有益かつ適切であると認められるものであつて、次の各号に掲げる要件を備えるものとする。

一　教育研究上適当な規模内容を有すること。

二　教育研究上必要な教育研究実施組織、施設、設備その他の諸条件を備えること。

三　教育研究を適切に遂行するためにふさわしい運営の仕組みを有すること。

2　学部以外の基本組織に係る基幹教員（第三十二条第一項に規定する基幹教員をいう。第二十八条第四項及び第三十一条第七項において同じ。）の数、校舎の面積及び学部以外の基本組織の教育研究に必要な附属施設の基準は、当該学部以外の基本組織の教育研究上の分野に相当すると認められる分野の学部又は学科に係るこれらの基準（第五十七条第一項に規定する共同学科（第三十四条及び第四十七条において「共同学科」という。）及び第六十二条第一項に規定する国際連携学科に係るものを含む。）に準ずるものとする。

3　この省令において、この章、第三十四条、第四十七条、第四十九条、第五十八条、第六十条、第六十一条（第四十九条の規定に係る附属施設について適用する場合に限る。）、第六十七条、第六十八条（第四十九条の規定に係る附属施設について適用する場合に限る。）、別表第一及び別表第二を除き、「学部」には学部以外の基本組織を、「学科」には学部以外の基本組織を置く場合における相当の組織を含むものとする。

第三章　収容定員

第八条　収容定員は、学科又は課程を単位とし、学部ごとに学則で定めるものとする。この場合において、第二十条の規定による昼夜開講制を実施するときはこれに係る収容定員を、第七十七条の規定により外国に学部、学科その他の組織を設けるときはこれに係る収容定員を、編入学定員を設けるときは入学定員及び編入学定員を、それぞれ明示するものとする。

2　収容定員は、教育研究実施組織、校地、校舎等の施設、設備その他の教育上の諸条件を総合的に考慮して定めるものとする。

3　専門職大学は、教育にふさわしい環境の確保のため、在学する学生の数を収容定員に基づき適正に管理するものとする。

第四章　教育課程

（教育課程の編成方針）

第九条　専門職大学は、学校教育法施行規則第百六十五条の二第一項第一号及び第二号の規定により定める方針に基づき、必要な授業科目を、産業界及び地域社会と連携しつつ、自ら開設し、体系的に教育課程を編成するものとする。

2　教育課程の編成に当たつては、専門職大学は、学部等の専攻に係る専門の学芸を教授し、専門性が求められる職業を担うための実践的な能力及び当該職業の分野において創造的な役割を担うための応用的な能力を展開させるとともに、豊かな人間性及び職業倫理を涵養するよう適切に配慮しなければならない。

3　専門職大学は、専攻に係る職業を取り巻く状況を踏まえて必要な授業科目を開発し、当該職業の動向に即した教育課程の編成を行うとともに、当該状況の変化に対応し、授業科目の内容、教育課程の構成等について、不断の見直しを行うものとする。

4　前項の規定による授業科目の開発、教育課程の編成及びそれらの見直しは、次条に規定する教育課程連携協議会の意見を勘案するとともに、適切な体制を整えて行うものとする。

（教育課程連携協議会）

第十条　専門職大学は、産業界及び地域社会との連携により、教育課程を編成し、及び円滑かつ効果的に実施するため、教育課程連携協議会を設けるものとする。

2　教育課程連携協議会は、次に掲げる者をもって構成する。

一　学長が指名する教員その他の職員

二　当該専門職大学の課程に係る職業に就いている者又は当該職業に関連する事業を行う者による団体のうち、広範囲の地域で活動するものの関係者であって、当該職業の実務に関し豊富な経験を有するもの

三　地方公共団体の職員、地域の事業者による団体の関係者その他の地域の関係者

四　臨地実務実習（第二十九条第一項第四号に規定する臨地実務実習をいう。）その他の授業科目の開設又は授業の実施において当該専門職大学と協力する事業者

五　当該専門職大学の教員その他の職員以外の者であって学長が必要と認めるもの

3　教育課程連携協議会は、次に掲げる事項について審議し、学長に意見を述べるものとする。

一　産業界及び地域社会との連携による授業科目の開設その他の教育課程の編成に関する基本的な事項

二　産業界及び地域社会との連携による授業の実施その他の教育課程の実施に関する基本的な事項及びその実施状況の評価に関する事項

（連携開設科目）

第十一条　専門職大学は、当該専門職大学、学部及び学科又は課程等の教育上の目的を達成するために必要があると認められる場合には、第九条第一項の規定にかかわらず、次の各号のいずれかに該当する他の大学が当該専門職大学と連携して開設する授業科目（次項に規定する要件に適合するものに限る。以下この条及び第二十三条において「連携開設科目」という。）を、当該専門職大学が自ら開設したものとみなすことができる。

一　当該専門職大学の設置者（その設置する他の大学と当該専門職大学との緊密な連携が確保されているものとして文部科学大臣が別に定める基準に適合するものに限る。）が設置する他の大学

二　大学等連携推進法人（その社員のうちに大学の設置者が二以上ある一般社団法人のうち、その社員が設置する大学の間の連携の推進を目的とするものであって、当該大学の間の緊密な連携が確保されていることについて文部科学大臣の認定を受けたものをいう。次項第二号及び第五十七条第五項において同じ。）（当該専門職大学の設置者が社員であるものであり、かつ、連携開設科目に係る業務を行うものに限る。）の社員が設置する他の大学

2　前項の規定により当該専門職大学が自ら開設したものとみなすことができる連携開設科目は、次の各号に掲げる区分に応じ、当該各号に定める方針に沿って開設されなければならない。

一　前項第一号に該当する他の大学が開設するもの　同号に規定する基準の定めるところにより当該専門職大学の設置者が策定する連携開設科目の開設及び実施に係る方針

二　前項第二号に該当する他の大学が開設するもの　同号の大学等連携推進法人が策定する連携推進方針（その社員が設置する大学の間の教育研究活動等に関する連携を推進するための方針をいう。）

3　第一項の規定により連携開設科目を自ら開設したものとみなす専門職大学及び当該連携開設科目を開設する他の大学は、当該連携開設科目を開設し、及び実施するため、文部科学大臣が別に定める事項についての協議の場を設けるものとする。

（教育課程の編成方法）

第十二条　教育課程は、各授業科目を必修科目、選択科目及び自由科目に分け、これを各年次に配当して編成するものとする。

（専門職大学の授業科目）

第十三条　専門職大学は、次の各号に掲げる授業科目を開設するものとする。

一　基礎科目（生涯にわたり自らの資質を向上させ、社会的及び職業的自立を図るために必要な能力を育成するための授業科目をいう。）

二　職業専門科目（専攻に係る特定の職業において必要とされる理論的かつ実践的な能力及び当該職業の分野全般にわたり必要な能力を育成するための授業科目をいう。）

三　展開科目（専攻に係る特定の職業の分野に関連する分野における応用的な能力であって、当該職業の分野において創造的な役割を果たすために必要なものを育成するための授業科目をいう。）

四　総合科目（修得した知識及び技能等を総合し、専門性が求められる職業を担うための実践的かつ応用的な能力を総合的に向上させるための授業科目をいう。）

（単位）

第十四条　各授業科目の単位数は、専門職大学において定めるものとする。

2　前項の単位数を定めるに当たっては、一単位の授業科目を四十五時間の学修を必要とする内容をもって構成することを標準とし、第十八条第一項に規定する授業の方法に応じ、当該授業による教育効果、授業時間外に必要な学修等を考慮して、おおむね十五時間から四十五時間までの範囲で専門職大学が定める時間の授業をもって一単位として単位数を計算するものとする。ただし、芸術等の分野における個人指導による実技の授業については、専門職大学が定める時間の授業をもって一単位とすることができる。

3　前項の規定にかかわらず、卒業論文、卒業研究、卒業制作等の授業科目については、これらの学修の成果を評価して単位を授与することが適切と認められる場合には、これらに必

要な学修等を考慮して、単位数を定めることができる。

（一年間の授業期間）

第十五条　一年間の授業を行う期間は、三十五週にわたることを原則とする。

（各授業科目の授業期間）

第十六条　各授業科目の授業は、十分な教育効果を上げることができるよう、八週、十週、十五週その他の専門職大学が定める適切な期間を単位として行うものとする。

（授業を行う学生数）

第十七条　専門職大学が一の授業科目について同時に授業を行う学生数は、四十人以下とする。ただし、授業の方法及び施設、設備その他の教育上の諸条件を考慮して、十分な教育効果を上げることができると認められる場合は、この限りでない。

（授業の方法）

第十八条　授業は、講義、演習、実験、実習若しくは実技のいずれかにより又はこれらの併用により行うものとする。

２　専門職大学は、文部科学大臣が別に定めるところにより、前項の授業を、多様なメディアを高度に利用して、当該授業を行う教室等以外の場所で履修させることができる。

３　専門職大学は、第一項の授業を、外国において履修させることができる。前項の規定により、多様なメディアを高度に利用して、当該授業を行う教室等以外の場所で履修させる場合についても、同様とする。

４　専門職大学は、文部科学大臣が別に定めるところにより、第一項の授業の一部を、校舎及び附属施設以外の場所で行うことができる。

（成績評価基準等の明示等）

第十九条　専門職大学は、学生に対して、授業の方法及び内容並びに一年間の授業の計画をあらかじめ明示するものとする。

２　専門職大学は、学修の成果に係る評価及び卒業の認定に当たっては、客観性及び厳格性を確保するため、学生に対してその基準をあらかじめ明示するとともに、当該基準にしたがって適切に行うものとする。

（昼夜開講制）

第二十条　専門職大学は、教育上必要と認められる場合には、昼夜開講制（同一学部において昼間及び夜間の双方の時間帯において授業を行うことをいう。）により授業を行うことができる。

第五章　卒業の要件等

（単位の授与）

第二十一条　専門職大学は、一の授業科目を履修した学生に対しては、試験その他の専門職大学が定める適切な方法により学修の成果を評価して単位を与えるものとする。

（履修科目の登録の上限）

第二十二条　専門職大学は、学生が各年次にわたって適切に授業科目を履修するため、卒業の要件として学生が修得すべき単位数について、学生が一年間又は一学期に履修科目として登録することができる単位数の上限を定めるよう努めなければならない。

２　専門職大学は、その定めるところにより、所定の単位を優れた成績をもって修得した学生については、前項に定める上限を超えて履修科目の登録を認めることができる。

（連携開設科目に係る単位の認定）

第二十三条　専門職大学は、学生が他の大学において履修した連携開設科目について修得した単位を、当該専門職大学における授業科目の履修により修得したものとみなすものとする。

（他の大学又は短期大学における授業科目の履修等）

第二十四条　専門職大学は、教育上有益と認めるときは、学生が専門職大学の定めるところにより他の大学（短期大学を除く。以下同じ。）又は短期大学において履修した授業科目について修得した単位を、六十単位（修業年限が二年の専門職大学の前期課程にあっては三十単位、修業年限が三年の専門職大学の前期課程にあっては四十六単位（第三十条第五項の規定により修了の要件として六十二単位以上を修得することとする専門職大学の前期課程（以下「夜間等三年制前期課程」という。）にあっては、三十単位））を超えない範囲で当該専門職大学における授業科目の履修により修得したものとみなすことができる。

２　前項の規定は、学生が、外国の大学又は短期大学に留学する場合、外国の大学又は短期大学が行う通信教育における授業科目を我が国において履修する場合及び外国の大学又は短期大学の教育課程を有するものとして当該外国の学校教育制度において位置付けられた教育施設であって、文部科学大臣が別に指定するものの当該教育課程における授業科目を我が国において履修する場合について準用する。

（大学以外の教育施設等における学修）

第二十五条　専門職大学は、教育上有益と認めるときは、学生が行う短期大学又は高等専門学校の専攻科における学修その他文部科学大臣が別に定める学修を、当該専門職大学における授業科目の履修とみなし、専門職大学の定めるところにより単位を与えることができる。

２　前項により与えることができる単位数は、前条第一項（同条第二項において準用する場合を含む。）により当該専門職大学において修得したものとみなす単位数と合わせて六十単位（修業年限が二年の専門職大学の前期課程にあっては三十単位、修業年限が三年の専門職大学の前期課程にあっては四十六単位（夜間等三年制前期課程にあっては、三十単位））を超えないものとする。

（入学前の既修得単位等の認定）

第二十六条　専門職大学は、教育上有益と認めるときは、学生が当該専門職大学に入学する前に大学又は短期大学において履修した授業科目について修得した単位（第二十八条第一項及び第二項の規定により修得した単位を含む。）を、当該専門職大学に入学した後の当該専門職大学における授業科目の履修により修得したものとみなすことができる。

２　前項の規定は、第二十四条第二項の場合に準用する。

３　専門職大学は、教育上有益と認めるときは、学生が当該専門職大学に入学する前に行った前条第一項に規定する学修を、当該専門職大学における授業科目の履修とみなし、専門職大学の定めるところにより単位を与えることができる。

4　専門職大学は、学生が当該専門職大学に入学する前に専門性が求められる職業に係る実務の経験を通じ、当該職業を担うための実践的な能力（当該専門職大学において修得させることとしているものに限る。）を修得している場合において、教育上有益と認めるときは、文部科学大臣が別に定めるところにより、当該実践的な能力の修得を、当該専門職大学における授業科目の履修とみなし、三十単位（修業年限が二年の専門職大学の前期課程にあっては十五単位、修業年限が三年の専門職大学の前期課程にあっては二十三単位（夜間等三年制前期課程にあっては、十五単位））を超えない範囲で専門職大学の定めるところにより、単位を与えることができる。

5　前四項の規定により修得したものとみなし、又は与えることのできる単位数は、編入学、転学等の場合を除き、当該専門職大学において修得した単位（第二十三条の規定により修得したものとみなすものとする単位を含む。）以外のものについては、第二十四条第一項（同条第二項において準用する場合を含む。）及び前条第一項により当該専門職大学において修得したものとみなす単位数と合わせて六十単位（修業年限が二年の専門職大学の前期課程にあっては三十単位、修業年限が三年の専門職大学の前期課程にあっては四十六単位（夜間等三年制前期課程にあっては、三十単位））を超えないものとする。この場合において、第二十四条第二項において準用する同条第一項により当該専門職大学において修得したものとみなす単位数と合わせるときは、修業年限が二年の専門職大学の前期課程にあっては四十五単位を、修業年限が三年の専門職大学の前期課程にあっては五十三単位（夜間等三年制前期課程にあっては、四十五単位）を超えないものとする。

（長期にわたる教育課程の履修）

第二十七条　専門職大学は、専門職大学の定めるところにより、学生が、職業を有している等の事情により、修業年限を超えて一定の期間にわたり計画的に教育課程を履修し卒業することを希望する旨を申し出たときは、その計画的な履修を認めることができる。

（科目等履修生等）

第二十八条　専門職大学は、専門職大学の定めるところにより、当該専門職大学の学生以外の者で一又は複数の授業科目を履修する者（以下この条において「科目等履修生」という。）に対し、単位を与えることができる。

2　専門職大学は、専門職大学の定めるところにより、当該専門職大学の学生以外の者で学校教育法第百五条に規定する特別の課程を履修する者（以下この条において「特別の課程履修生」という。）に対し、単位を与えることができる。

3　科目等履修生及び特別の課程履修生に対する単位の授与については、第二十一条の規定を準用する。

4　専門職大学は、科目等履修生、特別の課程履修生その他の学生以外の者（次項において「科目等履修生等」という。）を相当数受け入れる場合においては、第三十四条、第四十六条及び第四十七条に規定する基準を考慮して、教育に支障のないよう、それぞれ相当の基幹教員並びに校地及び校舎の面積を増加するものとする。

5　専門職大学は、科目等履修生等を受け入れる場合においては、一の授業科目について同時に授業を行うこれらの者の人数は、授業の方法及び施設、設備その他の教育上の諸条件を考慮して、教育効果を十分に上げられるような適当な人数とするものとする。

（卒業の要件）

第二十九条　専門職大学の卒業の要件は、次の各号のいずれにも該当することのほか、当該専門職大学が定めることとする。

一　百二十四単位以上（基礎科目及び展開科目に係るそれぞれ二十単位以上、職業専門科目に係る六十単位以上並びに総合科目に係る四単位以上を含む。）を修得すること。

二　実験、実習又は実技による授業科目（やむを得ない事由があり、かつ、教育効果を十分に上げることができると認める場合には、演習、実験、実習又は実技による授業科目）に係る四十単位以上を修得すること。

三　前号の授業科目に係る単位に臨地実務実習（企業その他の事業者の事業所又はこれに類する場所において、当該事業者の実務に従事することにより行う実習による授業科目であって、文部科学大臣が別に定めるところにより開設されるものをいう。以下同じ。）に係る二十単位が含まれること。ただし、やむを得ない事由があり、かつ、教育効果を十分に上げることができると認められる場合には、五単位を超えない範囲で、連携実務演習等（企業その他の事業者と連携して開設する演習、実験、実習又は実技による授業科目のうち、当該事業者の実務に係る課題に取り組むもの（臨地実務実習を除く。）であって、文部科学大臣が別に定めるところにより開設されるものをいう。以下同じ。）をもってこれに代えることができること。

2　前項の規定により卒業の要件として修得すべき百二十四単位のうち、第十八条第二項の授業の方法により修得する単位数は六十単位を超えないものとする。

3　第一項の規定により卒業の要件として修得すべき百二十四単位のうち、第二十三条の規定により修得したものとみなすものとする単位数は三十単位を超えないものとする。

（前期課程の修了要件）

第三十条　専門職大学の前期課程のうち修業年限が二年のものの修了要件は、次の各号にいずれにも該当することのほか、当該専門職大学が定めることとする。

一　六十二単位以上（基礎科目及び展開科目に係るそれぞれ十単位以上、職業専門科目に係る三十単位以上並びに総合科目に係る二単位以上を含む。）を修得すること。

二　実験、実習又は実技による授業科目（やむを得ない事由があり、かつ、教育効果を十分に上げることができると認める場合には、演習、実験、実習又は実技による授業科目）に係る二十単位以上を修得すること。

三　前号の授業科目に係る単位に臨地実務実習に係る十単位が含まれること。ただし、やむを得ない事由があり、かつ、教育効果を十分に上げることができると認められる場合には、二単位を超えない範囲で、連携実務演習等をもってこれに代えることができること。

2 専門職大学の前期課程のうち修業年限が三年のものの修了要件は、次の各号のいずれにも該当することのほか、当該専門職大学が定めることとする。

一 九十三単位以上（基礎科目及び展開科目に係るそれぞれ十五単位以上、職業専門科目に係る四十五単位以上並びに総合科目に係る二単位以上を含む。）を修得すること。

二 実験、実習又は実技による授業科目（やむを得ない事由があり、かつ、教育効果を十分に上げることができると認める場合には、演習、実験、実習又は実技による授業科目）に係る三十単位以上を修得すること。

三 前号の授業科目に係る単位に臨地実務実習に係る十五単位が含まれること。ただし、やむを得ない事由があり、かつ、教育効果を十分に上げることができると認められる場合には、三単位を超えない範囲で、連携実務演習等をもってこれに代えることができること。

3 前二項の規定により修了の要件として修得すべき単位数のうち、第十八条第二項の授業の方法により修得する単位数は、修業年限が二年の専門職大学の前期課程にあっては三十単位、修業年限が三年の専門職大学の前期課程にあっては四十六単位（夜間等三年制前期課程にあっては、三十単位）を超えないものとする。

4 第一項又は第二項の規定により修了の要件として修得すべき単位数のうち、第二十三条の規定により修得したものとみなすものとする単位数は、修業年限が二年の専門職大学の前期課程にあっては十五単位、修業年限が三年の専門職大学の前期課程にあっては二十三単位（夜間等三年制前期課程にあっては、十五単位）を超えないものとする。

5 夜間において授業を行う学部その他授業を行う時間について教育上特別の配慮を必要とする学部（第六十六条第四項において「夜間学部等」という。）に係る修業年限が三年の専門職大学の前期課程の修了要件は、第二項の規定にかかわらず、第一項各号に掲げる要件のいずれにも該当することのほか、当該専門職大学が定めることとする。

第六章 教育研究実施組織等

（教育研究実施組織等）

第三十一条 専門職大学は、その教育研究上の目的を達成するため、その規模並びに授与する学位の種類及び分野に応じ、必要な教員及び事務職員等からなる教育研究実施組織を編制するものとする。

2 専門職大学は、教育研究実施組織を編制するに当たっては、当該専門職大学の教育研究活動等の運営が組織的かつ効果的に行われるよう、教員及び事務職員等相互の適切な役割分担の下での協働や組織的な連携体制を確保しつつ、教育研究に係る責任の所在を明確にするものとする。

3 専門職大学は、学生に対し、課外活動、修学、進路選択及び心身の健康に関する指導及び援助等の厚生補導を組織的に行うため、専属の教員又は事務職員等を置く組織を編制するものとする。

4 専門職大学は、教育研究実施組織及び前項の組織の円滑かつ効果的な業務の遂行のための支援、大学運営に係る企画立案、当該専門職大学以外の者との連携、人事、総務、財務、広報、情報システム並びに施設及び設備の整備その他の大学運営に必要な業務を行うため、専属の教員又は事務職員等を置く組織を編制するものとする。

5 専門職大学は、当該専門職大学及び学部等の教育上の目的に応じ、学生が卒業後自らの資質を向上させ、社会的及び職業的自立を図るために必要な能力を、教育課程の実施及び厚生補導を通じて培うことができるよう、専門職大学内の組織間の有機的な連携を図り、適切な体制を整えるものとする。

6 専門職大学は、教育研究水準の維持向上及び教育研究の活性化を図るため、教員の構成が特定の範囲の年齢に著しく偏ることのないよう配慮するものとする。

7 専門職大学は、二以上の校地において教育を行う場合においては、それぞれの校地ごとに必要な教員及び事務職員等を置くものとする。なお、それぞれの校地には、当該校地における教育に支障のないよう、原則として基幹教員を少なくとも一人以上置くものとする。ただし、その校地が隣接している場合は、この限りでない。

（授業科目の担当）

第三十二条 専門職大学は、各教育課程上主要と認める授業科目（以下「主要授業科目」という。）については原則として基幹教員（教育課程の編成その他の学部の運営について責任を担う教員（助手を除く。）であって、当該学部の教育課程に係る主要授業科目を担当するもの（専ら当該専門職大学の教育研究に従事するものに限る。）又は一年につき八単位以上の当該学部の教育課程に係る授業科目を担当するものをいう。以下同じ。）に、主要授業科目以外の授業科目についてはなるべく基幹教員に担当させるものとする。

2 専門職大学は、演習、実験、実習又は実技を伴う授業科目については、なるべく助手に補助させるものとする。

3 専門職大学は、各授業科目について、当該授業科目を担当する教員以外の教員、学生その他専門職大学が定める者（以下「指導補助者」という。）に補助させることができ、また、十分な教育効果を上げることができると認められる場合は、当該授業科目を担当する教員の指導計画に基づき、指導補助者に授業の一部を分担させることができる。

（授業を担当しない教員）

第三十三条 専門職大学には、教育研究上必要があるときは、授業を担当しない教員を置くことができる。

（基幹教員数）

第三十四条 専門職大学における基幹教員の数は、別表第一イにより当該専門職大学に置く学部の種類及び規模に応じ定める基幹教員の数（共同学科を置く学部にあっては、当該学部における共同学科以外の学科を一の学部とみなして同表を適用して得られる基幹教員の数と第五十八条の規定により得られる当該共同学科に係る基幹教員の数を合計した数）と別表第一ロにより専門職大学全体の収容定員に応じ定める基幹教員の数を合計した数（次条において「必要基幹教員数」という。）以上とする。

（実務の経験等を有する基幹教員）

第三十五条　必要基幹教員数のおおむね四割以上は、専攻分野におけるおおむね五年以上の実務の経験を有し、かつ、高度の実務の能力を有する者（次項において「実務の経験等を有する基幹教員」という。）とする。

２　実務の経験等を有する基幹教員のうち、前項に規定するおおむね四割の基幹教員の数に二分の一を乗じて算出される数（小数点以下の端数があるときは、これを四捨五入する。）以上は、次の各号のいずれかに該当する者とする。

一　大学において教授、准教授、基幹教員としての講師又は助教の経歴（外国におけるこれらに相当する教員としての経歴を含む。）のある者

二　博士の学位、修士の学位又は学位規則（昭和二十八年文部省令第九号）第五条の二に規定する専門職学位（外国において授与されたこれらに相当する学位を含む。）を有する者

三　企業等に在職し、実務に係る研究上の業績を有する者

３　第一項に規定するおおむね四割の基幹教員の数に二分の一を乗じて算出される数（小数点以下の端数があるときは、これを四捨五入する。）の範囲内については、基幹教員以外の者であっても、一年につき六単位以上の授業科目を担当し、かつ、教育課程の編成その他の学部の運営について責任を担う者で足りるものとする。ただし、当該者の数は、別表第一イ備考第二号ただし書の規定により複数の学部について算入する基幹教員の数並びに同表備考第三号及び別表第一ロ備考第三号の規定により算入する教員の数と合わせて、必要基幹教員数の四分の一を超えないものとする。

（組織的な研修等）

第三十六条　専門職大学は、当該専門職大学の教育研究活動等の適切かつ効果的な運営を図るため、その教員及び事務職員等に必要な知識及び技能を習得させ、並びにその能力及び資質を向上させるための研修（次項に規定する研修に該当するものを除く。）の機会を設けることその他必要な取組を行うものとする。

２　専門職大学は、学生に対する教育の充実を図るため、当該専門職大学の授業の内容及び方法を改善するための組織的な研修及び研究を行うものとする。

３　専門職大学は、指導補助者（教員を除く。）に対し、必要な研修を行うものとする。

第七章　教員の資格

（学長の資格）

第三十七条　学長となることのできる者は、人格が高潔で、学識が優れ、かつ、大学運営に関し識見を有すると認められる者とする。

（教授の資格）

第三十八条　教授となることのできる者は、次の各号のいずれかに該当し、かつ、専門職大学における教育を担当するにふさわしい教育上の能力を有すると認められる者とする。

一　博士の学位（外国において授与されたこれに相当する学位を含む。）を有し、研究上の業績を有する者

二　研究上の業績が前号の者に準ずると認められる者

三　学位規則第五条の二に規定する専門職学位（外国において授与されたこれに相当する学位を含む。）を有し、当該専門職学位の専攻分野に関する実務上の業績を有する者

四　大学において教授、准教授又は基幹教員としての講師の経歴（外国におけるこれらに相当する教員としての経歴を含む。）のある者

五　芸術、体育等については、特殊な技能に秀でていると認められる者及び実際的な技術の修得を主とする分野にあっては実際的な技術に秀でていると認められる者

六　専攻分野について、特に優れた知識及び経験を有すると認められる者

（准教授の資格）

第三十九条　准教授となることのできる者は、次の各号のいずれかに該当し、かつ、専門職大学における教育を担当するにふさわしい教育上の能力を有すると認められる者とする。

一　前条各号のいずれかに該当する者

二　大学において助教又はこれに準ずる職員としての経歴（外国におけるこれらに相当する職員としての経歴を含む。）のある者

三　修士の学位又は学位規則第五条の二に規定する専門職学位（外国において授与されたこれらに相当する学位を含む。）を有する者

四　研究所、試験所、調査所等に在職し、研究上の業績を有する者

五　専攻分野について、優れた知識及び経験を有すると認められる者

（講師の資格）

第四十条　講師となることのできる者は、次の各号のいずれかに該当する者とする。

一　第三十八条又は前条に規定する教授又は准教授となることのできる者

二　その他特殊な専攻分野について、専門職大学における教育を担当するにふさわしい教育上の能力を有すると認められる者

（助教の資格）

第四十一条　助教となることのできる者は、次の各号のいずれかに該当し、かつ、専門職大学における教育を担当するにふさわしい教育上の能力を有すると認められる者とする。

一　第三十八条各号又は第三十九条各号のいずれかに該当する者

二　修士の学位（医学を履修する課程、歯学を履修する課程、薬学を履修する課程のうち臨床に係る実践的な能力を培うことを主たる目的とするもの又は獣医学を履修する課程を修了した者については、学士の学位）又は学位規則第五条の二に規定する専門職学位（外国において授与されたこれらに相当する学位を含む。）を有する者

三　専攻分野について、知識及び経験を有すると認められる者

（助手の資格）

第四十二条　助手となることのできる者は、次の各号のいずれかに該当する者とする。

一　学士の学位又は学位規則第二条の二の表に規定する専門職大学を卒業した者に授与する学位（外国において授与されたこれらに相当する学位を含む。）を有する者
二　前号の者に準ずる能力を有すると認められる者

第八章　校地、校舎等の施設及び設備等

（校地）
第四十三条　校地は、学生間の交流及び学生と教員等との間の交流が十分に行えるなどの教育にふさわしい環境をもち、校舎の敷地には、学生が交流、休息その他に利用するのに適当な空地を有するものとする。
2　前項の規定にかかわらず、専門職大学は、法令の規定による制限その他のやむを得ない事由により所要の土地の取得を行うことが困難であるため前項に規定する空地を校舎の敷地に有することができないと認められる場合において、学生が交流、休息その他に利用するため、適当な空地を有することにより得られる効用と同等以上の効用が得られる措置を当該専門職大学が講じている場合に限り、空地を校舎の敷地に有しないことができる。
3　前項の措置は、次の各号に掲げる要件を満たす施設を校舎に備えることにより行うものとする。
一　できる限り開放的であって、多くの学生が余裕をもって交流、休息その他に利用できるものであること。
二　交流、休息その他に必要な設備が備えられていること。

（運動場等）
第四十四条　専門職大学は、学生に対する教育又は厚生補導を行う上で必要に応じ、運動場、体育館その他のスポーツ施設、講堂及び寄宿舎、課外活動施設その他の厚生補導施設を設けるものとする。

（校舎）
第四十五条　専門職大学は、その組織及び規模に応じ、教育研究に支障のないよう、教室、研究室、図書館、医務室、事務室その他必要な施設を備えた校舎を有するものとする。
2　教室は、学科又は課程に応じ、講義、演習、実験、実習又は実技を行うのに必要な種類と数を備えるものとする。
3　研究室は、基幹教員及び専ら当該専門職大学の教育研究に従事する教員に対しては必ず備えるものとする。
4　夜間において授業を行う学部（以下「夜間学部」という。）を置く専門職大学又は昼夜開講制を実施する専門職大学にあっては、教室、研究室、図書館その他の施設の利用について、教育研究に支障のないようにするものとする。

（校地の面積）
第四十六条　専門職大学における校地の面積（附属施設用地及び寄宿舎の面積を除く。）は、収容定員上の学生一人当たり十平方メートルとして算定した面積とする。
2　前項の規定にかかわらず、専門職大学は、その場所に立地することが教育上特に必要であり、かつ、やむを得ない事由により所要の土地を取得することが困難であるため前項に規定する面積を確保することができないと認められる場合において、教育に支障のない限度において、当該面積を減ずることができる。
3　第一項の規定にかかわらず、同じ種類の昼間学部（昼間において授業を行う学部をいう。以下同じ。）及び夜間学部が近接した施設等を使用し、又は施設等を共用する場合の校地の面積は、当該昼間学部及び夜間学部における教育研究に支障のない面積とする。
4　昼夜開講制を実施する場合においては、これに係る収容定員、履修方法、施設の使用状況等を考慮して、教育に支障のない限度において、第一項に規定する面積を減ずることができる。

（校舎の面積）
第四十七条　校舎の面積は、一個の学部のみを置く専門職大学にあっては、別表第二イの表に定める面積（共同学科を置く場合にあっては、当該学部における共同学科以外の学科を一の学部とみなして同表を適用して得られる面積に第六十条第一項の規定により得られる当該共同学科に係る面積を加えた面積）以上とし、複数の学部を置く専門職大学にあっては、当該複数の学部のうち同表に定める面積（共同学科を置く学部については、当該学部における共同学科以外の学科を一の学部とみなして同表を適用して得られる面積）が最大である学部についての同表に定める面積（共同学科を置く学部については、当該学部における共同学科以外の学科を一の学部とみなして同表を適用して得られる面積）に当該学部以外の学部についてのそれぞれ別表第二ロの表に定める面積（共同学科を置く学部については、当該学部における共同学科以外の学科を一の学部とみなして同表を適用して得られる面積）を合計した面積を加えた面積（共同学科を置く場合にあっては、第六十条第一項の規定により得られる当該学科に係る面積を加えた面積）以上とする。

（教育研究上必要な資料及び図書館）
第四十八条　専門職大学は、教育研究を促進するため、学部の種類、規模等に応じ、図書、学術雑誌、電磁的方法（電子情報処理組織を使用する方法その他の情報通信の技術を利用する方法をいう。）により提供される学術情報その他の教育研究上必要な資料（次項において「教育研究上必要な資料」という。）を、図書館を中心に系統的に整備し、学生、教員及び事務職員等へ提供するものとする。
2　図書館は、教育研究上必要な資料の収集、整理を行うほか、その提供に当たって必要な情報の処理及び提供のシステムの整備その他の教育研究上必要な資料の利用を促進するために必要な環境の整備に努めるとともに、教育研究上必要な資料の提供に関し、他の専門職大学の図書館等との協力に努めるものとする。
3　図書館には、その機能を十分に発揮させるために必要な専門的職員その他の専属の教員又は事務職員等を置くものとする。

（附属施設）
第四十九条　次の表の上欄に掲げる学部を置き、又は学科を設ける専門職大学には、その学部又は学科の教育研究に必要な施設として、それぞれ下欄に掲げる附属施設を置くものとする。

学部又は学科	附属施設
教員養成に関する学部又は学科	附属学校又は附属幼保連携型認定こども園（就学前の子どもに関する教育、保育等の総合的な提供の推進に関する法律（平成十八年法律第七十七号）第二条第七項に規定する幼保連携型認定こども園であって、専門職大学に附属して設置されるものをいう。）
農学に関する学部	農場
林学に関する学科	演習林
畜産学に関する学部又は学科	飼育場又は牧場
水産学又は商船に関する学部	練習船（共同利用による場合を含む。）
水産増殖に関する学科	養殖施設
薬学に関する学部又は学科	薬用植物園（薬草園）
体育に関する学部又は学科	体育館

2　工学に関する学部を置く専門職大学には、原則として実験・実習工場を置くものとする。

（実務実習に必要な施設）

第五十条　専門職大学は、実験・実習室及び附属施設のほか、臨地実務実習その他の実習に必要な施設を確保するものとする。

（機械、器具等）

第五十一条　専門職大学は、学部又は学科の種類、教員数及び学生数に応じて必要な種類及び数の機械、器具及び標本を備えるものとする。

（二以上の校地において教育研究を行う場合における施設及び設備）

第五十二条　専門職大学は、二以上の校地において教育研究を行う場合においては、それぞれの校地ごとに教育研究に支障のないよう必要な施設及び設備を備えるものとする。ただし、その校地が隣接している場合は、この限りでない。

（教育研究環境の整備）

第五十三条　専門職大学は、その教育研究上の目的を達成するため、必要な経費の確保等により、教育研究にふさわしい環境の整備に努めるものとする。

（専門職大学等の名称）

第五十四条　専門職大学は、その名称中に専門職大学という文字を用いなければならない。

2　専門職大学、学部及び学科（以下「専門職大学等」という。）の名称は、専門職大学等として適当であるとともに、当該専門職大学等の教育研究上の目的にふさわしいものとする。

第九章　共同教育課程に関する特例

（共同教育課程の編成）

第五十五条　二以上の専門職大学は、その専門職大学等の教育上の目的を達成するために必要があると認められる場合には、第九条第一項の規定にかかわらず、当該二以上の専門職大学のうち一の専門職大学が開設する授業科目を、当該二以上の専門職大学のうち他の専門職大学の教育課程の一部とみなして、それぞれの専門職大学ごとに同一内容の教育課程（専門職大学が外国に設ける学部、学科その他の組織において開設される授業科目の履修により修得する単位を当該学科に係る卒業の要件として修得すべき単位の全部又は一部として修得するものを除く。以下「共同教育課程」という。）を編成することができる。ただし、共同教育課程を編成する専門職大学（以下「構成専門職大学」という。）は、それぞれ当該共同教育課程に係る主要授業科目の一部を必修科目として自ら開設するものとする。

2　専門職大学は、共同教育課程（大学院の課程に係るものを含む。）のみを編成することはできない。

3　構成専門職大学は、当該共同教育課程を編成し、及び実施するための協議の場を設けるものとする。

（共同教育課程に係る単位の認定）

第五十六条　構成専門職大学は、学生が当該構成専門職大学のうち一の専門職大学において履修した共同教育課程に係る授業科目について修得した単位を、当該構成専門職大学のうち他の専門職大学における当該共同教育課程に係る授業科目の履修により修得したものとそれぞれみなすものとする。

第五十七条～第六十一条　〔略〕

第十章　国際連携学科に関する特例

（国際連携学科の設置）

第六十二条　専門職大学は、その学部の教育上の目的を達成するために必要があると認められる場合には、学部に、文部科学大臣が別に定めるところにより、外国の専門職大学に相当する大学と連携して教育研究を実施するための学科（第六条の課程を含む。）（以下「国際連携学科」という。）を設けることができる。

2　専門職大学は、国際連携学科のみを設けることはできない。

3　国際連携学科を設ける専門職大学は、外国における災害その他の事由により外国の専門職大学に相当する大学と連携した教育研究を継続することが困難となる事態に備え、計画の策定その他国際連携学科の学生の学修の継続に必要な措置を講ずるものとする。

第六十三条～第七十五条　〔略〕

第十一章　教育課程等に関する事項の改善に係る先導的な取組に関する特例

第七十六条　この省令に定める教育課程又は施設及び設備等に関する事項に関し、その改善に係る実証的な成果の創出に資する先導的な取組を行うため特に必要があると認められる場合であって、専門職大学が、当該先導的な取組を行うとともに、教育研究活動等の状況について自ら行う点検、評価及び見直しの体制の整備、教育研究活動等の状況の積極的な公表並びに学生の教育上適切な配慮を行う専門職大学であることの文部科学大臣の認定を受けたときには、文部科学大臣が別に定めるところにより、第九条第一項、第十五条、第二十四条、第二十五条第二項、第二十六条第四項若しくは第五項、第二十九条第二項若しくは第三項、第三十条第三項若しくは第四項、第四十六条、第四十七条、第五十七条第一項から第五項まで、第五十九条、第六十条、第六十四条第二項、第六十六条第一項から第四項まで、第七十四条又は第七十五条第二項若しくは第三項の規定（次項において「特例対象規定」という。）の全部又は一部によらないことができる。

2　教育課程等特例認定専門職大学（前項の規定により認定を受けた専門職大学をいう。）は、特例対象規定の全部又は一部によらない教育を行うための教育課程又は施設及び設備等に関する事項を学則等に定め、公表するものとする。

第十二章　雑則

（外国に設ける組織）

第七十七条　専門職大学は、文部科学大臣が別に定めるところにより、外国に学部、学科その他の組織を設けることができる。

（段階的整備）

第七十八条　新たに専門職大学等を設置する場合の教育研究実施組織、校舎等の施設及び設備については、別に定めるところにより、段階的に整備することができる。

附　則

この省令は、平成三十一年四月一日から施行する。

別表第一（第三十四条関係）

イ　学部の種類及び規模に応じ定める基幹教員数

学部の種類	一学科で組織する場合の基幹教員数				二以上の学科で組織する場合の一学科の収容定員並びに基幹教員数			
	収容定員	基幹教員数	収容定員	基幹教員数	収容定員	基幹教員数	収容定員	基幹教員数
文学関係	一六〇—三一九	八	三二〇—六〇〇	一〇	一〇〇—一九九	五	二〇〇—四〇〇	六
教育学・保育学関係	一六〇—三一九	八	三二〇—六〇〇	一〇	一〇〇—一九九	五	二〇〇—四〇〇	六
法学関係	二〇〇—三九九	一二	四〇〇—八〇〇	一四	二〇〇—三九九	八	四〇〇—六〇〇	一〇
経済学関係	二〇〇—三九九	一二	四〇〇—八〇〇	一四	二〇〇—三九九	八	四〇〇—六〇〇	一〇
社会学・社会福祉学関係	二〇〇—三九九	一二	四〇〇—八〇〇	一四	二〇〇—三九九	八	四〇〇—六〇〇	一〇
理学関係	一〇〇—一九九	一二	二〇〇—四〇〇	一四	八〇—一五九	七	一六〇—三二〇	八
工学関係	一〇〇—一九九	一二	二〇〇—四〇〇	一四	八〇—一五九	七	一六〇—三二〇	八
農学関係	一〇〇—一九九	一二	二〇〇—四〇〇	一四	八〇—一五九	七	一六〇—三二〇	八
薬学関係	一〇〇—一九九	一二	二〇〇—四〇〇	一四	八〇—一五九	七	一六〇—二四〇	八
家政関係	一〇〇—一九九	八	二〇〇—四〇〇	一〇	八〇—一五九	五	一六〇—二四〇	六
美術関係	一〇〇—一九九	八	二〇〇—四〇〇	一〇	八〇—一五九	五	一六〇—二四〇	六
音楽関係	一〇〇—一九九	八	二〇〇—四〇〇	一〇	八〇—一五九	五	一六〇—二四〇	六
体育関係	一〇〇—一九九	一〇	二〇〇—四〇〇	一二	八〇—一五九	七	一六〇—三二〇	八
保健衛生学関係（看護学関係）	一〇〇—一九九	一〇	二〇〇—四〇〇	一二	—	—	—	—
保健衛生学関係（看護学関係を除く。）	一〇〇—一九九	一二	二〇〇—四〇〇	一四	八〇—一五九	七	一六〇—三二〇	八

備考

一　この表に定める基幹教員数の半数以上は原則として教授とすることとし、四分の三以上は専ら当該専門職大学の教育研究に従事する教員とする（ロの表において同じ。）。

二　この表に定める基幹教員数には、一の基幹教員は、同一専門職大学ごとに一の学部についてのみ算入するものとする。ただし、複数の学部（他の大学に置かれる学部又は短期大学に置かれる学科を含む。以下この号及び次号において同じ。）において、それぞれ一年につき八単位以上の当該学部の教育課程に係る授業科目を担当する基幹教員は、当該学部について当該基幹教員数の四分の一の範囲内で算入することができる。

三　収容定員がこの表に定める数に満たない場合の基幹教員数には、その二割の範囲内において基幹教員以外の教員（助手を除く。）を算入することができる。ただし、前号ただし書の規定により複数の学部について算入する基幹教員と合わせて、この表に定める基幹教員数の四分の一を超えないものとする。

四　収容定員がこの表の定める数を超える場合は、その超える収容定員に応じて四〇〇人につき基幹教員三人の割合により算出される数の基幹教員を増加するものとする。

五　この表に定める基幹教員数のおおむね四割以上は実務の経験等を有する基幹教員とする。

六　夜間学部がこれと同じ種類の昼間学部と同一の施設等を使用する場合の基幹教員数は、この表に定める基幹教員数の三分の一以上とする。ただし、夜間学部の収容定員が当該昼間学部の収容定員を超える場合は、夜間学部の基幹教員数はこの表に定める基幹教員数とし、当該昼間学部の基幹教員数はこの表に定める基幹教員数の三分の一以上とする（ロの表において同じ。）。

七　昼夜開講制を実施する場合は、これに係る収容定員、履修方法、授業の開設状況等を考慮して、教育に支障のない限度において、この表に定める基幹教員数を減ずることができる（ロの表において同じ。）。

八　二以上の学科で組織する学部における基幹教員数は、同一分野に属する二以上の学科ごとにそれぞれこの表の下欄から算出される基幹教員数の合計数とする。ただし、同一分野に属する学科が他にない場合には、当該学科については、この表の中欄から算出される基幹教員数とする。

九　この表に掲げる学部以外の学部に係る基幹教員数については、当該学部に類似するこの表に掲げる学部の例によるものとする。ただし、教員養成に関する学部については、免許状の種類に応じ、教育職員免許法（昭和二十四年法律第百四十七号）及び教育職員免許法施行規則（昭和二十九年文部省令第二十六号）に規定する教科及び教職に関する科目の所要単位を修得させるのに必要な数の教員を置くものとするほか、この表によることが適当でない場合については、別に定める。

ロ　専門職大学全体の収容定員に応じ定める基幹教員数

専門職大学全体の収容定員	四〇〇人	八〇〇人
基幹教員数	七	一二

備考

一 この表に定める収容定員は、専門職大学全体の収容定員を合計した数とする。

二 この表に定める基幹教員数には、別表第一イの基幹教員数に算入した基幹教員の数を算入しないものとする。

三 収容定員がこの表に定める数に満たない場合の基幹教員数には、その二割の範囲内において基幹教員以外の教員（助手を除く。）を算入することができる。ただし、専ら当該専門職大学の教育研究に従事する教員以外の教員の数と合わせて、この表に定める基幹教員数の四分の一を超えないものとする。

四 収容定員がこの表に定める数を超える場合は、収容定員が四〇〇人を超え八〇〇人未満の場合にあっては収容定員八〇人につき基幹教員一人の割合により、収容定員が八〇〇人を超える場合にあっては収容定員四〇〇人につき基幹教員三人の割合により算出される数の基幹教員を増加するものとする。

五 二以上の学科で組織する専門職大学における実務の経験等を有する基幹教員数は、この表に定める数を、これらの学科に係る収容定員の割合に応じて按分した数のそれぞれおおむね四割の数（小数点以下の端数があるときは、これを四捨五入する。）を合計した数以上とする。

別表第二〔略〕

○大学通信教育設置基準

昭五六・一〇・二九
文部令三三

最終改正　令和四・九・三〇文科令三四

（趣旨）

第一条　大学（短期大学を除く。以下同じ。）が行う通信教育に係る設置基準は、この省令の定めるところによる。

2　この省令で定める設置基準は、通信教育を行う大学を設置し、又は大学において通信教育を開設するのに必要な最低の基準とする。

3　大学は、この省令で定める設置基準より低下した状態にならないようにすることはもとより、学校教育法第百九条第一項の点検及び評価の結果並びに認証評価の結果を踏まえ、教育研究活動等について不断の見直しを行うことにより、その水準の向上を図ることに努めなければならない。

（通信教育を行い得る専攻分野）

第二条　大学は、通信教育によつて十分な教育効果が得られる専攻分野について、通信教育を行うことができるものとする。

（授業の方法等）

第三条　授業は、印刷教材その他これに準ずる教材を送付若しくは指定し、若しくはその内容をインターネットその他の高度情報通信ネットワーク（以下この項及び第九条第二項において「インターネット等」という。）を通じて提供し、主としてこれにより学修させる授業（次項において「印刷教材等による授業」という。）、主として放送その他これに準ずるもの（インターネット等を通じて提供する映像、音声等を含む。）の視聴により学修させる授業（次項及び第六条第二項において「放送授業」という。）、大学設置基準（昭和三十一年文部省令第二十八号）第二十五条第一項の方法による授業（第六条第二項及び第九条第三項において「面接授業」という。）若しくは同条第二項の方法による授業（第六条第二項において「メディアを利用して行う授業」という。）のいずれかにより又はこれらの併用により行うものとする。

2　印刷教材等による授業及び放送授業の実施に当たつては、添削等による指導を併せ行うものとする。

3　大学は、第一項の授業を、外国において履修させることができる。

第四条　授業は、年間を通じて適切に行うものとする。

（単位の計算方法）

第五条　各授業科目の単位数は、一単位の授業科目を四十五時間の学修を必要とする内容をもつて構成することを標準とし、第三条第一項に規定する授業の方法に応じ、当該授業による教育効果、授業時間外に必要な学修等を考慮して、おおむね十五時間から四十五時間までの範囲で大学が定める時間の授業をもつて一単位として単位数を計算するものとする。ただし、芸術等の分野における個人指導による実技の授業については、大学が定める時間の授業をもつて一単位とすることができる。

2　前項の規定にかかわらず、卒業論文、卒業研究、卒業制作等の授業科目については、大学設置基準第二十一条第三項の定めるところによる。

（卒業の要件）

第六条　卒業の要件は、大学設置基準第三十二条第一項の定めるところによる。

2　前項の規定により卒業の要件として修得すべき単位数百二十四単位のうち三十単位以上は、面接授業又はメディアを利用して行う授業により修得するものとする。ただし、当該三十単位のうち十単位までは、放送授業により修得した単位で代えることができる。

（大学以外の教育施設等における学修）

第七条　大学は、大学設置基準第二十九条の定めるところにより単位を与えるほか、あらかじめ当該大学が定めた基準に照らして教育上適当であると認めるときは、通信教育の特性等を考慮して文部科学大臣が別に定める学修を当該大学における履修とみなし、その成果について単位を与えることができる。

（基幹教員数）

第八条　学校教育法第八十六条に規定する通信による教育を行う学部（以下「通信教育学部」という。）における基幹教員（教育課程の編成その他の学部の運営について責任を担う教員（助手を除く。）であつて、当該学部の教育課程に係る主要授業科目を担当するもの（専ら当該大学の教育研究に従事するものに限る。）又は一年につき八単位以上の当該学部の教育課程に係る授業科目を担当するものをいう。以下同じ。）の数は、別表第一により定める基幹教員の数以上とする。

2　昼間又は夜間において授業を行う学部が通信教育を併せ行う場合においては、当該学部が行う通信教育に係る収容定員四千人につき四人の基幹教員を増加するものとする。ただし、当該増加する基幹教員の数が当該学部の通信教育に係る学科又は課程における大学設置基準第十条の規定による基幹教員の数の二割に満たない場合には、当該基幹教員の数の二割の基幹教員を増加するものとする。

3　大学は、大学設置基準第三十一条第四項に規定する科目等履修生等を前二項の学部の収容定員を超えて相当数受け入れる場合においては、教育に支障のないよう、相当数の基幹教員を増加するものとする。

（校舎等の施設）

第九条　通信教育学部を置く大学は、教育研究に支障のないよう、当該学部に係る大学設置基準第三十六条第一項に掲げる施設を有するほか、添削等による指導並びに印刷教材等の保管及び発送のための施設（第三項において「通信教育関係施設」という。）を有するものとする。

2　前項の校舎等の施設の面積は、別表第二のとおりとする。ただし、通信教育学部のみを置く大学であつて、インターネット等を利用して教室以外の場所のみにおいて授業を履修させるものについては、インターネット等を利用して行う授業の特性を踏まえた授業の設計その他の措置を当該大学が講じており、かつ、教育研究に支障がないと認められる場合は、この限りでない。

3　昼間又は夜間において授業を行う学部が通信教育を併せ行う場合にあつては、大学は、通信教育関係施設及び面接授業を行う施設について、教育に支障のないようにするものとする。

（通信教育学部の校地）

第十条　通信教育学部に係る校地の面積については、当該学部における教育に支障のないものとする。

（添削等のための組織等）

第十一条　大学は、添削等による指導及び教育相談を円滑に処理するため、適当な組織等を設けるものとする。

（教育課程等に関する事項の改善に係る先導的な取組に関する特例）

第十二条　この省令及び次条の規定により適用される大学設置基準の規定に定める教育課程又は施設及び設備等に関する事項に関し、その改善に係る実証的な成果の創出に資する先導的な取組を行うため特に必要があると認められる場合であつて、大学が、当該先導的な取組を行うとともに、教育研究活動等の状況について自ら行う点検、評価及び見直しの体制の整備、教育研究活動等の状況の積極的な公表並びに学生の教育上適切な配慮を行う大学であることの文部科学大臣の認定を受けたときには、文部科学大臣が別に定めるところにより、第九条第二項本文の規定及び同令第五十七条第一項に掲げる規定（次項において「特例対象規定」という。）の全部又は一部によらないことができる。

2　教育課程等特例認定大学（前項の規定により認定を受けた大学をいう。）は、特例対象規定の全部又は一部によらない教育を行うための教育課程又は施設及び設備等に関する事項を学則等に定め、公表するものとする。

（その他の基準）

第十三条　通信教育を行う大学の組織、編制、施設、設備その他通信教育を行う大学の設置又は大学における通信教育の開設に関する事項で、この省令に定めのないものについては、大学設置基準の定めるところによる。

附　則（抄）

1　この省令は、昭和五十七年四月一日から施行する。〔ただし書略〕

別表第一　通信教育学部の基幹教員数（第八条関係）

学部の種類	収容定員八、〇〇〇人の場合の基幹教員数	収容定員一二、〇〇〇人の場合の基幹教員数	収容定員一六、〇〇〇人の場合の基幹教員数
文学関係	一七	二一	二五
教育学・保育学関係	一七	二一	二五
法学関係	二一	二三	二七
経済学関係	二一	二三	二七
社会学・社会福祉学関係	二一	二三	二七
理学関係	二一	二三	二七
工学関係	二一	二三	二七
家政関係	一七	二一	二五
美術関係	一七	二一	二五
音楽関係	一七	二一	二五

備考

一　この表に定める基幹教員数の半数以上は原則として教授とすることとし、四分の三以上は専ら当該大学の教育研究に従事する教員とする。

二　この表に定める基幹教員数には、一の基幹教員は、同一大学ごとに一の学部についてのみ算入するものとする。ただし、複数の学部（他の大学に置かれる学部又は短期大学に置かれる学科を含む。以下この号において同じ。）において、それぞれ一年につき八単位以上の当該学部の教育課程に係る授業科目を担当する基幹教員は、当該学部について当該基幹教員数の四分の一の範囲内で算入することができる。

三　収容定員が八、〇〇〇人未満の場合には、収容定員八、〇〇〇人として取り扱うものとする。

四　収容定員がこの表に定める数を超える場合は、その超える収容定員に応じて四、〇〇〇人につき基幹教員三人の割合により算出される数の基幹教員を増加するものとする。

五　この表に定める基幹教員数は、一の学部を置く大学が当該学部を一学科で組織する場合の基幹教員数とし、二以上の学科で組織する場合又は二以上の学部を置く場合にあつては、共通する授業科目を勘案して、それぞれ相当数の基幹教員を増加し、又は減ずるものとする。

六　この表に掲げる学部以外の学部における基幹教員数については、当該学部に類似するこの表に掲げる学部の例によるものとする。ただし、この表によることが適当でない場合については、別に定める。

別表第二　通信教育学部の校舎等面積（第九条関係）

学部の種類	収容定員四、〇〇〇人の場合の面積（平方メートル）	収容定員八、〇〇〇人の場合の面積（平方メートル）	収容定員一二、〇〇〇人の場合の面積（平方メートル）	収容定員一六、〇〇〇人の場合の面積（平方メートル）
文学関係	三、四四〇	五、七九〇	八、三九〇	一一、〇〇〇
教育学・保育学関係	三、四四〇	五、七九〇	八、三九〇	一一、〇〇〇
法学関係	三、六九〇	六、〇四〇	八、五三〇	一一、一三〇
経済学関係	三、六九〇	六、〇四〇	八、五三〇	一一、一三〇
社会学・社会福祉学関係	三、六九〇	六、〇四〇	八、五三〇	一一、一三〇
理学関係	七、六六〇	一三、五六〇	一九、六三〇	二五、八七〇
工学関係	八、七五〇	一五、四九〇	二三、四二〇	二九、五五〇

家政関係	五、五二〇	九、六六〇	一四、一二〇	一八、五九〇
美術関係	五、三四〇	九、三五〇	一三、六七〇	一八、〇〇〇
音楽関係	四、七八〇	八、三七〇	一二、二三〇	一六、一〇〇

備考
一　この表には、大学設置基準第三十五条のスポーツ施設、講堂及び厚生補導施設並びに同令第三十九条の附属施設の面積は含まない。
二　収容定員が四、〇〇〇人未満の場合にあつては、学科並びに収容定員及び基幹教員数に応じて二割の範囲内においてこの表に定める面積を減ずることができるものとし、この表に定める収容定員を超える場合にあつては、教育に支障のないよう、その超える収容定員に応じてこの表に定める面積を増加するものとする。
三　大学設置基準第三十一条第四項に規定する科目等履修生等を当該学部の収容定員を超えて相当数受け入れる場合においては、教育に支障のないよう、この表に定める面積を増加するものとする。
四　二以上の学部を置く大学は、各学部が共同に使用する建物があるときは、教育に支障のない限度において、この表に定める面積を減ずることができる。
五　この表に掲げる学部以外の学部における面積については、当該学部に類似するこの表に掲げる学部の例によるものとする。ただし、この表によることが適当でない場合については、別に定める。

○大学院設置基準

昭四九・六・二〇
文部令二八

最終改正　令和五・七・三一文科令二六

第一章　総則

（趣旨）
第一条　大学院は、学校教育法その他の法令の規定によるほか、この省令の定めるところにより設置するものとする。
2　この省令で定める設置基準は、大学院を設置するのに必要な最低の基準とする。
3　大学院は、この省令で定める設置基準より低下した状態にならないようにすることはもとより、学校教育法第百九条第一項の点検及び評価の結果並びに認証評価の結果を踏まえ、教育研究活動等について不断の見直しを行うことにより、その水準の向上を図ることに努めなければならない。

（教育研究上の目的）
第一条の二　大学院は、研究科又は専攻ごとに、人材の養成に関する目的その他の教育研究上の目的を学則等に定めるものとする。

（入学者選抜）
第一条の三　入学者の選抜は、学校教育法施行規則（昭和二十二年文部省令第十一号）第百六十五条の二第一項第三号の規定により定める方針に基づき、公正かつ妥当な方法により、適切な体制を整えて行うものとする。

（大学院の課程）
第二条　大学院における課程は、修士課程、博士課程及び専門職学位課程（学校教育法第九十九条第二項の専門職大学院の課程をいう。以下同じ。）とする。
2　大学院には、修士課程、博士課程及び専門職学位課程のうち二以上を併せ置き、又はそのいずれかを置くものとする。

（専ら夜間において教育を行う大学院の課程）
第二条の二　大学院には、専ら夜間において教育を行う修士課程、博士課程及び専門職学位課程のうち二以上を併せ置き、又はそのいずれかを置くことができる。

（修士課程）
第三条　修士課程は、広い視野に立つて精深な学識を授け、専攻分野における研究能力又はこれに加えて高度の専門性が求められる職業を担うための卓越した能力を培うことを目的とする。
2　修士課程の標準修業年限は、二年とする。ただし、教育研究上の必要があると認められる場合には、研究科、専攻又は学生の履修上の区分に応じ、その標準修業年限は、二年を超えるものとすることができる。
3　前項の規定にかかわらず、修士課程においては、主として実務の経験を有する者に対して教育を行う場合であつて、教育研究上の必要があり、かつ、昼間と併せて夜間その他特定の時間又は時期において授業又は研究指導を行う等の適切な方法により教育上支障を生じないときは、研究科、専攻又は学生の履修上の区分に応じ、標準修業年限を一年以上二年未満の期間とすることができる。

（博士課程）
第四条　博士課程は、専攻分野について、研究者として自立して研究活動を行い、又はその他の高度に専門的な業務に従事するに必要な高度の研究能力及びその基礎となる豊かな学識を養うことを目的とする。
2　博士課程の標準修業年限は、五年とする。ただし、教育研究上の必要があると認められる場合には、研究科、専攻又は学生の履修上の区分に応じ、その標準修業年限は、五年を超えるものとすることができる。
3　博士課程は、これを前期二年及び後期三年の課程に区分し、又はこの区分を設けないものとする。ただし、博士課程を前期及び後期の課程に区分する場合において、教育研究上の必要があると認められるときは、研究科、専攻又は学生の履修上の区分に応じ、前期の課程については二年を、後期の課程については三年を超えるものとすることができる。

4　前期二年及び後期三年の課程に区分する博士課程においては、その前期二年の課程は、これを修士課程として取り扱うものとする。前項ただし書の規定により二年を超えるものとした前期の課程についても、同様とする。

5　第二項及び第三項の規定にかかわらず、教育研究上必要がある場合においては、第三項に規定する後期三年の課程のみの博士課程を置くことができる。この場合において、当該課程の標準修業年限は、三年とする。ただし、教育研究上の必要があると認められる場合には、研究科、専攻又は学生の履修上の区分に応じ、その標準修業年限は、三年を超えるものとすることができる。

第二章　教育研究上の基本組織

（研究科）

第五条　研究科は、専門分野に応じて、教育研究上の目的から組織されるものであつて、専攻の種類及び数、教育研究実施組織、教員数その他が大学院の基本となる組織として適当な規模内容を有すると認められるものとする。

（専攻）

第六条　研究科には、それぞれの専攻分野の教育研究を行うため、数個の専攻を置くことを常例とする。ただし、教育研究上適当と認められる場合には、一個の専攻のみを置くことができる。

2　前期及び後期の課程に区分する博士課程においては、教育研究上適当と認められる場合には、前期の課程と後期の課程で異なる専攻を置くことができるものとする。

（研究科と学部等の関係）

第七条　研究科を組織するに当たつては、学部、大学附置の研究所等と適切な連携を図る等の措置により、当該研究科の組織が、その目的にふさわしいものとなるよう配慮するものとする。

（複数の大学が協力して教育研究を行う研究科）

第七条の二　大学院には、二以上の大学が協力して教育研究（第三十一条第二項に規定する共同教育課程（次条第二項、第十三条第二項及び第二十三条の二において「共同教育課程」という。）及び第三十六条第一項に規定する国際連携教育課程（第十三条第二項及び第二十三条の二において「国際連携教育課程」という。）を編成して行うものを除く。第八条第六項において同じ。）を行う研究科を置くことができる。

（研究科以外の基本組織）

第七条の三　学校教育法第百条ただし書に規定する研究科以外の教育研究上の基本となる組織（以下「研究科以外の基本組織」という。）は、当該大学院の教育研究上の目的を達成するため有益かつ適切であると認められるものであつて、次の各号に掲げる要件を備えるものとする。

一　教育研究上適当な規模内容を有すること。

二　教育研究上必要な相当規模の教育研究実施組織その他諸条件を備えること。

三　教育研究を適切に遂行するためにふさわしい運営の仕組みを有すること。

2　研究科以外の基本組織（工学を専攻する研究科以外の基本組織を除く。）に係る第九条に規定する教員の配置の基準は、当該研究科以外の基本組織における専攻に相当する組織の教育研究上の分野に相当すると認められる分野の専攻に係るこれらの基準（共同教育課程を編成する専攻及び第三十五条第一項に規定する国際連携専攻に係るものを含む。）に準ずるものとする。

3　この省令において、この章及び第九条を除き、「研究科」には研究科以外の基本組織を、「専攻」には研究科以外の基本組織を置く場合における相当の組織を含むものとする。

第三章　教育研究実施組織等

（教育研究実施組織等）

第八条　大学院は、その教育研究上の目的を達成するため、研究科及び専攻の規模並びに授与する学位の種類及び分野に応じ、必要な教員及び事務職員等からなる教育研究実施組織を編制するものとする。

2　大学院は、当該大学院の教育研究活動等の組織的かつ効果的な運営を図るため、教員及び事務職員等相互の適切な役割分担及び連携体制を確保し、組織的な教育が行われるよう特に留意するものとする。

3　大学院は、学生に対し、修学、進路選択及び心身の健康に関する指導及び援助等の厚生補導を組織的に行うため、専属の教員又は事務職員等を置く組織を編制するものとする。

4　大学院は、教育研究実施組織及び前項の組織の円滑かつ効果的な業務の遂行のための支援、大学院運営に係る企画立案、当該大学院以外の者との連携、人事、総務、財務、広報、情報システム並びに施設及び設備の整備その他の大学院運営に必要な業務を行うため、専属の教員又は事務職員等を置く組織を編制するものとする。

5　大学院の教員は、教育研究上支障を生じない場合には、学部、研究所等の教員等がこれを兼ねることができる。

6　第七条の二に規定する研究科の教員は、教育研究上支障を生じない場合には、当該研究科における教育研究を協力して実施する大学の教員がこれを兼ねることができる。

7　大学院は、教育研究水準の維持向上及び教育研究の活性化を図るため、教員の構成が特定の範囲の年齢に著しく偏ることのないよう配慮するものとする。

8　大学院は、二以上の校地において教育を行う場合においては、それぞれの校地ごとに必要な教員及び事務職員等を置くものとする。なお、それぞれの校地には、当該校地における教育に支障のないよう、原則として専属の教授又は准教授を少なくとも一人以上置くものとする。ただし、その校地が隣接している場合は、この限りでない。

第九条　大学院には、前条第一項に規定する教員のうち次の各号に掲げる資格を有する教員を、専攻ごと（工学を専攻する研究科以外の基本組織にあつては、当該研究科以外の基本組織、第三十条の二第一項に規定する研究科等連係課程実施基本組織にあつては当該研究科等連係課程実施基本組織）に、文部科学大臣が別に定める数置くものとする。

一　修士課程を担当する教員にあつては、次の一に該当し、

かつ、その担当する専門分野に関し高度の教育研究上の指導能力があると認められる者

イ　博士の学位を有し、研究上の業績を有する者

ロ　研究上の業績がイの者に準ずると認められる者

ハ　芸術、体育等特定の専門分野について高度の技術・技能を有する者

ニ　専攻分野について、特に優れた知識及び経験を有する者

二　博士課程を担当する教員にあつては、次の一に該当し、かつ、その担当する専門分野に関し、極めて高度の教育研究上の指導能力があると認められる者

イ　博士の学位を有し、研究上の顕著な業績を有する者

ロ　研究上の業績がイの者に準ずると認められる者

ハ　専攻分野について、特に優れた知識及び経験を有する者

2　博士課程（前期及び後期の課程に区分する博士課程における前期の課程を除く。）を担当する教員は、教育研究上支障を生じない場合には、一個の専攻に限り、修士課程を担当する教員のうち前項第二号の資格を有する者がこれを兼ねることができる。

（一定規模数以上の入学定員の大学院研究科の教育研究実施組織）

第九条の二　研究科の基礎となる学部の学科の数を当該研究科の専攻の数とみなして算出される一個の専攻当たりの入学定員が、専門分野ごとに文部科学大臣が別に定める数（以下「一定規模数」という。）以上の場合には、当該研究科に置かれる前条に規定する教員のうち、一定規模数を超える部分について当該一定規模数ごとに一人を、大学設置基準（昭和三十一年文部省令第二十八号）第十条に定める基幹教員の数に算入できない教員とする。

（組織的な研修等）

第九条の三　大学院は、当該大学院の教育研究活動等の適切かつ効果的な運営を図るため、その教員及び事務職員等に必要な知識及び技能を習得させ、並びにその能力及び資質を向上させるための研修（次項に規定する研修に該当するものを除く。）の機会を設けることその他必要な取組を行うものとする。

2　大学院は、学生に対する教育の充実を図るため、当該大学院の授業及び研究指導の内容及び方法を改善するための組織的な研修及び研究を行うものとする。

3　大学院は、第十二条第二項の規定により授業科目について補助する者（教員を除く。）に対し、必要な研修を行うものとする。

第四章　収容定員

第十条　収容定員は、教育研究実施組織及び施設設備その他の教育研究上の諸条件を総合的に考慮し、課程の区分に応じ専攻を単位として研究科ごとに定めるものとする。

2　前項の場合において、第四十五条の規定により外国に研究科、専攻その他の組織を設けるときは、これに係る収容定員を明示するものとする。

3　大学院は、教育研究にふさわしい環境の確保のため、在学する学生の数を収容定員に基づき適正に管理するものとする。

第五章　教育課程

（教育課程の編成方針）

第十一条　大学院は、学校教育法施行規則第百六十五条の二第一項第一号及び第二号の規定により定める方針に基づき、必要な授業科目を自ら開設するとともに学位論文の作成等に対する指導（以下「研究指導」という。）の計画を策定し、体系的に教育課程を編成するものとする。

2　教育課程の編成に当たつては、大学院は、専攻分野に関する高度の専門的知識及び能力を修得させるとともに、当該専攻分野に関連する分野の基礎的素養を涵養するよう適切に配慮しなければならない。

（授業及び研究指導）

第十二条　大学院の教育は、授業科目の授業及び研究指導によつて行うものとする。

2　大学院は、各授業科目について、当該授業科目を担当する教員以外の教員、学生その他の大学院が定める者に補助させることができ、また、十分な教育効果を上げることができると認められる場合は、当該授業科目を担当する教員の指導計画に基づき、当該授業科目を担当する教員以外の教員に授業の一部を分担させることができる。

（研究指導）

第十三条　研究指導は、第九条の規定により置かれる教員が行うものとする。

2　大学院は、教育上有益と認めるときは、学生が他の大学院又は研究所等において必要な研究指導（共同教育課程を編成する専攻の学生が当該共同教育課程を編成する大学院において受けるもの及び国際連携教育課程を編成する専攻の学生が当該国際連携教育課程を編成する大学院において受けるものを除く。以下この項において同じ。）を受けることを認めることができる。ただし、修士課程の学生について認める場合には、当該研究指導を受ける期間は、一年を超えないものとする。

（教育方法の特例）

第十四条　大学院の課程においては、教育上特別の必要があると認められる場合には、夜間その他特定の時間又は時期において授業又は研究指導を行う等の適当な方法により教育を行うことができる。

（成績評価基準等の明示等）

第十四条の二　大学院は、学生に対して、授業及び研究指導の方法及び内容並びに一年間の授業及び研究指導の計画をあらかじめ明示するものとする。

2　大学院は、学修の成果及び学位論文に係る評価並びに修了の認定に当たつては、客観性及び厳格性を確保するため、学生に対してその基準をあらかじめ明示するとともに、当該基準にしたがつて適切に行うものとする。

（大学設置基準の準用）

第十五条　大学院の連携開設科目、各授業科目の単位、授業日

数、授業期間、授業を行う学生数、授業の方法及び単位の授与、連携開設科目に係る単位の認定、他の大学院における授業科目の履修等、入学前の既修得単位等の認定、長期にわたる教育課程の履修並びに科目等履修生等については、大学設置基準第十九条の二、第二十一条から第二十五条まで、第二十七条、第二十七条の三、第二十八条第一項（同条第二項において準用する場合を含む。）、第二十九条、第三十条第一項（同条第二項において準用する場合を含む。）及び第四項、第三十条の二並びに第三十一条（第四項を除く。）の規定を準用する。この場合において、同令第十九条の二第一項中「前条第一項」とあるのは「大学院設置基準第十一条第一項」と、同項第二号中「第四十五条第三項」とあるのは「大学院設置基準第三十三条第三項」と、同令第二十八条第一項中「六十単位」とあるのは「十五単位」と、同条第二項中「及び外国の」とあるのは「、外国の」と、「当該教育課程における授業科目を我が国において」とあるのは「当該教育課程における授業科目を我が国において履修する場合及び国際連合大学本部に関する国際連合と日本国との間の協定の実施に伴う特別措置法（昭和五十一年法律第七十二号）第一条第二項に規定する千九百七十二年十二月十一日の国際連合総会決議に基づき設立された国際連合大学（第三十五条第一項において「国際連合大学」という。）の教育課程における授業科目を」と、同令第二十九条第一項中「短期大学又は高等専門学校の専攻科における学修その他文部科学大臣が別に定める学修」とあるのは「学校教育法第百五条の規定により大学院が編成する特別の課程（履修資格を有する者が、同法第百二条第一項の規定により大学院に入学することができる者であるものに限る。）における学修」と、同条第二項中「前条第一項及び第二項」とあるのは「大学院設置基準第十五条において読み替えて準用する前条第一項及び第二項」と、「六十単位」とあるのは「十五単位」と、同令第三十条第一項中「第三十一条第一項及び第二項」とあるのは「大学院設置基準第十五条において読み替えて準用する第三十一条第一項及び第二項」と、同条第四項中「前三項」とあるのは「大学院設置基準第十五条において読み替えて準用する第一項（第二項において準用する場合を含む。）」と、「第二十八条第一項（同条第二項において準用する場合を含む。）及び前条第一項により当該大学において修得したものとみなす単位数と合わせて六十単位」とあるのは「十五単位を超えないものとし、かつ、同令第十五条において読み替えて準用する第二十八条第一項（同条第二項において準用する場合を含む。）及び前条第一項により当該大学院において修得したものとみなす単位数と合わせて二十単位」と、同令第三十条の二中「修業年限」とあるのは「標準修業年限」と、「卒業」とあるのは「課程を修了」と、同令第三十一条第二項中「特別の課程を履修する者」とあるのは「特別の課程（履修資格を有する者が、同法第百二条第一項の規定により大学院に入学することができる者であるものに限る。）を履修する者」と読み替えるものとする。

第六章　課程の修了要件等

（修士課程の修了要件）

第十六条　修士課程の修了の要件は、大学院に二年（二年以外の標準修業年限を定める研究科、専攻又は学生の履修上の区分にあつては、当該標準修業年限）以上在学し、三十単位以上を修得し、かつ、必要な研究指導を受けた上、当該修士課程の目的に応じ、当該大学院の行う修士論文又は特定の課題についての研究の成果の審査及び試験に合格することとする。ただし、在学期間に関しては、優れた業績を上げた者については、大学院に一年以上在学すれば足りるものとする。

2　前項の規定により修了の要件として修得すべき単位数のうち、前条において準用する大学設置基準第二十七条の三の規定により修得したものとみなすものとする単位数は七単位を超えないものとする。

（博士課程の前期の課程の取扱い）

第十六条の二　第四条第四項の規定により修士課程として取り扱うものとする博士課程の前期の課程の修了の要件は、当該博士課程の目的を達成するために必要と認められる場合には、前条第一項に規定する大学院の行う修士論文又は特定の課題についての研究の成果の審査及び試験に合格することに代えて、大学院が行う次に掲げる試験及び審査に合格することとすることができる。

一　専攻分野に関する高度の専門的知識及び能力並びに当該専攻分野に関連する分野の基礎的素養であつて当該前期の課程において修得し、又は涵養すべきものについての試験

二　博士論文に係る研究を主体的に遂行するために必要な能力であつて当該前期の課程において修得すべきものについての審査

（博士課程の修了要件）

第十七条　博士課程の修了の要件は、大学院に五年（五年を超える標準修業年限を定める研究科、専攻又は学生の履修上の区分にあつては、当該標準修業年限とし、修士課程（第三条第三項の規定により標準修業年限を一年以上二年未満とした修士課程を除く。以下この項において同じ。）に二年（二年を超える標準修業年限を定める研究科、専攻又は学生の履修上の区分にあつては、当該標準修業年限。以下この条本文において同じ。）以上在学し、当該課程を修了した者にあつては、当該課程における二年の在学期間を含む。）以上在学し、三十単位以上を修得し、かつ、必要な研究指導を受けた上、当該大学院の行う博士論文の審査及び試験に合格することとする。ただし、在学期間に関しては、優れた研究業績を上げた者については、大学院に三年（修士課程に二年以上在学し、当該課程を修了した者にあつては、当該課程における二年の在学期間を含む。）以上在学すれば足りるものとする。

2　第三条第三項の規定により標準修業年限を一年以上二年未満とした修士課程を修了した者及び第十六条第一項ただし書の規定による在学期間をもつて修士課程を修了した者の博士課程の修了の要件については、前項中「五年（五年を超える標準修業年限を定める研究科、専攻又は学生の履修上の区分にあつては、当該標準修業年限とし、修士課程（第三条第三項の規定により標準修業年限を一年以上二年未満とした修士課程を除く。以下この項において同じ。）に二年（二年を超

える標準修業年限を定める研究科、専攻又は学生の履修上の区分にあつては、当該標準修業年限。以下この条本文において同じ。）以上在学し、当該課程を修了した者にあつては、当該課程における二年の在学期間を含む。）」とあるのは「修士課程における在学期間に三年（第四条第三項ただし書の規定により博士課程の後期の課程について三年を超える標準修業年限を定める研究科、専攻又は学生の履修上の区分にあつては、当該標準修業年限）を加えた期間」と、「三年（修士課程に二年以上在学し、当該課程を修了した者にあつては、当該課程における二年の在学期間を含む。）」とあるのは「三年（第三条第三項の規定により標準修業年限を一年以上二年未満とした修士課程を修了した者にあつては、当該一年以上二年未満の期間を、第十六条第一項ただし書の規定による在学期間をもつて修士課程を修了した者にあつては、当該課程における在学期間（二年を限度とする。）を含む。）」と読み替えて、同項の規定を適用する。

3　第一項及び前項の規定にかかわらず、修士の学位若しくは専門職学位（学位規則（昭和二十八年文部省令第九号）第五条の二に規定する専門職学位をいう。以下この項において同じ。）を有する者又は学校教育法施行規則（昭和二十二年文部省令第十一号）第百五十六条の規定により大学院への入学資格に関し修士の学位若しくは専門職学位を有する者と同等以上の学力があると認められた者が、博士課程の後期の課程に入学した場合の博士課程の修了の要件は、大学院（専門職大学院を除く。以下この項において同じ。）に三年（第四条第三項ただし書の規定により博士課程の後期の課程について三年を超える標準修業年限を定める研究科、専攻又は学生の履修上の区分にあつては、当該標準修業年限とし、専門職大学院設置基準（平成十五年文部科学省令第十六号）第十八条第一項の法科大学院の課程を修了した者にあつては、二年（第四条第三項ただし書の規定により博士課程の後期の課程について三年を超える標準修業年限を定める研究科、専攻又は学生の履修上の区分にあつては、当該標準修業年限から一年の期間を減じた期間）とする。）以上在学し、必要な研究指導を受けた上、当該大学院の行う博士論文の審査及び試験に合格することとする。ただし、在学期間に関しては、優れた研究業績を上げた者については、大学院に一年（第三条第三項の規定により標準修業年限を一年以上二年未満とした修士課程を修了した者及び専門職大学院設置基準第二条第二項の規定により標準修業年限を一年以上二年未満とした専門職学位課程を修了した者にあつては、三年から当該一年以上二年未満の期間を減じた期間とし、第十六条第一項ただし書の規定による在学期間をもつて修士課程を修了した者にあつては、三年から当該課程における在学期間（二年を限度とする。）を減じた期間とする。）以上在学すれば足りるものとする。

4　第一項の規定により修了の要件として修得すべき単位数のうち、第十五条において準用する大学設置基準第二十七条の三の規定により修得したものとみなすものとする単位数は七単位を超えないものとする。

（大学院における在学期間の短縮）

第十八条　大学院は、第十五条において読み替えて準用する大学設置基準第三十条第一項（同条第二項において準用する場合を含む。）の規定により当該大学院に入学する前に修得した単位（学校教育法第百二条第一項の規定により入学資格を有した後、修得したものに限る。）を当該大学院において修得したものとみなす場合であつて、当該単位の修得により当該大学院の修士課程又は博士課程（前期及び後期の課程に区分する博士課程における後期の課程を除く。）の教育課程の一部を履修したと認めるときは、当該単位数、その修得に要した期間その他を勘案して一年を超えない範囲で当該大学院が定める期間在学したものとみなすことができる。ただし、この場合においても、修士課程については、当該課程に少なくとも一年以上在学するものとする。

2　前項の規定は、修士課程を修了した者の前条第一項（同条第二項の規定により読み替えて適用する場合を含む。以下この項において同じ。）に規定する博士課程における在学期間（同条第一項の規定により博士課程における在学期間に含む修士課程における在学期間を除く。）については、適用しない。

第七章　施設及び設備等

（講義室等）

第十九条　大学院には、当該大学院の教育研究に必要な専用の講義室、研究室、実験・実習室、演習室等を備えるものとする。ただし、特別の事情があり、かつ、教育研究に支障がないと認められるときは、この限りではない。

（機械、器具等）

第二十条　大学院には、研究科又は専攻の種類、教員数及び学生数に応じて必要な種類及び数の機械、器具及び標本を備えるものとする。

（教育研究上必要な資料）

第二十一条　大学院は、教育研究を促進するため、研究科及び専攻の種類に応じ、図書、学術雑誌、電磁的方法（電子情報処理組織を使用する方法その他の情報通信の技術を利用する方法をいう。）により提供される学術情報その他の教育研究上必要な資料を系統的に整備し、学生、教員及び事務職員等へ提供するものとする。

（学部等の施設及び設備の共用）

第二十二条　大学院は、教育研究上支障を生じない場合には、学部、大学附置の研究所等の施設及び設備を共用することができる。

（二以上の校地において教育研究を行う場合における施設及び設備）

第二十二条の二　大学院は、二以上の校地において教育研究を行う場合においては、それぞれの校地ごとに教育研究に支障のないよう必要な施設及び設備を備えるものとする。ただし、その校地が隣接している場合は、この限りでない。

（教育研究環境の整備）

第二十二条の三　大学院は、その教育研究上の目的を達成するため、必要な経費の確保等により、教育研究にふさわしい環境の整備に努めるものとする。

（研究科等の名称）
第二十二条の四 研究科及び専攻（以下「研究科等」という。）の名称は、研究科等として適当であるとともに、当該研究科等の教育研究上の目的にふさわしいものとする。

第八章 独立大学院

（独立大学院）
第二十三条 学校教育法第百三条に定める大学に置く大学院（以下「独立大学院」という。）の研究科の種類及び数、教員数その他は、当該大学院の教育研究上の目的に応じ適当な規模内容を有すると認められるものとする。
第二十三条の二 独立大学院は、共同教育課程及び国際連携教育課程のみを編成することはできない。
第二十四条 独立大学院は、当該大学院の教育研究上の必要に応じた十分な規模の校舎等の施設を有するものとする。
2 独立大学院が研究所等との緊密な連係及び協力の下に教育研究を行う場合には、当該研究所等の施設及び設備を共用することができる。ただし、その利用に当たつては、十分な教育上の配慮等を行うものとする。

第九章 通信教育を行う課程を置く大学院

（通信教育を行う課程）
第二十五条 大学院には、通信教育を行う修士課程、博士課程及び専門職学位課程のうち二以上を併せ置き、又はそのいずれかを置くことができる。
（通信教育を行い得る専攻分野）
第二十六条 大学院は、通信教育によつて十分な教育効果が得られる専攻分野について、通信教育を行うことができるものとする。
（通信教育を併せ行う場合の教育研究実施組織）
第二十七条 昼間又は夜間において授業を行う大学院が通信教育を併せ行う場合においては、通信教育を行う専攻ごとに、第九条に規定する教員を、教育に支障のないよう相当数増加するものとする。
（大学通信教育設置基準の準用）
第二十八条 通信教育を行う課程の授業の方法及び単位の計算方法等については、大学通信教育設置基準（昭和五十六年文部省令第三十三号）第三条から第五条までの規定を準用する。
（通信教育を行う課程を置く大学院の施設）
第二十九条 通信教育を行う課程を置く大学院は、教育に支障のないよう、添削等による指導並びに印刷教材等の保管及び発送のための施設を有するものとする。
（添削等のための組織等）
第三十条 通信教育を行う課程を置く大学院は、添削等による指導及び教育相談を円滑に処理するため、適当な組織等を設けるものとする。

第九章の二 研究科等連係課程実施基本組織に関する特例

第三十条の二 大学は、横断的な分野に係る教育課程を実施する上で特に必要があると認められる場合であつて、教育研究に支障がないと認められる場合には、当該大学に置かれる二以上の研究科等（研究科又は研究科以外の基本組織（この条の規定により置かれたものを除く。）をいう。以下この条において同じ。）との緊密な連係及び協力の下、当該二以上の研究科等が有する教育研究実施組織並びに施設及び設備等の一部を用いて横断的な分野に係る教育課程を実施する研究科以外の基本組織（以下この条において「研究科等連係課程実施基本組織」という。）を置くことができる。
2 研究科等連係課程実施基本組織に置く教員は、教育研究に支障がないと認められる場合には、前項に規定する二以上の研究科等（次項において「連係協力研究科等」という。）の教員であつて、第九条第一項各号に定める資格を有する者がこれを兼ねることができる。
3 研究科等連係課程実施基本組織の収容定員は、連係協力研究科等の収容定員の内数とし、当該研究科等連係課程実施基本組織ごとに学則で定めるものとする。
4 第七条の三第三項の規定にかかわらず、この省令において、第二章、第九条、第九条の二、第十条、第十章から第十二章まで及び第四十五条を除き、「研究科」には研究科等連係課程実施基本組織を含むものとする。

第十章 共同教育課程に関する特例

（共同教育課程の編成）
第三十一条 二以上の大学院（専門職大学院を除く。以下この章において同じ。）は、その大学院、研究科及び専攻の教育上の目的を達成するために必要があると認められる場合には、第十一条第一項の規定にかかわらず、当該二以上の大学院のうち一の大学院が開設する授業科目を、当該二以上の大学院のうち他の大学院の教育課程の一部とみなして、それぞれの大学院ごとに同一内容の教育課程（通信教育に係るもの及び大学院を置く大学が外国に設ける研究科、専攻その他の組織において開設される授業科目の履修により修得する単位を当該課程に係る修了の要件として修得すべき単位の全部又は一部として修得するものを除く。）を編成することができる。
2 前項に規定する教育課程（以下「共同教育課程」という。）を編成する大学院（以下「構成大学院」という。）は、当該共同教育課程を編成し、及び実施するための協議の場を設けるものとする。
（共同教育課程に係る単位の認定等）
第三十二条 構成大学院は、学生が当該構成大学院のうち一の大学院において履修した共同教育課程に係る授業科目について修得した単位を、当該構成大学院のうち他の大学院における当該共同教育課程に係る授業科目の履修により修得したものとそれぞれみなすものとする。
2 構成大学院は、学生が当該構成大学院のうち一の大学院において受けた共同教育課程に係る研究指導を、当該構成大学院のうち他の大学院において受けた当該共同教育課程に係るものとそれぞれみなすものとする。

（共同教育課程に係る修了要件）

第三十三条　共同教育課程である修士課程の修了の要件は、第十六条第一項（第四条第四項の規定により修士課程として取り扱うものとする博士課程の前期の課程にあつては、第十六条第一項及び第十六条の二）に定めるもののほか、それぞれの大学院において当該共同教育課程に係る授業科目の履修により十単位以上を修得することとする。

２　共同教育課程である博士課程の修了の要件（第十七条第三項本文に規定する場合を除く。）は、同条第一項又は第二項に定めるもののほか、それぞれの大学院において当該共同教育課程に係る授業科目の履修により十単位以上を修得することとする。

３　全ての構成大学院を置く大学の設置者が同一であり、かつ、第十五条において準用する大学設置基準第十九条の二第一項第一号に規定する基準に適合している場合又は全ての構成大学院を置く大学の設置者が同一の大学等連携推進法人（同項第二号に規定する大学等連携推進法人をいい、共同教育課程に係る業務を行うものに限る。）の社員である場合における前二項の規定の適用については、同項中「十単位」とあるのは「七単位」とする。

４　前三項の規定によりそれぞれの大学院において当該共同教育課程に係る授業科目の履修により修得する単位数には、第十五条において準用する大学設置基準第二十七条の三若しくは第十五条において読み替えて準用する同令第二十八条第一項（同条第二項において準用する場合を含む。）若しくは第三十条第一項（同条第二項において準用する場合を含む。）又は前条の規定により修得したものとみなすことができ、又はみなすものとする単位を含まないものとする。

（共同教育課程を編成する専攻に係る施設及び設備）

第三十四条　第十九条から第二十一条までの規定にかかわらず、共同教育課程を編成する専攻に係る施設及び設備については、それぞれの大学院に置く当該共同教育課程を編成する専攻を合わせて一の研究科又は専攻とみなしてその種類、教員数及び学生数に応じ必要な施設及び設備を備え、かつ、教育研究に支障がないと認められる場合には、それぞれの大学院ごとに当該専攻に係る施設及び設備を備えることを要しない。

第十一章　工学を専攻する研究科の教育課程に関する特例

（工学を専攻する研究科の教育課程の編成）

第三十四条の二　工学を専攻する研究科を設ける大学院を置く大学であつて当該研究科の基礎となる学部を設けるものは、当該学部における教育及び当該研究科における教育の連続性に配慮した教育課程（以下「工学分野の連続性に配慮した教育課程」という。）を編成することができる。

２　工学分野の連続性に配慮した教育課程を編成する大学の大学院は、当該教育課程を履修する学生が工学に関する高度の専門的知識及び能力を修得するとともに、工学に関連する分野の基礎的素養を培うことができるよう、当該大学院における工学を専攻する研究科において、工学以外の専攻分野に係る授業科目、企業等との連携による授業科目その他多様な授業科目を開設するよう努めるものとする。

（工学分野の連続性に配慮した教育課程に係る教員の配置）

第三十四条の三　前条第二項に規定する工学以外の専攻分野に係る授業科目を開設する場合は、第九条に規定する数の教員に加え、当該授業科目の実施に必要な教員を置くものとする。この場合において、当該教員については、大学院における教育研究の遂行に支障がないと認められる場合には、当該大学院における工学を専攻する研究科以外の研究科における教員をもつて充てることができるものとする。

２　前条第二項に規定する企業等との連携による授業科目を開設する場合は、第九条に規定する数の教員に加え、当該授業科目の実施に必要な教員として、専攻分野におけるおおむね五年以上の実務の経験を有し、かつ、高度の実務の能力を有する者を置くものとする。この場合において、当該教員が第九条により置くこととされる教員以外の者である場合は、一年につき四単位以上の授業科目を担当し、かつ、教育課程の編成その他の教育研究上の組織の運営について責任を担うこととする。

第十二章　国際連携専攻に関する特例

（国際連携専攻の設置）

第三十五条　大学院は、その研究科の教育上の目的を達成するために必要があると認められる場合には、研究科に、文部科学大臣が別に定めるところにより、外国の大学院（国際連合大学を含む。以下同じ。）と連携して教育研究を実施するための専攻（以下「国際連携専攻」という。）を設けることができる。

２　大学院は、国際連携専攻のみを設けることはできない。

３　国際連携専攻を設ける大学院は、外国における災害その他の事由により外国の大学院と連携した教育研究を継続することが困難となる事態に備え、計画の策定その他国際連携専攻の学生の学修の継続に必要な措置を講ずるものとする。

（国際連携教育課程の編成）

第三十六条　国際連携専攻を設ける大学院は、第十一条第一項の規定にかかわらず、国際連携専攻において連携して教育研究を実施する一以上の外国の大学院（以下「連携外国大学院」という。）が開設する授業科目を当該大学院の教育課程の一部とみなして、当該連携外国大学院と連携した教育課程（通信教育に係るものを除く。）（以下「国際連携教育課程」という。）を編成するものとする。

２　国際連携専攻を設ける大学院は、国際連携教育課程を編成し、及び実施するため、連携外国大学院と文部科学大臣が別に定める事項についての協議の場を設けるものとする。

（共同開設科目）

第三十七条　国際連携専攻を設ける大学院は、第十一条第一項の規定にかかわらず、連携外国大学院と共同して授業科目を開設することができる。

２　国際連携専攻を設ける大学院が前項の授業科目（以下この項において「共同開設科目」という。）を開設した場合、当該大学院の国際連携専攻の学生が当該共同開設科目の履修により修得した単位は、七単位を超えない範囲で、当該大学院又は連携外国大学院のいずれかにおいて修得した単位とすることができる。ただし、当該大学院及び連携外国大学院において修得した単位数が、第三十九条第一項及び第二項の規定により当該大学院及びそれぞれの連携外国大学院において修得することとされている単位数に満たない場合は、共同開設科目の履修により修得した単位を当該大学院及び連携外国大学院において修得した単位とすることはできない。

（国際連携教育課程に係る単位の認定等）

第三十八条　国際連携専攻を設ける大学院は、学生が連携外国大学院において履修した国際連携教育課程に係る授業科目について修得した単位を、当該国際連携教育課程に係る授業科目の履修により修得したものとみなすものとする。

2　国際連携専攻を設ける大学院は、学生が連携外国大学院において受けた国際連携教育課程に係る研究指導を、当該国際連携教育課程に係るものとみなすものとする。

（国際連携専攻に係る修了要件）

第三十九条　国際連携教育課程である修士課程の修了の要件は、第十六条第一項（第四条第四項の規定により修士課程として取り扱うものとする博士課程の前期の課程にあつては、第十六条第一項及び第十六条の二）に定めるもののほか、国際連携専攻を設ける大学院及びそれぞれの連携外国大学院において国際連携教育課程に係る授業科目の履修により十単位以上を修得することとする。

2　国際連携教育課程である博士課程の修了の要件（第十七条第三項本文に規定する場合を除く。）は、同条第一項又は第二項に定めるもののほか、国際連携専攻を設ける大学院及びそれぞれの連携外国大学院において国際連携教育課程に係る授業科目の履修により十単位以上を修得することとする。

3　前二項の規定により国際連携専攻を設ける大学院及びそれぞれの連携外国大学院において国際連携教育課程に係る授業科目の履修により修得する単位数には、第十五条において準用する大学設置基準第二十七条の三若しくは第十五条において読み替えて準用する同令第二十八条第一項（同条第二項において準用する場合を含む。）若しくは第三十条第一項（同条第二項において準用する場合を含む。以下この項において同じ。）又は前条第一項の規定により修得したものとみなすことができ、又はみなすものとする単位を含まないものとする。ただし、第十五条において読み替えて準用する同令第三十条第一項の規定により修得したものとみなす単位について、国際連携教育課程を編成し、及び実施するために特に必要と認められる場合は、この限りでない。

（国際連携専攻に係る教員数）

第四十条　国際連携専攻を置く研究科に係る教員の数は、第九条に規定する教員の数に、大学設置基準第十条に定める基幹教員の数に算入できない教員一人を加えた数以上とする。

2　第九条第一項の規定にかかわらず、特定国際連携専攻（その収容定員が当該専攻を置く研究科の収容定員の内数として定められ、かつ、当該専攻において授与される学位の種類及び分野と当該研究科に置かれる他の専攻において授与される学位の種類及び分野とが同一である国際連携専攻をいう。次条第二項において同じ。）の教員であつて第九条第一項の規定により専攻ごとに置く教員は、教育研究に支障がないと認められる場合は、当該研究科に置かれる当該他の専攻の教員であつて同項各号に定める資格を有するものがこれを兼ねることができる。

（国際連携専攻に係る施設及び設備）

第四十一条　国際連携専攻を設ける大学院が外国において国際連携教育課程に係る教育研究を行う場合においては、教育研究に支障のないよう必要な施設及び設備を備えるものとする。

2　第十九条から第二十一条までの規定にかかわらず、特定国際連携専攻に係る施設及び設備については、当該特定国際連携専攻を置く研究科の施設及び設備を利用することができるものとし、教育研究に支障がないと認められる場合には、当該特定国際連携専攻に係る施設及び設備を備えることを要しない。

（国際連携専攻を設ける二以上の大学院が国際連携専攻において連携して教育研究を実施する場合の適用）

第四十一条の二　国際連携専攻を設ける二以上の大学院（専門職大学院を除く。以下この章において同じ。）は、国際連携専攻において連携して教育研究を実施することができる。この場合において、第三十六条第二項、第三十七条及び第三十九条の規定の適用については、第三十七条中「国際連携専攻を設ける大学院」とあるのは「国際連携専攻を設ける二以上の大学院」と、「連携外国大学院」とあるのは「、それぞれの大学院及び連携外国大学院」と、「当該大学院」とあるのは「それぞれの大学院」と、第三十九条中「国際連携専攻を設ける大学院」とあるのは「それぞれの国際連携専攻を設ける大学院」とする。

（国際連携専攻を設ける二以上の大学院が国際連携専攻において連携して教育研究を実施する場合の国際連携教育課程の編成）

第四十一条の三　前条の場合（以下この章において「共同国際連携教育課程の場合」という。）にあつては、当該二以上の大学院は、第十一条第一項の規定にかかわらず、当該二以上の大学院のうち一の大学院が開設する授業科目を、当該二以上の大学院のうち他の大学院の国際連携教育課程の一部とみなして、それぞれの大学院ごとに同一内容の国際連携教育課程を編成するものとする。

（共同国際連携教育課程の場合の国際連携教育課程に係る単位の認定等）

第四十一条の四　共同国際連携教育課程の場合にあつては、当該二以上の大学院は、学生が当該二以上の大学院のうち一の大学院において履修した国際連携教育課程に係る授業科目について修得した単位を、当該二以上の大学院のうち他の大学院における当該国際連携教育課程に係る授業科目の履修により修得したものとそれぞれみなすものとする。

2　共同国際連携教育課程の場合にあつては、当該二以上の大学院は、学生が当該二以上の大学院のうち一の大学院において受けた国際連携教育課程に係る研究指導を、当該二以上の大学院のうち他の大学院において受けた当該国際連携教育課程に係るものとそれぞれみなすものとする。

（共同国際連携教育課程の場合の国際連携専攻に係る施設及び設備）

第四十一条の五　第十九条から第二十一条までの規定にかかわらず、共同国際連携教育課程の場合にあつては、国際連携専攻に係る施設及び設備については、それぞれの大学院に置く当該国際連携専攻を合わせて一の研究科又は専攻とみなしてその種類、教員数及び学生数に応じて必要な施設及び設備を備え、かつ、教育研究に支障がないと認められる場合には、それぞれの大学院ごとに当該国際連携専攻に係る施設及び設備を備えることを要しない。

第十三章　雑則

（学識を教授するために必要な能力を培うための機会等）

第四十二条　大学院は、博士課程（前期及び後期の課程に区分する博士課程における前期の課程を除く。）の学生が修了後自らが有する学識を教授するために必要な能力を培うための機会を設けること又は当該機会に関する情報の提供を行うことに努めるものとする。

（経済的負担の軽減のための措置等に関する情報の明示）

第四十三条　大学院は、授業料、入学料その他の大学院が徴収する費用及び修学に係る経済的負担の軽減を図るための措置に関する情報を整理し、これを学生及び入学を志望する者に対して明示するよう努めるものとする。

（医学、歯学、薬学又は獣医学を履修する博士課程に関する特例）

第四十四条　医学を履修する博士課程、歯学を履修する博士課程、薬学を履修する博士課程（当該課程に係る研究科の基礎となる学部の修業年限が六年であるものに限る。）又は獣医学を履修する博士課程については、第四条第二項中「五年」とあるのは「四年」と、第十七条第一項中「五年（五年を超える標準修業年限を定める研究科、専攻又は学生の履修上の区分にあつては、当該標準修業年限とし、修士課程（第三条第三項の規定により標準修業年限を一年以上二年未満とした修士課程を除く。以下この項において同じ。）に二年（二年を超える標準修業年限を定める研究科、専攻又は学生の履修上の区分にあつては、当該標準修業年限。以下この条本文において同じ。）以上在学し、当該課程を修了した者にあつては、当該課程における二年の在学期間を含む。）」とあるのは「四年（四年を超える標準修業年限を定める研究科、専攻又は学生の履修上の区分にあつては、当該標準修業年限）」と、「三年（修士課程に二年以上在学し、当該課程を修了した者にあつては、当該課程における二年の在学期間を含む。）」とあるのは「三年」と読み替えて、これらの規定を適用し、第四条第三項から第五項まで並びに第十七条第二項及び第三項の規定は、適用しない。

（外国に設ける組織）

第四十五条　大学院を置く大学は、文部科学大臣が別に定めるところにより、外国に研究科、専攻その他の組織を設けることができる。

（段階的整備）

第四十六条　新たに大学院及び研究科等を設置する場合の教育研究実施組織、校舎等の施設及び設備については、別に定めるところにより、段階的に整備することができる。

附　則（抄）

1　この省令は、昭和五十年四月一日から施行する。〔ただし書略〕

○専門職大学院設置基準（抄）

平成一五・三・三一
文科令一六

最終改正　令和五・七・三一文科令二六

第一章　総則

（趣旨）

第一条　専門職大学院の設置基準は、この省令の定めるところによる。

2　この省令で定める設置基準は、専門職大学院を設置するのに必要な最低の基準とする。

3　専門職大学院は、この省令で定める設置基準より低下した状態にならないようにすることはもとより、学校教育法第百九条第一項の点検及び評価の結果並びに認証評価の結果を踏まえ、教育研究活動等について不断の見直しを行うことにより、その水準の向上を図ることに努めなければならない。

（専門職学位課程）

第二条　専門職学位課程は、高度の専門性が求められる職業を担うための深い学識及び卓越した能力を培うことを目的とする。

2　専門職学位課程の標準修業年限は、二年又は一年以上二年未満の期間（一年以上二年未満の期間は、専攻分野の特性により特に必要があると認められる場合に限る。）とする。

（標準修業年限の特例）

第三条　前条の規定にかかわらず、専門職学位課程の標準修業年限は、教育上の必要があると認められるときは、研究科、専攻又は学生の履修上の区分に応じ、その標準修業年限が二年の課程にあつては一年以上二年未満の期間又は二年を超える期間とし、その標準修業年限が一年以上二年未満の期間の課程にあつては当該期間を超える期間とすることができる。

2　前項の場合において、一年以上二年未満の期間とすることができるのは、主として実務の経験を有する者に対して教育を行う場合であって、かつ、昼間と併せて夜間その他特定の時間又は時期において授業を行う等の適切な方法により教育上支障を生じない場合に限る。

第二章 教育研究実施組織等

（教育研究実施組織等）

第四条 専門職大学院は、研究科及び専攻の種類及び規模に応じ、必要な教員及び事務職員等からなる教育研究実施組織を編制するものとする。

第五条 専門職大学院には、前条に規定する教員のうち次の各号のいずれかに該当し、かつ、その担当する専門分野に関し高度の教育上の指導能力があると認められる専任教員を、専攻ごとに、文部科学大臣が別に定める数置くものとする。

一 専攻分野について、教育上又は研究上の業績を有する者

二 専攻分野について、高度の技術・技能を有する者

三 専攻分野について、特に優れた知識及び経験を有する者

2 前項に規定する専任教員は、教育上支障を生じない場合には、一個の専攻に限り、学部の基幹教員又は修士課程、博士課程若しくは他の専門職学位課程を担当する教員のうち同項の資格を有する者がこれを兼ねることができる（修士課程、博士課程（前期及び後期の課程に区分する博士課程における前期の課程に限る。）又は他の専門職学位課程の教員については、当該課程を廃止し、又は当該課程の収容定員を減じてその教育研究実施組織を基に専門職学位課程を設置する場合（専門職学位課程を廃止し、又は収容定員を減じる場合にあっては、教育研究上の目的及び教育課程の編成に重要な変更がある場合に限る。）であって、当該設置から五年を経過するまでの間に限る。）。

3 前項の規定により第一項に規定する専任教員を兼ねることのできる者の数のうち、博士課程（前期及び後期の課程に区分する博士課程における前期の課程を除く。）を担当する教員以外のものについては、文部科学大臣が別に定める。

4 第一項に規定する専任教員のうちには、文部科学大臣が別に定めるところにより、専攻分野における実務の経験を有し、かつ、高度の実務の能力を有する者を含むものとする。

（組織的な研修等）

第五条の二 専門職大学院は、学生に対する教育の充実を図るため、当該専門職大学院の授業の内容及び方法を改善するための組織的な研修及び研究を行うものとする。

第三章 教育課程

（教育課程の編成方針）

第六条 専門職大学院は、学校教育法施行規則（昭和二十二年文部省令第十一号）第百六十五条の二第一項第一号及び第二号の規定により定める方針に基づき、必要な授業科目を、産業界等と連携しつつ、自ら開設し、体系的に教育課程を編成するものとする。

2 専門職大学院は、専攻に係る職業を取り巻く状況を踏まえて必要な授業科目を開発し、当該職業の動向に即した教育課程の編成を行うとともに、当該状況の変化に対応し、授業科目の内容、教育課程の構成等について、不断の見直しを行うものとする。

3 前項の規定による授業科目の開発、教育課程の編成及びそれらの見直しは、次条に規定する教育課程連携協議会の意見を勘案するとともに、適切な体制を整えて行うものとする。

（教育課程連携協議会）

第六条の二 専門職大学院は、産業界等との連携により、教育課程を編成し、及び円滑かつ効果的に実施するため、教育課程連携協議会を設けるものとする。

2 教育課程連携協議会は、次に掲げる者をもって構成する。ただし、専攻分野の特性その他の当該専門職大学院における教育の特性により適当でないと認められる場合は、第三号に掲げる者を置かないことができる。

一 学長又は当該専門職大学院に置かれる研究科（学校教育法第百条ただし書に規定する組織を含む。）の長（第四号及び次項において「学長等」という。）が指名する教員その他の職員

二 当該専門職大学院の課程に係る職業に就いている者又は当該職業に関連する事業を行う者による団体のうち、広範囲の地域で活動するものの関係者であって、当該職業の実務に関し豊富な経験を有するもの

三 地方公共団体の職員、地域の事業者による団体の関係者その他の地域の関係者

四 当該専門職大学院を置く大学の教員その他の職員以外の者であって学長等が必要と認めるもの

3 教育課程連携協議会は、次に掲げる事項について審議し、学長等に意見を述べるものとする。

一 産業界等との連携による授業科目の開設その他の教育課程の編成に関する基本的な事項

二 産業界等との連携による授業の実施その他の教育課程の実施に関する基本的な事項及びその実施状況の評価に関する事項

（連携開設科目）

第六条の三 専門職大学院は、その教育上の目的を達成するために必要があると認められる場合には、第六条第一項の規定にかかわらず、次の各号のいずれかに該当する他の大学院が当該専門職大学院と連携して開設する授業科目（次項に規定する要件に適合するものに限る。以下この条及び第十二条において「連携開設科目」という。）を、当該専門職大学院が自ら開設したものとみなすことができる。

一 当該専門職大学院を置く大学の設置者（その設置する大学に置かれる他の大学院と当該専門職大学院との緊密な連携が確保されているものとして文部科学大臣が別に定める基準に適合しているものに限る。）が設置する大学に置かれる他の大学院

二 大学等連携推進法人（その社員のうちに大学の設置者が二以上ある一般社団法人のうち、その社員が設置する大学の間の連携の推進を目的とするものであって、当該大学の間の緊密な連携が確保されていることについて文部科学大臣の認定を受けたものをいう。次項第二号及び第三十四条第二項において同じ。）（当該専門職大学院を置く大学の設

置者が社員であるものであり、かつ、連携開設科目に係る業務を行うものに限る。）の社員が設置する大学に置かれる他の大学院

２　前項の規定により当該専門職大学院が自ら開設したものとみなすことができる連携開設科目は、次の各号に掲げる区分に応じ、当該各号に定める方針に沿って開設されなければならない。

一　前項第一号に該当する他の大学院が開設するもの　同号に規定する基準の定めるところにより当該専門職大学院を置く大学の設置者が策定する連携開設科目の開設及び実施に係る方針

二　前項第二号に該当する他の大学院が開設するもの　同号の大学等連携推進法人が策定する連携推進方針（その社員が設置する大学の間の教育研究活動等に関する連携を推進するための方針をいう。）

３　第一項の規定により連携開設科目を自ら開設したものとみなす専門職大学院及び当該連携開設科目を開設する他の大学院は、当該連携開設科目を開設し、及び実施するため、文部科学大臣が別に定める事項についての協議の場を設けるものとする。

（授業を行う学生数）

第七条　専門職大学院が一の授業科目について同時に授業を行う学生数は、授業の方法及び施設、設備その他の教育上の諸条件を考慮して、教育効果を十分に上げられるような適当な人数とするものとする。

（授業の方法等）

第八条　専門職大学院においては、その目的を達成し得る実践的な教育を行うよう専攻分野に応じ事例研究、現地調査又は双方向若しくは多方向に行われる討論若しくは質疑応答その他の適切な方法により授業を行うなど適切に配慮しなければならない。

２　大学院設置基準（昭和四十九年文部省令第二十八号）第十五条において準用する大学設置基準（昭和三十一年文部省令第二十八号）第二十五条第二項の規定により多様なメディアを高度に利用して授業を行う教室等以外の場所で履修させることは、これによって十分な教育効果が得られる専攻分野に関して、当該効果が認められる授業について、行うことができるものとする。

第九条　専門職大学院は、通信教育によって十分な教育効果が得られる専攻分野に関して、当該効果が認められる授業等について、多様なメディアを高度に利用する方法による通信教育を行うことができるものとする。この場合において、授業の方法及び単位の計算方法等については、大学通信教育設置基準（昭和五十六年文部省令第三十三号）第三条（面接授業及びメディアを利用して行う授業に関する部分に限る。）、第四条及び第五条の規定を準用する。

（成績評価基準等の明示等）

第十条　専門職大学院は、学生に対して、授業の方法及び内容、一年間の授業の計画をあらかじめ明示するものとする。

２　専門職大学院は、学修の成果に係る評価及び修了の認定に当たっては、客観性及び厳格性を確保するため、学生に対してその基準をあらかじめ明示するとともに、当該基準にしたがって適切に行うものとする。

第四章　課程の修了要件等

（履修科目の登録の上限）

第十一条　専門職大学院は、学生が各年次にわたって適切に授業科目を履修するため、学生が一年間又は一学期に履修科目として登録することができる単位数の上限を定めるものとする。

（連携開設科目に係る単位の認定）

第十二条　専門職大学院は、学生が他の大学院において履修した連携開設科目について修得した単位を、当該専門職大学院における授業科目の履修により修得したものとみなすものとする。

（他の大学院における授業科目の履修等）

第十三条　専門職大学院は、教育上有益と認めるときは、学生が専門職大学院の定めるところにより他の大学院において履修した授業科目について修得した単位を、当該専門職大学院が修了要件として定める三十単位以上の単位数の二分の一を超えない範囲で当該専門職大学院における授業科目の履修により修得したものとみなすことができる。

２　前項の規定は、学生が、外国の大学院に留学する場合、外国の大学院が行う通信教育における授業科目を我が国において履修する場合、外国の大学院の教育課程を有するものとして当該外国の学校教育制度において位置付けられた教育施設であって、文部科学大臣が別に指定するものの当該教育課程における授業科目を我が国において履修する場合及び国際連合大学本部に関する国際連合と日本国との間の協定の実施に伴う特別措置法（昭和五十一年法律第七十二号）第一条第二項に規定する千九百七十二年十二月十一日の国際連合総会決議に基づき設立された国際連合大学（第二十一条第二項、第二十七条第二項及び第三十五条第一項において「国際連合大学」という。）の教育課程における授業科目を履修する場合について準用する。

（特別の課程の履修等）

第十三条の二　専門職大学院は、教育上有益と認めるときは、学生が行う学校教育法第百五条の規定により大学院が編成する特別の課程（履修資格を有する者が、同法第百二条第一項の規定により大学院に入学することができる者であるものに限る。）における学修を、当該専門職大学院における授業科目の履修とみなし、専門職大学院の定めるところにより単位を与えることができる。

２　前項の規定により与えることができる単位数は、前条第一項（同条第二項において準用する場合を含む。）の規定により当該専門職大学院において修得したものとみなす単位数と合わせて当該専門職大学院が修了要件として定める三十単位以上の単位数の二分の一を超えないものとする。

（入学前の既修得単位の認定）

第十四条　専門職大学院は、教育上有益と認めるときは、学生が当該専門職大学院に入学する前に大学院において履修した授業科目について修得した単位（科目等履修生及び特別の課

程履修生として修得した単位を含む。）を、当該専門職大学院に入学した後の当該専門職大学院における授業科目の履修により修得したものとみなすことができる。

2　前項の規定は、第十三条第二項の場合に準用する。

3　前二項の規定により修得したものとみなすことのできる単位数は、転学等の場合を除き、当該専門職大学院において修得した単位（第十二条の規定により修得したものとみなすものとする単位を含む。）以外のものについては、第十三条第一項（同条第二項において準用する場合を含む。）及び前条第一項の規定により当該専門職大学院において修得したものとみなす単位数と合わせて当該専門職大学院が修了要件として定める三十単位以上の単位数の二分の一を超えないものとする。

（専門職学位課程の修了要件）

第十五条　専門職学位課程の修了の要件は、専門職大学院に二年（二年以外の標準修業年限を定める研究科、専攻又は学生の履修上の区分にあっては、当該標準修業年限）以上在学し、当該専門職大学院が定める三十単位以上の修得その他の教育課程の履修により課程を修了することとする。

2　前項の規定により修了の要件として修得すべき単位数のうち、第十二条の規定により修得したものとみなすものとする単位数は、当該専門職大学院が修了要件として定める三十単位以上の単位数の四分の一を超えないものとする。

（専門職大学院における在学期間の短縮）

第十六条　専門職大学院は、第十四条第一項（同条第二項において準用する場合を含む。）の規定により当該専門職大学院に入学する前に修得した単位（学校教育法第百二条第一項の規定により入学資格を有した後、修得したものに限る。）を当該専門職大学院において修得したものとみなす場合であって当該単位の修得により当該専門職大学院の教育課程の一部を履修したと認めるときは、当該単位数、その修得に要した期間その他を勘案して当該専門職学位課程の標準修業年限の二分の一を超えない範囲で当該専門職大学院が定める期間在学したものとみなすことができる。ただし、この場合においても、当該専門職大学院に少なくとも一年以上在学するものとする。

第五章　施設及び設備等

第十七条　専門職大学院の施設及び設備その他諸条件は、専門職大学院の目的に照らし十分な教育効果を上げることができると認められるものとする。

第六章　法科大学院

（法科大学院の課程）

第十八条　第二条第一項の専門職学位課程のうち専ら法曹養成のための教育を行うことを目的とするものを置く専門職大学院は、当該課程に関し、法科大学院とする。

2　法科大学院の課程の標準修業年限は、第二条第二項の規定にかかわらず、三年とする。

3　前項の規定にかかわらず、教育上の必要があると認められる場合は、研究科、専攻又は学生の履修上の区分に応じ、その標準修業年限は、三年を超えるものとすることができる。

（法科大学院の入学者選抜）

第十九条　法科大学院は、入学者の選抜に当たっては、多様な知識又は経験を有する者を入学させるよう努めるものとする。

第二十条　法科大学院は、入学者の選抜に当たっては、入学者が法科大学院の教育と司法試験等との連携等に関する法律（平成十四年法律第百三十九号。以下「連携法」という。）第四条各号に掲げる学識及び能力並びに素養を涵養するための教育を受ける上で求められる適性及び能力を有するかどうかを、適確かつ客観的に評価し、判定するものとする。

（法科大学院の教育課程の編成方針）

第二十条の二　法科大学院は、教育課程の編成に当たっては、次条第一項各号及び第六項各号に掲げる授業科目を段階的かつ体系的に開設するものとする。

2　前項の場合において、法科大学院は、連携法第二条に規定する法曹養成の基本理念及び同法第四条に規定する大学の責務を踏まえ、将来の法曹としての実務に必要な学識及びその応用能力（弁論の能力を含む。）並びに法律に関する実務の基礎的素養を涵養するよう適切に配慮しなければならない。

（法科大学院の授業科目）

第二十条の三　法科大学院は、次の各号に掲げる授業科目を開設するものとする。

一　法律基本科目（憲法、行政法、民法、商法、民事訴訟法、刑法及び刑事訴訟法に関する分野の科目をいう。以下同じ。）

二　法律実務基礎科目（法曹としての技能及び責任その他の法律実務に関する基礎的な分野の科目をいう。）

三　基礎法学・隣接科目（基礎法学に関する分野又は法学と関連を有する分野の科目をいう。）

四　展開・先端科目（先端的な法領域に関する科目その他の実定法に関する多様な分野の科目であって、法律基本科目以外のものをいう。）

2　法科大学院は、法律基本科目において、連携法第四条第一号に規定する専門的学識（専門的な法律知識その他の学識をいう。以下この条において同じ。）を涵養するための教育を行う科目（以下「基礎科目」という。）を履修した後に、同条第二号に規定する応用能力（法的な推論、分析、構成及び論述の能力をいう。以下この条及び第二十条の五において同じ。）を涵養するための教育を行う科目（以下「応用科目」という。）を履修するよう、教育課程を編成するものとする。

3　前項の場合において、法科大学院は、三十単位以上の基礎科目を必修科目として開設するものとする。

4　法科大学院は、法律基本科目の開設に当たっては、学生が公法系科目（憲法及び行政法に関する分野の科目をいう。）、民事系科目（民法、商法及び民事訴訟法に関する分野の科目をいう。）、刑事系科目（刑法及び刑事訴訟法に関する分野の科目をいう。）のいずれかに過度に偏ることなく履修するよう配慮するものとする。

5　法科大学院は、第一項第二号から第四号までに規定する各科目については、法律基本科目の基礎科目及び応用科目の履修を踏まえて履修するよう、教育課程を編成するものとする。

6　法科大学院は、展開・先端科目において、連携法第四条第三号に規定する専門的学識及びその応用能力を涵養するための教育を行う科目として、次に掲げる科目（以下「選択科目」という。）の全てを開設するよう努めるものとする。

一　倒産法
二　租税法
三　経済法
四　知的財産法
五　労働法
六　環境法
七　国際関係法（公法系）
八　国際関係法（私法系）

7　共同教育課程を編成する法科大学院（以下この項において「構成法科大学院」という。）にあっては、前条及び前六項の規定にかかわらず、当該構成法科大学院のうち一の法科大学院が開設する授業科目は、当該一の法科大学院及びそれ以外の構成法科大学院がそれぞれ開設するものとみなす。

（法科大学院の授業を行う学生数）

第二十条の四　法科大学院は、一の授業科目について同時に授業を行う学生数を少人数とすることを基本とする。

2　前項の場合において、一の法律基本科目について同時に授業を行う学生数は、五十人以下とする。ただし、授業の方法及び施設、設備その他の教育上の諸条件を考慮して、十分な教育効果を上げることができると認められる場合は、この限りでない。

（法科大学院の授業の方法等）

第二十条の五　法科大学院においては、第八条第一項に規定する方法のほか、連携法第四条第二号及び第三号に規定する論述の能力その他の専門的学識の応用能力を涵養するために必要な方法により授業を行うよう適切に配慮しなければならない。

（法科大学院における学修の成果に係る厳格かつ客観的な評価及び修了の認定）

第二十条の六　法科大学院は、第十条第二項に規定する学修の成果に係る評価及び修了の認定に当たっては、連携法第五条第二号及び第三号の規定に基づき公表する基準に基づき、同法第四条各号に掲げる学識及び能力並びに素養が涵養されているかどうかについて、厳格かつ客観的に評価及び認定を行うものとする。

（法科大学院における情報の公表）

第二十条の七　連携法第五条第六号の文部科学省令で定める事項は、次に掲げるものとする。

一　入学者選抜における志願者及び受験者の数その他入学者選抜の実施状況に関すること
二　当該法科大学院に入学した者のうち標準修業年限以内で修了した者の占める割合及び年度当初に当該法科大学院に在籍した者のうち当該年度途中に退学した者の占める割合
三　当該法科大学院が開設する授業科目のうち基礎科目若しくは応用科目又は選択科目として開設するものの名称
四　授業料、入学料その他の当該法科大学院が徴収する費用及び修学に係る経済的負担の軽減を図るための措置に関すること
五　当該法科大学院に入学した者のうち連携法第十条第一号又は第二号に該当していた者それぞれの占める割合及びこれらの号に該当していた者（当該法科大学院の課程を修了した者又は同課程に在学する者に限る。）であって、司法試験法（昭和二十四年法律第百四十号）第一条第一項に規定する司法試験（以下単に「司法試験」という。）を受けたもののうち当該試験に合格したものの占める割合
六　連携法第六条第一項の認定を受けた同項の法曹養成連携協定（次条第二項において「認定法曹養成連携協定」という。）の目的となる法科大学院（以下「認定連携法科大学院」という。）にあっては、当該認定連携法科大学院に入学した者のうち当該認定連携法科大学院における教育との円滑な接続を図るための大学の課程（以下「認定連携法曹基礎課程」という。）を修了して当該認定連携法科大学院に入学した者の占める割合及び当該認定連携法曹基礎課程を修了して当該認定連携法科大学院に入学した者（当該認定連携法科大学院の課程を修了した者又は同課程に在学する者に限る。）であって、司法試験を受けたもののうち当該試験に合格したものの占める割合
七　当該法科大学院の課程に在学する者であって、司法試験法第四条第二項の規定により司法試験を受けたものの数及びこれらのもののうち当該試験に合格したものの占める割合

（法科大学院の履修科目の登録の上限）

第二十条の八　法科大学院の学生が履修科目として登録することができる単位数の上限は、一年につき三十六単位を標準として法科大学院が定めるものとする。

2　法科大学院は、その定めるところにより、認定連携法曹基礎課程（当該法科大学院以外の法科大学院のみと認定法曹養成連携協定を締結している大学の課程を含む。第二十二条第三項及び第二十五条第四項において同じ。）を修了して当該法科大学院に入学した者その他登録した履修科目の単位を当該法科大学院が定めた基準に照らして優れた成績をもって修得することが見込まれる者として当該法科大学院が認める学生については、一年につき四十四単位まで履修科目として登録を認めることができる。

（他の大学院における授業科目の履修等）

第二十一条　法科大学院は、教育上有益と認めるときは、学生が法科大学院の定めるところにより他の大学院において履修した授業科目について修得した単位を、第十三条第一項の規定にかかわらず、三十単位を超えない範囲で当該法科大学院における授業科目の履修により修得したものとみなすことができる。ただし、九十三単位を超える単位の修得を修了の要件とする法科大学院にあっては、その超える部分の単位数に限り三十単位を超えてみなすことができる。

2　前項の規定は、学生が、外国の大学院に留学する場合、外国の大学院が行う通信教育における授業科目を我が国において履修する場合、外国の大学院の教育課程を有するものとし

て当該外国の学校教育制度において位置付けられた教育施設であって、文部科学大臣が別に指定するものの当該教育課程における授業科目を我が国において履修する場合及び国際連合大学の教育課程における授業科目を履修する場合について準用する。

（特別の課程の履修等）

第二十一条の二　法科大学院は、教育上有益と認めるときは、学生が行う学校教育法第百五条の規定により大学院が編成する特別の課程（履修資格を有する者が、同法第百二条第一項の規定により大学院に入学することができる者であるものに限る。）における学修を、当該法科大学院における授業科目の履修とみなし、法科大学院の定めるところにより単位を与えることができる。

2　前項の規定により与えることができる単位数は、前条第一項（同条第二項において準用する場合を含む。）の規定により当該法科大学院において修得したものとみなす単位数と合わせて三十単位を超えないものとする。ただし、九十三単位を超える単位の修得を修了の要件とする法科大学院にあっては、その超える部分の単位数に限り三十単位を超えてみなすことができる。

（入学前の既修得単位等の認定）

第二十二条　法科大学院は、教育上有益と認めるときは、学生が当該法科大学院に入学する前に大学院において履修した授業科目について修得した単位（科目等履修生及び特別の課程履修生として修得した単位を含む。）を、当該法科大学院に入学した後の当該法科大学院における授業科目の履修により修得したものとみなすことができる。

2　前項の規定は、第二十一条第二項の場合に準用する。

3　前二項の規定により修得したものとみなすことのできる単位数は、転学等の場合を除き、当該法科大学院において修得した単位（第十二条の規定により修得したものとみなすものとする単位を含む。）以外のものについては、第十四条第三項の規定にかかわらず、第二十一条第一項（同条第二項において準用する場合を含む。以下この項において同じ。）及び前条第一項の規定により当該法科大学院において修得したものとみなす単位数と合わせて三十単位（第二十一条第一項ただし書又は前条第二項ただし書の規定により三十単位を超えてみなす単位を除く。）を超えないものとする。ただし、認定連携法曹基礎課程を修了して法科大学院に入学した者又はこれらの者と同等の学識を有すると当該法科大学院が認める者がその入学前に当該法科大学院以外の認定連携法科大学院において履修した授業科目について修得した単位については、第二十一条第一項及び前条第一項の規定により当該法科大学院において修得したものとみなす単位数と合わせて四十六単位（第二十一条第一項ただし書又は前条第二項ただし書の規定により三十単位を超えてみなす単位を除く。）を超えない範囲で修得したものとみなすことができるものとする。

（法科大学院の課程の修了要件）

第二十三条　法科大学院の課程の修了の要件は、第十五条第一項の規定にかかわらず、次の各号のいずれにも該当することとする。

一　法科大学院に三年（三年を超える標準修業年限を定める研究科、専攻又は学生の履修上の区分にあっては、当該標準修業年限）以上在学し、九十三単位以上を修得すること。

二　第二十条の三第一項各号に規定する科目について、次に掲げる区分に応じ、それぞれ当該各号に定める単位数を修得すること。

イ　法律基本科目の基礎科目　三十単位以上

ロ　法律基本科目の応用科目　十八単位以上

ハ　法律実務基礎科目　十単位以上

ニ　基礎法学・隣接科目　四単位以上

ホ　展開・先端科目　十二単位以上（選択科目に係る四単位以上を含む。）

2　前項第一号の規定により修了の要件として修得すべき九十三単位のうち、第十二条の規定により修得したものとみなすものとする単位数は、十五単位を超えないものとする。ただし、九十三単位を超える単位の修得を修了の要件とする法科大学院にあっては、その超える部分の単位数に限り十五単位を超えてみなすことができる。

（法科大学院における在学期間の短縮）

第二十四条　法科大学院は、第二十二条第一項（同条第二項において準用する場合を含む。）の規定により当該法科大学院に入学する前に修得した単位（学校教育法第百二条第一項の規定により入学資格を有した後、修得したものに限る。）を当該法科大学院において修得したものとみなす場合であって当該単位の修得により当該法科大学院の教育課程の一部を履修したと認めるときは、当該単位数、その修得に要した期間その他を勘案して一年を超えない範囲で当該法科大学院が定める期間在学したものとみなすことができる。

（法学既修者）

第二十五条　法科大学院は、当該法科大学院において必要とされる法学の基礎的な学識を有すると認める者（以下この条において「法学既修者」という。）に関しては、第二十三条第一項第一号に規定する在学期間については一年を超えない範囲で当該法科大学院が認める期間在学し、同号に規定する単位（第二十条の三第三項の規定により法科大学院が定める必修科目の単位を含む。）については三十単位を超えない範囲で当該法科大学院が認める単位を修得したものとみなすことができる。ただし、九十三単位を超える単位の修得を修了の要件とする法科大学院にあっては、その超える部分の単位数に限り三十単位を超えてみなすことができる。

2　前項の規定により法学既修者について在学したものとみなすことのできる期間は、前条の規定により在学したものとみなす期間と合わせて一年を超えないものとする。

3　第一項の規定により法学既修者について修得したものとみなすことのできる単位数（第一項ただし書の規定により三十単位を超えてみなす単位を除く。）は、第二十一条第一項（同条第二項において準用する場合を含む。）、第二十一条の二第一項及び第二十二条第一項（同条第二項において準用する場合を含む。）の規定により修得したものとみなす単位数と合わせて三十単位（第二十一条第一項ただし書又は第二十一条の二第二項ただし書の規定により三十単位を超えてみなす単位を除く。）を超えないものとする。

4　認定連携法曹基礎課程を修了して法科大学院に入学した者又はこれらの者と同等の学識を有すると当該法科大学院が認める者に関する第一項及び前項の規定の適用については、第一項中「三十単位」とあるのは「四十六単位」と、前項中「第一項ただし書の規定により三十単位」とあるのは「第一項ただし書の規定により四十六単位」と、「合わせて三十単位」とあるのは「合わせて四十六単位」とする。

第七章　教職大学院

（教職大学院の課程）

第二十六条　第二条第一項の専門職学位課程のうち、専ら幼稚園、小学校、中学校、義務教育学校、高等学校、中等教育学校、特別支援学校及び就学前の子どもに関する教育、保育等の総合的な提供の推進に関する法律（平成十八年法律第七十七号）第二条第七項に規定する幼保連携型認定こども園（以下「小学校等」という。）の高度の専門的な能力及び優れた資質を有する教員の養成のための教育を行うことを目的とするものであって、この章の規定に基づくものを置く専門職大学院は、当該課程に関し、教職大学院とする。

2　教職大学院の課程の標準修業年限は、第二条第二項の規定にかかわらず、二年とする。

3　前項の規定にかかわらず、教育上の必要があると認められる場合は、研究科、専攻又は学生の履修上の区分に応じ、その標準修業年限は、一年以上二年未満の期間又は二年を超える期間とすることができる。

4　前項の場合において、一年以上二年未満の期間とすることができるのは、主として実務の経験を有する者に対して教育を行う場合であって、かつ、昼間と併せて夜間その他特定の時間又は時期において授業を行う等の適切な方法により教育上支障を生じない場合に限る。

（他の大学院における授業科目の履修等）

第二十七条　教職大学院は、教育上有益と認めるときは、学生が教職大学院の定めるところにより他の大学院において履修した授業科目について修得した単位を、当該教職大学院が修了要件として定める四十五単位以上の単位数の二分の一を超えない範囲で当該教職大学院における授業科目の履修により修得したものとみなすことができる。

2　前項の規定は、学生が、外国の大学院に留学する場合、外国の大学院の教育課程を有するものとして当該外国の学校教育制度において位置付けられた教育施設であって、文部科学大臣が別に指定するものの当該教育課程における授業科目を我が国において履修する場合及び国際連合大学の教育課程における授業科目を履修する場合について準用する。

（特別の課程の履修等）

第二十七条の二　教職大学院は、教育上有益と認めるときは、学生が行う学校教育法第百五条の規定により大学院が編成する特別の課程（履修資格を有する者が、同法第百二条第一項の規定により大学院に入学することができる者であるものに限る。）における学修を、当該教職大学院における授業科目の履修とみなし、教職大学院の定めるところにより単位を与えることができる。

2　前項の規定により与えることができる単位数は、前条第一項（同条第二項において準用する場合を含む。）の規定により当該教職大学院において修得したものとみなす単位数と合わせて当該教職大学院が修了要件として定める四十五単位以上の単位数の二分の一を超えないものとする。

（入学前の既修得単位の認定）

第二十八条　教職大学院は、教育上有益と認めるときは、学生が当該教職大学院に入学する前に大学院において履修した授業科目について修得した単位（科目等履修生及び特別の課程履修生として修得した単位を含む。）を、当該教職大学院に入学した後の当該教職大学院における授業科目の履修により修得したものとみなすことができる。

2　前項の規定は、第二十七条第二項の場合に準用する。

3　前二項の規定により修得したものとみなすことのできる単位数は、転学等の場合を除き、当該教職大学院において修得した単位（第十二条の規定により修得したものとみなすものとする単位を含む。）以外のものについては、第十四条第三項の規定にかかわらず、第二十七条第一項（同条第二項において準用する場合を含む。）及び前条第一項の規定により当該教職大学院において修得したものとみなす単位数及び次条第三項の規定により免除する単位数と合わせて当該教職大学院が修了要件として定める四十五単位以上の単位数の二分の一を超えないものとする。

（教職大学院の課程の修了要件）

第二十九条　教職大学院の課程の修了の要件は、第十五条第一項の規定にかかわらず、教職大学院に二年（二年以外の標準修業年限を定める研究科、専攻又は学生の履修上の区分にあっては、当該標準修業年限）以上在学し、四十五単位以上（高度の専門的な能力及び優れた資質を有する教員に係る実践的な能力を培うことを目的として小学校等その他の関係機関で行う実習に係る十単位以上を含む。）を修得することとする。

2　前項の規定により修了の要件として修得すべき単位数のうち、第十二条の規定により修得したものとみなすものとする単位数は、当該教職大学院が修了要件として定める四十五単位以上の単位数の四分の一を超えないものとする。

3　教職大学院は、教育上有益と認めるときは、当該教職大学院に入学する前の小学校等の教員としての実務の経験を有する者について、十単位を超えない範囲で、第一項に規定する実習により修得する単位の全部又は一部を免除することができる。

（教職大学院における在学期間の短縮）

第三十条　教職大学院における第十六条の適用については、「専門職大学院」とあるのは「教職大学院」と、「第十四条第一項」とあるのは「第二十八条第一項」と、「単位（学校教育法第百二条第一項の規定により入学資格を有した後、修得したものに限る。）」とあるのは「単位」と、「専門職学位課程」とあるのは「教職大学院の課程」とする。

（連携協力校）

第三十一条　教職大学院は、第二十九条第一項に規定する実習その他当該教職大学院の教育上の目的を達成するために必要な連携協力を行う小学校等を適切に確保するものとする。

第八章　共同教育課程に関する特例

（共同教育課程の編成）

第三十二条　二以上の専門職大学院は、その教育上の目的を達成するために必要があると認められる場合には、第六条第一項の規定にかかわらず、当該二以上の専門職大学院のうち一の専門職大学院が開設する授業科目を、当該二以上の専門職大学院のうち他の専門職大学院の教育課程の一部とみなして、それぞれの専門職大学院ごとに同一内容の教育課程（通信教育に係るもの及び専門職大学院を置く大学が外国に設ける研究科、専攻その他の組織において開設される授業科目の履修により修得する単位を当該専門職学位課程に係る修了の要件として修得すべき単位の全部又は一部として修得するものを除く。）を編成することができる。

2　前項に規定する教育課程（以下「共同教育課程」という。）を編成する専門職大学院（以下「構成専門職大学院」という。）は、当該共同教育課程を編成し、及び実施するための協議の場を設けるものとする。

第三十三条・第三十四条〔略〕

第九章　国際連携専攻に関する特例

（国際連携専攻の設置）

第三十五条　専門職大学院（法科大学院を除く。以下この章において同じ。）は、その研究科の教育上の目的を達成するために必要があると認められる場合には、研究科に、文部科学大臣が別に定めるところにより、外国の専門職大学院に相当する大学院（国際連合大学を含む。以下同じ。）と連携して教育研究を実施するための専攻（以下「国際連携専攻」という。）を設けることができる。

2　専門職大学院は、国際連携専攻のみを設けることはできない。

3　国際連携専攻を設ける専門職大学院は、外国における災害その他の事由により外国の専門職大学院に相当する大学院と連携した教育研究を継続することが困難となる事態に備え、計画の策定その他国際連携専攻の学生の学修の継続に必要な措置を講ずるものとする。

第三十六条〜第四十四条〔略〕

第十章　雑則

第四十五条　専門職大学院の組織、編制、施設、設備その他専門職大学院の設置に関する事項で、この省令に定めのないものについては、大学院設置基準（第九条の二、第十二条第一項、第十三条、第九章の二、第三十二条第二項及び第三十八条第二項を除く。）の定めるところによる。

2　この省令又は他の法令に別段の定めのあるものを除くほか、専門職大学院に関し必要な事項については、文部科学大臣が別に定める。

附　則

この省令は、平成十五年四月一日から施行する。

○短期大学設置基準（抄）

昭五〇・四・二八
文部令二一

最終改正　令和五・七・三一文科令二六

第一章　総則

（趣旨）

第一条　短期大学（専門職短期大学を除く。以下同じ。）は、学校教育法その他の法令の規定によるほか、この省令の定めるところにより設置するものとする。

2　この省令で定める設置基準は、短期大学を設置するのに必要な最低の基準とする。

3　短期大学は、この省令で定める設置基準より低下した状態にならないようにすることはもとより、学校教育法第百九条第一項の点検及び評価の結果並びに認証評価の結果を踏まえ、教育研究活動等について不断の見直しを行うことにより、その水準の向上を図ることに努めなければならない。

（教育研究上の目的）

第二条　短期大学は、学科又は専攻課程ごとに、人材の養成に関する目的その他の教育研究上の目的を学則等に定めるものとする。

（入学者選抜）

第二条の二　入学者の選抜は、学校教育法施行規則（昭和二十二年文部省令第十一号）第百六十五条の二第一項第三号の規定により定める方針に基づき、公正かつ妥当な方法により、適切な体制を整えて行うものとする。

第二章　学科

（学科）

第三条　学科は、教育研究上の必要に応じ組織されるものであって、教育研究実施組織その他が学科として適当な規模内容をもつと認められるものとする。

2　学科には、教育上特に必要があるときは、専攻課程を置くことができる。

（学科連係課程実施学科）

第三条の二　短期大学は、横断的な分野に係る教育課程を実施する上で特に必要があると認められる場合であつて、教育研究に支障がないと認められる場合には、当該短期大学に置かれる二以上の学科（この条の規定により置かれたものを除く。）との緊密な連係及び協力の下、当該二以上の学科が有する教育研究実施組織並びに施設及び設備等の一部を用いて横断的な分野に係る教育課程を実施する学科（以下この条及び別表第一において「学科連係課程実施学科」という。）を置くことができる。

2　学科連係課程実施学科に係る基幹教員（第二十条の二第一項に規定する基幹教員をいう。以下この条から第二十条までにおいて同じ。）は、教育研究に支障がないと認められる場合には、前項に規定する二以上の学科（以下この条において「連係協力学科」という。）の基幹教員がこれを兼ねることができる。

3　学科連係課程実施学科に係る基幹教員数、校舎の面積及び附属施設の基準は、連係協力学科の全てがそれらに係る当該基準をそれぞれ満たすことをもつて足りるものとする。

4　学科連係課程実施学科の収容定員は、連係協力学科の収容定員の内数とし、当該学科連係課程実施学科ごとに学則で定めるものとする。

5　この省令において、この章、第四条、第二十二条、第三十一条、第三十二条、第九章から第十一章まで、第五十一条、別表第一及び別表第二を除き、「学科」には学科連係課程実施学科を含むものとする。

第三章　収容定員

第四条　収容定員は、学科ごとに学則で定めるものとする。この場合において、学科に専攻課程を置くときは、専攻課程を単位として学科ごとに定めるものとする。

2　前項の場合において、第十二条の規定による昼夜開講制を実施するときは、これに係る収容定員を、第五十一条の規定により外国に学科その他の組織を設けるときは、これに係る収容定員を、それぞれ明示するものとする。

3　収容定員は、教育研究実施組織、校地、校舎その他の教育上の諸条件を総合的に考慮して定めるものとする。

4　短期大学は、教育にふさわしい環境の確保のため、在学する学生の数を収容定員に基づき適正に管理するものとする。

第四章　教育課程

（教育課程の編成方針）

第五条　短期大学は、学校教育法施行規則第百六十五条の二第一項第一号及び第二号の規定により定める方針に基づき、必要な授業科目を自ら開設し、体系的に教育課程を編成するものとする。

2　教育課程の編成に当たつては、短期大学は、学科に係る専門の学芸を教授し、職業又は実際生活に必要な能力を育成するとともに、幅広く深い教養及び総合的な判断力を培い、豊かな人間性を涵養するよう適切に配慮しなければならない。

（連携開設科目）

第五条の二　短期大学は、当該短期大学及び学科の教育上の目的を達成するために必要があると認められる場合には、前条第一項の規定にかかわらず、次の各号のいずれかに該当する他の大学が当該短期大学と連携して開設する授業科目（次項に規定する要件に適合するものに限る。以下この条及び第十三条の三において「連携開設科目」という。）を、当該短期大学が自ら開設したものとみなすことができる。

一　当該短期大学の設置者（その設置する他の大学と当該短期大学との緊密な連携が確保されているものとして文部科学大臣が別に定める基準に適合しているものに限る。）が設置する他の大学

二　大学等連携推進法人（その社員のうちに大学の設置者が二以上ある一般社団法人のうち、その社員が設置する大学の間の連携の推進を目的とするものであつて、当該大学間の緊密な連携が確保されていることについて文部科学大臣の認定を受けたものをいう。次項第二号及び第三十八条第四項において同じ。）（当該短期大学の設置者が社員であるものであり、かつ、連携開設科目に係る業務を行うものに限る。）の社員が設置する他の大学

2　前項の規定により当該短期大学が自ら開設したものとみなすことができる連携開設科目は、次の各号に掲げる区分に応じ、当該各号に定める方針に沿つて開設されなければならない。

一　前項第一号に該当する他の大学が開設するもの　同号に規定する基準の定めるところにより当該短期大学の設置者が策定する連携開設科目の開設及び実施に係る方針

二　前項第二号に該当する他の大学が開設するもの　同号の大学等連携推進法人が策定する連携推進方針（その社員が設置する大学の間の教育研究活動等に関する連携を推進するための方針をいう。）

3　第一項の規定により連携開設科目を自ら開設したものとみなす短期大学及び当該連携開設科目を開設する他の大学は、当該連携開設科目を開設し、及び実施するため、文部科学大臣が別に定める事項についての協議の場を設けるものとする。

（教育課程の編成方法）

第六条　教育課程は、各授業科目を必修科目及び選択科目に分け、これを各年次に配当して編成するものとする。

（単位）

第七条　各授業科目の単位数は、短期大学において定めるものとする。

2　前項の単位数を定めるに当たつては、一単位の授業科目を四十五時間の学修を必要とする内容をもつて構成することを標準とし、第十一条第一項に規定する授業の方法に応じ、当該授業による教育効果、授業時間外に必要な学修等を考慮して、おおむね十五時間から四十五時間までの範囲で短期大学が定める時間の授業をもつて一単位として単位数を計算する

ものとする。ただし、芸術等の分野における個人指導による実技の授業については、短期大学が定める時間の授業をもつて一単位とすることができる。

3　前項の規定にかかわらず、卒業研究、卒業制作等の授業科目については、これらの学修の成果を評価して単位を授与することが適切と認められる場合には、これらに必要な学修等を考慮して、単位数を定めることができる。

（一年間の授業期間）

第八条　一年間の授業を行う期間は、三十五週にわたることを原則とする。

（各授業科目の授業期間）

第九条　各授業科目の授業は、十分な教育効果を上げることができるよう、八週、十週、十五週その他の短期大学が定める適切な期間を単位として行うものとする。

（授業を行う学生数）

第十条　短期大学が一の授業科目について同時に授業を行う学生数は、授業の方法及び施設、設備その他の教育上の諸条件を考慮して、教育効果を十分に上げられるような適当な人数とするものとする。

（授業の方法）

第十一条　授業は、講義、演習、実験、実習若しくは実技のいずれかにより又はこれらの併用により行うものとする。

2　短期大学は、文部科学大臣が別に定めるところにより、前項の授業を、多様なメディアを高度に利用して、当該授業を行う教室等以外の場所で履修させることができる。

3　短期大学は、第一項の授業を、外国において履修させることができる。前項の規定により、多様なメディアを高度に利用して、当該授業を行う教室等以外の場所で履修させる場合についても、同様とする。

4　短期大学は、文部科学大臣が別に定めるところにより、第一項の授業の一部を、校舎及び附属施設以外の場所で行うことができる。

（成績評価基準等の明示等）

第十一条の二　短期大学は、学生に対して、授業の方法及び内容並びに一年間の授業の計画をあらかじめ明示するものとする。

2　短期大学は、学修の成果に係る評価及び卒業の認定に当たつては、客観性及び厳格性を確保するため、学生に対してその基準をあらかじめ明示するとともに、当該基準にしたがつて適切に行うものとする。

（昼夜開講制）

第十二条　短期大学は、教育上必要と認められる場合には、昼夜開講制（同一学科において昼間及び夜間の双方の時間帯において授業を行うことをいう。）により授業を行うことができる。

第五章　卒業の要件等

（単位の授与）

第十三条　短期大学は、一の授業科目を履修した学生に対し、試験その他の短期大学が定める適切な方法により学修の成果を評価して単位を与えるものとする。

（履修科目の登録の上限）

第十三条の二　短期大学は、学生が各年次にわたつて適切に授業科目を履修するため、卒業の要件として学生が修得すべき単位数について、学生が一年間又は一学期に履修科目として登録することができる単位数の上限を定めるよう努めなければならない。

2　短期大学は、その定めるところにより、所定の単位を優れた成績をもつて修得した学生については、前項に定める上限を超えて履修科目の登録を認めることができる。

（連携開設科目に係る単位の認定）

第十三条の三　短期大学は、学生が他の大学において履修した連携開設科目について修得した単位を、当該短期大学における授業科目の履修により修得したものとみなすものとする。

（他の大学における授業科目の履修等）

第十四条　短期大学は、教育上有益と認めるときは、学生が短期大学の定めるところにより他の大学において履修した授業科目について修得した単位を、修業年限が二年の短期大学にあつては三十単位、修業年限が三年の短期大学にあつては四十六単位（第十九条の規定により卒業の要件として六十二単位以上を修得することとする短期大学にあつては三十単位）を超えない範囲で当該短期大学における授業科目の履修により修得したものとみなすことができる。

2　前項の規定は、学生が、外国の大学に留学する場合、外国の大学が行う通信教育における授業科目を我が国において履修する場合及び外国の大学の教育課程を有するものとして当該外国の学校教育制度において位置付けられた教育施設であつて、文部科学大臣が別に指定するものの当該教育課程における授業科目を我が国において履修する場合について準用する。

（大学以外の教育施設等における学修）

第十五条　短期大学は、教育上有益と認めるときは、学生が行う短期大学、専門職短期大学又は高等専門学校の専攻科における学修その他文部科学大臣が別に定める学修を、当該短期大学における授業科目の履修とみなし、短期大学の定めるところにより単位を与えることができる。

2　前項により与えることができる単位数は、修業年限が二年の短期大学にあつては前条第一項（同条第二項において準用する場合を含む。以下この項において同じ。）により当該短期大学において修得したものとみなす単位数と合わせて三十単位、修業年限が三年の短期大学にあつては前条第一項により当該短期大学において修得したものとみなす単位数と合わせて四十六単位（第十九条の規定により卒業の要件として六十二単位以上を修得することとする短期大学にあつては三十単位）を超えないものとする。

（入学前の既修得単位等の認定）

第十六条　短期大学は、教育上有益と認めるときは、学生が当該短期大学に入学する前に大学において履修した授業科目について修得した単位（第十七条第一項及び第二項の規定により修得した単位を含む。）を、当該短期大学に入学した後の当該短期大学における授業科目の履修により修得したものとみなすことができる。

2　前項の規定は、第十四条第二項の場合について準用する。

3　短期大学は、教育上有益と認めるときは、学生が当該短期大学に入学する前に行つた前条第一項に規定する学修を、当該短期大学における授業科目の履修とみなし、短期大学の定めるところにより単位を与えることができる。

4　短期大学は、学生が当該短期大学に入学する前に専門性が求められる職業に係る実務の経験を通じ、当該職業に必要な能力（当該短期大学において修得させることとしているものに限る。）を修得している場合において、教育上有益と認めるときは、文部科学大臣が別に定めるところにより、当該職業に必要な能力の修得を、当該短期大学における授業科目（職業に必要な能力を育成することを目的とする課程において開設するものに限る。）の履修とみなし、修業年限が二年の短期大学にあつては十五単位を、修業年限が三年の短期大学にあつては二十三単位（第十九条の規定により卒業の要件として六十二単位以上を修得することとする短期大学にあつては十五単位）を超えない範囲で短期大学の定めるところにより、単位を与えることができる。

5　前四項の規定により修得したものとみなし、又は与えることのできる単位数は、転学等の場合を除き、当該短期大学において修得した単位（第十三条の三の規定により修得したものとみなすものとする単位を含む。）以外のものについては、第十四条第一項（同条第二項において準用する場合を含む。）及び前条第一項により当該短期大学において修得したものとみなす単位数と合わせて、修業年限が二年の短期大学にあつては、三十単位、修業年限が三年の短期大学にあつては、四十六単位（第十九条の規定により卒業の要件として六十二単位以上を修得することとする短期大学にあつては、三十単位）を超えないものとする。この場合において、第十四条第二項において準用する同条第一項により当該短期大学において修得したものとみなす単位数と合わせるときは、修業年限が二年の短期大学にあつては、四十五単位、修業年限が三年の短期大学にあつては、五十三単位（第十九条の規定により卒業の要件として六十二単位以上を修得することとする短期大学にあつては四十五単位）を超えないものとする。

（長期にわたる教育課程の履修）

第十六条の二　短期大学は、短期大学の定めるところにより、学生が、職業を有している等の事情により、修業年限を超えて一定の期間にわたり計画的に教育課程を履修し卒業することを希望する旨を申し出たときは、その計画的な履修を認めることができる。

（科目等履修生等）

第十七条　短期大学は、短期大学の定めるところにより、当該短期大学の学生以外の者で一又は複数の授業科目を履修する者（以下この条において「科目等履修生」という。）に対し、単位を与えることができる。

2　短期大学は、短期大学の定めるところにより、当該短期大学の学生以外の者で学校教育法第百五条に規定する特別の課程を履修する者（以下この条において「特別の課程履修生」という。）に対し、単位を与えることができる。

3　科目等履修生及び特別の課程履修生に対する単位の授与については、第十三条の規定を準用する。

4　短期大学は、科目等履修生、特別の課程履修生その他の学生以外の者（次項において「科目等履修生等」という。）を相当数受け入れる場合においては、第二十二条、第三十条及び第三十一条に規定する基準を考慮して、教育に支障のないよう、それぞれ相当の基幹教員並びに校地及び校舎の面積を増加するものとする。

5　短期大学は、科目等履修生等を受け入れる場合においては、一の授業科目について同時に授業を行うこれらの者の人数は、第十条の規定を踏まえ、適当な人数とするものとする。

（卒業の要件）

第十八条　卒業の要件は、修業年限が二年の短期大学においては六十二単位以上を、修業年限が三年の短期大学においては九十三単位以上を修得することのほか、当該短期大学が定めることとする。

2　前項又は第三十五条の七第一項若しくは第二項の規定により卒業の要件として修得すべき単位数のうち、第十一条第二項の授業の方法により修得する単位数は、修業年限が二年の短期大学にあつては三十単位、修業年限が三年の短期大学にあつては四十六単位（次条の規定により卒業の要件として六十二単位以上を修得することとする短期大学にあつては三十単位）を超えないものとする。

3　第一項又は第三十五条の七第一項若しくは第二項の規定により卒業の要件として修得すべき単位数のうち、第十三条の三の規定により修得したものとみなすものとする単位数は、修業年限が二年の短期大学にあつては十五単位、修業年限が三年の短期大学にあつては二十三単位（次条の規定により卒業の要件として六十二単位以上修得することとする短期大学にあつては十五単位）を超えないものとする。

（夜間学科等についての卒業の要件の特例）

第十九条　夜間において授業を行う学科その他授業を行う時間について教育上特別の配慮を必要とする学科（以下「夜間学科等」という。）に係る修業年限が三年の短期大学の卒業の要件は、前条第一項の規定にかかわらず、六十二単位以上を修得することのほか、当該短期大学が定めることとする。

第六章　教育研究実施組織等

（教育研究実施組織等）

第二十条　短期大学は、その教育研究上の目的を達成するため、学科の規模及び授与する学位の分野に応じ、必要な教員及び事務職員等からなる教育研究実施組織を編制するものとする。

2　短期大学は、教育研究実施組織を編制するに当たつては、当該短期大学の教育研究活動等の運営が組織的かつ効果的に行われるよう、教員及び事務職員等相互の適切な役割分担の下での協働や組織的な連携体制を確保しつつ、教育研究に係る責任の所在を明確にするものとする。

3　短期大学は、学生に対し、課外活動、修学、進路選択及び心身の健康に関する指導及び援助等の厚生補導を組織的に行うため、専属の教員又は事務職員等を置く組織を編制するものとする。

4　短期大学は、教育研究実施組織及び前項の組織の円滑かつ効果的な業務の遂行のための支援、短期大学運営に係る企画立案、当該短期大学以外の者との連携、人事、総務、財務、広報、情報システム並びに施設及び設備の整備その他の短期大学運営に必要な業務を行うため、専属の教員又は事務職員等を置く組織を編制するものとする。

5　短期大学は、当該短期大学及び学科又は専攻課程の教育上の目的に応じ、学生が卒業後自らの資質を向上させ、社会的及び職業的自立を図るために必要な能力を、教育課程の実施及び厚生補導を通じて培うことができるよう、短期大学内の組織間の有機的な連携を図り、適切な体制を整えるものとする。

6　短期大学は、教育研究水準の維持向上及び教育研究の活性化を図るため、教員の構成が特定の範囲の年齢に著しく偏ることのないよう配慮するものとする。

7　短期大学は、二以上の校地において教育を行う場合においては、それぞれの校地ごとに必要な教員及び事務職員等を置くものとする。なお、それぞれの校地には、当該校地における教育に支障のないよう、原則として基幹教員を少なくとも一人以上置くものとする。ただし、その校地が隣接している場合は、この限りでない。

（授業科目の担当）

第二十条の二　短期大学は、各教育課程上主要と認める授業科目（以下「主要授業科目」という。）については原則として基幹教員（教育課程の編成その他の学科の運営について責任を担う教員（助手を除く。）であつて、当該学科の教育課程に係る主要授業科目を担当するもの（専ら当該短期大学の教育研究に従事するものに限る。）又は一年につき八単位以上の当該学科の教育課程に係る授業科目を担当するものをいう。以下同じ。）に、主要授業科目以外の授業科目についてはなるべく基幹教員に担当させるものとする。

2　短期大学は、演習、実験、実習又は実技を伴う授業科目については、なるべく助手に補助させるものとする。

3　短期大学は、各授業科目について、当該授業科目を担当する教員以外の教員、学生その他の短期大学が定める者（以下「指導補助者」という。）に補助させることができ、また、十分な教育効果を上げることができると認められる場合は、当該授業科目を担当する教員の指導計画に基づき、指導補助者に授業の一部を分担させることができる。

（授業を担当しない教員）

第二十一条　短期大学には、教育研究上必要があるときは、授業を担当しない教員を置くことができる。

（基幹教員数）

第二十二条　短期大学における基幹教員の数は、別表第一イの表により当該短期大学に置く学科の種類及び規模に応じ定める基幹教員の数（第三十八条第一項に規定する共同学科（以下この条及び第三十一条において単に「共同学科」という。）が属する分野にあつては、共同学科以外の学科について同表を適用して得られる基幹教員の数と第三十九条の規定により得られる当該共同学科に係る基幹教員の数を合計した数）と別表第一ロの表により短期大学全体の入学定員に応じ定める基幹教員の数を合計した数以上とする。

（組織的な研修等）

第二十二条の二　短期大学は、当該短期大学の教育研究活動等の適切かつ効果的な運営を図るため、その教員及び事務職員等に必要な知識及び技能を習得させ、並びにその能力及び資質を向上させるための研修（次項に規定する研修に該当するものを除く。）の機会を設けることその他必要な取組を行うものとする。

2　短期大学は、学生に対する教育の充実を図るため、当該短期大学の授業の内容及び方法を改善するための組織的な研修及び研究を行うものとする。

3　短期大学は、指導補助者（教員を除く。）に対し、必要な研修を行うものとする。

第七章　教員の資格

（学長の資格）

第二十二条の三　学長となることのできる者は、人格が高潔で、学識が優れ、かつ、大学運営に関し識見を有すると認められる者とする。

（教授の資格）

第二十三条　教授となることのできる者は、次の各号のいずれかに該当し、かつ、短期大学における教育を担当するにふさわしい教育上の能力を有すると認められる者とする。

一　博士の学位（外国において授与されたこれに相当する学位を含む。）を有し、研究上の業績を有する者

二　研究上の業績が前号の者に準ずると認められる者

三　学位規則（昭和二十八年文部省令第九号）第五条の二に規定する専門職学位（外国において授与されたこれに相当する学位を含む。）を有し、当該専門職学位の専攻分野に関する実務上の業績を有する者

四　芸術上の優れた業績を有すると認められる者及び実際的な技術の修得を主とする分野にあつては実際的な技術に秀でていると認められる者

五　大学又は高等専門学校において教授、准教授又は基幹教員としての講師の経歴（外国におけるこれらに相当する教員としての経歴を含む。）のある者

六　研究所、試験所、病院等に在職し、研究上の業績を有する者

七　特定の分野について、特に優れた知識及び経験を有すると認められる者

（准教授の資格）

第二十四条　准教授となることのできる者は、次の各号のいずれかに該当し、かつ、短期大学における教育を担当するにふさわしい教育上の能力を有すると認められる者とする。

一　前条各号のいずれかに該当する者

二　大学又は高等専門学校において助教又はこれに準ずる職員としての経歴（外国におけるこれらに相当する職員としての経歴を含む。）のある者

三　修士の学位又は学位規則第五条の二に規定する専門職学位（外国において授与されたこれらに相当する学位を含

む。）を有する者

四　特定の分野について、優れた知識及び経験を有すると認められる者

（講師の資格）

第二十五条　講師となることのできる者は、次の各号のいずれかに該当する者とする。

一　第二十三条又は前条に規定する教授又は准教授となることのできる者

二　特定の分野について、短期大学における教育を担当するにふさわしい教育上の能力を有すると認められる者

（助教の資格）

第二十五条の二　助教となることのできる者は、次の各号のいずれかに該当し、かつ、短期大学における教育を担当するにふさわしい教育上の能力を有すると認められる者とする。

一　第二十三条各号又は第二十四条各号のいずれかに該当する者

二　修士の学位（医学を履修する課程、歯学を履修する課程、薬学を履修する課程のうち臨床に係る実践的な能力を培うことを主たる目的とするもの又は獣医学を履修する課程を修了した者については、学士の学位）又は学位規則第五条の二に規定する専門職学位（外国において授与されたこれらに相当する学位を含む。）を有する者

三　特定の分野について、知識及び経験を有すると認められる者

（助手の資格）

第二十六条　助手となることのできる者は、次の各号のいずれかに該当する者とする。

一　学士の学位又は学位規則第二条の二の表に規定する専門職大学を卒業した者に授与する学位（外国において授与されたこれらに相当する学位を含む。）を有する者

二　前号の者に準ずる能力を有すると認められる者

第八章　校地、校舎等の施設及び設備等

（校地）

第二十七条　校地は、学生間の交流及び学生と教員等との間の交流が十分に行えるなどの教育にふさわしい環境をもち、校舎の敷地には、学生が交流、休息その他に利用するのに適当な空地を有するものとする。

2　前項の規定にかかわらず、短期大学は、法令の規定による制限その他のやむを得ない事由により所要の土地の取得を行うことが困難であるため前項に規定する空地を校舎の敷地に有することができないと認められる場合において、学生が交流、休息その他に利用するため、適当な空地を有することにより得られる効用と同等以上の効用が得られる措置を当該短期大学が講じている場合に限り、空地を校舎の敷地に有しないことができる。

3　前項の措置は、次の各号に掲げる要件を満たす施設を校舎に備えることにより行うものとする。

一　できる限り開放的であつて、多くの学生が余裕をもつて交流、休息その他に利用できるものであること。

二　交流、休息その他に必要な設備が備えられていること。

（運動場等）

第二十七条の二　短期大学は、学生に対する教育又は厚生補導を行う上で必要に応じ、運動場、体育館その他のスポーツ施設、講堂及び寄宿舎、課外活動施設その他の厚生補導施設を設けるものとする。

（校舎）

第二十八条　校舎には、短期大学の組織及び規模に応じ、教育研究に支障のないよう、教室、研究室、図書館、医務室、事務室その他必要な施設を備えた校舎を有するものとする。

2　教室は、学科の種類及び学生数に応じ、講義、演習、実験、実習又は実技を行うのに必要な種類と数を備えるものとする。

3　研究室は、基幹教員及び専ら当該短期大学の教育研究に従事する教員に対しては必ず備えるものとする。

4　夜間学科等を置く短期大学又は昼夜開講制を実施する短期大学にあつては、教室、研究室、図書館その他の施設の利用について、教育研究に支障のないようにするものとする。

（教育研究上必要な資料及び図書館）

第二十九条　短期大学は、教育研究を促進するため、学科の種類、規模等に応じ、図書、学術雑誌、電磁的方法（電子情報処理組織を使用する方法その他の情報通信の技術を利用する方法をいう。）により提供される学術情報その他の教育研究上必要な資料（次項において「教育研究上必要な資料」という。）を、図書館を中心に系統的に整備し、学生、教員及び事務職員等へ提供するものとする。

2　図書館は、教育研究上必要な資料の収集、整理を行うほか、その提供に当たつて必要な情報の処理及び提供のシステムの整備その他の教育研究上必要な資料の利用を促進するために必要な環境の整備に努めるとともに、教育研究上必要な資料の提供に関し、他の短期大学の図書館等との協力に努めるものとする。

3　図書館には、その機能を十分に発揮させるために必要な専門的職員その他の専属の教員又は事務職員等を置くものとする。

（校地の面積）

第三十条　短期大学における校地の面積（附属施設用地及び寄宿舎の面積を除く。）は、収容定員上の学生一人当たり十平方メートルとして算定した面積とする。

2　前項の規定にかかわらず、同じ種類の昼間学科（昼間において授業を行う学科をいう。以下同じ。）及び夜間学科が近接した施設等を使用し、又は施設等を共用する場合の校地の面積は、当該昼間学科及び夜間学科における教育研究に支障のない面積とする。

3　昼夜開講制を実施する場合においては、これに係る収容定員、履修方法、施設の使用状況等を考慮して、教育に支障のない限度において、第一項に規定する面積を減ずることができる。

（校舎の面積）

第三十一条　校舎の面積は、一の分野についてのみ学科を置く短期大学にあつては、別表第二イの表に定める面積（共同学科を置く場合にあつては、共同学科以外の学科について同表

を適用して得られる面積に第四十一条第一項の規定により得られる当該共同学科に係る面積を加えた面積）以上とし、二以上の分野についてそれぞれ学科を置く短期大学にあつては、当該二以上の分野（当該分野に共同学科のみが属するものを除く。）のうち同表の同一分野に属する学科の収容定員の百人までの欄の基準校舎面積が最大である分野についての同表に定める面積（共同学科が属する分野については、共同学科以外の学科について同表を適用して得られる面積）に当該分野以外の分野についてのそれぞれ別表第二ロの表に定める面積（共同学科が属する分野については、共同学科以外の学科について同表を適用して得られる面積）を合計した面積を加えた面積（共同学科を置く場合にあつては、第四十一条第一項の規定により得られる当該学科に係る面積を加えた面積）以上とする。

（附属施設）

第三十二条　短期大学には、学科の種類に応じ、教育研究上必要な場合は、適当な規模内容を備えた附属施設を置くものとする。

（機械、器具等）

第三十三条　短期大学には、学科の種類、学生数及び教員数に応じて必要な種類及び数の機械、器具及び標本を備えるものとする。

（二以上の校地において教育研究を行う場合における施設及び設備）

第三十三条の二　短期大学は、二以上の校地において教育研究を行う場合においては、それぞれの校地ごとに教育研究に支障のないよう必要な施設及び設備を備えるものとする。ただし、その校地が隣接している場合は、この限りでない。

（教育研究環境の整備）

第三十三条の三　短期大学は、その教育研究上の目的を達成するため、必要な経費の確保等により、教育研究にふさわしい環境の整備に努めるものとする。

（短期大学等の名称）

第三十四条　短期大学及び学科（以下「短期大学等」という。）の名称は、短期大学等として適当であるとともに、当該短期大学等の教育研究上の目的にふさわしいものとする。

第九章　専門職学科に関する特例

（専門職学科とする学科）

第三十五条　短期大学の学科のうち、専門性が求められる職業を担うための実践的かつ応用的な能力を育成する教育課程を編成するものは、専門職学科とする。

第三十五条の二～第三十五条の九　〔略〕

第十章　共同教育課程に関する特例

（共同教育課程の編成）

第三十六条　二以上の短期大学は、その短期大学等の教育上の目的を達成するために必要があると認められる場合には、第五条第一項の規定にかかわらず、当該二以上の短期大学のうち一の短期大学が開設する授業科目を、当該二以上の短期大学のうち他の短期大学の教育課程の一部とみなして、それぞれの短期大学ごとに同一内容の教育課程（通信教育に係るもの及び短期大学が外国に設ける学科その他の組織において開設される授業科目の履修により修得する単位を当該学科に係る卒業の要件として修得すべき単位の全部又は一部として修得するものを除く。以下「共同教育課程」という。）を編成することができる。ただし、共同教育課程を編成する短期大学（以下「構成短期大学」という。）は、それぞれ当該共同教育課程に係る主要授業科目の一部を必修科目として自ら開設するものとする。

2　短期大学は、共同教育課程のみを編成することはできない。

3　構成短期大学は、当該共同教育課程を編成し、及び実施するための協議の場を設けるものとする。

第三十七条～第四十二条　〔略〕

第十一章　国際連携学科に関する特例

（国際連携学科の設置）

第四十三条　短期大学は、その教育上の目的を達成するために必要があると認められる場合には、短期大学に、文部科学大臣が別に定めるところにより、外国の短期大学（専門職短期大学に相当する外国の短期大学を含む。以下この章において同じ。）と連携して教育研究を実施するための学科（以下「国際連携学科」という。）を設けることができる。

2　短期大学は、国際連携学科のみを設けることはできない。

3　国際連携学科を設ける短期大学は、外国における災害その他の事由により外国の短期大学と連携した教育研究を継続することが困難となる事態に備え、計画の策定その他国際連携学科の学生の学修の継続に必要な措置を講ずるものとする。

第四十四条～第四十九条の八　〔略〕

第十二章　教育課程等に関する事項の改善に係る先導的な取組に関する特例

第五十条　この省令に定める教育課程又は施設及び設備等に関する事項に関し、その改善に係る実証的な成果の創出に資する先導的な取組を行うため特に必要があると認められる場合であつて、短期大学が、当該先導的な取組を行うとともに、教育研究活動等の状況について自ら行う点検、評価及び見直しの体制の整備、教育研究活動等の状況の積極的な公表並びに学生の教育上適切な配慮を行う短期大学であることの文部科学大臣の認定を受けたときには、文部科学大臣が別に定めるところにより、第三条の二第三項（基幹教員数に係る部分を除く。）、第五条第一項、第八条、第十四条、第十五条第二項、第十六条第四項（短期大学が単位を与えることができる範囲に係る部分に限る。）若しくは第五項、第十八条第二項若しくは第三項、第三十条、第三十一条、第三十八条第一項から第四項まで、第四十条、第四十一条、第四十五条第二項、第四十七条第一項から第三項まで、第四十九条の六又は第四十九条の七第二項若しくは第三項の規定（次項において「特例対象規定」という。）の全部又は一部によらないことができる。

2　教育課程等特例認定短期大学（前項の規定により認定を受けた短期大学をいう。）は、特例対象規定の全部又は一部によらない教育を行うための教育課程又は施設及び設備等に関する事項を学側等に定め、公表するものとする。

第十三章　雑則

（外国に設ける組織）

第五十一条　短期大学は、文部科学大臣が別に定めるところにより、外国に学科その他の組織を設けることができる。

（段階的整備）

第五十二条　新たに短期大学等を設置する場合の教育研究実施組織、校舎等の施設及び設備については、別に定めるところにより、段階的に整備することができる。

附　則（抄）

1　この省令は、昭和五十一年四月一日から施行する。

別表第一（第二十二条関係）

イ 学科の種類及び規模に応じ定める基幹教員数

学科の属する分野の区分	一学科の入学定員	同一分野に属する学科が一学科の場合の基幹教員数	同一分野に属する学科を二以上置く場合の一学科の基幹教員数	一学科の入学定員	同一分野に属する学科が一学科の場合の基幹教員数	同一分野に属する学科を二以上置く場合の一学科の基幹教員数	一学科の入学定員	同一分野に属する学科が一学科の場合の基幹教員数	同一分野に属する学科を二以上置く場合の一学科の基幹教員数
文学関係	一〇〇人まで	五	四	一〇一人～二〇〇人	七	六			
教育学・保育学関係	五〇人まで	六	四	五一人～一〇〇人	八	六	一〇一人～一五〇人	十	八
法学関係	一〇〇人まで	七	四	一〇一人～一五〇人	七	四	一五一人～二〇〇人	九	六
経済学関係	一〇〇人まで	七	四	一〇一人～一五〇人	七	四	一五一人～二〇〇人	九	六
社会学・社会福祉学関係	一〇〇人まで	七	四	一〇一人～一五〇人	七	四	一五一人～二〇〇人	九	六
理学関係	一〇〇人まで	七	四	一〇一人～一五〇人	九	六			
工学関係	一〇〇人まで	七	四	一〇一人～一五〇人	九	六			
農学関係	一〇〇人まで	七	四	一〇一人～一五〇人	九	六			
家政関係	一〇〇人まで	五	四	一〇一人～二〇〇人	七	六			
美術関係	五〇人まで	五	三	五一人～一〇〇人	七	四	一〇一人～一五〇人	八	五
音楽関係	五〇人まで	五	五	五一人～一〇〇人	七	七	一〇一人～一五〇人	八	八
体育関係	五〇人まで	六	四	五一人～一〇〇人	八	六	一〇一人～一五〇人	九	七
保健衛生学関係（看護学関係）	一〇〇人まで	七	―	一〇一人～一五〇人	九	―			
保健衛生学関係（看護学関係を除く。）	一〇〇人まで	七	四	一〇一人～一五〇人	九	六			

備考

一 この表に定める基幹教員数の三割以上は教授とすることとし、四分の三以上は専ら当該短期大学の教育研究に従事する教員とする（ロの表において同じ。）。

二 この表に定める基幹教員数には、一の基幹教員は、同一短期大学ごとに一の学科についてのみ算入するものとする。ただし、複数の学科（他の短期大学若しくは専門職短期大学に置かれる学科又は大学（短期大学及び専門職短期大学を除く。）に置かれる学部を含む。以下この号及び第四号において同じ。）において、それぞれ一年につき八単位以上の当該学科の教育課程に係る授業科目を担当する基幹教員は、当該学科について当該基幹教員数の四分の一の範囲内で算入することができる。

三　この表の入学定員及び基幹教員数は、学科に専攻課程を置く場合については、専攻課程の入学定員及び基幹教員数とする。

四　入学定員がこの表に定める数に満たない場合の基幹教員数には、その二割の範囲内において基幹教員以外の教員（助手を除く。）を算入することができる。ただし、第二号ただし書の規定により複数の学科について算入する基幹教員と合わせて、この表に定める基幹教員数の四分の一を超えないものとする。

五　入学定員が、この表に定める数を超える場合には、文学関係、法学関係、経済学関係、社会学・社会福祉学関係及び家政関係にあつては、同一分野に属する学科が一学科の場合については一〇〇人につき一人を、同一分野に属する学科を二以上置く場合については一五〇人につき一人を増加するものとし、教育学・保育学関係、理学関係、工学関係、農学関係、美術関係、体育関係及び保健衛生学関係にあつては、同一分野に属する学科が一学科の場合については五〇人につき一人を、同一分野に属する学科を二以上置く場合については八〇人につき一人を増加するものとし、音楽関係にあつては、同一分野に属する学科が一学科の場合及び同一分野に属する学科を二以上置く場合については五〇人につき一人を、それぞれ増加するものとする。

六　修業年限が三年の短期大学の学科については、この表に定める基幹教員数（入学定員がこの表に定める数を超える場合には、前号の規定により算定した基幹教員数とする。以下この号において同じ。）にこの表に定める基幹教員数の三割に相当する数を加えたものとする。

七　教育課程が同一又は類似の夜間学科等を併せ置く場合の当該夜間学科等の基幹教員数は、この表に定める基幹教員数の三分の一以上とする。ただし、夜間学科等の入学定員が昼間学科等の入学定員を超える場合には、当該夜間学科等の基幹教員数はこの表に定める基幹教員数とし、当該昼間学科等の基幹教員数はこの表に定める基幹教員数の三分の一以上とする（ロの表において同じ。）。

八　昼夜開講制を実施する場合は、これに係る収容定員、履修方法、授業の開設状況等を考慮して、教育に支障のない限度において、この表に定める基幹教員数を減ずることができる（ロの表において同じ。）。

九　看護に関する学科において修業年限が二年の学科と修業年限が三年の学科とを併せ置く場合は、修業年限が二年の学科にあつては、入学定員が一〇〇人までの場合は二人を、一〇〇人を超える場合は三人を、修業年限が三年の学科にあつては、第四号により算定した基幹教員数から三人を減ずることができる。

十　この表に掲げる分野以外の分野に属する学科の基幹教員数については、当該学科の属する分野に類似するこの表に掲げる分野の例によるものとする。ただし、教員養成に関する学科については、免許状の種類に応じ、教育職員免許法（昭和二十四年法律第百四十七号）及び教育職員免許法施行規則（昭和二十九年文部省令第二十六号）に規定する教科及び教職に関する科目の所要単位を修得させるのに必要な数の教員を置くものとするほか、この表によることが適当でない場合については、別に定める。

十一　学科連係課程実施学科における基幹教員数は、当該学科連係課程実施学科を同一分野に属する学科が一学科の場合の学科とみなしてこの表により算定した教員数とする。

ロ　短期大学全体の入学定員に応じ定める基幹教員数

入学定員	五〇人まで	一五〇人まで	二五〇人まで	四〇〇人まで	六〇〇人まで
基幹教員数	二	三	四	五	六

備考

一　入学定員が六〇〇人を超える場合には、この表に定める基幹教員数に、入学定員二〇〇人につき基幹教員一人を加えるものとする。

二　この表に定める基幹教員数には、イの表の基幹教員数に算入した基幹教員の数を算入しないものとする。

三　入学定員がこの表に定める数に満たない場合の基幹教員数には、その二割の範囲内において基幹教員以外の教員（助手を除く。）を算入することができる。ただし、専ら当該短期大学の教育研究に従事する教員以外の教員の数と合わせて、この表に定める基幹教員数の四分の一を超えないものとする。

別表第二（第三十一条関係）

イ　基準校舎面積

収容定員／学科の種類	五〇人までの場合の面積（平方メートル）	一〇〇人までの場合の面積（平方メートル）	一五〇人までの場合の面積（平方メートル）	二〇〇人までの場合の面積（平方メートル）	二五〇人までの場合の面積（平方メートル）	三〇〇人までの場合の面積（平方メートル）	三五〇人までの場合の面積（平方メートル）	四〇〇人までの場合の面積（平方メートル）	四五〇人までの場合の面積（平方メートル）	五〇〇人までの場合の面積（平方メートル）	五五〇人までの場合の面積（平方メートル）	六〇〇人までの場合の面積（平方メートル）
文学関係	一、五〇〇	一、六〇〇	一、七〇〇	一、九〇〇	二、一〇〇	二、三五〇	二、六〇〇	二、八五〇	三、〇五〇	三、二五〇	三、四五〇	三、六五〇
教育学・保育学関係	一、九〇〇	二、〇〇〇	二、一〇〇	二、三五〇	二、六〇〇	二、八五〇	三、一〇〇	三、三五〇	三、六〇〇	三、八五〇	四、一〇〇	四、三五〇
法学関係	一、五〇〇	一、六〇〇	一、七〇〇	一、九〇〇	二、一〇〇	二、三五〇	二、六〇〇	二、八五〇	三、〇五〇	三、二五〇	三、四五〇	三、六五〇
経済学関係	一、五〇〇	一、六〇〇	一、七〇〇	一、九〇〇	二、一〇〇	二、三五〇	二、六〇〇	二、八五〇	三、〇五〇	三、二五〇	三、四五〇	三、六五〇
社会学・社会福祉学関係	一、五〇〇	一、六〇〇	一、七〇〇	一、九〇〇	二、一〇〇	二、三五〇	二、六〇〇	二、八五〇	三、〇五〇	三、二五〇	三、四五〇	三、六五〇
理学関係	一、八五〇	二、〇〇〇	二、一五〇	二、四〇〇	二、七五〇	三、二〇〇	三、六五〇	四、一五〇	四、六〇〇	五、〇五〇	五、五〇〇	六、〇〇〇
工学関係	一、九五〇	二、一〇〇	二、二五〇	二、五〇〇	二、九〇〇	三、三五〇	三、八〇〇	四、二五〇	四、七五〇	五、二〇〇	五、六五〇	六、一〇〇
農学関係	一、八五〇	二、〇〇〇	二、一五〇	二、四〇〇	二、七五〇	三、二〇〇	三、六五〇	四、一五〇	四、六〇〇	五、〇五〇	五、五〇〇	六、〇〇〇
家政関係	一、九〇〇	二、〇〇〇	二、一〇〇	二、三五〇	二、六〇〇	二、八五〇	三、一〇〇	三、三五〇	三、六〇〇	三、八五〇	四、一〇〇	四、三五〇
美術関係	一、七五〇	一、九〇〇	二、〇五〇	二、二五〇	二、六〇〇	三、〇〇〇	三、三五〇	三、七五〇	四、一五〇	四、五五〇	四、九五〇	五、三五〇
音楽関係	一、五五〇	一、七〇〇	一、八五〇	二、〇五〇	二、三五〇	二、七〇〇	三、一〇〇	三、四五〇	三、八〇〇	四、二〇〇	四、五五〇	四、九五〇
体育関係	一、五五〇	一、七〇〇	一、八五〇	二、〇五〇	二、二五〇	二、五〇〇	二、七五〇	三、〇〇〇	三、二五〇	三、五〇〇	三、七五〇	四、〇〇〇
保健衛生学関係（看護学関係）	一、九〇〇	二、〇〇〇	二、一〇〇	二、三五〇	二、六〇〇	二、八五〇	三、一〇〇	三、三五〇	三、六〇〇	三、八五〇	四、一〇〇	四、三五〇
保健衛生学関係（看護学関係を除く。）	一、七五〇	一、八五〇	一、九五〇	二、二〇〇	二、四五〇	二、八〇〇	三、一〇〇	三、四〇〇	三、七五〇	四、〇五〇	四、三五〇	四、六五〇

備考

一　この表に掲げる面積には、講堂、寄宿舎、附属施設等の面積は含まない（ロの表において同じ。）。

二　同一分野に属する学科の収容定員が六〇〇人を超える場合には、五〇人を増すごとに、この表に定める六〇〇人までの場合の面積から五五〇人までの場合の面積を減じて算出される数を加算するものとする。

三　同じ種類の昼間学科及び夜間学科等が近接した施設等を使用し、又は施設等を共用する場合の校舎の面積は、当該昼間学科及び夜間学科等における教育研究に支障のない面積とする。

四　昼夜開講制を実施する場合においては、これに係る収容定員、履修方法、施設の使用状況等を考慮して、教育に支障のない限度において、この表に定める面積を減ずることができる（ロの表において同じ。）。

五　専門職学科における面積については、第三十五条の七第一項第三号及び第二項第三号に規定する卒業に必要な臨地実務実習を実施するに当たり、実験・実習室その他の実習に必要な施設の一部を企業等の事業者の施設の使用により確保する場合その他の相当の事由があると認められる場合には、教育研究に支障がない限度において、この表に定める面積を減ずることができる（ロの表において同じ。）。

六　この表に掲げる分野以外の分野に属する学科に係る面積については、当該学科の属する分野に類似するこの表に掲げる分野の例によるものとする。ただし、これにより難い場合は別に定める（ロの表において同じ。）。

七　この表に定める面積は、専用部分の面積とする。ただし、当該短期大学と他の学校、就学前の子どもに関する教育、保育等の総合的な提供の推進に関する法律（平成十八年法律第七十七号）第二条第七項に規定する幼保連携型認定こども園、専修学校又は各種学校（以下この号において「学校等」という。）が同一の敷地内又は隣接地に所在する場合であつて、それぞれの学校等の校舎の専用部分の面積及び共用部分の面積を合算した面積が、それぞれの学校等が設置の認可を受ける場合において基準となる校舎の面積を合算した面積以上のものであるときは、当該短期大学の教育研究に支障がない限度において、この表に定める面積に当該学校等との共用部分の面積を含めることができる

（ロの表において同じ。）。

ロ　加算校舎面積

収容定員 学科の種類	五〇人までの場合の面積（平方メートル）	一〇〇人までの場合の面積（平方メートル）	二〇〇人までの場合の面積（平方メートル）	三〇〇人までの場合の面積（平方メートル）	四〇〇人までの場合の面積（平方メートル）	五〇〇人までの場合の面積（平方メートル）	六〇〇人までの場合の面積（平方メートル）
文学関係	八五〇	一、〇〇〇	一、三〇〇	一、八〇〇	二、三〇〇	二、七〇〇	三、〇五〇
教育学・保育学関係	一、一〇〇	一、二五〇	一、五五〇	二、〇五〇	二、五五〇	三、〇五〇	三、五五〇
法学関係	八五〇	一、〇〇〇	一、三〇〇	一、八〇〇	二、三〇〇	二、七〇〇	三、〇五〇
経済学関係	八五〇	一、〇〇〇	一、三〇〇	一、八〇〇	二、三〇〇	二、七〇〇	三、〇五〇
社会学・社会福祉学関係	八五〇	一、〇〇〇	一、三〇〇	一、八〇〇	二、三〇〇	二、七〇〇	三、〇五〇
理学関係	一、三〇〇	一、五〇〇	一、八五〇	二、八〇〇	三、七〇〇	四、六五〇	五、五五〇
工学関係	一、三〇〇	一、五〇〇	一、九〇〇	二、八五〇	三、七五〇	四、七〇〇	五、六〇〇
農学関係	一、三〇〇	一、五〇〇	一、八五〇	二、八〇〇	三、七〇〇	四、六五〇	五、五五〇
家政関係	一、一〇〇	一、二五〇	一、五五〇	二、〇五〇	二、五五〇	三、〇五〇	三、五五〇
美術関係	一、一五〇	一、三〇〇	一、六五〇	二、三〇〇	三、三〇〇	四、〇五〇	四、八〇〇
音楽関係	一、一〇〇	一、二五〇	一、五五〇	二、一五〇	三、一五〇	三、八〇〇	四、五五〇
体育関係	一、二五〇	一、四〇〇	一、七〇〇	二、二〇〇	二、七〇〇	三、二〇〇	三、八五〇
保健衛生学関係（看護学関係）	一、一〇〇	一、二五〇	一、五五〇	二、〇五〇	二、五五〇	三、〇五〇	三、五五〇
保健衛生学関係（看護学関係を除く。）	一、一〇〇	一、二五〇	一、六〇〇	二、二五〇	二、八五〇	三、五〇〇	四、一〇〇

備考　収容定員が六〇〇人を超える場合は、一〇〇人を増すごとに、六〇〇人までの場合の面積から五〇〇人までの場合の面積を減じて算出される数を加算するものとする。

○短期大学通信教育設置基準

昭五七・三・二三
文部令三

最終改正　令和四・九・三〇文科令三四

（趣旨）

第一条　短期大学が行う通信教育に係る設置基準は、この省令の定めるところによる。

２　この省令で定める設置基準は、通信教育を行う短期大学を設置し、又は短期大学において通信教育を開設するのに必要な最低の基準とする。

３　短期大学は、この省令で定める設置基準より低下した状態にならないようにすることはもとより、学校教育法第百九条第一項の点検及び評価の結果並びに認証評価の結果を踏まえ、教育研究活動等について不断の見直しを行うことにより、その水準の向上を図ることに努めなければならない。

（通信教育を行い得る専攻分野）

第二条　短期大学は、通信教育によつて十分な教育効果が得られる専攻分野について、通信教育を行うことができるものとする。

（授業の方法等）

第三条　授業は、印刷教材その他これに準ずる教材を送付若しくは指定し、若しくはその内容をインターネットその他の高度情報通信ネットワーク（以下この項において「インターネット等」という。）を通じて提供し、主としてこれにより学修させる授業（次項において「印刷教材等による授業」という。）、主として放送その他これに準ずるもの（インターネット等を通じて提供する映像、音声等を含む。）の視聴により学修させる授業（次項及び第六条第二項において「放送授業」という。）、短期大学設置基準（昭和五十年文部省令第二十一号）第十一条第一項の方法による授業（第六条第二項及び第九条第三項において「面接授業」という。）若しくは同条第二項の方法による授業（第六条第二項において「メディアを利用して行う授業」という。）のいずれかにより又はこれらの併用により行うものとする。

２　印刷教材等による授業及び放送授業の実施に当たつては、添削等による指導を併せ行うものとする。

３　短期大学は、第一項の授業を、外国において履修させることができる。

第四条　授業は、年間を通じて適切に行うものとする。

（単位の計算方法）

第五条　各授業科目の単位数は、一単位の授業科目を四十五時間の学修を必要とする内容をもつて構成することを標準とし、第三条第一項に規定する授業の方法に応じ、当該授業による教育効果、授業時間外に必要な学修等を考慮して、おおむね十五時間から四十五時間までの範囲で短期大学が定める時間の授業をもつて一単位として単位数を計算するものとする。ただし、芸術等の分野における個人指導による実技の授業については、短期大学が定める時間の授業をもつて一単位とすることができる。

２　前項の規定にかかわらず、卒業研究、卒業制作等の授業科目については、短期大学設置基準第七条第三項の定めるところによる。

（卒業の要件）

第六条　卒業の要件は、短期大学設置基準第十八条又は第十九条の定めるところによる。

２　前項の規定により卒業の要件として修得すべき単位について、修業年限二年の短期大学にあつては十五単位以上、修業年限三年の短期大学にあつては二十三単位以上（短期大学設置基準第十九条の規定により卒業の要件として六十二単位以上を修得することとする短期大学にあつては十五単位以上）は、面接授業又はメディアを利用して行う授業により修得するものとする。ただし、当該十五単位又は二十三単位のうちそれぞれ五単位又は八単位までは、放送授業により修得した単位で代えることができる。

（短期大学又は大学以外の教育施設等における学修）

第七条　短期大学は、短期大学設置基準第十五条に定めるところにより単位を与えるほか、あらかじめ当該短期大学が定めた基準に照らして教育上適当であると認めるときは、通信教育の特性等を考慮して文部科学大臣が別に定める学修を認め、これを当該短期大学における履修とみなし、単位を与えることができる。

（基幹教員数）

第八条　学校教育法第百八条第六項に規定する通信による教育を行う学科（第九条第一項及び第十条において「通信教育学科」という。）における基幹教員（教育課程の編成その他の学科の運営について責任を担う教員（助手を除く。）であつて、当該学科の教育課程に係る主要授業科目を担当するもの（専ら当該短期大学の教育研究に従事するものに限る。）又は一年につき八単位以上の当該学科の教育課程に係る授業科目を担当するものをいう。以下同じ。）の数は、別表第一により定める基幹教員の数以上とする。

２　昼間又は夜間において授業を行う学科が通信教育を併せ行う場合においては、短期大学設置基準第二十二条の規定による基幹教員の数に当該学科が行う通信教育に係る入学定員千人につき二人の基幹教員を加えたものとする。ただし、当該加える基幹教員の数が当該学科における同条の規定による基幹教員の数の二割に満たない場合には、当該基幹教員の数の二割の基幹教員の数を加えたものとする。

３　短期大学は、短期大学設置基準第十七条第四項に規定する科目等履修生等を前二項の学科の収容定員を超えて相当数受け入れる場合においては、教育に支障のないよう、前二項の規定による基幹教員の数に相当数の基幹教員を加えたものとする。

（校舎等の施設）

第九条　通信教育学科を置く短期大学は、教育研究に支障のないよう、当該学科に係る短期大学設置基準第二十八条第一項に掲げる施設を有する校舎並びに添削等による指導並びに印刷教材等の保管及び発送のための施設（第三項において「通信教育関係施設」という。）を有するものとする。

2　前項の校舎等の施設の面積は、別表第二のとおりとする。

3　昼間又は夜間において授業を行う学科が通信教育を併せ行う場合にあつては、短期大学は、通信教育関係施設及び面接授業を行う施設について、教育に支障のないようにするものとする。

（通信教育学科の校地）

第十条　通信教育学科に係る校地の面積については、当該学科における教育に支障のないものとする。

（添削等のための組織等）

第十一条　短期大学は、添削等による指導及び教育相談を円滑に処理するため、適当な組織等を設けるものとする。

（教育課程等に関する事項の改善に係る先導的な取組に関する特例）

第十二条　この省令及び次条の規定により適用される短期大学設置基準の規定に定める教育課程又は施設及び設備等に関する事項に関し、その改善に係る実証的な成果の創出に資する先導的な取組を行うため特に必要があると認められる場合であつて、短期大学が、当該先導的な取組を行うとともに、教育研究活動等の状況について自ら行う点検、評価及び見直しの体制の整備、教育研究活動等の状況の積極的な公表並びに学生の教育上適切な配慮を行う短期大学であることの文部科学大臣の認定を受けたときには、文部科学大臣が別に定めるところにより、第九条第二項の規定及び同令第五十条第一項に掲げる規定（次項において「特例対象規定」という。）の全部又は一部によらないことができる。

2　教育課程等特例認定短期大学（前項の規定により認定を受けた短期大学をいう。）は、特例対象規定の全部又は一部によらない教育を行うための教育課程又は施設及び設備等に関する事項を学則等に定め、公表するものとする。

（その他の基準）

第十三条　通信教育を行う短期大学の組織、編制、施設、設備その他通信教育を行う短期大学の設置又は短期大学における通信教育の開設に関する事項で、この省令に定めのないものについては、短期大学設置基準の定めるところによる。

附　則（抄）

1　この省令は、昭和五十七年四月一日から施行する。

別表第一（第八条関係）

学科の属する分野の区分	一学科の入学定員二、〇〇〇人までの場合の基幹教員数	一学科の入学定員三、〇〇〇人までの場合の基幹教員数	一学科の入学定員四、〇〇〇人までの場合の基幹教員数
文学関係	八	一〇	一二
教育学・保育学関係	八	一〇	一二
法学関係	一〇	一一	一三
経済学関係	一〇	一一	一三
社会学・社会福祉学関係	一〇	一一	一三
理学関係	一〇	一一	一三
工学関係	一〇	一〇	一三
家政関係	八	一〇	一二
美術関係	八	一〇	一二
音楽関係	八	一〇	一二

備考

一　この表に定める入学定員及び基幹教員数は、学科に専攻課程を置く場合については、専攻課程の入学定員及び基幹教員数とする。

二　この表に定める基幹教員数の三割以上は原則として教授とすることとし、四分の三以上は専ら当該短期大学の教育研究に従事する教員とする。

三　この表に定める基幹教員数には、一の基幹教員は、同一短期大学ごとに一の学科についてのみ算入するものとする。ただし、複数の学科（他の短期大学に置かれる学科又は大学（短期大学を除く。）に置かれる学部を含む。以下この号において同じ。）において、それぞれ一年につき八単位以上の当該学科の教育課程に係る授業科目を担当する基幹教員は、当該学科について当該基幹教員数の四分の一の範囲内で算入することができる。

四　入学定員がこの表に定める数を超える場合には、その超える入学定員に応じて、一、〇〇〇人につき基幹教員二人の割合により算出される数の基幹教員を増加するものとする。

五　修業年限三年の短期大学（短期大学設置基準第十九条の規定により卒業の要件として六十二単位以上を修得することとする短期大学を除く。）の学科については、この表に定める基幹教員数（入学定員がこの表に定める数を超える場合には、前号の規定により算定した基幹教員数とする。）にこの表に定める基幹教員数の三割に相当する数を加えたものとする。

六　学科又は専攻課程を二以上置く場合にあつては、共通する授業科目を勘案して、それぞれ相当数の基幹教員を減ずるものとする。

七　この表に掲げる分野以外の分野に属する学科の基幹教員数については、当該学科の属する分野に類似するこの表に掲げる分野の例によるものとする。ただし、これにより難い場合は別に定める。

別表第二（略）

○高等専門学校設置基準

昭三六・八・三〇
文部令二三

最終改正　令和四・九・三〇文科令三四

第一章　総則

（趣旨）

第一条　高等専門学校は、学校教育法（昭和二十二年法律第二十六号）その他の法令の規定によるほか、この省令の定めるところにより設置するものとする。

2　この省令で定める設置基準は、高等専門学校を設置するのに必要な最低の基準とする。

（教育水準の維持向上）

第二条　高等専門学校は、その組織編制、施設、設備等がこの省令で定める設置基準より低下した状態にならないようにすることはもとより、学校教育法第百二十三条において準用する同法第百九条第一項の点検及び評価の結果並びに認証評価の結果を踏まえ、教育研究活動等について不断の見直しを行うことにより、常にその充実を図り、もつて教育水準の維持向上に努めなければならない。

2　前項の場合において、高等専門学校は、その教育内容を学術の進展に即応させるため、必要な研究が行われるように努めるものとする。

（教育上の目的）

第三条　高等専門学校は、学科ごとに、人材の養成に関する目的その他の教育上の目的を学則等に定めるものとする。

（入学者選抜）

第三条の二　入学者の選抜は、学校教育法施行規則（昭和二十二年文部省令第十一号）第百七十九条において準用する同令第百六十五条の二第一項第三号の規定により定める方針に基づき、公正かつ妥当な方法により、適切な体制を整えて行うものとする。

第二章　組織編制

（学科）

第四条　高等専門学校の学科は、専攻分野を教育するために組織されるものであつて、その規模内容が学科として適当と認められるものとする。

（収容定員）

第四条の二　収容定員は、学科ごとに学則で定めるものとする。

2　収容定員は、教育研究実施組織、校地、校舎その他の教育上の諸条件を総合的に考慮して定めるものとする。

3　高等専門学校は、教育にふさわしい環境の確保のため、在学する学生の数を収容定員に基づき適正に管理するものとする。

（学級）

第五条　高等専門学校においては、同一の学科につき同一の学年の学生をもつて一又は数個の学級を編制するものとする。ただし、教育上有益と認めるときには、異なる学科の学生をもつて学級を編制することができる。

2　一学級の学生の数は、四十人を標準とする。

（教育研究実施組織等）

第六条　高等専門学校は、学科の種類及び学級数に応じ、必要な教員及び事務職員等からなる教育研究実施組織を編制するものとする。

2　高等専門学校は、教育研究実施組織を編制するに当たつては、当該高等専門学校の教育研究活動等の運営が組織的かつ効果的に行われるよう、教員及び事務職員等相互の適切な役割分担の下での協働や組織的な連携体制を確保しつつ、教育に係る責任の所在を明確にするものとする。

3　高等専門学校は、学生に対し、課外活動、修学、進路選択及び心身の健康に関する指導及び援助等の厚生補導を組織的に行うため、専属の教員又は事務職員等を置く組織を編制するものとする。

4　高等専門学校は、教育研究実施組織及び前項の組織の円滑かつ効果的な業務の遂行のための支援、高等専門学校運営に係る企画立案、当該高等専門学校以外の者との連携、人事、総務、財務、広報、情報システム並びに施設及び設備の整備その他の高等専門学校運営に必要な業務を行うため、専属の教員又は事務職員等を置く組織を編制するものとする。

5　高等専門学校は、当該高等専門学校及び学科の教育上の目的に応じ、学生が卒業後自らの資質を向上させ、社会的及び職業的自立を図るために必要な能力を、教育課程の実施及び厚生補導を通じて培うことができるよう、高等専門学校内の組織間の有機的な連携を図り、適切な体制を整えるものとする。

6　教員のうち、第十六条に規定する一般科目を担当する基幹教員（教育課程の編成その他の学科の運営について責任を担う教員（助手を除く。）であつて、専ら当該高等専門学校の教育に従事するもの又は一年につき八単位以上の当該高等専門学校の授業科目を担当するものをいう。以下同じ。）の数は、次の各号に掲げる数を下つてはならない。

一　入学定員に係る学生を一の学級に編制する場合は、十人

二　入学定員に係る学生を二の学級に編制する場合は、十二人

三　入学定員に係る学生を三の学級に編制する場合は、十四人

四　入学定員に係る学生を四の学級から六の学級までに編制する場合は、十四人に三学級を超えて一学級を増すごとに四人を加えた数

五　入学定員に係る学生を七以上の学級に編制する場合は、二十六人に六学級を超えて一学級を増すごとに三人を加えた数

7　教員のうち、工学に関する学科において第十六条に規定する専門科目を担当する基幹教員の数は、当該高等専門学校に一の学科を置くときは八人、二以上の学科を置くときは八人に一学科を超えて一学科を増すごとに七人を加えた数を下つてはならない。この場合において、一学科の入学定員に係る

学生を二以上の学級に編制するときは、これらに一学級を超えて一学級を増すごとに五人を加えるものとする。
8　工学に関する学科以外の学科において第十六条に規定する専門科目を担当する基幹教員の数は、別に定める。
9　第六項に規定する一般科目を担当する基幹教員の数及び第七項又は前項に規定する専門科目を担当する基幹教員の数を合計した数（次項及び第八条の二において「必要基幹教員数」という。）の四分の三以上は、専ら当該高等専門学校の教育に従事する教員とする。
10　高等専門学校の基幹教員が他の高等専門学校において八単位以上の授業科目を担当する場合は、当該基幹教員を当該他の高等専門学校の必要基幹教員数の四分の一の範囲内で算入することができる。
11　高等専門学校は、教育研究水準の維持向上及び教育研究の活性化を図るため、教員の構成が特定の範囲の年齢に著しく偏ることのないよう配慮するものとする。
第七条　高等専門学校は、演習、実験、実習又は実技を伴う授業科目については、なるべく助手に補助させるものとする。
2　高等専門学校は、各授業科目について、当該授業科目を担当する教員以外の教員、学生その他の高等専門学校が定める者（以下「指導補助者」という。）に補助させることができ、また、十分な教育効果を上げることができると認められる場合は、当該授業科目を担当する教員の指導計画に基づき、指導補助者に授業の一部を分担させることができる。
第八条　基幹教員であつて専門科目を担当する教授及び准教授の数は、一般科目を担当する基幹教員数と専門科目を担当する基幹教員数との合計数の二分の一を下つてはならない。
第八条の二　必要基幹教員数に五分の一を乗じて算出される数（小数点以下の端数があるときは、これを四捨五入する。）の範囲内については、基幹教員以外の者であつても、専攻分野におけるおおむね五年以上の実務の経験を有し、かつ、高度の実務の能力を有する者であつて、一年につき六単位以上の授業科目を担当し、かつ、教育課程の編成について責任を担うもので足りるものとする。ただし、当該者の数は、第六条第十項の規定により算入する基幹教員の数と合わせて、必要基幹教員数の四分の一を超えないものとする。

（組織的な研修等）
第九条　高等専門学校は、当該高等専門学校の教育研究活動等の適切かつ効果的な運営を図るため、その教員及び事務職員等に必要な知識及び技能を習得させ、並びにその能力及び資質を向上させるための研修（次項に規定する研修に該当するものを除く。）の機会を設けることその他必要な取組を行うものとする。
2　高等専門学校は、学生に対する教育の充実を図るため、当該高等専門学校の授業の内容及び方法を改善するための組織的な研修及び研究を行うものとする。
3　高等専門学校は、指導補助者（教員を除く。）に対し、必要な研修を行うものとする。

第三章　教員の資格

（校長の資格）
第十条　校長となることのできる者は、人格が高潔で、学識が優れ、かつ、高等専門学校の運営に関し識見を有すると認められる者とする。

（教授の資格）
第十一条　教授となることのできる者は、次の各号のいずれかに該当し、かつ、高等専門学校における教育を担当するにふさわしい教育上の能力を有すると認められる者とする。
一　博士の学位（外国において授与されたこれに相当する学位を含む。）を有する者
二　学位規則（昭和二十八年文部省令第九号）第五条の二に規定する専門職学位（外国において授与されたこれに相当する学位を含む。）を有し、当該専門職学位の専攻分野に関する業務についての実績を有する者
三　大学又は高等専門学校において教授、准教授又は基幹教員としての講師の経歴（外国におけるこれらに相当する教員としての経歴を含む。）のある者
四　学校、研究所、試験所、調査所等に在職し、教育若しくは研究に関する実績を有する者又は工場その他の事業所に在職し、技術に関する業務についての実績を有する者
五　特定の分野について、特に優れた知識及び経験を有すると認められる者
六　前各号に掲げる者と同等以上の能力を有すると文部科学大臣が認めた者

（准教授の資格）
第十二条　准教授となることのできる者は、次の各号のいずれかに該当し、かつ、高等専門学校における教育を担当するにふさわしい教育上の能力を有すると認められる者とする。
一　前条各号のいずれかに該当する者
二　大学又は高等専門学校において助教又はこれに準ずる職員としての経歴（外国におけるこれらに相当する職員としての経歴を含む。）のある者
三　修士の学位又は学位規則第五条の二に規定する専門職学位（外国で授与されたこれらに相当する学位を含む。）を有する者
四　特定の分野について、優れた知識及び経験を有すると認められる者
五　前各号に掲げる者と同等以上の能力を有すると文部科学大臣が認めた者

（講師の資格）
第十三条　講師となることのできる者は、次の各号のいずれかに該当する者とする。
一　第十一条又は前条に規定する教授又は准教授となることのできる者
二　高等学校若しくは中等教育学校において教諭の経歴のある者で、かつ、高等専門学校における教育を担当するにふさわしい教育上の能力を有すると認められる者
三　前各号に掲げる者と同等以上の能力を有すると文部科学大臣が認めた者

（助教の資格）
第十三条の二　助教となることのできる者は、次の各号のいずれかに該当し、かつ、高等専門学校における教育を担当する

にふさわしい教育上の能力を有すると認められる者とする。

一　第十一条各号又は第十二条各号のいずれかに該当する者

二　修士の学位（医学を履修する課程、歯学を履修する課程、薬学を履修する課程のうち臨床に係る実践的な能力を培うことを主たる目的とするもの又は獣医学を履修する課程を修了した者については、学士の学位）又は学位規則第五条の二に規定する専門職学位（外国において授与されたこれらに相当する学位を含む。）を有する者

三　特定の分野について、知識及び経験を有すると認められる者

（助手の資格）

第十四条　助手となることのできる者は、次の各号のいずれかに該当する者とする。

一　学士の学位又は学位規則第二条の二の表に規定する専門職大学を卒業した者に授与する学位（外国において授与されたこれらに相当する学位を含む。）を有する者

二　短期大学士の学位若しくは学位規則第五条の五に規定する短期大学士（専門職）の学位（外国において授与されたこれらに相当する学位を含む。）又は準学士の称号（外国におけるこれに相当する称号を含む。）を有する者

三　前二号に掲げる者と同等以上の能力を有すると文部科学大臣が認めた者

第四章　教育課程

（一年間の授業期間）

第十五条　一年間の授業を行う期間は、三十五週にわたることを原則とする。

（授業科目）

第十六条　高等専門学校の授業科目は、その内容により、各学科に共通する一般科目及び学科ごとの専門科目に分ける。

（教育課程の編成）

第十七条　高等専門学校は、学校教育法施行規則第百七十九条において準用する同令第百六十五条の二第一項第一号及び第二号の規定により定める方針に基づき、必要な授業科目を自ら開設し、体系的に教育課程を編成するものとする。

２　教育課程は、各授業科目を各学年に配当して編成するものとする。

３　各授業科目の単位数は、三十単位時間（一単位時間は、標準五十分とする。第七項において同じ。）の履修を一単位として計算するものとする。

４　前項の規定にかかわらず、高等専門学校が定める授業科目については、一単位の授業科目を四十五時間の学修を必要とする内容をもつて構成することを標準とし、講義、演習、実験、実習若しくは実技のいずれかにより又はこれらの併用により行う授業の方法に応じ、当該授業による教育効果、授業時間外に必要な学修等を考慮して、おおむね十五時間から四十五時間までの範囲で高等専門学校が定める時間の授業をもつて一単位として単位数を計算することができる。

５　前項の規定により計算することのできる授業科目の単位数の合計数は、六十単位を超えないものとする。

６　前三項の規定にかかわらず、卒業研究、卒業制作等の授業科目については、これらの学修の成果を評価して単位の修得を認定することが適切と認められる場合には、これらに必要な学修等を考慮して、単位数を定めることができる。

７　第一項に定める授業科目のほか、高等専門学校においては、特別活動を九十単位時間以上実施するものとする。

（授業の方法）

第十七条の二　高等専門学校は、文部科学大臣が別に定めるところにより、授業を、多様なメディアを高度に利用して、当該授業を行う教室等以外の場所で履修させることができる。

２　高等専門学校は、授業を、外国において履修させることができる。前項の規定により、多様なメディアを高度に利用して、当該授業を行う教室等以外の場所で履修させる場合についても、同様とする。

３　高等専門学校は、文部科学大臣が別に定めるところにより、授業の一部を、校舎及び附属施設以外の場所で行うことができる。

（成績評価基準等の明示等）

第十七条の三　高等専門学校は、学生に対して、授業の方法及び内容並びに一年間の授業の計画をあらかじめ明示するものとする。

２　高等専門学校は、学修の成果に係る評価及び卒業の認定に当たつては、客観性及び厳格性を確保するため、学生に対してその基準をあらかじめ明示するとともに、当該基準にしたがつて適切に行うものとする。

第五章　課程修了の認定等

（課程修了の認定）

第十八条　全課程の修了の認定に必要な単位数は、百六十七単位以上（そのうち、一般科目については七十五単位以上、専門科目については八十二単位以上とする。）とする。ただし、商船に関する学科にあつては練習船実習を除き百四十七単位以上（そのうち、一般科目については七十五単位以上、専門科目については六十二単位以上とする。）とする。

２　前項の規定により卒業の要件として修得すべき単位数のうち、第十七条の二第一項の授業の方法により修得する単位数は六十単位を超えないものとする。

（他の高等専門学校における授業科目の履修）

第十九条　高等専門学校は、教育上有益と認めるときは、学生が他の高等専門学校において履修した授業科目について修得した単位を、六十単位を超えない範囲で当該高等専門学校における授業科目の履修により修得したものとみなすことができる。

（高等専門学校以外の教育施設等における学修等）

第二十条　高等専門学校は、教育上有益と認めるときは、学生が行う大学における学修その他文部科学大臣が別に定める学修を、当該高等専門学校における授業科目の履修とみなし、高等専門学校の定めるところにより単位の修得を認定することができる。

２　前項により認定することができる単位数は、前条により当該高等専門学校において修得したものとみなす単位数と合わせて六十単位を超えないものとする。

3　第一項の規定は、学生が、外国の大学又は高等学校に留学する場合及び外国の大学が行う通信教育における授業科目を我が国において履修する場合について準用する。この場合において認定することができる単位数は、前条及び第一項により当該高等専門学校において修得したものとみなし、又は認定する単位数と合わせて六十単位を超えないものとする。

（科目等履修生等）

第二十一条　高等専門学校は、高等専門学校の定めるところにより、当該高等専門学校の学生以外の者で一又は複数の授業科目を履修する者（第三項において「科目等履修生」という。）に対し、単位の修得を認定することができる。

2　高等専門学校は、高等専門学校の定めるところにより、当該高等専門学校の学生以外の者で学校教育法第百二十三条において準用する同法第百五条に規定する特別の課程を履修する者（次項において「特別の課程履修生」という。）に対し、単位の修得を認定することができる。

3　高等専門学校は、科目等履修生、特別の課程履修生その他の学生以外の者（次項において「科目等履修生等」という。）を相当数受け入れる場合においては、第六条第六項から第八項までの規定及び第二十五条に規定する基準を考慮して、教育に支障のないよう、それぞれ相当の基幹教員並びに校地及び校舎の面積を増加するものとする。

4　高等専門学校は、科目等履修生等を受け入れる場合においては、これらの者の人数は、一の授業科目について同時に授業を行う学生数並びに授業の方法及び施設、設備その他の教育上の諸条件を考慮して、教育効果を十分に上げられるような適当な人数とするものとする。

第六章　施設及び設備等

（校地）

第二十二条　校地は、学生間の交流及び学生と教員等との間の交流が十分に行えるなどの教育にふさわしい環境をもち、校舎の敷地には、学生が交流、休息その他に利用するのに適当な空地を有するものとする。

（運動場等）

第二十三条　高等専門学校は、学生に対する教育又は厚生補導を行う上で必要に応じ、運動場、体育館その他のスポーツ施設、講堂及び寄宿舎、課外活動施設その他の厚生補導施設を設けるものとする。

（校舎）

第二十四条　高等専門学校は、その組織及び規模に応じ、教育に支障のないよう、教室、図書館、保健室、事務室その他必要な施設を備えた校舎を有するものとする。

（校地及び校舎の面積）

第二十五条　高等専門学校における校地の面積（附属施設用地及び寄宿舎の面積を除く。）は、収容定員上の学生一人当たり十平方メートルとして算定した面積とする。

2　高等専門学校における校舎の面積は、その教育に支障のないよう、少なくとも次の各号に定める面積に学科の種類に応じ次項又は第四項に定める面積を加えた面積を下らないものとする。

一　入学定員に係る学生を一の学級に編制する場合は、一六五二・八九平方メートル

二　入学定員に係る学生を二の学級に編制する場合は、二六四四・六三平方メートル

三　入学定員に係る学生を三の学級に編制する場合は、三四七一・〇七平方メートル

四　入学定員に係る学生を四の学級に編制する場合は、四一三二・二三平方メートル

五　入学定員に係る学生を五の学級に編制する場合は、四七九三・三九平方メートル

六　入学定員に係る学生を六の学級に編制する場合は、五二八九・二六平方メートル

七　入学定員に係る学生を七以上の学級に編制する場合は、五二八九・二六平方メートルに六学級を超えて一学級を増すごとに三三〇・五八平方メートルを加えた面積

3　工学に関する学科に係る前項の加える面積は、次の各号に掲げるとおりとする。

一　当該学科の入学定員に係る学生を、一の学級に編制するときは一六五二・八九平方メートル、二以上の学級に編制するときは一六五二・八九平方メートルに学級数の増加に応じて相当面積を加えた面積

二　二以上の学科を置く場合は、それぞれの学科の所要面積を合計した面積。ただし、二以上の学科が共用する建物があるときは、教育に支障のない限度において、当該合計した面積から一部を減じた面積

4　工学に関する学科以外の学科に係る第二項の加える面積は、別に定める。

5　前三項に定める面積は、専用部分の面積とする。ただし、当該高等専門学校と他の学校、就学前の子どもに関する教育、保育等の総合的な提供の推進に関する法律（平成十八年法律第七十七号）第二条第七項に規定する幼保連携型認定こども園、専修学校又は各種学校（以下この項において「学校等」という。）が同一の敷地内又は隣接地に所在する場合であつて、それぞれの学校等の校舎の専用部分の面積及び共用部分の面積を合算した面積が、それぞれの学校等が設置の認可を受ける場合において基準となる校舎の面積を合算した面積以上のものであるときは、当該高等専門学校の教育に支障がない限度において、前三項に定める面積に当該学校等との共用部分の面積を含めることができる。

（教育研究上必要な資料及び図書館）

第二十六条　高等専門学校は、教育研究を促進するため、学科の種類、教員数及び学生数に応じ、図書、学術雑誌、電磁的方法（電子情報処理組織を使用する方法その他の情報通信の技術を利用する方法をいう。）により提供される学術情報その他の教育研究上必要な資料を、図書館を中心に系統的に整備し、学生、教員及び事務職員等へ提供するものとする。

2　図書館には、その機能を十分に発揮させるために必要な専門的職員その他の専属の教員又は事務職員等を置くものとする。

（附属施設）

第二十七条　高等専門学校には、教育上必要な場合は、学科の

種類に応じ、実験・実習工場、練習船その他の適当な規模内容を備えた附属施設を置くものとする。

（機械、器具等）

第二十七条の二 高等専門学校は、学科の種類、教員数及び学生数に応じて必要な種類及び数の機械、器具及び標本その他の設備を備えるものとする。

（教育研究環境の整備）

第二十七条の三 高等専門学校は、その教育研究上の目的を達成するため、必要な経費の確保等により、教育研究にふさわしい環境の整備に努めるものとする。

（高等専門学校等の名称）

第二十七条の四 高等専門学校及び学科（以下「高等専門学校等」という。）の名称は、高等専門学校等として適当であるとともに、当該高等専門学校等の教育研究上の目的にふさわしいものとする。

第七章 教育課程等に関する事項の改善に係る先導的な取組に関する特例

第二十八条 この省令に定める教育課程又は施設及び設備等に関する事項に関し、その改善に係る実証的な成果の創出に資する先導的な取組を行うため特に必要があると認められる場合であつて、高等専門学校が、当該先導的な取組を行うとともに、教育研究活動等の状況について自ら行う点検、評価及び見直しの体制の整備、教育研究活動等の状況の積極的な公表並びに学生の教育上適切な配慮を行う高等専門学校であることの文部科学大臣の認定を受けたときには、文部科学大臣が別に定めるところにより、第十五条、第十七条第一項若しくは第五項、第十八条第二項、第十九条、第二十条第二項若しくは第三項又は第二十五条の規定（次項において「特例対象規定」という。）の全部又は一部によらないことができる。

2 教育課程等特例認定高等専門学校（前項の規定により認定を受けた高等専門学校をいう。）は、特例対象規定の全部又は一部によらない教育を行うための教育課程又は施設及び設備等に関する事項を学則等に定め、公表するものとする。

第八章 雑則

第二十九条 新たに高等専門学校等を設置する場合の教育研究実施組織、校舎等の施設及び設備については、別に定めるところにより、段階的に整備することができる。

附 則

この省令は、公布の日から施行する。

附 則（平成一八・三・三一文科令一一）（抄）

改正 令和四・九・三〇文科令三四

（施行期日）

第一条 この省令は、平成十九年四月一日から施行する。

（助教授の在職に関する経過措置）

第二条 次に掲げる省令の規定の適用については、この省令の施行前における助教授としての在職は、准教授としての在職とみなす。

一～三 〔略〕

四 高等専門学校設置基準第十一条第三号

五 〔略〕

○学位規則

昭二八・四・一 文部令九

最終改正 令和四・九・三〇文科令三四

第一章 総則

（趣旨）

第一条 学校教育法（昭和二十二年法律第二十六号。以下「法」という。）第百四条第一項から第七項までの規定により大学又は独立行政法人大学改革支援・学位授与機構が授与する学位については、この省令の定めるところによる。

第二章 大学が行う学位授与

（学士の学位授与の要件）

第二条 法第百四条第一項の規定による学士の学位の授与は、大学（専門職大学及び短期大学を除く。以下本条及び第六条第一項本文において同じ。）が、当該大学を卒業した者に対し行うものとする。

（専門職大学を卒業した者等に対し授与する学位）

第二条の二 法第百四条第二項に規定する文部科学大臣の定める学位は、次の表の上欄に掲げる区分に応じ、それぞれ同表の下欄に掲げるとおりとする。

区分	学位
専門職大学を卒業した者に授与する学位	学士（専門職）
専門職大学の前期課程を修了した者に授与する学位	第五条の五に規定する短期

	大学士（専門職）

（専門職大学が授与する学位の授与の要件）
第二条の三　法第百四条第二項の規定による前条の学士（専門職）の学位の授与は、専門職大学が、当該専門職大学を卒業した者に対し行うものとする。
2　法第百四条第二項の規定による前条の短期大学士（専門職）の学位の授与は、専門職大学が、当該専門職大学の前期課程を修了した者に対し行うものとする。

（修士の学位授与の要件）
第三条　法第百四条第三項の規定による修士の学位の授与は、大学院を置く大学が、当該大学院の修士課程を修了した者に対し行うものとする。
2　前項の修士の学位の授与は、大学院設置基準（昭和四十九年文部省令第二十八号）第四条第三項の規定により前期及び後期の課程の区分を設けない博士課程に入学し、大学院設置基準第十六条及び第十六条の二に規定する修士課程の修了要件を満たした者に対しても行うことができる。

（博士の学位授与の要件）
第四条　法第百四条第三項の規定による博士の学位の授与は、大学院を置く大学が、当該大学院の博士課程を修了した者に対し行うものとする。
2　法第百四条第四項の規定による博士の学位の授与は、前項の大学が、当該大学の定めるところにより、大学院の行う博士論文の審査に合格し、かつ、大学院の博士課程を修了した者と同等以上の学力を有することを確認された者に対し行うことができる。

（学位の授与に係る審査への協力）
第五条　前二条の学位の授与に係る審査に当たつては、他の大学院又は研究所等の教員等の協力を得ることができる。

（専門職大学院の課程を修了した者に対し授与する学位）
第五条の二　法第百四条第三項に規定する文部科学大臣の定める学位は、次の表の上欄に掲げる区分に応じ、それぞれ同表の下欄に掲げるとおりとし、これらは専門職学位とする。

区分	学位
専門職大学院の課程（次項以下の課程を除く。）を修了した者に授与する学位	修士（専門職）
専門職大学院設置基準（平成十五年文部科学省令第十六号）第十八条第一項に規定する法科大学院の課程を修了した者に授与する学位	法務博士（専門職）
専門職大学院設置基準第二十六条第一項に規定する教職大学院の課程を修了した者に授与する学位	教職修士（専門職）

（専門職学位の授与の要件）
第五条の三　法第百四条第三項の規定による前条の専門職学位の授与は、専門職大学院を置く大学が、当該専門職大学院の課程を修了した者に対し行うものとする。

第三章　短期大学が行う学位授与

（短期大学士の学位授与の要件）
第五条の四　法第百四条第五項の規定による短期大学士の学位の授与は、短期大学が、当該短期大学を卒業した者に対し行うものとする。

（専門職短期大学を卒業した者に対し授与する学位）
第五条の五　法第百四条第六項に規定する文部科学大臣の定める学位は、短期大学士（専門職）とする。

（専門職短期大学が授与する学位の要件）
第五条の六　法第百四条第六項の規定による前条の短期大学士（専門職）の学位の授与は、専門職短期大学が、当該専門職短期大学を卒業した者に対し行うものとする。

第四章　独立行政法人大学改革支援・学位授与機構が行う学位授与

（学士、修士及び博士の学位授与の要件）
第六条　法第百四条第七項の規定による同項第一号に掲げる者に対する学士の学位の授与は、独立行政法人大学改革支援・学位授与機構の定めるところにより、短期大学（専門職大学の前期課程を含む。）若しくは高等専門学校を卒業した者（専門職大学の前期課程にあつては、修了した者）又は次の各号の一に該当する者で、大学設置基準（昭和三十一年文部省令第二十八号）第三十一条第一項の規定による単位等大学における一定の単位の修得又は短期大学若しくは高等専門学校に置かれる専攻科のうち独立行政法人大学改革支援・学位授与機構が定める要件を満たすものにおける一定の学修その他文部科学大臣が別に定める学修を行い、かつ、独立行政法人大学改革支援・学位授与機構が行う審査に合格した者に対し行うものとする。
一　大学（短期大学を除く。以下この条及び次条において同じ。）に二年以上在学し六十二単位以上を修得した者
二　高等学校（中等教育学校の後期課程及び特別支援学校の高等部を含む。）の専攻科の課程を修了した者のうち法第五十八条の二（法第七十条第一項及び第八十二条において準用する場合を含む。）の規定により大学に編入学することができるもの
三　専修学校の専門課程を修了した者のうち法第百三十二条の規定により大学に編入学することができるもの
四　外国において学校教育における十四年の課程を修了した者
五　その他前各号に掲げる者と同等以上の学力がある者として文部科学大臣が別に定める者
2　法第百四条第七項の規定による同項第二号に掲げる者に対する学士、修士又は博士の学位の授与は、独立行政法人大学改革支援・学位授与機構が定めるところにより、同号に規定

する教育施設に置かれる課程で独立行政法人大学改革支援・学位授与機構がそれぞれ大学の学部、大学院の修士課程又は大学院の博士課程に相当する教育を行うと認めるものを修了し、かつ、独立行政法人大学改革支援・学位授与機構の行う審査に合格した者に対し行うものとする。

（学位授与の審査への参画）

第七条　前条の学位の授与の審査に当たつては、大学の教員等で高度の学識を有する者の参画を得るものとする。

第五章　雑則

（論文要旨等の公表）

第八条　大学及び独立行政法人大学改革支援・学位授与機構は、博士の学位を授与したときは、当該博士の学位を授与した日から三月以内に、当該博士の学位の授与に係る論文の内容の要旨及び論文審査の結果の要旨をインターネットの利用により公表するものとする。

第九条　博士の学位を授与された者は、当該博士の学位を授与された日から一年以内に、当該博士の学位の授与に係る論文の全文を公表するものとする。ただし、当該博士の学位を授与される前に既に公表したときは、この限りでない。

2　前項の規定にかかわらず、博士の学位を授与された者は、やむを得ない事由がある場合には、当該博士の学位を授与した大学又は独立行政法人大学改革支援・学位授与機構の承認を受けて、当該博士の学位の授与に係る論文の全文に代えてその内容を要約したものを公表することができる。この場合において、当該大学又は独立行政法人大学改革支援・学位授与機構は、その論文の全文を求めに応じて閲覧に供するものとする。

3　博士の学位を授与された者が行う前二項の規定による公表は、当該博士の学位を授与した大学又は独立行政法人大学改革支援・学位授与機構の協力を得て、インターネットの利用により行うものとする。

（専攻分野の名称）

第十条　大学及び独立行政法人大学改革支援・学位授与機構は、学位を授与するに当たつては、適切な専攻分野の名称を付記するものとする。

（共同教育課程に係る学位授与の方法）

第十条の二　大学設置基準第四十三条第一項、専門職大学設置基準（平成二十九年文部科学省令第三十三号）第五十五条第一項、大学院設置基準第三十一条第二項、短期大学設置基準（昭和五十年文部省令第二十一号）第三十六条第一項、専門職短期大学設置基準（平成二十九年文部科学省令第三十四号）第五十二条第一項又は専門職大学院設置基準第三十二条第二項に規定する共同教育課程を修了した者に対し行う学位の授与は、当該共同教育課程を編成する大学が連名で行うものとする。

（学位の名称）

第十一条　学位を授与された者は、学位の名称を用いるときは、当該学位を授与した大学又は独立行政法人大学改革支援・学位授与機構の名称を付記するものとする。

（学位授与の報告）

第十二条　大学又は独立行政法人大学改革支援・学位授与機構は、博士の学位を授与したときは、当該学位を授与した日から三月以内に、それぞれ別記様式第一又は別記様式第二による学位授与報告書を文部科学大臣に提出するものとする。

（学位規程）

第十三条　大学は、学位に関する事項を処理するため、論文審査の方法、試験及び学力の確認の方法等学位に関し必要な事項を定めて文部科学大臣に報告するものとする。

2　独立行政法人大学改革支援・学位授与機構は、第六条に規定する学位の授与に係る要件及び審査の方法等学位に関し必要な事項を定めて文部科学大臣に報告するとともに、これを官報に公示するものとする。

附　則

この省令は、公布の日から施行する。

附　則（平成二五・三・一一文科令五）

（施行期日）

1　この省令は、平成二十五年四月一日から施行する。

（経過措置）

2　この省令による改正後の学位規則（以下「新学位規則」という。）第八条の規定は、この省令の施行の日以後に博士の学位を授与した場合について適用し、同日前に博士の学位を授与した場合については、なお従前の例による。

3　新学位規則第九条の規定は、この省令の施行の日以後に博士の学位を授与された者について適用し、同日前に博士の学位を授与された者については、なお従前の例による。

別記様式〔略〕

○高等学校卒業程度認定試験規則

平成一七・一・三一
文　科　令　一

最終改正　令和四・九・三〇文科令三六

（趣旨）

第一条　学校教育法第九十条第一項の規定に基づき、高等学校を卒業した者と同等以上の学力があるかどうかの認定のための試験（以下「高等学校卒業程度認定試験」という。）を行う場合は、この省令の定めるところによる。

（高等学校卒業程度認定試験の施行）

第二条　高等学校卒業程度認定試験は、毎年少なくとも一回、文部科学大臣が行う。

2　高等学校卒業程度認定試験の施行期日、場所及び出願の期限は、あらかじめ、インターネットの利用その他の適切な方法により公示する。

（受験資格）

第三条　高等学校卒業程度認定試験を受けることができる者は、受験しようとする試験の日の属する年度の終わりまでに満十六歳以上になる者とする。

（試験科目、方法及び程度）

第四条　高等学校卒業程度認定試験の試験科目（以下「試験科目」という。）は、別表の第一欄に定めるとおりとする。

2　高等学校卒業程度認定試験は、各試験科目について、筆記の方法により、高等学校（中等教育学校の後期課程を含む。第五条第三項を除き、以下同じ。）において別表の第二欄に定める科目を履修した程度において行う。

（試験の免除）

第五条　高等学校（特別支援学校（学校教育法等の一部を改正する法律（平成十八年法律第八十号）第一条の規定による改正前の学校教育法第一条に規定する盲学校、聾学校及び養護学校を含む。）の高等部を含む。別表において同じ。）において、各試験科目に相当する別表の第二欄に定める科目を修得した者に対しては、その願出により、当該試験科目についての試験を免除する。

2　高等専門学校において、各試験科目に相当する授業科目を、別表の第二欄に定める高等学校の科目を修得したと同程度において修得したと認められた者に対しては、その願出により、当該試験科目についての試験を免除する。

3　第一項の規定は、海外に在留する邦人の子女のための在外教育施設で、文部科学大臣が高等学校の課程と同等の課程を有するものとして認定したものの当該課程において各試験科目に相当する科目を修得した者について準用する。

4　学校教育法施行規則（昭和二十二年文部省令第十一号）第百五十条第三号の規定に基づく指定を受けている専修学校の高等課程において、各試験科目に相当する授業科目を別表の第二欄に定める高等学校の科目を修得したと同程度において修得したと認められた者に対しては、その願出により、当該試験科目についての試験を免除する。

5　知識及び技能に関する審査で、当該審査の合格に係る学修が各試験科目に相当する別表の第二欄に定める高等学校の科目を修得したと同程度と認められるものとして文部科学大臣が別に定めるものに合格した者に対しては、その願出により、当該試験科目についての試験を免除する。

6　前各項の規定による試験の免除は、試験科目の全部について行うことはできない。

（受験方法）

第六条　高等学校卒業程度認定試験は、二回以上にわたり、それぞれ一以上の試験科目について受けることができる。

（受験手続）

第七条　高等学校卒業程度認定試験を受けようとする者は、受験願書に次の各号に掲げる書類を添えて、文部科学大臣に願い出なければならない。

一　履歴書一通

二　戸籍抄本又は住民票の写し一通（いずれも出願前六月以内に交付を受けたもの）

三　写真二枚（出願前六月以内に撮影した無帽かつ正面上半身のもの）

四　第五条第一項から第五項までの規定に基づく試験の免除を願い出る者については、その免除を受ける資格を証明する書類

2　前項第二号に掲げる書類は、やむを得ない事由があると文部科学大臣が特に認めた場合においては、他の証明書をもって代えることができる。

3　既に高等学校卒業程度認定試験を受けて一以上の試験科目について合格点を得ている者（最後に受けた高等学校卒業程度認定試験の出願の日以後に氏名又は本籍（日本の国籍を有しない者にあっては、国籍。以下同じ。）を変更した者を除く。）が、当該試験科目以外の試験科目についてさらに高等学校卒業程度認定試験を受けようとする場合においては、第一項第二号及び前項の規定にかかわらず、その受験願書に、同号に掲げる書類又は前項に規定する他の証明書を添えることを要しない。

4　既に高等学校卒業程度認定試験を受けて一以上の試験科目について合格点を得ている者（日本の国籍を有しない者を除く。）が、最後に受けた高等学校卒業程度認定試験の出願の日以後に氏名又は本籍を変更した場合であって、その者が、当該試験科目以外の試験科目についてさらに高等学校卒業程度認定試験を受けようとするときにおける第一項第二号の規定の適用については、同号中「戸籍抄本又は住民票の写し一通」とあるのは、「氏名又は本籍（日本の国籍を有しない者であった者にあっては、国籍。）の変更後の戸籍抄本一通」とする。この場合においては、第二項の規定は適用しない。

（合格）

第八条　試験科目（第五条第一項から第五項までの規定に基づき試験の免除を受けた試験科目を除く。）の全てについて合格点を得た者を高等学校卒業程度認定試験の合格者（以下「認定試験合格者」という。）とする。ただし、その者が十八

歳に達していないときは、その者は、十八歳に達した日の翌日から認定試験合格者となるものとする。

2　認定試験合格者のほか、一以上の試験科目について合格点を得た者を高等学校卒業程度認定試験の科目合格者（以下「認定試験科目合格者」という。）とする。

（合格証書の授与等）

第九条　認定試験合格者（十八歳に達していない者を含む。第十二条第三項において同じ。）に対しては、合格証書を授与する。

2　合格証書を有する者がその氏名若しくは本籍を変更し、又は合格証書を破損し、若しくは紛失した場合において、その事由を付して願い出たときは、合格証書を書き換え又は再交付する。

（証明書の交付）

第十条　認定試験合格者がその合格の証明を願い出たときは、合格証明書を交付する。

2　認定試験合格者がその成績の証明を願い出たときは、合格成績証明書を交付する。

3　認定試験科目合格者がその科目合格の証明を願い出たときは、科目合格証明書を交付する。

4　認定試験科目合格者がその成績の証明を願い出たときは、科目合格成績証明書を交付する。

5　学校教育法施行規則（昭和二十二年文部省令第十一号）第百五十四条第六号に規定する者がその試験科目の全部について合格点を得た旨の証明を願い出たときは、特別合格証明書を交付する。

6　前項に規定する者がその成績の証明を願い出たときは、特別合格成績証明書を交付する。

（手数料）

第十一条　次の表の上欄に掲げる者は、それぞれ同表の下欄に掲げる額の手数料を納付しなければならない。

上欄		下欄
一　高等学校卒業程度認定試験の受験を願い出る者	七科目以上受験	八千五百円
	四科目以上六科目以下受験	六千五百円
	三科目以下受験	四千五百円
二　合格証書の書換え又は再交付を願い出る者		五百円
三　合格証明書の交付を願い出る者		二百五十円
四　合格成績証明書の交付を願い出る者		二百五十円
五　科目合格証明書の交付を願い出る者		二百五十円
六　科目合格成績証明書の交付を願い出る者		二百五十円
七　特別合格証明書の交付を願い出る者		二百五十円
八　特別合格成績証明書の交付を願い出る者		二百五十円

2　前項の規定により納付すべき手数料は、願書に収入印紙を貼って納付しなければならない。

3　第一項の規定により納付された手数料は、これを返還しない。

（不正の行為を行った者等に対する処分）

第十二条　文部科学大臣は、高等学校卒業程度認定試験に関して不正の行為があった場合には、その不正行為に関係のある者に対しては、その受験を停止させ、又はその試験を無効とすることができる。

2　文部科学大臣は、前項の規定による処分を受けた者に対し、期間を定めて高等学校卒業程度認定試験を受けることができないものとすることができる。

3　第一項の規定による処分を受けた認定試験合格者及び認定試験科目合格者は、直ちに合格証書その他当該合格を証明する書類を返納しなければならない。

附　則（抄）

（施行期日）

第一条　この省令は、平成十七年四月一日から施行する。ただし、第二条の規定は、公布の日から施行する。

2　第五条第一項（同条第三項において準用する場合を含む。）の規定は、平成十五年四月一日以後に高等学校（特別支援学校（学校教育法等の一部を改正する法律第一条の規定による改正前の学校教育法第一条に規定する盲学校、聾学校及び養護学校を含む。）の高等部を含む。）に入学した生徒（学校教育法施行規則第九十一条の規定（同令第百十三条第一項及び第百三十五条第五項において準用する場合を含む。）により入学した生徒で同日前に入学した生徒に係る教育課程により履修するものを除く。）に係る教育課程の科目を修得した者に適用する。

（大学入学資格検定規程の廃止）

第二条　大学入学資格検定規程（昭和二十六年文部省令第十三号）は、廃止する。

第五条　高等学校（学校教育法等の一部を改正する法律第一条による改正前の学校教育法第一条に規定する盲学校、聾学校及び養護学校を含む。以下この項において同じ。）において次の表の上欄に掲げる試験科目に相当する科目を修得した者（平成十五年四月一日前に高等学校に入学した生徒に係る教育課程の科目を修得した者に限る。）に対しては、その願出により、それぞれ同表の下欄に掲げる試験科目についての試験を免除する。

国語（甲）、現代国語、国語Ⅰ、国語Ⅱ、現代文又は古典Ⅰ	国語
世界史、世界史A、世界史B、日本史、日本史A又は日本史B	歴史

人文地理、地理A、地理B又は地理	地理
一般社会、時事問題、社会若しくは現代社会のいずれか一科目又は倫理・社会若しくは倫理及び政治・経済の二科目	公共
一般数学、解析（1）、幾何、解析（2）、数学Ⅰ、数学Ⅱ、数学Ⅲ、数学ⅡA、数学ⅡB、数学一般、代数・幾何、基礎解析、微分・積分、確率・統計、数学A、電気一般、機械一般又は工業数理	数学
基礎理科、理科Ⅰ又は総合理科	科学と人間生活
物理、物理A、物理B、物理Ⅰ、物理ⅠA又は物理ⅠB	物理基礎
化学、化学A、化学B、化学Ⅰ、化学ⅠA又は化学ⅠB	化学基礎
生物、生物Ⅰ、生物ⅠA又は生物ⅠB	生物基礎
地学、地学Ⅰ、地学ⅠA又は地学ⅠB	地学基礎
英語、英語A、英語B、英語Ⅰ、英語Ⅱ、英語ⅡA、英語ⅡB、英語ⅡC、オーラル・コミュニケーションA、オーラル・コミュニケーションB、オーラル・コミュニケーションC、リーディング、ライティング、ドイツ語、フランス語又は中国語	英語

2　前項の免除に関し必要な事項は、文部科学大臣が別に定める。

3　第一項の規定による試験の免除は、試験科目の全部について行うことはできない。

4　前三項の規定は、第五条第三項に規定する課程において試験科目に相当する科目を修得した者について準用する。

附　則（平成二四・七・三文科令二五）

（施行期日）

1　この省令は、住民基本台帳法の一部を改正する法律（平成二十一年法律第七十七号）の一部及び出入国管理及び難民認定法及び日本国との平和条約に基づき日本の国籍を離脱した者等の出入国管理に関する特例法の一部を改正する等の法律（平成二十一年法律第七十九号）の施行の日（平成二十四年七月九日）から施行する。

（経過措置）

2　この省令の施行の日から起算して六月を経過する日までの間における改正後の就学義務猶予免除者等の中学校卒業程度認定規則第九条第一項第二号並びに高等学校卒業程度認定試験規則第七条第一項第二号及び同条第三項の規定の適用については、これらの規定中「住民票の写し」とあるのは、「住民票の写し（日本の国籍を有しない者にあっては、住民票の写し又は出入国管理及び難民認定法及び日本国との平和条約に基づき日本の国籍を離脱した者等の出入国管理に関する特例法の一部を改正する等の法律第四条の規定による廃止前の外国人登録法（昭和二十七年法律第百二十五号）に規定する外国人登録原票の写し若しくは登録原票記載事項証明書）」とする。

附　則（平成二五・九・一〇文科令二四）

改正　令和四・九・三〇文科令三六

（施行期日）

第一条　この省令は、平成二十七年四月一日から施行する。ただし、次の各号に掲げる規定は、当該各号に定める日から施行する。

一　第十二条の改正規定　公布の日

二　附則第四条から附則第六条までの改正規定並びに別表中数学及び理科の項の改正規定　平成二十六年四月一日

（経過措置）

第二条　この省令による改正後の高等学校卒業程度認定試験規則第五条第一項（同条第三項において準用する場合を含む。）の規定は、次の各号に掲げる試験科目の区分に応じ当該各号に定める者に適用する。

一　数学及び理科　平成二十四年四月一日以後に高等学校（中等教育学校の後期課程及び特別支援学校の高等部を含む。次号において同じ。）に入学した生徒（学校教育法施行規則（昭和二十二年文部省令第十一号）第九十一条の規定（同令第百十三条第一項及び第百三十五条第五項において準用する場合を含む。次条において同じ。）により入学した生徒で同日前に入学した生徒に係る教育課程により履修するものを除く。次号において同じ。）に係る教育課程の科目を修得した者

二　国語及び外国語　平成二十五年四月一日以後に高等学校に入学した生徒に係る教育課程の科目を修得した者

第三条　この省令による改正前の高等学校卒業程度認定試験規則（以下「旧規則」という。）別表第一欄に定める試験科目について、高等学校（中等教育学校の後期課程及び特別支援学校（学校教育法等の一部を改正する法律（平成十八年法律第八十号）第一条の規定による改正前の学校教育法第一条に規定する盲学校、聾学校及び養護学校を含む。）の高等部を含む。以下この条及び次条において同じ。）において次の表の上欄に掲げる試験科目に相当する中欄に掲げる科目を修得した者（平成十五年四月一日から平成二十四年三月三十一日までに高等学校に入学した生徒（学校教育法施行規則第九十一条の規定により入学した生徒で平成十五年三月三十一日までに入学した生徒に係る教育課程により履修するものを除く。次条において同じ。）に係る教育課程の科目を修得した者に限る。）に対しては、その願出により、それぞれ同表の下欄に掲げる試験科目についての試験を免除する。

上　欄	中　欄	下　欄
数学	数学基礎	数学

理科総合	理科基礎、理科総合A又は理科総合B	科学と人間生活
物理Ⅰ	物理Ⅰ	物理基礎
化学Ⅰ	化学Ⅰ	化学基礎
生物Ⅰ	生物Ⅰ	生物基礎
地学Ⅰ	地学Ⅰ	地学基礎

第四条 旧規則別表第一欄に定める試験科目について、高等学校において次の表の上欄に掲げる試験科目に相当する中欄に掲げる科目を修得した者（平成十五年四月一日から平成二十五年三月三十一日までに高等学校に入学した生徒に係る教育課程の科目を修得した者に限る。）に対しては、その願出により、それぞれ同表の下欄に掲げる試験科目についての試験を免除する。

上欄	中欄	下欄
国語	国語表現Ⅰ	国語
英語	オーラル・コミュニケーションⅠ又は英語Ⅰ	英語

第五条 この省令の施行の際、既に高等学校卒業程度認定試験を受けて旧規則別表第一欄に定める試験科目のうち次の表の上欄に掲げるものについて合格点を得た者に対しては、その願い出により、それぞれ同表の下欄に掲げる試験科目についての試験を免除する。

上欄	下欄
国語	国語
数学	数学
理科総合	科学と人間生活
物理Ⅰ	物理基礎
化学Ⅰ	化学基礎
生物Ⅰ	生物基礎
地学Ⅰ	地学基礎
英語	英語

附　則（令和四・九・三〇文科令三六）（抄）

（施行期日）

第一条 この省令は、令和六年四月一日から施行する。ただし、第七条第三項、附則第一条第二項及び附則第三条の改正規定並びに次条及び附則第六条の規定は、公布の日から施行する。

2 この省令による改正後の高等学校卒業程度認定試験規則（附則第六条において「新規則」という。）第五条第一項（同条第三項において準用する場合を含む。）の規定は、令和四年四月一日以後に高等学校（中等教育学校の後期課程及び特別支援学校の高等部を含む。附則第四条及び附則第六条において同じ。）に入学した生徒（学校教育法施行規則（昭和二十二年文部省令第十一号）第九十一条の規定（同令第百十三条第一項及び第百三十五条第五項において準用する場合を含む。以下同じ。）により入学した生徒で同日前に入学した生徒に係る教育課程により履修するものを除く。）に係る教育課程の科目を履修した者に適用する。

（経過措置）

第三条 この省令による改正前の高等学校卒業程度認定試験規則（以下「旧規則」という。）別表第一欄に定める試験科目について、高等学校（学校教育法等の一部を改正する法律（平成十八年法律第八十号）第一条の規定による改正前の学校教育法第一条に規定する盲学校、聾学校及び養護学校を含む。以下この条において同じ。）において次の表の上欄に掲げる試験科目に相当する同表の中欄に掲げる科目を修得した者（平成十五年四月一日から令和四年三月三十一日までに高等学校に入学した生徒（学校教育法施行規則第九十一条の規定により入学した生徒で平成十五年三月三十一日までに入学した生徒に係る教育課程により履修するものを除く。）に係る教育課程の科目を修得した者に限る。）に対しては、その願出により、それぞれ同表の下欄に掲げる試験科目についての試験を免除する。

上欄	中欄	下欄
国語	国語総合	国語
世界史A、世界史B、日本史A又は日本史B	世界史A、世界史B、日本史A又は日本史B	歴史
地理A又は地理B	地理A又は地理B	地理
現代社会一科目又は倫理及び政治・経済の二科目	現代社会一科目又は倫理及び政治・経済の二科目	公共
数学	工業数理基礎	数学

第四条 旧規則別表第一欄に定める試験科目について、高等学校において次の表の上欄に掲げる試験科目に相当する同表の中欄に掲げる科目を修得した者（平成二十五年四月一日から令和四年三月三十一日までに高等学校に入学した生徒（学校

教育法施行規則第九十一条の規定により入学した生徒で平成二十五年三月三十一日までに入学した生徒に係る教育課程により履修するものを除く。）に係る教育課程の科目を修得した者に限る。）に対しては、その願出により、それぞれ同表の下欄に掲げる試験科目についての試験を免除する。

上　欄	中　欄	下　欄
英語	コミュニケーション英語Ⅰ	英語

第五条　この省令の施行の際、既に高等学校卒業程度認定試験を受けて旧規則別表第一欄に定める試験科目のうち次の表の上欄に掲げるものについて合格点を得た者に対しては、その願出により、それぞれ同表の下欄に掲げる試験科目についての試験を免除する。

上　欄	下　欄
国語	国語
世界史A、世界史B、日本史A又は日本史B	歴史
地理A又は地理B	地理
現代社会一科目又は倫理及び政治・経済の二科目	公共
英語	英語

第六条　旧規則別表第一欄に定める試験科目について、この省令の施行の日前に高等学校において次の表の上欄に掲げる新規則別表第一欄に定める試験科目に相当する次の表の中欄に掲げる科目を修得した者（令和四年四月一日以後に高等学校に入学した生徒（学校教育法施行規則第九十一条の規定により入学した生徒で同日前に入学した生徒に係る教育課程により履修するものを除く。）に係る教育課程の科目を修得した者に限る。）に対しては、その願出により、それぞれ同表の下欄に掲げる試験科目についての試験を免除する。

上　欄	中　欄	下　欄
国語	現代の国語及び言語文化	国語
地理	地理総合	地理A
歴史	歴史総合	世界史A
公共	公共	現代社会
英語	英語コミュニケーションⅠ	英語

別表（第四条及び第五条関係）

<table>
<tr><th colspan="3">第　一　欄</th><th rowspan="2">第　二　欄</th></tr>
<tr><th>試験科目の属する教科</th><th colspan="2">試験科目</th></tr>
<tr><td>国語</td><td colspan="2">国語</td><td>現代の国語及び言語文化</td></tr>
<tr><td rowspan="2">地理歴史</td><td colspan="2">地理</td><td>地理総合</td></tr>
<tr><td colspan="2">歴史</td><td>歴史総合</td></tr>
<tr><td>公民</td><td colspan="2">公共</td><td>公共</td></tr>
<tr><td>数学</td><td colspan="2">数学</td><td>数学Ⅰ</td></tr>
<tr><td rowspan="5">理科</td><td>科学と人間生活</td><td rowspan="5">科学と人間生活及び物理基礎、化学基礎、生物基礎、若しくは地学基礎のうちから受験者の選択する一科目の合計二科目又は物理基礎、化学基礎、生物基礎若しくは地学基礎のうちから受験者の選択する三科目</td><td>科学と人間生活</td></tr>
<tr><td>物理基礎</td><td>物理基礎</td></tr>
<tr><td>化学基礎</td><td>化学基礎</td></tr>
<tr><td>生物基礎</td><td>生物基礎</td></tr>
<tr><td>地学基礎</td><td>地学基礎</td></tr>
<tr><td>外国語</td><td colspan="2">英語</td><td>英語コミュニケーションⅠ又は学校設定科目として設けられた英語以外の外国語</td></tr>
</table>

○高等学校卒業程度認定審査規則

令和四・四・一
文科令一八

（趣旨）

第一条 学校教育法（第三条及び第五条第一項第三号において「法」という。）第九十条第一項の規定に基づき、同条第二項の規定により大学に入学した者が、高等学校を卒業した者と同等以上の学力があるかどうかの認定のための審査（以下「高等学校卒業程度認定審査」という。）を行う場合は、この省令の定めるところによる。

（高等学校卒業程度認定審査の施行）

第二条 高等学校卒業程度認定審査は、毎年少なくとも一回、文部科学大臣が行う。

2 高等学校卒業程度認定審査の施行期日及び出願の期限は、あらかじめ、インターネットの利用その他の適切な方法により公示する。

（出願資格）

第三条 高等学校卒業程度認定審査を受けることができる者は、法第九十条第二項の規定により大学に入学した者（学校教育法施行規則の一部を改正する省令（平成十三年文部科学省令第八十号）による改正前の学校教育法施行規則（昭和二十二年文部省令第十一号）第六十九条第五号の規定により大学に入学した者を含む。）とする。

（審査の方法）

第四条 第一条に規定する認定は、文部科学大臣が別に定めるところにより、高等学校等（高等学校及び学校教育法施行規則第百五十四条各号に掲げる者が在学した学校等をいう。次条第一項第四号において同じ。）及び大学における学修の成果その他これに相当するものを審査して行う。

（出願手続）

第五条 高等学校卒業程度認定審査を受けようとする者は、出願書類に次の各号に掲げる書類を添えて、文部科学大臣に願い出なければならない。

一 履歴書一通

二 戸籍抄本又は住民票の写し一通（いずれも出願前六月以内に交付を受けたもの）

三 大学が発行する法第九十条第二項の規定により当該大学に入学したことを証する書面

四 高等学校等が発行する成績証明書その他の学修の成果を証する書面

五 大学が発行する成績証明書その他の学修の成果を証する書面

2 前項第二号から第五号までに掲げる書類は、やむを得ない事由があると文部科学大臣が特に認めた場合においては、他の証明書をもって代えることができる。

（認定審査合格者）

第六条 高等学校卒業程度認定審査に合格した者を認定審査合格者とする。ただし、その者が十八歳に達していないときは、その者は、十八歳に達した日の翌日から認定審査合格者となるものとする。

（合格証書の授与等）

第七条 認定審査合格者（十八歳に達していない者を含む。第九条第三項において同じ。）に対しては、合格証書を授与する。

2 合格証書を有する者がその氏名若しくは本籍を変更し、又は合格証書を破損し、若しくは紛失した場合において、その事由を付して願い出たときは、合格証書を書き換え又は再交付する。

（合格証明書の交付）

第八条 認定審査合格者がその合格の証明を願い出たときは、合格証明書を交付する。

（不正の行為を行った者に対する処分）

第九条 文部科学大臣は、高等学校卒業程度認定審査に関して不正の行為を行った者に対して、その合格を無効とすることができる。

2 前項の規定により合格を無効にするときは、文部科学大臣は、その旨を直ちにその者に通知しなければならない。

3 第一項の規定による処分を受けた認定審査合格者は、直ちに合格証書及び合格証明書を返納しなければならない。

（雑則）

第十条 この省令に定めるもののほか、高等学校卒業程度認定審査の実施に関し必要な事項は、文部科学大臣が定める。

附 則（抄）

（施行期日）

第一条 この省令は、公布の日から施行する。

○国立大学法人法

平成一五・七・一六
法　一　一　二

最終改正　令和四・一二・九法九四

第一章　総則

第一節　通則

（目的）

第一条　この法律は、大学の教育研究に対する国民の要請にこたえるとともに、我が国の高等教育及び学術研究の水準の向上と均衡ある発展を図るため、国立大学を設置して教育研究を行う国立大学法人の組織及び運営並びに大学共同利用機関を設置して大学の共同利用に供する大学共同利用機関法人の組織及び運営について定めることを目的とする。

（定義）

第二条　この法律において「国立大学法人」とは、国立大学を設置することを目的として、この法律の定めるところにより設立される法人をいう。

2　この法律において「国立大学」とは、別表第一の第二欄に掲げる大学をいう。

3　この法律において「大学共同利用機関法人」とは、大学共同利用機関を設置することを目的として、この法律の定めるところにより設立される法人をいう。

4　この法律において「大学共同利用機関」とは、別表第二の第二欄に掲げる研究分野について、大学における学術研究の発展等に資するために設置される大学の共同利用の研究所をいう。

5　この法律において「中期目標」とは、国立大学法人及び大学共同利用機関法人（以下「国立大学法人等」という。）が達成すべき業務運営に関する目標であって、第三十条第一項の規定により文部科学大臣が定めるものをいう。

6　この法律において「中期計画」とは、中期目標を達成するための計画であって、第三十一条第一項の規定により国立大学法人等が作成するものをいう。

7　この法律において「学則」とは、国立大学法人の規則のうち、修業年限、教育課程、教育研究組織その他の学生の修学上必要な事項を定めたものをいう。

（教育研究の特性への配慮）

第三条　国は、この法律の運用に当たっては、国立大学及び大学共同利用機関における教育研究の特性に常に配慮しなければならない。

（国立大学法人の名称等）

第四条　各国立大学法人の名称及びその主たる事務所の所在地は、それぞれ別表第一の第一欄及び第三欄に掲げるとおりとする。

2　別表第一の第一欄に掲げる国立大学法人は、それぞれ同表の第二欄に掲げる国立大学を設置するものとする。

（大学共同利用機関法人の名称等）

第五条　各大学共同利用機関法人の名称及びその主たる事務所の所在地は、それぞれ別表第二の第一欄及び第三欄に掲げるとおりとする。

2　別表第二の第一欄に掲げる大学共同利用機関法人は、それぞれ同表の第二欄に掲げる研究分野について、文部科学省令で定めるところにより、大学共同利用機関を設置するものとする。

（法人格）

第六条　国立大学法人等は、法人とする。

（資本金）

第七条　各国立大学法人等の資本金は、附則第九条第二項の規定により政府から出資があったものとされた金額とする。

2　政府は、必要があると認めるときは、予算で定める金額の範囲内において、国立大学法人等に追加して出資することができる。

3　政府は、必要があると認めるときは、前項の規定にかかわらず、土地、建物その他の土地の定着物及びその建物に附属する工作物（第六項及び第三十四条の二において「土地等」という。）を出資の目的として、国立大学法人等に追加して出資することができる。

4　政府は、前項の規定により土地を出資の目的として出資する場合において、国立大学法人等が当該土地の全部又は一部を譲渡したときは、当該譲渡により生じた収入の範囲内で文部科学大臣が定める基準により算定した額に相当する金額を独立行政法人大学改革支援・学位授与機構に納付すべき旨の条件を付することができる。

5　国立大学法人等は、第二項又は第三項の規定による政府の出資があったときは、その出資額により資本金を増加するものとする。

6　政府が出資の目的とする土地等の価額は、出資の日現在における時価を基準として評価委員が評価した価額とする。

7　前項の評価委員その他評価に関し必要な事項は、政令で定める。

8　国立大学法人等は、準用通則法（第三十五条において準用する独立行政法人通則法（平成十一年法律第百三号）をいう。以下同じ。）第四十八条本文に規定する重要な財産のうち、文部科学大臣が定める財産を譲渡したときは、当該譲渡した財産に係る部分として文部科学大臣が定める金額については、当該国立大学法人等に対する政府からの出資はなかったものとし、当該国立大学法人等は、その額により資本金を減少するものとする。

（名称の使用制限）

第八条　国立大学法人又は大学共同利用機関法人でない者は、その名称中に、それぞれ国立大学法人又は大学共同利用機関法人という文字を用いてはならない。

第二節　国立大学法人評価委員会

第九条　文部科学省に、国立大学法人等に関する事務を処理させるため、国立大学法人評価委員会（以下「評価委員会」という。）を置く。

2　評価委員会は、次に掲げる事務をつかさどる。

一　国立大学法人等の業務の実績に関する評価に関するこ

と。

二 その他この法律によりその権限に属させられた事項を処理すること。

3 文部科学大臣は、大学の運営に関して高い識見を有する外国人（日本の国籍を有しない者をいう。次項において同じ。）を評価委員会の委員に任命することができる。

4 前項の場合において、外国人である評価委員会の委員は、評価委員会の会務を総理し、評価委員会を代表する者となることはできず、当該委員の数は、評価委員会の委員の総数の五分の一を超えてはならない。

5 前三項に定めるもののほか、評価委員会の組織、所掌事務及び委員その他の職員その他評価委員会に関し必要な事項については、政令で定める。

第二章 組織及び業務

第一節 国立大学法人

第一款 役員及び職員

（役員）

第十条 各国立大学法人に、役員として、その長である学長（当該国立大学法人が設置する国立大学の全部について第四項に規定する大学総括理事を置く場合にあっては、理事長。次条第一項並びに第二十一条第二項第四号、第三項及び第五項を除き、以下同じ。）及び監事二人（二以上の国立大学を設置する国立大学法人にあっては、その設置する国立大学の数に一を加えた員数）を置く。

2 前項の規定により置く監事のうち少なくとも一人は、常勤としなければならない。

3 各国立大学法人に、役員として、それぞれ別表第一の第四欄に定める員数以内の理事を置く。

4 国立大学法人が二以上の国立大学を設置する場合その他その管理運営体制の強化を図る特別の事情がある場合には、第十二条第二項に規定する学長選考・監察会議の定めるところにより、当該国立大学法人に、その設置する国立大学の全部又は一部に係る学校教育法（昭和二十二年法律第二十六号）第九十二条第三項に規定する職務（以下「大学の長としての職務」という。）を行う理事（以下「大学総括理事」という。）を置くことができる。

5 国立大学法人は、前項の規定により大学総括理事を置くこととするときは、文部科学大臣の承認を受けなければならない。

（役員の職務及び権限）

第十一条 学長は、大学の長としての職務（大学総括理事を置く場合にあっては、当該大学総括理事の職務に係るものを除く。）を行うとともに、国立大学法人を代表し、その業務を総理する。

2 理事長は、国立大学法人を代表し、その業務を総理する。

3 学長は、次の事項について決定をしようとするときは、学長及び理事で構成する会議（第五号において「役員会」という。）の議を経なければならない。

一 中期目標についての意見（国立大学法人等が第三十条第三項の規定により文部科学大臣に対し述べる意見をいう。以下同じ。）に関する事項

二 この法律により文部科学大臣の認可又は承認（第十三条の二第一項及び第十七条第七項の承認を除く。）を受けなければならない事項

三 予算の作成及び執行並びに決算に関する事項

四 当該国立大学、学部、学科その他の重要な組織の設置又は廃止に関する事項

五 その他役員会が定める重要事項

4 理事は、学長の定めるところにより、学長を補佐して国立大学法人の業務を掌理し、学長に事故があるときはその職務を代理し、学長が欠員のときはその職務を行う。

5 大学総括理事は、前項に規定する職務のほか、大学の長としての職務（第十二条第二項に規定する学長選考・監察会議の定めるところにより、当該大学総括理事が当該大学の長としての職務を行うものとされた国立大学に係るものに限る。）を行うとともに、学長の定めるところにより、国立大学法人を代表する。

6 監事は、国立大学法人の業務を監査する。この場合において、監事は、文部科学省令で定めるところにより、監査報告を作成しなければならない。

7 監事は、いつでも、役員（監事を除く。）及び職員に対して事務及び事業の報告を求め、又は国立大学法人の業務及び財産の状況の調査をすることができる。

8 監事は、国立大学法人がこの法律又は準用通則法の規定による認可、承認、認定及び届出に係る書類並びに報告書その他の文部科学省令で定める書類を文部科学大臣に提出しようとするときは、これらの書類を調査しなければならない。

9 監事は、その職務を行うため必要があるときは、国立大学法人の子法人（国立大学法人がその経営を支配している法人として文部科学省令で定めるものをいう。）に対して事業の報告を求め、又はその子法人の業務及び財産の状況の調査をすることができる。

10 前項の子法人は、正当な理由があるときは、同項の報告又は調査を拒むことができる。

11 監事は、監査の結果に基づき、必要があると認めるときは、学長又は文部科学大臣に意見を提出することができる。

（学長等への報告義務）

第十一条の二 監事は、役員（監事を除く。）が不正の行為をし、若しくは当該行為をするおそれがあると認めるとき、又はこの法律若しくは他の法令に違反する事実若しくは著しく不当な事実があると認めるときは、遅滞なく、その旨を学長（当該役員が学長である場合にあっては、学長及び次条第二項に規定する学長選考・監察会議）に報告するとともに、文部科学大臣に報告しなければならない。

（役員の任命）

第十二条 学長の任命は、国立大学法人の申出に基づいて、文部科学大臣が行う。

2 前項の申出は、第一号に掲げる委員及び第二号に掲げる委員各同数をもって構成する会議（以下「学長選考・監察会議」という。）の選考により行うものとする。

一 第二十条第二項第三号に掲げる者の中から同条第一項に

規定する経営協議会において選出された者

二　第二十一条第二項第二号から第四号までに掲げる者の中から同条第一項に規定する教育研究評議会において選出された者

3　学長選考・監察会議に議長を置き、委員の互選によってこれを定める。

4　議長は、学長選考・監察会議を主宰する。

5　この条に定めるもののほか、学長選考・監察会議の議事の手続その他学長選考・監察会議に関し必要な事項は、議長が学長選考・監察会議に諮って定める。

6　第二項に規定する学長の選考は、人格が高潔で、学識が優れ、かつ、大学における教育研究活動を適切かつ効果的に運営することができる能力を有する者のうちから、学長選考・監察会議が定める基準により、行わなければならない。

7　国立大学法人は、第二項に規定する学長の選考が行われたときは当該選考の結果その他文部科学省令で定める事項を、学長選考・監察会議が前項に規定する基準を定め、又は変更したときは当該基準を、それぞれ遅滞なく公表しなければならない。

8　監事は、文部科学大臣が任命する。

第十三条　理事（大学総括理事を除く。次項、第十五条第二項及び第十七条第六項において同じ。）は、前条第六項に規定する者のうちから、学長が任命する。

2　学長は、前項の規定により理事を任命したときは、遅滞なく、文部科学大臣に届け出るとともに、これを公表しなければならない。

第十三条の二　大学総括理事は、第十二条第六項に規定する者のうちから、学長選考・監察会議の意見を聴き、及び文部科学大臣の承認を得て、学長が任命する。

2　前項の承認は、国立大学法人の申出に基づいて行うものとする。

3　学長は、第一項の規定により大学総括理事を任命したときは、遅滞なく、これを公表しなければならない。

第十四条　学長又は文部科学大臣は、それぞれ理事又は監事を任命するに当たっては、その任命の際現に当該国立大学法人の役員又は職員でない者（以下「学外者」という。）が含まれるようにしなければならない。

2　別表第一の各項の第四欄に定める理事の員数が四人以上である当該各項の第一欄に掲げる国立大学法人（学外者が学長に任命されているものを除く。）の理事の任命に関する前項の規定の適用については、同項中「含まれる」とあるのは、「二人以上含まれる」とする。

（役員の任期）

第十五条　学長の任期は、二年以上六年を超えない範囲内において、学長選考・監察会議の議を経て、各国立大学法人の規則で定める。

2　理事の任期は、六年を超えない範囲内で、学長が定める。ただし、理事の任期の末日は、当該理事を任命する学長の任期の末日以前でなければならない。

3　大学総括理事の任期は、六年を超えない範囲内において、学長選考・監察会議の議を経て、各国立大学法人の規則で定める。ただし、大学総括理事の任期の末日は、当該大学総括理事を任命する学長の任期の末日以前でなければならない。

4　監事の任期は、その任命後四年以内に終了する事業年度のうち最終のものに関する準用通則法第三十八条第一項の規定による同項の財務諸表の承認の時までとする。ただし、補欠の監事の任期は、前任者の残任期間とする。

5　役員は、再任されることができる。この場合において、当該役員がその最初の任命の際現に当該国立大学法人の役員又は職員でなかったときの前条の規定の適用については、その再任の際現に当該国立大学法人の役員又は職員でない者とみなす。

（役員の欠格条項）

第十六条　政府又は地方公共団体の職員（非常勤の者を除く。）は、役員となることができない。

2　前項の規定にかかわらず、教育公務員で政令で定める者は、非常勤の理事又は監事となることができる。

（役員の解任等）

第十七条　文部科学大臣又は学長は、それぞれその任命に係る役員が前条の規定により役員となることができない者に該当するに至ったときは、その役員を解任しなければならない。

2　文部科学大臣又は学長は、それぞれその任命に係る役員が次の各号のいずれかに該当するとき、その他役員たるに適しないと認めるときは、その役員を解任することができる。

一　心身の故障のため職務の遂行に堪えないと認められるとき。

二　職務上の義務違反があるとき。

3　前項に規定するもののほか、文部科学大臣又は学長は、それぞれその任命に係る役員（監事を除く。）の職務の執行が適当でないため当該国立大学法人の業務の実績が悪化した場合であって、その役員に引き続き当該職務を行わせることが適当でないと認めるときは、その役員を解任することができる。

4　学長選考・監察会議は、第十一条の二の規定による報告を受けたとき、又は学長が前二項に規定する場合に該当するおそれがあると認めるときは、学長に対し、職務の執行の状況について報告を求めることができる。

5　第二項及び第三項の規定により文部科学大臣が行う学長の解任は、当該国立大学法人の学長選考・監察会議の申出により行うものとする。

6　学長は、第一項から第三項までの規定により理事を解任したときは、遅滞なく、文部科学大臣に届け出るとともに、これを公表しなければならない。

7　第二項及び第三項の規定により学長が行う大学総括理事の解任は、学長選考・監察会議の意見を聴き、及び文部科学大臣の承認を得て、行うものとする。

8　第十三条の二第二項及び第三項の規定は、第一項から第三項までの規定による大学総括理事の解任について準用する。この場合において、同条第二項中「前項」とあるのは、「第十七条第七項」と読み替えるものとする。

（役員及び職員の秘密保持義務）

第十八条　国立大学法人の役員及び職員は、職務上知ることのできた秘密を漏らしてはならない。その職を退いた後も、同様とする。

（役員及び職員の地位）

第十九条　国立大学法人の役員及び職員は、刑法（明治四十年法律第四十五号）その他の罰則の適用については、法令により公務に従事する職員とみなす。

第二款　経営協議会等

（経営協議会）

第二十条　国立大学法人に、国立大学法人の経営に関する重要事項を審議する機関として、経営協議会を置く。

2　経営協議会は、次に掲げる委員で組織する。

一　学長

二　学長が指名する理事及び職員

三　当該国立大学法人の役員又は職員以外の者で大学に関し広くかつ高い識見を有するもののうちから、次条第一項に規定する教育研究評議会の意見を聴いて学長が任命するもの

3　前項各号に掲げる者のほか、大学総括理事を置く場合には、当該大学総括理事を委員とする。

4　経営協議会の委員の過半数は、第二項第三号の委員でなければならない。

5　経営協議会は、次に掲げる事項を審議する。

一　中期目標についての意見に関する事項のうち、国立大学法人の経営に関するもの

二　中期計画に関する事項のうち、国立大学法人の経営に関するもの

三　学則（国立大学法人の経営に関する部分に限る。）、会計規程、役員に対する報酬及び退職手当の支給の基準、職員の給与及び退職手当の支給の基準その他の経営に係る重要な規則の制定又は改廃に関する事項

四　予算の作成及び執行並びに決算に関する事項

五　組織及び運営の状況について自ら行う点検及び評価に関する事項

六　その他国立大学法人の経営に関する重要事項

6　経営協議会に議長を置き、学長をもって充てる。

7　議長は、経営協議会を主宰する。

（教育研究評議会）

第二十一条　国立大学法人に、当該国立大学法人が設置する国立大学ごとに当該国立大学の教育研究に関する重要事項を審議する機関として、教育研究評議会を置く。

2　教育研究評議会は、次に掲げる評議員で組織する。

一　学長

二　学長（当該国立大学に係る大学の長としての職務を行う大学総括理事を置く場合にあっては、学長又は当該大学総括理事）が指名する理事

三　学部、研究科、大学附置の研究所その他の教育研究上の重要な組織の長のうち、教育研究評議会が定める者

四　その他教育研究評議会が定めるところにより学長（当該国立大学に係る大学の長としての職務を行う大学総括理事を置く場合にあっては、当該大学総括理事。次項及び第五項において同じ。）が指名する職員

3　前項各号に掲げる者のほか、当該国立大学に係る大学の長としての職務を行う大学総括理事を置く場合にあっては当該大学総括理事を、学校教育法第九十二条第二項の規定により副学長（同条第四項の規定により教育研究に関する重要事項に関する校務をつかさどる者に限る。）を置く場合にあっては当該副学長（当該副学長が二人以上の場合には、その副学長のうちから学長が指名する者）を評議員とする。

4　教育研究評議会は、次に掲げる事項について審議する。

一　中期目標についての意見に関する事項（前条第五項第一号に掲げる事項を除く。）

二　中期計画に関する事項（前条第五項第二号に掲げる事項を除く。）

三　学則（国立大学法人の経営に関する部分を除く。）その他の教育研究に係る重要な規則の制定又は改廃に関する事項

四　教員人事に関する事項

五　教育課程の編成に関する方針に係る事項

六　学生の円滑な修学等を支援するために必要な助言、指導その他の援助に関する事項

七　学生の入学、卒業又は課程の修了その他学生の在籍に関する方針及び学位の授与に関する方針に係る事項

八　教育及び研究の状況について自ら行う点検及び評価に関する事項

九　その他国立大学の教育研究に関する重要事項

5　教育研究評議会に議長を置き、学長をもって充てる。

6　議長は、教育研究評議会を主宰する。

第三款　業務等

（業務の範囲等）

第二十二条　国立大学法人は、次の業務を行う。

一　国立大学を設置し、これを運営すること。

二　学生に対し、修学、進路選択及び心身の健康等に関する相談その他の援助を行うこと。

三　当該国立大学法人以外の者から委託を受け、又はこれと共同して行う研究の実施その他の当該国立大学法人以外の者との連携による教育研究活動を行うこと。

四　公開講座の開設その他の学生以外の者に対する学習の機会を提供すること。

五　当該国立大学における研究の成果を普及し、及びその活用を促進すること。

六　当該国立大学法人から委託を受けて、当該国立大学法人が保有する教育研究に係る施設、設備又は知的基盤（科学技術・イノベーション創出の活性化に関する法律（平成二十年法律第六十三号）第二十四条の四に規定する知的基盤をいう。以下この号及び第二十九条第一項第五号において同じ。）の管理及び当該施設、設備又は知的基盤の他の大学、研究機関その他の者による利用の促進に係る事業を実施する者に対し、出資を行うこと。

七　当該国立大学における研究の成果を活用する事業（第三十四条の五第一項に規定する事業を除く。）であって政令で定めるものを実施する者に対し、出資を行うこと。

八　当該国立大学における技術に関する研究の成果の活用を

促進する事業であって政令で定めるものを実施する者に対し、出資（次号に該当するものを除く。）を行うこと。

九　産業競争力強化法（平成二十五年法律第九十八号）第二十一条の規定による出資並びに人的及び技術的援助を行うこと。

十　前各号の業務に附帯する業務を行うこと。

2　国立大学法人は、前項第六号から第八号までに掲げる業務及び同項第九号に掲げる業務のうち出資に関するものを行おうとするときは、文部科学大臣の認可を受けなければならない。

3　国立大学及び次条の規定により国立大学に附属して設置される学校の授業料その他の費用に関し必要な事項は、文部科学省令で定める。

（大学附属の学校）

第二十三条　国立大学に、文部科学省令で定めるところにより、幼稚園、小学校、中学校、義務教育学校、高等学校、中等教育学校、特別支援学校、幼保連携型認定こども園又は専修学校を附属させて設置することができる。

第二節　大学共同利用機関法人

第一款　役員及び職員

（役員）

第二十四条　各大学共同利用機関法人に、役員として、その長である機構長及び監事二人を置く。

2　前項の規定により置く監事のうち少なくとも一人は、常勤としなければならない。

3　各大学共同利用機関法人に、役員として、それぞれ別表第二の第四欄に定める員数以内の理事を置く。

（役員の職務及び権限）

第二十五条　機構長は、大学共同利用機関法人を代表し、その業務を総理する。

2　機構長は、次の事項について決定をしようとするときは、機構長及び理事で構成する会議（第五号において「役員会」という。）の議を経なければならない。

一　中期目標についての意見に関する事項

二　この法律により文部科学大臣の認可又は承認を受けなければならない事項

三　予算の作成及び執行並びに決算に関する事項

四　当該大学共同利用機関その他の重要な組織の設置又は廃止に関する事項

五　その他役員会が定める重要事項

3　理事は、機構長の定めるところにより、機構長を補佐して大学共同利用機関法人の業務を掌理し、機構長に事故があるときはその職務を代理し、機構長が欠員のときはその職務を行う。

4　監事は、大学共同利用機関法人の業務を監査する。この場合において、監事は、文部科学省令で定めるところにより、監査報告を作成しなければならない。

5　監事は、いつでも、役員（監事を除く。）及び職員に対して事務及び事業の報告を求め、又は大学共同利用機関法人の業務及び財産の状況の調査をすることができる。

6　監事は、大学共同利用機関法人がこの法律又は準用通則法の規定による認可、承認、認定及び届出に係る書類並びに報告書その他の文部科学省令で定める書類を文部科学大臣に提出しようとするときは、これらの書類を調査しなければならない。

7　監事は、その職務を行うため必要があるときは、大学共同利用機関法人の子法人（大学共同利用機関法人がその経営を支配している法人として文部科学省令で定めるものをいう。）に対して事業の報告を求め、又はその子法人の業務及び財産の状況の調査をすることができる。

8　前項の子法人は、正当な理由があるときは、同項の報告又は調査を拒むことができる。

9　監事は、監査の結果に基づき、必要があると認めるときは、機構長又は文部科学大臣に意見を提出することができる。

（機構長等への報告義務）

第二十五条の二　監事は、役員（監事を除く。）が不正の行為をし、若しくは当該行為をするおそれがあると認めるとき、又はこの法律若しくは他の法令に違反する事実若しくは著しく不当な事実があると認めるときは、遅滞なく、その旨を機構長（当該役員が機構長である場合にあっては、機構長及び次条において読み替えて準用する第十二条第二項に規定する機構長選考・監察会議）に報告するとともに、文部科学大臣に報告しなければならない。

（国立大学法人の役員及び職員に関する規定の準用）

第二十六条　第十二条、第十三条、第十四条、第十五条（第三項を除く。）、第十六条、第十七条（第七項及び第八項を除く。）、第十八条及び第十九条の規定は、大学共同利用機関法人の役員及び職員について準用する。この場合において、これらの規定中「学長」とあるのは「機構長」と、「国立大学法人」とあるのは「大学共同利用機関法人」と、「学長選考・監察会議」とあるのは「機構長選考・監察会議」と読み替えるほか、第十二条第二項第一号中「第二十条第二項第三号」とあるのは「第二十七条第二項第三号」と、同項第二号中「第二十一条第二項第二号から第四号まで」とあるのは「第二十八条第二項第二号から第五号まで」と、同条第六項中「大学」とあるのは「大学共同利用機関」と、第十三条第一項中「理事（大学総括理事を除く。次項、第十五条第二項及び第十七条第六項において同じ。）」とあるのは「理事」と、第十四条第二項中「別表第一の各項の第四欄に定める理事の員数が四人以上である当該各項」とあるのは「別表第二」と、第十七条第四項中「第十一条の二」とあるのは「第二十五条の二」と読み替えるものとする。

第二款　経営協議会等

（経営協議会）

第二十七条　大学共同利用機関法人に、大学共同利用機関法人の経営に関する重要事項を審議する機関として、経営協議会を置く。

2　経営協議会は、次に掲げる委員で組織する。

一　機構長

二　機構長が指名する理事及び職員

三　当該大学共同利用機関法人の役員又は職員以外の者で大

学共同利用機関に関し広くかつ高い識見を有するもののうちから、次条第一項に規定する教育研究評議会の意見を聴いて機構長が任命するもの
3 経営協議会の委員の過半数は、前項第三号の委員でなければならない。
4 経営協議会は、次に掲げる事項を審議する。
一 中期目標についての意見に関する事項のうち、大学共同利用機関法人の経営に関するもの
二 中期計画に関する事項のうち、大学共同利用機関法人の経営に関するもの
三 会計規程、役員に対する報酬及び退職手当の支給の基準、職員の給与及び退職手当の支給の基準その他の経営に係る重要な規則の制定又は改廃に関する事項
四 予算の作成及び執行並びに決算に関する事項
五 組織及び運営の状況について自ら行う点検及び評価に関する事項
六 その他大学共同利用機関法人の経営に関する重要事項
5 経営協議会に議長を置き、機構長をもって充てる。
6 議長は、経営協議会を主宰する。

(教育研究評議会)
第二十八条 大学共同利用機関法人に、大学共同利用機関の教育研究に関する重要事項を審議する機関として、教育研究評議会を置く。
2 教育研究評議会は、次に掲げる評議員で組織する。
一 機構長
二 機構長が指名する理事
三 大学共同利用機関の長
四 その他教育研究評議会が定めるところにより機構長が指名する職員
五 当該大学共同利用機関法人の役員及び職員以外の者で当該大学共同利用機関の行う研究と同一の研究に従事するもの(前条第二項第三号に掲げる者を除く。)のうちから教育研究評議会が定めるところにより機構長が任命するもの
3 教育研究評議会は、次に掲げる事項について審議する。
一 中期目標についての意見に関する事項(前条第四項第一号に掲げる事項を除く。)
二 中期計画に関する事項(前条第四項第二号に掲げる事項を除く。)
三 教育研究に係る重要な規則の制定又は改廃に関する事項
四 職員のうち、専ら研究又は教育に従事する者の人事に関する事項
五 共同研究計画の募集及び選定に関する方針並びに共同研究の実施に関する方針に係る事項
六 大学院における教育その他大学における教育への協力に関する事項
七 教育及び研究の状況について自ら行う点検及び評価に関する事項
八 その他大学共同利用機関の教育研究に関する重要事項
4 教育研究評議会に議長を置き、機構長をもって充てる。
5 議長は、教育研究評議会を主宰する。

第三款 業務等

(業務の範囲等)
第二十九条 大学共同利用機関法人は、次の業務を行う。
一 大学共同利用機関を設置し、これを運営すること。
二 大学共同利用機関の施設及び設備等を大学の教員その他の者で当該大学共同利用機関の行う研究と同一の研究に従事するものの利用に供すること。
三 大学の要請に応じ、大学院における教育その他その大学における教育に協力すること。
四 当該大学共同利用機関における研究の成果(第二号の規定による大学共同利用機関の施設及び設備等の利用に係る研究の成果を含む。第六号及び第七号において同じ。)を普及し、及びその活用を促進すること。
五 当該大学共同利用機関法人から委託を受けて、当該大学共同利用機関法人が保有する教育研究に係る施設、設備又は知的基盤の管理及び当該施設、設備又は知的基盤の他の大学、研究機関その他の者による利用の促進に係る事業を実施する者に対し、出資を行うこと。
六 当該大学共同利用機関における研究の成果を活用する事業(当該大学共同利用機関における技術に関する研究の成果の提供を受けて商品を開発し、若しくは生産し、又は役務を開発し、若しくは提供する事業を除く。)であって政令で定めるものを実施する者に対し、出資を行うこと。
七 当該大学共同利用機関における技術に関する研究の成果の活用を促進する事業であって政令で定めるものを実施する者に対し、出資(次号に該当するものを除く。)を行うこと。
八 産業競争力強化法第二十一条の規定による出資並びに人的及び技術的援助を行うこと。
九 前各号の業務に附帯する業務を行うこと。
2 大学共同利用機関法人は、前項第五号から第七号までに掲げる業務及び同項第八号に掲げる業務のうち出資に関するものを行おうとするときは、文部科学大臣の認可を受けなければならない。

第三章 中期目標等

(中期目標)
第三十条 文部科学大臣は、六年間において国立大学法人等が達成すべき業務運営に関する目標を中期目標として定め、これを当該国立大学法人等に示すとともに、公表しなければならない。これを変更したときも、同様とする。
2 中期目標においては、次に掲げる事項について定めるものとする。
一 教育研究の質の向上に関する事項
二 業務運営の改善及び効率化に関する事項
三 財務内容の改善に関する事項
四 教育及び研究並びに組織及び運営の状況について自ら行う点検及び評価並びに当該状況に係る情報の提供に関する事項
五 その他業務運営に関する重要事項
3 文部科学大臣は、中期目標を定め、又はこれを変更しようとするときは、あらかじめ、国立大学法人等の意見を聴き、

当該意見に配慮するとともに、評価委員会の意見を聴かなければならない。

（中期計画）

第三十一条　国立大学法人等は、前条第一項の規定により中期目標を示されたときは、当該中期目標に基づき、文部科学省令で定めるところにより、当該中期目標を達成するための計画を中期計画として作成し、文部科学大臣の認可を受けなければならない。これを変更しようとするときも、同様とする。

2　中期計画においては、次に掲げる事項を定めるものとする。

一　教育研究の質の向上に関する目標を達成するためとるべき措置

二　業務運営の改善及び効率化に関する目標を達成するためとるべき措置

三　前二号に掲げる措置の実施状況に関する指標

四　予算（人件費の見積りを含む。）、収支計画及び資金計画

五　短期借入金の限度額

六　重要な財産を譲渡し、又は担保に供しようとするときは、その計画

七　剰余金の使途

八　その他文部科学省令で定める業務運営に関する事項

3　文部科学大臣は、第一項の認可をしようとするときは、あらかじめ、評価委員会の意見を聴かなければならない。

4　文部科学大臣は、第一項の認可をした中期計画が前条第二項各号に掲げる事項の適正かつ確実な実施上不適当となったと認めるときは、その中期計画を変更すべきことを命ずることができる。

5　国立大学法人等は、第一項の認可を受けたときは、遅滞なく、その中期計画を公表しなければならない。

（中期目標の期間における業務の実績等に関する評価等）

第三十一条の二　国立大学法人等は、次の各号に掲げる事業年度の区分に応じ当該各号に定める事項について、評価委員会の評価を受けなければならない。

一　中期目標の期間の最後の事業年度の前々事業年度　中期目標の期間の終了時に見込まれる中期目標の期間における業務の実績

二　中期目標の期間の最後の事業年度　中期目標の期間における業務の実績

2　国立大学法人等は、前項の評価を受けようとするときは、文部科学省令で定めるところにより、同項各号に掲げる事業年度の終了後三月以内に、当該各号に定める事項及び当該事項について自ら評価を行った結果を明らかにした報告書を、評価委員会に提出しなければならない。

3　国立大学法人等は、遅滞なく、前項の報告書を公表しなければならない。

第三十一条の三　評価委員会による前条第一項の評価は、文部科学省令で定めるところにより、同項各号に定める事項について総合的な評定を付して、行わなければならない。この場合において、評価委員会は、独立行政法人大学改革支援・学位授与機構に対し独立行政法人大学改革支援・学位授与機構法（平成十五年法律第百十四号）第十六条第三項の規定による評価の実施を要請し、当該評価の結果を尊重して前条第一項の評価を行わなければならない。

2　前項の規定により国立大学法人に係る独立行政法人大学改革支援・学位授与機構法第十六条第三項の規定による評価の実施を要請するに当たっては、当該国立大学法人が設置する国立大学に係る学校教育法第百九条第二項に規定する認証評価の結果を踏まえて当該評価を行うよう要請するものとする。

3　評価委員会は、前条第一項の評価を行ったときは、遅滞なく、当該国立大学法人等（同項第一号に規定する中期目標の期間の終了時に見込まれる中期目標の期間における業務の実績に関する評価を行った場合にあっては、当該国立大学法人等及び独立行政法人評価制度委員会（第五項及び次条において「評価制度委員会」という。）に対して、その評価の結果を通知しなければならない。この場合において、評価委員会は、必要があると認めるときは、当該国立大学法人等に対し、業務運営の改善その他の勧告をすることができる。

4　評価委員会は、前項の規定による通知を行ったときは、遅滞なく、その通知に係る事項（同項後段の規定による勧告をした場合にあっては、その通知に係る事項及びその勧告の内容）を公表しなければならない。

5　評価制度委員会は、第三項の規定により通知された評価の結果について、必要があると認めるときは、評価委員会に対し、意見を述べることができる。この場合において、評価制度委員会は、遅滞なく、当該意見の内容を公表しなければならない。

（中期目標の期間の終了時の検討）

第三十一条の四　文部科学大臣は、評価委員会が第三十一条の二第一項第一号に規定する中期目標の期間の終了時に見込まれる中期目標の期間における業務の実績に関する評価を行ったときは、中期目標の期間の終了時までに、当該国立大学法人等の業務を継続させる必要性、組織の在り方その他その組織及び業務の全般にわたる検討を行い、その結果に基づき、当該国立大学法人等に関し所要の措置を講ずるものとする。

2　文部科学大臣は、前項の規定による検討を行うに当たっては、評価委員会の意見を聴かなければならない。

3　文部科学大臣は、第一項の検討の結果及び同項の規定により講ずる措置の内容を評価制度委員会に通知するとともに、公表しなければならない。

4　評価制度委員会は、前項の規定による通知を受けたときは、国立大学法人等の中期目標の期間の終了時までに、当該国立大学法人等の主要な事務及び事業の改廃に関し、文部科学大臣に勧告をすることができる。この場合において、評価制度委員会は、遅滞なく、当該勧告の内容を公表しなければならない。

5　評価制度委員会は、前項の勧告をしたときは、文部科学大臣に対し、その勧告に基づいて講じた措置及び講じようとする措置について報告を求めることができる。

第四章　財務及び会計

（積立金の処分）

第三十二条　国立大学法人等は、中期目標の期間の最後の事業年度に係る準用通則法第四十四条第一項又は第二項の規定による整理を行った後、同条第一項の規定による積立金があるときは、その額に相当する金額のうち文部科学大臣の承認を受けた金額を、当該中期目標の期間の次の中期目標の期間に係る第三十一条第一項の認可を受けた中期計画（同項後段の規定による変更の認可を受けたときは、その変更後のもの）の定めるところにより、当該次の中期目標の期間における第二十二条第一項又は第二十九条第一項に規定する業務の財源に充てることができる。

2　国立大学法人等は、前項に規定する積立金の額に相当する金額から同項の規定による承認を受けた金額を控除してなお残余があるときは、その残余の額を国庫に納付しなければならない。

3　前二項に定めるもののほか、納付金の納付の手続その他積立金の処分に関し必要な事項は、政令で定める。

（長期借入金及び債券）

第三十三条　国立大学法人等は、政令で定める土地の取得、施設の設置若しくは整備又は設備の設置に必要な費用に充てるため、文部科学大臣の認可を受けて、長期借入金をし、又は当該国立大学法人等の名称を冠する債券（以下「債券」という。）を発行することができる。

2　前項に規定するもののほか、国立大学法人等は、長期借入金又は債券で政令で定めるものの償還に充てるため、文部科学大臣の認可を受けて、長期借入金をし、又は債券を発行することができる。ただし、その償還期間が政令で定める期間のものに限る。

3　前二項の規定による債券の債権者は、当該債券を発行した国立大学法人等の財産について他の債権者に先立って自己の債権の弁済を受ける権利を有する。

4　前項の先取特権の順位は、民法（明治二十九年法律第八十九号）の規定による一般の先取特権に次ぐものとする。

5　国立大学法人等は、文部科学大臣の認可を受けて、債券の発行に関する事務の全部又は一部を銀行又は信託会社に委託することができる。

6　会社法（平成十七年法律第八十六号）第七百五条第一項及び第二項並びに第七百九条の規定は、前項の規定により委託を受けた銀行又は信託会社について準用する。

7　前各項に定めるもののほか、第一項又は第二項の規定による長期借入金又は債券に関し必要な事項は、政令で定める。

（償還計画）

第三十四条　前条第一項又は第二項の規定により、長期借入金をし、又は債券を発行する国立大学法人等は、毎事業年度、長期借入金及び債券の償還計画を立てて、文部科学大臣の認可を受けなければならない。

（土地等の貸付け）

第三十四条の二　国立大学法人等は、第二十二条第一項又は第二十九条第一項に規定する業務の遂行に支障のない範囲内で、その対価を当該国立大学法人等の教育研究水準の一層の向上を図るために必要な費用に充てるため、文部科学大臣の認可を受けて、当該国立大学法人等の所有に属する土地等であって、当該業務のために現に使用されておらず、かつ、当面これらのために使用されることが予定されていないものを貸し付けることができる。

（余裕金の運用の認定）

第三十四条の三　国立大学法人等は、文部科学省令で定めるところにより、次の各号のいずれにも適合していることにつき、文部科学大臣の認定を受けることができる。

一　次項に規定する運用を安全かつ効率的に行うに必要な業務の実施の方法を定めているものであること。

二　次項に規定する運用を安全かつ効率的に行うに足りる知識及び経験を有するものであること。

2　前項の認定を受けた国立大学法人等は、準用通則法第四十七条の規定にかかわらず、次の方法により、業務上の余裕金（当該国立大学法人等が受けた寄附金を原資とする部分であることその他の文部科学省令で定める要件に該当するものに限る。）の運用を行うことができる。

一　金融商品取引法（昭和二十三年法律第二十五号）に規定する有価証券であって政令で定めるもの（株式を除く。）の売買

二　預金又は貯金（文部科学大臣が適当と認めて指定したものに限る。）

三　信託会社（信託業法（平成十六年法律第百五十四号）第三条又は第五十三条第一項の免許を受けたものに限る。）又は信託業務を営む金融機関への金銭信託。ただし、運用方法を特定するものにあっては、次に掲げる方法により運用するものに限る。

イ　前二号に掲げる方法

ロ　金融商品取引業者（金融商品取引法第二条第九項に規定する金融商品取引業者をいう。）との投資一任契約（同条第八項第十二号ロに規定する投資一任契約をいう。）であって政令で定めるものの締結

3　文部科学大臣は、第一項の規定による認定をした後において、当該認定を受けた国立大学法人等が同項各号のいずれかに適合しなくなったと認めるときは、遅滞なく、その認定を取り消さなければならない。

第五章　指定国立大学法人等

（指定国立大学法人の指定）

第三十四条の四　文部科学大臣は、国立大学法人のうち、当該国立大学法人に係る教育研究上の実績、管理運営体制及び財政基盤を総合的に勘案して、世界最高水準の教育研究活動の展開が相当程度見込まれるものを、その申請により、指定国立大学法人として指定することができる。

2　文部科学大臣は、前項の規定による指定（以下この条において「指定」という。）をしようとするときは、あらかじめ、評価委員会の意見を聴かなければならない。

3　文部科学大臣は、指定をしたときは、文部科学省令で定めるところにより、その旨を公表しなければならない。

4　文部科学大臣は、指定国立大学法人について指定の事由がなくなったと認めるときは、当該指定国立大学法人について指定を取り消すものとする。

5　第二項及び第三項の規定は、前項の規定による指定の取消しについて準用する。

（研究成果を活用する事業者への出資）

第三十四条の五　指定国立大学法人は、第二十二条第一項各号に掲げる業務のほか、当該指定国立大学法人における技術に関する研究の成果の提供を受けて商品を開発し、若しくは生産し、又は役務を開発し、若しくは提供する事業を実施する者に対し、出資を行うことができる。

2　指定国立大学法人は、前項に規定する業務を行おうとするときは、文部科学大臣の認可を受けなければならない。

3　指定国立大学法人が第一項に規定する業務を行う場合における当該指定国立大学法人に関する第三十二条第一項及び第三十四条の二の規定の適用については、これらの規定中「又は第二十九条第一項」とあるのは、「及び第三十四条の五第一項」とする。

（中期目標に関する特例）

第三十四条の六　文部科学大臣は、第三十条第一項の規定により、指定国立大学法人の中期目標を定め、又はこれを変更するに当たっては、世界最高水準の教育研究活動を行う外国の大学の業務運営の状況を踏まえなければならない。

（余裕金の運用の認定の特例）

第三十四条の七　指定国立大学法人は、第三十四条の三第二項の規定にかかわらず、同条第一項の認定を受けることなく同条第二項に規定する運用を行うことができる。

（役職員の報酬、給与等の特例等）

第三十四条の八　指定国立大学法人に関する準用通則法第五十条の二第三項及び第五十条の十第三項の規定の適用については、準用通則法第五十条の二第三項中「実績」とあるのは「実績並びに役員のうち世界最高水準の高度の専門的な知識及び経験を活用して遂行することが特に必要とされる業務に従事するものについて国際的に卓越した能力を有する人材を確保する必要性」と、準用通則法第五十条の十第三項中「並びに職員」とあるのは「、職員」と、「雇用形態」とあるのは「雇用形態並びに専ら教育研究に従事する職員のうち世界最高水準の高度の専門的な知識及び経験を活用して遂行することが特に必要とされる業務に従事するものについて国際的に卓越した能力を有する人材を確保する必要性」とする。

2　前項に規定するもののほか、指定国立大学法人の専ら教育研究に従事する職員の給与その他の処遇については、当該職員が行う教育研究の内容及び成果についての国際的評価を勘案して行うものとする。

（二以上の国立大学を設置する国立大学法人に関する特例）

第三十四条の九　文部科学大臣は、二以上の国立大学を設置する国立大学法人が設置する国立大学のうち、当該国立大学に係る教育研究上の実績及び管理運営体制並びに当該国立大学を設置する国立大学法人の財務基盤を総合的に勘案して、世界最高水準の教育研究活動の展開が相当程度見込まれるものを、当該国立大学法人の申請により、指定国立大学として指定することができる。

2　第三十四条の四第二項から第五項までの規定は前項の規定による指定について、第三十四条の五から前条までの規定は指定国立大学を設置する国立大学法人について、それぞれ準用する。この場合において、第三十四条の四第四項及び前条第二項中「指定国立大学法人」とあるのは「指定国立大学」と、第三十四条の五第一項中「当該指定国立大学法人」とあるのは「当該指定国立大学」と読み替えるものとする。

第六章　雑則

（違法行為等の是正）

第三十四条の十　文部科学大臣は、国立大学法人等又はその役員若しくは職員が、不正の行為若しくはこの法律若しくは他の法令に違反する行為をし、又は当該行為をするおそれがあると認めるときは、当該国立大学法人等に対し、当該行為の是正のため必要な措置を講ずることを求めることができる。

2　国立大学法人等は、前項の規定による文部科学大臣の求めがあったときは、速やかに当該行為の是正その他の必要と認める措置を講ずるとともに、当該措置の内容を文部科学大臣に報告しなければならない。

（独立行政法人通則法の規定の準用）

第三十五条　独立行政法人通則法第三条、第七条第二項、第八条第一項、第九条、第十一条、第十四条から第十七条まで、第二十一条の四、第二十一条の五、第二十四条、第二十五条、第二十五条の二第一項及び第二項、第二十六条、第二十八条、第二十八条の四、第三十六条から第四十六条まで、第四十七条から第五十条の十まで、第六十四条並びに第六十六条の規定は、国立大学法人等について準用する。この場合において、これらの規定中「主務大臣」とあるのは「文部科学大臣」と、「主務省令」とあるのは「文部科学省令」と、「中期目標管理法人の」とあるのは「国立大学法人等の」と、「中期目標管理法人は」とあるのは「国立大学法人等は」と、「中期目標管理法人と」とあるのは「国立大学法人等と」と、「中期目標管理法人が」とあるのは「国立大学法人等が」と、「中期目標管理法人に」とあるのは「国立大学法人等に」と、「中期目標管理法人役職員」とあるのは「国立大学法人等役職員」と読み替えるほか、次の表の上欄に掲げる同法の規定中同表の中欄に掲げる字句は、それぞれ同表の下欄に掲げる字句に読み替えるものとする。

読み替えられる独立行政法人通則法の規定	読み替えられる字句	読み替える字句
第三条第三項	個別法	国立大学法人法
第十四条第一項	長（以下「法人の長」という。）	学長（当該国立大学法人が設置する国立大学の全部について国立大学法人法第十

		条第四項に規定する大学総括理事を置く場合にあっては理事長とし、大学共同利用機関法人にあっては機構長とする。以下同じ。）
第十四条第二項	法人の長	学長
	この法律	国立大学法人法
第十四条第三項	第二十条第一項	国立大学法人法第十二条第六項（大学共同利用機関法人にあっては、同法第二十六条において準用する同項）
	法人の長	学長
第十五条第二項、第十六条、第二十四条及び第二十五条	法人の長	学長
第二十六条	法人の長が任命する	学長が任命する。ただし、国立大学法人法第十条第四項に規定する大学総括理事が学校教育法（昭和二十二年法律第二十六号）第九十二条第三項に規定する職務を行う国立大学の副学長、学部長その他の政令で指定する部局の長及び教員（教授、准教授、助教、講師及び助手をいう。）並びに国立大学法人法第二十三条の規定により当該国立大学に附属して設置される同条に規定する学校の校長又は園長及び教員（教頭、教諭その他の政令で定める者をいう。）を任命し、免職し、又は降任するときは、当該大学総括理事の申出に基づき行うものとする
第二十八条第二項	個別法	国立大学法人法
第二十八条の四	第三十二条第一項、第三十五条の六第一項若しくは第二項又は第三十五条の十一第一項若しくは第二項	国立大学法人法第三十一条の二第一項
	第三十条第一項の中期計画及び第三十一条第一項の年度計画、第三十五条の五第一項の中長期計画及び第三十五条の八において読み替えて準用する第三十一条第一項の年度計画又は第三十五条の十第一項の事業計画並びに	同法第三十一条第一項に規定する中期計画及び
第三十八条第二項	ともに、毎年度	ともに
	（次条第一項の規定により会計監査人の監査を受けなければならない独立行政法人にあっては、監査報告及び会計監査報告。以下同じ。）	及び会計監査報告
第三十八条第三項	及び監査報告	並びに監査報告及び会計監査報告
第三十八条第四項第二号	総務省令	文部科学省令
第三十九条第一項	独立行政法人（その資本の額その他の経営の規模が政令で定める基準に達しない独立行政法人を除く。以下この条において同じ。）	国立大学法人等（国立大学法人法第二条第五項に規定する国立大学法人等をいう。以下同じ。）

第三十九条第二項第二号	総務省令	文部科学省令
第三十九条第三項	子法人に	子法人（国立大学法人法第十一条第九項に規定する国立大学法人の子法人及び同法第二十五条第七項に規定する大学共同利用機関法人の子法人をいう。以下同じ。）に
第三十九条の二第一項	個別法	国立大学法人法
第四十二条	財務諸表承認日	財務諸表承認日（国立大学法人法第三十五条において準用する第三十八条第一項の規定による同項の財務諸表の承認の日をいう。）
第四十四条第三項	中期目標管理法人及び国立研究開発法人	国立大学法人等
	第三十条第一項	国立大学法人法第三十一条第一項
	同項の中期計画	中期計画
	同条第二項第七号又は中長期計画（第三十五条の五第一項の認可を受けた同項の中長期計画（同項後段の規定による変更の認可を受けたときは、その変更後のもの）をいう。以下同じ。）の第三十五条の五第二項第七号	同条第二項第七号
第四十四条第四項	個別法で定める	国立大学法人法第三十二条で定めるところによる
第四十五条第一項	第三十条第二項第四号、国立研究開発法人の中長期計画の第三十五条の五第二項第四号又は行政執行法人の事業計画（第三十五条の十第一項の認可を受けた同項の事業計画（同項後段の規定による変更の認可を受けたときは、その変更後のもの）をいう。以下同じ。）の第三十五条の十第三項第四号	国立大学法人法第三十一条第二項第五号
第四十五条第四項	個別法に別段の定めがある	国立大学法人法第三十三条第一項又は第二項の規定による
第四十六条第二項	中期計画、国立研究開発法人の中長期計画又は行政執行法人の事業計画	中期計画
第四十七条	次の方法	次の方法（国立大学法人にあっては、次の方法及び国立研究開発法人科学技術振興機構への寄託）
第四十八条	不要財産以外の重要な財産	重要な財産
	第三十条第二項第六号の計画を定めた場合、国立研究開発法人の中長期計画において第三十五条の五第二項第六号の計画を定めた場合又は行政執行法人の事業計画において第三十五条の十第三項第六号の計画を定めた場合であって、これらの	国立大学法人法第三十一条第二項第六号の計画を定めた場合であって、その
第五十条	この法律及びこれら	この法律及び国立大学法人法並びにこれら
第五十条の四第二項第一号	政令	文部科学省令

第五十条の四第二項第三号	の研究者	において専ら研究又は教育に従事する者
	研究に	研究又は教育に
第五十条の四第二項第四号	評価（同項第二号に規定する中期目標の期間の終了時に見込まれる中期目標の期間における業務の実績に関する評価を除く。）	国立大学法人法第三十一条の二第一項第二号に定める中期目標の期間における業務の実績に関する評価
第五十条の四第二項第五号	第三十五条第一項	国立大学法人法第三十一条の四第一項
	政令	文部科学省令
第五十条の四第三項	政令	文部科学省令
第五十条の四第四項	総務大臣	文部科学大臣
第五十条の四第五項	政令	文部科学省令
第五十条の四第六項	個別法	国立大学法人法
第五十条の六、第五十条の七第一項、第五十条の八第三項及び第五十条の九	政令	文部科学省令

（財務大臣との協議）

第三十六条　文部科学大臣は、次の場合には、財務大臣に協議しなければならない。

一　第七条第四項の規定により基準を定めようとするとき、又は同条第八項の規定により金額を定めようとするとき。

二　第二十二条第二項、第二十九条第二項、第三十一条第一項、第三十三条第一項、第二項若しくは第五項、第三十四条、第三十四条の二若しくは第三十四条の五第二項又は準用通則法第四十五条第一項ただし書若しくは第二項ただし書若しくは準用通則法第四十八条の規定による認可をしようとするとき。

三　第三十条第一項の規定により中期目標を定め、又は変更しようとするとき。

四　第三十二条第一項又は準用通則法第四十四条第三項の規定による承認をしようとするとき。

五　第三十四条の三第二項第二号又は準用通則法第四十七条第一号若しくは第二号の規定による指定をしようとするとき。

（他の法令の準用）

第三十七条　教育基本法（平成十八年法律第百二十号）その他政令で定める法令については、政令で定めるところにより、国立大学法人等を国とみなして、これらの法令を準用する。

2　博物館法（昭和二十六年法律第二百八十五号）その他政令で定める法令については、政令で定めるところにより、国立大学法人等を独立行政法人通則法第二条第一項に規定する独立行政法人とみなして、これらの法令を準用する。

第七章　罰則

第三十八条　第十八条（第二十六条において準用する場合を含む。）の規定に違反して秘密を漏らした者は、一年以下の懲役又は五十万円以下の罰金に処する。

第三十九条　準用通則法第六十四条第一項の規定による報告をせず、若しくは虚偽の報告をし、又は同項の規定による検査を拒み、妨げ、若しくは忌避した場合には、その違反行為をした国立大学法人の役員若しくは職員又は大学共同利用機関法人の役員若しくは職員は、二十万円以下の罰金に処する。

第四十条　次の各号のいずれかに該当する場合には、その違反行為をした国立大学法人の役員又は大学共同利用機関法人の役員は、二十万円以下の過料に処する。

一　この法律又は準用通則法の規定により文部科学大臣の認可又は承認を受けなければならない場合において、その認可又は承認を受けなかったとき。

二　この法律又は準用通則法の規定により文部科学大臣に届出をしなければならない場合において、その届出をせず、又は虚偽の届出をしたとき。

三　この法律又は準用通則法の規定により公表をしなければならない場合において、その公表をせず、又は虚偽の公表をしたとき。

四　第十一条第七項若しくは第八項若しくは第二十五条第五項若しくは第六項又は準用通則法第三十九条第三項の規定による調査を妨げたとき。

五　第二十二条第一項に規定する業務（指定国立大学法人にあっては同項及び第三十四条の五第一項、指定国立大学を設置する国立大学法人にあっては第二十二条第一項及び第三十四条の九第二項において準用する第三十四条の五第一項に規定する業務）以外の業務を行ったとき。

六　第二十九条第一項に規定する業務以外の業務を行ったとき。

七　第三十一条第四項の規定による文部科学大臣の命令に違反したとき。

八　第三十一条の二第二項の規定による報告書の提出をせず、又は報告書に記載すべき事項を記載せず、若しくは虚偽の記載をして報告書を提出したとき。

九　第三十四条の三第二項又は準用通則法第四十七条の規定に違反して業務上の余裕金を運用したとき。
十　第三十四条の十第二項又は準用通則法第五十条の八第三項の規定による報告をせず、又は虚偽の報告をしたとき。
十一　準用通則法第九条第一項の規定による政令に違反して登記することを怠ったとき。
十二　準用通則法第三十八条第三項の規定に違反して財務諸表、事業報告書、決算報告書、監査報告又は会計監査報告を備え置かず、又は閲覧に供しなかったとき。
2　第十一条第九項に規定する国立大学法人の子法人又は第二十五条第七項に規定する大学共同利用機関法人の子法人の役員が第十一条第九項若しくは第二十五条第七項又は準用通則法第三十九条第三項の規定による調査を妨げたときは、二十万円以下の過料に処する。
第四十一条　第八条の規定に違反した者は、十万円以下の過料に処する。

附　則（抄）

（施行期日）
第一条　この法律は、平成十五年十月一日から施行する。
第二条　削除

（国立大学法人等の成立）
第三条　別表第一に規定する国立大学法人及び別表第二に規定する大学共同利用機関法人は、準用通則法第十七条の規定にかかわらず、国立大学法人法等の施行に伴う関係法律の整備等に関する法律（平成十五年法律第百十七号。以下「整備法」という。）第二条の規定の施行の時に成立する。
2　前項の規定により成立した国立大学法人等は、準用通則法第十六条の規定にかかわらず、国立大学法人等の成立後遅滞なく、政令で定めるところにより、その設立の登記をしなければならない。

（職員の引継ぎ等）
第四条　国立大学法人等の成立の際現に附則別表の上欄に掲げる機関の職員である者（独立行政法人日本学生支援機構法（平成十五年法律第九十四号）附則第二条又は独立行政法人海洋研究開発機構法（平成十五年法律第九十五号）附則第二条の規定により、独立行政法人日本学生支援機構又は独立行政法人海洋研究開発機構の職員となるものとされた者を除く。）は、別に辞令を発せられない限り、国立大学法人等の成立の日において、それぞれ同表の下欄に掲げる国立大学法人等の職員となるものとする。
第五条　前条の規定により各国立大学法人等の職員となった者に対する国家公務員法（昭和二十二年法律第百二十号）第八十二条第二項の規定の適用については、各国立大学法人等の職員を同項に規定する特別職国家公務員等と、前条の規定により国家公務員としての身分を失ったことを任命権者の要請に応じ同項に規定する特別職国家公務員等となるため退職したこととみなす。
第六条　附則第四条の規定により附則別表の上欄に掲げる機関（以下「旧機関」という。）の職員が同表の下欄に掲げる国立大学法人等の職員となる場合には、その者に対しては、国家公務員退職手当法（昭和二十八年法律第百八十二号）に基づく退職手当は、支給しない。
2　各国立大学法人等は、前項の規定の適用を受けた当該国立大学法人等の職員の退職に際し、退職手当を支給しようとするときは、その者の国家公務員退職手当法第二条第一項に規定する職員（同条第二項の規定により職員とみなされる者を含む。）としての引き続いた在職期間を当該国立大学法人等の職員としての在職期間とみなして取り扱うべきものとする。
3　国立大学法人等の成立の日の前日に旧機関の職員として在職する者が、附則第四条の規定により引き続いて国立大学法人等の職員となり、かつ、引き続き国立大学法人等の職員として在職した後引き続いて国家公務員退職手当法第二条第一項に規定する職員となった場合におけるその者の同法に基づいて支給する退職手当の算定の基礎となる勤続期間の計算については、その者の国立大学法人等の職員としての在職期間を同項に規定する職員としての引き続いた在職期間とみなす。ただし、その者が国立大学法人等を退職したことにより退職手当（これに相当する給付を含む。）の支給を受けているときは、この限りでない。
4　各国立大学法人等は、国立大学法人等の成立の日の前日に旧機関の職員として在職し、附則第四条の規定により引き続いて附則別表の下欄に掲げる国立大学法人等の職員となった者のうち国立大学法人等の成立の日から雇用保険法（昭和四十九年法律第百十六号）による失業等給付の受給資格を取得するまでの間に当該国立大学法人等を退職したものであって、その退職した日まで旧機関の職員として在職したものとしたならば国家公務員退職手当法第十条の規定による退職手当の支給を受けることができるものに対しては、同条の規定の例により算定した退職手当の額に相当する額を退職手当として支給するものとする。
第七条及び第八条　削除

（権利義務の承継等）
第九条　国立大学法人等の成立の際現に国が有する権利及び義務（整備法第二条の規定による廃止前の国立学校特別会計法（昭和三十九年法律第五十五号。以下この項及び次条において「旧特別会計法」という。）附則第二十一項の規定により旧特別会計法に基づく国立学校特別会計から産業投資特別会計社会資本整備勘定に繰り入れるものとされた繰入金に係る義務を含む。）のうち、各国立大学法人等が行う第二十二条第一項又は第二十九条第一項に規定する業務に関するものは、政令で定めるところにより、政令で定めるものを除き、当該国立大学法人等が承継する。
2　前項の規定により各国立大学法人等が国の有する権利及び義務を承継したときは、当該国立大学法人等に承継される権利に係る財産で政令で定めるものの価額の合計額から、承継される義務に係る負債で政令で定めるものの価額（国立大学法人にあっては、当該価額に独立行政法人大学評価・学位授与機構法の一部を改正する法律（平成二十七年法律第二十七号）附則第十九条の規定による改正前の附則第十二条第一項の規定により当該国立大学法人が独立行政法人国立大学財務・経営センターに対して負担することとされた債務の額を加えた額）を差し引いた額に相当する金額は、政令で定めるところにより、政府から当該国立大学法人等に対し出資されたものとする。

3　前項に規定する財産のうち、土地については、国立大学法人等が当該土地の全部又は一部を譲渡したときは、当該譲渡により生じた収入の範囲内で文部科学大臣が定める基準により算定した額に相当する金額を独立行政法人大学改革支援・学位授与機構（附則第十二条第一項において「機構」という。）に納付すべき旨の条件を付して出資されたものとする。

4　文部科学大臣は、前項の規定により基準を定めようとするときは、財務大臣に協議しなければならない。

5　第二項の財産の価額は、国立大学法人等の成立の日現在における時価を基準として評価委員が評価した価額とする。

6　前項の評価委員その他評価に関し必要な事項は、政令で定める。

第十条　国立大学法人等の成立の際、旧特別会計法第十七条の規定に基づき文部科学大臣から旧機関の長に交付され、その経理を委任された金額に残余があるときは、その残余に相当する額は、国立大学法人等の成立の日において各国立大学法人等に奨学を目的として寄附されたものとする。この場合において、当該寄附金の経理に関し必要な事項は、文部科学省令で定める。

第十一条　削除

（機構の債務の負担等）

第十二条　文部科学大臣が定める国立大学法人は、機構に対し、独立行政法人大学改革支援・学位授与機構法附則第十三条第一項第一号に規定する承継債務（第三項において単に「承継債務」という。）のうち、当該国立大学法人の施設及び設備の整備に要した部分として文部科学大臣が定める債務に相当する額の債務を負担する。

2　文部科学大臣は、前項の規定により債務を定めようとするときは、財務大臣に協議しなければならない。

3　第一項の規定により債務を負担することとされた国立大学法人は、文部科学大臣が定めるところにより、承継債務を保証するものとする。

4　第一項の規定により負担する債務の償還、当該債務に係る利子の支払その他の同項の規定による債務の負担及び前項の規定により行う債務の保証に関し必要な事項は、政令で定める。

5　前項の債務の償還及び当該債務に係る利子の支払については、第三十三条第二項に規定する長期借入金又は債券の発行による収入をもって充ててはならない。

（国有財産の無償使用）

第十三条　国は、国立大学法人等の成立の際現に各旧機関に使用されている国有財産であって政令で定めるものを、政令で定めるところにより、各国立大学法人等の用に供するため、当該国立大学法人等に無償で使用させることができる。

2　国は、国立大学法人等の成立の際現に各旧機関の職員の住居の用に供されている国有財産であって政令で定めるものを、政令で定めるところにより、各国立大学法人等の用に供するため、当該国立大学法人等に無償で使用させることができる。

（国の無利子貸付け等）

第十四条　国は、当分の間、国立大学法人等に対し、その施設の整備で日本電信電話株式会社の株式の売払収入の活用による社会資本の整備の促進に関する特別措置法（昭和六十二年法律第八十六号）第二条第一項第二号に該当するものに要する費用に充てる資金の全部又は一部を、予算の範囲内において、無利子で貸し付けることができる。この場合における第三十五条の規定の適用については、同条の表第四十五条第四項の項中「第三十三条第一項又は第二項」とあるのは、「第三十三条第一項若しくは第二項又は附則第十四条第一項」とする。

2　前項の国の貸付金の償還期間は、五年（二年以内の据置期間を含む。）以内で政令で定める期間とする。

3　前項に定めるもののほか、第一項の規定による貸付金の償還方法、償還期限の繰上げその他償還に関し必要な事項は、政令で定める。

4　国は、第一項の規定により国立大学法人等に対し貸付けを行った場合には、当該貸付けの対象である施設の整備について、当該貸付金に相当する金額の補助を行うものとし、当該補助については、当該貸付金の償還時において、当該貸付金の償還金に相当する金額を交付することにより行うものとする。

5　国立大学法人等が、第一項の規定による貸付けを受けた無利子貸付金について、第二項及び第三項の規定に基づき定められる償還期限を繰り上げて償還を行った場合（政令で定める場合を除く。）における前項の規定の適用については、当該償還は、当該償還期限の到来時に行われたものとみなす。

（旧設置法に規定する大学等に関する経過措置）

第十五条　附則別表の上欄に掲げる大学は、国立大学法人の成立の時において、それぞれ同表の下欄に掲げる国立大学法人が第四条第二項の規定により設置する別表第一の第二欄に掲げる国立大学となるものとする。

2　旧設置法（整備法第二条の規定による廃止前の国立学校設置法（昭和二十四年法律第百五十号）をいう。附則別表において同じ。）第九条に規定する国立久里浜養護学校は、国立大学法人筑波大学の成立の時において、国立大学法人筑波大学が第四条第二項の規定により設置する筑波大学に附属して設置される養護学校となるものとする。

第十六条及び第十七条　削除

（不動産に関する登記）

第十八条　各国立大学法人等が附則第九条第一項の規定により不動産に関する権利を承継した場合において、その権利につきなすべき登記の手続については、政令で特例を設けることができる。

（国の利害に関係のある訴訟についての法務大臣の権限等に関する法律に関する経過措置）

第十九条　国立大学法人等の成立の際現に係属している国立大学法人等が行う第二十二条第一項又は第二十九条第一項に規定する業務に関する訴訟事件又は非訟事件であって各国立大学法人等が受け継ぐものについては、政令で定めるところにより、当該国立大学法人等を国の利害に関係のある訴訟についての法務大臣の権限等に関する法律（昭和二十二年法律第百九十四号）に規定する国又は行政庁とみなし、同法の規定を適用する。

（最初の教育研究評議会の評議員）

第二十条　国立大学法人等の成立後の最初の第二十一条第一項及び第二十八条第一項に規定する教育研究評議会は、次の各号に掲げる区分に応じ、当該各号に定める評議員で組織するものとする。

一　国立大学法人の教育研究評議会　第二十一条第二項第一号及び第二号に掲げる者

二　大学共同利用機関法人の教育研究評議会　第二十八条第二項第一号から第三号までに掲げる者

第二十一条　削除

（政令への委任）

第二十二条　附則第四条から第六条まで、第九条、第十条、第十二条から第十五条まで及び第十八条から第二十条までに定めるもののほか、国立大学法人等の設立に伴い必要な経過措置その他この法律の施行に関し必要な経過措置は、政令で定める。

（国立大学法人の納付金等）

第二十三条　文部科学大臣が定める国立大学法人は、平成二十四年度の一般会計補正予算（第1号）により政府から当該国立大学法人に対し出資されている金額その他政令で定める金額のうち当該国立大学法人が第二十二条第一項第九号に掲げる業務を円滑に遂行する上で必要がないと認められるものに相当する金額として文部科学大臣が定める金額を、政令で定めるところにより、国庫に納付しなければならない。

2　文部科学大臣は、前項の規定により同項に規定する国立大学法人が国庫に納付すべき金額を定めようとするときは、あらかじめ、評価委員会の意見を聴くとともに、財務大臣に協議しなければならない。

3　第一項に規定する国立大学法人が同項の規定による国庫への納付をした場合には、当該国立大学法人の資本金のうち当該納付に係る金額については、当該国立大学法人に対する政府からの出資はなかったものとし、当該国立大学法人は、その額により資本金を減少するものとする。

附　則（平成二六・六・二七法八八）

（施行期日）

1　この法律は、平成二十七年四月一日から施行する。

（検討）

2　政府は、この法律の施行後適当な時期において、第二条の規定による改正後の国立大学法人法（以下「新国立大学法人法」という。）の施行の状況、国立大学法人（新国立大学法人法第二条第一項に規定する国立大学法人をいう。以下同じ。）を取り巻く社会経済情勢の変化等を勘案し、新国立大学法人法第十二条第二項に規定する学長選考会議の構成その他国立大学法人の組織及び運営に関する制度について検討を加え、必要があると認めるときは、その結果に基づいて所要の措置を講ずるものとする。

別表第一（第二条、第四条、第十条、附則第三条、附則第十五条関係）

国立大学法人の名称	国立大学の名称	主たる事務所の所在地	理事の員数
国立大学法人北海道大学	北海道大学	北海道	七
国立大学法人北海道教育大学	北海道教育大学	北海道	四
国立大学法人室蘭工業大学	室蘭工業大学	北海道	三
国立大学法人北海道国立大学機構	小樽商科大学 帯広畜産大学 北見工業大学	北海道	五
国立大学法人旭川医科大学	旭川医科大学	北海道	四
国立大学法人弘前大学	弘前大学	青森県	五
国立大学法人岩手大学	岩手大学	岩手県	四
国立大学法人東北大学	東北大学	宮城県	七
国立大学法人宮城教育大学	宮城教育大学	宮城県	三

国立大学法人秋田大学	秋田大学	秋田県	五
国立大学法人山形大学	山形大学	山形県	五
国立大学法人福島大学	福島大学	福島県	四
国立大学法人茨城大学	茨城大学	茨城県	四
国立大学法人筑波大学	筑波大学	茨城県	八
国立大学法人筑波技術大学	筑波技術大学	茨城県	二
国立大学法人宇都宮大学	宇都宮大学	栃木県	四
国立大学法人群馬大学	群馬大学	群馬県	五
国立大学法人埼玉大学	埼玉大学	埼玉県	四
国立大学法人千葉大学	千葉大学	千葉県	六
国立大学法人東京大学	東京大学	東京都	七
国立大学法人東京医科歯科大学	東京医科歯科大学	東京都	五
国立大学法人東京外国語大学	東京外国語大学	東京都	三
国立大学法人東京学芸大学	東京学芸大学	東京都	四
国立大学法人東京農工大学	東京農工大学	東京都	四
国立大学法人東京芸術大学	東京芸術大学	東京都	四
国立大学法人東京工業大学	東京工業大学	東京都	四
国立大学法人東京海洋大学	東京海洋大学	東京都	四
国立大学法人お茶の水女子大学	お茶の水女子大学	東京都	四
国立大学法人電気通信大学	電気通信大学	東京都	四
国立大学法人一橋大学	一橋大学	東京都	四
国立大学法人横浜国立大学	横浜国立大学	神奈川県	四
国立大学法人新潟大学	新潟大学	新潟県	六
国立大学法人長岡技術科学大学	長岡技術科学大学	新潟県	三
国立大学法人上越教育大学	上越教育大学	新潟県	三
国立大学法人富山大学	富山大学	富山県	六
国立大学法人金沢大学	金沢大学	石川県	六
国立大学法人福井大学	福井大学	福井県	六
国立大学法人山梨大学	山梨大学	山梨県	六
国立大学法人信州大学	信州大学	長野県	六
国立大学法人静岡大学	静岡大学	静岡県	四
国立大学法人浜松医科大学	浜松医科大学	静岡県	四
国立大学法人東海国立大学機構	岐阜大学 名古屋大学	愛知県	八
国立大学法人愛知教育大学	愛知教育大学	愛知県	四
国立大学法人名古屋工業大学	名古屋工業大学	愛知県	三
国立大学法人豊橋技術科学大学	豊橋技術科学大学	愛知県	三
国立大学法人三重大学	三重大学	三重県	五
国立大学法人滋賀大学	滋賀大学	滋賀県	四
国立大学法人滋賀医科大学	滋賀医科大学	滋賀県	四
国立大学法人京都大学	京都大学	京都府	七

国立大学法人京都教育大学	京都教育大学	京都府	三
国立大学法人京都工芸繊維大学	京都工芸繊維大学	京都府	四
国立大学法人大阪大学	大阪大学	大阪府	八
国立大学法人大阪教育大学	大阪教育大学	大阪府	四
国立大学法人兵庫教育大学	兵庫教育大学	兵庫県	三
国立大学法人神戸大学	神戸大学	兵庫県	八
国立大学法人奈良国立大学機構	奈良教育大学 奈良女子大学	奈良県	五
国立大学法人和歌山大学	和歌山大学	和歌山県	四
国立大学法人鳥取大学	鳥取大学	鳥取県	五
国立大学法人島根大学	島根大学	島根県	六
国立大学法人岡山大学	岡山大学	岡山県	七
国立大学法人広島大学	広島大学	広島県	七
国立大学法人山口大学	山口大学	山口県	五
国立大学法人徳島大学	徳島大学	徳島県	五
国立大学法人鳴門教育大学	鳴門教育大学	徳島県	三
国立大学法人香川大学	香川大学	香川県	六
国立大学法人愛媛大学	愛媛大学	愛媛県	五
国立大学法人高知大学	高知大学	高知県	六
国立大学法人福岡教育大学	福岡教育大学	福岡県	三
国立大学法人九州大学	九州大学	福岡県	八
国立大学法人九州工業大学	九州工業大学	福岡県	四
国立大学法人佐賀大学	佐賀大学	佐賀県	六
国立大学法人長崎大学	長崎大学	長崎県	六
国立大学法人熊本大学	熊本大学	熊本県	六
国立大学法人大分大学	大分大学	大分県	六
国立大学法人宮崎大学	宮崎大学	宮崎県	六
国立大学法人鹿児島大学	鹿児島大学	鹿児島県	六
国立大学法人鹿屋体育大学	鹿屋体育大学	鹿児島県	二
国立大学法人琉球大学	琉球大学	沖縄県	五
国立大学法人政策研究大学院大学	政策研究大学院大学	東京都	二
国立大学法人総合研究大学院大学	総合研究大学院大学	神奈川県	二
国立大学法人北陸先端科学技術大学院大学	北陸先端科学技術大学院大学	石川県	四
国立大学法人奈良先端科学技術大学院大学	奈良先端科学技術大学院大学	奈良県	四

備考

一　政策研究大学院大学、総合研究大学院大学、北陸先端科学技術大学院大学及び奈良先端科学技術大学院大学は、学校教育法第百三条に規定する大学とする。

二　総合研究大学院大学は、大学共同利用機関法人及び国立研究開発法人宇宙航空研究開発機構との緊密な連係及び協力の下に教育研究を行うものとする。

三　第一欄に掲げる国立大学法人が指定国立大学法人又は指定国立大学を設置する国立大学法人（次号及び第五号において「指定国立大学法人等」という。）である場合における当該国立大学法人に対するこの表の適用については、当該国立大学法人の項の第四欄の理事の員数は、同欄に掲げる数に二（当該国立大学法人が一人以上の非常勤の理事（学外者が任命されるものに限る。）を置く場合にあっては、三）を加えた数とする。

四　この表の各項の第四欄に掲げる理事の員数が二人である当該各項の第一欄に掲げる国立大学法人（当該国立大学法人が指定国立大学法人等である場合を

除く。）が一人以上の非常勤の理事を置く場合における当該国立大学法人に対するこの表の適用については、それぞれ当該各項の第四欄中「二」とあるのは、「三」とする。

五 この表の各項の第四欄に掲げる理事の員数が四人以上である当該各項の第一欄に掲げる国立大学法人（当該国立大学法人が指定国立大学法人等である場合を除く。）が一人以上の非常勤の理事（学外者が任命されるものに限る。）を置く場合における当該国立大学法人に対するこの表の適用については、それぞれ当該各項の第四欄中「四」とあるのは「五」と、「五」とあるのは「六」と、「六」とあるのは「七」と、「七」とあるのは「八」と、「八」とあるのは「九」とする。

別表第二（第二条、第五条、第二十四条、附則第三条関係）

大学共同利用機関法人の名称	研究分野	主たる事務所の所在地	理事の員数
大学共同利用機関法人人間文化研究機構	人間の文化活動並びに人間と社会及び自然との関係に関する研究	東京都	四
大学共同利用機関法人自然科学研究機構	天文学、物質科学、エネルギー科学、生命科学その他の自然科学に関する研究	東京都	五
大学共同利用機関法人高エネルギー加速器研究機構	高エネルギー加速器による素粒子、原子核並びに物質の構造及び機能に関する研究並びに高エネルギー加速器の性能の向上を図るための研究	茨城県	四
大学共同利用機関法人情報・システム研究機構	情報に関する科学の総合研究並びに当該研究を活用した自然及び社会における諸現象等の体系的な解明に関する研究	東京都	四

備考 この表の各項の第一欄に掲げる大学共同利用機関法人が一人以上の非常勤の理事（学外者が任命されるものに限る。）を置く場合における当該大学共同利用機関法人に対するこの表の適用については、それぞれ当該各項の第四欄中「四」とあるのは「五」と、「五」とあるのは「六」とする。

○刑法等の一部を改正する法律の施行に伴う関係法律の整理等に関する法律（抄）

令和四・六・一七
法 六 八

（私立学校教職員共済法等の一部改正）

第二百十七条 次に掲げる法律の規定中「懲役」を「拘禁刑」に改める。

一～二十一 〔略〕

二十二 国立大学法人法（平成十五年法律第百十二号）第三十八条

二十三～二十八 〔略〕

附 則（抄）

（施行期日）

1 この法律は、刑法等一部改正法施行日〔令和七・六・一〕から施行する。〔ただし書略〕

○国立大学法人法施行令

平成一五・一二・三
政令四七八

最終改正　令和五・一〇・一八政令三〇四

第一章　評価委員及び役員

（評価委員の任命等）

第一条　国立大学法人法（以下「法」という。）第七条第六項の評価委員は、必要の都度、同条第三項の規定により出資を受ける国立大学法人又は大学共同利用機関法人ごとに、次に掲げる者につき文部科学大臣が任命する。

一　財務省の職員　一人

二　文部科学省の職員　一人

三　当該国立大学法人又は大学共同利用機関法人の役員　一人

四　学識経験のある者　二人

2　法第七条第六項の規定による評価は、同項の評価委員の過半数の一致によるものとする。

3　法第七条第六項の規定による評価に関する庶務は、国立大学法人への出資に係るものについては文部科学省高等教育局国立大学法人支援課において、大学共同利用機関法人への出資に係るものについては文部科学省研究振興局大学研究基盤整備課において処理する。

（教育公務員の範囲）

第二条　法第十六条第二項（法第二十六条において準用する場合を含む。）の政令で定める教育公務員は、次に掲げる者とする。

一　学校教育法（昭和二十二年法律第二十六号）の規定による公立の大学の学長、副学長、学部長又は教授の職にある者（当該大学においてその他の職を兼ねる者を含む。）

二　国立教育政策研究所の長及びその職員のうち専ら研究又は教育に従事する者で前号に掲げる者に準ずるもの

第二章　国立大学法人等による出資の対象

第三条　法第二十二条第一項第七号及び第二十九条第一項第六号の政令で定める事業は、次に掲げる事業とする。

一　当該国立大学又は大学共同利用機関（以下この条において「国立大学等」という。）における研究の成果の提供を受けて、他の事業者の依頼に応じてその事業活動に関し必要な助言その他の援助を行う事業

二　前号に掲げるもののほか、当該国立大学等における研究の成果の提供を受けて、他の事業者及びその従業員その他の者に対して研修又は講習を行う事業（当該国立大学等における研究の成果の提供を受けて研修又は講習に必要な教材を開発し、当該教材を提供する事業を含む。）

2　法第二十二条第一項第八号及び第二十九条第一項第七号の政令で定める事業は、次に掲げる事業とする。

一　当該国立大学等における技術に関する研究の成果の提供を受けて当該成果を実用化するために必要な研究を行う事業であって、当該成果を実用化しようとする民間事業者その他の者と共同して又は当該者から委託を受けて行うもの

二　当該国立大学等が当該国立大学等における技術に関する研究の成果を普及し又は実用化しようとする民間事業者その他の者と共同して又は当該者から委託を受けて当該成果を実用化するために必要な研究又は当該成果を普及し若しくは実用化することについての企画及びあっせんを行う事業

三　大学等における技術に関する研究成果の民間事業者への移転の促進に関する法律（平成十年法律第五十二号）第四条第一項の承認を受けた者（同法第五条第一項の変更の承認を受けた者を含む。）が実施する同法第二条第一項の特定大学技術移転事業

第三章　積立金及び国庫納付金

（積立金の処分に係る承認の手続）

第四条　国立大学法人及び大学共同利用機関法人（以下「国立大学法人等」という。）は、中期目標の期間の最後の事業年度（以下「期間最後の事業年度」という。）に係る準用通則法（法第三十五条において準用する独立行政法人通則法（平成十一年法律第百三号）をいう。第七条第二項及び第二十四条において同じ。）第四十四条第一項又は第二項の規定による整理を行った後、同条第一項の規定による積立金がある場合において、その額に相当する金額の全部又は一部を法第三十二条第一項の規定により当該中期目標の期間の次の中期目標の期間における業務の財源に充てようとするときは、次に掲げる事項を記載した承認申請書を文部科学大臣に提出し、当該次の中期目標の期間の最初の事業年度の六月三十日までに、同項の規定による承認を受けなければならない。

一　法第三十二条第一項の規定による承認を受けようとする金額

二　前号の金額を財源に充てようとする業務の内容

2　前項の承認申請書には、当該期間最後の事業年度の事業年度末の貸借対照表、当該期間最後の事業年度の損益計算書その他の文部科学省令で定める書類を添付しなければならない。

（国庫納付金の納付の手続）

第五条　国立大学法人等は、法第三十二条第二項に規定する残余があるときは、同項の規定による納付金（以下「国庫納付金」という。）の計算書に、当該期間最後の事業年度の事業年度末の貸借対照表、当該期間最後の事業年度の損益計算書その他の当該国庫納付金の計算の基礎を明らかにした書類を添付して、当該期間最後の事業年度の次の事業年度の六月三十日までに、これを文部科学大臣に提出しなければならない。ただし、前条第一項の承認申請書を提出したときは、これに添付した同条第二項に規定する書類を重ねて提出することを要しない。

2　文部科学大臣は、前項の国庫納付金の計算書及び添付書類の提出があったときは、遅滞なく、当該国庫納付金の計算書及び添付書類の写しを財務大臣に送付するものとする。

（国庫納付金の納付期限）

第六条　国庫納付金は、期間最後の事業年度の次の事業年度の七月十日までに納付しなければならない。

（国庫納付金の帰属する会計）

第七条　国庫納付金は、一般会計に帰属する。

2　前項の規定にかかわらず、国立大学法人等が準用通則法第四十六条第一項の規定による交付金（補助金等に係る予算の執行の適正化に関する法律（昭和三十年法律第百七十九号）第二条第一項第四号の規定に基づき補助金等として指定されたものを除く。）であって平成二十三年度の一般会計補正予算（第3号）及び平成二十四年度以降における東日本大震災復興特別会計の予算に計上されたものの交付を受けて特別会計に関する法律（平成十九年法律第二十三号）第二百二十二条第二項に規定する復興施策に関する業務を行う場合における当該復興施策に関する業務に係る国庫納付金は、東日本大震災復興特別会計に帰属する。

第四章　長期借入金及び国立大学法人等債券

（土地の取得等）

第八条　法第三十三条第一項の政令で定める土地の取得、施設の設置若しくは整備又は設備の設置（以下「土地の取得等」という。）は、次に掲げるものとする。

一　国立大学の附属病院の用に供するために行う土地の取得等

二　国立大学法人等の施設の移転のために行う土地の取得等

三　次に掲げる土地の取得等であって、当該土地、施設又は設備を用いて行われる業務に係る収入をもって当該土地の取得等に係る長期借入金又は債券（法第三十三条第一項に規定する債券をいう。以下この条において同じ。）を償還することができる見込みがあるもの

イ　学生の寄宿舎、職員の宿舎その他これらに類する宿泊施設の用に供するために行う土地の取得等

ロ　当該国立大学法人以外の者との連携による教育研究活動に係る施設の用に供するために行う土地の取得等

ハ　当該国立大学に附属して設置される飼育動物診療施設（獣医療法（平成四年法律第四十六号）第二条第二項に規定する診療施設をいう。）の用に供するために行う土地の取得等

四　前三号に掲げるもののほか、国立大学又は大学共同利用機関における先端的な教育研究の用に供するために行う土地の取得等であって、当該土地、施設又は設備を用いて行われる業務に係る収入及び当該国立大学又は大学共同利用機関を設置する国立大学法人等の法第三十四条の三第二項に規定する業務上の余裕金をもって当該土地の取得等に係る長期借入金又は債券を償還することができる見込みがあるもの

五　前各号に掲げるもののほか、国立大学法人等の業務の実施に必要な土地の取得であって、長期借入金の借入れ又は債券の発行により調達した資金により一括して取得することが、段階的な取得（毎年度、国から交付を受けた補助金又は交付金により段階的に当該土地の一部を取得し、当該土地の全てを取得するまでの間、当該土地のうち既に取得した部分以外の部分の賃借に係る費用を負担する方法により当該土地の全てを取得する行為をいう。）を行う場合に比して相当程度有利と文部科学大臣が認めるもの

（借換えの対象となる長期借入金又は債券等）

第九条　法第三十三条第二項本文の政令で定める長期借入金又は債券は、同条第一項の規定により土地の取得等に必要な費用に充てるためにした長期借入金又は発行した債券（同条第二項の規定によりした長期借入金又は発行した債券を含む。以下この条において「既往の長期借入金等」という。）とし、同条第二項ただし書の政令で定める期間は、次条の文部科学省令で定める期間から当該既往の長期借入金等の償還期間を控除した期間を超えない範囲内の期間とする。

（長期借入金又は債券の償還期間）

第十条　法第三十三条第一項の規定による長期借入金又は債券の償還期間は、当該長期借入金の借入れ又は当該債券の発行により調達する資金の使途に応じて文部科学省令で定める期間を超えてはならない。

（長期借入金の借入れの認可）

第十一条　国立大学法人等は、法第三十三条第一項又は第二項の規定により長期借入金の借入れの認可を受けようとするときは、次に掲げる事項を記載した申請書を文部科学大臣に提出しなければならない。

一　借入れを必要とする理由

二　長期借入金の額

三　借入先

四　長期借入金の利率

五　長期借入金の償還の方法及び期限

六　利息の支払の方法及び期限

七　その他文部科学大臣が必要と認める事項

2　前項の申請書には、長期借入金の借入れにより調達する資金の使途を記載した書面を添付しなければならない。

（国立大学法人等債券の形式）

第十二条　法第三十三条第一項又は第二項の規定により発行する債券（以下「国立大学法人等債券」という。）は、無記名利札付きとする。

（国立大学法人等債券の発行の方法）

第十三条　国立大学法人等債券の発行は、募集の方法による。

（国立大学法人等債券申込証）

第十四条　国立大学法人等債券の募集に応じようとする者は、国立大学法人等債券の申込証（以下「国立大学法人等債券申込証」という。）に、その引き受けようとする国立大学法人等債券の数並びにその氏名又は名称及び住所を記載しなければならない。

2　社債、株式等の振替に関する法律（平成十三年法律第七十五号。以下「社債等振替法」という。）の規定の適用がある国立大学法人等債券（次条第二項において「振替国立大学法

人等債券」という。）の募集に応じようとする者は、前項の記載事項のほか、自己のために開設された当該国立大学法人等債券の振替を行うための口座（同条第二項において「振替口座」という。）を国立大学法人等債券申込証に記載しなければならない。

3　国立大学法人等債券申込証は、国立大学法人等債券の募集をしようとする国立大学法人等が作成し、これに次に掲げる事項を記載しなければならない。

一　国立大学法人等債券の名称
二　国立大学法人等債券の総額
三　各国立大学法人等債券の金額
四　国立大学法人等債券の利率
五　国立大学法人等債券の償還の方法及び期限
六　利息の支払の方法及び期限
七　国立大学法人等債券の発行の価額
八　社債等振替法の規定の適用があるときは、その旨
九　社債等振替法の規定の適用がないときは、無記名式である旨
十　応募額が国立大学法人等債券の総額を超える場合の措置
十一　募集又は管理の委託を受けた会社があるときは、その商号

（国立大学法人等債券の引受け）
第十五条　前条の規定は、政府若しくは地方公共団体が国立大学法人等債券を引き受ける場合又は国立大学法人等債券の募集の委託を受けた会社が自ら国立大学法人等債券を引き受ける場合においては、その引き受ける部分については、適用しない。

2　前項の場合において、振替国立大学法人等債券を引き受ける政府若しくは地方公共団体又は振替国立大学法人等債券の募集の委託を受けた会社は、その引受けの際に、振替口座を当該振替国立大学法人等債券の募集をした国立大学法人等に示さなければならない。

（国立大学法人等債券の成立の特則）
第十六条　国立大学法人等債券の応募総額が国立大学法人等債券の総額に達しないときでも、国立大学法人等債券を成立させる旨を国立大学法人等債券申込証に記載したときは、その応募総額をもって国立大学法人等債券の総額とする。

（国立大学法人等債券の払込み）
第十七条　国立大学法人等債券の募集が完了したときは、当該国立大学法人等債券の募集をした国立大学法人等は、遅滞なく、各国立大学法人等債券についてその全額の払込みをさせなければならない。

（債券の発行）
第十八条　国立大学法人等は、前条の払込みがあったときは、遅滞なく、債券を発行しなければならない。ただし、国立大学法人等債券につき社債等振替法の規定の適用があるときは、この限りでない。

2　各債券には、第十四条第三項第一号から第六号まで、第九号及び第十一号に掲げる事項並びに番号を記載し、国立大学法人等の学長（理事長を置く国立大学法人にあっては、理事長）又は機構長がこれに記名押印しなければならない。

（国立大学法人等債券原簿）
第十九条　国立大学法人等は、国立大学法人等債券を発行したときは、主たる事務所に国立大学法人等債券の原簿（次項において「国立大学法人等債券原簿」という。）を備えて置かなければならない。

2　国立大学法人等債券原簿には、次に掲げる事項を記載しなければならない。

一　債券の発行の年月日
二　債券の数（社債等振替法の規定の適用がないときは、債券の数及び番号）
三　第十四条第三項第一号から第六号まで、第八号及び第十一号に掲げる事項
四　元利金の支払に関する事項

（利札が欠けている場合）
第二十条　国立大学法人等債券を償還する場合において、欠けている利札があるときは、これに相当する金額を償還額から控除する。ただし、既に支払期が到来した利札については、この限りでない。

2　前項の利札の所持人がこれと引換えに控除金額の支払を請求したときは、国立大学法人等は、これに応じなければならない。

（国立大学法人等債券の発行の認可）
第二十一条　国立大学法人等は、法第三十三条第一項又は第二項の規定により国立大学法人等債券の発行の認可を受けようとするときは、国立大学法人等債券の募集の日の二十日前までに次に掲げる事項を記載した申請書を文部科学大臣に提出しなければならない。

一　発行を必要とする理由
二　第十四条第三項第一号から第八号までに掲げる事項
三　国立大学法人等債券の募集の方法
四　発行に要する費用の概算額
五　第二号に掲げるもののほか、国立大学法人等債券に記載しようとする事項

2　前項の申請書には、次に掲げる書類を添付しなければならない。

一　作成しようとする国立大学法人等債券申込証
二　国立大学法人等債券の発行により調達する資金の使途を記載した書面
三　国立大学法人等債券の引受けの見込みを記載した書面

第五章　余裕金の運用

（運用の対象となる有価証券）
第二十二条　法第三十四条の三第二項第一号の政令で定める有価証券は、次に掲げるものとする。

一　金融商品取引法（昭和二十三年法律第二十五号）第二条第一項第一号から第五号まで、第十号から第十二号まで及び第十五号に掲げる有価証券並びに同項第十七号に掲げる有価証券（同項第六号から第九号まで、第十三号、第十四号及び第十六号に掲げる有価証券の性質を有するものを除く。）
二　前号に掲げる有価証券に表示されるべき権利であって、

金融商品取引法第二条第二項の規定により有価証券とみなされるもの

（投資一任契約）

第二十三条　法第三十四条の三第二項第三号ロの政令で定める投資一任契約は、国立大学法人等が金融商品取引法第二条第八項第十二号ロに規定する投資判断の全部を一任することを内容とするものとする。

第六章　部局の長の範囲等

第二十四条　準用通則法第二十六条ただし書の政令で指定する部局の長は、次に掲げる者とする。

一　大学の教養部の長
二　大学に附置される研究所の長
三　大学又は大学の医学部若しくは歯学部に附属する病院の長
四　大学に附属する図書館の長
五　大学院に置かれる研究科（学校教育法第百条ただし書に規定する組織を含む。）の長

2　準用通則法第二十六条ただし書の政令で定める者は、次に掲げる者とする。

一　幼稚園の副園長、教頭、主幹教諭、指導教諭、教諭、養護教諭、栄養教諭、助教諭、講師及び養護助教諭
二　小学校、中学校又は義務教育学校の副校長、教頭、主幹教諭、指導教諭、教諭、養護教諭、栄養教諭、助教諭、講師及び養護助教諭
三　高等学校又は中等教育学校の副校長、教頭、主幹教諭、指導教諭、教諭、養護教諭、栄養教諭、助教諭、講師、養護助教諭及び実習助手
四　特別支援学校の副校長、教頭、主幹教諭、指導教諭、教諭、養護教諭、栄養教諭、助教諭、講師、養護助教諭、実習助手及び寄宿舎指導員
五　幼保連携型認定こども園の副園長、教頭、主幹保育教諭、指導保育教諭、保育教諭、主幹養護教諭、養護教諭、主幹栄養教諭、栄養教諭、助保育教諭、講師及び養護助教諭
六　専修学校の教員

第七章　他の法令の準用

第二十五条　次の法令の規定については、国立大学法人等を国とみなして、これらの規定を準用する。

一　船舶安全法（昭和八年法律第十一号）第二十九条の四第一項
二　大麻取締法（昭和二十三年法律第百二十四号）第二十二条の三第二項から第四項まで
三　医療法（昭和二十三年法律第二百五号）第四条第一項及び第六条
四　精神保健及び精神障害者福祉に関する法律（昭和二十五年法律第百二十三号）第十九条の八、第二十九条第一項及び第四項、第二十九条の六第一項並びに第二十九条の七
五　漁港及び漁場の整備等に関する法律（昭和二十五年法律第百三十七号）第三十九条第四項及び第三十九条の五第一項ただし書
六　生活保護法（昭和二十五年法律第百四十四号）第四十九条（中国残留邦人等の円滑な帰国の促進並びに永住帰国した中国残留邦人等及び特定配偶者の自立の支援に関する法律（平成六年法律第三十号）第十四条第四項（中国残留邦人等の円滑な帰国の促進及び永住帰国後の自立の支援に関する法律の一部を改正する法律（平成十九年法律第百二十七号）附則第四条第二項において準用する場合を含む。）においてその例による場合を含む。）
七　建築基準法（昭和二十五年法律第二百一号）第十八条（同法第八十七条第一項、第八十七条の四、第八十八条第一項から第三項まで及び第九十条第三項において準用する場合を含む。）
八　港湾法（昭和二十五年法律第二百十八号）第三十七条第三項及び第四項並びに第三十八条の二第一項、第九項及び第十項
九　道路運送車両法（昭和二十六年法律第百八十五号）第百二条第一項
十　土地収用法（昭和二十六年法律第二百十九号）第十一条第一項ただし書、第十五条第一項、第十七条第一項第一号（同法第百三十八条第一項において準用する場合を含む。）、第二十一条（同法第百三十八条第一項において準用する場合を含む。）、第八十二条第五項及び第六項（同法第百三十八条第一項において準用する場合を含む。）、第八十三条第三項（同法第八十四条第三項（同法第百三十八条第一項において準用する場合を含む。）及び第百三十八条第一項において準用する場合を含む。）、第百二十二条第一項ただし書（同法第百三十八条第一項において準用する場合を含む。）並びに第百二十五条第一項ただし書（同法第百三十八条第一項において準用する場合を含む。）
十一　覚醒剤取締法（昭和二十六年法律第二百五十二号）第三十条の十五、第三十四条の三第二項及び第三項、第三十五条第一項及び第三項、第三十六条並びに第三十七条
十二　麻薬及び向精神薬取締法（昭和二十八年法律第十四号）第五十条の五及び第六十条の二第二項から第四項まで
十三　都市公園法（昭和三十一年法律第七十九号）第九条（同法第三十三条第四項において準用する場合を含む。）
十四　海岸法（昭和三十一年法律第百一号）第十条第二項
十五　核原料物質、核燃料物質及び原子炉の規制に関する法律（昭和三十二年法律第百六十六号）第七十六条
十六　放射性同位元素等の規制に関する法律（昭和三十二年法律第百六十七号）第五十条
十七　銃砲刀剣類所持等取締法（昭和三十三年法律第六号）第三条第一項第二号及び第二号の二
十八　地すべり等防止法（昭和三十三年法律第三十号）第十一条第二項、第二十条第二項（同法第四十五条第一項において準用する場合を含む。）及び第二十三条第五項
十九　下水道法（昭和三十三年法律第七十九号）第四十一条
二十　宅地造成及び特定盛土等規制法（昭和三十六年法律第百九十一号）第十五条第一項（同法第十六条第三項において準用する場合を含む。）及び第三十四条第一項（同法第

三十五条第三項において準用する場合を含む。）

二十一　河川法（昭和三十九年法律第百六十七号）第九十五条（同法第百条第一項において準用する場合を含む。）

二十二　古都における歴史的風土の保存に関する特別措置法（昭和四十一年法律第一号）第七条第三項及び第八条第八項

二十三　都市計画法（昭和四十三年法律第百号）第四十二条第二項、第五十二条の二第二項（同法第五十三条第二項、第五十七条の三第一項及び第六十五条第三項において準用する場合を含む。）、第五十八条の二第一項第三号、第五十八条の七第一項、第五十九条第三項及び第四項、第六十三条第一項並びに第八十条第一項

二十四　急傾斜地の崩壊による災害の防止に関する法律（昭和四十四年法律第五十七号）第七条第四項及び第十二条

二十五　海洋汚染等及び海上災害の防止に関する法律（昭和四十五年法律第百三十六号）第五十一条の三第一項

二十六　都市緑地法（昭和四十八年法律第七十二号）第八条第七項及び第八項、第十四条第八項並びに第三十七条第二項

二十七　幹線道路の沿道の整備に関する法律（昭和五十五年法律第三十四号）第十条第一項第三号

二十八　船舶のトン数の測度に関する法律（昭和五十五年法律第四十号）第十条

二十九　半導体集積回路の回路配置に関する法律（昭和六十年法律第四十三号）第四十九条第三項

三十　集落地域整備法（昭和六十二年法律第六十三号）第六条第一項第三号

三十一　看護師等の人材確保の促進に関する法律（平成四年法律第八十六号）第十三条

三十二　密集市街地における防災街区の整備の促進に関する法律（平成九年法律第四十九号）第三十三条第一項第三号

三十三　原子力災害対策特別措置法（平成十一年法律第百五十六号）第三十六条

三十四　土砂災害警戒区域等における土砂災害防止対策の推進に関する法律（平成十二年法律第五十七号）第十五条

三十五　建設工事に係る資材の再資源化等に関する法律（平成十二年法律第百四号）第十一条

三十六　小型船舶の登録等に関する法律（平成十三年法律第百二号）第二十九条第一項

三十七　特定都市河川浸水被害対策法（平成十五年法律第七十七号）第三十五条（同法第三十七条第四項及び第三十九条第四項において準用する場合を含む。）、第六十条（同法第六十二条第四項において準用する場合を含む。）及び第六十九条（同法第七十一条第五項において準用する場合を含む。）

三十八　心神喪失等の状態で重大な他害行為を行った者の医療及び観察等に関する法律（平成十五年法律第百十号）第十六条第一項

三十九　国際航海船舶及び国際港湾施設の保安の確保等に関する法律（平成十六年法律第三十一号）第四十八条第一項及び附則第四条第九項

四十　景観法（平成十六年法律第百十号）第十六条第五項及び第六項、第二十二条第四項並びに第六十六条第一項から第三項まで及び第五項

四十一　高齢者、障害者の移動等の円滑化の促進に関する法律（平成十八年法律第九十一号）第十五条第二項

四十二　教育基本法（平成十八年法律第百二十号）第五条第四項及び第十五条第二項

四十三　地域における歴史的風致の維持及び向上に関する法律（平成二十年法律第四十号）第十五条第六項及び第七項並びに第三十三条第一項第三号

四十四　津波防災地域づくりに関する法律（平成二十三年法律第百二十三号）第二十五条、第七十六条第一項（同法第七十八条第四項において準用する場合を含む。）及び第八十五条（同法第八十七条第五項において準用する場合を含む。）

四十五　建築物のエネルギー消費性能の向上等に関する法律（平成二十七年法律第五十三号）第十三条、第十四条第二項、第十六条第三項、第二十条及び附則第三条第七項から第九項まで

四十六　所有者不明土地の利用の円滑化等に関する特別措置法（平成三十年法律第四十九号）第六条ただし書、第八条第一項並びに第四十三条第三項及び第五項並びに同法第三十五条第一項（同法第三十七条第四項において準用する場合を含む。）において準用する土地収用法第八十四条第三項において準用する同法第八十三条第三項

四十七　船舶の再資源化解体の適正な実施に関する法律（平成三十年法律第六十一号）第三十八条第一項及び附則第五条第六項

四十八　医療法施行令（昭和二十三年政令第三百二十六号）第一条の五、第三条第一項及び第四条の五

四十九　診療放射線技師法施行令（昭和二十八年政令第三百八十五号）第十四条

五十　保健師助産師看護師法施行令（昭和二十八年政令第三百八十六号）第二十一条

五十一　歯科技工士法施行令（昭和三十年政令第二百二十八号）第十七条

五十二　毒物及び劇物取締法施行令（昭和三十年政令第二百六十一号）第十一条第一号、第十六条第一号、第二十二条第一号及び第二十八条第一号イ

五十三　臨床検査技師等に関する法律施行令（昭和三十三年政令第二百二十六号）第十七条

五十四　理学療法士及び作業療法士法施行令（昭和四十年政令第三百二十七号）第十六条

五十五　視能訓練士法施行令（昭和四十六年政令第二百四十六号）第十七条

五十六　歯科衛生士法施行令（平成三年政令第二百二十六号）第九条

五十七　あん摩マツサージ指圧師、はり師、きゆう師等に関する法律施行令（平成四年政令第三百一号）第八条

五十八　柔道整復師法施行令（平成四年政令第三百二号）第九条

五十九　看護師等の人材確保の促進に関する法律施行令（平成四年政令第三百四十五号）第二条

六十　原子爆弾被爆者に対する援護に関する法律施行令（平成七年政令第二十六号）第十一条から第十三条まで

六十一　景観法施行令（平成十六年政令第三百九十八号）第二十二条第二号（同令第二十四条において準用する場合を含む。）

2　前項の規定により次の表の上欄に掲げる法令の規定を準用する場合においては、これらの規定中同表の中欄に掲げる字句は、それぞれ同表の下欄の字句と読み替えるものとする。

読み替える法令の規定	読み替えられる字句	読み替える字句
土地収用法第二十一条第一項（同法第百三十八条第一項において準用する場合を含む。）	行政機関若しくはその地方支分部局の長	国立大学法人等
土地収用法第二十一条第二項（同法第百三十八条第一項において準用する場合を含む。）	行政機関又はその地方支分部局の長	国立大学法人等
土地収用法第百二十二条第一項ただし書（同法第百三十八条第一項において準用する場合を含む。）	当該事業の施行について権限を有する行政機関又はその地方支分部局の長	当該起業者である国立大学法人等
覚醒剤取締法第三十五条第一項	主務大臣	当該病院又は診療所を開設する国立大学法人
核原料物質、核燃料物質及び原子炉の規制に関する法律第七十六条	章前条及び次	除く。）
放射性同位元素等の規制に関する法律第五十条	前条及び次章	前条
原子力災害対策特別措置法第三十六条	第三十三条及び次章	第三十三条
医療法施行令第一条の五の表第二十三条の二の項	主務大臣	当該病院又は診療所の開設者である国立大学法人
医療法施行令第一条の五の表第二十四条第一項の項、第二十四条の二第一項の項、第二十四条の二第二項の項及び第二十八条の項	主務大臣	当該病院、診療所又は助産所の開設者である国立大学法人
医療法施行令第一条の五の表第二十四条第二項の項	主務大臣	当該特定機能病院等の開設者である国立大学法人
診療放射線技師法施行令第十四条の表	所管大臣	設置者である国立大学法人
保健師助産師看護師法施行令第二十一条の表	所管大臣	設置者である国立大学法人
歯科技工士法施行令第十七条の表	所管大臣	設置者である国立大学法人
臨床検査技師等に関する法律施行令第十七条の表	所管大臣	設置者である国立大学法人
理学療法士及び作業療法士法施行令第十六条の表	所管大臣	設置者である国立大学法人
視能訓練士法施行令第十七条の表	所管大臣	設置者である国立大学法人
歯科衛生士法施行令第九条の表第三条の項、第四条第一項の項、第四条第二項の項、第五条第一項の項、第六条第一項の項及び第八条の二の項	所管大臣	設置者である国立大学法人
歯科衛生士法施行令第九条の表第七条の項	所管大臣	その設置者である国立大学法人
あん摩マツサージ指圧師、はり師、きゆう師等に関する法律施行令第八条の表	所管大臣	設置者である国立大学法人
柔道整復師法施行令第九条の表	所管大臣	設置者である国立大学法人
看護師等の人材確保の促進に関する法律施行令第二条の表	主務大臣	当該看護師等確保推進者を置く病院の開設者である国立大学法人

	法人

3　次の表の上欄に掲げる法令の規定については、それぞれ同表の下欄に掲げる国立大学法人等を国とみなして、これらの規定を準用する。

航空法（昭和二十七年法律第二百三十一号）第百三十五条第一項	国立大学法人等のうち、その業務の内容その他の事情を勘案して文部科学大臣及び国土交通大臣が指定するもの
種苗法（平成十年法律第八十三号）第六条第二項及び第三項、第四十五条第二項及び第三項並びに第五十四条第二項	国立大学法人等のうち、その業務の内容その他の事情を勘案して文部科学大臣及び農林水産大臣が指定するもの

第二十六条　次の法令の規定については、国立大学法人等を独立行政法人（独立行政法人通則法第二条第一項に規定する独立行政法人をいう。以下この条及び次条において同じ。）とみなして、これらの規定を準用する。

一　国の利害に関係のある訴訟についての法務大臣の権限等に関する法律（昭和二十二年法律第百九十四号）第二条第四項、第六条の三、第七条第一項及び第四項並びに第八条（これらの規定を同法第九条において準用する場合を含む。）

二　博物館法（昭和二十六年法律第二百八十五号）第十三条第一項並びに第三十一条第一項及び第六項

三　海洋汚染等及び海上災害の防止に関する法律第四十七条第一項

四　運輸安全委員会設置法（昭和四十八年法律第百十三号）第二十八条の三

五　基盤技術研究円滑化法（昭和六十年法律第六十五号）第七条第一号及び第十一条第一号

六　国際緊急援助隊の派遣に関する法律（昭和六十二年法律第九十三号）第四条第七項及び第八項並びに第五条第一項

七　多極分散型国土形成促進法（昭和六十三年法律第八十三号）第三条並びに第四条第一項、第二項及び第六項

八　行政機関が行う政策の評価に関する法律（平成十三年法律第八十六号）第十五条第二項第一号

九　都市再生特別措置法（平成十四年法律第二十二号）第十条並びに第十九条第二項及び第七項から第九項まで

十　知的財産基本法（平成十四年法律第百二十二号）第三十条

十一　構造改革特別区域法（平成十四年法律第百八十九号）第四十三条

十二　国立研究開発法人医薬基盤・健康・栄養研究所法（平成十六年法律第百三十五号）第十五条第一項第一号ロ

十三　郵政民営化法（平成十七年法律第九十七号）第二十五条

十四　総合特別区域法（平成二十三年法律第八十一号）第六十五条

2　次の表の上欄に掲げる法令の規定については、国立大学法人等を同表の下欄に掲げる独立行政法人とみなして、これらの規定を準用する。

医療法第七条の二第七項	同項の政令で定める独立行政法人
国家公務員倫理法（平成十一年法律第百二十九号）第四十二条	独立行政法人通則法第二条第一項に規定する独立行政法人であって同条第四項に規定する行政執行法人以外のもの
国等による環境物品等の調達の推進等に関する法律（平成十二年法律第百号）第一条、第二条第二項、第三条第一項、第六条第一項及び第二項、同条第三項及び第四項（これらの規定を同条第六項において準用する場合を含む。）、第七条第一項、第三項及び第四項、第八条、第九条並びに第十一条	同法第二条第二項の政令で定める独立行政法人
公共工事の入札及び契約の適正化の促進に関する法律（平成十二年法律第百二十七号）第一条、第二条第一項及び第二項、第六条、第十条、第十一条、第十三条、第十六条、第十七条第一項及び第二項、同条第三項及び第四項（これらの規定を同条第七項において準用する場合を含む。）、第十八条、第十九条第一項、第二十条第一項並びに第二十二条第一項	同法第二条第一項の政令で定める独立行政法人
国等における温室効果ガス等の排出の削減に配慮した契約の推進に関する法律（平成十九年法律第五十六号）第一条、第二条第二項及び第三項、第三条、第五条第一項及び第二項、同条第四項及び第五項（これらの規定を同条第七項において準用する場合を含む。）、第六条、第八条から第十条まで、第十二条並びに第十三条並びに附則第三項及び第四項	同法第二条第三項の政令で定める独立行政法人

国等による障害者就労施設等からの物品等の調達の推進等に関する法律（平成二十四年法律第五十号）第一条、第二条第五項、第三条、第五条第一項及び第二項、同条第三項（同条第五項において準用する場合を含む。）、第六条第一項、第三項及び第四項、第七条、第八条並びに第十条	同法第二条第五項の政令で定める独立行政法人
母子家庭の母及び父子家庭の父の就業の支援に関する特別措置法（平成二十四年法律第九十二号）第六条	同条の政令で定める独立行政法人
雨水の利用の推進に関する法律（平成二十六年法律第十七号）第二条第二項、第三条第二項、第十条第一項及び同条第二項（同条第四項において準用する場合を含む。）	同法第二条第二項の政令で定める独立行政法人

3 電波法（昭和二十五年法律第百三十一号）第百四条第一項の規定については、国立大学法人等のうち業務の内容その他の事情を勘案して文部科学大臣及び総務大臣が指定するものを同項の政令で定める独立行政法人とみなして、この規定を準用する。

第二十七条 政令以外の命令であって文部科学省令で定めるものについては、文部科学省令で定めるところにより、国立大学法人等を国又は独立行政法人とみなして、これらの命令を準用する。

附 則（抄）

（施行期日）

第一条 この政令は、公布の日から施行する。ただし、第二十二条第一項（第四十五号に係る部分に限る。）の規定は、心神喪失等の状態で重大な他害行為を行った者の医療及び観察等に関する法律の施行の日又はこの政令の施行の日のいずれか遅い日から施行する。

○国立大学法人法施行規則

平成一五・一二・一九
文科令五七

最終改正 令和五・二・一〇文科令二

（大学共同利用機関法人の設置する大学共同利用機関）

第一条 国立大学法人法（以下「法」という。）第五条第二項の規定により大学共同利用機関法人が設置する大学共同利用機関は、別表第一の上欄に掲げる大学共同利用機関法人の区分に応じ、それぞれ同表の中欄に掲げる大学共同利用機関とし、当該大学共同利用機関の目的は、同表の下欄に掲げるとおりとする。

（監査報告の作成）

第一条の二 法第十一条第六項及び第二十五条第四項の規定により文部科学省令で定める事項については、この条の定めるところによる。

2 監事は、その職務を適切に遂行するため、次に掲げる者との意思疎通を図り、情報の収集及び監査の環境の整備に努めなければならない。この場合において、役員（監事を除く。第一号並びに第五項第三号及び第四号において同じ。）は、監事の職務の執行のための必要な体制の整備に留意しなければならない。

一 当該国立大学法人及び大学共同利用機関法人（以下「国立大学法人等」という。）の役員及び職員

二 当該国立大学法人等の子法人（法第十一条第九項及び第二十五条第七項に規定する子法人をいう。以下同じ。）の取締役、会計参与、執行役、業務を執行する社員、会社法（平成十七年法律第八十六号）第五百九十八条第一項の職務を行うべき者その他これらの者に相当する者及び使用人

三 前二号に掲げる者のほか、監事が適切に職務を遂行するに当たり意思疎通を図るべき者

3 前項の規定は、監事が公正不偏の態度及び独立の立場を保

持することができなくなるおそれのある関係の創設及び維持を認めるものと解してはならない。

4　監事は、その職務の遂行に当たり、必要に応じ、当該国立大学法人等の他の監事、当該国立大学法人等の子法人の監査役その他これらの者に相当する者との意思疎通及び情報の交換を図るよう努めなければならない。

5　監査報告には、次に掲げる事項を記載しなければならない。

一　監事の監査の方法及びその内容

二　国立大学法人等の業務が、法令等に従って適正に実施されているかどうか及び中期目標の着実な達成に向け効果的かつ効率的に実施されているかどうかについての意見

三　国立大学法人等の役員の職務の執行が法令等に適合することを確保するための体制その他当該国立大学法人等の業務の適正を確保するための体制の整備及び運用についての意見

四　国立大学法人等の役員の職務の遂行に関し、不正の行為又は法令等に違反する重大な事実があったときは、その事実

五　監査のため必要な調査ができなかったときは、その旨及びその理由

六　監査報告を作成した日

（監事の調査の対象となる書類）

第一条の三　法第十一条第八項及び第二十五条第六項に規定する文部科学省令で定める書類は、法、準用通則法（法第三十五条において準用する独立行政法人通則法をいう。以下同じ。）、国立大学法人法施行令及びこの省令の規定に基づき文部科学大臣に提出する書類とする。

（子法人）

第一条の四　法第十一条第九項及び法第二十五条第七項に規定する文部科学省令で定める法人は、国立大学法人等に適用する会計の基準として文部科学大臣が別に公示する国立大学法人会計基準（第十三条第三項並びに第十六条の四第三項第二号イ及びロにおいて「国立大学法人会計基準」という。）の定めるところにより、国立大学法人等が議決権の過半数を保有している会社等として連結の範囲に含まれる会社とする。

（学長の選考が行われたときの公表事項）

第一条の五　法第十二条第七項に規定する文部科学省令で定める事項は、次のとおりとする。

一　法第十二条第二項の規定により学長（理事長を置く国立大学法人にあっては、理事長。以下同じ。）として選考された者について、学長選考・監察会議が当該者を選考した理由

二　学長選考・監察会議における学長の選考の過程

2　前項の規定は、法第二十六条において読み替えて準用する法第十二条第七項の規定により大学共同利用機関法人が行う公表について準用する。この場合において、前項中「学長選考・監察会議」とあるのは「機構長選考・監察会議」と、同項第一号中「学長（理事長を置く国立大学法人にあっては、理事長。以下同じ。）」とあるのは「機構長」と、同項第二号中「学長の」とあるのは「機構長の」と読み替えるものとする。

（出資の認可の申請）

第二条　国立大学法人は、法第二十二条第二項の認可を受けようとするときは、次に掲げる事項を記載した申請書を文部科学大臣に提出しなければならない。

一　出資先の名称、住所又は居所及び代表者名（出資先が投資事業有限責任組合である場合にあっては、当該投資事業有限責任組合の名称及び事務所の所在地並びに無限責任組合員の氏名又は名称及び住所）

二　出資に係る財産の内容及び評価額

三　出資を行う時期

四　出資を必要とする理由

五　その他文部科学大臣が必要と認める事項

2　前項の申請書には、次に掲げる書類を添付しなければならない。

一　出資先の定款その他の基本約款（出資先が投資事業有限責任組合である場合にあっては、当該投資事業有限責任組合の組合契約書）又はこれに準ずるもの

二　出資先の貸借対照表、損益計算書その他の財務に関する書類

三　その他文部科学大臣が必要と認める書類

3　前二項の規定は、大学共同利用機関法人が法第二十九条第二項の認可を受けようとするときについて準用する。

4　第一項及び第二項の規定は、指定国立大学法人が法第三十四条の五第二項（法第三十四条の九第二項において準用する場合を含む。）の認可を受けようとするときについて準用する。

（国立大学等の授業料その他の費用）

第三条　国立大学及び国立大学に附属して設置される学校の授業料その他の費用に関しては、他の法令に別段の定めがあるもののほか、国立大学等の授業料その他の費用に関する省令（平成十六年文部科学省令第十六号）の定めるところによる。

（国立大学の附属の学校）

第四条　法第二十三条の規定により別表第二の上欄に掲げる国立大学に附属して設置される幼稚園、小学校、中学校、義務教育学校、高等学校、中等教育学校及び特別支援学校（以下「附属学校」という。）は、それぞれ同表の下欄に定めるとおりとする。

2　附属学校の名称は、別表第二の上欄の国立大学の名称に同表下欄の学校の名称を附したものとする。

3　附属学校の位置は、別表第三に掲げるものを除き、当該附属学校が附属する国立大学を設置する国立大学法人の主たる事務所の所在地とする。

（国立大学の附属の専修学校）

第五条　法第二十三条の規定により別表第四の上欄に掲げる国立大学に附属して設置される専修学校は、それぞれ同表の下欄に定めるとおりとする。

（中期計画の作成・変更に係る事項）

第六条　国立大学法人等は、法第三十一条第一項の規定により中期計画の認可を受けようとするときは、中期計画を記載した申請書を、当該中期計画の最初の事業年度開始三十日前ま

でに（国立大学法人等の最初の事業年度の属する中期計画については、国立大学法人等の成立後遅滞なく）、文部科学大臣に提出しなければならない。

2　国立大学法人等は、法第三十一条第一項後段の規定により中期計画の変更の認可を受けようとするときは、変更しようとする事項及びその理由を記載した申請書を文部科学大臣に提出しなければならない。

（中期計画記載事項）

第七条　法第三十一条第二項第八号に規定する文部科学省令で定める業務運営に関する事項は、次のとおりとする。

一　施設及び設備に関する計画
二　人事に関する計画
三　中期目標の期間を超える債務負担
四　積立金の使途
五　その他国立大学法人等の業務の運営に関し必要な事項

（業務実績等報告書）

第八条　法第三十一条の二第二項に規定する報告書には、中期計画に定めた項目ごとに自ら評価を行った結果を記載しなければならない。

（意見の申立ての付与）

第九条　国立大学法人評価委員会は、法第三十一条の三第一項の規定により評価を決定しようとするときは、あらかじめ、国立大学法人等に意見の申立ての機会を付与するものとする。

（土地等の貸付けの認可の申請）

第九条の二　国立大学法人等は、法第三十四条の二の認可を受けようとするときは、次に掲げる事項を記載した申請書を文部科学大臣に提出しなければならない。

一　当該国立大学法人等が貸し付ける土地等（次項において「土地等」という。）の所在地
二　当該貸付けの方法及び期間
三　その他文部科学大臣が必要と認める事項

2　前項の申請書には、次に掲げる書類を添付しなければならない。

一　土地等の貸付けに関する規程
二　土地等の配置及び規模を示す図面
三　当該貸付けに係る契約の契約書案
四　その他文部科学大臣が必要と認める書類

（余裕金の運用の認定の申請）

第九条の三　国立大学法人等は、法第三十四条の三第一項の認定を受けようとするときは、同条第二項に規定する運用（次項及び次条（第五号を除く。）において「運用」という。）を行う体制に関する事項その他文部科学大臣が必要と認める事項を記載した申請書を文部科学大臣に提出しなければならない。

2　前項の申請書には、当該国立大学法人等の運用に関する規程その他文部科学大臣が必要と認める書類を添付しなければならない。

（業務上の余裕金の要件）

第九条の四　法第三十四条の三第二項の文部科学省令で定める要件は、次の各号のいずれかに該当すること（これらに該当する余裕金の運用により生ずる利子その他の運用利益金を原資とする部分であることを含む。）とする。

一　運用を目的とする寄附金又はこれに準ずる寄附金を原資とする部分であること。
二　当該国立大学法人等の所有に属する動産又は不動産の使用又は収益又は処分（寄附を受けた動産又は不動産にあっては、使用、収益又は処分）により得られる金銭を原資とする部分であること。
三　当該国立大学法人等の法第二十二条第一項第五号又は第二十九条第一項第四号に掲げる業務の対価として取得した金銭を原資とする部分であること。
四　当該国立大学法人等の法第二十二条第一項第六号から第九号まで、第二十九条第一項第五号から第八号まで又は第三十四条の五第一項（法第三十四条の九第二項において準用する場合を含む。）に規定する出資に対する配当金を原資とする部分であること。
五　準用通則法第四十七条に規定する運用により生ずる利子その他の運用利益金を原資とする部分であること。

（指定国立大学法人の指定の公表）

第九条の五　法第三十四条の四第三項（法第三十四条の九第二項において準用する場合を含む。）の規定による公表は、次に掲げる事項について行わなければならない。

一　法第三十四条の四第一項の規定による指定（以下この項において「指定」という。）を受けた指定国立大学法人の名称
二　当該指定国立大学法人が指定を受けた日
三　当該指定国立大学法人が指定を受けた理由

2　前項の規定による公表は、インターネットの利用その他の適切な方法により行うものとする。

（学部長等の任命）

第十条　準用通則法第二十六条に規定する職員の任命について、学部、研究科、大学附置の研究所その他の教育研究上の重要な組織の長の任命を行う場合にあっては、学長又は機構長の定めるところにより行うものとする。

（業務方法書に記載すべき事項）

第十一条　準用通則法第二十八条第二項の文部科学省令で定める業務方法書に記載すべき事項は、次のとおりとする。

一　法第二十二条第一項第六号から第九号まで、第二十九条第一項第五号から第八号まで又は第三十四条の五第一項（法第三十四条の九第二項において準用する場合を含む。）に規定する出資の方法に関する基本的事項
二　業務委託の基準
三　競争入札その他契約に関する基本的事項
四　その他国立大学法人等の業務の執行に関して必要な事項

第十二条　削除

（会計の原則）

第十三条　国立大学法人等の会計については、この省令の定めるところにより、この省令に定めのないものについては、一般に公正妥当と認められる企業会計の基準に従うものとする。

2　金融庁組織令（平成十年政令第三百九十二号）第二十四条

第一項に規定する企業会計審議会により公表された企業会計の基準は、前項に規定する一般に公正妥当と認められる企業会計の基準に該当するものとする。

3　国立大学法人会計基準は、第一項に規定する一般に公正妥当と認められる企業会計の基準に優先して適用されるものとする。

（会計処理）

第十四条　文部科学大臣は、国立大学法人等が業務のため取得しようとしている償却資産についてその減価に対応すべき収益の獲得が予定されないと認められる場合には、その取得までの間に限り、当該償却資産を指定することができる。

2　前項の指定を受けた資産の減価償却については、減価償却費は計上せず、資産の減価額と同額を資本剰余金に対する控除として計上するものとする。

（対応する収益の獲得が予定されない資産除去債務に係る除去費用等）

第十四条の二　文部科学大臣は、国立大学法人等が業務のため保有し又は取得しようとしている有形固定資産に係る資産除去債務に対応する除去費用に係る費用配分額及び時の経過による資産除去債務の調整額（以下この条において「除去費用等」という。）についてその除去費用等に対応すべき収益の獲得が予定されないと認められる場合には、当該除去費用等を指定することができる。

（有価証券の指定等）

第十四条の三　文部科学大臣は、産業競争力強化法（平成二十五年法律第九十八号）第二十一条の規定に基づき国立大学法人等が特定研究成果活用支援事業の実施に必要な資金を出資することにより取得しようとしている有価証券についてその評価損益、財務収益及び売却損益を損益計算書に計上しないことが必要と認められる場合には、当該有価証券を指定することができる。

2　前項の指定を受けた有価証券に係る評価損益、財務収益及び売却損益については、国立大学法人等が作成する損益計算書には計上せず、国立大学法人会計基準に従い算出される額を国立大学法人等が作成する貸借対照表の資本剰余金に対する加算又は控除として計上するものとする。

3　第一項の指定を受けた有価証券を発行する者の損益計算書の収益及び費用（当該指定を受けた有価証券を発行する者が連結損益計算書を作成する者である場合にあっては、当該連結損益計算書に計上されている収益及び費用）については、国立大学法人等が作成する連結損益計算書の費用及び収益には計上せず、国立大学法人会計基準に従い算出される額を国立大学法人等が作成する連結貸借対照表の資本剰余金に対する加算又は控除として計上するものとする。

（財務諸表）

第十五条　準用通則法第三十八条第一項に規定する文部科学省令で定める書類は、純資産変動計算書及びキャッシュ・フロー計算書並びに連結貸借対照表、連結損益計算書、連結純資産変動計算書、連結キャッシュ・フロー計算書及び連結附属明細書とする。

（事業報告書の作成）

第十五条の二　準用通則法第三十八条第二項の規定により文部科学省令で定める事項については、この条の定めるところによる。

2　事業報告書には、次に掲げる事項を記載しなければならない。

一　国立大学法人等に関する基礎的な情報

イ　目標、業務内容、沿革、設立に係る根拠法、主務大臣、組織図その他の国立大学法人等の概要

ロ　事務所（従たる事務所を含む。）の所在地

ハ　資本金の額（前事業年度末からの増減を含む。）

ニ　在学する学生の数

ホ　役員の氏名、役職、任期、担当及び経歴

ヘ　常勤職員の数（前事業年度末からの増減を含む。）及び平均年齢並びに国立大学法人等への出向者の数

ト　非常勤職員の数

二　財務諸表の要約

三　財務情報

イ　財務諸表に記載された事項の概要

ロ　重要な施設等の整備等の状況

ハ　予算及び決算の概要

四　事業に関する説明

イ　財源の内訳

ロ　財務情報及び業務の実績に基づく説明

五　その他事業に関する事項

（財務諸表等の閲覧期間）

第十六条　準用通則法第三十八条第三項に規定する文部科学省令で定める期間は、六年とする。

（準用通則法第三十八条第四項の文部科学省令で定める書類）

第十六条の二　準用通則法第三十八条第四項の文部科学省令で定める書類は、連結貸借対照表、連結損益計算書、連結純資産変動計算書、連結キャッシュ・フロー計算書及び連結附属明細書とする。

（電子公告を行うための電磁的方法）

第十六条の三　準用通則法第三十八条第四項第二号に規定する電子情報処理組織を使用する方法その他の情報通信の技術を利用する方法であって文部科学省令で定めるものは、送信者の使用に係る電子計算機に備えられたファイルに記録された情報の内容を電気通信回線を通じて情報の提供を受ける者の閲覧に供し、当該情報の提供を受ける者の使用に係る電子計算機に備えられたファイルに当該情報を記録する方法とする。

2　準用通則法第三十八条第四項第二号に規定する措置であって文部科学省令で定めるものは、前項に規定する方法のうち、インターネットに接続された自動公衆送信装置（公衆の用に供する電気通信回線に接続することにより、その記録媒体のうち自動公衆送信の用に供する部分に記録され、又は当該装置に入力される情報を自動公衆送信する機能を有する装置をいう。）を使用するものによる措置とする。

（会計監査報告の作成）

第十六条の四　準用通則法第三十九条第一項の規定により文部

科学省令で定める事項については、この条の定めるところによる。

2 会計監査人は、その職務を適切に遂行するため、次に掲げる者との意思疎通を図り、情報の収集及び監査の環境の整備に努めなければならない。ただし、会計監査人が公正不偏の態度及び独立の立場を保持することができなくなるおそれのある関係の創設及び維持を認めるものと解してはならない。

一 当該国立大学法人等の役員（監事を除く。）及び職員

二 当該国立大学法人等の子法人の取締役、会計参与、執行役、業務を執行する社員、会社法第五百九十八条第一項の職務を行うべき者その他これらの者に相当する者及び使用人

三 前二号に掲げる者のほか、会計監査人が適切に職務を遂行するに当たり意思疎通を図るべき者

3 会計監査人は、準用通則法第三十八条第一項に規定する財務諸表並びに同条第二項に規定する事業報告書及び決算報告書を受領したときは、次に掲げる事項を内容とする会計監査報告を作成しなければならない。

一 会計監査人の監査の方法及びその内容

二 財務諸表（利益の処分又は損失の処理に関する書類を除く。以下この号及び次項において同じ。）が国立大学法人等の財政状態、運営状況、キャッシュ・フローの状況等を全ての重要な点において適正に表示しているかどうかについての意見があるときは、次のイからハまでに掲げる意見の区分に応じ、当該イからハまでに定める事項

イ 無限定適正意見 監査の対象となった財務諸表が国立大学法人会計基準その他の一般に公正妥当と認められる会計の慣行に準拠して、国立大学法人等の財政状態、運営状況、キャッシュ・フローの状況等を全ての重要な点において適正に表示していると認められる旨

ロ 除外事項を付した限定付適正意見 監査の対象となった財務諸表が除外事項を除き国立大学法人会計基準その他の一般に公正妥当と認められる会計の慣行に準拠して、国立大学法人等の財政状態、運営状況、キャッシュ・フローの状況等を全ての重要な点において適正に表示していると認められる旨及び除外事項

ハ 不適正意見 監査の対象となった財務諸表が不適正である旨及びその理由

三 前号の意見がないときは、その旨及びその理由

四 追記情報

五 前各号に掲げるもののほか、利益の処分又は損失の処理に関する書類、事業報告書（会計に関する部分に限る。）及び決算報告書に関して必要な報告

六 会計監査報告を作成した日

4 前項第四号に規定する「追記情報」とは、次に掲げる事項その他の事項のうち、会計監査人の判断に関して説明を付する必要がある事項又は財務諸表の内容のうち強調する必要がある事項とする。

一 正当な理由による会計方針の変更

二 重要な偶発事象

三 重要な後発事象

（電磁的記録に記録された事項を表示する方法）

第十六条の五 準用通則法第三十九条第二項第二号に規定する文部科学省令で定めるものは、磁気ディスクその他これに準ずる方法により一定の情報を確実に記録しておくことができる物をもって調製するファイルに情報を記録したものとする。

2 準用通則法第三十九条第二項第三号に規定する文部科学省令で定める方法は、電磁的記録に記録された事項を紙面又は映像面に表示する方法とする。

（重要な財産の範囲）

第十七条 準用通則法第四十八条に規定する文部科学省令で定める重要な財産は、土地、建物、船舶及び航空機並びに文部科学大臣が指定するその他の財産とする。

（重要な財産の処分等の認可の申請）

第十八条 国立大学法人等は、準用通則法第四十八条の規定により重要な財産を譲渡し、又は担保に供すること（以下この条において「処分等」という。）について認可を受けようとするときは、次に掲げる事項を記載した申請書を文部科学大臣に提出しなければならない。

一 処分等に係る財産の内容及び評価額

二 処分等の条件

三 処分等の方法

四 国立大学法人等の業務運営上支障がない旨及びその理由

（土地の譲渡に関する報告）

第十九条 国立大学法人等は、毎事業年度、法第七条第四項の規定により条件を付して出資された土地の全部又は一部の譲渡（事業年度末までの譲渡の予定を含む。以下同じ。）を行ったときは、次に掲げる事項を記載した報告書を、当該譲渡を行った事業年度の二月末日までに文部科学大臣に提出しなければならない。

一 譲渡を行った土地の所在地及び面積

二 譲渡を行った土地の帳簿価額及び譲渡価額

三 法第七条第四項の文部科学大臣が定める基準により算定した額

2 前項の報告書には、当該譲渡に関する契約書の写しその他の譲渡を証する書類を添付しなければならない。

3 国立大学法人等は、第一項各号に掲げる事項に変更があったときは、遅滞なく、変更に係る事項を記載した報告書を文部科学大臣に提出しなければならない。

4 第二項の規定は、前項の報告書について準用する。

（資本金の減少対象額等の通知等）

第二十条 文部科学大臣は、法第七条第八項の規定により金額を定めたときは、次の各号に掲げる事項を同項に規定する財産を譲渡した国立大学法人等に通知するとともに、第二号に掲げる事項を独立行政法人大学改革支援・学位授与機構（以下この条において「大学改革支援・学位授与機構」という。）に通知するものとする。

一 法第七条第八項の規定により定めた金額

二 当該国立大学法人等が大学改革支援・学位授与機構に納付すべき金額

2 大学改革支援・学位授与機構は、前項の通知を受けたとき

は、遅滞なく、同項に規定する国立大学法人等に対し、同項第二号の金額の納付を請求しなければならない。
3　国立大学法人等は、前項の規定により請求があったときは、当該請求があった事業年度末までに、大学改革支援・学位授与機構に対し第一項第二号の金額を納付しなければならない。
4　国立大学法人等は、法第七条第八項の規定により資本金を減少したときは、遅滞なく、その旨を文部科学大臣に報告するものとする。
5　文部科学大臣は、前項の報告があった場合は、遅滞なく、その旨を財務大臣に報告するものとする。

（国立大学法人法施行令第十条に規定する文部科学省令で定める期間）
第二十一条　国立大学法人法施行令第十条に規定する文部科学省令で定める期間は、次の各号に掲げる区分に応じ、それぞれ当該各号に定める期間とする。
一　土地（次号括弧書に規定する土地を除く。）　十五年間
二　施設（その用に供する土地を含む。）　三十年間
三　設備　十年間
2　前項の規定にかかわらず、国立大学法人法施行令第八条第四号に規定する土地の取得等に係る長期借入金又は債券に係る同令第十条に規定する文部科学省令で定める期間は、四十年間とする。

（償還計画の認可の申請）
第二十二条　国立大学法人等は、法第三十四条の規定により償還計画の認可を受けようとするときは、事業年度の開始後、遅滞なく、次に掲げる事項を記載した申請書を文部科学大臣に提出しなければならない。ただし、償還計画の変更の認可を受けようとするときは、その都度提出しなければならない。
一　長期借入金の総額及び当該事業年度における借入見込額並びにその借入先
二　債券の総額及び当該事業年度における発行見込額並びに発行の方法
三　長期借入金及び債券の償還の方法及び期限
四　その他必要な事項

（短期借入金の認可の申請）
第二十三条　国立大学法人等は、準用通則法第四十五条第一項ただし書の規定により短期借入金の借入れの認可を受けようとするとき、又は同条第二項ただし書の規定により短期借入金の借換えの認可を受けようとするときは、次に掲げる事項を記載した申請書を文部科学大臣に提出しなければならない。
一　借入れを必要とする理由
二　借入金の額
三　借入先
四　借入金の利率
五　借入金の償還の方法及び期限
六　利息の支払の方法及び期限
七　その他必要な事項

（剰余金のうち中期計画に定める使途に充てられる額の承認手続）
第二十四条　国立大学法人等は、準用通則法第四十四条第三項の承認を受けようとするときは、次に掲げる事項を記載した申請書を文部科学大臣に提出しなければならない。
一　承認を受けようとする金額
二　前号の金額を充てようとする剰余金の使途
2　前項の申請書には、準用通則法第四十四条第一項に規定する残余がある事業年度の事業年度末の貸借対照表、当該事業年度の損益計算書その他文部科学大臣が必要と認める事項を記載した書類を添付しなければならない。

（積立金の処分に係る申請書の添付書類）
第二十五条　国立大学法人法施行令第四条第二項に規定する文部科学省令で定める書類は、同条第一項に規定する中期目標の期間の最後の事業年度の事業年度末の貸借対照表、当該事業年度の損益計算書その他文部科学大臣が必要と認める事項を記載した書類とする。

（円滑な再就職に特に配慮を要する業務の範囲）
第二十五条の二　準用通則法第五十条の四第二項第一号に規定する円滑な再就職に特に配慮を要する業務として文部科学省令で定めるものは、次に掲げるものとする。
一　基礎研究
二　福祉に関する業務
三　研究開発に関する業務（第一号に掲げる業務を除く。）

（離職を余儀なくされることが見込まれる国立大学法人等役職員の人数）
第二十五条の三　準用通則法第五十条の四第二項第五号に規定する文部科学省令で定める人数は、三十人とする。

（密接関係法人等の範囲）
第二十五条の四　準用通則法第五十条の四第三項に規定する営利企業等（同項に規定する営利企業等をいう。以下この条及び第二十五条の六第四号において同じ。）のうち、資本関係、取引関係等において当該国立大学法人等と密接な関係を有するものとして文部科学省令で定めるものは、独立行政法人の組織、運営及び管理に係る共通的な事項に関する政令（平成十二年政令第三百十六号）第十三条第一号及び第二号に掲げるものとする。この場合において、同条第一号及び第二号中「中期目標管理法人」とあるのは「国立大学法人等」と、同条第二号中「通則法」とあるのは「準用通則法」と読み替えるものとする。

（退職手当通算予定役職員の範囲）
第二十五条の五　準用通則法第五十条の四第五項に規定する特別の事情がない限り引き続いて採用が予定されている者のうち文部科学省令で定めるものは、退職手当通算法人等（同条第四項に規定する退職手当通算法人等をいう。以下この条において同じ。）の役員又は退職手当通算法人等に使用される者となるため退職した場合に準用通則法第五十条の二第二項又は第五十条の十第二項の規定による退職手当の支給の基準による退職手当の支給を受けないこととされている者とする。

（再就職者による法令等違反行為の依頼等の届出の手続）
第二十五条の六　準用通則法第五十条の六の規定による届出

は、同条各号に掲げる要求又は依頼を受けた後遅滞なく、次に掲げる事項を記載した書面を国立大学法人等の長に提出して行うものとする。

一 氏名
二 国立大学法人等の役員又は職員の地位
三 法令等違反行為（準用通則法第五十条の四第六項に規定する法令等違反行為をいう。以下この条において同じ。）の要求又は依頼をした再就職者（準用通則法第五十条の六第一号に規定する再就職者をいう。次号において同じ。）の氏名
四 前号の再就職者がその地位に就いている営利企業等の名称及び当該営利企業等における当該再就職者の地位
五 法令等違反行為の要求又は依頼が行われた日時
六 法令等違反行為の要求又は依頼の内容

（内部組織）

第二十五条の七 準用通則法第五十条の六第一号に規定する離職前五年間に在職していた当該国立大学法人等の内部組織として文部科学省令で定めるものは、現に存する学長又は機構長の直近下位の内部組織（独立行政法人通則法の一部を改正する法律の施行に伴う関係法律の整備に関する法律（平成二十六年法律第六十七号）の施行の日以後のものに限る。次項において同じ。）として文部科学大臣が定めるもの（次項において「現内部組織」という。）であって再就職者（離職後二年を経過した者を除く。次項において同じ。）が離職前五年間に在職していたものとする。

2 直近七年間に存し、又は存していた学長若しくは機構長の直近下位の内部組織として文部科学大臣が定めるものであって再就職者が離職前五年間に在職していたものが行っていた業務を現内部組織（当該内部組織が現内部組織である場合にあっては他の現内部組織）が行っている場合における前項の規定の適用については、当該再就職者が離職前五年間に当該現内部組織に在職していたものとみなす。

（管理又は監督の地位）

第二十五条の八 準用通則法第五十条の六第二号に規定する管理又は監督の地位として文部科学省令で定めるものは、職員の退職管理に関する政令（平成二十年政令第三百八十九号）第二十七条第六号に規定する職員が就いている官職に相当するものとして文部科学大臣が定めるものとする。

（国立大学法人等の長への再就職の届出）

第二十五条の九 準用通則法第五十条の七第一項の規定による届出をしようとする国立大学法人等役職員（同項に規定する国立大学法人等役職員をいう。第二号、次項及び第三項において同じ。）は、同項に規定する文部科学省令で定める事項として次に掲げる事項を記載した書面により、国立大学法人等の長に届出をしなければならない。

一 氏名
二 国立大学法人等役職員の地位
三 再就職の約束をした日以前の国立大学法人等役職員（準用通則法第五十条の四第一項に規定する国立大学法人等役職員をいう。第十号において同じ。）としての在職中において、再就職先に対し、最初に当該再就職先の地位に就くことを要求した日（当該日がなかった場合には、その旨）
四 再就職の約束をした日
五 離職予定日
六 再就職予定日
七 再就職先の名称及び連絡先
八 再就職先の業務内容
九 再就職先における地位
十 離職後の就職の援助（最初に国立大学法人等役職員となった後に行われたものに限る。以下この号において同じ。）を行った者の氏名又は名称及び当該援助の内容（離職後の就職の援助がなかった場合には、その旨）

2 準用通則法第五十条の七第一項の規定による届出をした国立大学法人等役職員は、当該届出に係る前項第五号から第九号までに掲げる事項に変更があったときは、遅滞なく、その旨を国立大学法人等の長に届け出なければならない。

3 準用通則法第五十条の七第一項の規定による届出をした国立大学法人等役職員は、当該届出に係る約束が効力を失ったときは、遅滞なく、その旨を国立大学法人等の長に届け出なければならない。

（国立大学法人等の長による報告）

第二十五条の十 準用通則法第五十条の八第三項の規定による報告は、毎年度（毎年四月一日から翌年三月三十一日までをいう。以下この条において同じ。）、当該年度の四月一日以後遅滞なく、当該年度の前年度にされた準用通則法第五十条の六の規定による届出並びに同年度に講じた準用通則法第五十条の八第一項及び第二項の措置の内容について行うものとする。

（他の省令の準用）

第二十六条 次の省令の規定については、国立大学法人等を国とみなして、これらの規定を準用する。

一 健康保険法施行規則（大正十五年内務省令第三十六号）第百五十九条第一項第六号
二 児童福祉法施行規則（昭和二十三年厚生省令第十一号）第十四条
三 医療法施行規則（昭和二十三年厚生省令第五十号）第三条の二第一項及び第四十三条
四 生活保護法施行規則（昭和二十五年厚生省令第二十一号）第十条第三項及び第十四条第一項
五 精神保健及び精神障害者福祉に関する法律施行規則（昭和二十五年厚生省令第三十一号）第十二条
六 覚醒剤取締法施行規則（昭和二十六年厚生省令第三十号）第二十三条並びに第二十六条第一項第十七号及び第十八号
七 麻薬及び向精神薬取締法施行規則（昭和二十八年厚生省令第十四号）第二十一条、第二十三条第一項、第二十四条から第二十六条まで及び第四十九条
八 保険医療機関及び保険薬局の指定並びに保険医及び保険薬剤師の登録に関する省令（昭和三十二年厚生省令第十三号）第一条第一号及び第一条の三第一号
九 母子保健法施行規則（昭和四十年厚生省令第五十五号）

第十二条

十　外国医師等が行う臨床修練等に係る医師法第十七条等の特例等に関する法律施行規則（昭和六十二年厚生省令第四十七号）第一条第一項

十一　介護保険法施行規則（平成十一年厚生省令第三十六号）第百二十六条第一項

2　前項の規定により次の表の上欄に掲げる省令の規定を準用する場合においては、これらの規定中の字句で同表の中欄に掲げるものは、それぞれ同表の下欄の字句と読み替えるものとする。

読み替える省令の規定	読み替えられる字句	読み替える字句
覚醒剤取締法施行規則第二十三条第二項	主務大臣	当該覚醒剤施用機関を開設する国立大学法人
外国医師等が行う臨床修練等に係る医師法第十七条等の特例等に関する法律施行規則第一条第一項	主務大臣	当該病院の開設者である国立大学法人

第二十七条　次の省令の規定については、国立大学法人等を独立行政法人とみなして、これらの規定を準用する。

一　博物館法施行規則（昭和三十年文部省令第二十四号）第二十三条及び第二十五条

二　社会教育調査規則（昭和三十五年文部省令第十一号）第六条第二項第一号

2　前項の規定により社会教育調査規則第六条第二項第一項の規定を準用する場合においては、同号中「指定施設、博物館類似施設、青少年教育施設、女性教育施設、体育施設及び劇場、音楽堂等」とあるのは、「指定施設及び博物館類似施設」と読み替えるものとする。

附　則（抄）

（施行期日）

第一条　この省令は、公布の日から施行する。

別表〔略〕

○独立行政法人国立高等専門学校機構法

平成一五・七・一六
法　一　一　三

最終改正　令和四・六・一七法六八

第一章　総則

（目的）

第一条　この法律は、独立行政法人国立高等専門学校機構の名称、目的、業務の範囲等に関する事項を定めることを目的とする。

（名称）

第二条　この法律及び独立行政法人通則法（平成十一年法律第百三号。以下「通則法」という。）の定めるところにより設立される通則法第二条第一項に規定する独立行政法人の名称は、独立行政法人国立高等専門学校機構とする。

（機構の目的）

第三条　独立行政法人国立高等専門学校機構（以下「機構」という。）は、別表の上欄に掲げる高等専門学校（以下「国立高等専門学校」という。）を設置すること等により、職業に必要な実践的かつ専門的な知識及び技術を有する創造的な人材を育成するとともに、我が国の高等教育の水準の向上と均衡ある発展を図ることを目的とする。

（中期目標管理法人）

第三条の二　機構は、通則法第二条第二項に規定する中期目標管理法人とする。

（事務所）

第四条　機構は、主たる事務所を東京都に置く。

（資本金）

第五条　機構の資本金は、附則第八条第二項の規定により政府から出資があったものとされた金額とする。

2　政府は、必要があると認めるときは、予算で定める金額の範囲内において、機構に追加して出資することができる。

3　政府は、必要があると認めるときは、前項の規定にかかわらず、土地、建物その他の土地の定着物及びその建物に附属する工作物（第六項において「土地等」という。）を出資の目的として、機構に追加して出資することができる。

4　政府は、前項の規定により土地を出資の目的として出資する場合において、機構が当該土地の全部又は一部を譲渡したときは、当該譲渡により生じた収入の範囲内で文部科学大臣が定める基準により算定した額に相当する金額を独立行政法人大学改革支援・学位授与機構に納付すべき旨の条件を付することができる。

5　機構は、第二項又は第三項の規定による政府の出資があったときは、その出資額により資本金を増加するものとする。

6　政府が出資の目的とする土地等の価額は、出資の日現在における時価を基準として評価委員が評価した価額とする。

7　前項の評価委員その他評価に関し必要な事項は、政令で定める。

8　機構は、通則法第四十八条本文に規定する重要な財産のうち、文部科学大臣が定める財産を譲渡したときは、当該譲渡した財産に係る部分として文部科学大臣が定める金額については、機構に対する政府からの出資はなかったものとし、機構は、その額により資本金を減少するものとする。

9　文部科学大臣は、第四項の規定により基準を定めようとするとき、又は前項の規定により金額を定めようとするときは、財務大臣に協議しなければならない。

第二章　役員及び職員

（役員）

第六条　機構に、役員として、その長である理事長及び監事二人を置く。

2　機構に、役員として、理事六人以内を置くことができる。

（理事の職務及び権限等）

第七条　理事は、理事長の定めるところにより、理事長を補佐して機構の業務を掌理する。

2　通則法第十九条第二項の個別法で定める役員は、理事とする。ただし、理事が置かれていないときは、監事とする。

3　前項ただし書の場合において、通則法第十九条第二項の規定により理事長の職務を代理し又はその職務を行う監事は、その間、監事の職務を行ってはならない。

（理事の任期）

第八条　理事の任期は、二年とする。

（役員の欠格条項の特例）

第九条　通則法第二十二条の規定にかかわらず、教育公務員で政令で定めるものは、非常勤の理事又は監事となることができる。

2　機構の非常勤の理事及び監事の解任に関する通則法第二十三条第一項の規定の適用については、同項中「前条」とあるのは、「前条及び独立行政法人国立高等専門学校機構法第九条第一項」とする。

（役員及び職員の秘密保持義務）

第十条　機構の役員及び職員は、職務上知ることのできた秘密を漏らしてはならない。その職を退いた後も、同様とする。

（役員及び職員の地位）

第十一条　機構の役員及び職員は、刑法（明治四十年法律第四十五号）その他の罰則の適用については、法令により公務に従事する職員とみなす。

第三章　業務等

（業務の範囲等）

第十二条　機構は、第三条の目的を達成するため、次の業務を行う。

一　国立高等専門学校を設置し、これを運営すること。

二　学生に対し、修学、進路選択及び心身の健康等に関する相談、寄宿舎における生活指導その他の援助を行うこと。

三　機構以外の者から委託を受け、又はこれと共同して行う研究の実施その他の機構以外の者との連携による教育研究活動を行うこと。

四　公開講座の開設その他の学生以外の者に対する学習の機会を提供すること。

五　前各号の業務に附帯する業務を行うこと。

2　前項第一号の国立高等専門学校の位置は、それぞれ別表の下欄に掲げるとおりとする。

3　国立高等専門学校の授業料その他の費用に関し必要な事項は、文部科学省令で定める。

（積立金の処分）

第十三条　機構は、通則法第二十九条第二項第一号に規定する中期目標の期間（以下この項において「中期目標の期間」という。）の最後の事業年度に係る通則法第四十四条第一項又は第二項の規定による整理を行った後、同条第一項の規定による積立金があるときは、その額に相当する金額のうち文部科学大臣の承認を受けた金額を、当該中期目標の期間の次の中期目標の期間に係る通則法第三十条第一項の認可を受けた中期計画（同項後段の規定による変更の認可を受けたときは、その変更後のもの）の定めるところにより、当該次の中期目標の期間における前条第一項に規定する業務の財源に充てることができる。

2　文部科学大臣は、前項の規定による承認をしようとするときは、財務大臣に協議しなければならない。

3　機構は、第一項に規定する積立金の額に相当する金額から同項の規定による承認を受けた金額を控除してなお残余があるときは、その残余の額を国庫に納付しなければならない。

4　前三項に定めるもののほか、納付金の納付の手続その他積立金の処分に関し必要な事項は、政令で定める。

第四章　雑則

（主務大臣等）

第十四条　機構に係る通則法における主務大臣及び主務省令は、それぞれ文部科学大臣及び文部科学省令とする。

（国家公務員宿舎法の適用除外）

第十五条　国家公務員宿舎法（昭和二十四年法律第百十七号）

の規定は、機構の役員及び職員には適用しない。

（他の法令の準用）

第十六条　教育基本法（平成十八年法律第百二十号）その他政令で定める法令については、政令で定めるところにより、機構を国とみなして、これらの法令を準用する。

第五章　罰則

第十七条　第十条の規定に違反して秘密を漏らした者は、一年以下の懲役又は五十万円以下の罰金に処する。

第十八条　次の各号のいずれかに該当する場合には、その違反行為をした機構の役員は、二十万円以下の過料に処する。

一　第十二条第一項に規定する業務以外の業務を行ったとき。

二　第十三条第一項の規定により文部科学大臣の承認を受けなければならない場合において、その承認を受けなかったとき。

附　則（抄）

（施行期日）

第一条　この法律は、平成十五年十月一日から施行する。

（機構の成立）

第二条　機構は、通則法第十七条の規定にかかわらず、国立大学法人法等の施行に伴う関係法律の整備等に関する法律（平成十五年法律第百十七号。以下「整備法」という。）第二条の規定の施行の時に成立する。

2　機構は、通則法第十六条の規定にかかわらず、機構の成立後遅滞なく、政令で定めるところにより、その設立の登記をしなければならない。

別表（第三条、第十二条関係）

国立高等専門学校の名称	位置
函館工業高等専門学校	北海道
苫小牧工業高等専門学校	
釧路工業高等専門学校	
旭川工業高等専門学校	
八戸工業高等専門学校	青森県
一関工業高等専門学校	岩手県
仙台高等専門学校	宮城県
秋田工業高等専門学校	秋田県
鶴岡工業高等専門学校	山形県
福島工業高等専門学校	福島県
茨城工業高等専門学校	茨城県
小山工業高等専門学校	栃木県
群馬工業高等専門学校	群馬県
木更津工業高等専門学校	千葉県
東京工業高等専門学校	東京都
長岡工業高等専門学校	新潟県
富山高等専門学校	富山県
石川工業高等専門学校	石川県
福井工業高等専門学校	福井県
長野工業高等専門学校	長野県
岐阜工業高等専門学校	岐阜県
沼津工業高等専門学校	静岡県
豊田工業高等専門学校	愛知県
鳥羽商船高等専門学校	三重県
鈴鹿工業高等専門学校	
舞鶴工業高等専門学校	京都府
明石工業高等専門学校	兵庫県
奈良工業高等専門学校	奈良県
和歌山工業高等専門学校	和歌山県
米子工業高等専門学校	鳥取県
松江工業高等専門学校	島根県
津山工業高等専門学校	岡山県
広島商船高等専門学校	広島県
呉工業高等専門学校	
徳山工業高等専門学校	

宇部工業高等専門学校	山口県
大島商船高等専門学校	
阿南工業高等専門学校	徳島県
香川高等専門学校	香川県
新居浜工業高等専門学校	愛媛県
弓削商船高等専門学校	
高知工業高等専門学校	高知県
久留米工業高等専門学校	福岡県
有明工業高等専門学校	
北九州工業高等専門学校	
佐世保工業高等専門学校	長崎県
熊本高等専門学校	熊本県
大分工業高等専門学校	大分県
都城工業高等専門学校	宮崎県
鹿児島工業高等専門学校	鹿児島県
沖縄工業高等専門学校	沖縄県

○刑法等の一部を改正する法律の施行に伴う関係法律の整理等に関する法律（抄）

令和四・六・一七
法　六　八

（私立学校教職員共済法等の一部改正）

第二百十七条　次に掲げる法律の規定中「懲役」を「拘禁刑」に改める。

一～二十二　〔略〕

二十三　独立行政法人国立高等専門学校機構法（平成十五年法律第百十三号）第十七条

二十四～二十八　〔略〕

附　則（抄）

（施行期日）

1　この法律は、刑法等一部改正法施行日〔令和七・六・一〕から施行する。〔ただし書略〕

○独立行政法人大学改革支援・学位授与機構法

平成一五・七・一六
法　一　一　四

最終改正　令和四・一二・九法九四

第一章　総則

（目的）

第一条　この法律は、独立行政法人大学改革支援・学位授与機構の名称、目的、業務の範囲等に関する事項を定めることを目的とする。

（名称）

第二条　この法律及び独立行政法人通則法（平成十一年法律第百三号。以下「通則法」という。）の定めるところにより設立される通則法第二条第一項に規定する独立行政法人の名称は、独立行政法人大学改革支援・学位授与機構とする。

（機構の目的）

第三条　独立行政法人大学改革支援・学位授与機構（以下「機構」という。）は、大学等（大学及び高等専門学校並びに国立大学法人法（平成十五年法律第百十二号）第二条第四項に規定する大学共同利用機関をいう。以下同じ。）の教育研究活動の状況についての評価等を行うことにより、その教育研究水準の向上を図るとともに、国立大学法人等（国立大学法人（同条第一項に規定する国立大学法人をいう。第十六条第一項第二号において同じ。）、大学共同利用機関法人（同法第二条第三項に規定する大学共同利用機関法人をいう。同号において同じ。）及び独立行政法人国立高等専門学校機構をいう。第十六条第一項第三号及び第六号において同じ。）の施設の整備等に必要な資金の貸付け及び交付を行うことにより、その教育研究環境の整備充実を図り、あわせて、学校教育法（昭和二十二年法律第二十六号）第百四条第七項の規定による学位の授与を行うことにより、高等教育の段階における多様な学習の成果が適切に評価される社会の実現を図り、もって我が国の高等教育の発展に資することを目的とする。

2　機構は、前項に規定するもののほか、文部科学大臣が定める第十六条の二第一項に規定する基本指針に基づいて学部等（大学の学部、学科及び研究科並びに高等専門学校の学科をいう。以下同じ。）の設置その他組織の変更に関する助成金の交付を行うことにより、中長期的な人材の育成の観点から特に支援が必要と認められる分野における教育研究活動の展開を促進し、もって我が国社会の発展に寄与することを目的とする。

（中期目標管理法人）

第三条の二　機構は、通則法第二条第二項に規定する中期目標管理法人とする。

（事務所）

第四条　機構は、主たる事務所を東京都に置く。

（資本金）

第五条　機構の資本金は、附則第八条第二項の規定により政府から出資があったものとされた金額とする。

2　政府は、必要があると認めるときは、予算で定める金額の範囲内において、機構に追加して出資することができる。

3　機構は、前項の規定による政府の出資があったときは、その出資額により資本金を増加するものとする。

（名称の使用制限）

第六条　機構でない者は、大学改革支援・学位授与機構という名称を用いてはならない。

第二章　役員及び職員

（役員）

第七条　機構に、役員として、その長である機構長及び監事二人を置く。

2　機構に、役員として、理事二人以内を置くことができる。

（理事の職務及び権限等）

第八条　理事は、機構長の定めるところにより、機構長を補佐して機構の業務を掌理する。

2　通則法第十九条第二項の個別法で定める役員は、理事とする。ただし、理事が置かれていないときは、監事とする。

3　前項ただし書の場合において、通則法第十九条第二項の規定により機構長の職務を代理し又はその職務を行う監事は、その間、監事の職務を行ってはならない。

（理事の任期）

第九条　理事の任期は、二年とする。

（機構長の任命）

第十条　文部科学大臣は、通則法第二十条第一項の規定により機構長を任命しようとするときは、第十四条に規定する評議員会の意見を聴かなければならない。

（役員の欠格条項の特例）

第十一条　通則法第二十二条の規定にかかわらず、教育公務員で政令で定めるものは、非常勤の理事又は監事となることができる。

2　機構の非常勤の理事及び監事の解任に関する通則法第二十三条第一項の規定の適用については、同項中「前条」とあるのは、「前条及び独立行政法人大学改革支援・学位授与機構法（平成十五年法律第百十四号）第十一条第一項」とする。

（役員及び職員の秘密保持義務）

第十二条　機構の役員及び職員は、職務上知ることのできた秘密を漏らしてはならない。その職を退いた後も、同様とする。

（役員及び職員の地位）

第十三条　機構の役員及び職員は、刑法（明治四十年法律第四十五号）その他の罰則の適用については、法令により公務に従事する職員とみなす。

第三章　評議員会

（評議員会）

第十四条　機構に、評議員会を置く。

2　評議員会は、二十人以内の評議員で組織する。

3　評議員会は、機構長の諮問に応じ、機構の業務運営に関する重要事項を審議する。

4　評議員会は、第十条の規定による機構長の任命に関し文部科学大臣に意見を述べるほか、機構の業務運営につき、機構長に対して意見を述べることができる。

（評議員）

第十五条　評議員は、大学等に関し広くかつ高い識見を有する者その他の機構の業務の適正な運営に必要な学識経験を有する者のうちから、機構長が任命する。

2　評議員の任期は、二年とする。

3　通則法第二十一条第三項ただし書及び第四項並びに第二十三条第二項の規定は、評議員について準用する。

第四章　業務等

（業務の範囲）

第十六条　機構は、第三条第一項の目的を達成するため、次の業務を行う。

一　大学等の教育研究水準の向上に資するため、大学等の教育研究活動等の状況について評価を行い、その結果について、当該大学等及びその設置者に提供し、並びに公表すること。

二　国立大学法人及び大学共同利用機関法人に対し、文部科学大臣の定めるところにより、土地の取得、施設の設置若しくは整備又は設備の設置に必要な資金の貸付け（第十九条第一項において「施設費貸付事業」という。）を行うこと。

三　国立大学法人等に対し、文部科学大臣の定めるところにより、土地の取得、施設の設置若しくは整備又は設備の設置に必要な資金の交付（第十八条第四項において「施設費交付事業」という。）を行うこと。

四　学校教育法第百四条第七項の規定により、学位を授与すること。

五　大学等の教育研究活動等の状況についての評価に関する調査研究及び学位の授与を行うために必要な学習の成果の評価に関する調査研究を行うこと。

六　国立大学法人等の運営基盤の強化の促進を図るために必要な情報の収集及び分析並びにその結果の提供を行うこと。
七　次に掲げる情報の収集、整理及び提供を行うこと。
イ　大学等の教育研究活動等の状況についての評価に関する情報
ロ　内外の高等教育機関の入学資格及び学位その他これに準ずるものに関する情報
ハ　大学における各種の学習の機会に関する情報
八　前各号の業務に附帯する業務を行うこと。

2　機構は、第三条第二項の目的を達成するため、次の業務を行う。
一　次条第一項に規定する基本指針に基づき、大学若しくは高等専門学校の設置者又はこれらを設置しようとする者に対し、同条第二項第一号に規定する分野の学部等の設置その他文部科学省令で定める組織の変更（以下「設置等」という。）に必要な資金に充てるための助成金（以下「助成金」という。）を交付すること。
二　前号に掲げる業務に附帯する業務を行うこと。

3　機構は、国立大学法人法第三十一条の三第一項の規定による国立大学法人評価委員会（以下この項及び次項において「評価委員会」という。）から第一項第一号の評価の実施の要請があった場合には、遅滞なく、その評価を行い、その結果を評価委員会及び当該評価の対象となった国立大学又は大学共同利用機関に提供し、並びに公表するものとする。

4　機構は、国立大学法人法第三十一条の三第二項の規定による評価委員会からの要請があった場合には、当該国立大学に係る学校教育法第百九条第二項に規定する認証評価の結果を踏まえて前項の規定による評価を行うものとする。

5　第一項第一号の評価の実施の手続その他同号の評価に関し必要な事項は、文部科学省令で定める。

（助成業務の実施に関する基本指針）
第十六条の二　文部科学大臣は、前条第二項第一号に掲げる業務（次条第一項及び第二項において「助成業務」という。）の実施に関する基本的な指針（以下「基本指針」という。）を定めなければならない。

2　基本指針には、次に掲げる事項を定めるものとする。
一　大学及び高等専門学校における修学の状況、社会経済情勢の変化、技術開発の動向その他の事情を踏まえ、中長期的な人材の育成の観点から特に学部等の設置等に関する支援が必要と認められる教育研究の分野
二　助成金の交付の対象となる学部等の設置等の選定の方法に関する基本的な事項
三　助成金の交付の方法に関する基本的な事項

3　文部科学大臣は、基本指針を定め、又は変更しようとするときは、審議会等（国家行政組織法（昭和二十三年法律第百二十号）第八条に規定する機関をいう。）で政令で定めるものの意見を聴かなければならない。

4　文部科学大臣は、基本指針を定め、又は変更したときは、その基本指針を公表しなければならない。

（助成業務の実施に関する方針）
第十六条の三　機構は、基本指針に即して、助成業務の実施に関する方針（以下この条において「実施方針」という。）を定め、文部科学大臣の認可を受けなければならない。実施方針を変更しようとするときも、同様とする。

2　実施方針には、助成金の交付の対象となる学部等の設置等の選定の方法、助成金の交付の方法その他助成業務を実施するために必要な事項として文部科学省令で定めるものを定めるものとする。

3　文部科学大臣は、実施方針の内容が基本指針に適合するときは、認可するものとする。

4　機構は、第一項の認可を受けたときは、その実施方針を公表しなければならない。

（基金）
第十六条の四　機構は、第十六条第二項に規定する業務（以下「助成業務等」という。）に要する費用に充てるために基金を設け、第四項の規定により交付を受けた補助金の金額及び基金に充てることを条件として政府以外の者から出えんされた金額の合計額に相当する金額をもってこれに充てるものとする。

2　前項の基金（以下この条及び第二十七条第三号において「基金」という。）の運用によって生じた利子その他の収入金は、基金に充てるものとする。

3　通則法第四十七条及び第六十七条（第七号に係る部分に限る。）の規定は、基金の運用について準用する。この場合において、通則法第四十七条第三号中「金銭信託」とあるのは、「金銭信託で元本補塡の契約があるもの」と読み替えるものとする。

4　政府は、毎年度、予算の範囲内において、機構に対し、基金に充てる資金を補助することができる。

（国会への報告等）
第十六条の五　機構は、毎事業年度、助成業務等に関する報告書を作成し、当該事業年度の終了後三月以内に文部科学大臣に提出しなければならない。

2　文部科学大臣は、前項の報告書の提出を受けたときは、これに意見を付けて、国会に報告しなければならない。

（区分経理）
第十七条　機構は、次に掲げる業務ごとに経理を区分し、それぞれ勘定を設けて整理しなければならない。
一　第十六条第一項第二号及び第三号に掲げる業務並びにこれらに附帯する業務
二　助成業務等
三　前二号に掲げる業務以外の業務

（利益及び損失の処理の特例等）
第十八条　機構は、助成業務等及び前条第三号に掲げる業務に係るそれぞれの勘定において、通則法第二十九条第二項第一号に規定する中期目標の期間（以下この項において「中期目標の期間」という。）の最後の事業年度に係る通則法第四十四条第一項又は第二項の規定による整理を行った後、同条第一項の規定による積立金があるときは、その額に相当する金額のうち文部科学大臣の承認を受けた金額を、当該中期目標の期間の次の中期目標の期間に係る通則法第三十条第一項の

認可を受けた中期計画（同項後段の規定による変更の認可を受けたときは、その変更後のもの）の定めるところにより、当該次の中期目標の期間における助成業務等及び前条第三号に掲げる業務の財源に充てることができる。

2 機構は、前項に規定する積立金の額に相当する金額から同項の規定による承認を受けた金額を控除してなお残余があるときは、その残余の額を国庫に納付しなければならない。

3 前条第一号に掲げる業務に係る勘定（次項において「施設整備勘定」という。）については、通則法第四十四条第一項ただし書及び第三項の規定は、適用しない。

4 機構は、施設整備勘定において、通則法第四十四条第一項本文又は第二項の規定による整理を行った後、同条第一項本文の規定による積立金があるときは、その額に相当する金額を、翌事業年度以降の施設費交付事業の財源に充てなければならない。

5 前各項に定めるもののほか、納付金の納付の手続その他積立金の処分に関し必要な事項は、政令で定める。

（長期借入金及び独立行政法人大学改革支援・学位授与機構債券）

第十九条 機構は、施設費貸付事業に必要な費用に充てるため、文部科学大臣の認可を受けて、長期借入金をし、又は独立行政法人大学改革支援・学位授与機構債券（以下「債券」という。）を発行することができる。

2 前項に規定するもののほか、機構は、長期借入金又は債券で政令で定めるものの償還に充てるため、文部科学大臣の認可を受けて、長期借入金をし、又は債券を発行することができる。ただし、その償還期間が政令で定める期間のものに限る。

3 前二項の規定による債券の債権者は、機構の財産について他の債権者に先立って自己の債権の弁済を受ける権利を有する。

4 前項の先取特権の順位は、民法（明治二十九年法律第八十九号）の規定による一般の先取特権に次ぐものとする。

5 機構は、文部科学大臣の認可を受けて、債券の発行に関する事務の全部又は一部を銀行又は信託会社に委託することができる。

6 会社法（平成十七年法律第八十六号）第七百五条第一項及び第二項並びに第七百九条の規定は、前項の規定により委託を受けた銀行又は信託会社について準用する。

7 前各項に定めるもののほか、第一項又は第二項の規定による長期借入金又は債券に関し必要な事項は、政令で定める。

（債務保証）

第二十条 政府は、法人に対する政府の財政援助の制限に関する法律（昭和二十一年法律第二十四号）第三条の規定にかかわらず、国会の議決を経た金額の範囲内において、前条第一項又は第二項の規定による機構の長期借入金又は債券に係る債務（国際復興開発銀行等からの外資の受入に関する特別措置に関する法律（昭和二十八年法律第五十一号）第二条の規定に基づき政府が保証契約をすることができる債務を除く。）について保証することができる。

（償還計画）

第二十一条 機構は、毎事業年度、長期借入金及び債券の償還計画を立てて、文部科学大臣の認可を受けなければならない。

（補助金等に係る予算の執行の適正化に関する法律の準用）

第二十二条 補助金等に係る予算の執行の適正化に関する法律（昭和三十年法律第百七十九号）の規定（罰則を含む。）は、第十六条第一項第三号の規定により機構が交付する資金及び同条第二項第一号の規定により機構が交付する助成金について準用する。この場合において、同法（第二条第七項を除く。）中「各省各庁」とあるのは「独立行政法人大学改革支援・学位授与機構」と、「各省各庁の長」とあるのは「独立行政法人大学改革支援・学位授与機構の機構長」と、同法第二条第一項（第二号を除く。）及び第四項、第七条第二項、第十九条第一項及び第二項、第二十四条並びに第三十三条中「国」とあるのは「独立行政法人大学改革支援・学位授与機構」と、同法第十四条中「国の会計年度」とあるのは「独立行政法人大学改革支援・学位授与機構の事業年度」と読み替えるものとする。

第五章 雑則

（財務大臣との協議）

第二十三条 文部科学大臣は、次の場合には、財務大臣に協議しなければならない。

一 基本指針を定め、又は変更しようとするとき。

二 第十八条第一項の規定による承認をしようとするとき。

三 第十九条第一項、第二項若しくは第五項又は第二十一条の規定による認可をしようとするとき。

（主務大臣等）

第二十四条 機構に係る通則法における主務大臣及び主務省令は、それぞれ文部科学大臣及び文部科学省令とする。

（国家公務員宿舎法の適用除外）

第二十五条 国家公務員宿舎法（昭和二十四年法律第百十七号）の規定は、機構の役員及び職員には適用しない。

第六章 罰則

第二十六条 第十二条の規定に違反して秘密を漏らした者は、一年以下の懲役又は五十万円以下の罰金に処する。

第二十七条 次の各号のいずれかに該当する場合には、その違反行為をした機構の役員は、二十万円以下の過料に処する。

一 第十六条に規定する業務以外の業務を行ったとき。

二 第十六条の三第一項、第十九条第一項、第二項若しくは第五項又は第二十一条の規定により文部科学大臣の認可を受けなければならない場合において、その認可を受けなかったとき。

三 第十六条の四第三項において準用する通則法第四十七条の規定に違反して基金を運用したとき。

四 第十八条第一項の規定により文部科学大臣の承認を受けなければならない場合において、その承認を受けなかったとき。

第二十八条 第六条の規定に違反した者は、十万円以下の過料に処する。

附　則（抄）

（施行期日）

第一条　この法律は、平成十五年十月一日から施行する。

（機構の成立）

第二条　機構は、通則法第十七条の規定にかかわらず、国立大学法人法等の施行に伴う関係法律の整備等に関する法律（平成十五年法律第百十七号。以下「整備法」という。）第二条の規定の施行の時に成立する。

2　機構は、通則法第十六条の規定にかかわらず、機構の成立後遅滞なく、政令で定めるところにより、その設立の登記をしなければならない。

附　則（平成二七・五・二七法二七）（抄）

（施行期日）

第一条　この法律は、平成二十八年四月一日から施行する。ただし、附則第三条第二項及び第三項並びに第十四条の規定は、公布の日から施行する。

（センターの解散等）

第二条　独立行政法人国立大学財務・経営センター（以下「センター」という。）は、この法律の施行の時において解散するものとし、次項の規定により国が承継する資産を除き、その一切の権利及び義務は、その時において、独立行政法人大学改革支援・学位授与機構（以下「機構」という。）が承継する。

2　この法律の施行の際現にセンターが有する権利のうち、機構がその業務を確実に実施するために必要な資産以外の資産は、この法律の施行の時において国が承継する。

3　前項の規定により国が承継する資産の範囲その他当該資産の国への承継に関し必要な事項は、政令で定める。

4　センターの平成二十六年四月一日に始まる中期目標の期間（独立行政法人通則法（平成十一年法律第百三号。以下「通則法」という。）第二十九条第二項第一号に規定する中期目標の期間をいう。次項において同じ。）は、平成二十八年三月三十一日に終わるものとする。

附　則（令和四・一二・九法九四）（抄）

（施行期日）

1　この法律は、公布の日から起算して三月を超えない範囲内において政令で定める日〔令和五・二・二〇〕から施行する。ただし、次項の規定は、公布の日から施行する。

（準備行為）

2　文部科学大臣は、改正後の第十六条の二第一項に規定する基本指針を定めるために、この法律の施行の日前においても、同条第三項及び改正後の第二十三条（第一号に係る部分に限る。）の規定の例により、同項の政令で定める審議会等の意見を聴き、及び財務大臣に協議することができる。

○刑法等の一部を改正する法律の施行に伴う関係法律の整理等に関する法律（抄）

令和四・六・一七
法　六　八

（私立学校教職員共済法等の一部改正）

第二百十七条　次に掲げる法律の規定中「懲役」を「拘禁刑」に改める。

一～二十三〔略〕

二十四　独立行政法人大学改革支援・学位授与機構法（平成十五年法律第百十四号）第二十六条

二十五～二十八〔略〕

附　則（抄）

（施行期日）

1　この法律は、刑法等一部改正法施行日〔令和七・六・一〕から施行する。〔ただし書略〕

○独立行政法人大学改革支援・学位授与機構に関する省令

平成一五・一二・一九
文科令五九

最終改正　令和五・二・二〇文科令四

（通則法第八条第三項に規定する主務省令で定める重要な財産）

第一条　独立行政法人大学改革支援・学位授与機構（以下「機構」という。）に係る独立行政法人通則法（以下「通則法」という。）第八条第三項に規定する主務省令で定める重要な財産は、その保有する財産であって、その通則法第四十六条の二第一項又は第二項の認可に係る申請の日（各項ただし書の場合にあっては、当該財産の処分に関する計画を定めた通則法第三十条第一項の中期計画の認可に係る申請の日）における帳簿価額（現金及び預金にあっては、申請の日におけるその額）が五十万円以上のもの（その性質上通則法第四十六条の二の規定により処分することが不適当なものを除く。）その他文部科学大臣が定める財産とする。

（監査報告の作成）

第一条の二　機構に係る通則法第十九条第四項の規定により主務省令で定める事項については、この条の定めるところによる。

2　監事は、その職務を適切に遂行するため、次に掲げる者との意思疎通を図り、情報の収集及び監査の環境の整備に努めなければならない。この場合において、役員（監事を除く。第一号並びに第五項第三号及び第四号において同じ。）は、監事の職務の執行のための必要な体制の整備に留意しなければならない。

一　機構の役員及び職員

二　前号に掲げる者のほか、監事が適切に職務を遂行するに当たり意思疎通を図るべき者

3　前項の規定は、監事が公正不偏の態度及び独立の立場を保持することができなくなるおそれのある関係の創設及び維持を認めるものと解してはならない。

4　監事は、その職務の遂行に当たり、必要に応じ、機構の他の監事との意思疎通及び情報の交換を図るよう努めなければならない。

5　監査報告には、次に掲げる事項を記載しなければならない。

一　監事の監査の方法及びその内容

二　機構の業務が、法令等に従って適正に実施されているかどうか及び中期目標の着実な達成に向け効果的かつ効率的に実施されているかどうかについての意見

三　機構の役員の職務の執行が法令等に適合することを確保するための体制その他機構の業務の適正を確保するための体制の整備及び運用についての意見

四　機構の役員の職務の遂行に関し、不正の行為又は法令等に違反する重大な事実があったときは、その事実

五　監査のため必要な調査ができなかったときは、その旨及びその理由

六　監査報告を作成した日

（監事の調査の対象となる書類）

第一条の三　機構に係る通則法第十九条第六項第二号に規定する主務省令で定める書類は、独立行政法人大学改革支援・学位授与機構法（以下「機構法」という。）、独立行政法人大学改革支援・学位授与機構法施行令（平成二十八年政令第十二号）及びこの省令の規定に基づき文部科学大臣に提出する書類とする。

（業務方法書に記載すべき事項）

第一条の四　機構に係る通則法第二十八条第二項の主務省令で定める業務方法書に記載すべき事項は、次のとおりとする。

一　機構法第十六条第一項第一号に規定する評価に関する事項

二　機構法第十六条第一項第二号に規定する施設費貸付事業に関する事項

三　機構法第十六条第一項第三号に規定する施設費交付事業に関する事項

四　機構法第十六条第一項第四号に規定する学位の授与に関する事項

五　機構法第十六条第一項第五号に規定する調査研究に関する事項

六　機構法第十六条第一項第六号に規定する情報の収集及び分析並びにその結果の提供に関する事項

七　機構法第十六条第一項第七号に規定する情報の収集、整理及び提供に関する事項

八　機構法第十六条第二項第一号に規定する助成金の交付に関する事項

九　機構法第十六条第三項に規定する評価に関する事項

十　業務委託の基準

十一　競争入札その他契約に関する基本的事項

十二　その他機構の業務の執行に関して必要な事項

（中期計画の作成・変更に係る事項）

第二条　機構は、通則法第三十条第一項の規定により中期計画の認可を受けようとするときは、中期計画を記載した申請書を、当該中期計画の最初の事業年度開始三十日前までに（機構の最初の事業年度の属する中期計画については、機構の成立後遅滞なく）、文部科学大臣に提出しなければならない。

2　機構は、通則法第三十条第一項後段の規定により中期計画の変更の認可を受けようとするときは、変更しようとする事項及びその理由を記載した申請書を文部科学大臣に提出しなければならない。

（中期計画記載事項）

第三条　機構に係る通則法第三十条第二項第八号に規定する主務省令で定める業務運営に関する事項は、次のとおりとする。

一　施設及び設備に関する計画

二 人事に関する計画
三 中期目標の期間を超える債務負担
四 積立金の使途
五 その他機構の業務の運営に関し必要な事項

（年度計画の作成・変更に係る事項）
第四条 機構に係る通則法第三十一条第一項の年度計画には、中期計画に定めた事項に関し、当該事業年度において実施すべき事項を記載しなければならない。
2 機構は、通則法第三十一条第一項後段の規定により年度計画の変更をしたときは、変更した事項及びその理由を記載した届出書を文部科学大臣に提出しなければならない。

（業務実績等報告書）
第五条 機構に係る通則法第三十二条第二項に規定する報告書には、当該報告書が次の表の上欄に掲げる報告書のいずれに該当するかに応じ、同表の下欄に掲げる事項を記載しなければならない。その際、機構は、当該報告書が同条第一項の評価の根拠となる情報を提供するために作成されるものであることに留意しつつ、機構の事務及び事業の性質、内容等に応じて区分して同欄に掲げる事項を記載するものとする。

事業年度における業務の実績及び当該実績について自ら評価を行った結果を明らかにした報告書	一 当該事業年度における業務の実績。なお、当該業務の実績が通則法第二十九条第二項第二号に掲げる事項に係るものである場合には次のイからニまで、同項第三号から第五号までに掲げる事項に係るものである場合には次のイからハまでに掲げる事項を明らかにしたものでなければならない。 イ 中期計画及び年度計画の実施状況 ロ 当該事業年度における業務運営の状況 ハ 当該業務の実績に係る指標がある場合には、当該指標及び当該事業年度の属する中期目標の期間における当該事業年度以前の毎年度の当該指標の数値 ニ 当該事業年度の属する中期目標の期間における当該事業年度以前の毎年度の当該業務の実績に係る財務情報及び人員に関する情報 二 当該業務の実績が通則法第二十九条第二項第二号から第五号までに掲げる事項に係るものである場合には、前号に掲げる業務の実績について機構が評価を行った結果。なお、当該評価を行った結果は、次のイからハまでに掲げる事項を明らかにしたものでなければならない。 イ 中期目標に定めた項目ごとの評定及び当該評定を付した理由 ロ 業務運営上の課題が検出された場合には、当該課題及び当該課題に対する改善方策 ハ 過去の報告書に記載された改善方策のうちその実施が完了した旨の記載がないものがある場合には、その実施状況
中期目標の期間の終了時に見込まれる中期目標の期間における業務の実績及び当該実績について自ら評価を行った結果を明らかにする報告書	一 中期目標の期間の終了時に見込まれる中期目標の期間における業務の実績。なお、当該業務の実績が通則法第二十九条第二項第二号に掲げる事項に係るものである場合には次のイからニまで、同項第三号から第五号までに掲げる事項に係るものである場合には次のイからハまでに掲げる事項を明らかにしたものでなければならない。 イ 中期目標及び中期計画の実施状況 ロ 当該期間における業務運営の状況 ハ 当該業務の実績に係る指標がある場合には、当該指標及び当該期間における毎年度の当該指標の数値 ニ 当該期間における毎年度の当該業務の実績に係る財務情報及び人員に関する情報 二 当該業務の実績が通則法第二十九条第二項第二号から第五号までに掲げる事項に係るものである場合には、前号に掲げる業務の実績について機構が評価を行った結果。なお、当該評価を行った結果は、次のイからハまでに掲げる事項を明らかにしたものでなければならない。 イ 中期目標に定めた項目ごとの評定及び当該評定を付した理由 ロ 業務運営上の課題が検出された場合には、当該課題及び当該課題に対する改善方策 ハ 過去の報告書に記載された改善方策のうちその実施が完了した旨の記載がないものがある場合には、その実施状況
中期目標の期間における業務の実績及び当該実績について自ら評価を行った結果を明らかにする報告書	一 中期目標の期間における業務の実績。なお、当該業務の実績が通則法第二十九条第二項第二号に掲げる事項に係るものである場合には次のイからニまで、同項第三号から第五号までに掲げる事項に係るものである場合には次のイからハまでに掲げる事項を明らかにしたものでなければならない。 イ 中期目標及び中期計画の実施状況

ロ　当該期間における業務運営の状況
ハ　当該業務の実績に係る指標がある場合には、当該指標及び当該期間における毎年度の当該指標の数値
ニ　当該期間における毎年度の当該業務の実績に係る財務情報及び人員に関する情報

二　当該業務の実績が通則法第二十九条第二項第二号から第五号までに掲げる事項に係るものである場合には、前号に掲げる業務の実績について機構が評価を行った結果。なお、当該評価を行った結果は、次のイからハまでに掲げる事項を明らかにしたものでなければならない。
イ　中期目標に定めた項目ごとの評定及び当該評定を付した理由
ロ　業務運営上の課題が検出された場合には、当該課題及び当該課題に対する改善方策
ハ　過去の報告書に記載された改善方策のうちその実施が完了した旨の記載がないものがある場合には、その実施状況

2　機構は、前項に規定する報告書を文部科学大臣に提出したときは、速やかに、当該報告書をインターネットの利用その他の適切な方法により公表するものとする。

第六条及び第七条　削除

（会計の原則）
第八条　機構の会計については、この省令の定めるところにより、この省令に定めのないものについては、一般に公正妥当と認められる企業会計の基準に従うものとする。
2　金融庁組織令（平成十年政令第三百九十二号）第二十四条第一項に規定する企業会計審議会により公表された企業会計の基準は、前項に規定する一般に公正妥当と認められる企業会計の基準に該当するものとする。
3　平成十一年四月二十七日の中央省庁等改革推進本部決定に基づき行われた独立行政法人の会計に関する研究の成果として公表された基準（第十条及び第十二条第三項第二号イ及びロにおいて「独立行政法人会計基準」という。）は、この省令に準ずるものとして、第一項に規定する一般に公正妥当と認められる企業会計の基準に優先して適用されるものとする。

（会計処理）
第九条　文部科学大臣は、機構が業務のため取得しようとしている償却資産についてその減価に対応すべき収益の獲得が予定されないと認められる場合には、その取得までの間に限り、当該償却資産を指定することができる。
2　前項の指定を受けた資産の減価償却については、減価償却費は計上せず、資産の減価額と同額を資本剰余金に対する控除として計上するものとする。

（対応する収益の獲得が予定されない資産除去債務に係る除去費用等）
第九条の二　文部科学大臣は、機構が業務のため保有し又は取得しようとしている有形固定資産に係る資産除去債務に対応する除去費用に係る費用配分額及び時の経過による資産除去債務の調整額（以下この条において「除去費用等」という。）についてその除去費用等に対応すべき収益の獲得が予定されないと認められる場合には、当該除去費用等を指定することができる。

（譲渡差額を損益計算上の損益に計上しない譲渡取引）
第九条の三　文部科学大臣は、機構が通則法第四十六条の二第二項の規定に基づいて行う不要財産の譲渡取引についてその譲渡差額を損益計算上の損益に計上しないことが必要と認められる場合には、当該譲渡取引を指定することができる。

（財務諸表）
第十条　機構に係る通則法第三十八条第一項に規定する主務省令で定める書類は、独立行政法人会計基準に定める行政コスト計算書、純資産変動計算書及びキャッシュ・フロー計算書とする。

（事業報告書の作成）
第十条の二　機構に係る通則法第三十八条第二項の規定により主務省令で定める事項については、この条の定めるところによる。
2　事業報告書には、次に掲げる事項を記載しなければならない。
一　機構の目的及び業務内容
二　国の政策における機構の位置付け及び役割
三　中期目標の概要
四　機構長の理念並びに運営上の方針及び戦略
五　中期計画及び年度計画の概要
六　持続的に適正なサービスを提供するための源泉
七　業務運営上の課題及びリスクの状況並びにその対応策
八　業績の適正な評価に資する情報
九　業務の成果及び当該業務に要した資源
十　予算及び決算の概要
十一　財務諸表の要約
十二　財政状態及び運営状況の機構長による説明
十三　内部統制の運用状況
十四　機構に関する基礎的な情報

（財務諸表等の閲覧期間）
第十一条　機構に係る通則法第三十八条第三項に規定する主務省令で定める期間は、五年とする。

（会計監査報告の作成）
第十二条　通則法第三十九条第一項の規定により主務省令で定める事項については、この条の定めるところによる。
2　会計監査人は、その職務を適切に遂行するため、次に掲げる者との意思疎通を図り、情報の収集及び監査の環境の整備に努めなければならない。ただし、会計監査人が公正不偏の態度及び独立の立場を保持することができなくなるおそれのある関係の創設及び維持を認めるものと解してはならない。

一 機構の役員（監事を除く。）及び職員
二 前号に掲げる者のほか、会計監査人が適切に職務を遂行するに当たり意思疎通を図るべき者

3 会計監査人は、通則法第三十八条第一項に規定する財務諸表並びに同条第二項に規定する事業報告書及び決算報告書を受領したときは、次に掲げる事項を内容とする会計監査報告を作成しなければならない。
一 会計監査人の監査の方法及びその内容
二 財務諸表（利益の処分又は損失の処理に関する書類を除く。以下この号及び次項において同じ。）が機構の財政状態、運営状況、キャッシュ・フローの状況等を全ての重要な点において適正に表示しているかどうかについての意見があるときは、次のイからハまでに掲げる意見の区分に応じ、当該イからハまでに定める事項
イ 無限定適正意見　監査の対象となった財務諸表が独立行政法人会計基準その他の一般に公正妥当と認められる会計の慣行に準拠して、機構の財政状態、運営状況、キャッシュ・フローの状況等を全ての重要な点において適正に表示していると認められる旨
ロ 除外事項を付した限定付適正意見　監査の対象となった財務諸表が除外事項を除き独立行政法人会計基準その他の一般に公正妥当と認められる会計の慣行に準拠して、機構の財政状態、運営状況、キャッシュ・フローの状況等を全ての重要な点において適正に表示していると認められる旨及び除外事項
ハ 不適正意見　監査の対象となった財務諸表が不適正である旨及びその理由
三 前号の意見がないときは、その旨及びその理由
四 第二号の意見があるときは、事業報告書（会計に関する部分を除く。）の内容と通則法第三十九条第一項に規定する財務諸表、事業報告書（会計に関する部分に限る。）及び決算報告書の内容又は会計監査人が監査の過程で得た知識との間の重要な相違等について、報告すべき事項の有無及び報告すべき事項があるときはその内容
五 追記情報
六 前各号に掲げるもののほか、利益の処分又は損失の処理に関する書類、事業報告書（会計に関する部分に限る。）及び決算報告書に関して必要な報告
七 会計監査報告を作成した日

4 前項第五号に規定する「追記情報」とは、次に掲げる事項その他の事項のうち、会計監査人の判断に関して説明を付する必要がある事項又は財務諸表の内容のうち強調する必要がある事項とする。
一 会計方針の変更
二 重要な偶発事象
三 重要な後発事象

（通則法第四十八条に規定する主務省令で定める重要な財産）

第十三条　機構に係る通則法第四十八条に規定する主務省令で定める重要な財産は、土地（独立行政法人大学評価・学位授与機構法の一部を改正する法律（平成二十七年法律第二十七号。以下この条において「改正法」という。）附則第十条の規定による廃止前の独立行政法人国立大学財務・経営センター法（平成十五年法律第百十五号）附則第八条第一項第一号の規定により独立行政法人国立大学財務・経営センターが承継した土地のうち改正法附則第二条第一項の規定により機構が承継したものを除く。）及び建物並びに文部科学大臣が指定するその他の財産とする。

（通則法第四十八条に規定する主務省令で定める重要な財産の処分等の認可の申請）

第十四条　機構は、通則法第四十八条の規定により重要な財産を譲渡し、又は担保に供すること（以下この条において「処分等」という。）について認可を受けようとするときは、次に掲げる事項を記載した申請書を文部科学大臣に提出しなければならない。
一 処分等に係る財産の内容及び評価額
二 処分等の条件
三 処分等の方法
四 機構の業務運営上支障がない旨及びその理由

（勘定区分）

第十四条の二　機構は、機構法第十七条の規定により区分して経理する場合において、同条第一号に掲げる業務に係る機構の運営に必要な経費は、同条第三号に掲げる業務に係る勘定において一括して経理するものとする。

2 機構は、前項に規定するほか、経理すべき事項が当該経理に係る勘定以外の勘定において経理すべき事項と共通の事項であるため、当該勘定に係る部分を区分して経理することが困難なときは、当該事項については、文部科学大臣の承認を受けて定める基準に従って、事業年度の期間中一括して経理し、当該事業年度の末日現在において各勘定に配分することにより経理することができる。

（独立行政法人大学改革支援・学位授与機構法施行令第二条に規定する文部科学省令で定める期間）

第十四条の三　独立行政法人大学改革支援・学位授与機構法施行令第二条に規定する文部科学省令で定める期間は、機構法第十六条第一項第二号の規定により貸し付ける資金の使途により、次の各号に掲げる区分に応じ、それぞれ当該各号に定める期間とする。
一 土地（次号括弧書に規定する土地を除く。）　十年間
二 施設（その用に供する土地を含む。）　三十年間
三 設備　十年三月間

（償還計画の認可の申請）

第十四条の四　機構は、機構法第二十一条の規定により償還計画の認可を受けようとするときは、通則法第三十一条第一項前段の規定により年度計画を届け出た後遅滞なく、次に掲げる事項を記載した申請書を文部科学大臣に提出しなければならない。ただし、償還計画の変更の認可を受けようとするときは、その都度提出しなければならない。
一 長期借入金の総額及び当該事業年度における借入見込額並びにその借入先
二 独立行政法人大学改革支援・学位授与機構債券の総額及び当該事業年度における発行見込額並びに発行の方法

三　長期借入金及び独立行政法人大学改革支援・学位授与機構債券の償還の方法及び期限
四　その他必要な事項

（短期借入金の認可の申請）
第十四条の五　機構は、通則法第四十五条第一項ただし書の規定により短期借入金の借入れの認可を受けようとするとき、又は同条第二項ただし書の規定により短期借入金の借換えの認可を受けようとするときは、次に掲げる事項を記載した申請書を文部科学大臣に提出しなければならない。
一　借入れを必要とする理由
二　借入金の額
三　借入先
四　借入金の利率
五　借入金の償還の方法及び期限
六　利息の支払の方法及び期限
七　その他必要な事項

（通則法第五十条の六第一号に規定する主務省令で定める内部組織）
第十四条の六　機構に係る通則法第五十条の六第一号に規定する離職前五年間に在職していた当該中期目標管理法人の内部組織として主務省令で定めるものは、現に存する機構長の直近下位の内部組織として文部科学大臣が定めるもの（次項において「現内部組織」という。）であって再就職者（離職後二年を経過した者を除く。次項において同じ。）が離職前五年間に在職していたものとする。
2　直近七年間に存し、又は存していた機構長の直近下位の内部組織（独立行政法人通則法の一部を改正する法律（平成二十六年法律第六十六号）の施行の日以後のものに限る。）として文部科学大臣が定めるものであって再就職者が離職前五年間に在職していたものが行っていた業務を現内部組織（当該内部組織が現内部組織である場合にあっては他の現内部組織）が行っている場合における前項の規定の適用については、当該再就職者が離職前五年間に当該現内部組織に在職していたものとみなす。

（通則法第五十条の六第二号に規定する主務省令で定める管理又は監督の地位）
第十四条の七　機構に係る通則法第五十条の六第二号に規定する管理又は監督の地位として主務省令で定めるものは、職員の退職管理に関する政令（平成二十年政令第三百八十九号）第二十七条第六号に規定する職員が就いている官職に相当するものとして文部科学大臣が定めるものとする。

（積立金の処分に係る申請書の添付書類）
第十五条　機構に係る独立行政法人の組織、運営及び管理に係る共通的な事項に関する政令第二十一条第二項に規定する文部科学省令で定める書類は、同条第一項に規定する中期目標の期間の最後の事業年度の事業年度末の貸借対照表及び当該事業年度の損益計算書とする。

（大学等の教育研究活動等の状況についての評価に関し必要な事項）
第十六条　機構は、機構法第十六条第一項第一号の評価については、同条第二項の規定により国立大学法人評価委員会からの要請があった場合を除き、大学等（学校教育法（昭和二十二年法律第二十六号）第一条に規定する大学及び高等専門学校並びに国立大学法人法（平成十五年法律第百十二号）第二条第四項に規定する大学共同利用機関をいう。以下この条及び次条において同じ。）又は大学等の設置者からの要請を受けて行うものとする。
第十七条　機構は、機構法第十六条第一項第一号の規定により大学等の教育研究活動等の状況についての評価を決定しようとするときは、あらかじめ、当該大学等に意見の申立ての機会を付与するものとする。

（機構法第十六条第二項第一号に規定する文部科学省令で定める組織の変更）
第十八条　機構法第十六条第二項第一号に規定する文部科学省令で定める組織の変更は、次に掲げるものとする。
一　大学の専攻の設置及び専攻に係る課程の変更
二　大学の学部、学科、研究科及び専攻並びに高等専門学校の学科の収容定員の増加
三　大学の学科及び専攻並びに高等専門学校の学科に設定される履修上の区分に係る変更（前二号に掲げるものを除く。）

（機構法第十六条の三第二項に規定する文部科学省令で定める事項）
第十九条　機構法第十六条の三第二項に規定する助成業務を実施するために必要な事項として文部科学省令で定めるものは、同法第十六条第二項第一号に規定する業務の実施体制その他の事項とする。

附　則（抄）

（施行期日）
第一条　この省令は、公布の日から施行する。

○放送大学学園法（抄）

平成一四・一二・一三
法　　一　五　六

最終改正　令和五・五・八法二一

第一章　総則

（目的）

第一条　この法律は、放送大学の設置及び運営に関し必要な事項を定めることにより、大学教育の機会に対する広範な国民の要請にこたえるとともに、大学教育のための放送の普及発達を図ることを目的とする。

（定義）

第二条　この法律において、「放送大学」とは、放送大学学園が設置する大学をいう。

2　この法律において、「放送」とは、放送法（昭和二十五年法律第百三十二号）第二条第一号に規定する放送（同条第二十号に規定する放送局を用いて行われるものに限る。）をいう。

第二章　放送大学学園

（目的）

第三条　放送大学学園は、大学を設置し、当該大学において、放送による授業を行うとともに、全国各地の学習者の身近な場所において面接による授業等を行うことを目的とする学校法人（私立学校法（昭和二十四年法律第二百七十号）第三条に規定する学校法人をいう。）とする。

（業務）

第四条　放送大学学園は、次に掲げる業務を行う。

一　放送大学を設置し、これを運営すること。

二　放送大学における教育に必要な放送を行うこと。

三　前二号に掲げる業務に附帯する業務を行うこと。

2　放送大学学園は、前項に規定する放送以外の放送を行うことはできない。

（役員）

第五条　次の各号のいずれかに該当する者は、放送大学学園の役員となることができない。

一　国家公務員（教育公務員で政令で定めるもの及び非常勤の者を除く。）

二　放送法第三十一条第三項第二号又は第五号から第七号までに掲げる者

三　電波法（昭和二十五年法律第百三十一号）第五条第三項各号に掲げる者

2　電波法第五条第一項第一号及び第二号に掲げる者は、放送大学学園の理事となることができない。

（補助金）

第六条　国は、予算の範囲内において、放送大学学園に対し、第四条第一項に規定する業務に要する経費について補助することができる。

2　前項の規定により国が放送大学学園に対し補助する場合においては、私立学校振興助成法（昭和五十年法律第六十一号）第十二条から第十三条までの規定の適用があるものとする。

（事業計画）

第七条　放送大学学園は、毎会計年度の開始前に、主務省令で定めるところにより、その会計年度の事業計画を作成し、主務大臣の認可を受けなければならない。これを変更しようとするときも、同様とする。

第八条～第十一条　〔略〕

第三章　雑則

（報告及び検査）

第十二条　主務大臣は、この法律を施行するため必要があると認めるときは、放送大学学園に対して、その財務若しくは会計に関し必要な報告をさせ、又はその職員に放送大学学園の事務所に立ち入り、財務若しくは会計の状況若しくは財務若しくは会計に関する帳簿、書類その他必要な物件を検査させることができる。

2　前項の規定により職員が立入検査をする場合には、その身分を示す証明書を携帯し、関係人にこれを提示しなければならない。

3　第一項の規定による立入検査の権限は、犯罪捜査のために認められたものと解してはならない。

（解散等）

第十三条　放送大学学園の解散に関する私立学校法第五十条第二項及び第四項の規定の適用については、同条第二項中「前項第一号及び第三号」とあるのは「前項第一号から第三号まで」と、同条第四項中「第一項第二号又は第五号」とあるのは「第一項第五号」とする。

2　文部科学大臣は、放送大学学園に対し、私立学校法第五十条第二項の認可若しくは認定若しくは同法第六十二条第一項に基づき解散を命じようとするとき、又は同法第六十二条第一項に基づき解散を命じようとするときには、あらかじめ、総務大臣及び財務大臣に協議しなければならない。

第十四条　〔略〕

（主務大臣及び主務省令）

第十五条　この法律における主務大臣は、文部科学大臣及び総務大臣とする。

2　この法律における主務省令は、主務大臣の発する命令とする。

（財務大臣との協議）

第十六条　主務大臣は、次の場合には、あらかじめ、財務大臣に協議しなければならない。

一　第七条から第九条までの規定による認可をしようとするとき。

二　第七条又は第九条の規定により主務省令を定めようとするとき。

第十七条　〔略〕

（放送大学学園が設置する学校についての教育基本法の準用）

第十八条　教育基本法（平成十八年法律第百二十号）第十五条第二項の規定は、放送大学学園が設置する学校について準用する。

（文部科学省令等への委任）

第十九条　この法律に定めるもののほか、この法律の実施のため必要な事項は、文部科学省令又は主務省令で定める。

第四章　罰則〔略〕

附　則（抄）

（施行期日）

第一条　この法律は、平成十五年十月一日から施行する。ただし、次の各号に掲げる規定は、当該各号に定める日から施行する。

一　次条第一項から第四項までの規定　公布の日

二　附則第十七条の規定　平成十五年十月一日又は独立行政法人等の保有する個人情報の保護に関する法律（平成十五年法律第五十九号）の施行の日のいずれか遅い日

（放送大学学園の設立）

第二条　文部科学大臣は、設立委員を命じ、放送大学学園の設立に関する事務を処理させる。

2～4　〔略〕

5　放送大学学園は、私立学校法第三十三条の規定にかかわらず、この法律の施行の時に成立する。

6　〔略〕

○私立学校法の一部を改正する法律（抄）

令和五・五・八
法　二一

（放送大学学園法の一部改正）

附則・第二十一条　放送大学学園法（平成十四年法律第百五十六号）の一部を次のように改正する。

第十三条第一項中「第五十条第二項及び第四項」を「第百九条第三項及び第五項」に、「同条第二項」を「同条第三項」に、「前項第一号」を「第一項第一号」に、「同条第四項」を「同条第五項」に改め、同条第二項中「私立学校法第五十条第二項の認可若しくは認定」を「前項の規定により読み替えて適用する私立学校法第百九条第三項」に、「第五十二条第二項」を「第百二十六条第三項」に、「第六十二条第一項」を「第百三十五条第一項」に改め、「、あらかじめ」を削る。

第十六条中「、あらかじめ」を削る。

附則第二条を次のように改める。

第二条　削除

附　則（抄）

（施行期日）

第一条　この法律は、令和七年四月一日から施行する。〔ただし書略〕

○大学設置・学校法人審議会令

昭六二・九・一〇
政令三〇二

最終改正　令和四・九・二九政令三一四

（組織）

第一条　大学設置・学校法人審議会（以下「審議会」という。）は、委員二十九人以内で組織する。

2　審議会に、特別の事項を調査審議させるため必要があるときは、特別委員を置くことができる。

3　審議会に、専門の事項を調査させるため必要があるときは、専門委員を置くことができる。

（委員等の任命）

第二条　委員は、次に掲げる者のうちから、文部科学大臣が任命する。

一　大学又は高等専門学校の職員（次号に掲げる者を除く。）

二　私立大学若しくは私立高等専門学校の職員又はこれらを設置する学校法人の理事

三　学識経験のある者

2　特別委員は、当該特別の事項に関し学識経験のある者のうちから、文部科学大臣が任命する。

3　専門委員は、当該専門の事項に関し学識経験のある者のうちから、文部科学大臣が任命する。

（委員の任期等）

第三条　委員の任期は、二年とする。ただし、補欠の委員の任期は、前任者の残任期間とする。

2　委員は、再任されることができる。

3　特別委員は、その者の任命に係る当該特別の事項に関する調査審議が終了したときは、解任されるものとする。

4　専門委員は、その者の任命に係る当該専門の事項に関する調査が終了したときは、解任されるものとする。
5　委員、特別委員及び専門委員は、非常勤とする。

（会長）

第四条　審議会に、会長を置き、委員の互選により選任する。
2　会長は、会務を総理し、審議会を代表する。
3　会長に事故があるときは、あらかじめその指名する委員が、その職務を代理する。

（分科会）

第五条　審議会に、次に掲げる分科会を置く。

大学設置分科会
学校法人分科会

2　大学設置分科会は、審議会の所掌事務のうち、学校教育法（昭和二十二年法律第二十六号）の規定に基づき審議会の権限に属させられた事項（学校法人分科会の所掌に属するものを除く。）を処理することをつかさどる。
3　学校法人分科会は、審議会の所掌事務のうち、私立学校法（昭和二十四年法律第二百七十号）及び私立学校振興助成法（昭和五十年法律第六十一号）の規定に基づき審議会の権限に属させられた事項並びに学校教育法の規定に基づき審議会の権限に属させられた事項（私立の大学及び高等専門学校に係るもののうち、審議会の定めるものに限る。）を処理することをつかさどる。
4　第一項に掲げる分科会に属すべき委員、特別委員及び専門委員は、文部科学大臣が指名する。

第六条　文部科学大臣は、前条第四項の規定により学校法人分科会に属すべき委員を指名するに当たつては、私立大学等関係委員（第二条第一項第二号に掲げる者のうちから任命された委員であつて、同分科会に属するものをいう。以下この条において同じ。）に関し次に掲げる要件を満たすように行わなければならない。

一　私立大学等関係委員の数が学校法人分科会に属する委員の総数の四分の三以上であること。
二　私立大学等関係委員のうち、私立大学の学長、私立高等専門学校の校長又はこれらの学校の教員である理事以外の理事である委員の数が、私立大学等関係委員の数の二分の一以下であること。

2　私立大学等関係委員は、当該団体から推薦された者でなければならない。
　　私立大学等関係委員は、次の各号のいずれにも該当する団体があるときは、当該団体から推薦された者でなければならない。

一　私立大学及び私立高等専門学校の教育一般の改善振興を図ることを目的としていること。
二　私立大学及び私立高等専門学校の総数の三分の二以上をもつて組織されていること。
三　在籍する学生の数が私立大学又は私立高等専門学校に在籍する学生の総数の三分の二を超える私立大学又は私立高等専門学校で組織されていること。

3　前項の推薦に関し必要な事項は、文部科学省令で定める。

第七条　分科会に、分科会長を置き、当該分科会に属する委員の互選により選任する。
2　分科会長は、当該分科会の事務を掌理する。
3　分科会長に事故があるときは、当該分科会に属する委員のうちから分科会長があらかじめ指名する者が、その職務を代理する。

第八条　審議会は、その定めるところにより、分科会の議決をもつて審議会の議決とすることができる。

（議事）

第九条　審議会は、委員の過半数が出席しなければ、会議を開き、議決することができない。
2　審議会の議事は、会議に出席した委員の過半数で決し、可否同数のときは、会長の決するところによる。
3　前二項の規定は、分科会の議事について準用する。

第十条　審議会の委員は、自己、配偶者若しくは三親等以内の親族の一身上に関する事件又は自己の関係する学校若しくは学校法人に関する事件については、その議事の議決に加わることができない。ただし、会議に出席し、発言することを妨げない。

（庶務）

第十一条　審議会の庶務は、文部科学省高等教育局大学教育・入試課において総括し、及び処理する。ただし、学校法人分科会に係るものについては、文部科学省高等教育局私学部私学行政課において処理する。

（雑則）

第十二条　この政令に定めるもののほか、議事の手続その他審議会の運営に関し必要な事項は、会長が審議会に諮つて定める。

附　則（抄）

（施行期日）

1　この政令は、公布の日から施行する。

（経過措置）

2　この政令の施行後最初に任命される委員の任期は、第一条第一項の規定にかかわらず、昭和六十四年四月三十日までとする。

（大学設置審議会令の廃止）

3　大学設置審議会令（昭和四十年政令第百三十三号）は、廃止する。

○大学の教員等の任期に関する法律

平成九・六・一三
法　八　二
最終改正　平成二七・五・二七法二七

（目的）

第一条　この法律は、大学等において多様な知識又は経験を有する教員等相互の学問的交流が不断に行われる状況を創出することが大学等における教育研究の活性化にとって重要であることにかんがみ、任期を定めることができる場合その他教員等の任期について必要な事項を定めることにより、大学等への多様な人材の受入れを図り、もって大学等における教育研究の進展に寄与することを目的とする。

（定義）

第二条　この法律において、次の各号に掲げる用語の意義は、当該各号に定めるところによる。

一　大学　学校教育法（昭和二十二年法律第二十六号）第一条に規定する大学をいう。

二　教員　大学の教授、准教授、助教、講師及び助手をいう。

三　教員等　教員並びに国立大学法人法（平成十五年法律第百十二号）第二条第三項に規定する大学共同利用機関法人、独立行政法人大学改革支援・学位授与機構及び独立行政法人大学入試センター（次号、第六条及び第七条第二項において「大学共同利用機関法人等」という。）の職員のうち専ら研究又は教育に従事する者をいう。

四　任期　地方公務員としての教員の任用に際して、又は国立大学法人（国立大学法人法第二条第一項に規定する国立大学法人をいう。以下同じ。）、大学共同利用機関法人等、公立大学法人（地方独立行政法人法（平成十五年法律第百十八号）第六十八条第一項に規定する公立大学法人をいう。以下同じ。）若しくは学校法人（私立学校法（昭和二十四年法律第二百七十号）第三条に規定する学校法人をいう。以下同じ。）と教員等との労働契約において定められた期間であって、地方公務員である教員が就いていた職若しくは同一の地方公共団体の他の職（特別職に属する職及び非常勤の職を除く。）に引き続き任用される場合又は同一の国立大学法人、大学共同利用機関法人等、公立大学法人若しくは学校法人との間で引き続き労働契約が締結される場合を除き、当該期間の満了により退職することとなるものをいう。

（公立の大学の教員の任期）

第三条　公立の大学の学長は、教育公務員特例法（昭和二十四年法律第一号）第二条第四項に規定する評議会（評議会を置かない大学にあっては、教授会）の議に基づき、当該大学の教員（常時勤務の者に限る。以下この条及び次条において同じ。）について、次条の規定による任期を定めた任用を行う必要があると認めるときは、教員の任期に関する規則を定めなければならない。

2　公立の大学は、前項の規定により学長が教員の任期に関する規則を定め、又はこれを変更したときは、遅滞なく、これを公表しなければならない。

3　第一項の教員の任期に関する規則に記載すべき事項及び前項の公表の方法については、文部科学省令で定める。

第四条　任命権者は、前条第一項の教員の任期に関する規則が定められている大学について、教育公務員特例法第十条第一項の規定に基づきその教員を任用する場合において、次の各号のいずれかに該当するときは、任期を定めることができる。

一　先端的、学際的又は総合的な教育研究であることその他の当該教育研究組織で行われる教育研究の分野又は方法の特性に鑑み、多様な人材の確保が特に求められる教育研究組織の職に就けるとき。

二　助教の職に就けるとき。

三　大学が定め又は参画する特定の計画に基づき期間を定めて教育研究を行う職に就けるとき。

2　任命権者は、前項の規定により任期を定めて教員を任用する場合には、当該任用される者の同意を得なければならない。

（国立大学、公立大学法人の設置する大学又は私立大学の教員の任期）

第五条　国立大学法人、公立大学法人又は学校法人は、当該国立大学法人、公立大学法人又は学校法人の設置する大学の教員について、前条第一項各号のいずれかに該当するときは、労働契約において任期を定めることができる。

2　国立大学法人、公立大学法人又は学校法人は、前項の規定により教員との労働契約において任期を定めようとするときは、あらかじめ、当該大学に係る教員の任期に関する規則を定めておかなければならない。

3　公立大学法人（地方独立行政法人法第七十一条第一項ただし書の規定の適用を受けるものに限る。）又は学校法人は、前項の教員の任期に関する規則を定め、又はこれを変更しようとするときは、当該大学の学長の意見を聴くものとする。

4　国立大学法人、公立大学法人又は学校法人は、第二項の教員の任期に関する規則を定め、又はこれを変更したときは、これを公表するものとする。

5　第一項の規定により定められた任期は、教員が当該任期中（当該任期が始まる日から一年以内の期間を除く。）にその意思により退職することを妨げるものであってはならない。

（大学共同利用機関法人等の職員への準用）

第六条　前条（第三項を除く。）の規定は、大学共同利用機関法人等の職員のうち専ら研究又は教育に従事する者について準用する。

（労働契約法の特例）

第七条　第五条第一項（前条において準用する場合を含む。）の規定による任期の定めがある労働契約を締結した教員等の当該労働契約に係る労働契約法（平成十九年法律第百二十八号）第十八条第一項の規定の適用については、同項中「五年」とあるのは、「十年」とする。

2　前項の教員等のうち大学に在学している間に国立大学法

人、公立大学法人若しくは学校法人又は大学共同利用機関法人等との間で期間の定めのある労働契約（当該労働契約の期間のうちに大学に在学している期間を含むものに限る。）を締結していた者の同項の労働契約に係る労働契約法第十八条第一項の規定の適用については、当該大学に在学している期間は、同項に規定する通算契約期間に算入しない。

（他の法律の適用除外）

第八条　地方公共団体の一般職の任期付職員の採用に関する法律（平成十四年法律第四十八号）の規定は、地方公務員である教員には適用しない。

附　則

この法律は、公布の日から起算して三月を超えない範囲内において政令で定める日（平成九・八・二五）から施行する。

附　則（平成二五・一二・一三法九九）（抄）

（施行期日）

第一条　この法律は、公布の日から施行する。ただし、（中略）第二条の規定並びに附則第四条から第八条までの規定は、平成二十六年四月一日から施行する。

（検討）

第二条　国は、（中略）第二条の規定による改正後の大学の教員等の任期に関する法律（以下「新大学教員任期法」という。）の施行状況等を勘案して、（中略）新大学教員任期法第七条第一項の教員等の雇用の在り方について検討を加え、その結果に基づいて必要な措置を講ずるものとする。

２　（略）

（大学の教員等の任期に関する法律の一部改正に伴う経過措置）

第五条　新大学教員任期法第七条第一項の教員等であって一部施行日前に労働契約法第十八条第一項に規定する通算契約期間が五年を超えることとなったものに係る同項に規定する期間の定めのない労働契約の締結の申込みについては、なお従前の例による。

２　新大学教員任期法第七条第二項の規定は、同項の期間の定めのある労働契約（当該労働契約の期間のうちに大学に在学している期間を含むものに限る。）であって労働契約法の一部を改正する法律附則第一項ただし書に規定する規定の施行の日から一部施行日の前日までの間の日を契約期間の初日とするものに係る当該大学に在学している期間についても適用する。

○科学技術・イノベーション基本法（抄）

平成七・一一・一五
法　一　三　〇

最終改正　令和二・六・二四法六三

第一章　総則

（目的）

第一条　この法律は、科学技術・イノベーション創出の振興に関する施策の基本となる事項を定め、科学技術・イノベーション創出の振興に関する施策を総合的かつ計画的に推進することにより、我が国における科学技術の水準の向上及びイノベーションの創出の促進を図り、もって我が国の経済社会の発展と国民の福祉の向上に寄与するとともに世界の科学技術の進歩と人類社会の持続的な発展に貢献することを目的とする。

（定義）

第二条　この法律において「イノベーションの創出」とは、科学的な発見又は発明、新商品又は新役務の開発その他の創造的活動を通じて新たな価値を生み出し、これを普及することにより、経済社会の大きな変化を創出することをいう。

２　この法律において「科学技術・イノベーション創出の振興」とは、科学技術の振興及び研究開発の成果の実用化によるイノベーションの創出の振興をいう。

３　この法律において「研究開発」とは、基礎研究、応用研究及び開発研究をいい、技術の開発を含む。

４　この法律において「研究者等」とは、研究者及び技術者（研究開発の補助を行う人材を含む。）並びに研究開発又はその成果の普及若しくは実用化に係る運営及び管理に係る業務（専門的な知識及び能力を必要とするものに限る。）に従事する者をいう。

5　この法律において「研究開発法人」とは、科学技術・イノベーション創出の活性化に関する法律（平成二十年法律第六十三号）第二条第九項に規定する研究開発法人をいう。

6　この法律において「大学等」とは、大学（大学院を含む。）及び大学共同利用機関をいう。

（科学技術・イノベーション創出の振興に関する方針）

第三条　科学技術・イノベーション創出の振興は、科学技術及びイノベーションの創出が我が国及び人類社会の将来の発展をもたらす源泉であり、科学技術に係る知識の集積が人類にとっての知的資産であることに鑑み、研究者等及び研究開発の成果を活用した新たな事業の創出を行う人材の創造性が十分に発揮されることを旨として、人間の生活、社会及び自然との調和を図りつつ、積極的に行われなければならない。

2　科学技術・イノベーション創出の振興に当たっては、広範な分野における各分野の特性を踏まえた均衡のとれた研究開発能力の涵養、学際的又は総合的な研究開発の推進、基礎研究、応用研究及び開発研究の調和のとれた発展、学術研究及び学術研究以外の研究の均衡のとれた推進並びに国の試験研究機関、研究開発法人、大学等、民間事業者その他の関係者の国内外にわたる有機的な連携について配慮されなければならず、また、自然科学と人文科学との相互の関わり合いが科学技術の進歩及びイノベーションの創出にとって重要であることに鑑み、両者の調和のとれた発展について留意されなければならない。

3　科学技術の振興は、科学技術がイノベーションの創出に寄与するという意義のみならず学術的価値の創出に寄与するという意義その他の多様な意義を持つことに留意するとともに、研究開発において公正性を確保する必要があることに留意して行われなければならない。

4　イノベーションの創出の振興は、科学技術の振興によってもたらされる研究開発の成果がイノベーションの創出に最大限つながるよう、科学技術の振興との有機的な連携を図りつつ、行われなければならない。

5　科学技術・イノベーション創出の振興は、全ての国民が科学技術及びイノベーションの創出の恵沢をあまねく享受できる社会が実現されることを旨として、行われなければならない。

6　科学技術・イノベーション創出の振興に当たっては、あらゆる分野の科学技術に関する知見を総合的に活用して、次に掲げる課題その他の社会の諸課題への的確な対応が図られるよう留意されなければならない。

一　少子高齢化、人口の減少、国境を越えた社会経済活動の進展への対応その他の我が国が直面する課題

二　食料問題、エネルギーの利用の制約、地球温暖化問題その他の人類共通の課題

三　科学技術の活用により生ずる社会経済構造の変化に伴う雇用その他の分野における新たな課題

（国の責務）

第四条　国は、前条に規定する科学技術・イノベーション創出の振興に関する方針（次条から第七条までにおいて「振興方針」という。）にのっとり、科学技術・イノベーション創出の振興に関する総合的な施策を策定し、及びこれを実施する責務を有する。

（地方公共団体の責務）

第五条　地方公共団体は、振興方針にのっとり、科学技術・イノベーション創出の振興に関し、国の施策に準じた施策及びその地方公共団体の区域の特性を生かした自主的な施策を策定し、及びこれを実施する責務を有する。

（研究開発法人及び大学等の責務）

第六条　研究開発法人及び大学等は、その活動が科学技術の水準の向上及びイノベーションの創出の促進に資するものであることに鑑み、振興方針にのっとり、科学技術の進展及び社会の要請に的確に対応しつつ、人材の育成並びに研究開発及びその成果の普及に自主的かつ計画的に努めるものとする。

2　研究開発法人及び大学等は、その活動において研究者等及び研究開発に係る支援を行う人材の果たす役割の重要性に鑑み、これらの者の職務及び職場環境がその重要性にふさわしい魅力あるものとなるよう、これらの者の適切な処遇の確保及び研究施設等（研究施設及び研究設備をいう。以下同じ。）の整備に努めるものとする。

（民間事業者の責務）

第七条　民間事業者は、振興方針にのっとり、その事業活動に関し、研究開発法人及び大学等と積極的に連携し、研究開発及びその成果の実用化によるイノベーションの創出に努めるものとする。

2　民間事業者は、研究開発及びその成果の実用化によるイノベーションの創出において研究者等及び研究開発の成果を活用した新たな事業の創出を行う人材の果たす役割の重要性に鑑み、これらの者の活用に努めるとともに、これらの者の職務がその重要性にふさわしい魅力あるものとなるよう、これらの者の適切な処遇の確保に努めるものとする。

（国及び地方公共団体の施策の策定等に当たっての配慮）

第八条　国及び地方公共団体は、科学技術・イノベーション創出の振興に関する施策を策定し、及びこれを実施するに当たっては、基礎研究が新しい現象の発見及び解明並びに独創的な新技術の創出等をもたらすものであること、その成果の見通しを当初から立てることが難しく、また、その成果が実用化に必ずしも結び付くものではないこと等の性質を有するものであることに鑑み、基礎研究の推進において国及び地方公共団体が果たす役割の重要性に配慮しなければならない。

（大学等に係る施策における配慮）

第九条　国及び地方公共団体は、科学技術・イノベーション創出の振興に関する施策で大学等に係るものを策定し、及びこれを実施するに当たっては、大学等における研究活動の活性化を図るよう努めるとともに、研究者等の自主性の尊重その他の大学等における研究の特性に配慮しなければならない。

（法制上の措置等）

第十条　政府は、科学技術・イノベーション創出の振興に関する施策を実施するため必要な法制上、財政上又は金融上の措置その他の措置を講じなければならない。

（年次報告）

第十一条 政府は、毎年、国会に、政府が科学技術・イノベーション創出の振興に関して講じた施策に関する報告書を提出しなければならない。

第二章 科学技術・イノベーション基本計画

第十二条 政府は、科学技術・イノベーション創出の振興に関する施策の総合的かつ計画的な推進を図るため、科学技術・イノベーション創出の振興に関する基本的な計画（以下この条において「科学技術・イノベーション基本計画」という。）を策定しなければならない。

2 科学技術・イノベーション基本計画は、次に掲げる事項について定めるものとする。

一 研究開発の推進に関する総合的な方針

二 次に掲げる人材の確保、養成及び資質の向上並びにその適切な処遇の確保に関し、政府が総合的かつ計画的に講ずべき施策

イ 研究者等

ロ 研究開発に係る支援を行う人材（イに該当するものを除く。）

ハ 研究開発の成果を活用した新たな事業の創出を行う人材

ニ 研究開発の成果を活用した新たな事業の創出に係る支援を行う人材

三 研究施設等の整備、研究開発に係る情報化の促進その他の研究開発の推進のための環境の整備に関し、政府が総合的かつ計画的に講ずべき施策

四 研究開発の成果の実用化及びこれによるイノベーションの創出の促進を図るための環境の整備に関し、政府が総合的かつ計画的に講ずべき施策

五 その他科学技術・イノベーション創出の振興に関し必要な事項

3 政府は、科学技術・イノベーション基本計画を策定するに当たっては、あらかじめ、総合科学技術・イノベーション会議の議を経なければならない。

4 政府は、科学技術及びイノベーションの創出の進展の状況、政府が科学技術・イノベーション創出の振興に関して講じた施策の効果等を勘案して、適宜、科学技術・イノベーション基本計画に検討を加え、必要があると認めるときには、これを変更しなければならない。この場合においては、前項の規定を準用する。

5 政府は、第一項の規定により科学技術・イノベーション基本計画を策定し、又は前項の規定によりこれを変更したときは、これを公表しなければならない。

6 政府は、科学技術・イノベーション基本計画について、その実施に要する経費に関し必要な資金の確保を図るため、毎年度、国の財政の許す範囲内で、これを予算に計上する等その円滑な実施に必要な措置を講ずるよう努めなければならない。

第三章 研究開発の推進等

（多様な研究開発の均衡のとれた推進等）

第十三条 国は、広範な分野における各分野の特性を踏まえた多様な研究開発の均衡のとれた推進に必要な施策を講ずるとともに、国として特に振興を図るべき重要な科学技術の分野に関する研究開発の一層の推進を図るため、その企画、実施等に必要な施策を講ずるものとする。

（研究者等の確保等）

第十四条 国は、科学技術の進展等に対応した研究開発を推進するため、大学院における教育研究の充実その他の研究者等の確保、養成及び資質の向上に必要な施策を講ずるものとする。

2 国は、研究者等の職務がその重要性にふさわしい魅力あるものとなるよう、研究者等の適切な処遇の確保に必要な施策を講ずるものとする。

3 国は、研究開発の円滑な推進にとっては第十二条第二項第二号ロに掲げる人材が、研究開発の成果の実用化によるイノベーションの創出の推進にとっては同号ハ及びニに掲げる人材が、それぞれ不可欠であることに鑑み、これらの人材の確保、養成及び資質の向上並びにその適切な処遇の確保を図るため、前二項に規定する施策に準じて施策を講ずるものとする。

（研究施設等の整備等）

第十五条 国は、科学技術の進展等に対応した研究開発を推進するため、研究開発機関（国の試験研究機関、研究開発法人、大学等及び民間事業者等における研究開発に係る機関をいう。次条及び第十七条において同じ。）の研究施設等の整備に必要な施策を講ずるものとする。

2 国は、研究開発の効果的かつ効率的な推進を図るため、研究材料の円滑な供給等研究開発に係る支援機能の充実に必要な施策を講ずるものとする。

（研究開発に係る情報化の促進）

第十六条 国は、研究開発の効果的かつ効率的な推進を図るため、科学技術に関する情報処理の高度化、科学技術に関するデータベースの充実、研究開発機関等の間の情報ネットワークの構築等研究開発に係る情報化の促進に必要な施策を講ずるものとする。

（研究開発に係る交流の促進）

第十七条 国は、研究開発機関又は研究者等相互の間の交流により研究者等の多様な知識の融合等を図ることが新たな研究開発の進展をもたらす源泉となるものであり、また、その交流が研究開発の効果的かつ効率的な推進にとって不可欠なものであることに鑑み、研究者等の交流、研究開発機関による共同研究開発、研究開発機関の研究施設等の共同利用等研究開発に係る交流の促進に必要な施策を講ずるものとする。

（研究開発に係る資金の効果的かつ効率的な使用）

第十八条 国は、研究開発の円滑な推進を図るため、研究開発の展開に応じて研究開発に係る資金を効果的かつ効率的に使用できるようにする等その活用に必要な施策を講ずるものとする。

（研究開発の成果の活用等）

第十九条 国は、研究開発の成果の活用を図るため、研究開発

の成果の適切な保護及び公開、研究開発に関する情報の提供等その普及に必要な施策並びにその適切な実用化及びこれによるイノベーションの創出の促進等に必要な施策を講ずるものとする。

第二十条〔略〕

第四章　国際的な交流等の推進〔略〕

第五章　科学技術に関する学習の振興等

第二十二条　国は、青少年をはじめ広く国民があらゆる機会を通じて科学技術に対する理解と関心を深めることができるよう、学校教育及び社会教育における科学技術に関する学習の振興並びに科学技術に関する啓発及び知識の普及に必要な施策を講ずるものとする。

附　則

この法律は、公布の日から施行する。

教育奨励編

目次

○高等学校等就学支援金の支給に関する法律（抄）

平成二二・三・三一
法　一八

最終改正　令和四・六・一七法六八

第一章　総則

（目的）

第一条　この法律は、高等学校等の生徒等がその授業料に充てるために高等学校等就学支援金の支給を受けることができることとすることにより、高等学校等における教育に係る経済的負担の軽減を図り、もって教育の機会均等に寄与することを目的とする。

（定義）

第二条　この法律において「高等学校等」とは、次に掲げるものをいう。

一　高等学校（専攻科及び別科を除く。以下同じ。）

二　中等教育学校の後期課程（専攻科及び別科を除く。次条第三項及び第五条第三項において同じ。）

三　特別支援学校の高等部

四　高等専門学校（第一学年から第三学年までに限る。）

五　専修学校及び各種学校（これらのうち高等学校の課程に類する課程を置くものとして文部科学省令で定めるものに限り、学校教育法（昭和二十二年法律第二十六号）第一条に規定する学校以外の教育施設で学校教育に類する教育を行うもののうち当該教育を行うにつき同法以外の法律に特別の規定があるものであって、高等学校の課程に類する課程を置くものとして文部科学省令で定めるもの（第四条及び第六条第一項において「特定教育施設」という。）を含む。）

第二章　高等学校等就学支援金の支給

（受給資格）

第三条　高等学校等就学支援金（以下「就学支援金」という。）は、高等学校等に在学する生徒又は学生で日本国内に住所を有する者に対し、当該高等学校等（その者が同時に二以上の高等学校等の課程に在学するときは、これらのうちいずれか一の高等学校等の課程）における就学について支給する。

2　就学支援金は、前項に規定する者が次の各号のいずれかに該当するときは、支給しない。

一　高等学校等（修業年限が三年未満のものを除く。）を卒業し又は修了した者

二　前号に掲げる者のほか、高等学校等に在学した期間が通算して三十六月を超える者

三　前二号に掲げる者のほか、前項に規定する者の保護者（学校教育法第十六条に規定する保護者をいう。）その他の同項に規定する者の就学に要する経費を負担すべき者として政令で定める者（以下「保護者等」という。）の収入の状況に照らして、就学支援金の支給により当該保護者等の経済的負担を軽減する必要があるとは認められない者として政令で定める者

3　前項第二号の期間は、その初日において高等学校等に在学していた月を一月（その初日において高等学校又は中等教育学校の後期課程の定時制の課程又は通信制の課程のみに在学していた月その他の政令で定める月にあっては、一月を超えない範囲内で政令で定める月数）として計算する。

（受給資格の認定）

第四条　前条第一項に規定する者（同条第二項各号のいずれかに該当する者を除く。）は、就学支援金の支給を受けようとするときは、文部科学省令で定めるところにより、その在学する高等学校等（その者が同時に二以上の高等学校等の課程に在学するときは、その選択した一の高等学校等の課程）の設置者を通じて、当該高等学校等の所在地の都道府県知事（当該高等学校等が地方公共団体の設置するものである場合（当該高等学校等が特定教育施設である場合を除く。）にあっては、都道府県教育委員会）に対し、当該高等学校等における就学について就学支援金の支給を受ける資格を有することについての認定を申請し、その認定を受けなければならない。

（就学支援金の額）

第五条　就学支援金は、前条の認定を受けた者（以下「受給権者」という。）がその初日において当該認定に係る高等学校等（以下「支給対象高等学校等」という。）に在学する月について、月を単位として支給されるものとし、その額は、一月につき、支給対象高等学校等の授業料の月額（授業料の額が年額その他月額以外の方法により定められている場合にあっては、授業料の月額に相当するものとして文部科学省令で定めるところにより算定した額をいい、受給権者が授業料の減免を受けた場合にあっては、文部科学省令で定めるところにより当該授業料の月額から当該減免に係る額を控除した額をいう。）に相当する額（その額が支給対象高等学校等の設置者、種類及び課程の区分に応じて政令で定める額（以下この項において「支給限度額」という。）を超える場合にあっては、支給限度額）とする。

2　支給対象高等学校等が政令で定める高等学校等である受給権者であって、その保護者等の収入の状況に照らして特に当該保護者等の経済的負担を軽減する必要があるものとして政令で定めるものに対して支給される就学支援金に係る前項の規定の適用については、同項中「定める額」とあるのは、「定める額に政令で定める額を加えた額」とする。

3　第一項の支給限度額は、地方公共団体の設置する高等学校、中等教育学校の後期課程及び特別支援学校の高等部の授業料の月額その他の事情を勘案して定めるものとする。

（就学支援金の支給）

第六条　都道府県知事（支給対象高等学校等が地方公共団体の設置するものである場合（支給対象高等学校等が特定教育施設である場合を除く。）にあっては、都道府県教育委員会。

以下同じ。）は、受給権者に対し、就学支援金を支給する。

2　就学支援金の支給は、受給権者が第四条の認定の申請をした日（当該申請が支給対象高等学校等の設置者に到達した日（次項において「申請日」という。）をいう。）の属する月（受給権者がその月の初日において当該支給対象高等学校等に在学していないとき、受給権者がその月について当該支給対象高等学校等以外の高等学校等を支給対象高等学校等とする就学支援金の支給を受けることができるときその他政令で定めるときは、その翌月）から始め、当該就学支援金を支給すべき事由が消滅した日の属する月で終わる。

3　受給権者がやむを得ない理由により第四条の認定の申請をすることができなかった場合において、やむを得ない理由がやんだ後十五日以内にその申請をしたとき（当該申請が支給対象高等学校等の設置者に到達したときをいう。）は、やむを得ない理由により当該認定の申請をすることができなくなった日を申請日とみなして、前項の規定を適用する。

4　前三項に定めるもののほか、就学支援金の支払の時期その他就学支援金の支給に関し必要な事項は、文部科学省令で定める。

（代理受領等）

第七条　支給対象高等学校等の設置者は、受給権者に代わって就学支援金を受領し、その有する当該受給権者の授業料に係る債権の弁済に充てるものとする。

（就学支援金の支給の停止等）

第八条　就学支援金は、受給権者が支給対象高等学校等を休学した場合その他の政令で定める場合において、受給権者が、文部科学省令で定めるところにより、支給対象高等学校等の設置者を通じて、都道府県知事に申し出たときは、政令で定めるところにより、その支給を停止する。

2　前項の規定により当該月に係る就学支援金の支給が停止された月は、第三条第三項の規定による同条第二項第二号の期間の計算については、その初日において高等学校等に在学していた月には該当しないものとみなす。

（支払の一時差止め）

第九条　受給権者が、正当な理由がなく第十七条の規定による届出をしないときは、就学支援金の支払を一時差し止めることができる。

（支払の調整）

第十条　就学支援金を支給すべきでないにもかかわらず、就学支援金の支給としての支払が行われたときは、その支払は、その後に支払うべき就学支援金の内払とみなすことができる。就学支援金として支給すべき額を超える額の就学支援金の支給としての支払が行われた場合における当該超過額の支払についても、同様とする。

（不正利得の徴収）

第十一条　偽りその他不正の手段により就学支援金の支給を受けた者があるときは、都道府県知事は、国税徴収の例により、その者から、その支給を受けた就学支援金の額に相当する金額の全部又は一部を徴収することができる。

2　前項の規定による徴収金の先取特権の順位は、国税及び地方税に次ぐものとする。

（受給権の保護）

第十二条　就学支援金の支給を受ける権利は、譲り渡し、担保に供し、又は差し押さえることができない。

（公課の禁止）

第十三条　租税その他の公課は、就学支援金として支給を受けた金銭を標準として、課することができない。

（交付金）

第十五条　国は、就学支援金の支給に要する費用の全額に相当する金額を都道府県に交付する。

2　国は、毎年度、予算の範囲内で、就学支援金に関する事務の執行に要する費用に相当する金額を都道府県に交付する。

第三章　雑則

第十六条　削除

（届出）

第十七条　受給権者は、文部科学省令で定めるところにより、都道府県知事（第十四条第一項又は第二項に規定する就学支援金に係る場合にあっては、文部科学大臣。次条第一項において同じ。）に対し、保護者等の収入の状況に関する事項として文部科学省令で定める事項を届け出なければならない。

（報告等）

第十八条　都道府県知事は、この法律の施行に必要な限度において、受給権者、その保護者等若しくは支給対象高等学校等の設置者（国及び都道府県を除く。）若しくはその役員若しくは職員又はこれらの者であった者に対し、報告若しくは文書その他の物件の提出若しくは提示を命じ、又は当該職員に質問させることができる。

2　前項の規定による質問を行う場合においては、当該職員は、その身分を示す証明書を携帯し、かつ、関係者の請求があるときは、これを提示しなければならない。

3　第一項の規定による権限は、犯罪捜査のために認められたものと解釈してはならない。

（事務の区分）

第十九条　第四条（第十四条第三項の規定により読み替えて適用する場合を含む。）、第六条第一項、第八条第一項（第十四条第三項の規定により読み替えて適用する場合を含む。）、第十一条第一項、第十七条及び前条第一項の規定により都道府県が処理することとされている事務は、地方自治法（昭和二十二年法律第六十七号）第二条第九項第一号に規定する第一号法定受託事務とする。

（文部科学省令への委任）

第二十条　この法律に定めるもののほか、この法律の実施のため必要な事項は、文部科学省令で定める。

（罰則）

第二十一条　偽りその他不正の手段により就学支援金の支給をさせた者は、三年以下の懲役又は百万円以下の罰金に処する。ただし、刑法（明治四十年法律第四十五号）に正条があるときは、同法による。

2　第十八条第一項の規定による命令に違反して、報告若しくは物件の提出若しくは提示をせず、若しくは虚偽の報告若しくは虚偽の物件の提出若しくは提示をし、又は同項の規定による当該職員の質問に対して、答弁せず、若しくは虚偽の答弁をした者は、三十万円以下の罰金に処する。
3　法人の代表者又は法人若しくは人の代理人、使用人その他の従業者が、その法人又は人の業務に関し、前二項の違反行為をしたときは、行為者を罰するほか、その法人又は人に対しても、当該各項の罰金刑を科する。

附　則（抄）

（施行期日）
1　この法律は、平成二十二年四月一日から施行する。

（検討）
2　政府は、この法律の施行後三年を経過した場合において、この法律の施行の状況を勘案し、この法律の規定について検討を加え、必要があると認めるときは、その結果に応じて所要の見直しを行うものとする。

附　則（平成二五・一二・四法九〇）（抄）

（施行期日）
第一条　この法律は、平成二十六年四月一日から施行する。

（経過措置）
第二条　平成二十六年三月分以前の月分の高等学校等就学支援金の支給については、なお従前の例による。
2　この法律の施行の日前から引き続き高等学校等（この法律による改正前の公立高等学校に係る授業料の不徴収及び高等学校等就学支援金の支給に関する法律（次項において「旧法」という。）第二条第一項に規定する高等学校等をいう。）に在学する者に係るこの法律の施行の日以後の公立高等学校（同条第二項に規定する公立高等学校をいう。）に係る授業料の徴収及び高等学校等就学支援金の支給については、なお従前の例による。
3　前項の規定によりなお従前の例によることとされる場合における旧法第三条第二項の交付金の交付については、なお従前の例による。

○刑法等の一部を改正する法律の施行に伴う関係法律の整理等に関する法律（抄）

令和四・六・一七
法　六　八

（私立学校教職員共済法等の一部改正）
第二百十七条　次に掲げる法律の規定中「懲役」を「拘禁刑」に改める。
一～二十五　〔略〕
二十六　高等学校等就学支援金の支給に関する法律（平成二十二年法律第十八号）第二十一条第一項
二十七・二十八　〔略〕

附　則（抄）

（施行期日）
1　この法律は、刑法等一部改正法施行日〔令和七・六・一〕から施行する。〔ただし書略〕

○高等学校等就学支援金の支給に関する法律施行規則（抄）

平成二二・四・一
文　科　令　一　三
最終改正　令和五・三・三〇文科令一一

（専修学校及び各種学校）
第一条　高等学校等就学支援金の支給に関する法律（平成二十二年法律第十八号。以下「法」という。）第二条第五号に掲げる専修学校及び各種学校のうち高等学校の課程に類する課程を置くものとして文部科学省令で定めるものは、次に掲げるものとする。
一　専修学校の高等課程
二　専修学校の一般課程であって、次に掲げる教育施設の指定を受けたもの
イ　保健師助産師看護師法（昭和二十三年法律第二百三号）第二十二条第一号に規定する学校又は同条第二号に規定する准看護師養成所
ロ　調理師法（昭和三十三年法律第百四十七号）第三条第一項第一号に規定する調理師養成施設
ハ　製菓衛生師法（昭和四十一年法律第百十五号）第五条第一号に規定する製菓衛生師養成施設
三　各種学校であって、前号イからハまでに掲げる教育施設の指定を受けたもの
四　各種学校であって、我が国に居住する外国人を専ら対象とするもののうち、次に掲げるもの
イ　高等学校に対応する外国の学校の課程と同等の課程を有するものとして当該外国の学校教育制度において位置付けられたものであって、文部科学大臣が指定したもの

ロ　イに掲げるもののほか、その教育活動等について、文部科学大臣が指定する団体の認定を受けたものであって、文部科学大臣が指定したもの

2　前項第四号の指定又は指定の変更は、官報に告示して行うものとする。

3　法第二条第五号の学校教育法（昭和二十二年法律第二十六号）第一条に規定する学校以外の教育施設で学校教育に類する教育を行うもののうち当該教育を行うにつき同法以外の法律に特別の規定があるものであって、高等学校の課程に類する課程を置くものとして文部科学省令で定めるものは、独立行政法人海技教育機構法（平成十一年法律第二百十四号）による独立行政法人海技教育機構海技士教育科海技課程の本科とする。

（在学期間の計算の特例等）

第二条　法第三条第二項第二号の期間には、次に掲げる期間は通算しないものとする。

一　日本国内に住所を有していなかった期間（その初日において日本国内に住所を有していなかった月を一月として計算し、高等学校等就学支援金（以下「就学支援金」という。）の支給を受けることのできた月を除く。）

二　法第三条第二項第三号に該当する者が高等学校等（法第二条に規定する高等学校等をいう。以下同じ。）を休学していた期間（その初日において休学していた月を一月として計算する。次号及び第四号において同じ。）

三　法の施行前に生徒等（高等学校等就学支援金の支給に関する法律施行令（平成二十二年政令第百十二号。以下「令」という。）第一条第一項第一号に規定する生徒等をいう。次号及び次項第四号において同じ。）が公立高等学校等（地方公共団体の設置する高等学校（専攻科及び別科を除く。以下同じ。）、中等教育学校の後期課程（専攻科及び別科を除く。以下同じ。）及び特別支援学校の高等部並びに前条第一項第二号に掲げる専修学校の一般課程及び同項第三号に掲げる各種学校をいう。次号において同じ。）以外の高等学校等を休学していた期間

四　公立高等学校に係る授業料の不徴収及び高等学校等就学支援金の支給に関する法律の一部を改正する法律（平成二十五年法律第九十号）の施行前に生徒等が公立高等学校等を休学していた期間

2　令第一条第一項第一号の文部科学省令で定める者は、次に掲げる者とする。

一　児童福祉法（昭和二十二年法律第百六十四号）第三十三条の二第一項、第三十三条の八第二項又は第四十七条第二項の規定により親権を行う児童相談所長

二　児童福祉法第四十七条第一項の規定により親権を行う児童福祉施設の長

三　民法（明治二十九年法律第八十九号）第八百五十七条の二第二項の規定により財産に関する権限のみを行使すべきこととされた未成年後見人

四　前三号に掲げる者のほか、生徒等がその就学に要する経費の負担を求めることが困難であると認められる保護者

3　令第一条第三項の文部科学省令で定める事由は、次の各号に掲げるものとする。

一　保護者等（令第一条第二項に規定する保護者等をいう。以下同じ。）が負傷し、又は疾病にかかり療養のため勤務することができないこと。

二　前号に掲げるもののほか、保護者等が自己の責めに帰することのできない理由により離職し、現に雇用され、又は任用されていないこと。

三　保護者等が事業を行う個人又は法人（一の代表者以外に他の役員（理事、取締役、執行役、業務を執行する社員、監事若しくは監査役又はこれらに準ずる者をいう。）がなく、かつ、従業員を使用しないものに限る。次号において同じ。）の代表である場合であって、当該保護者等が負傷し、又は疾病にかかり療養のため事業を営むことができないこと。

四　前号に掲げるもののほか、保護者等が事業を行う個人又は法人の代表である場合であって、当該保護者等が自己の責めに帰することのできない理由によりその営む事業を廃止し、現に事業を営んでいないこと。

五　前各号に掲げるもののほか、保護者等の責めに帰することのできない理由により従前得ていた収入を得ることができない事由

4　令第一条第三項の文部科学省令で定める方法により算定した額は、次の各号に掲げる場合の区分に応じ、当該各号に定める額とする。

一　就学支援金が支給される月が、特例事由（令第一条第三項に規定する特例事由をいう。以下同じ。）が生じた日が属する月の翌月（特例事由が生じた日が月の初日であるときは、当該月。以下この号において同じ。）以後三月以内である場合　特例事由が生じた日が属する月の翌月以後三月の期間の収入の合計額を一年間当たりの収入の額に換算した額から算定した算定基準額（令第一条第二項に規定する算定基準額をいう。以下この条において同じ。）に相当する額

二　第八条第一項に規定する特例受給権者として初めて就学支援金の支給を受けるとき（前号に掲げる場合に該当する場合を除く。）　就学支援金が支給される月の前月以前の直近の連続する三月の期間の収入の合計額を一年間当たりの収入の額に換算した額から算定した算定基準額に相当する額

三　前二号に掲げる場合以外の場合　就学支援金が支給される月の前月以前の直近の連続する六月（当該期間に特例事由が生じた日が属する月が含まれる場合は、その月（特例事由が生じた日が月の初日であるときは、その前月）以前の期間を除く。）の期間の収入の合計額を一年間当たりの収入の額に換算した額から算定した算定基準額に相当する額

5　令第二条第一項第一号に規定する文部科学省令で定める専修学校は、前条第一項第一号及び第二号に掲げるもの（専修学校設置基準（昭和五十一年文部省令第二号）第四条に規定する夜間等学科又は同令第五条第一項に規定する通信制の学科に限る。）とする。

（受給資格の認定及び通知等）

第三条　法第四条に規定する認定の申請は、同条に規定する者（以下この項において「受給資格者」という。）が、様式第一号による申請書に、保護者等の個人番号カードの写し等（行政手続における特定の個人を識別するための番号の利用等に関する法律（平成二十五年法律第二十七号）第二条第七項に規定する個人番号カードの写しその他の書類をいう。以下同じ。）又は課税証明書等（令第一条第二項第一号に規定する合計額及び同項第二号に規定する額を明らかにすることのできる市町村（特別区を含む。）の長の証明書その他の書類をいう。以下同じ。）を添付して、当該受給資格者が在学する高等学校等（その者が同時に二以上の高等学校等の課程に在学するときは、その選択した一の高等学校等の課程。次項及び第三項並びに第十一条第八項において同じ。）の設置者を通じて、当該高等学校等の所在地の都道府県知事（当該高等学校等が地方公共団体の設置するものである場合（当該高等学校等が法第二条第五号に規定する特定教育施設である場合を除く。）にあっては、都道府県教育委員会。以下同じ。）に提出することによって行わなければならない。

2　前項の規定にかかわらず、特例受給資格者（令第一条第三項に規定する特例受給資格者をいう。以下同じ。）が法第四条に規定する認定の申請を行う場合は、特例受給資格者が、様式第一号の二による申請書に、次の各号に掲げる書類を添付して、当該特例受給資格者が在学する高等学校等の設置者を通じて、当該高等学校等の所在地の都道府県知事に提出することによって行わなければならない。この場合において、第二号及び第三号に掲げる書類を申請書に添付することができないときは、当該書類は、都道府県知事が法第四条に規定する認定をする日の前日までに提出すれば足りるものとする。

一　保護者等の個人番号カードの写し等又は課税証明書等

二　特例事由の基礎となる事実を証明する書類

三　前条第四項各号に掲げる収入を証明する書類

3　都道府県知事は、法第四条に規定する認定をしたとき又は認定をしなかったときは、その旨を同条に規定する申請を行った者に対し、その者が在学する高等学校等の設置者を通じて、通知しなければならない。

4　受給権者（法第五条第一項に規定する受給権者をいう。以下同じ。）は、氏名を変更したときは、その旨を支給対象高等学校等（同項に規定する支給対象高等学校等をいう。以下同じ。）の設置者を通じて、速やかに都道府県知事に届け出なければならない。

（授業料の月額等）

第五条　法第五条第一項の文部科学省令で定めるところにより算定した額は、次の各号に掲げる支給対象高等学校等について、それぞれ当該各号に定めるところにより算定した額とする。

一　二月以上の期間を通じて授業料の額を定める支給対象高等学校等　当該期間における授業料の額を当該期間の月数で除した額

二　生徒が履修する科目の単位数に応じて授業料の額を定める支給対象高等学校等（高等学校、中等教育学校の後期課程及び専修学校（第一条第一項第一号及び第二号に掲げるものに限る。）に限る。）　受給権者が就学支援金の支給を受ける月において履修する科目（以下この号及び第七条第二項において「履修科目」という。）のうちの各科目の一単位当たりの授業料の額を当該各科目を履修する期間とした月数で除した額を履修科目の全ての単位について合算した額

2　法第五条第一項の文部科学省令で定めるところにより授業料の月額から減免に係る額を控除した額は、支給対象高等学校等の授業料の月額（授業料の額が年額その他月額以外の方法により定められている場合にあっては、前項各号に定めるところにより算定した額をいう。）から、当該授業料の月額に係る減免額（授業料の減免額が年額その他月額以外の方法により定められている場合にあっては、授業料の減免額の総額を減免に係る期間の月数で除した額をいう。）を控除した額とする。

（就学支援金の支給の停止）

第十条　法第八条第一項の規定による申出は、受給権者が、様式第二号による申出書を支給対象高等学校等の設置者を通じて、都道府県知事に提出することによって行わなければならない。

2　法第八条第一項の規定による申出をした受給権者は、令第五条第一項に規定する場合に該当しなくなったときは、様式第三号による申出書に、収入状況届出書等（様式第一号又は様式第一号の二による届出書に保護者等の個人番号カードの写し等又は課税証明書等を添付したものをいう。以下この条及び次条において同じ。）（特例受給権者にあっては、収入状況届出書等並びに第三条第二項第二号及び第三号に掲げる書類）を添付して、支給対象高等学校等の設置者を通じて、都道府県知事に提出しなければならない。ただし、この省令の規定により既に保護者等の個人番号カードの写し等又は課税証明書等を提出している場合にあっては、当該申出書（特例受給権者にあっては、当該申出書並びに第三条第二項第二号及び第三号に掲げる書類）のみを提出すれば足りる。

3　都道府県知事は、法第八条第一項の規定による申出により就学支援金の支給を停止したとき又は前項の申出に基づき就学支援金の支給を再開したときは、その旨を当該申出を行った受給権者に対し、支給対象高等学校等の設置者を通じて、通知しなければならない。

（収入の状況の届出等）

第十一条　法第十七条に規定する届出は、受給権者が、毎年度、都道府県知事の定める日までに、収入状況届出書等を、支給対象高等学校等の設置者を通じて、都道府県知事に提出することによって行わなければならない。ただし、この省令の規定により既に保護者等の個人番号カードの写し等を提出している場合にあっては、この限りでない。

2　前項の規定にかかわらず、特例受給権者が行う法第十七条に規定する届出は、毎年二回、都道府県知事の定める日までに、収入状況届出書等（この省令の規定により既に保護者等の個人番号カードの写し等又は課税証明書等を提出している

場合にあっては、これを除く。以下この条において同じ。）並びに第三条第二項第二号及び第三号に掲げる書類を、支給対象高等学校等の設置者を通じて、都道府県知事に提出することによって行わなければならない。

3　法第八条第一項の規定により就学支援金の支給が停止されている場合にあっては、法第十七条に規定する届出は、第一項本文及び前項の規定にかかわらず、前条第二項の規定により行うものとする。

4　第一項の規定にかかわらず、受給権者（法第八条第一項の規定により就学支援金の支給が停止されている者を除く。以下この項において同じ。）は、当該受給権者に係る保護者等について変更があったときは、収入状況届出書等（特例受給権者にあっては、収入状況届出書等並びに第三条第二項第二号及び第三号に掲げる書類）を、支給対象高等学校等の設置者を通じて、速やかに都道府県知事に提出しなければならない。

5　第一項の規定にかかわらず、特例受給権者（法第八条第一項の規定により就学支援金の支給が停止されている者を除く。以下この項において同じ。）は、特例受給資格者に該当しないこととなったときは、収入状況届出書等を、支給対象高等学校等の設置者を通じて、速やかに都道府県知事に提出しなければならない。

6　受給権者であって特例受給資格者でないものが特例受給資格者となったときは、当該受給権者は、収入状況届出書等並びに第三条第二項第二号及び第三号に掲げる書類を、支給対象高等学校等の設置者を通じて、都道府県知事に提出することができる。この場合において同項第二号及び第三号に掲げる書類を提出できないときは、当該書類は、都道府県知事が第八条第二項に規定する通知をする日の前日までに提出することができるものとする。

7　第三条第二項の規定により申請書を提出した特例受給資格者であって、同条第三項に規定する通知が行われていないもの又は前項の規定により収入状況届出書等を提出した特例受給資格者であって、第八条第二項に規定する通知が行われていないものは、第二項の例により都道府県知事に届け出なければならない。ただし、第三条第二項第二号及び第三号に掲げる書類のうち、同項又は前項の規定により既に提出した書類については、これを添付することを要しない。

8　都道府県知事は、前各項の規定による届出があった場合において、当該届出を行った者が法第三条第二項第三号に該当すると認めたときは、その旨をその者に対し、その者が在学する高等学校等の設置者を通じて、通知しなければならない。

附　則〔略〕

附　則（令和五・三・三〇文科令一一）

（施行期日）

1　この省令は、令和五年四月一日から施行する。

（経過措置）

2　改正後の高等学校等就学支援金の支給に関する法律施行規則の規定は、令和五年四月分以降の月分の高等学校等就学支援金の支給について適用し、同年三月分以前の月分の高等学校等就学支援金の支給については、なお従前の例による。

様式〔略〕

○大学等における修学の支援に関する法律（抄）

令和元・五・一七
法　　　八

第一章　総則

（目的）

第一条　この法律は、真に支援が必要な低所得者世帯の者に対し、社会で自立し、及び活躍することができる豊かな人間性を備えた創造的な人材を育成するために必要な質の高い教育を実施する大学等における修学の支援を行い、その修学に係る経済的負担を軽減することにより、子どもを安心して生み、育てることができる環境の整備を図り、もって我が国における急速な少子化の進展への対処に寄与することを目的とする。

（定義）

第二条　この法律において「大学等」とは、大学（学校教育法（昭和二十二年法律第二十六号）第百三条に規定する大学を除く。以下同じ。）、高等専門学校及び専門課程を置く専修学校（第七条第一項及び第十条において「専門学校」という。）をいう。

2　この法律において「学生等」とは、大学の学部、短期大学の学科及び専攻科（大学の学部に準ずるものとして文部科学省令で定める専攻科に限る。）並びに高等専門学校の学科（第四学年及び第五学年に限る。）及び専攻科（大学の学部に準ずるものとして文部科学省令で定める専攻科に限る。）の学生並びに専修学校の専門課程の生徒をいう。

3　この法律において「確認大学等」とは、第七条第一項の確認を受けた大学等をいう。

第二章　大学等における修学の支援

第一節　通則

第三条　大学等における修学の支援は、確認大学等に在学する学生等のうち、特に優れた者であって経済的理由により極めて修学に困難があるものに対して行う学資支給及び授業料等減免とする。

第二節　学資支給

第四条　学資支給は、学資支給金（独立行政法人日本学生支援機構法（平成十五年法律第九十四号）第十七条の二第一項に規定する学資支給金をいう。）の支給とする。

第五条　学資支給については、この法律に別段の定めがあるものを除き、独立行政法人日本学生支援機構法の定めるところによる。

第三節　授業料等減免

（授業料等減免）

第六条　授業料等減免は、第八条第一項の規定による授業料等（授業料及び入学金をいう。同項において同じ。）の減免とする。

（大学等の確認）

第七条　次の各号に掲げる大学等の設置者は、授業料等減免を行おうとするときは、文部科学省令で定めるところにより、当該各号に定める者（以下「文部科学大臣等」という。）に対し、当該大学等が次項各号に掲げる要件を満たしていることについて確認を求めることができる。

一　大学及び高等専門学校（いずれも学校教育法第二条第二項に規定する国立学校又は私立学校であるものに限る。第十条第一号において同じ。）並びに国立大学法人（国立大学法人法（平成十五年法律第百十二号）第二条第一項に規定する国立大学法人をいう。第十条第一号において同じ。）が設置する専門学校　文部科学大臣

二　国が設置する専門学校　当該専門学校が属する国の行政機関の長

三　独立行政法人（独立行政法人通則法（平成十一年法律第百三号）第二条第一項に規定する独立行政法人をいう。以下この号及び第十条第一号において同じ。）が設置する専門学校　当該独立行政法人の主務大臣（同法第六十八条に規定する主務大臣をいう。）

四　地方公共団体が設置する大学等　当該地方公共団体の長

五　公立大学法人（地方独立行政法人法（平成十五年法律第百十八号）第六十八条第一項に規定する公立大学法人をいう。以下この項及び第十条第三号において同じ。）が設置する大学等　当該公立大学法人を設立する地方公共団体の長

六　地方独立行政法人（地方独立行政法人法第二条第一項に規定する地方独立行政法人をいい、公立大学法人を除く。以下この号及び第十条第四号において同じ。）が設置する専門学校　当該地方独立行政法人を設立する地方公共団体の長

七　専門学校（前各号に掲げるものを除く。）　当該専門学校を所管する都道府県知事

2　文部科学大臣等は、前項の確認（以下単に「確認」という。）を求められた場合において、当該求めに係る大学等が次に掲げる要件（第九条第一項第一号及び第十五条第一項第一号において「確認要件」という。）を満たしていると認めるときは、その確認をするものとする。

一　大学等の教育の実施体制に関し、大学等が社会で自立し、及び活躍することができる豊かな人間性を備えた創造的な人材を育成するために必要なものとして文部科学省令で定める基準に適合するものであること。

二　大学等の経営基盤に関し、大学等がその経営を継続的かつ安定的に行うために必要なものとして文部科学省令で定める基準に適合するものであること。

三　当該大学等の設置者が、第十五条第一項の規定により確認を取り消された大学等の設置者又はこれに準ずる者として政令で定める者で、その取消しの日又はこれに準ずる日として政令で定める日から起算して三年を経過しないものでないこと。

四　当該大学等の設置者が法人である場合において、その役員のうちに、この法律若しくはこの法律に基づく命令若しくはこれらに基づく処分に違反した者又はこれに準ずる者として政令で定める者で、その違反行為をした日又はこれに準ずる日として政令で定める日から起算して三年を経過しないものがないこと。

3　文部科学大臣等は、確認をしたときは、遅滞なく、その旨をインターネットの利用その他の方法により公表しなければならない。

（確認大学等の設置者による授業料等の減免）

第八条　確認大学等の設置者は、当該確認大学等に在学する学生等のうち、文部科学省令で定める基準及び方法に従い、特に優れた者であって経済的理由により極めて修学に困難があるものと認められるものを授業料等減免対象者として認定し、当該授業料等減免対象者に対して授業料等の減免を行うものとする。

2　前項の規定により確認大学等の設置者が行う授業料等減免の額は、確認大学等の種別その他の事情を考慮して、政令で定めるところによる。

3　前二項に定めるもののほか、授業料等減免の期間その他の確認大学等の設置者が行う授業料等減免に関し必要な事項は、政令で定める。

（確認要件を満たさなくなった場合等の届出）

第九条　確認大学等の設置者は、次の各号のいずれかに該当することとなったときは、文部科学省令で定めるところにより、その旨を当該確認大学等に係る確認をした文部科学大臣等に届け出なければならない。

一　当該確認大学等が、確認要件を満たさなくなったとき。

二　当該確認大学等に係る確認を辞退しようとするとき。

三　当該確認大学等の名称及び所在地その他の文部科学省令で定める事項に変更があったとき。

2　第七条第三項の規定は、前項の規定による届出があったときについて準用する。

（減免費用の支弁）

第十条　次の各号に掲げる大学等に係る授業料等減免に要する費用（以下「減免費用」という。）は、それぞれ当該各号に定める者（第十二条第三項において「国等」という。）が支弁する。
一　大学及び高等専門学校並びに国、国立大学法人及び独立行政法人が設置する専門学校　国
二　地方公共団体が設置する大学等　当該地方公共団体
三　公立大学法人が設置する大学等　当該公立大学法人を設立する地方公共団体
四　地方独立行政法人が設置する専門学校　当該地方独立行政法人を設立する地方公共団体
五　専門学校（前各号に掲げるものを除く。）　当該専門学校を所管する都道府県知事の統轄する都道府県

（国の負担）
第十一条　国は、政令で定めるところにより、前条（第五号に係る部分に限る。）の規定により都道府県が支弁する減免費用の二分の一を負担する。

（認定の取消し等）
第十二条　確認大学等の設置者は、文部科学省令で定めるところにより、当該確認大学等に在学する授業料等減免対象者が偽りその他不正の手段により授業料等減免を受けた又は次の各号のいずれかに該当するに至ったと認めるときは、当該授業料等減免対象者に係る第八条第一項の規定による認定（以下この条において単に「認定」という。）を取り消すことができる。
一　学業成績が著しく不良となったと認められるとき。
二　学生等たるにふさわしくない行為があったと認められるとき。
2　確認大学等の設置者は、前項の規定により認定を取り消したときは、文部科学省令で定めるところにより、その旨を当該確認大学等に係る確認をした文部科学大臣等に届け出なければならない。
3　第一項の規定により認定を取り消した確認大学等の設置者に対し減免費用を支弁する国等は、前項の規定による届出があった場合において、当該認定を取り消された学生等に対する授業料等減免に係る減免費用を既に支弁しているときは、国税徴収の例により、当該確認大学等の設置者から当該減免費用に相当する金額を徴収することができる。
4　前項の規定による徴収金の先取特権の順位は、国税及び地方税に次ぐものとする。

（報告等）
第十三条　文部科学大臣等は、授業料等減免に関して必要があると認めるときは、この法律の施行に必要な限度において、授業料等減免対象者若しくはその生計を維持する者若しくはこれらの者であった者に対し、報告若しくは文書その他の物件の提出若しくは提示を命じ、又は当該職員に関係者に対して質問させることができる。
2　文部科学大臣等は、必要があると認めるときは、この法律の施行に必要な限度において、確認大学等の設置者（国及び地方公共団体を除く。以下この項及び次条において同じ。）若しくはその役職員若しくはこれらの者であった者に対し、報告若しくは帳簿書類その他の物件の提出若しくは提示を命じ、若しくは出頭を求め、又は当該職員に関係者に対して質問させ、若しくは当該確認大学等の設置者の事務所その他の施設に立ち入り、その設備若しくは帳簿書類その他の物件を検査させることができる。
3　前二項の規定による質問又は前項の規定による検査を行う場合においては、当該職員は、その身分を示す証明書を携帯し、かつ、関係者の請求があるときは、これを提示しなければならない。
4　第一項及び第二項の規定による権限は、犯罪捜査のために認められたものと解釈してはならない。

（勧告、命令等）
第十四条　文部科学大臣等は、確認大学等の設置者が授業料等減免を適切に行っていないと認める場合その他授業料等減免の適正な実施を確保するため必要があると認める場合には、当該確認大学等の設置者に対し、期限を定めて、授業料等減免の実施の方法の改善その他必要な措置をとるべきことを勧告することができる。
2　文部科学大臣等は、前項の規定による勧告をした場合において、その勧告を受けた確認大学等の設置者が、同項の期限内にこれに従わなかったときは、その旨を公表することができる。
3　文部科学大臣等は、第一項の規定による勧告を受けた確認大学等の設置者が、正当な理由がなくてその勧告に係る措置をとらなかったときは、当該確認大学等の設置者に対し、期限を定めて、その勧告に係る措置をとるべきことを命ずることができる。
4　文部科学大臣等は、前項の規定による命令をした場合においては、その旨を公示しなければならない。

（確認の取消し）
第十五条　文部科学大臣等は、次の各号のいずれかに該当する場合においては、当該確認大学等に係る確認を取り消すことができる。
一　確認大学等が、確認要件を満たさなくなったとき。
二　確認大学等の設置者が、不正の手段により確認を受けていたとき。
三　前号に掲げるもののほか、確認大学等の設置者が、減免費用の支弁に関し不正な行為をしたとき。
四　確認大学等の設置者が、第十三条第二項の規定により報告又は帳簿書類その他の物件の提出若しくは提示を命ぜられてこれに従わず、又は虚偽の報告若しくは虚偽の物件の提出若しくは提示をしたとき。
五　確認大学等の設置者が、第十三条第二項の規定により出頭を求められてこれに応ぜず、同項の規定による質問に対して答弁をせず、若しくは虚偽の答弁をし、又は同項の規定による検査を拒み、妨げ、若しくは忌避したとき。
六　前各号に掲げる場合のほか、確認大学等の設置者が、この法律若しくはこの法律に基づく命令又はこれらに基づく処分に違反したとき。
2　第七条第三項の規定は、前項の規定による確認の取消しをしたときについて準用する。

（授業料等減免対象者が在学している場合の特例）

第十六条　前条第一項の規定により確認が取り消された場合又は確認大学等の設置者が当該確認大学等に係る確認を辞退した場合において、その取消し又は辞退の際、当該確認大学等に授業料等減免対象者が在学しているときは、その者に係る授業料等減免については、当該確認を取り消された大学等又は確認を辞退した大学等を確認大学等とみなして、この法律の規定を適用する。ただし、同項第二号若しくは第三号に掲げる事由に該当して同項の規定により確認が取り消された場合又はこれに準ずる場合として政令で定める場合における当該大学等に係る減免費用については、第十条及び第十一条の規定は、適用しない。

第三章　雑則〔略〕

第四章　罰則〔略〕

附　則（抄）

（施行期日）

第一条　この法律は、社会保障の安定財源の確保等を図る税制の抜本的な改革を行うための消費税法の一部を改正する等の法律（平成二十四年法律第六十八号）附則第一条第二号に掲げる規定の施行の日（平成三一・一〇・一）の属する年の翌年の四月一日までの間において政令で定める日（令和二・四・一）から施行する。〔ただし書略〕

○大学等における修学の支援に関する法律施行令（抄）

令和元・六・二八
政令四九

改正　令和四・八・三一政令二八四

（授業料等減免の額）

第二条　確認大学等の設置者が行う授業料減免（法第八条第一項の規定による授業料の減免をいう。次条第一項において同じ。）の年額及び入学金減免（法第八条第一項の規定による入学金の減免をいう。次条第二項において同じ。）の額は、授業料等減免対象者に係る減免額算定基準額の次の各号に掲げる区分に応じ、当該各号に定める額（第二号又は第三号に定める額に百円未満の端数がある場合には、これを百円に切り上げた額）とする。

一　一〇〇円未満　当該授業料等減免対象者が在学する確認大学等の授業料の年額（その額が次の表の上欄に掲げる学校等の区分に応じ、同表の中欄に定める額を超える場合には、同欄に定める額）及び入学金の額（その額が同表の上欄に掲げる学校等の区分に応じ、同表の下欄に定める額を超える場合には、同欄に定める額）

区分			授業料の年額	入学金の額
大学	地方公共団体、国立大学法人（国立大学法人法（平成十五年法律第百十二号）第二条第一項に規定する国立大学法人をいう。以下この表において同じ。）又は公立大学法人（地方独立行政法人法（平成十五年法律第百十八号）第六十八条第一項に規定する公立大学法人をいう。以下この表において同じ。）が設置する大学（短期大学を除く。以下この表において同じ。）	学部（夜間学部を除く。）	五三五、八〇〇円	二八二、〇〇〇円
		夜間学部	二六七、九〇〇円	一四一、〇〇〇円
	私立の大学	学部（夜間学部を除く。）	七〇〇、〇〇〇円	二六〇、〇〇〇円

		夜間学部	三六〇、〇〇〇円	一四〇、〇〇〇円
短期大学	地方公共団体、国立大学法人又は公立大学法人が設置する短期大学	学科（夜間学科を除く。）	三九〇、〇〇〇円	一六九、二〇〇円
		夜間学科	一九五、〇〇〇円	八四、六〇〇円
	私立の短期大学	学科（夜間学科を除く。）	六二〇、〇〇〇円	二五〇、〇〇〇円
		夜間学科	三六〇、〇〇〇円	一七〇、〇〇〇円
高等専門学校	地方公共団体、独立行政法人国立高等専門学校機構又は公立大学法人が設置する高等専門学校	学科	二三四、六〇〇円	八四、六〇〇円
	私立の高等専門学校	学科	七〇〇、〇〇〇円	一三〇、〇〇〇円
専修学校	国、地方公共団体、独立行政法人（独立行政法人通則法（平成十一年法律第百三号）第二条第一項に規定する独立行政法人をいう。）、国立大学法人又は地方独立行政法人（地方独立行政法人法第二条第一項に規定する地方独立行政法人をいう。）が設置する専修学校（専門課程に限る。以下同じ。）	学科（夜間学科を除く。）	一六六、八〇〇円	七〇、〇〇〇円
		夜間学科	八三、四〇〇円	三五、〇〇〇円
	私立の専修学校	学科（夜間学科を除く。）	五九〇、〇〇〇円	一六〇、〇〇〇円
		夜間学科	三九〇、〇〇〇円	一四〇、〇〇〇円
備考　〔略〕				

二　一〇〇円以上二五、六〇〇円未満　当該授業料等減免対象者が在学する確認大学等の前号に定める授業料の年額に三分の二を乗じた額及び同号に定める入学金の額に三分の二を乗じた額

三　二五、六〇〇円以上五一、三〇〇円未満　当該授業料等減免対象者が在学する確認大学等の第一号に定める授業料の年額に三分の一を乗じた額及び同号に定める入学金の額に三分の一を乗じた額

2　前項に規定する「減免額算定基準額」とは、授業料等減免対象者及びその生計を維持する者（以下この項において「生計維持者」という。）についてそれぞれ第一号に掲げる額から第二号に掲げる額を控除した額（その額が零を下回る場合には、零とし、その額に百円未満の端数がある場合には、これを切り捨てた額とする。）（当該授業料等減免対象者又はその生計維持者が地方税法（昭和二十五年法律第二百二十六号）第二百九十五条第一項各号に掲げる者又は同法附則第三条の三第四項の規定により同項に規定する市町村民税の所得割を課することができない者である場合には、零とする。）を合算した額をいう。ただし、授業料等減免対象者又はその生計維持者が授業料等減免が行われる月の属する年度（当該月が四月から九月までの月であるときは、その前年度。以下この項において「授業料等減免実施年度」という。）分の同法の規定による市町村民税（同法の規定による特別区民税を含む。以下この項において同じ。）の同法第二百九十二条第一項第二号に掲げる所得割の賦課期日において同法の施行地に住所を有しないことその他の理由により本文の規定により難い場合として文部科学省令で定める場合については、文部科学省令で定めるところにより算定した額とする。

一　授業料等減免実施年度分の地方税法の規定による市町村民税に係る同法第三百十四条の三第一項に規定する課税総所得金額、課税退職所得金額及び課税山林所得金額、同法附則第三十三条の二第五項に規定する上場株式等に係る課税配当所得等の金額、同法附則第三十三条の三第五項第一号に規定する土地等に係る課税事業所得等の金額、同法附

則第三十四条第四項に規定する課税長期譲渡所得金額、同法附則第三十五条第五項に規定する課税短期譲渡所得金額、同法附則第三十五条の二第五項に規定する一般株式等に係る課税譲渡所得等の金額、同法附則第三十五条の二の二第五項に規定する上場株式等に係る課税譲渡所得等の金額並びに同法附則第三十五条の四第四項に規定する先物取引に係る課税雑所得等の金額、外国居住者等の所得に対する相互主義による所得税等の非課税等に関する法律（昭和三十七年法律第百四十四号）第八条第二項（同法第十二条第五項及び第十六条第二項において準用する場合を含む。）に規定する特例適用利子等の額（同法第八条第八項第四号（同法第十二条第七項及び第十六条第四項において準用する場合を含む。）の規定により読み替えられた地方税法第三百十四条の二の規定の適用がある場合には、その適用後の金額）及び外国居住者等の所得に対する相互主義による所得税等の非課税等に関する法律第八条第四項（同法第十二条第六項及び第十六条第三項において準用する場合を含む。）に規定する特例適用配当等の額（同法第八条第十一項第四号（同法第十二条第八項及び第十六条第五項において準用する場合を含む。）の規定により読み替えられた地方税法第三百十四条の二の規定の適用がある場合には、その適用後の金額）並びに租税条約等の実施に伴う所得税法、法人税法及び地方税法の特例等に関する法律（昭和四十四年法律第四十六号）第三条の二の二第十項に規定する条約適用利子等の額（同条第十一項第四号の規定により読み替えられた地方税法第三百十四条の二の規定の適用がある場合には、その適用後の金額）及び租税条約等の実施に伴う所得税法、法人税法及び地方税法の特例等に関する法律第三条の二の二第十二項に規定する条約適用配当等の額（同条第十四項第四号の規定により読み替えられた地方税法第三百十四条の二の規定の適用がある場合には、その適用後の金額）の合計額（当該授業料等減免対象者が当該授業料等減免実施年度の前年度の十二月三十一日においてその生計維持者の地方税法第二百九十二条第一項第九号に規定する扶養親族である場合において、当該授業料等減免対象者が当該授業料等減免実施年度の前年度の一月一日から三月三十一日までの間に十九歳に達した者であるときは、当該生計維持者については、当該合計額から十二万円を控除して得た金額）に百分の六を乗じた額

二　授業料等減免実施年度分の地方税法の規定による市町村民税に係る同法第三百十四条の六及び附則第三条の三第五項の規定により控除する額（地方自治法（昭和二十二年法律第六十七号）第二百五十二条の十九第一項に規定する指定都市により当該授業料等減免実施年度分の地方税法の規定による市町村民税の同法第二百九十二条第一項第二号に掲げる所得割を課される者については、当該額に四分の三を乗じた額）

3　大学の学部、短期大学の学科（法第二条第二項に規定する短期大学の専攻科を含む。）又は専修学校において通信による教育を受ける授業料等減免対象者に対する第一項の規定の適用については、同項第一号中「次の表の上欄に掲げる学校等の区分に応じ、同表の中欄に定める額を超える場合には、同欄に定める額」とあるのは「一三〇、〇〇〇円を超える場合には、一三〇、〇〇〇円」と、「同表の上欄に掲げる学校等の区分に応じ、同表の下欄に定める額を超える場合には、同欄に定める額」とあるのは「三〇、〇〇〇円を超える場合には、三〇、〇〇〇円」とする。

附　則

この政令は、法の施行の日から施行する。

○大学等における修学の支援に関する法律施行規則（抄）

令和元・六・二八
文　科　令　六

最終改正　令和五・三・三一文科令一六

（短期大学及び高等専門学校の専攻科）

第一条　大学等における修学の支援に関する法律（以下「法」という。）第二条第二項の文部科学省令で定める短期大学の専攻科及び高等専門学校の専攻科は、学位規則（昭和二十八年文部省令第九号）第六条第一項に規定する独立行政法人大学改革支援・学位授与機構が定める要件を満たす専攻科（以下「認定専攻科」という。）とする。

（大学等の確認要件）

第二条　法第七条第二項第一号の文部科学省令で定める基準は、次の各号のいずれにも適合するものであることとする。

一　大学（学校教育法（昭和二十二年法律第二十六号）第百三条に規定する大学を除き、短期大学の認定専攻科を含む。）、高等専門学校（第四学年、第五学年及び認定専攻科に限る。）及び専門学校（専門課程を置く専修学校をいい、専門課程に限る。以下同じ。）（以下「大学等」という。）の学部等（学部、学科又はこれらに準ずるもの（法第三条に規定する大学等における修学の支援の対象者が在学できないことが明らかにされているものを除く。）をいう。第四条第一項において同じ。）ごとに、実務の経験を有する教員が担当する授業科目その他の実践的な教育が行われる授業科目（実践的な教育が行われる旨が第三号イに規定する授業計画書に記載されているものに限る。）の単位数又は授業時数が別表第一に定める基準数以上であること。

二　大学等の設置者（国立大学法人（国立大学法人法（平成十五年法律第百十二号）第二条第一項に規定する国立大学法人をいう。次条第一号及び第四条第二項において同じ。）、独立行政法人国立高等専門学校機構、公立大学法人（地方独立行政法人法（平成十五年法律第百十八号）第六十八条第一項に規定する公立大学法人をいう。次条第一号において同じ。）及び学校法人等（私立学校法（昭和二十四年法律第二百七十号）第三条に規定する学校法人及び同法第六十四条第四項に規定する法人をいう。次条第二号イ及びロにおいて同じ。）（第四号ロ及び第四条第三項において「大学等の設置及び運営を主たる目的とする法人」という。）に限る。）の役員（監事を除く。）のうちに、その任命又は選任の際現に当該大学等の設置者の役員又は職員でない者（第三項において「学外者」という。）が二人以上含まれること。

三　大学等において、客観性及び厳格性が確保された学修の成果に係る評価（イにおいて「成績評価」という。）の適正な管理に関する事項として次に掲げる事項を実施すること。

イ　毎年度、授業計画書（授業科目、授業の方法及び内容、年間の授業の計画、成績評価の方法及び基準その他の授業の実施に関する事項を記載したものをいう。）を公表すること。

ロ　大学等が定める適切な方法により学修の成果を評価して単位の授与又は履修の認定を行うこと。

ハ　学生等の履修科目に係る成績の平均を数値で表す客観的な指標又はこれに準ずるもの（以下「GPA等」という。）及びその算出方法の設定、公表及び適切な運用を行うとともに、別表第二備考第二号に規定する学部等ごとにGPA等の分布状況を把握すること。

ニ　卒業又は全課程の修了の認定に関する方針を公表するとともに、当該方針を踏まえ卒業又は全課程の修了の認定を行うこと。

四　次に掲げるものを公表すること。

イ　大学等の設置者（国及び地方公共団体を除く。）が関係法令の規定に基づき作成すべき財務諸表等（当該関係法令の規定に基づき財務諸表等の作成を要しないときは、貸借対照表及び収支計算書又はこれらに準ずる書類）

ロ　大学等の設置者（大学等の設置及び運営を主たる目的とする法人に限る。）の役員（監事を除く。）の氏名が記載された名簿

ハ　学校教育法第百九条第一項（同法第百二十三条において準用する場合を含む。）に規定する点検及び評価の結果

ニ　学校教育法施行規則（昭和二十二年文部省令第十一号）第百七十二条の二第一項各号（同令第百七十九条において準用する場合を含む。）に掲げる情報（専門学校にあっては、同令第百八十九条において準用する同令第六十七条の規定による評価の結果及び様式第二号の一から様式第二号の四までの申請書に記載すべき情報）

2　前項第一号の実務の経験は、その者の担当する授業科目に関連する実務の経験でなければならない。

3　学外者である役員が再任される場合において、その最初の任命又は選任の際現に大学等の設置者の役員又は職員でなかったときの第一項第二号の規定の適用については、その再任の際現に当該大学等の設置者の役員又は職員でない者とみなす。

4　第一項第四号に規定する公表は、刊行物への掲載、インターネットの利用その他広く周知を図ることができる方法によって行うものとする。

第三条　法第七条第二項第二号の文部科学省令で定める基準は、次の各号のいずれかに適合するものであることとする。

一　大学等の設置者が国（国立大学法人及び独立行政法人（独立行政法人通則法（平成十一年法律第百三号）第二条第一項に規定する独立行政法人をいう。）を含む。）又は地方公共団体（公立大学法人及び地方独立行政法人（地方独立行政法人法第二条第一項に規定する地方独立行政法人をいい、公立大学法人を除く。）を含む。）であること。

二　次のいずれにも該当するものでないこと。

イ　大学等の設置者の直前三年のいずれの事業年度の収支計算書又はこれに準ずる書類においても、学校法人会計基準（昭和四十六年文部省令第十八号）第二十条第二項に規定する当該会計年度の経常収支差額（学校法人等以外の大学等の設置者にあっては、これに準ずるもの）が零を下回ること。

ロ　大学等の設置者の直前の事業年度の貸借対照表又はこれに準ずる書類において、(1)に掲げる資産の合計額から(2)に掲げる負債の合計額を控除した額（学校法人等以外の大学等の設置者にあっては、これに準ずるもの）が零を下回ること。

(1)　学校法人会計基準別表第三に規定する特定資産、その他の固定資産のうち有価証券並びに流動資産のうち現金預金及び有価証券（以下この号において「運用資産」という。）並びに当該学校法人等が追加又は細分した小科目であって運用資産に準ずるもの

(2)　学校法人会計基準別表第三に規定する固定負債のうち長期借入金、学校債及び長期未払金並びに流動負債のうち短期借入金、1年以内償還予定学校債、手形債務及び未払金（以下この号において「外部負債」という。）並びに当該学校法人等が追加又は細分した小科目であって外部負債に準ずるもの

ハ　直近三年度のいずれにおいても、大学等（短期大学の認定専攻科及び高等専門学校の認定専攻科を除く。以下この号において同じ。）の収容定員（昼間又は夜間において授業を行う学部、学科又はこれらに準ずるものが通信教育を併せ行う場合の当該通信教育（以下この号において「併設通信教育」という。）に係る収容定員を除く。以下この号及び附則第三条第三項において同じ。）の充足率（五月一日現在における収容定員の数に対する当該大学等に在学する学生等（併設通信教育に係る学生等を除く。同項において同じ。）の数の比率をいう。）が八割

未満であること。

（確認の申請等）

第五条　大学等の設置者は、法第七条第一項の確認（以下単に「確認」という。）を受けようとするときは、当該確認を受けようとする年度の五月初日から六月末日までに、同項各号に定める者（以下「文部科学大臣等」という。）に対し、様式第一号及び様式第二号の一から様式第二号の四までの申請書（以下「確認申請書」という。）を提出するものとする。

２　前項の規定にかかわらず、確認を受けようとする大学等が学校教育法第四条第一項又は同法第百三十条第一項の認可（大学等の設置に係るものに限る。）を受けようとするものであるときは、当該認可を受けた後遅滞なく、確認申請書を提出するものとする。

３　確認大学等の設置者は、毎年六月末日までに、当該確認大学等に係る確認をした文部科学大臣等に対し、第一項の規定により提出した確認申請書に記載した事項についての直近の情報及び次の各号に掲げる事項を記載した確認申請書（第七条第二項及び附則第三条第二項において「更新確認申請書」という。）を提出するものとする。

一　当該確認大学等における前年度の授業料等減免対象者及び給付奨学生（独立行政法人日本学生支援機構に関する省令（平成十六年文部科学省令第二十三号。以下「機構省令」という。）第二十三条の四第四項に規定する給付奨学生をいう。以下同じ。）の数

二　前年度に第十五条第一項の規定により授業料等減免対象者としての認定の取消しを受けた者及び機構省令第二十三条の十第一項の規定により給付奨学生認定の取消しを受けた者の数

三　前年度に第十五条第三項及び機構省令第二十三条の十第三項の規定により学業成績が不振である旨の警告を受けた者の数

四　前年度に第十八条第一項第四号の規定により授業料等減免対象者としての認定の効力の停止を受けた者及び機構省令第二十三条の十二第一項第四号の規定により給付奨学生認定の効力の停止を受けた者の数

（授業料等減免対象者の認定のための選考）

第九条　法第八条第一項の規定による認定（以下「授業料等減免対象者としての認定」という。）は、授業料等減免を受けようとする学生等の申請に基づき、その在学する確認大学等の設置者が次条第一項に規定する選考により行うものとする。

２　前項の場合において、授業料等減免を受けようとする学生等が独立行政法人日本学生支援機構法（平成十五年法律第九十四号）第十七条の二第一項の規定により独立行政法人日本学生支援機構（以下「機構」という。）から学資支給金の支給対象者として認定を受けた者であるときは、当該学生等は、次条第一項に規定する選考の結果、その在学する確認大学等の設置者が授業料等減免対象者としての認定を行うべき者とみなす。

３　授業料等減免対象者としての認定は、授業料等減免を受けようとする学生等が日本国籍を有する者又は次の各号のいずれかに該当する者でなければ、行ってはならない。

一　日本国との平和条約に基づき日本の国籍を離脱した者等の出入国管理に関する特例法（平成三年法律第七十一号）に定める法定特別永住者として本邦に在留する者

二　出入国管理及び難民認定法（昭和二十六年政令第三百十九号）別表第二の永住者、日本人の配偶者等又は永住者の配偶者等の在留資格をもって本邦に在留する者

三　出入国管理及び難民認定法別表第二の定住者の在留資格をもって本邦に在留する者であって、同表の永住者又は永住者の配偶者等に準ずるとその在学する学校の長が認めたもの

第十条　授業料等減免を受けようとする者に係る選考（以下単に「選考」という。）は、次の各号のいずれにも該当しない学生等（以下「選考対象者」という。）について行うものとする。

一　過去に授業料等減免対象者としての認定を受けたことがある者（次号イ又はロに掲げる者であって過去に第十五条第一項に規定する授業料等減免対象者としての認定の取消しを受けたことがないものを除く。）

二　高等学校又は高等専門学校（第一学年から第三学年までに限る。）若しくは専修学校の高等課程（次項第一号イにおいて「高等学校等」という。）を初めて卒業又は修了した日の属する年度の翌年度の末日からその在学する確認大学等に入学（高等専門学校の第四学年への進級を含む。以下同じ。）した日（次のイ又はロに掲げる者にあっては、それぞれイ又はロに定める日とする。以下この号において同じ。）までの期間が二年を経過した者

イ　第二十条第一号の編入学、同条第二号の入学又は同条第三号の転学（以下この条において「編入学等」という。）をした者であって、編入学等の前に在学していた確認大学等に在学しなくなった日から当該編入学等をした日までの期間が一年を経過していないもの　編入学等の前に在学していた確認大学等に入学した日

ロ　確認を受けた短期大学の認定専攻科又は高等専門学校の認定専攻科に入学した者であって、当該入学前に在学していた確認大学等に在学しなくなった日から当該確認を受けた短期大学の認定専攻科又は高等専門学校の認定専攻科に入学した日までの期間が一年を経過していないもの　確認を受けた短期大学の認定専攻科又は高等専門学校の認定専攻科への入学前に在学していた確認大学等に入学した日

三　学校教育法施行規則第百五十条第一号、第二号又は第四号に該当する者となった日の属する年度の翌年度の末日からその在学する確認大学等に入学した日までの期間が二年を経過した者

四　機構省令第二十三条の二第一項第二号に規定する認定試験受験資格取得年度の初日から機構省令第二十一条第一項第二号に規定する認定試験合格者（次号において単に「認定試験合格者」という。）となった日の属する年度の末日までの期間が五年を経過した者（機構省令第二十三条の二第一項第二号に規定する機構確認者（次項第一号において

単に「機構確認者」という。）を除く。）

五　認定試験合格者となった日の属する年度の翌年度の末日からその在学する確認大学等に入学した日までの期間が二年を経過した者

六　学校教育法施行規則第百五十条第六号又は同令第百八十三条第二号に該当する者であって、高等学校に在学しなくなった日の翌年度の末日からその在学する確認大学等に入学した日までの期間が二年を経過したもの

七　学校教育法施行規則第百五十条第七号又は同令第百八十三条第三号に該当する者であって、その在学する確認大学等に入学した日が二十歳に達した日の属する年度の翌年度の末日より後の日であるもの

八　確認大学等における学業成績が別表第二の上欄に定める廃止の区分に該当する者

九　二以上の確認大学等に在学する学生等にあっては、他の確認大学等において、前条第一項の申請を行っている者

2　選考は、次の各号に掲げる基準及び方法により行うものとする。

一　選考対象者（前項第二号イ又はロに掲げる者を除く。）のうち選考時において確認大学等への入学後一年を経過していない者にあっては、次のいずれかの基準（認定試験合格者のうち機構確認者にあっては、ロの基準）に該当するかどうかを判定する方法により、特に優れていると認められること。

イ　高等学校等における各教科に属する科目の学習の状況がおおむね十分満足できるものと総括的に評価されること、当該確認大学等の入学者を選抜するための試験の成績が当該試験を経て入学した者の上位二分の一の範囲に属すること又は認定試験合格者であること。

ロ　将来、社会で自立し、及び活躍する目標をもって、当該確認大学等における学修意欲を有することが文書、面談等により確認できること。

二　選考対象者のうち前号に該当しない者にあっては、次のいずれかの基準に該当するかどうかを判定する方法により、特に優れていると認められること。

イ　GPA等がその在学する確認大学等（前項第二号イ又はロに掲げる者にあっては、編入学等の前に在学していた確認大学等及び確認を受けた短期大学の認定専攻科又は高等専門学校の認定専攻科への入学前に在学していた確認大学等を含む。ロにおいて同じ。）の学部等（別表第二備考第二号に規定する学部等をいう。）における上位二分の一の範囲に属すること。

ロ　次の(1)及び(2)（災害、傷病その他のやむを得ない事由によりその在学する確認大学等において修得した単位数（単位制によらない専門学校にあっては、履修科目の単位時間数。以下この号において同じ。）が標準単位数（別表第二備考第一号に規定する標準単位数をいう。以下この号において同じ。）に満たない者にあっては、(2)に限る。）に該当すること。

(1)　その在学する確認大学等において修得した単位数が標準単位数以上であること。

(2)　将来、社会で自立し、及び活躍する目標をもって、当該確認大学等における学修意欲を有していることが文書、面談等により確認できること。

三　選考対象者及びその生計を維持する者（以下「生計維持者」という。）の収入及び資産の状況について、次に掲げるものがそれぞれ次に定める額に該当するかどうかを判定する方法により、極めて修学に困難があると認められること。

イ　減免額算定基準額（施行令第二条第二項に規定する減免額算定基準額をいう。以下同じ。）　五万一千三百円未満

ロ　選考対象者及びその生計維持者が有する資産（現金及びこれに準ずるもの、預貯金並びに有価証券をいう。以下同じ。）の合計額　二千万円未満（生計維持者が一人の場合にあっては、一千二百五十万円未満）

3　前項第二号の規定にかかわらず、次の各号に掲げる者であって過去に授業料等減免対象者としての認定を受けたことがあるものに係る選考は、それぞれ当該各号に定める確認大学等における学業成績が別表第二に定める基準に該当するかどうかを判定する方法により行うものとする。この場合において、当該判定の結果、当該学業成績が別表第二の上欄に定める廃止の区分に該当しないときは、特に優れていると認められることとする。

一　第一項第二号イに掲げる者　編入学等の前に在学していた確認大学等

二　第一項第二号ロに掲げる者　確認を受けた短期大学の認定専攻科又は高等専門学校の認定専攻科への入学前に在学していた確認大学等

4　生計維持者は、次の各号に掲げる場合の区分に応じ、それぞれ当該各号に定める者とする。

一　選考対象者に父母がいる場合　当該父母

二　選考対象者に父母がいない場合又は選考対象者が次に掲げる者である場合　当該選考対象者（当該選考対象者が主として他の者の収入により生計を維持している場合にあっては、当該他の者）

イ　独立行政法人日本学生支援機構法施行令（平成十六年政令第二号。ロにおいて「機構法施行令」という。）第八条の二第二項に規定する里親に委託されていた者

ロ　機構法施行令第八条の二第二項に規定する児童養護施設に入所していた者

ハ　機構省令第三十九条各号のいずれかに該当する者

（認定の申請等）

第十一条　授業料等減免を受けようとする学生等は、その在学する確認大学等の定める日までに、申請書（以下この条から第十一条の三までにおいて「減免申請書」という。）を当該確認大学等（その者が同時に二以上の確認大学等に在学するときは、これらのうちいずれか一の確認大学等）に提出するものとする。

2　前項の場合において、入学金減免を受けようとする学生等は、確認大学等に入学（第二十条第一号の編入学、同条第二号の入学、同条第三号の転学及び同条第五号の入学を含む。

以下この項、次条及び第十一条の三において同じ。）する前年度又は入学後三月以内の当該確認大学等の定める日までに、減免申請書を当該確認大学等に提出するものとする。

3　確認大学等の設置者は、第一項の規定による減免申請書の提出があったときは、当該減免申請書を提出した学生等に係る選考を行うものとする。

4　確認大学等の設置者は、前項の規定による選考のために必要があると認めるときは、減免申請書のほか、授業料等減免を受けようとする学生等に対し、必要な書類の提出を求めることができる。

5　確認大学等の設置者は、選考の結果、選考対象者が授業料等減免対象者としての認定を行うべき者であると認めるときは、授業料等減免対象者に対し、その旨並びに減免額算定基準額の区分（施行令第二条第一項各号に掲げる区分をいう。）及び授業料等減免の額を通知するものとする。

6　前項の場合において、授業料等減免の額が当該確認大学等の定める授業料等（授業料及び入学金をいう。以下この項において同じ。）の額未満となる場合は、授業料等減免対象者が当該確認大学等に納付すべき授業料等の額を通知するものとする。

7　確認大学等の設置者は、選考の結果、選考対象者が授業料等減免対象者としての認定を行うべき者でないと認めるときは、当該選考対象者に対し、その旨を通知するものとする。

8　授業料等減免対象者は、在学中に継続して授業料減免を受けようとするときは、その在学する確認大学等の定める日までに、授業料減免に係る継続願（第十八条第一項第六号及び同条第二項第六号において「減免継続願」という。）を当該確認大学等に提出するものとする。

（授業料減免の始期及び終期）

第十一条の二　授業料減免は、次の各号に掲げる授業料等減免対象者の区分に応じ、それぞれ当該各号に定める月分から授業料減免を行うべき事由が消滅した日の属する月分まで行うものとする。

一　確認大学等への入学年度の前年度又は入学後三月以内の確認大学等の定める日までに減免申請書を提出した者　当該確認大学等に入学した日の属する月

二　確認大学等に入学後三月を経過した後の七月から十二月までの当該確認大学等の定める日までに減免申請書を提出した者　当該減免申請書を提出した日の属する年の十月

三　確認大学等に入学後三月を経過した後の一月から六月までの当該確認大学等の定める日までに減免申請書を提出した者　当該減免申請書を提出した日の属する年の四月

（緊急に授業料減免を受けることが必要な授業料等減免対象者に対する授業料減免の始期の特例）

第十一条の三　第十九条第一項第二号に該当する授業料等減免対象者に対する授業料減免は、前条の規定にかかわらず、次の各号に掲げる授業料等減免対象者の区分に応じ、それぞれ当該各号に定める月分から授業料減免を行うべき事由が消滅した日の属する月分まで行うものとする。

一　第十九条第一項第二号に規定する事由が生じた日（以下「事由発生日」という。）が入学前であり、入学後三月以内の日までに減免申請書を提出した者　当該確認大学等に入学した日の属する月

二　事由発生日が入学前であり、入学後三月を経過して減免申請書を提出した者　当該減免申請書を提出した日の属する月

三　事由発生日が入学後である者　当該減免申請書を提出した日の属する月

（授業料等減免対象者の学業成績の判定）

第十二条　確認大学等は、学年（短期大学（修業年限が二年のものに限り、認定専攻科を含む。）、高等専門学校（認定専攻科を含む。）及び専門学校（修業年限が二年以下のものに限る。）（第十六条第二号において「短期大学等」という。）については、学年の半期）ごとに、授業料等減免対象者の学業成績が別表第二に定める基準に該当するかどうかの判定（以下「適格認定における学業成績の判定」という。）を行うものとする。

（授業料等減免対象者等の収入額及び資産額等の判定等）

第十三条　確認大学等は、毎年、授業料等減免対象者及びその生計維持者に係る直近の減免額算定基準額及び資産の合計額がそれぞれ第十条第二項第三号イ及びロに定める額に該当するかどうかの判定並びに当該減免額算定基準額に応じた授業料減免の額の判定（以下「適格認定における収入額・資産額等の判定」という。）を行うものとする。

2　第十九条第一項第二号に掲げる場合に行う授業料等減免対象者及びその生計維持者に係る直近の減免額算定基準額が第十条第二項第三号イに定める額に該当するかどうかの判定及び当該減免額算定基準額に応じた授業料減免の額の判定は、事由発生日の属する年の翌々年に前項の規定により適格認定における収入額・資産額等の判定が行われるまでの間は、前項の規定にかかわらず、三月ごと（事由発生日から起算して十五月を経過した後にあっては、一年ごと）に行うものとする。

3　確認大学等は、授業料等減免対象者に対し、確認大学等が定めるところにより、適格認定における収入額・資産額等の判定のために必要な書類の提出を求めることができる。

4　第一項及び第二項の場合において、機構省令第二十三条の七第一項及び第二項の規定により機構が適格認定における収入額・資産額等の判定を行った者については、第一項及び第二項の規定により当該確認大学等が適格認定における収入額・資産額等の判定を行った者とみなす。

5　確認大学等の設置者は、授業料等減免対象者に対し、適格認定における収入額・資産額等の判定の結果を通知するものとする。

（授業料減免の額の変更）

第十四条　確認大学等の設置者は、適格認定における収入額・資産額等の判定の結果、授業料等減免対象者の授業料減免の額を変更すべきときは、毎年十月に当該授業料減免の額の変更を行うものとする。

2　確認大学等の設置者は、前条第二項の規定による判定の結果、授業料等減免対象者の授業料減免の額を変更すべきとき

は、前項の規定にかかわらず、当該判定を行った日の属する月に、当該授業料減免の額の変更を行うものとする。

3　確認大学等の設置者は、前二項に定めるもののほか、授業料等減免対象者の授業料減免の額を変更すべき事由が生じたときは、当該事由が生じた日の前日の属する月の翌月に、当該授業料減免の額の変更を行うものとする。

（生計維持者の変更等の届出）

第十四条の二　授業料等減免対象者は、その生計維持者の変更又は国籍若しくは在留資格の変更若しくは在留期間の更新があったときは、確認大学等が定めるところにより、当該変更又は更新のあった事項を確認大学等に届け出るものとする。

（認定の取消し等）

第十五条　確認大学等の設置者は、授業料等減免対象者が次の各号のいずれかに該当するときは、授業料等減免対象者としての認定を取り消すものとする。

一　偽りその他不正の手段により授業料等減免を受けたとき。

二　適格認定における学業成績の判定の結果、学業成績が別表第二の上欄に定める廃止の区分に該当するとき。

三　確認大学等から学校教育法施行規則第二十六条第二項に規定する退学又は停学（期間の定めのないもの又は三月以上の期間のものに限る。）の処分を受けたとき。

2　確認大学等の設置者は、前項の規定により授業料等減免対象者としての認定を取り消したときは、その者及び機構に対し、その旨を通知するものとする。

3　確認大学等は、適格認定における学業成績の判定の結果、当該学業成績が別表第二の上欄に定める警告の区分に該当するときは、当該授業料等減免対象者に対し、学業成績が不振である旨の警告を行うものとする。

第十六条　授業料等減免対象者が次の各号のいずれかに該当するものとして確認大学等の設置者が当該授業料等減免対象者としての認定を取り消したときは、当該授業料等減免対象者としての認定の効力が当該各号に定める日に遡って失われるものとする。

一　前条第一項第一号又は第三号に該当するとき　当該各号に該当するに至った日の属する学年の初日

二　前条第一項第二号に該当するもののうち学業成績が著しく不良であると認められるものであって、当該学業成績が著しく不良であることについて災害、傷病その他のやむを得ない事由があると認められないとき　当該学業成績に係る学年の初日（短期大学等にあっては、当該学業成績に係る学年の半期の初日）

（認定の効力の停止等）

第十八条　授業料等減免対象者が次のいずれかに該当するときは、授業料等減免対象者としての認定の効力が停止されるものとする。

一　日本国籍を有しなくなり、第九条第三項各号のいずれにも該当しないとき（出入国管理及び難民認定法第二十二条の二第一項の規定により本邦に在留することができる期間内に第九条第三項各号に該当することとなった者を除く。）。

二　日本国籍を有せず、第九条第三項各号のいずれにも該当しなくなったとき。

三　確認大学等から休学を認められたとき。

四　確認大学等から学校教育法施行規則第二十六条第二項に規定する停学（三月未満の期間のものに限る。次項第三号において同じ。）又は訓告の処分を受けたとき。

五　適格認定における学業成績の判定の結果、学業成績が別表第二の上欄に定める停止の区分に該当するとき。

六　適格認定における収入額・資産額等の判定の結果、授業料等減免対象者及びその生計維持者に係る直近の減免額算定基準額又は資産の合計額がそれぞれ第十条第二項第三号イ又はロに定める額に該当しなくなったとき。

七　第十一条第八項に規定する確認大学等の定める日までに減免継続願をその在学する確認大学等に提出しないとき。

八　確認大学等の定める日までに第十三条第三項の規定により提出を求められた書類をその在学する確認大学等に提出しないとき。

九　確認大学等の定める日までに第十四条の二の規定による届出をその在学する確認大学等に対し行わないとき。

十　前九号に掲げる場合のほか、授業料等減免対象者としての認定の効力の停止について、授業料等減免対象者から申出があったとき。

2　前項の規定により授業料等減免対象者としての認定の効力が停止された授業料等減免対象者であって次の各号に掲げる者がそれぞれ当該各号に該当すると認められるときは、当該授業料等減免対象者としての認定の効力の停止が解除されるものとする。

一　前項第一号又は同項第二号に該当する者　日本国籍を有することとなったとき又は第九条第三項各号のいずれかに該当することとなったとき。

二　前項第三号に該当する者　確認大学等から復学を認められたとき。

三　前項第四号に該当する者のうち停学の処分を受けたもの　当該停学の処分を受けた日から当該停学の期間（当該停学の期間が一月未満の場合にあっては、一月）を経過したとき。

四　前項第四号に該当する者のうち訓告の処分を受けたもの　当該訓告の処分を受けた日から一月を経過したとき。

五　前項第五号に該当する者　同号に該当した後の最初に行われる適格認定における学業成績の判定の結果、学業成績が別表第二の上欄に定める廃止又は警告の区分に定める基準に該当しないこととなったとき。

六　前項第六号に該当する者　適格認定における収入額・資産額等の判定の結果、授業料等減免対象者及びその生計維持者に係る直近の減免額算定基準額及び資産の合計額がそれぞれ第十条第二項第三号イ及びロに定める額に該当することとなったとき。

七　前項第七号に該当する者　減免継続願をその在学する確認大学等に提出したとき。

八　前項第八号に該当する者　第十三条第三項の規定による書類をその在学する確認大学等に提出したとき。

九　前項第九号に該当する者　届出事項（第十四条の二に規定する事項をいう。）をその在学する確認大学等に届け出たとき。

十　前項第十号に該当する者　授業料等減免対象者としての認定の効力の停止の解除について、授業料等減免対象者から申出があったとき。

3　確認大学等の設置者は、授業料等減免対象者が次の各号に該当するときは、その者及び機構に対し、その旨を通知するものとする。

一　第一項の規定により授業料等減免対象者としての認定の効力が停止されたとき。

二　前項の規定により授業料等減免対象者としての認定の効力の停止が解除されたとき。

4　第一項の規定により授業料等減免対象者としての認定の効力が停止され、又は第二項の規定により授業料等減免対象者としての認定の効力の停止が解除されたときは、当該停止又はその解除の日の前日の属する月の翌月から、授業料減免を停止又は再開するものとする。

5　前項の規定により授業料減免が停止された月から同項の規定により授業料減免が再開された月の前月までの月数は、施行令第三条第一項各号に定める月数に通算するものとする。ただし、第一項第三号（同号及び同項第四号のいずれにも該当するときを除く。）の規定により授業料等減免対象者としての認定の効力が停止されたときは、当該通算をしないものとする。

（国内に住所を有しない者等に係る減免額算定基準額の算定）

第十九条　施行令第二条第二項ただし書の文部科学省令で定める場合は、次の各号に掲げる場合とする。

一　選考対象者若しくは授業料等減免対象者又はその生計維持者が施行令第二条第二項ただし書に規定する市町村民税の所得割の賦課期日において地方税法（昭和二十五年法律第二百二十六号）の施行地に住所を有しない場合

二　生計維持者の死亡、災害その他の予期しなかった事由が生じたことにより緊急に授業料等減免を受けること（既に授業料等減免対象者としての認定を受けている学生等にあっては、授業料減免の額を変更すること）が必要となった場合

三　選考対象者又は授業料等減免対象者が確認大学等に入学した日前一年以内に離職したことにより、授業料等減免を受けようとする年の収入の著しい減少が見込まれる場合（当該離職の日の属する年度又はその翌年度において市町村民税の所得割を課されている場合に限る。）

2　施行令第二条第二項ただし書の文部科学省令で定めるところにより算定した額は、第一号に掲げる額から第二号に掲げる額を控除した額（その額が零を下回る場合にあっては零とし、その額に百円未満の端数がある場合にあってはこれを切り捨てた額）（同項本文に規定する市町村民税の所得割を課することができない者に準ずるものと認められる場合にあっては、零）とする。

一　施行令第二条第二項第一号に規定する合計額に百分の六を乗じた額に準ずるものとして適切と認められるもの

二　施行令第二条第二項第二号に規定する控除する額に準ずるものとして適切と認められるもの

（施行令第三条第一項第一号の文部科学省令で定める月数）

第十九条の二　施行令第三条第一項第一号の二十四月を超えない範囲で文部科学省令で定める月数は、二十四月とする。ただし、認定専攻科に入学した日の属する月と授業料等減免を初めて受ける月が異なる場合は、二十四月から、認定専攻科に入学した日の属する月から授業料等減免を初めて受ける月の前月までの月数を控除した月数とする。

2　施行令第三条第一項第一号の四十八月を超えない範囲で文部科学省令で定める月数は、四十八月とする。ただし、専門学校に入学した日の属する月と授業料等減免を初めて受ける月が異なる場合は、四十八月から、専門学校に入学した日の属する月から授業料等減免を初めて受ける月の前月までの月数を控除した月数とする。

附　則（抄）

（施行期日）

第一条　この省令は、法の施行の日から施行する。ただし、次条の規定は、公布の日から施行する。

（施行前の準備）

第二条　この省令を施行するために必要な確認の手続その他の行為は、この省令の施行前においても行うことができる。

（令和元年度における確認要件の特例等）

第三条　令和元年度における確認申請書の提出の時において、第二条第一項第一号又は第四条第三項の基準に適合していない大学等が令和二年四月一日までに当該基準に適合することが確実に見込まれるものであるときは、当該大学等は、当該基準に適合したものとみなす。

2　令和元年度における確認申請書の提出の時において、第二条第一項第四号ニに規定する評価の結果を公表していないことにより同号の基準に適合しない専門学校が令和二年度における更新確認申請書の提出の時までに当該評価の結果の公表を確実に実施すると見込まれるものであるときは、当該専門学校は、当該基準に適合したものとみなす。

3　専門学校（第三条第一号に規定する国又は地方公共団体が設置するものを除く。）に係る確認に当たっては、令和五年度までの間、第三条第二号ハの基準に代えて、直近の三年度のいずれにおいても、専門学校の収容定員の充足率が次に掲げる年度ごとに当該各号で定める割合未満であることを基準とする。

一　平成二十九年度から令和二年度まで　六割未満

二　令和三年度　七割未満

三　令和四年度及び令和五年度　八割未満

4　令和元年度において確認を受けようとする大学等の設置者に係る第五条第一項の規定の適用については、「五月初日から六月末日までに」とあるのは「文部科学大臣等が定める日までに」とする。

附　則（令和五・三・三一文科令一六）（抄）

（施行期日）

第一条　この省令は、令和五年十月一日から施行する。ただし、

次条〔中略〕の規定は、令和五年四月一日から施行する。

（授業料等減免対象者としての認定に係る特例）

第二条 令和二年十月一日から令和五年九月三十日までの間に、適格認定における学業成績の判定（大学等における修学の支援に関する法律施行規則第十二条に規定する適格認定における学業成績の判定をいう。以下この条において同じ。）の結果、第一条による改正前の同令別表第二廃止の項第四号に掲げる基準に該当したことにより授業料等減免対象者としての認定を取り消された者（同時に同項第一号から第三号までに掲げる基準のいずれかに該当した者及び同時に同表警告の項第一号又は第三号に掲げる基準に該当した者を除く。）が、当該適格認定における学業成績の判定に係る学年（同令第十二条に規定する短期大学等に在学する者にあっては、学年の半期。以下同じ。）の次の学年の学業成績（以下この条において「再認定のための学業成績」という。）が同表の廃止及び警告の区分のいずれにも該当しない場合において、再認定のための学業成績の判定に係る学年の次の学年において同令第十条第一項に規定する選考を受けようとするときは、同項第一号及び第八号の規定は、適用しない。

2 前項の選考を行う場合には、再認定のための学業成績が大学等における修学の支援に関する法律施行規則別表第二に定める基準に該当しないことをもって、同令第十条第二項第二号に掲げる基準を満たしたものとみなす。

別表第一 実務の経験を有する教員が担当する授業科目等に係る単位数又は授業時数の基準数（第二条関係）

区分			基準数
大学	学部等（次項に掲げるものを除く。）		一三単位
	医学、歯学、薬学（臨床に係る実践的な能力を培うことを主たる目的とするものに限る。）及び獣医学関係の学部等		一九単位
短期大学	学科	修業年限二年	七単位
		修業年限三年	一〇単位
	認定専攻科	修業年限一年	四単位
		修業年限二年	七単位
高等専門学校	学科（第四学年及び第五学年に限る。）		七単位
	認定専攻科		七単位
専門学校	昼間学科（次項に掲げるものを除く。）		八〇単位時間に修業年限の年数を乗じた単位時間数
	単位制による昼間学科		三単位に修業年限の年数を乗じた単位数
	夜間等学科（次項に掲げるものを除く。）	修業年限一年	八〇単位時間
		修業年限二年以上	四五単位時間に修業年限の年数を乗じた単位時間数
	単位制による夜間等学科及び通信制の学科	修業年限一年	三単位
		修業年限二年	四単位
		修業年限三年	六単位
		修業年限四年	七単位
		修業年限五年	九単位

別表第二 適格認定における学業成績の基準（第十条、第十二条及び第十五条関係）

区分	学業成績の基準
廃止	次の各号のいずれかに該当すること（災害、傷病その他のやむを得ない事由によって該当することとなった場合を除く。）。 一 修業年限で卒業又は修了できないことが確定したこと。 二 修得した単位数（単位制によらない専門学校にあっては、履修科目の単位時間数。以下本表において同じ。）の合計数が標準単位数の五割以下であること。 三 履修科目の授業への出席率が五割以下であることその他の学修意欲が著しく低い状況にあると認められること。 四 警告の区分に該当する学業成績に連続して該当すること（停止の区分に該当する場合を除く。）。
停止	警告の区分に該当する学業成績に連続して該当すること（二回目の警告が警告の項第二号に掲げる基準のみに該当することによる場合に限り、連続して三回該当する場合を除く。）。

警告

次の各号のいずれかに該当すること（災害、傷病その他のやむを得ない事由によって該当することとなった場合を除く。）。

一　修得した単位数の合計数が標準単位数の六割以下であること（廃止の項第二号に掲げる基準に該当するものを除く。）。

二　ＧＰＡ等が学部等における下位四分の一の範囲に属し、次のいずれにも該当しないこと。

イ　授業料等減免対象者の在学する確認大学等の正規の修業年限を満了するまでに、その取得が当該確認大学等における学修の成果を評価するにふさわしい資格等であって職業に密接に関連するものを取得する能力につき高い水準を満たすと見込まれること。

ロ　満十八歳となる日の前日において児童福祉法（昭和二十二年法律第百六十四号）第二十七条第一項第三号の規定により同法第六条の四に規定する里親に委託されていた者、同号の規定により入所措置が採られて同法第四十一条に規定する児童養護施設に入所していた者又は機構省令第三十九条に掲げる者であって、履修科目の授業への出席率が高いことその他の学修意欲が高い状況にあると認められること。

三　履修科目の授業への出席率が八割以下であることその他の学修意欲が低い状況にあると認められること（廃止の項第三号に掲げる基準に該当するものを除く。）。

備考

一　この表における「標準単位数」とは、次のいずれか少ない数をいう。

イ　確認大学等が卒業又は修了の要件として修得することを定める単位数（単位制によらない専門学校にあっては、単位時間数）を修業年限の年数（大学設置基準（昭和三十一年文部省令第二十八号）第三十条の二、短期大学設置基準（昭和五十年文部省令第二十一号）第十六条の二、専門職大学設置基準（平成二十九年文部科学省令第三十三号）第二十七条、専門職短期大学設置基準（平成二十九年文部科学省令第三十四号）第二十四条及び専修学校設置基準（昭和五十一年文部省令第二号）第二十五条の規定により、確認大学等が修業年限を超えて一定の期間にわたり計画的に教育課程を履修し卒業することを認めた学生等にあっては、当該確認大学等が認めた期間）で除した数に、学生等が在学した期間の年数（その期間に休学期間が含まれるときは、当該休学期間（当該休学期間が一年未満の場合にあっては、その月数（一月未満の場合にあっては、一月）を十二で除した数とする。）を控除する。）を乗じた数（一未満の端数が生じた場合にあっては、これを一に切り上げるものとする。）

ロ　大学設置基準第二十七条の二第一項、短期大学設置基準第十三条の二第一項、専門職大学設置基準第二十二条第一項、専門職短期大学設置基準第十九条第一項及び専修学校設置基準第二十四条の規定により、学生等が在学した期間について履修科目として登録することができる単位数の上限として確認大学等が定めた数を合計した数

二　この表における「学部等」とは、学部、学科又はこれらに準ずるものであって、学生等の学業成績をＧＰＡ等を用いて相対的に比較することが公平かつ適正であると確認大学等が認める組織等をいう。

三　授業料等減免対象者の学修意欲の状況については、履修科目の授業への出席率、授業時間外の学修の状況、授業において作成を求められる論文、報告書等の提出状況等を勘案して、確認大学等が判定するものとする。

様式〔略〕

○就学困難な児童及び生徒に係る就学奨励についての国の援助に関する法律

昭三一・三・三〇
法　　四　〇

最終改正　平成二七・六・二四法四六

（目的）

第一条　この法律は、経済的理由によつて就学困難な児童及び生徒について学用品を給与する等就学奨励を行う地方公共団体に対し、国が必要な援助を与えることとし、もつて小学校、中学校及び義務教育学校並びに中等教育学校の前期課程における義務教育の円滑な実施に資することを目的とする。

（国の補助）

第二条　国は、市（特別区を含む。）町村が、その区域内に住所を有する学校教育法（昭和二十二年法律第二十六号）第十八条に規定する学齢児童又は学齢生徒（以下「児童生徒」という。）の同法第十六条に規定する保護者で生活保護法（昭和二十五年法律第百四十四号）第六条第二項に規定する要保護者であるものに対して、児童生徒に係る次に掲げる費用等（当該児童生徒について、同法第十三条の規定による教育扶助が行われている場合にあつては、当該教育扶助に係る第一号又は第二号に掲げるものを除く。）を支給する場合には、予算の範囲内において、これに要する経費を補助する。

一　学用品又はその購入費
二　通学に要する交通費
三　修学旅行費

（補助の基準及び範囲）

第三条　前条の規定により国が補助を行う場合の補助の基準及び範囲については、政令で定める。

附　則（抄）

1　この法律は、昭和三十一年四月一日から施行し、昭和三十一年度において使用される教科用図書から適用する。

2　新たに入学する児童に対する教科用図書の給与に関する法律（昭和二十七年法律第三十二号）は、廃止する。

附　則（昭三八・一二・二一法一八二）（抄）

（施行期日）

1　この法律は、公布の日から施行する。〔ただし書略〕

（就学困難な児童及び生徒に係る就学奨励についての国の援助に関する法律の一部改正に伴う経過規定）

12　当分の間、この法律による改正後の就学困難な児童及び生徒に係る就学奨励についての国の援助に関する法律（昭和三十一年法律第四十号）第二条に規定する学齢児童又は学齢生徒で義務教育諸学校の教科用図書の無償に関する法律（昭和三十七年法律第六十号）附則第二項及びこの法律の附則第四項の規定に基づく政令で定めるところにより教科用図書の給与を受けないこととなるものの保護者については、就学困難な児童及び生徒に係る就学奨励についての国の援助に関する法律第二条各号列記以外の部分中「学用品若しくはその購入費」とあるのは「同法第二十一条第一項（同法第四十条で準用する場合を含む。）の教科用図書（以下「教科用図書」という。）若しくはその購入費、学用品若しくはその購入費」と、同条第一号中「学用品若しくはその購入費」とあるのは「教科用図書若しくはその購入費、学用品若しくはその購入費」と、それぞれ読み替えて同条の規定を適用する。

○就学困難な児童及び生徒に係る就学奨励についての国の援助に関する法律施行令

昭三一・四・五
政　令　八　七

最終改正　平成二七・一二・一六政令四二一

（学用品に係る補助の基準及び範囲）

第一条　就学困難な児童及び生徒に係る就学奨励についての国の援助に関する法律（以下「法」という。）第二条の規定による学用品又はその購入費の支給に対する国の補助は、市町村が、同条に規定する保護者に対して、その保護者が児童又は生徒（それぞれ学校教育法（昭和二十二年法律第二十六号）第十八条に規定する学齢児童又は学齢生徒をいう。以下同じ。）のため購入する必要がある学用品の全部又は一部について現物又はその購入費を支給する場合において、その支給した学用品の価額又は購入費の総額の二分の一について行うものとする。ただし、当該総額は、児童が使用する学用品又は生徒が使用する学用品についてそれぞれ文部科学大臣が毎年度定める額に、当該児童又は生徒の数をそれぞれ乗じて得た額の合計額の範囲内で文部科学大臣が定める額を限度とする。

2　法第二条の規定により国が行う学用品又はその購入費の支給に対する補助の範囲は、児童又は生徒が通常必要とする学用品の価額又は購入費の額とする。

（通学に要する交通費に係る補助の基準及び範囲）

第二条　法第二条の規定による通学に要する交通費の支給に対する国の補助は、市町村が、同条に規定する保護者に対して、その保護者が児童又は生徒のため負担する必要がある通学に要する交通費のうち次項に規定する補助の範囲のものの全部又は一部を支給する場合において、その支給した通学に要する交通費の総額の二分の一について行うものとする。

2 法第二条の規定により国が行う通学に要する交通費の支給に対する補助の範囲は、児童又は生徒が、最も経済的な通常の経路及び方法により通学する場合の交通費で文部科学大臣が定めるものの額とする。

（修学旅行費に係る補助の基準及び範囲）

第三条 法第二条の規定による修学旅行費の支給に対する国の補助は、市町村が、同条に規定する保護者に対して、その保護者が児童又は生徒のため負担する必要がある修学旅行費のうち次項に規定する補助の範囲のものの全部又は一部を支給する場合において、その支給した修学旅行費の総額の二分の一について行うものとする。ただし、当該総額は、児童に係る修学旅行費又は生徒に係る修学旅行費についてそれぞれ文部科学大臣が毎年度定める額に、当該児童又は生徒の数をそれぞれ乗じて得た額の合計額の範囲内で文部科学大臣が定める額を限度とする。

2 法第二条の規定により国が行う修学旅行費の支給に対する補助の範囲は、児童又は生徒が小学校（義務教育学校の前期課程を含む。）又は中学校（義務教育学校の後期課程及び中等教育学校の前期課程を含む。）を通じてそれぞれ一回参加する修学旅行に要する経費のうち修学旅行に直接必要な交通費、宿泊費及び見学料の額とする。

附 則（抄）

1 この政令は、公布の日から施行し、昭和三十一年度において使用される教科用図書から適用する。

2 新たに入学する児童に対する教科用図書の給与に関する法律施行令（昭和二十七年政令第六十九号）は、廃止する。

4 義務教育諸学校の教科用図書の無償措置に関する法律（昭和三十八年法律第百八十二号）附則第十二項の規定により読み替えられた法第二条の規定による教科用図書の給与に対する国の補助は、市町村が、義務教育諸学校の教科用図書の無償に関する法律（昭和三十七年法律第六十号）附則第二項及び義務教育諸学校の教科用図書の無償措置に関する法律附則第四項の規定に基づく政令で定めるところにより教科用図書の給与を受けないこととなる学齢児童又は学齢生徒の保護者に対して、その保護者が学齢児童又は学齢生徒のため購入する必要がある教科用図書の全部について現物又はその購入費を給与する場合において、児童が使用する教科用図書又は生徒が使用する教科用図書についてそれぞれ文部大臣が定める額に、それぞれ第六条の規定により都道府県の教育委員会が各市町村に配分した児童又は生徒の数を乗じて得た額の合計額を限度として、その給与した教科用図書の定価又は購入費の総額の二分の一について行なうものとする。

5 前項の規定による教科用図書の給与に対する国の補助については、第六条中「学用品」とあるのは「教科用図書及び学用品」と読み替えて同条の規定を適用し、別表備考中「学用品」とあるのは「教科用図書又は学用品」と読み替えて別表を適用する。

○特別支援学校への就学奨励に関する法律

昭二九・六・一
法 一 四 四

最終改正 平成二八・五・二〇法四七

（この法律の目的）

第一条 この法律は、教育の機会均等の趣旨に則り、かつ、特別支援学校への就学の特殊事情にかんがみ、国及び地方公共団体が特別支援学校に就学する児童又は生徒について行う必要な援助を規定し、もつて特別支援学校における教育の普及奨励を図ることを目的とする。

（国及び都道府県の行う就学奨励）

第二条 都道府県は、当該都道府県若しくは当該都道府県に包括される市町村の設置する特別支援学校又は当該都道府県の区域内の地方独立行政法人法（平成十五年法律第百十八号）第六十八条第一項に規定する公立大学法人の設置する特別支援学校若しくは私立の特別支援学校への児童又は生徒の就学による保護者等（児童又は未成年の生徒については学校教育法（昭和二十二年法律第二十六号）第十六条に規定する保護者、成年に達した生徒についてはその者の就学に要する経費を負担する者をいう。以下同じ。）の経済的負担を軽減するため、その負担能力の程度に応じ、特別支援学校への就学のため必要な経費のうち、小学部又は中学部の児童又は生徒に係るものにあつては第二号から第六号までに掲げるものについて、高等部（専攻科を除く。）の生徒に係るものにあつては第一号から第五号までに掲げるもの（付添人の付添いに要する交通費を除く。）について、その全部又は一部を支弁しなければならない。

一 教科用図書の購入費
二 学校給食費

三　通学又は帰省に要する交通費及び付添人の付添いに要する交通費
四　学校附設の寄宿舎居住に伴う経費
五　修学旅行費
六　学用品の購入費

2　前項各号に掲げる経費の範囲、その算定基準その他同項の規定による経費の支弁の基準に関し必要な事項は、政令で定める。

3　都道府県は、第一項の規定により支弁した経費のうち他の都道府県の区域内に住所を有する児童又は生徒に係るものについては、当該他の都道府県に対して、その二分の一を求償することができる。

4　国は、学校教育法第二条第二項に規定する国立学校である特別支援学校への就学のため必要な経費について、第一項及び第二項の規定に準じて支弁しなければならない。

（経費の支給）

第三条　前条第一項又は第四項の規定により国又は都道府県が支弁する経費は、当該児童又は生徒の就学する学校の校長に対して交付するものとする。

2　前項の規定により経費の交付を受けた校長は、これを、政令の定めるところにより、金銭をもつて当該児童若しくは生徒又はその保護者等に対して支給しなければならない。ただし、政令で定める特別の事情があるときは、現物をもつて支給することができる。

（国の負担）

第四条　国は、第二条第一項の規定により都道府県が支弁する経費の二分の一を負担する。

（経費に関する資料の提出）

第五条　特別支援学校の校長及び特別支援学校に就学する児童又は生徒（高等部の専攻科の生徒を除く。）の保護者等は、文部科学大臣又は都道府県の教育委員会の定めるところにより、国又は都道府県が第二条の規定により支弁すべき経費の算定に必要な資料を文部科学大臣又は都道府県の教育委員会に提出しなければならない。

附　則（抄）

1　この法律は、公布の日から施行する。

○特別支援学校への就学奨励に関する法律施行令

昭二九・六・二二
政令一五七

最終改正　平成二一・三・二五政令五三

（経費の範囲及び算定基準）

第一条　都道府県が、特別支援学校への就学奨励に関する法律（昭和二十九年法律第百四十四号。以下「法」という。）第二条第一項の規定によりその全部又は一部を支弁すべき経費の範囲及びその算定基準は、次の各号に掲げる経費について、それぞれ当該各号に掲げるところによる。

一　教科用図書の購入費	学年別に文部科学省令で定める教科ごとに各一種類の教科用図書の価額。ただし、特定の教科については、文部科学省令で定めるところにより、二以上の種類の教科用図書の価額
二　学校給食費	学校給食法（昭和二十九年法律第百六十号）第十一条第二項に規定する学校給食費又は特別支援学校の幼稚部及び高等部における学校給食に関する法律（昭和三十二年法律第百十八号）第二条に規定する学校給食に要する経費で同法第五条第一項に規定する経費以外のものの額
三　通学に要する交通費	児童又は生徒が、最も経済的な通常の経路及び方法により通学する場合の交通費の額
四　帰省に要する交通費	学校附設の寄宿舎に居住する児童又は生徒が、年間三回以内、最も経済的な通常の経路及び方法により帰省する場合の往復の交通費の額
五　付添人の付添に要す	年間三回以内帰省する場合及び小学部第一学

る交通費　年から第三学年までに在学する児童が通学する場合に要する付添人の最も経済的な通常の経路及び方法による付添中の交通費の額

六　学校附設の寄宿舎居住に伴う経費　寝具その他文部科学省令で定める日用品等の購入費及び文部科学省令で定める範囲の食費の額

七　修学旅行費　児童又は生徒が、小学部、中学部又は高等部を通じてそれぞれ一回参加する修学旅行に要する経費のうち、修学旅行に直接必要な交通費、宿泊費及び見学料の額

八　学用品の購入費　児童又は生徒が通常必要とする学用品の購入費の額

（経費の支弁の基準）

第二条　都道府県が法第二条第一項の規定により支弁すべき経費の額は、次の各号に掲げる区分に応じ、それぞれ当該各号に掲げるとおりとする。

一　文部科学大臣が定めるところにより算定した保護者等（法第二条第一項に規定する「保護者等」をいう。以下同じ。）の属する世帯の収入の額（以下「収入額」という。）が生活保護法（昭和二十五年法律第百四十四号）第八条第一項の規定により厚生労働大臣が定める基準の例により測定したその世帯の需要の額（以下「需要額」という。）の一・五倍未満の場合　小学部又は中学部の児童又は生徒に係る場合は、前条第二号から第八号まで、高等部の生徒に係る場合は、同条第一号から第四号まで、第六号及び第七号に掲げる経費の全額

二　収入額が需要額の一・五倍以上二・五倍未満の場合　小学部又は中学部の児童又は生徒に係る場合は、前条第二号から第八号までに掲げる経費の半額、高等部の生徒に係る場合は、同条第一号に掲げる経費の全額並びに同条第二号から第四号まで、第六号及び第七号に掲げる経費の半額

三　収入額が需要額の二・五倍以上の場合　小学部又は中学部の児童又は生徒に係る場合は、前条第三号から第五号までに掲げる経費の半額、高等部の生徒に係る場合は、同条第一号に掲げる経費の全部

（校長が行う経費支給の方法）

第三条　法第三条第一項の規定により経費の交付を受けた校長は、これを保護者等に支給しなければならない。ただし、保護者等に支給するため特別の経費を必要とすること、保護者等について次条に定める特別の事情があること等により、児童又は生徒に支給することが適当であるときは、児童又は生徒に支給することを妨げない。

第四条　法第三条第二項ただし書の政令で定める特別の事情は、経費の支給を受ける者が、支給される金銭を紛失し、浪費し、又は目的外に使用するおそれがあることとする。

附　則

1　この政令は、公布の日から施行し、第一条及び第二条の規定は、昭和二十九年六月一日から適用する。

2　義務教育諸学校の教科用図書の無償措置に関する法律（昭和三十八年法律第百八十二号）附則第十項の規定により読み替えられた法第二条の規定により、都道府県が、義務教育諸学校の教科用図書の無償に関する法律（昭和三十七年法律第六十号）附則第二項及び義務教育諸学校の教科用図書の無償措置に関する法律附則第四項の規定に基づく政令で定めるところにより教科用図書の給与を受けないこととなる児童又は生徒の保護者等に対して、教科用図書の購入費を支弁する場合においては、第一条第一号中「学校の種類別」とあるのは「学校の種類別、部別」と、第二条第一号中「前条第二号」とあるのは「前条第一号」と、同条第二号中「前条第二号から第八号」とあるのは「前条第一号に掲げる経費の全額及び同条第二号から第八号」と、同条第三号中「高等部の生徒に係る前条第一号」とあるのは「前条第一号」と、それぞれ読み替えて、第一条及び第二条の規定を適用する。

○独立行政法人日本学生支援機構法（抄）

平成一五・六・一八
法　九　四

最終改正　令和四・六・一七法六八

第一章　総則

（目的）
第一条　この法律は、独立行政法人日本学生支援機構の名称、目的、業務の範囲等に関する事項を定めることを目的とする。

（名称）
第二条　この法律及び独立行政法人通則法（平成十一年法律第百三号。以下「通則法」という。）の定めるところにより設立される通則法第二条第一項に規定する独立行政法人の名称は、独立行政法人日本学生支援機構とする。

（機構の目的）
第三条　独立行政法人日本学生支援機構（以下「機構」という。）は、教育の機会均等に寄与するために学資の貸与及び支給その他学生等（大学及び高等専門学校の学生並びに専修学校の専門課程の生徒をいう。以下同じ。）の修学の援助を行い、大学等（大学、高等専門学校及び専門課程を置く専修学校をいう。以下同じ。）が学生等に対して行う修学、進路選択その他の事項に関する相談及び指導について支援を行うとともに、留学生交流（外国人留学生の受入れ及び外国への留学生の派遣をいう。以下同じ。）の推進を図るための事業を行うことにより、我が国の大学等において学ぶ学生等に対する適切な修学の環境を整備し、もって次代の社会を担う豊かな人間性を備えた創造的な人材の育成に資するとともに、国際相互理解の増進に寄与することを目的とする。

（中期目標管理法人）
第三条の二　機構は、通則法第二条第二項に規定する中期目標管理法人とする。

第二章　役員及び職員〔略〕

第三章　業務

（業務の範囲）
第十三条　機構は、第三条の目的を達成するため、次の業務を行う。
一　経済的理由により修学に困難がある優れた学生等に対し、学資の貸与及び支給その他必要な援助を行うこと。
二　外国人留学生、我が国に留学を志願する外国人及び外国に派遣される留学生に対し、学資の支給その他必要な援助を行うこと。
三　外国人留学生の寄宿舎その他の留学生交流の推進を図るための事業の拠点となる施設の設置及び運営を行うこと。
四　我が国に留学を志願する外国人に対し、大学等において教育を受けるために必要な学習の達成の程度を判定することを目的とする試験を行うこと。
五　外国人留学生に対し、日本語教育を行うこと。
六　外国人留学生の寄宿舎を設置する者又はその設置する施設を外国人留学生の居住の用に供する者に対する助成金の支給を行うこと。
七　留学生交流の推進を目的とする催しの実施、情報及び資料の収集、整理及び提供その他留学生交流の推進を図るための事業を行うこと。
八　大学等が学生等に対して行う修学、進路選択、心身の健康その他の事項に関する相談及び指導に係る業務に関し、大学等の教育関係職員に対する専門的、技術的な研修を行うとともに、当該業務に関する情報及び資料を収集し、整理し、及び提供すること。
九　学生等の修学の環境を整備するための方策に関する調査及び研究を行うこと。
十　前各号の業務に附帯する業務を行うこと。
2　機構は、前項に規定する業務のほか、当該業務の遂行に支障のない範囲内で、同項第三号の施設を一般の利用に供する業務を行うことができる。

（学資の貸与）
第十四条　前条第一項第一号に規定する学資として貸与する資金（以下「学資貸与金」という。）は、無利息の学資貸与金（以下「第一種学資貸与金」という。）及び利息付きの学資貸与金（以下「第二種学資貸与金」という。）とする。
2　第一種学資貸与金は、優れた学生等であって経済的理由により修学に困難があるもののうち、文部科学省令で定める基準及び方法に従い、特に優れた者であって経済的理由により著しく修学に困難があるものと認定された者に対して貸与するものとする。
3　第二種学資貸与金は、前項の規定による認定を受けた者以外の学生等のうち、文部科学省令で定める基準及び方法に従い、大学その他政令で定める学校に在学する優れた者であって経済的理由により修学に困難があるものと認定された者に対して貸与するものとする。
4　第一種学資貸与金の額並びに第二種学資貸与金の額及び利率は、学校等の種別その他の事情を考慮して、その学資貸与金の種類ごとに政令で定めるところによる。
5　第三項の大学その他政令で定める学校に在学する者であって第二項の規定による認定を受けたもののうち、文部科学省令で定める基準及び方法に従い、第一種学資貸与金の貸与を受けることによっても、なおその修学を維持することが困難であると認定された者に対しては、第三項の規定にかかわらず、政令で定めるところにより、第一種学資貸与金に併せて前二項の規定による第二種学資貸与金を貸与することができる。
6　前各項に定めるもののほか、学資貸与金の貸与に関し必要な事項は、政令で定める。

（学資貸与金の返還の条件等）
第十五条　学資貸与金の返還の期限及び返還の方法は、政令で定める。

２　機構は、学資貸与金の貸与を受けた者が災害又は傷病により学資貸与金を返還することが困難となったとき、その他政令で定める事由があるときは、その返還の期限を猶予することができる。

３　機構は、学資貸与金の貸与を受けた者が死亡又は精神若しくは身体の障害により学資貸与金を返還することができなくなったときは、政令で定めるところにより、その学資貸与金の全部又は一部の返還を免除することができる。

第十六条　機構は、大学院において第一種学資貸与金の貸与を受けた学生等のうち、在学中に特に優れた業績を挙げたと認められる者には、政令の定めるところにより、その学資貸与金の全部又は一部の返還を免除することができる。

（回収の業務の方法）

第十七条　学資貸与金の回収の業務の方法については、文部科学省令で定める。

（学資の支給）

第十七条の二　第十三条第一項第一号に規定する学資として支給する資金（以下「学資支給金」という。）は、大学等における修学の支援に関する法律（令和元年法律第八号）第二条第三項に規定する確認大学等（以下この項において「確認大学等」という。）に在学する優れた学生等であって経済的理由により修学に困難があるもののうち、文部科学省令で定める基準及び方法に従い、特に優れた者であって経済的理由により極めて修学に困難があるものと認定された者（同法第十五条第一項の規定による同法第七条第一項の確認の取消し又は確認大学等の設置者による当該確認大学等に係る同項の確認の辞退の際、当該確認大学等に在学している当該認定された者を含む。）に対して支給するものとする。

２　学資支給金の額は、学校等の種別その他の事情を考慮して、政令で定めるところによる。

３　前二項に定めるもののほか、学資支給金の支給に関し必要な事項は、政令で定める。

（学資支給金の返還）

第十七条の三　機構は、学資支給金の支給を受けた者が次の各号のいずれかに該当するに至ったときは、文部科学省令で定めるところにより、その者から、その支給を受けた学資支給金の額に相当する金額の全部又は一部を返還させることができる。

一　学業成績が著しく不良となったと認められるとき。

二　学生等たるにふさわしくない行為があったと認められるとき。

（不正利得の徴収）

第十七条の四　機構は、偽りその他不正の手段により学資支給金の支給を受けた者があるときは、国税徴収の例により、その者から、その支給を受けた学資支給金の額に相当する金額の全部又は一部を徴収するほか、その徴収する額に百分の四十を乗じて得た額以下の金額を徴収することができる。

２　前項の規定による徴収金の先取特権の順位は、国税及び地方税に次ぐものとする。

（受給権の保護）

第十七条の五　学資支給金の支給を受ける権利は、譲り渡し、担保に供し、又は差し押さえることができない。

第四章　財務及び会計〔略〕

第五章　雑則〔略〕

第六章　罰則〔略〕

附　則（抄）

（施行期日）

第一条　この法律は、公布の日から施行する。ただし、附則第十一条、第十五条から第十八条まで及び第二十一条から第二十三条までの規定は、平成十六年四月一日から施行する。

（国の権利義務の承継等）

第八条　機構の成立の際、第十三条第一項第二号、第八号及び第九号に規定する業務に関し、現に国が有する権利及び義務のうち政令で定めるものは、機構の成立の時において機構が承継する。

２　前項の規定により機構が国の有する権利及び義務を承継したときは、その承継の際、承継される権利に係る財産で政令で定めるものの価額の合計額に相当する金額は、政府から機構に対し出資されたものとする。

３・４〔略〕

（日本育英会の解散等）

第十条　日本育英会（以下「育英会」という。）は、機構の成立の時において解散するものとし、その一切の権利及び義務は、その時において、次項の規定により国が承継する資産を除き、機構が承継する。

２　機構の成立の際現に育英会が有する権利のうち、機構がその業務を確実に実施するために必要な資産以外の資産は、機構の成立の時において国が承継する。

３・４〔略〕

５　第一項の規定により機構が育英会の権利及び義務を承継したときは、その承継の際、機構が承継する資産の価額から負債の金額を差し引いた額は、政府から機構に対し出資されたものとする。

６・７〔略〕

（政府が有する債権の免除）

第十一条　政府は、旧育英会法（附則第十五条の規定による廃止前の日本育英会法（昭和五十九年法律第六十四号）をいう。以下同じ。）第二十一条第一項第一号の業務に必要な費用に充てるため政府から旧育英会法第四十条第一項の規定により育英会に貸し付けた資金であって政令で定めるものに係る育英会に対する債権を免除するものとする。

（育英会の発行する日本育英会債券に関する経過措置）

第十二条　旧育英会法第三十二条第一項の規定により育英会が発行した日本育英会債券は、第十九条第三項及び第四項の規定の適用については、同条第一項の規定による日本学生支援債券とみなす。

（業務の特例等）

第十四条　機構は、当分の間、第十三条に規定する業務のほか、旧育英会法第二十一条第一項第一号に規定する業務及びこれに附帯する業務のうち、高等学校（中等教育学校の後期課程及び特別支援学校の高等部を含む。）又は専修学校の高等課程の生徒（機構の成立の日の属する年度の翌年度以降にこれらの学校に入学する者を除く。）に対する旧育英会法第二十二条第一項に規定する第一種学資金に係る業務を行う。

2・3　〔略〕

（日本育英会法の廃止）

第十五条　日本育英会法は、廃止する。

（従前の被貸与者に関する経過措置）

第十六条　前条の規定の施行前に育英会がした貸与契約による学資の貸与及び貸与金の返還については、なお従前の例による。

2　政府は、機構が前項の規定によりなお従前の例によることとされる貸与金の返還の免除（無利息の貸与金に係るものに限る。）をしたときは、機構に対し、その免除した金額に相当する額の貸付金の償還を免除することができる。

（日本育英会法の廃止に伴う経過措置）

第十七条　附則第十五条の規定の施行前に旧育英会法（第十条、第十七条及び第二十条第一項を除く。）の規定によりした処分、手続その他の行為は、通則法又はこの法律中の相当する規定によりした処分、手続その他の行為とみなす。

（罰則の適用に関する経過措置）

第十八条　附則第十五条の規定の施行前にした行為及び附則第十条第四項の規定によりなお従前の例によることとされる事項に係るこの法律の施行後にした行為に対する罰則の適用については、なお従前の例による。

附　則（令和元・五・一七法八）（抄）

（施行期日）

第一条　この法律は、社会保障の安定財源の確保等を図る税制の抜本的な改革を行うための消費税法の一部を改正する等の法律（平成二十四年法律第六十八号）附則第一条第二号に掲げる規定の施行の日〔平成三一・一〇・一〕の属する年の翌年の四月一日までの間において政令で定める日〔令和二・四・一〕から施行する。〔ただし書略〕

（独立行政法人日本学生支援機構法の一部改正に伴う経過措置）

第六条　前条の規定による改正後の独立行政法人日本学生支援機構法（以下この項において「新機構法」という。）の規定は、この法律の施行後に新機構法第十七条の二第一項の規定により認定された者に対して支給される同項に規定する学資支給金について適用し、この法律の施行前に前条の規定による改正前の独立行政法人日本学生支援機構法（以下この条において「旧機構法」という。）第十七条の二第一項の規定により認定された者に対して支給される同項に規定する学資支給金（以下この条において「旧学資支給金」という。）については、なお従前の例による。

2　旧機構法第二十三条の二第一項に規定する学資支給基金（以下この条において単に「学資支給基金」という。）は、旧学資支給金の支給が終了する日までの間、存続するものとする。

3　前項の規定によりなお存続する学資支給基金については、旧機構法第二十三条の二、第二十三条の三及び第三十条（第三号に係る部分に限る。）の規定は、次項の規定により国庫に納付するまで（残余がない場合にあっては、前項の支給が終了する日まで）の間は、なおその効力を有する。

4　独立行政法人日本学生支援機構は、旧学資支給金の支給が終了した場合において、学資支給基金に残余があるときは、政令で定めるところにより、その残余の額を国庫に納付しなければならない。

○刑法等の一部を改正する法律の施行に伴う関係法律の整理等に関する法律（抄）

令和四・六・一七
法　六　八

（私立学校教職員共済法等の一部改正）

第二百十七条　次に掲げる法律の規定中「懲役」を「拘禁刑」に改める。

一〜十九　〔略〕

二十　独立行政法人日本学生支援機構法（平成十五年法律第九十四号）第二十九条

二十一〜二十八　〔略〕

附　則（抄）

（施行期日）

1　この法律は、刑法等一部改正法施行日〔令和七・六・一〕から施行する。〔ただし書略〕

学校保健編

保健

目次

○学校保健安全法

昭三三・四・一〇
法　五　六

最終改正　平成二七・六・二四法四六

第一章　総則

（目的）

第一条　この法律は、学校における児童生徒等及び職員の健康の保持増進を図るため、学校における保健管理に関し必要な事項を定めるとともに、学校における教育活動が安全な環境において実施され、児童生徒等の安全の確保が図られるよう、学校における安全管理に関し必要な事項を定め、もつて学校教育の円滑な実施とその成果の確保に資することを目的とする。

（定義）

第二条　この法律において「学校」とは、学校教育法（昭和二十二年法律第二十六号）第一条に規定する学校をいう。

2　この法律において「児童生徒等」とは、学校に在学する幼児、児童、生徒又は学生をいう。

（国及び地方公共団体の責務）

第三条　国及び地方公共団体は、相互に連携を図り、各学校において保健及び安全に係る取組が確実かつ効果的に実施されるようにするため、学校における保健及び安全に関する最新の知見及び事例を踏まえつつ、財政上の措置その他の必要な施策を講ずるものとする。

2　国は、各学校における安全に係る取組を総合的かつ効果的に推進するため、学校安全の推進に関する計画の策定その他所要の措置を講ずるものとする。

3　地方公共団体は、国が講ずる前項の措置に準じた措置を講ずるように努めなければならない。

第二章　学校保健

第一節　学校の管理運営等

（学校保健に関する学校の設置者の責務）

第四条　学校の設置者は、その設置する学校の児童生徒等及び職員の心身の健康の保持増進を図るため、当該学校の施設及び設備並びに管理運営体制の整備充実その他の必要な措置を講ずるよう努めるものとする。

（学校保健計画の策定等）

第五条　学校においては、児童生徒等及び職員の心身の健康の保持増進を図るため、児童生徒等及び職員の健康診断、環境衛生検査、児童生徒等に対する指導その他保健に関する事項について計画を策定し、これを実施しなければならない。

（学校環境衛生基準）

第六条　文部科学大臣は、学校における換気、採光、照明、保温、清潔保持その他環境衛生に係る事項（学校給食法（昭和二十九年法律第百六十号）第九条第一項（夜間課程を置く高等学校における学校給食に関する法律（昭和三十一年法律第百五十七号）第七条及び特別支援学校の幼稚部及び高等部における学校給食に関する法律（昭和三十二年法律第百十八号）第六条において準用する場合を含む。）に規定する事項を除く。）について、児童生徒等及び職員の健康を保護する上で維持されることが望ましい基準（以下この条において「学校環境衛生基準」という。）を定めるものとする。

2　学校の設置者は、学校環境衛生基準に照らしてその設置する学校の適切な環境の維持に努めなければならない。

3　校長は、学校環境衛生基準に照らし、学校の環境衛生に関し適正を欠く事項があると認めた場合には、遅滞なく、その改善のために必要な措置を講じ、又は当該措置を講ずることができないときは、当該学校の設置者に対し、その旨を申し出るものとする

（保健室）

第七条　学校には、健康診断、健康相談、保健指導、救急処置その他の保健に関する措置を行うため、保健室を設けるものとする。

第二節　健康相談等

（健康相談）

第八条　学校においては、児童生徒等の心身の健康に関し、健康相談を行うものとする。

（保健指導）

第九条　養護教諭その他の職員は、相互に連携して、健康相談又は児童生徒等の健康状態の日常的な観察により、児童生徒等の心身の状況を把握し、健康上の問題があると認めるときは、遅滞なく、当該児童生徒等に対して必要な指導を行うとともに、必要に応じ、その保護者（学校教育法第十六条に規定する保護者をいう。第二十四条及び第三十条において同じ。）に対して必要な助言を行うものとする。

（地域の医療機関等との連携）

第十条　学校においては、救急処置、健康相談又は保健指導を行うに当たつては、必要に応じ、当該学校の所在する地域の医療機関その他の関係機関との連携を図るよう努めるものとする。

第三節　健康診断

（就学時の健康診断）

第十一条　市（特別区を含む。以下同じ。）町村の教育委員会は、学校教育法第十七条第一項の規定により翌学年の初めから同項に規定する学校に就学させるべき者で、当該市町村の区域内に住所を有するものの就学に当たつて、その健康診断を行わなければならない。

第十二条　市町村の教育委員会は、前条の健康診断の結果に基づき、治療を勧告し、保健上必要な助言を行い、及び学校教育法第十七条第一項に規定する義務の猶予若しくは免除又は特別支援学校への就学に関し指導を行う等適切な措置をとらなければならない。

（児童生徒等の健康診断）

第十三条　学校においては、毎学年定期に、児童生徒等（通信による教育を受ける学生を除く。）の健康診断を行わなければならない。

2　学校においては、必要があるときは、臨時に、児童生徒等の健康診断を行うものとする。

第十四条　学校においては、前条の健康診断の結果に基づき、疾病の予防処置を行い、又は治療を指示し、並びに運動及び作業を軽減する等適切な措置をとらなければならない。

（職員の健康診断）

第十五条　学校の設置者は、毎学年定期に、学校の職員の健康診断を行わなければならない。

2　学校の設置者は、必要があるときは、臨時に、学校の職員の健康診断を行うものとする。

第十六条　学校の設置者は、前条の健康診断の結果に基づき、治療を指示し、及び勤務を軽減する等適切な措置をとらなければならない。

（健康診断の方法及び技術的基準等）

第十七条　健康診断の方法及び技術的基準については、文部科学省令で定める。

2　第十一条から前条までに定めるもののほか、健康診断の時期及び検査の項目その他健康診断に関し必要な事項は、前項に規定するものを除き、第十一条の健康診断に関するものについては政令で、第十三条及び第十五条の健康診断に関するものについては文部科学省令で定める。

3　前二項の文部科学省令は、健康増進法（平成十四年法律第百三号）第九条第一項に規定する健康診査等指針と調和が保たれたものでなければならない。

（保健所との連絡）

第十八条　学校の設置者は、この法律の規定による健康診断を行おうとする場合その他政令で定める場合においては、保健所と連絡するものとする。

第四節　感染症の予防

（出席停止）

第十九条　校長は、感染症にかかつており、かかつている疑いがあり、又はかかるおそれのある児童生徒等があるときは、政令で定めるところにより、出席を停止させることができる。

（臨時休業）

第二十条　学校の設置者は、感染症の予防上必要があるときは、臨時に、学校の全部又は一部の休業を行うことができる。

（文部科学省令への委任）

第二十一条　前二条（第十九条の規定に基づく政令を含む。）及び感染症の予防及び感染症の患者に対する医療に関する法律（平成十年法律第百十四号）その他感染症の予防に関して規定する法律（これらの法律に基づく命令を含む。）に定めるもののほか、学校における感染症の予防に関し必要な事項は、文部科学省令で定める。

第五節　学校保健技師並びに学校医、学校歯科医及び学校薬剤師

（学校保健技師）

第二十二条　都道府県の教育委員会の事務局に、学校保健技師を置くことができる。

2　学校保健技師は、学校における保健管理に関する専門的事項について学識経験がある者でなければならない。

3　学校保健技師は、上司の命を受け、学校における保健管理に関し、専門的技術的指導及び技術に従事する。

（学校医、学校歯科医及び学校薬剤師）

第二十三条　学校には、学校医を置くものとする。

2　大学以外の学校には、学校歯科医及び学校薬剤師を置くものとする。

3　学校医、学校歯科医及び学校薬剤師は、それぞれ医師、歯科医師又は薬剤師のうちから、任命し、又は委嘱する。

4　学校医、学校歯科医及び学校薬剤師は、学校における保健管理に関する専門的事項に関し、技術及び指導に従事する。

5　学校医、学校歯科医及び学校薬剤師の職務執行の準則は、文部科学省令で定める。

第六節　地方公共団体の援助及び国の補助

（地方公共団体の援助）

第二十四条　地方公共団体は、その設置する小学校、中学校、義務教育学校、中等教育学校の前期課程又は特別支援学校の小学部若しくは中学部の児童又は生徒が、感染性又は学習に支障を生ずるおそれのある疾病で政令で定めるものにかかり、学校において治療の指示を受けたときは、当該児童又は生徒の保護者で次の各号のいずれかに該当するものに対して、その疾病の治療のための医療に要する費用について必要な援助を行うものとする。

一　生活保護法（昭和二十五年法律第百四十四号）第六条第二項に規定する要保護者

二　生活保護法第六条第二項に規定する要保護者に準ずる程度に困窮している者で政令で定めるもの

（国の補助）

第二十五条　国は、地方公共団体が前条の規定により同条第一号に掲げる者に対して援助を行う場合には、予算の範囲内において、その援助に要する経費の一部を補助することができる。

2　前項の規定により国が補助を行う場合の補助の基準については、政令で定める。

第三章　学校安全

（学校安全に関する学校の設置者の責務）

第二十六条　学校の設置者は、児童生徒等の安全の確保を図るため、その設置する学校において、事故、加害行為、災害等（以下この条及び第二十九条第三項において「事故等」という。）により児童生徒等に生ずる危険を防止し、及び事故等により児童生徒等に危険又は危害が現に生じた場合（同条第一項及び第二項において「危険等発生時」という。）において適切に対処することができるよう、当該学校の施設及び設備並びに管理運営体制の整備充実その他の必要な措置を講ずるよう努めるものとする。

（学校安全計画の策定等）

第二十七条　学校においては、児童生徒等の安全の確保を図るため、当該学校の施設及び設備の安全点検、児童生徒等に対する通学を含めた学校生活その他の日常生活における安全に関する指導、職員の研修その他学校における安全に関する事

項について計画を策定し、これを実施しなければならない。

（学校環境の安全の確保）

第二十八条　校長は、当該学校の施設又は設備について、児童生徒等の安全の確保を図る上で支障となる事項があると認めた場合には、遅滞なく、その改善を図るために必要な措置を講じ、又は当該措置を講ずることができないときは、当該学校の設置者に対し、その旨を申し出るものとする。

（危険等発生時対処要領の作成等）

第二十九条　学校においては、児童生徒等の安全の確保を図るため、当該学校の実情に応じて、危険等発生時において当該学校の職員がとるべき措置の具体的内容及び手順を定めた対処要領（次項において「危険等発生時対処要領」という。）を作成するものとする。

2　校長は、危険等発生時対処要領の職員に対する周知、訓練の実施その他の危険等発生時において職員が適切に対処するために必要な措置を講ずるものとする。

3　学校においては、事故等により児童生徒等に危害が生じた場合において、当該児童生徒等及び当該事故等により心理的外傷その他の心身の健康に対する影響を受けた児童生徒等その他の関係者の心身の健康を回復させるため、これらの者に対して必要な支援を行うものとする。この場合においては、第十条の規定を準用する。

（地域の関係機関等との連携）

第三十条　学校においては、児童生徒等の安全の確保を図るため、児童生徒等の保護者との連携を図るとともに、当該学校が所在する地域の実情に応じて、当該地域を管轄する警察署その他の関係機関、地域の安全を確保するための活動を行う団体その他の関係団体、当該地域の住民その他の関係者との連携を図るよう努めるものとする。

第四章　雑則

（学校の設置者の事務の委任）

第三十一条　学校の設置者は、他の法律に特別の定めがある場合のほか、この法律に基づき処理すべき事務を校長に委任することができる。

（専修学校の保健管理等）

第三十二条　専修学校には、保健管理に関する専門的事項に関し、技術及び指導を行う医師を置くように努めなければならない。

2　専修学校には、健康診断、健康相談、保健指導、救急処置等を行うため、保健室を設けるように努めなければならない。

3　第三条から第六条まで、第八条から第十条まで、第十三条から第二十一条まで及び第二十六条から前条までの規定は、専修学校に準用する。

附　則（抄）

（施行期日）

1　この法律中第十七条及び第十八条第一項の規定は昭和三十三年十月一日から、その他の規定は同年六月一日から施行する。

○学校保健安全法施行令

昭三三・六・一〇
政令一七四

最終改正　平成二七・一二・一六政令四二一

（就学時の健康診断の時期）

第一条　学校保健安全法（昭和三十三年法律第五十六号。以下「法」という。）第十一条の健康診断（以下「就学時の健康診断」という。）は、学校教育法施行令（昭和二十八年政令第三百四十号）第二条の規定により学齢簿が作成された後翌学年の初めから四月前（同令第五条、第七条、第十一条、第十四条、第十五条及び第十八条の二に規定する就学に関する手続の実施に支障がない場合にあつては、三月前）までの間に行うものとする。

2　前項の規定にかかわらず、市町村の教育委員会は、同項の規定により定めた就学時の健康診断の実施日の翌日以後に当該市町村の教育委員会が作成した学齢簿に新たに就学予定者（学校教育法施行令第五条第一項に規定する就学予定者をいう。以下この項において同じ。）が記載された場合において、当該就学予定者が他の市町村の教育委員会が行う就学時の健康診断を受けていないときは、当該就学予定者について、速やかに就学時の健康診断を行うものとする。

（検査の項目）

第二条　就学時の健康診断における検査の項目は、次のとおりとする。

一　栄養状態
二　脊柱及び胸郭の疾病及び異常の有無
三　視力及び聴力
四　眼の疾病及び異常の有無
五　耳鼻咽頭疾患及び皮膚疾患の有無
六　歯及び口腔の疾病及び異常の有無
七　その他の疾病及び異常の有無

（保護者への通知）

第三条 市（特別区を含む。以下同じ。）町村の教育委員会は、就学時の健康診断を行うに当たつて、あらかじめ、その日時、場所及び実施の要領等を法第十一条に規定する者の学校教育法（昭和二十二年法律第二十六号）第十六条に規定する保護者（以下「保護者」という。）に通知しなければならない。

（就学時健康診断票）

第四条 市町村の教育委員会は、就学時の健康診断を行つたときは、文部科学省令で定める様式により、就学時健康診断票を作成しなければならない。

2 市町村の教育委員会は、翌学年の初めから十五日前までに、就学時健康診断票を就学時の健康診断を受けた者の入学する学校の校長に送付しなければならない。

（保健所と連絡すべき場合）

第五条 法第十八条の政令で定める場合は、次に掲げる場合とする。

一 法第十九条の規定による出席停止が行われた場合
二 法第二十条の規定による学校の休業を行つた場合

（出席停止の指示）

第六条 校長は、法第十九条の規定により出席を停止させようとするときは、その理由及び期間を明らかにして、幼児、児童又は生徒（高等学校（中等教育学校の後期課程及び特別支援学校の高等部を含む。以下同じ。）の生徒を除く。）にあつてはその保護者に、高等学校の生徒又は学生にあつては当該生徒又は学生にこれを指示しなければならない。

2 出席停止の期間は、感染症の種類等に応じて、文部科学省令で定める基準による。

（出席停止の報告）

第七条 校長は、前条第一項の規定による指示をしたときは、文部科学省令で定めるところにより、その旨を学校の設置者に報告しなければならない。

（感染性又は学習に支障を生ずるおそれのある疾病）

第八条 法第二十四条の政令で定める疾病は、次に掲げるものとする。

一 トラコーマ及び結膜炎
二 白癬、疥癬及び膿痂疹
三 中耳炎
四 慢性副鼻腔炎及びアデノイド
五 齲歯
六 寄生虫病（虫卵保有を含む。）

（要保護者に準ずる程度に困窮している者）

第九条 法第二十四条第二号の政令で定める者は、当該義務教育諸学校（小学校、中学校、義務教育学校、中等教育学校の前期課程又は特別支援学校の小学部若しくは中学部をいう。）を設置する地方公共団体の教育委員会が、生活保護法（昭和二十五年法律第百四十四号）第六条第二項に規定する要保護者（以下「要保護者」という。）に準ずる程度に困窮していると認める者とする。

2 教育委員会は、前項に規定する認定を行うため必要があるときは、社会福祉法（昭和二十六年法律第四十五号）に定める福祉に関する事務所の長及び民生委員法（昭和二十三年法律第百九十八号）に定める民生委員に対して、助言を求めることができる。

（補助の基準）

第十条 法第二十五条第一項の規定による国の補助は、法第二十四条の規定による同条第一号に掲げる者に対する援助に要する経費の額の二分の一について行うものとする。ただし、小学校、中学校及び義務教育学校並びに中等教育学校の前期課程又は特別支援学校の小学部及び中学部の別により、文部科学大臣が毎年度定める児童及び生徒一人一疾病当たりの医療費の平均額に、都道府県に係る場合にあつては次項の規定により文部科学大臣が当該都道府県に配分した児童及び生徒の被患者の延数をそれぞれ乗じて得た額、市町村に係る場合にあつては第三項の規定により都道府県の教育委員会が当該市町村に配分した児童及び生徒の被患者の延数をそれぞれ乗じて得た額の二分の一を限度とする。

2 文部科学大臣は、毎年度、別表イに掲げる算式により算定した小学校、中学校及び義務教育学校並びに中等教育学校の前期課程又は特別支援学校の小学部及び中学部の児童及び生徒の被患者の延数を各都道府県に配分し、その配分した数を各都道府県の教育委員会に通知しなければならない。

3 都道府県の教育委員会は、文部科学省令で定めるところにより、毎年度、文部科学大臣が、別表ロに掲げる算式により算定した小学校、中学校及び義務教育学校並びに中等教育学校の前期課程又は特別支援学校の小学部及び中学部の児童及び生徒の被患者の延数を基準として各都道府県ごとに定めた児童及び生徒の被患者の延数を、各市町村立の小学校、中学校及び義務教育学校並びに中等教育学校の前期課程又は特別支援学校の小学部及び中学部の児童及び生徒のうち教育扶助を受けている者の数を勘案して、各市町村に配分し、その配分した数を文部科学大臣及び各市町村の教育委員会に通知しなければならない。

4 前項の規定により都道府県が処理することとされている事務は、地方自治法（昭和二十二年法律第六十七号）第二条第九項第一号に規定する第一号法定受託事務とする。

（専修学校への準用）

第十一条 第五条から第七条までの規定は、法第三十二条第三項において法第十八条及び第十九条の規定を専修学校に準用する場合について準用する。この場合において、第五条第二号中「法第二十条」とあるのは「法第三十二条第三項において準用する法第二十条」と、第六条第一項中「幼児、児童又は生徒（高等学校（中等教育学校の後期課程及び特別支援学校の高等部を含む。以下同じ。）の生徒を除く。）にあつてはその保護者に、高等学校の生徒又は学生にあつては当該生徒又は学生」とあるのは「生徒」と読み替えるものとする。

附 則（抄）

（施行期日）

1 この政令中第七条、第八条及び第九条第一項から第三項までの規定は昭和三十三年十月一日から、その他の規定は公布の日から施行する。

（学校医及び幼稚園医令等の廃止）

3　次に掲げる勅令は、廃止する。
一　学校医及幼稚園医令（昭和四年勅令第九号）
二　学校歯科医及幼稚園歯科医令（昭和六年勅令第百四十四号）

別表（第十条関係）

イ	都道府県が要保護者に対して援助を行う場合	$X_1 \times \frac{p_1}{P_1}$
ロ	市町村が要保護者に対して援助を行う場合	$X_2 \times \frac{p_2}{P_2}$

備考　この表における算式中次に掲げる各記号の意義は、それぞれ次に掲げるとおりとする。

X_1　文部科学大臣が毎年度予算の範囲内で定める全国の都道府県立の小学校、中学校及び義務教育学校並びに中等教育学校の前期課程又は特別支援学校の小学部及び中学部の児童及び生徒のうちその保護者が要保護者である被患者の見込延数

X_2　文部科学大臣が毎年度予算の範囲内で定める全国の市町村立の小学校、中学校及び義務教育学校並びに中等教育学校の前期課程又は特別支援学校の小学部及び中学部の児童及び生徒のうちその保護者が要保護者である被患者の見込延数

P_1　前年度の七月一日現在において全国の都道府県立の小学校、中学校及び義務教育学校並びに中等教育学校の前期課程又は特別支援学校の小学部及び中学部の児童及び生徒のうち教育扶助（生活保護法に規定する教育扶助をいう。以下同じ。）を受けている者の総数

P_2　前年度の七月一日現在において全国の市町村立の小学校、中学校及び義務教育学校並びに中等教育学校の前期課程又は特別支援学校の小学部及び中学部の児童及び生徒のうち教育扶助を受けている者の総数

p_1　前年度の七月一日現在において当該都道府県立の小学校、中学校及び義務教育学校並びに中等教育学校の前期課程又は特別支援学校の小学部及び中学部の児童及び生徒のうち教育扶助を受けている者の総数

p_2　前年度の七月一日現在において当該都道府県の区域内の市町村立の小学校、中学校及び義務教育学校並びに中等教育学校の前期課程又は特別支援学校の小学部及び中学部の児童及び生徒のうち教育扶助を受けている者の総数

〇学校保健安全法施行規則

昭三三・六・一三
文部令一八

最終改正　令和五・四・二八文科令二二

第一章　環境衛生検査等

（環境衛生検査）

第一条　学校保健安全法（昭和三十三年法律第五十六号。以下「法」という。）第五条の環境衛生検査は、他の法令に基づくもののほか、毎学年定期に、法第六条に規定する学校環境衛生基準に基づき行わなければならない。

2　学校においては、必要があるときは、臨時に、環境衛生検査を行うものとする。

（日常における環境衛生）

第二条　学校においては、前条の環境衛生検査のほか、日常的な点検を行い、環境衛生の維持又は改善を図らなければならない。

第二章　健康診断

第一節　就学時の健康診断

（方法及び技術的基準）

第三条　法第十一条の健康診断の方法及び技術的基準は、次の各号に掲げる検査の項目につき、当該各号に定めるとおりとする。

一　栄養状態は、皮膚の色沢、皮下脂肪の充実、筋骨の発達、貧血の有無等について検査し、栄養不良又は肥満傾向で特に注意を要する者の発見につとめる。

二　脊柱の疾病及び異常の有無は、形態等について検査し、側わん症等に注意する。

三　胸郭の異常の有無は、形態及び発育について検査する。

四　視力は、国際標準に準拠した視力表を用いて左右各別に

裸眼視力を検査し、眼鏡を使用している者については、当該眼鏡を使用している場合の矯正視力についても検査する。
五　聴力は、オージオメータを用いて検査し、左右各別に聴力障害の有無を明らかにする。
六　眼の疾病及び異常の有無は、感染性眼疾患その他の外眼部疾患及び眼位の異常等に注意する。
七　耳鼻咽頭疾患の有無は、耳疾患、鼻・副鼻腔疾患、口腔咽喉頭疾患及び音声言語異常等に注意する。
八　皮膚疾患の有無は、感染性皮膚疾患、アレルギー疾患等による皮膚の状態に注意する。
九　歯及び口腔の疾病及び異常の有無は、齲歯、歯周疾患、不正咬合その他の疾病及び異常について検査する。
十　その他の疾病及び異常の有無は、知能及び呼吸器、循環器、消化器、神経系等について検査するものとし、知能については適切な検査によつて知的障害の発見につとめ、呼吸器、循環器、消化器、神経系等については臨床医学的検査その他の検査によつて結核疾患、心臓疾患、腎臓疾患、ヘルニア、言語障害、精神神経症その他の精神障害、骨、関節の異常及び四肢運動障害等の発見につとめる。

（就学時健康診断票）
第四条　学校保健安全法施行令（昭和三十三年政令第百七十四号。以下「令」という。）第四条第一項に規定する就学時健康診断票の様式は、第一号様式とする。

第二節　児童生徒等の健康診断

（時期）
第五条　法第十三条第一項の健康診断は、毎学年、六月三十日までに行うものとする。ただし、疾病その他やむを得ない事由によつて当該期日に健康診断を受けることのできなかつた者に対しては、その事由のなくなつた後すみやかに健康診断を行うものとする。
2　第一項の健康診断における結核の有無の検査において結核発病のおそれがあると診断された者（第六条第三項第四号に該当する者に限る。）については、おおむね六か月の後に再度結核の有無の検査を行うものとする。

（検査の項目）
第六条　法第十三条第一項の健康診断における検査の項目は、次のとおりとする。
一　身長及び体重
二　栄養状態
三　脊柱及び胸郭の疾病及び異常の有無並びに四肢の状態
四　視力及び聴力
五　眼の疾病及び異常の有無
六　耳鼻咽頭疾患及び皮膚疾患の有無
七　歯及び口腔の疾病及び異常の有無
八　結核の有無
九　心臓の疾病及び異常の有無
十　尿
十一　その他の疾病及び異常の有無
2　前項各号に掲げるもののほか、胸囲及び肺活量、背筋力、握力等の機能を、検査の項目に加えることができる。
3　第一項第八号に掲げるものの検査は、次の各号に掲げる学年において行うものとする。
一　小学校（義務教育学校の前期課程及び特別支援学校の小学部を含む。以下この条、第七条第六項及び第十一条において同じ。）の全学年
二　中学校（義務教育学校の後期課程、中等教育学校の前期課程及び特別支援学校の中学部を含む。以下この条、第七条第六項及び第十一条において同じ。）の全学年
三　高等学校（中等教育学校の後期課程及び特別支援学校の高等部を含む。以下この条、第七条第六項及び第十一条において同じ。）及び高等専門学校の第一学年
四　大学の第一学年
4　第一項各号に掲げる検査の項目のうち、小学校の第四学年及び第六学年、中学校及び高等学校の第二学年並びに高等専門学校の第二学年及び第四学年においては第四号に掲げるもののうち聴力を、大学においては第三号、第四号、第七号及び第十号に掲げるものを、それぞれ検査の項目から除くことができる。

（方法及び技術的基準）
第七条　法第十三条第一項の健康診断の方法及び技術的基準については、次項から第九項までに定めるもののほか、第三条の規定（同条第十号中知能に関する部分を除く。）を準用する。この場合において、同条第四号中「検査する。」とあるのは「検査する。ただし、眼鏡を使用している者の裸眼視力の検査はこれを除くことができる。」と読み替えるものとする。
2　前条第一項第一号の身長は、靴下等を脱ぎ、両かかとを密接し、背、臀部及びかかとを身長計の尺柱に接して直立し、両上肢を体側に垂れ、頭部を正位に保たせて測定する。
3　前条第一項第一号の体重は、衣服を脱ぎ、体重計のはかり台の中央に静止させて測定する。ただし、衣服を着たまま測定したときは、その衣服の重量を控除する。
4　前条第一項第三号の四肢の状態は、四肢の形態及び発育並びに運動器の機能の状態に注意する。
5　前条第一項第八号の結核の有無は、問診、胸部エックス線検査、喀痰検査、聴診、打診その他必要な検査によつて検査するものとし、その技術的基準は、次の各号に定めるとおりとする。
一　前条第三項第一号又は第二号に該当する者に対しては、問診を行うものとする。
二　前条第三項第三号又は第四号に該当する者（結核患者及び結核発病のおそれがあると診断されている者を除く。）に対しては、胸部エックス線検査を行うものとする。
三　第一号の問診を踏まえて学校医その他の担当の医師において必要と認める者であつて、当該者の在学する学校の設置者において必要と認めるものに対しては、胸部エックス線検査、喀痰検査その他の必要な検査を行うものとする。
四　第二号の胸部エックス線検査によつて病変の発見された者及びその疑いのある者、結核患者並びに結核発病のおそれがあると診断されている者に対しては、胸部エックス線検査及び喀痰検査を行い、更に必要に応じ聴診、打診その

他必要な検査を行う。

6　前条第一項第九号の心臓の疾病及び異常の有無は、心電図検査その他の臨床医学的検査によつて検査するものとする。ただし、幼稚園（特別支援学校の幼稚部を含む。以下この条及び第十一条において同じ。）の全幼児、小学校の第二学年以上の児童、中学校及び高等学校の第二学年以上の生徒、高等専門学校の第二学年以上の学生並びに大学の全学生については、心電図検査を除くことができる。

7　前条第一項第十号の尿は、尿中の蛋白、糖等について試験紙法により検査する。ただし、幼稚園においては、糖の検査を除くことができる。

8　身体計測、視力及び聴力の検査、問診、胸部エックス線検査、尿の検査その他の予診的事項に属する検査は、学校医又は学校歯科医による診断の前に実施するものとし、学校医又は学校歯科医は、それらの検査の結果及び第十一条の保健調査を活用して診断に当たるものとする。

（健康診断票）

第八条　学校においては、法第十三条第一項の健康診断を行つたときは、児童生徒等の健康診断票を作成しなければならない。

2　校長は、児童又は生徒が進学した場合においては、その作成に係る当該児童又は生徒の健康診断票を進学先の校長に送付しなければならない。

3　校長は、児童生徒等が転学した場合においては、その作成に係る当該児童生徒等の健康診断票を転学先の校長、保育所の長又は認定こども園の長に送付しなければならない。

4　児童生徒等の健康診断票は、五年間保存しなければならない。ただし、第二項の規定により送付を受けた児童又は生徒の健康診断票は、当該健康診断票に係る児童又は生徒が進学前の学校を卒業した日から五年間とする。

（事後措置）

第九条　学校においては、法第十三条第一項の健康診断を行つたときは、二十一日以内にその結果を幼児、児童又は生徒にあつては当該幼児、児童又は生徒及びその保護者（学校教育法（昭和二十二年法律第二十六号）第十六条に規定する保護者をいう。）に、学生にあつては当該学生に通知するとともに、次の各号に定める基準により、法第十四条の措置をとらなければならない。

一　疾病の予防処置を行うこと。

二　必要な医療を受けるよう指示すること。

三　必要な検査、予防接種等を受けるよう指示すること。

四　療養のため必要な期間学校において学習しないよう指導すること。

五　特別支援学級への編入について指導及び助言を行うこと。

六　学習又は運動・作業の軽減、停止、変更等を行うこと。

七　修学旅行、対外運動競技等への参加を制限すること。

八　机又は腰掛の調整、座席の変更及び学級の編制の適正を図ること。

九　その他発育、健康状態等に応じて適当な保健指導を行うこと。

2　前項の場合において、結核の有無の検査の結果に基づく措置については、当該健康診断に当たつた学校医その他の医師が別表第一に定める生活規正の面及び医療の面の区分を組み合わせて決定する指導区分に基づいて、とるものとする。

（臨時の健康診断）

第十条　法第十三条第二項の健康診断は、次に掲げるような場合で必要があるときに、必要な検査の項目について行うものとする。

一　感染症又は食中毒の発生したとき。

二　風水害等により感染症の発生のおそれのあるとき。

三　夏季における休業日の直前又は直後

四　結核、寄生虫病その他の疾病の有無について検査を行う必要のあるとき。

五　卒業のとき。

（保健調査）

第十一条　法第十三条の健康診断を的確かつ円滑に実施するため、当該健康診断を行うに当たつては、小学校、中学校、高等学校及び高等専門学校においては全学年において、幼稚園及び大学においては必要と認めるときに、あらかじめ児童生徒等の発育、健康状態等に関する調査を行うものとする。

第三節　職員の健康診断

（時期）

第十二条　法第十五条第一項の健康診断の時期については、第五条の規定を準用する。この場合において、同条第一項中「六月三十日までに」とあるのは、「学校の設置者が定める適切な時期に」と読み替えるものとする。

（検査の項目）

第十三条　法第十五条第一項の健康診断における検査の項目は、次のとおりとする。

一　身長、体重及び腹囲

二　視力及び聴力

三　結核の有無

四　血圧

五　尿

六　胃の疾病及び異常の有無

七　貧血検査

八　肝機能検査

九　血中脂質検査

十　血糖検査

十一　心電図検査

十二　その他の疾病及び異常の有無

2　妊娠中の女性職員においては、前項第六号に掲げる検査の項目を除くものとする。

3　第一項各号に掲げる検査の項目のうち、二十歳以上の職員においては第一号の身長を、三十五歳未満の職員及び三十六歳以上四十歳未満の職員、妊娠中の女性職員その他の職員であつて腹囲が内臓脂肪の蓄積を反映していないと診断されたもの、ＢＭＩ（次の算式により算出した値をいう。以下同じ。）が二十未満である職員並びに自ら腹囲を測定し、その値を申告した職員（ＢＭＩが二十二未満である職員に限る。）においては第一号の腹囲を、二十歳未満の職員、二十一歳以上二十五歳未満の職員、二十六歳以上三十歳未満の職員、三十一歳以上三十五歳未満の職員又は三十六歳以上四十歳未満の職員であつて感染症の予防及び感染症の患者に対する医療に関する法律施行令（平成十年政令第四百二十号）第十二条第一項第一号又はじん肺法（昭和三十五年法律第三十号）第八条第一項第一号若しくは第三号に掲げる者に該当しないものにおいては第三号に掲げるものを、四十歳未満の職員においては第六号に掲げるものを、三十五歳未満の職員及び三十六歳以上四十歳未満の職員においては第七号から第十一号に掲げるものを、それぞれ検査の項目から除くことができる。

$$\mathrm{BMI} = \frac{\text{体重(kg)}}{\text{身長(m)}^2}$$

（方法及び技術的基準）

第十四条　法第十五条第一項の健康診断の方法及び技術的基準については、次項から第九項までに定めるもののほか、第三条（同条第十号中知能に関する部分を除く。）の規定を準用する。

2　前条第一項第二号の聴力は、千ヘルツ及び四千ヘルツの音に係る検査を行う。ただし、四十五歳未満の職員（三十五歳及び四十歳の職員を除く。）においては、医師が適当と認める方法によつて行うことができる。

3　前条第一項第三号の結核の有無は、胸部エックス線検査により検査するものとし、胸部エックス線検査によつて病変の発見された者及びその疑いのある者、結核患者並びに結核発病のおそれがあると診断されている者に対しては、胸部エックス線検査及び喀痰検査を行い、更に必要に応じ聴診、打診その他必要な検査を行う。

4　前条第一項第四号の血圧は、血圧計を用いて測定するものとする。

5　前条第一項第五号の尿は、尿中の蛋白及び糖について試験紙法により検査する。

6　前条第一項第六号の胃の疾病及び異常の有無は、胃部エックス線検査その他の医師が適当と認める方法により検査するものとし、癌その他の疾病及び異常の発見に努める。

7　前条第一項第七号の貧血検査は、血色素量及び赤血球数の検査を行う。

8　前条第一項第八号の肝機能検査は、血清グルタミックオキサロアセチックトランスアミナーゼ（ＧＯＴ）、血清グルタミックピルビックトランスアミナーゼ（ＧＰＴ）及びガンマ―グルタミルトランスペプチダーゼ（γ―ＧＴＰ）の検査を行う。

9　前条第一項第九号の血中脂質検査は、低比重リポ蛋白コレステロール（ＬＤＬコレステロール）、高比重リポ蛋白コレステロール（ＨＤＬコレステロール）及び血清トリグリセライドの量の検査を行う。

（健康診断票）

第十五条　学校の設置者は、法第十五条第一項の健康診断を行つたときは、第二号様式によつて、職員健康診断票を作成しなければならない。

2　学校の設置者は、当該学校の職員がその管理する学校から他の学校又は幼保連携型認定こども園へ移つた場合においては、その作成に係る当該職員の健康診断票を異動後の学校又は幼保連携型認定こども園の設置者へ送付しなければならない。

3　職員健康診断票は、五年間保存しなければならない。

（事後措置）

第十六条　法第十五条第一項の健康診断に当たつた医師は、健康に異常があると認めた職員については、検査の結果を総合し、かつ、その職員の職務内容及び勤務の強度を考慮して、別表第二に定める生活規正の面及び医療の面の区分を組み合わせて指導区分を決定するものとする。

2　学校の設置者は、前項の規定により医師が行つた指導区分に基づき、次の基準により、法第十六条の措置をとらなければならない。

「Ａ」　休暇又は休職等の方法で療養のため必要な期間勤務させないこと。

「Ｂ」　勤務場所又は職務の変更、休暇による勤務時間の短縮等の方法で勤務を軽減し、かつ、深夜勤務、超過勤務、休日勤務及び宿日直勤務をさせないこと。

「Ｃ」　超過勤務、休日勤務及び宿日直勤務をさせないか又はこれらの勤務を制限すること。

「Ｄ」　勤務に制限を加えないこと。

「１」　必要な医療を受けるよう指示すること。

「２」　必要な検査、予防接種等を受けるよう指示すること。

「３」　医療又は検査等の措置を必要としないこと。

（臨時の健康診断）

第十七条　法第十五条第二項の健康診断については、第十条の規定を準用する。

第三章　感染症の予防

（感染症の種類）

第十八条　学校において予防すべき感染症の種類は、次のとおりとする。

一　第一種　エボラ出血熱、クリミア・コンゴ出血熱、痘そう、南米出血熱、ペスト、マールブルグ病、ラッサ熱、急性灰白髄炎、ジフテリア、重症急性呼吸器症候群（病原体がベータコロナウイルス属ＳＡＲＳコロナウイルスであるものに限る。）、中東呼吸器症候群（病原体がベータコロナウイルス属ＭＥＲＳコロナウイルスであるものに限る。）及び特定鳥インフルエンザ（感染症の予防及び感染症の患者に対する医療に関する法律（平成十年法律第百十四号）第六条第三項第六号に規定する特定鳥インフルエンザをいう。次号及び第十九条第二号イにおいて同じ。）

二　第二種　インフルエンザ（特定鳥インフルエンザを除く。）、百日咳、麻しん、流行性耳下腺炎、風しん、水痘、咽頭結膜熱、新型コロナウイルス感染症（病原体がベータコロナウイルス属のコロナウイルス（令和二年一月に、中華人民共和国から世界保健機関に対して、人に伝染する能力を有することが新たに報告されたものに限る。）であるもの

に限る。次条第二号チにおいて同じ。）、結核及び髄膜炎菌性髄膜炎

三　第三種　コレラ、細菌性赤痢、腸管出血性大腸菌感染症、腸チフス、パラチフス、流行性角結膜炎、急性出血性結膜炎その他の感染症

2　感染症の予防及び感染症の患者に対する医療に関する法律第六条第七項から第九項までに規定する新型インフルエンザ等感染症、指定感染症及び新感染症は、前項の規定にかかわらず、第一種の感染症とみなす。

（出席停止の期間の基準）

第十九条　令第六条第二項の出席停止の期間の基準は、前条の感染症の種類に従い、次のとおりとする。

一　第一種の感染症にかかつた者については、治癒するまで。

二　第二種の感染症（結核及び髄膜炎菌性髄膜炎を除く。）にかかつた者については、次の期間。ただし、病状により学校医その他の医師において感染のおそれがないと認めたときは、この限りでない。

イ　インフルエンザ（特定鳥インフルエンザ及び新型インフルエンザ等感染症を除く。）にあつては、発症した後五日を経過し、かつ、解熱した後二日（幼児にあつては、三日）を経過するまで。

ロ　百日咳にあつては、特有の咳が消失するまで又は五日間の適正な抗菌性物質製剤による治療が終了するまで。

ハ　麻しんにあつては、解熱した後三日を経過するまで。

ニ　流行性耳下腺炎にあつては、耳下腺、顎下腺又は舌下腺の腫脹が発現した後五日を経過し、かつ、全身状態が良好になるまで。

ホ　風しんにあつては、発しんが消失するまで。

ヘ　水痘にあつては、すべての発しんが痂皮化するまで。

ト　咽頭結膜熱にあつては、主要症状が消退した後二日を経過するまで。

チ　新型コロナウイルス感染症にあつては、発症した後五日を経過し、かつ、症状が軽快した後一日を経過するまで。

三　結核、髄膜炎菌性髄膜炎及び第三種の感染症にかかつた者については、病状により学校医その他の医師において感染のおそれがないと認めるまで。

四　第一種若しくは第二種の感染症患者のある家に居住する者又はこれらの感染症にかかつている疑いがある者については、予防処置の施行の状況その他の事情により学校医その他の医師において感染のおそれがないと認めるまで。

五　第一種又は第二種の感染症が発生した地域から通学する者については、その発生状況により必要と認めたとき、学校医の意見を聞いて適当と認める期間。

六　第一種又は第二種の感染症の流行地を旅行した者については、その状況により必要と認めたとき、学校医の意見を聞いて適当と認める期間。

（出席停止の報告事項）

第二十条　令第七条の規定による報告は、次の事項を記載した書面をもつてするものとする。

一　学校の名称

二　出席を停止させた理由及び期間

三　出席停止を指示した年月日

四　出席を停止させた児童生徒等の学年別人員数

五　その他参考となる事項

（感染症の予防に関する細目）

第二十一条　校長は、学校内において、感染症にかかつており、又はかかつている疑いがある児童生徒等を発見した場合において、必要と認めるときは、学校医に診断させ、法第十九条の規定による出席停止の指示をするほか、消毒その他適当な処置をするものとする。

2　校長は、学校内に、感染症の病毒に汚染し、又は汚染した疑いがある物件があるときは、消毒その他適当な処置をするものとする。

3　学校においては、その附近において、第一種又は第二種の感染症が発生したときは、その状況により適当な清潔方法を行うものとする。

第四章　学校医、学校歯科医及び学校薬剤師の職務執行の準則

（学校医の職務執行の準則）

第二十二条　学校医の職務執行の準則は、次の各号に掲げるとおりとする。

一　学校保健計画及び学校安全計画の立案に参与すること。

二　学校の環境衛生の維持及び改善に関し、学校薬剤師と協力して、必要な指導及び助言を行うこと。

三　法第八条の健康相談に従事すること。

四　法第九条の保健指導に従事すること。

五　法第十三条の健康診断に従事すること。

六　法第十四条の疾病の予防処置に従事すること。

七　法第二章第四節の感染症の予防に関し必要な指導及び助言を行い、並びに学校における感染症及び食中毒の予防処置に従事すること。

八　校長の求めにより、救急処置に従事すること。

九　市町村の教育委員会又は学校の設置者の求めにより、法第十一条の健康診断又は法第十五条第一項の健康診断に従事すること。

十　前各号に掲げるもののほか、必要に応じ、学校における保健管理に関する専門的事項に関する指導に従事すること。

2　学校医は、前項の職務に従事したときは、その状況の概要を学校医執務記録簿に記入して校長に提出するものとする。

（学校歯科医の職務執行の準則）

第二十三条　学校歯科医の職務執行の準則は、次の各号に掲げるとおりとする。

一　学校保健計画及び学校安全計画の立案に参与すること。

二　法第八条の健康相談に従事すること。

三　法第九条の保健指導に従事すること。

四　法第十三条の健康診断のうち歯の検査に従事すること。

五　法第十四条の疾病の予防処置のうち齲歯その他の歯疾の予防処置に従事すること。

六　市町村の教育委員会の求めにより、法第十一条の健康診断のうち歯の検査に従事すること。
七　前各号に掲げるもののほか、必要に応じ、学校における保健管理に関する専門的事項に関する指導に従事すること。
2　学校歯科医は、前項の職務に従事したときは、その状況の概要を学校歯科医執務記録簿に記入して校長に提出するものとする。

（学校薬剤師の職務執行の準則）
第二十四条　学校薬剤師の職務執行の準則は、次の各号に掲げるとおりとする。
一　学校保健計画及び学校安全計画の立案に参与すること。
二　第一条の環境衛生検査に従事すること。
三　学校の環境衛生の維持及び改善に関し、必要な指導及び助言を行うこと。
四　法第八条の健康相談に従事すること。
五　法第九条の保健指導に従事すること。
六　学校において使用する医薬品、毒物、劇物並びに保健管理に必要な用具及び材料の管理に関し必要な指導及び助言を行い、及びこれらのものについて必要に応じ試験、検査又は鑑定を行うこと。
七　前各号に掲げるもののほか、必要に応じ、学校における保健管理に関する専門的事項に関する技術及び指導に従事すること。
2　学校薬剤師は、前項の職務に従事したときは、その状況の概要を学校薬剤師執務記録簿に記入して校長に提出するものとする。

第五章　国の補助

（児童生徒数の配分の基礎となる資料の提出）
第二十五条　都道府県の教育委員会は、毎年度、七月一日現在において当該都道府県立の小学校、中学校及び義務教育学校並びに中等教育学校の前期課程又は特別支援学校の小学部及び中学部の児童及び生徒のうち教育扶助（生活保護法（昭和二十五年法律第百四十四号）に規定する教育扶助をいう。以下同じ。）を受けている者の総数を、第三号様式により一月十日までに文部科学大臣に報告しなければならない。
2　市町村の教育委員会は、毎年度、七月一日現在において当該市町村立の小学校、中学校及び義務教育学校並びに中等教育学校の前期課程又は特別支援学校の小学部及び中学部の児童及び生徒のうち教育扶助を受けている者の総数を、第四号様式により十二月二十日までに都道府県の教育委員会に報告しなければならない。
3　都道府県の教育委員会は、前項の規定により市町村の教育委員会から報告を受けたときは、これを第五号様式により一月十日までに文部科学大臣に報告しなければならない。

（児童生徒数の配分方法）
第二十六条　令第十条第三項の規定により都道府県の教育委員会が行う配分は、付録の算式により算定した数を基準として行うものとする。

（配分した児童生徒数の通知）
第二十七条　都道府県の教育委員会は、令第十条第三項及び前条の規定により各市町村ごとの小学校、中学校及び義務教育学校並びに中等教育学校の前期課程又は特別支援学校の小学部及び中学部の児童及び生徒の被患者の延数の配分を行つたときは、文部科学大臣に対しては第六号様式により、各市町村の教育委員会に対しては第七号様式によりすみやかにこれを通知しなければならない。

第六章　安全点検等

（安全点検）
第二十八条　法第二十七条の安全点検は、他の法令に基づくもののほか、毎学期一回以上、児童生徒等が通常使用する施設及び設備の異常の有無について系統的に行わなければならない。
2　学校においては、必要があるときは、臨時に、安全点検を行うものとする。

（日常における環境の安全）
第二十九条　学校においては、前条の安全点検のほか、設備等について日常的な点検を行い、環境の安全の確保を図らなければならない。

（自動車を運行する場合の所在の確認）
第二十九条の二　学校においては、児童生徒等の通学、校外における学習のための移動その他の児童生徒等の移動のために自動車を運行するときは、児童生徒等の乗車及び降車の際に、点呼その他の児童生徒等の所在を確実に把握することができる方法により、児童生徒等の所在を確認しなければならない。
2　幼稚園及び特別支援学校においては、通学を目的とした自動車（運転者席及びこれと並列の座席並びにこれらより一つ後方に備えられた前向きの座席以外の座席を有しないものその他利用の態様を勘案してこれと同程度に児童生徒等の見落としのおそれが少ないと認められるものを除く。）を運行するときは、当該自動車にブザーその他の車内の児童生徒等の見落としを防止する装置を備え、これを用いて前項に定める所在の確認（児童生徒等の自動車からの降車の際に限る。）を行わなければならない。

第七章　雑則

（専修学校）
第三十条　第一条、第二条、第五条、第六条（同条第三項及び第四項については、大学に関する部分に限る。）、第七条（同条第六項については、大学に関する部分に限る。）、第八条、第九条（同条第一項については、学生に関する部分に限る。）、第十条、第十一条（大学に関する部分に限る。）、第二十二条から第二十一条まで、第二十八条、第二十九条及び前条第一項の規定は、専修学校に準用する。この場合において、第五条第一項中「六月三十日までに」とあるのは「当該学年の始期から起算して三月以内に」と、第七条第八項中「学校医又は学校歯科医」とあるのは「医師」と、第九条第二項中「学校医その他の医師」とあるのは「医師」と、第十二条中「第五条」とあるのは「第三十条において準用する第五条」と、第十九条第二号、第三号及び第四号中「学校医その他の医師」と、とあるのは「医師」と、第十九条第五号及び第六号並びに第二十一条第一項中「学校医」とあるのは「医師」とそれぞれ読み替えるものとする。

2　第二十二条の規定は、専修学校の医師の職務執行の準則について準用する。

附　則（抄）

（施行期日）

1　この省令〔中略〕は公布の日から施行する。

別表第一

区分		内容
生活規正の面	A（要休業）	授業を休む必要のあるもの
	B（要軽業）	授業に制限を加える必要のあるもの
	C（要注意）	授業をほぼ平常に行つてよいもの
	D（健康）	全く平常の生活でよいもの
医療の面	1（要医療）	医師による直接の医療行為を必要とするもの
	2（要観察）	医師による直接の医療行為を必要としないが、定期的に医師の観察指導を必要とするもの
	3（健康）	医師による直接、間接の医療行為を全く必要としないもの

別表第二

区分		内容
生活規正の面	A（要休業）	勤務を休む必要のあるもの
	B（要軽業）	勤務に制限を加える必要のあるもの
	C（要注意）	勤務をほぼ平常に行つてよいもの
	D（健康）	全く平常の生活でよいもの
医療の面	1（要医療）	医師による直接の医療行為を必要とするもの
	2（要観察）	医師による直接の医療行為を必要としないが、定期的に医師の観察指導を必要とするもの
	3（健康）	医師による直接、間接の医療行為を全く必要としないもの

付録

$X \times \frac{p}{P}$

Xは、令第十条第三項の別表ロに掲げる算式により算定した小学校、中学校及び義務教育学校並びに中等教育学校の前期課程又は特別支援学校の小学部及び中学部の児童及び生徒の被患者の延数

Pは、前年度の七月一日現在において当該都道府県の区域内の市町村立の小学校、中学校及び義務教育学校並びに中等教育学校の前期課程又は特別支援学校の小学部及び中学部の児童及び生徒のうち教育扶助を受けている者の総数

pは、前年度の七月一日現在において当該市町村立の小学校、中学校及び義務教育学校並びに中等教育学校の前期課程又は特別支援学校の小学部及び中学部の児童及び生徒のうち教育扶助を受けている者の総数

様式〔略〕

○学校環境衛生基準（抄）

平成二一・三・三一
文科告示六〇

最終改正　令和四・三・三一文科告示六〇

第一　教室等の環境に係る学校環境衛生基準

1　教室等の環境（換気、保温、採光、照明、騒音等の環境をいう。以下同じ。）に係る学校環境衛生基準は、次表の左欄に掲げる検査項目ごとに、同表の右欄のとおりとする。

	検査項目	基準
換気及び保温等	(1) 換気	換気の基準として、二酸化炭素は、1500ppm以下であることが望ましい。
	(2) 温度	18℃以上、28℃以下であることが望ましい。
	(3) 相対湿度	30%以上、80%以下であることが望ましい。
	(4) 浮遊粉じん	0.10mg／m³以下であること。
	(5) 気流	0.5m／秒以下であることが望ましい。
	(6) 一酸化炭素	6ppm以下であること。
	(7) 二酸化窒素	0.06ppm以下であることが望ましい。
	(8) 揮発性有機化合物	
	ア．ホルムアルデヒド	100μg／m³以下であること。
	イ．トルエン	260μg／m³以下であること。
	ウ．キシレン	200μg／m³以下であること。
	エ．パラジクロロベンゼン	240μg／m³以下であること。
	オ．エチルベンゼン	3800μg／m³以下であること。
	カ．スチレン	220μg／m³以下であること。
	(9) ダニ又はダニアレルゲン	100匹／m²以下又はこれと同等のアレルゲン量以下であること。
採光及び照明	(10) 照度	(ア) 教室及びそれに準ずる場所の照度の下限値は、300lx（ルクス）とする。また、教室及び黒板の照度は、500lx以上であることが望ましい。 (イ) 教室及び黒板のそれぞれの最大照度と最小照度の比は、20：1を超えないこと。また、10：1を超えないことが望ましい。 (ウ) コンピュータを使用する教室等の机上の照度は、500～1000lx程度が望ましい。 (エ) テレビやコンピュータ等の画面の垂直面照度は、100～500lx程度が望ましい。 (オ) その他の場所における照度は、産業標準化法（昭和24年法律第185号）に基づく日本産業規格（以下「日本産業規格」という。）Z9110に規定する学校施設の人工照明の照度基準に適合すること。
	(11) まぶしさ	(ア) 児童生徒等から見て、黒板の外側15°以内の範囲に輝きの強い光源（昼光の場合は窓）がないこと。 (イ) 見え方を妨害するような光沢が、黒板面及び机上面にないこと。 (ウ) 見え方を妨害するような電灯や明るい窓等が、テレビ及びコンピュータ等の画面に映じていないこと。
騒音	(12) 騒音レベル	教室内の等価騒音レベルは、窓を閉じているときはLAeq50dB（デシベル）以下、窓を開けているときはLAeq50dB以下であることが望ましい。

2　1の学校環境衛生基準の達成状況を調査するため、次表の左欄に掲げる検査項目ごとに、同表の右欄に掲げる方法又は

これと同等以上の方法により、検査項目(1)〜(7)及び(10)〜(12)については、毎学年二回、検査項目(8)及び(9)については、毎学年一回定期に検査を行うものとする。〔表略〕

第二　飲料水等の水質及び施設・設備に係る学校環境衛生基準〔略〕

第三　学校の清潔、ネズミ、衛生害虫等及び教室等の備品の管理に係る学校環境衛生基準〔略〕

第四　水泳プールに係る学校環境衛生基準〔略〕

第五　日常における環境衛生に係る学校環境衛生基準

1　学校環境衛生の維持を図るため、第一から第四に掲げる検査項目の定期的な環境衛生検査等のほか、次表の左欄に掲げる検査項目について、同表の右欄の基準のとおり、毎授業日に点検を行うものとする。

	検査項目	基準
教室等の環境	(1) 換気	(ア) 外部から教室に入ったとき、不快な刺激や臭気がないこと。 (イ) 換気が適切に行われていること。
	(2) 温度	18℃以上、28℃以下であることが望ましい。
	(3) 明るさとまぶしさ	(ア) 黒板面や机上等の文字、図形等がよく見える明るさがあること。 (イ) 黒板面、机上面及びその周辺に見え方を邪魔するまぶしさがないこと。 (ウ) 黒板面に光るような箇所がないこと。
	(4) 騒音	学習指導のための教師の声等が聞き取りにくいことがないこと。
飲料水等の水質及び施設・設備	(5) 飲料水の水質	(ア) 給水栓水については、遊離残留塩素が0.1mg／L以上保持されていること。ただし、水源が病原生物によって著しく汚染されるおそれのある場合には、遊離残留塩素が0.2mg／L以上保持されていること。 (イ) 給水栓水については、外観、臭気、味等に異常がないこと。 (ウ) 冷水器等飲料水を貯留する給水器具から供給されている水についても、給水栓水と同様に管理されていること。
	(6) 雑用水の水質	(ア) 給水栓水については、遊離残留塩素が0.1mg／L以上保持されていること。ただし、水源が病原生物によって著しく汚染されるおそれのある場合には、遊離残留塩素が0.2mg／L以上保持されていること。 (イ) 給水栓水については、外観、臭気に異常がないこと。
	(7) 飲料水等の施設・設備	(ア) 水飲み、洗口、手洗い場及び足洗い場並びにその周辺は、排水の状況がよく、清潔であり、その設備は破損や故障がないこと。 (イ) 配管、給水栓、給水ポンプ、貯水槽及び浄化設備等の給水施設・設備並びにその周辺は、清潔であること。
学校の清潔及びネズミ、衛生害虫等	(8) 学校の清潔	(ア) 教室、廊下等の施設及び机、いす、黒板等教室の備品等は、清潔であり、破損がないこと。 (イ) 運動場、砂場等は、清潔であり、ごみや動物の排泄物等がないこと。 (ウ) 便所の施設・設備は、清潔であり、破損や故障がないこと。 (エ) 排水溝及びその周辺は、泥や砂が堆積しておらず、悪臭がないこと。 (オ) 飼育動物の施設・設備は、清潔であり、破損がないこと。 (カ) ごみ集積場及びごみ容器等並びにその周辺は、清潔であること。
	(9) ネズミ、衛生害虫等	校舎、校地内にネズミ、衛生害虫等の生息が見られないこと。
	(10) プール水等	(ア) 水中に危険物や異常なものがないこと。 (イ) 遊離残留塩素は、プールの

水泳プールの管理		使用前及び使用中1時間ごとに1回以上測定し、その濃度は、どの部分でも0.4mg／L以上保持されていること。また、遊離残留塩素は1.0mg／L以下が望ましい。 (ウ) pH値は、プールの使用前に1回測定し、pH値が基準値程度に保たれていることを確認すること。 (エ) 透明度に常に留意し、プール水は、水中で3m離れた位置からプールの壁面が明確に見える程度に保たれていること。
	(11) 附属施設・設備等	プールの附属施設・設備、浄化設備及び消毒設備等は、清潔であり、破損や故障がないこと。

2 点検は、官能法によるもののほか、第一から第四に掲げる検査方法に準じた方法で行うものとする。

第六 雑則

1 学校においては、次のような場合、必要があるときは、臨時に必要な検査を行うものとする。

(1) 感染症又は食中毒の発生のおそれがあり、また、発生したとき。

(2) 風水害等により環境が不潔になり又は汚染され、感染症の発生のおそれがあるとき。

(3) 新築、改築、改修等及び机、いす、コンピュータ等新たな学校用備品の搬入等により揮発性有機化合物の発生のおそれがあるとき。

(4) その他必要なとき。

2 臨時に行う検査は、定期に行う検査に準じた方法で行うものとする。

3 定期及び臨時に行う検査の結果に関する記録は、検査の日から五年間保存するものとする。また、毎授業日に行う点検の結果は記録するよう努めるとともに、その記録を点検日から三年間保存するよう努めるものとする。

4 検査に必要な施設・設備等の図面等の書類は、必要に応じて閲覧できるように保存するものとする。

○予防接種法（抄）

昭二三・六・三〇
法　六　八

最終改正 令和五・五・一九法三一

第一章 総則

（目的）

第一条 この法律は、伝染のおそれがある疾病の発生及びまん延を予防するために公衆衛生の見地から予防接種の実施その他必要な措置を講ずることにより、国民の健康の保持に寄与するとともに、予防接種による健康被害の迅速な救済を図ることを目的とする。

（定義）

第二条 この法律において「予防接種」とは、疾病に対して免疫の効果を得させるため、疾病の予防に有効であることが確認されているワクチンを、人体に注射し、又は接種することをいう。

2 この法律において「A類疾病」とは、次に掲げる疾病をいう。

一 ジフテリア
二 百日せき
三 急性灰白髄炎
四 麻しん
五 風しん
六 日本脳炎
七 破傷風
八 結核
九 Hib感染症
十 肺炎球菌感染症（小児がかかるものに限る。）
十一 ヒトパピローマウイルス感染症
十二 新型インフルエンザ等感染症（感染症の予防及び感染

症の患者に対する医療に関する法律（平成十年法律第百十四号。以下「感染症法」という。）第六条第七項に規定する新型インフルエンザ等感染症をいう。次項第二号及び第二十九条第一項第一号において同じ。）、指定感染症（感染症法第六条第八項に規定する指定感染症をいう。次項第二号及び第二十九条第一項第二号において同じ。）又は新感染症（感染症法第六条第九項に規定する新感染症をいう。次項第二号及び第二十九条第一項第三号において同じ。）であって、その全国的かつ急速なまん延により国民の生命及び健康に重大な影響を与えるおそれがあると認められる疾病として政令で定める疾病

十三　前各号に掲げる疾病のほか、人から人に伝染することによるその発生及びまん延を予防するため、又はかかった場合の病状の程度が重篤になり、若しくは重篤になるおそれがあることからその発生及びまん延を予防するため特に予防接種を行う必要があると認められる疾病として政令で定める疾病

3　この法律において「B類疾病」とは、次に掲げる疾病をいう。

一　インフルエンザ

二　新型インフルエンザ等感染症、指定感染症又は新感染症であって政令で定める疾病

三　前二号に掲げる疾病のほか、個人の発病又はその重症化を防止し、併せてこれによりそのまん延の予防に資するため特に予防接種を行う必要があると認められる疾病として政令で定める疾病

4　この法律において「定期の予防接種」とは、第五条第一項の規定による予防接種をいう。

5　この法律において「臨時の予防接種」とは、第六条第一項から第三項までの規定による予防接種をいう。

6　この法律において「定期の予防接種等」とは、定期の予防接種又は臨時の予防接種をいう。

7　この法律において「保護者」とは、親権を行う者又は後見人をいう。

第二章　予防接種基本計画等〔略〕

第三章　定期の予防接種等の実施

（市町村長が行う予防接種）

第五条　市町村長は、A類疾病及びB類疾病のうち政令で定めるものについて、当該市町村の区域内に居住する者であって政令で定めるものに対し、保健所長（特別区及び地域保健法（昭和二十二年法律第百一号）第五条第一項の規定に基づく政令で定める市（第十条において「保健所を設置する市」という。）にあっては、都道府県知事）の指示を受け期日又は期間を指定して、予防接種を行わなければならない。

2　都道府県知事は、前項に規定する疾病のうち政令で定めるものについて、当該疾病の発生状況等を勘案して、当該都道府県の区域のうち当該疾病に係る予防接種を行う必要がないと認められる区域を指定することができる。

3　前項の規定による指定があったときは、その区域の全部が当該指定に係る区域に含まれる市町村の長は、第一項の規定にかかわらず、当該指定に係る疾病について予防接種を行うことを要しない。

（臨時に行う予防接種）

第六条　都道府県知事は、A類疾病及びB類疾病のうち厚生労働大臣が定めるもののまん延予防上緊急の必要があると認めるときは、その対象者及びその期日又は期間を指定して、臨時に予防接種を行い、又は市町村長に行うよう指示することができる。

2　厚生労働大臣は、前項に規定する疾病のまん延予防上緊急の必要があると認めるときは、その対象者及びその期日又は期間を指定して、都道府県知事に対し、又は都道府県知事を通じて市町村長に対し、臨時に予防接種を行わせることができる。

3　厚生労働大臣は、A類疾病のうち当該疾病の全国的かつ急速なまん延により国民の生命及び健康に重大な影響を与えるおそれがあると認められるものとして厚生労働大臣が定めるもののまん延予防上緊急の必要があると認めるときは、その対象者及びその期日又は期間を指定して、都道府県知事に対し、又は都道府県知事を通じて市町村長に対し、臨時に予防接種を行うよう指示することができる。

4　市町村長が前二項の規定による予防接種を行う場合において、都道府県知事は、当該都道府県の区域内で円滑に当該予防接種が行われるよう、当該市町村長に対し、必要な協力をするものとする。

（予防接種を行ってはならない場合）

第七条　市町村長又は都道府県知事は、定期の予防接種等を行うに当たっては、当該定期の予防接種等を受けようとする者について、厚生労働省令で定める方法により健康状態を調べ、当該定期の予防接種等を受けることが適当でない者として厚生労働省令で定めるものに該当すると認めるときは、その者に対して当該定期の予防接種等を行ってはならない。

（予防接種の勧奨）

第八条　市町村長又は都道府県知事は、定期の予防接種であってA類疾病に係るもの又は臨時の予防接種の対象者に対し、これらの予防接種を受けることを勧奨するものとする。

2　市町村長又は都道府県知事は、前項の対象者が十六歳未満の者又は成年被後見人であるときは、その保護者に対し、その者に定期の予防接種であってA類疾病に係るもの又は臨時の予防接種を受けさせることを勧奨するものとする。

（予防接種を受ける努力義務）

第九条　定期の予防接種であってA類疾病に係るもの又は臨時の予防接種（B類疾病のうち当該疾病にかかった場合の病状の程度を考慮して厚生労働大臣が定めるもの（第二十四条第六号及び第二十八条において「特定B類疾病」という。）に係るものを除く。次項及び次条において同じ。）の対象者は、これらの予防接種を受けるよう努めなければならない。

2　前項の対象者が十六歳未満の者又は成年被後見人であるときは、その保護者は、その者に定期の予防接種であってA類疾病に係るもの又は臨時の予防接種を受けさせるため必要な措置を講ずるよう努めなければならない。

（予防接種の勧奨及び予防接種を受ける努力義務に関する規定の適用除外）

第九条の二 臨時の予防接種については、前二条の規定は、その対象とする疾病のまん延の状況並びに当該疾病に係る予防接種の有効性及び安全性に関する情報その他の情報を踏まえ、政令で、当該規定ごとに対象者を指定して適用しないこととすることができる。

第九条の三・第九条の四〔略〕

（保健所長への委任）

第十条 都道府県知事又は保健所を設置する市若しくは特別区の長は、定期の予防接種等の実施事務を保健所長に委任することができる。

（政令及び厚生労働省令への委任）

第十一条 この章に規定するもののほか、予防接種の実施に係る公告及び周知に関して必要な事項は政令で、その他予防接種の実施に関して必要な事項は、厚生労働省令で定める。

第四章 定期の予防接種等の適正な実施のための措置〔略〕

第五章 定期の予防接種等による健康被害の救済措置

（健康被害の救済措置）

第十五条 市町村長は、当該市町村の区域内に居住する間に定期の予防接種等を受けた者が、疾病にかかり、障害の状態となり、又は死亡した場合において、当該疾病、障害又は死亡が当該定期の予防接種等を受けたことによるものであると厚生労働大臣が認定したときは、次条及び第十七条に定めるところにより、給付を行う。

2 厚生労働大臣は、前項の認定を行うに当たっては、審議会等（国家行政組織法（昭和二十三年法律第百二十号）第八条に規定する機関をいう。）で政令で定めるものの意見を聴かなければならない。

（給付の範囲）

第十六条 A類疾病に係る定期の予防接種等又はB類疾病に係る臨時の予防接種を受けたことによる疾病、障害又は死亡について行う前条第一項の規定による給付は、次の各号に掲げるとおりとし、それぞれ当該各号に定める者に対して行う。

一 医療費及び医療手当 予防接種を受けたことによる疾病について医療を受ける者

二 障害児養育年金 予防接種を受けたことにより政令で定める程度の障害の状態にある十八歳未満の者を養育する者

三 障害年金 予防接種を受けたことにより政令で定める程度の障害の状態にある十八歳以上の者

四 死亡一時金 予防接種を受けたことにより死亡した者の政令で定める遺族

五 葬祭料 予防接種を受けたことにより死亡した者の葬祭を行う者

2 B類疾病に係る定期の予防接種を受けたことによる疾病、障害又は死亡について行う前条第一項の規定による給付は、次の各号に掲げるとおりとし、それぞれ当該各号に定める者に対して行う。

一 医療費及び医療手当 予防接種を受けたことによる疾病について政令で定める程度の医療を受ける者

二 障害児養育年金 予防接種を受けたことにより政令で定める程度の障害の状態にある十八歳未満の者を養育する者

三 障害年金 予防接種を受けたことにより政令で定める程度の障害の状態にある十八歳以上の者

四 遺族年金又は遺族一時金 予防接種を受けたことにより死亡した者の政令で定める遺族

五 葬祭料 予防接種を受けたことにより死亡した者の葬祭を行う者

（政令への委任等）

第十七条 前条に定めるもののほか、第十五条第一項の規定による給付（以下「給付」という。）の額、支給方法その他給付に関して必要な事項は、政令で定める。

2 前条第二項第一号から第四号までの政令及び同項の規定による給付に係る前項の規定に基づく政令は、独立行政法人医薬品医療機器総合機構法（平成十四年法律第百九十二号）第十五条第一項第一号イに規定する副作用救済給付に係る同法第十六条第一項第一号から第四号までの政令及び同条第三項の規定に基づく政令の規定を参酌して定めるものとする。

（損害賠償との調整）

第十八条 市町村長は、給付を受けるべき者が同一の事由について損害賠償を受けたときは、その価額の限度において、給付を行わないことができる。

2 市町村長は、給付を受けた者が同一の事由について損害賠償を受けたときは、その価額の限度において、その受けた給付の額に相当する金額を返還させることができる。

（不正利得の徴収）

第十九条 市町村長は、偽りその他不正の手段により給付を受けた者があるときは、国税徴収の例により、その者から、その受けた給付の額に相当する金額の全部又は一部を徴収することができる。

2 前項の規定による徴収金の先取特権の順位は、国税及び地方税に次ぐものとする。

（受給権の保護）

第二十条 給付を受ける権利は、譲り渡し、担保に供し、又は差し押さえることができない。

（公課の禁止）

第二十一条 租税その他の公課は、給付として支給を受けた金銭を標準として、課することができない。

第六章 雑則

（国等の責務）

第二十三条 国は、国民が正しい理解の下に予防接種を受けるよう、予防接種に関する啓発及び知識の普及を図るものとする。

2 国は、予防接種の円滑かつ適正な実施を確保するため、予防接種の研究開発の推進及びワクチンの供給の確保等必要な措置を講ずるものとする。

3 国は、予防接種による健康被害の発生を予防するため、予防接種事業に従事する者に対する研修の実施等必要な措置を講ずるものとする。

4　国は、予防接種による免疫の獲得の状況に関する調査、予防接種による健康被害の発生状況に関する調査その他予防接種の有効性及び安全性の向上を図るために必要な調査及び研究を行うものとする。

5　病院又は診療所の開設者、医師、ワクチン製造販売業者、予防接種を受けた者又はその保護者その他の関係者は、前各項の国の責務の遂行に必要な協力をするよう努めるものとする。

（厚生科学審議会の意見の聴取）

第二十四条　厚生労働大臣は、次に掲げる場合には、あらかじめ、厚生科学審議会の意見を聴かなければならない。

一　第二条第二項第十二号及び第十三号並びに第三項第二号及び第三号、第五条第一項及び第二項並びに第九条の二の政令の制定又は改廃の立案をしようとするとき。

二　予防接種基本計画及び個別予防接種推進指針を定め、又は変更しようとするとき。

三　第六条第一項及び第三項に規定する疾病を定めようとするとき。

四　第六条第二項及び第三項の規定による指示をしようとするとき。

五　第七条の定期の予防接種等を受けることが適当でない者を定める厚生労働省令、第十一条の厚生労働省令（医学的知見に基づき定めるべき事項に限る。）及び第十二条第一項の定期の予防接種等を受けたことによるものと疑われる症状を定める厚生労働省令を制定し、又は改廃しようとするとき。

六　特定B類疾病を定めようとするとき。

（実費の徴収）

第二十八条　定期の予防接種又は臨時の予防接種（特定B類疾病に係るものに限る。）を行った者は、予防接種を受けた者又はその保護者から、政令の定めるところにより、実費を徴収することができる。ただし、これらの者が、経済的理由により、その費用を負担することができないと認めるときはこの限りでない。

（事務の区分）

第三十条　第六条、第九条の三（臨時の予防接種に係る部分に限る。以下同じ。）及び第九条の四（臨時の予防接種に係る部分に限る。以下同じ。）の規定により都道府県が処理することとされている事務並びに第六条第一項から第三項まで、第九条の三、第九条の四、第十五条第一項、第十八条及び第十九条第一項の規定により市町村が処理することとされている事務は、地方自治法（昭和二十二年法律第六十七号）第二条第九項第一号に規定する第一号法定受託事務とする。

附　則（抄）

（施行期日）

第一条　この法律は、昭和二十三年七月一日から、これを施行する。ただし、第十三条及び第十四条の規定施行の期日は、昭和二十四年六月三十日までの間において、各規定につき政令でこれを定める。

○感染症の予防及び感染症の患者に対する医療に関する法律等の一部を改正する法律（抄）

令和四・一二・九
法　九　六

第六条　予防接種法の一部を次のように改正する。

第二条第二項第十二号中「第二十九条第一項第一号」を「第五十三条第一項第一号」に、「第二十九条第一項第二号」を「第五十三条第一項第二号」に、「第二十九条第一項第三号」を「第五十三条第一項第三号」に改める。

第九条第一項中「第二十四条第六号及び第二十八条」を「第四十八条第六号及び第五十二条」に改める。

第三十条中「第六条、」の下に「第六条の二第一項（臨時の予防接種に係る部分に限る。以下同じ。）、第七条の二（臨時の予防接種に係る部分に限る。以下同じ。）」を、「から第三項まで」の下に「、第六条の二第一項、第七条の二」を加え、同条を第五十六条とし、第二十九条を第五十三条と〔中略〕する。

第二十八条を第五十二条とする。

第二十四条に次の一号を加える。

七　第二十四条第一項の規定により匿名予防接種等関連情報を提供しようとするとき。

第二十四条を第四十八条とする。

第二十三条第四項中「国は」の下に「、第二十三条第一項に定めるもののほか」を加え、同条を第四十七条とする。

附　則（抄）

（施行期日）

第一条　この法律は、令和六年四月一日から施行する。ただし、次の各号に掲げる規定は、当該各号に定める日から施行する。

一〜三　〔略〕

四　第六条〔中略〕の規定〔中略〕公布の日から起算して三年六月を超えない範囲内において政令で定める日

○医療的ケア児及びその家族に対する支援に関する法律

令和三・六・一八
法　八　一

第一章　総則

（目的）

第一条　この法律は、医療技術の進歩に伴い医療的ケア児が増加するとともにその実態が多様化し、医療的ケア児及びその家族が個々の医療的ケア児の心身の状況等に応じた適切な支援を受けられるようにすることが重要な課題となっていることに鑑み、医療的ケア児及びその家族に対する支援に関し、基本理念を定め、国、地方公共団体等の責務を明らかにするとともに、保育及び教育の拡充に係る施策その他必要な施策並びに医療的ケア児支援センターの指定等について定めることにより、医療的ケア児の健やかな成長を図るとともに、その家族の離職の防止に資し、もって安心して子どもを生み、育てることができる社会の実現に寄与することを目的とする。

（定義）

第二条　この法律において「医療的ケア」とは、人工呼吸器による呼吸管理、喀痰吸引その他の医療行為をいう。

2　この法律において「医療的ケア児」とは、日常生活及び社会生活を営むために恒常的に医療的ケアを受けることが不可欠である児童（十八歳未満の者及び十八歳以上の者であって高等学校等（学校教育法（昭和二十二年法律第二十六号）に規定する高等学校、中等教育学校の後期課程及び特別支援学校の高等部をいう。次条第三項及び第十四条第一項第一号において同じ。）に在籍するものをいう。次条第二項において同じ。）をいう。

（基本理念）

第三条　医療的ケア児及びその家族に対する支援は、医療的ケア児の日常生活及び社会生活を社会全体で支えることを旨として行われなければならない。

2　医療的ケア児及びその家族に対する支援は、医療的ケア児が医療的ケア児でない児童と共に教育を受けられるよう最大限に配慮しつつ適切に教育に係る支援が行われる等、個々の医療的ケア児の年齢、必要とする医療的ケアの種類及び生活の実態に応じて、かつ、医療、保健、福祉、教育、労働等に関する業務を行う関係機関及び民間団体相互の緊密な連携の下に、切れ目なく行われなければならない。

3　医療的ケア児及びその家族に対する支援は、医療的ケア児が十八歳に達し、又は高等学校等を卒業した後も適切な保健医療サービス及び福祉サービスを受けながら日常生活及び社会生活を営むことができるようにすることにも配慮して行われなければならない。

4　医療的ケア児及びその家族に対する支援に係る施策を講ずるに当たっては、医療的ケア児及びその保護者（親権を行う者、未成年後見人その他の者で、医療的ケア児を現に監護するものをいう。第十条第二項において同じ。）の意思を最大限に尊重しなければならない。

5　医療的ケア児及びその家族に対する支援に係る施策を講ずるに当たっては、医療的ケア児及びその家族がその居住する地域にかかわらず等しく適切な支援を受けられるようにすることを旨としなければならない。

（国の責務）

第四条　国は、前条の基本理念（以下単に「基本理念」という。）にのっとり、医療的ケア児及びその家族に対する支援に係る施策を総合的に実施する責務を有する。

（地方公共団体の責務）

第五条　地方公共団体は、基本理念にのっとり、国との連携を図りつつ、自主的かつ主体的に、医療的ケア児及びその家族に対する支援に係る施策を実施する責務を有する。

（保育所の設置者等の責務）

第六条　保育所（児童福祉法（昭和二十二年法律第百六十四号）第三十九条第一項に規定する保育所をいう。以下同じ。）の設置者、認定こども園（就学前の子どもに関する教育、保育等の総合的な提供の推進に関する法律（平成十八年法律第七十七号）第二条第六項に規定する認定こども園をいい、保育所又は学校教育法第一条に規定する幼稚園であるものを除く。以下同じ。）の設置者及び家庭的保育事業等（児童福祉法第六条の三第九項に規定する家庭的保育事業、同条第十項に規定する小規模保育事業及び同条第十二項に規定する事業所内保育事業をいう。以下この項及び第九条第二項において同じ。）を営む者は、基本理念にのっとり、その設置する保育所若しくは認定こども園に在籍し、又は当該家庭的保育事業等を利用している医療的ケア児に対し、適切な支援を行う責務を有する。

2　放課後児童健全育成事業（児童福祉法第六条の三第二項に規定する放課後児童健全育成事業をいう。以下この項及び第九条第三項において同じ。）を行う者は、基本理念にのっとり、当該放課後児童健全育成事業を利用している医療的ケア児に対し、適切な支援を行う責務を有する。

（学校の設置者の責務）

第七条　学校（学校教育法第一条に規定する幼稚園、小学校、中学校、義務教育学校、高等学校、中等教育学校及び特別支援学校をいう。以下同じ。）の設置者は、基本理念にのっとり、その設置する学校に在籍する医療的ケア児に対し、適切な支援を行う責務を有する。

（法制上の措置等）

第八条　政府は、この法律の目的を達成するため、必要な法制上又は財政上の措置その他の措置を講じなければならない。

第二章　医療的ケア児及びその家族に対する支援に係る施策

（保育を行う体制の拡充等）

第九条　国及び地方公共団体は、医療的ケア児に対して保育を行う体制の拡充が図られるよう、子ども・子育て支援法（平成二十四年法律第六十五号）第五十九条の二第一項の仕事・子育て両立支援事業における医療的ケア児に対する支援についての検討、医療的ケア児が在籍する保育所、認定こども園等に対する支援その他の必要な措置を講ずるものとする。

２　保育所の設置者、認定こども園の設置者及び家庭的保育事業等を営む者は、その設置する保育所若しくは認定こども園に在籍し、又は当該家庭的保育事業等を利用している医療的ケア児が適切な医療的ケアその他の支援を受けられるようにするため、保健師、助産師、看護師若しくは准看護師（次項並びに次条第二項及び第三項において「看護師等」という。）又は喀痰吸引等（社会福祉士及び介護福祉士法（昭和六十二年法律第三十号）第二条第二項に規定する喀痰吸引等をいう。次条第三項において同じ。）を行うことができる保育士若しくは保育教諭の配置その他の必要な措置を講ずるものとする。

３　放課後児童健全育成事業を行う者は、当該放課後児童健全育成事業を利用している医療的ケア児が適切な医療的ケアその他の支援を受けられるようにするため、看護師等の配置その他の必要な措置を講ずるものとする。

（教育を行う体制の拡充等）

第十条　国及び地方公共団体は、医療的ケア児に対して教育を行う体制の拡充が図られるよう、医療的ケア児が在籍する学校に対する支援その他の必要な措置を講ずるものとする。

２　学校の設置者は、その設置する学校に在籍する医療的ケア児が保護者の付添いがなくても適切な医療的ケアその他の支援を受けられるようにするため、看護師等の配置その他の必要な措置を講ずるものとする。

３　国及び地方公共団体は、看護師等のほかに学校において医療的ケアを行う人材の確保を図るため、介護福祉士その他の喀痰吸引等を行うことができる者を学校に配置するための環境の整備その他の必要な措置を講ずるものとする。

（日常生活における支援）

第十一条　国及び地方公共団体は、医療的ケア児及びその家族が、個々の医療的ケア児の年齢、必要とする医療的ケアの種類及び生活の実態に応じて、医療的ケアの実施その他の日常生活において必要な支援を受けられるようにするため必要な措置を講ずるものとする。

（相談体制の整備）

第十二条　国及び地方公共団体は、医療的ケア児及びその家族その他の関係者からの各種の相談に対し、個々の医療的ケア児の特性に配慮しつつ総合的に応ずることができるようにするため、医療、保健、福祉、教育、労働等に関する業務を行う関係機関及び民間団体相互の緊密な連携の下に必要な相談体制の整備を行うものとする。

（情報の共有の促進）

第十三条　国及び地方公共団体は、個人情報の保護に十分配慮しつつ、医療、保健、福祉、教育、労働等に関する業務を行う関係機関及び民間団体が行う医療的ケア児に対する支援に資する情報の共有を促進するため必要な措置を講ずるものとする。

第三章　医療的ケア児支援センター等

（医療的ケア児支援センター等）

第十四条　都道府県知事は、次に掲げる業務を、社会福祉法人その他の法人であって当該業務を適正かつ確実に行うことができると認めて指定した者（以下「医療的ケア児支援センター」という。）に行わせ、又は自ら行うことができる。

一　医療的ケア児（十八歳に達し、又は高等学校等を卒業したことにより医療的ケア児でなくなった後も医療的ケアを受ける者のうち引き続き雇用又は障害福祉サービスの利用に係る相談支援を必要とする者を含む。以下この条及び附則第二条第二項において同じ。）及びその家族その他の関係者に対し、専門的に、その相談に応じ、又は情報の提供若しくは助言その他の支援を行うこと。

二　医療、保健、福祉、教育、労働等に関する業務を行う関係機関及び民間団体並びにこれに従事する者に対し医療的ケアについての情報の提供及び研修を行うこと。

三　医療的ケア児及びその家族に対する支援に関して、医療、保健、福祉、教育、労働等に関する業務を行う関係機関及び民間団体との連絡調整を行うこと。

四　前三号に掲げる業務に附帯する業務

２　前項の規定による指定は、当該指定を受けようとする者の申請により行う。

３　都道府県知事は、第一項に規定する業務を医療的ケア児支援センターに行わせ、又は自ら行うに当たっては、地域の実情を踏まえつつ、医療的ケア児及びその家族その他の関係者がその身近な場所において必要な支援を受けられるよう適切な配慮をするものとする。

（秘密保持義務）

第十五条　医療的ケア児支援センターの役員若しくは職員又はこれらの職にあった者は、職務上知ることのできた個人の秘密を漏らしてはならない。

（報告の徴収等）

第十六条　都道府県知事は、医療的ケア児支援センターの第十四条第一項に規定する業務の適正な運営を確保するため必要があると認めるときは、当該医療的ケア児支援センターに対し、その業務の状況に関し必要な報告を求め、又はその職員に、当該医療的ケア児支援センターの事業所若しくは事務所に立ち入らせ、その業務の状況に関し必要な調査若しくは質問をさせることができる。

２　前項の規定により立入調査又は質問をする職員は、その身分を示す証明書を携帯し、関係者の請求があるときは、これを提示しなければならない。

３　第一項の規定による立入調査及び質問の権限は、犯罪捜査のために認められたものと解釈してはならない。

（改善命令）

第十七条　都道府県知事は、医療的ケア児支援センターが第十四条第一項に規定する業務の適正な運営を確保するため必要があると認めるときは、当該医療的ケア児支援センターに対し、その改善のために必要な措置をとるべきことを命ずることができる。

（指定の取消し）

第十八条　都道府県知事は、医療的ケア児支援センターが第十六条第一項の規定による報告をせず、若しくは虚偽の報告をし、若しくは同項の規定による立入調査を拒み、妨げ、若しくは忌避し、若しくは質問に対して答弁をせず、若しくは虚偽の答弁をした場合において、その業務の状況の把握に著しい支障が生じたとき又は医療的ケア児支援センターが前条の規定による命令に違反したときは、その指定を取り消すことができる。

第四章　補則

（広報啓発）

第十九条　国及び地方公共団体は、医療的ケア児及びその家族に対する支援の重要性等について国民の理解を深めるため、学校、地域、家庭、職域その他の様々な場を通じて、必要な広報その他の啓発活動を行うものとする。

（人材の確保）

第二十条　国及び地方公共団体は、医療的ケア児及びその家族がその居住する地域にかかわらず等しく適切な支援を受けられるよう、医療的ケア児に対し医療的ケアその他の支援を行うことができる人材を確保するため必要な措置を講ずるものとする。

（研究開発等の推進）

第二十一条　国及び地方公共団体は、医療的ケアを行うために用いられる医療機器の研究開発その他医療的ケア児の支援のために必要な調査研究が推進されるよう必要な措置を講ずるものとする。

附　則

（施行期日）

第一条　この法律は、公布の日から起算して三月を経過した日から施行する。

（検討）

第二条　この法律の規定については、この法律の施行後三年を目途として、この法律の実施状況等を勘案して検討が加えられ、その結果に基づいて必要な措置が講ぜられるものとする。

2　政府は、医療的ケア児の実態を把握するための具体的な方策について検討を加え、その結果に基づいて必要な措置を講ずるものとする。

3　政府は、災害時においても医療的ケア児が適切な医療的ケアを受けることができるようにするため、災害時における医療的ケア児に対する支援の在り方について検討を加え、その結果に基づいて必要な措置を講ずるものとする。

○食育基本法

平成一七・六・一七
法　　六　　三

最終改正　平成二七・九・一一法六六

二十一世紀における我が国の発展のためには、子どもたちが健全な心と身体を培い、未来や国際社会に向かって羽ばたくことができるようにするとともに、すべての国民が心身の健康を確保し、生涯にわたって生き生きと暮らすことができるようにすることが大切である。

子どもたちが豊かな人間性をはぐくみ、生きる力を身に付けていくためには、何よりも「食」が重要である。今、改めて、食育を、生きる上での基本であって、知育、徳育及び体育の基礎となるべきものと位置付けるとともに、様々な経験を通じて「食」に関する知識と「食」を選択する力を習得し、健全な食生活を実践することができる人間を育てる食育を推進することが求められている。もとより、食育はあらゆる世代の国民に必要なものであるが、子どもたちに対する食育は、心身の成長及び人格の形成に大きな影響を及ぼし、生涯にわたって健全な心と身体を培い豊かな人間性をはぐくんでいく基礎となるものである。

一方、社会経済情勢がめまぐるしく変化し、日々忙しい生活を送る中で、人々は、毎日の「食」の大切さを忘れがちである。国民の食生活においては、栄養の偏り、不規則な食事、肥満や生活習慣病の増加、過度の痩身志向などの問題に加え、新たな「食」の安全上の問題や、「食」の海外への依存の問題が生じており、「食」に関する情報が社会に氾濫する中で、人々は、食生活の改善の面からも、「食」の安全の確保の面からも、自ら「食」のあり方を学ぶことが求められている。また、豊かな緑と水に恵まれた自然の下で先人からはぐくまれてきた、地域の多様性と豊かな味覚や文化の香りあふれる日本の「食」が失われる危機にある。

こうした「食」をめぐる環境の変化の中で、国民の「食」に関する考え方を育て、健全な食生活を実現することが求められるとともに、都市と農山漁村の共生・対流を進め、「食」に関する消費者と生産者との信頼関係を構築して、地域社会の活性化、豊かな食文化の継承及び発展、環境と調和のとれた食料の生産及び消費の推進並びに食料自給率の向上に寄与することが期待されている。

国民一人一人が「食」について改めて意識を高め、自然の恩恵や「食」に関わる人々の様々な活動への感謝の念や理解を深めつつ、「食」に関して信頼できる情報に基づく適切な判断を行う能力を身に付けることによって、心身の健康を増進する健全な食生活を実践するために、今こそ、家庭、学校、保育所、地域等を中心に、国民運動として、食育の推進に取り組んでいくことが、我々に課せられている課題である。さらに、食育の推進に関する我が国の取組が、海外との交流等を通じて食育に関して国際的に貢献することにつながることも期待される。

ここに、食育について、基本理念を明らかにしてその方向性を示し、国、地方公共団体及び国民の食育の推進に関する取組を総合的かつ計画的に推進するため、この法律を制定する。

第一章　総則

（目的）

第一条　この法律は、近年における国民の食生活をめぐる環境の変化に伴い、国民が生涯にわたって健全な心身を培い、豊かな人間性をはぐくむための食育を推進することが緊要な課題となっていることにかんがみ、食育に関し、基本理念を定め、及び国、地方公共団体等の責務を明らかにするとともに、食育に関する施策の基本となる事項を定めることにより、食育に関する施策を総合的かつ計画的に推進し、もって現在及び将来にわたる健康で文化的な国民の生活と豊かで活力ある社会の実現に寄与することを目的とする。

（国民の心身の健康の増進と豊かな人間形成）

第二条　食育は、食に関する適切な判断力を養い、生涯にわたって健全な食生活を実現することにより、国民の心身の健康の増進と豊かな人間形成に資することを旨として、行われなければならない。

（食に関する感謝の念と理解）

第三条　食育の推進に当たっては、国民の食生活が、自然の恩恵の上に成り立っており、また、食に関わる人々の様々な活動に支えられていることについて、感謝の念や理解が深まるよう配慮されなければならない。

（食育推進運動の展開）

第四条　食育を推進するための活動は、国民、民間団体等の自発的意思を尊重し、地域の特性に配慮し、地域住民その他の社会を構成する多様な主体の参加と協力を得るものとするとともに、その連携を図りつつ、あまねく全国において展開されなければならない。

（子どもの食育における保護者、教育関係者等の役割）

第五条　食育は、父母その他の保護者にあっては、家庭が食育において重要な役割を有していることを認識するとともに、子どもの教育、保育等を行う者にあっては、教育、保育等における食育の重要性を十分自覚し、積極的に子どもの食育の推進に関する活動に取り組むこととなるよう、行われなければならない。

（食に関する体験活動と食育推進活動の実践）

第六条　食育は、広く国民が家庭、学校、保育所、地域その他のあらゆる機会とあらゆる場所を利用して、食料の生産から消費等に至るまでの食に関する様々な体験活動を行うとともに、自ら食育の推進のための活動を実践することにより、食に関する理解を深めることを旨として、行われなければならない。

（伝統的な食文化、環境と調和した生産等への配意及び農山漁村の活性化と食料自給率の向上への貢献）

第七条　食育は、我が国の伝統のある優れた食文化、地域の特性を生かした食生活、環境と調和のとれた食料の生産とその消費等に配意し、我が国の食料の需要及び供給の状況についての国民の理解を深めるとともに、食料の生産者と消費者との交流等を図ることにより、農山漁村の活性化と我が国の食料自給率の向上に資するよう、推進されなければならない。

（食品の安全性の確保等における食育の役割）

第八条　食育は、食品の安全性が確保され安心して消費できることが健全な食生活の基礎であることにかんがみ、食品の安全性をはじめとする食に関する幅広い情報の提供及びこれについての意見交換が、食に関する知識と理解を深め、国民の適切な食生活の実践に資することを旨として、国際的な連携を図りつつ積極的に行われなければならない。

（国の責務）

第九条　国は、第二条から前条までに定める食育に関する基本理念（以下「基本理念」という。）にのっとり、食育の推進に関する施策を総合的かつ計画的に策定し、及び実施する責務を有する。

（地方公共団体の責務）

第十条　地方公共団体は、基本理念にのっとり、食育の推進に関し、国との連携を図りつつ、その地方公共団体の区域の特性を生かした自主的な施策を策定し、及び実施する責務を有する。

（教育関係者等及び農林漁業者等の責務）

第十一条　教育並びに保育、介護その他の社会福祉、医療及び保健（以下「教育等」という。）に関する職務に従事する者並びに教育等に関する関係機関及び関係団体（以下「教育関係者等」という。）は、食に関する関心及び理解の増進に果たすべき重要な役割にかんがみ、基本理念にのっとり、あらゆる機会とあらゆる場所を利用して、積極的に食育を推進するよう努めるとともに、他の者の行う食育の推進に関する活動に協力するよう努めるものとする。

2　農林漁業者及び農林漁業に関する団体（以下「農林漁業者等」という。）は、農林漁業に関する体験活動等が食に関する国民の関心及び理解を増進する上で重要な意義を有することにかんがみ、基本理念にのっとり、農林漁業に関する多様な体験の機会を積極的に提供し、自然の恩恵と食に関わる人々の活動の重要性について、国民の理解が深まるよう努めるとともに、教育関係者等と相互に連携して食育の推進に関する活動を行うよう努めるものとする。

（食品関連事業者等の責務）

第十二条　食品の製造、加工、流通、販売又は食事の提供を行う事業者及びその組織する団体（以下「食品関連事業者等」という。）は、基本理念にのっとり、その事業活動に関し、自主的かつ積極的に食育の推進に自ら努めるとともに、国又は地方公共団体が実施する食育の推進に関する施策その他の食育の推進に関する活動に協力するよう努めるものとする。

（国民の責務）

第十三条　国民は、家庭、学校、保育所、地域その他の社会のあらゆる分野において、基本理念にのっとり、生涯にわたり健全な食生活の実現に自ら努めるとともに、食育の推進に寄与するよう努めるものとする。

（法制上の措置等）

第十四条　政府は、食育の推進に関する施策を実施するため必要な法制上又は財政上の措置その他の措置を講じなければならない。

（年次報告）

第十五条　政府は、毎年、国会に、政府が食育の推進に関して講じた施策に関する報告書を提出しなければならない。

第二章　食育推進基本計画等

（食育推進基本計画）

第十六条　食育推進会議は、食育の推進に関する施策の総合的かつ計画的な推進を図るため、食育推進基本計画を作成するものとする。

2　食育推進基本計画は、次に掲げる事項について定めるものとする。

一　食育の推進に関する施策についての基本的な方針

二　食育の推進の目標に関する事項

三　国民等の行う自発的な食育推進活動等の総合的な促進に関する事項

四　前三号に掲げるもののほか、食育の推進に関する施策を総合的かつ計画的に推進するために必要な事項

3　食育推進会議は、第一項の規定により食育推進基本計画を作成したときは、速やかにこれを農林水産大臣に報告し、及び関係行政機関の長に通知するとともに、その要旨を公表しなければならない。

4　前項の規定は、食育推進基本計画の変更について準用する。

（都道府県食育推進計画）

第十七条　都道府県は、食育推進基本計画を基本として、当該都道府県の区域内における食育の推進に関する施策についての計画（以下「都道府県食育推進計画」という。）を作成するよう努めなければならない。

2　都道府県（都道府県食育推進会議が置かれている都道府県にあっては、都道府県食育推進会議）は、都道府県食育推進計画を作成し、又は変更したときは、速やかに、その要旨を公表しなければならない。

（市町村食育推進計画）

第十八条　市町村は、食育推進基本計画（都道府県食育推進計画が作成されているときは、食育推進基本計画及び都道府県食育推進計画）を基本として、当該市町村の区域内における食育の推進に関する施策についての計画（以下「市町村食育推進計画」という。）を作成するよう努めなければならない。

2　市町村（市町村食育推進会議が置かれている市町村にあっては、市町村食育推進会議）は、市町村食育推進計画を作成し、又は変更したときは、速やかに、その要旨を公表しなければならない。

第三章　基本的施策

（家庭における食育の推進）

第十九条　国及び地方公共団体は、父母その他の保護者及び子どもの食に対する関心及び理解を深め、健全な食習慣の確立に資するよう、親子で参加する料理教室その他の食事についての望ましい習慣を学びながら食を楽しむ機会の提供、健康美に関する知識の啓発その他の適切な栄養管理に関する知識の普及及び情報の提供、妊産婦に対する栄養指導又は乳幼児

をはじめとする子どもを対象とする発達段階に応じた栄養指導その他の家庭における食育の推進を支援するために必要な施策を講ずるものとする。

（学校、保育所等における食育の推進）

第二十条　国及び地方公共団体は、学校、保育所等において魅力ある食育の推進に関する活動を効果的に促進することにより子どもの健全な食生活の実現及び健全な心身の成長が図られるよう、学校、保育所等における食育の推進のための指針の作成に関する支援、食育の指導にふさわしい教職員の設置及び指導的立場にある者の食育の推進において果たすべき役割についての意識の啓発その他の食育に関する指導体制の整備、学校、保育所等又は地域の特色を生かした学校給食等の実施、教育の一環として行われる農場等における実習、食品の調理、食品廃棄物の再生利用等様々な体験活動を通じた子どもの食に関する理解の促進、過度の痩身又は肥満の心身の健康に及ぼす影響等についての知識の啓発その他必要な施策を講ずるものとする。

（地域における食生活の改善のための取組の推進）

第二十一条　国及び地方公共団体は、地域において、栄養、食習慣、食料の消費等に関する食生活の改善を推進し、生活習慣病を予防して健康を増進するため、健全な食生活に関する指針の策定及び普及啓発、地域における食育の推進に関する専門的知識を有する者の養成及び資質の向上並びにその活用、保健所、市町村保健センター、医療機関等における食育に関する普及及び啓発活動の推進、医学教育等における食育に関する指導の充実、食品関連事業者等が行う食育の推進のための活動への支援等必要な施策を講ずるものとする。

（食育推進運動の展開）

第二十二条　国及び地方公共団体は、国民、教育関係者等、農林漁業者等、食品関連事業者等その他の事業者若しくはその組織する団体又は消費生活の安定及び向上等のための活動を行う民間の団体が自発的に行う食育の推進に関する活動が、地域の特性を生かしつつ、相互に緊密な連携協力を図りながらあまねく全国において展開されるようにするとともに、関係者相互間の情報及び意見の交換が促進されるよう、食育の推進に関する普及啓発を図るための行事の実施、重点的かつ効果的に食育の推進に関する活動を推進するための期間の指定その他必要な施策を講ずるものとする。

2　国及び地方公共団体は、食育の推進に当たっては、食生活の改善のための活動その他の食育の推進に関する活動に携わるボランティアが果たしている役割の重要性にかんがみ、これらのボランティアとの連携協力を図りながら、その活動の充実が図られるよう必要な施策を講ずるものとする。

（生産者と消費者との交流の促進、環境と調和のとれた農林漁業の活性化等）

第二十三条　国及び地方公共団体は、生産者と消費者との間の交流の促進等により、生産者と消費者との信頼関係を構築し、食品の安全性の確保、食料資源の有効な利用の促進及び国民の食に対する理解と関心の増進を図るとともに、環境と調和のとれた農林漁業の活性化に資するため、農林水産物の生産、食品の製造、流通等における体験活動の促進、農林水産物の生産された地域内の学校給食等における利用その他のその地域内における消費の促進、創意工夫を生かした食品廃棄物の発生の抑制及び再生利用等必要な施策を講ずるものとする。

（食文化の継承のための活動への支援等）

第二十四条　国及び地方公共団体は、伝統的な行事や作法と結びついた食文化、地域の特色ある食文化等我が国の伝統のある優れた食文化の継承を推進するため、これらに関する啓発及び知識の普及その他の必要な施策を講ずるものとする。

（食品の安全性、栄養その他の食生活に関する調査、研究、情報の提供及び国際交流の推進）

第二十五条　国及び地方公共団体は、すべての世代の国民の適切な食生活の選択に資するよう、国民の食生活に関し、食品の安全性、栄養、食習慣、食料の生産、流通及び消費並びに食品廃棄物の発生及びその再生利用の状況等について調査及び研究を行うとともに、必要な各種の情報の収集、整理及び提供、データベースの整備その他食に関する正確な情報を迅速に提供するために必要な施策を講ずるものとする。

2　国及び地方公共団体は、食育の推進に資するため、海外における食品の安全性、栄養、食習慣等の食生活に関する情報の収集、食育に関する研究者等の国際的交流、食育の推進に関する活動についての情報交換その他国際交流の推進のために必要な施策を講ずるものとする。

第四章　食育推進会議等

（食育推進会議の設置及び所掌事務）

第二十六条　農林水産省に、食育推進会議を置く。

2　食育推進会議は、次に掲げる事務をつかさどる。

一　食育推進基本計画を作成し、及びその実施を推進すること。

二　前号に掲げるもののほか、食育の推進に関する重要事項について審議し、及び食育の推進に関する施策の実施を推進すること。

（組織）

第二十七条　食育推進会議は、会長及び委員二十五人以内をもって組織する。

（会長）

第二十八条　会長は、農林水産大臣をもって充てる。

2　会長は、会務を総理する。

3　会長に事故があるときは、あらかじめその指名する委員がその職務を代理する。

（委員）

第二十九条　委員は、次に掲げる者をもって充てる。

一　農林水産大臣以外の国務大臣のうちから、農林水産大臣の申出により、内閣総理大臣が指定する者

二　食育に関して十分な知識と経験を有する者のうちから、農林水産大臣が任命する者

2　前項第二号の委員は、非常勤とする。

（委員の任期）

第三十条　前条第一項第二号の委員の任期は、二年とする。ただし、補欠の委員の任期は、前任者の残任期間とする。

2 前条第一項第二号の委員は、再任されることができる。

（政令への委任）

第三十一条 この章に定めるもののほか、食育推進会議の組織及び運営に関し必要な事項は、政令で定める。

（都道府県食育推進会議）

第三十二条 都道府県は、その都道府県の区域における食育の推進に関して、都道府県食育推進計画の作成及びその実施の推進のため、条例で定めるところにより、都道府県食育推進会議を置くことができる。

2 都道府県食育推進会議の組織及び運営に関し必要な事項は、都道府県の条例で定める。

（市町村食育推進会議）

第三十三条 市町村は、その市町村の区域における食育の推進に関して、市町村食育推進計画の作成及びその実施の推進のため、条例で定めるところにより、市町村食育推進会議を置くことができる。

2 市町村食育推進会議の組織及び運営に関し必要な事項は、市町村の条例で定める。

附 則（抄）

（施行期日）

第一条 この法律は、公布の日から起算して一月を超えない範囲内において政令で定める日（平成一七・七・一五）から施行する。

附 則（平成二七・九・一一法六六）（抄）

（施行期日）

第一条 この法律は、平成二十八年四月一日から施行する。〔ただし書略〕

（食育基本法の一部改正に伴う経過措置）

第四条 この法律の施行の際現に第二十五条の規定による改正前の食育基本法第二十六条第一項の規定により置かれている食育推進会議は、第二十五条の規定による改正後の食育基本法第二十六条第一項の規定により置かれる食育推進会議となり、同一性をもって存続するものとする。

○学校給食法

昭二九・六・三
法一六〇

最終改正 平成二七・六・二四法四六

第一章 総則

（この法律の目的）

第一条 この法律は、学校給食が児童及び生徒の心身の健全な発達に資するものであり、かつ、児童及び生徒の食に関する正しい理解と適切な判断力を養う上で重要な役割を果たすものであることにかんがみ、学校給食及び学校給食を活用した食に関する指導の実施に関し必要な事項を定め、もつて学校給食の普及充実及び学校における食育の推進を図ることを目的とする。

（学校給食の目標）

第二条 学校給食を実施するに当たつては、義務教育諸学校における教育の目的を実現するために、次に掲げる目標が達成されるよう努めなければならない。

一 適切な栄養の摂取による健康の保持増進を図ること。

二 日常生活における食事について正しい理解を深め、健全な食生活を営むことができる判断力を培い、及び望ましい食習慣を養うこと。

三 学校生活を豊かにし、明るい社交性及び協同の精神を養うこと。

四 食生活が自然の恩恵の上に成り立つものであることについての理解を深め、生命及び自然を尊重する精神並びに環境の保全に寄与する態度を養うこと。

五 食生活が食にかかわる人々の様々な活動に支えられていることについての理解を深め、勤労を重んずる態度を養うこと。

六 我が国や各地域の優れた伝統的な食文化についての理解を深めること。

七 食料の生産、流通及び消費について、正しい理解に導くこと。

（定義）

第三条 この法律で「学校給食」とは、前条各号に掲げる目標を達成するために、義務教育諸学校において、その児童又は生徒に対し実施される給食をいう。

2 この法律で「義務教育諸学校」とは、学校教育法（昭和二十二年法律第二十六号）に規定する小学校、中学校、義務教育学校、中等教育学校の前期課程又は特別支援学校の小学部若しくは中学部をいう。

（義務教育諸学校の設置者の任務）

第四条 義務教育諸学校の設置者は、当該義務教育諸学校において学校給食が実施されるように努めなければならない。

（国及び地方公共団体の任務）

第五条 国及び地方公共団体は、学校給食の普及と健全な発達を図るように努めなければならない。

第二章 学校給食の実施に関する基本的な事項

（二以上の義務教育諸学校の学校給食の実施に必要な施設）

第六条 義務教育諸学校の設置者は、その設置する義務教育諸学校の学校給食を実施するための施設として、二以上の義務教育諸学校の学校給食の実施に必要な施設（以下「共同調理場」という。）を設けることができる。

（学校給食栄養管理者）

第七条 義務教育諸学校又は共同調理場において学校給食の栄養に関する専門的事項をつかさどる職員（第十条第三項において「学校給食栄養管理者」という。）は、教育職員免許法（昭和二十四年法律第百四十七号）第四条第二項に規定する栄養教諭の免許状を有する者又は栄養士法（昭和二十二年法律第二百四十五号）第二条第一項の規定による栄養士の免許を有する者で学校給食の実施に必要な知識若しくは経験を有するものでなければならない。

（学校給食実施基準）

第八条　文部科学大臣は、児童又は生徒に必要な栄養量その他の学校給食の内容及び学校給食を適切に実施するために必要な事項（次条第一項に規定する事項を除く。）について維持されることが望ましい基準（次項において「学校給食実施基準」という。）を定めるものとする。

2　学校給食を実施する義務教育諸学校の設置者は、学校給食実施基準に照らして適切な学校給食の実施に努めるものとする。

（学校給食衛生管理基準）

第九条　文部科学大臣は、学校給食の実施に必要な施設及び設備の整備及び管理、調理の過程における衛生管理その他の学校給食の適切な衛生管理を図る上で必要な事項について維持されることが望ましい基準（以下この条において「学校給食衛生管理基準」という。）を定めるものとする。

2　学校給食を実施する義務教育諸学校の設置者は、学校給食衛生管理基準に照らして適切な衛生管理に努めるものとする。

3　義務教育諸学校の校長又は共同調理場の長は、学校給食衛生管理基準に照らし、衛生管理上適正を欠く事項があると認めた場合には、遅滞なく、その改善のために必要な措置を講じ、又は当該措置を講ずることができないときは、当該義務教育諸学校若しくは共同調理場の設置者に対し、その旨を申し出るものとする。

第三章　学校給食を活用した食に関する指導

第十条　栄養教諭は、児童又は生徒が健全な食生活を自ら営むことができる知識及び態度を養うため、学校給食において摂取する食品と健康の保持増進との関連性についての指導、食に関して特別の配慮を必要とする児童又は生徒に対する個別的な指導その他の学校給食を活用した食に関する実践的な指導を行うものとする。この場合において、校長は、当該指導が効果的に行われるよう、学校給食と関連付けつつ当該義務教育諸学校における食に関する指導の全体的な計画を作成することその他の必要な措置を講ずるものとする。

2　栄養教諭が前項前段の指導を行うに当たつては、当該義務教育諸学校が所在する地域の産物を学校給食に活用することその他の創意工夫を地域の実情に応じて行い、当該地域の食文化、食に係る産業又は自然環境の恵沢に対する児童又は生徒の理解の増進を図るよう努めるものとする。

3　栄養教諭以外の学校給食栄養管理者は、栄養教諭に準じて、第一項前段の指導を行うよう努めるものとする。この場合においては、同項後段及び前項の規定を準用する。

第四章　雑則

（経費の負担）

第十一条　学校給食の実施に必要な施設及び設備に要する経費並びに学校給食の運営に要する経費のうち政令で定めるものは、義務教育諸学校の設置者の負担とする。

2　前項に規定する経費以外の学校給食に要する経費（以下「学校給食費」という。）は、学校給食を受ける児童又は生徒の学校教育法第十六条に規定する保護者の負担とする。

（国の補助）

第十二条　国は、私立の義務教育諸学校の設置者に対し、政令で定めるところにより、予算の範囲内において、学校給食の開設に必要な施設又は設備に要する経費の一部を補助することができる。

2　国は、公立の小学校、中学校、義務教育学校又は中等教育学校の設置者が、学校給食を受ける児童又は生徒の学校教育法第十六条に規定する保護者（以下この項において「保護者」という。）で生活保護法（昭和二十五年法律第百四十四号）第六条第二項に規定する要保護者（その児童又は生徒について、同法第十三条の規定による教育扶助で学校給食費に関するものが行われている場合の保護者である者を除く。）であるものに対して、学校給食費の全部又は一部を補助する場合には、当該設置者に対し、当分の間、政令で定めるところにより、予算の範囲内において、これに要する経費の一部を補助することができる。

（補助金の返還等）

第十三条　文部科学大臣は、前条の規定による補助金の交付の決定を受けた者が次の各号のいずれかに該当するときは、補助金の交付をやめ、又は既に交付した補助金を返還させるものとする。

一　補助金を補助の目的以外の目的に使用したとき。

二　正当な理由がなくて補助金の交付の決定を受けた年度内に補助に係る施設又は設備を設けないこととなつたとき。

三　補助に係る施設又は設備を、正当な理由がなくて補助の目的以外の目的に使用し、又は文部科学大臣の許可を受けないで処分したとき。

四　補助金の交付の条件に違反したとき。

五　虚偽の方法によつて補助金の交付を受け、又は受けようとしたとき。

（政令への委任）

第十四条　この法律に規定するもののほか、この法律の実施のため必要な手続その他の事項は、政令で定める。

附　則

この法律は、公布の日から施行する。

〇学校給食法施行令

昭二九・七・二三
政令二一二

最終改正　平成二八・一一・二四政令三五三

（学校給食の開設及び廃止の届出）

第一条　学校給食法（以下「法」という。）第三条第二項に規定する義務教育諸学校（以下「義務教育諸学校」という。）の設置者（国立大学法人法（平成十五年法律第百十二号）第二条第一項に規定する国立大学法人並びに都道府県及び都道府県が単独で又は他の地方公共団体と共同して設立する公立大学法人（地方独立行政法人法（平成十五年法律第百十八号）第六十八条第一項に規定する公立大学法人をいう。以下この条において同じ。）を除く。）は、法第三条第一項に規定する学校給食（以下「学校給食」という。）を開設し、又は廃止しようとするときは、文部科学省令で定めるところにより、市町村立の学校（市町村が単独で又は他の市町村と共同して設立する公立大学法人が設置する学校を含む。）にあつては直接に、私立学校にあつては都道府県知事を経由して、都道府県の教育委員会にその旨を届け出なければならない。

（設置者の負担すべき学校給食の運営に要する経費）

第二条　学校給食の運営に要する経費のうち、法第十一条第一項の規定に基づき義務教育諸学校の設置者が負担する経費は、次に掲げる経費とする。

一　義務教育諸学校において学校給食に従事する職員（学校教育法（昭和二十二年法律第二十六号）第三十七条（同法第四十九条、第四十九条の八及び第八十二条において準用する場合を含む。）又は第六十九条の規定により義務教育諸学校に置かれる職員をいう。）に要する給与その他の人件費。ただし、市町村立の学校にあつては、市町村立学校職員給与負担法（昭和二十三年法律第百三十五号）第一条の規定により都道府県の負担とされる経費を除く。

二　学校給食の実施に必要な施設及び設備の修繕費

（学校給食の開設に必要な施設又は設備に要する経費に係る国の補助）

第三条　国が、法第十二条第一項の規定に基き、学校給食の開設に必要な施設又は設備に要する経費について補助する場合には、次条又は第五条の規定により算定した額の二分の一を補助するものとする。

（学校給食の開設に必要な施設に要する経費の範囲及び算定基準）

第四条　学校給食の開設に必要な施設に要する経費は、当該施設の建築に要する経費とし、当該建築を行おうとする時における建築費を勘案して文部科学大臣が財務大臣と協議して定める一平方メートル当たりの建築単価に、単独校調理場（一の義務教育諸学校の学校給食の開設に必要な施設をいう。以下同じ。）又は共同調理場（法第六条に規定する施設で私立学校法（昭和二十四年法律第二百七十号）第三条に規定する学校法人が設置するものをいう。以下同じ。）のそれぞれについて、次の各号に掲げる学校に応ずる当該各号に掲げる数（すべての学年の児童又は生徒を収容するに至つていない義務教育諸学校にあつては、そのすべての学年の児童又は生徒を収容することとなつたときの数を基準として文部科学大臣が定める数（共同調理場にあつては、それらを合計した数）とし、別表において「児童等の数」という。）に応じ別表の下欄に掲げる面積を乗じて算定するものとする。

一　当該建築を行う年度の五月一日以前に設置された義務教育諸学校　当該建築を行う年度の五月一日現在において当該学校に在学する児童又は生徒の数

二　当該建築を行う年度の五月二日以降当該年度の末日までの間に設置される義務教育諸学校　その設置の日において当該学校に在学する児童又は生徒の数

三　当該建築を行う年度の翌年度中に設置される義務教育諸学校　文部科学省令で定めるところにより算定したその設置の日において当該学校に在学することとなる者の数

2　前項の場合において、学校給食の施設として使用することができると認められる既設の施設があるときは、同項の規定により一平方メートル当たりの建築単価に乗ずべき面積から当該施設の面積を控除するものとする。

（学校給食の開設に必要な設備に要する経費の範囲及び算定基準）

第五条　学校給食の開設に必要な設備に要する経費は、当該設備の整備に要する経費とし、単独校調理場又は共同調理場のそれぞれについて、前条第一項の規定に準じて文部科学省令で定めるところにより算定した児童又は生徒の数並びに学校給食を実施するため必要な規格及び数量の設備の整備に要する経費を基礎として文部科学大臣が財務大臣と協議して定めるところにより算定するものとする。

（分校等についての適用）

第六条　前二条の規定の適用については、本校及び分校はそれぞれ一の学校と、同一の又は隣接する敷地内にある同一の設置者が設置する二以上の学校は一の学校とみなす。

（学校給食費に係る国の補助）

第七条　法第十二条第二項の規定による国の補助は、公立の小学校、中学校、義務教育学校又は中等教育学校の設置者が、同項に規定する保護者（以下この条において「補助対象保護者」という。）に対して、その児童又は生徒（中等教育学校の生徒にあつては前期課程に在学する生徒に限る。以下同じ。）に係る法第十一条第二項に規定する学校給食費（以下この条において「学校給食費」という。）を補助する場合（その補助割合が二分の一未満の場合を除く。）において、その補助する額の二分の一について行うものとする。ただし、児童一人当たりの年間学校給食費又は生徒一人当たりの年間学校給食費についてそれぞれ文部科学大臣が毎年度定める補助標準額に、当該設置者が学校給食費の補助を行う補助対象保護者の児童又は生徒の数をそれぞれ乗じて得た額の合計額の二分の一の範囲内で文部科学大臣が定める額を限度とする。

（文部科学省令への委任）

第八条　この政令に定めるもののほか、補助金の交付申請書の様式その他この政令の実施のため必要な事項は、文部科学省令で定める。

附　則

この政令は、公布の日から施行する。

別表〔略〕

○夜間課程を置く高等学校における学校給食に関する法律

昭三一・六・二〇
法　一　五　七

最終改正　平成二〇・六・一八法七三

（目的）

第一条　この法律は、勤労青年教育の重要性にかんがみ、働きながら高等学校（中等教育学校の後期課程を含む。以下同じ。）の夜間課程において学ぶ青年の身体の健全な発達に資し、あわせて国民の食生活の改善に寄与するため、夜間学校給食の実施に関し必要な事項を定め、かつ、その普及充実を図ることを目的とする。

（定義）

第二条　この法律で「夜間学校給食」とは、夜間において授業を行う課程（以下「夜間課程」という。）を置く高等学校において、授業日の夕食時に、当該夜間課程において行う教育を受ける生徒に対し実施される給食をいう。

（設置者の任務）

第三条　夜間課程を置く高等学校の設置者は、当該高等学校において夜間学校給食が実施されるように努めなければならない。

（国及び地方公共団体の任務）

第四条　国及び地方公共団体は、夜間学校給食の普及と健全な発達を図るように努めなければならない。

（経費の負担）

第五条　夜間学校給食の実施に必要な施設及び設備に要する経費並びに夜間学校給食の運営に要する経費のうち政令で定めるものは、夜間課程を置く高等学校の設置者の負担とする。

2　前項に規定する経費以外の夜間学校給食に要する経費は、夜間学校給食を受ける生徒の負担とする。

（国の補助）

第六条　国は、夜間課程を置く私立の高等学校の設置者に対し、政令で定めるところにより、予算の範囲内において、夜間学校給食の開設に必要な施設又は設備に要する経費の一部を補助することができる。

（学校給食法の準用）

第七条　学校給食法（昭和二十九年法律第百六十号）第八条及び第九条の規定は、夜間学校給食の実施について準用する。

（政令への委任）

第八条　この法律に規定するもののほか、この法律の実施のため必要な手続その他の事項は、政令で定める。

附　則

この法律は、公布の日から施行する。〔ただし書略〕

○特別支援学校の幼稚部及び高等部における学校給食に関する法律

昭三二・五・二〇
法　一　一　八

最終改正　平成二〇・六・一八法七三

（目的）

第一条　この法律は、特別支援学校における教育の特殊性にかんがみ、特別支援学校の幼稚部及び高等部において学ぶ幼児及び生徒の心身の健全な発達に資し、あわせて国民の食生活の改善に寄与するため、学校給食の実施に関し必要な事項を定め、かつ、その普及充実を図ることを目的とする。

（定義）

第二条　この法律で「学校給食」とは、特別支援学校の幼稚部又は高等部において、その幼児又は生徒に対して実施される給食をいう。

（設置者の任務）

第三条　特別支援学校の設置者は、当該学校において学校給食が実施されるように努めなければならない。

（国及び地方公共団体の任務）

第四条　国及び地方公共団体は、学校給食の普及と健全な発達を図るように努めなければならない。

（経費の負担）

第五条　学校給食の実施に必要な施設及び設備に要する経費並びに学校給食の運営に要する経費のうち政令で定めるものは、特別支援学校の設置者の負担とする。

2　前項に規定する経費以外の学校給食に要する経費は、学校給食を受ける幼児又は生徒の保護者等（幼児又は未成年の生徒については学校教育法（昭和二十二年法律第二十六号）第十六条に規定する保護者、成年に達した生徒についてはその者の就学に要する経費を負担する者をいう。）の負担とする。

（学校給食法の準用）

第六条　学校給食法（昭和二十九年法律第百六十号）第八条及び第九条の規定は、学校給食の実施について準用する。

（政令への委任）

第七条　この法律に規定するもののほか、この法律の実施のため必要な手続その他の事項は、政令で定める。

附　則（抄）

1　この法律は、公布の日から施行する。

○アレルギー疾患対策基本法（抄）

平成二六・六・二七
法　九　八

改正　平成二六・六・一三法六七

第一章　総則

（目的）

第一条　この法律は、アレルギー疾患を有する者が多数存在すること、アレルギー疾患には急激な症状の悪化を繰り返し生じさせるものがあること、アレルギー疾患を有する者の生活の質が著しく損なわれる場合が多いこと等アレルギー疾患が国民生活に多大な影響を及ぼしている現状及びアレルギー疾患が生活環境に係る多様かつ複合的な要因によって発生し、かつ、重症化することに鑑み、アレルギー疾患対策の一層の充実を図るため、アレルギー疾患対策に関し、基本理念を定め、国、地方公共団体、医療保険者、国民、医師その他の医療関係者及び学校等の設置者又は管理者の責務を明らかにし、並びにアレルギー疾患対策の推進に関する指針の策定等について定めるとともに、アレルギー疾患対策の基本となる事項を定めることにより、アレルギー疾患対策を総合的に推進することを目的とする。

（定義）

第二条　この法律において「アレルギー疾患」とは、気管支ぜん息、アトピー性皮膚炎、アレルギー性鼻炎、アレルギー性結膜炎、花粉症、食物アレルギーその他アレルゲンに起因する免疫反応による人の生体に有害な局所的又は全身的反応に係る疾患であって政令で定めるものをいう。

（基本理念）

第三条　アレルギー疾患対策は、次に掲げる事項を基本理念として行われなければならない。

一　アレルギー疾患が生活環境に係る多様かつ複合的な要因によって発生し、かつ、重症化することに鑑み、アレルギー疾患の重症化の予防及び症状の軽減に資するため、第三章に定める基本的施策その他のアレルギー疾患対策に関する施策の総合的な実施により生活環境の改善を図ること。

二　アレルギー疾患を有する者が、その居住する地域にかかわらず等しく科学的知見に基づく適切なアレルギー疾患に係る医療（以下「アレルギー疾患医療」という。）を受けることができるようにすること。

三　国民が、アレルギー疾患に関し、適切な情報を入手することができるとともに、アレルギー疾患にかかった場合には、その状態及び置かれている環境に応じ、生活の質の維持向上のための支援を受けることができるよう体制の整備がなされること。

四　アレルギー疾患に関する専門的、学際的又は総合的な研究を推進するとともに、アレルギー疾患の重症化の予防、診断、治療等に係る技術の向上その他の研究等の成果を普及し、活用し、及び発展させること。

（国の責務）

第四条　国は、前条の基本理念（次条において「基本理念」という。）にのっとり、アレルギー疾患対策を総合的に策定し、及び実施する責務を有する。

（地方公共団体の責務）

第五条　地方公共団体は、基本理念にのっとり、アレルギー疾患対策に関し、国との連携を図りつつ、自主的かつ主体的に、その地域の特性に応じた施策を策定し、及び実施するよう努めなければならない。

（学校等の設置者等の責務）

第九条　学校、児童福祉施設、老人福祉施設、障害者支援施設その他自ら十分に療養に関し必要な行為を行うことができない児童、高齢者又は障害者が居住し又は滞在する施設（以下「学校等」という。）の設置者又は管理者は、国及び地方公共団体が講ずるアレルギー疾患の重症化の予防及び症状の軽減に関する啓発及び知識の普及等の施策に協力するよう努めるとともに、その設置し又は管理する学校等において、アレルギー疾患を有する児童、高齢者又は障害者に対し、適切な医療的、福祉的又は教育的配慮をするよう努めなければならない。

（法制上の措置等）

第十条　政府は、アレルギー疾患対策を実施するため必要な法制上又は財政上の措置その他の措置を講じなければならない。

第二章　アレルギー疾患対策基本指針等

（アレルギー疾患対策基本指針の策定等）

第十一条　厚生労働大臣は、アレルギー疾患対策の総合的な推進を図るため、アレルギー疾患対策の推進に関する基本的な指針（以下「アレルギー疾患対策基本指針」という。）を策定しなければならない。

2　アレルギー疾患対策基本指針は、次に掲げる事項について定めるものとする。

一　アレルギー疾患対策の推進に関する基本的な事項

二　アレルギー疾患に関する啓発及び知識の普及並びにアレルギー疾患の予防のための施策に関する事項

三　アレルギー疾患医療を提供する体制の確保に関する事項

四　アレルギー疾患に関する調査及び研究に関する事項

五　その他アレルギー疾患対策の推進に関する重要事項

3～7　〔略〕

（都道府県におけるアレルギー疾患対策の推進に関する計画）

第十三条　都道府県は、アレルギー疾患対策基本指針に即するとともに、当該都道府県におけるアレルギー疾患を有する者に対するアレルギー疾患医療の提供の状況、生活の質の維持向上のための支援の状況等を踏まえ、当該都道府県におけるアレルギー疾患対策の推進に関する計画を策定することができる。

第三章　基本的施策

第一節　アレルギー疾患の重症化の予防及び症状の軽減

（知識の普及等）

第十四条　国は、生活環境がアレルギー疾患に及ぼす影響に関する啓発及び知識の普及、学校教育及び社会教育におけるアレルギー疾患の療養に関し必要な事項その他のアレルギー疾患の重症化の予防及び症状の軽減の適切な方法に関する教育の推進その他のアレルギー疾患の重症化の予防及び症状の軽減に関する国民の認識を深めるために必要な施策を講ずるものとする。

第二節　アレルギー疾患医療の均てん化の促進等　〔略〕

第三節　アレルギー疾患を有する者の生活の質の維持向上

第十八条　国は、アレルギー疾患を有する者の生活の質の維持向上が図られるよう、アレルギー疾患を有する者に対する医療的又は福祉的援助に関する専門的な知識及び技能を有する保健師、助産師、管理栄養士、栄養士、調理師等の育成を図るために必要な施策を講ずるものとする。

2　国は、アレルギー疾患を有する者に対しアレルギー疾患医療を適切に提供するための学校等、職場等と医療機関等との連携協力体制を確保すること、学校等の教員又は職員、事業主等に対するアレルギー疾患を有する者への医療的、福祉的又は教育的援助に関する研修の機会を確保すること、アレルギー疾患を有する者及びその家族に対する相談体制を整備すること、アレルギー疾患を有する者についての正しい理解を深めるための教育を推進することその他のアレルギー疾患を有する者の生活の質の維持向上のために必要な施策を講ずるものとする。

第四節　研究の推進等　〔略〕

第五節　地方公共団体が行う基本的施策　〔略〕

第四章　アレルギー疾患対策推進協議会〔略〕

附　則（抄）

（施行期日）

第一条　この法律は、公布の日から起算して一年六月を超えない範囲内において政令で定める日〔平成二七・一二・二五〕から施行する。〔ただし書略〕

私立学校編

目　次

○私立学校法

昭二四・一二・一五
法　二　七　〇

最終改正　令和五・六・一六法六三

第一章　総則

（この法律の目的）

第一条　この法律は、私立学校の特性にかんがみ、その自主性を重んじ、公共性を高めることによつて、私立学校の健全な発達を図ることを目的とする。

（定義）

第二条　この法律において「学校」とは、学校教育法（昭和二十二年法律第二十六号）第一条に規定する学校及び就学前の子どもに関する教育、保育等の総合的な提供の推進に関する法律（平成十八年法律第七十七号）第二条第七項に規定する幼保連携型認定こども園（以下「幼保連携型認定こども園」という。）をいう。

2　この法律において、「専修学校」とは学校教育法第百二十四条に規定する専修学校をいい、「各種学校」とは同法第百三十四条第一項に規定する各種学校をいう。

3　この法律において「私立学校」とは、学校法人の設置する学校をいう。

第三条　この法律において「学校法人」とは、私立学校の設置を目的として、この法律の定めるところにより設立される法人をいう。

（所轄庁）

第四条　この法律中「所轄庁」とあるのは、第一号、第三号及び第五号に掲げるものにあつては文部科学大臣とし、第二号及び第四号に掲げるものにあつては都道府県知事（第二号に掲げるもののうち地方自治法（昭和二十二年法律第六十七号）第二百五十二条の十九第一項の指定都市又は同法第二百五十二条の二十二第一項の中核市（以下この条において「指定都市等」という。）の区域内の幼保連携型認定こども園にあつては、当該指定都市等の長）とする。

一　私立大学及び私立高等専門学校

二　前号に掲げる私立学校以外の私立学校並びに私立専修学校及び私立各種学校

三　第一号に掲げる私立学校を設置する学校法人

四　第二号に掲げる私立学校を設置する学校法人及び第六十四条第四項の法人

五　第一号に掲げる私立学校と第二号に掲げる私立学校、私立専修学校又は私立各種学校とを併せて設置する学校法人

第二章　私立学校に関する教育行政

（学校教育法の特例）

第五条　私立学校（幼保連携型認定こども園を除く。第八条第一項において同じ。）には、学校教育法第十四条の規定は、適用しない。

（報告書の提出）

第六条　所轄庁は、私立学校に対して、教育の調査、統計その他に関し必要な報告書の提出を求めることができる。

第七条　削除

（私立学校審議会等への諮問）

第八条　都道府県知事は、私立大学及び私立高等専門学校以外の私立学校について、学校教育法第四条第一項又は第十三条第一項に規定する事項を行う場合においては、あらかじめ、私立学校審議会の意見を聴かなければならない。

2　文部科学大臣は、私立大学又は私立高等専門学校について、学校教育法第四条第一項又は第十三条第一項に規定する事項（同法第九十五条の規定により諮問すべきこととされている事項を除く。）を行う場合においては、あらかじめ、同法第九十五条に規定する審議会等の意見を聴かなければならない。

（私立学校審議会）

第九条　この法律の規定によりその権限に属せしめられた事項を審議させるため、都道府県に、私立学校審議会を置く。

2　私立学校審議会は、私立大学及び私立高等専門学校以外の私立学校並びに私立専修学校及び私立各種学校に関する重要事項について、都道府県知事に建議することができる。

（委員）

第十条　私立学校審議会は、都道府県知事の定める員数の委員をもつて、組織する。

2　委員は、教育に関し学識経験を有する者のうちから、都道府県知事が任命する。

第十一条　削除

（委員の任期）

第十二条　私立学校審議会の委員の任期は、四年とする。ただし、欠員が生じた場合の補欠委員の任期は、前任者の残任期間とする。

2　委員は、再任されることができる。

（会長）

第十三条　私立学校審議会に、会長を置く。

2　会長は、委員が互選した者について、都道府県知事が任命する。

3　会長は、私立学校審議会の会務を総理する。

（委員の解任）

第十四条　都道府県知事は、私立学校審議会の委員が心身の故障のため職務の適正な執行ができないと認めるときその他委員として必要な適格性を欠くに至つたと認めるときは、私立学校審議会の議を経て、これを解任することができる。

（議事参与の制限）

第十五条　私立学校審議会の委員は、自己、配偶者若しくは三親等以内の親族の一身上に関する事件又は自己の関係する学校、専修学校、各種学校、学校法人若しくは第六十四条第四項の法人に関する事件については、その議事の議決に加わることができない。ただし、会議に出席し、発言することを妨げない。

（委員の費用弁償）

第十六条　私立学校審議会の委員は、職務を行うために要する

費用の弁償を受けることができる。

2 前項の費用は、都道府県の負担とする。

3 費用弁償の額及びその支給方法は、都道府県の条例で定めなければならない。

（運営の細目）

第十七条 この法律に規定するものを除くほか、私立学校審議会の議事の手続その他その運営に関し必要な事項は、都道府県知事の承認を経て、私立学校審議会が定める。

第十八条から第二十三条まで 削除

第三章 学校法人

第一節 通則

（学校法人の責務）

第二十四条 学校法人は、自主的にその運営基盤の強化を図るとともに、その設置する私立学校の教育の質の向上及びその運営の透明性の確保を図るよう努めなければならない。

（資産）

第二十五条 学校法人は、その設置する私立学校に必要な施設及び設備又はこれらに要する資金並びにその設置する私立学校の経営に必要な財産を有しなければならない。

2 前項に規定する私立学校に必要な施設及び設備についての基準は、別に法律で定めるところによる。

（収益事業）

第二十六条 学校法人は、その設置する私立学校の教育に支障のない限り、その収益を私立学校の経営に充てるため、収益を目的とする事業を行うことができる。

2 前項の事業の種類は、私立学校審議会又は学校教育法第九十五条に規定する審議会等（以下「私立学校審議会等」という。）の意見を聴いて、所轄庁が定める。所轄庁は、その事業の種類を公告しなければならない。

3 第一項の事業に関する会計は、当該学校法人の設置する私立学校の経営に関する会計から区分し、特別の会計として経理しなければならない。

（特別の利益供与の禁止）

第二十六条の二 学校法人は、その事業を行うに当たり、その理事、監事、評議員、職員（当該学校法人の設置する私立学校の校長、教員その他の職員を含む。以下同じ。）その他の政令で定める学校法人の関係者に対し特別の利益を与えてはならない。

（住所）

第二十七条 学校法人の住所は、その主たる事務所の所在地にあるものとする。

（登記）

第二十八条 学校法人は、政令の定めるところにより、登記しなければならない。

2 前項の規定により登記しなければならない事項は、登記の後でなければ、これをもつて第三者に対抗することができない。

（一般社団・財団法人法の規定の準用）

第二十九条 一般社団法人及び一般財団法人に関する法律（平成十八年法律第四十八号。以下「一般社団・財団法人法」という。）第七十八条の規定は、学校法人について準用する。この場合において、同条中「代表理事」とあるのは、「理事長」と読み替えるものとする。

第二節 設立

（申請）

第三十条 学校法人を設立しようとする者は、その設立を目的とする寄附行為をもつて少なくとも次に掲げる事項を定め、文部科学省令で定める手続に従い、当該寄附行為について所轄庁の認可を申請しなければならない。

一 目的

二 名称

三 その設置する私立学校の名称及び当該私立学校に課程、学部、大学院、大学院の研究科、学科又は部を置く場合には、その名称又は種類（私立高等学校（私立中等教育学校の後期課程を含む。）に広域の通信制の課程（学校教育法第五十四条第三項（同法第七十条第一項において準用する場合を含む。）に規定する広域の通信制の課程をいう。）を置く場合には、その旨を含む。）

四 事務所の所在地

五 役員の定数、任期、選任及び解任の方法その他役員に関する規定

六 理事会に関する規定

七 評議員会及び評議員に関する規定

八 資産及び会計に関する規定

九 収益を目的とする事業を行う場合には、その事業の種類その他その事業に関する規定

十 解散に関する規定

十一 寄附行為の変更に関する規定

十二 公告の方法

2 学校法人の設立当初の役員は、寄附行為をもつて定めなければならない。

3 第一項第十号に掲げる事項中に残余財産の帰属すべき者に関する規定を設ける場合には、その者は、学校法人その他教育の事業を行う者のうちから選定されるようにしなければならない。

（認可）

第三十一条 所轄庁は、前条第一項の規定による申請があつた場合には、当該申請に係る学校法人の資産が第二十五条の要件に該当しているかどうか、その寄附行為の内容が法令の規定に違反していないかどうか等を審査した上で、当該寄附行為の認可を決定しなければならない。

2 所轄庁は、前項の規定により寄附行為の認可をする場合には、あらかじめ、私立学校審議会等の意見を聴かなければならない。

（寄附行為の補充）

第三十二条 学校法人を設立しようとする者が、その目的及び資産に関する事項を定めないで死亡した場合には、所轄庁は、利害関係人の請求により、これらの事項を定めなければならない。

2 前条第二項の規定は、前項の場合に準用する。

（設立の時期）

第三十三条　学校法人は、その主たる事務所の所在地において政令の定めるところにより設立の登記をすることによつて成立する。

（寄附行為の備置き及び閲覧）

第三十三条の二　学校法人は、寄附行為を各事務所に備えて置き、請求があつた場合には、正当な理由がある場合を除いて、これを閲覧に供しなければならない。

（財産目録の作成及び備置き）

第三十三条の三　学校法人は、設立の時に財産目録を作成し、常にこれをその主たる事務所に備えて置かなければならない。

（一般社団・財団法人法の規定の準用）

第三十四条　一般社団・財団法人法第百五十八条及び第百六十四条の規定は、学校法人の設立について準用する。この場合において、これらの規定中「財産の拠出」とあるのは「寄附行為」と、同条中「当該財産」とあるのは「寄附財産」と読み替えるものとする。

第三節　管理

第一款　役員及び理事会

（役員）

第三十五条　学校法人には、役員として、理事五人以上及び監事二人以上を置かなければならない。

2　理事のうち一人は、寄附行為の定めるところにより、理事長となる。

（学校法人と役員との関係）

第三十五条の二　学校法人と役員との関係は、委任に関する規定に従う。

（理事会）

第三十六条　学校法人に理事をもつて組織する理事会を置く。

2　理事会は、学校法人の業務を決し、理事の職務の執行を監督する。

3　理事会は、理事長が招集する。理事（理事長を除く。）が、寄附行為の定めるところにより、理事会の招集を請求したときは、理事長は、理事会を招集しなければならない。

4　理事会に議長を置き、理事長をもつて充てる。

5　理事会は、理事の過半数の出席がなければ、その議事を開き、議決することができない。

6　理事会の議事は、寄附行為に別段の定めがある場合を除いて、出席した理事の過半数で決し、可否同数のときは、議長の決するところによる。

7　理事会の議事について特別の利害関係を有する理事は、議決に加わることができない。

（役員の職務等）

第三十七条　理事長は、学校法人を代表し、その業務を総理する。

2　理事（理事長を除く。）は、寄附行為の定めるところにより、学校法人を代表し、理事長を補佐して学校法人の業務を掌理し、理事長に事故があるときはその職務を代理し、理事長が欠けたときはその職務を行う。

3　監事の職務は、次のとおりとする。

一　学校法人の業務を監査すること。

二　学校法人の財産の状況を監査すること。

三　理事の業務執行の状況を監査すること。

四　学校法人の業務若しくは財産の状況又は理事の業務執行の状況について、毎会計年度、監査報告書を作成し、当該会計年度終了後二月以内に理事会及び評議員会に提出すること。

五　第一号から第三号までの規定による監査の結果、学校法人の業務若しくは財産又は理事の業務執行に関し不正の行為又は法令若しくは寄附行為に違反する重大な事実があることを発見したときは、これを所轄庁に報告し、又は理事会及び評議員会に報告すること。

六　前号の報告をするために必要があるときは、理事長に対して理事会及び評議員会の招集を請求すること。

七　学校法人の業務若しくは財産の状況又は理事の業務執行の状況について、理事会に出席して意見を述べること。

4　前項第六号の請求があつた日から五日以内に、その請求があつた日から二週間以内の日を理事会又は評議員会の日とする理事会又は評議員会の招集の通知が発せられない場合には、その請求をした監事は、理事会又は評議員会を招集することができる。

（役員の選任）

第三十八条　理事となる者は、次の各号に掲げる者とする。

一　当該学校法人の設置する私立学校の校長（学長及び園長を含む。以下同じ。）

二　当該学校法人の評議員のうちから、寄附行為の定めるところにより選任された者（寄附行為をもつて定められた者を含む。次号及び第四十四条第一項において同じ。）

三　前二号に規定する者のほか、寄附行為の定めるところにより選任された者

2　学校法人が私立学校を二以上設置する場合には、前項第一号の規定にかかわらず、寄附行為の定めるところにより、校長のうち、一人又は数人を理事とすることができる。

3　第一項第一号及び第二号に規定する理事は、校長又は評議員の職を退いたときは、理事の職を失うものとする。

4　監事は、評議員会の同意を得て、理事長が選任する。

5　理事又は監事には、それぞれその選任の際現に当該学校法人の役員又は職員でない者が含まれるようにしなければならない。

6　役員が再任される場合において、当該役員がその最初の選任の際現に当該学校法人の役員又は職員でなかつたときの前項の規定の適用については、その再任の際現に当該学校法人の役員又は職員でない者とみなす。

7　役員のうちには、各役員について、その配偶者又は三親等以内の親族が一人を超えて含まれることになつてはならない。

8　次に掲げる者は、役員となることができない。

一　学校教育法第九条各号のいずれかに該当する者

二　心身の故障のため役員の職務の適正な執行ができない者として文部科学省令で定めるもの

（役員の兼職禁止）

第三十九条　監事は、理事、評議員又は学校法人の職員と兼ね

てはならない。

（役員の補充）

第四十条　理事又は監事のうち、その定数の五分の一をこえるものが欠けたときは、一月以内に補充しなければならない。

（忠実義務）

第四十条の二　理事は、法令及び寄附行為を遵守し、学校法人のため忠実にその職務を行わなければならない。

（理事の代理行為の委任）

第四十条の三　理事は、寄附行為によつて禁止されていないときに限り、特定の行為の代理を他人に委任することができる。

（仮理事）

第四十条の四　理事が欠けた場合において、事務が遅滞することにより損害を生ずるおそれがあるときは、所轄庁は、利害関係人の請求により又は職権で、仮理事を選任しなければならない。

（一般社団・財団法人法の規定の準用）

第四十条の五　一般社団・財団法人法第八十条の規定は民事保全法（平成元年法律第九十一号）第五十六条に規定する仮処分命令により選任された理事又は理事長の職務を代行する者について、一般社団・財団法人法第八十二条、第八十四条、第八十五条及び第九十二条第二項の規定は理事について、一般社団・財団法人法第百三条及び第百六条の規定は監事について、それぞれ準用する。この場合において、一般社団・財団法人法第八十二条中「代表理事」とあるのは「理事長」と、一般社団・財団法人法第八十四条第一項中「社員総会」とあるのは「理事会」と、一般社団・財団法人法第八十五条中「社員（監事設置一般社団法人にあつては、監事）」とあるのは「監事」と、一般社団・財団法人法第百三条第一項中「定款」とあるのは「寄附行為」と読み替えるものとする。

第二款　評議員及び評議員会

（評議員会）

第四十一条　学校法人に、評議員会を置く。

2　評議員会は、理事の定数の二倍をこえる数の評議員をもつて、組織する。

3　評議員会は、理事長が招集する。

4　評議員会に、議長を置く。

5　理事長は、評議員総数の三分の一以上の評議員から会議に付議すべき事項を示して評議員会の招集を請求された場合には、その請求のあつた日から二十日以内に、これを招集しなければならない。

6　評議員会は、評議員の過半数の出席がなければ、その議事を開き、議決をすることができない。

7　評議員会の議事は、出席評議員の過半数で決し、可否同数のときは、議長の決するところによる。

8　前項の場合において、議長は、評議員として議決に加わることができない。

9　第七項の規定にかかわらず、第四十四条の五において読み替えて準用する一般社団・財団法人法第百十三条第一項の評議員会の決議は、その議事の議決に加わることができる評議員の三分の二以上に当たる多数をもつて決する。

10　第七項及び前項の議事について特別の利害関係を有する評議員は、議決に加わることができない。

第四十二条　次に掲げる事項については、理事長において、あらかじめ、評議員会の意見を聴かなければならない。

一　第四十五条の二第一項の予算及び事業計画

二　第四十五条の二第二項の事業に関する中期的な計画

三　借入金（当該会計年度内の収入をもつて償還する一時の借入金を除く。）及び重要な資産の処分に関する事項

四　役員に対する報酬等（報酬、賞与その他の職務遂行の対価として受ける財産上の利益及び退職手当をいう。以下同じ。）の支給の基準

五　寄附行為の変更

六　合併

七　第五十条第一項第一号（評議員会の議決を要する場合を除く。）及び第三号に掲げる事由による解散

八　収益を目的とする事業に関する重要事項

九　その他学校法人の業務に関する重要事項で寄附行為をもつて定めるもの

2　前項各号に掲げる事項は、寄附行為をもつて評議員会の議決を要するものとすることができる。

第四十三条　評議員会は、学校法人の業務若しくは財産の状況又は役員の業務執行の状況について、役員に対して意見を述べ、若しくはその諮問に答え、又は役員から報告を徴することができる。

（評議員の選任）

第四十四条　評議員となる者は、次の各号に掲げる者とする。

一　当該学校法人の職員のうちから、寄附行為の定めるところにより選任された者

二　当該学校法人の設置する私立学校を卒業した者で年齢二十五年以上のもののうちから、寄附行為の定めるところにより選任された者

三　前各号に規定する者のほか、寄附行為の定めるところにより選任された者

2　前項第一号に規定する評議員は、職員の地位を退いたときは、評議員の職を失うものとする。

第三款　役員の損害賠償責任等

（役員の学校法人に対する損害賠償責任）

第四十四条の二　役員は、その任務を怠つたときは、学校法人に対し、これによつて生じた損害を賠償する責任を負う。

2　理事が第四十条の五において準用する一般社団・財団法人法第八十四条第一項の規定に違反して同項第一号の取引をしたときは、当該取引によつて理事又は第三者が得た利益の額は、前項の損害の額と推定する。

3　第四十条の五において準用する一般社団・財団法人法第八十四条第一項第二号又は第三号の取引によつて学校法人に損害が生じたときは、次に掲げる理事は、その任務を怠つたものと推定する。

一　第四十条の五において準用する一般社団・財団法人法第八十四条第一項の理事

二　学校法人が当該取引をすることを決定した理事

三　当該取引に関する理事会の承認の決議に賛成した理事

（役員の第三者に対する損害賠償責任）

第四十四条の三　役員がその職務を行うについて悪意又は重大な過失があつたときは、当該役員は、これによつて第三者に生じた損害を賠償する責任を負う。

2　次の各号に掲げる者が、当該各号に定める行為をしたときも、前項と同様とする。ただし、その者が当該行為をすることについて注意を怠らなかつたことを証明したときは、この限りでない。

一　理事　次に掲げる行為

イ　第四十七条第一項の財産目録、貸借対照表、収支計算書及び事業報告書に記載すべき重要な事項についての虚偽の記載

ロ　虚偽の登記

ハ　虚偽の公告

二　監事　第三十七条第三項第四号の監査報告書に記載すべき重要な事項についての虚偽の記載

（役員の連帯責任）

第四十四条の四　役員が学校法人又は第三者に生じた損害を賠償する責任を負う場合において、他の役員も当該損害を賠償する責任を負うときは、これらの者は、連帯債務者とする。

（一般社団・財団法人法の規定の準用）

第四十四条の五　一般社団・財団法人法第百十二条から第百十六条までの規定は第四十四条の二第一項の責任について、一般社団・財団法人法第二章第三節第九款の規定は学校法人について、それぞれ準用する。この場合において、これらの規定中「総社員」とあるのは「総評議員」と、「役員の」とあるのは「役員等の」と、「役員等が」とあるのは「役員が」と、「法務省令」とあるのは「文部科学省令」と、「代表理事」とあるのは「理事長」と、「使用人」とあるのは「職員」と、「監事又は会計監査人」とあるのは「監事」と、「役員等に」とあるのは「役員に」と、「定款」とあるのは「寄附行為」と読み替えるほか、次の表の上欄に掲げる一般社団・財団法人法の規定中同表の中欄に掲げる字句は、それぞれ同表の下欄に掲げる字句に読み替えるものとする。

第百十三条	社員総会	評議員会
第百十三条第一項第二号ロ(1)	理事会の決議によって一般社団法人の業務を執行する	寄附行為の定めるところにより理事長を補佐して学校法人の業務を掌理する
第百十四条第一項	理事（当該責任を負う理事を除く。）の過半数の同意（理事会設置一般社団法人にあっては、理事会の決議）	理事会の決議
第百十四条第二項	社員総会	評議員会
	、同項	及び同項
	限る。）についての理事の同意を得る場合及び当該責任の免除	限る。）
第百十四条第三項	同意（理事会設置一般社団法人にあっては、理事会の決議）	理事会の決議
第百十四条第四項	社員	評議員
	役員等	役員
	議決権を有する社員	評議員
第百十五条第一項	理事会の決議によって一般社団法人の業務を執行する	寄附行為の定めるところにより理事長を補佐して学校法人の業務を掌理する
第百十五条第三項及び第四項	社員総会	評議員会
	限る。）、	限る。）又は
第百十五条第四項第三号	第百十一条第一項	私立学校法第四十四条の二第一項
第百十六条第一項	第八十四条第一項第二号	私立学校法第四十条の五において準用する第八十四条第一項第二号
第百十八条の二第一項	社員総会（理事会設置一般社団法人にあっては、理事会）	理事会
第百十八条の二第二項	第百十一条第一項	私立学校法第四十四条の二第一項
第百十八条の二第五項	第八十四条第一項、	私立学校法第四十条の五において準用する第八十四条第一項及び
	、第百十一条第三項及び	の規定、同法第四十四条の二第三項の規定並びに同法第四十

		四条の五において準用する
第百十八条の三第一項	役員等を	役員を
	役員等賠償責任保険契約	役員賠償責任保険契約
	社員総会（理事会設置一般社団法人にあっては、理事会）	理事会
第百十八条の三第二項	第八十四条第一項、	私立学校法第四十条の五において準用する第八十四条第一項及び
	及び第百十一条第三項	の規定並びに同法第四十四条の二第三項
第百十八条の三第三項ただし書	役員等賠償責任保険契約	役員賠償責任保険契約

第四款　寄附行為変更の認可等

第四十五条　寄附行為の変更（文部科学省令で定める事項に係るものを除く。）は、所轄庁の認可を受けなければ、その効力を生じない。

2　学校法人は、前項の文部科学省令で定める事項に係る寄附行為の変更をしたときは、遅滞なく、その旨を所轄庁に届け出なければならない。

第五款　予算及び事業計画並びに事業に関する中期的な計画等

（予算及び事業計画並びに事業に関する中期的な計画）

第四十五条の二　学校法人は、毎会計年度、予算及び事業計画を作成しなければならない。

2　文部科学大臣が所轄庁である学校法人は、事業に関する中期的な計画を作成しなければならない。

3　文部科学大臣が所轄庁である学校法人は、第一項の事業計画及び前項の事業に関する中期的な計画を作成するに当たつては、学校教育法第百九条第二項（同法第百二十三条において準用する場合を含む。）に規定する認証評価の結果を踏まえて作成しなければならない。

（評議員会に対する決算等の報告）

第四十六条　理事長は、毎会計年度終了後二月以内に、決算及び事業の実績を評議員会に報告し、その意見を求めなければならない。

（財産目録等の備付け及び閲覧）

第四十七条　学校法人は、毎会計年度終了後二月以内に、文部科学省令で定めるところにより、財産目録、貸借対照表、収支計算書、事業報告書及び役員等名簿（理事、監事及び評議員の氏名及び住所を記載した名簿をいう。次項及び第三項において同じ。）を作成しなければならない。

2　学校法人は、前項の書類、第三十七条第三項第四号の監査報告書及び役員に対する報酬等の支給の基準（以下「財産目録等」という。）を、作成の日から五年間、各事務所に備えて置き、請求があつた場合（都道府県知事が所轄庁である学校法人の財産目録等（役員等名簿を除く。）にあつては、当該学校法人の設置する私立学校に在学する者その他の利害関係人から請求があつた場合に限る。）には、正当な理由がある場合を除いて、これを閲覧に供しなければならない。

3　前項の規定にかかわらず、学校法人は、役員等名簿について同項の請求があつた場合には、役員等名簿に記載された事項中、個人の住所に係る記載の部分を除外して、同項の閲覧をさせることができる。

（報酬等）

第四十八条　学校法人は、役員に対する報酬等について、文部科学省令で定めるところにより、民間事業者の役員の報酬等及び従業員の給与、当該学校法人の経理の状況その他の事情を考慮して、不当に高額なものとならないような支給の基準を定めなければならない。

2　学校法人は、前項の規定により定められた報酬等の支給の基準に従つて、その役員に対する報酬等を支給しなければならない。

（会計年度）

第四十九条　学校法人の会計年度は、四月一日に始まり、翌年三月三十一日に終るものとする。

第四節　解散

（解散事由）

第五十条　学校法人は、次の事由によつて解散する。

一　理事の三分の二以上の同意及び寄附行為で更に評議員会の議決を要するものと定められている場合には、その議決

二　寄附行為に定めた解散事由の発生

三　目的たる事業の成功の不能

四　学校法人又は第六十四条第四項の法人との合併

五　破産手続開始の決定

六　第六十二条第一項の規定による所轄庁の解散命令

2　前項第一号及び第三号に掲げる事由による解散は、所轄庁の認可又は認定を受けなければ、その効力を生じない。

3　第三十一条第二項の規定は、前項の認可又は認定の場合に準用する。

4　清算人は、第一項第二号又は第五号に掲げる事由によつて解散した場合には、所轄庁にその旨を届け出なければならない。

（学校法人についての破産手続の開始）

第五十条の二　学校法人がその債務につきその財産をもつて完済することができなくなつた場合には、裁判所は、理事若しくは債権者の申立てにより又は職権で、破産手続開始の決定をする。

2　前項に規定する場合には、理事は、直ちに破産手続開始の申立てをしなければならない。

（清算中の学校法人の能力）

第五十条の三　解散した学校法人は、清算の目的の範囲内において、その清算の結了に至るまではなお存続するものとみなす。

（清算人）

第五十条の四　学校法人が解散したときは、破産手続開始の決定及び第六十二条第一項の規定による解散命令による解散の場合を除き、理事がその清算人となる。ただし、寄附行為に別段の定めがあるときは、この限りでない。

2　学校法人が第六十二条第一項の規定による解散命令により解散したときは、所轄庁は、利害関係人の申立てにより又は職権で、清算人を選任する。

（裁判所による清算人の選任）

第五十条の五　前条の規定により清算人となる者がないとき、又は清算人が欠けたため損害を生ずるおそれがあるときは、裁判所は、利害関係人若しくは検察官の請求により又は職権で、清算人を選任することができる。

（清算人の解任）

第五十条の六　重要な事由があるときは、裁判所は、利害関係人若しくは検察官の請求により又は職権で、清算人を解任することができる。

（清算人の届出）

第五十条の七　清算中に就職した清算人は、その氏名及び住所を所轄庁に届け出なければならない。

（清算人の職務及び権限）

第五十条の八　清算人の職務は、次のとおりとする。

一　現務の結了

二　債権の取立て及び債務の弁済

三　残余財産の引渡し

2　清算人は、前項各号に掲げる職務を行うために必要な一切の行為をすることができる。

（債権の申出の催告等）

第五十条の九　清算人は、その就職の日から二月以内に、少なくとも三回の公告をもつて、債権者に対し、一定の期間内にその債権の申出をすべき旨の催告をしなければならない。この場合において、その期間は、二月を下ることができない。

2　前項の公告には、債権者がその期間内に申出をしないときは清算から除斥されるべき旨を付記しなければならない。ただし、清算人は、判明している債権者を除斥することができない。

3　清算人は、判明している債権者には、各別にその申出の催告をしなければならない。

4　第一項の公告は、官報に掲載してする。

（期間経過後の債権の申出）

第五十条の十　前条第一項の期間の経過後に申出をした債権者は、学校法人の債務が完済された後まだ権利の帰属すべき者に引き渡されていない財産に対してのみ、請求をすることができる。

（清算中の学校法人についての破産手続の開始）

第五十条の十一　清算中に学校法人の財産がその債務を完済するのに足りないことが明らかになつたときは、清算人は、直ちに破産手続開始の申立てをし、その旨を公告しなければならない。

2　清算人は、清算中の学校法人が破産手続開始の決定を受けた場合において、破産管財人にその事務を引き継いだときは、その任務を終了したものとする。

3　前項に規定する場合において、清算中の学校法人が既に債権者に支払い、又は権利の帰属すべき者に引き渡したものがあるときは、破産管財人は、これを取り戻すことができる。

4　第一項の規定による公告は、官報に掲載してする。

（裁判所の選任する清算人の報酬）

第五十条の十二　裁判所は、第五十条の五の規定により清算人を選任した場合には、学校法人が当該清算人に対して支払う報酬の額を定めることができる。この場合において、裁判所は、当該清算人及び監事の陳述を聴かなければならない。

（裁判所による監督）

第五十条の十三　学校法人の解散及び清算は、裁判所の監督に属する。

2　裁判所は、職権で、いつでも前項の監督に必要な検査をすることができる。

3　裁判所は、第一項の監督に必要な調査をさせるため、検査役を選任することができる。

4　前条の規定は、前項の規定により裁判所が検査役を選任した場合に準用する。この場合において、同条中「清算人及び監事」とあるのは、「学校法人及び検査役」と読み替えるものとする。

5　学校法人の解散及び清算を監督する裁判所は、所轄庁に対し、意見を求め、又は調査を嘱託することができる。

6　所轄庁は、前項に規定する裁判所に対し、意見を述べることができる。

（清算結了の届出）

第五十条の十四　清算が結了したときは、清算人は、その旨を所轄庁に届け出なければならない。

（解散及び清算の監督等に関する事件の管轄）

第五十条の十五　学校法人の解散及び清算の監督並びに清算人に関する事件は、その主たる事務所の所在地を管轄する地方裁判所の管轄に属する。

第五十条の十六　削除

（不服申立ての制限）

第五十条の十七　清算人又は検査役の選任の裁判に対しては、不服を申し立てることができない。

（残余財産の帰属）

第五十一条　解散した学校法人の残余財産は、合併及び破産手続開始の決定による解散の場合を除くほか、所轄庁に対する清算結了の届出の時において、寄附行為の定めるところにより、その帰属すべき者に帰属する。

2　前項の規定により処分されない財産は、国庫に帰属する。

3　国は、前項の規定により国庫に帰属した財産（金銭を除く。）を私立学校教育の助成のために、学校法人に対して譲与し、又は無償で貸し付けるものとする。ただし、国は、これに代えて、当該財産の価額に相当する金額を補助金として支出することができる。

4　前項の助成については、私立学校振興助成法（昭和五十年法律第六十一号）第十一条から第十三条までの規定の適用があるものとする。

5　第二項の規定により国庫に帰属した財産が金銭である場合には、国は、その金額について第三項ただし書の処置をとるものとする。

6　第二項の規定により国庫に帰属した財産（金銭を除く。）は、文部科学大臣の所管とし、第三項本文の処分は、文部科学大臣が行う。ただし、当該財産につき同項ただし書の処置がとられた場合には、当該財産を財務大臣に引き継がなければならない。

（合併手続）

第五十二条　学校法人が合併しようとするときは、理事の三分の二以上の同意がなければならない。ただし、寄附行為で評議員会の議決を要するものと定められている場合には、更にその議決がなければならない。

2　合併は、所轄庁の認可を受けなければ、その効力を生じない。

第五十三条　学校法人は、前条第二項に規定する所轄庁の認可があつたときは、その認可の通知のあつた日から二週間以内に、財産目録及び貸借対照表を作らなければならない。

2　学校法人は、前項の期間内に、その債権者に対し異議があれば一定の期間内に述べるべき旨を公告し、かつ、判明している債権者に対しては、各別にこれを催告しなければならない。ただし、その期間は、二月を下ることができない。

第五十四条　債権者が前条第二項の期間内に合併に対して異議を述べなかつたときは、合併を承認したものとみなす。

2　債権者が異議を述べたときは、学校法人は、これに弁済をし、若しくは相当の担保を提供し、又はその債権者に弁済を受けさせることを目的として信託会社若しくは信託業務を営む金融機関に相当の財産を信託しなければならない。ただし、合併をしてもその債権者を害するおそれがないときは、この限りでない。

第五十五条　合併により学校法人を設立する場合においては、寄附行為その他学校法人の設立に関する事務は、各学校法人又は第六十四条第四項の法人において選任した者が共同して行わなければならない。

（合併の効果）

第五十六条　合併後存続する学校法人又は合併によつて設立した学校法人は、合併によつて消滅した学校法人又は第六十四条第四項の法人の権利義務（当該学校法人又は第六十四条第四項の法人がその行う事業に関し所轄庁の認可その他の処分に基いて有する権利義務を含む。）を承継する。

（合併の時期）

第五十七条　学校法人の合併は、合併後存続する学校法人又は合併によつて設立する学校法人の主たる事務所の所在地において政令の定めるところにより登記をすることによつて効力を生ずる。

第五十八条　削除

第五節　助成及び監督

（助成）

第五十九条　国又は地方公共団体は、教育の振興上必要があると認める場合には、別に法律で定めるところにより、学校法人に対し、私立学校教育に関し必要な助成をすることができる。

（措置命令等）

第六十条　所轄庁は、学校法人が、法令の規定、法令の規定に基づく所轄庁の処分若しくは寄附行為に違反し、又はその運営が著しく適正を欠くと認めるときは、当該学校法人に対し、期限を定めて、違反の停止、運営の改善その他必要な措置をとるべきことを命ずることができる。

2　所轄庁は、前項の規定による措置命令をしようとする場合には、あらかじめ、私立学校審議会等の意見を聴かなければならない。

3　所轄庁は、第一項の規定による措置命令をしようとする場合には、行政手続法（平成五年法律第八十八号）第三十条の規定による通知において、所轄庁による弁明の機会の付与に代えて私立学校審議会等による弁明の機会の付与を求めることができる旨並びに当該弁明のために出席すべき私立学校審議会等の日時及び場所並びに第五項の規定による弁明書を提出する場合における当該弁明書の提出先及び提出期限を通知しなければならない。

4　私立学校審議会等は、当該学校法人が私立学校審議会等による弁明の機会の付与を求めたときは、所轄庁に代わつて弁明の機会を付与しなければならない。

5　前項の規定による弁明は、当該学校法人が弁明書を提出してすることを求めたときを除き、私立学校審議会等に出席してするものとする。

6　行政手続法第二十九条第二項及び第三十一条（同法第十六条の準用に係る部分に限る。）の規定は、第四項の規定により私立学校審議会等が行う弁明の機会の付与について準用する。この場合において、同法第三十一条において準用する同法第十六条第四項中「行政庁」とあるのは、「私立学校法第二十六条第二項の私立学校審議会等」と読み替えるものとする。

7　第四項の規定により私立学校審議会等が弁明の機会を付与する場合には、行政手続法第三章（第十二条及び第十四条を除く。）の規定は、適用しない。

8　第一項の規定による措置命令については、審査請求をすることができない。

9　学校法人が第一項の規定による措置命令に従わないときは、所轄庁は、当該学校法人に対し、役員の解任を勧告することができる。

10　所轄庁は、前項の規定による勧告をしようとする場合には、あらかじめ、当該学校法人の理事又は解任しようとする役員に対して弁明の機会を付与するとともに、私立学校審議会等の意見を聴かなければならない。

11　行政手続法第三章第三節の規定及び第三項から第六項までの規定は、前項の規定による弁明について準用する。

（収益事業の停止）

第六十一条　所轄庁は、第二十六条第一項の規定により収益を目的とする事業を行う学校法人につき、次の各号の一に該当する事由があると認めるときは、当該学校法人に対して、その事業の停止を命ずることができる。

一　当該学校法人が寄附行為で定められた事業以外の事業を行うこと。

二　当該学校法人が当該事業から生じた収益をその設置する私立学校の経営の目的以外の目的に使用すること。

三　当該事業の継続が当該学校法人の設置する私立学校の教育に支障があること。

2　前条第二項から第八項までの規定は、前項の規定による停止命令について準用する。

（解散命令）

第六十二条　所轄庁は、学校法人が法令の規定に違反し、又は法令の規定に基く所轄庁の処分に違反した場合においては、他の方法により監督の目的を達することができない場合に限り、当該学校法人に対して、解散を命ずることができる。

2　所轄庁は、前項の規定による解散命令をしようとする場合には、あらかじめ、私立学校審議会等の意見を聴かなければならない。

3　所轄庁は、第一項の規定による解散命令をしようとする場合には、行政手続法第十五条第一項の規定による通知において、所轄庁による聴聞に代えて私立学校審議会等による意見の聴取を求めることができる旨並びに当該意見の聴取の期日及び場所並びに当該意見の聴取に関する事務を所掌する組織の名称及び所在地を通知しなければならない。この場合において、所轄庁は、次に掲げる事項を教示しなければならない。

一　当該意見の聴取の期日に私立学校審議会等に出席して意見を述べ、及び証拠書類若しくは証拠物を提出し、又は当該意見の聴取の期日における私立学校審議会等への出席に代えて陳述書及び証拠書類若しくは証拠物を提出することができること。

二　当該意見の聴取が終結する時までの間、所轄庁に対し、第一項の規定による解散命令の原因となる事実を証する資料の閲覧を求めることができること。

4　私立学校審議会等は、当該学校法人が私立学校審議会等による意見の聴取を求めたときは、所轄庁に代わつて意見の聴取を行わなければならない。

5　行政手続法第三章第二節（第十五条、第十九条、第二十六条及び第二十八条を除く。）の規定は、前項の規定により私立学校審議会等が行う意見の聴取について準用する。この場合において、同法第十六条第四項（同法第十七条第三項において準用する場合を含む。）、第二十条第六項及び第二十二条第三項（同法第二十五条において準用する場合を含む。）において準用する同法第十五条第三項中「行政庁」とあり、同法第十七条第一項中「第十九条の規定により聴聞を主宰する者（以下「主宰者」という。）」とあり、並びに同法第二十条から第二十五条までの規定中「主宰者」とあるのは「私立学校法第二十六条第二項の私立学校審議会等」と、同法第二十五条中「命ずることができる」とあるのは「求めることができる」と、「この場合」とあるのは「私立学校法第二十六条第二項の私立学校審議会等が意見の聴取を再開する場合」と読み替えるものとする。

6　私立学校審議会等は、前項において準用する行政手続法第二十四条第一項の調書の内容及び同条第三項の報告書を十分に参酌して第二項に規定する意見を述べなければならない。

7　第四項の規定により私立学校審議会等が意見の聴取を行う場合には、行政手続法第三章（第十二条及び第十四条を除く。）の規定は、適用しない。

8　第一項の規定による解散命令については、審査請求をすることができない。

（報告及び検査）

第六十三条　所轄庁は、この法律の施行に必要な限度において、学校法人に対し、その業務若しくは財産の状況に関し報告をさせ、又はその職員に、学校法人の事務所その他の施設に立ち入り、その業務若しくは財産の状況若しくは帳簿、書類その他の物件を検査させることができる。

2　前項の規定により立入検査をする職員は、その身分を示す証明書を携帯し、関係人にこれを提示しなければならない。

3　第一項の規定による立入検査の権限は、犯罪捜査のために認められたものと解してはならない。

（情報の公表）

第六十三条の二　文部科学大臣が所轄庁である学校法人は、次の各号に掲げる場合の区分に応じ、遅滞なく、文部科学省令で定めるところにより、当該各号に定める事項を公表しなければならない。

一　第三十条第一項若しくは第四十五条第一項の認可を受けたとき、又は同条第二項の規定による届出をしたとき　寄附行為の内容

二　第三十七条第三項第四号の監査報告書を作成したとき　当該監査報告書の内容

三　第四十七条第一項の書類を作成したとき　同項の書類のうち文部科学省令で定める書類の内容

四　第四十八条第一項の役員に対する報酬等の支給の基準を定めたとき　当該報酬等の支給の基準

第四章　雑則

（私立専修学校等）

第六十四条　第五条、第六条及び第八条第一項の規定は私立専修学校及び私立各種学校について、準用する。この場合において、私立専修学校について準用する第八条第一項中「学校教育法第四条第一項又は第十三条第一項に規定する事項」とあるのは「学校教育法第百三十条第一項の都道府県知事の権限又は同法第百三十三条第一項において読み替えて準用する同法第十三条第一項の都道府県知事の権限」と読み替え、私立各種学校について準用する第八条第一項中「学校教育法第四条第一項」とあるのは「学校教育法第百三十四条第二項において読み替えて準用する同法第四条第一項」と読み替えるものとする。

2　学校法人は、学校のほかに、専修学校又は各種学校を設置することができる。

3　前項の規定により専修学校又は各種学校を設置する学校法人に対して第三章の規定を適用する場合には、同章の規定中私立学校のうちには、私立専修学校又は私立各種学校を含む

ものとする。

4　専修学校又は各種学校を設置しようとする者は、専修学校又は各種学校の設置のみを目的とする法人を設立することができる。

5　第三章の規定（同章に関する罰則の規定を含む。）は、前項の法人に準用する。この場合において、同章の規定中「私立学校」とあるのは、「私立専修学校又は私立各種学校」と読み替えるものとする。

6　学校法人及び第四項の法人は、寄附行為の定めるところにより必要な寄附行為の変更をして所轄庁の認可を受けた場合には、それぞれ第四項の法人及び学校法人となることができる。

7　第三十一条及び第三十三条（第五項において準用する場合を含む。）の規定は、前項の場合に準用する。

（類似名称の使用禁止）

第六十五条　学校法人でない者は、その名称中に、学校法人という文字を用いてはならない。ただし、第六十四条第四項の法人は、この限りでない。

（実施規定）

第六十五条の二　この法律に規定するものを除くほか、この法律の施行に関し必要な事項で、都道府県知事が処理しなければならないものは政令で、その他のものは文部科学省令で定める。

（事務の区分）

第六十五条の三　第二十六条第二項（第六十四条第五項において準用する場合を含む。）、第三十一条第一項（第六十四条第五項及び第七項において準用する場合を含む。）及び第二項（第三十二条第二項、第五十条第三項並びに第六十四条第五項及び第七項において準用する場合を含む。）、第三十二条第一項（第六十四条第五項において準用する場合を含む。）、第三十七条第三項（第五号に係る部分に限り、第六十四条第五項において準用する場合を含む。）、第四十条の四（第六十四条第五項において準用する場合を含む。）、第四十五条（第六十四条第五項において準用する場合を含む。）、第五十条第二項（第六十四条第五項において準用する場合を含む。）及び第四項（第六十四条第五項において準用する場合を含む。）、第五十条の四第二項（第六十四条第五項において準用する場合を含む。）、第五十条の七（第六十四条第五項において準用する場合を含む。）、第五十条の十三第五項（第六十四条第五項において準用する場合を含む。）及び第六項（第六十四条第五項において準用する場合を含む。）、第五十二条第二項（第六十四条第五項において準用する場合を含む。）、第六十条第一項（第六十四条第五項において準用する場合を含む。）、第二項（第六十一条第二項及び第六十四条第五項において準用する場合を含む。）、第三項（第六十条第十一項、第六十一条第二項及び第六十四条第五項において準用する場合を含む。）、第九項（第六十四条第五項において準用する場合を含む。）及び第十項（第六十四条第五項において準用する場合を含む。）、第六十一条第一項（第六十四条第五項において準用する場合を含む。）、第六十二条第一項から第三項まで（第六十四条第五項において準用する場合を含む。）並びに第六十三条第一項（第六十四条第五項において準用する場合を含む。）の規定により都道府県が処理することとされている事務は、地方自治法第二条第九項第一号に規定する第一号法定受託事務とする。

（経過措置）

第六十五条の四　この法律の規定に基づき命令を制定し、又は改廃する場合においては、その命令で、その制定又は改廃に伴い合理的に必要と判断される範囲内において、所要の経過措置（罰則に関する経過措置を含む。）を定めることができる。

第五章　罰則

第六十六条　次の各号のいずれかに該当する場合においては、学校法人の理事、監事又は清算人は、二十万円以下の過料に処する。

一　この法律に基づく政令の規定による登記をすることを怠つたとき。

二　第三十三条の二の規定による寄附行為の備付けを怠つたとき。

三　第三十三条の二の規定に違反して、正当な理由がないのに、寄附行為の閲覧を拒んだとき。

四　第三十三条の三の規定による財産目録の備付けを怠り、又はこれに記載すべき事項を記載せず、若しくは虚偽の記載をしたとき。

五　第四十五条第二項の規定に違反して、届出をせず、又は虚偽の届出をしたとき。

六　第四十七条第二項の規定に違反して、財産目録等の備付けを怠り、又は財産目録等に記載すべき事項を記載せず、若しくは虚偽の記載をしたとき。

七　第四十七条第二項の規定に違反して、正当な理由がないのに、財産目録等の閲覧を拒んだとき。

八　第五十条の二第二項又は第五十条の十一第一項の規定による破産手続開始の申立てを怠つたとき。

九　第五十条の九第一項又は第五十条の十一第一項の規定による公告を怠り、又は虚偽の公告をしたとき。

十　第五十三条又は第五十四条第二項の規定に違反したとき。

十一　第六十一条第一項の規定による命令に違反して事業を行つたとき。

十二　第六十三条第一項の規定による報告をせず、若しくは虚偽の報告をし、又は同項の規定による検査を拒み、妨げ、若しくは忌避したとき。

第六十七条　第六十五条の規定に違反した者は、十万円以下の過料に処する。

附　則（抄）

1　この法律は、公布の日から起算して三月を経過した日から施行する。

2　この法律施行の際現に民法による財団法人で私立学校（学校教育法附則第三条の規定により存続する私立学校を含む。）を設置しているもの及び学校教育法附則第三条の規定により存続する私立学校で民法による財団法人であるもの（以下「財団法人」と総称する。）は、この法律施行の日から一年以内にその組織を変更して学校法人となることができる。

3　前項の規定により財団法人がその組織を変更して学校法人となるには、その財団法人の寄附行為の定めるところにより、組織変更のため必要な寄附行為の変更をし、所轄庁の認可を受けなければならない。この場合においては、財団法人の寄附行為に寄附行為の変更に関する規定がないときでも、所轄庁の承認を得て理事の定める手続により、寄附行為の変更をすることができるものとする。

4　前項の組織変更は、学校法人の主たる事務所の所在地において登記をすることによつて効力を生ずる。

5　前項の規定による登記に関し必要な事項は、政令で定める。

6　この法律施行の際現に存する民法による財団法人で各種学校のみを設置しているものは、第二項の期間内にその組織を変更して第六十四条第四項の法人となることができる。

7　第三項から第五項までの規定は、前項の場合に準用する。

8　第四条及び第九条第二項の規定中私立学校、私立高等学校及び私立大学のうちには、それぞれ学校教育法附則第三条の規定により存続する私立学校、私立中等学校並びに私立の大学（大学予科を含む。）、高等学校及び専門学校を含むものとする。

9　第二項の規定により財団法人がその組織を変更して学校法人となつた場合において、当該財団法人が学校教育法附則第三条の規定により存続する私立学校を設置していたとき、又は同条の規定により存続する私立学校であつたときは、当該学校法人は、引き続いて、当該学校を設置することができる。

10　前項の規定により同項の学校を設置する学校法人に対して第三章の規定を適用する場合には、同章の規定中私立学校のうちには、前項の学校を含むものとする。

11　学校法人及び第六十四条第四項の法人が有しなければならない施設及び設備に関しては、第二十五条第二項（第六十四条第五項において準用する場合を含む。）の規定にかかわらず、別に学校の施設及び設備の基準に関して規定する法律が制定施行されるまでは、なお従前の例による。

12　第四条第二号、第六条、第九条第二項及び第五十九条の規定中私立学校には、当分の間、学校法人以外の私立の学校（学校教育法附則第六条の規定により学校法人以外の者によつて設置された私立の学校をいう。以下この項において同じ。）並びに学校法人立等以外の幼保連携型認定こども園（就学前の子どもに関する教育、保育等の総合的な提供の推進に関する法律の一部を改正する法律（平成二十四年法律第六十六号。以下この項において「認定こども園法一部改正法」という。）附則第三条第二項に規定するみなし幼保連携型認定こども園（以下この項において「みなし幼保連携型認定こども園」という。）を設置する者（学校法人及び社会福祉法人（社会福祉法（昭和二十六年法律第四十五号）第二十二条に規定する社会福祉法人をいう。以下この項において同じ。）を除く。）によつて設置されたみなし幼保連携型認定こども園及び認定こども園法一部改正法附則第四条第一項の規定により設置された幼保連携型認定こども園をいう。以下この項において同じ。）及び社会福祉法人によつて設置された幼保連携型認定こども園を含むものとし、第五条及び第八条第一項の規定中私立学校には、当分の間、学校法人立以外の私立の学校を含むものとし、第五十九条の規定中学校法人には、当分の間、学校法人立以外の私立の学校を設置する者並びに学校法人立等以外の幼保連携型認定こども園を設置する者及び幼保連携型認定こども園を設置する社会福祉法人を含むものとする。

○私立学校法の一部を改正する法律（抄）

令和五・五・八
法　二　一

私立学校法（昭和二十四年法律第二百七十号）の一部を次のように改正する。

第四条第四号中「第六十四条第四項」を「第百五十二条第五項」に改める。

第五条中「（幼保連携型認定こども園を除く。第八条第一項において同じ。）」を削る。

第七条を削る。

第八条第一項中「又は第十三条第一項に規定する事項を行う場合において」を「の認可をし、又は同法第十三条第一項の規定により学校の閉鎖を命ずるとき」に改め、同条第二項中「又は第十三条第一項に規定する事項（同法第九十五条の規定により諮問すべきこととされている事項を除く。）を行う場合において」を「の認可（私立大学又は私立高等専門学校の設置の認可を除く。）をし、又は同法第十三条第一項の規定により学校の閉鎖を命ずるとき」に改め、同条を第七条とし、第九条を第八条とし、第十条を第九条とする。

第十一条を削り、第十二条を第十条とし、第十三条を第十一条とし、第十四条を第十二条とする。

第十五条中「第六十四条第四項」を「第百五十二条第五項」に改め、同条を第十三条とし、第十六条を第十四条とし、第十七条を第十五条とする。

第十八条から第二十三条までを削る。

第三章第一節中第二十四条を第十六条とし、第二十五条を第十七条とし、同条の次に次の一条を加える。

（機関の設置）

第十八条　学校法人は、理事、理事会、監事、評議員及び評議員会並びに理事選任機関を置かなければならない。

2　学校法人は、前項に規定するもののほか、寄附行為をもつて定めるところにより、会計監査人を置くことができる。

3　理事の定数は五人以上、監事の定数は二人以上、評議員の定数は六人以上とし、それぞれ寄附行為をもつて定める。この場合において、寄附行為をもつて定める評議員の定数は、寄附行為をもつて定める理事の定数を超える数でなければならない。

4　会計監査人を置く場合にあつては、その定数は、寄附行為をもつて定める。

第二十六条を第十九条とする。

第二十六条の二中「（当該学校法人の設置する私立学校の校長、教員その他の職員を含む。以下同じ。）」を削り、同条を第二十条とし、第二十七条を第二十一条とし、第二十八条を第二十二条とする。

第二十九条を削る。

第三十条の見出しを「（寄附行為の認可）」に改め、同条第一項中「申請しなければ」を「受けなければ」に改め、同項第五号中「役員」を「理事」に、「、選任」を「並びに選任」に改め、「方法」の下に「、理事長の選定の方法」を加え、「規定」を「事項」に改め、同項第六号中「理事会」の下に「の招集その他理事会」を加え、「規定」を「事項」に改め、同項第十二号を同項第十六号とし、同項第十一号中「規定」を「事項」に改め、同号を同項第十五号とし、同項第十号中「規定」を「事項」に改め、同号を同項第十四号とし、同項第九号中「規定」を「事項」に改め、同号を同項第十三号とし、同項第八号中「規定」を「事項」に改め、同号を同項第十二号とし、同項第七号中「評議員会及び」を「評議員の定数、任期、選任及び解任の方法その他」に、「規定」を「事項」に改め、同号を同項第八号とし、同号の次に次の三号を加える。

九　評議員会の招集その他評議員会に関する事項

十　理事選任機関の構成及び運営、理事選任機関への監事からの報告の方法その他理事選任機関に関する事項

十一　会計監査人を置く場合には、その旨及び定数その他会計監査人に関する事項

第三十条第一項第六号の次に次の一号を加える。

七　監事の定数、任期、選任及び解任の方法その他監事に関する事項

第三十条第二項中「役員」の下に「（理事及び監事をいう。以下同じ。）及び評議員（設立しようとする学校法人に会計監査人を置く場合にあつては、会計監査人を含む。）」を加え、同条第三項中「第一項第十号」を「第一項第十四号」に改め、同条に次の一項を加える。

4　寄附行為は、電磁的記録（電子的方式、磁気的方式その他人の知覚によつては認識することができない方式で作られる記録であつて、電子計算機による情報処理の用に供されるものとして文部科学省令で定めるものをいう。以下同じ。）をもつて作成することができる。

第三章第二節中第三十条を第二十三条とする。

第三十一条の見出しを「（寄附行為の認可の審査）」に改め、同条第一項中「規定による」を「認可の」に、「第二十五条」を「第十七条」に改め、同条第二項中「前項の規定により寄附行為」を「前条第一項」に、「場合には」を「ときは」に改め、同条を第二十四条とする。

第三十二条第一項中「第三十条第一項各号」を「第二十三条第一項各号」に改め、同条第二項を次のように改める。

2　所轄庁は、前項の規定により所轄庁が定めることとされた事項を定めるときは、あらかじめ、私立学校審議会等の意見を聴かなければならない。

第三十二条を第二十五条とし、第三十三条を第二十六条とする。

第三十三条の二の見出し中「閲覧」を「閲覧等」に改め、同条中「各事務所に備えて置き、請求があつた場合には、正当な理由がある場合を除いて、これを閲覧に供しなければ」を「、その主たる事務所に備え置かなければ」に改め、同条に次の三項を加える。

2　学校法人は、寄附行為の写しを、その従たる事務所に備え置かなければならない。ただし、寄附行為を電磁的記録で作成し、従たる事務所において次項第三号及び第四号に掲げる請求に応ずることを可能とするための措置として文部科学省令で定めるものをとつているときは、この限りでない。

3　債権者は、学校法人の業務時間内は、いつでも、次に掲げる請求をすることができる。ただし、第二号又は第四号に掲げる請求をするには、当該学校法人の定めた費用を支払わなければならない。

一　寄附行為が書面をもつて作成されているときは、当該書面又は当該書面の写しの閲覧の請求

二　前号の書面の謄本又は抄本の交付の請求

三　寄附行為が電磁的記録をもつて作成されているときは、当該電磁的記録に記録された事項を文部科学省令で定める方法により表示したものの閲覧の請求

四　前号の電磁的記録に記録された事項を電磁的方法（学校法人の使用に係る電子計算機（入出力装置を含む。以下同じ。）と当該学校法人が作成した電磁的記録に記録された事項の提供を受けようとする者の使用に係る電子計算機とを電気通信回線で接続した電子情報処理組織を使用する方法その他の情報通信の技術を利用する方法であつて文部科学省令で定めるものをいう。以下同じ。）であつて当該学校法人の定めたものにより提供することの請求又はその事項を記載した書面の交付の請求

4　債権者以外の者は、学校法人の業務時間内は、いつでも、前項第一号及び第三号に掲げる請求をすることができる。この場合においては、当該学校法人は、正当な理由がある場合を除き、これを拒んではならない。

第三十三条の二を第二十七条とする。

第三十三条の三を削る。

第三十四条中「一般社団・財団法人法」を「一般社団法人及び一般財団法人に関する法律（平成十八年法律第四十八号。以下「一般社団・財団法人法」という。）」に改め、同条を第二十八条とする。

第六十七条中「第六十五条」を「第百五十三条」に改め、同条を第百六十四条とする。

第六十六条中「においては、学校法人の理事、監事又は清算人」を「には、当該違反行為をした学校法人若しくは第百五十二条第五項の法人の役員、評議員、会計監査人若しくはその職務を行うべき社員、清算人、仮処分命令により選任され

た役員、評議員若しくは清算人の職務を代行する者又は第三十四条第二項、第五十条第二項、第六十五条第二項若しくは第八十五条第一項（これらの規定を第百五十二条第六項において準用する場合を含む。）の規定により役員、評議員若しくは会計監査人の職務を一時行うべき者として選任された者」に改め、同条第二号から第四号までを次のように改める。

二　理事会の議事録、評議員会の議事録、会計帳簿若しくはこれに関する資料、計算書類等、監査報告、会計監査報告又は財産目録等に記載し、若しくは記録すべき事項を記載せず、若しくは記録せず、又は虚偽の記載若しくは記録をしたとき。

三　第二十七条第一項若しくは第二項、第四十三条第五項、第七十八条第二項、第百六条第一項若しくは第二項（これらの規定を第百四十四条第三項の規定によりみなして適用する場合を含む。）又は第百七条第三項若しくは第四項の規定（これらの規定を第百五十二条第六項において準用する場合を含む。）に違反して、書類又は電磁的記録を備え置かなかつたとき。

四　第二十七条第三項若しくは第四項、第四十三条第六項、第六十八条（第百四十四条第三項の規定によりみなして適用する場合を含む。）、第七十八条第三項、第八十六条第三項、第百六条第三項（第百四十四条第三項の規定によりみなして適用する場合を含む。）、第百六条第四項（第百四十九条第一項の規定により読み替えて適用する場合を含む。）又は第百七条第五項（第百四十九条第二項の規定により読み替えて適用する場合を含む。）の規定（これらの規定を第百五十二条第六項において準用する場合を含む。）に違反して、正当な理由がないのに、書面若しくはその写し若しくは電磁的記録に記録された事項を文部科学省令で定める方法により表示したものの閲覧又は書面の謄本若しくは抄本の交付若しくは電磁的記録に記録された事項を電磁的方法により提供すること若しくはその事項を記載した書面の交付を拒んだとき。

第六十六条第十二号中「第六十三条第一項」を「第百三十六条第一項（第百五十二条第六項において準用する場合を含む。以下この号において同じ。）」に、「同項」を「第百三十六条第一項」に改め、同号を同条第十三号とし、同条第十一号中「第六十一条第一項」を「第百三十四条第一項（第百五十二条第六項において準用する場合を含む。）」に改め、同号を同条第十二号とし、同条第十号中「第五十三条又は第五十四条第二項」を「第百二十七条又は第百二十八条第二項（これらの規定を第百五十二条第六項において準用する場合を含む。）」に改め、同号を同条第十一号とし、同条第九号中「第五十条の九第一項又は第五十条の十一第一項」を「第百十七条第一項又は第百十九条第一項（これらの規定を第百五十二条第六項において準用する場合を含む。）」に改め、同号を同条第十号とし、同条第八号中「第五十条の二第二項又は第五十条の十一第一項」を「第百十条第二項又は第百十九条第一項（これらの規定を第百五十二条第六項において準用する場合を含む。）」に改め、同号を同条第九号とし、同条第六号及び第七号を削り、同条第五号中「第四十五条第二項」を「第百八条第五項（第百五十二条第六項において準用する場合を含む。）」に改め、同号を同条第八号とし、同条第四号の次に次の三号を加える。

五　第四十九条第二項（第百五十二条第六項において準用する場合を含む。）の規定による請求があつた場合において、その請求に係る事項を評議員会の会議の目的とせず、又はその請求に係る議案を評議員会に提出しなかつたとき。

六　第五十三条第一項若しくは第二項又は第八十六条第四項（これらの規定を第百五十二条第六項において準用する場合を含む。）の規定による調査を妨げたとき。

七　第七十一条第二項（第百四十七条の規定により読み替えて適用する場合を含む。）（これらの規定を第百五十二条第六項において準用する場合を含む。）の規定による請求があつた場合において、その請求に係る事項を評議員会の会議の目的としなかつたとき。

第六十六条を第百六十三条とし、同条の前に見出しとして「（過料に処すべき行為）」を付し、第五章中同条の前に次の六条を加える。

（役員等の特別背任罪）

第百五十七条　学校法人又は第百五十二条第五項の法人に係る次に掲げる者が、自己若しくは第三者の利益を図り又は当該学校法人若しくは同項の法人に損害を加える目的で、その任務に背く行為をし、当該学校法人又は同項の法人に財産上の損害を加えたときは、七年以下の拘禁刑若しくは五百万円以下の罰金に処し、又はこれを併科する。

一　役員

二　民事保全法（平成元年法律第九十一号）第五十六条に規定する仮処分命令により選任された役員の職務を代行する者

三　第三十四条第二項又は第五十条第二項（これらの規定を第百五十二条第六項において準用する場合を含む。）の規定により役員の職務を一時行うべき者として選任された者

2　第百十一条第一項（第百五十二条第六項において準用する場合を含む。）の規定により清算をする学校法人又は第百五十二条第五項の法人（以下この項及び次条第一項第二号において「清算法人」という。）に係る次に掲げる者が、自己若しくは第三者の利益を図り又は当該清算法人に損害を加える目的で、その任務に背く行為をし、当該清算法人に財産上の損害を加えたときも、前項と同様とする。

一　清算人

二　民事保全法第五十六条に規定する仮処分命令により選任された清算人の職務を代行する者

3　前二項の罪の未遂は、罰する。

（役員等の贈収賄罪）

第百五十八条　次に掲げる者が、その職務に関し、不正の請託を受けて、財産上の利益を収受し、又はその要求若しくは約束をしたときは、五年以下の拘禁刑又は五百万円以下の罰金に処する。

一　学校法人又は第百五十二条第五項の法人に係る前条第一項各号に掲げる者

二　清算法人に係る前条第二項各号に掲げる者

三　学校法人又は第百五十二条第五項の法人に係る会計監査

人又は第八十五条第一項（第百五十二条第六項において準用する場合を含む。）の規定により選任された一時会計監査人の職務を行うべき者

2 前項の利益を供与し、又はその申込み若しくは約束をした者は、三年以下の拘禁刑又は三百万円以下の罰金に処する。

3 第一項の場合において、犯人の収受した利益は、没収する。その全部又は一部を没収することができないときは、その価額を追徴する。

（学校法人等の財産の処分に関する罪）

第百五十九条 学校法人又は第百五十二条第五項の法人に係る第百五十七条第一項各号に掲げる者が、当該学校法人又は第百五十二条第五項の法人の目的の範囲外において、投機取引のために当該学校法人又は同項の法人の財産を処分したときは、三年以下の拘禁刑若しくは百万円以下の罰金に処し、又はこれを併科する。

（国外犯）

第百六十条 第百五十七条、第百五十八条第一項及び前条の罪は、日本国外においてこれらの罪を犯した者にも適用する。

2 第百五十八条第二項の罪は、刑法（明治四十年法律第四十五号）第二条の例に従う。

（法人における罰則の適用）

第百六十一条 第百五十八条第一項第三号に掲げる者が法人であるときは、同項の規定は、その行為をした会計監査人又は一時会計監査人の職務を行うべき社員に対して適用する。

（偽りその他不正の手段により認可を受けた罪）

第百六十二条 偽りその他不正の手段により第二十三条第一項（第百四十四条第二項及び第百四十五条第二項の規定により読み替えて適用する場合を含む。）、第百八条第三項、第百九条第三項若しくは第百二十六条第三項（これらの規定を第百五十二条第六項において準用する場合を含む。）又は第百五十二条第七項の認可を受けた者は、六月以下の拘禁刑又は五十万円以下の罰金に処する。

第五章を第六章とする。

第四章中第六十五条の四を第百五十六条とし、第六十五条の三を削り、第六十五条の二を第百五十四条とし、同条の次に次の一条を加える。

（事務の区分）

第百五十五条 第十九条第二項、第二十三条第一項、第二十五条、第三十四条第二項、第五十条第二項、第五十六条第二項、第六十五条第二項、第七十二条第一項、第百八条第三項及び第五項、第百九条第三項から第五項まで、第百十二条第二項、第百十五条、第百二十一条第五項及び第六項、第百二十二条、第百二十六条第三項、第百三十三条第一項及び第二項、同条第三項（同条第十二項及び第百三十四条第三項において準用する場合を含む。）、第百三十三条第十項及び第十一項、第百三十四条第一項及び第二項、第百三十五条第一項から第三項まで並びに第百三十六条第一項の規定（これらの規定を第百五十二条第六項において準用する場合を含む。）、第二十四条第二項（第百五十二条第六項、第九項及び第十項において準用する場合を含む。）並びに第百五十二条第七項の規定により都道府県が処理することとされている事務は、地方自治法第二条第九項第一号に規定する第一号法定受託事務とする。

第六十五条ただし書中「第六十四条第四項」を「前条第五項」に改め、同条を第百五十三条とする。

第六十四条第一項中「第八条第一項の規定は」を「第七条第一項の規定は、」に改め、「及び私立各種学校」を削り、同項後段を次のように改める。

この場合において、同項中「第四条第一項」とあるのは「第百三十条第一項」と、「又は」とあるのは「又は同法第百三十三条第一項において準用する」と読み替えるものとする。

第六十四条第七項を削り、同条第六項中「及び第四項」を「及び第五項」に、「の定める」を「をもつて定める」に、「必要な寄附行為の変更をして」を「、同項の法人及び学校法人となるために必要な事項を寄附行為に定め、」に、「受けた場合には、それぞれ第四項」を「受けることにより、それぞれ同項」に改め、同項を同条第七項とし、同条第五項中「第三章」の下に「及び前章（第百四十八条第四項を除く。）」を加え、「（同章に関する罰則の規定を含む。）」を削り、「法人に」の下に「ついて」を加え、「、同章」を「、第三章」に改め、同項を同条第六項とし、同条中第四項を第五項とし、第三項を第四項とし、第二項を第三項とし、第一項の次に次の一項を加える。

2 第五条、第六条及び第七条第一項の規定は、私立各種学校について準用する。この場合において、同項中「第四条第一項」とあるのは「第百三十四条第二項において準用する同法第四条第一項前段」と、「又は」とあるのは「又は同法第百三十四条第二項において準用する」と読み替えるものとする。

第六十四条に次の四項を加える。

8 第四十二条第二項（第一号に係る部分に限る。）、第百八条第一項及び第二項並びに第百五十条の規定（これらの規定を第六項において準用する場合を含む。）は、前項に規定する事項を寄附行為に定める場合について準用する。この場合において、同条中「寄附行為の変更（軽微な変更として文部科学省令で定めるものを除く。）」とあるのは「第百五十二条第七項に規定する事項を寄附行為に定めることの決定又は」と、「解散又は」とあるのは「解散若しくは」と読み替えるものとする。

9 第二十四条及び第二十六条の規定は、学校法人に対する第七項の認可について準用する。この場合において、第二十四条第一項中「第十七条」とあるのは「第二十六条中「設立」とある」と、第二十六条中「設立」とあるのは「組織変更」と、「成立する」とあるのは「第百五十二条第五項の法人となる」と読み替えるものとする。

10 第二十四条及び第二十六条の規定は、第五項の法人に対する第七項の認可について準用する。この場合において、第二十四条第一項及び第二十六条中「学校法人」とあるのは「第百五十二条第五項の法人」と、同条中「設立」とあるのは「組織変更」と、「成立する」とあるのは「学校法人となる」と読み替えるものとする。

11　学校法人が第七項の規定により第五項の法人となつた場合において、当該法人が第六項において準用する第百四十三条に規定する大臣所轄学校法人等であるときは、当該法人は、組織変更の登記を行つた後、遅滞なく、文部科学省令で定めるところにより、寄附行為の内容を公表しなければならない。第五項の法人が第七項の規定により学校法人となつた場合において、当該学校法人が第百四十三条に規定する大臣所轄学校法人等であるときも、同様とする。

第六十四条を第百五十二条とする。

第四章を第五章とする。

第六十三条の二を削る。

第三章第五節中第六十三条を第百三十六条とし、同条の次に次の一条を加える。

（情報の公表）

第百三十七条　学校法人は、次に掲げる事項をインターネットの利用その他の方法により公表するよう努めなければならない。

一　寄附行為の内容

二　計算書類等、監査報告（会計監査人設置学校法人にあつては、会計監査報告を含む。）及び財産目録等のうち文部科学省令で定めるものの内容

第六十二条第一項中「基く」を「基づく」に改め、同条第二項中「しようとする場合には」を「するときは」に改め、同条第五項中「、第二十条第六項及び」を「中「行政庁」とあるのは「私立学校審議会等（私立学校法第十九条第二項の私立学校審議会等をいう。以下同じ。）」と、同法第十七条第一項中「第十九条の規定により聴聞を主宰する者（以下「主宰者」という。）」とあり、同法第二十条第一項から第五項まで、第二十一条、第二十二条第一項、第二十三条、第二十四条第一項及び第三項並びに第二十五条中「主宰者」とあり、並びに同法第二十条第六項及び同法」に、「あり、同法第十七条第一項中「第十九条の規定により聴聞を主宰する者（以下「主宰者」という。）」とあり、並びに同法第二十条から第二十五条までの規定中「主宰者」とあるのは「私立学校法第二十六条第二項の」を「あるのは「」に改め、「、「この場合」とあるのは「私立学校法第二十六条第二項の私立学校審議会等が意見の聴取を再開する場合」と」を削り、同条第六項中「前項において準用する行政手続法第二十四条第一項の調書の内容及び同条第三項の報告書」を「第四項の規定により所轄庁に代わつて意見の聴取をしたときは、当該学校法人の意見」に改め、同条を第百三十五条とする。

第六十一条第一項中「第二十六条第一項」を「第十九条第一項」に、「に」を「いずれかに」に改め、同条第二項中「前条第二項から第八項まで」を「前条第三項から第九項まで」に、「前項」を「第一項」に改め、「停止命令」の下に「をする場合」を加え、同項に後段として次のように加える。

この場合において、同条第七項中「第二項」とあるのは、「次条第二項」と読み替えるものとする。

第六十一条中第二項を第三項とし、第一項の次に次の一項を加える。

2　所轄庁は、前項の規定による停止命令をするときは、あらかじめ、私立学校審議会等の意見を聴かなければならない。

第六十一条を第百三十四条とする。

第六十条第二項中「しようとする場合には」を「するときは」に改め、同条第六項中「第二十六条第二項」を「第十九条第二項」に改め、同条第十一項中「第六項」を「第七項」に改め、同項に後段として次のように加える。

この場合において、第七項中「第二項」とあるのは、「第十一項」と読み替えるものとする。

第六十条第十一項を同条第十二項とし、同条第十項中「しようとする場合には」を「するときは」に改め、「の理事」を削り、「役員」の下に「若しくは評議員」を加え、同項を同条第十一項とし、同条第九項中「役員」の下に「又は評議員」を加え、同項を同条第十項とし、同条中第八項を第九項とし、第七項を第八項とし、第六項の次に次の一項を加える。

7　私立学校審議会等は、第四項の規定により所轄庁に代わつて弁明を聴取したときは、当該弁明を十分に参酌して第二項に規定する意見を述べなければならない。

第六十条を第百三十三条とし、第五十九条を第百三十二条とする。

第三章第五節を同章第八節とする。

第五十八条を削り、第三章第四節中第五十七条を第百三十一条とする。

第五十六条中「第六十四条第四項の法人の」を「第百五十二条第五項の法人の」に、「第六十四条第四項の法人が」を「同項の法人が」に、「基いて」を「基づいて」に改め、同条を第百三十条とする。

第五十五条中「第六十四条第四項」を「第百五十二条第五項」に改め、同条を第百二十九条とし、第五十四条を第百二十八条とする。

第五十三条第一項中「前条第二項」を「前条第三項」に、「作らなければ」を「作成しなければ」に改め、同条を第百二十七条とする。

第五十二条の前の見出しを削り、同条第一項を次のように改める。

学校法人の合併の決定は、理事会の決議によらなければならない。

第五十二条中第二項を第三項とし、第一項の次に次の一項を加える。

2　理事会は、前項の決議をするときは、あらかじめ、評議員会の意見を聴かなければならない。

第五十二条を第百二十六条とし、同条の前に見出しとして「（合併手続）」を付する。

第五十一条第一項中「解散した」を「第百十一条第一項の規定により清算をする」に改め、同条を第百二十五条とし、第五十条の十七を第百二十四条とする。

第五十条の十六を削り、第五十条の十五を第百二十三条とし、第五十条の十四を第百二十二条とし、第五十条の十三を第百二十一条とする。

第五十条の十二中「第五十条の五」を「第百十三条」に改め、同条を第百二十条とし、第五十条の十一を第百十九条とし、第五十条の十を第百十八条とし、第五十条の九を第百十七条とし、第五十条の八を第百十六条とし、第五十条の七を第百十五条と

し、第五十条の六を第百十四条とする。

2 第五十条の五に次の一項を加える。

2 設立の無効の訴えに係る請求を認容する判決が確定したときは、裁判所は、利害関係人の申立てにより、清算人を選任する。

第五十条の五を第百十三条とする。

第五十条の四中「第六十二条第一項」を「第百三十五条第一項」に改め、同条を第百十二条とする。

第五十条の三の見出しを「（清算の開始）」に改め、同条中「解散した」を「前項の規定により清算をする」に改め、同条を同条第二項とし、同条に第一項として次の一項を加える。

学校法人は、次に掲げる場合には、次条から第百二十五条までに定めるところにより、清算をしなければならない。

一 解散した場合（第百九条第一項第四号に掲げる事由によつて解散した場合及び破産手続開始の決定により解散した場合であつて当該破産手続が終了していない場合を除く。）

二 設立の無効の訴えに係る請求を認容する判決が確定した場合

第五十条の三を第百十一条とし、第五十条の二を第百十条とする。

第五十条第一項中「次の」を「次に掲げる」に改め、同項第一号を次のように改める。

一 理事会の決議による決定

第五十条第一項第四号中「第六十四条第四項」を「第百五十二条第五項」に改め、同項第六号中「第六十二条第一項」を「第百三十五条第一項」に改め、同条第三項を削り、同条第二項中「前項第一号」を「第一項第一号」に改め、「又は認定」を削り、同項を同条第三項とし、同条第一項の次に次の一項を加える。

2 理事会は、前項第一号の決議をするときは、あらかじめ、評議員会の意見を聴かなければならない。

第五十条中第四項を第五項とし、同項の前に次の一項を加える。

4 所轄庁は、前項の認可をするときは、あらかじめ、私立学校審議会等の意見を聴かなければならない。

第五十条を第百九条とする。

第三章第四節の節名中「解散」の下に「及び清算並びに合併」を加え、同節を同章第七節とする。

第三章第三節を次のように改める。

第三節 機関

第一款 理事会及び理事

第一目 理事の選任及び解任等

（理事選任機関）

第二十九条 理事選任機関の構成、運営その他理事選任機関に関し必要な事項は、寄附行為をもつて定める。

（理事の選任等）

第三十条 理事は、私立学校を経営するために必要な知識又は経験及び学校法人の適正な運営に必要な識見並びに社会的信望を有する者のうちから、寄附行為をもつて定めるところにより、理事選任機関が選任する。

2 理事選任機関は、理事を選任するときは、あらかじめ、評議員会の意見を聴かなければならない。

3 理事選任機関は、理事を選任する場合に、文部科学省令で定めるところにより、理事の総数が五人（五人を超える員数を寄附行為をもつて定めた場合にあつては、その員数）を下回ることとなるときに備えて補欠の理事を選任することができる。

4 学校法人と理事との関係は、委任に関する規定に従う。

（理事の資格及び構成）

第三十一条 次に掲げる者は、理事となることができない。

一 法人

二 心身の故障のため職務の適正な執行ができない者として文部科学省令で定めるもの

三 学校教育法第九条各号のいずれかに該当する者

四 この法律の規定に違反し、罰金の刑に処せられ、その執行を終わり、又はその執行を受けることがなくなつた日から二年を経過しない者

五 学校法人が第百三十五条第一項の規定による所轄庁の解散命令により解散を命ぜられた場合において、その解散の日前三十日以内に当該学校法人の役員であつた者でその解散の日から二年を経過しないもの

2 第三十三条第三項若しくは第四十八条第二項の訴えに基づく確定判決によつて学校法人の役員を解任され、又は第百三十三条第十項の規定による勧告を受けて学校法人の役員を解任され、解任の日から二年を経過しない者（第四十六条第一項第二号及び第六十二条第二項において「被解任役員」という。）は、当該学校法人の理事となることができない。

3 理事は、監事又は評議員を兼ねることができない。

4 理事には、次に掲げる者が含まれなければならない。

一 当該学校法人の設置する私立学校（二以上の私立学校を設置する学校法人にあつては、そのいずれか一以上の私立学校）の校長（学長及び園長を含む。第三十六条第三項第三号において同じ。）

二 その選任の際現に当該学校法人の役員及び職員並びに子法人役員（子法人（学校法人がその経営を支配している法人として文部科学省令で定めるものをいう。以下同じ。）の理事、取締役、執行役、業務を執行する社員、監事若しくは監査役又はこれらに準ずる者をいう。以下同じ。）及び子法人に使用される者のいずれでもない者

5 理事が再任される場合において、当該理事がその最初の選任の際現に当該学校法人の役員及び職員並びに子法人役員及び子法人に使用される者のいずれでもなかつた場合についての前項の規定の適用については、当該理事をその再任の際現に当該学校法人の役員及び職員並びに子法人役員及び子法人に使用される者のいずれでもない者とみなす。

6 理事は、他の二人以上の理事、一人以上の監事又は二人以上の評議員と特別利害関係（一方の者が他方の者の配偶者又は三親等以内の親族である関係その他特別な利害関係として文部科学省令で定めるものをいう。以下同じ。）を有するものであつてはならない。

7 他の理事のいずれかと特別利害関係を有する理事の数は、理事の総数の三分の一を超えてはならない。

（理事の任期）

第三十二条　理事の任期は、選任後寄附行為をもつて定める期間以内に終了する会計年度のうち最終のものに関する第六十九条第一項の定時評議員会の終結の時までとする。この場合において、寄附行為をもつて定める期間は、四年以内とする。

2　前項の規定により理事について寄附行為をもつて定める期間は、第四十七条第一項の規定により監事について寄附行為をもつて定める期間及び第六十三条第一項の規定により評議員について寄附行為をもつて定める期間を超えてはならない。

3　第一項の規定は、寄附行為をもつて、任期の満了前に退任した理事の補欠として選任された理事の任期を当該退任した理事の任期の満了する時までとすることを妨げない。

（理事の解任）

第三十三条　理事選任機関は、理事が次の各号のいずれかに該当するときは、寄附行為をもつて定めるところにより、当該理事を解任することができる。

一　職務上の義務に違反し、又は職務を怠つたとき。

二　心身の故障のため、職務の執行に支障があり、又はこれに堪えないとき。

三　その他寄附行為をもつて定める事由があるとき。

2　理事が前項各号のいずれかに該当するときは、評議員会は、当該理事の解任を理事選任機関に求めることができる。

3　前項の場合において、理事の職務の執行に関し不正の行為又は法令若しくは寄附行為に違反する重大な事実があつたにもかかわらず、当該理事の解任を求める旨の議案が評議員会において否決されたとき、又は当該理事の解任を求める旨の評議員会の決議があつた日から二週間以内に理事選任機関による解任がされなかつたときは、評議員は、当該議案が否決された日又は当該決議があつた日から二週間を経過した日から三十日以内に、当該理事の解任を請求する訴えを提起することができる。

（理事に欠員を生じた場合の措置）

第三十四条　理事が任期の満了又は辞任により退任し、これによつて理事の総数が五人（五人を超える員数を寄附行為をもつて定めた場合にあつては、その員数。次項において同じ。）を下回ることとなつた場合には、その退任した理事は、新たに選任された理事（同項の一時理事の職務を行うべき者を含む。）が就任するまで、なお理事としての権利義務を有する。

2　理事の総数が五人を下回ることとなつた場合において、事務が遅滞することにより損害を生ずるおそれがあるときは、所轄庁は、利害関係人の請求により又は職権で、一時理事の職務を行うべき者を選任することができる。

3　理事のうち、その定数の五分の一を超えるものが欠けたときは、一月以内に補充しなければならない。

（一般社団・財団法人法の規定の準用）

第三十五条　一般社団・財団法人法第二百八十五条及び第二百八十六条の規定は、第三十三条第三項の規定による理事の解任の訴えについて準用する。

第二目　理事会及び理事の職務等

（理事会の職務等）

第三十六条　理事会は、全ての理事で組織する。

2　理事会は、次に掲げる職務を行う。

一　学校法人の業務を決定すること。

二　第三十九条第一項に規定する業務執行理事等その他の学校法人の業務を執行する理事の業務の執行を監督すること。

三　この法律の他の規定により理事会の決議を要する事項について決議すること。

四　前三号に掲げるもののほか、この法律の他の規定により理事会が行うこととされた職務

五　前各号に掲げるもののほか、寄附行為をもつて定めるところにより理事会が行うこととされた職務

3　理事会は、学校法人の業務に係る次に掲げる事項の決定を理事に委任することができない。

一　重要な資産の処分及び譲受け

二　多額の借財

三　学校法人の設置する私立学校の校長その他の重要な役割を担う職員の選任及び解任

四　従たる事務所その他の重要な組織の設置、変更及び廃止

五　理事の職務の執行が法令及び寄附行為に適合することを確保するための体制その他学校法人の業務の適正を確保するために必要なものとして文部科学省令で定める体制の整備

六　予算及び事業計画の作成又は変更

七　第百条第一項に規定する報酬等の支給の基準の策定又は変更

八　収益を目的とする事業に関する重要事項

九　前各号に掲げるもののほか、学校法人の業務に関する重要事項

4　理事会は、前項第一号、第二号又は第六号から第八号までに掲げる事項についての決定をするときは、あらかじめ、評議員会の意見を聴かなければならない。

（理事長、代表業務執行理事及び業務執行理事）

第三十七条　学校法人には理事長一人を置くものとし、寄附行為をもつて定めるところにより、理事のうちから、理事会が選定する。

2　学校法人は、寄附行為をもつて定めるところにより、代表業務執行理事又は業務執行理事を置くことができる。

3　代表業務執行理事は、寄附行為をもつて定めるところにより、理事（理事長を除く。）のうちから、理事会が選定する。

4　業務執行理事は、寄附行為をもつて定めるところにより、理事（理事長及び代表業務執行理事を除く。）のうちから、理事会が選定する。

5　理事長、代表業務執行理事及び業務執行理事は、次項から第八項までの規定に従い、学校法人の業務を執行する。

6　理事長は、学校法人を代表し、その業務を総理する。

7　代表業務執行理事は、寄附行為をもつて定めるところにより理事長を補佐して学校法人を代表し、学校法人の業務を掌理する。

8　業務執行理事は、理事会の定めるところにより、理事長を補佐して学校法人の業務を掌理する。

9 理事長及び代表業務執行理事の学校法人を代表する権限に加えた制限は、善意の第三者に対抗することができない。

（理事の忠実義務）

第三十八条 理事は、法令及び寄附行為を遵守し、学校法人のため忠実にその職務を行わなければならない。

（理事の報告義務等）

第三十九条 第三十七条第五項の規定により学校法人の業務を執行する理事長、代表業務執行理事及び業務執行理事（第九十四条第一項及び第二項において「業務執行理事等」という。）は、毎会計年度に四月を超える間隔で二回以上、自己の職務の執行の状況を理事会に報告しなければならない。

2 理事は、評議員会において、評議員から特定の事項について説明を求められた場合には、当該事項について必要な説明をしなければならない。ただし、当該事項が会議の目的である事項に関しないものである場合その他正当な理由がある場合として文部科学省令で定める場合は、この限りでない。

（一般社団・財団法人法の規定の準用）

第四十条 一般社団・財団法人法第七十八条、第八十条、第八十二条、第八十四条、第八十五条及び第九十二条第二項の規定は、学校法人について準用する。この場合において、一般社団・財団法人法第七十八条中「代表理事その他の代表者」とあるのは「理事長及び代表業務執行理事」と、一般社団・財団法人法第八十条中「代表理事」とあるのは「理事長若しくは代表業務執行理事」と、一般社団・財団法人法第八十二条中「代表理事」とあるのは「理事長及び代表業務執行理事」と、一般社団・財団法人法第八十四条第一項中「社員総会」とあるのは「理事会」と、「承認」とあるのは「決議による承認」と、一般社団・財団法人法第八十五条中「社員（監事設置一般社団法人にあつては、監事）」とあるのは「監事」と読み替えるものとする。

第三目 理事会の運営

（理事会の招集）

第四十一条 理事会は、寄附行為をもつて定めるところにより、各理事が招集する。ただし、理事会を招集する理事を寄附行為をもつて又は理事会で定めたときは、その理事が招集する。

2 前項ただし書に規定する場合には、同項ただし書の規定により定められた理事（以下この項及び第五十七条第一項において「理事会招集担当理事」という。）以外の理事は、理事会招集担当理事に対し、会議の目的である事項を示して、理事会の招集を請求することができる。

3 前項の規定による請求をした日から五日以内に、その請求の日から二週間以内の日を理事会の日とする理事会の招集の通知が発せられない場合には、その請求をした理事は、理事会を招集することができる。

（理事会の決議）

第四十二条 理事会の決議は、議決に加わることができる理事の過半数（これを上回る割合を寄附行為をもつて定めた場合にあつては、その割合以上）が出席し、その過半数（これを上回る割合を寄附行為をもつて定めた場合にあつては、その割合以上）をもつて行う。

2 前項の規定にかかわらず、次の各号に掲げる理事会の決議は、当該各号に定める方法により行わなければならない。

一 第百八条第一項の理事会の決議 議決に加わることができる理事の数の三分の二（これを上回る割合を寄附行為をもつて定めた場合にあつては、その割合）以上に当たる多数をもつて決する方法

二 第百九条第一項第一号及び第百二十六条第一項の理事会の決議 理事の総数の三分の二（これを上回る割合を寄附行為をもつて定めた場合にあつては、その割合）以上に当たる多数をもつて決する方法

3 前二項の決議について特別の利害関係を有する理事は、議決に加わることができない。

4 学校法人は、寄附行為をもつて定めるところにより、理事が書面又は学校法人の使用に係る電子計算機と理事の使用に係る電子計算機とを電気通信回線で接続した電子情報処理組織を使用する方法その他の情報通信の技術を利用する方法であつて文部科学省令で定めるものにより理事会の議決に加わることができるものとすることができる。

（理事会の議事録）

第四十三条 理事会の議事については、文部科学省令で定めるところにより、議事録を作成しなければならない。

2 前項の議事録が書面をもつて作成されているときは、理事会に出席した理事（議事録に署名し、又は記名押印しなければならない者を当該理事会で定めた二人以上の理事とする旨の寄附行為の定めがある場合にあつては、当該理事）及び監事は、これに署名し、又は記名押印しなければならない。

3 第一項の議事録が電磁的記録をもつて作成されている場合における当該電磁的記録に記録された事項については、文部科学省令で定める署名又は記名押印に代わる措置をとらなければならない。

4 理事会の決議に参加した理事であつて第一項の議事録に異議をとどめないものは、その決議に賛成したものと推定する。

5 学校法人は、理事会の日から十年間、第一項の議事録をその主たる事務所に備え置かなければならない。

6 債権者は、役員の責任を追及するため必要があるときは、裁判所の許可を得て、次に掲げる請求をすることができる。

一 第一項の議事録が書面をもつて作成されているときは、当該書面又は当該書面の写しの閲覧の請求

二 前号の書面の謄本又は抄本の交付の請求

三 第一項の議事録が電磁的記録をもつて作成されているときは、当該電磁的記録に記録された事項を文部科学省令で定める方法により表示したものの閲覧の請求

四 前号の電磁的記録に記録された事項を電磁的方法であつて当該学校法人の定めたものにより提供することの請求又はその事項を記載した書面の交付の請求

7 裁判所は、債権者が前項の請求に係る閲覧を行い、又は債権者に対し同項の請求に係る書面の交付若しくは電磁的記録に記録された事項の提供を行うことにより、当該学校法人に著しい損害を及ぼすおそれがあると認めるときは、同項の許可をすることができない。

（一般社団・財団法人法の規定の準用）

第四十四条 一般社団・財団法人法第九十四条及び第九十八条

の規定は、理事会について準用する。この場合において、一般社団・財団法人法第九十四条第一項中「定款」とあるのは「寄附行為」と、一般社団・財団法人法第九十八条第二項中「第九十一条第二項」とあるのは「私立学校法第三十九条第一項」と読み替えるものとする。

2　一般社団・財団法人法第二百八十七条第一項、第二百八十八条、第二百八十九条（第一号に係る部分に限る。）、第二百九十条本文、第二百九十一条（第二号に係る部分に限る。）、第二百九十二条本文、第二百九十四条及び第二百九十五条の規定は、前条第六項の許可の申立てに係る事件について準用する。

第二款　監事

第一目　選任及び解任等

（監事の選任等）

第四十五条　監事は、学校運営その他の学校法人の業務又は財務管理について識見を有する者のうちから、寄附行為をもつて定めるところにより、評議員会の決議によつて、選任する。

2　前項の規定により監事を選任する場合には、文部科学省令で定めるところにより、監事の総数が二人（二人を超える員数を寄附行為をもつて定めた場合にあつては、その員数）を下回ることとなるときに備えて補欠の監事を選任することができる。

3　学校法人と監事との関係は、委任に関する規定に従う。

（監事の資格）

第四十六条　次に掲げる者は、監事となることができない。

一　第三十一条第一項各号に掲げる者

二　被解任役員

2　監事は、評議員若しくは職員又は子法人役員（監事若しくは監査役又はこれらに準ずる者を除く。）若しくは子法人に使用される者を兼ねることができない。

3　監事は、他の監事又は二人以上の評議員と特別利害関係を有するものであつてはならない。

（監事の任期）

第四十七条　監事の任期は、選任後寄附行為をもつて定める期間以内に終了する会計年度のうち最終のものに関する第六十九条第一項の定時評議員会の終結の時までとする。この場合において、寄附行為をもつて定める期間は、六年以内とする。

2　前項の規定は、寄附行為をもつて、任期の満了前に退任した監事の補欠として選任された監事の任期を当該退任した監事の任期の満了する時までとすることを妨げない。

（監事の解任）

第四十八条　監事が第三十三条第一項各号に掲げる事由のいずれかに該当するときは、寄附行為をもつて定めるところにより、評議員会の決議によつて、当該監事を解任することができる。

2　監事の職務の執行に関し不正の行為又は法令若しくは寄附行為に違反する重大な事実があつたにもかかわらず、当該監事を解任する旨の議案が評議員会において否決されたときは、評議員は、当該評議員会の日から三十日以内に、当該監事の解任を請求する訴えを提起することができる。

（監事の選任若しくは解任又は辞任に関する手続）

第四十九条　理事は、監事の選任に関する議案を評議員会に提出するには、監事の過半数の同意を得なければならない。

2　監事は、理事に対し、監事の選任を評議員会の会議の目的とすること又は監事の選任に関する議案を評議員会に提出することを請求することができる。

3　監事は、評議員会において、監事の選任若しくは解任又は辞任について意見を述べることができる。

4　監事を辞任した者は、辞任後最初に招集される評議員会に出席して、辞任した旨及びその理由を述べることができる。

5　理事は、前項の者に対し、同項の評議員会を招集する旨並びにその日時及び場所を通知しなければならない。

（監事に欠員を生じた場合の措置）

第五十条　監事が任期の満了又は辞任により退任し、これによつて監事の総数が二人（二人を超える員数を寄附行為をもつて定めた場合にあつては、その員数。次項において同じ。）を下回ることとなつた場合には、その退任した監事は、新たに選任された監事（同項の一時監事の職務を行うべき者を含む。）が就任するまで、なお監事としての権利義務を有する。

2　監事の総数が二人を下回ることとなつた場合において、事務が遅滞することにより損害を生ずるおそれがあるときは、所轄庁は、利害関係人の請求により又は職権で、一時監事の職務を行うべき者を選任することができる。

3　監事のうち、その定数の二分の一を超えるものが欠けたときは、一月以内に補充しなければならない。

（一般社団・財団法人法の規定の準用）

第五十一条　一般社団・財団法人法第二百八十五条及び第二百八十六条の規定は、第四十八条第二項の規定による監事の解任の訴えについて準用する。

第二目　職務等

（監事の職務）

第五十二条　監事は、次に掲げる職務を行う。

一　学校法人の業務及び財産の状況並びに理事の職務の執行の状況を監査すること。

二　理事会及び評議員会に出席し、意見を述べること。

三　学校法人の業務若しくは財産の状況又は理事の職務の執行の状況について、理事会及び評議員会並びに理事選任機関に対し報告すること。

四　この法律の他の規定により監事の同意を要する事項について、その可否を決すること。

五　前各号に掲げるもののほか、この法律の他の規定により監事が行うこととされた職務

六　前各号に掲げるもののほか、寄附行為をもつて定めるところにより監事が行うこととされた職務

（監事の調査権限）

第五十三条　監事は、いつでも、理事及び職員に対して事業の報告を求め、又は学校法人の業務及び財産の状況の調査をすることができる。

2　監事は、その職務を行うため必要があるときは、学校法人の子法人に対して事業の報告を求め、又はその子法人の業務及び財産の状況の調査をすることができる。

3 前項の子法人は、正当な理由があるときは、同項の報告又は調査を拒むことができる。

（評議員会に提出する議案等の調査義務）

第五十四条 監事は、理事が評議員会に提出しようとする議案、書類その他文部科学省令で定めるものを調査しなければならない。この場合において、法令若しくは寄附行為に違反し、又は著しく不当な事項があると認めるときは、その調査の結果を評議員会に報告しなければならない。

（理事会及び評議員会への出席義務等）

第五十五条 監事は、理事会及び評議員会に出席し、必要があると認めるときは、意見を述べなければならない。

2 第三十九条第二項の規定は、監事について準用する。

（理事会等への報告）

第五十六条 監事は、第五十二条第一号の監査を行つたときは、文部科学省令で定めるところにより、監査報告を作成し、理事会及び評議員会に提出しなければならない。

2 監事は、学校法人の業務若しくは財産又は理事の業務の執行に関し、不正の行為若しくは法令若しくは寄附行為に違反する重大な事実があることを発見したとき、又は不正の行為がなされ、若しくは法令若しくは寄附行為の重大な違反が生ずるおそれがあると認めるときは、遅滞なく、その旨を理事会及び評議員会並びに所轄庁に報告しなければならない。

3 前項の規定による報告が理事の業務の執行に関するものであるときは、監事は、寄附行為をもつて定めるところにより、その内容を理事選任機関にも報告しなければならない。

（理事会及び評議員会の招集）

第五十七条 監事は、前条第二項の報告をするために必要があると認めるときは、理事（理事会について第四十一条第一項ただし書の規定により理事会招集担当理事を定めた場合にあつては、理事会招集担当理事）に対し、理事会又は評議員会の招集を請求することができる。

2 前項の規定による請求をした日から五日以内に、その請求の日から二週間以内の日を理事会又は評議員会の日とする理事会又は評議員会の招集の通知が発せられない場合には、その請求をした監事は、第四十一条第一項又は第七十条第一項の規定にかかわらず、理事会又は評議員会を招集することができる。

（監事による理事の行為の差止め）

第五十八条 監事は、理事が学校法人の目的の範囲外の行為その他法令若しくは寄附行為に違反する行為をし、又はこれらの行為をするおそれがある場合において、当該理事の行為によつて当該学校法人に著しい損害が生ずるおそれがあるときは、当該理事に対し、当該行為をやめることを請求する訴えを提起することができる。

2 前項の場合において、裁判所が仮処分をもつて同項の理事に対し、その行為をやめることを命ずるときは、担保を立てさせないものとする。

（学校法人と理事との間の訴えにおける法人の代表）

第五十九条 第三十七条第六項及び第七項の規定にかかわらず、学校法人が理事（理事であつた者を含む。以下この条において同じ。）に対し、又は理事が学校法人に対して訴えを提起する場合には、当該訴えについては、監事が学校法人を代表する。

2 第三十七条第六項及び第七項の規定にかかわらず、学校法人が第百四十条第一項の規定による求め（理事の責任を追及する訴えの提起の求めに限る。）を受ける場合には、監事が学校法人を代表する。

（一般社団・財団法人法の規定の準用）

第六十条 一般社団・財団法人法第百六条の規定は、監事について準用する。

第三款 評議員会及び評議員

第一目 評議員の選任及び解任等

（評議員の選任等）

第六十一条 評議員は、当該学校法人の設置する私立学校の教育又は研究の特性を理解し、学校法人の適正な運営に必要な識見を有する者のうちから、寄附行為をもつて定めるところにより、選任する。

2 評議員の選任は、評議員の年齢、性別、職業等に著しい偏りが生じないように配慮して行わなければならない。

3 学校法人と評議員との関係は、委任に関する規定に従う。

（評議員の資格及び構成）

第六十二条 第三十一条第一項各号に掲げる者は、評議員となることができない。

2 被解任役員は、解任に係る学校法人の評議員となることができない。

3 評議員には、次に掲げる者（第二号に掲げる者にあつては、当該者がある場合に限る。）が含まれなければならない。

一 当該学校法人の職員

二 当該学校法人の設置する私立学校を卒業した者で年齢二十五年以上のもの（前号に掲げる者を除く。）

4 評議員は、他の二人以上の評議員と特別利害関係を有するものであつてはならない。

5 評議員の構成は、次の各号のいずれにも該当するものでなければならない。

一 第三項第一号に掲げる者である評議員の数が評議員の総数の三分の一を超えないこと。

二 理事又は理事会が評議員を選任する場合において、当該評議員の数が評議員の総数の二分の一を超えないこと。

三 役員又は他の評議員のいずれかと特別利害関係を有する者並びに子法人役員及び子法人に使用される者である評議員の数の合計が評議員の総数の六分の一を超えないこと。

（評議員の任期）

第六十三条 評議員の任期は、選任後寄附行為をもつて定める期間以内に終了する会計年度のうち最終のものに関する第六十九条第一項の定時評議員会の終結の時までとする。この場合において、寄附行為をもつて定める期間は、六年以内とする。

2 前項の規定は、寄附行為をもつて、任期の満了前に退任した評議員の補欠として選任された評議員の任期を当該退任した評議員の任期の満了する時までとすることを妨げない。

（評議員の解任）

第六十四条 評議員の解任は、寄附行為をもつて定めるところによる。

（評議員に欠員を生じた場合の措置）

第六十五条　評議員が任期の満了又は辞任により退任し、これによつて評議員の総数が六人（六人を超える員数を寄附行為をもつて定めた場合にあつては、その員数。次項において同じ。）を下回ることとなつた場合には、その退任した評議員は、新たに選任された評議員（同項の一時評議員の職務を行うべき者を含む。）が就任するまで、なお評議員としての権利義務を有する。

2　評議員の総数が六人を下回ることとなつた場合において、事務が遅滞することにより損害を生ずるおそれがあるときは、所轄庁は、利害関係人の請求により又は職権で、一時評議員の職務を行うべき者を選任することができる。

第二目　評議員会及び評議員の職務等

（評議員会の職務等）

第六十六条　評議員会は、全ての評議員で組織する。

2　評議員会は、次に掲げる職務を行う。

一　学校法人の業務若しくは財産の状況又は役員の職務の執行の状況について、役員に対して意見を述べ、又はその諮問に答えること。

二　この法律の他の規定により評議員会の意見の聴取を要する事項について意見を述べること。

三　この法律の他の規定により評議員会の決議を要する事項について決議すること。

四　前三号に掲げるもののほか、この法律の他の規定により評議員会が行うこととされた職務

五　前各号に掲げるもののほか、寄附行為をもつて定めるところにより評議員会が行うこととされた職務

3　学校法人は、この法律の規定により評議員会の意見の聴取又は決議を要することとされた事項について、評議員会の意見の聴取又は決議を要しない旨を寄附行為をもつて定めることができない。

4　前項の規定は、この法律の規定により評議員会の意見の聴取を要する事項について、評議員会の意見の聴取に代えてその決議を要する旨を寄附行為をもつて定めることを妨げない。

（評議員会による理事の行為の差止めの求め）

第六十七条　評議員会は、理事が学校法人の目的の範囲外の行為その他法令若しくは寄附行為に違反する行為をし、又はこれらの行為をするおそれがある場合において、当該理事の行為によつて当該学校法人に回復することができない損害が生ずるおそれがあるときは、第五十八条第一項の訴えの提起を監事に求めることができる。

2　評議員会において前項の訴えの提起を監事に求める旨の議案が否決されたとき、又は当該訴えの提起をすることを監事に求める旨の評議員会の決議があつた後遅滞なく当該訴えの提起その他の手続が行われないときは、評議員は、当該理事に対し、当該行為をやめることを請求する訴えを提起することができる。

3　前項の場合において、裁判所が仮処分をもつて同項の理事に対し、その行為をやめることを命ずるときは、担保を立てさせないものとする。

（評議員による寄附行為の閲覧等の請求）

第六十八条　評議員は、学校法人の業務時間内は、いつでも、寄附行為等（寄附行為、理事会の議事録、評議員会の議事録、会計帳簿及びこれに関する資料、第百三条第二項に規定する計算書類等、監査報告（第八十二条第三項に規定する会計監査人設置学校法人にあつては、会計監査報告を含む。）並びに第百七条第二項に規定する財産目録等（以下この条において「財産目録等」という。）をいう。以下この条において同じ。）について、次に掲げる請求をすることができる。

一　寄附行為等が書面をもつて作成されているときは、当該書面又は当該書面の写しの閲覧の請求

二　前号の書面（財産目録等を除く。）の謄本又は抄本の交付の請求

三　寄附行為等が電磁的記録をもつて作成されているときは、当該電磁的記録に記録された事項を文部科学省令で定める方法により表示したものの閲覧の請求

四　前号の電磁的記録に記録された事項（財産目録等に係るものを除く。）を電磁的方法であつて当該学校法人の定めたものにより提供することの請求又はその事項を記載した書面の交付の請求

第三目　評議員会の運営

（評議員会の招集の時期）

第六十九条　定時評議員会は、毎会計年度の終了後一定の時期に招集しなければならない。

2　評議員会は、必要がある場合には、いつでも、招集することができる。

（評議員会の招集の手続等）

第七十条　評議員会は、寄附行為をもつて定めるところにより、理事が招集する。

2　評議員会を招集する場合には、理事会において、次に掲げる事項を定めなければならない。

一　会議の日時及び場所

二　会議の目的である事項があるときは、当該事項

三　会議の目的である事項に係る議案（当該目的である事項が議案となるものを除く。以下この号において同じ。）について、議案が確定しているときはその概要、議案が確定していないときはその旨

四　前三号に掲げるもののほか、文部科学省令で定める事項

3　評議員会の議案は、会議の目的である事項について、理事が提出する。

4　評議員会を招集するには、理事は、評議員会の日の一週間前までに、評議員に対して、書面でその通知を発しなければならない。

5　理事は、前項の書面による通知の発出に代えて、政令で定めるところにより、評議員の承諾を得て、学校法人の使用に係る電子計算機と評議員の使用に係る電子計算機とを電気通信回線で接続した電子情報処理組織を使用する方法その他の情報通信の技術を利用する方法であつて文部科学省令で定めるものにより通知を発することができる。この場合において、当該理事は、同項の書面による通知を発したものとみなす。

6　前二項の通知には、第二項各号に掲げる事項を記載し、又は記録しなければならない。

（評議員会の招集等の請求）

第七十一条　評議員の総数の三分の一（これを下回る割合を寄附行為をもつて定めた場合にあつては、その割合）以上の評議員は、共同して、理事に対し、会議の目的である事項及び招集の理由を示して、評議員会の招集を請求することができる。

2　評議員の総数の三分の一（これを下回る割合を寄附行為をもつて定めた場合にあつては、その割合）以上の評議員は、共同して、理事に対し、一定の事項を評議員会の会議の目的とすることを請求することができる。この場合において、その請求は、評議員会の日の二十日（これを下回る期間を寄附行為をもつて定めた場合にあつては、その期間）前までにしなければならない。

（評議員による評議員会の招集等）

第七十二条　前条第一項の規定による請求があつた日から二十日以内の日を評議員会の日とする評議員会の招集の通知が発せられない場合には、同項の規定による請求をした評議員は、共同して、所轄庁の許可を得て、評議員会を招集することができる。

2　第七十条第二項の規定にかかわらず、前項の規定により評議員が評議員会を招集する場合には、同項の評議員は、その全員の協議により、同条第二項各号に掲げる事項を定めなければならない。

3　第七十条第四項の規定にかかわらず、第一項の規定により評議員が評議員会を招集するには、同項の評議員は、評議員会の日の一週間前までに、同項の評議員以外の評議員（次項において「他の評議員」という。）に対して、書面でその通知を発しなければならない。

4　第一項の評議員は、前項の書面による通知の発出に代えて、政令で定めるところにより、他の評議員の承諾を得て、第一項の評議員の使用に係る電子計算機と他の評議員の使用に係る電子計算機とを電気通信回線で接続した電子情報処理組織を使用する方法その他の情報通信の技術を利用する方法であつて文部科学省令で定めるものにより通知を発することができる。この場合において、同項の評議員は、前項の書面による通知を発したものとみなす。

5　前二項の通知には、第七十条第二項各号に掲げる事項を記載し、又は記録しなければならない。

（監事による評議員会の招集等）

第七十三条　前条第二項から第五項までの規定は、第五十七条第二項の規定により監事が評議員会を招集する場合について準用する。この場合において、前条第二項中「その全員の協議により、同条第二項各号」とあるのは「第七十条第二項第一号、第二号及び第四号」と、同条第三項中「同項の評議員以外の評議員（次項において「他の評議員」という。）」とあり、及び同条第四項中「他の評議員」とあるのは「評議員」と読み替えるものとする。

（招集手続の省略）

第七十四条　第七十条第四項から第六項までの規定及び第七十二条第三項から第五項まで（これらの規定を前条において準用する場合を含む。）の規定にかかわらず、評議員会は、評議員の全員の合意があるときは、招集の手続を経ることなく開催することができる。

（評議員による議案の提出）

第七十五条　評議員の総数の三分の一（これを下回る割合を寄附行為をもつて定めた場合にあつては、その割合。次項において同じ。）以上の評議員は、共同して、評議員会において、会議の目的である事項につき議案を提出することができる。ただし、当該議案が法令若しくは寄附行為に違反する場合又は実質的に同一の議案につき評議員会において議決に加わることができる評議員の十分の一（これを下回る割合を寄附行為をもつて定めた場合にあつては、その割合。第三項において同じ。）以上の賛成を得られなかつた日から三年を経過していない場合は、この限りでない。

2　評議員の総数の三分の一以上の評議員は、共同して、理事に対し、評議員会の日の二十日（これを下回る期間を寄附行為をもつて定めた場合にあつては、その期間）前までに、前項の規定により提出しようとする議案の要領を第七十条第四項又は第五項の通知に記載し、又は記録して評議員に通知することを請求することができる。

3　前項の規定は、同項の議案が法令若しくは寄附行為に違反する場合又は実質的に同一の議案につき評議員会において議決に加わることができる評議員の十分の一以上の賛成を得られなかつた日から三年を経過していない場合には、適用しない。

（評議員会の決議）

第七十六条　評議員会の決議は、議決に加わることができる評議員の過半数が出席し、その過半数をもつて行う。

2　前項の規定にかかわらず、第四十八条第一項又は第九十二条第一項の評議員会の決議は、議決に加わることができる評議員の数の三分の二以上に当たる多数をもつて行わなければならない。

3　前二項の規定にかかわらず、第九十一条の評議員会の決議は、議決に加わることができる評議員の全員一致をもつて行わなければならない。

4　前三項の決議について特別の利害関係を有する評議員は、議決に加わることができない。

5　学校法人は、寄附行為をもつて定めるところにより、評議員が書面又は第七十条第五項に規定する情報通信の技術を利用する方法により評議員会の議決に加わることができるものとすることができる。

6　評議員会は、会議の目的である事項以外の事項については、決議をすることができない。ただし、第八十七条において準用する一般社団・財団法人法第百九条第二項の会計監査人の出席を求めることについては、この限りでない。

（延期又は続行の決議）

第七十七条　評議員会においてその延期又は続行について決議があつた場合には、第七十条の規定は、適用しない。

（評議員会の議事録）

第七十八条　評議員会の議事については、文部科学省令で定めるところにより、議事録を作成しなければならない。
２　学校法人は、評議員会の日から十年間、前項の議事録をその主たる事務所に備え置かなければならない。
３　債権者は、学校法人の業務時間内は、いつでも、次に掲げる請求をすることができる。ただし、第二号又は第四号に掲げる請求をするには、当該学校法人の定めた費用を支払わなければならない。
一　第一項の議事録が書面をもつて作成されているときは、当該書面又は当該書面の写しの閲覧の請求
二　前号の書面の謄本又は抄本の交付の請求
三　第一項の議事録が電磁的記録をもつて作成されているときは、当該電磁的記録に記録された事項を文部科学省令で定める方法により表示したものの閲覧の請求
四　前号の電磁的記録に記録された事項を電磁的方法であつて当該学校法人の定めたものにより提供することの請求又はその事項を記載した書面の交付の請求

（一般社団・財団法人法の規定の準用）
第七十九条　一般社団・財団法人法第百九十五条の規定は、評議員会について準用する。

第四款　会計監査人

第一目　選任及び解任等

（会計監査人の選任等）
第八十条　会計監査人は、評議員会の決議によつて、選任する。
２　学校法人と会計監査人との関係は、委任に関する規定に従う。

（会計監査人の資格）
第八十一条　会計監査人は、公認会計士（公認会計士法（昭和二十三年法律第百三号）第十六条の二第五項に規定する外国公認会計士を含む。第三項第二号及び第八十六条第六項第三号において同じ。）又は監査法人でなければならない。
２　会計監査人に選任された監査法人は、その社員（次項第二号に掲げる者を除く。）の中から会計監査人の職務を行うべき者を選定し、これを学校法人に通知しなければならない。
３　次に掲げる者は、会計監査人となることができない。
一　公認会計士法の規定により、第百三条第二項に規定する計算書類について監査をすることができない者
二　学校法人の子法人若しくは子法人役員から公認会計士若しくは監査法人の業務以外の業務により継続的な報酬を受けている者又はその配偶者
三　監査法人でその社員の半数以上が前号に掲げる者であるもの

（会計監査人の任期）
第八十二条　会計監査人の任期は、選任後一年以内に終了する会計年度に関する定時評議員会の終結の時までとする。
２　会計監査人は、前項の定時評議員会において別段の決議がされなかつたときは、当該定時評議員会において再任されたものとみなす。
３　前二項の規定にかかわらず、会計監査人設置学校法人（第十八条第二項の規定に基づき会計監査人を置く学校法人をいう。以下同じ。）が会計監査人を置く旨の寄附行為の定めを廃止する寄附行為の変更をした場合には、会計監査人の任期は、当該寄附行為の変更の効力が生じた時に満了する。

（会計監査人の解任）
第八十三条　会計監査人が次の各号のいずれかに該当するときは、評議員会の決議によつて、当該会計監査人を解任することができる。
一　職務上の義務に違反し、又は職務を怠つたとき。
二　会計監査人としてふさわしくない非行があつたとき。
三　心身の故障のため、職務の執行に支障があり、又はこれに堪えないとき。
２　監事は、会計監査人が前項各号のいずれかに該当すると認める場合において、評議員会の招集を待つていとまがないときその他緊急を要するときは、監事の全員の合意によつて当該会計監査人を解任することができる。
３　前項の規定により会計監査人を解任したときは、監事の互選によつて定めた監事は、その旨及び解任の理由を解任後最初に招集される評議員会に報告しなければならない。

（会計監査人の選任及び解任等に関する手続）
第八十四条　評議員会に理事が提出する会計監査人の選任及び解任並びに会計監査人を再任しないことに関する議案の内容は、監事が決定する。
２　前項の規定による議案の内容の決定は、監事の過半数の合意によつて行わなければならない。
３　会計監査人は、会計監査人の選任、解任若しくは不再任又は辞任について、評議員会に出席して意見を述べることができる。
４　会計監査人を辞任した者は、辞任後最初に招集される評議員会に出席して、辞任した旨及びその理由を述べることができる。
５　理事は、前項の者に対し、同項の評議員会を招集する旨並びにその日時及び場所を通知しなければならない。

（会計監査人に欠員を生じた場合の措置）
第八十五条　会計監査人が欠けた場合において、遅滞なく会計監査人が選任されないときは、監事は、一時会計監査人の職務を行うべき者を選任しなければならない。
２　前項の規定による一時会計監査人の職務を行うべき者の選任は、監事の過半数の合意によつて行わなければならない。
３　第八十一条及び第八十三条第一項の規定は、第一項の一時会計監査人の職務を行うべき者について準用する。この場合において、同条第一項中「評議員会の決議」とあるのは、「監事の全員の合意」と読み替えるものとする。

第二目　職務等

（会計監査人の職務等）
第八十六条　会計監査人は、第五節の定めるところにより、第百三条第二項に規定する計算書類及びその附属明細書並びに財産目録その他の文部科学省令で定めるものを監査する。
２　会計監査人は、監査を行つたときは、文部科学省令で定めるところにより、会計監査報告を作成し、監事及び理事会に提出しなければならない。
３　会計監査人は、いつでも、次に掲げる請求をし、又は理事及び職員に対し、会計に関する報告を求めることができる。

一　会計帳簿又はこれに関する資料が書面をもつて作成されているときは、当該書面又は当該書面の写しの閲覧の請求
二　前号の書面の謄本又は抄本の交付の請求
三　会計帳簿又はこれに関する資料が電磁的記録をもつて作成されているときは、当該電磁的記録に記録された事項を文部科学省令で定める方法により表示したものの閲覧の請求
四　前号の電磁的記録に記録された事項を電磁的方法であつて当該学校法人の定めたものにより提供することの請求又はその事項を記載した書面の交付の請求

4　会計監査人は、その職務を行うため必要があるときは、学校法人の子法人に対して会計に関する報告を求め、又は学校法人若しくはその子法人の業務及び財産の状況の調査をすることができる。

5　前項の子法人は、正当な理由があるときは、同項の報告又は調査を拒むことができる。

6　会計監査人は、その職務を行うに当たつては、次の各号のいずれかに該当する者を使用してはならない。
一　第八十一条第三項第一号又は第二号に掲げる者
二　自己が会計監査人（前条第一項の規定により選任された一時会計監査人の職務を行うべき者を含む。次号において同じ。）に選任されている学校法人の役員若しくは職員又は子法人役員若しくは子法人に使用される者
三　自己が会計監査人に選任されている学校法人又はその子法人から公認会計士又は監査法人の業務以外の業務により継続的な報酬を受けている者

（一般社団・財団法人法の規定の準用）
第八十七条　一般社団・財団法人法第百八条から第百十条までの規定は、会計監査人について準用する。この場合において、同法第百八条第一項及び第百九条第一項中「定款」とあるのは「寄附行為」と、同条中「定時社員総会」とあるのは「定時評議員会」と、同項中「第百七条第一項」とあるのは「私立学校法第八十六条第一項」と、一般社団・財団法人法第百十条中「監事（監事が二人以上ある場合にあつては、その過半数）」とあるのは「監事の過半数」と読み替えるものとする。

第五款　役員、評議員又は会計監査人の損害賠償責任等

（役員、評議員又は会計監査人の学校法人に対する損害賠償責任）
第八十八条　役員、評議員又は会計監査人は、その任務を怠つたときは、学校法人に対し、これによつて生じた損害を賠償する責任を負う。

2　理事が第四十条において準用する一般社団・財団法人法第八十四条第一項の規定に違反して同項第一号の取引をしたときは、当該取引によつて理事又は第三者が得た利益の額は、前項の損害の額と推定する。

3　第四十条において準用する一般社団・財団法人法第八十四条第一項第二号又は第三号の取引によつて学校法人に損害が生じたときは、次に掲げる理事は、その任務を怠つたものと推定する。
一　第四十条において準用する一般社団・財団法人法第八十四条第一項第二号又は第三号の理事
二　学校法人が当該取引をすることを決定した理事
三　当該取引に関する理事会の承認の決議に賛成した理事

（役員、評議員又は会計監査人の第三者に対する損害賠償責任）
第八十九条　役員、評議員又は会計監査人がその職務を行うについて悪意又は重大な過失があつたときは、当該役員、評議員又は会計監査人は、これによつて第三者に生じた損害を賠償する責任を負う。

2　次の各号に掲げる者が、当該各号に定める行為をしたときも、前項と同様とする。ただし、その者が当該行為をすることについて注意を怠らなかつたことを証明したときは、この限りでない。
一　理事　次に掲げる行為
イ　第百三条第二項に規定する計算書類等及び財産目録に記載し、又は記録すべき重要な事項についての虚偽の記載又は記録
ロ　虚偽の登記
ハ　虚偽の公告
二　監事　監査報告に記載し、又は記録すべき重要な事項についての虚偽の記載又は記録
三　会計監査人　会計監査報告に記載し、又は記録すべき重要な事項についての虚偽の記載又は記録

（役員、評議員又は会計監査人の連帯責任）
第九十条　役員、評議員又は会計監査人が学校法人又は第三者に生じた損害を賠償する責任を負う場合において、他の役員、評議員又は会計監査人も当該損害を賠償する責任を負うときは、これらの者は、連帯債務者とする。

（学校法人に対する損害賠償責任の免除）
第九十一条　第八十八条第一項の責任は、評議員会の決議がなければ、免除することができない。

（責任の一部免除）
第九十二条　前条の規定にかかわらず、役員又は会計監査人の第八十八条第一項の責任は、当該役員又は会計監査人が職務を行うにつき善意でかつ重大な過失がないときは、第一号に掲げる額から第二号に掲げる額（第九十四条第一項において「最低責任限度額」という。）を控除して得た額を限度として、評議員会の決議によつて免除することができる。
一　賠償の責任を負う額
二　当該役員又は会計監査人がその在職中に学校法人から職務執行の対価として受け、又は受けるべき財産上の利益の一年間当たりの額に相当する額として文部科学省令で定める方法により算定される額に、次のイからハまでに掲げる役員又は会計監査人の区分に応じ、当該イからハまでに定める数を乗じて得た額
イ　理事長　六
ロ　理事長以外の理事であつて、次に掲げるもの　四
(1)　代表業務執行理事及び業務執行理事
(2)　当該学校法人の業務を執行した理事（(1)に掲げる理事を除く。）

(3)　当該学校法人の職員である理事
ハ　理事（イ及びロに掲げるものを除く。）、監事又は会計監査人　二
2　前項の場合には、理事は、同項の評議員会において次に掲げる事項を開示しなければならない。
一　責任の原因となつた事実及び賠償の責任を負う額
二　前項の規定により免除することができる額の限度及びその算定の根拠
三　責任を免除すべき理由及び免除額
3　理事は、第八十八条第一項の責任の免除（理事の責任の免除に限る。）に関する議案を評議員会に提出するには、各監事の同意を得なければならない。
4　第一項の決議があつた場合において、学校法人が当該決議後に同項の役員又は会計監査人に対し退職慰労金その他の文部科学省令で定める財産上の利益を与えるときは、評議員会の決議による承認を受けなければならない。

（理事会による免除に関する寄附行為の定め）
第九十三条　第九十一条の規定にかかわらず、学校法人は、役員又は会計監査人の第八十八条第一項の責任について、当該役員又は会計監査人が職務を行うにつき善意でかつ重大な過失がない場合において、責任の原因となつた事実の内容、当該役員又は会計監査人の職務の執行の状況その他の事情を勘案して特に必要と認めるときは、前条第一項の規定により免除することができる額を限度として理事会の決議によつて免除することができる旨を寄附行為をもつて定めることができる。
2　理事は、寄附行為を変更して前項の規定による寄附行為の定め（理事の責任を免除することができる旨の定めに限る。）を設ける議案及び同項の規定による寄附行為の定めに基づく責任の免除（理事の責任の免除に限る。）に関する議案を理事会に提出するには、各監事の同意を得なければならない。
3　第一項の規定による寄附行為の定めに基づいて役員又は会計監査人の責任を免除する旨の理事会の決議を行つたときは、理事は、遅滞なく、前条第二項各号に掲げる事項及び責任を免除することに異議がある場合には一定の期間内に当該異議を述べるべき旨を評議員に通知しなければならない。ただし、当該期間は、一月を下ることができない。
4　評議員の総数の十分の一（これを下回る割合を寄附行為をもつて定めた場合にあつては、その割合）以上の評議員が前項の期間内に同項の異議を述べたときは、学校法人は、第一項の規定による寄附行為の定めに基づく責任の免除をしてはならない。
5　前条第四項の規定は、第一項の規定による寄附行為の定めに基づき責任を免除した場合について準用する。

（責任限定契約）
第九十四条　第九十一条の規定にかかわらず、学校法人は、理事（業務執行理事等及び当該学校法人の職員である理事を除く。以下この条において「非業務執行理事」という。）、監事又は会計監査人の第八十八条第一項の責任について、当該非業務執行理事、監事又は会計監査人が職務を行うにつき善意でかつ重大な過失がないときは、寄附行為をもつて定めた額の範囲内であらかじめ学校法人が定めた額と最低責任限度額とのいずれか高い額を限度とする旨の契約を非業務執行理事、監事又は会計監査人と締結することができる旨を寄附行為をもつて定めることができる。
2　前項の契約を締結した非業務執行理事、監事又は会計監査人が当該学校法人の業務執行理事等又は職員に就任したときは、当該契約は、将来に向かつてその効力を失う。
3　理事は、寄附行為を変更して第一項の規定による寄附行為の定め（非業務執行理事と契約を締結することができる旨の定めに限る。）を設ける議案を理事会に提出するには、各監事の同意を得なければならない。
4　第一項の契約を締結した学校法人が、当該契約の相手方である非業務執行理事、監事又は会計監査人が任務を怠つたことにより損害を受けたことを知つたときは、その後最初に招集される評議員会において次に掲げる事項を開示しなければならない。
一　第九十二条第二項第一号及び第二号に掲げる事項
二　当該契約の内容及び当該契約を締結した理由
三　第八十八条第一項の損害のうち、当該非業務執行理事、監事又は会計監査人が賠償する責任を負わないとされた額
5　第九十二条第四項の規定は、非業務執行理事、監事又は会計監査人が第一項の契約によつて同項に規定する限度を超える部分について損害を賠償する責任を負わないとされた場合について準用する。

（理事が自己のためにした取引に関する特則）
第九十五条　第四十条において準用する一般社団・財団法人法第八十四条第一項第二号の取引（自己のためにした取引に限る。）をした理事の第八十八条第一項の責任は、任務を怠つたことが当該理事の責めに帰することができない事由によるものであることをもつて免れることができない。
2　前三条の規定は、前項の責任については、適用しない。

（補償契約）
第九十六条　学校法人が、役員又は会計監査人に対して次に掲げる費用等の全部又は一部を当該学校法人が補償することを約する契約（以下この条において「補償契約」という。）の内容の決定をするには、理事会の決議によらなければならない。
一　当該役員又は会計監査人が、その職務の執行に関し、法令の規定に違反したことが疑われ、又は責任の追及に係る請求を受けたことに対処するために支出する費用
二　当該役員又は会計監査人が、その職務の執行に関し、第三者に生じた損害を賠償する責任を負う場合における次に掲げる損失
イ　当該損害を当該役員又は会計監査人が賠償することにより生ずる損失
ロ　当該損害の賠償に関する紛争について当事者間に和解が成立したときは、当該役員又は会計監査人が当該和解に基づく金銭を支払うことにより生ずる損失
2　学校法人は、補償契約を締結している場合であつても、当該補償契約に基づき、次に掲げる費用等を補償することができない。

一　前項第一号に掲げる費用のうち通常要する費用の額を超える部分
二　当該学校法人が前項第二号の損害を賠償するとすれば当該役員又は会計監査人が当該学校法人に対して第八十八条第一項の責任を負う場合には、同号に掲げる損失のうち当該責任に係る部分
三　役員又は会計監査人がその職務を行うにつき悪意又は重大な過失があつたことにより前項第二号の責任を負う場合には、同号に掲げる損失の全部

3　補償契約に基づき第一項第一号に掲げる費用を補償した学校法人が、当該役員又は会計監査人が自己若しくは第三者の不正な利益を図り、又は当該学校法人に損害を加える目的で同号の職務を執行したことを知つたときは、当該役員又は会計監査人に対し、補償した金額に相当する金銭を返還することを請求することができる。

4　補償契約に基づく補償をした理事及び当該補償を受けた理事は、遅滞なく、当該補償についての重要な事実を理事会に報告しなければならない。

5　第四十条において準用する一般社団・財団法人法第八十四条第一項及び第九十二条第二項の規定並びに第八十八条第三項及び前条第一項の規定は、学校法人と理事との間の補償契約については、適用しない。

6　民法（明治二十九年法律第八十九号）第百八条の規定は、第一項の決議によつてその内容が定められた前項の補償契約の締結については、適用しない。

（役員又は会計監査人のために締結される保険契約）

第九十七条　学校法人が、保険者との間で締結する保険契約のうち役員又は会計監査人がその職務の執行に関し責任を負うこと又は当該責任の追及に係る請求を受けることによつて生ずることのある損害を保険者が塡補することを約するものであつて、役員又は会計監査人を被保険者とするもの（以下この条において「賠償責任保険契約」という。）の内容の決定をするには、理事会の決議によらなければならない。

2　第四十条において準用する一般社団・財団法人法第八十四条第一項及び第九十二条第二項の規定並びに第八十八条第三項の規定は、理事を被保険者とする賠償責任保険契約の締結については、適用しない。

3　民法第百八条の規定は、第一項の決議によつてその内容が定められた前項の賠償責任保険契約の締結については、適用しない。

第三章第三節の次に次の三節を加える。

第四節　予算及び事業計画等

（会計年度）

第九十八条　学校法人の会計年度は、四月一日に始まり、翌年三月三十一日に終わるものとする。

（予算及び事業計画）

第九十九条　学校法人は、毎会計年度、予算及び事業計画を作成しなければならない。

（役員及び評議員に対する報酬等）

第百条　学校法人は、役員及び評議員に対する報酬等（報酬、賞与その他の職務遂行の対価として受ける財産上の利益及び退職手当をいう。以下この条において同じ。）について、文部科学省令で定めるところにより、民間事業者の役員の報酬等及び従業員の給与、当該学校法人の経理の状況その他の事情を考慮して、不当に高額なものとならないような支給の基準を定めなければならない。

2　学校法人は、前項の規定により定められた報酬等の支給の基準に従つて、その役員及び評議員に対する報酬等を支給しなければならない。

第五節　会計並びに計算書類等及び財産目録等

（会計の原則）

第百一条　学校法人は、文部科学省令で定める基準に従い、会計処理を行わなければならない。

（会計帳簿）

第百二条　学校法人は、文部科学省令で定めるところにより、適時に、正確な会計帳簿を作成しなければならない。

2　学校法人は、会計帳簿の閉鎖の時から十年間、その会計帳簿及びその事業に関する重要な資料を保存しなければならない。

（計算書類等の作成及び保存）

第百三条　学校法人は、文部科学省令で定めるところにより、その成立の日における貸借対照表を作成しなければならない。

2　学校法人は、毎会計年度終了後三月以内に、文部科学省令で定めるところにより、各会計年度に係る計算書類等（計算書類（貸借対照表及び収支計算書をいう。以下同じ。）及び事業報告書並びにこれらの附属明細書をいう。以下同じ。）を作成しなければならない。

3　計算書類等は、電磁的記録をもつて作成することができる。

4　学校法人は、計算書類を作成した時から十年間、当該計算書類及びその附属明細書を保存しなければならない。

（計算書類等の監査等）

第百四条　計算書類等は、文部科学省令で定めるところにより、監事の監査を受けなければならない。

2　前項の規定にかかわらず、会計監査人設置学校法人においては、計算書類及びその附属明細書については、文部科学省令で定めるところにより、監事及び会計監査人の監査を受けなければならない。

3　前二項の監査を受けた計算書類等は、理事会の決議による承認を受けなければならない。この場合において、当該承認は、監査報告（会計監査人設置学校法人にあつては、会計監査報告を含む。次条第一項及び第百六条において同じ。）の内容を踏まえて行うものとする。

（計算書類及び事業報告書並びに監査報告の評議員への提供等）

第百五条　理事は、定時評議員会の招集の通知に際して、文部科学省令で定めるところにより、評議員に対し、前条第三項の承認を受けた計算書類及び事業報告書並びに監査報告を提供しなければならない。

2　理事は、前条第三項の承認を受けた計算書類及び事業報告書を定時評議員会に提出しなければならない。

3　理事は、前項の規定により提出された計算書類及び事業報

告書の内容を定時評議員会に報告し、その意見を聴かなければならない。

（計算書類等及び監査報告の備置き及び閲覧等）

第百六条　学校法人は、計算書類等及び監査報告を、前条第二項の定時評議員会の日の一週間前の日から五年間、その主たる事務所に備え置かなければならない。

2　学校法人は、計算書類等及び監査報告の写しを、前条第二項の定時評議員会の日の一週間前の日から三年間、その従たる事務所に備え置かなければならない。ただし、計算書類等及び監査報告を電磁的記録で作成し、従たる事務所において次項第三号及び第四号に掲げる請求に応ずることを可能とするための措置として文部科学省令で定めるものをとつているときは、この限りでない。

3　債権者は、学校法人の業務時間内は、いつでも、次に掲げる請求をすることができる。ただし、第二号又は第四号に掲げる請求をするには、当該学校法人の定めた費用を支払わなければならない。

一　計算書類等及び監査報告が書面をもつて作成されているときは、当該書面又は当該書面の写しの閲覧の請求

二　前号の書面の謄本又は抄本の交付の請求

三　計算書類等及び監査報告が電磁的記録をもつて作成されているときは、当該電磁的記録に記録された事項を文部科学省令で定める方法により表示したものの閲覧の請求

四　前号の電磁的記録に記録された事項を電磁的方法であつて当該学校法人の定めたものにより提供することの請求又はその事項を記載した書面の交付の請求

4　当該学校法人の設置する私立学校に在学する者その他の債権者以外の利害関係人は、学校法人の業務時間内は、いつでも、前項第一号及び第三号に掲げる請求をすることができる。この場合においては、当該学校法人は、正当な理由がある場合を除き、これを拒んではならない。

（財産目録等の作成、備置き及び閲覧等）

第百七条　学校法人は、毎会計年度終了後三月以内に（学校法人が成立した日の属する会計年度にあつては、当該成立した日以後遅滞なく）、文部科学省令で定めるところにより、次に掲げる書類を作成しなければならない。

一　財産目録

二　役員及び評議員の氏名及び住所を記載した名簿

三　第百条第一項に規定する報酬等の支給の基準を記載した書類

2　前項各号に掲げる書類（以下「財産目録等」という。）は、電磁的記録をもつて作成することができる。

3　学校法人は、財産目録等を、当該会計年度に係る定時評議員会の日から五年間、その主たる事務所に備え置かなければならない。

4　学校法人は、財産目録等の写しを、当該会計年度に係る定時評議員会の日から三年間、その従たる事務所に備え置かなければならない。ただし、財産目録等を電磁的記録で作成し、従たる事務所において次項第二号に掲げる請求に応ずることを可能とするための措置として文部科学省令で定めるものをとつているときは、この限りでない。

5　当該学校法人の設置する私立学校に在学する者その他の利害関係人は、学校法人の業務時間内は、いつでも、財産目録等について、次に掲げる請求をすることができる。この場合においては、当該学校法人は、正当な理由がある場合を除き、これを拒んではならない。

一　財産目録等が書面をもつて作成されているときは、当該書面又は当該書面の写しの閲覧の請求

二　財産目録等が電磁的記録をもつて作成されているときは、当該電磁的記録に記録された事項を文部科学省令で定める方法により表示したものの閲覧の請求

6　前項の規定にかかわらず、学校法人は、第一項第二号の名簿について前項各号に掲げる請求があつた場合には、当該名簿に記載され、又は記録された事項中、個人の住所に係る記載又は記録の部分を除外して、同項各号の閲覧をさせることができる。

第六節　寄附行為の変更

第百八条　寄附行為の変更の決定は、理事会の決議によらなければならない。

2　理事会は、前項の決議をするときは、あらかじめ、評議員会の意見を聴かなければならない。

3　寄附行為の変更（軽微な変更として文部科学省令で定めるものを除く。）は、所轄庁の認可を受けなければ、その効力を生じない。

4　第二十四条第一項の規定は、前項の認可について準用する。

5　学校法人は、第三項の文部科学省令で定める寄附行為の変更をしたときは、遅滞なく、その旨を所轄庁に届け出なければならない。

第三章に次の一節を加える。

第九節　訴訟等

第一款　学校法人の組織に関する訴え

（学校法人の組織に関する訴え）

第百三十八条　次の各号に掲げる行為の無効は、当該各号に定める期間に、訴えをもつてのみ主張することができる。

一　学校法人の設立　学校法人の成立の日から二年以内

二　学校法人の吸収合併　吸収合併の効力が生じた日から六月以内

三　学校法人の新設合併　新設合併の効力が生じた日から六月以内

2　次の各号に掲げる行為の無効の訴えは、当該各号に定める者に限り、提起することができる。

一　前項第一号に掲げる行為　設立する学校法人の役員、評議員又は清算人

二　前項第二号に掲げる行為　当該行為の効力が生じた日において吸収合併をする学校法人の役員、評議員若しくは清算人であつた者又は合併後存続する学校法人の役員、評議員若しくは清算人、破産管財人若しくは債権者（吸収合併について承認をしなかつたものに限る。）

三　前項第三号に掲げる行為　当該行為の効力が生じた日において新設合併をする学校法人の役員、評議員若しくは清算人であつた者又は合併によつて設立する学校法人の役員、評議員若しくは清算人、破産管財人若しくは債権者（新

設合併について承認をしなかつたものに限る。）

（一般社団・財団法人法の規定の準用）

第百三十九条　一般社団・財団法人法第二百六十九条（第一号から第三号までに係る部分に限る。）、第二百七十条、第二百七十一条（第二項を除く。）、第二百七十二条から第二百七十五条まで及び第二百七十七条の規定は、前条第一項各号に掲げる行為の無効の訴えについて準用する。この場合において、一般社団・財団法人法第二百七十一条第一項中「社員」とあるのは、「債権者」と読み替えるものとする。

第二款　責任追及の訴え

（責任追及の訴え）

第百四十条　評議員会は、学校法人に対し、書面その他の文部科学省令で定める方法により、役員、会計監査人又は清算人の責任を追及する訴え（以下この款において「責任追及の訴え」という。）の提起を求めることができる。

２　前項の規定により責任追及の訴えの提起を求める旨の評議員会の決議があつた日から六十日以内に責任追及の訴えを提起しない場合は、理事（理事の責任を追及する訴えの場合にあつては、監事）は、遅滞なく、責任追及の訴えを提起しない理由を評議員会に報告しなければならない。

３　前項に規定する場合において、第一項の役員、会計監査人又は清算人から請求を受けたときは、学校法人は、当該請求をした者に対し、遅滞なく、責任追及の訴えを提起しない理由を書面その他の文部科学省令で定める方法により通知しなければならない。

（一般社団・財団法人法の規定の準用）

第百四十一条　一般社団・財団法人法第二百七十九条、第二百八十条の二、第二百八十一条第四項及び第二百八十三条第一項の規定は、責任追及の訴えについて準用する。この場合において、一般社団・財団法人法第二百八十条の二中「監事（監事が二人以上ある場合にあつては、各監事）」とあるのは「各監事」と、一般社団・財団法人法第二百八十一条第四項中「第二十五条、第百十二条（第二百十七条第四項において準用する場合を含む。）及び第百四十一条第五項（同項ただし書に規定する超過額を超えない部分について負う責任に係る部分に限る。）」とあるのは「私立学校法第九十一条」と、一般社団・財団法人法第二百八十三条第一項中「又は社員は、確定した」とあるのは「は、確定した」と読み替えるものとする。

第三款　会計帳簿等の提出命令

第百四十二条　裁判所は、申立てにより又は職権で、訴訟の当事者に対し、会計帳簿又は計算書類及びその附属明細書の全部又は一部の提出を命ずることができる。

第三章の次に次の一章を加える。

第四章　大臣所轄学校法人等の特例

（大臣所轄学校法人等の定義）

第百四十三条　この章において「大臣所轄学校法人等」とは、文部科学大臣が所轄庁である学校法人及びそれ以外の学校法人でその事業の規模又は事業を行う区域が政令で定める基準に該当するものをいう。

（会計監査人の設置の特例）

第百四十四条　大臣所轄学校法人等は、第十八条第二項の規定にかかわらず、会計監査人を置かなければならない。

２　前項の場合における第二十三条第一項の規定の適用については、同項第十一号中「会計監査人を置く場合には、その旨及び」とあるのは、「会計監査人の」とする。

３　大臣所轄学校法人等は、第六十八条及び第百四条から第百六条までの規定の適用については、会計監査人設置学校法人とみなす。

（常勤の監事の選定の特例）

第百四十五条　大臣所轄学校法人等のうちその事業の規模又は事業を行う区域が特に大きいものとして政令で定める基準に該当するものは、寄附行為をもつて定めるところにより、常勤の監事を定めなければならない。

２　前項の場合における第二十三条第一項の規定の適用については、同項第七号中「事項」とあるのは、「事項並びに常勤の監事の選定の方法その他常勤の監事に関する事項」とする。

（理事の構成及び報告義務の特例）

第百四十六条　大臣所轄学校法人等については、第三十一条第四項第二号に掲げる者が理事に二人以上含まれなければならない。

２　大臣所轄学校法人等についての第三十九条第一項及び第四十四条第一項の規定の適用については、第三十九条第一項中「毎会計年度に四月を超える間隔で二回」とあるのは「三月に一回」と、第四十四条第一項中「第三十九条第一項」とあるのは「第三十九条第一項（同法第百四十六条第二項の規定により読み替えて適用する場合を含む。）」とする。

（評議員会及び評議員の特例）

第百四十七条　大臣所轄学校法人等についての第七十一条、第七十二条及び第七十五条の規定の適用については、第七十一条並びに第七十五条第一項及び第二項中「三分の一」とあるのは「十分の一」と、第七十一条第二項、第七十二条第一項及び第七十五条第二項中「二十日」とあるのは「三十日」とする。

（体制の整備及び中期事業計画の作成等）

第百四十八条　大臣所轄学校法人等は、第三十六条第三項第五号に規定する体制を整備しなければならない。

２　大臣所轄学校法人等は、事業に関する中期的な計画（第四項において「中期事業計画」という。）を作成しなければならない。

３　前項の場合における第三十六条第三項及び第四項の規定の適用については、同条第三項第六号中「事業計画」とあるのは、「事業計画並びに第百四十八条第二項に規定する中期事業計画」とする。

４　大臣所轄学校法人等（文部科学大臣が所轄庁である学校法人に限る。）は、事業計画及び中期事業計画を作成するに当たつては、学校教育法第百九条第二項（同法第百二十三条において準用する場合を含む。）に規定する認証評価の結果を踏まえなければならない。

（計算書類等及び監査報告並びに財産目録等の特例）

第百四十九条　第百四十四条第三項の規定により大臣所轄学校法人等を会計監査人設置学校法人とみなして適用する第百六

条の規定の適用については、同条第四項中「当該学校法人の設置する私立学校に在学する者その他の債権者以外の利害関係人は」とあるのは、「何人も」とする。

2　大臣所轄学校法人等についての第百七条の規定の適用については、同条第五項中「当該学校法人の設置する私立学校に在学する者その他の利害関係人は」とあるのは、「何人も」とする。

（寄附行為の変更、解散及び合併の特例）

第百五十条　大臣所轄学校法人等においては、第百八条第一項の規定による寄附行為の変更（軽微な変更として文部科学省令で定めるものを除く。）、第百九条第一項（第一号に係る部分に限る。）の規定による解散又は第百二十六条第一項の規定による合併の決定は、評議員会の決議がなければ効力を生じない。この場合において、これらの規定による理事会の決議については、それぞれ第百八条第二項、第百九条第二項又は第百二十六条第二項の規定は、適用しない。

（情報の公表の特例）

第百五十一条　大臣所轄学校法人等は、第百三十七条の規定にかかわらず、次の各号に掲げる場合の区分に応じ、遅滞なく、文部科学省令で定めるところにより、当該各号に定める事項を公表しなければならない。

一　第二十三条第一項若しくは第百八条第三項の認可を受けた場合又は同条第五項の規定による届出をした場合　寄附行為の内容

二　計算書類等、監査報告、会計監査報告及び財産目録等を作成した場合　これらのもののうち文部科学省令で定めるものの内容

附則第六項中「第六十四条第四項」を「第百五十二条第五項」に改める。

附則第八項中「第九条第二項」を「第八条第二項」に改める。

附則第十一項を削る。

附則第十二項中「第九条第二項」を「第八条第二項」に、「第五十九条」を「第百三十二条」に改め、「学校をいう。以下この項」の下に「及び次項」を加え、「第五条及び第八条第一項」を「第七条第一項」に改め、同項を附則第十一項とし、同項の次に次の一項を加える。

12　学校法人立以外の私立の学校を設置する者又は学校法人立等以外の幼保連携型認定こども園を設置する者が学校法人を設立する場合における当該学校法人についての第十八条第三項の規定の適用については、その設立の日から三年を経過するまでの間は、同項中「五人」とあるのは「三人」と、「六人」とあるのは「四人」とする。

附　則（抄）

（施行期日）

第一条　この法律は、令和七年四月一日から施行する。ただし、附則第十一条の規定は、公布の日から施行する。

（役員及び評議員の資格等に関する経過措置）

第二条　この法律の施行の際現に在任する学校法人（この法律による改正後の私立学校法（以下「新私立学校法」という。）第百五十二条第五項の法人を含む。以下同じ。）の役員（新私立学校法第二十三条第二項に規定する役員をいう。以下同じ。）及び評議員については、この法律の施行の日（以下「施行日」という。）以後最初に招集される定時評議員会の終結の時までは、新私立学校法第三十一条、第四十六条、第六十二条及び第百四十六条第一項（これらの規定を新私立学校法第百五十二条第六項において準用する場合を含む。）の規定は適用せず、その資格及び構成については、なお従前の例による。

2　この法律の施行の際現に在任する学校法人の役員及び評議員についての施行日以後最初に招集される定時評議員会の終結の時から令和九年四月一日（大臣所轄学校法人等（新私立学校法第百四十三条（新私立学校法第百五十二条第六項において準用する場合を含む。）に規定する大臣所轄学校法人等をいう。以下同じ。）にあっては、令和八年四月一日）以後最初に招集される定時評議員会の終結の時までの間における新私立学校法第三十一条第六項、第四十六条第三項並びに第六十二条第四項及び第五項（これらの規定を新私立学校法第百五十二条第六項において準用する場合を含む。以下この項において同じ。）の規定の適用については、新私立学校法第三十一条第六項、第四十六条第三項及び第六十二条第四項中「二人以上の評議員」とあるのは「三人以上の評議員」と、同条第五項第三号中「六分の一」とあるのは「三分の一」とする。

（役員及び評議員の任期に関する経過措置）

第三条　この法律の施行の際現に在任する学校法人の役員又は評議員である者の任期は、新私立学校法第三十二条第一項、第四十七条第一項及び第六十三条第一項（これらの規定を新私立学校法第百五十二条第六項において準用する場合を含む。）の規定にかかわらず、この法律の施行の際におけるその者の役員又は評議員としての残任期間と同一の期間とする。ただし、当該期間の満了の時が令和九年四月一日以後最初に招集される定時評議員会の終結の時以後である場合は、当該終結の時までとする。

（会計帳簿等に関する経過措置）

第四条　新私立学校法第六十八条（会計帳簿及びこれに関する資料並びに貸借対照表等（貸借対照表、収支計算書及び事業報告書並びにこれらの附属書類、監査報告並びに会計監査報告をいう。以下この項において同じ。）に係る部分に限る。）、第百二条、第百三条（第一項を除く。）、第百四条から第百六条まで、第百三十七条（第二号中貸借対照表等に係る部分に限る。）及び第百五十一条（第二号中貸借対照表等に係る部分に限る。）（これらの規定を新私立学校法第百五十二条第六項において準用する場合を含む。）の規定は、施行日以後に開始する会計年度に係る会計帳簿及びこれに関連する資料並びに貸借対照表等について適用し、施行日前に開始した会計年度に係る貸借対照表、収支計算書、事業報告書及び監査報告書の作成、備置き、閲覧、公表、理事会への提出並びに評議員会への提出及び報告については、なお従前の例による。

2　新私立学校法第百一条（新私立学校法第百五十二条第六項において準用する場合を含む。）の規定は、施行日以後に開始する会計年度の会計について適用する。

（評議員の損害賠償責任等に関する経過措置）

第五条　この法律の施行の際現に在任する学校法人の評議員の施行日前の行為に基づく損害賠償責任については、なお従前の例による。

（学校法人の組織に関する訴えに関する経過措置）

第六条　新私立学校法第百三十八条（新私立学校法第百五十二条第六項において準用する場合を含む。）並びに第百三十九条（新私立学校法第百五十二条第六項において準用する場合を含む。）において準用する一般社団法人及び一般財団法人に関する法律（平成十八年法律第四十八号）第二百六十九条（第一号から第三号までに係る部分に限る。）、第二百七十条、第二百七十一条（第二項を除く。）、第二百七十二条から第二百七十五条まで及び第二百七十七条の規定は、学校法人の設立、吸収合併又は新設合併のうち、それぞれ学校法人の成立の日、吸収合併の効力が生じた日又は新設合併の効力が生じた日が施行日以後であるものについて適用する。

（役員又は清算人の責任追及の訴えに関する経過措置）

第七条　新私立学校法第百四十一条（新私立学校法第百五十二条第六項において準用する場合を含む。）において準用する一般社団法人及び一般財団法人に関する法律第二百七十八条、第二百八十条の二、第二百八十一条第四項及び第二百八十三条第一項の規定は、施行日以後に提起された役員又は清算人の責任を追及する訴えについて適用する。

（会計帳簿等の提出命令に関する経過措置）

第八条　新私立学校法第百四十二条（新私立学校法第百五十二条第六項において準用する場合を含む。）の規定は、施行日以後に提起された訴訟における会計帳簿又は計算書類及びその附属明細書の提出の命令について適用する。

（大臣所轄学校法人等の特例に関する経過措置）

第九条　この法律の施行の際現に存する学校法人で大臣所轄学校法人等に該当するもの（次項において「既存大臣所轄学校法人等」という。）については、施行日以後最初に招集される定時評議員会の終結の時までは、新私立学校法第百四十四条第一項（新私立学校法第百五十二条第六項において準用する場合を含む。）の規定は、適用しない。

2　既存大臣所轄学校法人等については、施行日以後最初に招集される定時評議員会の終結の時までは、新私立学校法第百四十五条（新私立学校法第百五十二条第六項において準用する場合を含む。）の規定は、適用しない。

（罰則に関する経過措置）

第十条　この法律の施行前にした行為に対する罰則の適用については、なお従前の例による。

2　施行日が刑法等の一部を改正する法律（令和四年法律第六十七号）の施行の日（以下この項において「刑法施行日」という。）前である場合には、刑法施行日の前日までの間における新私立学校法第百五十七条第一項、第百五十八条第一項及び第二項、第百五十九条並びに第百六十二条の規定の適用については、これらの規定中「拘禁刑」とあるのは、「懲役」とする。刑法施行日以後における刑法施行日前にした行為に対するこれらの規定の適用についても、同様とする。

（政令への委任）

第十一条　この附則に定めるもののほか、この法律の施行に関し必要な経過措置（罰則に関する経過措置を含む。）は、政令で定める。

（検討）

第十二条　政府は、この法律の施行後五年を目途として、新私立学校法の施行の状況について検討を加え、必要があると認めるときは、その結果に基づいて所要の措置を講ずるものとする。

○デジタル社会の形成を図るための規制改革を推進するためのデジタル社会形成基本法等の一部を改正する法律（抄）

令和五・六・一六
法　六　三

（私立学校法の一部改正）

附則・第十二条　私立学校法（昭和二十四年法律第二百七十号）の一部を次のように改正する。

第百三十五条第五項中「及び同法」を「並びに同法」に改め、「第十五条第三項」の下に「及び第四項」を加える。

附　則（抄）

（施行期日）

第一条　この法律は、公布の日から起算して一年を超えない範囲内において政令で定める日〔令和六・四・一〕から施行する。ただし、次の各号に掲げる規定は、当該各号に定める日から施行する。

一　〔略〕

二　〔前略〕附則〔中略〕第十二条〔中略〕の規定　公布の日から起算して三年を超えない範囲内において政令で定める日

○私立学校法施行規則

昭二五・三・一四
文部令一二

最終改正　令和四・九・三〇文科令三四

（収益事業の種類）

第一条　私立学校法（以下「法」という。）第二十六条第二項の事業の種類は、文部科学大臣の所轄に属する学校法人については文部科学省告示で定める。

（法人が事業活動を支配する法人等）

第一条の二　私立学校法施行令（昭和二十五年政令第三十一号。以下「令」という。）第一条第五号の法人が事業活動を支配する法人として文部科学省令で定めるものは、学校法人の設立者である法人が他の法人の財務及び営業又は事業の方針の決定を支配している場合における当該他の法人（第三項第一号において「子法人」という。）とする。

2　令第一条第五号の法人の事業活動を支配する者として文部科学省令で定めるものは、一の者が当該法人の財務及び営業又は事業の方針の決定を支配している場合における当該一の者とする。

3　前二項に規定する「財務及び営業又は事業の方針の決定を支配している場合」とは、次に掲げる場合をいう。

一　学校法人の設立者である法人（第一項に規定する場合に限る。）又は前項に規定する当該一の者（その者が財務及び営業又は事業の方針の決定を支配する一又は二以上の法人を含む。次号において「支配法人等」という。）がそれぞれ子法人又は学校法人の設立者である法人（前項に規定する場合に限る。）（次号において「被支配法人」という。）の意思決定機関（社員総会その他の団体の財務及び営業又は事業の方針を決定する機関をいう。次号において同じ。）における議決権の過半数を有する場合

二　被支配法人の意思決定機関の構成員の総数に対する次に掲げる者の数の割合が百分の五十を超える場合

イ　支配法人等の役員（理事、監事、取締役、会計参与、監査役、執行役その他これらに準ずる者をいう。）若しくは評議員又は職員

ロ　支配法人等によつて当該構成員に選任された者

ハ　当該構成員に就任した日前五年以内にイ又はロに掲げる者であつた者

（寄附行為認可申請手続）

第二条　法第三十条の規定により文部科学大臣の所轄に属する学校法人の設立を目的とする寄附行為の認可を受けようとするときは、認可申請書及び寄附行為に次に掲げる書類を添付して、当該学校法人の設置する私立大学又は私立高等専門学校（以下「私立大学等」という。）の開設する年度（以下「開設年度」という。）の前々年度の十月一日から同月三十一日までの間に文部科学大臣に申請するものとする。

一　設立趣意書

二　設立決議録

三　設置に係る基本計画及び当該学校法人の概要を記載した書類

四　設立代表者の履歴書

五　役員に関する次に掲げる書類

イ　役員の就任承諾書及び履歴書

ロ　役員のうちに、各役員について、その配偶者又は三親等以内の親族が一人を超えて含まれていないことを証する書類

ハ　役員が法第三十八条第八項第一号又は第二号に該当しない者であることを証する書類

六　経費の見積り及び資金計画を記載した書類

七　当該学校法人の事務組織の概要を記載した書類

八　その他文部科学大臣が定める書類

2　前項の申請をした者は、次に掲げる書類を当該私立大学等の開設年度の前年度の六月三十日までに文部科学大臣に提出するものとする。

一　財産目録その他の最近における財産の状況を知ることができる書類

二　寄附申込書

三　不動産（当該申請に係る学校その他の事業に係るものをいう。以下同じ。）の権利の所属についての登記所の証明書類等

四　不動産その他の主なる財産については、その評価をする十分な資格を有する者の作成した価格評価書

五　校地校舎等の整備の内容を明らかにする図面

六　開設年度の前年度から開設後修業年限に相当する年数が経過する年度までの事業計画及びこれに伴う予算書

七　その他文部科学大臣が定める書類

3　第一項の寄附行為が、他の学校法人が設置している私立大学等の目的、位置、職員組織並びに施設及び設備の現状を変更することなく、当該私立大学等の設置を目的とする新たな学校法人を設立する場合に係るものであるときは、同項中「前々年度の十月一日から」とあるのは、「前々年度の三月一日から」とする。

4　第二項の規定は、前項の申請をした者について準用する。

5　法第三十条の規定により都道府県知事の所轄に属する学校法人の設立を目的とする寄附行為の認可を受けようとするときは、認可申請書及び寄附行為に次に掲げる書類を添付して、所轄庁が定める日までに所轄庁に申請するものとする。

一　第一項第一号、第二号、第四号及び第五号に掲げる書類

二　第二項各号（第七号を除く。）に掲げる書類（この場合において、同項第六号中「開設年度の前年度から開設後修業年限に相当する年数が経過する年度まで」とあるのは「二年間」とする。）

三　その他所轄庁が定める書類

6　第二項第一号の財産目録は、基本財産（学校法人の設置する私立学校に必要な施設及び設備又はこれらに要する資金をいう。）と運用財産（学校法人の設置する私立学校の経営に必要な財産をいう。）とを区分して記載するものとする。ただし、学校法人が収益を目的とする事業を行う場合には、収益事業用財産（収益を目的とする事業に必要な財産をいう。）

を、さらに区分して記載するものとする。

７　第一項、第三項及び第五項の認可申請書及び寄附行為並びに第二項第一号の財産目録には、副本を添付することを要する。

（文部科学大臣の認可の手続）

第三条　文部科学大臣は、前条第一項及び第三項の申請があつた場合には、当該私立大学等の開設年度の前年度の三月三十一日までに当該申請について認可するかどうかを決定し、当該申請をした者に対しその旨を速やかに通知するものとする。

（役員の職務の適正な執行ができない者）

第三条の二　法第三十八条第八項第二号（法第六十四条第五項において準用する場合を含む。）の文部科学省令で定めるものは、精神の機能の障害により役員の職務を適正に執行するに当たつて必要な認知、判断及び意思疎通を適切に行うことができない者とする。

（責任の一部免除に係る報酬等の額の算定方法）

第三条の三　法第四十四条の五（法第六十四条第五項において準用する場合を含む。）において読み替えて準用する一般社団法人及び一般財団法人に関する法律（平成十八年法律第四十八号。以下「準用一般社団・財団法人法」という。）第百十三条第一項第二号に規定する文部科学省令で定める方法により算定される額は、次に掲げる額の合計額とする。

一　役員がその在職中に報酬、賞与その他の職務執行の対価（当該役員のうち理事が当該学校法人（法第六十四条第五項において準用する場合にあつては、同条第四項の法人（以下「準学校法人」という。）。以下この条及び次条において同じ。）の職員を兼ねている場合における当該職員の報酬、賞与その他の職務執行の対価を含む。）として学校法人から受け、又は受けるべき財産上の利益（次号に定めるものを除く。）の額の会計年度（次のイからハまでに掲げる場合の区分に応じ、当該イからハまでに定める日を含む会計年度及びその前の各会計年度に限る。）ごとの合計額（当該会計年度の期間が一年でない場合にあつては、当該合計額を一年当たりの額に換算した額）のうち最も高い額

イ　準用一般社団・財団法人法第百十三条第一項の評議員会の決議を行つた場合　当該評議員会の決議の日

ロ　準用一般社団・財団法人法第百十四条第一項の規定による寄附行為の定めに基づいて責任を免除する旨の理事会の決議を行つた場合　当該決議のあつた日

ハ　準用一般社団・財団法人法第百十五条第一項の契約を締結した場合　責任の原因となる事実が生じた日（二以上の日がある場合にあつては、最も遅い日）

二　イに掲げる額をロに掲げる数で除して得た額

イ　次に掲げる額の合計額

(1)　当該役員が当該学校法人から受けた退職慰労金の額

(2)　当該役員のうち理事が当該学校法人の職員を兼ねていた場合における当該職員としての退職手当のうち当該役員のうち理事を兼ねていた期間の職務執行の対価である部分の額

(3)　(1)又は(2)に掲げるものの性質を有する財産上の利益の額

ロ　当該役員がその職に就いていた年数（当該役員が次に掲げるものに該当する場合における次に定める数が当該年数を超えている場合にあつては、当該数）

(1)　理事長　六

(2)　理事長以外の理事であつて、次に掲げる者　四

(i)　寄附行為の定めるところにより理事長を補佐して学校法人の業務を掌理する理事として選定されたもの

(ii)　当該学校法人の業務を執行した理事（(i)に掲げる理事を除く。）

(iii)　当該学校法人の職員

(3)　理事（(1)及び(2)に掲げるものを除く。）又は監事　二

（責任の免除の決議後に受ける退職慰労金等）

第三条の四　準用一般社団・財団法人法第百十三条第四項（準用一般社団・財団法人法第百十四条第五項及び第百十五条第五項において準用する場合を含む。）に規定する文部科学省令で定める財産上の利益は、次に掲げるものとする。

一　退職慰労金

二　当該役員のうち理事が当該学校法人の職員を兼ねていたときは、当該職員としての退職手当のうち当該役員のうち理事を兼ねていた期間の職務執行の対価である部分

三　前二号に掲げるものの性質を有する財産上の利益

（役員賠償責任保険契約から除外する保険契約）

第三条の五　準用一般社団・財団法人法第百十八条の三第一項に規定する文部科学省令で定めるものは、次に掲げるものとする。

一　被保険者に保険者との間で保険契約を締結する学校法人を含む保険契約であつて、当該学校法人がその業務に関連し第三者に生じた損害を賠償する責任を負うこと又は当該責任の追及に係る請求を受けることによつて当該学校法人に生ずることのある損害を保険者が塡補することを主たる目的として締結されるもの

二　役員が第三者に生じた損害を賠償する責任を負うこと又は当該責任の追及に係る請求を受けることによつて当該役員に生ずることのある損害（役員がその職務上の義務に違反し若しくは職務を怠つたことによつて第三者に生じた損害を賠償する責任を負うこと又は当該責任の追及に係る請求を受けることによつて当該役員に生ずることのある損害を除く。）を保険者が塡補することを目的として締結されるもの

（寄附行為変更認可申請手続等）

第四条　法第四十五条第一項の規定により寄附行為の変更の認可を受けようとするときは、認可申請書並びに寄附行為変更の条項（当該条項に係る新旧の比較対照表を含む。以下同じ。）及び事由を記載した書類に次に掲げる書類を添付して、所轄庁に申請するものとする。

一　寄附行為所定の手続（法第四十二条に規定する手続を含む。以下同じ。）を経たことを証する書類

二　文部科学大臣の所轄に属する学校法人にあつては、次に掲げる書類

イ　当該学校法人の概要を記載した書類

ロ　第二条第一項第七号に掲げる書類

三　その他所轄庁が定める書類

2　前項の寄附行為の変更が、学校法人が私立大学等を設置する場合に係るものであるときは、同項の規定にかかわらず、次に掲げる書類を添付して、当該私立大学等の開設年度の前々年度の十月一日から同月三十一日までの間に文部科学大臣に申請するものとする。

一　前項第一号に掲げる書類

二　第二条第一項第三号、第六号及び第七号に掲げる書類

三　その他文部科学大臣が定める書類

3　前項の申請をした者は、次に掲げる書類を当該私立大学等の開設年度の前年度の六月三十日までに文部科学大臣に提出するものとする。

一　開設年度の前々年度の財産目録その他の最近における財産の状況を知ることができる書類、貸借対照表及び収支決算書並びに開設年度の前年度の予算書

二　負債がある場合又は借入れを予定する場合には、その償還計画書

三　第二条第二項第二号及び第四号から第六号までに掲げる書類

四　その他文部科学大臣が定める書類

4　前二項の規定は、第一項の寄附行為の変更が、私立大学の学部若しくは学科、大学院若しくは大学院の研究科又は私立高等専門学校の学科（以下「私立大学の学部等」と総称する。）を設置する場合に係るものであるときの申請について準用する。この場合において、次の表の第一欄に掲げる規定中同表の第二欄に掲げる字句は、それぞれ同表の第三欄に掲げる字句に読み替えるものとする。

第一欄	第二欄	第三欄
第二項	当該私立大学等の開設年度の前々年度の十月一日から同月三十一日までの間	当該私立大学の学部等の開設年度の前々年度の三月一日から同月三十一日までの間
前項	当該私立大学等	当該私立大学の学部等

5　第一項の寄附行為の変更が、大学設置基準（昭和三十一年文部省令第二十八号）第五十条第一項、短期大学設置基準（昭和五十年文部省令第二十一号）第四十三条第一項、専門職大学設置基準（平成二十九年文部科学省令第三十三号）第六十二条第一項又は専門職短期大学設置基準（平成二十九年文部科学省令第三十四号）第五十九条第一項に規定する国際連携学科の設置に係る場合における前項の規定の適用については、同項の表中「当該私立大学の学部等の開設年度の前々年度の三月一日から同月三十一日まで」とあるのは「当該学科の開設年度の前々年度の三月一日から同月三十一日まで又は当該学科の開設年度の前年度の八月一日から同月三十一日まで若しくは三月一日から同月三十一日まで又は当該学科の開設年度の八月一日から同月三十一日まで」と、同表前項の項中「当該私立大学等」とあるのは「当該私立大学等の開設年度の前年度の六月三十日までに」と、「当該私立大学の学部等」とあるのは「当該学科の設置の認可に係る申請時に」とする。この場合において、第二条第二項第六号中「開設年度の前年度」とあるのは「開設年度の前年度（開設年度に申請する場合にあつては開設年度）」と、第三項第一号中「開設年度の前々年度」とあるのは「申請年度の前年度」と、「開設年度の前年度」とあるのは「申請年度」とする。

6　第一項の寄附行為の変更が、都道府県知事の所轄に属する学校法人が都道府県知事の所轄に属する私立学校を設置し、又は設置している私立学校に課程、学科若しくは部（以下「課程等」という。）を設置する場合（広域の通信制の課程以外の通信制の課程を広域の通信制の課程とする場合を含む。以下同じ。）に係るものであるときは、同項に掲げる書類のほか、次に掲げる書類を添付して、所轄庁が定める日までに所轄庁に申請するものとする。

一　第二条第二項各号（第二号及び第七号を除く。）に掲げる書類（この場合において、同項第六号中「開設年度の前年度から開設後修業年限に相当する年数が経過する年度まで」とあるのは「二年間」とする。）

二　第三項第一号及び第二号に掲げる書類

三　その他所轄庁が定める書類

7　第一項の寄附行為の変更が、文部科学大臣の所轄に属する学校法人が都道府県知事の所轄に属する私立学校を設置し、又は都道府県知事の所轄に属する私立学校に課程等を設置する場合に係るものであるときは、同項に掲げる書類のほか、次に掲げる書類を添付して、文部科学大臣に申請するものとする。

一　第二条第一項第六号に掲げる書類

二　第二条第二項第一号及び第四号から第六号までに掲げる書類

三　第三項第一号及び第二号に掲げる書類

四　その他文部科学大臣が定める書類

8　第三条の規定は、第二項及び第四項の申請について準用する。この場合において、同項の申請については、同条中「私立大学等」とあるのは、「私立大学の学部等」と読み替えるものとする。

9　第一項の寄附行為の変更が、私立学校を廃止し、若しくは都道府県知事の所轄に属する私立学校に置いていた課程等を廃止する場合（広域の通信制の課程を広域の通信制の課程以外の課程とする場合を含む。以下この項において同じ。）又は従来行つていた収益事業を廃止する場合に係るものであるときは、同項に掲げる書類のほか、次に掲げる書類を添付して、所轄庁に申請するものとする。

一　当該廃止する私立学校若しくは課程等又は収益事業に係る財産の処分に関する事項を記載した書類

二　第二条第二項第一号及び第六号に掲げる書類（この場合において、同号中「開設年度の前年度から開設後修業年限に相当する年数が経過する年度まで」とあるのは「二年間」とする。）

10　第一項の寄附行為の変更が、都道府県知事の所轄に属する私立学校又は課程等を廃止し、その職員組織等を基に、他の都道府県知事の所轄に属する私立学校又は他の課程等を設置しようとする場合に係るものであるときは、同項に掲げる書類のほか、第六項又は第七項の規定にかかわらず、第二条第二項第一号及び第五号に掲げる書類を添付して、所轄庁が定める日までに所轄庁に申請するものとする。

11　第一項の寄附行為の変更が、当該学校法人が新たに収益事業を行う場合に係るものであるときは、同項に掲げる書類のほか、次に掲げる書類を添付して、所轄庁に申請するものとする。

一　第二条第二項第四号から第六号までに掲げる書類（この場合において、同号中「開設年度の前年度から開設後修業年限に相当する年数が経過する年度まで」とあるのは「二年間」とする。）

二　第三項第一号及び第二号に掲げる書類

12　第一項の寄附行為の変更が登記事項の変更に係る場合には、同項の認可申請書並びに寄附行為変更の条項及び事由を記載した書類には、副本を添付することを要する。

第四条の二　前条第一項の寄附行為の変更が、学校教育法第四条第一項に基づく私立大学等又は私立大学の学部等の設置者の変更により当該私立大学等又は私立大学の学部等の設置者となる場合に係るものであるときは、前条第一項の規定にかかわらず、次に掲げる書類を添付して、文部科学大臣に申請するものとする。

一　前条第一項第一号及び第二号ロに掲げる書類

二　前条第三項第一号及び第二号に掲げる書類

三　第二条第一項第三号に掲げる書類

四　第二条第二項第四号から第六号までに掲げる書類

五　その他文部科学大臣が定める書類

2　前条第一項の寄附行為の変更が、学校教育法第四条第一項に基づく私立大学等又は私立大学の学部等の設置者の変更により当該私立大学等又は私立大学の学部等の設置者でなくなる場合（当該変更後も文部科学大臣の所轄に属する学校法人である場合に限る。）に係るものであるときは、前条第一項の規定にかかわらず、次に掲げる書類を添付して、文部科学大臣に申請するものとする。

一　当該設置者の変更による財産の処分に関する事項を記載した書類

二　前条第一項第一号及び第二号に掲げる書類

三　第二条第二項第一号及び第六号に掲げる書類（この場合において、同号中「開設年度の前年度から開設後修業年限に相当する年数が経過する年度まで」とあるのは「二年間」とする。）

（寄附行為変更の届出手続等）

第四条の三　法第四十五条第一項（法第六十四条第五項において準用する場合を含む。）に規定する文部科学省令で定める事項は、次のとおりとする。

一　法第三十条第一項第三号（法第六十四条第五項において読み替えて準用する場合を含む。）に掲げる事項のうち、学校教育法第四条第二項の規定に基づき、認可を受けることを要しないこととされた事項、同条第一項（同法第百三十四条第二項において読み替えて準用する場合を含む。）及び同法第百三十条第一項の設置廃止を伴わない名称の変更に係る事項、就学前の子どもに関する教育、保育等の総合的な提供の推進に関する法律（平成十八年法律第七十七号。附則第十二項において「認定こども園法」という。）第十七条第一項の設置廃止を伴わない名称の変更に係る事項並びに大学の学部の学科、高等専門学校の学科及び大学における通信教育の廃止に係る事項

二　法第三十条第一項第四号（法第六十四条第五項において準用する場合を含む。）に掲げる事項（ただし、所轄庁の変更を伴わない場合に限る。）

三　法第三十条第一項第十二号（法第六十四条第五項において準用する場合を含む。）に掲げる事項

2　法第四十五条第二項に規定する寄附行為の変更の届出を行おうとするときは、届出書に寄附行為変更の条項及び事由を記載した書類、変更後の寄附行為並びに第四条第一項第一号に掲げる書類を添付して、所轄庁に提出するものとする。

（財産目録等の作成）

第四条の四　法第四十七条第一項（法第六十四条第五項において準用する場合を含む。以下この条において同じ。）に規定する書類（事業報告書にあつては財務の状況に関する部分に限り、役員等名簿を除く。）の作成は、一般に公正妥当と認められる学校法人会計の基準その他の学校法人会計の慣行に従つて行わなければならない。

2　法第四十七条第一項に規定する書類のうち貸借対照表については、前項の規定によるほか、金融商品取引法施行令（昭和四十年政令第三百二十一号）第一条第二号に掲げる証券若しくは証書を発行し、若しくは発行しようとし、又は同令第一条の三の四に規定する権利を有価証券として発行し、若しくは発行しようとする学校法人及び法第六十四条第四項の法人であつて、当該証券若しくは当該証書又は当該権利について金融商品取引法（昭和二十三年法律第二十五号）に規定する募集又は売出しを行うもの（次項において「有価証券発行学校法人」という。）にあつては、文部科学大臣が別に定めるところにより作成しなければならない。

3　法第四十七条第一項に規定する書類のうち収支計算書については、第一項の規定によるほか、有価証券発行学校法人にあつては、損益計算書、純資産変動計算書、キャッシュ・フロー計算書及び附属明細表に分けて、文部科学大臣が別に定めるところにより作成しなければならない。

4　法第四十七条第一項に規定する書類のうち事業報告書については、当該学校法人（法第六十四条第五項において準用する場合にあつては、準学校法人。）の状況に関する重要な事項をその内容としなければならない。

（報酬等の支給の基準に定める事項）

第四条の五　法第四十八条第一項（法第六十四条第五項におい

て準用する場合を含む。）に規定する役員に対する報酬等の支給の基準においては、役員の勤務形態に応じた報酬等の区分及びその額の算定方法並びに支給の方法及び形態に関する事項を定めるものとする。

（解散認可又は解散認定申請手続）

第五条　法第五十条第二項の規定により解散の認可又は認定を受けようとするときは、解散の事由を記載した認可申請書又は認定申請書に次に掲げる書類を添付して、所轄庁に申請するものとする。

一　理由書
二　法第五十条第一項第一号に該当する場合にあつては同号に規定する手続（法第四十二条に規定する手続を含む。）、法第五十条第一項第三号に該当する場合にあつては法第四十二条に規定する手続を経たことを証する書類
三　残余財産の処分に関する事項を記載した書類
四　第二条第二項第一号に掲げる書類
五　文部科学大臣の所轄に属する学校法人にあつては、第二条第一項第七号及び第四条第一項第二号イに掲げる書類
六　その他所轄庁が定める書類

2　前項の認可申請書又は認定申請書及び同項第一号に掲げる書類には、副本を添付することを要する。

（合併認可申請手続）

第六条　法第五十二条第二項の規定により合併の認可を受けようとするときは、認可申請書に次に掲げる書類を添付して、所轄庁に申請するものとする。

一　理由書
二　法第五十二条第一項に規定する手続（法第四十二条に規定する手続を含む。）を経たことを証する書類
三　法第五十五条の場合においては、申請者が同条の規定により選任された者であることを証する書類
四　合併契約書
五　合併後存続する学校法人（以下この項において「存続学校法人」という。）又は合併によつて設立する学校法人（以下この項において「設立学校法人」という。）について、次に掲げる書類
　イ　寄附行為
　ロ　第二条第一項第五号に掲げる書類（存続学校法人については、同号イの書類のうち引き続き役員となる者に係る就任承諾書を除く。）
　ハ　第二条第二項第六号に掲げる書類（この場合において、同号中「開設年度の前年度から開設後修業年限に相当する年数が経過する年度まで」とあるのは、「二年間」とする。）
六　合併前の学校法人又は準学校法人について、次に掲げる書類
　イ　寄附行為
　ロ　貸借対照表
　ハ　第二条第二項第一号から第五号まで（第二号を除く。）に掲げる書類
七　合併前の学校法人又は準学校法人について、存続学校法人又は設立学校法人が文部科学大臣の所轄に属する学校法人である場合にあつては、当該学校法人の概要を記載した書類及び第二条第一項第七号に掲げる書類
八　存続学校法人又は設立学校法人の設置する私立学校の学則
九　その他所轄庁が定める書類

2　前項の規定による申請は、合併後当事者の一方である学校法人が存続する場合にあつては、合併の当事者である学校法人又は準学校法人の双方が共同して行なうものとする。

3　第一項の認可申請書、同項第一号及び第五号イに掲げる書類並びに同項第六号ハに掲げる書類のうち財産目録には、副本を添付することを要する。

（公表）

第七条　法第六十三条の二の公表は、インターネットの利用により行うものとする。

2　法第六十三条の二第一項第三号に規定する文部科学省令で定める書類は、法第四十七条第一項に規定する財産目録、貸借対照表、収支計算書、事業報告書及び役員等名簿（個人の住所に係る記載の部分を除く。）とする。

（準学校法人への準用）

第八条　第二条第五項から第七項まで、第四条第一項、第六項、第九項、第十一項及び第十二項、第四条の三第二項、第五条並びに第六条の規定は、準学校法人について準用する。この場合において、次の表の第一欄に掲げる規定中同表の第二欄に掲げる字句は、それぞれ同表の第三欄に掲げる字句に読み替えるものとする。

第一欄	第二欄	第三欄
第四条第六項	都道府県知事の所轄に属する私立学校	私立専修学校若しくは私立各種学校
	設置している私立学校に課程、学科若しくは部（以下「課程等」という。）を設置する場合（広域の通信制の課程以外の通信制の課程を広域の通信制の課程とする場合を含む。以下同じ。）	私立専修学校の課程を設置する場合
第四条第九項	私立学校を廃止し、若しくは都道府県知事の所轄に属する私立学校に置いていた課程等を廃止する場合（広域の通信制の課程を広域の通信制の課程以外の課程とする場合を含む。以	私立専修学校若しくは私立各種学校若しくは私立専修学校の課程を廃止する場合

		下この項において同じ。）
第六条第一項	私立学校	私立学校又は私立専修学校若しくは私立各種学校

（学校法人及び準学校法人の組織変更認可申請手続等）

第九条　法第六十四条第六項の規定により学校法人及び準学校法人が、それぞれ準学校法人及び学校法人となること（以下この条において「組織の変更」という。）の認可を受けようとするときは、認可申請書並びに寄附行為変更の条項及び事由を記載した書類に次に掲げる書類を添付して、所轄庁に認可を申請するものとする。

一　理由書

二　寄附行為所定の手続を経たことを証する書類

2　前項の組織の変更が、当該準学校法人が文部科学大臣の所轄に属する学校法人になろうとする場合に係るものであるときは、同項に掲げる書類のほか、次に掲げる書類を添付して、開設年度の前々年度の十月一日から同月三十一日までの間に文部科学大臣に申請するものとする。

一　第二条第一項第三号及び第五号から第七号までに掲げる書類

二　その他文部科学大臣が定める書類

3　前項の申請をした者は、次に掲げる書類を設置する私立大学等の開設年度の前年度の六月三十日までに文部科学大臣に提出するものとする。

一　第二条第二項第二号から第六号までに掲げる書類

二　第四条第三項第一号及び第二号に掲げる書類

三　その他文部科学大臣が定める書類

4　第三条の規定は、第二項の申請について準用する。

5　第一項の組織の変更が、他の学校法人が設置している私立大学等の目的、位置、職員組織並びに施設及び設備の現状を変更することなく、当該私立大学等の設置を目的とする場合に係るものであるときは、第二項中「前々年度の十月一日から」とあるのは、「前々年度の三月一日から」とする。

6　第一項の組織の変更が、当該学校法人が準学校法人になろうとする場合（新たに私立専修学校又は私立各種学校を設置する場合に限る。）又は準学校法人が都道府県知事の所轄に属する学校法人になろうとする場合に係るものであるときは、同項に掲げる書類のほか、次に掲げる書類を添付して、所轄庁が定める日までに所轄庁に申請するものとする。この場合において、文部科学大臣の所轄に属する当該学校法人が準学校法人になろうとする場合に係るものであるときは、当該学校法人を都道府県知事の所轄に属する学校法人とみなす。

一　第二条第一項第五号に掲げる書類

二　第二条第二項各号（第三号及び第七号を除く。）に掲げる書類（この場合において、同項第六号中「開設年度の前年度から開設後修業年限に相当する年数が経過する年度まで」とあるのは「二年間」とする。）

三　第四条第三項第一号及び第二号に掲げる書類

四　その他所轄庁が定める書類

7　第一項の認可申請書並びに寄附行為変更の条項及び事由を記載した書類並びに同項第一号に掲げる書類には、副本を添付することを要する。

（認可申請書の様式等）

第九条の二　第二条、第四条から第六条まで及び前条の認可申請書その他の書類（次項において「認可申請書等」という。）のうち文部科学大臣に提出するものの様式及び提出部数等は、文部科学大臣が別に定める。

2　文部科学大臣は、必要があると認めるときは、認可申請書等以外の書類の提出を求め、又は認可申請書等の一部の提出を免除することができる。

（専修学校又は各種学校を設置する学校法人に対してこの省令の規定を適用する場合）

第十条　法第六十四条第二項の規定により専修学校又は各種学校を設置する学校法人に対してこの省令の規定を適用する場合には、この省令の規定中私立学校のうちには、私立専修学校又は私立各種学校を含むものとする。

第十一条及び第十二条　削除

（登記の届出等）

第十三条　令第二条第二項の規定により都道府県知事に届け出なければならない事項は、理事又は監事が就任したときに係るものである場合にはその氏名及び住所並びにその年月日、理事又は監事が退任したとき並びに理事（理事長を除く。以下この項において同じ。）が理事長の職務を代理し、又は理事長の職務を行うこととなつたとき及び理事長の職務を代理する理事が当該職務の代理をやめたときに係るものである場合にはその氏名及びその年月日とする。

2　文部科学大臣を所轄庁とする学校法人は、組合等登記令（昭和三十九年政令第二十九号）の規定により登記をしたときは、遅滞なく、登記事項証明書を添えて、その旨を文部科学大臣に届け出ることを要する。

3　文部科学大臣を所轄庁とする学校法人は、理事又は監事が就任したときはその氏名及び住所並びにその年月日を、理事又は監事が退任したとき並びに理事（理事長を除く。以下この項において同じ。）が理事長の職務を代理し、又は理事長の職務を行うこととなつたとき及び理事長の職務を代理する理事が当該職務の代理をやめたときはその氏名及びその年月日を、遅滞なく、文部科学大臣に届け出ることを要する。

4　令第二条第一項若しくは第二項又は前二項の届出が、理事又は監事の就任に係るものである場合には、届出書に第三条第一項第五号に掲げる書類及び第五条第一項第一号に掲げる書類を、理事長その他の代表権を有する理事の異動に係るものである場合には、届出書に同号に掲げる書類を添付するものとする。

（学校法人及び準学校法人台帳）

第十四条　令第五条第一項に規定する台帳の様式は、別表のとおりとする。

附　則（抄）

1　この省令は、法施行の日（昭和二十五年三月十五日）から施行する。

2　法附則第三項の規定により組織変更の認可を受けようとするときは、左の事項を具して所轄庁に申請するものとする。

一　変更後の寄附行為
二　旧寄附行為
三　寄附行為所定の手続又は法附則第三項後段の理事の定める手続を経たことを証する書類
四　第九条第一項第四号に掲げる書類
五　当該学校法人の設置する私立学校（学校教育法（昭和二十二年法律第二十六号）第九十八条の規定により存続する私立学校を含む。）の学則
六　財団法人（法附則第二項において財団法人と総称するものをいう。）の登記簿謄本

3　第三条第二項及び第三項並びに第十条第一項及び第六項の規定は、前項の場合に準用する。

4　第二項の組織変更が、民法による財団法人で都道府県知事の所轄に属する私立学校（学校教育法第九十八条の規定により存続する私立学校を含む。）を設置しているものが文部大臣の所轄に属する学校法人となる場合に係るものであるときは、同項の規定による申請書類は、当該都道府県知事を経由して文部大臣に提出するものとする。

5　第十条第六項の規定は、前項の場合に準用する。

6　第二項の組織変更が、民法による財団法人で文部大臣の所轄に属する私立学校（学校教育法第九十八条の規定により存続する私立学校を含む。）を設置しているもの又は文部大臣の所轄に属する学校教育法第九十八条の規定により存続する私立学校で民法による財団法人であるものが都道府県知事の所轄に属する学校法人となる場合に係るものであるときは、同項の規定による申請書類は、当該都道府県知事に提出するものとする。

7　第十一条第三項の規定は、前項の場合に準用する。

8　第二項及び第三項の規定（第三項中第十条第一項及び第六項の部分を除く。）は、法附則第六項の組織変更の場合に準用する。

10　第一条第一項第三号、第四条第三項、第六条第一項第九号及び第十条第一項の規定中私立学校及び私立大学のうちには、それぞれ学校教育法第九十八条の規定により存続する私立学校並びに私立の大学（大学予科を含む。）高等学校及び専門学校を含むものとする。

12　就学前の子どもに関する教育、保育等の総合的な提供の推進に関する法律の一部を改正する法律（平成二十四年法律第六十六号）附則第三条第一項の規定により認定こども園法第十七条第一項の設置の認可があったものとみなされたこと（以下この項において「みなし認可」という。）に伴い寄附行為を変更しようとする場合における法第四十五条第一項（法第六十四条第五項において準用する場合を含む。）に規定する文部科学省令で定める事項は、第四条の三第一項の規定にかかわらず、次のとおりとする。

一　法第三十条第一項第一号（法第六十四条第五項において読み替えて準用する場合を含む。）に掲げる事項のうち、みなし認可に伴う法令の名称の追加又は削除に係る事項
二　法第三十条第一項第二号（法第六十四条第五項において読み替えて準用する場合を含む。）に掲げる事項のうち、次号の名称の変更に伴う変更に係る事項
三　法第三十条第一項第三号（法第六十四条第五項において読み替えて準用する場合を含む。）に掲げる事項のうち、みなし認可に伴う学校の種類の変更に伴う変更に係る事項

別表〔略〕

〇私立学校振興助成法

昭五〇・七・一一　法　六一

最終改正　令和五・五・八法二一

（目的）

第一条　この法律は、学校教育における私立学校の果たす重要な役割にかんがみ、国及び地方公共団体が行う私立学校に対する助成の措置について規定することにより、私立学校の教育条件の維持及び向上並びに私立学校に在学する幼児、児童、生徒又は学生に係る修学上の経済的負担の軽減を図るとともに私立学校の経営の健全性を高め、もつて私立学校の健全な発達に資することを目的とする。

（定義）

第二条　この法律において「学校」とは、学校教育法（昭和二十二年法律第二十六号）第一条に規定する学校及び就学前の子どもに関する教育、保育等の総合的な提供の推進に関する法律（平成十八年法律第七十七号）第二条第七項に規定する幼保連携型認定こども園（以下「幼保連携型認定こども園」という。）をいう。

2　この法律において「学校法人」とは、私立学校法（昭和二十四年法律第二百七十号）第三条に規定する学校法人をいう。

3　この法律において「私立学校」とは、私立学校法第二条第三項に規定する学校をいう。

4　この法律において「所轄庁」とは、私立学校法第四条に規定する所轄庁をいう。

（学校法人の責務）

第三条　学校法人は、この法律の目的にかんがみ、自主的にその財政基盤の強化を図り、その設置する学校に在学する幼児、児童、生徒又は学生に係る修学上の経済的負担の適正化を図るとともに、当該学校の教育水準の向上に努めなければ

ならない。

（私立大学及び私立高等専門学校の経常的経費についての補助）

第四条 国は、大学又は高等専門学校を設置する学校法人に対し、当該学校における教育又は研究に係る経常的経費について、その二分の一以内を補助することができる。

2 前項の規定により補助することができる経常的経費の範囲、算定方法その他必要な事項は、政令で定める。

（補助金の減額等）

第五条 国は、学校法人又は学校法人の設置する大学若しくは高等専門学校が次の各号の一に該当する場合には、その状況に応じ、前条第一項の規定により当該学校法人に交付する補助金を減額して交付することができる。

一 法令の規定、法令の規定に基づく所轄庁の処分又は寄附行為に違反している場合

二 学則に定めた収容定員を超える数の学生を在学させている場合

三 在学している学生の数が学則に定めた収容定員に満たない場合

四 借入金の償還が適正に行われていない等財政状況が健全でない場合

五 その他教育条件又は管理運営が適正を欠く場合

第六条 国は、学校法人又は学校法人の設置する大学若しくは高等専門学校が前条各号の一に該当する場合において、その状況が著しく、補助の目的を有効に達成することができないと認めるときは、第四条第一項の規定による補助金を交付しないことができる。学校法人の設置する大学又は高等専門学校に、設置後学校教育法に定める修業年限に相当する年数を経過していない学部又は学科（短期大学及び高等専門学校の学科に限る。）がある場合においては、当該学部又は学科に係る当該補助金についても、同様とする。

（補助金の増額）

第七条 国は、私立大学における学術の振興及び私立大学又は私立高等専門学校における特定の分野、課程等に係る教育の振興のため特に必要があると認めるときは、学校法人に対し、第四条第一項の規定により当該学校法人に交付する補助金を増額して交付することができる。

（学校法人が行う学資の貸与の事業についての助成）

第八条 国又は地方公共団体は、学校法人に対し、当該学校法人がその設置する学校の学生又は生徒を対象として行う学資の貸与の事業について、資金の貸付けその他必要な援助をすることができる。

（学校法人に対する都道府県の補助に対する国の補助）

第九条 都道府県が、その区域内にある幼稚園、小学校、中学校、義務教育学校、高等学校、中等教育学校、特別支援学校又は幼保連携型認定こども園を設置する学校法人に対し、当該学校における教育に係る経常的経費について補助する場合には、国は、都道府県に対し、政令で定めるところにより、その一部を補助することができる。

（その他の助成）

第十条 国又は地方公共団体は、学校法人に対し、第四条、第八条及び前条に規定するもののほか、補助金を支出し、又は通常の条件よりも有利な条件で、貸付金をし、その他の財産を譲渡し、若しくは貸し付けることができる。ただし、国有財産法（昭和二十三年法律第七十三号）第九十六条及び第二百三十七条から第二百三十八条の五までの規定の適用を妨げない。

（間接補助）

第十一条 国は、日本私立学校振興・共済事業団法（平成九年法律第四十八号）の定めるところにより、この法律の規定による助成で補助金の支出又は貸付金に係るものを日本私立学校振興・共済事業団を通じて行うことができる。

（所轄庁の権限）

第十二条 所轄庁は、この法律の規定により助成を受ける学校法人に対して、次の各号に掲げる権限を有する。

一 助成に関し必要があると認める場合において、当該学校法人からその業務若しくは会計の状況に関し報告を徴し、又は当該職員に当該学校法人の関係者に対し質問させ、若しくはその帳簿、書類その他の物件を検査させること。

二 当該学校法人が、学則に定めた収容定員を著しく超えて入学又は入園させた場合において、その是正を命ずること。

三 当該学校法人の予算が助成の目的に照らして不適当であると認める場合において、その予算について必要な変更をすべき旨を勧告すること。

四 当該学校法人の役員が法令の規定、法令の規定に基づく所轄庁の処分又は寄附行為に違反した場合において、当該役員の解職をすべき旨を勧告すること。

（意見の聴取等）

第十二条の二 所轄庁は、前条第二号の規定による是正命令をしようとする場合には、あらかじめ、私立学校審議会又は学校教育法第九十五条に規定する審議会等（以下「私立学校審議会等」という。）の意見を聴かなければならない。

2 所轄庁は、前条第二号の規定による是正命令をしようとする場合には、行政手続法（平成五年法律第八十八号）第三十条の規定による通知において、所轄庁による弁明の機会の付与に代えて私立学校審議会等による弁明の機会の付与を求めることができる旨並びに当該弁明のために出席すべき私立学校審議会等の日時及び場所並びに第四項の規定による弁明書を提出する場合における当該弁明書の提出先及び提出期限を通知しなければならない。

3 私立学校審議会等は、当該学校法人が私立学校審議会等による弁明の機会の付与を求めたときは、所轄庁に代わつて弁明の機会を付与しなければならない。

4 前項の規定による弁明は、当該学校法人が弁明書を提出してすることを求めたときを除き、私立学校審議会等に出席してするものとする。

5 行政手続法第二十九条第二項及び第三十一条（同法第十六条の準用に係る部分に限る。）の規定は、第三項の規定により私立学校審議会等が行う弁明の機会の付与について準用する。この場合において、同法第三十一条において準用する同法第十六条第四項中「行政庁」とあるのは、「私立学校振興助成法第十二条の二第一項の私立学校審議会等」と読み替え

るものとする。

6　第三項の規定により私立学校審議会等が弁明の機会を付与する場合には、行政手続法第三章（第十二条及び第十四条を除く。）の規定は、適用しない。

7　前条第二号の規定による是正命令については、審査請求をすることができない。

第十三条　所轄庁は、第十二条第三号又は第四号の規定による措置をしようとする場合においては、あらかじめ、当該学校法人の理事又は解職しようとする役員に対して弁明の機会を付与するとともに、私立学校審議会等の意見を聴かなければならない。

2　行政手続法第三章第三節の規定及び前条第二項から第五項までの規定は、前項の規定による弁明について準用する。

（書類の作成等）

第十四条　第四条第一項又は第九条に規定する補助金の交付を受ける学校法人は、文部科学大臣の定める基準に従い、会計処理を行い、貸借対照表、収支計算書その他の財務計算に関する書類を作成しなければならない。

2　前項に規定する学校法人は、同項の書類のほか、収支予算書を所轄庁に届け出なければならない。

3　前項の場合においては、第一項の書類については、所轄庁の指定する事項に関する公認会計士又は監査法人の監査報告書を添付しなければならない。ただし、補助金の額が寡少であつて、所轄庁の許可を受けたときは、この限りでない。

（税制上の優遇措置）

第十五条　国又は地方公共団体は、私立学校教育の振興に資するため、学校法人が一般からの寄附金を募集することを容易にするための措置等必要な税制上の措置を講ずるよう努めるものとする。

（準学校法人への準用）

第十六条　第三条、第十条及び第十二条から第十三条までの規定は、私立学校法第六十四条第四項の法人に準用する。

（事務の区分）

第十七条　第十二条（第十六条において準用する場合を含む。）、第十二条の二第一項（第十六条において準用する場合を含む。）及び第二項（第十三条第二項及び第十六条において準用する場合を含む。）、第十三条第一項（第十六条において準用する場合を含む。）並びに第十四条第二項及び第三項の規定により都道府県が処理することとされている事務は、地方自治法第二条第九項第一号に規定する第一号法定受託事務とする。

附　則（抄）

（施行期日）

第一条　この法律は、昭和五十一年四月一日から施行する。

（学校法人以外の私立の幼稚園の設置者等に対する措置）

第二条　第三条、第九条、第十条及び第十二条から第十五条までの規定中学校法人には、当分の間、学校法人以外の私立の幼稚園の設置者（学校教育法附則第六条の規定により私立の幼稚園を設置する者をいう。次項において同じ。）及び学校法人等以外の幼保連携型認定こども園の設置者（就学前の子どもに関する教育、保育等の総合的な提供の推進に関する法律の一部を改正する法律（平成二十四年法律第六十六号。以下この項において「認定こども園法一部改正法」という。）附則第三条第二項に規定するみなし幼保連携型認定こども園を設置する者（学校法人及び社会福祉法人（社会福祉法（昭和二十六年法律第四十五号）第二十二条に規定する社会福祉法人をいう。以下同じ。）を除く。）及び認定こども園法一部改正法附則第四条第一項の規定により幼保連携型認定こども園を設置する者をいう。次項において同じ。）を含むものとする。

2　学校法人以外の私立の幼稚園の設置者及び学校法人等以外の幼保連携型認定こども園の設置者（以下この条において「学校法人以外の私立の幼稚園の設置者等」という。）に係る第十二条から第十四条までの規定の適用については、これらの規定のうち次の表の上欄に掲げる規定中同表の中欄に掲げる字句は、それぞれ同表の下欄に掲げる字句に読み替えるものとする。

第十二条各号列記以外の部分	所轄庁	都道府県知事
第十二条第一号	その業務	当該幼稚園若しくは幼保連携型認定こども園の経営に関する業務
	学校法人の関係者	幼稚園若しくは幼保連携型認定こども園の経営に関係のある者
	質問させ	当該幼稚園若しくは幼保連携型認定こども園の経営に関し質問させ
	その帳簿	当該幼稚園若しくは幼保連携型認定こども園の経営に関する帳簿
第十二条第三号	予算が	当該幼稚園又は幼保連携型認定こども園の経営に関する予算が
第十二条第四号	当該学校法人の役員	当該幼稚園又は幼保連携型認定こども園の経営を担当する者（当該幼稚園又は幼保連携型認定こども園を設置する者が法人である場合にあつては当該幼稚園又は幼保連携型認定こども園の経営を担当する当該法人の役員をいい、当該幼稚園又は幼保連携型認定こども園を設置する者が法人以外の

		者である場合にあつては当該幼稚園又は幼保連携型認定こども園を設置する者をいう。）
	、法令	又は法令
	所轄庁	都道府県知事
	処分又は寄附行為	当該幼稚園若しくは幼保連携型認定こども園についての処分
	当該役員の解職をすべき旨	当該幼稚園又は幼保連携型認定こども園の経営を担当する者の担当を解くべき旨（当該幼稚園又は幼保連携型認定こども園を設置する者が法人以外の者である場合にあつては、当該幼稚園又は幼保連携型認定こども園の経営に関する人事の是正のため必要な措置をとるべき旨）
第十二条の二第一項から第三項まで（第十三条第二項において準用する場合を含む。）	所轄庁	都道府県知事
第十三条第一項	所轄庁	都道府県知事
	当該学校法人の理事	当該幼稚園若しくは幼保連携型認定こども園を設置する者（当該幼稚園又は幼保連携型認定こども園を設置する者が法人である場合にあつては、当該法人の代表者）
	解職しようとする役員	担当を解こうとする者
第十四条第一項	文部科学大臣	附則第二条第三項の規定による特別の会計について、文部科学大臣
第十四条第二項及び第三項	所轄庁	都道府県知事

3 学校法人以外の私立の幼稚園の設置者等で第一項の規定に基づき第九条又は第十条の規定により助成を受けるものは、当該助成に係る幼稚園又は幼保連携型認定こども園の経営に関する会計を他の会計から区分し、特別の会計として経理しなければならない。この場合において、その会計年度については、私立学校法第四十九条の規定を準用する。

4 前項の規定による特別の会計の経理に当たつては、当該会計に係る収入を他の会計に係る支出に充ててはならない。

5 学校法人以外の私立の幼稚園の設置者等で第一項の規定に基づき第九条又は第十条の規定により補助金の交付を受けるものは、当該交付を受けることとなつた年度の翌年度の四月一日から起算して五年以内に、当該補助金に係る幼稚園又は幼保連携型認定こども園が学校法人によつて設置されるように措置しなければならない。

6 第二項の規定により読み替えて適用される第十二条、第十二条の二第一項及び第二項、第十三条第一項並びに第十四条第二項及び第三項の規定により都道府県が処理することとされている事務は、地方自治法第二条第九項第一号に規定する第一号法定受託事務とする。

（幼保連携型認定こども園を設置する社会福祉法人に対する措置）

第二条の二 第三条、第九条、第十条及び第十二条から第十五条までの規定中学校法人には、当分の間、幼保連携型認定こども園を設置する社会福祉法人を含むものとする。

2 前項の社会福祉法人に係る第十二条から第十四条までの規定の適用については、これらの規定のうち次の表の上欄に掲げる規定中同表の中欄に掲げる字句は、それぞれ同表の下欄に掲げる字句に読み替えるものとする。

第十二条各号列記以外の部分	所轄庁	都道府県知事
第十二条第一号	その業務	当該幼保連携型認定こども園の経営に関する業務
	学校法人の関係者	幼保連携型認定こども園の経営に関係のある者
	質問させ	当該幼保連携型認定こども園の経営に関し質問させ
	その帳簿	当該幼保連携型認定こども園の経営に関する帳簿
第十二条第三号	予算が	当該幼保連携型認定こども園の経営に関する予算が
第十二条第四号	当該学校法人の役員	当該幼保連携型認定こども園の経営を担当する当該社会福祉法人の役員

	、法令	又は法令
	所轄庁	都道府県知事
	処分又は寄附行為	当該幼保連携型認定こども園についての処分
	当該役員の解職をすべき旨	当該幼保連携型認定こども園の経営を担当する役員の担当を解くべき旨
第十二条の二第一項から第三項まで（第十三条第二項において準用する場合を含む。）	所轄庁	都道府県知事
第十三条第一項	所轄庁	都道府県知事
	当該学校法人の理事	当該幼保連携型認定こども園を設置する社会福祉法人の代表者
	解職しようとする役員	担当を解こうとする役員
第十四条第一項	文部科学大臣	附則第二条の二第三項の規定による特別の会計について、文部科学大臣
第十四条第二項及び第三項	所轄庁	都道府県知事

3　幼保連携型認定こども園を設置する社会福祉法人で第一項の規定に基づき第九条又は第十条の規定により助成を受けるものは、当該助成に係る幼保連携型認定こども園の経営に関する会計を他の会計から区分し、特別の会計として経理しなければならない。この場合において、その会計年度については、私立学校法第四十九条の規定を準用する。

4　前項の規定による特別の会計の経理に当たつては、当該会計に係る収入を他の会計に係る支出に充ててはならない。

5　第二項の規定により読み替えて適用される第十二条、第十二条の二第一項及び第二項、第十三条第一項並びに第十四条第二項及び第三項の規定により都道府県が処理することとされている事務は、地方自治法第二条第九項第一号に規定する第一号法定受託事務とする。

○私立学校法の一部を改正する法律（抄）

令和五・五・八
法　二一

（私立学校振興助成法の一部改正）

附則・第十九条　私立学校振興助成法（昭和五十年法律第六十一号）の一部を次のように改正する。

第十二条第四号中「役員」の下に「又は評議員」を加える。

第十二条の二第一項中「場合には、あらかじめ」を「ときは」に改め、同条第二項中「場合には」を「ときは」に改める。

第十三条第一項中「場合においては、あらかじめ」を「ときは」に改め、「の理事」を削り、「役員」の下に「若しくは評議員」を加える。

第十四条の見出しを「（所轄庁への書類の提出等）」に改め、同条第一項中「は、文部科学大臣の定める基準に従い、会計処理を行い、貸借対照表、収支計算書その他の財務計算に関する書類」を「（以下この条において「助成対象学校法人」という。）は、収支予算書」に改め、同条第二項及び第三項を次のように改める。

2　助成対象学校法人（会計監査人設置学校法人等（私立学校法第八十二条第三項に規定する会計監査人設置学校法人及び同法第百四十三条に規定する大臣所轄学校法人等をいう。第四項において同じ。）を除く。）は、計算書類（同法第百三条第二項に規定する計算書類をいう。第四項において同じ。）及びその附属明細書について、所轄庁の定めるところにより、公認会計士（公認会計士法（昭和二十三年法律第百三号）第十六条の二第五項に規定する外国公認会計士を含む。次項において同じ。）又は監査法人の監査を受けなければならない。ただし、補助金の額が少額である場合において所轄庁の許可を受けたときは、この限りでない。

3　前項の公認会計士又は監査法人は、同項本文の規定により監査を行つたときは、文部科学省令で定めるところにより、監査報告を作成しなければならない。

第十四条に次の一項を加える。

4　助成対象学校法人は、文部科学省令で定めるところにより、毎会計年度終了後三月以内に、その終了した会計年度に係る計算書類及びその附属明細書並びに当該会計年度の翌会計年度の収支予算書に前項の監査報告（会計監査人設置学校法人等にあつては、私立学校法第八十六条第二項の会計監査報告）を添付して、所轄庁に提出しなければならない。ただし、第二項ただし書に規定する場合には、監査報告の添付を要しない。

第十六条中「第六十四条第四項」を「第百五十二条第五項」に改める。

第十七条中「第十六条」を「前条」に、「第三項」を「第四項」に改める。

附則第二条第二項中「に読み替えるもの」を削り、同項の表第十二条第四号の項の中欄中「役員」の下に「又は評議員」を加え、同表第十三条第一項の項中「の理事」を削り、「役員」の下に「若しくは評議員」を加え、同表第十四条第一項の項の中欄中「文部科学大臣」を「収支予算書」に改め、同項の下欄中「文部科学大臣」を「文部科学省令で定めるところにより、貸借対照表及び収支計算書並びにこれらの附属明細書並びに収支予算書」に改め、同表第十四条第二項及び第三項の項を次のように改める。

第十四条第二項	計算書類（同法第百三条第二項に規定する計算書類をいう。第四項において同じ。）及びその	貸借対照表及び収支計算書並びにこれらの
	所轄庁	都道府県知事

附則第二条第二項の表に次のように加える。

第十四条第四項	計算書類及びその	貸借対照表及び収支計算書並びにこれらの
	所轄庁	都道府県知事

附則第二条第三項中「第四十九条」を「第九十八条」に改め、同条第六項中「及び第二項」を「、同条第二項（第十三条第二項において準用する場合を含む。）」に、「第三項」を「第四項」に改める。

附則第二条の二第二項中「に読み替えるもの」を削り、同項の表第十二条第四号の項の中欄中「役員」の下に「又は評議員」を加え、同表第十三条第一項の項の中欄中「の理事」を削り、「役員」の下に「若しくは評議員」を加え、同表第十四条第一項の項の中欄中「文部科学大臣」を「収支予算書」に改め、同項の下欄中「文部科学大臣」を「文部科学省令で定めるところにより、貸借対照表及び収支計算書並びにこれらの附属明細書並びに収支予算書」に改め、同表第十四条第二項及び第三項の項を次のように改める。

第十四条第二項	計算書類（同法第百三条第二項に規定する計算書類をいう。第四項において同じ。）及びその	貸借対照表及び収支計算書並びにこれらの
	所轄庁	都道府県知事

附則第二条の二第二項の表に次のように加える。

第十四条第四項	計算書類及びその	貸借対照表及び収支計算書並びにこれらの
	所轄庁	都道府県知事

附則第二条の二第三項中「第四十九条」を「第九十八条」に改め、同条第五項中「及び第二項」を「、同条第二項（第十三条第二項において準用する場合を含む。）」に、「第三項」を「第四項」に改める。

附　則（抄）

（施行期日）

第一条　この法律は、令和七年四月一日から施行する。〔ただし書略〕

（私立学校振興助成法の一部改正に伴う経過措置）

第二十条　前条の規定による改正後の私立学校振興助成法第十四条（同法附則第二条第二項及び第二条の二第二項の規定により読み替えて適用する場合を含む。以下この条において同じ。）の規定は、施行日以後に開始する会計年度に係る同法第十四条第一項の補助金の交付を受ける学校法人（同法附則第二条第二項に規定する学校法人以外の私立の幼稚園の設置者等及び同法附則第二条の二第一項の社会福祉法人を含む。）について適用し、施行日前に開始した会計年度に係る前条の規定による改正前の私立学校振興助成法第十四条第一項の補助金の交付を受けた学校法人（同法附則第二条第二項に規定する学校法人以外の私立の幼稚園の設置者等及び同法附則第二条の二第一項の社会福祉法人を含む。）の貸借対照表、収支計算書その他の財務計算に関する書類、収支予算書及び監査報告書の作成及び届出については、なお従前の例による。

○私立学校振興助成法施行令

昭五一・一一・九
政令二八九

最終改正　平成二九・九・一政令二三二

（法第四条第二項の経常的経費の範囲）

第一条　私立学校振興助成法（以下「法」という。）第四条第二項の政令で定める経常的経費の範囲は、次に掲げる経費とする。

一　専任教員等（私立大学又は私立高等専門学校（以下「私立大学等」という。）の専任の学長、校長、副学長、学部長、教授、准教授、助教、講師及び助手として文部科学大臣が定める者をいう。以下同じ。）の給与に要する経費

二　専任職員（専任教員等以外の私立大学等の職員のうち、専任の職員として文部科学大臣が定める者をいう。以下同じ。）の給与に要する経費

三　非常勤教員（私立大学等の専任でない教授、准教授及び講師として文部科学大臣が定める者をいう。以下同じ。）の給与に要する経費

四　専任教員等、専任職員及び非常勤教員についての労働者災害補償保険の保険給付に係る保険料として負担する経費

五　専任教員等、専任職員及び非常勤教員についての雇用保険法（昭和四十九年法律第百十六号）第三条に規定する雇用保険事業に係る保険料として負担する経費

六　専任教員等及び専任職員についての私立学校教職員共済法（昭和二十八年法律第二百四十五号）による退職等年金給付に係る掛金及び厚生年金保険の保険給付に係る保険料として負担する経費

七　学生の教育又は専任教員等が行う研究に直接必要な機械器具若しくは備品、図書又は消耗品の購入費、光熱水料その他の経費で文部科学大臣が定めるもの

八　学生の厚生補導に直接必要な備品、図書又は消耗品の購入費、光熱水料、謝金、旅費その他の経費で文部科学大臣が定めるもの

九　専任教員等の研究のための内国旅行に要する旅費

十　専任教員等、専任職員及び私立大学等を設置する学校法人の専任の役員として文部科学大臣が定める者の研究のための外国旅行（文部科学大臣が指定したものに限る。）に要する旅費

十一　前各号に掲げるもののほか、文部科学大臣が指定する教育又は研究に直接必要な謝金その他の文部科学大臣が定める経費

2　前項第一号から第三号までの給与の範囲並びに同項第九号及び第十号の旅費の種類は、文部科学大臣が定める。

（法第四条第二項の経常的経費の算定方法）

第二条　法第四条第一項の経常的経費は、各私立大学等について、前条第一項各号に掲げる経費ごとに、当該私立大学等を設置する学校法人が支出した金額を限度とし、次に定めるところにより算定するものとする。

一　前条第一項第一号に掲げる経費については、専任教員等一人当たりの年間標準給与費の額（給与に要する経費に係る補助金の額の算定の基礎となる額として文部科学大臣が定める額をいう。次号において同じ。）を文部科学大臣の定めるところにより当該私立大学等の専任教員等一人当たりの年間平均給与費の額に応じて補正して得た金額に、当該専任教員等の数を乗じて算定する。

二　前条第一項第二号に掲げる経費については、専任職員一人当たりの年間標準給与費の額を文部科学大臣の定めるところにより当該私立大学等の専任職員一人当たりの年間平均給与費の額に応じて補正して得た金額に、当該専任職員の数を乗じて算定する。

三　前条第一項第七号に掲げる経費については、当該経費に係る補助金の額の算定の基礎となる額として文部科学大臣が定める専任教員等一人当たりの金額及び学生一人当たりの金額に、それぞれ当該私立大学等の専任教員等の数及び学則で定めた収容定員（在学している学生の数が当該収容定員に満たない場合には、在学している学生の数とする。）を乗じて得た金額を合計して算定する。

四　前条第一項第三号から第六号まで及び第八号から第十一号までに掲げる経費については、当該各号に掲げる経費ごとにそれぞれ文部科学大臣の定めるところにより算定する。

2　前項第一号及び第三号の専任教員等の数、同項第二号の専任職員の数並びに同項第三号の学生の数の算定については、文部科学大臣の定めるところによるものとする。

（法第四条第一項の補助金の額）

第三条　法第四条第一項の規定により行う補助の金額は、次に掲げる金額を合計した金額とする。

一　前条第一項第一号の規定により算定した金額に十分の五を乗じて得た金額

二　前条第一項第二号の規定により算定した金額に十分の五を乗じて得た金額

三　前条第一項第三号の規定により算定した金額に十分の五を乗じて得た金額

四　前条第一項第四号の規定により算定した金額の範囲内でそれぞれ文部科学大臣の定めるところにより算定した金額

2　法第五条又は第七条の規定による補助金の額の減額又は増額については、文部科学大臣の定めるところによるものとする。

（法第九条の国の補助）

第四条　法第九条の規定により行う補助の金額は、次に掲げる金額を合計した金額とする。

一　文部科学大臣が定める私立の幼稚園、小学校、中学校、義務教育学校、高等学校、中等教育学校、特別支援学校若しくは幼保連携型認定こども園（以下この項において「小学校等」という。）又は課程（学校教育法施行令（昭和二十八年政令第三百四十号）第二十三条第一項第十一号に規定する広域の通信制の課程を除く。）の区分ごとに、都道

府県が行う私立の小学校等の経常的経費に対する補助（次号に定める事由に基づくものを除く。）の金額を当該都道府県の区域内にある私立の小学校等（文部科学大臣が定めるものを除く。）の幼児、児童又は生徒（以下この条において「児童等」という。）の数で除して得た金額に応じ文部科学大臣が定める児童等一人当たりの金額（特別の事情がある都道府県に係る場合にあつては、当該金額を文部科学大臣の定めるところにより補正して得た金額）に当該小学校等の学則で定めた収容定員（在学している児童等の数が当該収容定員に満たない場合には、在学している児童等の数とする。）の合計数を乗じ、その乗じて得た金額を合計した金額

二 都道府県が次の事由に基づいて行う私立の小学校等の経常的経費に対する補助で文部科学大臣が定めるものについて、文部科学大臣の定めるところにより算定した金額

イ 教育指導の改善、海外から帰国した児童又は生徒を入学させることその他の措置であつて社会の変化に対応した教育の改革に資するものとして文部科学大臣が定めるものを講じている私立の小学校等であること。

ロ 障害のある幼児が在学している私立の幼稚園若しくは幼保連携型認定こども園又は特別支援学級を置く私立の小学校（義務教育学校の前期課程を含む。）若しくは中学校（義務教育学校の後期課程及び中等教育学校の前期課程を含む。）であること。

ハ 中学校又は義務教育学校を卒業する者の減少が見込まれる地域として文部科学大臣が定める地域内の私立の高等学校であること。

2 前項の児童等の数の算定については、文部科学大臣の定めるところによるものとする。

（財務大臣との協議）

第五条 文部科学大臣は、第一条から前条までの規定による定めをしようとするときは、あらかじめ財務大臣と協議するものとする。

附 則（抄）

（施行期日）

1 この政令は、公布の日から施行し、昭和五十一年度の国庫補助金から適用する。

○日本私立学校振興・共済事業団法（抄）

平成九・五・九
法　四　八

最終改正 令和五・五・一九法三一

第一章 総則

（設立の目的）

第一条 日本私立学校振興・共済事業団は、私立学校の教育の充実及び向上並びにその経営の安定並びに私立学校教職員の福利厚生を図るため、補助金の交付、資金の貸付けその他私立学校教育に対する援助に必要な業務を総合的かつ効率的に行うとともに、私立学校教職員共済法（昭和二十八年法律第二百四十五号。以下「共済法」という。）の規定による共済制度を運営し、もって私立学校教育の振興に資することを目的とする。

（定義）

第二条 この法律において、次の各号に掲げる用語の意義は、当該各号に定めるところによる。

一 私立学校 学校教育法（昭和二十二年法律第二十六号）第二条第二項に規定する私立学校及び学校法人が設置する幼保連携型認定こども園（就学前の子どもに関する教育、保育等の総合的な提供の推進に関する法律（平成十八年法律第七十七号）第二条第七項に規定する幼保連携型認定こども園をいう。附則第十三条において同じ。）をいう。

二 学校法人 私立学校法（昭和二十四年法律第二百七十号）第三条に規定する学校法人をいう。

三 準学校法人 私立学校法第六十四条第四項の法人をいう。

四 専修学校 学校教育法第百二十四条に規定する専修学校

をいう。

五　各種学校　学校教育法第百三十四条第一項に規定する各種学校をいう。

（法人格）

第三条　日本私立学校振興・共済事業団（以下「事業団」という。）は、法人とする。

（事務所）

第四条　事業団は、主たる事務所を東京都に置く。

２　事業団は、文部科学大臣の認可を受けて、必要な地に従たる事務所を置くことができる。

（資本金）

第五条　事業団の資本金は、附則第六条第四項の規定により政府から出資があったものとされた金額とする。

２　政府は、必要があると認めるときは、予算で定める金額の範囲内において、事業団に追加して出資することができる。

３　事業団は、前項の規定による政府の出資があったときは、その出資額により資本金を増加するものとする。

（登記）

第六条　事業団は、政令で定めるところにより、登記しなければならない。

２　前項の規定により登記しなければならない事項は、登記の後でなければ、これをもって第三者に対抗することができない。

（名称の使用制限）

第七条　事業団でない者は、日本私立学校振興・共済事業団という名称を用いてはならない。

（一般社団法人及び一般財団法人に関する法律の準用）

第八条　一般社団法人及び一般財団法人に関する法律（平成十八年法律第四十八号）第四条及び第七十八条の規定は、事業団について準用する。

第九条　削除

第二章　役員等〔略〕

第三章　業務

（業務）

第二十三条　事業団は、第一条の目的を達成するため、次の業務を行う。

一　私立学校の教育に必要な経費に対する国の補助金で政令で定めるものの交付を受け、これを財源として、学校法人に対し、補助金を交付すること。

二　学校法人又は準学校法人に対し、その設置する私立学校又は職業に必要な技術の教授を目的とする私立の専修学校若しくは各種学校で政令で定めるものの施設の整備その他経営のため必要な資金を貸し付け、及び私立学校教育（私立の専修学校及び各種学校の教育を含む。以下この項において同じ。）に関連してその振興上必要と認められる事業を行う者に対し、その事業について必要な資金を貸し付けること。

三　私立学校教育の振興上必要と認められる事業を行う学校法人、準学校法人その他の者に対し、その事業について助成金を交付すること。

四　私立学校教育の振興のための寄付金を募集し、管理し、及び学校法人、準学校法人その他私立学校教育の振興上必要と認められる事業を行う者に対し、その配付を行うこと。

五　私立学校の教育条件及び経営に関し、情報の収集、調査及び研究を行い、並びに関係者の依頼に応じてその成果の提供その他の指導を行うこと。

六　共済法第二十条第一項に規定する短期給付を行うこと。

七　厚生年金保険法（昭和二十九年法律第百十五号）第三十二条に規定する保険給付を行うこと。

八　共済法第二十条第二項に規定する退職等年金給付を行うこと。

九　共済法第二十六条第一項に規定する福祉事業を行うこと。

十　第一号から第五号までの業務に附帯する業務を行うこと。

２　事業団は、前項の規定により行う業務のほか、高齢者の医療の確保に関する法律（昭和五十七年法律第八十号）の規定による前期高齢者納付金等、後期高齢者支援金等及び出産育児関係事務費拠出金、介護保険法（平成九年法律第百二十三号）の規定による納付金、感染症の予防及び感染症の患者に対する医療に関する法律（平成十年法律第百十四号）の規定による流行初期医療確保拠出金等、厚生年金保険法の規定による拠出金並びに国民年金法（昭和三十四年法律第百四十一号）の規定による基礎年金拠出金の納付並びに厚生年金保険法の規定による交付金の受入れに関する業務を行う。

３　事業団は、前二項の規定により行う業務のほか、次の業務を行うことができる。

一　共済法第二十条第三項に規定する短期給付を行うこと。

二　共済法第二十六条第二項に規定する福祉事業を行うこと。

三　政令で定める災害により被害を受けた私立の専修学校又は各種学校（第一項第二号の業務の対象となるものを除く。）で政令で定めるものを設置する学校法人又は準学校法人に対し、同号に規定する資金を貸し付けること。

４　事業団は、前三項の規定により行う業務のほか、大学等における修学の支援に関する法律（令和元年法律第八号）第十条に規定する減免費用（私立学校である大学及び高等専門学校に係るものに限る。）に充てるための資金（以下この項及び第二十七条において「減免資金」という。）を交付するために必要な国の資金の交付を受け、これを財源として、学校法人に対し、減免資金を交付する業務を行う。

５　第一項第三号の規定による助成金の交付は、前事業年度における損益計算上の利益金に係る第三十五条第一項に規定する残余の額の範囲内において行うものとする。

（共済規程）

第二十四条　事業団は、共済法の定めるところにより、共済業務に関する重要事項について、共済規程を定めなければならない。

（助成業務方法書及び共済運営規則）

第二十五条　事業団は、助成業務（第二十三条第一項第一号から第五号まで及び第十号並びに同条第三項第三号の業務をいう。以下同じ。）（交付業務を含む。第三十七条第一項及び第四項を除き、以下同じ。）の執行に関して必要な事項を助成業務方法書で定めなければならない。

2　事業団は、共済業務の執行に関して必要な事項を共済運営規則で定めなければならない。

3　事業団は、助成業務方法書又は共済運営規則を変更しようとするときは、文部科学大臣の認可を受けなければならない。

4　助成業務方法書には、次に掲げる事項を記載しなければならない。

一　助成業務の方法

二　理事長及び理事の職務の執行が法令に適合することを確保するための体制その他事業団の助成業務の適正を確保するための体制

三　その他文部科学省令で定める事項

5　前項の規定は、共済運営規則について準用する。この場合において、同項第一号及び第二号中「助成業務」とあるのは、「共済業務」と読み替えるものとする。

6　事業団は、第三項の認可を受けたときは、遅滞なく、その助成業務方法書を公表しなければならない。

（評価等の指針の策定、中期目標、中期計画、年度計画及び評価等）

第二十六条　事業団の助成業務については、独立行政法人通則法第十二条の二第二項、第二十八条の二、第二十八条の四、第二十九条、第三十条（第二項第七号を除く。）、第三十一条第一項、第三十二条、第三十五条及び第三十五条の二の規定を準用する。この場合において、同法第十二条の二第二項中「前項第一号若しくは第二号に規定する規定又は同項第五号若しくは第六号の規定により」とあるのは「日本私立学校振興・共済事業団法第二十六条において準用する第二十八条の二第二項の規定により総務大臣に意見を述べたとき、又は同法第二十六条において準用する第二十九条第三項、第三十二条第五項若しくは第三十五条第三項の規定により文部科学大臣に」と、同法第二十八条の二第一項中「、第三十五条の四第一項の中長期目標及び第三十五条の九第一項の年度目標の策定並びに」とあるのは「の策定及び」と、同項及び同条第三項中「第三十二条第一項、第三十五条の六第一項及び第二項並びに第三十五条の十一第一項及び第二項」とあるのは「第三十二条第一項」と、同条第一項及び第三項並びに同法第二十九条第一項、第二項第一号及び第三項、第三十条第一項及び第三項、第三十一条第一項、第三十二条（第三項を除く。）並びに第三十五条（第五項を除く。）中「主務大臣」とあるのは「文部科学大臣」と、同法第二十八条の二第二項中「ときは、総合科学技術・イノベーション会議が次条の規定により作成する研究開発の事務及び事業に関する事項に係る指針の案の内容を適切に反映するとともに」とあるのは「ときは」と、同条第三項中「中期目標、第三十五条の四第一項の中長期目標及び第三十五条の九第一項の年度目標」とあるのは「中期目標」と、同法第二十八条の四中「独立行政法人」とあり、同法第二十九条第一項、第三十条第一項及び第四項、第三十一条第一項、第三十二条第一項及び第二項並びに第三十五条第四項中「中期目標管理法人」とあり、並びに同法第二十九条第一項、第三十二条第四項及び第六項並びに第三十五条第一項中「当該中期目標管理法人」とあるのは「日本私立学校振興・共済事業団」と、同法第二十八条の四中「第三十二条第一項、第三十五条の六第一項若しくは第二項又は第三十五条の十一第一項若しくは第二項」とあるのは「第三十二条第一項」と、「年度計画、第三十五条の五第一項の中長期計画及び第三十五条の八において読み替えて準用する第三十一条第一項の年度計画又は第三十五条の十第一項の事業計画」とあるのは「年度計画」と、同法第三十条第一項及び第二項第八号、第三十一条第一項並びに第三十二条第二項中「主務省令」とあるのは「文部科学省令」と、同法第三十条第二項第五号中「不要財産又は」とあるのは「不要財産（日本私立学校振興・共済事業団法第三十八条の二において準用する第八条第三項に規定する不要財産をいう。以下この号において同じ。）又は」と、同法第三十五条第一項中「の継続又は組織の存続の必要性」とあるのは「を継続させる必要性、組織の在り方」と、「業務の廃止若しくは移管又は組織の廃止その他の」とあるのは「日本私立学校振興・共済事業団に関し」と読み替えるものとする。

（補助金の交付の決定の取消し及び返還等）

第二十七条　補助金等に係る予算の執行の適正化に関する法律（昭和三十年法律第百七十九号）第十条第一項及び第二項、第十七条第一項、第十八条第一項及び第二項、第十九条から第二十一条の二まで並びに第二十四条の二の規定は、第二十三条第一項第一号及び第四項の規定により事業団が交付する補助金及び減免資金について準用する。この場合において、同法第十条第一項及び第二項、第十八条第一項及び第二項、第十九条第三項、第二十条、第二十一条第一項、第二十一条の二並びに第二十四条の二中「各省各庁の長」とあるのは「日本私立学校振興・共済事業団の理事長」と、同法第十七条第一項中「各省各庁の長は」とあるのは「日本私立学校振興・共済事業団の理事長は」と、「各省各庁の長の処分」とあるのは「私立学校法第四条に規定する所轄庁の処分」と、同法第十九条第一項及び第二項中「国」とあるのは「日本私立学校振興・共済事業団」と読み替えるものとする。

（貸付業務の委託）

第二十八条　事業団は、文部科学大臣の認可を受けて、銀行その他の金融機関に第二十三条第一項第二号の業務の一部を委託することができる。

2　事業団は、前項の規定により銀行その他の金融機関に業務の一部を委託しようとするときは、その金融機関に対し、当該委託業務に関する準則を示さなければならない。

第四章　財務及び会計〔略〕

第五章　監督

（監督）

第四十二条　事業団が行う業務のうち共済業務に関しては、文部科学大臣が事業団を監督する。
2　文部科学大臣は、この法律又は共済法を施行するため必要があると認めるときは、事業団に対して、その業務（共済業務に限る。）に関し監督上必要な命令をすることができる。

（報告及び検査）
第四十三条　文部科学大臣は、この法律又は共済法を施行するため必要があると認めるときは、事業団に対してその業務及び資産の状況に関し報告をさせ、又はその職員に、事業団の事務所その他の施設に立ち入り、業務の状況若しくは帳簿、書類その他必要な物件を検査させることができる。
2　前項の規定により職員が立入検査をする場合には、その身分を示す証明書を携帯し、関係人にこれを提示しなければならない。
3　第一項の規定による立入検査の権限は、犯罪捜査のために認められたものと解してはならない。
4　厚生労働大臣は、事業団に対し、随時、共済業務及びこれに係る資産の状況について報告をさせることができる。

（違法行為等の是正）
第四十四条　独立行政法人通則法第三十五条の三の規定は、事業団又はその役員若しくは職員の助成業務に係る行為について準用する。この場合において、同条中「主務大臣」とあるのは「文部科学大臣」と、「中期目標管理法人」とあり、及び「当該中期目標管理法人」とあるのは「日本私立学校振興・共済事業団」と、「この法律、個別法」とあるのは「日本私立学校振興・共済事業団法」と読み替えるものとする。

第六章　雑則〔略〕

第七章　罰則

第四十七条　第四十三条第一項の規定による報告をせず、若しくは虚偽の報告をし、又は同項の規定による検査を拒み、妨げ、若しくは忌避した場合には、その違反行為をした事業団の役員又は職員は、三十万円以下の罰金に処する。
第四十八条　次の各号のいずれかに該当する場合には、その違反行為をした事業団の役員は、二十万円以下の過料に処する。
一　この法律により文部科学大臣の認可又は承認を受けなければならない場合において、その認可又は承認を受けなかったとき。
二　この法律により文部科学大臣に届出をしなければならない場合において、その届出をせず、又は虚偽の届出をしたとき。
三　この法律により公表をしなければならない場合において、その公表をせず、又は虚偽の公表をしたとき。
四　第六条第一項の政令の規定に違反して登記することを怠ったとき。
五　第十一条第四項若しくは第五項又は第三十二条の二において準用する独立行政法人通則法第三十九条第三項の規定による調査を妨げたとき。
六　第二十一条の二において準用する独立行政法人通則法第五十条の八第三項の規定による報告をせず、又は虚偽の報告をしたとき。
七　第二十三条第一項から第四項までに規定する業務以外の業務を行ったとき。
八　第二十六条において準用する独立行政法人通則法第三十条第三項又は第三十二条第六項の規定による文部科学大臣の命令に違反したとき。
九　第二十六条において準用する独立行政法人通則法第三十二条第二項の規定による報告書の提出をせず、又は報告書に記載すべき事項を記載せず、若しくは虚偽の記載をして報告書を提出したとき。
十　第三十二条第三項の規定に違反して、第三十三条第一項第一号の経理に係る財務諸表、業務報告書等、監査報告書又は会計監査報告書を備え置かず、又は閲覧に供しなかったとき。
十一　第三十九条の規定に違反して業務上の余裕金を運用したとき。
十二　第四十二条第二項の規定による文部科学大臣の命令に違反したとき。
十三　第四十四条において準用する独立行政法人通則法第三十五条の三の規定による文部科学大臣の命令に違反したとき。
2　事業団の子法人の役員が第十一条第六項又は第三十二条の二において準用する独立行政法人通則法第三十九条第三項の規定による調査を妨げたときは、二十万円以下の過料に処する。
第四十九条　第七条の規定に違反した者は、十万円以下の過料に処する。

附　則（抄）

（施行期日）
第一条　この法律は、平成十年一月一日から施行する。〔ただし書略〕

○私立学校法の一部を改正する法律（抄）

令和五・五・八
法　二　一

（租税特別措置法等の一部改正）
附則・第十六条　次に掲げる法律の規定中「第六十四条第四項」を「第百五十二条第五項」に改める。
一・二　〔略〕
三　日本私立学校振興・共済事業団法（平成九年法律第四十八号）第二条第三号
四　〔略〕

附　則（抄）

（施行期日）
第一条　この法律は、令和七年四月一日から施行する。〔ただし書略〕

社会教育・生涯学習・スポーツ法編

目次

◆印＝参照条文等つき2色刷法令

社会

〇社会教育法

昭二四・六・一〇
法　二　〇　七

改正　昭二五・五・一〇法一六八　昭二六・三・一二法一七　昭二七・六・六法一六八　昭二八・八・一四法二一一　昭二九・六・三法一五九　昭三一・六・三〇法一六三　昭三三・五・二法九五　昭三四・四・三〇法一五八　昭三六・六・一七法一四五、一〇・三一法一六六　昭三八・六・八法九九　昭四二・八・一法一二〇　昭五三・四・二四法二七　昭五六・五・一九法四五　昭五七・七・二三法六九　昭五八・一二・二法七八　昭五九・五・一法二三　昭六〇・七・一二法九〇　昭六一・一二・二六法一〇九　平成二・六・二九法七一　平成一〇・六・一二法一〇一　平成一一・七・一六法八七、一二・二二法一六〇　平成一三・七・一一法一〇五、七・一一法一〇六　平成一五・七・一六法一一七、七・一六法一一九　平成一八・六・二法五〇、一二・二二法一二〇　平成一九・六・二七法九六　平成二〇・六・一一法五九　平成二三・八・三〇法一〇五　平成二四・八・二二法六七　平成二五・六・一四法四四　平成二六・六・二〇法七六　平成二七・六・二四法四六　平成二八・五・二〇法四七　平成二九・三・三一法五　令和元・五・二四法一一、六・七法二六　令和四・六・一七法六八

第一章　総則

（この法律の目的）

第一条　この法律は、教育基本法（平成十八年法律第百二十号）の精神に則り、社会教育に関する国及び地方公共団体の任務を明らかにすることを目的とする。

参　憲法二六、教基法前文・一～三・一〇～一二・一六・一七、学校法一三七【社会教育に関する国及び地方公共団体の任務＝法三～六、設置法三・四、生涯学習振興法二、同施令、地方教育行政法二一・二三、高齢社会対策基本法三・四・一一、男女参画法前文・一・八・九、人権教育啓発推進法一～五

資　人口減少時代の新しい地域づくりに向けた社会教育の振興方策について（中央教育審議会答申平成三〇・一二・二一）

行　●地域の自主性及び自立性を高めるための改革の推進を図るための関係法律の整備に関する法律による社会教育関係法律等の改正について＝今回の改正は、教育委員会が所管する公立の図書館、博物館、公民館その他の社会教育に関する教育機関（以下「公立社会教育機関」という。）について、まちづくり、観光など他の行政分野との一体的な取組の推進等のために地方公共団体がより効果的と判断する場合には、社会教育の適切な実施の確保に関する一定の担保措置を講じた上で、条例により、地方公共団体の長が所管することを可能とするものです。（文部科学省総合政策局長通知令和元・六・七、元文科教一三六）

（社会教育の定義）

第二条　この法律において「社会教育」とは、学校教育法（昭和二十二年法律第二十六号）又は就学前の子どもに関する教育、保育等の総合的な提供の推進に関する法律（平成十八年法律第七十七号）に基づき、学校の教育課程として行われる教育活動を除き、主として青少年及び成人に対して行われる組織的な教育活動（体育及びレクリエーションの活動を含む。）をいう。

参　教基法一二①、スポーツ基本法

資　●学習権宣言（第四回ユネスコ国際成人教育会議宣言昭六〇・三・一九―二九）

（国及び地方公共団体の任務）

第三条　国及び地方公共団体は、この法律及び他の法令の定めるところにより、社会教育の奨励に必要な施設の設置及び運営、集会の開催、資料の作製、頒布その他の方法により、すべての国民があらゆる機会、あらゆる場所を利用して、自ら実際生活に即する文化的教養を高め得るような環境を醸成するように努めなければならない。

2　国及び地方公共団体は、前項の任務を行うに当たつては、国民の学習に対する多様な需要を踏まえ、これに適切に対応するために必要な学習の機会の提供及びその奨励を行うことにより、生涯学習の振興に寄与することとなるよう努めるものとする。

3　国及び地方公共団体は、第一項の任務を行うに当たつては、社会教育が学校教育及び家庭教

育との密接な関連性を有することにかんがみ、学校教育との連携の確保に努め、及び家庭教育の向上に資することとなるよう必要な配慮をするとともに、学校、家庭及び地域住民その他の関係者相互間の連携及び協力の促進に資することとなるよう努めるものとする。

参 1 教基法一二②・一六・一七【国＝設置法三（文部科学省の任務）、四（文部科学省の所掌事務）、一八（文化庁の任務）、二三（日本芸術院）、文部科学省組織令四（総合教育政策局の事務）、生涯学習振興法二（国等の配慮）、四～六・八（文部科学大臣の権限）、五・六・八（経済産業大臣の権限）【地方公共団体＝憲法九二、自治法一の二・二【生涯学習の振興に資するための都道府県の事業＝生涯学習振興法三【都道府県の事業の推進体制の整備に関する基準＝生涯学習振興法四【都道府県の地域生涯学習振興基本構想＝生涯学習振興法五・八、同施令一【都道府県生涯学習審議会＝生涯学習振興法一〇【市町村・特別区の生涯学習振興＝生涯学習振興法一一【他の法令＝生涯学習振興法、図書館法、博物館法、スポーツ基本法、音楽文化の振興のための学習環境の整備等に関する法律、放送大学学園法、同施令、社教法施令、男女参画法【社会教育の奨励に必要な施設＝法九・二〇【集会の開催＝法二二・四八【あらゆる機会、あらゆる場所＝教基法三

（国の地方公共団体に対する援助）

第四条 前条第一項の任務を達成するために、国は、この法律及び他の法令の定めるところにより、地方公共団体に対し、予算の範囲内において、財政的援助並びに物資の提供及びそのあっせんを行う。

参 教基法一六④【国の補助＝法三五・三八、図書館法二〇、博物館法二七、スポーツ基本法三三【国の生涯学習振興に関する判断基準＝生涯学習振興法六

（市町村の教育委員会の事務）

第五条 市（特別区を含む。以下同じ。）町村の教育委員会は、社会教育に関し、当該地方の必要に応じ、予算の範囲内において、次の事務を行う。

一 社会教育に必要な援助を行うこと。

二 社会教育委員の委嘱に関すること。

三 公民館の設置及び管理に関すること。

四 所管に属する図書館、博物館、青年の家その他の社会教育施設の設置及び管理に関すること。

五 所管に属する学校の行う社会教育のための講座の開設及びその奨励に関すること。

六 講座の開設及び討論会、講習会、講演会、展示会その他の集会の開催並びにこれらの奨励に関すること。

七 家庭教育に関する学習の機会を提供するための講座の開設及び集会の開催並びに家庭教育に関する情報の提供並びにこれらの奨励に関すること。

八 職業教育及び産業に関する科学技術指導のための集会の開催並びにその奨励に関すること。

九 生活の科学化の指導のための集会の開催及びその奨励に関すること。

十 情報化の進展に対応して情報の収集及び利用を円滑かつ適正に行うために必要な知識又は技能に関する学習の機会を提供するための講座の開設及び集会の開催並びにこれらの奨励に関すること。

十一 運動会、競技会その他体育指導のための集会の開催及びその奨励に関すること。

十二 音楽、演劇、美術その他芸術の発表会等の開催及びその奨励に関すること。

十三 主として学齢児童及び学齢生徒（それぞれ学校教育法第十八条に規定する学齢児童及び学齢生徒をいう。）に対し、学校の授業の終了後又は休業日において学校、社会教育施設その他適切な施設を利用して行う学習その他の活動の機会を提供する事業の実施並びにその奨励に関すること。

十四 青少年に対しボランティア活動など社会奉仕体験活動、自然体験活動その他の体験活動の機会を提供する事業の実施及びその奨励に関すること。

十五 社会教育における学習の機会を利用して行った学習の成果を活用して学校、社会教育施設その他地域において行う教育活動その他の活動の機会を提供する事業の実施及びその奨励に関すること。

十六 社会教育に関する情報の収集、整理及び

提供に関すること。

十七　視聴覚教育、体育及びレクリエーションに必要な設備、器材及び資料の提供に関すること。

十八　情報の交換及び調査研究に関すること。

十九　その他第三条第一項の任務を達成するために必要な事務

2　市町村の教育委員会は、前項第十三号から第十五号までに規定する活動であつて地域住民その他の関係者（以下この項及び第九条の七第二項において「地域住民等」という。）が学校と協働して行うもの（以下「地域学校協働活動」という。）の機会を提供する事業を実施するに当たつては、地域住民等の積極的な参加を得て当該地域学校協働活動が学校との適切な連携の下に円滑かつ効果的に実施されるよう、地域住民等と学校との連携協力体制の整備、地域学校協働活動に関する普及啓発その他の必要な措置を講ずるものとする。

3　地方教育行政の組織及び運営に関する法律（昭和三十一年法律第百六十二号）第二十三条第一項の条例の定めるところによりその長が同項第一号に掲げる事務（以下「特定事務」という。）を管理し、及び執行することとされた地方公共団体（以下「特定地方公共団体」という。）である市町村にあつては、第一項の規定にかかわらず、同項第三号及び第四号の事務のうち特定事務に関するものは、その長が行うものとする。

〔参〕　地方教育行政法二章・二一、自治法一八〇の八・二八一【社会教育に関する事務＝地方教育行政法二一12～15、法三

〔1三〕【公民館の設置＝法二一　〔九〕【生涯学習振興の市町村の連携協力＝生涯学習振興法二一

〔行〕　●社会教育法等の一部を改正する法律等の施行について＝社会教育における学習の機会を利用して行った学習の成果を活用して行う教育活動その他の活動の機会の提供等について（社会教育法第五条第一五号、図書館法第三条第八号、博物館法第三条第一項第九号）

各号で規定している「教育活動その他の活動」とは、具体的には、例えば、学校における「学校支援地域本部事業」として行われるボランティア等による支援活動、図書館における子どもへの読み聞かせ活動、博物館における展示解説活動などが挙げられる。

このような活動の機会を提供する事業の実施については、社会の要請や地方公共団体や各教育機関における必要性などの観点から、最終的には教育委員会が、学校長や社会教育施設の長の判断を尊重しつつ、判断するものである。したがって、学校、社会教育施設及び教育委員会は、このような活動の機会の提供に関する地域住民等の要望についても、これを受け入れるか否かを適切に判断することに留意すること。（文部科学事務次官通知平成二〇・六・一一文科生一六七）

（都道府県の教育委員会の事務）

第六条　都道府県の教育委員会は、社会教育に関し、当該地方の必要に応じ、予算の範囲内において、前条第一項各号の事務（同項第三号の事務を除く。）を行うほか、次の事務を行う。

一　公民館及び図書館の設置及び管理に関し、必要な指導及び調査を行うこと。

二　社会教育を行う者の研修に必要な施設の設置及び運営、講習会の開催、資料の配布等に関すること。

三　社会教育施設の設置及び運営に必要な物資の提供及びそのあつせんに関すること。

四　市町村の教育委員会との連絡に関すること。

五　その他法令によりその職務権限に属する事項

2　前条第二項の規定は、都道府県の教育委員会が地域学校協働活動の機会を提供する事業を実施する場合に準用する。

3　特定地方公共団体である都道府県にあつては、第一項の規定にかかわらず、前条第一項第四号の事務のうち特定事務に関するものは、その長が行うものとする。

〔参〕　法五（市町村教育委員会の事務）

〔1一〕　法二一・二三・二四、図書館法一〇・二五　〔三〕　法四　〔四〕　図書館法八

〔3〕【特定事務＝法五③

（教育委員会と地方公共団体の長との関係）

第七条　地方公共団体の長は、その所掌に関する必要な広報宣伝で視聴覚教育の手段を利用することその他教育の施設及び手段によることを適当とするものにつき、教育委員会に対し、その

実施を依頼し、又は実施の協力を求めることができる。

2 前項の規定は、他の行政庁がその所掌に関する必要な広報宣伝につき、教育委員会（特定地方公共団体にあつては、その長又は教育委員会）に対し、その実施を依頼し、又は実施の協力を求める場合に準用する。

参 地方教育行政法二一～二四【特定地方公共団体＝法五③】

第八条 教育委員会は、社会教育に関する事務を行うために必要があるときは、当該地方公共団体の長及び関係行政庁に対し、必要な資料の提供その他の協力を求めることができる。

第八条の二 特定地方公共団体の長は、特定事務のうち当該特定地方公共団体の教育委員会の所管に属する学校、社会教育施設その他の施設における教育活動と密接な関連を有するものとして当該特定地方公共団体の規則で定めるものを管理し、及び執行するに当たつては、当該教育委員会の意見を聴かなければならない。

2 特定地方公共団体の長は、前項の規則を制定し、又は改廃しようとするときは、あらかじめ、当該特定地方公共団体の教育委員会の意見を聴かなければならない。

＊令和元法二六・追加

参 地方教育行政法二一～二四【特定地方公共団体、特定事務＝法五③】

第八条の三 特定地方公共団体の教育委員会は、特定事務の管理及び執行について、その職務に関して必要と認めるときは、当該特定地方公共団体の長に対し、意見を述べることができる。

＊令和元法二六・追加

参 地方教育行政法二一～二四【特定地方公共団体、特定事務＝法五③】

（図書館及び博物館）

第九条 図書館及び博物館は、社会教育のための機関とする。

2 図書館及び博物館に関し必要な事項は、別に法律をもつて定める。

参 1 法二（社会教育の定義）、地方教育行政法三〇
2 図書館法、博物館法、図書館法施規＝司書及び司書補の講習、博物館法施規＝博物館に関する科目の単位、学芸員の資格認定、博物館に相当する施設の指定

行 ●図書館の設置及び運営上の望ましい基準
●博物館の設置及び運営上の望ましい基準

資 ●ユネスコ公共図書館宣言（ユネスコ昭四七）
●図書館の自由に関する宣言（日本図書館協会総会決議昭五四・五・三〇）
●図書館員の倫理綱領（日本図書館協会総会決議昭五五・六・四）

判 ●公立図書館において、その著作物が閲覧に供されることにより、著作者は、その著作物について、合理的な理由なしに不公正な取り扱いを受けないという利益を取得するのであり、この利益は、法的保護に値する人格的利益であると解するのが相当であり、公立図書館の図書館職員である公務員が、図書の廃棄について、基本的な職務上の義務に反し、著作者又は著作物に対する独断的な評価や個人的な好みによって不公正な取り扱いをしたときは、当該図書の著作者の人格的利益を侵害するものとして国家賠償法上違法となる。（東京高判平一七・一一・二四）

第二章 社会教育主事等

＊昭二六法一七・追加

（社会教育主事及び社会教育主事補の設置）

第九条の二 都道府県及び市町村の教育委員会の事務局に、社会教育主事を置く。

2 都道府県及び市町村の教育委員会の事務局に、社会教育主事補を置くことができる。

＊昭三四法一五八・全部改正

参 1 地方教育行政法一八①②・一九・二〇【専門的教育職員＝教特法二⑤】【教育公務員＝教特法二①】【専門的教育職員の採用及び昇任の方法＝教特法一五
2【社会教育主事補＝法九の三③・九の六

行 ●社会教育主事補の採用方法について＝人事委員会を置いている市にあつては、地公法一七条三項によつて、競争試験による。同項但書の適用がある場合には選考によることを妨げない。以上のもののうちから、地方教育行政法一九条（現行一八条）七項により、教育長の推薦によつて教育委員会が任命する。（社教局長回答昭三四・六・二

○委社六一）

（社会教育主事及び社会教育主事補の職務）

第九条の三　社会教育主事は、社会教育を行う者に専門的技術的な助言と指導を与える。ただし、命令及び監督をしてはならない。

2　社会教育主事は、学校が社会教育関係団体、地域住民その他の関係者の協力を得て教育活動を行う場合には、その求めに応じて、必要な助言を行うことができる。

3　社会教育主事補は、社会教育主事の職務を助ける。

＊昭二六法一七・追加

参　法一一、旧教委法四五　【専門的技術的な助言と指導＝法一一①、地方教育行政法四八②6　【命令監督の禁止＝教基法一六①

行　●社会教育主事補は教特法二条四項に規定されている専門的教育職員ではない。（社教局長回答昭三四・六・二〇委社六一　社会教育主事補の採用方法等について）

（社会教育主事の資格）

第九条の四　次の各号のいずれかに該当する者は、社会教育主事となる資格を有する。

一　大学に二年以上在学して六十二単位以上を修得し、又は高等専門学校を卒業し、かつ、次に掲げる期間を通算した期間が三年以上になる者で、次条の規定による社会教育主事の講習を修了したもの

イ　社会教育主事補の職にあつた期間

ロ　官公署、学校、社会教育施設又は社会教育関係団体における職で司書、学芸員その他の社会教育主事補の職と同等以上の職として文部科学大臣の指定するものにあつた期間

ハ　官公署、学校、社会教育施設又は社会教育関係団体が実施する社会教育に関係のある事業における業務であつて、社会教育主事として必要な知識又は技能の習得に資するものとして文部科学大臣が指定するものに従事した期間（イ又はロに掲げる期間に該当する期間を除く。）

二　教育職員の普通免許状を有し、かつ、五年以上文部科学大臣の指定する教育に関する職にあつた者で、次条の規定による社会教育主事の講習を修了したもの

三　大学に二年以上在学して、六十二単位以上を修得し、かつ、大学において文部科学省令で定める社会教育に関する科目の単位を修得した者で、第一号イからハまでに掲げる期間を通算した期間が一年以上になるもの

四　次条の規定による社会教育主事の講習を修了した者（第一号及び第二号に掲げる者を除く。）で、社会教育に関する専門的事項について前三号に掲げる者に相当する教養と経験があると都道府県の教育委員会が認定したもの

＊昭二六法一七・追加

参　二【教育職員の普通免許状＝免許法四②　三【大学において修得すべき社会教育に関する科目及び単位数＝社会教育主事講習等規程一一①

行　●社会教育主事の資格及び社会教育主事講習の受講資格に関する認定等の取扱について（平成一三・一二・一三文科生七〇三）

●一二　社会教育に関係のある職及び教育に関する職の指定（平成八・八・二八文部省告示一四八）

（社会教育主事の講習）

第九条の五　社会教育主事の講習は、文部科学大臣の委嘱を受けた大学その他の教育機関が行う。

2　受講資格その他社会教育主事の講習に関し必要な事項は、文部科学省令で定める。

＊昭三四法一五八・全部改正

参　1【教育機関＝地方教育行政法三〇　2【文部科学省令＝社会教育主事講習等規程

（社会教育主事及び社会教育主事補の研修）

第九条の六　社会教育主事及び社会教育主事補の研修は、任命権者が行うもののほか、文部科学大臣及び都道府県が行う。

＊昭三四法一五八・追加

（地域学校協働活動推進員）

第九条の七　教育委員会は、地域学校協働活動の

円滑かつ効果的な実施を図るため、社会的信望があり、かつ、地域学校協働活動の推進に熱意と識見を有する者のうちから、地域学校協働活動推進員を委嘱することができる。

2　地域学校協働活動推進員は、地域学校協働活動に関する事項につき、教育委員会の施策に協力して、地域住民等と学校との間の情報の共有を図るとともに、地域学校協働活動を行う地域住民等に対する助言その他の援助を行う。

＊平成二九法五・追加

参【地域学校協働活動＝法五②】

第三章　社会教育関係団体

（社会教育関係団体の定義）

第十条　この法律で「社会教育関係団体」とは、法人であると否とを問わず、公の支配に属しない団体で社会教育に関する事業を行うことを主たる目的とするものをいう。

参 憲法八九、民法三四、地方税法七二の四、環境基本法二六（民間団体）

行 ●憲法八九条の解釈について＝憲法八九条にいう「公の支配」に属しない事業とは、その事業の構成、人事、内容および財政等について公の機関から具体的に発言指導または干渉されることなく事業者がみずからこれを行なうものをいう。（法務調査意見長官回答昭二四・二・一一法務庁調査二発八）

●社会教育関係団体の行なう事業で、憲法八九条にいう教育の事業に該当しないもの＝教育される者についてその精神的または肉体的な育成を図るべき目標があり、教育する者が教育されるものを教え導いて計画的にその目標の達成を図る事業でなければ教育の事業ということはできないのであつて、もともと人を教える行為が存在せず、したがつてまた教育する者及び教育される者の存在しない事業はむろんのこと、人を教える行為が介在していても、単に人の知識を豊富にしたり、その関心をたかめたりすることを目的とするだけの事業であつて、教育される者について、その精神的または肉体的な育成を図るべき目標があつて計画的にその達成を図るのでないものは、教育の事業に該当しない。（法制局長官回答昭三二・二・二二法制局一発八　憲法八九条にいう教育の事業について）

（文部科学大臣及び教育委員会との関係）

第十一条　文部科学大臣及び教育委員会は、社会教育関係団体の求めに応じ、これに対し、専門的技術的指導又は助言を与えることができる。

2　文部科学大臣及び教育委員会は、社会教育関係団体の求めに応じ、これに対し、社会教育に関する事業に必要な物資の確保につき援助を行う。

参 教基法一六、法三・五・六

1【文部科学省の任務＝設置法三、所掌事務＝設置法四】【総合教育政策局の事務＝文部科学省組織令四】【私立図書館と都道府県教育委員会との関係＝図書館法二五】

2【私立博物館と都道府県教育委員会との関係＝博物館法二九②】【私立図書館・私立博物館に対する物資の確保についての援助＝図書館法二七、博物館法三〇】

資 ●求めに応じ＝求めもしないのに進んで指導あるいは助言を与えるというような形で関与を行なうことを避ける意味で、いわばその干渉等を事前に防止する意味を多分に含んだものである。（柴沼直社会教育局長・五国会衆院文部委答弁昭二四・五・一六）

（国及び地方公共団体との関係）

第十二条　国及び地方公共団体は、社会教育関係団体に対し、いかなる方法によつても、不当に統制的支配を及ぼし、又はその事業に干渉を加えてはならない。

参 教基法一六①、憲法一九・二一・二三・二六、図書館法二六、設置法四①2、補助金等に係る予算の執行の適正化に関する法律七④

行 ●社会教育関係団体にたいする補助を行う場合、本条の趣旨を尊重して、慎重な配慮の下にこれを行うようにされたい。（事務次官通達昭三四・四・三〇文社社二八三　社会教育法等の一部を改正する法律等の施行について）

（審議会等への諮問）

第十三条　国又は地方公共団体が社会教育関係団体に対し補助金を交付しようとする場合には、あらかじめ、国にあつては文部科学大臣が審議会等（国家行政組織法（昭和二十三年法律第百二十号）第八条に規定する機関をいう。第五十一条第三項において同じ。）で定めるものの、地方公共団体にあつては教育委員会が社会教育委員の会議（社会教育委員が置かれていない場合には、条例で定めるところにより社会教育に係る補助金の交付に関する事項を調査審議する審議会その他の合議制の機関）の意見を聴いて行わなければならない。

＊昭三四法一五八・全部改正

参 憲法八九、自治法二三二の二【総合教育政策局の事務＝文部科学省組織令四【生涯学習審議会＝生涯学習振興法六②・一〇【都道府県生涯学習審議会＝生涯学習振興法一〇

行 ●社会教育法等の一部を改正する法律等の施行について＝本条の改正後も社会教育委員の役割の重要性は変わらないこと。したがって、引き続き各地方公共団体においては、社会教育に関する諸計画の立案や青少年教育に関する助言、指導など社会教育委員の積極的な活動が展開されるよう留意すること。（文部科学事務次官通知平成二〇・六・一一文科生一六七）

（報告）

第十四条　文部科学大臣及び教育委員会は、社会教育関係団体に対し、指導資料の作製及び調査研究のために必要な報告を求めることができる。

参 設置法四32・33、図書館法二五①、博物館法二九①

第四章　社会教育委員

（社会教育委員の設置）

第十五条　都道府県及び市町村に社会教育委員を置くことができる。

2　社会教育委員は、教育委員会が委嘱する。

参 2 法五①2、地公法三③2

行 ●社会教育委員制度について――社会教育委員及び同委員の会議の活性化について（生涯学習審議会社会教育分科審議会報告平成四・五・二七及び文部省生涯学習局長通知平成四・六・八文生社一八〇）

2 社会教育委員の委嘱範囲の拡大（文部科学事務次官通知平成一三・七・一一文科生二七九）

第十六条　削除〔平成一一法八七〕

（社会教育委員の職務）

第十七条　社会教育委員は、社会教育に関し教育委員会に助言するため、次の職務を行う。

一　社会教育に関する諸計画を立案すること。

二　定時又は臨時に会議を開き、教育委員会の諮問に応じ、これに対して、意見を述べること。

三　前二号の職務を行うために必要な研究調査を行うこと。

2　社会教育委員は、教育委員会の会議に出席して社会教育に関し意見を述べることができる。

3　市町村の社会教育委員は、当該市町村の教育委員会から委嘱を受けた青少年教育に関する特定の事項について、社会教育関係団体、社会教育指導者その他関係者に対し、助言と指導を与えることができる。

参 地方教育行政法二一12〜15、法一三

3 法一一①

行 ●市町村教育委員会の社会教育委員にたいする委嘱事項について＝教育委員会規則で定めることを要しない。ただし、この委嘱は住民に直接関係のある事項であるので、委嘱事項及び委嘱した委員の氏名などは、なんらかの方法で住民に周知させることが望ましい。（社教局長回答昭三六・七・二八委社八二　社会教育委員の職務について）

●本条三項の「青少年教育に関する特定の事項」＝たとえば、青少年の不良化防止、子供クラブの育成、青少年団体活動の奨励、読書指導など。（同前）

●指導助言＝指導助言は、特定事項について委嘱を受けた委員のみが、その事項について行なうことができる。（同前）

（社会教育委員の委嘱の基準等）

第十八条　社会教育委員の委嘱の基準、定数及び任期その他社会教育委員に関し必要な事項は、当該地方公共団体の条例で定める。この場合において、社会教育委員の委嘱の基準については、文部科学省令で定める基準を参酌するものとする。

参 自治法一四・一三八の四・二〇二の三・二〇三の二【文部科学省令で定める基準＝社会教育委員及び公民館運営審議会の委員の委嘱の基準を条例で定めるに当たって参酌すべき基準を定める省令（平成二三文科令四二）

第十九条　削除〔昭三四法一五八〕

第五章　公民館

（目的）

第二十条　公民館は、市町村その他一定区域内の住民のために、実際生活に即する教育、学術及び文化に関する各種の事業を行い、もつて住民の教養の向上、健康の増進、情操の純化を図り、生活文化の振興、社会福祉の増進に寄与することを目的とする。

参　教基法一・二・三・一二、法二一〜二三

行　●公民館の設置及び運営に関する基準

（公民館の設置者）

第二十一条　公民館は、市町村が設置する。

２　前項の場合を除くほか、公民館は、公民館の設置を目的とする一般社団法人又は一般財団法人（以下この章において「法人」という。）でなければ設置することができない。

３　公民館の事業の運営上必要があるときは、公民館に分館を設けることができる。

参　①　法五①3・二三の二②・二四
②　法三一・三九

行　●社教法二一条二項による私立公民館の設置主体である法人は、「公の支配に属しないもの」と解される。（社教局長回答昭二九・一一・一九委社五二四　教育に関する法人について）

（公民館の事業）

第二十二条　公民館は、第二十条の目的達成のために、おおむね、左の事業を行う。但し、この法律及び他の法令によつて禁じられたものは、この限りでない。

一　定期講座を開設すること。

二　討論会、講習会、講演会、実習会、展示会等を開催すること。

三　図書、記録、模型、資料等を備え、その利用を図ること。

四　体育、レクリエーション等に関する集会を開催すること。

五　各種の団体、機関等の連絡を図ること。

六　その施設を住民の集会その他の公共的利用に供すること。

参　【この法律＝法二三

行　●「事業」とは一定の目的の下に同種の行為を反復継続的に行ない、その行為が権力の行使を本体としない場合を指す。（社会教育課長回答昭二六・六・二九地社一六　社会教育法令の解釈指導について）

●公民館に対して興行場法が適用される場合＝公民館の施設において、映画、演劇、音楽、スポーツ、演芸または観せ物を行ない、これを公衆に見せまたは聞かせることを主眼とする場合を指すのであつて、この場合その事業が、対価を取る取らないにかかわらず、連続しまたは連続しないで月平均五日間以上に及ぶ時は、興行場法二条による許可を必要とする。（社教局長通達昭二五・六・一六文社施二六五　公民館と興行場法との関係等について）

●公民館が興行場法の適用と関連のない場合＝他に主眼を置く事業に際して、教材あるいはリクレーションとして補助的に映画、幻燈、音楽等を行なう場合、これらの回数は何ら関連ない。（同前）

●公民館の主催する催し物が行なわれる場所への入場者に対する入場税の課税免除について（社教局長通達昭二八・一・二〇文社施三九）

●社会教育法における民間営利社会教育事業者に関する解釈について＝施設の使用（平成七・九・二二委生一五、生涯学習局長通知）

（公民館の運営方針）

第二十三条　公民館は、次の行為を行つてはならない。

一　もつぱら営利を目的として事業を行い、特定の営利事業に公民館の名称を利用させその他営利事業を援助すること。

二　特定の政党の利害に関する事業を行い、又は公私の選挙に関し、特定の候補者を支持すること。

２　市町村の設置する公民館は、特定の宗教を支持し、又は特定の教派、宗派若しくは教団を支援してはならない。

参　憲法八九、法四〇・四一
①二　教基法一四、政治資金規正法三二②、公選法一六一①
②　憲法二〇、教基法一五

行　●公民館と公職の選挙について（社教局長通達昭三〇・一・一三文社施一四）
●社会教育法第二三条の解釈について（社教局長回答昭三〇・二・一〇委社二〇）

（公民館の基準）

第二十三条の二　文部科学大臣は、公民館の健全な発達を図るために、公民館の設置及び運営上必要な基準を定めるものとする。

2　文部科学大臣及び都道府県の教育委員会は、市町村の設置する公民館が前項の基準に従つて設置され及び運営されるように、当該市町村に対し、指導、助言その他の援助に努めるものとする。

＊昭三四法一五八・追加

参 1【必要な基準＝公民館の設置及び運営に関する基準】 2 地方教育行政法四八②6、法四・六・三五・三七～三九

（公民館の設置）

第二十四条　市町村が公民館を設置しようとするときは、条例で、公民館の設置及び管理に関する事項を定めなければならない。

参 自治法二四四の二、地方教育行政法三〇

第二十五条及び第二十六条　削除

〔昭四二法一二〇〕

（公民館の職員）

第二十七条　公民館に館長を置き、主事その他必要な職員を置くことができる。

2　館長は、公民館の行う各種の事業の企画実施その他必要な事務を行い、所属職員を監督する。

3　主事は、館長の命を受け、公民館の事業の実施にあたる。

参 法二八・二八の二、地方教育行政法三一、公民館の設置及び運営に関する基準八

第二十八条　市町村の設置する公民館の館長、主事その他必要な職員は、当該市町村の教育委員会（特定地方公共団体である市町村の長がその設置、管理及び廃止に関する事務を管理し、及び執行することとされた公民館（第三十条第一項及び第四十条第一項において「特定公民館」という。）の館長、主事その他必要な職員にあつては、当該市町村の長）が任命する。

参 法二七、地方教育行政法三一・三四～三六【特定地方公共団体＝法五③】

行 ●公民館の長の職＝その職務の性格上、常勤か非常勤かについて一律に断定すべきではなく、個々具体的な公民館の規模、事情等に即してその長たる職を遂行するに必要な勤務が常時勤務の態様を必要とするか否かによつて決定すべきものと解する。（社会教育課長回答昭三〇・六・二二公民館長の身分取扱について）

●非常勤の職である公民館長の職＝地公法三条三項三号に該当する特別職に属する。（同前）

●市議会議員を非常勤の公民館長に任命することについて＝公民館としての活動と当該館長の議員としての政治活動との混同を生じるおそれもあるので、さけることが望ましい。（社教局長回答昭四一・一一・一五委社四八）

（公民館の職員の研修）

第二十八条の二　第九条の六の規定は、公民館の職員の研修について準用する。

＊昭三四法一五八・追加

（公民館運営審議会）

第二十九条　公民館に公民館運営審議会を置くことができる。

2　公民館運営審議会は、館長の諮問に応じ、公民館における各種の事業の企画実施につき調査審議するものとする。

参 法二二・三〇・三一

第三十条　市町村の設置する公民館にあつては、公民館運営審議会の委員は、当該市町村の教育委員会（特定公民館に置く公民館運営審議会の委員にあつては、当該市町村の長）が委嘱する。

2　前項の公民館運営審議会の委員の委嘱の基準、定数及び任期その他当該公民館運営審議会に関し必要な事項は、当該市町村の条例で定める。この場合において、委員の委嘱の基準については、文部科学省令で定める基準を参酌するものとする。

参 法一五【特定公民館＝法二八】【文部科学省令で定める基準＝社会教育委員及び公民館運営審議会の委員の委嘱の基準を条例で定めるに当たつて参酌すべき基準を定める省令（平成二三文科令四二）】

第三十一条　法人の設置する公民館に公民館運営審議会を置く場合にあつては、その委員は、当該法人の役員をもつて充てるものとする。

参　法二②

（運営の状況に関する評価等）

第三十二条　公民館は、当該公民館の運営の状況について評価を行うとともに、その結果に基づき公民館の運営の改善を図るため必要な措置を講ずるよう努めなければならない。

＊平成二〇法五九・全部改正

行　●社会教育法等の一部を改正する法律等の施行について＝公民館、図書館及び博物館の運営状況に関する評価及び改善について（社会教育法第三二条、図書館法第七条の三、博物館法第九条）

公民館、図書館及び博物館の運営状況に関する評価の具体的な内容については、第一義的には評価の実施主体である各館が定めるものであるが、その際、利用者である地域住民等の意向が適切に反映され、評価の透明性・客観性が確保されるよう、例えば公民館運営審議会や図書館協議会、博物館協議会等を活用するなど、外部の視点を入れた評価を導入することが望ましいこと。（文部科学事務次官通知平成二〇・六・一一文科生一六七）

（運営の状況に関する情報の提供）

第三十二条の二　公民館は、当該公民館の事業に関する地域住民その他の関係者の理解を深めるとともに、これらの者との連携及び協力の推進に資するため、当該公民館の運営の状況に関する情報を積極的に提供するよう努めなければならない。

＊平成二〇法五九・追加

（基金）

第三十三条　公民館を設置する市町村にあつては、公民館の維持運営のために、地方自治法（昭和二十二年法律第六十七号）第二百四十一条の基金を設けることができる。

（特別会計）

第三十四条　公民館を設置する市町村にあつては、公民館の維持運営のために、特別会計を設けることができる。

参　自治法二〇九②

（公民館の補助）

第三十五条　国は、公民館を設置する市町村に対し、予算の範囲内において、公民館の施設、設備に要する経費その他必要な経費の一部を補助することができる。

2　前項の補助金の交付に関し必要な事項は、政令で定める。

＊昭三四法一五八・全部改正

参　1　法四、地財法一六
2　令二

第三十六条　削除〔昭三四法一五八〕

第三十七条　都道府県が地方自治法第二百三十二条の二の規定により、公民館の運営に要する経費を補助する場合において、文部科学大臣は、政令の定めるところにより、その補助金の額、補助の比率、補助の方法その他必要な事項につき報告を求めることができる。

参　令三、地方教育行政法五四

第三十八条　国庫の補助を受けた市町村は、左に掲げる場合においては、その受けた補助金を国庫に返還しなければならない。

一　公民館がこの法律若しくはこの法律に基く命令又はこれらに基いてした処分に違反したとき。

二　公民館がその事業の全部若しくは一部を廃止し、又は第二十条に掲げる目的以外の用途に利用されるようになつたとき。

三　補助金交付の条件に違反したとき。

四　虚偽の方法で補助金の交付を受けたとき。

参　法二〇・二二・二三、補助金等に係る予算の執行の適正化に関する法律一七〜二一

（法人の設置する公民館の指導）

第三十九条　文部科学大臣及び都道府県の教育委員会は、法人の設置する公民館の運営その他に関し、その求めに応じて、必要な指導及び助言を与えることができる。

参　法二一①

（公民館の事業又は行為の停止）
第四十条　公民館が第二十三条の規定に違反する行為を行つたときは、市町村の設置する公民館にあつては当該市町村の教育委員会（特定公民館にあつては、当該市町村の長）、法人の設置する公民館にあつては都道府県の教育委員会は、その事業又は行為の停止を命ずることができる。

2　前項の規定による法人の設置する公民館の事業又は行為の停止命令に関し必要な事項は、都道府県の条例で定めることができる。

参　【特定公民館＝法二八

（罰則）
第四十一条　前条第一項の規定による公民館の事業又は行為の停止命令に違反する行為をした者は、一年以下の懲役若しくは禁錮又は三万円以下の罰金に処する。

参　刑法一二・一三・一五

（公民館類似施設）
第四十二条　公民館に類似する施設は、何人もこれを設置することができる。

2　前項の施設の運営その他に関しては、第三十九条の規定を準用する。

参　法二二

第六章　学校施設の利用

（適用範囲）
第四十三条　社会教育のためにする国立学校（学校教育法第一条に規定する学校（以下この条において「第一条学校」という。）及び就学前の子どもに関する教育、保育等の総合的な提供の推進に関する法律第二条第七項に規定する幼保連携型認定こども園（以下「幼保連携型認定こども園」という。）であつて国（国立大学法人法（平成十五年法律第百十二号）第二条第一項に規定する国立大学法人（次条第二項において「国立大学法人」という。）及び独立行政法人国立高等専門学校機構を含む。）が設置するものをいう。以下同じ。）又は公立学校（第一条学校及び幼保連携型認定こども園であつて地方公共団体（地方独立行政法人法（平成十五年法律第百十八号）第六十八条第一項に規定する公立大学法人（次条第二項及び第四十八条第一項において「公立大学法人」という。）を含む。）が設置するものをいう。以下同じ。）の施設の利用に関しては、この章の定めるところによる。

参　教基法一二②、学校法一三七

（学校施設の利用）
第四十四条　学校（国立学校又は公立学校をいう。以下この章において同じ。）の管理機関は、学校教育上支障がないと認める限り、その管理する学校の施設を社会教育のために利用に供するように努めなければならない。

2　前項において、「学校の管理機関」とは、国立学校にあつては設置者である国立大学法人の学長若しくは理事長又は独立行政法人国立高等専門学校機構の理事長、公立学校のうち、大学及び幼保連携型認定こども園にあつては設置者である地方公共団体の長又は公立大学法人の理事長、大学及び幼保連携型認定こども園以外の公立学校にあつては設置者である地方公共団体に設置されている教育委員会又は公立大学法人の理事長をいう。

参　教基法一二②、学校法一三七

行　●本条の「学校の施設」には、ピアノ・オルガン等の教具も含められる。（社会教育課長回答昭二七・一一・一八　学校施設の利用の疑義について）

●学校の管理機関が、当該施設を利用に供することによつて学校教育に支障がないと認めるにかかわらず使用を許可しない場合には、本条一項の精神にもとる。特に著しい形質の変更、火災、盗難等のおそれがあるような場合には、学校教育上支障があると認めることは適当である。（同前）

●校庭開放事業は、社会教育部門において実施する事業であり、学校の校務の一部として遂行されるものではない。（社教局長通知昭四八・一一・六文社青一三六　子どもの遊び場の確保について）

●学校体育施設開放事業は教育委員会が行ない、その対象となる施設は、公立の小学校、中学校及び高等学校の運動場、体育館、プール等の体育施

設とする。（文部事務次官通知昭五一・六・二六文体体一四六　学校体育施設開放事業の推進について）

（学校施設利用の許可）

第四十五条　社会教育のために学校の施設を利用しようとする者は、当該学校の管理機関の許可を受けなければならない。

2　前項の規定により、学校の管理機関が学校施設の利用を許可しようとするときは、あらかじめ、学校の長の意見を聞かなければならない。

第四十六条　国又は地方公共団体が社会教育のために、学校の施設を利用しようとするときは、前条の規定にかかわらず、当該学校の管理機関と協議するものとする。

第四十七条　第四十五条の規定による学校施設の利用が一時的である場合には、学校の管理機関は、同条第一項の許可に関する権限を学校の長に委任することができる。

2　前項の権限の委任その他学校施設の利用に関し必要な事項は、学校の管理機関が定める。

参　地方教育行政法二一・二四、自治法一五三

（社会教育の講座）

第四十八条　文部科学大臣は国立学校に対し、地方公共団体の長は当該地方公共団体が設置する大学若しくは幼保連携型認定こども園又は当該地方公共団体が設立する公立大学法人が設置する公立学校に対し、地方公共団体に設置されている教育委員会は当該地方公共団体が設置する大学及び幼保連携型認定こども園以外の公立学校に対し、その教育組織及び学校の施設の状況に応じ、文化講座、専門講座、夏期講座、社会学級講座等学校施設の利用による社会教育のための講座の開設を求めることができる。

2　文化講座は、成人の一般的教養に関し、専門講座は、成人の専門的学術知識に関し、夏期講座は、夏期休暇中、成人の一般的教養又は専門的学術知識に関し、それぞれ大学、高等専門学校又は高等学校において開設する。

3　社会学級講座は、成人の一般的教養に関し、小学校、中学校又は義務教育学校において開設する。

4　第一項に規定する講座を担当する講師の報酬その他必要な経費は、予算の範囲内において、国又は地方公共団体が負担する。

参　法四四【社会教育の講座＝法五①6、学校法一〇七

第七章　通信教育

（適用範囲）

第四十九条　学校教育法第五十四条、第七十条第一項、第八十二条及び第八十四条の規定により行うものを除き、通信による教育に関しては、この章の定めるところによる。

参　社会通信教育規程、社会通信教育基準

（通信教育の定義）

第五十条　この法律において「通信教育」とは、通信の方法により一定の教育計画の下に、教材、補助教材等を受講者に送付し、これに基き、設問解答、添削指導、質疑応答等を行う教育をいう。

2　通信教育を行う者は、その計画実現のために、必要な指導者を置かなければならない。

行　●通信教育における学習指導者（社会通信教育基準第三）

（通信教育の認定）

第五十一条　文部科学大臣は、学校又は一般社団法人若しくは一般財団法人の行う通信教育で社会教育上奨励すべきものについて、通信教育の認定（以下「認定」という。）を与えることができる。

2　認定を受けようとする者は、文部科学大臣の定めるところにより、文部科学大臣に申請しなければならない。

3　文部科学大臣が、第一項の規定により、認定を与えようとするときは、あらかじめ、第十三条の政令で定める審議会等に諮問しなければならない。

参　設置法四①35、社会通信教育規程、生涯学習振興法

（認定手数料）

第五十二条　文部科学大臣は、認定を申請する者から実費の範囲内において文部科学省令で定める額の手数料を徴収することができる。ただし、国立学校又は公立学校が行う通信教育に関しては、この限りでない。

参　会計法三【認定手数料＝社会通信教育規程七

第五十三条　削除〔昭二七法一八六〕

（郵便料金の特別取扱）

第五十四条　認定を受けた通信教育に要する郵便料金については、郵便法（昭和二十二年法律第百六十五号）の定めるところにより、特別の取扱を受けるものとする。

参　郵便法二七

（通信教育の廃止）

第五十五条　認定を受けた通信教育を廃止しようとするとき、又はその条件を変更しようとするときは、文部科学大臣の定めるところにより、その許可を受けなければならない。

2　前項の許可に関しては、第五十一条第三項の規定を準用する。

参　1　社会通信教育規程一〇〜一三

（報告及び措置）

第五十六条　文部科学大臣は、認定を受けた者に対し、必要な報告を求め、又は必要な措置を命ずることができる。

参　社会通信教育規程一四〜一六

（認定の取消）

第五十七条　認定を受けた者がこの法律若しくはこの法律に基く命令又はこれらに基いてした処分に違反したときは、文部科学大臣は、認定を取り消すことができる。

2　前項の認定の取消に関しては、第五十一条第三項の規定を準用する。

参　社会通信教育規程一三

附　則（抄）

1　この法律は、公布の日から施行する。

5　この法律施行前通信教育認定規程（昭和二十二年文部省令第二十二号）により認定を受けた通信教育は、第五十一条第一項の規定により、認定を受けたものとみなす。

○刑法等の一部を改正する法律の施行に伴う関係法律の整理等に関する法律（抄）

令和四・六・一七
法　　六　八

（社会教育法の一部改正）

第二百十二条　社会教育法（昭和二十四年法律第二百七号）の一部を次のように改正する。

第四十一条中「懲役若しくは禁錮」を「拘禁刑」に改める。

附　則（抄）

（施行期日）

1　この法律は、刑法等一部改正法施行日〔令和七・六・一〕から施行する。〔ただし書略〕

○社会教育法施行令

昭二四・七・一二
政令二八〇

最終改正　令和元・六・七政令二三

（広報宣伝に要する経費についての協議）

第一条　社会教育法（以下「法」という。）第七条第一項の規定により、地方公共団体の長が教育委員会に対し、広報宣伝の実施を依頼し、又は実施の協力を求める場合には、その教育委員会と協議して、これらに要する経費について必要な措置を講じなければならない。

2　前項の規定は、法第七条第二項において準用する同条第一項の規定により、他の行政庁が教育委員会（法第五条第三項に規定する特定地方公共団体にあつては、その長又は教育委員会）に対し、広報宣伝の実施を依頼し、又は実施の協力を求める場合について準用する。

（審議会等で政令で定めるもの）

第一条の二　法第十三条の審議会等で政令で定めるものは、中央教育審議会とする。

（公民館の施設、設備に要する経費の範囲）

第二条　法第三十五条第一項に規定する公民館の施設、設備に要する経費の範囲は、次に掲げるものとする。

一　施設費　施設の建築に要する本工事費、附帯工事費及び事務費

二　設備費　公民館に備え付ける図書及び社会教育のための器材器具の購入に要する経費

（公民館に対する都道府県補助についての報告）

第三条　都道府県が法第三十七条に規定する補助をする場合には、文部科学大臣は、同条の規定により、当該都道府県の教育委員会に対して、次に掲げる事項について報告を求めることができる。

一　公民館の設置運営の概況

二　公民館運営費補助額の明細

三　公民館運営費補助に関する都道府県の条例又は補助の方法

附　則

1　この政令は、公布の日から施行する。

2　この政令施行の際に教育委員会の設置されていない市町村にあつては、教育委員会が設置されるまでの間、第一条中「教育委員会」とあるのは「市町村長」と読み替えるものとする。

○社会教育主事講習等規程

昭二六・六・二一
文部令一二

最終改正　令和四・九・三〇文科令三四

第一章　社会教育主事の講習

（趣旨）

第一条　社会教育法（昭和二十四年法律第二百七号。以下「法」という。）第九条の五に規定する社会教育主事の講習（この章中以下「講習」という。）については、この章の定めるところによる。

（講習の受講資格者）

第二条　講習を受けることができる者は、次の各号のいずれかに該当するものとする。

一　大学に二年以上在学して六十二単位以上を修得した者、高等専門学校を卒業した者又は社会教育法の一部を改正する法律（昭和二十六年法律第十七号。以下「改正法」という。）附則第二項の規定に該当する者

二　教育職員の普通免許状を有する者

三　二年以上法第九条の四第一号イ及びロに規定する職にあつた者又は同号ハに規定する業務に従事した者

四　四年以上法第九条の四第二号に規定する職にあつた者

五　その他文部科学大臣が前各号に掲げる者と同等以上の資格を有すると認めた者

（受講申込）

第二条の二　講習を受講しようとする者は、講習を実施する大学その他の教育機関に申込書を提出しなければならない。

（科目の単位）

第三条　社会教育主事となる資格を得ようとする者は、講習において次の表に掲げるすべての科目の単位を修得しなければならない。

科目	単位数
生涯学習概論	二
生涯学習支援論	二
社会教育経営論	二
社会教育演習	二

第四条及び第五条　削除

（単位の計算方法）

第六条　講習における単位の計算方法は、大学設置基準（昭和三十一年文部省令第二十八号）第二十一条第二項及び大学通信教育設置基準（昭和五十六年文部省令第三十三号）第五条第一項に定める基準によるものとする。

（単位修得の認定）

第七条　単位修得の認定は、講習を行う大学その他の教育機関が試験、論文、報告書その他による成績審査に合格した受講者に対して行う。

2　講習を行う大学その他の教育機関は、受講者がすでに大学において第三条の規定により受講者が修得すべき科目に相当する科目の単位を修得している場合には、その単位修得をもつて同条の規定により受講者が修得すべき科目の単位を修得したものと認定することができる。

3　講習を行う大学その他の教育機関は、受講者が、文部科学大臣が別に定める学修で、第三条に規定する科目の履修に相当するものを行つている場合には、当該学修を当該科目の履修とみなし、当該科目の単位の認定をすることができる。

（修了証書の授与）

第八条　講習を行う大学その他の教育機関の長は、第三条の規定により八単位以上の単位を修得した者に対して、講習の修了証書を与えるものとする。

2　講習を行う大学その他の教育機関の長は、前項の規定により修了証書を与えたときは、修了者の氏名等を文部科学大臣に報告しなければならない。

3　第一項に規定する修了証書を授与された者は、社会教育士（講習）と称することができる。

（講習の委嘱）

第八条の二　法第九条の五第一項の規定により文部科学大臣が大学その他の教育機関に講習を委嘱する場合には、その職員組織、施設及び設備の状況並びに受講者に係る地域の状況等を勘案し、講習を委嘱するのに適当と認められるものについて、講習の科目、期間その他必要な事項を指定して行うものとする。

（実施細目）

第九条　受講者の人数、選定の方法並びに講習を行う大学その他の教育機関、講習の期間その他講習実施の細目については、毎年インターネットの利用その他の適切な方法により公示する。

第二章　準ずる学校

第十条　改正法附則第二項の規定において、文部科学省令で定めるべきものとされている学校は、次の各号に掲げるものとする。

一　大正七年文部省令第三号第二条第二号により指定した学校

二　旧臨時教員養成所官制（明治三十五年勅令第百号）の規定による臨時教員養成所

三　その他文部科学大臣が短期大学と同程度以上と認めた学校

第三章　社会教育に関する科目の単位

第十一条　法第九条の四第三号の規定により大学において修得すべき社会教育主事の養成に係る社会教育に関する科目の単位は、次の表に掲げるものとする。

科目	単位数
生涯学習概論	四
生涯学習支援論	四
社会教育経営論	四
社会教育特講	八
社会教育実習	一
社会教育演習、社会教育実習又は社会教育課題研究のうち一以上の科目	三

2　前項の規定により修得すべき科目の単位のうち、すでに大学において修得した科目の単位は、これをもつて、前項の規定により修得すべき科目の単位に替えることができる。

3　第一項の規定により修得すべき科目の単位を全て修得した者は、社会教育士（養成課程）と称することができる。

附　則

この省令は、公布の日から施行する。

附　則（平成三〇・二・二八文科令五）

1　この省令は、平成三十二年四月一日から施行する。

2　この省令の施行の日前に、改正前の社会教育主事講習等規程（以下「旧規程」という。）の規定により社会教育主事の講習を修了した者は、改正後の社会教育主事講習等規程（以下「新規程」という。）の規定により社会教育主事の講習を修了したものとみなす。

3　この省令の施行の日前に、次の表中旧規程第三条に規定する講習における科目（以下この項において「旧講習科目」という。）の欄に掲げる科目の単位を修得した者が、新たに社会教育主事となる資格を得ようとする場合には、既に修得した旧講習科目の単位は、当該講習科目に相当する新規程第三条に規定する講習における科目（以下この項において「新講習科目」という。）の単位とみなす。

旧講習科目	単位数	新講習科目	単位数
生涯学習概論	二	生涯学習概論	二
社会教育演習	二	社会教育演習	二

4　この省令の施行の日前に、旧規程第十一条第一項に規定する社会教育に関する科目（以下「旧科目」という。）の単位の全部を修得した者は、新規程第十一条第一項に規定する社会教育に関する科目（以下「新科目」という。）の単位の全部を修得したものとみなす。

5　この省令の施行の日前から引き続き大学に在学している者で、当該大学を卒業するまでに旧科目の単位の全部を修得した者は、新科目の単位の全部を修得したものとみなす。

6　この省令の施行の日前から引き続き大学に在学している者で、当該大学を卒業するまでに次の表中新科目の欄に掲げる科目の単位を修得した者は、当該科目に相当する旧科目の欄に掲げる科目の単位を修得したものとみなす。

新科目	単位数	旧科目	単位数
生涯学習概論	四	生涯学習概論	四
社会教育経営論	四	社会教育計画	四
生涯学習支援論	四	社会教育特講 社会教育特講Ⅰ（現代社会と社会教育） 社会教育特講Ⅱ（社会教育活動・事業・施設） 社会教育特講Ⅲ（その他必要な科目）	十二
社会教育特講	八		
社会教育実習	一	社会教育演習、社会教育実習又は社会教育課題研究のうち一以上の科目	四
社会教育演習、社会教育実習又は社会教育課題研究のうち一以上の科目	三		

7　この省令の施行の日前に、次の表中旧科目の欄に掲げる科目の単位を修得した者が、新たに社会教育主事となる資格を得ようとする場合には、既に修得した旧科目の単位は、当該科目に相当する新科目の単位とみなす。

旧科目	単位数	新科目	単位数
生涯学習概論	四	生涯学習概論	四
社会教育特講	八	社会教育特講	八
社会教育実習	一	社会教育実習	一
社会教育演習、社会教育実習又は社会教育課題研究のうち一以上の科目	四	社会教育実習	一
		社会教育演習、社会教育実習又は社会教育課題研究のうち一以上の科目	三

8　附則第二項又は第四項、第五項若しくは第六項については、第八条第三項又は第十一条第三項の規定は、適用しない。

○公民館の設置及び運営に関する基準

平成一五・六・六
文科告示一一二

（趣旨）

第一条　この基準は、社会教育法（昭和二十四年法律第二百七号）第二十三条の二第一項の規定に基づく公民館の設置及び運営上必要な基準であり、公民館の健全な発達を図ることを目的とする。

2　公民館及びその設置者は、この基準に基づき、公民館の水準の維持及び向上に努めるものとする。

（対象区域）

第二条　公民館を設置する市（特別区を含む。以下同じ。）町村は、公民館活動の効果を高めるため、人口密度、地形、交通条件、日常生活圏、社会教育関係団体の活動状況等を勘案して、当該市町村の区域内において、公民館の事業の主たる対象となる区域（第六条第二項において「対象区域」という。）を定めるものとする。

（地域の学習拠点としての機能の発揮）

第三条　公民館は、講座の開設、講習会の開催等を自ら行うとともに、必要に応じて学校、社会教育施設、社会教育関係団体、NPO（特定非営利活動促進法（平成十年法律第七号）第二条第二項に規定する特定非営利活動法人をいう。）その他の民間団体、関係行政機関等と共同してこれらを行う等の方法により、多様な学習機会の提供に努めるものとする。

2　公民館は、地域住民の学習活動に資するよう、インターネットその他の高度情報通信ネットワークの活用等の方法により、学習情報の提供の充実に努めるものとする。

（地域の家庭教育支援拠点としての機能の発揮）

第四条　公民館は、家庭教育に関する学習機会及び学習情報の提供、相談及び助言の実施、交流機会の提供等の方法により、家庭教育への支援の充実に努めるものとする。

（奉仕活動・体験活動の推進）

第五条　公民館は、ボランティアの養成のための研修会を開催する等の方法により、奉仕活動・体験活動に関する学習機会及び学習情報の提供の充実に努めるものとする。

（学校、家庭及び地域社会との連携等）

第六条　公民館は、事業を実施するに当たっては、関係機関及び関係団体との緊密な連絡、協力等の方法により、学校、家庭及び地域社会との連携の推進に努めるものとする。

2　公民館は、その対象区域内に公民館に類似する施設がある場合には、必要な協力及び支援に努めるものとする。

3　公民館は、その実施する事業への青少年、高齢者、障害者、乳幼児の保護者等の参加を促進するよう努めるものとする。

4　公民館は、その実施する事業において、地域住民等の学習の成果並びに知識及び技能を生かすことができるよう努めるものとする。

（地域の実情を踏まえた運営）

第七条　公民館の設置者は、社会教育法第二十九条第一項に規定する公民館運営審議会を置く等の方法により、地域の実情に応じ、地域住民の意向を適切に反映した公民館の運営がなされるよう努めるものとする。

2　公民館は、開館日及び開館時間の設定に当たっては、地域の実情を勘案し、夜間開館の実施等の方法により、地域住民の利用の便宜を図るよう努めるものとする。

（職員）

第八条　公民館に館長を置き、公民館の規模及び活動状況に応じて主事その他必要な職員を置くよう努めるものとする。

2　公民館の館長及び主事には、社会教育に関する識見と経験を有し、かつ公民館の事業に関する専門的な知識及び技術を有する者をもって充てるよう努めるものとする。

3　公民館の設置者は、館長、主事その他職員の資質及び能力の向上を図るため、研修の機会の充実に努めるものとする。

（施設及び設備）

第九条　公民館は、その目的を達成するため、地域の実情に応じて、必要な施設及び設備を備えるものとする。

2　公民館は、青少年、高齢者、障害者、乳幼児の保護者等の利用の促進を図るため必要な施設及び設備を備えるよう努めるものとする。

（事業の自己評価等）

第十条　公民館は、事業の水準の向上を図り、当該公民館の目的を達成するため、各年度の事業の状況について、公民館運営審議会等の協力を得つつ、自ら点検及び評価を行い、その結果を地域住民に対して公表するよう努めるものとする。

附　則

この告示は、公布の日から施行する。

○図書館法

昭二五・四・三〇
法 一 一 八

最終改正 令和元・六・七法二六

第一章 総則

（この法律の目的）

第一条 この法律は、社会教育法（昭和二十四年法律第二百七号）の精神に基き、図書館の設置及び運営に関して必要な事項を定め、その健全な発達を図り、もつて国民の教育と文化の発展に寄与することを目的とする。

（定義）

第二条 この法律において「図書館」とは、図書、記録その他必要な資料を収集し、整理し、保存して、一般公衆の利用に供し、その教養、調査研究、レクリエーション等に資することを目的とする施設で、地方公共団体、日本赤十字社又は一般社団法人若しくは一般財団法人が設置するもの（学校に附属する図書館又は図書室を除く。）をいう。

2 前項の図書館のうち、地方公共団体の設置する図書館を公立図書館といい、日本赤十字社又は一般社団法人若しくは一般財団法人の設置する図書館を私立図書館という。

（図書館奉仕）

第三条 図書館は、図書館奉仕のため、土地の事情及び一般公衆の希望に沿い、更に学校教育を援助し、及び家庭教育の向上に資することとなるように留意し、おおむね次に掲げる事項の実施に努めなければならない。

一 郷土資料、地方行政資料、美術品、レコード及びフィルムの収集にも十分留意して、図書、記録、視聴覚教育の資料その他必要な資料（電磁的記録（電子的方式、磁気的方式その他人の知覚によつては認識することができない方式で作られた記録をいう。）を含む。以下「図書館資料」という。）を収集し、一般公衆の利用に供すること。

二 図書館資料の分類排列を適切にし、及びその目録を整備すること。

三 図書館の職員が図書館資料について十分な知識を持ち、その利用のための相談に応ずるようにすること。

四 他の図書館、国立国会図書館、地方公共団体の議会に附置する図書室及び学校に附属する図書館又は図書室と緊密に連絡し、協力し、図書館資料の相互貸借を行うこと。

五 分館、閲覧所、配本所等を設置し、及び自動車文庫、貸出文庫の巡回を行うこと。

六 読書会、研究会、鑑賞会、映写会、資料展示会等を主催し、及びこれらの開催を奨励すること。

七 時事に関する情報及び参考資料を紹介し、及び提供すること。

八 社会教育における学習の機会を利用して行つた学習の成果を活用して行う教育活動その他の活動の機会を提供し、及びその提供を奨励すること。

九 学校、博物館、公民館、研究所等と緊密に連絡し、協力すること。

（司書及び司書補）

第四条 図書館に置かれる専門的職員を司書及び司書補と称する。

2 司書は、図書館の専門的事務に従事する。

3 司書補は、司書の職務を助ける。

（司書及び司書補の資格）

第五条 次の各号のいずれかに該当する者は、司書となる資格を有する。

一 大学を卒業した者（専門職大学の前期課程を修了した者を含む。次号において同じ。）で大学において文部科学省令で定める図書館に関する科目を履修したもの

二 大学又は高等専門学校を卒業した者で次条の規定による司書の講習を修了したもの

三 次に掲げる職にあつた期間が通算して三年以上になる者で次条の規定による司書の講習を修了したもの

イ 司書補の職

ロ 国立国会図書館又は大学若しくは高等専門学校の附属図書館における職で司書補の職に相当するもの

ハ ロに掲げるもののほか、官公署、学校又は社会教育施設における職で社会教育主事、学芸員その他の司書補の職と同等以上の職として文部科学大臣が指定するもの

2 次の各号のいずれかに該当する者は、司書補となる資格を有する。

一 司書の資格を有する者

二 学校教育法（昭和二十二年法律第二十六号）第九十条第一項の規定により大学に入学することのできる者で次条の規定による司書補の講習を修了したもの

（司書及び司書補の講習）

第六条 司書及び司書補の講習は、大学が、文部科学大臣の委嘱を受けて行う。

2 司書及び司書補の講習に関し、履修すべき科目、単位その他必要な事項は、文部科学省令で定める。ただし、その履修すべき単位数は、十五単位を下ることができない。

（司書及び司書補の研修）

第七条 文部科学大臣及び都道府県の教育委員会は、司書及び司書補に対し、その資質の向上のために必要な研修を行うよう努めるものとする。

（設置及び運営上望ましい基準）

第七条の二 文部科学大臣は、図書館の健全な発達を図るために、図書館の設置及び運営上望ましい基準を定め、これを公表するものとする。

（運営の状況に関する評価等）

第七条の三 図書館は、当該図書館の運営の状況について評価を行うとともに、その結果に基づき図書館の運営の改善を図るため必要な措置を講ずるよう努めなければならない。

（運営の状況に関する情報の提供）

第七条の四　図書館は、当該図書館の図書館奉仕に関する地域住民その他の関係者の理解を深めるとともに、これらの者との連携及び協力の推進に資するため、当該図書館の運営の状況に関する情報を積極的に提供するよう努めなければならない。

（協力の依頼）

第八条　都道府県の教育委員会は、当該都道府県内の図書館奉仕を促進するために、市（特別区を含む。以下同じ。）町村の教育委員会（地方教育行政の組織及び運営に関する法律（昭和三十一年法律第百六十二号）第二十三条第一項の条例の定めるところによりその長が図書館の設置、管理及び廃止に関する事務を管理し、及び執行することとされた地方公共団体（第十三条第一項において「特定地方公共団体」という。）である市町村にあつては、その長又は教育委員会）に対し、総合目録の作製、貸出文庫の巡回、図書館資料の相互貸借等に関して協力を求めることができる。

（公の出版物の収集）

第九条　政府は、都道府県の設置する図書館に対し、官報その他一般公衆に対する広報の用に供せられる独立行政法人国立印刷局の刊行物を二部提供するものとする。

2　国及び地方公共団体の機関は、公立図書館の求めに応じ、これに対して、それぞれの発行する刊行物その他の資料を無償で提供することができる。

第二章　公立図書館

（設置）

第十条　公立図書館の設置に関する事項は、当該図書館を設置する地方公共団体の条例で定めなければならない。

第十一条及び第十二条　削除

（職員）

第十三条　公立図書館に館長並びに当該図書館を設置する地方公共団体の教育委員会（特定地方公共団体の長がその設置、管理及び廃止に関する事務を管理し、及び執行することとされた図書館（第十五条において「特定図書館」という。）にあつては、当該特定地方公共団体の長）が必要と認める専門的職員、事務職員及び技術職員を置く。

2　館長は、館務を掌理し、所属職員を監督して、図書館奉仕の機能の達成に努めなければならない。

（図書館協議会）

第十四条　公立図書館に図書館協議会を置くことができる。

2　図書館協議会は、図書館の運営に関し館長の諮問に応ずるとともに、図書館の行う図書館奉仕につき、館長に対して意見を述べる機関とする。

第十五条　図書館協議会の委員は、当該図書館を設置する地方公共団体の教育委員会（特定図書館に置く図書館協議会の委員にあつては、当該地方公共団体の長）が任命する。

第十六条　図書館協議会の設置、その委員の任命の基準、定数及び任期その他図書館協議会に関し必要な事項については、当該図書館を設置する地方公共団体の条例で定めなければならない。この場合において、委員の任命の基準については、文部科学省令で定める基準を参酌するものとする。

（入館料等）

第十七条　公立図書館は、入館料その他図書館資料の利用に対するいかなる対価をも徴収してはならない。

第十八条及び第十九条　削除

（図書館の補助）

第二十条　国は、図書館を設置する地方公共団体に対し、予算の範囲内において、図書館の施設、設備に要する経費その他必要な経費の一部を補助することができる。

2　前項の補助金の交付に関し必要な事項は、政令で定める。

第二十一条及び第二十二条　削除

第二十三条　国は、第二十条の規定による補助金の交付をした場合において、左の各号の一に該当するときは、当該年度におけるその後の補助金の交付をやめるとともに、既に交付した当該年度の補助金を返還させなければならない。

一　図書館がこの法律の規定に違反したとき。

二　地方公共団体が補助金の交付の条件に違反したとき。

三　地方公共団体が虚偽の方法で補助金の交付を受けたとき。

第三章　私立図書館

第二十四条　削除

（都道府県の教育委員会との関係）

第二十五条　都道府県の教育委員会は、私立図書館に対し、指導資料の作製及び調査研究のために必要な報告を求めることができる。

2　都道府県の教育委員会は、私立図書館に対し、その求めに応じて、私立図書館の設置及び運営に関して、専門的、技術的の指導又は助言を与えることができる。

（国及び地方公共団体との関係）

第二十六条　国及び地方公共団体は、私立図書館の事業に干渉を加え、又は図書館を設置する法人に対し、補助金を交付してはならない。

第二十七条　国及び地方公共団体は、私立図書館に対し、その求めに応じて、必要な物資の確保につき、援助を与えることができる。

（入館料等）

第二十八条　私立図書館は、入館料その他図書館資料の利用に対する対価を徴収することができる。

（図書館同種施設）

第二十九条　図書館と同種の施設は、何人もこれを設置することができる。

2　第二十五条第二項の規定は、前項の施設について準用する。

附　則（抄）

1　この法律は、公布の日から起算して三月を経過した日から施行する。但し、第十七条の規定は、昭和二十六年四月一日から施行する。

2　図書館令（昭和八年勅令第百七十五号）、公立図書館職員令（昭和八年勅令第百七十六号）及び公立図書館司書検定試験規程（昭和十一年文部省令第十八号）は、廃止する。

3　この法律施行の際、現に都道府県又は五大市の設置する図書館の館長である者及び五大市以外の市の設置する図書館の館長である者は、第十三条第三項の規定にかかわらず、この法律施行後五年間は、それぞれ都道府県若しくは五大市の設置する図書館の館長又は五大市以外の市の設置する図書館の館長となる資格を有するものとする。

4　この法律施行の際、現に公立図書館、旧図書館令第四条若しくは第五条の規定により設置された図書館、国立国会図書館又は学校に附属する図書館において館長若しくは司書又は司書補の職務に相当する職務に従事する職員（大学以外の学校に附属する図書館の職員にあつては、教育職員免許法（昭和二十四年法律第百四十七号）第四条に規定する普通免許状若しくは仮免許状を有する者又は教育職員免許法施行法（昭和二十四年法律第百四十八号）第一条の規定により普通免許状若しくは仮免許状を有するものとみなされる者に限る。）は、第五条の規定にかかわらず、この法律施行後五年間は、それぞれ司書又は司書補となる資格を有するものとする。

5　この法律施行の際、現に公立図書館又は私立図書館において館長、司書又は司書補の職務に相当する職務に従事する職員は、別に辞令を発せられない限り、それぞれ館長、司書又は司書補となつたものとする。

6　第四項の規定により司書又は司書補となる資格を有する者は、この法律施行後五年間に第六条の規定による司書又は司書補の講習を受けた場合においては、この法律施行後五年を経過した日以後においても、第五条の規定にかかわらず、司書又は司書補となる資格を有するものとする。但し、第四項の規定により司書補となる資格を有する者（大学を卒業した者を除く。）が司書の講習を受けた場合においては、第五条第一項第三号の規定の適用があるものとする。

7　旧図書館職員養成所を卒業した者は、第五条の規定にかかわらず、司書となる資格を有するものとする。

8　旧国立図書館附属図書館職員養成所又は旧文部省図書館講習所を卒業した者及び旧公立図書館司書検定試験規程による検定試験に合格した者は、第六条の規定による司書の講習を受けた場合においては、第五条の規定にかかわらず、司書となる資格を有するものとする。

9　教育委員会は、この法律施行後三年間に限り、公立図書館の館長となる資格を有する者が得られないときは、図書館に関し学識経験のある者のうちから、館長を任命することができる。但し、その者は、当該期間内に公立図書館の館長となる資格が得られない限り、この法律施行後三年を経過した日以後は、館長として在任することができない。

10　第五条第一項並びに附則第四項及び第六項の大学には、旧大学令（大正七年勅令第三百八十八号）、旧高等学校令（大正七年勅令第三百八十九号）、旧専門学校令（明治三十六年勅令第六十一号）又は旧教員養成諸学校官制（昭和二十一年勅令第二百八号）の規定による大学、大学予科、高等学校高等科、専門学校及び教員養成諸学校並びに文部科学省令で定めるこれらの学校に準ずる学校を含み、第五条第一項第二号に規定する学校教育法第九十条第一項の規定により大学に入学することのできる者には、旧中等学校令（昭和十八年勅令第三十六号）、旧高等学校令若しくは旧青年学校令（昭和十四年勅令第二百五十四号）の規定による中等学校、高等学校尋常科若しくは青年学校本科又は文部科学省令で定めるこれらの学校に準ずる学校を卒業し、又は修了した者を含むものとする。

○図書館法施行規則（抄）

昭二五・九・六
文部令二七

最終改正　令和四・九・三〇文科令三四

第一章　図書館に関する科目

第一条　図書館法（昭和二十五年法律第百十八号。以下「法」という。）第五条第一項第一号に規定する図書館に関する科目は、次の表に掲げるものとし、司書となる資格を得ようとする者は、甲群に掲げるすべての科目及び乙群に掲げる科目のうち二以上の科目について、それぞれ単位数の欄に掲げる単位を修得しなければならない。

群	科目	単位数
甲群	生涯学習概論	二
	図書館概論	二
	図書館制度・経営論	二
	図書館情報技術論	二
	図書館サービス概論	二
	情報サービス論	二
	児童サービス論	二
	情報サービス演習	二

	図書館情報資源概論	二
	情報資源組織論	二
	情報資源組織演習	二
乙群	図書館基礎特論	一
	図書館サービス特論	一
	図書館情報資源特論	一
	図書・図書館史	一
	図書館施設論	一
	図書館総合演習	一
	図書館実習	一

2 前項の規定により修得すべき科目の単位のうち、すでに大学において修得した科目の単位は、これをもつて、前項の規定により修得すべき科目の単位に替えることができる。

第二章 司書及び司書補の講習

（趣旨）

第二条 法第六条に規定する司書及び司書補の講習については、この章の定めるところによる。

（司書の講習の受講資格者）

第三条 司書の講習を受けることができる者は、次の各号のいずれかに該当するものとする。

一 大学に二年以上在学して、六十二単位以上を修得した者又は高等専門学校若しくは法附則第十項の規定により大学に含まれる学校を卒業した者

二 法第五条第一項第三号イからハまでに掲げる職にあつた期間が通算して二年以上になる者

三 法附則第八項の規定に該当する者

四 その他文部科学大臣が前三号に掲げる者と同等以上の資格を有すると認めた者

（司書補の講習の受講資格者）

第四条 司書補の講習を受けることができる者は、学校教育法（昭和二十二年法律第二十六号）第九十条第一項の規定により大学に入学することのできる者（法附則第十項の規定により大学に入学することのできる者に含まれる者を含む。）とする。

（司書の講習の科目の単位）

第五条 司書の講習において司書となる資格を得ようとする者は、次の表の甲群に掲げるすべての科目及び乙群に掲げる科目のうち二以上の科目について、それぞれ単位数の欄に掲げる単位を修得しなければならない。

群	科目	単位数
甲群	生涯学習概論	二
	図書館概論	二
	図書館制度・経営論	二
	図書館情報技術論	二
	図書館サービス概論	二
	情報サービス論	二
	児童サービス論	二
	情報サービス演習	二
	図書館情報資源概論	二
	情報資源組織論	二
	情報資源組織演習	二
乙群	図書館基礎特論	一
	図書館サービス特論	一
	図書館情報資源特論	一
	図書・図書館史	一
	図書館施設論	一
	図書館総合演習	一
	図書館実習	一

2 司書の講習を受ける者がすでに大学（法附則第十項の規定により大学に含まれる学校を含む。）において修得した科目の単位であつて、前項の科目の単位に相当するものとして文部科学大臣が認めたものは、これをもつて前項の規定により修得した科目の単位とみなす。

3 司書の講習を受ける者がすでに文部科学大臣が別に定める学修で第一項に規定する科目の履修に相当するものを修了していると文部科学大臣が認めた場合には、当該学修をもつてこれに相当する科目の単位を修得したものとみなす。

（司書補の講習の科目の単位）

第六条 司書補の講習において司書補となる資格を得ようとする者は、次の表に掲げるすべての科目について、それぞれ単位数の欄に掲げる単位を修得しなければならない。

科目	単位数
生涯学習概論	一
図書館の基礎	二
図書館サービスの基礎	二
レファレンスサービス	一
レファレンス資料の解題	一
情報検索サービス	一
図書館の資料	二
資料の整理	二
資料の整理演習	一
児童サービスの基礎	一
図書館特講	一

2　司書補の講習を受ける者がすでに大学（法附則第十項の規定により大学に含まれる学校を含む。）において修得した科目の単位であつて、前項の科目の単位に相当するものとして文部科学大臣が認めたものは、これをもつて前項の規定により修得した科目の単位とみなす。

3　司書補の講習を受ける者がすでに文部科学大臣が別に定める学修で第一項に規定する科目の履修に相当するものを修了していると文部科学大臣が認めた場合には、当該学修をもつてこれに相当する科目の単位を修得したものとみなす。

（単位の計算方法）

第七条　講習における単位の計算方法は、大学設置基準（昭和三十一年文部省令第二十八号）第二十一条第二項及び大学通信教育設置基準（昭和五十六年文部省令第三十三号）第五条第一項に定める基準によるものとする。

（単位修得の認定）

第八条　単位修得の認定は、講習を行う大学が、試験、論文、報告書その他による成績審査に合格した受講者に対して行う。

（修了証書の授与）

第九条　講習を行う大学の長は、第五条又は第六条の規定により、司書の講習又は司書補の講習について、所定の単位を修得した者に対して、それぞれの修了証書を与えるものとする。

2　講習を行う大学の長は、前項の規定により修了証書を与えたときは、修了者の氏名等を文部科学大臣に報告しなければならない。

（講習の委嘱）

第十条　法第五条第一項第一号の規定により文部科学大臣が大学に講習を委嘱する場合には、その職員組織、施設及び設備の状況等を勘案し、講習を委嘱するのに適当と認められるものについて、講習の科目、期間その他必要な事項を指定して行うものとする。

（実施細目）

第十一条　受講者の人数、選定の方法、講習を行う大学、講習の期間その他講習実施の細目については、毎年インターネットの利用その他の適切な方法により公示する。

第三章　図書館協議会の委員の任命の基準を条例で定めるに当たつて参酌すべき基準〔略〕

第四章　準ずる学校〔略〕

附　則

この省令は、公布の日から施行する。

○図書館の設置及び運営上の望ましい基準

平成二四・一二・一九
文科告示一七二

改正　令和元・六・七文科告示九

前文　〔前略〕平成二十四年十二月十九日から施行する。

第一　総則

一　趣旨

①　この基準は、図書館法（昭和二十五年法律第百十八号。以下「法」という。）第七条の二の規定に基づく図書館の設置及び運営上の望ましい基準であり、図書館の健全な発展に資することを目的とする。

②　図書館は、この基準を踏まえ、法第三条に掲げる事項等の図書館サービスの実施に努めなければならない。

二　設置の基本

①　市（特別区を含む。以下同じ。）町村は、住民に対して適切な図書館サービスを行うことができるよう、住民の生活圏、図書館の利用圏等を十分に考慮し、市町村立図書館及び分館等の設置に努めるとともに、必要に応じ移動図書館の活用を行うものとする。併せて、市町村立図書館と公民館図書室等との連携を推進することにより、当該市町村の全域サービス網の整備に努めるものとする。

②　都道府県は、都道府県立図書館の拡充に努め、住民に対して適切な図書館サービスを行うとともに、図書館未設置の町村が多く存在することも踏まえ、当該都道府県内の図書館サービスの全体的な進展を図る観点に立って、市町村に対して市町村立図書館の設置及び運営に関する必要な指導・助言等を行うものとする。

③　公立図書館（法第二条第二項に規定する公立図書館を

いう。以下同じ。）の設置に当たっては、サービス対象地域の人口分布と人口構成、面積、地形、交通網等を勘案して、適切な位置及び必要な図書館施設の床面積、蔵書収蔵能力、職員数等を確保するよう努めるものとする。

三 運営の基本

① 図書館の設置者は、当該図書館の設置の目的を適切に達成するため、司書及び司書補の確保並びに資質・能力の向上に十分留意しつつ、必要な管理運営体制の構築に努めるものとする。

② 市町村立図書館は、知識基盤社会における知識・情報の重要性を踏まえ、資料（電磁的記録を含む。以下同じ。）や情報の提供等の利用者及び住民に対する直接的なサービスの実施や、読書活動の振興を担う機関として、また、地域の情報拠点として、利用者及び住民の要望や社会の要請に応え、地域の実情に即した運営に努めるものとする。

③ 都道府県立図書館は、前項に規定する事項に努めるほか、住民の需要を広域的かつ総合的に把握して、資料及び情報を体系的に収集、整理、保存及び提供すること等を通じて、市町村立図書館に対する円滑な図書館運営の確保のための援助に努めるとともに、当該都道府県内の図書館間の連絡調整等の推進に努めるものとする。

④ 私立図書館（法第二条第二項に規定する私立図書館をいう。以下同じ。）は、当該図書館を設置する法人の目的及び当該図書館の設置の目的に基づき、広く公益に資するよう運営を行うことが望ましい。

⑤ 図書館の設置者は、当該図書館の管理を他の者に行わせる場合には、当該図書館の事業の継続的かつ安定的な実施の確保、事業の水準の維持及び向上、司書及び司書補の確保並びに資質・能力の向上等が図られるよう、当該管理者との緊密な連携の下に、この基準に定められた事項が確実に実施されるよう努めるものとする。

四 連携・協力

① 図書館は、高度化・多様化する利用者及び住民の要望に対応するとともに、利用者及び住民の学習活動を支援する機能の充実を図るため、資料や情報の相互利用などの他の施設・団体等との協力を積極的に推進するよう努めるものとする。

② 図書館は、前項の活動の実施に当たっては、図書館相互の連携のみならず、国立国会図書館、地方公共団体の議会に附置する図書室、学校図書館及び大学図書館等の図書館施設、学校、博物館及び公民館等の社会教育施設、関係行政機関並びに民間の調査研究施設及び民間団体等との連携にも努めるものとする。

五 著作権等の権利の保護

図書館は、その運営に当たって、職員や利用者が著作権法（昭和四十五年法律第四十八号）その他の法令に規定する権利を侵害することのないよう努めるものとする。

六 危機管理

① 図書館は、事故、災害その他非常の事態による被害を防止するため、当該図書館の特性を考慮しつつ、想定される事態に係る危機管理に関する手引書の作成、関係機関と連携した危機管理に関する訓練の定期的な実施その他の十分な措置を講じるものとする。

② 図書館は、利用者の安全の確保のため、防災上及び衛生上必要な設備を備えるものとする。

第二 公立図書館

一 市町村立図書館

1 管理運営

(一) 基本的運営方針及び事業計画

① 市町村立図書館は、その設置の目的を踏まえ、社会の変化や地域の実情に応じ、当該図書館の事業の実施等に関する基本的な運営の方針（以下「基本的運営方針」という。）を策定し、公表するよう努めるものとする。

② 市町村立図書館は、基本的運営方針を踏まえ、図書館サービスその他図書館の運営に関する適切な指標を選定し、これらに係る目標を設定するとともに、事業年度ごとに、当該事業年度の事業計画を策定し、公表するよう努めるものとする。

③ 市町村立図書館は、基本的運営方針並びに前項の指標、目標及び事業計画の策定に当たっては、利用者及び住民の要望並びに社会の要請に十分留意するものとする。

(二) 運営の状況に関する点検及び評価等

① 市町村立図書館は、基本的運営方針に基づいた運営がなされることを確保し、その事業の水準の向上を図るため、各年度の図書館サービスその他図書館の運営の状況について、(一)の②の目標及び事業計画の達成状況等に関し自ら点検及び評価を行うよう努めなければならない。

② 市町村立図書館は、前項の点検及び評価のほか、当該図書館の運営体制の整備の状況に応じ、図書館協議会（法第十四条第一項に規定する図書館協議会をいう。以下同じ。）の活用その他の方法により、学校教育又は社会教育の関係者、家庭教育の向上に資する活動を行う者、図書館の事業に関して学識経験のある者、図書館の利用者、住民その他の関係者・第三者による評価を行うよう努めるものとする。

③ 市町村立図書館は、前二項の点検及び評価の結果に基づき、当該図書館の運営の改善を図るため必要な措置を講ずるよう努めなければならない。

④ 市町村立図書館は、第一項及び第二項の点検及び評価の結果並びに前項の措置の内容について、インターネットその他の高度情報通信ネットワーク（以下「インターネット等」という。）をはじめとした多様な媒体を活用すること等により、積極的に公表するよう努めなければならない。

(三) 広報活動及び情報公開

市町村立図書館は、当該図書館に対する住民の理解と関心を高め、利用者の拡大を図るため、広報紙等の定期的な刊行やインターネット等を活用した情報発信等、積極的かつ計画的な広報活動及び情報公開に努めるものとする。

㈣ 開館日時等

市町村立図書館は、利用者及び住民の利用を促進するため、開館日・開館時間の設定に当たっては、地域の実情や利用者及び住民の多様な生活時間等に配慮するものとする。また、移動図書館を運行する場合は、適切な周期による運行等に努めるものとする。

㈤ 図書館協議会

① 市町村教育委員会（法第八条に規定する特定地方公共団体である市町村の長がその設置、管理及び廃止に関する事務を管理し、及び執行することとされた図書館にあっては、当該市町村の長。以下同じ。）は、図書館協議会を設置し、地域の実情を踏まえ、利用者及び住民の要望を十分に反映した図書館の運営がなされるよう努めるものとする。

② 図書館協議会の委員には、法第十六条の規定により条例で定める委員の任命の基準に従いつつ、地域の実情に応じ、多様な人材の参画を得るよう努めるものとする。

㈥ 施設・設備

① 市町村立図書館は、この基準に示す図書館サービスの水準を達成するため、図書館資料の開架・閲覧、保存、視聴覚資料の視聴、情報の検索・レファレンスサービス、集会・展示、事務管理等に必要な施設・設備を確保するよう努めるものとする。

② 市町村立図書館は、高齢者、障害者、乳幼児とその保護者及び外国人その他特に配慮を必要とする者が図書館施設を円滑に利用できるよう、傾斜路や対面朗読室等の施設の整備、拡大読書器等資料の利用に必要な機器の整備、点字及び外国語による表示の充実等に努めるとともに、児童・青少年の利用を促進するため、専用スペースの確保等に努めるものとする。

2 図書館資料

㈠ 図書館資料の収集等

① 市町村立図書館は、利用者及び住民の要望、社会の要請並びに地域の実情に十分留意しつつ、図書館資料の収集に関する方針を定め、公表するよう努めるものとする。

② 市町村立図書館は、前項の方針を踏まえ、充実した図書館サービスを実施する上で必要となる十分な量の図書館資料を計画的に整備するよう努めるものとする。その際、郷土資料及び地方行政資料、新聞の全国紙及び主要な地方紙並びに視聴覚資料等多様な資料の整備にも努めるものとする。また、郷土資料及び地方行政資料の電子化に努めるものとする。

㈡ 図書館資料の組織化

市町村立図書館は、利用者の利便性の向上を図るため、図書館資料の分類、配架、目録・索引の整備等による組織化に十分配慮するとともに、書誌データの整備に努めるものとする。

3 図書館サービス

㈠ 貸出サービス等

市町村立図書館は、貸出サービスの充実を図るとともに、予約制度や複写サービス等の運用により利用者の多様な資料要求に的確に応えるよう努めるものとする。

㈡ 情報サービス

① 市町村立図書館は、インターネット等や商用データベース等の活用にも留意しつつ、利用者の求めに応じ、資料の提供・紹介及び情報の提示等を行うレファレンスサービスの充実・高度化に努めるものとする。

② 市町村立図書館は、図書館の利用案内、テーマ別の資料案内、資料検索システムの供用等のサービスの充実に努めるものとする。

③ 市町村立図書館は、利用者がインターネット等の利用により外部の情報にアクセスできる環境の提供、利用者の求めに応じ、求める資料・情報にアクセスできる地域内外の機関等を紹介するレフェラルサービスの実施に努めるものとする。

㈢ 地域の課題に対応したサービス

市町村立図書館は、利用者及び住民の生活や仕事に関する課題や地域の課題の解決に向けた活動を支援するため、利用者及び住民の要望並びに地域の実情を踏まえ、次に掲げる事項その他のサービスの実施に努めるものとする。

ア 就職・転職、起業、職業能力開発、日常の仕事等に関する資料及び情報の整備・提供

イ 子育て、教育、若者の自立支援、健康・医療、福祉、法律・司法手続等に関する資料及び情報の整備・提供

ウ 地方公共団体の政策決定、行政事務の執行・改善及びこれらに関する理解に必要な資料及び情報の整備・提供

㈣ 利用者に対応したサービス

市町村立図書館は、多様な利用者及び住民の利用を促進するため、関係機関・団体と連携を図りながら、次に掲げる事項その他のサービスの充実に努めるものとする。

ア （児童・青少年に対するサービス） 児童・青少年用図書の整備・提供、児童・青少年の読書活動を促進するための読み聞かせ等の実施、その保護者等を対象とした講座・展示会の実施、学校等の教育施設等との連携

イ （高齢者に対するサービス） 大活字本、録音資料等の整備・提供、図書館利用の際の介助、図書館資料等の代読サービスの実施

ウ （障害者に対するサービス） 点字資料、大活字本、録音資料、手話や字幕入りの映像資料等の整備

・提供、手話・筆談等によるコミュニケーションの確保、図書館利用の際の介助、図書館資料等の代読サービスの実施

エ　（乳幼児とその保護者に対するサービス）　乳幼児向けの図書及び関連する資料・情報の整備・提供、読み聞かせの支援、講座・展示会の実施、託児サービスの実施

オ　（外国人等に対するサービス）　外国語による利用案内の作成・頒布、外国語資料や各国事情に関する資料の整備・提供

カ　（図書館への来館が困難な者に対するサービス）
　宅配サービスの実施

(五)　多様な学習機会の提供

①　市町村立図書館は、利用者及び住民の自主的・自発的な学習活動を支援するため、講座、相談会、資料展示会等を主催し、又は関係行政機関、学校、他の社会教育施設、民間の関係団体等と共催して多様な学習機会の提供に努めるとともに、学習活動のための施設・設備の供用、資料の提供等を通じ、その活動環境の整備に努めるものとする。

②　市町村立図書館は、利用者及び住民の情報活用能力の向上を支援するため、必要な学習機会の提供に努めるものとする。

(六)　ボランティア活動等の促進

①　市町村立図書館は、図書館におけるボランティア活動が、住民等が学習の成果を活用する場であるとともに、図書館サービスの充実にも資するものであることにかんがみ、読み聞かせ、代読サービス等の多様なボランティア活動等の機会や場所を提供するよう努めるものとする。

②　市町村立図書館は、前項の活動への参加を希望する者に対し、当該活動の機会や場所に関する情報の提供や当該活動を円滑に行うための研修等を実施するよう努めるものとする。

4　職員

(一)　職員の配置等

①　市町村教育委員会は、市町村立図書館の館長として、その職責にかんがみ、図書館サービスその他の図書館の運営及び行政に必要な知識・経験とともに、司書となる資格を有する者を任命することが望ましい。

②　市町村教育委員会は、市町村立図書館が専門的なサービスを実施するために必要な数の司書及び司書補を確保するよう、その積極的な採用及び処遇改善に努めるとともに、これら職員の職務の重要性にかんがみ、その資質・能力の向上を図る観点から、第一の四の②に規定する関係機関等との計画的な人事交流（複数の市町村又は都道府県の機関等との広域的な人事交流を含む。）に努めるものとする。

③　市町村立図書館には、前項の司書及び司書補のほか、必要な数の職員を置くものとする。

④　市町村立図書館は、専門的分野に係る図書館サービスの充実を図るため、必要に応じ、外部の専門的知識・技術を有する者の協力を得るよう努めるものとする。

(二)　職員の研修

①　市町村立図書館は、司書及び司書補その他の職員の資質・能力の向上を図るため、情報化・国際化の進展等に留意しつつ、これらの職員に対する継続的・計画的な研修の実施等に努めるものとする。

②　市町村教育委員会は、市町村立図書館の館長その他の職員の資質・能力の向上を図るため、各種研修機会の拡充に努めるとともに、文部科学大臣及び都道府県教育委員会等が主催する研修その他必要な研修にこれら職員を参加させるよう努めるものとする。

二　都道府県立図書館

1　域内の図書館への支援

①　都道府県立図書館は、次に掲げる事項について、当該都道府県内の図書館の求めに応じて、それらの図書館への支援に努めるものとする。

ア　資料の紹介、提供に関すること

イ　情報サービスに関すること

ウ　図書館資料の保存に関すること

エ　郷土資料及び地方行政資料の電子化に関すること

オ　図書館の職員の研修に関すること

カ　その他図書館運営に関すること

②　都道府県立図書館は、当該都道府県内の図書館の状況に応じ、それらの図書館との間における情報通信技術を活用した情報の円滑な流通や、それらの図書館への資料の貸出のための円滑な搬送の確保に努めるものとする。

③　都道府県立図書館は、当該都道府県内の図書館の相互協力の促進等に資するため、当該都道府県内の図書館で構成する団体等を活用して、図書館間の連絡調整の推進に努めるものとする。

2　施設・設備

都道府県立図書館は、第二の二の6により準用する第二の一の1の(六)に定める施設・設備のほか、次に掲げる機能に必要な施設・設備の確保に努めるものとする。

ア　研修

イ　調査研究

ウ　市町村立図書館の求めに応じた資料保存等

3　調査研究

都道府県立図書館は、図書館サービスを効果的・効率的に行うための調査研究に努めるものとする。その際、特に、図書館に対する利用者及び住民の要望、図書館運営にかかわる地域の諸条件、利用者及び住民の利用促進に向けた新たなサービス等に関する調査研究に努めるものとする。

4　図書館資料

都道府県立図書館は、第二の二の6により準用する第

二の一の2に定める事項のほか、次に掲げる事項の実施に努めるものとする。

ア　市町村立図書館等の要求に十分に応えるための資料の整備

イ　高度化・多様化する図書館サービスへの要請に対応するための、郷土資料その他の特定分野に関する資料の目録・索引等の整備及び配布

5　職員

①　都道府県教育委員会（法第八条に規定する特定地方公共団体である都道府県の長がその設置、管理及び廃止に関する事務を管理し、及び執行することとされた図書館にあっては、当該都道府県の長。）は、都道府県立図書館において第二の二の6により準用する第二の一の4の㈠に定める職員のほか、第二の二の1、3及び4に掲げる機能を果たすために必要な職員を確保するよう努めるものとする。

②　都道府県教育委員会は、当該都道府県内の図書館の職員の資質・能力の向上を図るため、それらの職員を対象に、必要な研修を行うよう努めるものとする。

6　準用

第二の一に定める市町村立図書館に係る基準は、都道府県立図書館に準用する。

第三　私立図書館

一　管理運営

1　運営の状況に関する点検及び評価等

①　私立図書館は、その運営が適切に行われるよう、図書館サービスその他図書館の運営に関する適切な指標を選定し、これらに係る目標を設定した上で、その目標の達成状況等に関し自ら点検及び評価を行うよう努めるものとする。

②　私立図書館は、前項の点検及び評価のほか、当該図書館の運営体制の整備の状況に応じ、図書館の事業に関して学識経験のある者、当該図書館の利用者その他の関係者・第三者による評価を行うことが望ましい。

③　私立図書館は、前二項の点検及び評価の結果に基づき、当該図書館の運営の改善を図るため必要な措置を講ずるよう努めるものとする。

④　私立図書館は、第一項及び第二項の点検及び評価の結果並びに前項の措置の内容について、積極的に公表するよう努めるものとする。

2　広報活動及び情報公開

私立図書館は、積極的かつ計画的な広報活動及び情報公開を行うことが望ましい。

3　開館日時

私立図書館は、開館日・開館時間の設定に当たっては、多様な利用者に配慮することが望ましい。

4　施設・設備

私立図書館は、その設置の目的に基づく図書館サービスの水準を達成するため、多様な利用者に配慮しつつ、必要な施設・設備を確保することが望ましい。

二　図書館資料

私立図書館は、当該図書館が対象とする専門分野に応じて、図書館資料を計画的かつ継続的に収集・組織化・保存し、利用に供することが望ましい。

三　図書館サービス

私立図書館は、当該図書館における資料及び情報の整備状況、多様な利用者の要望等に配慮して、閲覧・貸出・レファレンスサービス等のサービスを適切に提供することが望ましい。

四　職員

①　私立図書館には、専門的なサービスを実施するために必要な数の司書及び司書補その他職員を置くことが望ましい。

②　私立図書館は、その職員の資質・能力の向上を図るため、当該職員に対する研修の機会を確保することが望ましい。

○博物館法

昭二六・一二・一
法　二　八　五

最終改正　令和元・六・七法二六

第一章　総則

（この法律の目的）

第一条　この法律は、社会教育法（昭和二十四年法律第二百七号）の精神に基き、博物館の設置及び運営に関して必要な事項を定め、その健全な発達を図り、もつて国民の教育、学術及び文化の発展に寄与することを目的とする。

（定義）

第二条　この法律において「博物館」とは、歴史、芸術、民俗、産業、自然科学等に関する資料を収集し、保管（育成を含む。以下同じ。）し、展示して教育的配慮の下に一般公衆の利用に供し、その教養、調査研究、レクリエーション等に資するために必要な事業を行い、あわせてこれらの資料に関する調査研究をすることを目的とする機関（社会教育法による公民館及び図書館法（昭和二十五年法律第百十八号）による図書館を除く。）のうち、地方公共団体、一般社団法人若しくは一般財団法人、宗教法人又は政令で定めるその他の法人（独立行政法人（独立行政法人通則法（平成十一年法律第百三号）第二条第一項に規定する独立行政法人をいう。第二十九条において同じ。）を除く。）が設置するもので次章の規定による登録を受けたものをいう。

2　この法律において、「公立博物館」とは、地方公共団体の設置する博物館をいい、「私立博物館」とは、一般社団法人若しくは一般財団法人、宗教法人又は前項の政令で定める法人の設置する博物館をいう。

3　この法律において「博物館資料」とは、博物館が収集し、保管し、又は展示する資料（電磁的記録（電子的方式、磁気

的方式その他人の知覚によつては認識することができない方式で作られた記録をいう。）を含む。）をいう。

（博物館の事業）

第三条　博物館は、前条第一項に規定する目的を達成するため、おおむね次に掲げる事業を行う。

一　実物、標本、模写、模型、文献、図表、写真、フィルム、レコード等の博物館資料を豊富に収集し、保管し、及び展示すること。

二　分館を設置し、又は博物館資料を当該博物館外で展示すること。

三　一般公衆に対して、博物館資料の利用に関し必要な説明、助言、指導等を行い、又は研究室、実験室、工作室、図書室等を設置してこれを利用させること。

四　博物館資料に関する専門的、技術的な調査研究を行うこと。

五　博物館資料の保管及び展示等に関する技術的研究を行うこと。

六　博物館資料に関する案内書、解説書、目録、図録、年報、調査研究の報告書等を作成し、及び頒布すること。

七　博物館資料に関する講演会、講習会、映写会、研究会等を主催し、及びその開催を援助すること。

八　当該博物館の所在地又はその周辺にある文化財保護法（昭和二十五年法律第二百十四号）の適用を受ける文化財について、解説書又は目録を作成する等一般公衆の当該文化財の利用の便を図ること。

九　社会教育における学習の機会を利用して行つた学習の成果を活用して行う教育活動その他の活動の機会を提供し、及びその提供を奨励すること。

十　他の博物館、博物館と同一の目的を有する国の施設等と緊密に連絡し、協力し、刊行物及び情報の交換、博物館資料の相互貸借等を行うこと。

十一　学校、図書館、研究所、公民館等の教育、学術又は文化に関する諸施設と協力し、その活動を援助すること。

2　博物館は、その事業を行うに当つては、土地の事情を考慮し、国民の実生活の向上に資し、更に学校教育を援助し得るようにも留意しなければならない。

（館長、学芸員その他の職員）

第四条　博物館に、館長を置く。

2　館長は、館務を掌理し、所属職員を監督して、博物館の任務の達成に努める。

3　博物館に、専門的職員として学芸員を置く。

4　学芸員は、博物館資料の収集、保管、展示及び調査研究その他これと関連する事業についての専門的事項をつかさどる。

5　博物館に、館長及び学芸員のほか、学芸員補その他の職員を置くことができる。

6　学芸員補は、学芸員の職務を助ける。

（学芸員の資格）

第五条　次の各号のいずれかに該当する者は、学芸員となる資格を有する。

一　学士の学位（学校教育法（昭和二十二年法律第二十六号）第百四条第二項に規定する文部科学大臣の定める学位（専門職大学を卒業した者に対して授与されるものに限る。）を含む。）を有する者で、大学において文部科学省令で定める博物館に関する科目の単位を修得したもの

二　大学に二年以上在学し、前号の博物館に関する科目の単位を含めて六十二単位以上を修得した者で、三年以上学芸員補の職にあつたもの

三　文部科学大臣が、文部科学省令で定めるところにより、前二号に掲げる者と同等以上の学力及び経験を有する者と認めた者

2　前項第二号の学芸員補の職には、官公署、学校又は社会教育施設（博物館の事業に類する事業を行う施設を含む。）における職で、社会教育主事、司書その他の学芸員補の職と同等以上の職として文部科学大臣が指定するものを含むものとする。

（学芸員補の資格）

第六条　学校教育法第九十条第一項の規定により大学に入学することのできる者は、学芸員補となる資格を有する。

（学芸員及び学芸員補の研修）

第七条　文部科学大臣及び都道府県の教育委員会は、学芸員及び学芸員補に対し、その資質の向上のために必要な研修を行うよう努めるものとする。

（設置及び運営上望ましい基準）

第八条　文部科学大臣は、博物館の健全な発達を図るために、博物館の設置及び運営上望ましい基準を定め、これを公表するものとする。

（運営の状況に関する評価等）

第九条　博物館は、当該博物館の運営の状況について評価を行うとともに、その結果に基づき博物館の運営の改善を図るため必要な措置を講ずるよう努めなければならない。

（運営の状況に関する情報の提供）

第九条の二　博物館は、当該博物館の事業に関する地域住民その他の関係者の理解を深めるとともに、これらの者との連携及び協力の推進に資するため、当該博物館の運営の状況に関する情報を積極的に提供するよう努めなければならない。

第二章　登録

（登録）

第十条　博物館を設置しようとする者は、当該博物館について、当該博物館の所在する都道府県の教育委員会（当該博物館（都道府県が設置するものを除く。）が指定都市（地方自治法（昭和二十二年法律第六十七号）第二百五十二条の十九第一項の指定都市をいう。以下この条及び第二十九条において同じ。）の区域内に所在する場合にあつては、当該指定都市の教育委員会。同条を除き、以下同じ。）に備える博物館登録原簿に登録を受けるものとする。

（登録の申請）

第十一条　前条の規定による登録を受けようとする者は、設置しようとする博物館について、左に掲げる事項を記載した登録申請書を都道府県の教育委員会に提出しなければならない。

一　設置者の名称及び私立博物館にあつては設置者の住所
二　名称
三　所在地
2　前項の登録申請書には、次に掲げる書類を添付しなければならない。
一　公立博物館にあつては、設置条例の写し、館則の写し、直接博物館の用に供する建物及び土地の面積を記載した書面及びその図面、当該年度における事業計画書及び予算の歳出の見積りに関する書類、博物館資料の目録並びに館長及び学芸員の氏名を記載した書面
二　私立博物館にあつては、当該法人の定款の写し又は当該宗教法人の規則の写し、館則の写し、直接博物館の用に供する建物及び土地の面積を記載した書面及びその図面、当該年度における事業計画書及び収支の見積りに関する書類、博物館資料の目録並びに館長及び学芸員の氏名を記載した書面

（登録要件の審査）
第十二条　都道府県の教育委員会は、前条の規定による登録の申請があつた場合においては、当該申請に係る博物館が左に掲げる要件を備えているかどうかを審査し、備えていると認めたときは、同条第一項各号に掲げる事項及び登録の年月日を博物館登録原簿に登録するとともに登録した旨を当該登録申請者に通知し、備えていないと認めたときは、登録しない旨をその理由を附記した書面で当該登録申請者に通知しなければならない。
一　第二条第一項に規定する目的を達成するために必要な博物館資料があること。
二　第二条第一項に規定する目的を達成するために必要な学芸員その他の職員を有すること。
三　第二条第一項に規定する目的を達成するために必要な建物及び土地があること。
四　一年を通じて百五十日以上開館すること。

（登録事項等の変更）
第十三条　博物館の設置者は、第十一条第一項各号に掲げる事項について変更があつたとき、又は同条第二項に規定する添付書類の記載事項について重要な変更があつたときは、その旨を都道府県の教育委員会に届け出なければならない。
2　都道府県の教育委員会は、第十一条第一項各号に掲げる事項に変更があつたことを知つたときは、当該博物館に係る登録事項の変更登録をしなければならない。

（登録の取消）
第十四条　都道府県の教育委員会は、博物館が第十二条各号に掲げる要件を欠くに至つたものと認めたとき、又は虚偽の申請に基いて登録した事実を発見したときは、当該博物館に係る登録を取り消さなければならない。但し、博物館が天災その他やむを得ない事由により要件を欠くに至つた場合においては、その要件を欠くに至つた日から二年間はこの限りでない。
2　都道府県の教育委員会は、前項の規定により登録の取消しをしたときは、当該博物館の設置者に対し、速やかにその旨を通知しなければならない。

（博物館の廃止）
第十五条　博物館の設置者は、博物館を廃止したときは、すみやかにその旨を都道府県の教育委員会に届け出なければならない。
2　都道府県の教育委員会は、博物館の設置者が当該博物館を廃止したときは、当該博物館に係る登録をまつ消しなければならない。

（規則への委任）
第十六条　この章に定めるものを除くほか、博物館の登録に関し必要な事項は、都道府県の教育委員会の規則で定める。
第十七条　削除

第三章　公立博物館

（設置）
第十八条　公立博物館の設置に関する事項は、当該博物館を設置する地方公共団体の条例で定めなければならない。

（所管）
第十九条　公立博物館は、当該博物館を設置する地方公共団体の教育委員会（地方教育行政の組織及び運営に関する法律（昭和三十一年法律第百六十二号）第二十三条第一項の条例の定めるところにより地方公共団体の長がその設置、管理及び廃止に関する事務を管理し、及び執行することとされた博物館にあつては、当該地方公共団体の長。第二十一条において同じ。）の所管に属する。

（博物館協議会）
第二十条　公立博物館に、博物館協議会を置くことができる。
2　博物館協議会は、博物館の運営に関し館長の諮問に応ずるとともに、館長に対して意見を述べる機関とする。
第二十一条　博物館協議会の委員は、当該博物館を設置する地方公共団体の教育委員会が任命する。
第二十二条　博物館協議会の設置、その委員の任命の基準、定数及び任期その他博物館協議会に関し必要な事項は、当該博物館を設置する地方公共団体の条例で定めなければならない。この場合において、委員の任命の基準については、文部科学省令で定める基準を参酌するものとする。

（入館料等）
第二十三条　公立博物館は、入館料その他博物館資料の利用に対する対価を徴収してはならない。但し、博物館の維持運営のためにやむを得ない事情のある場合は、必要な対価を徴収することができる。

（博物館の補助）
第二十四条　国は、博物館を設置する地方公共団体に対し、予算の範囲内において、博物館の施設、設備に要する経費その他必要な経費の一部を補助することができる。
2　前項の補助金の交付に関し必要な事項は、政令で定める。
第二十五条　削除

（補助金の交付中止及び補助金の返還）
第二十六条　国は、博物館を設置する地方公共団体に対し第二十四条の規定による補助金の交付をした場合において、左の各号の一に該当するときは、当該年度におけるその後の補助金の交付をやめるとともに、第一号の場合の取消が虚偽の申

請に基いて登録した事実の発見に因るものである場合には、既に交付した補助金を、第三号及び第四号に該当する場合には、既に交付した当該年度の補助金を返還させなければならない。

一　当該博物館について、第十四条の規定による登録の取消があつたとき。

二　地方公共団体が当該博物館を廃止したとき。

三　地方公共団体が補助金の交付の条件に違反したとき。

四　地方公共団体が虚偽の方法で補助金の交付を受けたとき。

第四章　私立博物館

（都道府県の教育委員会との関係）

第二十七条　都道府県の教育委員会は、博物館に関する指導資料の作成及び調査研究のために、私立博物館に対し必要な報告を求めることができる。

2　都道府県の教育委員会は、私立博物館に対し、その求めに応じて、私立博物館の設置及び運営に関して、専門的、技術的の指導又は助言を与えることができる。

（国及び地方公共団体との関係）

第二十八条　国及び地方公共団体は、私立博物館に対し、その求めに応じて、必要な物資の確保につき援助を与えることができる。

第五章　雑則

（博物館に相当する施設）

第二十九条　博物館の事業に類する事業を行う施設で、国又は独立行政法人が設置する施設にあつては文部科学大臣が、その他の施設にあつては当該施設の所在する都道府県の教育委員会（当該施設（都道府県が設置するものを除く。）が指定都市の区域内に所在する場合にあつては、当該指定都市の教育委員会）が文部科学省令で定めるところにより、博物館に相当する施設として指定したものについては、第二十七条第二項の規定を準用する。

附　則

（施行期日）

1　この法律は、公布の日から起算して三箇月を経過した日から施行する。

（経過規定）

2　第六条に規定する者には、旧中等学校令（昭和十八年勅令第三十六号）、旧高等学校令又は旧青年学校令（昭和十四年勅令第二百五十四号）の規定による中等学校、高等学校尋常科又は青年学校本科を卒業し、又は修了した者及び文部省令でこれらの者と同等以上の資格を有するものと定めた者を含むものとする。

○博物館法施行規則（抄）

昭三〇・一〇・四
文部令二四

最終改正　令和五・二・一〇文科令二

第一章　博物館に関する科目の単位

（博物館に関する科目の単位）

第一条　博物館法（昭和二十六年法律第二百八十五号。以下「法」という。）第五条第一項第一号に規定する博物館に関する科目の単位は、次の表に掲げるものとする。

科目	単位数
生涯学習概論	二
博物館概論	二
博物館経営論	二
博物館資料論	二
博物館資料保存論	二
博物館展示論	二
博物館教育論	二
博物館情報・メディア論	二
博物館実習	三

2　博物館に関する科目の単位のうち、すでに大学において修得した科目の単位又は第六条第三項に規定する試験科目について合格点を得ている科目は、これをもつて、前項の規定により修得すべき科目の単位に替えることができる。

（博物館実習）

第二条　前条に掲げる博物館実習は、博物館（法第二条第一項に規定する博物館をいう。以下同じ。）又は法第三十一条第一項の規定に基づき文部科学大臣若しくは都道府県若しくは指定都市（地方自治法（昭和二十二年法律第六十七号）第二百五十二条の十九第一項の指定都市をいう。以下同じ。）の教育委員会が博物館に相当する施設として指定した施設（大学においてこれに準ずると認めた施設を含む。）における実習により修得するものとする。

2　博物館実習には、大学における博物館実習に係る事前及び事後の指導を含むものとする。

第二章　学芸員及び学芸員補の資格

（学芸員となる資格を有する者と同等以上の学力及び経験を有する者）

第三条　法第五条第一項第三号の規定により学芸員となる資格を有する者と同等以上の学力及び経験を有する者と認められる者は、次の各号のいずれかに該当する者とする。

一　学校教育法施行規則（昭和二十二年文部省令第十一号）第百五十五条第一項各号のいずれかに該当する者であつて、大学において博物館に関する科目の単位を修得したもの

二　この章に定める試験認定又は審査認定（以下「資格認定」という。）の合格者

（資格認定の施行期日等）

第四条　資格認定は、少なくとも二年に一回、文部科学大臣が行う。

2　資格認定の施行期日、場所及び出願の期限等は、あらかじめ、インターネットの利用その他の適切な方法により公示する。

（試験認定の受験資格）

第五条　次の各号のいずれかに該当する者は、試験認定を受けることができる。

一　学校教育法（昭和二十二年法律第二十六号）第百二条第一項本文の規定により大学院に入学することができる者

二　大学に二年以上在学して六十二単位以上を修得した者（学校教育法施行規則第百五十五条第二項各号のいずれかに該当する者を含む。第九条第三号ロにおいて同じ。）であつて、二年以上博物館における博物館資料の収集、保管、展示及び調査研究その他これと関連する事業に関する実務（法第五条第二項に規定する職の実務を含む。以下「博物館資料関係実務」という。）を行つた経験を有するもの

三　学校教育法第九十条第一項の規定により大学に入学することのできる者であつて、四年以上博物館資料関係実務を行つた経験を有するもの

四　教育職員免許法（昭和二十四年法律第百四十七号）第二条第一項に規定する教育職員の普通免許状を有し、二年以上教育職員の職にあつた者

五　その他文部科学大臣が前各号に掲げる者と同等以上の資格を有すると認めた者

（試験認定の方法及び試験科目）

第六条　試験認定は、大学卒業の程度において、筆記の方法により行う。

2　試験認定は、二回以上にわたり、それぞれ一以上の試験科目について受けることができる。

3　試験科目は、次表に定めるとおりとする。

試験科目
生涯学習概論
博物館概論
博物館経営論
博物館資料論
博物館資料保存論
博物館展示論
博物館教育論
博物館情報・メディア論

（試験科目の免除）

第七条　大学において前条に規定する試験科目に相当する科目の単位を修得した者又は文部科学大臣が別に定めるところにより前条に規定する試験科目に相当する学習を修了した者に対しては、その願い出により、当該科目についての試験を免除する。

（審査認定の受験資格）

第九条　次の各号のいずれかに該当する者は、審査認定を受けることができる。

一　次のいずれかに該当する者であつて、二年以上博物館資料関係実務を行つた経験を有するもの

イ　学位規則（昭和二十八年文部省令第九号）による修士の学位又は専門職学位を有する者（学校教育法施行規則第百五十六条各号のいずれかに該当する者を含む。）

ロ　学位規則による博士の学位を有する者（旧学位令（大正九年勅令第二百号）による博士の称号を有する者及び外国において博士の学位に相当する学位を授与された者を含む。）

二　大学において博物館に関する科目（生涯学習概論を除く。）に関し二年以上教授、准教授、助教又は講師の職にあつた者であつて、二年以上博物館資料関係実務を行つた経験を有するもの

三　次のいずれかに該当する者であつて、都道府県の教育委

員会の推薦するもの
イ 学校教育法第百二条第一項本文の規定により大学院に入学することができる者であつて、四年以上博物館資料関係実務を行つた経験を有するもの
ロ 大学に二年以上在学し、六十二単位以上を修得した者であつて、六年以上博物館資料関係実務を行つた経験を有するもの
ハ 学校教育法第九十条第一項の規定により大学に入学することのできる者であつて、八年以上博物館資料関係実務を行つた経験を有するもの
四 その他文部科学大臣が前各号に掲げる者と同等以上の資格を有すると認めた者

（審査認定の方法）

第十条 審査認定は、次条の規定により願い出た者について、博物館に関する学識及び業績を審査して行うものとする。

（受験の手続）

第十一条 資格認定を受けようとする者は、受験願書（別記第一号様式により作成したもの）に次に掲げる書類等を添えて、文部科学大臣に願い出なければならない。この場合において、住民基本台帳法（昭和四十二年法律第八十一号）第三十条の九の規定により機構保存本人確認情報（同法第七条第八号の二に規定する個人番号を除く。）の提供を受けて文部科学大臣が資格認定を受けようとする者の氏名、生年月日及び住所を確認することができるときは、第三号に掲げる住民票の写しを添付することを要しない。
一 受験資格を証明する書類
二 履歴書（別記第二号様式により作成したもの）
三 戸籍抄本又は住民票の写し（いずれも出願前六月以内に交付を受けたもの）
四 写真（出願前六月以内に撮影した無帽かつ正面上半身のもの）
2 前項に掲げる書類は、やむを得ない事由があると文部科学大臣が特に認めた場合においては、他の証明書をもつて代えることができる。
3 第七条の規定に基づき試験認定の試験科目の免除を願い出る者については、その免除を受ける資格を証明する書類を提出しなければならない。
4 審査認定を願い出る者については、第一項各号に掲げるもののほか、次に掲げる資料又は書類を提出しなければならない。
一 第九条第一号又は同条第二号により出願する者にあつては、博物館に関する著書、論文、報告等
二 第九条第三号により出願する者にあつては、博物館に関する著書、論文、報告等又は博物館に関する顕著な実績を証明する書類
三 第九条第四号により出願する者にあつては、前二号に準ずる資料又は書類

（筆記試験及び試験認定合格者）

第十二条 試験科目（試験科目の免除を受けた者については、その免除を受けた科目を除く。）の全部について合格点を得た者（試験科目の全部について試験の免除を受けた者を含む。以下「筆記試験合格者」という。）であつて、一年間博物館資料関係実務を行つた後に文部科学大臣が認定したものを試験認定合格者とする。
2 筆記試験合格者が試験認定合格者になるためには、試験認定合格申請書（別記第三号様式によるもの）を文部科学大臣に提出しなければならない。

（審査認定合格者）

第十三条 第十条の規定による審査に合格した者を審査認定合格者とする。

（合格証書の授与等）

第十四条 試験認定合格者及び審査認定合格者に対しては、合格証書（別記第四号様式によるもの）を授与する。
2 筆記試験合格者に対しては、筆記試験合格証書（別記第五号様式によるもの）を授与する。
3 合格証書を有する者が、その氏名を変更し、又は合格証書を破損し、若しくは紛失した場合において、その事由をしるして願い出たときは、合格証書を書き換え又は再交付する。

（合格証明書の交付等）

第十五条 試験認定合格者又は審査認定合格者が、その合格の証明を願い出たときは、合格証明書（別記第六号様式によるもの）を交付する。
2 筆記試験合格者が、その合格の証明を申請したときは、筆記試験合格証明書（別記第七号様式によるもの）を交付する。
3 一以上の試験科目について合格点を得た者（筆記試験合格者を除く。次条及び第十七条において「筆記試験科目合格者」という。）がその科目合格の証明を願い出たときは、筆記試験科目合格証明書（別記第八号様式によるもの）を交付する。

（手数料）

第十六条 次表の上欄に掲げる者は、それぞれの下欄に掲げる額の手数料を納付しなければならない。

上欄	下欄
一 試験認定を願い出る者	一科目につき千三百円
二 審査認定を願い出る者	三千八百円
三 試験認定の試験科目の全部について免除を願い出る者	八百円
四 合格証書の書換え又は再交付を願い出る者	七百円
五 合格証明書の交付を願い出る者	七百円
六 筆記試験合格証明書の交付を願い出る者	七百円

七　筆記試験科目合格証明書の交付を願い出る者	七百円

2　前項の規定によつて納付すべき手数料は、収入印紙を用い、収入印紙は、各願書に貼るものとする。ただし、情報通信技術を活用した行政の推進等に関する法律（平成十四年法律第百五十一号）第六条第一項の規定に基づき申請等を行つた場合は、当該申請等により得られた納付情報により手数料を納付しなければならない。

3　納付した手数料は、これを返還しない。

（不正の行為を行つた者等に対する処分）

第十七条　虚偽若しくは不正の方法により資格認定を受け、又は資格認定を受けるにあたり不正の行為を行つた者に対しては、受験を停止し、既に受けた資格認定の成績を無効にするとともに、期間を定めてその後の資格認定を受けさせないことができる。

2　試験認定合格者、審査認定合格者、筆記試験合格者又は筆記試験科目合格者について前項の事実があつたことが明らかになつたときは、その合格を無効にするとともに、既に授与し、又は交付した合格証書その他当該合格を証明する書類を取り上げ、かつ、期間を定めてその後の資格認定を受けさせないことができる。

（学芸員補となる資格を有する者と同等以上の学力及び経験を有する者）

第十八条　法第六条第二号に規定する学芸員補となる資格を有する者と同等以上の学力及び経験を有する者として文部科学省令で定める者は、次の各号のいずれかに該当する者とする。

一　大学に二年以上在学し、博物館に関する科目の単位を含めて六十二単位以上を修得した者

二　学校教育法施行規則第百五十五条第二項各号のいずれかに該当する者であつて、大学において博物館に関する科目の単位を修得したもの

第三章　博物館の登録に係る基準を定めるに当たつて参酌すべき基準〔略〕

第四章　博物館協議会の委員の任命の基準を条例で定めるに当たつて参酌すべき基準〔略〕

第五章　博物館に相当する施設の指定

（申請の手続）

第二十三条　法第三十一条第一項の規定により博物館に相当する施設として文部科学大臣又は都道府県若しくは指定都市の教育委員会の指定を受けようとする場合は、次に掲げる事項を記載した指定申請書（別記第九号様式により作成したもの）を、国立の施設にあつては当該施設の長が、独立行政法人（独立行政法人通則法（平成十一年法律第百三号）第二条第一項に規定する独立行政法人をいう。第二十五条において同じ。）が設置する施設にあつては当該独立行政法人の長が文部科学大臣に、都道府県又は指定都市が設置する施設にあつては当該施設の長（大学に附属する施設にあつては当該大学の長）が、地方独立行政法人（地方独立行政法人法（平成十五年法律第百十八号）第二条第一項に規定する地方独立行政法人をいう。第二十五条において同じ。）が設置する施設にあつては当該地方独立行政法人の長が、その他の施設にあつては当該施設を設置する者（大学に附属する施設にあつては当該大学の長）が当該施設の所在する都道府県の教育委員会（当該施設（都道府県が設置するものを除く。）が指定都市の区域内に所在する場合にあつては、当該指定都市の教育委員会。第二十五条において同じ。）に、それぞれ提出しなければならない。

一　指定を受けようとする施設の設置者の氏名及び住所（法人にあつては、その名称、代表者の氏名及び主たる事務所の所在地）

二　指定を受けようとする施設の名称及び所在地

三　その他指定を行う者が定める事項

2　前項の指定申請書には、次に掲げる書類を添付しなければならない。

一　当該施設の運営に関する規則のうち、目的、開館日、運営組織その他の施設の運営上必要な事項を定めたもの

二　次条第一項各号に掲げる基準に適合していることを証する書類

三　その他指定を行う者が定める書類

（指定の審査）

第二十四条　文部科学大臣又は都道府県若しくは指定都市の教育委員会は、前条第一項の指定申請書の提出があつたときは、申請に係る施設が、次の各号に掲げる要件を備えているかどうかを審査するものとする。

一　当該施設の設置者が、その設置する博物館について法第十九条第一項の規定により登録を取り消され、その取消しの日から二年を経過しない者でなく、かつ、その設置する施設について法第三十一条第二項の規定により指定を取り消され、その取消しの日から二年を経過しない者でないこと。

二　当該施設における資料の収集、保管及び展示並びに資料に関する調査研究を行う体制が、当該施設が博物館の事業に類する事業を行うために必要なものとして文部科学大臣又は都道府県若しくは指定都市の教育委員会の定める基準に適合すること。

三　当該施設における職員の配置が、当該施設が博物館の事業に類する事業を行うために必要なものとして文部科学大臣又は都道府県若しくは指定都市の教育委員会の定める基準に適合すること。

四　当該施設の施設及び設備が、当該施設が博物館の事業に類する事業を行うために必要なものとして文部科学大臣又は都道府県若しくは指定都市の教育委員会の定める基準に適合すること。

五　一般公衆の利用のために当該施設及び設備を公開するこ

と。

六　一年を通じて百日以上開館すること。

2　文部科学大臣又は都道府県若しくは指定都市の教育委員会は、前項第二号から第四号までに規定する基準を定めるに当たつては、第十九条から第二十一条までの規定を参酌して定めるものとする。この場合において、第十九条（第七号を除く。）中「博物館資料」とあるのは「資料」と、同条第一号中「博物館を運営する」とあるのは「法第三十一条第一項の規定による指定を受けた施設（次条及び第二十一条において「指定施設」という。）を運営する」と、第二十条第一号及び第三号中「博物館」とあるのは「指定施設」と、同条第二号中「学芸員」とあるのは「学芸員に相当する職員」と、第二十一条第一号中「博物館資料」とあるのは「資料」と、同条第三号及び四号中「博物館」とあるのは「指定施設」とする。

3　前項に規定する指定の審査に当つては、必要に応じて当該施設の実地について審査するものとする。

（報告）

第二十五条　法第三十一条第一項の規定に基づき文部科学大臣又は都道府県若しくは指定都市の教育委員会が博物館に相当する施設として指定した施設（以下「指定施設」という。）が前条第一項に規定する要件を備えなくなつたときは、直ちにその旨を、国立の施設にあつては当該施設の長が、独立行政法人が設置する施設にあつては当該独立行政法人の長が文部科学大臣に、都道府県又は指定都市が設置する施設にあつては当該施設の長（大学に附属する施設にあつては当該大学の長）が、地方独立行政法人の長が、その他の施設にあつては当該施設を設置する者（大学に附属する施設にあつては当該大学の長）が当該施設の所在する都道府県の教育委員会に、それぞれ報告しなければならない。

第二十六条　文部科学大臣又は都道府県若しくは指定都市の教育委員会は、自ら法第三十一条第一項の規定により指定した指定施設に対し、第二十四条第一項に規定する要件に関し、必要な報告を求めることができる。

（指定の取消し）

第二十七条　法第三十一条第二項に規定する指定施設の指定を取り消すことができる事由は、次のとおりとする。

一　博物館の事業に類する事業を行う施設に該当しなくなつたと法第三十一条第一項の規定による指定をした者が認めるとき。

二　偽りその他不正の手段により法第三十一条第一項の規定による指定を受けたとき。

三　第二十五条の規定による報告をせず、又は虚偽の報告をしたとき。

四　前条の規定による文部科学大臣又は都道府県若しくは指定都市の教育委員会の求めに対して報告をせず、又は虚偽の報告をしたとき。

附　則（抄）

1　この省令は、公布の日から施行する。

別記第一号様式～第九号様式（略）

○文化財保護法（抄）

昭二五・五・三〇
法　二一四

最終改正　令和四・六・一七法六八

第一章　総則

（この法律の目的）

第一条　この法律は、文化財を保存し、且つ、その活用を図り、もつて国民の文化的向上に資するとともに、世界文化の進歩に貢献することを目的とする。

（文化財の定義）

第二条　この法律で「文化財」とは、次に掲げるものをいう。

一　建造物、絵画、彫刻、工芸品、書跡、典籍、古文書その他の有形の文化的所産で我が国にとつて歴史上又は芸術上価値の高いもの（これらのものと一体をなしてその価値を形成している土地その他の物件を含む。）並びに考古資料及びその他の学術上価値の高い歴史資料（以下「有形文化財」という。）

二　演劇、音楽、工芸技術その他の無形の文化的所産で我が国にとつて歴史上又は芸術上価値の高いもの（以下「無形文化財」という。）

三　衣食住、生業、信仰、年中行事等に関する風俗慣習、民俗芸能、民俗技術及びこれらに用いられる衣服、器具、家屋その他の物件で我が国民の生活の推移の理解のため欠くことのできないもの（以下「民俗文化財」という。）

四　貝づか、古墳、都城跡、城跡、旧宅その他の遺跡で我が国にとつて歴史上又は学術上価値の高いもの、庭園、橋梁、峡谷、海浜、山岳その他の名勝地で我が国にとつて芸術上又は観賞上価値の高いもの並びに動物（生息地、繁殖地及び渡来地を含む。）、植物（自生地を含む。）及び地質鉱物（特異な自然の現象の生じている土地を含む。）で我が国にとつて学術上価値の高いもの（以下「記念物」という。）
五 地域における人々の生活又は生業及び当該地域の風土により形成された景観地で我が国民の生活又は生業の理解のため欠くことのできないもの（以下「文化的景観」という。）
六 周囲の環境と一体をなして歴史的風致を形成している伝統的な建造物群で価値の高いもの（以下「伝統的建造物群」という。）

2 この法律の規定（第二十七条から第二十九条まで、第三十七条、第五十五条第一項第四号、第百五十三条第一項第一号、第百六十五条、第百七十一条及び附則第三条の規定を除く。）中「重要文化財」には、国宝を含むものとする。

3 この法律の規定（第百九条、第百十条、第百十二条、第百二十二条、第百三十一条第一項第四号、第百五十三条第一項第十号及び第十一号、第百六十五条並びに第百七十一条の規定を除く。）中「史跡名勝天然記念物」には、特別史跡名勝天然記念物を含むものとする。

（政府及び地方公共団体の任務）

第三条 政府及び地方公共団体は、文化財がわが国の歴史、文化等の正しい理解のため欠くことのできないものであり、且つ、将来の文化の向上発展の基礎をなすものであることを認識し、その保存が適切に行われるように、周到の注意をもつてこの法律の趣旨の徹底に努めなければならない。

（国民、所有者等の心構）

第四条 一般国民は、政府及び地方公共団体がこの法律の目的を達成するために行う措置に誠実に協力しなければならない。

2 文化財の所有者その他の関係者は、文化財が貴重な国民的財産であることを自覚し、これを公共のために大切に保存するとともに、できるだけこれを公開する等その文化的活用に努めなければならない。

3 政府及び地方公共団体は、この法律の執行に当つて関係者の所有権その他の財産権を尊重しなければならない。

第二章 削除

第五条から第二十六条まで 削除

第三章 有形文化財

第一節 重要文化財

第一款 指定

（指定）

第二十七条 文部科学大臣は、有形文化財のうち重要なものを重要文化財に指定することができる。

2 文部科学大臣は、重要文化財のうち世界文化の見地から価値の高いもので、たぐいない国民の宝たるものを国宝に指定することができる。

（告示、通知及び指定書の交付）

第二十八条 前条の規定による指定は、その旨を官報で告示するとともに、当該国宝又は重要文化財の所有者に通知してする。

2 前条の規定による指定は、前項の規定による官報の告示があつた日からその効力を生ずる。但し、当該国宝又は重要文化財の所有者に対しては、同項の規定による通知が当該所有者に到達した時からその効力を生ずる。

3 前条の規定による指定をしたときは、文部科学大臣は、当該国宝又は重要文化財の所有者に指定書を交付しなければならない。

4 指定書に記載すべき事項その他指定書に関し必要な事項は、文部科学省令で定める。

5 第三項の規定により国宝の指定書の交付を受けたときは、所有者は、三十日以内に国宝に指定された重要文化財の指定書を文部科学大臣に返付しなければならない。

（解除）

第二十九条 国宝又は重要文化財が国宝又は重要文化財としての価値を失つた場合その他特殊の事由があるときは、文部科学大臣は、国宝又は重要文化財の指定を解除することができる。

2 前項の規定による指定の解除は、その旨を官報で告示するとともに、当該国宝又は重要文化財の所有者に通知してする。

3 第一項の規定による指定の解除には、前条第二項の規定を準用する。

4 第二項の通知を受けたときは、所有者は、三十日以内に指定書を文部科学大臣に返付しなければならない。

5 第一項の規定により国宝の指定を解除した場合において当該有形文化財につき重要文化財の指定を解除しないときは、文部科学大臣は、直ちに重要文化財の指定書を所有者に交付しなければならない。

第二款 管理（略）

第三款 保護（略）

第四款 公開（略）

第五款 重要文化財保存活用計画

（重要文化財保存活用計画の認定）

第五十三条の二 重要文化財の所有者（管理団体がある場合は、その者）は、文部科学省令で定めるところにより、重要文化財の保存及び活用に関する計画（以下「重要文化財保存活用計画」という。）を作成し、文化庁長官の認定を申請することができる。

2 重要文化財保存活用計画には、次に掲げる事項を記載するものとする。
一 当該重要文化財の名称及び所在の場所
二 当該重要文化財の保存及び活用のために行う具体的な措置の内容
三 計画期間
四 その他文部科学省令で定める事項

3 前項第二号に掲げる事項には、次に掲げる事項を記載することができる。
一 当該重要文化財の現状変更又は保存に影響を及ぼす行為に関する事項
二 当該重要文化財の修理に関する事項
三 当該重要文化財（建造物であるものを除く。次項第六号

において同じ。）の公開を目的とする寄託契約に関する事項

4　文化庁長官は、第一項の規定による認定の申請があつた場合において、その重要文化財保存活用計画が次の各号のいずれにも適合するものであると認めるときは、その認定をするものとする。

一　当該重要文化財保存活用計画の実施が当該重要文化財の保存及び活用に寄与するものであると認められること。

二　円滑かつ確実に実施されると見込まれるものであること。

三　第百八十三条の二第一項に規定する文化財保存活用大綱又は第百八十三条の五第一項に規定する認定文化財保存活用地域計画が定められているときは、これらに照らし適切なものであること。

四　当該重要文化財保存活用計画に前項第一号に掲げる事項が記載されている場合には、その内容が重要文化財の現状変更又は保存に影響を及ぼす行為を適切に行うために必要なものとして文部科学省令で定める基準に適合するものであること。

五　当該重要文化財保存活用計画に前項第二号に掲げる事項が記載されている場合には、その内容が重要文化財の修理を適切に行うために必要なものとして文部科学省令で定める基準に適合するものであること。

六　当該重要文化財保存活用計画に前項第三号に掲げる事項が記載されている場合には、当該寄託契約の内容が重要文化財の公開を適切かつ確実に行うために必要なものとして文部科学省令で定める基準に適合するものであること。

5　文化庁長官は、前項の認定をしたときは、遅滞なく、その旨を当該認定を申請した者に通知しなければならない。

（認定を受けた重要文化財保存活用計画の変更）

第五十三条の三　前条第四項の認定を受けた重要文化財の所有者又は管理団体は、当該認定を受けた重要文化財保存活用計画の変更（文部科学省令で定める軽微な変更を除く。）をしようとするときは、文化庁長官の認定を受けなければならない。

2　前条第四項及び第五項の規定は、前項の認定について準用する。

（現状変更等の許可の特例）

第五十三条の四　第五十三条の二第三項第一号に掲げる事項が記載された重要文化財保存活用計画が同条第四項の認定（前条第一項の変更の認定を含む。以下この款及び第百五十三条第二項第六号において同じ。）を受けた場合において、当該重要文化財の現状変更又は保存に影響を及ぼす行為をその記載された事項の内容に即して行うに当たり、第四十三条第一項の許可を受けなければならないときは、同項の規定にかかわらず、当該現状変更又は保存に影響を及ぼす行為が終了した後遅滞なく、文部科学省令で定めるところにより、その旨を文化庁長官に届け出ることをもつて足りる。

（修理の届出の特例）

第五十三条の五　第五十三条の二第三項第二号に掲げる事項が記載された重要文化財保存活用計画が同条第四項の認定を受けた場合において、当該重要文化財の修理をその記載された事項の内容に即して行うに当たり、第四十三条の二第一項の規定による届出を行わなければならないときは、同項の規定にかかわらず、当該修理が終了した後遅滞なく、文部科学省令で定めるところにより、その旨を文化庁長官に届け出ることをもつて足りる。

（認定重要文化財保存活用計画の実施状況に関する報告の徴収）

第五十三条の六　文化庁長官は、第五十三条の二第四項の認定を受けた重要文化財の所有者又は管理団体に対し、当該認定を受けた重要文化財保存活用計画（変更があつたときは、その変更後のもの。次条第一項及び第五十三条の八において「認定重要文化財保存活用計画」という。）の実施の状況について報告を求めることができる。

（認定の取消し）

第五十三条の七　文化庁長官は、認定重要文化財保存活用計画が第五十三条の二第四項各号のいずれかに適合しなくなつたと認めるときは、その認定を取り消すことができる。

2　文化庁長官は、前項の規定により認定を取り消したときは、遅滞なく、その旨を当該認定を受けていた者に通知しなければならない。

（所有者等への指導又は助言）

第五十三条の八　都道府県及び市町村の教育委員会（地方教育行政の組織及び運営に関する法律（昭和三十一年法律第百六十二号）第二十三条第一項の条例の定めるところによりその長が文化財の保護に関する事務を管理し、及び執行することとされた地方公共団体（以下「特定地方公共団体」という。）にあつては、その長。第百八十三条の八第四項、第百九十条第一項及び第百九十一条第一項を除き、以下同じ。）は、重要文化財の所有者又は管理団体の求めに応じ、重要文化財保存活用計画の作成及び認定重要文化財保存活用計画の円滑かつ確実な実施に関し必要な指導又は助言をすることができる。

2　文化庁長官は、重要文化財の所有者又は管理団体の求めに応じ、重要文化財保存活用計画の作成及び認定重要文化財保存活用計画の円滑かつ確実な実施に関し必要な指導又は助言をするように努めなければならない。

第六款　調査〔略〕

第二節　登録有形文化財〔略〕

第三節　重要文化財及び登録有形文化財以外の有形文化財〔略〕

第四章　無形文化財

第一節　重要無形文化財

（重要無形文化財の指定等）

第七十一条　文部科学大臣は、無形文化財のうち重要なものを重要無形文化財に指定することができる。

2　文部科学大臣は、前項の規定による指定をするに当たつては、当該重要無形文化財の保持者又は保持団体（無形文化財を保持する者が主たる構成員となつている団体で代表者の定めのあるものをいう。以下同じ。）を認定しなければならな

い。

3　第一項の規定による指定及び前項の規定による認定は、その旨を官報で告示するとともに、当該重要無形文化財の保持者又は保持団体として認定するもの（保持団体にあつては、その代表者）に通知してする。

4　文部科学大臣は、第一項の規定による指定をした後においても、当該重要無形文化財の保持者又は保持団体として第二項の規定による認定をするに足りるものがあると認めるときは、そのものについて追加して当該認定をすることができる。

（重要無形文化財の指定等の解除）

第七十二条　重要無形文化財が重要無形文化財としての価値を失つた場合その他特殊の事由があるときは、文部科学大臣は、重要無形文化財の指定を解除することができる。

2　保持者が心身の故障のため保持者として適当でなくなつたと認められる場合、保持団体がその構成員の異動のため保持団体として適当でなくなつたと認められる場合その他特殊の事由があるときは、文部科学大臣は、保持者又は保持団体の認定を解除することができる。

3　第一項の規定による指定の解除又は前項の規定による認定の解除は、その旨を官報で告示するとともに、当該重要無形文化財の保持者又は保持団体の代表者に通知してする。

4　保持者が死亡したとき、又は保持団体が解散したとき（消滅したときを含む。以下この条及び次条において同じ。）は、当該保持者又は保持団体の認定は解除されたものとし、保持者のすべてが死亡したとき、又は保持団体のすべてが解散したときは、重要無形文化財の指定は解除されたものとする。この場合には、文部科学大臣は、その旨を官報で告示しなければならない。

（保持者の氏名変更等）

第七十三条　保持者が氏名若しくは住所を変更し、又は死亡したとき、その他文部科学省令の定める事由があるときは、保持者又はその相続人は、文部科学省令の定める事項を記載した書面をもつて、その事由の生じた日（保持者の死亡に係る場合は、相続人がその事実を知つた日）から二十日以内に文化庁長官に届け出なければならない。保持団体が名称、事務所の所在地若しくは代表者を変更し、構成員に異動を生じ、又は解散したときも、代表者（保持団体が解散した場合にあつては、代表者であつた者）について、同様とする。

（重要無形文化財の保存）

第七十四条　文化庁長官は、重要無形文化財の保存のため必要があると認めるときは、重要無形文化財について自ら記録の作成、伝承者の養成その他その保存のため適当な措置を執ることができるものとし、国は、保持者、保持団体又は地方公共団体その他その保存に当たることが適当と認められる者（以下この節において「保持者等」という。）に対し、その保存に要する経費の一部を補助することができる。

2　前項の規定により補助金を交付する場合には、第三十五条第二項及び第三項の規定を準用する。

（重要無形文化財の公開）

第七十五条　文化庁長官は、重要無形文化財の保持者又は保持団体に対し重要無形文化財の公開を、重要無形文化財の記録の所有者に対しその記録の公開を勧告することができる。

2　重要無形文化財の保持者又は保持団体が重要無形文化財を公開する場合には、第五十一条第七項の規定を準用する。

3　重要無形文化財の記録の所有者がその記録を公開する場合には、国は、その公開に要する経費の一部を補助することができる。

（重要無形文化財の保存に関する助言又は勧告）

第七十六条　文化庁長官は、重要無形文化財の保持者等に対し、重要無形文化財の保存のため必要な助言又は勧告をすることができる。

（重要無形文化財保存活用計画の認定）

第七十六条の二　重要無形文化財の保持者等は、文部科学省令で定めるところにより、重要無形文化財の保存及び活用に関する計画（以下この節及び第百五十三条第二項第八号において「重要無形文化財保存活用計画」という。）を作成し、文化庁長官の認定を申請することができる。

2　重要無形文化財保存活用計画には、次に掲げる事項を記載するものとする。

一　当該重要無形文化財の名称及び保持者又は保持団体

二　当該重要無形文化財の保存及び活用のために行う具体的な措置の内容

三　計画期間

四　その他文部科学省令で定める事項

3　文化庁長官は、第一項の規定による認定の申請があつた場合において、その重要無形文化財保存活用計画が次の各号のいずれにも適合するものであると認めるときは、その認定をするものとする。

一　当該重要無形文化財保存活用計画の実施が当該重要無形文化財の保存及び活用に寄与するものであると認められること。

二　円滑かつ確実に実施されると見込まれるものであること。

三　第百八十三条の二第一項に規定する文化財保存活用大綱又は第百八十三条の五第一項に規定する認定文化財保存活用地域計画が定められているときは、これらに照らし適切なものであること。

4　文化庁長官は、前項の認定をしたときは、遅滞なく、その旨を当該認定を申請した者に通知しなければならない。

（認定を受けた重要無形文化財保存活用計画の変更）

第七十六条の三　前条第三項の認定を受けた重要無形文化財の保持者等は、当該認定を受けた重要無形文化財保存活用計画の変更（文部科学省令で定める軽微な変更を除く。）をしようとするときは、文化庁長官の認定を受けなければならない。

2　前条第三項及び第四項の規定は、前項の認定について準用する。

（認定重要無形文化財保存活用計画の実施状況に関する報告の徴収）

第七十六条の四　文化庁長官は、第七十六条の二第三項の認定を受けた重要無形文化財の保持者等に対し、当該認定（前条第一項の変更の認定を含む。次条及び第百五十三条第二項第八号において同じ。）を受けた重要無形文化財保存活用計画（変更があつたときは、その変更後のもの。次条第一項及び第七十六条の六において「認定重要無形文化財保存活用計画」という。）の実施の状況について報告を求めることができる。

（認定の取消し）

第七十六条の五　文化庁長官は、認定重要無形文化財保存活用計画が第七十六条の二第三項各号のいずれかに適合しなくなつたと認めるときは、その認定を取り消すことができる。

2　文化庁長官は、前項の規定により認定を取り消したときは、遅滞なく、その旨を当該認定を受けていた者に通知しなければならない。

（保持者等への指導又は助言）

第七十六条の六　都道府県及び市町村の教育委員会は、重要無形文化財の保持者等の求めに応じ、重要無形文化財保存活用計画の作成及び認定重要無形文化財保存活用計画の円滑かつ確実な実施に関し必要な指導又は助言をすることができる。

2　文化庁長官は、重要無形文化財の保持者等の求めに応じ、重要無形文化財保存活用計画の作成及び認定重要無形文化財保存活用計画の円滑かつ確実な実施に関し必要な指導又は助言をするように努めなければならない。

第二節　登録無形文化財〔略〕

第三節　重要無形文化財及び登録無形文化財以外の無形文化財〔略〕

第五章　民俗文化財〔略〕

第六章　埋蔵文化財〔略〕

第七章　史跡名勝天然記念物〔略〕

第八章　重要文化的景観〔略〕

第九章　伝統的建造物群保存地区〔略〕

第十章　文化財の保存技術の保護〔略〕

第十一章　文化審議会への諮問

第百五十三条　文部科学大臣は、次に掲げる事項については、あらかじめ、文化審議会に諮問しなければならない。

一　国宝又は重要文化財の指定及びその指定の解除

二　登録有形文化財の登録及びその登録の抹消（第五十九条第一項又は第二項の規定による登録の抹消を除く。）

三　重要無形文化財の指定及びその指定の解除

四　重要無形文化財の保持者又は保持団体の認定及びその認定の解除

五　登録無形文化財の登録及びその登録の抹消（第七十六条の八第一項又は第二項の規定による登録の抹消を除く。）

六　登録無形文化財の保持者又は保持団体の認定及びその認定の解除

七　重要有形民俗文化財又は重要無形民俗文化財の指定及びその指定の解除

八　登録有形民俗文化財の登録及びその登録の抹消（第九十条第三項で準用する第五十九条第一項又は第二項の規定による登録の抹消を除く。）

九　登録無形民俗文化財の登録及びその登録の抹消（第九十条の六第一項又は第二項の規定による登録の抹消を除く。）

十　特別史跡名勝天然記念物又は史跡名勝天然記念物の指定及びその指定の解除

十一　史跡名勝天然記念物の仮指定の解除

十二　登録記念物の登録及びその登録の抹消（第百三十三条で準用する第五十九条第一項又は第二項の規定による登録の抹消を除く。）

十三　重要文化的景観の選定及びその選定の解除

十四　重要伝統的建造物群保存地区の選定及びその選定の解除

十五　選定保存技術の選定及びその選定の解除

十六　選定保存技術の保持者又は保存団体の認定及びその認定の解除

2　文化庁長官は、次に掲げる事項については、あらかじめ、文化審議会に諮問しなければならない。

一　重要文化財の管理又は国宝の修理に関する命令

二　文化庁長官による国宝の修理又は滅失、毀損若しくは盗難の防止の措置の施行

三　重要文化財の現状変更又は保存に影響を及ぼす行為の許可

四　重要文化財の環境保全のための制限若しくは禁止又は必要な施設の命令

五　国による重要文化財の買取り

六　重要文化財保存活用計画の第五十三条の二第四項の認定

七　登録有形文化財保存活用計画の第六十七条の二第四項の認定

八　重要無形文化財保存活用計画の第七十六条の二第三項の認定

九　登録無形文化財保存活用計画の第七十六条の十三第三項の認定

十　重要無形文化財及び登録無形文化財以外の無形文化財のうち文化庁長官が記録を作成すべきもの又は記録の作成等につき補助すべきものの選択

十一　重要有形民俗文化財の管理に関する命令

十二　重要有形民俗文化財の買取り

十三　重要有形民俗文化財保存活用計画の第八十五条の二第四項の認定

十四　重要無形民俗文化財保存活用計画の第八十九条の二第三項の認定（第八十九条の三において準用する第七十六条の三第一項の変更の認定を含む。）

十五　登録有形民俗文化財保存活用計画の第九十条の二第四項の認定

十六　登録無形民俗文化財保存活用計画の第九十条の十一において準用する第七十六条の十第三項の認定（第九十条の十一において準用する第七十六条の

十四第一項の変更の認定を含む。）

十七　重要無形民俗文化財及び登録無形民俗文化財以外の無形の民俗文化財のうち文化庁長官が記録を作成すべきもの又は記録の作成等につき補助すべきものの選択

十八　遺跡の現状変更となる行為についての停止命令又は禁止命令の期間の延長

十九　文化庁長官による埋蔵文化財の調査のための発掘の施行

二十　史跡名勝天然記念物の管理又は特別史跡名勝天然記念物の復旧に関する命令

二十一　文化庁長官による特別史跡名勝天然記念物の復旧又は滅失、毀損、衰亡若しくは盗難の防止の措置の施行

二十二　史跡名勝天然記念物の現状変更又は保存に影響を及ぼす行為の許可

二十三　史跡名勝天然記念物の環境保全のための制限若しくは禁止又は必要な施設の命令

二十四　史跡名勝天然記念物の現状変更若しくは保存に影響を及ぼす行為の許可を受けず、若しくはその許可の条件に従わない場合又は史跡名勝天然記念物の環境保全のための制限若しくは禁止に違反した場合の原状回復の命令

二十五　史跡名勝天然記念物保存活用計画の第百二十九条の二第四項の認定

二十六　登録記念物保存活用計画の第百三十三条の二第四項の認定

二十七　重要文化的景観の管理に関する命令

二十八　第百八十三条の三第一項に規定する文化財保存活用地域計画の同条第五項の認定（第百八十三条の四第一項の変更の認定を含む。）

二十九　第百八十四条第一項の政令（同項第二号に掲げる事務に係るものに限る。）又は第百八十四条の二第一項の政令（第百八十四条第一項第二号に掲げる事務に係るものに限る。）の制定又は改廃の立案

第十二章　補則

第一節　聴聞、意見の聴取及び審査請求（略）

第二節　国に関する特例（略）

第三節　地方公共団体及び教育委員会

（地方公共団体の事務）

第百八十二条　地方公共団体は、文化財の管理、修理、復旧、公開その他その保存及び活用に要する経費につき補助することができる。

2　地方公共団体は、条例の定めるところにより、重要文化財、重要無形文化財、重要有形民俗文化財、重要無形民俗文化財及び史跡名勝天然記念物以外の文化財で当該地方公共団体の区域内に存するもののうち重要なものを指定して、その保存及び活用のため必要な措置を講ずることができる。

3　地方公共団体は、条例の定めるところにより、重要文化財、登録有形文化財、重要無形文化財、登録無形文化財、重要有形民俗文化財、重要無形民俗文化財、登録有形民俗文化財、登録無形民俗文化財、史跡名勝天然記念物及び登録記念物以外の文化財で当該地方公共団体の区域内に存するもの（前項に規定する指定を行つているものを除く。）のうち、その文化財としての価値に鑑み保存及び活用のための措置が特に必要とされるものを当該地方公共団体の文化財に関する登録簿に登録して、その保存及び活用のため必要な措置を講ずることができる。

4　第二項に規定する条例の制定若しくはその改廃又は同項に規定する文化財の指定若しくはその解除を行つた場合には、教育委員会は、文部科学省令の定めるところにより、文化庁長官にその旨を報告しなければならない。

（第百八十二条第三項に規定する登録をした文化財の登録の提案）

第百八十二条の二　都道府県又は市町村の教育委員会（地方文化財保護審議会を置くものに限る。以下この条において同じ。）は、前条第三項に規定する登録をした文化財であつて第五十七条第一項、第七十六条の七第一項、第九十条第一項、第九十条の五第一項又は第百三十二条第一項の規定により登録されることが適当であると思料するものがあるときは、文部科学省令で定めるところにより、文部科学大臣に対し、当該文化財を文化財登録原簿に登録することを提案することができる。

2　都道府県又は市町村の教育委員会は、前項の規定による提案をするときは、あらかじめ、地方文化財保護審議会の意見を聴かなければならない。

3　文部科学大臣は、第一項の規定による提案が行われた場合において、当該提案に係る文化財について第五十七条第一項、第七十六条の七第一項、第九十条第一項、第九十条の五第一項又は第百三十二条第一項の規定による登録をしないこととしたときは、遅滞なく、その旨及びその理由を当該提案をした都道府県又は市町村の教育委員会に通知しなければならない。

（地方債についての配慮）

第百八十三条　地方公共団体が文化財の保存及び活用を図るために行う事業に要する経費に充てるために起こす地方債については、法令の範囲内において、資金事情及び当該地方公共団体の財政状況が許す限り、適切な配慮をするものとする。

（文化財保存活用大綱）

第百八十三条の二　都道府県の教育委員会は、当該都道府県の区域における文化財の保存及び活用に関する総合的な施策の大綱（次項及び次条において「文化財保存活用大綱」という。）を定めることができる。

2　都道府県の教育委員会は、文化財保存活用大綱を定め、又は変更したときは、遅滞なく、これを公表するよう努めるとともに、文化庁長官及び関係市町村に送付しなければならない。

（文化財保存活用地域計画の認定）

第百八十三条の三　市町村の教育委員会（地方文化財保護審議会を置くものに限る。）は、文部科学省令で定めるところにより、単独で又は共同して、文化財保存活用大綱が定められているときは当該文化財保存活用大綱を勘案して、当該市町村の区域における文化財の保存及び活用に関する総合的な計画（以下この節及び第百九十二条の六第一項において「文化

財保存活用地域計画」という。）を作成し、文化庁長官の認定を申請することができる。

2　文化財保存活用地域計画には、次に掲げる事項を記載するものとする。

一　当該市町村の区域における文化財の保存及び活用に関する基本的な方針

二　当該市町村の区域における文化財の保存及び活用を図るために当該市町村が講ずる措置の内容

三　当該市町村の区域における文化財を把握するための調査に関する事項

四　計画期間

五　その他文部科学省令で定める事項

3　市町村の教育委員会は、文化財保存活用地域計画を作成しようとするときは、あらかじめ、公聴会の開催その他の住民の意見を反映させるために必要な措置を講ずるよう努めるとともに、地方文化財保護審議会（第百八十三条の九第一項に規定する協議会が組織されている場合にあつては、地方文化財保護審議会及び当該協議会。第百八十三条の五第二項において同じ。）の意見を聴かなければならない。

4　文化財保存活用地域計画は、地域における歴史的風致の維持及び向上に関する法律（平成二十年法律第四十号）第五条第一項に規定する歴史的風致維持向上計画が定められているときは、当該歴史的風致維持向上計画との調和が保たれたものでなければならない。

5　文化庁長官は、第一項の規定による認定の申請があつた場合において、その文化財保存活用地域計画が次の各号のいずれにも適合するものであると認めるときは、その認定をするものとする。

一　当該文化財保存活用地域計画の実施が当該市町村の区域における文化財の保存及び活用に寄与するものであると認められること。

二　円滑かつ確実に実施されると見込まれるものであること。

三　文化財保存活用大綱が定められているときは、当該文化財保存活用大綱に照らし適切なものであること。

6　文化庁長官は、前項の認定をしようとするときは、あらかじめ、文部科学大臣を通じ関係行政機関の長に協議しなければならない。

7　文化庁長官は、第五項の認定をしたときは、遅滞なく、その旨を当該認定を申請した市町村の教育委員会に通知しなければならない。

8　市町村の教育委員会は、前項の通知を受けたときは、遅滞なく、当該通知に係る文化財保存活用地域計画を公表するよう努めなければならない。

（認定を受けた文化財保存活用地域計画の変更）

第百八十三条の四　前条第五項の認定を受けた市町村（以下この節及び第百九十二条の六第二項において「認定市町村」という。）の教育委員会は、当該認定を受けた文化財保存活用地域計画の変更（文部科学省令で定める軽微な変更を除く。）をしようとするときは、文化庁長官の認定を受けなければならない。

2　前条第三項から第八項までの規定は、前項の認定について準用する。

（認定市町村の教育委員会による文化財の登録の提案）

第百八十三条の五　認定市町村の教育委員会は、第百八十三条の三第五項の認定（前条第一項の変更の認定を含む。第百八十三条の七第一項及び第二項において同じ。）を受けた文化財保存活用地域計画（変更があつたときは、その変更後のもの。以下この節及び第百九十二条の六において「認定文化財保存活用地域計画」という。）の計画期間内に限り、当該認定市町村の区域内に存する文化財であつて第五十七条第一項、第七十六条の七第一項、第九十条第一項、第九十条の五第一項又は第百三十二条第一項の規定により登録されることが適当であると思料するものがあるときは、文部科学省令で定めるところにより、文部科学大臣に対し、当該文化財を文化財登録原簿に登録することを提案することができる。

2　認定市町村の教育委員会は、前項の規定による提案をしようとするときは、あらかじめ、地方文化財保護審議会の意見を聴かなければならない。

3　文部科学大臣は、第一項の規定による提案が行われた場合において、当該提案に係る文化財について第五十七条第一項、第七十六条の七第一項、第九十条第一項、第九十条の五第一項又は第百三十二条第一項の規定による登録をしないこととしたときは、遅滞なく、その旨及びその理由を当該提案をした認定市町村の教育委員会に通知しなければならない。

（認定文化財保存活用地域計画の実施状況に関する報告の徴収）

第百八十三条の六　文化庁長官は、認定市町村の教育委員会に対し、認定文化財保存活用地域計画の実施の状況について報告を求めることができる。

（認定の取消し）

第百八十三条の七　文化庁長官は、認定文化財保存活用地域計画が第百八十三条の三第五項各号のいずれかに適合しなくなつたと認めるときは、その認定を取り消すことができる。

2　文化庁長官は、前項の規定により認定を取り消したときは、遅滞なく、その旨を当該認定を受けていた市町村の教育委員会に通知しなければならない。

3　市町村の教育委員会は、前項の通知を受けたときは、遅滞なく、その旨を公表するよう努めなければならない。

（市町村への助言等）

第百八十三条の八　都道府県の教育委員会は、市町村に対し、文化財保存活用地域計画の作成及び認定文化財保存活用地域計画の円滑かつ確実な実施に関し必要な助言をすることができる。

2　国は、市町村に対し、文化財保存活用地域計画の作成及び認定文化財保存活用地域計画の円滑かつ確実な実施に関し必要な情報の提供又は指導若しくは助言をするように努めなければならない。

3　前二項に定めるもののほか、国、都道府県及び市町村は、文化財保存活用地域計画の作成及び認定文化財保存活用地域計画の円滑かつ確実な実施が促進されるよう、相互に連携を図りながら協力しなければならない。

4　市町村の長及び教育委員会は、文化財保存活用地域計画の作成及び認定文化財保存活用地域計画の円滑かつ確実な実施が促進されるよう、相互に緊密な連携を図りながら協力しなければならない。

（協議会）

第百八十三条の九　市町村の教育委員会は、単独で又は共同して、文化財保存活用地域計画の作成及び変更に関する協議並びに認定文化財保存活用地域計画の実施に係る連絡調整を行うための協議会（以下この条において「協議会」という。）を組織することができる。

2　協議会は、次に掲げる者をもつて構成する。

一　当該市町村

二　当該市町村の区域をその区域に含む都道府県

三　第百九十二条の二第一項の規定により当該市町村の教育委員会が指定した文化財保存活用支援団体

四　文化財の所有者、学識経験者、商工関係団体、観光関係団体その他の市町村の教育委員会が必要と認める者

3　協議会は、必要があると認めるときは、関係行政機関に対して、資料の提供、意見の表明、説明その他必要な協力を求めることができる。

4　協議会において協議が調つた事項については、協議会の構成員は、その協議の結果を尊重しなければならない。

5　前各項に定めるもののほか、協議会の運営に関し必要な事項は、協議会が定める。

（都道府県又は市の教育委員会が処理する事務）

第百八十四条　次に掲げる文化庁長官の権限に属する事務の全部又は一部は、政令で定めるところにより、都道府県又は市の教育委員会が行うこととすることができる。

一　第三十五条第三項（第三十六条第三項（第八十三条、第百二十一条第二項（第百七十二条第五項で準用する場合を含む。）及び第百七十二条第五項で準用する場合を含む。）、第三十七条第四項（第八十三条及び第百二十二条第三項で準用する場合を含む。）、第四十六条の二第二項、第七十四条第二項、第七十六条の十第二項、第七十七条第二項（第九十一条で準用する場合を含む。）、第八十三条、第八十七条第二項、第九十条の七第二項、第百十八条、第百二十条、第百二十九条第二項、第百七十二条第五項及び第百七十四条第三項で準用する場合を含む。）の規定による指揮監督

二　第四十三条又は第百二十五条の規定による現状変更又は保存に影響を及ぼす行為の許可及びその取消し並びにその停止命令（重大な現状変更又は保存に重大な影響を及ぼす行為の許可及びその取消しを除く。）

三　第五十一条第五項（第五十一条の二（第八十五条で準用する場合を含む。）、第八十四条第二項及び第八十五条で準用する場合を含む。）の規定による公開の停止命令

四　第五十三条第一項、第三項及び第四項の規定による公開の許可及びその取消し並びに公開の停止命令

五　第五十四条（第八十六条及び第百七十二条第五項で準用する場合を含む。）、第五十五条、第百三十条（第百七十二条第五項で準用する場合を含む。）又は第百三十一条の規定による調査又は調査のため必要な措置の施行

六　第九十二条第一項（第九十三条第一項において準用する場合を含む。）の規定による届出の受理、第九十二条第二項の規定による指示及び命令、第九十三条第二項の規定による指示、第九十四条第一項の規定による通知の受理、同条第二項の規定による通知、同条第三項の規定による協議、同条第四項の規定による勧告、第九十六条第一項の規定による届出の受理、同条第二項又は第七項の規定による命令、同条第三項の規定による意見の聴取、同条第五項又は第七項の規定による期間の延長、同条第八項の規定による指示、第九十七条第一項の規定による通知の受理、同条第二項の規定による通知、同条第三項の規定による協議並びに同条第四項の規定による勧告

2　都道府県又は市の教育委員会が前項の規定によつてした同項第五号に掲げる第五十五条又は第百三十一条の規定による立入調査又は調査のための必要な措置の施行については、審査請求をすることができない。

3　都道府県又は市の教育委員会が、第一項の規定により、同項第六号に掲げる事務のうち第九十四条第一項から第四項までの規定によるものを行う場合には、第九十四条第五項又は第九十七条第五項の規定は適用しない。

4　都道府県又は市の教育委員会が第一項の規定によつてした次の各号に掲げる事務（当該事務が地方自治法第二条第八項に規定する自治事務である場合に限る。）により損失を受けた者に対しては、当該都道府県又は市が、その通常生ずべき損失を補償する。

一　第一項第二号に掲げる第四十三条又は第百二十五条の規定による現状変更又は保存に影響を及ぼす行為の許可　第四十三条第五項又は第百二十五条第五項

二　第一項第五号に掲げる第五十五条又は第百三十一条の規定による調査又は調査のため必要な措置の施行　第五十五条第三項又は第百三十一条第二項

三　第一項第六号に掲げる第九十六条第二項の規定による命令　同条第九項

5　前項の補償の額は、当該都道府県又は市の教育委員会が決定する。

6　前項の規定による補償額については、第四十一条第三項の規定を準用する。

7　前項において準用する第四十一条第三項の規定による訴えにおいては、都道府県又は市を被告とする。

8　都道府県又は市の教育委員会が第一項の規定によつてした処分その他公権力の行使に当たる行為のうち地方自治法第二条第九項第一号に規定する第一号法定受託事務に係るものについての審査請求は、文化庁長官に対してするものとする。

（認定市町村の教育委員会が処理する事務）

第百八十四条の二　前条第一項第二号、第四号又は第五号に掲げる文化庁長官の権限に属する事務であつて認定市町村の区域内に係るものの全部又は一部は、認定文化財保存活用地域計画の計画期間内に限り、政令で定めるところにより、当該認定文化財保存活用地域計画の実施に必要な範囲内におい

て、当該認定市町村の教育委員会が行うこととすることができる。

2　前項の規定により認定市町村の教育委員会が同項に規定する事務を行う場合には、前条第二項、第四項（第三号に係る部分を除く。）及び第五項から第八項までの規定を準用する。

3　第一項の規定により認定市町村の教育委員会が同項に規定する事務を開始する日前になされた当該事務に係る許可等の処分その他の行為（以下この条において「処分等の行為」という。）又は許可の申請その他の行為（以下この条において「申請等の行為」という。）は、同日以後においては、当該認定市町村の教育委員会のした処分等の行為又は当該認定市町村の教育委員会に対して行つた申請等の行為とみなす。

4　認定文化財保存活用地域計画の計画期間の終了その他の事情により認定市町村の教育委員会が第一項に規定する事務を終了する日以前になされた当該事務に係る処分等の行為又は申請等の行為は、同日の翌日以後においては、その終了後に当該事務を行うこととなる者のした処分等の行為又は当該者に対して行つた申請等の行為とみなす。

（出品された重要文化財等の管理）

第百八十五条　文化庁長官は、政令で定めるところにより、第四十八条（第八十五条で準用する場合を含む。）の規定により出品された重要文化財又は重要有形民俗文化財の管理の事務の全部又は一部を、都道府県又は指定都市等の教育委員会が行うこととすることができる。

2　前項の規定により、都道府県又は指定都市等の教育委員会が同項の管理の事務を行う場合には、都道府県又は指定都市等の教育委員会は、その職員のうちから、当該重要文化財又は重要有形民俗文化財の管理の責めに任ずべき者を定めなければならない。

（修理等の施行の委託）

第百八十六条　文化庁長官は、必要があると認めるときは、第三十八条第一項又は第百七十条の規定による国宝の修理又は滅失、き損若しくは盗難の防止の措置の施行、第九十八条第一項の規定による発掘の施行及び第百二十三条第一項又は第百七十条の規定による特別史跡名勝天然記念物の復旧又は滅失、き損、衰亡若しくは盗難の防止の措置の施行につき、都道府県の教育委員会に対し、その全部又は一部を委託することができる。

2　都道府県の教育委員会が前項の規定による委託に基づき、第三十八条第一項の規定による修理又は措置の施行の全部又は一部を行う場合には、第三十九条の規定を、第九十八条第一項の規定による発掘の施行の全部又は一部を行う場合には、同条第三項で準用する第三十九条の規定を、第百二十三条第一項の規定による復旧又は措置の施行の全部又は一部を行う場合には、同条第二項で準用する第三十九条の規定を準用する。

（重要文化財等の管理等の受託又は技術的指導）

第百八十七条　都道府県又は指定都市の教育委員会は、次の各号に掲げる者の求めに応じ、当該各号に定める管理、修理又は復旧につき委託を受け、又は技術的指導をすることができる。

一　重要文化財の所有者（管理団体がある場合は、その者）又は管理責任者　当該重要文化財の管理（管理団体がある場合を除く。）又は修理

二　重要有形民俗文化財の所有者（管理団体がある場合は、その者）又は管理責任者（第八十条において準用する第三十一条第二項の規定により選任された管理の責めに任ずべき者をいう。）　当該重要有形民俗文化財の管理（管理団体がある場合を除く。）又は修理

三　史跡名勝天然記念物の所有者（管理団体がある場合は、その者）又は管理責任者　当該史跡名勝天然記念物の管理（管理団体がある場合を除く。）又は復旧

2　都道府県又は指定都市の教育委員会が前項の規定により管理、修理又は復旧の委託を受ける場合には、第三十九条第一項及び第二項の規定を準用する。

（書類等の経由）

第百八十八条　この法律の規定により文化財に関し文部科学大臣又は文化庁長官に提出すべき届書その他の書類及び物件の提出は、都道府県の教育委員会（当該文化財が指定都市の区域内に存する場合にあつては、当該指定都市の教育委員会。以下この条において同じ。）を経由すべきものとする。

2　都道府県の教育委員会は、前項に規定する書類及び物件を受理したときは、意見を付してこれを文部科学大臣又は文化庁長官に送付しなければならない。

3　この法律の規定により文化財に関し文部科学大臣又は文化庁長官が発する命令、勧告、指示その他の処分の告知は、都道府県の教育委員会を経由すべきものとする。ただし、特に緊急な場合は、この限りでない。

（文部科学大臣又は文化庁長官に対する意見具申）

第百八十九条　都道府県及び市町村の教育委員会は、当該都道府県又は市町村の区域内に存する文化財の保存及び活用に関し、文部科学大臣又は文化庁長官に対して意見を具申することができる。

（地方文化財保護審議会）

第百九十条　都道府県及び市町村（いずれも特定地方公共団体であるものを除く。）の教育委員会に、条例の定めるところにより、文化財に関して優れた識見を有する者により構成される地方文化財保護審議会を置くことができる。

2　特定地方公共団体に、条例の定めるところにより、地方文化財保護審議会を置くものとする。

3　地方文化財保護審議会は、都道府県又は市町村の教育委員会の諮問に応じて、文化財の保存及び活用に関する重要事項について調査審議し、並びにこれらの事項に関して当該都道府県又は市町村の教育委員会に建議する。

4　地方文化財保護審議会の組織及び運営に関し必要な事項は、条例で定める。

（文化財保護指導委員）

第百九十一条　都道府県及び市町村の教育委員会（当該都道府県及び市町村が特定地方公共団体である場合には、当該特定地方公共団体）に、文化財保護指導委員を置くことができる。

2　文化財保護指導委員は、文化財について、随時、巡視を行

い、並びに所有者その他の関係者に対し、文化財の保護に関する指導及び助言をするとともに、地域住民に対し、文化財保護思想について普及活動を行うものとする。

3 文化財保護指導委員は、非常勤とする。

（事務の区分）

第百九十二条 第百十条第一項及び第二項、第百十二条第一項並びに第百十条第三項及び第百十二条第四項において準用する第百九条第三項及び第四項の規定により都道府県又は指定都市が処理することとされている事務は、地方自治法第二条第九項第一号に規定する第一号法定受託事務とする。

第四節 文化財保存活用支援団体

（文化財保存活用支援団体の指定）

第百九十二条の二 市町村の教育委員会は、法人その他これに準ずるものとして文部科学省令で定める団体であつて、次条に規定する業務を適正かつ確実に行うことができると認められるものを、その申請により、文化財保存活用支援団体（以下この節において「支援団体」という。）として指定することができる。

2 市町村の教育委員会は、前項の規定による指定をしたときは、当該支援団体の名称、住所及び事務所の所在地を公示しなければならない。

3 支援団体は、その名称、住所又は事務所の所在地を変更しようとするときは、あらかじめ、その旨を市町村の教育委員会に届け出なければならない。

4 市町村の教育委員会は、前項の規定による届出があつたときは、当該届出に係る事項を公示しなければならない。

（支援団体の業務）

第百九十二条の三 支援団体は、次に掲げる業務を行うものとする。

一 当該市町村の区域内に存する文化財の保存及び活用を行うこと。

二 当該市町村の区域内に存する文化財の保存及び活用を図るための事業を行う者に対し、情報の提供、相談その他の援助を行うこと。

三 文化財の所有者の求めに応じ、当該文化財の管理、修理又は復旧その他その保存及び活用のため必要な措置につき委託を受けること。

四 文化財の保存及び活用に関する調査研究を行うこと。

五 前各号に掲げるもののほか、当該市町村の区域における文化財の保存及び活用を図るために必要な業務を行うこと。

（監督等）

第百九十二条の四 市町村の教育委員会は、前条各号に掲げる業務の適正かつ確実な実施を確保するため必要があると認めるときは、支援団体に対し、その業務に関し報告をさせることができる。

2 市町村の教育委員会は、支援団体が前条各号に掲げる業務を適正かつ確実に実施していないと認めるときは、支援団体に対し、その業務の運営の改善に関し必要な措置を講ずべきことを命ずることができる。

3 市町村の教育委員会は、支援団体が前項の規定による命令に違反したときは、第百九十二条の二第一項の規定による指定を取り消すことができる。

4 市町村の教育委員会は、前項の規定により指定を取り消したときは、その旨を公示しなければならない。

（情報の提供等）

第百九十二条の五 国及び関係地方公共団体は、支援団体に対し、その業務の実施に関し必要な情報の提供又は指導若しくは助言をするものとする。

（文化財保存活用地域計画の作成の提案等）

第百九十二条の六 支援団体は、市町村の教育委員会に対し、文化財保存活用地域計画の作成又は認定文化財保存活用地域計画の変更をすることを提案することができる。

2 支援団体は、認定市町村の教育委員会に対し、認定文化財保存活用地域計画の計画期間内に限り、当該認定市町村の区域内に存する文化財であつて第五十七条第一項、第七十六条の七第一項、第九十条第一項、第九十条の五第一項又は第百三十二条第一項の規定により登録されることが適当であると思料するものがあるときは、文部科学省令で定めるところにより、当該文化財について第百八十三条の五第一項の規定による提案をするよう要請することができる。

第十三章 罰則〔略〕

附則（抄）

（施行期日）

第一条 この法律施行の期日は、公布の日から起算して三月を超えない期間内において、政令で定める〔昭和二五・八・二九から施行〕。

（関係法令の廃止）

第二条 左に掲げる法律、勅令及び政令は、廃止する。

国宝保存法（昭和四年法律第十七号）

重要美術品等の保存に関する法律（昭和八年法律第四十三号）

史跡名勝天然紀念物保存法（大正八年法律第四十四号）

国宝保存法施行令（昭和四年勅令第二百十号）

史跡名勝天然紀念物保存法施行令（大正八年勅令第四百九十九号）

国宝保存会官制（昭和四年勅令第二百十一号）

重要美術品等調査審議会令（昭和二十四年政令第二百五十一号）

史跡名勝天然記念物調査会令（昭和二十四年政令第二百五十二号）

○生涯学習の振興のための施策の推進体制等の整備に関する法律

平成二・六・二九
法　七一

最終改正　平成一四・三・三一法一五

（目的）

第一条　この法律は、国民が生涯にわたって学習する機会があまねく求められている状況にかんがみ、生涯学習の振興に資するための都道府県の事業に関しその推進体制の整備その他の必要な事項を定め、及び特定の地区において生涯学習に係る機会の総合的な提供を促進するための措置について定めるとともに、都道府県生涯学習審議会の事務について定める等の措置を講ずることにより、生涯学習の振興のための施策の推進体制及び地域における生涯学習に係る機会の整備を図り、もって生涯学習の振興に寄与することを目的とする。

（施策における配慮等）

第二条　国及び地方公共団体は、この法律に規定する生涯学習の振興のための施策を実施するに当たっては、学習に関する国民の自発的意思を尊重するよう配慮するとともに、職業能力の開発及び向上、社会福祉等に関し生涯学習に資するための別に講じられる施策と相まって、効果的にこれを行うよう努めるものとする。

（生涯学習の振興に資するための都道府県の事業）

第三条　都道府県の教育委員会は、生涯学習の振興に資するため、おおむね次の各号に掲げる事業について、これらを相互に連携させつつ推進するために必要な体制の整備を図りつつ、これらを一体的かつ効果的に実施するよう努めるものとする。

一　学校教育及び社会教育に係る学習（体育に係るものを含む。以下この項において「学習」という。）並びに文化活動の機会に関する情報を収集し、整理し、及び提供すること。

二　住民の学習に対する需要及び学習の成果の評価に関し、調査研究を行うこと。

三　地域の実情に即した学習の方法の開発を行うこと。

四　住民の学習に関する指導者及び助言者に対する研修を行うこと。

五　地域における学校教育、社会教育及び文化に関する機関及び団体に対し、これらの機関及び団体相互の連携に関し、照会及び相談に応じ、並びに助言その他の援助を行うこと。

六　前各号に掲げるもののほか、社会教育のための講座の開設その他の住民の学習の機会の提供に関し必要な事業を行うこと。

2　都道府県の教育委員会は、前項に規定する事業を行うに当たっては、社会教育関係団体その他の地域において生涯学習に資する事業を行う機関及び団体との連携に努めるものとする。

（都道府県の事業の推進体制の整備に関する基準）

第四条　文部科学大臣は、生涯学習の振興に資するため、都道府県の教育委員会が行う前条第一項に規定する体制の整備に関し望ましい基準を定めるものとする。

2　文部科学大臣は、前項の基準を定めようとするときは、あらかじめ、審議会等（国家行政組織法（昭和二十三年法律第百二十号）第八条に規定する機関をいう。以下同じ。）で政令で定めるものの意見を聴かなければならない。これを変更しようとするときも、同様とする。

（地域生涯学習振興基本構想）

第五条　都道府県は、当該都道府県内の特定の地区において、当該地区及びその周辺の相当程度広範囲の地域における住民の生涯学習の振興に資するため、社会教育に係る学習（体育に係るものを含む。）及び文化活動その他の生涯学習に資する諸活動の多様な機会の総合的な提供を民間事業者の能力を活用しつつ行うことに関する基本的な構想（以下「基本構想」という。）を作成することができる。

2　基本構想においては、次に掲げる事項について定めるものとする。

一　前項に規定する多様な機会（以下「生涯学習に係る機会」という。）の総合的な提供の方針に関する事項

二　前項に規定する地区の区域に関する事項

三　総合的な提供を行うべき生涯学習に係る機会（民間事業者により提供されるものを含む。）の種類及び内容に関する基本的な事項

四　前号に規定する民間事業者に対する資金の融通の円滑化その他の前項に規定する地区において行われる生涯学習に係る機会の総合的な提供に必要な業務であって政令で定めるものを行う者及び当該業務の運営に関する事項

五　その他生涯学習に係る機会の総合的な提供に関する重要事項

3　都道府県は、基本構想を作成しようとするときは、あらかじめ、関係市町村に協議しなければならない。

4　都道府県は、基本構想を作成しようとするときは、前項の規定による協議を経た後、文部科学大臣及び経済産業大臣に協議することができる。

5　文部科学大臣及び経済産業大臣は、前項の規定による協議を受けたときは、都道府県が作成しようとする基本構想が次の各号に該当するものであるかどうかについて判断するものとする。

一　当該基本構想に係る地区が、生涯学習に係る機会の提供の程度が著しく高い地域であって政令で定めるもの以外の地域のうち、交通条件及び社会的自然的条件からみて生涯学習に係る機会の総合的な提供を行うことが相当と認められる地区であること。

二　当該基本構想に係る生涯学習に係る機会の総合的な提供が当該基本構想に係る地区及びその周辺の相当程度広範囲の地域における住民の生涯学習に係る機会に対する要請に

適切にこたえるものであること。
三　その他文部科学大臣及び経済産業大臣が判断に当たっての基準として次条の規定により定める事項（以下「判断基準」という。）に適合するものであること。
6　文部科学大臣及び経済産業大臣は、基本構想につき前項の判断をするに当たっては、あらかじめ、関係行政機関の長に協議するとともに、文部科学大臣にあっては前条第二項の政令で定める審議会等の意見を、経済産業大臣にあっては産業構造審議会の意見をそれぞれ聴くものとし、前項各号に該当するものであると判断するに至ったときは、速やかにその旨を当該都道府県に通知するものとする。
7　都道府県は、基本構想を作成したときは、遅滞なく、これを公表しなければならない。
8　第三項から前項までの規定は、基本構想の変更（文部科学省令、経済産業省令で定める軽微な変更を除く。）について準用する。

（判断基準）
第六条　判断基準においては、次に掲げる事項を定めるものとする。
一　生涯学習に係る機会の総合的な提供に関する基本的な事項
二　前条第一項に規定する地区の設定に関する基本的な事項
三　総合的な提供を行うべき生涯学習に係る機会（民間事業者により提供されるものを含む。）の種類及び内容に関する基本的な事項
四　生涯学習に係る機会の総合的な提供に必要な事業に関する基本的な事項
五　生涯学習に係る機会の総合的な提供に際し配慮すべき重要事項
2　文部科学大臣及び経済産業大臣は、判断基準を定めるに当たっては、あらかじめ、総務大臣その他関係行政機関の長に協議するとともに、文部科学大臣にあっては第四条第二項の政令で定める審議会等の意見を、経済産業大臣にあっては産業構造審議会の意見をそれぞれ聴かなければならない。
3　文部科学大臣及び経済産業大臣は、判断基準を定めたときは、遅滞なく、これを公表しなければならない。
4　前二項の規定は、判断基準の変更について準用する。

第七条　削除

（基本構想の実施等）
第八条　都道府県は、関係民間事業者の能力を活用しつつ、生涯学習に係る機会の総合的な提供を基本構想に基づいて計画的に行うよう努めなければならない。
2　文部科学大臣は、基本構想の円滑な実施の促進のため必要があると認めるときは、社会教育関係団体及び文化に関する団体に対し必要な協力を求めるものとし、かつ、関係地方公共団体及び関係事業者等の要請に応じ、その所管に属する博物館資料の貸出しを行うよう努めるものとする。
3　経済産業大臣は、基本構想の円滑な実施の促進のため必要があると認めるときは、商工会議所及び商工会に対し、これらの団体及びその会員による生涯学習に係る機会の提供その他の必要な協力を求めるものとする。
4　前二項に定めるもののほか、文部科学大臣及び経済産業大臣は、基本構想の作成及び円滑な実施の促進のため、関係地方公共団体に対し必要な助言、指導その他の援助を行うよう努めなければならない。
5　前三項に定めるもののほか、文部科学大臣、経済産業大臣、関係行政機関の長、関係地方公共団体及び関係事業者は、基本構想の円滑な実施が促進されるよう、相互に連携を図りながら協力しなければならない。

第九条　削除

（都道府県生涯学習審議会）
第十条　都道府県に、都道府県生涯学習審議会（以下「都道府県審議会」という。）を置くことができる。
2　都道府県審議会は、都道府県の教育委員会又は知事の諮問に応じ、当該都道府県の処理する事務に関し、生涯学習に資するための施策の総合的な推進に関する重要事項を調査審議する。
3　都道府県審議会は、前項に規定する事項に関し必要と認める事項を当該都道府県の教育委員会又は知事に建議することができる。
4　前三項に定めるもののほか、都道府県審議会の組織及び運営に関し必要な事項は、条例で定める。

（市町村の連携協力体制）
第十一条　市町村（特別区を含む。）は、生涯学習の振興に資するため、関係機関及び関係団体等との連携協力体制の整備に努めるものとする。

附　則（抄）

（施行期日）
1　この法律は、平成二年七月一日から施行する。

○スポーツ基本法

平成二三・六・二四
法 七八

最終改正 平成三〇・六・二〇法五七

スポーツは、世界共通の人類の文化である。

スポーツは、心身の健全な発達、健康及び体力の保持増進、精神的な充足感の獲得、自律心その他の精神の涵養等のために個人又は集団で行われる運動競技その他の身体活動であり、今日、国民が生涯にわたり心身ともに健康で文化的な生活を営む上で不可欠のものとなっている。スポーツを通じて幸福で豊かな生活を営むことは、全ての人々の権利であり、全ての国民がその自発性の下に、各々の関心、適性等に応じて、安全かつ公正な環境の下で日常的にスポーツに親しみ、スポーツを楽しみ、又はスポーツを支える活動に参画することのできる機会が確保されなければならない。

スポーツは、次代を担う青少年の体力を向上させるとともに、他者を尊重しこれと協同する精神、公正さと規律を尊ぶ態度や克己心を培い、実践的な思考力や判断力を育む等人格の形成に大きな影響を及ぼすものである。

また、スポーツは、人と人との交流及び地域と地域との交流を促進し、地域の一体感や活力を醸成するものであり、人間関係の希薄化等の問題を抱える地域社会の再生に寄与するものである。さらに、スポーツは、心身の健康の保持増進にも重要な役割を果たすものであり、健康で活力に満ちた長寿社会の実現に不可欠である。

スポーツ選手の不断の努力は、人間の可能性の極限を追求する有意義な営みであり、こうした努力に基づく国際競技大会における日本人選手の活躍は、国民に誇りと喜び、夢と感動を与え、国民のスポーツへの関心を高めるものである。これらを通じて、スポーツは、我が国社会に活力を生み出し、国民経済の発展に広く寄与するものである。また、スポーツの国際的な交流や貢献が、国際相互理解を促進し、国際平和に大きく貢献するなど、スポーツは、我が国の国際的地位の向上にも極めて重要な役割を果たすものである。

そして、地域におけるスポーツを推進する中から優れたスポーツ選手が育まれ、そのスポーツ選手が地域におけるスポーツの推進に寄与することは、スポーツに係る多様な主体の連携と協働による我が国のスポーツの発展を支える好循環をもたらすものである。

このような国民生活における多面にわたるスポーツの果たす役割の重要性に鑑み、スポーツ立国を実現することは、二十一世紀の我が国の発展のために不可欠な重要課題である。

ここに、スポーツ立国の実現を目指し、国家戦略として、スポーツに関する施策を総合的かつ計画的に推進するため、この法律を制定する。

第一章 総則

（目的）

第一条 この法律は、スポーツに関し、基本理念を定め、並びに国及び地方公共団体の責務並びにスポーツ団体の努力等を明らかにするとともに、スポーツに関する施策の基本となる事項を定めることにより、スポーツに関する施策を総合的かつ計画的に推進し、もって国民の心身の健全な発達、明るく豊かな国民生活の形成、活力ある社会の実現及び国際社会の調和ある発展に寄与することを目的とする。

（基本理念）

第二条 スポーツは、これを通じて幸福で豊かな生活を営むことが人々の権利であることに鑑み、国民が生涯にわたりあらゆる機会とあらゆる場所において、自主的かつ自律的にその適性及び健康状態に応じて行うことができるようにすることを旨として、推進されなければならない。

2 スポーツは、とりわけ心身の成長の過程にある青少年のスポーツが、体力を向上させ、公正さと規律を尊ぶ態度や克己心を培う等人格の形成に大きな影響を及ぼすものであり、国民の生涯にわたる健全な心と身体を培い、豊かな人間性を育む基礎となるものであるとの認識の下に、学校、スポーツ団体（スポーツの振興のための事業を行うことを主たる目的とする団体をいう。以下同じ。）、家庭及び地域における活動の相互の連携を図りながら推進されなければならない。

3 スポーツは、人々がその居住する地域において、主体的に協働することにより身近に親しむことができるようにするとともに、これを通じて、当該地域における全ての世代の人々の交流が促進され、かつ、地域間の交流の基盤が形成されるものとなるよう推進されなければならない。

4 スポーツは、スポーツを行う者の心身の健康の保持増進及び安全の確保が図られるよう推進されなければならない。

5 スポーツは、障害者が自主的かつ積極的にスポーツを行うことができるよう、障害の種類及び程度に応じ必要な配慮をしつつ推進されなければならない。

6 スポーツは、我が国のスポーツ選手（プロスポーツの選手を含む。以下同じ。）が国際競技大会（オリンピック競技大会、パラリンピック競技大会その他の国際的な規模のスポーツの競技会をいう。以下同じ。）又は全国的な規模のスポーツの競技会において優秀な成績を収めることができるよう、スポーツに関する競技水準（以下「競技水準」という。）の向上に資する諸施策相互の有機的な連携を図りつつ、効果的に推進されなければならない。

7 スポーツは、スポーツに係る国際的な交流及び貢献を推進することにより、国際相互理解の増進及び国際平和に寄与するものとなるよう推進されなければならない。

8 スポーツは、スポーツを行う者に対し、不当に差別的取扱いをせず、また、スポーツに関するあらゆる活動を公正かつ適切に実施することを旨として、ドーピングの防止の重要性に対する国民の認識を深めるなど、スポーツに対する国民の幅広い理解及び支援が得られるよう推進されなければならない。

（国の責務）

第三条 国は、前条の基本理念（以下「基本理念」という。）にのっとり、スポーツに関する施策を総合的に策定し、及び実施する責務を有する。

（地方公共団体の責務）

第四条　地方公共団体は、基本理念にのっとり、スポーツに関する施策に関し、国との連携を図りつつ、自主的かつ主体的に、その地域の特性に応じた施策を策定し、及び実施する責務を有する。

（スポーツ団体の努力）

第五条　スポーツ団体は、スポーツの普及及び競技水準の向上に果たすべき重要な役割に鑑み、基本理念にのっとり、スポーツを行う者の権利利益の保護、心身の健康の保持増進及び安全の確保に配慮しつつ、スポーツの推進に主体的に取り組むよう努めるものとする。

2　スポーツ団体は、スポーツの振興のための事業を適正に行うため、その運営の透明性の確保を図るとともに、その事業活動に関し自らが遵守すべき基準を作成するよう努めるものとする。

3　スポーツ団体は、スポーツに関する紛争について、迅速かつ適正な解決に努めるものとする。

（国民の参加及び支援の促進）

第六条　国、地方公共団体及びスポーツ団体は、国民が健やかで明るく豊かな生活を享受することができるよう、スポーツに対する国民の関心と理解を深め、スポーツへの国民の参加及び支援を促進するよう努めなければならない。

（関係者相互の連携及び協働）

第七条　国、独立行政法人、地方公共団体、学校、スポーツ団体及び民間事業者その他の関係者は、基本理念の実現を図るため、相互に連携を図りながら協働するよう努めなければならない。

（法制上の措置等）

第八条　政府は、スポーツに関する施策を実施するため必要な法制上、財政上又は税制上の措置その他の措置を講じなければならない。

第二章　スポーツ基本計画等

（スポーツ基本計画）

第九条　文部科学大臣は、スポーツに関する施策の総合的かつ計画的な推進を図るため、スポーツの推進に関する基本的な計画（以下「スポーツ基本計画」という。）を定めなければならない。

2　文部科学大臣は、スポーツ基本計画を定め、又はこれを変更しようとするときは、あらかじめ、審議会等（国家行政組織法（昭和二十三年法律第百二十号）第八条に規定する機関をいう。以下同じ。）で政令で定めるものの意見を聴かなければならない。

3　文部科学大臣は、スポーツ基本計画を定め、又はこれを変更しようとするときは、あらかじめ、関係行政機関の施策に係る事項について、第三十条に規定するスポーツ推進会議において連絡調整を図るものとする。

（地方スポーツ推進計画）

第十条　都道府県及び市（特別区を含む。以下同じ。）町村の教育委員会（地方教育行政の組織及び運営に関する法律（昭和三十一年法律第百六十二号）第二十三条第一項の条例の定めるところによりその長がスポーツに関する事務（学校における体育に関する事務を除く。）を管理し、及び執行することとされた地方公共団体（以下「特定地方公共団体」という。）にあっては、その長）は、スポーツ基本計画を参酌して、その地方の実情に即したスポーツの推進に関する計画（以下「地方スポーツ推進計画」という。）を定めるよう努めるものとする。

2　特定地方公共団体の長が地方スポーツ推進計画を定め、又はこれを変更しようとするときは、あらかじめ、当該特定地方公共団体の教育委員会の意見を聴かなければならない。

第三章　基本的施策

第一節　スポーツの推進のための基礎的条件の整備等

（指導者等の養成等）

第十一条　国及び地方公共団体は、スポーツの指導者その他スポーツの推進に寄与する人材（以下「指導者等」という。）の養成及び資質の向上並びにその活用のため、系統的な養成システムの開発又は利用への支援、研究集会又は講習会（以下「研究集会等」という。）の開催その他の必要な施策を講ずるよう努めなければならない。

（スポーツ施設の整備等）

第十二条　国及び地方公共団体は、国民が身近にスポーツに親しむことができるようにするとともに、競技水準の向上を図ることができるよう、スポーツ施設（スポーツの設備を含む。以下同じ。）の整備、利用者の需要に応じたスポーツ施設の運用の改善、スポーツ施設への指導者等の配置その他の必要な施策を講ずるよう努めなければならない。

2　前項の規定によりスポーツ施設を整備するに当たっては、当該スポーツ施設の利用の実態等に応じて、安全の確保を図るとともに、障害者等の利便性の向上を図るよう努めるものとする。

（学校施設の利用）

第十三条　学校教育法（昭和二十二年法律第二十六号）第二条第二項に規定する国立学校及び公立学校並びに国（国立大学法人法（平成十五年法律第百十二号）第二条第一項に規定する国立大学法人を含む。）及び地方公共団体（地方独立行政法人法（平成十五年法律第百十八号）第六十八条第一項に規定する公立大学法人を含む。）が設置する幼保連携型認定こども園（就学前の子どもに関する教育、保育等の総合的な提供の推進に関する法律（平成十八年法律第七十七号）第二条第七項に規定する幼保連携型認定こども園をいう。）の設置者は、その設置する学校の教育に支障のない限り、当該学校のスポーツ施設を一般のスポーツのための利用に供するよう努めなければならない。

2　国及び地方公共団体は、前項の利用を容易にさせるため、又はその利用上の利便性の向上を図るため、当該学校のスポーツ施設の改修、照明施設の設置その他の必要な施策を講ずるよう努めなければならない。

（スポーツ事故の防止等）

第十四条　国及び地方公共団体は、スポーツ事故その他スポーツによって生じる外傷、障害等の防止及びこれらの軽減に資するため、指導者等の研修、スポーツ施設の整備、スポーツにおける心身の健康の保持増進及び安全の確保に関する知識（スポーツ用具の適切な使用に係る知識を含む。）の普及その他の必要な措置を講ずるよう努めなければならない。

（スポーツに関する紛争の迅速かつ適正な解決）

第十五条　国は、スポーツに関する紛争の仲裁又は調停の中立性及び公正性が確保され、スポーツを行う者の権利利益の保護が図られるよう、スポーツに関する紛争の仲裁又は調停を行う機関への支援、仲裁人等の資質の向上、紛争解決手続についてのスポーツ団体の理解の増進その他のスポーツに関する紛争の迅速かつ適正な解決に資するために必要な施策を講ずるものとする。

（スポーツに関する科学的研究の推進等）

第十六条　国は、医学、歯学、生理学、心理学、力学等のスポーツに関する諸科学を総合して実際的及び基礎的な研究を推進し、これらの研究の成果を活用してスポーツに関する施策の効果的な推進を図るものとする。この場合において、研究体制の整備、国、独立行政法人、大学、スポーツ団体、民間事業者等の間の連携の強化その他の必要な施策を講ずるものとする。

2　国は、我が国のスポーツの推進を図るため、スポーツの実施状況並びに競技水準の向上を図るための調査研究の成果及び取組の状況に関する情報その他のスポーツに関する国の内外の情報の収集、整理及び活用について必要な施策を講ずるものとする。

（学校における体育の充実）

第十七条　国及び地方公共団体は、学校における体育が青少年の心身の健全な発達に資するものであり、かつ、スポーツに関する技能及び生涯にわたってスポーツに親しむ態度を養う上で重要な役割を果たすものであることに鑑み、体育に関する指導の充実、体育館、運動場、水泳プール、武道場その他のスポーツ施設の整備、体育に関する教員の資質の向上、地域におけるスポーツの指導者等の活用その他の必要な施策を講ずるよう努めなければならない。

（スポーツ産業の事業者との連携等）

第十八条　国は、スポーツの普及又は競技水準の向上を図る上でスポーツ産業の事業者が果たす役割の重要性に鑑み、スポーツ団体とスポーツ産業の事業者との連携及び協力の促進その他の必要な施策を講ずるものとする。

（スポーツに係る国際的な交流及び貢献の推進）

第十九条　国及び地方公共団体は、スポーツ選手及び指導者等の派遣及び招へい、スポーツに関する国際団体への人材の派遣、国際競技大会及び国際的な規模のスポーツの研究集会等の開催その他のスポーツに係る国際的な交流及び貢献を推進するために必要な施策を講ずることにより、我が国の競技水準の向上を図るよう努めるとともに、環境の保全に留意しつつ、国際相互理解の増進及び国際平和に寄与するよう努めなければならない。

（顕彰）

第二十条　国及び地方公共団体は、スポーツの競技会において優秀な成績を収めた者及びスポーツの発展に寄与した者の顕彰に努めなければならない。

第二節　多様なスポーツの機会の確保のための環境の整備

（地域におけるスポーツの振興のための事業への支援等）

第二十一条　国及び地方公共団体は、国民がその興味又は関心に応じて身近にスポーツに親しむことができるよう、住民が主体的に運営するスポーツ団体（以下「地域スポーツクラブ」という。）が行う地域におけるスポーツの振興のための事業への支援、住民が安全かつ効果的にスポーツを行うための指導者等の配置、住民が快適にスポーツを行い相互に交流を深めることができるスポーツ施設の整備その他の必要な施策を講ずるよう努めなければならない。

（スポーツ行事の実施及び奨励）

第二十二条　地方公共団体は、広く住民が自主的かつ積極的に参加できるような運動会、競技会、体力テスト、スポーツ教室等のスポーツ行事を実施するよう努めるとともに、地域スポーツクラブその他の者がこれらの行事を実施するよう奨励に努めなければならない。

2　国は、地方公共団体に対し、前項の行事の実施に関し必要な援助を行うものとする。

（スポーツの日の行事）

第二十三条　国及び地方公共団体は、国民の祝日に関する法律（昭和二十三年法律第百七十八号）第二条に規定するスポーツの日において、国民の間に広くスポーツについての関心と理解を深め、かつ、積極的にスポーツを行う意欲を高揚するような行事を実施するよう努めるとともに、広く国民があらゆる地域でそれぞれその生活の実情に即してスポーツを行うことができるような行事が実施されるよう、必要な施策を講じ、及び援助を行うよう努めなければならない。

（野外活動及びスポーツ・レクリエーション活動の普及奨励）

第二十四条　国及び地方公共団体は、心身の健全な発達、生きがいのある豊かな生活の実現等のために行われるハイキング、サイクリング、キャンプ活動その他の野外活動及びスポーツとして行われるレクリエーション活動（以下この条において「スポーツ・レクリエーション活動」という。）を普及奨励するため、野外活動又はスポーツ・レクリエーション活動に係るスポーツ施設の整備、住民の交流の場となる行事の実施その他の必要な施策を講ずるよう努めなければならない。

第三節　競技水準の向上等

（優秀なスポーツ選手の育成等）

第二十五条　国は、優秀なスポーツ選手を確保し、及び育成するため、スポーツ団体が行う合宿、国際競技大会又は全国的な規模のスポーツの競技会へのスポーツ選手及び指導者等の派遣、優れた資質を有する青少年に対する指導その他の活動への支援、スポーツ選手の競技技術の向上及びその効果の十分な発揮を図る上で必要な環境の整備その他の必要な施策を講ずるものとする。

2　国は、優秀なスポーツ選手及び指導者等が、生涯にわたりその有する能力を幅広く社会に生かすことができるよう、社会の各分野で活躍できる知識及び技能の習得に対する支援並びに活躍できる環境の整備の促進その他の必要な施策を講ずるものとする。

（国民スポーツ大会及び全国障害者スポーツ大会）

第二十六条　国民スポーツ大会は、公益財団法人日本スポーツ協会（昭和二年八月八日に財団法人大日本体育協会という名称で設立された法人をいう。以下同じ。）、国及び開催地の都道府県が共同して開催するものとし、これらの開催者が定める方法により選出された選手が参加して総合的に運動競技をするものとする。

2　全国障害者スポーツ大会は、公益財団法人日本障がい者スポーツ協会（昭和四十年五月二十四日に財団法人日本身体障害者スポーツ協会という名称で設立された法人をいう。以下同じ。）、国及び開催地の都道府県が共同して開催するものとし、これらの開催者が定める方法により選出された選手が参加して総合的に運動競技をするものとする。

3　国は、国民スポーツ大会及び全国障害者スポーツ大会の円滑な実施及び運営に資するため、これらの開催者である公益財団法人日本スポーツ協会又は公益財団法人日本障がい者スポーツ協会及び開催地の都道府県に対し、必要な援助を行うものとする。

（国際競技大会の招致又は開催の支援等）

第二十七条　国は、国際競技大会の我が国への招致又はその開催が円滑になされるよう、環境の保全に留意しつつ、そのための社会的気運の醸成、当該招致又は開催に必要な資金の確保、国際競技大会に参加する外国人の受入れ等に必要な特別の措置を講ずるものとする。

2　国は、公益財団法人日本オリンピック委員会（平成元年八月七日に財団法人日本オリンピック委員会という名称で設立された法人をいう。）、公益財団法人日本障がい者スポーツ協会その他のスポーツ団体が行う国際的な規模のスポーツの振興のための事業に関し必要な措置を講ずるに当たっては、当該スポーツ団体との緊密な連絡を図るものとする。

（企業、大学等によるスポーツへの支援）

第二十八条　国は、スポーツの普及又は競技水準の向上を図る上で企業のスポーツチーム等が果たす役割の重要性に鑑み、企業、大学等によるスポーツへの支援に必要な施策を講ずるものとする。

（ドーピング防止活動の推進）

第二十九条　国は、スポーツにおけるドーピングの防止に関する国際規約に従ってドーピングの防止活動を実施するため、公益財団法人日本アンチ・ドーピング機構（平成十三年九月十六日に財団法人日本アンチ・ドーピング機構という名称で設立された法人をいう。）と連携を図りつつ、ドーピングの検査、ドーピングの防止に関する教育及び啓発その他のドーピングの防止活動の実施に係る体制の整備、国際的なドーピングの防止に関する機関等への支援その他の必要な施策を講ずるものとする。

第四章　スポーツの推進に係る体制の整備

（スポーツ推進会議）

第三十条　政府は、スポーツに関する施策の総合的、一体的かつ効果的な推進を図るため、スポーツ推進会議を設け、文部科学省及び厚生労働省、経済産業省、国土交通省その他の関係行政機関相互の連絡調整を行うものとする。

（都道府県及び市町村のスポーツ推進審議会等）

第三十一条　都道府県及び市町村に、地方スポーツ推進計画その他のスポーツの推進に関する重要事項を調査審議させるため、条例で定めるところにより、審議会その他の合議制の機関（以下「スポーツ推進審議会等」という。）を置くことができる。

（スポーツ推進委員）

第三十二条　市町村の教育委員会（特定地方公共団体にあっては、その長）は、当該市町村におけるスポーツの推進に係る体制の整備を図るため、社会的信望があり、スポーツに関する深い関心と理解を有し、及び次項に規定する職務を行うのに必要な熱意と能力を有する者の中から、スポーツ推進委員を委嘱するものとする。

2　スポーツ推進委員は、当該市町村におけるスポーツの推進のため、教育委員会規則（特定地方公共団体にあっては、地方公共団体の規則）の定めるところにより、スポーツの推進のための事業の実施に係る連絡調整並びに住民に対するスポーツの実技の指導その他スポーツに関する指導及び助言を行うものとする。

3　スポーツ推進委員は、非常勤とする。

第五章　国の補助等

（国の補助）

第三十三条　国は、地方公共団体に対し、予算の範囲内において、政令で定めるところにより、次に掲げる経費について、その一部を補助する。

一　国民スポーツ大会及び全国障害者スポーツ大会の実施及び運営に要する経費であって、これらの開催地の都道府県において要するもの

二　その他スポーツの推進のために地方公共団体が行う事業に要する経費であって特に必要と認められるもの

2　国は、学校法人に対し、その設置する学校のスポーツ施設の整備に要する経費について、予算の範囲内において、その一部を補助することができる。この場合においては、私立学校振興助成法（昭和五十年法律第六十一号）第十一条から第十三条までの規定の適用があるものとする。

3　国は、スポーツ団体であってその行う事業が我が国のスポーツの振興に重要な意義を有すると認められるものに対し、当該事業に関し必要な経費について、予算の範囲内において、その一部を補助することができる。

（地方公共団体の補助）

第三十四条　地方公共団体は、スポーツ団体に対し、その行うスポーツの振興のための事業に関し必要な経費について、その一部を補助することができる。

（審議会等への諮問等）
第三十五条　国又は地方公共団体が第三十三条第三項又は前条の規定により社会教育関係団体（社会教育法（昭和二十四年法律第二百七号）第十条に規定する社会教育関係団体をいう。）であるスポーツ団体に対し補助金を交付しようとする場合には、あらかじめ、国にあっては文部科学大臣が第九条第二項の政令で定める審議会等の、地方公共団体にあっては教育委員会（特定地方公共団体におけるスポーツに関する事務（学校における体育に関する事務を除く。）に係る補助金の交付については、その長）がスポーツ推進審議会等その他の合議制の機関の意見を聴かなければならない。この意見を聴いた場合においては、同法第十三条の規定による意見を聴くことを要しない。

附　則（抄）

（施行期日）
第一条　この法律は、公布の日から起算して六月を超えない範囲内において政令で定める日〔平成二三・八・二四〕から施行する。

（スポーツに関する施策を総合的に推進するための行政組織の在り方の検討）
第二条　政府は、スポーツに関する施策を総合的に推進するため、スポーツ庁及びスポーツに関する審議会等の設置等行政組織の在り方について、政府の行政改革の基本方針との整合性に配慮して検討を加え、その結果に基づいて必要な措置を講ずるものとする。

（スポーツの振興に関する計画に関する経過措置）
第三条　この法律の施行の際現に改正前のスポーツ振興法第四条の規定により策定されている同条第一項に規定するスポーツの振興に関する基本的計画又は同条第三項に規定するスポーツの振興に関する計画は、それぞれ改正後のスポーツ基本法第九条又は第十条の規定により策定されたスポーツ基本計画又は地方スポーツ推進計画とみなす。

（スポーツ推進委員に関する経過措置）
第四条　この法律の施行の際現に改正前のスポーツ振興法第十九条第一項の規定により委嘱されている体育指導委員は、改正後のスポーツ基本法第三十二条第一項の規定により委嘱されたスポーツ推進委員とみなす。

教育職員編

目　次

◆印＝参照条文等つき2色刷法令
◇印＝参照条文等つき法令

職員

〇教育公務員特例法

昭二四・一・一二
法　一

改正　昭二四・五・三一法一四八　昭二五・五・一六法一八四　昭二六・六・一六法二四一、一二・二四法三一八　昭二九・五・二九法一三一、六・三法一五六、六・三法一五九、六・一四法一八一　昭三〇・八・五法一二五　昭三一・六・一四法一五二、六・三〇法一六三、一二・一八法一七五　昭三二・六・一法一四七　昭三六・五・一九法八七、六・一七法一四五　昭四〇・三・三一法一六、五・一八法六九、五・一八法七一　昭四三・六・一五法九九　昭四四・六・九法四〇　昭四六・三・三一法二三　昭四七・五・一法二六　昭四八・九・二九法一〇三　昭四九・六・一法七〇、六・七法八一　昭五〇・七・一一法五九　昭五一・五・二五法二五　昭五二・五・二法二九　昭五五・三・三一法一四　昭五六・四・一四法二三　昭五八・一二・二法七八　昭六三・五・三一法七〇　平成三・四・二法二三　平成四・五・六法三七　平成九・四・九法三一　平成一〇・五・八法五四、六・一二法一〇一　平成一一・五・二八法五五、七・七法八三、七・一六法八七、七・一二法一〇七、八・一三法一二九、一二・一二法一六〇、一二・二二法一六六、一二・二二法二二〇　平成一二・四・二八法五二　平成一四・六・一二法六三　平成一五・七・一六法一一七、七・一六法一一九　平成一六・五・二一法四九　平成一七・七・一五法八三、一一・七法一一五　平成一八・三・三一法二四、六・二一法八〇　平成一九・六・二七法九六、六・二七法九八　平成二四・八・二二法六七　平成二六・五・一四法三四、六・一三法六七、六・二〇法七六　平成二七・六・二四法四六　平成二八・一一・二八法八七　平成二九・五・一七法二九　令和三・六・一一法六一、六・一一法六二、六・一一法六三、六・一六法七五　令和四・五・一八法四〇、六・一七法六八

第一章　総則

（この法律の趣旨）

第一条　この法律は、教育を通じて国民全体に奉仕する教育公務員の職務とその責任の特殊性に基づき、教育公務員の任免、人事評価、給与、分限、懲戒、服務及び研修等について規定する。

〔参〕　地公法五七　【全体の奉仕者＝憲法一五②】【本法と地公法との関係＝法附則一②】【本法の準用＝法三〇〜三五、令八〜一〇】

〔判〕　●国立大学法人の教職員による教育上の行為の性質＝従前の国立大学と国立大学法人の設置する国立大学との間に同一性が認められることを考慮すれば、国立大学法人が設立され、国立大学の設置主体が国から国立大学法人に変更されたからといって、教職員による教育上の行為の性質が異なるとする実質的な根拠を見いだすことはできない。したがって、国立大学法人A大学の教職員である控訴人による教育活動上の行為の性質に変化はなく、法人化前と同様に「公権力の行使」に該当するというべきである。（名古屋高判平成二二・一一・四）

●国立大学法人の役員及び職員の公務員性＝民訴法二二〇条四号ロにいう「公務員」には国立大学法人の役員及び職員も含まれると解するのが相当である。（最高決（一小）平成二五・一二・一九）

〔行〕　●「教育公務員」の意味＝本法によって教育公務員というがごとき特殊の身分の者を国家公務員及び地方公務員の外に新たに創設したものではなく、（中略）、公立学校のこれらの者ならびに教育委員会の教育長及び専門的教育職員は地方公務員（地方公共団体の公務員）としての身分を有するものであること。（次官通達昭二四・二・二二発調三八）

（定義）

第二条　この法律において「教育公務員」とは、地方公務員のうち、学校（学校教育法（昭和二十二年法律第二十六号）第一条に規定する学校及び就学前の子どもに関する教育、保育等の総合的な提供の推進に関する法律（平成十八年法律第七十七号）第二条第七項に規定する幼保連携型認定こども園（以下「幼保連携型認定こども園」という。）をいう。以下同じ。）であつて地方公共団体が設置するもの（以下「公立学校」という。）の学長、校長（園長を含む。以下同じ。）、教員及び部局長並びに教育委員会の専門的教育職員をいう。

2　この法律において「教員」とは、公立学校の教授、准教授、助教、副校長（副園長を含む。以下同じ。）、教頭、主幹教諭（幼保連携型認定こども園の主幹養護教諭及び主幹栄養教諭を含む。以下同じ。）、指導教諭、教諭、助教諭、養護教諭、養護助教諭、栄養教諭、主幹保育教

論、指導保育教諭、保育教諭、助保育教諭及び講師をいう。

3　この法律で「部局長」とは、大学（公立学校であるものに限る。第二十二条の六第三項、第二十二条の七第二項第二号及び第二十六条第一項を除き、以下同じ。）の副学長、学部長その他政令で指定する部局の長をいう。

4　この法律で「評議会」とは、大学に置かれる会議であつて当該大学を設置する地方公共団体の定めるところにより学長、学部長その他の者で構成するものをいう。

5　この法律で「専門的教育職員」とは、指導主事及び社会教育主事をいう。

参　[1]【公立学校＝学校法二②【学長＝学校法九二①③【校長（園長）＝学校法〔幼稚園〕二七①④、〔小学校〕三七①④、〔義務教育学校〕四九の八、〔中学校〕四九、〔高等学校〕六〇①・六二、〔中等教育学校〕六九①・七〇、〔特別支援学校〕八二、〔高等専門学校〕一二〇①③【教育長＝地方教育行政法一三①

[2]【教授・准教授・助教＝〔大学〕学校法九二⑥⑦⑧、〔高等専門学校〕一二〇④⑤⑥【教頭・副校長＝学校法〔幼稚園〕二七⑤⑥、〔小学校〕三七①②⑤⑥⑦⑧、〔義務教育学校〕四九の八、〔中学校〕四九、〔高等学校〕六〇①②③、〔中等教育学校〕六九①②③、〔特別支援学校〕八二【教諭・助教諭・養護教諭・養護助教諭・栄養教諭＝学校法〔幼稚園〕二七⑨⑩、〔小学校〕三七①②⑪⑫⑬⑮⑰⑱、〔義務教育学校〕四九の八、〔中学校〕四九、〔高等学校〕六〇②⑤・六二、〔中等教育学校〕六九・七〇、〔特別支援学校〕八二【講師＝学校法〔幼稚園〕二七⑩、〔小学校〕三七⑯、〔義務教育学校〕四九の八、〔中学校〕四九、〔高等学校〕六〇⑤、〔中等教育学校〕六九④、〔大学〕九二②⑩、〔特別支援学校〕八二、〔高等専門学校〕一二〇②⑧

[3]【副学長＝学校法九二②④【政令で指定する部局の長＝令一

[4]【評議会＝大学の教員等の任期に関する法律三・八

[5]【指導主事＝地方教育行政法一八①～④【社教主事＝地方教育行政法一八①②、社教法九の二

第二章　任免、人事評価、給与、分限及び懲戒

＊平成一五法一一七・全部改正

第一節　大学の学長、教員及び部局長

（採用及び昇任の方法）

第三条　学長及び部局長の採用（現に当該学長の職以外の職に任命されている者を当該学長の職に任命する場合及び現に当該部局長の職以外の職に任命されている者を当該部局長の職に任命する場合を含む。次項から第四項までにおいて同じ。）並びに教員の採用（現に当該教員の職が置かれる部局に置かれる教員の職以外の職に任命されている者を当該部局に置かれる教員の職に任命する場合を含む。以下この項及び第五項において同じ。）及び昇任（採用に該当するものを除く。同項において同じ。）は、選考によるものとする。

2　学長の採用のための選考は、人格が高潔で、学識が優れ、かつ、教育行政に関し識見を有する者について、評議会（評議会を置かない大学にあつては、教授会。以下同じ。）の議に基づき学長の定める基準により、評議会が行う。

3　学部長の採用のための選考は、当該学部の教授会の議に基づき、学長が行う。

4　学部長以外の部局長の採用のための選考は、評議会の議に基づき学長の定める基準により、学長が行う。

5　教員の採用及び昇任のための選考は、評議会の議に基づき学長の定める基準により、教授会の議に基づき学長が行う。

6　前項の選考について教授会が審議する場合において、その教授会が置かれる組織の長は、当該大学の教員人事の方針を踏まえ、その選考に関し、教授会に対して意見を述べることができる。

参　地公法一五～一八・二二の二・五七、学校法九、地方独行法人法七一～七三

[1]【部局長＝法二③【教員＝法二②

[2]【評議会＝大学の教員等の任期に関する法律三【教授会＝学校法九三【大学の学長・部局長・教員の任命権者＝法一〇【教員の任期付任用に関する規則の制定＝大学の教員等の任期に関する法律三～八

行 ●本条にいう「採用」の定義＝「学長の採用」は、地公法にいう採用のみならず、現に学長でない者を学長にすることならびに大学の学長である者を、設置者を同じくする他の大学の学長とすることをいう。「部局長の採用」は、地公法にいう採用のみならず、現に部局長でない者を部局長にすることならびに現に設置者を同じくする他の大学または当該大学における他の部局の部局長である者を部局長とすることをいう。「教員の採用」は、部局長の採用の場合と同じ。（初中局長通知昭二八・三・二三文初地一七〇）

●本条にいう「昇任」＝「教員の昇任」は、地公法にいう昇任中、前掲「教員の採用」に該当するものを除いたもの。（同前）

（転任）

第四条 学長、教員及び部局長は、学長及び教員にあつては評議会、部局長にあつては学長の審査の結果によるのでなければ、その意に反して転任（現に学長の職に任命されている者を当該学長の職以外の職に任命する場合、現に教員の職に任命されている者を当該教員の職が置かれる部局に置かれる教員の職以外の職に任命する場合及び現に部局長の職に任命されている者を当該部局長の職以外の職に任命する場合をいう。）をされることはない。

2 評議会及び学長は、前項の審査を行うに当たつては、その者に対し、審査の事由を記載した説明書を交付しなければならない。

3 評議会及び学長は、審査を受ける者が前項の説明書を受領した後十四日以内に請求した場合には、その者に対し、口頭又は書面で陳述する機会を与えなければならない。

4 評議会及び学長は、第一項の審査を行う場合において必要があると認めるときは、参考人の出頭を求め、又はその意見を徴することができる。

5 前三項に規定するもののほか、第一項の審査に関し必要な事項は、学長及び教員にあつては評議会、部局長にあつては学長が定める。

参 地方教育行政法三八

1 【教員＝法二②】【部局長＝法二③】

判 ●説明書の交付＝本法九条二項、五条二項が、審査を行うに当り審査説明書の交付を要するとした趣旨は、審査の過程で被審査者に防御と陳述の機会を保障するためであるから、審査説明書の交付を審査の過程のどの段階で行うかの判断は、大学管理機関の裁量に委ねられている。（岡山地判昭六二・三・二五）

行 ●本条にいう「転任」の定義＝「教員の転任」は、教員を昇任、降任以外の方法で他の職員の職に任命することをいう。（初中局長通知昭二八・三・二三文初地一七〇）

●意に反する転任の審査＝本人の意に反して同一大学の他の部署に転任させる場合の審査はもちろんのこと、他の大学に転任させる場合も転任の審査に関しては、現にいる大学の管理機関でこれを行なうこと。（次官通達昭二四・二・二二発調三八）

（降任及び免職）

第五条 学長、教員及び部局長は、学長及び教員にあつては評議会、部局長にあつては学長の審査の結果によるのでなければ、その意に反して免職されることはない。教員の降任（前条第一項の転任に該当するものを除く。）についても、また同様とする。

2 前条第二項から第五項までの規定は、前項の審査の場合に準用する。

参 地方教育行政法四七の二

1 【教員＝法二②】【部局長＝法二③】【本人の意に反する免職の事由＝地公法二八①

行 ●本条にいう「降任」の定義＝「教員の降任」は、四条に規定する「教員の昇任」と逆の場合をいう。（初中局長通知昭二八・三・二三文初地一七〇）→法三の行

（人事評価）

第五条の二 学長、教員及び部局長の人事評価及びその結果に応じた措置は、学長にあつては評議会が、教員及び学部長にあつては教授会の議に基づき学長が、学部長以外の部局長にあつては学長が行う。

2 前項の人事評価の基準及び方法に関する事項その他人事評価に関し必要な事項は、評議会の議に基づき学長が定める。

＊平成二六法三四・追加

（休職の期間）

第六条 学長、教員及び部局長の休職の期間は、心身の故障のため長期の休養を要する場合の休

職においては、個々の場合について、評議会の議に基づき学長が定める。

参 【教員＝法二②】【部局長＝法二③】【休職の事由＝地公法二八②】

（任期）

第七条 学長及び部局長の任期については、評議会の議に基づき学長が定める。

参 地方独行法人法七四・七六 【部局長＝法二③】

（定年）

第八条 大学の教員に対する地方公務員法（昭和二十五年法律第二百六十一号）第二十八条の六第一項、第二項及び第四項の規定の適用については、同条第一項中「定年に達した日以後における最初の三月三十一日までの間において、条例で定める日」とあるのは「定年に達した日から起算して一年を超えない範囲内で評議会の議に基づき学長があらかじめ指定する日」と、同条第二項中「国の職員につき定められている定年を基準として条例で」とあるのは「評議会の議に基づき学長が」と、同条第四項中「臨時的に任用される職員その他の法律により任期を定めて任用される職員」とあるのは「臨時的に任用される職員」とする。

2 大学の教員については、地方公務員法第二十八条の六第三項及び第二十八条の七の規定は、適用しない。

＊平成一一法一〇七・全部改正

参 地公法二八の二〜二八の七

（懲戒）

第九条 学長、教員及び部局長は、学長及び教員にあつては評議会、部局長にあつては学長の審査の結果によるのでなければ、懲戒処分を受けることはない。

2 第四条第二項から第五項までの規定は、前項の審査の場合に準用する。

参 地公法二九 1【教員＝法二②】【部局長＝法二③】【懲戒の事由・種類＝地公法二九①】

判 ●懲戒処分の成立要件＝懲戒処分理由につき陳述、弁解の機会を与えられないで、審査、処分された場合には、市立大学助教授等の免職処分は取消しうる。（甲府地判昭四二・七・二九）

（任命権者）

第十条 大学の学長、教員及び部局長の任用、免職、休職、復職、退職及び懲戒処分は、学長の申出に基づいて、任命権者が行う。

2 大学の学長、教員及び部局長に係る標準職務遂行能力は、評議会の議に基づく学長の申出に基づいて、任命権者が定める。

参 【教員＝法二②】【部局長＝法二③】【教員の任期付任用＝大学の教員等の任期に関する法律三】

判 ●「申出に基いて」＝申出が明らかに違法無効と客観的に認められる場合を除き、任命権者は、その申出に羈束され、選択の余地、拒否の権能はないと解するのが相当である。（東京地判昭四八・五・一）

第二節 大学以外の公立学校の校長及び教員

（採用及び昇任の方法）

第十一条 公立学校の校長の採用（現に校長の職以外の職に任命されている者を校長の職に任命する場合を含む。）並びに教員の採用（現に教員の職以外の職に任命されている者を教員の職に任命する場合を含む。以下この条において同じ。）及び昇任（採用に該当するものを除く。）は、選考によるものとし、その選考は、大学附置の学校にあつては当該大学の学長が、大学附置の学校以外の公立学校（幼保連携型認定こども園を除く。）にあつてはその校長及び教員の任命権者である教育委員会の教育長が、大学附置の学校以外の公立学校（幼保連携型認定こども園に限る。）にあつてはその校長及び教員の任命権者である地方公共団体の長が行う。

＊昭三二法一六三・全部改正

参 法三の参 【校長＝法二①】【教員＝法二②】【任命権者＝地方教育行政法三四・三七、地公法六①】

行 ●本条にいう「採用」「昇任」の定義＝「採用」とは、地公法にいう採用のみならず、現に教育公務員でない者を教育公務員とすること及び校長、教員、教育長、専門的教育職員のいずれかの職にある教育公務員が他の職の教育公務員となることをいう。「昇任」とは、地公法にいう昇任中、採用に該当するものを除いたものをいう。（初中局長通達昭二八・二・二六文初地一一四）

（条件付任用）

第十二条　公立の小学校、中学校、義務教育学校、高等学校、中等教育学校、特別支援学校、幼稚園及び幼保連携型認定こども園（以下「小学校等」という。）の教諭、助教諭、保育教諭、助保育教諭及び講師（以下「教諭等」という。）に係る地方公務員法第二十二条に規定する採用については、同条中「六月」とあるのは「一年」として同項の規定を適用する。

2　地方教育行政の組織及び運営に関する法律（昭和三十一年法律第百六十二号）第四十条に定める場合のほか、公立の小学校等の校長又は教員で地方公務員法第二十二条（同法第二十二条の二第七項及び前項の規定において読み替えて適用する場合を含む。）の規定により正式任用になつている者が、引き続き同一都道府県内の公立の小学校等の校長又は教員に任用された場合には、その任用については、同法第二十二条の規定は適用しない。

＊昭二九法一八一・追加

参　地公法二二・五七、地方教育行政法四〇

①【公立学校＝教基法六】【小学校等＝学校法一】【教諭等＝学校法三七⑪⑮⑯

行　●条件附採用期間について特例を定める理由＝国公立の小学校等の教諭等に対して、その採用の日から一年間の初任者研修を実施するため。（次官通達昭六三・六・三文教教五二）

対象	初任者研修	条件附採用期間一年
①公務員として採用された当初に小学校等の教諭等となつた場合	○	○
②他の職種の公務員が、小学校等の教諭等となつた場合	○	×
③教諭等として国立、公立又は私立の学校において一年以上勤務した経験を有する者が、小学校等の教諭等となつた場合	△	○
④臨時的に任用された小学校の教諭等	×	×
⑤期限附で任用された教諭等	×	○

（注）○＝対象となること。
△＝任命権者の判断により対象外となること。
×＝対象外となること。（同前）

（校長及び教員の給与）

第十三条　公立の小学校等の校長及び教員の給与は、これらの者の職務と責任の特殊性に基づき条例で定めるものとする。

2　前項に規定する給与のうち地方自治法（昭和二十二年法律第六十七号）第二百四条第二項の規定により支給することができる義務教育等教員特別手当は、これらの者のうち次に掲げるものを対象とするものとし、その内容は、条例で定める。

一　公立の小学校、中学校、義務教育学校、中等教育学校の前期課程又は特別支援学校の小学部若しくは中学部に勤務する校長及び教員

二　前号に規定する校長及び教員との権衡上必要があると認められる公立の高等学校、中等教育学校の後期課程、特別支援学校の高等部若しくは幼稚部、幼稚園又は幼保連携型認定こども園に勤務する校長及び教員

＊平成一五法一一七・追加

（休職の期間及び効果）

第十四条　公立学校の校長及び教員の休職の期間は、結核性疾患のため長期の休養を要する場合の休職においては、満二年とする。ただし、任命権者は、特に必要があると認めるときは、予算の範囲内において、その休職の期間を満三年まで延長することができる。

2　前項の規定による休職者には、その休職の期間中、給与の全額を支給する。

参　地公法二八②③・五七

①【校長＝法二①】【教員＝法二②】【満二年＝民法一三八〜一四三】【任命権者＝法一〇】

②【給与の支給＝地公法二四⑤、地方教育行政法四二、給与負担法一〜三

行 ●休職者の取扱方法＝①教育公務員を結核性疾患によって休職させるときの結核性疾患の診断は、教育委員会の指定した医師によること。②結核性疾患による休職教育公務員は、教員保養所、療養所等の医療機関において保養することを原則とすること。③教育委員会は結核性疾患による休職教育公務員にその休職期間中その保養状況を三か月ごとに教育委員会に対して報告させるとともに、教育委員会の指定した医師により三か月ごとに診断を行なわせその結果を報告させること。（調査局長通達昭二四・三・一七発調四七―問一一）

●他の事由による休職中の者に対する結核休職処分の可否＝休職中の教員が結核性疾患にかかった場合は、いつたん復職を命じ新たに当該休職を命ずることも可能。（同前）

●結核休職期間の取扱要領＝結核による休職者が復職後さらに結核による休職の事由が生じた場合には前休職期間は通算せず新たにまた二か年の休職期間を与えることになる。（調査普及局長回答昭二五・九・二六委調九八）

●結核休職者に対する給与の取扱＝本条二項中の「給与の全額」には、一般職の職員の給与に関する法律二三条一項に規定する勤勉手当は含まれる。（初中局長回答昭二九・八・一一国初八七）

●同前＝結核性疾患のため、校長としての身分を保有したまま休職にされた校長に対しては、管理職手当を支給することはできないものと考える。なお、本条二項の「給与の全額」には、実際にその職務を行なうことによってその勤労の対価として支給される性質の手当は含まれないものと解する。（初中局長回答昭三五・二・二四委初一〇九）

第三節　専門的教育職員

（採用及び昇任の方法）

第十五条　専門的教育職員の採用（現に指導主事の職以外の職に任命されている者を指導主事の職に任命する場合及び現に社会教育主事の職以外の職に任命されている者を社会教育主事の職に任命する場合を含む。以下この条において同じ。）及び昇任（採用に該当するものを除く。）は、選考によるものとし、その選考は、当該教育委員会の教育長が行う。

＊昭三二法一六三・全部改正

参 1【専門的教育職員＝法二⑤】【教育長＝地方教育行政法一三①】

判 ●異動に対する同意＝県立高等学校教員に対し、社会教育機関の職員である社会教育主事への異動を命ずる処分について、当該教員の同意は不要である。（高知地判平成五・三・二二）

第十六条　削除（平成二六法七六）

第三章　服務

＊平成一五法一一七・追加

（兼職及び他の事業等の従事）

第十七条　教育公務員は、教育に関する他の職を兼ね、又は教育に関する他の事業若しくは事務に従事することが本務の遂行に支障がないと任命権者（地方教育行政の組織及び運営に関する法律第三十七条第一項に規定する県費負担教職員（以下「県費負担教職員」という。）については、市町村（特別区を含む。以下同じ。）の教育委員会）において認める場合には、給与を受け、又は受けないで、その職を兼ね、又はその事業若しくは事務に従事することができる。

2　前項の規定は、非常勤の講師（地方公務員法第二十二条の四第一項に規定する短時間勤務の職を占める者及び同法第二十二条の二第一項第二号に掲げる者を除く。）については、適用しない。

3　第一項の場合においては、地方公務員法第三十八条第二項の規定により人事委員会が定める許可の基準によることを要しない。

＊平成一五法一一七・追加

（公立学校の教育公務員の政治的行為の制限）

第十八条　公立学校の教育公務員の政治的行為の制限については、当分の間、地方公務員法第三十六条の規定にかかわらず、国家公務員の例による。

2　前項の規定は、政治的行為の制限に違反した者の処罰につき国家公務員法（昭和二十二年法律第百二十号）第百十一条の二の例による趣旨を含むものと解してはならない。

＊平成一五法一一七・追加

（大学の学長、教員及び部局長の服務）

第十九条　大学の学長、教員及び部局長の服務について、地方公務員法第三十条の根本基準の実施に関し必要な事項は、前条第一項並びに同法第三十一条から第三十五条まで、第三十七条及び第三十八条に定めるものを除いては、評議会の議に基づき学長が定める。

＊平成一五法一一七・追加

第四章　研修

（研修実施者及び指導助言者）

第二十条　この章において「研修実施者」とは、次の各号に掲げる者の区分に応じ当該各号に定める者をいう。

一　市町村が設置する中等教育学校（後期課程に学校教育法第四条第一項に規定する定時制の課程のみを置くものを除く。次号において同じ。）の校長及び教員のうち県費負担教職員である者　当該市町村の教育委員会

二　地方自治法第二百五十二条の二十二第一項の中核市（以下この号及び次項第二号において「中核市」という。）が設置する小学校等（中等教育学校を除く。）の校長及び教員のうち県費負担教職員である者　当該中核市の教育委員会

三　前二号に掲げる者以外の教育公務員　当該教育公務員の任命権者

2　この章において「指導助言者」とは、次の各号に掲げる者の区分に応じ当該各号に定める者をいう。

一　前項第一号に掲げる者　同号に定める市町村の教育委員会

二　前項第二号に掲げる者　同号に定める中核市の教育委員会

三　公立の小学校等の校長及び教員のうち県費負担教職員である者（前二号に掲げる者を除く。）　当該校長及び教員の属する市町村の教育委員会

四　公立の小学校等の校長及び教員のうち県費負担教職員以外の者　当該校長及び教員の任命権者

＊令和四法四〇・全部改正

（研修）

第二十一条　教育公務員は、その職責を遂行するために、絶えず研究と修養に努めなければならない。

2　教育公務員の研修実施者は、教育公務員（公立の小学校等の校長及び教員（臨時的に任用された者その他の政令で定める者を除く。以下この章において同じ。）を除く。）の研修について、それに要する施設、研修を奨励するための方途その他研修に関する計画を樹立し、その実施に努めなければならない。

参　法二二～二五の二、地公法三九・五七、免許法一

1【教育公務員＝法二①【研究と修養＝教基法九

2【へき地学校教員の場合＝へき振法四③【本項の特例＝地方教育行政法四五①、社教法九の六

判　●研修の自由と自主性の尊重＝教師にとって研究と修養は、教師たる資格を具備するための必要不可欠の要件ともいわねばならず、その自由と自主性は尊重されなければならない。（札幌高判昭五二・二・一〇）

●教師の研修権＝本法一九条、二〇条等によってこれに対応する権利としての研修権を具体的に保障したものとは到底解することができない。（山形地判昭五九・八・二七）

●職務命令による研修の合法性＝研修が、本件職務命令等に違反した教職員に対して、公務員としての服務規律を含む教職員としてあるべき一定の水準の維持向上や職務命令違反の再発防止を目的として、それに必要な範囲内で外形的な指導を行うものにとどまるのであれば違憲違法の問題は生じないと考えられるが、例えば、研修の意義、目的、内容等を理解しつつ、自己の思想、信条に反すると表明する者に対して、何度も繰り返し同一内容の研修を受けさせ、自己の非を認めさせようとするなど、公務員個人の内心の自由に踏み込み、著しい精神的苦痛を与える程度に至るものであれば、そのような研修や研修命令は合理的に許容されている範囲を超えるものとして違憲違法の問題を生じる可能性があるといわなければならない。（東京地決平成一六・七・二三）

行　●本条にいう「政令で定める者」＝イ　臨時的に任用された者、ロ　地方公務員の育児休業等に関する法律六①若しくは一八①又は地方公共団体の一般職の任期付職員の採用に関する法律三①若しくは②、四若しくは五の規定により任期を定めて採用された者（初中

局長通知平成二九・三・三一　二八文科初一八〇三）

（研修の機会）

第二十二条　教育公務員には、研修を受ける機会が与えられなければならない。

2　教員は、授業に支障のない限り、本属長の承認を受けて、勤務場所を離れて研修を行うことができる。

3　教育公務員は、任命権者（第二十条第一項第一号に掲げる者については、同号に定める市町村の教育委員会。以下この章において同じ。）の定めるところにより、現職のままで、長期にわたる研修を受けることができる。

参　教基法九、法二一・二三、地公法三九・五七、へき振法四③

①【教育公務員＝法二①】
②【教員＝法二②】【職務に専念する義務＝地公法三五】
③【教育公務員＝法二①】【任命権者＝法一〇】

判●研修承認にあたっての考慮事項＝教特法（特例法）は、公務員の地位にある教員に対する服務に関する規律でもあること（同法一条）に鑑みれば、同法二〇条二項は、教員の研修と校務の運営との調和を図る趣旨に立つものと解される。そうすると、同条項に基づく本属長の承認は、当該研修による授業への支障の有無についての判断のみならず、当該研修が公務員として負う職務専念義務を免除してまで行うに値するものかどうか等、諸般の事情に対する総合考慮を踏まえて行うべきものと解するのが相当である。したがって、同条項に基づき、本属長には教員の申請した研修の内容等、諸般の事情を総合考慮して承認の是非を判断する裁量権が付与されており、その判断に基づいてこれを承認しないことも許されると解すべきであり、授業への支障がないという一事から承認しなければならないとは言い得ない。（東京地判平成二〇・二・二五）

●研修命令の処分性＝身分上の利害に重大な影響を及ぼす研修命令は、実質上転任処分の性格を有するものとして、取消訴訟の対象になる。ただし本件は適法。（東京地判昭五五・一・二九）

行●二項の研修承認取扱＝ある研修を⑴勤務として行なわせるか、⑵職務専念義務免除の便宜を与えるか、⑶勤務時間外を利用すべきと考えるかは、当該研修の内容に応じて服務監督権者が決定することである。服務監督権者が⑵に該当すると決定した場合、地公法三五条の「特別の定」に該当するものと解されるから、本条二項によつて直接に職務専念義務を免除してさしつかえない。（初中局長回答昭三九・一二・一八委初五の二二）

（校長及び教員としての資質の向上に関する指標の策定に関する指針）

第二十二条の二　文部科学大臣は、公立の小学校等の校長及び教員の計画的かつ効果的な資質の向上を図るため、次条第一項に規定する指標の策定に関する指針（以下この条及び次条第一項において「指針」という。）を定めなければならない。

2　指針においては、次に掲げる事項を定めるものとする。

一　公立の小学校等の校長及び教員の資質の向上に関する基本的な事項

二　次条第一項に規定する指標の内容に関する事項

三　その他公立の小学校等の校長及び教員の資質の向上を図るに際し配慮すべき事項

3　文部科学大臣は、指針を定め、又はこれを変更したときは、遅滞なく、これを公表しなければならない。

＊平成二八法八七・追加

（校長及び教員としての資質の向上に関する指標）

第二十二条の三　公立の小学校等の校長及び教員の任命権者は、指針を参酌し、その地域の実情に応じ、当該校長及び教員の職責、経験及び適性に応じて向上を図るべき校長及び教員としての資質に関する指標（以下この章において「指標」という。）を定めるものとする。

2　公立の小学校等の校長及び教員の任命権者は、指標を定め、又はこれを変更しようとするときは、第二十二条の七第一項に規定する協議会において協議するものとする。

3　公立の小学校等の校長及び教員の任命権者は、指標を定め、又はこれを変更したときは、遅滞なく、これを公表するよう努めるものとする。

4　独立行政法人教職員支援機構は、指標を策定する者に対して、当該指標の策定に関する専門的な助言を行うものとする。

＊平成二八法八七・追加

（教員研修計画）

第二十二条の四　公立の小学校等の校長及び教員の研修実施者は、指標を踏まえ、当該校長及び教員の研修について、毎年度、体系的かつ効果的に実施するための計画（以下この条及び第二十二条の六第二項において「教員研修計画」という。）を定めるものとする。

2　教員研修計画においては、おおむね次に掲げる事項を定めるものとする。

一　研修実施者が実施する第二十三条第一項に規定する初任者研修、第二十四条第一項に規定する中堅教諭等資質向上研修その他の研修（以下この項及び次条第二項第一号において「研修実施者実施研修」という。）に関する基本的な方針

二　研修実施者実施研修の体系に関する事項

三　研修実施者実施研修の時期、方法及び施設に関する事項

四　研修実施者が指導助言者として行う第二十二条の六第二項に規定する資質の向上に関する指導助言等の方法に関して必要な事項（研修実施者が都道府県の教育委員会である場合においては、県費負担教職員について第二十条第二項第三号に定める市町村の教育委員会が指導助言者として行う第二十二条の六第二項に規定する資質の向上に関する指導助言等に関する基本的な事項を含む。）

五　前号に掲げるもののほか、研修を奨励するための方途に関する事項

六　前各号に掲げるもののほか、研修の実施に関し必要な事項として文部科学省令で定める事項

3　公立の小学校等の校長及び教員の研修実施者は、教員研修計画を定め、又はこれを変更したときは、遅滞なく、これを公表するよう努めるものとする。

＊平成二八法八七・追加

（研修等に関する記録）

第二十二条の五　公立の小学校等の校長及び教員の任命権者は、文部科学省令で定めるところにより、当該校長及び教員ごとに、研修の受講その他の当該校長及び教員の資質の向上のための取組の状況に関する記録（以下この条及び次条第二項において「研修等に関する記録」という。）を作成しなければならない。

2　研修等に関する記録には、次に掲げる事項を記載するものとする。

一　当該校長及び教員が受講した研修実施者実施研修に関する事項

二　第二十六条第一項に規定する大学院修学休業により当該教員が履修した同項に規定する大学院の課程等に関する事項

三　認定講習等（教育職員免許法（昭和二十四年法律第百四十七号）別表第三備考第六号の文部科学大臣の認定する講習又は通信教育をいう。次条第一項及び第三項において同じ。）のうち当該任命権者が開設したものであつて、当該校長及び教員が単位を修得したものに関する事項

四　前三号に掲げるもののほか、当該校長及び教員が行つた資質の向上のための取組のうち当該任命権者が必要と認めるものに関する事項

3　公立の小学校等の校長及び教員の任命権者が都道府県の教育委員会である場合においては、当該都道府県の教育委員会は、指導助言者（第二十条第二項第二号及び第三号に定める者に限る。）に対し、当該校長及び教員の研修等に関する記録に係る情報を提供するものとする。

＊令和四法四〇・追加

（資質の向上に関する指導助言等）

第二十二条の六　公立の小学校等の校長及び教員の指導助言者は、当該校長及び教員がその職責、経験及び適性に応じた資質の向上のための取組を行うことを促進するため、当該校長及び教員からの相談に応じ、研修、認定講習等その他の資質の向上のための機会に関する情報を提供し、又は資質の向上に関する指導及び助言を

行うものとする。

2　公立の小学校等の校長及び教員の指導助言者は、前項の規定による相談への対応、情報の提供並びに指導及び助言（次項において「資質の向上に関する指導助言等」という。）を行うに当たつては、当該校長及び教員に係る指標及び教員研修計画を踏まえるとともに、当該校長及び教員の研修等に関する記録に係る情報を活用するものとする。

3　指導助言者は、資質の向上に関する指導助言等を行うため必要があると認めるときは、独立行政法人教職員支援機構、認定講習等を開設する大学その他の関係者に対し、これらの者が行う研修、認定講習等その他の資質の向上のための機会に関する情報の提供その他の必要な協力を求めることができる。

＊令和四法四〇・追加

（協議会）

第二十二条の七　公立の小学校等の校長及び教員の任命権者は、指標の策定に関する協議並びに当該指標に基づく当該校長及び教員の資質の向上に関して必要な事項についての協議を行うための協議会（以下この条において「協議会」という。）を組織するものとする。

2　協議会は、次に掲げる者をもつて構成する。

一　指標を策定する任命権者

二　公立の小学校等の校長及び教員の研修に協力する大学その他の当該校長及び教員の資質の向上に関係する大学として文部科学省令で定める者

三　その他当該任命権者が必要と認める者

3　協議会において協議が調つた事項については、協議会の構成員は、その協議の結果を尊重しなければならない。

4　前三項に定めるもののほか、協議会の運営に関し必要な事項は、協議会が定める。

＊平成二八法八七・追加

（初任者研修）

第二十三条　公立の小学校等の教諭等の研修実施者は、当該教諭等（臨時的に任用された者その他の政令で定める者を除く。）に対して、その採用（現に教諭等の職以外の職に任命されている者を教諭等の職に任命する場合を含む。）の日から一年間の教諭又は保育教諭の職務の遂行に必要な事項に関する実践的な研修（次項において「初任者研修」という。）を実施しなければならない。

2　指導助言者は、初任者研修を受ける者（次項において「初任者」という。）の所属する学校の副校長、教頭、主幹教諭（養護又は栄養の指導及び管理をつかさどる主幹教諭を除く。）、指導教諭、教諭、主幹保育教諭、指導保育教諭、保育教諭又は講師のうちから、指導教員を命じるものとする。

3　指導教員は、初任者に対して教諭又は保育教諭の職務の遂行に必要な事項について指導及び助言を行うものとする。

＊昭六三法七〇・追加

[参]　法一二・二一・二三、地方教育行政法四七の三

[1]【小学校等の教諭等＝法一二①【政令で指定する者＝令三、本条の[行]（初任者研修の対象）【教諭の職務＝学校法三七⑪【幼稚園等の教諭等に対する研修の特例＝法附則五

[2]【教育公務員の研修に関する任命権者の義務＝法二一②【副校長、教頭、主幹教諭、指導教諭、教諭又は講師＝学校法三七①⑤～⑪⑯、学校法施規三九・六四・七九・七九の八・一〇四・一一三・一三五②【初任者研修に係る非常勤講師の派遣＝地方教育行政法四七の三

[3]【教諭の職務＝学校法三七⑪

[行]

●初任者研修の実施者＝(1)（略）(2)公立学校の教諭等に対する初任者研修の実施者は次のとおりであること。

教　諭　等	実施者
市町村が設置する小学校、中学校、高等学校（定時制の課程の授業を担任する教諭等に限る。）、盲学校、聾学校及び養護学校の教諭等	都道府県教育委員会
市町村が設置する高等学校（定時制の課程の授業を担任する教諭等を除く。）の教諭等	市町村教育委員会
都の特別区が設置する学校の教諭等	都教育委員会

指定都市が設置する学校の教諭等	指定都市教育委員会
都道府県が設置する学校の教諭等	都道府県教育委員会

（次官通達昭六三・六・三文教教五一）

判 ●初任者研修と条件附採用＝市長が職員に任命した職員を引き続いて市教委が市立学校教員に任命するとの同一地方公共団体内での異なる任命権者間の異動については、教員任命は地公法上の採用には該当せずその内容に応じて昇任、降任又は転任のいずれかに当たり、教特法上の採用に該当して同法上の初任者研修の対象となるにすぎず、一年間の条件附採用の対象とはならないものと解される。（大阪高判平成二〇・八・二九）

（中堅教諭等資質向上研修）

第二十四条　公立の小学校等の教諭等（臨時的に任用された者その他の政令で定める者を除く。以下この項において同じ。）の研修実施者は、当該教諭等に対して、個々の能力、適性等に応じて、公立の小学校等における教育に関し相当の経験を有し、その教育活動その他の学校運営の円滑かつ効果的な実施において中核的な役割を果たすことが期待される中堅教諭等としての職務を遂行する上で必要とされる資質の向上を図るために必要な事項に関する研修（次項において「中堅教諭等資質向上研修」という。）を実施しなければならない。

2　指導助言者は、中堅教諭等資質向上研修を実施するに当たり、中堅教諭等資質向上研修を受ける者の能力、適性等について評価を行い、その結果に基づき、当該者ごとに中堅教諭等資質向上研修に関する計画書を作成しなければならない。

＊平成一四法六三・追加

（指導改善研修）

第二十五条　公立の小学校等の教諭等の任命権者は、児童、生徒又は幼児（以下「児童等」という。）に対する指導が不適切であると認定した教諭等に対して、その能力、適性等に応じて、当該指導の改善を図るために必要な事項に関する研修（以下この条において「指導改善研修」という。）を実施しなければならない。

2　指導改善研修の期間は、一年を超えてはならない。ただし、特に必要があると認めるときは、任命権者は、指導改善研修を開始した日から引き続き二年を超えない範囲内で、これを延長することができる。

3　任命権者は、指導改善研修を実施するに当たり、指導改善研修を受ける者の能力、適性等に応じて、その者ごとに指導改善研修に関する計画書を作成しなければならない。

4　任命権者は、指導改善研修の終了時において、指導改善研修を受けた者の児童等に対する指導の改善の程度に関する認定を行わなければならない。

5　任命権者は、第一項及び前項の認定に当たっては、教育委員会規則（幼保連携型認定こども園にあっては、地方公共団体の規則。次項において同じ。）で定めるところにより、教育学、医学、心理学その他の児童等に対する指導に関する専門的知識を有する者及び当該任命権者の属する都道府県又は市町村の区域内に居住する保護者（親権を行う者及び未成年後見人をいう。）である者の意見を聴かなければならない。

6　前項に定めるもののほか、事実の確認の方法その他第一項及び第四項の認定の手続に関し必要な事項は、教育委員会規則で定めるものとする。

7　前各項に規定するもののほか、指導改善研修の実施に関し必要な事項は、政令で定める。

＊平成一九法九八・追加

行 ●本条及び第二五条の三の措置と分限処分との関係＝①第二五条の二及び第二五条の三の措置が設けられたことにより、分限処分の要件には何ら変更が生ずるものではない。②第二五条の二及び第二五条の三の措置は、児童生徒への指導が不適切な教員が指導に当たることがないよう、各任命権者が、より適切に対応することができるようにする趣旨から設けられたものであり、教員として適格性に欠ける者や勤務実績が良くない者等、分限免職、分限降任又は分限休職に該当する者（地方公務員法第二八条第一項各号又は第二項各号に該当する者）については、当該処分を的確かつ厳正に行うべきである。③指導を適切に行うことができない原因が、精神疾患に基づく場合には、本措置の対象にはならないものであって、医療的観点に立った措置や分限処分等によって対応すべき

ものである。（事務次官通知平成一九・七・三一　一九文科初五四一）

●本条一項の「指導が不適切である」ことの認定＝第二五条の二第一項の「指導が不適切である」ことに該当する場合には、様々なものがあり得るが、具体的な例としては、下記のような場合が考えられること。各教育委員会においては、これらを参考にしつつ、教育委員会規則で定める手続に従い、個々のケースに則して適切に判断すること。①教科に関する専門的知識、技術等が不足しているため、学習指導を適切に行うことができない場合（教える内容に誤りが多かったり、児童等の質問に正確に答え得ることができない等）②指導方法が不適切であるため、学習指導を適切に行うことができない場合（ほとんど授業内容を板書するだけで、児童等の質問を受け付けない等）③児童等の心を理解する能力や意欲に欠け、学級経営や生徒指導を適切に行うことができない場合（児童等の意見を全く聞かず、対話もしないなど、児童等とのコミュニケーションをとろうとしない等）（事務次官通知平成一九・七・三一　一九文科初五四一）

（指導改善研修後の措置）

第二十五条の二　任命権者は、前条第四項の認定において指導の改善が不十分でなお児童等に対する指導を適切に行うことができないと認める教諭等に対して、免職その他の必要な措置を講ずるものとする。

＊平成一九法九八・追加

行　●指導改善研修後の措置＝「免職その他の必要な措置」について、「免職」とは、地方公務員法第二八条第一項による「免職」を指し、「その他の必要な措置」とは、地教行法〔地方教育行政法〕第四七条の二第一項による「県費負担教職員の免職及び都道府県の職への採用」、地方公務員法第一七条第一項の「転任」、指導改善研修の「再受講」などを想定している。（事務次官通知平成一九・七・三一　一九文科初五四一）

第五章　大学院修学休業

＊平成一二法五二・追加

（大学院修学休業の許可及びその要件等）

第二十六条　公立の小学校等の主幹教諭、指導教諭、教諭、養護教諭、栄養教諭、主幹保育教諭、指導保育教諭、保育教諭又は講師（以下「主幹教諭等」という。）で次の各号のいずれにも該当するものは、任命権者（第二十条第一項第一号に掲げる者については、同号に定める市町村の教育委員会。次項及び第二十八条第二項において同じ。）の許可を受けて、三年を超えない範囲内で年を単位として定める期間、大学（短期大学を除く。）の大学院の課程若しくは専攻科の課程又はこれらの課程に相当する外国の大学の課程（次項及び第二十八条第二項において「大学院の課程等」という。）に在学してその課程を履修するための休業（以下「大学院修学休業」という。）をすることができる。

一　主幹教諭（養護又は栄養の指導及び管理をつかさどる主幹教諭を除く。）、指導教諭、教諭、主幹保育教諭、指導保育教諭、保育教諭又は講師にあつては教育職員免許法に規定する教諭の専修免許状、養護をつかさどる主幹教諭又は養護教諭にあつては同法に規定する養護教諭の専修免許状、栄養の指導及び管理をつかさどる主幹教諭又は栄養教諭にあつては同法に規定する栄養教諭の専修免許状の取得を目的としていること。

二　取得しようとする専修免許状に係る基礎となる免許状（教育職員免許法に規定する教諭の一種免許状若しくは特別免許状、養護教諭の一種免許状又は栄養教諭の一種免許状であつて、同法別表第三、別表第五、別表第六、別表第六の二又は別表第七の規定により専修免許状の授与を受けようとする場合には有することを必要とされるものをいう。次号において同じ。）を有していること。

三　取得しようとする専修免許状に係る基礎となる免許状について、教育職員免許法別表第三、別表第五、別表第六、別表第六の二又は別表第七に定める最低在職年数を満たしていること。

四　条件付採用期間中の者、臨時的に任用された者、第二十三条第一項に規定する初任者研修を受けている者その他政令で定める者でないこと。

2　大学院修学休業の許可を受けようとする主幹教諭等は、取得しようとする専修免許状の種類、在学しようとする大学院の課程等及び大学院修学休業をしようとする期間を明らかにして、任命権者に対し、その許可を申請するものとする。

＊平成一二法五二・追加

（大学院修学休業の効果）

第二十七条　大学院修学休業をしている主幹教諭等は、地方公務員としての身分を保有するが、職務に従事しない。

2　大学院修学休業をしている期間については、給与を支給しない。

＊平成一二法五二・追加

（大学院修学休業の許可の失効等）

第二十八条　大学院修学休業の許可は、当該大学院修学休業をしている主幹教諭等が休職又は停職の処分を受けた場合には、その効力を失う。

2　任命権者は、大学院修学休業をしている主幹教諭等が当該大学院修学休業の許可に係る大学院の課程等を退学したことその他政令で定める事由に該当すると認めるときは、当該大学院修学休業の許可を取り消すものとする。

＊平成一二法五二・追加

第六章　職員団体

（公立学校の職員の職員団体）

第二十九条　地方公務員法第五十三条及び第五十四条並びに地方公務員法の一部を改正する法律（昭和四十年法律第七十一号）附則第二条の規定の適用については、一の都道府県内の公立学校の職員のみをもつて組織する地方公務員法第五十二条第一項に規定する職員団体（当該都道府県内の一の地方公共団体の公立学校の職員のみをもつて組織するものを除く。）は、当該都道府県の職員をもつて組織する同項に規定する職員団体とみなす。

2　前項の場合において、同項の職員団体は、当該都道府県内の公立学校の職員であつた者でその意に反して免職され、若しくは懲戒処分としての免職の処分を受け、当該処分を受けた日の翌日から起算して一年以内のもの又はその期間内に当該処分について法律の定めるところにより審査請求をし、若しくは訴えを提起し、これに対する裁決又は裁判が確定するに至らないものを構成員にとどめていること、及び当該職員団体の役員である者を構成員としていることを妨げない。

＊昭四〇法七一・追加

参　憲法二八、地公法五八①・五二～五六、ＩＬＯ八七号条約【職員団体の定義＝地公法五二①】【公立学校の職員＝教基法六、地公法四①

第七章　教育公務員に準ずる者に関する特例

＊平成一五法一一七・追加

（教員の職務に準ずる職務を行う者等に対するこの法律の準用）

第三十条　公立の学校において教員の職務に準ずる職務を行う者並びに国立又は公立の専修学校又は各種学校の校長及び教員については、政令の定めるところにより、この法律の規定を準用する。

＊平成一五法一一七・追加

第三十一条　文部科学省に置かれる研究施設で政令で定めるもの（次条及び第三十五条において「研究施設」という。）の職員のうち専ら研究又は教育に従事する者（以下この章及び附則第八条において「研究施設研究教育職員」という。）に対する国家公務員法の適用については、次の表の上欄に掲げる同法の規定中同表の中欄に掲げる字句は、それぞれ同表の下欄に掲げる字句とする。

上欄	中欄	下欄
第八十一条の二第二項	年齢六十年とする。ただし、次の各号に掲げる管理監督職を占める職員の管理監督職勤務上限年齢は、当該各号に	文部科学省令で定めるところにより任命権者が

第八十一条の五第一項及び第三項	で当該	で文部科学省令で定めるところにより任命権者が定める期間をもつて当該
第八十一条の五第二項及び第四項	で延長された	で文部科学省令で定めるところにより任命権者が定める期間をもつて延長された
第八十一条の六第一項	定年に達した日以後における最初の三月三十一日又は第五十五条第一項に規定する任命権者若しくは法律で別に定められた任命権者があらかじめ指定する日のいずれか早い日	定年に達した日から起算して一年を超えない範囲内で文部科学省令で定めるところにより任命権者があらかじめ指定する日
第八十一条の六第二項	年齢六十五年とする。ただし、その職務と責任に特殊性があること又は欠員の補充が困難であることにより定年を年齢六十五年とすることが著しく不適当と認められる官職を占める医師及び歯科医師その他の職員として人事院規則で定める職員の定年は、六十五年を超え七十年を超えない範囲内で人事院規則で定める年齢とする	文部科学省令で定めるところにより任命権者が定める
第八十一条の七第一項	期限を定め	文部科学省令で定めるところにより任命権者が定める期限をもつて
第八十一条の七第二項	範囲内で	範囲内で文部科学省令で定めるところにより任命権者が定める期間をもつて

2　前項の規定により読み替えて適用する国家公務員法第八十一条の六第二項の規定により任命権者が研究施設研究教育職員の定年を定める場合における次に掲げる採用、昇任、降任及び転任に係る特例に関し必要な事項は、文部科学省令で定める。

一　国家公務員法第六十条の二第一項の規定による研究施設研究教育職員への採用並びに同条第二項に規定する定年前再任用短時間勤務職員である研究施設研究教育職員の昇任、降任及び転任

二　国家公務員法第八十一条の七第一項又は第二項の規定により勤務している研究施設研究教育職員の昇任、降任及び転任

＊令和三法六一・全部改正

第三十二条　研究施設の長及び研究施設研究教育職員の服務について、国家公務員法第九十六条第一項の根本基準の実施に関し必要な事項は、同法第九十七条から第百五条まで又は国家公務員倫理法（平成十一年法律第百二十九号）に定めるものを除いては、任命権者が定める。

＊平成一五法一一七・追加

第三十三条　前条に定める者は、教育に関する他の職を兼ね、又は教育に関する他の事業若しくは事務に従事することが本務の遂行に支障がないと任命権者において認める場合には、給与を受け、又は受けないで、その職を兼ね、又はその事業若しくは事務に従事することができる。

2　前項の場合においては、国家公務員法第百一条第一項の規定に基づく命令又は同法第百四条の規定による承認又は許可を要しない。

＊平成一五法一一七・追加

第三十四条　研究施設研究教育職員（政令で定める者に限る。以下この条において同じ。）が、国及び行政執行法人（独立行政法人通則法（平成十一年法律第百三号）第二条第四項に規定す

る行政執行法人をいう。以下同じ。）以外の者が国若しくは指定行政執行法人（行政執行法人のうち、その業務の内容その他の事情を勘案して国の行う研究と同等の公益性を有する研究を行うものとして文部科学大臣が指定するものをいう。以下この項において同じ。）と共同して行う研究又は国若しくは指定行政執行法人の委託を受けて行う研究（以下この項において「共同研究等」という。）に従事するため国家公務員法第七十九条の規定により休職にされた場合において、当該共同研究等への従事が当該共同研究等の効率的実施に特に資するものとして政令で定める要件に該当するときは、研究施設研究教育職員に関する国家公務員退職手当法（昭和二十八年法律第百八十二号）第六条の四第一項及び第七条第四項の規定の適用については、当該休職に係る期間は、同法第六条の四第一項に規定する現実に職務をとることを要しない期間には該当しないものとみなす。

2　前項の規定は、研究施設研究教育職員が国及び行政執行法人以外の者から国家公務員退職手当法の規定による退職手当に相当する給付として政令で定めるものの支払を受けた場合には、適用しない。

3　前項に定めるもののほか、第一項の規定の適用に関し必要な事項は、政令で定める。

＊平成一五法一一七・追加

第三十五条　研究施設の長及び研究施設研究教育職員については、第三条第一項、第二項及び第五項、第五条の二、第六条、第七条、第二十一条並びに第二十二条の規定を準用する。この場合において、第三条第二項中「評議会（評議会を置かない大学にあつては、教授会。以下同じ。）の議に基づき学長」とあり、同条第五項、第五条の二第二項及び第六条中「評議会の議に基づき学長」とあり、第五条の二第一項中「評議会」とあり、及び「教授会の議に基づき学長」とあり、並びに第二十一条第二項中「研修実施者」とあるのは「任命権者」と、第三条第二項中「評議会が」とあり、同条第五項中「教授会の議に基づき学長が」とあり、及び第七条中「評議会の議に基づき学長が」とあるのは「文部科学省令で定めるところにより任命権者が」と読み替えるものとする。

＊平成一五法一一七・追加

附　則（抄）

（施行期日）

第一条　この法律は、公布の日から施行する。

2　この法律中の規定が、国家公務員法又は地方公務員法の規定に矛盾し、又は抵触すると認められるに至つた場合は、国家公務員法又は地方公務員法の規定が優先する。

参【矛盾・抵触＝国公法附則四但書、地公法五七但書】

第二条（恩給法の準用）　この法律施行の際、現に恩給法（大正十二年法律第四十八号）第十九条に規定する公務員又は準公務員たる者が引き続き公立の学校の職員となつた場合（その公務員又は準公務員が引き続き同法第十九条に規定する公務員若しくは準公務員又はこれらの者とみなされる者として在職し、更に引き続き公立の学校の職員となつた場合を含む。）には、同法第二十二条に規定する教育職員又は準教育職員として勤続するものとみなし、当分の間、これに同法の規定を準用する。

2　前項の公立の学校の職員とは、次に掲げる者をいう。

一　公立の大学の学長、教授、助教授、常時勤務に服することを要する講師若しくは助手又は公立の高等専門学校の校長、教授、助教授、常時勤務に服することを要する講師若しくは助手

二　公立の高等学校の校長、教諭、養護教諭、助教諭又は養護助教諭

三　公立の中学校、小学校若しくは特別支援学校の校長、教諭若しくは養護教諭又は公立の幼稚園の園長、教諭若しくは養護教諭

四　第二号に掲げる学校の常時勤務に服することを要する講師

五　第三号に掲げる学校の助教諭、養護助教諭又は常時勤務に服することを要する講師

3　第一項の規定を適用する場合においては、前項第一号から第三号までに掲げる職員は、恩給法第二十二条第一項に規定する教育職員とみなし、前項第四号及び第五号に掲げる職員は、同法第二十二条第二項に規定する準教育職員とみなす。

（旧恩給法における養護助教諭の取扱）

第三条　恩給法の一部を改正する法律（昭和二十六年法律第八十七号）による改正前の恩給法第二十二条第二項の助教諭には、養護助教諭が含まれていたものとする。

＊昭三一法一七五・追加

（指定都市以外の市町村の教育委員会及び長に係る協議会の特例）

第四条　地方自治法第二百五十二条の十九第一項の指定都市（以下「指定都市」という。）以外の市町村の教育委員会及び長については、当分の間、第二十二条の三第二項及び第二十二条の七の規定は、適用しない。この場合において、当該教育委員会及び長は、第二十二条の三第一項に規定する指標を定め、又はこれを変更しようとするときは、第二十二条の七第二項第二号に掲げる者、当該市町村を包括する都道府県の教育委員会若しくは知事又は独立行政法人教職員支援機構の意見を聴くよう努めるものとする。

＊平成二八法八七・追加

（幼稚園等の教諭等に対する初任者研修等の特例）

第五条　幼稚園、特別支援学校の幼稚部及び幼保連携型認定こども園（以下この条及び次条において「幼稚園等」という。）の教諭等の研修実施者（第二十条第一項に規定する研修実施者をいう。以下この項において同じ。）については、当分の間、第二十三条第一項の規定は、適用しない。この場合において、幼稚園等の教諭等の研修実施者（指定都市以外の市町村の設置する幼稚園及び特別支援学校の幼稚部の教諭等については当該市町村を包括する都道府県の教育委員会、当該市町村の設置する幼保連携型認定こども園の教諭等については当該市町村を包括する都道府県の知事）は、採用（現に教諭等の職以外の職に任命されている者を教諭等の職に任命する場合を含む。）の日から起算して一年に満たない幼稚園等の教諭等（臨時的に任用された者その他の政令で定める者を除く。）に対して、幼稚園等の教諭又は保育教諭の職務の遂行に必要な事項に関する研修を実施しなければならない。

2　市（指定都市を除く。）町村の教育委員会及び長は、その所管に属する幼稚園等の教諭等に対して都道府県の教育委員会及び知事が行う前項後段の研修に協力しなければならない。

3　第十二条第一項の規定は、当分の間、幼稚園等の教諭等については、適用しない。

＊平成一八法八〇・追加

（幼稚園等の教諭等に対する中堅教諭等資質向上研修の特例）

第六条　指定都市以外の市町村の設置する幼稚園等の教諭等に対する中堅教諭等資質向上研修（第二十四条第一項に規定する中堅教諭等資質向上研修をいう。次項において同じ。）は、当分の間、同条第一項の規定にかかわらず、幼稚園及び特別支援学校の幼稚部の教諭等については当該市町村を包括する都道府県の教育委員会が、幼保連携型認定こども園の教諭等については当該市町村を包括する都道府県の知事が実施しなければならない。

2　指定都市以外の市町村の教育委員会及び長は、その所管に属する幼稚園等の教諭等に対して都道府県の教育委員会及び知事が行う中堅教諭等資質向上研修に協力しなければならない。

＊平成一九法九八・追加

（指定都市以外の市町村の教育委員会及び長に係る指導改善研修の特例）

第七条　指定都市以外の市町村の教育委員会及び長については、当分の間、第二十五条及び第二十五条の二の規定は、適用しない。この場合において、当該教育委員会及び長は、その所管に属する小学校等の教諭等（その任命権が当該教育委員会及び長に属する者に限る。）のうち、児童等に対する指導が不適切であると認める教諭等（政令で定める者を除く。）に対して、第二十五条第一項に規定する指導改善研修に準ずる研修その他必要な措置を講じなければならない。

＊平成一九法九八・追加

（研究施設研究教育職員に関する特例）

第八条　研究施設研究教育職員に対する次の表の第一欄に掲げる法律の規定の適用については、同表の第二欄に掲げる規定中同表の第三欄に掲げる字句は、それぞれ同表の第四欄に掲げる字句とする。

国家公務員法	附則第八条第一項	第八十一条の六第二項	第八十一条の六第二項（教育公務員特例法（昭和二十四年法律第一号）第三十一条第一項の規定により読み替えて適用する場合を除く。）
	附則第九条	同項中	第八十一条の六第二項中
		年齢六十年（同項第二号に掲げる職員に相当する職員として人事院規則で定める職員にあつては同号に定める年齢とし、同項第三号に掲げる職員に相当する職員のうち人事院規則で定める職員にあつては同号に定める年齢とする。以下この条において同じ。）	令和三年国家公務員法等改正法の施行の日の前日において令和三年国家公務員法等改正法第六条の規定による改正前の教育公務員特例法第三十一条第一項の規定により読み替えて適用する令和三年国家公務員法等改正法第一条の規定による改正前の第八十一条の二第二項の規定により任命権者が定めていた年齢
		年齢六十年に	当該年齢に
一般職の職員の給与に関する法律（昭和二十五年法律第九十五号）	附則第八項	六十歳（次の各号に掲げる職員にあつては、当該各号に定める年齢）	国家公務員法等の一部を改正する法律（令和三年法律第六十一号。以下この項において「令和三年国家公務員法等改正法」という。）の施行の日の前日において令和三年国家公務員法等改正法第六条の規定による改正前の教育公務員特例法（昭和二十四年法律第一号）第三十一条第一項の規定により読み替えて適用する令和三年国家公務員法等改正法第一条の規定による改正前の国家公務員法第八十一条の二第二項の規定により任命権者が定めていた年齢
国家公務員退職手当法	附則第十二項	六十歳（次の各号に掲げる者にあつては、当該各号に定める年齢）	国家公務員法等の一部を改正する法律（令和三年法律第六十一号。以下この項において「令和三年国家公務員法等改正法」という。）の施行の日の前日において令和三年国家公務員法等改正法第六条の規定による改正前の教育公務員特例法（昭和二十四年法律第一号）第三十一条第一項の規定により読み替えて

		適用する令和三年国家公務員法等改正法第一条の規定による改正前の国家公務員法第八十一条の二第二項の規定により任命権者が定めていた年齢（次項において「改正前定年」という。）
	同項又は同条第二項	第四条第一項又は第二項
附則第十三項	六十歳（前項各号に掲げる者にあつては、当該各号に定める年齢）	改正前定年
	同条第一項又は第二項	同項又は同条第二項
附則第十六項	定年（附則第十二項各号及び第十四項各号に掲げる者以外の者（国家公務員法等の一部を改正する法律（令和三年法律第六十一号）第一条の規定による改正前の国家公務員法第八十一条の二第二項本文（裁判所職員臨時措置法において準用する場合を含む。）の適用を受けていた者であつて附則第十四項第二号に掲げる職員に該当する職員、国会職員法及び国家公務員退職手当法の一部を改正する法律（令和三年法律第六十二号）第一条の規定による改正前の国会職員法第十五条の二第二項本文の適用を受けていた者であつて附則第十四項第八号に掲げる国会職員に該当する国会職員及び国家公務員法等の一部を改正する法律第八条の規定による改正前の自衛隊法第四十四条の二第二項本文の適用を受けていた者であつて附則第十四項第十号に掲げる隊員に該当する隊員を含む。）にあつては六十歳とし、附則第十二項各号に掲げる者にあつては当該各号に定める年齢とし、附則第十四項第一号に掲げる職員、同項第七号に掲げる国会職員及び同項第九号に掲げる隊員にあつては六十五歳とし、同項第十二号に掲げる職員にあつては内閣官房令で定める年齢とする。）	教育公務員特例法（昭和二十四年法律第一号）附則第八条の規定により読み替えて適用する附則第十二項に規定する改正前定年

＊令和三法六一・追加

附　則（令和四・五・一八法四〇）（抄）

（施行期日）

第一条　この法律は、令和四年七月一日から施行する。ただし、次の各号に掲げる規定は、当該各号に定める日から施行する。

一　附則第十四条の規定　公布の日

二　第一条並びに次条（中略）の規定　令和五年四月一日

（教育公務員特例法の一部改正に伴う経過措置）

第二条　第一条の規定による改正後の教育公務員特例法第二十二条の五の規定は、同条第二項第一号に規定する校長及び教員が前条第二号に掲げる規定の施行の日以後に受講する同項第一号の研修実施者実施研修、同項第二号に規定する教員が同日以後に履修する同号の大学院の課程等、同項第三号に規定する任命権者が同日以後に開設する同号の認定講習等のうち同号に規定する校長及び教員が同日以後に単位を修得するもの並びに同項第四号に規定する校長及び教員が同日以後に行う同号の取組について適用する。

（政令への委任）

第十四条　この附則に定めるもののほか、この法律の施行に伴い必要な経過措置は、政令で定める。

○刑法等の一部を改正する法律の施行に伴う関係法律の整理等に関する法律（抄）

令和四・六・一七
法　六八

（教育公務員特例法の一部改正）

第二百十条　教育公務員特例法（昭和二十四年法律第一号）の一部を次のように改正する。

第十八条第二項中「第百十一条の二」を「第百十条第一項」に改める。

附　則（抄）

（施行期日）

1　この法律は、刑法等一部改正法施行日〔令和七・六・一〕から施行する。〔ただし書略〕

○教育公務員特例法施行令

昭二四・一・一二
政　令　六

改正　昭二四・六・二九政令二三四、九・一九政令三三八　昭二六・六・一六政令二一九　昭二八・五・一一政令八八　昭三一・六・三〇政令二二二　昭三六・五・二七政令一四一、一二・二六政令四二七　昭三八・三・三一政令九七　昭四〇・三・三一政令八〇　昭四三・六・一五政令一七〇　昭四四・六・九政令一四九　昭四六・三・三一政令七七　昭四七・四・二八政令一〇七、五・四政令一六三　昭四八・九・二九政令二八四　昭四九・六・七政令一九九、八・八政令二八九　昭五〇・四・一政令七四、一二・二七政令三八一　昭五二・五・二政令一三五　昭五五・三・三一政令四七　昭五六・四・一政令八一、四・一四政令一二七　昭五九・四・二四政令一一二、六・二八政令二二九　平成元・三・二二政令五四　平成三・六・二八政令二二四　平成四・六・二六政令二一六　平成五・四・一政令一一〇　平成九・四・一政令一二六、九・二九政令三〇四　平成一〇・一〇・三〇政令三五一　平成一二・二・一四政令三〇、三・三一政令一六六、六・七政令三〇八、三・三一政令一六四、六・七政令三三六、六・七政令三三三、七・一四政令三八〇、一一・二七政令四八六　平成一四・三・二七政令六七、六・二五政令二三六、六・二八政令二四〇、一〇・二政令三〇三、一二・一八政令三八五　平成一五・一二・三政令四八三　平成一六・七・三〇政令二五一　平成一七・四・一政令一二九　平成一八・三・

三一政令一六一　平成一九・三・二二政令五五、七・二〇政令二二一、八・三政令二三五、一二・一二政令三六三　平成二〇・二・二〇政令二九　平成二六・二・一三政令三一、五・二九政令一九五、一二・二四政令四一二　平成二七・三・一八政令七四　平成二八・一・二二政令一六、八・三政令二七五、一一・二四政令三五三　平成二九・二・一七政令二一　令和元・六・七政令二三　令和二・三・二七政令六一　令和四・三・三〇政令一二九、八・三一政令二八三

（部局の長）

第一条　教育公務員特例法（以下「法」という。）第二条第三項の部局の長とは、次に掲げる者をいう。

一　大学（法第二条第三項に規定する大学をいう。以下この条及び第八条において同じ。）の教養部の長

二　大学に附置される研究所の長

三　大学又は大学の医学部若しくは歯学部に附属する病院の長

四　大学に附属する図書館の長

五　大学院に置かれる研究科（学校教育法（昭和二十二年法律第二十六号）第百条ただし書に規定する組織を含む。）の長

＊昭二八政令八八・全部改正

参 国【大学院の研究科＝学校法一〇〇・一〇一】

（法第二十一条第二項の政令で定める者）

第二条　法第二十一条第二項の政令で定める者は、次に掲げる者とする。

一　臨時的に任用された者

二　地方公務員法（昭和二十五年法律第二百六十一号）第二十二条の二第一項に規定する会計年度任用職員（以下「会計年度任用職員」という。）

三　地方公務員の育児休業等に関する法律（平成三年法律第百十号）第六条第一項若しくは第十八条第一項又は地方公共団体の一般職の任期付職員の採用に関する法律（平成十四年法律第四十八号）第三条第一項若しくは第二項、第四条若しくは第五条の規定により任期を定めて採用された者

＊平成二九政令二二・追加

（初任者研修の対象から除く者）

第三条　法第二十三条第一項の政令で定める者は、次に掲げる者とする。

一　臨時的に任用された者

二　教諭等として小学校等において引き続き一年を超える期間を勤務したことがある者で、研修実施者が教諭又は保育教諭の職務の遂行に必要な事項についての知識又は経験の程度を勘案し、初任者研修を実施する必要がないと認めるもの

三　教育職員免許法（昭和二十四年法律第百四十七号）第四条第三項に規定する特別免許状を有する者

四　会計年度任用職員

五　地方公務員の育児休業等に関する法律第六条第一項若しくは第十八条第一項又は地方公共団体の一般職の任期付職員の採用に関する法律第三条第一項若しくは第二項、第四条若しくは第五条の規定により任期を定めて採用された者

＊平成元政令五四・追加

（中堅教諭等資質向上研修の対象から除く者）

第四条　法第二十四条第一項の政令で定める者は、次に掲げる者とする。

一　臨時的に任用された者

二　中堅教諭等資質向上研修を受けたことがある者で、研修実施者が当該者の能力、適性等を勘案して中堅教諭等資質向上研修を実施する必要がないと認めるもの

三　会計年度任用職員

四　地方公務員の育児休業等に関する法律第六条第一項若しくは第十八条第一項又は地方公共団体の一般職の任期付職員の採用に関する法律第三条第一項若しくは第二項、第四条若しくは第五条の規定により任期を定めて採用された者

五　指導主事、社会教育主事その他教育委員会

の事務局（地方教育行政の組織及び運営に関する法律（昭和三十一年法律第百六十二号）第二十三条第一項の条例の定めるところによりその長が同項第一号に掲げる事務を管理し、及び執行することとされた地方公共団体にあつては、当該事務を分掌する内部部局を含む。）において学校教育又は社会教育に関する事務に従事した経験を有する者で、研修実施者が当該者の経験の程度を勘案して中堅教諭等資質向上研修を実施する必要がないと認めるもの

＊平成一四政令三〇三・追加

（指導改善研修の対象から除く者）

第五条 次に掲げる者は、指導改善研修の対象から除くものとする。

一 条件付採用期間中の者

二 臨時的に任用された者

＊平成二〇政令二九・追加

参【指導改善研修＝法二五

（大学院修学休業をすることができない者）

第六条 法第二十六条第一項第四号の政令で定める者は、次に掲げる者とする。

一 指導改善研修を命ぜられている者

二 許可を受けようとする大学院修学休業の期間の満了の日（以下この号において「休業期間満了日」という。）の前日までの間又は休業期間満了日から起算して一年以内に定年退職日（地方公務員法第二十八条の六第一項に規定する定年退職日をいう。第四号において同じ。）又は同法第二十二条の四第一項に規定する定年退職日相当日が到来する者

三 会計年度任用職員

四 地方公務員法第二十八条の七第一項又は第二項の規定により定年退職日の翌日以降引き続き勤務している者

＊平成一二政令三八〇・追加

（大学院修学休業の許可の取消事由）

第七条 法第二十八条第二項の政令で定める事由は、次の各号のいずれにも該当することとする。

一 大学院修学休業をしている主幹教諭等が正当な理由なく当該大学院修学休業の許可に係る大学院の課程等を休学し、又はその授業を頻繁に欠席していること。

二 大学院修学休業をしている主幹教諭等が教育職員免許法第四条第二項に規定する専修免許状を取得するのに必要とする単位を当該大学院修学休業の期間内に修得することが困難となつたこと。

＊平成一二政令三八〇・追加

（大学の助手に対する法の規定の準用）

第八条 大学の助手については、法第三条第一項、第五項及び第六項、第四条から第六条まで、第八条から第十条まで、第十七条から第十九条まで、第二十一条並びに第二十二条の規定中教員に関する部分の規定を準用する。この場合において、法第二十一条第二項中「研修実施者」とあるのは「任命権者」と、「（公立の小学校等の校長及び教員（臨時的に任用された者その他の政令で定める者を除く。以下この章において同じ。）を除く。）の研修」とあるのは「の研修」と読み替えるものとする。

2 前項の場合において、任命権者は、法第十条に規定する権限を学部長その他の大学の機関に委任することができる。

3 第一項の場合において、次の表の上欄に掲げる者は、同表の中欄に掲げる法の規定に規定する権限（法第八条第一項の規定にあつては、同項の規定により読み替えられた地方公務員法の各規定に規定する権限）の全部又は一部を、それぞれ同表の下欄に掲げる者に委任することができる。

学長	第三条第五項、第五条の二、第六条、第八条第一項及び第十九条	学部長その他の大学内の他の機関
評議会（評議	第三条第五項、第四条（第五条第二項及	教授会その他の大学内の他

会を置かない大学にあつては、教授会）	び第九条第二項において準用する場合を含む。）、第五条第一項、第五条の二第二項、第六条、第八条第一項、第九条第一項及び第十九条	の機関
教授会	第三条第五項及び第五条の二第一項	当該教授会に属する教員のうちの一部の者で構成する会議その他の大学内の他の機関

参 1 【大学の助手＝学校法九二⑨】

（高等専門学校の助手並びに高等学校、中等教育学校及び特別支援学校の実習助手及び寄宿舎指導員に対する法の規定の準用）

第九条 高等専門学校（公立学校（法第二条第一項に規定する公立学校をいう。次項において同じ。）であるものに限る。）の助手については、法第十一条、第十四条、第十七条、第十八条、第二十一条及び第二十二条の規定中教員に関する部分の規定を準用する。この場合において、法第二十一条第二項中「研修実施者」とあるのは「任命権者」と、「（公立の小学校等の校長及び教員（臨時的に任用された者その他の政令で定める者を除く。以下この章において同じ。）を除く。）の研修」とあるのは「の研修」と読み替えるものとする。

2 高等学校、中等教育学校及び特別支援学校（いずれも公立学校であるものに限る。）の実習助手並びに特別支援学校（公立学校であるものに限る。）の寄宿舎指導員については、法第十一条、第十二条第二項、第十三条、第十四条、第十七条、第十八条、第二十一条及び第二十二条の規定中教員に関する部分の規定を準用する。この場合において、法第二十一条第二項中「研修実施者」とあるのは「任命権者」と、「（公立の小学校等の校長及び教員（臨時的に任用された者その他の政令で定める者を除く。以下この章において同じ。）を除く。）の研修」とあるのは「の研修」と読み替えるものとする。

＊平成一五政令四八三・追加

（専修学校及び各種学校の校長及び教員に対する法の規定の準用）

第十条 専修学校及び各種学校（いずれも国が設置するものに限る。）の校長及び教員については、法第十一条、第十四条、第二十一条及び第二十二条の規定中それぞれ校長及び教員に関する部分の規定を準用する。この場合において、法第二十一条第二項中「研修実施者」とあるのは「任命権者」と、「（公立の小学校等の校長及び教員（臨時的に任用された者その他の政令で定める者を除く。以下この章において同じ。）を除く。）の研修」とあるのは「の研修」と読み替えるものとする。

2 専修学校及び各種学校（いずれも地方公共団体が設置するものに限る。）の校長及び教員については、法第十一条、第十四条、第十七条、第十八条、第二十一条及び第二十二条の規定中それぞれ校長及び教員に関する部分の規定を準用する。この場合において、法第二十一条第二項中「研修実施者」とあるのは「任命権者」と、「（公立の小学校等の校長及び教員（臨時的に任用された者その他の政令で定める者を除く。以下この章において同じ。）を除く。）の研修」とあるのは「の研修」と読み替えるものとする。

＊平成一五政令四八三・全部改正

（法第三十一条の政令で定める研究施設）

第十一条 法第三十一条の政令で定める研究施設は、国立教育政策研究所とする。

（法第三十四条第一項の政令で定める研究施設研究教育職員等）

第十二条 法第三十四条第一項の政令で定める者は、一般職の職員の給与に関する法律（昭和二十五年法律第九十五号）第六条第一項の規定に基づき同法別表第七研究職俸給表の適用を受ける者でその属する職務の級が一級であるもの以外の者とする。

2　法第三十四条第一項の政令で定める要件は、次に掲げる要件の全てに該当することとする。

一　当該研究施設研究教育職員の共同研究等への従事が、当該共同研究等の規模、内容等に照らして、当該共同研究等の効率的実施に特に資するものであること。

二　当該研究施設研究教育職員が共同研究等において従事する業務が、その職務に密接な関連があり、かつ、当該共同研究等において重要なものであること。

三　当該研究施設研究教育職員を共同研究等に従事させることについて当該共同研究等を行う国及び行政執行法人以外の者からの要請があること。

3　各省各庁の長等（財政法（昭和二十二年法律第三十四号）第二十条第二項に規定する各省各庁の長及び行政執行法人の長をいう。）は、職員の退職に際し、その者の在職期間のうちに研究施設研究教育職員として共同研究等に従事するため国家公務員法（昭和二十二年法律第百二十号）第七十九条の規定により休職にされた期間があった場合において、当該休職に係る期間（その期間が更新された場合にあっては、当該更新に係る期間。以下この項において同じ。）における当該研究施設研究教育職員としての当該共同研究等への従事が前項各号に掲げる要件の全てに該当することにつき、文部科学大臣において当該休職前（更新に係る場合には、当該更新前）に内閣総理大臣の承認を受けているときに限り、当該休職に係る期間について法第三十四条第一項の規定を適用するものとする。

4　法第三十四条第二項の政令で定める給付は、所得税法（昭和四十年法律第三十三号）第三十条第一項に規定する退職手当等（同法第三十一条の規定により退職手当等とみなされるものを含む。）とする。

5　第三項の承認に係る共同研究等に従事した研究施設研究教育職員は、当該共同研究等を行う国及び行政執行法人以外の者から前項に規定する退職手当等の支払を受けたときは、所得税法第二百二十六条第二項の規定により交付された源泉徴収票（源泉徴収票の交付のない場合には、これに準ずるもの）を文部科学大臣に提出し、文部科学大臣はその写しを内閣総理大臣に送付しなければならない。

＊平成一五政令四八三・全部改正

附　則（抄）

（施行期日）

1　この政令は、公布の日から施行する。

（法附則第五条第一項の政令で定める者）

2　法附則第五条第一項の政令で定める者は、次に掲げる者とする。

一　臨時的に任用された者

二　教諭等として小学校等において引き続き一年を超える期間を勤務したことがある者で、法附則第五条第一項後段に規定する幼稚園等の教諭等の研修実施者が教諭又は保育教諭の職務の遂行に必要な事項についての知識又は経験の程度を勘案し、同項後段に規定する研修を実施する必要がないと認めるもの

三　会計年度任用職員

四　地方公務員法第二十六条の六第七項、地方公務員の育児休業等に関する法律第六条第一項若しくは第十八条第一項又は地方公共団体の一般職の任期付職員の採用に関する法律第三条第一項若しくは第二項、第四条若しくは第五条の規定により任期を定めて採用された者

（十年経験者研修を受けた者に対する中堅教諭等資質向上研修の特例）

3　法第二十四条第一項の政令で定める者は、第四条各号に掲げる者のほか、教育公務員特例法等の一部を改正する法律（平成二十八年法律第八十七号）第一条の規定による改正前の法第二十四条第一項の十年経験者研修を受けたことがある者で、研修実施者が当該者の能力、適性等を勘案して中堅教諭等資質向上研修を実施する必要がないと認めるものとする。

（幼稚園等の教諭等に対する中堅教諭等資質向上研修の特例）

4　法附則第六条第一項に規定する幼稚園等の教諭等についての第四条第二号及び第五号並びに

前項の規定の適用については、当分の間、これらの規定中「研修実施者」とあるのは、「研修実施者（指定都市以外の市町村の設置する幼稚園及び特別支援学校の幼稚部の教諭等については当該市町村を包括する都道府県の教育委員会、当該市町村の設置する幼保連携型認定こども園の教諭等については当該市町村を包括する都道府県の知事）」とする。

（法附則第七条の政令で定める者）

5　法附則第七条の政令で定める者は、次に掲げる者とする。

一　条件付採用期間中の者

二　臨時的に任用された者

附　則（令和四・八・三一政令二八三）

（施行期日）

この政令は、令和五年四月一日から施行する。

○教育公務員特例法施行規則

令和四・六・二一
文科令二一

改正　令和五・三・二四文科令七

（法第二十二条の四第二項第六号の教員研修計画に定める事項）

第一条　教育公務員特例法（以下「法」という。）第二十二条の四第二項第六号に規定する研修の実施に関し必要な事項として文部科学省令で定める事項は、次に掲げる事項とする。

一　公立の小学校等（法第十二条第一項に規定する小学校等をいう。以下同じ。）の校長及び教員（法第二十一条第二項に規定する校長及び教員をいう。以下同じ。）の研修実施者（法第二十条第一項に規定する研修実施者をいう。第四号において同じ。）と当該校長及び教員の研修に協力する大学その他の関係機関との連携に関する事項

二　研修の効率的な実施に当たって配慮すべき事項

三　研修の効果を検証するための方途に関する事項

四　その他研修実施者が必要と認める事項

（法第二十二条の五第一項の文部科学省令で定める記録の作成）

第二条　法第二十二条の五第一項に規定する研修等に関する記録は、書面又は電磁的記録（電子的方式、磁気的方式その他の人の知覚によっては認識することができない方式で作られる記録であって、電子計算機による情報処理の用に供されるものをいう。）をもって作成するものとする。

（法第二十二条の七第二項第二号の文部科学省令で定める者）

第三条　法第二十二条の七第二項第二号に規定する公立の小学校等の校長及び教員の研修に協力する大学その他の当該校長及び教員の資質の向上に関係する大学として文部科学省令で定める者は、次の各号のいずれかに該当する者とする。

一　公立の小学校等の校長及び教員の研修に協力する大学

二　任命権者（法第二十条第一項第一号に掲げる者については、同号に定める市町村教育委員会。以下この号において同じ。）により公立の小学校等の校長及び教員として採用された者であって、当該大学を卒業したものの数が当該任命権者が定める数以上である大学

（研究施設研究教育職員の管理監督職勤務上限年齢）

第四条　法第三十一条第一項の規定により読み替えて適用する国家公務員法（昭和二十二年法律第百二十号。以下「読替え後の国家公務員法」という。）第八十一条の二第二項に規定する管理監督職勤務上限年齢は、国立教育政策研究所の長（以下「所長」という。）が申出（当該申出に当たっては、所長及び所長が指定する職員で構成する会議の議を経るものとする。第十条を除き、以下同じ。）をしたところを参酌して定めるものとする。

（研究施設研究教育職員が占める管理監督職に係る異動期間の延長の期間等）

第五条　読替え後の国家公務員法第八十一条の五第一項の規定により国家公務員法第八十一条の二第一項本文に規定する異動期間（次項において「異動期間」という。）を延長する場合における当該延長の期間は、所長が申出をしたところを参酌して定めるものとする。

2　前項の規定は、読替え後の国家公務員法第八十一条の五第二項の規定により同条第一項又は第二項の規定により延長された異動期間（これらの規定により延長された期間を含む。）を更に延長する場合における当該延長の期間、同条第三項の規定により異動期間を延長する場合における当該延長の期間及び同条第四項の規定により同条第一項若しくは第二項の規定により延長された異動期間（これらの規定により延長された期間を含む。）又は同条第三項若しくは第四項の規定により延長された異動期間（同条第一項から第四項までの規定により延長された期間を含む。）を更に延長する場合における当該延長の期間について準用する。

（研究施設研究教育職員の定年退職日）
第六条　読替え後の国家公務員法第八十一条の六第一項に規定する定年退職日は、所長が申出をしたところを参酌して定めるものとする。
（研究施設研究教育職員の定年）
第七条　読替え後の国家公務員法第八十一条の六第二項に規定する定年（以下「研究施設研究教育職員の定年」という。）は、所長が申出をしたところを参酌して定めるものとする。
（研究施設研究教育職員の勤務延長の期限等）
第八条　読替え後の国家公務員法第八十一条の七第一項の期限は、所長が申出をしたところを参酌して定めるものとする。
2　前項の規定は、読替え後の国家公務員法第八十一条の七第二項の期間について準用する。
（所長及び研究施設研究教育職員の選考）
第九条　法第三十五条において準用する法（次項及び次条において「準用教育公務員特例法」という。）第三条第二項の規定による所長の採用のための選考は、文部科学省組織令（平成十二年政令第二百五十一号）第八十一条第二項に規定する評議員会（次条において「評議員会」という。）が推薦をした者について行うものとする。
2　準用教育公務員特例法第三条第五項の規定による研究施設研究教育職員（法第三十一条第一項に規定する研究施設研究教育職員をいう。以下同じ。）の採用及び昇任のための選考は、所長が推薦をした者について行うものとする。
（所長の任期）
第十条　準用教育公務員特例法第七条に規定する任期は、所長が申出（当該申出に当たっては、評議員会の議を経るものとする。）をしたところを参酌して定めるものとする。

附　則（抄）

（施行期日）
第一条　この省令は、令和五年四月一日から施行する。

附　則（令和五・三・二四文科令七）

この省令は、令和五年四月一日から施行する。

○地方公務員法

昭二五・一二・一三
法　二　六　一

最終改正　令和四・六・一七法六八

第一章　総則

（この法律の目的）
第一条　この法律は、地方公共団体の人事機関並びに地方公務員の任用、人事評価、給与、勤務時間その他の勤務条件、休業、分限及び懲戒、服務、退職管理、研修、福祉及び利益の保護並びに団体等人事行政に関する根本基準を確立することにより、地方公共団体の行政の民主的かつ能率的な運営並びに特定地方独立行政法人の事務及び事業の確実な実施を保障し、もつて地方自治の本旨の実現に資することを目的とする。
（この法律の効力）
第二条　地方公務員（地方公共団体のすべての公務員をいう。）に関する従前の法令又は条例、地方公共団体の規則若しくは地方公共団体の機関の定める規程の規定がこの法律の規定に抵触する場合には、この法律の規定が、優先する。
（一般職に属する地方公務員及び特別職に属する地方公務員）
第三条　地方公務員（地方公共団体及び特定地方独立行政法人（地方独立行政法人法（平成十五年法律第百十八号）第二条第二項に規定する特定地方独立行政法人をいう。以下同じ。）の全ての公務員をいう。以下同じ。）の職は、一般職と特別職とに分ける。
2　一般職は、特別職に属する職以外の一切の職とする。
3　特別職は、次に掲げる職とする。
一　就任について公選又は地方公共団体の議会の選挙、議決若しくは同意によることを必要とする職
一の二　地方公営企業の管理者及び企業団の企業長の職
二　法令又は条例、地方公共団体の規則若しくは地方公共団体の機関の定める規程により設けられた委員及び委員会（審議会その他これに準ずるものを含む。）の構成員の職で臨時又は非常勤のもの
二の二　都道府県労働委員会の委員の職で常勤のもの
三　臨時又は非常勤の顧問、参与、調査員、嘱託員及びこれらの者に準ずる者の職（専門的な知識経験又は識見を有する者が就く職であつて、当該知識経験又は識見に基づき、助言、調査、診断その他総務省令で定める事務を行うものに限る。）
三の二　投票管理者、開票管理者、選挙長、選挙分会長、審査分会長、国民投票分会長、投票立会人、開票立会人、選挙立会人、審査分会立会人、国民投票分会立会人その他総務省令で定める者の職
四　地方公共団体の長、議会の議長その他地方公共団体の機関の長の秘書の職で条例で指定するもの
五　非常勤の消防団員及び水防団員の職
六　特定地方独立行政法人の役員
（この法律の適用を受ける地方公務員）
第四条　この法律の規定は、一般職に属するすべての地方公務員（以下「職員」という。）に適用する。
2　この法律の規定は、法律に特別の定がある場合を除く外、特別職に属する地方公務員には適用しない。
（人事委員会及び公平委員会並びに職員に関する条例の制定）
第五条　地方公共団体は、法律に特別の定がある場合を除く外、この法律に定める根本基準に従い、条例で、人事委員会又は公平委員会の設置、職員に適用される基準の実施その他職員に関する事項について必要な規定を定めるものとする。但し、その条例は、この法律の精神に反するものであつてはならない。
2　第七条第一項又は第二項の規定により人事委員会を置く地方公共団体においては、前項の条例を制定し、又は改廃しよ

うとするときは、当該地方公共団体の議会において、人事委員会の意見を聞かなければならない。

第二章　人事機関

（任命権者）

第六条　地方公共団体の長、議会の議長、選挙管理委員会、代表監査委員、教育委員会、人事委員会及び公平委員会並びに警視総監、道府県警察本部長、市町村の消防長（特別区が連合して維持する消防の消防長を含む。）その他法令又は条例に基づく任命権者は、法律に特別の定めがある場合を除くほか、この法律並びにこれに基づく条例、地方公共団体の規則及び地方公共団体の機関の定める規程に従い、それぞれ職員の任命、人事評価（任用、給与、分限その他の人事管理の基礎とするために、職員がその職務を遂行するに当たり発揮した能力及び挙げた業績を把握した上で行われる勤務成績の評価をいう。以下同じ。）、休職、免職及び懲戒等を行う権限を有するものとする。

2　前項の任命権者は、同項に規定する権限の一部をその補助機関たる上級の地方公務員に委任することができる。

（人事委員会又は公平委員会の設置）

第七条　都道府県及び地方自治法（昭和二十二年法律第六十七号）第二百五十二条の十九第一項の指定都市は、条例で人事委員会を置くものとする。

2　前項の指定都市以外の市で人口（官報で公示された最近の国勢調査又はこれに準ずる人口調査の結果による人口をいう。以下同じ。）十五万以上のもの及び特別区は、条例で人事委員会又は公平委員会を置くものとする。

3　人口十五万未満の市、町、村及び地方公共団体の組合は、条例で公平委員会を置くものとする。

4　公平委員会を置く地方公共団体は、議会の議決を経て定める規約により、公平委員会を置く他の地方公共団体と共同して公平委員会を置き、又は他の地方公共団体の人事委員会に委託して次条第二項に規定する公平委員会の事務を処理させることができる。

（人事委員会又は公平委員会の権限）

第八条　人事委員会は、次に掲げる事務を処理する。

一　人事行政に関する事項について調査し、人事記録に関することを管理し、及びその他人事に関する統計報告を作成すること。

二　人事評価、給与、勤務時間その他の勤務条件、研修、厚生福利制度その他職員に関する制度について絶えず研究を行い、その成果を地方公共団体の議会若しくは長又は任命権者に提出すること。

三　人事機関及び職員に関する条例の制定又は改廃に関し、地方公共団体の議会及び長に意見を申し出ること。

四　人事行政の運営に関し、任命権者に勧告すること。

五　給与、勤務時間その他の勤務条件に関し講ずべき措置について地方公共団体の議会及び長に勧告すること。

六　職員の競争試験及び選考並びにこれらに関する事務を行うこと。

七　削除

八　職員の給与がこの法律及びこれに基く条例に適合して行われることを確保するため必要な範囲において、職員に対する給与の支払を監理すること。

九　職員の給与、勤務時間その他の勤務条件に関する措置の要求を審査し、判定し、及び必要な措置を執ること。

十　職員に対する不利益な処分についての審査請求に対する裁決をすること。

十一　前二号に掲げるものを除くほか、職員の苦情を処理すること。

十二　前各号に掲げるものを除く外、法律又は条例に基きその権限に属せしめられた事務

2　公平委員会は、次に掲げる事務を処理する。

一　職員の給与、勤務時間その他の勤務条件に関する措置の要求を審査し、判定し、及び必要な措置を執ること。

二　職員に対する不利益な処分についての審査請求に対する裁決をすること。

三　前二号に掲げるものを除くほか、職員の苦情を処理すること。

四　前三号に掲げるものを除くほか、法律に基づきその権限に属せしめられた事務

3　人事委員会は、第一項第一号、第二号、第六号、第八号及び第十二号に掲げる事務で人事委員会規則で定めるものを当該地方公共団体の他の機関又は人事委員会の事務局長に委任することができる。

4　人事委員会又は公平委員会は、第一項第十一号又は第二項第三号に掲げる事務を委員又は事務局長に委任することができる。

5　人事委員会又は公平委員会は、法律又は条例に基づきその権限に属せしめられた事務に関し、人事委員会規則又は公平委員会規則を制定することができる。

6　人事委員会又は公平委員会は、法律又は条例に基くその権限の行使に関し必要があるときは、証人を喚問し、又は書類若しくはその写の提出を求めることができる。

7　人事委員会又は公平委員会は、人事行政に関する技術的及び専門的な知識、資料その他の便宜の授受のため、国若しくは他の地方公共団体の機関又は特定地方独立行政法人との間に協定を結ぶことができる。

8　第一項第九号及び第十号又は第二項第一号及び第二号の規定により人事委員会又は公平委員会に属せしめられた権限に基く人事委員会又は公平委員会の決定（判定を含む。）及び処分は、人事委員会規則又は公平委員会規則で定める手続により、人事委員会又は公平委員会によつてのみ審査される。

9　前項の規定は、法律問題につき裁判所に出訴する権利に影響を及ぼすものではない。

（抗告訴訟の取扱い）

第八条の二　人事委員会又は公平委員会は、人事委員会又は公平委員会の行政事件訴訟法（昭和三十七年法律第百三十九号）第三条第二項に規定する処分又は同条第三項に規定する裁決に係る同法第十一条第一項（同法第三十八条第一項において準用する場合を含む。）の規定による地方公共団体を被告とする訴訟について、当該地方公共団体を代表する。

（公平委員会の権限の特例等）

第九条　公平委員会を置く地方公共団体は、条例で定めるところにより、公平委員会が、第八条第二項各号に掲げる事務のほか、職員の競争試験及び選考並びにこれらに関する事務を行うこととすることができる。

2　前項の規定により同項に規定する事務を行うこととされた公平委員会（以下「競争試験等を行う公平委員会」という。）を置く地方公共団体に対する第七条第四項の規定の適用については、同項中「公平委員会を置く地方公共団体」とあるのは「競争試験等を行う公平委員会（第九条第二項に規定する競争試験等を行う公平委員会をいう。以下この項において同じ。）を置く地方公共団体」と、「、公平委員会」とあるのは「、競争試験等を行う公平委員会」と、「公平委員会を置き、又は他の地方公共団体の人事委員会に委託して次条第二項に規定する公平委員会の事務を処理させる」とあるのは「競争試験等を行う公平委員会を置く」とする。

3　競争試験等を行う公平委員会は、第一項に規定する事務で公平委員会規則で定めるものを当該地方公共団体の他の機関又は競争試験等を行う公平委員会の事務局長に委任することができる。

（人事委員会又は公平委員会の委員）

第九条の二　人事委員会又は公平委員会は、三人の委員をもつて組織する。

2　委員は、人格が高潔で、地方自治の本旨及び民主的で能率的な事務の処理に理解があり、かつ、人事行政に関し識見を有する者のうちから、議会の同意を得て、地方公共団体の長が選任する。

3　第十六条第一号、第二号若しくは第四号のいずれかに該当する者又は第六十条から第六十三条までに規定する罪を犯し、刑に処せられた者は、委員となることができない。

4　委員の選任については、そのうちの二人が、同一の政党に属する者となることとなつてはならない。

5　委員のうち二人以上が同一の政党に属することとなつた場合には、これらの者のうち一人を除く他の者は、地方公共団体の長が議会の同意を得て罷免するものとする。ただし、政党所属関係について異動のなかつた者を罷免することはできない。

6　地方公共団体の長は、委員が心身の故障のため職務の遂行に堪えないと認めるとき、又は委員に職務上の義務違反その他委員たるに適しない非行があると認めるときは、議会の同意を得て、これを罷免することができる。この場合においては、議会の常任委員会又は特別委員会において公聴会を開かなければならない。

7　委員は、前二項の規定による場合を除くほか、その意に反して罷免されることがない。

8　委員は、第十六条第一号、第三号又は第四号のいずれかに該当するに至つたときは、その職を失う。

9　委員は、地方公共団体の議会の議員及び当該地方公共団体の地方公務員（第七条第四項の規定により公平委員会の事務の処理の委託を受けた地方公共団体の人事委員会の委員については、他の地方公共団体に公平委員会の事務の処理を委託した地方公共団体の地方公務員を含む。）の職（執行機関の附属機関の委員その他の構成員の職を除く。）を兼ねることができない。

10　委員の任期は、四年とする。ただし、補欠委員の任期は、前任者の残任期間とする。

11　人事委員会の委員は、常勤又は非常勤とし、公平委員会の委員は、非常勤とする。

12　第三十条から第三十八条までの規定は常勤の人事委員会の委員の服務について、第三十条から第三十四条まで、第三十六条及び第三十七条の規定は非常勤の人事委員会の委員及び公平委員会の委員の服務について、それぞれ準用する。

（人事委員会又は公平委員会の委員長）

第十条　人事委員会又は公平委員会は、委員のうちから委員長を選挙しなければならない。

2　委員長は、委員会に関する事務を処理し、委員会を代表する。

3　委員長に事故があるとき、又は委員長が欠けたときは、委員長の指定する委員が、その職務を代理する。

（人事委員会又は公平委員会の議事）

第十一条　人事委員会又は公平委員会は、三人の委員が出席しなければ会議を開くことができない。

2　人事委員会又は公平委員会は、会議を開かなければ公務の運営又は職員の福祉若しくは利益の保護に著しい支障が生ずると認められる十分な理由があるときは、前項の規定にかかわらず、二人の委員が出席すれば会議を開くことができる。

3　人事委員会又は公平委員会の議事は、出席委員の過半数で決する。

4　人事委員会又は公平委員会の議事は、議事録として記録して置かなければならない。

5　前各項に定めるものを除くほか、人事委員会又は公平委員会の議事に関し必要な事項は、人事委員会又は公平委員会が定める。

（人事委員会及び公平委員会の事務局又は事務職員）

第十二条　人事委員会に事務局を置き、事務局に事務局長その他の事務職員を置く。

2　人事委員会は、第九条の二第九項の規定にかかわらず、委員に事務局長の職を兼ねさせることができる。

3　事務局長は、人事委員会の指揮監督を受け、事務局の局務を掌理する。

4　第七条第二項の規定により人事委員会を置く地方公共団体は、第一項の規定にかかわらず、事務局を置かないで事務職員を置くことができる。

5　公平委員会に、事務職員を置く。

6　競争試験等を行う公平委員会を置く地方公共団体は、前項の規定にかかわらず、事務局を置き、事務局に事務局長その他の事務職員を置くことができる。

7　第一項及び第四項又は前二項の事務職員は、人事委員会又は公平委員会がそれぞれ任免する。

8　第一項の事務局の組織は、人事委員会が定める。

9　第一項及び第四項から第六項までの事務職員の定数は、条例で定める。

10　第二項及び第三項の規定は第六項の事務局長について、第八項の規定は第六項の事務局について準用する。この場合において、第二項及び第三項中「人事委員会」とあるのは「競争試験等を行う公平委員会」と、第八項中「第一項の事務局」とあるのは「第六項の事務局」と、「人事委員会」とあるのは「競争試験等を行う公平委員会」と読み替えるものとする。

第三章　職員に適用される基準

第一節　通則

（平等取扱いの原則）

第十三条　全て国民は、この法律の適用について、平等に取り扱われなければならず、人種、信条、性別、社会的身分若しくは門地によつて、又は第十六条第四号に該当する場合を除くほか、政治的意見若しくは政治的所属関係によつて、差別されてはならない。

（情勢適応の原則）

第十四条　地方公共団体は、この法律に基いて定められた給与、勤務時間その他の勤務条件が社会一般の情勢に適応するように、随時、適当な措置を講じなければならない。

2　人事委員会は、随時、前項の規定により講ずべき措置について地方公共団体の議会及び長に勧告することができる。

第二節　任用

（任用の根本基準）

第十五条　職員の任用は、この法律の定めるところにより、受験成績、人事評価その他の能力の実証に基づいて行わなければならない。

（定義）

第十五条の二　この法律において、次の各号に掲げる用語の意義は、当該各号に定めるところによる。

一　採用　職員以外の者を職員の職に任命すること（臨時的任用を除く。）をいう。

二　昇任　職員をその職員が現に任命されている職より上位の職制上の段階に属する職員の職に任命することをいう。

三　降任　職員をその職員が現に任命されている職より下位の職制上の段階に属する職員の職に任命することをいう。

四　転任　職員をその職員が現に任命されている職以外の職員の職に任命することであつて前二号に定めるものに該当しないものをいう。

五　標準職務遂行能力　職制上の段階の標準的な職（職員の職に限る。以下同じ。）の職務を遂行する上で発揮することが求められる能力として任命権者が定めるものをいう。

2　前項第五号の標準的な職は、職制上の段階及び職務の種類に応じ、任命権者が定める。

3　地方公共団体の長及び議会の議長以外の任命権者は、標準職務遂行能力及び第一項第五号の標準的な職を定めようとするときは、あらかじめ、地方公共団体の長に協議しなければならない。

＊平成二六法三四・追加

（欠格条項）

第十六条　次の各号のいずれかに該当する者は、条例で定める場合を除くほか、職員となり、又は競争試験若しくは選考を受けることができない。

一　禁錮以上の刑に処せられ、その執行を終わるまで又はその執行を受けることがなくなるまでの者

二　当該地方公共団体において懲戒免職の処分を受け、当該処分の日から二年を経過しない者

三　人事委員会又は公平委員会の委員の職にあつて、第六十条から第六十三条までに規定する罪を犯し、刑に処せられた者

四　日本国憲法施行の日以後において、日本国憲法又はその下に成立した政府を暴力で破壊することを主張する政党その他の団体を結成し、又はこれに加入した者

（任命の方法）

第十七条　職員の職に欠員を生じた場合においては、任命権者は、採用、昇任、降任又は転任のいずれかの方法により、職員を任命することができる。

2　人事委員会（競争試験等を行う公平委員会を含む。以下この節において同じ。）を置く地方公共団体においては、人事委員会は、前項の任命の方法のうちのいずれによるべきかについての一般的基準を定めることができる。

参　【人規八―一二（職員の任免）】

（採用の方法）

第十七条の二　人事委員会を置く地方公共団体においては、職員の採用は、競争試験によるものとする。ただし、人事委員会規則（競争試験等を行う公平委員会を置く地方公共団体においては、公平委員会規則。以下この節において同じ。）で定める場合には、選考（競争試験以外の能力の実証に基づく試験をいう。以下同じ。）によることを妨げない。

2　人事委員会を置かない地方公共団体においては、職員の採用は、競争試験又は選考によるものとする。

3　人事委員会（人事委員会を置かない地方公共団体においては、任命権者とする。以下この節において「人事委員会等」という。）は、正式任用になつてある職に就いていた職員が、職制若しくは定数の改廃又は予算の減少に基づく廃職又は過員によりその職を離れた後において、再びその職に復する場合における資格要件、採用手続及び採用の際における身分に関し必要な事項を定めることができる。

＊平成二六法三四・追加

（試験機関）

第十八条　採用のための競争試験（以下「採用試験」という。）又は選考は、人事委員会等が行うものとする。ただし、人

事委員会等は、他の地方公共団体の機関との協定によりこれと共同して、又は国若しくは他の地方公共団体の機関との協定によりこれらの機関に委託して、採用試験又は選考を行うことができる。

（採用試験の公開平等）

第十八条の二　採用試験は、人事委員会等の定める受験の資格を有する全ての国民に対して平等の条件で公開されなければならない。

＊平成二六法三四・追加

（受験の阻害及び情報提供の禁止）

第十八条の三　試験機関に属する者その他職員は、受験を阻害し、又は受験に不当な影響を与える目的をもつて特別若しくは秘密の情報を提供してはならない。

＊平成二六法三四・追加

（受験の資格要件）

第十九条　人事委員会等は、受験者に必要な資格として職務の遂行上必要であつて最少かつ適当な限度の客観的かつ画一的な要件を定めるものとする。

＊平成二六法三四・全部改正

（採用試験の目的及び方法）

第二十条　採用試験は、受験者が、当該採用試験に係る職の属する職制上の段階の標準的な職に係る標準職務遂行能力及び当該採用試験に係る職についての適性を有するかどうかを正確に判定することをもつてその目的とする。

2　採用試験は、筆記試験その他の人事委員会等が定める方法により行うものとする。

＊平成二六法三四・全部改正

参【人規八―一八（採用試験）】

（採用候補者名簿の作成及びこれによる採用）

第二十一条　人事委員会を置く地方公共団体における採用試験による職員の採用については、人事委員会は、試験ごとに採用候補者名簿を作成するものとする。

2　採用候補者名簿には、採用試験において合格点以上を得た者の氏名及び得点を記載するものとする。

3　採用候補者名簿による職員の採用は、任命権者が、人事委員会の提示する当該名簿に記載された者の中から行うものとする。

4　採用候補者名簿に記載された者の数が採用すべき者の数よりも少ない場合その他の人事委員会規則で定める場合には、人事委員会は、他の最も適当な採用候補者名簿に記載された者を加えて提示することを妨げない。

5　前各項に定めるものを除くほか、採用候補者名簿の作成及びこれによる採用の方法に関し必要な事項は、人事委員会規則で定めなければならない。

（選考による採用）

第二十一条の二　選考は、当該選考に係る職の属する職制上の段階の標準的な職に係る標準職務遂行能力及び当該選考に係る職についての適性を有するかどうかを正確に判定することをもつてその目的とする。

2　選考による職員の採用は、任命権者が、人事委員会等の行う選考に合格した者の中から行うものとする。

3　人事委員会等は、その定める職員の職について前条第一項に規定する採用候補者名簿がなく、かつ、人事行政の運営上必要であると認める場合においては、その職の採用試験又は選考に相当する国又は他の地方公共団体の採用試験又は選考に合格した者を、その職の選考に合格した者とみなすことができる。

＊平成二六法三四・追加

（昇任の方法）

第二十一条の三　職員の昇任は、任命権者が、職員の受験成績、人事評価その他の能力の実証に基づき、任命しようとする職の属する職制上の段階の標準的な職に係る標準職務遂行能力及び当該任命しようとする職についての適性を有すると認められる者の中から行うものとする。

＊平成二六法三四・追加

（昇任試験又は選考の実施）

第二十一条の四　任命権者が職員を人事委員会規則で定める職（人事委員会を置かない地方公共団体においては、任命権者が定める職）に昇任させる場合には、当該職について昇任のための競争試験（以下「昇任試験」という。）又は選考が行われなければならない。

2　人事委員会は、前項の人事委員会規則を定めようとするときは、あらかじめ、任命権者の意見を聴くものとする。

3　昇任試験は、人事委員会等の指定する職に正式に任用された職員に限り、受験することができる。

4　第十八条から第二十一条までの規定は、第一項の規定による職員の昇任試験を実施する場合について準用する。この場合において、第十八条の二中「定める受験の資格を有する全ての国民」とあるのは「指定する職に正式に任用された全ての職員」と、第二十一条中「職員の採用」とあるのは「職員の昇任」と、「採用候補者名簿」とあるのは「昇任候補者名簿」と、同条第四項中「採用すべき」とあるのは「昇任させるべき」と、同条第五項中「採用の方法」とあるのは「昇任の方法」と読み替えるものとする。

5　第十八条並びに第二十一条の二第一項及び第二項の規定は、第一項の規定による職員の昇任のための選考を実施する場合について準用する。この場合において、同条第二項中「職員の採用」とあるのは、「職員の昇任」と読み替えるものとする。

＊平成二六法三四・追加

（降任及び転任の方法）

第二十一条の五　任命権者は、職員を降任させる場合には、当該職員の人事評価その他の能力の実証に基づき、任命しようとする職の属する職制上の段階の標準的な職に係る標準職務遂行能力及び当該任命しようとする職についての適性を有すると認められる職に任命するものとする。

2　職員の転任は、任命権者が、職員の人事評価その他の能力の実証に基づき、任命しようとする職の属する職制上の段階の標準的な職に係る標準職務遂行能力及び当該任命しようとする職についての適性を有すると認められる者の中から行うものとする。

＊平成二六法三四・追加

（条件付採用）

第二十二条　職員の採用は、全て条件付のものとし、当該職員がその職において六月の期間を勤務し、その間その職務を良好な成績で遂行したときに、正式のものとなるものとする。この場合において、人事委員会等は、人事委員会規則（人事委員会を置かない地方公共団体においては、地方公共団体の規則。第二十二条の四第一項及び第二十二条の五第一項において同じ。）で定めるところにより、条件付採用の期間を一年を超えない範囲内で延長することができる。

（会計年度任用職員の採用の方法等）

第二十二条の二　次に掲げる職員（以下この条において「会計年度任用職員」という。）の採用は、第十七条の二第一項及び第二項の規定にかかわらず、競争試験又は選考によるものとする。

一　一会計年度を超えない範囲内で置かれる非常勤の職（第二十二条の四第一項に規定する短時間勤務の職を除く。）（次号において「会計年度任用の職」という。）を占める職員であつて、その一週間当たりの通常の勤務時間が常時勤務を要する職を占める職員の一週間当たりの通常の勤務時間に比し短い時間であるもの

二　会計年度任用の職を占める職員であつて、その一週間当たりの通常の勤務時間が常時勤務を要する職を占める職員の一週間当たりの通常の勤務時間と同一の時間であるもの

2　会計年度任用職員の任期は、その採用の日から同日の属する会計年度の末日までの期間の範囲内で任命権者が定める。

3　任命権者は、前二項の規定により会計年度任用職員を採用する場合には、当該会計年度任用職員にその任期を明示しなければならない。

4　任命権者は、会計年度任用職員の任期が第二項に規定する期間に満たない場合には、当該会計年度任用職員の勤務実績を考慮した上で、当該期間の範囲内において、その任期を更新することができる。

5　第三項の規定は、前項の規定により任期を更新する場合について準用する。

6　任命権者は、会計年度任用職員の採用又は任期の更新に当たつては、職務の遂行に必要かつ十分な任期を定めるものとし、必要以上に短い任期を定めることにより、採用又は任期の更新を反復して行うことのないよう配慮しなければならない。

7　会計年度任用職員に対する前条の規定の適用については、同条中「六月」とあるのは、「一月」とする。

＊平成二九法二九・追加

（臨時的任用）

第二十二条の三　人事委員会を置く地方公共団体においては、任命権者は、人事委員会規則で定めるところにより、常時勤務を要する職に欠員を生じた場合において、緊急のとき、臨時の職に関するとき、又は採用候補者名簿（第二十一条の四第四項において読み替えて準用する第二十一条第一項に規定する昇任候補者名簿を含む。）がないときは、人事委員会の承認を得て、六月を超えない期間で臨時的任用を行うことができる。この場合において、任命権者は、人事委員会の承認を得て、当該臨時的任用を六月を超えない期間で更新することができるが、再度更新することはできない。

2　前項の場合において、人事委員会は、臨時的に任用される者の資格要件を定めることができる。

3　人事委員会は、前二項の規定に違反する臨時的任用を取り消すことができる。

4　人事委員会を置かない地方公共団体においては、任命権者は、地方公共団体の規則で定めるところにより、常時勤務を要する職に欠員を生じた場合において、緊急のとき、又は臨時の職に関するときは、六月を超えない期間で臨時的任用を行うことができる。この場合において、任命権者は、当該臨時的任用を六月を超えない期間で更新することができるが、再度更新することはできない。

5　臨時的任用は、正式任用に際して、いかなる優先権をも与えるものではない。

6　前各項に定めるもののほか、臨時的に任用された職員に対しては、この法律を適用する。

＊平成二九法二九・追加

（定年前再任用短時間勤務職員の任用）

第二十二条の四　任命権者は、当該任命権者の属する地方公共団体の条例年齢以上退職者（条例で定める年齢に達した日以後に退職（臨時的に任用される職員その他の法律により任期を定めて任用される職員及び非常勤職員が退職する場合を除く。）をした者をいう。以下同じ。）を、条例で定めるところにより、従前の勤務実績その他の人事委員会規則で定める情報に基づく選考により、短時間勤務の職（当該職を占める職員の一週間当たりの通常の勤務時間が、常時勤務を要する職でその職務が当該短時間勤務の職と同種の職を占める職員の

一週間当たりの通常の勤務時間に比し短い時間である職をいう。以下同じ。）に採用することができる。ただし、条例年齢以上退職者がその者を採用しようとする短時間勤務の職に係る定年退職日相当日（短時間勤務の職を占める職員が、常時勤務を要する職でその職務が当該短時間勤務の職と同種の職を占めているものとした場合における第二十八条の六第一項に規定する定年退職日をいう。第三項及び第四項において同じ。）を経過した者であるときは、この限りでない。

2 前項の条例で定める年齢は、国の職員につき定められている国家公務員法（昭和二十二年法律第百二十号）第六十条の二第一項に規定する年齢を基準として定めるものとする。

3 第一項の規定により採用された職員（以下この条及び第二十九条第三項において「定年前再任用短時間勤務職員」という。）の任期は、採用の日から定年退職日相当日までとする。

4 任命権者は、条例年齢以上退職者のうちその者を採用しようとする短時間勤務の職に係る定年退職日相当日を経過していない者以外の者を当該短時間勤務の職に採用することができず、定年前再任用短時間勤務職員のうち当該定年前再任用短時間勤務職員を昇任し、降任し、又は転任しようとする短時間勤務の職に係る定年退職日相当日を経過していない定年前再任用短時間勤務職員以外の職員を当該短時間勤務の職に昇任し、降任し、又は転任することができない。

5 任命権者は、定年前再任用短時間勤務職員を、常時勤務を要する職に昇任し、降任し、又は転任することができない。

6 第一項の規定による採用については、第二十二条の規定は、適用しない。

＊令和三法六三・追加

第二十二条の五 地方公共団体の組合を組織する地方公共団体の任命権者は、前条第一項本文の規定によるほか、当該地方公共団体の組合の条例年齢以上退職者を、条例で定めるところにより、従前の勤務実績その他の人事委員会規則で定める情報に基づく選考により、短時間勤務の職に採用することができる。

2 地方公共団体の組合の任命権者は、前条第一項本文の規定によるほか、当該地方公共団体の組合を組織する地方公共団体の条例年齢以上退職者を、条例で定めるところにより、従前の勤務実績その他の地方公共団体の組合の規則（競争試験等を行う公平委員会を置く地方公共団体の組合においては、公平委員会規則）で定める情報に基づく選考により、短時間勤務の職に採用することができる。

3 前二項の場合においては、前条第一項ただし書及び第三項から第六項までの規定を準用する。

＊令和三法六三・追加

第三節 人事評価

＊平成二六法三四・全部改正

（人事評価の根本基準）

第二十三条 職員の人事評価は、公正に行われなければならない。

2 任命権者は、人事評価を任用、給与、分限その他の人事管理の基礎として活用するものとする。

＊平成二六法三四・全部改正

（人事評価の実施）

第二十三条の二 職員の執務については、その任命権者は、定期的に人事評価を行わなければならない。

2 人事評価の基準及び方法に関する事項その他人事評価に関し必要な事項は、任命権者が定める。

3 前項の場合において、任命権者が地方公共団体の長及び議会の議長以外の者であるときは、同項に規定する事項について、あらかじめ、地方公共団体の長に協議しなければならない。

＊平成二六法三四・追加

（人事評価に基づく措置）

第二十三条の三 任命権者は、前条第一項の人事評価の結果に応じた措置を講じなければならない。

＊平成二六法三四・追加

（人事評価に関する勧告）

第二十三条の四 人事委員会は、人事評価の実施に関し、任命権者に勧告することができる。

＊平成二六法三四・追加

第四節 給与、勤務時間その他の勤務条件

（給与、勤務時間その他の勤務条件の根本基準）

第二十四条 職員の給与は、その職務と責任に応ずるものでなければならない。

2 職員の給与は、生計費並びに国及び他の地方公共団体の職員並びに民間事業の従事者の給与その他の事情を考慮して定められなければならない。

3 職員は、他の職員の職を兼ねる場合においても、これに対して給与を受けてはならない。

4 職員の勤務時間その他職員の給与以外の勤務条件を定めるに当つては、国及び他の地方公共団体の職員との間に権衡を失しないように適当な考慮が払われなければならない。

5 職員の給与、勤務時間その他の勤務条件は、条例で定める。

（給与に関する条例及び給与の支給）

第二十五条 職員の給与は、前条第五項の規定による給与に関する条例に基づいて支給されなければならず、また、これに基づかずには、いかなる金銭又は有価物も職員に支給

してはならない。

２　職員の給与は、法律又は条例により特に認められた場合を除き、通貨で、直接職員に、その全額を支払わなければならない。

３　給与に関する条例には、次に掲げる事項を規定するものとする。

一　給料表

二　等級別基準職務表

三　昇給の基準に関する事項

四　時間外勤務手当、夜間勤務手当及び休日勤務手当に関する事項

五　前号に規定するものを除くほか、地方自治法第二百四条第二項に規定する手当を支給する場合には、当該手当に関する事項

六　非常勤の職その他勤務条件の特別な職があるときは、これらについて行う給与の調整に関する事項

七　前各号に規定するものを除くほか、給与の支給方法及び支給条件に関する事項

４　前項第一号の給料表には、職員の職務の複雑、困難及び責任の度に基づく等級ごとに明確な給料額の幅を定めていなければならない。

５　第三項第二号の等級別基準職務表には、職員の職務を前項の等級ごとに分類する際に基準となるべき職務の内容を定めていなければならない。

（給料表に関する報告及び勧告）

第二十六条　人事委員会は、毎年少くとも一回、給料表が適当であるかどうかについて、地方公共団体の議会及び長に同時に報告するものとする。給与を決定する諸条件の変化により、給料表に定める給料額を増減することが適当であると認めるときは、あわせて適当な勧告をすることができる。

（修学部分休業）

第二十六条の二　任命権者は、職員（臨時的に任用される職員その他の法律により任期を定めて任用される職員及び非常勤職員を除く。以下この条及び次条において同じ。）が申請した場合において、公務の運営に支障がなく、かつ、当該職員の公務に関する能力の向上に資すると認めるときは、条例で定めるところにより、当該職員が、大学その他の条例で定める教育施設における修学のため、当該修学に必要と認められる期間として条例で定める期間中、一週間の勤務時間の一部について勤務しないこと（以下この条において「修学部分休業」という。）を承認することができる。

２　前項の規定による承認は、修学部分休業をしている職員が休職又は停職の処分を受けた場合には、その効力を失う。

３　職員が第一項の規定による承認を受けて勤務しない場合には、条例で定めるところにより、減額して給与を支給するものとする。

４　前三項に定めるもののほか、修学部分休業に関し必要な事項は、条例で定める。

（高齢者部分休業）

第二十六条の三　任命権者は、高年齢として条例で定める年齢に達した職員が申請した場合において、公務の運営に支障がないと認めるときは、条例で定めるところにより、当該職員が当該条例で定める年齢に達した日以後の日で当該申請において示した日から当該職員に係る定年退職日（第二十八条の六第一項に規定する定年退職日をいう。）までの期間中、一週間の勤務時間の一部について勤務しないこと（次項において「高齢者部分休業」という。）を承認することができる。

２　前条第二項から第四項までの規定は、高齢者部分休業について準用する。

第四節の二　休業

（休業の種類）

第二十六条の四　職員の休業は、自己啓発等休業、配偶者同行休業、育児休業及び大学院修学休業とする。

２　育児休業及び大学院修学休業については、別に法律で定めるところによる。

（自己啓発等休業）

第二十六条の五　任命権者は、職員（臨時的に任用される職員その他の法律により任期を定めて任用される職員及び非常勤職員を除く。以下この条及び次条（第八項及び第九項を除く。）において同じ。）が申請した場合において、公務の運営に支障がなく、かつ、当該職員の公務に関する能力の向上に資すると認めるときは、条例で定めるところにより、当該職員が、三年を超えない範囲内において条例で定める期間、大学等課程の履修（大学その他の条例で定める教育施設の課程の履修をいう。第五項において同じ。）又は国際貢献活動（国際協力の促進に資する外国における奉仕活動（当該奉仕活動を行うために必要な国内における訓練その他の準備行為を含む。）のうち職員として参加することが適当であると認められるものとして条例で定めるものに参加することをいう。第五項において同じ。）のための休業（以下この条において「自己啓発等休業」という。）をすることを承認することができる。

２　自己啓発等休業をしている職員は、自己啓発等休業を開始した時就いていた職又は自己啓発等休業の期間中に異動した職を保有するが、職務に従事しない。

３　自己啓発等休業をしている期間については、給与を支給しない。

４　自己啓発等休業の承認は、当該自己啓発等休業をしている職員が休職又は停職の処分を受けた場合には、その効力を失う。

５　任命権者は、自己啓発等休業をしている職員が当該自己啓発等休業の承認に係る大学等課程の履修又は国際貢献活動を取りやめたことその他条例で定める事由に該当すると認めるときは、当該自己啓発等休業の承認を取り消すものとする。

６　前各項に定めるもののほか、自己啓発等休業に関し必要な事項は、条例で定める。

（配偶者同行休業）

第二十六条の六　任命権者は、職員が申請した場合において、公務の運営に支障がないと認めるときは、条例で定めるところにより、当該職員の勤務成績その他の事情を考慮した上で、当該申請をした職員が、三年を超えない範囲内において条例で定める期間、配偶者同行休業（職員が、外国での勤務そ

の他の条例で定める事由により外国に住所又は居所を定めて滞在するその配偶者（届出をしないが事実上婚姻関係と同様の事情にある者を含む。第五項及び第六項において同じ。）と、当該住所又は居所において生活を共にするための休業をいう。以下この条において同じ。）をすることを承認することができる。

2　配偶者同行休業をしている職員は、当該配偶者同行休業を開始した日から引き続き配偶者同行休業をしようとする期間が前項の条例で定める期間を超えない範囲内において、条例で定めるところにより、任命権者に対し、配偶者同行休業の期間の延長を申請することができる。

3　配偶者同行休業の期間の延長は、条例で定める特別の事情がある場合を除き、一回に限るものとする。

4　第一項の規定は、配偶者同行休業の期間の延長の承認について準用する。

5　配偶者同行休業の承認は、当該配偶者同行休業をしている職員が休職若しくは停職の処分を受けた場合又は当該配偶者同行休業に係る配偶者が死亡し、若しくは当該職員の配偶者でなくなつた場合には、その効力を失う。

6　任命権者は、配偶者同行休業をしている職員が当該配偶者同行休業に係る配偶者と生活を共にしなくなつたことその他条例で定める事由に該当すると認めるときは、当該配偶者同行休業の承認を取り消すものとする。

7　任命権者は、第一項又は第二項の規定による申請があつた場合において、当該申請に係る期間（以下この項及び次項において「申請期間」という。）について職員の配置換えその他の方法によつて当該申請をした職員の業務を処理することが困難であると認めるときは、条例で定めるところにより、当該業務を処理するため、次の各号に掲げる任用のいずれかを行うことができる。この場合において、第二号に掲げる任用は、申請期間について一年を超えて行うことができない。

一　申請期間を任用の期間（以下この条において「任期」という。）の限度として行う任期を定めた採用

二　申請期間を任期の限度として行う臨時的任用

8　任命権者は、条例で定めるところにより、前項の規定により任期を定めて採用された職員の任期が申請期間に満たない場合には、当該申請期間の範囲内において、その任期を更新することができる。

9　任命権者は、第七項の規定により任期を定めて採用された職員を、任期を定めて採用した趣旨に反しない場合に限り、その任期中、他の職に任用することができる。

10　第七項の規定に基づき臨時的任用を行う場合には、第二十二条の三第一項から第四項までの規定は、適用しない。

11　前条第二項、第三項及び第六項の規定は、配偶者同行休業について準用する。

第五節　分限及び懲戒

（分限及び懲戒の基準）

第二十七条　全て職員の分限及び懲戒については、公正でなければならない。

2　職員は、この法律で定める事由による場合でなければ、その意に反して、降任され、又は免職されず、この法律又は条例で定める事由による場合でなければ、その意に反して、休職され、又は降給されることがない。

3　職員は、この法律で定める事由による場合でなければ、懲戒処分を受けることがない。

参 1【平等取扱いの原則＝法一三】【組合活動に対する不利益取扱の禁止＝法五六】 2【県費負担教職員の任用等＝地方教育行政法四〇・四七の二①】

判 ●一項の「公正」の意味＝処分を行なうかどうかの決定およびその処分の種類、程度の決定が公平かつ適正になされるべきこと。（大津地判昭三一・五・一五）

●退職願の撤回＝退職願は、それを撤回することが信義に反すると認められるような特段の事情がない限り、これを撤回することは原則として自由である。（最高判昭三四・六・二六）

●本条二項の降任とは、職務の等級が下ること、これが同等だとしても、職制上の上下の別が判定できる上位の職から下位の職へ下ることをいう。（金沢地判昭五六・三・一六）

●被処分者に対する告知・聴聞手続の要否＝法規定上は、右手続をとるか否かは処分庁の裁量に委ねられているが、ただ、右の機会を与えることにより、処分の基礎となる事実の認定に影響を及ぼし、ひいては処分内容に影響する可能性がある場合には、右機会を与えないことは、手続を不適正・不公正ならしめ、処分は違法となる。（東京地判昭五九・三・二九）

●処分理由を示さない教員の休職処分の効力＝行政処分には根拠となる法律とその法律に該当する事実を示さなければならない。本件処分は主文と法律を示したのみで法律に該当する事実を示していないから処分としては瑕疵があり、その瑕疵は取消原因となる。（千葉地判昭二九・一一・一六）

●懲戒免職と手続の瑕疵＝地方公務員に対する懲戒免職処分が、十分な調査をせず、また被処分者の弁解もきかずになされたときには、法二七条一項に反し、取消原因たる瑕疵を有する。（宇都宮地判昭三四・一二・二三）

●退職勧奨の限界＝被勧奨者の自発的な退職意思の形成を慫慂する限度をこえ、心理的圧迫を加えつつ、事実上強要にわたるごとき退職勧奨は、違法である。（山口地下関支判昭四九・九・二八、最高判昭五五・七・一〇）

●分限・懲戒事由の法律主義＝現在の制度は、国と地方公共団体を通じて人事行政の根幹にかかわる主要な分限処分、懲戒処分及び失職の事由はいずれも法律で定め、人事院規則や条例によつて新たにこれを定めることを許していない。（大阪高判昭五七・六・二九）

行 ●二項の「意に反して」の意味＝「同意を要しないで一方的に」という意味であると解する。（公務員課長回答昭二八・一〇・二二自行公発二三一）

●「降給」に該当しない場合＝教員から指導主事および社会教育主事以外の教委職員に転じた場合のように職務と責任の変更に伴い給料が下る場合。（公務員課長回答昭二八・一〇・六自行公発二一三）

（降任、免職、休職等）

第二十八条　職員が、次の各号に掲げる場合のいずれかに該当するときは、その意に反して、これを降任し、又は免職することができる。

一　人事評価又は勤務の状況を示す事実に照らして、勤務実績がよくない場合

二　心身の故障のため、職務の遂行に支障があり、又はこれに堪えない場合

三　前二号に規定する場合のほか、その職に必要な適格性を欠く場合

四　職制若しくは定数の改廃又は予算の減少により廃職又は過員を生じた場合

2　職員が、次の各号に掲げる場合のいずれかに該当するときはその意に反して、これを休職することができる。

一　心身の故障のため、長期の休養を要する場合

二　刑事事件に関し起訴された場合

3　職員の意に反する降任、免職、休職及び降給の手続及び効果は、法律に特別の定めがある場合を除くほか、条例で定めなければならない。

4　職員は、第十六条各号（第二号を除く。）のいずれかに該当するに至つたときは、条例に特別の定めがある場合を除くほか、その職を失う。

参 1 【県費負担教職員の任用等＝地方教育行政法四〇、四七の二①】【処分権者の特例＝地方教育行政法四・一八⑦・三四・三七①】【1の特則＝教特法五・一〇】1二【本号の特則＝教特法一四】

3【法律に特別の定めがある場合＝教特法一四】

4【失職の特則＝免許法三・九②・一一】

判 ●分限制度の目的＝法二八条所定の分限制度は、公務能率の維持およびその適正な運営の確保の目的から同条に定める処分権限を任命権者に認めるとともに、他方、公務員の身分保障の見地からその処分権限を発動しうる場合を限定したものである。（最高判昭四八・九・一四）

●分限処分の限界＝法二八条に基づく分限処分は、任命権者の純然たる自由裁量に委ねられているものではなく、分限制度の目的と関係のない目的や動機に基づく場合、考慮すべき事項を考慮せず、考慮すべきでない事項を考慮して処分事由の有無が判断された場合、またはその判断が合理性をもつものとして許容される限度を超えた不当なものである場合には、裁量権の行使を誤つたものとして違法となる。（同前）

●一項三号「その職に必要な適格性を欠く場合」＝当該職員の簡単に矯正することのできない持続性を有する素質、能力、性格等に基因してその職務の円滑な遂行に支障があり、または支障を生ずる高度の蓋然性が認められる場合をいう。（同前）

●条件付採用期間中の職員と分限処分＝条件付採用期間中の職員に対しても、分限処分の限界が妥当する。（最高判昭四九・一二・一七）

●降任処分の裁量性＝本条一項三号に該当することを理由とする処分が降任である場合には、それが免職である場合に比して、適格性の有無についての任命権者の裁量的判断の余地は比較的広く認めてもよい。（高知地判平成五・三・二二）

●一項四号の「定数の改廃」＝地方公営企業の管理者が管理規程をもつてその内部組織への職員定数を設定したときも、本条一項四号の「定数の改廃」にあたる。（福岡地判昭五七・一・二七）

●行政整理と考慮事項＝任免権者は必要やむをえず過員を整理する場合でも、職員の生活を考慮し、可能なかぎり配置転換その他の措置を講ずべき法律上の義務がある。（福岡地決昭四三・一二・二六、同旨福岡高判昭六二・一・一九）

●事実の積み重ねと分限免職＝虚偽の理由で早退したことをはじめ、上司、同僚に対する態度、勤務状態、授業状態等に欠けるところが多いことなどの事実を綜合して判断すると、個々の事実が単一では免職の事由とするに足りないものであつても、それらが積み重ねられ全体として評価されるときには、分限免職の処分理由となる。（高松高判昭三八・一〇・二二）

●起訴休職処分の裁量内容＝起訴休職処分も、当該職員の地位と職務の内容、公訴事実の具体的内容・起訴の態様を勘案し、当該起訴によつて、官職の信用が傷つけられるかどうか、職場の秩序が乱れるかどうか、職員の職務専念義務の履行につき支障を生ずるかどうかを、具体的・個別的に判断して決すべきである。（東京高判昭四五・四・二七）

●無罪判決と起訴休職処分＝起訴休職中に、起訴事実につき無罪判決があつても控訴された場合には、起訴休職処分を撤回するかどうかは処分権者の裁量に属し、撤回しなかつたとしても、必ずしも国賠法〔国家賠償法〕一条一項の違法は生じない。（最高判昭六三・六・一六）

●四項の失職通知の処分性＝本条四項の当然失職の除外事由を定めた条例が任命権者の情状による

斟酌を認めているときには、任命権者のなす右条項に基づく失職通知は、行政処分の性質を有する。（名古屋地判昭四七・一一・八）

●失職と退職手当＝禁錮以上の刑に処せられ失職した地方公務員に対して、退職手当を支給しない旨を定める県職員退職手当条例は、憲法一三条、一四条一項、二九条一項に違反しない。（最高判平成一二・一二・一九）

●分限処分と懲戒処分＝分限処分が懲戒処分に比して被処分者に有利なことのみを理由として、懲戒処分が相当な場合に分限処分を選択することは許されず、ただ、懲戒処分の対象となる職員の行為が分限事由にも該当する場合には、分限処分に付することも許される。（京都地判昭五五・三・二一）

[行] ●一項四号の規定による処分の一般的基準＝具体的に何人を対象とするかについての一般合理的基準としては、同項一号から三号までに規定する事項が考えられるものであるが、法的には地公法の原則規定にてい触しない限りにおいて任命権者の裁量を許すもの。（公務員課長回答昭二七・五・七地自公発一三七）

合理的理由がないにもかかわらず職制または定数を改廃し、その改廃に名をかりて職員をその意に反して一方的に免職することは法のまったく容認しないところである。（法制意見第一局長回答昭二七・四・二九法意一発一四四）

●定数条例改正により、県立学校教員については過員を生じているが、市町村立学校の教員については過員を生じていない場合、前者について一項四号により分限免職をすることができる。（初中局地方課長回答昭四三・三・一八地初二〇）

●休職期間満了し引き続き休養を要する場合においては、本条一項二号の規定によつて免職とするのが妥当である。（調査普及局長回答昭二六・七・二四委調一一〇）

●休職中の職員を免職することは、具体的事情に応じて、本条一項二号に該当する場合には可能である。（公務員課長回答昭三二・一〇・二二自丁公発一三〇）

（管理監督職勤務上限年齢による降任等）

第二十八条の二　任命権者は、管理監督職（地方自治法第二百四条第二項に規定する管理職手当を支給される職員の職及びこれに準ずる職であつて条例で定める職をいう。以下この節において同じ。）を占める職員でその占める管理監督職に係る管理監督職勤務上限年齢に達している職員について、異動期間（当該管理監督職勤務上限年齢に達した日の翌日から同日以後における最初の四月一日までの間をいう。以下この節において同じ。）（第二十八条の五第一項から第四項までの規定により延長された期間を含む。以下この項において同じ。）に、管理監督職以外の職又は管理監督職勤務上限年齢が当該職員の年齢を超える管理監督職（以下この項及び第四項においてこれらの職を「他の職」という。）への降任又は転任（降給を伴う転任に限る。）をするものとする。ただし、異動期間に、この法律の他の規定により当該職員について他の職への昇任、降任若しくは転任をした場合又は第二十八条の七第一項の規定により当該職員を管理監督職を占めたまま引き続き勤務させることとした場合は、この限りでない。

2　前項の管理監督職勤務上限年齢は、条例で定めるものとする。

3　管理監督職及び管理監督職勤務上限年齢を定めるに当たつては、国及び他の地方公共団体の職員との間に権衡を失しないように適当な考慮が払われなければならない。

4　第一項本文の規定による他の職への降任又は転任（以下この節及び第四十九条第一項ただし書において「他の職への降任等」という。）を行うに当たつて任命権者が遵守すべき基準に関する事項その他の他の職への降任等に関し必要な事項は、条例で定める。

＊令和三法六三・追加

（管理監督職への任用の制限）

第二十八条の三　任命権者は、採用し、昇任し、降任し、又は転任しようとする管理監督職に係る管理監督職勤務上限年齢に達している者を、その者が当該管理監督職を占めているものとした場合における異動期間の末日の翌日（他の職への降任等をされた職員にあつては、当該他の職への降任等をされた日）以後、当該管理監督職に採用し、昇任し、降任し、又は転任することができない。

＊令和三法六三・追加

（適用除外）

第二十八条の四　前二条の規定は、臨時的に任用される職員その他の法律により任期を定めて任用される職員には適用しない。

＊令和三法六三・追加

（管理監督職勤務上限年齢による降任等及び管理監督職への任用の制限の特例）

第二十八条の五　任命権者は、他の職への降任等をすべき管理監督職を占める職員について、次に掲げる事由があると認めるときは、条例で定めるところにより、当該職員が占める管理監督職に係る異動期間の末日の翌日から起算して一年を超えない期間内（当該期間内に次条第一項に規定する定年退職日（以下この項及び次項において「定年退職日」という。）がある職員にあつては、当該異動期間の末日の翌日から定年退職日までの期間内。第三項において同じ。）で当該異動期間を延長し、引き続き当該管理監督職を占める職員に、当該管理監督職を占めたまま勤務をさせることができる。

一　当該職員の職務の遂行上の特別の事情を勘案して、当該職員の他の職への降任等により公務の運営に著しい支障が生ずると認められる事由として条例で定める事由

二　当該職員の職務の特殊性を勘案して、当該職員の他の職への降任等により、当該管理監督職の欠員の補充が困難となることにより公務の運営に著しい支障が生ずると認められる事由として条例で定める事由

2　任命権者は、前項又はこの項の規定により異動期間（これらの規定により延長された期間を含む。）が延長された管理監督職を占める職員について、前項各号に掲げる事由が引き続きあると認めるときは、条例で定めるところにより、延長された当該異動期間の末日の翌日から起算して一年を超えない期間内（当該期間内に定年退職日がある職員にあつては、延長された当該異動期間の末日の翌日から定年退職日までの期間内。第四項において同じ。）で延長された当該異動期間を更に延長することができる。ただし、更に延長される当該異動期間の末日は、当該職員が占める管理監督職に係る異動期間の末日の翌日から起算して三年を超えることができない。

3　任命権者は、第一項の規定により異動期間を延長することができる場合を除き、他の職への降任等をすべき特定管理監督職群（職務の内容が相互に類似する複数の管理監督職であつて、これらの欠員を容易に補充することができない年齢別構成その他の特別の事情がある管理監督職として人事委員会規則（人事委員会を置かない地方公共団体においては、地方公共団体の規則）で定める管理監督職をいう。以下この項において同じ。）に属する管理監督職を占める職員について、当該職員の他の職への降任等により、当該特定管理監督職群に属する管理監督職の欠員の補充が困難となることにより公務の運営に著しい支障が生ずると認められる事由として条例で定める事由があると認めるときは、条例で定めるところにより、当該職員が占める管理監督職に係る異動期間の末日の翌日から起算して一年を超えない期間内で当該異動期間を延長し、引き続き当該管理監督職を占めたまま勤務をさせ、又は当該職員を当該管理監督職が属する特定管理監督職群の他の管理監督職に降任し、若しくは転任することができる。

4　任命権者は、第一項若しくは第二項の規定により異動期間（これらの規定により延長された期間を含む。）が延長された管理監督職を占める職員について前項に規定する事由があると認めるとき（第二項の規定により延長された当該異動期間を更に延長することができるときを除く。）、又は前項若しくはこの項の規定により異動期間（前三項又はこの項の規定により延長された期間を含む。）が延長された管理監督職を占める職員について前項に規定する事由が引き続きあると認めるときは、条例で定めるところにより、延長された当該異動期間の末日の翌日から起算して一年を超えない期間内で延長された当該異動期間を更に延長することができる。

5　前各項に定めるもののほか、これらの規定による異動期間（これらの規定により延長された期間を含む。）の延長及び当該延長に係る職員の降任又は転任に関し必要な事項は、条例で定める。

＊令和三法六三・追加

（定年による退職）

第二十八条の六　職員は、定年に達したときは、定年に達した日以後における最初の三月三十一日までの間において、条例で定める日（次条第一項及び第二項ただし書において「定年退職日」という。）に退職する。

2　前項の定年は、国の職員につき定められている定年を基準として条例で定めるものとする。

3　前項の場合において、地方公共団体における当該職員に関しその職務と責任に特殊性があること又は欠員の補充が困難であることにより国の職員につき定められている定年を基準として定めることが実情に即さないと認められるときは、当該職員の定年については、条例で別の定めをすることができる。この場合においては、国及び他の地方公共団体の職員との間に権衡を失しないように適当な考慮が払われなければならない。

4　前三項の規定は、臨時的に任用される職員その他の法律により任期を定めて任用される職員及び非常勤職員には適用しない。

参【大学教員の特例＝教特法八

行●公立学校の教職員の定年制度について＝⑴県費負担教職員の定年制等に関して条例で定めるものとされている事項は、都道府県の条例で定めること。⑵校長、教頭、教諭、助教諭、養護教諭、養護助教諭、講師、実習助手及び寮母の定年退職日は、三月三一日に限ることが適切である。（初中局長通知昭五七・一〇・一三文初地四四）

（定年による退職の特例）

第二十八条の七　任命権者は、定年に達した職員が前条第一項の規定により退職すべきこととなる場合において、次に掲げる事由があると認めるときは、同項の規定にかかわらず、条例で定めるところにより、当該職員に係る定年退職日の翌日から起算して一年を超えない範囲内で期限を定め、当該職員を当該定年退職日において従事している職務に従事させるため、引き続き勤務させることができる。ただし、第二十八条の五第一項から第四項までの規定により異動期間（これらの規定により延長された期間を含む。）を延長した職員であつて、定年退職日において管理監督職を占めている職員については、同条第一項又は第二項の規定により当該定年退職日まで当該異動期間を延長した場合に限るものとし、当該期限は、当該職員が占めている管理監督職に係る異動期間の末日の翌日から起算して三年を超えることができない。

一　前条第一項の規定により退職すべきこととなる職員の職務の遂行上の特別の事情を勘案して、当該職員の退職により公務の運営に著しい支障が生ずると認められる事由として条例で定める事由

二　前条第一項の規定により退職すべきこととなる職員の職務の特殊性を勘案して、当該職員の退職により、当該職員が占める職の欠員の補充が困難となることにより公務の運営に著しい支障が生ずると認められる事由として条例で定める事由

2　任命権者は、前項の期限又はこの項の規定により延長された期限が到来する場合において、前項各号に掲げる事由が引き続きあると認めるときは、条例で定めるところにより、これらの期限の翌日から起算して一年を超えない範囲内で期限を延長することができる。ただし、当該期限は、その職員に係る定年退職日（同項ただし書に規定する職員にあつては、当該職員が占めている管理監督職に係る異動期間の末日）の翌日から起算して三年を超えることができない。

3　前二項に定めるもののほか、これらの規定による勤務に関し必要な事項は、条例で定める。

（懲戒）

第二十九条　職員が次の各号のいずれかに該当する場合には、当該職員に対し、懲戒処分として戒告、減給、停職又は免職の処分をすることができる。

一　この法律若しくは第五十七条に規定する特例を定めた法律又はこれらに基づく条例、地方公共団体の規則若しくは地方公共団体の機関の定める規程に違反した場合

二　職務上の義務に違反し、又は職務を怠つた場合

三　全体の奉仕者たるにふさわしくない非行のあつた場合

2　職員が、任命権者の要請に応じ当該地方公共団体の特別職に属する地方公務員、他の地方公共団体若しくは特定地方独立行政法人の地方公務員、国家公務員又は地方公社（地方住宅供給公社、地方道路公社及び土地開発公社をいう。）その他その業務が地方公共団体若しくは国の事務若しくは事業と密接な関連を有する法人のうち条例で定めるものに使用される者（以下この項において「特別職地方公務員等」という。）となるため退職し、引き続き特別職地方公務員等として在職した後、引き続いて当該退職を前提として職員として採用された場合（一の特別職地方公務員等として在職した後、引き続き一以上の特別職地方公務員等として在職し、引き続いて当該退職を前提として職員として採用された場合を含む。）において、当該退職までの引き続く職員としての在職期間（当該退職前に同様の退職（以下この項において「先の退職」という。）、特別職地方公務員等としての在職及び職員としての採用がある場合には、当該先の退職までの引き続く職員としての在職期間を含む。次項において「要請に応じた退職前の在職期間」という。）中に前項各号のいずれかに該当したときは、当該職員に対し同項に規定する懲戒処分を行うことができる。

3　定年前再任用短時間勤務職員（第二十二条の四第一項の規定により採用された職員に限る。以下この項において同じ。）が、条例年齢以上退職者となつた日までの引き続く職員としての在職期間（要請に応じた退職前の在職期間を含む。）又は第二十二条の四第一項の規定によりかつて採用されて定年前再任用短時間勤務職員として在職していた期間中に第一項各号のいずれかに該当したときは、当該職員に対し同項に規定する懲戒処分を行うことができる。

4　職員の懲戒の手続及び効果は、法律に特別の定めがある場合を除くほか、条例で定めなければならない。

＊平成一一法一〇七・追加

参 1【読替規定＝地方教育行政法四七①一】【特例を定めた法律＝教特法】 4【法律に特別の定め＝教特法九①、地方教育行政法三八・三九・四三④】【条例の制定＝法五、地方教育行政法四三③】

判 ●懲戒処分の性質＝公務員に対する懲戒処分は、当該公務員に職務上の義務違反、その他、単なる労使関係の見地においてではなく、国民全体の奉仕者として公共の利益のために勤務することをその本質的な内容とする勤務関係の見地において、公務員としてふさわしくない非行がある場合に、その責任を確認し、公務員関係の秩序を維持するため、科される制裁である。（最高判昭五二・一二・二〇）

●懲戒処分の裁量処分性＝地方公務員につき地公法所定の懲戒事由がある場合に、懲戒処分を行うかどうか、懲戒処分を行うときにいかなる処分を選ぶかは、平素から庁内の事情に通暁し、職員の指揮監督の衝に当たる懲戒権者の裁量に任されているものというべきである。すなわち、懲戒権者は、懲戒事由に該当すると認められる行為の原因、動機、性質、態様、結果、影響等のほか、当該公務員の右行為の前後における態度、懲戒処分等の処分歴、選択する処分が他の公務員及び社会に与える影響等、諸般の事情を総合的に考慮して、懲戒処分をすべきかどうか、また、懲戒処分をする場合にいかなる処分を選択すべきかを、その裁量的判断によつて決定することができるものと解すべきである。（最高判平成二・一・一八）

●同前＝裁判所が懲戒処分の適否を審査するにあたつては、懲戒権者と同一の立場に立つて懲戒処分をすべきであつたかどうか又はいかなる処分を選択すべきであつたかについて判断し、その結果と懲戒処分とを比較してその軽重を論ずべきものではない。（最高判昭五二・一二・二〇）

●懲戒処分と事前手続＝地方公務員の懲戒処分は、憲法三一条の刑罰に当たらないから、事前聴聞のチャンスを与えずに懲戒処分をしても憲法に違反したとはいえない。（福岡高判昭五三・七・二八）

●懲戒手続条例の欠缺と処分の効力＝懲戒手続条例を欠く場合においても、直ちに処分が無効となるわけではなく、当該の場合に、実質上告知聴聞の権利を侵害しない手続がなされたかどうかにかかる。（浦和地判昭五七・八・二七）

●懲戒事由の証拠の必要性＝懲戒処分は、単に懲

戒事由に該当する行為があったのみでは足りず、処分の時点で任命権者が、客観的にその行為を確認するに足る証拠を有していることが必要である。(福岡地判昭五〇・六・三〇)

●自ら出奔した職員に対する懲戒処分の告知方法に関しては、従前からの行政実例に則った方法で行われているのであれば、当該方法で懲戒処分手続が行われることを十分に了知し得たものというのが相当である。(最高判平一一・七・一五)

●懲戒処分の基準と条例＝本条二項は、懲戒処分の基準を条例で定めることを要求していない。(京都地判昭四八・四・一三)

行 ●「訓告」の可否＝訓告が懲戒処分としての制裁的実質をそなえるものである限りは許されないが、このような制裁的実質をそなえないものである限りは許される。(法制局長官回答昭二八・八・三法制局一発七四)

●市町村教委の任用に係る教員の懲戒処分を行なう場合、当該市町村において懲戒の手続・効果に関する条例を制定していないとき、本法附則六項の従前の例によることはできない。(初中局長回答昭三一・五・一委初八七)

●専従休職中の職員に対して停職を含む懲戒処分を行なうことができる。(初中局長回答昭四四・二・一八委初七の一)

●転任後発覚した不法行為に対する懲戒処分を行なう場合、転任先の市町村教育委員会は内申できる。(初中局長回答昭三一・五・八委初一六四)

●退職後の懲戒処分＝依願退職を認めた後、在職中の非行が発覚したとしても、すでに離職後であるから、改めて懲戒免職を行うことはできない。(公務員課長回答昭二六・一一・一六地自公五〇三)

(適用除外)

第二十九条の二　次に掲げる職員及びこれに対する処分については、第二十七条第二項、第二十八条第一項から第三項まで、第四十九条第一項及び第二項並びに行政不服審査法(平成二十六年法律第六十八号)の規定を適用しない。

一　条件附採用期間中の職員

二　臨時的に任用された職員

2　前項各号に掲げる職員の分限については、条例で必要な事項を定めることができる。

参【条件付採用＝法二二】

判 ●本条二項の条例のない場合の扱い＝条件付採用期間中の職員の分限に関する条例が定められていない場合には、同趣旨の制度をもつ国公法および人事院規則の定めに準じて、その分限の当否を判断すべきである。(京都地判平成三・二・一三)

第六節　服務

(服務の根本基準)

第三十条　すべて職員は、全体の奉仕者として公共の利益のために勤務し、且つ、職務の遂行に当つては、全力を挙げてこれに専念しなければならない。

参【公務員の全体の奉仕者性＝憲法一五②】【職務専念義務＝法三五】

(服務の宣誓)

第三十一条　職員は、条例の定めるところにより、服務の宣誓をしなければならない。

参【憲法尊重擁護義務＝憲法九九】

(法令等及び上司の職務上の命令に従う義務)

第三十二条　職員は、その職務を遂行するに当つて、法令、条例、地方公共団体の規則及び地方公共団体の機関の定める規程に従い、且つ、上司の職務上の命令に忠実に従わなければならない。

参【本条の特則＝地方教育行政法四三②】

判 ●校長の職務命令の限界＝教育委員会ならともかく、校長の公立小学校教諭に対する研修命令が、勤務場所の変更を伴い、かつ長期間のものであるときは、教諭の職務内容を著しく変更することになり、違法である。しかし、上司の職務命令は瑕疵がある場合でも何人が見ても違法であることが明白であり、かつ、それに服従すれば違法な行為を行う結果となるような場合を除き、職員はこれに服従する義務がある。(広島地判昭六一・一一・一九)

●職務命令の効力＝職務命令は一応適法の推定を受けるが、重大かつ明白な瑕疵を有するときは無効となり、その無効を受命公務員は判断できる。(最高判昭五三・一一・一四)

●職務命令と思想・良心の自由＝公立小学校における入学式や卒業式において、国歌斉唱として「君が代」が斉唱されることが広く行われていたことは周知の事実であり、客観的に見て、入学式の国歌斉唱の際に「君が代」のピアノ伴奏をするという行為自体は、音楽専科の教諭等にとって通常想定され期待されるものであって、上記伴奏を行う教諭等が特定の思想を有するということを外部に表明する行為であると評価することは困難なものであり、特に、職務上の命令に従ってこのような行為が行われる場合には、上記のように評価することは一層困難であるといわざるを得ない。(最高判平成一九・二・二七)

行 ●校長は職務上の上司である。(初中局長回答昭三一・一・五委初二)

（信用失墜行為の禁止）

第三十三条 職員は、その職の信用を傷つけ、又は職員の職全体の不名誉となるような行為をしてはならない。

判 ●公職選挙法一二九条（事前運動の禁止）、一三八条（戸別訪問の禁止）に違反する行為は、地公法三三条の禁止する公務員の信用失墜行為に該当する。（宮崎地判昭四四・三・二四）

●卒業式国歌斉唱時に児童の国歌斉唱拒否の発言・着席に呼応するかのように着席し、その後の進行でも混乱した卒業式の退場の際に右手こぶしを振り上げるという行為が、教育公務員の職の信用を傷つけるとした戒告処分は適法。（福岡地判平成一〇・二・二四）

●懲戒処分と町教育委員会の内申＝入学式の日章旗を引き降ろしたため、都教育委員会が町立小学校の教諭に対して課した戒告処分が、町教育委員会からの内申の提出を待たずにされた場合は、違法である。（東京地判平成一一・四・二六）

（秘密を守る義務）

第三十四条 職員は、職務上知り得た秘密を漏らしてはならない。その職を退いた後も、また、同様とする。

2 法令による証人、鑑定人等となり、職務上の秘密に属する事項を発表する場合においては、任命権者（退職者については、その退職した職又はこれに相当する職に係る任命権者）の許可を受けなければならない。

3 前項の許可は、法律に特別の定がある場合を除く外、拒むことができない。

参 【秘密を守る義務と告発義務＝刑事訴訟法二三九②】【同＝刑事訴訟法二三〇】

1 【罰則＝法六〇2・六二】

2 【読替規定＝地方教育行政法四七①】

判 ●「秘密」の意味＝国公法一〇〇条一項（本条と同旨規定）にいう「秘密」であるためには、国家機関が単にある事項につき形式的に秘密の指定をしただけでは足りず、非公知の事項であつて、実質的にも秘密として保護するに値すると認められなければならない。（最高決昭五二・一二・一九、同昭五三・五・三一）

行 ●一項の「職務上知り得た秘密」、二項の「職務上の秘密」の意味＝「秘密」とは、一般的に了知されていない事実であつて、それを一般に了知せしめることが一定の利益の侵害になると客観的に考えられるものをいい、地公法三四条一項の「職務上知り得た秘密」とは、職務執行上知りえた秘密を、同条二項の「職務上の秘密」とは、職員の職務上の所管に属する秘密をそれぞれ指すものと解される。（公務員課長回答昭三〇・二・一八自丁公発二三）

（職務に専念する義務）

第三十五条 職員は、法律又は条例に特別の定がある場合を除く外、その勤務時間及び職務上の注意力のすべてをその職責遂行のために用い、当該地方公共団体がなすべき責を有する職務にのみ従事しなければならない。

参 【法律の特別の定＝法五五⑧・五五の二、労基法三四・三五・三九・六五～六八、教特法二二】

判 ●義務免除の承認の性質＝任命権者等のなす義務免除の承認は、裁量行為の性質を有するが、それは義務免除によつて教職員に与えられる便益と義務免除の結果予想される地方公共団体の本来の業務運営上の支障の有無・程度を比較・調整の上、各申請ごとに個別にその許否が決せられるべき筋合のものである。（和歌山地判昭四八・九・一二）

●休業期間中の行為と本条＝春休み等の休業期間中であつても、勤務時間に相当する時間内に、公立中学校教員が通常の勤務とまつたく関係がなく、かつ自宅研修の一環と解する余地もない行動に参加することは、職務専念義務に違反する。（札幌地判昭四九・七・二九）

行 ●職務に専念する義務は、当該職員に割り振られた（延長の場合を含む）勤務時間以外においてはない。（公務員課長回答昭二六・一二・一二地自公発五四九）

●勤務時間中、勤務条件の措置要求、不利益処分の審査請求等を行なうことは、法律又は条例に特別の定めがない限り、法的には、職務に専念する義務に関する規定にてい触する。（公務員課長回答昭二七・二・二九地自公発五六）

（政治的行為の制限）

第三十六条 職員は、政党その他の政治的団体の結成に関与し、若しくはこれらの団体の役員となつてはならず、又はこれらの団体の構成員となるように、若しくはならないように勧誘運動をしてはならない。

2 職員は、特定の政党その他の政治的団体又は特定の内閣若しくは地方公共団体の執行機関を支持し、又はこれに反対する目的をもつて、あるいは公の選挙又は投票において特定の人又は事件を支持し、又はこれに反対する目的をもつて、次に掲げる政治的行為をしてはならない。ただし、当該職員の属する地方公共団体の区域（当該職員が都道府県の支庁若しくは地方事務所又は地方自治法第二百五十二条の十九第一項の指定都市の区若しくは総合区に勤務する者であるときは、当該支庁若しくは地方事務所又は区若しくは総合区の所管区域）外において、第一号から第三号まで及び第五号に掲げる政治的行為をすることができる。

一 公の選挙又は投票において投票をするように、又はしないように勧誘運動をすること。

二　署名運動を企画し、又は主宰する等これに積極的に関与すること。

三　寄附金その他の金品の募集に関与すること。

四　文書又は図画を地方公共団体又は特定地方独立行政法人の庁舎（特定地方独立行政法人にあつては、事務所。以下この号において同じ。）、施設等に掲示し、又は掲示させ、その他地方公共団体又は特定地方独立行政法人の庁舎、施設、資材又は資金を利用し、又は利用させること。

五　前各号に定めるものを除く外、条例で定める政治的行為

3　何人も前二項に規定する政治的行為を行うよう職員に求め、職員をそそのかし、若しくはあおつてはならず、又は職員が前二項に規定する政治的行為をなし、若しくはなさないことに対する代償若しくは報復として、任用、職務、給与その他職員の地位に関してなんらかの利益若しくは不利益を与え、与えようと企て、若しくは約束してはならない。

4　職員は、前項に規定する違法な行為に応じなかつたことの故をもつて不利益な取扱を受けることはない。

5　本条の規定は、職員の政治的中立性を保障することにより、地方公共団体の行政及び特定地方独立行政法人の業務の公正な運営を確保するとともに職員の利益を保護することを目的とするものであるという趣旨において解釈され、及び運用されなければならない。

参【政治的目的、政治的行為の定義＝人規一四―七　【公立学校の教育公務員の特例＝教特法一八　【公職選挙立候補における職員の規制＝公選法八九～九一　【教育者の地位利用の禁止＝公選法一三七　【学校の政治活動の禁止＝教基法一四②　【義務教育諸学校の教育職員に対する政治活動教唆等の禁止＝中立確保法三　【教員の地位利用による国民投票運動の禁止＝憲法改正手続法一〇三②

1 2【政党その他の政治的団体＝政治資金規正法

判●公務員法によつて禁止される公務員の政治的行為は、政策または法律の立案等に参画し、あるいは行政裁量権をもつて政策または法律の施行を担当する職務権限を有する公務員が、その地位を利用し、またはその職務執行行為と関連して行なつた政治的行為に限られる。（東京地判昭四六・一一・一）

●行政の中立的運営とこれに対する国民の信頼を確保するため、公務員の政治的中立性を損うおそれのある政治的行為を禁止することは、まさしく憲法の要請に応え、公務員を含む国民全体の共同利益を擁護するための措置にほかならず、またその禁止が、公務員の職種・職務権限、勤務時間の内外、国の施設の利用の有無等を区別せず、あるいは行政の中立的運営を直接・具体的に損う行為に限定されていないとしても、違憲とはならず、さらにその禁止違反に対する罰則も許される。（最高判昭四九・一一・六　全逓猿払事件）

判●本条の運用方針・解釈＝（地方自治庁次長通知昭二六・三・一九地自乙発九五）

●政治的行為の運用方針について（次官通達昭二四・一〇・二八国人二三）＝「五　違法性を阻却する場合第七項（人事院規則一四―七）は、形式的には、この規則の違反に該当する行為であつても、職員が正当な職務を遂行するために当然行う行為である場合には、この規則違反の制裁を受けないことを明らかにしたものである。〔中略〕なお、この規則は憲法第二三条に規定する学問の自由を拘束するような趣旨に解釈されてはならないことも当然である。」

●職員が特定候補者の依頼により勤務時間外に選挙事務所において無給にて経理事務の手伝をした場合の行為は単なる労務の提供であつて本条二項一号の「特定の人を支持し、公の選挙において投票するように勧誘運動をした」者でないと解する。（自治庁公務員課長電報回答昭二六・四・一二）

二　地方公務員の政治活動について）

●教育公務員が選挙ポスターに推薦者として名を連ねる行為は、人規一四―七（政治的行為）六項八号に該当する。なお、行為の態様によつては、同項一号に該当する場合もある。（公務員課長回答昭三七・一〇・二二自治丁公発一〇九）

●教育委員会が政党の行事に公立学校の施設を貸与することは人規一四―七第六項一二号の規定には関係がない。（初中局長回答昭三〇・九・二八雑初八八）

●職員団体の業務にもつぱら従事する職員も本条二項各号に掲げる政治的行為の制限を受ける。（公務員課長回答昭二六・三・九地自公発六〇）

（争議行為等の禁止）

第三十七条　職員は、地方公共団体の機関が代表する使用者としての住民に対して同盟罷業、怠業その他の争議行為をし、又は地方公共団体の機関の活動能率を低下させる怠業的行為をしてはならない。又、何人も、このような違法な行為を企て、又はその遂行を共謀し、そそのかし、若しくはあおつてはならない。

2　職員で前項の規定に違反する行為をしたものは、その行為の開始とともに、地方公共団体に対し、法令又は条例、地方公共団体の規則若しくは地方公共団体の機関の定める規程に基いて保有する任命上又は雇用上の権利をもつて対抗することができなくなるものとする。

参【勤労者の団体行動権＝憲法二八　【読替規定＝地方教育行政法四七①

1【罰則＝法六二の二

判●公務員と労働基本権＝憲法二八条の労働基本

権は、たんに私企業の労働者だけについて保障されるのではなく公共企業体の職員はもとよりのこと、国家公務員や地方公務員も、憲法二八条にいう勤労者にほかならない以上、原則的には、その保障を受けるべきものと解される。ただ、公務員またはこれに準ずる者については、その担当する職務の内容に応じて、私企業における労働者と異なる制約（国民生活全体の利益の保障という見地からの制約）を内包しているにとどまると解すべきである。（最高判昭四一・一〇・二六　全逓東京中央郵事件）

●同前＝憲法二八条の労働基本権の保障は公務員にも及ぶが、ただ、この労働基本権は、勤労者の経済的地位の向上のための手段として認められたものであつて、それ自体が目的とされる絶対的なものではないから、おのずから勤労者を含めた国民全体の共同利益の見地からする制約を免れないことは、憲法一三条の趣旨からも疑いがない。（最高判昭四八・四・二五　全農林警職法事件）

●憲法二八条と本条、六一条四号＝これらの規定が、文字どおりにすべての地方公務員のいつさいの争議行為を禁止し、あおり行為をすべて処罰する趣旨と解すべきものとすれば、それは公務員の労働基本権を保障した憲法の趣旨に反し必要やむをえない限度をこえて争議行為を禁止し、かつ、必要最小限度にとどめなければならないとの要請を無視し、その限度をこえて刑罰の対象としているものとしてこれらの規定は、いずれも違憲の疑を免れないであろう。（最高判昭四四・四・二　都教組刑事事件）

●争議行為の判断＝地方公務員の具体的な行為が禁止の対象たる争議行為に該当するかどうかは、争議行為を禁止することによつて保護しようとする法益と、労働基本権を尊重し保障することによつて実現しようとする法益との比較考量により両者の要請を適切に調整する見地から判断することが必要である。（同前）

●本条一項の禁止する争議行為は、イ公共性の強い職務に従事する地方公務員の、ロ国民生活全体の利益を害し、国民生活に重大な障害をもたらすおそれがあり、ハ他の手段による制限ではそのおそれを避けることができない争議行為に限られる。（東京地判昭四六・一〇・一五　都教組懲戒処分取消請求事件）

●勤務条件法定主義・財政民主主義や市場抑制力欠如論は公務員の労働基本権の制限の根拠・理由とならず、その争議行為の禁止は、相応の代償措置を講ずるかぎり、国民全体の利益と密接に関連する公務員の職務の公共性を理由に認められる。（福岡高判昭六〇・九・一七）

●本条二項の法意は、地公法上の不利益処分に関する不服申立の規定による救済をも否定するものではない。（広島地判昭四三・三・二七）

●本条二項の意味は、争議行為を行なつた公務員は、地公法上与えられている分限上の身分保障（二七条二項・二八条）を失い、これを当該地方公共団体に対して主張できなくなるという趣旨であり、懲戒処分の取消しを求める権利を失わせる規定ではない。（東京地判昭四六・一〇・一五　都教組懲戒処分取消請求事件）

●人勧実施要求争議行為と懲戒処分＝人事院勧告の完全実施は国の最低限の責務であり、国が長期間その責務を怠つている場合にその完全実施を要求するための争議行為であつて、かつその態様も児童生徒への影響を小範囲に止めようとする意図が窺われる場合に、これら事情を考慮しないで行つた懲戒処分は、懲戒権の濫用である。（札幌地判昭五四・五・一〇、同旨・札幌高判昭六〇・六・二五）

●人事委員会の代償機能性と争議行為＝人事委員会がその本来の代償機能を果していないと認められる場合には、地方公務員が専らその正常な運用を要求して相当と認められる範囲を逸脱しない手段態様で争議行為に出たりしても、必ずしも違法とはいえない。ただし、本件では右機能の喪失はない。（福岡高判昭五八・五・二七、同旨・最高判昭六三・一・二一）

●地公法三七条一項による地方公務員の争議行為の禁止は国民全体の共同利益のためのやむを得ない制約というべきであって、代償措置の制度が設けられていることから憲法二八条に違反するものではない。人事院・県人事委員会の給与勧告が不実施に終わった理由は、当時の財政事情によるものであり、当局が勧告の不実施について法律上及び事実上可能な限りのことを尽くしていることから、勧告の不実施が不当であると認めることはできず、これによって代償措置が本来機能を失ったものとすることはできない。（最高判平一二・一二・一五　熊本県教組・高教組事件）

（営利企業への従事等の制限）

第三十八条　職員は、任命権者の許可を受けなければ、商業、工業又は金融業その他営利を目的とする私企業（以下この項及び次条第一項において「営利企業」という。）を営むことを目的とする会社その他の団体の役員その他人事委員会規則（人事委員会を置かない地方公共団体においては、地方公共団体の規則）で定める地位を兼ね、若しくは自ら営利企業を営み、又は報酬を得ていかなる事業若しくは事務にも従事してはならない。ただし、非常勤職員（短時間勤務の職を占める職員及び第二十二条の二第一項第二号に掲げる職員を除く。）については、この限りでない。

2　人事委員会は、人事委員会規則により前項の場合における任命権者の許可の基準を定めることができる。

参【読替規定＝地方教育行政法四七①】【兼職禁止の特別職＝地方教育行政法六】【本項の特則＝教特法一七・三三】

判●職務に支障を来すことがないとして、停職期間中に報酬を得る目的で他の事業ないし事務に従事することを許可しなければならないとすれば、給与を受けることができないという点については停職処分を実質的に無意味とするものであるから、兼業許可申請に対して、停職中であることを考慮したとしても、考慮すべきでない事由を考慮したものとはならない。（大阪地判平一一・七・一二）

行●本条の趣旨＝国公法一〇一条は国家公務員の兼職禁止の原則を規定しているが、本法にはこれに相当する条項がない理由は、地方公共団体の規模が国に比して著しく小であり、広く人材を求めることが困難であり、その運用について地方公共団体の自主的判断に委ねたからである。（公務員課長回答昭二六・八・二七地自公発三六六）

●勤務時間外に営利企業に従事する場合も、任命権者の許可が必要である。（公務員課長回答昭二六・一二・一二地自公発五四九）

●刑事休職中の職員も営利企業に従事する場合には、許可が必要である。（公務員第一課長決定昭四三・七・一一）

第六節の二　退職管理

＊平成二六法三四・追加

（再就職者による依頼等の規制）

第三十八条の二　職員（臨時的に任用された職員、条件付採用期間中の職員及び非常勤職員（短時間勤務の職を占める職員を除く。）を除く。以下この節、第六十条及び第六十三条において同じ。）であつた者であつて離職後に営利企業等（営利企業及び営利企業以外の法人（国、国際機関、地方公共団体、独立行政法人通則法（平成十一年法律第百三号）第二条第四項に規定する行政執行法人及び特定地方独立行政法人を除く。）をいう。以下同じ。）の地位に就いている者（退職手当通算予定職員であつた者であつて引き続いて退職手当通算法人の地位に就いている者及び公益的法人等への一般職の地方公務員の派遣等に関する法律（平成十二年法律第五十号）第十条第二項に規定する退職派遣者を除く。以下「再就職者」という。）は、離職前五年間に在職していた地方公共団体の執行機関の組織（当該執行機関（当該執行機関の附属機関を含む。）の補助機関及び当該執行機関の管理に属する機関の総体をいう。第三十八条の七において同じ。）若しくは議会の事務局（事務局を置かない場合には、これに準ずる組織。同条において同じ。）若しくは特定地方独立行政法人（以下「地方公共団体の執行機関の組織等」という。）の職員若しくは特定地方独立行政法人の役員（以下「役職員」という。）又はこれらに類する者として人事委員会規則（人事委員会を置かない地方公共団体においては、地方公共団体の規則。以下この条（第七項を除く。）、第三十八条の七、第六十条及び第六十四条において同じ。）で定めるものに対し、当該地方公共団体若しくは当該特定地方独立行政法人と当該営利企業等若しくはその子法人（国家公務員法第百六条の二第一項に規定する子法人の例を基準として人事委員会規則で定めるものをいう。以下同じ。）との間で締結される売買、貸借、請負その他の契約又は当該営利企業等若しくはその子法人に対して行われる行政手続法（平成五年法律第八十八号）第二条第二号に規定する処分に関する事務（以下「契約等事務」という。）であつて離職前五年間の職務に属するものに関し、離職後二年間、職務上の行為をするように、又はしないように要求し、又は依頼してはならない。

2　前項の「退職手当通算法人」とは、地方独立行政法人法第二条第一項に規定する地方独立行政法人その他その業務が地方公共団体又は国の事務又は事業と密接な関連を有する法人のうち人事委員会規則で定めるもの（退職手当（これに相当する給付を含む。）に関する規程において、職員が任命権者又はその委任を受けた者の要請に応じ、引き続いて当該法人の役員又は当該法人に使用される者となつた場合に、職員としての勤続期間を当該法人の役員又は当該法人に使用される者としての勤続期間に通算することと定められており、かつ、当該地方公共団体の条例において、当該法人の役員又は当該法人に使用される者として在職した後引き続いて再び職員となつた者の当該法人の役員又は当該法人に使用される者としての勤続期間を当該職員となつた者の職員としての勤続期間に通算することと定められている法人に限る。）をいう。

3　第一項の「退職手当通算予定職員」とは、任命権者又はその委任を受けた者の要請に応じ、引き続いて退職手当通算法人（前項に規定する退職手当通算法人をいう。以下同じ。）の役員又は退職手当通算法人に使用される者となるため退職することとなる職員であつて、当該退職手当通算法人に在職した後、特別の事情がない限り引き続いて選考による採用が予定されている者のうち人事委員会規則で定めるものをいう。

4　第一項の規定によるもののほか、再就職者のうち、地方自治法第百五十八条第一項に規定する普通地方公共団体の長の直近下位の内部組織の長又はこれに準ずる職であつて人事委員会規則で定めるものに離職した日の五年前の日より前に就いていた者は、当該職に就いていた時に在職していた地方公共団体の執行機関の組織等の役職員又はこれに類する者として人事委員会規則で定めるものに対し、契約等事務であつて離職した日の五年前の日より前の職務（当該職に就いていたときの職務に限る。）に属するものに関し、離職後二年間、職務上の行為をするように、又はしないように要求し、又は依頼してはならない。

5　第一項及び前項の規定によるもののほか、再就職者は、在職していた地方公共団体の執行機関の組織等の役職員又はこれに類する者として人事委員会規則で定めるものに対し、当該地方公共団体若しくは当該特定地方独立行政法人と営利企業等（当該再就職者が現にその地位に就いているものに限る。）若しくはその子法人との間の契約であつて当該地方公共団体若しくは当該特定地方独立行政法人においてその締結について自らが決定したもの又は当該地方公共団体若しくは当該特定地方独立行政法人による当該営利企業等若しくはその子法人に対する行政手続法第二条第二号に規定する処分であつて自らが決定したものに関し、職務上の行為をするように、又はしないように要求し、又は依頼してはならない。

6　第一項及び前二項の規定（第八項の規定に基づく条例が定められているときは、当該条例の規定を含む。）は、次に掲げる場合には適用しない。

一　試験、検査、検定その他の行政上の事務であつて、法律の規定に基づく行政庁による指定若しくは登録その他の処分（以下「指定等」という。）を受けた者が行う当該指定等に係るもの若しくは行政庁から委託を受けた者が行う当該委託に係るものを遂行するために必要な場合、又は地方公共団体若しくは国の事務若しくは事業と密接な関連を有する業務として人事委員会規則で定めるものを行うために必要な場合

二　行政庁に対する権利若しくは義務を定めている法令の規定若しくは地方公共団体若しくは特定地方独立行政法人との間で締結された契約に基づき、権利を行使し、若しくは義務を履行する場合、行政庁の処分により課された義務を履行する場合又はこれらに類する場合として人事委員会規則で定める場合

三　行政手続法第二条第三号に規定する申請又は同条第七号に規定する届出を行う場合

四　地方自治法第二百三十四条第一項に規定する一般競争入札若しくはせり売りの手続又は特定地方独立行政法人が公告して申込みをさせることによる競争の手続に従い、売買、貸借、請負その他の契約を締結するために必要な場合

五　法令の規定により又は慣行として公にされ、又は公にすることが予定されている情報の提供を求める場合（一定の日以降に公にすることが予定されている情報を同日前に開示するよう求める場合を除く。）

六　再就職者が役職員（これに類する者を含む。以下この号において同じ。）に対し、契約等事務に関し、職務上の行為をするように、又はしないように要求し、又は依頼することにより公務の公正性の確保に支障が生じないと認められる場合として人事委員会規則で定める場合において、人事委員会規則で定める手続により任命権者の承認を得て、再就職者が当該承認に係る役職員に対し、当該承認に係る契約等事務に関し、職務上の行為をするように、又はしないように要求し、又は依頼する場合

7　職員は、前項各号に掲げる場合を除き、再就職者から第一項、第四項又は第五項の規定（次項の規定に基づく条例が定められているときは、当該条例の規定を含む。）により禁止される要求又は依頼を受けたとき（地方独立行政法人法第五十条の二において準用する第一項、第四項又は第五項の規定（同条において準用する次項の規定に基づく条例が定められているときは、当該条例の規定を含む。）により禁止される要求又は依頼を受けたときを含む。）は、人事委員会規則又は公平委員会規則で定めるところにより、人事委員会又は公平委員会にその旨を届け出なければならない。

8　地方公共団体は、その組織の規模その他の事情に照らして必要があると認めるときは、再就職者のうち、国家行政組織法（昭和二十三年法律第百二十号）第二十一条第一項に規定する部長又は課長の職に相当する職として人事委員会規則で定めるものに離職した日の五年前の日より前に就いていた者について、当該職に就いていた時に在職していた地方公共団体の執行機関の組織等の役職員又はこれに類する者として人事委員会規則で定めるものに対し、契約等事務であつて離職した日の五年前の日より前の職務（当該職に就いていたときの職務に限る。）に属するものに関し、離職後二年間、職務上の行為をするように、又はしないように要求し、又は依頼してはならないことを条例により定めることができる。

＊平成二六法三四・追加

（違反行為の疑いに係る任命権者の報告）

第三十八条の三　任命権者は、職員又は職員であつた者に前条の規定（同条第八項の規定に基づく条例が定められているときは、当該条例の規定を含む。）に違反する行為（以下「規制違反行為」という。）を行つた疑いがあると思料するときは、その旨を人事委員会又は公平委員会に報告しなければならない。

＊平成二六法三四・追加

（任命権者による調査）

第三十八条の四　任命権者は、職員又は職員であつた者に規制違反行為を行つた疑いがあると思料して当該規制違反行為に関して調査を行おうとするときは、人事委員会又は公平委員会にその旨を通知しなければならない。

2　人事委員会又は公平委員会は、任命権者が行う前項の調査の経過について、報告を求め、又は意見を述べることができる。

3　任命権者は、第一項の調査を終了したときは、遅滞なく、人事委員会又は公平委員会に対し、当該調査の結果を報告しなければならない。

＊平成二六法三四・追加

（任命権者に対する調査の要求等）

第三十八条の五　人事委員会又は公平委員会は、第三十八条の二第七項の届出、第三十八条の三の報告又はその他の事由により職員又は職員であつた者に規制違反行為を行つた疑いがあると思料するときは、任命権者に対し、当該規制違反行為に関する調査を行うよう求めることができる。

2　前条第二項及び第三項の規定は、前項の規定により行われる調査について準用する。

＊平成二六法三四・追加

（地方公共団体の講ずる措置）

第三十八条の六　地方公共団体は、国家公務員法中退職管理に関する規定の趣旨及び当該地方公共団体の職員の離職後の就職の状況を勘案し、退職管理の適正を確保するために必要と認められる措置を講ずるものとする。

2　地方公共団体は、第三十八条の二の規定の円滑な実施を図り、又は前項の規定による措置を講ずるため必要と認めるときは、条例で定めるところにより、職員であつた者で条例で定めるものが、条例で定める法人の役員その他の地位であつて条例で定めるものに就こうとする場合又は就いた場合には、離職後条例で定める期間、条例で定める事項を条例で定める者に届け出させることができる。

＊平成二六法三四・追加

（廃置分合に係る特例）

第三十八条の七　職員であつた者が在職していた地方公共団体（この条の規定により当該職員であつた者が在職していた地方公共団体とみなされる地方公共団体を含む。）の廃置分合により当該職員であつた者が在職していた地方公共団体（以下この条において「元在職団体」という。）の事務が他の地方公共団体に承継された場合には、当該他の地方公共団体を当該元在職団体と、当該他の地方公共団体の執行機関の組織若しくは議会の事務局で当該元在職団体の執行機関の組織若しくは議会の事務局に相当するものの職員又はこれに類する者として当該他の地方公共団体の人事委員会規則で定めるものを当該元在職団体の執行機関の組織若しくは議会の事務局の職員又はこれに類する者として当該元在職団体の人事委員会規則で定めるものと、それぞれみなして、第三十八条の二から前条までの規定（第三十八条の二第八項の規定に基づく条例が定められているときは当該条例の規定を含み、これらの規定に係る罰則を含む。）並びに第六十条第四号から第八号まで及び第六十三条の規定を適用する。

＊平成二六法三四・追加

第七節　研修

＊平成二六法三四・全部改正

（研修）

第三十九条　職員には、その勤務能率の発揮及び増進のために、研修を受ける機会が与えられなければならない。

2　前項の研修は、任命権者が行うものとする。

3　地方公共団体は、研修の目標、研修に関する計画の指針となるべき事項その他研修に関する基本的な方針を定めるものとする。

4　人事委員会は、研修に関する計画の立案その他研修の方法について任命権者に勧告することができる。

＊平成一六法八五・追加

参【本条の特則＝教特法二一・二二】1【本項の特則＝教特法二一①・二二①】2【任命権者の研修実施責務＝教特法二一②、地方教育行政法四五②】3【読替規定＝地方教育行政法四七②】

第四十条　削除〔平成二六法三四〕

第八節　福祉及び利益の保護

（福祉及び利益の保護の根本基準）

第四十一条　職員の福祉及び利益の保護は、適切であり、且つ、公正でなければならない。

第一款　厚生福利制度

（厚生制度）

第四十二条　地方公共団体は、職員の保健、元気回復その他厚生に関する事項について計画を樹立し、これを実施しなければならない。

（共済制度）

第四十三条　職員の病気、負傷、出産、休業、災害、退職、障害若しくは死亡又はその被扶養者の病気、負傷、出産、死亡若しくは災害に関して適切な給付を行なうための相互救済を目的とする共済制度が、実施されなければならない。

2　前項の共済制度には、職員が相当年限忠実に勤務して退職した場合又は公務に基づく病気若しくは負傷により退職し、若しくは死亡した場合におけるその者又はその遺族に対する退職年金に関する制度が含まれていなければならない。

3　前項の退職年金に関する制度は、退職又は死亡の時の条件を考慮して、本人及びその退職又は死亡の当時その者が直接扶養する者のその後における適当な生活の維持を図ることを目的とするものでなければならない。

4　第一項の共済制度については、国の制度との間に権衡を失しないように適当な考慮が払われなければならない。

5　第一項の共済制度は、健全な保険数理を基礎として定めなければならない。

6　第一項の共済制度は、法律によつてこれを定める。

第四十四条　削除〔昭和三七法一五二〕

第二款　公務災害補償

（公務災害補償）

第四十五条　職員が公務に因り死亡し、負傷し、若しくは疾病にかかり、若しくは公務に因る負傷若しくは疾病により死亡し、若しくは障害の状態となり、又は船員である職員が公務に因り行方不明となつた場合においてその者又はその者の遺族若しくは被扶養者がこれらの原因によつて受ける損害は、補償されなければならない。

2 前項の規定による補償の迅速かつ公正な実施を確保するため必要な補償に関する制度が実施されなければならない。

3 前項の補償に関する制度には、次に掲げる事項が定められなければならない。

一 職員の公務上の負傷又は疾病に対する必要な療養又は療養の費用の負担に関する事項

二 職員の公務上の負傷又は疾病に起因する療養の期間又は船員である職員の公務による行方不明の期間におけるその職員の所得の喪失に対する補償に関する事項

三 職員の公務上の負傷又は疾病に起因して、永久に、又は長期に所得能力を害された場合におけるその職員の受ける損害に対する補償に関する事項

四 職員の公務上の負傷又は疾病に起因する死亡の場合におけるその遺族又は職員の死亡の当時その収入によつて生計を維持した者の受ける損害に対する補償に関する事項

4 第二項の補償に関する制度は、法律によつて定めるものとし、当該制度については、国の制度との間に権衡を失しないように適当な考慮が払われなければならない。

第三款 勤務条件に関する措置の要求

（勤務条件に関する措置の要求）

第四十六条 職員は、給与、勤務時間その他の勤務条件に関し、人事委員会又は公平委員会に対して、地方公共団体の当局により適当な措置が執られるべきことを要求することができる。

（審査及び審査の結果執るべき措置）

第四十七条 前条に規定する要求があつたときは、人事委員会又は公平委員会は、事案について口頭審理その他の方法による審査を行い、事案を判定し、その結果に基いて、その権限に属する事項については、自らこれを実行し、その他の事項については、当該事項に関し権限を有する地方公共団体の機関に対し、必要な勧告をしなければならない。

（要求及び審査、判定の手続等）

第四十八条 前二条の規定による要求及び審査、判定の手続並びに審査、判定の結果執るべき措置に関し必要な事項は、人事委員会規則又は公平委員会規則で定めなければならない。

第四款 不利益処分に関する審査請求

＊平成二六法六九・全部改正

（不利益処分に関する説明書の交付）

第四十九条 任命権者は、職員に対し、懲戒その他その意に反すると認める不利益な処分を行う場合においては、その際、当該職員に対し、処分の事由を記載した説明書を交付しなければならない。ただし、他の職への降任等に該当する降任をする場合又は他の職への降任等に伴い降給をする場合は、この限りでない。

2 職員は、その意に反して不利益な処分を受けたと思うときは、任命権者に対し処分の事由を記載した説明書の交付を請求することができる。

3 前項の規定による請求を受けた任命権者は、その日から十五日以内に、同項の説明書を交付しなければならない。

4 第一項又は第二項の説明書には、当該処分につき、人事委員会又は公平委員会に対して審査請求をすることができる旨及び審査請求をすることができる期間を記載しなければならない。

（審査請求）

第四十九条の二 前条第一項に規定する処分を受けた職員は、人事委員会又は公平委員会に対してのみ審査請求をすることができる。

2 前条第一項に規定する処分を除くほか、職員に対する処分については、審査請求をすることができない。職員がした申請に対する不作為についても、同様とする。

3 第一項に規定する審査請求については、行政不服審査法第二章の規定を適用しない。

（審査請求期間）

第四十九条の三 前条第一項に規定する審査請求は、処分があつたことを知つた日の翌日から起算して三月以内にしなければならず、処分があつた日の翌日から起算して一年を経過したときは、することができない。

（審査及び審査の結果執るべき措置）

第五十条 第四十九条の二第一項に規定する審査請求を受理したときは、人事委員会又は公平委員会は、直ちにその事案を審査しなければならない。この場合において、処分を受けた職員から請求があつたときは、口頭審理を行わなければならない。口頭審理は、その職員から請求があつたときは、公開して行わなければならない。

2 人事委員会又は公平委員会は、必要があると認めるときは、当該審査請求に対する裁決を除き、審査に関する事務の一部を委員又は事務局長に委任することができる。

3 人事委員会又は公平委員会は、第一項に規定する審査の結果に基いて、その処分を承認し、修正し、又は取り消し、及び必要がある場合においては、任命権者にその職員の受けるべきであつた給与その他の給付を回復するため必要で且つ適切な措置をさせる等その職員がその処分によつて受けた不当な取扱を是正するための指示をしなければならない。

（審査請求の手続等）

第五十一条 審査請求の手続及び審査の結果執るべき措置に関し必要な事項は、人事委員会規則又は公平委員会規則で定めなければならない。

（審査請求と訴訟との関係）

第五十一条の二 第四十九条第一項に規定する処分であつて人事委員会又は公平委員会に対して審査請求をすることができるものの取消しの訴えは、審査請求に対する人事委員会又は公平委員会の裁決を経た後でなければ、提起することができない。

第九節 職員団体

（職員団体）

第五十二条 この法律において「職員団体」とは、職員がその

勤務条件の維持改善を図ることを目的として組織する団体又はその連合体をいう。

2　前項の「職員」とは、第五項に規定する職員以外の職員をいう。

3　職員は、職員団体を結成し、若しくは結成せず、又はこれに加入し、若しくは加入しないことができる。ただし、重要な行政上の決定を行う職員、重要な行政上の決定に参画する管理的地位にある職員、職員の任免に関して直接の権限を持つ監督的地位にある職員、職員の任免、分限、懲戒若しくは服務、職員の給与その他の勤務条件又は職員団体との関係についての当局の計画及び方針に関する機密の事項に接し、そのためにその職務上の義務と責任とが職員団体の構成員としての誠意と責任とに直接に抵触すると認められる監督的地位にある職員その他職員団体との関係において当局の立場に立つて遂行すべき職務を担当する職員（以下「管理職員等」という。）と管理職員等以外の職員とは、同一の職員団体を組織することができず、管理職員等と管理職員等以外の職員とが組織する団体は、この法律にいう「職員団体」ではない。

4　前項ただし書に規定する管理職員等の範囲は、人事委員会規則又は公平委員会規則で定める。

5　警察職員及び消防職員は、職員の勤務条件の維持改善を図ることを目的とし、かつ、地方公共団体の当局と交渉する団体を結成し、又はこれに加入してはならない。

（職員団体の登録）

第五十三条　職員団体は、条例で定めるところにより、理事その他の役員の氏名及び条例で定める事項を記載した申請書に規約を添えて人事委員会又は公平委員会に登録を申請することができる。

2　前項に規定する職員団体の規約には、少くとも左に掲げる事項を記載するものとする。

一　名称
二　目的及び業務
三　主たる事務所の所在地
四　構成員の範囲及びその資格の得喪に関する規定
五　理事その他の役員に関する規定
六　第三項に規定する事項を含む業務執行、会議及び投票に関する規定
七　経費及び会計に関する規定
八　他の職員団体との連合に関する規定
九　規約の変更に関する規定
十　解散に関する規定

3　職員団体が登録される資格を有し、及び引き続き登録されているためには、規約の作成又は変更、役員の選挙その他これらに準ずる重要な行為が、すべての構成員が平等に参加する機会を有する直接且つ秘密の投票による全員の過半数（役員の選挙については、投票者の過半数）によつて決定される旨の手続を定め、且つ、現実に、その手続によりこれらの重要な行為が決定されることを必要とする。但し、連合体である職員団体にあつては、すべての構成員が平等に参加する機会を有する構成団体ごとの直接且つ秘密の投票による投票者の過半数で代議員を選挙し、すべての代議員が平等に参加する機会を有する直接且つ秘密の投票によるその全員の過半数（役員の選挙については、投票者の過半数）によつて決定される旨の手続を定め、且つ、現実に、その手続により決定されることをもつて足りるものとする。

4　前項に定めるもののほか、職員団体が登録される資格を有し、及び引き続き登録されているためには、当該職員団体が同一の地方公共団体に属する前条第五項に規定する職員以外の職員のみをもつて組織されていることを必要とする。ただし、同項に規定する職員以外の職員であつた者でその意に反して免職され、若しくは懲戒処分としての免職の処分を受け、当該処分を受けた日の翌日から起算して一年以内のもの又はその期間内に当該処分について法律の定めるところにより審査請求をし、若しくは訴えを提起し、これに対する裁決若しくは裁判が確定するに至らないものを構成員にとどめていること、及び当該職員団体の役員である者を構成員としていることを妨げない。

5　人事委員会又は公平委員会は、登録を申請した職員団体が前三項の規定に適合するものであるときは、条例で定めるところにより、規約及び第一項に規定する申請書の記載事項を登録し、当該職員団体にその旨を通知しなければならない。この場合において、職員でない者の役員就任を認めている職員団体を、そのゆえをもつて登録の要件に適合しないものと解してはならない。

6　登録を受けた職員団体が職員団体でなくなつたとき、登録を受けた職員団体について第二項から第四項までの規定に適合しない事実があつたとき、又は登録を受けた職員団体が第九項の規定による届出をしなかつたときは、人事委員会又は公平委員会は、条例で定めるところにより、六十日を超えない範囲内で当該職員団体の登録の効力を停止し、又は当該職員団体の登録を取り消すことができる。

7　前項の規定による登録の取消しに係る聴聞の期日における審理は、当該職員団体から請求があつたときは、公開により行わなければならない。

8　第六項の規定による登録の取消しは、当該処分の取消しの訴えを提起することができる期間内及び当該処分の取消しの訴えの提起があつたときは当該訴訟が裁判所に係属する間は、その効力を生じない。

9　登録を受けた職員団体は、その規約又は第一項に規定する申請書の記載事項に変更があつたときは、条例で定めるところにより、人事委員会又は公平委員会にその旨を届け出なければならない。この場合においては、第五項の規定を準用する。

10　登録を受けた職員団体は、解散したときは、条例で定めるところにより、人事委員会又は公平委員会にその旨を届け出なければならない。

第五十四条　削除〔平成一八法五〇〕

（交渉）

第五十五条　地方公共団体の当局は、登録を受けた職員団体から、職員の給与、勤務時間その他の勤務条件に関し、及びこれに附帯して、社交的又は厚生的活動を含む適法な活動に係る事項に関し、適法な交渉の申入れがあつた場合において

は、その申入れに応ずべき地位に立つものとする。

2 職員団体と地方公共団体の当局との交渉は、団体協約を締結する権利を含まないものとする。

3 地方公共団体の事務の管理及び運営に関する事項は、交渉の対象とすることができない。

4 職員団体が交渉することのできる地方公共団体の当局は、交渉事項について適法に管理し、又は決定することのできる地方公共団体の当局とする。

5 交渉は、職員団体と地方公共団体の当局があらかじめ取り決めた員数の範囲内で、職員団体がその役員の中から指名する者と地方公共団体の当局の指名する者との間において行なわなければならない。交渉に当たつては、職員団体と地方公共団体の当局との間において、議題、時間、場所その他必要な事項をあらかじめ取り決めて行なうものとする。

6 前項の場合において、特別の事情があるときは、職員団体は、役員以外の者を指名することができるものとする。ただし、その指名する者は、当該交渉の対象である特定の事項について交渉する適法な委任を当該職員団体の執行機関から受けたことを文書によつて証明できる者でなければならない。

7 交渉は、前二項の規定に適合しないこととなつたとき、又は他の職員の職務の遂行を妨げ、若しくは地方公共団体の事務の正常な運営を阻害することとなつたときは、これを打ち切ることができる。

8 本条に規定する適法な交渉は、勤務時間中においても行なうことができる。

9 職員団体は、法令、条例、地方公共団体の規則及び地方公共団体の機関の定める規程にてい触しない限りにおいて、当該地方公共団体の当局と書面による協定を結ぶことができる。

10 前項の協定は、当該地方公共団体の当局及び職員団体の双方において、誠意と責任をもつて履行しなければならない。

11 職員は、職員団体に属していないという理由で、第一項に規定する事項に関し、不満を表明し、又は意見を申し出る自由を否定されてはならない。

（職員団体のための職員の行為の制限）

第五十五条の二 職員は、職員団体の業務にもつぱら従事することができない。ただし、任命権者の許可を受けて、登録を受けた職員団体の役員としてもつぱら従事する場合は、この限りでない。

2 前項ただし書の許可は、任命権者が相当と認める場合に与えることができるものとし、これを与える場合においては、任命権者は、その許可の有効期間を定めるものとする。

3 第一項ただし書の規定により登録を受けた職員団体の役員として専ら従事する期間は、職員としての在職期間を通じて五年（地方公営企業等の労働関係に関する法律（昭和二十七年法律第二百八十九号）第六条第一項ただし書（同法附則第五項において準用する場合を含む。）の規定により労働組合の業務に専ら従事したことがある職員については、五年からその専ら従事した期間を控除した期間）を超えることができない。

4 第一項ただし書の許可は、当該許可を受けた職員が登録を受けた職員団体の役員として当該職員団体の業務にもつぱら従事する者でなくなつたときは、取り消されるものとする。

5 第一項ただし書の許可を受けた職員は、その許可が効力を有する間は、休職者とし、いかなる給与も支給されず、また、その期間は、退職手当の算定の基礎となる勤続期間に算入されないものとする。

6 職員は、条例で定める場合を除き、給与を受けながら、職員団体のためその業務を行ない、又は活動してはならない。

（不利益取扱の禁止）

第五十六条 職員は、職員団体の構成員であること、職員団体を結成しようとしたこと、若しくはこれに加入しようとしたこと又は職員団体のために正当な行為をしたことの故をもつて不利益な取扱を受けることはない。

第四章 補則

（特例）

第五十七条 職員のうち、公立学校（学校教育法（昭和二十二年法律第二十六号）第一条に規定する学校及び就学前の子どもに関する教育、保育等の総合的な提供の推進に関する法律（平成十八年法律第七十七号）第二条第七項に規定する幼保連携型認定こども園であつて地方公共団体の設置するものをいう。）の教職員（学校教育法第七条（就学前の子どもに関する教育、保育等の総合的な提供の推進に関する法律第二十六条において準用する場合を含む。）に規定する校長及び教員並びに学校教育法第二十七条第二項（同法第八十二条において準用する場合を含む。）、第三十七条第一項（同法第四十九条及び第八十二条において準用する場合を含む。）、第六十条第一項（同法第八十二条において準用する場合を含む。）、第六十九条第一項、第九十二条第一項及び第百二十条第一項並びに就学前の子どもに関する教育、保育等の総合的な提供の推進に関する法律第十四条第二項に規定する事務職員をいう。）、単純な労務に雇用される者その他その職務と責任の特殊性に基づいてこの法律に対する特例を必要とするものについては、別に法律で定める。ただし、その特例は、第一条の精神に反するものであつてはならない。

（他の法律の適用除外等）

第五十八条 労働組合法（昭和二十四年法律第百七十四号）、労働関係調整法（昭和二十一年法律第二十五号）及び最低賃金法（昭和三十四年法律第百三十七号）並びにこれらに基く命令の規定は、職員に関して適用しない。

2 労働安全衛生法（昭和四十七年法律第五十七号）第二章の規定並びに船員災害防止活動の促進に関する法律（昭和四十二年法律第六十一号）第二章及び第五章の規定並びに同章に基づく命令の規定は、地方公共団体の行う労働基準法（昭和二十二年法律第四十九号）別表第一第一号から第十号まで及び第十三号から第十五号までに掲げる事業に従事する職員以外の職員に関して適用しない。

3 労働基準法第二条、第十四条第二項及び第三項、第二十四条第一項、第三十二条の三から第三十二条の五まで、第三十八条の二第二項及び第三項、第三十八条の三、第三十八条の

四、第三十九条第六項から第八項まで、第四十一条の二、第七十五条から第九十三条まで並びに第百二条の規定、労働安全衛生法第六十六条の八の四及び第九十二条の規定、船員法（昭和二十二年法律第百号）第六条中労働基準法第二条に関する部分、第三十条、第三十七条中勤務条件に関する部分、第五十三条第一項、第八十九条から第百条まで、第百二条及び第百八条中勤務条件に関する部分の規定並びに船員災害防止活動の促進に関する法律第六十二条の規定並びにこれらの規定に基づく命令の規定は、職員に関して適用しない。ただし、労働基準法第百二条の規定、労働安全衛生法第九十二条の規定、船員法第三十七条及び第百八条中勤務条件に関する部分の規定並びに船員災害防止活動の促進に関する法律第六十二条の規定並びにこれらの規定に基づく命令の規定は、地方公共団体の行う労働基準法別表第一第一号から第十号まで及び第十三号から第十五号までに掲げる事業に従事する職員に、同法第七十五条から第八十八条まで及び船員法第八十九条から第九十六条までの規定は、地方公務員災害補償法（昭和四十二年法律第百二十一号）第二条第一項に規定する者以外の職員に関しては適用する。

4　職員に関しては、労働基準法第三十二条の二第一項中「使用者は、当該事業場に、労働者の過半数で組織する労働組合がある場合においてはその労働組合、労働者の過半数で組織する労働組合がない場合においては労働者の過半数を代表する者との書面による協定により、又は」とあるのは「使用者は」と、同法第三十四条第二項ただし書中「当該事業場に、労働者の過半数で組織する労働組合がある場合においてはその労働組合、労働者の過半数で組織する労働組合がない場合においては労働者の過半数を代表する者との書面による協定があるときは」とあるのは「条例に特別の定めがある場合は」と、同法第三十七条第三項中「使用者が、当該事業場に、労働者の過半数で組織する労働組合があるときはその労働組合、労働者の過半数で組織する労働組合がないときは労働者の過半数を代表する者との書面による協定により」とあるのは「使用者が」と、同法第三十九条第四項中「当該事業場に、労働者の過半数で組織する労働組合があるときはその労働組合、労働者の過半数で組織する労働組合がないときは労働者の過半数を代表する者との書面による協定により、次に掲げる事項を定めた場合において、第一号に掲げる労働者の範囲に属する労働者が有給休暇を時間を単位として請求したときは、前三項の規定による有給休暇の日数のうち第二号に掲げる日数については、これらの規定にかかわらず、当該協定で定めるところにより」とあるのは「前三項の規定にかかわらず、特に必要があると認められるときは、」とする。

5　労働基準法、労働安全衛生法、船員法及び船員災害防止活動の促進に関する法律の規定並びにこれらの規定に基づく命令の規定中第三項の規定により職員に関して適用されるものを適用する場合における職員の勤務条件に関する労働基準監督機関の職権は、地方公共団体の行う労働基準法別表第一第一号から第十号まで及び第十三号から第十五号までに掲げる事業に従事する職員の場合を除き、人事委員会又はその委任を受けた人事委員会の委員（人事委員会を置かない地方公共団体においては、地方公共団体の長）が行うものとする。

（人事行政の運営等の状況の公表）

第五十八条の二　任命権者は、次条に規定するもののほか、条例で定めるところにより、毎年、地方公共団体の長に対し、職員（臨時的に任用された職員及び非常勤職員（短時間勤務の職を占める職員及び第二十二条の二第一項第二号に掲げる職員を除く。）を除く。）の任用、人事評価、給与、勤務時間その他の勤務条件、休業、分限及び懲戒、服務、退職管理、研修並びに福祉及び利益の保護等人事行政の運営の状況を報告しなければならない。

2　人事委員会又は公平委員会は、条例で定めるところにより、毎年、地方公共団体の長に対し、業務の状況を報告しなければならない。

3　地方公共団体の長は、前二項の規定による報告を受けたときは、条例で定めるところにより、毎年、第一項の規定による報告を取りまとめ、その概要及び前項の規定による報告を公表しなければならない。

（等級等ごとの職員の数の公表）

第五十八条の三　任命権者は、第二十五条第四項に規定する等級及び職員の職の属する職制上の段階ごとに、職員の数を、毎年、地方公共団体の長に報告しなければならない。

2　地方公共団体の長は、毎年、前項の規定による報告を取りまとめ、公表しなければならない。

＊平成二六法三四・追加

（総務省の協力及び技術的助言）

第五十九条　総務省は、地方公共団体の人事行政がこの法律によつて確立される地方公務員制度の原則に沿つて運営されるように協力し、及び技術的助言をすることができる。

第五章　罰則

（罰則）

第六十条　次の各号のいずれかに該当する者は、一年以下の懲役又は五十万円以下の罰金に処する。

一　第十三条の規定に違反して差別をした者

二　第三十四条第一項又は第二項の規定（第九条の二第十二項において準用する場合を含む。）に違反して秘密を漏らした者

三　第五十条第三項の規定による人事委員会又は公平委員会の指示に故意に従わなかつた者

四　離職後二年を経過するまでの間に、離職前五年間に在職していた地方公共団体の執行機関の組織等に属する役職員又はこれに類する者として人事委員会規則で定めるものに対し、契約等事務であつて離職前五年間の職務に属するものに関し、職務上不正な行為をするように、又は相当の行為をしないように要求し、又は依頼した再就職者

五　地方自治法第百五十八条第一項に規定する普通地方公共団体の長の直近下位の内部組織の長又はこれに準ずる職であつて人事委員会規則で定めるものに離職した日の

五年前の日より前に就いていた者であつて、離職後二年を経過するまでの間に、当該職に就いていた時に在職していた地方公共団体の執行機関の組織等に属する役職員又はこれに類する者として人事委員会規則で定めるものに対し、契約等事務であつて離職した日の五年前の日より前の職務（当該職に就いていたときの職務に限る。）に属するものに関し、職務上不正な行為をするように、又は相当の行為をしないように要求し、又は依頼した再就職者

六　在職していた地方公共団体の執行機関の組織等に属する役職員又はこれに類する者として人事委員会規則で定めるものに対し、当該地方公共団体若しくは当該特定地方独立行政法人と営利企業等（再就職者が現にその地位に就いているものに限る。）若しくはその子法人との間の契約であつて当該地方公共団体若しくは当該特定地方独立行政法人においてその締結について自らが決定したもの又は当該地方公共団体若しくは当該特定地方独立行政法人による当該営利企業等若しくはその子法人に対する行政手続法第二条第二号に規定する処分であつて自らが決定したものに関し、職務上不正な行為をするように、又は相当の行為をしないように要求し、又は依頼した再就職者

七　国家行政組織法第二十一条第一項に規定する部長又は課長の職に相当する職として人事委員会規則で定めるものに離職した日の五年前の日より前に就いていた者であつて、離職後二年を経過するまでの間に、当該職に就いていた時に在職していた地方公共団体の執行機関の組織等に属する役職員又はこれに類する者として人事委員会規則で定めるものに対し、契約等事務であつて離職した日の五年前の日より前の職務（当該職に就いていたときの職務に限る。）に属するものに関し、職務上不正な行為をするように、又は相当の行為をしないように要求し、又は依頼した再就職者（第三十八条の二第八項の規定に基づき条例を定めている地方公共団体の再就職者に限る。）

八　第四号から前号までに掲げる再就職者から要求又は依頼（地方独立行政法人法第五十条の二において準用する第四号から前号までに掲げる要求又は依頼を含む。）を受けた職員であつて、当該要求又は依頼を受けたことを理由として、職務上不正な行為をし、又は相当の行為をしなかつた者

第六十一条　次の各号のいずれかに該当する者は、三年以下の懲役又は百万円以下の罰金に処する。

一　第五十条第一項に規定する権限の行使に関し、第八条第六項の規定により人事委員会若しくは公平委員会から証人として喚問を受け、正当な理由がなくてこれに応ぜず、若しくは虚偽の陳述をした者又は同項の規定により人事委員会若しくは公平委員会から書類若しくはその写の提出を求められ、正当な理由がなくてこれに応ぜず、若しくは虚偽の事項を記載した書類若しくはその写を提出した者

二　第十五条の規定に違反して任用した者

三　第十八条の三（第二十一条の四第四項において準用する場合を含む。）の規定に違反して受験を阻害し、又は情報を提供した者

四　削除

五　第四十六条の規定による勤務条件に関する措置の要求の申出を故意に妨げた者

第六十二条　第六十条第二号又は前条第一号から第三号まで若しくは第五号に掲げる行為を企て、命じ、故意にこれを容認し、そそのかし、又はそのほう助をした者は、それぞれ各本条の刑に処する。

第六十二条の二　何人たるを問わず、第三十七条第一項前段に規定する違法な行為の遂行を共謀し、唆し、若しくはあおり、又はこれらの行為を企てた者は、三年以下の禁錮又は百万円以下の罰金に処する。

＊令和三法七五・追加

第六十三条　次の各号のいずれかに該当する者は、三年以下の懲役に処する。ただし、刑法（明治四十年法律第四十五号）に正条があるときは、刑法による。

一　職務上不正な行為（当該職務上不正な行為が、営利企業等に対し、他の役職員をその離職後に、若しくは役職員であつた者を、当該営利企業等若しくはその子法人の地位に就かせることを目的として、当該役職員若しくは役職員であつた者に関する情報を提供し、若しくは当該地位に関する情報の提供を依頼し、若しくは当該役職員若しくは役職員であつた者を当該地位に就かせることを要求し、若しくは依頼する行為、又は営利企業等に対し、離職後に当該営利企業等若しくはその子法人の地位に就くことを目的として、自己に関する情報を提供し、若しくは当該地位に関する情報の提供を依頼し、若しくは当該地位に就くことを要求し、若しくは約束する行為である場合における当該職務上不正な行為を除く。次号において同じ。）をすること若しくはしたこと、又は相当の行為をしないこと若しくはしなかつたことに関し、営利企業等に対し、離職後に当該営利企業等若しくはその子法人の地位に就くこと、又は他の役職員をその離職後に、若しくは役職員であつた者を、当該営利企業等若しくはその子法人の地位に就かせることを要求し、又は約束した職員

二　職務に関し、他の役職員に職務上不正な行為をするように、又は相当の行為をしないように要求し、依頼し、若しくは唆すこと、又は要求し、依頼し、若しくは唆したことに関し、営利企業等に対し、離職後に当該営利企業等若しくはその子法人の地位に就くこと、又は他の役職員をその離職後に、若しくは役職員であつた者を、当該営利企業等若しくはその子法人の地位に就かせることを要求し、又は約束した職員

三　前号（地方独立行政法人法第五十条の二において準用する場合を含む。）の不正な行為をするように、又は相

当の行為をしないように要求し、依頼し、又は唆した行為の相手方であつて、同号（同条において準用する場合を含む。）の要求又は約束があつたことの情を知つて職務上不正な行為をし、又は相当の行為をしなかつた職員

＊平成二六法三四・追加

第六十四条　第三十八条の二第一項、第四項又は第五項の規定（同条第八項の規定に基づく条例が定められているときは、当該条例の規定を含む。）に違反して、役職員又はこれらの規定に規定する役職員に類する者として人事委員会規則で定めるものに対し、契約等事務に関し、職務上の行為をするように、又はしないように要求し、又は依頼した者（不正な行為をするように、又は相当の行為をしないように要求し、又は依頼した者を除く。）は、十万円以下の過料に処する。

＊平成二六法三四・追加

第六十五条　第三十八条の六第二項の条例には、これに違反した者に対し、十万円以下の過料を科する旨の規定を設けることができる。

＊平成二六法三四・追加

附　則（抄）

（施行期日）

1　この法律の規定中、第十五条及び第十七条から第二十三条までの規定並びに第六十一条第二号及び第三号の罰則並びに第六十二条中第六十一条第二号及び第三号に関する部分は、都道府県及び地方自治法第百五十五条第二項の市にあつてはこの法律公布の日から起算して二年を経過した日から、その他の地方公共団体にあつてはこの法律公布の日から起算して二年六月を経過した日からそれぞれ施行し、第二十七条から第二十九条まで及び第四十六条から第五十一条までの規定並びに第六十条第三号、第六十一条第一号及び同条第五号の罰則並びに第六十二条中第六十一条第一号及び第五号に関する部分は、この法律公布の日から起算して八月を経過した日から施行し、その他の規定は、この法律公布の日から起算して二月を経過した日から施行する。

21　令和五年四月一日から令和十三年三月三十一日までの間における第二十八条の六第二項の条例で定める定年に関しては、国の職員につき定められている当該期間における定年に関する特例を基準として、条例で特例を定めるものとする。

22　第二十八条の六第三項の規定に基づき地方公共団体における当該職員の定年について条例で別の定めをしている場合には、令和五年四月一日から令和十三年三月三十一日までの間における当該定年に関し、条例で特例を定めることができる。この場合においては、国及び他の地方公共団体の職員との間に権衡を失しないように適当な考慮が払われなければならない。

23　任命権者は、当分の間、職員（臨時的に任用される職員その他の法律により任期を定めて任用される職員、非常勤職員その他この項の規定による情報の提供及び意思の確認を行わない職員として条例で定める職員を除く。以下この項において同じ。）が条例で定める年齢に達する日の属する年度の前年度（当該前年度に職員でなかつた者その他の当該前年度においてこの項の規定による情報の提供及び意思の確認を行うことができない職員として条例で定める職員にあつては、条例で定める期間）において、当該職員に対し、条例で定めるところにより、当該職員が当該条例で定める年齢に達する日以後に適用される任用及び給与に関する措置の内容その他の必要な情報を提供するものとするとともに、同日の翌日以後における勤務の意思を確認するよう努めるものとする。

24　前項の情報の提供及び意思の確認を行わない職員として条例で定める職員は、国家公務員法附則第九条に規定する情報の提供及び意思の確認を行わない職員を基準として定めるものとする。

25　附則第二十三項の条例で定める年齢は、国の職員につき定められている国家公務員法附則第九条に規定する年齢を基準として定めるものとする。

26　地方公務員法の一部を改正する法律（令和三年法律第六十三号）による改正前の第二十八条の二第二項及び第三項の規定に基づく定年の引上げに伴う給与に関する特例措置により降給をする場合における第四十九条第一項の規定の適用については、同項ただし書中「又は他の職への降任等に伴い降給をする場合」とあるのは、「、他の職への降任等に伴い降給をする場合又は地方公務員法の一部を改正する法律（令和三年法律第六十三号）による改正前の第二十八条の二第二項及び第三項の規定に基づく定年の引上げに伴う給与に関する特例措置により降給をする場合」とする。

附　則（令和三・六・一一法六三）（抄）

（施行期日）

第一条　この法律は、令和五年四月一日から施行する。ただし、次条の規定は、公布の日から施行する。

（実施のための準備等）

第二条　この法律による改正後の地方公務員法（以下「新地方公務員法」という。）の規定による職員（地方公務員法第三条に規定する一般職に属する職員をいう。以下同じ。）の任用、分限その他の人事行政に関する制度の適正かつ円滑な実施を確保するため、任命権者（同法第六条第一項に規定する任命権者及びその委任を受けた者をいう。以下この項及び第三項並びに次条から附則第八条までにおいて同じ。）は、長期的な人事管理の計画的推進その他必要な準備を行うものとし、地方公共団体の長は、任命権者の行う準備に関し必要な連絡、調整その他の措置を講ずるものとする。

2　総務大臣は、新地方公務員法の規定による職員の任用、分限その他の人事行政に関する制度の適正かつ円滑な実施を確保するため、地方公共団体に対して必要な資料の提出を求めることその他の方法により前項の準備及び措置の実施状況を把握した上で、必要があると認めるときは、当該準備及び措置について技術的な助言又は勧告をするものとする。

3 任命権者は、この法律の施行の日（以下「施行日」という。）の前日までの間に、施行日から令和六年三月三十一日までの間に条例で定める年齢に達する職員（当該職員が占める職に係るこの法律による改正前の地方公務員法（以下「旧地方公務員法」という。）第二十八条の二第二項の規定に基づく定年が当該条例で定める年齢である職員に限る。）に対し、新地方公務員法附則第二十三項の規定の例により、当該職員が当該条例で定める年齢に達する日以後に適用される任用及び給与に関する措置の内容その他の必要な情報を提供するものとするとともに、同日の翌日以後における勤務の意思を確認するよう努めるものとする。

4 前項の条例で定める年齢は、国の職員につき定められている国家公務員法等の一部を改正する法律（令和三年法律第六十一号。次条及び附則第四条第四項において「令和三年国家公務員法等改正法」という。）附則第二条第二項に規定する年齢を基準として定めるものとする。

（定年前再任用短時間勤務職員等に関する経過措置）

第三条 新地方公務員法第二十二条の四及び第二十二条の五の規定は、施行日以後に退職した新地方公務員法第二十二条の四第一項に規定する条例年齢以上退職者について適用する。

2 前項に定めるもののほか、施行日から令和十四年三月三十一日までの間における新地方公務員法第二十二条の四及び第二十二条の五の規定の適用に関し必要な経過措置は、令和三年国家公務員法等改正法附則第三条第二項の規定を基準として、条例で定めるものとする。

3 平成十一年十月一日前に新地方公務員法第二十九条第二項に規定する退職又は先の退職がある新地方公務員法第二十二条の四第三項に規定する定年前再任用短時間勤務職員（以下「定年前再任用短時間勤務職員」という。）について、新地方公務員法第二十九条第三項の規定を適用する場合には、同項に規定する引き続く職員としての在職期間には、同日前の当該退職又は先の退職の前の職員としての在職期間を含まないものとする。

4 次条第一項若しくは第二項又は附則第六条第一項若しくは第二項の規定により採用された職員（次条第二項第四号に掲げる者に該当して採用された職員を除く。）として在職していた期間がある定年前再任用短時間勤務職員に対する新地方公務員法第二十九条第三項の規定の適用については、同項中「又は」とあるのは、「又は地方公務員法の一部を改正する法律（令和三年法律第六十三号）附則第四条第一項若しくは第二項若しくは附則第六条第一項若しくは第二項の規定によりかつて採用されて職員として在職していた期間若しくは」とする。

5 施行日前に旧地方公務員法第二十八条の三第一項又は第二項の規定により勤務することとされ、かつ、旧地方公務員法勤務延長期限（同条第一項の期限又は同条第二項の規定により延長された期限をいう。以下この項及び次項において同じ。）が施行日以後に到来する職員（次項において「旧地方公務員法勤務延長職員」という。）に係る当該旧地方公務員法勤務延長期限までの間における同条第一項又は第二項の規定による勤務については、新地方公務員法第二十八条の七の規定にかかわらず、なお従前の例による。

6 任命権者は、旧地方公務員法勤務延長職員について、旧地方公務員法勤務延長期限又はこの項の規定により延長された期限が到来する場合において、新地方公務員法第二十八条の七第一項各号に掲げる事由があると認めるときは、条例で定めるところにより、これらの期限の翌日から起算して一年を超えない範囲内で期限を延長することができる。ただし、当該期限は、当該旧地方公務員法勤務延長職員に係る旧地方公務員法第二十八条の二第一項に規定する定年退職日の翌日から起算して三年を超えることができない。

7 新地方公務員法第二十八条の二第一項の規定は、施行日において第五項の規定により同条第一項に規定する管理監督職を占めたまま引き続き勤務している職員には適用しない。

8 前三項に定めるもののほか、施行日から令和十四年三月三十一日までの間における新地方公務員法第二十八条の七第一項若しくは第二項の規定又は第五項若しくは第六項の規定による勤務に関し必要な経過措置は、令和三年国家公務員法等改正法附則第三条第九項の規定を基準として、条例で定めるものとする。

9 第五項から前項までに定めるもののほか、第五項又は第六項の規定による勤務に関し必要な事項は、条例で定める。

（定年退職者等の再任用に関する経過措置）

第四条 任命権者は、当該任命権者の属する地方公共団体における次に掲げる者のうち、条例で定める年齢（第四項において「特定年齢」という。）に達する日以後における最初の三月三十一日（以下「特定年齢到達年度の末日」という。）までの間にある者であって、当該者を採用しようとする常時勤務を要する職に係る旧地方公務員法第二十八条の二第二項及び第三項の規定に基づく定年（施行日以後に設置された職その他の条例で定める職にあっては、条例で定める年齢）に達している者を、条例で定めるところにより、従前の勤務実績その他の人事委員会規則（地方公務員法第九条第二項に規定する競争試験等を行う公平委員会（以下この項及び次条第二項において「競争試験等を行う公平委員会」という。）を置く地方公共団体においては公平委員会規則、人事委員会及び競争試験等を行う公平委員会を置かない地方公共団体においては地方公共団体の規則。以下同じ。）で定める情報に基づく選考により、一年を超えない範囲内で任期を定め、当該常時勤務を要する職に採用することができる。

一 施行日前に旧地方公務員法第二十八条の二第一項の規定により退職した者

二 旧地方公務員法第二十八条の三第一項若しくは第二項又は前条第五項若しくは第六項の規定により勤務した後退職した者

三 施行日前に退職した者（前二号に掲げる者を除く。）のうち、勤続期間その他の事情を考慮して前二号に掲げる者に準ずる者として条例で定める者

2 令和十四年三月三十一日までの間、任命権者は、当該任命権者の属する地方公共団体における次に掲げる者のうち、特定年齢到達年度の末日までの間にある者であって、当該者を採用しようとする常時勤務を要する職に係る新地方公務員法

定年（新地方公務員法第二十八条の六第二項及び第三項の規定に基づく定年をいう。次条第三項及び第四項において同じ。）に達している者を、条例で定めるところにより、従前の勤務実績その他の人事委員会規則で定める情報に基づく選考により、一年を超えない範囲内で任期を定め、当該常時勤務を要する職に採用することができる。

一 施行日以後に新地方公務員法第二十八条の六第一項の規定により退職した者

二 施行日以後に新地方公務員法第二十八条の七第一項又は第二項の規定により勤務した後退職した者

三 施行日以後に新地方公務員法第二十二条の四第一項の規定により採用された者のうち、同条第三項に規定する任期が満了したことにより退職した者

四 施行日以後に新地方公務員法第二十二条の五第一項又は第二項の規定により採用された者のうち、同条第三項において準用する新地方公務員法第二十二条の四第三項に規定する任期が満了したことにより退職した者

五 施行日以後に退職した者（前各号に掲げる者を除く。）のうち、勤続期間その他の事情を考慮して前各号に掲げる者に準ずる者として条例で定める者

3 前二項の任期又はこの項の規定により更新された任期は、条例で定めるところにより、一年を超えない範囲内で更新することができる。ただし、当該任期の末日は、前二項の規定により採用する者又はこの項の規定により任期を更新する者の特定年齢到達年度の末日以前でなければならない。

4 特定年齢は、国の職員につき定められている令和三年国家公務員法等改正法附則第四条第一項に規定する年齢を基準として定めるものとする。

5 第一項及び第二項の規定による採用については、新地方公務員法第二十二条の規定は、適用しない。

第五条 地方公共団体の組合を組織する地方公共団体の任命権者は、前条第一項の規定によるほか、当該地方公共団体の組合における同項各号に掲げる者のうち、特定年齢到達年度の末日までの間にある者であって、当該者を採用しようとする常時勤務を要する職に係る旧地方公務員法第二十八条の二第二項及び第三項の規定に基づく定年（施行日以後に設置された職その他の条例で定める職にあっては、条例で定める年齢）に達している者を、条例で定めるところにより、従前の勤務実績その他の人事委員会規則で定める情報に基づく選考により、一年を超えない範囲内で任期を定め、当該常時勤務を要する職に採用することができる。

2 地方公共団体の組合の任命権者は、前条第一項の規定によるほか、当該地方公共団体の組合を組織する地方公共団体における同項各号に掲げる者のうち、特定年齢到達年度の末日までの間にある者であって、当該者を採用しようとする常時勤務を要する職に係る旧地方公務員法第二十八条の二第二項及び第三項の規定に基づく定年（施行日以後に設置された職その他の条例で定める職にあっては、条例で定める年齢）に達している者を、条例で定めるところにより、従前の勤務実績その他の地方公共団体の組合の規則（競争試験等を行う公平委員会を置く地方公共団体の組合においては、公平委員会規則。第四項及び附則第七条において同じ。）で定める情報に基づく選考により、一年を超えない範囲内で任期を定め、当該常時勤務を要する職に採用することができる。

3 令和十四年三月三十一日までの間、地方公共団体の組合を組織する地方公共団体の任命権者は、前条第二項の規定によるほか、当該地方公共団体の組合における同項各号に掲げる者のうち、特定年齢到達年度の末日までの間にある者であって、当該者を採用しようとする常時勤務を要する職に係る新地方公務員法定年に達している者を、条例で定めるところにより、従前の勤務実績その他の人事委員会規則で定める情報に基づく選考により、一年を超えない範囲内で任期を定め、当該常時勤務を要する職に採用することができる。

4 令和十四年三月三十一日までの間、地方公共団体の組合の任命権者は、前条第二項の規定によるほか、当該地方公共団体の組合を組織する地方公共団体における同項各号に掲げる者のうち、特定年齢到達年度の末日までの間にある者であって、当該者を採用しようとする常時勤務を要する職に係る新地方公務員法定年に達している者を、条例で定めるところにより、従前の勤務実績その他の地方公共団体の組合の規則で定める情報に基づく選考により、一年を超えない範囲内で任期を定め、当該常時勤務を要する職に採用することができる。

5 前各項の場合においては、前条第三項及び第五項の規定を準用する。

第六条 任命権者は、新地方公務員法第二十二条の四第四項の規定にかかわらず、当該任命権者の属する地方公共団体における附則第四条第一項各号に掲げる者のうち、特定年齢到達年度の末日までの間にある者であって、当該者を採用しようとする短時間勤務の職（新地方公務員法第二十二条の四第一項に規定する短時間勤務の職をいう。附則第八条第二項を除き、以下同じ。）に係る旧地方公務員法定年相当年齢（短時間勤務の職を占める職員が、常時勤務を要する職でその職務が当該短時間勤務の職と同種の職を占めているものとした場合における旧地方公務員法第二十八条の二第二項及び第三項の規定に基づく定年（施行日以後に設置された職その他の条例で定める職にあっては、条例で定める年齢）をいう。次条第一項及び第二項において同じ。）に達している者を、条例で定めるところにより、従前の勤務実績その他の人事委員会規則で定める情報に基づく選考により、一年を超えない範囲内で任期を定め、当該短時間勤務の職に採用することができる。

2 令和十四年三月三十一日までの間、任命権者は、新地方公務員法第二十二条の四第四項の規定にかかわらず、当該任命権者の属する地方公共団体における附則第四条第二項各号に掲げる者のうち、特定年齢到達年度の末日までの間にある者であって、当該者を採用しようとする短時間勤務の職に係る新地方公務員法定年相当年齢（短時間勤務の職を占める職員が、常時勤務を要する職でその職務が当該短時間勤務の職と同種の職を占めているものとした場合における新地方公務員法第二十八条の六第二項及び第三項の規定に基づく定年をいう。次条第三項及び第四項において同じ。）に達している者

（新地方公務員法第二十二条の四第一項の規定により当該短時間勤務の職に採用することができる者を除く。）を、条例で定めるところにより、従前の勤務実績その他の人事委員会規則で定める情報に基づく選考により、一年を超えない範囲内で任期を定め、当該短時間勤務の職に採用することができる。

3　前二項の場合においては、附則第四条第三項及び第五項の規定を準用する。

第七条　地方公共団体の組合を組織する地方公共団体の任命権者は、前条第一項の規定によるほか、新地方公務員法第二十二条の五第三項において準用する新地方公務員法第二十二条の四第四項の規定にかかわらず、当該地方公共団体の組合における附則第四条第一項各号に掲げる者のうち、特定年齢到達年度の末日までの間にある者であって、当該者を採用しようとする短時間勤務の職に係る旧地方公務員法定年相当年齢に達している者を、条例で定めるところにより、従前の勤務実績その他の人事委員会規則で定める情報に基づく選考により、一年を超えない範囲内で任期を定め、当該短時間勤務の職に採用することができる。

2　地方公共団体の組合の任命権者は、前条第一項の規定によるほか、新地方公務員法第二十二条の五第三項において準用する新地方公務員法第二十二条の四第四項の規定にかかわらず、当該地方公共団体の組合を組織する地方公共団体における附則第四条第一項各号に掲げる者のうち、特定年齢到達年度の末日までの間にある者であって、当該者を採用しようとする短時間勤務の職に係る旧地方公務員法定年相当年齢に達している者を、条例で定めるところにより、従前の勤務実績その他の地方公共団体の組合の規則で定める情報に基づく選考により、一年を超えない範囲内で任期を定め、当該短時間勤務の職に採用することができる。

3　令和十四年三月三十一日までの間、地方公共団体の組合を組織する地方公共団体の任命権者は、前条第二項の規定によるほか、新地方公務員法第二十二条の五第三項において準用する新地方公務員法第二十二条の四第四項の規定にかかわらず、当該地方公共団体の組合における附則第四条第二項各号に掲げる者のうち、特定年齢到達年度の末日までの間にある者であって、当該者を採用しようとする短時間勤務の職に係る者（新地方公務員法定年相当年齢に達している者（新地方公務員法第二十二条の五第一項の規定により当該短時間勤務の職に採用することができる者を除く。）を、条例で定めるところにより、従前の勤務実績その他の人事委員会規則で定める情報に基づく選考により、一年を超えない範囲内で任期を定め、当該短時間勤務の職に採用することができる。

4　令和十四年三月三十一日までの間、地方公共団体の組合の任命権者は、前条第二項の規定によるほか、新地方公務員法第二十二条の五第三項において準用する新地方公務員法第二十二条の四第四項の規定にかかわらず、当該地方公共団体の組合を組織する地方公共団体における附則第四条第二項各号に掲げる者のうち、特定年齢到達年度の末日までの間にある者であって、当該者を採用しようとする短時間勤務の職に係る新地方公務員法定年相当年齢に達している者（新地方公務員法第二十二条の五第二項の規定により当該短時間勤務の職に採用することができる者を除く。）を、条例で定めるところにより、従前の勤務実績その他の地方公共団体の組合の規則で定める情報に基づく選考により、一年を超えない範囲内で任期を定め、当該短時間勤務の職に採用することができる。

5　前各項の場合においては、附則第四条第三項及び第五項の規定を準用する。

第八条　施行日前に旧地方公務員法第二十八条の四第一項、第二十八条の五第一項又は第二十八条の六第一項若しくは第二項の規定により採用された職員（以下この項及び次項において「旧地方公務員法再任用職員」という。）のうち、この法律の施行の際現に常時勤務を要する職を占める職員は、施行日に、附則第四条第一項の規定（旧地方公務員法第二十八条の六第一項又は第二項の規定により採用された職員のうち地方公共団体の組合を組織する地方公共団体の任命権者により採用された職員にあっては附則第五条第一項の規定、旧地方公務員法第二十八条の六第一項又は第二項の規定により採用された職員のうち地方公共団体の組合の任命権者により採用された職員にあっては附則第五条第二項の規定）により採用されたものとみなす。この場合において、当該採用されたものとみなされる職員の任期は、附則第四条第一項並びに第五条第一項及び第二項の規定にかかわらず、施行日における旧地方公務員法再任用職員としての任期の残任期間と同一の期間とする。

2　旧地方公務員法再任用職員のうち、この法律の施行の際現に旧地方公務員法第二十八条の五第一項に規定する短時間勤務の職を占める職員は、施行日に、附則第六条第一項の規定（旧地方公務員法第二十八条の六第一項又は第二項の規定により採用された職員のうち地方公共団体の組合を組織する地方公共団体の任命権者により採用された職員にあっては前条第一項の規定、旧地方公務員法第二十八条の六第一項又は第二項の規定により採用された職員のうち地方公共団体の組合の任命権者により採用された職員にあっては前条第二項の規定）により採用されたものとみなす。この場合において、当該採用されたものとみなされる職員の任期は、附則第六条第一項並びに前条第一項及び第二項の規定にかかわらず、施行日における旧地方公務員法再任用職員としての任期の残任期間と同一の期間とする。

3　任命権者は、附則第四条第一項、第五条第一項若しくは第二項若しくは第六条第一項又は前条第一項若しくは第二項の規定により採用した職員のうち当該職員を昇任し、降任し、又は転任しようとする常時勤務を要する職に係る旧地方公務員法第二十八条の二第二項及び第三項の規定に基づく定年（施行日以後に設置された職その他の条例で定める職にあっては、条例で定める年齢）に達した職員以外の職員及び附則第四条第二項、第五条第三項若しくは第四項若しくは第六条第二項又は前条第三項若しくは第四項の規定により採用した職員のうち当該職員を昇任し、降任し、又は転任しようとする常時勤務を要する職に係る新地方公務員法第二十八条の六第二項及び第三項の規定に基づく定年に達した職員以外の職員を、当該常時勤務を要する職に昇任し、降任し、又は転任することができない。

4　附則第四条から前条までの規定が適用される場合における新地方公務員法第二十二条の四第四項の規定の適用については、同項中「経過していない定年前再任用短時間勤務職員」とあるのは、「経過していない定年前再任用短時間勤務職員、地方公務員法の一部を改正する法律（令和三年法律第六十三号。以下この項において「令和三年地方公務員法改正法」という。）附則第四条第一項、第五条第一項若しくは第二項、第六条第一項又は第七条第一項若しくは第二項の規定により採用した職員のうち当該職員を昇任し、降任し、又は転任しようとする短時間勤務の職に係る旧地方公務員法定年相当年齢（短時間勤務の職を占める職員が、常時勤務を要する職でその職務が当該短時間勤務の職と同種の職を占めているものとした場合における令和三年地方公務員法改正法による改正前の第二十八条の二第二項及び第三項の規定に基づく定年（令和三年地方公務員法改正法の施行の日以後に設置された職その他の条例で定める職にあつては、条例で定める年齢）をいう。）に達している職員及び令和三年地方公務員法改正法附則第四条第二項、第五条第三項若しくは第四項、第六条第二項又は第七条第三項若しくは第四項の規定により採用した職員のうち当該職員を昇任し、降任し、又は転任しようとする短時間勤務の職に係る新地方公務員法定年相当年齢（短時間勤務の職を占める職員が、常時勤務を要する職でその職務が当該短時間勤務の職と同種の職を占めているものとした場合における第二十八条の六第二項及び第三項の規定に基づく定年をいう。）に達している職員」とする。

5　任命権者は、基準日（附則第四条から前条までの規定が適用される間における各年の四月一日（施行日を除く。）をいう。以下この項において同じ。）から基準日の翌年の三月三十一日までの間、基準日における新地方公務員法定年（新地方公務員法第二十八条の六第二項及び第三項の規定に基づく定年（短時間勤務の職にあっては、当該短時間勤務の職を占める職員が、常時勤務を要する職でその職務が当該短時間勤務の職と同種の職を占めているものとした場合における同条第二項及び第三項の規定に基づく定年）をいう。以下この項において同じ。）が基準日の前日における新地方公務員法定年を超える職及びこれに相当する基準日以後に設置された職その他の条例で定める職（以下この項において「新地方公務員法定年引上げ職」という。）に、附則第四条第二項各号に掲げる者のうち基準日の前日において同日における当該新地方公務員法定年引上げ職に係る新地方公務員法定年に達している者（当該条例で定める職にあっては、条例で定める者）を、同項、附則第五条第三項若しくは第四項若しくは第六条第二項又は前条第三項若しくは第四項の規定により採用しようとする場合には、当該者を採用しようとする新地方公務員法定年引上げ職に係る新地方公務員法定年に達しているものとみなして、これらの規定を適用し、新地方公務員法定年引上げ職に、附則第四条第二項、第五条第三項若しくは第四項若しくは第六条第二項又は前条第三項若しくは第四項の規定により採用された職員のうち基準日の前日において同日における当該新地方公務員法定年引上げ職に係る新地方公務員法定年に達している職員（当該条例で定める職にあっては、条例で定める職員）を、昇任し、降任し、又は転任しようとする場合には、当該職員は当該職員を昇任し、降任し、又は転任しようとする新地方公務員法定年引上げ職に係る新地方公務員法定年に達しているものとみなして、第三項の規定及び前項の規定により読み替えて適用する新地方公務員法第二十二条の四第四項の規定を適用する。

6　附則第四条第一項若しくは第二項又は第六条第一項若しくは第二項の規定により採用された職員（附則第四条第二項第四号に掲げる者に該当して採用された職員を除く。次項において同じ。）は、定年前再任用短時間勤務職員とみなして、新地方公務員法第二十九条第三項の規定を適用する。この場合において、同項中「（第二十二条の四第一項の規定により採用された職員に限る。以下この項において同じ。）が、条例年齢以上退職者」とあるのは「が、地方公務員法の一部を改正する法律（令和三年法律第六十三号。以下この項において「令和三年地方公務員法改正法」という。）附則第四条第一項各号若しくは第二項第一号、第二号若しくは第五号に掲げる者となつた日若しくは同項第三号に掲げる者に該当する場合における条例年齢以上退職者」と、「又は」とあるのは「又は令和三年地方公務員法改正法による改正前の第二十八条の四第一項若しくは第二十八条の五第一項の規定によりかつて採用されて職員として在職していた期間、令和三年地方公務員法改正法附則第四条第一項若しくは第二項若しくは第六条第一項若しくは第二項の規定によりかつて採用されて職員として在職していた期間若しくは」とする。

7　平成十一年十月一日前に新地方公務員法第二十九条第二項に規定する退職又は先の退職がある附則第四条第一項若しくは第二項又は第六条第一項若しくは第二項の規定により採用された職員について、前項の規定により定年前再任用短時間勤務職員とみなして新地方公務員法第二十九条第三項の規定を適用する場合には、同項に規定する引き続く職員としての在職期間には、同日前の当該退職又は先の退職の前の職員としての在職期間を含まないものとする。

第九条　大学（教育公務員特例法（昭和二十四年法律第一号）第二条第一項に規定する公立学校であるものに限る。）の同条第二項に規定する教員への採用についての附則第四条から第七条までの規定の適用については、附則第四条第一項及び第二項中「任期を定め」とあるのは「教授会の議に基づき学長が定める任期をもって」と、同条第三項（附則第五条第五項、第六条第三項及び第七条第五項において準用する場合を含む。）中「範囲内で」とあるのは「範囲内で教授会の議に基づき学長が定める期間をもって」と、附則第五条第一項から第四項まで、第六条第一項及び第二項並びに第七条第一項から第四項までの規定中「任期を定め」とあるのは「教授会の議に基づき学長が定める任期をもって」とする。

2　暫定再任用職員（附則第四条第一項若しくは第二項、第五条第一項から第四項まで、第六条第一項若しくは第二項又は第七条第一項から第四項までの規定により採用された職員をいう。第七項において同じ。）に対する附則第十四条の規定による改正後のへき地教育振興法（昭和二十九年法律第百四十三号）第五条の二第一項の規定の適用については、同項中「第二項」とあるのは、「第二項、地方公務員法の一部を改正する法律（令和三年法律第六十三号）附則第四条第一項若しくは第二項、第五条第一項から第四項まで、第六条第一項若しくは第二項若しくは第七条第一項から第四項まで」とする。

3　地方教育行政の組織及び運営に関する法律（昭和三十一年法律第百六十二号）第三十七条第一項に規定する県費負担教職員に対する附則第四条及び第六条の規定の適用については、附則第四条第一項及び第二項並びに第六条第一項及び第二項中「当該任命権者の属する地方公共団体」とあるのは「市町村」と、「採用しようとする」とあるのは「採用しようとする当該市町村を包括する都道府県の区域内の市町村の」とする。

4　附則第四条第一項若しくは第二項又は第六条第一項若しくは第二項の規定により採用された職員に対する附則第十五条の規定による改正後の地方教育行政の組織及び運営に関する法律第四十七条の二第一項の規定の適用については、同項中「養護助教諭」とあるのは「養護助教諭（地方公務員法の一部を改正する法律（令和三年法律第六十三号）附則第四条第一項若しくは第二項又は第六条第一項若しくは第二項の規定により採用された者（以下この項において「暫定再任用職員」という。）を除く。）」と、「講師（同法」とあるのは「講師（暫定再任用職員及び地方公務員法」とする。

5　地方独立行政法人法（平成十五年法律第百十八号）第二条第二項に規定する特定地方独立行政法人の職員に対する附則第二条から第四条まで及び第六条並びに前条の規定の適用については、次の表の上欄に掲げるこれらの規定中同表の中欄に掲げる字句は、それぞれ同表の下欄に掲げる字句とする。

附則第二条第三項	に条例	に設立団体（地方独立行政法人法第六条第三項に規定する設立団体をいう。以下同じ。）の条例
	当該条例	当該設立団体の条例
附則第二条第四項及び第三条第二項	条例	設立団体の条例
附則第三条第六項	ときは、条例で定めるところにより	ときは
附則第三条第八項及び第九項	条例	設立団体の条例
附則第四条第一項	地方公共団体における	特定地方独立行政法人における
	条例	設立団体の条例
	人事委員会規則（地方公務員法第九条第二項に規定する競争試験等を行う公平委員会（以下この項及び次条第二項において「競争試験等を行う公平委員会」という。）を置く地方公共団体においては公平委員会規則、人事委員会及び競争試験等を行う公平委員会を置かない地方公共団体においては地方公共団体の規則。以下同じ。）	特定地方独立行政法人の規程
附則第四条第二項	地方公共団体	特定地方独立行政法人
	条例	設立団体の条例
	人事委員会規則	特定地方独立行政法人の規程
附則第四条第三項	条例	設立団体の条例
附則第六条第一項及び第二項	地方公共団体	特定地方独立行政法人
	条例	設立団体の条例
	人事委員会規則	特定地方独立行政法人の規程
附則第八条第三項から第五項まで	条例	設立団体の条例

6　設立団体が二以上である場合における前項の規定の適用については、前項の表附則第二条第三項の項中「設立団体（地方独立行政法人法第六条第三項に規定する設立団体をいう。以下同じ。）」とあるのは「地方独立行政法人法第百二十三条第四項の規定によりその条例を特定地方独立行政法人の職員に対して適用する旨が定款に定められた地方公共団体（以下「条例適用設立団体」という。）」と、「設立団体の条例」とあるのは「条例適用設立団体の条例」と、同表附則第二条第四項及び第三条第二項の項、附則第三条第八項及び第九項の項、附則第四条第一項の項、附則第四条第二項の項、附則第四条第三項の項、附則第六条第一項及び第二項の項及び附則

第八条第三項から第五項までの項中「設立団体」とあるのは「条例適用設立団体」とする。

7　附則第四条から前条まで及び前各項に定めるもののほか、暫定再任用職員の任用その他暫定再任用職員に関し必要な事項は、条例で定める。

（その他の経過措置の政令への委任）

第十条　附則第三条から前条までに定めるもののほか、この法律の施行に関し必要な経過措置は、政令で定める。

（検討）

第十一条　政府は、国家公務員に係る管理監督職勤務上限年齢による降任等又は定年前再任用短時間勤務職員に関連する制度についての検討の状況に鑑み、必要があると認めるときは、地方公務員に係るこれらの制度について検討を行い、その結果に基づいて所要の措置を講ずるものとする。

○刑法等の一部を改正する法律の施行に伴う関係法律の整理等に関する法律（抄）

令和四・六・一七
法　　六　八

（地方公務員法の一部改正）

第百五十九条　地方公務員法（昭和二十五年法律第二百六十一号）の一部を次のように改正する。

第十六条第一号中「禁錮」を「拘禁刑」に改める。

第六十条中「懲役」を「拘禁刑」に改める。

第六十一条中「懲役」を「拘禁刑」に改め、同条第四号を次のように改める。

四　何人たるを問わず、第三十七条第一項前段に規定する違法な行為の遂行を共謀し、唆し、若しくはあおり、又はこれらの行為を企てた者

第六十二条の二を削る。

第六十三条中「懲役」を「拘禁刑」に改める。

附　則（抄）

（施行期日）

1　この法律は、刑法等一部改正法施行日〔令和七・六・一〕から施行する。〔ただし書略〕

○国家公務員倫理法（抄）

平成一一・八・一三
法　一　二　九

最終改正　令和四・六・一七法六八

第一章　総則

（目的）

第一条　この法律は、国家公務員が国民全体の奉仕者であってその職務は国民から負託された公務であることにかんがみ、国家公務員の職務に係る倫理の保持に資するため必要な措置を講ずることにより、職務の執行の公正さに対する国民の疑惑や不信を招くような行為の防止を図り、もって公務に対する国民の信頼を確保することを目的とする。

（定義等）

第二条　この法律（第二十一条第二項及び第四十二条第一項を除く。）において、「職員」とは、国家公務員法（昭和二十二年法律第百二十号）第二条第二項に規定する一般職に属する国家公務員（委員、顧問若しくは参与の職にある者又は人事院の指定するこれらに準ずる職にある者で常勤を要しないもの（同法第六十条の二第一項に規定する短時間勤務の官職を占める者を除く。）を除く。）をいう。

2　この法律において、「本省課長補佐級以上の職員」とは、次に掲げる職員をいう。

一・二〔略〕

三　一般職の任期付研究員の採用、給与及び勤務時間の特例に関する法律（平成九年法律第六十五号。以下「任期付研究員法」という。）第六条第一項に規定する俸給表の適用を受ける職員

四〔略〕

五　独立行政法人通則法（平成十一年法律第百三号）第二条第四項に規定する行政執行法人（以下「行政執行法人」という。）の職員であって、その職務と責任が第一号に掲げる職員に相当するものとして当該行政執行法人の長が定めるもの

3　この法律において、「指定職以上の職員」とは、次に掲げる職員をいう。

一・一の二〔略〕

二　任期付研究員法第六条第一項に規定する俸給表の適用を受ける職員であって、同表六号俸の俸給月額以上の俸給を受けるもの

三〔略〕

四　行政執行法人の職員であって、その職務と責任が第一号に掲げる職員に相当するものとして当該行政執行法人の長が定めるもの

4　この法律において、「本省審議官級以上の職員」とは、次に掲げる職員をいう。

一・一の二・二〔略〕

三　行政執行法人の職員であって、その職務と責任が第一号に掲げる職員に相当するものとして当該行政執行法人の長が定めるもの

5　この法律において、「事業者等」とは、法人（法人でない社団又は財団で代表者又は管理人の定めがあるものを含む。）その他の団体及び事業を行う個人（当該事業の利益のためにする行為を行う場合における個人に限る。）をいう。

6　この法律の規定の適用については、事業者等の利益のためにする行為を行う場合における役員、従業員、代理人その他の者は、前項の事業者等とみなす。

7　行政執行法人の長は、第二項第五号、第三項第四号又は第四項第三号の規定により当該行政執行法人における本省課長補佐級以上の職員、指定職以上の職員又は本省審議官級以上の職員を定めたときは、その範囲を公表しなければならない。

（職員が遵守すべき職務に係る倫理原則）

第三条　職員は、国民全体の奉仕者であり、国民の一部に対してのみの奉仕者ではないことを自覚し、職務上知り得た情報について国民の一部に対してのみ有利な取扱いをする等国民に対し不当な差別的取扱いをしてはならず、常に公正な職務の執行に当たらなければならない。

2　職員は、常に公私の別を明らかにし、いやしくもその職務や地位を自らや自らの属する組織のための私的利益のために用いてはならない。

3　職員は、法律により与えられた権限の行使に当たっては、当該権限の行使の対象となる者からの贈与等を受けること等の国民の疑惑や不信を招くような行為をしてはならない。

第二章　国家公務員倫理規程

（国会報告）

第四条　内閣は、毎年、国会に、職員の職務に係る倫理の保持に関する状況及び職員の職務に係る倫理の保持に関して講じた施策に関する報告書を提出しなければならない。

第五条　内閣は、第三条に掲げる倫理原則を踏まえ、職員の職務に係る倫理の保持を図るために必要な事項に関する政令（以下「国家公務員倫理規程」という。）を定めるものとする。この場合において、国家公務員倫理規程には、職員の職務に利害関係を有する者からの贈与等の禁止及び制限等職員の職務に利害関係を有する者との接触その他国民の疑惑や不信を招くような行為の防止に関し職員の遵守すべき事項が含まれていなければならない。

2　内閣は、国家公務員倫理規程の制定又は改廃に際しては、国家公務員倫理審査会の意見を聴かなければならない。

3　各省各庁の長（内閣総理大臣、各省大臣、会計検査院長、人事院総裁、内閣法制局長官及び警察庁長官並びに宮内庁長官及び各外局の長をいう。以下同じ。）は、国家公務員倫理審査会の同意を得て、当該各省各庁に属する職員の職務に係る倫理に関する訓令を定めることができる。

4　行政執行法人の長は、国家公務員倫理審査会の同意を得て、当該行政執行法人の職員の職務に係る倫理に関する規則を定めることができる。

5　行政執行法人の長は、前項の規則を定めたときは、これを

主務大臣（独立行政法人通則法第六十八条に規定する主務大臣をいう。）に届け出なければならない。これを変更したときも、同様とする。
6　内閣は、国家公務員倫理規程、第三項の訓令及び第四項の規則の制定又は改廃があったときは、これを国会に報告しなければならない。

第三章　贈与等の報告及び公開

（贈与等の報告）
第六条　本省課長補佐級以上の職員は、事業者等から、金銭、物品その他の財産上の利益の供与若しくは供応接待（以下「贈与等」という。）を受けたとき又は事業者等と職員の職務との関係に基づいて提供する人的役務に対する報酬として国家公務員倫理規程で定める報酬の支払を受けたとき（当該贈与等を受けた時又は当該報酬の支払を受けた時において本省課長補佐級以上の職員であった場合に限り、かつ、当該贈与等により受けた利益又は当該支払を受けた報酬の価額が一件につき五千円を超える場合に限る。）は、一月から三月まで、四月から六月まで、七月から九月まで及び十月から十二月までの各区分による期間（以下「四半期」という。）ごとに、次に掲げる事項を記載した贈与等報告書を、当該四半期の翌四半期の初日から十四日以内に、各省各庁の長等（各省各庁の長及び行政執行法人の長をいう。以下同じ。）又はその委任を受けた者に提出しなければならない。
一　当該贈与等により受けた利益又は当該支払を受けた報酬の価額
二　当該贈与等により利益を受け又は当該報酬の支払を受けた年月日及びその基因となった事実
三　当該贈与等をした事業者等又は当該報酬を支払った事業者等の名称及び住所
四　前三号に掲げるもののほか国家公務員倫理規程で定める事項
2　各省各庁の長等又はその委任を受けた者は、前項の規定により贈与等報告書の提出を受けたときは、当該贈与等報告書の写し（指定職以上の職員に係るものに限り、かつ、第九条第二項ただし書に規定する事項に係る部分を除く。）の写しを国家公務員倫理審査会に送付しなければならない。

（株取引等の報告）
第七条　本省審議官級以上の職員は、前年において行った株券等（株券、新株予約権証券又は新株予約権付社債券をいい、株券、新株引受権証書、新株予約権証券又は新株予約権付社債券が発行されていない場合にあっては、これらが発行されていたとすればこれらに表示されるべき権利をいう。以下この項において同じ。）の取得又は譲渡（本省審議官級以上の職員である間に行ったものに限る。以下「株取引等」という。）について、当該株取引等に係る株券等の種類、銘柄、数及び対価の額並びに当該株取引等の年月日を記載した株取引等報告書を、毎年、三月一日から同月三十一日までの間に、各省各庁の長等又はその委任を受けた者に提出しなければならない。
2　各省各庁の長等又はその委任を受けた者は、前項の規定により株取引等報告書の提出を受けたときは、当該株取引等報告書の写しを国家公務員倫理審査会に送付しなければならない。

（所得等の報告）
第八条　本省審議官級以上の職員（前年一年間を通じて本省審議官級以上の職員であったものに限る。）は、次に掲げる金額及び課税価格を記載した所得等報告書を、毎年、三月一日から同月三十一日までの間に、各省各庁の長等又はその委任を受けた者に提出しなければならない。
一　前年分の所得について同年分の所得税が課される場合における当該所得に係る次に掲げる金額（当該金額が百万円を超える場合にあっては、当該金額及びその基因となった事実）
イ　総所得金額（所得税法（昭和四十年法律第三十三号）第二十二条第二項に規定する総所得金額をいう。）及び山林所得金額（同条第三項に規定する山林所得金額をいう。）に係る各種所得の金額（同法第二条第一項第二十二号に規定する各種所得の金額をいう。以下同じ。）
ロ　各種所得の金額（退職所得の金額（所得税法第三十条第二項に規定する退職所得の金額をいう。）及び山林所得の金額（同法第三十二条第三項に規定する山林所得の金額をいう。）のうち、租税特別措置法（昭和三十二年法律第二十六号）の規定により、所得税法第二十二条の規定にかかわらず、他の所得と区分して計算される所得の金額
二　前年中において贈与により取得した財産について同年分の贈与税が課される場合における当該財産に係る贈与税の課税価格（相続税法（昭和二十五年法律第七十三号）第二十一条の二に規定する贈与税の課税価格をいう。）
2　前項の所得等報告書の提出は、納税申告書（国税通則法（昭和三十七年法律第六十六号）第二条第六号に規定する納税申告書をいう。以下同じ。）の写しを提出することにより行うことができる。この場合において、同項第一号イ又はロに掲げる金額が百万円を超えるときは、その基因となった事実を当該納税申告書の写しに付記しなければならない。
3　各省各庁の長等又はその委任を受けた者は、第一項の所得等報告書又は前項の納税申告書の写し（以下「所得等報告書等」という。）の提出を受けたときは、当該所得等報告書等の写しを国家公務員倫理審査会に送付しなければならない。

（報告書の保存及び閲覧）
第九条　前三条の規定により提出された贈与等報告書、株取引等報告書及び所得等報告書等は、これらを受理した各省各庁の長等又はその委任を受けた者において、これらを提出すべき期間の末日の翌日から起算して五年を経過する日まで保存しなければならない。
2　何人も、各省各庁の長等又はその委任を受けた者に対し、前項の規定により保存されている贈与等報告書（贈与等により受けた利益又は支払を受けた報酬の価額が一件につき二万円を超える部分に限る。）の閲覧を請求することができる。ただし、次の各号のいずれかに該当するものとしてあらかじめ国家公務員倫理審査会が認めた事項に係る部分について

は、この限りでない。

一　公にすることにより、国の安全が害されるおそれ、他国若しくは国際機関との信頼関係が損なわれるおそれ又は他国若しくは国際機関との交渉上不利益を被るおそれがあるもの

二　公にすることにより、犯罪の予防、鎮圧又は捜査、公訴の維持、刑の執行その他の公共の安全と秩序の維持に支障を及ぼすおそれがあるもの

第四章　国家公務員倫理審査会

（設置）

第十条　人事院に、国家公務員倫理審査会（以下「審査会」という。）を置く。

（所掌事務及び権限）

第十一条　審査会の所掌事務及び権限は、第五条第三項及び第四項、第九条第二項ただし書、第三十九条第二項並びに第四十二条第三項に定めるもののほか、次のとおりとする。

一　国家公務員倫理規程の制定又は改廃に関して、案をそなえて、内閣に意見を申し出ること。

二　この法律又はこの法律に基づく命令（第五条第三項の規定に基づく訓令及び同条第四項の規定に基づく規則を含む。以下同じ。）に違反した場合に係る懲戒処分の基準の作成及び変更に関すること。

三　職員の職務に係る倫理の保持に関する事項に係る調査研究及び企画を行うこと。

四　職員の職務に係る倫理の保持のための研修に関する総合的企画及び調整を行うこと。

五　国家公務員倫理規程の遵守のための体制整備に関し、各省各庁の長等に指導及び助言を行うこと。

六　贈与等報告書、株取引等報告書及び所得等報告書等の審査を行うこと。

七　この法律又はこの法律に基づく命令に違反する行為に関し、任命権者（国家公務員法第五十五条第一項に規定する任命権者及び法律で別に定められた任命権者並びにその委任を受けた者をいう。以下同じ。）に対し、調査を求め、その経過につき報告を求め及び意見を述べ、その行う懲戒処分につき承認をし、並びにその懲戒処分の概要の公表について意見を述べること。

八　国家公務員法第十七条の二の規定により委任を受けた権限により調査を行うこと。

九　任命権者に対し、職員の職務に係る倫理の保持を図るため監督上必要な措置を講ずるよう求めること。

十　国家公務員法第八十四条の二の規定により委任を受けた権限により職員を懲戒手続に付し、及び懲戒処分の概要の公表をすること。

十一　前各号に掲げるもののほか、法律又は法律に基づく命令に基づき審査会に属させられた事務及び権限

（職権の行使）

第十二条　審査会の会長及び委員は、独立してその職権を行う。

（組織）

第十三条　審査会は、会長及び委員四人をもって組織する。

2　会長及び委員は、非常勤とすることができる。

3　会長は、会務を総理し、審査会を代表する。

4　会長に事故があるときは、あらかじめその指名する委員が、その職務を代理する。

（会長及び委員の任命）

第十四条　会長及び次項に規定する委員以外の委員は、人格が高潔であり、職員の職務に係る倫理の保持に関し公正な判断をすることができ、法律又は社会に関する学識経験を有する者であって、かつ、職員（検察官を除く。）としての前歴を有する者についてはその在職期間が二十年を超えないもののうちから、両議院の同意を得て、内閣が任命する。

2　委員のうち一人は、人事官のうちから、内閣が任命する者をもって充てる。

3・4　〔略〕

（調査の端緒に係る任命権者の報告）

第二十二条　任命権者は、職員にこの法律又はこの法律に基づく命令に違反する行為を行った疑いがあると思料するときは、その旨を審査会に報告しなければならない。

（任命権者による調査）

第二十三条　任命権者は、職員にこの法律又はこの法律に基づく命令に違反する行為を行った疑いがあると思料して当該行為に関して調査を行おうとするときは、審査会にその旨を通知しなければならない。

2　審査会は、任命権者に対し、前項の調査の経過について、報告を求め、又は意見を述べることができる。

3　任命権者は、第一項の調査を終了したときは、遅滞なく、審査会に対し、当該調査の結果を報告しなければならない。

（任命権者に対する調査の要求等）

第二十四条　審査会は、職員にこの法律又はこの法律に基づく命令に違反する行為を行った疑いがあると思料するときは、任命権者に対し、当該行為に関する調査を行うよう求めることができる。

2　前条第二項及び第三項の規定は、前項の調査について準用する。

（共同調査）

第二十五条　審査会は、第二十三条第二項（前条第二項において準用する場合を含む。）の規定により報告を受けた場合において必要があると認めるときは、この法律又はこの法律に基づく命令に違反する行為に関し、当該任命権者と共同して調査を行うことができる。この場合においては、審査会は、当該任命権者に対し、共同して調査を行う旨を通知しなければならない。

（任命権者による懲戒）

第二十六条　任命権者は、職員にこの法律又はこの法律に基づく命令に違反する行為があることを理由として懲戒処分を行おうとするときは、あらかじめ、審査会の承認を得なければならない。

（任命権者による懲戒処分の概要の公表）

第二十七条　任命権者は、職員にこの法律又はこの法律に基づく命令に違反する行為があることを理由として懲戒処分を行

った場合において、職員の職務に係る倫理の保持を図るため特に必要があると認めるときは、当該懲戒処分の概要の公表（第七条第一項の株取引等報告書中の当該懲戒処分に係る株取引等についての部分の公表を含む。以下同じ。）をすることができる。

2　審査会は、任命権者が前項の懲戒処分を行った場合において、特に必要があると認めるときは、当該任命権者に対し、当該懲戒処分の概要の公表について意見を述べることができる。

（審査会による調査）

第二十八条　審査会は、第二十二条の報告又はその他の方法により職員にこの法律又はこの法律に基づく命令に違反する行為を行った疑いがあると思料する場合であって、職員の職務に係る倫理の保持に関し特に必要があると認めるときは、当該行為に関する調査の開始を決定することができる。この場合においては、審査会は、あらかじめ、当該調査の対象となる職員の任命権者の意見を聴かなければならない。

2　審査会は、前項の決定をしたときは、同項の任命権者にその旨を通知しなければならない。

3　任命権者は、前項の通知を受けたときは、審査会が行う調査に協力しなければならない。

4　任命権者は、第二項の通知を受けた場合において、第一項の調査の対象となっている職員に対する懲戒処分又は退職に係る処分を行おうとするときは、あらかじめ、審査会に協議しなければならない。ただし、次条第一項の規定により懲戒処分の勧告を受けたとき又は第三十一条の規定により通知を受けたときは、この限りでない。

（懲戒処分の勧告）

第二十九条　審査会は、前条の調査の結果、任命権者において懲戒処分を行うことが適当であると思料するときは、任命権者に対し、懲戒処分を行うべき旨の勧告をすることができる。

2　任命権者は、前項の勧告に係る措置について、審査会に対し、報告しなければならない。

（審査会による懲戒）

第三十条　審査会は、第二十八条の調査を経て、必要があると認めるときは、当該調査の対象となっている職員を懲戒手続に付することができる。

（調査終了及び懲戒処分の通知）

第三十一条　審査会は、第二十八条の調査を終了したとき又は前条の規定により懲戒処分を行ったときは、その旨及びその内容を任命権者に通知するものとする。

（審査会による懲戒処分の概要の公表）

第三十二条　審査会は、第三十条の規定により懲戒処分を行った場合において、職員の職務に係る倫理の保持を図るため特に必要があると認めるときは、当該懲戒処分の概要の公表をすることができる。

第五章　倫理監督官

第三十九条　職員の職務に係る倫理の保持を図るため、法律の規定に基づき内閣に置かれる各機関、内閣の統轄の下に行政事務をつかさどる機関として置かれる各機関及び内閣の所轄の下に置かれる機関並びに会計検査院並びに各行政執行法人（以下「行政機関等」という。）に、それぞれ倫理監督官一人を置く。

2　倫理監督官は、その属する行政機関等の職員に対しその職務に係る倫理の保持に関し必要な指導及び助言を行うとともに、審査会の指示に従い、当該行政機関の職員の職務に係る倫理の保持のための体制の整備を行う。

第六章　雑則

（特殊法人等の講ずる施策等）

第四十二条　法律により直接に設立された法人又は特別の法律により特別の設立行為をもって設立された法人（総務省設置法（平成十一年法律第九十一号）第四条第一項第八号の規定の適用を受けない法人を除く。）、独立行政法人通則法第二条第一項に規定する独立行政法人であって行政執行法人以外のものその他これらに準ずるものとして政令で定める法人のうち、その設立の根拠となる法律又は法人格を付与する法律において、役員、職員その他の当該法人の業務に従事する者を法令により公務に従事する者とみなすこととされ、かつ、政府の出資を受けているもの（以下「特殊法人等」という。）は、この法律の規定に基づく国及び行政執行法人の施策に準じて、特殊法人等の職員の職務に係る倫理の保持のために必要な施策を講ずるようにしなければならない。

2　各省各庁の長は、その所管する特殊法人等に対し、前項の規定により特殊法人等が講ずる施策について、必要な監督を行うことができる。

3　審査会は、各省各庁の長に対し、第一項の規定により特殊法人等が講ずる施策について、報告を求め、又は監督上必要な措置を講ずるよう求めることができる。

（地方公共団体等の講ずる施策）

第四十三条　地方公共団体及び地方独立行政法人法（平成十五年法律第百十八号）第二条第二項に規定する特定地方独立行政法人は、この法律の規定に基づく国及び行政執行法人の施策に準じて、地方公務員の職務に係る倫理の保持のために必要な施策を講ずるよう努めなければならない。

（政令への委任）

第四十五条　この法律に定めるもののほか、この法律（第四章を除く。）の実施に関し必要な事項は、審査会の意見を聴いて、政令で定める。

（罰則）

第四十六条　第十八条第一項又は第二十一条第四項の規定に違反して秘密を漏らした者は、二年以下の懲役又は百万円以下の罰金に処する。

附　則（抄）

（施行期日）

第一条　この法律は、平成十二年四月一日から施行する。ただし、次の各号に掲げる規定は、当該各号に定める日から施行する。

一　第四章、第五章、第四十条第二項から第六項まで、第四十一条〔中略〕の規定〔中略〕公布の日

二 第二条第一項及び第四項、第八条、第四十条第一項〔中略〕の規定 平成十二年一月一日

○刑法等の一部を改正する法律の施行に伴う関係法律の整理等に関する法律（抄）

令和四・六・一七
法 六 八

（国家公務員倫理法の一部改正）

第七十三条 国家公務員倫理法（平成十一年法律第百二十九号）の一部を次のように改正する。

第四十六条中「懲役」を「拘禁刑」に改める。

附 則（抄）

（施行期日）
1 この法律は、刑法等一部改正法施行日〔令和七・六・一〕から施行する。〔ただし書略〕

○人事院規則一四―七〔政治的行為〕

昭二四・九・一九制定
昭二四・九・一九施行
最終改正 令和四・二・一八人事院規則一―七九

（適用の範囲）
1 法及び規則中政治的行為の禁止又は制限に関する規定は、臨時的任用として勤務する者、条件付任用期間の者、休暇、休職又は停職中の者及びその他理由のいかんを問わず一時的に勤務しない者をも含む全ての一般職に属する職員に適用する。ただし、顧問、参与、委員その他人事院の指定するこれらと同様な諮問的な非常勤の職員（法第六十条の二第一項に規定する短時間勤務の官職を占める職員を除く。）が他の法令に規定する禁止又は制限に触れることなしにする行為には適用しない。
2 法又は規則によつて禁止又は制限される職員の政治的行為は、すべて、職員が、公然又は内密に、職員以外の者と共同して行う場合においても、禁止又は制限される。
3 法又は規則によつて職員が自ら行うことを禁止又は制限される政治的行為は、すべて、職員が自ら選んだ又は自己の管理に属する代理人、使用人その他の者を通じて間接に行う場合においても、禁止又は制限される。
4 法又は規則によつて禁止又は制限される職員の政治的行為は、第六項第十六号に定めるものを除いては、職員が勤務時間外において行う場合においても、適用される。

（政治的目的の定義）
5 法及び規則中政治的目的とは、次に掲げるものをいう。政治的目的をもつてなされる行為であつても、第六項に定める政治的行為に含まれない限り、法第百二条第一項の規定に違反するものではない。

一　規則一四―五に定める公選による公職の選挙において、特定の候補者を支持し又はこれに反対すること。
二　最高裁判所の裁判官の任命に関する国民審査に際し、特定の裁判官を支持し又はこれに反対すること。
三　特定の政党その他の政治的団体を支持し又はこれに反対すること。
四　特定の内閣を支持し又はこれに反対すること。
五　政治の方向に影響を与える意図で特定の政策を主張し又はこれに反対すること。
六　国の機関又は公の機関において決定した政策（法令、規則又は条例に包含されたものを含む。）の実施を妨害すること。
七　地方自治法（昭和二十二年法律第六十七号）に基く地方公共団体の条例の制定若しくは改廃又は事務監査の請求に関する署名を成立させ又は成立させないこと。
八　地方自治法に基く地方公共団体の議会の解散又は法律に基く公務員の解職の請求に関する署名を成立させ若しくは成立させず又はこれらの請求に基く解散若しくは解職に賛成し若しくは反対すること。

（政治的行為の定義）

6　法第百二条第一項に規定する政治的行為とは、次に掲げるものをいう。
一　政治的目的のために職名、職権又はその他の公私の影響力を利用すること。
二　政治的目的のために寄附金その他の利益を提供し又は提供せずその他政治的目的をもつなんらかの行為をなし又はなさないことに対する代償又は報復として、任用、職務、給与その他職員の地位に関してなんらかの利益を得若しくは得ようと企て又は得させようとすることあるいは不利益を与え、与えようと企て又は与えようとおびやかすこと。
三　政治的目的をもつて、賦課金、寄附金、会費又はその他の金品を求め若しくは受領し又はなんらかの方法をもつてするを問わずこれらの行為に関与すること。
四　政治的目的をもつて、前号に定める金品を国家公務員に与え又は支払うこと。
五　政党その他の政治的団体の結成を企画し、結成に参与し若しくはこれらの行為を援助し又はそれらの団体の役員、政治的顧問その他これらと同様な役割をもつ構成員となること。
六　特定の政党その他の政治的団体の構成員となるように又はならないように勧誘運動をすること。
七　政党その他の政治的団体の機関紙たる新聞その他の刊行物を発行し、編集し、配布し又はこれらの行為を援助すること。
八　政治的目的をもつて、第五項第一号に定める選挙、同項第二号に定める国民審査の投票又は同項第八号に定める解散若しくは解職の投票において、投票するように又はしないように勧誘運動をすること。
九　政治的目的のために署名運動を企画し、主宰し又は指導しその他これに積極的に参与すること。
十　政治的目的をもつて、多数の人の行進その他の示威運動を企画し、組織し若しくは指導し又はこれらの行為を援助すること。
十一　集会その他多数の人に接し得る場所で又は拡声器、ラジオその他の手段を利用して、公に政治的目的を有する意見を述べること。
十二　政治的目的を有する文書又は図画を国又は行政執行法人の庁舎（行政執行法人にあつては、事務所。以下同じ。）、施設等に掲示し又は掲示させその他政治的目的のために国又は行政執行法人の庁舎、施設、資材又は資金を利用し又は利用させること。
十三　政治的目的を有する署名又は無署名の文書、図画、音盤又は形象を発行し、回覧に供し、掲示し若しくは配布し又は多数の人に対して朗読し若しくは聴取させ、あるいはこれらの用に供するために著作し又は編集すること。
十四　政治的目的を有する演劇を演出し若しくは主宰し又はこれらの行為を援助すること。
十五　政治的目的をもつて、政治上の主義主張又は政党その他の政治的団体の表示に用いられる旗、腕章、記章、えり章、服飾その他これらに類するものを製作し又は配布すること。
十六　政治的目的をもつて、勤務時間中において、前号に掲げるものを着用し又は表示すること。
十七　なんらかの名義又は形式をもつてするを問わず、前各号の禁止又は制限を免れる行為をすること。

7　この規則のいかなる規定も、職員が本来の職務を遂行するため当然行うべき行為を禁止又は制限するものではない。

8　各省各庁の長及び行政執行法人の長は、法又は規則に定める政治的行為の禁止又は制限に違反する行為又は事実があつたことを知つたときは、直ちに人事院に通知するとともに、違反行為の防止又は矯正のために適切な措置をとらなければならない。

○人事院規則一四―七〔政治的行為〕の運用方針について

昭二四・一〇・二一
法審発二〇七八

最終改正 令和四・二・一八事企法三七

一 この規則制定の法的根拠

この規則は、国会が適法な手続によつて制定した国家公務員法第百二条の委任によつて制定されたものである。

二 この規則の目的

国の行政は、法規の下において民主的且つ能率的に、運営されることが要請される。従つて、その運営にたずさわる一般職に属する国家公務員は、国民全体の奉仕者として政治的に中立な立場を維持することが必要であると共に、それらの職員の地位は、たとえば、政府が更迭するごとに、職員の異動が行われたりすることがないように政治勢力の影響又は干渉から保護されて、政治の動向のいかんにかかわらず常に安定したものでなければならない。又、この規則による政治的行為の禁止又は制限は、同時に、他の職員の側からするこれに対応する政治的行為をも合せて禁止することによつて、職員がこれらの政治的行為の禁止に違反しないようにすることが容易に達せられるようなものでなければならない。この規則は、このような考慮に基き、右の要請に応ずる目的をもつて制定されたものである。従つて、この規則が学問の自由及び思想の自由を尊重するように解釈され運用されなければならないことは当然である。

三 規則の適用範囲

(1) 第一項は、法及び規則中政治的行為の禁止又は制限に関する規定が、特にこの規則で適用を除外している者を除き、一般職に属するすべての職員に適用されるものであることを明らかにしている。

(2) この規則において、「法及び規則中政治的行為の禁止又は制限に関する規定」とは、法第百二条、第一次改正法律附則第二条、規則一四―五及びこの規則中に含まれる禁止又は制限に関する規定をいう。

(3) 「法及び規則中政治的行為の禁止又は制限に関する規定」は、顧問、参与又は委員の名称を有する諮問的な非常勤の職員（国家公務員法第六十条の二第一項に規定する短時間勤務の官職を占める職員を除く。以下この(3)において同じ。）の他の法令に違反しない行為には適用されない。また、顧問、参与又は委員の名称を有しない諮問的な非常勤の職員であつても、これらと同様な諮問的な非常勤の職員で、人事院が特に指定するものの同様な行為にも適用されない。なお、委員の名称を有するものであつても、国家行政組織法（昭和二十三年法律第百二十号）第三条に規定する委員会の委員は、ここにいう委員には含まれない。第一項ただし書に該当する職員は、他の法令で禁止されていない限り、この規則に規定する政治的行為を行つたり規則一四―五に定める公選による公職の候補者となつたり、公選による公職を併せ占めたり、政党の役員等になることを禁止されない。すなわち、この規則は、これらの職員の職務と責任の特殊性に基づき、国家公務員法附則第四条の規定に従い、職員の政治的行為の制限に関する特例を定めたものである。

(4) 第二項は、職員が単独で又は他の職員と共同して行う場合だけでなく、職員以外の者と共同して行う場合でも、禁止又は制限されることを明らかにしたものである。この場合、「共同して行う」とは、職員が共同意思を単独で又は他人と共に実行に移すことをいう。

(5) 第三項は、職員が自ら選んだ又は自己の管理に属する代理人等を通じて間接に行う場合でも、その行為を行わせた職員に適用されることを明らかにしたものである。自ら選んだ又は自己の管理に属する者が職員であるか否かは問わない。「自ら選んだ」とは、明示であると黙示であるとを問わず、自らの選任行為があつたと認定されることをもつて足り、「自己の管理に属する」者とは、監督等の原因により通常本人の意思に基いて行為をなすべき地位にある者をいう。たとえば、部下、雇人等のような者である。「その他の者」とは、自ら選んだ又は自己の管理に属する者で代理人又は使用人以外の者をいう。「通じて間接に行う」とは、自己の意思を他人によつて実行に移すことをいう。

(6) 職員は、職員たる身分又は地位を有する限り、勤務時間外においても、政治的行為を行うことを禁止又は制限される。但し、政治上の主義主張又は政党その他の政治的団体の表示に用いられる腕章、記章、えり章、服飾等を勤務時間外に単に着用することは禁止されない。

(7) なお、この規則は、職員が本来の職務を遂行するため当然行うべき行為を禁止又は制限するものではない。

四 政治的行為

職員が行うことを禁止又は制限される政治的行為に関し、この規則では政治的目的と政治的行為を区別して定義し、政治的目的をもつてなされる行為であつても、この規則にいう政治的行為に含まれない限り、国家公務員法第百二条第一項の規定に違反するものではないとしている。

(1) 政治的目的

第五項は、法及び規則中における政治的目的の定義を行い、これを明らかにしたものである。

(一) 第一号関係　本号中「規則一四―五に定める公選による公職の選挙」とは、衆議院議員、参議院議員並びに地方公共団体の長及び議会の議員の選挙をいう。「特定」とは、候補者の氏名が明示されている場合のみならず、客観的に判断してその対象が確定し得る場合をも含む。「候補者」とは、法令の規定に基づく正式の立候補届出又は推薦届出により、候補者としての地位を有するに至つた者をいう。「支持し又はこれに反対する」とは、特定の候補者が投票若しくは当選を得又は得ないように影響を与えることをいう。また、候補者としての地位を有するに至らない者を支持し又はこれに反対することは本号に含まれない。選挙に関する法令に従つて候補者の推薦届出をすること自体は本号に該当しない。

(二) 第二号関係　本号に「国民審査」とは、日本国憲法第七十九条の規定に基づき、最高裁判所裁判官国民審査法（昭和二十二年法律第百三十六号）に定める最高裁判所裁判官の任命に関する国民審査をいう。なお、本号中における「特定」及び「支持し又はこれに反対する」の意味については、前号に準じて解釈されるべきである。

(三) 第三号関係　本号中における「特定」の意味については、第一号に準じて解釈されるべきである。「政党」とは、政治上の主義若しくは施策を推進し、支持し、若しくはこれに反対し又は公職の候補者を推薦し、支持し、若しくはこれに反対することを本来の目的とする団体をいい、「その他の政治的団体」とは、政党以外の団体で政治上の主義若しくは施策を支持し、若しくはこれに反対し、又は公職の候補者を推薦し、支持し若しくはこれに反対する目的を有するものをいう。「支持し又はこれに反対する」とは、特定の政党その他の政治的団体につき、それらの団体の勢力を維持拡大するように若しくは維持拡大しないように、又はそれらの団体の有する綱領、主張の主義若しくは施策を実現するように若しくは実現しないように、又はそれらの団体に属する者が公職に就任し若しくは就任しないように影響を与えることをいう。

(四) 第四号関係　本号中「特定の内閣を支持し又はこれに反対する」とは、特定の内閣が存続するように若しくは存続しないように又は成立するように若しくは成立しないように影響を与えることをいう。なお、特定の内閣の首班若しくは閣員全員を支持し又はこれに反対する場合も本号に含まれるものと解する。

(五) 第五号関係　本号にいう「政治の方向に影響を与える意図」とは、日本国憲法に定められた民主主義政治の根本原則を変更しようとする意思をいう。「特定の政策」とは、政治の方向に影響を与える程度のものであることを要する。最低賃金制確立、産業社会化等の政策を主張し若しくはこれらに反対する場合、又は各政党のよつて立つイデオロギーを主張し若しくはこれらに反対する場合、あるいは特定の法案又は予算案を支持し又はこれに反対するような場合も、日本国憲法に定められた民主主義政治の根本原則を変更しようとするものでない限り、本号には該当しない。

(六) 第六号関係　本号中「国の機関又は公の機関において決定した政策」とは、国会、内閣、内閣の統轄の下における行政機関、地方公共団体等政策の決定について公の権限を有する機関が正式に決定した政策をいう。「実施を妨害する」とは、その手段方法のいかんを問わず、有形無形の威力をもつて組織的、計画的又は継続的にその政策の目的の達成を妨げることをいう。従つて、単に当該政策を批判することは、これに該当しない。

(七) 第七号関係　本号中「署名を成立させ」とは、地方自治法第七十四条及び第七十五条に定める数に達する選挙権者の連署を得ることをいう。

(八) 第八号関係　本号中「地方自治法に基く地方公共団体の議会の解散の請求」とは、地方自治法第七十六条に定める地方公共団体の議会の解散の請求をいい、「法律に基く公務員の解職の請求」とは、地方自治法第八十条、第八十一条若しくは第八十六条又は地方教育行政の組織及び運営に関する法律（昭和三十一年法律第百六十二号）第八条第一項に定める公務員の解職又は改選の請求をいう。「署名を成立させ」とは、地方自治法第七十六条、第八十条、第八十一条若しくは第八十六条又は地方教育行政の組織及び運営に関する法律第八条第一項に定める数に達する選挙権者の連署又は同意の署名を得ることをいう。「賛成若しくは反対する」とは、本号の請求に基づく解散又は解職の投票において、賛成投票を得若しくは得ないように又は反対投票を得若しくは得ないように影響を与えることをいう。

(2) 政治的行為

第六項は、法第百二条第一項の規定により禁止又は制限される政治的行為を定めたものである。

(一) 第一号関係　本号は、職員が、国家公務員としての地位においてであると、私人としての地位においてであるとを問わず、政治的目的の為に自己の影響力を利用する行為を政治的行為としてこれを禁止する趣旨である。「公の影響力」とは、職員の官職に基く影響力を、「私の影響力」とは、私的団体中の地位、親族関係、債権関係等に基く影響力をいう。たとえば、上官が部下に対し、選挙に際して投票を勧誘し、あるいは職員組合の幹部が組合員に対し入党を勧誘するためにその地位を利用するような行為は違反となる。

(二) 第二号関係　「その他の利益」とは、金銭、物品のみでなく権利の授与、貸与等有形、無形の利益をいう。

(三) 第三号関係　本号は、法第百二条第一項前段の規定と同趣旨の規定であつて、「関与」とは、援助、勧誘、仲介、あつ旋等をいう。たとえば、課員が課内の党員の党費をとりまとめることは違反となる。

(四) 第四号関係　「国家公務員」には、特別職に属する国家公務員をも含み、地方公務員その他国家公務員以外の者に金品を「与え又は支払う」行為は、本号の規定に該当しない。

(五) 第五号関係　本号に掲げる行為は、それ自体で政治的目的をもつ行為とされ、他に別な政治的目的をもつてすることを要件としない。「企画し」とは、発起人となり、綱領規約等を立案し、又は結成準備会を招集すること等を、「参与し」とは、綱領規約の起草を助け又は準備委員となる等企画者を補佐して推進的役割をすることを、「これらの行為を援助する」とは、企画し参与することにつき、自ら直接に行うと、間接に行うとを問わず、労力、財産、物品等を提供し又は宣伝、広告、仲介、あつ旋等を行うことをいう。又、「政治的顧問」とは、その団体の政策の決定に参与する者をいい、単なる技術的顧問は含まない。「これらと同様な役割をもつ構成員」とは、名称のいかんを問わず、役員又は政治的顧問と同等の影響力又は支配力を有する構成員をいう。なお、本号は、その団体の本部の場合のみならず地域的支部及びそれに準ずる組織体の場合にも適用される。単にこれらの団体の構成員となり、又は役員、政治的顧問若しくはこれらと同様な役割をもつ構成員以外の地位を占めることは差し支えない。

（六）第六号関係　本号の行為も当然政治的目的をもつ行為とされる。「勧誘運動をすること」とは、組織的、計画的、又は継続的に、勧誘をすることをいい、たとえば党員倍加運動のような行為はその例である。従つて、たまたま友人間で入党について話し合うようなことは該当しない。

（七）第七号関係　本号の行為も当然政治的目的をもつ行為とされる。自己の購読した機関紙の一部をたまたま友人に交付するような行為及び単なる投稿等は、本号に該当しない。

（八）第八号関係　「勧誘運動」とは、第六号にいう「勧誘運動」に準じて解釈されるべきである。従つて、選挙に際したまたま街頭であつた友人に投票を依頼するような行為は該当しない。

（九）第九号関係　「運動」及び「企画し」とは、それぞれ第六号の「運動」及び第五号の「企画し」に準ずる。又「主宰」とは、実施につき自らの責任において総括的な役割を演ずることを、「指導し」とは、樹立された計画に基き実施を具体的に指導することを、「その他これに積極的に参与すること」とは、企画、主宰、指導の外、署名運動を企画、主宰、又は指導するものを助け又はその指示を受けて署名運動において推進的役割を演ずることをいう。なお、単に署名を行う行為は、本号の規定に該当しない。

（十）第十号関係　「示威運動」とは、多衆の威力を示すため、公衆の目につき得る道路、広場等を行進すること等をいう。単に「示威運動」に参加することは本号に該当しない。

（十一）第十一号関係　「集会」とは、屋内、屋外を問わず一定の目的のための多数人の集合を、「多数の人に接し得る場所」とは、公会堂、公園、街路等をいい、現に多数人の参集していることを要しないが参集し得る状態にあることを要する。「拡声器、ラジオその他の手段を利用し」とは、多数人に音声を伝達することのできる手段を用いることをいい、多数の人に接し得る場所におけると否とを問わない。又「公に」とは、「不特定の多数の者に」の意味である。従つて、組合員だけの非公開の会合の場合等は、本号に該当しない。

（十二）第十二号関係　「文書又は図画」には、新聞、図書、書簡、壁新聞、パンフレット、リーフレット、ビラ、チラシ、プラカード、ポスター、絵画、グラフ、写真、映画の外、黒板に文字又は図形を白墨で記載したもの等も含まれる。「国又は行政執行法人の庁舎（行政執行法人にあつては、事務所。以下同じ。）、施設等」とは、国又は行政執行法人が使用し又は管理する建造物及びその附属物をいい、固定設備であることを要しない。「掲示させ」又は「利用させ」る行為には、他の者が掲示し又は利用することを、国又は行政執行法人の庁舎（行政執行法人にあつては、事務所）、施設、資材又は、資金管理の責任を有する者が許容する行為も含まれる。なお、本号後段の行為には、政治的目的のためにすることが必要であるが、前段の行為にはこれを必要とせず行為の目的物たる文書又は図画が政治的目的を有するものであることをもつて足りる。

（十三）第十三号関係　「形象」とは、彫刻、塑像、模型、人形、面等をいう。職員が政治的目的をもつ文書、図画等を著作し又は編集した場合、それがこれらの「もの」を「発行し回覧に供し、掲示し若しくは配布し又は多数の人に対して朗読し若しくは聴取させる」ために行つたものでない限り、本号にいう政治的行為には含まれない。なお、本号の行為は、行為者の政治的目的のためにする意思の有無を問わず、行為の目的物が、政治的目的を有するものであれば足りる。

（十四）第十四号関係　「演出」には、俳優として出演することは含まれない。「これらの行為を援助する」とは、演劇の脚本を提供し、その演劇の上演のために資金を与え又は募り、無償又は不当に安い対価で資材、設備、労働力、技術等を提供し、又はこれらをあつ旋し、積極的に宣伝を行うこと等を含む。

（十五）第十五号関係　「その他これらに類するもの」には、まん幕、のぼり、鉢巻、たすき、ちようちん等が含まれる。

（十六）第十七号関係　本号は、この規則の脱法行為を禁止するものである。

五　違法性を阻却する場合

第七項は、形式的には、この規則の違反に該当する行為であつても、職員が正当な職務を遂行するために当然行う行為である場合には、この規則違反の制裁を受けないことを明らかにしたものである。例えば、労働情勢の調査の職務を有する職員が、各種の政党機関紙を関係職員に配布又は回覧に供する行為等は、この規則の禁止又は制限するところではない。また、この規則は、憲法第二十三条に規定する学問の自由を拘束するような趣旨に解釈されてはならないことも当然である。

○労働基準法

昭二二・四・七
法　四　九
最終改正　令和四・六・一七法六八

第一章　総則

（労働条件の原則）
第一条　労働条件は、労働者が人たるに値する生活を営むための必要を充たすべきものでなければならない。
②　この法律で定める労働条件の基準は最低のものであるから、労働関係の当事者は、この基準を理由として労働条件を低下させてはならないことはもとより、その向上を図るように努めなければならない。

（労働条件の決定）
第二条　労働条件は、労働者と使用者が、対等の立場において決定すべきものである。
②　労働者及び使用者は、労働協約、就業規則及び労働契約を遵守し、誠実に各々その義務を履行しなければならない。

（均等待遇）
第三条　使用者は、労働者の国籍、信条又は社会的身分を理由として、賃金、労働時間その他の労働条件について、差別的取扱をしてはならない。

（男女同一賃金の原則）
第四条　使用者は、労働者が女性であることを理由として、賃金について、男性と差別的取扱いをしてはならない。

（強制労働の禁止）
第五条　使用者は、暴行、脅迫、監禁その他精神又は身体の自由を不当に拘束する手段によつて、労働者の意思に反して労働を強制してはならない。

（中間搾取の排除）
第六条　何人も、法律に基いて許される場合の外、業として他人の就業に介入して利益を得てはならない。

（公民権行使の保障）
第七条　使用者は、労働者が労働時間中に、選挙権その他公民としての権利を行使し、又は公の職務を執行するために必要な時間を請求した場合においては、拒んではならない。但し、権利の行使又は公の職務の執行に妨げがない限り、請求された時刻を変更することができる。

第八条　削除

（定義）
第九条　この法律で「労働者」とは、職業の種類を問わず、事業又は事務所（以下「事業」という。）に使用される者で、賃金を支払われる者をいう。

第十条　この法律で使用者とは、事業主又は事業の経営担当者その他その事業の労働者に関する事項について、事業主のために行為をするすべての者をいう。

第十一条　この法律で賃金とは、賃金、給料、手当、賞与その他名称の如何を問わず、労働の対償として使用者が労働者に支払うすべてのものをいう。

第十二条　この法律で平均賃金とは、これを算定すべき事由の発生した日以前三箇月間にその労働者に対し支払われた賃金の総額を、その期間の総日数で除した金額をいう。ただし、その金額は、次の各号の一によつて計算した金額を下つてはならない。
一　賃金が、労働した日若しくは時間によつて算定され、又は出来高払制その他の請負制によつて定められた場合においては、賃金の総額をその期間中に労働した日数で除した金額の百分の六十
二　賃金の一部が、月、週その他一定の期間によつて定められた場合においては、その部分の総額をその期間の総日数で除した金額と前号の金額の合算額
②　前項の期間は、賃金締切日がある場合においては、直前の賃金締切日から起算する。
③　前二項に規定する期間中に、次の各号のいずれかに該当する期間がある場合においては、その日数及びその期間中の賃金は、前二項の期間及び賃金の総額から控除する。
一　業務上負傷し、又は疾病にかかり療養のために休業した期間
二　産前産後の女性が第六十五条の規定によつて休業した期間
三　使用者の責めに帰すべき事由によつて休業した期間
四　育児休業、介護休業等育児又は家族介護を行う労働者の福祉に関する法律（平成三年法律第七十六号）第二条第一号に規定する育児休業又は同条第二号に規定する介護休業（同法第六十一条第三項（同条第六項において準用する場合を含む。）に規定する介護をするための休業を含む。第三十九条第十項において同じ。）をした期間
五　試みの使用期間
④　第一項の賃金の総額には、臨時に支払われた賃金及び三箇月を超える期間ごとに支払われる賃金並びに通貨以外のもので支払われた賃金で一定の範囲に属しないものは算入しない。
⑤　賃金が通貨以外のもので支払われる場合、第一項の賃金の総額に算入すべきものの範囲及び評価に関し必要な事項は、厚生労働省令で定める。
⑥　雇入後三箇月に満たない者については、第一項の期間は、雇入後の期間とする。
⑦　日日雇い入れられる者については、その従事する事業又は職業について、厚生労働大臣の定める金額を平均賃金とする。
⑧　第一項乃至第六項によつて算定し得ない場合の平均賃金は、厚生労働大臣の定めるところによる。

第二章　労働契約

（この法律違反の契約）
第十三条　この法律で定める基準に達しない労働条件を定める労働契約は、その部分については無効とする。この場合において、無効となつた部分は、この法律で定める基準による。

（契約期間等）

第十四条 労働契約は、期間の定めのないものを除き、一定の事業の完了に必要な期間を定めるもののほかは、三年（次の各号のいずれかに該当する労働契約にあつては、五年）を超える期間について締結してはならない。

一 専門的な知識、技術又は経験（以下この号及び第四十一条の二第一項第一号において「専門的知識等」という。）であつて高度のものとして厚生労働大臣が定める基準に該当する専門的知識等を有する労働者（当該高度の専門的知識等を必要とする業務に就く者に限る。）との間に締結される労働契約

二 満六十歳以上の労働者との間に締結される労働契約（前号に掲げる労働契約を除く。）

② 厚生労働大臣は、期間の定めのある労働契約の締結時及び当該労働契約の期間の満了時において労働者と使用者との間に紛争が生ずることを未然に防止するため、使用者が講ずべき労働契約の期間の満了に係る通知に関する事項その他必要な事項についての基準を定めることができる。

③ 行政官庁は、前項の基準に関し、期間の定めのある労働契約を締結する使用者に対し、必要な助言及び指導を行うことができる。

（労働条件の明示）

第十五条 使用者は、労働契約の締結に際し、労働者に対して賃金、労働時間その他の労働条件を明示しなければならない。この場合において、賃金及び労働時間に関する事項その他の厚生労働省令で定める事項については、厚生労働省令で定める方法により明示しなければならない。

② 前項の規定によつて明示された労働条件が事実と相違する場合においては、労働者は、即時に労働契約を解除することができる。

③ 前項の場合、就業のために住居を変更した労働者が、契約解除の日から十四日以内に帰郷する場合においては、使用者は、必要な旅費を負担しなければならない。

（賠償予定の禁止）

第十六条 使用者は、労働契約の不履行について違約金を定め、又は損害賠償額を予定する契約をしてはならない。

（前借金相殺の禁止）

第十七条 使用者は、前借金その他労働することを条件とする前貸の債権と賃金を相殺してはならない。

（強制貯金）

第十八条 使用者は、労働契約に附随して貯蓄の契約をさせ、又は貯蓄金を管理する契約をしてはならない。

② 使用者は、労働者の貯蓄金をその委託を受けて管理しようとする場合においては、当該事業場に、労働者の過半数で組織する労働組合があるときはその労働組合、労働者の過半数で組織する労働組合がないときは労働者の過半数を代表する者との書面による協定をし、これを行政官庁に届け出なければならない。

③ 使用者は、労働者の貯蓄金をその委託を受けて管理する場合においては、貯蓄金の管理に関する規程を定め、これを労働者に周知させるため作業場に備え付ける等の措置をとらなければならない。

④ 使用者は、労働者の貯蓄金をその委託を受けて管理する場合において、貯蓄金の管理が労働者の預金の受入であるときは、利子をつけなければならない。この場合において、その利子が、金融機関の受け入れる預金の利率を考慮して厚生労働省令で定める利率による利子を下るときは、その厚生労働省令で定める利率による利子をつけたものとみなす。

⑤ 使用者は、労働者の貯蓄金をその委託を受けて管理する場合において、労働者がその返還を請求したときは、遅滞なく、これを返還しなければならない。

⑥ 使用者が前項の規定に違反した場合において、当該貯蓄金の管理を継続することが労働者の利益を著しく害すると認められるときは、行政官庁は、使用者に対して、その必要な限度の範囲内で、当該貯蓄金の管理を中止すべきことを命ずることができる。

⑦ 前項の規定により貯蓄金の管理を中止すべきことを命ぜられた使用者は、遅滞なく、その管理に係る貯蓄金を労働者に返還しなければならない。

（解雇制限）

第十九条 使用者は、労働者が業務上負傷し、又は疾病にかかり療養のために休業する期間及びその後三十日間並びに産前産後の女性が第六十五条の規定によつて休業する期間及びその後三十日間は、解雇してはならない。ただし、使用者が、第八十一条の規定によつて打切補償を支払う場合又は天災事変その他やむを得ない事由のために事業の継続が不可能となつた場合においては、この限りでない。

② 前項但書後段の場合においては、その事由について行政官庁の認定を受けなければならない。

（解雇の予告）

第二十条 使用者は、労働者を解雇しようとする場合においては、少くとも三十日前にその予告をしなければならない。三十日前に予告をしない使用者は、三十日分以上の平均賃金を支払わなければならない。但し、天災事変その他やむを得ない事由のために事業の継続が不可能となつた場合又は労働者の責に帰すべき事由に基いて解雇する場合においては、この限りでない。

② 前項の予告の日数は、一日について平均賃金を支払つた場合においては、その日数を短縮することができる。

③ 前条第二項の規定は、第一項但書の場合にこれを準用する。

第二十一条 前条の規定は、左の各号の一に該当する労働者については適用しない。但し、第一号に該当する者が一箇月を超えて引き続き使用されるに至つた場合、第二号若しくは第三号に該当する者が所定の期間を超えて引き続き使用されるに至つた場合又は第四号に該当する者が十四日を超えて引き続き使用されるに至つた場合においては、この限りでない。

一 日日雇い入れられる者

二 二箇月以内の期間を定めて使用される者

三 季節的業務に四箇月以内の期間を定めて使用される者

四 試の使用期間中の者

（退職時等の証明）

第二十二条 労働者が、退職の場合において、使用期間、業務

の種類、その事業における地位、賃金又は退職の事由（退職の事由が解雇の場合にあつては、その理由を含む。）について証明書を請求した場合においては、使用者は、遅滞なくこれを交付しなければならない。

② 労働者が、第二十条第一項の解雇の予告がされた日から退職の日までの間において、当該解雇の理由について証明書を請求した場合においては、使用者は、遅滞なくこれを交付しなければならない。ただし、解雇の予告がされた日以後に労働者が当該解雇以外の事由により退職した場合においては、使用者は、当該退職の日以後、これを交付することを要しない。

③ 前二項の証明書には、労働者の請求しない事項を記入してはならない。

④ 使用者は、あらかじめ第三者と謀り、労働者の就業を妨げることを目的として、労働者の国籍、信条、社会的身分若しくは労働組合運動に関する通信をし、又は第一項及び第二項の証明書に秘密の記号を記入してはならない。

（金品の返還）

第二十三条　使用者は、労働者の死亡又は退職の場合において、権利者の請求があつた場合においては、七日以内に賃金を支払い、積立金、保証金、貯蓄金その他名称の如何を問わず、労働者の権利に属する金品を返還しなければならない。

② 前項の賃金又は金品に関して争がある場合においては、使用者は、異議のない部分を、同項の期間中に支払い、又は返還しなければならない。

第三章　賃金

（賃金の支払）

第二十四条　賃金は、通貨で、直接労働者に、その全額を支払わなければならない。ただし、法令若しくは労働協約に別段の定めがある場合又は厚生労働省令で定める賃金について確実な支払の方法で厚生労働省令で定めるものによる場合においては、通貨以外のもので支払い、また、法令に別段の定めがある場合又は当該事業場の労働者の過半数で組織する労働組合があるときはその労働組合、労働者の過半数で組織する労働組合がないときは労働者の過半数を代表する者との書面による協定がある場合においては、賃金の一部を控除して支払うことができる。

② 賃金は、毎月一回以上、一定の期日を定めて支払わなければならない。ただし、臨時に支払われる賃金、賞与その他これに準ずるもので厚生労働省令で定める賃金（第八十九条において「臨時の賃金等」という。）については、この限りでない。

（非常時払）

第二十五条　使用者は、労働者が出産、疾病、災害その他厚生労働省令で定める非常の場合の費用に充てるために請求する場合においては、支払期日前であつても、既往の労働に対する賃金を支払わなければならない。

（休業手当）

第二十六条　使用者の責に帰すべき事由による休業の場合においては、使用者は、休業期間中当該労働者に、その平均賃金の百分の六十以上の手当を支払わなければならない。

（出来高払制の保障給）

第二十七条　出来高払制その他の請負制で使用する労働者については、使用者は、労働時間に応じ一定額の賃金の保障をしなければならない。

（最低賃金）

第二十八条　賃金の最低基準に関しては、最低賃金法（昭和三十四年法律第百三十七号）の定めるところによる。

第二十九条から第三十一条まで　削除

第四章　労働時間、休憩、休日及び年次有給休暇

（労働時間）

第三十二条　使用者は、労働者に、休憩時間を除き一週間について四十時間を超えて、労働させてはならない。

② 使用者は、一週間の各日については、労働者に、休憩時間を除き一日について八時間を超えて、労働させてはならない。

第三十二条の二　使用者は、当該事業場に、労働者の過半数で組織する労働組合がある場合においてはその労働組合、労働者の過半数で組織する労働組合がない場合においては労働者の過半数を代表する者との書面による協定により、又は就業規則その他これに準ずるものにより、一箇月以内の一定の期間を平均し一週間当たりの労働時間が前条第一項の労働時間を超えない定めをしたときは、同条の規定にかかわらず、その定めにより、特定された週において同項の労働時間又は特定された日において同条第二項の労働時間を超えて、労働させることができる。

② 使用者は、厚生労働省令で定めるところにより、前項の協定を行政官庁に届け出なければならない。

第三十二条の三　使用者は、就業規則その他これに準ずるものにより、その労働者に係る始業及び終業の時刻をその労働者の決定に委ねることとした労働者については、当該事業場の労働者の過半数で組織する労働組合がある場合においてはその労働組合、労働者の過半数で組織する労働組合がない場合においては労働者の過半数を代表する者との書面による協定により、次に掲げる事項を定めたときは、その協定で第二号の清算期間として定められた期間を平均し一週間当たりの労働時間が第三十二条第一項の労働時間を超えない範囲内において、同条の規定にかかわらず、一週間において同項の労働時間又は一日において同条第二項の労働時間を超えて、労働させることができる。

一　この項の規定による労働時間により労働させることができることとされる労働者の範囲

二　清算期間（その期間を平均し一週間当たりの労働時間が第三十二条第一項の労働時間を超えない範囲内において労働させる期間をいい、三箇月以内の期間に限るものとする。以下この条及び次条において同じ。）

三　清算期間における総労働時間

四　その他厚生労働省令で定める事項

② 清算期間が一箇月を超えるものである場合における前項の規定の適用については、同項各号列記以外の部分中「労働時

間を超えない」とあるのは「労働時間を超えず、かつ、当該清算期間をその開始の日以後一箇月ごとに区分した各期間（最後に一箇月未満の期間を生じたときは、当該期間。以下この項において同じ。）ごとに当該各期間を平均し一週間当たりの労働時間が五十時間を超えない」と、「同項」とあるのは「同条第一項」とする。

③　一週間の所定労働日数が五日の労働者について第一項の規定により労働させる場合における同項の規定の適用については、同項各号列記以外の部分（前項の規定により読み替えて適用する場合を含む。）中「第三十二条第一項の労働時間」とあるのは「第三十二条第一項の労働時間（当該事業場の労働者の過半数で組織する労働組合がある場合においてはその労働組合、労働者の過半数で組織する労働組合がない場合においては労働者の過半数を代表する者との書面による協定により、労働時間の限度について、当該清算期間における所定労働日数を同条第二項の労働時間に乗じて得た時間とする旨を定めたときは、当該清算期間における日数を七で除して得た数をもつてその時間を除して得た時間）」と、「同項」とあるのは「同条第一項」とする。

④　前条第二項の規定は、第一項各号に掲げる事項を定めた協定について準用する。ただし、清算期間が一箇月以内のものであるときは、この限りでない。

第三十二条の三の二　使用者が、清算期間が一箇月を超えるものであるときの当該清算期間中の前条第一項の規定により労働させた期間が当該清算期間より短い労働者について、当該労働させた期間を平均し一週間当たり四十時間を超えて労働させた場合においては、その超えた時間（第三十三条又は第三十六条第一項の規定により延長し、又は休日に労働させた時間を除く。）の労働については、第三十七条の規定の例により割増賃金を支払わなければならない。

第三十二条の四　使用者は、当該事業場に、労働者の過半数で組織する労働組合がある場合においてはその労働組合、労働者の過半数で組織する労働組合がない場合においては労働者の過半数を代表する者との書面による協定により、次に掲げる事項を定めたときは、第三十二条の規定にかかわらず、その協定で第二号の対象期間として定められた期間を平均し一週間当たりの労働時間が四十時間を超えない範囲内において、当該協定（次項の規定による定めをした場合においては、その定めを含む。）で定めるところにより、特定された週において同条第一項の労働時間又は特定された日において同条第二項の労働時間を超えて、労働させることができる。

一　この条の規定による労働時間により労働させることができることとされる労働者の範囲

二　対象期間（その期間を平均し一週間当たりの労働時間が四十時間を超えない範囲内において労働させる期間をいい、一箇月を超え一年以内の期間に限るものとする。以下この条及び次条において同じ。）

三　特定期間（対象期間中の特に業務が繁忙な期間をいう。第三項において同じ。）

四　対象期間における労働日及び当該労働日ごとの労働時間（対象期間を一箇月以上の期間ごとに区分することとした場合においては、当該区分による各期間のうち当該対象期間の初日の属する期間（以下この条において「最初の期間」という。）における労働日及び当該労働日ごとの労働時間並びに当該最初の期間を除く各期間における労働日数及び総労働時間）

五　その他厚生労働省令で定める事項

②　使用者は、前項の協定で同項第四号の区分をし当該区分による各期間のうち最初の期間を除く各期間における労働日数及び総労働時間を定めたときは、当該各期間の初日の少なくとも三十日前に、当該事業場に、労働者の過半数で組織する労働組合がある場合においてはその労働組合、労働者の過半数で組織する労働組合がない場合においては労働者の過半数を代表する者の同意を得て、厚生労働省令で定めるところにより、当該労働日数を超えない範囲内において当該各期間における労働日及び当該総労働時間を超えない範囲内において当該各期間における労働日ごとの労働時間を定めなければならない。

③　厚生労働大臣は、労働政策審議会の意見を聴いて、厚生労働省令で、対象期間における労働日数の限度並びに一日及び一週間の労働時間の限度並びに対象期間（第一項の協定で特定期間として定められた期間を除く。）及び同項の協定で特定期間として定められた期間における連続して労働させる日数の限度を定めることができる。

④　第三十二条の二第二項の規定は、第一項の協定について準用する。

第三十二条の四の二　使用者が、対象期間中の前条の規定により労働させた期間が当該対象期間より短い労働者について、当該労働させた期間を平均し一週間当たり四十時間を超えて労働させた場合においては、その超えた時間（第三十三条又は第三十六条第一項の規定により延長し、又は休日に労働させた時間を除く。）の労働については、第三十七条の規定の例により割増賃金を支払わなければならない。

第三十二条の五　使用者は、日ごとの業務に著しい繁閑の差が生ずることが多く、かつ、これを予測した上で就業規則その他これに準ずるものにより各日の労働時間を特定することが困難であると認められる厚生労働省令で定める事業であつて、常時使用する労働者の数が厚生労働省令で定める数未満のものに従事する労働者については、当該事業場に、労働者の過半数で組織する労働組合がある場合においてはその労働組合、労働者の過半数で組織する労働組合がない場合においては労働者の過半数を代表する者との書面による協定があるときは、第三十二条第二項の規定にかかわらず、一日について十時間まで労働させることができる。

②　使用者は、前項の規定により労働者に労働させる場合においては、厚生労働省令で定めるところにより、当該労働させる一週間の各日の労働時間を、あらかじめ、当該労働者に通知しなければならない。

③　第三十二条の二第二項の規定は、第一項の協定について準用する。

（災害等による臨時の必要がある場合の時間外労働等）

第三十三条　災害その他避けることのできない事由によつて、

臨時の必要がある場合においては、使用者は、行政官庁の許可を受けて、その必要の限度において第三十二条から前条まで若しくは第四十条の労働時間を延長し、又は第三十五条の休日に労働させることができる。ただし、事態急迫のために行政官庁の許可を受ける暇がない場合においては、事後に遅滞なく届け出なければならない。

② 前項ただし書の規定による届出があつた場合において、行政官庁がその労働時間の延長又は休日の労働を不適当と認めるときは、その後にその時間に相当する休憩又は休日を与えるべきことを、命ずることができる。

③ 公務のために臨時の必要がある場合においては、第一項の規定にかかわらず、官公署の事業（別表第一に掲げる事業を除く。）に従事する国家公務員及び地方公務員については、第三十二条から前条まで若しくは第四十条の労働時間を延長し、又は第三十五条の休日に労働させることができる。

（休憩）

第三十四条 使用者は、労働時間が六時間を超える場合においては少くとも四十五分、八時間を超える場合においては少くとも一時間の休憩時間を労働時間の途中に与えなければならない。

② 前項の休憩時間は、一斉に与えなければならない。ただし、当該事業場に、労働者の過半数で組織する労働組合がある場合においてはその労働組合、労働者の過半数で組織する労働組合がない場合においては労働者の過半数を代表する者との書面による協定があるときは、この限りでない。

③ 使用者は、第一項の休憩時間を自由に利用させなければならない。

（休日）

第三十五条 使用者は、労働者に対して、毎週少くとも一回の休日を与えなければならない。

② 前項の規定は、四週間を通じ四日以上の休日を与える使用者については適用しない。

（時間外及び休日の労働）

第三十六条 使用者は、当該事業場に、労働者の過半数で組織する労働組合がある場合においてはその労働組合、労働者の過半数で組織する労働組合がない場合においては労働者の過半数を代表する者との書面による協定をし、厚生労働省令で定めるところによりこれを行政官庁に届け出た場合においては、第三十二条から第三十二条の五まで若しくは第四十条の労働時間（以下この条において「労働時間」という。）又は前条の休日（以下この条において「休日」という。）に関する規定にかかわらず、その協定で定めるところによつて労働時間を延長し、又は休日に労働させることができる。

② 前項の協定においては、次に掲げる事項を定めるものとする。

一 この条の規定により労働時間を延長し、又は休日に労働させることができることとされる労働者の範囲

二 対象期間（この条の規定により労働時間を延長し、又は休日に労働させることができる期間をいい、一年間に限るものとする。第四号及び第六項第三号において同じ。）

三 労働時間を延長し、又は休日に労働させることができる場合

四 対象期間における一日、一箇月及び一年のそれぞれの期間について労働時間を延長して労働させることができる時間又は労働させることができる休日の日数

五 労働時間の延長及び休日の労働を適正なものとするために必要な事項として厚生労働省令で定める事項

③ 前項第四号の労働時間を延長して労働させることができる時間は、当該事業場の業務量、時間外労働の動向その他の事情を考慮して通常予見される時間外労働の範囲内において、限度時間を超えない時間に限る。

④ 前項の限度時間は、一箇月について四十五時間及び一年について三百六十時間（第三十二条の四第一項第二号の対象期間として三箇月を超える期間を定めて同条の規定により労働させる場合にあつては、一箇月について四十二時間及び一年について三百二十時間）とする。

⑤ 第一項の協定においては、第二項各号に掲げるもののほか、当該事業場における通常予見することのできない業務量の大幅な増加等に伴い臨時的に第三項の限度時間を超えて労働させる必要がある場合において、一箇月について労働時間を延長して労働させ、及び休日において労働させることができる時間（第二項第四号に関して協定した時間を含め百時間未満の範囲内に限る。）並びに一年について労働時間を延長して労働させることができる時間（同号に関して協定した時間を含め七百二十時間を超えない範囲内に限る。）を定めることができる。この場合において、第一項の協定に、併せて第二項第二号の対象期間において労働時間を延長して労働させる時間が一箇月について四十五時間（第三十二条の四第一項第二号の対象期間として三箇月を超える期間を定めて同条の規定により労働させる場合にあつては、一箇月について四十二時間）を超えることができる月数（一年について六箇月以内に限る。）を定めなければならない。

⑥ 使用者は、第一項の協定で定めるところによつて労働時間を延長して労働させ、又は休日において労働させる場合であつても、次の各号に掲げる時間について、当該各号に定める要件を満たすものとしなければならない。

一 坑内労働その他厚生労働省令で定める健康上特に有害な業務について、一日について労働時間を延長して労働させた時間 二時間を超えないこと。

二 一箇月について労働時間を延長して労働させ、及び休日において労働させた時間 百時間未満であること。

三 対象期間の初日から一箇月ごとに区分した各期間に当該各期間の直前の一箇月、二箇月、三箇月、四箇月及び五箇月の期間を加えたそれぞれの期間における労働時間を延長して労働させ、及び休日において労働させた時間の一箇月当たりの平均時間 八十時間を超えないこと。

⑦ 厚生労働大臣は、労働時間の延長及び休日の労働を適正なものとするため、第一項の協定で定める労働時間の延長及び休日の労働について留意すべき事項、当該労働時間の延長に係る割増賃金の率その他の必要な事項について、労働者の健康、福祉、時間外労働の動向その他の事情を考慮して指針を定めることができる。

⑧ 第一項の協定をする使用者及び労働組合又は労働者の過半数を代表する者は、当該協定で労働時間の延長及び休日の労働を定めるに当たり、当該協定の内容が前項の指針に適合したものとなるようにしなければならない。

⑨ 行政官庁は、第七項の指針に関し、第一項の協定をする使用者及び労働組合又は労働者の過半数を代表する者に対し、必要な助言及び指導を行うことができる。

⑩ 前項の助言及び指導を行うに当たつては、労働者の健康が確保されるよう特に配慮しなければならない。

⑪ 第三項から第五項まで及び第六項（第二号及び第三号に係る部分に限る。）の規定は、新たな技術、商品又は役務の研究開発に係る業務については適用しない。

（時間外、休日及び深夜の割増賃金）

第三十七条 使用者が、第三十三条又は前条第一項の規定により労働時間を延長し、又は休日に労働させた場合においては、その時間又はその日の労働については、通常の労働時間又は労働日の賃金の計算額の二割五分以上五割以下の範囲内でそれぞれ政令で定める率以上の率で計算した割増賃金を支払わなければならない。ただし、当該延長して労働させた時間が一箇月について六十時間を超えた場合においては、その超えた時間の労働については、通常の労働時間の賃金の計算額の五割以上の率で計算した割増賃金を支払わなければならない。

② 前項の政令は、労働者の福祉、時間外又は休日の労働の動向その他の事情を考慮して定めるものとする。

③ 使用者が、当該事業場に、労働者の過半数で組織する労働組合があるときはその労働組合、労働者の過半数で組織する労働組合がないときは労働者の過半数を代表する者との書面による協定により、第一項ただし書の規定により割増賃金を支払うべき労働者に対して、当該割増賃金の支払に代えて、通常の労働時間の賃金が支払われる休暇（第三十九条の規定による有給休暇を除く。）を厚生労働省令で定めるところにより与えることを定めた場合において、当該労働者が当該休暇を取得したときは、当該労働者の同項ただし書に規定する時間を超えた時間の労働のうち当該取得した休暇に対応するものとして厚生労働省令で定める時間の労働については、同項ただし書の規定による割増賃金を支払うことを要しない。

④ 使用者が、午後十時から午前五時まで（厚生労働大臣が必要であると認める場合においては、その定める地域又は期間については午後十一時から午前六時まで）の間において労働させた場合においては、その時間の労働については、通常の労働時間の賃金の計算額の二割五分以上の率で計算した割増賃金を支払わなければならない。

⑤ 第一項及び前項の割増賃金の基礎となる賃金には、家族手当、通勤手当その他厚生労働省令で定める賃金は算入しない。

（時間計算）

第三十八条 労働時間は、事業場を異にする場合においても、労働時間に関する規定の適用については通算する。

② 坑内労働については、労働者が坑口に入つた時刻から坑口を出た時刻までの時間を、休憩時間を含め労働時間とみなす。但し、この場合においては、第三十四条第二項及び第三項の休憩に関する規定は適用しない。

第三十八条の二 労働者が労働時間の全部又は一部について事業場外で業務に従事した場合において、労働時間を算定し難いときは、所定労働時間労働したものとみなす。ただし、当該業務を遂行するためには通常所定労働時間を超えて労働することが必要となる場合においては、当該業務に関しては、厚生労働省令で定めるところにより、当該業務の遂行に通常必要とされる時間労働したものとみなす。

② 前項ただし書の場合において、当該業務に関し、当該事業場に、労働者の過半数で組織する労働組合があるときはその労働組合、労働者の過半数で組織する労働組合がないときは労働者の過半数を代表する者との書面による協定があるときは、その協定で定める時間を同項ただし書の当該業務の遂行に通常必要とされる時間とする。

③ 使用者は、厚生労働省令で定めるところにより、前項の協定を行政官庁に届け出なければならない。

第三十八条の三 使用者が、当該事業場に、労働者の過半数で組織する労働組合があるときはその労働組合、労働者の過半数で組織する労働組合がないときは労働者の過半数を代表する者との書面による協定により、次に掲げる事項を定めた場合において、労働者を第一号に掲げる業務に就かせたときは、当該労働者は、厚生労働省令で定めるところにより、第二号に掲げる時間労働したものとみなす。

一 業務の性質上その遂行の方法を大幅に当該業務に従事する労働者の裁量にゆだねる必要があるため、当該業務の遂行の手段及び時間配分の決定等に関し使用者が具体的な指示をすることが困難なものとして厚生労働省令で定める業務のうち、労働者に就かせることとする業務（以下この条において「対象業務」という。）

二 対象業務に従事する労働者の労働時間として算定される時間

三 対象業務の遂行の手段及び時間配分の決定等に関し、当該対象業務に従事する労働者に対し使用者が具体的な指示をしないこと。

四 対象業務に従事する労働者の労働時間の状況に応じた当該労働者の健康及び福祉を確保するための措置を当該協定で定めるところにより使用者が講ずること。

五 対象業務に従事する労働者からの苦情の処理に関する措置を当該協定で定めるところにより使用者が講ずること。

六 前各号に掲げるもののほか、厚生労働省令で定める事項

② 前条第三項の規定は、前項の協定について準用する。

第三十八条の四 賃金、労働時間その他の当該事業場における労働条件に関する事項を調査審議し、事業主に対し当該事項について意見を述べることを目的とする委員会（使用者及び当該事業場の労働者を代表する者を構成員とするものに限る。）が設置された事業場において、当該委員会がその委員の五分の四以上の多数による議決により次に掲げる事項に関する決議をし、かつ、使用者が、厚生労働省令で定めるところにより当該決議を行政官庁に届け出た場合において、第二号に掲げる労働者の範囲に属する労働者を当該事業場にけ

る第一号に掲げる業務に就かせたときは、当該労働者は、厚生労働省令で定めるところにより、第三号に掲げる時間労働したものとみなす。

一　事業の運営に関する事項についての企画、立案、調査及び分析の業務であつて、当該業務の性質上これを適切に遂行するにはその遂行の方法を大幅に労働者の裁量に委ねる必要があるため、当該業務の遂行の手段及び時間配分の決定等に関し使用者が具体的な指示をしないこととする業務（以下この条において「対象業務」という。）

二　対象業務を適切に遂行するための知識、経験等を有する労働者であつて、当該対象業務に就かせたときは当該決議で定める時間労働したものとみなされることとなるものの範囲

三　対象業務に従事する前号に掲げる労働者の範囲に属する労働者の労働時間として算定される時間

四　対象業務に従事する第二号に掲げる労働者の範囲に属する労働者の労働時間の状況に応じた当該労働者の健康及び福祉を確保するための措置を当該決議で定めるところにより使用者が講ずること。

五　対象業務に従事する第二号に掲げる労働者の範囲に属する労働者からの苦情の処理に関する措置を当該決議で定めるところにより使用者が講ずること。

六　使用者は、この項の規定により第二号に掲げる労働者の範囲に属する労働者を対象業務に就かせたときは第三号に掲げる時間労働したものとみなすことについて当該労働者の同意を得なければならないこと及び当該同意をしなかつた当該労働者に対して解雇その他不利益な取扱いをしてはならないこと。

七　前各号に掲げるもののほか、厚生労働省令で定める事項

②　前項の委員会は、次の各号に適合するものでなければならない。

一　当該委員会の委員の半数については、当該事業場に、労働者の過半数で組織する労働組合がある場合においてはその労働組合、労働者の過半数で組織する労働組合がない場合においては労働者の過半数を代表する者に厚生労働省令で定めるところにより任期を定めて指名されていること。

二　当該委員会の議事について、厚生労働省令で定めるところにより、議事録が作成され、かつ、保存されるとともに、当該事業場の労働者に対する周知が図られていること。

三　前二号に掲げるもののほか、厚生労働省令で定める要件

③　厚生労働大臣は、対象業務に従事する労働者の適正な労働条件の確保を図るために、労働政策審議会の意見を聴いて、第一項各号に掲げる事項その他同項の委員会が決議する事項について指針を定め、これを公表するものとする。

④　第一項の規定による届出をした使用者は、厚生労働省令で定めるところにより、定期的に、同項第四号に規定する措置の実施状況を行政官庁に報告しなければならない。

⑤　第一項の委員会においてその委員の五分の四以上の多数による議決により第三十二条の二第一項、第三十二条の三第一項、第三十二条の四第一項及び第二項、第三十二条の五第一項、第三十四条第二項ただし書、第三十六条第一項、第二項及び第五項、第三十七条第三項、第三十八条の二第二項、前条第一項並びに次条第四項、第六項及び第九項ただし書に規定する事項について決議が行われた場合における第三十二条の二第一項、第三十二条の三第一項、第三十二条の四第一項から第三項まで、第三十二条の五第一項、第三十四条第二項ただし書、第三十六条、第三十七条第三項、第三十八条の二第二項、前条第一項並びに次条第四項、第六項及び第九項ただし書の規定の適用については、第三十二条の二第一項中「協定」とあるのは「協定若しくは第三十八条の四第一項に規定する委員会の決議（第百六条第一項を除き、以下「決議」という。）」と、第三十二条の三第一項、第三十二条の四第一項から第三項まで、第三十二条の五第一項、第三十四条第二項ただし書、第三十六条第二項及び第五項から第七項まで、第三十七条第三項、第三十八条の二第二項、前条第一項並びに次条第四項、第六項及び第九項ただし書中「協定」とあるのは「協定又は決議」と、第三十二条の四第二項中「同意を得て」とあるのは「同意を得て、又は決議に基づき」と、第三十六条第一項中「届け出た場合」とあるのは「届け出た場合又は決議を行政官庁に届け出た場合」と、「その協定」とあるのは「その協定又は決議」と、同条第八項中「又は労働者の過半数を代表する者」とあるのは「若しくは労働者の過半数を代表する者又は同項の決議をする委員」と、「当該協定」とあるのは「当該協定又は当該決議」と、同条第九項中「又は労働者の過半数を代表する者」とあるのは「若しくは労働者の過半数を代表する者又は同項の決議をする委員」とする。

（年次有給休暇）

第三十九条　使用者は、その雇入れの日から起算して六箇月間継続勤務し全労働日の八割以上出勤した労働者に対して、継続し、又は分割した十労働日の有給休暇を与えなければならない。

②　使用者は、一年六箇月以上継続勤務した労働者に対しては、雇入れの日から起算して六箇月を超えて継続勤務する日（以下「六箇月経過日」という。）から起算した継続勤務年数一年ごとに、前項の日数に、次の表の上欄に掲げる六箇月経過日から起算した継続勤務年数の区分に応じ同表の下欄に掲げる労働日を加算した有給休暇を与えなければならない。ただし、継続勤務した期間を六箇月経過日から一年ごとに区分した各期間（最後に一年未満の期間を生じたときは、当該期間）の初日の前日の属する期間において出勤した日数が全労働日の八割未満である者に対しては、当該初日以後の一年間においては有給休暇を与えることを要しない。

六箇月経過日から起算した継続勤務年数	労働日
一年	一労働日
二年	二労働日

三年	四労働日
四年	六労働日
五年	八労働日
六年以上	十労働日

③ 次に掲げる労働者（一週間の所定労働時間が厚生労働省令で定める時間以上の者を除く。）の有給休暇の日数については、前二項の規定にかかわらず、これらの規定による有給休暇の日数を基準とし、通常の労働者の一週間の所定労働日数として厚生労働省令で定める日数（第一号において「通常の労働者の週所定労働日数」という。）と当該労働者の一週間の所定労働日数又は一週間当たりの平均所定労働日数との比率を考慮して厚生労働省令で定める日数とする。

一 一週間の所定労働日数が通常の労働者の週所定労働日数に比し相当程度少ないものとして厚生労働省令で定める日数以下の労働者

二 週以外の期間によつて所定労働日数が定められている労働者については、一年間の所定労働日数が、前号の厚生労働省令で定める日数に一日を加えた日数を一週間の所定労働日数とする労働者の一年間の所定労働日数その他の事情を考慮して厚生労働省令で定める日数以下の労働者

④ 使用者は、当該事業場に、労働者の過半数で組織する労働組合があるときはその労働組合、労働者の過半数で組織する労働組合がないときは労働者の過半数を代表する者との書面による協定により、次に掲げる事項を定めた場合において、第一号に掲げる労働者の範囲に属する労働者が有給休暇を時間を単位として請求したときは、前三項の規定による有給休暇の日数のうち第二号に掲げる日数については、これらの規定にかかわらず、当該協定で定めるところにより時間を単位として有給休暇を与えることができる。

一 時間を単位として有給休暇を与えることができることとされる労働者の範囲

二 時間を単位として与えることができることとされる有給休暇の日数（五日以内に限る。）

三 その他厚生労働省令で定める事項

⑤ 使用者は、前各項の規定による有給休暇を労働者の請求する時季に与えなければならない。ただし、請求された時季に有給休暇を与えることが事業の正常な運営を妨げる場合においては、他の時季にこれを与えることができる。

⑥ 使用者は、当該事業場に、労働者の過半数で組織する労働組合がある場合においてはその労働組合、労働者の過半数で組織する労働組合がない場合においては労働者の過半数を代表する者との書面による協定により、第一項から第三項までの規定による有給休暇を与える時季に関する定めをしたときは、これらの規定による有給休暇の日数のうち五日を超える部分については、前項の規定にかかわらず、その定めにより有給休暇を与えることができる。

⑦ 使用者は、第一項から第三項までの規定による有給休暇（これらの規定により使用者が与えなければならない有給休暇の日数が十労働日以上である労働者に係るものに限る。以下この項及び次項において同じ。）の日数のうち五日については、基準日（継続勤務した期間を六箇月経過日から一年ごとに区分した各期間（最後に一年未満の期間を生じたときは、当該期間）の初日をいう。以下この項において同じ。）から一年以内の期間に、労働者ごとにその時季を定めることにより与えなければならない。ただし、第一項から第三項までの規定による有給休暇を当該有給休暇に係る基準日より前の日から与えることとしたときは、厚生労働省令で定めるところにより、労働者ごとにその時季を定めることにより与えなければならない。

⑧ 前項の規定にかかわらず、第五項又は第六項の規定により第一項から第三項までの規定による有給休暇を与えた場合においては、当該与えた有給休暇の日数（当該日数が五日を超える場合には、五日とする。）分については、時季を定めることにより与えることを要しない。

⑨ 使用者は、第一項から第三項までの規定による有給休暇の期間又は第四項の規定による有給休暇の時間については、就業規則その他これに準ずるもので定めるところにより、それぞれ、平均賃金若しくは所定労働時間労働した場合に支払われる通常の賃金又はこれらの額を基準として厚生労働省令で定めるところにより算定した額の賃金を支払わなければならない。ただし、当該事業場に、労働者の過半数で組織する労働組合がある場合においてはその労働組合、労働者の過半数で組織する労働組合がない場合においては労働者の過半数を代表する者との書面による協定により、その期間又はその時間について、それぞれ、健康保険法（大正十一年法律第七十号）第四十条第一項に規定する標準報酬月額の三十分の一に相当する金額（その金額に、五円未満の端数があるときは、これを切り捨て、五円以上十円未満の端数があるときは、これを十円に切り上げるものとする。）又は当該金額を基準として厚生労働省令で定めるところにより算定した金額を支払う旨を定めたときは、これによらなければならない。

⑩ 労働者が業務上負傷し、又は疾病にかかり療養のために休業した期間及び育児休業、介護休業等育児又は家族介護を行う労働者の福祉に関する法律第二条第一号に規定する育児休業又は同条第二号に規定する介護休業をした期間並びに産前産後の女性が第六十五条の規定によつて休業した期間は、第一項及び第二項の規定の適用については、これを出勤したものとみなす。

（労働時間及び休憩の特例）

第四十条 別表第一第一号から第三号まで、第六号及び第七号に掲げる事業以外の事業で、公衆の不便を避けるために必要なものその他特殊の必要あるものについては、その必要避くべからざる限度で、第三十二条から第三十二条の五までの労働時間及び第三十四条の休憩に関する規定について、厚生労働省令で別段の定めをすることができる。

② 前項の規定による別段の定めは、この法律で定める基準に近いものであつて、労働者の健康及び福祉を害しないもので

なければならない。

（労働時間等に関する規定の適用除外）

第四十一条　この章、第六章及び第六章の二で定める労働時間、休憩及び休日に関する規定は、次の各号の一に該当する労働者については適用しない。

一　別表第一第六号（林業を除く。）又は第七号に掲げる事業に従事する者

二　事業の種類にかかわらず監督若しくは管理の地位にある者又は機密の事務を取り扱う者

三　監視又は断続的労働に従事する者で、使用者が行政官庁の許可を受けたもの

第四十一条の二　賃金、労働時間その他の当該事業場における労働条件に関する事項を調査審議し、事業主に対し当該事項について意見を述べることを目的とする委員会（使用者及び当該事業場の労働者を代表する者を構成員とするものに限る。）が設置された事業場において、当該委員会がその委員の五分の四以上の多数による議決により次に掲げる事項に関する決議をし、かつ、使用者が、厚生労働省令で定めるところにより当該決議を行政官庁に届け出た場合において、第二号に掲げる労働者の範囲に属する労働者（以下この項において「対象労働者」という。）であつて書面その他の厚生労働省令で定める方法によりその同意を得たものを当該事業場における第一号に掲げる業務に就かせたときは、この章で定める労働時間、休憩、休日及び深夜の割増賃金に関する規定は、対象労働者については適用しない。ただし、第三号から第五号までに規定する措置のいずれかを使用者が講じていない場合は、この限りでない。

一　高度の専門的知識等を必要とし、その性質上従事した時間と従事して得た成果との関連性が通常高くないと認められるものとして厚生労働省令で定める業務のうち、労働者に就かせることとする業務（以下この項において「対象業務」という。）

二　この項の規定により労働する期間において次のいずれにも該当する労働者であつて、対象業務に就かせようとするものの範囲

イ　使用者との間の書面その他の厚生労働省令で定める方法による合意に基づき職務が明確に定められていること。

ロ　労働契約により使用者から支払われると見込まれる賃金の額を一年間当たりの賃金の額に換算した額が基準年間平均給与額（厚生労働省において作成する毎月勤労統計における毎月きまつて支給する給与の額を基礎として厚生労働省令で定めるところにより算定した労働者一人当たりの給与の平均額をいう。）の三倍の額を相当程度上回る水準として厚生労働省令で定める額以上であること。

三　対象業務に従事する対象労働者の健康管理を行うために当該対象労働者が事業場内にいた時間（この項の委員会が厚生労働省令で定める労働時間以外の時間を除くことを決議したときは、当該決議に係る時間を除いた時間）と事業場外において労働した時間との合計の時間（第五号ロ及び二並びに第六号において「健康管理時間」という。）を把握する措置（厚生労働省令で定める方法に限る。）を当該決議で定めるところにより使用者が講ずること。

四　対象業務に従事する対象労働者に対し、一年間を通じ百四日以上、かつ、四週間を通じ四日以上の休日を当該決議及び就業規則その他これに準ずるもので定めるところにより使用者が与えること。

五　対象業務に従事する対象労働者に対し、次のいずれかに該当する措置を当該決議及び就業規則その他これに準ずるもので定めるところにより使用者が講ずること。

イ　労働者ごとに始業から二十四時間を経過するまでに厚生労働省令で定める時間以上の継続した休息時間を確保し、かつ、第三十七条第四項に規定する時刻の間において労働させる回数を一箇月について厚生労働省令で定める回数以内とすること。

ロ　健康管理時間を一箇月又は三箇月についてそれぞれ厚生労働省令で定める時間を超えない範囲内とすること。

ハ　一年に一回以上の継続した二週間（労働者が請求した場合においては、一年に二回以上の継続した一週間）（使用者が当該期間において、第三十九条の規定による有給休暇を与えたときは、当該有給休暇を与えた日を除く。）について、休日を与えること。

ニ　健康管理時間の状況その他の事項が労働者の健康の保持を考慮して厚生労働省令で定める要件に該当する労働者に健康診断（厚生労働省令で定める項目を含むものに限る。）を実施すること。

六　対象業務に従事する対象労働者の健康管理時間の状況に応じた当該対象労働者の健康及び福祉を確保するための措置であつて、当該対象労働者に対する有給休暇（第三十九条の規定による有給休暇を除く。）の付与、健康診断の実施その他の厚生労働省令で定める措置のうち当該決議で定めるものを使用者が講ずること。

七　対象労働者のこの項の規定による同意の撤回に関する手続

八　対象業務に従事する対象労働者からの苦情の処理に関する措置を当該決議で定めるところにより使用者が講ずること。

九　使用者は、この項の規定による同意をしなかつた対象労働者に対して解雇その他不利益な取扱いをしてはならないこと。

十　前各号に掲げるもののほか、厚生労働省令で定める事項

②　前項の規定による届出をした使用者は、厚生労働省令で定めるところにより、同項第四号から第六号までに規定する措置の実施状況を行政官庁に報告しなければならない。

③　第三十八条の四第二項、第三項及び第五項の規定は、第一項の委員会について準用する。

④　第一項の決議をする委員は、当該決議の内容が前項において準用する第三十八条の四第三項の指針に適合したものとなるようにしなければならない。

⑤　行政官庁は、第三項において準用する第三十八条の四第三項の指針に関し、第一項の決議をする委員に対し、必要な助

言及び指導を行うことができる。

第五章 安全及び衛生

第四十二条 労働者の安全及び衛生に関しては、労働安全衛生法（昭和四十七年法律第五十七号）の定めるところによる。

第四十三条から第五十五条まで 削除

第六章 年少者

（最低年齢）

第五十六条 使用者は、児童が満十五歳に達した日以後の最初の三月三十一日が終了するまで、これを使用してはならない。

② 前項の規定にかかわらず、別表第一第一号から第五号までに掲げる事業以外の事業に係る職業で、児童の健康及び福祉に有害でなく、かつ、その労働が軽易なものについては、行政官庁の許可を受けて、満十三歳以上の児童をその者の修学時間外に使用することができる。映画の製作又は演劇の事業については、満十三歳に満たない児童についても、同様とする。

（年少者の証明書）

第五十七条 使用者は、満十八才に満たない者について、その年齢を証明する戸籍証明書を事業場に備え付けなければならない。

② 使用者は、前条第二項の規定によつて使用する児童については、修学に差し支えないことを証明する学校長の証明書及び親権者又は後見人の同意書を事業場に備え付けなければならない。

（未成年者の労働契約）

第五十八条 親権者又は後見人は、未成年者に代つて労働契約を締結してはならない。

② 親権者若しくは後見人又は行政官庁は、労働契約が未成年者に不利であると認める場合においては、将来に向つてこれを解除することができる。

第五十九条 未成年者は、独立して賃金を請求することができる。親権者又は後見人は、未成年者の賃金を代つて受け取つてはならない。

（労働時間及び休日）

第六十条 第三十二条の二から第三十二条の五まで、第三十六条、第四十条及び第四十一条の二の規定は、満十八才に満たない者については、これを適用しない。

② 第五十六条第二項の規定によつて使用する児童についての第三十二条の規定の適用については、同条第一項中「一週間について四十時間」とあるのは「、修学時間を通算して一週間について四十時間」と、同条第二項中「一日について八時間」とあるのは「、修学時間を通算して一日について七時間」とする。

③ 使用者は、第三十二条の規定にかかわらず、満十五歳以上で満十八歳に満たない者については、満十八歳に達するまでの間（満十五歳に達した日以後の最初の三月三十一日までの間を除く。）、次に定めるところにより、労働させることができる。

一 一週間の労働時間が第三十二条第一項の労働時間を超えない範囲内において、一週間のうち一日の労働時間を四時間以内に短縮する場合において、他の日の労働時間を十時間まで延長すること。

二 一週間について四十八時間以下の範囲内で厚生労働省令で定める時間、一日について八時間を超えない範囲内において、第三十二条の二又は第三十二条の四及び第三十二条の四の二の規定の例により労働させること。

（深夜業）

第六十一条 使用者は、満十八才に満たない者を午後十時から午前五時までの間において使用してはならない。ただし、交替制によつて使用する満十六才以上の男性については、この限りでない。

② 厚生労働大臣は、必要であると認める場合においては、前項の時刻を、地域又は期間を限つて、午後十一時及び午前六時とすることができる。

③ 交替制によつて労働させる事業については、行政官庁の許可を受けて、第一項の規定にかかわらず午後十時三十分まで労働させ、又は前項の規定にかかわらず午前五時三十分から労働させることができる。

④ 前三項の規定は、第三十三条第一項の規定によつて労働時間を延長し、若しくは休日に労働させる場合又は別表第一第六号、第七号若しくは第十三号に掲げる事業若しくは電話交換の業務については、適用しない。

⑤ 第一項及び第二項の時刻は、第五十六条第二項の規定によつて使用する児童については、第一項の時刻は、午後八時及び午前五時とし、第二項の時刻は、午後九時及び午前六時とする。

（危険有害業務の就業制限）

第六十二条 使用者は、満十八才に満たない者に、運転中の機械若しくは動力伝導装置の危険な部分の掃除、注油、検査若しくは修繕をさせ、運転中の機械若しくは動力伝導装置にベルト若しくはロープの取付け若しくは取りはずしをさせ、動力によるクレーンの運転をさせ、その他厚生労働省令で定める危険な業務に就かせ、又は厚生労働省令で定める重量物を取り扱う業務に就かせてはならない。

② 使用者は、満十八才に満たない者を、毒劇薬、毒劇物その他有害な原料若しくは材料又は爆発性、発火性若しくは引火性の原料若しくは材料を取り扱う業務、著しくじんあい若しくは粉末を飛散し、若しくは有害ガス若しくは有害放射線を発散する場所又は高温若しくは高圧の場所における業務その他安全、衛生又は福祉に有害な場所における業務に就かせてはならない。

③ 前項に規定する業務の範囲は、厚生労働省令で定める。

（坑内労働の禁止）

第六十三条 使用者は、満十八才に満たない者を坑内で労働させてはならない。

（帰郷旅費）

第六十四条 満十八才に満たない者が解雇の日から十四日以内に帰郷する場合においては、使用者は、必要な旅費を負担しなければならない。ただし、満十八才に満たない者がその責めに帰すべき事由に基づいて解雇され、使用者がその事由について行政官庁の認定を受けたときは、この限りでない。

第六章の二　妊産婦等

（坑内業務の就業制限）

第六十四条の二　使用者は、次の各号に掲げる女性を当該各号に定める業務に就かせてはならない。

一　妊娠中の女性及び坑内で行われる業務に従事しない旨を使用者に申し出た産後一年を経過しない女性　坑内で行われるすべての業務

二　前号に掲げる女性以外の満十八歳以上の女性　坑内で行われる業務のうち人力により行われる掘削の業務その他の女性に有害な業務として厚生労働省令で定めるもの

（危険有害業務の就業制限）

第六十四条の三　使用者は、妊娠中の女性及び産後一年を経過しない女性（以下「妊産婦」という。）を、重量物を取り扱う業務、有害ガスを発散する場所における業務その他妊産婦の妊娠、出産、哺育等に有害な業務に就かせてはならない。

② 前項の規定は、同項に規定する業務のうち女性の妊娠又は出産に係る機能に有害である業務につき、厚生労働省令で、妊産婦以外の女性に関して、準用することができる。

③ 前二項に規定する業務の範囲及びこれらの規定によりこれらの業務に就かせてはならない者の範囲は、厚生労働省令で定める。

（産前産後）

第六十五条　使用者は、六週間（多胎妊娠の場合にあつては、十四週間）以内に出産する予定の女性が休業を請求した場合においては、その者を就業させてはならない。

② 使用者は、産後八週間を経過しない女性を就業させてはならない。ただし、産後六週間を経過した女性が請求した場合において、その者について医師が支障がないと認めた業務に就かせることは、差し支えない。

③ 使用者は、妊娠中の女性が請求した場合においては、他の軽易な業務に転換させなければならない。

第六十六条　使用者は、妊産婦が請求した場合においては、第三十二条の二第一項、第三十二条の四第一項及び第三十二条の五第一項の規定にかかわらず、一週間について第三十二条第一項の労働時間、一日について同条第二項の労働時間を超えて労働させてはならない。

② 使用者は、妊産婦が請求した場合においては、第三十三条第一項及び第三項並びに第三十六条第一項の規定にかかわらず、時間外労働をさせてはならず、又は休日に労働させてはならない。

③ 使用者は、妊産婦が請求した場合においては、深夜業をさせてはならない。

（育児時間）

第六十七条　生後満一年に達しない生児を育てる女性は、第三十四条の休憩時間のほか、一日二回各々少なくとも三十分、その生児を育てるための時間を請求することができる。

② 使用者は、前項の育児時間中は、その女性を使用してはならない。

（生理日の就業が著しく困難な女性に対する措置）

第六十八条　使用者は、生理日の就業が著しく困難な女性が休暇を請求したときは、その者を生理日に就業させてはならない。

第七章　技能者の養成

（徒弟の弊害排除）

第六十九条　使用者は、徒弟、見習、養成工その他名称の如何を問わず、技能の習得を目的とする者であることを理由として、労働者を酷使してはならない。

② 使用者は、技能の習得を目的とする労働者を家事その他技能の習得に関係のない作業に従事させてはならない。

（職業訓練に関する特例）

第七十条　職業能力開発促進法（昭和四十四年法律第六十四号）第二十四条第一項（同法第二十七条の二第二項において準用する場合を含む。）の認定を受けて行う職業訓練を受ける労働者について必要がある場合においては、その必要の限度で、第十四条第一項の契約期間、第六十二条及び第六十四条の三の年少者及び妊産婦等の危険有害業務の就業制限、第六十三条の年少者の坑内労働の禁止並びに第六十四条の二の妊産婦等の坑内業務の就業制限に関する規定について、厚生労働省令で別段の定めをすることができる。ただし、第六十三条の年少者の坑内労働の禁止に関する規定については、満十六歳に満たない者に関しては、この限りでない。

第七十一条　前条の規定に基いて発する厚生労働省令は、当該厚生労働省令によつて労働者を使用することについて行政官庁の許可を受けた使用者に使用される労働者以外の労働者については、適用しない。

第七十二条　第七十条の規定に基づく厚生労働省令の適用を受ける未成年者についての第三十九条の規定の適用については、同条第一項中「十労働日」とあるのは「十二労働日」と、同条第二項の表六年以上の項中「十労働日」とあるのは「八労働日」とする。

第七十三条　第七十一条の規定による許可を受けた使用者が第七十条の規定に基いて発する厚生労働省令に違反した場合においては、行政官庁は、その許可を取り消すことができる。

第七十四条　削除

第八章　災害補償

（療養補償）

第七十五条　労働者が業務上負傷し、又は疾病にかかつた場合においては、使用者は、その費用で必要な療養を行い、又は必要な療養の費用を負担しなければならない。

② 前項に規定する業務上の疾病及び療養の範囲は、厚生労働省令で定める。

（休業補償）

第七十六条　労働者が前条の規定による療養のため、労働することができないために賃金を受けない場合においては、使用者は、労働者の療養中平均賃金の百分の六十の休業補償を行わなければならない。

② 使用者は、前項の規定により休業補償を行つている労働者

と同一の事業場における同種の労働者に対して所定労働時間労働した場合に支払われる通常の賃金の、一月から三月まで、四月から六月まで、七月から九月まで及び十月から十二月までの各区分による期間（以下四半期という。）ごとの一箇月一人当り平均額（常時百人未満の労働者を使用する事業場については、厚生労働省において作成する毎月勤労統計における当該事業場の属する産業に係る毎月きまつて支給する給与の四半期の労働者一人当りの一箇月平均額。以下平均給与額という。）が、当該労働者が業務上負傷し、又は疾病にかかつた日の属する四半期における平均給与額の百分の百二十をこえ、又は百分の八十を下るに至つた場合においては、使用者は、その上昇し又は低下した比率に応じて、その上昇し又は低下するに至つた四半期の次の次の四半期において、前項の規定により当該労働者に対して行つている休業補償の額を改訂し、その改訂をした四半期に属する最初の月から改訂された額により休業補償を行わなければならない。改訂後の休業補償の額の改訂についてもこれに準ずる。

③ 前項の規定により難い場合における改訂の方法その他同項の規定による改訂について必要な事項は、厚生労働省令で定める。

（障害補償）

第七十七条 労働者が業務上負傷し、又は疾病にかかり、治つた場合において、その身体に障害が存するときは、使用者は、その障害の程度に応じて、平均賃金に別表第二に定める日数を乗じて得た金額の障害補償を行わなければならない。

（休業補償及び障害補償の例外）

第七十八条 労働者が重大な過失によつて業務上負傷し、又は疾病にかかり、且つ使用者がその過失について行政官庁の認定を受けた場合においては、休業補償又は障害補償を行わなくてもよい。

（遺族補償）

第七十九条 労働者が業務上死亡した場合においては、使用者は、遺族に対して、平均賃金の千日分の遺族補償を行わなければならない。

（葬祭料）

第八十条 労働者が業務上死亡した場合においては、使用者は、葬祭を行う者に対して、平均賃金の六十日分の葬祭料を支払わなければならない。

（打切補償）

第八十一条 第七十五条の規定によつて補償を受ける労働者が、療養開始後三年を経過しても負傷又は疾病がなおらない場合においては、使用者は、平均賃金の千二百日分の打切補償を行い、その後はこの法律の規定による補償を行わなくてもよい。

（分割補償）

第八十二条 使用者は、支払能力のあることを証明し、補償を受けるべき者の同意を得た場合においては、第七十七条又は第七十九条の規定による補償に替え、平均賃金に別表第三に定める日数を乗じて得た金額を、六年にわたり毎年補償することができる。

（補償を受ける権利）

第八十三条 補償を受ける権利は、労働者の退職によつて変更されることはない。

② 補償を受ける権利は、これを譲渡し、又は差し押えてはならない。

（他の法律との関係）

第八十四条 この法律に規定する災害補償の事由について、労働者災害補償保険法（昭和二十二年法律第五十号）又は厚生労働省令で指定する法令に基づいてこの法律の災害補償に相当する給付が行なわれるべきものである場合においては、使用者は、補償の責を免れる。

② 使用者は、この法律による補償を行つた場合においては、同一の事由については、その価額の限度において民法による損害賠償の責を免れる。

（審査及び仲裁）

第八十五条 業務上の負傷、疾病又は死亡の認定、療養の方法、補償金額の決定その他補償の実施に関して異議のある者は、行政官庁に対して、審査又は事件の仲裁を申し立てることができる。

② 行政官庁は、必要があると認める場合においては、職権で審査又は事件の仲裁をすることができる。

③ 第一項の規定により審査若しくは仲裁の申立てがあつた事件又は前項の規定により行政官庁が審査若しくは仲裁を開始した事件について民事訴訟が提起されたときは、行政官庁は、当該事件については、審査又は仲裁をしない。

④ 行政官庁は、審査又は仲裁のために必要であると認める場合においては、医師に診断又は検案をさせることができる。

⑤ 第一項の規定による審査又は仲裁の申立て及び第二項の規定による審査又は仲裁の開始は、時効の完成猶予及び更新に関しては、これを裁判上の請求とみなす。

第八十六条 前条の規定による審査及び仲裁の結果に不服のある者は、労働者災害補償保険審査官の審査又は仲裁を申し立てることができる。

② 前条第三項の規定は、前項の規定により審査又は仲裁の申立てがあつた場合に、これを準用する。

（請負事業に関する例外）

第八十七条 厚生労働省令で定める事業が数次の請負によつて行われる場合においては、災害補償については、その元請負人を使用者とみなす。

② 前項の場合、元請負人が書面による契約で下請負人に補償を引き受けさせた場合においては、その下請負人もまた使用者とする。但し、二以上の下請負人に、同一の事業について重複して補償を引き受けさせてはならない。

③ 前項の場合、元請負人が補償の請求を受けた場合においては、補償を引き受けた下請負人に対して、まず催告すべきことを請求することができる。ただし、その下請負人が破産手続開始の決定を受け、又は行方が知れない場合においては、この限りでない。

（補償に関する細目）

第八十八条 この章に定めるものの外、補償に関する細目は、厚生労働省令で定める。

第九章　就業規則

（作成及び届出の義務）

第八十九条　常時十人以上の労働者を使用する使用者は、次に掲げる事項について就業規則を作成し、行政官庁に届け出なければならない。次に掲げる事項を変更した場合においても、同様とする。

一　始業及び終業の時刻、休憩時間、休日、休暇並びに労働者を二組以上に分けて交替に就業させる場合においては就業時転換に関する事項

二　賃金（臨時の賃金等を除く。以下この号において同じ。）の決定、計算及び支払の方法、賃金の締切り及び支払の時期並びに昇給に関する事項

三　退職に関する事項（解雇の事由を含む。）

三の二　退職手当の定めをする場合においては、適用される労働者の範囲、退職手当の決定、計算及び支払の方法並びに退職手当の支払の時期に関する事項

四　臨時の賃金等（退職手当を除く。）及び最低賃金額の定めをする場合においては、これに関する事項

五　労働者に食費、作業用品その他の負担をさせる定めをする場合においては、これに関する事項

六　安全及び衛生に関する定めをする場合においては、これに関する事項

七　職業訓練に関する定めをする場合においては、これに関する事項

八　災害補償及び業務外の傷病扶助に関する定めをする場合においては、これに関する事項

九　表彰及び制裁の定めをする場合においては、その種類及び程度に関する事項

十　前各号に掲げるもののほか、当該事業場の労働者のすべてに適用される定めをする場合においては、これに関する事項

（作成の手続）

第九十条　使用者は、就業規則の作成又は変更について、当該事業場に、労働者の過半数で組織する労働組合がある場合においてはその労働組合、労働者の過半数で組織する労働組合がない場合においては労働者の過半数を代表する者の意見を聴かなければならない。

② 使用者は、前条の規定により届出をなすについて、前項の意見を記した書面を添付しなければならない。

（制裁規定の制限）

第九十一条　就業規則で、労働者に対して減給の制裁を定める場合においては、その減給は、一回の額が平均賃金の一日分の半額を超え、総額が一賃金支払期における賃金の総額の十分の一を超えてはならない。

（法令及び労働協約との関係）

第九十二条　就業規則は、法令又は当該事業場について適用される労働協約に反してはならない。

② 行政官庁は、法令又は労働協約に抵触する就業規則の変更を命ずることができる。

（労働契約との関係）

第九十三条　労働契約と就業規則との関係については、労働契約法（平成十九年法律第百二十八号）第十二条の定めるところによる。

第十章　寄宿舎

（寄宿舎生活の自治）

第九十四条　使用者は、事業の附属寄宿舎に寄宿する労働者の私生活の自由を侵してはならない。

② 使用者は、寮長、室長その他寄宿舎生活の自治に必要な役員の選任に干渉してはならない。

（寄宿舎生活の秩序）

第九十五条　事業の附属寄宿舎に労働者を寄宿させる使用者は、左の事項について寄宿舎規則を作成し、行政官庁に届け出なければならない。これを変更した場合においても同様である。

一　起床、就寝、外出及び外泊に関する事項

二　行事に関する事項

三　食事に関する事項

四　安全及び衛生に関する事項

五　建設物及び設備の管理に関する事項

② 使用者は、前項第一号乃至第四号の事項に関する規定の作成又は変更については、寄宿舎に寄宿する労働者の過半数を代表する者の同意を得なければならない。

③ 使用者は、第一項の規定により届出をなすについて、前項の同意を証明する書面を添附しなければならない。

④ 使用者及び寄宿舎に寄宿する労働者は、寄宿舎規則を遵守しなければならない。

（寄宿舎の設備及び安全衛生）

第九十六条　使用者は、事業の附属寄宿舎について、換気、採光、照明、保温、防湿、清潔、避難、定員の収容、就寝に必要な措置その他労働者の健康、風紀及び生命の保持に必要な措置を講じなければならない。

② 使用者が前項の規定によつて講ずべき措置の基準は、厚生労働省令で定める。

（監督上の行政措置）

第九十六条の二　使用者は、常時十人以上の労働者を就業させる事業、厚生労働省令で定める危険な事業又は衛生上有害な事業の附属寄宿舎を設置し、移転し、又は変更しようとする場合においては、前条の規定に基づいて発する厚生労働省令で定める危害防止等に関する基準に従い定めた計画を、工事着手十四日前までに、行政官庁に届け出なければならない。

② 行政官庁は、労働者の安全及び衛生に必要であると認める場合においては、工事の着手を差し止め、又は計画の変更を命ずることができる。

第九十六条の三　労働者を就業させる事業の附属寄宿舎が、安全及び衛生に関し定められた基準に反する場合においては、行政官庁は、使用者に対して、その全部又は一部の使用の停止、変更その他必要な事項を命ずることができる。

② 前項の場合において行政官庁は、使用者に命じた事項について必要な事項を労働者に命ずることができる。

第十一章　監督機関

（監督機関の職員等）
第九十七条　労働基準主管局（厚生労働省の内部部局として置かれる局で労働条件及び労働者の保護に関する事務を所掌するものをいう。以下同じ。）、都道府県労働局及び労働基準監督署に労働基準監督官を置くほか、厚生労働省令で定める必要な職員を置くことができる。
②　労働基準主管局の局長（以下「労働基準主管局長」という。）、都道府県労働局長及び労働基準監督署長は、労働基準監督官をもつてこれに充てる。
③　労働基準監督官の資格及び任免に関する事項は、政令で定める。
④　厚生労働省に、政令で定めるところにより、労働基準監督官分限審議会を置くことができる。
⑤　労働基準監督官を罷免するには、労働基準監督官分限審議会の同意を必要とする。
⑥　前二項に定めるもののほか、労働基準監督官分限審議会の組織及び運営に関し必要な事項は、政令で定める。
第九十八条　削除
（労働基準主管局長等の権限）
第九十九条　労働基準主管局長は、厚生労働大臣の指揮監督を受けて、都道府県労働局長を指揮監督し、労働基準に関する法令の制定改廃、労働基準監督官の任免教養、監督方法についての規程の制定及び調整、監督年報の作成並びに労働政策審議会及び労働基準監督官分限審議会に関する事項（労働政策審議会に関する事項については、労働条件及び労働者の保護に関するものに限る。）その他この法律の施行に関する事項をつかさどり、所属の職員を指揮監督する。
②　都道府県労働局長は、労働基準主管局長の指揮監督を受けて、管内の労働基準監督署長を指揮監督し、監督方法の調整に関する事項その他この法律の施行に関する事項をつかさどり、所属の職員を指揮監督する。
③　労働基準監督署長は、都道府県労働局長の指揮監督を受けて、この法律に基く臨検、尋問、許可、認定、審査、仲裁その他この法律の実施に関する事項をつかさどり、所属の職員を指揮監督する。
④　労働基準主管局長及び都道府県労働局長は、下級官庁の権限を自ら行い、又は所属の労働基準監督官をして行わせることができる。
（女性主管局長の権限）
第百条　厚生労働省の女性主管局長（厚生労働省の内部部局として置かれる局で女性労働者の特性に係る労働問題に関する事務を所掌するものの局長をいう。以下同じ。）は、厚生労働大臣の指揮監督を受けて、この法律中女性に特殊の規定の制定、改廃及び解釈に関する事項をつかさどり、その施行に関する事項については、労働基準主管局長及びその下級の官庁の長に勧告を行うとともに、労働基準主管局長が、その下級の官庁に対して行う指揮監督について援助を与える。
②　女性主管局長は、自ら又はその指定する所属官吏をして、女性に関し労働基準主管局若しくはその下級の官庁又はその所属官吏の行つた監督その他に関する文書を閲覧し、又は閲覧せしめることができる。
③　第百一条及び第百五条の規定は、女性主管局長又はその指定する所属官吏が、この法律中女性に特殊の規定の施行に関して行う調査の場合に、これを準用する。
（労働基準監督官の権限）
第百一条　労働基準監督官は、事業場、寄宿舎その他の附属建設物に臨検し、帳簿及び書類の提出を求め、又は使用者若しくは労働者に対して尋問を行うことができる。
②　前項の場合において、労働基準監督官は、その身分を証明する証票を携帯しなければならない。
第百二条　労働基準監督官は、この法律違反の罪について、刑事訴訟法に規定する司法警察官の職務を行う。
第百三条　労働者を就業させる事業の附属寄宿舎が、安全及び衛生に関して定められた基準に反し、且つ労働者に急迫した危険がある場合においては、労働基準監督官は、第九十六条の三の規定による行政官庁の権限を即時に行うことができる。
（監督機関に対する申告）
第百四条　事業場に、この法律又はこの法律に基いて発する命令に違反する事実がある場合においては、労働者は、その事実を行政官庁又は労働基準監督官に申告することができる。
②　使用者は、前項の申告をしたことを理由として、労働者に対して解雇その他不利益な取扱をしてはならない。
（報告等）
第百四条の二　行政官庁は、この法律を施行するため必要があると認めるときは、厚生労働省令で定めるところにより、使用者又は労働者に対し、必要な事項を報告させ、又は出頭を命ずることができる。
②　労働基準監督官は、この法律を施行するため必要があると認めるときは、使用者又は労働者に対し、必要な事項を報告させ、又は出頭を命ずることができる。
（労働基準監督官の義務）
第百五条　労働基準監督官は、職務上知り得た秘密を漏してはならない。労働基準監督官を退官した後においても同様である。

第十二章　雑則

（国の援助義務）
第百五条の二　厚生労働大臣又は都道府県労働局長は、この法律の目的を達成するために、労働者及び使用者に対して資料の提供その他必要な援助をしなければならない。
（法令等の周知義務）
第百六条　使用者は、この法律及びこれに基づく命令の要旨、就業規則、第十八条第二項、第二十四条第一項ただし書、第三十二条の二第一項、第三十二条の三第一項、第三十二条の四第一項、第三十二条の五第一項、第三十四条第二項ただし書、第三十六条第一項、第三十七条第三項、第三十八条の二第二項、第三十八条の三第一項並びに第三十九条第四項、第六項及び第九項ただし書に規定する協定並びに第三十八条の四第一項及び同条第五項（第四十一条の二第三項において準用する場合を含む。）並びに第四十一条の二第一項に規定する決議を、常時各作業場の見やすい場所へ掲示し、又は備え付けること、書面を交付することその他の厚生労働省令で定める方法によつて、労働者に周知させなければならない。

② 使用者は、この法律及びこの法律に基いて発する命令のうち、寄宿舎に関する規定及び寄宿舎規則を、寄宿舎の見易い場所に掲示し、又は備え付ける等の方法によつて、寄宿舎に寄宿する労働者に周知させなければならない。

（労働者名簿）

第百七条 使用者は、各事業場ごとに労働者名簿を、各労働者（日日雇い入れられる者を除く。）について調製し、労働者の氏名、生年月日、履歴その他厚生労働省令で定める事項を記入しなければならない。

② 前項の規定により記入すべき事項に変更があつた場合においては、遅滞なく訂正しなければならない。

（賃金台帳）

第百八条 使用者は、各事業場ごとに賃金台帳を調製し、賃金計算の基礎となる事項及び賃金の額その他厚生労働省令で定める事項を賃金支払の都度遅滞なく記入しなければならない。

（記録の保存）

第百九条 使用者は、労働者名簿、賃金台帳及び雇入れ、解雇、災害補償、賃金その他労働関係に関する重要な書類を五年間保存しなければならない。

第百十条 削除

（無料証明）

第百十一条 労働者及び労働者になろうとする者は、その戸籍に関して戸籍事務を掌る者又はその代理者に対して、無料で証明を請求することができる。使用者が、労働者及び労働者になろうとする者の戸籍に関して証明を請求する場合においても同様である。

（国及び公共団体についての適用）

第百十二条 この法律及びこの法律に基いて発する命令は、国、都道府県、市町村その他これに準ずべきものについても適用あるものとする。

（命令の制定）

第百十三条 この法律に基いて発する命令は、その草案について、公聴会で労働者を代表する者、使用者を代表する者及び公益を代表する者の意見を聴いて、これを制定する。

（付加金の支払）

第百十四条 裁判所は、第二十条、第二十六条若しくは第三十七条の規定に違反した使用者又は第三十九条第九項の規定による賃金を支払わなかつた使用者に対して、労働者の請求により、これらの規定により使用者が支払わなければならない金額についての未払金のほか、これと同一額の付加金の支払を命ずることができる。ただし、この請求は、違反のあつた時から五年以内にしなければならない。

（時効）

第百十五条 この法律の規定による賃金の請求権はこれを行使することができる時から五年間、この法律の規定による災害補償その他の請求権（賃金の請求権を除く。）はこれを行使することができる時から二年間行わない場合においては、時効によつて消滅する。

（経過措置）

第百十五条の二 この法律の規定に基づき命令を制定し、又は改廃するときは、その命令で、その制定又は改廃に伴い合理的に必要と判断される範囲内において、所要の経過措置（罰則に関する経過措置を含む。）を定めることができる。

（適用除外）

第百十六条 第一条から第十一条まで、次項、第百十七条から第百十九条まで及び第百二十一条の規定を除き、この法律は、船員法（昭和二十二年法律第百号）第一条第一項に規定する船員については、適用しない。

② この法律は、同居の親族のみを使用する事業及び家事使用人については、適用しない。

第十三章　罰則

第百十七条 第五条の規定に違反した者は、これを一年以上十年以下の懲役又は二十万円以上三百万円以下の罰金に処する。

第百十八条 第六条、第五十六条、第六十三条又は第六十四条の二の規定に違反した者は、これを一年以下の懲役又は五十万円以下の罰金に処する。

② 第七十条の規定に基づいて発する厚生労働省令（第六十三条又は第六十四条の四の規定に係る部分に限る。）に違反した者についても前項の例による。

第百十九条 次の各号のいずれかに該当する者は、六箇月以下の懲役又は三十万円以下の罰金に処する。

一 第三条、第四条、第七条、第十六条、第十七条、第十八条第一項、第十九条、第二十条、第二十二条第四項、第三十二条、第三十四条、第三十五条、第三十六条第六項、第三十七条、第三十九条（第七項を除く。）、第六十一条、第六十二条、第六十四条の三から第六十七条まで、第七十二条、第七十五条から第七十七条まで、第七十九条、第八十条、第九十四条第二項、第九十六条又は第百四条第二項の規定に違反した者

二 第三十三条第二項、第九十六条の二第二項又は第九十六条の三第一項の規定による命令に違反した者

三 第四十条の規定に基づいて発する厚生労働省令に違反した者

四 第七十条の規定に基づいて発する厚生労働省令（第六十二条又は第六十四条の三の規定に係る部分に限る。）に違反した者

第百二十条 次の各号のいずれかに該当する者は、三十万円以下の罰金に処する。

一 第十四条、第十五条第一項若しくは第三項、第十八条第七項、第二十二条第一項から第三項まで、第二十三条から第二十七条まで、第三十二条の二第二項（第三十二条の三第四項、第三十二条の四第四項及び第三十二条の五第三項において準用する場合を含む。）、第三十二条の五第二項、第三十三条第一項ただし書、第三十八条の二第三項（第三十八条の三第二項において準用する場合を含む。）、第三十九条第七項、第五十七条から第五十九条まで、第六十四

条、第六十八条、第八十九条、第九十条第一項、第九十一条、第九十五条第一項若しくは第二項、第九十六条の二第一項、第百五条（第百条第三項において準用する場合を含む。）又は第百六条から第百九条までの規定に違反した者

二　第七十条の規定に基づいて発する厚生労働省令（第十四条の規定に係る部分に限る。）に違反した者

三　第九十二条第二項又は第九十六条の三第二項の規定による命令に違反した者

四　第百一条（第百条第三項において準用する場合を含む。）の規定による労働基準監督官又は女性主管局長若しくはその指定する所属官吏の臨検を拒み、妨げ、若しくは忌避し、その尋問に対して陳述をせず、若しくは虚偽の陳述をし、帳簿書類の提出をせず、又は虚偽の記載をした帳簿書類の提出をした者

五　第百四条の二の規定による報告をせず、若しくは虚偽の報告をし、又は出頭しなかつた者

第百二十一条　この法律の違反行為をした者が、当該事業の労働者に関する事項について、事業主のために行為した代理人、使用人その他の従業者である場合においては、事業主に対しても各本条の罰金刑を科する。ただし、事業主（事業主が法人である場合においてはその代表者、事業主が営業に関し成年者と同一の行為能力を有しない未成年者又は成年被後見人である場合においてはその法定代理人（法定代理人が法人であるときは、その代表者）を事業主とする。次項において同じ。）が違反の防止に必要な措置をした場合においては、この限りでない。

②　事業主が違反の計画を知りその防止に必要な措置を講じなかつた場合、違反行為を知り、その是正に必要な措置を講じなかつた場合又は違反を教唆した場合においては、事業主も行為者として罰する。

附　則（抄）

第百二十二条　この法律施行の期日は、勅令で、これを定める。

第百三十一条　命令で定める規模以下の事業又は命令で定める業種の事業に係る第三十二条第一項（第六十条第二項の規定により読み替えて適用する場合を除く。）の規定の適用については、平成九年三月三十一日までの間は、第三十二条第一項中「四十時間」とあるのは、「四十時間を超え四十四時間以下の範囲内において命令で定める時間」とする。

②　前項の規定により読み替えて適用する第三十二条第一項の命令は、労働者の福祉、労働時間の動向その他の事情を考慮して定めるものとする。

③　第一項の規定により読み替えて適用する第三十二条第一項の命令を制定し、又は改正する場合においては、当該命令で、一定の規模以下の事業又は一定の業種の事業については、一定の期間に限り、当該命令の制定前又は改正前の例による旨の経過措置（罰則に関する経過措置を含む。）を定めることができる。

④　労働大臣は、第一項の規定により読み替えて適用する第三十二条第一項の命令の制定又は改正の立案をしようとするときは、あらかじめ、中央労働基準審議会の意見を聴かなければならない。

第百三十二条　前条第一項の規定が適用される間における同項に規定する事業に係る第三十二条の四第一項の規定の適用については、同項各号列記以外の部分中「次に掲げる事項を定めたときは、第三十二条の規定にかかわらず、その協定で」とあるのは「次に掲げる事項及び」と、「労働時間が四十時間」とあるのは「労働時間を四十時間（命令で定める規模以下の事業にあつては、四十時間を超え四十二時間以下の範囲内において命令で定める時間）以内とし、当該時間を超えて労働させたときはその超えた時間（第三十七条第一項の規定の適用を受ける時間を除く。）の労働について同条の規定の例により割増賃金を支払う定めをしたときは、第三十二条の規定にかかわらず、当該期間を平均し一週間当たりの労働時間が同条第一項の労働時間」と、「労働させることができる」とあるのは「労働させることができる。この場合において、使用者は、当該期間を平均し一週間当たり四十時間（前段の命令で定める規模以下の事業にあつては、前段の命令で定める時間）を超えて労働させたときは、その超えた時間（第三十七条第一項の規定の適用を受ける時間を除く。）の労働について、第三十七条の規定の例により割増賃金を支払わなければならない」と、同項第二号中「四十時間」とあるのは「第三十二条第一項の労働時間」とする。

②　前条第一項の規定が適用される間における同項に規定する事業に係る第三十二条の五第一項の規定の適用については、同項中「協定がある」とあるのは「協定により、一週間の労働時間を四十時間（命令で定める規模以下の事業にあつては、四十時間を超え四十二時間以下の範囲内において命令で定める時間）以内とし、当該時間を超えて労働させたときはその超えた時間（第三十七条第一項の規定の適用を受ける時間を除く。）の労働について同条の規定の例により割増賃金を支払う定めをした」と、「一日について」とあるのは「一週間について同条第一項の労働時間を超えない範囲内において、一日について」と、「労働させることができる」とあるのは「労働させることができる。この場合において、使用者は、一週間について四十時間（前段の命令で定める規模以下の事業にあつては、前段の命令で定める時間）を超えて労働させたときは、その超えた時間（第三十七条第一項の規定の適用を受ける時間を除く。）の労働について、第三十七条の規定の例により割増賃金を支払わなければならない」とする。

③　前条第四項の規定は、前二項の規定により読み替えて適用する第三十二条の四第一項及び第三十二条の五第一項（第二項の規定により読み替えた部分に限る。）の命令について準用する。

第百三十三条　厚生労働大臣は、第三十六条第二項の基準を定めるに当たつては、満十八歳以上の女性のうち雇用の分野における男女の均等な機会及び待遇の確保等のための労働省関係法律の整備に関する法律（平成九年法律第九十二号）第四条の規定による改正前の第六十四条の二第四項に規定する命令で定める者に該当しない者について平成十一年四月一日以後同条第一項及び第二項の規定が適用されなくなつたことに

かんがみ、当該者のうち子の養育又は家族の介護を行う労働者（厚生労働省令で定める者に限る。以下この条において「特定労働者」という。）の職業生活の著しい変化がその家庭生活に及ぼす影響を考慮して、厚生労働省令で定める期間、特定労働者（その者に係る時間外労働を短いものとすることを使用者に申し出た者に限る。）に係る第三十六条第一項の協定で定める労働時間の延長の限度についての基準は、当該特定労働者以外の者に係る同項の協定で定める労働時間の延長の限度についての基準とは別に、これより短いものとして定めるものとする。この場合において、一年についての労働時間の延長の限度についての基準は、百五十時間を超えないものとしなければならない。

第百三十四条　常時三百人以下の労働者を使用する事業に係る第三十九条の規定の適用については、昭和六十六年三月三十一日までの間は同条第一項中「十労働日」とあるのは「六労働日」と、同年四月一日から昭和六十九年三月三十一日までの間は同項中「十労働日」とあるのは「八労働日」とする。

第百三十五条　六箇月経過日から起算した継続勤務年数が四年から八年までのいずれかの年数に達する日の翌日が平成十一年四月一日から平成十二年三月三十一日までの間にある労働者に関する第三十九条の規定の適用については、同日までの間は、次の表の上欄に掲げる当該六箇月経過日から起算した継続勤務年数の区分に応じ、同条第二項の表中次の表の中欄に掲げる字句は、同表の下欄に掲げる字句とする。

四年	六労働日	五労働日
五年	八労働日	六労働日
六年	十労働日	七労働日
七年	十労働日	八労働日
八年	十労働日	九労働日

② 六箇月経過日から起算した継続勤務年数が五年から七年までのいずれかの年数に達する日の翌日が平成十二年四月一日から平成十三年三月三十一日までの間にある労働者に関する第三十九条の規定の適用については、平成十二年四月一日から平成十三年三月三十一日までの間は、次の表の上欄に掲げる当該六箇月経過日から起算した継続勤務年数の区分に応じ、同条第二項の表中次の表の中欄に掲げる字句は、同表の下欄に掲げる字句とする。

五年	八労働日	七労働日
六年	十労働日	八労働日
七年	十労働日	九労働日

③ 前二項の規定は、第七十二条に規定する未成年者については、適用しない。

第百三十六条　使用者は、第三十九条第一項から第四項までの規定による有給休暇を取得した労働者に対して、賃金の減額その他不利益な取扱いをしないようにしなければならない。

第百三十七条　期間の定めのある労働契約（一定の事業の完了に必要な期間を定めるものを除き、その期間が一年を超えるものに限る。）を締結した労働者（第十四条第一項各号に規定する労働者を除く。）は、労働基準法の一部を改正する法律（平成十五年法律第百四号）附則第三条に規定する措置が講じられるまでの間、民法第六百二十八条の規定にかかわらず、当該労働契約の期間の初日から一年を経過した日以後においては、その使用者に申し出ることにより、いつでも退職することができる。

第百三十八条　削除

第百三十九条　工作物の建設の事業（災害時における復旧及び復興の事業に限る。）その他これに関連する事業として厚生労働省令で定める事業に関する第三十六条の規定の適用については、当分の間、同条第五項中「時間（第二項第四号に関して協定した時間を含め百時間未満の範囲内に限る。）」とあるのは「時間」と、「同号」とあるのは「第二項第四号」とし、同条第六項（第二号及び第三号に係る部分に限る。）の規定は適用しない。

② 前項の規定にかかわらず、工作物の建設の事業その他これに関連する事業として厚生労働省令で定める事業については、令和六年三月三十一日（同日及びその翌日を含む期間を定めている第三十六条第一項の協定に関しては、当該協定に定める期間の初日から起算して一年を経過する日）までの間、同条第二項第四号中「一箇月及び」とあるのは、「一日を超え三箇月以内の範囲で前項の協定をする使用者及び労働組合若しくは労働者の過半数を代表する者が定める期間並びに」とし、同条第三項から第五項まで及び第六項（第二号及び第三号に係る部分に限る。）の規定は適用しない。

第百四十条　一般乗用旅客自動車運送事業（道路運送法（昭和二十六年法律第百八十三号）第三条第一号ハに規定する一般乗用旅客自動車運送事業をいう。）の業務、貨物自動車運送事業（貨物自動車運送事業法（平成元年法律第八十三号）第二条第一項に規定する貨物自動車運送事業をいう。）の業務その他の自動車の運転の業務として厚生労働省令で定める業務に関する第三十六条の規定の適用については、当分の間、同条第五項中「時間（第二項第四号に関して協定した時間を含め百時間未満の範囲内に限る。）並びに一年について労働時間を延長して労働させることができる時間（同号に関して協定した時間を含め七百二十時間を超えない範囲内に限る。）を定めることができる。この場合において、第一項の協定に、併せて第二項第二号の対象期間において労働時間を延長して労働させる時間が一箇月について四十五時間（第三十二条の四第一項第二号の対象期間として三箇月を超える期間を定めて同条の規定により労働させる場合にあつては、一箇月について四十二時間）を超えることができる月数（一年について六箇月以内に限る。）を定めなければならない」とあるのは、「時間並びに一年について労働時間を延長して労働させることができる時間（第二項第四号に関して協定した時間を含め九百六十時間を超えない範囲内に限る。）を定めることができる」とし、同条第六項（第二号及び第三号に係る部分に限る。）の規定は適用しない。

② 前項の規定にかかわらず、同項に規定する業務については、令和六年三月三十一日（同日及びその翌日を含む期間を定めている第三十六条第一項の協定に関しては、当該協定に定める期間の初日から起算して一年を経過する日）までの間、同条第二項第四号中「一箇月及び」とあるのは、「一日を超え三箇月以内の範囲で前項の協定をする使用者及び労働組合若しくは労働者の過半数を代表する者が定める期間並びに」とし、同条第三項から第五項まで及び第六項（第二号及び第三号に係る部分に限る。）の規定は適用しない。

第百四十一条 医業に従事する医師（医療提供体制の確保に必要な者として厚生労働省令で定める者に限る。）に関する第三十六条の規定の適用については、当分の間、同条第二項第四号中「における一日、一箇月及び一年のそれぞれの期間について」とあるのは「における」とし、同条第三項中「限度時間」とあるのは「限度時間並びに労働者の健康及び福祉を勘案して厚生労働省令で定める時間」とし、同条第五項及び第六項（第二号及び第三号に係る部分に限る。）の規定は適用しない。

② 前項の場合において、第三十六条第一項の協定に、同条第二項各号に掲げるもののほか、当該事業場における通常予見することのできない業務量の大幅な増加等に伴い臨時的に前項の規定により読み替えて適用する同条第三項の厚生労働省令で定める時間を超えて労働させる必要がある場合において、同条第二項第四号に関して協定した時間を超えて労働させることができる時間（同号に関して協定した時間を含め、同条第五項に定める時間及び月数並びに労働者の健康及び福祉を勘案して厚生労働省令で定める時間を超えない範囲内に限る。）その他厚生労働省令で定める事項を定めることができる。

③ 使用者は、第一項の場合において、第三十六条第一項の協定で定めるところによつて労働時間を延長して労働させ、又は休日において労働させる場合であつても、同条第六項に定める要件並びに労働者の健康及び福祉を勘案して厚生労働省令で定める時間を超えて労働させてはならない。

④ 前三項の規定にかかわらず、医業に従事する医師については、令和六年三月三十一日（同日及びその翌日を含む期間を定めている第三十六条第一項の協定に関しては、当該協定に定める期間の初日から起算して一年を経過する日）までの間、同条第二項第四号中「一箇月及び」とあるのは、「一日を超え三箇月以内の範囲で前項の協定をする使用者及び労働組合若しくは労働者の過半数を代表する者が定める期間並びに」とし、同条第三項から第五項まで及び第六項（第二号及び第三号に係る部分に限る。）の規定は適用しない。

⑤ 第三項の規定に違反した者は、六箇月以下の懲役又は三十万円以下の罰金に処する。

第百四十二条 鹿児島県及び沖縄県における砂糖を製造する事業に関する第三十六条の規定の適用については、令和六年三月三十一日（同日及びその翌日を含む期間を定めている同条第一項の協定に関しては、当該協定に定める期間の初日から起算して一年を経過する日）までの間、同条第五項中「時間（第二項第四号に関して協定した時間を含め百時間未満の範囲内に限る。）」とあるのは「時間」と、「同号」とあるのは「第二項第四号」とし、同条第六項（第二号及び第三号に係る部分に限る。）の規定は適用しない。

第百四十三条 第百九条の規定の適用については、当分の間、同条中「五年間」とあるのは、「三年間」とする。

② 第百十四条の規定の適用については、当分の間、同条ただし書中「五年」とあるのは、「三年」とする。

③ 第百十五条の規定の適用については、当分の間、同条中「賃金の請求権はこれを行使することができる時から五年間」とあるのは、「退職手当の請求権はこれを行使することができる時から五年間、この法律の規定による賃金（退職手当を除く。）の請求権はこれを行使することができる時から三年間」とする。

別表第一（第三十三条、第四十条、第四十一条、第五十六条、第六十一条関係）

一 物の製造、改造、加工、修理、洗浄、選別、包装、装飾、仕上げ、販売のためにする仕立て、破壊若しくは解体又は材料の変造の事業（電気、ガス又は各種動力の発生、変更若しくは伝導の事業及び水道の事業を含む。）
二 鉱業、石切り業その他土石又は鉱物採取の事業
三 土木、建築その他工作物の建設、改造、保存、修理、変更、破壊、解体又はその準備の事業
四 道路、鉄道、軌道、索道、船舶又は航空機による旅客又は貨物の運送の事業
五 ドック、船舶、岸壁、波止場、停車場又は倉庫における貨物の取扱いの事業
六 土地の耕作若しくは開墾又は植物の栽植、栽培、採取若しくは伐採の事業その他農林の事業
七 動物の飼育又は水産動植物の採捕若しくは養殖の事業その他の畜産、養蚕又は水産の事業
八 物品の販売、配給、保管若しくは賃貸又は理容の事業
九 金融、保険、媒介、周旋、集金、案内又は広告の事業
十 映画の製作又は映写、演劇その他興行の事業
十一 郵便、信書便又は電気通信の事業
十二 教育、研究又は調査の事業
十三 病者又は虚弱者の治療、看護その他保健衛生の事業
十四 旅館、料理店、飲食店、接客業又は娯楽場の事業
十五 焼却、清掃又はと畜場の事業

別表第二　身体障害等級及び災害補償表（第七十七条関係）

等級	災害補償
第一級	一三四〇日分
第二級	一一九〇日分
第三級	一〇五〇日分
第四級	九二〇日分
第五級	七九〇日分
第六級	六七〇日分
第七級	五六〇日分
第八級	四五〇日分
第九級	三五〇日分
第一〇級	二七〇日分
第一一級	二〇〇日分
第一二級	一四〇日分
第一三級	九〇日分
第一四級	五〇日分

別表第三　分割補償表（第八十二条関係）

種別	等級	災害補償
障害補償	第一級	二四〇日分
	第二級	二一三日分
	第三級	一八八日分
	第四級	一六四日分
	第五級	一四二日分
	第六級	一二〇日分
	第七級	一〇〇日分
	第八級	八〇日分
	第九級	六三日分
	第一〇級	四八日分
	第一一級	三六日分
	第一二級	二五日分
	第一三級	一六日分
	第一四級	九日分
遺族補償		一八〇日分

○刑法等の一部を改正する法律の施行に伴う関係法律の整理等に関する法律（抄）

令和四・六・一七
法　六　八

（労働基準法の一部改正）

第二百二十二条　労働基準法（昭和二十二年法律第四十九号）の一部を次のように改正する。

第百十七条及び第百十八条第一項中「これを」を削り、「懲役」を「拘禁刑」に改める。

第百十九条及び第百四十一条第五項中「六箇月以下の懲役」を「六月以下の拘禁刑」に改める。

附　則（抄）

（施行期日）

1　この法律は、刑法等一部改正法施行日〔令和七・六・一〕から施行する。〔ただし書略〕

○労働安全衛生法（抄）

昭四七・六・八
法　五　七

最終改正　令和四・六・一七法六八

第一章　総則

（目的）

第一条　この法律は、労働基準法（昭和二十二年法律第四十九号）と相まつて、労働災害の防止のための危害防止基準の確立、責任体制の明確化及び自主的活動の促進の措置を講ずる等その防止に関する総合的計画的な対策を推進することにより職場における労働者の安全と健康を確保するとともに、快適な職場環境の形成を促進することを目的とする。

（定義）

第二条　この法律において、次の各号に掲げる用語の意義は、それぞれ当該各号に定めるところによる。

一　労働災害　労働者の就業に係る建設物、設備、原材料、ガス、蒸気、粉じん等により、又は作業行動その他業務に起因して、労働者が負傷し、疾病にかかり、又は死亡することをいう。

二　労働者　労働基準法第九条に規定する労働者（同居の親族のみを使用する事業又は事務所に使用される者及び家事使用人を除く。）をいう。

三　事業者　事業を行う者で、労働者を使用するものをいう。

三の二　化学物質　元素及び化合物をいう。

四　作業環境測定　作業環境の実態をは握するため空気環境その他の作業環境について行うデザイン、サンプリング及び分析（解析を含む。）をいう。

（事業者等の責務）

第三条　事業者は、単にこの法律で定める労働災害の防止のための最低基準を守るだけでなく、快適な職場環境の実現と労働条件の改善を通じて職場における労働者の安全と健康を確保するようにしなければならない。また、事業者は、国が実施する労働災害の防止に関する施策に協力するようにしなければならない。

2　機械、器具その他の設備を設計し、製造し、若しくは輸入する者、原材料を製造し、若しくは輸入する者又は建設物を建設し、若しくは設計する者は、これらの物の設計、製造、輸入又は建設に際して、これらの物が使用されることによる労働災害の発生の防止に資するように努めなければならない。

3　建設工事の注文者等仕事を他人に請け負わせる者は、施工方法、工期等について、安全で衛生的な作業の遂行をそこなうおそれのある条件を附さないように配慮しなければならない。

第四条　労働者は、労働災害を防止するため必要な事項を守るほか、事業者その他の関係者が実施する労働災害の防止に関する措置に協力するように努めなければならない。

第二章　労働災害防止計画〔略〕

第三章　安全衛生管理体制

（総括安全衛生管理者）

第十条　事業者は、政令で定める規模の事業場ごとに、厚生労働省令で定めるところにより、総括安全衛生管理者を選任し、その者に安全管理者、衛生管理者又は第二十五条の二第二項の規定により技術的事項を管理する者の指揮をさせるとともに、次の業務を統括管理させなければならない。

一　労働者の危険又は健康障害を防止するための措置に関すること。

二　労働者の安全又は衛生のための教育の実施に関すること。

三　健康診断の実施その他健康の保持増進のための措置に関すること。

四　労働災害の原因の調査及び再発防止対策に関すること。

五　前各号に掲げるもののほか、労働災害を防止するため必要な業務で、厚生労働省令で定めるもの

2　総括安全衛生管理者は、当該事業場においてその事業の実施を統括管理する者をもつて充てなければならない。

3　都道府県労働局長は、労働災害を防止するため必要があると認めるときは、総括安全衛生管理者の業務の執行について事業者に勧告することができる。

（安全管理者）

第十一条　事業者は、政令で定める業種及び規模の事業場ごとに、厚生労働省令で定める資格を有する者のうちから、厚生労働省令で定めるところにより、安全管理者を選任し、その者に前条第一項各号の業務（第二十五条の二第二項の規定により技術的事項を管理する者を選任した場合においては、同条第一項各号の措置に該当するものを除く。）のうち安全に係る技術的事項を管理させなければならない。

2　労働基準監督署長は、労働災害を防止するため必要があると認めるときは、事業者に対し、安全管理者の増員又は解任を命ずることができる。

（衛生管理者）

第十二条　事業者は、政令で定める規模の事業場ごとに、都道府県労働局長の免許を受けた者その他厚生労働省令で定める資格を有する者のうちから、厚生労働省令で定めるところにより、当該事業場の業務の区分に応じて、衛生管理者を選任し、その者に第十条第一項各号の業務（第二十五条の二第二項の規定により技術的事項を管理する者を選任した場合においては、同条第一項各号の措置に該当するものを除く。）のうち衛生に係る技術的事項を管理させなければならない。

2　前条第二項の規定は、衛生管理者について準用する。

（安全衛生推進者等）

第十二条の二　事業者は、第十一条第一項の事業場及び前条第一項の事業場以外の事業場で、厚生労働省令で定める規模のものごとに、厚生労働省令で定めるところにより、安全衛生推進者（第十一条第一項の政令で定める業種以外の業種の事

業場にあつては、衛生推進者）を選任し、その者に第十条第一項各号の業務（第二十五条の二第二項の規定により技術的事項を管理する者を選任した場合においては、同条第一項各号の措置に該当するものを除くものとし、第十一条第一項の政令で定める業種以外の業種の事業場にあつては、衛生に係る業務に限る。）を担当させなければならない。

（産業医等）

第十三条　事業者は、政令で定める規模の事業場ごとに、厚生労働省令で定めるところにより、医師のうちから産業医を選任し、その者に労働者の健康管理その他の厚生労働省令で定める事項（以下「労働者の健康管理等」という。）を行わせなければならない。

2　産業医は、労働者の健康管理等を行うのに必要な医学に関する知識について厚生労働省令で定める要件を備えた者でなければならない。

3　産業医は、労働者の健康管理等を行うのに必要な医学に関する知識に基づいて、誠実にその職務を行わなければならない。

4　産業医を選任した事業者は、産業医に対し、厚生労働省令で定めるところにより、労働者の労働時間に関する情報その他の産業医が労働者の健康管理等を適切に行うために必要な情報として厚生労働省令で定めるものを提供しなければならない。

5　産業医は、労働者の健康を確保するため必要があると認めるときは、事業者に対し、労働者の健康管理等について必要な勧告をすることができる。この場合において、事業者は、当該勧告を尊重しなければならない。

6　事業者は、前項の勧告を受けたときは、厚生労働省令で定めるところにより、当該勧告の内容その他の厚生労働省令で定める事項を衛生委員会又は安全衛生委員会に報告しなければならない。

第十三条の二　事業者は、前条第一項の事業場以外の事業場については、労働者の健康管理等を行うのに必要な医学に関する知識を有する医師その他厚生労働省令で定める者に労働者の健康管理等の全部又は一部を行わせるように努めなければならない。

2　前条第四項の規定は、前項に規定する者に労働者の健康管理等の全部又は一部を行わせる事業者について準用する。この場合において、同条第四項中「提供しなければ」とあるのは、「提供するように努めなければ」と読み替えるものとする。

第十三条の三　事業者は、産業医又は前条第一項に規定する者による労働者の健康管理等の適切な実施を図るため、産業医又は同項に規定する者が労働者からの健康相談に応じ、適切に対応するために必要な体制の整備その他の必要な措置を講ずるように努めなければならない。

（安全委員会）

第十七条　事業者は、政令で定める業種及び規模の事業場ごとに、次の事項を調査審議させ、事業者に対し意見を述べさせるため、安全委員会を設けなければならない。

一　労働者の危険を防止するための基本となるべき対策に関すること。

二　労働災害の原因及び再発防止対策で、安全に係るものに関すること。

三　前二号に掲げるもののほか、労働者の危険の防止に関する重要事項

2　安全委員会の委員は、次の者をもつて構成する。ただし、第一号の者である委員（以下「第一号の委員」という。）は、一人とする。

一　総括安全衛生管理者又は総括安全衛生管理者以外の者で当該事業場においてその事業の実施を統括管理するもの若しくはこれに準ずる者のうちから事業者が指名した者

二　安全管理者のうちから事業者が指名した者

三　当該事業場の労働者で、安全に関し経験を有するもののうちから事業者が指名した者

3　安全委員会の議長は、第一号の委員がなるものとする。

4　事業者は、第一号の委員以外の委員の半数については、当該事業場に労働者の過半数で組織する労働組合があるときにおいてはその労働組合、労働者の過半数で組織する労働組合がないときにおいては労働者の過半数を代表する者の推薦に基づき指名しなければならない。

5　前二項の規定は、当該事業場の労働者の過半数で組織する労働組合との間における労働協約に別段の定めがあるときは、その限度において適用しない。

（衛生委員会）

第十八条　事業者は、政令で定める規模の事業場ごとに、次の事項を調査審議させ、事業者に対し意見を述べさせるため、衛生委員会を設けなければならない。

一　労働者の健康障害を防止するための基本となるべき対策に関すること。

二　労働者の健康の保持増進を図るための基本となるべき対策に関すること。

三　労働災害の原因及び再発防止対策で、衛生に係るものに関すること。

四　前三号に掲げるもののほか、労働者の健康障害の防止及び健康の保持増進に関する重要事項

2　衛生委員会の委員は、次の者をもつて構成する。ただし、第一号の者である委員は、一人とする。

一　総括安全衛生管理者又は総括安全衛生管理者以外の者で当該事業場においてその事業の実施を統括管理するもの若しくはこれに準ずる者のうちから事業者が指名した者

二　衛生管理者のうちから事業者が指名した者

三　産業医のうちから事業者が指名した者

四　当該事業場の労働者で、衛生に関し経験を有するもののうちから事業者が指名した者

3　事業者は、当該事業場の労働者で、作業環境測定を実施している作業環境測定士であるものを衛生委員会の委員として指名することができる。

4　前条第三項から第五項までの規定は、衛生委員会について準用する。この場合において、同条第三項及び第四項中「第一号の委員」とあるのは、「第十八条第二項第一号の者である委員」と読み替えるものとする。

（安全衛生委員会）

第十九条　事業者は、第十七条及び前条の規定により安全委員会及び衛生委員会を設けなければならないときは、それぞれの委員会の設置に代えて、安全衛生委員会を設置することができる。

2　安全衛生委員会の委員は、次の者をもつて構成する。ただし、第一号の者である委員は、一人とする。

一　総括安全衛生管理者又は総括安全衛生管理者以外の者で当該事業場においてその事業の実施を統括管理するもの若しくはこれに準ずる者のうちから事業者が指名した者

二　安全管理者及び衛生管理者のうちから事業者が指名した者

三　産業医のうちから事業者が指名した者

四　当該事業場の労働者で、安全に関し経験を有するもののうちから事業者が指名した者

五　当該事業場の労働者で、衛生に関し経験を有するもののうちから事業者が指名した者

3　事業者は、当該事業場の労働者で、作業環境測定を実施している作業環境測定士であるものを安全衛生委員会の委員として指名することができる。

4　第十七条第三項から第五項までの規定は、安全衛生委員会について準用する。この場合において、同条第三項及び第四項中「第一号の委員」とあるのは、「第十九条第二項第一号の者である委員」と読み替えるものとする。

（安全管理者等に対する教育等）

第十九条の二　事業者は、事業場における安全衛生の水準の向上を図るため、安全管理者、衛生管理者、安全衛生推進者、衛生推進者その他労働災害の防止のための業務に従事する者に対し、これらの者が従事する業務に関する能力の向上を図るための教育、講習等を行い、又はこれらを受ける機会を与えるように努めなければならない。

2　厚生労働大臣は、前項の教育、講習等の適切かつ有効な実施を図るため必要な指針を公表するものとする。

3　厚生労働大臣は、前項の指針に従い、事業者又はその団体に対し、必要な指導等を行うことができる。

（国の援助）

第十九条の三　国は、第十三条の二第一項の事業場の労働者の健康の確保に資するため、労働者の健康管理等に関する相談、情報の提供その他の必要な援助を行うように努めるものとする。

第四章　労働者の危険又は健康障害を防止するための措置〔略〕

第五章　機械等並びに危険物及び有害物に関する規制〔略〕

第六章　労働者の就業に当たつての措置〔略〕

第七章　健康の保持増進のための措置

（保健指導等）

第六十六条の七　事業者は、第六十六条第一項の規定による健康診断若しくは当該健康診断に係る同条第五項ただし書の規定による健康診断又は第六十六条の二の規定による健康診断の結果、特に健康の保持に努める必要があると認める労働者に対し、医師又は保健師による保健指導を行うように努めなければならない。

2　労働者は、前条の規定により通知された健康診断の結果及び前項の規定による保健指導を利用して、その健康の保持に努めるものとする。

（面接指導等）

第六十六条の八　事業者は、その労働時間の状況その他の事項が労働者の健康の保持を考慮して厚生労働省令で定める要件に該当する労働者（次条第一項に規定する者及び第六十六条の八の四第一項に規定する者を除く。以下この条において同じ。）に対し、厚生労働省令で定めるところにより、医師による面接指導（問診その他の方法により心身の状況を把握し、これに応じて面接により必要な指導を行うことをいう。以下同じ。）を行わなければならない。

2　労働者は、前項の規定により事業者が行う面接指導を受けなければならない。ただし、事業者の指定した医師が行う面接指導を受けることを希望しない場合において、他の医師の行う同項の規定による面接指導に相当する面接指導を受け、その結果を証明する書面を事業者に提出したときは、この限りでない。

3　事業者は、厚生労働省令で定めるところにより、第一項及び前項ただし書の規定による面接指導の結果を記録しておかなければならない。

4　事業者は、第一項又は第二項ただし書の規定による面接指導の結果に基づき、当該労働者の健康を保持するために必要な措置について、厚生労働省令で定めるところにより、医師の意見を聴かなければならない。

5　事業者は、前項の規定による医師の意見を勘案し、その必要があると認めるときは、当該労働者の実情を考慮して、就業場所の変更、作業の転換、労働時間の短縮、深夜業の回数の減少等の措置を講ずるほか、当該医師の意見の衛生委員会若しくは安全衛生委員会又は労働時間等設定改善委員会への報告その他の適切な措置を講じなければならない。

第六十六条の八の二　事業者は、その労働時間が労働者の健康の保持を考慮して厚生労働省令で定める時間を超える労働者（労働基準法第三十六条第十一項に規定する業務に従事する者（同法第四十一条各号に掲げる者及び第六十六条の八の四第一項に規定する者を除く。）に限る。）に対し、厚生労働省令で定めるところにより、医師による面接指導を行わなければならない。

2　前条第二項から第五項までの規定は、前項の事業者及び労働者について準用する。この場合において、同条第五項中「作業の転換」とあるのは、「職務内容の変更、有給休暇（労働基準法第三十九条の規定による有給休暇を除く。）の付与」と読み替えるものとする。

第六十六条の八の三　事業者は、第六十六条の八第一項又は前条第一項の規定による面接指導を実施するため、厚生労働省

令で定める方法により、労働者（次条第一項に規定する者を除く。）の労働時間の状況を把握しなければならない。

第六十六条の八の四　事業者は、労働基準法第四十一条の二第一項の規定により労働する労働者であつて、その健康管理時間（同項第三号に規定する健康管理時間をいう。）が当該労働者の健康の保持を考慮して厚生労働省令で定める時間を超えるものに対し、厚生労働省令で定めるところにより、医師による面接指導を行わなければならない。

２　第六十六条の八第二項から第五項までの規定は、前項の事業者及び労働者について準用する。この場合において、同条第五項中「就業場所の変更、作業の転換、労働時間の短縮、深夜業の回数の減少等」とあるのは、「職務内容の変更、有給休暇（労働基準法第三十九条の規定による有給休暇を除く。）の付与、健康管理時間（第六十六条の八の四第一項に規定する健康管理時間をいう。）が短縮されるための配慮等」と読み替えるものとする。

附　則（抄）

（施行期日）

第一条　この法律は、公布の日から起算して六月をこえない範囲内において政令で定める日から施行する。ただし、第八十条及び第九章第二節の規定は昭和四十八年四月一日から〔中略〕施行する。

○労働組合法

昭二四・六・一
法一七四

最終改正　令和五・六・一四法五三

第一章　総則

（目的）

第一条　この法律は、労働者が使用者との交渉において対等の立場に立つことを促進することにより労働者の地位を向上させること、労働者がその労働条件について交渉するために自ら代表者を選出することその他の団体行動を行うために自主的に労働組合を組織し、団結することを擁護すること並びに使用者と労働者との関係を規制する労働協約を締結するための団体交渉をすること及びその手続を助成することを目的とする。

２　刑法（明治四十年法律第四十五号）第三十五条の規定は、労働組合の団体交渉その他の行為であつて前項に掲げる目的を達成するためにした正当なものについて適用があるものとする。但し、いかなる場合においても、暴力の行使は、労働組合の正当な行為と解釈されてはならない。

（労働組合）

第二条　この法律で「労働組合」とは、労働者が主体となつて自主的に労働条件の維持改善その他経済的地位の向上を図ることを主たる目的として組織する団体又はその連合団体をいう。但し、左の各号の一に該当するものは、この限りでない。

一　役員、雇入解雇昇進又は異動に関して直接の権限をもつ監督的地位にある労働者、使用者の労働関係についての計画と方針とに関する機密の事項に接し、そのためにその職務上の義務と責任とが当該労働組合の組合員としての誠意と責任とに直接にてい触する監督的地位にある労働者その他使用者の利益を代表する者の参加を許すもの

二　団体の運営のための経費の支出につき使用者の経理上の援助を受けるもの。但し、労働者が労働時間中に時間又は賃金を失うことなく使用者と協議し、又は交渉することを使用者が許すことを妨げるものではなく、且つ、厚生資金又は経済上の不幸若しくは災厄を防止し、若しくは救済するための支出に実際に用いられる福利その他の基金に対する使用者の寄附及び最小限の広さの事務所の供与を除くものとする。

三　共済事業その他福利事業のみを目的とするもの

四　主として政治運動又は社会運動を目的とするもの

（労働者）

第三条　この法律で「労働者」とは、職業の種類を問わず、賃金、給料その他これに準ずる収入によつて生活する者をいう。

第四条　削除

第二章　労働組合

（労働組合として設立されたものの取扱）

第五条　労働組合は、労働委員会に証拠を提出して第二条及び第二項の規定に適合することを立証しなければ、この法律に規定する手続に参与する資格を有せず、且つ、この法律に規定する救済を与えられない。但し、第七条第一号の規定に基く個々の労働者に対する保護を否定する趣旨に解釈されるべきではない。

２　労働組合の規約には、左の各号に掲げる規定を含まなければならない。

一　名称

二　主たる事務所の所在地

三　連合団体である労働組合以外の労働組合（以下「単位労働組合」という。）の組合員は、その労働組合のすべての問題に参与する権利及び均等の取扱を受ける権利を有すること。

四　何人も、いかなる場合においても、人種、宗教、性別、

門地又は身分によつて組合員たる資格を奪われないこと。
五　単位労働組合にあつては、その役員は、組合員の直接無記名投票により選挙されること、及び連合団体である労働組合又は全国的規模をもつ労働組合にあつては、その役員は、単位労働組合の組合員又はその組合員の直接無記名投票により選挙された代議員の直接無記名投票により選挙されること。
六　総会は、少くとも、毎年一回開催すること。
七　すべての財源及び使途、主要な寄附者の氏名並びに現在の経理状況を示す会計報告は、組合員によつて委嘱された職業的に資格がある会計監査人による正確であることの証明書とともに、少くとも毎年一回組合員に公表されること。
八　同盟罷業は、組合員又は組合員の直接無記名投票により選挙された代議員の直接無記名投票の過半数による決定を経なければ開始しないこと。
九　単位労働組合にあつては、その規約は、組合員の直接無記名投票による過半数の支持を得なければ改正しないこと、及び連合団体である労働組合又は全国的規模をもつ労働組合にあつては、その規約は、単位労働組合の組合員又はその組合員の直接無記名投票により選挙された代議員の直接無記名投票による過半数の支持を得なければ改正しないこと。

（交渉権限）
第六条　労働組合の代表者又は労働組合の委任を受けた者は、労働組合又は組合員のために使用者又はその団体と労働協約の締結その他の事項に関して交渉する権限を有する。

（不当労働行為）
第七条　使用者は、次の各号に掲げる行為をしてはならない。
一　労働者が労働組合の組合員であること、労働組合に加入し、若しくはこれを結成しようとしたこと若しくは労働組合の正当な行為をしたことの故をもつて、その労働者を解雇し、その他これに対して不利益な取扱いをすること又は労働者が労働組合に加入せず、若しくは労働組合から脱退することを雇用条件とすること。ただし、労働組合が特定の工場事業場に雇用される労働者の過半数を代表する場合において、その労働者がその労働組合の組合員であることを雇用条件とする労働協約を締結することを妨げるものではない。
二　使用者が雇用する労働者の代表者と団体交渉をすることを正当な理由がなくて拒むこと。
三　労働者が労働組合を結成し、若しくは運営することを支配し、若しくはこれに介入すること、又は労働組合の運営のための経費の支払につき経理上の援助を与えること。ただし、労働者が労働時間中に時間又は賃金を失うことなく使用者と協議し、又は交渉することを使用者が許すことを妨げるものではなく、かつ、厚生資金又は経済上の不幸若しくは災厄を防止し、若しくは救済するための支出に実際に用いられる福利その他の基金に対する使用者の寄附及び最小限の広さの事務所の供与を除くものとする。
四　労働者が労働委員会に対し使用者がこの条の規定に違反した旨の申立てをしたこと若しくは中央労働委員会に対し第二十七条の十二第一項の規定による命令に対する再審査の申立てをしたこと又は労働委員会がこれらの申立てに係る調査若しくは審問をし、若しくは当事者に和解を勧め、若しくは労働関係調整法（昭和二十一年法律第二十五号）による労働争議の調整をする場合に労働者が証拠を提示し、若しくは発言をしたことを理由として、その労働者を解雇し、その他これに対して不利益な取扱いをすること。

（損害賠償）
第八条　使用者は、同盟罷業その他の争議行為であつて正当なものによつて損害を受けたことの故をもつて、労働組合又はその組合員に対し賠償を請求することができない。

（基金の流用）
第九条　労働組合は、共済事業その他福利事業のために特設した基金を他の目的のために流用しようとするときは、総会の決議を経なければならない。

（解散）
第十条　労働組合は、左の事由によつて解散する。
一　規約で定めた解散事由の発生
二　組合員又は構成団体の四分の三以上の多数による総会の決議

（法人である労働組合）
第十一条　この法律の規定に適合する旨の労働委員会の証明を受けた労働組合は、その主たる事務所の所在地において登記することによつて法人となる。
2　この法律に規定するものの外、労働組合の登記に関して必要な事項は、政令で定める。
3　労働組合に関して登記すべき事項は、登記した後でなければ第三者に対抗することができない。

（代表者）
第十二条　法人である労働組合には、一人又は数人の代表者を置かなければならない。
2　代表者が数人ある場合において、規約に別段の定めがないときは、法人である労働組合の事務は、代表者の過半数で決する。

（法人である労働組合の代表）
第十二条の二　代表者は、法人である労働組合のすべての事務について、法人である労働組合を代表する。ただし、規約の規定に反することはできず、また、総会の決議に従わなければならない。

（代表者の代表権の制限）
第十二条の三　法人である労働組合の管理については、代表者の代表権に加えた制限は、善意の第三者に対抗することができない。

（代表者の代理行為の委任）
第十二条の四　法人である労働組合の管理については、代表者は、規約又は総会の決議によつて禁止されていないときに限り、特定の行為の代理を他人に委任することができる。

（利益相反行為）
第十二条の五　法人である労働組合が代表者の債務を保証することその他代表者以外の者との間において法人である労働組合

合と代表者との利益が相反する事項については、代表者は、代表権を有しない。この場合においては、裁判所は、利害関係人の請求により、特別代理人を選任しなければならない。

（一般社団法人及び一般財団法人に関する法律の準用）

第十二条の六　一般社団法人及び一般財団法人に関する法律（平成十八年法律第四十八号）第四条及び第七十八条（第八条に規定する場合を除く。）の規定は、法人である労働組合について準用する。

（清算中の法人である労働組合の能力）

第十三条　解散した法人である労働組合は、清算の目的の範囲内において、その清算の結了に至るまではなお存続するものとみなす。

（清算人）

第十三条の二　法人である労働組合が解散したときは、代表者がその清算人となる。ただし、規約に別段の定めがあるとき、又は総会において代表者以外の者を選任したときは、この限りでない。

（裁判所による清算人の選任）

第十三条の三　前条の規定により清算人となる者がないとき、又は清算人が欠けたため損害を生ずるおそれがあるときは、裁判所は、利害関係人の請求により、清算人を選任することができる。

（清算人の解任）

第十三条の四　重要な事由があるときは、裁判所は、利害関係人の請求により、清算人を解任することができる。

（清算人及び解散の登記）

第十三条の五　清算人は、解散後二週間以内に、主たる事務所の所在地において、その氏名及び住所並びに解散の原因及び年月日の登記をしなければならない。

２　清算中に就職した清算人は、就職後二週間以内に、主たる事務所の所在地において、その氏名及び住所の登記をしなければならない。

（清算人の職務及び権限）

第十三条の六　清算人の職務は、次のとおりとする。

一　現務の結了

二　債権の取立て及び債務の弁済

三　残余財産の引渡し

２　清算人は、前項各号に掲げる職務を行うために必要な一切の行為をすることができる。

（債権の申出の催告等）

第十三条の七　清算人は、その就職の日から二月以内に、少なくとも三回の公告をもつて、債権者に対し、一定の期間内にその債権の申出をすべき旨の催告をしなければならない。この場合において、その期間は、二月を下ることができない。

２　前項の公告には、債権者がその期間内に申出をしないときは清算から除斥されるべき旨を付記しなければならない。ただし、清算人は、知れている債権者を除斥することができない。

３　清算人は、知れている債権者には、各別にその申出の催告をしなければならない。

４　第一項の公告は、官報に掲載してする。

（期間経過後の債権の申出）

第十三条の八　前条第一項の期間の経過後に申出をした債権者は、法人である労働組合の債務が完済された後まだ権利の帰属すべき者に引き渡されていない財産に対してのみ、請求をすることができる。

（清算中の法人である労働組合についての破産手続の開始）

第十三条の九　清算中に法人である労働組合の財産がその債務を完済するのに足りないことが明らかになつたときは、清算人は、直ちに破産手続開始の申立てをし、その旨を公告しなければならない。

２　清算人は、清算中の法人である労働組合が破産手続開始の決定を受けた場合において、破産管財人にその事務を引き継いだときは、その任務を終了したものとする。

３　前項に規定する場合において、清算中の法人である労働組合が既に債権者に支払い、又は権利の帰属すべき者に引き渡したものがあるときは、破産管財人は、これを取り戻すことができる。

４　第一項の規定による公告は、官報に掲載してする。

（残余財産の帰属）

第十三条の十　解散した法人である労働組合の財産は、規約で指定した者に帰属する。

２　規約で権利の帰属すべき者を指定せず、又はその者を指定する方法を定めなかつたときは、代表者は、総会の決議を経て、当該法人である労働組合の目的に類似する目的のために、その財産を処分することができる。

３　前二項の規定により処分されない財産は、国庫に帰属する。

（特別代理人の選任等に関する事件の管轄）

第十三条の十一　次に掲げる事件は、法人である労働組合の主たる事務所の所在地を管轄する地方裁判所の管轄に属する。

一　特別代理人の選任に関する事件

二　法人である労働組合の清算人に関する事件

（不服申立ての制限）

第十三条の十二　法人である労働組合の清算人の選任の裁判に対しては、不服を申し立てることができない。

（裁判所の選任する清算人の報酬）

第十三条の十三　裁判所は、第十三条の三の規定により法人である労働組合の清算人を選任した場合には、法人である労働組合が当該清算人に対して支払う報酬の額を定めることができる。この場合においては、裁判所は、当該清算人の陳述を聴かなければならない。

第三章　労働協約

（労働協約の効力の発生）

第十四条　労働組合と使用者又はその団体との間の労働条件その他に関する労働協約は、書面に作成し、両当事者が署名し、又は記名押印することによつてその効力を生ずる。

（労働協約の期間）

第十五条　労働協約には、三年をこえる有効期間の定をすることができない。

２　三年をこえる有効期間の定をした労働協約は、三年の有効期間の定をした労働協約とみなす。

3 有効期間の定がない労働協約は、当事者の一方が、署名し、又は記名押印した文書によつて相手方に予告して、解約することができる。一定の期間を定める労働協約であつて、その期間の経過後も期限を定めず効力を存続する旨の定があるものについて、その期間の経過後も、同様とする。

4 前項の予告は、解約しようとする日の少くとも九十日前にしなければならない。

(基準の効力)

第十六条 労働協約に定める労働条件その他の労働者の待遇に関する基準に違反する労働契約の部分は、無効とする。この場合において無効となつた部分は、基準の定めるところによる。労働契約に定がない部分についても、同様とする。

(一般的拘束力)

第十七条 一の工場事業場に常時使用される同種の労働者の四分の三以上の数の労働者が一の労働協約の適用を受けるに至つたときは、当該工場事業場に使用される他の同種の労働者に関しても、当該労働協約が適用されるものとする。

(地域的の一般的拘束力)

第十八条 一の地域において従業する同種の労働者の大部分が一の労働協約の適用を受けるに至つたときは、当該労働協約の当事者の双方又は一方の申立てに基づき、労働委員会の決議により、厚生労働大臣又は都道府県知事は、当該地域において従業する他の同種の労働者及びその使用者も当該労働協約(第二項の規定により修正があつたものを含む。)の適用を受けるべきことの決定をすることができる。

2 労働委員会は、前項の決議をする場合において、当該労働協約に不適当な部分があると認めたときは、これを修正することができる。

3 第一項の決定は、公告によつてする。

第四章 労働委員会

第一節 設置、任務及び所掌事務並びに組織等

(労働委員会)

第十九条 労働委員会は、使用者を代表する者(以下「使用者委員」という。)、労働者を代表する者(以下「労働者委員」という。)及び公益を代表する者(以下「公益委員」という。)各同数をもつて組織する。

2 労働委員会は、中央労働委員会及び都道府県労働委員会とする。

3 労働委員会に関する事項は、この法律に定めるもののほか、政令で定める。

(中央労働委員会)

第十九条の二 国家行政組織法(昭和二十三年法律第百二十号)第三条第二項の規定に基づいて、厚生労働大臣の所轄の下に、中央労働委員会を置く。

2 中央労働委員会は、労働者が団結することを擁護し、及び労働関係の公正な調整を図ることを任務とする。

3 中央労働委員会は、前項の任務を達成するため、第五条、第十一条、第十八条及び第二十六条の規定による事務、不当労働行為事件の審査等(第七条、次節及び第三節の規定による事件の処理をいう。以下同じ。)に関する事務、労働争議のあつせん、調停及び仲裁に関する事務並びに労働関係調整法第三十五条の二及び第三十五条の三の規定による事務その他法律(法律に基づく命令を含む。)に基づき中央労働委員会に属させられた事務をつかさどる。

(中央労働委員会の委員の任命等)

第十九条の三 中央労働委員会は、使用者委員、労働者委員及び公益委員各十五人をもつて組織する。

2 使用者委員は使用者団体の推薦(使用者委員のうち四人については、行政執行法人(独立行政法人通則法(平成十一年法律第百三号)第二条第四項に規定する行政執行法人をいう。以下この項、次条第二項第二号及び第十九条の十第一項において同じ。)の推薦)に基づいて、労働者委員は労働組合の推薦(労働者委員のうち四人については、行政執行法人の労働関係に関する法律(昭和二十三年法律第二百五十七号)第二条第二号に規定する職員(以下この章において「行政執行法人職員」という。)が結成し、又は加入する労働組合の推薦)に基づいて、公益委員は厚生労働大臣が使用者委員及び労働者委員の同意を得て作成した委員候補者名簿に記載されている者のうちから両議院の同意を得て、内閣総理大臣が任命する。

3 公益委員の任期が満了し、又は欠員を生じた場合において、国会の閉会又は衆議院の解散のために両議院の同意を得ることができないときは、内閣総理大臣は、前項の規定にかかわらず、厚生労働大臣が使用者委員及び労働者委員の同意を得て作成した委員候補者名簿に記載されている者のうちから、公益委員を任命することができる。

4 前項の場合においては、任命後最初の国会で両議院の事後の承認を求めなければならない。この場合において、両議院の事後の承認が得られないときは、内閣総理大臣は、直ちにその公益委員を罷免しなければならない。

5 公益委員の任命については、そのうち七人以上が同一の政党に属することとなつてはならない。

6 中央労働委員会の委員(次条から第十九条の九までにおいて単に「委員」という。)は、非常勤とする。ただし、公益委員のうち二人以内は、常勤とすることができる。

(委員の欠格条項)

第十九条の四 禁錮以上の刑に処せられ、その執行を終わるまで、又は執行を受けることがなくなるまでの者は、委員となることができない。

2 次の各号のいずれかに該当する者は、公益委員となることができない。

一 国会又は地方公共団体の議会の議員

二 行政執行法人の役員、行政執行法人職員又は行政執行法人職員が結成し、若しくは加入する労働組合の組合員若しくは役員

(委員の任期等)

第十九条の五 委員の任期は、二年とする。ただし、補欠の委員の任期は、前任者の残任期間とする。

2 委員は、再任されることができる。

3 委員の任期が満了したときは、当該委員は、後任者が任命

されるまで引き続き在任するものとする。

（公益委員の服務）

第十九条の六　常勤の公益委員は、在任中、次の各号のいずれかに該当する行為をしてはならない。

一　政党その他の政治的団体の役員となり、又は積極的に政治運動をすること。

二　内閣総理大臣の許可のある場合を除くほか、報酬を得て他の職務に従事し、又は営利事業を営み、その他金銭上の利益を目的とする業務を行うこと。

2　非常勤の公益委員は、在任中、前項第一号に該当する行為をしてはならない。

（委員の失職及び罷免）

第十九条の七　委員は、第十九条の四第一項に規定する者に該当するに至つた場合には、その職を失う。公益委員が同条第二項各号のいずれかに該当するに至つた場合も、同様とする。

2　内閣総理大臣は、委員が心身の故障のために職務の執行ができないと認める場合又は委員に職務上の義務違反その他委員たるに適しない非行があると認める場合には、使用者委員及び労働者委員にあつては中央労働委員会の同意を得て、公益委員にあつては両議院の同意を得て、その委員を罷免することができる。

3　前項の規定により、内閣総理大臣が中央労働委員会に対して、使用者委員又は労働者委員の罷免の同意を求めた場合には、当該委員は、その議事に参与することができない。

4　内閣総理大臣は、公益委員のうち六人が既に属している政党に新たに属するに至つた公益委員を直ちに罷免するものとする。

5　内閣総理大臣は、公益委員のうち七人以上が同一の政党に属することとなつた場合（前項の規定に該当する場合を除く。）には、同一の政党に属する者が六人になるように、両議院の同意を得て、公益委員を罷免するものとする。ただし、政党所属関係に異動のなかつた委員を罷免することはできないものとする。

（委員の給与等）

第十九条の八　委員は、別に法律の定めるところにより俸給、手当その他の給与を受け、及び政令の定めるところによりその職務を行うために要する費用の弁償を受けるものとする。

（中央労働委員会の会長）

第十九条の九　中央労働委員会に会長を置く。

2　会長は、委員が公益委員のうちから選挙する。

3　会長は、中央労働委員会の会務を総理し、中央労働委員会を代表する。

4　中央労働委員会は、あらかじめ公益委員のうちから委員の選挙により、会長に故障がある場合において会長を代理する委員を定めておかなければならない。

（地方調整委員）

第十九条の十　中央労働委員会に、行政執行法人とその行政執行法人職員との間に発生した紛争その他の事件で地方において中央労働委員会が処理すべきものとして政令で定めるものに係るあつせん若しくは調停又は第二十四条の二第五項の規定による手続に参与させるため、使用者、労働者及び公益をそれぞれ代表する地方調整委員を置く。

2　地方調整委員は、中央労働委員会の同意を得て、政令で定める区域ごとに厚生労働大臣が任命する。

3　第十九条の五第一項本文及び第二項、第十九条の七第二項並びに第十九条の八の規定は、地方調整委員について準用する。この場合において、第十九条の七第二項中「内閣総理大臣」とあるのは「厚生労働大臣」と、「使用者委員及び労働者委員にあつては中央労働委員会の同意を得て、公益委員にあつては両議院」とあるのは「中央労働委員会」と読み替えるものとする。

（中央労働委員会の事務局）

第十九条の十一　中央労働委員会にその事務を整理させるために事務局を置き、事務局に会長の同意を得て厚生労働大臣が任命する事務局長及び必要な職員を置く。

2　事務局に、地方における事務を分掌させるため、地方事務所を置く。

3　地方事務所の位置、名称及び管轄区域は、政令で定める。

（都道府県労働委員会）

第十九条の十二　都道府県知事の所轄の下に、都道府県労働委員会を置く。

2　都道府県労働委員会は、使用者委員、労働者委員及び公益委員各十三人、各十一人、各九人、各七人又は各五人のうち政令で定める数のものをもつて組織する。ただし、条例で定めるところにより、当該政令で定める数に使用者委員、労働者委員及び公益委員各二人を加えた数のものをもつて組織することができる。

3　使用者委員は使用者団体の推薦に基づいて、労働者委員は労働組合の推薦に基づいて、公益委員は使用者委員及び労働者委員の同意を得て、都道府県知事が任命する。

4　公益委員の任命については、都道府県労働委員会における別表の上欄に掲げる公益委員の数（第二項ただし書の規定により公益委員の数を同項の政令で定める数に二人を加えた数とする都道府県労働委員会にあつては、当該二人を加えた数）に応じ、それぞれ同表の下欄に定める数以上の公益委員が同一の政党に属することとなつてはならない。

5　公益委員は、自己の行為によつて前項の規定に抵触するに至つたときは、当然退職するものとする。

6　第十九条の三第六項、第十九条の四第一項、第十九条の五、第十九条の七第一項前段、第二項及び第三項、第十九条の八、第十九条の九並びに前条第一項の規定は、都道府県労働委員会について準用する。この場合において、第十九条の三第六項ただし書中「、常勤」とあるのは「、条例で定めるところにより、常勤」と、第十九条の七第二項中「内閣総理大臣」とあるのは「都道府県知事」と、「使用者委員及び労働者委員にあつては中央労働委員会の同意を得て、公益委員にあつては両議院」とあるのは「都道府県労働委員会」と、同条第三項中「内閣総理大臣」とあるのは「都道府県知事」と、「使用者委員又は労働者委員」とあるのは「都道府県労働委員会の委員」と、前条第一項中「厚生労働大臣」とあるのは「都道府県知事」と読み替えるものとする。

（労働委員会の権限）

第二十条　労働委員会は、第五条、第十一条及び第十八条の規定によるもののほか、不当労働行為事件の審査等並びに労働争議のあつせん、調停及び仲裁をする権限を有する。

（会議）

第二十一条　労働委員会は、公益上必要があると認めたときは、その会議を公開することができる。

2　労働委員会の会議は、会長が招集する。

3　労働委員会は、使用者委員、労働者委員及び公益委員各一人以上が出席しなければ、会議を開き、議決することができない。

4　議事は、出席委員の過半数で決し、可否同数のときは、会長の決するところによる。

（強制権限）

第二十二条　労働委員会は、その事務を行うために必要があると認めたときは、使用者又はその団体、労働組合その他の関係者に対して、出頭、報告の提出若しくは必要な帳簿書類の提出を求め、又は委員若しくは労働委員会の職員（以下単に「職員」という。）に関係工場事業場に臨検し、業務の状況若しくは帳簿書類その他の物件を検査させることができる。

2　労働委員会は、前項の臨検又は検査をさせる場合においては、委員又は職員にその身分を証明する証票を携帯させ、関係人にこれを呈示させなければならない。

（秘密を守る義務）

第二十三条　労働委員会の委員若しくは委員であつた者又は職員若しくは職員であつた者は、その職務に関して知得した秘密を漏らしてはならない。中央労働委員会の地方調整委員又は地方調整委員であつた者も、同様とする。

（公益委員のみで行う権限）

第二十四条　第五条及び第十一条の規定による事件の処理並びに不当労働行為事件の審査等（次条において「審査等」という。）並びに労働関係調整法第四十二条の規定による事件の処理には、労働委員会の公益委員のみが参与する。ただし、使用者委員及び労働者委員は、第二十七条第一項（第二十七条の十七の規定により準用する場合を含む。）の規定により調査（公益委員の求めがあつた場合に限る。）及び審問を行う手続並びに第二十七条の十四第一項（第二十七条の十七の規定により準用する場合を含む。）の規定により和解を勧める手続に参与し、又は第二十七条の七第四項及び第二十七条の十二第二項（第二十七条の十七の規定により準用する場合を含む。）の規定による行為をすることができる。

2　中央労働委員会は、常勤の公益委員に、中央労働委員会に係属している事件に関するもののほか、行政執行法人職員の労働関係の状況その他中央労働委員会の事務を処理するために必要と認める事項の調査を行わせることができる。

（合議体等）

第二十四条の二　中央労働委員会は、会長が指名する公益委員五人をもつて構成する合議体で、審査等を行う。

2　前項の規定にかかわらず、次の各号のいずれかに該当する場合においては、公益委員の全員をもつて構成する合議体で、審査等を行う。

一　前項の合議体が、法令の解釈適用について、その意見が前に中央労働委員会のした第五条第一項若しくは第十一条第一項又は第二十七条の十二第一項（第二十七条の十七の規定により準用する場合を含む。）の規定による処分に反すると認めた場合

二　前項の合議体を構成する者の意見が分かれたため、その合議体としての意見が定まらない場合

三　前項の合議体が、公益委員の全員をもつて構成する合議体で審査等を行うことを相当と認めた場合

四　第二十七条の十第三項（第二十七条の十七の規定により準用する場合を含む。）の規定による異議の申立てを審理する場合

3　都道府県労働委員会は、公益委員の全員をもつて構成する合議体で、審査等を行う。ただし、条例で定めるところにより、会長が指名する公益委員五人又は七人をもつて構成する合議体で、審査等を行うことができる。この場合において、前項（第一号及び第四号を除く。）の規定は、都道府県労働委員会について準用する。

4　労働委員会は、前三項の規定により審査等を行うときは、一人又は数人の公益委員に審査等の手続（第五条第一項、第十一条第一項、第二十七条の四第一項（第二十七条の十七の規定により準用する場合を含む。）、第二十七条の七第一項（当事者若しくは証人に陳述させ、又は提出された物件を留め置く部分を除き、第二十七条の十七の規定により準用する場合を含む。）、第二十七条の十第二項並びに同条第四項及び第二十七条の十二第一項（第二十七条の十七の規定により準用する場合を含む。）の規定による処分並びに第二十七条の二十の申立てを除く。次項において同じ。）の全部又は一部を行わせることができる。

5　中央労働委員会は、公益を代表する地方調整委員に、中央労働委員会が行う審査等の手続のうち、第二十七条第一項（第二十七条の十七の規定により準用する場合を含む。）の規定により調査及び審問を行う手続並びに第二十七条の十四第一項（第二十七条の十七の規定により準用する場合を含む。）の規定により和解を勧める手続の全部又は一部を行わせることができる。この場合において、使用者を代表する地方調整委員及び労働者を代表する地方調整委員は、これらの手続（調査を行う手続にあつては公益を代表する地方調整委員の求めがあつた場合に限る。）に参与することができる。

（中央労働委員会の管轄等）

第二十五条　中央労働委員会は、行政執行法人職員の労働関係に係る事件のあつせん、調停、仲裁及び処分（行政執行法人職員が結成し、又は加入する労働組合に関する第五条第一項及び第十一条第一項の規定による処分については、政令で定めるものに限る。）について、専属的に管轄するほか、二以上の都道府県にわたり、又は全国的に重要な問題に係る事件のあつせん、調停、仲裁及び処分について、優先して管轄する。

2　中央労働委員会は、第五条第一項、第十一条第一項及び第二十七条の十二第一項の規定による都道府県労働委員会の処分を取り消し、承認し、若しくは変更する完全な権限をもつ

て再審査し、又はその処分に対する再審査の申立てを却下することができる。この再審査は、都道府県労働委員会の処分の当事者のいずれか一方の申立てに基づいて、又は職権で、行うものとする。

（規則制定権）

第二十六条　中央労働委員会は、その行う手続及び都道府県労働委員会が行う手続に関する規則を定めることができる。

2　都道府県労働委員会は、前項の規則に違反しない限りにおいて、その会議の招集に関する事項その他の政令で定める事項に関する規則を定めることができる。

第三節　不当労働行為事件の審査の手続

（不当労働行為事件の審査の開始）

第二十七条　労働委員会は、使用者が第七条の規定に違反した旨の申立てを受けたときは、遅滞なく調査を行い、必要があると認めたときは、当該申立てが理由があるかどうかについて審問を行わなければならない。この場合において、審問の手続においては、当該使用者及び申立人に対し、証拠を提出し、証人に反対尋問をする充分な機会が与えられなければならない。

2　労働委員会は、前項の申立てが、行為の日（継続する行為にあつてはその終了した日）から一年を経過した事件に係るものであるときは、これを受けることができない。

（公益委員の除斥）

第二十七条の二　公益委員は、次の各号のいずれかに該当するときは、審査に係る職務の執行から除斥される。

一　公益委員又はその配偶者若しくは配偶者であつた者が事件の当事者又は法人である当事者の代表者であり、又はあつたとき。

二　公益委員が事件の当事者の四親等以内の血族、三親等以内の姻族又は同居の親族であり、又はあつたとき。

三　公益委員が事件の当事者の後見人、後見監督人、保佐人、保佐監督人、補助人又は補助監督人であるとき。

四　公益委員が事件について証人となつたとき。

五　公益委員が事件について当事者の代理人であり、又はあつたとき。

2　前項に規定する除斥の原因があるときは、当事者は、除斥の申立てをすることができる。

（公益委員の忌避）

第二十七条の三　公益委員について審査の公正を妨げるべき事情があるときは、当事者は、これを忌避することができる。

2　当事者は、事件について労働委員会に対し書面又は口頭をもつて陳述した後は、公益委員を忌避することができない。ただし、忌避の原因があることを知らなかつたとき、又は忌避の原因がその後に生じたときは、この限りでない。

（除斥又は忌避の申立てについての決定）

第二十七条の四　除斥又は忌避の申立てについては、労働委員会が決定する。

2　除斥又は忌避の申立てに係る公益委員は、前項の規定による決定に関与することができない。ただし、意見を述べることができる。

3　第一項の規定による決定は、書面によるものとし、かつ、理由を付さなければならない。

（審査の手続の中止）

第二十七条の五　労働委員会は、除斥又は忌避の申立てがあつたときは、その申立てについての決定があるまで審査の手続を中止しなければならない。ただし、急速を要する行為についてはこの限りでない。

（審査の計画）

第二十七条の六　労働委員会は、審問開始前に、当事者双方の意見を聴いて、審査の計画を定めなければならない。

2　前項の審査の計画においては、次に掲げる事項を定めなければならない。

一　調査を行う手続において整理された争点及び証拠（その後の審査の手続における取調べが必要な証拠として整理されたものを含む。）

二　審問を行う期間及び回数並びに尋問する証人の数

三　第二十七条の十二第一項の命令の交付の予定時期

3　労働委員会は、審査の現状その他の事情を考慮して必要があると認めるときは、当事者双方の意見を聴いて、審査の計画を変更することができる。

4　労働委員会及び当事者は、適正かつ迅速な審査の実現のため、審査の計画に基づいて審査が行われるよう努めなければならない。

（証拠調べ）

第二十七条の七　労働委員会は、当事者の申立てにより又は職権で、調査を行う手続においては第二号に掲げる方法により、審問を行う手続においては次の各号に掲げる方法により証拠調べをすることができる。

一　事実の認定に必要な限度において、当事者又は証人に出頭を命じて陳述させること。

二　事件に関係のある帳簿書類その他の物件であつて、当該物件によらなければ当該物件により認定すべき事実を認定することが困難となるおそれがあると認めるもの（以下「物件」という。）の所持者に対し、当該物件の提出を命じ、又は提出された物件を留め置くこと。

2　労働委員会は、前項第二号の規定により物件の提出を命ずる処分（以下「物件提出命令」という。）をするかどうかを決定するに当たつては、個人の秘密及び事業者の事業上の秘密の保護に配慮しなければならない。

3　労働委員会は、物件提出命令をする場合において、物件に提出を命ずる必要がないと認める部分又は前項の規定により配慮した結果提出を命ずることが適当でないと認める部分があるときは、その部分を除いて、提出を命ずることができる。

4　調査又は審問を行う手続に参与する使用者委員及び労働者委員は、労働委員会が第一項第一号の規定により当事者若しくは証人に出頭を命ずる処分（以下「証人等出頭命令」という。）又は物件提出命令をしようとする場合には、意見を述べることができる。

5　労働委員会は、職権で証拠調べをしたときは、その結果について、当事者の意見を聴かなければならない。

6　物件提出命令の申立ては、次に掲げる事項を明らかにしてしなければならない。
一 物件の表示
二 物件の趣旨
三 物件の所持者
四 証明すべき事実
7 労働委員会は、物件提出命令をしようとする場合には、物件の所持者を審尋しなければならない。
8 労働委員会は、物件提出命令をする場合には、第六項各号（第三号を除く。）に掲げる事項を明らかにしなければならない。
第二十七条の八 労働委員会が証人に陳述させるときは、その証人に宣誓をさせなければならない。
2 労働委員会が当事者に陳述させるときは、その当事者に宣誓をさせることができる。
第二十七条の九 民事訴訟法（平成八年法律第百九号）第百九十六条、第百九十七条及び第二百一条第二項から第四項までの規定は、労働委員会が証人に陳述させる手続に、同法第二百十条の規定において準用する同法第二百一条第二項の規定は、労働委員会が当事者に陳述させる手続について準用する。
（不服の申立て）
第二十七条の十 都道府県労働委員会の証人等出頭命令又は物件提出命令（以下この条において「証人等出頭命令等」という。）を受けた者は、証人等出頭命令等について不服があるときは、証人等出頭命令等を受けた日から一週間以内（天災その他この期間内に審査の申立てをしなかつたことについてやむを得ない理由があるときは、その理由がやんだ日の翌日から起算して一週間以内）に、その理由を記載した書面により、中央労働委員会に審査を申し立てることができる。
2 中央労働委員会は、前項の規定による審査の申立てを理由があると認めるときは、証人等出頭命令等の全部又は一部を取り消す。
3 中央労働委員会の証人等出頭命令等を受けた者は、証人等出頭命令等について不服があるときは、証人等出頭命令等を受けた日から一週間以内（天災その他この期間内に異議の申立てをしなかつたことについてやむを得ない理由があるときは、その理由がやんだ日の翌日から起算して一週間以内）に、その理由を記載した書面により、中央労働委員会に異議を申し立てることができる。
4 中央労働委員会は、前項の規定による異議の申立てを理由があると認めるときは、証人等出頭命令等の全部若しくは一部を取り消し、又はこれを変更する。
5 審査の申立て又は異議の申立ての審理は、書面による。
6 中央労働委員会は、職権で審査申立人又は異議申立人を審尋することができる。
（審問廷の秩序維持）
第二十七条の十一 労働委員会は、審問を妨げる者に対し退廷を命じ、その他審問廷の秩序を維持するために必要な措置を執ることができる。
（救済命令等）
第二十七条の十二 労働委員会は、事件が命令を発するのに熟したときは、事実の認定をし、この認定に基づいて、申立人の請求に係る救済の全部若しくは一部を認容し、又は申立てを棄却する命令（以下「救済命令等」という。）を発しなければならない。
2 調査又は審問を行う手続に参与する使用者委員及び労働者委員は、労働委員会が救済命令等を発しようとする場合は、意見を述べることができる。
3 第一項の事実の認定及び救済命令等は、書面によるものとし、その写しを使用者及び申立人に交付しなければならない。
4 救済命令等は、交付の日から効力を生ずる。
（救済命令等の確定）
第二十七条の十三 使用者が救済命令等について第二十七条の十九第一項の期間内に同項の取消しの訴えを提起しないときは、救済命令等は、確定する。
2 使用者が確定した救済命令等に従わないときは、労働委員会は、使用者の住所地の地方裁判所にその旨を通知しなければならない。この通知は、労働組合及び労働者もすることができる。
（和解）
第二十七条の十四 労働委員会は、審査の途中において、いつでも、当事者に和解を勧めることができる。
2 救済命令等が確定するまでの間に当事者間で和解が成立し、当事者双方の申立てがあつた場合において、労働委員会が当該和解の内容が当事者間の労働関係の正常な秩序を維持させ、又は確立させるため適当と認めるときは、審査の手続は終了する。
3 前項に規定する場合において、和解（前項の規定により労働委員会が適当と認めたものに限る。次項において同じ。）に係る事件について既に発せられている救済命令等は、その効力を失う。
4 労働委員会は、和解に金銭の一定額の支払又はその他の代替物若しくは有価証券の一定の数量の給付を内容とする合意が含まれる場合は、当事者双方の申立てにより、当該合意について和解調書を作成することができる。
5 前項の和解調書は、強制執行に関しては、民事執行法（昭和五十四年法律第四号）第二十二条第五号に掲げる債務名義とみなす。
6 前項の規定による債務名義についての執行文の付与は、労働委員会の会長が行う。民事執行法第二十九条後段の執行文及び文書の謄本の送達も、同様とする。
7 前項の規定による執行文付与に関する異議についての裁判は、労働委員会の所在地を管轄する地方裁判所においてする。
8 第四項の和解調書並びに第六項後段の執行文及び文書の謄本の送達に関して必要な事項は、政令で定める。
（再審査の申立て）
第二十七条の十五 使用者は、都道府県労働委員会の救済命令等の交付を受けたときは、十五日以内（天災その他この期間内に再審査の申立てをしなかつたことについてやむを得ない理由があるときは、その理由がやんだ日の翌日から起算して一週間以内）に中央労働委員会に再審査の申立てをすることができる。ただし、この申立ては、救済命令等の効力を停止せず、救済命令等は、中央労働委員会が第二十五条第二項の規定による再審査の結果、これを取り消し、又は変更したときは、その効力を失う。

2　前項の規定は、労働組合又は労働者が中央労働委員会に対して行う再審査の申立てについて準用する。

（再審査と訴訟との関係）

第二十七条の十六　中央労働委員会は、第二十七条の十九第一項の訴えに基づく確定判決によつて都道府県労働委員会の救済命令等の全部又は一部が支持されたときは、当該救済命令等について、再審査することができない。

（再審査の手続への準用）

第二十七条の十七　第二十七条第一項、第二十七条の二から第二十七条の九まで、第二十七条の十一から第二十七条の十四までの規定は、中央労働委員会の再審査の手続について準用する。この場合において、第二十七条の二第一項第四号中「とき」とあるのは「とき又は事件について既に発せられている都道府県労働委員会の救済命令等に関与したとき」と読み替えるものとする。

（審査の期間）

第二十七条の十八　労働委員会は、迅速な審査を行うため、審査の期間の目標を定めるとともに、目標の達成状況その他の審査の実施状況を公表するものとする。

第三節　訴訟

（取消しの訴え）

第二十七条の十九　使用者が都道府県労働委員会の救済命令等について中央労働委員会に再審査の申立てをしないとき、又は中央労働委員会が救済命令等を発したときは、使用者は、救済命令等の交付の日から三十日以内に、救済命令等の取消しの訴えを提起することができる。この期間は、不変期間とする。

2　使用者は、第二十七条の十五第一項の規定により中央労働委員会に再審査の申立てをしたときは、その申立てに対する中央労働委員会の救済命令等に対してのみ、取消しの訴えを提起することができる。この訴えについては、行政事件訴訟法（昭和三十七年法律第百三十九号）第十二条第三項から第五項までの規定は、適用しない。

3　前項の規定は、労働組合又は労働者が行政事件訴訟法の定めるところにより提起する取消しの訴えについて準用する。

（緊急命令）

第二十七条の二十　前条第一項の規定により使用者が裁判所に訴えを提起した場合において、受訴裁判所は、救済命令等を発した労働委員会の申立てにより、決定をもつて、使用者に対し判決の確定に至るまで救済命令等の全部又は一部に従うべき旨を命じ、又は当事者の申立てにより、若しくは職権でこの決定を取り消し、若しくは変更することができる。

（証拠の申出の制限）

第二十七条の二十一　労働委員会が物件提出命令をしたにもかかわらず物件を提出しなかつた者（審査の手続において当事者でなかつた者を除く。）は、裁判所に対し、当該物件提出命令に係る物件により認定すべき事実を証明するためには、当該物件に係る証拠の申出をすることができない。ただし、物件を提出しなかつたことについて正当な理由があると認められる場合は、この限りでない。

第四節　雑則

（中央労働委員会の勧告等）

第二十七条の二十二　中央労働委員会は、都道府県労働委員会に対し、この法律の規定により都道府県労働委員会が処理する事務について、報告を求め、又は法令の適用その他当該事務の処理に関して必要な勧告、助言若しくはその委員若しくは事務局職員の研修その他の援助を行うことができる。

（抗告訴訟の取扱い等）

第二十七条の二十三　都道府県労働委員会は、その処分（行政事件訴訟法第三条第二項に規定する処分をいい、第二十四条の二第四項の規定により公益委員がした処分及び同条第五項の規定により公益を代表する地方調整委員がした処分を含む。次項において同じ。）に係る行政事件訴訟法第十一条第一項（同法第三十八条第一項において準用する場合を含む。次項において同じ。）の規定による都道府県を被告とする訴訟について、当該都道府県を代表する。

2　都道府県労働委員会は、公益委員、事務局長又は事務局の職員でその指定するものに都道府県労働委員会の処分に係る行政事件訴訟法第十一条第一項の規定による都道府県を被告とする訴訟又は都道府県労働委員会を当事者とする訴訟を行わせることができる。

（費用弁償）

第二十七条の二十四　第二十二条第一項の規定により出頭を求められた者又は第二十七条の七第一項第一号（第二十七条の十七の規定により準用する場合を含む。）の証人は、政令の定めるところにより、費用の弁償を受けることができる。

（行政手続法の適用除外）

第二十七条の二十五　労働委員会がする処分（第二十四条の二第四項の規定により公益委員がする処分及び同条第五項の規定により公益を代表する地方調整委員がする処分を含む。）については、行政手続法（平成五年法律第八十八号）第二章及び第三章の規定は、適用しない。

（審査請求の制限）

第二十七条の二十六　労働委員会がする処分（第二十四条の二第四項の規定により公益委員がする処分及び同条第五項の規定により公益を代表する地方調整委員がする処分を含む。）又はその不作為については、審査請求をすることができない。

第五章　罰則

第二十八条　救済命令等の全部又は一部が確定判決によつて支持された場合において、その違反があつたときは、その行為をした者は、一年以下の禁錮若しくは百万円以下の罰金に処し、又はこれを併科する。

第二十八条の二　第二十七条の八第一項（第二十七条の十七の規定により準用する場合を含む。）の規定により宣誓した証人が虚偽の陳述をしたときは、三月以上十年以下の懲役に処する。

第二十九条　第二十三条の規定に違反した者は、一年以下の懲役又は三十万円以下の罰金に処する。

第三十条　第二十二条の規定に違反して報告をせず、若しくは虚偽の報告をし、若しくは帳簿書類の提出をせず、又は同条の規定に違反して出頭せず、若しくは同条の規定による検査を拒み、妨げ、若しくは忌避した者は、三十万円以下の罰金に処する。

第三十一条　法人の代表者又は法人若しくは人の代理人、使用人その他の従業者が、その法人又は人の業務に関して前条の違反行為をしたときは、行為者を罰するほか、その法人又は人に対しても同条の刑を科する。

第三十二条　使用者が第二十七条の二十の規定による裁判所の命令に違反したときは、五十万円（当該命令が作為を命ずるものであるときは、その命令の日の翌日から起算して不履行の日数が五日を超える場合にはその超える日数一日につき十万円の割合で算定した金額を加えた金額）以下の過料に処する。第二十七条の十三第一項（第二十七条の十七の規定により準用する場合を含む。）の規定により確定した救済命令等に違反した場合も、同様とする。

第三十二条の二　次の各号のいずれかに該当する者は、三十万円以下の過料に処する。

一　正当な理由がないのに、第二十七条の七第一項第一号（第二十七条の十七の規定により準用する場合を含む。）の規定による処分に違反して出頭せず、又は陳述をしない者

二　正当な理由がないのに、第二十七条の七第一項第二号（第二十七条の十七の規定により準用する場合を含む。）の規定による処分に違反して物件を提出しない者

三　正当な理由がないのに、第二十七条の八（第二十七条の十七の規定により準用する場合を含む。）の規定による処分に違反して宣誓をしない者

第三十二条の三　第二十七条の八第二項（第二十七条の十七の規定により準用する場合を含む。）の規定により宣誓した当事者が虚偽の陳述をしたときは、三十万円以下の過料に処する。

第三十二条の四　第二十七条の十一（第二十七条の十七の規定により準用する場合を含む。）の規定による処分に違反して審問を妨げた者は、十万円以下の過料に処する。

第三十三条　法人である労働組合の清算人は、次の各号のいずれかに該当する場合には、五十万円以下の過料に処する。

一　第十三条の五に規定する登記を怠つたとき。

二　第十三条の七第一項又は第十三条の九第一項の公告を怠り、又は不正の公告をしたとき。

三　第十三条の九第一項の規定による破産手続開始の申立てを怠つたとき。

四　官庁又は総会に対し、不実の申立てをし、又は事実を隠ぺいしたとき。

2　前項の規定は、法人である労働組合の代表者が第十一条第二項の規定に基いて発する政令で定められた登記事項の変更の登記をすることを怠つた場合において、その代表者につき準用する。

附　則（抄）

1　この法律施行の期日は、公布の日から起算して三十日を越えない期間内において、政令で定める。

別表（第十九条の十二関係）

十五人	七人
十三人	六人
十一人	五人
九人	四人
七人	三人
五人	二人

○刑法等の一部を改正する法律の施行に伴う関係法律の整理等に関する法律（抄）

令和四・六・一七
法　六　八

（労働組合法の一部改正）

第二百三十五条　労働組合法（昭和二十四年法律第百七十四号）の一部を次のように改正する。

第十九条の四第一項中「禁錮」を「拘禁刑」に改める。

第二十八条中「禁錮」を「拘禁刑」に改める。

第二十八条の二及び第二十九条中「懲役」を「拘禁刑」に改める。

附　則（抄）

（施行期日）

1　この法律は、刑法等一部改正法施行日〔令和七・六・一〕から施行する。〔ただし書略〕

○民事関係手続等における情報通信技術の活用等の推進を図るための関係法律の整備に関する法律（抄）

令和五・六・一四
法　五　三

（労働組合法の一部改正）

第三十六条　労働組合法（昭和二十四年法律第百七十四号）の一部を次のように改正する。

第二十七条の十四第六項中「の執行文及び文書の謄本」を削り、同条第八項中「並びに」を「の送達及び」に改め、「の執行文及び文書の謄本」を削る。

附　則（抄）

この法律は、公布の日から起算して五年を超えない範囲内において政令で定める日から施行する。ただし、次の各号に掲げる規定は、当該各号に定める日から施行する。

一　〔略〕

二　〔前略〕第三十六条〔中略〕の規定〔中略〕　公布の日から起算して二年六月を超えない範囲内において政令で定める日

三　〔略〕

○雇用の分野における男女の均等な機会及び待遇の確保等に関する法律（抄）

昭四七・七・一
法　一　一　三

最終改正　令和四・六・一七法六八

第一章　総則

（目的）

第一条　この法律は、法の下の平等を保障する日本国憲法の理念にのつとり雇用の分野における男女の均等な機会及び待遇の確保を図るとともに、女性労働者の就業に関して妊娠中及び出産後の健康の確保を図る等の措置を推進することを目的とする。

（基本的理念）

第二条　この法律においては、労働者が性別により差別されることなく、また、女性労働者にあつては母性を尊重されつつ、充実した職業生活を営むことができるようにすることをその基本的理念とする。

2　事業主並びに国及び地方公共団体は、前項に規定する基本的理念に従つて、労働者の職業生活の充実が図られるように努めなければならない。

（啓発活動）

第三条　国及び地方公共団体は、雇用の分野における男女の均等な機会及び待遇の確保等について国民の関心と理解を深めるとともに、特に、雇用の分野における男女の均等な機会及び待遇の確保を妨げている諸要因の解消を図るため、必要な啓発活動を行うものとする。

（男女雇用機会均等対策基本方針）

第四条　厚生労働大臣は、雇用の分野における男女の均等な機会及び待遇の確保等に関する施策の基本となるべき方針（以下「男女雇用機会均等対策基本方針」という。）を定めるものとする。

2　男女雇用機会均等対策基本方針に定める事項は、次のとおりとする。

一　男性労働者及び女性労働者のそれぞれの職業生活の動向に関する事項

二　雇用の分野における男女の均等な機会及び待遇の確保等について講じようとする施策の基本となるべき事項

3　男女雇用機会均等対策基本方針は、男性労働者及び女性労働者のそれぞれの労働条件、意識及び就業の実態等を考慮して定められなければならない。

4　厚生労働大臣は、男女雇用機会均等対策基本方針を定めるに当たつては、あらかじめ、労働政策審議会の意見を聴くほか、都道府県知事の意見を求めるものとする。

5　厚生労働大臣は、男女雇用機会均等対策基本方針を定めたときは、遅滞なく、その概要を公表するものとする。

6　前二項の規定は、男女雇用機会均等対策基本方針の変更について準用する。

第二章　雇用の分野における男女の均等な機会及び待遇の確保等

第一節　性別を理由とする差別の禁止等

（性別を理由とする差別の禁止）

第五条　事業主は、労働者の募集及び採用について、その性別にかかわりなく均等な機会を与えなければならない。

第六条　事業主は、次に掲げる事項について、労働者の性別を理由として、差別的取扱いをしてはならない。

一　労働者の配置（業務の配分及び権限の付与を含む。）、昇進、降格及び教育訓練

二　住宅資金の貸付けその他これに準ずる福利厚生の措置であつて厚生労働省令で定めるもの

三　労働者の職種及び雇用形態の変更
四　退職の勧奨、定年及び解雇並びに労働契約の更新

（性別以外の事由を要件とする措置）
第七条　事業主は、募集及び採用並びに前条各号に掲げる事項に関する措置であつて労働者の性別以外の事由を要件とするもののうち、措置の要件を満たす男性及び女性の比率その他の事情を勘案して実質的に性別を理由とする差別となるおそれがある措置として厚生労働省令で定めるものについては、当該措置の対象となる業務の性質に照らして当該措置の実施が当該業務の遂行上特に必要である場合、事業の運営の状況に照らして当該措置の実施が雇用管理上特に必要である場合その他の合理的な理由がある場合でなければ、これを講じてはならない。

（女性労働者に係る措置に関する特例）
第八条　前三条の規定は、事業主が、雇用の分野における男女の均等な機会及び待遇の確保の支障となつている事情を改善することを目的として女性労働者に関して行う措置を講ずることを妨げるものではない。

（婚姻、妊娠、出産等を理由とする不利益取扱いの禁止等）
第九条　事業主は、女性労働者が婚姻し、妊娠し、又は出産したことを退職理由として予定する定めをしてはならない。
2　事業主は、女性労働者が婚姻したことを理由として、解雇してはならない。
3　事業主は、その雇用する女性労働者が妊娠したこと、出産したこと、労働基準法（昭和二十二年法律第四十九号）第六十五条第一項の規定による休業を請求し、又は同項若しくは同条第二項の規定による休業をしたことその他の妊娠又は出産に関する事由であつて厚生労働省令で定めるものを理由として、当該女性労働者に対して解雇その他不利益な取扱いをしてはならない。
4　妊娠中の女性労働者及び出産後一年を経過しない女性労働者に対してなされた解雇は、無効とする。ただし、事業主が当該解雇が前項に規定する事由を理由とする解雇でないことを証明したときは、この限りでない。

（指針）
第十条　厚生労働大臣は、第五条から第七条まで及び前条第一項から第三項までの規定に定める事項に関し、事業主が適切に対処するために必要な指針（次項において「指針」という。）を定めるものとする。
2　第四条第四項及び第五項の規定は指針の策定及び変更について準用する。この場合において、同条第四項中「聴くほか、都道府県知事の意見を求める」とあるのは、「聴く」と読み替えるものとする。

第二節　事業主の講ずべき措置等

（職場における性的な言動に起因する問題に関する雇用管理上の措置等）
第十一条　事業主は、職場において行われる性的な言動に対するその雇用する労働者の対応により当該労働者がその労働条件につき不利益を受け、又は当該性的な言動により当該労働者の就業環境が害されることのないよう、当該労働者からの相談に応じ、適切に対応するために必要な体制の整備その他の雇用管理上必要な措置を講じなければならない。
2　事業主は、労働者が前項の相談を行つたこと又は事業主による当該相談への対応に協力した際に事実を述べたことを理由として、当該労働者に対して解雇その他不利益な取扱いをしてはならない。
3　事業主は、他の事業主から当該事業主の講ずる第一項の措置の実施に関し必要な協力を求められた場合には、これに応ずるように努めなければならない。
4　厚生労働大臣は、前三項の規定に基づき事業主が講ずべき措置等に関して、その適切かつ有効な実施を図るために必要な指針（次項において「指針」という。）を定めるものとする。
5　第四条第四項及び第五項の規定は、指針の策定及び変更について準用する。この場合において、同条第四項中「聴くほか、都道府県知事の意見を求める」とあるのは、「聴く」と読み替えるものとする。

（職場における性的な言動に起因する問題に関する国、事業主及び労働者の責務）
第十一条の二　国は、前条第一項に規定する不利益を与える行為又は労働者の就業環境を害する同項に規定する言動を行つてはならないことその他当該言動に起因する問題（以下この条において「性的言動問題」という。）に対する事業主その他国民一般の関心と理解を深めるため、広報活動、啓発活動その他の措置を講ずるように努めなければならない。
2　事業主は、性的言動問題に対するその雇用する労働者の関心と理解を深めるとともに、当該労働者が他の労働者に対する言動に必要な注意を払うよう、研修の実施その他の必要な配慮をするほか、国の講ずる前項の措置に協力するように努めなければならない。
3　事業主（その者が法人である場合にあつては、その役員）は、自らも、性的言動問題に対する関心と理解を深め、労働者に対する言動に必要な注意を払うように努めなければならない。
4　労働者は、性的言動問題に対する関心と理解を深め、他の労働者に対する言動に必要な注意を払うとともに、事業主の講ずる前条第一項の措置に協力するように努めなければならない。

（職場における妊娠、出産等に関する言動に起因する問題に関する雇用管理上の措置等）
第十一条の三　事業主は、職場において行われるその雇用する女性労働者に対する当該女性労働者が妊娠したこと、出産したこと、労働基準法第六十五条第一項の規定による休業を請求し、又は同項若しくは同条第二項の規定による休業をしたことその他の妊娠又は出産に関する事由であつて厚生労働省令で定めるものに関する言動により当該女性労働者の就業環境が害されることのないよう、当該女性労働者からの相談に応じ、適切に対応するために必要な体制の整備その他の雇用管理上必要な措置を講じなければならない。
2　第十一条第二項の規定は、労働者が前項の相談を行い、又は事業主による当該相談への対応に協力した際に事実を述べた場合について準用する。

3 厚生労働大臣は、前二項の規定に基づき事業主が講ずべき措置等に関して、その適切かつ有効な実施を図るために必要な指針（次項において「指針」という。）を定めるものとする。

4 第四条第四項及び第五項の規定は、指針の策定及び変更について準用する。この場合において、同条第四項中「聴くほか、都道府県知事の意見を求める」とあるのは、「聴く」と読み替えるものとする。

（職場における妊娠、出産等に関する言動に起因する問題に関する国、事業主及び労働者の責務）

第十一条の四 国は、労働者の就業環境を害する前条第一項に規定する言動を行つてはならないことその他当該言動に起因する問題（以下この条において「妊娠・出産等関係言動問題」という。）に対する事業主その他国民一般の関心と理解を深めるため、広報活動、啓発活動その他の措置を講ずるように努めなければならない。

2 事業主は、妊娠・出産等関係言動問題に対するその雇用する労働者の関心と理解を深めるとともに、当該労働者が他の労働者に対する言動に必要な注意を払うよう、研修の実施その他の必要な配慮をするほか、国の講ずる前項の措置に協力するように努めなければならない。

3 事業主（その者が法人である場合にあつては、その役員）は、自らも、妊娠・出産等関係言動問題に対する関心と理解を深め、労働者に対する言動に必要な注意を払うように努めなければならない。

4 労働者は、妊娠・出産等関係言動問題に対する関心と理解を深め、他の労働者に対する言動に必要な注意を払うとともに、事業主の講ずる前条第一項の措置に協力するように努めなければならない。

（妊娠中及び出産後の健康管理に関する措置）

第十二条 事業主は、厚生労働省令で定めるところにより、その雇用する女性労働者が母子保健法（昭和四十年法律第百四十一号）の規定による保健指導又は健康診査を受けるために必要な時間を確保することができるようにしなければならない。

第十三条 事業主は、その雇用する女性労働者が前条の保健指導又は健康診査に基づく指導事項を守ることができるようにするため、勤務時間の変更、勤務の軽減等必要な措置を講じなければならない。

2 厚生労働大臣は、前項の規定に基づき事業主が講ずべき措置に関して、その適切かつ有効な実施を図るために必要な指針（次項において「指針」という。）を定めるものとする。

3 第四条第四項及び第五項の規定は、指針の策定及び変更について準用する。この場合において、同条第四項中「聴くほか、都道府県知事の意見を求める」とあるのは、「聴く」と読み替えるものとする。

（男女雇用機会均等推進者）

第十三条の二 事業主は、厚生労働省令で定めるところにより、第八条、第十一条第一項、第十一条の二第二項、第十一条の三第一項、第十一条の四第二項、第十二条及び前条第一項に定める措置等並びに職場における男女の均等な機会及び待遇の確保が図られるようにするために講ずべきその他の措置の適切かつ有効な実施を図るための業務を担当する者を選任するように努めなければならない。

第三節 事業主に対する国の援助

第十四条 国は、雇用の分野における男女の均等な機会及び待遇が確保されることを促進するため、事業主が雇用の分野における男女の均等な機会及び待遇の確保の支障となつている事情を改善することを目的とする次に掲げる措置を講じ、又は講じようとする場合には、当該事業主に対し、相談その他の援助を行うことができる。

一 その雇用する労働者の配置その他雇用に関する状況の分析

二 前号の分析に基づき雇用の分野における男女の均等な機会及び待遇の確保の支障となつている事情を改善するに当たつて必要となる措置に関する計画の作成

三 前号の計画で定める措置の実施

四 前三号の措置を実施するために必要な体制の整備

五 前各号の措置の実施状況の開示

第三章 紛争の解決

第一節 紛争の解決の援助等

（苦情の自主的解決）

第十五条 事業主は、第六条、第七条、第九条、第十二条及び第十三条第一項に定める事項（労働者の募集及び採用に係るものを除く。）に関し、労働者から苦情の申出を受けたときは、苦情処理機関（事業主を代表する者及び当該事業場の労働者を代表する者を構成員とする当該事業場の労働者の苦情を処理するための機関をいう。）に対し当該苦情の処理をゆだねる等その自主的な解決を図るように努めなければならない。

（紛争の解決の促進に関する特例）

第十六条 第五条から第七条まで、第九条、第十一条第一項及び第二項（第十一条の三第二項において準用する場合を含む。）、第十一条の三第一項、第十二条並びに第十三条第一項に定める事項についての労働者と事業主との間の紛争については、個別労働関係紛争の解決の促進に関する法律（平成十三年法律第百十二号）第四条、第五条及び第十二条から第十九条までの規定は適用せず、次条から第二十七条までに定めるところによる。

（紛争の解決の援助）

第十七条 都道府県労働局長は、前条に規定する紛争に関し、当該紛争の当事者の双方又は一方からその解決につき援助を求められた場合には、当該紛争の当事者に対し、必要な助言、指導又は勧告をすることができる。

2 第十一条第二項の規定は、労働者が前項の援助を求めた場合について準用する。

第二節 調停

（調停の委任）

第十八条 都道府県労働局長は、第十六条に規定する紛争（労働者の募集及び採用についての紛争を除く。）について、当該紛争の当事者（以下「関係当事者」という。）の双方又は一方から調停の申請があつた場合において当該紛争の解決のために必要があると認めるときは、個別労働関係紛争の解決の促進に関する法律第六条第一項の紛争調整委員会（以下「委員会」という。）に調停を行わせるものとする。

2　第十一条第二項の規定は、労働者が前項の申請をした場合について準用する。

（調停）

第十九条　前条第一項の規定に基づく調停（以下この節において「調停」という。）は、三人の調停委員が行う。

2　調停委員は、委員会の委員のうちから、会長があらかじめ指名する。

第二十条　委員会は、調停のため必要があると認めるときは、関係当事者又は関係当事者と同一の事業場に雇用される労働者その他の参考人の出頭を求め、その意見を聴くことができる。

第二十一条　委員会は、関係当事者からの申立てに基づき必要があると認めるときは、当該委員会が置かれる都道府県労働局の管轄区域内の主要な労働者団体又は事業主団体が指名する関係労働者を代表する者又は関係事業主を代表する者から当該事件につき意見を聴くものとする。

第二十二条　委員会は、調停案を作成し、関係当事者に対しその受諾を勧告することができる。

第二十三条　委員会は、調停に係る紛争について調停による解決の見込みがないと認めるときは、調停を打ち切ることができる。

2　委員会は、前項の規定により調停を打ち切つたときは、その旨を関係当事者に通知しなければならない。

（時効の完成猶予）

第二十四条　前条第一項の規定により調停が打ち切られた場合において、当該調停の申請をした者が同条第二項の通知を受けた日から三十日以内に調停の目的となつた請求について訴えを提起したときは、時効の完成猶予に関しては、調停の申請の時に、訴えの提起があつたものとみなす。

（訴訟手続の中止）

第二十五条　第十八条第一項に規定する紛争のうち民事上の紛争であるものについて関係当事者間に訴訟が係属する場合において、次の各号のいずれかに掲げる事由があり、かつ、関係当事者の共同の申立てがあるときは、受訴裁判所は、四月以内の期間を定めて訴訟手続を中止する旨の決定をすることができる。

一　当該紛争について、関係当事者間において調停が実施されていること。

二　前号に規定する場合のほか、関係当事者間に調停によつて当該紛争の解決を図る旨の合意があること。

2　受訴裁判所は、いつでも前項の決定を取り消すことができる。

3　第一項の申立てを却下する決定及び前項の規定により第一項の決定を取り消す決定に対しては、不服を申し立てることができない。

（資料提供の要求等）

第二十六条　委員会は、当該委員会に係属している事件の解決のために必要があると認めるときは、関係行政庁に対し、資料の提供その他必要な協力を求めることができる。

（厚生労働省令への委任）

第二十七条　この節に定めるもののほか、調停の手続に関し必要な事項は、厚生労働省令で定める。

第四章　雑則

（調査等）

第二十八条　厚生労働大臣は、男性労働者及び女性労働者のそれぞれの職業生活に関し必要な調査研究を実施するものとする。

2　厚生労働大臣は、この法律の施行に関し、関係行政機関の長に対し、資料の提供その他必要な協力を求めることができる。

3　厚生労働大臣は、この法律の施行に関し、都道府県知事から必要な調査報告を求めることができる。

（報告の徴収並びに助言、指導及び勧告）

第二十九条　厚生労働大臣は、この法律の施行に関し必要があると認めるときは、事業主に対して、報告を求め、又は助言、指導若しくは勧告をすることができる。

2　前項に定める厚生労働大臣の権限は、厚生労働省令で定めるところにより、その一部を都道府県労働局長に委任することができる。

（公表）

第三十条　厚生労働大臣は、第五条から第七条まで、第九条第一項から第三項まで、第十一条第一項及び第二項（第十一条の三第二項、第十七条第二項及び第十八条第二項において準用する場合を含む。）、第十一条の三第一項、第十二条並びに第十三条第一項の規定に違反している事業主に対し、前条第一項の規定による勧告をした場合において、その勧告を受けた者がこれに従わなかつたときは、その旨を公表することができる。

第五章　罰則

第三十三条　第二十九条第一項の規定による報告をせず、又は虚偽の報告をした者は、二十万円以下の過料に処する。

附　則

（施行期日）

1　この法律は、公布の日から施行する。

（令和八年三月三十一日までの間の男女雇用機会均等推進者の業務）

2　令和八年三月三十一日までの間は、第十三条の二中「並びに」とあるのは、「、女性の職業生活における活躍の推進に関する法律（平成二十七年法律第六十四号）第八条第一項に規定する一般事業主行動計画に基づく取組及び同法第二十条の規定による情報の公表の推進のための措置並びに」とする。

○刑法等の一部を改正する法律の施行に伴う関係法律の整理等に関する法律（抄）

令和四・六・一七
法　六　八

（雇用の分野における男女の均等な機会及び待遇の確保等に関する法律及び国会等の移転に関する法律の一部改正）

第三百九十三条　次に掲げる法律の規定中「禁錮」を「拘禁刑」に改める。

一　雇用の分野における男女の均等な機会及び待遇の確保等に関する法律（昭和四十七年法律第百十三号）第三十一条第四項

二　〔略〕

附　則（抄）

（施行期日）

1　この法律は、刑法等一部改正法施行日〔令和七・六・一〕から施行する。〔ただし書略〕

○女子教職員の出産に際しての補助教職員の確保に関する法律

昭三〇・八・五
法一二五

最終改正　令和三・六・一一法六三

（目的）

第一条　この法律は、公立の学校に勤務する女子教職員が出産する場合における当該学校の教職員の職務を補助させるための教職員の臨時的任用等に関し必要な事項を定め、もつて女子教職員の母体の保護を図りつつ、学校教育の正常な実施を確保することを目的とする。

（定義）

第二条　この法律において「学校」とは、幼稚園、小学校、中学校、義務教育学校、高等学校、中等教育学校、特別支援学校及び幼保連携型認定こども園をいう。

2　この法律において「教職員」とは、校長（園長を含む。以下同じ。）、副校長（副園長を含む。）、教頭、主幹教諭（幼保連携型認定こども園の主幹養護教諭及び主幹栄養教諭を含む。）、指導教諭、教諭、養護教諭、栄養教諭、主幹保育教諭、指導保育教諭、保育教諭、助教諭、養護助教諭、助保育教諭、講師（常時勤務の者及び地方公務員法（昭和二十五年法律第二百六十一号）第二十二条の四第一項に規定する短時間勤務の職を占める者に限る。）、実習助手、寄宿舎指導員、学校栄養職員（学校給食法（昭和二十九年法律第百六十号）第七条に規定する職員のうち栄養の指導及び管理をつかさどる主幹教諭並びに栄養教諭以外の者をいう。以下同じ。）及び事務職員をいう。

（公立の学校等における教職員の臨時的任用）

第三条　公立の学校に勤務する女子教職員が出産することとなる場合においては、任命権者は、出産予定日の六週間（多胎妊娠の場合にあつては、十四週間とし、条例でこれらの期間より長い産前の休業の期間を定めたときは、当該期間とする。）前の日から産後八週間（条例でこれより長い産後の休業の期間を定めたときは、当該期間）を経過する日までの期間又は当該女子教職員が産前の休業を始める日から、当該日から起算して十四週間（多胎妊娠の場合にあつては、二十二週間とし、条例でこれらの期間より長い産前産後の休業の期間を定めたときは、当該期間とする。）を経過する日までの期間のいずれかの期間を任用の期間として、当該学校の教職員の職務を補助させるため、校長以外の教職員を臨時的に任用するものとする。

2　女子教職員の出産に際しその勤務する学校の教職員の職務を補助させることができるような特別の教職員がある場合において、任命権者が、当該教職員に、前項に規定する期間、同項の学校の教職員の職務を補助させることとするときは、同項の臨時的任用は、行なうことを要しない。

3　前二項の規定は、公立の学校給食法第六条に規定する施設に勤務する学校栄養職員について準用する。この場合において、これらの項中「学校」とあるのは、「学校給食法第六条に規定する施設」と読み替えるものとする。

（適用除外）

第四条　前条の規定による臨時的任用については、地方公務員法第二十二条の三第一項から第四項までの規定は適用しない。

（公立学校以外の学校において講ずべき措置）

第五条　公立学校以外の学校に勤務する女子教職員が出産することとなる場合においては、当該学校の設置者は、出産予定日の六週間（多胎妊娠の場合にあつては、十四週間）前の日から産後八週間を経過する日までの期間又は当該女子教職員が産前の休業を始める日から、当該日から起算して十四週間（多胎妊娠の場合にあつては、二十二週間）を経過する日までの期間のいずれかの期間を任用の期間として、当該学校の教職員の職務を補助させるため、校長以外の教職員を任用するように努めなければならない。

附 則（抄）

1 この法律は、昭和三十一年四月一日から施行する。

○地方公務員の育児休業等に関する法律

平成三・一二・二四
法 一 一 〇

最終改正 令和四・五・二法三五

（目的）

第一条 この法律は、育児休業等に関する制度を設けて子を養育する職員（地方公務員法（昭和二十五年法律第二百六十一号）第四条第一項に規定する職員をいう。以下同じ。）の継続的な勤務を促進し、もつて職員の福祉を増進するとともに、地方公共団体の行政の円滑な運営に資することを目的とする。

（育児休業の承認）

第二条 職員（第十八条第一項の規定により採用された同項に規定する短時間勤務職員、臨時的に任用される職員その他その任用の状況がこれらに類する職員として条例で定める職員を除く。）は、任命権者（地方公務員法第六条第一項に規定する任命権者及びその委任を受けた者をいう。以下同じ。）の承認を受けて、当該職員の子（民法（明治二十九年法律第八十九号）第八百十七条の二第一項の規定により職員が当該職員との間における同項に規定する特別養子縁組の成立について家庭裁判所に請求した者（当該請求に係る家事審判事件が裁判所に係属している場合に限る。）であつて、当該職員が現に監護するもの、児童福祉法（昭和二十二年法律第百六十四号）第二十七条第一項第三号の規定により同法第六条の四第二号に規定する養子縁組里親である職員に委託されている児童のうち、当該職員が養子縁組によつて養親となることを希望している者その他これらに準ずる者として条例で定める者を含む。以下同じ。）を養育するため、当該子が三歳に達する日（非常勤職員にあつては、当該子の養育の事情に応じ、一歳に達する日から一歳六か月に達する日までの間で条例で定める日（当該子の養育の事情を考慮して特に必要と認められる場合として条例で定める場合に該当するときは、二歳に達する日））まで、育児休業をすることができる。ただし、当該子について、既に二回の育児休業（次に掲げる育児休業を除く。）をしたことがあるときは、条例で定める特別の事情がある場合を除き、この限りでない。

一 子の出生の日から国家公務員の育児休業等に関する法律（平成三年法律第百九号。以下「国家公務員育児休業法」という。）第三条第一項第一号の規定により人事院規則で定める期間を基準として条例で定める期間内に、職員（当該期間内に労働基準法（昭和二十二年法律第四十九号）第六十五条第二項の規定により勤務しない職員を除く。）が当該子についてする育児休業（次号に掲げる育児休業を除く。）のうち最初のもの及び二回目のもの

二 任期を定めて採用された職員が当該任期の末日を育児休業の期間の末日とする育児休業（当該職員が、当該任期を更新され、又は当該任期の満了後引き続いて任命権者を同じくする職に採用されることに伴い、当該育児休業に係る子について、当該更新前の任期の末日の翌日又は当該採用の日を育児休業の期間の初日とする育児休業をする場合に限る。）

2 育児休業の承認を受けようとする職員は、育児休業をしようとする期間の初日及び末日を明らかにして、任命権者に対し、その承認を請求するものとする。

3 任命権者は、前項の規定による請求があつたときは、当該請求に係る期間について当該請求をした職員の業務を処理するための措置を講ずることが著しく困難である場合を除き、これを承認しなければならない。

（育児休業の期間の延長）

第三条 育児休業をしている職員は、任命権者に対し、当該育児休業の期間の延長を請求することができる。

2 育児休業の期間の延長は、条例で定める特別の事情がある場合を除き、一回に限るものとする。

3　前条第二項及び第三項の規定は、育児休業の期間の延長について準用する。

（育児休業の効果）

第四条　育児休業をしている職員は、育児休業を開始した時就いていた職又は育児休業の期間中に異動した職を保有するが、職務に従事しない。

2　育児休業をしている期間については、給与を支給しない。

（育児休業の承認の失効等）

第五条　育児休業の承認は、当該育児休業をしている職員が産前の休業を始め、若しくは出産した場合、当該職員が休職若しくは停職の処分を受けた場合又は当該育児休業に係る子が死亡し、若しくは当該職員の子でなくなった場合には、その効力を失う。

2　任命権者は、育児休業をしている職員が当該育児休業に係る子を養育しなくなったことその他条例で定める事由に該当すると認めるときは、当該育児休業の承認を取り消すものとする。

（育児休業に伴う任期付採用及び臨時的任用）

第六条　任命権者は、第二条第二項又は第三条第一項の規定による請求があった場合において、当該請求に係る期間について職員の配置換えその他の方法により当該請求をした職員の業務を処理することが困難であると認めるときは、当該業務を処理するため、次の各号に掲げる任用のいずれかを行うものとする。この場合において、第二号に掲げる任用は、当該請求に係る期間について一年を超えて行うことができない。

一　当該請求に係る期間を任期の限度として行う任期を定めた採用

二　当該請求に係る期間を任期の限度として行う臨時的任用

2　任命権者は、前項の規定により任期を定めて職員を採用する場合には、当該職員に当該任期を明示しなければならない。

3　任命権者は、第一項の規定により任期を定めて採用された職員の任期が第二条第二項又は第三条第一項の規定による請求に係る期間に満たない場合には、当該期間の範囲内において、当該任期を更新することができる。

4　第二項の規定は、前項の規定により任期を更新する場合について準用する。

5　任命権者は、第一項の規定により任期を定めて採用された職員を、任期を定めて採用した趣旨に反しない場合に限り、当該任期中、他の職に任用することができる。

6　第一項の規定により臨時的任用を行う場合には、地方公務員法第二十二条の三第一項から第四項までの規定は、適用しない。

（育児休業をしている職員の期末手当等の支給）

第七条　育児休業をしている職員については、第四条第二項の規定にかかわらず、国家公務員育児休業法第八条に規定する育児休業をしている国家公務員の期末手当又は勤勉手当の支給に関する事項を基準として定める条例の定めるところにより、期末手当又は勤勉手当を支給することができる。

（育児休業をした職員の職務復帰後における給与等の取扱い）

第八条　育児休業をした職員については、国家公務員育児休業法第三条第一項の規定により育児休業をした国家公務員の給与及び退職手当の取扱いに関する事項を基準として、職務に復帰した場合の給与及び退職した場合の退職手当の取扱いに関する措置を講じなければならない。

（育児休業を理由とする不利益取扱いの禁止）

第九条　職員は、育児休業を理由として、不利益な取扱いを受けることはない。

（育児短時間勤務の承認）

第十条　職員（非常勤職員、臨時的に任用される職員その他これらに類する職員として条例で定める職員を除く。）は、任命権者の承認を受けて、当該職員の小学校就学の始期に達するまでの子を養育するため、当該子がその始期に達するまで、常時勤務を要する職を占めたまま、次の各号に掲げるいずれかの勤務の形態（一般職の職員の勤務時間、休暇等に関する法律（平成六年法律第三十三号）第六条の規定の適用を受ける国家公務員と同様の勤務の形態によって勤務する職員以外の職員にあっては、第五号に掲げる勤務の形態）により、当該職員が希望する日及び時間帯において勤務することができる。ただし、当該子について、既に育児短時間勤務をしたことがある場合において、当該子に係る育児短時間勤務の終了の日の翌日から起算して一年を経過しないときは、条例で定める特別の事情がある場合を除き、この限りでない。

（以下「育児短時間勤務」という。）

一　日曜日及び土曜日を週休日（勤務時間を割り振らない日をいう。以下この項において同じ。）とし、週休日以外の日において一日につき十分の一勤務時間（当該職員の一週間当たりの通常の勤務時間（以下この項において「週間勤務時間」という。）に十分の一を乗じて得た時間に端数処理（五分を最小の単位とし、これに満たない端数を切り上げることをいう。以下この項において同じ。）を行って得た時間をいう。以下この項及び第十三条において同じ。）勤務すること。

二　日曜日及び土曜日を週休日とし、週休日以外の日において一日につき八分の一勤務時間（週間勤務時間に八分の一を乗じて得た時間に端数処理を行って得た時間をいう。以下この項において同じ。）勤務すること。

三　日曜日及び土曜日並びに月曜日から金曜日までの五日間のうちの二日を週休日とし、週休日以外の日において一日につき五分の一勤務時間（週間勤務時間に五分の一を乗じて得た時間に端数処理を行って得た時間をいう。以下この項及び第十三条において同じ。）勤務すること。

四　日曜日及び土曜日並びに月曜日から金曜日までの五日間のうちの二日を週休日とし、週休日以外の日のうち、二日については一日につき五分の一勤務時間、一日については一日につき十分の一勤務時間勤務すること。

五　前各号に掲げるもののほか、一週間当たりの勤務時間が五分の一勤務時間に二を乗じて得た時間に十分の一勤務時間を加えた時間から八分の一勤務時間に五を乗じて得た時間までの範囲内の時間となるように条例で定める勤務の形態

2　育児短時間勤務の承認を受けようとする職員は、条例で定めるところにより、育児短時間勤務をしようとする期間（一月以上一年以下の期間に限る。）の初日及び末日並びにその勤務の形態における勤務の日及び時間帯を明らかにして、任命権者に対し、その承認を請求するものとする。

3　任命権者は、前項の規定による請求があったときは、当該請求に係る期間について当該請求をした職員の業務を処理するための措置を講ずることが困難である場合を除き、これを承認しなければならない。

（育児短時間勤務の期間の延長）

第十一条　育児短時間勤務をしている職員（以下「育児短時間勤務職員」という。）は、任命権者に対し、当該育児短時間勤務の期間の延長を請求することができる。

2　前条第二項及び第三項の規定は、育児短時間勤務の期間の延長について準用する。

（育児短時間勤務の承認の失効等）

第十二条　第五条の規定は、育児短時間勤務の承認の失効及び取消しについて準用する。

（育児短時間勤務職員の並立任用）

第十三条　一人の育児短時間勤務職員（一週間当たりの勤務時間が五分の一勤務時間に二を乗じて得た時間に十分の一勤務時間を加えた時間から十分の一勤務時間に五を乗じて得た時間までの範囲内の時間である者に限る。以下この条において同じ。）が占める職には、他の一人の育児短時間勤務職員を任用することを妨げない。

（育児短時間勤務職員の給与等の取扱い）

第十四条　育児短時間勤務職員については、国家公務員育児休業法第十二条第一項に規定する育児短時間勤務をしている国家公務員の給与、勤務時間及び休暇の取扱いに関する事項を基準として、給与、勤務時間及び休暇の取扱いに関する措置を講じなければならない。

（育児短時間勤務をした職員の退職手当の取扱い）

第十五条　育児短時間勤務をした職員については、国家公務員育児休業法第十二条第一項に規定する育児短時間勤務をした国家公務員の退職手当の取扱いに関する事項を基準として、退職した場合の退職手当の取扱いに関する措置を講じなければならない。

（育児短時間勤務を理由とする不利益取扱いの禁止）

第十六条　職員は、育児短時間勤務を理由として、不利益な取扱いを受けることはない。

（育児短時間勤務の承認が失効した場合等における育児短時間勤務の例による短時間勤務）

第十七条　任命権者は、第十二条において準用する第五条の規定により育児短時間勤務の承認が失効し、又は取り消された場合において、過員を生ずることその他の条例で定めるやむを得ない事情があると認めるときは、その事情が継続している期間、条例で定めるところにより、当該育児短時間勤務をしていた職員に、引き続き当該育児短時間勤務と同一の勤務の日及び時間帯において常時勤務を要する職を占めたまま勤務をさせることができる。この場合において、第十三条から前条までの規定を準用する。

（育児短時間勤務に伴う短時間勤務職員の任用）

第十八条　任命権者は、第十条第二項又は第十一条第一項の規定による請求があった場合において、当該請求に係る期間について当該請求をした職員の業務を処理するため必要があると認めるときは、当該請求に係る期間を任期の限度として、短時間勤務職員（地方公務員法第二十二条の四第一項に規定する短時間勤務の職を占める職員をいう。以下この条において同じ。）を採用することができる。

2　任命権者は、前項の規定により任期を定めて短時間勤務職員を採用する場合には、当該短時間勤務職員にその任期を明示しなければならない。

3　任命権者は、第一項の規定により任期を定めて採用された短時間勤務職員について、条例で定めるところにより、当該育児短時間勤務職員の第十条第二項の規定による請求に係る期間又は当該期間の初日から第十一条第一項の規定による請求に係る期間の末日までの期間の範囲内において、その任期を更新することができる。

4　第二項の規定は、前項の規定により任期を更新する場合について準用する。

5　任命権者は、第一項の規定により任期を定めて採用された短時間勤務職員を、任期を定めて採用した趣旨に反しない場合に限り、その任期中、他の職に任用することができる。

6　任命権者が第一項又は前項の規定により短時間勤務職員を任用する場合には、地方公務員法第二十二条の四第四項の規定は、適用しない。

（部分休業）

第十九条　任命権者（地方教育行政の組織及び運営に関する法律（昭和三十一年法律第百六十二号）第三十七条第一項に規定する県費負担教職員については、市町村の教育委員会）は、職員（育児短時間勤務職員その他その任用の状況がこれに類する職員として条例で定める職員を除く。）が請求した場合において、公務の運営に支障がないと認めるときは、条例の定めるところにより、当該職員がその小学校就学の始期（非常勤職員（地方公務員法第二十二条の四第一項に規定する短時間勤務の職を占める職員を除く。）にあっては、三歳）に達するまでの子を養育するため一日の勤務時間の一部（二時間を超えない範囲内の時間に限る。）について勤務しないこと（以下この条において「部分休業」という。）を承認することができる。

2　職員が部分休業の承認を受けて勤務しない場合には、国家公務員育児休業法第二十六条第二項に規定する育児時間の承認を受けて勤務しない場合の国家公務員の給与の支給に関する事項を基準として定める条例の定めるところにより、減額して給与を支給するものとする。

3　第五条及び第十六条の規定は、部分休業について準用する。

（職員に関する労働基準法等の適用）

第二十条　職員に関する労働基準法第十二条第三項第四号及び第三十九条第十項の規定の適用については、同法第十二条第三項第四号中「育児休業、介護休業等育児又は家族介護を行う労働者の福祉に関する法律（平成三年法律第七十六号）第二条第一号」とあるのは「地方公務員の育児休業等に関する法律（平成三年法律第百十号）第二条第一項」と、「同条第二号」とあるのは「育児休業、介護休業等育児又は家族介護を行う労働者の福祉に関する法律（平成三年法律第七十六号）第二条第二号」と、同法第三十九条第十項中「育児休業、介護休業等育児又は家族介護を行う労働者の福祉に関する法律第二条第一号」とあるのは「地方公務員の育児休業等に関する法律第二条第一項」と、「同条第二号」とあるのは「育児休業、介護休業等育児又は家族介護を行う労働者の福祉に関する法律第二条第二号」とする。

2　職員に関する船員法（昭和二十二年法律第百号）第七十四条第四項の規定の適用については、同項中「育児休業、介護休業等育児又は家族介護を行う労働者の福祉に関する法律（平成三年法律第七十六号）第二条第一号」とあるのは、「地方公務員の育児休業等に関する法律（平成三年法律第百十号）第二条第一項」とする。

附　則（抄）

（施行期日）

第一条　この法律は、平成四年四月一日から施行する。

（経過措置）

第二条　この法律の施行の際現に義務教育諸学校等の女子教育職員及び医療施設、社会福祉施設等の看護婦、保母等の育児休業に関する法律（昭和五十年法律第六十二号。次条において「女子教育職員等育児休業法」という。）第三条の規定による育児休業の許可を受けて育児休業をしている職員については、当該許可は第二条の規定による育児休業の承認とみなす。

第三条　この法律の施行の際現に女子教育職員等育児休業法第十五条第一項の規定により臨時的に任用されている職員は、第六条第一項の規定により臨時的に任用されている職員とみなす。

第四条　前二条に定めるもののほか、この法律の施行に関し必要な経過措置は、政令で定める。

〇育児休業、介護休業等育児又は家族介護を行う労働者の福祉に関する法律（抄）

平成三・五・一五
法　七　六

最終改正　令和四・六・一七法六八

第一章　総則

（目的）

第一条　この法律は、育児休業及び介護休業に関する制度並びに子の看護休暇及び介護休暇に関する制度を設けるとともに、子の養育及び家族の介護を容易にするため所定労働時間等に関し事業主が講ずべき措置を定めるほか、子の養育又は家族の介護を行う労働者等に対する支援措置を講ずること等により、子の養育又は家族の介護を行う労働者等の雇用の継続及び再就職の促進を図り、もってこれらの者の職業生活と家庭生活との両立に寄与することを通じて、これらの者の福祉の増進を図り、あわせて経済及び社会の発展に資することを目的とする。

（定義）

第二条　この法律（第一号に掲げる用語にあっては、第九条の七並びに第六十一条第三十三項及び第三十六項を除く。）において、次の各号に掲げる用語の意義は、当該各号に定めるところによる。

一　育児休業　労働者（日々雇用される者を除く。以下この条、次章から第八章まで、第二十一条から第二十四条まで、第二十五条第一項、第二十五条の二第一項及び第三項、第二十六条、第二十八条、第二十九条並びに第十一章において同じ。）が、次章に定めるところにより、その子（民法（明治二十九年法律第八十九号）第八百十七条の二第一項の規定により労働者が当該労働者との間における同項に規定する特別養子縁組の成立について家庭裁判所に請求した者（当該請求に係る家事審判事件が裁判所に係属している場合に限る。）であって、当該労働者が現に監護するもの、児童福祉法（昭和二十二年法律第百六十四号）第二十七条第一項第三号の規定により同法第六条の四第二号に規定する養子縁組里親である労働者に委託されている児童及びその他これらに準ずる者として厚生労働省令で定める者に、厚生労働省令で定めるところにより委託されている者を含む。第四号及び第六十一条第三項（同条第六項において準用する場合を含む。）を除き、以下同じ。）を養育するためにする休業をいう。

二　介護休業　労働者が、第三章に定めるところにより、その要介護状態にある対象家族を介護するためにする休業をいう。

三　要介護状態　負傷、疾病又は身体上若しくは精神上の障害により、厚生労働省令で定める期間にわたり常時介護を必要とする状態をいう。

四　対象家族　配偶者（婚姻の届出をしていないが、事実上婚姻関係と同様の事情にある者を含む。以下同じ。）、父母及び子（これらの者に準ずる者として厚生労働省令で定めるものを含む。）並びに配偶者の父母をいう。

五　家族　対象家族その他厚生労働省令で定める親族をいう。

（基本的理念）

第三条　この法律の規定による子の養育又は家族の介護を行う労働者等の福祉の増進は、これらの者がそれぞれ職業生活の全期間を通じてその能力を有効に発揮して充実した職業生活を営むとともに、育児又は介護について家族の一員としての役割を円滑に果たすことができるようにすることをその本旨とする。

2　子の養育又は家族の介護を行うための休業をする労働者

は、その休業後における就業を円滑に行うことができるよう必要な努力をするようにしなければならない。

（関係者の責務）

第四条　事業主並びに国及び地方公共団体は、前条に規定する基本的理念に従って、子の養育又は家族の介護を行う労働者等の福祉を増進するように努めなければならない。

第二章　育児休業

（育児休業の申出）

第五条　労働者は、その養育する一歳に満たない子について、その事業主に申し出ることにより、育児休業（第九条の二第一項に規定する出生時育児休業を除く。以下この条から第九条までにおいて同じ。）をすることができる。ただし、期間を定めて雇用される者にあっては、その養育する子が一歳六か月に達する日までに、その労働契約（労働契約が更新される場合にあっては、更新後のもの。第三項、第九条の二第一項及び第十一条第一項において同じ。）が満了することが明らかでない者に限り、当該申出をすることができる。

2　前項の規定にかかわらず、労働者は、その養育する子が一歳に達する日（以下「一歳到達日」という。）までの期間（当該子を養育していない期間を除く。）内に二回の育児休業（第七項に規定する育児休業申出によりする育児休業を除く。）をした場合には、当該子については、厚生労働省令で定める特別の事情がある場合を除き、前項の規定による申出をすることができない。

3　労働者は、その養育する一歳から一歳六か月に達するまでの子について、次の各号のいずれにも該当する場合（厚生労働省令で定める特別の事情がある場合には、第二号に該当する場合）に限り、その事業主に申し出ることにより、育児休業をすることができる。ただし、期間を定めて雇用される者（当該子の一歳到達日において育児休業をしている者であって、その翌日を第六項に規定する育児休業開始予定日とする申出をするものを除く。）にあっては、当該子が一歳六か月に達する日までに、その労働契約が満了することが明らかでない者に限り、当該申出をすることができる。

一　当該申出に係る子について、当該労働者又はその配偶者が、当該子の一歳到達日において育児休業をしている場合

二　当該子の一歳到達日後の期間について休業することが雇用の継続のために特に必要と認められる場合として厚生労働省令で定める場合に該当する場合

三　当該子の一歳到達日後の期間において、この項の規定による申出により育児休業をしたことがない場合

4　労働者は、その養育する一歳六か月から二歳に達するまでの子について、次の各号のいずれにも該当する場合（前項の厚生労働省令で定める特別の事情がある場合には、第二号に該当する場合）に限り、その事業主に申し出ることにより、育児休業をすることができる。

一　当該申出に係る子について、当該労働者又はその配偶者が、当該子の一歳六か月に達する日（以下「一歳六か月到達日」という。）において育児休業をしている場合

二　当該子の一歳六か月到達日後の期間について休業することが雇用の継続のために特に必要と認められる場合として厚生労働省令で定める場合に該当する場合

三　当該子の一歳六か月到達日後の期間において、この項の規定による申出により育児休業をしたことがない場合

5　第一項ただし書の規定は、前項の規定による申出について準用する。この場合において、第一項ただし書中「一歳六か月」とあるのは、「二歳」と読み替えるものとする。

6　第一項、第三項及び第四項の規定による申出（以下「育児休業申出」という。）は、厚生労働省令で定めるところにより、その期間中は育児休業をすることとする一の期間について、その初日（以下「育児休業開始予定日」という。）及び末日（以下「育児休業終了予定日」という。）とする日を明らかにして、しなければならない。この場合において、次の各号に掲げる申出にあっては、第三項の厚生労働省令で定める特別の事情がある場合を除き、当該各号に定める日を育児休業開始予定日としなければならない。

一　第三項の規定による申出　当該申出に係る子の一歳到達日の翌日（当該申出をする労働者の配偶者が同項の規定による申出により育児休業をする場合には、当該育児休業に係る育児休業終了予定日の翌日以前の日）

二　第四項の規定による申出　当該申出に係る子の一歳六か月到達日の翌日（当該申出をする労働者の配偶者が同項の規定による申出により育児休業をする場合には、当該育児休業に係る育児休業終了予定日の翌日以前の日）

7　第一項ただし書、第二項、第三項（第一号及び第二号を除く。）、第四項（第一号及び第二号を除く。）、第五項及び前項後段の規定は、期間を定めて雇用される者であって、その締結する労働契約の期間の末日を育児休業終了予定日（第七条第三項の規定により当該育児休業終了予定日が変更された場合にあっては、その変更後の育児休業終了予定日とされた日）とする育児休業をしているものが、当該育児休業に係る子について、当該労働契約の更新に伴い、当該更新後の労働契約の期間の初日を育児休業開始予定日とする育児休業申出をする場合には、これを適用しない。

（育児休業申出があった場合における事業主の義務等）

第六条　事業主は、労働者からの育児休業申出があったときは、当該育児休業申出を拒むことができない。ただし、当該事業主と当該労働者が雇用される事業所の労働者の過半数で組織する労働組合があるときはその労働組合、その事業所の労働者の過半数で組織する労働組合がないときはその労働者の過半数を代表する者との書面による協定で、次に掲げる労働者のうち育児休業をすることができないものとして定められた労働者に該当する労働者からの育児休業申出があった場合は、この限りでない。

一　当該事業主に引き続き雇用された期間が一年に満たない労働者

二　前号に掲げるもののほか、育児休業をすることができないこととすることについて合理的な理由があると認められる労働者として厚生労働省令で定めるもの

2　前項ただし書の場合において、事業主にその育児休業申出を拒まれた労働者は、前条第一項、第三項及び第四項の規定

にかかわらず、育児休業をすることができない。

3　事業主は、労働者からの育児休業申出があった場合において、当該育児休業申出に係る育児休業開始予定日とされた日が当該育児休業申出があった日の翌日から起算して一月（前条第三項の規定による申出（当該申出があった日が当該申出に係る子の一歳到達日以前の日であるものに限る。）又は同条第四項の規定による申出（当該申出があった日が当該申出に係る子の一歳六か月到達日以前の日であるものに限る。）にあっては二週間）を経過する日（以下この項において「一月等経過日」という。）前の日であるときは、厚生労働省令で定めるところにより、当該育児休業開始予定日とされた日から当該一月等経過日（当該育児休業申出があった日までに、出産予定日前に子が出生したことその他の厚生労働省令で定める事由が生じた場合にあっては、当該一月等経過日前の日で厚生労働省令で定める日）までの間のいずれかの日を当該育児休業開始予定日として指定することができる。

4　第一項ただし書及び前項の規定は、労働者が前条第七項に規定する育児休業申出をする場合には、これを適用しない。

（育児休業開始予定日の変更の申出等）

第七条　第五条第一項の規定による申出をした労働者は、その後当該申出に係る育児休業開始予定日とされた日（前条第三項の規定による事業主の指定があった場合にあっては、当該事業主の指定した日。以下この項において同じ。）の前日までに、前条第三項の厚生労働省令で定める事由が生じた場合には、その事業主に申し出ることにより、当該申出に係る育児休業開始予定日を一回に限り当該育児休業開始予定日とされた日前の日に変更することができる。

2　事業主は、前項の規定による労働者からの申出があった場合において、当該申出に係る変更後の育児休業開始予定日とされた日が当該申出があった日の翌日から起算して一月を超えない範囲内で厚生労働省令で定める期間を経過する日（以下この項において「期間経過日」という。）前の日であるときは、厚生労働省令で定めるところにより、当該申出に係る変更後の育児休業開始予定日とされた日から当該期間経過日（その日が当該申出に係る変更前の育児休業開始予定日とされていた日（前条第三項の規定による事業主の指定があった場合にあっては、当該事業主の指定した日。以下この項において同じ。）以後の日である場合にあっては、当該申出に係る変更前の育児休業開始予定日とされていた日）までの間のいずれかの日を当該労働者に係る育児休業開始予定日として指定することができる。

3　育児休業申出をした労働者は、厚生労働省令で定める日までにその事業主に申し出ることにより、当該育児休業申出に係る育児休業終了予定日とされた日を一回に限り当該育児休業終了予定日とされた日後の日に変更することができる。

（育児休業申出の撤回等）

第八条　育児休業申出をした労働者は、当該育児休業申出に係る育児休業開始予定日とされた日（第六条第三項又は前条第二項の規定による事業主の指定があった場合にあっては当該事業主の指定した日、同条第一項の規定により育児休業開始予定日が変更された場合にあってはその変更後の育児休業開始予定日とされた日。以下同じ。）の前日までは、当該育児休業申出を撤回することができる。

2　前項の規定により第五条第一項の規定による申出を撤回した労働者は、同条第二項の規定の適用については、当該申出に係る育児休業をしたものとみなす。

3　第一項の規定により第五条第三項又は第四項の規定による申出を撤回した労働者は、当該申出に係る子については、厚生労働省令で定める特別の事情がある場合を除き、同条第三項及び第四項の規定にかかわらず、これらの規定による申出をすることができない。

4　育児休業申出がされた後育児休業開始予定日とされた日の前日までに、子の死亡その他の労働者が当該育児休業申出に係る子を養育しないこととなった事由として厚生労働省令で定める事由が生じたときは、当該育児休業申出は、されなかったものとみなす。この場合において、労働者は、その事業主に対して、当該事由が生じた旨を遅滞なく通知しなければならない。

（育児休業期間）

第九条　育児休業申出をした労働者がその期間中は育児休業をすることができる期間（以下「育児休業期間」という。）は、育児休業開始予定日とされた日から育児休業終了予定日とされた日（第七条第三項の規定により当該育児休業終了予定日が変更された場合にあっては、その変更後の育児休業終了予定日とされた日。次項において同じ。）までの間とする。

2　次の各号に掲げるいずれかの事情が生じた場合には、育児休業期間は、前項の規定にかかわらず、当該事情が生じた日（第三号に掲げる事情が生じた場合にあっては、その前日）に終了する。

一　育児休業終了予定日とされた日の前日までに、子の死亡その他の労働者が育児休業申出に係る子を養育しないこととなった事由として厚生労働省令で定める事由が生じたこと。

二　育児休業終了予定日とされた日の前日までに、育児休業申出に係る子が一歳（第五条第三項の規定による申出により育児休業をしている場合にあっては一歳六か月、同条第四項の規定による申出により育児休業をしている場合にあっては二歳）に達したこと。

三　育児休業終了予定日とされた日までに、育児休業申出をした労働者について、労働基準法（昭和二十二年法律第四十九号）第六十五条第一項若しくは第二項の規定により休業する期間、第九条の五第一項に規定する出生時育児休業期間、第十五条第一項に規定する介護休業期間又は新たな育児休業期間が始まったこと。

3　前条第四項後段の規定は、前項第一号の厚生労働省令で定める事由が生じた場合について準用する。

（出生時育児休業の申出）

第九条の二　労働者は、その養育する子について、その事業主に申し出ることにより、出生時育児休業（育児休業のうち、この条から第九条の五までに定めるところにより、子の出生の日から起算して八週間を経過する日の翌日まで（出産予定日前に当該子が出生した場合にあっては当該出生の日から当該出産予定日から起算して八週間を経過する日の翌日までとし、出産予定日後に当該子が出生した場合にあっては当該出産予定日から当該出生の日から起算して八週間を経過する日の翌日までとする。次項第一号において同じ。）の期間内に四週間以内の期間を定めてする休業をいう。以下同じ。）をすることができる。ただし、期間を定めて雇用される者にあっては、その養育する子の出生の日（出産予定日前に当該子が出生した場合にあっては、当該出産予定日）から起算して八週間を経過する日の翌日から六月を経過する日までに、その労働契約が満了することが明らかでない者に限り、当該申出をすることができる。

2　前項の規定にかかわらず、労働者は、その養育する子について次の各号のいずれかに該当する場合には、当該子については、同項の規定による申出をすることができない。

一　当該子の出生の日から起算して八週間を経過する日の翌日までの期間（当該子を養育していない期間を除く。）内に二回の出生時育児休業（第四項に規定する出生時育児休業申出によりする出生時育児休業を除く。）をした場合

二　当該子の出生の日（出産予定日後に当該子が出生した場合にあっては、当該出産予定日）以後に出生時育児休業をする日数（出生時育児休業を開始する日から出生時育児休業を終了する日までの日数とする。第九条の五第六項第三号において同じ。）が二十八日に達している場合

3　第一項の規定による申出（以下「出生時育児休業申出」という。）は、厚生労働省令で定めるところにより、その期間中は出生時育児休業をすることとする一の期間について、その初日（以下「出生時育児休業開始予定日」という。）及び末日（以下「出生時育児休業終了予定日」という。）とする日を明らかにして、しなければならない。

4　第一項ただし書及び第二項（第二号を除く。）の規定は、期間を定めて雇用される者であって、その締結する労働契約の期間の末日を出生時育児休業終了予定日（第九条の四において準用する第七条第三項の規定により当該出生時育児休業終了予定日が変更された場合にあっては、その変更後の出生時育児休業終了予定日とされた日）とする出生時育児休業をしているものが、当該出生時育児休業に係る子について、当該労働契約の更新に伴い、当該更新後の労働契約の期間の初日を出生時育児休業開始予定日とする出生時育児休業申出をする場合には、これを適用しない。

（出生時育児休業申出があった場合における事業主の義務等）

第九条の三　事業主は、労働者からの出生時育児休業申出があったときは、当該出生時育児休業申出を拒むことができない。ただし、労働者からその養育する子について出生時育児休業申出がなされた後に、当該労働者から当該出生時育児休業申出をした日に養育していた子について新たに出生時育児休業申出がなされた場合は、この限りでない。

2　第六条第一項ただし書及び第二項の規定は、労働者からの出生時育児休業申出があった場合について準用する。この場合において、同項中「前項ただし書」とあるのは「第九条の三第一項ただし書及び同条第二項において準用する前項ただし書」と、「前条第一項、第三項及び第四項」とあるのは「第九条の二第一項」と読み替えるものとする。

3　事業主は、労働者からの出生時育児休業申出があった場合において、当該出生時育児休業申出に係る出生時育児休業開始予定日とされた日が当該出生時育児休業申出があった日の翌日から起算して二週間を経過する日（以下この項において「二週間経過日」という。）前の日であるときは、厚生労働省令で定めるところにより、当該出生時育児休業開始予定日とされた日から当該二週間経過日（当該出生時育児休業申出があった日までに、第六条第三項の厚生労働省令で定める事由が生じた場合にあっては、当該二週間経過日前の日で厚生労働省令で定める日）までの間のいずれかの日を当該出生時育児休業開始予定日として指定することができる。

4　事業主と労働者が雇用される事業所の労働者の過半数で組織する労働組合があるときはその労働組合、その事業所の労働者の過半数で組織する労働組合がないときはその労働者の過半数を代表する者との書面による協定で、次に掲げる事項を定めた場合における前項の規定の適用については、同項中「二週間経過日」とあるのは「次項第二号に掲げる期間を経過する日（以下この項において「二週間経過日」という。）」と、「当該二週間経過日」とあるのは「同号に掲げる期間を経過する日」とする。

一　出生時育児休業申出が円滑に行われるようにするための雇用環境の整備その他の厚生労働省令で定める措置の内容

二　事業主が出生時育児休業申出に係る出生時育児休業開始予定日を指定することができる出生時育児休業申出があった日の翌日から出生時育児休業開始予定日とされた日までの期間（二週間を超え一月以内の期間に限る。）

5　第一項ただし書及び前三項の規定は、労働者が前条第四項に規定する出生時育児休業申出をする場合には、これを適用しない。

（準用）

第九条の四　第七条並びに第八条第一項、第二項及び第四項の規定は、出生時育児休業申出並びに出生時育児休業開始予定日及び出生時育児休業終了予定日について準用する。この場合において、第七条第一項中「（前条第三項」とあるのは「（第九条の三第三項（同条第四項の規定により読み替えて適用する場合を含む。）」と、同条第二項中「一月」とあるのは「二週間」と、「前条第三項」とあるのは「第九条の三第三項（同条第四項の規定により読み替えて適用する場合を含む。）」と、第八条第一項中「第六条第三項又は前条第二項」とあるのは「第九条の三第三項（同条第四項の規定により読み替えて適用する場合を含む。）又は第九条の四において準用する前条第二項」と、「同条第一項」とあるのは「第九条の四において準用する前条第一項」と、同条第二項中「同条第二項」とあるのは「第九条の二第二項」と読み替えるものとする。

（出生時育児休業期間等）

第九条の五　出生時育児休業申出をした労働者がその期間中は出生時育児休業をすることができる期間（以下「出生時育児休業期間」という。）は、出生時育児休業開始予定日とされ

た日（第九条の三第三項（同条第四項の規定により読み替えて適用する場合を含む。）又は前条において準用する第七条第二項の規定による事業主の指定があった場合にあっては当該事業主の指定した日、前条において準用する第七条第一項の規定により出生時育児休業開始予定日が変更された場合にあってはその変更後の出生時育児休業開始予定日とされた日。以下この条において同じ。）から出生時育児休業終了予定日とされた日（前条において準用する第七条第三項の規定により当該出生時育児休業終了予定日が変更された場合にあっては、その変更後の出生時育児休業終了予定日とされた日。第六項において同じ。）までの間とする。

2　出生時育児休業申出をした労働者（事業主と当該労働者が雇用される事業所の労働者の過半数で組織する労働組合があるときはその労働組合、その事業所の労働者の過半数で組織する労働組合がないときはその労働者の過半数を代表する者との書面による協定で、出生時育児休業期間中に就業させることができるものとして定められた労働者に該当するものに限る。）は、当該出生時育児休業申出に係る出生時育児休業開始予定日とされた日の前日までの間、事業主に対し、当該出生時育児休業申出に係る出生時育児休業期間において就業することができる日その他の厚生労働省令で定める事項（以下この条において「就業可能日等」という。）を申し出ることができる。

3　前項の規定による申出をした労働者は、当該申出に係る出生時育児休業開始予定日とされた日の前日までは、その事業主に申し出ることにより当該申出に係る就業可能日等を変更し、又は当該申出を撤回することができる。

4　事業主は、労働者から第二項の規定による申出（前項の規定による変更の申出を含む。）があった場合には、当該申出に係る就業可能日等（前項の規定により就業可能日等が変更された場合にあっては、その変更後の就業可能日等）の範囲内で日時を提示し、厚生労働省令で定めるところにより、当該申出に係る出生時育児休業開始予定日とされた日の前日までに当該労働者の同意を得た場合に限り、厚生労働省令で定める範囲内で、当該労働者を当該日時に就業させることができる。

5　前項の同意をした労働者は、当該同意の全部又は一部を撤回することができる。ただし、第二項の規定による申出に係る出生時育児休業開始予定日とされた日以後においては、厚生労働省令で定める特別の事情がある場合に限る。

6　次の各号に掲げるいずれかの事情が生じた場合には、出生時育児休業期間は、第一項の規定にかかわらず、当該事情が生じた日（第四号に掲げる事情が生じた場合にあっては、その前日）に終了する。

一　出生時育児休業終了予定日とされた日の前日までに、子の死亡その他の労働者が出生時育児休業申出に係る子を養育しないこととなった事由として厚生労働省令で定める事由が生じたこと。

二　出生時育児休業終了予定日とされた日の前日までに、出生時育児休業申出に係る子の出生の日の翌日（出産予定日前に当該子が出生した場合にあっては、当該出産予定日の翌日）から起算して八週間を経過したこと。

三　出生時育児休業終了予定日とされた日の前日までに、出生時育児休業申出に係る子の出生の日（出産予定日後に当該子が出生した場合にあっては、当該出産予定日）以後に出生時育児休業をする日数が二十八日に達したこと。

四　出生時育児休業終了予定日とされた日までに、出生時育児休業申出をした労働者について、労働基準法第六十五条第一項若しくは第二項の規定により休業する期間、育児休業期間、第十五条第一項に規定する介護休業期間又は新たな出生時育児休業期間が始まったこと。

7　第八条第四項後段の規定は、前項第一号の厚生労働省令で定める事由が生じた場合について準用する。

（同一の子について配偶者が育児休業をする場合の特例）

第九条の六　労働者の養育する子について、当該労働者の配偶者が当該子の一歳到達日以前のいずれかの日において当該子を養育するために育児休業をしている場合における第二章から第五章まで、第二十四条第一項及び第十二章の規定の適用については、第五条第一項中「一歳に満たない子」とあるのは「一歳に満たない子（第九条の六第一項の規定により読み替えて適用するこの項の規定により育児休業をする場合にあっては、一歳二か月に満たない子）」と、同条第三項ただし書中「一歳到達日」とあるのは「一歳到達日（当該労働者が第九条の六第一項の規定により読み替えて適用する第一項の規定によりした申出に係る第九条第一項（第九条の六第一項の規定により読み替えて適用する場合を含む。）に規定する育児休業終了予定日とされた日が当該子の一歳到達日後である場合にあっては、当該育児休業終了予定日とされた日）」と、同項第一号中「又はその配偶者が、当該子の一歳到達日」とあるのは「が当該子の一歳到達日（当該労働者が第九条の六第一項の規定により読み替えて適用する第一項の規定によりした申出に係る第九条第一項（第九条の六第一項の規定により読み替えて適用する場合を含む。）に規定する育児休業終了予定日とされた日が当該子の一歳到達日後である場合にあっては、当該育児休業終了予定日とされた日）において育児休業をしている場合又は当該労働者の配偶者が当該子の一歳到達日（当該配偶者が第九条の六第一項の規定により読み替えて適用する第一項の規定によりした申出に係る第九条第一項（第九条の六第一項の規定により読み替えて適用する場合を含む。）に規定する育児休業終了予定日とされた日が当該子の一歳到達日後である場合にあっては、当該育児休業終了予定日とされた日）」と、同項第三号中「一歳到達日」とあるのは「一歳到達日（当該子を養育する労働者が第九条の六第一項の規定により読み替えて適用する第一項の規定によりした申出に係る第九条第一項（第九条の六第一項の規定により読み替えて適用する場合を含む。）に規定する育児休業終了予定日とされた日が当該子の一歳到達日後である場合にあっては、当該育児休業終了予定日とされた日）」と、同条第六項第一号中「一歳到達日」とあるのは「一歳到達日（当該子を養育する労働者又はその配偶者が第九条の六第一項の規定により読み替えて適用する第一項の規定によりした申出に係る第九条第一項（第九条の六第一項の規定により読み替えて適用する場合を含む。）に規定する育児休業終了予定日とされた日が当該子の一歳到達日後である場合にあっては、当該育児休業終了予定日とされた日（当該労働者に係る育児休業終了予定日とされた日と当該配偶者に係る育児休業終了予定日とされた日が異なるときは、そのいずれかの日）。次条第三項において同じ。）」と、第九条第一項中「変更後の育児休業終了予定日とされた日」とあるのは「変更後の育児休業終了予定日とされた日。次項（第九条の六第一項の規定により読み替えて適用する場合を含む。）において同じ。）（当該育児休業終了予定日とされた日が当該育児休業開始予定日とされた日から起算して育児休業等可能日数（当該育児休業に係る子の出生した日から当該子の一歳到達日までの日数をいう。）から育児休業等取得日数（当該子の出生した日以後当該労働者が労働基準法（昭和二十二年法律第四十九号）第六十五条第一項又は第二項の規定により休業した日数と当該子について育児休業及び次条第一項に規定する出生時育児休業をした日数を合算した日数をいう。）を差し引いた日数を経過する日より後の日であるときは、当該経過する日。次項（第九条の六第一項の規定により読み替えて適用する場合を含む。）」と、同条第二項第二号中「第五条第三項」とあるのは「第九条の六第一項の規定により読み替えて適用する第五条第一項の規定による申出により育児休業をしている場合にあっては一歳二か月、同条第三項（第九条の六第一項の規定により読み替えて適用する場合を含む。）」と、「同条第四項」とあるのは「第五条第四項」と、第二十四条第一項第一号中「一歳（」とあるのは「一歳（当該労働者が第九条の六第一項の規定により読み替えて適用する第五条第一項の規定による申出をすることができる場合にあっては一歳二か月。）」とするほか、必要な技術的読替えは、厚生労働省令で定める。

2 前項の規定は、同項の規定を適用した場合の第五条第一項の規定による申出に係る育児休業開始予定日とされた日が、当該育児休業に係る子の一歳到達日の翌日後である場合又は前項の場合における当該労働者の配偶者がしている育児休業に係る育児休業期間の初日前である場合には、これを適用しない。

（公務員である配偶者がする育児休業に関する規定の適用）

第九条の七 第五条第三項、第四項及び第六項並びに前条の規定の適用については、労働者の配偶者が国会職員の育児休業等に関する法律（平成三年法律第百八号）第三条第二項、国家公務員の育児休業等に関する法律（平成三年法律第百九号）第三条第二項（同法第二十七条第一項及び裁判所職員臨時措置法（昭和二十六年法律第二百九十九号）（第七号に係る部分に限る。）において準用する場合を含む。）、地方公務員の育児休業等に関する法律（平成三年法律第百十号）第二条第二項又は裁判官の育児休業に関する法律（平成三年法律第百十一号）第二条第二項の規定によりする請求及び当該請求に係る育児休業は、それぞれ第五条第一項、第三項又は第四項の規定によりする申出及び当該申出によりする育児休業とみなす。

（不利益取扱いの禁止）

第十条 事業主は、労働者が育児休業申出等（育児休業申出及び出生時育児休業申出をいう。以下同じ。）をし、若しくは育児休業をしたこと又は第九条の五第二項の規定による申出若しくは同条第四項の同意をしなかったことその他の同条第二項から第五項までの規定に関する事由であって厚生労働省令で定めるものを理由として、当該労働者に対して解雇その他不利益な取扱いをしてはならない。

第三章 介護休業

（介護休業の申出）

第十一条 労働者は、その事業主に申し出ることにより、介護休業をすることができる。ただし、期間を定めて雇用される者にあっては、第三項に規定する介護休業開始予定日から起算して九十三日を経過する日から六月を経過する日までに、その労働契約が満了することが明らかでない者に限り、当該申出をすることができる。

2 前項の規定にかかわらず、介護休業をしたことがある労働者は、当該介護休業に係る対象家族が次の各号のいずれかに該当する場合には、当該対象家族については、同項の規定による申出をすることができない。

一 当該対象家族について三回の介護休業をした場合

二 当該対象家族について介護休業をした日数（介護休業を開始した日から介護休業を終了した日までの日数とし、二回以上の介護休業をした場合にあっては、介護休業ごとに、当該介護休業を開始した日から当該介護休業を終了した日までの日数を合算して得た日数とする。第十五条第一項において「介護休業日数」という。）が九十三日に達している場合

3 第一項の規定による申出（以下「介護休業申出」という。）は、厚生労働省令で定めるところにより、介護休業申出に係る対象家族が要介護状態にあることを明らかにし、かつ、その期間中は当該対象家族に係る介護休業をすることとする一の期間について、その初日（以下「介護休業開始予定日」という。）及び末日（以下「介護休業終了予定日」という。）とする日を明らかにして、しなければならない。

4 第一項ただし書及び第二項（第二号を除く。）の規定は、期間を定めて雇用される者であって、その締結する労働契約の期間の末日を介護休業終了予定日（第十三条において準用する第七条第三項の規定により当該介護休業終了予定日が変更された場合にあっては、その変更後の介護休業終了予定日とされた日）とする介護休業をしているものが、当該介護休業に係る対象家族について、当該労働契約の更新に伴い、当該更新後の労働契約の期間の初日を介護休業開始予定日とする介護休業申出をする場合には、これを適用しない。

（介護休業申出があった場合における事業主の義務等）

第十二条 事業主は、労働者からの介護休業申出があったときは、当該介護休業申出を拒むことができない。

2 第六条第一項ただし書及び第二項の規定は、労働者からの介護休業申出があった場合について準用する。この場合において、同項中「前項ただし書」とあるのは「第十二条第二項において準用する前項ただし書」と、「前条第一項、第三項

及び第四項」とあるのは「第十一条第一項」と読み替えるものとする。

3　事業主は、労働者からの介護休業申出があった場合において、当該介護休業申出に係る介護休業開始予定日とされた日が当該介護休業申出があった日の翌日から起算して二週間を経過する日（以下この項において「二週間経過日」という。）前の日であるときは、厚生労働省令で定めるところにより、当該介護休業開始予定日とされた日から当該二週間経過日までの間のいずれかの日を当該介護休業開始予定日として指定することができる。

4　前二項の規定は、労働者が前条第四項に規定する介護休業申出をする場合には、これを適用しない。

（介護休業終了予定日の変更の申出）

第十三条　第七条第三項の規定は、介護休業終了予定日の変更の申出について準用する。

（介護休業申出の撤回等）

第十四条　介護休業申出をした労働者は、当該介護休業申出に係る介護休業開始予定日とされた日（第十二条第三項の規定による事業主の指定があった場合にあっては、当該事業主の指定した日。第三項において準用する第八条第四項及び次条第一項において同じ。）の前日までは、当該介護休業申出を撤回することができる。

2　前項の規定による介護休業申出の撤回がなされ、かつ、当該撤回に係る対象家族について当該撤回後になされる最初の介護休業申出が撤回された場合においては、その後になされる当該対象家族についての介護休業申出については、事業主は、第十二条第一項の規定にかかわらず、これを拒むことができる。

3　第八条第四項の規定は、介護休業申出について準用する。この場合において、同項中「子」とあるのは「対象家族」と、「養育」とあるのは「介護」と読み替えるものとする。

（介護休業期間）

第十五条　介護休業申出をした労働者がその期間中は介護休業をすることができる期間（以下「介護休業期間」という。）は、当該介護休業申出に係る介護休業開始予定日とされた日から介護休業終了予定日とされた日（その日が当該介護休業開始予定日とされた日から起算して九十三日から当該労働者の当該介護休業申出に係る対象家族についての介護休業日数を差し引いた日数を経過する日より後の日であるときは、当該経過する日。第三項において同じ。）までの間とする。

2　この条において、介護休業終了予定日とされた日とは、第十三条において準用する第七条第三項の規定により当該介護休業終了予定日が変更された場合にあっては、その変更後の介護休業終了予定日とされた日をいう。

3　次の各号に掲げるいずれかの事情が生じた場合には、介護休業期間は、第一項の規定にかかわらず、当該事情が生じた日（第二号に掲げる事情が生じた場合にあっては、その前日）に終了する。

一　介護休業終了予定日とされた日の前日までに、対象家族の死亡その他の労働者が介護休業申出に係る対象家族を介護しないこととなった事由として厚生労働省令で定める事由が生じたこと。

二　介護休業終了予定日とされた日までに、介護休業申出をした労働者について、労働基準法第六十五条第一項若しくは第二項の規定により休業する期間、育児休業期間、出生時育児休業期間又は新たな介護休業期間が始まったこと。

4　第八条第四項後段の規定は、前項第一号の厚生労働省令で定める事由が生じた場合について準用する。

（不利益取扱いの禁止）

第十六条　事業主は、労働者が介護休業申出をし、又は介護休業をしたことを理由として、当該労働者に対して解雇その他不利益な取扱いをしてはならない。

第四章　子の看護休暇

（子の看護休暇の申出）

第十六条の二　小学校就学の始期に達するまでの子を養育する労働者は、その事業主に申し出ることにより、一の年度において五労働日（その養育する小学校就学の始期に達するまでの子が二人以上の場合にあっては、十労働日）を限度として、負傷し、若しくは疾病にかかった当該子の世話又は疾病の予防を図るために必要なものとして厚生労働省令で定める当該子の世話を行うための休暇（以下「子の看護休暇」という。）を取得することができる。

2　子の看護休暇は、一日の所定労働時間が短い労働者として厚生労働省令で定めるもの以外の者は、厚生労働省令で定めるところにより、厚生労働省令で定める一日未満の単位で取得することができる。

3　第一項の規定による申出は、厚生労働省令で定めるところにより、子の看護休暇を取得する日（前項の厚生労働省令で定める一日未満の単位で取得するときは子の看護休暇の開始及び終了の日時）を明らかにして、しなければならない。

4　第一項の年度は、事業主が別段の定めをする場合を除き、四月一日に始まり、翌年三月三十一日に終わるものとする。

（子の看護休暇の申出があった場合における事業主の義務等）

第十六条の三　事業主は、労働者からの前条第一項の規定による申出があったときは、当該申出を拒むことができない。

2　第六条第一項ただし書及び第二項の規定は、労働者からの前条第一項の規定による申出があった場合について準用する。この場合において、第六条第一項第一号中「一年」とあるのは「六月」と、同項第二号中「定めるもの」とあるのは「定めるもの又は業務の性質若しくは業務の実施体制に照らして、第十六条の二第二項の厚生労働省令で定める一日未満の単位で子の看護休暇を取得することが困難と認められる業務に従事する労働者（同項の規定による厚生労働省令で定める一日未満の単位で取得しようとする者に限る。）」と、同条第二項中「前項ただし書」とあるのは「第十六条の三第二項において準用する前項ただし書」と、「前条第一項、第三項及び第四項」とあるのは「第十六条の二第一項」と読み替えるものとする。

（準用）

第十六条の四　第十六条の規定は、第十六条の二第一項の規定による申出及び子の看護休暇について準用する。

第五章　介護休暇

（介護休暇の申出）

第十六条の五　要介護状態にある対象家族の介護その他の厚生労働省令で定める世話を行う労働者は、その事業主に申し出ることにより、一の年度において五労働日（要介護状態にある対象家族が二人以上の場合にあっては、十労働日）を限度として、当該世話を行うための休暇（以下「介護休暇」という。）を取得することができる。

2　介護休暇は、一日の所定労働時間が短い労働者として厚生労働省令で定めるもの以外の者は、厚生労働省令で定めるところにより、厚生労働省令で定める一日未満の単位で取得することができる。

3　第一項の規定による申出は、厚生労働省令で定めるところにより、当該申出に係る対象家族が要介護状態にあること及び介護休暇を取得する日（前項の厚生労働省令で定める一日未満の単位で取得するときは介護休暇の開始及び終了の日時）を明らかにして、しなければならない。

4　第一項の年度は、事業主が別段の定めをする場合を除き、四月一日に始まり、翌年三月三十一日に終わるものとする。

（介護休暇の申出があった場合における事業主の義務等）

第十六条の六　事業主は、労働者からの前条第一項の規定による申出があったときは、当該申出を拒むことができない。

2　第六条第一項ただし書及び第二項の規定は、労働者からの前条第一項の規定による申出があった場合について準用する。この場合において、第六条第一項第一号中「一年」とあるのは「六月」と、同項第二号中「定めるもの」とあるのは「定めるもの又は業務の性質若しくは業務の実施体制に照らして、第十六条の五第二項の厚生労働省令で定める一日未満の単位で介護休暇を取得することが困難と認められる業務に従事する労働者（同項の規定による厚生労働省令で定める一日未満の単位で取得しようとする者に限る。）」と、同条第二項中「前項ただし書」とあるのは「第十六条の六第二項において準用する前項ただし書」と、「前条第一項、第三項及び第四項」とあるのは「第十六条の五第一項」と読み替えるものとする。

（準用）

第十六条の七　第十六条の規定は、第十六条の五第一項の規定による申出及び介護休暇について準用する。

第六章　所定外労働の制限

第十六条の八　事業主は、三歳に満たない子を養育する労働者であって、当該事業主と当該労働者が雇用される事業所の労働者の過半数で組織する労働組合があるときはその労働組合、その事業所の労働者の過半数で組織する労働組合がないときはその労働者の過半数を代表する者との書面による協定で、次に掲げる労働者のうちこの項本文の規定による請求をできないものとして定められた労働者に該当しない労働者が当該子を養育するために請求した場合においては、所定労働時間を超えて労働させてはならない。ただし、事業の正常な運営を妨げる場合は、この限りでない。

一　当該事業主に引き続き雇用された期間が一年に満たない労働者

二　前号に掲げるもののほか、当該請求をできないこととすることについて合理的な理由があると認められる労働者として厚生労働省令で定めるもの

2　前項の規定による請求は、厚生労働省令で定めるところにより、その期間中は所定労働時間を超えて労働させてはならないこととなる一の期間（一月以上一年以内の期間に限る。第四項において「制限期間」という。）について、その初日（以下この条において「制限開始予定日」という。）及び末日（第四項において「制限終了予定日」という。）とする日を明らかにして、制限開始予定日の一月前までにしなければならない。この場合において、この項前段に規定する制限期間については、第十七条第二項前段（第十八条第一項において準用する場合を含む。）に規定する制限期間と重複しないようにしなければならない。

3　第一項の規定による請求がされた後制限開始予定日とされた日の前日までに、子の死亡その他の労働者が当該請求に係る子の養育をしないこととなった事由として厚生労働省令で定める事由が生じたときは、当該請求は、されなかったものとみなす。この場合において、労働者は、その事業主に対して、当該事由が生じた旨を遅滞なく通知しなければならない。

4　次の各号に掲げるいずれかの事情が生じた場合には、制限期間は、当該事情が生じた日（第三号に掲げる事情が生じた場合にあっては、その前日）に終了する。

一　制限終了予定日とされた日の前日までに、子の死亡その他の労働者が第一項の規定による請求に係る子を養育しないこととなった事由として厚生労働省令で定める事由が生じたこと。

二　制限終了予定日とされた日の前日までに、第一項の規定による請求に係る子が三歳に達したこと。

三　制限終了予定日とされた日までに、第一項の規定による請求をした労働者について、労働基準法第六十五条第一項若しくは第二項の規定により休業する期間、育児休業期間、出生時育児休業期間又は介護休業期間が始まったこと。

5　第三項後段の規定は、前項第一号の厚生労働省令で定める事由が生じた場合について準用する。

第十六条の九　前条第一項から第三項まで及び第四項（第二号を除く。）の規定は、要介護状態にある対象家族を介護する労働者について準用する。この場合において、同条第一項中「当該子を養育する」とあるのは「当該対象家族を介護する」と、同条第三項及び第四項第一号中「子」とあるのは「対象家族」と、「養育」とあるのは「介護」と読み替えるものとする。

2　前条第三項後段の規定は、前項において準用する同条第四項第一号の厚生労働省令で定める事由が生じた場合について準用する。

第十六条の十　事業主は、労働者が第十六条の八第一項（前条

第一項において準用する場合を含む。以下この条において同じ。）の規定による請求をし、又は第十六条の八第一項の規定により当該事業主が当該請求をした労働者について所定労働時間を超えて労働させてはならない場合に当該労働者が所定労働時間を超えて労働しなかったことを理由として、当該労働者に対して解雇その他不利益な取扱いをしてはならない。

第七章　時間外労働の制限

第十七条　事業主は、労働基準法第三十六条第一項の規定により同項に規定する労働時間（以下この条において単に「労働時間」という。）を延長することができる場合において、小学校就学の始期に達するまでの子を養育する労働者であって次の各号のいずれにも該当しないものが当該子を養育するために請求したときは、制限時間（一月について二十四時間、一年について百五十時間をいう。次項及び第十八条の二において同じ。）を超えて労働時間を延長してはならない。ただし、事業の正常な運営を妨げる場合は、この限りでない。

一　当該事業主に引き続き雇用された期間が一年に満たない労働者

二　前号に掲げるもののほか、当該請求をできないこととすることについて合理的な理由があると認められる労働者として厚生労働省令で定めるもの

2　前項の規定による請求は、厚生労働省令で定めるところにより、その期間中は制限時間を超えて労働時間を延長してはならないこととなる一の期間（一月以上一年以内の期間に限る。第四項において「制限期間」という。）について、その初日（以下この条において「制限開始予定日」という。）及び末日（第四項において「制限終了予定日」という。）とする日を明らかにして、制限開始予定日の一月前までにしなければならない。この場合において、この項前段に規定する制限期間については、第十六条の八第二項前段（第十六条の九第一項において準用する場合を含む。）に規定する制限期間と重複しないようにしなければならない。

3　第一項の規定による請求がされた後制限開始予定日とされた日の前日までに、子の死亡その他の労働者が当該請求に係る子の養育をしないこととなった事由として厚生労働省令で定める事由が生じたときは、当該請求は、されなかったものとみなす。この場合において、労働者は、その事業主に対して、当該事由が生じた旨を遅滞なく通知しなければならない。

4　次の各号に掲げるいずれかの事情が生じた場合には、制限期間は、当該事情が生じた日（第三号に掲げる事情が生じた場合にあっては、その前日）に終了する。

一　制限終了予定日とされた日の前日までに、子の死亡その他の労働者が第一項の規定による請求に係る子を養育しないこととなった事由として厚生労働省令で定める事由が生じたこと。

二　制限終了予定日とされた日の前日までに、第一項の規定による請求に係る子が小学校就学の始期に達したこと。

三　制限終了予定日とされた日までに、第一項の規定による請求をした労働者について、労働基準法第六十五条第一項若しくは第二項の規定により休業する期間、育児休業期間、出生時育児休業期間又は介護休業期間が始まったこと。

5　第三項後段の規定は、前項第一号の厚生労働省令で定める事由が生じた場合について準用する。

第十八条　前条第一項、第二項、第三項及び第四項（第二号を除く。）の規定は、要介護状態にある対象家族を介護する労働者について準用する。この場合において、同条第一項中「当該子を養育する」とあるのは「当該対象家族を介護する」と、同条第三項及び第四項第一号中「子」とあるのは「対象家族」と、「養育」とあるのは「介護」と読み替えるものとする。

2　前条第三項後段の規定は、前項において準用する同条第四項第一号の厚生労働省令で定める事由が生じた場合について準用する。

第十八条の二　事業主は、労働者が第十七条第一項（前条第一項において準用する場合を含む。以下この条において同じ。）の規定による請求をし、又は第十七条第一項の規定により当該事業主が当該請求をした労働者について制限時間を超えて労働時間を延長してはならない場合に当該労働者が制限時間を超えて労働しなかったことを理由として、当該労働者に対して解雇その他不利益な取扱いをしてはならない。

第八章　深夜業の制限

第十九条　事業主は、小学校就学の始期に達するまでの子を養育する労働者であって次の各号のいずれにも該当しないものが当該子を養育するために請求した場合においては、午後十時から午前五時までの間（以下この条及び第二十条の二において「深夜」という。）において労働させてはならない。ただし、事業の正常な運営を妨げる場合は、この限りでない。

一　当該事業主に引き続き雇用された期間が一年に満たない労働者

二　当該請求に係る深夜において、常態として当該子を保育することができる当該子の同居の家族その他の厚生労働省令で定める者がいる場合における当該労働者

三　前二号に掲げるもののほか、当該請求をできないこととすることについて合理的な理由があると認められる労働者として厚生労働省令で定めるもの

2　前項の規定による請求は、厚生労働省令で定めるところにより、その期間中は深夜において労働させてはならないこととなる一の期間（一月以上六月以内の期間に限る。第四項において「制限期間」という。）について、その初日（以下この条において「制限開始予定日」という。）及び末日（同項において「制限終了予定日」という。）とする日を明らかにして、制限開始予定日の一月前までにしなければならない。

3　第一項の規定による請求がされた後制限開始予定日とされた日の前日までに、子の死亡その他の労働者が当該請求に係る子の養育をしないこととなった事由として厚生労働省令で定める事由が生じたときは、当該請求は、されなかったものとみなす。この場合において、労働者は、その事業主に対し

て、当該事由が生じた旨を遅滞なく通知しなければならない。

4　次の各号に掲げるいずれかの事情が生じた場合には、制限期間は、当該事情が生じた日（第三号に掲げる事情が生じた場合にあっては、その前日）に終了する。

一　制限終了予定日とされた日の前日までに、子の死亡その他の労働者が第一項の規定による請求に係る子を養育しないこととなった事由として厚生労働省令で定める事由が生じたこと。

二　制限終了予定日とされた日の前日までに、第一項の規定による請求に係る子が小学校就学の始期に達したこと。

三　制限終了予定日とされた日までに、第一項の規定による請求をした労働者について、労働基準法第六十五条第一項若しくは第二項の規定により休業する期間、育児休業期間、出生時育児休業期間又は介護休業期間が始まったこと。

5　第三項後段の規定は、前項第一号の厚生労働省令で定める事由が生じた場合について準用する。

第二十条　前条第一項から第三項まで及び第四項（第二号を除く。）の規定は、要介護状態にある対象家族を介護する労働者について準用する。この場合において、同条第一項中「当該子を養育する」とあるのは「当該対象家族を介護する」と、同項第二号中「子」とあるのは「対象家族」と、「保育」とあるのは「介護」と、同条第三項及び第四項第一号中「子」とあるのは「対象家族」と、「養育」とあるのは「介護」と読み替えるものとする。

2　前条第三項後段の規定は、前項において準用する同条第四項第一号の厚生労働省令で定める事由が生じた場合について準用する。

第二十条の二　事業主は、労働者が第十九条第一項（前条第一項において準用する場合を含む。以下この条において同じ。）の規定による請求をし、又は第十九条第一項の規定により当該事業主が当該請求をした労働者について深夜において労働させてはならない場合に当該労働者が深夜において労働しなかったことを理由として、当該労働者に対して解雇その他不利益な取扱いをしてはならない。

第九章　事業主が講ずべき措置等

（妊娠又は出産等についての申出があった場合における措置等）

第二十一条　事業主は、労働者が当該事業主に対し、当該労働者又はその配偶者が妊娠し、又は出産したことその他これに準ずるものとして厚生労働省令で定める事実を申し出たときは、厚生労働省令で定めるところにより、当該労働者に対して、育児休業に関する制度その他の厚生労働省令で定める事項を知らせるとともに、育児休業申出等に係る当該労働者の意向を確認するための面談その他の厚生労働省令で定める措置を講じなければならない。

2　事業主は、労働者が前項の規定による申出をしたことを理由として、当該労働者に対して解雇その他不利益な取扱いをしてはならない。

（育児休業等に関する定めの周知等の措置）

第二十一条の二　前条第一項に定めるもののほか、事業主は、育児休業及び介護休業に関して、あらかじめ、次に掲げる事項を定めるとともに、これを労働者に周知させるための措置（労働者若しくはその配偶者が妊娠し、若しくは出産したこと又は労働者が対象家族を介護していることを知ったときに、当該労働者に対し知らせる措置を含む。）を講ずるよう努めなければならない。

一　労働者の育児休業及び介護休業中における待遇に関する事項

二　育児休業及び介護休業後における賃金、配置その他の労働条件に関する事項

三　前二号に掲げるもののほか、厚生労働省令で定める事項

2　事業主は、労働者が育児休業申出等又は介護休業申出をしたときは、厚生労働省令で定めるところにより、当該労働者に対し、前項各号に掲げる事項に関する当該労働者に係る取扱いを明示するよう努めなければならない。

（雇用環境の整備及び雇用管理等に関する措置）

第二十二条　事業主は、育児休業申出等が円滑に行われるようにするため、次の各号のいずれかの措置を講じなければならない。

一　その雇用する労働者に対する育児休業に係る研修の実施

二　育児休業に関する相談体制の整備

三　その他厚生労働省令で定める育児休業に係る雇用環境の整備に関する措置

2　前項に定めるもののほか、事業主は、育児休業申出等及び介護休業申出並びに育児休業及び介護休業後における就業が円滑に行われるようにするため、育児休業又は介護休業をする労働者が雇用される事業所における労働者の配置その他の雇用管理、育児休業又は介護休業をしている労働者の職業能力の開発及び向上等に関して、必要な措置を講ずるよう努めなければならない。

（育児休業の取得の状況の公表）

第二十二条の二　常時雇用する労働者の数が千人を超える事業主は、厚生労働省令で定めるところにより、毎年少なくとも一回、その雇用する労働者の育児休業の取得の状況として厚生労働省令で定めるものを公表しなければならない。

（所定労働時間の短縮措置等）

第二十三条　事業主は、その雇用する労働者のうち、その三歳に満たない子を養育する労働者であって育児休業をしていないもの（一日の所定労働時間が短い労働者として厚生労働省令で定めるものを除く。）に関して、厚生労働省令で定めるところにより、労働者の申出に基づき所定労働時間を短縮することにより当該労働者が就業しつつ当該子を養育することを容易にするための措置（以下この条及び第二十四条第一項第三号において「育児のための所定労働時間の短縮措置」という。）を講じなければならない。ただし、当該事業主と当該労働者が雇用される事業所の労働者の過半数で組織する労働組合があるときはその労働組合、その事業所の労働者の過半数で組織する労働組合がないときはその労働者の過半数を代表する者との書面による協定で、次に掲げる労働者のうち

育児のための所定労働時間の短縮措置を講じないものとして定められた労働者に該当する労働者については、この限りでない。

一　当該事業主に引き続き雇用された期間が一年に満たない労働者

二　前号に掲げるもののほか、育児のための所定労働時間の短縮措置を講じないこととすることについて合理的な理由があると認められる労働者として厚生労働省令で定めるもの

三　前二号に掲げるもののほか、業務の性質又は業務の実施体制に照らして、育児のための所定労働時間の短縮措置を講ずることが困難と認められる業務に従事する労働者

2　事業主は、その雇用する労働者のうち、前項ただし書の規定により同項第三号に掲げる労働者であってその三歳に満たない子を養育するものについて育児のための所定労働時間の短縮措置を講じないこととするときは、当該労働者に関して、厚生労働省令で定めるところにより、労働者の申出に基づく育児休業に関する制度に準ずる措置又は労働基準法第三十二条の三第一項の規定により労働させることその他の当該労働者が就業しつつ当該子を養育することを容易にするための措置（第二十四条第一項において「始業時刻変更等の措置」という。）を講じなければならない。

3　事業主は、その雇用する労働者のうち、その要介護状態にある対象家族を介護する労働者であって介護休業をしていないものに関して、厚生労働省令で定めるところにより、労働者の申出に基づく連続する三年の期間以上の期間における所定労働時間の短縮その他の当該労働者が就業しつつその要介護状態にある対象家族を介護することを容易にするための措置（以下この条及び第二十四条第二項において「介護のための所定労働時間の短縮等の措置」という。）を講じなければならない。ただし、当該事業主と当該労働者が雇用される事業所の労働者の過半数で組織する労働組合があるときはその労働組合、その事業所の労働者の過半数で組織する労働組合がないときはその労働者の過半数を代表する者との書面による協定で、次に掲げる労働者のうち介護のための所定労働時間の短縮等の措置を講じないものとして定められた労働者に該当する労働者については、この限りでない。

一　当該事業主に引き続き雇用された期間が一年に満たない労働者

二　前号に掲げるもののほか、介護のための所定労働時間の短縮等の措置を講じないこととすることについて合理的な理由があると認められる労働者として厚生労働省令で定めるもの

4　前項本文の期間は、当該労働者が介護のための所定労働時間の短縮等の措置の利用を開始する日として当該労働者が申し出た日から起算する。

第二十三条の二　事業主は、労働者が前条の規定による申出をし、又は同条の規定により当該労働者に措置が講じられたことを理由として、当該労働者に対して解雇その他不利益な取扱いをしてはならない。

（小学校就学の始期に達するまでの子を養育する労働者等に関する措置）

第二十四条　事業主は、その雇用する労働者のうち、その小学校就学の始期に達するまでの子を養育する労働者に関して、労働者の申出に基づく育児に関する目的のために利用することができる休暇（子の看護休暇、介護休暇及び労働基準法第三十九条の規定による年次有給休暇として与えられるものを除き、出産後の養育について出産前において準備することができる休暇を含む。）を与えるための措置及び次の各号に掲げる当該労働者の区分に応じ当該各号に定める制度又は措置に準じて、それぞれ必要な措置を講ずるよう努めなければならない。

一　その一歳（当該労働者が第五条第三項の規定による申出をすることができる場合にあっては一歳六か月、当該労働者が同条第四項の規定による申出をすることができる場合にあっては二歳。次号において同じ。）に満たない子を養育する労働者（第二十三条第二項に規定する労働者を除く。同号において同じ。）で育児休業をしていないもの　始業時刻変更等の措置

二　その一歳から三歳に達するまでの子を養育する労働者　育児休業に関する制度又は始業時刻変更等の措置

三　その三歳から小学校就学の始期に達するまでの子を養育する労働者　育児休業に関する制度、第十六条の八の規定による所定外労働の制限に関する制度、育児のための所定労働時間の短縮措置又は始業時刻変更等の措置

2　事業主は、その雇用する労働者のうち、その家族を介護する労働者に関して、介護休業若しくは介護休暇に関する制度又は介護のための所定労働時間の短縮等の措置に準じて、その介護を必要とする期間、回数等に配慮した必要な措置を講ずるように努めなければならない。

（職場における育児休業等に関する言動に起因する問題に関する雇用管理上の措置等）

第二十五条　事業主は、職場において行われるその雇用する労働者に対する育児休業、介護休業その他の子の養育又は家族の介護に関する厚生労働省令で定める制度又は措置の利用に関する言動により当該労働者の就業環境が害されることのないよう、当該労働者からの相談に応じ、適切に対応するために必要な体制の整備その他の雇用管理上必要な措置を講じなければならない。

2　事業主は、労働者が前項の相談を行ったこと又は事業主による当該相談への対応に協力した際に事実を述べたことを理由として、当該労働者に対して解雇その他不利益な取扱いをしてはならない。

（職場における育児休業等に関する言動に起因する問題に関する国、事業主及び労働者の責務）

第二十五条の二　国は、労働者の就業環境を害する前条第一項に規定する言動を行ってはならないことその他当該言動に起因する問題（以下この条において「育児休業等関係言動問題」という。）に対する事業主その他国民一般の関心と理解を深めるため、広報活動、啓発活動その他の措置を講ずるように努めなければならない。

2　事業主は、育児休業等関係言動問題に対するその雇用する

労働者の関心と理解を深めるとともに、当該労働者が他の労働者に対する言動に必要な注意を払うよう、研修の実施その他の必要な配慮をするほか、国の講ずる前項の措置に協力するように努めなければならない。

3　事業主（その者が法人である場合にあっては、その役員）は、自らも、育児休業等関係言動問題に対する関心と理解を深め、労働者に対する言動に必要な注意を払うように努めなければならない。

4　労働者は、育児休業等関係言動問題に対する関心と理解を深め、他の労働者に対する言動に必要な注意を払うとともに、事業主の講ずる前条第一項の措置に協力するように努めなければならない。

（労働者の配置に関する配慮）

第二十六条　事業主は、その雇用する労働者の配置の変更で就業の場所の変更を伴うものをしようとする場合において、その就業の場所の変更により就業しつつその子の養育又は家族の介護を行うことが困難となることとなる労働者がいるときは、当該労働者の子の養育又は家族の介護の状況に配慮しなければならない。

（再雇用特別措置等）

第二十七条　事業主は、妊娠、出産若しくは育児又は介護を理由として退職した者（以下「育児等退職者」という。）について、必要に応じ、再雇用特別措置（育児等退職者であって、その退職の際に、その就業が可能となったときに当該退職に係る事業の事業主に再び雇用されることの希望を有する旨の申出をしていたものについて、当該事業主が、労働者の募集又は採用に当たって特別の配慮をする措置をいう。第三十条において同じ。）その他これに準ずる措置を実施するよう努めなければならない。

（指針）

第二十八条　厚生労働大臣は、第二十一条から第二十五条まで、第二十六条及び前条の規定に基づき事業主が講ずべき措置等並びに子の養育又は家族の介護を行い、又は行うこととなる労働者の職業生活と家庭生活との両立が図られるようにするために事業主が講ずべきその他の措置に関して、その適切かつ有効な実施を図るための指針となるべき事項を定め、これを公表するものとする。

（職業家庭両立推進者）

第二十九条　事業主は、厚生労働省令で定めるところにより、第二十一条第一項、第二十一条の二から第二十二条の二まで、第二十三条第一項から第三項まで、第二十四条、第二十五条第一項、第二十五条の二第二項、第二十六条及び第二十七条に定める措置等並びに子の養育又は家族の介護を行い、又は行うこととなる労働者の職業生活と家庭生活との両立が図られるようにするために講ずべきその他の措置の適切かつ有効な実施を図るための業務を担当する者を選任するように努めなければならない。

第十章　対象労働者等に対する国等による援助

（事業主等に対する援助）

第三十条　国は、子の養育又は家族の介護を行い、又は行うこととなる労働者（以下「対象労働者」という。）及び育児等退職者（以下「対象労働者等」と総称する。）の雇用の継続、再就職の促進その他これらの者の福祉の増進を図るため、事業主、事業主の団体その他の関係者に対して、対象労働者の雇用される事業所における雇用管理、再雇用特別措置その他の措置についての相談及び助言、給付金の支給その他の必要な援助を行うことができる。

（相談、講習等）

第三十一条　国は、対象労働者に対して、その職業生活と家庭生活との両立の促進等に資するため、必要な指導、相談、講習その他の措置を講ずるものとする。

2　地方公共団体は、国が講ずる前項の措置に準じた措置を講ずるように努めなければならない。

（再就職の援助）

第三十二条　国は、育児等退職者に対して、その希望するときに再び雇用の機会が与えられるようにするため、職業指導、職業紹介、職業能力の再開発の措置その他の措置が効果的に関連して実施されるように配慮するとともに、育児等退職者の円滑な再就職を図るため必要な援助を行うものとする。

（職業生活と家庭生活との両立に関する理解を深めるための措置）

第三十三条　国は、対象労働者等の職業生活と家庭生活との両立を妨げている職場における慣行その他の諸要因の解消を図るため、事業主、労働者その他国民一般の理解を深めるために必要な広報活動その他の措置を講ずるものとする。

（勤労者家庭支援施設）

第三十四条　地方公共団体は、必要に応じ、勤労者家庭支援施設を設置するように努めなければならない。

2　勤労者家庭支援施設は、対象労働者等に対して、職業生活と家庭生活との両立に関し、各種の相談に応じ、及び必要な指導、講習、実習等を行い、並びに休養及びレクリエーションのための便宜を供与する等対象労働者等の福祉の増進を図るための事業を総合的に行うことを目的とする施設とする。

3　厚生労働大臣は、勤労者家庭支援施設の設置及び運営についての望ましい基準を定めるものとする。

4　国は、地方公共団体に対して、勤労者家庭支援施設の設置及び運営に関し必要な助言、指導その他の援助を行うことができる。

（勤労者家庭支援施設指導員）

第三十五条　勤労者家庭支援施設には、対象労働者等に対する相談及び指導の業務を担当する職員（次項において「勤労者家庭支援施設指導員」という。）を置くように努めなければならない。

2　勤労者家庭支援施設指導員は、その業務について熱意と識見を有し、かつ、厚生労働大臣が定める資格を有する者のうちから選任するものとする。

第十一章　紛争の解決

第一節　紛争の解決の援助等

（苦情の自主的解決）

第五十二条の二　事業主は、第二章から第八章まで、第二十一条、第二十三条、第二十三条の二及び第二十六条に定める事項に関し、労働者から苦情の申出を受けたときは、苦情処理機関（事業主を代表する者及び当該事業所の労働者を代表する者を構成員とする当該事業所の労働者の苦情を処理するための機関をいう。）に対し当該苦情の処理を委ねる等その自主的な解決を図るように努めなければならない。

（紛争の解決の促進に関する特例）

第五十二条の三　第二十五条に定める事項及び前条の事項についての労働者と事業主との間の紛争については、個別労働関係紛争の解決の促進に関する法律（平成十三年法律第百十二号）第四条、第五条及び第十二条から第十九条までの規定は適用せず、次条から第五十二条の六までに定めるところによる。

（紛争の解決の援助）

第五十二条の四　都道府県労働局長は、前条に規定する紛争に関し、当該紛争の当事者の双方又は一方からその解決につき援助を求められた場合には、当該紛争の当事者に対し、必要な助言、指導又は勧告をすることができる。

2　第二十五条第二項の規定は、労働者が前項の援助を求めた場合について準用する。

第二節　調停

（調停の委任）

第五十二条の五　都道府県労働局長は、第五十二条の三に規定する紛争について、当該紛争の当事者の双方又は一方から調停の申請があった場合において当該紛争の解決のために必要があると認めるときは、個別労働関係紛争の解決の促進に関する法律第六条第一項の紛争調整委員会に調停を行わせるものとする。

2　第二十五条第二項の規定は、労働者が前項の申請をした場合について準用する。

（調停）

第五十二条の六　雇用の分野における男女の均等な機会及び待遇の確保等に関する法律（昭和四十七年法律第百十三号）第十九条から第二十六条までの規定は、前条第一項の調停の手続について準用する。この場合において、同法第十九条第一項中「前条第一項」とあるのは「育児休業、介護休業等育児又は家族介護を行う労働者の福祉に関する法律第五十二条の五第一項」と、同法第二十条中「事業場」とあるのは「事業所」と、同法第二十五条第一項中「第十八条第一項」とあるのは「育児休業、介護休業等育児又は家族介護を行う労働者の福祉に関する法律第五十二条の三」と読み替えるものとする。

第十二章　雑則〔略〕

第十三章　罰則

第六十二条　第五十三条第五項において準用する職業安定法第四十一条第二項の規定による業務の停止の命令に違反して、労働者の募集に従事した者は、一年以下の懲役又は百万円以下の罰金に処する。

第六十三条　次の各号のいずれかに該当する者は、六月以下の懲役又は三十万円以下の罰金に処する。

一　第五十三条第四項の規定による届出をしないで、労働者の募集に従事した者

二　第五十三条第五項において準用する職業安定法第三十七条第二項の規定による指示に従わなかった者

三　第五十三条第五項において準用する職業安定法第三十九条又は第四十条の規定に違反した者

第六十四条　次の各号のいずれかに該当する者は、三十万円以下の罰金に処する。

一　第五十三条第五項において準用する職業安定法第五十条第一項の規定による報告をせず、若しくは虚偽の報告をし、又は第五十三条第五項において準用する同法第五十条第二項の規定による立入り若しくは検査を拒み、妨げ、若しくは忌避し、若しくは質問に対して答弁をせず、若しくは虚偽の陳述をした者

二　第五十三条第五項において準用する職業安定法第五十一条第一項の規定に違反して秘密を漏らした者

第六十五条　法人の代表者又は法人若しくは人の代理人、使用人その他の従業者が、その法人又は人の業務に関し、前三条の違反行為をしたときは、行為者を罰するほか、その法人又は人に対して各本条の罰金刑を科する。

第六十六条　第五十六条の規定による報告をせず、又は虚偽の報告をした者は、二十万円以下の過料に処する。

附　則（抄）

（施行期日）

第一条　この法律は、平成四年四月一日から施行する。

○刑法等の一部を改正する法律の施行に伴う関係法律の整理等に関する法律（抄）

令和四・六・一七
法　六　八

改正　令和四・五・二五法五二

（船員保険法等の一部改正）
第二百二十一条　次に掲げる法律の規定中「懲役」を「拘禁刑」に改める。
一～五十二　〔略〕
五十三　育児休業、介護休業等育児又は家族介護を行う労働者の福祉に関する法律（平成三年法律第七十六号）第六十二条及び第六十三条
五十四～八十九　〔略〕

附　則（抄）

（施行期日）
1　この法律は、刑法等一部改正法施行日〔令和七・六・一〕から施行する。〔ただし書略〕

○学校教育の水準の維持向上のための義務教育諸学校の教育職員の人材確保に関する特別措置法

昭四九・二・二五
法　二

最終改正　平成二七・六・二四法四六

（目的）
第一条　この法律は、学校教育が次代をになう青少年の人間形成の基本をなすものであることにかんがみ、義務教育諸学校の教育職員の給与について特別の措置を定めることにより、すぐれた人材を確保し、もつて学校教育の水準の維持向上に資することを目的とする。

（定義）
第二条　この法律において「義務教育諸学校」とは、学校教育法（昭和二十二年法律第二十六号）に規定する小学校、中学校、義務教育学校、中等教育学校の前期課程又は特別支援学校の小学部若しくは中学部をいう。
2　この法律において「教育職員」とは、校長、副校長、教頭及び教育職員免許法（昭和二十四年法律第百四十七号）第二条第一項に規定する教員をいう。

（優遇措置）
第三条　義務教育諸学校の教育職員の給与については、一般の公務員の給与水準に比較して必要な優遇措置が講じられなければならない。

附　則（抄）

1　この法律は、公布の日から施行する。

○公立の義務教育諸学校等の教育職員の給与等に関する特別措置法

昭四六・五・二八
法　七　七

最終改正　令和三・六・一一法六三

（趣旨）
第一条　この法律は、公立の義務教育諸学校等の教育職員の職務と勤務態様の特殊性に基づき、その給与その他の勤務条件について特例を定めるものとする。

（定義）
第二条　この法律において、「義務教育諸学校等」とは、学校教育法（昭和二十二年法律第二十六号）に規定する公立の小学校、中学校、義務教育学校、高等学校、中等教育学校、特別支援学校又は幼稚園をいう。
2　この法律において、「教育職員」とは、義務教育諸学校等の校長（園長を含む。次条第一項において同じ。）、副校長（副園長を含む。同項において同じ。）、教頭、主幹教諭、指導教諭、教諭、養護教諭、栄養教諭、助教諭、養護助教諭、講師（常時勤務の者及び地方公務員法（昭和二十五年法律第二百六十一号）第二十二条の四第一項に規定する短時間勤務の職を占める者に限る。）、実習助手及び寄宿舎指導員をいう。

（教育職員の教職調整額の支給等）
第三条　教育職員（校長、副校長及び教頭を除く。以下この条において同じ。）には、その者の給料月額の百分の四に相当する額を基準として、条例で定めるところにより、教職調整額を支給しなければならない。
2　教育職員については、時間外勤務手当及び休日勤務手当

は、支給しない。

3　第一項の教職調整額の支給を受ける者の給与に関し、次の各号に掲げる場合においては、当該各号に定める内容を条例で定めるものとする。

一　地方自治法（昭和二十二年法律第六十七号）第二百四条第二項に規定する地域手当、特地勤務手当（これに準ずる手当を含む。）、期末手当、勤勉手当、定時制通信教育手当、産業教育手当又は退職手当について給料をその算定の基礎とする場合　当該給料の額に教職調整額の額を加えた額を算定の基礎とすること。

二　休職の期間中に給料が支給される場合　当該給料の額に教職調整額の額を加えた額を支給すること。

三　外国の地方公共団体の機関等に派遣される一般職の地方公務員の処遇等に関する法律（昭和六十二年法律第七十八号）第二条第一項の規定により派遣された者に給料が支給される場合　当該給料の額に教職調整額の額を加えた額を支給すること。

四　公益的法人等への一般職の地方公務員の派遣等に関する法律（平成十二年法律第五十号）第二条第一項の規定により派遣された者に給料が支給される場合　当該給料の額に教職調整額の額を加えた額を支給すること。

（教職調整額を給料とみなして適用する法令）

第四条　前条の教職調整額の支給を受ける者に係る次に掲げる法律の規定及びこれらに基づく命令の規定の適用については、同条の教職調整額は、給料とみなす。

一　地方自治法

二　市町村立学校職員給与負担法（昭和二十三年法律第百三十五号）

三　へき地教育振興法（昭和二十九年法律第百四十三号）

四　地方公務員等共済組合法（昭和三十七年法律第百五十二号）

五　地方公務員等共済組合法の長期給付等に関する施行法（昭和三十七年法律第百五十三号）

六　地方公務員災害補償法（昭和四十二年法律第百二十一号）

（教育職員に関する読替え）

第五条　教育職員については、地方公務員法第五十八条第三項本文中「第二条、」とあるのは「第三十二条の四第一項中「当該事業場に、労働者の過半数で組織する労働組合がある場合においてはその労働組合、労働者の過半数で組織する労働組合がない場合においては労働者の過半数を代表する者との書面による協定により、次に掲げる事項を定めたときは」とあるのは「次に掲げる事項について条例に特別の定めがある場合は」と、「その協定」とあるのは「その条例」と、「当該協定」とあるのは「当該条例」と、同項第五号中「厚生労働省令」とあるのは「文部科学省令」と、同条第二項中「前項の協定で同項第四号の区分をし」とあるのは「前項第四号の区分並びに」と、「を定めたときは」とあるのは「について条例に特別の定めがある場合は」と、「当該事業場に、労働者の過半数で組織する労働組合がある場合においてはその労働組合、労働者の過半数で組織する労働組合がない場合においては労働者の過半数を代表する者の同意を得て、厚生労働省令」とあるのは「文部科学省令」と、同条第三項中「厚生労働大臣は、労働政策審議会」とあるのは「文部科学大臣は、審議会等（国家行政組織法（昭和二十三年法律第百二十号）第八条に規定する機関をいう。）で政令で定めるもの」と、「厚生労働省令」とあるのは「文部科学省令」と、「協定」とあるのは「条例」と、同法第三十三条第三項中「官公署の事業（別表第一に掲げる事業を除く。）」とあるのは「別表第一第十二号に掲げる事業」と、「労働させることができる」とあるのは「労働させることができる。この場合において、公務員の健康及び福祉を害しないように考慮しなければならない」と読み替えて同法第三十二条の四第一項から第三項まで及び第三十三条第三項の規定を適用するものとし、同法第二条、」と、「から第三十二条の五まで」とあるのは「、第三十二条の三の二、第三十二条の四の二、第三十二条の五、第三十七条」と、「第五十三条第一項」とあるのは「第五十三条第一項、第六十六条（船員法第八十八条の二の二第四項及び第五項並びに第八十八条の三第四項において準用する場合を含む。）」と、「規定は」とあるのは「規定（船員法第七十三条の規定に基づく命令の規定中同法第六十六条に係るものを含む。）は」と、同条第四項中「同法第三十七条第三項中「使用者が、当該事業場に、労働者の過半数で組織する労働組合があるときはその労働組合、労働者の過半数で組織する労働組合がないときは労働者の過半数を代表する者との書面による協定により」とあるのは「使用者が」と、同法」とあるのは「同法」と読み替えて同条第三項及び第四項の規定を適用するものとする。

（教育職員の正規の勤務時間を超える勤務等）

第六条　教育職員（管理職手当を受ける者を除く。以下この条において同じ。）を正規の勤務時間（一般職の職員の勤務時間、休暇等に関する法律（平成六年法律第三十三号）第五条から第八条まで、第十一条及び第十二条の規定に相当する条例の規定による勤務時間をいう。第三項及び次条第一項において同じ。）を超えて勤務させる場合は、政令で定める基準に従い条例で定める場合に限るものとする。

2　前項の政令を定める場合においては、教育職員の健康と福祉を害することとならないよう勤務の実情について十分な配慮がされなければならない。

3　第一項の規定は、次に掲げる日において教育職員を正規の勤務時間中に勤務させる場合について準用する。

一　一般職の職員の勤務時間、休暇等に関する法律第十四条に規定する祝日法による休日及び年末年始の休日に相当する日

二　一般職の職員の給与に関する法律（昭和二十五年法律第九十五号）第十七条の規定に相当する条例の規定により休日勤務手当が一般の職員に対して支給される日（前号に掲げる日を除く。）

（教育職員の業務量の適切な管理等に関する指針の策定等）

第七条　文部科学大臣は、教育職員の健康及び福祉の確保を図ることにより学校教育の水準の維持向上に資するため、教育職員が正規の勤務時間及びそれ以外の時間において行う業務

の量の適切な管理その他教育職員の服務を監督する教育委員会が教育職員の健康及び福祉の確保を図るために講ずべき措置に関する指針（次項において単に「指針」という。）を定めるものとする。

2　文部科学大臣は、指針を定め、又はこれを変更したときは、遅滞なく、これを公表しなければならない。

附　則

1　この法律は、昭和四十七年一月一日から施行する。

2　勤務時間法第五条から第八条まで、第十一条及び第十二条の規定に相当する条例の規定が定められ、かつ、毎四週間につき任命権者が職員ごとに指定する一又は二の勤務日における四時間又は八時間の勤務時間は勤務を要しない時間とする旨及びこれにより難いと認められる職員について任命権者が五十二週間を超えない範囲内で定める期間ごとに勤務を要しない時間として一以上の勤務日における勤務時間を指定することができる旨の条例の規定が定められた場合における第十一条の規定の適用については、同条中「勤務時間法第五条から第八条まで、第十一条及び第十二条の規定に相当する条例の規定による勤務時間」とあるのは、「勤務時間法第五条から第八条まで、第十一条及び第十二条の規定に相当する条例の規定による勤務時間のうち条例の規定により当該教育職員ごとに指定する勤務を要しない時間を除いた時間」とする。

附　則（令和元・一二・一一法七二）

（施行期日）

1　この法律は、令和三年四月一日から施行する。ただし、次項の規定は公布の日から、第六条第一項の改正規定及び本則に一条を加える改正規定は令和二年四月一日から施行する。

（準備行為）

2　文部科学大臣は、この法律による改正後の公立の義務教育諸学校等の教育職員の給与等に関する特別措置法第五条の規定により読み替えて適用する地方公務員法（昭和二十五年法律第二百六十一号）第五十八条第三項の規定により読み替えて適用する労働基準法（昭和二十二年法律第四十九号）第三十二条の四第三項の文部科学省令を定めようとするときは、この法律の施行の日前においても、同項（同項の審議会等を定める政令を含む。）の規定の例により、当該政令で定める審議会等の意見を聴くことができる。

○公立の義務教育諸学校等の教育職員の給与等に関する特別措置法施行規則

令和二・七・一七
文科令二六

（対象期間に含む期間等）

第一条　公立の義務教育諸学校等の教育職員の給与等に関する特別措置法（以下この項及び第六条第一項において「法」という。）第五条の規定により読み替えて適用する地方公務員法第五十八条第三項の規定により読み替えて適用する労働基準法（以下「読替え後の労働基準法」という。）第三十二条の四第一項第二号の対象期間（以下単に「対象期間」という。）を定めるに当たっては、当該対象期間には、読替え後の労働基準法第三十二条の四の規定により労働させる教育職員（法第二条第二項に規定する教育職員をいう。以下同じ。）の所属する学校を設置する市（特別区を含む。）町村又は都道府県の教育委員会が学校教育法施行令（昭和二十八年政令第三百四十号）第二十九条第一項の規定により定める学校の夏季、冬季、学年末、農繁期等における休業日等の期間（次項において「長期休業期間等」という。）を含めるものとする。

2　読替え後の労働基準法第三十二条の四第一項第四号の労働日及び当該労働日ごとの労働時間並びに同条第二項の各期間における労働日及び当該各期間における労働日ごとの労働時間の設定は、一日の勤務に割り振られる勤務時間を当該日における同条の規定を適用しない場合の正規の勤務時間（一般職の職員の勤務時間、休暇等に関する法律（平成六年法律第三十三号）第五条、第六条、第八条、第十一条及び第十二条の規定に相当する条例の規定による勤務時間をいう。）に比して短く設定する日（同法第八条の規定に相当する条例の規定に基づき勤務日のうち四時間の勤務時間を当該勤務日に割り振ることをやめて当該四時間の勤務時間を同法第六条第一項又は第四項の規定に相当する条例の規定により週休日とされた日において特に勤務することを命ずる必要がある日に割り振る場合における当該勤務日を除く。）について、当該日のいずれにも勤務時間を割り振らず、かつ、当該日を長期休業期間等において連続して設定する場合に限り、行うものとする。

（読替え後の労働基準法第三十二条の四第一項第五号の文部科学省令で定める事項）

第二条　読替え後の労働基準法第三十二条の四第一項の条例において定める同項第五号の文部科学省令で定める事項は、次に掲げるものとする。

一　読替え後の労働基準法第三十二条の四において規定する期間の起算日

二　対象期間を定めることができる期間の範囲

（読替え後の労働基準法第三十二条の四第二項の文部科学省令で定める方法）

第三条　読替え後の労働基準法第三十二条の四第二項の各期間における労働日及び当該各期間における労働日ごとの労働時間は、条例の定めるところにより定めるものとする。

2　前項の条例に定めるところにより読替え後の労働基準法第三十二条の四第二項の各期間における労働日及び当該各期間における労働日ごとの労働時間を定めたときは、使用者は、これを同条の規定により労働させる教育職員に周知させるものとする。

（読替え後の労働基準法第三十二条の四第三項の文部科学省令で定める労働日数の限度等）

第四条　読替え後の労働基準法第三十二条の四第三項の文部科学省令で定める労働日数の限度は、勤務時間が割り振られる日の数について、対象期間が三箇月を超える場合は対象期間について一年当たり二百八十日とする。ただし、対象期間が三箇月を超える場合において、当該対象期間の初日の前一年以内の日を含む三箇月を超える期間を対象期間として定めた場合（以下この項において当該対象期間を「旧対象期間」という。）において、一日の勤務に割り振られる勤務時間のうち最も長いものが旧対象期間において一日の勤務に割り振られていた勤務時間のうち最も長いもの若しくは九時間のいずれか長い時間を超え、又は一週間の勤務に割り振られる勤務時間のうち最も長いものが旧対象期間において一週間の勤務に割り振られていた勤務時間のうち最も長いもの若しくは四十八時間のいずれか長い時間を超えるときは、旧対象期間について一年当たりの勤務時間が割り振られていた日の数から一日を減じた日数又は二百八十日のいずれか少ない日数とする。

2　読替え後の労働基準法第三十二条の四第三項の文部科学省令で定める一日の労働時間の限度は、一日の勤務に割り振られる勤務時間について十時間とし、一週間の労働時間の限度は、一週間の勤務に割り振られる勤務時間について五十二時間とする。この場合において、対象期間が三箇月を超えるときは、次の各号のいずれにも適合しなければならない。

一　対象期間において、その一週間の勤務に割り振られる勤務時間が四十八時間を超える週が連続する場合の週数が三以下であること。

二　対象期間をその初日から三箇月ごとに区分した各期間（三箇月未満の期間を生じたときは、当該期間）において、その一週間の勤務に割り振られる勤務時間が四十八時間を超える週の初日の数が三以下であること。

3　読替え後の労働基準法第三十二条の四第三項の文部科学省令で定める対象期間における連続して労働させる日数の限度は、勤務時間が割り振られる日の数について六日とし、同条第一項の条例で定めるところにより同項第三号の特定期間として定められた期間における連続して労働させる日数の限度は、勤務時間が割り振られる日の数について一週間に一日の勤務時間が割り振られない日が確保できる日数とする。

（育児等を行う者等への配慮）

第五条　使用者は、読替え後の労働基準法第三十二条の四の規定により教育職員に労働させる場合には、育児を行う者、老人等の介護を行う者、職業訓練又は教育を受ける者その他特別の配慮を要する者については、これらの者が育児等に必要な時間を確保できるような配慮をしなければならない。

（法第七条第一項の指針で定める事項等）

第六条　法第七条の規定により文部科学大臣が定める指針（次項において単に「指針」という。）には、読替え後の労働基準法第三十二条の四の規定により教育職員に労働させる場合に当該教育職員の服務を監督する教育委員会が当該教育職員の健康及び福祉の確保を図るために講ずべき措置に関する事項を含むものとする。

2　使用者は、読替え後の労働基準法第三十二条の四の規定により教育職員に労働させる場合には、前項の規定に基づき文部科学大臣が指針に定める措置その他教育職員の健康及び福祉の確保を図るための措置を講ずるものとする。

附　則

この省令は、令和三年四月一日から施行する。

○公立の義務教育諸学校等の教育職員を正規の勤務時間を超えて勤務させる場合等の基準を定める政令

平成一五・一二・三
政令四八四

公立の義務教育諸学校等の教育職員の給与等に関する特別措置法（以下「法」という。）第六条第一項（同条第三項において準用する場合を含む。）の政令で定める基準は、次のとおりとする。

一　教育職員（法第六条第一項に規定する教育職員をいう。次号において同じ。）については、正規の勤務時間（同項に規定する正規の勤務時間をいう。以下同じ。）の割振りを適正に行い、原則として時間外勤務（正規の勤務時間を超えて勤務することをいい、同条第三項各号に掲げる日において正規の勤務時間中に勤務することを含む。次号において同じ。）を命じないものとすること。

二　教育職員に対し時間外勤務を命ずる場合は、次に掲げる業務に従事する場合であって臨時又は緊急のやむを得ない必要があるときに限るものとすること。

イ　校外実習その他生徒の実習に関する業務

ロ　修学旅行その他学校の行事に関する業務

ハ　職員会議（設置者の定めるところにより学校に置かれるものをいう。）に関する業務

ニ　非常災害の場合、児童又は生徒の指導に関し緊急の措置を必要とする場合その他やむを得ない場合に必要な業務

附　則

この政令は、平成十六年四月一日から施行する。

〇教育職員免許法

昭二四・五・三一
法一四七

改正　昭二四・一一・三〇法二二六　昭二五・五・二三法一九九　昭二六・三・三一法一一三　昭二八・七・三〇法九二　昭二九・六・三法一五八　昭三六・五・一九法八七、六・八法一二二、六・一七法一四五　昭三七・九・一五法一六一　昭三九・七・二法一三七　昭四〇・三・三一法一六　昭四三・六・一〇法九四　昭四四・六・九法四〇　昭四八・七・二〇法五七　昭五五・三・三一法一四　昭五八・一二・二法七八、一二・一〇法八三　昭六一・一二・二六法一〇九　昭六三・一二・二八法一〇六　平成元・一二・二二法八九　平成三・四・二法二三、四・二法二四、四・二法二五　平成五・一一・一二法八九　平成一〇・六・一〇法九八、六・一二法一〇一、九・二八法一一〇　平成一一・七・一六法八七、一二・八法一五一、一二・二二法一六〇　平成一二・三・三一法二九　平成一三・一二・一二法一五三　平成一四・五・三一法五五　平成一五・七・一六法一一七　平成一六・五・二一法四九　平成一七・七・一五法八三　平成一八・六・二一法八〇、六・二一法八四　平成一九・六・二七法九六、六・二七法九八　平成二〇・六・一八法七三　平成二四・八・二二法六七　平成二七・六・二四法四六　平成二八・五・二〇法四七、一一・二八法八七　平成二九・五・三一法四一　令和元・六・七法二六、六・一四法三七　令和三・六・四法五七　令和四・五・一八法四〇、六・一七法六八

第一章　総則

（この法律の目的）

第一条　この法律は、教育職員の免許に関する基準を定め、教育職員の資質の保持と向上を図ることを目的とする。

参【教育職員＝法二①】【免許＝法三】

（定義）

第二条　この法律において「教育職員」とは、学校（学校教育法（昭和二十二年法律第二十六号）第一条に規定する幼稚園、小学校、中学校、義務教育学校、高等学校、中等教育学校及び特別支援学校（第三項において「第一条学校」という。）並びに就学前の子どもに関する教育、保育等の総合的な提供の推進に関する法律（平成十八年法律第七十七号）第二条第七項に規定する幼保連携型認定こども園（以下「幼保連携型認定こども園」という。）をいう。以下同じ。）の主幹教諭（幼保連携型認定こども園の主幹養護教諭及び主幹栄養教諭を含む。以下同じ。）、指導教諭、教諭、助教諭、養護教諭、養護助教諭、栄養教諭、主幹保育教諭、指導保育教諭、保育教諭、助保育教諭及び講師（以下「教員」という。）をいう。

2　この法律で「免許管理者」とは、免許状を有する者が教育職員及び文部科学省令で定める教育の職にある者である場合にあつてはその者の勤務地の都道府県の教育委員会、これらの者以外の者である場合にあつてはその者の住所地の都道府県の教育委員会をいう。

3　この法律において「所轄庁」とは、大学附置の国立学校（国（国立大学法人法（平成十五年法律第百十二号）第二条第一項に規定する国立大学法人を含む。以下この項において同じ。）が設置する学校をいう。以下同じ。）又は公立学校（地方公共団体（地方独立行政法人法（平成十五年法律第百十八号）第六十八条第一項に規定する公立大学法人（以下単に「公立大学法人」という。）を含む。）が設置する学校をいう。以下同じ。）の教員にあつてはその大学の学長、大学附置の学校以外の公立学校（第一条学校に限る。）の教員にあつてはその学校を所管する教育委員会、大学附置の学校以外の公立学校（幼保連携型認定こども園に限る。）の教員にあつてはその学校を所管する地方公共団体の長、私立学校（国及び地方公共団体（公立大学法人を含む。）以外の者が設置する学校をいう。以下同じ。）の教員にあつては都道府県知事（地方自治法（昭和二十二年法律第六十七号）第二百五十二条の十九第一項の指定都市又は同法第二百五十二条の二十二第一項の中核市（以下この項において「指定都市等」という。）の区域内の幼保連携型認定こども園の教員にあつては、当該指定都市等の長）をいう。

4　この法律で「自立教科等」とは、理療（あん摩、マッサージ、指圧等に関する基礎的な知識技能の修得を目標とした教科をいう。）、理学療法、理容その他の職業についての知識技能の修得に関する教科及び学習上又は生活上の困難を克服し自立を図るために必要な知識技能の修得を目的とする教育に係る活動（以下「自立活動」という。）をいう。

5　この法律で「特別支援教育領域」とは、学校教育法第七十二条に規定する視覚障害者、聴覚障害者、知的障害者、肢体不自由者又は病弱者（身体虚弱者を含む。）に関するいずれかの教育の領域をいう。

参 1【教員＝学校法二七・三七・四九・四九の八・六〇・六二・六九・七〇・八二　2【教育の職にある者＝規則六五の七【教育委員会＝地方教育行政法二・二一　4【自立活動＝学校法施規一二六〜一二八・一三〇　5【特別支援教育領域＝規則七

行 ●免許法にいう講師の範囲＝常勤・非常勤のいずれをもいう。（昭和二七年度全国免許法関係主管課長会議）

（免許）

第三条　教育職員は、この法律により授与する各相当の免許状を有する者でなければならない。

2　前項の規定にかかわらず、主幹教諭（養護又は栄養の指導及び管理をつかさどる主幹教諭を除く。）及び指導教諭については各相当学校の教諭の免許状を有する者を、養護をつかさどる主幹教諭については養護教諭の免許状を有する者を、栄養の指導及び管理をつかさどる主幹教諭については栄養教諭の免許状を有する者を、講師については各相当学校の教員の相当免許状を有する者を、それぞれ充てるものとする。

3　特別支援学校の教員（養護又は栄養の指導及び管理をつかさどる主幹教諭、養護教諭、養護助教諭、栄養教諭並びに特別支援学校において自立教科等の教授を担任する教員を除く。）については、第一項の規定にかかわらず、特別支援学校の教員の免許状のほか、特別支援学校の各部に相当する学校の教員の免許状を有する者でなければならない。

4　義務教育学校の教員（養護又は栄養の指導及び管理をつかさどる主幹教諭、養護教諭、養護助教諭並びに栄養教諭を除く。）については、第一項の規定にかかわらず、小学校の教員の免許状及び中学校の教員の免許状を有する者でなければならない。

5　中等教育学校の教員（養護又は栄養の指導及び管理をつかさどる主幹教諭、養護教諭、養護助教諭並びに栄養教諭を除く。）については、第一項の規定にかかわらず、中学校の教員の免許状及び高等学校の教員の免許状を有する者でなければならない。

6　幼保連携型認定こども園の教員の免許については、第一項の規定にかかわらず、就学前の子どもに関する教育、保育等の総合的な提供の推進に関する法律の定めるところによる。

参 1【教育職員＝法二①【相当免許状主義の特例＝法附則②⑭⑮⑯⑲　2【相当免許状主義の特例＝法附則⑭　3【相当免許状主義の特例＝法附則⑮　4【相当免許状主義の特例＝法附則⑲　5【相当免許状主義の特例＝法附則⑯

判 ●免許状の所有＝免許状を有しない者を教育職員に任命（国立・公立学校の場合）または雇用（私立学校の場合）する行為は違法であって、当然無効である。（最高判昭三九・三・三）

（免許状を要しない非常勤の講師）

第三条の二　次に掲げる事項の教授又は実習を担任する非常勤の講師については、前条の規定にかかわらず、各相当学校の教員の相当免許状を有しない者を充てることができる。

一　小学校における次条第六項第一号に掲げる教科の領域の一部に係る事項
二　中学校における次条第五項第一号に掲げる教科及び第十六条の三第一項の文部科学省令で定める教科の領域の一部に係る事項
三　義務教育学校における前二号に掲げる事項
四　高等学校における次条第五項第二号に掲げる教科及び第十六条の三第一項の文部科学省令で定める教科の領域の一部に係る事項
五　中等教育学校における第二号及び前号に掲げる事項
六　特別支援学校（幼稚部を除く。）における第一号、第二号及び第四号に掲げる事項並び

に自立教科等の領域の一部に係る事項

七　教科に関する事項で文部科学省令で定めるもの

2　前項の場合において、非常勤の講師に任命し、又は雇用しようとする者は、文部科学省令で定めるところにより、その旨を第五条第六項に規定する授与権者に届け出なければならない。

参　1二【文部科学省令で定める教科＝規則六一の三（定めなし）】　七【教科に関する定め＝規則六五の八】　2【相当免許状を有しない者の任命・雇用の届出＝規則六五の九】

第二章　免許状

（種類）

第四条　免許状は、普通免許状、特別免許状及び臨時免許状とする。

2　普通免許状は、学校（義務教育学校、中等教育学校及び幼保連携型認定こども園を除く。）の種類ごとの教諭の免許状、養護教諭の免許状及び栄養教諭の免許状とし、それぞれ専修免許状、一種免許状及び二種免許状（高等学校教諭の免許状にあつては、専修免許状及び一種免許状）に区分する。

3　特別免許状は、学校（幼稚園、義務教育学校、中等教育学校及び幼保連携型認定こども園を除く。）の種類ごとの教諭の免許状とする。

4　臨時免許状は、学校（義務教育学校、中等教育学校及び幼保連携型認定こども園を除く。）の種類ごとの助教諭の免許状及び養護助教諭の免許状とする。

5　中学校及び高等学校の教員の普通免許状及び臨時免許状は、次に掲げる各教科について授与するものとする。

一　中学校の教員にあつては、国語、社会、数学、理科、音楽、美術、保健体育、保健、技術、家庭、職業（職業指導及び職業実習（農業、工業、商業、水産及び商船のうちいずれか一以上の実習とする。以下同じ。）を含む。）、職業指導、職業実習、外国語（英語、ドイツ語、フランス語その他の各外国語に分ける。）及び宗教

二　高等学校の教員にあつては、国語、地理歴史、公民、数学、理科、音楽、美術、工芸、書道、保健体育、保健、看護、看護実習、家庭、家庭実習、情報、情報実習、農業、農業実習、工業、工業実習、商業、商業実習、水産、水産実習、福祉、福祉実習、商船、商船実習、職業指導、外国語（英語、ドイツ語、フランス語その他の各外国語に分ける。）及び宗教

6　小学校教諭、中学校教諭及び高等学校教諭の特別免許状は、次に掲げる教科又は事項について授与するものとする。

一　小学校教諭にあつては、国語、社会、算数、理科、生活、音楽、図画工作、家庭、体育及び外国語（英語、ドイツ語、フランス語その他の各外国語に分ける。）

二　中学校教諭にあつては、前項第一号に掲げる各教科及び第十六条の三第一項の文部科学省令で定める教科

三　高等学校教諭にあつては、前項第二号に掲げる各教科及びこれらの教科の領域の一部に係る事項で第十六条の四第一項の文部科学省令で定めるもの並びに第十六条の三第一項の文部科学省令で定める教科

参　1【免許状の様式＝規則七二】　3【特別免許状の授与＝規則六五の三〜六五の六】　5【特例＝法一六の四】　6二【文部科学省令で定める教科＝規則六一の一三】　三【文部科学省令の定め＝規則六一の一四】

●①都道府県教育委員会及び指定都市教育委員会においては、改正法の趣旨を踏まえ、教員採用試験における社会人特別選考の実施の中で、免許状を保有していることを必ずしも受験資格としないこととするなどにより、特別免許状制度の活用を促進することについても検討願いたいこと。②都道府県教育委員会は、特別免許状の申請手続き等が一層適切に行われるよう、また私立学校においても適切に活用がなされるよう、必要に応じ教育委員会規則の規定の見直しを図り、その周知に務めること。③教育委員会及び学校は、特別免許状を有する者に対する研修の機会の提供に務めるとともに、教職に関する科目の学修を積極的に促すこと。（事務次官通知平成一四・六・二八／一四

文科初四三〇）

第四条の二 特別支援学校の教員の普通免許状及び臨時免許状は、一又は二以上の特別支援教育領域について授与するものとする。

2 特別支援学校において専ら自立教科等の教授を担任する教員の普通免許状及び臨時免許状は、前条第二項の規定にかかわらず、文部科学省令で定めるところにより、障害の種類に応じて文部科学省令で定める自立教科等について授与するものとする。

3 特別支援学校教諭の特別免許状は、前項の文部科学省令で定める自立教科等について授与するものとする。

*平成一八法八〇・追加

参 ②【自立教科等＝規則六二～六五の二
③【特別免許状＝規則六五の三～六五の六

（授与）

第五条 普通免許状は、別表第一、別表第二若しくは別表第二の二に定める基礎資格を有し、かつ、大学若しくは文部科学大臣の指定する養護教諭養成機関において別表第一、別表第二若しくは別表第二の二に定める単位を修得した者又はその免許状を授与するため行う教育職員検定に合格した者に授与する。ただし、次の各号のいずれかに該当する者には、授与しない。

一 十八歳未満の者

二 高等学校を卒業しない者（通常の課程以外の課程におけるこれに相当するものを修了しない者を含む。）。ただし、文部科学大臣において高等学校を卒業した者と同等以上の資格を有すると認めた者を除く。

三 禁錮以上の刑に処せられた者

四 第十条第一項第二号又は第三号に該当することにより免許状がその効力を失い、当該失効の日から三年を経過しない者

五 第十一条第一項から第三項までの規定により免許状取上げの処分を受け、当該処分の日から三年を経過しない者

六 日本国憲法施行の日以後において、日本国憲法又はその下に成立した政府を暴力で破壊することを主張する政党その他の団体を結成し、又はこれに加入した者

2 特別免許状は、教育職員検定に合格した者に授与する。ただし、前項各号のいずれかに該当する者には、授与しない。

3 前項の教育職員検定は、次の各号のいずれにも該当する者について、教育職員に任命し、又は雇用しようとする者が、学校教育の効果的な実施に特に必要があると認める場合において行う推薦に基づいて行うものとする。

一 担当する教科に関する専門的な知識経験又は技能を有する者

二 社会的信望があり、かつ、教員の職務を行うのに必要な熱意と識見を持つている者

4 第六項に規定する授与権者は、第二項の教育職員検定において合格の決定をしようとするときは、学校教育に関し学識経験を有する者その他の文部科学省令で定める者の意見を聴かなければならない。

5 臨時免許状は、普通免許状を有する者を採用することができない場合に限り、第一項各号のいずれにも該当しない者で教育職員検定に合格したものに授与する。ただし、高等学校助教諭の臨時免許状は、次の各号のいずれかに該当する者以外の者には授与しない。

一 短期大学士の学位（学校教育法第百四条第二項に規定する文部科学大臣の定める学位（専門職大学を卒業した者に対して授与されるものを除く。）又は同条第六項に規定する文部科学大臣の定める学位を含む。）又は準学士の称号を有する者

二 文部科学大臣が前号に掲げる者と同等以上の資格を有すると認めた者

6 免許状は、都道府県の教育委員会（以下「授与権者」という。）が授与する。

参 ①【修得した者＝小中免許特例法二（介護等の体験）【大学等における単位の修得方法＝規則一～一八の五【認定課程＝規則一九～二三【養護教諭養成機関＝規則二七～三三【授与の特例＝法一六、一六の三、法附則⑦⑧⑪【教育職員検定＝法六
㊀【高等学校卒業と同等の資格＝規則六六【特例＝法附則③⑩、改正法（昭三九法一三七）附則②
㊂【禁錮以上の刑＝刑法九・一〇
②【特別免許状の授与＝規則六五の三～六五

の六
③【推薦＝規則六五の六
④【文部科学省令で定める者＝規則六五の四
⑤【授与しない者の特例＝法附則③
二【短期大学士・準学士と同等と認めた者＝規則六六の二

行 ●無効な免許状授与＝詐称の事実に基づいて免許状を授与し得ぬ者に免許状を授与した場合、授与した行為そのものは当然に無効である。また、その教員採用の任命行為も任命の時にさかのぼって効力を失う。しかし、その者が指導した教科・科目についての生徒の履修実績は、学校長が認めたような場合には効力を有するものと解される。（初中局長回答昭二九・八・七委初二八四）

（免許状の授与の手続等）

第五条の二　免許状の授与を受けようとする者は、申請書に授与権者が定める書類を添えて、授与権者に申し出るものとする。

2　特別支援学校の教員の免許状の授与に当たつては、当該免許状の授与を受けようとする者の別表第一の第三欄に定める特別支援教育に関する科目（次項において「特別支援教育科目」という。）の修得の状況又は教育職員検定の結果に応じて、文部科学省令で定めるところにより、一又は二以上の特別支援教育領域を定めるものとする。

3　特別支援学校の教員の免許状の授与を受けた者が、その授与を受けた後、当該免許状に定められている特別支援教育領域以外の特別支援教育領域（以下「新教育領域」という。）に関して特別支援教育科目を修得し、申請書に当該免許状を授与した授与権者が定める書類を添えて当該授与権者にその旨を申し出た場合、又は当該授与権者が行う教育職員検定に合格した場合には、当該授与権者は、前項に規定する文部科学省令で定めるところにより、当該免許状に当該新教育領域を追加して定めるものとする。

＊平成一八法八〇・追加

参 ①【授与権者への申し出＝規則七一
③【新教育領域を追加する場合＝規則六六の二の二【特別支援教育領域＝法二⑤

（教育職員検定）

第六条　教育職員検定は、受検者の人物、学力、実務及び身体について、授与権者が行う。

2　学力及び実務の検定は、第五条第二項及び第五項、前条第三項並びに第十八条の場合を除くほか、別表第三又は別表第五から別表第八までに定めるところによつて行わなければならない。

3　一以上の教科についての教諭の免許状を有する者に他の教科についての教諭の免許状を授与するため行う教育職員検定は、第一項の規定にかかわらず、受検者の人物、学力及び身体について行う。この場合における学力の検定は、前項の規定にかかわらず、別表第四の定めるところによつて行わなければならない。

（証明書の発行）

第七条　大学（文部科学大臣の指定する教員養成機関、並びに文部科学大臣の認定する講習及び通信教育の開設者を含む。）は、免許状の授与、新教育領域の追加の定め（第五条の二第三項の規定による新教育領域の追加の定めをいう。）又は教育職員検定を受けようとする者から請求があつたときは、その者の学力に関する証明書を発行しなければならない。

2　国立学校又は公立学校の教員にあつては所轄庁、私立学校の教員にあつてはその私立学校を設置する学校法人等（学校法人（私立学校法（昭和二十四年法律第二百七十号）第三条に規定する学校法人をいう。以下同じ。）又は社会福祉法人（社会福祉法（昭和二十六年法律第四十五号）第二十二条に規定する社会福祉法人をいう。以下同じ。）をいう。以下同じ。）の理事長は、教育職員検定を受けようとする者から請求があつたときは、その者の人物、実務及び身体に関する証明書を発行しなければならない。

3　所轄庁が前項の規定による証明書を発行する場合において、所轄庁が大学の学長で、その証明書の発行を請求した者が大学附置の国立学校又は公立学校の教員であるときは、当該所轄庁は、その学校の校長（幼稚園及び幼保連携型認定こども園の園長を含む。）の意見を聞かなければならない。

4　第一項及び第二項の証明書の様式その他必要な事項は、文部科学省令で定める。

参 1【学力に関する証明書＝規則七三】【教員養成機関＝規則二七〜三三】【新教育領域＝法五の二③・八③
2【人物・実務・身体に関する証明書＝規則七三の二】【理事長の特例＝法附則⑬
4【証明書の様式等＝規則七三・七三の二

（授与の場合の原簿記入等）

第八条　授与権者は、免許状を授与したときは、免許状の種類、その者の氏名及び本籍地、授与の日その他文部科学省令で定める事項を原簿に記入しなければならない。

2　前項の原簿は、その免許状を授与した授与権者において作製し、保存しなければならない。

3　第五条の二第三項の規定により免許状に新教育領域を追加して定めた授与権者は、その旨を第一項の原簿に記入しなければならない。

参 1【原簿＝規則七四

（効力）

第九条　普通免許状は、全ての都道府県（中学校及び高等学校の教員の宗教の教科についての免許状にあつては、国立学校又は公立学校の場合を除く。以下この条において同じ。）において効力を有する。

2　特別免許状は、その免許状を授与した授与権者の置かれる都道府県においてのみ効力を有する。

3　臨時免許状は、その免許状を授与したときから三年間、その免許状を授与した授与権者の置かれる都道府県においてのみ効力を有する。

参 1【普通免許状＝法四②⑤⑥】【宗教の教科＝法四⑤
2【特別免許状＝法四③⑥
3【臨時免許状＝法四④⑤⑥】【本条の特例＝法附則⑥

（二種免許状を有する者の一種免許状の取得に係る努力義務）

第九条の二　教育職員で、その有する相当の免許状（主幹教諭（養護又は栄養の指導及び管理をつかさどる主幹教諭を除く。）及び指導教諭については、その有する相当学校の教諭の免許状、養護をつかさどる主幹教諭についてはその有する養護教諭の免許状、栄養の指導及び管理をつかさどる主幹教諭についてはその有する栄養教諭の免許状、講師についてはその有する相当学校の教員の相当免許状）が二種免許状であるものは、相当の一種免許状の授与を受けるように努めなければならない。

参 法別表第一〜第八

第三章　免許状の失効及び取上げ

（失効）

第十条　免許状を有する者が、次の各号のいずれかに該当する場合には、その免許状はその効力を失う。

一　第五条第一項第三号又は第六号に該当するに至つたとき。

二　公立学校の教員であつて懲戒免職の処分を受けたとき。

三　公立学校の教員（地方公務員法（昭和二十五年法律第二百六十一号）第二十九条の二第一項各号に掲げる者に該当する者を除く。）であつて同法第二十八条第一項第一号又は第三号に該当するとして分限免職の処分を受けたとき。

2　前項の規定により免許状が失効した者は、速やかに、その免許状を免許管理者に返納しなければならない。

＊平成一四法五五・全部改正

参 1【効力＝法九】【失効の公示等＝法一三
二【懲戒免職＝地公法二九①

（取上げ）

第十一条　国立学校、公立学校（公立大学法人が設置するものに限る。次項第一号において同じ。）又は私立学校の教員が、前条第一項第二号に規定する者の場合における懲戒免職の事由に相当する事由により解雇されたと認められるときは、免許管理者は、その免許状を取り上げなければならない。

2　免許状を有する者が、次の各号のいずれかに該当する場合には、免許管理者は、その免許状を取り上げなければならない。

一　国立学校、公立学校又は私立学校の教員（地方公務員法第二十九条の二第一項各号に掲げる者に相当する者を含む。）であつて、前条第一項第三号に規定する者の場合における同法第二十八条第一項第一号又は第三号に掲げる分限免職の事由に相当する事由により解雇されたと認められるとき。

二　地方公務員法第二十九条の二第一項各号に掲げる者に該当する公立学校の教員であつて、前条第一項第三号に規定する者の場合における同法第二十八条第一項第一号又は第三号に掲げる分限免職の事由に相当する事由により免職の処分を受けたと認められるとき。

3　免許状を有する者（教育職員以外の者に限る。）が、法令の規定に故意に違反し、又は教育職員たるにふさわしくない非行があつて、その情状が重いと認められるときは、免許管理者は、その免許状を取り上げることができる。

4　前三項の規定により免許状取上げの処分を行つたときは、免許管理者は、その旨を直ちにその者に通知しなければならない。この場合において、当該免許状は、その通知を受けた日に効力を失うものとする。

5　前条第二項の規定は、前項の規定により免許状が失効した者について準用する。

＊平成一四法五五・全部改正

参 1【免許管理者＝法二②】【懲戒解雇されたと認められるとき＝法一四

行 ●①免許状が失効した者又は取上げの処分を受けた者については、新たに免許状の返納義務が課せられるとともに、当該義務に違反した者については罰則が適用されることとなったことから、各都道府県教育委員会及び都道府県知事におかれては、域内又は管下の学校の教員に対し適切な周知に務めること。②免許状の取上げ処分に不服がある場合には、行政手続法の聴聞及び教育職員免許法の聴聞の方法の特例に関する規定の適用を受けること。また、行政事件訴訟法上の取消訴訟を提起することが可能となっていること。③懲戒免職処分が取消し又は無効になった場合は、一旦失効した免許状の効力は処分の日にさかのぼって有効となること。（事務次官通知平成一四・六・二八／一四文科初四三〇）

（聴聞の方法の特例）

第十二条　免許管理者は、前条の規定による免許状取上げの処分に係る聴聞を行おうとするときは、聴聞の期日の三十日前までに、行政手続法（平成五年法律第八十八号）第十五条第一項の規定による通知をしなければならない。

2　前項の聴聞の期日における審理は、当該聴聞の当事者から請求があつたときは、公開により行わなければならない。

3　第一項の聴聞に際しては、利害関係人（同項の聴聞の参加人を除く。）は、当該聴聞の主宰者に対し、当該聴聞の期日までに証拠書類又は証拠物を提出することができる。

4　第一項の聴聞の主宰者は、当該聴聞の期日における証人の出席について、当該聴聞の当事者から請求があつたときは、これを認めなければならない。

＊平成五法八九・全部改正

参 1【免許管理者＝法二②】【取上げ＝法一一

（失効等の場合の公告等）

第十三条　免許管理者は、この章の規定により免許状が失効したとき、又は免許状取上げの処分を行つたときは、その免許状の種類及び失効又は取上げの事由並びにその者の氏名及び本籍地を官報に公告するとともに、その旨をその者の所轄庁及びその免許状を授与した授与権者に通知しなければならない。

2　この章の規定により免許状取上げの処分を行い、若しくは免許状が失効し、又はその旨の通知を受けたときは、その免許状を授与した授与権者は、この旨を第八条第一項の原簿に記入しなければならない。

参 1【免許管理者＝法二②】【失効＝法一〇【取上げ＝法一一 2【授与権者＝法五⑦

（通知）

第十四条　所轄庁（免許管理者を除く。）は、教育職員が、次の各号のいずれかに該当すると認めたときは、速やかにその旨を免許管理者に通知しなければならない。
一　第五条第一項第三号又は第六号に該当するとき。
二　第十条第一項第二号又は第三号に該当するとき（懲戒免職又は分限免職の処分を行つた者が免許管理者である場合を除く。）。
三　第十一条第一項又は第二項に該当する事実があると思料するとき（同項第二号に規定する免職の処分を行つた者が免許管理者である場合を除く。）。

＊平成一四法五五・全部改正
参【所轄庁＝法二③】【通知の効果＝法一一】

（報告）
第十四条の二　学校法人等は、その設置する私立学校の教員について、第五条第一項第三号若しくは第六号に該当すると認めたとき、又は当該教員を解雇した場合において、当該解雇の事由が第十一条第一項若しくは第二項第一号に定める事由に該当すると思料するときは、速やかにその旨を所轄庁に報告しなければならない。

＊平成一四法五五・追加
参【学校法人等＝学校法二、私学法三、構造改革特区法一二（学校設置会社）・一三（学校設置非営利法人）・二〇（協力学校法人）、国家戦略特区法一二の三（指定公立国際教育学校等管理法人）】【所轄庁＝法二③】【報告の効果＝法一一】

第四章　雑則

（書換又は再交付）
第十五条　免許状を有する者がその氏名又は本籍地を変更し、又は免許状を破損し、若しくは紛失したときは、その事由をしるして、免許状の書換又は再交付をその免許状を授与した授与権者に願い出ることができる。

参【授与権者＝法五⑦】【願い出の方法＝規則七一】

（免許状授与の特例）
第十六条　普通免許状は、第五条第一項の規定によるほか、普通免許状の種類に応じて文部科学大臣又は文部科学大臣が委嘱する大学の行う試験（以下「教員資格認定試験」という。）に合格した者で同項各号に該当しないものに授与する。

2　文部科学大臣は、教員資格認定試験（文部科学大臣が行うものに限る。）の実施に関する事務を独立行政法人教職員支援機構（別表第三備考第十一号において「機構」という。）に行わせるものとする。

3　教員資格認定試験の受験資格、実施の方法その他試験に関し必要な事項は、文部科学省令で定める。

参①【教員資格認定試験＝教員資格認定試験規程】③【定め＝教員資格認定試験規程】

（特定免許状失効者等に係る免許状の再授与）
第十六条の二　教育職員等による児童生徒性暴力等の防止等に関する法律（令和三年法律第五十七号）第二条第六項に規定する特定免許状失効者等（第五条第一項各号のいずれかに該当する者を除く。）の免許状の再授与については、この法律に定めるもののほか、教育職員等による児童生徒性暴力等の防止等に関する法律の定めるところによる。

＊令和三法五七・追加
参【失効＝法一〇①、一一①③④、一三、規則七四の二】【定め＝法四～八、一六の二～一六の四、一七、一八】

（中学校又は高等学校の教諭の免許状に関する特例）
第十六条の三　中学校教諭又は高等学校教諭の普通免許状は、それぞれ第四条第五項第一号又は第二号に掲げる教科のほか、これらの学校における教育内容の変化並びに生徒の進路及び特性その他の事情を考慮して文部科学省令で定める教科について授与することができる。

2　前項の免許状は、第五条第一項本文の規定によるほか、その免許状に係る教員資格認定試験に合格した者又は文部科学省令で定める資格を有する者に授与する。

3　前二項の文部科学省令を定めるに当たつては、文部科学大臣は、審議会等（国家行政組織法（昭和二十三年法律第百二十号）第八条に規定する機関をいう。別表第一備考第一号の二及び第五号イにおいて同じ。）で政令で定めるものの意見を聴かなければならない。

参 1【中学校・高等学校普通免許状の教科の特例＝規則六一の三（定めなし） 2【教員資格認定試験＝教員資格認定試験規程【文部科学省令で定める資格（定めなし） 3【政令＝免許法施令

第十六条の四　高等学校教諭の普通免許状は、第四条第五項第二号に掲げる教科のほか、これらの教科の領域の一部に係る事項で文部科学省令で定めるものについて授与することができる。

2　前項の免許状は、一種免許状とする。

3　第一項の免許状は、第五条第一項本文の規定にかかわらず、その免許状に係る教員資格認定試験に合格した者に授与する。

参 1【文部科学省令で定める教科の領域＝規則六一の四 3【合格した者＝教員資格認定試験規程七・八

第十六条の五　中学校又は高等学校の教諭の免許状を有する者は、第三条第一項から第四項までの規定にかかわらず、それぞれその免許状に係る教科に相当する教科その他教科に関する事項で文部科学省令で定めるものの教授又は実習を担任する小学校若しくは義務教育学校の前期課程の主幹教諭、指導教諭、教諭若しくは講師又は特別支援学校の小学部の主幹教諭、指導教諭、教諭若しくは講師となることができる。ただし、特別支援学校の小学部の主幹教諭、指導教諭、教諭又は講師となる場合は、特別支援学校の教員の免許状を有する者でなければならない。

2　工芸、書道、看護、情報、農業、工業、商業、水産、福祉若しくは商船又は看護実習、情報実習、農業実習、工業実習、商業実習、水産実習、福祉実習若しくは商船実習の教科又は前条第一項に規定する文部科学省令で定める教科の領域の一部に係る事項について高等学校の教諭の免許状を有する者は、第三条第一項から第五項までの規定にかかわらず、それぞれその免許状に係る教科に相当する教科その他教科に関する事項で文部科学省令で定めるものの教授又は実習を担任する中学校、義務教育学校の後期課程若しくは中等教育学校の前期課程の主幹教諭、指導教諭、教諭若しくは講師又は特別支援学校の中学部の主幹教諭、指導教諭、教諭若しくは講師となることができる。ただし、特別支援学校の中学部の主幹教諭、指導教諭、教諭又は講師となる場合は、特別支援学校の教員の免許状を有する者でなければならない。

＊平成一四法五五・追加

参 1【文部科学省令で定める教科＝規則六六の三①【道徳・特別活動の担当教員の研修＝規則六六の三③ 2【文部科学省令で定める教科＝規則六六の三②

行 ●①他校種免許状による専科担任の任用にあたっては、適切な転任、兼職等の手続きを行うとともに、兼職する場合にあっては、当該教員にとって過重の負担とならないよう、また児童生徒の指導等に支障が生ずることのないよう、校務分掌を適切に整える等の配慮をおこなうこと。②他校種免許状による専科担任の任用にあたっては、学校種間の連携の促進及び教科指導の充実という専科担任制度の目的を十分に踏まえるとともに、児童生徒の心身の発達段階を考慮し、当該学校種において教授することについての適性等を個々に判断すること。③高等学校の専門教科等を有する教員が小学校又は中学校の専科担任を行う場合には、教科の領域の一部を担当することが想定されることから、指導内容等に応じて個々に専科担任の適否を判断すること。④盲学校、聾学校又は養護学校において他校種免許状による専科担任を行う際には、附則第一六項（旧附則第一九項）の規定の適用は受けず、それぞれ盲学校、聾学校又は養護学校の免許状を有することが必要であること。（事務次官通知平成一四・六・二八、一四文科初四三〇）

（特別支援学校の教諭等の免許状に関する特例）

第十七条　第四条の二第二項に規定する免許状は、第五条第一項本文、同項第二号及び第五項並びに第五条の二第二項の規定にかかわらず、その免許状に係る教員資格認定試験に合格した者又は文部科学省令で定める資格を有する者に授与する。

参 1【定め＝規則六四】【教員資格認定試験＝教員資格認定試験規程

第十七条の二 特別支援学校において自立活動の教授を担任するために必要な第四条の二第二項に規定する普通免許状又は同条第三項に規定する特別免許状を有する者は、第三条第一項及び第二項並びに第四条第二項及び第三項の規定にかかわらず、学校教育法第八十一条第二項及び第三項に規定する特別支援学級において、これらの免許状に係る障害の種類に応じた自立活動の教授を担任する主幹教諭、指導教諭、教諭又は講師となることができる。

＊平一八法八〇・全部改正

参【自立活動＝法二④】

第十七条の三 特別支援学校の教諭の普通免許状のほか、幼稚園、小学校、中学校又は高等学校のいずれかの学校の教諭の普通免許状を有する者は、第三条第一項から第三項までの規定にかかわらず、特別支援学校において自立教科等以外の教科（幼稚部にあつては、自立教科等以外の事項）の教授又は実習（専ら知的障害者に対するものに限る。）を担任する主幹教諭、指導教諭、教諭又は講師となることができる。

＊平成一八法八〇・全部改正

参【自立教科＝法二④】

（外国において授与された免許状を有する者等の特例）

第十八条 外国（本州、北海道、四国、九州及び文部科学省令で定めるこれらに附属する島以外の地域をいう。以下同じ。）において授与された教育職員に関する免許状を有する者又は外国の学校を卒業し、若しくは修了した者については、この法律及びこの法律施行のために発する法令の規定に準じ、教育職員検定により、各相当の免許状を授与することができる。

2 前項の規定は、第五条の二第三項の規定により特別支援学校の教員の免許状に新教育領域を追加して定める場合について準用する。この場合において、前項中「外国（」とあるのは「特別支援学校の教員の免許状を有する者であつて、当該免許状の授与を受けた後、外国（」と、「各相当の免許状を授与する」とあるのは「その有する特別支援学校の教員の免許状に各相当の新教育領域を追加して定める」と読み替えるものとする。

参 1【文部科学省令で定める島＝規則七五】【教育職員検定＝法六】 2【新教育領域の追加＝法五の二③】

第十九条 削除〔平成一一法八七〕

（その他の事項）

第二十条 免許状に関し必要な事項は、この法律及びこの法律施行のために発する法令で定めるものを除くほか、都道府県の教育委員会規則で定める。

参【法令＝免許法施行令、同施行規、小学校及び中学校の教諭の普通免許状授与に係る教育職員免許法の特例等に関する法律、教員資格認定試験規程等】【教育委員会規則＝地方教育行政法一五】

第五章 罰則

第二十一条 次の各号のいずれかに該当する場合には、その違反行為をした者は、一年以下の懲役又は五十万円以下の罰金に処する。

一 第五条第一項、第二項若しくは第五項、第五条の二第二項若しくは第三項又は第六条の規定に違反して、免許状を授与し、若しくは特別支援教育領域を定め、又は教育職員検定を行つたとき。

二 第七条第一項又は第二項の請求があつた場合に、虚偽の証明書を発行したとき。

2 偽りその他不正の手段により、免許状の授与若しくは特別支援教育領域の定め又は教育職員検定を受けた者も、前項と同様とする。

＊平成一二法二九・全部改正

参【懲役＝刑法一二】【罰金＝刑法一五】【免許状の授与＝法五】【教育職員検定＝法六】

第二十二条　第三条の規定に違反して、相当の免許状を有しない者を教育職員（幼保連携型認定こども園の教員を除く。次項において同じ。）に任命し、又は雇用した場合には、その違反行為をした者は、三十万円以下の罰金に処する。

2　第三条の規定に違反して、相当の免許状を有しないにもかかわらず教育職員となつた者も、前項と同様とする。

＊平成一二法二九・全部改正

参【相当の免許状＝法三】【特例＝法附則②⑮⑯⑲】

第二十三条　次の各号のいずれかに該当する者は、十万円以下の過料に処する。

一　第三条の二第二項の規定に違反して、届出をせず、又は虚偽の届出をした者

二　第十条第二項（第十一条第五項において準用する場合を含む。）の規定に違反して免許状を返納しなかつた者

＊平成一四法五五・全部改正

附　則

1　この法律は、昭和二十四年九月一日から施行する。

2　授与権者は、当分の間、中学校、義務教育学校の後期課程、高等学校、中等教育学校の前期課程若しくは後期課程又は特別支援学校の中学部若しくは高等部において、ある教科の教授を担任すべき教員を採用することができないと認めるときは、当該学校の校長及び主幹教諭、指導教諭又は教諭（以下この項において「主幹教論等」という。）の申請により、一年以内の期間を限り、当該教科についての免許状を有しない主幹教諭等が当該教科の教授を担任することを許可することができる。この場合においては、許可を得た主幹教諭等は、第三条第一項及び第二項の規定にかかわらず、当該学校、当該前期課程若しくは後期課程又は当該中学部若しくは高等部において、その許可に係る教科の教授を担任することができる。

3　旧国民学校令（昭和十六年勅令第百四十八号）、旧教員免許令（明治三十三年勅令第百三十四号）又は旧幼稚園令（大正十五年勅令第七十四号）による教員免許状を有する者及び学校教育法第八条に基づく学校教育法施行規則（以下単に「学校教育法施行規則」という。）第九十六条又は第九十七条の規定により、校長仮免許状、園長仮免許状、教諭仮免許状、助教諭仮免許状、養護教諭仮免許状又は養護助教諭仮免許状を有するものとみなされた者には、第五条第一項第二号及び第五項ただし書の規定にかかわらず、免許状を授与することができる。

4　教育職員免許法施行法（昭和二十四年法律第百四十八号。以下「施行法」という。）第一条又は第二条の規定により免許状の交付又は授与を受けた者が、別表第三、第五、第六又は第七の規定により、それぞれの上級の免許状を受けようとする場合には、別表第三、第六若しくは第七の第三欄又は別表第五の第二欄に掲げる在職年数については、それぞれの表の第二欄に掲げる免許状の交付又は授与を受けるために必要とする施行法第一条又は第二条の表の上欄に掲げる資格を得たのち、それぞれの表の第一欄に掲げる学校の教員（これに相当するものとして、文部科学省令で定める旧令による学校の校長及び教員、文部科学省令で定める学校以外の教育施設において教育に従事する者並びに文部科学省令で定める官公庁又は私立学校において教育事務に従事する職員を含む。）として在職した年数を通算することができる。

5　別表第三により中学校教諭の一種免許状又は高等学校教諭の専修免許状を受けようとする者が、次の表の第一欄に掲げる基礎資格を有する者で施行法第一条又は第二条の規定により次の表の第二欄に掲げる免許状の交付又は授与を受けているときは、学力及び実務の検定は、次の表の第三欄及び第四欄によるものとする。

注次の表⇒次頁上段の表

6　臨時免許状については、当分の間、相当期間にわたり普通免許状を有する者を採用することができない場合に限り、第九条第三項の規定にかかわらず、都道府県の教育委員会規則で、その有効期間を六年とすることができる。

7　養護助教諭の臨時免許状は、当分の間、保健師助産師看護師法（昭和二十三年法律第二百三号）による准看護師の免許を受けた者、同法第

注附則第5項の付表

番号	第一欄 基礎資格	第二欄 施行法第一条又は第二条の規定により交付又は授与を受けている免許状の種類	第三欄 第一欄に規定する基礎資格を取得したのち、第二欄に掲げる各免許状に係る学校の教員として良好な成績で勤務した旨の実務証明責任者の証明を有することを必要とする最低在職年数	第四欄 第一欄に規定する基礎資格を取得したのち、大学において修得することを必要とする最低単位数
一	旧教員免許令による中学校高等女学校教員免許状、高等女学校教員免許状又は実業学校教員免許状を有すること。	中学校教諭の二種免許状	一〇	一〇
二	イ 旧教員養成諸学校官制（昭和二十一年勅令第二百八号）第一条に規定する教員養成諸学校（以下「教員養成諸学校」という。）のうち修業年限四年の学校を卒業したこと。 ロ 旧専門学校令（明治三十六年勅令第六十一号）による専門学校（以下「専門学校」という。）のうち修業年限四年以上の学校を卒業したこと。	中学校教諭の二種免許状	三	一〇
三	イ 旧大学令（大正七年勅令第三百八十八号）による学士の称号を有すること。 ロ 旧学位令（大正九年勅令第二百号）による学位を有すること。	中学校教諭の二種免許状		一〇
四	イ 修業年限四年の教員養成諸学校を卒業したこと。 ロ 修業年限四年以上の専門学校を卒業したこと。	高等学校教諭の一種免許状	五	一〇
五	イ 旧大学令による学士の称号を有すること。 ロ 旧学位令による学位を有すること。	高等学校教諭の一種免許状	一	一〇

備考 一 第三欄の学校の教員についての同欄の実務証明責任者は、国立学校又は公立学校の教員にあつては所轄庁と、私立学校の教員にあつてはその私立学校を設置する学校法人の理事長とする。（附則第九項及び第十七項の表の場合においても同様とする。）

二 この表の第二号のロ及び第四号のロに掲げる基礎資格を有する者には、これに相当する者として文部科学省令で定める者を含むものとする。

五十一条第一項若しくは同法第五十三条第一項の規定に該当する者又は同法第五十一条第三項若しくは第五十三条第三項の規定により免許を受けた者に対しては、第五条第五項本文の規定にかかわらず、その者が同条第一項第二号に該当する場合にも授与することができる。

8 高等学校教諭の工業の教科についての一種免許状は、当分の間、第五条第一項本文の規定にかかわらず、旧国立工業教員養成所の設置等に関する臨時措置法（昭和三十六年法律第八十七号）による国立工業教員養成所に三年以上在学し、所定の課程を終えて卒業した者に対して授与することができる。

9 次の表の第二欄に掲げる基礎資格を有する者に対して教育職員検定により次の表の第一欄に掲げる高等学校教諭の一種免許状を授与する場合における学力及び実務の検定は、当分の間、第六条第二項の規定にかかわらず、次の表の第三欄及び第四欄の定めるところによる。

第一欄	第二欄	第三欄	第四欄
所要資格 受けようとする免許状の種類	基礎資格	第二欄に規定する基礎資格を取得したのち、高等学校（中等教育学校の後期課程及び特別支援学校の高等部を含む。）において第一欄に掲げる実習を担任する教諭の職務を助ける成績で勤務した旨の実務証明責任者の証明を有することを必要とする最低在職年数	第二欄に規定する基礎資格を取得したのち、大学において修得することを必要とする最低単位数
高等学校において看護実習、家庭実習、情報実習、農業実習、工業実習、商業実習、水産実習、福祉実習又は商船実習を担任する教諭の一種免許状	イ　大学において第一欄に掲げる実習に係る実業に関する学科を専攻し、短期大学士の学位を有すること又は文部科学大臣がこれと同等以上と認める資格を有すること。	三	一〇
	ロ　高等専門学校において第一欄に掲げる実習に係る実業に関する学科を専攻し、学校教育法第百二十一条に定める準学士の称号を有すること。	三	一〇
	ハ　高等学校（中等教育学校の後期課程を含む。）において第一欄に掲げる実習に係る実業に関する学科を修めて卒業すること又は文部科学大臣がこれと同等以上と認める資格を有すること。	六	一〇
	ニ　九年以上第一欄に掲げる実習に関する実地の経験を有すること。	三	一〇

備考

一　別表第一備考第一号及び第一号の二並びに別表第三備考第六号及び第十一号の規定は、この表の場合について準用する。

二　第二欄に掲げる「短期大学士の学位」には、学校教育法第百四条第二項に規定する文部科学大臣の定める学位（専門職大学を卒業した者に対して授与されるものを除く。）又は同条第六項に規定する文部科学大臣の定める学位を含むものとする。

三　第三欄に掲げる「高等学校（中等教育学校の後期課程及び特別支援学校の高等部を含む。）において第一欄に掲げる実習を担任する教諭の職務を助ける職員」とは、高等学校（中等教育学校の後期課程及び特別支援学校の高等部を含む。以下この号において同じ。）において第一欄に掲げる実習を担任する助教諭及び高等学校において第一欄に掲げる実習を担任する教諭の職務を助ける実習助手（文部科学省令で定めるものに限る。）をいい、実習助手についての第三欄の実務証明責任者は、文部科学省令で定める。

四　九年以上第一欄に掲げる実習に関する実地の経験を有する者のうち、その者の小学校から最終学校を卒業し、又は修了するに至るまでの学校における修業の年数が通算して九年に不足するものについては、ニの項中「九年以上」とあるのは、「九年に不足する年数に二を乗じて得た年数を九年に加えた年数以上」と読み替えるものとする。

10　前項の表ニの項に掲げる基礎資格を有する者に、前項の規定による教育職員検定により、同表第一欄に掲げる高等学校教諭の一種免許状を授与する場合については、第五条第一項第二号の規定は、適用しない。同項の規定による教育職員検定により当該一種免許状の授与を受けた者に、当該免許状に係る教科の高等学校教諭の専修免許状を授与する場合についても、同様とする。

11　養護教諭の二種免許状又は中学校教諭の保健の教科についての二種免許状は、第五条第一項本文の規定にかかわらず、旧国立養護教諭養成所設置法（昭和四十年法律第十六号）による国立養護教諭養成所（次項において「旧国立養護教諭養成所」という。）を卒業した者に対して授与することができる。

12　別表第六の所要資格の項第四欄に掲げる大学

には、同表の規定にかかわらず、旧国立養護教諭養成所を含むものとする。

13　第七条第二項及び別表第三備考第二号の私立学校を設置する学校法人等の理事長には、当分の間、学校法人等以外の者の設置する私立の幼稚園の設置者（法人にあつては、その法人を代表する権限を有する者）並びに就学前の子どもに関する教育、保育等の総合的な提供の推進に関する法律の一部を改正する法律（平成二十四年法律第六十六号。以下この項及び附則第十八項において「認定こども園法一部改正法」という。）附則第三条第二項に規定するみなし幼保連携型認定こども園の設置者（学校法人及び社会福祉法人を除く。以下この項において「みなし幼保連携型認定こども園の設置者」という。）及び認定こども園法一部改正法附則第四条第一項の規定により幼保連携型認定こども園を設置する者を含むものとし、第十四条の二の学校法人等には、当分の間、学校法人等以外の者の設置する私立の幼稚園の設置者並びにみなし幼保連携型認定こども園の設置者及び同項の規定により幼保連携型認定こども園を設置する者を含むものとする。

14　養護教諭の免許状を有する者（三年以上養護をつかさどる主幹教諭又は養護教諭として勤務したことがある者に限る。）で養護をつかさどる主幹教諭又は養護教諭として勤務しているものは、当分の間、第三条の規定にかかわらず、その勤務する学校（幼稚園及び幼保連携型認定こども園を除く。）において、保健の教科の領域に係る事項（小学校、義務教育学校の前期課程又は特別支援学校の小学部にあつては、体育の教科の領域の一部に係る事項で文部科学省令で定めるもの）の教授を担任する教諭又は講師となることができる。

15　幼稚園、小学校、中学校又は高等学校の教諭の免許状を有する者は、当分の間、第三条第一項から第三項までの規定にかかわらず、特別支援学校の相当する各部の主幹教諭（養護又は栄養の指導及び管理をつかさどる主幹教諭を除く。）、指導教諭、教諭又は講師となることができる。

16　中学校の教諭の免許状又は高等学校の教諭の免許状を有する者は、当分の間、第三条第一項、第二項及び第五項の規定にかかわらず、それぞれ中等教育学校の前期課程又は後期課程の主幹教諭（養護又は栄養の指導及び管理をつかさどる主幹教諭を除く。）、指導教諭、教諭又は講師となることができる。

17　次の表の第二欄に掲げる基礎資格を有する者（学校給食法（昭和二十九年法律第百六十号）第七条に規定する職員その他の学校給食の栄養に関する専門的事項をつかさどる職員のうち栄養の指導及び管理をつかさどる主幹教諭並びに栄養教諭以外の者並びに教育委員会の事務局において学校給食の適切な実施に係る指導を担当する者に限る。）に対して教育職員検定により次の表の第一欄に掲げる栄養教諭の一種免許状又は二種免許状を授与する場合における学力及び実務の検定は、当分の間、第六条第二項の規定にかかわらず、次の表の第三欄及び第四欄の定めるところによる。

第一欄	第二欄	第三欄	第四欄
所要資格／受けようとする免許状の種類	基礎資格	第二欄に規定する基礎資格を取得した後、学校給食法第七条に規定する職員その他の学校給食の栄養に関する専門的事項をつかさどる職員として良好な成績で勤務した旨の実務証明責任者の証明を有することを必要とする最低在職年数	第二欄に規定する基礎資格を取得した後、大学において修得することを必要とする最低単位数
	栄養士法（昭和二十二年法律第二百四十五号）第二条第三項の規定により管理栄養士の免許を受けていること		

栄養教諭			
一種免許状	と又は同法第五条の三第四号の規定により指定された管理栄養士養成施設の課程を修了し、同法第二条第一項の規定により栄養士の免許を受けていること。	三	一〇
二種免許状	栄養士法第二条第一項の規定により栄養士の免許を受けていること。	三	八

備考

一　別表第一備考第一号及び第一号の二並びに別表第三備考第六号及び第十一号の規定は、この表の場合について準用する。

二　この表の規定により栄養教諭の免許状を受けようとする者が、この法律の規定により教諭又は養護教諭の普通免許状を有するときは、第三欄に定める最低在職年数に満たない在職期間（一年未満の期間を含む。）があるときも、当該在職年数を満たすものとみなし、第四欄中「一〇」とあり、及び「八」とあるのは、「三」と読み替えるものとする。

18　児童福祉法（昭和二十二年法律第百六十四号）第十八条の十八第一項に規定する保育士の登録をしている者であつて学士の学位又は短期大学士の学位その他の文部科学省令で定める基礎資格を有するものに対して教育職員検定により幼稚園の教諭の一種免許状又は二種免許状を授与する場合における学力及び実務の検定は、認定こども園法一部改正法の施行の日から起算して十年を経過するまでの間は、第六条第二項の規定にかかわらず、当該基礎資格を取得した後文部科学省令で定める職員として良好な成績で勤務した旨の実務証明責任者の証明を有することを必要とする最低在職年数及び当該基礎資格を取得した後大学その他の文部科学省令で定める機関において修得することを必要とする最低単位数として文部科学省令で定めるものによるものとする。

19　小学校の教諭の免許状又は中学校の教諭の免許状を有する者は、当分の間、第三条第一項、第二項及び第四項の規定にかかわらず、それぞれ義務教育学校の前期課程又は後期課程の主幹教諭（養護又は栄養の指導及び管理をつかさどる主幹教諭を除く。）、指導教諭、教諭又は講師となることができる。

附　則（昭二九・六・三法一五八）（抄）
最終改正　令和四・五・一八法四〇

1　この法律は、公布の日から起算して六月を経過した日から施行する。

7　高等学校助教諭の臨時免許状は、当分の間、教育職員免許法第五条第五項ただし書の規定にかかわらず、同項ただし書に規定する者に該当する者に対しても授与することができる。

19　教育職員免許法附則第七項又は旧法附則第十項の規定により授与された養護助教諭の臨時免許状を有する者に養護教諭の二種免許状を授与する場合については、新法第五条第一項第二号の規定は、適用しない。この二種免許状を授与された者に養護教諭の一種免許状を授与する場合及びこの一種免許状を授与された者に養護教諭の専修免許状を授与する場合についても同様とする。

23　第二十項又は第二十一項の規定により授与された中学校の職業実習又は高等学校の看護実習、家庭実習、情報実習、農業実習、工業実習、商業実習、水産実習、福祉実習若しくは商船実習についての助教諭の臨時免許状を有する者にそれぞれの一種免許状を授与する場合については、新法第五条第一項第二号の規定は、適用しない。この一種免許状を授与された者にそれぞれの専修免許状を授与する場合についても同様とする。

附　則（昭三九・七・二法一三七）
最終改正　昭六三・一二・二八法一〇六

1　この法律は、公布の日から施行する。

2　改正後の教育職員免許法第十六条の四第一項の免許状の授与については、当分の間、第五条第一項ただし書第二号の規定を適用しない。

附　則（昭六三・一二・二八法一〇六）（抄）
最終改正　平成一八・六・二一法八〇

1　この法律は、昭和六十四年四月一日から施行する。

2　この法律の施行の際現に第一条の規定による改正前の教育職員免許法（以下「旧法」という。）、第二条の規定による改正前の教育職員免許法施行法（以下「旧施行法」という。）、第三条の規定による改正前の教育職員免許法の一部を改正する法律若しくは第四条の規定による改正前の教育職員免許法等の一部を改正する法律の規定により授与され、又は旧施行法の規定により交付を受けている次の表の上欄に掲げる教員の種類ごとの同欄に掲げる免許状（以下「旧免許状」という。）は、それぞれこれに対応する教員の種類ごとの同表の下欄に掲げる第一条の規定による改正後の教育職員免許法（以下「新法」という。）の規定による免許状（以下「新免許状」という。）とみなし、旧免許状を有する者は、この法律の施行の日において、それぞれ新免許状の授与を受けたものとみなす。

旧免許状		新免許状
小学校教諭、中学校教諭、盲学校教諭、聾学校教諭、養護学校教諭、幼稚園教諭及び養護教諭	一級普通免許状	一種免許状
	二級普通免許状	二種免許状
高等学校教諭	一級普通免許状	専修免許状
	二級普通免許状	一種免許状
備考　中学校教諭及び高等学校教諭の免許状については、それぞれ教科に応ずるものとする。		

8　この法律の施行の際現に教育職員である者についての学校教育法等の一部を改正する法律（平成十八年法律第八十号）第二条の規定による改正後の教育職員免許法別表第一特別支援学校教諭の項中一種免許状に係る同表第二欄に掲げる基礎資格については、学士の学位を有することを要しない。

9　附則第二項の規定により新免許状の授与を受けたものとみなされる者が、新法別表第三、別表第五、別表第六又は別表第七（以下この項及び次項において「新法別表」という。）の規定により、それぞれ新法別表の第一欄に掲げる免許状の授与を受けようとするときは、新法別表の規定による最低在職年数若しくは勤務の年数又は最低単位数の算定については、新免許状に対応する旧免許状の授与又は交付を受けた後、旧法別表第三、別表第五、別表第六又は別表第七（以下この項において「旧法別表」という。）の第一欄に掲げる学校の教員として在職した年数をそれぞれ新法別表の第一欄に掲げる学校の教員として在職した年数に通算し、及び、旧法別表の規定により修得した単位数（高等学校教諭以外の教諭の一級普通免許状及び養護教諭の一級普通免許状については、これらの旧免許状に係る所要資格を得た後、大学において修得した単位を含む。）をそれぞれ新法別表の規定により修得した単位数に合算することができる。

附　則（平成元・一二・二二法八九）

1　この法律は、平成二年四月一日から施行する。ただし、附則第三項の規定は、平成六年四月一日から施行する。

2　平成二年四月一日以後に大学に入学する者以外の者についての高等学校の教員の免許状授与の所要資格並びに免許状の授与及び交付については、この法律の施行後においても平成六年三月三十一日までは、なお従前の例による。

3　この規定の施行の際現に改正前の教育職員免許法（以下「旧法」という。）、教育職員免許法施行法（昭和二十四年法律第百四十八号。以下「施行法」という。）若しくは前項の規定により授与され、又は施行法の規定により交付を受けている社会の教科についての高等学校の教員の免許状（以下「旧免許状」という。）は、それぞれの免許状の種類に応じ、改正後の教育職員免許法（以下「新法」という。）に規定する地理歴史及び公民の各教科についての高等学校の教員の免許状（以下「新免許状」という。）とみなし、旧免許状を有する者は、この規定の施行の日において、それぞれ新免許状の授与を受けたものとみなす。

4　平成六年三月三十一日に附則第二項の規定により旧免許状に係る所要資格を得ている者（前項の規定により新免許状の授与を受けたものとみなされる者を除く。）は、同年四月一日において、それぞれ当該所要資格に係る旧免許状に対応する新免許状に係る所要資格を得たものとみなす。

5　平成二年四月一日前に大学に在学した者で、平成六年四月一日以後の日にこれを卒業するまでに旧免許状に係る所要資格を得たものは、当該所要資格に係る旧免許状に対応する新免許状に係る所要資格を得たものとみなす。

6　新法若しくは施行法の規定により授与され、若しくは施行法の規定により交付を受けた地理歴史若しくは公民の教科についての高等学校の教員の免許状を有する者又は附則第三項の規定により新免許状の授与を受けたものとみなされる者は、平成十二年三月三十一日までは、旧法に規定する社会の教科の教授を担任することができる。

7　附則第三項の規定により新免許状の授与を受けたものとみなされる者が、教育職員免許法別表第三の規定により、同表第一欄に掲げる地理歴史又は公民の教科についての高等学校教諭の普通免許状の授与を受けようとするときは、同表第三欄に掲げる最低在職年数又は同表第四欄に掲げる最低単位数の算定については、旧免許状の授与又は交付を受けた後、社会の教科の教授を担任する教員として在職した年数を同表第一欄に掲げる教員として在職した年数に通算し、及び平成六年四月一日前に修得した社会の教科に係る単位数を同日以後に修得した地理歴史又は公民の教科に係る単位数に合算することができる。

8　新法若しくは施行法の規定により授与され、又は施行法の規定により交付を受けた地理歴史又は公民の教科についての高等学校の教員の免許状を有する者が、教育職員免許法別表第三の規定により、同表第一欄に掲げる地理歴史又は公民の教科についての高等学校教諭の普通免許状の授与を受けようとするときは、同表第三欄に掲げる最低在職年数の算定については、新免許状の授与又は交付を受けた後、社会の教科の教授を担任する教員として在職した年数を同表第一欄に掲げる教員として在職した年数に通算することができる。

9　この法律の施行の際現に旧法若しくは施行法の規定により授与され、又は施行法の規定により交付を受けた高等学校教諭の普通免許状を有する者が、教育職員免許法別表第四の規定により、同表第一欄に掲げる地理歴史又は公民の教科についての高等学校教諭の普通免許状の授与を受けようとするときは、同表第三欄に掲げる最低単位数の算定については、平成六年四月一日前に修得した社会の教科に係る単位数を同日以後に修得した地理歴史又は公民の教科に係る単位数に合算することができる。

10　附則第二項の規定により従前の例によることとされる事項に係るこの法律の施行後にした行為に対する罰則の適用については、なお従前の例による。

附　則（平成三・四・二法二五）（抄）

最終改正　令和四・五・一八法四〇

（施行期日）

1　この法律は、平成三年七月一日から施行する。

（教育職員免許法の一部改正に伴う経過措置）

3　大学に施行日前に在学した者又は施行日に在学する者（学校教育法の一部を改正する法律（平成十七年法律第八十三号）による改正前の学校教育法（次項において「平成十七年改正前学校教育法」という。）第六十九条の二第七項に定める準学士の称号を有する者を除く。）についての高等学校助教諭の臨時免許状の授与に係る資格については、教育職員免許法第五条第五項ただし書の規定にかかわらず、なお従前の例による。

4　大学又は文部大臣の指定する教員養成機関若しくは養護教諭養成機関に施行日前に在学した者又は施行日に在学する者（平成十七年改正前学校教育法第六十九条の二第七項に定める準学士の称号を有する者を除く。）についての普通免許状に係る基礎資格については、教育職員免許法附則第九項の表並びに別表第一及び別表第二の規定にかかわらず、なお従前の例による。

附　則（平成五・一一・一二法八九）（抄）

（施行期日）

第一条　この法律は、行政手続法（平成五年法律第八十八号）の施行の日〔平成六・一〇・一〕から施行する。

（諮問等がされた不利益処分に関する経過措置）

第二条　この法律の施行前に法令に基づき審議会その他の合議制の機関に対し行政手続法第十三条に規定する聴聞又は弁明の機会の付与の手続その他の意見陳述のための手続に相当する手続を執るべきことの諮問その他の求めがされた場合においては、当該諮問その他の求めに係る不利益処分の手続に関しては、この法律による改正後の関係法律の規定にかかわらず、なお従前の例による。

附　則（平成一〇・六・一〇法九八）（抄）

（施行期日）

1　この法律は、平成十年七月一日から施行する。

（経過措置）

2　この法律の施行の際現に改正前の教育職員免許法（以下「旧法」という。）第三条第二項ただし書の規定による許可を受けている者は、この法律の施行の日に、改正後の教育職員免許法（以下「新法」という。）第三条の二第二項の規定による届出をしたものとみなす。

3　この法律の施行の際現に旧法第五条第二項の規定により特別免許状の授与を受けている者の当該特別免許状の有効期間については、新法第九条第二項の規定にかかわらず、なお従前の例による。

4　この法律の施行前にされた旧法別表第一備考第五号イの規定による課程の認定（旧法別表第二に係るものを含む。）、旧法別表第一備考第三号の規定による教員養成機関の指定及び旧法第五条第一項の規定による養護教諭養成機関の指定（次項において「旧法による課程認定等」という。）は、この法律の施行後も、なおその効力を有する。

5　文部大臣は、新法第五条第一項並びに別表第一備考第三号及び第五号イの規定にかかわらず、平成十一年三月三十一日までは、旧法による課程認定等をすることができる。

6　平成十二年四月一日前に大学又は旧法別表第一備考第三号の規定により文部大臣が指定した教員養成機関若しくは旧法第五条第一項の規定により文部大臣が指定した養護教諭養成機関に在学した者で、これらを卒業するまでに旧法別表第一又は別表第二に規定するそれぞれの普通免許状に係る所要資格を得たものは、新法別表第一又は別表第二に規定する当該普通免許状に係る所要資格を得たものとみなす。

7　平成十二年三月三十一日までに旧法別表第四に規定するそれぞれの普通免許状に係る所要資格を得た者は、新法別表第四に規定する当該普通免許状に係る所要資格を得たものとみなす。

8　この法律の施行前にした行為に対する罰則の適用については、なお従前の例による。

附　則（平成一二・三・三一法二九）（抄）

改正　平成一九・六・二七法九八

（施行期日）

1　この法律は、平成十二年七月一日から施行する。ただし、第一条中教育職員免許法第十七条の二の改正規定は、同年四月一日から施行する。

（経過措置）

2　この法律の施行の際現に次の各号のいずれかに該当する者であって、平成十五年三月三十一日までの間において文部科学省令で定める情報の教科に関する講習を修了したものには、当該各号に規定する普通免許状が失効した場合を除き、第一条の規定による改正後の教育職員免許法（以下「新法」という。）第五条第一項本文の規定にかかわらず、新法に規定する高等学校教諭の情報の教科についての一種免許状を授与することができる。

一　第一条の規定による改正前の教育職員免許法（以下「旧法」という。）の規定により、数学、理科、看護、家庭、農業、工業、商業若しくは水産の教科又は教科の領域の一部に係る事項で旧法第十六条の四第一項の文部省令で定めるもの（文部科学省令で定めるものに限る。）について高等学校教諭の普通免許状の授与を受けている者

二　教育職員免許法施行法（昭和二十四年法律第百四十八号）の規定により、前号に掲げる教科について高等学校教諭の普通免許状の交付又は授与を受けている者

3　この法律の施行の際現に旧法又は教育職員免許法施行法の規定により公民、看護又は家庭の教科について高等学校教諭の普通免許状の授与又は交付を受けている者であって、平成十五年三月三十一日までの間において文部科学省令で定める福祉の教科に関する講習を修了したものには、当該

普通免許状が失効した場合を除き、新法第五条第一項本文の規定にかかわらず、新法に規定する高等学校教諭の福祉の教科についての一種免許状を授与することができる。

4　旧法別表第三備考第六号の規定は、平成十六年三月三十一日までの間、新法別表第三、別表第六又は別表第七の規定によりこれらの表の第一欄に掲げる専修免許状の授与を受けようとする者が、この法律の施行の時において、当該専修免許状を受けようとする場合に有することを必要とするそれぞれの一種免許状に係るこれらの表の第三欄に定める最低在職年数を満たしていた者である場合について、なおその効力を有する。

5　旧法別表第五備考第四号の規定は、平成十六年三月三十一日までの間、新法別表第五の規定により同表第一欄に掲げる専修免許状の授与を受けようとする者が、この法律の施行の時において、当該専修免許状を受けようとする場合に有することを必要とするそれぞれの一種免許状に係る同表第二欄に定める最低在職年数を満たしていた者である場合について、なおその効力を有する。

6　この法律の施行前にした行為に対する罰則の適用については、なお従前の例による。

附　則（平成一四・五・三一法五五）（抄）

（施行期日）

第一条　この法律は、平成十五年一月一日から施行する。ただし、第五条第三項、第六条第二項及び第九条第二項の改正規定、第十六条の四の次に一条を加える改正規定、附則の改正規定、別表の改正規定（別表第三備考第八号の改正規定を除く。）並びに附則第三条の規定は、平成十四年七月一日から施行する。

（経過措置）

第二条　改正後の教育職員免許法（以下「新法」という。）第五条第一項第六号の規定は、この法律の施行の日（以下「施行日」という。）以後に新法第十一条第一項又は第二項の規定により免許状取上げの処分を受けた者について適用し、施行日前に改正前の教育職員免許法（以下「旧法」という。）第十一条に規定する免許状取上げの処分を受けた者及び施行日前に旧法第十一条ただし書に規定する処分を受けたことにより施行日以後に附則第四条又は第六条の規定により免許状取上げの処分を受けた者については、なお従前の例による。

第三条　第九条第二項の改正規定の施行の際現に旧法第五条第二項の規定により特別免許状の授与を受けている者の当該特別免許状の有効期間については、新法第九条第二項の規定にかかわらず、なお従前の例による。

第四条　新法第十条第一項第二号の規定は、施行日以後に同号に規定する処分を受けた者について適用し、施行日前に旧法第十一条ただし書に規定する処分を受けた者については、なお従前の例による。

第五条　新法第十条第二項の規定は、施行日以後に免許状が失効した者について適用し、施行日前に免許状が失効した者については、なお従前の例による。

第六条　新法第十一条第一項の規定は、施行日以後に同項に規定する事由により解雇された者について適用し、施行日前に同項に規定する事由により解雇された者については、なお従前の例による。

第七条　新法第十一条第三項の規定は、施行日以後に同条第一項又は第二項の規定により免許状取上げの処分を行った場合について適用する。

第八条　この法律の施行前に旧法第十一条の規定により免許状取上げの処分を受けた者については、新法第十一条第四項の規定は適用しない。

第九条　この法律（附則第一条ただし書に規定する改正規定については、当該改正規定）の施行前にした行為及び附則第二条の規定によりなお従前の例によることとされる場合におけるこの法律の施行後にした行為に対する罰則の適用については、なお従前の例による。

附　則（平成一五・七・一六法一一七）（抄）

（施行期日）

第一条　この法律は、平成十六年四月一日から施行する。（ただし書略）

（教育職員免許法の一部改正に伴う経過措置）

第四条　この法律の施行前に国立の学校の教員であって、第七条の規定による改正前の教育職員免許法第十条第一項第二号に該当することにより免許状がその効力を失った者に対する同法第五条第一項第五号及び第十条第二項の規定の適用については、なお従前の例による。

附　則（平成一七・七・一五法八三）（抄）

（施行期日）

第一条　この法律は、平成十九年四月一日から施行する。ただし、〔中略〕附則〔中略〕第六条〔中略〕の規定は、平成十七年十月一日から施行する。

附　則（平成一八・六・二一法八〇）（抄）

最終改正　令和四・五・一八法四〇

（施行期日）

第一条　この法律は、平成十九年四月一日から施行する。

（教育職員免許法の一部改正に伴う経過措置）

第五条　この法律の施行の際現に第二条の規定による改正前の教育職員免許法（以下「旧免許法」という。）の規定により授与されている次の表の上欄に掲げる免許状（以下この項及び附則第七条において「旧免許状」という。）は、それぞれ同表の下欄に掲げる第二条の規定による改正後の教育職員免許法（以下「新免許法」という。）の規定による免許状（以下「新免許状」という。）とみなし、当該旧免許状を有する者は、この法律の施行の日において、それぞれ当該新免許状の授与を受けたものとみなす。

旧免許状	新免許状
盲学校教諭専修免許状	視覚障害者に関する教育の領域を定めた特別支援学校教諭専修免許状

盲学校教諭一種免許状	視覚障害者に関する教育の領域を定めた特別支援学校教諭一種免許状
盲学校教諭二種免許状	視覚障害者に関する教育の領域を定めた特別支援学校教諭二種免許状
盲学校助教諭臨時免許状	視覚障害者に関する教育の領域を定めた特別支援学校助教諭臨時免許状
聾学校教諭専修免許状	聴覚障害者に関する教育の領域を定めた特別支援学校教諭専修免許状
聾学校教諭一種免許状	聴覚障害者に関する教育の領域を定めた特別支援学校教諭一種免許状
聾学校教諭二種免許状	聴覚障害者に関する教育の領域を定めた特別支援学校教諭二種免許状
聾学校助教諭臨時免許状	聴覚障害者に関する教育の領域を定めた特別支援学校助教諭臨時免許状
養護学校教諭専修免許状	知的障害者、肢体不自由者及び病弱者（身体虚弱者を含む。以下この表において同じ。）に関する教育の領域を定めた特別支援学校教諭専修免許状
養護学校教諭一種免許状	知的障害者、肢体不自由者及び病弱者に関する教育の領域を定めた特別支援学校教諭一種免許状
養護学校教諭二種免許状	知的障害者、肢体不自由者及び病弱者に関する教育の領域を定めた特別支援学校教諭二種免許状
養護学校助教諭臨時免許状	知的障害者、肢体不自由者及び病弱者に関する教育の領域を定めた特別支援学校助教諭臨時免許状

2　前項の規定により新免許状の授与を受けたものとみなされる者については、新免許状に係る新免許法別表第一の第三欄に定める特別支援教育に関する科目（以下「特別支援教育科目」という。）の最低単位数を修得したものとみなす。

第六条　この法律の施行の際現に旧免許法第十七条第二項の規定により授与されている同条第一項に規定する盲学校、聾学校又は養護学校の特殊の教科の教授を担任する教員の普通免許状又は臨時免許状（以下この項において「特殊教科免許状」という。）は、文部科学省令で定めるところにより、新免許法第十七条の規定により授与される新免許法第四条の二第二項に規定する特別支援学校の自立教科等の教授を担任する教員の普通免許状又は臨時免許状（以下この項において「自立教科等免許状」という。）とみなし、当該特殊教科免許状を有する者は、この法律の施行の日において、当該自立教科等免許状の授与を受けたものとみなす。

2　この法律の施行の際現に旧免許法第五条第二項の規定により授与されている旧免許法第四条第七項に規定する盲学校、聾学校又は養護学校の特殊の教科の教授を担任する教員の特別免許状（以下この項において「特殊教科特別免許状」という。）は、文部科学省令で定めるところにより、教育職員免許法第五条第二項の規定により授与される新免許法第四条の二第三項に規定する特別支援学校の自立教科等の教授を担任する教員の特別免許状（以下この項において「自立教科等特別免許状」という。）とみなし、当該特殊教科特別免許状を有する者は、この法律の施行の日において、当該自立教科等特別免許状の授与を受けたものとみなす。

第七条　この法律の施行の際現に旧免許法別表第一の備考第五号イに規定する認定課程を有する大学又は同表の備考第三号の規定により文部科学大臣の指定を受けている教員養成機関に在学している者で、当該大学又は教員養成機関を卒業するまでに、当該大学の認定課程又は教員養成機関において附則第五条第一項の表の上欄に掲げる旧免許状の授与を受けるために必要とされた旧免許法別表第一の第三欄に定める特殊教育に関する科目の最低単位数を修得したものは、それぞれ同項の表の下欄に掲げる新免許状の授与を受けるために必要とされる特別支援教育科目の最低単位数を修得したものとみなす。

第八条　附則第五条第一項の規定により新免許状の授与を受けたものとみなされる者が新免許法別表第七の規定により同表の第一欄に掲げる専修免許状又は一種免許状の授与を受けようとする場合における同表の第三欄に定める最低在職年数の算定については、文部科学省令で定めるところにより、旧免許法別表第七の第三欄に定める各相当の学校の教員として在職した年数を特別支援学校の教員として在職した年数に通算することができる。

2　附則第五条第一項の規定により新免許状の授与を受けたものとみなされる者が新免許法別表第七の規定により同表の第一欄に掲げる専修免許状又は一種免許状の授与を受けようとする場合における同表の第四欄に定める最低単位数の算定については、文部科学省令で定めるところにより、当該者が旧免許法別表第七の第一欄に掲げる専修免許状又は一種免許状の授与を受けるために大学において修得した単位数を新免許法別表第七の第一欄に掲げる専修免許状又は一種免許状の授与を受けるために必要な単位数に合算することができる。

3　幼稚園、小学校、中学校又は高等学校の教諭の普通免許状を受けている者が新免許法別表第七の規定により同表の第一欄に掲げる二種免許状の授与を受けようとする場合における同表の第四欄に定める最低単位数の算定については、文部科学省令で定めるところにより、当該者が旧免許法別表第七の第一欄に掲げる二種免許状の授与を受けるために大学において修得した単位数を新免許法別表第七の第一欄に掲げる二種免許状の授与を受けるために必要な単位数に合算することができる。

附　則（平成一八・六・二一法八四）（抄）

（施行期日）

第一条　この法律は、平成十九年四月一日から施行する。〔ただし書略〕

附　則（平成一九・六・二七法九六）（抄）

（施行期日）

第一条　この法律は、公布の日から起算して六月を超えない範囲内において政令で定める日〔平成一九・一二・二六〕から施行する。ただし、次の各号に掲げる規定は、当該各号に定める日から施行する。

一　第二条から第十四条まで〔中略〕の規定　平成二十年四月一日

二　〔略〕

附　則（平成一九・六・二七法九八）（抄）

最終改正　令和四・五・一八法四〇

（施行期日）

第一条　この法律は、平成二十年四月一日から施行する。ただし、次の各号に掲げる規定は、当該各号に定める日から施行する。

一　第一条の規定（教育職員免許法附則第五項の表備考第一号の改正規定及び同法附則第十八項の改正規定（後段を加える部分を除く。）に限る。）　公布の日

二　第一条の規定（教育職員免許法第五条第一項第五号及び第六号の改正規定、同法第十条第一項に一号を加える改正規定、同法第十一条、第十四条、第十四条の二及び第二十三条第二号の改正規定、同法附則第五項の表備考第一号の改正規定並びに同法附則第十八項の改正規定（後段を加える部分を除く。）を除く。）、次条から附則第四条までの規定並びに附則第七条、第八条第二項、第十条、第十一条、第十三条から第十五条まで及び第十七条から第十九条までの規定　平成二十一年四月一日

（教育職員免許法の一部改正に伴う経過措置）

第二条　第一条の規定による改正後の教育職員免許法（次条において「新法」という。）第十条第一項第三号の規定は、この法律の施行の日以後に同号に規定する処分を受けた者について適用する。

第三条　新法第十一条第二項の規定は、この法律の施行の日以後に同項第一号に規定する事由により解雇され、又は同項第二号に規定する事由により免職の処分を受けた者について適用する。

附　則（平成二〇・六・一八法七三）（抄）

（施行期日）

第一条　この法律は、平成二十一年四月一日から施行する。

附　則（平成二四・八・二二法六七）（抄）

改正　平成二五・一二・一三法一一二

この法律は、子ども・子育て支援法の施行の日〔平成二七・四・一〕から施行する。ただし、次の各号に掲げる規定は、当該各号に定める日から施行する。

一・二　〔略〕

三　第十三条中教育職員免許法附則に一項を加える改正規定　公布の日から起算して二年を超えない範囲内において政令で定める日〔平成二五・七・一〕

四・五　〔略〕

附　則（平成二七・六・二四法四六）（抄）

（施行期日）

第一条　この法律は、平成二十八年四月一日から施行する。ただし、次条並びに附則第三条〔中略〕の規定は、公布の日から施行する。

（義務教育学校の設置のため必要な行為）

第二条　義務教育学校の設置のため必要な手続その他の行為は、この法律の施行前においても行うことができる。

（政令への委任）

第三条　前条に規定するもののほか、この法律の施行に関し必要な経過措置は、政令で定める。

附　則（平成二八・五・二〇法四七）（抄）

（施行期日）

第一条　この法律は、平成二十九年四月一日から施行する。〔ただし書略〕

附　則（平成二八・一一・二八法八七）（抄）

（施行期日）

第一条　この法律は、平成二十九年四月一日から施行する。ただし、次の各号に掲げる規定は、当該各号に定める日から施行する。

一　第二条の規定（教育職員免許法第四条の改正規定及び同法附則第十七項の改正規定（同項を附則第十六項とする部分を除く。）に限る。）〔中略〕並びに附則第三条〔中略〕の規定　公布の日

二　第二条の規定（教育職員免許法第九条の三の改正規定（同条中第六項を第七項とし、第五項の次に一項を加える部分に限る。）、同法第十六条の二の改正規定、同法附則第九項の表備考第一号の改正規定（「別表第三備考第六号」の下に「及び第十一号」を加える部分に限る。）、同法附則第十八項の表備考第一号の改正規定（「及び別表第三備考第六号」を「並びに別表第三備考第六号及び第十一号」に改める部分に限る。）及び同法別表第三備考の改正規定に限る。）〔中略〕　平成三十年四月一日

三　第二条の規定（前二号に掲げる改正規定及び教育職員免許法第九条の三第四項の改正規定を除く。）〔中略〕並びに附則第五条、第六条及び第十五条の規定　平成三十一年四月一日

（教育職員免許法の一部改正に伴う準備行為）

第三条　文部科学大臣は、第二条の規定による改正後の教育職員免許法（以下「新免許法」という。）別表第一備考第一号（新免許法附則第九項の表備考第一号及び第十七項の表備考第一号において準用する場合を含む。）の文部科学省令（新免許法別表第二から別表第八までに係るものを含む。）を定めようとするときは、附則第一条第三号に掲げる規定の施行の日（以下「第三号施行日」という。）前においても、新免許法第十六条の三第四項の政令で定める審議会等の意見を聴くことができる。

第四条　新免許法別表第一備考第五号イの規定による課程の

認定（新免許法別表第二及び別表第二の二に係るものを含む。）、新免許法別表第一備考第三号の規定による教員養成機関の指定、新免許法第五条第一項の規定による養護教諭養成機関の指定及び新免許法別表第二の二備考第二号の規定による教員養成機関の指定並びにこれらに関し必要な手続（前条に規定するものを除く。）その他の行為は、新免許法の規定の例により、第三号施行日前においても行うことができる。この場合において、当該認定及び指定は、第三号施行日にその効力を生ずるものとする。

（教育職員免許法の一部改正に伴う経過措置）

第五条　附則第一条第三号に掲げる規定の施行の際現に大学又は第二条の規定による改正前の教育職員免許法（以下「旧免許法」という。）別表第一備考第三号の規定により文部科学大臣の指定を受けている教員養成機関、旧免許法第五条第一項の規定により文部科学大臣の指定を受けている養護教諭養成機関若しくは旧免許法別表第二の二備考第二号の規定により文部科学大臣の指定を受けている教員養成機関に在学している者についての免許状の授与の所要資格については、第三号施行日以後においても当該者がこれらを卒業するまでは、新免許法別表第一、別表第二及び別表第二の二の規定にかかわらず、なお従前の例による。

第六条　第三号施行日前に大学又は旧免許法別表第一備考第三号の規定により文部科学大臣が指定した教員養成機関、旧免許法第五条第一項の規定により文部科学大臣が指定した養護教諭養成機関若しくは旧免許法別表第二の二備考第二号の規定により文部科学大臣が指定した教員養成機関に在学した者で、これらを卒業するまでに旧免許法別表第一、別表第二又は別表第二の二に規定するそれぞれの普通免許状に係る所要資格を得たもの（前条の規定によりなお従前の例によることとされる免許状の授与の所要資格を得た者を含む。）は、新免許法別表第一、別表第二又は別表第二の二に規定する当該普通免許状に係る所要資格を得たものとみなす。

附　則（平成二九・五・三一法四一）（抄）

（施行期日）

第一条　この法律は、平成三十一年四月一日から施行する。〔ただし書略〕

（教育職員免許法の一部改正に伴う経過措置）

第十一条　前条の規定による改正後の教育職員免許法別表第一備考第二号に規定する学校教育法第百四条第三項に規定する文部科学大臣の定める学位には、旧学校教育法第百四条第一項に規定する文部科学大臣の定める学位を含むものとする。

附　則（令和元・六・七法二六）（抄）

（施行期日）

第一条　この法律は、公布の日から施行する。ただし、次の各号に掲げる規定は、当該各号に定める日から施行する。

一・二　〔略〕

三　〔前略〕第四条〔中略〕の規定　平成三十二年四月一日

四　〔略〕

附　則（令和元・六・一四法三七）（抄）

（施行期日）

第一条　この法律は、公布の日から起算して三月を経過した日から施行する。ただし、次の各号に掲げる規定は、当該各号に定める日から施行する。

一　〔略〕

二　〔前略〕第六十六条から第六十九条まで〔中略〕の規定　公布の日から起算して六月を経過した日

三・四　〔略〕

附　則（令和三・六・四法五七）（抄）

（施行期日）

第一条　この法律は、公布の日から起算して一年を超えない範囲内において政令で定める日〔令和四・四・一〕から施行する。〔ただし書略〕

附　則（令和四・五・一八法四〇）（抄）

（施行期日）

第一条　この法律は、令和四年七月一日から施行する。〔ただし書略〕

（教育職員免許法の一部改正に伴う経過措置）

第三条　この法律の施行の際現に効力を有する普通免許状及び特別免許状であって、第二条の規定による改正前の教育職員免許法第九条第一項及び第二項の規定により有効期間が定められたものについては、この法律の施行の日（附則第十二条において「施行日」という。）以後は、有効期間の定めがないものとする。

別表第一（第五条、第五条の二関係）

第一欄 所要資格 免許状の種類		第二欄 基礎資格	第三欄 大学において修得することを必要とする最低単位数	
			教科及び教職に関する科目	特別支援教育に関する科目
幼稚園教諭	専修免許状	修士の学位を有すること。	七五	
	一種免許状	学士の学位を有すること。	五一	
	二種免許状	短期大学士の学位を有すること。	三一	
小学校教諭	専修免許状	修士の学位を有すること。	八三	
	一種免許状	学士の学位を有すること。	五九	
	二種免許状	短期大学士の学位を有すること。	三七	
中学校教諭	専修免許状	修士の学位を有すること。	八三	
	一種免許状	学士の学位を有すること。	五九	
	二種免許状	短期大学士の学位を有すること。	三五	
高等学校教諭	専修免許状	修士の学位を有すること。	八三	
	一種免許状	学士の学位を有すること。	五九	
特別支援学校教諭	専修免許状	修士の学位を有すること及び小学校、中学校、高等学校又は幼稚園の教諭の普通免許状を有すること。		五〇
	一種免許状	学士の学位を有すること及び小学校、中学校、高等学校又は幼稚園の教諭の普通免許状を有すること。		二六
	二種免許状	小学校、中学校、高等学校又は幼稚園の教諭の普通免許状を有すること。		一六

備考

一　この表における単位の修得方法については、文部科学省令で定める（別表第二から別表第八までの場合においても同様とする。）。

一の二　文部科学大臣は、前号の文部科学省令を定めるに当たつては、単位の修得方法が教育職員として必要な知識及び技能を体系的かつ効果的に修得させるものとなるよう配慮するとともに、あらかじめ、第十六条の三第三項の政令で定める審議会等の意見を聴かなければならない（別表第二から別表第八までの場合においても同様とする。）。

二　第二欄の「修士の学位を有すること」には、学校教育法第百四条第三項に規定する文部科学大臣の定める学位を有する場合又は大学（短期大学を除く。第六号及び第七号において同じ。）の専攻科若しくは文部科学大臣の指定するこれに相当する課程に一年以上在学し、三十単位以上修得した場合を含むものとする（別表第二及び別表第二の二の場合においても同様とする。）。

二の二　第二欄の「学士の学位を有すること」には、学校教育法第百四条第二項に規定する文部科学大臣の定める学位（専門職大学を卒業した者に対して授与されるものに限る。）を有する場合又は文部科学大臣が学士の学位を有することと同等以上の資格を有すると認めた場合を含むものとする（別表第二の場合においても同様とする。）。

二の三　第二欄の「短期大学士の学位を有すること」には、学校教育法第百四条第二項に規定する文部科学大臣の定める学位（専門職大学を卒業した者に対して授与されるものを除く。）若しくは同条第六項に規定する文部科学大臣の定める学位を有する場合、文部科学大臣の指定する教員養成機関を卒業した場合又は文部科学大臣が短期大学士の学位を有することと同等以上の資格を有すると認めた場合を含むものとする（別表第二の二の場合においても同様とする。）。

三　高等学校教諭以外の教諭の二種免許状の授与の所要資格に関しては、第三欄の「大学」には、文部科学大臣の指定する教員養成機関を含むものとする。

四　この表の規定により幼稚園、小学校、中学校若しくは高等学校の教諭の専修免許状若しくは一種免許状又は幼稚園、小学校若しくは中学校の教諭の二種免許状の授与を受けようとする者については、特に必要なものとして文部科学省令で定める科目の単位を大学又は文部科学大臣の指定する教員養成機関において修得していることを要するものとする（別表第二及び別表第二の二の場合においても同様とする。）。

五　第三欄に定める科目の単位は、次のいずれかに該当するものでなければならない（別表第二及び別表第二の二の場合においても同様とする。）。

イ　文部科学大臣が第十六条の三第三項の政令で定める審議会等に諮問して免許状の授与の所要資格を得させるために適当と認める課程（以下「認定課程」という。）において修得したもの

ロ　免許状の授与を受けようとする者が認定課程以外の大学の課程又は文部科学大臣が大学の課程に相当するものとして指定する課程において修得したもので、文部科学省令で定めるところにより当該者の在学する認定課程を有する大学が免許状の授与の所要資格を得させるための教科及び教職に関する科目として適当であると認めるもの

六　前号の認定課程には、第三欄に定める科目の単位のうち、教科及び教職に関する科目（教員の職務の遂行に必要な基礎的な知識技能を修得させるためのものとして文部科学省令で定めるものに限る。）又は特別支援教育に関する科目の単位を修得させるために大学が設置する修業年限を一年以上とする課程を含むものとする。

七　専修免許状に係る第三欄に定める科目の単位数のうち、その単位数からそれぞれの一種免許状に係る同欄に定める科目の単位数を差し引いた単位数については、大学院の課程又は大学の専攻科の課程において修得するものとする（別表第二の二の場合においても同様とする。）。

八　一種免許状（高等学校教諭の一種免許状を除く。）に係る第三欄に定める科目の単位数は、短期大学の課程及び短期大学の専攻科で文部科学大臣が指定するものの課程において修得することができる。この場合において、その単位数からそれぞれの二種免許状に係る同欄に定める科目の単位数を差し引いた単位数については、短期大学の専攻科の課程において修得するものとする。

参【教諭＝学校法二七・三七・四九の八・六二・七〇・八二

備考一【単位の修得方法＝規則一～一八の五【教科・教職に関する科目の単位修得方法＝規則二～五・七【専修免許状の基礎資格に関する単位修得方法＝規則一の三【免許状を有する者が修得すべき単位数＝規則一〇の二

備考二～備考二の三【修士・学士・短期大学士＝学校法一〇四、学位規則【同等の資格＝規則六六の四・六六の五【専攻科に相当する課程＝規則二四～二六

備考三【指定する教員養成機関＝規則二七～三二

備考四【文部科学省令で定める科目＝規則六六の六【指定する教員養成機関＝規則二七～三二

備考五【認定課程＝規則一九～二三【科目の認定＝規則六六の七【他の大学で修得した単位の扱い＝規則一〇の三

備考六【修業年限一年の課程＝規則四③・五③・七⑦【教科・教職に関する科目＝規則六六の八

行●教科に関する科目等の一般教育科目等による代替の禁止＝教職の専門性の維持の観点から、教科に関する科目または教職に関する科目を従来の一般教育科目等で代替することは認めない。（教育助成局長通達平成三・六・二〇文教教一二三）

●日本国憲法二単位および体育二単位＝大学が引き続き授業科目の区分（一般教育科目、保健教育科目および専門教育科目の区分）を存続させる場合であっても、必ずしも一般教育科目および保健体育科目の単位である必要はない。（同前）

●聴講生の課程＝大学設置基準上、科目等履修生の制度が導入されることに伴い、課程認定の申請書の事項から聴講生の課程に係る規定（規則旧二一②）を削除するが、すでに認定を受けた聴講生の課程は存続するものであること。（同前）

●別表第一の基礎資格の欄の大学＝必ずしも課程の認定を受けたものでなくてもよい。（大学学術局長回答昭三〇・一一・二五委大一一〇）

別表第二（第五条関係）

第一欄 所要資格／免許状の種類		第二欄 基礎資格	第三欄 大学又は文部科学大臣の指定する養護教諭養成機関において修得することを必要とする養護及び教職に関する科目の最低単位数
養護教諭	専修免許状	修士の学位を有すること。	八〇
	一種免許状	イ 学士の学位を有すること。	五六
		ロ 保健師助産師看護師法第七条第一項の規定により保健師の免許を受け、文部科学大臣の指定する養護教諭養成機関に半年以上在学すること。	一二
		ハ 保健師助産師看護師法第七条第三項の規定により看護師の免許を受け、文部科学大臣の指定する養護教諭養成機関に一年以上在学すること。	二二
	二種免許状	イ 短期大学士の学位を有すること又は文部科学大臣の指定する養護教諭養成機関を卒業すること。	四二
		ロ 保健師助産師看護師法第七条第一項の規定により保健師の免許を受けていること。	
		ハ 保健師助産師看護師法第五十一条第一項の規定に該当すること又は同条第三項の規定により免許を受けていること。	

備考

一 第二欄の「短期大学士の学位を有すること又は文部科学大臣の指定する養護教諭養成機関を卒業すること」には、学校教育法第百四条第二項に規定する文部科学大臣の定める学位（専門職大学を卒業した者に対して授与されるものを除く。）若しくは同条第六項に規定する文部科学大臣の定める学位を有する場合又は文部科学大臣が短期大学士の学位を有すること若しくは文部科学大臣の指定する養護教諭養成機関を卒業することと同等以上の資格を有すると認めた場合を含むものとする。

二 専修免許状に係る第三欄に定める単位数のうち、その単位数から一種免許状のイの項に定める単位数を差し引いた単位数については、大学院の課程又は大学（短期大学を除く。）の専攻科の課程において修得するものとする。

三 この表の一種免許状のロの項又はハの項の規定により一種免許状の授与を受けた者が、この表の規定により専修免許状の授与を受けようとするときは、専修免許状に係る第三欄に定める単位数のうち一種免許状のイの項に定める単位数については既に修得したものとみなす。

四 一種免許状に係る第三欄に定める単位数（イの項に定めるものに限る。）は、短期大学の課程及び短期大学の専攻科で文部科学大臣が指定するものの課程において修得することができる。この場合において、その単位数から二種免許状のイの項に定める単位数を差し引いた単位数については、短期大学の専攻科の課程において修得するものとする。

参 ＊別表第一参照

【養護教諭＝学校法二七・三七・四九の八・六二・七〇・八二【教科・教職に関する科目の単位修得方法＝規則九【免許状を有する者が修得すべき単位数＝規則一〇の二

備考一【指定する養護教諭養成機関＝法五①、規則二七～三三【同等以上の資格＝規則六六の九

行 ●聴講生の課程＝大学設置基準上、科目等履修生の制度が導入されることに伴い、課程認定の申請書の事項から聴講生の課程に係る規定（規則旧二一②）を削除するが、すでに認定を受けた聴講生の課程は存続するものであること。（教育助成局長通達平成三・六・二〇文教教一二三）

別表第二の二（第五条関係）

第一欄 所要資格 免許状の種類		第二欄 基礎資格	第三欄 大学において修得することを必要とする栄養に係る教育及び教職に関する科目の最低単位数
栄養教諭	専修免許状	修士の学位を有すること及び栄養士法第二条第三項の規定により管理栄養士の免許を受けていること。	四六
	一種免許状	学士の学位を有すること、かつ、栄養士法第二条第三項の規定により管理栄養士の免許を受けていること又は同法第五条の三第四号の規定により指定された管理栄養士養成施設の課程を修了し、同法第二条第一項の規定により栄養士の免許を受けていること。	二二
	二種免許状	短期大学士の学位を有することと及び栄養士法第二条第一項の規定により栄養士の免許を受けていること。	一四

備考

一　第二欄の「学士の学位を有すること」には、学校教育法第百四条第二項に規定する文部科学大臣の定める学位（専門職大学を卒業した者に対して授与されるものに限る。）を有する場合又は文部科学大臣が学士の学位を有することと同等以上の資格を有すると認めた場合を含むものとする。

二　第三欄の「大学」には、文部科学大臣の指定する教員養成機関を含むものとする。

参　＊別表第一参照

【栄養教諭＝学校法二七・三七・四九の八・六二・七〇・八二】【教科・教職に関する科目の単位修得方法＝規則一〇】【同等以上の資格＝規則六六の一〇】【免許状を有する者が修得すべき単位数＝規則一〇の二】

別表第三（第六条関係）

第一欄		第二欄	第三欄	第四欄
受けようとする免許状の種類	所要資格	有することを必要とする第一欄に掲げる教員（当該学校の助教諭を含む。第三欄において同じ。）の免許状の種類	第二欄に定める各免許状を取得した後、第一欄に掲げる教員又は当該学校の主幹教諭（養護又は栄養の指導及び管理をつかさどる主幹教諭を除く。）、指導教諭若しくは講師（これらに相当する義務教育学校の前期課程又は後期課程、中等教育学校の前期課程又は後期課程及び特別支援学校の各部の教員を含み、幼稚園教諭の専修免許状、一種免許状又は二種免許状の授与を受けようとする場合にあつては、幼保連携型認定こども園の主幹保育教諭、指導保育教諭、保育教諭又は講師を含む。）として良好な成績で勤務した旨の実務証明責任者の証明を有することを必要とする最低在職年数	第二欄に定める各免許状を取得した後、大学において修得することを必要とする最低単位数
幼稚園教諭	専修免許状	一種免許状	三	一五
	一種免許状	二種免許状	五	四五
	二種免許状	臨時免許状	六	四五
小学校教諭	専修免許状	一種免許状	三	一五
		特別免許状	三	四一
	一種免許状	二種免許状	五	四五
		特別免許状	三	二六
	二種免許状	臨時免許状	六	四五
中学校教諭	専修免許状	一種免許状	三	一五
		特別免許状	三	二五
	一種免許状	二種免許状	五	四五
	二種免許状	臨時免許状	六	四五
高等学校教諭	専修免許状	一種免許状	三	一五
		特別免許状	三	二五
	一種免許状	臨時免許状	五	四五

備考

一　実務の検定は第三欄により、学力の検定は第四欄によるものとする（別表第六、別表第六の二、別表第七及び別表第八の場合においても同様とする。）。

二　第三欄の学校の教員についての同欄の実務証明責任者は、国立学校又は公立学校の教員にあつては所轄庁と、私立学校の教員にあつては私立学校を設置する学校法人等の理事長とする（別表第五の第二欄並びに別表第六、別表第六の二、別表第七及び別表第八の第三欄の場合においても同様とする。）。

三　第三欄の「第一欄に掲げる教員」には、これに相当するものとして文部科学省令で定める学校以外の教育施設において教育に従事する者を含むものとし、その者についての第三欄の実務証明責任者については、文部科学省令で定める。

四　専修免許状に係る第四欄に定める単位数のうち十五単位については、大学院の課程又は大学（短期大学を除く。）の専攻科の課程において修得するものとする（別表第五の第三欄並びに別表第六、別表第六の二及び別表第七の第四欄の場合においても同様とする。）。

五　一種免許状（高等学校教諭の一種免許状を除く。）に係る第四欄に定める単位数は、短期大学の専攻科で文部科学大臣が指定するものの課程において修得することができる（別表第五の第三欄並びに別表第六、別表第六の二及び別表第七の第四欄の場合においても同様とする。）。

六　第四欄の単位数（第四号に規定するものを含む。）は、文部科学大臣の指定する養護教諭養成機関において修得した単位、文部科学大臣の認定する講習、大学の公開講座若しくは通信教育において修得した単位又は文部科学大臣が大学に委嘱して行う試験の合格により修得した単位をもつて替えることができる（別表第四及び別表第五の第三欄並びに別表第六、別表第六の二、別表第七及び別表第八の第四欄の場合においても同様とする。）。

七　この表の規定により一種免許状又は二種免許状の授与を受けようとする者（小学校教諭の特別免許状を有する者でこの表の規定により小学校教諭の一種免許状の授与を受けようとするものを除く。）について、第三欄に定める最低在職年数を超える在職年数があるときは、五単位にその超える在職年数を乗じて得た単位数（第四欄に定める最低単位数から十単位を控除した単位数を限度とする。）を当該最低単位数から差し引くものとする。この場合における最低在職年数を超える在職年数には、文部科学省令で定める教育の職における在職年数を通算することができる（別表第六及び別表第六の二の場合においても同様とする。）。

八　二種免許状を有する者で教育職員に任命され、又は雇用された日から起算して十二年を経過したもの（幼稚園及び幼保連携型認定こども園の教員を除く。）の免許管理者は、当該十二年を経過した日（第十号において「経過日」という。）から起算して三年の間において、当該者の意見を聴いて、一種免許状を取得するのに必要とする単位を修得することができる大学の課程、文部科学大臣の認定する講習、大学の公開講座若しくは通信教育又は文部科学大臣が大学に委嘱して行う試験（次号及び第九号において「大学の課程等」という。）の指定を行う。

九　前号に規定する者を任命し、又は雇用する者は、前号の規定により指定される大学の課程等において当該者が単位を修得することができる機会を与えるように努めなければならない。

十　第八号の規定により大学の課程等の指定を受けた者で経過日から起算して三年を経過する日までに一種免許状を取得していないものについては、第七号の規定にかかわらず、当該日の翌日以後は、第四欄に定める最低単位数は同欄に定める単位数とする。

十一　文部科学大臣は、第六号の規定による認定に関する事務を機構に行わせるものとする（別表第四から別表第八までの場合においても同様とする。）。

参　＊別表第一参照
【単位の修得方法＝規則一一〜一四
備考三【学校以外の教育施設で教育に従事する者についての実務証明責任者＝規則六七
備考六【講習＝規則三四〜四三【公開講座＝規則四三の二〜四三の六【通信教育＝規則四四〜五〇【試験の合格＝規則五一〜六一
備考七【教育の職＝規則六八【在職年数通算の特例＝法附則④【休職期間の扱い＝規則七〇・七〇の二

行　●認定講習を開設する場合の指導大学の所在＝都道府県教育委員会および指定都市教育委員会が免許法認定講習を開設する場合の指導大学は、当該都道府県内に所在することを要しない。（教育助成局長通達平成三・六・一〇文教教一一三）
●上級免許状の授与を受ける場合の在職年数＝上級免許状の授与を受ける場合に必要とされる勤務成績の良好な在職年数は、教員の資格向上に資するような勤務の実体を伴ったものでなければならない。（大学学術局長回答昭三八・四・一五委大二〇）

別表第四（第六条関係）

第一欄		第二欄	第三欄
受けようとする他の教科についての免許状の種類 ＼ 所要資格		有することを必要とする第一欄に掲げる教員の一以上の教科についての免許状の種類	大学において修得することを必要とする教科及び教職に関する科目の最低単位数
中学校教諭	専修免許状	専修免許状	五二
	一種免許状	専修免許状又は一種免許状	二八
	二種免許状	専修免許状、一種免許状又は二種免許状	一三
高等学校教諭	専修免許状	専修免許状	四八
	一種免許状	専修免許状又は一種免許状	二四

備考
一　学力の検定は、第三欄によるものとする。
二　専修免許状に係る第三欄に定める単位数のうち、その単位数からそれぞれの一種免許状に係る同欄に定める単位数を差し引いた単位数については、大学院の課程又は大学（短期大学を除く。）の専攻科の課程において修得するものとする。
三　中学校教諭の一種免許状に係る第三欄に定める単位数は、短期大学の課程及び短期大学の専攻科で文部科学大臣が指定するものの課程において修得することができる。この場合において、その単位数から中学校教諭の二種免許状に係る同欄に定める単位数を差し引いた単位数については、短期大学の専攻科の課程において修得するものとする。
四　この表の規定により他の教科についての専修免許状又は一種免許状の授与を受けようとする者が、当該他の教科についての一種免許状又は二種免許状を有するときは、専修免許状又は一種免許状の項第三欄に定める単位数からそれぞれ一種免許状又は二種免許状の項第三欄に定める単位数を差し引くものとする。
五　第十六条の四第一項の一種免許状を有する者が高等学校教諭の同項の文部科学省令で定める事項に係る教科についての一種免許状の授与を受けようとする場合については、当該教科を他の教科とみなし、同項の免許状を一以上の教科についての一種免許状とみなして、この表の高等学校教諭の一種免許状の項の規定を適用する。この場合においては、同項第三欄に定める単位数から文部科学省令で定める単位数を差し引くものとする。

参 ＊別表第一、別表第三参照

行 【単位の修得方法＝規則一五】

●教科に関する科目等の一般教育科目等による代替の禁止＝教職の専門性の維持の観点から、教科に関する科目または教職に関する科目を従来の一般教育科目等で代替することは認めない。（教育助成局長通達平成三・六・二〇文教教一二三）

別表第五（第六条関係）

第一欄 所要資格 受けようとする免許状の種類		第二欄 基礎資格	第三欄 第二欄に定める各免許状を取得した後、大学において修得することを必要とする最低単位数
中学校において職業実習を担任する教諭	専修免許状	第一欄に掲げる教諭の一種免許状を取得した後、三年以上中学校（義務教育学校の後期課程、中等教育学校の前期課程及び特別支援学校の中学部を含む。以下この欄において同じ。）において職業実習を担任する教員として良好な成績で勤務した旨の実務証明責任者の証明を有すること。	一五
	一種免許状	第一欄に掲げる教諭の二種免許状を取得した後、三年以上中学校において職業実習を担任する教員として良好な成績で勤務した旨の実務証明責任者の証明を有すること。	一五
	二種免許状	イ 大学において職業実習に関する学科を専攻して、学士の学位を有し、一年以上その学科に関する実地の経験を有し、技術優秀と認められること。 ロ 大学に二年以上在学し、職業実習に関する学科を専攻して、三年以上その学科に関する実地の経験を有し、技術優秀と認められること。 ハ 職業実習についての中学校教諭の臨時免許状を取得した後、六年以上中学校において職業実習を担任する教員として良好な成績で勤務した旨の実務証明責任者の証明を有すること。	二〇
高等学校において看護実習、家庭実習、情報実習、農業実習、工業実習、商業実習、水産実習、福祉実習又は商船実習を担任する教諭	専修免許状	第一欄に掲げる教諭の一種免許状を取得した後、三年以上高等学校（中等教育学校の後期課程並びに盲学校、聾学校及び養護学校の高等部を含む。以下この欄において同じ。）において当該実習を担任する教員として良好な成績で勤務した旨の実務証明責任者の証明を有すること。	一五
	一種免許状	イ 大学において第一欄に掲げる実習に係る実業に関する学科を専攻して、学士の学位を有し、一年以上その学科に関する実地の経験を有し、技術優秀と認められること。 ロ 第一欄に掲げる実習についての高等学校助教諭の臨時免許状を取得した後、三年以上高等学校において当該実習を担任する教員として良好な成績で勤務した旨の実務証明責任者の証明を有すること。	一〇

備考

一 実務の検定は第二欄により、学力の検定は第三欄によるものとする。

一の二 第二欄の「学士の学位」には、学校教育法第百四条第二項に規定する文部科学大臣の定める学位（専門職大学を卒業した者に対して授与されるものに限る。）又は文部科学大臣が学士の学位と同等以上の資格として認めたものを含むものとする。

二 第二欄の「当該実習を担任する教員」には、これに相当するものとして文部科学省令で定める学校以外の教育施設において教育に従事する者を含むものとし、その者についての同欄の実務証明責任者については、文部科学省令で定める。

三　この表の規定により一種免許状又は二種免許状の授与を受けようとする者について、第二欄に定める最低在職年数を超える在職年数があるときは、五単位にその超える在職年数を乗じて得た単位数（第三欄に定める最低単位数から十単位を控除した単位数を限度とする。）を当該最低単位数から差し引くものとする。この場合における最低在職年数を超える在職年数には、文部科学省令で定める教育の職における在職年数を通算することができる。

四　この表の規定により中学校教諭の二種免許状を受けようとする者が、職業実習に関する学科の課程を修めて高等学校（旧中等学校令（昭和十八年勅令第三十六号）による実業学校を含む。）又は中等教育学校を卒業した者であるときは、中学校において職業実習を担任する教諭の二種免許状ハの項第三欄中「二〇」とあるのを「一〇」と読み替えるものとする。

参　＊別表第一、別表第三参照

【単位の修得方法＝規則一六】【在職年数通算の特例＝法附則④】【休職期間の扱い＝規則七〇】

備考一【同等の資格＝規則六八の二】

備考二【実務証明責任者＝規則六九の三】

備考三【教育の職＝規則六九】

別表第六（第六条関係）

受けようとする免許状の種類 ＼ 所要資格		第一欄　有することを必要とする養護教諭又は養護助教諭の免許状の種類	第二欄　第二欄に定める各免許状を取得した後、養護をつかさどる主幹教諭、養護教諭又は養護助教諭として良好な成績で勤務した旨の実務証明責任者の証明を有することを必要とする最低在職年数	第三欄　第二欄に定める各免許状を取得した後、大学又は文部科学大臣の指定する養護教諭養成機関において修得することを必要とする最低単位数
養護教諭	専修免許状	一種免許状	三	一五
	一種免許状	二種免許状	三	二〇
	二種免許状	臨時免許状	六	三〇

備考

一　この表の規定により一種免許状を受けようとする者が、別表第二の二種免許状のロの項の規定により授与された二種免許状を有するときは、一種免許状の項第三欄中「三」とあるのは「一」と、同項第四欄中「二〇」とあるのは「一〇」と読み替えるものとする。

二　この表の規定により二種免許状を受けようとする者が、保健師助産師看護師法第七条第三項の規定により看護師の免許を受けている場合においては、二種免許状の項第三欄に定める最低在職年数に満たない在職期間（一年未満の期間を含む。）があるときも、当該在職年数を満たすものとみなし、同項第四欄中「三〇」とあるのは、「一〇」と読み替えるものとする。

三　第二欄の臨時免許状を有する者には、当分の間、これに相当する者として文部科学省令で定める者を含むものとし、その者についての二種免許状の項第三欄及び第四欄の規定の適用については、当該文部科学省令で定める者となつたことをもつて臨時免許状の取得とみなす。

四　第三欄の「養護をつかさどる主幹教諭、養護教諭又は養護助教諭」には、当分の間、学校において幼児、児童又は生徒の養護に従事する職員で文部科学省令で定めるものを含むものとし、その者についての同欄の実務証明責任者については、文部省令で定める。

参　＊別表第一、別表第三参照

【単位の修得方法＝規則一七】【在職年数通算の特例＝法附則④】【休職期間の扱い＝規則七〇】【第四欄の大学の特例＝法附則⑫】

備考三【臨時免許状を有する者に相当する者＝規則六九の二】

備考四【実務証明責任者＝規則六九の三】

別表第六の二（第六条関係）

第一欄 受けようとする免許状の種類 ＼ 所要資格		第二欄 有することを必要とする栄養教諭の免許状の種類	第三欄 第二欄に定める各免許状を取得した後、栄養の指導及び管理をつかさどる主幹教諭又は栄養教諭として良好な勤務成績で勤務した旨の実務証明責任者の証明を有することを必要とする最低在職年数	第四欄 第二欄に定める各免許状を取得した後、大学において修得することを必要とする最低単位数
栄養教諭	専修免許状	一種免許状	三	一五
	一種免許状	二種免許状	三	四〇

備考　この表の規定により一種免許状を受けようとする者が、栄養士法第二条第三項の規定により管理栄養士の免許を受けている場合においては、一種免許状の項第三欄に定める最低在職年数に満たない在職期間（一年未満の期間を含む。）があるときも、当該在職年数を満たすものとみなし、同項第四欄中「四〇」とあるのは、「八」と読み替えるものとする。

参　＊別表第一、別表第三参照　【単位の修得方法＝規則一七の二　【休職期間の扱い＝規則七〇

別表第七（第六条関係）

＊平成一八法八〇・全部改正

第一欄 受けようとする免許状の種類 ＼ 所要資格		第二欄 有することを必要とする特別支援学校の教員（二種免許状の授与を受けようとする場合にあつては、幼稚園、小学校、中学校又は高等学校の教員）の免許状の種類	第三欄 第二欄に定める各免許状を取得した後、特別支援学校の教員（二種免許状の授与を受けようとする場合にあつては、幼稚園、小学校、中学校、義務教育学校、高等学校、中等教育学校又は幼保連携型認定こども園の教員を含む。）として良好な成績で勤務した旨の実務証明責任者の証明を有することを必要とする最低在職年数	第四欄 第二欄に定める各免許状を取得した後、大学において修得することを必要とする最低単位数
特別支援学校教諭	専修免許状	一種免許状	三	一五
	一種免許状	二種免許状	三	六
	二種免許状	幼稚園、小学校、中学校又は高等学校の教諭の普通免許状	三	六

備考　この表の規定により専修免許状又は一種免許状の授与を受けようとする者に係る第三欄に定める最低在職年数については、その授与を受けようとする免許状に定められることとなる特別支援教育領域を担任する教員として在職した年数とする。

参　＊別表第一、別表第三参照　【単位の修得方法＝規則一八　【休職期間の扱い＝規則七〇　【在職年数通算の特例＝法附則④

別表第八（第六条関係）

＊平成一四法五五・追加

第一欄 受けようとする免許状の種類／所要資格	第二欄 有することを必要とする学校の免許状	第三欄 第二欄に定める各免許状を取得した後、当該免許状又は第一欄に定める免許状に係る学校（これらに相当する義務教育学校の前期課程又は後期課程、中等教育学校の前期課程又は後期課程及び特別支援学校の各部を含み、幼稚園には幼保連携型認定こども園を含む。）における主幹教諭等（主幹教諭（養護又は栄養の指導及び管理をつかさどる主幹教諭を除く。）、指導教諭、教諭、主幹保育教諭、指導保育教諭、保育教諭又は講師をいう。）として良好な勤務成績で勤務した旨の実務証明責任者の証明を有することを必要とする最低在職年数	第四欄 第二欄に定める免許状を取得した後、大学において修得することを必要とする単位数
幼稚園教諭二種免許状	小学校教諭普通免許状	三	六
小学校教諭二種免許状	幼稚園教諭普通免許状	三	一三
	中学校教諭普通免許状	三	一二
中学校教諭二種免許状	小学校教諭普通免許状	三	一四
	高等学校教諭普通免許状	三	九
高等学校教諭一種免許状	中学校教諭普通免許状（二種免許状を除く。）	三	一二

備考

一　第三欄の「当該免許状又は第一欄に定める免許状に係る学校」には学校以外の教育施設のうちこれらの学校に相当するものとして文部科学省令で定めるものを、同欄の「主幹教諭等」には当該教育施設において教育に従事する者として文部科学省令で定めるものを含むものとし、その者についての同欄の実務証明責任者は、当該教育施設の設置者その他の当該教育施設において勤務する者の勤務の状況を確認できる者として文部科学省令で定めるものとする。

二　中学校教諭免許状を有する者が高等学校教諭一種免許状の授与を受けようとする場合又は高等学校教諭免許状を有する者が中学校教諭二種免許状の授与を受けようとする場合の免許状に係る教科については、文部科学省令で定める。

参　＊別表第一及び別表第三参照

【免許状に係る教科＝規則一八の三】【単位の修得方法＝規則一八の二・一八の四・一八の五】【休職期間の扱い＝規則七〇】

備考【文部科学省令で定める教科＝規則一八の三】

行　●①別表第八における要修得単位数及び在職年数については、改正法施行日前の免許状取得後の単位数の合算及び在職期間の通算をすることができること。②別表第八に係る免許法認定講習及び免許法認定公開講座の開設については、別途通知すること。（事務次官通知平成一四・六・二八／一四文科初四三〇）

○刑法等の一部を改正する法律の施行に伴う関係法律の整理等に関する法律（抄）

令和四・六・一七
法　　六　　八

（教育職員免許法の一部改正）

第二百十一条　教育職員免許法（昭和二十四年法律第百四十七号）の一部を次のように改正する。

第五条第一項第三号中「禁錮」を「拘禁刑」に改める。

第二十一条第一項中「懲役」を「拘禁刑」に改める。

附　則（抄）

（施行期日）
1　この法律は、刑法等一部改正法施行日〔令和七・六・一〕から施行する。〔ただし書略〕

○教育職員免許法施行令

昭二四・九・一九
政令　三　三　八

最終改正　令和四・六・一七政令二二九

教育職員免許法第十六条の三第三項の審議会等で政令で定めるものは、中央教育審議会とする。

附　則（抄）

1　この政令は、公布の日から施行する。

○教育職員免許法施行規則

昭二九・一〇・二七
文部令二六

最終改正　令和五・九・二七文科令三一

第一章　単位の修得方法等

〔この章の目的〕

第一条　教育職員免許法（昭和二十四年法律第百四十七号。以下「免許法」という。）別表第一から別表第八までにおける単位の修得方法等に関しては、この章の定めるところによる。

〔単位の計算方法〕

第一条の二　免許法別表第一から別表第八までにおける単位の計算方法は、大学設置基準（昭和三十一年文部省令第二十八号）第二十一条第二項及び第三項（大学院設置基準（昭和四十九年文部省令第二十八号）第十五条において準用する場合を含む。）、専門職大学設置基準（平成二十九年文部科学省令第三十三号）第十四条第二項及び第三項、大学通信教育設置基準（昭和五十年文部省令第三十三号）第五条、短期大学設置基準（昭和五十年文部省令第二十一号）第七条第二項及び第三項、専門職短期大学設置基準（平成二十九年文部科学省令第三十四号）第十一条第二項及び第三項並びに短期大学通信教育設置基準（昭和五十七年文部省令第三号）第五条に定める基準によるものとする。

〔単位の修得方法－専修免基礎資格〕

第一条の三　免許法別表第一備考第二号の規定により専修免許状に係る基礎資格を取得する場合の単位の修得方法は、大学院における単位の修得方法の例によるものとする。

〔単位の修得方法－幼稚園普通免教科に関する科目〕

第二条　免許法別表第一に規定する幼稚園教諭の普通免許状の授与を受ける場合の教科及び教職に関する科目の単位の修得方法は、次の表の定めるところによる。

第一欄		最低修得単位数		
教科及び教職に関する科目	前項の各科目に含めることが必要な事項	専修免許状	一種免許状	二種免許状
第二欄　領域及び保育内容の指導法に関する科目	領域に関する専門的事項	一六	一六	一二
	保育内容の指導法（情報機器及び教材の活用を含む。）			
第三欄　教育の基礎的理解に関する科目	教育の理念並びに教育に関する歴史及び思想	一〇	一〇	六
	教職の意義及び教員の役割・職務内容（チーム学校運営への対応を含む。）			
	教育に関する社会的、制度的又は経営的事項（学校と地域との連携及び学校安全への対応を含む。）			
	幼児、児童及び生徒の心身の発達及び学習の過程			
	特別の支援を必要とする幼児、児童及び生徒に対する理解			
	教育課程の意義及び編成の方法（カリキュラム・マネジメントを含む。）			
第四欄　道徳、総合的な学習の時間等の指導法及び生徒指導、教育相談等に関する科目	教育の方法及び技術（情報機器及び教材の活用を含む。）	四	四	四
	幼児理解の理論及び方法			
	教育相談（カウンセリングに関する基礎的な知識を含む。）の理論及び方法			
第五欄　教育実践に関する科目	教育実習	五	五	五
	教職実践演習	二	二	二
第六欄　大学が独自に設定する科目		三八	一四	二

備考

一　領域及び保育内容の指導法に関する科目（領域に関する専門的事項に係る部分に限る。以下「領域に関する専門的事項に関する科目」という。）の単位の修得方法は、学校教育法施行規則（昭和二十二年文部省令第十一号）第三十八条に規定する幼稚園教育要領で定める健康、人間関係、環境、言葉及び表現の領域に関する専門的事項を含む科目のうち一以上の科目について修得するものとする。

二　保育内容の指導法（情報機器及び教材の活用を含む。）、教育の方法及び技術（情報機器及び教材の活用を含む。）並びに教育課程の意義及び編成の方法（カリキュラム・マネジメントを含む。）は、学校教育法施行規則第三十八条に規定する幼稚園教育要領に掲げる事項に即し、育成を目指す資質・能力を育むための主体的・対話的で深い学びの実現に向けた授業改善に資する内容並びに包括的な内容を含むものとする。

三　教育の基礎的理解に関する科目（特別の支援を必要とする幼児、児童及び生徒に対する理解に係る部分に限る。第九条の表備考第七号及び第八号において、「特別の支援を必要とする幼児、児童及び生徒に対する理解に関する科目」という。）は一単位以上を修得するものとする（次条第一項、第四条第一項、第五条第一項、第九条及び第十条の表の場合においても同様とする。）。

四　道徳、総合的な学習の時間等の指導法及び生徒指導、教育相談等に関する科目に教育課程の意義及び編成の方法（カリキュラム・マネジメントを含む。）の内容を含む場合にあつては、教育の基礎的理解に関する科目に教育課程の意義及び編成の方法（カリキュラム・マネジメントを含む。）の内容を含むことを要しない（次条第一項、第四条第一項及び第五条第一項の表の場合においても同様とする。）。

五　カリキュラム・マネジメントは、次に掲げる事項を通じて、教育課程に基づき組織的かつ計画的に学校教育の質の向上を図っていくことを取り扱うものとする（次条第一項、第四条第一項、第五条第一項、第七条第一項、第九条及び第十条の表の場合においても同様とする。）。

イ　幼児、児童又は生徒、学校及び地域の実態を適切に把握し、教育の目的や目標の実現に必要な教育の内容等を教科等横断的な視点で組み立てていくこと。

ロ　教育課程の実施状況を評価し、その改善を図っていくこと。

ハ　教育課程の実施に必要な体制を確保するとともにその改善を図っていくこと。

六　教育実習は、幼稚園（特別支援学校の幼稚部を含む。次条第一項の表備考第五号において同じ。）、小学校（義務教育学校の前期課程、特別支援学校の小学部及び海外に在留する邦人の子女のための在外教育施設で、文部科学大臣が小学校の課程と同等の課程を有するものとして認定したものを含む。次条第一項の表備考第五号及び第四条第一項の表備考第七号において同じ。）及び就学前の子どもに関する教育、保育等の総合的な提供の推進に関する法律（平成十八年法律第七十七号）第二条第七項に規定する幼保連携型認定こども園（以下「幼保連携型認定こども園」という。）の教育を中心とするものとする。

七　教育実習の単位数には、教育実習に係る事前及び事後の指導（授与を受けようとする普通免許状に係る学校以外の学校、専修学校、社会教育に関する施設、社会福祉施設、児童自立支援施設及びボランティア団体における教育実習に準ずる経験を含むことができる。）の一単位を含むものとする（次条第一項、第四条第一項、第五条第一項、第七条第一項、第九条及び第十条の表の場合においても同様とする。）。

八　教育実習の単位数には、二単位まで、学校体験活動（学校における授業、部活動等の教育活動その他の校務に関する補助又は幼児、児童若しくは生徒に対して学校の授業の終了後若しくは休業日において学校その他適切な施設を利用して行う学習その他の活動に関する補助を体験する活動であつて教育実習以外のものをいう。）の単位を含むことができる（次条第一項、第四条第一項、第五条第一項、第七条第一項及び第九条の表の場合においても同様とする。この場合において、高等学校教諭又は特別支援学校教諭の普通免許状の授与を受ける場合にあつては、「二単位」とあるのは「一単位」と読み替えるものとする。）。この場合において、教育実習に他の学校の教諭の普通免許状の授与を受ける場合のそれぞれの科目の単位をもつてあてることができない（次条第一項、第四条第一項及び第五条第一項の表の場合においても同様とする。）。

九　教育実習の単位は、幼稚園（特別支援学校の幼稚部及び附則第二十二項第四号に規定する幼稚園に相当する旧令による学校を含む。次号において同じ。）、小学校（義務教育学校の前期課程、特別支援学校の小学部、海外に在留する邦人の子女のための在外教育施設で、文部科学大臣が小学校の課程と同等の課程を有するものとして認定したもの及び同項第一号に規定する小学校に相当する旧令による学校を含む。）又は幼保連携型認定こども園において、教員（海外に在留する邦人の子女のための在外教育施設で、文部科学大臣が小学校の課程と同等の課程を有するものとして認定したものにおいて教育に従事する者を含む。）として一年以上良好な成績で勤務した旨の実務証明責任者の証明を有する者については、経験年数一年について一単位の割合で、領域及び保育内容の指導法に関する科目（保育内容の指導法（情報機器及び教材の活用を含む。）に係る部分に限る。以下「保育内容の指導法に関する科目」という。）又は教育の基礎的理解に関する科目、道徳、総合的な学習の時間等の指導法及び生徒指導、教育相談等に関する科目若しくは教育実践に関する科目（以下「教諭の教育の基礎的理解に関する科目等」という。）（教育実習を除く。）の単位をもつて、これに替えることができる（次条第一項の表の場合においても同様とする。）。

九の二　前号に規定する実務証明責任者は、幼稚園、小学校（義務教育学校の前期課程、特別支援学校の小学部及び附則第二十二項第一号に規定する小学校に相当する旧令による学校を含む。）又は幼保連携型認定こども園の教員にあつてはその者の勤務する学校の教員についての免許法別表第三の第三欄に規定する実務証明責任者と同様とし、海外に在留する邦人の子女のための在外教育施設で、文部科学大臣が小学校の課程と同等の課程を有するものとして認定したものにおいて教育に従事する者にあつてはその者についての第六十七条の表第三欄に規定する実務証明責任者と同様とする（次条第一項の表の場合においても同様とする。）。

十　教職実践演習は、当該演習を履修する者の教科及び教職に関する科目（教職実践演習を除く。）の履修状況を踏まえ、教員として必要な知識技能を修得したことを確認するものとする（次条第一項、第四条第一項、第五条第一項、第九条及び第十条の表の場合においても同様とする。）。

十一　教諭の教育の基礎的理解に関する科目等の単位は、教育の基礎的理解に関する科目にあつては八単位（二種免許状の授与を受ける場合にあつては六単位）まで、道徳、総合的な学習の時間等の指導法及び生徒指導、教育相談等に関する科目にあつては二単位まで、教育実習にあつては三単位まで、教職実践演習にあつては二単位まで、小学校、中学校又は高等学校の教諭の普通免許状の授与を受ける場合のそれぞれの科目の単位をもつてあてることができる（次条第一項及び第四条第一項の表の場合においても同様とする。）。

十二　教育の基礎的理解に関する科目（教育課程の意義及び編成の方法（カリキュラム・マネジメントを含む。）に係る部分に限る。次条第一項、第四条第一項、第五条第一項、第九条及び第十条の表（表の部分に限る。）を除き、以下「教育課程の意義及び編成の方法に関する科目」という。）並びに道徳、総合的な学習の時間等の指導法及び生徒指導、教育相談等に関する科目（教育の方法及び技術（情報機器及び教材の活用を含む。）に係る部分に限る。附則第十項の表備考第二号イにおいて「教育の方法及び技術に関する科目」という。）の単位のうち、二単位（二種免許状の授与を受ける場合にあつては一単位）までは、小学校の教諭の普通免許状の授与を受ける場合の単位をもつてあてることができる（次条第一項の表の場合においても同様とする。）。

十三　保育内容の指導法に関する科目の単位のうち、半数までは、小学校教諭の普通免許状の授与を受ける場合の教科及び教科の指導法に関する科目（各教科の指導法（情報通信技術の活用を含む。）に係る部分に限る。次条第一項、第四条第一項及び第五条第一項の表（表の部分に限る。）を除き、以下「各教科の指導法に関する科目」という。）又は道徳、総合的な学習の時間等の指導法及び生徒指導、教育相談等に関する科目（特別活動の指導法に係る部分に限る。次条第一項、第四条第一項、第五条第一項の表（表の部分に限る。）を除き、以下「特別活動の指導法に関する科目」という。）の単位をもつてあてることができる。

十四　大学が独自に設定する科目の単位の修得方法は、領域に関する専門的事項に関する科目、保育内容の指導法に関する科目若しくは教諭の教育の基礎的理解に関する科目等、大学が加えるこれらに準ずる科目又は第二十一条の二第一項の規定により文部科学大臣が指定した大学（以下「指定大学」という。）が加える科目について修得するものとする（次条第一項、第四条第一項及び第五条第一項の表の場合においても同様とする。）。

十五　専修免許状又は一種免許状授与の所要資格を得るために必要な科目の単位のうち、専修免許状又は一種免許状に係る第二欄から第四欄に掲げる科目の単位数から二種免許状に係る同欄に掲げる科目の単位数を差し引いた単位数までは、指定大学が加える科目の単位をもつてあてることができる（次条第一項及び第四条第一項の表の場合においても同様とする。）。

2　学生が前項の科目の単位を修得するに当たつては、大学は、各科目についての学生の知識及び技能の修得状況に応じ適切な履修指導を行うよう努めるものとする。

3　大学は、第一項に規定する各科目の開設に当たつては、各科目の内容の整合性及び連続性を確保するとともに、効果的な教育方法を確保するよう努めるものとする。

〔単位の修得方法―小学校普通免許教科に関する科目〕

第三条　免許法別表第一に規定する小学校教諭の普通免許状の授与を受ける場合の教科及び教職に関する科目の単位の修得方法は、次の表の定めるところによる。

第一欄	教科及び教職に関する科目	前項の各科目に含めることが必要な事項
最低修得単位数　第二欄	教科及び教科の指導法に関する科目	教科に関する専門
		各教科の指導法（情報通信技術の活
第三欄	教育の基礎的理解に関する科目	教育の理念並びに教育に関する歴史
		教職の意義及び教員の役割・職務内
		教育に関する社会的、制度的又は経営的事項（学校と
		幼児、児童及び生徒の心身の発達及
		特別の支援を必要とする幼児、児童
		教育課程の意義及び編成の方法（カリキュラム・マネ
第四欄	道徳、総合的な学習の時間等の指導法及び生徒指導、教育相談等に関する科目	道徳の理論及び指
		総合的な学習の時
		特別活動の指導法
		教育の方法及び技
		情報通信技術を活用した教育の理論
		生徒指導の理論及
		教育相談（カウンセリングに関する基礎的な知識を含
		進路指導及びキャリア教育の理論及
第五欄	教育実践に関する科目	教育実習
		教職実践演習
第六欄	大学が独自に設定する科目	

	専修免許状	一種免許状	二種免許状
的事項。）	三〇	三〇	一六
用を含む。）			
及び思想	一〇	一〇	六
容（チーム学校運営への対応を含む。）			
地域との連携及び学校安全への対応を含む。）			
び学習の過程			
及び生徒に対する理解			
ジメントを含む。）			
導法	一〇	一〇	六
間の指導法			
術			
及び方法			
び方法			
む。）の理論及び方法			
び方法			
	五	五	五
	二	二	二
	二六	二	二

備考

一　教科及び教科の指導法に関する科目（教科に関する専門的事項に係る部分に限る。次条第一項及び第五条第一項の表（表の部分に限る。）を除き、以下「教科に関する専門的事項に関する科目」という。）の単位の修得方法は、国語（書写を含む。）、社会、算数、理科、生活、音楽、図画工作、家庭、体育及び外国語（英語、ドイツ語、フランス語その他の各外国語に分ける。）（第三号及び第十一条の二の表備考第二号において「国語等」という。）の教科に関する専門的事項を含む科目のうち一以上の科目について修得するものとする。

二　各教科の指導法（情報通信技術の活用を含む。）、教育課程の意義及び編成の方法（カリキュラム・マネジメントを含む。）、道徳の理論及び指導法、総合的な学習の時間の指導法、特別活動の指導法、教育の方法及び技術並びに情報通信技術を活用した教育の理論及び方法は、学校教育法施行規則第五十二条に規定する小学校学習指導要領に掲げる事項に即し、育成を目指す資質・能力を育むための主体的・対話的で深い学びの実現に向けた授業改善に資する内容並びに包括的な内容を含むものとする。

三　各教科の指導法に関する科目の単位の修得方法は、専修免許状又は一種免許状の授与を受ける場合にあつては、国語等の教科の指導法に関する科目についてそれぞれ一単位以上を、二種免許状の授与を受ける場合にあつては、六以上の教科の指導法に関する科目（音楽、図画工作又は体育の教科の指導法に関する科目のうち二以上を含む。）についてそれぞれ一単位以上を修得するものとする。

四　道徳、総合的な学習の時間等の指導法及び生徒指導、教育相談等に関する科目（道徳の理論及び指導法に係る部分に限る。）の単位の修得方法は、専修免許状又は一種免許状の場合は二単位以上、二種免許状の場合は一単位以上修得するものとする（次条第一項の表の場合においても同様とする。）。

四の二　道徳、総合的な学習の時間等の指導法及び生徒指導、教育相談等に関する科目（情報通信技術を活用した教育の理論及び方法に係る部分に限る。）の単位の修得方法は、一単位以上修得するものとする（次条第一項及び第五条第一項の表の場合においても同様とする。）。

五　教育実習は、小学校、幼稚園、中学校（義務教育学校の後期課程、中等教育学校の前期課程、特別支援学校の中学部及び海外に在留する邦人の子女のための在外教育施設で、文部科学大臣が中学校の課程と同等の課程を有するものとして認定したものを含む。次条第一項の表備考第七号及び第五条第一項の表備考第三号において同じ。）及び幼保連携型認定こども園の教育を中心とするものとする。

六　各教科の指導法に関する科目の単位のうち、生活の教科の指導法に関する科目の単位にあつては二単位まで、特別活動の指導法に関する科目の単位にあつては一単位まで、幼稚園の教諭の普通免許状の授与を受ける場合の保育内容の指導法に関する科目の単位をもつてあてることができる。

2　学生が前項の科目の単位を修得するに当たつては、大学は、各科目についての学生の知識及び技能の修得状況に応じ適切な履修指導を行うよう努めるものとする。

3　大学は、第一項に規定する各科目の開設に当たつては、各科目の内容の整合性及び連続性を確保するとともに、効果的な教育方法を確保するよう努めるものとする。

（単位の修得方法―中学校普通免許教科に関する科目）

第四条　免許法別表第一に規定する中学校教諭の普通免許状の授与を受ける場合の教科及び教職に関する科目の単位の修得方法は、次の表の定めるところによる。

第一欄	最低修得単位数				
	第二欄	第三欄	第四欄	第五欄	第六欄
教科及び教	教科及	教育の基礎的理解に関する科目	道徳、総合的な学習の時間等	教育実	大学

職に関する科目	前項の各科目に含めることが必要な事項	専修免許状	一種免許状	二種免許状
び教科の指導法に関する科目	教科に関する専門的事項 各教科の指導法（情報通信技術の活用を含む。）	二八	二八	一二
教育の基礎的理解に関する科目	教育の理念並びに教育に関する歴史及び思想 教職の意義及び教員の役割・職務内容（チーム学校運営への対応を含む。） 教育に関する社会的、制度的又は経営的事項（学校と地域との連携及び学校安全への対応を含む。） 幼児、児童及び生徒の心身の発達及び学習の過程 特別の支援を必要とする幼児、児童及び生徒に対する理解 教育課程の意義及び編成の方法（カリキュラム・マネジメントを含む。）	一〇（六）	一〇（六）	六（三）
の指導法及び生徒指導、教育相談等に関する科目	道徳の理論及び指導法 総合的な学習の時間の指導法 特別活動の指導法 教育の方法及び技術 情報通信技術を活用した教育の理論及び方法 生徒指導の理論及び方法 教育相談（カウンセリングに関する基礎的な知識を含む。）の理論及び方法 進路指導及びキャリア教育の理論及び方法	一〇（六）	一〇（六）	六（四）
践に関する科目	教育実習	五（三）	五（三）	五（三）
	教職実践演習	二	二	二
大学が独自に設定する科目		二八	四	四

備考

一　教科に関する専門的事項に関する科目の単位の修得方法は、次に掲げる免許教科の種類に応じ、それぞれ定める教科に関する専門的事項に関する科目についてそれぞれ一単位以上修得するものとする。

イ　国語　国語学（音声言語及び文章表現に関するものを含む。）、国文学（国文学史を含む。）、漢文学、書道（書写を中心とする。）

ロ　社会　日本史・外国史、地理学（地誌を含む。）、「法律学、政治学」、「社会学、経済学」、「哲学、倫理学、宗教学」

ハ　数学　代数学、幾何学、解析学、「確率論、統計学」、コンピュータ

ニ　理科　物理学、化学、生物学、地学、物理学実験・化学実験・生物学実験・地学実験

ホ　音楽　ソルフェージュ、声楽（合唱及び日本の伝統的な歌唱を含む。）、器楽（合奏及び伴奏並びに和楽器を含む。）、指揮法、音楽理論・作曲法（編曲法を含む。）・音楽史（日本の伝統音楽及び諸民族の音楽を含む。）

ヘ　美術　絵画（映像メディア表現を含む。）、彫刻、デザイン（映像メディア表現を含む。）、工芸、美術理論・美術史（鑑賞並びに日本の伝統美術及びアジアの美術を含む。）

ト　保健体育　体育実技、「体育原理、体育心理学、体育経営管理学、体育社会学、体育史」・運動学（運動方法学を含む。）、生理学（運動生理学を含む。）、衛生学・公衆衛生学、学校保健（小児保健、精神保健、学校安全及び救急処置を含む。）

チ　保健　生理学・栄養学、衛生学・公衆衛生学、学校保健（小児保健、精神保健、学校安全及び救急処置を含む。）

リ　技術　材料加工（実習を含む。）、機械・電気（実習を含む。）、生物育成、情報とコンピュータ

ヌ　家庭　家庭経営学（家族関係学及び家庭経済学を含む。）、被服学（被服実習を含む。）、食物学（栄養学、食品学及び調理実習を含む。）、住居学、保育学

ル　職業　産業概説、職業指導、「農業、工業、商業、水産」、「農業実習、工業実習、商業実習、水産実習、商船実習」

ヲ　職業指導　職業指導、職業指導の技術、職業指導の運営管理

ワ　英語　英語学、英語文学、英語コミュニケーション、異文化理解

カ　宗教　宗教学、宗教史、「教理学、哲学」

二　前号に掲げる教科に関する専門的事項は、一般的包括的な内容を含むものでなければならない（次条第一項の表の場合においても同様とする。）。

三　英語以外の外国語の免許状の授与を受ける場合の教科に関する専門的事項に関する科目の単位の修得方法は、それぞれ英語の場合の例によるものとする（次条第一項の表の場合においても同様とする。）。

四　第一号中「　」内に示された事項は当該事項の一以上にわたつて行うものとする（次条第一項、第九条、第十五条第二項、第十八条の二及び第六十四条第二項の表の場合においても同様とする。）。ただし、「農業、工業、商業、水産」の修得方法は、これらの教科に関する専門的事項に関する科目のうち二以上の教科に関する専門的事項に関する科目（商船をもつて水産と替えることができる。）についてそれぞれ二単位以上を修得するものとする。

五　各教科の指導法（情報通信技術の活用を含む。）、教育課程の意義及び編成の方法（カリキュラム・マネジメントを含む。）、道徳の理論及び指導法、総合的な学習の時間の指導法、特別活動の指導法、教育の方法及び技術並びに情報通信技術を活用した教育の理論及び方法は、学校教育法施行規則第七十四条に規定する中学校学習指導要領に掲げる事項に即し、育成を目指す資質・能力を育むための主体的・対話的で深い学びの実現に向けた授業改善に資する内容並びに包括的な内容を含むものとする。

六　各教科の指導法に関する科目の単位の修得方法は、受けようとする免許教科について、専修免許状又は一種免許状の授与を受ける場合にあつては八単位以上を、二種免許状の授与を受ける場合にあつては二単位以上を修得するものとする（次条第一項の表の場合においても同様とする。この場合において、「八単位以上を、二種免許状の授与を受ける場合にあつては二単位以上」とあるのは「四単位以上」と読み替えるものとする。）。

七　教育実習は、中学校、小学校及び高等学校（中等教育学校の後期課程、特別支援学校の高等部及び海外に在留する邦人の子女のための在外教育施設で、文部科学大臣が高等学校の課程と同等の課程を有するものとして認定したものを含む。次条第一項の表備考第三号の場合において同じ。）の教育を中心とするものとする。

八　教育実習の単位は、中学校（義務教育学校の後期課程、中等教育学校の前期課程、特別支援学校の中学部、海外に在留する邦人の子女のための在外教育施設で、文部科学大臣が中学校の課程と同等の課程を有するものとして認定したもの及び附則第二十二項第二号に規定する中学校に相当する旧令による学校を含む。）又は高等学校（中等教育学校の後期課程、特別支援学校の高等部、海外に在留する邦人の子女のための在外教育施設で、文部科学大臣が高等学校の課程と同等の課程を有するものとして認定したもの及び同項第三号に規定する高等学校に相当する旧令による学校を含む。）において、教員（海外に在留する邦人の子女のための在外教育施設で、文部科学大臣が中学校又は高等学校の課程と同等の課程を有するものとして認定したものにおいて教育に従事する者を含む。）として一年以上良好な成績で勤務した旨の実務証明責任者の証明を有する者については、経験年数一年について一単位の割合で、表に掲げる普通免許状の授与を受ける場合の各教科の指導法に関する科目又は教諭の教育の基礎的理解に関する科目等（教育実習を除く。）の単位をもつて、これに替えることができる（次条第一項の表の場合においても同様とする。）。

八の二　前号に規定する実務証明責任者は、中学校（義務教育学校の後期課程、中等教育学校の前期課程及び特別支援学校の中学部並びに附則第二十二項第二号に規定する中学校に相当する旧令による学校を含む。）又は高等学校（中等教育学校の後期課程及び特別支援学校の高等部並びに同項第三号に規定する高等学校に相当する旧令による学校を含む。）の教員にあつてはその者の勤務する学校の教員についての免許法別表第三の第三欄に規定する実務証明責任者と同様とし、海外に在留する邦人の子女のための在外教育施設で、文部科学大臣が中学校又は高等学校の課程と同等の課程を有するものとして認定したものにおいて教育に従事する者にあつてはその者についての第六十七条の表第三欄に規定する実務証明責任者と同様とする（次条第一項の表の場合においても同様とする。）。

九　音楽及び美術の各教科についての普通免許状については、当分の間、各教科の指導法に関する科目及び教諭の教育の基礎的理解に関する科目等の単位数（専修免許状に係る単位数については、教育職員免許法別表第一備考第七号の規定を適用した後の単位数）のうちその半数までの単位は、当該免許状に係る教科に関する専門的事項に関する科目について修得することができる。この場合において、各教科の指導法に関する科目にあつては一単位以上、その他の科目にあつては括弧内の数字以上の単位を修得するものとする。

2　学生が前項の科目の単位を修得するに当たつては、大学は、各科目についての学生の知識及び技能の修得状況に応じ適切な履修指導を行うよう努めるものとする。

3　各教科の指導法に関する科目及び教諭の教育の基礎的理解に関する科目等の単位を修得させるために大学が設置する修業年限を一年以上とする課程における単位の修得方法は、第一項に定める修得方法の例によるものとする。

4　大学は、第一項に規定する各科目の開設に当たつては、各科目の内容の整合性及び連続性を確保するとともに、効果的な教育方法を確保するよう努めるものとする。

〔単位の修得方法―高校普通免教科に関する科目〕

第五条　免許法別表第一に規定する高等学校教諭の普通免許状の授与を受ける場合の教科及び

教職に関する科目の単位の修得方法は、次の表の定めるところによる。

第一欄	第二欄	第三欄	第四欄	第五欄	第六欄
	最低修得単位数				
教科及び教職に関する科目	教科及び教科の指導法に関する科目	教育の基礎的理解に関する科目	道徳、総合的な学習の時間等の指導法及び生徒指導、教育相談等に関する科目	教育実践に関する科目	大学が独自に設定する科目
前項の各科目に含めることが必要な事項	教科に関する専門的事項 各教科の指導法（情報通信技術の活用を含む。）	教育の理念並びに教育に関する歴史及び思想 教職の意義及び教員の役割・職務内容（チーム学校運営への対応を含む。） 教育に関する社会的、制度的又は経営的事項（学校と地域との連携及び学校安全への対応を含む。） 幼児、児童及び生徒の心身の発達及び学習の過程 特別の支援を必要とする幼児、児童及び生徒に対する理解 教育課程の意義及び編成の方法（カリキュラム・マネジメントを含む。）	総合的な学習の時間の指導法 特別活動の指導法 教育の方法及び技術 情報通信技術を活用した教育の理論及び方法 生徒指導の理論及び方法 教育相談（カウンセリングに関する基礎的な知識を含む。）の理論及び方法 進路指導及びキャリア教育の理論及び方法	教育実習 教職実践演習	
専修免許状	二四	一〇（四）	八（五）	三（二） 二	三六
一種免許状	二四	一〇（四）	八（五）	三（二） 二	一二

備考

一　教科に関する専門的事項に関する科目の単位の修得方法は、免許教科の種類に応じ、それぞれ定める教科に関する専門的事項に関する科目についてそれぞれ一単位以上修得するものとする。

イ　国語　国語学（音声言語及び文章表現に関するものを含む。）、国文学（国文学史を含む。）、漢文学

ロ　地理歴史　日本史、外国史、人文地理学・自然地理学、地誌

ハ　公民　「法律学（国際法を含む。）、政治学（国際政治を含む。）」、「社会学、経済学（国際経済を含む。）」、「哲学、倫理学、宗教学、心理学」

ニ　数学　代数学、幾何学、解析学、「確率論、統計学」、コンピュータ

ホ　理科　物理学、化学、生物学、地学、「物理学実験、化学実験、生物学実験、地学実験」

ヘ　音楽　ソルフェージュ、声楽（合唱及び日本の伝統的な歌唱を含む。）、器楽（合奏及び伴奏並びに和楽器を含む。）、指揮法、音楽理論・作曲法（編曲法を含む。）・音楽史（日本の伝統音楽及び諸民族の音楽を含む。）

ト　美術　絵画（映像メディア表現を含む。）、彫刻、デザイン（映像メディア表現を含む。）、美術理論・美術史（鑑賞並びに日本の伝統美術及びアジアの美術を含む。）

チ　工芸　図法・製図、デザイン、工芸制作（プロダクト制作を含む。）、工芸理論・デザイン理論・美術史（鑑賞並びに日本の伝統工芸及びアジアの工芸を含む。）

リ　書道　書道（書写を含む。）、書道史、「書論、鑑賞」、「国文学、漢文学」

ヌ　保健体育　体育実技、「体育原理、体育心理学、体育経営管理学、体育社会学、体育史」・運動学（運動方法学を含む。）、生理学（運動生理学を含む。）、衛生学・公衆衛生学、学校保健（小児保健、精神保健、学校安全及び救急処置を含む。）

ル　保健　「生理学、栄養学、微生物学、解剖学」、衛生学・公衆衛生学、学校保健（小児保健、精神保健、学校安全及び救急処置を含む。）

ヲ　看護　「生理学、生化学、病理学、微生物学、薬理学」、看護学（成人看護学、老年看護学及び母子看護学を含む。）、看護実習

ワ　家庭　家庭経営学（家族関係学及び家庭経済学を含む。）、被服学（被服実習を

含む。）、食物学（栄養学、食品学及び調理実習を含む。）、住居学、保育学
カ　情報　情報社会（職業に関する内容を含む。）・情報倫理、コンピュータ・情報処理、情報システム、情報通信ネットワーク、マルチメディア表現・マルチメディア技術
ヨ　農業　農業の関係科目、職業指導
タ　工業　工業の関係科目、職業指導
レ　商業　商業の関係科目、職業指導
ソ　水産　水産の関係科目、職業指導
ツ　福祉　社会福祉学（職業指導を含む。）、高齢者福祉・児童福祉・障害者福祉、社会福祉援助技術、介護理論・介護技術、社会福祉総合実習（社会福祉援助実習及び社会福祉施設等における介護実習を含む。）、人体構造に関する理解・日常生活行動に関する理解、加齢に関する理解・障害に関する理解
ネ　商船　商船の関係科目、職業指導
ナ　職業指導　職業指導、職業指導の技術、職業指導の運営管理
ラ　英語　英語学、英語文学、英語コミュニケーション、異文化理解
ム　宗教　宗教学、宗教史、「教理学、哲学」

二　各教科の指導法（情報通信技術の活用を含む。）、教育課程の意義及び編成の方法（カリキュラム・マネジメントを含む。）、総合的な探究の時間の指導法、特別活動の指導法、教育の方法及び技術並びに情報通信技術を活用した教育の理論及び方法は、学校教育法施行規則第八十四条に規定する高等学校学習指導要領に掲げる事項に即し、育成を目指す資質・能力を育むための主体的・対話的で深い学びの実現に向けた授業改善に資する内容並びに包括的な内容を含むものとする。
三　教育実習は、高等学校及び中学校の教育を中心とするものとする。
四　教論の教育の基礎的理解に関する科目等の単位は、教育の基礎的理解に関する科目にあつては八単位まで、道徳、総合的な学習の時間等の指導法及び生徒指導、教育相談等に関する科目、教育実習並びに教職実践演習にあつてはそれぞれ二単位まで、幼稚園、小学校又は中学校の教論の普通免許状の授与を受ける場合のそれぞれの科目の単位をもつてあてることができる。
五　数学、理科、音楽、美術、工芸、書道、農業、商業、水産及び商船の各教科についての普通免許状については、当分の間、各教科の指導法に関する科目及び教論の教育の基礎的理解に関する科目等の単位数（専修免許状に係る単位数については、教育職員免許法別表第一備考第七号の規定を適用した後の単位数）のうちその半数までの単位は、当該免許状に係る教科に関する専門的事項に関する科目について修得することができる。この場合において、各教科の指導法に関する科目にあつては一単位以上、その他の科目にあつては括弧内の数字以上の単位を修得するものとする。
六　工業の普通免許状の授与を受ける場合は、当分の間、各教科の指導法に関する科目及び教論の教育の基礎的理解に関する科目等（専修免許状に係る単位数については、免許法別表第一備考第七号の規定を適用した後の単位数）の全部又は一部の単位は、当該免許状に係る教科に関する専門的事項に関する科目について修得することができる。
七　専修免許状又は一種免許状授与の所要資格を得るために必要な科目の単位のうち、教科及び教科の指導法に関する科目にあつては八単位まで、教育の基礎的理解に関する科目にあつては六単位まで、道徳、総合的な学習の時間等の指導法及び生徒指導、教育相談等に関する科目にあつては四単位まで、指定大学が加える科目の単位をもつてあてることができる。

2　学生が前項の科目の単位を修得するに当たつては、大学は、各科目についての学生の知識及び技能の修得状況に応じ適切な履修指導を行うよう努めるものとする。
3　各教科の指導法に関する科目及び教論の教育の基礎的理解に関する科目等の単位を修得させるために大学が設置する修業年限を一年以上とする課程における単位の修得方法は、第一項に定める修得方法の例によるものとする。
4　大学は、第一項に規定する各科目の開設に当たつては、各科目の内容の整合性及び連続性を確保するとともに、効果的な教育方法を確保するよう努めるものとする。
第六条　削除
〔単位の修得方法－特別支援学校普通免特別支援教育に関する科目〕
第七条　免許法別表第一に規定する特別支援学校教論の普通免許状の授与を受ける場合の特別支援教育に関する科目の単位の修得方法は、次の表の定めるところによる。

免許状の種類＼特別支援教育に関する科目		最低修得単位数					
		第一欄	第二欄		第三欄		第四欄
		特別支援教育の基礎理論に関する科目	特別支援教育領域に関する科目		免許状に定められることとなる特別支援教育領域以外の領域に関する科目		心身に障害のある幼児、児童又は生徒についての教育実習
			心身に障害のある幼児、児童又は生徒の心理、生理及び病理に関する科目	心身に障害のある幼児、児童又は生徒の教育課程及び指導法に関する科目	心身に障害のある幼児、児童又は生徒の心理、生理及び病理に関する科目	心身に障害のある幼児、児童又は生徒の教育課程及び指導法に関する科目	
特別支援学校教諭	専修免許状	二	十六		五		三
	一種免許状	二	十六		五		三
	二種免許状	二	八		三		三

備考

一　第一欄に掲げる科目は、特別支援学校の教育に係る、心身に障害のある幼児、児童又は生徒についての教育の理念並びに教育に関する歴史及び思想並びに心身に障害のある幼児、児童又は生徒についての教育に係る社会的、制度的又は経営的事項を含むものとする。

二　第二欄に掲げる科目の単位の修得方法は、特別支援教育領域のうち、一又は二以上の免許状教育領域（授与を受けようとする免許状に定められることとなる特別支援教育領域をいう。第五号及び次項において同じ。）について、それぞれ次のイ又はロに定める単位を修得するものとする。

イ　視覚障害者又は聴覚障害者に関する教育の領域を定める免許状の授与を受けようとする場合にあつては、当該領域に関する心身に障害のある幼児、児童又は生徒の心理、生理及び病理に関する科目（以下「心理等に関する科目」という。）並びに当該領域に関する心身に障害のある幼児、児童又は生徒の教育課程及び指導法に関する科目（以下「教育課程等に関する科目」という。）について合わせて八単位（二種免許状の授与を受ける場合にあつては四単位）以上（当該心理等に関する科目に係る一単位以上及び当該教育課程等に関する科目に係る二単位（二種免許状の授与を受ける場合にあつては一単位）以上を含む。）

ロ　知的障害者、肢体不自由者又は病弱者（身体虚弱者を含む。以下同じ。）に関する教育の領域を定める免許状の授与を受けようとする場合にあつては、当該領域に関する心理等に関する科目及び当該領域に関する教育課程等に関する科目について合わせて四単位（二種免許状の授与を受ける場合にあつては二単位）以上（当該心理等に関する科目に係る一単位以上及び当該教育課程等に関する科目に係る二単位（二種免許状の授与を受ける場合にあつては一単位）以上を含む。）

三　教育課程等に関する科目は、各特別支援教育領域に関する自立活動に関する内容を含むものとする。

四　知的障害者に関する教育の領域に関する教育課程等に関する科目は、そのカリキュラム・マネジメントを含むものとする。

五　第三欄に掲げる科目は、視覚障害者、聴覚障害者、知的障害者、肢体不自由者、病弱者及び複数の種類の障害を併せ有する者に関する教育並びにその他障害により教育上特別の支援を必要とする者（発達障害者を含む。）に対する教育に関する事項のうち、免許状教育領域に関する事項以外の全ての事項を含むものとする。

六　第四欄に定める単位は、特別支援学校において、教員として一年以上良好な成績で勤務した旨の実務証明責任者の証明を有するものについては、経験年数一年について一単位の割合で、それぞれ第一欄から第三欄までに掲げる科目に関する単位をもつて、これに替えることができる。

七　前号に規定する実務証明責任者は、特別支援学校の教員についての免許法別表第三の第三欄に規定する実務証明責任者と同様とする（第五項第三号においても同様とする。）

2　免許法別表第一に規定する特別支援学校教諭の専修免許状の授与を受ける場合の特別支援教育に関する科目の単位は、前項に規定するもののほか、免許状教育領域の種類に応じ、大学の加える特別支援教育に関する科目についても修得することができる。

3　専修免許状又は一種免許状授与の所要資格を得るために必要な科目の単位のうち、専修免許状又は一種免許状に係る第一欄から第三欄に掲げる科目の単位数から二種免許状に係る同欄に掲げる科目の単位数を差し引いた単位数までは、指定大学が加える科目の単位をもつてあてることができる。

4　特別支援教育に関する科目の修得により免許法第五条の二第三項の規定による新教育領域の追加の定めを受けようとする場合における特別支援教育に関する科目の単位の修得方法は、追加の定めを受けようとする新教育領域の種類に応じ、第一項の表備考第二号イ又はロに定める単位を修得するものとする。

5　前項の規定により修得するものとされる単位は、新教育領域の追加の定めを受けようとする者が免許状の授与を受けた際又は過去に新教育領域の追加の定めを受けた際に修得した単位（新たに追加の定めを受けようとする新教育領域に関する科目に係るものに限る。）をもつて、これに替えることができる。この場合において、第一項の表の第三欄に掲げる科目について修得した単位数が同欄に定める最低修得単位数に不足することとなるときは、同欄に掲げる科目について、その不足する単位数と同数以上の単位を修得しなければならない。

6　免許法第五条の二第三項に規定する教育職員検定のうち、特別支援学校教諭の普通免許状に新教育領域を追加して定める場合の学力及び実務の検定は、次に定めるところによつて行わなければならない。

一　学力の検定は、追加の定めを受けようとする新教育領域の種類に応じ、第一項の表第二欄に掲げる科目についてそれぞれ次のイ又はロに定める単位を修得するものとする。

イ　視覚障害者又は聴覚障害者に関する教育の領域の追加の定めを受けようとする場合にあつては、当該領域に関する心理等に関する科目及び当該領域に関する教育課程等に関する科目について合わせて四単位（二種免許状に新教育領域の追加の定めを受けようとする場合にあつては二単位）以上（当該心理等に関する科目に係る一単位以上及び当該教育課程等に関する科目に係る一単位以上を含む。）

ロ　知的障害者、肢体不自由者又は病弱者に関する教育の領域の追加の定めを受けようとする場合にあつては、当該領域に関する心理等に関する科目及び当該領域に関する教育課程等に関する科目並びに当該心理等に関する科目及び当該教育課程等に関する科目の内容を含む科目（以下この号において「心理及び教育課程等に関する科目」という。）についてそれぞれ一単位（二種免許状に当該領域の追加の定めを受ける場合にあつては当該心理及び教育課程等に関する科目一単位）以上

二　前号の単位は、文部科学大臣の認定する講習、大学の公開講座若しくは通信教育において修得した単位又は文部科学大臣が大学に委嘱して行う試験の合格により修得した単位をもつて替えることができる。

三　実務の検定は、特別支援学校の教員（専修免許状又は一種免許状に新教育領域の追加の定めを受けようとする場合にあつては、当該免許状に定められている特別支援教育領域又は追加の定めを受けようとする新教育領域を担任する教員に限り、二種免許状に新教育領域の追加の定めを受けようとする場合にあつては、幼稚園、小学校、中学校、義務教育学校、高等学校、中等教育学校又は幼保連携型認定こども園の教員を含む。）として一年間良好な成績で勤務した旨の実務証明責任者の証明を有することを必要とする。

7　第五項の規定は、前項の場合について準用する。この場合において、「前項」とあるのは「第六項」と読み替えるものとする。

8　免許法別表第一備考第六号に規定する特別支援教育に関する科目の単位を修得させるために大学が設置する修業年限を一年以上とする課程（以下「特別支援教育特別課程」という。）における特殊教育に関する科目の単位の修得方法は、第一項から第五項までに定める修得方法の例によるものとする。

第八条　削除

〔単位の修得方法―養護教諭普通免許状に関する科目〕

第九条　免許法別表第二に規定する養護教諭の普通免許状の授与を受ける場合の養護及び教職に関する科目の単位の修得方法は、次の表の定めるところによる。

第一欄	最低修得単位数				
	第二欄	第三欄	第四欄	第五欄	第六欄
養護及び教職に関する科目	養護に関する科目	教育の基礎的理解に関する科目	道徳、総合的な学習の時間等の内容及び生徒指導、教育相談等に関する科目	教育実践に関する科目	大学が独自に設定する科目
右項の各科目に含めることが必要な事項		教育の理念並びに教育に関する歴史及び思想 教職の意義及び教員の役割・職務内容（チーム学校運営への対応を含む。） 教育に関する社会的、制度的又は経営的事項（学校と地域との連携及び学校安全への対応を含む。） 幼児、児童及び生徒の心身の発達及び学習の過程 特別の支援を必要とする幼児、児童及び生徒に対する理解 教育課程の意義及び編成の方法（カリキュラム・マネジメントを含む。）	道徳、総合的な学習の時間及び総合的な探究の時間並びに特別活動に関する内容 教育の方法及び技術（情報機器及び教材の活用を含む。） 生徒指導の理論及び方法 教育相談（カウンセリングに関する基礎的な知識を含む。）の理論及び方法	養護実習 教職実践演習	
専修免許状	二八	八	六	五 二	三一

養護教諭	一種免許状	二八	八	六	五	二	七
	二種免許状	二四	五	三	四	二	四

備考

一　養護に関する科目の単位の修得方法は、次に掲げる免許状の授与を受ける場合に応じ、それぞれ定める単位数を修得するものとする。

イ　専修免許状又は一種免許状　衛生学・公衆衛生学（予防医学を含む。）四単位以上、学校保健二単位以上、養護概説二単位以上、健康相談活動の理論・健康相談活動の方法二単位以上、栄養学（食品学を含む。）二単位以上、解剖学・生理学二単位以上、「微生物学、免疫学、薬理概論」二単位以上、精神保健二単位以上、看護学（臨床実習及び救急処置を含む。）十単位以上

ロ　二種免許状　衛生学・公衆衛生学（予防医学を含む。）二単位以上、学校保健一単位以上、養護概説一単位以上、健康相談活動の理論・健康相談活動の方法二単位以上、栄養学（食品学を含む。）二単位以上、解剖学・生理学二単位以上、「微生物学、免疫学、薬理概論」二単位以上、精神保健二単位以上、看護学（臨床実習及び救急処置を含む。）十単位以上

二　道徳、総合的な学習の時間等の内容及び生徒指導、教育相談等に関する科目に教育課程の意義及び編成の方法（カリキュラム・マネジメントを含む。）の内容を含む場合にあつては、教育の基礎的理解に関する科目に教育課程の意義及び編成の方法（カリキュラム・マネジメントを含む。）の内容を含むことを要しない（次条の表の場合においても同様とする。）。

三　養護実習の単位は、養護教諭、養護助教諭又は第六十九条の二に規定する職員として一年以上良好な成績で勤務した旨の実務証明責任者の証明を有する者については、経験年数一年について一単位の割合で、教育の基礎的理解に関する科目、道徳、総合的な学習の時間等の内容及び生徒指導、教育相談等に関する科目又は教育実践に関する科目（以下「養護教諭・栄養教諭の教育の基礎的理解に関する科目等」という。）（養護実習を除く。）の単位をもつて、これに替えることができる。

三の二　前号に規定する実務証明責任者は、養護教諭、養護助教諭又は第六十九条の二に規定する職員にあつてはその者の勤務する学校の教員についての免許法別表第三の第三欄に規定する実務証明責任者と同様とする。

四　教育の基礎的理解に関する科目又は道徳、総合的な学習の時間等の内容及び生徒指導、教育相談等に関する科目の単位は、教育の基礎的理解に関する科目にあつては六単位（二種免許状の授与を受ける場合にあつては四単位）まで、道徳、総合的な学習の時間等の内容及び生徒指導、教育相談等に関する科目にあつては二単位まで、幼稚園、小学校、中学校又は高等学校の教諭の普通免許状の授与を受ける場合のそれぞれの教育の基礎的理解に関する科目又は道徳、総合的な学習の時間等の内容及び生徒指導、教育相談等に関する科目の単位をもつてあてることができる（次条の表の場合においても同様とする。）。

五　教育の基礎的理解に関する科目又は道徳、総合的な学習の時間等の内容及び生徒指導、教育相談等に関する科目の単位は、教育の基礎的理解に関する科目にあつては六単位（二種免許状の授与を受ける場合にあつては四単位）まで、道徳、総合的な学習の時間等の内容及び生徒指導、教育相談等に関する科目にあつては八単位（二種免許状の授与を受ける場合にあつては四単位）まで、栄養教諭の普通免許状の授与を受ける場合のそれぞれの科目の単位をもつてあてることができる（次条の表の場合においても同様とする。）。

六　大学が独自に設定する科目の単位の修得方法は、次に掲げる免許状の授与を受ける場合に応じ、それぞれ定める科目について修得するものとする。

イ　専修免許状　養護に関する科目又は養護教諭・栄養教諭の教育の基礎的理解に関する科目等

ロ　一種免許状又は二種免許状　養護に関する科目若しくは養護教諭・栄養教諭の教育の基礎的理解に関する科目等又は大学が加えるこれらに準ずる科目

七　免許法別表第二の養護教諭の一種免許状のロの項に規定する養護及び教職に関する科目の単位の修得方法は、養護に関する科目のうち衛生学・公衆衛生学（予防医学を含む。）、学校保健、養護概説及び栄養学（食品学を含む。）に含まれる内容について、合わせて三単位以上を、教育の基礎的理解に関する科目（教育の理念並びに教育に関する歴史及び思想に係る部分に限る。次号において「教育の理念並びに教育に関する歴史及び思想に関する科目」という。）、教育の基礎的理解に関する科目（幼児、児童及び生徒の心身の発達及び学習の過程に係る部分に限る。次号において「幼児、児童及び生徒の心身の発達及び学習の過程に関する科目」という。）並びに特別の支援を必要とする幼児、児童及び生徒に対する理解に関する科目のうち一以上の科目並びに養護実習について、それぞれ二単位以上を修得するものとする。

八　免許法別表第二の養護教諭の一種免許状のハの項に規定する養護及び教職に関する科目の単位の修得方法は、養護に関する科目のうち衛生学・公衆衛生学（予防医学を含む。）並びに栄養学（食品学を含む。）についてそれぞれ二単位以上を、学校

保健及び養護概説について合わせて二単位以上を、教育の理念並びに教育に関する歴史及び思想に関する科目、幼児、児童及び生徒の心身の発達及び学習の過程に関する科目並びに特別の支援を必要とする幼児、児童及び生徒に対する理解に関する科目のうち一以上の科目並びに養護実習について、それぞれ二単位以上を修得するものとする。

〔単位の修得方法―栄養教諭普通免教職に関する科目〕

第十条　免許法別表第二の二に規定する栄養教諭の普通免許状の授与を受ける場合の栄養に係る教育及び教職に関する科目の単位の修得方法は、次の表の定めるところによる。

第一欄	第二欄	第三欄	第四欄	第五欄	第六欄
	最低修得単位数				
栄養に係る教育及び教職に関する科目	栄養に係る教育に関する科目	教育の基礎的理解に関する科目	道徳、総合的な学習の時間等の内容及び生徒指導、教育相談等に関する科目	教育実践に関する科目	大学が独自に設定する科目
右項の各科目に含めることが必要な事項		教育の理念並びに教育に関する歴史及び思想 教職の意義及び教員の役割・職務内容（チーム学校運営への対応を含む。） 教育に関する社会的、制度的又は経営的事項（学校と地域との連携及び学校安全への対応を含む。） 幼児、児童及び生徒の心身の発達及び学習の過程 特別の支援を必要とする幼児、児童及び生徒に対する理解 教育課程の意義及び編成の方法（カリキュラム・マネジメントを含む。）	道徳、総合的な学習の時間及び総合的な探究の時間並びに特別活動に関する内容 教育の方法及び技術（情報機器及び教材の活用を含む。） 生徒指導の理論及び方法 教育相談（カウンセリングに関する基礎的な知識を含む。）の理論及び方法	栄養教育実習 教職実践演習	
栄養教諭 専修免許状	四	八	六	二 二	二四
栄養教諭 一種免許状	四	八	六	二 二	
栄養教諭 二種免許状	二	五	三	二 二	

備考

一　栄養に係る教育に関する科目の単位の修得方法は、栄養教諭の役割及び職務内容に関する事項、幼児、児童及び生徒の栄養に係る課題に関する事項、食生活に関する歴史的及び文化的事項並びに食に関する指導の方法に関する事項を含む科目について、専修免許状又は一種免許状の授与を受ける場合にあつては四単位以上を、二種免許状の授与を受ける場合にあつては二単位以上を修得するものとする。

二　大学が独自に設定する科目の単位の修得方法は、栄養に係る教育に関する科目若しくは大学が加えるこれに準ずる科目（管理栄養士学校指定規則（昭和四十一年文部省・厚生省令第二号）別表第一に掲げる教育内容に係るものに限る。）又は養護教諭・栄養教諭の教育の基礎的理解に関する科目等のうち一以上の科目について単位を修得するものとする。

〔免許状または所要資格を有する者が上位免許状を取得するときの既得単位の扱い〕

第十条の二　幼稚園、小学校、中学校若しくは特別支援学校の教諭、養護教諭若しくは栄養教諭の一種免許状若しくは二種免許状を有する者若しくは高等学校教諭の一種免許状を有する者又はこれらの免許状に係る所要資格を得ている者が、免許法別表第一、別表第二又は別表第二の二の規定により、それぞれの専修免許状又は一種免許状の授与を受けようとするときは、これらの別表の専修免許状又は一種免許状に係る第三欄に定める単位数のうちその者が有し又は所要資格を得ている一種免許状又は二種免許状に係る第三欄に定める単位数は、既に修得したものとみなす。

2　前項の規定の適用を受ける場合（一種免許状を有している者又は一種免許状に係る所要資格を得ている者が専修免許状の授与を受けようとする場合を除く。）の各教科の指導法に関する科目（幼稚園教諭の普通免許状の授与を受ける場合にあつては保育内容の指導法に関する科目。第二十条第一項、第二十二条第四項及び第六十六条の八において同じ。）、教諭の教育の基礎的理解に関する科目等若しくは養護教諭・栄養教諭の教育の基礎的理解に関する科目等（第二十二条第四項において「教育の基礎的理解に関する科目等」という。）、特別支援教育に関する科目、養護に関する科目又は栄養に係る教育に関する科目の単位の修得方法は、第二条から第五条まで、第七条、第九条及び第十条に規定する授与を受けようとする専修免許状又は一種免許状に係る各科目の単位数から二種免許状に係る各科目の単位数を差し引いた単位数について修得するものとする。

3　免許法別表第一、別表第二又は別表第二の二の規定により幼稚園、小学校、中学校若しくは特別支援学校の教諭、養護教諭又は栄養教諭の専修免許状若しくは一種免許状の授与を受けようとする者又は高等学校教諭の専修免許状の授与を受けようとする者は、それぞれの一種免許状又は二種免許状（高等学校教諭の普通免許状の授与を受けようとする場合にあつては一種免許状）の授与を受けるために修得した科目の単位をこれらの別表の専修免許状又は一種免許状（高等学校教諭の普通免許状の授与を受けようとする場合にあつては専修免許状）に係る第三欄に掲げる単位数に含めることができる。ただし、第二条から前条までに規定する一種免許状又は二種免許状（高等学校教諭の普通免許状の授与を受けようとする場合にあつては一種免許状）に係る各科目の単位数を上限とする。

4　第七条第四項又は第六項の規定により一種免許状に新教育領域の追加の定めを受けようとする者が、当該領域を定めた二種免許状を所持している場合、当該領域を定めた二種免許状に係る所要資格を得ている場合又は特別支援学校教諭の二種免許状に当該新教育領域の追加の定めを受けることができる者である場合には、同条第四項又は第六項に定める単位数のうち二種免許状に当該領域の追加の定めを受けるためにそれぞれ必要な単位数は、既に修得したものとみなす。

5　第七条第四項又は第六項の規定により一種免許状に新教育領域の追加の定めを受けようとする者は、当該新教育領域を定めた二種免許状の授与を受けるため、又は二種免許状に当該新教育領域の追加の定めを受けるために修得した科目の単位を同条第四項又は第六項に定める一種免許状に係る単位数に含めることができる。ただし、同条第四項又は第六項に定める単位数のうち、二種免許状に当該新教育領域の追加の定めを受けるためにそれぞれ必要な単位数を上限とする。

（他の大学で修得した科目の単位）

第十条の三　免許法別表第一、別表第二又は別表第二の二の規定により普通免許状の授与を受けようとする者は、認定課程（第十九条に規定する認定課程をいう。以下この条において同じ。）を有する他の大学において修得した科目の単位のうち、大学設置基準第二十七条の三（大学院設置基準第十五条において準用する場合を含む。）、専門職大学設置基準第二十三条、短期大学設置基準第十三条の三、専門職短期大学設置基準第二十条又は専門職大学院設置基準（平成十五年文部科学省令第十六号）第十二条の規定により認定課程を有する大学における授業科目の履修により修得したものとみなされるものについては、当該大学が有する認定課程に係る免許状の授与を受けるための科目の単位に含めることができる。

2　免許法別表第一、別表第二又は別表第二の二の規定により普通免許状の授与を受けようとする者は、認定課程を有する大学の認めるところにより、認定課程を有する他の大学（授与を受けようとする普通免許状に係る学校に相当する学校の教員を養成する外国の大学を含む。）において修得した科目の単位のうち、大学設置基準第二十八条（大学院設置基準第十五条において準用する場合を含む。）、専門職大学設置基準第二十四条、短期大学設置基準第十四条、専門職短期大学設置基準第二十一条又は専門職大学院設置基準第十三条、第二十一条若しくは第二十七条の規定により当該大学における授業科目の履修により修得したものとみなされるものについては、当該大学が有する認定課程に係る免許状の授与を受けるための科目の単位に含めることができる。

3　認定課程を有する大学に入学した者は、当該大学の認めるところにより、当該大学に入学する前に大学（認定課程を有する大学（授与を受けようとする普通免許状に係る学校に相当する学校の教員を養成する外国の大学を含む。）に限る。）において修得した科目の単位のうち、大学設置基準第三十条第一項（大学院設置基準第十五条において準用する場合を含む。）、専門職大学設置基準第二十六条第一項、短期大学設置基準第十六条第一項、専門職短期大学設置基準第二十三条第一項又は専門職大学院設置基準第十四条第一項、第二十二条第一項若しくは第二十八条第一項の規定により当該大学における授業科目の履修により修得したものとみなされるものについては、当該大学が有する認定課程に係る免許状の授与を受けるための科目の単位に含めることができる。この場合において、当該大学に入学する前の大学が短期大学である場合にあつては、第二条から第五条まで、第七条、第九条及び第十条に規定する二種免許状（高等学校教諭の普通免許状の授与を受ける場合にあつては、中学校教諭の二種免許状）に係る各科目の単位数を上限とする。

（法別表第三に規定する単位の修得方法）

第十一条　免許法別表第三の規定により普通免許状の授与を受ける場合（特別免許状を有する者で免許法別表第三の規定により普通免許状の授与を受ける場合を除く。）の単位の修得方法は、次の表の第一欄に掲げる免許状の種類に応じ、それぞれ第二欄に掲げる科目の単位を含めて第三欄に掲げる単位を修得するものとする。

第一欄	第二欄					第三欄
受けようとする免許状の種類	領域に関する専門	教科に関する専門	保育内容の指導法に関する科目	各教科の指導法に関する科目又	大学が独自に	最低修得単位

		的事項に関する科目	的事項に関する科目	又は教諭の教育の基礎的理解に関する科目等	は教諭の教育の基礎的理解に関する科目等	設定する科目	数
幼稚園教諭	専修免許状					一五	一五
	一種免許状	四		二〇		六	四五
	二種免許状	五		三〇			四五
小学校教諭	専修免許状					一五	一五
	一種免許状		四		二二	五	四五
	二種免許状		四		二九	二	四五
中学校教諭	専修免許状					一五	一五
	一種免許状		一〇		一六	四	四五
	二種免許状		一〇		二二	四	四五
高等学校教諭	専修免許状					一五	一五
	一種免許状		一〇		二二	八	四五

備考

一　第二欄に掲げる各科目の単位の修得方法は、それぞれ第二条から第五条の二までに定める修得方法の例にならうものとする。

二　高等学校教諭の一種免許状の授与を受けようとする者が、大学に二年以上在学し、六十二単位以上を修得した者又は高等専門学校を卒業した者で、免許法第五条第五項の規定により高等学校助教諭の臨時免許状の授与を受けたものであり、かつ、大学又は高等専門学校において各教科の指導法に関する科目又は教諭の教育の基礎的理解に関する科目等について四単位以上を修得していないものであるときは、四単位に不足する単位数に十二単位を加えた単位数を、各教科の指導法に関する科目又は教諭の教育の基礎的理解に関する科目等の単位として修得しなければならない。

三　幼稚園、小学校、中学校又は高等学校の教諭の一種免許状の授与を受けようとする者が大学に三年以上在学し、かつ、九十三単位以上を修得したもの又は大学に二年以上及び大学の専攻科に一年以上在学し、かつ、九十三単位以上を修得したものであるときは、その者は、次に掲げる免許状の授与を受ける場合に応じ、この表の当該一種免許状の項の第三欄に掲げる最低修得単位数のうち、第二欄に掲げる科目の単位数を修得したものとみなして、この表を適用する。

イ　幼稚園教諭の一種免許状　領域に関する専門的事項に関する科目二単位及び保育内容の指導法に関する科目又は教諭の教育の基礎的理解に関する科目等八単位を含めて二十単位

ロ　小学校教諭の一種免許状　教科に関する専門的事項に関する科目二単位及び各教科の指導法に関する科目又は教諭の教育の基礎的理解に関する科目等八単位を含めて二十単位

ハ　中学校教諭の一種免許状　教科に関する専門的事項に関する科目四単位及び各教科の指導法に関する科目又は教諭の教育の基礎的理解に関する科目等六単位を含めて二十単位

ニ　高等学校教諭の一種免許状　教科に関する専門的事項に関する科目五単位及び各教科の指導法に関する科目又は教諭の教育の基礎的理解に関する科目等五単位を含めて二十単位

四　保健の教科についての中学校教諭の一種免許状の授与を受けようとする者が旧国立養護教諭養成所を卒業したものであるときは、その者は、この表の中学校教諭の一種免許状の項の第三欄に掲げる最低修得単位数のうち、第二欄に掲げる教科に関する専門的事項に関する科目四単位及び各教科の指導法に関する科目又は教諭の教育の基礎的理解に関する科目等六単位を含めて二十単位を修得したものとみなして、この表を適用する。

2　免許法別表第三の規定により一種免許状又は二種免許状の授与を受けようとする者は、前項の表の第二欄に掲げる各科目以外の科目の単位を修得するに当たつては、幅広く深い教養を身に付けるよう努めなければならない。

第十一条の二　特別免許状を有する者で免許法別表第三の規定により普通免許状の授与を受ける場合の単位の修得方法は、次の表の定めるところによる。

第一欄		第二欄	
受けようとする免許状の種類		各教科の指導法に関する科目又は教諭の教育の基礎的理解に関する科目等	大学が独自に設定する科目
小学校教諭	専修免許状	二六	一五
	一種免許状	二六	
中学校教諭	専修免許状	一〇	一五
高等学校教諭	専修免許状	一〇	一五

備考

一　第二欄に掲げる大学が独自に設定する科目の単位の修得方法は、第二条第一項の表備考第十四号に定める修得方法の例にならうものとする。

二　小学校教諭の専修免許状又は一種免許状の授与を受ける場合の各教科の指導法に関する科目又は教諭の教育の基礎的理解に関する科目等の単位の修得方法は、第三条第一項の表に規定する教育の基礎的理解に関する科目六単位以上並びに道徳、総合的な学習の時間等の指導法及び生徒指導、教育相談等に関する科目四単位以上並びに国語等の教科の指導法に関する科目のうち専修免許状又は一種免許状の授与を受けようとするものが有している特別免許状の教科以外の教科の指導法に関する科目についてそれぞれ二単位以上を修得するものとする。

三　中学校教諭又は高等学校教諭の専修免許状の授与を受ける場合の各教科の指導法に関する科目及び教諭の教育の基礎的理解に関する科目等の単位の修得方法は、第四条第一項又は第五条第一項の表に規定する教育の基礎的理解に関する科目六単位以上並びに道徳、総合的な学習の時間等の指導法及び生徒指導、教育相談等に関する科目四単位以上を修得するものとする。

第十二条　第十一条第一項の表備考第三号又は第四号に規定する者の免許法別表第三の第三欄に定める最低在職年数の通算については、その者の大学又は旧国立養護教諭養成所における在学年数が三年以上である場合は在職年数二年とみなして取り扱うことができる。第十七条第一項の表備考に規定する者の免許法別表第六の第三欄に定める最低在職年数の通算についても、同様とする。

第十三条　免許法別表第三の規定により一種免許状又は二種免許状の授与を受けようとする者が、同表備考第七号の規定により十単位の修得をもつて足りる場合における単位の修得方法は、次の表の定めるところによる。

受けようとする免許状の種類		最低修得単位数				
		領域に関する専門的事項に関する科目	教科に関する専門的事項に関する科目	保育内容の指導法に関する科目又は教諭の教育の基礎的理解に関する科目等	各教科の指導法に関する科目又は教諭の教育の基礎的理解に関する科目等	大学が独自に設定する科目
幼稚園教諭	一種免許状	一		七		二
	二種免許状	一		九		
小学校教諭	一種免許状		一		七	二
	二種免許状		一		八	一
中学校教諭	一種免許状		三		五	二
	二種免許状		三		六	一
高等学校教諭	一種免許状		三		四	三

備考　この表各項の各科目の単位の修得方法は、それぞれ第二条から第五条までに定める修得方法の例にならうものとする。

第十四条　免許法別表第三の規定により一種免許状又は二種免許状の授与を受けようとする者

で、同表備考第七号の規定の適用を受けるもの（十単位の修得をもつて足りる者を除く。）の単位の修得方法は、第十一条及び前条に定める修得方法を参酌して、都道府県の教育委員会規則で定める。

（法別表第四に規定する単位の修得方法）

第十五条 免許法別表第四に規定する中学校又は高等学校の教諭の普通免許状の授与を受ける場合の教科及び教職に関する科目の単位の修得方法は、次の表の定めるところによる。

受けようとする免許状の種類		最低修得単位数		
		教科に関する専門的事項に関する科目	各教科の指導法に関する科目	大学が独自に設定する科目
中学校教諭	専修免許状	二〇	八	二四
	一種免許状	二〇	八	
	二種免許状	一〇	三	
高等学校教諭	専修免許状	二〇	四	二四
	一種免許状	二〇	四	

備考

一 教科に関する専門的事項に関する科目の単位の修得方法は、それぞれ第四条第一項の表備考第一号から第四号まで又は第五条第一項の表備考第一号に定める修得方法の例にならうものとする。

二 各教科の指導法に関する科目の単位は受けようとする免許教科ごとに修得するものとする。

三 中学校又は高等学校の教諭の専修免許状の授与を受ける場合の大学が独自に設定する科目の単位の修得方法は、第二条の表備考第十四号に定める修得方法の例にならうものとする。

2 次の表の第一欄に掲げる事項についての免許法第十六条の四第一項の免許状を有する者が免許法別表第四の規定により次の表の第二欄に掲げる教科についての高等学校教諭の一種免許状の授与を受ける場合には、それぞれ前項の表の高等学校教諭の一種免許状の最低取得単位数から、教科に関する専門的事項に関する科目については四単位を、各教科の指導法に関する科目については一単位を差し引くものとする。この場合における教科に関する専門的事項に関する科目の単位の修得方法については、次の表の第三欄に掲げる単位を修得したものとみなして、前項の表備考第一号の規定を適用する。

第一欄	第二欄	第三欄	
受けている免許状の事項の種類	受けようとする免許状の教科の種類	修得したものとみなす教科に関する専門的事項に関する科目の単位数	
		第五条第一項の表に規定するもの	
柔道又は剣道	保健体育	体育実技	二
		「体育原理、体育心理学、体育経営管理学、体育社会学、体育史」及び運動学（運動方法学を含む。）	二
情報技術、建築、インテリア又はデザイン	工業	工業の関係科目	四
情報処理又は計算実務	商業	商業の関係科目	四

（法別表第五に規定する単位の修得方法）

第十六条 免許法別表第五に規定する単位の修得方法は、次の表の定めるところによる。

受けようとする免許状の種類		最低修得単位数		
		教科に関する専門的事項に関する科目	各教科の指導法に関する科目又は教諭の教育の基礎的理解に関する科目等	大学が独自に設定する科目
中学校において職業実習を担任する教諭	専修免許状			一五
	一種免許状	一〇	五	
	二種免許状	一〇	一〇	
高等学校において看護実習、家庭実習、情報実習、農業実習、工業実習、商業実習、水産実習、福祉実習又は商船実習を担任する教諭	専修免許状	一五		
	一種免許状	五	五	

2　免許法別表第五備考第三号の規定の適用を受ける者の単位の修得方法は、前項の規定にかかわらず、同表第三欄に定める最低修得単位数が十単位である場合には、教科に関する専門的事項に関する科目五単位以上及び各教科の指導法に関する科目又は教諭の教育の基礎的理解に関する科目等五単位以上を、同表第三欄に定める最低修得単位数が十五単位である場合には、教科に関する専門的事項に関する科目八単位以上及び各教科の指導法に関する科目又は教諭の教育の基礎的理解に関する科目等七単位以上を修得するものとする。

3　免許法別表第五備考第四号の規定の適用を受ける者の単位の修得方法は、第一項の規定にかかわらず、教科に関する専門的事項に関する科目五単位以上及び各教科の指導法に関する科目又は教諭の教育の基礎的理解に関する科目等五単位以上を修得するものとする。

4　前三項の教科に関する専門的事項に関する科目の単位の修得方法は、第四条第一項の表備考第一号に定める職業についての修得方法又は第五条の表備考第一号に定める看護、家庭、情報、農業、工業、商業、水産、福祉若しくは商船についての修得方法の例にならうものとし、各教科の指導法に関する科目又は教諭の教育の基礎的理解に関する科目等の単位の修得方法は、第五条に定める修得方法の例にならうものとする。

5　第一項の表の大学が独自に設定する科目の単位の修得方法は、第二条第一項の表備考第十四号に定める修得方法の例にならうものとする。

〔法別表第六に規定する単位の修得方法〕

第十七条　免許法別表第六に規定する単位の修得方法は、次の表の第一欄に掲げる免許状の種類に応じ、それぞれ第二欄に掲げる科目の単位を含めて第三欄に掲げる単位を修得するものとする。

第一欄		第二欄			第三欄
受けようとする免許状の種類		養護に関する科目	養護教諭・栄養教諭の教育の基礎的理解に関する科目等	大学が独自に設定する科目	最低修得単位数
養護教諭	専修免許状			一五	一五
	一種免許状	八	六	二	二〇
	二種免許状	一四	八	二	三〇

備考

養護教諭の一種免許状の授与を受けようとする者が、大学に三年以上在学し、かつ、九十三単位以上を修得したもの若しくは大学に二年以上及び大学の専攻科に一年以上在学し、かつ、九十三単位以上を修得したもの又は旧国立養護教諭養成所を卒業したものであるときは、その者は、この表の当該一種免許状の項の第三欄に掲げる最低修得単位数のうち、第二欄に掲げる養護に関する科目四単位及び養護教諭・栄養教諭の教育の基礎的理解に関する科目等三単位を含めて十単位を修得したものとみなして、この表を適用する。

2 免許法別表第六の規定により一種免許状又は二種免許状の授与を受けようとする者は、前項の表の第二欄に掲げる養護に関する科目及び養護教諭・栄養教諭の教育の基礎的理解に関する科目等以外の科目の単位を修得するに当たつては、幅広く深い教養を身に付けるよう努めなければならない。

3 免許法別表第六備考第一号又は第二号の規定の適用を受ける者の単位の修得方法は、第一項の規定にかかわらず、養護に関する科目四単位及び養護教諭・栄養教諭の教育の基礎的理解に関する科目等三単位を含めて十単位を修得するものとする。

4 第一項及び前項の養護に関する科目、養護教諭・栄養教諭の教育の基礎的理解に関する科目等及び大学が独自に設定する科目の単位の修得方法は、第九条に定める修得方法の例にならうものとする。ただし、専修免許状の授与を受ける場合の大学が独自に設定する科目の単位のうち三単位までは、養護教諭・栄養教諭の教育の基礎的理解に関する科目等に準ずる科目の単位をもつて、これに替えることができる。

〔法別表第六の二に規定する単位の修得方法〕

第十七条の二 免許法別表第六の二に規定する単位の修得方法は、次の表の第一欄に掲げる免許状の種類に応じ、それぞれ第二欄に掲げる科目の単位を含めて第三欄に掲げる単位を修得するものとする。

第一欄		第二欄				第三欄
受けようとする免許状の種類		管理栄養士学校指定規則別表第一に掲げる教育内容に係る科目	栄養に係る教育に関する科目	養護教諭・栄養教諭の教育の基礎的理解に関する科目等	大学が独自に設定する科目	最低修得単位数
栄養教諭	専修免許状				一五	一五
	一種免許状	三二	二	六		四〇

2 免許法別表第六の二備考の規定の適用を受ける者の単位の修得方法は、前項の規定にかかわらず、栄養に係る教育に関する科目二単位以上及び養護教諭・栄養教諭の教育の基礎的理解に関する科目等六単位以上を修得するものとする。

3 前二項の単位の修得方法は、第十条に定める修得方法の例にならうものとする。

〔法別表第七に規定する単位の修得方法〕

第十八条 免許法別表第七に規定する単位の修得方法は、第七条に定める修得方法の例にならうものとする。

〔法別表第八に規定する単位の修得方法〕

第十八条の二 免許法別表第八に規定する単位の修得方法は、次の表の定めるところによる。

受けようとする免許状の種類	有することを必要とする学校の免許状	最低修得単位数							
		教科に関する専門的事項に関する科目	保育内容の指導法に関する科目	各教科の指導法に関する科目	道徳、総合的な学習の時間等の指導法及び生徒指導、教育相談等に関する科目				大学が独自に設定する科目
					道徳の理論及び指導法	生徒指導の理論及び方法	教育相談（カウンセリングに関する基礎的な知識を含む。）の理論及び方法	進路指導及びキャリア教育の理論及び方法	
幼稚園教諭二種免許状	小学校教諭普通免許状		六						
小学校教諭二種免許状	幼稚園教諭普通免許状			一〇	一		二		
	中学校教諭普通免許状			一〇			二		
	小学校教諭普通免許状	一〇		二			二		

中学校教諭二種免許状	高等学校教諭普通免許状			二	一	二	四
高等学校教諭一種免許状	中学校教諭普通免許状（二種免許状を除く。）			二		二	八

備考

一　教科に関する専門的事項に関する科目の単位の修得方法は、第四条第一項の表備考第一号に定める修得方法の例にならうものとする。

二　各教科の指導法に関する科目の単位の修得方法は、小学校教諭の二種免許状の授与を受ける場合にあつては、国語等のうち五以上の教科の指導法に関する科目（幼稚園教諭の普通免許状を有する場合にあつては生活、中学校教諭の普通免許状を有する場合にあつてはその免許教科に相当する教科を除く。）についてそれぞれ二単位以上を、中学校教諭の二種免許状又は高等学校教諭の一種免許状の授与を受ける場合にあつては、それぞれ受けようとする免許教科ごとに修得するものとする。

三　大学が独自に設定する科目の修得方法は、第二条第一項の表備考第十四号に定める修得方法の例にならうものとし、高等学校教諭の普通免許状を有する者が中学校教諭の二種免許状の授与を受ける場合の大学が独自に設定する科目の修得方法は、国語の教科についての免許状の授与を受ける場合にあつては書道（書写を中心とする。）について一単位以上を、地理歴史の教科についての免許状を有する者が社会の教科についての免許状の授与を受ける場合にあつては「法律学、政治学」、「社会学、経済学」及び「哲学、倫理学、宗教学」についてそれぞれ一単位以上を、公民の教科についての免許状を有する者が社会の教科についての免許状の授与を受ける場合にあつては日本史・外国史及び地理学（地誌を含む。）についてそれぞれ一単位以上を、理科の教科についての免許状の授与を受ける場合にあつては物理学実験・化学実験・生物学実験・地学実験について一単位以上を、美術の教科についての免許状の授与を受ける場合にあつては工芸について一単位以上を、技術の教科についての免許状の授与を受ける場合にあつては材料加工（実習を含む。）及び生物育成についてそれぞれ一単位以上を修得するものとし、中学校教諭の普通免許状（二種免許状を除く。）を有する者が高等学校教諭の一種免許状の授与を受ける場合の大学が独自に設定する科目の修得方法は、地理歴史の教科についての免許状の授与を受ける場合にあつては第五条第一項の表備考第一号に掲げる地理歴史の教科に関する専門的事項に関する科目のうち一以上の科目について一単位以上を、公民の教科についての免許状の授与を受ける場合にあつては同号に掲げる公民の教科に関する専門的事項に関する科目のうち一以上の科目について一単位以上を、情報の教科についての免許状の授与を受ける場合にあつては同号に掲げる情報の教科に関する専門的事項に関する科目（情報社会（職業に関する内容を含む。）・情報倫理及びコンピュータ・情報処理を除く。）についてそれぞれ一単位以上を、工業の教科についての免許状の授与を受ける場合にあつては同号に掲げる工業の教科に関する専門的事項に関する科目についてそれぞれ二単位以上を修得するものとする。

四　幼稚園、小学校若しくは中学校の教諭の二種免許状又は高等学校教諭の一種免許状の授与を受けようとする者について、免許法別表第八の第三欄に定める最低在職年数に加え、次の表の上欄に掲げる受けようとする免許状の種類に応じ、それぞれ同表の下欄に掲げる学校の教員として良好な成績で勤務した旨の実務証明責任者の証明を有する在職年数があるときは、三単位にその在職年数を乗じて得た単位数（免許法別表第八の第四欄に定める単位数のうちその半数までの単位数を限度とする。）を修得したものとみなして、この表を適用する。

受けようとする免許状の種類	学校
幼稚園教諭二種免許状	イ　幼稚園 ロ　特別支援学校の幼稚部 ハ　幼保連携型認定こども園
小学校教諭二種免許状	イ　小学校 ロ　学校教育法施行規則第七十九条の九第一項の規定により小学校における教育と一貫した教育を施す中学校 ハ　義務教育学校 ニ　特別支援学校の小学部
中学校教諭二種免許状	イ　学校教育法施行規則第七十九条の九第一項の規定により中学校における教育と一貫した教育を施す小学校

	ロ 中学校 ハ 義務教育学校 ニ 学校教育法（昭和二十二年法律第二十六号）第七十一条の規定により中学校における教育と一貫した教育を施す高等学校 ホ 中等教育学校 ヘ 特別支援学校の中学部
高等学校教諭一種免許状	イ 学校教育法第七十一条の規定により高等学校における教育と一貫した教育を施す中学校 ロ 高等学校 ハ 中等教育学校 ニ 特別支援学校の高等部

〔法別表第八に規定する免許状に係る教科〕

第十八条の三 免許法別表第八備考第二号に規定する中学校教諭普通免許状（二種免許状を除く。）を有する者が高等学校教諭一種免許状の授与を受けようとする場合の免許状に係る教科については、次の表の定めるところによる。

有している中学校教諭の普通免許状（二種免許状を除く。）の教科の種類	受けようとする高等学校教諭一種免許状の教科の種類
国語	国語
社会	地理歴史又は公民
数学	数学
理科	理科
音楽	音楽
美術	美術

保健体育	保健体育
保健	保健
技術	工業又は情報
家庭	家庭
外国語（英語その他外国語ごとに応ずるものとする。）	外国語（英語その他外国語ごとに応ずるものとする。）
宗教	宗教

2 免許法別表第八備考第二号に規定する高等学校教諭普通免許状を有する者が中学校教諭二種免許状の授与を受けようとする場合の免許状に係る教科については、次の表の定めるところによる。

有している高等学校教諭の普通免許状の教科の種類	受けようとする中学校教諭二種免許状の教科の種類
国語	国語
地理歴史又は公民	社会
数学	数学
理科	理科
音楽	音楽
美術	美術
保健体育	保健体育
保健	保健

工業又は情報	技術
家庭	家庭
外国語（英語その他外国語ごとに応ずるものとする。）	外国語（英語その他外国語ごとに応ずるものとする。）
宗教	宗教

〔法別表第八に規定する免許状による単位の修得方法〕

第十八条の四　免許法別表第八の規定により一種免許状又は二種免許状の授与を受けようとする者が、第十八条の二の表備考第四号の規定により免許法別表第八の第四欄に定める単位数の半数（小数点以下は切り上げる。）の修得をもつて足りる場合における単位の修得方法は、次の表の定めるところによる。

受けようとする免許状の種類	有することを必要とする学校の免許状	最低修得単位数					
		教科に関する専門的事項に関する科目	保育内容の指導法に関する科目	各教科の指導法に関する科目	道徳、総合的な学習の時間等の指導法及び生徒指導、教育相談等に関する科目		大学が独自に設定する科目
					道徳の理論及び指導法	生徒指導の理論及び方法／教育相談（カウンセリングに関する基礎的な知識を含む。）の理論及び方法／進路指導及びキャリア教育の理論及び方法	
幼稚園教諭二種免許状	小学校教諭普通免許状		三				
小学校教諭二種免許状	幼稚園教諭普通免許状			五	一	一	
	中学校教諭普通免許状			五		一	
中学校教諭二種免許状	小学校教諭普通免許状	五		一		一	
	高等学校教諭普通免許状			一	一	一	二
高等学校教諭一種免許状	中学校教諭普通免許状（二種免許状を除く。）			一		一	四

備考　この表各項の単位の修得方法は、第十八条の二に定める修得方法の例にならうものとする。

〔法別表第八に規定する免許状による単位の修得方法の適用〕

第十八条の五　免許法別表第八の規定により一種免許状又は二種免許状の授与を受けようとする者で、第十八条の二の表備考第四号の規定の適用を受けるもの（前条に規定する場合を除く。）の単位の修得方法は、第十八条の二及び前条に定める修得方法を参酌して、都道府県の教育委員会規則で定める。

第二章 認定課程

〔この章の目的〕

第十九条 免許法別表第一備考第五号イ又は第六号の規定に基づき文部科学大臣が免許状授与の所要資格を得させるための適当と認める大学の課程（以下「認定課程」という。）に関しては、この章の定めるところによる。

〔課程認定の方法〕

第二十条 文部科学大臣は、免許法別表第一、別表第二又は別表第二の二に規定する科目の単位の修得に関し、大学の課程が教育課程、教育研究実施組織、教育実習並びに施設及び設備について、免許状授与の所要資格を得させるための課程として適当であることを当該科目に係る免許状の種類（中学校及び高等学校の教員の免許状にあつては免許教科の種類を、特別支援学校の教員の免許状にあつては特別支援教育領域の種類を含む。以下この章において同じ。）ごとに、認定するものとする。ただし、第四条第三項及び第五条第三項に規定する課程（次項において「教職特別課程」という。）にあつては専修免許状又は一種免許状授与の所要資格を得させるための課程（当該課程において専修免許状授与の所要資格を得ることができる者は、免許法別表第一の専修免許状の項に係る所要資格のうち各教科の指導法に関する科目及び教諭の教育の基礎的理解に関する科目等以外の科目の最低単位数は既に修得している者に限る。）について、特別支援教育特別課程にあつては一種免許状授与の所要資格を得させるための課程について認定するものとする。

2 前項ただし書の規定による認定は、教職特別課程にあつては中学校又は高等学校の教諭の一種免許状に係る認定課程を有する大学、特別支援教育特別課程にあつては特別支援学校教諭の一種免許状に係る認定課程を有する大学に限り行うものとする。

〔申請書の提出〕

第二十一条 前条の規定により課程の認定を受けようとする大学の設置者は、認定を受けようとする課程について、次の事項を記載した申請書を文部科学大臣に提出しなければならない。ただし、大学設置基準第四十三条第一項、大学院設置基準第三十一条第二項、専門職大学設置基準第五十五条第一項、短期大学設置基準第三十六条第一項、専門職短期大学設置基準第五十二条第一項又は専門職大学院設置基準第三十二条第二項に規定する共同教育課程（以下この項及び次条第五項において単に「共同教育課程」という。）について課程の認定を受けようとする場合は、当該共同教育課程を編成するすべての大学の設置者が申請書を提出しなければならない。

一 大学及び大学の学部の名称
二 大学の学科、課程若しくはこれらに相当する組織、大学の専攻科又は大学院の研究科の名称
三 免許状の種類
四 学生定員
五 教育課程
六 教員の氏名、職名、履歴、担任科目及び教員種別
七 教育実習施設に関する事項
八 学則
九 その他大学において必要と認める事項

2 大学の設置者は、前項第五号に掲げる事項を変更しようとするときは、あらかじめ文部科学大臣に届け出なければならない。

〔指定大学の指定〕

第二十一条の二 文部科学大臣は、認定課程を有する大学のうち、教員の養成に係る教育研究上の実績及び管理運営体制その他の状況を総合的に勘案して、認定課程を有する他の大学の認定課程の改善に資する教育研究活動の展開が相当程度見込まれるものを、その申請により指定することができる。

2 文部科学大臣は、前項の規定による指定（以下この条において「指定」という。）をしたときは、次に掲げる事項をインターネットの利用その他の適切な方法により公表しなければならない。

一 指定大学の名称
二 当該指定大学を指定した日
三 当該指定大学を指定した理由

3 文部科学大臣は、指定大学について指定の事由がなくなつたと認めるときは、当該指定大学について指定を取り消すものとする。

4 第二項の規定は、前項の規定による指定の取消しについて準用する。

〔免許状授与のための教育課程〕

第二十二条 認定課程を有する大学は、免許状授与の所要資格を得させるために必要な授業科目を自ら開設し、体系的に教育課程を編成しなければならない。

2 免許法別表第一備考第八号及び別表第二備考第四号に規定する文部科学大臣が指定する短期大学の専攻科は、前項の規定にかかわらず、一種免許状に係る科目の単位数から二種免許状に係る科目の単位数を差し引いた単位数について修得させるために必要な授業科目を開設しなければならない。

3 認定課程を有する大学は、大学設置基準第十九条の二第一項（大学院設置基準第十五条において準用する場合を含む。）、専門職大学設置基準第十一条第一項、短期大学設置基準第五条の二第一項、専門職短期大学設置基準第八条第一項又は専門職大学院設置基準第六条の三第一項の規定により他の大学が当該大学と連携して開設する授業科目を第一項及び第二項の規定により開設する授業科目とみなすことができる。この場合において、当該みなすことができる授業科目の単位数は、第四項の規定によりみなす授業科目の単位数と合わせて免許法別表第一、別表第二又は別表第二の二に規定する科目の最低単位数の八割を超えないものとする。

4 認定課程を有する大学は、教育上有益と認めるときは、大学設置基準第二十八条第一項（大学院設置基準第十五条において準用する場合を含む。）、専門職大学設置基準第二十四条第一項、短期大学設置基準第十四条第一項、専門職短期大学設置基準第二十一条第一項又は専門職大学院設置基準第十三条第一項、第二十一条第一項若しくは第二十七条第一項の規定により大学が定める他の大学の授業科目として開設される各教科の指導法に関する科目、教育の基礎的理解に関する科

目等及び特別支援教育に関する科目を第一項及び第二項の規定により開設する授業科目とみなすことができる。この場合において、当該みなすことができる授業科目の単位数は、第二条第一項、第三条第一項、第四条第一項、第五条第一項、第七条第一項、第九条及び第十条の表に規定する当該科目の単位数のそれぞれ三割を超えないものとする。

5 認定課程であり、かつ、共同教育課程である教育課程を編成する大学（以下この項において「構成大学」という。）は、当該構成大学のうちの一の大学が開設する当該共同教育課程に係る授業科目を、当該構成大学のうちの他の大学が第一項の規定により開設する授業科目とそれぞれみなすものとする。

6 認定課程を有する大学であつて、大学設置基準第五十七条第一項、専門職大学設置基準第七十六条第一項、大学通信教育設置基準第十二条第一項、短期大学設置基準第五十条第一項、専門職短期大学設置基準第七十三条第一項又は短期大学通信教育設置基準第十二条第一項の規定による認定を受けたものが、これらの規定に定める先導的な取組により当該大学の認定課程を適正に実施できるものと認められる旨の文部科学大臣の認定を受けたときは、第一項中「授業科目を自ら開設し、体系的に教育課程を」とあるのは「教育課程を体系的に」と、第三項中「授業科目を第一項」とあるのは「授業科目を第一項の規定により編成する教育課程を構成する授業科目」と、「第四項の規定によりみなす授業科目の単位数と合わせて免許法別表第一、別表第二又は別表第二の二に規定する科目の最低単位数の八割」とあるのは「第六項に規定する先導的な取組を行うために必要なものとして文部科学大臣が認めた割合」と、第四項中「科目を第一項」とあるのは「科目を第一項の規定により編成する教育課程を構成する授業科目」と、「第二条第一項、第三条第一項、第四条第一項、第五条第一項、第七条第一項、第九条及び第十条の表に規定する当該科目の単位数のそれぞれ三割」とあるのは「第六項に規定する先導的な取組を行うために必要なものとして文部科学大臣が認めた割合」とする。

7 第一項及び第二項の教育課程の編成に当たつては、教員として必要な幅広く深い教養及び総合的な判断力を培い、豊かな人間性を涵養するよう適切に配慮しなければならない。

（認定課程の報告・勧告・取り消し）

第二十二条の二 文部科学大臣は、認定課程につき必要があると認めるときは、認定課程を有する大学に対して当該認定課程の実施について報告を求めることができる。

2 文部科学大臣は、認定課程を有する大学が、第二十一条第二項、前条及び次条並びに第二十三条の規定による文部科学大臣の定めに違反しているときその他認定課程の教育課程、教育研究実施組織、教育実習並びに施設及び設備が認定課程として適当でないと認めるときは、免許法第十六条の三第三項の政令で定める審議会の意見を聴いて、当該大学に対し、その是正を勧告することができる。

3 文部科学大臣は、前項の勧告によつてもなお是正が行われない場合には、第二十条第一項に規定する認定を取り消すことができる。

（短期大学の専攻科）

第二十二条の三 免許法別表第一備考第八号、別表第二備考第四号、別表第三備考第五号及び別表第四備考第三号に規定する文部科学大臣が指定する短期大学の専攻科は、学位規則（昭和二十八年文部省令第九号）第六条第一項に規定する独立行政法人大学改革支援・学位授与機構が定める要件を満たす短期大学の専攻科とする。

（認定課程における学生への指導）

第二十二条の四 認定課程を有する大学は、学生が普通免許状に係る所要資格を得るために必要な科目の単位を修得するに当たつては、当該認定課程の全体を通じて当該学生に対する適切な指導及び助言を行うよう努めなければならない。

（認定課程における教育実習等の円滑な実施）

第二十二条の五 認定課程を有する大学は、教育実習、心身に障害のある幼児、児童又は生徒についての教育実習、養護実習及び栄養教育実習（以下この条において「教育実習等」という。）を行うに当たつては、教育実習等の受入先の協力を得て、その円滑な実施に努めなければならない。

（認定課程における教員養成状況の公表）

第二十二条の六 認定課程を有する大学は、次に掲げる教員の養成の状況についての情報を公表するものとする。

一 教員の養成の目標及び当該目標を達成するための計画に関すること。

二 教員の養成に係る組織及び教員の数、各教員が有する学位及び業績並びに各教員が担当する授業科目に関すること。

三 教員の養成に係る授業科目、授業科目ごとの授業の方法及び内容並びに年間の授業計画に関すること。

四 卒業者（専門職大学の前期課程の修了者を含む。次号において同じ。）の教員免許状の取得の状況に関すること。

五 卒業者の教員への就職の状況に関すること。

六 教員の養成に係る教育の質の向上に係る取組に関すること。

2 前項の規定による情報の公表は、適切な体制を整えた上で、刊行物への掲載、インターネットの利用その他広く周知を図ることができる方法によつて行うものとする。

（認定課程の運営体制）

第二十二条の七 二以上の認定課程を有する大学は、当該大学が有するそれぞれの認定課程の円滑かつ効果的な実施を通じて当該大学が定める教員の養成の目標を達成することができるよう、大学内の組織間の有機的な連携を図り、適切な体制を整えるものとする。

（認定課程の点検・評価）

第二十二条の八 認定課程を有する大学は、当該大学における認定課程の教育課程、教育研究実施組織、教育実習並びに施設及び設備の状況について自ら点検及び評価を行い、その結果を公表するものとする。

（その他の必要事項）

第二十三条 認定課程に関し、必要な事項は、この章に規定するもののほか、別に文部科学大臣が定める。

第三章　相当課程

〔この章の目的〕

第二十四条　免許法別表第一備考第二号の規定に基づき文部科学大臣が大学の専攻科に相当する課程として指定する課程及び同表備考第五号ロの規定に基づき文部科学大臣が大学の課程に相当する課程として指定する課程に関しては、この章の定めるところによる。

〔相当課程の読替え〕

第二十五条　免許法別表第一備考第二号に規定する大学の専攻科に相当する課程は、大学院の課程とする。

第二十六条　免許法別表第一備考第五号ロに規定する大学の課程に相当する課程は、高等学校、中等教育学校の後期課程及び特別支援学校の高等部の専攻科の課程（学校教育法第五十八条の二（同法第七十条第一項及び第八十二条において準用する場合を含む。）に規定するものに限る。）、高等専門学校の課程（第四学年及び第五学年に係る課程に限る。）、高等専門学校の専攻科の課程並びに専修学校の専門課程（同法第百三十二条に規定するものに限る。）とする。

第四章　教員養成機関の指定

〔この章の目的〕

第二十七条　免許法第五条第一項に規定する養護教諭養成機関、免許法別表第一備考第二号の三及び第三号に規定する幼稚園、小学校、中学校又は特別支援学校の教員養成機関並びに免許法別表第二の二備考第二号に規定する栄養教諭の教員養成機関に対する文部科学大臣の指定に関しては、この章の定めるところによる。

〔指定の条件〕

第二十八条　前条の指定は、大学の課程における前条に掲げる学校の教員、養護教諭又は栄養教諭の養成数が、不充分な場合に限り、行うものとする。

2　前条の教員養成機関は、大学（当該教員の養成課程を有するものに限るものとし、養護教諭養成機関、特別支援学校の教員養成機関又は栄養教諭の教員養成機関の場合には、当分の間、教員養成に関する学部を置く大学とすることができる。以下この章において同じ。）に附置されるか又は大学の指導と承認のもとに運営されなければならない。

〔指定の対象機関〕

第二十九条　第二十七条の指定は、国（国立大学法人法（平成十五年法律第百十二号）第二条第一項に規定する国立大学法人を含む。）、地方公共団体（地方独立行政法人法（平成十五年法律第百十八号）第六十八条第一項に規定する公立大学法人を含む。）、私立学校法（昭和二十四年法律第二百七十号）第三条の規定による学校法人又は同法第六十四条第四項の規定による法人が設置する教員養成機関について行うものとする。

〔申請書の提出〕

第三十条　第二十七条の教員養成機関の指定を受けようとするときは、その設置者は、次の事項を記載した申請書を、これに指導と承認を受けようとする大学の意見書を添え、文部科学大臣に提出しなければならない。

一　設置者の名称及び住所
二　目的
三　名称及び位置
四　開設年月日
五　教育課程
六　生徒定員
七　長の氏名及び履歴
八　教員の氏名、職名、履歴、担任科目及び教員種別
九　施設、設備、実習施設等に関する事項
十　収支予算
十一　学則
十二　法人の寄附行為
十三　その他設置者において必要と認める事項

〔変更の申請・届出〕

第三十一条　指定を受けた教員養成機関（以下「指定教員養成機関」という。）の設置者は、前条第五号又は第六号に掲げる事項を変更しようとするときは、文部科学大臣に申請してその承認を受けなければならない。

2　指定教員養成機関の設置者は、前条第一号から第三号まで、第七号若しくは第九号に掲げる事項を変更しようとするとき又は指定教員養成機関を廃止しようとするときは、文部科学大臣に届け出なければならない。

〔卒業の要件〕

第三十一条の二　免許法別表第一備考第二号の三に規定する教員養成機関及び免許法別表第二の養護教諭の二種免許状のイの項の養護教諭養成機関に係る卒業の要件は、当該教員養成機関又は養護教諭養成機関に二年以上在学し、六十二単位以上を修得することとする。

〔必要授業科目の開設〕

第三十二条　免許法別表第一の幼稚園、小学校及び中学校の教諭の二種免許状の授与の所要資格に関する指定教員養成機関、免許法別表第二の養護教諭の二種免許状のイの項の指定教員養成機関並びに免許法別表第二の二の栄養教諭の一種免許状及び二種免許状の授与の所要資格に関する指定教員養成機関においては、それぞれ、その免許状授与の所要資格を得させるために必要な授業科目を開設し、生徒に履修させなければならない。

2　免許法別表第一の特別支援学校教諭の二種免許状の授与の所要資格に関する指定教員養成機関においては、それぞれ、特別支援教育に関する科目について、その免許状授与の所要資格を得させるために必要な授業科目を開設し、生徒に履修させなければならない。

3　免許法別表第二の養護教諭の一種免許状のロの項及びハの項の指定教員養成機関においては、それぞれ、その免許状授与の所要資格を得させるために必要な養護に関する科目の単位及び養護教諭・栄養教諭の教育の基礎的理解に関する科目等の単位を含めて、十七単位及び三十二単位以上の授業科目を開設し、生徒に履修させなければならない。

4　第一項及び前項の指定教員養成機関においては、その授業科目の開設に当たつては、幅広く深い教養を身に付けさせる

よう適切に配慮しなければならない。

〔指定の取消し〕

第三十三条　指定教員養成機関が第二十八条第二項又は第三十一条の規定に違反したときは、文部科学大臣はその指定を取り消すことができる。

第五章　免許法認定講習

〔この章の目的〕

第三十四条　免許法別表第三備考第六号に規定する文部科学大臣の認定する講習に関しては、この章の定めるところによる。

〔呼称〕

第三十五条　この章の規定により認定を受けた講習は、免許法認定講習と称する。

〔開設者〕

第三十六条　免許法認定講習を開設することのできる者は、次の各号のいずれかに掲げるものとする。

一　開設しようとする講習の課程に相当する課程を有する大学（前章に規定する特別支援学校の教員養成機関を含む。第三十九条第三項、第四十六条第一項第一号及び第四十八条第二項において同じ。）

二　免許法に定める授与権者

三　独立行政法人国立特別支援教育総合研究所

四　指定都市（地方自治法（昭和二十二年法律第六十七号）第二百五十二条の十九第一項の指定都市をいう。第四十六条第一項第四号において同じ。）の教育委員会

五　中核市（地方自治法第二百五十二条の二十二第一項の中核市をいう。第四十六条第一項第五号において同じ。）の教育委員会

2　前項第二号、第四号及び第五号に掲げるものの開設する免許法認定講習は、大学（開設しようとする講習の課程に相当する課程を有するものに限るものとし、養護教諭、特別支援学校教諭及び栄養教諭の普通免許状の授与を受けようとするために必要とする単位を修得させることを目的として開設しようとする講習の課程の場合には、当分の間、教員養成に関する学部を置く大学とすることができる。）の指導の下に、運営されなければならない。

3　免許法認定講習を開設する者は、その適切な水準の確保に努めなければならない。

〔講師の資格〕

第三十七条　免許法認定講習の講師は、次の各号のいずれかに該当する者でなければならない。

一　大学の教員（前章に規定する文部科学大臣の指定する養護教諭養成機関、特別支援学校の教員養成機関又は栄養教諭の教員養成機関の教員を含む。以下この章及び第六章において同じ。）

二　その他前号に準ずる者（免許法第五条第一項ただし書各号の一に該当する者を除く。）

2　前条第一項第二号、第四号及び第五号に掲げるものが開設する免許法認定講習の講師の半数以上は、大学の教員でなければならない。

3　前条第一項第二号、第四号及び第五号に掲げるものが、第一項第二号に掲げる者を講師として委嘱しようとするときは、指導を受ける大学の意見を聞かなければならない。

〔単位の授与〕

第三十八条　免許法認定講習における単位は、第一条の二の定めるところにより、開設者が当該単位の課程として定めた授業時数について、それぞれ五分の四以上出席し、開設者の行う試験、論文、報告書その他による成績審査に合格した者に授与するものとする。

〔申請書の提出〕

第三十九条　第三十六条第一項各号に掲げるものが、開設しようとする講習について、免許法別表第三備考第六号の規定による認定（以下この章において「認定」という。）を受けようとするときは、当該講習に関し次の事項（第三十六条第一項第一号又は第三号に掲げるものにあつては、第二号を除く。）を記載した申請書を、講習開始一月前までに、文部科学大臣に提出しなければならない。

一　講習の目的及び名称

二　指導を受けようとする大学の名称

三　会場

四　期間

五　講習人員及び学級区分

六　講習課程

七　各科目についての時間及び単位の配当

八　全日制定時制の別及びその計画

九　講師の氏名、主要職歴及び担任科目

十　成績審査の方法

十一　実験又は実習を伴う科目を開設する場合はその施設、設備

十二　受講料

十三　収支予算

十四　その他開設しようとする者において必要と認める事項

2　前項第四号から第九号までに掲げる事項は、会場ごとに記載しなければならない。

3　開設しようとする講習について認定を受けようとするものが第三十六条第一項第一号に掲げる大学であるときは、第一項の申請書に当該大学の学則を添付しなければならない。

〔変更の届出〕

第四十条　免許法認定講習の開設者が、前条第一項第六号、第七号及び第九号に掲げる事項を変更しようとするときは、文部科学大臣に届け出なければならない。

〔認定の取消し〕

第四十一条　免許法認定講習の開設者が、第三十六条第二項及び第三項、第三十七条、第三十八条並びに前条の規定に違反したときは、文部科学大臣はその認定を取り消すことができる。

〔実施状況等の報告〕

第四十二条　免許法認定講習の開設者は、免許法認定講習終了後二月以内に、免許法認定講習の実施状況及び収支決算について、文部科学大臣に報告しなければならない。

〔その他の実施基準〕

第四十三条 免許法認定講習の実施に関する基準は、この章に規定するもののほか、別に文部科学大臣が定める。

第五章の二 免許法認定公開講座

〔この章の目的〕

第四十三条の二 免許法別表第三備考第六号に規定する文部科学大臣の認定する大学の公開講座に関しては、この章の定めるところによる。

〔呼称〕

第四十三条の三 この章の規定により認定を受けた大学の公開講座は、免許法認定公開講座と称する。

〔開設大学〕

第四十三条の四 免許法認定公開講座は、開設しようとする公開講座の課程に相当する課程を有する大学に限り開設することができる。

〔規定の準用〕

第四十三条の五 第三十九条の規定は公開講座について認定を受けようとする大学に、第三十六条第三項、第三十八条及び第四十条から第四十二条までの規定は公開講座について認定を受けた大学に準用する。

〔その他の実施基準〕

第四十三条の六 免許法認定公開講座の実施に関する基準は、この章に規定するもののほか、別に文部科学大臣が定める。

第六章 免許法認定通信教育

〔この章の目的〕

第四十四条 免許法別表第三備考第六号に規定する文部科学大臣の認定する通信教育に関しては、この章の定めるところによる。

〔呼称〕

第四十五条 この章の規定により認定を受けた通信教育は、免許法認定通信教育と称する。

〔開設大学等〕

第四十六条 免許法認定通信教育を開設することのできる者は、次の各号のいずれかに掲げるものとする。

一 開設しようとする通信教育の課程に相当する課程を有する大学

二 免許法に定める授与権者

三 独立行政法人国立特別支援教育総合研究所

四 指定都市の教育委員会

五 中核市の教育委員会

2 前項第二号、第四号及び第五号に掲げるものの開設する免許法認定通信教育は、大学（開設しようとする通信教育の課程に相当する課程を有するものに限るものとし、養護教諭、特別支援学校教諭及び栄養教諭の普通免許状の授与を受けようとするために必要とする単位を修得させることを目的として開設しようとする認定通信教育の課程の場合には、当分の間、教員養成に関する学部を置く大学とすることができる。）の指導の下に、運営されなければならない。

3 免許法認定通信教育を開設する者は、その適切な水準の確保に努めなければならない。

〔講師〕

第四十六条の二 免許法認定通信教育の講師は、次の各号のいずれかに該当する者でなければならない。

一 大学の教員

二 その他前号に準ずる者（免許法第五条第一項ただし書各号のいずれかに該当する者を除く。）

2 前条第一項第二号、第四号及び第五号に掲げるものが開設する免許法認定通信教育の講師の半数以上は、大学の教員でなければならない。

3 前条第一項第二号、第四号及び第五号に掲げるものが、第一項第二号に掲げる者を講師として委嘱しようとするときは、指導を受ける大学の意見を聞かなければならない。

〔単位の授与〕

第四十七条 免許法認定通信教育における単位は、第一条の二の定めるところに準じて行う通信教育の課程を修了し、開設者の行う試験、論文、報告書その他による成績審査に合格した者に授与するものとする。

〔申請書の提出〕

第四十八条 第四十六条第一項各号に掲げるものが、開設しようとする通信教育について、免許法別表第三備考第六号の規定による認定（以下この章において「認定」という。）を受けようとするときは、当該通信教育に関し次の事項（同項第一号又は第三号に掲げるものにあつては、第二号を除く。）を記載した申請書に、通信教育用教材及び学習指導書を添えて当該通信教育の開設二月前までに、文部科学大臣に提出しなければならない。

一 通信教育の目的及び名称

二 指導を受けようとする大学の名称

三 受講者定員

四 教育課程及び指導計画

五 各科目についての単位の配当

六 講師の氏名、主要職歴及び担任科目

七 成績審査の方法

八 受講料

九 収支予算

十 その他開設しようとする者において必要と認める事項

2 開設しようとする通信教育について認定を受けようとするものが第四十六条第一項第一号に掲げる大学であるときは、前項の申請書に当該大学の学則を添付しなければならない。

3 免許法認定通信教育の開設者が第一項第四号から第六号までに掲げる事項を変更しようとするときは、文部科学大臣に届け出なければならない。

〔認定の取消し〕

第四十九条 免許法認定通信教育の開設者が、第四十六条第二項及び第三項、第四十六条の二、第四十七条並びに前条第三項の規定に違反したときは、文部科学大臣はその認定を取り消すことができる。

〔報告〕

第五十条 免許法認定通信教育の開設者は、免許法認定通信教育終了後二月以内に、免許法認定通信教育の実施状況及び収支決算について、文部科学大臣に報告しなければならない。

第七章　単位修得試験

（この章の目的）

第五十一条　免許法別表第三備考第六号に規定する文部科学大臣が大学に委嘱して行う試験に関しては、この章の定めるところによる。

（呼称）

第五十二条　この章の規定により行う試験は、単位修得試験（以下「試験」という。）と称する。

（試験問題の作成）

第五十三条　試験の問題は、試験の委嘱を受けた大学（以下この章において「大学」という。）が作成するものとする。

（実施細目の告示）

第五十四条　大学、試験の科目、場所及び期日並びに出願期日その他の試験の実施細目については、そのつど文部科学大臣が、官報で告示する。ただし、特別の事情のある場合には、適宜な方法によつて公示するものとする。

（試験の方法）

第五十五条　試験は、原則として、筆記試験によるものとする。ただし、大学において必要があると認める場合には、口述又は実地の試験を加えることができる。

（合格者の決定等）

第五十六条　大学は、科目ごとに、試験の合格者の決定を行い、その者に対して単位を授与しなければならない。

２　前項の単位は、原則として、一科目について二単位とする。

（計画書の提出）

第五十七条　大学は、試験に関し、次の事項を記載した計画書を、試験の開始期日の二月前までに、文部科学大臣に提出しなければならない。

一　科目
二　場所
三　期日
四　問題作成者及び採点者の氏名
五　成績審査の方法
六　収支予算
七　その他大学において必要と認める事項

（変更の届出）

第五十八条　大学が、前条各号に掲げる事項を変更しようとするときは、文部科学大臣に届け出なければならない。

（試験問題等の報告）

第五十九条　大学は、試験終了後一月以内に、試験問題、試験実施状況、科目ごとの合格者数及び授与単位数並びに収支決算について、文部科学大臣に報告しなければならない。

（受験手数料）

第六十条　試験を受けようとする者は、一科目について百円を基準として試験を行う大学が定める額の受験手数料を納付しなければならない。

２　前項の規定により納付した受験手数料は、いかなる場合においても返還しない。

（その他の実施基準）

第六十一条　試験の実施に関する基準は、この章に規定するもののほか、別に文部科学大臣が定める。

第八章　教員資格認定試験

（受験資格等）

第六十一条の二　免許法第十六条第一項の教員資格認定試験（以下「教員資格認定試験」という。）の受験資格、実施の方法その他試験に関し必要な事項は、教員資格認定試験規程（昭和四十八年文部省令第十七号）の定めるところによる。

第九章　中学校又は高等学校の教諭の免許状に関する特例

（この章の目的）

第六十一条の三　免許法第十六条の三及び第十六条の四に規定する中学校教諭又は高等学校教諭の普通免許状の授与については、この章の定めるところによる。

（省令で定める特別の教科）

第六十一条の四　免許法第十六条の四第一項の規定による高等学校教諭の普通免許状は、柔道、剣道、情報技術、建築、インテリア、デザイン、情報処理及び計算実務の事項について授与するものとする。

第十章　自立教科等の免許状

（この章の目的）

第六十二条　免許法第四条の二第二項に規定する特別支援学校において専ら自立教科等の教授を担任する教員の普通免許状及び臨時免許状の授与については、この章の定めるところによる。

（特別支援学校自立教科等担任教員免許状の種類）

第六十三条　特別支援学校の高等部において専ら自立教科（自立教科等のうち自立活動を除いたものをいう。以下同じ。）の教授を担任する教員の普通免許状及び臨時免許状については、次項から第四項までに定めるところによる。

２　普通免許状は、特別支援学校自立教科教諭の免許状とし、それぞれ一種免許状及び二種免許状に区分する。

３　臨時免許状は、特別支援学校自立教科助教諭の免許状とする。

４　特別支援学校の自立教科の教員の普通免許状及び臨時免許状は、視覚障害者である生徒に対する教育を行う特別支援学校の高等部における理療（あん摩マッサージ指圧、はり及びきゆうを含む。）、理学療法及び音楽並びに聴覚障害者である生徒に対する教育を行う特別支援学校の高等部における理容及び特殊技芸（美術、工芸及び被服に分ける。）の各教科について授与するものとする。

（特別支援学校の自立活動担任教員の免許状）

第六十三条の二　特別支援学校において専ら自立活動の教授を担任する教員の普通免許状については、次項及び第三項に定めるところによる。

２　普通免許状は、特別支援学校自立活動教諭の一種免許状とする。

３　特別支援学校の自立活動の教員の普通免許状は、視覚障害教育、聴覚障害教育、肢体不自由教育、言語障害教育の各自立活動について授与するものとする。

（特別支援学校自立教科教諭免許状の授与資格）

第六十四条 特別支援学校自立教科教諭の普通免許状は、次の表の下欄に掲げる基礎資格を有する者又は免許法第六条第一項の規定による教育職員検定（以下この章において「教育職員検定」という。）に合格した者に授与する。ただし、特別支援学校自立教科教諭の普通免許状のうち次の各号に掲げるものは、それぞれ当該各号に定める者には、授与しない。

一 理療の教科についての普通免許状 あん摩マッサージ指圧師、はり師、きゆう師等に関する法律（昭和二十二年法律第二百十七号）の規定によるあん摩マッサージ指圧師免許、はり師免許又はきゆう師免許（以下それぞれ「あん摩マッサージ指圧師免許」、「はり師免許」及び「きゆう師免許」という。）のいずれかを有しない者（医師法（昭和二十三年法律第二百一号）の規定による医師免許（以下この項において「医師免許」という。）を受けているものを除く。）

二 理学療法の教科についての普通免許状 理学療法士及び作業療法士法（昭和四十年法律第百三十七号）の規定による理学療法士の免許（第六十五条において「理学療法士免許」という。）を有しない者

三 理容の教科についての普通免許状 理容師法（昭和二十二年法律第二百三十四号）、美容師法（昭和三十二年法律第百六十三号）又は理容師法及び美容師法の特例に関する法律（昭和二十三年法律第六十七号）の規定による理容師免許及び美容師免許（第六十五条においてそれぞれ「理容師免許」及び「美容師免許」という。）のいずれも有しない者

上欄			下欄
免許状の種類		教科の種類	基礎資格
特別支援学校自立教科教諭	一種免許状	理療	イ 文部科学大臣の指定する特別支援学校の教員養成機関の理療科を卒業したこと。 ロ 医師免許を受けていること。
		理学療法	次に掲げる科目の単位を含めて計二十六単位以上修得していること。 イ 特別支援教育の基礎理論に関する科目 二単位以上 ロ 視覚障害者に関する教育の領域に関する科目 八単位以上 ハ 視覚障害者に関する教育の領域に関する科目又は視覚障害者に関する教育の領域以外の領域に関する科目 十三単位以上（視覚障害者に関する教育の領域以外の領域に関する科目に係る五単位以上を含む。） ニ 心身に障害のある幼児、児童又は生徒についての
			教育実習 三単位以上
		音楽	文部科学大臣の指定する特別支援学校の教員養成機関の音楽科を卒業したこと。
		特殊技芸	文部科学大臣の指定する特別支援学校の教員養成機関の特殊技芸科を卒業したこと。
	二種免許状	理療	文部科学大臣の指定する特別支援学校の教員養成機関の理療科に一年以上在学したこと。
		理学療法	次に掲げる科目の単位を含めて計十六単位以上修得していること。 イ 特別支援教育の基礎理論に関する科目 二単位以上 ロ 視覚障害者に関する教育の領域に関する科目 四単位以上 ハ 視覚障害者に関する教育の領域に関する科目又は視覚障害者に関する教育の領域以外の領域に関する科目 七単位以上（視覚障害者に関する教育の領域以外の領域に関する科目に係る三単位以上を含む。）

㊟第64条第2項の付表

第一欄		第二欄		第三欄	第四欄
所要資格 受けようとする免許状の種類		有することを必要とする第一欄に掲げる学校の教員の免許状の種類及び免許状に係る教科の種類		第二欄に定める各免許状を取得した後、特別支援学校の教員として良好な成績で勤務した旨の実務証明責任者の証明を有することを必要とする最低在職年数	第二欄に定める各免許状を取得した後、大学、文部科学大臣の指定する特別支援学校の教員養成機関又は文部科学大臣の認定する講習、大学の公開講座若しくは通信教育において修得することを必要とする最低単位数
特別支援学校自立教科教諭	一種免許状	二種免許状	理療	五	一〇
			理学療法	五	三
			音楽	一〇	
			理容	一〇	
			特殊技芸	一〇	
	二種免許状	臨時免許状	理療	五	一五
			理学療法	五	六
			音楽	五	一〇
			理容	五	
			特殊技芸	五	一〇

	二 心身に障害のある幼児、児童又は生徒についての教育実習 三単位以上
音楽	文部科学大臣の指定する特別支援学校の教員養成機関の音楽科に一年以上在学したこと。
特殊技芸	文部科学大臣の指定する特別支援学校の教員養成機関の特殊技芸科に一年以上在学したこと。

備考

一 この表の下欄に掲げる科目の単位の修得方法は、免許法別表第一に規定する特別支援学校教諭の普通免許状（視覚障害者に関する教育の領域を定めるものに限る。）の授与を受ける場合における第七条に定める特別支援教育に関する科目の各科目の修得方法の例にならうものとする。

二 この表の下欄に規定する文部科学大臣の指定する特別支援学校の教員養成機関については、第四章（第二十九条を除く。）の規定を準用する（次項の表の第四欄の場合においても同様とする。）。

2 前項の教育職員検定のうち、学力及び実務の検定は、次の表の定めるところによる。

㊟次の表⇩七六〇頁上段〜七六一頁上段の表

［特別支援学校自立教科助教諭の臨時免許状］

第六十五条 特別支援学校自立教科助教諭の臨時免許状は、次の各号に掲げる免許教科に応じ、それぞれ当該各号に定める者に、教育職員検定により授与する。

備考
一 実務の検定は第三欄により、学力の検定は第四欄によるものとする。
二 第三欄に定める最低在職年数については、その授与を受けようとする免許状に係る教科の種類に応じ、それぞれ視覚障害者である幼児、児童若しくは生徒に対する教育を行う特別支援学校（次号において「視覚特別支援学校」という。）又は聴覚障害者である幼児、児童若しくは生徒に対する教育を行う特別支援学校（次号において「聴覚特別支援学校」という。）の教員として在職した年数とし、同欄の実務証明責任者は、特別支援学校の教員についての免許法別表第三の第三欄に規定する実務証明責任者と同様とする。
三 この表の第四欄に定める単位の修得方法は、次のイからヘまでに定めるところによる。ただし、イからヘまでに掲げる科目は、授与を受けようとする免許状に係る教科の種類に応じ、それぞれ視覚特別支援学校又は聴覚特別支援学校の教育を中心として修得するものとする。
イ 理療の教科の教授を担任する特別支援学校自立教科教諭の一種免許状の授与を受ける場合にあつては、「第七条第一項の表に定める特別支援教育の基礎理論に関する科目、特別支援教育領域に関する科目」三単位以上及び理療に関する科目七単位以上
ロ 理学療法の教科の教授を担任する特別支援学校自立教科教諭の一種免許状の授与を受ける場合にあつては、「第七条第一項の表に定める特別支援教育の基礎理論に関する科目、特別支援教育領域に関する科目」三単位以上
ハ 理療の教科の教授を担任する特別支援学校自立教科教諭の二種免許状の授与を受ける場合にあつては、第七条第一項の表に定める特別支援教育の基礎理論に関する科目四単位以上、特別支援教育領域に関する科目のうち心理等に関する科目二単位以上及び理療に関する科目九単位以上
ニ 理学療法の教科の教授を担任する特別支援学校自立教科教諭の二種免許状の授与を受ける場合にあつては、第七条第一項の表に定める特別支援教育の基礎理論に関する科目四単位以上及び特別支援教育領域に関する科目のうち心理等に関する科目二単位以上
ホ 音楽の教科の教授を担任する特別支援学校自立教科教諭の二種免許状の授与を受ける場合にあつては、第七条第一項の表に定める特別支援教育の基礎理論に関する科目四単位以上、特別支援教育領域に関する科目のうち心理等に関する科目二単位以上及び音楽に関する科目四単位以上
ヘ 特殊技芸の教授を担任する特別支援学校自立教科教諭の二種免許状の授与を受ける場合にあつては、第七条第一項の表に定める特別支援教育の基礎理論に関する科目四単位以上、特別支援教育領域に関する科目のうち心理等に関する科目二単位以上及びその免許教科に係る教科に関する専門的事項に関する科目四単位以上
四 この表の第四欄に規定する文部科学大臣の認定する講習、大学の公開講座又は通信教育については、第五章、第五章の二又は第六章の規定を、同欄に規定する単位の計算方法については第一条の二の規定をそれぞれ準用する。

一 理療 あん摩マッサージ指圧師免許、はり師免許及びきゆう師免許を受けている者
二 理学療法 理学療法士免許を受けている者
三 音楽 視覚障害者である生徒に対する教育を行う特別支援学校の高等部の音楽専攻科を卒業した者
四 理容 理容師免許又は美容師免許を受けている者で、かつ、聴覚障害者である生徒に対する教育を行う特別支援学校高等部の理容科の専攻科を卒業したもの又は四年以上理容に関する実地の経験を有するもの
五 特殊技芸 免許教科の種類に応じ、それぞれ聴覚障害者である生徒に対する教育を行う特別支援学校の高等部の相当課程の専攻科において二年以上の課程を修了した者又は十年以上実地の経験を有する者

〔特別支援学校自立活動教諭の一種免許状授与〕
第六十五条の二 特別支援学校自立活動教諭の一種免許状は、その免許状に係る教員資格認定試験に合格した者に授与する。

第十章の二 特別免許状

〔この章の目的〕
第六十五条の三 免許法第四条の二第三項及び第五条第二項から第四項までに規定する特別免許状の授与については、この章の定めるところによる。

〔省令で定める意見聴取者〕
第六十五条の四 免許法第五条第四項に規定する文部科学省令で定める者は、学校教育に関し学識経験を有する者であつて、認定課程を有する大学の学長、認定課程を有する学部の学部長又はこれらに準ずる者及び小学校、中学校、義務教育学校、高等学校、中等教育学校若しくは特別支援学校の校長又はこれらに準ずる者とする。

〔特別免許状の種類〕
第六十五条の五 免許法第四条の二第三項の規定による特別支援学校教諭の特別免許状は、第六十三条第四項に掲げる各教科及び第六十三条の二第三項に掲げる各自立活動について授

与するものとする。

〔推薦書の添付〕

第六十五条の六　免許法第五条第三項に規定する教育職員検定の申請は、特別免許状の授与を受けようとする者が、当該者を教育職員に任命し、又は雇用しようとする者の推薦書を添えて行うものとする。

第十一章　雑則

〔勤務地の教委が免許管理者となる教育の職〕

第六十五条の七　免許法第二条第二項に規定する文部科学省令で定める教育の職にある者は、次に掲げる者であつて教育職員以外の者とする。

一　幼稚園、小学校、中学校、義務教育学校、高等学校、中等教育学校、特別支援学校又は幼保連携型認定こども園の職員

二　教育委員会の事務局又は教育委員会（特定地方公共団体にあつては、その長又は教育委員会）の所管に属する教育機関（前号に規定するものを除く。）の職員

三　教育職員として任命され、又は雇用された者であつて、任命権者又は雇用者の要請に応じ、引き続き地方公共団体の職員又は国立大学法人法第二条第一項に規定する国立大学法人、地方独立行政法人法第六十八条第一項に規定する公立大学法人、私立学校法第三条に規定する学校法人若しくは社会福祉法第二十二条に規定する社会福祉法人の役員若しくは職員となつている者

〔相当免許状を有しない者を充てることのできる教科に関する事項〕

第六十五条の八　免許法第三条の二第一項第七号に規定する教科に関する事項は、学校教育法施行規則第五十条第一項及び第百二十六条第一項に規定する外国語活動の一部、同令第五十条第一項、第七十二条、第百二十六条、第百二十七条及び第百二十八条第二項に規定する道徳の一部、同令第五十条第一項、第七十二条、第百二十六条第一項及び第百二十七条に規定する総合的な学習の時間の一部、同令第八十三条及び第百二十八条に規定する総合的な探究の時間の一部並びに同令第五十二条に規定する特別支援学校小学部・中学部学習指導要領で定めるクラブ活動とする。

〔非常勤講師に係る授与権者への届出〕

第六十五条の九　免許法第三条の二第二項の届出は、次に掲げる事項を記載した届出書により行うものとする。

一　設置者及び学校名

二　任命又は雇用しようとする者の氏名

三　教授又は実習を担任しようとする事項の内容及び期間

四　前号の教授又は実習を担任させる理由

五　その他都道府県の教育委員会規則で定める事項

〔資格〕

第六十六条　次の各号の一に該当する者は、免許法第五条第一項第二号ただし書の規定に基づき、高等学校を卒業した者と同等以上の資格を有するものと認める。

一　中等教育学校を卒業した者

二　通常の課程による十二年の学校教育を修了した者（通常の課程以外の課程により、これに相当する学校教育を修了した者を含む。）

三　学校教育法第九十条第二項の規定により、大学への入学を認められた者

四　学校教育法施行規則第百五十条の規定により、大学入学に関し、高等学校を卒業した者と同等以上の学力があると認められた者（前号に該当する者を除く。）

五　免許法第五条第一項に規定する養護教諭養成機関、免許法別表第一備考第二号の三及び第三号に規定する教員養成機関並びに免許法別表第二の二備考第二号に規定する栄養教諭の教員養成機関において、個別の入学資格審査により、高等学校を卒業した者と同等以上の学力があると認めた者で、十八歳に達したもの

第六十六条の二　免許法第五条第五項第二号の規定により同項第一号に掲げる者と同等以上の資格を有すると認められる者には、次に掲げる者とする。

一　大学に二年以上在学し、六十二単位以上を修得した者（短期大学士の学位を有する者を除く。）

二　旧国立養護教諭養成所を卒業した者

三　旧国立工業教員養成所を卒業した者

第六十六条の二の二　免許法第五条の二第三項の規定による特別支援学校助教諭の臨時免許状についての新教育領域の追加の定めは、当該新教育領域が定められた普通免許状を有する者を採用することができない場合に限り、免許法第六条第一項の規定による教育職員検定に合格した者が所有する臨時免許状について行うものとする。

〔総合的な学習の時間の担任〕

第六十六条の三　免許法第十六条の五第一項に規定する教科に関する事項は、学校教育法施行規則第五十条第一項及び第百二十六条第一項に規定する外国語活動、同令第五十条第一項及び第百二十六条に規定する道徳、同令第五十条第一項及び第百二十六条第一項に規定する総合的な学習の時間、同令第五十条第一項及び第百二十六条に規定する特別活動並びに同令第五十条第二項に規定する宗教とする。

2　免許法第十六条の五第二項に規定する教科に関する事項は、学校教育法施行規則第七十二条及び同令第百二十七条に規定する総合的な学習の時間とする。

3　任命権者又は雇用者は、免許法第十六条の五第一項の規定に基づき、第一項に規定する道徳又は特別活動の教授を担任する主幹教諭、指導教諭、教諭又は講師となる者に対し、必要な研修を実施するよう努めなければならない。

〔学士同等資格〕

第六十六条の四　免許法別表第一備考第二号の二に規定する学士の学位を有することと同等以上の資格を有すると認められる場合は、学校教育法第百二条第二項の規定により大学院への入学を認められる場合とする。

〔準学士同等資格〕

第六十六条の五　免許法別表第一備考第二号の三の規定により短期大学士の学位を有することと同等以上の資格を有すると認められる場合は、次に掲げる場合とする。

一　大学に二年以上在学し、六十二単位以上を修得した場合（短期大学士の学位を有する場合を除く。）

二　指定教員養成機関に二年以上在学し、六十二単位以上を修得した場合（指定教員養成機関を卒業した場合を除く。）

〔科目の単位〕

第六十六条の六　免許法別表第一備考第四号に規定する文部科学省令で定める科目の単位は、日本国憲法二単位、体育二単位、外国語コミュニケーション二単位並びに数理、データ活用及び人工知能に関する科目二単位又は情報機器の操作二単位とする。

〔科目の認定〕

第六十六条の七　免許法別表第一備考第五号ロの規定により認定課程を有する大学が免許状の授与の所要資格を得させるための教科及び教職に関する科目として適当であると認める科目の単位は、幼稚園教諭の普通免許状にあつては領域に関する専門的事項に関する科目の単位、小学校、中学校又は高等学校の教諭の普通免許状にあつては教科に関する専門的事項に関する科目の単位とし、次の表の第一欄に掲げる課程について、それぞれ、第二欄に掲げる免許状の種類に応じ、第三欄に掲げる単位数を限度とする。

第一欄	第二欄	第三欄
課程	免許状の種類	単位数
高等学校、中等教育学校の後期課程又は特別支援学校の高等部の専攻科（学校教育法第五十八条の二（同法第七十条第一項及び第八十二条において準用する場合を含む。）に規定する課程に限る。）	中学校又は高等学校の教諭の普通免許状	一〇
	幼稚園又は小学校の教諭の普通免許状	二
短期大学の専攻科	中学校又は高等学校の教諭の普通免許状	五
高等専門学校（第四学年及び第五学年に係る課程に限る。）	中学校又は高等学校の教諭の普通免許状	一〇
高等専門学校の専攻科	中学校又は高等学校の教諭の普通免許状	五
専修学校の専門課程（学校教育法第百三十二条に規定するものに限る。）	中学校又は高等学校の教諭の普通免許状	一〇

〔教科及び教職に関する科目〕

第六十六条の八　免許法別表第一備考第六号に規定する教員の職務の遂行に必要な基礎的な知識技能を修得させるためのものとして文部科学省令で定める教科及び教職に関する科目は、各教科の指導法に関する科目及び教諭の教育の基礎的理解に関する科目等とする。

〔資格〕

第六十六条の九　免許法別表第二備考第一号の規定により短期大学士の学位を有することと同等以上の資格を有すると認められる場合は、大学に二年以上在学し、六十二単位以上を修得した場合（短期大学士の学位を有する場合を除く。）とする。

2　免許法別表第二備考第一号の規定により文部科学大臣の指定する養護教諭養成機関を卒業することと同等以上の資格を有すると認められる場合は、免許法第五条第一項に規定する養護教諭養成機関に二年以上在学し、六十二単位以上を修得した場合（養護教諭養成機関を卒業した場合を除く。）とする。

第六十六条の十　免許法別表第二の二備考第一号の規定により学士の学位を有することと同等以上の資格を有すると認められる場合は、学校教育法第百二条第二項の規定により大学院への入学を認められる場合又は栄養教諭の指定教員養成機関に四年以上在学し、百二十四単位以上を修得し卒業した場合とする。

〔教育職員検定の適用〕

第六十七条　免許法別表第三及び別表第八の規定の適用については、次の表の第一欄に掲げる学校以外の教育施設において教育に従事した者（免許法別表第三備考第二号の規定により実務に関する証明を受けることのできる者を除く。）は、それぞれ第二欄に掲げる学校の教員に相当するものとし、その勤務成績についての実務証明責任者は第三欄に掲げるとおりとする。

第一欄	第二欄	第三欄
少年院法（平成二十六年法律第五十八号）による少年院	授業を担当した課程に応じ、小学校、中学校又は高等学校	法務大臣
海外に在留する邦人の子女のための在外教育施設で、文部科学大臣が小学校、中学校又は高等学校の課程と同等の課程を有するものとして認定したもの	授業を担当した課程に応じ、小学校、中学校又は高等学校	文部科学大臣
外国の教育施設又はこれに	授業を担当し	独立行政法人

準ずるもの（前項に掲げるものを除き、独立行政法人国際協力機構法（平成十四年法律第百三十六号）に基づき派遣された場合に限る。第七十条の二において同じ。）	た課程に応じ、幼稚園、小学校、中学校又は高等学校	国際協力機構の理事長

〔教育の職〕
第六十八条　免許法別表第三備考第七号に規定する文部科学省令で定める教育の職は、免許法別表第三の規定の適用を受ける者にあつては、校長、副校長、教頭、主幹教諭（幼保連携型認定こども園の主幹養護教諭及び主幹栄養教諭を含む。）、指導教諭、主幹保育教諭、指導保育教諭、教育長、指導主事若しくは社会教育主事の職又は中学校教諭の一種免許状の授与を受ける場合にあつては免許法第十六条の五第一項の規定による小学校、義務教育学校の前期課程若しくは特別支援学校の小学部の主幹教諭、指導教諭、教諭若しくは講師の職とする。

〔資格〕
第六十八条の二　免許法別表第五備考第一号の二に規定する資格は、学校教育法第百二条第二項の規定により大学院への入学を認められることとする。

〔在職年数に関する教育の職〕
第六十九条　免許法別表第五備考第三号に規定する文部科学省令で定める教育の職は、校長、副校長、教頭、教育長、指導主事、社会教育主事の職又は中学校教諭の一種免許状の授与を受ける場合にあつては免許法第十六条の五第一項の規定による小学校、義務教育学校の前期課程若しくは特別支援学校の小学部の主幹教諭、指導教諭、教諭若しくは講師の職とする。

第六十九条の二　免許法別表第六備考第三号の文部科学省令で定める者は、次条に規定する職員で、次に掲げる者とする。
一　免許法第五条第一項各号の一に該当しない者
二　免許法附則第三項の規定により免許状の授与を受けることができる者
三　免許法附則第七項の規定により養護助教諭の臨時免許状を受けることができる者

第六十九条の三　免許法別表第六備考第四号に規定する文部科学省令で定める職員は、幼稚園、小学校、中学校、義務教育学校、高等学校、中等教育学校、特別支援学校又は幼保連携型認定こども園において専ら幼児、児童又は生徒の養護に従事する職員で常時勤務に服することを要するものとし、その者についての実務証明責任者は、その者の勤務する学校の教員について免許法別表第三の第三欄に規定する実務証明責任者と同様とする。

〔休職期間の取扱〕
第七十条　免許法別表第三、別表第六、別表第六の二、別表第七、別表第八若しくは第六十四条第二項の表の第三欄又は別表第五の第二欄に規定する在職年数には、休職の期間は通算しない。

第七十条の二　免許法別表第三備考第八号及び第十号に規定する期間には、心身の故障による休職、引き続き九十日以上の病気休暇（九十日未満の病気休暇で授与権者がやむを得ないと認めるものを含む。）、産前及び産後の休業並びに育児休業の期間、指導主事又は社会教育主事の職に従事した期間並びに海外に在留する邦人の子女のための在外教育施設並びに外国の教育施設又はこれに準ずるものにおいて教育に従事した期間は通算しない。

〔授与等の願出〕
第七十一条　免許状の授与、新教育領域の追加の定め、書換若しくは再交付又は教育職員検定を受けようとする者は、免許法第五条の二第一項及び第三項に定めるもののほか、都道府県の教育委員会規則の定めるところにより、授与権者に申し出るものとする。

〔免許状の様式〕
第七十二条　普通免許状の様式は、別記第一号様式のとおりとする。

2　専修免許状には、大学院での専攻を記入するものとする。この場合において、次の各号に掲げるいずれかの分野に関する単位を十二単位以上修得した場合は、大学院での専攻に加えて当該分野を記入することができる。
一　幼稚園教諭の専修免許状においては、教育哲学、教育史、教育制度・学校経営、教育社会学、教育内容・方法、教育心理学・発達心理学、教育臨床、幼児教育又は授与権者が適当と認めた分野
二　小学校又は中学校の教諭の専修免許状においては、教育哲学、教育史、教育制度・学校経営、教育社会学、教育内容・方法、教育心理学・発達心理学、教育臨床、生徒指導・進路指導、国語教育、社会科教育、数学教育、理科教育、音楽教育、美術教育、保健体育、技術教育、家政教育、英語教育、道徳教育、国際理解教育、環境教育、情報教育、日本語教育、生涯学習（社会教育を含む。）又は授与権者が適当と認めた分野
三　高等学校教諭の専修免許状においては、前号に掲げる分野、世界史、日本史、地理、倫理、政治・経済、物理、化学、生物、地学、体育若しくは保健又は授与権者が適当と認めた分野
四　特別支援学校の教諭の専修免許状においては、視覚障害教育、聴覚障害教育、知的障害教育、肢体不自由教育、病弱教育又は授与権者が適当と認めた分野
五　養護教諭の専修免許状においては、教育哲学、教育史、教育制度、教育社会学、教育心理学・発達心理学、教育臨床、生徒指導、衛生学・公衆衛生学、健康相談、栄養学、解剖学・生理学、微生物学・免疫学・薬理概論、精神保健、看護学又は授与権者が適当と認めた分野
六　栄養教諭の専修免許状においては、教育哲学、教育史、教育制度、教育社会学、教育心理学・発達心理学、教育臨床、生徒指導、衛生学・公衆衛生学、生理学・生化学、食品学・食品衛生学、基礎栄養学、応用栄養学、臨床栄養学、栄養教育論、調理学、給食経営管理論又は授与権者が

適当と認めた分野

3 特別免許状及び臨時免許状の様式は、第一項の普通免許状の様式を参酌して、都道府県の教育委員会規則で定める。

〔学力に関する証明書〕

第七十三条 免許法第七条第一項に規定する証明書の様式は、別記第二の一号様式から第二の四号様式までのとおりとする。

〔人物、実務及び身体に関する証明書〕

第七十三条の二 免許法第七条第二項に規定する証明書の様式は、別記第三の一号様式から第三の三号様式までのとおりとする。

〔原簿〕

第七十四条 免許法第八条の原簿は、免許法第四条及び第四条の二第一項の規定による免許状、免許法第十六条の三第一項の規定による中学校教諭又は高等学校教諭の普通免許状、免許法第十六条の四第一項の規定による高等学校教諭の普通免許状並びに第六十三条、第六十三条の二及び第六十五条の五の規定による特別支援学校の自立教科又は自立活動の教員の免許状の種類に応じて作製しなければならない。

2 前項の原簿には、氏名、生年月日、本籍地、免許状授与年月日、免許状の番号、授与の根拠規定、教科、特別支援教育領域（新教育領域の追加の定めがあつたときにあつては、当該新教育領域及び当該新教育領域の追加の定めの年月日を含む。）、授与条件、失効又は取上げの年月日及び失効又は取上げの事由（次条第八号に掲げる事項をいう。）並びに特定免許状失効者等（教育職員等による児童生徒性暴力等の防止等に関する法律（令和三年法律第五十七号）第二条第六項に規定する特定免許状失効者等をいう。）に該当するときはその旨その他必要と認める事項を記載しなければならない。

〔免許失効等の公告の内容〕

第七十四条の二 免許法第十三条第一項の規定による公告は、次に掲げる事項を官報に掲載して行うものとする。

一 氏名
二 本籍地
三 免許状の種類
四 授与権者
五 免許状授与年月日
六 免許状の番号
七 失効又は取上げの年月日
八 失効又は取上げの事由（免許法第十条第一項第二号若しくは第十一条第一項の規定による失効若しくは取上げ又は懲戒免職の処分を受け、若しくは解雇された校長、副校長、教頭、実習助手若しくは寄宿舎指導員に係る同条第三項の規定による取上げにあつては、次のいずれの理由による懲戒免職又は解雇に係るものであるかの別を含む。）

イ 児童生徒性暴力等（教育職員等による児童生徒性暴力等の防止等に関する法律第二条第三項に規定する児童生徒性暴力等をいう。）
ロ わいせつな行為又はセクシュアル・ハラスメント（イに該当するものを除く。）
ハ 交通法規違反又は交通事故
ニ 教員の職務に関し行つた非違（イからハまでに該当するものを除く。）
ホ イからニまでに掲げる理由以外の理由

〔懲戒免職・解雇の理由の明示〕

第七十四条の三 所轄庁（免許管理者を除く。）が免許法第十四条の規定による免許管理者への通知を行う場合（その教員が免許法第十条第一項第二号に該当するとき又は免許法第十一条第一項に該当する事実があると思料するときに限る。）又は学校法人等が免許法第十四条の二の規定による所轄庁への報告を行う場合（その行つた解雇の事由が免許法第十一条第一項に定める事由に該当すると思料するときに限る。）には、その通知又は報告は、懲戒免職又は解雇の理由が前条第八号イからホまでのいずれに該当すると思料するかの別を付して行わなければならない。

〔附属の島等〕

第七十五条 免許法第十八条第一項（同条第二項において準用する場合を含む。）の文部科学省令で定める島は、本州、北海道、四国及び九州に附属する島のうち内閣府設置法第四条第一項第十三号に規定する北方地域の範囲を定める政令（昭和三十四年政令第三十三号）に規定する北方地域の島以外の島とする。

〔公文書・原簿の保存〕

第七十六条 免許法認定講習及び免許法認定通信教育を開設した者は、単位修得原簿及びこれに関する主なる公文書を相当期間保存しなければならない。

一 教育職員免許状原簿
二 免許法認定講習における単位修得原簿
三 免許状の授与、教育職員検定、免許状の書換及び再交付に関する願書
四 免許状の失効、取上げ及び審査に関する書類
五 その他前記各号の事項に関する主なる公文書

2 大学は、大学、免許法認定公開講座及び単位修得試験における単位修得原簿その他これらに関する主なる公文書を相当期間保存しなければならない。

3 指定教員養成機関は、単位修得原簿その他これに関する主なる公文書を相当期間保存しなければならない。

附 則

1 この省令は、昭和二十九年十二月三日から施行する。

2 この省令施行の際、現に教育職員免許法の一部を改正する法律（昭和二十九年法律第百五十八号）（以下「改正法」という。）による改正前の免許法（以下「旧法」という。）第六条別表第四、第五、第六若しくは第七、同法附則第八項又は教育職員免許法の一部を改正する法律の施行に伴う関係法律の整理に関する法律（昭和二十九年法律第百五十九号）による改正前の教育職員免許法施行法（昭和二十四年法律第百四十八号）（以下「旧施行法」という。）第七条第一項の規定により、上級免許状の授与を受けるために必要とする単位の全部又は一部を修得している者については、免許法第六条別表第三、第五、第六、第七、同法附則第七項又は改正法附則第五項に規定する単位の修得方法（免許法第六条別表第三備考第五号の規定の適用を受ける場合における単位の修得方法を

含む。）は、第十一条、第十三条、第十四条、第十六条、第十七条、第十八条第四項、第六項及び第八項の規定にかかわらず、昭和三十六年三月三十一日までは、改正前の教育職員免許法施行規則（以下「旧施行規則」という。）第十四条、第十五条、第十六条若しくは第十七条又は教育職員免許法施行法施行規則の全部を改正する省令（昭和二十九年文部省令第二十七号）による改正前の教育職員免許法施行法施行規則（昭和二十四年文部省令第三十九号）（以下「旧施行法施行規則」という。）第十七条、第十八条、第十九条、第二十条若しくは第二十一条に定める修得方法の例によることができる。

3　免許法第六条別表第三、第四、第五、第六、第七、同法附則第七項又は改正法附則第五項の規定により上級免許状の授与を受けようとする者が、旧施行規則附則第二項から第五項までの規定により旧施行規則に規定する単位のうち相当の単位を修得したものとすることができたものであるときは、昭和三十六年三月三十一日までは、その者が上級免許状の授与を受けるために必要とする単位数から、修得したものとすることができた単位数を差し引いて修得すればたりるものとする。

4　免許法附則第五項の規定の適用を受ける者の単位の修得方法は、次の表の定めるところによる。

免許法附則第五項の表の番号	最低修得単位数	
	教科に関する専門的事項に関する科目	各教科の指導法に関する科目又は教諭の教育の基礎的理解に関する科目等
一	四	六
二	四	六
三	四	六
四	六	四
五	四	六

備考　この表各号の単位の修得方法は、それぞれ第四条第一項及び第五条第一項の表に定める修得方法の例にならうものとする。

5　免許法附則第九項の規定の適用を受ける者の単位の修得方法は、第十六条に定める修得方法の例にならうものとする。

6　免許法附則第十七項の規定の適用を受ける者の単位の修得方法は、次の表の定めるところによる。

受けようとする免許状の種類		最低修得単位数	
		栄養に係る教育に関する科目	養護教諭・栄養教諭の教育の基礎的理解に関する科目等
栄養教諭	一種免許状	二	八
	二種免許状	二	六

備考
一　この表における単位の計算方法に関しては、第一条の二の規定を準用する。
二　栄養に係る教育に関する科目の単位の修得方法は、第十条の表備考第一号に定める修得方法の例にならうものとする。
三　養護教諭・栄養教諭の教育の基礎的理解に関する科目等の単位の修得方法は、教育の基礎的理解に関する科目、道徳、総合的な学習の時間等の内容及び生徒指導、教育相談等に関する科目並びに栄養教育実習についてそれぞれ一単位以上を修得するものとする。
四　前号の栄養教育実習の単位は、免許法第三条の二に規定する非常勤の講師として一年以上栄養の指導に関し良好な成績で勤務した旨の実務証明責任者の証明を有する者については、経験年数一年について一単位の割合で、前号の養護教諭・栄養教諭の教育の基礎的理解に関する科目等（栄養教育実習を除く。）の単位をもつて、これに替えることができる。
五　免許法附則第十七項の表備考第二号の規定の適用を受ける者の単位の修得方法は、栄養に係る教育に関する科目について二単位以上を修得するものとする。

7　免許法附則第十八項に規定する文部科学省令で定める基礎資格は、次の各号に掲げる免許状の区分に応じ、当該各号に定めるものとする。
一　幼稚園教諭の一種免許状　学士の学位を有すること（学校教育法第百二条第二項の規定により大学院への入学を認められる場合を含む。）、かつ、児童福祉法（昭和二十二年法律第百六十四号）第十八条の六第一号に規定する指定保育士養成施設を卒業していること又は同法第十八条の八第一項に規定する保育士試験若しくは国家戦略特別区域法（平成二十五年法律第百七号）第十二条の五第六項に規定する国家戦略特別区域限定保育士試験に合格していること。
二　幼稚園教諭の二種免許状　児童福祉法第十八条の六第一号に規定する指定保育士養成施設を卒業していること又は同法第十八条の八第一項に規定する保育士試験若しくは国家戦略特別区域法第十二条の五第六項に規定する国家戦略特別区域限定保育士試験に合格していること。

8　免許法附則第十八項に規定する文部科学省令で定める職員は、次に掲げる者とする。

一 幼稚園（特別支援学校の幼稚部を含む。附則第十項の表備考第一号において同じ。）において専ら幼児の保育に従事する職員
二 幼保連携型認定こども園において園児の教育及び保育に従事する職員
三 次に掲げる施設の保育士（国家戦略特別区域法第十二条の五第五項に規定する事業実施区域内にある施設にあつては、保育士又は当該事業実施区域に係る国家戦略特別区域限定保育士）
イ 児童福祉法第三十九条第一項に規定する保育所
ロ 児童福祉法第五十九条第一項に規定する施設のうち同法第三十九条第一項に規定する業務を目的とするものであつて就学前の子どもに関する教育、保育等の総合的な提供の推進に関する法律（平成十八年法律第七十七号）第三条第一項又は第三項の認定を受けたもの及び同条第十項の規定による公示がされたもの
ハ イ及びロに掲げるものに準ずる施設として文部科学大臣が内閣総理大臣と協議して定めるもの

9 免許法附則第十八項に規定する文部科学省令で定める機関は、大学とする。

10 免許法附則第十八項に規定する最低在職年数及び最低単位数として文部科学省令で定めるものは、次の表に定めるところによる。

第一欄		第二欄	第三欄
受けようとする免許状の種類		附則第七項各号に掲げる免許状の区分に応じそれぞれ当該各号に定める基礎資格を取得した後、附則第八項に規定する職員として良好な成績で勤務した旨の実務証明責任者の証明を有することを必要とする最低在職年数	附則第七項各号に掲げる免許状の区分に応じそれぞれ当該各号に定める基礎資格を取得した後、前項に規定する機関において修得することを必要とする最低単位数
幼稚園教諭	一種免許状	三（勤務時間の合計が四千三百二十時間以上の場合に限る。）	八
	二種免許状	三（勤務時間の合計が四千三百二十時間以上の場合に限る。）	八

備考
一 第二欄の実務証明責任者は、附則第八項第一号及び第二号に掲げる者にあつては幼稚園の教員についての免許法別表第三の第三欄に規定する実務証明責任者と同様とし、同項第三号に掲げる者にあつてはその者が勤務した施設の設置者とする。
二 第三欄に定める単位の修得方法は、次に掲げる第二条第一項に定める科目について、それぞれ規定する単位数を修得するものとする。
イ 保育内容の指導法に関する科目並びに教育の方法及び技術に関する科目 二単位以上
ロ 教育の基礎的理解に関する科目（教職の意義及び教員の役割・職務内容（チーム学校運営への対応を含む。）に係る部分に限る。） 二単位以上
ハ 教育の基礎的理解に関する科目（教育に関する社会的、制度的又は経営的事項（学校と地域との連携及び学校安全への対応を含む。）に係る部分に限る。） 一単位以上
ニ 教育課程の意義及び編成の方法に関する科目 一単位以上
ホ 道徳、総合的な学習の時間等の指導法及び生徒指導、教育相談等に関する科目（幼児理解の理論及び方法に係る部分に限る。） 一単位以上
三 この表により免許状の授与を受けようとする者が前号の規定により修得するものとされる科目の単位を修得したものであるときは、その者は、その修得した科目の単位を第三欄に掲げる単位数に含めることができる。
四 幼稚園教諭の一種免許状又は二種免許状の授与を受けようとする者について、第二欄に定める最低在職年数に加え、幼保連携型認定こども園において園児の教育及び保育に従事する職員として良好な成績で勤務した旨の実務証明責任者の証明を有する在職年数が二年以上（勤務時間の合計が二千八百八十時間以上の場合に限る。）あるときは、第二号イ及びホに定める科目について、それぞれ一単位を修得したものとみなして、この表を適用する。
五 一種免許状に係る第三欄に定める単位数は、学位規則第六条第一項に規定する独立行政法人大学改革支援・学位授与機構が定める要件を満たす短期大学の専攻科の課程において修得することができる。
六 第三欄の単位数は、文部科学大臣の指定する養護教諭養成機関において修得した単位、文部科学大臣の認定する講習、大学の公開講座若しくは通信教育において修得した単位又は文部科学大臣が大学に委嘱して行う試験の合格により修得した単位をもつて替えることができる。
七 前号に規定する文部科学大臣の指定する養護教諭養成機関、文部科学大臣の認定する講習、大学の公開講座若しくは通信教育又は文部科学大臣が大学に委嘱して行う試験については、第四章、第五章、第五章の二、第六章又は第七章の規定を、第三欄に定める単位の計算方法については第一条の二の規定をそれぞれ準用する。

11 改正法附則第五項の規定の適用を受ける者の単位の修得方法は、次の表の定めるところによる。

(注)次の表⇒七六九頁上段の表

12 前項の規定により高等学校教諭二級普通免許状の授与を受けようとする者についての改正法附則第五項の表備考第二号において準用する免許法第六条別表第三備考第五号の規定により文部省令で定める教育の職は、校長、教育長若しくは指導主事又は盲学校、聾学校若しくは養護学校の高等部の教員の職とする。

13 改正法附則第五項の表備考第四号又は第五号の規定の適用を受ける者の単位の修得方法は、教科に関する専門科目五単位以上、教職に関する専門科目五単位以上とし、教科に関する専門科目及び教職に関する専門科目の単位の修得方法は、それぞれ第二条、第三条及び第六条に定める修得方法の例にならうものとする。

14 改正法附則第八項の規定の適用を受ける者の単位の修得方法は、教科に関する専門的事項に関する科目二十単位、各教科の指導法に関する科目、教諭の教育の基礎的理解に関する科目等二十四単位並びに大学が独自に設定する科目十六単位を含めて九十単位を修得するものとし、教科に関する専門的事項に関する科目、各教科の指導法に関する科目及び教諭の教育の基礎的理解に関する科目等の単位の修得方法にあつてはそれぞれ第五条に定める修得方法の例にならうものとする。

15 改正法附則第十一項又は改正法附則第十二項若しくは第十三項の規定の適用を受ける者の単位の修得方法は、それぞれ附則第十一項又は第十三項に定める修得方法の例にならうものとする。

16 改正法附則第十八項の規定の適用を受ける者の単位の修得方法は、附則第十一項に定める修得方法の例にならうものとする。

17 改正法附則第三項の規定により旧法第六条別表第四に規定する幼稚園、小学校若しくは中学校の教諭の仮免許状に係る所要資格、同条別表第五に規定する中学校若しくは高等学校において職業実習、農業実習、工業実習、商業実習、水産実習若しくは商船実習を担任する教諭の仮免許状に係る所要資格又は同条別表第六に規定する養護教諭仮免許状に係る所要資格を得た者又は改正法附則第四項の規定により旧法第六条別表第四に規定する高等学校教諭仮免許状に係る所要資格を得た者で、これらの学校の教諭（講師を含む。）になろうとするものは、授与権者に願い出て所要資格を得たむねの証明を受けなければならない。

18 免許法附則第二項の規定により、ある教科の免許状を有しない主幹教諭、指導教諭又は教諭（以下この項において「主幹教諭等」という。）が、当該教科の教授を担任しようとするときは、当該学校の校長及び当該主幹教諭等は、連署をもつて、次の事項を記載した申請書を授与権者に提出し、許可を受けなければならない。

一 設置者、学校名及び位置

二 校長及び当該教科の教授を担任しようとする主幹教諭等の氏名

三 教授を担任しようとする教科の名称及び期間

四 前号の教授を担任しようとする事由

五 第二号に掲げる主幹教諭等の履歴及び所有する免許状の種類

六 当該学校の学級編成及び免許教科別教員数

19 昭和二十九年十二月二日までに免許状授与の所要資格を得させるための課程として文部大臣の認定を受けた大学の課程は、第二章の規定による認定課程とみなす。

20 昭和二十八年七月三十日から昭和二十九年十二月二日までの間に開設されていた大学の公開講座及び研究生の課程は、昭和二十九年十二月二日までの間は、第二十五条第三項の規定による指定を受けたものとみなす。

21 改正法施行の際、現に存する旧法第五条別表第一備考第二号に掲げる小学校、中学校又は幼稚園の教員養成機関に関しては、旧施行規則第二章の規定は、昭和三十三年三月三十一日までは、なお効力を有するものとする。

22 免許法附則第四項の旧令による学校の校長及び教員は、次の各号に掲げる学校の校長及び教員とする。

一 小学校に相当する旧令による学校については、国民学校（教員養成諸学校の附属国民学校を含む。以下この項において同じ。）、青年学校（青年師範学校の附属青年学校を含む。以下この項において同じ。）、盲学校、聾唖学校、国民学校に準ずる各種学校、国民学校に類する各種学校、文部省以外の官庁の所管に属した学校であつて国民学校に相当する学校、第四号に掲げる学校その他文部科学大臣がこれらの学校に準ずるものと認めた学校

二 中学校に相当する旧令による学校については、国民学校、中等学校（教員養成諸学校の附属中学校及び附属高等女学校を含む。以下この項において同じ。）、高等学校尋常科、師範学校予科、盲学校、聾唖学校、青年学校、国民学校に準ずる各種学校、国民学校に類する各種学校、中等学校に相当する学校、文部省以外の官庁の所管に属した学校であつて国民学校又は中等学校に相当する学校、専門学校入学に関し指定を受けた学校その他文部科学大臣がこれらの学校に準ずるものと認めた学校

三 高等学校に相当する旧令による学校については、中等学校、高等学校尋常科、師範学校予科、青年学校、専門学校入学に関し指定を受けた学校、高等学校高等科、大学予科、専門学校、大学、高等学校高等科又は専門学校に類する各種学校、中等学校に相当する学校、文部省以外の官庁の所管に属した学校であつて高等学校高等科又は専門学校に相当する学校、盲学校又は聾唖学校の師範部、教員養成諸学校（青年学校教員養成所及び臨時の教員養成機関を含む。）その他文部科学大臣がこれらの学校に準ずるものと認めた学校

四 幼稚園に相当する旧令による学校については、旧幼稚園令（大正十五年勅令第七十四号）による幼稚園（教員養成諸学校の附属幼稚園及び文部大臣が幼稚園に相当するものと認めた学校を含む。）及び第一号に掲げる学校（青年学校を除く。）

23 免許法附則第四項の学校以外の教育施設において教育に従

㊟附則第11項の付表

受けようとする免許状の種類	最低修得単位数			
	一般教育科目	専門科目		
		教科に関するもの	教職に関するもの	特殊教育に関するもの
小学校又は幼稚園の教諭の二級普通免許状	五	五	五	
中学校教諭二級普通免許状	五	一〇		
高等学校教諭二級普通免許状	一五	二五	五	
中学校又は高等学校において、職業実習又は農業実習、工業実習、商業実習、水産実習若しくは商船実習を担任する教諭の二級普通免許状		五	五	
養護教諭二級普通免許状	二	六	二	
旧法の規定により盲学校、聾学校又は養護学校の教諭の仮免許状を有する者が授与を受けようとする盲学校、聾学校又は養護学校の教諭の二級普通免許状				六
旧施行法の規定により盲学校又は聾学校の教諭の仮免許状を有する者が授与を受けようとする盲学校又は聾学校の教諭の二級普通免許状				一〇

備考　この表各項の単位の修得方法は、第二条から第七条まで、第九条及び第十条並びに第十一条の表備考第一号に定める修得方法の例にならうものとする。

事する者は、第六十七条の表の第一欄に掲げる施設において教育に従事する者とする。

24　免許法附則第四項の官公庁又は私立学校において教育事務に従事する職員は、学校教育法施行規則第二十条第一号イからヌまでに掲げる職にある者とする。

25　免許法附則第五項の表備考に規定する基礎資格を有する者に相当する者及び改正法附則第五項の表備考第四号の規定により修業年限四年以上の専門学校を卒業した者に相当する者は、旧令による専門学校の入学資格を入学資格とする修業年限一年以上の専門学校の予科を修了し、修業年限三年以上の専門学校を卒業した者又は修業年限三年以上の専門学校を卒業し、修業年限一年以上の専門学校研究科を修了した者とする。

26　免許法附則第四項、第五項、第九項及び第十八項の表の第三欄並びに改正法附則第五項の表の第三欄並びに附則第十項の表の第二欄に規定する在職年数の通算に関しては、第七十条の規定を準用する。

27　免許法附則第九項の表イの項に掲げる「文部科学大臣がこれと同等以上と認める資格」は、大学に二年以上在学し、同表の第一欄に掲げる実習に係る実業に関する学科を専攻し、六十二単位以上を修得すること（短期大学士の学位を有することを除く。）又は旧令による修業年限三年以上の専門学校において同表の第一欄に掲げる実習に係る実業に関する学科を専攻して卒業することとし、同表のハの項に掲げる「文部科学大臣がこれと同等以上と認める資格」とは、旧令による国民学校初等科修了程度を入学資格とする修業年限五年の実業学校又は旧令による国民学校高等科修了程度を入学資格とする修業年限三年の実業学校において同表の第一欄に掲げる実習に係る実業に関する学科を修めて卒業することとする。

28　免許法附則第九項の表備考第三号に規定する文部科学省令で定める実習助手は、高等学校（中等教育学校の後期課程並びに特別支援学校の高等部を含む。）において専ら実習助手の職務に従事する者で常時勤務に服することを要するものとし、その者についての実務証明責任者は、その者の勤務する学校の教員について免許法別表第三の第三欄に規定する実務証明責任者と同様とする。

29　改正法附則第五項の表備考第七号に規定する文部省令で定める職員は、第六十九条の二に規定する職員とし、その者について証明をすべき所轄庁は、その者の勤務する学校の教員について免許法第二条第三項に規定する所轄庁と同様とする。

30　免許法附則第十八項の表第三欄に規定する実務証明責任者は、その者の勤務する学校（学校給食法（昭和二十九年法律第百六十号）第六条に規定する共同調理場に勤務する者については、当該共同調理場の設置者が設置する学校とする。）の教員について免許法別表第三の第三欄に規定する実務証明責任者と同様とする。

31　この省令施行の際、現に旧施行規則又は旧施行法施行規則の規定により盲学校又は聾学校の高等部において特殊の教科の教授を担任する教諭の仮免許状の授与を受けている者は、昭和三十五年三月三十一日まで、それぞれ当該仮免許状に相当する学校の高等部において特殊の教科の教授を担任する教諭（講師を含む。）の職にあることができる。

32　この省令施行の際、現に盲学校特殊教科助教諭免許状又は特殊技芸についての聾学校特殊教科助教諭免許状を有する者で、昭和三十二年三月三十一日までに、大学、第六十四条第四項の文部大臣の指定する盲学校若しくは聾学校の教員養成機関（以下「特殊教科教員養成機関」という。）又は同条同項の文部大臣の認定する講習（以下「特殊教科認定講習」という。）において、第六十四条第三項各号に規定する専門科目について四単位以上を修得し、かつ、一年以上盲学校又は聾学校の教員として良好な成績で勤務したもの及びこの省令施行の際、現に理容についての聾学校特殊教科助教諭免許状を有する者で、昭和三十二年三月三十一日までに、二年以上聾学校の教員として良好な成績で勤務したものは、昭和三十八年三月三十一日まで、それぞれ盲学校又は聾学校の高等部において特殊の教科の教授を担任する教諭（講師を含む。）の職にあることができる。

33　前項の者で盲学校又は聾学校の高等部において特殊の教科の教授を担任する教諭（講師を含む。）になろうとするものについては、附則第十七項及び第三十五項の規定を準用する。

34　附則第三十四項及び第三十五項の規定に該当する者に対して、教育職員検定により、盲学校又は聾学校の特殊教科の教諭の二級普通免許状を授与する場合における学力及び実務の検定は、第六十四条第二項の規定にかかわらず、次の表の第三欄及び第四欄の定めるところによる。

㊟次の表⇩七七二頁上段の表

35　免許法別表第三により保健の教科についての高等学校教諭の一種免許状の授与を受けようとする者が、改正法附則第七項の規定により保健の教科についての高等学校助教諭の臨時免許状の授与を受けており、かつ、保健師助産師看護師法（昭和二十三年法律第二百三号）第七条の規定により看護師の免許を受けているものであるときは、当分の間、その者は、附則第十四項に規定する最低修得単位数のうち、教科に関する専門的事項に関する科目十単位、各教科の指導法に関する科目及び教諭の教育の基礎的理解に関する科目等十二単位並びに大学が独自に設定する科目八単位を含めて四十五単位（同法第二十一条第二号又は第三号の規定に基づき文部科学大臣又は厚生労働大臣が指定した学校又は看護師養成所（次項において「看護師養成施設」という。）のうち修業年限二年のものを卒業した者にあつては、教科に関する専門的事項に関する科目七単位、各教科の指導法に関する科目及び教諭の教育の基礎的理解に関する科目等八単位並びに大学が独自に設定する科目五単位を含めて三十単位）を修得したものとみなして、附則第十四項の規定を適用する。

36　前項の規定の適用を受ける者の改正法附則第八項により読み替えられた免許法別表第三に規定する最低在職年数については、当分の間、その者の看護師養成施設における在学年数一年を在職年数二年とみなして通算することができる。

37　旧国立工業教員養成所を卒業した者が、免許法第六条第三項別表第四により数学又は理科の教科についての高等学校教諭二級普通免許状の授与を受けようとする場合にあつては、当分の間、教育職員免許法施行規則等の一部を改正する省令（平成元年文部省令第三号）による改正前の第二十五条第三項の規定にかかわらず、同項に定めるもののほか、旧国立工業教員養成所は、同法第六条第二項別表第三備考第一号の規定に基づく他の課程とみなす。

38　免許法附則第十四項に規定する文部科学省令で定める事項は、学校教育法施行規則第五十二条に規定する小学校学習指導要領で定める保健に係る事項とする。

39　新型コロナウイルス感染症（病原体がベータコロナウイルス属のコロナウイルス（令和二年一月に、中華人民共和国から世界保健機関に対して、人に伝染する能力を有することが新たに報告されたものに限る。）である感染症をいう。）の発生又はまん延に起因するやむを得ない理由により、認定課程を有する大学、免許法第五条第一項に規定する養護教諭養成機関、免許法別表第一備考第二号の三及び第三号に規定する幼稚園、小学校、中学校若しくは特別支援学校の教員養成機関、免許法別表第二の二備考第二号に規定する栄養教諭の教員養成機関又は第六十四条第一項の表下欄に規定する特別支援学校の教員養成機関が、次の表の第一欄に掲げる免許状の種類に応じ、令和二年度から令和五年度までの間にこの省令に規定する科目のうち第二欄に掲げる科目の授業の全部又は一部を実施できなかつたことにより、免許法別表第一、別表第二若しくは別表第二の二の規定による普通免許状の授与又は免許法第四条の二第二項に規定する特別支援学校において専ら自立教科等の教授を担任する教員の普通免許状の授与を受けようとする者が当該第二欄に掲げる科目の単位を修得することができないときは、当該第二欄に掲げる科目の単位については、この省令に規定する科目のうち第三欄に掲げる科目の単位をもつてあてることができる。

㊟附則第34項の付表

第一欄	第二欄	第三欄	第四欄
所要資格 受けようとする免許状の種類	基礎資格	第二欄に規定する基礎資格を取得したのち、第一欄に掲げる学校の教員として良好な成績で勤務した旨の所轄庁の証明を有することを必要とする最低在職年数	第二欄に規定する基礎資格を取得したのち、大学、特殊教科教員養成機関又は特殊教科認定講習において修得することを必要とする最低単位数
盲学校特殊教科教諭二級普通免許状	附則第三十四項又は第三十五項の規定により、盲学校の高等部において特殊の教科の教授を担任する教諭の職にあることができること。	三	四
聾学校特殊教科教諭二級普通免許状	附則第三十四項又は第三十五項の規定により、聾学校の高等部において特殊の教科の教授を担任する教諭の職にあることができること。	三	四

備考

一 この表により理容の教科についての聾学校特殊教科教諭二級普通免許状の授与を受けようとする場合には、第四欄に掲げる単位は、修得することを要しない。

二 この表各項の単位の修得方法は、学校教育法等の一部を改正する法律の施行に伴う文部科学省関係省令の整備等に関する省令（平成十九年文部科学省令第五号）第九条による改正前の第六十四条第三項に定める修得方法の例にならうものとする。

第一欄	第二欄	第三欄
幼稚園教諭	教科及び教職に関する科目（教育実践に関する科目（教育実習に係る部分に限る。）に限る。）	教科及び教職に関する科目（教育実践に関する科目（教育実習に係る部分に限る。）を除く。）
小学校教諭	教科及び教職に関する科目（教育実践に関する科目（教育実習に係る部分に限る。）に限る。）	教科及び教職に関する科目（教育実践に関する科目（教育実習に係る部分に限る。）を除く。）
中学校教諭	教科及び教職に関する科目（教育実践に関する科目（教育実習に係る部分に限る。）に限る。）	教科及び教職に関する科目（教育実践に関する科目（教育実習に係る部分に限る。）を除く。）
高等学校教諭	教科及び教職に関する科目（教育実践に関する科目（教育実習に係る部分に限る。）に限る。）	教科及び教職に関する科目（教育実践に関する科目（教育実習に係る部分に限る。）を除く。）
特別支援学校教諭	特別支援教育に関する科目（心身に障害のある幼児、	特別支援教育に関する科目（心身に障害のある幼児、児童又は生徒についての教

	児童又は生徒についての教育実習に限る。）	育実習を除く。）
養護教諭	養護及び教職に関する科目（教育実践に関する科目（養護実習に係る部分に限る。）に限る。）	養護及び教職に関する科目（教育実践に関する科目（養護実習に係る部分に限る。）を除く。）
栄養教諭	栄養に係る教育及び教職に関する科目（教育実践に関する科目（栄養教育実習に係る部分に限る。）に限る。）	栄養に係る教育及び教職に関する科目（教育実践に関する科目（栄養教育実習に係る部分に限る。）を除く。）
特別支援学校自立教科教諭	心身に障害のある幼児、児童又は生徒についての教育実習	特別支援教育の基礎理論に関する科目、特別支援教育の領域に関する科目及び視覚障害者に関する教育の領域以外の領域に関する科目

附　則（平成元・三・二二文部令三）（抄）

最終改正　平成二〇・一一・一二文科令三四

1　この省令は、平成元年四月一日から施行する。

4　国立及び公立の幼稚園、高等学校及び中等教育学校の校長の資格についての学校教育法施行規則第二十条第一号の規定の適用については、当分の間、同号中「専修免許状又は一種免許状（高等学校及び中等教育学校の校長にあつては、専修免許状、一種免許状又は二種免許状）」とあるのは、「専修免許状、一種免許状又は二種免許状（高等学校及び中等教育学校の校長にあつては、専修免許状又は一種免許状）」とする。

6　前二項の規定は、副校長及び教頭の資格についての学校教育法施行規則第二十三条において準用する同令第二十条第一号の規定の適用について準用する。

附　則（平成一〇・六・二五文部令二八）（抄）

最終改正　平成一九・一二・二五文科令四〇

1　この省令は、平成十年七月一日から施行する。ただし、第十条の三第二項の改正規定は、平成十二年四月一日から施行する。

附　則（平成一二・三・二七文部令一一）（抄）

最終改正　平成一四・六・二四文科令三三

1　この省令は、平成十二年四月一日から施行する。〔ただし書略〕

附　則（平成一二・六・二九文部令四七）（抄）

改正　平成一五・五・二九文科令三三

1　この省令は、平成十二年七月一日から施行する。

7　改正法附則第二項第一号の規定により文部科学省令で定めることとされている教科の領域の一部に係る事項で教育職員免許法第十六条の四第一項の文部科学省令で定めるものは、旧施行規則第六十一条の四に規定する情報技術又は情報処理とする。

9　改正法附則第四項又は第五項の規定の適用を受ける者の単位の修得方法については、第十四条の三及び第十六条第五項の改正規定にかかわらず、なお従前の規定を適用する。

10　改正法による改正後の教育職員免許法（以下「新法」という。）第六条別表第四の規定により情報又は福祉の教科についての高等学校教諭の一種免許状の授与を受けようとする者が、改正法の施行日以後にそれぞれ改正法附則第二項第一号に掲げる数学、理科、看護、家庭、農業、工業、商業若しくは水産の教科若しくは第七項に掲げる情報技術若しくは情報処理の事項（以下「情報関連教科」という。）又は同法附則第三項に掲げる公民、看護若しくは家庭の教科（以下「福祉関連教科」という。）について、新法又は教育職員免許法施行法（昭和二十四年法律第百四十八号）の規定により免許状の授与又は交付を受け、かつ、それぞれ第六項又は第八項に規定する現職教員等講習会を修了したものであるときは、新施行規則第五章の規定にかかわらず、当該現職教員等講習会を新法第六条別表第三備考第六号に規定する文部科学大臣の認定する講習とみなし、新施行規則第四条の表第一欄に掲げる情報又は福祉の教科の種類に応じて第二欄に掲げる科目について、それぞれ一単位以上計二十単位を修得したものとみなすことができる。この場合において、その者が、情報関連教科又は福祉関連教科の免許状の授与又は交付を受けた後、それぞれ情報関連教科若しくは情報の教科又は福祉関連教科若しくは福祉の教科の教授を担任する教員として三年以上良好な成績で勤務した旨の実務証明責任者の証明を有するものであるときは、その者が修得している情報関連教科又は福祉関連教科に係る教科の指導法の単位をもってそれぞれ情報又は福祉の教科に係る教科の指導法について四単位を修得したものとみなすことができる。

附　則（平成一三・三・二七文科令二二）（抄）

改正　平成一九・一二・二五文科令四〇

1　この省令は、平成十三年四月一日から施行する。

附　則（平成一六・四・三〇文科令三一）

改正　平成一九・三・三〇文科令五

（施行期日）

第一条　この省令は、平成十六年七月一日から施行する。

（経過措置）

第二条　平成十八年三月三十一日までに教育職員免許法の規定により高等学校教諭の普通免許状、盲学校特殊教科教諭の理療の教科についての一種免許状又は自立活動の教諭の一種免許状の授与を受けた者であつて、理学療法士免許又は医師法（昭和二十三年法律第二百一号）の定めるところによる医師免許を受けているものには、学校教育法等の一部を改正する法律の施行に伴う文部科学省関係省令の整備等に関する省令（平成十九年文部科学省令第五号）第九条の規定による改正後の教育職員免許法施行規則（以下「新免許法施行規則」という。）第六十四条第一項の規定にかかわらず、新免許法施行規則に規定する特別支援学校自立教科教諭の理学療法の教科についての一種免許状を授与することができる。

２　平成十八年三月三十一日までに教育職員免許法の規定により特別支援学校自立教科教諭の理療の教科についての二種免許状の授与を受けた者であつて、理学療法士免許を受けているものには、新免許法施行規則第六十四条第一項の規定にかかわらず、新免許法施行規則に規定する特別支援学校自立教科教諭の理学療法の教科についての二種免許状を授与することができる。

３　この省令の施行の際現に教育職員免許法の規定により高等学校助教諭の臨時免許状又は盲学校特殊教科助教諭の理療の教科についての臨時免許状の授与を受けている者であつて、理学療法士免許を受け、かつ、盲学校において理学療法の教科の教授を担任する教員として五年以上良好な成績で勤務した旨の実務証明責任者の証明を有するものには、新免許法施行規則第六十四条第一項の規定にかかわらず、新免許法施行規則に規定する特別支援学校自立教科教諭の理学療法の教科についての二種免許状を授与することができる。

附　則（平成一八・八・七文科令三一）（抄）

最終改正　平成一九・一二・二五文科令四〇

（施行期日）

１　この省令は、学校教育法等の一部を改正する法律（平成十八年法律第八十号。以下「改正法」という。）の施行の日（平成十九年四月一日）から施行する。

（経過措置）

２　改正法附則第七条の規定の適用がある者についての改正法第二条の規定による改正前の教育職員免許法（以下「旧免許法」という。）別表第一の第三欄に定める特殊教育に関する科目の単位の修得方法は、この省令による改正前の教育職員免許法施行規則（以下「旧施行規則」という。）第七条に定める修得方法の例にならうものとする。この場合において、この省令の施行の際現に同条の表第四欄に掲げる科目の単位を修得していない者については、当該科目は、特別支援学校の教育を中心として修得するものとする。

附　則（平成一九・三・三〇文科令五）（抄）

改正　平成一九・一二・二五文科令四〇

（施行期日）

第一条　この省令は、学校教育法等の一部を改正する法律（以下「改正法」という。）の施行の日（平成十九年四月一日）から施行する。

（学校教育法施行規則の一部改正に伴う経過措置）

第二条　〔略〕

附　則（平成二〇・三・三一文科令九）（抄）

最終改正　令和四・六・二二文科令二二

第一条　この省令は、平成二十一年四月一日から施行する。ただし、教育職員免許法施行規則附則第十四項の改正規定については、平成二十年四月一日から施行する。

附　則（平成二〇・一一・一二文科令三四）（抄）

最終改正　令和三・八・四文科令三五

（施行期日）

第一条　この省令は、平成二十一年四月一日から施行する。

（経過措置）

第二条～第五条　〔略〕

附　則（平成二二・三・三一文科令九）（抄）

（施行期日）

第一条　この省令は、公布の日から施行する。ただし、次の各号に掲げる規定は、当該各号に定める日から施行する。

一　教育職員免許法施行規則第四条及び第五条の改正規定　平成二十三年四月一日

二　教育職員免許法施行規則附則第三十四項の改正規定　平成二十二年四月一日

（経過措置）

第二条　〔略〕

附　則（平成二九・一一・一七文科令四一）（抄）

最終改正　令和五・二・二八文科令六

（施行期日）

１　この省令は、平成三十一年四月一日から施行する。ただし、第一条の規定（教育職員免許法施行規則第十条の六第一項及び第三項の改正規定並びに同令第十二条の改正規定に限る。）及び第二条の規定（免許状更新講習規則第六条の改正規定に限る。）は公布の日から施行する。

（経過措置）

２　教育公務員特例法等の一部を改正する法律（以下「改正法」という。）による改正後の教育職員免許法（以下「新法」という。）別表第一から別表第八まで、附則第五項、第十七項及び第十八項の規定により教諭、養護教諭又は栄養教諭の普通免許状の授与を受ける場合にあつては、改正法による改正前の教育職員免許法（以下「旧法」という。）による認定課程（以下「旧課程」という。）において修得した教科に関する科目、養護に関する科目及び栄養に係る教育に関する科目の単位のうち、新法別表第一備考第五号ロの規定に準じて、新法による認定課程（以下「新課程」という。）を有する大学が適当であると認めるものは、新課程において修得した領域及び保育内容の指導法に関する科目（領域に関する専門的事項に係る部分に限る。以下第七項において「領域に関する専門的事項に関する科目」という。）、教科及び教科の指導法に関する科目（教科に関する専門的事項に係る部分に限る。以下第七項において「教科に関する専門的事項に関する科目」という。）、養護に関する科目又は栄養に係る教育に関する科目の単位とみなすことができる。

３　新法別表第一から別表第八まで、附則第五項、第十七項及び第十八項の規定により教諭、養護教諭・栄養教諭の普通免許状の授与を受ける場合にあつては、旧課程において修得した教職に関する科目又は教職に関する科目に準ずる科目の単位について、次の表の第一欄に掲げる免許状の種類に応じ、第三欄に掲げる科目の単位については、新課程を有する大学が適当であると認めるものは、第二欄に掲げる科目の単位とみなすことができる。

第一欄	第二欄	第三欄
	この省令による改正後の教育職員免許法施行規則に規定する科目	この省令による改正前の教育職員免許法施行規則に規定する科目
幼稚園教諭	領域及び保育内容の指導法に関する科目（保育内容の指導法（情報機器及び教材の活用を含む。）に係る部分に限る。）	教育課程及び指導法に関する科目（保育内容の指導法に係る部分に限る。）
	教育の基礎的理解に関する科目	教職の意義等に関する科目 教育の基礎理論に関する科目 教育課程及び指導法に関する科目（教育課程の意義及び編成の方法に係る部分に限る。） 教職に関する科目に準ずる科目（特別の支援を必要とする幼児、児童及び生徒に対する理解に関する内容を含むものに限る。）
	道徳、総合的な学習の時間等の指導法及び生徒指導、教育相談等に関する科目	教育課程及び指導法に関する科目（保育内容の指導法に係る部分を除く。） 生徒指導、教育相談及び進路指導等に関する科目 教職に関する科目に準ずる科目（総合的な学習の時間の指導法に関する内容を含むものに限る。）
	教育実践に関する科目	教育実習 教職実践演習
小学校教諭	教科及び教科の指導法に関する科目（各教科の指導法（情報機器及び教材の活用を含む。）に係る部分に限る。）	教育課程及び指導法に関する科目（各教科の指導法に係る部分に限る。）
	教育の基礎的理解に関する科目	教職の意義等に関する科目 教育の基礎理論に関する科目 教育課程及び指導法に関する科目（教育課程の意義及び編成の方法に係る部分に限る。） 教職に関する科目に準ずる科目（特別の支援を必要とする幼児、児童及び生徒に対する理解に関する内容を含むものに限る。）
	道徳、総合的な学習の時間等の指導法及び生徒指導、教育相談等に関する科目	教育課程及び指導法に関する科目（各教科の指導法に係る部分を除く。） 生徒指導、教育相談及び進路指導等に関する科目 教職に関する科目に準ずる科目（総合的な学習の時間の指導法に関する内容を含むものに限る。）
	教育実践に関する科目	教育実習 教職実践演習
中学校教諭	教科及び教科の指導法に関する科目（各教科の指導法（情報機器及び教材の活用を含む。）に係る部分に限る。）	教育課程及び指導法に関する科目（各教科の指導法に係る部分に限る。）
	教育の基礎的理解に関する科目	教職の意義等に関する科目 教育の基礎理論に関する科目 教育課程及び指導法に関する科目（教育課程の意義及び編成の方法に係る部分に限る。） 教職に関する科目に準ずる科目（特別の支援を必要とする幼児、児童及び生徒に対する理解に関する内容を含むものに限る。）

	道徳、総合的な学習の時間等の指導法及び生徒指導、教育相談等に関する科目	教育課程及び指導法に関する科目（各教科の指導法に係る部分を除く。） 生徒指導、教育相談及び進路指導等に関する科目 教職に関する科目に準ずる科目（総合的な学習の時間の指導法に関する内容を含むものに限る。）
	教育実践に関する科目	教育実習 教職実践演習
高等学校教諭	教科及び教科の指導法に関する科目（各教科の指導法（情報機器及び教材の活用を含む。）に係る部分に限る。）	教育課程及び指導法に関する科目（各教科の指導法に係る部分に限る。）
	教育の基礎的理解に関する科目	教職の意義等に関する科目 教育の基礎理論に関する科目 教育課程及び指導法に関する科目（教育課程の意義及び編成の方法に係る部分に限る。） 教職に関する科目に準ずる科目（特別の支援を必要とする幼児、児童及び生徒に対する理解に関する内容を含むものに限る。）
	道徳、総合的な学習の時間等の指導法及び生徒指導、教育相談等に関する科目	教育課程及び指導法に関する科目（各教科の指導法に係る部分を除く。） 生徒指導、教育相談及び進路指導等に関する科目 教職に関する科目に準ずる科目（総合的な学習の時間の指導法に関する内容を含むものに限る。）
	教育実践に関する科目	教育実習 教職実践演習
養護教諭	教育の基礎的理解に関する科目	教職の意義等に関する科目 教育の基礎理論に関する科目 教育課程に関する科目（教育課程の意義及び編成の方法に係る部分に限る。） 教職に関する科目に準ずる科目（特別の支援を必要とする幼児、児童及び生徒に対する理解に関する内容を含むものに限る。）
	道徳、総合的な学習の時間等の内容及び生徒指導、教育相談に関する科目	教育課程に関する科目（道徳及び特別活動に関する内容、教育の方法及び技術（情報機器及び教材の活用を含む。）に係る部分に限る。） 生徒指導、教育相談及び進路指導等に関する科目 教職に関する科目に準ずる科目（総合的な学習の時間の内容に関する内容を含むものに限る。）
	教育実践に関する科目	養護実習 教職実践演習
栄養教諭	教育の基礎的理解に関する科目	教職の意義等に関する科目 教育の基礎理論に関する科目 教育課程に関する科目（教育課程の意義及び編成の方法に係る部分に限る。） 教職に関する科目に準ずる科目（特別の支援を必要とする幼児、児童及び生徒に対する理解に関する内容を含むものに限る。）

	道徳、総合的な学習の時間等の内容及び生徒指導、教育相談に関する科目	教育課程に関する科目（道徳及び特別活動に関する内容、教育の方法及び技術（情報機器及び教材の活用を含む。）に係る部分に限る。） 生徒指導、教育相談及び進路指導等に関する科目 教職に関する科目に準ずる科目（総合的な学習の時間の内容に関するものを含むものに限る。）
	教育実践に関する科目	栄養教育実習 教職実践演習

4　新法別表第一から別表第八までの規定により、教諭、養護教諭・栄養教諭の普通免許状の授与を受ける場合にあつては、旧課程において修得した教科又は教職に関する科目、養護又は教職に関する科目又は栄養に係る教育又は教職に関する科目の単位について、新課程を有する大学が適当であると認めるものは、新課程において修得した大学が独自に設定する科目の単位とみなすことができる。ただし、前項の規定により、新課程において修得した科目の単位とみなした旧課程において修得した教職に関する科目に準ずる科目の単位については、当該科目の単位を新課程において修得した大学が独自に設定する科目の単位とみなすことはできない。

5　前三項に規定する新課程を有する大学には、新法別表第一備考第三号の規定により文部科学大臣の指定を受けた教員養成機関、新法第五条第一項の規定により文部科学大臣の指定を受けた養護教諭養成機関、新法別表第二の二備考第二号の規定により文部科学大臣の指定を受けた教員養成機関又は新法別表第三備考第六号に掲げる講習、公開講座若しくは通信教育の開設者を含むものとする。この場合において、「改正前の教育職員免許法（以下「旧法」という。）による認定課程（以下「旧課程」という。）」又は「旧課程」とあるのは、「旧法別表第一備考第三号の規定により文部科学大臣の指定を受けた教員養成機関、旧法第五条第一項の規定により文部科学大臣の指定を受けた養護教諭養成機関若しくは旧法別表第二の二備考第二号の規定により文部科学大臣の指定を受けた教員養成機関又は旧法別表第三備考第六号に掲げる講習、公開講座若しくは通信教育」と、「新課程に」とあるのは、「新法別表第一備考第三号の規定により文部科学大臣の指定を受けている教員養成機関、新法第五条第一項の規定により文部科学大臣の指定を受けた養護教諭養成機関若しくは新法別表第二の二備考第二号の規定により文部科学大臣の指定を受けた教員養成機関又は新法別表第三備考第六号に掲げる講習、公開講座若しくは通信教育に」とする。

6　改正法附則第六条の規定により、旧法別表第一から別表第二の二までに規定するそれぞれの普通免許状に係る所要資格を得たことにより、新法別表第一から別表第二の二までに規定する当該普通免許状に係る所要資格を得たものとみなされる者が普通免許状の授与を受ける場合の単位の修得方法は、この省令による改正後の施行規則の規定にかかわらず、なお従前の例による。

7　この省令の施行の日の前に幼稚園教諭の普通免許状の授与の所要資格を得させるための課程として文部科学大臣により認定された課程（旧法別表第一備考第三号の規定により文部科学大臣の指定を受けた教員養成機関を含む。）については、平成三十四年度までに入学し引き続き在学する学生に対し、この省令による改正にかかわらず、領域に関する専門的事項に関する科目の履修について、小学校の国語、算数、生活、音楽、図画工作及び体育の教科に関する専門的事項に関する科目のうち、一以上の科目について修得させることにより、第二条第一項の表備考第一号に規定する科目のうち一以上の科目を修得させたものとみなすことができる。

（新型コロナウイルス感染症に関する特例）

8　新型コロナウイルス感染症（病原体がベータコロナウイルス属のコロナウイルス（令和二年一月に、中華人民共和国から世界保健機関に対して、人に伝染する能力を有することが新たに報告されたものに限る。）である感染症をいう。）の発生又はまん延に起因するやむを得ない理由により、旧課程を有する大学、旧法別表第一備考第三号の規定により文部科学大臣の指定を受けている教員養成機関、旧法第五条第一項の規定により文部科学大臣の指定を受けている養護教諭養成機関又は旧法別表第二の二備考第二号の規定により文部科学大臣の指定を受けている教員養成機関が、次の表の第一欄に掲げる免許状の種類に応じ、令和二年度から令和五年度までの間にこの省令による改正前の教育職員免許法施行規則に規定する科目のうち第二欄に掲げる科目の授業の全部又は一部を実施できなかつたことにより、旧法別表第一、別表第二又は別表第二の二の規定により普通免許状の授与を受けようとする者が当該第二欄に掲げる科目の単位を修得できないときは、当該第二欄に掲げる科目の単位については、この省令による改正前の教育職員免許法施行規則に規定する科目のうち第三欄に掲げる科目の単位をもつてあてることができる。

第一欄	第二欄	第三欄
幼稚園教諭	教職に関する科目（教育実習に限る。）	教科に関する科目 教職に関する科目（教育実習を除く。） 教科又は教職に関する科目
小学校教諭	教職に関する科目（教育実習に限る。）	教科に関する科目 教職に関する科目（教育実習を除く。）

		教科又は教職に関する科目
中学校教諭	教職に関する科目（教育実習に限る。）	教科に関する科目 教職に関する科目（教育実習を除く。） 教科又は教職に関する科目
高等学校教諭	教職に関する科目（教育実習に限る。）	教科に関する科目 教職に関する科目（教育実習を除く。） 教科又は教職に関する科目
養護教諭	教職に関する科目（養護実習に限る。）	養護に関する科目 教職に関する科目（養護実習を除く。） 養護又は教職に関する科目
栄養教諭	教職に関する科目（栄養教育実習に限る。）	栄養に係る教育に関する科目 教職に関する科目（栄養教育実習を除く。） 栄養に係る教育又は教職に関する科目

附　則（令和三・三・二六文科令一三）

1　この省令は、令和三年四月一日から施行する。

2　第一条の規定による改正後の教育職員免許法施行規則（以下「新規則」という。）第七十四条の二第八号の規定は、この省令の施行の日（以下「施行日」という。）前に教育職員免許法第十条第一項第二号に該当することにより免許状がその効力を失った者又は同法第十一条第一項若しくは第三項の規定により免許状取上げの処分を受けた者については、適用しない。

3　新規則第七十四条の三の規定は、施行日以後に教育職員免許法第十条第一項第二号に規定する処分を受け、又は解雇された者について適用し、施行日前に同号に規定する処分を受け、又は解雇された者については、なお従前の例による。

附　則（令和三・八・四文科令三五）

1　この省令は、令和四年四月一日から施行する。ただし、第一条中教育職員免許法施行規則第二条表備考第十四号及び第十五号、第五条表備考第七号、第七条、第十条の二、第十一条、第十一条の二、第十六条第五項並びに第二十一条の二の改正規定並びに第三条は公布の日から施行する。

（経過措置）

2　令和四年三月三十一日において教育職員免許法別表第一備考第五号イに規定する認定課程を有する大学若しくは別表第一備考第二号の三及び第三号の規定により文部科学大臣の指定を受けている教員養成機関に在学している者で、これらを卒業するまでに次の表の第二欄に掲げる科目の単位を修得する者又は令和四年三月三十一日までに第二欄に掲げる科目の単位を修得した者が、同法別表第一、別表第三から別表第五、別表第八又は附則第五項の規定により小学校、中学校又は高等学校の教諭の普通免許状の授与を受ける場合にあっては、この省令による改正前の教育職員免許法施行規則（以下「旧規則」という。）第三条第一項、第四条第一項又は第五条第一項に規定する教科及び教職に関する科目の単位のうち、同表の第二欄に掲げる科目の単位については、同表の第一欄に掲げる科目の単位とみなす。

第一欄	第二欄
この省令による改正後の教育職員免許法施行規則に規定する科目	旧規則に規定する科目
教科及び教科の指導法に関する科目（各教科の指導法（情報通信技術の活用を含む。）に限る。）	教科及び教科の指導法に関する科目（各教科の指導法（情報機器及び教材の活用を含む。）に限る。） 大学が独自に設定する科目（各教科の指導法（情報通信技術の活用を含む。）に関する内容を含むものに限る。）
道徳、総合的な学習の時間等の指導法及び生徒指導、教育相談等に関する科目（教育の方法及び技術に限る。）	道徳、総合的な学習の時間等の指導法及び生徒指導、教育相談等に関する科目（教育の方法及び技術（情報機器及び教材の活用を含む。）に限る。） 大学が独自に設定する科目（教育の方法及び技術に関する内容を含むものに限る。）
道徳、総合的な学習の時間等の指導法及び生徒指導、教育相談等に関する科目（情報通信技術を活用した教育の理論及び方法に限る。）	道徳、総合的な学習の時間等の指導法及び生徒指導、教育相談等に関する科目（教育の方法及び技術（情報機器及び教材の活用を含む。）に限る。） 大学が独自に設定する科目（情報通信技術を活用した教

	育の理論及び方法に関する内容を含むものに限る。）

3　令和四年三月三十一日において教育職員免許法別表第三備考第六号に掲げる講習、公開講座若しくは通信教育の課程を履修している者で、次の表の第二欄に掲げる科目の単位を修得する者又は令和四年三月三十一日までに同表の第二欄に掲げる科目の単位を修得した者が、同法別表第三から別表第五、別表第八又は附則第五項の規定により小学校、中学校又は高等学校の教諭の普通免許状の授与を受ける場合にあっては、教育職員免許法施行規則第三条から第五条までに定める修得方法の例にならうものとする旧規則第十一条第一項、第十一条の二、第十三条、第十五条第一項、第十六条、第十八条の二、第十八条の四又は附則第四項の表に規定する科目の単位のうち、同表の第二欄に掲げる科目の単位については、同表の第一欄に掲げる科目の単位とみなす。

第　一　欄	第　二　欄
この省令による改正後の教育職員免許法施行規則に規定する科目	旧規則に規定する科目
各教科の指導法に関する科目（各教科の指導法（情報通信技術の活用を含む。）に限る。）	各教科の指導法に関する科目（各教科の指導法（情報機器及び教材の活用を含む。）に限る。） 大学が独自に設定する科目（各教科の指導法（情報通信技術の活用を含む。）に関する内容を含むものに限る。）
教諭の教育の基礎的理解に関する科目等（教育の方法及び技術に限る。）	教諭の教育の基礎的理解に関する科目等（教育の方法及び技術（情報機器及び教材の活用を含む。）に限る。） 大学が独自に設定する科目（教育の方法及び技術に関する内容を含むものに限る。）
教諭の教育の基礎的理解に関する科目等（情報通信技術を活用した教育の理論及び方法に限る。）	教諭の教育の基礎的理解に関する科目等（教育の方法及び技術（情報機器及び教材の活用を含む。）に限る。） 大学が独自に設定する科目（情報通信技術を活用した教育の理論及び方法に関する内容を含むものに限る。）

附　則（令和四・三・一八文科令四）

1　この省令は、令和四年四月一日から施行する。

2　第一条の規定による改正後の教育職員免許法施行規則（以下「新規則」という。）第七十四条第二項の規定は、この省令の施行の日（以下「施行日」という。）以後に児童生徒性暴力等を行ったことにより、特定免許状失効者等となった者に係る原簿について適用し、施行日前に児童生徒性暴力等を行ったことにより、特定免許状失効者等となった者に係る原簿については、なお従前の例による。

3　新規則第七十四条の二第八号の規定は、施行日前に教育職員免許法第十一条第三項の規定により免許状取上げの処分を受けた実習助手又は寄宿舎指導員については、適用しない。

附　則（令和四・三・二五文科令七）

この省令は、令和四年四月一日から施行する。

附　則（令和四・六・二一文科令二二）（抄）

（施行期日）

第一条　この省令は、令和四年七月一日から施行する。

附　則（令和四・七・二八文科令二四）

1　この省令は、令和六年四月一日から施行する。ただし、教育職員免許法施行規則第五条、第九条、第十条及び第六十五条の八の改正規定は公布の日から施行する。

2　令和六年三月三十一日において教育職員免許法（以下この項及び次項において「免許法」という。）別表第一備考第五号イに規定する認定課程を有する大学（次項において「課程認定大学」という。）若しくは免許法別表第一備考第二号の三及び第三号の規定により文部科学大臣の指定を受けている教員養成機関に在学している者で、これらを卒業するまでにこの省令による改正前の教育職員免許法施行規則（以下「旧規則」という。）第七条の規定（同条に定める修得方法の例にならうものとする旧規則第十八条及び第六十四条第一項の表備考第一号の規定を含む。以下「旧修得規定」という。）の適用により旧規則第七条第一項の表第二欄及び第三欄に掲げる科目の単位を修得するもの又は同日までに旧修得規定の適用により同表第二欄及び第三欄に掲げる科目の単位を修得した者が、免許法別表第一若しくは別表第七の規定により特別支援学校教諭の普通免許状の授与を受ける場合、免許法第五条の二第三項の規定による新教育領域の追加の定めを受ける場合又はこの省令による改正後の教育職員免許法施行規則（以下「新規則」という。）の規定により特別支援学校自立教科教諭の普通免許状の授与を受ける場合にあっては、旧修得規定の適用により修得した旧規則第七条第一項の表第二欄及び第三欄に掲げる科目の単位は、新規則第七条の規定（同条に定める修得方法の例にならうものとする新規則第十八条及び第六十四条第一項の表備考第一号の規定を含む。）の適用により修得した新規則第七条第一項の表第二欄及び第三欄に掲げる科目の単位とみなす。

3　附則第一項ただし書に規定する規定の施行の日において課程認定大学、免許法第五条第一項の規定により文部科学大臣の指定を受けている養護教諭養成機関、免許法別表第一備考第二号の三及び第三号の規定により文部科学大臣の指定を受けている教員養成機関若しくは免許法別表第二の二備考第二号の規定により文部科学大臣の指定を受けている栄養教諭の教員養成機関に在学している者で、これらを卒業するまでに次の表の第三欄に掲げる科目の単位を修得するもの、同日において免許法別表第三備考第六号に掲げる講習、公開講座若しくは通信教育の課程を履修している者で、同欄に掲げる科目の単位を修得するもの又は同日までに同欄に掲げる科目の単位を修得した者が、免許法別表第一から別表第八、附則第五項、附則第九項又は附則第十七項の規定により高等学校の教諭の普通免許状、養護教諭の普通免許状又は栄養教諭の普通免許状の授与を受ける場合にあっては、旧規則第五条第一項に規定する教科及び教職に関する科目の単位、旧規則第九条に規定する養護及び教職に関する科目の単位又は旧規則第十条に規定する栄養に係る教育及び教職に関する科目の単位のうち、次の表の第一欄に掲げる免許状の種類に応じ、第三欄に掲げる科目の単位については、第二欄に掲げる科目の単位とみなす。

第一欄	第二欄	第三欄
	新規則に規定する科目	旧規則に規定する科目
高等学校教諭	道徳、総合的な学習の時間等の指導法及び生徒指導、教育相談等に関する科目（総合的な探究の時間の指導法に限る。）	道徳、総合的な学習の時間等の指導法及び生徒指導、教育相談等に関する科目（総合的な学習の時間の指導法に限る。）
養護教諭	道徳、総合的な学習の時間等の指導法及び生徒指導、教育相談等に関する科目（道徳、総合的な学習の時間及び総合的な探究の時間並びに特別活動に関する内容に限る。）	道徳、総合的な学習の時間等の指導法及び生徒指導、教育相談等に関する科目（道徳、総合的な学習の時間及び特別活動に関する内容に限る。）
栄養教諭	道徳、総合的な学習の時間等の指導法及び生徒指導、教育相談等に関する科目（道徳、総合的な学習の時間及び総合的な探究の時間並びに特別活動に関する内容に限る。）	道徳、総合的な学習の時間等の指導法及び生徒指導、教育相談等に関する科目（道徳、総合的な学習の時間及び特別活動に関する内容に限る。）

附　則（令和五・二・二八文科令六）

この省令は、令和五年四月一日から施行する。

附　則（令和五・三・三〇文科令一二）（抄）

（施行期日）

1　この省令は、こども家庭庁設置法の施行に伴う関係法律の整備に関する法律の施行の日（令和五年四月一日）から施行する。

（教育職員免許法施行規則の一部改正に伴う経過措置）

2　この省令の施行の日前に第一条の規定による改正前の教育職員免許法施行規則附則第八項第三号ハ（これに基づく告示を含む。）の規定により文部科学大臣が厚生労働大臣と協議して定めた施設は、第一条の規定による改正後の教育職員免許法施行規則附則第八項第三号ハ（これに基づく告示を含む。）の規定により文部科学大臣が内閣総理大臣と協議して定めた施設とみなす。

附　則（令和五・八・八文科令二七）

この省令は、地域の自主性及び自立性を高めるための改革の推進を図るための関係法律の整備に関する法律（令和五年法律第五十八号）附則第一条第一号に掲げる規定の施行の日（令和五年九月十六日）から施行する。

附　則（令和五・九・二五文科令三〇）

この省令は、公布の日から施行する。

附　則（令和五・九・二七文科令三一）

（施行期日）

第一条　この省令は、令和六年四月一日から施行する。

（経過措置）

第二条　令和六年三月三十一日において認定課程（教育職員免許法別表第一備考第五号イに規定する認定課程をいう。以下同じ。）を有する大学に在学している者でこれを卒業するまでに次の表の第三欄に掲げる科目の単位を修得するもの又は令和六年三月三十一日までに認定課程において同欄に掲げる科目の単位を修得した者が、同法別表第一の規定により中学校又は高等学校の教諭の普通免許状の授与を受ける場合にあっては、この省令による改正前の教育職員免許法施行規則（以下「旧規則」という。）第四条第一項の表備考第一号又は第五条第一項の表備考第一号に規定する教科に関する専門的事項に関する科目の単位のうち、次の表の第三欄に掲げる教科に関する専門的事項に関する科目の単位については、同表の第一欄に掲げる免許状の種類に応じ、同表の第二欄に掲げる科目の単位とみなす。

第一欄	第二欄	第三欄
	この省令による改正後の教育職員免許法施行規則に規定する科目	旧規則に規定する科目
中学校教諭	材料加工（実習を含む。）	木材加工（製図及び実習を含む。）
		金属加工（製図及び実習を含む。）
	生物育成	栽培（実習を含む。）
	情報とコンピュータ	情報とコンピュータ（実習を含む。）
	被服学（被服実習を含む。）	被服学（被服製作実習を含む。）

	保育学	保育学（実習を含む。）
高等学校教諭	「物理学実験、化学実験、生物学実験、地学実験」	「物理学実験（コンピュータ活用を含む。）、化学実験（コンピュータ活用を含む。）、生物学実験（コンピュータ活用を含む。）、地学実験（コンピュータ活用を含む。）」
	被服学（被服実習を含む。）	被服学（被服製作実習を含む。）
	住居学	住居学（製図を含む。）
	保育学	保育学（実習及び家庭看護を含む。）
	コンピュータ・情報処理	コンピュータ・情報処理（実習を含む。）
	情報システム	情報システム（実習を含む。）
	情報通信ネットワーク	情報通信ネットワーク（実習を含む。）
	マルチメディア表現・マルチメディア技術	マルチメディア表現・マルチメディア技術（実習を含む。）

2　令和六年三月三十一日において認定課程を有する大学に在学している者でこれを卒業するまでに物理学実験（コンピュータ活用を含む。）、化学実験（コンピュータ活用を含む。）、生物学実験（コンピュータ活用を含む。）及び地学実験（コンピュータ活用を含む。）（以下「旧物理学実験等」という。）の科目の単位を修得するもの又は令和六年三月三十一日までに認定課程において旧物理学実験等の科目の単位を修得した者が、同法別表第一の規定により中学校教諭の普通免許状の授与を受ける場合にあっては、旧規則第四条第一項の表備考第一号に規定する教科に関する専門的事項に関する科目の単位のうち、旧物理学実験等の科目の単位については、この省令による改正後の教育職員免許法施行規則（以下「新規則」という。）第四条第一項の表備考第一号に規定する物理学実験・化学実験・生物学実験・地学実験の科目の単位とみなす。

3　令和六年三月三十一日において認定課程を有する大学に在学している者でこれを卒業するまでに機械（実習を含む。）及び電気（実習を含む。）の科目の単位を修得するもの又は令和六年三月三十一日までに認定課程において機械（実習を含む。）及び電気（実習を含む。）の科目の単位を修得した者が、同法別表第一の規定により中学校教諭の普通免許状の授与を受ける場合にあっては、旧規則第四条第一項の表備考第一号に規定する教科に関する専門的事項に関する科目の単位のうち、機械（実習を含む。）及び電気（実習を含む。）の科目の単位については、新規則第四条第一項の表備考第一号に規定する機械・電気（実習を含む。）の科目の単位とみなす。

4　令和六年三月三十一日において認定課程を有する大学に在学している者で、これを卒業するまでに情報社会・情報倫理及び情報と職業の科目の単位を修得するもの又は令和六年三月三十一日までに認定課程において情報社会・情報倫理及び情報と職業の科目の単位を修得した者が、同法別表第一の規定により高等学校教諭の普通免許状の授与を受ける場合にあっては、旧規則第五条第一項の表備考第一号に規定する教科に関する専門的事項に関する科目の単位のうち、情報社会・情報倫理及び情報と職業の科目の単位については、新規則第五条第一項の表備考第一号に規定する情報社会（職業に関する内容を含む。）・情報倫理の科目の単位とみなす。

5　令和六年三月三十一日において認定課程を有する大学に在学している者で、これを卒業するまでに次に掲げる科目の単位を修得するもの又は令和六年三月三十一日までに認定課程において次に掲げる科目の単位を修得した者が、同法別表第一の規定により中学校教諭の普通免許状の授与を受ける場合（第二項又は第三項の規定の適用を受ける場合を除く。）にあっては、旧規則第四条第一項の表備考第一号に規定する教科に関する専門的事項に関する科目の単位のうち、次に掲げる科目の単位については、当該教科について中学校教諭の普通免許状の授与を受ける場合の教科に関する専門的事項に関する科目の単位とみなすことができる。

一　物理学実験（コンピュータ活用を含む。）
二　化学実験（コンピュータ活用を含む。）
三　生物学実験（コンピュータ活用を含む。）
四　地学実験（コンピュータ活用を含む。）
五　機械（実習を含む。）
六　電気（実習を含む。）

6　令和六年三月三十一日において認定課程を有する大学に在学している者で、これを卒業するまでに次に掲げる科目の単位を修得するもの又は令和六年三月三十一日までに認定課程において次に掲げる科目の単位を修得した者が、同法別表第一の規定により高等学校教諭の普通免許状の授与を受ける場合（第四項の規定の適用を受ける場合を除く。）にあっては、旧規則第五条第一項の表備考第一号に規定する教科に関する専門的事項に関する科目の単位のうち、次に掲げる科目の単位については、当該教科について高等学校教諭の普通免許状の授与を受ける場合の教科に関する専門的事項に関する科目の単位とみなすことができる。

一　家庭電気・家庭機械・情報処理
二　情報社会・情報倫理
三　情報と職業

第三条　令和六年三月三十一日において認定課程を有する大学に在学している者でこれを卒業するまでに次の表の第三欄に掲げる科目の単位を修得するもの、令和六年三月三十一日において教育職員免許法別表第三備考第六号に掲げる講習、公開講座若しくは通信教育の課程を履修している者で同欄に掲げる科目の単位を修得するもの又は令和六年三月三十一日までに同欄に掲げる科目の単位を修得した者が、同法別表第三から別表第五まで、別表第八又は附則第五項の規定により中学校又は高等学校の教諭の普通免許状の授与を受ける場合にあっては、旧規則第四条及び第五条に定める修得方法の例にならうものとする旧規則第十一条第一項、第十一条の二、第十三条、第十五条第一項、第十六条、第十八条の二、第十八条の四又は附則第四項の表に規定する科目の単位のうち、次の表の第三欄に掲げる科目の単位については、同表の第一欄に掲げる免許状の種類に応じ、同表の第二欄に掲げる科目の単位とみなす。

第一欄	第二欄	第三欄
	新規則に規定する科目	旧規則に規定する科目
中学校教諭	材料加工（実習を含む。）	木材加工（製図及び実習を含む。）
		金属加工（製図及び実習を含む。）
	生物育成	栽培（実習を含む。）
	情報とコンピュータ	情報とコンピュータ（実習を含む。）
	被服学（被服実習を含む。）	被服学（被服製作実習を含む。）
	保育学	保育学（実習を含む。）
高等学校教諭	「物理学実験、化学実験、生物学実験、地学実験」	「物理学実験（コンピュータ活用を含む。）、化学実験（コンピュータ活用を含む。）、生物学実験（コンピュータ活用を含む。）、地学実験（コンピュータ活用を含む。）」
	被服学（被服実習を含む。）	被服学（被服製作実習を含む。）
	住居学	住居学（製図を含む。）
	保育学	保育学（実習及び家庭看護を含む。）
	コンピュータ・情報処理	コンピュータ・情報処理（実習を含む。）
	情報システム	情報システム（実習を含む。）
	情報通信ネットワーク	情報通信ネットワーク（実習を含む。）
	マルチメディア表現・マルチメディア技術	マルチメディア表現・マルチメディア技術（実習を含む。）

2　令和六年三月三十一日において認定課程を有する大学に在学している者でこれを卒業するまでに旧物理学実験等の科目の単位を修得するもの、令和六年三月三十一日において教育職員免許法別表第三備考第六号に掲げる講習、公開講座若しくは通信教育の課程を履修している者で旧物理学実験等の科目の単位を修得するもの又は令和六年三月三十一日までに旧物理学実験等の科目の単位を修得した者が、同法別表第三から別表第五まで、別表第八又は附則第五項の規定により中学校教諭の普通免許状の授与を受ける場合にあっては、旧規則第四条に定める修得方法の例にならうものとする旧規則第十一条第一項、第十一条の二、第十三条、第十五条第一項、第十六条、第十八条の二、第十八条の四又は附則第四項の表に規定する科目の単位のうち、旧物理学実験等の科目の単位については、新規則第四条第一項の表備考第一号に規定する物理学実験・化学実験・生物学実験・地学実験の単位とみなす。

3　令和六年三月三十一日において認定課程を有する大学に在学している者でこれを卒業するまでに機械（実習を含む。）及び電気（実習を含む。）の科目の単位を修得するもの、令和六年三月三十一日において教育職員免許法別表第三備考第六号に掲げる講習、公開講座若しくは通信教育の課程を履修している者で機械（実習を含む。）及び電気（実習を含む。）の科目の単位を修得するもの又は令和六年三月三十一日までに機械（実習を含む。）及び電気（実習を含む。）の科目の単位を修得した者が、同法別表第三から別表第五まで、別表第八又は附則第五項の規定により中学校教諭の普通免許状の授与を受ける場合にあっては、旧規則第四条に定める修得方法の例にならうものとする旧規則第十一条第一項、第十一条の二、第十三条、第十五条第一項、第十六条、第十八条の二、第十八条の四又は附則第四項の表に規定する科目の単位のうち、機械（実習を含む。）及び電気（実習を含む。）の科目の単位については、新規則第四条第一項の表備考第一号に規定する機械・電気（実習を含む。）の単位とみなす。

4　令和六年三月三十一日において認定課程を有する大学に在学している者でこれを卒業するまでに情報社会・情報倫理及び情報と職業の科目の単位を修得するもの、令和六年三月三十一日において教育職員免許法別表第三備考第六号に掲げる講習、公開講座若しくは通信教育の課程を履修している者で情報社会・情報倫理及び情報と職業の科目の単位を修得するもの又は令和六年三月三十一日までに情報社会・情報倫理及び情報と職業の科目の単位を修得した者が、同法別表第三から別表第五まで、別表第八又は附則第五項の規定により高等学校教諭の普通免許状の授与を受ける場合にあっては、旧規則第五条に定める修得方法の例にならうものとする旧規則第十一条第一項、第十一条の二、第十三条、第十五条第一項、第十六条又は附則第四項の表に規定する科目の単位のうち、情報社会・情報倫理及び情報と職業の科目については、新規則第五条第一項の表備考第一号に規定する情報社会（職業に関する内容を含む。）・情報倫理の科目の単位とみなす。

5　令和六年三月三十一日において認定課程を有する大学に在学している者でこれを卒業するまでに次に掲げる科目の単位を修得するもの、令和六年三月三十一日において教育職員免許法別表第三備考第六号に掲げる講習、公開講座若しくは通信教育の課程を履修している者で次に掲げる科目の単位を修得するもの又は令和六年三月三十一日までに次に掲げる科目の単位を修得した者が、同法別表第三から別表第五まで、別表第八又は附則第五項の規定により中学校教諭の普通免許状の授与を受ける場合（第二項又は第三項の規定の適用を受ける場合を除く。）にあっては、旧規則第四条に定める修得方法の例にならうものとする旧規則第十一条第一項、第十一条の二、第十三条、第十五条第一項、第十六条、第十八条の二、第十八条の四又は附則第四項の表に規定する科目の単位のうち、次に掲げる科目の単位については、当該教科について中学校教諭の普通免許状の授与を受ける場合の教科に関する専門的事項に関する科目の単位とみなすことができる。

一　物理学実験（コンピュータ活用を含む。）
二　化学実験（コンピュータ活用を含む。）
三　生物学実験（コンピュータ活用を含む。）
四　地学実験（コンピュータ活用を含む。）
五　機械（実習を含む。）
六　電気（実習を含む。）

6　令和六年三月三十一日において認定課程を有する大学に在学している者でこれを卒業するまでに次に掲げる科目の単位を修得するもの、令和六年三月三十一日において教育職員免許法別表第三備考第六号に掲げる講習、公開講座若しくは通信教育の課程を履修している者で次に掲げる科目の単位を修得するもの又は令和六年三月三十一日までに次に掲げる科目の単位を修得した者が、同法別表第三から別表第五まで、別表第八又は附則第五項の規定により高等学校教諭の普通免許状の授与を受ける場合（第四項の規定の適用を受ける場合を除く。）にあっては、旧規則第五条に定める修得方法の例にならうものとする旧規則第十一条第一項、第十一条の二、第十三条、第十五条第一項、第十六条又は附則第四項の表に規定する科目の単位のうち、次に掲げる科目の単位については、当該教科について高等学校教諭の普通免許状の授与を受ける場合の教科に関する専門的事項に関する科目の単位とみなすことができる。

一　家庭電気・家庭機械・情報処理
二　情報社会・情報倫理
三　情報と職業

別記様式　〔略〕

○小学校及び中学校の教諭の普通免許状授与に係る教育職員免許法の特例等に関する法律

平成九・六・一八
法　九〇

最終改正　令和四・六・二二法七六

（趣旨）

第一条　この法律は、義務教育に従事する教員が個人の尊厳及び社会連帯の理念に関する認識を深めることの重要性にかんがみ、教員としての資質の向上を図り、義務教育の一層の充実を期する観点から、小学校又は中学校の教諭の普通免許状の授与を受けようとする者に、障害者、高齢者等に対する介護、介助、これらの者との交流等の体験を行わせる措置を講ずるため、小学校及び中学校の教諭の普通免許状の授与について教育職員免許法（昭和二十四年法律第百四十七号）の特例等を定めるものとする。

（教育職員免許法の特例）

第二条　小学校及び中学校の教諭の普通免許状の授与についての教育職員免許法第五条第一項の規定の適用については、当分の間、同項中「修得した者」とあるのは、「修得した者（十八歳に達した後、七日を下らない範囲内において文部科学省令で定める期間、特別支援学校又は社会福祉施設その他の施設で文部科学大臣が関係行政機関の長と協議して定めるものにおいて、障害者、高齢者等に対する介護、介助、これらの者との交流等の体験を行った者に限る。）」とする。

2　前項の規定により読み替えられた教育職員免許法第五条第一項の規定による体験（以下「介護等の体験」という。）に関し必要な事項は、文部科学省令で定める。

3　介護等に関する専門的知識及び技術を有する者又は身体上の障害により介護等の体験を行うことが困難な者として文部科学省令で定めるものについての小学校及び中学校の教諭の普通免許状の授与については、第一項の規定は、適用しない。

（関係者の責務）

第三条　国、地方公共団体及びその他の関係機関は、介護等の体験が適切に行われるようにするために必要な措置を講ずるよう努めるものとする。

2　特別支援学校及び社会福祉施設その他の施設で文部科学大臣が関係行政機関の長と協議して定めるものの設置者は、介護等の体験に関し必要な協力を行うよう努めるものとする。

3　大学及び文部科学大臣の指定する教員養成機関は、その学生又は生徒が介護等の体験を円滑に行うことができるよう適切な配慮をするものとする。

（教員の採用時における介護等の体験の勘案）

第四条　小学校、中学校又は義務教育学校の教員を採用しようとする者は、その選考に当たっては、この法律の趣旨にのっとり、教員になろうとする者が行った介護等の体験を勘案するよう努めるものとする。

附　則

1　この法律は、平成十年四月一日から施行する。

2　この法律の施行の日前に大学又は文部大臣の指定する教員養成機関に在学した者で、これらを卒業するまでに教育職員免許法別表第一に規定する小学校又は中学校の教諭の普通免許状に係る所要資格を得たものについては、第二条第一項の規定は、適用しない。

○教員資格認定試験規程（抄）

昭四八・八・九
文部令一七

最終改正　令和四・六・二一文科令二二

（趣旨）

第一条　教育職員免許法（昭和二十四年法律第百四十七号）第十六条第一項の規定による教員資格認定試験（以下「認定試験」という。）については、この省令の定めるところによる。

（試験の種類等）

第二条　認定試験の種類は、次の表の上欄に掲げるとおりとし、同欄に掲げる認定試験に合格した者にそれぞれ同表の下欄に掲げる普通免許状を授与する。

上欄		下欄	
認定試験の種類	種目	普通免許状の種類	免許教科等
幼稚園教員資格認定試験		幼稚園教諭二種免許状	
小学校教員資格認定試験		小学校教諭二種免許状	

高等学校教員資格認定試験	〔略〕		
特別支援学校教員資格認定試験	自立活動（視覚障害教育）	特別支援学校自立活動教諭一種免許状	視覚障害教育
	自立活動（聴覚障害教育）		聴覚障害教育
	自立活動（肢体不自由教育）		肢体不自由教育
	自立活動（言語障害教育）		言語障害教育

（受験資格）

第三条　幼稚園教員資格認定試験を受けることができる者は、次に掲げる者で文部科学大臣が定める資格を有するものとする。

一　大学に二年以上在学し、かつ、六十二単位以上を修得した者

二　前号に掲げる者のほか、高等学校を卒業した者又は教育職員免許法施行規則第六十六条各号の一に該当する者で、受験しようとする幼稚園教員資格認定試験の施行の日の属する年度の四月一日における年齢が満二十歳以上のもの

2　小学校教員資格認定試験を受けることができる者は、次に掲げる者とする。

一　大学に二年以上在学し、かつ、六十二単位以上を修得した者

二　前号に掲げる者のほか、高等学校を卒業した者又は教育職員免許法施行規則（昭和二十九年文部省令第二十七号）第六十六条各号の一に該当する者で、受験しようとする小学校教員資格認定試験の施行の日の属する年度の四月一日における年齢が満二十歳以上のもの

3　高等学校教員資格認定試験及び特別支援学校教員資格認定試験を受けることができる者は、次に掲げる者で文部科学大臣が定める資格を有するものとする。

一　大学（短期大学を除く。）を卒業した者

二　前号に掲げる者のほか、高等学校を卒業した者又は教育職員免許法施行規則第六十六条各号の一に該当する者で、受験しようとする高等学校教員資格認定試験又は特別支援学校教員資格認定試験の施行の日の属する年度の四月一日における年齢が満二十二歳以上のもの

（試験の方法等）

第四条　認定試験は、受験者の人物、学力及び実技について、筆記試験、口述試験又は実技試験の方法により行なう。

2　認定試験の実施の方法その他試験に関し必要な事項については、この省令の定めるもののほか、別に文部科学大臣が認定試験の種類ごとに定める試験の実施要領（次項において「実施要領」という。）によるものとする。

3　文部科学大臣は、その委嘱する大学が行なう認定試験に係る実施要領を定めようとするときは、あらかじめ関係大学の教職員その他の学識経験のある者のうちから文部科学大臣が委嘱した委員の意見を聞くものとする。

4　文部科学大臣が行なう認定試験については、大学の教授その他の学識経験のある者のうちから文部科学大臣が委嘱した委員及び専門委員がその実施に当たるものとする。

（試験の施行等）

第五条　認定試験は、毎年、第二条に定める認定試験の種類のなかから文部科学大臣が必要と認めるものについて行なう。

2　文部科学大臣は、認定試験の種類、実施機関、施行期日、場所その他試験の実施に関し必要な事項について、あらかじめ、インターネットの利用その他の適切な方法により公示する。

（受験手続）

第六条　認定試験を受けようとする者は、当該認定試験を行なう文部科学大臣又は大学が定める所定の受験願書に履歴書、戸籍抄本又は住民票の写し、写真その他必要な書類を添えて、その認定試験を行なう文部科学大臣又は大学の学長に提出しなければならない。

（合格証書の授与等）

第七条　文部科学大臣及び大学の学長は、その行なつた認定試験に合格した者に別記第一号様式による合格証書を授与する。

2　合格証書の授与を受けた者がその氏名若しくは本籍地を変更し、又は合格証書を破損し、若しくは紛失したときは、当該認定試験を行なつた文部科学大臣又は大学の学長に、その認定試験を行なつた文部科学大臣又は大学が定める所定の申請書により合格証書の書換え又は再交付を申請することができる。

（合格証明書の交付）

第八条　認定試験に合格した者は、当該認定試験を行なつた文部科学大臣又は大学の学長に、その認定試験を行なつた文部科学大臣又は大学が定める所定の申請書により、合格の証明を申請することができる。

2　前項の申請があつた場合には、当該認定試験を行なつた文部科学大臣又は大学の学長は別記第二号様式による合格証明書を交付する。

（手数料）

第九条　次の表の上欄に掲げる者は、それぞれ下欄に掲げる額の手数料を納付しなければならない。

上欄	下欄	
一　認定試験を受けようとする者	幼稚園教員資格認定試験	二万円
	小学校教員資格認定試験	二万五千円
	高等学校教員資格認定試験	五千六百円

	特別支援学校教員資格認定試験	一万五千円
二 合格証書の書換え又は再交付を申請する者		五百円
三 合格証明書の交付を申請する者		三百円

2 前項の規定による手数料のうち文部科学大臣が実施に関する事務を独立行政法人教職員支援機構（以下この項において「機構」という。）に行わせる試験に係るものについては、機構が定めるところにより、機構に納付するものとする。この場合において、機構に納付された手数料は、機構の収入とする。

3 第一項の規定による手数料のうち文部科学大臣が委嘱する大学が行う試験に係るものについては、収入印紙をもつて国に納付するものとする。ただし、情報通信技術を活用した行政の推進等に関する法律（平成十四年法律第百五十一号）第六条第一項の規定に基づき申請等を行つた場合は、当該申請等により得られた納付情報により手数料を納付しなければならない。

4 納付した手数料は、いかなる場合においても返還しない。

（合格の取消し等）

第十条 文部科学大臣又は大学の学長は、不正の手段によつてその行なう認定試験を受け、又は受けようとした者に対しては、合格の決定を取り消し、又はその認定試験を受けることを禁止することができる。

（文部科学大臣への報告等）

第十一条 認定試験を行なつた大学の学長は、認定試験の終了後すみやかにその試験問題、試験実施状況、合格者の氏名その他必要な事項について、文部科学大臣に報告するものとする。

2 文部科学大臣は、認定試験に合格した者の受験番号をインターネットの利用その他の適切な方法により公示する。

3 認定試験を行なつた大学の学長は、第一項の文部科学大臣への報告を行なつた後前条の規定により合格の決定を取り消したときは、その旨を文部科学大臣に報告するものとする。

（合格者原簿の作製等）

第十二条 認定試験を行なつた大学は、認定試験の種類ごとに教員資格認定試験合格者原簿を作製するものとする。

2 前項の教員資格認定試験合格者原簿には、認定試験に合格した者の氏名、生年月日、本籍地及び合格証書の授与年月日その他必要な事項を記載するものとする。

3 認定試験を行なつた大学は、次に掲げる書類を相当期間保存するものとする。

一 教員資格認定試験合格者原簿

二 受験願書、合格証書の書換え又は再交付に関する申請書及び合格証明書の交付に関する申請書

三 合格の決定の取消しに関する書類

四 その他認定試験の実施に関する主な書類

附 則（抄）

1 この省令は、公布の日から施行する。

4 高等学校卒業程度認定試験規則（平成十七年文部科学省令第一号）附則第四条の表の上欄の各号に掲げる者で文部科学大臣が認定試験の種類ごとに定める資格を有するものは、当分の間、第三条第三項の規定にかかわらず、高等学校教員資格認定試験（看護、情報及び福祉の種目に係るものを除く。）及び特別支援学校教員資格認定試験を受けることができる。

別記様式〔略〕

教育行政編

目　次

◆印＝参照条文等つき2色刷法令
◇印＝参照条文等つき法令

○地方教育行政の組織及び運営に関する法律

昭三一・六・三〇
法　一　六　二

改正　昭三三・四・一〇法五六　昭三五・六・三〇法一一三　昭三六・六・一六法一四一　昭三七・五・一五法一三三　昭三八・六・八法九九　昭三九・七・一一法一六九　昭五六・一一・二〇法九二　昭六三・五・三一法七〇　平成三・五・二一法七九　平成六・六・二九法四九　平成一〇・五・八法五四、六・一二法一〇一　平成一一・七・一六法八七、七・二二法一〇七、一二・八法一五一、一二・二二法一六〇　平成一三・三・三一法二三、七・一一法一〇四　平成一四・三・三〇法四、六・一二法六三　平成一五・七・一六法一一七　平成一六・五・二一法四九、六・九法八四、六・九法八五、六・九法九一　平成一八・六・二一法八〇　平成一九・五・二三法五三、六・二七法九七、六・二七法九八　平成二三・四・二二法一九、五・二法三五、五・二法三七　平成二四・八・二二法六七、九・五法七二　平成二五・六・一四法四四　平成二六・五・一四法三四、六・四法五一、六・一三法六九、六・二〇法七六　平成二七・六・二四法四六　平成二八・一一・二八法八七　平成二九・三・三一法五、五・一七法二九　平成三〇・六・八法四二　令和元・六・七法二六、六・一四法三七　令和三・六・一一法六三　令和四・五・一八法四〇、六・一七法六八　令和五・五・八法一九

第一章　総則

（この法律の趣旨）

第一条　この法律は、教育委員会の設置、学校その他の教育機関の職員の身分取扱その他地方公共団体における教育行政の組織及び運営の基本を定めることを目的とする。

参　教基法一六・一七、自治法一八〇の五～一八〇の八、旧教基法一〇・一一、旧教委法一

行　●地方教育行政の組織及び運営に関する法律等の施行について（次官通達昭三一・六・三〇文初地三二六）

●地方教育行政の組織及び運営に関する法律等の全面的施行について（初中局長通達昭三一・九・一〇文初地四一一）

●地方分権の推進を図るための関係法律の整備等に関する法律における文部省関係法律の改正について（次官通知平成一一・八・一一　文教地二〇三）

●地方教育行政の組織及び運営に関する法律の一部を改正する法律の施行について（文科次官通知平成一三・八・二九　一三文科初五七一）

●同（文科次官通知平成一六・六・二四　一六文科初四二九）

●地方教育行政の組織及び運営に関する法律の一部を改正する法律について（文科次官通知平成一九・七・三一　一九文科初五三五）

●同（初中局長通知平成二六・七・一七　二六文科初四九〇）

（基本理念）

第一条の二　地方公共団体における教育行政は、教育基本法（平成十八年法律第百二十号）の趣旨にのつとり、教育の機会均等、教育水準の維持向上及び地域の実情に応じた教育の振興が図られるよう、国との適切な役割分担及び相互の協力の下、公正かつ適正に行われなければならない。

＊平成一九法九七・追加

参　憲法九二、自治法一・一の二【教育の機会均等＝憲法二六①、教基法四①・一六②【教育の機会均等と教育水準の維持向上＝教基法一六②【地域の実情に応じた教育の振興＝教基法一六③・一七②【国との適切な役割分担及び相互の協力＝教基法一六①【公正かつ適正に＝教基法一六①

（大綱の策定等）

第一条の三　地方公共団体の長は、教育基本法第十七条第一項に規定する基本的な方針を参酌し、その地域の実情に応じ、当該地方公共団体の教育、学術及び文化の振興に関する総合的な施策の大綱（以下単に「大綱」という。）を定めるものとする。

2　地方公共団体の長は、大綱を定め、又はこれを変更しようとするときは、あらかじめ、次条第一項の総合教育会議において協議するものとする。

３　地方公共団体の長は、大綱を定め、又はこれを変更したときは、遅滞なく、これを公表しなければならない。

４　第一項の規定は、地方公共団体の長に対し、第二十一条に規定する事務を管理し、又は執行する権限を与えるものと解釈してはならない。

＊平成二六法七六・追加

参 ①【比較：地方公共団体における教育の振興のための施策に関する基本的な計画＝教基法一七②】

行 ●大綱は、〔中略〕詳細な施策について策定することを求めているものではない。（施行通知四九〇号）

●本法においては、教育委員会法と同様「教育、学術、文化」の中に「宗教」も含まれる（施行通達三二六号）

●「参酌」とは参考にするという意味〔中略〕である。（施行通知四九〇号）

●大綱が対象とする期間については、〔中略〕地方公共団体の長の任期が四年であることや、国の教育振興基本計画の対象期間が五年であることに鑑み、四年～五年程度を想定。（施行通知四九〇号）

●教育委員会の所管に属する事務については、自らの権限と責任において、管理し、執行すべきものであり、地方公共団体の長が有する大綱の策定権限は、教育委員会の権限に属する事務を管理し、執行する権限を地方公共団体の長に与えたものではない。（施行通知四九〇号）

●大綱の主たる記載事項は、主として、地方公共団体の長の有する権限に係る事項についての目標や根本となる方針。（施行通知四九〇号）

●地方公共団体の長の権限に関わらない事項（教科書採択の方針、教職員の人事の基準等）について、教育委員会が適切と判断して記載することも考えられる。（施行通知四九〇号）

●都道府県教育委員会は、市町村立学校に設置される県費負担教職員の人事や研修を行う権限を有し、法第四八条に基づき、市町村に対し、必要な指導、助言、援助を行うことができるものであることから、そのような権限の範囲内で、都道府県の大綱において、市町村立学校等に係る施策について記載することは可能。（施行通知四九〇号）

●全国学力・学習状況調査の結果の公表については、〔中略〕都道府県の大綱に記載する事項としては馴染まない。（施行通知四九〇号）

●教育委員会と協議・調整の上、調整がついた事項を大綱に記載した場合には、法第一条の四第八項により、地方公共団体の長及び教育委員会の双方に尊重義務がかかる。（施行通知四九〇号）

●長が、教育委員会と調整のついていない事項を大綱に記載したとしても、教育委員会は当該事項を尊重する義務を負うものではない。（施行通知四九〇号）

●調整がついていない事項についてまで、大綱に則して教育行政の運営が行われるよう意を用いなければならないものではない。（施行通知四九〇号）

●地方公共団体の長が、総合教育会議において教育委員会と協議・調整し、当該計画をもって大綱に代えることと判断した場合には、別途、大綱を策定する必要はない。（施行通知四九〇号）

（総合教育会議）

第一条の四　地方公共団体の長は、大綱の策定に関する協議及び次に掲げる事項についての協議並びにこれらに関する次項各号に掲げる構成員の事務の調整を行うため、総合教育会議を設けるものとする。

一　教育を行うための諸条件の整備その他の地域の実情に応じた教育、学術及び文化の振興を図るため重点的に講ずべき施策

二　児童、生徒等の生命又は身体に現に被害が生じ、又はまさに被害が生ずるおそれがあると見込まれる場合等の緊急の場合に講ずべき措置

２　総合教育会議は、次に掲げる者をもつて構成する。

一　地方公共団体の長

二　教育委員会

３　総合教育会議は、地方公共団体の長が招集する。

４　教育委員会は、その権限に属する事務に関して協議する必要があると思料するときは、地方公共団体の長に対し、協議すべき具体的事項を示して、総合教育会議の招集を求めることができる。

５　総合教育会議は、第一項の協議を行うに当たつて必要があると認めるときは、関係者又は学識経験を有する者から、当該協議すべき事項に関して意見を聴くことができる。

６　総合教育会議は、公開する。ただし、個人の秘密を保つため必要があると認めるとき、又は会議の公正が害されるおそれがあると認めると

きその他公益上必要があると認めるときは、この限りでない。

7　地方公共団体の長は、総合教育会議の終了後、遅滞なく、総合教育会議の定めるところにより、その議事録を作成し、これを公表するよう努めなければならない。

8　総合教育会議においてその構成員の事務の調整が行われた事項については、当該構成員は、その調整の結果を尊重しなければならない。

9　前各項に定めるもののほか、総合教育会議の運営に関し必要な事項は、総合教育会議が定める。

＊平成二六法七六・追加

参　1【大綱の策定＝法一の三

行　●総合教育会議は、地方公共団体の長と教育委員会という対等な執行機関同士の協議・調整の場であり、地方自治法上の附属機関には当たらない。（施行通知四九〇号）

●「調整」とは、教育委員会の権限に属する事務について、予算の編成・執行や条例提案、大学、私立学校、児童福祉、青少年健全育成などの地方公共団体の長の権限に属する事務との調和を図ることを意味し、「協議」とは、調整を要しない場合も含め、自由な意見交換として幅広く行われるものを意味する。（施行通知四九〇号）

●教育長及び全ての委員が出席することが基本と考えられるが、緊急の場合には、地方公共団体の長と教育長のみで総合教育会議を開くことも可能。その場合、事前に対応の方向性について教育委員会の意思決定がなされている場合や教育長に対応を一任している場合には、その範囲内で、教育長は調整や決定を行うことが可能であると考えられるが、そうではない場合には、総合教育会議においては一旦態度を保留し、教育委員会において再度検討した上で、改めて地方公共団体の長と協議・調整を行うことが必要である。（施行通知四九〇号）

●教育委員会制度を設けた趣旨に鑑み、教科書採択、個別の教職員人事等、特に政治的中立性の要請が高い事項については、協議題とするべきではない。教科書採択の方針、教職員の人事の基準については、予算等の地方公共団体の長の権限に関わらない事項であり、調整の対象にはならないものの、協議することは考えられる。（施行通知四九〇号）

●協議し、調整する対象とすべきかどうかは、当該予算措置が政策判断を要するような事項か否かによって判断すべきものであり、少しでも経常費を支出していれば、日常の学校運営に関する些細なことまで総合教育会議において協議・調整できるという趣旨ではない。（施行通知四九〇号）

●調整のついていない事項の執行については、教育委員会及び地方公共団体の長それぞれが判断するものである。（施行通知四九〇号）

●総合教育会議は、地方公共団体の長が招集するものであるが、教育委員会の側から総合教育会議の招集を求めることも可能。（施行通知四九〇号）

●総合教育会議の運営に関し必要な事項は、地方公共団体の長と教育委員会の協議の結果、双方の合意をもって決定される。（施行通知四九〇号）

第二章　教育委員会の設置及び組織

第一節　教育委員会の設置、教育長及び委員並びに会議

（設置）

第二条　都道府県、市（特別区を含む。以下同じ。）町村及び第二十一条に規定する事務の全部又は一部を処理する地方公共団体の組合に教育委員会を置く。

参　自治法一三八の四①【特別区＝自治法二八一①【地方公共団体の組合＝自治法二八四・二八五【一部事務組合＝自治法二八六～二八七の二【広域連合＝自治法二九一の二～二九一の一三【教育組合＝令一一～一八【教育組合の特例＝法六〇

行　●教育委員会を活性化させるよう、委員選任・研修、教育長処遇、委員会運営、地域住民の意向反映、生涯学習体系への移行などにつき配慮すること。（文部省教育助成局長通知「教育委員会の活性化について」昭六二・一二・一六文教地五〇）

（組織）

第三条　教育委員会は、教育長及び四人の委員をもつて組織する。ただし、条例で定めるところにより、都道府県若しくは市又は地方公共団体の組合のうち都道府県若しくは市が加入するものの教育委員会にあつては教育長及び五人以上の委員、町村又は地方公共団体の組合のうち町村のみが加入するものの教育委員会にあつては教育長及び二人以上の委員をもつて組織するこ

とができる。

参 【教育長＝法四① 【委員＝法四② 【組合＝法二

（任命）

第四条 教育長は、当該地方公共団体の長の被選挙権を有する者で、人格が高潔で、教育行政に関し識見を有するもののうちから、地方公共団体の長が、議会の同意を得て、任命する。

2 委員は、当該地方公共団体の長の被選挙権を有する者で、人格が高潔で、教育、学術及び文化（以下単に「教育」という。）に関し識見を有するもののうちから、地方公共団体の長が、議会の同意を得て、任命する。

3 次の各号のいずれかに該当する者は、教育長又は委員となることができない。

一 破産手続開始の決定を受けて復権を得ない者

二 禁錮以上の刑に処せられた者

4 教育長及び委員の任命については、そのうち委員の定数に一を加えた数の二分の一以上の者が同一の政党に所属することとなつてはならない。

5 地方公共団体の長は、第二項の規定による委員の任命に当たつては、委員の年齢、性別、職業等に著しい偏りが生じないように配慮するとともに、委員のうちに保護者（親権を行う者及び未成年後見人をいう。第四十七条の五第二項第二号及び第五項において同じ。）である者が含まれるようにしなければならない。

参 1 【長の被選挙権を有する＝自治法一九②③・二八三、公選法一〇①4 6・②・一一・一一の二・二五二 【議会の同意＝自治法九六 【特別職 地公法三③1

2 中野区教育委員候補者選定に関する区民投票条例（昭五四・五・二五公布、昭五五・七・四改正、平成六・一・三一廃止条例可決、平成七・一・三一同施行）、中野区教育委員候補者区民推薦制度要綱（平成八・三・二六施行）、中野区教育行政における区民参加に関する条例（平成九・三・二六施行）、旧教委法七②③ 【長の被選挙権を有する＝自治法一九②③・二八三、公選法一〇①4 6・②・一一・一一の二・二五二 【議会の同意＝自治法九六、地公法三③1

3 【破産者の復権＝破産法二五五・二五六 【禁錮以上の刑＝刑法九・一〇・二三 【二号の特例＝恩赦法、刑法三四の二、法九①

4 【政党＝政治資金規正法三②

5 【親権を行う者＝民法八一八～八三七 【未成年後見人＝民法八三九～八六九

行 ●委員（教育長を含む）は、必ずしも当該地方公共団体内に住所を有するものに限らない（施行通達三二六号）

●教育長任命の議会同意＝新「教育長」の資質・能力を十全にチェックするため、例えば、候補者が所信表明を行った上で質疑を行うなど、丁寧な手続を経ることが考えられる（施行通知四九〇号）

●保護者の任命＝「改正法施行の際に委員のうち保護者である者が含まれていないことや保護者であった委員が任期途中で保護者ではなくなり、委員のうちに保護者である者が含まれなくなったことをもって、直ちに違法となるものではないこと。」（文科事務次官通知平成一九・七・三一文科初五三五）

（任期）

第五条 教育長の任期は三年とし、委員の任期は、四年とする。ただし、補欠の教育長又は委員の任期は、前任者の残任期間とする。

2 教育長及び委員は、再任されることができる。

参 1 【四年の計算＝民法一三八～一四三 【新市町村・教育組合設置時の特例＝令一九～二一

行 ●任期の起算点＝任命された日から起算する。（施行通達四一一号）

（兼職禁止）

第六条 教育長及び委員は、地方公共団体の議会の議員若しくは長、地方公共団体に執行機関として置かれる委員会の委員（教育委員会にあつては、教育長及び委員）若しくは委員又は地方公務員法（昭和二十五年法律第二百六十一号）第二十二条の四第一項に規定する短時間勤務の職を占める職員と兼ねることができない。

参 【長＝自治法一三九 【執行機関として置かれる委員会＝自治法一八〇の五①1～3（教育委員会・選挙管理委員会・人事委員会又は公平委員会）・一八〇の五②（公安委員会・労働委員

会・収用委員会・海区漁業調整委員会・内水面漁場管理委員会）・一八〇の五③（農業委員会・固定資産評価審査委員会）【執行機関として置かれる委員＝自治法一八〇の五①4（監査委員）【本条の特例＝法六〇⑥

行 ●兼職できる例＝固定資産評価員、民生委員、児童委員、非常勤の公民館長・分館長、非常勤講師、農協組合長、信用金庫常任理事、日赤支部長、国民健保運営協議会委員、国鉄職員、人権擁護委員はできる。（施行通達四一二号）

●兼職できない例＝常勤の公民館長・分館長、財産区議会議員（同前）

●兼職禁止の他の職に就任したとき＝法律に別段の定がある場合を除き、当然に委員の地位を失うものではない。（同前）

（罷免）

第七条　地方公共団体の長は、教育長若しくは委員が心身の故障のため職務の遂行に堪えないと認める場合又は職務上の義務違反その他教育長若しくは委員たるに適しない非行があると認める場合においては、当該地方公共団体の議会の同意を得て、その教育長又は委員を罷免することができる。

2　地方公共団体の長は、教育長及び委員のうち委員の定数に一を加えた数の二分の一から一を減じた数（その数に一人未満の端数があるときは、これを切り上げて得た数）の者が既に所属している政党に新たに所属するに至つた教育長又は委員があるときは、その教育長又は委員を直ちに罷免するものとする。

3　地方公共団体の長は、教育長及び委員のうち委員の定数に一を加えた数の二分の一以上の者が同一の政党に所属することとなつた場合（前項の規定に該当する場合を除く。）には、同一の政党に所属する教育長及び委員の数が委員の定数に一を加えた数の二分の一から一を減じた数（その数に一人未満の端数があるときは、これを切り上げて得た数）になるように、当該地方公共団体の議会の同意を得て、教育長又は委員を罷免するものとする。ただし、政党所属関係について異動のなかつた教育長又は委員を罷免することはできない。

4　教育長及び委員は、前三項の場合を除き、その意に反して罷免されることがない。

参 1【職務上の義務違反＝法一一①②⑤～⑧・一二

2 3 4【委員の特定政党集中排除＝法四④【政党＝政治資金規正法三②

判 ●いつたん教育委員会として意思決定がなされ、しかもそれが外部に表明されるに至つたときは、当該意思に反する行為を取ることは、委員としての職務上の義務に違反する。（青森地判昭三八・一二・二七）

（解職請求）

第八条　地方公共団体の長の選挙権を有する者は、政令で定めるところにより、その総数の三分の一（その総数が四十万を超え八十万以下の場合にあつてはその四十万を超える数に六分の一を乗じて得た数と四十万に三分の一を乗じて得た数とを合算して得た数、その総数が八十万を超える場合にあつてはその八十万を超える数に八分の一を乗じて得た数と四十万に六分の一を乗じて得た数と四十万に三分の一を乗じて得た数とを合算して得た数）以上の者の連署をもつて、その代表者から、当該地方公共団体の長に対し、教育長又は委員の解職を請求することができる。

2　地方自治法（昭和二十二年法律第六十七号）第八十六条第二項、第三項及び第四項前段、第八十七条並びに第八十八条第二項の規定は、前項の規定による教育長又は委員の解職の請求について準用する。この場合において、同法第八十七条第一項中「前条第一項に掲げる職に在る者」とあるのは「教育委員会の教育長又は委員」と、同法第八十八条第二項中「第八十六条第一項の規定による選挙管理委員若しくは監査委員又は公安委員会の委員の解職の請求」とあるのは「地方教育行政の組織及び運営に関する法律（昭和三十一年法律第百六十二号）第八条第一項の規定による教育委員会の教育長又は委員の解職の請求」と読み替えるものとする。

参【国民の公務員選定・罷免権＝憲法一五①【住民の解職請求権＝自治法一三③

1【長の選挙権を有する者＝自治法一八、公選法九②～⑤・一一・二五二【政令の定め＝令三【その総数の三分の一＝本条②…自治法八六④【教育組合の教育委員の解職＝令一五①【教育組合の教育委員の解職請求事務を処理する選管

委＝令一五②③【教育組合の特例＝令一五⑤

（失職）

第九条 教育長及び委員は、前条第二項において準用する地方自治法第八十七条の規定によりその職を失う場合のほか、次の各号のいずれかに該当する場合においては、その職を失う。

一 第四条第三項各号のいずれかに該当するに至つた場合

二 前号に掲げる場合のほか、当該地方公共団体の長の被選挙権を有する者でなくなつた場合

2 地方自治法第百四十三条第一項後段及び第二項の規定は、前項第二号に掲げる場合における地方公共団体の長の被選挙権の有無の決定及びその決定に関する争訟について準用する。

[参] [1]【二号の場合＝公選法一一①・二五二、国籍法一一～一三【本条以外の失職事由＝自治法一八〇の五⑥⑦

（辞職）

第十条 教育長及び委員は、当該地方公共団体の長及び教育委員会の同意を得て、辞職することができる。

[参]【教委の同意＝法一四④⑥

[行] ●長の同意の手続＝同意を与える旨の通知を当該委員に対し行なうことが適当である。（施行通達四一一号）

（服務等）

第十一条 教育長は、職務上知ることができた秘密を漏らしてはならない。その職を退いた後も、また、同様とする。

2 教育長又は教育長であつた者が法令による証人、鑑定人等となり、職務上の秘密に属する事項を発表する場合においては、教育委員会の許可を受けなければならない。

3 前項の許可は、法律に特別の定めがある場合を除き、これを拒むことができない。

4 教育長は、常勤とする。

5 教育長は、法律又は条例に特別の定めがある場合を除くほか、その勤務時間及び職務上の注意力の全てをその職責遂行のために用い、当該地方公共団体がなすべき責を有する職務にのみ従事しなければならない。

6 教育長は、政党その他の政治的団体の役員となり、又は積極的に政治運動をしてはならない。

7 教育長は、教育委員会の許可を受けなければ、営利を目的とする私企業を営むことを目的とする会社その他の団体の役員その他人事委員会規則（人事委員会を置かない地方公共団体においては、地方公共団体の規則）で定める地位を兼ね、若しくは自ら営利を目的とする私企業を営み、又は報酬を得ていかなる事業若しくは事務にも従事してはならない。

8 教育長は、その職務の遂行に当たつては、自らが当該地方公共団体の教育行政の運営について負う重要な責任を自覚するとともに、第一条の二に規定する基本理念及び大綱に則して、かつ、児童、生徒等の教育を受ける権利の保障に万全を期して当該地方公共団体の教育行政の運営が行われるよう意を用いなければならない。

[参]【教育長は特別職＝地公法三③1・四②

[1]【本項違反＝法七①

[2]【証人・鑑定人等＝民事訴訟法一九〇・二一二、刑事訴訟法一四三・一六五、議院における証人の宣誓及び証言等に関する法律一、自治法一〇〇①、国公法一七①～③、地公法八⑥【許可＝民事訴訟法一九一

[3]【法律に特別の定めがある場合＝民事訴訟法一九一②、刑事訴訟法一四四、議院における証人の宣誓及び証言等に関する法律五、自治法一〇〇④～⑥

[6]【政党その他の政治的団体＝政治資金規正法三①②

[7]【営利企業等の従事制限＝自治法一八〇の五⑥

[8]【責任＝憲法一五②

[行] ●六項の「政党その他の政治的団体の意義」＝政治資金規正法三条の「政党」及び「協会その他の団体」と同じものをいうと解してよい。しかし同法六条の規定により届け出たものに限られるものではない。（施行通達四一一号）

●辞職後職務上の秘密を発表する場合の許可＝現在の教委の許可が必要である。（同前）

●八項は、職務遂行に当たっての留意事項について、訓示的に規定したものであり職務上の義務を課すものではないので、当該規定に反したとしても、罷免事由である「職務上の義務違反」とする

ことはできない。（施行通知四九〇号）

●調整がついていない事項についてまで、大綱に則して教育行政の運営が行われるよう意を用いなければならないものではない。（施行通知四九〇号）

第十二条　前条第一項から第三項まで、第六項及び第八項の規定は、委員の服務について準用する。

2　委員は、非常勤とする。

＊平成二六法七六・追加

参　第一一条の参を参照。

（教育長）

第十三条　教育長は、教育委員会の会務を総理し、教育委員会を代表する。

2　教育長に事故があるとき、又は教育長が欠けたときは、あらかじめその指名する委員がその職務を行う。

参　1【代表＝自治法一二一（議会への出席）・一八〇の二（長の権限委任）】　2【事故あるとき＝法一四⑤】【欠けたときの例＝法七・九・一〇】【代わって行う権限＝法一三①・一四⑤】

行　●会務の総理＝旧教育委員長の職務である「教育委員会の会議を主宰」すること並びに旧教育長の職務である「教育委員会の権限に属するすべての事務をつかさどる」こと及び「事務局の事務を統括し、所属の職員を指揮監督する」ことを意味する。（施行通知四九〇号）

●教育長の地位＝教育長は、執行機関である教育委員会の補助機関ではなく、教育委員会の構成員であり、代表者であることから、教育委員会による教育長への指揮監督権は法律上規定されていないが、教育委員会は引き続き合議体の執行機関であるため、教育長は教育委員会の意思決定に基づき事務をつかさどる立場にあることに変わりはなく、教育委員会の意思決定に反する事務執行を行うことはできない。（施行通知四九〇号）

（会議）

第十四条　教育委員会の会議は、教育長が招集する。

2　教育長は、委員の定数の三分の一以上の委員から会議に付議すべき事件を示して会議の招集を請求された場合には、遅滞なく、これを招集しなければならない。

3　教育委員会は、教育長及び在任委員の過半数が出席しなければ、会議を開き、議決をすることができない。ただし、第六項の規定による除斥のため過半数に達しないとき、又は同一の事件につき再度招集しても、なお過半数に達しないときは、この限りでない。

4　教育委員会の会議の議事は、第七項ただし書の発議に係るものを除き、出席者の過半数で決し、可否同数のときは、教育長の決するところによる。

5　教育長に事故があり、又は教育長が欠けた場合の前項の規定の適用については、前条第二項の規定により教育長の職務を行う者は、教育長とみなす。

6　教育委員会の教育長及び委員は、自己、配偶者若しくは三親等以内の親族の一身上に関する事件又は自己若しくはこれらの者の従事する業務に直接の利害関係のある事件については、その議事に参与することができない。ただし、教育委員会の同意があるときは、会議に出席し、発言することができる。

7　教育委員会の会議は、公開する。ただし、人事に関する事件その他の事件について、教育長又は委員の発議により、出席者の三分の二以上の多数で議決したときは、これを公開しないことができる。

8　前項ただし書の教育長又は委員の発議は、討論を行わないでその可否を決しなければならない。

9　教育長は、教育委員会規則で定めるところにより、教育委員会の会議の終了後、遅滞なく、その議事録を作成し、これを公表するよう努めなければならない。

参　1【会議運営に関する規則＝法一六】　5【事故・欠けた場合＝法一三①】　6【三親等以内の親族＝民法七二五・七二六】【一身上に関する事件の例＝法一〇・一一②】

行　●二項の「遅滞なく」とは、請求があれば直ちに招集するという意味ではないが、一般的には、合理的な期間内に教育長は次の定例会より前の教育委員会会議を招集する必要がある。（施行通知四九〇号）

●五項の職務代理者たる委員には、教育長の身分に関する規定は適用されず、服務については法第一二条が適用される。（施行通知四九〇号）

●職務代理者が行う職務のうち、具体的な事務の執行等、職務代理者が自ら事務局を指揮監督して事務執行を行うことが困難である場合には、法第二五条第四項に基づき、その職務を教育委員会事務局職員に委任することが可能である。（施行通知四九〇号）

●七項の会議公開に関して、会議の議事録を作成し、ホームページ等を活用して公表することが強く求められる。〔中略〕教育委員会会議をより多くの住民が傍聴できるようにすることが望ましい。（施行通知四九〇号）

（教育委員会規則の制定等）

第十五条　教育委員会は、法令又は条例に違反しない限りにおいて、その権限に属する事務に関し、教育委員会規則を制定することができる。

2　教育委員会規則その他教育委員会の定める規程で公表を要するものの公布に関し必要な事項は、教育委員会規則で定める。

参【事務処理の法令基準＝法二四【法二二に定める事務に関する規則＝自治法一五

①【教育委員会の規則制定権＝自治法一三八の四②【教育委員会の権限に属する事項＝法二一【教育委員会規則で定めることを要する事項＝法一四⑨・一六・一七②・二五①③・三三・四七の二②・四七の四①・四七の五①⑩、令六・七の二、学校法三五③、教特法二五⑤⑥、免許法二〇、スポーツ基本法三二②、教科書無償措置法施行令一〇【職務権限の委任＝法二三【条例による事務処理の特例＝法五五【長との協議＝自治法一八〇の四②【予算を伴う事項に関する制限＝自治法二二二②

②【法令＝憲法五九・七三6、国家行政組織法一二①・一三①【条例＝自治法一四①・九六①1

（教育委員会の議事運営）

第十六条　この法律に定めるもののほか、教育委員会の会議その他教育委員会の議事の運営に関し必要な事項は、教育委員会規則で定める。

参旧教委法三三〜四〇【この法律に定めるもの＝法一四・一五

判●会議公開規定は住民の会議録閲覧・謄写請求権の保障を含む。（大阪地判昭五五・九・二四）

行●定める事項の内容＝会議の招集方法、開催の場所及び日時、付議事件等の告知の方法等、教委の会議その他議事の運営について必要な事項は、教委規則で定めるものである。（施行通達三二六号）

●教育委員会会議の開催時間や場所等の運営上の工夫を行うことにより、教育委員会会議をより多くの住民が傍聴できるようにすることが望ましい。（施行通知四九〇号）

第二節　事務局

（事務局）

第十七条　教育委員会の権限に属する事務を処理させるため、教育委員会に事務局を置く。

2　教育委員会の事務局の内部組織は、教育委員会規則で定める。

参①【教育委員会の権限に属する事項＝自治法一八〇の八、法一七②・一八⑦⑧・二一・二六〜二七の三・二八①・二九・三一〜三四・三七①・三八・四〇・四三〜四五・四七の二〜四七の五・五三①・五四②・五五①・五六・五九・六一・附則二五〜二七【長の補助執行＝自治法一八〇の二【教育委員会が有しない権限の例＝自治法一八〇の六

②【教育委員会規則＝法一五、令六【予算措置の先行＝自治法二二二②【事務局の簡素化＝地方公共団体の財政の健全化に関する法律一六

（指導主事その他の職員）

第十八条　都道府県に置かれる教育委員会（以下「都道府県委員会」という。）の事務局に、指導主事、事務職員及び技術職員を置くほか、所要の職員を置く。

2　市町村に置かれる教育委員会（以下「市町村委員会」という。）の事務局に、前項の規定に準じて指導主事その他の職員を置く。

3　指導主事は、上司の命を受け、学校（学校教育法（昭和二十二年法律第二十六号）第一条に規定する学校及び就学前の子どもに関する教育、保育等の総合的な提供の推進に関する法律（平成十八年法律第七十七号）第二条第七項に規定する幼保連携型認定こども園（以下「幼保連携型認定こども園」という。）をいう。以下同じ。）における教育課程、学習指導その他学

校教育に関する専門的事項の指導に関する事務に従事する。

4　指導主事は、教育に関し識見を有し、かつ、学校における教育課程、学習指導その他学校教育に関する専門的事項について教養と経験がある者でなければならない。指導主事は、大学以外の公立学校（地方公共団体が設置する学校をいう。以下同じ。）の教員（教育公務員特例法（昭和二十四年法律第一号）第二条第二項に規定する教員をいう。以下同じ。）をもつて充てることができる。

5　事務職員は、上司の命を受け、事務に従事する。

6　技術職員は、上司の命を受け、技術に従事する。

7　第一項及び第二項の職員は、教育委員会が任命する。

8　教育委員会は、事務局の職員のうち所掌事務に係る教育行政に関する相談に関する事務を行う職員を指定するものとする。

9　前各項に定めるもののほか、教育委員会の事務局に置かれる職員に関し必要な事項は、政令で定める。

参　1 2【教育委員会規則による職の設置＝令六】【指導主事＝法一八②③】【事務職員＝法一八⑤】【技術職員＝法一八⑥】【社会教育主事＝社教法九の三①】【学校保健技師＝学校保健安全法二二】【学校医・学校歯科医・学校薬剤師＝学校保健安全法二三】【職員の定員＝法一九】【共同設置＝自治法二五二の七①】【派遣＝自治法二五二の一七】

3【比較：旧指導主事＝旧教委法四五①】

4【充て指導主事＝令四・五】

7【職員の身分取扱い＝法二〇】

9【政令の定め＝令四～六】

行　●教員をもつて充てる指導主事は、教員の身分を保有し指導主事の職務に従事するものである。（初中局長回答昭三四・八・二八委初一九六）

●県費負担教職員が県教育委員会事務職員となるのは、転任ではなく、退職、採用であるので、教育長、指導主事および社会教育主事となる場合を除き、県人事委員会の試験または選考を要する。（初中局長回答昭三一・一二・二七委初三五一）

（事務局職員の定数）

第十九条　前条第一項及び第二項に規定する事務局の職員の定数は、当該地方公共団体の条例で定める。ただし、臨時又は非常勤の職員については、この限りでない。

参【定数の決定における長との関係＝自治法一八〇の四②】

（事務局職員の身分取扱い）

第二十条　第十八条第一項及び第二項に規定する事務局の職員の任免、人事評価、給与、懲戒、服務、退職管理その他の身分取扱いに関する事項は、この法律及び教育公務員特例法に特別の定めがあるものを除き、地方公務員法の定めるところによる。

参【本法の定め＝法一七～一九】【地公法の適用範囲＝地公法四】【指導主事の特例＝教特法一五】

第三章　教育委員会及び地方公共団体の長の職務権限

（教育委員会の職務権限）

第二十一条　教育委員会は、当該地方公共団体が処理する教育に関する事務で、次に掲げるものを管理し、及び執行する。

一　教育委員会の所管に属する第三十条に規定する学校その他の教育機関（以下「学校その他の教育機関」という。）の設置、管理及び廃止に関すること。

二　教育委員会の所管に属する学校その他の教育機関の用に供する財産（以下「教育財産」という。）の管理に関すること。

三　教育委員会及び教育委員会の所管に属する学校その他の教育機関の職員の任免その他の人事に関すること。

四　学齢生徒及び学齢児童の就学並びに生徒、児童及び幼児の入学、転学及び退学に関すること。

五　教育委員会の所管に属する学校の組織編制、教育課程、学習指導、生徒指導及び職業指導に関すること。

六　教科書その他の教材の取扱いに関すること。

七　校舎その他の施設及び教具その他の設備の

整備に関すること。

八　校長、教員その他の教育関係職員の研修に関すること。

九　校長、教員その他の教育関係職員並びに生徒、児童及び幼児の保健、安全、厚生及び福利に関すること。

十　教育委員会の所管に属する学校その他の教育機関の環境衛生に関すること。

十一　学校給食に関すること。

十二　青少年教育、女性教育及び公民館の事業その他社会教育に関すること。

十三　スポーツに関すること。

十四　文化財の保護に関すること。

十五　ユネスコ活動に関すること。

十六　教育に関する法人に関すること。

十七　教育に係る調査及び基幹統計その他の統計に関すること。

十八　所掌事務に係る広報及び所掌事務に係る教育行政に関する相談に関すること。

十九　前各号に掲げるもののほか、当該地方公共団体の区域内における教育に関する事務に関すること。

[参]　旧教委法四九　【地方公共団体が処理する事務＝自治法二②③⑤⑧⑨⑩

[一]　法三〇・三二　【学校その他の教育機関の設置・管理・廃止＝自治法二四四・二四四の二・二三八の二②③、学校法二～五

[二]　法二二4・二八、社教法五①34・六①13　【教育財産の管理＝憲法八九、地財法八、自治法二三八の二・二四四の二

[三]　【教育委員会の職員の人事＝法一八～二〇・三一・三四～四七の三・四七の四・五九・六一、社教法一五・二八

[四]　【就学義務＝学校法一六・一七①②　【学齢児童生徒の就学の取扱＝学校法一七③・三六、学校保健安全法一一・一二・一七　【学齢簿の作成＝学校法施令一～四、同施規二九～三一　【就学義務の猶予・免除＝学校法一八、同施規三四・三五、学校保健安全法一二　【就学時の健康診断＝学校保健安全法一一　【就学校の指定＝学校法施令五～八、同施規三二・三三　【就学の援助＝学校法一九　【教育事務の委託＝学校法四〇　【幼児児童生徒の入・転・退学＝学校法三六、同施令一〇　【区域外就学＝学校法施令九・一七　【特別支援学校への就学＝学校法一七、同施令五～六の四・一一～一八の二　【小学校等の修了・卒業認定＝学校法施規五七・七九　【高校の入学許可等＝学校法施規九〇

[五]　法一八③・三二～三三　【学校の組織編制＝学校法　【教育課程・学習指導・生徒指導・職業指導＝〔幼稚園〕学校法二二～二五〔小学校〕学校法二九～三一・三三・三四、同施規五〇～五六の四〔中学校〕学校法四五・四六・四八・四九、同施規七二～七七〔高校〕学校法五〇～五五・五八、同施規八三～八八の三〔中等教育学校〕学校法六三・六四・六六～六八・七〇・七一、同施規一〇六～一〇九〔特別支援学校〕学校法七二～七五・七七・八一・八二、同施規一二六～一三三〔高専〕学校法一一五、職業安定法二六～二八・三三の二

[六]　【教科書等の使用＝学校法三四・四九・四九の八・六二・七〇・八二・附則九　【教科書の発行＝教科書発行法五～七　【教科書の無償給付・採択＝教科書無償措置法三～一七　【その他の教材の取扱＝法三三②

[七]　法二八　【施設・設備の基準＝学校法三、同施規一、社教法二三の二、図書館法三・二〇、博物館法三・二七、消防法一七

[八]　【研修＝地公法三九、教特法二一～二五の二、法三〇・四五・四七の三・五九・六一②、社教法九の六・二八の二　【地公法三九の読替＝法四七②、令七

[九]　【保健・安全＝〔職員〕地公法四二・五八②③、労基法四二・九六・九六の二、労働安全衛生法、予防接種法、感染症予防法、精神保健及び精神障害者福祉に関する法律、学校保健安全法七・八・一五・一六・一八～二一・三一ETC、〔生徒・児童・幼児〕法五七、学校法一二、気象業務法三章、消防法八、火薬類取締法、道交法、銃砲刀剣類所持等取締法二二・三ETC　【厚生・福利＝〔職員〕法三〇、地公法四一～四三、地方公務員育児休業法、〔生徒・児童・幼児〕児童福祉法、職業安定法二章三節・四節、学生支援機構法三章、生活保護法一三、障害者基本法一四・一六～一八・二一・二二ETC

[一〇]　【環境衛生＝法五七、学校保健安全法六、建築基準法八、水道法二、廃棄物の処理及び清掃に関する法律四・五、下水道法三、労基法四二・九六・九六の二、労働安全衛生法

[一一]　学校給食法、夜間学校給食法、特別支援学校給食法、食品衛生法二九②

[一二]　社教法五・六等、図書館法、博物館法、学校法一三七、生涯学習振興法、高齢社会対策基本法一一ETC

[一三]　【学校における体育＝学校法三三・四八・四九の七・五二・六八・七七、スポーツ基本法一七　【社会教育の体育・レクリエーション＝社教

法五①115・六

[一四] 文化財保護法九九〜一〇三・一〇五・一〇七・一一〇〜一一二・一一七・一二六・一三三・一四三・一五四・一八二〜一九一

[一五] ユネスコ活動に関する法律

[一六] 民法三三〜三七、私学法三

[一七] 統計法、法五三・五四

[一八] 社教法七・八

[一九] 【都道府県の地域生涯学習振興事業＝生涯学習振興法三・五・一一】【その他の事務の例＝免許法二②・五②・六①・一一〜一四の二・二〇、銃砲刀剣類所持等取締法一四〜一七・一八の二・二九の二】【教育事務の執行＝教基法一六・旧教基法一〇、法二四・二五・五五、自治法一の二・二⑧〜⑬・一三八の二・一三八の四②③・一八〇の二・一八〇の六・一八〇の七、地公法六②【長との関係＝法二二・二八・二九、自治法一四七・一四九235・一八〇の二・一八〇の四・一八〇の七・二〇六・二二一・二二八・二二九・二三一の三・二三八の二・二四三の三・二四四の四・二五一ETC【会計管理者との関係＝自治法一七〇①②【人事委・公平委との関係＝地公法八【監査委員との関係＝自治法一九九・一九九の二【議会との関係＝自治法九六・九八・九九・一〇〇・二二一・二二五【都道府県教委と市町村教委との関係＝教基法一六、法四八・五一・五三②・五四②・五五・五五の二②【教委と文部科学大臣との関係＝教基法一六、法四八〜五四・五五の二②

判行 ●一号関係—教育機関の設置目的外使用の許可権＝教育機関の管理機関たる教委である。（施行通達四二一号）

●同前＝学校法一条に定める学校は、自治法二四四条の「公の施設」に該当し、設置は二四四条の二に基づく条例による。管理は条例で定めることを要しない。（初中局長回答昭三八・一二・一〇委初五の五〇）

●二号関係—予算要求の事務＝教育機関に関する施設の新築、改築、修理等を行なおうとする場合、当該事業の予算を県の歳入歳出予算に計上するため予算見積書を調製し、知事に要求する事務は、教委が行なうべきものである。（初中局長回答の一昭三一・一一・二九委初三二六）

●予算科目の区分＝予算科目は、予算の使途によって定まるものであるから、事務の所管が教委であると長であるとを問わず、教育に関するものであれば、教育費である。（同前回答の二）

●学校管理主体の限定＝学校教育法等個別の法律において公の施設の管理主体が限定されている場合には、指定管理者制度を採ることができない。（総務省自治行政局長通知平一五・七・一七総行行八七）

●四号関係＝虚偽申告による越境入学に対し、教委規則による中学校通学区域にそくして是正措置をとることは、教委の就学指定権にふくまれる。（山口地決昭四二・七・二〇）

●同前＝期限づきで承認されていた区域外就学の是正のための転校処分は教育委員会の裁量処分である。（浦和地決昭五二・四・三〇）

●五号関係＝都道府県教委は管下の中学校が安易に業者テストに依存しないように適切な措置を講ずべきである。（初中局長通達昭五一・九・七文初職三九六）

●「本件通達は、（略）学習指導要領を踏まえ、上級行政機関である都教委が関係下級行政機関である都立学校の各校長を名宛人としてその職務権限の行使を指揮するために発出したものであって、個々の教職員を名宛人とするものではなく、本件職務命令の発出を待たずに当該通達自体によって個々の教職員に具体的な義務を課すものではない。」（最高判平成二四・二・九 国歌斉唱義務不存在確認等請求事件）

●六号関係—教科書の採択権＝本号により教委にある。（施行通達四二一号）

●七号関係＝校舎その他の施設及び教具その他の設備をどのように整理するかの決定は教委が行なうものである。（施行通達三二六号）

●同前＝学校建築の内容をなす請負契約の締結、財産の取得、支出の命令は長の権限であるが、その前段階で行なわれる建築の計画（敷地の選定、配置図、略設計書の作成等）は教委が行なう。法二八条一項は、前述のような関係を前提としている。（施行通達四二一号）

●一四号関係—文化財保護のための補助金の交付事務＝本号により、補助金交付の対象となる文化財を選定し、それぞれの団体に交付する補助額を決定するのは、教委の事務である。（同前）

●補助金に関する事務の所掌＝教委の所掌事務に関する補助金を交付する対象を選定し、それに対する補助額を決定して、その旨を通知することは、教委が行なう。（初中局長回答昭三一・一一・六委初二九四）

（長の職務権限）

第二十二条　地方公共団体の長は、大綱の策定に関する事務のほか、次に掲げる教育に関する事務を管理し、及び執行する。

一　大学に関すること。

二　幼保連携型認定こども園に関すること。

三　私立学校に関すること。

四　教育財産を取得し、及び処分すること。

五　教育委員会の所掌に係る事項に関する契約を結ぶこと。

六　前号に掲げるもののほか、教育委員会の所掌に係る事項に関する予算を執行すること。

参【大綱の策定＝法一の三【長の権限の委任＝自治法一八〇の二
【一号＝法三〇・三一六、学校法一・九八
【二号＝認定こども園法九～三二、法二七～二七の四
【三号＝法二七の五、学校法四四・二八・四九・四九の八・六二・七〇・八二、私学法四～一七・二六②・三〇～三二・四五・五〇の一四・五六・五九～六三・六五の二・六五の三
【四号＝自治法二三八の二【教育財産の管理＝法二八①
【五号＝民法五二一～七二四、自治法二一四・二三四・二三四の二
【六号＝自治法一四九2・一六八・一七〇①②・二二二の四【教育委員会の意見聴取＝法二九
【予算の調製・執行・議案提出に関する教育委員会権限の不在＝自治法一八〇の六

判 ●地方公共団体の長は、右処分が著しく合理性を欠きそのためこれに予算執行の適正確保の見地から看過し得ない瑕疵の存する場合でない限り、右処分を尊重しその内容に応じた財務会計上の措置を採るべき義務があり、これを拒むことは許されない…。…独立した機関としての教育委員会の有する固有の権限内容にまで介入し得るものではなく、このことから、地方公共団体の長の有する予算の執行機関としての職務権限には、おのずから制約が存する…。（最高判（第三小法廷）平成四・一二・一五）

行 ●三号関係＝準学校法人の認可基準の解釈および運用について（管理局長通達昭三五・五・二六文管振二〇七）
●三号関係＝私立学校法の施行について（文部次官通達昭二五・三・一四文管庶六六）、準学校法人の認可基準の解釈および運用について（管理局長通達昭三五・五・二六文管振二〇七）、私立学校法第六四条第四項の法人の認可基準等の改正について（平成一五・一二・二五　一五文科生七三五）
●四号の「教育財産」の範囲＝取得の後には教育機関の用に供するものと決定している財産をいう〔中略〕。「教育機関の用に供する財産」の財産には、動産、不動産を問わず、およそ財産権の対象となるすべてのものが含まれる。ただし、〔中略〕歳計現金や消耗品は「財産」に含まれず、出納長または収入役がこれを会計事務の一環として出納保管すべきものと解されている。（施行通達四一一号）
●五号の「契約」の意味＝教育事務の委託等のいわゆる公法上の契約は含まれない。（同前）

（職務権限の特例）

第二十三条　前二条の規定にかかわらず、地方公共団体は、前条各号に掲げるもののほか、条例の定めるところにより、当該地方公共団体の長が、次の各号に掲げる教育に関する事務のいずれか又は全てを管理し、及び執行することとすることができる。

一　図書館、博物館、公民館その他の社会教育に関する教育機関のうち当該条例で定めるもの（以下「特定社会教育機関」という。）の設置、管理及び廃止に関すること（第二十一条第七号から第九号まで及び第十二号に掲げる事務のうち、特定社会教育機関のみに係るものを含む。）。

二　スポーツに関すること（学校における体育に関することを除く。）。

三　文化に関すること（次号に掲げるものを除く。）。

四　文化財の保護に関すること。

2　地方公共団体の議会は、前項の条例の制定又は改廃の議決をする前に、当該地方公共団体の教育委員会の意見を聴かなければならない。

＊平成一九法九七・追加

参 1【教育に関する事務＝法二一【社会教育に関する事務＝法二一12【スポーツに関すること＝法二一13、スポーツ基本法一〇【学校における体育＝法二一5【文化＝法一の三【文化財の保護＝法二一14、文化財保護法

（事務処理の法令準拠）

第二十四条　教育委員会及び地方公共団体の長は、それぞれ前三条の事務を管理し、及び執行するに当たつては、法令、条例、地方公共団体の規則並びに地方公共団体の機関の定める規則及び規程に基づかなければならない。

参 教基法一六①、法一の二【法令・条例＝法一

五の参2【地方自治体の規則＝自治法一五①【地方公共団体の機関の定める規則＝自治法一三八の四②、地公法八⑤

（事務の委任等）

第二十五条　教育委員会は、教育委員会規則で定めるところにより、その権限に属する事務の一部を教育長に委任し、又は教育長をして臨時に代理させることができる。

2　前項の規定にかかわらず、次に掲げる事務は、教育長に委任することができない。

一　教育に関する事務の管理及び執行の基本的な方針に関すること。

二　教育委員会規則その他教育委員会の定める規程の制定又は改廃に関すること。

三　教育委員会の所管に属する学校その他の教育機関の設置及び廃止に関すること。

四　教育委員会及び教育委員会の所管に属する学校その他の教育機関の職員の任免その他の人事に関すること。

五　次条の規定による点検及び評価に関すること。

六　第二十七条及び第二十九条に規定する意見の申出に関すること。

3　教育長は、教育委員会規則で定めるところにより、第一項の規定により委任された事務又は臨時に代理した事務の管理及び執行の状況を教育委員会に報告しなければならない。

4　教育長は、第一項の規定により委任された事務その他その権限に属する事務の一部を事務局の職員若しくは教育委員会の所管に属する学校その他の教育機関の職員（以下この項及び次条第一項において「事務局職員等」という。）に委任し、又は事務局職員等をして臨時に代理させることができる。

参1【教育委員会規則＝法一五【教育委員会の権限に属する事項＝法一七の参1【委任【代理

2【基本的な方針＝教基法一六③、法一の三【規程の制定・改廃＝法一五・三三【教育機関の設置・廃止＝法三〇・二一1【人事＝法二一3【点検・評価＝法二六

4【事務局の職員＝法一八①②【教育機関の職員＝法三一・三二【長の補助機関への委任＝自治法一八〇の七

行●一項の「臨時に」の意義＝個々具体的事案につき臨時に代理せしめる意味を含むものであるが、また特定の事案について一定期間臨時に代理させる意味をも有するものと解する。（初中局長回答の一昭三三・一一・一七地初四五）

●教育長による報告の在り方については、（中略）委員によるチェック機能を発揮できるよう、報告の時期や対象となる事項について、教育委員会規則において、適切に定める必要がある（施行通知四九〇号）

（教育に関する事務の管理及び執行の状況の点検及び評価等）

第二十六条　教育委員会は、毎年、その権限に属する事務（前条第一項の規定により教育長に委任された事務その他教育長の権限に属する事務（同条第四項の規定により事務局職員等に委任された事務を含む。）を含む。）の管理及び執行の状況について点検及び評価を行い、その結果に関する報告書を作成し、これを議会に提出するとともに、公表しなければならない。

2　教育委員会は、前項の点検及び評価を行うに当たつては、教育に関し学識経験を有する者の知見の活用を図るものとする。

参1【教育委員会の権限に属する事項＝法一七の参

＊平成一九法九七・全部改正

（幼保連携型認定こども園に関する意見聴取）

第二十七条　地方公共団体の長は、当該地方公共団体が設置する幼保連携型認定こども園に関する事務のうち、幼保連携型認定こども園における教育課程に関する基本的事項の策定その他の当該地方公共団体の教育委員会の権限に属する事務と密接な関連を有するものとして当該地方公共団体の規則で定めるものの実施に当たつては、当該教育委員会の意見を聴かなければならない。

2　地方公共団体の長は、前項の規則を制定し、又は改廃しようとするときは、あらかじめ、当該地方公共団体の教育委員会の意見を聴かなければならない。

＊平成二四法六七・追加

参【幼保連携型認定こども園＝認定こども園法九〜三一【長の権限＝法二二2

（幼保連携型認定こども園に関する意見の陳述）

第二十七条の二 教育委員会は、当該地方公共団体が設置する幼保連携型認定こども園に関する事務の管理及び執行について、その職務に関して必要と認めるときは、当該地方公共団体の長に対し、意見を述べることができる。

＊平成二四法六七・追加

（幼保連携型認定こども園に関する資料の提供等）

第二十七条の三 教育委員会は、前二条の規定による権限を行うため必要があるときは、当該地方公共団体の長に対し、必要な資料の提供その他の協力を求めることができる。

＊平成二四法六七・追加

（幼保連携型認定こども園に関する事務に係る教育委員会の助言又は援助）

第二十七条の四 地方公共団体の長は、第二十二条第二号に掲げる幼保連携型認定こども園に関する事務を管理し、及び執行するに当たり、必要と認めるときは、当該地方公共団体の教育委員会に対し、学校教育に関する専門的事項について助言又は援助を求めることができる。

＊平成二四法六七・追加

参【学校教育に関する専門的事項の例＝学校法二二〜二八

（私立学校に関する事務に係る都道府県委員会の助言又は援助）

第二十七条の五 都道府県知事は、第二十二条第三号に掲げる私立学校に関する事務を管理し、及び執行するに当たり、必要と認めるときは、当該都道府県委員会に対し、学校教育に関する専門的事項について助言又は援助を求めることができる。

＊平成一九法九七・追加

参【学校教育に関する専門的事項の例＝学校法二九〜三四・三六・三七・四二

（教育財産の管理等）

第二十八条 教育財産は、地方公共団体の長の総括の下に、教育委員会が管理するものとする。

2 地方公共団体の長は、教育委員会の申出をまつて、教育財産の取得を行うものとする。

3 地方公共団体の長は、教育財産を取得したときは、すみやかに教育委員会に引き継がなければならない。

参 1【長の財政総括＝自治法一四九6・二三八の二【教委による管理＝法二一2【教委による管理の特例＝構造改革特別区域法二九、国家戦略特区法一二の三（公立国際教育学校）、自治法二四四の二③〜⑪（指定管理者）

行 2 3 法二二4

行 ●「教育財産」の範囲→法二一の行

●一項の「総括の下に」の意味＝国有財産法四条一項の「総括」と同じであり、自治法二三八条の二に規定されているような内容を有する。（施行通達四一一号）

（教育委員会の意見聴取）

第二十九条 地方公共団体の長は、歳入歳出予算のうち教育に関する事務に係る部分その他特に教育に関する事務について定める議会の議決を経るべき事件の議案を作成する場合においては、教育委員会の意見をきかなければならない。

参 比較：旧教委法五六【議会の議決事件＝自治法九六【長の議案提出権＝自治法一四九1【教育委員会が有しない権限＝自治法一八〇の六

行 ●本条の意義（予算関係）＝事務当局による予算見積に関する聴取、査定等の手続とは別個に、長が当該予算案そのものを作成する場合に、あらかじめ教委の意見を聞かなければならないことを定めたものと解する。なお、この場合、教委は、会議の議決を経た意見を文書で提示することが適当である。（初中局長回答昭三一・一一・二九委初三三二）

●「その他特に教育に関する事務について定める議会の議決を経るべき事件の議案」に含まれない例＝教委の委員の任命の同意に係るものを含む趣旨とは解されない。（初中局地方課長回答昭三三・一一・二七）

第四章　教育機関

第一節　通則

（教育機関の設置）

第三十条　地方公共団体は、法律で定めるところにより、学校、図書館、博物館、公民館その他の教育機関を設置するほか、条例で、教育に関する専門的、技術的事項の研究又は教育関係職員の研修、保健若しくは福利厚生に関する施設その他の必要な教育機関を設置することができる。

[参]【教育機関・施設の設置＝学校法二、自治法二四四①、地公法四二【設置義務＝学校法三八・四九・八〇【研修＝法二一、教特法二一②【保健・福利厚生＝地公法四二【法律で定めるところ＝学校法、図書館法、博物館法、社教法五章ETC

[行]●「教育機関」の意味＝本条の教育機関とは、教育、学術および文化（以下「教育」という。）に関する事業または教育に関する専門的、技術的事項の研究もしくは教育関係職員の研修、保健、福利、厚生等の物的施設および関連のある事業を行なうことを主目的とし、専属の物的施設および人的施設を備え、かつ、管理者の管理の下にみずからの意思をもつて継続的に事業の運営を行なう機関であると解する。（初中局長回答の一昭三二・六・一一委初一五八）

●教育機関に該当する例＝公立の各種学校は、本条後段の設置条例を必要とする。（同前回答の三）

●教育機関に該当しない例＝児童福祉法に基づく児童福祉施設および職業安定法に基づく職業補導施設は、本条の教育機関には含まれない。（同前回答の二）

（教育機関の職員）

第三十一条　前条に規定する学校に、法律で定めるところにより、学長、校長、園長、教員、事務職員、技術職員その他の所要の職員を置く。

2　前条に規定する学校以外の教育機関に、法律又は条例で定めるところにより、事務職員、技術職員その他の所要の職員を置く。

3　前二項に規定する職員の定数は、この法律に特別の定がある場合を除き、当該地方公共団体の条例で定めなければならない。ただし、臨時又は非常勤の職員については、この限りでない。

[参][1]【法律で定めるところ＝学校法三・七・二七・三七・四九・四九の八・六〇～六二・六九・八二・九二・一二三・一二九・附則七

[2]【法律で定めるところ＝社教法二七①、図書館法一三①・四①、博物館法四①③⑤

[3]【この法律に特別の定＝法四一【職員の定数＝標準法六～一八、高校標準法七～一二・一五～二四【条例による定め＝自治法一七二③本文【臨時・非常勤の職員＝自治法一七二③但書

[行]●指導主事に充てられた教員の定数＝三項の定数に含まれる。（施行通達四一一号）

（教育機関の所管）

第三十二条　学校その他の教育機関のうち、大学及び幼保連携型認定こども園は地方公共団体の長が、その他のものは教育委員会が所管する。ただし、特定社会教育機関並びに第二十三条第一項第二号から第四号までに掲げる事務のうち同項の条例の定めるところにより地方公共団体の長が管理し、及び執行することとされたもののみに係る教育機関は、地方公共団体の長が所管する。

[参]【長＝自治法一三九【教育機関＝法三〇【大学＝学校法八三【長の権限＝法二二1・二二2【幼保連携型認定こども園＝認定こども園法九～三三

[行]●所管学校＝公立の高等専門学校は、その設置する都道府県または市町村教育委員会の所管に属するが、大学と同様文部大臣の所轄にも属する。（文部次官通達昭三六・九・一二文大技四八一）

（学校等の管理）

第三十三条　教育委員会は、法令又は条例に違反しない限りにおいて、その所管に属する学校その他の教育機関の施設、設備、組織編制、教育課程、教材の取扱いその他の管理運営の基本的事項について、必要な教育委員会規則を定めるものとする。この場合において、当該教育委員会規則で定めようとする事項のうち、その実施のためには新たに予算を伴うこととなるものについては、教育委員会は、あらかじめ当該地方公共団体の長に協議しなければならない。

2　前項の場合において、教育委員会は、学校に

おける教科書以外の教材の使用について、あらかじめ、教育委員会に届け出させ、又は教育委員会の承認を受けさせることとする定めを設けるものとする。

3　第二十三条第一項の条例の定めるところにより同項第一号に掲げる事務を管理し、及び執行することとされた地方公共団体の長は、法令又は条例に違反しない限りにおいて、特定社会教育機関の施設、設備、組織編制その他の管理運営の基本的事項について、必要な地方公共団体の規則を定めるものとする。この場合において、当該規則で定めようとする事項については、当該地方公共団体の長は、あらかじめ当該地方公共団体の教育委員会に協議しなければならない。

参 1【所管に属する学校＝法三二】【法令＝憲法・学校法・学校法施行令・学校法施規など】【教育委員会規則＝法一五】【予算＝法二二6】【教育委員会の意見聴取＝法二九】【教育委員会が有しない権限＝自治法一八〇の六】【協議＝法一の四④】
2【教科書＝学校法三四①～③】【教材＝学校法三四④】【教育委員会の権限＝法二一6
3【特定社会教育機関＝法二三①1】【協議＝法一の四①

行 ●一項後段に該当しない例＝学校管理規則を制定施行するに当たり、(イ)防火設備を講ずる場合、(ロ)学校の施設及び設備を改善する場合、などは該当しないものと解する。（初中局長回答昭三三・三・六地初一一）

●同前＝市町村立学校の学校事務の組織を設けるための規定は、市町村委員会で定める。（初中局長回答昭三四・六・一九委初三五五）

●学校は「公の施設」（自治法二四四条）に該当するが、その管理については条例で定めなくてよい。（初中局長回答昭三八・一二・一〇委初五の五〇）

●二項の趣旨＝学校で使用される教材については、その教育的価値または父兄の負担等の見地から軽々に取扱うべきでないものの少なくないことにかんがみ、教委が、必要と認める教材の使用について事前に届出または承認にかからしめ、有益適切な教材の利用に努め、教育効果を高めるための積極的な活動を期待するとともに、教材の使用の適正を期そうとするところにあるものであること。したがって、教材の使用については、そのすべてを届出または承認にかからしめることとすることは必要でないこと。（施行通達三二六号）

（教育機関の職員の任命）

第三十四条　教育委員会の所管に属する学校その他の教育機関の校長、園長、教員、事務職員、技術職員その他の職員は、この法律に特別の定めがある場合を除き、教育委員会が任命する。

参【任命権＝地公法六】【教育機関の職員＝法三二】【この法律の特別の定め＝法三七・四〇・四七、令七

行 ●「任命する」の意味＝任命権者として権限を行使するという意である。したがって、教委が任命権者として地公法六条に規定する職員の任命、休職、免職、懲戒等を行なう場合には、つねに教育長の推薦によらなければならない。（施行通達四一一号）

●教員の採用内定時期は、民間企業と同一時期となるよう早期化に努めること。（文部省教育助成・初中・社会局長連名通知「臨教審・第二次答申について」昭六一・六・一三）

●保健主事の任命＝当該学校を設置する地方公共団体の教委（特別区は都教委）が命ずるものであること。（文部次官通達昭三三・六・一六文体保五四）

（職員の身分取扱い）

第三十五条　第三十一条第一項又は第二項に規定する職員の任免、人事評価、給与、懲戒、服務、退職管理その他の身分取扱いに関する事項は、この法律及び他の法律に特別の定めがある場合を除き、地方公務員法の定めるところによる。

参 1【この法律の特別の定め＝法三四・三六～四〇・四二～四五・四七の二・四七の三・四七の四②・四七の五⑦⑧・五九～六一】【他の法律の特別の定め＝教特法、給与負担法、学校法八・九、免許法三・三の二、産休法、地方公務員育児休業法、図書館法五、博物館法五・六、公益的法人等への一般職の地方公務員の派遣等に関する法律】【地公法適用の場合の特例＝法四七】

（所属職員の進退に関する意見の申出）

第三十六条　学校その他の教育機関の長は、この法律及び教育公務員特例法に特別の定がある場合を除き、その所属の職員の任免その他の進退に関する意見を任命権者に対して申し出ることができる。この場合において、大学附置の学校の校長にあつては、学長を経由するものとする。

参【学校の長＝学校法二七④・三七④・四九・四九の八・六二・七〇・八二・九二③・一二〇③・一二九② 【その他の教育機関の長＝社教法二七②、図書館法一三②、博物館法四② 【この法律の特別の定め＝法三九・四七の五⑥〜⑧ 【教特法の定め＝教特法二〇

行 ●「その所属の職員の任免その他の進退」の意味＝将来任命しようとする職員に関する意見具申を含む。すなわち、新規採用による当該学校への配属または他学校からの転任等については、そのことを希望する意見を申し出ることができる。（施行通達四一一号）

第二節　市町村立学校の教職員

（任命権者）

第三十七条　市町村立学校職員給与負担法（昭和二十三年法律第百三十五号）第一条及び第二条に規定する職員（以下「県費負担教職員」という。）の任命権は、都道府県委員会に属する。

2　前項の都道府県委員会の権限に属する事務に係る第二十五条第二項の規定の適用については、同項第四号中「職員」とあるのは、「職員並びに第三十七条第一項に規定する県費負担教職員」とする。

参 1【任命権＝地公法一七①、法四三③④ 【県費負担教職員＝法三八〜四七の二、給与負担法一・二、教特法一七、二〇 【市町村立中等教育学校の特例＝法六一①

行 ●一項の趣旨＝県費負担教職員の身分は市町村職員であり、任免その他の進退人事は都道府県の自治事務を成す。（閣議決定平成一〇・五・二九地方分権推進計画）

（市町村委員会の内申）

第三十八条　都道府県委員会は、市町村委員会の内申をまって、県費負担教職員の任免その他の進退を行うものとする。

2　前項の規定にかかわらず、都道府県委員会は、同項の内申が県費負担教職員の転任（地方自治法第二百五十二条の七第一項の規定により教育委員会を共同設置する一の市町村の県費負担教職員を免職し、引き続いて当該教育委員会を共同設置する他の市町村の県費負担教職員に採用する場合を含む。以下この項において同じ。）に係るものであるときは、当該内申に基づき、その転任を行うものとする。ただし、次の各号のいずれかに該当するときは、この限りでない。

一　都道府県内の教職員の適正な配置と円滑な交流の観点から、一の市町村（地方自治法第二百五十二条の七第一項の規定により教育委員会を共同設置する場合における当該教育委員会を共同設置する他の市町村を含む。以下この号において同じ。）における県費負担教職員の標準的な在職期間その他の都道府県委員会が定める県費負担教職員の任用に関する基準に従い、一の市町村の県費負担教職員を免職し、引き続いて当該都道府県内の他の市町村の県費負担教職員に採用する必要がある場合

二　前号に掲げる場合のほか、やむを得ない事情により当該内申に係る転任を行うことが困難である場合

3　市町村委員会は、次条の規定による校長の意見の申出があつた県費負担教職員について第一項又は前項の内申を行うときは、当該校長の意見を付するものとする。

参 1【県費負担教職員＝法三七 【都道府県教育委員会による任免＝法三七①・四三③④ 【学校運営協議会を置く場合の特例＝法四七の五⑦⑧
2【教育委員会の共同設置＝自治法二五二の七①
3【校長の意見＝法三九

判 ●内申権の委任＝教委規則により内申の権限を教育長に委任することも適法である。（静岡地判昭四〇・四・二七）
●内申ぬき処分の適法性＝市町村教委が服務監督権者として当然なすべき内申をしないときは、例外として内申ぬき任命権行使も適法である。（最高判昭六一・三・一三）

行 ●一項の趣旨＝都道府県教委はその内容にすべて拘束されるものではないが、市町村教委の内申をまたずに任免その他の進退を行なうことができない。（施行通達四一一号）
●内申なしの任命権行使＝内申の対象となつていない教職員（任免その他の進退について内申されていない教職員）について府県教委が一方的に転補を発令することは、違法行為である。違法に行なわれた発令行為は瑕疵ある行為であるが、一応有効なものとして対処されること。（初中局長回

答昭三二・四・二五委初一六九）

●同右＝都道府県教委が、市町村教委に内申を求め最大限の努力を払つたにもかかわらず、内申をしないというような異常な場合には、内申がなくても任命権を行使できる。（初中局長通達昭四九・一〇・四文初地四三四）

●給与の発令＝市町村教委の内申をまつて行なう。（施行通達四一一号）

●昇給＝内申事項である「その他の進退」に含まれる。（初中局長回答昭三一・一一・二委初二七四）

●内申のし方＝内申は、具体的に人を特定することが必要であり、氏名を明記すべきものである。また転任の場合は、転任（同一市町村内の異動）先学校を明記すべきである。（初中局長回答昭三一・一二・二七委初三五一）

●内申と選考との関係＝任命権者である教委の教育長は、県費負担教職員のうち、教育公務員に対する選考権を、市町村教委が内申を行なう場合に、その内申権行使の前後を問わず行使できると解する。（初中局長回答昭三二・一・二二委初一一）

（校長の所属教職員の進退に関する意見の申出）

第三十九条　市町村立学校職員給与負担法第一条及び第二条に規定する学校の校長は、所属の県費負担教職員の任免その他の進退に関する意見を市町村委員会に申し出ることができる。

参　法三八③【県費負担教職員＝法三七【校長＝法三六の参

行　●市町村立小中学校長の意見具申＝本条は法三六条の「この法律に特別の定」に該当するので、市町村教委だけに意思を申し出ることができる。（施行通達四一一号）

（県費負担教職員の任用等）

第四十条　第三十七条の場合において、都道府県委員会（この条に掲げる一の市町村に係る県費負担教職員の免職に関する事務を行う者及びこの条に掲げる他の市町村に係る県費負担教職員の採用に関する事務を行う者の一方又は双方が第五十五条第一項又は第六十一条第一項の規定により当該事務を行うこととされた市町村委員会である場合にあつては、当該一の市町村に係る県費負担教職員の免職に関する事務を行う教育委員会及び当該他の市町村に係る県費負担教職員の採用に関する事務を行う教育委員会）は、地方公務員法第二十七条第二項及び第二十八条第一項の規定にかかわらず、一の市町村の県費負担教職員を免職し、引き続いて当該都道府県内の他の市町村の県費負担教職員に採用することができるものとする。この場合において、当該県費負担教職員が当該免職された市町村において同法第二十二条（同法第二十二条の二第七項及び教育公務員特例法第十二条第一項の規定において読み替えて適用する場合を含む。）の規定により正式任用になつていた者であるときは、当該県費負担教職員の当該他の市町村における採用については、地方公務員法第二十二条の規定は、適用しない。

参　【県費負担教職員の任命権＝法三七【市町村立の中等教育学校の特例＝法六一①

行　●本条と法三八条の内申との関係＝本条による人事異動についても、法三八条の市町村教委の内申による。（施行通達四一一号）

●A町公立学校教員を退職しB町公立学校教員として採用する場合＝A町における免職処分を必要とする。（初中局長回答昭三一・一一・二委初二七四）

●本条後段関係＝他市町村において採用される場合、前市町村における条件付採用の期間は通算されない。（同前）

●本条の趣旨＝同一市町村内の異動であれば降任となる処分に相当するような処分を行なうことまで許容する趣旨のものではない。（初中局長回答昭三二・二・二〇委初八二）

（県費負担教職員の定数）

第四十一条　県費負担教職員の市町村別の定数は、都道府県の条例で定める。ただし、臨時又は非常勤の職員については、この限りでない。

2　県費負担教職員の市町村別の学校の種類ごとの定数は、前項の規定により定められた定数の範囲内で、都道府県委員会が、当該市町村における児童又は生徒の実態、当該市町村が設置する学校の学級編制に係る事情等を総合的に勘案して定める。

3　前項の場合において、都道府県委員会は、あらかじめ、市町村委員会の意見を聴き、その意見を十分に尊重しなければならない。

参 1 【県費負担教職員＝法三七 【都道府県教育委員会による任免＝法三七①・四三③④ 【教員定数の国の標準＝標準法六～一八 【条例＝法一五の参2 【臨時・非常勤の職員＝自治法一七二③但書

行 ●指導主事に充てられた教員の定数＝二項の教員定数に含まれる。（施行通達四一一号）

（県費負担教職員の給与、勤務時間その他の勤務条件）

第四十二条 県費負担教職員の給与、勤務時間その他の勤務条件については、地方公務員法第二十四条第五項の規定により条例で定めるものとされている事項は、都道府県の条例で定める。

参 1 【県費負担教職員＝法三七 【条例＝法一五の参2 【勤務条件＝教特法、教職給与特別法、給与負担法

（服務の監督）

第四十三条 市町村委員会は、県費負担教職員の服務を監督する。

2 県費負担教職員は、その職務を遂行するに当つて、法令、当該市町村の条例及び規則並びに当該市町村委員会の定める教育委員会規則及び規程（前条又は次項の規定によつて都道府県が制定する条例を含む。）に従い、かつ、市町村委員会その他職務上の上司の職務上の命令に忠実に従わなければならない。

3 県費負担教職員の任免、分限又は懲戒に関して、地方公務員法の規定により条例で定めるものとされている事項は、都道府県の条例で定める。

4 都道府県委員会は、県費負担教職員の任免その他の進退を適切に行うため、市町村委員会の行う県費負担教職員の服務の監督又は前条若しくは前項の規定により都道府県が制定する条例の実施について、技術的な基準を設けることができる。

参 1 【県費負担教職員＝法三七 【服務＝地公法三〇～三八 【服務監督＝法二一3・三二・三四～三六・四七・六一① 【監督に伴う処分＝地公法二七・二八・二九
2 【法令等遵守＝地公法三〇・三二 【法令・条例・規則＝法一五の参2・一七の参2
3 【条例で定める事項＝地公法二七②・二九④・二九の二②

行 ●一項の趣旨＝県費負担教職員の従事する教育の事業は、市町村の事業であり、これらの教職員は当該市町村の公務員であるから、その服務の監督は市町村教委が行なう。（施行通達三二六号）
●二項の「その他職務上の上司」でない例＝都道府県教委は該当しない。（施行通達四一一号）
●二項の「職務上の上司」の例＝校長は、教員の職務上の上司である。（初中局長回答昭三一・一一・五）

（人事評価）

第四十四条 県費負担教職員の人事評価は、地方公務員法第二十三条の二第一項の規定にかかわらず、都道府県委員会の計画の下に、市町村委員会が行うものとする。

＊平成二六法三四・全改

参 【県費負担教職員＝法三七 【県費負担教職員の任命権者＝法三七 【県費負担教職員の服務監督権者＝法四三

（研修）

第四十五条 県費負担教職員の研修は、地方公務員法第三十九条第二項の規定にかかわらず、市町村委員会も行うことができる。

2 市町村委員会は、都道府県委員会が行う県費負担教職員の研修に協力しなければならない。

参 教基法九② 【県費負担教職員＝法三七 【研修＝教特法二一～二五の二 【地公法三九条二項の読替え＝令七 【中核市の特例＝法五九 【市町村立の中等教育学校の特例＝法六一②③

判 ●研修命令＝町教委が英語・国語教育の町立中学校教員に対し、その意に反して養護教育の長期研修を命令したことが、裁量権の範囲をこえたものとして取り消された事例。（松江地判昭四四・三・五）

行 ●研修阻害行為＝校長から受講を命ぜられた教員の不出席は、法四三条二項にいう職務命令に対する服従義務の違反となる。また教組の受講拒否決定や指令、および他教職員が受講予定者に受講しないよう執拗に説得することは、地公法三七条一項に違反すると解する。（初中局長回答昭三三・一〇・二四委初二九七）

第四十六条 削除〔平成二六法三四〕

（地方公務員法の適用の特例）

第四十七条　この法律に特別の定めがあるもののほか、県費負担教職員に対して地方公務員法を適用する場合においては、同法中次の表の上欄に掲げる規定の中欄に掲げる字句は、それぞれ同表の下欄に掲げる字句とする。

規定	読み替えられる字句	読み替える字句
第十六条各号列記以外の部分	職員	職員（第二号の場合にあつては、都道府県教育委員会又は地方教育行政の組織及び運営に関する法律第五十五条第一項若しくは第六十一条第一項の規定により同法第三十七条第一項に規定する県費負担教職員の任用に関する事務を行うこととされた市町村教育委員会の任命に係る職員及び懲戒免職の処分を受けた当時属していた地方公共団体の職員）
第十六条第二号	当該地方公共団体において	都道府県教育委員会（地方教育行政の組織及び運営に関する法律第五十五条第一項又は第六十一条第一項の規定により同法第三十七条第一項に規定する県費負担教職員の懲戒に関する事務を行うこととされた市町村教育委員会を含む。）により
第二十二条の四第一項	当該任命権者の属する地方公共団体	市町村
	短時間勤務の職（	当該市町村を包括する都道府県の区域内の市町村の短時間勤務の職（
第二十六条の二第一項及び第二十六条の三第一項	任命権者	市町村教育委員会
第二十九条第一項第一号	この法律若しくは第五十七条に規定する特例を定めた法律	この法律、第五十七条に規定する特例を定めた法律若しくは地方教育行政の組織及び運営に関する法律
第三十四条第二項	任命権者	市町村教育委員会
第三十七条	地方公共団体	都道府県及び市町村
第三十八条、第三十八条の二第六項第六号、第三十八条の三（見出しを含む。）、第三十八条の	任命権者	市町村教育委員会

四（見出しを含む。）並びに第三十八条の五の見出し及び同条第一項		

2　前項に定めるもののほか、県費負担教職員に対して地方公務員法の規定を適用する場合における技術的読替は、政令で定める。

参 1 法三五【この法律に特別の定＝法三七～四五・四七の二・四七の三・四七の五⑦⑧・五九・六一】 2【技術的な読替＝令七】

（県費負担教職員の免職及び都道府県の職への採用）

第四十七条の二　都道府県委員会は、地方公務員法第二十七条第二項及び第二十八条第一項の規定にかかわらず、その任命に係る市町村の県費負担教職員（教諭、養護教諭、栄養教諭、助教諭及び養護助教諭並びに講師（同法第二十二条の二第一項各号に掲げる者を除く。）に限る。）で次の各号のいずれにも該当するもの（同法第二十八条第一項各号又は第二項各号のいずれかに該当する者を除く。）を免職し、引き続いて当該都道府県の常時勤務を要する職（指導主事並びに校長、園長及び教員の職を除く。）に採用することができる。

一　児童又は生徒に対する指導が不適切であること。

二　研修等必要な措置が講じられたとしてもなお児童又は生徒に対する指導を適切に行うことができないと認められること。

2　事実の確認の方法その他前項の県費負担教職員が同項各号に該当するかどうかを判断するための手続に関し必要な事項は、都道府県の教育委員会規則で定めるものとする。

3　都道府県委員会は、第一項の規定による採用に当たつては、公務の能率的な運営を確保する見地から、同項の県費負担教職員の適性、知識等について十分に考慮するものとする。

4　第四十条後段の規定は、第一項の場合について準用する。この場合において、同条後段中「当該他の市町村」とあるのは「当該都道府県」と読み替えるものとする。

＊平成一三法一〇四・追加

参 1【研修＝教特法二一・二五の二】【県費負担教職員＝法三七、給与負担法一・二】【都道府県教委の規則＝法一五①】

行 免職し、引き続き…採用する＝法四七条の二第一項の「免職」、「採用」は、それぞれ「免職」と「採用」という独立した二つの処分ではなく、法律上、一体不可分に実施されるものであり、「免職」のみが行われ、「採用」されないということはあり得ないこと。（文科事務次官通知平成一三・八・二九、一三文科初五七一）

●第一項第一号の要件＝
法第四七条の二第一項第一号の「児童又は生徒に対する指導が不適切であること」に該当する場合には、様々なものがあり得るが、具体的な例としては、下記のような場合が考えられること。都道府県教育委員会においては、これらを参考にしつつ、教育委員会規則で定める手続に従い（「（8）法第四七条の二第二項の教育委員会規則で定める手続について」参照）、個々のケースに則して適切に判断すること。

① 教科に関する専門的知識、技術等が不足しているため、学習指導を適切に行うことができない場合（教える内容に誤りが多かったり、児童生徒の質問に正確に答え得ることができない等）

② 指導方法が不適切であるため、学習指導を適切に行うことができない場合（ほとんど授業内容を板書するだけで、児童生徒の質問を受け付けない等）

③ 児童生徒の心を理解する能力や意欲に欠け、学級経営や生徒指導を適切に行うことができない場合（児童生徒とのコミュニケーションをとろうとしない等）（同前）

●第一項第二号の要件＝
① 法四七条の二第一項第二号の「研修等必要な措置」の例としては、
ア 学校内における校長、教頭等による指導
イ 学級担任を外すなどの校務分掌の変更
ウ 都道府県教育委員会又は市町村教育委員会による研修
エ 他の学校への転任
等が考えられるが、具体的にどのような措置を講じるかは、各都道府県教育委員会等において、教員の状況等に応じ、種々工夫がなされ、

適切に対応すべきものであること。

② 児童生徒に対する指導が不適切な状態に一時的に陥ったとしても、校務分掌の変更や転任、研修等の措置により、指導を適切に行うことができると認められる場合には、第二号の要件に該当せず、本措置は適用されないこと。

また、同号の要件に該当するか否かは、一般的には、それまでに、当該教員に対して講じられた研修等の措置の内容やその成果等を踏まえて適切に判断されるべきものであること。

③ 第二号の要件は、都道府県教育委員会に対して、新たな指導や研修等を行うことを義務付けたものではなく、これまでの指導等から見て新たな研修等の措置を講じたとしても効果がないと判断できるならば、同号の要件を満たすことになること。（同前）

（初任者研修に係る非常勤講師の派遣）

第四十七条の三 市（地方自治法第二百五十二条の十九第一項の指定都市（以下「指定都市」という。）を除く。以下この条において同じ。）町村の教育委員会は、都道府県委員会が教育公務員特例法第二十三条第一項の初任者研修を実施する場合において、市町村の設置する小学校、中学校、義務教育学校、高等学校、中等教育学校（後期課程に定時制の課程（学校教育法第四条第一項に規定する定時制の課程をいう。以下同じ。）のみを置くものに限る。）又は特別支援学校に非常勤の講師（地方公務員法第二十二条の四第一項に規定する短時間勤務の職を占める者を除く。以下この条及び第六十一条第一項において同じ。）（高等学校にあつては、定時制の課程の授業を担任する非常勤の講師に限る。）を勤務させる必要があると認めるときは、都道府県委員会に対し、当該都道府県委員会の事務局の非常勤の職員の派遣を求めることができる。

2 前項の規定による求めに応じて派遣される職員（第四項において「派遣職員」という。）は、派遣を受けた市町村の職員の身分を併せ有することとなるものとし、その報酬、職務を行うために要する費用の弁償、期末手当及び勤勉手当（地方公務員法第二十二条の二第一項第二号に掲げる者にあつては、給料、手当及び旅費）は、当該職員の派遣をした都道府県の負担とする。

3 市町村の教育委員会は、第一項の規定に基づき派遣された非常勤の講師の服務を監督する。

4 前項に規定するもののほか、派遣職員の身分取扱いに関しては、当該職員の派遣をした都道府県の非常勤の講師に関する定めの適用があるものとする。

＊昭六三法七〇・追加

参 1【初任者研修＝教特法二三】【比較：一般職職員の派遣＝自治法二五二の一七 3【服務監督＝法二一3・四三

第三節 共同学校事務室

第四十七条の四 教育委員会は、教育委員会規則で定めるところにより、その所管に属する学校のうちその指定する二以上の学校に係る事務（学校教育法第三十七条第十四項（同法第二十八条、第四十九条、第四十九条の八、第六十二条、第七十条第一項及び第八十二条において準用する場合を含む。）の規定により事務職員がつかさどる事務その他の事務であつて共同処理することが当該事務の効果的な処理に資するものとして政令で定めるものに限る。）を当該学校の事務職員が共同処理するための組織として、当該指定する二以上の学校のうちいずれか一の学校に、共同学校事務室を置くことができる。

2 共同学校事務室に、室長及び所要の職員を置く。

3 室長は、共同学校事務室の室務をつかさどる。

4 共同学校事務室の室長及び職員は、第一項の規定による指定を受けた学校であつて、当該共同学校事務室がその事務を共同処理する学校の事務職員をもつて充てる。ただし、当該事務職員をもつて室長に充てることが困難であるときその他特別の事情があるときは、当該事務職員以外の者をもつて室長に充てることができる。

5 前三項に定めるもののほか、共同学校事務室の室長及び職員に関し必要な事項は、政令で定める。

＊平成二九法五・全改正

参 1【教委規則＝法一五【学校に係る事務＝学

校法三七⑭・二八・四九・四九の八・六二・七〇①・八二、自治法一八〇の二【政令の定＝令七の二】

行 5 【政令の定＝令七の三】

●校務以外の事務を事務室の事務とすることは想定されていない（文科次官通知平成二九・三・三一　二八文科初一八五四）

第四節　学校運営協議会

第四十七条の五　教育委員会は、教育委員会規則で定めるところにより、その所管に属する学校ごとに、当該学校の運営及び当該運営への必要な支援に関して協議する機関として、学校運営協議会を置くように努めなければならない。ただし、二以上の学校の運営に関し相互に密接な連携を図る必要がある場合として文部科学省令で定める場合には、二以上の学校について一の学校運営協議会を置くことができる。

2　学校運営協議会の委員は、次に掲げる者について、教育委員会が任命する。

一　対象学校（当該学校運営協議会が、その運営及び当該運営への必要な支援に関して協議する学校をいう。以下この条において同じ。）の所在する地域の住民

二　対象学校に在籍する生徒、児童又は幼児の保護者

三　社会教育法（昭和二十四年法律第二百七号）第九条の七第一項に規定する地域学校協働活動推進員その他の対象学校の運営に資する活動を行う者

四　その他当該教育委員会が必要と認める者

3　対象学校の校長は、前項の委員の任命に関する意見を教育委員会に申し出ることができる。

4　対象学校の校長は、当該対象学校の運営に関して、教育課程の編成その他教育委員会規則で定める事項について基本的な方針を作成し、当該対象学校の学校運営協議会の承認を得なければならない。

5　学校運営協議会は、前項に規定する基本的な方針に基づく対象学校の運営及び当該運営への必要な支援に関し、対象学校の所在する地域の住民、対象学校に在籍する生徒、児童又は幼児の保護者その他の関係者の理解を深めるとともに、対象学校とこれらの者との連携及び協力の推進に資するため、対象学校の運営及び当該運営への必要な支援に関する協議の結果に関する情報を積極的に提供するよう努めるものとする。

6　学校運営協議会は、対象学校の運営に関する事項（次項に規定する事項を除く。）について、教育委員会又は校長に対して、意見を述べることができる。

7　学校運営協議会は、対象学校の職員の採用その他の任用に関して教育委員会規則で定める事項について、当該職員の任命権者に対して意見を述べることができる。この場合において、当該職員が県費負担教職員（第五十五条第一項又は第六十一条第一項の規定により市町村委員会がその任用に関する事務を行う職員を除く。）であるときは、市町村委員会を経由するものとする。

8　対象学校の職員の任命権者は、当該職員の任用に当たつては、前項の規定により述べられた意見を尊重するものとする。

9　教育委員会は、学校運営協議会の運営が適正を欠くことにより、対象学校の運営に現に支障が生じ、又は生ずるおそれがあると認められる場合においては、当該学校運営協議会の適正な運営を確保するために必要な措置を講じなければならない。

10　学校運営協議会の委員の任免の手続及び任期、学校運営協議会の議事の手続その他学校運営協議会の運営に関し必要な事項については、教育委員会規則で定める。

＊平成二九法五・追加

参 1 【教育委員会規則＝法一五】【二校以上に一つの協議会を置く場合に関する省令＝地方教育行政の組織及び運営に関する法律第四十七条の五第一項ただし書に規定する二以上の学校の運営に関し相互に密接な連携を図る必要がある場合を定める省令（小中一貫教育・中高一貫教育を行う場合）】
2 【保護者＝学校法一六】
4 【教育課程の編成＝学習指導要領総則】
6 【校長＝学校法三七④・四九・四九の八・六二・七〇・八二】
7 【採用・任用＝法三四・三五】【任命権者＝法三四・三七①】【県費負担教職員＝法三七】

行 ●職員の任用に関する意見の対象となる事項は、学校運営の混乱につながるとの指摘があることも踏まえ、その対象となる事項を教育委員会の判断に委ねることとした（文科事務次官通知平成二九・三・三一 二八文科初一八五四）
●対象学校の運営に支障が生じ又は生じるおそれがある場合には、学校運営協議会に対する指導・助言や委員の交代を行うなど、学校運営協議会の適正な運営を確保するために必要な措置を講ずること（同前）

第五章 文部科学大臣及び教育委員会相互間の関係等

（文部科学大臣又は都道府県委員会の指導、助言及び援助）

第四十八条 地方自治法第二百四十五条の四第一項の規定によるほか、文部科学大臣は都道府県又は市町村に対し、都道府県委員会は市町村に対し、都道府県又は市町村の教育に関する事務の適正な処理を図るため、必要な指導、助言又は援助を行うことができる。

2 前項の指導、助言又は援助を例示すると、おおむね次のとおりである。

一 学校その他の教育機関の設置及び管理並びに整備に関し、指導及び助言を与えること。
二 学校の組織編制、教育課程、学習指導、生徒指導、職業指導、教科書その他の教材の取扱いその他学校運営に関し、指導及び助言を与えること。
三 学校における保健及び安全並びに学校給食に関し、指導及び助言を与えること。
四 教育委員会の委員及び校長、教員その他の教育関係職員の研究集会、講習会その他研修に関し、指導及び助言を与え、又はこれらを主催すること。
五 生徒及び児童の就学に関する事務に関し、指導及び助言を与えること。
六 青少年教育、女性教育及び公民館の事業その他社会教育の振興並びに芸術の普及及び向上に関し、指導及び助言を与えること。
七 スポーツの振興に関し、指導及び助言を与えること。
八 指導主事、社会教育主事その他の職員を派遣すること。
九 教育及び教育行政に関する資料、手引書等を作成し、利用に供すること。
十 教育に係る調査及び統計並びに広報及び教育行政に関する相談に関し、指導及び助言を与えること。
十一 教育委員会の組織及び運営に関し、指導及び助言を与えること。

3 文部科学大臣は、都道府県委員会に対し、第一項の規定による市町村に対する指導、助言又は援助に関し、必要な指示をすることができる。

4 地方自治法第二百四十五条の四第三項の規定によるほか、都道府県知事又は都道府県委員会は文部科学大臣に対し、市町村長又は市町村委員会は文部科学大臣又は都道府県委員会に対し、教育に関する事務の処理について必要な指導、助言又は援助を求めることができる。

参 自治法二⑪～⑬・二四五～二四五の九（関与の原則）、教基法一六④
[1] 【助言＝自治法二四五の四（技術的な助言）】【調査＝法五三・五四
[2] 【指導・助言・援助の例＝法二一（教育委員会の権限事項…自治事務）】【助言の方式＝自治法二四七
[3] 【指導・助言・援助の指示＝自治法二四五の四②（技術的な助言等の指示）
[4] 【指導・助言・援助の求め＝自治法二四五の四③
行 ●一項の「教育に関する事務」の意味＝教委の所掌事務を広く総称するものである。（初中局地方課長回答昭三三・三・一二）

（是正の要求の方式）

第四十九条 文部科学大臣は、都道府県委員会又は市町村委員会の教育に関する事務の管理及び執行が法令の規定に違反するものがある場合又は当該事務の管理及び執行を怠るものがある場合において、児童、生徒等の教育を受ける機会が妨げられていることその他の教育を受ける権利が侵害されていることが明らかであるとして地方自治法第二百四十五条の五第一項若しくは第四項の規定による求め又は同条第二項の指示を行うときは、当該教育委員会が講ずべき措置の内容を示して行うものとする。

＊平成一九法九七・全部改正

参 自治法二⑪〜⑬・二四五〜二四五の九（関与の原則）、教基法一六④【比較：是正の要求＝自治法二四五の五①④【比較：是正要求の指示＝自治法二四五の五②③

行 ●是正要求・指示の趣旨＝「法第四九条の「是正の要求」及び法第五〇条の「指示」の規定は、地方自治法が定める自治事務に対する国の関与の基本原則に則り、教育委員会が十分に責任を果たせない場合に、憲法で保障する国民の権利を守るため、文部科学大臣が必要最小限の関与を行うものであること。」（文科事務次官通知平成一九・七・三一文科初五三五）

●是正要求・指示の不服審査＝「不服がある場合には、地方自治法第二五〇条の一三の規定により国地方係争処理委員会に対して審査の申出ができること。」（同前）

●是正要求の効果＝「どのような措置を行うかは教育委員会の裁量に委ねられているが、文部科学大臣が講ずべき措置の内容を示して要求していることを踏まえて、速やかに是正・改善のための取組を行うこと。」（同前）

（文部科学大臣の指示）

第五十条 文部科学大臣は、都道府県委員会又は市町村委員会の教育に関する事務の管理及び執行が法令の規定に違反するものがある場合又は当該事務の管理及び執行を怠るものがある場合において、児童、生徒等の生命又は身体に現に被害が生じ、又はまさに被害が生ずるおそれがあると見込まれ、その被害の拡大又は発生を防止するため、緊急の必要があるときは、当該教育委員会に対し、当該違反を是正し、又は当該怠る事務の管理及び執行を改めるべきことを指示することができる。ただし、他の措置によつては、その是正を図ることが困難である場合に限る。

＊平成一九法九七・全部改正

参 自治法二⑪〜⑬・二四五〜二四五の九（関与の原則）【比較：自治法に定める是正の指示＝自治法二四五の七

行 ●指示の趣旨＝「法第五〇条の「指示」を受けた教育委員会は、指示された具体的措置内容についてそのまま従う義務が生じること。」（文科事務次官通知平成一九・七・三一文科初五三五）

（文部科学大臣の通知）

第五十条の二 文部科学大臣は、第四十九条に規定する求め若しくは指示又は前条の規定による指示を行つたときは、遅滞なく、当該地方公共団体（第四十九条に規定する指示を行つたときにあつては、当該指示に係る市町村）の長及び議会に対して、その旨を通知するものとする。

＊平成一九法九七・追加

（文部科学大臣及び教育委員会相互間の関係）

第五十一条 文部科学大臣は都道府県委員会又は市町村委員会相互の間の、都道府県委員会は市町村委員会相互の間の連絡調整を図り、並びに文部科学大臣又は教育委員会は、相互の間の連絡を密にし、及び文部科学大臣又は他の教育委員会と協力し、教職員の適正な配置と円滑な交流及び教職員の勤務能率の増進を図り、もつてそれぞれその所掌する教育に関する事務の適正な執行と管理に努めなければならない。

参 教基法五③・一六②③・一七【執行機関の義務と組織原則＝自治法一三八の二・一三八の三【地方公共団体の役割と国の配慮＝自治法一の二・二⑫⑬⑮【関与の原則＝自治法二四五の二〜二四五の九【文科省の所掌事務＝設置法四

第五十二条 削除〔平成一一法八七〕

（調査）

第五十三条 文部科学大臣又は都道府県委員会は、第四十八条第一項及び第五十一条の規定による権限を行うため必要があるときは、地方公共団体の長又は教育委員会が管理し、及び執行する教育に関する事務について、必要な調査を行うことができる。

2 文部科学大臣は、前項の調査に関し、都道府県委員会に対し、市町村長又は市町村委員会が管理し、及び執行する教育に関する事務について、その特に指定する事項の調査を行うよう指示をすることができる。

参 自治法二⑪〜⑬・二四五〜二四五の九（関与の原則）、教基法一六④

1【教育委員会が管理執行する事務＝法二一【長が管理執行する事務＝法一の三・一の四・二二【調査＝自治法二四五の四①

2【調査の指示＝自治法二四五の四②

（資料及び報告）

第五十四条　教育行政機関は、的確な調査、統計その他の資料に基いて、その所掌する事務の適切かつ合理的な処理に努めなければならない。

2　文部科学大臣は地方公共団体の長又は教育委員会に対し、都道府県委員会は市町村長又は市町村委員会に対し、それぞれ都道府県又は市町村の区域内の教育に関する事務に関し、必要な調査、統計その他の資料又は報告の提出を求めることができる。

参 1【教育委員会が所掌する事務＝法二一【長が所掌する事務＝法二二の三・一の四・二二【文部科学省が所掌する事務＝設置法四

2　自治法二四五の四①・二四八

判 ●全国中学校一せい学力調査の適法性＝本件学力調査が生徒に対する試験という方法で行われたことの故をもつて、これを行政調査というよりはむしろ固有の教育活動としての性格をもつものと解し、したがつて地教行法五四条二項にいう調査には含まれないとすることは、相当でない。もつとも、行政調査といえども、無制限に許されるものではなく、許された目的のために必要とされる範囲において、その方法につき法的な制約が存する場合にはその制約の下で、行われなければならず、これに違反するときは、違法となることを免れない。（最高判昭五一・五・二一）

●調査・求めの法的性格＝地教行法五四条二項が、同法五三条との対比上、文部大臣において本件学力調査のような調査の実施を要求する権限までをも認めたものと解し難いことは、原判決の説くとおりである。（最高判昭五一・五・二一）

行 ●二項の報告の提出＝①県教委が本条二項により市町村教委に「学校一覧表」の提出を求めたときは、市町村教委は報告を提出すべき法律上の義務を負う。この場合に補助執行を命ぜられた校長または教員は表の作成に関する事務を拒否することができない。

②指定統計調査以外で国が行なう学力調査等委託統計調査について、当該事務を教委が受諾した場合においても、学校の校長又は教員はその補助執行を拒否することはできない。（初中局長回答昭三三・六・二委初一四九）

●学力調査等の資料・報告の提出＝指定統計調査以外の学力調査等について地方教育行政の組織及び運営に関する法律五四条二項の規定により、資料または報告の提出を求められた場合は、これを提出すべき法律上の義務を負うものである。（初中局長回答昭三四・一二・一九委初一八二）

（幼保連携型認定こども園に係る事務の処理に関する指導、助言及び援助等）

第五十四条の二　地方公共団体の長が管理し、及び執行する当該地方公共団体が設置する幼保連携型認定こども園に関する事務に係る第四十八条から第五十条の二まで、第五十三条及び前条第二項の規定の適用については、これらの規定（第四十八条第四項を除く。）中「都道府県委員会」とあるのは「都道府県知事」と、第四十八条第四項中「都道府県委員会に」とあるのは「都道府県知事に」と、第四十九条及び第五十条中「市町村委員会」とあるのは「市町村長」と、「当該教育委員会」とあるのは「当該地方公共団体の長」と、第五十条の二中「長及び議会」とあるのは「議会」と、第五十三条第一項中「第四十八条第一項及び第五十一条」とあるのは「第四十八条第一項」と、「地方公共団体の長又は教育委員会」とあるのは「地方公共団体の長」と、同条第二項中「市町村長又は市町村委員会」とあるのは「市町村長」と、前条第二項中「地方公共団体の長又は教育委員会」とあるのは「地方公共団体の長」と、「市町村長又は市町村委員会」とあるのは「市町村長」とする。

＊平成二四法六七・追加

（職務権限の特例に係る事務の処理に関する指導、助言及び援助等）

第五十四条の三　第二十三条第一項の条例の定めるところにより都道府県知事が管理し、及び執行する事務に係る第四十八条、第五十三条及び第五十四条第二項の規定の適用については、これらの規定（第四十八条第四項を除く。）中「都道府県委員会」とあるのは「都道府県知事」と、第四十八条第四項中「都道府県委員会に」とあるのは「都道府県知事に」と、第五十三条第一項中「第四十八条第一項及び第五十一条」とあるのは「第四十八条第一項」とする。

＊平成一九法九七・追加

（条例による事務処理の特例）

第五十五条　都道府県は、都道府県委員会の権限に属する事務の一部を、条例の定めるところにより、市町村が処理することとすることができる。この場合においては、当該市町村が処理することとされた事務は、当該市町村の教育委員会が管理し及び執行するものとする。

2　前項の条例を制定し又は改廃する場合においては、都道府県知事は、あらかじめ、当該都道府県委員会の権限に属する事務の一部を処理し又は処理することとなる市町村の長に協議しなければならない。

3　市町村長は、前項の規定による協議を受けたときは、当該市町村委員会に通知するとともに、その意見を踏まえて当該協議に応じなければならない。ただし、第二十三条第一項の条例の定めるところにより、当該市町村委員会が、当該市町村が処理し又は処理することとする事務の全てを管理し、及び執行しない場合は、この限りでない。

4　都道府県の議会は、第一項の条例の制定又は改廃の議決をする前に、当該都道府県委員会の意見を聴かなければならない。

5　第一項の規定により都道府県委員会の権限に属する事務（都道府県の教育委員会規則に基づくものに限る。）の一部を市町村が処理し又は処理することとする場合であつて、同項の条例の定めるところにより教育委員会規則に委任して当該事務の範囲を定める場合には、都道府県委員会は、当該教育委員会規則を制定し又は改廃しようとするときは、あらかじめ、当該事務を処理し又は処理することとなる市町村委員会に協議しなければならない。この場合において、当該事務が第二十三条第一項の条例の定めるところにより当該市町村の長が処理し又は処理することとなるものであるときは、当該協議を受けた市町村委員会は、当該市町村長に通知するとともに、その意見を踏まえて当該協議に応じなければならない。

6　市町村の長は、その議会の議決を経て、都道府県知事に対し、第一項の規定により当該都道府県委員会の権限に属する事務の一部を当該市町村が処理することとするよう要請することができる。

7　前項の規定による要請があつたときは、都道府県知事は、速やかに、当該都道府県委員会に通知するとともに、その意見を踏まえて当該市町村の長と協議しなければならない。

8　市町村の議会は、第六項の議決をする前に、当該市町村委員会の意見を聴かなければならない。ただし、第二十三条第一項の条例の定めるところにより、当該市町村委員会が、第六項の要請に係る事務の全てを管理し、及び執行しない場合は、この限りでない。

9　地方自治法第二百五十二条の十七の三並びに第二百五十二条の十七の四第一項及び第三項から第七項までの規定は、第一項の条例の定めるところにより、都道府県委員会の権限に属する事務の一部を市町村が処理する場合について準用する。この場合において、これらの規定中「規則」とあるのは「教育委員会規則」と、「都道府県知事」とあるのは「都道府県教育委員会」と、「市町村長」とあるのは「市町村教育委員会（地方教育行政の組織及び運営に関する法律（昭和三十一年法律第百六十二号）第二十三条第一項の条例の定めるところにより当該市町村の長が管理し、及び執行する事務については、市町村長）」と読み替えるものとする。

10　第二十三条第一項の条例の定めるところにより都道府県知事が管理し、及び執行する事務については、当該事務を都道府県委員会が管理し、及び執行する事務とみなして、第一項から第三項まで及び第六項から前項までの規定を適用する。この場合において、第七項中「速やかに、当該都道府県委員会に通知するとともに、その意見を踏まえて」とあるのは「速やかに、」と、前項中「これらの規定中「規則」とあるのは「教育委員会規則」と、「都道府県知事」とあるのは「都道府県教育委員会」と、」とあるのは「同条第四項中」とする。

＊平成一一法八七・全部改正

参　比較：都道府県教委の事務の市町村教委による処理＝自治法二五二の一七の二

（市町村の教育行政の体制の整備及び充実）

第五十五条の二　市町村は、近隣の市町村と協力して地域における教育の振興を図るため、地方自治法第二百五十二条の七第一項の規定による教育委員会の共同設置その他の連携を進め、地域における教育行政の体制の整備及び充実に努めるものとする。

2 文部科学大臣及び都道府県委員会は、市町村の教育行政の体制の整備及び充実に資するため、必要な助言、情報の提供その他の援助を行うよう努めなければならない。

＊平成一九法九七・追加

参 1【共同設置＝自治法二五二の七①【その他の連携の例＝法六〇 2 教基法一六、法五一【助言＝法四八①～③

第六章　雑則

（抗告訴訟等の取扱い）

第五十六条　教育委員会は、教育委員会若しくはその権限に属する事務の委任を受けた行政庁の処分（行政事件訴訟法（昭和三十七年法律第百三十九号）第三条第二項に規定する処分をいう。以下この条において同じ。）若しくは裁決（同条第三項に規定する裁決をいう。以下この条において同じ。）又は教育委員会の所管に属する学校その他の教育機関の職員の処分若しくは裁決に係る同法第十一条第一項（同法第三十八条第一項（同法第四十三条第二項において準用する場合を含む。）又は同法第四十三条第一項において準用する場合を含む。）の規定による地方公共団体を被告とする訴訟について、当該地方公共団体を代表する。

＊平成一六法八四・全部改正

（保健所との関係）

第五十七条　教育委員会は、健康診断その他学校における保健に関し、政令で定めるところにより、保健所を設置する地方公共団体の長に対し、保健所の協力を求めるものとする。

2 保健所は、学校の環境衛生の維持、保健衛生に関する資料の提供その他学校における保健に関し、政令で定めるところにより、教育委員会に助言と援助を与えるものとする。

参 法二一⑨⑩、学校法一二【保健所＝地域保健法 1【政令の定め＝令八・一〇【保健所を設置する地方公共団体＝地域保健法五、自治法一五六① 2【政令の定め＝令九・一〇

行 ●地方教育行政の組織及び運営に関する法律第五十七条の規定の施行について（初中局長通達昭三一・一一・二九文初保五〇二、厚生省公衆衛生局長通達昭三一・一一・二九衛発八二三）

第五十八条　削除（平成二六法五一）

（中核市に関する特例）

第五十九条　地方自治法第二百五十二条の二十二第一項の中核市（以下「中核市」という。）の県費負担教職員の研修は、第四十五条及び地方公務員法第三十九条第二項の規定にかかわらず、教育公務員特例法第四章の定めるところにより、当該中核市の教育委員会が行う。

2 前項の規定にかかわらず、中核市の県費負担教職員の研修は、都道府県委員会も行うことができる。

＊平成一一法八七・全部改正

参【県費負担教職員＝法三七①【中核市＝自治法二五二の二二・二五二の二四～二五二の二六の二

（組合に関する特例）

第六十条　地方公共団体が第二十一条に規定する事務の全部を処理する組合を設ける場合においては、当該組合を組織する地方公共団体には教育委員会を置かず、当該組合に教育委員会を置くものとする。

2 地方公共団体が第二十一条に規定する事務の一部を処理する組合を設ける場合において、当該組合を組織する地方公共団体のうち、第二十三条第一項の条例の定めるところにより、その自ら処理する第二十一条に規定する事務の全てをその長が管理し、及び執行することとしたものには、教育委員会を置かない。

3 第二十一条に規定する事務の一部を処理する組合のうち、第二十三条第一項の条例の定めるところにより、その処理する第二十一条に規定する事務の全てをその管理者（地方自治法第二百八十七条の三第二項の規定により管理者に代

えて理事会を置く同法第二百八十五条の一部事務組合にあつては、理事会）又は長（同法第二百九十一条の十三において準用する同法第二百八十七条の三第二項の規定により長に代えて理事会を置く広域連合にあつては、理事会。第八項及び第十項において同じ。）が管理し、及び執行するものとしたものには、教育委員会を置かない。

4　地方公共団体が第二十一条に規定する事務の全部又は一部を処理する組合を設けようとする場合において、当該地方公共団体に教育委員会が置かれているときは、当該地方公共団体の議会は、地方自治法第二百九十条又は第二百九十一条の十一の議決をする前に、当該教育委員会の意見を聴かなければならない。ただし、第二十三条第一項の条例の定めるところにより、当該地方公共団体の教育委員会が、当該組合が処理することとなる第二十一条に規定する事務を管理し、及び執行していないときは、この限りでない。

5　総務大臣又は都道府県知事は、第二十一条に規定する事務の全部又は一部を処理する地方公共団体の組合の設置について、地方自治法第二百八十四条第二項の許可の処分又は同条第二項若しくは第三項の許可の処分をする前に、総務大臣にあつては文部科学大臣、都道府県知事にあつては当該都道府県委員会の意見を聴かなければならない。ただし、第二十三条第一項の条例の定めるところにより、当該都道府県委員会が、当該組合（当該都道府県が加入しないものに限る。）が処理することとなる第二十一条に規定する事務を管理し、及び執行していないときは、都道府県委員会の意見を聴くことを要しない。

6　第二十一条に規定する事務の一部を処理する地方公共団体の組合に置かれる教育委員会の教育長又は委員は、第六条の規定にかかわらず、その組合を組織する地方公共団体の教育委員会の教育長又は委員と兼ねることができる。

7　地方自治法第二百九十一条の二第二項の条例の定めるところにより、都道府県が、都道府県委員会の権限に属する事務のうち都道府県の加入しない広域連合の事務に関連するものを当該広域連合において処理することとする場合については、同条第三項の規定にかかわらず、第五十五条第二項から第五項まで及び第九項の規定を準用する。

8　地方自治法第二百九十一条の二第五項の規定により、都道府県の加入しない広域連合の長が、都道府県に対し、当該広域連合の事務に密接に関連する都道府県委員会の権限に属する事務の一部を当該広域連合が処理することとするよう要請する場合については、第五十五条第八項の規定を準用する。この場合において、当該要請があつたときは、都道府県知事は、速やかに、当該都道府県委員会に通知しなければならない。

9　地方自治法第二百九十一条の二第二項の条例の定めるところにより、都道府県が、第二十三条第一項の条例の定めるところにより都道府県知事が管理し、及び執行する事務のうち都道府県の加入しない広域連合の事務に関連するものを当該広域連合において処理することとする場合については、同法第二百九十一条の二第三項の規定にかかわらず、第五十五条第二項、第三項及び第九項の規定を準用する。この場合において、同項中「これらの規定中「規則」とあるのは「教育委員会規則」と、「都道府県知事」とあるのは「都道府県教育委員会」と、」とあるのは、「同条第四項中」と読み替えるものとする。

10　地方自治法第二百九十一条の二第五項の規定により、都道府県の加入しない広域連合の長が、都道府県に対し、当該広域連合の事務に密接に関連する第二十三条第一項の条例の定めるところにより都道府県知事が管理し、及び執行する事務の一部を当該広域連合が処理することとするよう要請する場合については、第五十五条第八項の規定を準用する。

11　前各項に定めるもののほか、第二十一条に規定する事務の全部又は一部を処理する地方公共団体の組合の設置、解散その他の事項については、地方自治法第三編第三章の規定によるほか、政令で特別の定めをすることができる。

参　1～6【組合＝法二・三、自治法二八四①②
7～10【広域連合＝自治法二八四③・二九一

の二～二九一の一三

⑪【政令の特別の定＝令一一～一七

（中等教育学校を設置する市町村に関する特例）

第六十一条　市（指定都市を除く。以下この項において同じ。）町村の設置する中等教育学校（後期課程に定時制の課程のみを置くものを除く。以下この条において同じ。）の県費負担教職員の任免、給与（非常勤の講師にあつては、報酬、職務を行うために要する費用の弁償、期末手当及び勤勉手当の額）の決定、休職及び懲戒に関する事務は、第三十七条第一項の規定にかかわらず、当該市町村の教育委員会が行う。

2　市（指定都市及び中核市を除く。以下この条において同じ。）町村が設置する中等教育学校の県費負担教職員の研修は、第四十五条及び地方公務員法第三十九条第二項の規定にかかわらず、教育公務員特例法第四章の定めるところにより、当該市町村の教育委員会が行う。

3　前項の規定にかかわらず、市町村が設置する中等教育学校の県費負担教職員の研修は、都道府県委員会も行うことができる。

参【県費負担教職員＝法三七①【中等教育学校＝学校法一・六三～七一、同施規一〇五～一一三

（政令への委任）

第六十二条　この法律に定めるもののほか、市町村の廃置分合があつた場合及び指定都市の指定があつた場合におけるこの法律の規定の適用の特例その他この法律の施行に関し必要な事項は、政令で定める。

参【市町村の廃置分合＝自治法七【廃置分合時の特例＝令一九～二一【指定都市の指定＝自治法二五二の一九①【指定都市指定時の特例＝令二二・二三

（事務の区分）

第六十三条　都道府県が第四十八条第一項（第五十四条の二及び第五十四条の三の規定により読み替えて適用する場合を含む。）の規定により処理することとされている事務（市町村が処理する事務が地方自治法第二条第八項に規定する自治事務又は同条第九項第二号に規定する第二号法定受託事務である場合においては、第四十八条第三項（第五十四条の二及び第五十四条の三の規定により読み替えて適用する場合を含む。）に規定する文部科学大臣の指示を受けて行うものに限る。）、第五十三条第二項（第五十四条の二及び第五十四条の三の規定により読み替えて適用する場合を含む。）の規定により処理することとされている事務、第六十条第五項の規定により処理することとされている事務（都道府県委員会の意見を聴くことに係るものに限る。）並びに第五十五条第九項（同条第十項により読み替えて適用する場合並びに第六十条第七項において準用する場合及び同条第九項において読み替えて準用する場合を含む。）において準用する同法第二百五十二条の十七の三第二項及び第三項並びに第二百五十二条の十七の四第一項及び第三項の規定により処理することとされている事務は、同法第二条第九項第一号に規定する第一号法定受託事務とする。

＊平成一一法八七・追加

参【自治事務＝自治法二⑧【第一号法定受託事務＝自治法二⑨1【第二号法定受託事務＝自治法二⑨2

附　則（抄）

（施行期日）

第一条　この法律は、昭和三十一年十月一日から施行する。ただし、第二章、第五十八条第三項、第六十条第一項及び第四項並びに附則第二条から第十三条まで及び第二十五条の規定（以下「教育委員会の設置関係規定」という。）は、公布の日から施行する。

（旧法の廃止）

第二条　教育委員会法（昭和二十三年法律第百七十号。以下「旧法」という。）は、昭和三十一年九月三十日限り、廃止する。ただし、同法中教育委員会の設置関係規定に抵触することとなる部分は、同日前においても、その効力を失うものとする。

附　則（平成二六・六・二〇法七六）（抄）

（施行期日）

第一条　この法律は、平成二十七年四月一日から施行する。

ら施行する。ただし、次の各号に掲げる規定は、当該各号に定める日か

一　附則第三条及び第二十二条の規定　公布の日

二　附則第二十条の規定　この法律の公布の日又は地方公務員法及び地方独立行政法人法の一部を改正する法律（平成二十六年法律第三十四号）の公布の日のいずれか遅い日〔平成二六・六・二〇〕

三　〔略〕

（旧教育長に関する経過措置）

第二条　この法律の施行の際現に在職するこの法律による改正前の地方教育行政の組織及び運営に関する法律（以下この条において「旧法」という。）第十六条第一項の教育委員会の教育長（以下「旧教育長」という。）は、その教育委員会の委員（以下単に「委員」という。）としての任期中に限り、なお従前の例により在職するものとする。

2　前項の場合においては、この法律による改正後の地方教育行政の組織及び運営に関する法律（以下「新法」という。）第二章（第二条を除く。）、第二十五条、第二十六条、第三十四条、第三十七条、第三十八条及び第六十条第六項の規定は適用せず、旧法第二章（第二条を除く。）、第二十六条、第二十七条、第三十四条、第三十七条、第三十八条及び第六十条第六項の規定は、なおその効力を有する。この場合において、旧法第十一条第六項中「基本理念」とあるのは「基本理念及び大綱」と、「則して」とあるのは「則して、かつ、児童、生徒等の教育を受ける権利の保障に万全を期して」と、旧法第六十条第六項中「第二十三条」とあるのは「第二十一条」とする。

3　前項の場合においては、旧教育長の委員としての任期が満了する日（当該満了する日前に旧教育長が欠けた場合にあっては、当該欠けた日。附則第五条において同じ。）において旧法第十二条第一項の教育委員会の委員長である者の当該委員長としての任期は、同条第二項の規定にかかわらず、その日に満了する。

（新教育長の任命に関する経過措置）

第三条　新法第四条第一項の規定による新法第十三条第一項の教育長（附則第五条において「新教育長」という。）の任命のために必要な行為は、この法律の施行の日（以下「施行日」という。）前においても行うことができる。

（新たに任命される委員の任期の特例）

第四条　施行日から四年を経過するまでの間に任命される委員の任期は、新法第五条第一項の規定にかかわらず、当該委員の任期の満了の期日が特定の年に偏ることのないよう、一年以上四年以内で当該地方公共団体の長が定めるものとする。

（新教育長が任命されるまでの間の経過措置）

第五条　施行日（附則第二条第一項の場合にあっては、旧教育長の委員としての任期が満了する日）以後最初に新法第四条第一項の規定により新教育長が任命されるまでの間は、地方公共団体の長は、委員のうちから、新教育長の職務を行う者を指名することができる。

（政令への委任）

第二十二条　この附則に規定するもののほか、この法律の施行に関し必要な経過措置は、政令で定める。

附　則（平成二九・三・三一法五）（抄）

改正　平成二九・五・一七法二九

（施行期日）

第一条　この法律は、平成二十九年四月一日から施行する。

（学校運営協議会の在り方の検討）

第五条　政府は、この法律の施行後五年を目途として、第四条の規定による改正後の地方教育行政の組織及び運営に関する法律第四十七条の五の規定の施行の状況、学校教育を取り巻く状況の変化等を勘案し、学校運営協議会の活動の充実及び設置の促進を図る観点から、学校運営協議会の在り方について検討を加え、必要があると認めるときは、その結果に基づいて所要の措置を講ずるものとする。

附　則（令和五・五・八法一九）（抄）

（施行期日）

第一条　この法律は、令和六年四月一日から施行する。〔ただし書略〕

○刑法等の一部を改正する法律の施行に伴う関係法律の整理等に関する法律（抄）

令和四・六・一七
法 六 八

（宗教法人法等の一部改正）

第二百十五条 次に掲げる法律の規定中「禁錮」を「拘禁刑」に改める。

一 〔略〕

二 地方教育行政の組織及び運営に関する法律（昭和三十一年法律第百六十二号）第四条第三項第二号

三・四 〔略〕

附 則（抄）

（施行期日）

1 この法律は、刑法等一部改正法施行日〔令和七・六・一〕から施行する。〔ただし書略〕

○地方教育行政の組織及び運営に関する法律施行令

昭三一・六・三〇
政令二二一

最終改正 令和四・八・三一政令二八三

第一章 教育委員会の教育長及び委員

（委員の定数の増加に伴い新たに任命される委員の任期の特例）

第一条 地方公共団体が、地方教育行政の組織及び運営に関する法律（以下「法」という。）第三条ただし書の条例の定めるところにより教育委員会の委員の定数を増加する場合においては、当該定数の増加に伴い新たに任命される委員の任期は、法第五条第一項本文の規定にかかわらず、当該教育委員会の委員の任期の満了の期日が特定の年に偏ることのないよう、一年以上四年以内で当該地方公共団体の長が定めるものとする。

第二条 削除

（解職請求の手続）

第三条 地方自治法施行令（昭和二十二年政令第十六号）第九十一条から第九十八条まで及び第九十八条の三の規定は、教育委員会の教育長又は委員の解職の請求について準用する。この場合において、これらの規定中「条例制定又は改廃請求代表者」とあるのは「教育長又は委員の解職請求代表者」と、「条例制定又は改廃請求書」とあるのは「教育長又は委員の解職請求書」と、「条例制定又は改廃請求代表者証明書」とあるのは「教育長又は委員の解職請求代表者証明書」と、「条例制定又は改廃請求者署名簿」とあるのは「教育長又は委員の解職請求者署名簿」と読み替えるほか、次の表の上欄に掲げる規定の中欄に掲げる字句は、それぞれ当該下欄に掲げる字句に読み替えるものとする。

規定	読み替えられる字句	読み替える字句
第九十一条第一項	地方自治法第七十四条第一項	地方教育行政の組織及び運営に関する法律（昭和三十一年法律第百六十二号）第八条第一項
	条例の制定又は改廃の請求	教育委員会の教育長又は委員の解職の請求
第九十二条第一項及び第二項	条例制定若しくは改廃請求書	教育長若しくは委員の解職請求書
	条例制定若しくは改廃請求代表者証明書	教育長若しくは委員の解職請求代表者証明書
第九十四条第一項	五十分の一	三分の一（その総数が四十万を超え八十万以下の場合にあつてはその四十万を超える数に六分の一を乗じて得た数と四十万に三分の一を乗じて得た数とを合算して得た数、その総数が八十万を超える場合にあつてはその八十万を超える数に八分の一を乗じて得た数と四十万に六分の一を乗じ

		て得た数と四十万に三分の一を乗じて得た数とを合算して得た数）
第九十六条第一項	地方自治法第七十四条第一項の規定による請求は、同法	地方教育行政の組織及び運営に関する法律第八条第一項の規定による請求は、地方自治法
	条例制定若しくは改廃請求代表者	教育長若しくは委員の解職請求代表者
	五十分の一	三分の一（その総数が四十万を超え八十万以下の場合にあつてはその四十万を超える数に六分の一を乗じて得た数と四十万に三分の一を乗じて得た数とを合算して得た数、その総数が八十万を超える場合にあつてはその八十万を超える数に八分の一を乗じて得た数と四十万に六分の一を乗じて得た数と四十万に三分の一を乗じて得た数とを合算して得た数）
第九十七条第一項	五十分の一	三分の一（その総数が四十万を超え八十万以下の場合にあつてはその四十万を超える数に六分の一を乗じて得た数と四十万に三分の一を乗じて得た数とを合算して得た数、その総数が八十万を超える場合にあつてはその八十万を超える数に八分の一を乗じて得た数と四十万に六分の一を乗じて得た数と四十万に三分の一を乗じて得た数とを合算して得た数）

2　教育長又は委員の解職請求書、教育長又は委員の解職請求代表者証明書、教育長又は委員の解職請求署名簿、教育長又は委員の解職請求署名収集委任状、教育長又は委員の解職請求署名審査録及び教育長又は委員の解職請求署名収集証明書は、地方自治法施行令第九十八条の四の規定に基づく命令で定める様式に準じて作成しなければならない。

第二章　事務局職員

（指導主事）

第四条　教育委員会は、法第十八条第四項後段の規定により指導主事に大学以外の公立学校（地方公共団体が設置する学校をいう。以下同じ。）の教員（教育公務員特例法（昭和二十四年法律第一号）第二条第二項に規定する教員をいう。以下同じ。）をもつて充てようとする場合において、当該教員が他の教育委員会（就学前の子どもに関する教育、保育等の総合的な提供の推進に関する法律（平成十八年法律第七十七号）第二条第七項に規定する幼保連携型認定こども園の教員にあつては、当該教員が属する地方公共団体の長）の任命に係る者であるときは、当該任命権者の同意を得なければならない。

2　都道府県に置かれる教育委員会（以下「都道府県委員会」という。）が法第三十七条第一項に規定する県費負担教職員（以下「県費負担教職員」という。）である教員を指導主事に充てようとする場合においては、当該教員が属する市（特別区を含む。以下同じ。）町村の教育委員会の同意を得なければならない。

第五条　法第十八条第四項後段の規定により指導主事に充てられた教員は、その充てられた期間中、当該公立学校の教員の職を保有するが、教員の職務に従事しない。

（職員の職の設置）

第六条　法令に特別の定があるものを除き、教育委員会の事務局に置かれる職員の職の設置については、教育委員会規則で定める。

第三章　県費負担教職員に対する地方公務員法の適用

（地方公務員法の技術的読替え）

第七条　法第四十七条第一項に定めるもののほか、県費負担教職員に対して地方公務員法（昭和二十五年法律第二百六十一号）の規定を適用する場合においては、同法中次の表の上欄に掲げる規定の中欄に掲げる字句は、それぞれ当該下欄に掲げる字句とする。

規定	読み替えられる字句	読み替える字句
第五条第一項及び第十四条	地方公共団体	都道府県及び市町村
第十七条第二項	人事委員会（競争試験等を行う公平委員会を含む。以下この節において同じ。）を置く地方公共	都道府県の人事委員会

	団体においては、人事委員会	公共団体の人事委員会は
第十七条の二第一項	人事委員会を置く地方公共団体	任命権者の属する地方公共団体に人事委員会が置かれている場合
第十七条の二第一項ただし書	人事委員会規則（競争試験等を行う公平委員会を置く地方公共団体においては、公平委員会規則。以下この節において同じ。）	任命権者の属する地方公共団体の人事委員会規則
第十七条の二第二項	人事委員会を置かない地方公共団体	任命権者の属する地方公共団体に人事委員会が置かれていない場合
第十七条の二第三項	人事委員会（人事委員会を置かない地方公共団体	任命権者の属する地方公共団体の人事委員会（任命権者の属する地方公共団体に人事委員会が置かれていない場合
第二十一条第一項	人事委員会を置く地方公共団体における採用試験	採用試験
	人事委員会は	任命権者の属する地方公共団体の人事委員会は
第二十一条第三項	人事委員会	任命権者の属する地方公共団体の人事委員会
第二十一条第四項	人事委員会規則	任命権者の属する地方公共団体の人事委員会規則
	人事委員会は	任命権者の属する地方公共団体の人事委員会は
第二十一条第五項	人事委員会規則	任命権者の属する地方公共団体の人事委員会規則
第二十一条の四第一項	人事委員会規則	任命権者の属する地方公共団体の人事委員会規則
	人事委員会を置かない地方公共団体	任命権者の属する地方公共団体に人事委員会が置かれていない場合
第二十一条の四第二項	人事委員会は	任命権者の属する地方公共団体の人事委員会は
第二十二条	人事委員会規則（人事委員会を置かない地方公共団体	任命権者の属する地方公共団体の人事委員会規則（任命権者の属する地方公共団体に人事委員会が置かれていない場合
	地方公共団体の	任命権者の属する地方公共団体の
第二十二条の三第一項	人事委員会を置く地方公共団体	任命権者の属する地方公共団体に人事委員会が置かれている場合
	人事委員会規則	任命権者の属する地方公共団体の人事委員会規則
	人事委員会の	任命権者の属する地方公共団体の人事委員会の
第二十二条の三第二項及び第三項	人事委員会	任命権者の属する地方公共団体の人事委員会
第二十二条の三第四項	人事委員会を置かない地方公共団体	任命権者の属する地方公共団体に人事委員会が置かれていない場合
	地方公共団体の	任命権者の属する地方公共団体の
第二十三条の二第二項	任命権者	都道府県教育委員会
第二十三条の二第三項	任命権者が地方公共団体の長及	都道府県教育委員会

	び議会の議長以外の者であるとき	
	地方公共団体の長に	都道府県知事に
第二十三条の四	人事委員会	都道府県の人事委員会
	任命権者	都道府県教育委員会
第二十六条	人事委員会	都道府県の人事委員会
	地方公共団体の議会及び長	都道府県の議会及び知事
第三十九条第四項	人事委員会	研修実施者（教育公務員特例法（昭和二十四年法律第一号）第二十条第一項に規定する研修実施者をいう。以下この項において同じ。）の属する地方公共団体の人事委員会
	任命権者	研修実施者
第四十六条、第四十九条第四項、第四十九条の二第一項及び第五十一条の二	人事委員会	任命権者の属する地方公共団体の人事委員会

第五十八条の三第一項	任命権者	都道府県教育委員会
	地方公共団体の長	都道府県知事
第五十八条の三第二項	地方公共団体の長	都道府県知事
附則第二十項	人事委員会規則	任命権者の属する地方公共団体の人事委員会規則

第三章の二　共同学校事務室

（法第四十七条の四第一項の政令で定める事務）

第七条の二　法第四十七条の四第一項の政令で定める事務は、次に掲げるものとする。

一　当該共同学校事務室がその事務を共同処理する学校（以下「対象学校」という。）において使用する教材、教具その他の備品の共同購入に関する事務

二　対象学校の教職員の給与及び旅費の支給に関する事務

三　前二号に掲げるもののほか、対象学校の運営の状況又は当該対象学校の所在する地域の状況に照らして、共同学校事務室において共同処理することが当該事務の効果的な処理に資するものとして教育委員会規則で定める事務

（共同学校事務室の室長及び職員）

第七条の三　市町村の教育委員会は、法第四十七条の四第四項の規定により共同学校事務室の室長及び職員に対象学校の事務職員をもつて充てようとする場合において、当該事務職員が県費負担教職員であるときは、その任命権者の同意を得なければならない。同項ただし書に規定する場合において、当該事務職員以外の者をもつて室長に充てるときも、同様とする。

第四章　教育委員会と保健所との関係

（保健所の協力を求める事項）

第八条　法第五十七条第一項の規定により教育委員会が地方公共団体の長に対し保健所の協力を求める事項は、次のとおりとする。

一　学校（学校教育法（昭和二十二年法律第二十六号）第一条に規定する学校をいう。以下同じ。）の職員に対し、衛生思想の普及及び向上に関し、指導を行うこと。

二　学校における保健に関し、エックス線検査その他文部科学大臣と厚生労働大臣とが協議して定める試験又は検査を行うこと。

三　修学旅行、校外実習その他学校以外の場所で行う教育において、学校の生徒、児童又は幼児の用に供する施設及び設備並びに食品の衛生に関すること。

（保健所が助言又は援助を与える事項）

第九条　法第五十七条第二項の規定により保健所が教育委員会に助言を与える事項は、次のとおりとする。

一　飲料水及び用水並びに給水施設の衛生に関すること。

二　汚物の処理及びその施設並びに下水の衛生に関すること。

三　ねずみ族及びこん虫の駆除に関すること。

四　食品並びにその調理、貯蔵、摂取等の用に供される施設及び設備の衛生に関すること。

五　前各号に掲げるもののほか、校地、校舎及び寄宿舎並びにこれらの附属設備の衛生に関すること。

2　前項各号に掲げる事項について、教育委員会に助言を与えるため必要があるときは、保健所は、文部科学大臣が厚生労働大臣と協議して定めるところにより、学校におけるその状況を調査することができる。

3　法第五十七条第二項の規定により保健所が教育委員会に援助を与える事項は、次のとおりとする。

一　学校給食に関し、参考資料を提供し、又は技術援助を供

与すること。

二　感染症又は中毒事故の発生に関する情報を提供すること。

三　保健衛生に関する参考資料を貸与し、又は提供すること。

四　保健衛生に関する講習会、講演会その他の催しに学校の職員の参加の機会を供与すること。

（細目）

第十条　この章に定めるもののほか、法第五十七条の規定による教育委員会に対する保健所の協力又は助言若しくは援助に関し必要な事項は、文部科学大臣と厚生労働大臣とが協議して定める。

第五章　教育組合

（文部科学大臣又は都道府県委員会の意見の聴取）

第十一条　総務大臣又は都道府県知事は、法第二十一条に規定する事務の全部又は一部を処理する地方公共団体の組合（以下「教育組合」という。）について地方自治法（昭和二十二年法律第六十七号）第二百八十六条第一項の規定又は同項、第二百九十一条の三第一項若しくは第二百九十一条の十第一項の規定により許可の処分をする場合においては、あらかじめ、総務大臣にあつては文部科学大臣、都道府県知事にあつては当該都道府県委員会の意見を聴かなければならない。ただし、法第二十三条第一項の条例の定めるところにより、当該都道府県委員会が、当該教育組合（当該都道府県が加入しないものに限る。）が処理し又は処理することとなる法第二十一条に規定する事務の全てを管理し、及び執行しないこととされているときは、当該都道府県委員会の意見を聴くことを要しない。

（関係地方公共団体の教育委員会の意見の聴取）

第十二条　教育組合のうち法第二十一条に規定する事務の一部を処理するものについて関係地方公共団体が地方自治法第二百八十六条若しくは第二百八十八条の協議又は同法第二百九十一条の三第一項若しくは第三項若しくは第二百九十一条の十第一項の協議を行う場合においては、当該関係地方公共団体の議会は、同法第二百九十条又は第二百九十一条の十一の議決をする前に、当該関係地方公共団体の教育委員会の意見を聴かなければならない。ただし、法第二十三条第一項の条例の定めるところにより、当該関係地方公共団体の教育委員会が、当該教育組合が処理し又は処理することとなる法第二十一条に規定する事務の全てを管理し、及び執行しないこととされているときは、この限りでない。

（解散の届出）

第十三条　教育組合のうち地方自治法第二百八十四条第一項の一部事務組合（次条第二項及び第十五条において「一部事務組合」という。）であるものを解散しようとするときは、同法第二百八十八条の規定により総務大臣又は都道府県知事に届出をするほか、総務大臣に届出をする場合にあつては文部科学大臣、都道府県知事に届出をする場合にあつては都道府県委員会に届出をしなければならない。ただし、法第二十三条第一項の条例の定めるところにより、当該都道府県委員会が、当該教育組合（当該都道府県が加入しないものに限る。）が処理する法第二十一条に規定する事務を管理し、及び執行しないこととされているときは、当該都道府県委員会に届出をすることを要しない。

（教育組合の教育長及び委員の任命資格に関する特例等）

第十四条　教育組合（選挙人の投票によりその管理者又は長（地方自治法第二百九十一条の十三において準用する同法第二百八十七条の三第二項の規定により長に代えて理事会を置く広域連合にあつては、理事）を選挙するものを除く。以下この項において「長を公選としない教育組合」という。）の教育委員会の教育長及び委員の任命資格に関する法第四条第一項及び第二項並びに第九条第一項第二号及び第二項の規定の適用については、これらの規定中「地方公共団体の長の」とあるのは、都道府県の加入する長を公選としない教育組合にあつては「地方公共団体の組合を組織する都道府県の知事の」と、都道府県の加入しない長を公選としない教育組合にあつては「地方公共団体の組合を組織する市町村の長の」とする。

2　法第九条第二項において準用する地方自治法第百四十三条第一項後段の規定により地方公共団体の選挙管理委員会が処理するものとされている事務は、教育組合のうち一部事務組合であるもの（選挙人の投票によりその管理者を選挙するものを除く。）にあつては、当該教育組合の規約で定める地方公共団体（都道府県の加入する教育組合にあつては、都道府県に限る。）の選挙管理委員会が処理するものとする。この場合において、関係地方公共団体の選挙管理委員会は、これに協力しなければならない。

（教育組合の教育長又は委員の解職請求に関する特例）

第十五条　教育組合の教育委員会の教育長又は委員の解職の請求に関する法第八条第一項の規定の適用については、同項中「地方公共団体の長の選挙権を有する者」とあるのは、「地方公共団体の組合を組織する地方公共団体の長の選挙権を有する者（当該組合が地方自治法第二百八十四条第一項の広域連合である場合にあつては、当該広域連合の区域内に住所を有する者に限る。）」とする。

2　教育組合のうち一部事務組合であるもの（選挙管理委員会を置くものに限る。）又は教育組合のうち地方自治法第二百八十四条第一項の広域連合であるものの教育委員会の教育長又は委員の解職の請求について、法第八条第二項の規定により地方自治法第八十六条第四項前段の規定を準用する場合においては、同項前段中「第七十四条の二」とあるのは「第七十四条の二（第八項を除く。）」と、「準用する。」とあるのは「準用する。この場合において、第七十四条第六項第一号中「に係る」とあるのは「の加入する地方公共団体の組合に係る」と、「の他の市町村の区域内」とあるのは「の他の市町村の区域内（当該組合が広域連合である場合にあつては、当該広域連合の区域内に限る。以下この号において同じ。）」と、同項第三号中「普通地方公共団体（当該普通地方公共団体が、都道府県である場合には当該都道府県」とあるのは「地方公共団体の組合（当該組合」と、「（以下この号において「指定都市」という。）の区及び総合区を含み、指定都市である場合には当該市の区及び総合区を含む」とあるのは「の区及び総合区を含む」と、第七十四条の二第七項及び第十項中「都道府県の選挙管理委員会」とあるのは「地方公共団体の組合の選挙管理委員会」と読み替えるものとする。

3　教育組合のうち一部事務組合であるもの（選挙管理委員会を置くものを除く。）の教育委員会の教育長又は委員の解職の請求について、法第八条第二項の規定により地方自治法第八十六条第四項前段の規定を準用する場合においては、同項前段中「第七十四条の二」とあるのは「第七十四条の二（第七項を除く。）」と、「準用する。」とあるのは「準用する。この場合において、第七十四条第六項第一号中「に係る」とあるのは「の加入する一部事務組合に係る」と、同項第三号中「普通地方公共団体（当該普通地方公共団体が、都道府県である場合には当該都道府県」とあるのは「一部事務組合」と、「（以下この号において「指定都市」という。）の区及び総合区を含み、指定都市である場合には当該市の区及び総合区を含む。）」とあるのは「の区及び総合区」と読み替えるものとする。」と読み替えるものとする。

4　第三条第一項の規定により、教育組合の教育委員会の教育長又は委員の解職の請求について地方自治法施行令第九十二条第三項、第九十三条、第九十三条の二第一項、第九十四条第一項、第九十六条第一項及び第九十七条第二項の規定を準用する場合においては、当該教育組合は、都道府県とみなす。

5　第三条第一項の規定にかかわらず、教育組合の教育委員会の教育長又は委員の解職の請求については、地方自治法施行令第九十八条の三第一項の規定は、準用しない。

（教育組合に都道府県等が加入した場合における県費負担教職員に対する処分の効力等）

第十六条　市（地方自治法第二百五十二条の十九第一項の指定都市（以下「指定都市」という。）を除く。以下この条において同じ。）町村のみが加入する教育組合に新たに都道府県又は指定都市が加入した場合においては、都道府県委員会が当該加入に係る教育組合の県費負担教職員に対し行つた任免、給与の決定、休職又は懲戒の処分で当該加入の日において現に効力を有するものは、同日以後においては、当該加入に係る教育組合の教育委員会が行つた処分とみなす。

2　市町村のみが加入する教育組合に新たに都道府県が加入した場合においては、当該加入に係る教育組合の職員であつて当該加入の日前において県費負担教職員（中等教育学校（後期課程に定時制の課程（学校教育法第四条第一項に規定する定時制の課程をいう。）のみを置くものを除く。以下この条及び第二十三条において同じ。）の職員であるものを除く。）であつた者に対し、同日前の事案について同日以後に当該加入に係る教育組合の教育委員会が懲戒処分を行うときは、従前の例により行うものとする。

3　都道府県が教育組合を脱退して当該教育組合が市町村のみが加入するものとなつた場合においては、当該教育組合の教育委員会が当該教育組合の職員であつて当該脱退により県費負担教職員となることとなる者に対し行つた任免、給与の決定、休職又は懲戒の処分で当該脱退の日において現に効力を有するものは、同日以後においては、都道府県委員会が行つた処分とみなす。

4　前項に規定する場合においては、当該教育組合の職員であつて当該脱退により県費負担教職員となつた者に対し、当該脱退の日前の事案について同日以後に都道府県委員会が懲戒処分を行うときは、従前の例により行うものとする。

5　指定都市が教育組合（都道府県が加入するものを除く。）を脱退して当該教育組合が市町村のみが加入するものとなつた場合においては、当該教育組合の教育委員会が当該教育組合の県費負担教職員に対し行つた任免、給与の決定、休職又は懲戒の処分で当該脱退の日において現に効力を有するものは、同日以後においては、都道府県委員会が行つた処分とみなす。

6　第一項、第三項又は前項の処分に期間が付されているときは、当該期間は、当該処分が行われた日（起算日が別に定められている処分については、当該起算日）から起算するものとする。

（教育組合に都道府県等が加入した場合等における不利益処分に関する経過措置）

第十七条　前条第一項、第三項又は第五項に規定する場合においては、当該各項に規定する職員に対し当該各項の都道府県又は指定都市の加入又は脱退の日前に行われた不利益処分に関する説明書の交付、審査請求、審査及び審査の結果執るべき措置に関しては、なお従前の例による。

（最初に任命される委員の任期）

第十八条　教育組合の設置後最初に任命される教育委員会の委員の任期は、法第五条第一項本文の規定にかかわらず、その定数が四人の場合にあつては、一人は四年、一人は三年、一人は二年、一人は一年とし、法第三条ただし書の条例の定めるところによりその定数を五人以上とする場合にあつては、次の各号に掲げる数（その数に一未満の端数があるときは、これを一に切り上げるものとする。）に相当する人数について、それぞれ当該各号に定める年数とし、同条ただし書の条例の定めるところによりその定数を三人とする場合にあつては、一人は四年、一人は三年、一人は二年とし、同条ただし書の条例の定めるところによりその定数を二人とする場合にあつては、一人は四年、一人は二年とする。この場合において、各委員の任期は、当該教育組合の管理者又は長（地方自治法第二百八十七条の三第二項（同法第二百九十一条の十三において準用する場合を含む。）の規定により管理者又は長に代えて理事会を置く教育組合にあつては、理事会）が定める。

一　委員の定数に四分の一を乗じて得た数　四年

二　委員の定数から二を減じて得た数に四分の一を乗じて得た数　三年

三　委員の定数から一を減じて得た数に四分の一を乗じて得た数　二年

四　委員の定数から三を減じて得た数に四分の一を乗じて得た数　一年

第六章　市町村の廃置分合があつた場合における特例

（最初の教育長及び委員の選任等）

第十九条　市町村の設置があつた場合においては、法第四条第一項及び第四項の規定にかかわらず、地方自治法施行令第一条の二の規定による市町村の長の職務を行う者（次項において「市町村長職務執行者」という。）が、従来その地域の属していた市町村の教育委員会の教育長であつた者で当該新たに設置された市町村の設置に伴い教育長の職を失うこととなつたもののうちから、当該市町村の教育委員会の教育長を臨時に選任するものとし、当該市町村において選任することができる者がいないときは、教育長を当該市町村の長の被選挙権を有する者のうちから選任するものとする。

2　市町村の設置があつた場合においては、法第四条第二項、第四項及び第五項の規定にかかわらず、市町村長職務執行者が、従来その地域の属していた市町村の教育委員会の委員であつた者で当該新たに設置された市町村の設置に伴い委員の職を失うこととなつたもののうちから、当該市町村の教育委員会の委員を臨時に選任するものとし、当該市町村において選任することができる者の数が当該市町村の教育委員会の委員の定数に満たないときは、その不足する数の委員を当該市町村の長の被選挙権を有する者のうちから選任するものとする。

3　第一項の規定により選任された教育長及び前項の規定により選任された委員は、法第五条の規定にかかわらず、当該市町村の設置後最初に行われる市町村の長の選挙後最初に招集される議会の会期の末日まで在任するものとする。

（最初に任命される委員の任期）

第二十条　市町村の設置後最初に法第四条（第一項を除く。）の規定により任命される教育委員会の委員の任期については、第十八条（後段を除く。）の規定を準用する。この場合において、各委員の任期は、当該市町村の長が定める。

（事務引継）

第二十一条　市町村の設置があつた場合においては、従前当該市町村の地域が属していた関係市町村の教育委員会（関係市町村の教育委員会がなくなつた場合にあつては、その教育長であつた者。以下次項において同じ。）は、当該教育委員会の管理し、及び執行していた事務で当該新たに設置された市町村に係るものを、二十日以内に当該市町村の教育委員会に引き継がなければならない。

2　前項の規定による事務の引継の場合においては、当該関係市町村の教育委員会は、書類、帳簿及び財産目録を作成し、処分未了若しくは未着手の事項又は将来企画すべき事項については、その処理の順序及び方法並びにこれらの事項に対する意見を記載しなければならない。

3　前二項に定めるもののほか、市町村の設置があつた場合における教育委員会の事務の引継に関し必要な事項は、都道府県委員会が定める。

第七章　指定都市の指定があつた場合における特例

（県費負担教職員に対する処分の効力）

第二十二条　指定都市の指定があつた場合においては、都道府県委員会が当該指定に係る市の県費負担教職員に対し行つた任免、給与の決定、休職又は懲戒の処分で当該指定の日（以下この条及び次条において「指定日」という。）において現に効力を有するものは、指定日以後においては、当該指定都市の教育委員会が行つた処分とみなす。この場合において、当該処分に期間が付されているときは、当該期間は、当該処分が行われた日（起算日が別に定められている処分については、当該起算日）から起算するものとする。

（不利益処分に関する経過措置）

第二十三条　指定都市の指定があつた場合においては、指定日前に当該指定に係る市の県費負担教職員に対し行われた不利益処分に関する説明書の交付、審査請求、審査及び審査の結果執るべき措置に関しては、なお従前の例による。

第八章　雑則

（事務の区分）

第二十四条　第十一条の規定により都道府県が処理することとされている事務は、地方自治法第二条第九項第一号に規定する第一号法定受託事務とする。

附　則（抄）

（施行期日）

第一条　この政令は、昭和三十一年十月一日から施行する。ただし、第一章、第二章、第五章及び第六章並びに附則（第九条を除く。）の規定は、公布の日から施行する。

（教育委員会法施行令の廃止）

第二条　教育委員会法施行令（昭和二十三年政令第二百三十九号）は、昭和三十一年九月三十日限り廃止する。ただし、同令第一章及び第三章の規定は、この政令の公布の日から失効する。

〇地方自治法（抄）

昭二二・四・一七
法　　六　　七

最終改正　令和五・一一・二四法七三

第一編　総則

〔この法律の目的〕

第一条　この法律は、地方自治の本旨に基いて、地方公共団体の区分並びに地方公共団体の組織及び運営に関する事項の大綱を定め、併せて国と地方公共団体との間の基本的関係を確立することにより、地方公共団体における民主的にして能率的な行政の確保を図るとともに、地方公共団体の健全な発達を保障することを目的とする。

〔地方公共団体の役割と国の配慮〕

第一条の二　地方公共団体は、住民の福祉の増進を図ることを基本として、地域における行政を自主的かつ総合的に実施する役割を広く担うものとする。

② 国は、前項の規定の趣旨を達成するため、国においては国際社会における国家としての存立にかかわる事務、全国的に統一して定めることが望ましい国民の諸活動若しくは地方自治に関する基本的な準則に関する事務又は全国的な規模で若しくは全国的な視点に立つて行わなければならない施策及び事業の実施その他の国が本来果たすべき役割を重点的に担い、住民に身近な行政はできる限り地方公共団体にゆだねることを基本として、地方公共団体との間で適切に役割を分担するとともに、地方公共団体に関する制度の策定及び施策の実施に当たつて、地方公共団体の自主性及び自立性が十分に発揮されるようにしなければならない。

〔地方公共団体の種類〕

第一条の三　地方公共団体は、普通地方公共団体及び特別地方公共団体とする。

② 普通地方公共団体は、都道府県及び市町村とする。

③ 特別地方公共団体は、特別区、地方公共団体の組合及び財産区とする。

〔地方公共団体の法人格とその事務〕

第二条　地方公共団体は、法人とする。

② 普通地方公共団体は、地域における事務及びその他の事務で法律又はこれに基づく政令により処理することとされるものを処理する。

③ 市町村は、基礎的な地方公共団体として、第五項において都道府県が処理するものとされているものを除き、一般的に、前項の事務を処理するものとする。

④ 市町村は、前項の規定にかかわらず、次項に規定する事務のうち、その規模又は性質において一般の市町村が処理することが適当でないと認められるものについては、当該市町村の規模及び能力に応じて、これを処理することができる。

⑤ 都道府県は、市町村を包括する広域の地方公共団体として、第二項の事務で、広域にわたるもの、市町村に関する連絡調整に関するもの及びその規模又は性質において一般の市町村が処理することが適当でないと認められるものを処理するものとする。

⑥ 都道府県及び市町村は、その事務を処理するに当つては、相互に競合しないようにしなければならない。

⑦ 特別地方公共団体は、この法律の定めるところにより、その事務を処理する。

⑧ この法律において「自治事務」とは、地方公共団体が処理する事務のうち、法定受託事務以外のものをいう。

⑨ この法律において「法定受託事務」とは、次に掲げる事務をいう。

一　法律又はこれに基づく政令により都道府県、市町村又は特別区が処理することとされる事務のうち、国が本来果たすべき役割に係るものであつて、国においてその適正な処理を特に確保する必要があるものとして法律又はこれに基づく政令に特に定めるもの（以下「第一号法定受託事務」という。）

二　法律又はこれに基づく政令により市町村又は特別区が処理することとされる事務のうち、都道府県が本来果たすべき役割に係るものであつて、都道府県においてその適正な処理を特に確保する必要があるものとして法律又はこれに基づく政令に特に定めるもの（以下「第二号法定受託事務」という。）

⑩ この法律又はこれに基づく政令に規定するもののほか、法律に定める法定受託事務は第一号法定受託事務にあつては別表第一の上欄に掲げる法律についてそれぞれ同表の下欄に、第二号法定受託事務にあつては別表第二の上欄に掲げる法律についてそれぞれ同表の下欄に掲げるとおりであり、政令に定める法定受託事務はこの法律に基づく政令に示すとおりである。

⑪ 地方公共団体に関する法令の規定は、地方自治の本旨に基づき、かつ、国と地方公共団体との適切な役割分担を踏まえたものでなければならない。

⑫ 地方公共団体に関する法令の規定は、地方自治の本旨に基づいて、かつ、国と地方公共団体との適切な役割分担を踏まえて、これを解釈し、及び運用するようにしなければならない。この場合において、特別地方公共団体に関する法令の規定は、この法律に定める特別地方公共団体の特性にも照応するように、これを解釈し、及び運用しなければならない。

⑬ 法律又はこれに基づく政令により地方公共団体が処理することとされる事務が自治事務である場合においては、国は、地方公共団体が地域の特性に応じて当該事務を処理することができるよう特に配慮しなければならない。

⑭ 地方公共団体は、その事務を処理するに当つては、住民の福祉の増進に努めるとともに、最少の経費で最大の効果を挙げるようにしなければならない。

⑮ 地方公共団体は、常にその組織及び運営の合理化に努めるとともに、他の地方公共団体に協力を求めてその規模の適正化を図らなければならない。

⑯ 地方公共団体は、法令に違反してその事務を処理してはならない。なお、市町村及び特別区は、当該都道府県の条例に

違反してその事務を処理してはならない。

⑰ 前項の規定に違反して行つた地方公共団体の行為は、これを無効とする。

〔地方公共団体の名称〕

第三条 地方公共団体の名称は、従来の名称による。

②～⑦ 〔略〕

〔地方公共団体の事務所の設定又は変更〕

第四条 地方公共団体は、その事務所の位置を定め又はこれを変更しようとするときは、条例でこれを定めなければならない。

② 前項の事務所の位置を定め又はこれを変更するに当つては、住民の利用に最も便利であるように、交通の事情、他の官公署との関係等について適当な考慮を払わなければならない。

③ 第一項の条例を制定し又は改廃しようとするときは、当該地方公共団体の議会において出席議員の三分の二以上の者の同意がなければならない。

〔地方公共団体の休日〕

第四条の二 地方公共団体の休日は、条例で定める。

② 前項の地方公共団体の休日は、次に掲げる日について定めるものとする。

一 日曜日及び土曜日

二 国民の祝日に関する法律（昭和二十三年法律第百七十八号）に規定する休日

三 年末又は年始における日で条例で定めるもの

③ 前項各号に掲げる日のほか、当該地方公共団体において特別な歴史的、社会的意義を有し、住民がこぞつて記念することが定着している日で、当該地方公共団体の休日とすることについて広く国民の理解を得られるようなものは、第一項の地方公共団体の休日として定めることができる。この場合においては、当該地方公共団体の長は、あらかじめ総務大臣に協議しなければならない。

④ 〔略〕

第二編 普通地方公共団体

第一章 通則

〔区域〕

第五条 普通地方公共団体の区域は、従来の区域による。

② 都道府県は、市町村を包括する。

第六条・第六条の二 〔略〕

〔市町村の廃置分合及び境界変更〕

第七条 市町村の廃置分合又は市町村の境界変更は、関係市町村の申請に基き、都道府県知事が当該都道府県の議会の議決を経てこれを定め、直ちにその旨を総務大臣に届け出なければならない。

② 前項の規定により市の廃置分合をしようとするときは、都道府県知事は、あらかじめ総務大臣に協議し、その同意を得なければならない。

③～⑧ 〔略〕

第七条の二 〔略〕

〔市及び町の要件・市町村相互間の変更〕

第八条 市となるべき普通地方公共団体は、左に掲げる要件を具えていなければならない。

一 人口五万以上を有すること。

二 当該普通地方公共団体の中心の市街地を形成している区域内に在る戸数が、全戸数の六割以上であること。

三 商工業その他の都市的業態に従事する者及びその者と同一世帯に属する者の数が、全人口の六割以上であること。

四 前各号に定めるものの外、当該都道府県の条例で定める都市的施設その他の都市としての要件を具えていること。

② 町となるべき普通地方公共団体は、当該都道府県の条例で定める町としての要件を具えていなければならない。

③ 町村を市とし又は市を町村とする処分は第七条第一項、第二項及び第六項から第八項までの例により、村を町とし又は町を村とする処分は同条第一項及び第六項から第八項までの例により、これを行うものとする。

〔市町村の適正規模の勧告〕

第八条の二 都道府県知事は、市町村が第二条第十五項の規定によりその規模の適正化を図るのを援助するため、市町村の廃置分合又は市町村の境界変更の計画を定め、これを関係市町村に勧告することができる。

② 前項の計画を定め又はこれを変更しようとするときは、都道府県知事は、関係市町村、当該都道府県の議会、当該都道府県の区域内の市町村の議会又は長の連合組織その他の関係のある機関及び学識経験を有する者等の意見を聴かなければならない。

③ 前項の関係市町村の意見については、当該市町村の議会の議決を経なければならない。

④～⑥ 〔略〕

第九条～第九条の五 〔略〕

第二章 住民

〔住民の意義及び権利義務〕

第十条 市町村の区域内に住所を有する者は、当該市町村及びこれを包括する都道府県の住民とする。

② 住民は、法律の定めるところにより、その属する普通地方公共団体の役務の提供をひとしく受ける権利を有し、その負担を分任する義務を負う。

〔住民の選挙権〕

第十一条 日本国民たる普通地方公共団体の住民は、この法律の定めるところにより、その属する普通地方公共団体の選挙に参与する権利を有する。

〔条例の制定改廃請求権及び事務の監査請求権〕

第十二条 日本国民たる普通地方公共団体の住民は、この法律の定めるところにより、その属する普通地方公共団体の条例（地方税の賦課徴収並びに分担金、使用料及び手数料の徴収に関するものを除く。）の制定又は改廃を請求する権利を有する。

② 日本国民たる普通地方公共団体の住民は、この法律の定めるところにより、その属する普通地方公共団体の事務の監査

を請求する権利を有する。

〔議会の解散請求権及び主要公務員の解職請求権〕

第十三条　日本国民たる普通地方公共団体の住民は、この法律の定めるところにより、その属する普通地方公共団体の議会の解散を請求する権利を有する。

② 日本国民たる普通地方公共団体の住民は、この法律の定めるところにより、その属する普通地方公共団体の議会の議員、長、副知事若しくは副市町村長、第二百五十二条の十九第一項に規定する指定都市の総合区長、選挙管理委員若しくは監査委員又は公安委員会の委員の解職を請求する権利を有する。

③ 日本国民たる普通地方公共団体の住民は、法律の定めるところにより、その属する普通地方公共団体の教育委員会の教育長又は委員の解職を請求する権利を有する。

〔住民基本台帳〕

第十三条の二　市町村は、別に法律の定めるところにより、その住民につき、住民たる地位に関する正確な記録を常に整備しておかなければならない。

第三章　条例及び規則

〔条例の制定及び罰則の委任〕

第十四条　普通地方公共団体は、法令に違反しない限りにおいて第二条第二項の事務に関し、条例を制定することができる。

② 普通地方公共団体は、義務を課し、又は権利を制限するには、法令に特別の定めがある場合を除くほか、条例によらなければならない。

③ 普通地方公共団体は、法令に特別の定めがあるものを除くほか、その条例中に、条例に違反した者に対し、二年以下の懲役若しくは禁錮、百万円以下の罰金、拘留、科料若しくは没収の刑又は五万円以下の過料を科する旨の規定を設けることができる。

〔規則〕

第十五条　普通地方公共団体の長は、法令に違反しない限りにおいて、その権限に属する事務に関し、規則を制定することができる。

② 普通地方公共団体の長は、法令に特別の定めがあるものを除くほか、普通地方公共団体の規則中に、規則に違反した者に対し、五万円以下の過料を科する旨の規定を設けることができる。

〔条例・規則等の公布〕

第十六条　普通地方公共団体の議会の議長は、条例の制定又は改廃の議決があつたときは、その日から三日以内にこれを当該普通地方公共団体の長に送付しなければならない。

② 普通地方公共団体の長は、前項の規定により条例の送付を受けた場合は、その日から二十日以内にこれを公布しなければならない。ただし、再議その他の措置を講じた場合は、この限りでない。

③ 条例は、条例に特別の定があるものを除く外、公布の日から起算して十日を経過した日から、これを施行する。

④ 当該普通地方公共団体の長の署名、施行期日の特例その他条例の公布に関し必要な事項は、条例でこれを定めなければならない。

⑤ 前二項の規定は、普通地方公共団体の規則並びにその機関の定める規則及びその他の規程で公表を要するものにこれを準用する。但し、法令又は条例に特別の定があるときは、この限りでない。

第四章　選挙

第十七条　〔略〕

〔選挙権〕

第十八条　日本国民たる年齢満十八年以上の者で引き続き三箇月以上市町村の区域内に住所を有するものは、別に法律の定めるところにより、その属する普通地方公共団体の議会の議員及び長の選挙権を有する。

〔議員及び長の被選挙権〕

第十九条　普通地方公共団体の議会の議員の選挙権を有する者で年齢満二十五年以上のものは、別に法律の定めるところにより、普通地方公共団体の議会の議員の被選挙権を有する。

② 日本国民で年齢満三十年以上のものは、別に法律の定めるところにより、都道府県知事の被選挙権を有する。

③ 日本国民で年齢満二十五年以上のものは、別に法律の定めるところにより、市町村長の被選挙権を有する。

第二十条乃至第七十三条　削除

第五章　直接請求

第一節　条例の制定及び監査の請求

〔条例の制定又は改廃の請求とその処置〕

第七十四条　普通地方公共団体の議会の議員及び長の選挙権を有する者（以下この編において「選挙権を有する者」という。）は、政令で定めるところにより、その総数の五十分の一以上の者の連署をもつて、その代表者から、普通地方公共団体の長に対し、条例（地方税の賦課徴収並びに分担金、使用料及び手数料の徴収に関するものを除く。）の制定又は改廃の請求をすることができる。

②～⑨　〔略〕

第七十四条の二～第七十五条　〔略〕

第二節　解散及び解職の請求

〔議会の解散の請求とその処置〕

第七十六条　選挙権を有する者は、政令の定めるところにより、その総数の三分の一（その総数が四十万を超え八十万以下の場合にあつてはその四十万を超える数に六分の一を乗じて得た数と四十万に三分の一を乗じて得た数とを合算して得た数、その総数が八十万を超える場合にあつてはその八十万を超える数に八分の一を乗じて得た数と四十万に六分の一を乗じて得た数と四十万に三分の一を乗じて得た数とを合算して得た数）以上の者の連署をもつて、その代表者から、普通地方公共団体の選挙管理委員会に対し、当該普通地方公共団体の議会の解散の請求をすることができる。

②～④　〔略〕

第七十七条　〔略〕

〔議会の解散

第七十八条　普通地方公共団体の議会は、第七十六条第三項の規定による解散の投票において過半数の同意があつたときは、解散するものとする。

第七十九条　〔略〕

〔議員の解職の請求とその処置〕

第八十条　選挙権を有する者は、政令の定めるところにより、所属の選挙区におけるその総数の三分の一（その総数が四十万を超え八十万以下の場合にあつてはその四十万を超える数に六分の一を乗じて得た数と四十万に三分の一を乗じて得た数とを合算して得た数、その総数が八十万を超える場合にあつてはその八十万を超える数に八分の一を乗じて得た数と四十万に六分の一を乗じて得た数と四十万に三分の一を乗じて得た数とを合算して得た数）以上の者の連署をもつて、その代表者から、普通地方公共団体の選挙管理委員会に対し、当該選挙区に属する普通地方公共団体の議会の議員の解職の請求をすることができる。この場合において選挙区がないときは、選挙権を有する者の総数の三分の一（その総数が四十万を超え八十万以下の場合にあつてはその四十万を超える数に六分の一を乗じて得た数と四十万に三分の一を乗じて得た数とを合算して得た数、その総数が八十万を超える場合にあつてはその八十万を超える数に八分の一を乗じて得た数と四十万に六分の一を乗じて得た数と四十万に三分の一を乗じて得た数とを合算して得た数）以上の者の連署をもつて、議員の解職の請求をすることができる。

②～④　〔略〕

〔長の解職の請求とその処置〕

第八十一条　選挙権を有する者は、政令の定めるところにより、その総数の三分の一（その総数が四十万を超え八十万以下の場合にあつてはその四十万を超える数に六分の一を乗じて得た数と四十万に三分の一を乗じて得た数とを合算して得た数、その総数が八十万を超える場合にあつてはその八十万を超える数に八分の一を乗じて得た数と四十万に六分の一を乗じて得た数と四十万に三分の一を乗じて得た数とを合算して得た数）以上の者の連署をもつて、その代表者から、普通地方公共団体の選挙管理委員会に対し、当該普通地方公共団体の長の解職の請求をすることができる。

②　〔略〕

〔解職の投票の結果とその処置〕

第八十二条　第八十条第三項の規定による解職の投票の結果が判明したときは、普通地方公共団体の選挙管理委員会は、直ちにこれを同条第一項の代表者並びに当該普通地方公共団体の議会の関係議員及び議長に通知し、かつ、これを公表するとともに、都道府県にあつては都道府県知事に、市町村にあつては市町村長に報告しなければならない。その投票の結果が確定したときも、また、同様とする。

②　前条第二項の規定による解職の投票の結果が判明したときは、委員会は、直ちにこれを同条第一項の代表者並びに当該普通地方公共団体の長及び議会の議長に通知し、かつ、これを公表しなければならない。その投票の結果が確定したときも、また、同様とする。

〔議員又は長の失職〕

第八十三条　普通地方公共団体の議会の議員又は長は、第八十条第三項又は第八十一条第二項の規定による解職の投票において、過半数の同意があつたときは、その職を失う。

第八十四条～第八十八条　〔略〕

第六章　議会

第一節　組織

〔議会の設置〕

第八十九条　普通地方公共団体に、その議事機関として、当該普通地方公共団体の住民が選挙した議員をもつて組織される議会を置く。

②　普通地方公共団体の議会は、この法律の定めるところにより当該普通地方公共団体の重要な意思決定に関する事件を議決し、並びにこの法律に定める検査及び調査その他の権限を行使する。

③　前項に規定する議会の権限の適切な行使に資するため、普通地方公共団体の議会の議員は、住民の負託を受け、誠実にその職務を行わなければならない。

第九十条～第九十二条の二　〔略〕

〔任期〕

第九十三条　普通地方公共団体の議会の議員の任期は、四年とする。

②　〔略〕

〔町村総会〕

第九十四条　町村は、条例で、第八十九条第一項の規定にかかわらず、議会を置かず、選挙権を有する者の総会を設けることができる。

第九十五条　〔略〕

第二節　権限

〔議決事件〕

第九十六条　普通地方公共団体の議会は、次に掲げる事件を議決しなければならない。

一　条例を設け又は改廃すること。
二　予算を定めること。
三　決算を認定すること。
四　法律又はこれに基づく政令に規定するものを除くほか、地方税の賦課徴収又は分担金、使用料、加入金若しくは手数料の徴収に関すること。
五　その種類及び金額について政令で定める基準に従い条例で定める契約を締結すること。
六　条例で定める場合を除くほか、財産を交換し、出資の目的とし、若しくは支払手段として使用し、又は適正な対価なくしてこれを譲渡し、若しくは貸し付けること。
七　不動産を信託すること。
八　前二号に定めるものを除くほか、その種類及び金額について政令で定める基準に従い条例で定める財産の取得又は処分をすること。
九　負担付きの寄附又は贈与を受けること。
十　法律若しくはこれに基づく政令又は条例に特別の定めがある場合を除くほか、権利を放棄すること。
十一　条例で定める重要な公の施設につき条例で定める長期

かつ独占的な利用をさせること。

十二　普通地方公共団体がその当事者である審査請求その他の不服申立て、訴えの提起（普通地方公共団体の行政庁の処分又は裁決（行政事件訴訟法第三条第二項に規定する処分又は同条第三項に規定する裁決をいう。以下この号、第百五条の二、第百九十二条及び第百九十九条の三第三項において同じ。）に係る同法第十一条第一項（同法第三十八条第一項（同法第四十三条第二項において準用する場合を含む。）又は同法第四十三条第一項において準用する場合を含む。）の規定による普通地方公共団体を被告とする訴訟（以下この号、第百五条の二、第百九十二条及び第百九十九条の三第三項において「普通地方公共団体を被告とする訴訟」という。）に係るものを除く。）、和解（普通地方公共団体の行政庁の処分又は裁決に係る普通地方公共団体を被告とする訴訟に係るものを除く。）、あつせん、調停及び仲裁に関すること。

十三　法律上その義務に属する損害賠償の額を定めること。

十四　普通地方公共団体の区域内の公共的団体等の活動の総合調整に関すること。

十五　その他法律又はこれに基づく政令（これらに基づく条例を含む。）により議会の権限に属する事項。

② 前項に定めるものを除くほか、普通地方公共団体は、条例で普通地方公共団体に関する事件（法定受託事務に係るものにあつては、国の安全に関することその他の事由により議会の議決すべきものとすることが適当でないものとして政令で定めるものを除く。）につき議会の議決すべきものを定めることができる。

〔選挙及び予算の増額修正〕

第九十七条　普通地方公共団体の議会は、法律又はこれに基く政令によりその権限に属する選挙を行わなければならない。

② 議会は、予算について、増額してこれを議決することを妨げない。但し、普通地方公共団体の長の予算の提出の権限を侵すことはできない。

〔検閲・検査及び監査の請求〕

第九十八条　普通地方公共団体の議会は、当該普通地方公共団体の事務（自治事務にあつては労働委員会及び収用委員会の権限に属する事務で政令で定めるものを除き、法定受託事務にあつては国の安全を害するおそれがあることその他の事由により議会の検査の対象とすることが適当でないものとして政令で定めるものを除く。）に関する書類及び計算書を検閲し、当該普通地方公共団体の長、教育委員会、選挙管理委員会、人事委員会若しくは公平委員会、公安委員会、労働委員会、農業委員会又は監査委員その他法律に基づく委員会又は委員の報告を請求して、当該事務の管理、議決の執行及び出納を検査することができる。

② 議会は、監査委員に対し、当該普通地方公共団体の事務（自治事務にあつては労働委員会及び収用委員会の権限に属する事務で政令で定めるものを除き、法定受託事務にあつては国の安全を害するおそれがあることその他の事由により本項の監査の対象とすることが適当でないものとして政令で定めるものを除く。）に関する監査を求め、監査の結果に関する報告を請求することができる。この場合における監査の実施については、第百九十九条第二項後段の規定を準用する。

〔意見書の提出〕

第九十九条　普通地方公共団体の議会は、当該普通地方公共団体の公益に関する事件につき意見書を国会又は関係行政庁に提出することができる。

〔調査権・刊行物の送付・図書室の設置等〕

第百条　普通地方公共団体の議会は、当該普通地方公共団体の事務（自治事務にあつては労働委員会及び収用委員会の権限に属する事務で政令で定めるものを除き、法定受託事務にあつては国の安全を害するおそれがあることその他の事由により議会の調査の対象とすることが適当でないものとして政令で定めるものを除く。次項において同じ。）に関する調査を行うことができる。この場合において、当該調査を行うため特に必要があると認めるときは、選挙人その他の関係人の出頭及び証言並びに記録の提出を請求することができる。

②～⑳〔略〕

〔専門的事項の調査〕

第百条の二　普通地方公共団体の議会は、議案の審査又は当該普通地方公共団体の事務に関する調査のために必要な専門的事項に係る調査を学識経験を有する者等にさせることができる。

第三節　招集及び会期〔略〕

第四節　議長及び副議長

第百三条～第百五条〔略〕

〔議長の訴訟の代表〕

第百五条の二　普通地方公共団体の議会又は議長（第百三十八条の二第一項及び第二項において「議会等」という。）の処分又は裁決に係る普通地方公共団体を被告とする訴訟については、議長が当該普通地方公共団体を代表する。

第百六条～第百八条〔略〕

第五節　委員会

第百九条〔略〕

第百十条及び第百十一条　削除

第六節　会議

〔議員の議案提出権〕

第百十二条　普通地方公共団体の議会の議員は、議会の議決すべき事件につき、議会に議案を提出することができる。但し、予算については、この限りでない。

② 前項の規定により議案を提出するに当たつては、議員の定数の十二分の一以上の者の賛成がなければならない。

③ 第一項の規定による議案の提出は、文書を以てこれをしなければならない。

〔会議の成立要件〕

第百十三条　普通地方公共団体の議会は、議員の定数の半数以上の議員が出席しなければ、会議を開くことができない。但し、第百十七条の規定による除斥のため半数に達しないとき、同一の事件につき再度招集してもなお半数に達しないとき、又は招集に応じても出席議員が定数を欠き議長において出席を催告してもなお半数に達しないとき若しくは半数に達してもその後半数に達しなくなつたときは、この限りでない。

〔会議の開催請求〕
第百十四条 普通地方公共団体の議会の議員の定数の半数以上の者から請求があるときは、議長は、その日の会議を開かなければならない。この場合において議長がなお会議を開かないときは、第百六条第一項又は第二項の例による。
② 前項の規定により会議を開いたとき、又は議員中に異議があるときは、議長は、会議の議決によらない限り、その日の会議を閉じ又は中止することができない。

〔議事の公開の原則及び秘密会〕
第百十五条 普通地方公共団体の議会の会議は、これを公開する。但し、議長又は議員三人以上の発議により、出席議員の三分の二以上の多数で議決したときは、秘密会を開くことができる。
② 前項但書の議長又は議員の発議は、討論を行わないでその可否を決しなければならない。

〔公聴会及び参考人〕
第百十五条の二 普通地方公共団体の議会は、会議において、予算その他重要な議案、請願等について公聴会を開き、真に利害関係を有する者又は学識経験を有する者等から意見を聴くことができる。
② 普通地方公共団体の議会は、会議において、当該普通地方公共団体の事務に関する調査又は審査のため必要があると認めるときは、参考人の出頭を求め、その意見を聴くことができる。

〔修正の動議〕
第百十五条の三 普通地方公共団体の議会が議案に対する修正の動議を議題とするに当たつては、議員の定数の十二分の一以上の者の発議によらなければならない。

〔表決〕
第百十六条 この法律に特別の定がある場合を除く外、普通地方公共団体の議会の議事は、出席議員の過半数でこれを決し、可否同数のときは、議長の決するところによる。
② 前項の場合においては、議長は、議員として議決に加わる権利を有しない。

〔議事参与の制限〕
第百十七条 普通地方公共団体の議会の議長及び議員は、自己若しくは父母、祖父母、配偶者、子、孫若しくは兄弟姉妹の一身上に関する事件又は自己若しくはこれらの者の従事する業務に直接の利害関係のある事件については、その議事に参与することができない。但し、議会の同意があつたときは、会議に出席し、発言することができる。

第百十八条 〔略〕

〔会期不継続の原則〕
第百十九条 会期中に議決に至らなかつた事件は、後会に継続しない。

〔長、教育長及び委員長等の出席義務〕
第百二十一条 普通地方公共団体の長、教育委員会の教育長、選挙管理委員会の委員長、人事委員会の委員長又は公平委員会の委員長、公安委員会の委員長、労働委員会の委員、農業委員会の会長及び監査委員その他法律に基づく委員会の代表者又は委員並びにその委任又は嘱託を受けた者は、議会の審議に必要な説明のため議長から出席を求められたときは、議場に出席しなければならない。ただし、出席すべき日時に議場に出席できないことについて正当な理由がある場合において、その旨を議長に届け出たときは、この限りでない。
② 第百二条の二第一項の議会の議長は、前項本文の規定により議場への出席を求めるに当たつては、普通地方公共団体の執行機関の事務に支障を及ぼすことのないよう配慮しなければならない。

第百二十二条 〔略〕

〔会議録〕
第百二十三条 議長は、事務局長又は書記長（書記長を置かない町村においては書記）に書面又は電磁的記録により会議録を作成させ、並びに会議の次第及び出席議員の氏名を記載させ、又は記録させなければならない。
② 会議録が書面をもつて作成されているときは、議長及び議会において定めた二人以上の議員がこれに署名しなければならない。
③ 会議録が電磁的記録をもつて作成されているときは、議長及び議会において定めた二人以上の議員が当該電磁的記録に総務省令で定める署名に代わる措置をとらなければならない。
④ 議長は、会議録が書面をもつて作成されているときはその写しを、会議録が電磁的記録をもつて作成されているときは当該電磁的記録を添えて会議の結果を普通地方公共団体の長に報告しなければならない。

第七節 請願

〔請願の提出〕
第百二十四条 普通地方公共団体の議会に請願しようとする者は、議員の紹介により請願書を提出しなければならない。

〔採択請願の処置〕
第百二十五条 普通地方公共団体の議会は、その採択した請願で当該普通地方公共団体の長、教育委員会、選挙管理委員会、人事委員会若しくは公平委員会、公安委員会、労働委員会、農業委員会又は監査委員その他法律に基づく委員会又は委員において措置することが適当と認めるものは、これらの者にこれを送付し、かつ、その請願の処理の経過及び結果の報告を請求することができる。

第八節 議員の辞職及び資格の決定〔略〕

第九節 紀律〔略〕

第十節 懲罰〔略〕

第十一節 議会の事務局及び事務局長、書記長、書記その他の職員〔略〕

第十二節 雑則〔略〕

第七章 執行機関

第一節 通則

〔執行機関の義務〕
第百三十八条の二の二 普通地方公共団体の執行機関は、当該普通地方公共団体の条例、予算その他の議会の議決に基づく事務及び法令、規則その他の規程に基づく当該普通地方公共団体の事務を、自らの判断と責任において、誠実に管理し及び執行する義務を負う。

〔執行機関の組織の原則〕

第百三十八条の三　普通地方公共団体の執行機関の組織は、普通地方公共団体の長の所轄の下に、それぞれ明確な範囲の所掌事務と権限を有する執行機関によつて、系統的にこれを構成しなければならない。

② 普通地方公共団体の執行機関は、普通地方公共団体の長の所轄の下に、執行機関相互の連絡を図り、すべて、一体として、行政機能を発揮するようにしなければならない。

③ 普通地方公共団体の長は、当該普通地方公共団体の執行機関相互の間にその権限につき疑義が生じたときは、これを調整するように努めなければならない。

〔委員会・委員及び附属機関の設置〕

第百三十八条の四　普通地方公共団体にその執行機関として普通地方公共団体の長の外、法律の定めるところにより、委員会又は委員を置く。

② 普通地方公共団体の委員会は、法律の定めるところにより、法令又は普通地方公共団体の条例若しくは規則に違反しない限りにおいて、その権限に属する事務に関し、規則その他の規程を定めることができる。

③ 普通地方公共団体は、法律又は条例の定めるところにより、執行機関の附属機関として自治紛争処理委員、審査会、審議会、調査会その他の調停、審査、諮問又は調査のための機関を置くことができる。ただし、政令で定める執行機関については、この限りでない。

第二節　普通地方公共団体の長

第一款　地位

〔知事及び市町村長〕

第百三十九条　都道府県に知事を置く。

② 市町村に市町村長を置く。

〔任期〕

第百四十条　普通地方公共団体の長の任期は、四年とする。

② 前項の任期の起算については、公職選挙法第二百五十九条及び第二百五十九条の二の定めるところによる。

〔兼職の禁止〕

第百四十一条　普通地方公共団体の長は、衆議院議員又は参議院議員と兼ねることができない。

② 普通地方公共団体の長は、地方公共団体の議会の議員並びに常勤の職員及び短時間勤務職員と兼ねることができない。

第百四十二条～第百四十五条　〔略〕

第百四十六条　削除

第二款　権限

〔長の統轄代表権〕

第百四十七条　普通地方公共団体の長は、当該普通地方公共団体を統轄し、これを代表する。

〔事務の管理及び執行権〕

第百四十八条　普通地方公共団体の長は、当該普通地方公共団体の事務を管理し及びこれを執行する。

②・③　〔略〕

〔担任事務〕

第百四十九条　普通地方公共団体の長は、概ね左に掲げる事務を担任する。

一　普通地方公共団体の議会の議決を経べき事件につきその議案を提出すること。

二　予算を調製し、及びこれを執行すること。

三　地方税を賦課徴収し、分担金、使用料、加入金又は手数料を徴収し、及び過料を科すること。

四　決算を普通地方公共団体の議会の認定に付すること。

五　会計を監督すること。

六　財産を取得し、管理し、及び処分すること。

七　公の施設を設置し、管理し、及び廃止すること。

八　証書及び公文書類を保管すること。

九　前各号に定めるものを除く外、当該普通地方公共団体の事務を執行すること。

第百五十条～第百五十四条の二　〔略〕

第百五十五条・第百五十六条　〔略〕

〔公共的団体等の監督〕

第百五十七条　普通地方公共団体の長は、当該普通地方公共団体の区域内の公共的団体等の活動の綜合調整を図るため、これを指揮監督することができる。

② 前項の場合において必要があるときは、普通地方公共団体の長は、当該普通地方公共団体の区域内の公共的団体等をして事務の報告をさせ、書類及び帳簿を提出させ及び実施について事務を視察することができる。

③ 普通地方公共団体の長は、当該普通地方公共団体の区域内の公共的団体等の監督上必要な処分をし又は当該公共的団体等の監督官庁の措置を申請することができる。

④ 前項の監督官庁は、普通地方公共団体の長の処分を取り消すことができる。

第百五十八条～第百六十条　〔略〕

第三款　補助機関

〔副知事・副市町村長〕

第百六十一条　都道府県に副知事を、市町村に副市町村長を置く。ただし、条例で置かないことができる。

②　〔略〕

第百六十二条～第百六十七条　〔略〕

〔会計管理者〕

第百六十八条　普通地方公共団体に会計管理者一人を置く。

②　〔略〕

第百六十九条～第百七十一条　〔略〕

〔職員〕

第百七十二条　前十一条に定める者を除くほか、普通地方公共団体に職員を置く。

② 前項の職員は、普通地方公共団体の長がこれを任免する。

③ 第一項の職員の定数は、条例でこれを定める。ただし、臨時又は非常勤の職については、この限りでない。

④ 第一項の職員に関する任用、人事評価、給与、勤務時間その他の勤務条件、分限及び懲戒、服務、退職管理、研修、福祉及び利益の保護その他身分取扱いに関しては、この法律に定めるものを除くほか、地方公務員法の定めるところによる。

第百七十三条　削除

〔専門委員〕
第百七十四条　普通地方公共団体は、常設又は臨時の専門委員を置くことができる。
②〜④〔略〕
第百七十五条〔略〕

第四款　議会との関係

〔議決の再議〕
第百七十六条　普通地方公共団体の議会の議決について異議があるときは、当該普通地方公共団体の長は、この法律に特別の定めがあるものを除くほか、その議決の日（条例の制定若しくは改廃又は予算に関する議決については、その送付を受けた日）から十日以内に理由を示してこれを再議に付することができる。
②〜⑧〔略〕
〔経費削除減額議決の再議〕
第百七十七条　普通地方公共団体の議会において次に掲げる経費を削除し又は減額する議決をしたときは、その経費及びこれに伴う収入について、当該普通地方公共団体の長は、理由を示してこれを再議に付さなければならない。
一　法令により負担する経費、法律の規定に基づき当該行政庁の職権により命ずる経費その他の普通地方公共団体の義務に属する経費
二　非常の災害による応急若しくは復旧の施設のために必要な経費又は感染症予防のために必要な経費
②・③〔略〕
第百七十八条〔略〕
〔長の専決処分〕
第百七十九条　普通地方公共団体の議会が成立しないとき、第百十三条ただし書の場合においてなお会議を開くことができないとき、普通地方公共団体の長において議会の議決すべき事件について特に緊急を要するため議会を招集する時間的余裕がないことが明らかであると認めるとき、又は議会において議決すべき事件を議決しないときは、当該普通地方公共団体の長は、その議決すべき事件を処分することができる。ただし、第百六十二条の規定による副知事又は副市町村長の選任の同意及び第二百五十二条の二十の二第四項の規定による第二百五十二条の十九第一項に規定する指定都市の総合区長の選任の同意については、この限りでない。
②　議会の決定すべき事件に関しては、前項の例による。
③　前二項の規定による処置については、普通地方公共団体の長は、次の会議においてこれを議会に報告し、その承認を求めなければならない。
④　前項の場合において、条例の制定若しくは改廃又は予算に関する処置について承認を求める議案が否決されたときは、普通地方公共団体の長は、速やかに、当該処置に関して必要と認める措置を講ずるとともに、その旨を議会に報告しなければならない。
〔軽易な事項の専決処分〕
第百八十条　普通地方公共団体の議会の権限に属する軽易な事項で、その議決により特に指定したものは、普通地方公共団体の長において、これを専決処分にすることができる。
②〔略〕

第五款　他の執行機関との関係

〔長の事務の委員会等への委任及び補助執行〕
第百八十条の二　普通地方公共団体の長は、その権限に属する事務の一部を、当該普通地方公共団体の委員会又は委員と協議して、普通地方公共団体の委員会、委員会の委員長（教育委員会にあつては、教育長）、委員若しくはこれらの執行機関の事務を補助する職員若しくはこれらの執行機関の管理に属する機関の職員に委任し、又はこれらの執行機関の事務を補助する職員若しくはこれらの執行機関の管理に属する機関の職員をして補助執行させることができる。ただし、政令で定める普通地方公共団体の委員会又は委員については、この限りでない。
〔長の補助職員による他の執行機関の職員の兼務等〕
第百八十条の三　普通地方公共団体の長は、当該普通地方公共団体の委員会又は委員と協議して、その補助機関である職員を、当該執行機関の事務を補助する職員若しくはこれらの執行機関の管理に属する機関の職員と兼ねさせ、若しくは当該執行機関の事務を補助する職員若しくはこれらの執行機関の管理に属する機関の職員に充て、又は当該執行機関の事務に従事させることができる。
〔組織等に関する長の総合調整権〕
第百八十条の四　普通地方公共団体の長は、各執行機関を通じて組織及び運営の合理化を図り、その相互の間に権衡を保持するため、必要があると認めるときは、当該普通地方公共団体の委員会若しくは委員の事務局又は委員会若しくは委員の管理に属する事務を掌る機関（以下本条中「事務局等」という。）の組織、事務局等に属する職員の定数又はこれらの職員の身分取扱について、委員会又は委員に必要な措置を講ずべきことを勧告することができる。
②　普通地方公共団体の委員会又は委員は、事務局等の組織、事務局等に属する職員の定数又はこれらの職員の身分取扱で当該委員会又は委員の権限に属する事項の中政令で定めるものについて、当該委員会又は委員の規則その他の規程を定め、又は変更しようとする場合においては、予め当該普通地方公共団体の長に協議しなければならない。

第三節　委員会及び委員

第一款　通則

〔委員会及び委員の設置・委員の兼業禁止等〕
第百八十条の五　執行機関として法律の定めるところにより普通地方公共団体に置かなければならない委員会及び委員は、左の通りである。
一　教育委員会
二　選挙管理委員会
三　人事委員会又は人事委員会を置かない普通地方公共団体にあつては公平委員会
四　監査委員
②　前項に掲げるもののほか、執行機関として法律の定めるところにより都道府県に置かなければならない委員会は、次のとおりである。
一　公安委員会

二　労働委員会
三　収用委員会
四　海区漁業調整委員会
五　内水面漁場管理委員会

③　第一項に掲げるものの外、執行機関として法律の定めるところにより市町村に置かなければならない委員会は、左の通りである。

一　農業委員会
二　固定資産評価審査委員会

④　前三項の委員会若しくは委員の事務局又は委員会の管理に属する事務を掌る機関で法律により設けられなければならないものとされているものの組織を定めるに当たつては、当該普通地方公共団体の長が第百五十八条第一項の規定により設けるその内部組織との間に権衡を失しないようにしなければならない。

⑤　普通地方公共団体の委員会の委員又は委員は、法律に特別の定があるものを除く外、非常勤とする。

⑥　普通地方公共団体の委員会の委員（教育委員会にあつては、教育長及び委員）又は委員は、当該普通地方公共団体に対しその職務に関し請負をする者及びその支配人又は主として同一の行為をする法人（当該普通地方公共団が出資している法人で政令で定めるものを除く。）の無限責任社員、取締役、執行役若しくは監査役若しくはこれらに準ずべき者、支配人及び清算人たることができない。

⑦　法律に特別の定めがあるものを除くほか、普通地方公共団体の委員会の委員（教育委員会にあつては、教育長及び委員）又は委員が前項の規定に該当するときは、その職を失う。その同項の規定に該当するかどうかは、その選任権者がこれを決定しなければならない。

⑧　第百四十三条第二項から第四項までの規定は、前項の場合にこれを準用する。

〔委員会及び委員の権限に属しない事項〕

第百八十条の六　普通地方公共団体の委員会又は委員は、左に掲げる権限を有しない。但し、法律に特別の定があるものは、この限りでない。

一　普通地方公共団体の予算を調製し、及びこれを執行すること。
二　普通地方公共団体の議会の議決を経べき事件につきその議案を提出すること。
三　地方税を賦課徴収し、分担金若しくは加入金を徴収し、又は過料を科すること。
四　普通地方公共団体の決算を議会の認定に付すること。

〔委員会等の事務の委任・補助執行・委託等〕

第百八十条の七　普通地方公共団体の委員会又は委員は、その権限に属する事務の一部を、当該普通地方公共団体の長と協議して、普通地方公共団体の長の補助機関である職員若しくはその管理に属する支庁若しくは地方事務所、支所若しくは出張所、第二百二条の四第二項に規定する地域自治区の事務所、第二百五十二条の十九第一項に規定する指定都市の区若しくは総合区の事務所若しくはその出張所、保健所その他の行政機関の長に委任し、若しくは普通地方公共団体の長の補助機関である職員若しくはその管理に属する行政機関に属する職員をして補助執行させ、又は専門委員に委託して必要な事項を調査させることができる。ただし、政令で定める事務については、この限りではない。

第二款　教育委員会

〔教育委員会の職務権限等〕

第百八十条の八　教育委員会は、別に法律の定めるところにより、学校その他の教育機関を管理し、学校の組織編制、教育課程、教科書その他の教材の取扱及び教育職員の身分取扱に関する事務を行い、並びに社会教育その他教育、学術及び文化に関する事務を管理し及びこれを執行する。

第三款　公安委員会〔略〕
第四款　選挙管理委員会〔略〕
第五款　監査委員〔略〕
第六款　人事委員会、公平委員会、労働委員会、農業委員会その他の委員会〔略〕
第七款　附属機関〔略〕

第四節　地域自治区〔略〕

第八章　給与その他の給付

第二百三条〔略〕

〔報酬及び費用弁償〕

第二百三条の二　普通地方公共団体は、その委員会の非常勤の委員、非常勤の監査委員、自治紛争処理委員、審査会、審議会及び調査会等の委員その他の構成員、専門委員、監査専門委員、投票管理者、開票管理者、選挙長、投票立会人、開票立会人及び選挙立会人その他普通地方公共団体の非常勤の職員（短時間勤務職員及び地方公務員法第二十二条の二第一項第二号に掲げる職員を除く。）に対し、報酬を支給しなければならない。

②～④〔略〕

⑤　報酬、費用弁償、期末手当及び勤勉手当の額並びにその支給方法は、条例でこれを定めなければならない。

〔給料、手当及び旅費〕

第二百四条　普通地方公共団体は、普通地方公共団体の長及びその補助機関たる常勤の職員、委員会の常勤の委員（教育委員会にあつては、教育長）、常勤の監査委員、議会の事務局長又は書記長、書記その他の常勤の職員、委員会の事務局長若しくは書記長、委員の事務局長又は委員会若しくは委員の事務を補助する書記その他の常勤の職員その他普通地方公共団体の常勤の職員並びに短時間勤務職員及び地方公務員法第二十二条の二第一項第二号に掲げる職員に対し、給料及び旅費を支給しなければならない。

②〔略〕

③　給料、手当及び旅費の額並びにその支給方法は、条例でこれを定めなければならない。

第二百四条の二～第二百七条〔略〕

第九章　財務

第一節　会計年度及び会計の区分

〔会計年度及びその独立の原則〕

第二百八条　普通地方公共団体の会計年度は、毎年四月一日に始まり、翌年三月三十一日に終わるものとする。
2　各会計年度における歳出は、その年度の歳入をもつて、これに充てなければならない。
（会計の区分）
第二百九条　普通地方公共団体の会計は、一般会計及び特別会計とする。
2　特別会計は、普通地方公共団体が特定の事業を行なう場合その他特定の歳入をもつて特定の歳出に充て一般の歳入歳出と区分して経理する必要がある場合において、条例でこれを設置することができる。

第二節　予算

（総計予算主義の原則）

第二百十条　一会計年度における一切の収入及び支出は、すべてこれを歳入歳出予算に編入しなければならない。

第二百十一条〔略〕

（継続費）

第二百十二条　普通地方公共団体の経費をもつて支弁する事件でその履行に数年度を要するものについては、予算の定めるところにより、その経費の総額及び年割額を定め、数年度にわたつて支出することができる。
2　前項の規定により支出することができる経費は、これを継続費という。
第二百十三条〔略〕

（債務負担行為）

第二百十四条　歳出予算の金額、継続費の総額又は繰越明許費の金額の範囲内におけるものを除くほか、普通地方公共団体が債務を負担する行為をするには、予算で債務負担行為として定めておかなければならない。

（予算の内容）

第二百十五条　予算は、次の各号に掲げる事項に関する定めから成るものとする。
一　歳入歳出予算
二　継続費
三　繰越明許費
四　債務負担行為
五　地方債
六　一時借入金
七　歳出予算の各項の経費の金額の流用
（歳入歳出予算の区分）
第二百十六条　歳入歳出予算は、歳入にあつては、その性質に従つて款に大別し、かつ、各款中においてはこれを項に区分し、歳出にあつては、その目的に従つてこれを款項に区分しなければならない。
（予備費）
第二百十七条　予算外の支出又は予算超過の支出に充てるため、歳入歳出予算に予備費を計上しなければならない。ただし、特別会計にあつては、予備費を計上しないことができる。
2　予備費は、議会の否決した費途に充てることができない。
第二百十八条・第二百十九条〔略〕
（予算の執行及び事故繰越し）
第二百二十条　普通地方公共団体の長は、政令で定める基準に従つて予算の執行に関する手続を定め、これに従つて予算を執行しなければならない。
2　歳出予算の経費の金額は、各款の間又は各項の間において相互にこれを流用することができない。ただし、歳出予算の各項の経費の金額は、予算の執行上必要がある場合に限り、予算の定めるところにより、これを流用することができる。
3　繰越明許費の金額を除くほか、毎会計年度の歳出予算の経費の金額は、これを翌年度において使用することができない。ただし、歳出予算の経費の金額のうち、年度内に支出負担行為をし、避けがたい事故のため年度内に支出を終わらなかつたもの（当該支出負担行為に係る工事その他の事業の遂行上の必要に基づきこれに関連して支出を要する経費の金額を含む。）は、これを翌年度に繰り越して使用することができる。
（予算の執行に関する長の調査権等）
第二百二十一条　普通地方公共団体の長は、予算の執行の適正を期するため、委員会若しくは委員又はこれらの管理に属する機関で権限を有するものに対して、収入及び支出の実績若しくは見込みについて報告を徴し、予算の執行状況を実地について調査し、又はその結果に基づいて必要な措置を講ずべきことを求めることができる。
2　普通地方公共団体の長は、予算の執行の適正を期するため、工事の請負契約者、物品の納入者、補助金、交付金、貸付金等の交付若しくは貸付けを受けた者（補助金、交付金、貸付金等の終局の受領者を含む。）又は調査、試験、研究等の委託を受けた者に対して、その状況を調査し、又は報告を徴することができる。
3　前二項の規定は、普通地方公共団体が出資している法人で政令で定めるもの、普通地方公共団体が借入金の元金若しくは利子の支払を保証し、又は損失補償を行う等その者のために債務を負担している法人で政令で定めるもの及び普通地方公共団体が受益権を有する信託で政令で定めるものの受託者にこれを準用する。
（予算を伴う条例、規則等についての制限）
第二百二十二条　普通地方公共団体の長は、条例その他議会の議決を要すべき案件があらたに予算を伴うこととなるものであるときは、必要な予算上の措置が適確に講ぜられる見込みが得られるまでの間は、これを議会に提出してはならない。
2　普通地方公共団体の長、委員会若しくは委員又はこれらの管理に属する機関は、その権限に属する事務に関する規則その他の規程の制定又は改正があらたに予算を伴うこととなるものであるときは、必要な予算上の措置が適確に講ぜられることとなるまでの間は、これを制定し、又は改正してはならない。

第三節　収入

（地方税）

第二百二十三条　普通地方公共団体は、法律の定めるところにより、地方税を賦課徴収することができる。

第二百二十四条〔略〕

（使用料）
第二百二十五条　普通地方公共団体は、第二百三十八条の四第七項の規定による許可を受けてする行政財産の使用又は公の施設の利用につき使用料を徴収することができる。

（手数料）
第二百二十六条　〔略〕

第二百二十七条　普通地方公共団体は、当該普通地方公共団体の事務で特定の者のためにするものにつき、手数料を徴収することができる。

（分担金等に関する規制及び罰則）
第二百二十八条　分担金、使用料、加入金及び手数料に関する事項については、条例でこれを定めなければならない。この場合において、手数料について全国的に統一して定めることが特に必要と認められるものとして政令で定める事務（以下本項において「標準事務」という。）について手数料を徴収する場合においては、当該標準事務に係る事務のうち政令で定めるものにつき、政令で定める金額の手数料を徴収することを標準として条例を定めなければならない。

2　分担金、使用料、加入金及び手数料の徴収に関しては、次項に定めるものを除くほか、条例で五万円以下の過料を科する規定を設けることができる。

3　〔略〕

第二百二十九条　〔略〕

（地方債）
第二百三十条　普通地方公共団体は、別に法律で定める場合において、予算の定めるところにより、地方債を起こすことができる。

2　前項の場合において、地方債の起債の目的、限度額、起債の方法、利率及び償還の方法は、予算でこれを定めなければならない。

（歳入の収入の方法）
第二百三十一条　普通地方公共団体の歳入を収入するときは、政令の定めるところにより、これを調定し、納入義務者に対して納入の通知をしなければならない。

第二百三十一条の二～第二百三十一条の四　〔略〕

第四節　支出

（経費の支弁等）
第二百三十二条　普通地方公共団体は、当該普通地方公共団体の事務を処理するために必要な経費その他法律又はこれに基づく政令により当該普通地方公共団体の負担に属する経費を支弁するものとする。

2　法律又はこれに基づく政令により普通地方公共団体に対し事務の処理を義務付ける場合においては、国は、そのために要する経費の財源につき必要な措置を講じなければならない。

（寄附又は補助）
第二百三十二条の二　普通地方公共団体は、その公益上必要がある場合においては、寄附又は補助をすることができる。

（支出負担行為）
第二百三十二条の三　普通地方公共団体の支出の原因となるべき契約その他の行為（これを支出負担行為という。）は、法令又は予算の定めるところに従い、これをしなければならない。

（支出の方法）
第二百三十二条の四　会計管理者は、普通地方公共団体の長の政令で定めるところによる命令がなければ、支出をすることができない。

2　会計管理者は、前項の命令を受けた場合においても、当該支出負担行為が法令又は予算に違反していないこと及び当該支出負担行為に係る債務が確定していることを確認したうえでなければ、支出をすることができない。

第二百三十二条の五　普通地方公共団体の支出は、債権者のためでなければ、これをすることができない。

2　普通地方公共団体の支出は、政令の定めるところにより、資金前渡、概算払、前金払、繰替払、隔地払又は口座振替の方法によってこれをすることができる。

第二百三十二条の六　〔略〕

第五節　決算

（決算）
第二百三十三条　会計管理者は、毎会計年度、政令で定めるところにより、決算を調製し、出納の閉鎖後三箇月以内に、証書類その他政令で定める書類と併せて、普通地方公共団体の長に提出しなければならない。

2　普通地方公共団体の長は、決算及び前項の書類を監査委員の審査に付さなければならない。

3　普通地方公共団体の長は、前項の規定により監査委員の審査に付した決算を監査委員の意見を付けて次の通常予算を議する会議までに議会の認定に付さなければならない。

4　前項の規定による意見の決定は、監査委員の合議によるものとする。

5　普通地方公共団体の長は、第三項の規定により決算を議会の認定に付するに当たつては、当該決算に係る会計年度における主要な施策の成果を説明する書類その他政令で定める書類を併せて提出しなければならない。

6　普通地方公共団体の長は、第三項の規定により議会の認定に付した決算の要領を住民に公表しなければならない。

7　普通地方公共団体の長は、第三項の規定による決算の認定に関する議案が否決された場合において、当該議決を踏まえて必要と認める措置を講じたときは、速やかに、当該措置の内容を議会に報告するとともに、これを公表しなければならない。

第二百三十三条の二　〔略〕

第六節　契約　〔略〕

第七節　現金及び有価証券　〔略〕

第八節　時効　〔略〕

第九節　財産

（財産の管理及び処分）
第二百三十七条　この法律において「財産」とは、公有財産、物品及び債権並びに基金をいう。

2　第二百三十八条の四第一項の規定の適用がある場合を除き、普通地方公共団体の財産は、条例又は議会の議決による場合でなければ、これを交換し、出資の目的とし、若しくは支払手段として使用し、又は適正な対価なくしてこれを譲渡し、若しくは貸し付けてはならない。

3 普通地方公共団体の財産は、第二百三十八条の五第二項の規定の適用がある場合で議会の議決によるとき又は同条第三項の規定の適用がある場合でなければ、これを信託してはならない。

第一款 公有財産

（公有財産の範囲及び分類）

第二百三十八条 この法律において「公有財産」とは、普通地方公共団体の所有に属する財産のうち次に掲げるもの（基金に属するものを除く。）をいう。

一 不動産

二 船舶、浮標、浮桟橋及び浮ドック並びに航空機

三 前二号に掲げる不動産及び動産の従物

四 地上権、地役権、鉱業権その他これらに準ずる権利

五 特許権、著作権、商標権、実用新案権その他これらに準ずる権利

六 株式、社債（特別の法律により設立された法人の発行する債券に表示されるべき権利を含み、短期社債等を除く。）、地方債及び国債その他これらに準ずる権利

七 出資による権利

八 財産の信託の受益権

2 前項第六号の「短期社債等」とは、次に掲げるものをいう。

一 社債、株式等の振替に関する法律（平成十三年法律第七十五号）第六十六条第一号に規定する短期社債

二 投資信託及び投資法人に関する法律（昭和二十六年法律第百九十八号）第百三十九条の十二第一項に規定する短期投資法人債

三 信用金庫法（昭和二十六年法律第二百三十八号）第五十四条の四第一項に規定する短期債

四 保険業法（平成七年法律第百五号）第六十一条の十第一項に規定する短期社債

五 資産の流動化に関する法律（平成十年法律第百五号）第二条第八項に規定する特定短期社債

六 農林中央金庫法（平成十三年法律第九十三号）第六十二条の二第一項に規定する短期農林債

3 公有財産は、これを行政財産と普通財産とに分類する。

4 行政財産とは、普通地方公共団体において公用又は公共用に供し、又は供することと決定した財産をいい、普通財産とは、行政財産以外の一切の公有財産をいう。

（公有財産に関する長の総合調整権）

第二百三十八条の二 普通地方公共団体の長は、公有財産の効率的運用を図るため必要があると認めるときは、委員会若しくは委員又はこれらの管理に属する機関で権限を有するものに対し、公有財産の取得又は管理について、報告を求め、実地について調査し、又はその結果に基づいて必要な措置を講ずべきことを求めることができる。

2 普通地方公共団体の委員会若しくは委員又はこれらの管理に属する機関で権限を有するものは、公有財産を取得し、又は行政財産の用途を変更し、若しくは第二百三十八条の四第二項若しくは第三項（同条第四項において準用する場合を含む。）の規定による行政財産である土地の貸付け若しくはこれに対する地上権若しくは地役権の設定若しくは同条第七項の規定による行政財産の使用の許可で当該普通地方公共団体の長が指定するものをしようとするときは、あらかじめ当該普通地方公共団体の長に協議しなければならない。

3 普通地方公共団体の委員会若しくは委員又はこれらの管理に属する機関で権限を有するものは、その管理に属する行政財産の用途を廃止したときは、直ちにこれを当該普通地方公共団体の長に引き継がなければならない。

第二百三十八条の三 〔略〕

（行政財産の管理及び処分）

第二百三十八条の四 行政財産は、次項から第四項までに定めるものを除くほか、これを貸し付け、交換し、売り払い、譲与し、出資の目的とし、若しくは信託し、又はこれに私権を設定することができない。

2～9 〔略〕

第二百三十八条の五・第二百三十八条の六 〔略〕

（行政財産を使用する権利に関する処分についての審査請求）

第二百三十八条の七 第二百三十八条の四の規定により普通地方公共団体の長以外の機関がした行政財産を使用する権利に関する処分についての審査請求は、普通地方公共団体の長が当該機関の最上級行政庁でない場合においても、当該普通地方公共団体の長に対してするものとする。

2～4 〔略〕

第二款 物品

（物品）

第二百三十九条 この法律において「物品」とは、普通地方公共団体の所有に属する動産で次の各号に掲げるもの以外のもの及び普通地方公共団体が使用のために保管する動産（政令で定める動産を除く。）をいう。

一 現金（現金に代えて納付される証券を含む。）

二 公有財産に属するもの

三 基金に属するもの

2～5 〔略〕

第三款 債権 〔略〕

第四款 基金

（基金）

第二百四十一条 普通地方公共団体は、条例の定めるところにより、特定の目的のために財産を維持し、資金を積み立て、又は定額の資金を運用するための基金を設けることができる。

2 基金は、これを前項の条例で定める特定の目的に応じ、及び確実かつ効率的に運用しなければならない。

3 第一項の規定により特定の目的のために財産を取得し、又は資金を積み立てるための基金を設けた場合においては、当該目的のためでなければこれを処分することができない。

4～8 〔略〕

第十節 住民による監査請求及び訴訟

（住民監査請求）

第二百四十二条 普通地方公共団体の住民は、当該普通地方公

共団体の長若しくは委員会若しくは委員又は当該普通地方公共団体の職員について、違法若しくは不当な公金の支出、財産の取得、管理若しくは処分、契約の締結若しくは履行若しくは債務その他の義務の負担がある（当該行為がなされることが相当の確実さをもつて予測される場合を含む。）と認めるとき、又は違法若しくは不当に公金の賦課若しくは徴収若しくは財産の管理を怠る事実（以下「怠る事実」という。）があると認めるときは、これらを証する書面を添え、監査委員に対し、監査を求め、当該行為を防止し、若しくは是正し、若しくは当該怠る事実を改め、又は当該行為若しくは怠る事実によつて当該普通地方公共団体の被つた損害を補塡するために必要な措置を講ずべきことを請求することができる。

2 前項の規定による請求は、当該行為のあつた日又は終わつた日から一年を経過したときは、これをすることができない。ただし、正当な理由があるときは、この限りでない。

3 第一項の規定による請求があつたときは、監査委員は、直ちに当該請求の要旨を当該普通地方公共団体の議会及び長に通知しなければならない。

4 第一項の規定による請求があつた場合において、当該行為が違法であると思料するに足りる相当な理由があり、当該行為により当該普通地方公共団体に生ずる回復の困難な損害を避けるため緊急の必要があり、かつ、当該行為を停止することによつて人の生命又は身体に対する重大な危害の発生の防止その他公共の福祉を著しく阻害するおそれがないと認めるときは、監査委員は、当該普通地方公共団体の長その他の執行機関又は職員に対し、理由を付して次項の手続が終了するまでの間当該行為を停止すべきことを勧告することができる。この場合において、監査委員は、当該勧告の内容を第一項の規定による請求人（以下この条において「請求人」という。）に通知するとともに、これを公表しなければならない。

5 第一項の規定による請求があつた場合には、監査委員は、監査を行い、当該請求に理由がないと認めるときは、理由を付してその旨を書面により請求人に通知するとともに、これを公表し、当該請求に理由があると認めるときは、当該普通地方公共団体の議会、長その他の執行機関又は職員に対し期間を示して必要な措置を講ずべきことを勧告するとともに、当該勧告の内容を請求人に通知し、かつ、これを公表しなければならない。

6 前項の規定による監査委員の監査及び勧告は、第一項の規定による請求があつた日から六十日以内に行わなければならない。

7 監査委員は、第五項の規定による監査を行うに当たつては、請求人に証拠の提出及び陳述の機会を与えなければならない。

8 監査委員は、前項の規定による陳述の聴取を行う場合又は関係のある当該普通地方公共団体の長その他の執行機関若しくは職員の陳述の聴取を行う場合において、必要があると認めるときは、関係のある当該普通地方公共団体の長その他の執行機関若しくは職員又は請求人を立ち会わせることができる。

9 第五項の規定による監査委員の勧告があつたときは、当該勧告を受けた議会、長その他の執行機関又は職員は、当該勧告に示された期間内に必要な措置を講ずるとともに、その旨を監査委員に通知しなければならない。この場合において、監査委員は、当該通知に係る事項を請求人に通知するとともに、これを公表しなければならない。

10 普通地方公共団体の議会は、第一項の規定による請求があつた後に、当該請求に係る行為又は怠る事実に関する損害賠償又は不当利得返還の請求権その他の権利の放棄に関する議決をしようとするときは、あらかじめ監査委員の意見を聴かなければならない。

11 第四項の規定による勧告、第五項の規定による監査及び勧告並びに前項の規定による意見についての決定は、監査委員の合議によるものとする。

（住民訴訟）

第二百四十二条の二 普通地方公共団体の住民は、前条第一項の規定による請求をした場合において、同条第五項の規定による監査委員の監査の結果若しくは勧告若しくは同条第九項の規定による普通地方公共団体の議会、長その他の執行機関若しくは職員の措置に不服があるとき、又は監査委員が同条第五項の規定による監査若しくは勧告を同条第六項の期間内に行わないとき、若しくは議会、長その他の執行機関若しくは職員が同条第九項の規定による措置を講じないときは、裁判所に対し、同条第一項の請求に係る違法な行為又は怠る事実につき、訴えをもつて次に掲げる請求をすることができる。

一 当該執行機関又は職員に対する当該行為の全部又は一部の差止めの請求

二 行政処分たる当該行為の取消し又は無効確認の請求

三 当該執行機関又は職員に対する当該怠る事実の違法確認の請求

四 当該職員又は当該行為若しくは怠る事実に係る相手方に損害賠償又は不当利得返還の請求をすることを当該普通地方公共団体の執行機関又は職員に対して求める請求。ただし、当該職員又は当該行為若しくは怠る事実に係る相手方が第二百四十三条の二の八第三項の規定による賠償の命令の対象となる者である場合には、当該賠償の命令をすることを求める請求

2 前項の規定による訴訟は、次の各号に掲げる場合の区分に応じ、当該各号に定める期間内に提起しなければならない。

一 監査委員の監査の結果又は勧告に不服がある場合 当該監査の結果又は当該勧告の内容の通知があつた日から三十日以内

二 監査委員の勧告を受けた議会、長その他の執行機関又は職員の措置に不服がある場合 当該措置に係る監査委員の通知があつた日から三十日以内

三 監査委員が請求をした日から六十日を経過しても監査又は勧告を行わない場合 当該六十日を経過した日から三十日以内

四 監査委員の勧告を受けた議会、長その他の執行機関又は職員が措置を講じない場合 当該勧告に示された期間を経

過した日から三十日以内

3　前項の期間は、不変期間とする。

4　第一項の規定による訴訟が係属しているときは、当該普通地方公共団体の他の住民は、別訴をもつて同一の請求をすることができない。

5　第一項の規定による訴訟は、当該普通地方公共団体の事務所の所在地を管轄する地方裁判所の管轄に専属する。

6　第一項第一号の規定による請求に基づく差止めは、当該行為を差し止めることによつて人の生命又は身体に対する重大な危害の発生の防止その他公共の福祉を著しく阻害するおそれがあるときは、することができない。

7　第一項第四号の規定による訴訟が提起された場合には、当該職員又は当該行為若しくは怠る事実の相手方に対して、当該普通地方公共団体の執行機関又は職員は、遅滞なく、その訴訟の告知をしなければならない。

8　前項の訴訟告知があつたときは、第一項第四号の規定による訴訟が終了した日から六月を経過するまでの間は、当該訴訟に係る損害賠償又は不当利得返還の請求権の時効は、完成しない。

9　民法第百五十三条第二項の規定は、前項の規定による時効の完成猶予について準用する。

10　第一項に規定する違法な行為又は怠る事実については、民事保全法（平成元年法律第九十一号）に規定する仮処分をすることができない。

11　第二項から前項までに定めるもののほか、第一項の規定による訴訟については、行政事件訴訟法第四十三条の規定の適用があるものとする。

12　第一項の規定による訴訟を提起した者が勝訴（一部勝訴を含む。）した場合において、弁護士、弁護士法人又は弁護士・外国法事務弁護士共同法人に報酬を支払うべきときは、当該普通地方公共団体に対し、その報酬額の範囲内で相当と認められる額の支払を請求することができる。

（訴訟の提起）

第二百四十二条の三　前条第一項第四号本文の規定による訴訟について、損害賠償又は不当利得返還の請求を命ずる判決が確定した場合においては、普通地方公共団体の長は、当該判決が確定した日から六十日以内の日を期限として、当該請求に係る損害賠償金又は不当利得の返還金の支払を請求しなければならない。

2　前項に規定する場合において、当該判決が確定した日から六十日以内に当該請求に係る損害賠償金又は不当利得による返還金が支払われないときは、当該普通地方公共団体は、当該損害賠償又は不当利得返還の請求を目的とする訴訟を提起しなければならない。

3　前項の訴訟の提起については、第九十六条第一項第十二号の規定にかかわらず、当該普通地方公共団体の議会の議決を要しない。

4　前条第一項第四号本文の規定による訴訟の裁判が同条第七項の訴訟告知を受けた者に対してもその効力を有するときは、当該訴訟の裁判は、当該普通地方公共団体と当該訴訟告知を受けた者との間においてもその効力を有する。

5　前条第一項第四号本文の規定による訴訟について、普通地方公共団体の執行機関又は職員に損害賠償又は不当利得返還の請求を命ずる判決が確定した場合において、当該普通地方公共団体がその長に対し当該損害賠償又は不当利得返還の請求を目的とする訴訟を提起するときは、当該訴訟については、代表監査委員が当該普通地方公共団体を代表する。

第十一節　雑則

（私人の公金取扱いの制限）

第二百四十三条　普通地方公共団体は、法律若しくはこれに基づく政令に特別の定めがある場合又は次条第一項の規定により委託する場合を除くほか、公金の徴収若しくは収納又は支出の権限を私人に委任し、又は私人をして行わせてはならない。

第二百四十三条の二〜第二百四十三条の二の六　〔略〕

（普通地方公共団体の長等の損害賠償責任の一部免責）

第二百四十三条の二の七　普通地方公共団体は、条例で、当該普通地方公共団体の長若しくは委員会の委員若しくは委員又は当該普通地方公共団体の職員（次条第三項の規定による賠償の命令の対象となる者を除く。以下この項において「普通地方公共団体の長等」という。）の当該普通地方公共団体に対する損害を賠償する責任を、普通地方公共団体の長等が職務を行うにつき善意でかつ重大な過失がないときは、普通地方公共団体の長等が賠償の責任を負う額から、普通地方公共団体の長等の職責その他の事情を考慮して政令で定める基準を参酌して、政令で定める額以上で当該条例で定める額を控除して得た額について免れさせる旨を定めることができる。

2・3　〔略〕

（職員の賠償責任）

第二百四十三条の二の八　会計管理者若しくは出納長若しくは収入役の事務を補助する職員、資金前渡を受けた職員、占有動産を保管している職員又は物品を使用している職員が故意又は重大な過失（現金については、故意又は過失）により、その保管に係る現金、有価証券、物品（基金に属する動産を含む。）若しくは占有動産又はその使用に係る物品を亡失し、又は損傷したときは、これによつて生じた損害を賠償しなければならない。次に掲げる行為をする権限を有する職員又はその権限に属する事務を直接補助する職員で普通地方公共団体の規則で指定したものが故意又は重大な過失により法令の規定に違反して当該行為をしたこと又は怠つたことにより普通地方公共団体に損害を与えたときも、同様とする。

一　支出負担行為

二　第二百三十二条の四第一項の命令又は同条第二項の確認

三　支出又は支払

四　第二百三十四条の二第一項の監督又は検査

2　前項の場合において、その損害が二人以上の職員の行為により生じたものであるときは、当該職員は、それぞれの職分に応じ、かつ、当該行為が当該損害の発生の原因となつた程度に応じて賠償の責めに任ずるものとする。

3　普通地方公共団体の長は、第一項の職員が同項に規定する行為により当該普通地方公共団体に損害を与えたと認めるときは、監査委員に対し、その事実があるかどうかを監査し、賠償責任の有無及び賠償額を決定することを求め、その決定に基づき、期限を定めて賠償を命じなければならない。

4 第二百四十二条の二第一項第四号ただし書の規定による訴訟について、賠償の命令を命ずる判決が確定した場合には、普通地方公共団体の長は、当該判決が確定した日から六十日以内の日を期限として、賠償を命じなければならない。この場合においては、前項の規定による監査委員の監査及び決定を求めることを要しない。

5 前項の規定により賠償を命じた場合において、当該判決が確定した日から六十日以内に当該賠償の命令に係る損害賠償金が支払われないときは、当該普通地方公共団体は、当該損害賠償の請求を目的とする訴訟を提起しなければならない。

6 前項の訴訟の提起については、第九十六条第一項第十二号の規定にかかわらず、当該普通地方公共団体の議会の議決を要しない。

7 第二百四十二条の二第一項第四号ただし書の規定による訴訟の判決に従いなされた賠償の命令について取消訴訟が提起されているときは、裁判所は、当該取消訴訟の判決が確定するまで、当該賠償の命令に係る損害賠償の請求を目的とする訴訟の訴訟手続を中止しなければならない。

8 第三項の規定により監査委員が賠償責任があると決定した場合において、普通地方公共団体の長は、当該職員からなされた当該損害が避けることのできない事故その他やむを得ない事情によるものであることの証明を相当と認めるときは、議会の同意を得て、賠償責任の全部又は一部を免除することができる。この場合においては、あらかじめ監査委員の意見を聴き、その意見を付けて議会に付議しなければならない。

9 第三項の規定による決定又は前項後段の規定による意見の決定は、監査委員の合議によるものとする。

10 第二百四十二条の二第一項第四号ただし書の規定による訴訟の判決に従い第三項の規定による処分がなされた場合には、当該処分については、審査請求をすることができない。

11 普通地方公共団体の長は、第三項の規定による処分についての審査請求がされた場合には、当該審査請求が不適法であり、却下するときを除き、議会に諮問した上、当該審査請求に対する裁決をしなければならない。

12 議会は、前項の規定による諮問を受けた日から二十日以内に意見を述べなければならない。

13 普通地方公共団体の長は、第十一項の規定による諮問をしないで同項の審査請求を却下したときは、その旨を議会に報告しなければならない。

14 第一項の規定により損害を賠償しなければならない場合には、同項の職員の賠償責任については、賠償責任に関する民法の規定は、適用しない。

第二百四十三条の三～第二百四十三条の五 〔略〕

第十章 公の施設

（公の施設）

第二百四十四条 普通地方公共団体は、住民の福祉を増進する目的をもつてその利用に供するための施設（これを公の施設という。）を設けるものとする。

2 普通地方公共団体（次条第三項に規定する指定管理者を含む。次項において同じ。）は、正当な理由がない限り、住民が公の施設を利用することを拒んではならない。

3 普通地方公共団体は、住民が公の施設を利用することについて、不当な差別的取扱いをしてはならない。

（公の施設の設置、管理及び廃止）

第二百四十四条の二 普通地方公共団体は、法律又はこれに基づく政令に特別の定めがあるものを除くほか、公の施設の設置及びその管理に関する事項は、条例でこれを定めなければならない。

2 普通地方公共団体は、条例で定める重要な公の施設のうち条例で定める特に重要なものについて、これを廃止し、又は条例で定める長期かつ独占的な利用をさせようとするときは、議会において出席議員の三分の二以上の者の同意を得なければならない。

3 普通地方公共団体は、公の施設の設置の目的を効果的に達成するため必要があると認めるときは、条例の定めるところにより、法人その他の団体であつて当該普通地方公共団体が指定するもの（以下本条及び第二百四十四条の四において「指定管理者」という。）に、当該公の施設の管理を行わせることができる。

4 前項の条例には、指定管理者の指定の手続、指定管理者が行う管理の基準及び業務の範囲その他必要な事項を定めるものとする。

5 指定管理者の指定は、期間を定めて行うものとする。

6 普通地方公共団体は、指定管理者の指定をしようとするときは、あらかじめ、当該普通地方公共団体の議会の議決を経なければならない。

7 指定管理者は、毎年度終了後、その管理する公の施設の管理の業務に関し事業報告書を作成し、当該公の施設を設置する普通地方公共団体に提出しなければならない。

8 普通地方公共団体は、適当と認めるときは、指定管理者にその管理する公の施設の利用に係る料金（次項において「利用料金」という。）を当該指定管理者の収入として収受させることができる。

9 前項の場合における利用料金は、公益上必要があると認める場合を除くほか、条例の定めるところにより、指定管理者が定めるものとする。この場合において、指定管理者は、あらかじめ当該利用料金について当該普通地方公共団体の承認を受けなければならない。

10 普通地方公共団体の長又は委員会は、指定管理者の管理する公の施設の管理の適正を期するため、指定管理者に対して、当該管理の業務又は経理の状況に関し報告を求め、実地について調査し、又は必要な指示をすることができる。

11 普通地方公共団体は、指定管理者が前項の指示に従わないときその他当該指定管理者による管理を継続することが適当でないと認めるときは、その指定を取り消し、又は期間を定めて管理の業務の全部又は一部の停止を命ずることができる。

（公の施設の区域外設置及び他の団体の公の施設の利用）

第二百四十四条の三 普通地方公共団体は、その区域外においても、また、関係普通地方公共団体との協議により、公の施設を設けることができる。

2 普通地方公共団体は、他の普通地方公共団体との協議により、当該他の普通地方公共団体の公の施設を自己の住民の利用に供させることができる。

3 前二項の協議については、関係普通地方公共団体の議会の議決を経なければならない。

（公の施設を利用する権利に関する処分についての審査請求）

第二百四十四条の四 普通地方公共団体の長以外の機関（指定管理者を含む。）がした公の施設を利用する権利に関する処分についての審査請求は、普通地方公共団体の長が当該機関の最上級行政庁でない場合においても、当該普通地方公共団体の長に対してするものとする。

2 普通地方公共団体の長は、公の施設を利用する権利に関する処分についての審査請求がされた場合には、当該審査請求が不適法であり、却下するときを除き、議会に諮問した上、当該審査請求に対する裁決をしなければならない。

3 議会は、前項の規定による諮問を受けた日から二十日以内に意見を述べなければならない。

4 普通地方公共団体の長は、第二項の規定による諮問をしないで同項の審査請求を却下したときは、その旨を議会に報告しなければならない。

第十一章 国と普通地方公共団体との関係及び普通地方公共団体相互間の関係

第一節 普通地方公共団体に対する国又は都道府県の関与等

第一款 普通地方公共団体に対する国又は都道府県の関与等

（関与の意義）

第二百四十五条 本章において「普通地方公共団体に対する国又は都道府県の関与」とは、普通地方公共団体の事務の処理に関し、国の行政機関（内閣府設置法（平成十一年法律第八十九号）第四条第三項に規定する事務をつかさどる機関たる内閣府、宮内庁、同法第四十九条第一項若しくは第二項に規定する機関、デジタル庁設置法（令和三年法律第三十六号）第四条第二項に規定する事務をつかさどる機関たるデジタル庁、国家行政組織法（昭和二十三年法律第百二十号）第三条第二項に規定する機関、法律の規定に基づき内閣の所轄の下に置かれる機関又はこれらに置かれる機関をいう。以下本章において同じ。）又は都道府県の機関が行う次に掲げる行為（普通地方公共団体がその固有の資格において当該行為の名あて人となるものに限り、国又は都道府県の普通地方公共団体に対する支出金の交付及び返還に係るものを除く。）をいう。

一 普通地方公共団体に対する次に掲げる行為

イ 助言又は勧告

ロ 資料の提出の要求

ハ 是正の要求（普通地方公共団体の事務の処理が法令の規定に違反しているとき又は著しく適正を欠き、かつ、明らかに公益を害しているときに当該普通地方公共団体に対して行われる当該違反の是正又は改善のため必要な措置を講ずべきことの求めであつて、当該求めを受けた普通地方公共団体がその違反の是正又は改善のため必要な措置を講じなければならないものをいう。）

ニ 同意

ホ 許可、認可又は承認

ヘ 指示

ト 代執行（普通地方公共団体の事務の処理が法令の規定に違反しているとき又は当該普通地方公共団体がその事務の処理を怠つているときに、その是正のための措置を当該普通地方公共団体に代わつて行うことをいう。）

二 普通地方公共団体との協議

三 前二号に掲げる行為のほか、一定の行政目的を実現するため普通地方公共団体に対して具体的かつ個別的に関わる行為（相反する利害を有する者の間の利害の調整を目的としてされる裁定その他の行為（その双方を名あて人とするものに限る。）及び審査請求その他の不服申立てに対する裁決、決定その他の行為を除く。）

参 法二四五の二～二五二、教基法一六・一七

㊀【地方公共団体＝法一の二【助言又は＝法二四五の四【勧告＝法二四五の二・二四五の六【資料提出の要求＝法二四五の四①②【是正の要求＝法二四五の五、地方教育行政法【同意＝法二五〇の二①【許可、認可又は承認＝法二四五の三⑤・二五〇の二①【指示＝法二四五の四②・法二四五の五②③・二四五の七、地方教育行政法五〇

㊁【協議＝法二四五の三③・二五〇・二五〇の一三③・二五〇の一四④

㊂【具体的かつ個別的に関わる行為＝法二四五の三②

（関与の法定主義）

第二百四十五条の二 普通地方公共団体は、その事務の処理に関し、法律又はこれに基づく政令によらなければ、普通地方公共団体に対する国又は都道府県の関与を受け、又は要することとされることはない。

参 法二四五 【国及び地方公共団体の役割＝法一の二・二

（関与の基本原則）

第二百四十五条の三 国は、普通地方公共団体が、その事務の処理に関し、普通地方公共団体に対する国又は都道府県の関与を受け、又は要することとする場合には、その目的を達成するために必要な最小限度のものとするとともに、普通地方公共団体の自主性及び自立性に配慮しなければならない。

2 国は、できる限り、普通地方公共団体が、自治事務の処理に関しては普通地方公共団体に対する国又は都道府県の関与のうち第二百四十五条第一号ト及び第三号に規定する行為を、法定受託事務の処理に関しては普通地方公共団体に対する国又は都道府県の関与のうち同号に規定する行為を受け、又は要することとすることのないようにしなければならない。

3 国は、国又は都道府県の計画と普通地方公共団体の計画との調和を保つ必要がある場合等国又は都道府県の施策と普通地方公共団体の施策との間の調整が必要な場合を除き、普通地方公共団体の事務の処理に関し、普通地方公共団体が、普通地方公共団体に対する国又は都道府県の関与のうち第二百四十五条第二号に規定する行為を要することとすることのないようにしなければならない。

4 国は、法令に基づき国がその内容について財政上又は税制上の特例措置を講ずるものとされている計画を普通地方公共団体が作成する場合等国又は都道府県の施策と普通地方公共団体の施策との整合性を確保しなければこれらの施策の実施に著しく支障が生ずると認められる場合を除き、自治事務の処理に関し、普通地方公共団体が、普通地方公共団体に対する国又は都道府県の関与のうち第二百四十五条第一号ニに規定する行為を要することとすることのないようにしなければならない。

5 国は、普通地方公共団体が特別の法律により法人を設立する場合等自治事務の処理について国の行政機関又は都道府県の機関の許可、認可又は承認を要することとすること以外の方法によつてその処理の適正を確保することが困難であると認められる場合を除き、自治事務の処理に関し、普通地方公共団体が、普通地方公共団体に対する国又は都道府県の関与のうち第二百四十五条第一号ホに規定する行為を要することとすることのないようにしなければならない。

6 国は、国民の生命、身体又は財産の保護のため緊急に自治事務の的確な処理を確保する必要がある場合等特に必要と認められる場合を除き、自治事務の処理に関し、普通地方公共団体が、普通地方公共団体に対する国又は都道府県の関与のうち第二百四十五条第一号ヘに規定する行為に従わなければならないこととすることのないようにしなければならない。

参【自治事務＝法二⑧】【法定受託事務＝法二⑨】

（技術的な助言及び勧告並びに資料の提出の要求）

第二百四十五条の四 各大臣（内閣府設置法第四条第三項若しくはデジタル庁設置法第四条第二項に規定する事務を分担管理する大臣たる内閣総理大臣又は国家行政組織法第五条第一項に規定する各省大臣をいう。以下本章、次章及び第十四章において同じ。）又は都道府県知事その他の都道府県の執行機関は、その担任する事務に関し、普通地方公共団体に対し、普通地方公共団体の事務の運営その他の事項について適切と認める技術的な助言若しくは勧告をし、又は当該助言若しくは勧告をするため若しくは普通地方公共団体の事務の適正な処理に関する情報を提供するため必要な資料の提出を求めることができる。

2 各大臣は、その担任する事務に関し、都道府県知事その他の都道府県の執行機関に対し、前項の規定による市町村に対する助言若しくは勧告又は資料の提出の求めに関し、必要な指示をすることができる。

3 普通地方公共団体の長その他の執行機関は、各大臣又は都道府県知事その他の都道府県の執行機関に対し、その担任する事務の管理及び執行について技術的な助言若しくは勧告又は必要な情報の提供を求めることができる。

参【助言・勧告＝法二四五1イ・二四七】【資料の提出の求め＝法二四五1ロ・二四八、地方教育行政法五四②】
[1] 地方教育行政法四八①②
[2] 地方教育行政法四八③【指示＝法二四五1ヘ・二五二の一七の五】
[3] 地方教育行政法四八④

（是正の要求）

第二百四十五条の五 各大臣は、その担任する事務に関し、都道府県の自治事務の処理が法令の規定に違反していると認めるとき、又は著しく適正を欠き、かつ、明らかに公益を害していると認めるときは、当該都道府県に対し、当該自治事務の処理について違反の是正又は改善のため必要な措置を講ずべきことを求めることができる。

2 各大臣は、その担任する事務に関し、市町村の次の各号に掲げる事務の処理が法令の規定に違反していると認めるとき、又は著しく適正を欠き、かつ、明らかに公益を害していると認めるときは、当該各号に定める都道府県の執行機関に対し、当該事務の処理について違反の是正又は改善のため必要な措置を講ずべきことを当該市町村に求めるよう指示をすることができる。

一 市町村長その他の市町村の執行機関（教育委員会及び選挙管理委員会を除く。）の担任する事務（第一号法定受託事務を除く。次号及び第三号において同じ。） 都道府県知事

二 市町村教育委員会の担任する事務 都道府県教育委員会

三 〔略〕

3 前項の指示を受けた都道府県の執行機関は、当該市町村に対し、当該事務の処理について違反の是正又は改善のため必要な措置を講ずべきことを求めなければならない。

4 各大臣は、第二項の規定によるほか、その担任する事務に関し、市町村の事務（第一号法定受託事務を除く。）の処理が法令の規定に違反していると認める場合、又は著しく適正を欠き、かつ、明らかに公益を害していると認める場合において、緊急を要するときその他特に必要があると認めるときは、自ら当該市町村に対し、当該事務の処理について違反の是正又は改善のため必要な措置を講ずべきことを求めることができる。

5 普通地方公共団体は、第一項、第三項又は前項の規定による求めを受けたときは、当該事務の処理について違反の是正

又は改善のための必要な措置を講じなければならない。

参【是正の要求＝法二四五1ハ、二四九【指示＝法二四五1ヘ、地方教育行政法四八③・四九【第一号法定受託事務＝法二⑨1

1【是正の要求の方式＝地方教育行政法四九

（是正の勧告）

第二百四十五条の六　次の各号に掲げる都道府県の執行機関は、市町村の当該各号に定める自治事務の処理が法令の規定に違反していると認めるとき、又は著しく適正を欠き、かつ、明らかに公益を害していると認めるときは、当該市町村に対し、当該自治事務の処理について違反の是正又は改善のため必要な措置を講ずべきことを勧告することができる。

一　都道府県知事　市町村長その他の市町村の執行機関（教育委員会及び選挙管理委員会を除く。）の担任する自治事務

二　都道府県教育委員会　市町村教育委員会の担任する自治事務

三　〔略〕

参【勧告＝法二四五1イ・二四七

（是正の指示）

第二百四十五条の七　各大臣は、その所管する法律又はこれに基づく政令に係る都道府県の法定受託事務の処理が法令の規定に違反していると認めるとき、又は著しく適正を欠き、かつ、明らかに公益を害していると認めるときは、当該都道府県に対し、当該法定受託事務の処理について違反の是正又は改善のため講ずべき措置に関し、必要な指示をすることができる。

2　次の各号に掲げる都道府県の執行機関は、市町村の当該各号に定める法定受託事務の処理が法令の規定に違反していると認めるとき、又は著しく適正を欠き、かつ、明らかに公益を害していると認めるときは、当該市町村に対し、当該法定受託事務の処理について違反の是正又は改善のため講ずべき措置に関し、必要な指示をすることができる。

一　都道府県知事　市町村長その他の市町村の執行機関（教育委員会及び選挙管理委員会を除く。）の担任する法定受託事務

二　都道府県教育委員会　市町村教育委員会の担任する法定受託事務

三　〔略〕

3　各大臣は、その所管する法律又はこれに基づく政令に係る市町村の第一号法定受託事務の処理について、前項各号に掲げる都道府県の執行機関に対し、同項の規定による市町村に対する指示に関し、必要な指示をすることができる。

4　各大臣は、前項の規定によるほか、その所管する法律又はこれに基づく政令に係る市町村の第一号法定受託事務の処理が法令の規定に違反していると認める場合、又は著しく適正を欠き、かつ、明らかに公益を害していると認める場合において、緊急を要するときその他特に必要があると認めるときは、自ら当該市町村に対し、当該第一号法定受託事務の処理について違反の是正又は改善のため講ずべき措置に関し、必要な指示をすることができる。

参　地方教育行政法五〇【指示＝法二四五1ヘ・二四九【指示に対する審査の申出＝法二五〇の一三①

（代執行等）

第二百四十五条の八　各大臣は、その所管する法律若しくはこれに基づく政令に係る都道府県知事の法定受託事務の管理若しくは執行が法令の規定若しくは当該各大臣の処分に違反するものがある場合又は当該法定受託事務の管理若しくは執行を怠るものがある場合において、本項から第八項までに規定する措置以外の方法によつてその是正を図ることが困難であり、かつ、それを放置することにより著しく公益を害することが明らかであるときは、文書により、当該都道府県知事に対して、その旨を指摘し、期限を定めて、当該違反を是正し、又は当該怠る法定受託事務の管理若しくは執行を改めるべきことを勧告することができる。

2〜15　〔略〕

（処理基準）

第二百四十五条の九　各大臣は、その所管する法律又はこれに基づく政令に係る都道府県の法定受託事務の処理について、都道府県が当該法定受託事務を処理するに当たりよるべき基準を定めることができる。

2　次の各号に掲げる都道府県の執行機関は、市町村の当該各号に定める法定受託事務の処理について、市町村が当該法定受託事務を処理するに当たりよるべき基準を定めることができる。この場合において、都道府県の執行機関の定める基準は、次項の規定により各大臣の定める基準に抵触するものであつてはならない。

一　都道府県知事　市町村長その他の市町村の執行機関（教育委員会及び選挙管理委員会を除く。）の担任する法定受託事務

二　都道府県教育委員会　市町村教育委員会の担任する法定受託事務

三　〔略〕

3　各大臣は、特に必要があると認めるときは、その所管する法律又はこれに基づく政令に係る市町村の第一号法定受託事務の処理について、市町村が当該第一号法定受託事務を処理するに当たりよるべき基準を定めることができる。

4　各大臣は、その所管する法律又はこれに基づく政令に係る市町村の第一号法定受託事務の処理について、第二項各号に掲げる都道府県の執行機関に対し、同項の規定により定める基準に関し、必要な指示をすることができる。

5　第一項から第三項までの規定により定める基準は、その目的を達成するために必要な最小限度のものでなければならない。

参 法二四五の三① 【指示＝法二四五1へ 【法定受託事務＝法二⑨

第二款 普通地方公共団体に対する国又は都道府県の関与等の手続

（普通地方公共団体に対する国又は都道府県の関与の手続の適用）

第二百四十六条 次条から第二百五十条の五までの規定は、普通地方公共団体に対する国又は都道府県の関与について適用する。ただし、他の法律に特別の定めがある場合は、この限りでない。

（助言等の方式等）

第二百四十七条 国の行政機関又は都道府県の機関は、普通地方公共団体に対し、助言、勧告その他これらに類する行為（以下本条及び第二百五十二条の十七の三第二項において「助言等」という。）を書面によらないで行つた場合において、当該普通地方公共団体から当該助言等の趣旨及び内容を記載した書面の交付を求められたときは、これを交付しなければならない。

2 前項の規定は、次に掲げる助言等については、適用しない。

一 普通地方公共団体に対しその場において完了する行為を求めるもの

二 既に書面により当該普通地方公共団体に通知されている事項と同一の内容であるもの

3 国又は都道府県の職員は、普通地方公共団体が国の行政機関又は都道府県の機関が行つた助言等に従わなかつたことを理由として、不利益な取扱いをしてはならない。

（資料の提出の要求等の方式）

第二百四十八条 国の行政機関又は都道府県の機関は、普通地方公共団体に対し、資料の提出の要求その他これに類する行為（以下本条及び第二百五十二条の十七の三第二項において「資料の提出の要求等」という。）を書面によらないで行つた場合において、当該普通地方公共団体から当該資料の提出の要求等の趣旨及び内容を記載した書面の交付を求められたときは、これを交付しなければならない。

（是正の要求等の方式）

第二百四十九条 国の行政機関又は都道府県の機関は、普通地方公共団体に対し、是正の要求、指示その他これらに類する行為（以下本条及び第二百五十二条の十七の三第二項において「是正の要求等」という。）をするときは、同時に、当該是正の要求等の内容及び理由を記載した書面を交付しなければならない。ただし、当該書面を交付しないで是正の要求等をすべき差し迫つた必要がある場合は、この限りでない。

2 前項ただし書の場合においては、国の行政機関又は都道府県の機関は、是正の要求等をした後相当の期間内に、同項の書面を交付しなければならない。

（協議の方式）

第二百五十条 普通地方公共団体から国の行政機関又は都道府県の機関に対して協議の申出があつたときは、国の行政機関又は都道府県の機関及び普通地方公共団体は、誠実に協議を行うとともに、相当の期間内に当該協議が調うよう努めなければならない。

2 国の行政機関又は都道府県の機関は、普通地方公共団体の申出に基づく協議について意見を述べた場合において、当該普通地方公共団体から当該協議に関する意見の趣旨及び内容を記載した書面の交付を求められたときは、これを交付しなければならない。

（許認可等の基準）

第二百五十条の二 国の行政機関又は都道府県の機関は、普通地方公共団体からの法令に基づく申請又は協議の申出（以下この款、第二百五十条の十三第二項、第二百五十一条の三第二項、第二百五十一条の五第一項、第二百五十一条の六第一項及び第二百五十二条の十七の三第三項において「申請等」という。）があつた場合において、許可、認可、承認、同意その他これらに類する行為（以下この款及び第二百五十二条の十七の三第三項において「許認可等」という。）をするかどうかを法令の定めに従つて判断するために必要とされる基準を定め、かつ、行政上特別の支障があるときを除き、これを公表しなければならない。

2・3 〔略〕

第二百五十条の三〜第二百五十条の五 〔略〕

（国の行政機関が自治事務と同一の事務を自らの権限に属する事務として処理する場合の方式）

第二百五十条の六 国の行政機関は、自治事務として普通地方公共団体が処理している事務と同一の内容の事務を法令の定めるところにより自らの権限に属する事務として処理するときは、あらかじめ当該普通地方公共団体に対し、当該事務の処理の内容及び理由を記載した書面により通知しなければならない。ただし、当該通知をしないで当該事務を処理すべき差し迫つた必要がある場合は、この限りでない。

2 前項ただし書の場合においては、国の行政機関は、自ら当該事務を処理した後相当の期間内に、同項の通知をしなければならない。

第二節 国と普通地方公共団体との間並びに普通地方公共団体相互間及び普通地方公共団体の機関相互間の紛争処理

第一款 国地方係争処理委員会

（設置及び権限）

第二百五十条の七 総務省に、国地方係争処理委員会（以下本節において「委員会」という。）を置く。

2 委員会は、普通地方公共団体に対する国又は都道府県の関与のうち国の行政機関が行うもの（以下本節において「国の関与」という。）に関する審査の申出につき、この法律の規定によりその権限に属させられた事項を処理する。

参 [1] 国家行政組織法三②、総務省設置法八② [2] 【関与＝法二四五

（組織）

第二百五十条の八 委員会は、委員五人をもつて組織する。

2 委員は、非常勤とする。ただし、そのうち二人以内は、常

勤とすることができる。

（委員）

第二百五十条の九　委員は、優れた識見を有する者のうちから、両議院の同意を得て、総務大臣が任命する。

2　委員の任命については、そのうち三人以上が同一の政党その他の政治団体に属することとなつてはならない。

3〜17〔略〕

第二百五十条の十〜第二百五十条の十二〔略〕

第二款　国地方係争処理委員会による審査の手続

（国の関与に関する審査の申出）

第二百五十条の十三　普通地方公共団体の長その他の執行機関は、その担任する事務に関する国の関与のうち是正の要求、許可の拒否その他の処分その他公権力の行使に当たるもの（次に掲げるものを除く。）に不服があるときは、委員会に対し、当該国の関与を行つた国の行政庁を相手方として、文書で、審査の申出をすることができる。

一〜四〔略〕

2　普通地方公共団体の長その他の執行機関は、その担任する事務に関する国の不作為（国の行政庁が、申請等が行われた場合において、相当の期間内に何らかの国の関与のうち許可その他の処分その他公権力の行使に当たるものをすべきにかかわらず、これをしないことをいう。以下本節において同じ。）に不服があるときは、委員会に対し、当該国の不作為に係る国の行政庁を相手方として、文書で、審査の申出をすることができる。

3　普通地方公共団体の長その他の執行機関は、その担任する事務に関する当該普通地方公共団体の法令に基づく協議の申出が国の行政庁に対して行われた場合において、当該協議に係る当該普通地方公共団体の義務を果たしたと認めるにもかかわらず当該協議が調わないときは、委員会に対し、当該協議の相手方である国の行政庁を相手方として、文書で、審査の申出をすることができる。

4　第一項の規定による審査の申出は、当該国の関与があつた日から三十日以内にしなければならない。ただし、天災その他同項の規定による審査の申出をしなかつたことについてやむを得ない理由があるときは、この限りでない。

5〜7〔略〕

参 1 【国の関与＝法二五〇の七②　【是正の要求＝法二四五1ハ・二四五の五　【許可＝法二四五1ホ
3 【協議＝法二四五2　【普通地方公共団体の義務＝法二五〇①

（審査及び勧告）

第二百五十条の十四　委員会は、自治事務に関する国の関与について前条第一項の規定による審査の申出があつた場合においては、審査を行い、相手方である国の行政庁の行つた国の関与が違法でなく、かつ、普通地方公共団体の自主性及び自立性を尊重する観点から不当でないと認めるときは、理由を付してその旨を当該審査の申出をした普通地方公共団体の長その他の執行機関及び当該国の行政庁に通知するとともに、これを公表し、当該国の行政庁の行つた国の関与が違法又は普通地方公共団体の自主性及び自立性を尊重する観点から不当であると認めるときは、当該国の行政庁に対し、理由を付し、かつ、期間を示して、必要な措置を講ずべきことを勧告するとともに、当該勧告の内容を当該普通地方公共団体の長その他の執行機関に通知し、かつ、これを公表しなければならない。

2　委員会は、法定受託事務に関する国の関与について前条第一項の規定による審査の申出があつた場合においては、審査を行い、相手方である国の行政庁の行つた国の関与が違法でないと認めるときは、理由を付してその旨を当該審査の申出をした普通地方公共団体の長その他の執行機関及び当該国の行政庁に通知するとともに、これを公表し、当該国の行政庁の行つた国の関与が違法であると認めるときは、当該国の行政庁に対し、理由を付し、かつ、期間を示して、必要な措置を講ずべきことを勧告するとともに、当該勧告の内容を当該普通地方公共団体の長その他の執行機関に通知し、かつ、これを公表しなければならない。

3　委員会は、前条第二項の規定による審査の申出があつた場合においては、審査を行い、当該審査の申出に理由がないと認めるときは、理由を付してその旨を当該審査の申出をした普通地方公共団体の長その他の執行機関及び相手方である国の行政庁に通知するとともに、これを公表し、当該審査の申出に理由があると認めるときは、当該国の行政庁に対し、理由を付し、かつ、期間を示して、必要な措置を講ずべきことを勧告するとともに、当該勧告の内容を当該普通地方公共団体の長その他の執行機関に通知し、かつ、これを公表しなければならない。

4　委員会は、前条第三項の規定による審査の申出があつたときは、当該審査の申出に係る協議について当該協議に係る普通地方公共団体がその義務を果たしているかどうかを審査し、理由を付してその結果を当該審査の申出をした普通地方公共団体の長その他の執行機関及び相手方である国の行政庁に通知するとともに、これを公表しなければならない。

5　前各項の規定による審査及び勧告は、審査の申出があつた日から九十日以内に行わなければならない。

参 【委員会＝法二五〇の七・二五〇の一三　【自治事務＝法二⑧　【法定受託事務＝法二⑨

第二百五十条の十五〜第二百五十条の二十〔略〕

第三款　自治紛争処理委員

（自治紛争処理委員）

第二百五十一条　自治紛争処理委員は、この法律の定めるところにより、普通地方公共団体相互の間又は普通地方公共団体の機関相互の間の紛争の調停、普通地方公共団体に対する国又は都道府県の関与のうち都道府県の機関が行うもの（以下この節において「都道府県の関与」という。）に関する審査、第二百五十二条の二第一項に規定する連携協約に係る紛争を処理するための方策の提示及び第百四十三条第三項（第百八十条の五第八項及び第百八十四条第二項において準用する場合を含む。）の審査請求又はこの法律の規定による審査の申立て若しくは審決の申請に係る審理を処理する。

2 自治紛争処理委員は、三人とし、事件ごとに、優れた識見を有する者のうちから、総務大臣又は都道府県知事がそれぞれ任命する。この場合においては、総務大臣又は都道府県知事は、あらかじめ当該事件に関係のある事務を担任する各大臣又は都道府県の委員会若しくは委員に協議するものとする。

3 自治紛争処理委員は、非常勤とする。

4～6 〔略〕

第四款 自治紛争処理委員による調停、審査及び処理方策の提示の手続

（調停）

第二百五十一条の二 普通地方公共団体相互の間又は普通地方公共団体の機関相互の間に紛争があるときは、この法律に特別の定めがあるものを除くほか、都道府県又は都道府県の機関が当事者となるものにあつては総務大臣、その他のものにあつては都道府県知事は、当事者の文書による申請に基づき又は職権により、紛争の解決のため、前条第二項の規定により自治紛争処理委員を任命し、その調停に付することができる。

2～10 〔略〕

参【都道府県の関与＝法二五一①【是正の要求＝法二四五1ハ・二四五の五【許可＝法二四五1ホ【協議＝法二四五2【市町村の義務＝法二五〇①

（審査及び勧告）

第二百五十一条の三 総務大臣は、市町村長その他の市町村の執行機関が、その担任する事務に関する都道府県の関与のうち是正の要求、許可の拒否その他の処分その他公権力の行使に当たるもの（次に掲げるものを除く。）に不服があり、文書により、自治紛争処理委員の審査に付することを求める旨の申出をしたときは、速やかに、第二百五十一条第二項の規定により自治紛争処理委員を任命し、当該申出に係る事件をその審査に付さなければならない。

一・二 〔略〕

2 総務大臣は、市町村長その他の市町村の執行機関が、その担任する事務に関する都道府県の不作為（都道府県の行政庁が、申請等が行われた場合において、相当の期間内に何らかの都道府県の関与のうち許可その他の処分その他公権力の行使に当たるものをすべきにかかわらず、これをしないことをいう。以下本節において同じ。）に不服があり、文書により、自治紛争処理委員の審査に付することを求める旨の申出をしたときは、速やかに、第二百五十一条第二項の規定により自治紛争処理委員を任命し、当該申出に係る事件をその審査に付さなければならない。

3 総務大臣は、市町村長その他の市町村の執行機関が、その担任する事務に関する当該市町村の法令に基づく協議の申出が都道府県の行政庁に対して行われた場合において、当該協議に係る当該市町村の義務を果たしたと認めるにもかかわらず当該協議が調わないことについて、文書により、自治紛争処理委員の審査に付することを求める旨の申出をしたときは、速やかに、第二百五十一条第二項の規定により自治紛争処理委員を任命し、当該申出に係る事件をその審査に付さなければならない。

4 前三項の規定による申出においては、次に掲げる者を相手方としなければならない。

一 第一項の規定による申出の場合は、当該申出に係る都道府県の関与を行つた都道府県の行政庁

二 第二項の規定による申出の場合は、当該申出に係る都道府県の不作為に係る都道府県の行政庁

三 前項の規定による申出の場合は、当該申出に係る協議の相手方である都道府県の行政庁

5～15 〔略〕

参 1【都道府県の関与＝法二五一①【是正の要求＝法二四五1ハ・二四五の五【許可＝法二四五1ホ 2【協議＝法二四五2【市町村の義務＝法二五〇①

（処理方策の提示）

第二百五十一条の三の二 総務大臣又は都道府県知事は、第二百五十二条の二第七項の規定により普通地方公共団体から自治紛争処理委員による同条第一項に規定する連携協約に係る紛争を処理するための方策（以下この条において「処理方策」という。）の提示を求める旨の申請があつたときは、第二百五十一条第二項の規定により自治紛争処理委員を任命し、処理方策を定めさせなければならない。

2 前項の申請をした普通地方公共団体は、総務大臣又は都道府県知事の同意を得て、当該申請を取り下げることができる。

3 自治紛争処理委員は、処理方策を定めたときは、これを当事者である普通地方公共団体に提示するとともに、その旨及び当該処理方策を総務大臣又は都道府県知事に通知し、かつ、これらを公表しなければならない。

4 自治紛争処理委員は、処理方策を定めるため必要があると認めるときは、当事者及び関係人の出頭及び陳述を求め、又は当事者及び関係人並びに紛争に係る事件に関係のある者に対し、処理方策を定めるため必要な記録の提出を求めることができる。

5 第三項の規定による処理方策の決定並びに前項の規定による出頭、陳述及び記録の提出の求めについての決定は、自治紛争処理委員の合議によるものとする。

6 第三項の規定により処理方策の提示を受けたときは、当事者である普通地方公共団体は、これを尊重して必要な措置を執るようにしなければならない。

第二百五十一条の四 〔略〕

第五款 普通地方公共団体に対する国又は都道府県

の関与に関する訴え

（国の関与に関する訴えの提起）

第二百五十一条の五　第二百五十条の十三第一項又は第二項の規定による審査の申出をした普通地方公共団体の長その他の執行機関は、次の各号のいずれかに該当するときは、高等裁判所に対し、当該審査の申出の相手方となつた国の行政庁（国の関与があつた後又は申請等が行われた後に当該行政庁の権限が他の行政庁に承継されたときは、当該他の行政庁）を被告として、訴えをもつて当該審査の申出に係る違法な国の関与の取消し又は当該審査の申出に係る国の不作為の違法の確認を求めることができる。ただし、違法な国の関与の取消しを求める訴えを提起する場合において、被告とすべき行政庁がないときは、当該訴えは、国を被告として提起しなければならない。

一　第二百五十条の十四第一項から第三項までの規定による委員会の審査の結果又は勧告に不服があるとき。

二　第二百五十条の十八第一項の規定による国の行政庁の措置に不服があるとき。

三　当該審査の申出をした日から九十日を経過しても、委員会が第二百五十条の十四第一項から第三項までの規定による審査又は勧告を行わないとき。

四　国の行政庁が第二百五十条の十八第一項の規定による措置を講じないとき。

2　前項の訴えは、次に掲げる期間内に提起しなければならない。

一　前項第一号の場合は、第二百五十条の十四第一項から第三項までの規定による委員会の審査の結果又は勧告の内容の通知があつた日から三十日以内

二　前項第二号の場合は、第二百五十条の十八第一項の規定による委員会の通知があつた日から三十日以内

三　前項第三号の場合は、当該審査の申出をした日から九十日を経過した日から三十日以内

四　前項第四号の場合は、第二百五十条の十四第一項から第三項までの規定による委員会の勧告に示された期間を経過した日から三十日以内

3　第一項の訴えは、当該普通地方公共団体の区域を管轄する高等裁判所の管轄に専属する。

4　原告は、第一項の訴えを提起したときは、直ちに、文書により、その旨を被告に通知するとともに、当該高等裁判所に対し、その通知をした日時、場所及び方法を通知しなければならない。

5　当該高等裁判所は、第一項の訴えが提起されたときは、速やかに口頭弁論の期日を指定し、当事者を呼び出さなければならない。その期日は、同項の訴えの提起があつた日から十五日以内の日とする。

6　第一項の訴えに係る高等裁判所の判決に対する上告の期間は、一週間とする。

7〜10　〔略〕

（都道府県の関与に関する訴えの提起）

第二百五十一条の六　第二百五十一条の三第一項又は第二項の規定による申出をした市町村長その他の市町村の執行機関は、次の各号のいずれかに該当するときは、高等裁判所に対し、当該申出の相手方となつた都道府県の行政庁（都道府県の関与があつた後又は申請等が行われた後に当該行政庁の権限が他の行政庁に承継されたときは、当該他の行政庁）を被告として、訴えをもつて当該申出に係る違法な都道府県の関与の取消し又は当該申出に係る都道府県の不作為の違法の確認を求めることができる。ただし、違法な都道府県の関与の取消しを求める訴えを提起する場合において、被告とすべき行政庁がないときは、当該訴えは、当該都道府県を被告として提起しなければならない。

一　第二百五十一条の三第五項において準用する第二百五十条の十四第一項若しくは第二項又は第二百五十一条の三第六項において準用する第二百五十条の十四第三項の規定による自治紛争処理委員の審査の結果又は勧告に不服があるとき。

二　第二百五十一条の三第九項の規定による都道府県の行政庁の措置に不服があるとき。

三　当該申出をした日から九十日を経過しても、自治紛争処理委員が第二百五十一条の三第五項において準用する第二百五十条の十四第一項若しくは第二項又は第二百五十一条の三第六項において準用する第二百五十条の十四第三項の規定による審査又は勧告を行わないとき。

四　都道府県の行政庁が第二百五十一条の三第九項の規定による措置を講じないとき。

2〜6　〔略〕

（普通地方公共団体の不作為に関する国の訴えの提起）

第二百五十一条の七　第二百四十五条の五第一項若しくは第四項の規定による是正の要求又は第二百四十五条の七第一項若しくは第四項の規定による指示を行つた各大臣は、次の各号のいずれかに該当するときは、高等裁判所に対し、当該是正の要求又は指示を受けた普通地方公共団体の不作為（是正の要求又は指示を受けた普通地方公共団体の行政庁が、相当の期間内に是正の要求に応じた措置又は指示に係る措置を講じなければならないにもかかわらず、これを講じないことをいう。以下この項、次条及び第二百五十二条の十七の四第三項において同じ。）に係る普通地方公共団体の行政庁（当該是正の要求又は指示があつた後に当該行政庁の権限が他の行政庁に承継されたときは、当該他の行政庁）を被告として、訴えをもつて当該普通地方公共団体の不作為の違法の確認を求めることができる。

一　普通地方公共団体の長その他の執行機関が当該是正の要求又は指示に関する第二百五十条の十三第一項の規定による審査の申出をせず（審査の申出後に第二百五十条の十七第一項の規定により当該審査の申出が取り下げられた場合を含む。）、かつ、当該是正の要求に応じた措置又は指示に係る措置を講じないとき。

二　普通地方公共団体の長その他の執行機関が当該是正の要求又は指示に関する第二百五十条の十三第一項の規定による審査の申出をした場合において、次に掲げるとき。

イ　委員会が第二百五十条の十四第一項又は第二項の規定による審査の結果又は勧告の内容の通知をした場合にお

いて、当該普通地方公共団体の長その他の執行機関が第二百五十一条の五第一項の規定による当該是正の要求又は指示の取消しを求める訴えの提起をせず（訴えの提起後に当該訴えが取り下げられた場合を含む。ロにおいて同じ。）、かつ、当該是正の要求に応じた措置又は指示に係る措置を講じないとき。

ロ　委員会が当該審査の申出をした日から九十日を経過しても第二百五十条の十四第一項又は第二項の規定による審査又は勧告を行わない場合において、当該普通地方公共団体の長その他の執行機関が第二百五十一条の五第一項の規定による当該是正の要求又は指示の取消しを求める訴えの提起をせず、かつ、当該是正の要求に応じた措置又は指示に係る措置を講じないとき。

2　前項の訴えは、次に掲げる期間が経過するまでは、提起することができない。

一　前項第一号の場合は、第二百五十条の十三第四項本文の期間

二　前項第二号イの場合は、第二百五十一条の五第二項第一号、第二号又は第四号に掲げる期間

三　前項第二号ロの場合は、第二百五十一条の五第二項第三号に掲げる期間

3　第二百五十一条の五第三項から第六項までの規定は、第一項の訴えについて準用する。

4　第一項の訴えについては、行政事件訴訟法第四十三条第三項の規定にかかわらず、同法第四十条第二項及び第四十一条第二項の規定は、準用しない。

5　前各項に定めるもののほか、第一項の訴えについては、主張及び証拠の申出の時期の制限その他審理の促進に関し必要な事項は、最高裁判所規則で定める。

（市町村の不作為に関する都道府県の訴えの提起）

第二百五十二条　第二百四十五条の五第二項の指示を行つた各大臣は、次の各号のいずれかに該当するときは、同条第三項の規定による是正の要求を行つた都道府県の執行機関に対し、高等裁判所に対し、当該是正の要求を受けた市町村の不作為に係る市町村の行政庁（当該是正の要求があつた後に当該行政庁の権限が他の行政庁に承継されたときは、当該他の行政庁。次項において同じ。）を被告として、訴えをもつて当該市町村の不作為の違法の確認を求めるよう指示をすることができる。

一　市町村長その他の市町村の執行機関が当該是正の要求に関する第二百五十一条の三第一項の規定による申出をせず（申出後に同条第五項において準用する第二百五十条の十七第一項の規定により当該申出が取り下げられた場合を含む。）、かつ、当該是正の要求に応じた措置を講じないとき。

二　市町村長その他の市町村の執行機関が当該是正の要求に関する第二百五十一条の三第一項の規定による申出をした場合において、次に掲げるとき。

イ　自治紛争処理委員が第二百五十一条の三第五項において準用する第二百五十条の十四第一項の規定による審査の結果又は勧告の内容の通知をした場合において、当該市町村長その他の市町村の執行機関が第二百五十一条の六第一項の規定による当該是正の要求の取消しを求める訴えの提起をせず（訴えの提起後に当該訴えが取り下げられた場合を含む。ロにおいて同じ。）、かつ、当該是正の要求に応じた措置を講じないとき。

ロ　自治紛争処理委員が当該申出をした日から九十日を経過しても第二百五十一条の三第五項において準用する第二百五十条の十四第一項の規定による審査又は勧告を行わない場合において、当該市町村長その他の市町村の執行機関が第二百五十一条の六第一項の規定による当該是正の要求の取消しを求める訴えの提起をせず、かつ、当該是正の要求に応じた措置を講じないとき。

2　前項の指示を受けた都道府県の執行機関は、高等裁判所に対し、当該市町村の不作為に係る市町村の行政庁を被告として、訴えをもつて当該市町村の不作為の違法の確認を求めなければならない。

3　第二百四十五条の七第二項の規定による指示を行つた都道府県の執行機関は、次の各号のいずれかに該当するときは、高等裁判所に対し、当該指示を受けた市町村の不作為に係る市町村の行政庁（当該指示があつた後に当該行政庁の権限が他の行政庁に承継されたときは、当該他の行政庁）を被告として、訴えをもつて当該市町村の不作為の違法の確認を求めることができる。

一　市町村長その他の市町村の執行機関が当該指示に関する第二百五十一条の三第一項の規定による申出をせず（申出後に同条第五項において準用する第二百五十条の十七第一項の規定により当該申出が取り下げられた場合を含む。）、かつ、当該指示に係る措置を講じないとき。

二　市町村長その他の市町村の執行機関が当該指示に関する第二百五十一条の三第一項の規定による申出をした場合において、次に掲げるとき。

イ　自治紛争処理委員が第二百五十一条の三第五項において準用する第二百五十条の十四第二項の規定による審査の結果又は勧告の内容の通知をした場合において、当該市町村長その他の市町村の執行機関が第二百五十一条の六第一項の規定による当該指示の取消しを求める訴えの提起をせず（訴えの提起後に当該訴えが取り下げられた場合を含む。ロにおいて同じ。）、かつ、当該指示に係る措置を講じないとき。

ロ　自治紛争処理委員が当該申出をした日から九十日を経過しても第二百五十一条の三第五項において準用する第二百五十条の十四第二項の規定による審査又は勧告を行わない場合において、当該市町村長その他の市町村の執行機関が第二百五十一条の六第一項の規定による当該指示の取消しを求める訴えの提起をせず、かつ、当該指示に係る措置を講じないとき。

4　第二百四十五条の七第三項の指示を行つた各大臣は、前項の都道府県の執行機関に対し、同項の規定による訴えの提起に関し、必要な指示をすることができる。

5　第二項及び第三項の訴えは、次に掲げる期間が経過するまでは、提起することができない。

一　第一項第一号及び第三項第一号の場合は、第二百五十一条の三第五項において準用する第二百五十条の十三第四項本文の期間
二　第一項第二号イ及び第三項第二号イの場合は、第二百五十一条の六第二項第一号、第二号又は第四号に掲げる期間
三　第一項第二号ロ及び第三項第二号ロの場合は、第二百五十一条の六第二項第三号に掲げる期間

6　第二百五十一条の五第三項から第六項までの規定は、第二項及び第三項の訴えについて準用する。この場合において、同条第三項中「当該普通地方公共団体の区域」とあるのは、「当該市町村の区域」と読み替えるものとする。

7　第二項及び第三項の訴えについては、行政事件訴訟法第四十三条第三項の規定にかかわらず、同法第四十条第二項及び第四十一条第二項の規定は、準用しない。

8　前各項に定めるもののほか、第二項及び第三項の訴えについては、主張及び証拠の申出の時期の制限その他審理の促進に関し必要な事項は、最高裁判所規則で定める。

第三節　普通地方公共団体相互間の協力

第一款　連携協約〔略〕

第二款　協議会

（協議会の設置）

第二百五十二条の二の二　普通地方公共団体は、普通地方公共団体の事務の一部を共同して管理し及び執行し、若しくは普通地方公共団体の事務の管理及び執行について連絡調整を図り、又は広域にわたる総合的な計画を共同して作成するため、協議により規約を定め、普通地方公共団体の協議会を設けることができる。

2〜6　〔略〕

参　1【普通地方公共団体の事務＝法二②〜⑥・⑧〜⑩【長の権限に属する事務＝法一四八・一四九【委員会、委員の権限に属する事務＝法一八〇の八・一八〇の九・一八六・一九九・二〇二の二【執行機関＝法一三八の二〜一三八の四

第二百五十二条の二の三〜第二百五十二条の六の二〔略〕

第三款　機関等の共同設置

（機関等の共同設置）

第二百五十二条の七　普通地方公共団体は、協議により規約を定め、共同して、第百三十八条第一項若しくは第二項に規定する事務局若しくはその内部組織（次項及び第二百五十二条の十三において「議会事務局」という。）、第百三十八条の四第一項に規定する委員会若しくは委員、同条第三項に規定する附属機関、第百五十六条第一項に規定する行政機関、第百五十八条第一項に規定する内部組織、委員会若しくは委員の事務局若しくはその内部組織（次項及び第二百五十二条の十三において「委員会事務局」という。）、普通地方公共団体の議会、長、委員会若しくは委員の事務を補助する職員、第百七十四条第一項に規定する専門委員又は第二百条の二第一項に規定する監査専門委員を置くことができる。ただし、政令で定める委員会については、この限りでない。

2　前項の規定による議会事務局、執行機関、附属機関、行政機関、内部組織、委員会事務局若しくは職員を共同設置する普通地方公共団体の数を増減し、若しくはこれらの議会事務局、執行機関、附属機関、行政機関、内部組織、委員会事務局若しくは職員の共同設置に関する規約を変更し、又はこれらの議会事務局、執行機関、附属機関、行政機関、内部組織、委員会事務局若しくは職員の共同設置を廃止しようとするときは、関係普通地方公共団体は、同項の例により、協議してこれを行わなければならない。

3　第二百五十二条の二の二第二項及び第三項本文の規定は前二項の場合について、同条第四項の規定は第一項の場合について、それぞれ準用する。

参【機関の共同設置に関する他の法律＝地方教育行政法五五の二・地公法七④
1【政令＝令一七四の一九

第二百五十二条の七の二〔略〕

（機関の共同設置に関する規約）

第二百五十二条の八　第二百五十二条の七の規定により共同設置する普通地方公共団体の委員会若しくは委員又は附属機関（以下この条において「共同設置する機関」という。）の共同設置に関する規約には、次に掲げる事項につき規定を設けなければならない。
一　共同設置する機関の名称
二　共同設置する機関を設ける普通地方公共団体
三　共同設置する機関の執務場所
四　共同設置する機関を組織する委員その他の構成員の選任の方法及びその身分取扱い
五　前各号に掲げるものを除くほか、共同設置する機関と関係普通地方公共団体との関係その他共同設置する機関に関し必要な事項

（共同設置する機関の委員等の選任及び身分取扱い）

第二百五十二条の九〔略〕

2　普通地方公共団体が共同設置する委員会の委員（教育委員会にあつては、教育長及び委員）若しくは委員又は附属機関の委員その他の構成員で、普通地方公共団体の長が当該普通地方公共団体の議会の同意を得て選任すべきものの選任については、規約で、次の各号のいずれの方法によるかを定めるものとする。
一　規約で定める普通地方公共団体の長が当該普通地方公共団体の議会の同意を得て選任すること。
二　関係普通地方公共団体の長が協議により定めた共通の候補者について、それぞれの関係普通地方公共団体の長が当該普通地方公共団体の議会の同意を得た上、規約で定める普通地方公共団体の長が選任すること。

3〜5　〔略〕

（共同設置する機関の委員等の解職請求）

第二百五十二条の十　普通地方公共団体が共同設置する委員会の委員（教育委員会にあつては、教育長及び委員）若しくは委員又は附属機関の委員その他の構成員で、法律の定めると

ころにより選挙権を有する者の請求に基づき普通地方公共団体の議会の議決によりこれを解職することができるものの解職については、関係普通地方公共団体における選挙権を有する者が、政令の定めるところにより、その属する普通地方公共団体の長に対し、解職の請求を行い、二の普通地方公共団体の共同設置する場合においては全ての関係普通地方公共団体の議会において解職に同意する旨の議決があつたとき、又は三以上の普通地方公共団体の共同設置する場合においてはその半数を超える関係普通地方公共団体の議会において解職に同意する旨の議決があつたときは、当該解職は、成立するものとする。

第二百五十二条の十一　〔略〕

（共同設置する機関に対する法令の適用）

第二百五十二条の十二　普通地方公共団体が共同設置する委員会若しくは委員又は附属機関は、この法律その他これらの機関の権限に属する事務の管理及び執行に関する法令、条例、規則その他の規程の適用については、この法律に特別の定めがあるものを除くほか、それぞれ関係普通地方公共団体の委員会若しくは委員又は附属機関とみなす。

（議会事務局等の共同設置に関する準用規定）

第二百五十二条の十三　第二百五十二条の八から前条までの規定は、政令で定めるところにより、第二百五十二条の七の規定による議会事務局、行政機関、内部組織、委員会事務局、普通地方公共団体の議会、長、委員会若しくは委員の事務を補助する職員、専門委員又は監査専門委員の共同設置について準用する。

第四款　事務の委託

（事務の委託）

第二百五十二条の十四　普通地方公共団体は、協議により規約を定め、普通地方公共団体の事務の一部を、他の普通地方公共団体に委託して、当該他の普通地方公共団体の長又は同種の委員会若しくは委員をして管理し及び執行させることができる。

2　前項の規定により委託した事務を変更し、又はその事務の委託を廃止しようとするときは、関係普通地方公共団体は、同項の例により、協議してこれを行わなければならない。

3　〔略〕

参【普通地方公共団体の事務＝法二②〜⑥・⑧〜⑩・二五二の一九①】【事務の委託＝地公法七④、学校法四〇】

（事務の委託の規約）

第二百五十二条の十五　前条の規定により委託する普通地方公共団体の事務（以下本条中「委託事務」という。）の委託に関する規約には、次に掲げる事項につき規定を設けなければならない。

一　委託する普通地方公共団体及び委託を受ける普通地方公共団体
二　委託事務の範囲並びに委託事務の管理及び執行の方法
三　委託事務に要する経費の支弁の方法
四　前各号に掲げるもののほか、委託事務に関し必要な事項

参【委託＝法二五二の一四・二五二の一六】

（事務の委託の効果）

第二百五十二条の十六　普通地方公共団体の事務を、他の普通地方公共団体に委託して、当該他の普通地方公共団体の長又は同種の委員会若しくは委員をして管理し及び執行させる場合においては、当該事務の管理及び執行に関する法令中委託した普通地方公共団体又はその執行機関に適用すべき規定は、当該委託された事務の範囲内において、その事務の委託を受けた普通地方公共団体又はその執行機関について適用があるものとし、別に規約で定めをするものを除くほか、事務の委託を受けた普通地方公共団体の当該委託された事務の管理及び執行に関する条例、規則又はその機関の定める規程は、委託した普通地方公共団体の条例、規則又はその機関の定める規程としての効力を有する。

参【執行機関＝法一三八の二〜一三八の四】【規程＝法一三八の四②】

第五款　事務の代替執行　〔略〕

第六款　職員の派遣

（職員の派遣）

第二百五十二条の十七　普通地方公共団体の長又は委員会若しくは委員は、法律に特別の定めがあるものを除くほか、当該普通地方公共団体の事務の処理のため特別の必要があると認めるときは、他の普通地方公共団体の長又は委員会若しくは委員に対し、当該普通地方公共団体の職員の派遣を求めることができる。

2　前項の規定による求めに応じて派遣される職員は、派遣を受けた普通地方公共団体の職員の身分をあわせ有することとなるものとし、その給料、手当（退職手当を除く。）及び旅費は、当該職員の派遣を受けた普通地方公共団体の負担とし、退職手当及び退職年金又は退職一時金は、当該職員の派遣をした普通地方公共団体の負担とする。ただし、当該派遣が長期間にわたることその他の特別の事情があるときは、当該職員の派遣を求める普通地方公共団体及びその求めに応じて当該職員の派遣をしようとする普通地方公共団体の長又は委員会若しくは委員の協議により、当該派遣の趣旨に照らして必要な範囲内において、当該職員の派遣を求める普通地方公共団体が当該職員の退職手当の全部又は一部を負担することとすることができる。

3　普通地方公共団体の委員会又は委員が、第一項の規定により職員の派遣を求め、若しくはその求めに応じて職員を派遣しようとするとき、又は前項ただし書の規定により退職手当の負担について協議しようとするときは、あらかじめ、当該普通地方公共団体の長に協議しなければならない。

4　第二項に規定するもののほか、第一項の規定に基づき派遣された職員の身分取扱いに関しては、当該職員の派遣をした普通地方公共団体の職員に関する法令の規定の適用があるも

のとする。ただし、当該法令の趣旨に反しない範囲内で政令で特別の定めをすることができる。

参 1【委員会・委員＝法一三八の四①・一八〇の五①～③【普通地方公共団体の事務＝法二②～⑥・⑧～⑩

2【給料、手当及び旅費＝法二〇四【退職年金又は退職一時金＝法二〇五

4【政令＝令一七四の二五

第四節 条例による事務処理の特例

（条例による事務処理の特例）

第二百五十二条の十七の二 都道府県は、都道府県知事の権限に属する事務の一部を、条例の定めるところにより、市町村が処理することとすることができる。この場合においては、当該市町村が処理することとされた事務は、当該市町村の長が管理し及び執行するものとする。

2 前項の条例（同項の規定により都道府県の規則に基づく事務を市町村が処理することとする場合で、同項の条例の定めるところにより、規則に委任して当該事務の範囲を定めるときは、当該規則を含む。以下本節において同じ。）を制定し又は改廃する場合においては、都道府県知事は、あらかじめ、その権限に属する事務の一部を処理し又は処理することとなる市町村の長に協議しなければならない。

3 市町村の長は、その議会の議決を経て、都道府県知事に対し、第一項の規定によりその権限に属する事務の一部を当該市町村が処理することとするよう要請することができる。

4 前項の規定による要請があつたときは、都道府県知事は、速やかに、当該市町村の長と協議しなければならない。

（条例による事務処理の特例の効果）

第二百五十二条の十七の三 前条第一項の条例の定めるところにより、都道府県知事の権限に属する事務の一部を市町村が処理する場合においては、当該条例の定めるところにより市町村が処理することとされた事務について規定する法令、条例又は規則中都道府県に関する規定は、当該事務の範囲内において、当該市町村に関する規定として当該市町村に適用があるものとする。

2 前項の規定により市町村に適用があるものとされる法令の規定により国の行政機関が市町村に対して行うものとなる助言等、資料の提出の要求等又は是正の要求等は、都道府県知事を通じて行うことができるものとする。

3 第一項の規定により市町村に適用があるものとされる法令の規定により市町村が国の行政機関と行うものとなる協議は、都道府県知事を通じて行うものとし、当該法令の規定により国の行政機関が市町村に対して行うものとなる許認可等に係る申請等は、都道府県知事を経由して行うものとする。

（是正の要求等の特則）

第二百五十二条の十七の四 都道府県知事は、第二百五十二条の十七の二第一項の条例の定めるところにより市町村が処理することとされた事務のうち自治事務の処理が法令の規定に違反していると認めるとき、又は著しく適正を欠き、かつ、明らかに公益を害していると認めるときは、当該市町村に対し、第二百四十五条の五第二項に規定する各大臣の指示がない場合であつても、同条第三項の規定により、当該自治事務の処理について違反の是正又は改善のため必要な措置を講ずべきことを求めることができる。

2 第二百五十二条の十七の二第一項の条例の定めるところにより市町村が処理することとされた事務のうち法定受託事務に対する第二百四十五条の八第十二項において準用する同条第一項から第十一項までの規定の適用については、同条第十二項において読み替えて準用する同条第二項から第四項まで、第六項、第八項及び第十一項中「都道府県知事」とあるのは、「各大臣」とする。この場合においては、同条第十三項の規定は適用しない。

3 第二百五十二条の十七の二第一項の条例の定めるところにより市町村が処理することとされた事務のうち自治事務の処理について第二百四十五条の五第三項の規定による是正の要求（第一項の規定による是正の要求を含む。）を行つた都道府県知事は、第二百五十二条第一項各号のいずれかに該当するときは、同項に規定する各大臣の指示がない場合であつても、同条第二項の規定により、訴えをもつて当該是正の要求を受けた市町村の不作為の違法の確認を求めることができる。

4 第二百五十二条の十七の二第一項の条例の定めるところにより市町村が処理することとされた事務のうち法定受託事務に係る市町村長の処分についての第二百五十五条の二第一項の審査請求の裁決に不服がある者は、当該処分に係る事務を規定する法律又はこれに基づく政令を所管する各大臣に対して再審査請求をすることができる。

5 市町村長が第二百五十二条の十七の二第一項の条例の定めるところにより市町村が処理することとされた事務のうち法定受託事務に係る処分をする権限をその補助機関である職員又はその管理に属する行政機関の長に委任した場合において、委任を受けた職員又は行政機関の長がその委任に基づいてした処分につき、第二百五十五条の二第二項の再審査請求の裁決があつたときは、当該裁決に不服がある者は、再々審査請求をすることができる。この場合において、再々審査請求は、当該処分に係る再審査請求若しくは審査請求の裁決又は当該処分を対象として、当該処分に係る事務を規定する法律又はこれに基づく政令を所管する各大臣に対してするものとする。

6 前項の再々審査請求については、行政不服審査法第四章の規定を準用する。

7 前項において準用する行政不服審査法の規定に基づく処分及びその不作為については、行政不服審査法第二条及び第三条の規定は、適用しない。

第五節 雑則〔略〕

第十二章 大都市等に関する特例

第一節 大都市に関する特例

（指定都市の権能）

第二百五十二条の十九 政令で指定する人口五十万以上の市

（以下「指定都市」という。）は、次に掲げる事務のうち都道府県が法律又はこれに基づく政令の定めるところにより処理することとされているものの全部又は一部で政令で定めるものを、政令で定めるところにより、処理することができる。

一 児童福祉に関する事務
二 民生委員に関する事務
三 身体障害者の福祉に関する事務
四 生活保護に関する事務
五 行旅病人及び行旅死亡人の取扱に関する事務
五の二 社会福祉事業に関する事務
五の三 知的障害者の福祉に関する事務
六 母子家庭及び父子家庭並びに寡婦の福祉に関する事務
六の二 老人福祉に関する事務
七 母子保健に関する事務
七の二 介護保険に関する事務
八 障害者の自立支援に関する事務
八の二 生活困窮者の自立支援に関する事務
九 食品衛生に関する事務
九の二 医療に関する事務
十 精神保健に関する事務
十一 結核の予防に関する事務
十一の二 難病の患者に対する医療等に関する事務
十二 土地区画整理事業に関する事務
十三 屋外広告物の規制に関する事務

2 指定都市がその事務を処理するに当たつて、法律又はこれに基づく政令の定めるところにより都道府県知事若しくは都道府県の委員会の許可、認可、承認その他これらに類する処分を要し、又はその事務の処理について都道府県知事若しくは都道府県の委員会の改善、停止、制限、禁止その他これらに類する指示その他の命令を受けるものとされている事項で政令で定めるものについては、政令の定めるところにより、これらの許可、認可等の処分を要せず、若しくはこれらの指示その他の命令に関する法令の規定を適用せず、又は都道府県知事若しくは都道府県の委員会の許可、認可等の処分若しくは指示その他の命令に代えて、各大臣の許可、認可等の処分を要するものとし、若しくは各大臣の指示その他の命令を受けるものとする。

（区の設置）

第二百五十二条の二十 指定都市は、市長の権限に属する事務を分掌させるため、条例で、その区域を分けて区を設け、区の事務所又は必要があると認めるときはその出張所を置くものとする。

2 区の事務所又はその出張所の位置、名称及び所管区域並びに区の事務所が分掌する事務は、条例でこれを定めなければならない。

3 区にその事務所の長として区長を置く。

4 区長又は区の事務所の出張所の長は、当該普通地方公共団体の長の補助機関である職員をもつて充てる。

5～11 〔略〕

第二百五十二条の二十の二～第二百五十二条の二十一の五 〔略〕

第二節 中核市に関する特例

（中核市の権能）

第二百五十二条の二十二 政令で指定する人口二十万以上の市（以下「中核市」という。）は、第二百五十二条の十九第一項の規定により指定都市が処理することができる事務のうち、都道府県がその区域にわたり一体的に処理することが中核市が処理することに比して効率的な事務その他の中核市において処理することが適当でない事務以外の事務で政令で定めるものを、政令で定めるところにより、処理することができる。

2 〔略〕

第二百五十二条の二十三 削除

第二百五十二条の二十四～第二百五十二条の二十六の二 〔略〕

第十三章 外部監査契約に基づく監査 〔略〕

第十四章 補則

第二百五十三条～第二百五十五条 〔略〕

（法定受託事務に係る審査請求）

第二百五十五条の二 法定受託事務に係る次の各号に掲げる処分及びその不作為についての審査請求は、他の法律に特別の定めがある場合を除くほか、当該各号に定める者に対してするものとする。この場合において、不作為についての審査請求は、他の法律に特別の定めがある場合を除くほか、当該各号に定める者に代えて、当該不作為に係る執行機関に対してすることもできる。

一 都道府県知事その他の都道府県の執行機関の処分 当該処分に係る事務を規定する法律又はこれに基づく政令を所管する各大臣
二 市町村長その他の市町村の執行機関（教育委員会及び選挙管理委員会を除く。）の処分 都道府県知事
三 市町村教育委員会の処分 都道府県教育委員会
四 〔略〕

2 普通地方公共団体の長その他の執行機関が法定受託事務に係る処分をする権限を当該執行機関の事務を補助する職員若しくは当該執行機関の管理に属する機関の職員又は当該執行機関の管理に属する行政機関の長に委任した場合において、委任を受けた職員又は行政機関の長がその委任に基づいてした処分に係る審査請求につき、当該委任をした執行機関が裁決をしたときは、他の法律に特別の定めがある場合を除くほか、当該裁決に不服がある者は、再審査請求をすることができる。この場合において、当該再審査請求は、当該委任をした執行機関が自ら当該処分をしたものとした場合におけるその処分に係る審査請求をすべき者に対してするものとする。

第二百五十五条の三 〔略〕

（違法な権利侵害の是正手続）

第二百五十五条の四 法律の定めるところにより異議の申出、審査請求、再審査請求又は審査の申立てをすることができる場合を除くほか、普通地方公共団体の事務についてこの法律の規定により普通地方公共団体の機関がした処分により違法に権利を侵害されたとする者は、その処分があつた日から二

十一日以内に、都道府県の機関がした処分については総務大臣、市町村の機関がした処分については都道府県知事に審決の申請をすることができる。

〔審査請求等の裁決等の手続〕

第二百五十五条の五　総務大臣又は都道府県知事に対して第百四十三条第三項（第百八十条の五第八項及び第百八十四条第二項において準用する場合を含む。）の審査請求又はこの法律の規定による審査の申立て若しくは審決の申請があつた場合においては、総務大臣又は都道府県知事は、第二百五十一条第二項の規定により自治紛争処理委員を任命し、その審理を経た上、審査請求に対する裁決をし、審査の申立てに対する裁決若しくは裁定をし、又は審決をするものとする。ただし、行政不服審査法第二十四条（第二百五十八条第一項において準用する場合を含む。）の規定により当該審査請求、審査の申立て又は審決の申請を却下する場合は、この限りでない。

2　前項に規定する審査請求については、行政不服審査法第九条、第十七条及び第四十三条の規定は、適用しない。この場合における同法の他の規定の適用についての必要な技術的読替えは、政令で定める。

3　第一項に規定する審査の申立て又は審決の申請については、第二百五十八条第一項において準用する行政不服審査法第九条の規定は、適用しない。この場合における同項において準用する行政不服審査法の他の規定の適用についての必要な技術的読替えは、政令で定める。

4　前三項に規定するもののほか、第一項の規定による自治紛争処理委員の審理に関し必要な事項は、政令で定める。

第二百五十六条　〔略〕

〔審査の裁決期間〕

第二百五十七条　この法律に特別の定めがあるものを除くほか、この法律の規定による審査の申立てに対する裁決は、その申立てを受理した日から九十日以内にこれをしなければならない。

② この法律の規定による異議の申出又は審査の申立てに対して決定又は裁決をすべき期間内に決定又は裁決がないときは、その申出又は申立てをしりぞける旨の決定又は裁決があつたものとみなすことができる。

〔異議の申出等の手続〕

第二百五十八条　この法律又は政令に特別の定めがあるものを除くほか、この法律の規定による異議の申出、審査の申立て又は審決の申請については、行政不服審査法第九条から第十四条まで、第十八条第一項ただし書及び第三項、第十九条第一項、第二項、第四項及び第五項第三号、第二十一条、第二十二条第一項から第三項まで及び第五項、第二十三条から第三十八条まで、第四十条から第四十二条まで、第四十四条、第四十五条、第四十六条第一項、第四十七条、第四十八条並びに第五十条から第五十三条までの規定を準用する。

2　前項において準用する行政不服審査法の規定に基づく処分及びその不作為については、行政不服審査法第二条及び第三条の規定は、適用しない。

第二百五十九条～第二百六十条の四十八　〔略〕

〔特別法の住民投票〕

第二百六十一条　一の普通地方公共団体のみに適用される特別法が国会又は参議院の緊急集会において議決されたときは、最後に議決した議院の議長（衆議院の議決が国会の議決となつた場合には衆議院議長とし、参議院の緊急集会において議決した場合には参議院議長とする。）は、当該法律を添えてその旨を内閣総理大臣に通知しなければならない。

② 前項の規定による通知があつたときは、内閣総理大臣は、直ちに当該法律を添えてその旨を総務大臣に通知し、総務大臣は、その通知を受けた日から五日以内に、関係普通地方公共団体の長にその旨を通知するとともに、当該法律その他関係書類を移送しなければならない。

③ 前項の規定による通知があつたときは、関係普通地方公共団体の長は、その日から三十一日以後六十日以内に、選挙管理委員会をして当該法律について賛否の投票を行わしめなければならない。

④ 前項の投票の結果が判明したときは、関係普通地方公共団体の長は、その日から五日以内に関係書類を添えてその結果を総務大臣に報告し、総務大臣は、直ちにその旨を内閣総理大臣に報告しなければならない。その投票の結果が確定したことを知つたときも、また、同様とする。

⑤ 前項の規定により第三項の投票の結果が確定した旨の報告があつたときは、内閣総理大臣は、直ちに当該法律の公布の手続をとるとともに衆議院議長及び参議院議長に通知しなければならない。

〔住民投票に関する準用規定〕

第二百六十二条　政令で特別の定をするものを除く外、公職選挙法中普通地方公共団体の選挙に関する規定は、前条第三項の規定による投票にこれを準用する。

② 前条第三項の規定による投票は、政令の定めるところにより、普通地方公共団体の選挙又は第七十六条第三項の規定による解散の投票若しくは第八十条第三項及び第八十一条第二項の規定による解職の投票と同時にこれを行うことができる。

第二百六十三条～第二百六十三条の三　〔略〕

第三編　特別地方公共団体

第一章　削除

第二百六十四条乃至第二百八十条　削除

第二章　特別区

〔特別区〕

第二百八十一条　都の区は、これを特別区という。

2　特別区は、法律又はこれに基づく政令により都が処理することとされているものを除き、地域における事務並びにその他の事務で法律又はこれに基づく政令により市が処理することとされるもの及び法律又はこれに基づく政令により特別区が処理することとされるものを処理する。

〔都と特別区との役割分担の原則〕

第二百八十一条の二　都は、特別区の存する区域において、特別区を包括する広域の地方公共団体として、第二条第五項において都道府県が処理するものとされている事務及び特別区に関する連絡調整に関する事務のほか、同条第三項において市町村が処理するものとされている事務のうち、人口が高度に集中する大都市地域における行政の一体性及び統一性の確保の観点から当該区域を通じて都が一体的に処理することが必要であると認められる事務を処理するものとする。

2 特別区は、基礎的な地方公共団体として、前項において特別区の存する区域を通じて都が一体的に処理するものとされているものを除き、一般的に、第二条第三項において市町村が処理するものとされている事務を処理するものとする。

3 都及び特別区は、その事務を処理するに当たつては、相互に競合しないようにしなければならない。

第二百八十一条の三～第二百八十三条 〔略〕

第三章 地方公共団体の組合

第一節 総則

（組合の種類及び設置）

第二百八十四条 地方公共団体の組合は、一部事務組合及び広域連合とする。

2 普通地方公共団体及び特別区は、その事務の一部を共同処理するため、その協議により規約を定め、都道府県の加入するものにあつては総務大臣、その他のものにあつては都道府県知事の許可を得て、一部事務組合を設けることができる。この場合において、一部事務組合内の地方公共団体につきその執行機関の権限に属する事項がなくなつたときは、その執行機関は、一部事務組合の成立と同時に消滅する。

3 普通地方公共団体及び特別区は、その事務で広域にわたり処理することが適当であると認めるものに関し、広域にわたる総合的な計画（以下「広域計画」という。）を作成し、その事務の管理及び執行について広域計画の実施のために必要な連絡調整を図り、並びにその事務の一部を広域にわたり総合的かつ計画的に処理するため、その協議により規約を定め、前項の例により、総務大臣又は都道府県知事の許可を得て、広域連合を設けることができる。この場合においては、同項後段の規定を準用する。

4 総務大臣は、前項の許可をしようとするときは、国の関係行政機関の長に協議しなければならない。

（複合的一部事務組合の設置）

第二百八十五条 市町村及び特別区の事務に関し相互に関連するものを共同処理するための市町村及び特別区の一部事務組合については、市町村又は特別区の共同処理しようとする事務が他の市町村又は特別区の共同処理しようとする事務と同一の種類のものでない場合においても、これを設けることを妨げるものではない。

第二百八十五条の二 〔略〕

第二節 一部事務組合

第二百八十六条 〔略〕

（脱退による組織、事務及び規約の変更の特例）

第二百八十六条の二 前条第一項本文の規定にかかわらず、構成団体は、その議会の議決を経て、脱退する日の二年前までに他の全ての構成団体に書面で予告をすることにより、一部事務組合から脱退することができる。

2～4 〔略〕

（規約等）

第二百八十七条 一部事務組合の規約には、次に掲げる事項につき規定を設けなければならない。

一 一部事務組合の名称
二 一部事務組合の構成団体
三 一部事務組合の共同処理する事務
四 一部事務組合の事務所の位置
五 一部事務組合の議会の組織及び議員の選挙の方法
六 一部事務組合の執行機関の組織及び選任の方法
七 一部事務組合の経費の支弁の方法

2 一部事務組合の議会の議員又は管理者（第二百八十七条の三第二項の規定により管理者に代えて理事会を置く第二百八十五条の一部事務組合にあつては、理事）その他の職員は、第九十二条第二項、第百四十一条第二項及び第百九十六条第三項（これらの規定を適用し又は準用する場合を含む。）の規定にかかわらず、当該一部事務組合の構成団体の議会の議員又は長その他の職員と兼ねることができる。

第二百八十七条の二～第二百九十一条 〔略〕

第三節 広域連合

（広域連合による事務の処理等）

第二百九十一条の二 国は、その行政機関の長の権限に属する事務のうち広域連合の事務に関連するものを、別に法律又はこれに基づく政令の定めるところにより、当該広域連合が処理することとすることができる。

2 都道府県は、その執行機関の権限に属する事務のうち都道府県の加入しない広域連合の事務に関連するものを、条例の定めるところにより、当該広域連合が処理することとすることができる。

3 第二百五十二条の十七の二第二項、第二百五十二条の十七の三及び第二百五十二条の十七の四の規定は、前項の規定により広域連合が都道府県の事務を処理する場合について準用する。

4 都道府県の加入する広域連合の長（第二百九十一条の十三において準用する第二百八十七条の三第二項の規定により長に代えて理事会を置く広域連合にあつては、理事会。第二百九十一条の四第四項、第二百九十一条の五第二項、第二百九十一条の六第一項及び第二百九十一条の八第二項を除き、以下同じ。）は、その議会の議決を経て、国の行政機関の長に対し、当該広域連合の事務に密接に関連する国の行政機関の長の権限に属する事務の一部を当該広域連合が処理することとするよう要請することができる。

5 都道府県の加入しない広域連合の長は、その議会の議決を経て、都道府県に対し、当該広域連合の事務に密接に関連する都道府県の事務の一部を当該広域連合が処理することとするよう要請することができる。

（規約等）

第二百九十一条の三 〔略〕

第二百九十一条の四 広域連合の規約には、次に掲げる事項につき規定を設けなければならない。
一 広域連合の名称
二 広域連合を組織する地方公共団体
三 広域連合の区域
四 広域連合の処理する事務
五 広域連合の作成する広域計画の項目
六 広域連合の事務所の位置
七 広域連合の議会の組織及び議員の選挙の方法
八 広域連合の長、選挙管理委員会その他執行機関の組織及び選任の方法
九 広域連合の経費の支弁の方法

2 前項第三号に掲げる広域連合の区域は、当該広域連合を組織する地方公共団体の区域を合わせた区域を定めるものとする。ただし、都道府県の加入する広域連合について、当該広域連合の処理する事務が当該都道府県の区域の一部のみに係るものであることその他の特別の事情があるときは、当該都道府県の包括する市町村又は特別区で当該広域連合を組織しないものの一部又は全部の区域を除いた区域を定めることができる。

3・4 〔略〕

（議会の議員及び長の選挙）

第二百九十一条の五 広域連合の議会の議員は、政令で特別の定めをするものを除くほか、広域連合の規約で定めるところにより、広域連合の選挙人（広域連合を組織する普通地方公共団体又は特別区の議会の議員及び長の選挙権を有する者で当該広域連合の区域内に住所を有するものをいう。次項及び次条第八項において同じ。）が投票により又は広域連合を組織する地方公共団体の議会においてこれを選挙する。

2 広域連合の長は、政令で特別の定めをするものを除くほか、広域連合の規約で定めるところにより、広域連合の選挙人が投票により又は広域連合を組織する地方公共団体の長が投票によりこれを選挙する。

（広域計画）

第二百九十一条の六 〔略〕

第二百九十一条の七 広域連合は、当該広域連合が設けられた後、速やかに、その議会の議決を経て、広域計画を作成しなければならない。

2 広域計画は、第二百九十一条の二第一項又は第二項の規定により広域連合が新たに事務を処理することとされたとき（変更されたときを含む。）その他これを変更することが適当であると認められるときは、変更することができる。

3 広域連合は、広域計画を変更しようとするときは、その議会の議決を経なければならない。

4 広域連合及び当該広域連合を組織する地方公共団体は、広域計画に基づいて、その事務を処理するようにしなければならない。

5 広域連合の長は、当該広域連合を組織する地方公共団体の事務の処理が広域計画の実施に支障があり又は支障があるおそれがあると認めるときは、当該広域連合の議会の議決を経て、当該広域連合を組織する地方公共団体に対し、当該広域計画の実施に関し必要な措置を講ずべきことを勧告することができる。

6 広域連合の長は、前項の規定による勧告を行ったときは、当該勧告を受けた地方公共団体に対し、当該勧告に基づいて講じた措置について報告を求めることができる。

第二百九十一条の八～第二百九十一条の十三 〔略〕

第四節 雑則 〔略〕

第四章 財産区

（財産区の意義及びその運営）

第二百九十四条 法律又はこれに基く政令に特別の定があるものを除く外、市町村及び特別区の一部で財産を有し若しくは公の施設を設けているもの又は市町村及び特別区の廃置分合若しくは境界変更の場合におけるこの法律若しくはこれに基く政令の定める財産処分に関する協議に基き市町村及び特別区の一部が財産を有し若しくは公の施設を設けるものとなるもの（これらを財産区という。）があるときは、その財産又は公の施設の管理及び処分又は廃止については、この法律中地方公共団体の財産又は公の施設の管理及び処分又は廃止に関する規定による。

②・③ 〔略〕

第二百九十五条～第二百九十七条 〔略〕

第四編 補則

（事務の区分）

第二百九十八条 都道府県が第三条第六項、第七条第一項及び第二項（第八条第三項の規定によりその例によることとされる場合を含む。）、第八条の二第一項、第三項及び第四項、第九条第一項及び第二項（同条第十一項において準用する場合を含む。）並びに第五項及び第九項（同条第十一項及び第九条の三第六項において準用する場合を含む。）、第九条の二第一項及び第五項並びに第九条の三第一項及び第三項の規定により処理することとされている事務、第二百四十五条の四第一項の規定により処理することとされている事務（市町村が処理する事務が自治事務又は第二号法定受託事務である場合においては、同条第二項の規定による各大臣の指示を受けて行うものに限る。）、第二百四十五条の五第三項の規定により処理することとされている事務、第二百四十五条の七第二項、第二百四十五条の八第十二項において準用する同条第一項から第四項まで及び第八項並びに第二百四十五条の九第二項の規定により処理することとされている事務（市町村が処理する第一号法定受託事務に係るものに限る。）、第二百五十二条第二項の規定により処理することとされている事務、同条第三項の規定により処理することとされている事務（市町村が処理する第一号法定受託事務に係るものに限る。）、第二百五十二条の十七の三第二項及び第三項並びに第二百五十二条の十七の四第一項及び第三項（第二百九十一条の二第三項において準用する場合を含む。）の規定により処理することとされている事務、第二百五十二条の十七の五第一項の規定により処理することとされている事務（同条第二項の規定による総務大臣の指示を受けて行うものに限る。）、第二百五十二条の十七の六第二項及び第二百五十二条の十七の七の規定

により処理することとされている事務、第二百五十五条の二の規定により処理することとされている事務（第一号法定受託事務に係るものに限る。）、第二百六十一条第二項から第四項までの規定により処理することとされている事務、第二百八十四条第二項の規定により処理することとされている事務（都道府県の加入しない一部事務組合に係る許可に係るものに限る。）、同条第三項の規定により処理することとされている事務（都道府県の加入しない広域連合に係る許可に係るものに限る。）、第二百八十六条（第二百八十六条の二第二項の規定によりその例によることとされる場合を含む。）及び第二百八十六条の二第四項の規定により処理することとされている事務（都道府県の加入しない一部事務組合に係る許可又は届出に係るものに限る。）、第二百八十八条の規定により処理することとされている事務（都道府県の加入しない一部事務組合に係る届出に係るものに限る。）、第二百九十一条の三第一項及び第三項から第五項までの規定により処理することとされている事務（都道府県の加入しない広域連合に係る許可又は届出に係るものに限る。）、第二百九十一条の十第一項の規定により処理することとされている事務（都道府県の加入しない広域連合に係る許可に係るものに限る。）、同条第三項の規定により処理することとされている事務並びに第二百六十二条第一項において準用する公職選挙法中普通地方公共団体の選挙に関する規定により処理することとされている事務は、第一号法定受託事務とする。

2　都が第二百八十一条の四第一項、第二項（同条第九項及び第十一項において準用する場合を含む。）、第八項及び第十項の規定により処理することとされている事務は、第一号法定受託事務とする。

3　市町村が第二百六十一条第二項から第四項までの規定により処理することとされている事務及び第二百六十二条第一項において準用する公職選挙法中普通地方公共団体の選挙に関する規定により処理することとされている事務は、第一号法定受託事務とする。

第二百九十九条　市町村が第七十四条の二第一項から第三項まで、第五項、第六項及び第十項並びに第七十四条の三第三項（これらの規定を第七十五条第六項、第七十六条第四項、第八十条第四項、第八十一条第二項及び第八十六条第四項において準用する場合を含む。）の規定により処理することとされている事務（都道府県に対する請求に係るものに限る。）並びに第八十五条第一項において準用する公職選挙法中普通地方公共団体の選挙に関する規定により処理することとされている事務（第七十六条第三項の規定による都道府県の議会の解散の投票並びに第八十条第三項及び第八十一条第二項の規定による都道府県の議会の議員及び長の解職の投票に関するものに限る。）は、第二号法定受託事務とする。

附　則（抄）

（施行期日）

第一条　この法律は、日本国憲法施行の日から、これを施行する。

（廃止法律の効力）

第二条　東京都制、道府県制、市制及び町村制は、これを廃止する。但し、東京都制第百八十九条乃至第百九十一条及び第百九十八条の規定は、なお、その効力を有する。

第六条　〔強制徴収できる使用料等〕〔略〕

附　則（平成一一・七・一六法八七）（抄）

（施行期日）

第一条　この法律は、平成十二年四月一日から施行する。〔ただし書略〕

第三条　この法律の施行の日（以下「施行日」という。）前に旧地方自治法第七十五条第一項に規定する普通地方公共団体の長及び教育委員会、選挙管理委員会、人事委員会若しくは公平委員会、公安委員会、地方労働委員会、農業委員会その他法令又は条例に基づく委員会又は委員が執行したその権限に属する事務の執行に関する同項の監査の請求については、なお従前の例による。

（検討）

第二百五十条　新地方自治法第二条第九項第一号に規定する第一号法定受託事務については、できる限り新たに設けることのないようにするとともに、新地方自治法別表第一に掲げるもの及び新地方自治法に基づく政令に示すものについては、地方分権を推進する観点から検討を加え、適宜、適切な見直しを行うものとする。

第二百五十一条　政府は、地方公共団体が事務及び事業を自主的かつ自立的に執行できるよう、国と地方公共団体との役割分担に応じた地方税財源の充実確保の方途について、経済情勢の推移等を勘案しつつ検討し、その結果に基づいて必要な措置を講ずるものとする。

附　則（平成二三・五・二法三五）（抄）

（施行期日）

第一条　この法律は、公布の日から起算して三月を超えない範囲内において政令で定める日〔平成二三・八・一〕から施行する。ただし、第九十六条第二項の改正規定は、公布の日から起算して一年を超えない範囲内において政令で定める日〔平成二四・五・一〕から施行する。

（適用区分）

第二条　この法律による改正後の地方自治法（以下「新法」という。）第七十四条第六項（新法第七十五条第五項、第七十六条第四項、第八十条第四項、第八十一条第二項及び第八十六条第四項（これらの規定を新法第二百九十一条の六第一項において準用する場合を含む。）並びに第二百九十一条の六第一項及び第五項において準用する場合を含む。）の規定は、この法律の施行の際現にこの法律による改正前の地方自治法（以下この条において「旧法」という。）第七十四条第一項、第七十五条第一項、第七十六条第一項、第八十条第一項、第八十一条第一項及び第八十六条第一項（これらの規定を旧法第二百九十一条の六第一項において準用する場合を含む。）並びに第二百九十一条の六第二項の代表者である者については、適用しない。

（地方開発事業団等に係る経過措置）

第三条　この法律の施行の際現に設けられている全部事務組合、役場事務組合及び地方開発事業団については、なお従前の例による。

（罰則に関する経過措置）

第四条　この法律の施行前にした行為に対する罰則の適用については、なお従前の例による。

（政令への委任）

第五条　この附則に規定するもののほか、この法律の施行に伴い必要な経過措置（罰則に関する経過措置を含む。）は、政令で定める。

附　則（平成二四・九・五法七二）（抄）

（施行期日）

第一条　この法律は、公布の日から施行する。ただし、第七十六条、第八十条、第八十一条、第八十六条、第百条第十四項及び第十五項の改正規定、同項の次に一項を加える改正規定、第百九条の改正規定、第百九条の二を削る改正規定、第百十条、第百十一条、〔中略〕第二百七条〔中略〕の改正規定、第二編第十一章第二節第五款中第二百五十二条を第二百五十一条の六とし、同条の次に二条を加える改正規定、〔中略〕第二百五十二条の七の次に一条を加える改正規定、第二百五十二条の八、第二百五十二条の十七の四、第二百五十五条の五及び第二百八十六条の改正規定、同条の次に一条を加える改正規定、第二百八十七条〔中略〕の改正規定、〔中略〕第二百八十七条の次に一条を加える改正規定、〔中略〕第二百九十一条の二第四項〔中略〕及び第二百九十八条第一項の改正規定並びに別表第一地方教育行政の組織及び運営に関する法律（昭和三十一年法律第百六十二号）の項の改正規定並びに附則第三条、第六条〔中略〕の規定は、公布の日から起算して六月を超えない範囲内において政令で定める日〔平成二五・三・一〕から施行する。

（経過措置）

第二条　この法律による改正前の地方自治法（以下「旧法」という。）第十六条第一項の規定によりこの法律の施行の日（以下「施行日」という。）前に条例の送付を受けた場合におけるこの法律による改正後の地方自治法（以下「新法」という。）第十六条第二項の規定の適用については、施行日を同項の条例の送付を受けた日とみなす。

第三条　附則第一条ただし書に規定する規定の施行の日（以下「一部施行日」という。）前の直近の公職選挙法（昭和二十五年法律第百号）第二十二条の規定による選挙人名簿の登録が行われた日において選挙人名簿に登録されている者の総数が八十万を超える普通地方公共団体の選挙管理委員会は、その八十万を超える数に八分の一を乗じて得た数と四十万に六分の一を乗じて得た数と四十万に三分の一を乗じて得た数とを合算して得た数を、附則第一条ただし書に規定する規定の施行後直ちに告示しなければならない。

第四条　新法第百七十六条第一項から第三項まで及び第百七十七条の規定は、施行日以後にされる普通地方公共団体の議会の議決について適用し、施行日前にされた普通地方公共団体の議会の議決については、なお従前の例による。

第五条　施行日から一部施行日の前日までの間における旧法第二百七条の規定の適用については、同条中「第百九条第六項（第百九条の二第五項及び第百十条第五項において準用する場合を含む。）」とあるのは「第百九条第六項（第百九条の二第五項及び第百十条第五項において準用する場合を含む。）及び第百十五条の二第二項」と、「第百九条第五項（第百九条の二第五項及び第百十条第五項において準用する場合を含む。）」とあるのは「第百九条第五項（第百九条の二第五項及び第百十条第五項において準用する場合を含む。）及び第百十五条の二第一項」とする。

第六条　新法第二百五十一条の七の規定は、一部施行日以後に行われる新法第二百四十五条の五第一項若しくは第四項の規定による是正の要求又は新法第二百四十五条の七第一項若しくは第四項の規定による指示に係る普通地方公共団体の不作為（新法第二百五十一条の七第一項に規定する不作為をいう。次項において同じ。）について適用する。

2　新法第二百五十二条の規定は、一部施行日以後に行われる新法第二百四十五条の五第三項の規定による是正の要求（新法第二百五十二条の十七の四第一項の規定による是正の要求を含む。）又は新法第二百四十五条の七第二項の規定による指示に係る市町村の不作為について適用する。

（政令への委任）

第七条　附則第二条から前条までに定めるもののほか、この法律の施行に伴い必要な経過措置は、政令で定める。

○行政手続における特定の個人を識別するための番号の利用等に関する法律の施行に伴う関係法律の整備等に関する法律（抄）

平成二五・五・三一
法　二　八

（地方自治法の一部改正に伴う経過措置）

第二条　この法律の施行の日から附則第三号に掲げる規定の施行の日（以下「第三号施行日」という。）の前日までの間における前条の規定による改正後の地方自治法別表第一行政手続における特定の個人を識別するための番号の利用等に関する法律（平成二十五年法律第二十七号）の項の適用については、同項中「、第十七条第一項及び第三項（同条第四項において準用する場合を含む。）並びに」とあるのは、「並びに」とする。

附　則（抄）

この法律は、番号利用法〔平成二五法二七〕の施行の日〔平成二七・一〇・五〕から施行する。〔ただし書略〕

附　則（平成二六・五・三〇法四二）（抄）

（施行期日）

第一条　この法律は、公布の日から起算して二年を超えない範囲内において政令で定める日〔平成二八・四・一〕から施行する。ただし、次の各号に掲げる規定は、当該各号に定める日から施行する。

一　〔前略〕第二百五十一条及び第二編第十一章第二節第四款の款名の改正規定、第二百五十一条の三の次に一条を加える改正規定、〔中略〕第二編第十一章第三節第四款を同節第六款とする改正規定、第二百五十二条の十四及び第二百五十二条の十六の改正規定、第二編第十一章第三節第三款を同節第四款とし、〔中略〕第二百五十二条の七第三項及び第二百五十二条の七の二の改正規定、第二編第十一章第三節第二款を同節第三款とする改正規定、第二百五十二条の二を第二百五十二条の二の二とする改正規定、（中略）並びに第二編第十一章第三節第一款を同節第二款とし（中略）並びに附則第四条（中略）の規定　公布の日から起算して六月を超えない範囲内において政令で定める日〔平成二六・一一・一〕

二　（前略）第二百五十二条の二十二第一項の改正規定、第二編第十二章第三節を削る改正規定、（中略）及び第二百六十条の三十七の次に二条を加える改正規定並びに次条、附則第三条（中略）の規定　平成二十七年四月一日

三　附則第七十八条の規定　この法律の公布の日又は行政不服審査法の施行に伴う関係法律の整備等に関する法律（平成二十六年法律第六十九号）の公布の日のいずれか遅い日

（施行時特例市の事務に関する法令の立案に当たっての配慮）

第二条　政府は、前条第二号に掲げる規定の施行の際現にこの法律による改正前の地方自治法第二百五十二条の二十六の三第一項の特例市である市（地方自治法第二百五十二条の十九第一項の指定都市又は同法第二百五十二条の二十二第一項の中核市に指定された市を除く。以下「施行時特例市」という。）が処理する事務に関する法令の立案に当たっては、同号に掲げる規定の施行の際施行時特例市が処理することとされている事務を都道府県が処理することとすることがないよう配慮しなければならない。

（中核市の指定の特例）

第三条　施行時特例市については、附則第一条第二号に掲げる規定の施行の日から起算して五年を経過する日までの間は、この法律による改正後の地方自治法第二百五十二条の二十二第一項の規定にかかわらず、人口二十万未満であっても、同項の中核市として指定することができる。

（政令への委任）

第四条　この附則に規定するもののほか、この法律の施行に伴い必要な経過措置（罰則に関する経過措置を含む。）は、政令で定める。

　附　則（平成二六・六・一三法六九）（抄）

（施行期日）

第一条　この法律は、行政不服審査法（平成二十六年法律第六十八号）の施行の日〔平成二八・四・一〕から施行する。

（地方自治法の一部改正に伴う経過措置）

第七条　第三十四条の規定による改正後の地方自治法の規定中異議の申出、審査の申立て又は審決の申請に関する部分は、この法律の施行後にされた地方公共団体の機関の処分その他の行為に係る異議の申出、審査の申立て又は審決の申請について適用し、この法律の施行前にされた地方公共団体の機関の処分その他の行為に係る異議の申出、審査の申立て又は審決の申請については、なお従前の例による。

（罰則に関する経過措置）

第九条　この法律の施行前にした行為並びに附則第五条及び前二条の規定によりなお従前の例によることとされる場合におけるこの法律の施行後にした行為に対する罰則の適用については、なお従前の例による。

（その他の経過措置の政令への委任）

第十条　附則第五条から前条までに定めるもののほか、この法律の施行に関し必要な経過措置（罰則に関する経過措置を含む。）は、政令で定める。

　附　則（平成二六・六・二〇法七六）（抄）

（施行期日）

第一条　この法律は、平成二十七年四月一日から施行する。ただし、次の各号に掲げる規定は、当該各号に定める日から施行する。

一・二　〔略〕

三　附則第二十一条の規定　この法律の公布の日又は地方自治法の一部を改正する法律（平成二十六年法律第四十二号）の公布の日のいずれか遅い日

（旧教育長に関する経過措置）

第二条　この法律の施行の際現に在職するこの法律による改正前の地方教育行政の組織及び運営に関する法律（以下この条において「旧法」という。）第十六条第一項の教育委員会の教育長（以下単に「旧教育長」という。）は、その教育委員会の委員（以下単に「委員」という。）としての任期中に限り、なお従前の例により在職するものとする。

2・3　〔略〕

（新教育長が任命されるまでの間の経過措置）

第五条　施行日（附則第二条第一項の場合にあっては、旧教育長の委員としての任期が満了する日）以後最初に新法第四条第一項の規定により新教育長が任命されるまでの間は、地方公共団体の長は、委員のうちから、新教育長の職務を行う者を指名することができる。

（地方自治法の一部改正に伴う経過措置）

第七条　附則第二条第一項の場合においては、前条の規定による改正後の地方自治法第十三条第三項、第百二十一条第一項、第百八十条の二、第百八十条の五第六項及び第七項、第二百四条第一項、第二百五十二条の九第二項及び第四項、第二百五十二条の十並びに第二百五十二条の十一第一項の規定は適用せず、前条の規定による改正前の地方自治法第十三条第三項、第百二十一条第一項、第百八十条の二、第百八十条の五第六項及び第七項、第二百四条第一項、第二百五十二条の九第二項及び第四項、第二百五十二条の十並びに第二百五十二条の十一第一項の規定は、なおその効力を有する。

　附　則（平成二八・三・三一法一三）（抄）

最終改正　令和二・三・三一法五

（施行期日）

第一条　この法律は、平成二十八年四月一日から施行する。ただし、次の各号に掲げる規定は、当該各号に定める日から施行する。

一～五の三　〔略〕

五の四　（前略）附則（中略）第三十五条（次号に掲げる改正規定を除く。）（中略）の規定　令和元年十月一日

五の四の二　〔略〕

五の五　（前略）附則第三十五条（地方自治法（昭和二十二年法律第六十七号）第二百八十二条の改正規定に限る。）、

第三十六条〔中略〕の規定　令和二年四月一日
六から十まで　削除
十一〜十五　〔略〕

（地方自治法の一部改正に伴う経過措置）

第三十六条　前条の規定による改正後の地方自治法（以下この条において「新地方自治法」という。）第二百八十二条の規定は、令和二年度以後に同条第一項の規定により特別区に対し交付すべき特別区財政調整交付金（同条第二項に規定する特別区財政調整交付金をいう。次項及び第三項において同じ。）について適用し、令和元年度までに前条の規定による改正前の地方自治法第二百八十二条第一項の規定により特別区に対し交付する同条第二項に規定する特別区財政調整交付金については、なお従前の例による。

2　令和二年度における特別区財政調整交付金の交付に係る新地方自治法第二百八十二条第二項の規定の適用については、同項中「収入額（」とあるのは「収入額（令和元年十月一日から令和二年三月三十一日までに納付された法人の行う事業に対する事業税の収入額を含む。）（」と、「収入額に」とあるのは「収入額（令和元年十月一日から令和二年三月三十一日までに納付された法人の行う事業に対する事業税の収入額を含む。）に」と、「統計法（平成十九年法律第五十三号）第二条第四項に規定する基幹統計である事業所統計の最近に公表された結果による各市町村及び特別区の従業者数」とあるのは「各市町村の市町村民税の法人税割額及び同法第五条第二項第一号に掲げる税のうち同法第七百三十四条第二項（第二号に係る部分に限る。）の規定により都が課する都民税の法人税割額」とする。

3　令和三年度及び令和四年度における特別区財政調整交付金の交付に係る新地方自治法第二百八十二条第二項の規定の適用については、同項中「従業者数」とあるのは、「従業者数並びに市町村民税の法人税割額及び地方税法第五条第二項第一号に掲げる税のうち同法第七百三十四条第二項（第二号に係る部分に限る。）の規定により都が課する都民税の法人税割額」とする。

4　前二項の規定により読み替えられた新地方自治法第二百八十二条第二項に規定する市町村民税の法人税割額及び都民税の法人税割額は、総務省令で定めるところにより算定するものとする。

附　則（平成二九・四・二六法二五）（抄）

（施行期日）

第一条　この法律は、平成三十年四月一日から施行する。〔ただし書略〕

（地方自治法の一部改正に伴う経過措置）

第三条　第四条の規定による改正後の地方自治法第二百六条第二項及び第四項、第二百二十九条第二項及び第四項、第二百三十一条の三第七項及び第九項、第二百三十八条の七第二項及び第四項、第二百四十三条の二第十一項及び第十三項並びに第二百四十四条の四第二項及び第四項の規定は、地方公共団体の機関の処分についての審査請求であって施行日以後にされる地方公共団体の機関の処分に係るものについて適用し、地方公共団体の機関の処分についての審査請求であって施行日前にされた地方公共団体の機関の処分に係るものについては、なお従前の例による。

○民法の一部を改正する法律の施行に伴う関係法律の整備等に関する法律（抄）
平成二九・六・二法四五

（地方自治法の一部改正に伴う経過措置）

第百七条　施行日前に前条の規定による改正前の地方自治法第二百三十六条第四項又は第二百四十二条の二第八項若しくは第九項に規定する時効の中断の事由が生じた場合におけるその事由の効力については、なお従前の例による。

附　則（抄）

この法律は、民法改正法の施行の日（平成三二・四・一）から施行する。〔ただし書略〕

附　則（平成二九・六・九法五四）（抄）

改正　令和二・三・三一法一一

（施行期日）

第一条　この法律は、令和二年四月一日から施行する。ただし、次の各号に掲げる規定は、当該各号に定める日から施行する。

一　〔前略〕次条第三項、第四項、第七項及び第八項〔中略〕の規定　公布の日

二　〔略〕

三　第一条中地方自治法第百九十六条〔中略〕の改正規定、〔中略〕並びに同法第二百三条の二第一項、第二百三十三条、第二百五十二条の七、第二百五十二条の十三〔中略〕の改正規定、〔中略〕並びに次条第二項〔中略〕の規定　平成三十年四月一日

（地方自治法の一部改正に伴う経過措置）

第二条　第一条の規定による改正後の地方自治法（以下この条において「新地方自治法」という。）第七十五条第五項、第百九十九条第十三項及び第二百五十二条の十一第五項の規定は、この法律の施行の日（以下「施行日」という。）以後に行われる監査の結果に関する報告の決定について適用する。

2　新地方自治法第二百三十三条第七項の規定は、前条第三号に掲げる規定の施行の日（以下「第三号施行日」という。）以後に地方自治法第二百三十三条第三項の規定による決算の認定に関する議案が否決される場合について適用する。

3　監査委員は、前条第一号に掲げる規定の施行の日（附則第五条第二項において「第一号施行日」という。）以後に第一条の規定による改正前の地方自治法（次項において「旧地方自治法」という。）第二百四十二条第一項の規定による請求があったときは、施行日前においても、新地方自治法第二百四十二条第三項の規定の例により、当該請求の要旨を当該普通地方公共団体の議会及び長に通知しなければならない。この場合において、当該通知は、施行日において同項の規定によりされたものとみなす。

4　地方自治法第二百九十二条において準用する前項の規定により一部事務組合の監査委員が一部事務組合の議会に通知す

ることとされている同条において準用する旧地方自治法第二百四十二条第一項の規定による請求の要旨の議会への通知は、地方自治法第二百八十七条の二第二項に規定する特例一部事務組合（以下この項において「特例一部事務組合」という。）にあっては、新地方自治法第二百八十七条の二第六項の規定の例により、当該特例一部事務組合の監査委員が地方自治法第二百八十六条第一項に規定する構成団体（以下この項において「構成団体」という。）の長を通じて当該請求の要旨を全ての構成団体の議会に通知することにより行うものとする。

5　新地方自治法第二百四十二条第十項の規定は、施行日以後に同条第三項の規定によりその要旨が通知された同条第一項の規定による請求に係る行為又は怠る事実に関する損害賠償又は不当利得返還の請求権その他の権利の放棄に関する議決について適用する。

6　新地方自治法第二百四十三条の二第一項（第五条の規定による改正後の市町村の合併の特例に関する法律第四十七条において準用する場合を含む。）の規定は、新地方自治法第二百四十三条の二第一項に規定する普通地方公共団体の長等の同項の条例の施行の日以後の行為に基づく損害賠償責任について適用する。

7　普通地方公共団体の議会は、新地方自治法第二百四十三条の二第一項の条例の制定に関する議決をしようとするときは、施行日前においても、監査委員の意見を聴くことができる。

8　新地方自治法第二百五十二条の三十六第二項の規定による新地方自治法第二百五十二条の二十七第二項に規定する包括外部監査契約の締結については、新地方自治法第二百五十二条の三十六第二項の条例を定めた同条第一項第二号に掲げる市以外の市又は町村の長は、第三号施行日前においても、監査委員の意見を聴くとともに、議会の議決を経ることができる。

附　則（令和四・一二・九法九六）（抄）

（施行期日）

第一条　この法律は、令和六年四月一日から施行する。〔ただし書略〕

附　則（令和四・一二・一六法一〇二）（抄）

（施行期日）

第一条　この法律は、公布の日から起算して三月を超えない範囲内において政令で定める日から施行する。〔ただし書略〕

附　則（令和四・一二・一六法一〇四）（抄）

（施行期日）

第一条　この法律は、令和六年四月一日から施行する。〔ただし書略〕

附　則（令和五・四・二八法一四）（抄）

（施行期日）

第一条　この法律は、公布の日から起算して六月を超えない範囲内において政令で定める日〔令和五・九・一〕から施行する。〔ただし書略〕

附　則（令和五・五・八法一九）（抄）

（施行期日）

第一条　この法律は、令和六年四月一日から施行する。ただし、第八十九条及び第九十四条の改正規定（中略）は、公布の日から施行する。

附　則（令和五・五・一九法三一）（抄）

（施行期日）

第一条　この法律は、令和六年四月一日から施行する。〔ただし書略〕

附　則（令和五・五・二六法三四）（抄）

（施行期日）

第一条　この法律は、公布の日から起算して一年を超えない範囲内において政令で定める日〔令和六・四・一〕から施行する。〔ただし書略〕

附　則（令和五・六・九法四八）（抄）

（施行期日）

第一条　この法律は、公布の日から起算して一年三月を超えない範囲内において政令で定める日から施行する。〔ただし書略〕

附　則（令和五・六・一六法五八）（抄）

（施行期日）

第一条　この法律は、公布の日から施行する。〔ただし書略〕

附　則（令和五・六・一六法六三）（抄）

（施行期日）

第一条　この法律は、公布の日から起算して一年を超えない範囲内において政令で定める日〔令和六・四・一〕から施行する。〔ただし書略〕

附　則（令和五・一一・二四法七三）（抄）

（施行期日等）

第一条　この法律は、公布の日から施行する。ただし、次の各号に掲げる規定は、当該各号に定める日から施行する。

一　〔前略〕附則第五条の規定　令和六年四月一日

二　〔略〕

別表第一 第一号法定受託事務（第二条関係）（抄）

備考 この表の下欄の用語の意義及び字句の意味は、上欄に掲げる法律における用語の意義及び字句の意味によるものとする。

法律	事務
教科書の発行に関する臨時措置法（昭和二十三年法律第百三十二号）	第五条第一項、第六条第二項及び第七条第二項の規定により都道府県が処理することとされている事務並びに同条第一項の規定により市町村が処理することとされている事務
私立学校法（昭和二十四年法律第二百七十号）	第二十六条第二項（第六十四条第五項において準用する場合を含む。）、第三十一条第一項（第六十四条第五項及び第七項において準用する場合を含む。）及び第二項（第三十二条第二項、第五十条第三項並びに第六十四条第五項及び第七項において準用する場合を含む。）、第三十二条第一項（第六十四条第五項において準用する場合を含む。）、第三十七条第三項（第五号に係る部分に限り、第六十四条第五項において準用する場合を含む。）、第四十条の四（第六十四条第五項において準用する場合を含む。）、第四十五条（第六十四条第五項において準用する場合を含む。）、第五十条第二項（第六十四条第五項において準用する場合を含む。）及び第四項（第六十四条第五項において準用する場合を含む。）、第五十条の四第二項（第六十四条第五項において準用する場合を含む。）、第五十条の七（第六十四条第五項において準用する場合を含む。）、第五十条の十三第五項（第六十四条第五項において準用する場合を含む。）及び第六項（第六十四条第五項において準用する場合を含む。）、第五十条の十四（第六十四条第五項において準用する場合を含む。）、第五十二条第二項（第六十四条第五項において準用する場合を含む。）、第六十条第一項（第六十四条第五項において準用する場合を含む。）、第二項（第六十一条第二項及び第六十四条第五項において準用する場合を含む。）、第三項（第六十条第十一項、第六十一条第二項及び第六十四条第五項において準用する場合を含む。）、第九項（第六十四条第五項において準用する場合を含む。）及び第十項（第六十四条第五項において準用する場合を含む。）、第六十一条第一項（第六十四条第五項において準用する場合を含む。）、第六十二条第一項から第三項まで（第六十四条第五項において準用する場合を含む。）並びに第六十三条第一項（第六十四条第五項において準用する場合を含む。）の規定により都道府県が処理することとされている事務
地方教育行政の組織及び運営に関する法律（昭和三十一年法律第百六十二号）	都道府県が第四十八条第一項（第五十四条の二及び第五十四条の三の規定により読み替えて適用する場合を含む。）の規定により処理することとされている事務（市町村が処理する事務が自治事務又は第二号法定受託事務である場合においては、第四十八条第三項（第五十四条の二及び第五十四条の三の規定により読み替えて適用する場合を含む。）に規定する文部科学大臣の指示を受けて行うものに限る。）、第五十三条第二項（第五十四条の二及び第五十四条の三の規定により読み替えて適用する場合を含む。）の規定により処理することとされている事務、第六十条第五項の規定により処理することとされている事務（都道府県委員会の意見を聴くことに係るものに限る。）並びに第五十五条第九項（同条第十項により読み替えて適用する場合並びに第六十条第七項において準用する場合及び同条第九項において読み替えて準用する場合を含む。）において準用する地方自治法第二百五十二条の十七の三第二項及び第三項並びに第二百五十二条の十七の四第一項及び第三項の規定により処理することとされている事務
私立学校振興助成法（昭和五十年法律第六十一号）	一 第十二条（第十六条において準用する場合を含む。）、第十二条の二第一項（第十六条において準用する場合を含む。）及び第二項（第十三条第二項及び第十六条において準用する場合を含む。）、第十三条第一項（第十六条において準用する場合を含む。）並びに第十四条第二項及び第三項の規定により都道府県が処理することとされている事務 二 附則第二条第二項又は第二条の二第二項の規定により読み替えて適用される第十二条、第十二条の二第一項及び第二項、第十三条第一項並びに第十四条第二項及び第三項の規定により都道府県が処理することとされている事務
障害のある児童及び生徒のための教科用特定図書等の普	第十六条第二項の規定により都道府県が処理することとされている事務及び同条第一項の規定により市町村が処理することとされている事務

及の促進等に関する法律（平成二十年法律第八十一号）	
高等学校等就学支援金の支給に関する法律（平成二十二年法律第十八号）	第四条（第十四条第三項の規定により読み替えて適用する場合を含む。）、第六条第一項、第八条第一項（第十四条第三項の規定により読み替えて適用する場合を含む。）、第十一条第一項、第十七条及び第十八条第一項の規定により都道府県が処理することとされている事務
平成二十二年度等における子ども手当の支給に関する法律（平成二十二年法律第十九号）	この法律（第二十三条及び第三十条を除く。）の規定により市町村が処理することとされている事務（第十六条第一項の規定により読み替えられた第六条第一項、第七条第一項及び第十三条第一項の規定により都道府県又は市町村が処理することとされている事務を含む。）
平成二十三年度における子ども手当の支給等に関する特別措置法（平成二十三年法律第百七号）	この法律（第二十四条から第二十七条まで及び第三十四条を除く。）の規定により市町村が処理することとされている事務（第十六条第一項の規定により読み替えられた第六条第一項、第七条第一項及び第十三条第一項の規定により都道府県又は市町村が処理することとされている事務を含む。）
行政手続における特定の個人を識別するための番号の利用等に関する法律（平成二十五年法律第二十七号）	第七条第一項及び第二項、第八条第一項（附則第三条第四項において準用する場合を含む。）、第十六条の二第二項、第十七条第一項から第四項まで及び第六項（同条第七項において準用する場合を含む。）並びに附則第三条第一項から第三項までの規定により市町村が処理することとされている事務
子ども・子育て支援法（平成二十四年法律第六十五号）	附則第十八条及び第十九条第二項後段の規定により都道府県が処理することとされている事務

○刑法等の一部を改正する法律の施行に伴う関係法律の整理等に関する法律（抄）

令和四・六・一七
法　六八

（地方自治法の一部改正）

第百四十七条　地方自治法（昭和二十二年法律第六十七号）の一部を次のように改正する。

第十四条第三項中「懲役若しくは禁錮」を「拘禁刑」に改める。

第七十四条の四第一項中「懲役若しくは禁錮」を「拘禁刑」に改め、同条第二項中「毀壊」を「毀壊」に、「懲役若しくは禁錮」を「拘禁刑」に改め、同条第三項及び第四項中「懲役若しくは禁錮」を「拘禁刑」に改め、同条第五項中「禁錮」を「拘禁刑」に改める。

附　則（抄）

（施行期日）

1　この法律は、刑法等一部改正法施行日〔令和七・六・一〕から施行する。〔ただし書略〕

○私立学校法の一部を改正する法律（抄）

令和五・五・八
法　二一

（地方自治法の一部改正）

附則・第十三条　地方自治法（昭和二十二年法律第六十七号）の一部を次のように改正する。

別表第一私立学校法（昭和二十四年法律第二百七十号）の項の下欄を次のように改める。

第十九条第二項、第二十三条第一項、第二十五条、第三十四条第二項、第五十条第二項、第五十六条第二項、第六十五条第二項、第七十二条第一項、第百八条第三項及び第五項、第百九条第三項から第五項まで、第百十二条第二項、第百十五条、第百二十一条第五項及び第六項、第百二十二条、第百二十六条第三項、第百三十三条第一項及び第二項、同条第三項（同条第十二項及び第百三十四条第三項において準用する場合を含む。）、第百三十三条第十項及び第十一項、第百三十四条第一項及び第二項、第百三十五条第一項から第三項まで並びに第百三十六条第一項の規定（これらの規定を第百五十二条第六項において準用する場合を含む。）、第百五十二条第二項（第百五十二条第六項、第九項及び第十項において準用する場合を含む。）並びに第百五十二条第七項の規定により都道府県が処理することとされている事務

別表第一私立学校振興助成法（昭和五十年法律第六十一号）の項中「第三項」を「第四項」に、「及び第二項」を「、同条第二項（第十三条第二項において準用する場合を含む。）」に改める。

附　則（抄）

（施行期日）

第一条　この法律は、令和七年四月一日から施行する。〔ただし書略〕

○行政手続における特定の個人を識別するための番号の利用等に関する法律等の一部を改正する法律（抄）

令和五・六・九
法　四八

附則・第二十二条　地方自治法の一部を次のように改正する。

別表第一（中略）行政手続における特定の個人を識別するための番号の利用等に関する法律（平成二十五年法律第二十七号）の項中「第十六条の二第二項」の下に「及び第六項」を加え、「第四項まで及び第六項（同条第七項」を「第五項まで及び第七項（同条第八項」に改める。

附　則（抄）

（施行期日）

第一条　この法律は、公布の日から起算して一年三月を超えない範囲内において政令で定める日から施行する。ただし、次の各号に掲げる規定は、当該各号に定める日から施行する。

一　（略）

二　（前略）附則（中略）第二十二条（中略）の規定　公布の日から起算して一年六月を超えない範囲内において政令で定める日

三・四　（略）

○国家行政組織法

昭二三・七・一〇
法　一二〇

最終改正　令和三・五・一九法三六

（目的）

第一条　この法律は、内閣の統轄の下における行政機関で内閣府及びデジタル庁以外のもの（以下「国の行政機関」という。）の組織の基準を定め、もつて国の行政事務の能率的な遂行のために必要な国家行政組織を整えることを目的とする。

（組織の構成）

第二条　国家行政組織は、内閣の統轄の下に、内閣府及びデジタル庁の組織と共に、任務及びこれを達成するため必要となる明確な範囲の所掌事務を有する行政機関の全体によつて、系統的に構成されなければならない。

2　国の行政機関は、内閣の統轄の下に、その政策について、自ら評価し、企画及び立案を行い、並びに国の行政機関相互の調整を図るとともに、その相互の連絡を図り、全て、一体として、行政機能を発揮するようにしなければならない。内閣府及びデジタル庁との政策についての調整及び連絡についても、同様とする。

（行政機関の設置、廃止、任務及び所掌事務）

第三条　国の行政機関の組織は、この法律でこれを定めるものとする。

2　行政組織のため置かれる国の行政機関は、省、委員会及び庁とし、その設置及び廃止は、別に法律の定めるところによる。

3　省は、内閣の統轄の下に第五条第一項の規定により各省大臣の分担管理する行政事務及び同条第二項の規定により当該大臣が掌理する行政事務をつかさどる機関として置かれるものとし、委員会及び庁は、省に、その外局として置かれるものとする。

4　第二項の国の行政機関として置かれるものは、別表第一にこれを掲げる。

第四条　前条の国の行政機関の任務及びこれを達成するため必要となる所掌事務の範囲は、別に法律でこれを定める。

（行政機関の長）

第五条　各省の長は、それぞれ各省大臣とし、内閣法（昭和二十二年法律第五号）にいう主任の大臣として、それぞれ行政事務を分担管理する。

2　各省大臣は、前項の規定により行政事務を分担管理するほか、それぞれ、その分担管理する行政事務に係る各省の任務に関連する特定の内閣の重要政策について、当該重要政策に関して閣議において決定された基本的な方針に基づいて、行政各部の施策の統一を図るために必要となる企画及び立案並びに総合調整に関する事務を掌理する。

3　各省大臣は、国務大臣のうちから、内閣総理大臣が命ずる。ただし、内閣総理大臣が自ら当たることを妨げない。

第六条　委員会の長は、委員長とし、庁の長は、長官とする。

（内部部局）

第七条　省には、その所掌事務を遂行するため、官房及び局を置く。

2　前項の官房又は局には、特に必要がある場合においては、部を置くことができる。

3　庁には、その所掌事務を遂行するため、官房及び部を置くことができる。

4　官房、局及び部の設置及び所掌事務の範囲は、政令でこれを定める。

5　庁、官房、局及び部（その所掌事務が主として政策の実施に係るものである庁として別表第二に掲げるもの（以下「実施庁」という。）並びにこれに置かれる官房及び部を除く。）には、課及びこれに準ずる室を置くことができるものとし、これらの設置及び所掌事務の範囲は、政令でこれを定める。

6　実施庁並びにこれに置かれる官房及び部には、政令の定める数の範囲内において、課及びこれに準ずる室を置くことができるものとし、これらの設置及び所掌事務の範囲は、省令でこれを定める。

7　委員会には、法律の定めるところにより、事務局を置くことができる。第三項から第五項までの規定は、事務局の内部組織について、これを準用する。

8　委員会には、特に必要がある場合においては、法律の定めるところにより、事務総局を置くことができる。

（審議会等）

第八条　第三条の国の行政機関には、法律の定める所掌事務の範囲内で、法律又は政令の定めるところにより、重要事項に関する調査審議、不服審査その他学識経験を有する者等の合議により処理することが適当な事務をつかさどらせるための合議制の機関を置くことができる。

（施設等機関）

第八条の二　第三条の国の行政機関には、法律の定める所掌事務の範囲内で、法律又は政令の定めるところにより、試験研究機関、検査検定機関、文教研修施設（これらに類する機関及び施設を含む。）、医療更生施設、矯正収容施設及び作業施設を置くことができる。

（特別の機関）

第八条の三　第三条の国の行政機関には、特に必要がある場合においては、前二条に規定するもののほか、法律の定める所掌事務の範囲内で、法律の定めるところにより、特別の機関を置くことができる。

（地方支分部局）

第九条　第三条の国の行政機関には、その所掌事務を分掌させる必要がある場合においては、法律の定めるところにより、地方支分部局を置くことができる。

（行政機関の長の権限）

第十条　各省大臣、各委員会の委員長及び各庁の長官は、その機関の事務を統括し、職員の服務について、これを統督する。

第十一条　各省大臣は、主任の行政事務について、法律又は政令の制定、改正又は廃止を必要と認めるときは、案をそなえて、内閣総理大臣に提出して、閣議を求めなければならない。

第十二条 各省大臣は、主任の行政事務について、法律若しくは政令を施行するため、又は法律若しくは政令の特別の委任に基づいて、それぞれその機関の命令として省令を発することができる。

2 各外局の長は、その機関の所掌事務について、それぞれ主任の各省大臣に対し、案をそなえて、省令を発することを求めることができる。

3 省令には、法律の委任がなければ、罰則を設け、又は義務を課し、若しくは国民の権利を制限する規定を設けることができない。

第十三条 各委員会及び各庁の長官は、別に法律の定めるところにより、政令及び省令以外の規則その他の特別の命令を自ら発することができる。

2 前条第三項の規定は、前項の命令に、これを準用する。

第十四条 各省大臣、各委員会及び各庁の長官は、その機関の所掌事務について、公示を必要とする場合においては、告示を発することができる。

2 各省大臣、各委員会及び各庁の長官は、その機関の所掌事務について、命令又は示達をするため、所管の諸機関及び職員に対し、訓令又は通達を発することができる。

第十五条 各省大臣、各委員会及び各庁の長官は、その機関の任務（各省にあつては、各省大臣が主任の大臣として分担管理する行政事務に係るものに限る。）を遂行するため政策について行政機関相互の調整を図る必要があると認めるときは、その必要性を明らかにした上で、関係行政機関の長に対し、必要な資料の提出及び説明を求め、並びに当該関係行政機関の政策に関し意見を述べることができる。

第十五条の二 各省大臣は、第五条第二項に規定する事務の遂行のため必要があると認めるときは、関係行政機関の長に対し、必要な資料の提出及び説明を求めることができる。

2 各省大臣は、第五条第二項に規定する事務の遂行のため特に必要があると認めるときは、関係行政機関の長に対し、勧告することができる。

3 各省大臣は、前項の規定により関係行政機関の長に対し勧告したときは、当該関係行政機関の長に対し、その勧告に基づいてとつた措置について報告を求めることができる。

4 各省大臣は、第二項の規定により勧告した事項に関し特に必要があると認めるときは、内閣総理大臣に対し、当該事項について内閣法第六条の規定による措置がとられるよう意見を具申することができる。

（副大臣）

第十六条 各省に副大臣を置く。

2 副大臣の定数は、それぞれ別表第三の副大臣の定数の欄に定めるところによる。

3 副大臣は、その省の長である大臣の命を受け、政策及び企画をつかさどり、政務を処理し、並びにあらかじめその省の長である大臣の命を受けて大臣不在の場合その職務を代行する。

4 副大臣が二人置かれた省においては、各副大臣の行う前項の職務の範囲及び職務代行の順序については、その省の長である大臣の定めるところによる。

5 副大臣の任免は、その省の長である大臣の申出により内閣が行い、天皇がこれを認証する。

6 副大臣は、内閣総辞職の場合においては、内閣総理大臣その他の国務大臣がすべてその地位を失つたときに、これと同時にその地位を失う。

（大臣政務官）

第十七条 各省に大臣政務官を置く。

2 大臣政務官の定数は、それぞれ別表第三の大臣政務官の定数の欄に定めるところによる。

3 大臣政務官は、その省の長である大臣を助け、特定の政策及び企画に参画し、政務を処理する。

4 各大臣政務官の行う前項の職務の範囲については、その省の長である大臣の定めるところによる。

5 大臣政務官の任免は、その省の長である大臣の申出により、内閣がこれを行う。

6 前条第六項の規定は、大臣政務官について、これを準用する。

（大臣補佐官）

第十七条の二 各省に、特に必要がある場合においては、大臣補佐官一人を置くことができる。

2 大臣補佐官は、その省の長である大臣の命を受け、特定の政策に係るその省の長である大臣の行う企画及び立案並びに政務に関し、その省の長である大臣を補佐する。

3 大臣補佐官の任免は、その省の長である大臣の申出により、内閣がこれを行う。

4 大臣補佐官は、非常勤とすることができる。

5 国家公務員法（昭和二十二年法律第百二十号）第九十六条第一項、第九十八条第一項、第九十九条並びに第百条第一項及び第二項の規定は、大臣補佐官の服務について準用する。

6 常勤の大臣補佐官は、在任中、その省の長である大臣の許可がある場合を除き、報酬を得て他の職務に従事し、又は営利事業を営み、その他金銭上の利益を目的とする業務を行つてはならない。

（事務次官及び庁の次長等）

第十八条 各省には、事務次官一人を置く。

2 事務次官は、その省の長である大臣を助け、省務を整理し、各部局及び機関の事務を監督する。

3 各庁には、特に必要がある場合においては、長官を助け、庁務を整理する職として次長を置くことができるものとし、その設置及び定数は、政令でこれを定める。

4 各省及び各庁には、特に必要がある場合においては、その所掌事務の一部を総括整理する職を置くことができるものとし、その設置、職務及び定数は、法律（庁にあつては、政令）でこれを定める。

（秘書官）

第十九条 各省に秘書官を置く。

2 秘書官の定数は、政令でこれを定める。

3 秘書官は、それぞれ各省大臣の命を受け、機密に関する事務を掌り、又は臨時命を受け各部局の事務を助ける。

（官房及び局の所掌に属しない事務をつかさどる職等）

第二十条　各省には、特に必要がある場合においては、官房及び局の所掌に属しない事務の能率的な遂行のためこれを所掌する職で局長に準ずるものを置くことができるものとし、その設置、職務及び定数は、政令でこれを定める。

2　各庁には、特に必要がある場合においては、官房及び部の所掌に属しない事務の能率的な遂行のためこれを所掌する職で部長に準ずるものを置くことができるものとし、その設置、職務及び定数は、政令でこれを定める。

3　各省及び各庁（実施庁を除く。）には、特に必要がある場合においては、前二項の職のつかさどる職務の全部又は一部を助ける職で課長に準ずるものを置くことができるものとし、その設置、職務及び定数は、政令でこれを定める。

4　実施庁には、特に必要がある場合においては、政令の定める数の範囲内において、第二項の職のつかさどる職務の全部又は一部を助ける職で課長に準ずるものを置くことができるものとし、その設置、職務及び定数は、省令でこれを定める。

（内部部局の職）

第二十一条　委員会の事務局並びに局、部、課及び課に準ずる室に、それぞれ事務局長並びに局長、部長、課長及び室長を置く。

2　官房には、長を置くことができるものとし、その設置及び職務は、政令でこれを定める。

3　局、部又は委員会の事務局には、次長を置くことができるものとし、その設置、職務及び定数は、政令でこれを定める。

4　官房、局若しくは部（実施庁に置かれる官房及び部を除く。）又は委員会の事務局には、その所掌事務の一部を総括整理する職又は課（課に準ずる室を含む。）の所掌に属しない事務の能率的な遂行のためこれを所掌する職で課長に準ずるものを置くことができるものとし、これらの設置、職務及び定数は、政令でこれを定める。官房又は部を置かない庁（実施庁を除く。）にこれらの職に相当する職を置くときも、同様とする。

5　実施庁に置かれる官房又は部には、政令の定める数の範囲内において、その所掌事務の一部を総括整理する職又は課（課に準ずる室を含む。）の所掌に属しない事務の能率的な遂行のためこれを所掌する職で課長に準ずるものを置くことができるものとし、これらの設置、職務及び定数は、省令でこれを定める。官房又は部を置かない実施庁にこれらの職に相当する職を置くときも、同様とする。

第二十二条　削除

（官房及び局の数）

第二十三条　第七条第一項の規定に基づき置かれる官房及び局の数は、内閣府設置法（平成十一年法律第八十九号）第十七条第一項の規定に基づき置かれる官房及び局の数と合わせて、九十七以内とする。

第二十四条　削除

（国会への報告等）

第二十五条　政府は、第七条第四項（同条第七項において準用する場合を含む。）、第八条、第八条の二、第十八条第三項若しくは第四項、第二十条第一項若しくは第二項又は第二十一条第二項若しくは第三項の規定により政令で設置される組織その他これらに準ずる主要な組織につき、その新設、改正及び廃止をしたときは、その状況を次の国会に報告しなければならない。

2　政府は、少なくとも毎年一回国の行政機関の組織の一覧表を官報で公示するものとする。

附　則

第二十六条　この法律は、昭和二十四年六月一日から、これを施行する。但し、第二十七条の規定は、公布の日から、これを施行する。

第二十七条　この法律の施行に関し必要な細目は、他に別段の定のある場合を除く外、政令でこれを定める。

附　則（令和三・五・一九法三六）（抄）

（施行期日）

第一条　この法律は、令和三年九月一日から施行する。ただし、附則第六十条の規定は、公布の日から施行する。

（処分等に関する経過措置）

第五十七条　この法律の施行前にこの法律による改正前のそれぞれの法律（これに基づく命令を含む。以下この条及び次条において「旧法令」という。）の規定により従前の国の機関がした認定等の処分その他の行為は、法令に別段の定めがあるもののほか、この法律の施行後は、この法律による改正後のそれぞれの法律（これに基づく命令を含む。以下この条及び次条において「新法令」という。）の相当規定により相当の国の機関がした認定等の処分その他の行為とみなす。

2　この法律の施行の際現に旧法令の規定により従前の国の機関に対してされている申請、届出その他の行為は、法令に別段の定めがあるもののほか、この法律の施行後は、新法令の相当規定により相当の国の機関に対してされた申請、届出その他の行為とみなす。

3　この法律の施行前に旧法令の規定により従前の国の機関に対して申請、届出その他の手続をしなければならない事項で、この法律の施行の日前に従前の国の機関に対してその手続がされていないものについては、法令に別段の定めがあるもののほか、この法律の施行後は、これを、新法令の相当規定により相当の国の機関に対してその手続がされていないものとみなして、新法令の規定を適用する。

（命令の効力に関する経過措置）

第五十八条　旧法令の規定により発せられた内閣府設置法第七条第三項の内閣府令又は国家行政組織法第十二条第一項の省令は、法令に別段の定めがあるもののほか、この法律の施行後は、新法令の相当規定に基づいて発せられた相当の第七条第三項のデジタル庁令又は国家行政組織法第十二条第一項の省令としての効力を有するものとする。

（政令への委任）

第六十条　附則第十五条、第十六条、第五十一条及び前三条に定めるもののほか、この法律の施行に関し必要な経過措置（罰則に関する経過措置を含む。）は、政令で定める。

別表第一（第三条関係）

省	委員会	庁
総務省	公害等調整委員会	消防庁
法務省	公安審査委員会	出入国在留管理庁 公安調査庁
外務省		
財務省		国税庁
文部科学省		スポーツ庁 文化庁
厚生労働省	中央労働委員会	
農林水産省		林野庁 水産庁
経済産業省		資源エネルギー庁 特許庁 中小企業庁
国土交通省	運輸安全委員会	観光庁 気象庁 海上保安庁
環境省	原子力規制委員会	
防衛省		防衛装備庁

別表第二（第七条関係）

公安調査庁
国税庁
特許庁
気象庁
海上保安庁

別表第三（第十六条、第十七条関係）

省	副大臣の定数	大臣政務官の定数
総務省	二人	三人
法務省	一人	一人
外務省	二人	三人
財務省	二人	二人
文部科学省	二人	二人
厚生労働省	二人	二人
農林水産省	二人	二人
経済産業省	二人	二人
国土交通省	二人	三人
環境省	二人	二人
防衛省	一人	二人

○文部科学省設置法

平成一一・七・一六
法　　　　九　六

最終改正　令和五・六・一六法六〇

第一章　総則

（目的）

第一条　この法律は、文部科学省の設置並びに任務及びこれを達成するため必要となる明確な範囲の所掌事務を定めるとともに、その所掌する行政事務を能率的に遂行するため必要な組織を定めることを目的とする。

第二章　文部科学省の設置並びに任務及び所掌事務

第一節　文部科学省の設置

（設置）

第二条　国家行政組織法（昭和二十三年法律第百二十号）第三条第二項の規定に基づいて、文部科学省を設置する。

2　文部科学省の長は、文部科学大臣とする。

第二節　文部科学省の任務及び所掌事務

（任務）

第三条　文部科学省は、教育の振興及び生涯学習の推進を中核とした豊かな人間性を備えた創造的な人材の育成、学術の振興、科学技術の総合的な振興並びにスポーツ及び文化に関する施策の総合的な推進を図るとともに、宗教に関する行政事務を適切に行うことを任務とする。

2　前項に定めるもののほか、文部科学省は、同項の任務に関連する特定の内閣の重要政策に関する内閣の事務を助けることを任務とする。

3　文部科学省は、前項の任務を遂行するに当たり、内閣官房を助けるものとする。

（所掌事務）

第四条　文部科学省は、前条第一項の任務を達成するため、次に掲げる事務をつかさどる。

一　豊かな人間性を備えた創造的な人材の育成のための教育改革に関すること。

二　生涯学習に係る機会の整備の推進に関すること。

三　地方教育行政に関する制度の企画及び立案並びに地方教育行政の組織及び一般的運営に関する指導、助言及び勧告に関すること。

四　地方教育費に関する企画に関すること。

五　地方公務員である教育関係職員の任免、給与その他の身分取扱いに関する制度の企画及び立案並びにこれらの制度の運営に関する指導、助言及び勧告に関すること。

六　地方公務員である教育関係職員の福利厚生に関すること。

七　初等中等教育（幼稚園、小学校、中学校、義務教育学校、高等学校、中等教育学校、特別支援学校及び幼保連携型認定こども園における教育をいう。以下同じ。）の振興に関する企画及び立案並びに援助及び助言に関すること。

八　初等中等教育のための補助に関すること。

九　初等中等教育の基準の設定に関すること。

十　教科用図書の検定に関すること。

十一　教科用図書その他の教授上用いられる図書の発行及び義務教育諸学校（小学校、中学校、義務教育学校、中等教育学校の前期課程並びに特別支援学校の小学部及び中学部をいう。）において使用する教科用図書の無償措置に関すること。

十二　学校保健（学校における保健教育及び保健管理をいう。）、学校安全（学校における安全教育及び安全管理をいう。）及び学校給食に関すること。

十二の二　公認心理師に関する事務のうち所掌に係るものに関すること。

十三　教育職員の養成並びに資質の保持及び向上に関すること。

十四　海外に在留する邦人の子女のための在外教育施設及び関係団体が行う教育、海外から帰国した児童及び生徒の教育並びに本邦に在留する外国人の児童及び生徒の学校生活への適応のための指導に関すること。

十五　大学及び高等専門学校における教育の振興に関する企画及び立案並びに援助及び助言に関すること。

十六　大学及び高等専門学校における教育のための補助に関すること。

十七　大学及び高等専門学校における教育の基準の設定に関すること。

十八　大学及び高等専門学校の設置、廃止、設置者の変更その他の事項の認可に関すること。

十九　大学の入学者の選抜及び学位の授与に関すること。

二十　学生及び生徒の奨学、厚生及び補導に関すること。

二十一　外国人留学生の受入れの連絡及び教育並びに海外への留学生の派遣に関すること。

二十二　政府開発援助のうち外国人留学生に係る技術協力に関すること（外交政策に係るものを除く。）。

二十三　専修学校及び各種学校における教育の振興に関する企画及び立案並びに援助及び助言に関すること。

二十四　専修学校及び各種学校における教育の基準の設定に関すること。

二十五　国立大学（国立大学法人法（平成十五年法律第百十二号）第二条第二項に規定する国立大学をいう。）及び大学共同利用機関（同条第四項に規定する大学共同利用機関をいう。）における教育及び研究に関すること。

二十六　国立高等専門学校（独立行政法人国立高等専門学校機構法（平成十五年法律第百十三号）第三条に規定する国立高等専門学校をいう。）における教育に関すること。

二十七　国立研究開発法人宇宙航空研究開発機構における学術研究及び教育に関すること。

二十八　私立学校に関する行政の制度の企画及び立案並びにこれらの行政の組織及び一般的運営に関する指導、助言及び勧告に関すること。
二十九 文部科学大臣が所轄庁である学校法人についての認可及び認定並びにその経営に関する指導及び助言に関すること。
三十 私立学校教育の振興のための学校法人その他の私立学校の設置者、地方公共団体及び関係団体に対する助成に関すること。
三十一 私立学校教職員の共済制度に関すること。
三十二 社会教育の振興に関する企画及び立案並びに援助及び助言に関すること。
三十三 社会教育のための補助に関すること。
三十四 青少年教育に関する施設において行う青少年の団体宿泊訓練に関すること。
三十五 通信教育及び視聴覚教育に関すること。
三十六 外国人に対する日本語教育に関すること（外交政策に係るものを除く。）。
三十七 家庭教育の支援に関すること。
三十八 公立及び私立の文教施設並びに地方独立行政法人が設置する文教施設の整備に関する指導及び助言に関すること。
三十九 公立の文教施設の整備のための補助に関すること。
四十 学校施設及び教育用品の基準の設定に関すること。
四十一 学校環境の整備に関する指導及び助言に関すること。
四十二 青少年の健全な育成の推進に関すること（こども家庭庁の所掌に属するものを除く。）。
四十三 科学技術に関する基本的な政策の企画及び立案並びに推進に関すること（内閣府の所掌に属するものを除く。）。
四十四 科学技術に関する研究及び開発（以下「研究開発」という。）に関する計画の作成及び推進に関すること。
四十五 科学技術に関する関係行政機関の事務の調整に関すること（内閣府の所掌に属するものを除く。）。
四十六 学術の振興に関すること。
四十七 研究者の養成及び資質の向上に関すること。
四十八 技術者の養成及び資質の向上に関すること（文部科学省に置かれる試験研究機関及び文部科学大臣が所管する法人において行うものに限る。）。
四十九 技術士に関すること。
五十 研究開発に必要な施設及び設備（関係行政機関に重複して設置することが多額の経費を要するため適当でないと認められるものに限る。）の整備（共用に供することを含む。）、研究開発に関する情報処理の高度化及び情報の流通の促進その他の科学技術に関する研究開発の基盤の整備に関すること。
五十一 科学技術に関する研究開発に係る交流の助成に関すること。
五十二 前二号に掲げるもののほか、科学技術に関する研究開発の推進のための環境の整備に関すること。
五十三 科学技術に関する研究開発の成果の普及及び成果の活用の促進に関すること。
五十四 発明及び実用新案の奨励並びにこれらの実施化の推進に関すること。
五十五 科学技術に関する知識の普及並びに国民の関心及び理解の増進に関すること。
五十六 科学技術に関する研究開発が経済社会及び国民生活に及ぼす影響に関し、評価を行うことその他の措置に関すること。
五十七 科学技術に関する基礎研究及び科学技術に関する共通的な研究開発（二以上の府省のそれぞれの所掌に係る研究開発に共通する研究開発をいう。）に関すること。
五十八 科学技術に関する研究開発で、関係行政機関に重複して設置することが多額の経費を要するため適当でないと認められる施設及び設備を必要とするものに関すること。
五十九 科学技術に関する研究開発で多数部門の協力を要する総合的なものに関すること（他の府省の所掌に属するものを除く。）。
六十 国立研究開発法人理化学研究所の行う科学技術に関する試験及び研究に関すること。
六十一 放射線の利用に関する研究開発に関すること。
六十二 宇宙の開発及び原子力に関する技術開発で科学技術の水準の向上を図るためのものに関すること。
六十三 宇宙の利用の推進に関する事務のうち科学技術の水準の向上を図るためのものに関すること。
六十四 放射性同位元素の利用の推進に関すること。
六十五 資源の総合的利用に関すること（他の府省の所掌に属するものを除く。）。
六十六 原子力政策のうち科学技術に関するものに関すること。
六十七 原子力に関する関係行政機関の試験及び研究に係る経費その他これに類する経費の配分計画に関すること。
六十八 原子力損害の賠償に関すること。
六十九 スポーツに関する基本的な政策の企画及び立案並びに推進に関すること。
七十 スポーツに関する関係行政機関の事務の調整に関すること。
七十一 スポーツの振興に関する企画及び立案並びに援助及び助言に関すること。
七十二 スポーツのための助成に関すること。
七十三 心身の健康の保持増進に資するスポーツの機会の確保に関すること。
七十四 国際的又は全国的な規模において行われるスポーツ事業に関すること。
七十五 スポーツに関する競技水準の向上に関すること。
七十六 スポーツ振興投票に関すること。
七十七 文化に関する基本的な政策の企画及び立案並びに推進に関すること。
七十八 文化に関する関係行政機関の事務の調整に関すること。
七十九 文化（文化財（文化財保護法（昭和二十五年法律第二百十四号）第二条第一項に規定する文化財をいう。第八十五号において同じ。）に係る事項を除く。次号及び第八十二号において同じ。）の振興に関する企画及び立案並びに援助及び助言に関すること。

八十　文化の振興のための助成に関すること。

八十一　劇場、音楽堂、美術館その他の文化施設に関すること。

八十二　文化に関する展示会、講習会その他の催しを主催すること。

八十三　国語の改善及びその普及に関すること。

八十四　著作者の権利、出版権及び著作隣接権の保護及び利用に関すること。

八十五　文化財の保存及び活用に関すること。

八十六　アイヌ文化の振興に関すること。

八十六の二　興行入場券（特定興行入場券の不正転売の禁止等による興行入場券の適正な流通の確保に関する法律（平成三十年法律第百三号）第二条第二項に規定する興行入場券をいう。）の適正な流通の確保に関する関係行政機関の事務の調整に関すること。

八十七　宗教法人の規則、規則の変更、合併及び任意解散の認証並びに宗教に関する情報資料の収集及び宗教団体との連絡に関すること。

八十八　国際文化交流の振興に関すること（外交政策に係るものを除く。）。

八十九　ユネスコ活動（ユネスコ活動に関する法律（昭和二十七年法律第二百七号）第二条に規定するユネスコ活動をいう。）の振興に関すること（外交政策に係るものを除く。）。

九十　文化功労者に関すること。

九十一　地方公共団体の機関、大学、高等専門学校、研究機関その他の関係機関に対し、教育、学術、スポーツ、文化及び宗教に係る専門的、技術的な指導及び助言を行うこと。

九十二　教育関係職員、研究者、社会教育に関する団体、社会教育指導者、スポーツの指導者その他の関係者に対し、教育、学術、スポーツ及び文化に係る専門的、技術的な指導及び助言を行うこと。

九十三　所掌事務に係る国際協力に関すること。

九十四　政令で定める文教研修施設において所掌事務に関する研修を行うこと。

九十五　前各号に掲げるもののほか、法律（法律に基づく命令を含む。）に基づき文部科学省に属させられた事務

2　前項に定めるもののほか、文部科学省は、前条第二項の任務を達成するため、同条第一項の任務に関連する特定の内閣の重要政策について、当該重要政策に関して閣議において決定された基本的な方針に基づいて、行政各部の施策の統一を図るために必要となる企画及び立案並びに総合調整に関する事務をつかさどる。

第三章　本省に置かれる職及び機関

第一節　特別な職

（文部科学審議官）

第五条　文部科学省に、文部科学審議官二人を置く。

2　文部科学審議官は、命を受けて、文部科学省の所掌事務に係る重要な政策に関する事務を総括整理する。

第二節　審議会等

第一款　設置

第六条　本省に、科学技術・学術審議会を置く。

2　前項に定めるもののほか、別に法律で定めるところにより文部科学省に置かれる審議会等で本省に置かれるものは、国立大学法人評価委員会とする。

第二款　科学技術・学術審議会

第七条　科学技術・学術審議会は、次に掲げる事務をつかさどる。

一　文部科学大臣の諮問に応じて次に掲げる重要事項を調査審議すること。

イ　科学技術の総合的な振興に関する重要事項

ロ　学術の振興に関する重要事項

二　前号イ及びロに掲げる重要事項に関し、文部科学大臣に意見を述べること。

三　文部科学大臣又は関係各大臣の諮問に応じて海洋の開発に関する総合的かつ基本的な事項を調査審議すること。

四　測地学及び政府機関における測地事業計画に関する事項を調査審議すること。

五　前二号に規定する事項に関し、文部科学大臣又は関係各大臣に意見を述べること。

六　技術士法（昭和五十八年法律第二十五号）及び国際卓越研究大学の研究及び研究成果の活用のための体制の強化に関する法律（令和四年法律第五十一号）の規定によりその権限に属させられた事項を処理すること。

2　文部科学大臣は、大学の研究及び研究成果の活用のための体制の強化に関して高い識見を有する外国人（日本の国籍を有しない者をいう。次項において同じ。）を科学技術・学術審議会の委員に任命することができる。

3　前項の場合において、外国人である科学技術・学術審議会の委員は、科学技術・学術審議会の会務を総理し、科学技術・学術審議会を代表する者となることはできず、当該委員の数は、科学技術・学術審議会の委員の総数の五分の一を超えてはならない。

4　前三項に定めるもののほか、科学技術・学術審議会の組織及び委員その他の職員その他科学技術・学術審議会に関し必要な事項については、政令で定める。

第三款　国立大学法人評価委員会

第八条　国立大学法人評価委員会については、国立大学法人法（これに基づく命令を含む。）の定めるところによる。

第三節　特別の機関

（設置）

第九条　本省に、日本学士院を置く。

2　前項に定めるもののほか、別に法律で定めるところにより文部科学省に置かれる特別の機関で本省に置かれるものは、次のとおりとする。

地震調査研究推進本部
火山調査研究推進本部
日本ユネスコ国内委員会

（日本学士院）
第十条 日本学士院については、日本学士院法（昭和三十一年法律第二十七号）の定めるところによる。
（地震調査研究推進本部）
第十一条 地震調査研究推進本部については、地震防災対策特別措置法（平成七年法律第百十一号。これに基づく命令を含む。）の定めるところによる。
（火山調査研究推進本部）
第十一条の二 火山調査研究推進本部については、活動火山対策特別措置法（昭和四十八年法律第六十一号。これに基づく命令を含む。）の定めるところによる。
（日本ユネスコ国内委員会）
第十二条 日本ユネスコ国内委員会については、ユネスコ活動に関する法律（これに基づく命令を含む。）の定めるところによる。

第四章 外局

第一節 設置

第十三条 国家行政組織法第三条第二項の規定に基づいて、文部科学省に、次の外局を置く。
スポーツ庁
文化庁

第二節 スポーツ庁

（長官）
第十四条 スポーツ庁の長は、スポーツ庁長官とする。
（任務）
第十五条 スポーツ庁は、スポーツの振興その他のスポーツに関する施策の総合的な推進を図ることを任務とする。
（所掌事務）
第十六条 スポーツ庁は、前条の任務を達成するため、第四条第一項第三号、第五号、第三十号、第三十八号、第三十九号、第六十九号から第七十六号まで、第八十八号（スポーツの振興に係るものに限る。）、第八十九号及び第九十一号から第九十五号までに掲げる事務並びに学校における体育及び保健教育の基準の設定に関する事務をつかさどる。

第三節 文化庁

第一款 任務及び所掌事務

（長官）
第十七条 文化庁の長は、文化庁長官とする。
（任務）
第十八条 文化庁は、文化の振興その他の文化に関する施策の総合的な推進並びに国際文化交流の振興及び博物館による社会教育の振興を図るとともに、宗教に関する行政事務を適切に行うことを任務とする。
（所掌事務）
第十九条 文化庁は、前条の任務を達成するため、第四条第一項第三号、第五号、第三十号、第三十二号（博物館に係るものに限る。）、第三十三号（博物館に係るものに限る。）、第三十九号、第七十七号から第八十七号まで、第八十八号（学術及びスポーツの振興に係るものを除く。）、第八十九号及び第九十一号から第九十五号までに掲げる事務並びに学校における芸術に関する教育の基準の設定に関する事務をつかさどる。

第二款 審議会等

（設置）
第二十条 文化庁に、文化審議会を置く。
2 前項に定めるもののほか、別に法律で定めるところにより文部科学省に置かれる審議会等で文化庁に置かれるものは、宗教法人審議会とする。
（文化審議会）
第二十一条 文化審議会は、次に掲げる事務をつかさどる。
一 文部科学大臣又は文化庁長官の諮問に応じて文化の振興その他の文化に関する施策の総合的な推進並びに国際文化交流の振興（学術及びスポーツの振興に係るものを除く。）及び博物館による社会教育の振興に関する重要事項（第三号に規定するものを除く。）を調査審議すること。
二 前号に規定する重要事項に関し、文部科学大臣又は文化庁長官に意見を述べること。
三 文部科学大臣又は文化庁長官の諮問に応じて国語の改善及びその普及に関する事項を調査審議すること。
四 前号に規定する事項に関し、文部科学大臣、関係各大臣又は文化庁長官に意見を述べること。
五 文化芸術基本法（平成十三年法律第百四十八号）第七条第三項、展覧会における美術品損害の補償に関する法律（平成二十三年法律第十七号）第十二条第二項、著作権法（昭和四十五年法律第四十八号）、万国著作権条約の実施に伴う著作権法の特例に関する法律（昭和三十一年法律第八十六号）第五条第四項、著作権管理事業法（平成十二年法律第百三十一号）第二十四条第四項、文化財保護法第百五十三条及び文化功労者年金法（昭和二十六年法律第百二十五号）第二条第二項の規定によりその権限に属させられた事項を処理すること。
2 文化審議会の委員その他の職員で政令で定めるものは、文部科学大臣が任命する。
3 前二項に定めるもののほか、文化審議会の組織及び委員その他の職員その他文化審議会に関し必要な事項については、政令で定める。
（宗教法人審議会）
第二十二条 宗教法人審議会については、宗教法人法（昭和二十六年法律第百二十六号）の定めるところによる。

第三款 特別の機関

（日本芸術院）
第二十三条 文化庁に、日本芸術院を置く。
2 日本芸術院は、次に掲げる事務をつかさどる。
一 芸術上の功績顕著な芸術家の優遇に関すること。
二 芸術の発達に寄与する活動を行い、並びに芸術に関する重要事項を審議し、及びこれに関し、文部科学大臣又は文化庁長官に意見を述べること。
3 日本芸術院の長及び会員は、政令で定めるところにより、文部科学大臣が任命する。
4 日本芸術院の会員には、予算の範囲内で、文部科学大臣の定めるところにより、年金を支給することができる。

5　日本芸術院の組織、会員その他の職員及び運営については、政令で定める。

第五章　雑則

（職員）

第二十四条　文化庁に政令の規定により置かれる施設等機関で政令で定めるものの長は、文部科学大臣が任命する。

附　則（抄）

（施行期日）

1　この法律は、内閣法の一部を改正する法律（平成十一年法律第八十八号）の施行の日〔平成一三・一・六〕から施行する。〔ただし書略〕

○文部科学省組織令（抄）

平成一二・六・七
政令二五一

最終改正　令和五・一一・一〇政令三二七

第一章　本省

第一節　秘書官

（秘書官の定数）

第一条　秘書官の定数は、一人とする。

第二節　内部部局等

第一款　大臣官房及び局並びに国際統括官の設置等

（大臣官房及び局並びに国際統括官の設置等）

第二条　本省に、大臣官房及び次の六局並びに国際統括官一人を置く。

総合教育政策局
初等中等教育局
高等教育局
科学技術・学術政策局
研究振興局
研究開発局

2　大臣官房に文教施設企画・防災部を、高等教育局に私学部を置く。

（大臣官房の所掌事務）

第三条　大臣官房は、次に掲げる事務をつかさどる。

一　文部科学省の職員の任免、給与、懲戒、服務その他の人事並びに教養及び訓練に関すること。

二　文部科学省の職員の衛生、医療その他の福利厚生に関すること。

三　文部科学省共済組合に関すること。

四　機密に関すること。

五　大臣の官印及び省印の保管に関すること。

六　公文書類の接受、発送、編集及び保存に関すること。

七　法令案その他の公文書類の審査に関すること。

八　文部科学省の保有する情報の公開に関すること。

九　文部科学省の保有する個人情報の保護に関すること。

十　文部科学省の所掌事務に関する総合調整に関すること。

十一　国会との連絡に関すること。

十二　広報に関すること。

十三　文部科学省の機構及び定員に関すること。

十四　文部科学省の所掌に係る経費及び収入の予算、決算及び会計並びに会計の監査に関すること。

十五　文部科学省所管の国有財産の管理及び処分並びに物品の管理に関すること。

十六　東日本大震災復興特別会計の経理のうち文部科学省の所掌に係るものに関すること。

十七　東日本大震災復興特別会計に属する国有財産の管理及び処分並びに物品の管理のうち文部科学省の所掌に係るものに関すること。

十八　文部科学省の行政の考査に関すること。

十九　文化功労者に関すること。

二十　文部科学省の所掌事務に係る法人（学校法人及び宗教法人を除く。）の監督に関する基本方針の企画及び立案並びに調整に関すること。

二十一　文部科学省の所掌事務に係る基本的かつ総合的な政策の企画及び立案に関すること。

二十二　文部科学省の所掌事務に関する政策の評価に関すること。

二十三　文部科学省の情報システムの整備及び管理に関すること。

二十四　国立国会図書館支部文部科学省図書館に関すること。

二十五　文部科学省の所掌事務に係る国際交流に関する基本的な政策の企画及び立案並びに推進に関すること。

二十六　文部科学省の所掌事務に係る国際協力に関すること（スポーツ庁及び文化庁並びに科学技術・学術政策局及び

研究開発局の所掌に属するものを除く。）。
二十七　文部科学省の所掌事務に係る国際的諸活動（国際交流及び国際協力を除く。）に関する連絡調整に関すること。
二十八　文教施設並びに科学技術に関する研究及び開発（以下「研究開発」という。）に必要な施設の整備に関する基本的な施策の企画及び立案並びに調整に関すること。
二十九　公立及び私立の文教施設並びに地方独立行政法人が設置する文教施設の整備に関する指導及び助言に関すること（スポーツ庁及び文化庁並びに他局の所掌に属するものを除く。）。
三十　公立の学校施設の整備のための援助及び補助に関すること（スポーツ庁及び初等中等教育局の所掌に属するものを除く。）。
三十一　公立の社会教育施設の整備（災害復旧に係るものに限る。）のための補助に関すること。
三十二　私立学校教育の振興のための学校法人その他の私立学校の設置者、地方公共団体及び関係団体に対する助成（学校施設の災害復旧に係るものに限る。）に関すること。
三十三　学校施設及び学校用家具の基準の設定に関すること。
三十四　学校環境の整備に関する指導及び助言に関すること。
三十五　文教施設の防災に関する施策の基本方針の企画及び立案並びに調整に関すること。
三十六　教育、学術、スポーツ及び文化の直接の用に供する物資（学校給食用物資を除く。）並びに教育、学術、スポーツ及び文化の用に供する物資のうち国際的に供給の不足するもの（学校給食用物資を除く。）の入手又は利用に関する便宜の供与に関すること。
三十七　学校施設の学校教育の目的以外の目的への使用の防止に係る返還命令及び移転命令に関すること。
三十八　国立の文教施設の整備に関すること（官公庁施設の建設等に関する法律（昭和二十六年法律第百八十一号）第十条第一項の規定に基づき国土交通大臣の行う営繕及び建設並びに土地又は借地権の取得を除く。）。
三十九　独立行政法人、国立大学法人（国立大学法人法（平成十五年法律第百十二号）第二条第一項に規定する国立大学法人をいう。以下同じ。）及び大学共同利用機関法人（同条第三項に規定する大学共同利用機関法人をいう。以下同じ。）が設置する文教施設の整備に関する長期計画の企画及び立案並びに連絡調整並びに予算案の準備に関すること。
四十　国立大学法人、大学共同利用機関法人、独立行政法人大学改革支援・学位授与機構及び独立行政法人国立高等専門学校機構が設置する文教施設の整備のための補助金の交付に関すること。
四十一　独立行政法人大学改革支援・学位授与機構の行う国立大学法人及び大学共同利用機関法人に対する土地の取得、施設の設置若しくは整備又は設備の設置に必要な資金の貸付けに関すること。
四十二　独立行政法人大学改革支援・学位授与機構の行う国立大学法人、大学共同利用機関法人及び独立行政法人国立高等専門学校機構に対する土地の取得、施設の設置若しくは整備又は設備の設置に必要な資金の交付に関すること。
四十三　独立行政法人、国立大学法人及び大学共同利用機関法人が設置する文教施設の整備に関する基準に関すること。
四十四　独立行政法人、国立大学法人及び大学共同利用機関法人が設置する文教施設の立地計画（独立行政法人、国立大学法人及び大学共同利用機関法人において土地又は借地権の取得を必要とすることとなるものに限る。）に関すること。
四十五　文部科学省設置法第三条第一項の任務に関連する特定の内閣の重要政策について、当該重要政策に関して閣議において決定された基本的な方針に基づいて、行政各部の施策の統一を図るために必要となる企画及び立案並びに総合調整に関すること。
四十六　前各号に掲げるもののほか、文部科学省の所掌事務で他の所掌に属しないものに関すること。
２　文教施設企画・防災部は、前項第二十八号から第四十四号までに掲げる事務をつかさどる。

（総合教育政策局の所掌事務）
第四条　総合教育政策局は、次に掲げる事務をつかさどる。
一　豊かな人間性を備えた創造的な人材の育成のための教育改革に関する基本的な政策の企画及び立案並びに推進に関すること。
二　教育基本法（平成十八年法律第百二十号）の施行に関する事務の総括に関すること。
三　教育基本法第十七条第一項に規定する基本的な計画に関すること。
四　生涯学習に係る機会の整備の推進に関すること。
五　文部科学省の所掌事務に関する生涯学習に係る機会の整備に関する基本的な政策の企画及び立案に関すること。
六　地域の振興に資する見地からの基本的な文教施策の企画及び立案並びに調整に関すること。
七　教育、スポーツ及び文化に係る情報通信の技術の活用に関する基本的な政策の企画及び立案並びに推進に関すること。
八　教育、スポーツ、文化及び宗教に係る調査及び研究に関する基本的な施策の企画及び立案並びに調整に関すること。
九　教育、スポーツ、文化及び宗教に係る統計に関すること（他の所掌に属するものを除く。）。
十　児童及び生徒の学力の状況に関する全国的な調査及び分析に関すること（初等中等教育局の所掌に属するものを除く。）。
十一　外国の教育事情に関する調査及び研究に関すること。
十二　幼稚園、小学校、中学校、義務教育学校、高等学校、中等教育学校、特別支援学校及び幼保連携型認定こども園における国際理解教育（以下この条及び第二十八条において単に「国際理解教育」という。）の振興に関する企画及び立案並びに援助及び助言に関すること。

十三　学校運営協議会（地方教育行政の組織及び運営に関する法律（昭和三十一年法律第百六十二号）第四十七条の五に規定する学校運営協議会をいう。）その他の学校の運営に関する学校と地域住民その他の関係者との連携及び協力に関する制度（第三十条第九号において「学校運営協議会等」という。）に関すること。
十四　学校安全（学校における安全教育及び安全管理をいう。第三十一条第六号及び第三十四条第八号において同じ。）に関すること（初等中等教育（幼稚園、小学校、中学校、義務教育学校、高等学校、中等教育学校、特別支援学校及び幼保連携型認定こども園における教育をいう。以下同じ。）の基準（教材並びに学級編制及び教職員定数に係るものに限る。）の設定に関することを除く。）。
十五　教育職員の養成並びに資質の保持及び向上に関すること。
十六　地方公務員である教育職員の採用のための選考に関する指導、助言及び勧告に関すること。
十七　海外に在留する邦人の子女のための在外教育施設及び関係団体が行う教育、海外から帰国した児童及び生徒の教育並びに本邦に在留する外国人の児童及び生徒の学校生活への適応のための指導に関すること。
十八　中学校卒業程度認定及び高等学校卒業程度認定に関すること。
十九　専修学校及び各種学校における教育の振興に関する企画及び立案並びに援助及び助言に関すること（初等中等教育局及び高等教育局の所掌に属するものを除く。）。
二十　専修学校及び各種学校における教育の基準の設定に関すること（スポーツ庁及び文化庁並びに高等教育局の所掌に属するものを除く。）。
二十一　私立の専修学校及び各種学校における教育の振興のための学校法人その他の私立の専修学校及び各種学校の設置者、地方公共団体並びに関係団体に対する助成に関すること（スポーツ庁及び文化庁並びに大臣官房の所掌に属するものを除く。）。
二十二　社会教育の振興に関する企画及び立案並びに援助及び助言に関すること（文化庁の所掌に属するものを除く。）。
二十三　社会教育主事、司書及び司書補並びに司書教諭の講習に関すること。
二十四　社会教育のための補助に関すること（文化庁の所掌に属するものを除く。）。
二十五　公立及び私立の社会教育施設の整備（災害復旧に係るものを除く。）に関する指導及び助言に関すること（スポーツ庁及び文化庁の所掌に属するものを除く。）。
二十六　公立の社会教育施設の整備のための補助に関すること（スポーツ庁及び文化庁並びに大臣官房の所掌に属するものを除く。）。
二十七　学校図書館に関すること。
二十八　青少年教育に関する施設において行う青少年の団体宿泊訓練に関すること。
二十九　社会教育としての通信教育に関すること。
三十　社会教育における視聴覚教育に関すること。
三十一　家庭教育の支援に関すること。
三十二　青少年の健全な育成の推進に関すること（こども家庭庁の所掌に属するものを除く。）。
三十三　文部科学省の所掌事務に係る青少年の健全な育成に関する基本的な政策の企画及び立案に関すること。
三十四　教育の振興に係る国際文化交流の振興に関すること（外交政策に係るもの並びに高等教育局及び国際統括官の所掌に属するものを除く。）。
三十五　地方公共団体の機関その他の関係機関に対し、国際理解教育、専修学校及び各種学校における教育並びに社会教育に係る専門的、技術的な指導及び助言を行うこと（スポーツ庁及び文化庁並びに初等中等教育局及び高等教育局の所掌に属するものを除く。）。
三十六　教育関係職員、社会教育に関する団体、社会教育指導者その他の関係者に対し、国際理解教育、専修学校及び各種学校における教育並びに社会教育に係る専門的、技術的な指導及び助言を行うこと（スポーツ庁及び文化庁並びに初等中等教育局及び高等教育局の所掌に属するものを除く。）。
三十七　中央教育審議会の庶務（初等中等教育分科会及び大学分科会に係るものを除く。）に関すること。
三十八　国立教育政策研究所の組織及び運営一般に関すること。
三十九　独立行政法人教職員支援機構の組織及び運営一般に関すること。
四十　放送大学学園法（平成十四年法律第百五十六号）第三条に規定する放送大学学園（以下単に「放送大学学園」という。）の組織及び運営一般に関すること。

（初等中等教育局の所掌事務）

第五条　初等中等教育局は、次に掲げる事務をつかさどる。
一　地方教育行政に関する制度の企画及び立案に関すること。
二　地方教育行政の組織及び一般的運営に関する指導、助言及び勧告に関すること（スポーツ庁及び文化庁の所掌に属するものを除く。）。
三　地方教育費に関する企画に関すること。
四　地方公務員である教育関係職員の任免、給与その他の身分取扱いに関する制度の企画及び立案並びにこれらの制度の運営に関する指導、助言及び勧告に関すること（スポーツ庁及び文化庁並びに総合教育政策局の所掌に属するものを除く。）。
五　地方公務員である教育関係職員の福利厚生に関すること。
六　初等中等教育の振興に関する企画及び立案並びに援助及び助言に関すること（総合教育政策局の所掌に属するものを除く。）。
七　初等中等教育のための補助に関すること（総合教育政策局の所掌に属するものを除く。）。
八　高等学校等就学支援金の支給に関する法律（平成二十二年法律第十八号）の施行に関すること。

九 初等中等教育の基準の設定に関すること（スポーツ庁及び文化庁並びに総合教育政策局の所掌に属するものを除く。）。
十 幼児に対する教育の振興に関する基本的な施策の企画及び立案並びに調整に関すること。
十一 教科用図書の検定に関すること。
十二 教科用図書その他の教授上用いられる図書の発行及び義務教育諸学校（小学校、中学校、義務教育学校、中等教育学校の前期課程並びに特別支援学校の小学部及び中学部をいう。第四十条第二号において同じ。）において使用する教科用図書の無償措置に関すること。
十三 文部科学省が著作の名義を有する出版物の著作権の管理に関すること。
十四 文部科学省の所掌事務に係る健康教育の振興及び食育の推進に関する基本的な施策の企画及び立案並びに調整に関すること。
十五 学校保健（学校における保健教育及び保健管理をいう。第四十一条第二号において同じ。）及び学校給食に関すること（学校における保健教育の基準の設定に関することと及び公立の学校の給食施設の整備に関することを除く。）。
十六 公立学校の学校医、学校歯科医及び学校薬剤師の公務災害補償に関すること。
十七 生徒（専修学校の専門課程の生徒を除く。）の奨学に関すること。
十八 私立学校教育の振興のための学校法人その他の私立学校の設置者、地方公共団体及び関係団体に対する助成（幼稚園及び幼保連携型認定こども園の施設並びに産業教育のための施設の整備に係るものに限る。）に関すること（スポーツ庁及び文化庁並びに大臣官房の所掌に属するものを除く。）。
十九 視聴覚教育に関する連絡調整に関すること。
二十 学校教育における視聴覚教育（大学及び高等専門学校におけるものを除く。）に関すること。
二十一 高等学校、中等教育学校の後期課程及び特別支援学校の高等部における通信教育に関すること。
二十二 教育用品（学校用家具を除く。）の基準の設定に関すること。
二十三 中学校卒業程度を入学資格とする専修学校及び各種学校における教育の振興（教育内容に係るものに限る。）に関する援助及び助言に関すること（安全教育に係るものを除く。）。
二十四 地方公共団体の機関その他の関係機関に対し、初等中等教育に係る専門的、技術的な指導及び助言を行うこと（スポーツ庁及び文化庁並びに総合教育政策局の所掌に属するものを除く。）。
二十五 教育関係職員その他の関係者に対し、初等中等教育に係る専門的、技術的な指導及び助言を行うこと（スポーツ庁及び文化庁並びに総合教育政策局の所掌に属するものを除く。）。
二十六 少年院の長が行う教科指導についての勧告に関すること。
二十七 特別支援学校の理療に関する学科、理学療法に関する学科及び歯科技工に関する学科の認定に関すること。
二十八 看護師、准看護師又は介護福祉士の養成のための高等学校及び中等教育学校の指定に関すること。
二十九 中央教育審議会初等中等教育分科会の庶務に関すること。

（高等教育局の所掌事務）
第六条 高等教育局は、次に掲げる事務をつかさどる。
一 大学及び高等専門学校における教育の振興に関する企画及び立案並びに援助及び助言に関すること（総合教育政策局及び初等中等教育局の所掌に属するものを除く。）。
二 大学における教育及び研究についての評価に関する企画及び立案並びに援助及び助言に関すること。
三 大学及び高等専門学校における教育のための補助に関すること（総合教育政策局及び初等中等教育局の所掌に属するものを除く。）。
四 大学及び高等専門学校における教育の基準の設定に関すること（スポーツ庁及び文化庁並びに総合教育政策局の所掌に属するものを除く。）。
五 大学及び高等専門学校の設置、廃止、設置者の変更その他の事項の認可に関すること。
六 大学の入学者の選抜及び学位の授与に関すること。
七 学生及び生徒の奨学、厚生及び補導（生徒の奨学にあっては、専修学校の専門課程の生徒に係るものに限る。）に関すること。
八 外国人留学生の受入れの連絡及び教育並びに海外への留学生の派遣に関すること。
九 政府開発援助のうち外国人留学生に係る技術協力に関すること（外交政策に係るものを除く。）。
十 高等学校卒業程度を入学資格とする専修学校及び各種学校における教育の振興（教育内容に係るものに限る。）に関する援助及び助言に関すること（総合教育政策局及び初等中等教育局の所掌に属するものを除く。）。
十一 公認心理師に関する事務のうち文部科学省の所掌に係るものに関すること。
十二 医療技術者又は社会福祉に関する専門的知識及び技術を有する者の養成のための大学に附属する専修学校及び各種学校における医療技術者等養成教育（第四十七条において「附属専修学校等における医療技術者等養成教育」という。）の基準の設定に関すること。
十三 医療技術者又は社会福祉に関する専門的知識及び技術を有する者の養成のための大学並びにこれに附属する専修学校及び各種学校の指定に関すること。
十四 看護師等の人材確保の促進に関する法律（平成四年法律第八十六号）第三条の基本指針のうち同条第二項第二号に掲げる事項に関すること。
十五 国立大学（国立大学法人法第二条第二項に規定する国立大学をいう。以下同じ。）における教育及び研究（国立大学附置の研究所及び国立大学の附属図書館におけるものを除く。）に関すること（総合教育政策局及び初等中等教育局の所掌に属するものを除く。）。

十六　国立高等専門学校（独立行政法人国立高等専門学校機構法（平成十五年法律第百十三号）第三条に規定する国立高等専門学校をいう。第四十六条第七号において同じ。）における教育に関すること（総合教育政策局及び初等中等教育局の所掌に属するものを除く。）。

十七　大学及び高等専門学校における通信教育及び視聴覚教育に関すること。

十八　大学及び高等専門学校における教育の振興に係る国際文化交流の振興に関すること（外交政策に係るもの及び国際統括官の所掌に属するものを除く。）。

十九　地方公共団体の機関、大学、高等専門学校その他の関係機関に対し、大学及び高等専門学校並びに高等学校卒業程度を入学資格とする専修学校及び各種学校における教育に係る専門的、技術的な指導及び助言を行うこと（スポーツ庁及び文化庁並びに総合教育政策局及び初等中等教育局の所掌に属するものを除く。）。

二十　教育関係職員その他の関係者に対し、大学及び高等専門学校並びに高等学校卒業程度を入学資格とする専修学校及び各種学校における教育に係る専門的、技術的な指導及び助言を行うこと（スポーツ庁及び文化庁並びに総合教育政策局及び初等中等教育局の所掌に属するものを除く。）。

二十一　公立大学法人（地方独立行政法人法（平成十五年法律第百十八号）第六十八条第一項に規定する公立大学法人をいう。第四十五条第十一号において同じ。）に関すること。

二十二　私立学校に関する行政の制度の企画及び立案並びにこれらの行政の組織及び一般的運営に関する指導、助言及び勧告に関すること。

二十三　文部科学大臣が所轄庁である学校法人についての認可及び認定並びにその経営（放送大学学園に係るものを除く。）に関する指導及び助言に関すること。

二十四　私立学校教育の振興のための学校法人その他の私立学校の設置者、地方公共団体及び関係団体に対する助成に関すること（スポーツ庁及び文化庁並びに大臣官房、総合教育政策局及び初等中等教育局の所掌に属するものを除く。）。

二十五　私立学校教職員の共済制度に関すること。

二十六　大学設置・学校法人審議会の庶務に関すること。

二十七　国立大学法人評価委員会の庶務（大学共同利用機関法人分科会に係るものを除く。）に関すること。

二十八　国立大学法人の組織及び運営一般に関すること。

二十九　独立行政法人大学改革支援・学位授与機構及び独立行政法人国立高等専門学校機構の組織及び運営一般に関すること。

三十　日本私立学校振興・共済事業団の組織及び運営一般に関すること。

2　私学部は、前項第二十二号から第二十五号まで、第二十六号（学校法人分科会の庶務に関することに限る。）及び第三十号に掲げる事務をつかさどる。

（国際統括官の職務）

第十条　国際統括官は、次に掲げる事務をつかさどる。

一　ユネスコ活動（ユネスコ活動に関する法律（昭和二十七年法律第二百七号）第二条に規定するユネスコ活動をいう。）の振興に関する基本的な政策の企画及び立案並びに推進に関すること。

二　日本ユネスコ国内委員会の事務の処理に関すること。

三　国際交流に関する条約その他の国際約束の実施に関する事務のうち文部科学省の所掌事務に係るものの総括に関すること。

四　国際文化交流に関する諸外国との人物交流に関し、条約その他の国際約束に従い、国際的取決めを交渉し、及び締結すること（スポーツ庁及び文化庁の所掌に属するものを除く。）。

第二款　特別な職の設置等

（官房長）

第十一条　大臣官房に、官房長を置く。

2　官房長は、命を受けて、大臣官房の事務を掌理する。

（総括審議官、サイバーセキュリティ・政策立案総括審議官、公文書監理官、学習基盤審議官及び審議官）

第十二条　大臣官房に、総括審議官一人、サイバーセキュリティ・政策立案総括審議官一人、公文書監理官一人（関係のある他の職を占める者をもって充てられるものとする。）、学習基盤審議官一人及び審議官八人を置く。

2　総括審議官は、命を受けて、文部科学省の所掌事務に関する重要事項についての企画及び立案並びに調整に関する事務を総括整理する。

3　サイバーセキュリティ・政策立案総括審議官は、命を受けて、文部科学省の所掌事務に関するサイバーセキュリティ（サイバーセキュリティ基本法（平成二十六年法律第百四号）第二条に規定するサイバーセキュリティをいう。）の確保並びに情報システムの整備及び管理並びにこれらと併せて行われる事務の運営の改善及び効率化に関する重要事項についての企画並びに文部科学省の所掌事務に関する合理的な根拠に基づく政策立案の推進に関する重要事項についての企画及び立案並びに調整に関する事務並びに関係事務を総括整理する。

4　公文書監理官は、命を受けて、文部科学省の所掌事務に関する公文書類の管理並びにこれに関連する情報の公開及び個人情報の保護の適正な実施の確保に係る重要事項についての事務並びに関係事務を総括整理する。

5　学習基盤審議官は、命を受けて、文部科学省の所掌事務に関する重要事項のうち教職員、教育費、教材、教育用品その他幼児、児童及び生徒の学習活動の基盤に関するものの企画及び立案に関する事務並びに関係事務を総括整理する。

6　審議官は、命を受けて、文部科学省の所掌事務に関する重要事項についての企画及び立案に参画し、関係事務を総括整理する。

（参事官及び技術参事官）

第十三条　大臣官房に参事官三人を、大臣官房文教施設企画・防災部に技術参事官一人を置く。

2　参事官は、命を受けて、大臣官房の事務（文教施設企画・防災部の所掌に属するものを除く。）のうち重要事項の企画及び立案に参画する。

3　技術参事官は、命を受けて、文教施設企画・防災部の所掌事務のうち技術に関する重要事項の企画及び立案に参画する。

第三款　課の設置等

第一目　大臣官房

（大臣官房に置く課等）

第十四条　大臣官房に、文教施設企画・防災部に置くもののほか、次の五課を置く。

人事課
総務課
会計課
政策課
国際課

2　文教施設企画・防災部に、次の三課及び参事官一人を置く。

施設企画課
施設助成課
計画課

第二目　総合教育政策局

（総合教育政策局に置く課）

第二十四条　総合教育政策局に、次の七課を置く。

政策課
調査企画課
教育人材政策課
国際教育課
生涯学習推進課
地域学習推進課
男女共同参画共生社会学習・安全課

（政策課の所掌事務）

第二十五条　政策課は、次に掲げる事務をつかさどる。

一　総合教育政策局の所掌事務に関する総合調整に関すること。

二　豊かな人間性を備えた創造的な人材の育成のための教育改革に関する基本的な政策の企画及び立案並びに推進に関すること。

三　教育基本法の施行に関する事務の総括に関すること。

四　教育基本法第十七条第一項に規定する基本的な計画に関すること。

五　文部科学省の所掌事務に関する生涯学習に係る機会の整備に関する基本的な政策の企画及び立案並びに調整に関すること。

六　教育、スポーツ及び文化に係る情報通信の技術の活用に関する基本的な政策の企画及び立案並びに推進に関すること。

七　中央教育審議会の庶務（生涯学習分科会、初等中等教育分科会及び大学分科会に係るものを除く。）に関すること。

八　前各号に掲げるもののほか、総合教育政策局の所掌事務で他の所掌に属しないものに関すること。

（調査企画課の所掌事務）

第二十六条　調査企画課は、次に掲げる事務をつかさどる。

一　教育、スポーツ、文化及び宗教に係る調査及び研究に関する基本的な施策の企画及び立案並びに調整に関すること。

二　教育、スポーツ、文化及び宗教に係る統計に関すること（他の所掌に属するものを除く。）。

三　児童及び生徒の学力の状況に関する全国的な調査及び分析に関すること（初等中等教育局及び国際教育課の所掌に属するものを除く。）。

四　外国の教育事情に関する調査及び研究に関すること。

五　国立教育政策研究所の組織及び運営一般に関すること。

（教育人材政策課の所掌事務）

第二十七条　教育人材政策課は、次に掲げる事務をつかさどる。

一　教育職員の養成並びに資質の保持及び向上に関すること。

二　地方公務員である教育職員の採用のための選考に関する指導、助言及び勧告に関すること。

三　独立行政法人教職員支援機構の組織及び運営一般に関すること。

（国際教育課の所掌事務）

第二十八条　国際教育課は、次に掲げる事務をつかさどる。

一　国際理解教育の振興に関する企画及び立案並びに援助及び助言に関すること。

二　海外に在留する邦人の子女のための在外教育施設及び関係団体が行う教育、海外から帰国した児童及び生徒の教育並びに本邦に在留する外国人の児童及び生徒の学校生活への適応のための指導に関すること。

三　教育の振興に係る国際文化交流の振興に関すること（外交政策に係るもの並びに高等教育局及び国際統括官の所掌に属するものを除く。）。

四　地方公共団体の機関その他の関係機関に対し、国際理解教育に係る専門的、技術的な指導及び助言を行うこと。

五　教育関係職員その他の関係者に対し、国際理解教育に係る専門的、技術的な指導及び助言を行うこと。

（生涯学習推進課の所掌事務）

第二十九条　生涯学習推進課は、次に掲げる事務をつかさどる。

一　生涯学習に係る機会の整備の推進に関すること（地域学習推進課及び男女共同参画共生社会学習・安全課の所掌に属するものを除く。）。

二　中学校卒業程度認定及び高等学校卒業程度認定に関すること。

三　専修学校及び各種学校における教育の振興に関する企画及び立案並びに援助及び助言に関すること（初等中等教育局及び高等教育局並びに男女共同参画共生社会学習・安全課の所掌に属するものを除く。）。

四　専修学校及び各種学校における教育の基準の設定に関すること（スポーツ庁及び文化庁並びに高等教育局並びに男女共同参画共生社会学習・安全課の所掌に属するものを除く。）。

五　私立の専修学校及び各種学校における教育の振興のため

の学校法人その他の私立の専修学校及び各種学校の設置者、地方公共団体並びに関係団体に対する助成に関すること（スポーツ庁及び文化庁並びに大臣官房の所掌に属するものを除く。）。

六　社会教育としての通信教育に関すること（地域学習推進課の所掌に属するものを除く。）。

七　地方公共団体の機関その他の関係機関に対し、専修学校及び各種学校における教育に係る専門的、技術的な指導及び助言を行うこと（スポーツ庁及び文化庁並びに初等中等教育局及び高等教育局並びに男女共同参画共生社会学習・安全課の所掌に属するものを除く。）。

八　教育関係職員、社会教育に関する団体、社会教育指導者その他の関係者に対し、専修学校及び各種学校における教育に係る専門的、技術的な指導及び助言を行うこと（スポーツ庁及び文化庁並びに初等中等教育局及び高等教育局並びに男女共同参画共生社会学習・安全課の所掌に属するものを除く。）。

九　中央教育審議会生涯学習分科会の庶務に関すること。

十　放送大学学園の組織及び運営一般に関すること。

（地域学習推進課の所掌事務）

第三十条　地域学習推進課は、次に掲げる事務をつかさどる。

一　社会教育の振興に関する企画及び立案並びに援助及び助言に関すること（文化庁及び男女共同参画共生社会学習・安全課の所掌に属するものを除く。）。

二　社会教育主事、司書及び司書補並びに司書教諭の講習に関すること。

三　社会教育のための補助に関すること（文化庁及び男女共同参画共生社会学習・安全課の所掌に属するものを除く。）。

四　公立及び私立の社会教育施設の整備（災害復旧に係るものを除く。）に関する指導及び助言に関すること（スポーツ庁及び文化庁並びに男女共同参画共生社会学習・安全課の所掌に属するものを除く。）。

五　公立の社会教育施設の整備のための補助に関すること（スポーツ庁及び文化庁並びに大臣官房並びに男女共同参画共生社会学習・安全課の所掌に属するものを除く。）。

六　学校図書館に関すること。

七　生涯学習に係る機会の整備の推進に関すること（ボランティア活動の振興に係るものに限る。）。

八　地域の振興に資する見地からの基本的な文教施策の企画及び立案並びに調整に関すること。

九　学校運営協議会等に関すること。

十　青少年教育に関する施設において行う青少年の団体宿泊訓練に関すること。

十一　社会教育における視聴覚教育に関すること。

十二　家庭教育の支援に関すること。

十三　青少年の健全な育成の推進に関すること（こども家庭庁及び男女共同参画共生社会学習・安全課の所掌に属するものを除く。）。

十四　文部科学省の所掌事務に係る青少年の健全な育成に関する基本的な政策の企画及び立案に関すること。

十五　地方公共団体の機関その他の関係機関に対し、社会教育に係る専門的、技術的な指導及び助言を行うこと（スポーツ庁及び文化庁並びに男女共同参画共生社会学習・安全課の所掌に属するものを除く。）。

十六　教育関係職員、社会教育に関する団体、社会教育指導者その他の関係者に対し、社会教育に係る専門的、技術的な指導及び助言を行うこと（スポーツ庁及び文化庁並びに男女共同参画共生社会学習・安全課の所掌に属するものを除く。）。

（男女共同参画共生社会学習・安全課の所掌事務）

第三十一条　男女共同参画共生社会学習・安全課は、次に掲げる事務をつかさどる。

一　男女共同参画社会の形成その他の共生社会の形成の促進のための生涯学習に係る機会の整備の推進に関すること。

二　女性教育の振興に関する企画及び立案並びに援助及び助言に関すること。

三　女性教育のための補助に関すること。

四　公立及び私立の女性教育施設の整備（災害復旧に係るものを除く。）に関する指導及び助言に関すること。

五　公立の女性教育施設の整備（災害復旧に係るものを除く。）のための補助に関すること。

六　学校安全に関すること（初等中等教育の基準（教材並びに学級編制及び教職員定数に係るものに限る。）の設定に関することを除く。）。

七　青少年の心身に有害な影響を与える環境の改善に関すること（こども家庭庁の所掌に属するものを除く。）。

八　地方公共団体の機関その他の関係機関に対し、女性教育に係る専門的、技術的な指導及び助言を行うこと。

九　教育関係職員、社会教育に関する団体、社会教育指導者その他の関係者に対し、女性教育に係る専門的、技術的な指導及び助言を行うこと。

第三目　初等中等教育局

（初等中等教育局に置く課等）

第三十二条　初等中等教育局に、次の九課及び参事官一人を置く。

初等中等教育企画課
財務課
教育課程課
児童生徒課
幼児教育課
特別支援教育課
修学支援・教材課
教科書課
健康教育・食育課

第四目　高等教育局

（高等教育局に置く課等）

第四十三条　高等教育局に、私学部に置くもののほか、次の六課及び参事官一人を置く。

高等教育企画課
大学教育・入試課
専門教育課
医学教育課

学生支援課
国立大学法人支援課

2 私学部に、次の二課及び参事官一人を置く。

私学行政課
私学助成課

第五目 科学技術・学術政策局〔略〕

第六目 研究振興局〔略〕

第七目 研究開発局〔略〕

第三節 審議会等

（設置）

第七十五条 法律の規定により置かれる審議会等のほか、本省に、次の審議会等を置く。

中央教育審議会
教科用図書検定調査審議会
大学設置・学校法人審議会
国立研究開発法人審議会

（中央教育審議会）

第七十六条 中央教育審議会は、次に掲げる事務をつかさどる。

一 文部科学大臣の諮問に応じて教育の振興及び生涯学習の推進を中核とした豊かな人間性を備えた創造的な人材の育成に関する重要事項（第三号に規定するものを除く。）を調査審議すること。

二 前号に規定する重要事項に関し、文部科学大臣に意見を述べること。

三 文部科学大臣の諮問に応じて生涯学習に係る機会の整備に関する重要事項を調査審議すること。

四 前号に規定する重要事項に関し、文部科学大臣又は関係行政機関の長に意見を述べること。

五 生涯学習の振興のための施策の推進体制等の整備に関する法律（平成二年法律第七十一号）、公立の義務教育諸学校等の教育職員の給与等に関する特別措置法（昭和四十六年法律第七十七号）第五条の規定により読み替えて適用する地方公務員法（昭和二十五年法律第二百六十一号）第五十八条第三項の規定により読み替えて適用する労働基準法（昭和二十二年法律第四十九号）第三十二条の四第三項、理科教育振興法（昭和二十八年法律第百八十六号）第九条第一項、産業教育振興法（昭和二十六年法律第二百二十八号）、教育職員免許法（昭和二十四年法律第百四十七号）、独立行政法人大学改革支援・学位授与機構法（平成十五年法律第百十四号）第十六条の二第三項、学校教育法、社会教育法（昭和二十四年法律第二百七号）及び日本語教育の適正かつ確実な実施を図るための日本語教育機関の認定等に関する法律（令和五年法律第四十一号）第十五条の規定に基づきその権限に属させられた事項を処理すること。

六 理科教育振興法施行令（昭和二十九年政令第三百十一号）第二条第二項、産業教育振興法施行令（昭和二十七年政令第四百五号）第二条第三項及び学校教育法施行令（昭和二十八年政令第三百四十号）第二十三条の二第三項の規定によりその権限に属させられた事項を処理すること。

2 前項に定めるもののほか、中央教育審議会に関し必要な事項については、中央教育審議会令（平成十二年政令第二百八十号）の定めるところによる。

（教科用図書検定調査審議会）

第七十七条 教科用図書検定調査審議会は、学校教育法の規定に基づきその権限に属させられた事項を処理する。

2 前項に定めるもののほか、教科用図書検定調査審議会に関し必要な事項については、教科用図書検定調査審議会令（昭和二十五年政令第百四十号）の定めるところによる。

（大学設置・学校法人審議会）

第七十八条 大学設置・学校法人審議会は、学校教育法、私立学校法（昭和二十四年法律第二百七十号）及び私立学校振興助成法の規定に基づきその権限に属させられた事項を処理する。

2 前項に定めるもののほか、大学設置・学校法人審議会に関し必要な事項については、大学設置・学校法人審議会令（昭和六十二年政令第三百二号）の定めるところによる。

（国立研究開発法人審議会）

第七十九条 国立研究開発法人審議会は、独立行政法人通則法（平成十一年法律第百三号）の規定に基づきその権限に属させられた事項を処理する。

2 前項に定めるもののほか、国立研究開発法人審議会に関し必要な事項については、文部科学省国立研究開発法人審議会令（平成二十七年政令第百九十三号）の定めるところによる。

第四節 施設等機関

（設置）

第八十条 文部科学大臣の所轄の下に、本省に、国立教育政策研究所を置く。

2 前項に定めるもののほか、本省に、科学技術・学術政策研究所を置く。

第二章 外局

第一節 スポーツ庁

第一款 特別な職

（次長）

第八十三条 スポーツ庁に、次長一人を置く。

（審議官）

第八十四条 スポーツ庁に、審議官一人を置く。

2 審議官は、命を受けて、スポーツ庁の所掌事務に関する重要事項についての企画及び立案に参画し、関係事務を総括整理する。

第二款 内部部局

（課及び参事官の設置）

第八十五条 スポーツ庁に、次の四課及び参事官三人を置く。

政策課
健康スポーツ課
地域スポーツ課
競技スポーツ課

（政策課の所掌事務）

第八十六条 政策課は、次に掲げる事務をつかさどる。

一 スポーツ庁の職員の任免、給与、懲戒、服務その他の人事並びに教養及び訓練に関すること。
二　スポーツ庁の職員の衛生、医療その他の福利厚生に関すること。
三　表彰及び儀式に関すること。
四　機密に関すること。
五　長官の官印及び庁印の保管に関すること。
六　公文書類の接受、発送、編集及び保存に関すること。
七　法令案その他の公文書類の審査及び進達に関すること。
八　スポーツ庁の保有する情報の公開に関すること。
九　スポーツ庁の保有する個人情報の保護に関すること。
十　スポーツ庁の所掌事務に関する総合調整に関すること。
十一　広報に関すること。
十二　スポーツ庁の機構及び定員に関すること。
十三　スポーツ庁の事務能率の増進に関すること。
十四　スポーツ庁の所掌事務に関する官報掲載に関すること。
十五　スポーツ庁の所掌に係る経費及び収入の予算、決算及び会計並びに会計の監査に関すること。
十六　スポーツ庁所属の行政財産及び物品の管理に関すること。
十七　スポーツ庁の職員に貸与する宿舎に関すること。
十八　庁内の管理に関すること。
十九　スポーツ庁の行政の考査に関すること。
二十　スポーツに関する基本的な政策の企画及び立案並びに推進に関すること。
二十一　スポーツに関する関係行政機関の事務の調整に関すること。
二十二　スポーツの振興に関する基本的な政策の企画及び立案に関すること。
二十三　学校における体育（学校の教育課程として行われるものに限る。）の振興に関する企画及び立案並びに援助及び助言に関すること。
二十四　学校における体育及び保健教育の基準の設定に関すること。
二十五　地方公共団体の機関その他の関係機関に対し、学校における体育（学校の教育課程として行われるものに限る。）に係る専門的、技術的な指導及び助言を行うこと。
二十六　教育関係職員その他の関係者に対し、学校における体育（学校の教育課程として行われるものに限る。）に係る専門的、技術的な指導及び助言を行うこと。
二十七　スポーツのための助成に関すること（他課及び参事官の所掌に属するものを除く。）。
二十八　スポーツ振興投票に関すること。
二十九　スポーツ庁の情報システムの整備及び管理に関すること。
三十　スポーツ審議会の庶務に関すること。
三十一　独立行政法人日本スポーツ振興センターの組織及び運営一般に関すること。
三十二　前各号に掲げるもののほか、スポーツ庁の所掌事務で他の所掌に属しないものに関すること。

（健康スポーツ課の所掌事務）

第八十七条　健康スポーツ課は、次に掲げる事務をつかさどる。
一　スポーツ（学校における体育を除く。次号、第五号及び第六号において同じ。）の振興に関する企画及び立案並びに援助及び助言に関すること（地域スポーツ課、競技スポーツ課及び参事官の所掌に属するものを除く。）。
二　スポーツのための補助に関すること（地域スポーツ課、競技スポーツ課及び参事官の所掌に属するものを除く。）。
三　心身の健康の保持増進に資するスポーツの機会の確保（青少年に係るものを除く。）に関すること。
四　全国的な規模において行われるスポーツ事業に関すること（地域スポーツ課、競技スポーツ課及び参事官の所掌に属するものを除く。）。
五　地方公共団体の機関その他の関係機関に対し、スポーツに係る専門的、技術的な指導及び助言を行うこと（地域スポーツ課及び競技スポーツ課の所掌に属するものを除く。）。
六　スポーツの指導者その他の関係者に対し、スポーツに係る専門的、技術的な指導及び助言を行うこと（地域スポーツ課及び競技スポーツ課の所掌に属するものを除く。）。

（地域スポーツ課の所掌事務）

第八十八条　地域スポーツ課は、次に掲げる事務をつかさどる。
一　次に掲げる事項に関する企画及び立案並びに援助及び助言に関すること。
イ　地域スポーツクラブ（スポーツ基本法（平成二十三年法律第七十八号）第二十一条に規定する地域スポーツクラブをいう。）、スポーツ推進委員（同法第三十二条第一項のスポーツ推進委員をいう。）その他の地域におけるスポーツの推進に係る体制の整備
ロ　学校における体育（学校の教育課程として行われるものを除く。）の振興
二　スポーツのための補助（前号イ及びロに掲げる事項に係るものに限る。）に関すること。
三　青少年の心身の健康の保持増進に資するスポーツの機会の確保に関すること。
四　全国的な規模において行われるスポーツ事業のうち、主として青少年を対象とするものに関すること。
五　地方公共団体の機関その他の関係機関に対し、第一号イ及びロに掲げる事項に係る専門的、技術的な指導及び助言を行うこと。
六　教育関係職員、スポーツの指導者その他の関係者に対し、第一号イ及びロに掲げる事項に係る専門的、技術的な指導及び助言を行うこと。

（競技スポーツ課の所掌事務）

第八十九条　競技スポーツ課は、次に掲げる事務をつかさどる。
一　スポーツに関する競技水準の向上に関すること（スポーツにおけるドーピングの防止活動の促進に関することを除く。）。
二　スポーツに関する競技水準の向上を主たる目的とする全

国的な規模の事業を行う団体（プロ野球、プロサッカーその他の専ら公衆の観覧に供するために行われるスポーツ事業（第四号及び次条第四号において「プロスポーツ事業」という。）を行うものを除く。次号及び次条第一号ハにおいて「中央競技団体」という。）の業務の適正かつ円滑な実施の促進に関する企画及び立案並びに援助及び助言に関すること。
三　中央競技団体の業務の適正かつ円滑な実施の促進のための補助に関すること。
四　全国的な規模において行われるスポーツ事業（プロスポーツ事業を除く。）のうち、国民スポーツ大会その他の全国的な競技水準において行われるものに関すること。

（参事官の職務）
第九十条　参事官は、命を受けて、次に掲げる事務を分掌する。
一　次に掲げる事項に関する企画及び立案並びに援助及び助言に関すること。
イ　地域の振興に資する見地からのスポーツの振興
ロ　スポーツの振興に寄与する人材の育成（学校における体育に係るものを除く。）
ハ　スポーツ団体（中央競技団体を除く。）の業務の適正かつ円滑な実施の促進
二　スポーツのための補助（前号イからハまでに掲げる事項に係るものに限る。）に関すること。
三　国際的な規模において行われるスポーツ事業に関すること。
四　全国的な規模において行われるプロスポーツ事業に関すること。
五　スポーツにおけるドーピングの防止活動の促進に関すること。
六　公立及び私立のスポーツ施設の整備（災害復旧に係るものを除く。）に関する指導及び助言に関すること。
七　公立のスポーツ施設の整備（災害復旧に係るものを除く。）のための補助に関すること。
八　私立学校教育の振興のための学校法人（放送大学学園を除く。）その他の私立学校の設置者、地方公共団体及び関係団体に対する助成（体育施設の整備（災害復旧に係るものを除く。）に係るものに限る。）に関すること。
九　スポーツの振興に係る国際文化交流の振興に関すること（外交政策に係るものを除く。）。
十　スポーツ庁の所掌事務に係る国際協力に関すること。

第三款　審議会等

（スポーツ審議会）
第九十一条　スポーツ庁に、スポーツ審議会を置く。
2　スポーツ審議会は、次に掲げる事務をつかさどる。
一　スポーツ庁長官の諮問に応じてスポーツの振興その他のスポーツに関する施策の総合的な推進に関する重要事項を調査審議すること。
二　前号に規定する重要事項に関し、スポーツ庁長官に意見を述べること。
三　スポーツ基本法、スポーツ振興投票の実施等に関する法律（平成十年法律第六十三号）第三十一条第三項及び独立行政法人日本スポーツ振興センター法（平成十四年法律第百六十二号）第二十一条第二項の規定に基づきその権限に属させられた事項を処理すること。
3　前項に定めるもののほか、スポーツ審議会に関し必要な事項については、スポーツ審議会令（平成二十七年政令第三百二十九号）の定めるところによる。

第二節　文化庁

第一款　特別な職

（次長）
第九十二条　文化庁に、次長一人を置く。

（文化財鑑査官及び審議官）
第九十三条　文化庁に、文化財鑑査官一人及び審議官二人を置く。
2　文化財鑑査官は、命を受けて、文化庁の所掌事務のうち文化財（文化財保護法（昭和二十五年法律第二百十四号）第二条第一項に規定する文化財をいう。以下同じ。）に関する専門的、技術的な重要事項に係るものを総括整理する。
3　審議官は、命を受けて、文化庁の所掌事務に関する重要事項についての企画及び立案に参画し、関係事務を総括整理する。

第二款　内部部局

（課及び参事官の設置）
第九十四条　文化庁に、次の九課及び参事官四人を置く。
政策課
企画調整課
文化経済・国際課
国語課
著作権課
文化資源活用課
文化財第一課
文化財第二課
宗務課

（政策課の所掌事務）
第九十五条　政策課は、次に掲げる事務をつかさどる。
一　文化庁の職員の任免、給与、懲戒、服務その他の人事並びに教養及び訓練に関すること。
二　文化庁の職員の衛生、医療その他の福利厚生に関すること。
三　表彰及び儀式に関すること。
四　恩給に関する連絡事務に関すること。
五　機密に関すること。
六　長官の官印及び庁印の保管に関すること。
七　公文書類の接受、発送、編集及び保存に関すること。
八　法令案その他の公文書類の審査及び進達に関すること。
九　文化庁の保有する情報の公開に関すること。
十　文化庁の保有する個人情報の保護に関すること。
十一　文化庁の所掌事務に関する総合調整に関すること。
十二　広報に関すること。
十三　文化庁の機構及び定員に関すること。
十四　文化庁の事務能率の増進に関すること。
十五　文化庁の所掌事務に関する官報掲載に関すること。

十六　文化庁の所掌に係る経費及び収入の予算、決算及び会計並びに会計の監査に関すること。
十七　文化庁所属の行政財産及び物品の管理に関すること。
十八　東日本大震災復興特別会計の経理のうち文化庁の所掌に係るものに関すること。
十九　東日本大震災復興特別会計に属する行政財産及び物品の管理のうち文化庁の所掌に係るものに関すること。
二十　文化庁の職員に貸与する宿舎に関すること。
二十一　庁内の管理に関すること。
二十二　文化庁の行政の考査に関すること。
二十三　文化の振興に関する基本的な政策の企画及び立案に関すること。
二十四　文化庁の情報システムの整備及び管理に関すること。
二十五　前各号に掲げるもののほか、文化庁の所掌事務で他の所掌に属しないものに関すること。

（企画調整課の所掌事務）
第九十六条　企画調整課は、次に掲げる事務をつかさどる。
一　文化に関する基本的な政策の企画及び立案並びに推進に関すること。
二　文化に関する関係行政機関の事務の調整に関すること。
三　劇場、音楽堂、美術館その他の文化施設に関すること（文化施設の災害復旧に係る指導及び助言に関すること並びに公立の文化施設の災害復旧に係る補助に関することを除く。）。
四　博物館による社会教育の振興に関すること（博物館の災害復旧に係る指導及び助言に関すること並びに公立の博物館の災害復旧に係る補助に関することを除く。）。
五　学芸員となる資格の認定に関すること。
六　アイヌ文化の振興に関すること（国語課の所掌に属するものを除く。）。
七　文化審議会の庶務（国語分科会、著作権分科会、文化財分科会及び文化功労者選考分科会に係るものを除く。）に関すること。
八　独立行政法人国立科学博物館、独立行政法人国立美術館、独立行政法人国立文化財機構及び独立行政法人日本芸術文化振興会の組織及び運営一般に関すること。

（文化経済・国際課の所掌事務）
第九十七条　文化経済・国際課は、次に掲げる事務をつかさどる。
一　経済の振興に資する見地からの文化の振興に関する基本的な施策の企画及び立案並びに調整に関すること。
二　文化庁の所掌事務に関する税制に関する調整に関すること。
三　興行入場券（特定興行入場券の不正転売の禁止等による興行入場券の適正な流通の確保に関する法律（平成三十年法律第百三号）第二条第二項に規定する興行入場券をいう。）の適正な流通の確保に関する関係行政機関の事務の調整に関すること。
四　文化庁の所掌に係る国際文化交流の振興に関すること（他課及び参事官の所掌に属するものを除く。）。
五　文化庁の所掌事務に係る国際協力に関すること（他課及び参事官の所掌に属するものを除く。）。

（国語課の所掌事務）
第九十八条　国語課は、次に掲げる事務をつかさどる。
一　国語の改善及びその普及に関すること。
二　外国人に対する日本語教育に関すること（外交政策に係るもの並びに総合教育政策局及び高等教育局の所掌に属するものを除く。）。
三　アイヌ文化の振興に関すること（アイヌ語の継承並びにアイヌ語に関する知識の普及及び啓発に関することに限る。）。

（著作権課の所掌事務）
第九十九条　著作権課は、次に掲げる事務をつかさどる。
一　著作者の権利、出版権及び著作隣接権（次条第一号及び第百四条第一号において「著作権等」という。）の保護及び利用に関すること。
二　文化審議会著作権分科会の庶務に関すること。

（文化資源活用課の所掌事務）
第百条　文化資源活用課は、次に掲げる事務をつかさどる。
一　文化（著作権等に係る事項を除く。以下この号において同じ。）に係る資源の活用（第百四条第五号から第八号までに規定するものを除く。）による文化の振興に関すること。
二　文化財の保存及び活用に関する総合的な政策の企画及び立案に関すること。
三　文化財についての補助及び損失補償に関すること。

（文化財第一課の所掌事務）
第百一条　文化財第一課は、次に掲げる事務（第一号から第四号までに掲げる事務にあっては、文化財についての補助及び損失補償に係るものを除く。）をつかさどる。
一　建造物以外の有形文化財の保存に関すること。
二　無形文化財の保存に関すること。
三　民俗文化財の保存に関すること。
四　文化財の保存技術の保存に関すること。
五　文化審議会文化財分科会の庶務に関すること。

（文化財第二課の所掌事務）
第百二条　文化財第二課は、次に掲げる事務（文化財についての補助及び損失補償に係るものを除く。）をつかさどる。
一　建造物である有形文化財の保存に関すること。
二　記念物の保存に関すること。
三　文化的景観の保存に関すること。
四　伝統的建造物群保存地区の保存に関すること。
五　埋蔵文化財の保存に関すること。

（宗務課の所掌事務）
第百三条　宗務課は、次に掲げる事務をつかさどる。
一　宗教法人の規則、規則の変更、合併及び任意解散の認証並びに宗教に関する情報資料の収集及び宗教団体との連絡に関すること。
二　都道府県知事に対し、宗教に係る専門的、技術的な指導及び助言を行うこと。

（参事官の職務）

第百四条　参事官は、命を受けて、次に掲げる事務（第五号から第八号までに掲げる事務にあつては、文化財についての補助及び損失補償に係るものを除く。）を分掌する。
一　文化（文化財に係る事項及び著作権等に係る事項を除く。以下この号から第四号までにおいて同じ。）の振興（文化に係る資源の活用によるものを除く。次号及び第四号において同じ。）に関する企画及び立案並びに援助及び助言に関すること。
二　文化の振興のための助成に関すること。
三　文化に関する展示会、講習会その他の催しを主催すること。
四　文化の振興に係る国際文化交流の振興に関すること（外交政策に係るものを除く。）。
五　建造物以外の有形文化財の活用に関すること。
六　無形文化財の活用に関すること。
七　民俗文化財の活用に関すること。
八　文化財の保存技術の活用に関すること。
九　観光の振興に資する見地からの文化の振興に関する基本的な施策の企画及び立案並びに調整に関すること。
十　文化観光拠点施設を中核とした地域における文化観光の推進に関する法律（令和二年法律第十八号）の施行に関すること。
十一　学校における芸術に関する教育の基準の設定に関すること。
十二　私立学校教育の振興のための学校法人（放送大学学園を除く。）その他の私立学校の設置者、地方公共団体及び関係団体に対する助成（学校における芸術に関する教育に係るものに限る。）に関すること。
十三　地方公共団体の機関その他の関係機関に対し、学校における芸術に関する教育に係る専門的、技術的な指導及び助言を行うこと。
十四　教育関係職員その他の関係者に対し、学校における芸術に関する教育に係る専門的、技術的な指導及び助言を行うこと。

附　則（抄）

（施行期日）
1　この政令は、内閣法の一部を改正する法律（平成十一年法律第八十八号）の施行の日（平成十三年一月六日）から施行する。

（初等中等教育局の所掌事務の特例）
2　初等中等教育局は、第五条各号に掲げる事務のほか、当分の間、次に掲げる事務をつかさどる。
一　高等学校（中等教育学校の後期課程を含む。）の職業に関する教科の教科用図書の編修及び改訂に関すること。
二　特別支援学校の教科用図書の編修及び改訂に関すること。
三　中学校における通信教育に関すること。
四　児童自立支援施設の教科に関する事項の勧告に関すること。

（高等教育局の所掌事務の特例）
3　高等教育局は、第六条第一項各号に掲げる事務のほか、当分の間、独立行政法人日本学生支援機構の行う独立行政法人日本学生支援機構法（平成十五年法律第九十四号）附則第十四条第一項に規定する業務に関する事務をつかさどる。この場合において、第五条第十七号及び第三十九条第五号中「関すること」とあるのは、「関すること（高等教育局の所掌に属するものを除く。）」とする。

（初等中等教育局参事官の所掌事務の特例）
8　初等中等教育局参事官は、第四十二条各号に掲げる事務のほか、当分の間、附則第二項第一号に掲げる事務をつかさどる。

（高等教育局学生支援課の所掌事務の特例）
9　高等教育局学生支援課は、第四十八条各号に掲げる事務のほか、当分の間、附則第三項に規定する事務をつかさどる。

（研究開発局参事官の設置期間の特例）
11　第六十七条の参事官は、令和八年三月三十一日まで置かれるものとする。

○中央教育審議会令

平成一二・六・七
政令二八〇

最終改正　令和五・一一・一〇政令三三七

（組織）
第一条　中央教育審議会（以下「審議会」という。）は、委員三十人以内で組織する。
2　審議会に、特別の事項を調査審議させるため必要があるときは、臨時委員を置くことができる。
3　審議会に、専門の事項を調査させるため必要があるときは、専門委員を置くことができる。

（委員等の任命）
第二条　委員は、学識経験のある者のうちから、文部科学大臣が任命する。
2　臨時委員は、当該特別の事項に関し学識経験のある者のうちから、文部科学大臣が任命する。
3　専門委員は、当該専門の事項に関し学識経験のある者のうちから、文部科学大臣が任命する。

（委員の任期等）
第三条　委員の任期は、二年とする。ただし、補欠の委員の任期は、前任者の残任期間とする。
2　委員は、再任されることができる。
3　臨時委員は、その者の任命に係る当該特別の事項に関する調査審議が終了したときは、解任されるものとする。
4　専門委員は、その者の任命に係る当該専門の事項に関する調査が終了したときは、解任されるものとする。
5　委員、臨時委員及び専門委員は、非常勤とする。

（会長）
第四条　審議会に、会長を置き、委員の互選により選任する。
2　会長は、会務を総理し、審議会を代表する。
3　会長に事故があるときは、あらかじめその指名する委員が、その職務を代理する。

（分科会）

第五条　審議会に、次の表の上欄に掲げる分科会を置き、これらの分科会の所掌事務は、審議会の所掌事務のうち、それぞれ同表の下欄に掲げるとおりとする。

名称	所掌事務
教育制度分科会	一　豊かな人間性を備えた創造的な人材の育成のための教育改革に関する重要事項を調査審議すること。 二　地方教育行政に関する制度に関する重要事項を調査審議すること。
生涯学習分科会	一　生涯学習に係る機会の整備に関する重要事項を調査審議すること。 二　社会教育の振興に関する重要事項を調査審議すること。 三　視聴覚教育に関する重要事項を調査審議すること。 四　青少年の健全な育成に関する重要事項を調査審議すること。 五　生涯学習の振興のための施策の推進体制等の整備に関する法律（平成二年法律第七十一号）、社会教育法（昭和二十四年法律第二百七号）及び日本語教育の適正かつ確実な実施を図るための日本語教育機関の認定等に関する法律（令和五年法律第四十一号）第十五条の規定に基づき審議会の権限に属させられた事項を処理すること。
初等中等教育分科会	一　初等中等教育（幼稚園、小学校、中学校、義務教育学校、高等学校、中等教育学校、特別支援学校及び幼保連携型認定こども園における教育をいう。次号において同じ。）の振興に関する重要事項を調査審議すること（生涯学習分科会の所掌に属するものを除く。）。 二　初等中等教育の基準に関する重要事項を調査審議すること。 三　学校保健（学校における保健教育及び保健管理をいう。）、学校安全（学校における安全教育及び安全管理をいう。）及び学校給食に関する重要事項を調査審議すること。 四　教育職員の養成並びに資質の保持及び向上に関する重要事項を調査審議すること。 五　公立の義務教育諸学校等の教育職員の給与等に関する特別措置法（昭和四十六年法律第七十七号）第五条の規定により読み替えて適用する地方公務員法（昭和二十五年法律第二百六十一号）第五十八条第三項の規定により読み替えて適用する労働基準法（昭和二十二年法律第四十九号）第三十二条の四第三項、理科教育振興法（昭和二十八年法律第百八十六号）第九条第一項、産業教育振興法（昭和二十六年法律第二百二十八号）及び教育職員免許法（昭和二十四年法律第百四十七号）の規定に基づき審議会の権限に属させられた事項を処理すること。 六　理科教育振興法施行令（昭和二十九年政令第三百十一号）第二条第二項及び産業教育振興法施行令（昭和二十七年政令第四百五号）第二条第三項の規定により審議会の権限に属させられた事項を処理すること。
大学分科会	一　大学及び高等専門学校における教育の振興に関する重要事項を調査審議すること。 二　独立行政法人大学改革支援・学位授与機構法（平成十五年法律第百十四号）第十六条の二第三項及び学校教育法（昭和二十二年法律第二十六号）の規定に基づき審議会の権限に属させられた事項を処理すること。 三　学校教育法施行令（昭和二十八年政令第三百四十号）第二十三条の二第三項の規定により審議会の権限に属させられた事項を処理すること。

2　前項の表の上欄に掲げる分科会に属すべき委員、臨時委員及び専門委員は、文部科学大臣が指名する。

3　分科会に、分科会長を置き、当該分科会に属する委員の互選により選任する。

4　分科会長は、当該分科会の事務を掌理する。

5　分科会長に事故があるときは、当該分科会に属する委員のうちから分科会長があらかじめ指名する者が、その職務を代理する。

6　審議会は、その定めるところにより、分科会の議決をもって審議会の議決とすることができる。

（部会）

第六条　審議会及び分科会は、その定めるところにより、部会を置くことができる。

2　部会に属すべき委員、臨時委員及び専門委員は、会長（分科会に置かれる部会にあっては、分科会長）が指名する。

3　部会に、部会長を置き、当該部会に属する委員の互選により選任する。

4　部会長は、当該部会の事務を掌理する。

5　部会長に事故があるときは、当該部会に属する委員のうちから部会長があらかじめ指名する者が、その職務を代理する。

6　審議会（分科会に置かれる部会にあっては、分科会。以下この項において同じ。）は、その定めるところにより、部会の議決をもって審議会の議決とすることができる。

（幹事）

第七条　審議会に、幹事を置く。

2　幹事は、関係行政機関の職員のうちから、文部科学大臣が任命する。

3　幹事は、審議会の所掌事務のうち、第五条第一項の表生涯学習分科会の項下欄の第一号に掲げる重要事項及び第五号に掲げる事項（生涯学習の振興のための施策の推進体制等の整備に関する法律の規定に基づき審議会の権限に属させられた事項に限る。）について、委員を補佐する。

4　幹事は、非常勤とする。

（議事）

第八条　審議会は、委員及び議事に関係のある臨時委員の過半数が出席しなければ、会議を開き、議決することができない。

2　審議会の議事は、委員及び議事に関係のある臨時委員で会議に出席したものの過半数で決し、可否同数のときは、会長の決するところによる。

3　前二項の規定は、分科会及び部会の議事について準用する。

（資料の提出等の要求）

第九条　審議会は、その所掌事務を遂行するため必要があると認めるときは、関係行政機関の長に対し、資料の提出、意見の開陳、説明その他必要な協力を求めることができる。

（庶務）

第十条　審議会の庶務は、文部科学省総合教育政策局政策課において総括し、及び処理する。ただし、生涯学習分科会に係るものについては文部科学省総合教育政策局生涯学習推進課において、初等中等教育分科会に係るものについては文部科学省初等中等教育局初等中等教育企画課において、大学分科会に係るものについては文部科学省高等教育局高等教育企画課において処理する。

（雑則）

第十一条　この政令に定めるもののほか、議事の手続その他審議会の運営に関し必要な事項は、会長が審議会に諮って定める。

附　則

この政令は、平成十三年一月六日から施行する。

○独立行政法人通則法（抄）

平成一一・七・一六
法　一　〇　三

最終改正　令和四・六・一七法六八

第一章　総則

第一節　通則

（目的等）

第一条　この法律は、独立行政法人の運営の基本その他の制度の基本となる共通の事項を定め、各独立行政法人の名称、目的、業務の範囲等に関する事項を定める法律（以下「個別法」という。）と相まって、独立行政法人制度の確立並びに独立行政法人が公共上の見地から行う事務及び事業の確実な実施を図り、もって国民生活の安定及び社会経済の健全な発展に資することを目的とする。

2　各独立行政法人の組織、運営及び管理については、個別法に定めるもののほか、この法律の定めるところによる。

（定義）

第二条　この法律において「独立行政法人」とは、国民生活及び社会経済の安定等の公共上の見地から確実に実施されることが必要な事務及び事業であって、国が自ら主体となって直接に実施する必要のないもののうち、民間の主体に委ねた場合には必ずしも実施されないおそれがあるもの又は一の主体に独占して行わせることが必要であるもの（以下この条において「公共上の事務等」という。）を効果的かつ効率的に行わせるため、中期目標管理法人、国立研究開発法人又は行政執行法人として、この法律及び個別法の定めるところにより設立される法人をいう。

2　この法律において「中期目標管理法人」とは、公共上の事務等のうち、その特性に照らし、一定の自主性及び自律性を発揮しつつ、中期的な視点に立って執行することが求められるもの（国立研究開発法人が行うものを除く。）を国が中期的な期間について定める業務運営に関する目標を達成するための計画に基づき行うことにより、国民の需要に的確に対応した多様で良質なサービスの提供を通じた公共の利益の増進を推進することを目的とする独立行政法人として、個別法で定めるものをいう。

3　この法律において「国立研究開発法人」とは、公共上の事務等のうち、その特性に照らし、一定の自主性及び自律性を発揮しつつ、中長期的な視点に立って執行することが求められる科学技術に関する試験、研究又は開発（以下「研究開発」という。）に係るものを主要な業務として国が中長期的な期間について定める業務運営に関する目標を達成するための計画に基づき行うことにより、我が国における科学技術の水準の向上を通じた国民経済の健全な発展その他の公益に資するため研究開発の最大限の成果を確保することを目的とする独立行政法人として、個別法で定めるものをいう。

4　この法律において「行政執行法人」とは、公共上の事務等のうち、その特性に照らし、国の行政事務と密接に関連して行われる国の指示その他の国の相当な関与の下に確実に執行することが求められるものを国が事業年度ごとに定める業務運営に関する目標を達成するための計画に基づき行うことにより、その公共上の事務等を正確かつ確実に執行することを目的とする独立行政法人として、個別法で定めるものをいう。

（業務の公共性、透明性及び自主性等）

第三条　独立行政法人は、その行う事務及び事業が国民生活及び社会経済の安定等の公共上の見地から確実に実施されることが必要なものであることに鑑み、適正かつ効率的にその業務を運営するよう努めなければならない。

2　独立行政法人は、この法律の定めるところによりその業務の内容を公表すること等を通じて、その組織及び運営の状況を国民に明らかにするよう努めなければならない。

3　この法律及び個別法の運用に当たっては、独立行政法人の事務及び事業が内外の社会経済情勢を踏まえつつ適切に行われるよう、独立行政法人の事務及び事業の特性並びに独立行政法人の業務運営における自主性は、十分配慮されなければならない。

第四条～第八条　〔略〕

（登記）

第九条　独立行政法人は、政令で定めるところにより、登記しなければならない。

2　前項の規定により登記しなければならない事項は、登記の後でなければ、これをもって第三者に対抗することができない。

第十条　〔略〕

（一般社団法人及び一般財団法人に関する法律の準用）

第十一条　一般社団法人及び一般財団法人に関する法律（平成十八年法律第四十八号）第四条及び第七十八条の規定は、独立行政法人について準用する。

第二節　独立行政法人評価制度委員会　〔略〕

第三節　設立

第十三条　〔略〕

（法人の長及び監事となるべき者）

第十四条　主務大臣は、独立行政法人の長（以下「法人の長」という。）となるべき者及び監事となるべき者を指名する。

2　前項の規定により指名された法人の長又は監事となるべき者は、独立行政法人の成立の時において、この法律の規定により、それぞれ法人の長又は監事に任命されたものとする。

3　第二十条第一項の規定は、第一項の法人の長となるべき者の指名について準用する。

（設立委員）

第十五条　主務大臣は、設立委員を命じて、独立行政法人の設立に関する事務を処理させる。

2　設立委員は、独立行政法人の設立の準備を完了したときは、遅滞なく、その旨を主務大臣に届け出るとともに、その事務を前条第一項の規定により指名された法人の長となるべき者に引き継がなければならない。

（設立の登記）

第十六条　第十四条第一項の規定により指名された法人の長となるべき者は、前条第二項の規定による事務の引継ぎを受けたときは、遅滞なく、政令で定めるところにより、設立の登記をしなければならない。

第十七条　独立行政法人は、設立の登記をすることによって成立する。

第二章　役員及び職員

第十八条～第二十一条の三　〔略〕

（役員の忠実義務）

第二十一条の四　独立行政法人の役員は、その業務について、法令、法令に基づいてする主務大臣の処分及び当該独立行政法人が定める業務方法書その他の規則を遵守し、当該独立行政法人のため忠実にその職務を遂行しなければならない。

（役員の報告義務）

第二十一条の五　独立行政法人の役員（監事を除く。）は、当該独立行政法人に著しい損害を及ぼすおそれのある事実があることを発見したときは、直ちに、当該事実を監事に報告しなければならない。

第二十二条・第二十三条　〔略〕

（代表権の制限）

第二十四条　独立行政法人と法人の長その他の代表権を有する役員との利益が相反する事項については、これらの者は、代表権を有しない。この場合には、監事が当該独立行政法人を代表する。

（代理人の選任）

第二十五条　法人の長その他の代表権を有する役員は、当該独立行政法人の代表権を有しない役員又は職員のうちから、当該独立行政法人の業務の一部に関し一切の裁判上又は裁判外の行為をする権限を有する代理人を選任することができる。

（役員等の損害賠償責任）

第二十五条の二　独立行政法人の役員又は会計監査人（第四項において「役員等」という。）は、その任務を怠ったときは、独立行政法人に対し、これによって生じた損害を賠償する責

２　前項の責任は、主務大臣の承認がなければ、免除することができない。

３・４〔略〕

（職員の任命）

第二十六条　独立行政法人の職員は、法人の長が任命する。

第三章　業務運営

第一節　通則

（業務の範囲）

第二十七条　各独立行政法人の業務の範囲は、個別法で定める。

（業務方法書）

第二十八条　独立行政法人は、業務開始の際、業務方法書を作成し、主務大臣の認可を受けなければならない。これを変更しようとするときも、同様とする。

２　前項の業務方法書には、役員（監事を除く。）の職務の執行がこの法律、個別法又は他の法令に適合することを確保するための体制その他独立行政法人の業務の適正を確保するための体制の整備に関する事項その他主務省令で定める事項を記載しなければならない。

３　独立行政法人は、第一項の認可を受けたときは、遅滞なく、その業務方法書を公表しなければならない。

第二十八条の二・第二十八条の三〔略〕

（評価結果の取扱い等）

第二十八条の四　独立行政法人は、第三十二条第一項、第三十五条の六第一項若しくは第二項又は第三十五条の十一第一項若しくは第二項の評価の結果を、第三十条第一項の中期計画及び第三十一条第一項の年度計画、第三十五条の五第一項の中長期計画及び第三十五条の八において読み替えて準用する第三十一条第一項の年度計画又は第三十五条の十第一項の事業計画並びに業務運営の改善に適切に反映させるとともに、毎年度、評価結果の反映状況を公表しなければならない。

第二節　中期目標管理法人〔略〕

第三節　国立研究開発法人〔略〕

第四節　行政執行法人〔略〕

第四章　財務及び会計

（事業年度）

第三十六条　独立行政法人の事業年度は、毎年四月一日に始まり、翌年三月三十一日に終わる。

２　独立行政法人の最初の事業年度は、前項の規定にかかわらず、その成立の日に始まり、翌年の三月三十一日（一月一日から三月三十一日までの間に成立した独立行政法人にあっては、その年の三月三十一日）に終わるものとする。

（企業会計原則）

第三十七条　独立行政法人の会計は、主務省令で定めるところにより、原則として企業会計原則によるものとする。

（財務諸表等）

第三十八条　独立行政法人は、毎事業年度、貸借対照表、損益計算書、利益の処分又は損失の処理に関する書類その他主務省令で定める書類及びこれらの附属明細書（以下「財務諸表」という。）を作成し、当該事業年度の終了後三月以内に主務大臣に提出し、その承認を受けなければならない。

２　独立行政法人は、前項の規定により財務諸表を主務大臣に提出するときは、これに主務省令で定めるところにより作成した当該事業年度の事業報告書及び予算の区分に従い作成した決算報告書並びに財務諸表及び決算報告書に関する監査報告（次条第一項の規定により会計監査人の監査を受けなければならない独立行政法人にあっては、監査報告及び会計監査報告。以下同じ。）を添付しなければならない。

３　独立行政法人は、第一項の規定による主務大臣の承認を受けたときは、遅滞なく、財務諸表を官報に公告し、かつ、財務諸表並びに前項の事業報告書、決算報告書及び監査報告を、各事務所に備えて置き、主務省令で定める期間、一般の閲覧に供しなければならない。

４　独立行政法人は、第一項の附属明細書その他主務省令で定める書類については、前項の規定による公告に代えて、次に掲げる方法のいずれかにより公告することができる。

一　時事に関する事項を掲載する日刊新聞紙に掲載する方法

二　電子公告（電子情報処理組織を使用する方法その他の情報通信の技術を利用する方法であって総務省令で定めるものにより不特定多数の者が公告すべき内容である情報の提供を受けることができる状態に置く措置であって総務省令で定めるものをとる公告の方法をいう。次項において同じ。）

５　独立行政法人が前項の規定により電子公告による公告をする場合には、第三項の主務省令で定める期間、継続して当該公告をしなければならない。

（会計監査人の監査）

第三十九条　独立行政法人（その資本の額その他の経営の規模が政令で定める基準に達しない独立行政法人を除く。以下この条において同じ。）は、財務諸表、事業報告書（会計に関する部分に限る。）及び決算報告書について、監事の監査のほか、会計監査人の監査を受けなければならない。この場合において、会計監査人は、主務省令で定めるところにより、会計監査報告を作成しなければならない。

２　会計監査人は、いつでも、次に掲げるものの閲覧及び謄写をし、又は役員（監事を除く。）及び職員に対し、会計に関する報告を求めることができる。

一　会計帳簿又はこれに関する資料が書面をもって作成されているときは、当該書面

二　会計帳簿又はこれに関する資料が電磁的記録（電子的方式、磁気的方式その他人の知覚によっては認識することができない方式で作られる記録であって、電子計算機による情報処理の用に供されるものとして総務省令で定めるものをいう。以下この号において同じ。）をもって作成されているときは、当該電磁的記録に記録された事項を総務省令で定める方法により表示したもの

３　会計監査人は、その職務を行うため必要があるときは、独立行政法人の子法人に対して会計に関する報告を求め、又は独立行政法人若しくはその子法人の業務及び財産の状況の調

査をすることができる。

4　前項の子法人は、正当な理由があるときは、同項の報告又は調査を拒むことができる。

5　会計監査人は、その職務を行うに当たっては、次の各号のいずれかに該当する者を使用してはならない。

一　第四十一条第三項第一号又は第二号に掲げる者

二　第四十条の規定により自己が会計監査人に選任されている独立行政法人又はその子法人の役員又は職員

三　第四十条の規定により自己が会計監査人に選任されている独立行政法人又はその子法人から公認会計士（公認会計士法（昭和二十三年法律第百三号）第十六条の二第五項に規定する外国公認会計士を含む。第四十一条第一項及び第三項第二号において同じ。）又は監査法人の業務以外の業務により継続的な報酬を受けている者

（監事に対する報告）

第三十九条の二　会計監査人は、その職務を行うに際して役員（監事を除く。）の職務の執行に関し不正の行為又はこの法律、個別法若しくは他の法令に違反する重大な事実があることを発見したときは、遅滞なく、これを監事に報告しなければならない。

2　監事は、その職務を行うため必要があると認めるときは、会計監査人に対し、その監査に関する報告を求めることができる。

（会計監査人の選任）

第四十条　会計監査人は、主務大臣が選任する。

（会計監査人の資格等）

第四十一条　会計監査人は、公認会計士又は監査法人でなければならない。

2　会計監査人に選任された監査法人は、その社員の中から会計監査人の職務を行うべき者を選定し、これを独立行政法人に通知しなければならない。この場合においては、次項第二号に掲げる者を選定することはできない。

3　次に掲げる者は、会計監査人となることができない。

一　公認会計士法の規定により、財務諸表について監査をすることができない者

二　監査の対象となる独立行政法人の子法人若しくはその役員から公認会計士若しくは監査法人の業務以外の業務により継続的な報酬を受けている者又はその配偶者

三　監査法人でその社員の半数以上が前号に掲げる者であるもの

（会計監査人の任期）

第四十二条　会計監査人の任期は、その選任の日以後最初に終了する事業年度についての財務諸表承認日までとする。

（会計監査人の解任）

第四十三条　主務大臣は、会計監査人が次の各号の一に該当するときは、その会計監査人を解任することができる。

一　職務上の義務に違反し、又は職務を怠ったとき。

二　会計監査人たるにふさわしくない非行があったとき。

三　心身の故障のため、職務の遂行に支障があり、又はこれに堪えないとき。

（利益及び損失の処理）

第四十四条　独立行政法人は、毎事業年度、損益計算において利益を生じたときは、前事業年度から繰り越した損失を埋め、なお残余があるときは、その残余の額は、積立金として整理しなければならない。ただし、第三項の規定により同項の使途に充てる場合は、この限りでない。

2　独立行政法人は、毎事業年度、損益計算において損失を生じたときは、前項の規定による積立金を減額して整理し、なお不足があるときは、その不足額は、繰越欠損金として整理しなければならない。

3　中期目標管理法人及び国立研究開発法人は、第一項に規定する残余があるときは、主務大臣の承認を受けて、その残余の額の全部又は一部を中期計画（第三十条第一項の認可を受けた同項の中期計画（同項後段の規定による変更の認可を受けたときは、その変更後のもの）をいう。以下同じ。）の同条第二項第七号又は中長期計画（第三十五条の五第一項の認可を受けた同項の中長期計画（同項後段の規定による変更の認可を受けたときは、その変更後のもの）をいう。以下同じ。）の第三十五条の五第二項第七号の剰余金の使途に充てることができる。

4　第一項の規定による積立金の処分については、個別法で定める。

（借入金等）

第四十五条　独立行政法人は、中期目標管理法人の中期計画の第三十条第二項第四号、国立研究開発法人の中長期計画の第三十五条の五第二項第四号又は行政執行法人の事業計画（第三十五条の十第一項の認可を受けた同項の事業計画（同項後段の規定による変更の認可を受けたときは、その変更後のもの）をいう。以下同じ。）の第三十五条の十第三項第四号の短期借入金の限度額の範囲内で、短期借入金をすることができる。ただし、やむを得ない事由があるものとして主務大臣の認可を受けた場合は、当該限度額を超えて短期借入金をすることができる。

2　前項の規定による短期借入金は、当該事業年度内に償還しなければならない。ただし、資金の不足のため償還することができないときは、その償還することができない金額に限り、主務大臣の認可を受けて、これを借り換えることができる。

3　前項ただし書の規定により借り換えた短期借入金は、一年以内に償還しなければならない。

4　独立行政法人は、個別法に別段の定めがある場合を除くほか、長期借入金及び債券発行をすることができない。

（財源措置）

第四十六条　政府は、予算の範囲内において、独立行政法人に対し、その業務の財源に充てるために必要な金額の全部又は一部に相当する金額を交付することができる。

2　独立行政法人は、業務運営に当たっては、前項の規定による交付金について、国民から徴収された税金その他の貴重な財源で賄われるものであることに留意し、法令の規定及び中期目標管理法人の中期計画、国立研究開発法人の中長期計画又は行政執行法人の事業計画に従って適切かつ効率的に使用するよう努めなければならない。

（余裕金の運用）
第四十七条　独立行政法人は、次の方法による場合を除くほか、業務上の余裕金を運用してはならない。
一　国債、地方債、政府保証債（その元本の償還及び利息の支払について政府が保証する債券をいう。）その他主務大臣の指定する有価証券の取得
二　銀行その他主務大臣の指定する金融機関への預金
三　信託業務を営む金融機関（金融機関の信託業務の兼営等に関する法律（昭和十八年法律第四十三号）第一条第一項の認可を受けた金融機関をいう。）への金銭信託

（財産の処分等の制限）
第四十八条　独立行政法人は、不要財産以外の重要な財産であって主務省令で定めるものを譲渡し、又は担保に供しようとするときは、主務大臣の認可を受けなければならない。ただし、中期目標管理法人の中期計画において第三十条第二項第六号の計画を定めた場合、国立研究開発法人の中長期計画において第三十五条の五第二項第六号の計画を定めた場合又は行政執行法人の事業計画において第三十五条の十第三項第六号の計画を定めた場合であって、これらの計画に従って当該重要な財産を譲渡し、又は担保に供するときは、この限りでない。

（会計規程）
第四十九条　独立行政法人は、業務開始の際、会計に関する事項について規程を定め、これを主務大臣に届け出なければならない。これを変更したときも、同様とする。

（主務省令への委任）
第五十条　この法律及びこれに基づく政令に規定するもののほか、独立行政法人の財務及び会計に関し必要な事項は、主務省令で定める。

第五章　人事管理

第一節　中期目標管理法人及び国立研究開発法人

（役員の報酬等）
第五十条の二　中期目標管理法人の役員に対する報酬及び退職手当（以下「報酬等」という。）は、その役員の業績が考慮されるものでなければならない。
2　中期目標管理法人は、その役員に対する報酬等の支給の基準を定め、これを主務大臣に届け出るとともに、公表しなければならない。これを変更したときも、同様とする。
3　前項の報酬等の支給の基準は、国家公務員の給与及び退職手当（以下「給与等」という。）、民間企業の役員の報酬等、当該中期目標管理法人の業務の実績その他の事情を考慮して定められなければならない。

（役員の兼職禁止）
第五十条の三　中期目標管理法人の役員（非常勤の者を除く。）は、在任中、任命権者の承認のある場合を除くほか、営利を目的とする団体の役員となり、又は自ら営利事業に従事してはならない。

（他の中期目標管理法人役職員についての依頼等の規制）
第五十条の四　中期目標管理法人の役員又は職員（非常勤の者を除く。以下「中期目標管理法人役職員」という。）は、密接関係法人等に対し、当該中期目標管理法人の他の中期目標管理法人役職員をその離職後に、若しくは当該中期目標管理法人の中期目標管理法人役職員であった者を、当該密接関係法人等の地位に就かせることを目的として、当該他の中期目標管理法人役職員若しくは当該中期目標管理法人役職員であった者に関する情報を提供し、若しくは当該地位に関する情報の提供を依頼し、又は当該他の中期目標管理法人役職員をその離職後に、若しくは当該中期目標管理法人役職員であった者を、当該密接関係法人等の地位に就かせることを要求し、若しくは依頼してはならない。
2　前項の規定は、次に掲げる場合には、適用しない。
一　基礎研究、福祉に関する業務その他の円滑な再就職に特に配慮を要する業務として政令で定めるものに従事し、若しくは従事していた他の中期目標管理法人役職員又はこれらの業務に従事していた中期目標管理法人役職員であった者を密接関係法人等の地位に就かせることを目的として行う場合
二　退職手当通算予定役職員を退職手当通算法人等の地位に就かせることを目的として行う場合
三　大学その他の教育研究機関の研究者であった者であって任期（十年以内に限る。）を定めて専ら研究に従事する職員として採用された他の中期目標管理法人役職員を密接関係法人等の地位に就かせることを目的として行う場合
四　第三十二条第一項の評価（同項第二号に規定する中期目標の期間の終了時に見込まれる中期目標の期間における業務の実績に関する評価を除く。）の結果に基づき中期目標管理法人の業務の縮小又は内部組織の合理化が行われることにより、当該中期目標管理法人の組織の意思決定の権限を実質的に有しない地位として主務大臣が指定したもの以外の地位に就いたことがない他の中期目標管理法人役職員が離職を余儀なくされることが見込まれる場合において、当該他の中期目標管理法人役職員を密接関係法人等の地位に就かせることを目的として行うとき。
五　第三十五条第一項の規定による措置であって政令で定める人数以上の中期目標管理法人役職員が離職を余儀なくされることが見込まれるものを行うため、当該中期目標管理法人役職員の離職後の就職の援助のための措置に関する計画を作成し、主務大臣の認定を受けている場合において、当該計画における離職後の就職の援助の対象者である他の中期目標管理法人役職員を密接関係法人等の地位に就かせることを目的として行うとき。
3　前二項の「密接関係法人等」とは、営利企業等（商業、工業又は金融業その他営利を目的とする私企業（以下この項において「営利企業」という。）及び営利企業以外の法人（国、国際機関、地方公共団体、行政執行法人及び地方独立行政法人法（平成十五年法律第百十八号）第二条第二項に規定する特定地方独立行政法人を除く。）をいう。以下同じ。）のうち、資本関係、取引関係等において当該中期目標管理法人と密接な関係を有するものとして政令で定めるものをいう。
4　第二項第二号の「退職手当通算法人等」とは、営利企業等でその業務が中期目標管理法人の事務又は事業と密接な関連

を有するもののうち総務大臣が定めるもの（退職手当（これに相当する給付を含む。）に関する規程において、中期目標管理法人役職員が当該中期目標管理法人の長の要請に応じ、引き続いて当該営利企業等の役員又は当該営利企業等に使用される者となった場合に、中期目標管理法人役職員としての勤続期間を当該営利企業等の役員又は当該営利企業等に使用される者としての勤続期間に通算することと定めている営利企業等に限る。）をいう。

5　第二項第二号の「退職手当通算予定役職員」とは、中期目標管理法人の長の要請に応じ、引き続いて退職手当通算法人等（前項に規定する退職手当通算法人等をいう。以下同じ。）の役員又は退職手当通算法人等に使用される者となるため退職することとなる中期目標管理法人役職員であって、当該退職手当通算法人等に在職した後、特別の事情がない限り引き続いて採用が予定されている者のうち政令で定めるものをいう。

6　第一項の規定によるもののほか、中期目標管理法人の役員又は職員は、この法律、個別法若しくは他の法令若しくは当該中期目標管理法人が定める業務方法書、第四十九条に規定する規程その他の規則に違反する職務上の行為（以下「法令等違反行為」という。）をすること若しくはしたこと又は当該中期目標管理法人の他の役員若しくは職員に法令等違反行為をさせること若しくはさせたことに関し、営利企業等に対し、当該中期目標管理法人の他の役員若しくは職員をその離職後に、又は当該中期目標管理法人の役員若しくは職員であった者を、当該営利企業等の地位に就かせることを要求し、又は依頼してはならない。

（法令等違反行為に関する在職中の求職の規制）

第五十条の五　中期目標管理法人の役員又は職員は、法令等違反行為をすること若しくはしたこと又は中期目標管理法人の他の役員若しくは職員に法令等違反行為をさせること若しくはさせたことに関し、営利企業等に対し、離職後に当該営利企業等の地位に就くことを要求し、又は約束してはならない。

（再就職者による法令等違反行為の依頼等の届出）

第五十条の六　中期目標管理法人の役員又は職員は、次に掲げる要求又は依頼を受けたときは、政令で定めるところにより、当該中期目標管理法人の長にその旨を届け出なければならない。

一　中期目標管理法人役職員であった者であって離職後に営利企業等の地位に就いている者（以下この条において「再就職者」という。）が、離職後二年を経過するまでの間に、離職前五年間に在職していた当該中期目標管理法人の内部組織として主務省令で定めるものに属する役員又は職員に対して行う、当該中期目標管理法人と当該営利企業等との間で締結される売買、賃借、請負その他の契約又は当該営利企業等に対して行われる行政手続法（平成五年法律第八十八号）第二条第二号に規定する処分に関する事務（当該中期目標管理法人の業務に係るものに限る。次号において「契約等事務」という。）であって離職前五年間の職務に属するものに関する法令等違反行為の要求又は依頼

二　前号に掲げるもののほか、再就職者のうち、当該中期目標管理法人の役員又は管理若しくは監督の地位として主務省令で定めるものに就いていた者が、離職後二年を経過するまでの間に、当該中期目標管理法人の役員又は職員に対して行う、契約等事務に関する法令等違反行為の要求又は依頼

三　前二号に掲げるもののほか、再就職者が行う、当該中期目標管理法人と営利企業等（当該再就職者が現にその地位に就いているものに限る。）との間の契約であって当該中期目標管理法人においてその締結について自らが決定したもの又は当該中期目標管理法人による当該営利企業等に対する行政手続法第二条第二号に規定する処分であって自らが決定したものに関する法令等違反行為の要求又は依頼

（中期目標管理法人の長への届出）

第五十条の七　中期目標管理法人役職員（第五十条の四第五項に規定する退職手当通算予定役職員を除く。）は、離職後に営利企業等の地位に就くことを約束した場合には、速やかに、政令で定めるところにより、中期目標管理法人の長に政令で定める事項を届け出なければならない。

2　前項の規定による届出を受けた中期目標管理法人の長は、当該中期目標管理法人の業務の公正性を確保する観点から、当該届出を行った中期目標管理法人役職員の職務が適正に行われるよう、人事管理上の措置を講ずるものとする。

（中期目標管理法人の長がとるべき措置等）

第五十条の八　中期目標管理法人の長は、当該中期目標管理法人の役員又は職員が第五十条の四から前条までの規定に違反する行為をしたと認めるときは、当該役員又は職員に対する監督上の措置及び当該中期目標管理法人における当該規定の遵守を確保するために必要な措置を講じなければならない。

2　第五十条の六の規定による届出を受けた中期目標管理法人の長は、当該届出に係る要求又は依頼の事実があると認めるときは、当該要求又は依頼に係る法令等違反行為を確実に抑止するために必要な措置を講じなければならない。

3　中期目標管理法人の長は、毎年度、第五十条の六の規定による届出及び前二項の措置の内容を取りまとめ、政令で定めるところにより、主務大臣に報告しなければならない。

（政令への委任）

第五十条の九　第五十条の四から前条までの規定の実施に関し必要な手続は、政令で定める。

（職員の給与等）

第五十条の十　中期目標管理法人の職員の給与は、その職員の勤務成績が考慮されるものでなければならない。

2　中期目標管理法人は、その職員の給与等の支給の基準を定め、これを主務大臣に届け出るとともに、公表しなければならない。これを変更したときも、同様とする。

3　前項の給与等の支給の基準は、一般職の職員の給与に関する法律（昭和二十五年法律第九十五号）の適用を受ける国家公務員の給与等、民間企業の従業員の給与等、当該中期目標管理法人の業務の実績並びに職員の職務の特性及び雇用形態その他の事情を考慮して定められなければならない。

第二節　行政執行法人〔略〕

第六章 雑則

（報告及び検査）

第六十四条 主務大臣は、この法律を施行するため必要があると認めるときは、独立行政法人に対し、その業務並びに資産及び債務の状況に関し報告をさせ、又はその職員に、独立行政法人の事務所に立ち入り、業務の状況若しくは帳簿、書類その他の必要な物件を検査させることができる。

2 前項の規定により職員が立入検査をする場合には、その身分を示す証明書を携帯し、関係人にこれを提示しなければならない。

3 第一項の規定による立入検査の権限は、犯罪捜査のために認められたものと解してはならない。

第六十五条 削除

（解散）

第六十六条 独立行政法人の解散については、別に法律で定める。

（財務大臣との協議）

第六十七条 主務大臣は、次の場合には、財務大臣に協議しなければならない。

一 第二十九条第一項の規定により中期目標を定め、又は変更しようとするとき。

二 第三十五条の四第一項の規定により中長期目標を定め、又は変更しようとするとき。

三 第三十五条の九第一項の規定により年度目標を定め、又は変更しようとするとき。

四 第三十条第一項、第三十五条の五第一項、第三十五条の十第一項、第四十五条第一項ただし書若しくは第二項ただし書又は第四十八条の規定による認可をしようとするとき。

五 第四十四条第三項の規定による承認をしようとするとき。

六 第四十六条の二第一項、第二項若しくは第三項ただし書又は第四十六条の三第一項の規定による認可をしようとするとき。

七 第四十七条第一号又は第二号の規定による指定をしようとするとき。

（主務大臣等）

第六十八条 この法律における主務大臣及び主務省令は、個別法で定める。

第七章 罰則〔略〕

附 則（抄）

（施行期日）

第一条 この法律は、内閣法の一部を改正する法律（平成十一年法律第八十八号）の施行の日から施行する。

○地方独立行政法人法（抄）

平成一五・七・一六
法 一 一 八

最終改正 令和五・六・一六法五八

第一章 総則

第一節 通則

（目的）

第一条 この法律は、地方独立行政法人の運営の基本その他の制度の基本となる事項を定め、地方独立行政法人制度の確立並びに地方独立行政法人が公共上の見地から行う事務及び事業の確実な実施を図り、もって住民の生活の安定並びに地域社会及び地域経済の健全な発展に資することを目的とする。

（定義）

第二条 この法律において「地方独立行政法人」とは、住民の生活、地域社会及び地域経済の安定等の公共上の見地からその地域において確実に実施されることが必要な事務及び事業であって、地方公共団体が自ら主体となって直接に実施する必要のないもののうち、民間の主体にゆだねた場合には必ずしも実施されないおそれがあるものと地方公共団体が認めるものを効率的かつ効果的に行わせることを目的として、この法律の定めるところにより地方公共団体が設立する法人をいう。

2 この法律において「特定地方独立行政法人」とは、地方独立行政法人（第二十一条第二号に掲げる業務を行うものを除く。）のうち、その業務の停滞が住民の生活、地域社会若しくは地域経済の安定に直接かつ著しい支障を及ぼすため、又はその業務運営における中立性及び公正性を特に確保する必要があるため、その役員及び職員に地方公務員の身分を与える必要があるものとして地方公共団体が当該地方独立行政法人の定款で定めるものをいう。

（業務の公共性、透明性及び自主性等）

第三条 地方独立行政法人は、その行う事務及び事業が住民の生活、地域社会及び地域経済の安定等の公共上の見地から確実に実施されることが必要なものであることに鑑み、適正かつ効率的にその業務を運営するよう努めなければならない。

2 地方独立行政法人は、この法律の定めるところによりその業務の内容を公表すること等を通じて、その組織及び運営の状況を住民に明らかにするよう努めなければならない。

3 この法律の運用に当たっては、地方独立行政法人の事務及び事業が地域社会及び地域経済の情勢を踏まえつつ適切に行われるよう、地方独立行政法人の事務及び事業の特性並びに地方独立行政法人の業務運営における自主性は、十分配慮されなければならない。

（名称）

第四条 地方独立行政法人は、その名称中に地方独立行政法人という文字を用いなければならない。

2 地方独立行政法人でない者は、その名称中に、地方独立行政法人という文字を用いてはならない。

（法人格）

第五条 地方独立行政法人は、法人とする。

（財産的基礎）

第六条 地方独立行政法人は、その業務を確実に実施するために必要な資本金その他の財産的基礎を有しなければならない。

2 地方公共団体でなければ、地方独立行政法人に出資することができない。

3 設立団体（地方独立行政法人を設立する一又は二以上の地方公共団体をいう。以下同じ。）は、地方独立行政法人の資本金の額の二分の一以上に相当する資金その他の財産を出資しなければならない。

4 地方独立行政法人は、業務の見直し、社会経済情勢の変化その他の事由により、その保有する重要な財産であって条例で定めるものが将来にわたり業務を確実に実施する上で必要がなくなったと認められる場合において、当該財産が地方公共団体からの出資又は設立団体からの支出（金銭の出資に該当するものを除く。）に係るものであるときは、第四十二条の二の規定により、当該財産（以下「出資等に係る不要財産」という。）を処分しなければならない。

5 地方独立行政法人に出資される財産のうち金銭以外のものの価額は、出資の日現在における時価を基準として出資する地方公共団体が評価した価額とする。

6 前項の評価に関し必要な事項は、政令で定める。

（設立）

第七条 地方公共団体は、地方独立行政法人を設立しようとするときは、その議会の議決を経て定款を定め、都道府県（都道府県の加入する一部事務組合又は広域連合を含む。以下この条において同じ。）又は都道府県及び都道府県以外の地方公共団体が設立しようとする場合にあっては総務大臣、その他の場合にあっては都道府県知事の認可を受けなければならない。

（定款）

第八条 地方独立行政法人の定款には、次に掲げる事項を規定しなければならない。

一 目的
二 名称
三 設立団体
四 事務所の所在地
五 特定地方独立行政法人又は特定地方独立行政法人以外の地方独立行政法人（以下「一般地方独立行政法人」という。）の別
六 役員の定数、任期その他役員に関する事項
七 業務の範囲及びその執行に関する事項
八 公共的な施設（住民の福祉を増進する目的をもってその利用に供するための施設をいう。以下この条、第二十一条第六号及び第二十四条において同じ。）の設置及び管理を行う場合には、当該公共的な施設の名称及び所在地
九 資本金、出資及び資産に関する事項
十 公告の方法
十一 解散に伴う残余財産の帰属に関する事項

2 定款の変更は、設立団体（設立団体の数を増加させる場合における定款の変更にあっては、設立団体及び加入設立団体（新たに設立団体となる地方公共団体をいう。以下同じ。））の議会の議決を経て前条の規定の例により総務大臣又は都道府県知事の認可を受けなければ、その効力を生じない。ただし、その変更が政令で定める軽微なものであるときは、この限りでない。

3 第一項第五号に掲げる事項についての定款の変更は、特定地方独立行政法人を一般地方独立行政法人とする場合に限り、行うことができる。

4 設立団体の長は、第一項第五号に掲げる事項についての定款の変更を行おうとするときは、あらかじめ、第十一条第一項に規定する評価委員会の意見を聴かなければならない。

（登記）

第九条 地方独立行政法人は、政令で定めるところにより、登記しなければならない。

2 前項の規定により登記しなければならない事項は、登記の後でなければ、これをもって第三者に対抗することができない。

3 地方独立行政法人は、その主たる事務所の所在地において設立の登記をすることによって成立する。

（一般社団法人及び一般財団法人に関する法律の準用）

第十条 一般社団法人及び一般財団法人に関する法律（平成十八年法律第四十八号）第四条及び第七十八条の規定は、地方独立行政法人について準用する。

第二節 地方独立行政法人評価委員会

第十一条 設立団体に、地方独立行政法人に関する事務を処理させるため、当該設立団体の長の附属機関として、地方独立行政法人評価委員会（以下「評価委員会」という。）を置く。

2 評価委員会は、次に掲げる事務をつかさどる。

一 第八条第四項、第二十五条第三項、第二十八条第四項、第三十条第二項、第四十二条の二第五項、第四十四条第二項、第四十九条第二項（第五十六条第一項において準用す

る場合を含む。）、第六十七条第二項、第七十八条第四項、第七十九条の二第二項、第八十七条の八第四項又は第八十七条の十第四項の規定により設立団体の長に意見を述べること。

二　第七十八条の二第一項の規定により第六十八条第一項に規定する公立大学法人（次号において「公立大学法人」という。）の業務の実績を評価すること。

三　第七十八条の二第四項の規定により公立大学法人に勧告すること。

四　第百八条第二項の規定により同条第一項に規定する関係設立団体の長に意見を述べること。

五　第百十二条第二項の規定により同条第一項に規定する関係設立団体の長に意見を述べること。

六　その他この法律又は条例の規定によりその権限に属させられた事項を処理すること。

3　評価委員会は、前項第一号、第四号又は第五号の意見を述べたときは、その内容を公表しなければならない。

4　第二項に定めるもののほか、評価委員会の組織及び委員その他の職員その他評価委員会に関し必要な事項については、条例で定める。

第二章　役員及び職員

（役員）

第十二条　地方独立行政法人に、役員として、理事長一人、副理事長、理事及び監事を置く。ただし、定款で副理事長を置かないことができる。

（役員の職務及び権限）

第十三条　理事長は、地方独立行政法人を代表し、その業務を総理する。

2　副理事長は、地方独立行政法人を代表し、定款で定めるところにより、理事長を補佐して地方独立行政法人の業務を掌理し、理事長に事故があるときはその職務を代理し、理事長が欠員のときはその職務を行う。

3　理事は、定款で定めるところにより、理事長及び副理事長を補佐して地方独立行政法人の業務を掌理し、理事長及び副理事長に事故があるときはその職務を代理し、理事長及び副理事長が欠員のときはその職務を行う。

4　監事は、地方独立行政法人の業務を監査する。この場合において、監事は、設立団体の規則で定めるところにより、監査報告を作成しなければならない。

5　監事は、いつでも、役員（監事を除く。）及び職員に対して事務及び事業の報告を求め、又は地方独立行政法人の業務及び財産の状況の調査をすることができる。

6　監事は、地方独立行政法人が次に掲げる書類を設立団体の長に提出しようとするときは、当該書類を調査しなければならない。

一　この法律の規定による認可、承認及び届出に係る書類並びに報告書その他の総務省令で定める書類

二　その他設立団体の規則で定める書類

7　監事は、その職務を行うため必要があるときは、地方独立行政法人の子法人（地方独立行政法人がその経営を支配している法人として総務省令で定めるものをいう。以下同じ。）に対して事業の報告を求め、又はその子法人の業務及び財産の状況の調査をすることができる。

8　前項の子法人は、正当な理由があるときは、同項の報告又は調査を拒むことができる。

9　監事は、監査の結果に基づき、必要があると認めるときは、理事長又は設立団体の長に意見を提出することができる。

（理事長等への報告義務）

第十三条の二　監事は、役員（監事を除く。）が不正の行為をし、若しくは当該行為をするおそれがあると認めるとき、又はこの法律、他の法令、設立団体の条例若しくは規則若しくは定款に違反する事実若しくは著しく不当な事実があると認めるときは、遅滞なく、その旨を理事長に報告するとともに、設立団体の長に報告しなければならない。

（役員の任命）

第十四条　理事長は、次に掲げる者のうちから、設立団体の長が任命する。

一　当該地方独立行政法人が行う事務及び事業に関して高度な知識及び経験を有する者

二　前号に掲げる者のほか、当該地方独立行政法人が行う事務及び事業を適正かつ効率的に運営することができる者

2　監事は、財務管理、経営管理その他当該地方独立行政法人が行う事務又は事業の運営に関し優れた識見を有する者であって、弁護士、公認会計士、税理士その他監査に関する実務に精通しているもののうちから、設立団体の長が任命する。

3　設立団体の長は、前二項の規定により理事長又は監事を任命しようとするときは、必要に応じ、公募（当該地方独立行政法人の理事長又は監事の職務の内容、勤務条件その他必要な事項を公表して行う候補者の募集をいう。以下この項において同じ。）の活用に努めなければならない。公募によらない場合であっても、透明性を確保しつつ、候補者の推薦の求めその他の適任と認める者を任命するために必要な措置を講ずるよう努めなければならない。

4　副理事長及び理事は、第一項各号に掲げる者のうちから、理事長が任命する。

5　理事長は、前項の規定により副理事長及び理事を任命したときは、遅滞なく、その旨を設立団体の長に届け出るとともに、これを公表しなければならない。

（役員の任期）

第十五条　役員（監事を除く。以下この項において同じ。）の任期は、第二十五条第二項第一号に規定する中期目標の期間（以下この項において「中期目標の期間」という。）を考慮した上で、中期目標の期間又は四年間のいずれか長い期間内において定款で定める期間とする。ただし、補欠の役員の任期は、前任者の残任期間とする。

2　監事の任期は、理事長の任期（補欠の理事長の任期を含む。以下この項において同じ。）に対応して定めるものとし、任命の日から、当該対応する理事長の任期の末日を含む事業年度についての財務諸表承認日（第三十四条第一項の規定による同項に規定する財務諸表の承認の日をいう。第三十八条

及び第七十四条第四項において同じ。）までとする。ただし、補欠の監事の任期は、前任者の残任期間とする。
3 役員は、再任されることができる。

（役員の忠実義務）
第十五条の二 地方独立行政法人の役員は、その業務について、この法律、他の法令、設立団体の条例及び規則並びに定款、この法律、他の法令又は設立団体の条例に基づいてする設立団体の長の処分並びに当該地方独立行政法人が定める業務方法書その他の規則を遵守し、当該地方独立行政法人のため忠実にその職務を遂行しなければならない。

（役員の報告義務）
第十五条の三 地方独立行政法人の役員（監事を除く。）は、当該地方独立行政法人に著しい損害を及ぼすおそれのある事実があることを発見したときは、直ちに、当該事実を監事に報告しなければならない。

（役員の欠格条項）
第十六条 政府又は地方公共団体の職員（非常勤の者を除く。）は、役員となることができない。
2 前項の規定にかかわらず、教育公務員で政令で定める者は、非常勤の役員となることができる。

（役員の解任）
第十七条 設立団体の長又は理事長は、それぞれその任命に係る役員が前条の規定により役員となることができない者に該当するに至ったときは、その役員を解任しなければならない。
2 設立団体の長又は理事長は、それぞれその任命に係る役員が次の各号のいずれかに該当するとき、その他役員たるに適しないと認めるときは、その役員を解任することができる。
一 心身の故障のため職務の遂行に堪えないと認められるとき。
二 職務上の義務違反があるとき。
3 前項に規定するもののほか、設立団体の長又は理事長は、それぞれその任命に係る役員（監事を除く。）の職務の執行が適当でないため当該地方独立行政法人の業務の実績が悪化した場合であって、その役員に引き続き当該職務を行わせることが適切でないと認めるときは、その役員を解任することができる。
4 理事長は、前二項の規定により副理事長又は理事を解任したときは、遅滞なく、その旨を設立団体の長に届け出るとともに、これを公表しなければならない。

（代表権の制限）
第十八条 地方独立行政法人と理事長又は副理事長との利益が相反する事項については、これらの者は、代表権を有しない。この場合には、監事が当該地方独立行政法人を代表する。

（代理人の選任）
第十九条 理事長又は副理事長は、理事又は地方独立行政法人の職員のうちから、当該地方独立行政法人の業務の一部に関し一切の裁判上又は裁判外の行為をする権限を有する代理人を選任することができる。

（役員等の損害賠償責任）
第十九条の二 地方独立行政法人の役員又は会計監査人（第四項において「役員等」という。）は、その任務を怠ったときは、当該地方独立行政法人に対し、これによって生じた損害を賠償する責任を負う。
2 前項の責任は、設立団体の長の承認がなければ、免除することができない。
3 設立団体の長は、前項の承認をしようとするときは、設立団体の議会の議決を経なければならない。
4 前二項の規定にかかわらず、地方独立行政法人は、第一項の責任について、設立団体が地方独立行政法人の事務及び事業の特性並びに役員等の職責その他の事情を考慮して政令で定める基準を参酌して政令で定める額以上の額を条例で定めている場合には、役員等が職務を行うにつき善意でかつ重大な過失がない場合において、責任の原因となった事実の内容、当該役員等の職務の執行の状況その他の事情を勘案して特に必要と認めるときは、当該役員等が賠償の責任を負う額から、当該条例で定める額を控除して得た額を限度として設立団体の長の承認を得て免除することができる旨を業務方法書で定めることができる。
5 地方自治法（昭和二十二年法律第六十七号）第二百四十三条の二の七第二項及び第三項の規定は、前項の条例の制定又は改廃について準用する。

（職員の任命）
第二十条 地方独立行政法人の職員は、理事長が任命する。

第三章 業務運営

第一節 業務

（業務の範囲）
第二十一条 地方独立行政法人は、次に掲げる業務のうち定款で定めるものを行う。
一 試験研究を行うこと及び当該試験研究の成果を活用する事業であって政令で定めるもの又は当該試験研究の成果の活用を促進する事業であって政令で定めるものを実施する者に対し、出資を行うこと。
二 大学又は大学及び高等専門学校の設置及び管理を行うこと並びに当該大学又は大学及び高等専門学校における技術に関する研究の成果の活用を促進する事業であって政令で定めるものを実施する者に対し、出資を行うこと。
三 主として事業の経費を当該事業の経営に伴う収入をもって充てる事業で、次に掲げるものを経営すること。
イ 水道事業（簡易水道事業を除く。）
ロ 工業用水道事業
ハ 軌道事業
ニ 自動車運送事業
ホ 鉄道事業
ヘ 電気事業
ト ガス事業
チ 病院事業
リ その他政令で定める事業
四 社会福祉事業を経営すること。
五 市町村（特別区を含む。以下同じ。）の長その他の執行機関に対する申請、届出その他の行為（以下「申請等」という。）の受理、申請等に対する処分その他の申請等の処理に関する事務であって定型的なもの及びこれらと一体的に処理することが効率的かつ効果的である事務であって定型的なもののうち、別表に掲げるもの（以下「申請等関係事務」という。）を当該市町村又は当該市町村の長その他の執行機関の名において処理すること。

六　公共的な施設で政令で定めるものの設置及び管理を行うこと（第二号から前号までに掲げるものを除く。）。

七　前各号に掲げる業務に附帯する業務を行うこと。

（業務方法書）

第二十二条　地方独立行政法人は、業務開始の際、業務方法書を作成し、設立団体の長の認可を受けなければならない。これを変更しようとするときも、同様とする。

2　前項の業務方法書には、役員（監事を除く。）の職務の執行がこの法律、他の法令、設立団体の条例若しくは規則又は定款に適合することを確保するための体制その他地方独立行政法人の業務の適正を確保するための体制の整備に関する事項その他設立団体の規則で定める事項を記載しなければならない。

3　地方独立行政法人は、第一項の認可を受けたときは、遅滞なく、その業務方法書を公表しなければならない。

（料金）

第二十三条　地方独立行政法人は、その業務に関して料金を徴収するときは、あらかじめ、料金の上限を定め、設立団体の長の認可を受けなければならない。これを変更しようとするときも、同様とする。

2　設立団体の長は、前項の認可をしようとするときは、あらかじめ、議会の議決を経なければならない。

（公共的な施設の設置及び管理）

第二十四条　地方独立行政法人が行う公共的な施設の設置及び管理については、地方自治法第二百四十四条第二項及び第三項の規定を準用する。

第二節　中期目標等

（中期目標）

第二十五条　設立団体の長は、三年以上五年以下の期間において地方独立行政法人が達成すべき業務運営に関する目標（以下「中期目標」という。）を定め、当該中期目標を当該地方独立行政法人に指示するとともに、公表しなければならない。当該中期目標を変更したときも、同様とする。

2　中期目標においては、次に掲げる事項について具体的に定めるものとする。

一　中期目標の期間（前項の期間の範囲内で設立団体の長が定める期間をいう。以下同じ。）

二　住民に対して提供するサービスその他の業務の質の向上に関する事項

三　業務運営の改善及び効率化に関する事項

四　財務内容の改善に関する事項

五　その他業務運営に関する重要事項

3　設立団体の長は、中期目標を定め、又はこれを変更しようとするときは、あらかじめ、評価委員会の意見を聴くとともに、議会の議決を経なければならない。

（中期計画）

第二十六条　地方独立行政法人は、前条第一項の指示を受けたときは、中期目標に基づき、設立団体の規則で定めるところにより、当該中期目標を達成するための計画（以下「中期計画」という。）を作成し、設立団体の長の認可を受けなければならない。当該中期計画を変更しようとするときも、同様とする。

2　中期計画においては、次に掲げる事項を定めるものとする。

一　住民に対して提供するサービスその他の業務の質の向上に関する目標を達成するためとるべき措置

二　業務運営の改善及び効率化に関する目標を達成するためとるべき措置

三　予算（人件費の見積りを含む。）、収支計画及び資金計画

四　短期借入金の限度額

四の二　出資等に係る不要財産又は出資等に係る不要財産となることが見込まれる財産がある場合には、当該財産の処分に関する計画

五　前号に規定する財産以外の重要な財産を譲渡し、又は担保に供しようとするときは、その計画

六　剰余金の使途

七　その他設立団体の規則で定める業務運営に関する事項

3　設立団体の長は、第一項の認可をした中期計画が前条第二項第二号から第五号までに掲げる事項の適正かつ確実な実施上不適当となったと認めるときは、その中期計画を変更すべきことを命ずることができる。

4　地方独立行政法人は、第一項の認可を受けたときは、遅滞なく、その中期計画を公表しなければならない。

（年度計画）

第二十七条　地方独立行政法人は、毎事業年度の開始前に、前条第一項の認可を受けた中期計画（同項後段の規定による変更の認可を受けたときは、当該変更後の中期計画。以下「認可中期計画」という。）に基づき、設立団体の規則で定めるところにより、その事業年度の業務運営に関する計画（以下この条及び第二十九条において「年度計画」という。）を定め、当該年度計画を設立団体の長に届け出るとともに、公表しなければならない。当該年度計画を変更したときも、同様とする。

2　地方独立行政法人の最初の事業年度の年度計画については、前項中「毎事業年度の開始前に、前条第一項の認可を受けた」とあるのは、「その成立後最初の中期計画について前条第一項の認可を受けた後遅滞なく、その」とする。

（各事業年度に係る業務の実績等に関する評価等）

第二十八条　地方独立行政法人は、毎事業年度の終了後、当該事業年度が次の各号に掲げる事業年度のいずれに該当するかに応じ当該各号に定める事項について、設立団体の長の評価を受けなければならない。

一　次号及び第三号に掲げる事業年度以外の事業年度　当該事業年度における業務の実績

二　中期目標の期間の最後の事業年度の直前の事業年度　当

該事業年度における業務の実績及び中期目標の期間の終了時に見込まれる中期目標の期間における業務の実績

三　中期目標の期間の最後の事業年度　当該事業年度における業務の実績及び中期目標の期間における業務の実績

2　地方独立行政法人は、前項の評価を受けようとするときは、設立団体の規則で定めるところにより、各事業年度の終了後三月以内に、同項第一号、第二号又は第三号に定める事項及び当該事項について自ら評価を行った結果を明らかにした報告書を設立団体の長に提出するとともに、公表しなければならない。

3　第一項の評価は、同項第一号、第二号又は第三号に定める事項について総合的な評定を付して、行わなければならない。この場合において、同項各号に規定する当該事業年度における業務の実績に関する評価は、当該事業年度における中期計画の実施状況の調査及び分析を行い、その結果を考慮して行わなければならない。

4　設立団体の長は、第一項第二号に規定する中期目標の期間の終了時に見込まれる中期目標の期間における業務の実績に関する評価を行うときは、あらかじめ、評価委員会の意見を聴かなければならない。

5　設立団体の長は、第一項の評価を行ったときは、遅滞なく、当該地方独立行政法人に対して、その評価の結果を通知し、公表するとともに、議会に報告しなければならない。

6　設立団体の長は、第一項の評価の結果に基づき必要があると認めるときは、当該地方独立行政法人に対し、業務運営の改善その他の必要な措置を講ずることを命ずることができる。

（評価の結果の取扱い等）

第二十九条　地方独立行政法人は、前条第一項の評価の結果を、中期計画及び年度計画並びに業務運営の改善に適切に反映させるとともに、毎年度、当該評価の結果の反映状況を公表しなければならない。

（中期目標の期間の終了時の検討）

第三十条　設立団体の長は、第二十八条第一項第二号に規定する中期目標の期間の終了時に見込まれる中期目標の期間における業務の実績に関する評価を行ったときは、中期目標の期間の終了時までに、当該地方独立行政法人の業務の継続又は組織の存続の必要性その他その業務及び組織の全般にわたる検討を行い、その結果に基づき、業務の廃止若しくは移管又は組織の廃止その他の所要の措置を講ずるものとする。

2　設立団体の長は、前項の規定による検討を行うに当たっては、評価委員会の意見を聴かなければならない。

3　設立団体の長は、第一項の検討の結果及び同項の規定により講ずる措置の内容を公表しなければならない。

第三十一条　削除

第四章　財務及び会計

（事業年度）

第三十二条　地方独立行政法人の事業年度は、毎年四月一日に始まり、翌年三月三十一日に終わる。

2　地方独立行政法人の最初の事業年度は、前項の規定にかかわらず、その成立の日に始まり、翌年の三月三十一日（一月一日から三月三十一日までの間に成立した地方独立行政法人にあっては、その年の三月三十一日）に終わるものとする。

（企業会計原則）

第三十三条　地方独立行政法人の会計は、総務省令で定めるところにより、原則として企業会計原則によるものとする。

（財務諸表等）

第三十四条　地方独立行政法人は、毎事業年度、貸借対照表、損益計算書、利益の処分又は損失の処理に関する書類その他設立団体の規則で定める書類及びこれらの附属明細書（以下「財務諸表」という。）を作成し、当該事業年度の終了後三月以内に設立団体の長に提出し、その承認を受けなければならない。

2　地方独立行政法人は、前項の規定により財務諸表を設立団体の長に提出するときは、当該財務諸表に設立団体の規則で定めるところにより作成した当該事業年度の事業報告書及び予算の区分に従い作成した決算報告書、並びに財務諸表及び決算報告書に関する監査報告（次条第一項の規定により会計監査人の監査を受けなければならない地方独立行政法人にあっては、監査報告及び会計監査報告。以下同じ。）を添付しなければならない。

3　地方独立行政法人は、第一項の規定による設立団体の長の承認を受けたときは、遅滞なく、財務諸表を公告し、かつ、財務諸表並びに前項の事業報告書、決算報告書及び監査報告を、各事務所に備え置き、設立団体の規則で定める期間、一般の閲覧に供しなければならない。

（会計監査人の監査）

第三十五条　地方独立行政法人（その資本の額その他の経営の規模が政令で定める基準に達しない地方独立行政法人を除く。以下この条において同じ。）は、財務諸表、事業報告書（会計に関する部分に限る。）及び決算報告書について、監事の監査のほか、会計監査人の監査を受けなければならない。この場合において、会計監査人は、設立団体の規則で定めるところにより、会計監査報告を作成しなければならない。

2　会計監査人は、いつでも、次に掲げるものの閲覧及び謄写をし、又は役員（監事を除く。）及び職員に対し、会計に関する報告を求めることができる。

一　会計帳簿又はこれに関する資料が書面をもって作成されているときは、当該書面

二　会計帳簿又はこれに関する資料が電磁的記録（電子的方式、磁気的方式その他人の知覚によっては認識することができない方式で作られる記録であって、電子計算機による情報処理の用に供されるものとして総務省令で定めるものをいう。以下この号において同じ。）をもって作成されているときは、当該電磁的記録に記録された事項を総務省令で定める方法により表示したもの

3　会計監査人は、その職務を行うため必要があるときは、地方独立行政法人の子法人に対して会計に関する報告を求め、又は地方独立行政法人若しくはその子法人の業務及び財産の状況の調査をすることができる。

4　前項の子法人は、正当な理由があるときは、同項の報告又

は調査を拒むことができる。

5　会計監査人は、その職務を行うに当たっては、次の各号のいずれかに該当する者を使用してはならない。

一　第三十七条第三項第一号又は第二号に掲げる者

二　第三十六条の規定により自己が会計監査人に選任されている地方独立行政法人又はその子法人の役員又は職員

三　第三十六条の規定により自己が会計監査人に選任されている地方独立行政法人又はその子法人から公認会計士（公認会計士法（昭和二十三年法律第百三号）第十六条の二第五項に規定する外国公認会計士を含む。第三十七条第一項及び第三項第二号において同じ。）又は監査法人の業務以外の業務により継続的な報酬を受けている者

（監事に対する報告）

第三十五条の二　会計監査人は、その職務を行うに際して役員（監事を除く。）の職務の執行に関し不正の行為又はこの法律、他の法令、設立団体の条例若しくは規則若しくは定款に違反する重大な事実があることを発見したときは、遅滞なく、これを監事に報告しなければならない。

2　監事は、その職務を行うため必要があると認めるときは、会計監査人に対し、その監査に関する報告を求めることができる。

（会計監査人の選任）

第三十六条　会計監査人は、設立団体の長が選任する。

（会計監査人の資格等）

第三十七条　会計監査人は、公認会計士又は監査法人でなければならない。

2　会計監査人に選任された監査法人は、その社員の中から会計監査人の職務を行うべき者を選定し、これを地方独立行政法人に通知しなければならない。この場合においては、次項第二号に掲げる者を選定することはできない。

3　次に掲げる者は、会計監査人となることができない。

一　公認会計士法の規定により、財務諸表について監査することができない者

二　監査の対象となる地方独立行政法人の子法人若しくはその役員から公認会計士若しくは監査法人の業務以外の業務により継続的な報酬を受けている者又はその配偶者

三　監査法人でその社員の半数以上が前号に掲げる者であるもの

（会計監査人の任期）

第三十八条　会計監査人の任期は、その選任の日以後最初に終了する事業年度についての財務諸表承認日までとする。

（会計監査人の解任）

第三十九条　設立団体の長は、会計監査人が次の各号のいずれかに該当するときは、その会計監査人を解任することができる。

一　職務上の義務に違反し、又は職務を怠ったとき。

二　会計監査人たるにふさわしくない非行があったとき。

三　心身の故障のため、職務の遂行に支障があり、又はこれに堪えないとき。

（利益及び損失の処理等）

第四十条　地方独立行政法人は、毎事業年度、損益計算において利益を生じたときは、前事業年度から繰り越した損失を埋め、なお残余があるときは、その残余の額は、積立金として整理しなければならない。ただし、第三項の規定により同項の使途に充てる場合は、この限りでない。

2　地方独立行政法人は、毎事業年度、損益計算において損失を生じたときは、前項の規定による積立金を減額して整理し、なお不足があるときは、その不足額は、繰越欠損金として整理しなければならない。

3　地方独立行政法人は、毎事業年度、第一項に規定する残余があるときは、設立団体の長の承認を受けて、その残余の額の全部又は一部を翌事業年度に係る認可中期計画の第二十六条第二項第六号の剰余金の使途に充てることができる。

4　地方独立行政法人は、中期目標の期間の最後の事業年度に係る第一項又は第二項の規定による整理を行った後、第一項の規定による積立金があるときは、その額に相当する金額のうち設立団体の長の承認を受けた金額を、当該中期目標の期間の次の中期目標の期間に係る認可中期計画の定めるところにより、当該次の中期目標の期間における業務の財源に充てることができる。

5　地方独立行政法人は、前項に規定する積立金の額に相当する金額から同項の規定による承認を受けた金額を控除してなお残余があるときは、その残余の額を設立団体に納付しなければならない。

6　前二項に定めるもののほか、納付金の納付の手続その他積立金の処分に関し必要な事項は、設立団体の規則で定める。

（借入金等）

第四十一条　地方独立行政法人は、認可中期計画の第二十六条第二項第四号の短期借入金の限度額の範囲内で、短期借入金をすることができる。ただし、やむを得ない事由があるものとして設立団体の長の認可を受けた場合には、当該限度額を超えて短期借入金をすることができる。

2　前項の規定による短期借入金は、当該事業年度内に償還しなければならない。ただし、資金の不足のため償還することができないときは、その償還することができない金額に限り、設立団体の長の認可を受けて、これを借り換えることができる。

3　前項ただし書の規定により借り換えた短期借入金は、一年以内に償還しなければならない。

4　地方独立行政法人は、長期借入金及び債券発行をすることができない。ただし、設立団体からの長期借入金については、この限りでない。

（財源措置）

第四十二条　設立団体は、地方独立行政法人に対し、その業務の財源に充てるために必要な金額の全部又は一部に相当する金額を交付することができる。

2　地方独立行政法人は、その業務の運営に当たっては、前項の規定による交付金について、住民から徴収された税金その他の貴重な財源で賄われるものであることに留意し、この法律、他の法令、設立団体の条例及び規則、定款並びに認可中期計画に従って適切かつ効率的に使用するよう努めなければならない。

（出資等に係る不要財産の納付等）

第四十二条の二　地方独立行政法人は、出資等に係る不要財産については、遅滞なく、設立団体の長の認可を受けて、これを当該出資等に係る不要財産に係る地方公共団体（次項から第四項までにおいて「出資等団体」という。）に納付するものとする。

2　地方独立行政法人は、前項の規定による出資等に係る不要財産（金銭を除く。以下この項及び次項において同じ。）の出資等団体への納付に代えて、設立団体の長の認可を受けて、出資等に係る不要財産を譲渡し、これにより生じた収入の額（当該財産の帳簿価額を超える額（次項において「簿価超過額」という。）がある場合には、その額を除く。）の範囲内で総務大臣が定める基準により算定した金額を当該出資等団体に納付することができる。

3　地方独立行政法人は、前項の場合において、出資等に係る不要財産の譲渡により生じた簿価超過額があるときは、遅滞なく、これを出資等団体に納付するものとする。ただし、その全部又は一部の金額について出資等団体に納付しないことについて設立団体の長の認可を受けた場合における当該認可を受けた金額については、この限りでない。

4　地方独立行政法人が第一項又は第二項の規定による出資等団体への納付をした場合において、当該納付に係る出資等に係る不要財産が出資等団体からの出資に係るものであるときは、当該地方独立行政法人の資本金のうち当該納付に係る出資等に係る不要財産に係る部分として設立団体の長が定める金額については、当該地方独立行政法人に対する当該出資等団体からの出資はなかったものとし、当該地方独立行政法人は、その額により資本金を減少するものとする。

5　設立団体の長は、第一項又は第二項の規定による認可をしようとするときは、あらかじめ、評価委員会の意見を聴くとともに、議会の議決を経なければならない。

6　前各項に定めるもののほか、出資等に係る不要財産の処分に関し必要な事項は、政令で定める。

（土地等の貸付け）

第四十二条の三　地方独立行政法人（第二十一条第二号に掲げる業務を行うものを除く。）は、その業務の遂行に支障のない範囲内で、その対価を当該業務の質の一層の向上を図るために必要な費用に充てるため、設立団体の長の認可を受けて、当該地方独立行政法人の所有に属する土地、建物その他の土地の定着物及びその建物に附属する工作物であって、当該業務のために、現に使用されておらず、かつ、当面使用されることが予定されていないものを貸し付けることができる。

（余裕金の運用）

第四十三条　地方独立行政法人は、次に掲げる方法による場合を除くほか、業務上の余裕金を運用してはならない。

一　国債、地方債、政府保証債（その元本の償還及び利息の支払について政府が保証する債券をいう。）その他総務省令で定める有価証券の取得

二　銀行その他総務省令で定める金融機関への預金

三　信託業務を営む金融機関（金融機関の信託業務の兼営等に関する法律（昭和十八年法律第四十三号）第一条第一項の認可を受けた金融機関をいう。以下同じ。）への金銭信託

（財産の処分等の制限）

第四十四条　地方独立行政法人は、条例で定める重要な財産を譲渡し、又は担保に供しようとするときは、設立団体の長の認可を受けなければならない。ただし、第四十二条の二の規定により当該財産を処分するときは、この限りでない。

2　設立団体の長は、前項の認可をしようとするときは、あらかじめ、評価委員会の意見を聴くとともに、議会の議決を経なければならない。

（会計規程）

第四十五条　地方独立行政法人は、業務開始の際、会計に関する事項について規程を定め、これを設立団体の長に届け出なければならない。これを変更したときも、同様とする。

（設立団体の規則への委任）

第四十六条　この法律及びこれに基づく政令に規定するもののほか、地方独立行政法人の財務及び会計に関し必要な事項は、設立団体の規則で定める。

第五章　人事管理

第一節　特定地方独立行政法人（略）

第二節　一般地方独立行政法人

（役員の兼職禁止）

第五十五条　一般地方独立行政法人の役員（非常勤の者を除く。）は、在任中、任命権者の承認のある場合を除くほか、営利を目的とする団体の役員となり、又は自ら営利事業に従事してはならない。

（準用）

第五十六条　第四十八条及び第四十九条の規定は、一般地方独立行政法人の役員の報酬等について準用する。この場合において、第四十八条第三項中「給与を参酌し、かつ」とあるのは「給与」と、「実績及び認可中期計画の第二十六条第二項第三号の人件費の見積り」とあるのは「実績」と読み替えるものとする。

2　第五十条第一項の規定は、一般地方独立行政法人の役員及び職員について準用する。

（再就職者による法令等違反行為の依頼等の届出）

第五十六条の二　一般地方独立行政法人の役員又は職員は、次に掲げる要求又は依頼を受けたときは、政令で定めるところにより、当該一般地方独立行政法人の理事長にその旨を届け出なければならない。

一　一般地方独立行政法人の役員又は職員（非常勤の者を除く。）であった者であって離職後に営利企業等（商業、工業又は金融業その他営利を目的とする私企業（以下この条において「営利企業」という。）及び営利企業以外の法人（国、国際機関、地方公共団体、独立行政法人通則法（平成十一年法律第百三号）第二条第四項に規定する行政執行法人及び特定地方独立行政法人を除く。）をいう。以下この条において同じ。）の地位に就いている者（以下この条において「再就職者」という。）が離職後二年を経過する

までの間に、離職前五年間に在職していた当該一般地方独立行政法人の内部組織として設立団体の規則で定めるものに属する役員又は職員に対して行う、当該一般地方独立行政法人と当該営利企業等との間で締結される売買、賃借、請負その他の契約又は当該営利企業等に対して行われる行政手続法（平成五年法律第八十八号）第二条第二号に規定する処分に関する事務（当該一般地方独立行政法人の業務に係るものに限る。次号において「契約等事務」という。）であって離職前五年間の職務に属するものに関するこの法律、他の法令、設立団体の条例若しくは規則若しくは定款又は当該一般地方独立行政法人が定める業務方法書、第四十五条に規定する規程その他の規則に違反する職務上の行為（以下この条及び次条第二項において「法令等違反行為」という。）の要求又は依頼

二　前号に掲げるもののほか、再就職者のうち、当該一般地方独立行政法人の役員又は管理若しくは監督の地位として設立団体の規則で定めるものに就いていた者が、離職後二年を経過するまでの間に、当該一般地方独立行政法人の役員又は職員に対して行う、契約等事務に関する法令等違反行為の要求又は依頼

三　前二号に掲げるもののほか、再就職者が行う、当該一般地方独立行政法人と営利企業等（当該再就職者が現にその地位に就いているものに限る。）との間の契約であって当該一般地方独立行政法人においてその締結について自らが決定したもの又は当該一般地方独立行政法人による当該営利企業等に対する行政手続法第二条第二号に規定する処分であって自らが決定したものに関する法令等違反行為の要求又は依頼

（一般地方独立行政法人の理事長が講ずべき措置等）

第五十六条の三　一般地方独立行政法人の理事長は、当該一般地方独立行政法人の役員又は職員が前条の規定に違反したと認めるときは、当該役員又は職員に対する監督上の措置及び当該一般地方独立行政法人における当該規定の遵守を確保するために必要な措置を講じなければならない。

2　前条の規定による届出を受けた一般地方独立行政法人の理事長は、当該届出に係る要求又は依頼の事実があると認めるときは、当該要求又は依頼に係る法令等違反行為を確実に抑止するために必要な措置を講じなければならない。

3　一般地方独立行政法人の理事長は、毎事業年度、前条の規定による届出及び前二項の措置の内容を取りまとめ、政令で定めるところにより、設立団体の長に報告しなければならない。

（一般地方独立行政法人の講ずる措置）

第五十六条の四　一般地方独立行政法人は、地方公務員法第三十八条の六第一項並びに独立行政法人通則法第五十条の四、第五十条の五、第五十条の七及び第五十条の八の規定の趣旨並びに当該一般地方独立行政法人の役員又は職員の離職後の就職の状況を勘案し、退職管理の適正を確保するために必要と認められる措置を講ずるものとする。

（職員の給与）

第五十七条　一般地方独立行政法人の職員の給与は、その職員の勤務成績が考慮されるものでなければならない。

2　一般地方独立行政法人は、その職員の退職手当以外の給与及び退職手当の支給の基準をそれぞれ定め、これらを設立団体の長に届け出るとともに、公表しなければならない。これらを変更したときも、同様とする。

3　前項の退職手当以外の給与及び退職手当の支給の基準は、同一又は類似の職種の国及び地方公共団体の職員並びに民間企業の従事者の給与、当該一般地方独立行政法人の業務の実績並びに職員の職務の特性及び雇用形態その他の事情を考慮して定められなければならない。

（役員及び職員の地位）

第五十八条　一般地方独立行政法人の役員及び職員は、刑法（明治四十年法律第四十五号）その他の罰則の適用については、法令により公務に従事する職員とみなす。

第六章　移行型地方独立行政法人の設立に伴う措置〔略〕

第六章の二　設立団体の数の変更に伴う措置〔略〕

第六章の三　特定地方独立行政法人から一般地方独立行政法人への移行に伴う措置〔略〕

第六章の四　試験研究地方独立行政法人に関する特例〔略〕

第七章　公立大学法人に関する特例

（名称の特例）

第六十八条　一般地方独立行政法人で第二十一条第二号に掲げる業務を行うもの（以下「公立大学法人」という。）は、第四条第一項の規定にかかわらず、その名称中に、地方独立行政法人という文字に代えて、公立大学法人という文字を用いなければならない。

2　公立大学法人でない者は、その名称中に、公立大学法人という文字を用いてはならない。

（教育研究の特性への配慮）

第六十九条　設立団体は、公立大学法人に係るこの法律の規定に基づく事務を行うに当たっては、公立大学法人が設置する大学における教育研究の特性に常に配慮しなければならない。

（他業の禁止）

第七十条　公立大学法人は、第二十一条第二号に掲げる業務及

びこれに附帯する業務以外の業務を行ってはならない。

（理事長の任命の特例等）

第七十一条　公立大学法人の理事長は、当該公立大学法人が設置する大学の学長となるものとする。ただし、定款で定めるところにより、当該公立大学法人が設置する大学の全部又は一部について、学長を理事長と別に任命するものとすることができる。

2　前項の規定により大学の学長となる公立大学法人の理事長（以下この章において「学長となる理事長」という。）の任命は、第十四条第一項及び第三項の規定にかかわらず、当該公立大学法人の申出に基づいて、設立団体の長が行う。

3　前項の申出は、学長となる理事長が学長となる大学に係る選考機関（学長となる理事長又は第五項に規定する学長を別に任命する大学の学長をこの項又は第五項の規定により選考するために、定款で定めるところにより公立大学法人に当該公立大学法人が設置する大学ごとに設置される機関をいう。以下この章において同じ。）の選考に基づき行う。この場合において、学長となる理事長で二以上の大学の学長となるものの任命に係るこれらの大学に係る選考機関の選考の結果が一致しないときは、前項の申出は、定款で定めるところにより、これらの選考機関の代表者で構成する会議の選考に基づき行う。

4　選考機関は、公立大学法人が設置する大学ごとに、第七十七条第一項に規定する経営審議機関を構成する者の中から当該経営審議機関において選出された者及び同条第三項に規定する教育研究審議機関を構成する者の中から当該教育研究審議機関において選出された者により構成するものとする。

5　第一項ただし書の規定により学長を理事長と別に任命するものとされた大学（以下この章において「学長を別に任命する大学」という。）の学長の任命は、当該学長を別に任命する大学に係る選考機関の選考に基づき、理事長が行う。

6　第三項に規定する学長となる理事長の選考及び前項に規定する学長を別に任命する大学の学長の選考は、人格が高潔で、学識が優れ、かつ、大学における教育研究活動を適切かつ効果的に運営することができる能力を有する者のうちから行わなければならない。

7　第五項の規定により任命された学長を別に任命する大学の学長は、第十四条第四項の規定にかかわらず、当該公立大学法人の副理事長となるものとする。

8　公立大学法人（第一項ただし書の規定により、当該公立大学法人が設置する大学の全部について、学長を理事長と別に任命するものとされているものに限る。）の理事長は、第十四条第一項及び第三項の規定にかかわらず、第六項に規定する者のうちから、設立団体の長が任命する。

9　公立大学法人の監事の任命については、第十四条第三項の規定は、適用しない。

10　公立大学法人の副理事長（第七項の規定により副理事長となるものを除く。）及び理事は、第十四条第四項の規定にかかわらず、第六項に規定する者のうちから、理事長が任命する。この場合においては、同条第五項の規定を準用する。

第七十二条　学長となる理事長の公立大学法人の成立後最初の任命については、前条第二項及び第三項の規定にかかわらず、当該公立大学法人の申出に基づくことを要しないものとし、定款で定めるところにより、設立団体の長が任命するものとする。

2　学長を別に任命する大学の学長の当該学長を別に任命する大学の設置後最初の任命については、前条第五項の規定にかかわらず、当該学長を別に任命する大学に係る選考機関の選考に基づくことを要しないものとし、定款で定めるところにより、理事長が任命するものとする。

3　前条第六項の規定は、前二項の規定による任命について準用する。この場合において、同条第六項中「第三項に規定する学長となる理事長の選考及び前項に規定する学長を別に任命する大学の学長の選考」とあるのは、「次条第一項に規定する学長となる理事長の任命及び同条第二項に規定する学長を別に任命する大学の学長の任命」と読み替えるものとする。

（教員等の任命等）

第七十三条　学長を別に任命する大学においては、理事長が当該大学の副学長、学部長その他政令で指定する部局の長及び教員（教授、准教授、助教、講師及び助手をいう。）並びに第七十七条の二第一項の規定により当該大学に附属して設置される同項に規定する学校の校長又は園長及び教員（教頭、教諭その他の政令で定める者をいう。）を第二十条の規定により任命し、免職し、又は降任するときは、学長の申出に基づき行うものとする。

（学長の任期等）

第七十四条　公立大学法人が設置する大学の学長の任期は、二年以上六年を超えない範囲内において、当該大学に係る選考機関の議を経て、当該公立大学法人の規程で定めるものとする。この場合において、当該公立大学法人の理事長が二以上の大学の学長となるときは、これらの学長の任期は、同一の期間となるように定めるものとする。

2　前項の規定にかかわらず、公立大学法人が設置する大学の設置後最初の当該大学の学長の任期は、六年を超えない範囲内において、定款で定めるものとする。

3　学長となる理事長及び副理事長（第七十一条第七項の規定により副理事長となるものに限る。）の任期は、第十五条第一項の規定にかかわらず、前二項の規定により定められる学長の任期によるものとし、これを定款に規定することを要しないものとする。

4　公立大学法人の監事の任期は、第十五条第二項の規定にかかわらず、その任命後四年以内に終了する事業年度のうち最終のものについての財務諸表承認日までとする。ただし、補欠の監事の任期は、前任者の残任期間とする。

5　公立大学法人（第七十一条第一項ただし書の規定により、当該公立大学法人が設置する大学の全部について、学長を理事長と別に任命するものとされているものを除く。）の副理事長（同条第七項の規定により副理事長となるものを除く。以下この項及び次項において同じ。）及び理事の任期は、第十五条第一項の規定にかかわらず、六年を超えない範囲内において理事長が定める。ただし、副理事長及び理事の任期の末日は、当該副理事長及び理事を任命する理事長の任期の末日以前でなければならない。

6 前項に規定する副理事長及び理事の任期は、第八条第一項第六号の規定にかかわらず、これを定款に規定することを要しないものとする。

（理事長の解任の特例等）

第七十五条 第十七条第一項（次条において準用する場合を含む。）に規定する場合を除き、第十七条第二項及び第三項（これらの規定を次条において準用する場合を含む。）の規定により、学長となる理事長を解任する場合又は学長を別に任命する大学の学長を解任する場合には、当該学長となる理事長が学長である大学又は当該学長を別に任命する大学に係る選考機関の申出により行うものとする。この場合において、公立大学法人の理事長が二以上の大学の学長であるときは、これらの大学に係るすべての選考機関の申出により行うものとする。

（準用）

第七十六条 第十四条第五項、第十五条第三項、第十六条第一項及び第十七条の規定は、学長を別に任命する大学の学長の任命及び解任について準用する。この場合において、次の表の上欄に掲げる規定中同表の中欄に掲げる字句は、それぞれ同表の下欄に掲げる字句に読み替えるものとする。

第十四条第五項	前項	第七十一条第五項
	副理事長及び理事	学長を別に任命する大学（同項に規定する学長を別に任命する大学をいう。以下この章において同じ。）の学長
第十五条第三項及び第十六条第一項	役員	学長を別に任命する大学の学長
第十七条第一項及び第二項	設立団体の長又は理事長は、それぞれ	理事長は、
	役員	学長を別に任命する大学の学長
第十七条第三項	設立団体の長又は理事長は、それぞれ	理事長は、
	役員（監事を除く。）	学長を別に任命する大学の学長
	その役員	その学長を別に任命する大学の学長
第十七条第四項	前二項	前二項及び第七十五条
	副理事長又は理事	学長を別に任命する大学の学長

（審議機関）

第七十七条 公立大学法人は、定款で定めるところにより、当該公立大学法人の経営に関する重要事項を審議する機関（次項において「経営審議機関」という。）を置くものとする。

2 経営審議機関は、理事長、副理事長その他の者により構成するものとする。

3 公立大学法人は、定款で定めるところにより、当該公立大学法人が設置する大学ごとに当該大学の教育研究に関する重要事項を審議する機関（次項において「教育研究審議機関」という。）を置くものとする。

4 教育研究審議機関は、学長、学部長その他の者により構成するものとする。

（大学附属の学校）

第七十七条の二 公立大学法人が設置する大学に、当該大学の教育研究上の目的を達成するため、定款で定めるところにより、幼稚園、小学校、中学校、義務教育学校、高等学校、中等教育学校、特別支援学校、幼保連携型認定こども園又は専修学校（次項において「学校」という。）を附属させて設置することができる。

2 設立団体の長は、前項の規定により公立大学法人が設置する学校に係るこの法律、他の法令又は設立団体の条例若しくは規則の規定に基づく事務を行うに当たり、必要と認めるときは、当該設立団体の教育委員会に対し、当該学校における学校教育に関する専門的事項について助言又は援助を求めることができる。

（出資の認可）

第七十七条の三 公立大学法人は、第二十一条第二号に掲げる業務のうち出資に関するものを行おうとするときは、設立団体の長の認可を受けなければならない。

（中期目標等の特例）

第七十八条 公立大学法人に関する第二十五条第一項及び第二項の規定の適用については、同条第一項中「三年以上五年以下の期間」とあるのは「六年間」と、同条第二項第一号中「前項の期間の範囲内で設立団体の長が定める」とあるのは「前項の」とする。

2 公立大学法人に係る中期目標においては、前項の規定により読み替えられた第二十五条第二項各号に掲げる事項のほか、教育及び研究並びに組織及び運営の状況について自ら行う点検及び評価並びに当該状況に係る情報の提供に関する事項について定めるものとする。

3 設立団体の長は、公立大学法人に係る中期目標を定め、又はこれを変更しようとするときは、あらかじめ、当該公立大学法人の意見を聴き、当該意見に配慮しなければならない。

4 設立団体の長は、公立大学法人に係る中期計画について、第二十六条第一項の認可をしようとするときは、あらかじめ、評価委員会の意見を聴かなければならない。

5　公立大学法人に係る中期計画においては、第二十六条第二項各号に掲げる事項のほか、同項第一号及び第二号に掲げる措置の実施状況に関する指標を定めるものとする。

6　公立大学法人に関する第二十六条第三項の規定の適用については、同項中「事項」とあるのは、「事項及び第七十八条第二項に定める事項」とする。

7　第二十七条の規定は、公立大学法人には、適用しない。

（中期目標の期間における業務の実績等に関する評価等の特例）

第七十八条の二　公立大学法人は、次の各号に掲げる事業年度の区分に応じ当該各号に定める事項について、評価委員会の評価を受けなければならない。この場合において、第二十八条から第三十条までの規定は、公立大学法人には、適用しない。

一　中期目標の期間の最後の事業年度の前々事業年度　中期目標の期間の終了時に見込まれる中期目標の期間における業務の実績

二　中期目標の期間の最後の事業年度　中期目標の期間における業務の実績

2　公立大学法人は、前項の評価を受けようとするときは、設立団体の規則で定めるところにより、同項各号に掲げる事業年度の終了後三月以内に、当該各号に定める事項及び当該事項について自ら評価を行った結果を明らかにした報告書を評価委員会に提出するとともに、公表しなければならない。

3　第一項の評価は、同項各号に定める事項について総合的な評定を付して、行わなければならない。

4　評価委員会は、第一項の評価を行ったときは、遅滞なく、当該公立大学法人に対して、その評価の結果を通知しなければならない。この場合において、評価委員会は、必要があると認めるときは、当該公立大学法人に対し、業務運営の改善その他の勧告をすることができる。

5　評価委員会は、前項の規定による通知を行ったときは、遅滞なく、その通知に係る事項（同項後段の規定による勧告をした場合には、その通知に係る事項及びその勧告の内容）を設立団体の長に報告するとともに、公表しなければならない。

6　設立団体の長は、前項の規定による報告を受けたときは、その旨を議会に報告しなければならない。

7　第二十九条の規定は、第一項の評価を受けた公立大学法人について準用する。この場合において、同条中「及び年度計画並びに」とあるのは「及び」と、「毎年度、当該」とあるのは「当該」と読み替えるものとする。

（認証評価機関の評価の活用）

第七十九条　評価委員会が公立大学法人について前条第一項第一号に規定する中期目標の期間の終了時に見込まれる中期目標の期間における業務の実績又は同項第二号に規定する中期目標の期間における業務の実績に関する評価を行うに当たっては、学校教育法（昭和二十二年法律第二十六号）第百九条第二項に規定する認証評価機関の教育及び研究の状況についての評価を踏まえることとする。

（中期目標の期間の終了時の検討の特例）

第七十九条の二　設立団体の長は、評価委員会が公立大学法人について第七十八条の二第一項第一号に規定する中期目標の期間の終了時に見込まれる中期目標の期間における業務の実績に関する評価を行ったときは、当該公立大学法人に係る中期目標の期間の終了時までに、当該公立大学法人の業務を継続させる必要性、組織の在り方その他その組織及び業務の全般にわたる検討を行い、その結果に基づき、所要の措置を講ずるものとする。

2　設立団体の長は、前項の規定による検討を行うに当たっては、評価委員会の意見を聴かなければならない。

3　設立団体の長は、第一項の検討の結果及び同項の規定により講ずる措置の内容を公表しなければならない。

（長期借入金及び債券発行の特例）

第七十九条の三　公立大学法人は、第四十一条第四項本文の規定にかかわらず、政令で定める土地の取得、施設の設置若しくは整備又は設備の設置に必要な費用に充てるため、設立団体の長の認可を受けて、設立団体以外の者から長期借入金をし、又は当該公立大学法人の名称を冠する債券（以下この章において「債券」という。）を発行することができる。

2　前項に規定するもののほか、公立大学法人は、第四十一条第四項本文の規定にかかわらず、前項の規定による設立団体以外の者からの長期借入金又は債券で政令で定めるものの償還に充てるため、設立団体の長の認可を受けて、設立団体以外の者から長期借入金をし、又は債券を発行することができる。ただし、その償還期間が政令で定める期間のものに限る。

3　前二項の規定による債券の債権者は、当該債券を発行した公立大学法人の財産について他の債権者に先立って自己の債権の弁済を受ける権利を有する。

4　前項の先取特権の順位は、民法（明治二十九年法律第八十九号）の規定による一般の先取特権に次ぐものとする。

5　公立大学法人は、設立団体の長の認可を受けて、債券の発行に関する事務の全部又は一部を銀行又は信託会社に委託することができる。

6　会社法（平成十七年法律第八十六号）第七百五条第一項及び第二項並びに第七百九条の規定は、前項の規定により委託を受けた銀行又は信託会社について準用する。

7　前各項に定めるもののほか、第一項又は第二項の規定による設立団体以外の者からの長期借入金又は債券に関し必要な事項は、政令で定める。

（償還計画）

第七十九条の四　前条第一項又は第二項の規定により、設立団体以外の者から長期借入金をし、又は債券を発行する公立大学法人は、毎事業年度、設立団体以外の者からの長期借入金及び債券の償還計画を立てて、設立団体の長の認可を受けなければならない。

（土地等の貸付け）

第七十九条の五　公立大学法人は、第二十一条第二号に掲げる業務（これに附帯する業務を含む。）の遂行に支障のない範囲内で、その対価を当該公立大学法人の教育研究水準の一層の向上を図るために必要な費用に充てるため、設立団体の長の認可を受けて、当該公立大学法人の所有に属する土地、建物その他の土地の定着物及びその建物に附属する工作物であって、当該業務のために、現に使用されておらず、かつ、当面使用されることが予定されていないものを貸し付けることができる。

（設立の認可等の特例）

第八十条　公立大学法人に関するこの法律の規定の適用については、この法律中「総務大臣」とあるのは、「総務大臣及び文部科学大臣」とする。

第八章　公営企業型地方独立行政法人に関する特例〔略〕

第九章　解散及び清算〔略〕

第十章　合併〔略〕

第十一章　雑則

（報告及び検査）

第百二十一条　総務大臣若しくは都道府県知事又は設立団体の長は、この法律を施行するため必要があると認めるときは、地方独立行政法人（総務大臣又は都道府県知事にあっては、第七条の規定による設立の認可又は第八条第二項の規定による定款の変更の認可を行った地方独立行政法人に限る。以下この項において同じ。）に対し、その業務並びに資産及び債務の状況に関し報告をさせ、又はその職員に、地方独立行政法人の事務所に立ち入り、業務の状況若しくは帳簿、書類その他の必要な物件を検査させることができる。

2　前項の規定により職員が立入検査をする場合には、その身分を示す証明書を携帯し、関係人にこれを提示しなければならない。

3　第一項の規定による立入検査の権限は、犯罪捜査のために認められたものと解してはならない。

（違法行為等の是正等）

第百二十二条　設立団体の長は、地方独立行政法人又はその役員若しくは職員が、不正の行為若しくはこの法律、他の法令、設立団体の条例若しくは規則若しくは定款に違反する行為をし、若しくは当該行為をするおそれがあると認めるとき、又は地方独立行政法人の業務運営が著しく適正を欠き、かつ、それを放置することにより公益を害することが明白である場合において、特に必要があると認めるときは、当該地方独立行政法人に対し、当該行為の是正又は業務運営の改善のため必要な措置を講ずべきことを命ずることができる。

2　地方独立行政法人は、前項の規定による設立団体の長の命令があったときは、速やかに当該行為の是正その他の必要と認める措置を講ずるとともに、当該措置の内容を設立団体の長に報告しなければならない。

3　総務大臣又は都道府県知事は、地方独立行政法人（第七条の規定による設立の認可又は第八条第二項の規定による定款の変更の認可を行った地方独立行政法人に限る。以下この項及び次項において同じ。）又はその役員若しくは職員が、不正の行為若しくはこの法律若しくは他の法令に違反する行為をし、若しくは当該行為をするおそれがあると認めるとき、又は地方独立行政法人の業務運営が著しく適正を欠き、かつ、それを放置することにより公益を害することが明白である場合において、特に必要があると認めるときは、設立団体又はその長に対し、第一項の規定による命令その他必要な措置を講ずべきことを求めることができる。

4　総務大臣又は都道府県知事は、前項の規定によるほか、地方独立行政法人又はその役員若しくは職員が、不正の行為若しくはこの法律若しくは他の法令に違反する行為をし、若しくは当該行為をするおそれがあると認める場合又は地方独立行政法人の業務運営が著しく適正を欠き、かつ、それを放置することにより公益を害することが明白である場合において、緊急を要するときその他特に必要があると認めるときは、自ら当該地方独立行政法人に対し、当該行為の是正又は業務運営の改善のため必要な措置を講ずべきことを命ずることができる。

5　第二項の規定は、前項の規定による命令について準用する。

6　公立大学法人に関する次の表の上欄に掲げる規定の適用については、同表の中欄に掲げる字句は、それぞれ同表の下欄に掲げる字句とする。

第一項	、若しくは	、又は
	とき、又は地方独立行政法人の業務運営が著しく適正を欠き、かつ、それを放置することにより公益を害することが明白である場合において、特に必要があると認めるとき	とき
	是正又は業務運営の改善	是正
	命ずる	求める
第二項	命令	求め
第三項	以下この項及び次項	次項
	、若しくは	、又は
	とき、又は地方独立行政法人の業務運営が著しく適正を欠き、かつ、それを放置することにより公益を害することが明白である場合	とき

	において、特に必要があると認めるとき	
	命令	求め
第四項	、若しくは	、又は
	場合又は地方独立行政法人の業務運営が著しく適正を欠き、かつ、それを放置することにより公益を害することが明白である場合	場合
	是正又は業務運営の改善	是正
	命ずる	求める
前項	命令	求め

（政令への委任）

第百二十七条　この法律に定めるもののほか、この法律の実施のため必要な事項は、政令で定める。

第十二章　罰則

第百二十八条　第五十条第一項（第五十六条第二項において準用する場合を含む。）の規定に違反して秘密を漏らした者は、一年以下の懲役又は五十万円以下の罰金に処する。

第百二十九条　第百二十一条第一項又は第百二十二条の三第一項（第百二十二条の七において準用する場合を含む。）の規定による報告をせず、若しくは虚偽の報告をし、又はこれらの規定による検査を拒み、妨げ、若しくは忌避した場合には、その違反行為をした地方独立行政法人の役員、清算人又は職員は、二十万円以下の罰金に処する。

第百三十条　次の各号のいずれかに該当する場合には、その違反行為をした地方独立行政法人の役員又は清算人は、二十万円以下の過料に処する。

一　この法律の規定により総務大臣若しくは都道府県知事又は設立団体若しくは関係市町村の長の認可又は承認を受けなければならない場合において、その認可又は承認を受けなかったとき。

二　この法律の規定により設立団体の人事委員会に届出をしなければならない場合において、その届出をせず、又は虚偽の届出をしたとき。

三　この法律の規定により公表をしなければならない場合において、その公表をせず、又は虚偽の公表をしたとき。

四　定款に規定する業務以外の業務を行ったとき。

五　第九条第一項の規定による政令に違反して登記することを怠ったとき。

六　第十三条第五項若しくは第六項又は第三十五条第三項の規定による調査を妨げたとき。

七　第二十六条第三項、第二十八条第六項、第八十七条の九第四項（第八十七条の十八第四項において準用する場合を含む。）又は第八十七条の十第六項（第八十七条の十九第二項において準用する場合を含む。）の規定による設立団体又は関係市町村の長の命令に違反したとき。

八　第二十八条第二項、第七十八条の二第二項又は第八十七条の十第二項（第八十七条の十九第二項において準用する場合を含む。）の規定による報告書の提出をせず、又は報告書に記載すべき事項を記載せず、若しくは虚偽の記載をして報告書を提出したとき。

九　第三十四条第三項（第八十七条の二十第五項において準用する場合を含む。）の規定に違反して財務諸表、事業報告書、決算報告書若しくは監査報告を備え置かず、又は閲覧に供しなかったとき。

十　第四十三条の規定に違反して業務上の余裕金を運用したとき。

十一　第五十四条第一項、第五十六条の三第三項又は第百二十二条第二項（同条第五項において準用する場合を含む。）の規定による報告をせず、又は虚偽の報告をしたとき。

十二　第八十八条第二項の規定に違反して、残余財産を分配したとき。

十三　第九十六条第一項の規定に違反して、公告することを怠り、又は虚偽の公告をしたとき。

十四　第九十六条第一項に規定する期間内に債権者に弁済したとき。

十五　第百二十二条第一項の規定による設立団体の長の命令又は同条第四項の規定による総務大臣若しくは都道府県知事の命令に違反したとき。

十六　第百二十二条の四及び第百二十二条の五第一項（これらの規定を第百二十二条の七において準用する場合を含む。）の規定による設立団体又は関係市町村の長その他の執行機関の命令に違反したとき。

2　地方独立行政法人の子法人の役員が第十三条第七項又は第三十五条第三項の規定による調査を妨げたときは、二十万円以下の過料に処する。

第百三十一条　第四条第二項又は第六十八条第二項の規定に違反した者は、十万円以下の過料に処する。

附　則（抄）

（施行期日）

第一条　この法律は、平成十六年四月一日から施行する。（ただし書略）

別表　〔略〕

○刑法等の一部を改正する法律の施行に伴う関係法律の整理等に関する法律（抄）

令和四・六・一七
法　六　八

（当せん金付証票法等の一部改正）
第百五十条　次に掲げる法律の規定中「懲役」を「拘禁刑」に改める。
一～十三　〔略〕
十四　地方独立行政法人法（平成十五年法律第百十八号）第百二十八条
十五～二十二　〔略〕

附　則（抄）

（施行期日）
1　この法律は、刑法等一部改正法施行日〔令和七・六・一〕から施行する。〔ただし書略〕

教育財政編

目　次

財政

○地方財政法（抄）

昭二三・七・七
法一〇九

最終改正　令和五・五・一九法三一

（この法律の目的）

第一条　この法律は、地方公共団体の財政（以下地方財政という。）の運営、国の財政と地方財政との関係等に関する基本原則を定め、もつて地方財政の健全性を確保し、地方自治の発達に資することを目的とする。

（地方財政運営の基本）

第二条　地方公共団体は、その財政の健全な運営に努め、いやしくも国の政策に反し、又は国の財政若しくは他の地方公共団体の財政に累を及ぼすような施策を行つてはならない。

2　国は、地方財政の自主的な且つ健全な運営を助長することに努め、いやしくもその自律性をそこない、又は地方公共団体に負担を転嫁するような施策を行つてはならない。

（予算の編成）

第三条　地方公共団体は、法令の定めるところに従い、且つ、合理的な基準によりその経費を算定し、これを予算に計上しなければならない。

2　地方公共団体は、あらゆる資料に基いて正確にその財源を捕そくし、且つ、経済の現実に即応してその収入を算定し、これを予算に計上しなければならない。

（予算の執行等）

第四条　地方公共団体の経費は、その目的を達成するための必要且つ最少の限度をこえて、これを支出してはならない。

2　地方公共団体の収入は、適実且つ厳正に、これを確保しなければならない。

（地方公共団体における年度間の財政運営の考慮）

第四条の二　地方公共団体は、予算を編成し、若しくは執行し、又は支出の増加若しくは収入の減少の原因となる行為をしようとする場合においては、当該年度のみならず、翌年度以降における財政の状況をも考慮して、その健全な運営をそこなうことがないようにしなければならない。

（地方公共団体における年度間の財源の調整）

第四条の三　地方公共団体は、当該地方公共団体の当該年度における地方交付税の額とその算定に用いられた基準財政収入額との合算額が、当該地方交付税の算定に用いられた基準財政需要額を著しく超えることとなるとき、又は当該地方公共団体の当該年度における一般財源の額（普通税、地方揮発油譲与税、特別法人事業譲与税、石油ガス譲与税、自動車重量譲与税、特別とん譲与税、国有資産等所在市町村交付金、国有提供施設等所在市町村助成交付金及び地方交付税又は特別区財政調整交付金の額の合算額をいう。以下同じ。）が当該地方公共団体の前年度における一般財源の額を超えることとなる場合において、当該超過額が新たに増加した当該地方公共団体の義務に属する経費に係る一般財源の額を著しく超えることとなるときは、その著しく超えることとなる額を、災害により生じた経費の財源若しくは災害により生じた減収を埋めるための財源、前年度末までに生じた歳入欠陥を埋めるための財源又は緊急に実施することが必要となつた大規模な土木その他の建設事業の経費その他必要やむを得ない理由により生じた経費の財源に充てる場合のほか、翌年度以降における財政の健全な運営に資するため、積み立て、長期にわたる財源の育成のためにする財産の取得等のための経費の財源に充て、又は償還期限を繰り上げて行う地方債の償還の財源に充てなければならない。

2　前項の規定により積み立てた金額（次項及び次条において「積立金」という。）から生ずる収入は、全て積立金に繰り入れなければならない。

3　積立金は、銀行その他の金融機関への預金、国債証券、地方債証券、政府保証債券（その元本の償還及び利息の支払について政府が保証する債券をいう。）その他の証券の買入れ等の確実な方法により運用しなければならない。

（積立金の処分）

第四条の四　積立金は、次の各号の一に掲げる場合に限り、これを処分することができる。

一　経済事情の著しい変動等により財源が著しく不足する場合において当該不足額をうめるための財源に充てるとき。

二　災害により生じた経費の財源又は災害により生じた減収をうめるための財源に充てるとき。

三　緊急に実施することが必要となつた大規模な土木その他の建設事業の経費その他必要やむを得ない理由により生じた経費の財源に充てるとき。

四　長期にわたる財源の育成のためにする財産の取得等のための経費の財源に充てるとき。

五　償還期限を繰り上げて行なう地方債の償還の財源に充てるとき。

（割当的寄附金等の禁止）

第四条の五　国（国の地方行政機関及び裁判所法（昭和二十二年法律第五十九号）第二条に規定する下級裁判所を含む。）は地方公共団体又はその住民に対し、地方公共団体は他の地方公共団体又は住民に対し、直接であると間接であるとを問わず、寄附金（これに相当する物品等を含む。）を割り当てて強制的に徴収（これに相当する行為を含む。）するようなことをしてはならない。

（地方債の制限）

第五条　地方公共団体の歳出は、地方債以外の歳入をもつて、その財源としなければならない。ただし、次に掲げる場合においては、地方債をもつてその財源とすることができる。

一　交通事業、ガス事業、水道事業その他地方公共団体の行う企業（以下「公営企業」という。）に要する経費の財源とする場合

二　出資金及び貸付金の財源とする場合（出資又は貸付けを目的として土地又は物件を買収するために要する経費の財源とする場合を含む。）

三　地方債の借換えのために要する経費の財源とする場合

四　災害応急事業費、災害復旧事業費及び災害救助事業費の財源とする場合

五 学校その他の文教施設、保育所その他の厚生施設、消防施設、道路、河川、港湾その他の土木施設等の公共施設又は公用施設の建設事業費（公共的団体又は国若しくは地方公共団体が出資している法人で政令で定めるものが設置する公共施設の建設事業に係る負担又は助成に要する経費を含む。）及び公共用若しくは公用に供する土地又はその代替地としてあらかじめ取得する土地の購入費（当該土地に関する所有権以外の権利を取得するために要する経費を含む。）の財源とする場合

（地方債の協議等）

第五条の三 地方公共団体は、地方債を起こし、又は起こそうとし、若しくは起こした地方債の起債の方法、利率若しくは償還の方法を変更しようとする場合には、政令で定めるところにより、総務大臣又は都道府県知事に協議しなければならない。ただし、軽微な場合その他の総務省令で定める場合は、この限りでない。

2～11 〔略〕

（公営企業の経営）

第六条 公営企業で政令で定めるものについては、その経理は、特別会計を設けてこれを行い、その経費は、その性質上当該公営企業の経営に伴う収入をもつて充てることが適当でない経費及び当該公営企業の性質上能率的な経営を行なつてもなおその経営に伴う収入のみをもつて充てることが客観的に困難であると認められる経費を除き、当該企業の経営に伴う収入（第五条の規定による地方債による収入を含む。）をもつてこれに充てなければならない。但し、災害その他特別の事由がある場合において議会の議決を経たときは、一般会計又は他の特別会計からの繰入による収入をもつてこれに充てることができる。

（剰余金）

第七条 地方公共団体は、各会計年度において歳入歳出の決算上剰余金を生じた場合においては、当該剰余金のうち二分の一を下らない金額は、これを剰余金を生じた翌翌年度までに、積み立て、又は償還期限を繰り上げて行なう地方債の償還の財源に充てなければならない。

2 第四条の三第二項及び第三項並びに第四条の四の規定は、前項の規定により積み立てた金額について準用する。

3 前条の公営企業について、歳入歳出の決算上剰余金を生じた場合においては、第一項の規定にかかわらず、議会の議決を経て、その全部又は一部を一般会計又は他の特別会計に繰り入れることができる。

4 第一項及び前項の剰余金の計算については、政令でこれを定める。

（財産の管理及び運用）

第八条 地方公共団体の財産は、常に良好の状態においてこれを管理し、その所有の目的に応じて最も効率的に、これを運用しなければならない。

（地方公共団体がその全額を負担する経費）

第九条 地方公共団体の事務（地方自治法（昭和二十二年法律第六十七号）第二百五十二条の十七の二第一項及び第二百九十一条の二第二項の規定に基づき、都道府県が条例の定めるところにより、市町村の処理することとした事務及び都道府県の加入しない同法第二百八十四条第一項の広域連合（第二十八条第二項及び第三項において「広域連合」という。）の処理することとした事務を除く。）を行うために要する経費については、当該地方公共団体が全額これを負担する。ただし、次条から第十条の四までに規定する事務を行うために要する経費については、この限りでない。

（国がその全部又は一部を負担する法令に基づいて実施しなければならない事務に要する経費）

第十条 地方公共団体が法令に基づいて実施しなければならない事務であつて、国と地方公共団体相互の利害に関係がある事務のうち、その円滑な運営を期するためには、なお、国が進んで経費を負担する必要がある次に掲げるものについては、国が、その経費の全部又は一部を負担する。

一 義務教育職員の給与（退職手当、退職年金及び退職一時金並びに旅費を除く。）に要する経費

二 削除

三 義務教育諸学校の建物の建築に要する経費

四 生活保護に要する経費

五 感染症の予防に要する経費

六 臨時の予防接種並びに予防接種を受けたことによる疾病、障害及び死亡について行う給付に要する経費

七 精神保健及び精神障害者の福祉に要する経費

八 麻薬、大麻及びあへんの慢性中毒者の医療に要する経費

九 身体障害者の更生援護に要する経費

十 女性相談支援センターに要する経費

十一 知的障害者の援護に要する経費

十二 後期高齢者医療の療養の給付並びに入院時食事療養費、入院時生活療養費、保険外併用療養費、療養費、訪問看護療養費、特別療養費、移送費、高額療養費及び高額介護合算療養費の支給並びに財政安定化基金への繰入れに要する経費

十三 介護保険の介護給付及び予防給付並びに財政安定化基金への繰入れに要する経費

十四 児童一時保護所、未熟児、小児慢性特定疾病児童等、身体障害児及び結核にかかつている児童の保護、児童福祉施設（地方公共団体の設置する保育所及び幼保連携型認定こども園を除く。）並びに里親に要する経費

十五 児童手当に要する経費

十六 国民健康保険の療養の給付並びに入院時食事療養費、入院時生活療養費、保険外併用療養費、療養費、訪問看護療養費、特別療養費、移送費、高額療養費及び高額介護合算療養費の支給、前期高齢者納付金及び後期高齢者支援金並びに介護納付金の納付、特定健康診査及び特定保健指導並びに財政安定化基金への繰入れに要する経費

十七 原子爆弾の被爆者に対する介護手当の支給及び介護手当に係る事務の処理に要する経費

十八 重度障害児に対する障害児福祉手当及び特別障害者に対する特別障害者手当の支給に要する経費

十九 児童扶養手当に要する経費

二十　職業能力開発校及び障害者職業能力開発校の施設及び設備に要する経費
二十一　家畜伝染病予防に要する経費
二十二　民有林の森林計画、保安林の整備その他森林の保続培養に要する経費
二十三　森林病害虫等の防除に要する経費
二十四　国土交通大臣が定める特定計画又は国土調査事業十箇年計画に基づく地籍調査に要する経費
二十五　特別支援学校への就学奨励に要する経費
二十六　公営住宅の家賃の低廉化に要する経費
二十七　消防庁長官の指示により出動した緊急消防援助隊の活動に要する経費
二十八　武力攻撃事態等における国民の保護のための措置及び緊急対処事態における緊急対処保護措置に要する経費並びにこれらに係る損失の補償若しくは実費の弁償、損害の補償又は損失の補てんに要する経費並びに国の機関と共同して行う国民の保護のための措置及び緊急対処保護措置についての訓練に要する経費
二十九　高等学校等就学支援金の支給に要する経費
三十　新型インフルエンザ等緊急事態における埋葬及び火葬に要する経費並びに新型インフルエンザ等対策に係る臨時の医療施設における医療の提供、損失の補償若しくは実費の弁償又は損害の補償に要する経費
三十一　地域における医療及び介護の総合的な確保の促進に関する基金への繰入れに要する経費
三十二　指定難病に係る特定医療費の支給に要する経費
三十三　子どものための教育・保育給付に要する経費（地方公共団体の設置する教育・保育施設に係るものを除く。）及び子育てのための施設等利用給付に要する経費（地方公共団体又は公立大学法人の設置する認定こども園、幼稚園又は特別支援学校に係るものを除く。）
三十四　生活困窮者自立相談支援事業に要する経費及び生活困窮者住居確保給付金の支給に要する経費
三十五　都道府県知事の確認を受けた専門学校（地方公共団体又は地方独立行政法人が設置するものを除く。）に係る授業料等減免に要する経費

（国がその全部又は一部を負担する建設事業に要する経費）

第十条の二　地方公共団体が国民経済に適合するように総合的に樹立された計画に従つて実施しなければならない法律又は政令で定める土木その他の建設事業に要する次に掲げる経費については、国が、その経費の全部又は一部を負担する。
一　道路、河川、砂防、海岸、港湾等に係る重要な土木施設の新設及び改良に要する経費
二　林地、林道、漁港等に係る重要な農林水産業施設の新設及び改良に要する経費
二の二　地すべり防止工事及びぼた山崩壊防止工事に要する経費
三　重要な都市計画事業に要する経費
四　公営住宅の建設に要する経費
五　児童福祉施設その他社会福祉施設の建設に要する経費
六　土地改良及び開拓に要する経費

（国がその一部を負担する災害に係る事務に要する経費）

第十条の三　地方公共団体が実施しなければならない法律又は政令で定める災害に係る事務で、地方税法又は地方交付税法によつてはその財政需要に適合した財源を得ることが困難なものを行うために要する次に掲げる経費については、国が、その経費の一部を負担する。
一　災害救助事業に要する経費
二　災害弔慰金及び災害障害見舞金に要する経費
三　道路、河川、砂防、海岸、港湾等に係る土木施設の災害復旧事業に要する経費
四　林地荒廃防止施設、林道、漁港等に係る農林水産業施設の災害復旧事業に要する経費
五　都市計画事業による施設の災害復旧に要する経費
六　公営住宅の災害復旧に要する経費
七　学校の災害復旧に要する経費
八　社会福祉施設及び保健衛生施設の災害復旧に要する経費
九　土地改良及び開拓による施設又は耕地の災害復旧に要する経費

（地方公共団体が負担する義務を負わない経費）

第十条の四　専ら国の利害に関係のある事務を行うために要する次に掲げるような経費については、地方公共団体は、その経費を負担する義務を負わない。
一　国会議員の選挙、最高裁判所裁判官国民審査及び国民投票に要する経費
二　国が専らその用に供することを目的として行う統計及び調査に要する経費
三　検疫に要する経費
四　医薬品の検定に要する経費
五　あへんの取締に要する経費（第十条第八号に係るものを除く。）
六　国民年金、雇用保険及び特別児童扶養手当に要する経費
七　土地の農業上の利用関係の調整に要する経費
八　未引揚邦人の調査に要する経費

（国と地方公共団体とが経費を負担すべき割合等の規定）

第十一条　第十条から第十条の三までに規定する経費の種目、算定基準及び国と地方公共団体とが負担すべき割合は、法律又は政令で定めなければならない。

（地方公共団体が負担すべき経費の財政需要額への算入）

第十一条の二　第十条から第十条の三までに規定する経費のうち、地方公共団体が負担すべき部分（第十条第十二号に掲げる経費のうち地方公共団体が負担すべき部分にあつては後期高齢者医療の財政安定化基金拠出金をもつて充てるべき部分を、同条第十三号に掲げる経費のうち地方公共団体が負担すべき部分にあつては介護保険の財政安定化基金拠出金をもつて充てるべき部分を除く。）は、地方交付税法の定めるところにより地方公共団体に交付すべき地方交付税の額の算定に用いる財政需要額に算入するものとする。ただし、第十条第十六号に掲げる経費（国民健康保険に関する特別会計への繰入れに要する経費のうち、高額医療費負担対象額に係るもの、国民健康保険の財政の安定化及び調整を行うもの、所得の少ない者、六歳に達する日以後の最初の三月三十一日以前で

ある被保険者又は出産する予定の被保険者若しくは出産した被保険者について行う保険料又は国民健康保険税の減額に係るもの、所得の少ない者の数に応じて国民健康保険の財政の状況その他の事情を勘案して行うもの並びに特定健康診査及び特定保健指導に要するもの並びに財政安定化基金への繰入れに要する経費のうち都道府県の負担に係るものを除く。）、第十条の二第四号に掲げる経費及び第十条の三第六号に掲げる経費については、この限りでない。

（地方公共団体が処理する権限を有しない事務に要する経費）

第十二条　地方公共団体が処理する権限を有しない事務を行うために要する経費については、法律又は政令で定めるものを除く外、国は、地方公共団体に対し、その経費を負担させるような措置をしてはならない。

２　前項の経費は、次に掲げるようなものとする。

一　国の機関の設置、維持及び運営に要する経費

二　警察庁に要する経費

三　防衛省に要する経費

四　海上保安庁に要する経費

五　司法及び行刑に要する経費

六　国の教育施設及び研究施設に要する経費

（新たな事務に伴う財源措置）

第十三条　地方公共団体又はその経費を地方公共団体が負担する国の機関が法律又は政令に基づいて新たな事務を行う義務を負う場合においては、国は、そのために要する財源について必要な措置を講じなければならない。

２　前項の財源措置について不服のある地方公共団体は、内閣を経由して国会に意見書を提出することができる。

３　内閣は、前項の意見書を受け取つたときは、その意見を添えて、遅滞なく、これを国会に提出しなければならない。

第十四条及び第十五条　削除

（補助金の交付）

第十六条　国は、その施策を行うため特別の必要があると認めるとき又は地方公共団体の財政上特別の必要があると認めるときに限り、当該地方公共団体に対して、補助金を交付することができる。

（国の負担金の支出）

第十七条　国は、第十条から第十条の四までに規定する事務で地方公共団体又はその経費を地方公共団体が負担する国の機関が行うものについて第十条から第十条の四までの規定により国が負担する金額（以下「国の負担金」という。）を、当該地方公共団体に対して支出するものとする。

（地方公共団体の負担金）

第十七条の二　国が第十条の二及び第十条の三に規定する事務を自ら行う場合において、地方公共団体が法律又は政令の定めるところによりその経費の一部を負担するときは、当該地方公共団体は、その負担する金額（以下「地方公共団体の負担金」という。）を国に対して支出するものとする。

２　国の行う河川、道路、砂防、港湾等の土木事業で地方公共団体を利するものに対する当該地方公共団体の負担金の予定額は、当該工事の着手前にあらかじめ当該地方公共団体に通知しなければならない。事業計画の変更等により負担金の予定額に著しい変更があつた場合も、同様とする。

３　地方公共団体は、前項の通知を受けた場合において負担金の予定額に不服があるときは、総務大臣を経由して、内閣に対し意見を申し出ることができる。

（国の支出金の算定の基礎）

第十八条　国の負担金、補助金等の地方公共団体に対する支出金（以下国の支出金という。）の額は、地方公共団体が当該国の支出金に係る事業を行うために必要で且つ充分な金額を基礎として、これを算定しなければならない。

（国の支出金の支出時期）

第十九条　国の支出金は、その支出金を財源とする経費の支出時期に遅れないように、これを支出しなければならない。

２　前項の規定は、地方公共団体の負担金等の国に対する支出金にこれを準用する。

第二十条　〔略〕

（支出金の算定又は支出時期等に関する意見書の提出）

第二十条の二　国の支出金又は前条の国の負担に属する支出金の算定、支出時期、支出金の交付に当つて附された条件その他支出金の交付に当つてされた指示その他の行為について不服のある地方公共団体は、総務大臣を経由して内閣に対し意見を申し出、又は内閣を経由して国会に意見書を提出することができる。

２　第十三条第三項の規定は、前項の場合にこれを準用する。

（地方公共団体の負担を伴う法令案）

第二十一条　内閣総理大臣及び各省大臣は、その管理する事務で地方公共団体の負担を伴うものに関する法令案について、法律案及び政令案にあつては閣議を求める前、命令案にあつては公布の前、あらかじめ総務大臣の意見を求めなければならない。

２　総務大臣は、前項に規定する法令案のうち重要なものについて意見を述べようとするときは、地方財政審議会の意見を聴かなければならない。

（地方公共団体の負担を伴う経費の見積書）

第二十二条　内閣総理大臣及び各省大臣は、その所掌に属する歳入歳出及び国庫債務負担行為の見積のうち地方公共団体の負担を伴う事務に関する部分については、財政法（昭和二十二年法律第三十四号）第十七条第二項に規定する書類及び同法第三十五条第二項に規定する調書を財務大臣に送付する際、総務大臣の意見を求めなければならない。

２　総務大臣は、前項に規定する書類及び調書のうち重要なものについて意見を述べようとするときは、地方財政審議会の意見を聴かなければならない。

第二十三条〜第二十五条　〔略〕

（地方交付税の減額）

第二十六条　地方公共団体が法令の規定に違背して著しく多額の経費を支出し、又は確保すべき収入の徴収等を怠つた場合においては、総務大臣は、当該地方公共団体に対して交付すべき地方交付税の額を減額し、又は既に交付した地方交付税の額の一部の返還を命ずることができる。

２　前項の規定により減額し、又は返還を命ずる地方交付税の

額は、当該法令の規定に違背して支出し、又は徴収等を怠つた額をこえることができない。

3　総務大臣は、第一項の規定により地方交付税の額を減額し、又は地方交付税の額の一部の返還を命じようとするときは、地方財政審議会の意見を聴かなければならない。

（都道府県の行う建設事業に対する市町村の負担）

第二十七条　都道府県の行う土木その他の建設事業（高等学校の施設の建設事業を除く。）でその区域内の市町村を利するものについては、都道府県は、当該建設事業による受益の限度において、当該市町村に対し、当該建設事業に要する経費の一部を負担させることができる。

2　前項の経費について市町村が負担すべき金額は、当該市町村の意見を聞き、当該都道府県の議会の議決を経て、これを定めなければならない。

3　前項の規定による市町村が負担すべき金額について不服がある市町村は、当該金額の決定があつた日から二十一日以内に、総務大臣に対し、異議を申し出ることができる。

4　総務大臣は、前項の異議の申出を受けた場合において特別の必要があると認めるときは、当該市町村の負担すべき金額を更正することができる。

5　地方自治法第二百五十七条の規定は、前項の場合に、これを準用する。

6　総務大臣は、第四項の規定により市町村の負担すべき金額を更正しようとするときは、地方財政審議会の意見を聴かなければならない。

（都道府県が市町村に負担させてはならない経費）

第二十七条の二　都道府県は、国又は都道府県が実施し、国及び都道府県がその経費を負担する道路、河川、砂防、港湾及び海岸に係る土木施設についての大規模かつ広域にわたる事業で政令で定めるものに要する経費で都道府県が負担すべきものとされているものの全部又は一部を市町村に負担させてはならない。

（都道府県が住民にその負担を転嫁してはならない経費）

第二十七条の三　都道府県は、当該都道府県立の高等学校の施設の建設事業費について、住民に対し、直接であると間接であるとを問わず、その負担を転嫁してはならない。

（市町村が住民にその負担を転嫁してはならない経費）

第二十七条の四　市町村は、法令の規定に基づき当該市町村の負担に属するものとされている経費で政令で定めるものについて、住民に対し、直接であると間接であるとを問わず、その負担を転嫁してはならない。

参　【政令の定め＝地財法施令五二（左記参照）】

（市町村が住民にその負担を転嫁してはならない経費）

第五十二条　法第二十七条の四に規定する経費で政令で定めるものは、次に掲げるものとする。

一　市町村の職員の給与に要する経費

二　市町村立の小学校、中学校及び義務教育学校の建物の維持及び修繕に要する経費

（都道府県がその事務を市町村等が行うこととする場合の経費）

第二十八条　都道府県がその事務を市町村が行うこととする場合においては、都道府県は、当該市町村に対し、その事務を執行するに要する経費の財源について必要な措置を講じなければならない。

2　前項の規定は、都道府県がその事務を都道府県の加入しない広域連合が行うこととする場合について準用する。

3　前二項の財源措置について不服のある市町村又は都道府県の加入しない広域連合は、関係都道府県知事を経由して、総務大臣に意見書を提出することができる。

4　都道府県知事は、前項の意見書を受け取つたときは、その意見を添えて、遅滞なく、これを総務大臣に提出しなければならない。

5　前項の意見は、当該都道府県の議会の議決を経て、これを定めなければならない。

（地方公共団体相互間における経費の負担関係）

第二十八条の二　地方公共団体は、法令の規定に基づき経費の負担区分が定められている事務について、他の地方公共団体に対し、当該事務の処理に要する経費の負担を転嫁し、その他地方公共団体相互の間における経費の負担区分をみだすようなことをしてはならない。

（都道府県及び市町村の負担金の支出）

第二十九条　都道府県は、法律又は政令の定めるところによりその区域内の市町村の行う事務に要する経費について都道府県が負担する金額（以下都道府県の負担金という。）を、当該市町村に対して支出するものとする。

2　市町村は、第二十七条第一項の規定により都道府県に対して負担する金額（以下市町村の負担金という。）を、当該都道府県に対して支出するものとする。

（都道府県及び市町村の負担金等における準用規定）

第三十条　第十八条、第十九条及び第二十五条の規定は、都道府県及び市町村の負担金並びに都道府県が市町村に対して交付する補助金等の支出金に、これを準用する。

（地方財政の状況に関する報告）

第三十条の二　内閣は、毎年度地方財政の状況を明らかにして、これを国会に報告しなければならない。

2　総務大臣は、前項に規定する地方財政の状況に関する報告の案を作成しようとするときは、地方財政審議会の意見を聴かなければならない。

（事務の区分）

第三十条の三　都道府県が第五条の三第一項の規定により処理することとされている事務（都道府県が申出を受けた協議に係るものに限る。）、同条第六項の規定により処理することとされている事務（都道府県に対する届出に係るものに限る。）、同条第七項（第一号に係る部分に限る。）の規定により処理することとされている事務（都道府県の行う同意に係るものに限る。）、第五条の四第一項、第三項及び第四項の規定により処理することとされている事務（都道府県の行う許可に係るものに限る。）、並びに同条第五項の規定により処理することとされている事務は、地方自治法第二条第九項第一号に規定する第一号法定受託事務とする。

附　則（抄）

（施行期日）

第三十一条　この法律は、公布の日から、これを施行する。但し、第十四条及び第十五条の規定は、昭和二十四年度分から、これを施行する。

（児童扶養手当に要する経費に係る特例）

第三十六条　児童扶養手当法の一部を改正する法律（昭和六十年法律第四十八号）附則第五条に規定する費用については、第十条の規定にかかわらず、国が、その全額を負担する。

附　則（令和四・五・二五法五二）（抄）

（施行期日）

第一条　この法律は、令和六年四月一日から施行する。〔ただし書略〕

附　則（令和五・三・三一法二）（抄）

（施行期日）

第一条　この法律は、令和五年四月一日から施行する。

附　則（令和五・五・一九法三一）（抄）

（施行期日）

第一条　この法律は、令和六年四月一日から施行する。ただし、次の各号に掲げる規定は、当該各号に定める日から施行する。

一・二　〔略〕

三　〔前略〕附則〔中略〕第二十五条の規定　令和六年一月一日

四〜七　〔略〕

○地方交付税法（抄）

昭二五・五・三〇
法　二　一　一

最終改正　令和五・五・二六法三四

（この法律の目的）

第一条　この法律は、地方団体が自主的にその財産を管理し、事務を処理し、及び行政を執行する権能をそこなわずに、その財源の均衡化を図り、及び地方交付税の交付の基準の設定を通じて地方行政の計画的な運営を保障することによつて、地方自治の本旨の実現に資するとともに、地方団体の独立性を強化することを目的とする。

（用語の意義）

第二条　この法律において、次の各号に掲げる用語の意義は、当該各号に定めるところによる。

一　地方交付税　第六条の規定により算定した所得税、法人税、酒税及び消費税のそれぞれの一定割合の額並びに地方法人税の額で地方団体がひとしくその行うべき事務を遂行することができるように国が交付する税をいう。

二　地方団体　都道府県及び市町村をいう。

三　基準財政需要額　各地方団体の財政需要を合理的に測定するために、当該地方団体について第十一条の規定により算定した額をいう。

四　基準財政収入額　各地方団体の財政力を合理的に測定するために、当該地方団体について第十四条の規定により算定した額をいう。

五　測定単位　地方行政の種類ごとに設けられ、かつ、この種類ごとにその量を測定する単位で、毎年度の普通交付税を交付するために用いるものをいう。

六　単位費用　道府県又は市町村ごとに、標準的条件を備えた地方団体が合理的、かつ、妥当な水準において地方行政を行う場合又は標準的な施設を維持する場合に要する経費を基準とし、補助金、負担金、手数料、使用料、分担金その他これらに類する収入及び地方税の収入のうち基準財政収入額に相当するもの以外のものを財源とすべき部分を除いて算定した各測定単位の単位当たりの費用（当該測定単位の数値につき第十三条第一項の規定の適用があるものについては、当該規定を適用した後の測定単位の単位当たりの費用）で、普通交付税の算定に用いる地方行政の種類ごとの経費の額を決定するために、測定単位の数値に乗ずべきものをいう。

（運営の基本）

第三条　総務大臣は、常に各地方団体の財政状況の的確なは握に努め、地方交付税（以下「交付税」という。）の総額を、この法律の定めるところにより、財政需要額が財政収入額をこえる地方団体に対し、衡平にその超過額を補てんすることを目途として交付しなければならない。

2　国は、交付税の交付に当つては、地方自治の本旨を尊重し、条件をつけ、又はその使途を制限してはならない。

3　地方団体は、その行政について、合理的、且つ、妥当な水準を維持するように努め、少くとも法律又はこれに基く政令により義務づけられた規模と内容とを備えるようにしなければならない。

（総務大臣の権限と責任）

第四条　総務大臣は、この法律を実施するため、次に掲げる権限と責任とを有する。

一　毎年度分として交付すべき交付税の総額を見積もること。

二　各地方団体に交付すべき交付税の額を決定し、及びこれを交付すること。

三　第十条、第十五条、第十九条又は第二十条の二に規定する場合において、各地方団体に対する交付税の額を変更し、減額し、又は返還させること。

四　第十八条に定める地方団体の審査の申立てを受理し、これに対する決定をすること。

五　第十九条第七項（第二十条の二第四項において準用する

場合を含む。）に定める異議の申出を受理し、これに対する決定をすること。

六　第二十条に定める意見の聴取を行うこと。

七　交付税の総額の見積り及び各地方団体に交付すべき交付税の額の算定のために必要な資料を収集し、及び整備すること。

八　収集した資料に基づき、常に地方財政の状況を把握し、交付税制度の運用について改善を図ること。

九　前各号に定めるもののほか、この法律に定める事項

（交付税の算定に関する資料）

第五条　都道府県知事は、総務省令で定めるところにより、当該都道府県の基準財政需要額及び基準財政収入額に関する資料、特別交付税の額の算定に用いる資料その他必要な資料を総務大臣に提出するとともに、これらの資料の基礎となる事項を記載した台帳をそなえておかなければならない。

２　市町村長は、総務省令で定めるところにより、当該市町村の基準財政需要額及び基準財政収入額に関する資料、特別交付税の額の算定に用いる資料その他必要な資料を都道府県知事に提出するとともに、これらの資料の基礎となる事項を記載した台帳をそなえておかなければならない。

３　都道府県知事は、前項の規定により提出された資料を審査し、総務大臣に送付しなければならない。

４　基準財政需要額の中に含まれる経費に係る地方行政に関係がある国の行政機関（内閣府、宮内庁並びに内閣府設置法（平成十一年法律第八十九号）第四十九条第一項及び第二項の機関、デジタル庁並びに国家行政組織法（昭和二十三年法律第百二十号）第三条第二項の機関をいう。以下「関係行政機関」という。）は、総務大臣が要求した場合においては、その所管に係る行政に関し、総務大臣の要求に係る交付税の総額の算定又は交付に関し必要な資料を総務大臣に提出しなければならない。

（交付税の総額）

第六条　所得税及び法人税の収入額のそれぞれ百分の三十三・一、酒税の収入額の百分の五十、消費税の収入額の百分の十九・五並びに地方法人税の収入額をもつて交付税とする。

２　毎年度分として交付すべき交付税の総額は、当該年度における所得税及び法人税の収入見込額のそれぞれ百分の三十三・一、酒税の収入見込額の百分の五十、消費税の収入見込額の百分の十九・五並びに地方法人税の収入見込額に相当する額の合算額に当該年度の前年度以前の年度における交付税で、まだ交付していない額を加算し、又は当該前年度以前の年度において交付すべきであつた額を超えて交付した額を当該合算額から減額した額とする。

（交付税の種類等）

第六条の二　交付税の種類は、普通交付税及び特別交付税とする。

２　毎年度分として交付すべき普通交付税の総額は、前条第二項の額の百分の九十四に相当する額とする。

３　毎年度分として交付すべき特別交付税の総額は、前条第二項の額の百分の六に相当する額とする。

（特別交付税の額の変更等）

第六条の三　毎年度分として交付すべき普通交付税の総額が第十条第二項本文の規定によつて各地方団体について算定した額の合算額をこえる場合においては、当該超過額は、当該年度の特別交付税の総額に加算するものとする。

２　毎年度分として交付すべき普通交付税の総額が引き続き第十条第二項本文の規定によつて各地方団体について算定した額の合算額と著しく異なることとなつた場合においては、地方財政若しくは地方行政に係る制度の改正又は第六条第一項に定める率の変更を行うものとする。

（歳入歳出総額の見込額の提出及び公表の義務）

第七条　内閣は、毎年度左に掲げる事項を記載した翌年度の地方団体の歳入歳出総額の見込額に関する書類を作成し、これを国会に提出するとともに、一般に公表しなければならない。

一　地方団体の歳入総額の見込額及び左の各号に掲げるその内訳

イ　各税目ごとの課税標準額、税率、調定見込額及び徴収見込額

ロ　使用料及び手数料

ハ　起債額

ニ　国庫支出金

ホ　雑収入

二　地方団体の歳出総額の見込額及び左の各号に掲げるその内訳

イ　歳出の種類ごとの総額及び前年度に対する増減額

ロ　国庫支出金に基く経費の総額

ハ　地方債の利子及び元金償還金

（交付税の額の算定期日）

第八条　各地方団体に対する交付税の額は、毎年度四月一日現在により、算定する。

（廃置分合又は境界変更の場合の交付税の措置）

第九条　前条の期日後において、地方団体の廃置分合又は境界変更があつた場合における当該地方団体に対する交付税の措置については、左の各号の定めるところによる。

一　廃置分合に因り一の地方団体の区域がそのまま他の地方団体の区域となつたときは、当該廃置分合の期日後は、当該廃置分合前の地方団体に対して交付すべきであつた交付税の額は、当該地方団体の区域が新たに属することとなつた地方団体に交付する。

二　廃置分合に因り一の地方団体の区域が分割されたとき、又は境界変更があつたときは、当該廃置分合又は境界変更の期日後は、当該廃置分合又は境界変更前の地方団体に対し交付すべきであつた交付税の額は、総務省令で定めるところにより、廃置分合若しくは境界変更に係る区域又は境界変更に係る区域を除いた当該地方団体の区域を基礎とする独立の地方団体がそれぞれ当該年度の四月一日に存したものと仮定した場合において、これらの地方団体に対し交付すべきであつた交付税の額にあん分し、当該あん分した額を廃置分合若しくは境界変更に係る区域が属することとなつた地方団体又は境界変更に係る区域が属していた地方団体に対し、それぞれ交付する。

（普通交付税の額の算定）

第十条　普通交付税は、毎年度、基準財政需要額が基準財政収入額をこえる地方団体に対して、次項に定めるところにより交付する。

2　各地方団体に対して交付すべき普通交付税の額は、当該地方団体の基準財政需要額が基準財政収入額をこえる額（以下本項中「財源不足額」という。）とする。ただし、各地方団体について算定した財源不足額の合算額が普通交付税の総額をこえる場合においては、次の式により算定した額とする。

当該地方団体の財源不足額 − 当該地方団体の基準財政需要額 × $\dfrac{\text{財源不足額の合算額} - \text{普通交付税の総額}}{\text{基準財政需要額が基準財政収入額をこえる地方団体の基準財政需要額の合算額}}$

3　総務大臣は、前二項の規定により交付すべき普通交付税の額を、遅くとも毎年八月三十一日までに決定しなければならない。但し、交付税の総額の増加その他特別の事由がある場合においては、九月一日以後において、普通交付税の額を決定し、又は既に決定した普通交付税の額を変更することができる。

4　総務大臣は、前項の規定により普通交付税の額を決定し、又は変更したときは、これを当該地方団体に通知しなければならない。

5　第三項ただし書の規定により一部の地方団体について既に決定した普通交付税の額を変更した場合においては、それがために他の地方団体について既に決定している普通交付税の額を変更することはしないものとする。

6　当該年度分として交付すべき普通交付税の総額が第二項但書の規定により算定した各地方団体に対して交付すべき普通交付税の合算額に満たない場合においては、当該不足額は、当該年度の特別交付税の総額を減額してこれに充てるものとする。

（基準財政需要額の算定方法）

第十一条　基準財政需要額は、測定単位の数値を第十三条の規定により補正し、これを当該測定単位ごとの単位費用に乗じて得た額を当該地方団体について合算した額とする。

（測定単位及び単位費用）

第十二条　地方行政に要する経費のうち各地方団体の財政需要を合理的に測定するために経費の種類を区分してその額を算定するもの（次項において「個別算定経費」という。）の測定単位は、地方団体の種類ごとに次の表の経費の種類の欄に掲げる経費について、それぞれその測定単位の欄に定めるものとする。

〔注　次表は教育関係のみ抄録〕

地方団体の種類	経費の種類	測定単位
道府県	三　教育費 1　小学校費	教職員数
	2　中学校費	教職員数
	3　高等学校費	教職員数 生徒数
	4　特別支援学校費	道府県教 学級数
	5　その他の教育費	人口 高等専門学校及び大学の学生の数 私立の学校の幼児、児童及び生徒の数
市町村	三　教育費 1　小学校費	児童数 学級数 学校数
	2　中学校費	生徒数 学級数 学校数
	3　高等学校費	教職員数 生徒数
	4　その他の教育費	人口 幼稚園及び幼保連携型認定こども園の小学校就学前子どもの数

2　地方行政に要する経費のうち個別算定経費以外のものの測定単位は、道府県又は市町村ごとに、人口及び面積とする。

3　前二項の測定単位の数値は、次の表の上欄に掲げる測定単位につき、それぞれ中欄に定める算定の基礎により、下欄に掲げる表示単位に基づいて、総務省令で定めるところにより算定する。

〔注　次表は教育関係のみ抄録〕

測定単位の種類	測定単位の数値の算定の基礎	表示単位
十三　小学校の教職員数	公立義務教育諸学校の学級編制及び教職員定数の標準に関する法律（昭和三十三年法律第百十六号）に規定する学級編制の標準及び教職員定数の標準により算定した当該道府県の区域内の市町村立の小学校（義務教育学校の前期課程を含む。次号から第十六号までにおいて同じ。）の教職員に係る当該道府県の定数	人
十四　小学校の児童数	最近の統計法（平成十九年法律第五十三号）第二条第六項に規定する基幹統計調査（以下「基幹統計調査」という。）で学校に係るもの（以下「学	人

	校基本調査」という。）の結果による当該市町村立の小学校に在学する学齢児童の数	
十五　小学校の学級数	公立義務教育諸学校の学級編制及び教職員定数の標準に関する法律に規定する学級編制の標準により算定した当該市町村立の小学校の学級数	学級
十六　小学校の学校数	最近の学校基本調査の結果による当該市町村立の小学校の数	校
十七　中学校の教職員数	公立義務教育諸学校の学級編制及び教職員定数の標準に関する法律に規定する学級編制の標準及び教職員定数の標準により算定した当該道府県の区域内の市町村立の中学校、義務教育学校の後期課程及び中等教育学校の前期課程並びに当該道府県立の中学校（学校教育法（昭和二十二年法律第二十六号）第七十一条の規定により高等学校における教育と一貫した教育を施すもの及び夜間その他特別の時間において主として学齢を経過した者に対して指導を行うための教育課程を実施するものに限る。）及び中等教育学校の前期課程の教職員に係る当該道府県の定数	人
十八　中学校の生徒数	最近の学校基本調査の結果による当該市町村立の中学校（義務教育学校の後期課程及び中等教育学校の前期課程を含む。次号及び第二十号において同じ。）に在学する学齢生徒の数	人
十九　中学校の学級数	公立義務教育諸学校の学級編制及び教職員定数の標準に関する法律に規定する学級編制の標準により算定した当該市町村立の中学校の学級数	学級
二十　中学校の学校数	最近の学校基本調査の結果による当該市町村立の中学校の数	校
二十一　高等学校の教職員数	道府県にあつては公立高等学校の適正配置及び教職員定数の標準等に関する法律（昭和三十六年法律第百八十八号）の規定により算定した当該道府県立の高等学校（中等教育学校の後期課程を含む。以下この号において同じ。）の教職員定数（地方自治法（昭和二十二年法律第六十七号）第二百五十二条の十九第一項の指定都市（以下「指定都市」という。）以外の当該道府県の区域内の市町村立の高等学校の定時制の課程に係る校長、副校長、教頭、主幹教諭、指導教諭、教諭、助教諭及び講師の数を含む。）、市町村にあつては公立高等学校の適正配置及び教職員定数の標準等に関する法律の規定により算定した当該市町村立の高等学校の教職員定数（指定都市以外の市町村にあつては、当該市町村立の高等学校の定時制の課程に係る校長、副校長、教頭、主幹教諭、指導教諭、教諭、助教諭及び講師の数を除く。）	人
二十二　高等学校の生徒数	最近の学校基本調査の結果による当該地方団体立の高等学校（中等教育学校の後期課程を含む。）の全日制の課程又は定時制の課程に在学する生徒の数	人
二十三　特別支援学校の教職員数	公立義務教育諸学校の学級編制及び教職員定数の標準に関する法律に規定する学級編制の標準及び教職員定数の標準により算定した当該道府県の区域内の公立の特別支援学校の小学部及び中学部の教職員に係る当該道府県の定数並びに公立高等学校の適正配置及び教職員定数の標準等に関する法律に規定する教職員定数の標準により算定した当該道府県の区域内の公立の特別支援学校の高等部の教職員に係る当該道府県の定数	人
二十四　特別支援学校の学級数	公立義務教育諸学校の学級編制及び教職員定数の標準に関する法律に規定する学級編制の標準により算定した当該道府県立の特別支援学校の小学部及び中学部の学級数並びに	学級

	最近の学校基本調査の結果による当該道府県立の特別支援学校の高等部の学級数	
二十五 高等専門学校及び大学の学生の数	最近の学校基本調査の結果による当該道府県立の高等専門学校（当該道府県が地方独立行政法人法（平成十五年法律第百十八号）第六条第三項に規定する設立団体である同法第六十八条第一項の公立大学法人の設置する高等専門学校を含む。）及び短期大学の学科及び専攻科並びに大学（当該道府県が同法第六条第三項に規定する設立団体である同法第六十八条第一項の公立大学法人の設置する大学を含む。）の学部、専攻科及び大学院に在学する学生の数	人
二十六 私立の学校の幼児、児童及び生徒の数	最近の学校基本調査の結果による当該道府県の区域内の私立の幼稚園（子ども・子育て支援法（平成二十四年法律第六十五号）第二十七条第一項の確認を受けたものを除く。）、小学校、中学校、義務教育学校、高等学校、中等教育学校及び特別支援学校に在学する幼児、児童及び生徒の数	人
二十七 幼稚園及び幼保連携型認定こども園の小学校就学前子どもの数	最近の学校基本調査の結果による当該市町村立の幼稚園及び幼保連携型認定こども園に在籍する小学校就学前子ども（子ども・子育て支援法第二十条第一項の認定に係る同法第十九条第一号に掲げるものに限る。）の数	人

4 第一項の測定単位ごとの単位費用は、別表第一に定めるとおりとする。

5 第二項の測定単位ごとの単位費用は、別表第二に定めるとおりとする。

6 地方行政に係る制度の改正その他特別の事由により前二項の単位費用を変更する必要が生じた場合には、国会の閉会中であるときに限り、政令で前二項の単位費用についての特例を設けることができる。この場合においては、政府は、次の国会でこの法律を改正する措置をとらなければならない。

（測定単位の数値の補正）

第十三条 面積、高等学校の生徒数その他の測定単位で、そのうちに種別があり、かつ、その種別ごとに単位当たりの費用に差があるものについては、その種別ごとの単位当たりの費用の差に応じ当該測定単位の数値を補正することができる。

2 前項の測定単位の数値の補正（以下「種別補正」という。）は、当該測定単位の種別ごとの数値に、その単位当たりの費用の割合を基礎として総務省令で定める率を乗じて行うものとする。

3 前条第三項及び前二項の規定により算定された測定単位の数値は、地方団体ごとに、当該測定単位につき次に掲げる事項を基礎として次項に定める方法により算定した補正係数を乗じて補正するものとする。

一 人口その他測定単位の数値の多少による段階

二 人口密度、道路一キロメートル当たりの自動車台数その他これらに類するもの

三 地方団体の態容

四 寒冷度及び積雪度

4 前項の測定単位の数値に係る補正係数は、経費の種類ごとに、かつ、測定単位ごとにそれぞれ次に定める方法を基礎として、総務省令で定めるところにより算定した率とする。

一 前項第一号の補正（以下「段階補正」という。）は、当該行政に要する経費の額が測定単位の数値の増減に応じて逓減し、又は逓増するものについて行うものとし、当該段階補正に係る係数は、超過累退又は超過累進の方法により総務省令で定める率を用いて算定した数値を当該率を用いないで算定した数値で除して算定する。この場合において、行政権能等の差があることにより経費の額が割高又は割安となるため第三号イの補正の適用される経費については、当該経費の測定単位の数値に当該割高となり、又は割安となる度合に応じて総務省令で定める率を乗じた数値を用いて当該段階補正に係る係数を算定することができるものとする。

二 前項第二号の補正（以下「密度補正」という。）は、当該行政に要する経費の額が人口密度、道路一キロメートル当たりの自動車台数その他これらに類するもの（以下この号において「人口密度等」という。）の増減に応じて逓減し、又は逓増するものについて行うものとし、当該密度補正に係る係数は、超過累退又は超過累進の方法により総務省令で定める率を用いて算定した人口密度等を当該率を用いないで算定した人口密度等で除して算定する。

三 前項第三号の補正（以下「態容補正」という。）は、当該行政に要する経費の測定単位当たりの額が、地方団体の態容に応じてそれぞれ割高となり、又は割安となるものについて行うものとし、当該態容補正に係る係数は、次に掲げるところにより算定する。

イ 道府県の態容に係るものにあつては、当該道府県の区域内の市町村について行政の質及び量の差又は行政権能等の差に基づいて割高となり、又は割安となる度合を基礎として市町村の全部又は一部の種類に応じ、総務省令で定める率を当該区域内の市町村の種類ごとの測定単位の数値（当該市町村の種類ごとの測定単位の数値によることができないか、又は適当でないと認められる経費で

総務省令で定めるものについては、人口その他総務省令で定める数値）に乗じて得た数値を合算した数値を当該率を乗じないで算定した市町村ごとの数値を合算した数値で除して算定する。

ロ 市町村の態容に係るものにあつては、行政の質及び量の差又は行政権能等の差に基づいてその割高となり、又は割安となる度合を基礎として市町村の種類に応じ、総務省令で定める率を乗じて算定した数値を当該率を乗じないで算定した数値で除して算定する。

ハ 小学校費、中学校費、社会福祉費その他の経費で総務省令で定めるものに係るものにあつては、人口の年齢別構成、公共施設の整備の状況その他地方団体の態容に応じて当該経費を必要とする度合について、総務省令で定める指標により測定した総務省令で定める率を乗じて算定した数値を当該率を乗じないで算定した数値で除して算定する。

四 前項第四号の補正（以下「寒冷補正」という。）は、当該行政に要する経費の測定単位当たりの額が寒冷又は積雪の度合により割高となるものについて行うものとし、当該寒冷補正に係る係数は、その割高となる給与の差、寒冷の差又は積雪の差ごとに、地域の区分に応じてそれぞれの割高となる度合を基礎として総務省令で定める率を当該地域における測定単位の数値（当該地域における測定単位の数値によることができないか、又は適当でないと認められる経費で総務省令で定めるものについては、人口）に乗じて得た数を当該率を用いないで算定した数値で除して得た数値の合計数に一を加えて算定する。

5 前条第一項の測定単位の数値については、第十一項に定めるもののほか、地方団体の種類ごとに次の表の経費の種類の欄に掲げる経費に係る測定単位の欄に掲げる測定単位につき、それぞれ補正の種類の欄に掲げる補正を行うものとする。

〔注 次表は教育関係のみ抄録〕

地方団体の種類	経費の種類	測定単位	補正の種類
道府県	三 教育費		
	1 小学校費	教職員数	態容補正及び寒冷補正
	2 中学校費	教職員数	密度補正、態容補正及び寒冷補正
	3 高等学校費	教職員数	態容補正及び寒冷補正
		生徒数	態容補正
	4 特別支援学校費	教職員数	態容補正及び寒冷補正
		学級数	密度補正
	5 その他の教育費	人口	段階補正、密度補正及び態容補正
		高等専門学校及び大学の学生の数	種別補正
		私立の学校の幼児、児童及び生徒の数	種別補正
市町村	三 教育費		
	1 小学校費	児童数	密度補正
		学級数	態容補正及び寒冷補正
	2 中学校費	生徒数	密度補正
		学級数	態容補正及び寒冷補正
	3 高等学校費	教職員数	種別補正、態容補正及び寒冷補正
		生徒数	種別補正、態容補正及び寒冷補正
	4 その他の教育費	人口	段階補正、密度補正及び態容補正
		幼稚園及び幼保連携型認定こども園の小学校就学前子どもの数	態容補正

6 前条第二項の測定単位の数値については、道府県又は市町村ごとに、人口にあつては段階補正を、面積にあつては種別補正を行うものとする。

7 段階補正、密度補正、態容補正及び寒冷補正のうち二以上を併せて行う場合には、測定単位の数値に係る補正係数は、二以上の事由を通じて一の率を定め、又は各事由ごとに算定した率（二以上の事由を通じて定めた率を用いて算定した率を含む。）を総務省令で定めるところにより連乗又は加算して得た率によるものとする。

8 態容補正を行う場合には、第四項第三号の市町村は、総務省令で定めるところにより、人口集中地区人口、経済構造その他行政の質及び量の差を表現する指標ごとに算定した点数に基づいて区分し、又はその有する行政権能等の差によつて区分するものとする。

9 寒冷補正を行う場合には、第四項第四号の地域は、総務省令で定めるところにより、給与の差、寒冷の差及び積雪の差ごとに、市町村の区域によつて区分するものとする。

10 人口、学校数その他の測定単位の数値が急激に増加し、又は減少した地方団体、廃置分合又は境界変更のあつた地方団体及び組合（地方自治法第二百八十四条第一項の一部事務組合又は広域連合をいう。）を組織している地方団体に係る補正係数の算定方法及び測定単位の数値の補正後の数値の算定方法については、総務省令で前各項の規定の特例を設けることができる。

11 災害復旧費に係る測定単位の数値については、総務省令で定めるところにより、当該数値の当該地方団体の税収入額に対する比率に応じ、補正するものとする。

12 前各項に定めるもののほか、補正係数の算定方法につき必要な事項は、総務省令で定める。

（交付時期）

第十六条 交付税は、毎年度、左の表の上欄に掲げる時期に、それぞれの下欄に定める額を交付する。ただし、四月及び六月において交付すべき交付税については、当該年度において交付すべき普通交付税の額が前年度の普通交付税の額に比して著しく減少することとなると認められる地方団体又は前年度において普通交付税の交付を受けたが、当該年度においては普通交付税の交付を受けないこととなると認められる地方団体に対しては、当該交付すべき額の全部又は一部を交付しないことができる。

交付時期	交付時期ごとに交付すべき額
四月及び六月	前年度の当該地方団体に対する普通交付税の額に当該年度の交付税の総額の前年度の交付税の総額に対する割合を乗じて得た額のそれぞれ四分の一に相当する額
九月	当該年度において交付すべき当該地方団体に対する普通交付税の額から四月及び六月に交付した普通交付税の額を控除した残額の二分の一に相当する額
十一月	当該年度において交付すべき当該地方団体に対する普通交付税の額から既に交付した普通交付税の額を控除した額
十二月	前条第二項の規定により十二月中に総務大臣が決定する額
三月	前条第二項の規定により三月中に総務大臣が決定する額

2 当該年度の国の予算の成立しないこと、国の予算の追加又は修正により交付税の総額に変更があつたこと、大規模な災害があつたこと等の事由により、前項の規定により難い場合における交付税の交付時期及び交付時期ごとに交付すべき額については、国の暫定予算の額及びその成立の状況、交付税の総額の変更の程度、前年度の交付税の額、大規模な災害による特別の財政需要の額等を参しやくして、総務省令で定めるところにより、特例を設けることができる。

3 道府県又は市町村が前二項の規定により各交付時期に交付を受けた交付税の額が当該年度分として交付を受けるべき交付税の額をこえる場合においては、当該道府県又は市町村は、その超過額を遅滞なく、国に還付しなければならない。

4 第一項の場合において、四月一日以前一年内及び四月二日から当該年度の普通交付税の四月又は六月に交付すべき額が交付されるまでの間に地方団体の廃置分合又は境界変更があつた場合における前年度の関係地方団体の交付税の額の算定方法は、第九条の規定に準じ、総務省令で定める。

（市町村交付税の算定及び交付に関する都道府県知事の義務）

第十七条 都道府県知事は、政令で定めるところにより、当該都道府県の区域内における市町村に対し交付すべき交付税の額の算定及び交付に関する事務を取り扱わなければならない。

2 都道府県知事は、前項の事務を取り扱うため当該市町村の財政状況を的確に知つているように努めなければならない。

（国税に関する書類の閲覧又は記録）

第十七条の二 都道府県知事が前条第一項の規定により市町村に対し交付すべき交付税の額を算定する場合において、市町村に係る第十四条の基準財政収入額を算定するため、政府に対し、その基礎に用いる国税の課税の基礎となるべき所得額及び課税額に関する書類を閲覧し、又は記録することを請求したときは、政府は、関係書類を都道府県知事又はその指定する職員に閲覧させ、又は記録させるものとする。

（交付税の額の算定に用いた資料に関する検査）

第十七条の三 総務大臣は、都道府県及び政令で定める市町村について、交付税の額の算定に用いた資料に関し、検査を行わなければならない。

2 都道府県知事は、当該都道府県の区域内における市町村（前項の政令で定める市町村を除く。）について、交付税の額の算定に用いた資料に関し検査を行い、その結果を総務大臣に報告しなければならない。

（交付税の額の算定方法に関する意見の申出）

第十七条の四 地方団体は、交付税の額の算定方法に関し、総務大臣に対し意見を申し出ることができる。この場合において、市町村にあつては、当該意見の申出は、都道府県知事を経由してしなければならない。

2 総務大臣は、前項の意見の申出を受けた場合においては、これを誠実に処理するとともに、その処理の結果を、地方財政審議会に、第二十三条の規定により意見を聴くに際し、報告しなければならない。

（交付税の額に関する審査の申立て）

第十八条 地方団体は、第十条第四項又は第十五条第四項の規定により交付税の額の決定又は変更の通知を受けた場合において、当該地方団体に対する交付税の額の算定の基礎について不服があるときは、通知を受けた日から三十日以内に、総務大臣に対し審査を申し立てることができる。この場合において、市町村にあつては、当該審査の申立ては、都道府県知事を経由してしなければならない。

2 総務大臣は、前項の審査の申立てを受けた場合においては、その申立てを受けた日から三十日以内にこれを審査して、その結果を当該地方団体に通知しなければならない。この場合において、市町村の審査の申立てに係るものにあつては、当該通知は、都道府県知事を経由してしなければならない。

（交付税の額の算定に用いる数の錯誤等）

第十九条　総務大臣は、第十条第四項の規定により普通交付税の額を通知した後において、又は前条第一項の規定による審査の申立てを受けた際に、普通交付税の額の算定の基礎に用いた数について錯誤があつたことを発見した場合（当該錯誤に係る数を普通交付税の額の算定の基礎に用いた年度（次項において「交付年度」という。）以降五箇年度内に発見した場合に限る。）で、当該地方団体について基準財政需要額又は基準財政収入額を増加し、又は減少する必要が生じたときは、錯誤があつたことを発見した年度又はその翌年度において、総務省令で定めるところにより、それぞれその増加し、又は減少すべき額を当該地方団体に交付すべき普通交付税の額の算定に用いられるべき基準財政需要額若しくは基準財政収入額に加算し、又はこれらから減額した額をもつて当該地方団体の当該年度における基準財政需要額又は基準財政収入額とすることができる。

2　普通交付税の額の算定の基礎に用いた数について錯誤があつたことを発見した年度又はその翌年度においては、総務大臣は、総務省令で定めるところにより、前項の規定が適用される地方団体で、同項の規定を適用しない場合でも当該地方団体に交付すべき普通交付税の額の算定に用いられるべき当該年度の基準財政収入額が基準財政需要額をこえるもの又は同項の規定が適用される結果基準財政収入額が基準財政需要額をこえることとなる地方団体について、交付年度分として交付を受けた普通交付税の額が交付を受けるべきであつた普通交付税の額に満たないときは、当該不足額を限度として、これを当該年度の交付税から交付し、交付年度分として交付を受けた普通交付税の額が交付を受けるべきであつた普通交付税の額をこえるときは、当該超過額を限度として、これを返還させることができる。但し、返還させる場合においては、その方法について、あらかじめ、当該地方団体の意見を聞かなければならない。

3　廃置分合又は境界変更のあつた市町村及び錯誤に係る額が著しく多額である地方団体に対する前二項の規定の適用については、総務省令で特例を設けることができる。

4　地方団体がその提出に係る交付税の算定に用いる資料につき作為を加え、又は虚偽の記載をすることによつて、不当に交付税の交付を受けた場合においては、総務大臣は、当該地方団体が受けるべきであつた額を超過する部分（「超過額」という。以下本項及び次項において同じ。）については、当該事実を発見したとき、直ちに当該超過額を返還させなければならない。

5　前項の場合において、当該地方団体は、当該超過額に、当該地方団体が当該地方交付税を受領した日の翌日から返還の日までの期間の日数に応じ、年十・九五パーセントの割合を乗じて計算した金額に相当する加算金を国に納付しなければならない。ただし、当該地方交付税の交付を受けた後災害があつたことその他特別の理由によりやむを得ない事情があると認められるときは、総務大臣は、当該加算金を減免し、又は期限を指定して延納を許可することができる。

6　総務大臣は、前五項の規定による措置をする場合においては、その理由、金額その他必要な事項を当該地方団体に対し文書をもつて示さなければならない。この場合において、前二項の規定に該当する地方団体は、総務大臣が示した文書の記載事項をその住民に周知させなければならない。

7　地方団体は、第一項から第五項までの場合においては、前項の文書を受け取つた日から三十日以内に、総務大臣に対し異議を申し出ることができる。この場合において、市町村にあつては、当該異議の申出は、都道府県知事を経由してしなければならない。

8　総務大臣は、前項の異議の申出を受けた場合においては、その申出を受けた日から三十日以内に決定をして、当該団体にこれを通知しなければならない。この場合において、市町村の異議の申出に係るものにあつては、当該通知は、都道府県知事を経由してしなければならない。

（交付税の額の減額等の意見の聴取）

第二十条　総務大臣は、第十条第三項及び第四項、第十五条第二項から第四項まで並びに前二条に規定する措置をとる場合において必要があると認めるときは、関係地方団体について意見の聴取をすることができる。

2　総務大臣は、第十条第三項、第十五条第二項及び第三項、第十八条第二項並びに前条第一項から第五項まで及び第八項の規定による決定又は処分について関係地方団体が十分な証拠を添えて衡平又は公正を欠くものがある旨を申し出たときは、公開による意見の聴取を行わなければならない。

3　総務大臣は、前項の意見の聴取の結果、同項の申出に正当な理由があると認めるときは、当該決定又は処分を取消し、又は変更しなければならない。

4　前三項に定めるものを除くほか、意見の聴取の手続その他意見の聴取に関し必要な事項は、総務省令で定める。

（関係行政機関の勧告等）

第二十条の二　関係行政機関は、その所管に関係がある地方行政につき、地方団体が法律又はこれに基く政令により義務づけられた規模と内容とを備えることを怠つているために、その地方行政の水準を低下させていると認める場合においては、当該地方団体に対し、これを備えるべき旨の勧告をすることができる。

2　関係行政機関は、前項の勧告をしようとする場合においては、あらかじめ総務大臣に通知しなければならない。

3　地方団体が第一項の勧告に従わなかつた場合においては、関係行政機関は、総務大臣に対し、当該地方団体に対し交付すべき交付税の額の全部若しくは一部を減額し、又は既に交付した交付税の全部若しくは一部を返還させることを請求することができる。

4　総務大臣は、前項の請求があつたときは、当該地方団体の弁明を聞いた上、災害その他やむを得ない事由があると認められる場合を除き、当該地方団体に対し交付すべき交付税の額の全部若しくは一部を減額し、又は既に交付した交付税の全部若しくは一部を返還させなければならない。第十九条第六項から第八項までの規定は、この場合について準用する。

5 前項の規定により減額し、又は返還させる交付税の額は、当該行政につき法律又はこれに基く政令により義務づけられた規模と内容とを備えることを怠つたことに因り、その地方行政の水準を低下させたために不用となるべき額をこえることができない。

（減額し、又は返還された交付税の額の措置）

第二十条の三 前条第四項又は地方財政法第二十六条第一項の規定により、交付すべき交付税の額の全部又は一部を減額した場合においては、その減額した額は、当該年度の特別交付税の総額に算入する。

2 第十九条第二項から第五項まで、前条第四項又は地方財政法第二十六条第一項の規定により、すでに交付した交付税の額の全部若しくは一部を返還させ、又は加算金を納付させた場合においては、その返還され、又は納付された額は、当該返還され、若しくは納付された年度の翌年度又は翌翌年度において、第六条第二項の規定により当該年度分として交付すべき交付税の総額に算入し、当該算入した年度の特別交付税の総額に算入する。

（都の特例）

第二十一条 都にあつては、道府県に対する交付税の算定に関してはその全区域を道府県と、市町村に対する交付税の算定に関してはその特別区の存する区域を市町村と、それぞれみなして算定した基準財政需要額の合算額及び基準財政収入額の合算額をもつてその基準財政需要額及び基準財政収入額とする。

（端数計算）

第二十二条 毎年度分として交付すべき交付税の総額又は各地方団体に対して交付すべき交付税の額を算定する場合及び各地方団体に対して交付税を交付する場合並びに加算金を納付させる場合において、五百円未満の端数があるときはその端数金額を切り捨て、五百円以上千円未満の端数があるときはその端数金額を千円として計算するものとする。

（地方財政審議会の意見の聴取）

第二十三条 総務大臣は、次に掲げる場合には、地方財政審議会の意見を聴かなければならない。

一 交付税の交付に関する命令の制定又は改廃の立案をしようとするとき。

二 第七条に規定する翌年度の地方団体の歳入歳出総額の見込額に関する書類の原案を作成しようとするとき。

三 第十条又は第十五条の規定により各地方団体に交付すべき交付税の額を決定し、又は変更しようとするとき。

四 第十八条第二項の規定により地方団体の審査の申立てについて決定をしようとするとき。

五 第十九条第四項の規定により交付税を返還させようとするとき。

六 第十九条第八項（第二十条の二第四項において準用する場合を含む。）の規定により地方団体の異議の申出について決定をしようとするとき。

七 第二十条第三項の規定により同条第二項に規定する決定又は処分を取り消し、又は変更しようとするとき。

八 第二十条の二第四項の規定により交付税を減額し、又は返還させようとするとき。

（事務の区分）

第二十四条 第五条第三項、第十七条第一項、第十七条の三第二項、第十七条の四第一項後段、第十八条第一項後段及び第二項後段の規定並びに第十九条第七項後段及び第八項後段（これらの規定を第二十条の二第四項及び附則第十五条第四項において準用する場合を含む。）の規定により都道府県が処理することとされている事務は、地方自治法第二条第九項第一号に規定する第一号法定受託事務とする。

附 則（抄）

（施行期日）

第一条 この法律は、公布の日から施行し、昭和二十五年四月一日から適用する。

別表第一（第十二条第四項関係） 〔注 教育関係のみ収録〕

地方団体の種類	経費の種類	測定単位	単位費用 円
道府県	三 教育費 1 小学校費	教職員数	一人につき 五、九三一、〇〇〇
	2 中学校費	教職員数	一人につき 五、八四七、〇〇〇
	3 高等学校費	教職員数	一人につき 六、六五九、〇〇〇
		生徒数	一人につき 五九、八〇〇
	4 特別支援学校費	教職員数	一人につき 五、五三六、〇〇〇
		学級数	一学級につき 二、一八六、〇〇〇
	5 その他の教育費	人口	一人につき 三、四九〇
		高等専門学校及び大学の学生の数	一人につき 二一三、〇〇〇
		私立の学校の幼児、児童及び生徒の数	一人につき 三〇九、一四〇
市町村	三 教育費 1 小学校費	児童数	一人につき 四五、八〇〇

	学級数	一学級につき 八八三、〇〇〇
	学校数	一校につき 一、九二九、〇〇〇
2 中学校費	生徒数	一人につき 四二、三〇〇
	学級数	一学級につき 一、一〇一、〇〇〇
	学校数	一校につき 一〇、四四二、〇〇〇
3 高等学校費	教職員数	一人につき 六、四八九、〇〇〇
	生徒数	一人につき 七六、二〇〇
4 その他の教育費	人口	一人につき 五、七一〇
	幼稚園及び幼保連携型認定こども園の小学校就学前子どもの数	一人につき 七五三、〇〇〇

別表第二（第十二条第五項関係）

地方団体の種類	測定単位	単位費用
道府県	人口	一人につき 九、四一〇 円
	面積	一平方キロメートルにつき 一、〇八二、〇〇〇
市町村	人口	一人につき 一八、六〇〇 円
	面積	一平方キロメートルにつき 二、二〇三、〇〇〇

○義務教育費国庫負担法

昭二七・八・八
法　三　〇　三

最終改正　平成二九・三・三一法五

（この法律の目的）

第一条　この法律は、義務教育について、義務教育無償の原則に則り、国民のすべてに対しその妥当な規模と内容とを保障するため、国が必要な経費を負担することにより、教育の機会均等とその水準の維持向上とを図ることを目的とする。

（教職員の給与及び報酬等に要する経費の国庫負担）

第二条　国は、毎年度、各都道府県ごとに、公立の小学校、中学校、義務教育学校、中等教育学校の前期課程並びに特別支援学校の小学部及び中学部（学校給食法（昭和二十九年法律第百六十号）第六条に規定する施設を含むものとし、以下「義務教育諸学校」という。）に要する経費のうち、次に掲げるものについて、その実支出額の三分の一を負担する。ただし、特別の事情があるときは、各都道府県ごとの国庫負担額の最高限度を政令で定めることができる。

一　市（地方自治法（昭和二十二年法律第六十七号）第二百五十二条の十九第一項の指定都市（以下「指定都市」という。）を除き、特別区を含む。）町村立の義務教育諸学校に係る市町村立学校職員給与負担法（昭和二十三年法律第百三十五号）第一条に掲げる職員の給料その他の給与（退職手当、退職年金及び退職一時金並びに旅費を除く。）及び報酬等に要する経費（以下「教職員の給与及び報酬等に要する経費」という。）

二　都道府県立の中学校（学校教育法（昭和二十二年法律第二十六号）第七十一条の規定により高等学校における教育と一貫した教育を施すものに限る。）、中等教育学校及び特別支援学校に係る教職員の給与及び報酬等に要する経費

三　都道府県立の義務教育諸学校（前号に規定するものを除

く。）に係る教職員の給与及び報酬等に要する経費（学校生活への適応が困難であるため相当の期間学校を欠席していると認められる児童又は生徒に対して特別の指導を行うための教育課程及び夜間その他特別の時間において主として学齢を経過した者に対して指導を行うための教育課程の実施を目的として配置される教職員に係るものに限る。）

第三条　国は、毎年度、各指定都市ごとに、公立の義務教育諸学校に要する経費のうち、指定都市の設置する義務教育諸学校に係る教職員の給与及び報酬等に要する経費について、その実支出額の三分の一を負担する。ただし、特別の事情があるときは、各指定都市ごとの国庫負担額の最高限度を政令で定めることができる。

附　則

1　この法律は、昭和二十八年四月一日から施行する。

2　平成十七年度に限り、国は、第二条に規定する経費について、同条の規定にかかわらず、各都道府県ごとに、同条の規定を適用した場合の各都道府県ごとの平成十七年度における国庫負担額（以下「平成十七年度国庫負担額」という。）から、文部科学省令で定めるところにより当該平成十七年度国庫負担額に平成十七年度係数（文部科学省令で定めるところにより、四千二百五十億円から公立養護学校整備特別措置法（昭和三十一年法律第百五十二号）附則第十四項の規定に基づき文部科学大臣が財務大臣と協議して定める額を控除した額を各都道府県ごとの平成十七年度国庫負担額の合計額で除して得た数をいう。）を乗じて得た額を控除した額を負担する。

○義務教育費国庫負担法第二条ただし書及び第三条ただし書の規定に基づき教職員の給与及び報酬等に要する経費の国庫負担額の最高限度を定める政令

平成一六・四・一
政令　一五七

最終改正　令和四・三・三〇政令一二九

（定義）

第一条　この政令において、次の各号に掲げる用語の意義は、当該各号に定めるところによる。

一　一般職員　公立義務教育諸学校の学級編制及び教職員定数の標準に関する法律（昭和三十三年法律第百十六号。以下「標準法」という。）第二条第三項に規定する教職員のうち、地方公共団体の一般職の任期付職員の採用に関する法律（平成十四年法律第四十八号）第四条の規定により採用された者以外の者をいう。

二　給料の調整額　一般職の職員の給与に関する法律（昭和二十五年法律第九十五号）第十条の規定に相当する条例の規定により支給される給料の調整額をいう。

三　教職調整額　公立の義務教育諸学校等の教育職員の給与等に関する特別措置法（昭和四十六年法律第七十七号）第三条第一項に規定する教職調整額をいう。

四　都道府県教員基礎給料月額　各都道府県ごとに、当該年度の五月一日に在職する都道府県及び市（地方自治法（昭和二十二年法律第六十七号）第二百五十二条の十九第一項の指定都市（以下「指定都市」という。）を除き、特別区を含む。以下同じ。）町村の設置する小学校、中学校及び義務教育学校並びに中等教育学校の前期課程（以下「都道府県及び市町村の設置する小学校等」という。）の一般教職員（栄養教諭等（学校給食法（昭和二十九年法律第百六十号）第七条に規定する職員をいう。以下同じ。）、寄宿舎指導員及び事務職員を除く。以下この号及び第十二号において同じ。）（都道府県立の小学校、中学校（学校教育法（昭和二十二年法律第二十六号）第七十一条の規定により高等学校における教育と一貫した教育を施すものを除く。次号、第六号及び第八号において同じ。）及び義務教育学校にあっては、義務教育費国庫負担法第二条第三号に規定する教育課程の実施を目的として配置される教職員（以下「特定教育課程担当教職員」という。）であるものに限る。以下この号において同じ。）の一人当たりの給料（給料の調整額及び教職調整額を除く。以下同じ。）の月額として、国家公務員の俸給、学校教育の水準の維持向上のための義務教育諸学校の教育職員の人材確保に関する特別措置法（昭和四十九年法律第二号。以下「人材確保法」という。）第三条の規定により講じられている措置並びに当該都道府県における経験年数別の都道府県及び市町村の設置する小学校等の一般教職員の実数等を勘案して文部科学省令で定めるところにより算定した額をいう。

五　都道府県教員算定基礎定数　各都道府県ごとに、当該年度の五月一日現在において、都道府県及び市町村の設置する小学校等の校長、副校長、教頭、主幹教諭、指導教諭、教諭、養護教諭、助教諭、養護助教諭及び講師（第十三号において「校長及び教諭等」という。）（都道府県立の小学校、中学校及び義務教育学校にあっては、特定教育課程担当教職員であるものに限る。）について、標準法第六条の二の規定により算定した数、標準法第三条第一項及び第二項本文に規定する学級編制の標準により算定した学級数に基づき標準法第七条及び第八条の規定により算定した数、地方教育行政の組織及び運営に関する法律（昭和三十一年法律第百六十二号）第十八条第四項後段の規定により指導主事に充てられるものとして文部科学大臣が財務大臣と協議して定めた数並びに標準法第十八条第一号及び第四号から第六号までに掲げる者（以下「産休代替教職員等」という。）の実数の合計数から地方公務員の育児休業等に関する法律（平成三年法律第百十号）第二条第一項の規定により育児休業をしている者（以下「育児休業者」という。）、地方公務員法（昭和二十五年法律第二百六十一号）第二十六条の六第一項の規定により配偶者同行休業をしている者（以下「配偶者同行休業者」という。）、同法第五十五条の二第一項ただし書の許可を受けた者（以下「専従職員」という。）その他文部科学省令で定める者の実数の合計数を減じた数をいう。

六　都道府県栄養教諭等基礎給料月額　各都道府県ごとに、当該年度の五月一日に在職する都道府県及び市町村の設置する小学校等並びに市町村立の共同調理場（学校給食法第六条に規定する施設をいう。以下同じ。）の一般教職員である栄養教諭等（都道府県立の小学校、中学校及び義務教育学校にあっては、特定教育課程担当教職員であるものに限る。以下この号及び次号において同じ。）の一人当たりの給料の月額として、国家公務員の俸給、人材確保法第三条の規定により講じられている措置並びに当該都道府県における経験年数別の都道府県及び市町村の設置する小学校等並びに市町村立の共同調理場の一般教職員である栄養教諭等の実数等を勘案して文部科学省令で定めるところにより算定した額をいう。

七　都道府県栄養教諭等算定基礎定数　各都道府県ごとに、当該年度の五月一日現在において、都道府県及び市町村の設置する小学校等並びに市町村立の共同調理場の栄養教諭等について、標準法第八条の二の規定により算定した数と産休代替教職員等の実数との合計数から育児休業者、配偶者同行休業者、専従職員その他文部科学省令で定める者の実数の合計数を減じた数をいう。

八　都道府県事務職員基礎給料月額　各都道府県ごとに、当該年度の五月一日に在職する都道府県及び市町村の設置する小学校等の一般教職員である事務職員（都道府県立の小学校、中学校及び義務教育学校にあっては、特定教育課程担当教職員であるものに限る。以下この号及び次号において同じ。）の一人当たりの給料の月額として、国家公務員の俸給並びに当該都道府県における経験年数別の都道府県及び市町村の設置する小学校等の一般教職員である事務職員の実数等を勘案して文部科学省令で定めるところにより算定した額をいう。

九　都道府県事務職員算定基礎定数　各都道府県ごとに、当該年度の五月一日現在において、都道府県及び市町村の設置する小学校等の事務職員について、標準法第三条第一項及び第二項本文に規定する学級編制の標準により算定した学級数に基づき標準法第九条の規定により算定した数と産休代替教職員等の実数との合計数から育児休業者、配偶者同行休業者、専従職員その他文部科学省令で定める者の実数の合計数を減じた数をいう。

十　都道府県特別支援学校教職員基礎給料月額　各都道府県ごとに、当該年度の五月一日に在職する都道府県及び市町村の設置する特別支援学校の小学部及び中学部の一般教職員の一人当たりの給料の月額として、国家公務員の俸給、人材確保法第三条の規定により講じられている措置並びに当該都道府県における経験年数別の都道府県及び市町村の設置する特別支援学校の小学部及び中学部の一般教職員の実数等を勘案して文部科学省令で定めるところにより算定した額をいう。

十一　都道府県特別支援学校教職員算定基礎定数　各都道府県ごとに、当該年度の五月一日現在において、都道府県及び市町村の設置する特別支援学校の小学部及び中学部の校長、副校長、教頭、主幹教諭、指導教諭、教諭、養護教諭、栄養教諭等、助教諭、養護助教諭、寄宿舎指導員、講師及び事務職員について、標準法第三条第一項及び第三項本文に規定する学級編制の標準により算定した学級数に基づき標準法第十条第一項の規定により算定した数と産休代替教職員等の実数との合計数から育児休業者、配偶者同行休業者、専従職員その他文部科学省令で定める者の実数の合計数を減じた数をいう。

十二　指定都市教員基礎給料月額　各指定都市ごとに、当該年度の五月一日に在職する指定都市の設置する小学校、中学校及び義務教育学校並びに中等教育学校の前期課程（以下「指定都市の設置する小学校等」という。）の一般教職員の一人当たりの給料の月額として、国家公務員の俸給、人材確保法第三条の規定により講じられている措置及び当該指定都市における経験年数別の指定都市の設置する小学校等の一般教職員の実数等を勘案して文部科学省令で定めるところにより算定した額をいう。

十三　指定都市教員算定基礎定数　各指定都市ごとに、当該年度の五月一日現在において、指定都市の設置する小学校等の校長及び教諭等について、標準法第六条の二の規定により算定した数、標準法第三条第一項及び第四条第二項に規定する学級編制の標準により算定した学級数に基づき標準法第七条及び第八条の規定により算定した数、地方教育行政の組織及び運営に関する法律第十八条第四項後段の規定により指導主事に充てられるものとして文部科学大臣が財務大臣と協議して定めた数並びに産休代替教職員等の実数の合計数から育児休業者、配偶者同行休業者、専従職員その他文部科学省令で定める者の実数の合計数を減じた数をいう。

十四　指定都市栄養教諭等基礎給料月額　各指定都市ごとに、当該年度の五月一日に在職する指定都市の設置する小学校等及び指定都市の設置する共同調理場の一般教職員である栄養教諭等の一人当たりの給料の月額として、国家公務員の俸給、人材確保法第三条の規定により講じられている措置並びに当該指定都市における経験年数別の指定都市の設置する小学校等及び指定都市の設置する共同調理場の一般教職員である栄養教諭等の実数等を勘案して文部科学省令で定めるところにより算定した額をいう。

十五　指定都市栄養教諭等算定基礎定数　各指定都市ごと

に、当該年度の五月一日現在において、指定都市の設置する小学校等及び指定都市の設置する共同調理場の栄養教諭等について、標準法第八条の二の規定により算定した数と産休代替教職員等の実数との合計数から育児休業者、配偶者同行休業者、専従職員その他文部科学省令で定める者の実数の合計数を減じた数をいう。

十六　指定都市事務職員基礎給料月額　各指定都市ごとに、当該年度の五月一日に在職する指定都市の設置する小学校等の一般教職員である事務職員の一人当たりの給料の月額として、国家公務員の俸給及び当該指定都市における経験年数別の指定都市の設置する小学校等の一般教職員である事務職員の実数等を勘案して文部科学省令で定めるところにより算定した額をいう。

十七　指定都市事務職員算定基礎定数　各指定都市ごとに、当該年度の五月一日現在において、指定都市の設置する小学校等の事務職員について、標準法第三条第一項及び第四条第二項に規定する学級編制の標準により算定した学級数に基づき標準法第九条の規定により算定した数と産休代替教職員等の実数との合計数から育児休業者、配偶者同行休業者、専従職員その他文部科学省令で定める者の実数の合計数を減じた数をいう。

十八　指定都市特別支援学校教職員基礎給料月額　各指定都市ごとに、当該年度の五月一日に在職する指定都市の設置する特別支援学校の小学部及び中学部の一般教職員の一人当たりの給料の月額として、国家公務員の俸給、人材確保法第三条の規定により講じられている措置並びに当該指定都市における経験年数別の指定都市の設置する特別支援学校の小学部及び中学部の一般教職員の実数等を勘案して文部科学省令で定めるところにより算定した額をいう。

十九　指定都市特別支援学校教職員算定基礎定数　各指定都市ごとに、当該年度の五月一日現在において、指定都市の設置する特別支援学校の小学部及び中学部の校長、副校長、教頭、主幹教諭、指導教諭、教諭、養護教諭、栄養教諭等、助教諭、養護助教諭、寄宿舎指導員、講師及び事務職員について、標準法第三条第一項及び第四条第二項に規定する学級編制の標準により算定した学級数に基づき標準法第十条第一項の規定により算定した数と産休代替教職員等の実数との合計数から育児休業者、配偶者同行休業者、専従職員その他文部科学省令で定める者の実数の合計数を減じた数をいう。

（国庫負担額の最高限度額）

第二条　義務教育費国庫負担法第二条の規定による国庫負担額は、当該年度における同条に規定する経費（以下「教職員の給与及び報酬等に要する経費」という。）の実支出額の合計額が、次に定めるところにより算定した額の合計額（以下「都道府県算定総額」という。）を超える都道府県については、当該都道府県算定総額の三分の一を最高限度とする。

一　都道府県教員基礎給料月額に都道府県教員算定基礎定数を乗じて得た額に十二を乗じて得た額

二　都道府県栄養教諭等基礎給料月額に都道府県栄養教諭等算定基礎定数を乗じて得た額に十二を乗じて得た額

三　都道府県事務職員基礎給料月額に都道府県事務職員算定基礎定数を乗じて得た額に十二を乗じて得た額

四　都道府県特別支援学校教職員基礎給料月額に都道府県特別支援学校教職員算定基礎定数を乗じて得た額に十二を乗じて得た額

五　都道府県及び市町村の設置する小学校等、都道府県及び市町村の設置する特別支援学校の小学部及び中学部並びに市町村立の共同調理場の一般教職員に係る給料の調整額、教職調整額並びに地方自治法（昭和二十二年法律第六十七号）第二百四条第二項に規定する扶養手当、地域手当、住居手当、初任給調整手当、通勤手当、単身赴任手当、特殊勤務手当、特地勤務手当（これに準ずる手当を含む。）、へき地手当（これに準ずる手当を含む。）、時間外勤務手当、宿日直手当、管理職員特別勤務手当、管理職手当、期末手当、勤勉手当、寒冷地手当、特定任期付職員業績手当及び義務教育等教員特別手当（次項第五号において「給料の調整額等」という。）について、それぞれの給与の種類ごとに、国家公務員の給与及び人材確保法第三条の規定により講じられている措置等を勘案して、毎年度、文部科学大臣が財務大臣と協議して定めるところにより各都道府県ごとに算定した額の合計額

2　義務教育費国庫負担法第三条の規定による国庫負担額は、当該年度における教職員の給与及び報酬等に要する経費の実支出額の合計額が、次に定めるところにより算定した額の合計額（以下「指定都市算定総額」という。）を超える指定都市については、当該指定都市算定総額の三分の一を最高限度とする。

一　指定都市教員基礎給料月額に指定都市教員算定基礎定数を乗じて得た額に十二を乗じて得た額

二　指定都市栄養教諭等基礎給料月額に指定都市栄養教諭等算定基礎定数を乗じて得た額に十二を乗じて得た額

三　指定都市事務職員基礎給料月額に指定都市事務職員算定基礎定数を乗じて得た額に十二を乗じて得た額

四　指定都市特別支援学校教職員基礎給料月額に指定都市特別支援学校教職員算定基礎定数を乗じて得た額に十二を乗じて得た額

五　指定都市の設置する小学校等、指定都市の設置する特別支援学校の小学部及び中学部並びに指定都市の設置する共同調理場の一般教職員に係る給料の調整額等について、それぞれの給与の種類ごとに、国家公務員の給与及び人材確保法第三条の規定により講じられている措置等を勘案して、毎年度、文部科学大臣が財務大臣と協議して定めるところにより各指定都市ごとに算定した額の合計額

（前年度以前の年度に係る教職員の給与及び報酬等に要する経費を負担すべきこととなった都道府県又は指定都市に係る国庫負担額の最高限度額）

第三条　当該年度においてその前年度以前の年度に係る教職員の給与及び報酬等に要する経費を負担すべきこととなった都道府県又は指定都市については、次に定めるところにより算定した額の合計額の三分の一を教職員の給与及び報酬等に要する経費の国庫負担額の最高限度とする。

一　当該年度における当該年度分の教職員の給与及び報酬等に要する経費の実支出額（その額が当該年度における都道府県算定総額又は指定都市算定総額を超えるときは、当該都道府県算定総額又は指定都市算定総額）

二　当該年度の前年度以前の年度に係る教職員の給与及び報酬等に要する経費で当該年度において負担すべきこととなったものについて、当該都道府県又は指定都市に係るその年度における教職員の給与及び報酬等に要する経費の国庫負担額の算定方法の例に準じて、文部科学大臣が財務大臣と協議して定めるところにより算定した額

（文部科学省令への委任）

第四条　この政令に定めるもののほか、この政令の実施について必要な事項は、文部科学省令で定める。

附　則（抄）

（施行期日等）

第一条　この政令は、公布の日から施行し、平成十六年度分の教職員の給与及び報酬等に要する経費の国庫負担金から適用する。

○義務教育費国庫負担法第二条ただし書及び第三条ただし書の規定に基づき教職員の給与及び報酬等に要する経費の国庫負担額の最高限度を定める政令施行規則

平成一六・四・一
文科令二八

最終改正　令和五・三・三〇文科令一〇

（定義）

第一条　この省令において、次の各号に掲げる用語の意義は、当該各号に定めるところによる。

一　一般教職員　義務教育費国庫負担法第二条ただし書及び第三条ただし書の規定に基づき教職員の給与及び報酬等に要する経費の国庫負担額の最高限度を定める政令（以下「令」という。）第一条第一号に規定する一般教職員をいう。

二　経験年数　人事院規則九―八（初任給、昇格、昇給等の基準）に相当する都道府県及び地方自治法（昭和二十二年法律第六十七号）第二百五十二条の十九第一項の指定都市（以下「指定都市」という。）の条例、規則等の定めるところにより算定した一般教職員として在職した年数（その年数に換算された年数を含む。）でその者の当該年度の前年度の三月三十一日までのものをいう。

（都道府県教員基礎給料月額等の算定方法）

第二条　令第一条第四号に規定する都道府県教員基礎給料月額は、次に定めるところにより算定した額の合計額を当該都道府県における当該年度の五月一日に在職する都道府県及び市町村の設置する小学校等（同号に規定する小学校等をいう。以下同じ。）の一般教職員（栄養の指導及び管理をつかさどる主幹教諭（以下「栄養主幹教諭」という。）、栄養教諭、寄宿舎指導員、学校栄養職員（学校給食法（昭和二十九年法律第百六十号）第七条に規定する職員のうち栄養主幹教諭及び栄養教諭以外の者をいう。以下同じ。）及び事務職員並びに地方公務員の育児休業等に関する法律（平成三年法律第百十号）第二条第一項の規定により育児休業をしている者（以下「育児休業者」という。）、休職者、教育公務員特例法（昭和二十四年法律第一号）第二十六条第一項の規定により大学院修学休業をしている者（以下「大学院修学休業者」という。）、地方公務員法（昭和二十五年法律第二百六十一号）第二十六条の五第一項の規定により自己啓発等休業をしている者（以下「自己啓発等休業者」という。）及び同法第二十六条の六第一項の規定により同項に規定する配偶者同行休業をしている者（以下「配偶者同行休業者」という。）を除く。以下この条において同じ。）（都道府県立の小学校、中学校（学校教育法（昭和二十二年法律第二十六号）第七十一条の規定により高等学校における教育と一貫した教育を施すものを除く。次条第一項及び第四条第一項において同じ。）及び義務教育学校にあっては、特定教育課程担当教職員（令第一条第四号に規定する特定教育課程担当教職員をいう。次条第一項及び第四条第一項において同じ。）であるものに限る。以下この項において同じ。）の実数で除して得た額とする。

一　別表第一の月額の欄に掲げる額に当該額に応ずる同表の経験年数の欄に掲げる経験年数に応ずる当該都道府県における当該年度の五月一日に在職する都道府県及び市町村の設置する小学校等の一般教職員である校長の実数を乗じて得た額の合計額

二　別表第二の月額の欄に掲げる額に当該額に応ずる同表の経験年数の欄に掲げる経験年数に応ずる当該都道府県における当該年度の五月一日に在職する都道府県及び市町村の

設置する小学校等の一般教職員である副校長及び教頭の実数を乗じて得た額の合計額

三　別表第三の月額の欄に掲げる額に当該額に応ずる同表の経験年数の欄に掲げる経験年数に応ずる当該都道府県における当該年度の五月一日に在職する都道府県及び市町村の設置する小学校等の一般教職員である主幹教諭及び指導教諭の実数を乗じて得た額の合計額

四　別表第四の月額の欄に掲げる額に当該額に応ずる同表の経験年数の欄に掲げる経験年数に応ずる当該都道府県における当該年度の五月一日に在職する都道府県及び市町村の設置する小学校等の一般教職員である教諭及び養護教諭の実数を乗じて得た額の合計額

五　別表第五の月額の欄に掲げる額に当該額に応ずる同表の経験年数の欄に掲げる経験年数に応ずる当該都道府県における当該年度の五月一日に在職する都道府県及び市町村の設置する小学校等の一般教職員である助教諭、養護助教諭及び講師の実数を乗じて得た額の合計額

2　令第一条第十二号に規定する指定都市教員基礎給料月額は、次に定めるところにより算定した額の合計額を当該指定都市における当該年度の五月一日に在職する指定都市の設置する小学校等（同号に規定する指定都市の設置する小学校等をいう。以下同じ。）の一般教職員の実数で除して得た額とする。

一　別表第一の月額の欄に掲げる額に当該額に応ずる同表の経験年数の欄に掲げる経験年数に応ずる当該指定都市における当該年度の五月一日に在職する指定都市の設置する小学校等の一般教職員である校長の実数を乗じて得た額の合計額

二　別表第二の月額の欄に掲げる額に当該額に応ずる同表の経験年数の欄に掲げる経験年数に応ずる当該指定都市における当該年度の五月一日に在職する指定都市の設置する小学校等の一般教職員である副校長及び教頭の実数を乗じて得た額の合計額

三　別表第三の月額の欄に掲げる額に当該額に応ずる同表の経験年数の欄に掲げる経験年数に応ずる当該指定都市における当該年度の五月一日に在職する指定都市の設置する小学校等の一般教職員である主幹教諭及び指導教諭の実数を乗じて得た額の合計額

四　別表第四の月額の欄に掲げる額に当該額に応ずる同表の経験年数の欄に掲げる経験年数に応ずる当該指定都市における当該年度の五月一日に在職する指定都市の設置する小学校等の一般教職員である教諭及び養護教諭の実数を乗じて得た額の合計額

五　別表第五の月額の欄に掲げる額に当該額に応ずる同表の経験年数の欄に掲げる経験年数に応ずる当該指定都市における当該年度の五月一日に在職する指定都市の設置する小学校等の一般教職員である助教諭、養護助教諭及び講師の実数を乗じて得た額の合計額

（都道府県栄養教諭等基礎給料月額等の算定方法）

第三条　令第一条第六号に規定する都道府県栄養教諭等基礎給料月額は、次に定めるところにより算定した額の合計額を当該都道府県における当該年度の五月一日に在職する都道府県及び市町村の設置する小学校等及び市（指定都市を除き、特別区を含む。以下この条及び第五条において同じ。）町村立の共同調理場（学校給食法第六条に規定する施設をいう。以下この条において同じ。）の一般教職員である栄養主幹教諭及び栄養教諭（育児休業者、休職者、大学院修学休業者、自己啓発等休業者及び配偶者同行休業者を除く。以下この条において同じ。）並びに学校栄養職員（育児休業者、休職者、自己啓発等休業者及び配偶者同行休業者を除く。以下この条において同じ。）（都道府県立の小学校、中学校及び義務教育学校にあっては、特定教育課程担当教職員であるものに限る。以下この項において同じ。）の実数で除して得た額とする。

一　別表第三の月額の欄に掲げる額に当該額に応ずる同表の経験年数の欄に掲げる経験年数に応ずる当該都道府県における当該年度の五月一日に在職する都道府県及び市町村の設置する小学校等の一般教職員である栄養主幹教諭の実数を乗じて得た額の合計額

二　別表第四の月額の欄に掲げる額に当該額に応ずる同表の経験年数の欄に掲げる経験年数に応ずる当該都道府県における当該年度の五月一日に在職する都道府県及び市町村の設置する小学校等の一般教職員である栄養教諭の実数を乗じて得た額の合計額

三　別表第六の月額の欄に掲げる額に当該額に応ずる同表の経験年数の欄に掲げる経験年数に応ずる当該都道府県における当該年度の五月一日に在職する都道府県及び市町村の設置する小学校等及び市町村立の共同調理場の一般教職員である学校栄養職員の実数を乗じて得た額の合計額

2　令第一条第十四号に規定する指定都市栄養教諭等基礎給料月額は、次に定めるところにより算定した額の合計額を当該指定都市における当該年度の五月一日に在職する指定都市の設置する小学校等及び指定都市の設置する共同調理場の一般教職員である栄養主幹教諭及び栄養教諭並びに学校栄養職員の実数で除して得た額とする。

一　別表第三の月額の欄に掲げる額に当該額に応ずる同表の経験年数の欄に掲げる経験年数に応ずる当該指定都市における当該年度の五月一日に在職する指定都市の設置する小学校等の一般教職員である栄養主幹教諭の実数を乗じて得た額の合計額

二　別表第四の月額の欄に掲げる額に当該額に応ずる同表の経験年数の欄に掲げる経験年数に応ずる当該指定都市における当該年度の五月一日に在職する指定都市の設置する小学校等の一般教職員である栄養教諭の実数を乗じて得た額の合計額

三　別表第六の月額の欄に掲げる額に当該額に応ずる同表の経験年数の欄に掲げる経験年数に応ずる当該指定都市における当該年度の五月一日に在職する指定都市の設置する小学校等及び指定都市の設置する共同調理場の一般教職員である学校栄養職員の実数を乗じて得た額の合計額

3　次の表の上欄に掲げる場合における栄養主幹教諭又は栄養教諭に対する前二項の規定の適用については、それぞれ同表

の下欄に定める年数を当該者の栄養主幹教諭又は栄養教諭としての経験年数とみなす。

学校栄養職員として在職した者が引き続いて栄養教諭となった場合	当該者の学校栄養職員としての経験年数に応ずる別表第六の表の月額の欄に掲げる額の直近上位の別表第四の月額の欄に掲げる額（同表の月額の欄に掲げる額に直近上位の額がない場合にあっては、同表の月額の欄に掲げる最上位の額）に応ずる同表の経験年数の欄に掲げる経験年数を当該者の栄養教諭としての経験年数に合算した年数
学校栄養職員として在職した者が引き続いて栄養主幹教諭となった場合	当該者の学校栄養職員としての経験年数に応ずる別表第六の表の月額の欄に掲げる額の直近上位の別表第三の月額の欄に掲げる額（同表の月額の欄に掲げる額に直近上位の額がない場合にあっては、同表の月額の欄に掲げる最上位の額）に応ずる同表の経験年数の欄に掲げる経験年数を当該者の栄養主幹教諭としての経験年数に合算した年数
学校栄養職員として在職した者が、引き続いて栄養教諭となり、かつ、当該栄養教諭として在職した後引き続いて栄養主幹教諭となった場合	当該者の学校栄養職員としての経験年数に応ずる別表第六の表の月額の欄に掲げる額の直近上位の別表第四の月額の欄に掲げる額（同表の月額の欄に掲げる額に直近上位の額がない場合にあっては、同表の月額の欄に掲げる最上位の額）に応ずる同表の経験年数の欄に掲げる経験年数を当該者の栄養主幹教諭及び栄養教諭としての経験年数に合算した年数

（都道府県事務職員基礎給料月額等の算定方法）

第四条　令第一条第八号に規定する都道府県事務職員基礎給料月額は、別表第七の月額の欄に掲げる額に当該額に応ずる同表の経験年数の欄に掲げる経験年数に応ずる当該都道府県における当該年度の五月一日に在職する都道府県及び市町村の設置する小学校等の一般教職員である事務職員（育児休業者、休職者、自己啓発等休業者及び配偶者同行休業者を除く。以下この条において同じ。）（都道府県立の小学校、中学校及び義務教育学校にあっては、特定教育課程担当教職員であるものに限る。以下この項において同じ。）の実数を乗じて得た額の合計額を当該都道府県における当該年度の五月一日に在職する都道府県及び市町村の設置する小学校等の一般教職員である事務職員の実数で除して得た額とする。

2　令第一条第十六号に規定する指定都市事務職員基礎給料月額は、別表第七の月額の欄に掲げる額に当該額に応ずる同表の経験年数の欄に掲げる経験年数に応ずる当該指定都市における当該年度の五月一日に在職する指定都市の設置する小学校等の一般教職員である事務職員の実数を乗じて得た額の合計額を当該指定都市における当該年度の五月一日に在職する指定都市の設置する小学校等の一般教職員である事務職員の実数で除して得た額とする。

（都道府県特別支援学校教職員基礎給料月額等の算定方法）

第五条　令第一条第十号に規定する都道府県特別支援学校教職員基礎給料月額は、次に定めるところにより算定した額の合計額を当該都道府県における当該年度の五月一日に在職する都道府県及び市町村の設置する特別支援学校の小学部及び中学部（都道府県及び市町村の設置する特別支援学校のうち、幼稚部又は高等部のみを置くもの以外のものをいう。以下この条において同じ。）の一般教職員（育児休業者、休職者、大学院修学休業者、自己啓発等休業者及び配偶者同行休業者を除く。以下この条において同じ。）の実数で除して得た額とする。

一　別表第八の月額の欄に掲げる額に当該額に応ずる同表の経験年数の欄に掲げる経験年数に応ずる当該都道府県における当該年度の五月一日に在職する都道府県及び市町村の設置する特別支援学校の小学部及び中学部の一般教職員である校長の実数を乗じて得た額の合計額

二　別表第九の月額の欄に掲げる額に当該額に応ずる同表の経験年数の欄に掲げる経験年数に応ずる当該都道府県における当該年度の五月一日に在職する都道府県及び市町村の設置する特別支援学校の小学部及び中学部の一般教職員である副校長及び教頭の実数を乗じて得た額の合計額

三　別表第十の月額の欄に掲げる額に当該額に応ずる同表の経験年数の欄に掲げる経験年数に応ずる当該都道府県における当該年度の五月一日に在職する都道府県及び市町村の設置する特別支援学校の小学部及び中学部の一般教職員である主幹教諭及び指導教諭の実数を乗じて得た額の合計額

四　別表第十一の月額の欄に掲げる額に当該額に応ずる同表の経験年数の欄に掲げる経験年数に応ずる当該都道府県における当該年度の五月一日に在職する都道府県及び市町村の設置する特別支援学校の小学部及び中学部の一般教職員である教諭、養護教諭及び栄養教諭の実数を乗じて得た額の合計額

五　別表第十二の月額の欄に掲げる額に当該額に応ずる同表の経験年数の欄に掲げる経験年数に応ずる当該都道府県における当該年度の五月一日に在職する都道府県及び市町村の設置する特別支援学校の小学部及び中学部の一般教職員である助教諭、養護助教諭、寄宿舎指導員及び講師の実数を乗じて得た額の合計額

六　別表第六の月額の欄に掲げる額に当該額に応ずる同表の経験年数の欄に掲げる経験年数に応ずる当該都道府県における当該年度の五月一日に在職する都道府県及び市町村の設置する特別支援学校の小学部及び中学部の一般教職員である学校栄養職員の実数を乗じて得た額の合計額

七　別表第七の月額の欄に掲げる額に当該額に応ずる同表の経験年数の欄に掲げる経験年数に応ずる当該都道府県における当該年度の五月一日に在職する都道府県及び市町村の設置する特別支援学校の小学部及び中学部の一般教職員で

ある事務職員の実数を乗じて得た額の合計額

2　令第一条第十八号に規定する指定都市特別支援学校教職員基礎給料月額は、次に定めるところにより算定した額の合計額を当該指定都市における当該年度の五月一日に在職する指定都市の設置する特別支援学校の小学部及び中学部（指定都市の設置する特別支援学校のうち、幼稚部又は高等部のみを置くもの以外のものをいう。以下この項において同じ。）の一般教職員の実数で除して得た額とする。

一　別表第八の月額の欄に掲げる額に当該額に応ずる同表の経験年数の欄に掲げる経験年数に応ずる当該指定都市における当該年度の五月一日に在職する指定都市の設置する特別支援学校の小学部及び中学部の一般教職員である校長の実数を乗じて得た額の合計額

二　別表第九の月額の欄に掲げる額に当該額に応ずる同表の経験年数の欄に掲げる経験年数に応ずる当該指定都市における当該年度の五月一日に在職する指定都市の設置する特別支援学校の小学部及び中学部の一般教職員である副校長及び教頭の実数を乗じて得た額の合計額

三　別表第十の月額の欄に掲げる額に当該額に応ずる同表の経験年数の欄に掲げる経験年数に応ずる当該指定都市における当該年度の五月一日に在職する指定都市の設置する特別支援学校の小学部及び中学部の一般教職員である主幹教論及び指導教論の実数を乗じて得た額の合計額

四　別表第十一の月額の欄に掲げる額に当該額に応ずる同表の経験年数の欄に掲げる経験年数に応ずる当該指定都市における当該年度の五月一日に在職する指定都市の設置する特別支援学校の小学部及び中学部の一般教職員である教論、養護教論及び栄養教論の実数を乗じて得た額の合計額

五　別表第十二の月額の欄に掲げる額に当該額に応ずる同表の経験年数の欄に掲げる経験年数に応ずる当該指定都市における当該年度の五月一日に在職する指定都市の設置する特別支援学校の小学部及び中学部の一般教職員である助教論、養護助教論、寄宿舎指導員及び講師の実数を乗じて得た額の合計額

六　別表第六の月額の欄に掲げる額に当該額に応ずる同表の経験年数の欄に掲げる経験年数に応ずる当該指定都市における当該年度の五月一日に在職する指定都市の設置する特別支援学校の小学部及び中学部の一般教職員である学校栄養職員の実数を乗じて得た額の合計額

七　別表第七の月額の欄に掲げる額に当該額に応ずる同表の経験年数の欄に掲げる経験年数に応ずる当該指定都市における当該年度の五月一日に在職する指定都市の設置する特別支援学校の小学部及び中学部の一般教職員である事務職員の実数を乗じて得た額の合計額

3　第三条第三項の規定は、前二項の規定の適用について準用する。この場合において、「別表第三」とあるのは「別表第十」と、「別表第四」とあるのは「別表第十一」と読み替えるものとする。

（都道府県教員算定基礎定数等の算定に含まない者）

第六条　令第一条第五号、第七号、第九号、第十一号、第十三号、第十五号、第十七号及び第十九号の文部科学省令で定める者は、地方公務員法第二十七条第二項及び第二十八条第三項の規定に基づく条例の規定により休職にされた者のうち、この者が一般職の国家公務員であると仮定した場合には給料が支給されないこととなるものとする。

（端数計算）

第七条　令第二条又は第三条の規定により算定した国庫負担額の最高限度額及び第二条から第五条までの規定により算定した額に一円未満の端数を生じたときは、当該端数は、切り捨てる。

附　則

（施行期日等）

第一条　この省令は、公布の日から施行し、平成十六年度分の教職員の給与及び報酬等に要する経費の国庫負担金から適用する。

（学校栄養職員に係る特例）

第二条　当分の間、第三条第二項中「学校栄養職員」とあるのは「学校栄養職員のうち、学校給食法第二条各号に掲げる学校給食の目標、学校給食の栄養に関する専門的事項その他の学校給食の実施に必要な事項についての知識又は経験の程度を勘案し、当該指定都市の教育委員会が指定した者」とする。

（暫定再任用職員に係る都道府県教員基礎給料月額等の算定の際に勘案する事項）

第三条　第二条から第五条までの規定に基づき都道府県教員基礎給料月額等（都道府県教員基礎給料月額、指定都市教員基礎給料月額、都道府県栄養教論等基礎給料月額、指定都市栄養教論等基礎給料月額、都道府県事務職員基礎給料月額、指定都市事務職員基礎給料月額、都道府県特別支援学校教職員基礎給料月額及び指定都市特別支援学校教職員基礎給料月額をいう。）を算定するに当たっては、地方公務員法の一部を改正する法律（令和三年法律第六十三号）附則第四条第一項若しくは第二項又は第五条第一項から第四項までの規定により採用された者（以下「暫定再任用職員」という。）の数及び別表第一から別表第十二までの経験年数の欄に掲げる暫定再任用職員に係る月額の欄に掲げる額を勘案するものとする。

2　前項の暫定再任用職員の数については、暫定再任用職員の実数に文部科学大臣が別に定める率を乗じて得た数（一未満の端数を生じたときは、一に切り上げる。）とする。

別表第一（第二条第一項第一号及び第二項第一号関係）

経験年数		月額
		円
18年未満		374,800
18年以上	19年未満	381,700
19年以上	20年未満	388,500
20年以上	21年未満	394,300
21年以上	22年未満	400,300
22年以上	23年未満	405,000
23年以上	24年未満	410,500
24年以上	25年未満	416,000
25年以上	26年未満	420,700
26年以上	27年未満	425,500
27年以上	28年未満	430,600
28年以上	29年未満	435,600
29年以上	30年未満	443,200
30年以上	31年未満	445,300
31年以上		448,400
暫定再任用職員		405,200

別表第二（第二条第一項第二号及び第二項第二号関係）

経験年数		月額
		円
8年未満		286,500
8年以上	9年未満	297,100
9年以上	10年未満	302,300
10年以上	11年未満	312,500
11年以上	12年未満	321,900
12年以上	13年未満	333,200
13年以上	14年未満	339,900
14年以上	15年未満	348,000
15年以上	16年未満	355,800
16年以上	17年未満	363,000
17年以上	18年未満	369,500
18年以上	19年未満	375,900
19年以上	20年未満	381,900
20年以上	21年未満	387,200
21年以上	22年未満	392,400
22年以上	23年未満	396,500
23年以上	24年未満	401,800
24年以上	25年未満	405,900
25年以上	26年未満	411,000
26年以上	27年未満	414,400
27年以上	28年未満	416,900
28年以上	29年未満	419,000
29年以上	30年未満	420,500
30年以上	31年未満	425,400
31年以上	32年未満	425,500
32年以上	33年未満	427,600
33年以上	34年未満	428,700
34年以上		430,600
暫定再任用職員		324,400

別表第三（第二条第一項第三号及び第二項第三号並びに第三条第一項第一号、第二項第一号及び第三項関係）

経験年数		月額
		円
8年未満		271,500
8年以上	9年未満	281,300
9年以上	10年未満	286,200
10年以上	11年未満	295,900
11年以上	12年未満	305,400
12年以上	13年未満	316,800
13年以上	14年未満	324,700
14年以上	15年未満	333,000
15年以上	16年未満	341,000
16年以上	17年未満	348,500
17年以上	18年未満	354,800
18年以上	19年未満	361,100
19年以上	20年未満	367,200
20年以上	21年未満	372,000
21年以上	22年未満	376,600
22年以上	23年未満	380,400
23年以上	24年未満	384,900
24年以上	25年未満	388,600
25年以上	26年未満	393,000
26年以上	27年未満	396,300
27年以上	28年未満	399,000
28年以上	29年未満	401,400
29年以上	30年未満	403,400
30年以上	32年未満	408,200
32年以上	33年未満	409,300
33年以上	34年未満	410,600
34年以上	36年未満	412,100
36年以上	37年未満	412,800
37年以上		413,400
暫定再任用職員		298,100

別表第四（第二条第一項第四号及び第二項第四号並びに第三条第一項第二号、第二項第二号及び第三項関係）

経験年数		月額
		円
1 年未満		210,700
1 年以上	2 年未満	217,300
2 年以上	3 年未満	223,300
3 年以上	4 年未満	231,700
4 年以上	5 年未満	238,900
5 年以上	6 年未満	250,000
6 年以上	7 年未満	261,100
7 年以上	8 年未満	263,900
8 年以上	9 年未満	273,000
9 年以上	10 年未満	277,500
10 年以上	11 年未満	286,700
11 年以上	12 年未満	296,400
12 年以上	13 年未満	307,900
13 年以上	14 年未満	316,900
14 年以上	15 年未満	325,400
15 年以上	16 年未満	333,600
16 年以上	17 年未満	341,500
17 年以上	18 年未満	347,600
18 年以上	19 年未満	353,700
19 年以上	20 年未満	359,900
20 年以上	21 年未満	364,300
21 年以上	22 年未満	368,200
22 年以上	23 年未満	371,700
23 年以上	24 年未満	375,500
24 年以上	25 年未満	378,800
25 年以上	26 年未満	382,500
26 年以上	27 年未満	385,600
27 年以上	28 年未満	388,500
28 年以上	29 年未満	391,300
29 年以上	30 年未満	393,700
30 年以上	33 年未満	398,400
33 年以上	34 年未満	400,000
34 年以上	36 年未満	401,000
36 年以上	37 年未満	402,400
37 年以上		403,700
暫定再任用職員		271,100

別表第五（第二条第一項第五号及び第二項第五号関係）

経験年数		月額
		円
1 年未満		207,300
1 年以上	2 年未満	213,300
2 年以上	3 年未満	218,800
3 年以上	4 年未満	226,500
4 年以上	5 年未満	232,300
5 年以上	6 年未満	239,300
6 年以上	7 年未満	245,400
7 年以上	8 年未満	250,800
8 年以上	9 年未満	254,600
9 年以上	10 年未満	258,800
10 年以上	11 年未満	262,600
11 年以上	12 年未満	265,900
12 年以上	13 年未満	270,500
13 年以上	14 年未満	275,700
14 年以上	15 年未満	279,700
15 年以上	16 年未満	283,800
16 年以上	17 年未満	287,000
17 年以上	18 年未満	290,300
18 年以上	19 年未満	292,700
19 年以上	20 年未満	295,300
20 年以上	21 年未満	298,000
21 年以上	22 年未満	299,400
22 年以上	23 年未満	300,500
23 年以上	24 年未満	301,500
24 年以上	25 年未満	302,400
25 年以上	26 年未満	303,300
26 年以上	27 年未満	304,300
27 年以上	28 年未満	304,400
28 年以上	30 年未満	304,700
30 年以上	32 年未満	304,900
32 年以上		305,000
暫定再任用職員		225,200

別表第六（第三条第一項第三号、第二項第三号及び第三項並びに第五条第一項第六号及び第二項第六号関係）

経験年数		月額
		円
1 年未満		172,400
1 年以上	2 年未満	187,300
2 年以上	3 年未満	193,600
3 年以上	4 年未満	200,900
4 年以上	5 年未満	207,200
5 年以上	6 年未満	213,700
6 年以上	7 年未満	219,400
7 年以上	8 年未満	224,300
8 年以上	9 年未満	229,400
9 年以上	10 年未満	234,400
10 年以上	11 年未満	238,900
11 年以上	12 年未満	252,900
12 年以上	13 年未満	258,500

13年以上	14年未満	264,100
14年以上	15年未満	269,900
15年以上	16年未満	276,100
16年以上	17年未満	282,500
17年以上	18年未満	288,700
18年以上	19年未満	306,000
19年以上	20年未満	312,800
20年以上	21年未満	318,600
21年以上	22年未満	323,800
22年以上	23年未満	327,700
23年以上	24年未満	331,400
24年以上	25年未満	358,400
25年以上	26年未満	362,500
26年以上	27年未満	366,800
27年以上	28年未満	370,100
28年以上	29年未満	373,100
29年以上	30年未満	385,300
30年以上	31年未満	390,900
31年以上	32年未満	394,800
32年以上	33年未満	398,300
33年以上	34年未満	400,800
34年以上	35年未満	403,300
35年以上		404,800
暫定再任用職員		247,400

別表第七（第四条並びに第五条第一項第七号及び第二項第七号関係）

経験年数		月額
		円
1年未満		157,400
1年以上	2年未満	162,300
2年以上	3年未満	167,900
3年以上	4年未満	174,300
4年以上	5年未満	182,200
5年以上	6年未満	189,700
6年以上	7年未満	196,400
7年以上	8年未満	202,500
8年以上	9年未満	207,500
9年以上	10年未満	217,200
10年以上	11年未満	224,400
11年以上	12年未満	231,100
12年以上	13年未満	237,400
13年以上	14年未満	250,900
14年以上	15年未満	256,300
15年以上	16年未満	261,400
16年以上	17年未満	267,100
17年以上	18年未満	273,900
18年以上	19年未満	280,600
19年以上	20年未満	286,800
20年以上	21年未満	299,900
21年以上	22年未満	306,100
22年以上	23年未満	311,900
23年以上	24年未満	318,000
24年以上	25年未満	323,300
25年以上	26年未満	327,100
26年以上	27年未満	351,500
27年以上	28年未満	356,600
28年以上	29年未満	360,200
29年以上	30年未満	363,300
30年以上	31年未満	365,800
31年以上	32年未満	377,400
32年以上	33年未満	380,000
33年以上	34年未満	382,200
34年以上	35年未満	384,700
35年以上	36年未満	386,900
36年以上	37年未満	388,800
37年以上		402,400
暫定再任用職員		252,200

別表第八（第五条第一項第一号及び第二項第一号関係）

経験年数		月額
		円
18年未満		380,300
18年以上	19年未満	388,500
19年以上	20年未満	396,500
20年以上	21年未満	403,700
21年以上	22年未満	410,400
22年以上	23年未満	416,300
23年以上	24年未満	422,700
24年以上	25年未満	429,200
25年以上	26年未満	436,000
26年以上	27年未満	441,500
27年以上	28年未満	449,300
28年以上	29年未満	459,600
29年以上	30年未満	465,200
30年以上		471,800
暫定再任用職員		415,200

別表第九（第五条第一項第二号及び第二項第二号関係）

経験年数		月額
		円
11年未満		313,600
11年以上	12年未満	323,100

経験年数		月額
12年以上	13年未満	334,300
13年以上	14年未満	341,000
14年以上	15年未満	349,200
15年以上	16年未満	357,000
16年以上	17年未満	365,300
17年以上	18年未満	371,800
18年以上	19年未満	379,700
19年以上	20年未満	386,900
20年以上	21年未満	393,200
21年以上	22年未満	399,500
22年以上	23年未満	404,600
23年以上	24年未満	410,400
24年以上	25年未満	416,000
25年以上	26年未満	421,100
26年以上	27年未満	427,100
27年以上	28年未満	433,300
28年以上	29年未満	439,100
29年以上	30年未満	448,000
30年以上	31年未満	451,800
31年以上	32年未満	457,400
32年以上		457,500
暫定再任用職員		331,100

別表第十（第五条第一項第三号、第二項第三号及び第三項関係）

経験年数		月額
11年未満		296,800円
11年以上	12年未満	306,300
12年以上	13年未満	317,700
13年以上	14年未満	325,600
14年以上	15年未満	334,000
15年以上	16年未満	341,700
16年以上	17年未満	350,100
17年以上	18年未満	357,000
18年以上	19年未満	364,700
19年以上	20年未満	371,900
20年以上	21年未満	378,000
21年以上	22年未満	383,600
22年以上	23年未満	388,300
23年以上	24年未満	393,900
24年以上	25年未満	398,600
25年以上	26年未満	403,100
26年以上	27年未満	407,800
27年以上	28年未満	411,900
28年以上	29年未満	415,700
29年以上	30年未満	421,000
30年以上	31年未満	425,500
31年以上	32年未満	428,300
32年以上	33年未満	428,400
33年以上	34年未満	429,200
34年以上	36年未満	429,700
36年以上	37年未満	430,200
37年以上		430,700
暫定再任用職員		303,000

別表第十一（第五条第一項第四号、第二項第四号及び第三項関係）

経験年数		月額
1年未満		211,400円
1年以上	2年未満	217,800
2年以上	3年未満	223,800
3年以上	4年未満	232,300
4年以上	5年未満	239,500
5年以上	6年未満	250,700
6年以上	7年未満	261,900
7年以上	8年未満	264,800
8年以上	9年未満	273,800
9年以上	10年未満	278,300
10年以上	11年未満	287,600
11年以上	12年未満	297,200
12年以上	13年未満	308,800
13年以上	14年未満	317,900
14年以上	15年未満	326,500
15年以上	16年未満	334,100
16年以上	17年未満	342,600
17年以上	18年未満	349,800
18年以上	19年未満	357,400
19年以上	20年未満	364,600
20年以上	21年未満	370,400
21年以上	22年未満	375,400
22年以上	23年未満	379,700
23年以上	24年未満	385,000
24年以上	25年未満	388,900
25年以上	26年未満	392,800
26年以上	27年未満	396,100
27年以上	28年未満	398,100
28年以上	29年未満	400,000
29年以上	30年未満	401,700
30年以上	33年未満	406,900
33年以上	34年未満	408,500
34年以上	36年未満	409,500
36年以上	37年未満	410,600
37年以上		411,600
暫定再任用職員		274,300

別表第十二（第五条第一項第五号及び第二項第五号関係）

経験年数		月額
		円
1年未満		207,800
1年以上	2年未満	213,800
2年以上	3年未満	219,400
3年以上	4年未満	227,300
4年以上	5年未満	233,900
5年以上	6年未満	241,200
6年以上	7年未満	248,100
7年以上	8年未満	247,700
8年以上	9年未満	252,200
9年以上	10年未満	256,600
10年以上	11年未満	261,100
11年以上	12年未満	265,400
12年以上	13年未満	271,500
13年以上	14年未満	276,800
14年以上	15年未満	281,800
15年以上	16年未満	286,600
16年以上	17年未満	292,100
17年以上	18年未満	297,200
18年以上	19年未満	302,000
19年以上	20年未満	304,900
20年以上	21年未満	307,700
21年以上	22年未満	314,700
22年以上	23年未満	318,500
23年以上	24年未満	320,800
24年以上	25年未満	322,400
25年以上	26年未満	323,700
26年以上	27年未満	325,500
27年以上	28年未満	326,400
28年以上	29年未満	327,500
29年以上	30年未満	329,200
30年以上	31年未満	329,700
31年以上	32年未満	330,100
32年以上	33年未満	331,900
33年以上	36年未満	333,200
36年以上	37年未満	334,200
37年以上		334,900
暫定再任用職員		234,000

○市町村立学校職員給与負担法

昭二三・七・一〇
法一三五

最終改正 令和五・一一・二四法七三

第一条 市（地方自治法（昭和二十二年法律第六十七号）第二百五十二条の十九第一項の指定都市（次条において「指定都市」という。）を除き、特別区を含む。）町村立の小学校、中学校、義務教育学校、中等教育学校の前期課程及び特別支援学校の校長（中等教育学校の前期課程にあつては、当該課程の属する中等教育学校の校長とする。）、副校長、教頭、主幹教諭、指導教諭、教諭、養護教諭、栄養教諭、助教諭、養護助教諭、寄宿舎指導員、講師（常勤の者及び地方公務員法（昭和二十五年法律第二百六十一号）第二十二条の四第一項に規定する短時間勤務の職を占める者に限る。）、学校栄養職員（学校給食法（昭和二十九年法律第百六十号）第七条に規定する職員のうち栄養の指導及び管理をつかさどる主幹教諭並びに栄養教諭以外の者をいい、同法第六条に規定する施設の当該職員を含む。以下同じ。）及び事務職員のうち次に掲げる職員であるものの給料、扶養手当、地域手当、住居手当、初任給調整手当、通勤手当、単身赴任手当、在宅勤務等手当、特殊勤務手当、特地勤務手当（これに準ずる手当を含む。）、へき地手当（これに準ずる手当を含む。）、時間外勤務手当（学校栄養職員及び事務職員に係るものとする。）、宿日直手当、管理職員特別勤務手当、管理職手当、期末手当、勤勉手当、義務教育等教員特別手当、寒冷地手当、特定任期付職員業績手当、退職手当、退職年金及び退職一時金並びに旅費（都道府県が定める支給に関する基準に適合するものに限る。）（以下「給料その他の給与」という。）並びに定時制通信教育手当（中等教育学校の校長に係るものとする。）並びに講師（公立義務教育諸学校の学級編制及び教職員定数の標準に関する法律（昭和三十三年法律第百十六号。以下「義務教育諸学校標準法」という。）第十七条第二項に規定する非常勤の講師に限る。）の報酬、職務を行うために要する費用の弁償、期末手当及び勤勉手当（次条において「報酬等」という。）は、都道府県の負担とする。

一 義務教育諸学校標準法第六条第一項の規定に基づき都道府県が定める都道府県小中学校等教職員定数及び義務教育諸学校標準法第十条第一項の規定に基づき都道府県が定める都道府県特別支援学校教職員定数に基づき配置される職員（義務教育諸学校標準法第十八条各号に掲げる者を含む。）

二 公立高等学校の適正配置及び教職員定数の標準等に関する法律（昭和三十六年法律第百八十八号。以下「高等学校標準法」という。）第十五条の規定に基づき都道府県が定める特別支援学校高等部教職員定数に基づき配置される職員（特別支援学校の高等部に係る高等学校標準法第二十四条各号に掲げる者を含む。）

三 特別支援学校の幼稚部に置くべき職員の数として都道府県が定める数に基づき配置される職員

第二条 市（指定都市を除く。）町村立の高等学校（中等教育学校の後期課程を含む。）で学校教育法（昭和二十二年法律第二十六号）第四条第一項に規定する定時制の課程（以下この条において「定時制の課程」という。）を置くものの校長（定時制の課程のほかに同項に規定する全日制の課程を置く高等学校の校長及び中等教育学校の校長を除く。）、定時制の課程に関する校務をつかさどる副校長、定時制の課程に関する校務を整理する教頭、主幹教諭（定時制の課程に関する校務の一部を整理する者又は定時制の課程の授業を担任する者に限る。）並びに定時制の課程の授業を担任する指導教諭、教諭、助教諭及び講師（常勤の者及び地方公務員法第二十二条の四第一項に規定する短時間勤務の職を占める者に限る。）のうち高等学校標準法第七条の規定に基づき都道府県が定める高等学校等教職員定数に基づき配置される職員（高等学校標準法第二十四条各号に掲げる者を含む。）であるものの給料その他の給与、定時制通信教育手当及び産業教育手当並びに非常勤の講師（高等学校標準法第二十三条第二項に規定する非常勤の講師に限る。）の報酬等は、都道府県の負担とする。

第三条 前二条に規定する職員の給料その他の給与については、地方教育行政の組織及び運営に関する法律（昭和三十一年法律第百六十二号）第四十二条の規定の適用を受けるものを除く外、都道府県の条例でこれを定める。

附 則（抄）

1 この法律は、公布の日から、これを施行し、昭和二十三年四月一日から、これを適用する。

3 当分の間、第一条中「学校栄養職員（学校給食法（昭和二十九年法律第百六十号）第七条に規定する職員のうち栄養の指導及び管理をつかさどる主幹教諭並びに栄養教諭以外の者をいい、同法第六条に規定する施設の当該職員を含む。以下同じ。）」とあるのは「学校栄養職員（学校給食法（昭和二十九年法律第百六十号）第七条に規定する職員のうち栄養の指導及び管理をつかさどる主幹教諭並びに栄養教諭以外の者をいい、同法第六条に規定する施設の当該職員を含む。以下同じ。）のうち政令で定める者」と、「学校栄養職員及び事務職員」とあるのは「学校栄養職員のうち政令で定める者及び事務職員」とする。

○義務教育諸学校等の施設費の国庫負担等に関する法律

昭三三・四・二五
法　八　一

最終改正　平成二七・七・八法五二

（目的）

第一条　この法律は、公立の義務教育諸学校等の施設の整備を促進するため、公立の義務教育諸学校の建物の建築に要する経費について国がその一部を負担することを定めるとともに、文部科学大臣による施設整備基本方針の策定及び地方公共団体による施設整備計画に基づく事業に充てるための交付金の交付等について定め、もつて義務教育諸学校等における教育の円滑な実施を確保することを目的とする。

（定義）

第二条　この法律において「義務教育諸学校」とは、学校教育法（昭和二十二年法律第二十六号）に規定する小学校、中学校、義務教育学校、中等教育学校の前期課程並びに特別支援学校の小学部及び中学部をいう。

2　この法律において「建物」とは、校舎、屋内運動場及び寄宿舎をいう。

3　この法律において「学級数」とは、公立義務教育諸学校の学級編制及び教職員定数の標準に関する法律（昭和三十三年法律第百十六号）に規定する学級編制の標準により算定した学級の数をいう。ただし、第五条第一項の規定により、同項の政令で定める事情があるため、校舎又は屋内運動場の不足を生ずるおそれがある場合における校舎又は屋内運動場の新築又は増築に係る工事費の算定を行うとき、及び同条第二項の規定により、同項第一号に掲げる場合における校舎又は屋内運動場の新築又は増築に係る工事費の算定を行うとき、並びに第五条の三第一項の規定により、特別支援学校の校舎又は屋内運動場の新築又は増築に係る工事費の算定を行うときは、文部科学大臣が同法に規定する学級編制の標準に準じて定める方法により算定した学級の数をいう。

（国の負担）

第三条　国は、政令で定める限度において、次の各号に掲げる経費について、その一部を負担する。この場合において、その負担割合は、それぞれ当該各号に定める割合によるものとする。

一　公立の小学校、中学校（第二号の二に該当する中学校を除く。同号を除き、以下同じ。）及び義務教育学校における教室の不足を解消するための校舎の新築又は増築（買収その他これに準ずる方法による取得を含む。以下同じ。）に要する経費　二分の一

二　公立の小学校、中学校及び義務教育学校の屋内運動場の新築又は増築に要する経費　二分の一

二の二　公立の中学校で学校教育法第七十一条の規定により高等学校における教育と一貫した教育を施すもの及び公立の中等教育学校の前期課程（以下「中等教育学校等」という。）の建物の新築又は増築に要する経費　二分の一

三　公立の特別支援学校の小学部及び中学部の建物の新築又は増築に要する経費　二分の一

四　公立の小学校、中学校及び義務教育学校を適正な規模にするため統合しようとすることに伴つて必要となり、又は統合したことに伴つて必要となつた校舎又は屋内運動場の新築又は増築に要する経費　二分の一

2　前項第一号の教室の不足の範囲及び同項第四号の適正な規模の条件は、政令で定める。

（経費の種目）

第四条　前条第一項各号に掲げる経費の種目は、本工事費及び附帯工事費（買収その他これに準ずる方法による取得の場合にあつては、買収費とし、以下「工事費」と総称する。）並びに事務費とする。

（小学校、中学校及び義務教育学校の建物の工事費の算定方法）

第五条　第三条第一項第一号及び第二号に規定する校舎及び屋内運動場の新築又は増築に係る工事費は、校舎又は屋内運動場のそれぞれについて、新築又は増築を行う年度の五月一日（児童又は生徒の数の増加をもたらす原因となる集団的な住宅の建設その他の政令で定める事情があるため、その翌日以降新築又は増築を行う年度の四月一日から起算して三年を経過した日までの間に新たに小学校、中学校又は義務教育学校の校舎又は屋内運動場の不足を生ずるおそれがある場合には、文部科学大臣の定めるその三年を経過した日以前の日）における当該学校の学級数に応ずる必要面積から新築又は増築を行う年度の五月一日における保有面積を控除して得た面積を、一平方メートル当たりの建築の単価に乗じて算定するものとする。

2　第三条第一項第四号に規定する校舎及び屋内運動場の新築又は増築に係る工事費は、校舎又は屋内運動場のそれぞれについて、次の各号に掲げる場合に応じ、当該各号に掲げる日における当該学校の学級数に応ずる必要面積から、第一号に掲げる場合にあつては、新築又は増築を行なう年度の五月一日に現に存する施設で同号に掲げる日において当該学校の保有する校舎又は屋内運動場となる予定のもの（当該五月一日後に当該学校の設置者が買収するものを除く。）の面積を、第二号に掲げる場合にあつては、同号に掲げる日における保有面積を控除して得た面積を、一平方メートル当たりの建築の単価に乗じて算定するものとする。

一　学校の統合前に新築又は増築（政令で定めるものに限る。）を行なう場合　統合予定日の属する年度の五月一日（五月二日以降翌年の三月三十一日までの間に統合する予定の場合には、文部科学大臣の定める日）

二　学校の統合後に新築又は増築を行なう場合　新築又は増築を行なう年度の五月一日（統合が五月二日以降翌年の三月三十一日までの間に行なわれた場合には、その統合が行なわれた日の属する年度に限り文部科学大臣の定める日）

（中等教育学校等の建物の工事費の算定方法）

第五条の二　第三条第一項第二号の二に規定する建物のうち校舎及び屋内運動場の新築又は増築に係る工事費は、校舎又は屋内運動場のそれぞれについて、新築又は増築を行う年度の五月一日（新たに設置する中等教育学校等又は学級数を増加する中等教育学校等において設置年度又は第一学年の学級数を増加する年度（以下この条において「設置等年度」という。）の前々年度から設置等年度の翌々年度までの間に新築又は増築を行う場合には、文部科学大臣の定める日）における当該中等教育学校等の学級数に応ずる必要面積から新築又は増築を行う年度の五月一日における保有面積を控除して得た面積を、一平方メートル当たりの建築の単価に乗じて算定するものとする。

2　第三条第一項第二号の二に規定する建物のうち寄宿舎の新築又は増築に係る工事費は、生徒一人当たりの基準面積に新築又は増築を行う年度の五月一日（新たに設置する中等教育学校等又は学級数を増加する中等教育学校等において設置等年度の前々年度から設置等年度の翌々年度までの間に新築又は増築を行う場合には、文部科学大臣の定める日）において当該中等教育学校等の寄宿舎に収容する生徒の数を乗じて得た面積から新築又は増築を行う年度の五月一日における保有面積を控除して得た面積を、一平方メートル当たりの建築の単価に乗じて算定するものとする。

（特別支援学校の建物の工事費の算定方法）

第五条の三　第三条第一項第三号に規定する建物のうち校舎及び屋内運動場の新築又は増築に係る工事費は、校舎又は屋内運動場のそれぞれについて、新築又は増築を行う年度の五月一日（その翌日から起算して二年以内に特別支援学校を設置した場合、又は当該学校に就学させる児童若しくは生徒の数が増加することが明らかな場合には、文部科学大臣の定めるその二年以内の日）における当該学校の学級数に応ずる必要面積からその日における保有面積を控除して得た面積を、一平方メートル当たりの建築の単価に乗じて算定するものとする。

2　第三条第一項第三号に規定する建物のうち寄宿舎の新築又は増築に係る工事費は、児童及び生徒一人当たりの基準面積に新築又は増築を行う年度の五月一日（養護学校の場合にあつては、新築又は増築を行う年度の翌年度の五月一日（その翌日から起算して一年以内に当該学校に寄宿舎を設けた場合、又は当該学校の寄宿舎に収容する児童若しくは生徒の数が増加することが明らかな場合には、新築又は増築を行う年度の翌々年度の五月一日））において当該学校の寄宿舎に収容する児童及び生徒の数を乗じて得た面積からその日における保有面積を控除して得た面積を、一平方メートル当たりの建築の単価に乗じて算定するものとする。

（学級数に応ずる必要面積及び児童又は生徒一人当たりの基準面積）

第六条　第五条第一項若しくは第二項、第五条の二第一項又は前条第一項の規定により工事費を算定する場合の学級数に応ずる必要面積は、当該学校（中等教育学校の前期課程を含む。以下この項において同じ。）の学級数に応じ、小学校、中学校、義務教育学校、中等教育学校等又は特別支援学校ごとに、校舎又は屋内運動場のそれぞれについて、教育を行うのに必要な最低限度の面積として政令で定める。この場合において、積雪寒冷地域にある学校の学級数に応ずる必要面積については、政令で定めるところにより、当該学校の所在地の積雪寒冷度に応じ、必要な補正を加えるものとする。

2　第五条の二第二項又は前条第二項の規定により工事費を算定する場合の児童又は生徒一人当たりの基準面積は、中等教育学校等又は特別支援学校ごとに、教育を行うのに必要な最低限度の面積として政令で定める児童又は生徒一人当たりの面積に、政令で定めるところにより、中等教育学校等にあつてはこれらの学校（中等教育学校の前期課程を含む。）の寄宿舎に収容する生徒の数、特別支援学校にあつてはこれらの学校の寄宿舎に収容する児童及び生徒の数又は当該学校（中等教育学校の前期課程を含む。）の所在地の積雪寒冷度に応じ、必要な補正を加えた面積とする。

（一平方メートル当たりの建築単価）

第七条　第五条、第五条の二又は第五条の三の規定により工事費を算定する場合の一平方メートル当たりの建築の単価は、建物の構造の種類別に、当該新築又は増築を行おうとする時における建築費を参酌して、文部科学大臣が財務大臣と協議して定める。

（工事費の算定方法の特例）

第八条　第五条第一項若しくは第二項、第五条の二第一項又は第五条の三第一項の規定により工事費を算定する場合において、校舎の保有面積のうち教室に使用することができる部分が極めて少ないことその他政令で定める特別の理由があるため、学級数に応ずる必要面積に基づく新築又は増築後の校舎又は屋内運動場が児童又は生徒の教育を行うのに著しく不適当であると認められるときは、当該学校（中等教育学校の前期課程を含む。）の学級数に応ずる必要面積に政令で定める面積を加えた面積を学級数に応ずる必要面積とみなして、工事費を算定するものとする。

2　第五条の三第二項の規定により知的障害者、肢体不自由者又は病弱者（身体虚弱者を含む。）である児童又は生徒に対する教育を主として行う特別支援学校（附則第三項において「養護特別支援学校」という。）の寄宿舎に係る工事費を算定する場合において、政令で定める特別の理由があるため、児童及び生徒一人当たりの基準面積に基づく新築又は増築後の寄宿舎が児童及び生徒の教育を行うのに著しく不適当であると認められるときは、当該基準面積に当該学校の寄宿舎に収容する児童及び生徒の数を乗じて得た面積に政令で定める面積を加えた面積を児童及び生徒一人当たりの基準面積に当該学校の寄宿舎に収容する児童及び生徒の数を乗じて得た面積とみなして、工事費を算定するものとする。

3　鉄筋コンクリート造以外の構造の建物に関しては、第五条、第五条の二又は第五条の三の規定により工事費を算定する場合の保有面積又は一平方メートル当たりの建築の単価に乗ずべき面積について、政令で定めるところにより、補正を行うものとする。

（事務費の算定方法）

第九条　第三条第一項各号に規定する建物の新築又は増築に係

る事務費は、第五条から前条までの規定により算定した工事費に政令で定める割合を乗じて算定するものとする。

（都道府県への事務費の交付）

第十条　国は、政令で定めるところにより、都道府県の教育委員会が第三条第一項の負担の実施に関する事務を行うために必要な経費を都道府県に交付するものとする。

（施設整備基本方針等）

第十一条　文部科学大臣は、公立の義務教育諸学校等施設（義務教育諸学校、高等学校（学校教育法に規定する高等学校、中等教育学校の後期課程及び特別支援学校の高等部をいう。）及び幼稚園等（同法に規定する幼稚園及び特別支援学校の幼稚部をいう。）の施設、共同調理場（学校給食法（昭和二十九年法律第百六十号）第六条に規定する施設をいう。）、教員及び職員のための住宅、スポーツ施設その他学校の教育活動に資する施設で文部科学省令で定めるものをいう。以下同じ。）の整備の目標に関する事項その他公立の義務教育諸学校等施設の整備に関する重要事項を定めた施設整備基本方針を作成するとともに、当該施設整備基本方針に基づき公立の義務教育諸学校等施設に係る安全性の向上等を図るために必要な改築、改造その他文部科学省令で定める事業（次条において「改築等事業」という。）について定めた施設整備基本計画を作成しなければならない。

2　文部科学大臣は、施設整備基本方針及び施設整備基本計画を定め、又はこれを変更したときは、遅滞なく、これを公表しなければならない。

（交付金の交付等）

第十二条　国は、地方公共団体に対し、公立の義務教育諸学校等施設に係る改築等事業の実施に要する経費に充てるため、その整備の状況その他の事項を勘案して文部科学省令で定めるところにより、予算の範囲内で、交付金を交付することができる。

2　地方公共団体は、前項の交付金の交付を受けようとするときは、施設整備基本計画に即して、当該地方公共団体が設置する義務教育諸学校等施設の整備に関する施設整備計画を作成しなければならない。

3　施設整備計画においては、次に掲げる事項を記載しなければならない。

一　施設整備計画の目標

二　前号の目標を達成するために必要な改築等事業に関する事項

三　計画期間

四　その他文部科学省令で定める事項

4　地方公共団体は、施設整備計画を作成し、又はこれを変更したときは、遅滞なく、これを公表するとともに、文部科学大臣（市町村（特別区を含む。以下この項において同じ。）にあつては、当該市町村の属する都道府県の教育委員会を経由して文部科学大臣）に提出しなければならない。

5　前各項に定めるもののほか、交付金の交付に関し必要な事項は、文部科学省令で定める。

（本校及び分校）

第十三条　この法律の適用については、本校及び分校は、それぞれ一の学校とみなす。

附　則（抄）

（施行期日）

1　この法律は、公布の日から施行し、昭和三十三年四月一日から適用する。

（養護特別支援学校の小学部及び中学部に係る国の負担割合の特例）

3　第三条第一項第三号の規定にかかわらず、国は、当分の間、都道府県が設置する養護特別支援学校のうち政令で定めるものの小学部及び中学部に係る建物について当該都道府県が新築又は増築を行う場合にあつては、当該新築又は増築に要する経費の十分の五・五を負担するものとする。

（公立小学校不正常授業解消促進臨時措置法の廃止）

12　公立小学校不正常授業解消促進臨時措置法（昭和三十年法律第百四十七号）は、廃止する。

○義務教育諸学校等の施設費の国庫負担等に関する法律施行令

昭三三・六・二七
政令一八九

最終改正　平成三〇・三・二二政令五二

（法第三条第一項の政令で定める限度）

第一条　義務教育諸学校等の施設費の国庫負担等に関する法律（昭和三十三年法律第八十一号。以下「法」という。）第三条第一項の政令で定める限度は、毎会計年度同項各号ごとに、法第七条に規定する一平方メートル当たりの建築単価に建物の構造の種類別に文部科学大臣が財務大臣と協議して定める面積を乗じて得た金額の合計額に、百分の百一及び法第三条第一項各号に掲げる割合を乗じて得た金額とする。

2　法に基づく国庫負担金の交付を受けようとする地方公共団体の長は、当該国庫負担金の交付を受けて行おうとする法第三条第一項各号に規定する新築又は増築について、文部科学大臣の認定を受けなければならない。

3　文部科学大臣は、前項の認定をする場合には、当該認定に係る国庫負担金の額の合計額が第一項に規定する金額をこえない範囲内でしなければならない。

（認定の申請）

第二条　地方公共団体の長は、前条第二項の認定を受けようとするときは、文部科学大臣の定めるところにより、認定申請書を文部科学大臣に提出しなければならない。

2　前項の規定による認定申請書の提出は、市町村長にあつては、都道府県の教育委員会を経由して行うものとする。この場合において、都道府県の教育委員会は、当該認定申請書を審査し、及び必要な意見を付するものとする。

3　前項（同項後段の必要な意見を付する部分を除く。）の規定により都道府県が処理することとされている事務は、地方自治法（昭和二十二年法律第六十七号）第二条第九項第一号に規定する第一号法定受託事務とする。

（教室の不足の範囲）

第三条　法第三条第一項第一号の教室の不足の範囲は、当該学校の保有する教室について、普通教室の数若しくは総面積、次の表に掲げる特別教室の種類ごとの数の合計数若しくはこれらの特別教室の総面積又は多目的教室（複数の学級の児童又は生徒を対象とする授業その他多様な指導方法による授業又は課外指導で普通教室又は特別教室において行うことが困難と認められるものの用に供するものとして設けられる教室で、併せて児童又は生徒の学校生活の用に供することができるものをいう。以下この項及び第七条第一項において同じ。）の総面積若しくは多目的教室及び少人数授業用教室（専ら少数の児童又は生徒により構成される集団を単位として行う授業の用に供するものとして設けられる教室をいう。同項第一号において同じ。）の総面積が学級数（法第二条第三項の学級数をいう。以下同じ。）に応じ文部科学大臣が定める基準に達しない場合とする。

学校の種類	特別教室の種類
小学校	理科教室、生活教室、音楽教室、図画工作教室、家庭教室、外国語教室、視聴覚教室、コンピュータ教室、図書室、特別活動室、教育相談室
中学校	理科教室、音楽教室、美術教室、技術教室、家庭教室、外国語教室、視聴覚教室、コンピュータ教室、図書室、特別活動室、教育相談室、進路資料・指導室
義務教育学校	理科教室、生活教室、音楽教室、図画工作教室、美術教室、技術教室、家庭教室、外国語教室、視聴覚教室、コンピュータ教室、図書室、特別活動室、教育相談室、進路資料・指導室

2　前項の場合において、面積が著しく小さい教室その他文部科学大臣が定める特別の理由があるため児童又は生徒の教育を行うのに著しく不適当と認められる教室については、当該学校の普通教室又は特別教室の数に算入しないことができる。

（適正な学校規模の条件）

第四条　法第三条第一項第四号の適正な規模の条件は、次に掲げるものとする。

一　学級数が、小学校及び中学校にあつてはおおむね十二学級から十八学級まで、義務教育学校にあつてはおおむね十八学級から二十七学級までであること。

二　通学距離が、小学校にあつてはおおむね四キロメートル以内、中学校及び義務教育学校にあつてはおおむね六キロメートル以内であること。

2　五学級以下の学級数の小学校若しくは中学校又は八学級以下の学級数の義務教育学校と前項第一号に規定する学級数の学校とを統合する場合においては、同号中「十八学級まで」とあるのは「二十四学級まで」と、「二十七学級」とあるのは「三十六学級」とする。

3　統合後の学校の学級数又は通学距離が第一項第一号又は第二号に掲げる条件に適合しない場合においても、文部科学大臣が教育効果、交通の便その他の事情を考慮して適当と認めるときは、当該学級数又は通学距離は、同項第一号又は第二号に掲げる条件に適合するものとみなす。

（法第五条第一項の政令で定める事情）

第五条　法第五条第一項の政令で定める事情は、次に掲げる場合で当該学校の学級数が三学級以上増加することとなるものとする。

一　新築又は増築を行う年度の五月二日以降法第五条第一項の文部科学大臣の定める日までの間に当該学校の通学区域内に次に掲げる住宅が建設される場合

イ　国、地方公共団体又は独立行政法人都市再生機構の建設する住宅

ロ　独立行政法人住宅金融支援機構の融資により建設する住宅

ハ　イ及びロに掲げるもののほか、文部科学大臣が建設を確実であると認めた住宅

二　新築又は増築を行う年度の五月一日において当該学校の通学区域内に住所を有する者でその翌日以降法第五条第一項の文部科学大臣の定める日までの間に当該学校の第一学年に入学することとなるものの数が、当該五月一日において当該学校に在学する者でその期間内に当該学校を卒業することとなるものの数を超える場合

（法第五条第二項の政令で定める新築又は増築）

第六条　法第五条第二項の政令で定める新築又は増築は、当該学校の統合（条例又はこれに基づく規則で定められたものに限る。）の予定日の属する年度及び当該年度前三年度内に行なわれるものとする。

（学級数に応ずる必要面積）

第七条　法第六条第一項前段の校舎に係る政令で定める面積は、小学校、中学校（学校教育法（昭和二十二年法律第二十六号）第七十一条の規定により高等学校における教育と一貫した教育を施すものを除く。以下同じ。）、義務教育学校又は中等教育学校等（法第三条第一項第二号の二に規定する中等教育学校等をいう。以下同じ。）にあつては、次の各号に掲げる区分に応じ、当該各号に定める面積とする。

一　特別支援学級を置かない小学校、中学校又は中等教育学校等　当該学校（中等教育学校の前期課程を含む。以下同じ。）の学級数に応じ、次の表に掲げる算式により計算した面積（多目的教室を設ける小学校にあつては当該面積に一・一〇八（多目的教室のほかに少人数授業用教室を設ける場合及び多目的教室の全部又は一部が少数の児童又は生

徒により構成される集団を単位として行う授業のための可動式間仕切りその他の設備を有するものである場合（以下この項において「少人数授業用教室等を設ける場合」という。）には、一・一八〇）を、多目的教室を設ける中学校又は中等教育学校等にあつては当該面積に一・〇八五（少人数授業用教室等を設ける場合には、一・一〇五）を乗じて得た面積）

学校の種類	学級数	面積の計算方法
小学校	一学級及び二学級	769平方メートル＋279平方メートル×（学級数－1）
	三学級から五学級まで	1,326平方メートル＋381平方メートル×（学級数－3）
	六学級から十一学級まで	2,468平方メートル＋236平方メートル×（学級数－6）
	十二学級から十七学級まで	3,881平方メートル＋187平方メートル×（学級数－12）
	十八学級以上	5,000平方メートル＋173平方メートル×（学級数－18）
中学校及び中等教育学校等	一学級及び二学級	848平方メートル＋651平方メートル×（学級数－1）
	三学級から五学級まで	2,150平方メートル＋344平方メートル×（学級数－3）
	六学級から十一学級まで	3,181平方メートル＋324平方メートル×（学級数－6）
	十二学級から十七学級まで	5,129平方メートル＋160平方メートル×（学級数－12）
	十八学級以上	6,088平方メートル＋217平方メートル×（学級数－18）

二　特別支援学級を置く小学校、中学校又は中等教育学校等　当該学校の学級数から特別支援学級の数を控除した学級数に応じ、前号の規定の例により計算した面積に、一六八平方メートルに当該学校の特別支援学級の数を乗じて得た面積（多目的教室を設ける小学校にあつては当該面積に一・一〇八（少人数授業用教室等を設ける場合には、一・一八〇）を、多目的教室を設ける中学校又は中等教育学校等にあつては当該面積に一・〇八五（少人数授業用教室等を設ける場合には、一・一〇五）を乗じて得た面積）を加えた面積

三　義務教育学校　当該義務教育学校の前期課程を小学校と、当該義務教育学校の後期課程を中学校とそれぞれみなして前二号の規定の例により計算した面積を合計した面積

2　法第六条第一項前段の校舎に係る政令で定める面積は、特別支援学校にあつては、当該特別支援学校の学級数に応じ、次の表に掲げる算式により計算した面積（傾斜路を設ける特別支援学校にあつては、当該面積に、一七〇平方メートルに当該特別支援学校の校舎の傾斜路を設ける階の数（その数が三を超える場合には、三）を乗じて得た面積を加えた面積）とする。ただし、当該特別支援学校が視覚障害者である児童及び生徒（以下「児童等」という。）、聴覚障害者である児童等、知的障害者である児童等、肢体不自由者である児童等又は病弱者（身体虚弱者を含む。以下同じ。）である児童等の二以上に対する教育を行うものである場合には、文部科学大臣が財務大臣と協議して定めるところにより計算した面積とする。

学校の種類	学級数	面積の計算方法
視覚障害者である児童等に対する教育を行う特別支援学校の小学部及び中学部	一学級から三学級まで	1,862平方メートル
	四学級から八学級まで	2,105平方メートル＋242平方メートル×（学級数－4）
	九学級から十七学級まで	3,317平方メートル＋170平方メートル×（学級数－9）
	十八学級以上	4,850平方メートル＋134平方メートル×（学級数－18）
聴覚障害者である児童等に対する教育を行う特別支援学校の小学部及び中学部	一学級から三学級まで	1,616平方メートル
	四学級から八学級まで	1,869平方メートル＋253平方メートル×（学級数－4）
	九学級から十七学級まで	3,135平方メートル＋170平方メートル×（学級数－9）
	十八学級以上	4,668平方メートル＋134平方メートル×（学級数－18）
知的障害者である児童等に対する教育を行う特別支援学校の小学部及び中学部	一学級から三学級まで	1,903平方メートル
	四学級から八学級まで	2,163平方メートル＋260平方メートル×（学級数－4）
	九学級から十七学級まで	3,463平方メートル＋200平方メートル×（学級数－9）
	十八学級以上	5,263平方メートル＋145平方メートル×（学級数－18）

肢体不自由者である児童等に対する教育を行う特別支援学校の小学部及び中学部	一学級から三学級まで	2,152平方メートル
	四学級から八学級まで	2,429平方メートル+276平方メートル×（学級数−4）
	九学級から十七学級まで	3,808平方メートル+240平方メートル×（学級数−9）
	十八学級以上	5,969平方メートル+181平方メートル×（学級数−18）
病弱者である児童等に対する教育を行う特別支援学校の小学部及び中学部	一学級から三学級まで	1,576平方メートル
	四学級から八学級まで	1,849平方メートル+273平方メートル×（学級数−4）
	九学級から十七学級まで	3,216平方メートル+170平方メートル×（学級数−9）
	十八学級以上	4,749平方メートル+134平方メートル×（学級数−18）

3　法第六条第一項前段の屋内運動場に係る政令で定める面積は、小学校、中学校、中等教育学校等又は特別支援学校にあつては、当該学校の学級数に応じ、次の表に掲げる面積とする。ただし、当該学校が視覚障害者、聴覚障害者、知的障害者又は病弱者である児童等及び肢体不自由者である児童等に対する教育を行う特別支援学校である場合には、文部科学大臣が財務大臣と協議して定める面積とする。

学校の種類	学級数	面積
小学校	一学級から十学級まで	八九四平方メートル
	十一学級から十五学級まで	九一九平方メートル
	十六学級以上	一、二一五平方メートル
中学校及び中等教育学校等	一学級から十七学級まで	一、一三八平方メートル
	十八学級以上	一、四七六平方メートル
視覚障害者、聴覚障害者、知的障害者又は病弱者である児童等に対する教育を行う特別支援学校の小学部及び中学部	一学級以上	九三二平方メートル
肢体不自由者である児童等に対する教育を行う特別支援学校の小学部及び中学部	一学級以上	一、〇九七平方メートル

4　法第六条第一項前段の屋内運動場に係る政令で定める面積は、義務教育学校にあつては、当該義務教育学校の後期課程を中学校と、当該義務教育学校の前期課程を小学校とそれぞれみなして前項の規定の例により計算した面積を合計した面積とする。

5　法第六条第一項後段の規定に基づき当該学校の所在地の積雪寒冷度に応じて行うべき補正は、一級積雪寒冷地域又は二級積雪寒冷地域にある学校の校舎又は屋内運動場について、文部科学大臣が財務大臣と協議して定める面積を加えて行うものとする。

6　前項の一級積雪寒冷地域及び二級積雪寒冷地域は、気温及び積雪量を基準として、文部科学大臣が定める。

（児童生徒一人当たりの基準面積）

第八条　法第六条第二項の政令で定める児童又は生徒一人当たりの面積は、中等教育学校等にあつては三二・三一平方メートル、特別支援学校にあつては、第三項に規定するものを除き、公立義務教育諸学校の学級編制及び教職員定数の標準に関する法律（昭和三十三年法律第百十六号）第三条第三項に規定する文部科学大臣が定める障害を二以上併せ有する児童又は生徒（以下この条において「重複障害児童等」という。）以外の児童又は生徒（肢体不自由者である児童又は生徒を除く。）をその寄宿舎に収容するものについては二九・四二平方メートル、肢体不自由者である児童若しくは生徒又は重複障害児童等をその寄宿舎に収容するものについては三四・三六平方メートルとする。

2　法第六条第二項の規定に基づき中等教育学校等の寄宿舎に収容する生徒の数又は特別支援学校（次項に規定する特別支援学校を除く。）の寄宿舎に収容する児童等の数に応じて行うべき補正は、次の表に掲げるところによる。

学校の種類	寄宿舎に収容する児童又は生徒の数	補正の方法
中等教	一人から十一人ま	5.86平方メートル－2平方メー

育学校等	で	トル÷寄宿舎に収容する生徒の数	増
	十二人から二十三人まで	6.86平方メートル－14平方メートル÷寄宿舎に収容する生徒の数	増
	二十四人から四十七人まで	301平方メートル÷寄宿舎に収容する生徒の数－6.27平方メートル	増
	四十八人	9.35平方メートル－449平方メートル÷寄宿舎に収容する生徒の数	—
	四十九人以上		減
重複障害児童等以外の児童又は生徒（肢体不自由者である児童又は生徒を除く。）をその寄宿舎に収容する特別支援学校の小学部及び中学部	一人から三十五人まで	31平方メートル÷寄宿舎に収容する児童等の数＋4.10平方メートル	増
	三十六人から七十一人まで	358平方メートル÷寄宿舎に収容する児童等の数－4.98平方メートル	増
	七十二人	4.95平方メートル－356平方メートル÷寄宿舎に収容する児童等の数	—
	七十三人以上		減

肢体不自由者である児童若しくは生徒又は重複障害児童等をその寄宿舎に収容する特別支援学校の小学部及び中学部	一人から三十五人まで	80平方メートル÷寄宿舎に収容する児童等の数＋4.05平方メートル	増
	三十六人から七十一人まで	452平方メートル÷寄宿舎に収容する児童等の数－6.28平方メートル	増
	七十二人	6.28平方メートル－452平方メートル÷寄宿舎に収容する児童等の数	—
	七十三人以上		減

3　重複障害児童等以外の児童又は生徒（肢体不自由者である児童又は生徒を除く。）及び肢体不自由者である児童又は生徒をその寄宿舎に収容する特別支援学校並びに重複障害児童等以外の児童又は生徒（肢体不自由者である児童又は生徒を除く。）及び重複障害児童等をその寄宿舎に収容する特別支援学校の寄宿舎に係る法第六条第二項の政令で定める児童又は生徒一人当たりの面積並びに同項の規定に基づきこれらの特別支援学校の寄宿舎に収容する児童等の数に応じて行うべき補正については、第一項の規定による児童又は生徒一人当たりの面積並びに前項の規定による補正を参酌して、文部科学大臣が財務大臣と協議して定める。

4　法第六条第二項の規定に基づき当該学校の所在地の積雪寒冷度に応じて行うべき補正については、前条第五項及び第六項の規定を準用する。

（工事費の算定方法の特例）

第九条　法第八条第一項の政令で定める特別の理由は、次に掲げるものとする。

一　当該学校の学級数が増加することが明らかなこと。

二　前号に定めるもののほか、文部科学大臣が特に認めた理由

2　法第五条第一項又は法第五条の二第一項の規定によりこれらの項の文部科学大臣の定める日における当該学校の学級数を基礎として工事費を算定する場合においては、前項第一号に規定する学級数が増加することには、当該日後に学級数が増加することは含まないものとする。

3　法第八条第一項の政令で定める面積は、第七条の規定により算定した校舎又は屋内運動場に係る学級数に応ずる必要面積の〇・二倍の面積以内において文部科学大臣が定める面積とする。

4　法第八条第二項の政令で定める特別の理由は、次に掲げるものとする。

一　当該学校の寄宿舎に収容する児童等の数が文部科学省令で定める割合以上増加することが明らかなこと。

二　前号に定めるもののほか、文部科学大臣が特に認めた理由

5　法第八条第二項の政令で定める面積は、前条の規定により算定した寄宿舎に係る児童又は生徒一人当たりの基準面積に当該学校の寄宿舎に収容する児童等の数を乗じて得た面積の〇・二倍の面積以内において文部科学大臣が定める面積とする。

6　法第八条第三項の規定に基づき鉄筋コンクリート造以外の構造の建物に関し保有面積について行うべき補正は、校舎又は寄宿舎の保有面積のうち鉄筋コンクリート造以外の構造に係る部分の面積について、これに一・〇二〇を乗じて行うものとする。

7　法第八条第三項の規定に基づき鉄筋コンクリート造以外の構造の建物に関し一平方メートル当たりの建築の単価に乗ずべき面積について行うべき補正は、当該面積のうち鉄筋コン

クリート造以外の構造の校舎又は寄宿舎に充てようとする部分の面積について、これを一・〇二〇で除して行うものとする。

（事務費の工事費に対する割合）

第十条　法第九条の政令で定める割合は、百分の一とする。

（都道府県への事務費の交付）

第十一条　法第十条の規定により国が都道府県に交付する経費は、当該都道府県の区域内に存する市町村が当該年度中に施行する法第三条第一項各号に規定する新築又は増築に要する経費の総額、当該新築又は増築を行う市町村の分布状況その他文部科学省令で定める事情を勘案して、文部科学大臣が交付する。

附　則（抄）

（施行期日）

1　この政令は、公布の日から施行し、昭和三十三年四月一日から適用する。

○公立学校施設災害復旧費国庫負担法

昭二八・八・二七
法　二　四　七

最終改正　平成二八・五・二〇法四七

（目的）

第一条　この法律は、公立学校の施設の災害復旧に要する経費について、国の負担する割合等を定め、もつて学校教育の円滑な実施を確保することを目的とする。

（用語の意義）

第二条　この法律において「公立学校」とは、公立の学校（地方独立行政法人法（平成十五年法律第百十八号）第六十八条第一項に規定する公立大学法人が設置するものを含む。）で、学校教育法（昭和二十二年法律第二十六号）第一条に規定するものをいう。

2　この法律において「施設」とは、建物、建物以外の工作物、土地及び設備をいう。

3　この法律において「災害」とは、暴風、こう水、高潮、地震、大火その他の異常な現象により生ずる災害をいう。

（国の負担）

第三条　国は、公立学校の施設の災害復旧に要する経費について、その三分の二を負担する。

（経費の種目）

第四条　前条に規定する経費の種目は、本工事費、附帯工事費（買収その他これに準ずる方法により建物を取得する場合にあつては、買収費）及び設備費（以下「工事費」と総称する。）並びに事務費とする。

（経費の算定基準）

第五条　前条に規定する工事費は、政令で定める基準により、当該公立学校の施設を原形に復旧する（原形に復旧することが不可能な場合において当該施設の従前の効用を復旧するための施設をすること及び原形に復旧することが著しく困難であるか又は不適当である場合において当該施設に代わるべき必要な施設をすることを含む。）ものとして算定するものとする。

2　前項に規定するもののほか、災害によつて必要を生じた復旧であつて、公立学校の建物で鉄筋コンクリート造又は鉄骨造でなかつたものを鉄筋コンクリート造又は鉄骨造のものに、鉄骨造のものを鉄筋コンクリート造のものに改良して当該建物の従前の効用を復旧することを目的とするものは、同項の規定の適用については、公立学校の施設を原形に復旧するものとみなす。

3　前条に規定する事務費は、第一項の規定により算定した工事費に政令で定める割合を乗じて算定するものとする。

（適用除外）

第六条　この法律の規定は、左に掲げる公立学校の施設の災害復旧については適用しない。

一　建物、建物以外の工作物、土地又は設備の災害による被害の額が一学校ごとにそれぞれ政令で定める額に達しないもの

二　明らかに設計の不備又は工事施行の粗漏に基因して生じたものと認められる災害に係るもの

三　著しく維持管理の義務を怠つたことに基因して生じたものと認められる災害に係るもの

（都道府県への事務費の交付）

第七条　国は、政令で定めるところにより、都道府県の教育委員会が第三条の負担の実施に関する事務を行うために必要な経費を都道府県に交付するものとする。

附　則（抄）

1　この法律は、公布の日から施行し、昭和二十八年四月一日から適用する。

情報法編

目　次

情報

○行政機関の保有する情報の公開に関する法律

平成一一・五・一四
法　　　四　　　二
最終改正　令和三・五・一九法三七

第一章　総則

（目的）
第一条　この法律は、国民主権の理念にのっとり、行政文書の開示を請求する権利につき定めること等により、行政機関の保有する情報の一層の公開を図り、もって政府の有するその諸活動を国民に説明する責務が全うされるようにするとともに、国民の的確な理解と批判の下にある公正で民主的な行政の推進に資することを目的とする。

（定義）
第二条　この法律において「行政機関」とは、次に掲げる機関をいう。
一　法律の規定に基づき内閣に置かれる機関（内閣府を除く。）及び内閣の所轄の下に置かれる機関
二　内閣府、宮内庁並びに内閣府設置法（平成十一年法律第八十九号）第四十九条第一項及び第二項に規定する機関（これらの機関のうち第四号の政令で定める機関が置かれる機関にあっては、当該政令で定める機関を除く。）
三　国家行政組織法（昭和二十三年法律第百二十号）第三条第二項に規定する機関（第五号の政令で定める機関が置かれる機関にあっては、当該政令で定める機関を除く。）
四　内閣府設置法第三十九条及び第五十五条並びに宮内庁法（昭和二十二年法律第七十号）第十六条第二項の機関並びに内閣府設置法第四十条及び第五十六条（宮内庁法第十八条第一項において準用する場合を含む。）の特別の機関で、政令で定めるもの
五　国家行政組織法第八条の二の施設等機関及び同法第八条の三の特別の機関で、政令で定めるもの
六　会計検査院
2　この法律において「行政文書」とは、行政機関の職員が職務上作成し、又は取得した文書、図画及び電磁的記録（電子的方式、磁気的方式その他人の知覚によっては認識することができない方式で作られた記録をいう。以下同じ。）であって、当該行政機関の職員が組織的に用いるものとして、当該行政機関が保有しているものをいう。ただし、次に掲げるものを除く。
一　官報、白書、新聞、雑誌、書籍その他不特定多数の者に販売することを目的として発行されるもの
二　公文書等の管理に関する法律（平成二十一年法律第六十六号）第二条第七項に規定する特定歴史公文書等
三　政令で定める研究所その他の施設において、政令で定めるところにより、歴史的若しくは文化的な資料又は学術研究用の資料として特別の管理がされているもの（前号に掲げるものを除く。）

第二章　行政文書の開示

（開示請求権）
第三条　何人も、この法律の定めるところにより、行政機関の長（前条第一項第四号及び第五号の政令で定める機関にあっては、その機関ごとに政令で定める者をいう。以下同じ。）に対し、当該行政機関の保有する行政文書の開示を請求することができる。

（開示請求の手続）
第四条　前条の規定による開示の請求（以下「開示請求」という。）は、次に掲げる事項を記載した書面（以下「開示請求書」という。）を行政機関の長に提出してしなければならない。
一　開示請求をする者の氏名又は名称及び住所又は居所並びに法人その他の団体にあっては代表者の氏名
二　行政文書の名称その他の開示請求に係る行政文書を特定するに足りる事項
2　行政機関の長は、開示請求書に形式上の不備があると認めるときは、開示請求をした者（以下「開示請求者」という。）に対し、相当の期間を定めて、その補正を求めることができる。この場合において、行政機関の長は、開示請求者に対し、補正の参考となる情報を提供するよう努めなければならない。

（行政文書の開示義務）
第五条　行政機関の長は、開示請求があったときは、開示請求に係る行政文書に次の各号に掲げる情報（以下「不開示情報」という。）のいずれかが記録されている場合を除き、開示請求者に対し、当該行政文書を開示しなければならない。
一　個人に関する情報（事業を営む個人の当該事業に関する情報を除く。）であって、当該情報に含まれる氏名、生年月日その他の記述等（文書、図画若しくは電磁的記録に記載され、若しくは記録され、又は音声、動作その他の方法を用いて表された一切の事項をいう。次条第二項において同じ。）により特定の個人を識別することができるもの（他の情報と照合することにより、特定の個人を識別することができることとなるものを含む。）又は特定の個人を識別することはできないが、公にすることにより、なお個人の権利利益を害するおそれがあるもの。ただし、次に掲げる情報を除く。
イ　法令の規定により又は慣行として公にされ、又は公にすることが予定されている情報
ロ　人の生命、健康、生活又は財産を保護するため、公にすることが必要であると認められる情報
ハ　当該個人が公務員等（国家公務員法（昭和二十二年法律第百二十号）第二条第一項に規定する国家公務員（独立行政法人通則法（平成十一年法律第百三号）第二条第四項に規定する行政執行法人の役員及び職員を除く。）、独立行政法人等（独立行政法人等の保有する情報の公開に関する法律（平成十三年法律第百四十号。以下「独立

行政法人等情報公開法」という。）第二条第一項に規定する独立行政法人等をいう。以下同じ。）の役員及び職員、地方公務員法（昭和二十五年法律第二百六十一号）第二条に規定する地方公務員並びに地方独立行政法人（地方独立行政法人法（平成十五年法律第百十八号）第二条第一項に規定する地方独立行政法人をいう。以下同じ。）の役員及び職員をいう。）である場合において、当該情報がその職務の遂行に係る情報であるときは、当該情報のうち、当該公務員等の職及び当該職務遂行の内容に係る部分

一の二　個人情報の保護に関する法律（平成十五年法律第五十七号）第六十条第三項に規定する行政機関等匿名加工情報（同条第四項に規定する行政機関等匿名加工情報ファイルを構成するものに限る。以下この号において「行政機関等匿名加工情報」という。）又は行政機関等匿名加工情報の作成に用いた同条第一項に規定する保有個人情報から削除した同法第二条第一項第一号に規定する記述等若しくは同条第二項に規定する個人識別符号

二　法人その他の団体（国、独立行政法人等、地方公共団体及び地方独立行政法人を除く。以下「法人等」という。）に関する情報又は事業を営む個人の当該事業に関する情報であって、次に掲げるもの。ただし、人の生命、健康、生活又は財産を保護するため、公にすることが必要であると認められる情報を除く。

イ　公にすることにより、当該法人等又は当該個人の権利、競争上の地位その他正当な利益を害するおそれがあるもの

ロ　行政機関の要請を受けて、公にしないとの条件で任意に提供されたものであって、法人等又は個人における通例として公にしないこととされているものその他の当該条件を付することが当該情報の性質、当時の状況等に照らして合理的であると認められるもの

三　公にすることにより、国の安全が害されるおそれ、他国若しくは国際機関との信頼関係が損なわれるおそれ又は他国若しくは国際機関との交渉上不利益を被るおそれがあると行政機関の長が認めることにつき相当の理由がある情報

四　公にすることにより、犯罪の予防、鎮圧又は捜査、公訴の維持、刑の執行その他の公共の安全と秩序の維持に支障を及ぼすおそれがあると行政機関の長が認めることにつき相当の理由がある情報

五　国の機関、独立行政法人等、地方公共団体及び地方独立行政法人の内部又は相互間における審議、検討又は協議に関する情報であって、公にすることにより、率直な意見の交換若しくは意思決定の中立性が不当に損なわれるおそれ、不当に国民の間に混乱を生じさせるおそれ又は特定の者に不当に利益を与え若しくは不利益を及ぼすおそれがあるもの

六　国の機関、独立行政法人等、地方公共団体又は地方独立行政法人が行う事務又は事業に関する情報であって、公にすることにより、次に掲げるおそれその他当該事務又は事業の性質上、当該事務又は事業の適正な遂行に支障を及ぼすおそれがあるもの

イ　監査、検査、取締り、試験又は租税の賦課若しくは徴収に係る事務に関し、正確な事実の把握を困難にするおそれ又は違法若しくは不当な行為を容易にし、若しくはその発見を困難にするおそれ

ロ　契約、交渉又は争訟に係る事務に関し、国、独立行政法人等、地方公共団体又は地方独立行政法人の財産上の利益又は当事者としての地位を不当に害するおそれ

ハ　調査研究に係る事務に関し、その公正かつ能率的な遂行を不当に阻害するおそれ

ニ　人事管理に係る事務に関し、公正かつ円滑な人事の確保に支障を及ぼすおそれ

ホ　独立行政法人等、地方公共団体が経営する企業又は地方独立行政法人に係る事業に関し、その企業経営上の正当な利益を害するおそれ

（部分開示）

第六条　行政機関の長は、開示請求に係る行政文書の一部に不開示情報が記録されている場合において、不開示情報が記録されている部分を容易に区分して除くことができるときは、開示請求者に対し、当該部分を除いた部分につき開示しなければならない。ただし、当該部分を除いた部分に有意の情報が記録されていないと認められるときは、この限りでない。

２　開示請求に係る行政文書に前条第一号の情報（特定の個人を識別することができるものに限る。）が記録されている場合において、当該情報のうち、氏名、生年月日その他の特定の個人を識別することができることとなる記述等の部分を除くことにより、公にしても、個人の権利利益が害されるおそれがないと認められるときは、当該部分を除いた部分は、同号の情報に含まれないものとみなして、前項の規定を適用する。

（公益上の理由による裁量的開示）

第七条　行政機関の長は、開示請求に係る行政文書に不開示情報（第五条第一号の二に掲げる情報を除く。）が記録されている場合であっても、公益上特に必要があると認めるときは、開示請求者に対し、当該行政文書を開示することができる。

（行政文書の存否に関する情報）

第八条　開示請求に対し、当該開示請求に係る行政文書が存在しているか否かを答えるだけで、不開示情報を開示することとなるときは、行政機関の長は、当該行政文書の存否を明らかにしないで、当該開示請求を拒否することができる。

（開示請求に対する措置）

第九条　行政機関の長は、開示請求に係る行政文書の全部又は一部を開示するときは、その旨の決定をし、開示請求者に対し、その旨及び開示の実施に関し政令で定める事項を書面により通知しなければならない。

２　行政機関の長は、開示請求に係る行政文書の全部を開示しないとき（前条の規定により開示請求を拒否するとき及び開示請求に係る行政文書を保有していないときを含む。）は、開示をしない旨の決定をし、開示請求者に対し、その旨を書面により通知しなければならない。

（開示決定等の期限）

第十条　前条各項の決定（以下「開示決定等」という。）は、開示請求があった日から三十日以内にしなければならない。ただし、第四条第二項の規定により補正を求めた場合にあっては、当該補正に要した日数は、当該期間に算入しない。

2　前項の規定にかかわらず、行政機関の長は、事務処理上の困難その他正当な理由があるときは、同項に規定する期間を三十日以内に限り延長することができる。この場合において、行政機関の長は、開示請求者に対し、遅滞なく、延長後の期間及び延長の理由を書面により通知しなければならない。

（開示決定等の期限の特例）

第十一条　開示請求に係る行政文書が著しく大量であるため、開示請求があった日から六十日以内にそのすべてについて開示決定等をすることにより事務の遂行に著しい支障が生ずるおそれがある場合には、前条の規定にかかわらず、行政機関の長は、開示請求に係る行政文書のうちの相当の部分につき当該期間内に開示決定等をし、残りの行政文書については相当の期間内に開示決定等をすれば足りる。この場合において、行政機関の長は、同条第一項に規定する期間内に、開示請求者に対し、次に掲げる事項を書面により通知しなければならない。

一　本条を適用する旨及びその理由

二　残りの行政文書について開示決定等をする期限

（事案の移送）

第十二条　行政機関の長は、開示請求に係る行政文書が他の行政機関により作成されたものであるときその他他の行政機関の長において開示決定等をすることにつき正当な理由があるときは、当該他の行政機関の長と協議の上、当該他の行政機関の長に対し、事案を移送することができる。この場合においては、移送をした行政機関の長は、開示請求者に対し、事案を移送した旨を書面により通知しなければならない。

2　前項の規定により事案が移送されたときは、移送を受けた行政機関の長において、当該開示請求についての開示決定等をしなければならない。この場合において、移送をした行政機関の長が移送前にした行為は、移送を受けた行政機関の長がしたものとみなす。

3　前項の場合において、移送を受けた行政機関の長が第九条第一項の決定（以下「開示決定」という。）をしたときは、当該行政機関の長は、開示の実施をしなければならない。この場合において、移送をした行政機関の長は、当該開示の実施に必要な協力をしなければならない。

（独立行政法人等への事案の移送）

第十二条の二　行政機関の長は、開示請求に係る行政文書が独立行政法人等により作成されたものであるときその他独立行政法人等において独立行政法人等情報公開法第十条第一項に規定する開示決定等をすることにつき正当な理由があるときは、当該独立行政法人等と協議の上、当該独立行政法人等に対し、事案を移送することができる。この場合においては、移送をした行政機関の長は、開示請求者に対し、事案を移送した旨を書面により通知しなければならない。

2　前項の規定により事案が移送されたときは、当該事案については、行政文書を移送を受けた独立行政法人等が保有する独立行政法人等情報公開法第二条第二項に規定する法人文書と、開示請求を移送を受けた独立行政法人等に対する独立行政法人等情報公開法第四条第一項に規定する開示請求とみなして、独立行政法人等情報公開法の規定を適用する。この場合において、独立行政法人等情報公開法第十条第一項中「第四条第二項」とあるのは「行政機関の保有する情報の公開に関する法律（平成十一年法律第四十二号）第四条第二項」と、独立行政法人等情報公開法第十七条第一項中「開示請求をする者又は法人文書」とあるのは「法人文書」と、「により、それぞれ」とあるのは「により」と、「開示請求に係る手数料又は開示」とあるのは「開示」とする。

3　第一項の規定により事案が移送された場合において、移送を受けた独立行政法人等が開示の実施をするときは、移送をした行政機関の長は、当該開示の実施に必要な協力をしなければならない。

（第三者に対する意見書提出の機会の付与等）

第十三条　開示請求に係る行政文書に国、独立行政法人等、地方公共団体、地方独立行政法人及び開示請求者以外の者（以下この条、第十九条第二項及び第二十条第一項において「第三者」という。）に関する情報が記録されているときは、行政機関の長は、開示決定等をするに当たって、当該情報に係る第三者に対し、開示請求に係る行政文書の表示その他政令で定める事項を通知して、意見書を提出する機会を与えることができる。

2　行政機関の長は、次の各号のいずれかに該当するときは、開示決定に先立ち、当該第三者に対し、開示請求に係る行政文書の表示その他政令で定める事項を書面により通知して、意見書を提出する機会を与えなければならない。ただし、当該第三者の所在が判明しない場合は、この限りでない。

一　第三者に関する情報が記録されている行政文書を開示しようとする場合であって、当該情報が第五条第一号ロ又は同条第二号ただし書に規定する情報に該当すると認められるとき。

二　第三者に関する情報が記録されている行政文書を第七条の規定により開示しようとするとき。

3　行政機関の長は、前二項の規定により意見書の提出の機会を与えられた第三者が当該行政文書の開示に反対の意思を表示した意見書を提出した場合において、開示決定をするときは、開示決定の日と開示を実施する日との間に少なくとも二週間を置かなければならない。この場合において、行政機関の長は、開示決定後直ちに、当該意見書（第十九条において「反対意見書」という。）を提出した第三者に対し、開示決定をした旨及びその理由並びに開示を実施する日を書面により通知しなければならない。

（開示の実施）

第十四条　行政文書の開示は、文書又は図画については閲覧又は写しの交付により、電磁的記録についてはその種別、情報化の進展状況等を勘案して政令で定める方法により行う。ただし、閲覧の方法による行政文書の開示にあっては、行政機関の長は、当該行政文書の保存に支障を生ずるおそれがあると認めるときその他正当な理由があるときは、その写しにより、これを行うことができる。

2　開示決定に基づき行政文書の開示を受ける者は、政令で定めるところにより、当該開示決定をした行政機関の長に対し、その求める開示の実施の方法その他の政令で定める事項を申し出なければならない。

3　前項の規定による申出は、第九条第一項に規定する通知があった日から三十日以内にしなければならない。ただし、当該期間内に当該申出をすることができないことにつき正当な理由があるときは、この限りでない。

4　開示決定に基づき行政文書の開示を受けた者は、最初に開示を受けた日から三十日以内に限り、行政機関の長に対し、更に開示を受ける旨を申し出ることができる。この場合においては、前項ただし書の規定を準用する。

（他の法令による開示の実施との調整）

第十五条　行政機関の長は、他の法令の規定により、何人にも開示請求に係る行政文書が前条第一項本文に規定する方法と同一の方法で開示することとされている場合（開示の期間が定められている場合にあっては、当該期間内に限る。）には、同項本文の規定にかかわらず、当該行政文書については、当該同一の方法による開示を行わない。ただし、当該他の法令の規定に一定の場合には開示をしない旨の定めがあるときは、この限りでない。

2　他の法令の規定に定める開示の方法が縦覧であるときは、当該縦覧を前条第一項本文の閲覧とみなして、前項の規定を適用する。

（手数料）

第十六条　開示請求をする者又は行政文書の開示を受ける者は、政令で定めるところにより、それぞれ、実費の範囲内において政令で定める額の開示請求に係る手数料又は開示の実施に係る手数料を納めなければならない。

2　前項の手数料の額を定めるに当たっては、できる限り利用しやすい額とするよう配慮しなければならない。

3　行政機関の長は、経済的困難その他特別の理由があると認めるときは、政令で定めるところにより、第一項の手数料を減額し、又は免除することができる。

（権限又は事務の委任）

第十七条　行政機関の長は、政令（内閣の所轄の下に置かれる機関及び会計検査院にあっては、当該機関の命令）で定めるところにより、この章に定める権限又は事務を当該行政機関の職員に委任することができる。

第三章　審査請求等

（審理員による審理手続に関する規定の適用除外等）

第十八条　開示決定等又は開示請求に係る不作為に係る審査請求については、行政不服審査法（平成二十六年法律第六十八号）第九条、第十七条、第二十四条、第二章第三節及び第四節並びに第五十条第二項の規定は、適用しない。

2　開示決定等又は開示請求に係る不作為に係る審査請求についての行政不服審査法第二章の規定の適用については、同法第十一条第二項中「第九条第一項の規定により指名された者（以下「審理員」という。）」とあるのは「第四条（行政機関の保有する情報の公開に関する法律（平成十一年法律第四十二号）第二十条第二項の規定に基づく政令を含む。）の規定により審査請求がされた行政庁（第十四条の規定により引継ぎを受けた行政庁を含む。以下「審査庁」という。）」と、同法第十三条第一項及び第二項中「審理員」とあるのは「審査庁」と、同法第二十五条第七項中「あったとき、又は審理員から第四十条に規定する執行停止をすべき旨の意見書が提出されたとき」とあるのは「あったとき」と、同法第四十四条中「行政不服審査会等」とあるのは「情報公開・個人情報保護審査会（審査庁が会計検査院の長である場合にあっては、別に法律で定める審査会。第五十条第一項第四号において同じ。）」と、「受けたとき（前条第一項の規定による諮問を要しない場合（同項第二号又は第三号に該当する場合を除く。）にあっては審理員意見書が提出されたとき、同項第二号又は第三号に該当する場合にあっては同項第二号又は第三号に規定する議を経たとき）」とあるのは「受けたとき」と、同法第五十条第一項第四号中「審理員意見書又は行政不服審査会等若しくは審議会等」とあるのは「情報公開・個人情報保護審査会」とする。

（審査会への諮問）

第十九条　開示決定等又は開示請求に係る不作為について審査請求があったときは、当該審査請求に対する裁決をすべき行政機関の長は、次の各号のいずれかに該当する場合を除き、情報公開・個人情報保護審査会（審査請求に対する裁決をすべき行政機関の長が会計検査院の長である場合にあっては、別に法律で定める審査会）に諮問しなければならない。

一　審査請求が不適法であり、却下する場合

二　裁決で、審査請求の全部を認容し、当該審査請求に係る行政文書の全部を開示することとする場合（当該行政文書の開示について反対意見書が提出されている場合を除く。）

2　前項の規定により諮問をした行政機関の長は、次に掲げる者に対し、諮問をした旨を通知しなければならない。

一　審査請求人及び参加人（行政不服審査法第十三条第四項に規定する参加人をいう。以下この項及び次条第一項第二号において同じ。）

二　開示請求者（開示請求者が審査請求人又は参加人である場合を除く。）

三　当該審査請求に係る行政文書の開示について反対意見書を提出した第三者（当該第三者が審査請求人又は参加人である場合を除く。）

（第三者からの審査請求を棄却する場合等における手続等）

第二十条　第十三条第三項の規定は、次の各号のいずれかに該当する裁決をする場合について準用する。

一　開示決定に対する第三者からの審査請求を却下し、又は棄却する裁決

二　審査請求に係る開示決定等（開示請求に係る行政文書の全部を開示する旨の決定を除く。）を変更し、当該審査請求に係る行政文書を開示する旨の裁決（第三者である参加人が当該行政文書の開示に反対の意思を表示している場合

に限る。）

2　開示決定等又は開示請求に係る不作為についての審査請求については、政令で定めるところにより、行政不服審査法第四条の規定の特例を設けることができる。

（訴訟の移送の特例）

第二十一条　行政事件訴訟法（昭和三十七年法律第百三十九号）第十二条第四項の規定により同項に規定する特定管轄裁判所に開示決定等の取消しを求める訴訟又は開示決定等若しくは開示請求に係る不作為に係る審査請求に対する裁決の取消しを求める訴訟（次項及び附則第二項において「情報公開訴訟」という。）が提起された場合においては、同法第十二条第五項の規定にかかわらず、他の裁判所に同一又は同種若しくは類似の行政文書に係る開示決定等又は開示決定等若しくは開示請求に係る不作為に係る審査請求に対する裁決に係る抗告訴訟（同法第三条第一項に規定する抗告訴訟をいう。次項において同じ。）が係属しているときは、当該特定管轄裁判所は、当事者の住所又は所在地、尋問を受けるべき証人の住所、争点又は証拠の共通性その他の事情を考慮して、相当と認めるときは、申立てにより又は職権で、訴訟の全部又は一部について、当該他の裁判所又は同法第十二条第一項から第三項までに定める裁判所に移送することができる。

2　前項の規定は、行政事件訴訟法第十二条第四項の規定により同項に規定する特定管轄裁判所に開示決定等又は開示決定等若しくは開示請求に係る不作為に係る審査請求に対する裁決に係る抗告訴訟で情報公開訴訟以外のものが提起された場合について準用する。

第四章　補則

（開示請求をしようとする者に対する情報の提供等）

第二十二条　行政機関の長は、開示請求をしようとする者が容易かつ的確に開示請求をすることができるよう、公文書等の管理に関する法律第七条第二項に規定するもののほか、当該行政機関が保有する行政文書の特定に資する情報の提供その他開示請求をしようとする者の利便を考慮した適切な措置を講ずるものとする。

2　総務大臣は、この法律の円滑な運用を確保するため、開示請求に関する総合的な案内所を整備するものとする。

（施行の状況の公表）

第二十三条　総務大臣は、行政機関の長に対し、この法律の施行の状況について報告を求めることができる。

2　総務大臣は、毎年度、前項の報告を取りまとめ、その概要を公表するものとする。

（行政機関の保有する情報の提供に関する施策の充実）

第二十四条　政府は、その保有する情報の公開の総合的な推進を図るため、行政機関の保有する情報が適時に、かつ、適切な方法で国民に明らかにされるよう、行政機関の保有する情報の提供に関する施策の充実に努めるものとする。

（地方公共団体の情報公開）

第二十五条　地方公共団体は、この法律の趣旨にのっとり、その保有する情報の公開に関し必要な施策を策定し、及びこれを実施するよう努めなければならない。

（政令への委任）

第二十六条　この法律に定めるもののほか、この法律の実施のため必要な事項は、政令で定める。

附　則

1　この法律は、公布の日から起算して二年を超えない範囲内において政令で定める日（平成一三・四・一）から施行する。ただし、第二十三条第一項中両議院の同意を得ることに関する部分、第四十条から第四十二条まで及び次項の規定は、公布の日から施行する。

2　政府は、この法律の施行後四年を目途として、この法律の施行の状況及び情報公開訴訟の管轄の在り方について検討を加え、その結果に基づいて必要な措置を講ずるものとする。

附　則（平成一五・五・三〇法六一）

（施行期日）

第一条　この法律は、行政機関の保有する個人情報の保護に関する法律の施行の日（平成一七・四・一）から施行する。

（情報公開審査会の廃止及び情報公開・個人情報保護審査会の設置に伴う経過措置）

第二条　この法律の施行の際現に第八条の規定による改正前の行政機関の保有する情報の公開に関する法律（以下この条において「旧行政機関情報公開法」という。）第二十三条第一項又は第二項の規定により任命された情報公開審査会の委員である者は、それぞれ、この法律の施行の日に、情報公開・個人情報保護審査会設置法（平成十五年法律第六十号）第四条第一項又は第二項の規定により情報公開・個人情報保護審査会の委員として任命されたものとみなす。この場合において、その任命されたものとみなされる者の任期は、同条第四項の規定にかかわらず、同日における旧行政機関情報公開法第二十三条第一項又は第二項の規定により任命された情報公開審査会の委員としての任期の残任期間と同一の期間とする。

2　この法律の施行の際現に旧行政機関情報公開法第二十四条第一項の規定により定められた情報公開審査会の会長である者又は同条第三項の規定により指名された委員である者は、それぞれ、この法律の施行の日に、情報公開・個人情報保護審査会設置法第五条第一項の規定により会長として定められ、又は同条第三項の規定により会長の職務を代理する委員として指名されたものとみなす。

3　この法律の施行前に情報公開審査会にされた諮問でこの法律の施行の際当該諮問に対する答申がされていないものは情報公開・個人情報保護審査会にされた諮問とみなし、当該諮問について情報公開審査会がした調査審議の手続は情報公開・個人情報保護審査会がした調査審議の手続とみなす。

（守秘義務等に関する経過措置）

第三条　情報公開審査会の委員であった者に係るその職務に関して知り得た秘密を漏らしてはならない義務については、第八条の規定の施行後も、なお従前の例による。

2　第八条の規定の施行前にした行為及び前項の規定によりなお従前の例によることとされる場合における同項の規定の施行後にした行為に対する罰則の適用については、なお従前の例による。

（その他の経過措置の政令への委任）
第四条　前二条に定めるもののほか、この法律の施行に関し必要な経過措置は、政令で定める。

○個人情報の保護に関する法律

平成一五・五・三〇
法　五　七

最終改正　令和五・一一・二九法七九

第一章　総則

（目的）
第一条　この法律は、デジタル社会の進展に伴い個人情報の利用が著しく拡大していることに鑑み、個人情報の適正な取扱いに関し、基本理念及び政府による基本方針の作成その他の個人情報の保護に関する施策の基本となる事項を定め、国及び地方公共団体の責務等を明らかにし、個人情報を取り扱う事業者及び行政機関等についてこれらの特性に応じて遵守すべき義務等を定めるとともに、個人情報保護委員会を設置することにより、行政機関等の事務及び事業の適正かつ円滑な運営を図り、並びに個人情報の適正かつ効果的な活用が新たな産業の創出並びに活力ある経済社会及び豊かな国民生活の実現に資するものであることその他の個人情報の有用性に配慮しつつ、個人の権利利益を保護することを目的とする。

（定義）
第二条　この法律において「個人情報」とは、生存する個人に関する情報であって、次の各号のいずれかに該当するものをいう。
一　当該情報に含まれる氏名、生年月日その他の記述等（文書、図画若しくは電磁的記録（電磁的方式（電子的方式、磁気的方式その他人の知覚によっては認識することができない方式をいう。次項第二号において同じ。）で作られる記録をいう。以下同じ。）に記載され、若しくは記録され、又は音声、動作その他の方法を用いて表された一切の事項（個人識別符号を除く。）をいう。以下同じ。）により特定の個人を識別することができるもの（他の情報と容易に照合することができ、それにより特定の個人を識別することができることとなるものを含む。）
二　個人識別符号が含まれるもの
2　この法律において「個人識別符号」とは、次の各号のいずれかに該当する文字、番号、記号その他の符号のうち、政令で定めるものをいう。
一　特定の個人の身体の一部の特徴を電子計算機の用に供するために変換した文字、番号、記号その他の符号であって、当該特定の個人を識別することができるもの
二　個人に提供される役務の利用若しくは個人に販売される商品の購入に関し割り当てられ、又は個人に発行されるカードその他の書類に記載され、若しくは電磁的方式により記録された文字、番号、記号その他の符号であって、その利用者若しくは購入者又は発行を受ける者ごとに異なるものとなるように割り当てられ、又は記載され、若しくは記録されることにより、特定の利用者若しくは購入者又は発行を受ける者を識別することができるもの
3　この法律において「要配慮個人情報」とは、本人の人種、信条、社会的身分、病歴、犯罪の経歴、犯罪により害を被った事実その他本人に対する不当な差別、偏見その他の不利益が生じないようにその取扱いに特に配慮を要するものとして政令で定める記述等が含まれる個人情報をいう。
4　この法律において個人情報について「本人」とは、個人情報によって識別される特定の個人をいう。
5　この法律において「仮名加工情報」とは、次の各号に掲げる個人情報の区分に応じて当該各号に定める措置を講じて他の情報と照合しない限り特定の個人を識別することができないように個人情報を加工して得られる個人に関する情報をいう。
一　第一項第一号に該当する個人情報　当該個人情報に含まれる記述等の一部を削除すること（当該一部の記述等を復元することのできる規則性を有しない方法により他の記述

等に置き換えることを含む。）。

二　第一項第二号に該当する個人情報　当該個人情報に含まれる個人識別符号の全部を削除すること（当該個人識別符号を復元することのできる規則性を有しない方法により他の記述等に置き換えることを含む。）。

6　この法律において「匿名加工情報」とは、次の各号に掲げる個人情報の区分に応じて当該各号に定める措置を講じて特定の個人を識別することができないように個人情報を加工して得られる個人に関する情報であって、当該個人情報を復元することができないようにしたものをいう。

一　第一項第一号に該当する個人情報　当該個人情報に含まれる記述等の一部を削除すること（当該一部の記述等を復元することのできる規則性を有しない方法により他の記述等に置き換えることを含む。）。

二　第一項第二号に該当する個人情報　当該個人情報に含まれる個人識別符号の全部を削除すること（当該個人識別符号を復元することのできる規則性を有しない方法により他の記述等に置き換えることを含む。）。

7　この法律において「個人関連情報」とは、生存する個人に関する情報であって、個人情報、仮名加工情報及び匿名加工情報のいずれにも該当しないものをいう。

8　この法律において「行政機関」とは、次に掲げる機関をいう。

一　法律の規定に基づき内閣に置かれる機関（内閣府を除く。）及び内閣の所轄の下に置かれる機関

二　内閣府、宮内庁並びに内閣府設置法（平成十一年法律第八十九号）第四十九条第一項及び第二項に規定する機関（これらの機関のうち第四号の政令で定める機関が置かれる機関にあっては、当該政令で定める機関を除く。）

三　国家行政組織法（昭和二十三年法律第百二十号）第三条第二項に規定する機関（第五号の政令で定める機関が置かれる機関にあっては、当該政令で定める機関を除く。）

四　内閣府設置法第三十九条及び第五十五条並びに宮内庁法（昭和二十二年法律第七十号）第十六条第二項の機関並びに内閣府設置法第四十条及び第五十六条（宮内庁法第十八条第一項において準用する場合を含む。）の特別の機関で、政令で定めるもの

五　国家行政組織法第八条の二の施設等機関及び同法第八条の三の特別の機関で、政令で定めるもの

六　会計検査院

9　この法律において「独立行政法人等」とは、独立行政法人通則法（平成十一年法律第百三号）第二条第一項に規定する独立行政法人及び別表第一に掲げる法人をいう。

10　この法律において「地方独立行政法人」とは、地方独立行政法人法（平成十五年法律第百十八号）第二条第一項に規定する地方独立行政法人をいう。

11　この法律において「行政機関等」とは、次に掲げる機関をいう。

一　行政機関

二　地方公共団体の機関（議会を除く。次章、第三章及び第六十九条第二項第三号を除き、以下同じ。）

三　独立行政法人等（別表第二に掲げる法人を除く。第十六条第二項第三号、第六十三条、第七十八条第一項第七号イ及びロ、第八十九条第四項から第六項まで、第百十九条第五項から第七項まで並びに第百二十五条第二項において同じ。）

四　地方独立行政法人（地方独立行政法人法第二十一条第一号に掲げる業務を主たる目的とするもの又は同条第二号若しくは第三号（チに係る部分に限る。）に掲げる業務を目的とするものを除く。第十六条第二項第四号、第六十三条、第七十八条第一項第七号イ及びロ、第八十九条第七項から第九項まで、第百十九条第八項から第十項まで並びに第百二十五条第二項において同じ。）

（基本理念）

第三条　個人情報は、個人の人格尊重の理念の下に慎重に取り扱われるべきものであることに鑑み、その適正な取扱いが図られなければならない。

第二章　国及び地方公共団体の責務等

（国の責務）

第四条　国は、この法律の趣旨にのっとり、国の機関、地方公共団体の機関、独立行政法人等、地方独立行政法人及び事業者等による個人情報の適正な取扱いを確保するために必要な施策を総合的に策定し、及びこれを実施する責務を有する。

（地方公共団体の責務）

第五条　地方公共団体は、この法律の趣旨にのっとり、国の施策との整合性に配慮しつつ、その地方公共団体の区域の特性に応じて、地方公共団体の機関、地方独立行政法人及び当該区域内の事業者等による個人情報の適正な取扱いを確保するために必要な施策を策定し、及びこれを実施する責務を有する。

（法制上の措置等）

第六条　政府は、個人情報の性質及び利用方法に鑑み、個人の権利利益の一層の保護を図るため特にその適正な取扱いの厳格な実施を確保する必要がある個人情報について、保護のための格別の措置が講じられるよう必要な法制上の措置その他の措置を講ずるとともに、国際機関その他の国際的な枠組みへの協力を通じて、各国政府と共同して国際的に整合のとれた個人情報に係る制度を構築するために必要な措置を講ずるものとする。

第三章　個人情報の保護に関する施策等

第一節　個人情報の保護に関する基本方針

第七条　政府は、個人情報の保護に関する施策の総合的かつ一体的な推進を図るため、個人情報の保護に関する基本方針（以下「基本方針」という。）を定めなければならない。

2　基本方針は、次に掲げる事項について定めるものとする。

一　個人情報の保護に関する施策の推進に関する基本的な方向

二　国が講ずべき個人情報の保護のための措置に関する事項

三　地方公共団体が講ずべき個人情報の保護のための措置に関する基本的な事項
四　独立行政法人等が講ずべき個人情報の保護のための措置に関する基本的な事項
五　地方独立行政法人が講ずべき個人情報の保護のための措置に関する基本的な事項
六　第十六条第二項に規定する個人情報取扱事業者、同条第五項に規定する仮名加工情報取扱事業者及び同条第六項に規定する匿名加工情報取扱事業者並びに第五十一条第一項に規定する認定個人情報保護団体が講ずべき個人情報の保護のための措置に関する基本的な事項
七　個人情報の取扱いに関する苦情の円滑な処理に関する事項
八　その他個人情報の保護に関する施策の推進に関する重要事項

3　内閣総理大臣は、個人情報保護委員会が作成した基本方針の案について閣議の決定を求めなければならない。

4　内閣総理大臣は、前項の規定による閣議の決定があったときは、遅滞なく、基本方針を公表しなければならない。

5　前二項の規定は、基本方針の変更について準用する。

第二節　国の施策

（国の機関等が保有する個人情報の保護）

第八条　国は、その機関が保有する個人情報の適正な取扱いが確保されるよう必要な措置を講ずるものとする。

2　国は、独立行政法人等について、その保有する個人情報の適正な取扱いが確保されるよう必要な措置を講ずるものとする。

（地方公共団体等への支援）

第九条　国は、地方公共団体が策定し、又は実施する個人情報の保護に関する施策及び国民又は事業者等が個人情報の適正な取扱いの確保に関して行う活動を支援するため、情報の提供、地方公共団体又は事業者等が講ずべき措置の適切かつ有効な実施を図るための指針の策定その他の必要な措置を講ずるものとする。

（苦情処理のための措置）

第十条　国は、個人情報の取扱いに関し事業者と本人との間に生じた苦情の適切かつ迅速な処理を図るために必要な措置を講ずるものとする。

（個人情報の適正な取扱いを確保するための措置）

第十一条　国は、地方公共団体との適切な役割分担を通じ、次章に規定する個人情報取扱事業者による個人情報の適正な取扱いを確保するために必要な措置を講ずるものとする。

2　国は、第五章に規定する地方公共団体及び地方独立行政法人による個人情報の適正な取扱いを確保するために必要な措置を講ずるものとする。

第三節　地方公共団体の施策

（地方公共団体の機関等が保有する個人情報の保護）

第十二条　地方公共団体は、その機関が保有する個人情報の適正な取扱いが確保されるよう必要な措置を講ずるものとする。

2　地方公共団体は、その設立に係る地方独立行政法人について、その保有する個人情報の適正な取扱いが確保されるよう必要な措置を講ずるものとする。

（区域内の事業者等への支援）

第十三条　地方公共団体は、個人情報の適正な取扱いを確保するため、その区域内の事業者及び住民に対する支援に必要な措置を講ずるよう努めなければならない。

（苦情の処理のあっせん等）

第十四条　地方公共団体は、個人情報の取扱いに関し事業者と本人との間に生じた苦情が適切かつ迅速に処理されるようにするため、苦情の処理のあっせんその他必要な措置を講ずるよう努めなければならない。

第四節　国及び地方公共団体の協力

第十五条　国及び地方公共団体は、個人情報の保護に関する施策を講ずるにつき、相協力するものとする。

第四章　個人情報取扱事業者等の義務等

第一節　総則

（定義）

第十六条　この章及び第八章において「個人情報データベース等」とは、個人情報を含む情報の集合物であって、次に掲げるもの（利用方法からみて個人の権利利益を害するおそれが少ないものとして政令で定めるものを除く。）をいう。
一　特定の個人情報を電子計算機を用いて検索することができるように体系的に構成したもの
二　前号に掲げるもののほか、特定の個人情報を容易に検索することができるように体系的に構成したものとして政令で定めるもの

2　この章及び第六章から第八章までにおいて「個人情報取扱事業者」とは、個人情報データベース等を事業の用に供している者をいう。ただし、次に掲げる者を除く。
一　国の機関
二　地方公共団体
三　独立行政法人等
四　地方独立行政法人

3　この章において「個人データ」とは、個人情報データベース等を構成する個人情報をいう。

4　この章において「保有個人データ」とは、個人情報取扱事業者が、開示、内容の訂正、追加又は削除、利用の停止、消去及び第三者への提供の停止を行うことのできる権限を有する個人データであって、その存否が明らかになることにより公益その他の利益が害されるものとして政令で定めるもの以外のものをいう。

5　この章、第六章及び第七章において「仮名加工情報取扱事業者」とは、仮名加工情報を含む情報の集合物であって、特定の仮名加工情報を電子計算機を用いて検索することができるように体系的に構成したものその他特定の仮名加工情報を容易に検索することができるように体系的に構成したものとして政令で定めるもの（第四十一条第一項において「仮名加工情報データベース等」という。）を事業の用に供している者をいう。ただし、第二項各号に掲げる者を除く。

6　この章、第六章及び第七章において「匿名加工情報取扱事業者」とは、匿名加工情報を含む情報の集合物であって、特定の匿名加工情報を電子計算機を用いて検索することができるように体系的に構成したものその他特定の匿名加工情報を容易に検索することができるように体系的に構成したものとして政令で定めるもの（第四十三条第一項において「匿名加工情報データベース等」という。）を事業の用に供している者をいう。ただし、第二項各号に掲げる者を除く。

7　この章、第六章及び第七章において「個人関連情報取扱事業者」とは、個人関連情報を含む情報の集合物であって、特定の個人関連情報を電子計算機を用いて検索することができるように体系的に構成したものその他特定の個人関連情報を容易に検索することができるように体系的に構成したものとして政令で定めるもの（第三十一条第一項において「個人関連情報データベース等」という。）を事業の用に供している者をいう。ただし、第二項各号に掲げる者を除く。

8　この章において「学術研究機関等」とは、大学その他の学術研究を目的とする機関若しくは団体又はそれらに属する者をいう。

第二節　個人情報取扱事業者及び個人関連情報取扱事業者の義務

（利用目的の特定）

第十七条　個人情報取扱事業者は、個人情報を取り扱うに当たっては、その利用の目的（以下「利用目的」という。）をできる限り特定しなければならない。

2　個人情報取扱事業者は、利用目的を変更する場合には、変更前の利用目的と関連性を有すると合理的に認められる範囲を超えて行ってはならない。

（利用目的による制限）

第十八条　個人情報取扱事業者は、あらかじめ本人の同意を得ないで、前条の規定により特定された利用目的の達成に必要な範囲を超えて、個人情報を取り扱ってはならない。

2　個人情報取扱事業者は、合併その他の事由により他の個人情報取扱事業者から事業を承継することに伴って個人情報を取得した場合は、あらかじめ本人の同意を得ないで、承継前における当該個人情報の利用目的の達成に必要な範囲を超えて、当該個人情報を取り扱ってはならない。

3　前二項の規定は、次に掲げる場合については、適用しない。

一　法令（条例を含む。以下この章において同じ。）に基づく場合

二　人の生命、身体又は財産の保護のために必要がある場合であって、本人の同意を得ることが困難であるとき。

三　公衆衛生の向上又は児童の健全な育成の推進のために特に必要がある場合であって、本人の同意を得ることが困難であるとき。

四　国の機関若しくは地方公共団体又はその委託を受けた者が法令の定める事務を遂行することに対して協力する必要がある場合であって、本人の同意を得ることにより当該事務の遂行に支障を及ぼすおそれがあるとき。

五　当該個人情報取扱事業者が学術研究機関等である場合であって、当該個人情報を学術研究の用に供する目的（以下この章において「学術研究目的」という。）で取り扱う必要があるとき（当該個人情報を取り扱う目的の一部が学術研究目的である場合を含み、個人の権利利益を不当に侵害するおそれがある場合を除く。）。

六　学術研究機関等に個人データを提供する場合であって、当該学術研究機関等が当該個人データを学術研究目的で取り扱う必要があるとき（当該個人データを取り扱う目的の一部が学術研究目的である場合を含み、個人の権利利益を不当に侵害するおそれがある場合を除く。）。

（不適正な利用の禁止）

第十九条　個人情報取扱事業者は、違法又は不当な行為を助長し、又は誘発するおそれがある方法により個人情報を利用してはならない。

（適正な取得）

第二十条　個人情報取扱事業者は、偽りその他不正の手段により個人情報を取得してはならない。

2　個人情報取扱事業者は、次に掲げる場合を除くほか、あらかじめ本人の同意を得ないで、要配慮個人情報を取得してはならない。

一　法令に基づく場合

二　人の生命、身体又は財産の保護のために必要がある場合であって、本人の同意を得ることが困難であるとき。

三　公衆衛生の向上又は児童の健全な育成の推進のために特に必要がある場合であって、本人の同意を得ることが困難であるとき。

四　国の機関若しくは地方公共団体又はその委託を受けた者が法令の定める事務を遂行することに対して協力する必要がある場合であって、本人の同意を得ることにより当該事務の遂行に支障を及ぼすおそれがあるとき。

五　当該個人情報取扱事業者が学術研究機関等である場合であって、当該要配慮個人情報を学術研究目的で取り扱う必要があるとき（当該要配慮個人情報を取り扱う目的の一部が学術研究目的である場合を含み、個人の権利利益を不当に侵害するおそれがある場合を除く。）。

六　学術研究機関等から当該要配慮個人情報を取得する場合であって、当該要配慮個人情報を学術研究目的で取得する必要があるとき（当該要配慮個人情報を取得する目的の一部が学術研究目的である場合を含み、個人の権利利益を不当に侵害するおそれがある場合を除く。）（当該個人情報取扱事業者と当該学術研究機関等が共同して学術研究を行う場合に限る。）。

七　当該要配慮個人情報が、本人、国の機関、地方公共団体、学術研究機関等、第五十七条第一項各号に掲げる者その他個人情報保護委員会規則で定める者により公開されている場合

八　その他前各号に掲げる場合に準ずるものとして政令で定める場合

（取得に際しての利用目的の通知等）

第二十一条　個人情報取扱事業者は、個人情報を取得した場合は、あらかじめその利用目的を公表している場合を除き、速

やかに、その利用目的を、本人に通知し、又は公表しなければならない。

2　個人情報取扱事業者は、前項の規定にかかわらず、本人との間で契約を締結することに伴って契約書その他の書面（電磁的記録を含む。以下この項において同じ。）に記載された当該本人の個人情報を取得する場合その他本人から直接書面に記載された当該本人の個人情報を取得する場合は、あらかじめ、本人に対し、その利用目的を明示しなければならない。ただし、人の生命、身体又は財産の保護のために緊急に必要がある場合は、この限りでない。

3　個人情報取扱事業者は、利用目的を変更した場合は、変更された利用目的について、本人に通知し、又は公表しなければならない。

4　前三項の規定は、次に掲げる場合については、適用しない。

一　利用目的を本人に通知し、又は公表することにより本人又は第三者の生命、身体、財産その他の権利利益を害するおそれがある場合

二　利用目的を本人に通知し、又は公表することにより当該個人情報取扱事業者の権利又は正当な利益を害するおそれがある場合

三　国の機関又は地方公共団体が法令の定める事務を遂行することに対して協力する必要がある場合であって、利用目的を本人に通知し、又は公表することにより当該事務の遂行に支障を及ぼすおそれがあるとき。

四　取得の状況からみて利用目的が明らかであると認められる場合

（データ内容の正確性の確保等）

第二十二条　個人情報取扱事業者は、利用目的の達成に必要な範囲内において、個人データを正確かつ最新の内容に保つとともに、利用する必要がなくなったときは、当該個人データを遅滞なく消去するよう努めなければならない。

（安全管理措置）

第二十三条　個人情報取扱事業者は、その取り扱う個人データの漏えい、滅失又は毀損の防止その他の個人データの安全管理のために必要かつ適切な措置を講じなければならない。

（従業者の監督）

第二十四条　個人情報取扱事業者は、その従業者に個人データを取り扱わせるに当たっては、当該個人データの安全管理が図られるよう、当該従業者に対する必要かつ適切な監督を行わなければならない。

（委託先の監督）

第二十五条　個人情報取扱事業者は、個人データの取扱いの全部又は一部を委託する場合は、その取扱いを委託された個人データの安全管理が図られるよう、委託を受けた者に対する必要かつ適切な監督を行わなければならない。

（漏えい等の報告等）

第二十六条　個人情報取扱事業者は、その取り扱う個人データの漏えい、滅失、毀損その他の個人データの安全の確保に係る事態であって個人の権利利益を害するおそれが大きいものとして個人情報保護委員会規則で定めるものが生じたときは、個人情報保護委員会規則で定めるところにより、当該事態が生じた旨を個人情報保護委員会に報告しなければならない。ただし、当該個人情報取扱事業者が、他の個人情報取扱事業者又は行政機関等から当該個人データの取扱いの全部又は一部の委託を受けた場合であって、個人情報保護委員会規則で定めるところにより、当該事態が生じた旨を当該他の個人情報取扱事業者又は行政機関等に通知したときは、この限りでない。

2　前項に規定する場合には、個人情報取扱事業者（同項ただし書の規定による通知をした者を除く。）は、本人に対し、個人情報保護委員会規則で定めるところにより、当該事態が生じた旨を通知しなければならない。ただし、本人への通知が困難な場合であって、本人の権利利益を保護するため必要なこれに代わるべき措置をとるときは、この限りでない。

（第三者提供の制限）

第二十七条　個人情報取扱事業者は、次に掲げる場合を除くほか、あらかじめ本人の同意を得ないで、個人データを第三者に提供してはならない。

一　法令に基づく場合

二　人の生命、身体又は財産の保護のために必要がある場合であって、本人の同意を得ることが困難であるとき。

三　公衆衛生の向上又は児童の健全な育成の推進のために特に必要がある場合であって、本人の同意を得ることが困難であるとき。

四　国の機関若しくは地方公共団体又はその委託を受けた者が法令の定める事務を遂行することに対して協力する必要がある場合であって、本人の同意を得ることにより当該事務の遂行に支障を及ぼすおそれがあるとき。

五　当該個人情報取扱事業者が学術研究機関等である場合であって、当該個人データの提供が学術研究の成果の公表又は教授のためやむを得ないとき（個人の権利利益を不当に侵害するおそれがある場合を除く。）。

六　当該個人情報取扱事業者が学術研究機関等である場合であって、当該個人データを学術研究目的で提供する必要があるとき（当該個人データを提供する目的の一部が学術研究目的である場合を含み、個人の権利利益を不当に侵害するおそれがある場合を除く。）（当該個人情報取扱事業者と当該第三者が共同して学術研究を行う場合に限る。）。

七　当該第三者が学術研究機関等である場合であって、当該第三者が当該個人データを学術研究目的で取り扱う必要があるとき（当該個人データを取り扱う目的の一部が学術研究目的である場合を含み、個人の権利利益を不当に侵害するおそれがある場合を除く。）。

2　個人情報取扱事業者は、第三者に提供される個人データについて、本人の求めに応じて当該本人が識別される個人データの第三者への提供を停止することとしている場合であって、次に掲げる事項について、個人情報保護委員会規則で定めるところにより、あらかじめ、本人に通知し、又は本人が容易に知り得る状態に置くとともに、個人情報保護委員会に届け出たときは、前項の規定にかかわらず、当該個人データを第三者に提供することができる。ただし、第三者に提供さ

れる個人データが要配慮個人情報又は第二十条第一項の規定に違反して取得されたもの若しくは他の個人情報取扱事業者からこの項本文の規定により提供されたもの（その全部又は一部を複製し、又は加工したものを含む。）である場合は、この限りでない。

一　第三者への提供を行う個人情報取扱事業者の氏名又は名称及び住所並びに法人にあっては、その代表者（法人でない団体で代表者又は管理人の定めのあるものにあっては、その代表者又は管理人。以下この条、第三十条第一項第一号及び第三十二条第一項第一号において同じ。）の氏名

二　第三者への提供を利用目的とすること。

三　第三者に提供される個人データの項目

四　第三者に提供される個人データの取得の方法

五　第三者への提供の方法

六　本人の求めに応じて当該本人が識別される個人データの第三者への提供を停止すること。

七　本人の求めを受け付ける方法

八　その他個人の権利利益を保護するために必要なものとして個人情報保護委員会規則で定める事項

3　個人情報取扱事業者は、前項第一号に掲げる事項に変更があったとき又は同項の規定による個人データの提供をやめたときは遅滞なく、同項第三号から第五号まで、第七号又は第八号に掲げる事項を変更しようとするときはあらかじめ、その旨について、個人情報保護委員会規則で定めるところにより、本人に通知し、又は本人が容易に知り得る状態に置くとともに、個人情報保護委員会に届け出なければならない。

4　個人情報保護委員会は、第二項の規定による届出があったときは、個人情報保護委員会規則で定めるところにより、当該届出に係る事項を公表しなければならない。前項の規定による届出があったときも、同様とする。

5　次に掲げる場合において、当該個人データの提供を受ける者は、前各項の規定の適用については、第三者に該当しないものとする。

一　個人情報取扱事業者が利用目的の達成に必要な範囲内において個人データの取扱いの全部又は一部を委託することに伴って当該個人データが提供される場合

二　合併その他の事由による事業の承継に伴って個人データが提供される場合

三　特定の者との間で共同して利用される個人データが当該特定の者に提供される場合であって、その旨並びに共同して利用される個人データの項目、共同して利用する者の範囲、利用する者の利用目的並びに当該個人データの管理について責任を有する者の氏名又は名称及び住所並びに法人にあっては、その代表者の氏名について、あらかじめ、本人に通知し、又は本人が容易に知り得る状態に置いているとき。

6　個人情報取扱事業者は、前項第三号に規定する個人データの管理について責任を有する者の氏名、名称若しくは住所又は法人にあっては、その代表者の氏名に変更があったときは遅滞なく、同号に規定する利用する者の利用目的又は当該責任を有する者を変更しようとするときはあらかじめ、その旨について、本人に通知し、又は本人が容易に知り得る状態に置かなければならない。

（外国にある第三者への提供の制限）

第二十八条　個人情報取扱事業者は、外国（本邦の域外にある国又は地域をいう。以下この条及び第三十一条第一項第二号において同じ。）（個人の権利利益を保護する上で我が国と同等の水準にあると認められる個人情報の保護に関する制度を有している外国として個人情報保護委員会規則で定めるものを除く。以下この条及び同号において同じ。）にある第三者（個人データの取扱いについてこの節の規定により個人情報取扱事業者が講ずべきこととされている措置に相当する措置（第三項において「相当措置」という。）を継続的に講ずるために必要なものとして個人情報保護委員会規則で定める基準に適合する体制を整備している者を除く。以下この項及び次項並びに同号において同じ。）に個人データを提供する場合には、前条第一項各号に掲げる場合を除くほか、あらかじめ外国にある第三者への提供を認める旨の本人の同意を得なければならない。この場合においては、同条の規定は、適用しない。

2　個人情報取扱事業者は、前項の規定により本人の同意を得ようとする場合には、個人情報保護委員会規則で定めるところにより、あらかじめ、当該外国における個人情報の保護に関する制度、当該第三者が講ずる個人情報の保護のための措置その他当該本人に参考となるべき情報を当該本人に提供しなければならない。

3　個人情報取扱事業者は、個人データを外国にある第三者（第一項に規定する体制を整備している者に限る。）に提供した場合には、個人情報保護委員会規則で定めるところにより、当該第三者による相当措置の継続的な実施を確保するために必要な措置を講ずるとともに、本人の求めに応じて当該必要な措置に関する情報を当該本人に提供しなければならない。

（第三者提供に係る記録の作成等）

第二十九条　個人情報取扱事業者は、個人データを第三者（第十六条第五項各号に掲げる者を除く。以下この条及び次条（第三十一条第三項において読み替えて準用する場合を含む。）において同じ。）に提供したときは、個人情報保護委員会規則で定めるところにより、当該個人データを提供した年月日、当該第三者の氏名又は名称その他の個人情報保護委員会規則で定める事項に関する記録を作成しなければならない。ただし、当該個人データの提供が第二十七条第一項各号又は第五項各号のいずれか（前条第一項の規定による個人データの提供にあっては、第二十三条第一項各号のいずれか）に該当する場合は、この限りでない。

2　個人情報取扱事業者は、前項の記録を、当該記録を作成した日から個人情報保護委員会規則で定める期間保存しなければならない。

（第三者提供を受ける際の確認等）

第三十条　個人情報取扱事業者は、第三者から個人データの提供を受けるに際しては、個人情報保護委員会規則で定めるところにより、次に掲げる事項の確認を行わなければならな

い。ただし、当該個人データの提供が第二十七条第一項各号又は第五項各号のいずれかに該当する場合は、この限りでない。

一　当該第三者の氏名又は名称及び住所並びに法人にあっては、その代表者の氏名

二　当該第三者による当該個人データの取得の経緯

2　前項の第三者は、個人情報取扱事業者が同項の規定による確認を行う場合において、当該個人情報取扱事業者に対して、当該確認に係る事項を偽ってはならない。

3　個人情報取扱事業者は、第一項の規定による確認を行ったときは、個人情報保護委員会規則で定めるところにより、当該個人データの提供を受けた年月日、当該確認に係る事項その他の個人情報保護委員会規則で定める事項に関する記録を作成しなければならない。

4　個人情報取扱事業者は、前項の記録を、当該記録を作成した日から個人情報保護委員会規則で定める期間保存しなければならない。

（個人関連情報の第三者提供の制限等）

第三十一条　個人関連情報取扱事業者は、第三者が個人関連情報（個人関連情報データベース等を構成するものに限る。以下この章及び第六章において同じ。）を個人データとして取得することが想定されるときは、第二十七条第一項各号に掲げる場合を除くほか、次に掲げる事項について、あらかじめ個人情報保護委員会規則で定めるところにより確認することをしないで、当該個人関連情報を当該第三者に提供してはならない。

一　当該第三者が個人関連情報取扱事業者から個人関連情報の提供を受けて本人が識別される個人データとして取得することを認める旨の当該本人の同意が得られていること。

二　外国にある第三者への提供にあっては、前号の本人の同意を得ようとする場合において、個人情報保護委員会規則で定めるところにより、あらかじめ、当該外国における個人情報の保護に関する制度、当該第三者が講ずる個人情報の保護のための措置その他当該本人に参考となるべき情報が当該本人に提供されていること。

2　第二十八条第三項の規定は、前項の規定により個人関連情報取扱事業者が個人関連情報を提供する場合について準用する。この場合において、同条第三項中「講ずるとともに、本人の求めに応じて当該必要な措置に関する情報を当該本人に提供し」とあるのは、「講じ」と読み替えるものとする。

3　前条第二項から第四項までの規定は、第一項の規定により個人関連情報取扱事業者が確認する場合について準用する。この場合において、同条第三項中「の提供を受けた」とあるのは、「を提供した」と読み替えるものとする。

（保有個人データに関する事項の公表等）

第三十二条　個人情報取扱事業者は、保有個人データに関し、次に掲げる事項について、本人の知り得る状態（本人の求めに応じて遅滞なく回答する場合を含む。）に置かなければならない。

一　当該個人情報取扱事業者の氏名又は名称及び住所並びに法人にあっては、その代表者の氏名

二　全ての保有個人データの利用目的（第二十一条第四項第一号から第三号までに該当する場合を除く。）

三　次項の規定による求め又は次条第一項（同条第五項において準用する場合を含む。）、第三十四条第一項若しくは第三十五条第一項、第三項若しくは第五項の規定による請求に応じる手続（第三十八条第二項の規定により手数料の額を定めたときは、その手数料の額を含む。）

四　前三号に掲げるもののほか、保有個人データの適正な取扱いの確保に関し必要な事項として政令で定めるもの

2　個人情報取扱事業者は、本人から、当該本人が識別される保有個人データの利用目的の通知を求められたときは、本人に対し、遅滞なく、これを通知しなければならない。ただし、次の各号のいずれかに該当する場合は、この限りでない。

一　前項の規定により当該本人が識別される保有個人データの利用目的が明らかな場合

二　第二十一条第四項第一号から第三号までに該当する場合

3　個人情報取扱事業者は、前項の規定に基づき求められた保有個人データの利用目的を通知しない旨の決定をしたときは、本人に対し、遅滞なく、その旨を通知しなければならない。

（開示）

第三十三条　本人は、個人情報取扱事業者に対し、当該本人が識別される保有個人データの電磁的記録の提供による方法その他の個人情報保護委員会規則で定める方法による開示を請求することができる。

2　個人情報取扱事業者は、前項の規定による請求を受けたときは、本人に対し、同項の規定により当該本人が請求した方法（当該方法による開示に多額の費用を要する場合その他の当該方法による開示が困難である場合にあっては、書面の交付による方法）により、遅滞なく、当該保有個人データを開示しなければならない。ただし、開示することにより次の各号のいずれかに該当する場合は、その全部又は一部を開示しないことができる。

一　本人又は第三者の生命、身体、財産その他の権利利益を害するおそれがある場合

二　当該個人情報取扱事業者の業務の適正な実施に著しい支障を及ぼすおそれがある場合

三　他の法令に違反することとなる場合

3　個人情報取扱事業者は、第一項の規定による請求に係る保有個人データの全部若しくは一部について開示しない旨の決定をしたとき、当該保有個人データが存在しないとき、又は同項の規定により本人が請求した方法による開示が困難であるときは、本人に対し、遅滞なく、その旨を通知しなければならない。

4　他の法令の規定により、本人に対し第二項本文に規定する方法に相当する方法により当該本人が識別される保有個人データの全部又は一部を開示することとされている場合には、当該全部又は一部の保有個人データについては、第一項及び第二項の規定は、適用しない。

5　第一項から第三項までの規定は、当該本人が識別される個

人データに係る第二十九条第一項及び第三十条第三項の記録（その存否が明らかになることにより公益その他の利益が害されるものとして政令で定めるものを除く。第三十七条第二項において「第三者提供記録」という。）について準用する。

（訂正等）

第三十四条　本人は、個人情報取扱事業者に対し、当該本人が識別される保有個人データの内容が事実でないときは、当該保有個人データの内容の訂正、追加又は削除（以下この条において「訂正等」という。）を請求することができる。

2　個人情報取扱事業者は、前項の規定による請求を受けた場合には、その内容の訂正等に関して他の法令の規定により特別の手続が定められている場合を除き、利用目的の達成に必要な範囲内において、遅滞なく必要な調査を行い、その結果に基づき、当該保有個人データの内容の訂正等を行わなければならない。

3　個人情報取扱事業者は、第一項の規定による請求に係る保有個人データの内容の全部若しくは一部について訂正等を行ったとき、又は訂正等を行わない旨の決定をしたときは、本人に対し、遅滞なく、その旨（訂正等を行ったときは、その内容を含む。）を通知しなければならない。

（利用停止等）

第三十五条　本人は、個人情報取扱事業者に対し、当該本人が識別される保有個人データが第十八条若しくは第十九条の規定に違反して取り扱われているとき、又は第二十条の規定に違反して取得されたものであるときは、当該保有個人データの利用の停止又は消去（以下この条において「利用停止等」という。）を請求することができる。

2　個人情報取扱事業者は、前項の規定による請求を受けた場合であって、その請求に理由があることが判明したときは、違反を是正するために必要な限度で、遅滞なく、当該保有個人データの利用停止等を行わなければならない。ただし、当該保有個人データの利用停止等に多額の費用を要する場合その他の利用停止等を行うことが困難な場合であって、本人の権利利益を保護するため必要なこれに代わるべき措置をとるときは、この限りでない。

3　本人は、個人情報取扱事業者に対し、当該本人が識別される保有個人データが第二十七条第一項又は第二十八条の規定に違反して第三者に提供されているときは、当該保有個人データの第三者への提供の停止を請求することができる。

4　個人情報取扱事業者は、前項の規定による請求を受けた場合であって、その請求に理由があることが判明したときは、遅滞なく、当該保有個人データの第三者への提供を停止しなければならない。ただし、当該保有個人データの第三者への提供の停止に多額の費用を要する場合その他の第三者への提供を停止することが困難な場合であって、本人の権利利益を保護するため必要なこれに代わるべき措置をとるときは、この限りでない。

5　本人は、個人情報取扱事業者に対し、当該本人が識別される保有個人データを当該個人情報取扱事業者が利用する必要がなくなった場合、当該本人が識別される保有個人データに係る第二十六条第一項本文に規定する事態が生じた場合その他当該本人が識別される保有個人データの取扱いにより当該本人の権利又は正当な利益が害されるおそれがある場合には、当該保有個人データの利用停止等又は第三者への提供の停止を請求することができる。

6　個人情報取扱事業者は、前項の規定による請求を受けた場合であって、その請求に理由があることが判明したときは、本人の権利利益の侵害を防止するために必要な限度で、遅滞なく、当該保有個人データの利用停止等又は第三者への提供の停止を行わなければならない。ただし、当該保有個人データの利用停止等又は第三者への提供の停止に多額の費用を要する場合その他の利用停止等又は第三者への提供の停止を行うことが困難な場合であって、本人の権利利益を保護するため必要なこれに代わるべき措置をとるときは、この限りでない。

7　個人情報取扱事業者は、第一項若しくは第五項の規定による請求に係る保有個人データの全部若しくは一部について利用停止等を行ったとき若しくは利用停止等を行わない旨の決定をしたとき、又は第三項若しくは第五項の規定による請求に係る保有個人データの全部若しくは一部について第三者への提供を停止したとき若しくは第三者への提供を停止しない旨の決定をしたときは、本人に対し、遅滞なく、その旨を通知しなければならない。

（理由の説明）

第三十六条　個人情報取扱事業者は、第三十二条第三項、第三十三条第三項（同条第五項において準用する場合を含む。）、第三十四条第三項又は前条第七項の規定により、本人から求められ、又は請求された措置の全部又は一部について、その措置をとらない旨を通知する場合又はその措置と異なる措置をとる旨を通知する場合には、本人に対し、その理由を説明するよう努めなければならない。

（開示等の請求等に応じる手続）

第三十七条　個人情報取扱事業者は、第三十二条第二項の規定による求め又は第三十三条第一項（同条第五項において準用する場合を含む。次条第一項及び第三十九条において同じ。）、第三十四条第一項若しくは第三十五条第一項、第三項若しくは第五項の規定による請求（以下この条及び第五十四条第一項において「開示等の請求等」という。）に関し、政令で定めるところにより、その求め又は請求を受け付ける方法を定めることができる。この場合において、本人は、当該方法に従って、開示等の請求等を行わなければならない。

2　個人情報取扱事業者は、本人に対し、開示等の請求等に関し、その対象となる保有個人データ又は第三者提供記録を特定するに足りる事項の提示を求めることができる。この場合において、個人情報取扱事業者は、本人が容易かつ的確に開示等の請求等をすることができるよう、当該保有個人データ又は当該第三者提供記録の特定に資する情報の提供その他本人の利便を考慮した適切な措置をとらなければならない。

3　開示等の請求等は、政令で定めるところにより、代理人によってすることができる。

4　個人情報取扱事業者は、前三項の規定に基づき開示等の請求等に応じる手続を定めるに当たっては、本人に過重な負担を課するものとならないよう配慮しなければならない。

（手数料）

第三十八条　個人情報取扱事業者は、第三十二条第二項の規定による利用目的の通知を求められたとき又は第三十三条第一項の規定による開示の請求を受けたときは、当該措置の実施に関し、手数料を徴収することができる。

２　個人情報取扱事業者は、前項の規定により手数料を徴収する場合は、実費を勘案して合理的であると認められる範囲内において、その手数料の額を定めなければならない。

（事前の請求）

第三十九条　本人は、第三十三条第一項、第三十四条第一項又は第三十五条第一項、第三項若しくは第五項の規定による請求に係る訴えを提起しようとするときは、その訴えの被告となるべき者に対し、あらかじめ、当該請求を行い、かつ、その到達した日から二週間を経過した後でなければ、その訴えを提起することができない。ただし、当該訴えの被告となるべき者がその請求を拒んだときは、この限りでない。

２　前項の請求は、その請求が通常到達すべきであった時に、到達したものとみなす。

３　前二項の規定は、第三十三条第一項、第三十四条第一項又は第三十五条第一項、第三項若しくは第五項の規定による請求に係る仮処分命令の申立てについて準用する。

（個人情報取扱事業者による苦情の処理）

第四十条　個人情報取扱事業者は、個人情報の取扱いに関する苦情の適切かつ迅速な処理に努めなければならない。

２　個人情報取扱事業者は、前項の目的を達成するために必要な体制の整備に努めなければならない。

第三節　仮名加工情報取扱事業者等の義務

（仮名加工情報の作成等）

第四十一条　個人情報取扱事業者は、仮名加工情報（仮名加工情報データベース等を構成するものに限る。以下この章及び第六章において同じ。）を作成するときは、他の情報と照合しない限り特定の個人を識別することができないようにするために必要なものとして個人情報保護委員会規則で定める基準に従い、個人情報を加工しなければならない。

２　個人情報取扱事業者は、仮名加工情報を作成したとき、又は仮名加工情報及び当該仮名加工情報に係る削除情報等（仮名加工情報の作成に用いられた個人情報から削除された記述等及び個人識別符号並びに前項の規定により行われた加工の方法に関する情報をいう。以下この条及び次条第三項において読み替えて準用する第七項において同じ。）を取得したときは、削除情報等の漏えいを防止するために必要なものとして個人情報保護委員会規則で定める基準に従い、削除情報等の安全管理のための措置を講じなければならない。

３　仮名加工情報取扱事業者（個人情報取扱事業者である者に限る。以下この条において同じ。）は、第十八条の規定にかかわらず、法令に基づく場合を除くほか、第十七条第一項の規定により特定された利用目的の達成に必要な範囲を超えて、仮名加工情報（個人情報であるものに限る。以下この条において同じ。）を取り扱ってはならない。

４　仮名加工情報についての第二十一条の規定の適用については、同条第一項及び第三項中「、本人に通知し、又は公表し」とあるのは「公表し」と、同条第四項第一号から第三号までの規定中「本人に通知し、又は公表する」とあるのは「公表する」とする。

５　仮名加工情報取扱事業者は、仮名加工情報である個人データ及び削除情報等を利用する必要がなくなったときは、当該個人データ及び削除情報等を遅滞なく消去するよう努めなければならない。この場合においては、第二十二条の規定は、適用しない。

６　仮名加工情報取扱事業者は、第二十七条第一項及び第二項並びに第二十八条第一項の規定にかかわらず、法令に基づく場合を除くほか、仮名加工情報である個人データを第三者に提供してはならない。この場合において、第二十七条第五項中「前各項」とあるのは「第四十一条第六項」と、同項第三号中「、本人に通知し、又は本人が容易に知り得る状態に置いて」とあるのは「公表して」と、同条第六項中「、本人に通知し、又は本人が容易に知り得る状態に置かなければ」とあるのは「公表しなければ」と、第二十九条第一項ただし書中「第二十七条第一項各号又は第五項各号のいずれか（前条第一項の規定による個人データの提供にあっては、第二十七条第一項各号のいずれか）」とあり、及び第三十条第一項ただし書中「第二十七条第一項各号又は第五項各号のいずれか」とあるのは「法令に基づく場合又は第二十七条第五項各号のいずれか」とする。

７　仮名加工情報取扱事業者は、仮名加工情報を取り扱うに当たっては、当該仮名加工情報の作成に用いられた個人情報に係る本人を識別するために、当該仮名加工情報を他の情報と照合してはならない。

８　仮名加工情報取扱事業者は、仮名加工情報を取り扱うに当たっては、電話をかけ、郵便若しくは民間事業者による信書の送達に関する法律（平成十四年法律第九十九号）第二条第六項に規定する一般信書便事業者若しくは同条第九項に規定する特定信書便事業者による同条第二項に規定する信書便により送付し、電報を送達し、ファクシミリ装置若しくは電磁的方法（電子情報処理組織を使用する方法その他の情報通信の技術を利用する方法であって個人情報保護委員会規則で定めるものをいう。）を用いて送信し、又は住居を訪問するために、当該仮名加工情報に含まれる連絡先その他の情報を利用してはならない。

９　仮名加工情報、仮名加工情報である個人データ及び仮名加工情報である保有個人データについては、第十七条第二項、第二十六条及び第三十二条から第三十九条までの規定は、適用しない。

（仮名加工情報の第三者提供の制限等）

第四十二条　仮名加工情報取扱事業者は、法令に基づく場合を除くほか、仮名加工情報（個人情報であるものを除く。次項及び第三項において同じ。）を第三者に提供してはならない。

２　第二十七条第五項及び第六項の規定は、仮名加工情報の提供を受ける者について準用する。この場合において、同条第五項中「前各項」とあるのは「第四十二条第一項」と、同項第一号中「個人情報取扱事業者」とあるのは「仮名加工情報取扱事業者」と、同項第三号中「、本人に通知し、又は本人が容易に知り得る状態に置いて」とあるのは「公表して」と、同条第六項中「個人情報取扱事業者」とあるのは「仮名加工情報取扱事業者」と、「、本人に通知し、又は本人が容易に知り得る状態に置かなければ」とあるのは「公表しなければ」と読み替えるものとする。

3　第二十三条から第二十五条まで、第四十条並びに前条第七項及び第八項の規定は、仮名加工情報取扱事業者による仮名加工情報の取扱いについて準用する。この場合において、第二十三条中「漏えい、滅失又は毀損」とあるのは「漏えい」と、前条第七項中「ために、」とあるのは「ために、削除情報等を取得し、又は」と読み替えるものとする。

第四節　匿名加工情報取扱事業者等の義務

（匿名加工情報の作成等）

第四十三条　個人情報取扱事業者は、匿名加工情報（匿名加工情報データベース等を構成するものに限る。以下この章及び第六章において同じ。）を作成するときは、特定の個人を識別すること及びその作成に用いる個人情報を復元することができないようにするために必要なものとして個人情報保護委員会規則で定める基準に従い、当該個人情報を加工しなければならない。

2　個人情報取扱事業者は、匿名加工情報を作成したときは、その作成に用いた個人情報から削除した記述等及び個人識別符号並びに前項の規定により行った加工の方法に関する情報の漏えいを防止するために必要なものとして個人情報保護委員会規則で定める基準に従い、これらの情報の安全管理のための措置を講じなければならない。

3　個人情報取扱事業者は、匿名加工情報を作成したときは、個人情報保護委員会規則で定めるところにより、当該匿名加工情報に含まれる個人に関する情報の項目を公表しなければならない。

4　個人情報取扱事業者は、匿名加工情報を作成して当該匿名加工情報を第三者に提供するときは、個人情報保護委員会規則で定めるところにより、あらかじめ、第三者に提供される匿名加工情報に含まれる個人に関する情報の項目及びその提供の方法について公表するとともに、当該第三者に対して、当該提供に係る情報が匿名加工情報である旨を明示しなければならない。

5　個人情報取扱事業者は、匿名加工情報を作成して自ら当該匿名加工情報を取り扱うに当たっては、当該匿名加工情報の作成に用いられた個人情報に係る本人を識別するために、当該匿名加工情報を他の情報と照合してはならない。

6　個人情報取扱事業者は、匿名加工情報を作成したときは、当該匿名加工情報の安全管理のために必要かつ適切な措置、当該匿名加工情報の作成その他の取扱いに関する苦情の処理その他の当該匿名加工情報の適正な取扱いを確保するために必要な措置を自ら講じ、かつ、当該措置の内容を公表するよう努めなければならない。

（匿名加工情報の提供）

第四十四条　匿名加工情報取扱事業者は、匿名加工情報（自ら個人情報を加工して作成したものを除く。以下この節において同じ。）を第三者に提供するときは、個人情報保護委員会規則で定めるところにより、あらかじめ、第三者に提供される匿名加工情報に含まれる個人に関する情報の項目及びその提供の方法について公表するとともに、当該第三者に対して、当該提供に係る情報が匿名加工情報である旨を明示しなければならない。

（識別行為の禁止）

第四十五条　匿名加工情報取扱事業者は、匿名加工情報を取り扱うに当たっては、当該匿名加工情報の作成に用いられた個人情報に係る本人を識別するために、当該個人情報から削除された記述等若しくは個人識別符号若しくは第四十三条第一項若しくは第百十六条第一項（同条第二項において準用する場合を含む。）の規定により行われた加工の方法に関する情報を取得し、又は当該匿名加工情報を他の情報と照合してはならない。

（安全管理措置等）

第四十六条　匿名加工情報取扱事業者は、匿名加工情報の安全管理のために必要かつ適切な措置、匿名加工情報の取扱いに関する苦情の処理その他の匿名加工情報の適正な取扱いを確保するために必要な措置を自ら講じ、かつ、当該措置の内容を公表するよう努めなければならない。

第五節　民間団体による個人情報の保護の推進

（認定）

第四十七条　個人情報取扱事業者、仮名加工情報取扱事業者又は匿名加工情報取扱事業者（以下この章において「個人情報取扱事業者等」という。）の個人情報、仮名加工情報又は匿名加工情報（以下この章において「個人情報等」という。）の適正な取扱いの確保を目的として次に掲げる業務を行おうとする法人（法人でない団体で代表者又は管理人の定めのあるものを含む。次条第三号ロにおいて同じ。）は、個人情報保護委員会の認定を受けることができる。

一　業務の対象となる個人情報取扱事業者等（以下この節において「対象事業者」という。）の個人情報等の取扱いに関する第五十三条の規定による苦情の処理

二　個人情報等の適正な取扱いの確保に寄与する事項についての対象事業者に対する情報の提供

三　前二号に掲げるもののほか、対象事業者の個人情報等の適正な取扱いの確保に関し必要な業務

2　前項の認定は、対象とする個人情報取扱事業者等の事業の種類その他の業務の範囲を限定して行うことができる。

3　第一項の認定を受けようとする者は、政令で定めるところにより、個人情報保護委員会に申請しなければならない。

4　個人情報保護委員会は、第一項の認定をしたときは、その旨（第二項の規定により業務の範囲を限定する認定にあっては、その認定に係る業務の範囲を含む。）を公示しなければならない。

（欠格条項）

第四十八条　次の各号のいずれかに該当する者は、前条第一項の認定を受けることができない。

一　この法律の規定により刑に処せられ、その執行を終わり、又は執行を受けることがなくなった日から二年を経過

二　第百五十五条第一項の規定により認定を取り消され、その取消しの日から二年を経過しない者
三　その業務を行う役員（法人でない団体で代表者又は管理人の定めのあるものの代表者又は管理人を含む。以下この条において同じ。）のうちに、次のいずれかに該当する者があるもの
イ　禁錮以上の刑に処せられ、又はこの法律の規定により刑に処せられ、その執行を終わり、又は執行を受けることがなくなった日から二年を経過しない者
ロ　第百五十五条第一項の規定により認定を取り消された法人において、その取消しの日前三十日以内にその役員であった者でその取消しの日から二年を経過しない者

（認定の基準）
第四十九条　個人情報保護委員会は、第四十七条第一項の認定の申請が次の各号のいずれにも適合していると認めるときでなければ、その認定をしてはならない。
一　第四十七条第一項各号に掲げる業務を適正かつ確実に行うに必要な業務の実施の方法が定められているものであること。
二　第四十七条第一項各号に掲げる業務を適正かつ確実に行うに足りる知識及び能力並びに経理的基礎を有するものであること。
三　第四十七条第一項各号に掲げる業務以外の業務を行っている場合には、その業務を行うことによって同項各号に掲げる業務が不公正になるおそれがないものであること。

（変更の認定等）
第五十条　第四十七条第一項の認定（同条第二項の規定により業務の範囲を限定する認定を含む。次条第一項及び第百五十五条第一項第五号において同じ。）を受けた者は、その認定に係る業務の範囲を変更しようとするときは、個人情報保護委員会の認定を受けなければならない。ただし、個人情報保護委員会規則で定める軽微な変更については、この限りでない。
2　第四十七条第三項及び第四項並びに前条の規定は、前項の変更の認定について準用する。

（廃止の届出）
第五十一条　第四十七条第一項の認定（前条第一項の変更の認定を含む。）を受けた者（以下「認定個人情報保護団体」という。）は、その認定に係る業務（以下この節及び第六章において「認定業務」という。）を廃止しようとするときは、政令で定めるところにより、あらかじめ、その旨を個人情報保護委員会に届け出なければならない。
2　個人情報保護委員会は、前項の規定による届出があったときは、その旨を公示しなければならない。

（対象事業者）
第五十二条　認定個人情報保護団体は、認定業務の対象となることについて同意を得た個人情報取扱事業者等を対象事業者としなければならない。この場合において、第五十四条第四項の規定による措置をとったにもかかわらず、対象事業者が同条第一項に規定する個人情報保護指針を遵守しないときは、当該対象事業者を認定業務の対象から除外することができる。
2　認定個人情報保護団体は、対象事業者の氏名又は名称を公表しなければならない。

（苦情の処理）
第五十三条　認定個人情報保護団体は、本人その他の関係者から対象事業者の個人情報等の取扱いに関する苦情について解決の申出があったときは、その相談に応じ、申出人に必要な助言をし、その苦情に係る事情を調査するとともに、当該対象事業者に対し、その苦情の内容を通知してその迅速な解決を求めなければならない。
2　認定個人情報保護団体は、前項の申出に係る苦情の解決について必要があると認めるときは、当該対象事業者に対し、文書若しくは口頭による説明を求め、又は資料の提出を求めることができる。
3　対象事業者は、認定個人情報保護団体から前項の規定による求めがあったときは、正当な理由がないのに、これを拒んではならない。

（個人情報保護指針）
第五十四条　認定個人情報保護団体は、対象事業者の個人情報等の適正な取扱いの確保のために、個人情報に係る利用目的の特定、安全管理のための措置、開示等の請求等に応じる手続その他の事項又は仮名加工情報若しくは匿名加工情報に係る作成の方法、その情報の安全管理のための措置その他の事項に関し、消費者の意見を代表する者その他の関係者の意見を聴いて、この法律の規定の趣旨に沿った指針（以下この節及び第六章において「個人情報保護指針」という。）を作成するよう努めなければならない。
2　認定個人情報保護団体は、前項の規定により個人情報保護指針を作成したときは、個人情報保護委員会規則で定めるところにより、遅滞なく、当該個人情報保護指針を個人情報保護委員会に届け出なければならない。これを変更したときも、同様とする。
3　個人情報保護委員会は、前項の規定による個人情報保護指針の届出があったときは、個人情報保護委員会規則で定めるところにより、当該個人情報保護指針を公表しなければならない。
4　認定個人情報保護団体は、前項の規定により個人情報保護指針が公表されたときは、対象事業者に対し、当該個人情報保護指針を遵守させるため必要な指導、勧告その他の措置をとらなければならない。

（目的外利用の禁止）
第五十五条　認定個人情報保護団体は、認定業務の実施に際して知り得た情報を認定業務の用に供する目的以外に利用してはならない。

（名称の使用制限）
第五十六条　認定個人情報保護団体でない者は、認定個人情報保護団体という名称又はこれに紛らわしい名称を用いてはならない。

第六節　雑則

（適用除外）

第五十七条　個人情報取扱事業者等及び個人関連情報取扱事業者のうち次の各号に掲げる者については、その個人情報等及び個人関連情報を取り扱う目的の全部又は一部がそれぞれ当該各号に規定する目的であるときは、この章の規定は、適用しない。
一　放送機関、新聞社、通信社その他の報道機関（報道を業として行う個人を含む。）　報道の用に供する目的
二　著述を業として行う者　著述の用に供する目的
三　宗教団体　宗教活動（これに付随する活動を含む。）の用に供する目的
四　政治団体　政治活動（これに付随する活動を含む。）の用に供する目的
2　前項第一号に規定する「報道」とは、不特定かつ多数の者に対して客観的事実を事実として知らせること（これに基づいて意見又は見解を述べることを含む。）をいう。
3　第一項各号に掲げる個人情報取扱事業者等は、個人データ、仮名加工情報又は匿名加工情報の安全管理のために必要かつ適切な措置、個人情報等の取扱いに関する苦情の処理その他の個人情報等の適正な取扱いを確保するために必要な措置を自ら講じ、かつ、当該措置の内容を公表するよう努めなければならない。

（適用の特例）
第五十八条　個人情報取扱事業者又は匿名加工情報取扱事業者のうち次に掲げる者については、第三十二条から第三十九条まで及び第四節の規定は、適用しない。
一　別表第二に掲げる法人
二　地方独立行政法人のうち地方独立行政法人法第二十一条第一号に掲げる業務を主たる目的とするもの又は同条第二号若しくは第三号（チに係る部分に限る。）に掲げる業務を目的とするもの
2　次の各号に掲げる者が行う当該各号に定める業務における個人情報、仮名加工情報又は個人関連情報の取扱いについては、個人情報取扱事業者、仮名加工情報取扱事業者又は個人関連情報取扱事業者による個人情報、仮名加工情報又は個人関連情報の取扱いとみなして、この章（第三十二条から第三十九条まで及び第四節を除く。）及び第六章から第八章までの規定を適用する。
一　地方公共団体の機関　医療法（昭和二十三年法律第二百五号）第一条の五第一項に規定する病院（次号において「病院」という。）及び同条第二項に規定する診療所並びに学校教育法（昭和二十二年法律第二十六号）第一条に規定する大学の運営
二　独立行政法人労働者健康安全機構　病院の運営

（学術研究機関等の責務）
第五十九条　個人情報取扱事業者である学術研究機関等は、学術研究目的で行う個人情報の取扱いについて、この法律の規定を遵守するとともに、その適正を確保するために必要な措置を自ら講じ、かつ、当該措置の内容を公表するよう努めなければならない。

第五章　行政機関等の義務等

第一節　総則

（定義）
第六十条　この章及び第八章において「保有個人情報」とは、行政機関等の職員（独立行政法人等及び地方独立行政法人にあっては、その役員を含む。以下この章及び第八章において同じ。）が職務上作成し、又は取得した個人情報であって、当該行政機関等の職員が組織的に利用するものとして、当該行政機関等が保有しているものをいう。ただし、行政文書（行政機関の保有する情報の公開に関する法律（平成十一年法律第四十二号。以下この章において「行政機関情報公開法」という。）第二条第二項に規定する行政文書をいう。）、法人文書（独立行政法人等の保有する情報の公開に関する法律（平成十三年法律第百四十号。以下この章において「独立行政法人等情報公開法」という。）第二条第二項に規定する法人文書（同項第四号に掲げるものを含む。）をいう。）又は地方公共団体等行政文書（地方公共団体の機関又は地方独立行政法人の職員が職務上作成し、又は取得した文書、図画及び電磁的記録であって、当該地方公共団体の機関又は地方独立行政法人の職員が組織的に用いるものとして、当該地方公共団体の機関又は地方独立行政法人が保有しているもの（行政機関情報公開法第二条第二項各号に掲げるものに相当するものとして政令で定めるものを除く。）をいう。以下この章において「行政文書等」という。）に記録されているものに限る。
2　この章及び第八章において「個人情報ファイル」とは、保有個人情報を含む情報の集合物であって、次に掲げるものをいう。
一　一定の事務の目的を達成するために特定の保有個人情報を電子計算機を用いて検索することができるように体系的に構成したもの
二　前号に掲げるもののほか、一定の事務の目的を達成するために氏名、生年月日、その他の記述等により特定の保有個人情報を容易に検索することができるように体系的に構成したもの
3　この章において「行政機関等匿名加工情報」とは、次の各号のいずれにも該当する個人情報ファイルを構成する保有個人情報の全部又は一部（これらの一部に行政機関情報公開法第五条に規定する不開示情報（同条第一号に掲げる情報を除き、同条第二号ただし書に規定する情報を含む。以下この項において同じ。）、独立行政法人等情報公開法第五条に規定する不開示情報（同条第一号に掲げる情報を除き、同条第二号ただし書に規定する情報を含む。）又は地方公共団体の情報公開条例（地方公共団体の機関又は地方独立行政法人の保有する情報の公開を請求する住民等の権利について定める地方公共団体の条例をいう。以下この章において同じ。）に規定する不開示情報（行政機関情報公開法第五条に規定する不開示情報に相当するものをいう。）が含まれているときは、これらの不開示情報に該当する部分を除く。）を加工して得られる匿名加工情報をいう。
一　第七十五条第二項各号のいずれかに該当するもの又は同条第三項の規定により同条第一項に規定する個人情報ファイルに掲載しないこととされるものでないこと。

二　行政機関情報公開法第三条に規定する行政機関の長、独立行政法人等情報公開法第二条第一項に規定する独立行政法人等、地方公共団体の機関又は地方独立行政法人に対し、当該個人情報ファイルを構成する保有個人情報が記録されている行政文書等の開示の請求（行政機関情報公開法第三条、独立行政法人等情報公開法第三条又は情報公開条例の規定による開示の請求をいう。）があったとしたならば、これらの者が次のいずれかを行うこととなるものであること。

イ　当該行政文書等に記録されている保有個人情報の全部又は一部を開示する旨の決定をすること。

ロ　行政機関情報公開法第十三条第一項若しくは第二項、独立行政法人等情報公開法第十四条第一項若しくは第二項又は情報公開条例（行政機関情報公開法第十三条第一項又は第二項の規定に相当する規定を設けているものに限る。）の規定により意見書の提出の機会を与えること。

三　行政機関等の事務及び事業の適正かつ円滑な運営に支障のない範囲内で、第百十六条第一項の基準に従い、当該個人情報ファイルを構成する保有個人情報を加工して匿名加工情報を作成することができるものであること。

4　この章において「行政機関等匿名加工情報ファイル」とは、行政機関等匿名加工情報を含む情報の集合物であって、次に掲げるものをいう。

一　特定の行政機関等匿名加工情報を電子計算機を用いて検索することができるように体系的に構成したもの

二　前号に掲げるもののほか、特定の行政機関等匿名加工情報を容易に検索することができるように体系的に構成したものとして政令で定めるもの

5　この章において「条例要配慮個人情報」とは、地方公共団体の機関又は地方独立行政法人が保有する個人情報（要配慮個人情報を除く。）のうち、地域の特性その他の事情に応じて、本人に対する不当な差別、偏見その他の不利益が生じないようにその取扱いに特に配慮を要するものとして地方公共団体が条例で定める記述等が含まれる個人情報をいう。

第二節　行政機関等における個人情報等の取扱い

（個人情報の保有の制限等）

第六十一条　行政機関等は、個人情報を保有するに当たっては、法令（条例を含む。第六十六条第二項第三号及び第四号、第六十九条第二項第二号及び第三号並びに第四節において同じ。）の定める所掌事務又は業務を遂行するため必要な場合に限り、かつ、その利用目的をできる限り特定しなければならない。

2　行政機関等は、前項の規定により特定された利用目的の達成に必要な範囲を超えて、個人情報を保有してはならない。

3　行政機関等は、利用目的を変更する場合には、変更前の利用目的と相当の関連性を有すると合理的に認められる範囲を超えて行ってはならない。

（利用目的の明示）

第六十二条　行政機関等は、本人から直接書面（電磁的記録を含む。）に記録された当該本人の個人情報を取得するときは、次に掲げる場合を除き、あらかじめ、本人に対し、その利用目的を明示しなければならない。

一　人の生命、身体又は財産の保護のために緊急に必要があるとき。

二　利用目的を本人に明示することにより、本人又は第三者の生命、身体、財産その他の権利利益を害するおそれがあるとき。

三　利用目的を本人に明示することにより、国の機関、独立行政法人等、地方公共団体又は地方独立行政法人が行う事務又は事業の適正な遂行に支障を及ぼすおそれがあるとき。

四　取得の状況からみて利用目的が明らかであると認められるとき。

（不適正な利用の禁止）

第六十三条　行政機関の長（第二条第八項第四号及び第五号の政令で定める機関にあっては、その機関ごとに政令で定める者をいう。以下この章及び第百七十四条において同じ。）、地方公共団体の機関、独立行政法人等及び地方独立行政法人（以下この章及び次章において「行政機関の長等」という。）は、違法又は不当な行為を助長し、又は誘発するおそれがある方法により個人情報を利用してはならない。

（適正な取得）

第六十四条　行政機関の長等は、偽りその他不正の手段により個人情報を取得してはならない。

（正確性の確保）

第六十五条　行政機関の長等は、利用目的の達成に必要な範囲内で、保有個人情報が過去又は現在の事実と合致するよう努めなければならない。

（安全管理措置）

第六十六条　行政機関の長等は、保有個人情報の漏えい、滅失又は毀損の防止その他の保有個人情報の安全管理のために必要かつ適切な措置を講じなければならない。

2　前項の規定は、次の各号に掲げる者が当該各号に定める業務を行う場合における個人情報の取扱いについて準用する。

一　行政機関等から個人情報の取扱いの委託を受けた者　当該委託を受けた業務

二　指定管理者（地方自治法（昭和二十二年法律第六十七号）第二百四十四条の二第三項に規定する指定管理者をいう。）　公の施設（同法第二百四十四条第一項に規定する公の施設をいう。）の管理の業務

三　第五十八条第一項各号に掲げる者　法令に基づき行う業務であって政令で定めるもの

四　第五十八条第二項各号に掲げる者　同項各号に定める業務のうち法令に基づき行う業務であって政令で定めるもの

五　前各号に掲げる者から当該各号に定める業務の委託（二以上の段階にわたる委託を含む。）を受けた者　当該委託を受けた業務

（従事者の義務）

第六十七条　個人情報の取扱いに従事する行政機関等の職員若しくは職員であった者、前条第二項各号に定める業務に従事している者若しくは従事していた者又は行政機関等において

個人情報の取扱いに従事している派遣労働者（労働者派遣事業の適正な運営の確保及び派遣労働者の保護等に関する法律（昭和六十年法律第八十八号）第二条第二号に規定する派遣労働者をいう。以下この章及び第百七十六条において同じ。）若しくは従事していた派遣労働者は、その業務に関して知り得た個人情報の内容をみだりに他人に知らせ、又は不当な目的に利用してはならない。

（漏えい等の報告等）

第六十八条　行政機関の長等は、保有個人情報の漏えい、滅失、毀損その他の保有個人情報の安全の確保に係る事態であって個人の権利利益を害するおそれが大きいものとして個人情報保護委員会規則で定めるものが生じたときは、個人情報保護委員会規則で定めるところにより、当該事態が生じた旨を個人情報保護委員会に報告しなければならない。

2　前項に規定する場合には、行政機関の長等は、本人に対し、個人情報保護委員会規則で定めるところにより、当該事態が生じた旨を通知しなければならない。ただし、次の各号のいずれかに該当するときは、この限りでない。

一　本人への通知が困難な場合であって、本人の権利利益を保護するため必要なこれに代わるべき措置をとるとき。

二　当該保有個人情報に第七十八条第一項各号に掲げる情報のいずれかが含まれるとき。

（利用及び提供の制限）

第六十九条　行政機関の長等は、法令に基づく場合を除き、利用目的以外の目的のために保有個人情報を自ら利用し、又は提供してはならない。

2　前項の規定にかかわらず、行政機関の長等は、次の各号のいずれかに該当すると認めるときは、利用目的以外の目的のために保有個人情報を自ら利用し、又は提供することができる。ただし、保有個人情報を利用目的以外の目的のために自ら利用し、又は提供することによって、本人又は第三者の権利利益を不当に侵害するおそれがあると認められるときは、この限りでない。

一　本人の同意があるとき、又は本人に提供するとき。

二　行政機関等が法令の定める所掌事務又は業務の遂行に必要な限度で保有個人情報を内部で利用する場合であって、当該保有個人情報を利用することについて相当の理由があるとき。

三　他の行政機関、独立行政法人等、地方公共団体の機関又は地方独立行政法人に保有個人情報を提供する場合において、保有個人情報の提供を受ける者が、法令の定める事務又は業務の遂行に必要な限度で提供に係る個人情報を利用し、かつ、当該個人情報を利用することについて相当の理由があるとき。

四　前三号に掲げる場合のほか、専ら統計の作成又は学術研究の目的のために保有個人情報を提供するとき、本人以外の者に提供することが明らかに本人の利益になるとき、その他保有個人情報を提供することについて特別の理由があるとき。

3　前項の規定は、保有個人情報の利用又は提供を制限する他の法令の規定の適用を妨げるものではない。

4　行政機関の長等は、個人の権利利益を保護するため特に必要があると認めるときは、保有個人情報の利用目的以外の目的のための行政機関等の内部における利用を特定の部局若しくは機関又は職員に限るものとする。

（保有個人情報の提供を受ける者に対する措置要求）

第七十条　行政機関の長等は、利用目的のために又は前条第二項第三号若しくは第四号の規定に基づき、保有個人情報を提供する場合において、必要があると認めるときは、保有個人情報の提供を受ける者に対し、提供に係る個人情報について、その利用の目的若しくは方法の制限その他必要な制限を付し、又はその漏えいの防止その他の個人情報の適切な管理のために必要な措置を講ずることを求めるものとする。

（外国にある第三者への提供の制限）

第七十一条　行政機関の長等は、外国（本邦の域外にある国又は地域をいう。以下この条において同じ。）（個人の権利利益を保護する上で我が国と同等の水準にあると認められる個人情報の保護に関する制度を有している外国として個人情報保護委員会規則で定めるものを除く。以下この条において同じ。）にある第三者（第十六条第三項に規定する個人データの取扱いについて前章第二節の規定により同条第二項に規定する個人情報取扱事業者が講ずべきこととされている措置に相当する措置（第三項において「相当措置」という。）を継続的に講ずるために必要なものとして個人情報保護委員会規則で定める基準に適合する体制を整備している者を除く。以下この項及び次項において同じ。）に利用目的以外の目的のために保有個人情報を提供する場合には、法令に基づく場合及び第六十九条第二項第四号に掲げる場合を除くほか、あらかじめ外国にある第三者への提供を認める旨の本人の同意を得なければならない。

2　行政機関の長等は、前項の規定により本人の同意を得ようとする場合には、個人情報保護委員会規則で定めるところにより、あらかじめ、当該外国における個人情報の保護に関する制度、当該第三者が講ずる個人情報の保護のための措置その他当該本人に参考となるべき情報を当該本人に提供しなければならない。

3　行政機関の長等は、保有個人情報を外国にある第三者（第一項に規定する体制を整備している者に限る。）に利用目的以外の目的のために提供した場合には、法令に基づく場合及び第六十九条第二項第四号に掲げる場合を除くほか、個人情報保護委員会規則で定めるところにより、当該第三者による相当措置の継続的な実施を確保するために必要な措置を講ずるとともに、本人の求めに応じて当該必要な措置に関する情報を当該本人に提供しなければならない。

（個人関連情報の提供を受ける者に対する措置要求）

第七十二条　行政機関の長等は、第三者に個人関連情報を提供する場合（当該第三者が当該個人関連情報を個人情報として取得することが想定される場合に限る。）において、必要があると認めるときは、当該第三者に対し、提供に係る個人関連情報について、その利用の目的若しくは方法の制限その他必要な制限を付し、又はその漏えいの防止その他の個人関連情報の適切な管理のために必要な措置を講ずることを求めるものとする。

（仮名加工情報の取扱いに係る義務）

第七十三条 行政機関の長等は、法令に基づく場合を除くほか、仮名加工情報（個人情報であるものを除く。以下この条及び第百二十八条において同じ。）を第三者（当該仮名加工情報の取扱いの委託を受けた者を除く。）に提供してはならない。

2 行政機関の長等は、その取り扱う仮名加工情報の漏えいの防止その他仮名加工情報の安全管理のために必要かつ適切な措置を講じなければならない。

3 行政機関の長等は、仮名加工情報を取り扱うに当たっては、法令に基づく場合を除き、当該仮名加工情報の作成に用いられた個人情報に係る本人を識別するために、削除情報等（仮名加工情報の作成に用いられた個人情報から削除された記述等及び個人識別符号並びに第四十一条第一項の規定により行われた加工の方法に関する情報をいう。）を取得し、又は当該仮名加工情報を他の情報と照合してはならない。

4 行政機関の長等は、仮名加工情報を取り扱うに当たっては、法令に基づく場合を除き、電話をかけ、郵便若しくは民間事業者による信書の送達に関する法律第二条第六項に規定する一般信書便事業者若しくは同条第九項に規定する特定信書便事業者による同条第二項に規定する信書便により送付し、電報を送達し、ファクシミリ装置若しくは電磁的方法（電子情報処理組織を使用する方法その他の情報通信の技術を利用する方法であって個人情報保護委員会規則で定めるものをいう。）を用いて送信し、又は住居を訪問するために、当該仮名加工情報に含まれる連絡先その他の情報を利用してはならない。

5 前各項の規定は、行政機関の長等から仮名加工情報の取扱いの委託（二以上の段階にわたる委託を含む。）を受けた者が受託した業務を行う場合について準用する。

第三節 個人情報ファイル

（個人情報ファイルの保有等に関する事前通知）

第七十四条 行政機関（会計検査院を除く。以下この条において同じ。）が個人情報ファイルを保有しようとするときは、当該行政機関の長は、あらかじめ、個人情報保護委員会に対し、次に掲げる事項を通知しなければならない。通知した事項を変更しようとするときも、同様とする。

一 個人情報ファイルの名称

二 当該機関の名称及び個人情報ファイルが利用に供される事務をつかさどる組織の名称

三 個人情報ファイルの利用目的

四 個人情報ファイルに記録される項目（以下この節において「記録項目」という。）及び本人（他の個人の氏名、生年月日その他の記述等によらないで検索し得る者に限る。次項第九号において同じ。）として個人情報ファイルに記録される個人の範囲（以下この節において「記録範囲」という。）

五 個人情報ファイルに記録される個人情報（以下この節において「記録情報」という。）の収集方法

六 記録情報に要配慮個人情報が含まれるときは、その旨

七 記録情報を当該機関以外の者に経常的に提供する場合には、その提供先

八 次条第三項の規定に基づき、記録項目の一部若しくは第五号若しくは前号に掲げる事項を次条第一項に規定する個人情報ファイル簿に記載しないこととするとき、又は個人情報ファイルを同項に規定する個人情報ファイル簿に掲載しないこととするときは、その旨

九 第七十六条第一項、第九十条第一項又は第九十八条第一項の規定による請求を受理する組織の名称及び所在地

十 第九十条第一項ただし書又は第九十八条第一項ただし書に該当するときは、その旨

十一 その他政令で定める事項

2 前項の規定は、次に掲げる個人情報ファイルについては、適用しない。

一 国の安全、外交上の秘密その他の国の重大な利益に関する事項を記録する個人情報ファイル

二 犯罪の捜査、租税に関する法律の規定に基づく犯則事件の調査又は公訴の提起若しくは維持のために作成し、又は取得する個人情報ファイル

三 当該機関の職員又は職員であった者に係る個人情報ファイルであって、専らその人事、給与若しくは福利厚生に関する事項又はこれらに準ずる事項を記録するもの（当該機関が行う職員の採用試験に関する個人情報ファイルを含む。）

四 専ら試験的な電子計算機処理の用に供するための個人情報ファイル

五 前項の規定による通知に係る個人情報ファイルに記録されている記録情報の全部又は一部を記録した個人情報ファイルであって、その利用目的、記録項目及び記録範囲が当該通知に係るこれらの事項の範囲内のもの

六 一年以内に消去することとなる記録情報のみを記録する個人情報ファイル

七 資料その他の物品若しくは金銭の送付又は業務上必要な連絡のために利用する記録情報を記録した個人情報ファイルであって、送付又は連絡の相手方の氏名、住所その他の送付又は連絡に必要な事項のみを記録するもの

八 職員が学術研究の用に供するためその発意に基づき作成し、又は取得する個人情報ファイルであって、記録情報を専ら当該学術研究の目的のために利用するもの

九 本人の数が政令で定める数に満たない個人情報ファイル

十 第三号から前号までに掲げる個人情報ファイルに準ずるものとして政令で定める個人情報ファイル

十一 第六十条第二項第二号に係る個人情報ファイル

3 行政機関の長は、第一項に規定する事項を通知した個人情報ファイルについて、当該行政機関がその保有をやめたとき、又はその個人情報ファイルが前項第九号に該当するに至ったときは、遅滞なく、個人情報保護委員会に対しその旨を通知しなければならない。

（個人情報ファイル簿の作成及び公表）

第七十五条 行政機関の長等は、政令で定めるところにより、当該行政機関の長等の属する行政機関等が保有している個人情報ファイルについて、それぞれ前条第一項第一号から第七

号まで、第九号及び第十号に掲げる事項その他政令で定める事項を記載した帳簿（以下この章において「個人情報ファイル簿」という。）を作成し、公表しなければならない。

2　前項の規定は、次に掲げる個人情報ファイルについては、適用しない。

一　前条第二項第一号から第十号までに掲げる個人情報ファイル

二　前項の規定による公表に係る個人情報ファイルに記録されている記録情報の全部又は一部を記録した個人情報ファイルであって、その利用目的、記録項目及び記録範囲が当該公表に係るこれらの事項の範囲内のもの

三　前号に掲げる個人情報ファイルに準ずるものとして政令で定める個人情報ファイル

3　第一項の規定にかかわらず、行政機関の長等は、記録項目の一部若しくは前条第一項第五号若しくは第七号に掲げる事項を個人情報ファイル簿に記載し、又は個人情報ファイルを個人情報ファイル簿に掲載することにより、利用目的に係る事務又は事業の性質上、当該事務又は事業の適正な遂行に著しい支障を及ぼすおそれがあると認めるときは、その記録項目の一部若しくは事項を記載せず、又はその個人情報ファイルを個人情報ファイル簿に掲載しないことができる。

4　地方公共団体の機関又は地方独立行政法人についての第一項の規定の適用については、同項中「定める事項」とあるのは、「定める事項並びに記録情報に条例要配慮個人情報が含まれているときは、その旨」とする。

5　前各項の規定は、地方公共団体の機関又は地方独立行政法人が、条例で定めるところにより、個人情報ファイル簿とは別の個人情報の保有の状況に関する事項を記載した帳簿を作成し、公表することを妨げるものではない。

第四節　開示、訂正及び利用停止

第一款　開示

（開示請求権）

第七十六条　何人も、この法律の定めるところにより、行政機関の長等に対し、当該行政機関の長等の属する行政機関等の保有する自己を本人とする保有個人情報の開示を請求することができる。

2　未成年者若しくは成年被後見人の法定代理人又は本人の委任による代理人（以下この節において「代理人」と総称する。）は、本人に代わって前項の規定による開示の請求（以下この節及び第百二十七条において「開示請求」という。）をすることができる。

（開示請求の手続）

第七十七条　開示請求は、次に掲げる事項を記載した書面（第三項において「開示請求書」という。）を行政機関の長等に提出してしなければならない。

一　開示請求をする者の氏名及び住所又は居所

二　開示請求に係る保有個人情報が記録されている行政文書等の名称その他の開示請求に係る保有個人情報を特定するに足りる事項

2　前項の場合において、開示請求をする者は、政令で定めるところにより、開示請求に係る保有個人情報の本人であること（前条第二項の規定による開示請求にあっては、開示請求に係る保有個人情報の本人の代理人であること）を示す書類を提示し、又は提出しなければならない。

3　行政機関の長等は、開示請求書に形式上の不備があると認めるときは、開示請求をした者（以下この節において「開示請求者」という。）に対し、相当の期間を定めて、その補正を求めることができる。この場合において、行政機関の長等は、開示請求者に対し、補正の参考となる情報を提供するよう努めなければならない。

（保有個人情報の開示義務）

第七十八条　行政機関の長等は、開示請求があったときは、開示請求に係る保有個人情報に次の各号に掲げる情報（以下この節において「不開示情報」という。）のいずれかが含まれている場合を除き、開示請求者に対し、当該保有個人情報を開示しなければならない。

一　開示請求者（第七十六条第二項の規定により代理人が本人に代わって開示請求をする場合にあっては、当該本人をいう。次号及び第三号、次条第二項並びに第八十六条第一項において同じ。）の生命、健康、生活又は財産を害するおそれがある情報

二　開示請求者以外の個人に関する情報（事業を営む個人の当該事業に関する情報を除く。）であって、当該情報に含まれる氏名、生年月日その他の記述等により開示請求者以外の特定の個人を識別することができるもの（他の情報と照合することにより、開示請求者以外の特定の個人を識別することができることとなるものを含む。）若しくは個人識別符号が含まれるもの又は開示請求者以外の特定の個人を識別することはできないが、開示することにより、なお開示請求者以外の個人の権利利益を害するおそれがあるもの。ただし、次に掲げる情報を除く。

イ　法令の規定により又は慣行として開示請求者が知ることができ、又は知ることが予定されている情報

ロ　人の生命、健康、生活又は財産を保護するため、開示することが必要であると認められる情報

ハ　当該個人が公務員等（国家公務員法（昭和二十二年法律第百二十号）第二条第一項に規定する国家公務員（独立行政法人通則法第二条第四項に規定する行政執行法人の職員を除く。）、独立行政法人等の職員、地方公務員法（昭和二十五年法律第二百六十一号）第二条に規定する地方公務員及び地方独立行政法人の職員をいう。）である場合において、当該情報がその職務の遂行に係る情報であるときは、当該情報のうち、当該公務員等の職及び当該職務遂行の内容に係る部分

三　法人その他の団体（国、独立行政法人等、地方公共団体及び地方独立行政法人を除く。以下この号において「法人等」という。）に関する情報又は開示請求者以外の事業を営む個人の当該事業に関する情報であって、次に掲げるもの。ただし、人の生命、健康、生活又は財産を保護するため、開示することが必要であると認められる情報を除く。

イ　開示することにより、当該法人等又は当該個人の権利、競争上の地位その他正当な利益を害するおそれがあ

るもの

ロ 行政機関等の要請を受けて、開示しないとの条件で任意に提供されたものであって、法人等又は個人における通例として開示しないこととされているものその他の当該条件を付することが当該情報の性質、当時の状況等に照らして合理的であると認められるもの

四 行政機関の長が第八十二条各項の決定（以下この節において「開示決定等」という。）をする場合において、開示することにより、国の安全が害されるおそれ、他国若しくは国際機関との信頼関係が損なわれるおそれ又は他国若しくは国際機関との交渉上不利益を被るおそれがあると当該行政機関の長が認めることにつき相当の理由がある情報

五 行政機関の長又は地方公共団体の機関（都道府県の機関に限る。）が開示決定等をする場合において、開示することにより、犯罪の予防、鎮圧又は捜査、公訴の維持、刑の執行その他の公共の安全と秩序の維持に支障を及ぼすおそれがあると当該行政機関の長又は地方公共団体の機関が認めることにつき相当の理由がある情報

六 国の機関、独立行政法人等、地方公共団体及び地方独立行政法人の内部又は相互間における審議、検討又は協議に関する情報であって、開示することにより、率直な意見の交換若しくは意思決定の中立性が不当に損なわれるおそれ、不当に国民の間に混乱を生じさせるおそれ又は特定の者に不当に利益を与え若しくは不利益を及ぼすおそれがあるもの

七 国の機関、独立行政法人等、地方公共団体又は地方独立行政法人が行う事務又は事業に関する情報であって、開示することにより、次に掲げるおそれその他当該事務又は事業の性質上、当該事務又は事業の適正な遂行に支障を及ぼすおそれがあるもの

イ 独立行政法人等、地方公共団体の機関又は地方独立行政法人が開示決定等をする場合において、国の安全が害されるおそれ、他国若しくは国際機関との信頼関係が損なわれるおそれ又は他国若しくは国際機関との交渉上不利益を被るおそれ

ロ 独立行政法人等、地方公共団体の機関（都道府県の機関を除く。）又は地方独立行政法人が開示決定等をする場合において、犯罪の予防、鎮圧又は捜査その他の公共の安全と秩序の維持に支障を及ぼすおそれ

ハ 監査、検査、取締り、試験又は租税の賦課若しくは徴収に係る事務に関し、正確な事実の把握を困難にするおそれ又は違法若しくは不当な行為を容易にし、若しくはその発見を困難にするおそれ

ニ 契約、交渉又は争訟に係る事務に関し、国、独立行政法人等、地方公共団体又は地方独立行政法人の財産上の利益又は当事者としての地位を不当に害するおそれ

ホ 調査研究に係る事務に関し、その公正かつ能率的な遂行を不当に阻害するおそれ

ヘ 人事管理に係る事務に関し、公正かつ円滑な人事の確保に支障を及ぼすおそれ

ト 独立行政法人等、地方公共団体が経営する企業又は地方独立行政法人に係る事業に関し、その企業経営上の正当な利益を害するおそれ

2 地方公共団体の機関又は地方独立行政法人についての前項の規定の適用については、同項中「掲げる情報」とあるのは、「掲げる情報（情報公開条例の規定により開示することとされている情報として条例で定めるものを除く。）又は行政機関情報公開法第五条に規定する不開示情報に準ずる情報であって情報公開条例において開示しないこととされているもののうち当該情報公開条例との整合性を確保するために不開示とする必要があるものとして条例で定めるもの」とする。

（部分開示）

第七十九条 行政機関の長等は、開示請求に係る保有個人情報に不開示情報が含まれている場合において、不開示情報に該当する部分を容易に区分して除くことができるときは、開示請求者に対し、当該部分を除いた部分につき開示しなければならない。

2 開示請求に係る保有個人情報に前条第一項第二号の情報（開示請求者以外の特定の個人を識別することができるものに限る。）が含まれている場合において、当該情報のうち、氏名、生年月日その他の開示請求者以外の特定の個人を識別することができることとなる記述等及び個人識別符号の部分を除くことにより、開示しても、開示請求者以外の個人の権利利益が害されるおそれがないと認められるときは、当該部分を除いた部分は、同号の情報に含まれないものとみなして、前項の規定を適用する。

（裁量的開示）

第八十条 行政機関の長等は、開示請求に係る保有個人情報に不開示情報が含まれている場合であっても、個人の権利利益を保護するため特に必要があると認めるときは、開示請求者に対し、当該保有個人情報を開示することができる。

（保有個人情報の存否に関する情報）

第八十一条 開示請求に対し、当該開示請求に係る保有個人情報が存在しているか否かを答えるだけで、不開示情報を開示することとなるときは、行政機関の長等は、当該保有個人情報の存否を明らかにしないで、当該開示請求を拒否することができる。

（開示請求に対する措置）

第八十二条 行政機関の長等は、開示請求に係る保有個人情報の全部又は一部を開示するときは、その旨の決定をし、開示請求者に対し、その旨、開示する保有個人情報の利用目的及び開示の実施に関し政令で定める事項を書面により通知しなければならない。ただし、第六十二条第二号又は第三号に該当する場合における当該利用目的については、この限りでない。

2 行政機関の長等は、開示請求に係る保有個人情報の全部を開示しないとき（前条の規定により開示請求を拒否するとき、及び開示請求に係る保有個人情報を保有していないときを含む。）は、開示をしない旨の決定をし、開示請求者に対し、その旨を書面により通知しなければならない。

（開示決定等の期限）

第八十三条　開示決定等は、開示請求があった日から三十日以内にしなければならない。ただし、第七十七条第三項の規定により補正を求めた場合にあっては、当該補正に要した日数は、当該期間に算入しない。

2　前項の規定にかかわらず、行政機関の長等は、事務処理上の困難その他正当な理由があるときは、同項に規定する期間を三十日以内に限り延長することができる。この場合において、行政機関の長等は、開示請求者に対し、遅滞なく、延長後の期間及び延長の理由を書面により通知しなければならない。

（開示決定等の期限の特例）

第八十四条　開示請求に係る保有個人情報が著しく大量であるため、開示請求があった日から六十日以内にその全てについて開示決定等をすることにより事務の遂行に著しい支障が生ずるおそれがある場合には、前条の規定にかかわらず、行政機関の長等は、開示請求に係る保有個人情報のうちの相当の部分につき当該期間内に開示決定等をし、残りの保有個人情報については相当の期間内に開示決定等をすれば足りる。この場合において、行政機関の長等は、同条第一項に規定する期間内に、開示請求者に対し、次に掲げる事項を書面により通知しなければならない。

一　この条の規定を適用する旨及びその理由

二　残りの保有個人情報について開示決定等をする期限

（事案の移送）

第八十五条　行政機関の長等は、開示請求に係る保有個人情報が当該行政機関の長等が属する行政機関等以外の行政機関等から提供されたものであるとき、その他他の行政機関の長等において開示決定等をすることにつき正当な理由があるときは、当該他の行政機関の長等と協議の上、当該他の行政機関の長等に対し、事案を移送することができる。この場合においては、移送をした行政機関の長等は、開示請求者に対し、事案を移送した旨を書面により通知しなければならない。

2　前項の規定により事案が移送されたときは、移送を受けた行政機関の長等において、当該開示請求についての開示決定等をしなければならない。この場合において、移送をした行政機関の長等が移送前にした行為は、移送を受けた行政機関の長等がしたものとみなす。

3　前項の場合において、移送を受けた行政機関の長等が第八十二条第一項の決定（以下この節において「開示決定」という。）をしたときは、当該行政機関の長等は、開示の実施をしなければならない。この場合において、移送をした行政機関の長等は、当該開示の実施に必要な協力をしなければならない。

（第三者に対する意見書提出の機会の付与等）

第八十六条　開示請求に係る保有個人情報に国、独立行政法人等、地方公共団体、地方独立行政法人及び開示請求者以外の者（以下この条、第百五条第二項第三号及び第百七条第一項において「第三者」という。）に関する情報が含まれているときは、行政機関の長等は、開示決定等をするに当たって、当該情報に係る第三者に対し、政令で定めるところにより、当該第三者に関する情報の内容その他政令で定める事項を通知して、意見書を提出する機会を与えることができる。

2　行政機関の長等は、次の各号のいずれかに該当するときは、開示決定に先立ち、当該第三者に対し、政令で定めるところにより、開示請求に係る当該第三者に関する情報の内容その他政令で定める事項を書面により通知して、意見書を提出する機会を与えなければならない。ただし、当該第三者の所在が判明しない場合は、この限りでない。

一　第三者に関する情報が含まれている保有個人情報を開示しようとする場合であって、当該第三者に関する情報が第七十八条第一項第二号ロ又は同項第三号ただし書に規定する情報に該当すると認められるとき。

二　第三者に関する情報が含まれている保有個人情報を第八十条の規定により開示しようとするとき。

3　行政機関の長等は、前二項の規定により意見書の提出の機会を与えられた第三者が当該第三者に関する情報の開示に反対の意思を表示した意見書を提出した場合において、開示決定をするときは、開示決定の日と開示を実施する日との間に少なくとも二週間を置かなければならない。この場合において、行政機関の長等は、開示決定後直ちに、当該意見書（第百五条において「反対意見書」という。）を提出した第三者に対し、開示決定をした旨及びその理由並びに開示を実施する日を書面により通知しなければならない。

（開示の実施）

第八十七条　保有個人情報の開示は、当該保有個人情報が、文書又は図画に記録されているときは閲覧又は写しの交付により、電磁的記録に記録されているときはその種別、情報化の進展状況等を勘案して行政機関等が定める方法により行う。ただし、閲覧の方法による保有個人情報の開示にあっては、行政機関の長等は、当該保有個人情報が記録されている文書又は図画の保存に支障を生ずるおそれがあると認めるとき、その他正当な理由があるときは、その写しにより、これを行うことができる。

2　行政機関等は、前項の規定に基づく電磁的記録についての開示の方法に関する定めを一般の閲覧に供しなければならない。

3　開示決定に基づき保有個人情報の開示を受ける者は、政令で定めるところにより、当該開示決定をした行政機関の長等に対し、その求める開示の実施の方法その他の政令で定める事項を申し出なければならない。

4　前項の規定による申出は、第八十二条第一項に規定する通知があった日から三十日以内にしなければならない。ただし、当該期間内に当該申出をすることができないことにつき正当な理由があるときは、この限りでない。

（他の法令による開示の実施との調整）

第八十八条　行政機関の長等は、他の法令の規定により、開示請求者に対し開示請求に係る保有個人情報が前条第一項本文に規定する方法と同一の方法で開示することとされている場合（開示の期間が定められている場合にあっては、当該期間内に限る。）には、同項本文の規定にかかわらず、当該保有個人情報については、当該同一の方法による開示を行わない。ただし、当該他の法令の規定に一定の場合には開示をしない旨の定めがあるときは、この限りでない。

２　他の法令の規定に定める開示の方法が縦覧であるときは、当該縦覧を前条第一項本文の閲覧とみなして、前項の規定を適用する。

（手数料）

第八十九条　行政機関の長に対し開示請求をする者は、政令で定めるところにより、実費の範囲内において政令で定める額の手数料を納めなければならない。

２　地方公共団体の機関に対し開示請求をする者は、条例で定めるところにより、実費の範囲内において条例で定める額の手数料を納めなければならない。

３　前二項の手数料の額を定めるに当たっては、できる限り利用しやすい額とするよう配慮しなければならない。

４　独立行政法人等に対し開示請求をする者は、独立行政法人等の定めるところにより、手数料を納めなければならない。

５　前項の手数料の額は、実費の範囲内において、かつ、第一項の手数料の額を参酌して、独立行政法人等が定める。

６　独立行政法人等は、前二項の規定による定めを一般の閲覧に供しなければならない。

７　地方独立行政法人に対し開示請求をする者は、地方独立行政法人の定めるところにより、手数料を納めなければならない。

８　前項の手数料の額は、実費の範囲内において、かつ、第二項の条例で定める手数料の額を参酌して、地方独立行政法人が定める。

９　地方独立行政法人は、前二項の規定による定めを一般の閲覧に供しなければならない。

第二款　訂正

（訂正請求権）

第九十条　何人も、自己を本人とする保有個人情報（次に掲げるものに限る。第九十八条第一項において同じ。）の内容が事実でないと思料するときは、この法律の定めるところにより、当該保有個人情報を保有する行政機関の長等に対し、当該保有個人情報の訂正（追加又は削除を含む。以下この節において同じ。）を請求することができる。ただし、当該保有個人情報の訂正に関して他の法令の規定により特別の手続が定められているときは、この限りでない。

一　開示決定に基づき開示を受けた保有個人情報

二　開示決定に係る保有個人情報であって、第八十八条第一項の他の法令の規定により開示を受けたもの

２　代理人は、本人に代わって前項の規定による訂正の請求（以下この節及び第百二十七条において「訂正請求」という。）をすることができる。

３　訂正請求は、保有個人情報の開示を受けた日から九十日以内にしなければならない。

（訂正請求の手続）

第九十一条　訂正請求は、次に掲げる事項を記載した書面（第三項において「訂正請求書」という。）を行政機関の長等に提出してしなければならない。

一　訂正請求をする者の氏名及び住所又は居所

二　訂正請求に係る保有個人情報の開示を受けた日その他当該保有個人情報を特定するに足りる事項

三　訂正請求の趣旨及び理由

２　前項の場合において、訂正請求をする者は、政令で定めるところにより、訂正請求に係る保有個人情報の本人であること（前条第二項の規定による訂正請求にあっては、訂正請求に係る保有個人情報の本人の代理人であること）を示す書類を提示し、又は提出しなければならない。

３　行政機関の長等は、訂正請求書に形式上の不備があると認めるときは、訂正請求をした者（以下この節において「訂正請求者」という。）に対し、相当の期間を定めて、その補正を求めることができる。

（保有個人情報の訂正義務）

第九十二条　行政機関の長等は、訂正請求があった場合において、当該訂正請求に理由があると認めるときは、当該訂正請求に係る保有個人情報の利用目的の達成に必要な範囲内で、当該保有個人情報の訂正をしなければならない。

（訂正請求に対する措置）

第九十三条　行政機関の長等は、訂正請求に係る保有個人情報の訂正をするときは、その旨の決定をし、訂正請求者に対し、その旨を書面により通知しなければならない。

２　行政機関の長等は、訂正請求に係る保有個人情報の訂正をしないときは、その旨の決定をし、訂正請求者に対し、その旨を書面により通知しなければならない。

（訂正決定等の期限）

第九十四条　前条各項の決定（以下この節において「訂正決定等」という。）は、訂正請求があった日から三十日以内にしなければならない。ただし、第九十一条第三項の規定により補正を求めた場合にあっては、当該補正に要した日数は、当該期間に算入しない。

２　前項の規定にかかわらず、行政機関の長等は、事務処理上の困難その他正当な理由があるときは、同項に規定する期間を三十日以内に限り延長することができる。この場合において、行政機関の長等は、訂正請求者に対し、遅滞なく、延長後の期間及び延長の理由を書面により通知しなければならない。

（訂正決定等の期限の特例）

第九十五条　行政機関の長等は、訂正決定等に特に長期間を要すると認めるときは、前条の規定にかかわらず、相当の期間内に訂正決定等をすれば足りる。この場合において、行政機関の長等は、同条第一項に規定する期間内に、訂正請求者に対し、次に掲げる事項を書面により通知しなければならない。

一　この条の規定を適用する旨及びその理由

二　訂正決定等をする期限

（事案の移送）

第九十六条　行政機関の長等は、訂正請求に係る保有個人情報が第八十五条第三項の規定に基づく開示に係るものであるとき、その他他の行政機関の長等において訂正決定等をすることにつき正当な理由があるときは、当該他の行政機関の長等と協議の上、当該他の行政機関の長等に対し、事案を移送することができる。この場合においては、移送をした行政機関

の長等は、訂正請求者に対し、事案を移送した旨を書面により通知しなければならない。

2　前項の規定により事案が移送されたときは、移送を受けた行政機関の長等において、当該訂正請求についての訂正決定等をしなければならない。この場合において、移送をした行政機関の長等が移送前にした行為は、移送を受けた行政機関の長等がしたものとみなす。

3　前項の場合において、移送を受けた行政機関の長等が第九十三条第一項の決定（以下この項及び次条において「訂正決定」という。）をしたときは、移送をした行政機関の長等は、当該訂正決定に基づき訂正の実施をしなければならない。

（保有個人情報の提供先への通知）

第九十七条　行政機関の長等は、訂正決定に基づく保有個人情報の訂正の実施をした場合において、必要があると認めるときは、当該保有個人情報の提供先に対し、遅滞なく、その旨を書面により通知するものとする。

第三款　利用停止

（利用停止請求権）

第九十八条　何人も、自己を本人とする保有個人情報が次の各号のいずれかに該当すると思料するときは、この法律の定めるところにより、当該保有個人情報を保有する行政機関の長等に対し、当該各号に定める措置を請求することができる。ただし、当該保有個人情報の利用の停止、消去又は提供の停止（以下この節において「利用停止」という。）に関して他の法令の規定により特別の手続が定められているときは、この限りでない。

一　第六十一条第二項の規定に違反して保有されているとき、第六十三条の規定に違反して取り扱われているとき、第六十四条の規定に違反して取得されたものであるとき、又は第六十九条第一項及び第二項の規定に違反して利用されているとき　当該保有個人情報の利用の停止又は消去

二　第六十九条第一項及び第二項又は第七十一条第一項の規定に違反して提供されているとき　当該保有個人情報の提供の停止

2　代理人は、本人に代わって前項の規定による利用停止の請求（以下この節及び第百二十七条において「利用停止請求」という。）をすることができる。

3　利用停止請求は、保有個人情報の開示を受けた日から九十日以内にしなければならない。

（利用停止請求の手続）

第九十九条　利用停止請求は、次に掲げる事項を記載した書面（第三項において「利用停止請求書」という。）を行政機関の長等に提出してしなければならない。

一　利用停止請求をする者の氏名及び住所又は居所

二　利用停止請求に係る保有個人情報の開示を受けた日その他当該保有個人情報を特定するに足りる事項

三　利用停止請求の趣旨及び理由

2　前項の場合において、利用停止請求をする者は、政令で定めるところにより、利用停止請求に係る保有個人情報の本人であること（前条第二項の規定による利用停止請求にあっては、利用停止請求に係る保有個人情報の本人の代理人であること）を示す書類を提示し、又は提出しなければならない。

3　行政機関の長等は、利用停止請求書に形式上の不備があると認めるときは、利用停止請求をした者（以下この節において「利用停止請求者」という。）に対し、相当の期間を定めて、その補正を求めることができる。

（保有個人情報の利用停止義務）

第百条　行政機関の長等は、利用停止請求があった場合において、当該利用停止請求に理由があると認めるときは、当該行政機関の長等の属する行政機関等における個人情報の適正な取扱いを確保するために必要な限度で、当該利用停止請求に係る保有個人情報の利用停止をしなければならない。ただし、当該保有個人情報の利用停止をすることにより、当該保有個人情報の利用目的に係る事務又は事業の性質上、当該事務又は事業の適正な遂行に著しい支障を及ぼすおそれがあると認められるときは、この限りでない。

（利用停止請求に対する措置）

第百一条　行政機関の長等は、利用停止請求に係る保有個人情報の利用停止をするときは、その旨の決定をし、利用停止請求者に対し、その旨を書面により通知しなければならない。

2　行政機関の長等は、利用停止請求に係る保有個人情報の利用停止をしないときは、その旨の決定をし、利用停止請求者に対し、その旨を書面により通知しなければならない。

（利用停止決定等の期限）

第百二条　前条各項の決定（以下この節において「利用停止決定等」という。）は、利用停止請求があった日から三十日以内にしなければならない。ただし、第九十九条第三項の規定により補正を求めた場合にあっては、当該補正に要した日数は、当該期間に算入しない。

2　前項の規定にかかわらず、行政機関の長等は、事務処理上の困難その他正当な理由があるときは、同項に規定する期間を三十日以内に限り延長することができる。この場合において、行政機関の長等は、利用停止請求者に対し、遅滞なく、延長後の期間及び延長の理由を書面により通知しなければならない。

（利用停止決定等の期限の特例）

第百三条　行政機関の長等は、利用停止決定等に特に長期間を要すると認めるときは、前条の規定にかかわらず、相当の期間内に利用停止決定等をすれば足りる。この場合において、行政機関の長等は、同条第一項に規定する期間内に、利用停止請求者に対し、次に掲げる事項を書面により通知しなければならない。

一　この条の規定を適用する旨及びその理由

二　利用停止決定等をする期限

第四款　審査請求

（審理員による審理手続に関する規定の適用除外等）

第百四条　行政機関の長等（地方公共団体の機関又は地方独立行政法人を除く。次項及び次条において同じ。）に対する開示決定等、訂正決定等、利用停止決定等又は開示請求、訂正請求若しくは利用停止請求に係る不作為に係る審査請求については、行政不服審査法（平成二十六年法律第六十八号）第九条、第十七条、第二十四条、第二章第三節及び第四節並びに第

に第五十条第二項の規定は、適用しない。

2　行政機関の長等に対する開示決定等、訂正決定等、利用停止決定等又は開示請求、訂正請求若しくは利用停止請求に係る不作為に係る審査請求についての行政不服審査法第二章の規定の適用については、同法第十一条第二項中「第九条第一項の規定により指名された者（以下「審理員」という。）」とあるのは「第四条（個人情報の保護に関する法律（平成十五年法律第五十七号）第百七条第二項の規定に基づく政令を含む。）の規定により審査請求がされた行政庁（第十四条の規定により引継ぎを受けた行政庁を含む。以下「審査庁」という。）」と、同法第十三条第一項及び第二項中「審理員」とあるのは「審査庁」と、同法第二十五条第七項中「あったとき、又は審理員から第四十条に規定する執行停止をすべき旨の意見書が提出されたとき」とあるのは「あったとき」と、同法第四十四条中「行政不服審査会等」とあるのは「情報公開・個人情報保護審査会（審査庁が会計検査院長である場合にあっては、別に法律で定める審査会。第五十条第一項第四号において同じ。）」と、「受けたとき（前条第一項の規定による諮問を要しない場合（同項第二号又は第三号に該当する場合を除く。）にあっては審理員意見書が提出されたとき、同項第二号又は第三号に該当する場合にあっては同項第二号又は第三号に規定する議を経たとき）」とあるのは「受けたとき」と、同法第五十条第一項第四号中「審理員意見書又は行政不服審査会等若しくは審議会等」とあるのは「情報公開・個人情報保護審査会」とする。

（審査会への諮問）

第百五条　開示決定等、訂正決定等、利用停止決定等又は開示請求、訂正請求若しくは利用停止請求に係る不作為について審査請求があったときは、当該審査請求に対する裁決をすべき行政機関の長等は、次の各号のいずれかに該当する場合を除き、情報公開・個人情報保護審査会（審査請求に対する裁決をすべき行政機関の長等が会計検査院長である場合にあっては、別に法律で定める審査会）に諮問しなければならない。

一　審査請求が不適法であり、却下する場合

二　裁決で、審査請求の全部を認容し、当該審査請求に係る保有個人情報の全部を開示することとする場合（当該保有個人情報の開示について反対意見書が提出されている場合を除く。）

三　裁決で、審査請求の全部を認容し、当該審査請求に係る保有個人情報の訂正をすることとする場合

四　裁決で、審査請求の全部を認容し、当該審査請求に係る保有個人情報の利用停止をすることとする場合

2　前項の規定により諮問をした行政機関の長等は、次に掲げる者に対し、諮問をした旨を通知しなければならない。

一　審査請求人及び参加人（行政不服審査法第十三条第四項に規定する参加人をいう。以下この項及び第百七条第一項第二号において同じ。）

二　開示請求者、訂正請求者又は利用停止請求者（これらの者が審査請求人又は参加人である場合を除く。）

三　当該審査請求に係る保有個人情報の開示について反対意見書を提出した第三者（当該第三者が審査請求人又は参加人である場合を除く。）

3　前二項の規定は、地方公共団体の機関又は地方独立行政法人について準用する。この場合において、第一項中「情報公開・個人情報保護審査会（審査請求に対する裁決をすべき行政機関の長等が会計検査院長である場合にあっては、別に法律で定める審査会）」とあるのは、「行政不服審査法第八十一条第一項又は第二項の機関」と読み替えるものとする。

（地方公共団体の機関等における審理員による審理手続に関する規定の適用除外等）

第百六条　地方公共団体の機関又は地方独立行政法人に対する開示決定等、訂正決定等、利用停止決定等又は開示請求、訂正請求若しくは利用停止請求に係る不作為に係る審査請求については、行政不服審査法第九条第一項から第三項まで、第十七条、第四十条、第四十二条、第二章第四節及び第五十条第二項の規定は、適用しない。

2　地方公共団体の機関又は地方独立行政法人に対する開示決定等、訂正決定等、利用停止決定等又は開示請求、訂正請求若しくは利用停止請求に係る不作為に係る審査請求についての次の表の上欄に掲げる行政不服審査法の規定の適用については、これらの規定中同表の中欄に掲げる字句は、それぞれ同表の下欄に掲げる字句とするほか、必要な技術的読替えは、政令で定める。

上欄	中欄	下欄
第九条第四項	前項に規定する場合において、審査庁	第四条又は個人情報の保護に関する法律（平成十五年法律第五十七号）第百七条第二項の規定に基づく条例の規定により審査請求がされた行政庁（第十四条の規定により引継ぎを受けた行政庁を含む。以下「審査庁」という。）
	前項において読み替えて適用する第三十一条第一項	同法第百六条第二項において読み替えて適用する第三十一条第一項
	前項において読み替えて適用する第三十四条	同法第百六条第二項において読み替えて適用する第三十四条
	前項において読み替えて適用する第三十六条	同法第百六条第二項において読み替えて適用する第三十六条

第十一条第二項	第九条第一項の規定により指名された者（以下「審理員」という。）	審査庁
第十三条第一項及び第二項、第二十八条、第三十条、第三十一条、第三十二条第三項、第三十三条から第三十七条まで、第三十八条第一項から第三項まで及び第五項、第三十九条並びに第四十一条第一項及び第二項	審理員	審査庁
第二十五条第七項	執行停止の申立てがあったとき、又は審理員から第四十条に規定する執行停止をすべき旨の意見書が提出されたとき	執行停止の申立てがあったとき

第二十九条第一項	審理員は、審査庁から指名されたときは、直ちに	審査庁は、審査請求がされたときは、第二十四条の規定により当該審査請求を却下する場合を除き、速やかに
第二十九条第二項	審理員は	審査庁は、審査庁が処分庁等以外である場合にあっては
	提出を求める	提出を求め、審査庁が処分庁等である場合にあっては、相当の期間内に、弁明書を作成する
第二十九条第五項	審理員は	審査庁は、第二項の規定により
	提出があったとき	提出があったとき、又は弁明書を作成したとき
第三十条第三項	参加人及び処分庁等	参加人及び処分庁等（処分庁等が審査庁である場合にあっては、参加人）
	審査請求人及び処分庁等	審査請求人及び処分庁等（処分庁等が審査庁である場合にあっては、審査請求人）

第三十一条第二項	審理関係人	審理関係人（処分庁等が審査庁である場合にあっては、審査請求人及び参加人。以下この節及び第五十条第一項第三号において同じ。）
第四十一条第三項	審理員が	審査庁が
	終結した旨並びに次条第一項に規定する審理員意見書及び事件記録（審査請求書、弁明書その他審査請求に係る事件に関する書類その他の物件のうち政令で定めるものをいう。同条第二項及び第四十三条第二項において同じ。）を審査庁に提出する予定時期を通知するものとする。当該予定時期を変更したときも、同様とする	終結した旨を通知するものとする
第四十四条	行政不服審査会等	第八十一条第一項又は第二項の機関
	受けたとき（前条第一項の規定による諮	受けたとき

		問を要しない場合（同項第二号又は第三号に該当する場合を除く。）にあっては審理員意見書が提出されたとき、同項第二号又は第三号に該当する場合にあっては同項第二号又は第三号に規定する議を経たとき）
第五十条第一項第四号	審理員意見書又は行政不服審査会等若しくは審議会等	第八十一条第一項又は第二項の機関
第八十一条第三項において準用する第七十四条	第四十三条第一項の規定により審査会に諮問をした審査庁	審査庁

（第三者からの審査請求を棄却する場合等における手続等）

第百七条 第八十六条第三項の規定は、次の各号のいずれかに該当する裁決をする場合について準用する。

一 開示決定に対する第三者からの審査請求を却下し、又は棄却する裁決

二 審査請求に係る開示決定等（開示請求に係る保有個人情報の全部を開示する旨の決定を除く。）を変更し、当該審査請求に係る保有個人情報を開示する旨の裁決（第三者である参加人が当該第三者に関する情報の開示に反対の意思を表示している場合に限る。）

2 開示決定等、訂正決定等、利用停止決定等又は開示請求、訂正請求若しくは利用停止請求に係る不作為についての審査請求については、政令（地方公共団体の機関又は地方独立行政法人にあっては、条例）で定めるところにより、行政不服審査法第四条の規定の特例を設けることができる。

第五款 条例との関係

第百八条 この節の規定は、地方公共団体が、保有個人情報の開示、訂正及び利用停止の手続並びに審査請求の手続に関する事項について、この節の規定に反しない限り、条例で必要な規定を定めることを妨げるものではない。

第五節 行政機関等匿名加工情報の提供等

（行政機関等匿名加工情報の作成及び提供等）

第百九条 行政機関の長等は、この節の規定に従い、行政機関等匿名加工情報（行政機関等匿名加工情報ファイルを構成するものに限る。以下この節において同じ。）を作成することができる。

2 行政機関の長等は、次の各号のいずれかに該当する場合を除き、行政機関等匿名加工情報を提供してはならない。

一 法令に基づく場合（この節の規定に従う場合を含む。）

二 保有個人情報を利用目的のために第三者に提供することができる場合において、当該保有個人情報を加工して作成した行政機関等匿名加工情報を当該第三者に提供するとき。

3 第六十九条の規定にかかわらず、行政機関の長等は、法令に基づく場合を除き、利用目的以外の目的のために削除情報（保有個人情報に該当するものに限る。）を自ら利用し、又は提供してはならない。

4 前項の「削除情報」とは、行政機関等匿名加工情報の作成に用いた保有個人情報から削除した記述等及び個人識別符号をいう。

（提案の募集に関する事項の個人情報ファイル簿への記載）

第百十条 行政機関の長等は、当該行政機関の長等の属する行政機関等が保有している個人情報ファイルが第六十条第三項各号のいずれにも該当すると認めるときは、当該個人情報ファイルについては、個人情報ファイル簿に次に掲げる事項を記載しなければならない。この場合における当該個人情報ファイルについての第七十五条第一項の規定の適用については、同項中「第十号」とあるのは、「第十号並びに第百十条各号」とする。

一 第百十二条第一項の提案の募集をする個人情報ファイルである旨

二 第百十二条第一項の提案を受ける組織の名称及び所在地

（提案の募集）

第百十一条 行政機関の長等は、個人情報保護委員会規則で定めるところにより、定期的に、当該行政機関の長等の属する行政機関等が保有している個人情報ファイル（個人情報ファイル簿に前条第一号に掲げる事項の記載があるものに限る。以下この節において同じ。）について、次条第一項の提案を募集するものとする。

（行政機関等匿名加工情報をその用に供して行う事業に関する提案）

第百十二条 前条の規定による募集に応じて個人情報ファイルを構成する保有個人情報を加工して作成する行政機関等匿名加工情報をその事業の用に供しようとする者は、行政機関の長等に対し、当該事業に関する提案をすることができる。

2 前項の提案は、個人情報保護委員会規則で定めるところにより、次に掲げる事項を記載した書面を行政機関の長等に提出してしなければならない。

一 提案をする者の氏名又は名称及び住所又は居所並びに法人その他の団体にあっては、その代表者の氏名

二 提案に係る個人情報ファイルの名称

三 提案に係る行政機関等匿名加工情報の本人の数

四 前号に掲げるもののほか、提案に係る行政機関等匿名加工情報の作成に用いる第百十六条第一項の規定による加工の方法を特定するに足りる事項

五 提案に係る行政機関等匿名加工情報の利用の目的及び方法その他当該行政機関等匿名加工情報がその用に供される事業の内容

六 提案に係る行政機関等匿名加工情報を前号の事業の用に供しようとする期間

七　提案に係る行政機関等匿名加工情報の漏えいの防止その他当該行政機関等匿名加工情報の適切な管理のために講ずる措置
八　前各号に掲げるもののほか、個人情報保護委員会規則で定める事項
3　前項の書面には、次に掲げる書面その他個人情報保護委員会規則で定める書類を添付しなければならない。
一　第一項の提案をする者が次条各号のいずれにも該当しないことを誓約する書面
二　前項第五号の事業が新たな産業の創出又は活力ある経済社会若しくは豊かな国民生活の実現に資するものであることを明らかにする書面

（欠格事由）
第百十三条　次の各号のいずれかに該当する者は、前条第一項の提案をすることができない。
一　未成年者
二　心身の故障により前条第一項の提案に係る行政機関等匿名加工情報をその用に供して行う事業を適正に行うことができない者として個人情報保護委員会規則で定めるもの
三　破産手続開始の決定を受けて復権を得ない者
四　禁錮以上の刑に処せられ、その執行を終わり、又はこの法律の規定により刑に処せられ、その執行を終わり、又は執行を受けることがなくなった日から起算して二年を経過しない者
五　第百二十条の規定により行政機関等匿名加工情報の利用に関する契約を解除され、その解除の日から起算して二年を経過しない者
六　法人その他の団体であって、その役員のうちに前各号のいずれかに該当する者があるもの

（提案の審査等）
第百十四条　行政機関の長等は、第百十二条第一項の提案があったときは、当該提案が次に掲げる基準に適合するかどうかを審査しなければならない。
一　第百十二条第一項の提案をした者が前条各号のいずれにも該当しないこと。
二　第百十二条第二項第三号の提案に係る行政機関等匿名加工情報の本人の数が、行政機関等匿名加工情報の効果的な活用の観点からみて個人情報保護委員会規則で定める数以上であり、かつ、提案に係る個人情報ファイルを構成する保有個人情報の本人の数以下であること。
三　第百十二条第二項第三号及び第四号に掲げる事項により特定される加工の方法が第百十六条第一項の基準に適合するものであること。
四　第百十二条第二項第五号の事業が新たな産業の創出又は活力ある経済社会若しくは豊かな国民生活の実現に資するものであること。
五　第百十二条第二項第六号の期間が行政機関等匿名加工情報の効果的な活用の観点からみて個人情報保護委員会規則で定める期間を超えないものであること。
六　第百十二条第二項第五号の提案に係る行政機関等匿名加工情報の利用の目的及び方法並びに同項第七号の措置が当該行政機関等匿名加工情報の本人の権利利益を保護するために適切なものであること。
七　前各号に掲げるもののほか、個人情報保護委員会規則で定める基準に適合するものであること。
2　行政機関の長等は、前項の規定により審査した結果、第百十二条第一項の提案が前項各号に掲げる基準のいずれにも適合すると認めるときは、個人情報保護委員会規則で定めるところにより、当該提案をした者に対し、次に掲げる事項を通知するものとする。
一　次条の規定により行政機関の長等との間で行政機関等匿名加工情報の利用に関する契約を締結することができる旨
二　前号に掲げるもののほか、個人情報保護委員会規則で定める事項
3　行政機関の長等は、第一項の規定により審査した結果、第百十二条第一項の提案が第一項各号に掲げる基準のいずれかに適合しないと認めるときは、個人情報保護委員会規則で定めるところにより、当該提案をした者に対し、理由を付して、その旨を通知するものとする。

（行政機関等匿名加工情報の利用に関する契約の締結）
第百十五条　前条第二項の規定による通知を受けた者は、個人情報保護委員会規則で定めるところにより、行政機関の長等との間で、行政機関等匿名加工情報の利用に関する契約を締結することができる。

（行政機関等匿名加工情報の作成等）
第百十六条　行政機関の長等は、行政機関等匿名加工情報を作成するときは、特定の個人を識別することができないように及びその作成に用いる保有個人情報を復元することができないようにするために必要なものとして個人情報保護委員会規則で定める基準に従い、当該保有個人情報を加工しなければならない。
2　前項の規定は、行政機関等から行政機関等匿名加工情報の作成の委託（二以上の段階にわたる委託を含む。）を受けた者が受託した業務を行う場合について準用する。

（行政機関等匿名加工情報に関する事項の個人情報ファイル簿への記載）
第百十七条　行政機関の長等は、行政機関等匿名加工情報を作成したときは、当該行政機関等匿名加工情報の作成に用いた保有個人情報を含む個人情報ファイルについては、個人情報ファイル簿に次に掲げる事項を記載しなければならない。この場合における当該個人情報ファイルについての第百十条の規定により読み替えて適用する第七十五条第一項の規定の適用については、同項中「並びに第百十条各号」とあるのは、「、第百十条各号並びに第百十七条各号」とする。
一　行政機関等匿名加工情報の概要として個人情報保護委員会規則で定める事項
二　次条第一項の提案を受ける組織の名称及び所在地
三　次条第一項の提案をすることができる期間

（作成された行政機関等匿名加工情報をその用に供して行う事業に関する提案等）
第百十八条　前条の規定により個人情報ファイル簿に同条第一号に掲げる事項が記載された行政機関等匿名加工情報をその事業の用に供しようとする者は、行政機関の長等に対し、当

該事業に関する提案をすることができる。当該行政機関等匿名加工情報について第百十五条の規定により行政機関等匿名加工情報の利用に関する契約を締結した者が、当該行政機関等匿名加工情報をその用に供する事業を変更しようとするときも、同様とする。

2 第百十二条第二項及び第三項並びに第百十三条から第百十五条までの規定は、前項の提案について準用する。この場合において、第百十二条第二項中「次に」とあるのは「第一号及び第四号から第八号までに」と、同項第四号中「前号に掲げるもののほか、提案」とあるのは「提案」と、「の作成に用いる第百十六条第一項の規定による加工の方法を特定する」とあるのは「を特定する」と、同項第八号中「前各号」とあるのは「第一号及び第四号から前号まで」と、第百十四条第一項中「次に」とあるのは「第一号及び第四号から第七号までに」と、同項第七号中「前各号」とあるのは「第一号及び前三号」と、同条第二項中「前項各号」とあるのは「前項第一号及び第四号から第七号まで」と、同条第三項中「第一項各号」とあるのは「第一項第一号及び第四号から第七号まで」と読み替えるものとする。

（手数料）

第百十九条 第百十五条の規定により行政機関等匿名加工情報の利用に関する契約を行政機関の長と締結する者は、政令で定めるところにより、実費を勘案して政令で定める額の手数料を納めなければならない。

2 前条第二項において準用する第百十五条の規定により行政機関等匿名加工情報の利用に関する契約を行政機関の長と締結する者は、政令で定めるところにより、前項の政令で定める額を参酌して政令で定める額の手数料を納めなければならない。

3 第百十五条の規定により行政機関等匿名加工情報の利用に関する契約を地方公共団体の機関と締結する者は、条例で定めるところにより、実費を勘案して政令で定める額を標準として条例で定める額の手数料を納めなければならない。

4 前条第二項において準用する第百十五条の規定により行政機関等匿名加工情報の利用に関する契約を地方公共団体の機関と締結する者は、条例で定めるところにより、前項の政令で定める額を参酌して政令で定める額を標準として条例で定める額の手数料を納めなければならない。

5 第百十五条の規定（前条第二項において準用する場合を含む。第八項及び次条において同じ。）により行政機関等匿名加工情報の利用に関する契約を独立行政法人等と締結する者は、独立行政法人等の定めるところにより、利用料を納めなければならない。

6 前項の利用料の額は、実費を勘案して合理的であると認められる範囲内において、独立行政法人等が定める。

7 独立行政法人等は、前二項の規定による定めを一般の閲覧に供しなければならない。

8 第百十五条の規定により行政機関等匿名加工情報の利用に関する契約を地方独立行政法人と締結する者は、地方独立行政法人の定めるところにより、手数料を納めなければならない。

9 前項の手数料の額は、実費を勘案し、かつ、第三項又は第四項の条例で定める手数料の額を参酌して、地方独立行政法人が定める。

10 地方独立行政法人は、前二項の規定による定めを一般の閲覧に供しなければならない。

（行政機関等匿名加工情報の利用に関する契約の解除）

第百二十条 行政機関の長等は、第百十五条の規定により行政機関等匿名加工情報の利用に関する契約を締結した者が次の各号のいずれかに該当するときは、当該契約を解除することができる。

一 偽りその他不正の手段により当該契約を締結したとき。

二 第百十三条各号（第百十八条第二項において準用する場合を含む。）のいずれかに該当することとなったとき。

三 当該契約において定められた事項について重大な違反があったとき。

（識別行為の禁止等）

第百二十一条 行政機関の長等は、行政機関等匿名加工情報を取り扱うに当たっては、法令に基づく場合を除き、当該行政機関等匿名加工情報の作成に用いられた個人情報に係る本人を識別するために、当該行政機関等匿名加工情報を他の情報と照合してはならない。

2 行政機関の長等は、行政機関等匿名加工情報、第百九条第四項に規定する削除情報及び第百十六条第一項の規定により行った加工の方法に関する情報（以下この条及び次条において「行政機関等匿名加工情報等」という。）の漏えいを防止するために必要なものとして個人情報保護委員会規則で定める基準に従い、行政機関等匿名加工情報等の適切な管理のために必要な措置を講じなければならない。

3 前二項の規定は、行政機関等から行政機関等匿名加工情報等の取扱いの委託（二以上の段階にわたる委託を含む。）を受けた者が受託した業務を行う場合について準用する。

（従事者の義務）

第百二十二条 行政機関等匿名加工情報等の取扱いに従事する行政機関等の職員若しくは職員であった者、前条第三項の委託を受けた業務に従事している者若しくは従事していた者又は行政機関等において行政機関等匿名加工情報等の取扱いに従事している派遣労働者若しくは従事していた派遣労働者は、その業務に関して知り得た行政機関等匿名加工情報等の内容をみだりに他人に知らせ、又は不当な目的に利用してはならない。

（匿名加工情報の取扱いに係る義務）

第百二十三条 行政機関等は、匿名加工情報（行政機関等匿名加工情報を除く。以下この条において同じ。）を第三者に提供するときは、法令に基づく場合を除き、個人情報保護委員会規則で定めるところにより、あらかじめ、第三者に提供される匿名加工情報に含まれる個人に関する情報の項目及びその提供の方法について公表するとともに、当該第三者に対して、当該提供に係る情報が匿名加工情報である旨を明示しなければならない。

2 行政機関等は、匿名加工情報を取り扱うに当たっては、法令に基づく場合を除き、当該匿名加工情報の作成に用いられた個人情報に係る本人を識別するために、当該個人情報から削除された記述等若しくは個人識別符号若しくは第四十三条第一項の規定により行われた加工の方法に関する情報を取得し、又は当該匿名加工情報を他の情報と照合してはならない。

３　行政機関等は、匿名加工情報の漏えいを防止するために必要なものとして個人情報保護委員会規則で定める基準に従い、匿名加工情報の適切な管理のために必要な措置を講じなければならない。

４　前二項の規定は、行政機関等から匿名加工情報の取扱いの委託（二以上の段階にわたる委託を含む。）を受けた者が受託した業務を行う場合について準用する。

第六節　雑則

（適用除外等）

第百二十四条　第四節の規定は、刑事事件若しくは少年の保護事件に係る裁判、検察官、検察事務官若しくは司法警察職員が行う処分、刑若しくは保護処分の執行、更生緊急保護又は恩赦に係る保有個人情報（当該裁判、処分若しくは執行を受けた者、更生緊急保護の申出をした者又は恩赦の上申があった者に係るものに限る。）については、適用しない。

２　保有個人情報（行政機関情報公開法第五条、独立行政法人等情報公開法第五条又は情報公開条例に規定する不開示情報を専ら記録する行政文書等に記録されているものに限る。）のうち、まだ分類その他の整理が行われていないもので、同一の利用目的に係るものが著しく大量にあるためその中から特定の保有個人情報を検索することが著しく困難であるものは、第四節（第四款を除く。）の規定の適用については、行政機関等に保有されていないものとみなす。

（適用の特例）

第百二十五条　第五十八条第二項各号に掲げる者が行う当該各号に定める業務における個人情報、仮名加工情報又は個人関連情報の取扱いについては、この章（第一節、第六十六条第二項（第四号及び第五号（同項第四号に係る部分に限る。）に係る部分に限る。）において準用する同条第一項、第七十五条、前二節、前条第二項及び第百二十七条を除く。）の規定、第百七十六条及び第百八十条の規定（これらの規定のうち第六十六条第二項第四号及び第五号（同項第四号に係る部分に限る。）に定める業務に係る部分を除く。）並びに第百八十一条の規定は、適用しない。

２　第五十八条第一項各号に掲げる者による個人情報又は匿名加工情報の取扱いについては、同項第一号に掲げる者を独立行政法人等と、同項第二号に掲げる者を地方独立行政法人と、それぞれみなして、第一節、第七十五条、前二節、前条第二項、第百二十七条及び次章から第八章まで（第百七十六条、第百八十条及び第百八十一条を除く。）の規定を適用する。

３　第五十八条第一項各号及び第二項各号に掲げる者（同項各号に定める業務を行う場合に限る。）についての第九十八条の規定の適用については、同条第一項第一号中「第六十一条第二項の規定に違反して保有されているとき、第六十三条の規定に違反して取り扱われているとき、第六十四条の規定に違反して取得されたものであるとき、又は第六十九条第一項及び第二項の規定に違反して利用されているとき」とあるのは「第十八条若しくは第十九条の規定に違反して取り扱われているとき、又は第二十条の規定に違反して取得されたものであるとき」と、同項第二号中「第六十九条第一項及び第二項又は第七十一条第一項」とあるのは「第二十七条第一項又は第二十八条」とする。

（権限又は事務の委任）

第百二十六条　行政機関の長は、政令（内閣の所轄の下に置かれる機関及び会計検査院にあっては、当該機関の命令）で定めるところにより、第二節から前節まで（第七十四条及び第四節第四款を除く。）に定める権限又は事務を当該行政機関の職員に委任することができる。

（開示請求等をしようとする者に対する情報の提供等）

第百二十七条　行政機関の長等は、開示請求、訂正請求若しくは利用停止請求又は第百十二条第一項若しくは第百十八条第一項の提案（以下この条において「開示請求等」という。）をしようとする者がそれぞれ容易かつ的確に開示請求等をすることができるよう、当該行政機関の長等の属する行政機関等が保有する保有個人情報の特定又は当該提案に資する情報の提供その他開示請求等をしようとする者の利便を考慮した適切な措置を講ずるものとする。

（行政機関等における個人情報等の取扱いに関する苦情処理）

第百二十八条　行政機関の長等は、行政機関等における個人情報、仮名加工情報又は匿名加工情報の取扱いに関する苦情の適切かつ迅速な処理に努めなければならない。

（地方公共団体に置く審議会等への諮問）

第百二十九条　地方公共団体の機関は、条例で定めるところにより、第三章第三節の施策を講ずる場合その他の場合において、個人情報の適正な取扱いを確保するため専門的な知見に基づく意見を聴くことが特に必要であると認めるときは、審議会その他の合議制の機関に諮問することができる。

第六章　個人情報保護委員会

第一節　設置等

（設置）

第百三十条　内閣府設置法第四十九条第三項の規定に基づいて、個人情報保護委員会（以下「委員会」という。）を置く。

２　委員会は、内閣総理大臣の所轄に属する。

（任務）

第百三十一条　委員会は、行政機関等の事務及び事業の適正かつ円滑な運営を図り、並びに個人情報の適正かつ効果的な活用が新たな産業の創出並びに活力ある経済社会及び豊かな国民生活の実現に資するものであることその他の個人情報の有用性に配慮しつつ、個人の権利利益を保護するため、個人情報の適正な取扱いの確保を図ること（個人番号利用事務等実施者（行政手続における特定の個人を識別するための番号の利用等に関する法律（平成二十五年法律第二十七号。以下「番号利用法」という。）第十二条に規定する個人番号利用事務等実施者をいう。）に対する指導及び助言その他の措置を講ずることを含む。）を任務とする。

（所掌事務）
第百三十二条　委員会は、前条の任務を達成するため、次に掲げる事務をつかさどる。
一　基本方針の策定及び推進に関すること。
二　個人情報取扱事業者における個人情報の取扱い、個人情報取扱事業者及び仮名加工情報取扱事業者における仮名加工情報の取扱い、個人情報取扱事業者及び匿名加工情報取扱事業者における匿名加工情報の取扱い並びに個人関連情報取扱事業者における個人関連情報の取扱いに関する監督、行政機関等における個人情報、仮名加工情報、匿名加工情報及び個人関連情報の取扱いに関する監視並びに個人情報、仮名加工情報及び匿名加工情報の取扱いに関する苦情の申出についての必要なあっせん及びその処理を行う事業者への協力に関すること（第四号に掲げるものを除く。）。
三　認定個人情報保護団体に関すること。
四　特定個人情報（番号利用法第二条第八項に規定する特定個人情報をいう。）の取扱いに関する監視又は監督並びに苦情の申出についての必要なあっせん及びその処理を行う事業者への協力に関すること。
五　特定個人情報保護評価（番号利用法第二十七条第一項に規定する特定個人情報保護評価をいう。）に関すること。
六　個人情報の保護及び適正かつ効果的な活用についての広報及び啓発に関すること。
七　前各号に掲げる事務を行うために必要な調査及び研究に関すること。
八　所掌事務に係る国際協力に関すること。
九　前各号に掲げるもののほか、法律（法律に基づく命令を含む。）に基づき委員会に属させられた事務

（職権行使の独立性）
第百三十三条　委員会の委員長及び委員は、独立してその職権を行う。

（組織等）
第百三十四条　委員会は、委員長及び委員八人をもって組織する。
2　委員のうち四人は、非常勤とする。
3　委員長及び委員は、人格が高潔で識見の高い者のうちから、両議院の同意を得て、内閣総理大臣が任命する。
4　委員長及び委員には、個人情報の保護及び適正かつ効果的な活用に関する学識経験のある者、消費者の保護に関して十分な知識と経験を有する者、情報処理技術に関する学識経験のある者、行政分野に関する学識経験のある者、民間企業の実務に関して十分な知識と経験を有する者並びに連合組織（地方自治法第二百六十三条の三第一項の連合組織で同項の規定による届出をしたものをいう。）の推薦する者が含まれるものとする。

（任期等）
第百三十五条　委員長及び委員の任期は、五年とする。ただし、補欠の委員長又は委員の任期は、前任者の残任期間とする。
2　委員長及び委員は、再任されることができる。
3　委員長及び委員の任期が満了したときは、当該委員長及び委員は、後任者が任命されるまで引き続きその職務を行うものとする。
4　委員長又は委員の任期が満了し、又は欠員を生じた場合において、国会の閉会又は衆議院の解散のために両議院の同意を得ることができないときは、内閣総理大臣は、前条第三項の規定にかかわらず、同項に定める資格を有する者のうちから、委員長又は委員を任命することができる。
5　前項の場合においては、任命後最初の国会において両議院の事後の承認を得なければならない。この場合において、両議院の事後の承認が得られないときは、内閣総理大臣は、直ちに、その委員長又は委員を罷免しなければならない。

（身分保障）
第百三十六条　委員長及び委員は、次の各号のいずれかに該当する場合を除いては、在任中、その意に反して罷免されることがない。
一　破産手続開始の決定を受けたとき。
二　この法律又は番号利用法の規定に違反して刑に処せられたとき。
三　禁錮以上の刑に処せられたとき。
四　委員会により、心身の故障のため職務を執行することができないと認められたとき、又は職務上の義務違反その他委員長若しくは委員たるに適しない非行があると認められたとき。

（罷免）
第百三十七条　内閣総理大臣は、委員長又は委員が前条各号のいずれかに該当するときは、その委員長又は委員を罷免しなければならない。

（委員長）
第百三十八条　委員長は、委員会の会務を総理し、委員会を代表する。
2　委員会は、あらかじめ常勤の委員のうちから、委員長に事故がある場合に委員長を代理する者を定めておかなければならない。

（会議）
第百三十九条　委員会の会議は、委員長が招集する。
2　委員会は、委員長及び四人以上の委員の出席がなければ、会議を開き、議決をすることができない。
3　委員会の議事は、出席者の過半数でこれを決し、可否同数のときは、委員長の決するところによる。
4　第百三十六条第四号の規定による認定をするには、前項の規定にかかわらず、本人を除く全員の一致がなければならない。
5　委員長に事故がある場合の第二項の規定の適用については、前条第二項に規定する委員長を代理する者は、委員長とみなす。

（専門委員）
第百四十条　委員会に、専門の事項を調査させるため、専門委員を置くことができる。
2　専門委員は、委員会の申出に基づいて内閣総理大臣が任命する。
3　専門委員は、当該専門の事項に関する調査が終了したとき

は、解任されるものとする。

4　専門委員は、非常勤とする。

（事務局）

第百四十一条　委員会の事務を処理させるため、委員会に事務局を置く。

2　事務局に、事務局長その他の職員を置く。

3　事務局長は、委員長の命を受けて、局務を掌理する。

（政治運動等の禁止）

第百四十二条　委員長及び委員は、在任中、政党その他の政治団体の役員となり、又は積極的に政治運動をしてはならない。

2　委員長及び常勤の委員は、在任中、内閣総理大臣の許可のある場合を除くほか、報酬を得て他の職務に従事し、又は営利事業を営み、その他金銭上の利益を目的とする業務を行ってはならない。

（秘密保持義務）

第百四十三条　委員長、委員、専門委員及び事務局の職員は、職務上知ることのできた秘密を漏らし、又は盗用してはならない。その職務を退いた後も、同様とする。

（給与）

第百四十四条　委員長及び委員の給与は、別に法律で定める。

（規則の制定）

第百四十五条　委員会は、その所掌事務について、法律若しくは政令を実施するため、又は法律若しくは政令の特別の委任に基づいて、個人情報保護委員会規則を制定することができる。

第二節　監督及び監視

第一款　個人情報取扱事業者等の監督

（報告及び立入検査）

第百四十六条　委員会は、第四章（第五節を除く。次条及び第百五十一条において同じ。）の規定の施行に必要な限度において、個人情報取扱事業者、仮名加工情報取扱事業者、匿名加工情報取扱事業者又は個人関連情報取扱事業者（以下この款において「個人情報取扱事業者等」という。）その他の関係者に対し、個人情報、仮名加工情報、匿名加工情報又は個人関連情報（以下この款及び第三款において「個人情報等」という。）の取扱いに関し、必要な報告若しくは資料の提出を求め、又はその職員に、当該個人情報取扱事業者等その他の関係者の事務所その他必要な場所に立ち入らせ、個人情報等の取扱いに関し質問させ、若しくは帳簿書類その他の物件を検査させることができる。

2　前項の規定により立入検査をする職員は、その身分を示す証明書を携帯し、関係人の請求があったときは、これを提示しなければならない。

3　第一項の規定による立入検査の権限は、犯罪捜査のために認められたものと解釈してはならない。

（指導及び助言）

第百四十七条　委員会は、第四章の規定の施行に必要な限度において、個人情報取扱事業者等に対し、個人情報等の取扱いに関し必要な指導及び助言をすることができる。

（勧告及び命令）

第百四十八条　委員会は、個人情報取扱事業者が第十八条から第二十条まで、第二十一条（第一項、第三項及び第四項の規定を第四十一条第四項の規定により読み替えて適用する場合を含む。）、第二十三条から第二十六条まで、第二十七条（第四項を除き、第五項及び第六項の規定を第四十一条第六項の規定により読み替えて適用する場合を含む。）、第二十八条、第二十九条（第一項ただし書の規定を第四十一条第六項の規定により読み替えて適用する場合を含む。）、第三十条（第二項を除き、第一項ただし書の規定を第四十一条第六項の規定により読み替えて適用する場合を含む。）、第三十二条、第三十三条（第一項（第五項において準用する場合を含む。）を除く。）、第三十四条第二項若しくは第三項、第三十五条（第一項、第三項及び第五項を除く。）、第三十八条第二項、第四十一条（第四項及び第五項を除く。）若しくは第四十三条（第六項を除く。）の規定に違反した場合、個人関連情報取扱事業者が第三十一条第一項、同条第二項において読み替えて準用する第二十八条第三項若しくは第三十一条第三項において読み替えて準用する第三十条第三項若しくは第四項の規定に違反した場合、仮名加工情報取扱事業者が第四十二条第一項、同条第二項において読み替えて準用する第二十七条第五項若しくは第六項若しくは第四十二条第三項において読み替えて準用する第二十三条から第二十五条まで若しくは第四十一条第七項若しくは第八項の規定に違反した場合又は匿名加工情報取扱事業者が第四十四条若しくは第四十五条の規定に違反した場合において個人の権利利益を保護するため必要があると認めるときは、当該個人情報取扱事業者等に対し、当該違反行為の中止その他違反を是正するために必要な措置をとるべき旨を勧告することができる。

2　委員会は、前項の規定による勧告を受けた個人情報取扱事業者等が正当な理由がなくてその勧告に係る措置をとらなかった場合において個人の重大な権利利益の侵害が切迫していると認めるときは、当該個人情報取扱事業者等に対し、その勧告に係る措置をとるべきことを命ずることができる。

3　委員会は、前二項の規定にかかわらず、個人情報取扱事業者が第十八条から第二十条まで、第二十三条から第二十六条まで、第二十七条第一項、第二十八条第一項若しくは第三項、第四十一条第一項から第三項まで若しくは第六項から第八項まで若しくは第四十三条第一項、第二項若しくは第五項の規定に違反した場合、個人関連情報取扱事業者が第三十一条第一項若しくは同条第二項において読み替えて準用する第二十八条第三項の規定に違反した場合、仮名加工情報取扱事業者が第四十二条第一項若しくは同条第三項において読み替えて準用する第二十三条から第二十五条まで若しくは第四十一条第七項若しくは第八項の規定に違反した場合又は匿名加工情報取扱事業者が第四十五条の規定に違反した場合において個人の重大な権利利益を害する事実があるため緊急に措置をとる必要があると認めるときは、当該個人情報取扱事業者等に対し、当該違反行為の中止その他違反を是正するために必要な措置をとるべきことを命ずることができる。

4　委員会は、前二項の規定による命令をした場合において、その命令を受けた個人情報取扱事業者等がその命令に違反したときは、その旨を公表することができる。

（委員会の権限の行使の制限）

第百四十九条 委員会は、前三条の規定により個人情報取扱事業者等に対し報告若しくは資料の提出の要求、立入検査、指導、助言、勧告又は命令を行うに当たっては、表現の自由、学問の自由、信教の自由及び政治活動の自由を妨げてはならない。

2 前項の規定の趣旨に照らし、委員会は、個人情報取扱事業者等が第五十七条第一項各号に掲げる者（それぞれ当該各号に定める目的で個人情報等を取り扱う場合に限る。）に対して個人情報等を提供する行為については、その権限を行使しないものとする。

（権限の委任）

第百五十条 委員会は、緊急かつ重点的に個人情報等の適正な取扱いの確保を図る必要があることその他の政令で定める事情があるため、個人情報取扱事業者等に対し、第百四十八条第一項の規定による勧告又は同条第二項若しくは第三項の規定による命令を効果的に行う上で必要があると認めるときは、政令で定めるところにより、第二十六条第一項、第百四十六条第一項、第百六十二条において読み替えて準用する民事訴訟法（平成八年法律第百九号）第九十九条、第百一条、第百三条、第百五条、第百六条、第百八条及び第百九条、第百六十三条並びに第百六十四条の規定による権限を事業所管大臣に委任することができる。

2 事業所管大臣は、前項の規定により委任された権限を行使したときは、政令で定めるところにより、その結果について委員会に報告するものとする。

3 事業所管大臣は、政令で定めるところにより、第一項の規定により委任された権限及び前項の規定による権限について、その全部又は一部を内閣府設置法第四十三条の地方支分部局その他の政令で定める部局又は機関の長に委任することができる。

4 内閣総理大臣は、第一項の規定により委任された権限及び第二項の規定による権限（金融庁の所掌に係るものに限り、政令で定めるものを除く。）を金融庁長官に委任する。

5 金融庁長官は、政令で定めるところにより、前項の規定により委任された権限について、その一部を証券取引等監視委員会に委任することができる。

6 金融庁長官は、政令で定めるところにより、第四項の規定により委任された権限（前項の規定により証券取引等監視委員会に委任されたものを除く。）の一部を財務局長又は財務支局長に委任することができる。

7 証券取引等監視委員会は、政令で定めるところにより、第五項の規定により委任された権限の一部を財務局長又は財務支局長に委任することができる。

8 前項の規定により財務局長又は財務支局長に委任された権限に係る事務に関しては、証券取引等監視委員会が財務局長又は財務支局長を指揮監督する。

9 第五項の場合において、証券取引等監視委員会が行う報告又は資料の提出の要求（第七項の規定により財務局長又は財務支局長が行う場合を含む。）についての審査請求は、証券取引等監視委員会に対してのみ行うことができる。

（事業所管大臣の請求）

第百五十一条 事業所管大臣は、個人情報取扱事業者等に第四章の規定に違反する行為があると認めるときその他個人情報取扱事業者等による個人情報等の適正な取扱いを確保するために必要があると認めるときは、委員会に対し、この法律の規定に従い適当な措置をとるべきことを求めることができる。

（事業所管大臣）

第百五十二条 この款の規定における事業所管大臣は、次のとおりとする。

一 個人情報取扱事業者等が行う個人情報等の取扱いのうち雇用管理に関するものについては、厚生労働大臣（船員の雇用管理に関するものについては、国土交通大臣）及び当該個人情報取扱事業者等が行う事業を所管する大臣、国家公安委員会又はカジノ管理委員会（次号において「大臣等」という。）

二 個人情報取扱事業者等が行う個人情報等の取扱いのうち前号に掲げるもの以外のものについては、当該個人情報取扱事業者等が行う事業を所管する大臣等

第二款 認定個人情報保護団体の監督

（報告の徴収）

第百五十三条 委員会は、第四章第五節の規定の施行に必要な限度において、認定個人情報保護団体に対し、認定業務に関し報告をさせることができる。

（命令）

第百五十四条 委員会は、第四章第五節の規定の施行に必要な限度において、認定個人情報保護団体に対し、認定業務の実施の方法の改善、個人情報保護指針の変更その他の必要な措置をとるべき旨を命ずることができる。

（認定の取消し）

第百五十五条 委員会は、認定個人情報保護団体が次の各号のいずれかに該当するときは、その認定を取り消すことができる。

一 第四十八条第一号又は第三号に該当するに至ったとき。

二 第四十九条各号のいずれかに適合しなくなったとき。

三 第五十五条の規定に違反したとき。

四 前条の命令に従わないとき。

五 不正の手段により第四十七条第一項の認定又は第五十条第一項の変更の認定を受けたとき。

2 委員会は、前項の規定により認定を取り消したときは、その旨を公示しなければならない。

第三款 行政機関等の監視

（資料の提出の要求及び実地調査）

第百五十六条 委員会は、前章の規定の円滑な運用を確保するため必要があると認めるときは、行政機関の長等（会計検査院長を除く。以下この款において同じ。）に対し、行政機関等における個人情報等の取扱いに関する事務の実施状況について、資料の提出及び説明を求め、又はその職員に実地調査をさせることができる。

（指導及び助言）

第百五十七条　委員会は、前章の規定の円滑な運用を確保するため必要があると認めるときは、行政機関の長等に対し、行政機関等における個人情報等の取扱いについて、必要な指導及び助言をすることができる。

（勧告）

第百五十八条　委員会は、前章の規定の円滑な運用を確保するため必要があると認めるときは、行政機関の長等に対し、行政機関等における個人情報等の取扱いについて勧告をすることができる。

（勧告に基づいてとった措置についての報告の要求）

第百五十九条　委員会は、前条の規定により行政機関の長等に対し勧告をしたときは、当該行政機関の長等に対し、その勧告に基づいてとった措置について報告を求めることができる。

（委員会の権限の行使の制限）

第百六十条　第百四十九条第二項の規定の趣旨に照らし、委員会は、行政機関の長等が第五十七条第一項各号に掲げる者（それぞれ当該各号に定める目的で個人情報等を取り扱う場合に限る。）に対して個人情報等を提供する行為については、その権限を行使しないものとする。

第三節　送達

（送達すべき書類）

第百六十一条　第百四十六条第一項の規定による報告若しくは資料の提出の要求、第百四十八条第一項の規定による勧告若しくは同条第二項若しくは第三項の規定による命令、第百五十三条の規定による報告の徴収、第百五十四条の規定による命令又は第百五十五条第一項の規定による取消しは、個人情報保護委員会規則で定める書類を送達して行う。

2　第百四十八条第二項若しくは第三項若しくは第百五十四条の規定による命令又は第百五十五条第一項の規定による取消しに係る行政手続法（平成五年法律第八十八号）第十五条第一項又は第三十条の通知は、同法第十五条第一項及び第二項又は第三十条の書類を送達して行う。この場合において、同法第十五条第三項（同法第三十一条において読み替えて準用する場合を含む。）の規定は、適用しない。

（送達に関する民事訴訟法の準用）

第百六十二条　前条の規定による送達については、民事訴訟法第九十九条、第百一条、第百三条、第百五条、第百六条、第百八条及び第百九条の規定を準用する。この場合において、同法第九十九条第一項中「執行官」とあるのは「個人情報保護委員会の職員」と、同法第百八条中「裁判長」とあり、及び同法第百九条中「裁判所」とあるのは「個人情報保護委員会」と読み替えるものとする。

（公示送達）

第百六十三条　委員会は、次に掲げる場合には、公示送達をすることができる。

一　送達を受けるべき者の住所、居所その他送達をすべき場所が知れない場合

二　外国（本邦の域外にある国又は地域をいう。以下同じ。）においてすべき送達について、前条において読み替えて準用する民事訴訟法第百八条の規定によることができず、又はこれによっても送達をすることができないと認めるべき場合

三　前条において読み替えて準用する民事訴訟法第百八条の規定により外国の管轄官庁に嘱託を発した後六月を経過してもその送達を証する書面の送付がない場合

2　公示送達は、送達をすべき書類を送達を受けるべき者にいつでも交付すべき旨を委員会の掲示場に掲示することにより行う。

3　公示送達は、前項の規定による掲示を始めた日から二週間を経過することによって、その効力を生ずる。

4　外国においてすべき送達についてした公示送達にあっては、前項の期間は、六週間とする。

（電子情報処理組織の使用）

第百六十四条　委員会の職員が、情報通信技術を活用した行政の推進等に関する法律（平成十四年法律第百五十一号）第三条第九号に規定する処分通知等であって第百六十一条の規定により書類を送達して行うこととしているものに関する事務を、同法第七条第一項の規定により同法第六条第一項に規定する電子情報処理組織を使用して行ったときは、第百六十二条において読み替えて準用する民事訴訟法第百九条の規定による送達に関する事項を記載した書面の作成及び提出に代えて、当該事項を当該電子情報処理組織を使用して委員会の使用に係る電子計算機（入出力装置を含む。）に備えられたファイルに記録しなければならない。

第四節　雑則

（施行の状況の公表）

第百六十五条　委員会は、行政機関の長等に対し、この法律の施行の状況について報告を求めることができる。

2　委員会は、毎年度、前項の報告を取りまとめ、その概要を公表するものとする。

（地方公共団体による必要な情報の提供等の求め）

第百六十六条　地方公共団体は、地方公共団体の機関、地方独立行政法人及び事業者等による個人情報の適正な取扱いを確保するために必要があると認めるときは、委員会に対し、必要な情報の提供又は技術的な助言を求めることができる。

2　委員会は、前項の規定による求めがあったときは、必要な情報の提供又は技術的な助言を行うものとする。

（条例を定めたときの届出）

第百六十七条　地方公共団体の長は、この法律の規定に基づき個人情報の保護に関する条例を定めたときは、遅滞なく、個人情報保護委員会規則で定めるところにより、その旨及びその内容を委員会に届け出なければならない。

2　委員会は、前項の規定による届出があったときは、当該届出に係る事項をインターネットの利用その他適切な方法により公表しなければならない。

3　前二項の規定は、第一項の規定による届出に係る事項の変更について準用する。

（国会に対する報告）

第百六十八条　委員会は、毎年、内閣総理大臣を経由して国会に対し所掌事務の処理状況を報告するとともに、その概要を公表しなければならない。

（案内所の整備）
第百六十九条　委員会は、この法律の円滑な運用を確保するため、総合的な案内所を整備するものとする。
（地方公共団体が処理する事務）
第百七十条　この法律に規定する委員会の権限及び第百五十条第一項又は第四項の規定により事業所管大臣又は金融庁長官に委任された権限に属する事務は、政令で定めるところにより、地方公共団体の長その他の執行機関が行うこととすることができる。

第七章　雑則

（適用範囲）
第百七十一条　この法律は、個人情報取扱事業者、仮名加工情報取扱事業者、匿名加工情報取扱事業者又は個人関連情報取扱事業者が、国内にある者に対する物品又は役務の提供に関連して、国内にある者を本人とする個人情報、当該個人情報として取得されることとなる個人関連情報又は当該個人情報を用いて作成された仮名加工情報若しくは匿名加工情報を、外国において取り扱う場合についても、適用する。
（外国執行当局への情報提供）
第百七十二条　委員会は、この法律に相当する外国の法令を執行する外国の当局（以下この条において「外国執行当局」という。）に対し、その職務（この法律に規定する委員会の職務に相当するものに限る。次項において同じ。）の遂行に資すると認める情報の提供を行うことができる。
2　前項の規定による情報の提供については、当該情報が当該外国執行当局の職務の遂行以外に使用されず、かつ、次項の規定による同意がなければ外国の刑事事件の捜査（その対象たる犯罪事実が特定された後のものに限る。）又は審判（同項において「捜査等」という。）に使用されないよう適切な措置がとられなければならない。
3　委員会は、外国執行当局からの要請があったときは、次の各号のいずれかに該当する場合を除き、第一項の規定により提供した情報を当該要請に係る外国の刑事事件の捜査等に使用することについて同意をすることができる。
一　当該要請に係る刑事事件の捜査等の対象とされている犯罪が政治犯罪であるとき、又は当該要請が政治犯罪について捜査等を行う目的で行われたものと認められるとき。
二　当該要請に係る刑事事件の捜査等の対象とされている犯罪に係る行為が日本国内において行われたとした場合において、その行為が日本国の法令によれば罪に当たるものでないとき。
三　日本国が行う同種の要請に応ずる旨の要請国の保証がないとき。
4　委員会は、前項の同意をする場合においては、あらかじめ、同項第一号及び第二号に該当しないことについて法務大臣の確認を、同項第三号に該当しないことについて外務大臣の確認を、それぞれ受けなければならない。
（国際約束の誠実な履行等）
第百七十三条　この法律の施行に当たっては、我が国が締結した条約その他の国際約束の誠実な履行を妨げることがないよう留意するとともに、確立された国際法規を遵守しなければならない。
（連絡及び協力）
第百七十四条　内閣総理大臣及びこの法律の施行に関係する行政機関の長（会計検査院長を除く。）は、相互に緊密に連絡し、及び協力しなければならない。
（政令への委任）
第百七十五条　この法律に定めるもののほか、この法律の実施のため必要な事項は、政令で定める。

第八章　罰則

第百七十六条　行政機関等の職員若しくは職員であった者、第六十六条第二項各号に定める業務若しくは第七十三条第五項若しくは第百二十一条第三項の委託を受けた業務に従事している者若しくは従事していた者又は行政機関等において個人情報、仮名加工情報若しくは匿名加工情報の取扱いに従事している派遣労働者若しくは従事していた派遣労働者が、正当な理由がないのに、個人の秘密に属する事項が記録された第六十条第二項第一号に係る個人情報ファイル（その全部又は一部を複製し、又は加工したものを含む。）を提供したときは、二年以下の懲役又は百万円以下の罰金に処する。
第百七十七条　第百四十三条の規定に違反して秘密を漏らし、又は盗用した者は、二年以下の懲役又は百万円以下の罰金に処する。
第百七十八条　第百四十八条第二項又は第三項の規定による命令に違反した場合には、当該違反行為をした者は、一年以下の懲役又は百万円以下の罰金に処する。
第百七十九条　個人情報取扱事業者（その者が法人（法人でない団体で代表者又は管理人の定めのあるものを含む。第百八十四条第一項において同じ。）である場合にあっては、その役員、代表者又は管理人）若しくはその従業者又はこれらであった者が、その業務に関して取り扱った個人情報データベース等（その全部又は一部を複製し、又は加工したものを含む。）を自己若しくは第三者の不正な利益を図る目的で提供し、又は盗用したときは、一年以下の懲役又は五十万円以下の罰金に処する。
第百八十条　第百七十六条に規定する者が、その業務に関して知り得た保有個人情報を自己若しくは第三者の不正な利益を図る目的で提供し、又は盗用したときは、一年以下の懲役又は五十万円以下の罰金に処する。
第百八十一条　行政機関等の職員がその職権を濫用して、専らその職務の用以外の用に供する目的で個人の秘密に属する事項が記録された文書、図画又は電磁的記録を収集したときは、一年以下の懲役又は五十万円以下の罰金に処する。
第百八十二条　次の各号のいずれかに該当する場合には、当該違反行為をした者は、五十万円以下の罰金に処する。
一　第百四十六条第一項の規定による報告若しくは資料の提出をせず、若しくは虚偽の報告をし、若しくは虚偽の資料を提出し、又は当該職員の質問に対して答弁をせず、若しくは虚偽の答弁をし、若しくは検査を拒み、妨げ、若しくは忌避したとき。

二　第百五十三条の規定による報告をせず、又は虚偽の報告をしたとき。

第百八十三条　第百七十六条、第百七十七条及び第百七十九条から第百八十一条までの規定は、日本国外においてこれらの条の罪を犯した者にも適用する。

第百八十四条　法人の代表者又は法人若しくは人の代理人、使用人その他の従業者が、その法人又は人の業務に関して、次の各号に掲げる違反行為をしたときは、行為者を罰するほか、その法人に対して当該各号に定める罰金刑を、その人に対して各本条の罰金刑を科する。

一　第百七十八条及び第百七十九条　一億円以下の罰金刑

二　第百八十二条　同条の罰金刑

2　法人でない団体について前項の規定の適用がある場合には、その代表者又は管理人が、その訴訟行為につき法人でない団体を代表するほか、法人を被告人又は被疑者とする場合の刑事訴訟に関する法律の規定を準用する。

第百八十五条　次の各号のいずれかに該当する者は、十万円以下の過料に処する。

一　第三十条第三項（第三十一条第三項において準用する場合を含む。）又は第五十六条の規定に違反した者

二　第五十一条第一項の規定による届出をせず、又は虚偽の届出をした者

三　偽りその他不正の手段により、第八十五条第三項に規定する開示決定に基づく保有個人情報の開示を受けた者

附　則（抄）

（施行期日）

第一条　この法律は、公布の日から施行する。ただし、第四章から第六章まで及び附則第二条から第六条までの規定は、公布の日から起算して二年を超えない範囲内において政令で定める日〔平成一七・四・一〕から施行する。

（本人の同意に関する経過措置）

第二条　この法律の施行前になされた本人の個人情報の取扱いに関する同意がある場合において、その同意が第十五条第一項の規定により特定される利用目的以外の目的で個人情報を取り扱うことを認める旨の同意に相当するものであるときは、第十六条第一項又は第二項の同意があったものとみなす。

第三条　この法律の施行前になされた本人の個人情報の取扱いに関する同意がある場合において、その同意が第二十三条第一項の規定による個人データの第三者への提供を認める旨の同意に相当するものであるときは、同項の同意があったものとみなす。

（通知に関する経過措置）

第四条　第二十三条第二項の規定により本人に通知し、又は本人が容易に知り得る状態に置かなければならない事項に相当する事項について、この法律の施行前に、本人に通知されているときは、当該通知は、同項の規定により行われたものとみなす。

第五条　第二十三条第五項第三号の規定により本人に通知し、又は本人が容易に知り得る状態に置かなければならない事項に相当する事項について、この法律の施行前に、本人に通知されているときは、当該通知は、同号の規定により行われたものとみなす。

（名称の使用制限に関する経過措置）

第六条　この法律の施行の際現に認定個人情報保護団体という名称又はこれに紛らわしい名称を用いている者については、第四十五条の規定は、同条の規定の施行後六月間は、適用しない。

（行政機関等匿名加工情報に関する経過措置）

第七条　都道府県及び地方自治法第二百五十二条の十九第一項の指定都市以外の地方公共団体の機関並びに地方独立行政法人についての第百十条及び第百十一条の規定の適用については、当分の間、第百十条中「行政機関の長等は、」とあるのは「行政機関の長等は、次条の規定による募集をしようとする場合であって、」と、第百十一条中「ものとする」とあるのは「ことができる」とする。

附　則〔平成二七・九・九法六五〕（抄）

改正　令和二・六・一二法四四

（施行期日）

第一条　この法律は、公布の日から起算して二年を超えない範囲内において政令で定める日〔平成二九・五・三〇〕から施行する。ただし、次の各号に掲げる規定は、当該各号に定める日から施行する。

一　附則第七条第二項、第十条及び第十二条の規定　公布の日

二　第一条〔中略〕並びに附則〔中略〕第六条、第七条第一項及び第三項、第八条、第九条〔中略〕の規定　平成二十八年一月一日

三　〔略〕

四　次条の規定　公布の日から起算して一年六月を超えない範囲内において政令で定める日〔平成二九・三・一〕

五　第三条〔中略〕の規定　番号利用法附則第一条第五号に掲げる規定の施行の日〔平成二九・五・三〇〕

六　〔略〕

（通知等に関する経過措置）

第二条　第二条の規定による改正後の個人情報の保護に関する法律（以下「新個人情報保護法」という。）第二十三条第二項の規定により個人データを第三者に提供しようとする者は、この法律の施行の日（以下「施行日」という。）前においても、個人情報保護委員会規則で定めるところにより、同項第五号に掲げる事項に相当する事項について本人に通知するとともに、同項各号に掲げる事項に相当する事項について個人情報保護委員会に届け出ることができる。この場合において、当該通知及び届出は、施行日以後は、同項の規定による通知及び届出とみなす。

（外国にある第三者への提供に係る本人の同意に関する経過措置）

第三条　施行日前になされた本人の個人情報の取扱いに関する同意がある場合において、その同意が新個人情報保護法第二十四条の規定による個人データの外国にある第三者への提供を認める旨の同意に相当するものであるときは、同条の同意があったものとみなす。

（主務大臣がした処分等に関する経過措置）
第四条　施行日前に第二条の規定による改正前の個人情報の保護に関する法律（以下「旧個人情報保護法」という。）又はこれに基づく命令の規定により旧個人情報保護法第三十六条又は第四十九条に規定する主務大臣（以下この条において単に「主務大臣」という。）がした勧告、命令その他の処分又は通知その他の行為は、施行日以後は、新個人情報保護法又はこれに基づく命令の相当規定に基づいて、個人情報保護委員会がした勧告、命令その他の処分又は通知その他の行為とみなす。

2　この法律の施行の際現に旧個人情報保護法又はこれに基づく命令の規定により主務大臣に対してされている申請、届出その他の行為は、施行日以後は、新個人情報保護法又はこれに基づく命令の相当規定に基づいて、個人情報保護委員会に対してされた申請、届出その他の行為とみなす。

3　施行日前に旧個人情報保護法又はこれに基づく命令の規定により主務大臣に対して届出その他の手続をしなければならない事項で、施行日前にその手続がされていないものについては、施行日以後は、これを、新個人情報保護法又はこれに基づく命令の相当規定により個人情報保護委員会に対してその手続をしなければならないとされた事項についてその手続がされていないものとみなして、当該相当規定を適用する。

（特定個人情報保護委員会規則に関する経過措置）
第六条　附則第一条第二号に掲げる規定の施行の際現に効力を有する特定個人情報保護委員会規則は、第二号施行日以後は、個人情報保護委員会規則としての効力を有するものとする。

（委員長又は委員の任命等に関する経過措置）
第七条　附則第一条第二号に掲げる規定の施行の際現に従前の特定個人情報保護委員会の委員長又は委員である者は、それぞれ第二号施行日に、第一条の規定による改正後の個人情報の保護に関する法律（以下この条において「第二号新個人情報保護法」という。）第五十四条第三項の規定により、個人情報保護委員会の委員長又は委員として任命されたものとみなす。この場合において、その任命されたものとみなされる者の任期は、第二号新個人情報保護法第五十五条第一項の規定にかかわらず、第二号施行日における従前の特定個人情報保護委員会の委員長又は委員としてのそれぞれの任期の残任期間と同一の期間とする。

2　附則第一条第二号に掲げる規定の施行に伴い新たに任命されることとなる個人情報保護委員会の委員については、第二号新個人情報保護法第五十四条第三項に規定する委員の任命のために必要な行為は、第二号施行日前においても行うことができる。

3　附則第一条第二号に掲げる規定の施行の際現に従前の特定個人情報保護委員会の事務局の職員である者は、別に辞令を発せられない限り、第二号施行日に、同一の勤務条件をもって、個人情報保護委員会の事務局の相当の職員となるものとする。

（守秘義務に関する経過措置）
第八条　特定個人情報保護委員会の委員長、委員又は事務局の職員であった者に係るその職務上知ることのできた秘密を漏らし、又は盗用してはならない義務については、第二号施行日以後も、なお従前の例による。

（罰則の適用に関する経過措置）
第九条　この法律（附則第一条第二号に掲げる規定にあっては、当該規定）の施行前にした行為及び前条の規定によりなお従前の例によることとされる場合における第二号施行日以後にした行為に対する罰則の適用については、なお従前の例による。

（政令への委任）
第十条　この附則に定めるもののほか、この法律の施行に関し必要な経過措置は、政令で定める。

（事業者等が講ずべき措置の適切かつ有効な実施を図るための指針の策定に当たっての配慮）
第十一条　個人情報保護委員会は、新個人情報保護法第八条に規定する事業者等が講ずべき措置の適切かつ有効な実施を図るための指針を策定するに当たっては、この法律の施行により旧個人情報保護法第二条第三項第五号に掲げる者が新たに個人情報取扱事業者となることに鑑み、特に小規模の事業者の事業活動が円滑に行われるよう配慮するものとする。

（検討）
第十二条　政府は、施行日までに、新個人情報保護法の規定の趣旨を踏まえ、行政機関の保有する個人情報の保護に関する法律第二条第一項に規定する行政機関が保有する同条第二項に規定する個人情報及び独立行政法人等の保有する個人情報の保護に関する法律（平成十五年法律第五十九号）第二条第一項に規定する独立行政法人等が保有する同条第二項に規定する個人情報（以下この条において「行政機関等保有個人情報」と総称する。）の取扱いに関する規制の在り方について、匿名加工情報（新個人情報保護法第二条第九項に規定する匿名加工情報をいい、行政機関等匿名加工情報（行政機関等保有個人情報を加工して得られる匿名加工情報をいう。以下この項において同じ。）を含む。）の円滑かつ迅速な利用を促進する観点から、行政機関等匿名加工情報の取扱いに対する指導、助言等を統一的かつ横断的に個人情報保護委員会に行わせることを含めて検討を加え、その結果に基づいて所要の措置を講ずるものとする。

2　政府は、この法律の施行後三年を目途として、個人情報の保護に関する基本方針の策定及び推進その他の個人情報保護委員会の所掌事務について、これを実効的に行うために必要な人的体制の整備、財源の確保その他の措置の状況を勘案し、その改善について検討を加え、必要があると認めるときは、その結果に基づいて所要の措置を講ずるものとする。

3　政府は、前項に定める事項のほか、この法律の施行後三年を目途として、個人情報の保護に関する国際的動向、情報通信技術の進展、それに伴う個人情報を活用した新たな産業の創出及び発展の状況等を勘案し、新個人情報保護法の施行の状況について検討を加え、必要があると認めるときは、その結果に基づいて所要の措置を講ずるものとする。

4　政府は、附則第一条第六号に掲げる規定の施行後三年を目途として、預金保険法（昭和四十六年法律第三十四号）第二条第一項に規定する金融機関が同条第三項に規定する預金者等から、又は農水産業協同組合貯金保険法（昭和四十八年法律第五十三号）第二条第一項に規定する農水産業協同組合が同条第三項に規定する貯金者等から、適切に個人番号の提供を受ける方策及び第七条の規定による改正後の番号利用法の施行の状況について検討を加え、必要があると認めるときは、その結果に基づいて、国民の理解を得つつ、所要の措置を講ずるものとする。

5　政府は、国の行政機関等が保有する個人情報の安全を確保する上でサイバーセキュリティ（サイバーセキュリティ基本法（平成二十六年法律第百四号）第二条に規定するサイバーセキュリティをいう。）に関する対策の的確な策定及び実施が重要であることに鑑み、国の行政機関等における同法第十三条に規定する基準に基づく対策の策定及び実施に係る体制の整備等について検討を加え、その結果に基づいて所要の措置を講ずるものとする。

6　政府は、新個人情報保護法の施行の状況、第一項の措置の実施の状況その他の状況を踏まえ、新個人情報保護法第二条第一項に規定する個人情報及び行政機関等保有個人情報の保護に関する規定を集約し、一体的に規定することを含め、個人情報の保護に関する法制の在り方について検討するものとする。

附　則（令和二・六・一二法四四）（抄）

（施行期日）

第一条　この法律は、公布の日から起算して二年を超えない範囲内において政令で定める日〔令和四・四・一〕から施行する。ただし、次の各号に掲げる規定は、当該各号に定める日から施行する。

一・二　〔略〕

三　次条〔中略〕の規定　公布の日から起算して一年六月を超えない範囲内において政令で定める日〔令和三・一〇・一〕

（通知等に関する経過措置）

第二条　第一条の規定による改正後の個人情報の保護に関する法律（以下「新個人情報保護法」という。）第二十三条第二項の規定により個人データを第三者に提供しようとする者は、この法律の施行の日（以下「施行日」という。）前においても、個人情報保護委員会規則で定めるところにより、同項第一号、第四号及び第八号に掲げる事項に相当する事項について、本人に通知するとともに、個人情報保護委員会に届け出ることができる。この場合において、当該通知及び届出は、施行日以後は、同項の規定による通知及び届出とみなす。

（外国にある第三者への提供に係る情報提供等に関する経過措置）

第四条　新個人情報保護法第二十四条第二項の規定は、個人情報取扱事業者が施行日以後に同条第一項の規定により本人の同意を得る場合について適用する。

2　新個人情報保護法第二十四条第三項の規定は、個人情報取扱事業者が施行日以後に個人データを同項に規定する外国にある第三者に提供した場合について適用する。

（個人関連情報の第三者提供に係る本人の同意等に関する経過措置）

第五条　施行日前になされた本人の個人関連情報の取扱いに関する同意がある場合において、その同意が新個人情報保護法第二十六条の二第一項の規定による個人関連情報の第三者への提供を認める旨の同意に相当するものであるときは、同項第一号の同意があったものとみなす。

2　新個人情報保護法第二十六条の二第二項において読み替えて準用する新個人情報保護法第二十四条第三項の規定は、個人関連情報取扱事業者が施行日以後に個人関連情報を同項に規定する外国にある第三者に提供した場合について適用する。

附　則（令和三・五・一九法三七）（抄）

（施行期日）

第一条　この法律は、令和三年九月一日から施行する。ただし、次の各号に掲げる規定は、当該各号に定める日から施行する。

一　〔前略〕附則第八条第一項〔中略〕の規定　公布の日

二　〔略〕

三　附則第七条第三項の規定　公布の日から起算して九月を超えない範囲内において政令で定める日〔令和四・一・一〕

四　〔前略〕第五十条〔中略〕、附則〔中略〕第七条（第三項を除く。）〔中略〕の規定　公布の日から起算して一年を超えない範囲内において、各規定につき、政令で定める日〔令和四・四・一〕

五　〔略〕

六　附則第八条第二項及び第九条第三項の規定　公布の日から起算して一年六月を超えない範囲内において政令で定める日〔令和四・一〇・一〕

七　〔前略〕第五十一条並びに附則第九条（第三項を除く。）、第十条〔中略〕の規定　公布の日から起算して二年を超えない範囲内において、各規定につき、政令で定める日〔令和五・四・一〕

八～十　〔略〕

（第五十条の規定の施行に伴う経過措置）

第七条　第五十条の規定の施行の日（以下この条において「第五十条施行日」という。）前に別表第二法人等（第五十条改正後個人情報保護法別表第二に掲げる法人、第五十条改正後個人情報保護法第五十八条第二項の規定により第五十条改正後個人情報保護法第十六条第二項に規定する個人情報取扱事業者、同条第五項に規定する仮名加工情報取扱事業者若しくは同条第七項に規定する個人関連情報取扱事業者とみなされる独立行政法人労働者健康安全機構又は同条第八項に規定する学術研究機関等である同条第二項に規定する個人情報取扱事業者をいう。以下この条において同じ。）に対しされた本人の個人情報の取扱いに関する同意がある場合において、その同意が第五十条改正後個人情報保護法第十七条第一項の規定により特定される利用目的以外の目的で個人情報を取り扱うことを認める旨の同意に相当するものであるときは、第五十条施行日において第五十条改正後個人情報保護法第十八条第一項又は第二項の同意があったものとみなす。

2　第五十条施行日前に別表第二法人等に対しされた本人の個人情報の取扱いに関する同意がある場合において、その同意が第五十条改正後個人情報保護法第二十七条第一項の規定による個人データの第三者への提供を認める旨の同意に相当するものであるときは、第五十条施行日において同項の同意があったものとみなす。

3　第五十条改正後個人情報保護法第二十七条第二項の規定により個人データを第三者に提供しようとする別表第二法人等は、第五十条施行日前においても、個人情報保護委員会規則で定めるところにより、同項各号に掲げる事項に相当する事項について、本人に通知するとともに、個人情報保護委員会に届け出ることができる。この場合において、当該通知及び届出は、第五十条施行日以後は、同項の規定による通知及び届出とみなす。

4　第五十条改正後個人情報保護法第二十七条第五項第三号の規定により本人に通知し、又は本人が容易に知り得る状態に置かなければならない事項に相当する事項について、第五十条施行日前に、別表第二法人等により本人に通知されているときは、当該通知は、第五十条施行日以後は、同号の規定による通知とみなす。

5　第五十条施行日前に別表第二法人等に対しされた本人の個人情報の取扱いに関する同意がある場合において、その同意が第五十条改正後個人情報保護法第二十八条第一項の規定による個人データの外国にある第三者への提供を認める旨の同意に相当するものであるときは、第五十条施行日において同項の同意があったものとみなす。

6　第五十条改正後個人情報保護法第二十八条第二項の規定は、別表第二法人等が第五十条施行日以後に第五十条改正後個人情報保護法第二十八条第一項の規定により本人の同意を得る場合について適用する。

7　第五十条改正後個人情報保護法第二十八条第三項の規定は、別表第二法人等が第五十条施行日以後に個人データを同項に規定する外国にある第三者に提供した場合について適用する。

8　第五十条施行日前に別表第二法人等に対しされた本人の個人関連情報の取扱いに関する同意がある場合において、その同意が第五十条改正後個人情報保護法第三十一条第一項第一号の規定による個人関連情報の第三者への提供を認める旨の同意に相当するものであるときは、第五十条施行日において同号の同意があったものとみなす。

9　第五十条改正後個人情報保護法第三十一条第二項において読み替えて準用する第五十条改正後個人情報保護法第二十八条第三項の規定は、別表第二法人等が第五十条施行日以後に個人関連情報を同項に規定する外国にある第三者に提供した場合について適用する。

10　第五十条施行日前に第五十条改正後個人情報保護法第二条第十一項に規定する行政機関等（第五十条改正後個人情報保護法第五十八条第二項の規定により第五十条改正後個人情報保護法第十六条第二項に規定する個人情報取扱事業者とみなされる独立行政法人労働者健康安全機構を除く。以下この条において「行政機関等」という。）に対しされた本人の個人情報の取扱いに関する同意がある場合において、その同意が第五十条改正後個人情報保護法第六十一条第一項の規定により特定される利用目的以外の目的のために保有個人情報を自ら利用し、又は提供することを認める旨の同意に相当するものであるときは、第五十条施行日において第五十条改正後個人情報保護法第六十九条第二項第一号の同意があったものとみなす。

11　第五十条施行日前に行政機関等に対しされた本人の個人情報の取扱いに関する同意がある場合において、その同意が第五十条改正後個人情報保護法第七十一条第一項の規定による保有個人情報の外国にある第三者への提供を認める旨の同意に相当するものであるときは、第五十条施行日において同項の同意があったものとみなす。

12　第五十条改正後個人情報保護法第七十一条第二項の規定は、行政機関等が第五十条施行日以後に第五十条改正後個人情報保護法第七十一条第一項の規定により本人の同意を得る場合について適用する。

13　第五十条改正後個人情報保護法第七十一条第三項の規定は、行政機関等が第五十条施行日以後に保有個人情報を同項に規定する外国にある第三者に提供した場合について適用する。

14　第五十条施行日において現に第五十条改正後個人情報保護法第二条第八項に規定する行政機関が保有している第五十条改正後個人情報保護法第六十条第二項に規定する個人情報ファイルについての第五十条改正後個人情報保護法第七十四条第一項の規定の適用については、同項中「保有しようとする」とあるのは「保有している」と、「あらかじめ」とあるのは「デジタル社会の形成を図るための関係法律の整備に関する法律（令和三年法律第三十七号）第五十条の規定の施行後遅滞なく」とする。

（第五十一条の規定の施行に伴う準備行為）

第八条　国は、第五十一条の規定による改正後の個人情報の保護に関する法律（以下この条、次条及び附則第十条第一項において「第五十一条改正後個人情報保護法」という。）の規定による地方公共団体の機関及び地方独立行政法人の保有する個人情報の適正な取扱いを確保するため、地方公共団体に対して必要な資料の提出を求めることその他の方法により地方公共団体の機関及び地方独立行政法人における第五十一条改正後個人情報保護法の施行のために必要な準備行為の実施状況を把握した上で、必要があると認めるときは、当該準備行為について技術的な助言又は勧告をするものとする。

2　第五十一条改正後個人情報保護法第百六十七条第一項の規定による届出は、第五十一条の規定の施行の日（次条において「第五十一条施行日」という。）前においても行うことができる。

（第五十一条の規定の施行に伴う経過措置）

第九条　第五十一条施行日前に特定地方独立行政法人等（第五十一条改正後個人情報保護法第五十八条第一項第二号に掲げる者又は同条第二項の規定により第五十一条改正後個人情報保護法第十六条第二項に規定する個人情報取扱事業者、同条第五項に規定する仮名加工情報取扱事業者若しくは同条第七項に規定する個人関連情報取扱事業者とみなされる第五十一条改正後個人情報保護法第五十八条第二項第一号に掲げる者をいう。以下この条において同じ。）に対しされた本人の個人情報の取扱いに関する同意がある場合において、その同意が第五十一条改正後個人情報保護法第十七条第一項の規定により特定される利用目的以外の目的で個人情報を取り扱うことを認める旨の同意に相当するものであるときは、第五十一条施行日において第五十一条改正後個人情報保護法第十八条第一項又は第二項の同意があったものとみなす。

2　第五十一条施行日前に特定地方独立行政法人等に対しされた本人の個人情報の取扱いに関する同意がある場合において、その同意が第五十一条改正後個人情報保護法第二十七条第一項の規定による個人データの第三者への提供を認める旨の同意に相当するものであるときは、第五十一条施行日において同項の同意があったものとみなす。

3　第五十一条改正後個人情報保護法第二十七条第二項の規定により個人データを第三者に提供しようとする特定地方独立行政法人等は、第五十一条施行日前においても、個人情報保護委員会規則で定めるところにより、同項各号に掲げる事項に相当する事項について、本人に通知するとともに、個人情報保護委員会に届け出ることができる。この場合において、当該通知及び届出は、第五十一条施行日以後は、同項の規定による通知及び届出とみなす。

4　第五十一条改正後個人情報保護法第二十七条第五項第三号の規定により本人に通知し、又は本人が容易に知り得る状態に置かなければならない事項に相当する事項について、第五十一条施行日前に、特定地方独立行政法人等により本人に通知されているときは、当該通知は、第五十一条施行日以後は、同号の規定による通知とみなす。

5　第五十一条施行日前に特定地方独立行政法人等に対しされた本人の個人情報の取扱いに関する同意がある場合において、その同意が第五十一条改正後個人情報保護法第二十八条第一項の規定による個人データの外国にある第三者への提供を認める旨の同意に相当するものであるときは、第五十一条施行日において同項の同意があったものとみなす。

6　第五十一条改正後個人情報保護法第二十八条第二項の規定は、特定地方独立行政法人等が第五十一条施行日以後に第五十一条改正後個人情報保護法第二十八条第一項の規定により本人の同意を得る場合について適用する。

7　第五十一条改正後個人情報保護法第二十八条第三項の規定は、特定地方独立行政法人等が第五十一条施行日以後に個人データを同項に規定する外国にある第三者に提供した場合について適用する。

8　第五十一条施行日前に特定地方独立行政法人等に対しされた本人の個人関連情報の取扱いに関する同意がある場合において、その同意が第五十一条改正後個人情報保護法第三十一条第一項第一号の規定による個人関連情報の第三者への提供を認める旨の同意に相当するものであるときは、第五十一条施行日において同号の同意があったものとみなす。

9　第五十一条改正後個人情報保護法第三十一条第二項において読み替えて準用する第五十一条改正後個人情報保護法第二十八条第三項の規定は、特定地方独立行政法人等が第五十一条施行日以後に個人関連情報を同項に規定する外国にある第三者に提供した場合について適用する。

10　第五十一条施行日前に第五十一条改正後個人情報保護法第二条第十一項第二号又は第四号に掲げる者（第五十一条改正後個人情報保護法第五十八条第二項の規定により第五十一条改正後個人情報保護法第十六条第二項に規定する個人情報取扱事業者とみなされる第五十一条改正後個人情報保護法第五十八条第二項第一号に掲げる者を除く。以下この条において同じ。）に対しされた本人の個人情報の取扱いに関する同意がある場合において、その同意が第五十一条改正後個人情報保護法第六十一条第一項の規定により特定される利用目的以外の目的のために保有個人情報を自ら利用し、又は提供することを認める旨の同意に相当するものであるときは、第五十一条施行日において第五十一条改正後個人情報保護法第六十九条第二項第一号の同意があったものとみなす。

11　第五十一条施行日前に第五十一条改正後個人情報保護法第二条第十一項第二号又は第四号に掲げる者に対しされた本人の個人情報の取扱いに関する同意がある場合において、その同意が第五十一条改正後個人情報保護法第七十一条第一項の規定による保有個人情報の外国にある第三者への提供を認める旨の同意に相当するものであるときは、第五十一条施行日において同項の同意があったものとみなす。

12　第五十一条改正後個人情報保護法第七十一条第二項の規定は、第五十一条改正後個人情報保護法第二条第十一項第二号又は第四号に掲げる者が第五十一条施行日以後に第五十一条改正後個人情報保護法第七十一条第一項の規定により本人の同意を得る場合について適用する。

13　第五十一条改正後個人情報保護法第七十一条第三項の規定は、第五十一条改正後個人情報保護法第二条第十一項第二号又は第四号に掲げる者が第五十一条施行日以後に保有個人情報を第五十一条改正後個人情報保護法第七十一条第三項に規定する外国にある第三者に提供した場合について適用する。

（第五十一条と条例との関係）

第十条　地方公共団体の条例の規定で、第五十一条改正後個人情報保護法で規制する行為を処罰する旨を定めているものの当該行為に係る部分については、第五十一条の規定の施行と同時に、その効力を失うものとする。

2　前項の規定により条例の規定がその効力を失う場合において、当該地方公共団体が条例で別段の定めをしないときは、その失効前にした違反行為の処罰については、その失効後も、なお従前の例による。

別表第一（第二条関係）

名称	根拠法
沖縄科学技術大学院大学学園	沖縄科学技術大学院大学学園法（平成二十一年法律第七十六号）
沖縄振興開発金融公庫	沖縄振興開発金融公庫法（昭和四十七年法律第三十一号）
外国人技能実習機構	外国人の技能実習の適正な実施及び技能実習生の保護に関する法律（平成二十八年法律第八十九号）
株式会社国際協力銀行	株式会社国際協力銀行法（平成二十三年法律第三十九号）
株式会社日本政策金融公庫	株式会社日本政策金融公庫法（平成十九年法律第五十七号）
株式会社日本貿易保険	貿易保険法（昭和二十五年法律第六十七号）
金融経済教育推進機構	金融サービスの提供及び利用環境の整備等に関する法律（平成十二年法律第百一号）
原子力損害賠償・廃炉等支援機構	原子力損害賠償・廃炉等支援機構法（平成二十三年法律第九十四号）
国立大学法人	国立大学法人法（平成十五年法律第百十二号）
大学共同利用機関法人	国立大学法人法
脱炭素成長型経済構造移行推進機構	脱炭素成長型経済構造への円滑な移行の推進に関する法律（令和五年法律第三十二号）
日本銀行	日本銀行法（平成九年法律第八十九号）
日本司法支援センター	総合法律支援法（平成十六年法律第七十四号）
日本私立学校振興・共済事業団	日本私立学校振興・共済事業団法（平成九年法律第四十八号）
日本中央競馬会	日本中央競馬会法（昭和二十九年法律第二百五号）
日本年金機構	日本年金機構法（平成十九年法律第百九号）
農水産業協同組合貯金保険機構	農水産業協同組合貯金保険法（昭和四十八年法律第五十三号）
福島国際研究教育機構	福島復興再生特別措置法（平成二十四年法律第二十五号）
放送大学学園	放送大学学園法（平成十四年法律第百五十六号）
預金保険機構	預金保険法（昭和四十六年法律第三十四号）

別表第二（第二条、第五十八条関係）

名称	根拠法
沖縄科学技術大学院大学学園	沖縄科学技術大学院大学学園法
国立研究開発法人	独立行政法人通則法
国立大学法人	国立大学法人法
大学共同利用機関法人	国立大学法人法
独立行政法人国立病院機構	独立行政法人国立病院機構法（平成十四年法律第百九十一号）
独立行政法人地域医療機能推進機構	独立行政法人地域医療機能推進機構法（平成十七年法律第七十一号）
福島国際研究教育機構	福島復興再生特別措置法
放送大学学園	放送大学学園法

○民事訴訟法等の一部を改正する法律（抄）

令和四・五・二五
法　四　八

（個人情報の保護に関する法律の一部改正）

附則・第九十五条　個人情報の保護に関する法律（平成十五年法律第五十七号）の一部を次のように改正する。

第百五十条第一項中「第九十九条、第百一条」を「第百条第一項、第百一条、第百二条の二」に、「、第百八条及び第百九条」を「及び第百八条」に改める。

第百六十二条中「第九十九条、第百一条」を「第百条第一項、第百一条、第百二条の二」に、「、第百八条及び第百九条」を「及び第百八条」に改め、同条後段を次のように改める。

この場合において、同項中「裁判所」とあり、及び同条中「裁判長」とあるのは「個人情報保護委員会」と、同法第百一条第一項中「執行官」とあるのは「個人情報保護委員会の職員」と読み替えるものとする。

第百六十四条中「第百九条」を「第百条第一項」に改める。

附　則（抄）

（施行期日）

第一条　この法律は、公布の日から起算して四年を超えない範囲内において政令で定める日から施行する。〔ただし書略〕

○刑法等の一部を改正する法律の施行に伴う関係法律の整理等に関する法律（抄）

令和四・六・一七
法　六　八

（個人情報の保護に関する法律の一部改正）

第百九条　個人情報の保護に関する法律（平成十五年法律第五十七号）の一部を次のように改正する。

第四十八条第三号イ、第百十三条第四号及び第百三十六条第三号中「禁錮」を「拘禁刑」に改める。

第百七十六条から第百八十一条までの規定中「懲役」を「拘禁刑」に改める。

附　則（抄）

（施行期日）

1　この法律は、刑法等一部改正法施行日〔令和七・六・一〕から施行する。〔ただし書略〕

○国立健康危機管理研究機構法の施行に伴う関係法律の整備に関する法律（抄）

令和五・六・七
法　四　七

（個人情報の保護に関する法律の一部改正）

第十一条　個人情報の保護に関する法律（平成十五年法律第五十七号）の一部を次のように改正する。

別表第一原子力損害賠償・廃炉等支援機構の項の次に次のように加える。

国立健康危機管理研究機構	国立健康危機管理研究機構法（令和五年法律第四十六号）

別表第二国立研究開発法人の項の次に次のように加える。

国立健康危機管理研究機構	国立健康危機管理研究機構法

附　則（抄）

（施行期日）

第一条　この法律は、国立健康危機管理研究機構法（令和五年法律第四十六号）の施行の日〔令和五年六月七日から起算して三年を超えない範囲内において政令で定める日〕（以下「施行日」という。）から施行する。〔ただし書略〕

○情報公開・個人情報保護審査会設置法

平成一五・五・三〇
法　　　六　〇

最終改正　令和四・六・一七法六八

第一章　総則

（趣旨）
第一条　この法律は、情報公開・個人情報保護審査会の設置及び組織並びに調査審議の手続等について定めるものとする。

第二章　設置及び組織

（設置）
第二条　次に掲げる法律の規定による諮問に応じ審査請求について調査審議するため、総務省に、情報公開・個人情報保護審査会（以下「審査会」という。）を置く。
一　行政機関の保有する情報の公開に関する法律（平成十一年法律第四十二号）第十九条第一項
二　独立行政法人等の保有する情報の公開に関する法律（平成十三年法律第百四十号）第十九条第一項
三　個人情報の保護に関する法律（平成十五年法律第五十七号）第百五条第一項

（組織）
第三条　審査会は、委員十五人をもって組織する。
2　委員は、非常勤とする。ただし、そのうち五人以内は、常勤とすることができる。

（委員）
第四条　委員は、優れた識見を有する者のうちから、両議院の同意を得て、内閣総理大臣が任命する。
2　委員の任期が満了し、又は欠員を生じた場合において、国会の閉会又は衆議院の解散のために両議院の同意を得ることができないときは、内閣総理大臣は、前項の規定にかかわらず、同項に定める資格を有する者のうちから、委員を任命することができる。
3　前項の場合においては、任命後最初の国会で両議院の事後の承認を得なければならない。この場合において、両議院の事後の承認が得られないときは、内閣総理大臣は、直ちにその委員を罷免しなければならない。
4　委員の任期は、三年とする。ただし、補欠の委員の任期は、前任者の残任期間とする。
5　委員は、再任されることができる。
6　委員の任期が満了したときは、当該委員は、後任者が任命されるまで引き続きその職務を行うものとする。
7　内閣総理大臣は、委員が心身の故障のため職務の執行ができないと認めるとき、又は委員に職務上の義務違反その他委員たるに適しない非行があると認めるときは、両議院の同意を得て、その委員を罷免することができる。
8　委員は、職務上知ることができた秘密を漏らしてはならない。その職を退いた後も同様とする。
9　委員は、在任中、政党その他の政治的団体の役員となり、又は積極的に政治運動をしてはならない。
10　常勤の委員は、在任中、内閣総理大臣の許可がある場合を除き、報酬を得て他の職務に従事し、又は営利事業を営み、その他金銭上の利益を目的とする業務を行ってはならない。
11　委員の給与は、別に法律で定める。

（会長）
第五条　審査会に、会長を置き、委員の互選によりこれを定める。
2　会長は、会務を総理し、審査会を代表する。
3　会長に事故があるときは、あらかじめその指名する委員が、その職務を代理する。

（合議体）
第六条　審査会は、その指名する委員三人をもって構成する合議体で、審査請求に係る事件について調査審議する。
2　前項の規定にかかわらず、審査会が定める場合においては、委員の全員をもって構成する合議体で、審査請求に係る事件について調査審議する。

（事務局）
第七条　審査会の事務を処理させるため、審査会に事務局を置く。
2　事務局に、事務局長のほか、所要の職員を置く。
3　事務局長は、会長の命を受けて、局務を掌理する。

第三章　審査会の調査審議の手続

（定義）
第八条　この章において「諮問庁」とは、次に掲げる者をいう。
一　行政機関の保有する情報の公開に関する法律第十九条第一項の規定により審査会に諮問をした行政機関の長
二　独立行政法人等の保有する情報の公開に関する法律第十九条第一項の規定により審査会に諮問をした独立行政法人等
三　個人情報の保護に関する法律第百五条第一項の規定により審査会に諮問をした同法第百四条第一項に規定する行政機関の長等
2　この章において「行政文書等」とは、次に掲げるものをいう。
一　行政機関の保有する情報の公開に関する法律第十条第一項に規定する開示決定等に係る行政文書（同法第二条第二項に規定する行政文書をいう。以下この項において同じ。）（独立行政法人等の保有する情報の公開に関する法律第十三条第二項の規定により行政文書とみなされる法人文書（同法第二条第二項に規定する法人文書をいう。次号において同じ。）を含む。）
二　独立行政法人等の保有する情報の公開に関する法律第十条第一項に規定する開示決定等に係る法人文書（行政機関の保有する情報の公開に関する法律第十二条の二第二項の規定により法人文書とみなされる行政文書を含む。）

3　この章において「保有個人情報」とは、個人情報の保護に関する法律第七十八条第一項第四号、第九十四条第一項又は第百二条第一項に規定する開示決定等、訂正決定等又は利用停止決定等に係る同法第六十条第一項に規定する保有個人情報をいう。

（審査会の調査権限）

第九条　審査会は、必要があると認めるときは、諮問庁に対し、行政文書等又は保有個人情報の提示を求めることができる。この場合においては、何人も、審査会に対し、その提示された行政文書等又は保有個人情報の開示を求めることができない。

2　諮問庁は、審査会から前項の規定による求めがあったときは、これを拒んではならない。

3　審査会は、必要があると認めるときは、諮問庁に対し、行政文書等に記録されている情報又は保有個人情報に含まれている情報の内容を審査会の指定する方法により分類又は整理した資料を作成し、審査会に提出するよう求めることができる。

4　第一項及び前項に定めるもののほか、審査会は、審査請求に係る事件に関し、審査請求人、参加人（行政不服審査法（平成二十六年法律第六十八号）第十三条第四項に規定する参加人をいう。次条第二項及び第十六条において同じ。）又は諮問庁（以下「審査請求人等」という。）に意見書又は資料の提出を求めること、適当と認める者にその知っている事実を陳述させ又は鑑定を求めることその他必要な調査をすることができる。

（意見の陳述）

第十条　審査会は、審査請求人等から申立てがあったときは、当該審査請求人等に口頭で意見を述べる機会を与えなければならない。ただし、審査会が、その必要がないと認めるときは、この限りでない。

2　前項本文の場合においては、審査請求人又は参加人は、審査会の許可を得て、補佐人とともに出頭することができる。

（意見書等の提出）

第十一条　審査請求人等は、審査会に対し、意見書又は資料を提出することができる。ただし、審査会が意見書又は資料を提出すべき相当の期間を定めたときは、その期間内にこれを提出しなければならない。

（委員による調査手続）

第十二条　審査会は、必要があると認めるときは、その指名する委員に、第九条第一項の規定により提示された行政文書等若しくは保有個人情報を閲覧させ、同条第四項の規定による調査をさせ、又は第十条第一項本文の規定による審査請求人等の意見の陳述を聴かせることができる。

（提出資料の写しの送付等）

第十三条　審査会は、第九条第三項若しくは第四項又は第十一条の規定による意見書又は資料の提出があったときは、当該意見書又は資料の写し（電磁的記録（電子的方式、磁気的方式その他人の知覚によっては認識することができない方式で作られる記録であって、電子計算機による情報処理の用に供されるものをいう。以下この項及び次項において同じ。）にあっては、当該電磁的記録に記録された事項を記載した書面）を当該意見書又は資料を提出した審査請求人等以外の審査請求人等に送付するものとする。ただし、第三者の利益を害するおそれがあると認められるとき、その他正当な理由があるときは、この限りでない。

2　審査請求人等は、審査会に対し、審査会に提出された意見書又は資料の閲覧（電磁的記録にあっては、記録された事項を審査会が定める方法により表示したものの閲覧）を求めることができる。この場合において、審査会は、第三者の利益を害するおそれがあると認めるとき、その他正当な理由があるときでなければ、その閲覧を拒むことができない。

3　審査会は、第一項の規定による送付をし、又は前項の規定による閲覧をさせようとするときは、当該送付又は閲覧に係る意見書又は資料を提出した審査請求人等の意見を聴かなければならない。ただし、審査会が、その必要がないと認めるときは、この限りでない。

4　審査会は、前二項の規定による閲覧について、日時及び場所を指定することができる。

（調査審議手続の非公開）

第十四条　審査会の行う調査審議の手続は、公開しない。

（審査請求の制限）

第十五条　この法律の規定による審査会又は委員の処分又はその不作為については、審査請求をすることができない。

（答申書の送付等）

第十六条　審査会は、諮問に対する答申をしたときは、答申書の写しを審査請求人及び参加人に送付するとともに、答申の内容を公表するものとする。

第四章　雑則

（政令への委任）

第十七条　この法律に定めるもののほか、審査会に関し必要な事項は、政令で定める。

（罰則）

第十八条　第四条第八項の規定に違反して秘密を漏らした者は、一年以下の懲役又は五十万円以下の罰金に処する。

附　則

この法律は、行政機関の保有する個人情報の保護に関する法律の施行の日（平成一七・四・一）から施行する。ただし、第四条第一項中両議院の同意を得ることに関する部分は、公布の日から施行する。

○刑法等の一部を改正する法律の施行に伴う関係法律の整理等に関する法律（抄）

令和四・六・一七
法　　六　　八

（当せん金付証票法等の一部改正）
第百五十条　次に掲げる法律の規定中「懲役」を「拘禁刑」に改める。
一～十二〔略〕
十三　情報公開・個人情報保護審査会設置法（平成十五年法律第六十号）第十八条
十四～二十二〔略〕

附　則（抄）

（施行期日）
1　この法律は、刑法等一部改正法施行日〔令和七・六・一〕から施行する。〔ただし書略〕

福祉・文化編

目　次

福祉

○生活保護法（抄）

昭二五・五・四
法　一　四　四

最終改正　令和五・五・一九法三一

第一章　総則

（この法律の目的）

第一条　この法律は、日本国憲法第二十五条に規定する理念に基き、国が生活に困窮するすべての国民に対し、その困窮の程度に応じ、必要な保護を行い、その最低限度の生活を保障するとともに、その自立を助長することを目的とする。

（無差別平等）

第二条　すべて国民は、この法律の定める要件を満たす限り、この法律による保護（以下「保護」という。）を、無差別平等に受けることができる。

（最低生活）

第三条　この法律により保障される最低限度の生活は、健康で文化的な生活水準を維持することができるものでなければならない。

（保護の補足性）

第四条　保護は、生活に困窮する者が、その利用し得る資産、能力その他あらゆるものを、その最低限度の生活の維持のために活用することを要件として行われる。

2　民法（明治二十九年法律第八十九号）に定める扶養義務者の扶養及び他の法律に定める扶助は、すべてこの法律による保護に優先して行われるものとする。

3　前二項の規定は、急迫した事由がある場合に、必要な保護を行うことを妨げるものではない。

（この法律の解釈及び運用）

第五条　前四条に規定するところは、この法律の基本原理であつて、この法律の解釈及び運用は、すべてこの原理に基いてされなければならない。

（用語の定義）

第六条　この法律において「被保護者」とは、現に保護を受けている者をいう。

2　この法律において「要保護者」とは、現に保護を受けているといないとにかかわらず、保護を必要とする状態にある者をいう。

3　この法律において「保護金品」とは、保護として給与し、又は貸与される金銭及び物品をいう。

4　この法律において「金銭給付」とは、金銭の給与又は貸与によつて、保護を行うことをいう。

5　この法律において「現物給付」とは、物品の給与又は貸与、医療の給付、役務の提供その他金銭給付以外の方法で保護を行うことをいう。

第三章　保護の種類及び範囲

（種類）

第十一条　保護の種類は、次のとおりとする。

一　生活扶助
二　教育扶助
三　住宅扶助
四　医療扶助
五　介護扶助
六　出産扶助
七　生業扶助
八　葬祭扶助

2　前項各号の扶助は、要保護者の必要に応じ、単給又は併給として行われる。

（生活扶助）

第十二条　生活扶助は、困窮のため最低限度の生活を維持することのできない者に対して、左に掲げる事項の範囲内において行われる。

一　衣食その他日常生活の需要を満たすために必要なもの
二　移送

（教育扶助）

第十三条　教育扶助は、困窮のため最低限度の生活を維持することのできない者に対して、左に掲げる事項の範囲内において行われる。

一　義務教育に伴つて必要な教科書その他の学用品
二　義務教育に伴つて必要な通学用品
三　学校給食その他義務教育に伴つて必要なもの

（住宅扶助）

第十四条　住宅扶助は、困窮のため最低限度の生活を維持することのできない者に対して、左に掲げる事項の範囲内において行われる。

一　住居
二　補修その他住宅の維持のために必要なもの

（医療扶助）

第十五条　医療扶助は、困窮のため最低限度の生活を維持することのできない者に対して、左に掲げる事項の範囲内において行われる。

一　診察
二　薬剤又は治療材料
三　医学的処置、手術及びその他の治療並びに施術
四　居宅における療養上の管理及びその療養に伴う世話その他の看護
五　病院又は診療所への入院及びその療養に伴う世話その他の看護
六　移送

（介護扶助）

第十五条の二　介護扶助は、困窮のため最低限度の生活を維持することのできない要介護者（介護保険法（平成九年法律第百二十三号）第七条第三項に規定する要介護者をいう。第三項において同じ。）に対して、第一号から第四号まで及び第九号に掲げる事項の範囲内において行われ、困窮のため最低限度の生活を維持することのできない要支援者（同条第四項に規定する要支援者をいう。以下この項及び第六項において同じ。）に対して、第五号から第九号までに掲げる事項の範

囲内において行われ、困窮のため最低限度の生活を維持することのできない居宅要支援被保険者等（同法第百十五条の四十五第一項第一号に規定する居宅要支援被保険者等をいう。）に相当する者（要支援者を除く。）に対して、第八号及び第九号に掲げる事項の範囲内において行われる。

一　居宅介護（居宅介護支援計画に基づき行うものに限る。）
二　福祉用具
三　住宅改修
四　施設介護
五　介護予防（介護予防支援計画に基づき行うものに限る。）
六　介護予防福祉用具
七　介護予防住宅改修
八　介護予防・日常生活支援（介護予防支援計画又は介護保険法第百十五条の四十五第一項第一号ニに規定する第一号介護予防支援事業による援助に相当する援助に基づき行うものに限る。）
九　移送

2　前項第一号に規定する居宅介護とは、介護保険法第八条第二項に規定する訪問介護、同条第三項に規定する訪問入浴介護、同条第四項に規定する訪問看護、同条第五項に規定する訪問リハビリテーション、同条第六項に規定する居宅療養管理指導、同条第七項に規定する通所介護、同条第八項に規定する通所リハビリテーション、同条第九項に規定する短期入所生活介護、同条第十項に規定する短期入所療養介護、同条第十一項に規定する特定施設入居者生活介護、同条第十二項に規定する福祉用具貸与、同条第十五項に規定する定期巡回・随時対応型訪問介護看護、同条第十六項に規定する夜間対応型訪問介護、同条第十七項に規定する地域密着型通所介護、同条第十八項に規定する認知症対応型通所介護、同条第十九項に規定する小規模多機能型居宅介護、同条第二十項に規定する認知症対応型共同生活介護、同条第二十一項に規定する地域密着型特定施設入居者生活介護及び同条第二十三項に規定する複合型サービス並びにこれらに相当するサービスをいう。

3　第一項第一号に規定する居宅介護支援計画とは、居宅において生活を営む要介護者が居宅介護その他居宅において日常生活を営むために必要な保健医療サービス及び福祉サービス（以下この項において「居宅介護等」という。）の適切な利用等をすることができるようにするための当該要介護者が利用する居宅介護等の種類、内容等を定める計画をいう。

4　第一項第四号に規定する施設介護とは、介護保険法第八条第二十二項に規定する地域密着型介護老人福祉施設入所者生活介護、同条第二十七項に規定する介護福祉施設サービス、同条第二十八項に規定する介護保健施設サービス及び同条第二十九項に規定する介護医療院サービスをいう。

5　第一項第五号に規定する介護予防とは、介護保険法第八条の二第二項に規定する介護予防訪問入浴介護、同条第三項に規定する介護予防訪問看護、同条第四項に規定する介護予防訪問リハビリテーション、同条第五項に規定する介護予防居宅療養管理指導、同条第六項に規定する介護予防通所リハビリテーション、同条第七項に規定する介護予防短期入所生活介護、同条第八項に規定する介護予防短期入所療養介護、同条第九項に規定する介護予防特定施設入居者生活介護、同条第十項に規定する介護予防福祉用具貸与、同条第十三項に規定する介護予防認知症対応型通所介護、同条第十四項に規定する介護予防小規模多機能型居宅介護及び同条第十五項に規定する介護予防認知症対応型共同生活介護並びにこれらに相当するサービスをいう。

6　第一項第五号及び第八号に規定する介護予防支援計画とは、居宅において生活を営む要支援者が介護予防その他身体上又は精神上の障害があるために入浴、排せつ、食事等の日常生活における基本的な動作の全部若しくは一部について常時介護を要し、又は日常生活を営むのに支障がある状態の軽減又は悪化の防止に資する保健医療サービス及び福祉サービス（以下この項において「介護予防等」という。）の適切な利用等をすることができるようにするための当該要支援者が利用する介護予防等の種類、内容等を定める計画であつて、介護保険法第百十五条の四十六第一項に規定する地域包括支援センターの職員及び同法第四十六条第一項に規定する指定居宅介護支援を行う事業所の従業者のうち同法第八条の二第十六項の厚生労働省令で定める者が作成したものをいう。

7　第一項第八号に規定する介護予防・日常生活支援とは、介護保険法第百十五条の四十五第一項第一号イに規定する第一号訪問事業、同号ロに規定する第一号通所事業及び同号ハに規定する第一号生活支援事業による支援に相当する支援をいう。

（出産扶助）

第十六条　出産扶助は、困窮のため最低限度の生活を維持することのできない者に対して、左に掲げる事項の範囲内において行われる。

一　分べんの介助
二　分べん前及び分べん後の処置
三　脱脂綿、ガーゼその他の衛生材料

（生業扶助）

第十七条　生業扶助は、困窮のため最低限度の生活を維持することのできない者又はそのおそれのある者に対して、左に掲げる事項の範囲内において行われる。但し、これによつて、その者の収入を増加させ、又はその自立を助長することのできる見込のある場合に限る。

一　生業に必要な資金、器具又は資料
二　生業に必要な技能の修得
三　就労のために必要なもの

（葬祭扶助）

第十八条　葬祭扶助は、困窮のため最低限度の生活を維持することのできない者に対して、左に掲げる事項の範囲内において行われる。

一　検案
二　死体の運搬
三　火葬又は埋葬
四　納骨その他葬祭のために必要なもの

2　左に掲げる場合において、その葬祭を行う者があるときは、その者に対して、前項各号の葬祭扶助を行うことができる。

一　被保護者が死亡した場合において、その者の葬祭を行う扶養義務者がないとき。

二　死者に対しその葬祭を行う扶養義務者がない場合において、その遺留した金品で、葬祭を行うに必要な費用を満たすことのできないとき。

第五章　保護の方法

（生活扶助の方法）

第三十条　生活扶助は、被保護者の居宅において行うものとする。ただし、これによることができないとき、これによつては保護の目的を達しがたいとき、又は被保護者が希望したときは、被保護者を救護施設、更生施設、日常生活支援住居施設（社会福祉法第二条第三項第八号に規定する事業の用に供する施設その他の施設であつて、被保護者に対する日常生活上の支援の実施に必要なものとして厚生労働省令で定める要件に該当すると都道府県知事が認めたものをいう。第六十二条第一項及び第七十条第一号ハにおいて同じ。）若しくはその他の適当な施設に入所させ、若しくはこれらの施設に入所を委託し、又は私人の家庭に養護を委託して行うことができる。

2　前項ただし書の規定は、被保護者の意に反して、入所又は養護を強制することができるものと解釈してはならない。

3　保護の実施機関は、被保護者の親権者又は後見人がその権利を適切に行わない場合においては、その異議があつても、家庭裁判所の許可を得て、第一項但書の措置をとることができる。

第三十一条　生活扶助は、金銭給付によつて行うものとする。但し、これによることができないとき、これによることが適当でないとき、その他保護の目的を達するために必要があるときは、現物給付によつて行うことができる。

2　生活扶助のための保護金品は、一月分以内を限度として前渡するものとする。但し、これによりがたいときは、一月分をこえて前渡することができる。

3　居宅において生活扶助を行う場合の保護金品は、世帯単位に計算し、世帯主又はこれに準ずる者に対して交付するものとする。但し、これによりがたいときは、被保護者に対して個々に交付することができる。

4　地域密着型介護老人福祉施設（介護保険法第八条第二十二項に規定する地域密着型介護老人福祉施設をいう。以下同じ。）、介護老人福祉施設、介護老人保健施設（同条第二十八項に規定する介護老人保健施設をいう。以下同じ。）又は介護医療院（同条第二十九項に規定する介護医療院をいう。以下同じ。）であつて第五十四条の二第一項の規定により指定を受けたもの（同条第二項本文の規定により同条第一項の指定を受けたものとみなされたものを含む。）において施設介護を受ける被保護者に対して生活扶助を行う場合の保護金品を前項に規定する者に交付することが適当でないときその他保護の目的を達するために必要があるときは、同項の規定にかかわらず、当該地域密着型介護老人福祉施設若しくは介護老人福祉施設の長又は当該介護老人保健施設若しくは介護医療院の管理者に対して交付することができる。

5　前条第一項ただし書の規定により生活扶助を行う場合の保護金品は、被保護者又は施設の長若しくは養護の委託を受けた者に対して交付するものとする。

（教育扶助の方法）

第三十二条　教育扶助は、金銭給付によつて行うものとする。但し、これによることができないとき、これによることが適当でないとき、その他保護の目的を達するために必要があるときは、現物給付によつて行うことができる。

2　教育扶助のための保護金品は、被保護者、その親権者若しくは未成年後見人又は被保護者の通学する学校の長に対して交付するものとする。

（住宅扶助の方法）

第三十三条　住宅扶助は、金銭給付によつて行うものとする。但し、これによることができないとき、これによることが適当でないとき、その他保護の目的を達するために必要があるときは、現物給付によつて行うことができる。

2　住宅扶助のうち、住居の現物給付は、宿所提供施設を利用させ、又は宿所提供施設にこれを委託して行うものとする。

3　第三十条第二項の規定は、前項の場合に準用する。

4　住宅扶助のための保護金品は、世帯主又はこれに準ずる者に対して交付するものとする。

（医療扶助の方法）

第三十四条　医療扶助は、現物給付によつて行うものとする。ただし、これによることができないとき、これによることが適当でないとき、その他保護の目的を達するために必要があるときは、金銭給付によつて行うことができる。

2　前項に規定する現物給付のうち、医療の給付は、医療保護施設を利用させ、又は医療保護施設若しくは第四十九条の規定により指定を受けた医療機関（以下「指定医療機関」という。）にこれを委託して行うものとする。

3　前項に規定する医療の給付のうち、医療を担当する医師又は歯科医師が医学的知見に基づき後発医薬品（医薬品、医療機器等の品質、有効性及び安全性の確保等に関する法律（昭和三十五年法律第百四十五号）第十四条又は第十九条の二の規定による製造販売の承認を受けた医薬品のうち、同法第十四条の四第一項各号に掲げる医薬品と有効成分、分量、用法、用量、効能及び効果が同一性を有すると認められたものであつて厚生労働省令で定めるものをいう。以下この項において同じ。）を使用することができると認めたものについては、原則として、後発医薬品によりその給付を行うものとする。

4　第二項に規定する医療の給付のうち、あん摩マツサージ指圧師、はり師、きゆう師等に関する法律（昭和二十二年法律第二百十七号）又は柔道整復師法（昭和四十五年法律第十九号）の規定によりあん摩マツサージ指圧師、はり師、きゆう師又は柔道整復師（以下「施術者」という。）が行うことのできる範囲の施術については、第五十五条第一項の規定により指定を受けた施術者に委託してその給付を行うことを妨げない。

5　被保護者は、第二項に規定する医療の給付のうち、指定医療機関に委託して行うものを受けるときは、厚生労働省令で定めるところにより、当該指定医療機関から、電子資格確認その他厚生労働省令で定める方法により、医療扶助を受給する被保護者であることの確認を受けるものとする。

6　前項の「電子資格確認」とは、被保護者が、保護の実施機関に対し、個人番号カード（行政手続における特定の個人を識別するための番号の利用等に関する法律（平成二十五年法律第二十七号）第二条第七項に規定する個人番号カードをいう。）に記録された利用者証明用電子証明書（電子署名等に係る地方公共団体情報システム機構の認証業務に関する法律（平成十四年法律第百五十三号）第二十二条第一項に規定する利用者証明用電子証明書をいう。）を送信する方法その他の厚生労働省令で定める方法により、被保護者の医療扶助の受給資格に係る情報（医療の給付に係る費用の請求に必要な情報を含む。）の照会を行い、電子情報処理組織を使用する方法その他の情報通信の技術を利用する方法により、保護の実施機関から回答を受けて当該情報を医療の給付を受ける医療機関に提供し、当該医療機関から医療扶助を受給する被保護者であることの確認を受けることをいう。

7　急迫した事情その他やむを得ない事情がある場合においては、被保護者は、第二項及び第四項の規定にかかわらず、指定を受けない医療機関について医療の給付を受け、又は指定を受けない施術者について施術の給付を受けることができる。

8　医療扶助のための保護金品は、被保護者に対して交付するものとする。

（介護扶助の方法）

第三十四条の二　介護扶助は、現物給付によつて行うものとする。ただし、これによることができないとき、これによることが適当でないとき、その他保護の目的を達するために必要があるときは、金銭給付によつて行うことができる。

2　前項に規定する現物給付のうち、居宅介護、福祉用具の給付、施設介護、介護予防、介護予防福祉用具及び介護予防・日常生活支援（第十五条の二第七項に規定する介護予防・日常生活支援をいう。第五十四条の二第一項において同じ。）の給付は、介護機関（その事業として居宅介護を行う者及びその事業として居宅介護支援計画（第十五条の二第三項に規定する居宅介護支援計画をいう。第五十四条の二第一項及び別表第二において同じ。）を作成する者、その事業として介護保険法第八条第十三項に規定する特定福祉用具販売を行う者（第五十四条の二第一項及び別表第二において「特定福祉用具販売事業者」という。）、地域密着型介護老人福祉施設、介護老人福祉施設、介護老人保健施設及び介護医療院、その事業として介護予防を行う者及びその事業として介護予防支援計画（第十五条の二第六項に規定する介護予防支援計画をいう。第五十四条の二第一項及び別表第二において同じ。）を作成する者、その事業として同法第八条の二第十一項に規定する特定介護予防福祉用具販売を行う者（第五十四条の二第一項及び別表第二において「特定介護予防福祉用具販売事業者」という。）並びに介護予防・日常生活支援事業者（その事業として同法第百十五条の四十五第一項第一号に規定する第一号事業を行う者をいう。以下同じ。）をいう。以下同じ。）であつて、第五十四条の二第一項の規定により指定を受けたもの（同条第二項本文の規定により同条第一項の指定を受けたものとみなされたものを含む。）にこれを委託して行うものとする。

3　前条第七項及び第八項の規定は、介護扶助について準用する。

（出産扶助の方法）

第三十五条　出産扶助は、金銭給付によつて行うものとする。ただし、これによることができないとき、これによることが適当でないとき、その他保護の目的を達するために必要があるときは、現物給付によつて行うことができる。

2　前項ただし書に規定する現物給付のうち、助産の給付は、第五十五条第一項の規定により指定を受けた助産師に委託して行うものとする。

3　第三十四条第七項及び第八項の規定は、出産扶助について準用する。

（生業扶助の方法）

第三十六条　生業扶助は、金銭給付によつて行うものとする。但し、これによることができないとき、これによることが適当でないとき、その他保護の目的を達するために必要があるときは、現物給付によつて行うことができる。

2　前項但書に規定する現物給付のうち、就労のために必要な施設の供用及び生業に必要な技能の授与は、授産施設若しくは訓練を目的とするその他の施設を利用させ、又はこれらの施設にこれを委託して行うものとする。

3　生業扶助のための保護金品は、被保護者に対して交付するものとする。但し、施設の供用又は技能の授与のために必要な金品は、授産施設の長に対して交付することができる。

（葬祭扶助の方法）

第三十七条　葬祭扶助は、金銭給付によつて行うものとする。但し、これによることができないとき、これによることが適当でないとき、その他保護の目的を達するために必要があるときは、現物給付によつて行うことができる。

2　葬祭扶助のための保護金品は、葬祭を行う者に対して交付するものとする。

（保護の方法の特例）

第三十七条の二　保護の実施機関は、保護の目的を達するために必要があるときは、第三十一条第三項本文若しくは第三十三条第四項の規定により世帯主若しくはこれに準ずる者に対して交付する保護金品、第三十一条第三項ただし書若しくは第五項、第三十四条第八項（第三十四条の二第三項及び第三十五条第三項において準用する場合を含む。）若しくは第三十六条第三項の規定により被保護者に対して交付する保護金品、第三十二条第二項の規定により被保護者若しくはその親権者若しくは未成年後見人に対して交付する保護金品（以下この条において「教育扶助のための保護金品」という。）又は前条第二項の規定により葬祭を行う者に対して交付する保護金品のうち、介護保険料（介護保険法第百二十九条第一項に規定する保険料をいう。）その他の被保護者（教育扶助のための保護金品にあつては、その親権者又は未成年後見人を含む。以下この条において同じ。）が支払うべき費用であつて政令で定めるものの額に相当する金銭について、被保護者に代わり、政令で定める者に支払うことができる。この場合において、当該支払があつたときは、これらの規定により交付すべき者に対し当該保護金品の交付があつたものとみなす。

附　則（抄）

（施行期日）

1　この法律は、公布の日から施行し、昭和二十五年五月一日以降の給付について適用する。

附　則（令和三・六・一一法六六）（抄）

（施行期日）

第一条　この法律は、令和四年一月一日から施行する。ただし、次の各号に掲げる規定は、当該各号に定める日から施行する。

一～五　〔略〕

六　〔前略〕第八条の規定（第一号に掲げる改正規定を除く。）〔中略〕公布の日から起算して三年を超えない範囲内において政令で定める日

別表〔略〕

○障害者基本法

昭四五・五・二一
法　八　四

最終改正　平成二五・六・二六法六五

第一章　総則

（目的）

第一条　この法律は、全ての国民が、障害の有無にかかわらず、等しく基本的人権を享有するかけがえのない個人として尊重されるものであるとの理念にのつとり、全ての国民が、障害の有無によつて分け隔てられることなく、相互に人格と個性を尊重し合いながら共生する社会を実現するため、障害者の自立及び社会参加の支援等のための施策に関し、基本原則を定め、及び国、地方公共団体等の責務を明らかにするとともに、障害者の自立及び社会参加の支援等のための施策の基本となる事項を定めること等により、障害者の自立及び社会参加の支援等のための施策を総合的かつ計画的に推進することを目的とする。

（定義）

第二条　この法律において、次の各号に掲げる用語の意義は、それぞれ当該各号に定めるところによる。

一　障害者　身体障害、知的障害、精神障害（発達障害を含む。）その他の心身の機能の障害（以下「障害」と総称する。）がある者であつて、障害及び社会的障壁により継続的に日常生活又は社会生活に相当な制限を受ける状態にあるものをいう。

二　社会的障壁　障害がある者にとつて日常生活又は社会生活を営む上で障壁となるような社会における事物、制度、慣行、観念その他一切のものをいう。

（地域社会における共生等）

第三条　第一条に規定する社会の実現は、全ての障害者が、障害者でない者と等しく、基本的人権を享有する個人としてその尊厳が重んぜられ、その尊厳にふさわしい生活を保障される権利を有することを前提としつつ、次に掲げる事項を旨として図られなければならない。

一　全て障害者は、社会を構成する一員として社会、経済、文化その他あらゆる分野の活動に参加する機会が確保されること。

二　全て障害者は、可能な限り、どこで誰と生活するかについての選択の機会が確保され、地域社会において他の人々と共生することを妨げられないこと。

三　全て障害者は、可能な限り、言語（手話を含む。）その他の意思疎通のための手段についての選択の機会が確保されるとともに、情報の取得又は利用のための手段についての選択の機会の拡大が図られること。

（差別の禁止）

第四条　何人も、障害者に対して、障害を理由として、差別することその他の権利利益を侵害する行為をしてはならない。

2　社会的障壁の除去は、それを必要としている障害者が現に存し、かつ、その実施に伴う負担が過重でないときは、それを怠ることによつて前項の規定に違反することとならないよう、その実施について必要かつ合理的な配慮がされなければならない。

3　国は、第一項の規定に違反する行為の防止に関する啓発及び知識の普及を図るため、当該行為の防止を図るために必要となる情報の収集、整理及び提供を行うものとする。

（国際的協調）

第五条　第一条に規定する社会の実現は、そのための施策が国際社会における取組と密接な関係を有していることに鑑み、国際的協調の下に図られなければならない。

（国及び地方公共団体の責務）

第六条　国及び地方公共団体は、第一条に規定する社会の実現を図るため、前三条に定める基本原則（以下「基本原則」という。）にのつとり、障害者の自立及び社会参加の支援等のための施策を総合的かつ計画的に実施する責務を有する。

（国民の理解）
第七条 国及び地方公共団体は、基本原則に関する国民の理解を深めるよう必要な施策を講じなければならない。

（国民の責務）
第八条 国民は、基本原則にのつとり、第一条に規定する社会の実現に寄与するよう努めなければならない。

（障害者週間）
第九条 国民の間に広く基本原則に関する関心と理解を深めるとともに、障害者が社会、経済、文化その他あらゆる分野の活動に参加することを促進するため、障害者週間を設ける。
2 障害者週間は、十二月三日から十二月九日までの一週間とする。
3 国及び地方公共団体は、障害者の自立及び社会参加の支援等に関する活動を行う民間の団体等と相互に緊密な連携協力を図りながら、障害者週間の趣旨にふさわしい事業を実施するよう努めなければならない。

（施策の基本方針）
第十条 障害者の自立及び社会参加の支援等のための施策は、障害者の性別、年齢、障害の状態及び生活の実態に応じて、かつ、有機的連携の下に総合的に、策定され、及び実施されなければならない。
2 国及び地方公共団体は、障害者の自立及び社会参加の支援等のための施策を講ずるに当たつては、障害者その他の関係者の意見を聴き、その意見を尊重するよう努めなければならない。

（障害者基本計画等）
第十一条 政府は、障害者の自立及び社会参加の支援等のための施策の総合的かつ計画的な推進を図るため、障害者のための施策に関する基本的な計画（以下「障害者基本計画」という。）を策定しなければならない。
2 都道府県は、障害者基本計画を基本とするとともに、当該都道府県における障害者の状況等を踏まえ、当該都道府県における障害者のための施策に関する基本的な計画（以下「都道府県障害者計画」という。）を策定しなければならない。
3 市町村は、障害者基本計画及び都道府県障害者計画を基本とするとともに、当該市町村における障害者の状況等を踏まえ、当該市町村における障害者のための施策に関する基本的な計画（以下「市町村障害者計画」という。）を策定しなければならない。
4 内閣総理大臣は、関係行政機関の長に協議するとともに、障害者政策委員会の意見を聴いて、障害者基本計画の案を作成し、閣議の決定を求めなければならない。
5 都道府県は、都道府県障害者計画を策定するに当たつては、第三十六条第一項の合議制の機関の意見を聴かなければならない。
6 市町村は、市町村障害者計画を策定するに当たつては、第三十六条第四項の合議制の機関を設置している場合にあつてはその意見を、その他の場合にあつては障害者その他の関係者の意見を聴かなければならない。
7 政府は、障害者基本計画を策定したときは、これを国会に報告するとともに、その要旨を公表しなければならない。
8 第二項又は第三項の規定により都道府県障害者計画又は市町村障害者計画が策定されたときは、都道府県知事又は市町村長は、これを当該都道府県の議会又は当該市町村の議会に報告するとともに、その要旨を公表しなければならない。
9 第四項及び第七項の規定は障害者基本計画の変更について、第五項及び前項の規定は都道府県障害者計画の変更について、第六項及び前項の規定は市町村障害者計画の変更について準用する。

（法制上の措置等）
第十二条 政府は、この法律の目的を達成するため、必要な法制上及び財政上の措置を講じなければならない。

（年次報告）
第十三条 政府は、毎年、国会に、障害者のために講じた施策の概況に関する報告書を提出しなければならない。

第二章 障害者の自立及び社会参加の支援等のための基本的施策

（医療、介護等）
第十四条 国及び地方公共団体は、障害者が生活機能を回復し、取得し、又は維持するために必要な医療の給付及びリハビリテーションの提供を行うよう必要な施策を講じなければならない。
2 国及び地方公共団体は、前項に規定する医療及びリハビリテーションの研究、開発及び普及を促進しなければならない。
3 国及び地方公共団体は、障害者が、その性別、年齢、障害の状態及び生活の実態に応じ、医療、介護、保健、生活支援その他自立のための適切な支援を受けられるよう必要な施策を講じなければならない。
4 国及び地方公共団体は、第一項及び前項に規定する施策を講ずるために必要な専門的技術職員その他の専門的知識又は技能を有する職員を育成するよう努めなければならない。
5 国及び地方公共団体は、医療若しくは介護の給付又はリハビリテーションの提供を行うに当たつては、障害者が、可能な限りその身近な場所においてこれらを受けられるよう必要な施策を講ずるものとするほか、その人権を十分に尊重しなければならない。
6 国及び地方公共団体は、福祉用具及び身体障害者補助犬の給付又は貸与その他障害者が日常生活及び社会生活を営むのに必要な施策を講じなければならない。
7 国及び地方公共団体は、前項に規定する施策を講ずるために必要な福祉用具の研究及び開発、身体障害者補助犬の育成等を促進しなければならない。

（年金等）
第十五条 国及び地方公共団体は、障害者の自立及び生活の安定に資するため、年金、手当等の制度に関し必要な施策を講じなければならない。

（教育）
第十六条　国及び地方公共団体は、障害者が、その年齢及び能力に応じ、かつ、その特性を踏まえた十分な教育が受けられるようにするため、可能な限り障害者である児童及び生徒が障害者でない児童及び生徒と共に教育を受けられるよう配慮しつつ、教育の内容及び方法の改善及び充実を図る等必要な施策を講じなければならない。
2　国及び地方公共団体は、前項の目的を達成するため、障害者である児童及び生徒並びにその保護者に対し十分な情報の提供を行うとともに、可能な限りその意向を尊重しなければならない。
3　国及び地方公共団体は、障害者である児童及び生徒と障害者でない児童及び生徒との交流及び共同学習を積極的に進めることによつて、その相互理解を促進しなければならない。
4　国及び地方公共団体は、障害者の教育に関し、調査及び研究並びに人材の確保及び資質の向上、適切な教材等の提供、学校施設の整備その他の環境の整備を促進しなければならない。

（療育）
第十七条　国及び地方公共団体は、障害者である子どもが可能な限りその身近な場所において療育その他これに関連する支援を受けられるよう必要な施策を講じなければならない。
2　国及び地方公共団体は、療育に関し、研究、開発及び普及の促進、専門的知識又は技能を有する職員の育成その他の環境の整備を促進しなければならない。

（職業相談等）
第十八条　国及び地方公共団体は、障害者の職業選択の自由を尊重しつつ、障害者がその能力に応じて適切な職業に従事することができるようにするため、障害者の多様な就業の機会を確保するよう努めるとともに、個々の障害者の特性に配慮した職業相談、職業指導、職業訓練及び職業紹介の実施その他必要な施策を講じなければならない。
2　国及び地方公共団体は、障害者の多様な就業の機会の確保を図るため、前項に規定する施策に関する調査及び研究を促進しなければならない。
3　国及び地方公共団体は、障害者の地域社会における作業活動の場及び障害者の職業訓練のための施設の拡充を図るため、これに必要な費用の助成その他必要な施策を講じなければならない。

（雇用の促進等）
第十九条　国及び地方公共団体は、国及び地方公共団体並びに事業者における障害者の雇用を促進するため、障害者の優先雇用その他の施策を講じなければならない。
2　事業主は、障害者の雇用に関し、その有する能力を正当に評価し、適切な雇用の機会を確保するとともに、個々の障害者の特性に応じた適正な雇用管理を行うことによりその雇用の安定を図るよう努めなければならない。
3　国及び地方公共団体は、障害者を雇用する事業主に対して、障害者の雇用のための経済的負担を軽減し、もつてその雇用の促進及び継続を図るため、障害者が雇用されるのに伴い必要となる施設又は設備の整備等に要する費用の助成その他必要な施策を講じなければならない。

（住宅の確保）
第二十条　国及び地方公共団体は、障害者が地域社会において安定した生活を営むことができるようにするため、障害者のための住宅を確保し、及び障害者の日常生活に適するような住宅の整備を促進するよう必要な施策を講じなければならない。

（公共的施設のバリアフリー化）
第二十一条　国及び地方公共団体は、障害者の利用の便宜を図ることによつて障害者の自立及び社会参加を支援するため、自ら設置する官公庁施設、交通施設（車両、船舶、航空機等の移動施設を含む。次項において同じ。）その他の公共的施設について、障害者が円滑に利用できるような施設の構造及び設備の整備等の計画的推進を図らなければならない。
2　交通施設その他の公共的施設を設置する事業者は、障害者の利用の便宜を図ることによつて障害者の自立及び社会参加を支援するため、当該公共的施設について、障害者が円滑に利用できるような施設の構造及び設備の整備等の計画的推進に努めなければならない。
3　国及び地方公共団体は、前二項の規定により行われる公共的施設の構造及び設備の整備等が総合的かつ計画的に推進されるようにするため、必要な施策を講じなければならない。
4　国、地方公共団体及び公共的施設を設置する事業者は、自ら設置する公共的施設を利用する障害者の補助を行う身体障害者補助犬の同伴について障害者の利用の便宜を図らなければならない。

（情報の利用におけるバリアフリー化等）
第二十二条　国及び地方公共団体は、障害者が円滑に情報を取得し及び利用し、並びに他人との意思疎通を図ることができるようにするため、障害者が利用しやすい電子計算機及びその関連装置その他情報通信機器の普及、電気通信及び放送の役務の利用に関する障害者の利便の増進、障害者に対して情報を提供する施設の整備、障害者の意思疎通を仲介する者の養成及び派遣等が図られるよう必要な施策を講じなければならない。
2　国及び地方公共団体は、災害その他非常の事態の場合に障害者に対しその安全を確保するため必要な情報が迅速かつ的確に伝えられるよう必要な施策を講ずるものとするほか、行政の情報化及び公共分野における情報通信技術の活用の推進に当たつては、障害者の利用の便宜が図られるよう特に配慮しなければならない。
3　電気通信及び放送その他の情報の提供に係る役務の提供並びに電子計算機及びその関連装置その他情報通信機器の製造等を行う事業者は、当該役務の提供又は当該機器の製造等に当たつては、障害者の利用の便宜を図るよう努めなければならない。

（相談等）
第二十三条　国及び地方公共団体は、障害者の意思決定の支援に配慮しつつ、障害者及びその家族その他の関係者に対する相談業務、成年後見制度その他の障害者の権利利益の保護等のための施策又は制度が、適切に行われ又は広く利用されるようにしなければならない。

2　国及び地方公共団体は、障害者及びその家族その他の関係者からの各種の相談に総合的に応ずることができるようにするため、関係機関相互の有機的連携の下に必要な相談体制の整備を図るとともに、障害者の家族に対し、障害者の家族が互いに支え合うための活動の支援その他の支援を適切に行うものとする。

（経済的負担の軽減）

第二十四条　国及び地方公共団体は、障害者及び障害者を扶養する者の経済的負担の軽減を図り、又は障害者の自立の促進を図るため、税制上の措置、公共的施設の利用料等の減免その他必要な施策を講じなければならない。

（文化的諸条件の整備等）

第二十五条　国及び地方公共団体は、障害者が円滑に文化芸術活動、スポーツ又はレクリエーションを行うことができるようにするため、施設、設備その他の諸条件の整備、文化芸術、スポーツ等に関する活動の助成その他必要な施策を講じなければならない。

（防災及び防犯）

第二十六条　国及び地方公共団体は、障害者が地域社会において安全にかつ安心して生活を営むことができるようにするため、障害者の性別、年齢、障害の状態及び生活の実態に応じて、防災及び防犯に関し必要な施策を講じなければならない。

（消費者としての障害者の保護）

第二十七条　国及び地方公共団体は、障害者の消費者としての利益の擁護及び増進が図られるようにするため、適切な方法による情報の提供その他必要な施策を講じなければならない。

2　事業者は、障害者の消費者としての利益の擁護及び増進が図られるようにするため、適切な方法による情報の提供等に努めなければならない。

（選挙等における配慮）

第二十八条　国及び地方公共団体は、法律又は条例の定めるところにより行われる選挙、国民審査又は投票において、障害者が円滑に投票できるようにするため、投票所の施設又は設備の整備その他必要な施策を講じなければならない。

（司法手続における配慮等）

第二十九条　国又は地方公共団体は、障害者が、刑事事件若しくは少年の保護事件に関する手続その他これに準ずる手続の対象となつた場合又は裁判所における民事事件、家事事件若しくは行政事件に関する手続の当事者その他の関係人となつた場合において、障害者がその権利を円滑に行使できるようにするため、個々の障害者の特性に応じた意思疎通の手段を確保するよう配慮するとともに、関係職員に対する研修その他必要な施策を講じなければならない。

（国際協力）

第三十条　国は、障害者の自立及び社会参加の支援等のための施策を国際的協調の下に推進するため、外国政府、国際機関又は関係団体等との情報の交換その他必要な施策を講ずるように努めるものとする。

第三章　障害の原因となる傷病の予防に関する基本的施策

第三十一条　国及び地方公共団体は、障害の原因となる傷病及びその予防に関する調査及び研究を促進しなければならない。

2　国及び地方公共団体は、障害の原因となる傷病の予防のため、必要な知識の普及、母子保健等の保健対策の強化、当該傷病の早期発見及び早期治療の推進その他必要な施策を講じなければならない。

3　国及び地方公共団体は、障害の原因となる難病等の予防及び治療が困難であることに鑑み、障害の原因となる難病等の調査及び研究を推進するとともに、難病等に係る障害者に対する施策をきめ細かく推進するよう努めなければならない。

第四章　障害者政策委員会等

（障害者政策委員会の設置）

第三十二条　内閣府に、障害者政策委員会（以下「政策委員会」という。）を置く。

2　政策委員会は、次に掲げる事務をつかさどる。

一　障害者基本計画に関し、第十一条第四項（同条第九項において準用する場合を含む。）に規定する事項を処理すること。

二　前号に規定する事項に関し、調査審議し、必要があると認めるときは、内閣総理大臣又は関係各大臣に対し、意見を述べること。

三　障害者基本計画の実施状況を監視し、必要があると認めるときは、内閣総理大臣又は内閣総理大臣を通じて関係各大臣に勧告すること。

四　障害を理由とする差別の解消の推進に関する法律（平成二十五年法律第六十五号）の規定によりその権限に属させられた事項を処理すること。

3　内閣総理大臣又は関係各大臣は、前項第三号の規定による勧告に基づき講じた施策について政策委員会に報告しなければならない。

（政策委員会の組織及び運営）

第三十三条　政策委員会は、委員三十人以内で組織する。

2　政策委員会の委員は、障害者、障害者の自立及び社会参加に関する事業に従事する者並びに学識経験のある者のうちから、内閣総理大臣が任命する。この場合において、委員の構成については、政策委員会が様々な障害者の意見を聴き障害者の実情を踏まえた調査審議を行うことができることとなるよう、配慮されなければならない。

3　政策委員会の委員は、非常勤とする。

第三十四条　政策委員会は、その所掌事務を遂行するため必要があると認めるときは、関係行政機関の長に対し、資料の提出、意見の表明、説明その他必要な協力を求めることができる。

2　政策委員会は、その所掌事務を遂行するため特に必要があると認めるときは、前項に規定する者以外の者に対しても、必要な協力を依頼することができる。

第三十五条　前二条に定めるもののほか、政策委員会の組織及び運営に関し必要な事項は、政令で定める。

（都道府県等における合議制の機関）

第三十六条　都道府県（地方自治法（昭和二十二年法律第六十七号）第二百五十二条の十九第一項の指定都市（以下「指定都市」という。）を含む。以下同じ。）に、次に掲げる事務を処理するため、審議会その他の合議制の機関を置く。

一　都道府県障害者計画に関し、第十一条第五項（同条第九項において準用する場合を含む。）に規定する事項を処理すること。

二　当該都道府県における障害者に関する施策の総合的かつ計画的な推進について必要な事項を調査審議し、及びその施策の実施状況を監視すること。

三　当該都道府県における障害者に関する施策の推進について必要な関係行政機関相互の連絡調整を要する事項を調査審議すること。

2　前項の合議制の機関の委員の構成については、当該機関が様々な障害者の意見を聴き障害者の実情を踏まえた調査審議を行うことができることとなるよう、配慮されなければならない。

3　前項に定めるもののほか、第一項の合議制の機関の組織及び運営に関し必要な事項は、条例で定める。

4　市町村（指定都市を除く。）は、条例で定めるところにより、次に掲げる事務を処理するため、審議会その他の合議制の機関を置くことができる。

一　市町村障害者計画に関し、第十一条第六項（同条第九項において準用する場合を含む。）に規定する事項を処理すること。

二　当該市町村における障害者に関する施策の総合的かつ計画的な推進について必要な事項を調査審議し、及びその施策の実施状況を監視すること。

三　当該市町村における障害者に関する施策の推進について必要な関係行政機関相互の連絡調整を要する事項を調査審議すること。

5　第二項及び第三項の規定は、前項の規定により合議制の機関が置かれた場合に準用する。

附　則（抄）

（施行期日）

1　この法律は、公布の日から施行する。

○障害を理由とする差別の解消の推進に関する法律

平成二五・六・二六
法　六　五

最終改正　令和四・六・一七法六八

第一章　総則

（目的）

第一条　この法律は、障害者基本法（昭和四十五年法律第八十四号）の基本的な理念にのっとり、全ての障害者が、障害者でない者と等しく、基本的人権を享有する個人としてその尊厳が重んぜられ、その尊厳にふさわしい生活を保障される権利を有することを踏まえ、障害を理由とする差別の解消の推進に関する基本的な事項、行政機関等及び事業者における障害を理由とする差別を解消するための措置等を定めることにより、障害を理由とする差別の解消を推進し、もって全ての国民が、障害の有無によって分け隔てられることなく、相互に人格と個性を尊重し合いながら共生する社会の実現に資することを目的とする。

（定義）

第二条　この法律において、次の各号に掲げる用語の意義は、それぞれ当該各号に定めるところによる。

一　障害者　身体障害、知的障害、精神障害（発達障害を含む。）その他の心身の機能の障害（以下「障害」と総称する。）がある者であって、障害及び社会的障壁により継続的に日常生活又は社会生活に相当な制限を受ける状態にあるものをいう。

二　社会的障壁　障害がある者にとって日常生活又は社会生活を営む上で障壁となるような社会における事物、制度、慣行、観念その他一切のものをいう。

三　行政機関等　国の行政機関、独立行政法人等、地方公共団体（地方公営企業法（昭和二十七年法律第二百九十二号）第三章の規定の適用を受ける地方公共団体の経営する企業を除く。第七号、第十条及び附則第四条第一項において同じ。）及び地方独立行政法人をいう。
四　国の行政機関　次に掲げる機関をいう。
イ　法律の規定に基づき内閣に置かれる機関（内閣府を除く。）及び内閣の所轄の下に置かれる機関
ロ　内閣府、宮内庁並びに内閣府設置法（平成十一年法律第八十九号）第四十九条第一項及び第二項に規定する機関（これらの機関のうちニの政令で定める機関が置かれる機関にあっては、当該政令で定める機関を除く。）
ハ　国家行政組織法（昭和二十三年法律第百二十号）第三条第二項に規定する機関（ホの政令で定める機関が置かれる機関にあっては、当該政令で定める機関を除く。）
ニ　内閣府設置法第三十九条及び第五十五条並びに宮内庁法（昭和二十二年法律第七十号）第十六条第二項の機関並びに内閣府設置法第四十条及び第五十六条（宮内庁法第十八条第一項において準用する場合を含む。）の特別の機関で、政令で定めるもの
ホ　国家行政組織法第八条の二の施設等機関及び同法第八条の三の特別の機関で、政令で定めるもの
ヘ　会計検査院
五　独立行政法人等　次に掲げる法人をいう。
イ　独立行政法人（独立行政法人通則法（平成十一年法律第百三号）第二条第一項に規定する独立行政法人をいう。ロにおいて同じ。）
ロ　法律により直接に設立された法人、特別の法律により特別の設立行為をもって設立された法人（独立行政法人を除く。）又は特別の法律により設立され、かつ、その設立に関し行政庁の認可を要する法人のうち、政令で定めるもの
六　地方独立行政法人　地方独立行政法人法（平成十五年法律第百十八号）第二条第一項に規定する地方独立行政法人（同法第二十一条第三号に掲げる業務を行うものを除く。）をいう。
七　事業者　商業その他の事業を行う者（国、独立行政法人等、地方公共団体及び地方独立行政法人を除く。）をいう。

（国及び地方公共団体の責務）
第三条　国及び地方公共団体は、この法律の趣旨にのっとり、障害を理由とする差別の解消の推進に関して必要な施策を策定し、及びこれを実施しなければならない。
2　国及び地方公共団体は、障害を理由とする差別の解消の推進に関して必要な施策の効率的かつ効果的な実施が促進されるよう、適切な役割分担を行うとともに、相互に連携を図りながら協力しなければならない。

（国民の責務）
第四条　国民は、第一条に規定する社会を実現する上で障害を理由とする差別の解消が重要であることに鑑み、障害を理由とする差別の解消の推進に寄与するよう努めなければならない。

（社会的障壁の除去の実施についての必要かつ合理的な配慮に関する環境の整備）
第五条　行政機関等及び事業者は、社会的障壁の除去の実施についての必要かつ合理的な配慮を的確に行うため、自ら設置する施設の構造の改善及び設備の整備、関係職員に対する研修その他の必要な環境の整備に努めなければならない。

第二章　障害を理由とする差別の解消の推進に関する基本方針

第六条　政府は、障害を理由とする差別の解消の推進に関する施策を総合的かつ一体的に実施するため、障害を理由とする差別の解消の推進に関する基本方針（以下「基本方針」という。）を定めなければならない。
2　基本方針は、次に掲げる事項について定めるものとする。
一　障害を理由とする差別の解消の推進に関する施策に関する基本的な方向
二　行政機関等が講ずべき障害を理由とする差別を解消するための措置に関する基本的な事項
三　事業者が講ずべき障害を理由とする差別を解消するための措置に関する基本的な事項
四　国及び地方公共団体による障害を理由とする差別を解消するための支援措置の実施に関する基本的な事項
五　その他障害を理由とする差別の解消の推進に関する施策に関する重要事項
3　内閣総理大臣は、基本方針の案を作成し、閣議の決定を求めなければならない。
4　内閣総理大臣は、基本方針の案を作成しようとするときは、あらかじめ、障害者その他の関係者の意見を反映させるために必要な措置を講ずるとともに、障害者政策委員会の意見を聴かなければならない。
5　内閣総理大臣は、第三項の規定による閣議の決定があったときは、遅滞なく、基本方針を公表しなければならない。
6　前三項の規定は、基本方針の変更について準用する。

第三章　行政機関等及び事業者における障害を理由とする差別を解消するための措置

（行政機関等における障害を理由とする差別の禁止）
第七条　行政機関等は、その事務又は事業を行うに当たり、障害を理由として障害者でない者と不当な差別的取扱いをすることにより、障害者の権利利益を侵害してはならない。
2　行政機関等は、その事務又は事業を行うに当たり、障害者から現に社会的障壁の除去を必要としている旨の意思の表明があった場合において、その実施に伴う負担が過重でないときは、障害者の権利利益を侵害することとならないよう、当該障害者の性別、年齢及び障害の状態に応じて、社会的障壁の除去の実施について必要かつ合理的な配慮をしなければならない。

（事業者における障害を理由とする差別の禁止）
第八条　事業者は、その事業を行うに当たり、障害を理由として障害者でない者と不当な差別的取扱いをすることにより、

障害者の権利利益を侵害してはならない。

2　事業者は、その事業を行うに当たり、障害者から現に社会的障壁の除去を必要としている旨の意思の表明があった場合において、その実施に伴う負担が過重でないときは、障害者の権利利益を侵害することとならないよう、当該障害者の性別、年齢及び障害の状態に応じて、社会的障壁の除去の実施について必要かつ合理的な配慮をしなければならない。

（国等職員対応要領）

第九条　国の行政機関の長及び独立行政法人等は、基本方針に即して、第七条に規定する事項に関し、当該国の行政機関及び独立行政法人等の職員が適切に対応するために必要な要領（以下この条及び附則第三条において「国等職員対応要領」という。）を定めるものとする。

2　国の行政機関の長及び独立行政法人等は、国等職員対応要領を定めようとするときは、あらかじめ、障害者その他の関係者の意見を反映させるために必要な措置を講じなければならない。

3　国の行政機関の長及び独立行政法人等は、国等職員対応要領を定めたときは、遅滞なく、これを公表しなければならない。

4　前二項の規定は、国等職員対応要領の変更について準用する。

（地方公共団体等職員対応要領）

第十条　地方公共団体の機関及び地方独立行政法人は、基本方針に即して、第七条に規定する事項に関し、当該地方公共団体の機関及び地方独立行政法人の職員が適切に対応するために必要な要領（以下この条及び附則第四条において「地方公共団体等職員対応要領」という。）を定めるよう努めるものとする。

2　地方公共団体の機関及び地方独立行政法人は、地方公共団体等職員対応要領を定めようとするときは、あらかじめ、障害者その他の関係者の意見を反映させるために必要な措置を講ずるよう努めなければならない。

3　地方公共団体の機関及び地方独立行政法人は、地方公共団体等職員対応要領を定めたときは、遅滞なく、これを公表するよう努めなければならない。

4　国は、地方公共団体の機関及び地方独立行政法人による地方公共団体等職員対応要領の作成に協力しなければならない。

5　前三項の規定は、地方公共団体等職員対応要領の変更について準用する。

（事業者のための対応指針）

第十一条　主務大臣は、基本方針に即して、第八条に規定する事項に関し、事業者が適切に対応するために必要な指針（以下「対応指針」という。）を定めるものとする。

2　第九条第二項から第四項までの規定は、対応指針について準用する。

（報告の徴収並びに助言、指導及び勧告）

第十二条　主務大臣は、第八条の規定の施行に関し、特に必要があると認めるときは、対応指針に定める事項について、当該事業者に対し、報告を求め、又は助言、指導若しくは勧告をすることができる。

（事業主による措置に関する特例）

第十三条　行政機関等及び事業者が事業主としての立場で労働者に対して行う障害を理由とする差別を解消するための措置については、障害者の雇用の促進等に関する法律（昭和三十五年法律第百二十三号）の定めるところによる。

第四章　障害を理由とする差別を解消するための支援措置

（相談及び紛争の防止等のための体制の整備）

第十四条　国及び地方公共団体は、障害者及びその家族その他の関係者からの障害を理由とする差別に関する相談に的確に応ずるとともに、障害を理由とする差別に関する紛争の防止又は解決を図ることができるよう人材の育成及び確保のための措置その他の必要な体制の整備を図るものとする。

（啓発活動）

第十五条　国及び地方公共団体は、障害を理由とする差別の解消について国民の関心と理解を深めるとともに、特に、障害を理由とする差別の解消を妨げている諸要因の解消を図るため、必要な啓発活動を行うものとする。

（情報の収集、整理及び提供）

第十六条　国は、障害を理由とする差別を解消するための取組に資するよう、国内外における障害を理由とする差別及びその解消のための取組に関する情報の収集、整理及び提供を行うものとする。

2　地方公共団体は、障害を理由とする差別を解消するための取組に資するよう、地域における障害を理由とする差別及びその解消のための取組に関する情報の収集、整理及び提供を行うよう努めるものとする。

（障害者差別解消支援地域協議会）

第十七条　国及び地方公共団体の機関であって、医療、介護、教育その他の障害者の自立と社会参加に関連する分野の事務に従事するもの（以下この項及び次条第二項において「関係機関」という。）は、当該地方公共団体の区域において関係機関が行う障害を理由とする差別に関する相談及び当該相談に係る事例を踏まえた障害を理由とする差別を解消するための取組を効果的かつ円滑に行うため、関係機関により構成される障害者差別解消支援地域協議会（以下「協議会」という。）を組織することができる。

2　前項の規定により協議会を組織する国及び地方公共団体の機関は、必要があると認めるときは、協議会に次に掲げる者を構成員として加えることができる。

一　特定非営利活動促進法（平成十年法律第七号）第二条第二項に規定する特定非営利活動法人その他の団体

二　学識経験者

三　その他当該国及び地方公共団体の機関が必要と認める者

（協議会の事務等）

第十八条　協議会は、前条第一項の目的を達するため、必要な情報を交換するとともに、障害者からの相談及び当該相談に係る事例を踏まえた障害を理由とする差別を解消するための取組に関する協議を行うものとする。

2　関係機関及び前条第二項の構成員（次項において「構成機関等」という。）は、前項の協議の結果に基づき、当該相談に係る事例を踏まえた障害を理由とする差別を解消するための取組を行うものとする。
3　協議会は、第一項に規定する情報の交換及び協議を行うため必要があると認めるとき、又は構成機関等が行う相談及び当該相談に係る事例を踏まえた障害を理由とする差別を解消するための取組に関し他の構成機関等から要請があった場合において必要があると認めるときは、構成機関等に対し、相談を行った障害者及び差別に係る事案に関する情報の提供、意見の表明その他の必要な協力を求めることができる。
4　協議会の庶務は、協議会を構成する地方公共団体において処理する。
5　協議会が組織されたときは、当該地方公共団体は、内閣府令で定めるところにより、その旨を公表しなければならない。

（秘密保持義務）
第十九条　協議会の事務に従事する者又は協議会の事務に従事していた者は、正当な理由なく、協議会の事務に関して知り得た秘密を漏らしてはならない。

（協議会の定める事項）
第二十条　前三条に定めるもののほか、協議会の組織及び運営に関し必要な事項は、協議会が定める。

第五章　雑則

（主務大臣）
第二十一条　この法律における主務大臣は、対応指針の対象となる事業者の事業を所管する大臣又は国家公安委員会とする。

（地方公共団体が処理する事務）
第二十二条　第十二条に規定する主務大臣の権限に属する事務は、政令で定めるところにより、地方公共団体の長その他の執行機関が行うこととすることができる。

（権限の委任）
第二十三条　この法律の規定により主務大臣の権限に属する事項は、政令で定めるところにより、その所属の職員に委任することができる。

（政令への委任）
第二十四条　この法律に定めるもののほか、この法律の実施のため必要な事項は、政令で定める。

第六章　罰則

第二十五条　第十九条の規定に違反した者は、一年以下の懲役又は五十万円以下の罰金に処する。
第二十六条　第十二条の規定による報告をせず、又は虚偽の報告をした者は、二十万円以下の過料に処する。

附　則（抄）

（施行期日）
第一条　この法律は、平成二十八年四月一日から施行する。〔ただし書略〕

○刑法等の一部を改正する法律の施行に伴う関係法律の整理等に関する法律（抄）

令和四・六・一七
法　六　八

（災害救助法等の一部改正）
第八十条　次に掲げる法律の規定中「懲役」を「拘禁刑」に改める。
一～十　〔略〕
十一　障害を理由とする差別の解消の推進に関する法律（平成二十五年法律第六十五号）第二十五条
十二～十六　〔略〕

附　則（抄）

（施行期日）
1　この法律は、刑法等一部改正法施行日〔令和七・六・一〕から施行する。〔ただし書略〕

○発達障害者支援法

平成一六・一二・一〇
法　一　六　七

最終改正　平成二八・六・三法六四

第一章　総則

（目的）

第一条　この法律は、発達障害者の心理機能の適正な発達及び円滑な社会生活の促進のために発達障害の症状の発現後できるだけ早期に発達支援を行うとともに、切れ目なく発達障害者の支援を行うことが特に重要であることに鑑み、障害者基本法（昭和四十五年法律第八十四号）の基本的な理念にのっとり、発達障害者が基本的人権を享有する個人としての尊厳にふさわしい日常生活又は社会生活を営むことができるよう、発達障害を早期に発見し、発達支援を行うことに関する国及び地方公共団体の責務を明らかにするとともに、学校教育における発達障害者への支援、発達障害者の就労の支援、発達障害者支援センターの指定等について定めることにより、発達障害者の自立及び社会参加のためのその生活全般にわたる支援を図り、もって全ての国民が、障害の有無によって分け隔てられることなく、相互に人格と個性を尊重し合いながら共生する社会の実現に資することを目的とする。

（定義）

第二条　この法律において「発達障害」とは、自閉症、アスペルガー症候群その他の広汎性発達障害、学習障害、注意欠陥多動性障害その他これに類する脳機能の障害であってその症状が通常低年齢において発現するものとして政令で定めるものをいう。

2　この法律において「発達障害者」とは、発達障害がある者であって発達障害及び社会的障壁により日常生活又は社会生活に制限を受けるものをいい、「発達障害児」とは、発達障害者のうち十八歳未満のものをいう。

3　この法律において「社会的障壁」とは、発達障害がある者にとって日常生活又は社会生活を営む上で障壁となるような社会における事物、制度、慣行、観念その他一切のものをいう。

4　この法律において「発達支援」とは、発達障害者に対し、その心理機能の適正な発達を支援し、及び円滑な社会生活を促進するため行う個々の発達障害者の特性に対応した医療的、福祉的及び教育的援助をいう。

（基本理念）

第二条の二　発達障害者の支援は、全ての発達障害者が社会参加の機会が確保されること及びどこで誰と生活するかについての選択の機会が確保され、地域社会において他の人々と共生することを妨げられないことを旨として、行われなければならない。

2　発達障害者の支援は、社会的障壁の除去に資することを旨として、行われなければならない。

3　発達障害者の支援は、個々の発達障害者の性別、年齢、障害の状態及び生活の実態に応じて、かつ、医療、保健、福祉、教育、労働等に関する業務を行う関係機関及び民間団体相互の緊密な連携の下に、その意思決定の支援に配慮しつつ、切れ目なく行われなければならない。

（国及び地方公共団体の責務）

第三条　国及び地方公共団体は、発達障害者の心理機能の適正な発達及び円滑な社会生活の促進のために発達障害の症状の発現後できるだけ早期に発達支援を行うことが特に重要であることに鑑み、前条の基本理念（次項及び次条において「基本理念」という。）にのっとり、発達障害の早期発見のため必要な措置を講じるものとする。

2　国及び地方公共団体は、基本理念にのっとり、発達障害児に対し、発達障害の症状の発現後できるだけ早期に、その者の状況に応じて適切に、就学前の発達支援、学校における発達支援その他の発達支援が行われるとともに、発達障害者に対する就労、地域における生活等に関する支援及び発達障害者の家族その他の関係者に対する支援が行われるよう、必要な措置を講じるものとする。

3　国及び地方公共団体は、発達障害者及びその家族その他の関係者からの各種の相談に対し、個々の発達障害者の特性に配慮しつつ総合的に応ずることができるようにするため、医療、保健、福祉、教育、労働等に関する業務を行う関係機関及び民間団体相互の有機的連携の下に必要な相談体制の整備を行うものとする。

4　発達障害者の支援等の施策が講じられるに当たっては、発達障害者及び発達障害児の保護者（親権を行う者、未成年後見人その他の者で、児童を現に監護するものをいう。以下同じ。）の意思ができる限り尊重されなければならないものとする。

5　国及び地方公共団体は、発達障害者の支援等の施策を講じるに当たっては、医療、保健、福祉、教育、労働等に関する業務を担当する部局の相互の緊密な連携を確保するとともに、発達障害者が被害を受けること等を防止するため、これらの部局と消費生活、警察等に関する業務を担当する部局その他の関係機関との必要な協力体制の整備を行うものとする。

（国民の責務）

第四条　国民は、個々の発達障害の特性その他発達障害に関する理解を深めるとともに、基本理念にのっとり、発達障害者の自立及び社会参加に協力するように努めなければならない。

第二章　児童の発達障害の早期発見及び発達障害者の支援のための施策

（児童の発達障害の早期発見等）

第五条　市町村は、母子保健法（昭和四十年法律第百四十一号）第十二条及び第十三条に規定する健康診査を行うに当たり、発達障害の早期発見に十分留意しなければならない。

2　市町村の教育委員会は、学校保健安全法（昭和三十三年法

律第五十六号）第十一条に規定する健康診断を行うに当たり、発達障害の早期発見に十分留意しなければならない。

3　市町村は、児童に発達障害の疑いがある場合には、適切に支援を行うため、当該児童の保護者に対し、継続的な相談、情報の提供及び助言を行うよう努めるとともに、必要に応じ、当該児童が早期に医学的又は心理学的判定を受けることができるよう、当該児童の保護者に対し、第十四条第一項の発達障害者支援センター、第十九条の規定により都道府県が確保した医療機関その他の機関（次条第一項において「センター等」という。）を紹介し、又は助言を行うものとする。

4　市町村は、前三項の措置を講じるに当たっては、当該措置の対象となる児童及び保護者の意思を尊重するとともに、必要な配慮をしなければならない。

5　都道府県は、市町村の求めに応じ、児童の発達障害の早期発見に関する技術的事項についての指導、助言その他の市町村に対する必要な技術的援助を行うものとする。

（早期の発達支援）

第六条　市町村は、発達障害児が早期の発達支援を受けることができるよう、発達障害児の保護者に対し、その相談に応じ、センター等を紹介し、又は助言を行い、その他適切な措置を講じるものとする。

2　前条第四項の規定は、前項の措置を講じる場合について準用する。

3　都道府県は、発達障害児の早期の発達支援のために必要な体制の整備を行うとともに、発達障害児に対して行われる発達支援の専門性を確保するため必要な措置を講じるものとする。

（保育）

第七条　市町村は、児童福祉法（昭和二十二年法律第百六十四号）第二十四条第一項の規定により保育所における保育を行う場合又は同条第二項の規定による必要な保育を確保するための措置を講じる場合は、発達障害児の健全な発達が他の児童と共に生活することを通じて図られるよう適切な配慮をするものとする。

（教育）

第八条　国及び地方公共団体は、発達障害児（十八歳以上の発達障害者であって高等学校、中等教育学校及び特別支援学校並びに専修学校の高等課程に在学する者を含む。以下この項において同じ。）が、その年齢及び能力に応じ、かつ、その特性を踏まえた十分な教育を受けられるようにするため、可能な限り発達障害児が発達障害児でない児童と共に教育を受けられるよう配慮しつつ、適切な教育的支援を行うこと、個別の教育支援計画の作成（教育に関する業務を行う関係機関と医療、保健、福祉、労働等に関する業務を行う関係機関及び民間団体との連携の下に行う個別の長期的な支援に関する計画の作成をいう。）及び個別の指導に関する計画の作成の推進、いじめの防止等のための対策の推進その他の支援体制の整備を行うことその他必要な措置を講じるものとする。

2　大学及び高等専門学校は、個々の発達障害者の特性に応じ、適切な教育上の配慮をするものとする。

（放課後児童健全育成事業の利用）

第九条　市町村は、放課後児童健全育成事業について、発達障害児の利用の機会の確保を図るため、適切な配慮をするものとする。

（情報の共有の促進）

第九条の二　国及び地方公共団体は、個人情報の保護に十分配慮しつつ、福祉及び教育に関する業務を行う関係機関及び民間団体が医療、保健、労働等に関する業務を行う関係機関及び民間団体と連携を図りつつ行う発達障害者の支援に資する情報の共有を促進するため必要な措置を講じるものとする。

（就労の支援）

第十条　国及び都道府県は、発達障害者が就労することができるようにするため、発達障害者の就労を支援するため必要な体制の整備に努めるとともに、公共職業安定所、地域障害者職業センター（障害者の雇用の促進等に関する法律（昭和三十五年法律第百二十三号）第十九条第一項第三号の地域障害者職業センターをいう。）、障害者就業・生活支援センター（同法第二十七条第一項の規定による指定を受けた者をいう。）、社会福祉協議会、教育委員会その他の関係機関及び民間団体相互の連携を確保しつつ、個々の発達障害者の特性に応じた適切な就労の機会の確保、就労の定着のための支援その他の必要な支援に努めなければならない。

2　都道府県及び市町村は、必要に応じ、発達障害者が就労のための準備を適切に行えるようにするための支援が学校において行われるよう必要な措置を講じるものとする。

3　事業主は、発達障害者の雇用に関し、その有する能力を正当に評価し、適切な雇用の機会を確保するとともに、個々の発達障害者の特性に応じた適正な雇用管理を行うことによりその雇用の安定を図るよう努めなければならない。

（地域での生活支援）

第十一条　市町村は、発達障害者が、その希望に応じて、地域において自立した生活を営むことができるようにするため、発達障害者に対し、その性別、年齢、障害の状態及び生活の実態に応じて、社会生活への適応のために必要な訓練を受ける機会の確保、共同生活を営むべき住居その他の地域において生活を営むべき住居の確保その他必要な支援に努めなければならない。

（権利利益の擁護）

第十二条　国及び地方公共団体は、発達障害者が、その発達障害のために差別され、並びにいじめ及び虐待を受けること、消費生活における被害を受けること等権利利益を害されることがないようにするため、その差別の解消、いじめの防止等及び虐待の防止等のための対策を推進すること、成年後見制度が適切に行われ又は広く利用されるようにすることその他の発達障害者の権利利益の擁護のために必要な支援を行うものとする。

（司法手続における配慮）

第十二条の二　国及び地方公共団体は、発達障害者が、刑事事件若しくは少年の保護事件に関する手続その他これに準ずる手続の対象となった場合又は裁判所における民事事件、家事事件若しくは行政事件に関する手続の当事者その他の関係人となった場合において、発達障害者がその権利を円滑に行使できるようにするため、個々の発達障害者の特性に応じた意思疎通の手段の確保のための配慮その他の適切な配慮をするものとする。

（発達障害者の家族等への支援）

第十三条　都道府県及び市町村は、発達障害者の家族その他の関係者が適切な対応をすることができるようにすること等のため、児童相談所等関係機関と連携を図りつつ、発達障害者の家族その他の関係者に対し、相談、情報の提供及び助言、発達障害者の家族が互いに支え合うための活動の支援その他の支援を適切に行うよう努めなければならない。

第三章　発達障害者支援センター等

（発達障害者支援センター等）

第十四条　都道府県知事は、次に掲げる業務を、社会福祉法人その他の政令で定める法人であって当該業務を適正かつ確実に行うことができると認めて指定した者（以下「発達障害者支援センター」という。）に行わせ、又は自ら行うことができる。

一　発達障害の早期発見、早期の発達支援等に資するよう、発達障害者及びその家族その他の関係者に対し、専門的に、その相談に応じ、又は情報の提供若しくは助言を行うこと。

二　発達障害者に対し、専門的な発達支援及び就労の支援を行うこと。

三　医療、保健、福祉、教育、労働等に関する業務を行う関係機関及び民間団体並びにこれに従事する者に対し発達障害についての情報の提供及び研修を行うこと。

四　発達障害に関して、医療、保健、福祉、教育、労働等に関する業務を行う関係機関及び民間団体との連絡調整を行うこと。

五　前各号に掲げる業務に附帯する業務

2　前項の規定による指定は、当該指定を受けようとする者の申請により行う。

3　都道府県は、第一項に規定する業務を発達障害者支援センターに行わせ、又は自ら行うに当たっては、地域の実情を踏まえつつ、発達障害者及びその家族その他の関係者が可能な限りその身近な場所において必要な支援を受けられるよう適切な配慮をするものとする。

（秘密保持義務）

第十五条　発達障害者支援センターの役員若しくは職員又はこれらの職にあった者は、職務上知ることのできた個人の秘密を漏らしてはならない。

（報告の徴収等）

第十六条　都道府県知事は、発達障害者支援センターの第十四条第一項に規定する業務の適正な運営を確保するため必要があると認めるときは、当該発達障害者支援センターに対し、その業務の状況に関し必要な報告を求め、又はその職員に、当該発達障害者支援センターの事業所若しくは事務所に立ち入り、その業務の状況に関し必要な調査若しくは質問をさせることができる。

2　前項の規定により立入調査又は質問をする職員は、その身分を示す証明書を携帯し、関係者の請求があるときは、これを提示しなければならない。

3　第一項の規定による立入調査及び質問の権限は、犯罪捜査のために認められたものと解釈してはならない。

（改善命令）

第十七条　都道府県知事は、発達障害者支援センターの第十四条第一項に規定する業務の適正な運営を確保するため必要があると認めるときは、当該発達障害者支援センターに対し、その改善のために必要な措置をとるべきことを命ずることができる。

（指定の取消し）

第十八条　都道府県知事は、発達障害者支援センターが第十六条第一項の規定による報告をせず、若しくは虚偽の報告をし、若しくは同項の規定による立入調査を拒み、妨げ、若しくは忌避し、若しくは質問に対して答弁をせず、若しくは虚偽の答弁をした場合において、その業務の状況の把握に著しい支障が生じたとき、又は発達障害者支援センターが前条の規定による命令に違反したときは、その指定を取り消すことができる。

（専門的な医療機関の確保等）

第十九条　都道府県は、専門的に発達障害の診断及び発達支援を行うことができると認める病院又は診療所を確保しなければならない。

2　国及び地方公共団体は、前項の医療機関の相互協力を推進するとともに、同項の医療機関に対し、発達障害者の発達支援等に関する情報の提供その他必要な援助を行うものとする。

（発達障害者支援地域協議会）

第十九条の二　都道府県は、発達障害者の支援の体制の整備を図るため、発達障害者及びその家族、学識経験者その他の関係者並びに医療、保健、福祉、教育、労働等に関する業務を行う関係機関及び民間団体並びにこれに従事する者（次項において「関係者等」という。）により構成される発達障害者支援地域協議会を置くことができる。

2　前項の発達障害者支援地域協議会は、関係者等が相互の連絡を図ることにより、地域における発達障害者の支援体制に関する課題について情報を共有し、関係者等の連携の緊密化を図るとともに、地域の実情に応じた体制の整備について協議を行うものとする。

第四章　補則

（民間団体への支援）

第二十条　国及び地方公共団体は、発達障害者を支援するために行う民間団体の活動の活性化を図るよう配慮するものとする。

（国民に対する普及及び啓発）

第二十一条　国及び地方公共団体は、個々の発達障害の特性その他発達障害に関する国民の理解を深めるため、学校、地域、家庭、職域その他の様々な場を通じて、必要な広報その他の啓発活動を行うものとする。

（医療又は保健の業務に従事する者に対する知識の普及及び

啓発）

第二十二条　国及び地方公共団体は、医療又は保健の業務に従事する者に対し、発達障害の発見のため必要な知識の普及及び啓発に努めなければならない。

（専門的知識を有する人材の確保等）

第二十三条　国及び地方公共団体は、個々の発達障害者の特性に応じた支援を適切に行うことができるよう発達障害に関する専門的知識を有する人材の確保、養成及び資質の向上を図るため、医療、保健、福祉、教育、労働等並びに捜査及び裁判に関する業務に従事する者に対し、個々の発達障害の特性その他発達障害に関する理解を深め、及び専門性を高めるため研修を実施することその他の必要な措置を講じるものとする。

（調査研究）

第二十四条　国は、性別、年齢その他の事情を考慮しつつ、発達障害者の実態の把握に努めるとともに、個々の発達障害の原因の究明及び診断、発達支援の方法等に関する必要な調査研究を行うものとする。

（大都市等の特例）

第二十五条　この法律中都道府県が処理することとされている事務で政令で定めるものは、地方自治法（昭和二十二年法律第六十七号）第二百五十二条の十九第一項の指定都市（以下「指定都市」という。）においては、政令で定めるところにより、指定都市が処理するものとする。この場合においては、この法律中都道府県に関する規定は、指定都市に関する規定として指定都市に適用があるものとする。

附　則

（施行期日）

1　この法律は、平成十七年四月一日から施行する。

（見直し）

2　政府は、この法律の施行後三年を経過した場合において、この法律の施行の状況について検討を加え、その結果に基づいて必要な見直しを行うものとする。

○発達障害者支援法施行令

平成一七・四・一
政令一五〇

最終改正　令和五・三・三〇政令一二六

（発達障害の定義）

第一条　発達障害者支援法（以下「法」という。）第二条第一項の政令で定める障害は、脳機能の障害であってその症状が通常低年齢において発現するもののうち、言語の障害、協調運動の障害その他内閣府令・厚生労働省令で定める障害とする。

（法第十四条第一項の政令で定める法人）

第二条　法第十四条第一項の政令で定める法人は、発達障害者の福祉の増進を目的とする一般社団法人若しくは一般財団法人、医療法人、社会福祉法（昭和二十六年法律第四十五号）第二十二条に規定する社会福祉法人、特定非営利活動促進法（平成十年法律第七号）第二条第二項に規定する特定非営利活動法人又は地方独立行政法人法（平成十五年法律第百十八号）第二条第一項に規定する地方独立行政法人とする。

（大都市等の特例）

第三条　地方自治法（昭和二十二年法律第六十七号）第二百五十二条の十九第一項の指定都市（以下「指定都市」という。）において、法第二十五条の規定により、指定都市が処理する事務については、地方自治法施行令（昭和二十二年政令第十六号）第百七十四条の三十六に定めるところによる。

附　則（抄）

（施行期日）

第一条　この政令は、公布の日から施行する。

○発達障害者支援法施行規則

平成一七・四・一
厚労令八一

改正　令和五・三・三一厚労令四八

発達障害者支援法施行令第一条の内閣府令・厚生労働省令で定める障害は、心理的発達の障害並びに行動及び情緒の障害（自閉症、アスペルガー症候群その他の広汎性発達障害、学習障害、注意欠陥多動性障害、言語の障害及び協調運動の障害を除く。）とする。

附　則

この省令は、公布の日から施行する。

○人権教育及び人権啓発の推進に関する法律

平成一二・一二・六
法　一　四　七

（目的）
第一条　この法律は、人権の尊重の緊要性に関する認識の高まり、社会的身分、門地、人種、信条又は性別による不当な差別の発生等の人権侵害の現状その他人権の擁護に関する内外の情勢にかんがみ、人権教育及び人権啓発に関する施策の推進について、国、地方公共団体及び国民の責務を明らかにするとともに、必要な措置を定め、もって人権の擁護に資することを目的とする。

（定義）
第二条　この法律において、人権教育とは、人権尊重の精神の涵養を目的とする教育活動をいい、人権啓発とは、国民の間に人権尊重の理念を普及させ、及びそれに対する国民の理解を深めることを目的とする広報その他の啓発活動（人権教育を除く。）をいう。

（基本理念）
第三条　国及び地方公共団体が行う人権教育及び人権啓発は、学校、地域、家庭、職域その他の様々な場を通じて、国民が、その発達段階に応じ、人権尊重の理念に対する理解を深め、これを体得することができるよう、多様な機会の提供、効果的な手法の採用、国民の自主性の尊重及び実施機関の中立性の確保を旨として行われなければならない。

（国の責務）
第四条　国は、前条に定める人権教育及び人権啓発の基本理念（以下「基本理念」という。）にのっとり、人権教育及び人権啓発に関する施策を策定し、及び実施する責務を有する。

（地方公共団体の責務）
第五条　地方公共団体は、基本理念にのっとり、国との連携を図りつつ、その地域の実情を踏まえ、人権教育及び人権啓発に関する施策を策定し、及び実施する責務を有する。

（国民の責務）
第六条　国民は、人権尊重の精神の涵養に努めるとともに、人権が尊重される社会の実現に寄与するよう努めなければならない。

（基本計画の策定）
第七条　国は、人権教育及び人権啓発に関する施策の総合的かつ計画的な推進を図るため、人権教育及び人権啓発に関する基本的な計画を策定しなければならない。

（年次報告）
第八条　政府は、毎年、国会に、政府が講じた人権教育及び人権啓発に関する施策についての報告を提出しなければならない。

（財政上の措置）
第九条　国は、人権教育及び人権啓発に関する施策を実施する地方公共団体に対し、当該施策に係る事業の委託その他の方法により、財政上の措置を講ずることができる。

附　則

（施行期日）
第一条　この法律は、公布の日から施行する。ただし、第八条の規定は、この法律の施行の日の属する年度の翌年度以降に講じる人権教育及び人権啓発に関する施策について適用する。

（見直し）
第二条　この法律は、この法律の施行の日から三年以内に、人権擁護施策推進法（平成八年法律第百二十号）第三条第二項に基づく人権が侵害された場合における被害者の救済に関する施策の充実に関する基本的事項についての人権擁護推進審議会の調査審議の結果をも踏まえ、見直しを行うものとする。

○アイヌの人々の誇りが尊重される社会を実現するための施策の推進に関する法律（抄）

平成三一・四・二六
法　一　六
最終改正　令和四・六・一七法六八

第一章　総則

（目的）
第一条　この法律は、日本列島北部周辺、とりわけ北海道の先住民族であるアイヌの人々の誇りの源泉であるアイヌの伝統及びアイヌ文化（以下「アイヌの伝統等」という。）が置かれている状況並びに近年における先住民族をめぐる国際情勢に鑑み、アイヌ施策の推進に関し、基本理念、国等の責務、政府による基本方針の策定、民族共生象徴空間構成施設の管理に関する措置、市町村（特別区を含む。以下同じ。）によるアイヌ施策推進地域計画の作成及びその内閣総理大臣による認定、当該認定を受けたアイヌ施策推進地域計画に基づく事業に対する特別の措置、アイヌ政策推進本部の設置等について定めることにより、アイヌの人々が民族としての誇りを持って生活することができ、及びその誇りが尊重される社会の実現を図り、もって全ての国民が相互に人格と個性を尊重し合いながら共生する社会の実現に資することを目的とする。

（定義）
第二条　この法律において「アイヌ文化」とは、アイヌ語並びにアイヌにおいて継承されてきた生活様式、音楽、舞踊、工芸その他の文化的所産及びこれらから発展した文化的所産をいう。

2　この法律において「アイヌ施策」とは、アイヌ文化の振興並びにアイヌの伝統等に関する知識の普及及び啓発（以下「アイヌ文化の振興等」という。）並びにアイヌの人々が民族としての誇りを持って生活するためのアイヌ文化の振興等に資する環境の整備に関する施策をいう。

3　この法律において「民族共生象徴空間構成施設」とは、民族共生象徴空間（アイヌ文化の振興等の拠点として国土交通省令・文部科学省令で定める場所に整備される国有財産法（昭和二十三年法律第七十三号）第三条第二項に規定する行政財産をいう。）を構成する施設（その敷地を含む。）であって、国土交通省令・文部科学省令で定めるものをいう。

（基本理念）

第三条　アイヌ施策の推進は、アイヌの人々の民族としての誇りが尊重されるよう、アイヌの人々の誇りの源泉であるアイヌの伝統等並びに我が国を含む国際社会において重要な課題である多様な民族の共生及び多様な文化の発展についての国民の理解を深めることを旨として、行われなければならない。

2　アイヌ施策の推進は、アイヌの人々が民族としての誇りを持って生活することができるよう、アイヌの人々の自発的意思の尊重に配慮しつつ、行われなければならない。

3　アイヌ施策の推進は、国、地方公共団体その他の関係する者の相互の密接な連携を図りつつ、アイヌの人々が北海道のみならず全国において生活していることを踏まえて全国的な視点に立って行われなければならない。

第四条　何人も、アイヌの人々に対して、アイヌであることを理由として、差別することその他の権利利益を侵害する行為をしてはならない。

（国及び地方公共団体の責務）

第五条　国及び地方公共団体は、前三条に定める基本理念にのっとり、アイヌ施策を策定し、及び実施する責務を有する。

2　国及び地方公共団体は、アイヌ文化を継承する者の育成について適切な措置を講ずるよう努めなければならない。

3　国及び地方公共団体は、教育活動、広報活動その他の活動を通じて、アイヌに関し、国民の理解を深めるよう努めなければならない。

4　国は、アイヌ文化の振興等に資する調査研究を推進するよう努めるとともに、地方公共団体が実施するアイヌ施策を推進するために必要な助言その他の措置を講ずるよう努めなければならない。

（国民の努力）

第六条　国民は、アイヌの人々が民族としての誇りを持って生活することができ、及びその誇りが尊重される社会の実現に寄与するよう努めるものとする。

第二章　基本方針等

（基本方針）

第七条　政府は、アイヌ施策の総合的かつ効果的な推進を図るための基本的な方針（以下「基本方針」という。）を定めなければならない。

2　基本方針には、次に掲げる事項を定めるものとする。

一　アイヌ施策の意義及び目標に関する事項

二　政府が実施すべきアイヌ施策に関する基本的な方針

三　民族共生象徴空間構成施設の管理に関する基本的な事項

四　第十条第一項に規定するアイヌ施策推進地域計画の同条第九項の認定に関する基本的な事項

五　前各号に掲げるもののほか、アイヌ施策の推進のために必要な事項

3　内閣総理大臣は、アイヌ政策推進本部が作成した基本方針の案について閣議の決定を求めなければならない。

4　内閣総理大臣は、前項の規定による閣議の決定があったときは、遅滞なく、基本方針を公表しなければならない。

5　政府は、情勢の推移により必要が生じたときは、基本方針を変更しなければならない。

6　第三項及び第四項の規定は、基本方針の変更について準用する。

（都道府県方針）

第八条　都道府県知事は、基本方針に基づき、当該都道府県の区域内におけるアイヌ施策を推進するための方針（以下この条及び第十条において「都道府県方針」という。）を定めるよう努めるものとする。

2　都道府県方針には、おおむね次に掲げる事項を定めるものとする。

一　アイヌ施策の目標に関する事項

二　当該都道府県が実施すべきアイヌ施策に関する方針

三　前二号に掲げるもののほか、アイヌ施策の推進のために必要な事項

3　都道府県知事は、都道府県方針に他の地方公共団体と関係がある事項を定めようとするときは、当該事項について、あらかじめ、当該他の地方公共団体の長の意見を聴かなければならない。

4　都道府県知事は、都道府県方針を定めたときは、遅滞なく、これを公表するよう努めるとともに、関係市町村長に通知しなければならない。

5　前二項の規定は、都道府県方針の変更について準用する。

第三章　民族共生象徴空間構成施設の管理に関する措置

第九条　国土交通大臣及び文部科学大臣は、第二十条第一項の規定による指定をしたときは、民族共生象徴空間構成施設の管理を当該指定を受けた者（次項において「指定法人」という。）に委託するものとする。

2　前項の規定により管理の委託を受けた指定法人は、当該委託を受けて行う民族共生象徴空間構成施設の管理に要する費用に充てるために、民族共生象徴空間構成施設につき入場料その他の料金（第二十二条第二項において「入場料等」という。）を徴収することができる。

3　前項に定めるもののほか、第一項の規定による委託について必要な事項は、政令で定める。

第四章　アイヌ施策推進地域計画の認定等

（アイヌ施策推進地域計画の認定）

第十条　市町村は、単独で又は共同して、基本方針に基づき（当該市町村を包括する都道府県の知事が都道府県方針を定めているときは、基本方針に基づくとともに、当該都道府県方針を勘案して）、内閣府令で定めるところにより、当該市町村の区域内におけるアイヌ施策を推進するための計画（以下「アイヌ施策推進地域計画」という。）を作成し、内閣総理大臣の認定を申請することができる。

2　アイヌ施策推進地域計画には、次に掲げる事項を記載するものとする。

一　アイヌ施策推進地域計画の目標

二　アイヌ施策の推進に必要な次に掲げる事業に関する事項

イ　アイヌ文化の保存又は継承に資する事業

ロ　アイヌの伝統等に関する理解の促進に資する事業

ハ　観光の振興その他の産業の振興に資する事業

ニ　地域内若しくは地域間の交流又は国際交流の促進に資する事業

ホ　その他内閣府令で定める事業

三　計画期間

四　その他内閣府令で定める事項

3　市町村は、アイヌ施策推進地域計画を作成しようとするときは、これに記載しようとする前項第二号に規定する事業を実施する者の意見を聴かなければならない。

4　第二項第二号（ニを除く。）に規定する事業に関する事項には、アイヌにおいて継承されてきた儀式の実施その他のアイヌ文化の振興等に利用するための林産物を国有林野（国有林野の管理経営に関する法律（昭和二十六年法律第二百四十六号）第二条第一項に規定する国有林野をいう。第十六条第一項において同じ。）において採取する事業に関する事項を記載することができる。

5　前項に定めるもののほか、第二項第二号（ニを除く。）に規定する事業に関する事項には、アイヌにおいて継承されてきた儀式若しくは漁法（以下この項において「儀式等」という。）の保存若しくは継承又は儀式等に関する知識の普及及び啓発に利用するためのさけを内水面（漁業法（昭和二十四年法律第二百六十七号）第六十条第五項第五号に規定する内水面をいう。）において採捕する事業（以下この条及び第十七条において「内水面さけ採捕事業」という。）に関する事項を記載することができる。この場合においては、内水面さけ採捕事業ごとに、当該内水面さけ採捕事業を実施する区域を記載するものとする。

6　前二項に定めるもののほか、第二項第二号（ハに係る部分に限る。）に規定する事業に関する事項には、当該市町村における地域の名称又はその略称を含む商標の使用をし、又は使用をすると見込まれる商品又は役務の需要の開拓を行う事業（以下この項及び第十八条において「商品等需要開拓事業」という。）に関する事項を記載することができる。この場合においては、商品等需要開拓事業ごとに、当該商品等需要開拓事業の目標及び実施期間を記載するものとする。

7　第二項第二号イからホまでのいずれかの事業を実施しようとする者は、市町村に対して、アイヌ施策推進地域計画を作成することを提案することができる。この場合においては、基本方針に即して、当該提案に係るアイヌ施策推進地域計画の素案を作成して、これを提示しなければならない。

8　前項の規定による提案を受けた市町村は、当該提案に基づきアイヌ施策推進地域計画を作成するか否かについて、遅滞なく、当該提案をした者に通知しなければならない。この場合において、アイヌ施策推進地域計画を作成しないこととするときは、その理由を明らかにしなければならない。

9　内閣総理大臣は、第一項の規定による認定の申請があった場合において、アイヌ施策推進地域計画が次に掲げる基準に適合すると認めるときは、その認定をするものとする。

一　基本方針に適合するものであること。

二　当該アイヌ施策推進地域計画の実施が当該地域におけるアイヌ施策の推進に相当程度寄与するものであると認められること。

三　円滑かつ確実に実施されると見込まれるものであること。

10　内閣総理大臣は、前項の認定を行うに際し必要と認めるときは、アイヌ政策推進本部に対し、意見を求めることができる。

11　内閣総理大臣は、第九項の認定をしようとするときは、その旨を当該認定に係るアイヌ施策推進地域計画を作成した市町村を包括する都道府県の知事に通知しなければならない。この場合において、当該都道府県の知事が都道府県方針を定めているときは、同項の認定に関し、内閣総理大臣に対し、意見を述べることができる。

12　内閣総理大臣は、アイヌ施策推進地域計画に特定事業関係事項（第四項から第六項までのいずれかに規定する事項をいう。以下同じ。）が記載されている場合において、第九項の認定をしようとするときは、当該特定事業関係事項について、当該特定事業関係事項に係る国の関係行政機関の長（以下単に「国の関係行政機関の長」という。）の同意を得なければならない。

13　内閣総理大臣は、アイヌ施策推進地域計画に内水面さけ採捕事業に関する事項が記載されている場合において、第九項の認定をしようとするときは、当該アイヌ施策推進地域計画を作成した市町村（市町村が共同して作成したときは、当該内水面さけ採捕事業を実施する区域を含む市町村に限る。）を包括する都道府県の知事の意見を聴かなければならない。

14　内閣総理大臣は、第九項の認定をしたときは、遅滞なく、その旨を公示しなければならない。

第五章　認定アイヌ施策推進地域計画に基づく事業に対する特別の措置

（交付金の交付等）

第十五条　国は、認定市町村に対し、認定アイヌ施策推進地域計画に基づく事業（第十条第二項第二号に規定するものに限る。）の実施に要する経費に充てるため、内閣府令で定めるところにより、予算の範囲内で、交付金を交付することができる。

２　前項の交付金を充てて行う事業に要する費用については、他の法令の規定に基づく国の負担若しくは補助又は交付金の交付は、当該規定にかかわらず、行わないものとする。

３　前二項に定めるもののほか、第一項の交付金の交付に関し必要な事項は、内閣府令で定める。

第六章　指定法人

（指定等）

第二十条　国土交通大臣及び文部科学大臣は、アイヌ文化の振興等を目的とする一般社団法人又は一般財団法人であって、次条に規定する業務を適正かつ確実に行うことができると認められるものを、その申請により、全国を通じて一に限り、同条に規定する業務を行う者として指定することができる。

２　国土交通大臣及び文部科学大臣は、前項の申請をした者が次の各号のいずれかに該当するときは、同項の規定による指定をしてはならない。

一　この法律の規定により罰金の刑に処せられ、その執行を終わり、又は執行を受けることがなくなった日から二年を経過しない者であること。

二　第三十条第一項の規定により指定を取り消され、その取消しの日から二年を経過しない者であること。

三　その役員のうちに、次のいずれかに該当する者があること。

イ　禁錮以上の刑に処せられ、又はこの法律の規定により罰金の刑に処せられ、その執行を終わり、又はその執行を受けることがなくなった日から二年を経過しない者

ロ　第二十七条第二項の規定による命令により解任され、その解任の日から二年を経過しない者

３　国土交通大臣及び文部科学大臣は、第一項の規定による指定をしたときは、当該指定を受けた者（以下「指定法人」という。）の名称、住所及び事務所の所在地を公示しなければならない。

４　指定法人は、その名称、住所又は事務所の所在地を変更しようとするときは、あらかじめ、その旨を国土交通大臣及び文部科学大臣に届け出なければならない。

５　国土交通大臣及び文部科学大臣は、前項の規定による届出があったときは、当該届出に係る事項を公示しなければならない。

（業務）

第二十一条　指定法人は、次に掲げる業務を行うものとする。

一　第九条第一項の規定による委託を受けて民族共生象徴空間構成施設の管理を行うこと。

二　アイヌ文化を継承する者の育成その他のアイヌ文化の振興に関する業務を行うこと。

三　アイヌの伝統等に関する広報活動その他のアイヌの伝統等に関する知識の普及及び啓発を行うこと。

四　アイヌ文化の振興等に資する調査研究を行うこと。

五　アイヌ文化の振興、アイヌの伝統等に関する知識の普及及び啓発又はアイヌ文化の振興等に資する調査研究を行う者に対して、助言、助成その他の援助を行うこと。

六　前各号に掲げるもののほか、アイヌ文化の振興等を図るために必要な業務を行うこと。

第七章　アイヌ政策推進本部

（設置）

第三十二条　アイヌ施策を総合的かつ効果的に推進するため、内閣に、アイヌ政策推進本部（以下「本部」という。）を置く。

（所掌事務）

第三十三条　本部は、次に掲げる事務をつかさどる。

一　基本方針の案の作成に関すること。

二　基本方針の実施を推進すること。

三　前二号に掲げるもののほか、アイヌ施策で重要なものの企画及び立案並びに総合調整に関すること。

（組織）

第三十四条　本部は、アイヌ政策推進本部長、アイヌ政策推進副本部長及びアイヌ政策推進本部員をもって組織する。

（アイヌ政策推進本部長）

第三十五条　本部の長は、アイヌ政策推進本部長（以下「本部長」という。）とし、内閣官房長官をもって充てる。

２　本部長は、本部の事務を総括し、所部の職員を指揮監督する。

（アイヌ政策推進副本部長）

第三十六条　本部に、アイヌ政策推進副本部長（次項及び次条第二項において「副本部長」という。）を置き、国務大臣をもって充てる。

２　副本部長は、本部長の職務を助ける。

（アイヌ政策推進本部員）

第三十七条　本部に、アイヌ政策推進本部員（次項において「本部員」という。）を置く。

２　本部員は、次に掲げる者（第一号から第八号までに掲げる者にあっては、副本部長に充てられたものを除く。）をもって充てる。

一　法務大臣

二　外務大臣

三　文部科学大臣

四　厚生労働大臣

五　農林水産大臣

六　経済産業大臣

七　国土交通大臣

八　環境大臣

九　前各号に掲げる者のほか、本部長及び副本部長以外の国務大臣のうちから、本部の所掌事務を遂行するために特に必要があると認める者として内閣総理大臣が指定する者

附　則（抄）

（施行期日）

第一条　この法律は、公布の日から起算して一月を超えない範囲内において政令で定める日〔令和元・五・二四〕から施行する。〔ただし書略〕

附　則（令和三・五・一九法三六）（抄）

（施行期日）

第一条　この法律は、令和三年九月一日から施行する。〔ただし書略〕

（罰則の適用に関する経過措置）

第五十九条　この法律の施行前にした行為に対する罰則の適用については、なお従前の例による。

○刑法等の一部を改正する法律の施行に伴う関係法律の整理等に関する法律（抄）

令和四・六・一七
法　六　八

（アイヌの人々の誇りが尊重される社会を実現するための施策の推進に関する法律の一部改正）

第七十九条　アイヌの人々の誇りが尊重される社会を実現するための施策の推進に関する法律（平成三十一年法律第十六号）の一部を次のように改正する。

第二十条第二項第三号イ中「禁錮」を「拘禁刑」に改める。

附　則（抄）

（施行期日）

1　この法律は、刑法等一部改正法施行日〔令和七・六・一〕から施行する。〔ただし書略〕

子ども法編

目次

○児童憲章

昭二六・五・五

われらは、日本国憲法の精神にしたがい、児童に対する正しい観念を確立し、すべての児童の幸福をはかるために、この憲章を定める。

児童は、人として尊ばれる。

児童は、社会の一員として重んぜられる。

児童は、よい環境のなかで育てられる。

一　すべての児童は、心身共に健やかにうまれ、育てられ、その生活を保障される。

二　すべての児童は、家庭で、正しい愛情と知識と技術をもつて育てられ、家庭に恵まれない児童には、これにかわる環境が与えられる。

三　すべての児童は、適当な栄養と住居と被服が与えられ、また、疾病と災害からまもられる。

四　すべての児童は、個性と能力に応じて教育され、社会の一員としての責任を自主的に果たすように、みちびかれる。

五　すべての児童は、自然を愛し、科学と芸術を尊ぶように、みちびかれ、また、道徳的心情がつちかわれる。

六　すべての児童は、就学のみちを確保され、また、十分に整つた教育の施設を用意される。

七　すべての児童は、職業指導を受ける機会が与えられる。

八　すべての児童は、その労働において、心身の発育が阻害されず、教育を受ける機会が失われず、また、児童としての生活がさまたげられないように、十分に保護される。

九　すべての児童は、よい遊び場と文化財を用意され、わるい環境からまもられる。

十　すべての児童は、虐待・酷使・放任その他不当な取扱からまもられる。
　あやまちをおかした児童は、適切に保護指導される。

十一　すべての児童は、身体が不自由な場合、または精神の機能が不十分な場合に、適切な治療と教育と保護が与えられる。

十二　すべての児童は、愛とまことによつて結ばれ、よい国民として人類の平和と文化に貢献するように、みちびかれる。

○こども基本法

令和四・六・二二
法　七　七

第一章　総則

（目的）

第一条　この法律は、日本国憲法及び児童の権利に関する条約の精神にのっとり、次代の社会を担う全てのこどもが、生涯にわたる人格形成の基礎を築き、自立した個人としてひとしく健やかに成長することができ、心身の状況、置かれている環境等にかかわらず、その権利の擁護が図られ、将来にわたって幸福な生活を送ることができる社会の実現を目指して、社会全体としてこども施策に取り組むことができるよう、こども施策に関し、基本理念を定め、国の責務等を明らかにし、及びこども施策の基本となる事項を定めるとともに、こども政策推進会議を設置すること等により、こども施策を総合的に推進することを目的とする。

（定義）

第二条　この法律において「こども」とは、心身の発達の過程にある者をいう。

2　この法律において「こども施策」とは、次に掲げる施策その他のこどもに関する施策及びこれと一体的に講ずべき施策をいう。

一　新生児期、乳幼児期、学童期及び思春期の各段階を経て、おとなになるまでの心身の発達の過程を通じて切れ目なく行われるこどもの健やかな成長に対する支援

二　子育てに伴う喜びを実感できる社会の実現に資するため、就労、結婚、妊娠、出産、育児等の各段階に応じて行われる支援

三　家庭における養育環境その他のこどもの養育環境の整備

（基本理念）

第三条　こども施策は、次に掲げる事項を基本理念として行われなければならない。

一　全てのこどもについて、個人として尊重され、その基本的人権が保障されるとともに、差別的取扱いを受けることがないようにすること。

二　全てのこどもについて、適切に養育されること、その生活を保障されること、愛され保護されること、その健やかな成長及び発達並びにその自立が図られることその他の福祉に係る権利が等しく保障されるとともに、教育基本法（平成十八年法律第百二十号）の精神にのっとり教育を受ける機会が等しく与えられること。

三　全てのこどもについて、その年齢及び発達の程度に応じて、自己に直接関係する全ての事項に関して意見を表明する機会及び多様な社会的活動に参画する機会が確保されること。

四　全てのこどもについて、その年齢及び発達の程度に応じて、その意見が尊重され、その最善の利益が優先して考慮されること。

五　こどもの養育については、家庭を基本として行われ、父母その他の保護者が第一義的責任を有するとの認識の下、これらの者に対してこどもの養育に関し十分な支援を行うとともに、家庭での養育が困難なこどもにはできる限り家庭と同様の養育環境を確保することにより、こどもが心身ともに健やかに育成されるようにすること。

六　家庭や子育てに夢を持ち、子育てに伴う喜びを実感できる社会環境を整備すること。

（国の責務）

第四条　国は、前条の基本理念（以下単に「基本理念」という。）にのっとり、こども施策を総合的に策定し、及び実施する責務を有する。

（地方公共団体の責務）

第五条　地方公共団体は、基本理念にのっとり、こども施策に関し、国及び他の地方公共団体との連携を図りつつ、その区域内におけるこどもの状況に応じた施策を策定し、及び実施する責務を有する。

（事業主の努力）

第六条　事業主は、基本理念にのっとり、その雇用する労働者の職業生活及び家庭生活の充実が図られるよう、必要な雇用環境の整備に努めるものとする。

（国民の努力）

第七条　国民は、基本理念にのっとり、こども施策について関心と理解を深めるとともに、国又は地方公共団体が実施するこども施策に協力するよう努めるものとする。

（年次報告）

第八条　政府は、毎年、国会に、我が国におけるこどもをめぐる状況及び政府が講じたこども施策の実施の状況に関する報告を提出するとともに、これを公表しなければならない。

2　前項の報告は、次に掲げる事項を含むものでなければならない。

一　少子化社会対策基本法（平成十五年法律第百三十三号）第九条第一項に規定する少子化の状況及び少子化に対処するために講じた施策の概況

二　子ども・若者育成支援推進法（平成二十一年法律第七十一号）第六条第一項に規定する我が国における子ども・若者の状況及び政府が講じた子ども・若者育成支援施策の実施の状況

三　子どもの貧困対策の推進に関する法律（平成二十五年法律第六十四号）第七条第一項に規定する子どもの貧困の状況及び子どもの貧困対策の実施の状況

第二章　基本的施策

（こども施策に関する大綱）

第九条　政府は、こども施策を総合的に推進するため、こども施策に関する大綱（以下「こども大綱」という。）を定めなければならない。

2　こども大綱は、次に掲げる事項について定めるものとする。

一　こども施策に関する基本的な方針

二　こども施策に関する重要事項

三　前二号に掲げるもののほか、こども施策を推進するために必要な事項
3　こども大綱は、次に掲げる事項を含むものでなければならない。
一　少子化社会対策基本法第七条第一項に規定する総合的かつ長期的な少子化に対処するための施策
二　子ども・若者育成支援推進法第八条第二項各号に掲げる事項
三　子どもの貧困対策の推進に関する法律第八条第二項各号に掲げる事項
4　こども大綱に定めるこども施策については、原則として、当該こども施策の具体的な目標及びその達成の期間を定めるものとする。
5　内閣総理大臣は、こども大綱の案につき閣議の決定を求めなければならない。
6　内閣総理大臣は、前項の規定による閣議の決定があったときは、遅滞なく、こども大綱を公表しなければならない。
7　前二項の規定は、こども大綱の変更について準用する。

（都道府県こども計画等）
第十条　都道府県は、こども大綱を勘案して、当該都道府県におけるこども施策についての計画（以下この条において「都道府県こども計画」という。）を定めるよう努めるものとする。
2　市町村は、こども大綱（都道府県こども計画が定められているときは、こども大綱及び都道府県こども計画）を勘案して、当該市町村におけるこども施策についての計画（以下この条において「市町村こども計画」という。）を定めるよう努めるものとする。
3　都道府県又は市町村は、都道府県こども計画又は市町村こども計画を定め、又は変更したときは、遅滞なく、これを公表しなければならない。
4　都道府県こども計画は、子ども・若者育成支援推進法第九条第一項に規定する都道府県子ども・若者計画、子どもの貧困対策の推進に関する法律第九条第一項に規定する都道府県計画その他法令の規定により都道府県が作成する計画であってこども施策に関する事項を定めるものと一体のものとして作成することができる。
5　市町村こども計画は、子ども・若者育成支援推進法第九条第二項に規定する市町村子ども・若者計画、子どもの貧困対策の推進に関する法律第九条第二項に規定する市町村計画その他法令の規定により市町村が作成する計画であってこども施策に関する事項を定めるものと一体のものとして作成することができる。

（こども施策に対するこども等の意見の反映）
第十一条　国及び地方公共団体は、こども施策を策定し、実施し、及び評価するに当たっては、当該こども施策の対象となるこども又はこどもを養育する者その他の関係者の意見を反映させるために必要な措置を講ずるものとする。

（こども施策に係る支援の総合的かつ一体的な提供のための体制の整備等）
第十二条　国は、こども施策に係る支援が、支援を必要とする事由、支援を行う関係機関、支援の対象となる者の年齢又は居住する地域等にかかわらず、切れ目なく行われるようにするため、当該支援を総合的かつ一体的に行う体制の整備その他の必要な措置を講ずるものとする。

（関係者相互の有機的な連携の確保等）
第十三条　国は、こども施策が適正かつ円滑に行われるよう、医療、保健、福祉、教育、療育等に関する業務を行う関係機関相互の有機的な連携の確保に努めなければならない。
2　都道府県及び市町村は、こども施策が適正かつ円滑に行われるよう、前項に規定する業務を行う関係機関及び地域においてこどもに関する支援を行う民間団体相互の有機的な連携の確保に努めなければならない。
3　都道府県又は市町村は、前項の有機的な連携の確保に資するため、こども施策に係る事務の実施に係る協議及び連絡調整を行うための協議会を組織することができる。
4　前項の協議会は、第二項の関係機関及び民間団体その他の都道府県又は市町村が必要と認める者をもって構成する。

第十四条　国は、前条第一項の有機的な連携の確保に資するため、個人情報の適正な取扱いを確保しつつ、同項の関係機関が行うこどもに関する支援に資する情報の共有を促進するための情報通信技術の活用その他の必要な措置を講ずるものとする。
2　都道府県及び市町村は、前条第二項の有機的な連携の確保に資するため、個人情報の適正な取扱いを確保しつつ、同項の関係機関及び民間団体が行うこどもに関する支援に資する情報の共有を促進するための情報通信技術の活用その他の必要な措置を講ずるよう努めるものとする。

（この法律及び児童の権利に関する条約の趣旨及び内容についての周知）
第十五条　国は、この法律及び児童の権利に関する条約の趣旨及び内容について、広報活動等を通じて国民に周知を図り、その理解を得るよう努めるものとする。

（こども施策の充実及び財政上の措置等）
第十六条　政府は、こども大綱の定めるところにより、こども施策の幅広い展開その他のこども施策の一層の充実を図るとともに、その実施に必要な財政上の措置その他の措置を講ずるよう努めなければならない。

第三章　こども政策推進会議

（設置及び所掌事務等）
第十七条　こども家庭庁に、特別の機関として、こども政策推進会議（以下「会議」という。）を置く。
2　会議は、次に掲げる事務をつかさどる。
一　こども大綱の案を作成すること。
二　前号に掲げるもののほか、こども施策に関する重要事項について審議し、及びこども施策の実施を推進すること。
三　こども施策について必要な関係行政機関相互の調整をすること。
四　前三号に掲げるもののほか、他の法令の規定により会議に属させられた事務
3　会議は、前項の規定によりこども大綱の案を作成するに当

たり、こども及びこどもを養育する者、学識経験者、地域においてこどもに関する支援を行う民間団体その他の関係者の意見を反映させるために必要な措置を講ずるものとする。

（組織等）

第十八条 会議は、会長及び委員をもって組織する。

2 会長は、内閣総理大臣をもって充てる。

3 委員は、次に掲げる者をもって充てる。

一 内閣府設置法（平成十一年法律第八十九号）第九条第一項に規定する特命担当大臣であって、同項の規定により命を受けて同法第十一条の三に規定する事務を掌理するもの

二 会長及び前号に掲げる者以外の国務大臣のうちから、内閣総理大臣が指定する者

（資料提出の要求等）

第十九条 会議は、その所掌事務を遂行するために必要があると認めるときは、関係行政機関の長に対し、資料の提出、意見の開陳、説明その他必要な協力を求めることができる。

2 会議は、その所掌事務を遂行するために特に必要があると認めるときは、前項に規定する者以外の者に対しても、必要な協力を依頼することができる。

（政令への委任）

第二十条 前三条に定めるもののほか、会議の組織及び運営に関し必要な事項は、政令で定める。

附 則（抄）

（施行期日）

第一条 この法律は、令和五年四月一日から施行する。〔ただし書略〕

（検討）

第二条 国は、この法律の施行後五年を目途として、この法律の施行の状況及びこども施策の実施の状況を勘案し、こども施策が基本理念にのっとって実施されているかどうか等の観点からその実態を把握し及び公正かつ適切に評価する仕組みの整備その他の基本理念にのっとったこども施策の一層の推進のために必要な方策について検討を加え、その結果に基づき、法制上の措置その他の必要な措置を講ずるものとする。

○こども家庭庁設置法

令和四・六・二二
法 七 五

最終改正 令和四・一二・一六法一〇四

第一章 総則

（目的）

第一条 この法律は、こども家庭庁の設置並びに任務及びこれを達成するため必要となる明確な範囲の所掌事務を定めるとともに、その所掌する行政事務を能率的に遂行するため必要な組織を定めることを目的とする。

第二章 こども家庭庁の設置並びに任務及び所掌事務等

第一節 こども家庭庁の設置

（設置）

第二条 内閣府設置法（平成十一年法律第八十九号）第四十九条第三項の規定に基づいて、内閣府の外局として、こども家庭庁を設置する。

2 こども家庭庁の長は、こども家庭庁長官（以下「長官」という。）とする。

第二節 こども家庭庁の任務及び所掌事務等

（任務）

第三条 こども家庭庁は、心身の発達の過程にある者（以下「こども」という。）が自立した個人としてひとしく健やかに成長することのできる社会の実現に向け、子育てにおける家庭の役割の重要性を踏まえつつ、こどもの年齢及び発達の程度に応じ、その意見を尊重し、その最善の利益を優先して考慮することを基本とし、こども及びこどものある家庭の福祉の増進及び保健の向上その他のこどもの健やかな成長及びこどものある家庭における子育てに対する支援並びにこどもの権利利益の擁護に関する事務を行うことを任務とする。

2 前項に定めるもののほか、こども家庭庁は、同項の任務に関連する特定の内閣の重要政策に関する内閣の事務を助けることを任務とする。

3 こども家庭庁は、前項の任務を遂行するに当たり、内閣官房を助けるものとする。

（所掌事務）

第四条 こども家庭庁は、前条第一項の任務を達成するため、次に掲げる事務をつかさどる。

一 小学校就学前のこどもの健やかな成長のための環境の確保及び小学校就学前のこどものある家庭における子育て支援に関する基本的な政策の企画及び立案並びに推進に関すること。

二 子ども・子育て支援法（平成二十四年法律第六十五号）の規定による子ども・子育て支援給付その他の子ども及び子どもを養育している者に必要な支援に関すること（同法第六十九条第一項の規定による拠出金の徴収に関することを除く。）。

三 就学前の子どもに関する教育、保育等の総合的な提供の推進に関する法律（平成十八年法律第七十七号）に規定する認定こども園に関する制度に関すること。

四 こどもの保育及び養護に関すること。

五 こどものある家庭における子育ての支援体制の整備並びに地域におけるこどもの適切な遊び及び生活の場の確保に関すること。

六 こどもの福祉のための文化の向上に関すること。

七 母子家庭及び父子家庭並びに寡婦の福祉の増進に関すること。

八 第四号から前号までに掲げるもののほか、こども、こどものある家庭及び妊産婦その他母性の福祉の増進に関すること。

九 こどもの安全で安心な生活環境の整備に関する基本的な政策の企画及び立案並びに推進に関すること。

十 独立行政法人日本スポーツ振興センターが行う独立行政

法人日本スポーツ振興センター法（平成十四年法律第百六十二号）第十五条第一項第七号に規定する災害共済給付に関すること。
十一 青少年が安全に安心してインターネットを利用できる環境の整備等に関する法律（平成二十年法律第七十九号）第八条第一項に規定する基本計画の作成及び推進に関すること。
十二 こどもの保健の向上に関すること（児童福祉法（昭和二十二年法律第百六十四号）の規定による小児慢性特定疾病医療費の支給等に関することを除く。）。
十三 妊産婦その他母性の保健の向上に関すること。
十四 成育過程にある者及びその保護者並びに妊産婦に対し必要な成育医療等を切れ目なく提供するための施策の総合的な推進に関する法律（平成三十年法律第百四号）第十一条第一項に規定する成育医療等基本方針の策定及び推進に関すること。
十五 旧優生保護法に基づく優生手術等を受けた者に対する一時金の支給等に関する法律（平成三十一年法律第十四号）の規定による一時金の支給等に関すること。
十六 こどもの虐待の防止に関すること。
十七 いじめ防止対策推進法（平成二十五年法律第七十一号）の規定によるいじめの防止等に関する相談の体制その他の地域における体制の整備に関すること。
十八 前二号に掲げるもののほか、こどもの権利利益の擁護に関すること（他省の所掌に属するものを除く。）。
十八の二 こども基本法（令和四年法律第七十七号）第九条第一項に規定するこども大綱の策定及び推進に関すること。
十九 少子化社会対策基本法（平成十五年法律第百三十三号）第七条第一項に規定する大綱の策定及び推進に関すること。
二十 子ども・若者育成支援推進法（平成二十一年法律第七十一号）第八条第一項に規定する子ども・若者育成支援推進大綱の策定及び推進に関すること。
二十一 前号に掲げるもののほか、子ども・若者育成支援（子ども・若者育成支援推進法第一条に規定する子ども・若者育成支援をいう。次項第三号において同じ。）に関する関係行政機関の事務の連絡調整及びこれに伴い必要となる当該事務の実施の推進に関すること。
二十二 子どもの貧困対策の推進に関する法律（平成二十五年法律第六十四号）第八条第一項に規定する大綱の策定及び推進に関すること。
二十三 大学等における修学の支援に関する法律（令和元年法律第八号）の規定による大学等における修学の支援に関する関係行政機関の経費の配分計画に関すること。
二十四 こども、こどものある家庭及び妊産婦その他母性に関する総合的な調査に関すること。
二十五 所掌事務に係る国際協力に関すること。
二十六 政令で定める文教研修施設において所掌事務に関する研修を行うこと。
二十七 前各号に掲げるもののほか、法律（法律に基づく命令を含む。）に基づきこども家庭庁に属させられた事務
2 前項に定めるもののほか、こども家庭庁は、前条第二項の任務を達成するため、行政各部の施策の統一を図るために必要となる次に掲げる事項の企画及び立案並びに総合調整に関する事務（内閣官房が行う内閣法（昭和二十二年法律第五号）第十二条第二項第二号に掲げる事務を除く。）をつかさどる。
一 こどもが自立した個人としてひとしく健やかに成長することのできる社会の実現に向けた基本的な政策に関する事項
二 結婚、出産又は育児に希望を持つことができる社会環境の整備等少子化の克服に向けた基本的な政策に関する事項
三 子ども・若者育成支援に関する事項
3 前二項に定めるもののほか、こども家庭庁は、前条第二項の任務を達成するため、内閣府設置法第四条第二項に規定する事務のうち、前条第一項の任務に関連する特定の内閣の重要政策について、当該重要政策に関して閣議において決定された基本的な方針に基づいて、行政各部の施策の統一を図るために必要となる企画及び立案並びに総合調整に関する事務をつかさどる。

（資料の提出要求等）
第五条 長官は、こども家庭庁の所掌事務を遂行するため必要があると認めるときは、関係行政機関の長に対し、資料の提出、説明その他必要な協力を求めることができる。

第三章 こども家庭庁に置かれる機関

第一節 審議会等

（設置）
第六条 こども家庭庁に、こども家庭審議会を置く。
2 前項に定めるもののほか、別に法律で定めるところによりこども家庭庁に置かれる審議会等は、旧優生保護法一時金認定審査会とし、旧優生保護法に基づく優生手術等を受けた者に対する一時金の支給等に関する法律（これに基づく命令を含む。）の定めるところによる。

（こども家庭審議会）
第七条 こども家庭審議会は、次に掲げる事務をつかさどる。
一 内閣総理大臣、関係各大臣又は長官の諮問に応じて、こどもが自立した個人としてひとしく健やかに成長することのできる社会の実現に向けた基本的な政策に関する重要事項を調査審議すること。
二 前号に規定する重要事項に関し、内閣総理大臣、関係各大臣又は長官に意見を述べること。
三 内閣総理大臣又は長官の諮問に応じて、次に掲げる重要事項を調査審議すること。
イ 子ども・子育て支援法の施行に関する重要事項
ロ こども、こどものある家庭及び妊産婦その他母性の福祉の増進に関する重要事項
ハ こども及び妊産婦その他母性の保健の向上に関する重要事項
ニ こどもの権利利益の擁護に関する重要事項
四 前号イに掲げる重要事項に関し内閣総理大臣、関係各大

臣又は長官に、同号ロから二までに掲げる重要事項に関し内閣総理大臣又は長官に、それぞれ意見を述べること。

五　次に掲げる法律の規定によりその権限に属させられた事項を処理すること。

イ　児童福祉法

ロ　児童買春、児童ポルノに係る行為等の規制及び処罰並びに児童の保護等に関する法律（平成十一年法律第五十二号）

ハ　次世代育成支援対策推進法（平成十五年法律第百二十号）

ニ　就学前の子どもに関する教育、保育等の総合的な提供の推進に関する法律

ホ　子ども・子育て支援法

ヘ　成育過程にある者及びその保護者並びに妊産婦に対し必要な成育医療等を切れ目なく提供するための施策の総合的な推進に関する法律

2　こども家庭審議会の委員その他の職員で政令で定めるものは、内閣総理大臣が任命する。

3　前二項に定めるもののほか、こども家庭審議会の組織及び委員その他の職員その他こども家庭審議会に関し必要な事項については、政令で定める。

第二節　特別の機関

（こども政策推進会議）

第八条　別に法律の定めるところによりこども家庭庁に置かれる特別の機関は、こども政策推進会議とする。

2　こども政策推進会議については、こども基本法（これに基づく命令を含む。）の定めるところによる。

第四章　雑則

（官房及び局の数等）

第九条　こども家庭庁は、内閣府設置法第五十三条第二項に規定する庁とする。

2　内閣府設置法第五十三条第二項の規定に基づきこども家庭庁に置かれる官房及び局の数は、三以内とする。

附　則

（施行期日）

1　この法律は、令和五年四月一日から施行する。

（検討）

2　政府は、この法律の施行後五年を目途として、小学校就学前のこどもに対する質の高い教育及び保育の提供その他のこどもの健やかな成長及びこどものある家庭における子育てに対する支援に関する施策の実施の状況を勘案し、これらの施策を総合的かつ効果的に実施するための組織及び体制の在り方について検討を加え、必要があると認めるときは、その結果に基づいて所要の措置を講ずるものとする。

附　則（令和四・六・二二法七七）（抄）

（施行期日）

第一条　この法律は、令和五年四月一日から施行する。ただし、次の各号に掲げる規定は、この法律の公布の日又は当該各号に定める法律の公布の日のいずれか遅い日から施行する。

一　附則第十条の規定　こども家庭庁設置法（令和四年法律第七十五号）

二　〔略〕

○障害者の日常生活及び社会生活を総合的に支援するための法律等の一部を改正する法律（抄）

令和四・一二・一六
法一〇四

（こども家庭庁設置法の一部改正）

附則・第四十二条　こども家庭庁設置法（令和四年法律第七十五号）の一部を次のように改正する。

第七条第一項第五号中ヘをトとし、ホをヘとし、ニをホとし、ハの次に次のように加える。

ニ　障害者の日常生活及び社会生活を総合的に支援するための法律（平成十七年法律第百二十三号）

附　則（抄）

（施行期日）

第一条　この法律は、令和六年四月一日から施行する。ただし、次の各号に掲げる規定は、当該各号に定める日から施行する。

一～三　〔略〕

四　〔前略〕附則〔中略〕第四十二条の規定　公布の日から起算して三年を超えない範囲内において政令で定める日

○児童福祉法（抄）

昭二二・一二・一二
法　一　六　四

最終改正　令和五・六・一六法六三

第一章　総則

第一条　全て児童は、児童の権利に関する条約の精神にのつとり、適切に養育されること、その生活を保障されること、愛され、保護されること、その心身の健やかな成長及び発達並びにその自立が図られることその他の福祉を等しく保障される権利を有する。

第二条　全て国民は、児童が良好な環境において生まれ、かつ、社会のあらゆる分野において、児童の年齢及び発達の程度に応じて、その意見が尊重され、その最善の利益が優先して考慮され、心身ともに健やかに育成されるよう努めなければならない。

②　児童の保護者は、児童を心身ともに健やかに育成することについて第一義的責任を負う。

③　国及び地方公共団体は、児童の保護者とともに、児童を心身ともに健やかに育成する責任を負う。

第三条　前二条に規定するところは、児童の福祉を保障するための原理であり、この原理は、すべて児童に関する法令の施行にあたつて、常に尊重されなければならない。

第一節　国及び地方公共団体の責務

第三条の二　国及び地方公共団体は、児童が家庭において心身ともに健やかに養育されるよう、児童の保護者を支援しなければならない。ただし、児童及びその保護者の心身の状況、これらの者の置かれている環境その他の状況を勘案し、児童を家庭において養育することが困難であり又は適当でない場合にあつては児童が家庭における養育環境と同様の養育環境において継続的に養育されるよう、児童を家庭及び当該養育環境において養育することが適当でない場合にあつては児童ができる限り良好な家庭的環境において養育されるよう、必要な措置を講じなければならない。

第三条の三　市町村（特別区を含む。以下同じ。）は、児童が心身ともに健やかに育成されるよう、基礎的な地方公共団体として、第十条第一項各号に掲げる業務の実施、障害児通所給付費の支給、第二十四条第一項の規定による保育の実施その他この法律に基づく児童の身近な場所における児童の福祉に関する支援に係る業務を適切に行わなければならない。

②　都道府県は、市町村の行うこの法律に基づく児童の福祉に関する業務が適正かつ円滑に行われるよう、市町村に対する必要な助言及び適切な援助を行うとともに、児童が心身ともに健やかに育成されるよう、専門的な知識及び技術並びに各市町村の区域を超えた広域的な対応が必要な業務として、第十一条第一項各号に掲げる業務の実施、小児慢性特定疾病医療費の支給、障害児入所給付費の支給、第二十七条第一項第三号の規定による委託又は入所の措置その他この法律に基づく児童の福祉に関する業務を適切に行わなければならない。

③　国は、市町村及び都道府県の行うこの法律に基づく児童の福祉に関する業務が適正かつ円滑に行われるよう、児童が適切に養育される体制の確保に関する施策、市町村及び都道府県に対する助言及び情報の提供その他の必要な各般の措置を講じなければならない。

第二節　定義

第四条　この法律で、児童とは、満十八歳に満たない者をいい、児童を左のように分ける。

一　乳児　満一歳に満たない者

二　幼児　満一歳から、小学校就学の始期に達するまでの者

三　少年　小学校就学の始期から、満十八歳に達するまでの者

②　この法律で、障害児とは、身体に障害のある児童、知的障害のある児童、精神に障害のある児童（発達障害者支援法（平成十六年法律第百六十七号）第二条第二項に規定する発達障害児を含む。）又は治療方法が確立していない疾病その他の特殊の疾病であつて障害者の日常生活及び社会生活を総合的に支援するための法律（平成十七年法律第百二十三号）第四条第一項の政令で定めるものによる障害の程度が同項の主務大臣が定める程度である児童をいう。

第五条　この法律で、妊産婦とは、妊娠中又は出産後一年以内の女子をいう。

第六条　この法律で、保護者とは、親権を行う者、未成年後見人その他の者で、児童を現に監護する者をいう。

第六条の二　この法律で、小児慢性特定疾病とは、児童又は児童以外の満二十歳に満たない者（以下「児童等」という。）が当該疾病にかかつていることにより、長期にわたり療養を必要とし、及びその生命に危険が及ぶおそれがあるものであつて、療養のために多額の費用を要するものとして厚生労働大臣が社会保障審議会の意見を聴いて定める疾病をいう。

②　この法律で、小児慢性特定疾病児童等とは、次に掲げる者をいう。

一　都道府県知事が指定する医療機関（以下「指定小児慢性特定疾病医療機関」という。）に通い、又は入院する小児慢性特定疾病にかかつている児童（以下「小児慢性特定疾病児童」という。）

二　指定小児慢性特定疾病医療機関に通い、又は入院する小児慢性特定疾病にかかつている児童以外の満二十歳に満たない者（政令で定めるものに限る。以下「成年患者」という。）

③　この法律で、小児慢性特定疾病医療支援とは、小児慢性特定疾病児童等であつて、当該疾病の状態が当該小児慢性特定疾病ごとに厚生労働大臣が社会保障審議会の意見を聴いて定める程度であるものに対し行われる医療（当該小児慢性特定疾病に係るものに限る。）をいう。

第六条の二の二　この法律で、障害児通所支援とは、児童発達支援、放課後等デイサービス、居宅訪問型児童発達支援及び保育所等訪問支援をいい、障害児通所支援事業とは、障害児通所支援を行う事業をいう。

②　この法律で、児童発達支援とは、障害児につき、児童発達

支援センターその他の内閣府令で定める施設に通わせ、日常生活における基本的な動作及び知識技能の習得並びに集団生活への適応のための支援その他の内閣府令で定める便宜を供与し、又はこれに併せて児童発達支援センターにおいて治療（上肢、下肢又は体幹の機能の障害（以下「肢体不自由」という。）のある児童に対して行われるものに限る。第二十一条の五の二第一号及び第二十一条の五の二十九第一項において同じ。）を行うことをいう。

③ この法律で、放課後等デイサービスとは、学校教育法（昭和二十二年法律第二十六号）第一条に規定する学校（幼稚園及び大学を除く。）又は専修学校等（同法第百二十四条に規定する専修学校及び同法第百三十四条第一項に規定する各種学校をいう。以下この項において同じ。）に就学している障害児（専修学校等に就学している障害児にあつては、その福祉の増進を図るため、授業の終了後又は休業日における支援の必要があると市町村長（特別区の区長を含む。以下同じ。）が認める者に限る。）につき、授業の終了後又は休業日に児童発達支援センターその他の内閣府令で定める施設に通わせ、生活能力の向上のために必要な支援、社会との交流の促進その他の便宜を供与することをいう。

④ この法律で、居宅訪問型児童発達支援とは、重度の障害の状態その他これに準ずるものとして内閣府令で定める状態にある障害児であつて、児童発達支援又は放課後等デイサービスを受けるために外出することが著しく困難なものにつき、当該障害児の居宅を訪問し、日常生活における基本的な動作及び知識技能の習得並びに生活能力の向上のために必要な支援その他の内閣府令で定める便宜を供与することをいう。

⑤ この法律で、保育所等訪問支援とは、保育所その他の児童が集団生活を営む施設として内閣府令で定めるものに通う障害児又は乳児院その他の児童が集団生活を営む施設として内閣府令で定めるものに入所する障害児につき、当該施設を訪問し、当該施設における障害児以外の児童との集団生活への適応のための専門的な支援その他の便宜を供与することをいう。

⑥ この法律で、障害児相談支援とは、障害児支援利用援助及び継続障害児支援利用援助を行うことをいい、障害児相談支援事業とは、障害児相談支援を行う事業をいう。

⑦ この法律で、障害児支援利用援助とは、第二十一条の五の六第一項又は第二十一条の五の八第一項の申請に係る障害児の心身の状況、その置かれている環境、当該障害児又はその保護者の障害児通所支援の利用に関する意向その他の事情を勘案し、利用する障害児通所支援の種類及び内容その他の内閣府令で定める事項を定めた計画（以下「障害児支援利用計画案」という。）を作成し、第二十一条の五の五第一項に規定する通所給付決定（次項において「通所給付決定」という。）又は第二十一条の五の八第二項に規定する通所給付決定の変更の決定（次項において「通所給付決定の変更の決定」という。）（以下この条及び第二十四条の二十六第一項第一号において「給付決定等」と総称する。）が行われた後に、第二十一条の五の三第一項に規定する指定障害児通所支援事業者その他の者（次項において「関係者」という。）との連絡調整その他の便宜を供与するとともに、当該給付決定等に係る障害児通所支援の種類及び内容、これを担当する者その他の内閣府令で定める事項を記載した計画（次項において「障害児支援利用計画」という。）を作成することをいう。

⑧ この法律で、継続障害児支援利用援助とは、通所給付決定に係る障害児の保護者（以下「通所給付決定保護者」という。）が、第二十一条の五の七第八項に規定する通所給付決定の有効期間内において、継続して障害児通所支援を適切に利用することができるよう、当該通所給付決定に係る障害児支援利用計画（この項の規定により変更されたものを含む。以下この項において同じ。）が適切であるかどうかにつき、内閣府令で定める期間ごとに、当該通所給付決定保護者の障害児通所支援の利用状況を検証し、その結果及び当該通所給付決定に係る障害児又はその保護者の障害児通所支援の利用に関する意向その他の事情を勘案し、障害児支援利用計画の見直しを行い、その結果に基づき、次のいずれかの便宜の供与を行うことをいう。

一 障害児支援利用計画を変更するとともに、関係者との連絡調整その他の便宜の供与を行うこと。

二 新たな通所給付決定又は通所給付決定の変更の決定が必要であると認められる場合において、当該給付決定等に係る障害児の保護者に対し、給付決定等に係る申請の勧奨を行うこと。

第六条の三 この法律で、児童自立生活援助事業とは、次に掲げる者に対しこれらの者が共同生活を営むべき住居その他内閣府令で定める場所における相談その他の日常生活上の援助及び生活指導並びに就業の支援（以下「児童自立生活援助」という。）を行い、あわせて児童自立生活援助の実施を解除された者に対し相談その他の援助を行う事業をいう。

一 義務教育を終了した児童又は児童以外の満二十歳に満たない者であつて、措置解除者等（第二十七条第一項第三号に規定する措置（政令で定めるものに限る。）を解除された者その他政令で定める者をいう。以下同じ。）であるもの（以下「満二十歳未満義務教育終了児童等」という。）

二 満二十歳以上の措置解除者等であつて政令で定めるもののうち、学校教育法第五十条に規定する高等学校の生徒であること、同法第八十三条に規定する大学の学生であることその他の政令で定めるやむを得ない事情により児童自立生活援助の実施が必要であると都道府県知事が認めたもの

② この法律で、放課後児童健全育成事業とは、小学校に就学している児童であつて、その保護者が労働等により昼間家庭にいないものに、授業の終了後に児童厚生施設等の施設を利用して適切な遊び及び生活の場を与えて、その健全な育成を図る事業をいう。

③ この法律で、子育て短期支援事業とは、保護者の疾病その他の理由により家庭において養育を受けることが一時的に困難となつた児童について、内閣府令で定めるところにより、児童養護施設その他の内閣府令で定める施設に入所させ、又は里親（次条第三号に掲げる者を除く。）その他の内閣府令で定める者に委託し、当該児童につき必要な保護その他の支

援（保護者の心身の状況、児童の養育環境その他の状況を勘案し、児童と共にその保護者に対して支援を行うことが必要である場合にあつては、当該保護者への支援を含む。）を行う事業をいう。

④　この法律で、乳児家庭全戸訪問事業とは、一の市町村の区域内における原則として全ての乳児のいる家庭を訪問することにより、内閣府令で定めるところにより、子育てに関する情報の提供並びに乳児及びその保護者の心身の状況及び養育環境の把握を行うほか、養育についての相談に応じ、助言その他の援助を行う事業をいう。

⑤　この法律で、養育支援訪問事業とは、内閣府令で定めるところにより、乳児家庭全戸訪問事業の実施その他により把握した保護者の養育を支援することが特に必要と認められる児童（第八項に規定する要保護児童に該当するものを除く。以下「要支援児童」という。）若しくは保護者に監護させることが不適当であると認められる児童及びその保護者又は出産後の養育について出産前において支援を行うことが特に必要と認められる妊婦（以下「特定妊婦」という。）（以下「要支援児童等」という。）に対し、その養育が適切に行われるよう、当該要支援児童等の居宅において、養育に関する相談、指導、助言その他必要な支援を行う事業をいう。

⑥　この法律で、地域子育て支援拠点事業とは、内閣府令で定めるところにより、乳児又は幼児及びその保護者が相互の交流を行う場所を開設し、子育てについての相談、情報の提供、助言その他の援助を行う事業をいう。

⑦　この法律で、一時預かり事業とは、次に掲げる者について、内閣府令で定めるところにより、主として昼間において、保育所、認定こども園（就学前の子どもに関する教育、保育等の総合的な提供の推進に関する法律（平成十八年法律第七十七号。以下「認定こども園法」という。）第二条第六項に規定する認定こども園をいい、保育所であるものを除く。第二十四条第二項を除き、以下同じ。）その他の場所（第二号において「保育所等」という。）において、一時的に預かり、必要な保護を行う事業をいう。

一　家庭において保育（養護及び教育（第三十九条の二第一項に規定する満三歳以上の幼児に対する教育を除く。）を行うことをいう。以下同じ。）を受けることが一時的に困難となつた乳児又は幼児

二　子育てに係る保護者の負担を軽減するため、保育所等において一時的に預かることが望ましいと認められる乳児又は幼児

⑧　この法律で、小規模住居型児童養育事業とは、第二十七条第一項第三号の措置に係る児童について、内閣府令で定めるところにより、保護者のない児童又は保護者に監護させることが不適当であると認められる児童（以下「要保護児童」という。）の養育に関し相当の経験を有する者その他の内閣府令で定める者（次条に規定する里親を除く。）の住居において養育を行う事業をいう。

⑨　この法律で、家庭的保育事業とは、次に掲げる事業をいう。

一　子ども・子育て支援法（平成二十四年法律第六十五号）第十九条第二号の内閣府令で定める事由により家庭において必要な保育を受けることが困難である乳児又は幼児（以下「保育を必要とする乳児・幼児」という。）であつて満三歳未満のものについて、家庭的保育者（市町村長が行う研修を修了した保育士その他の内閣府令で定める者であつて、当該保育を必要とする乳児・幼児の保育を行う者として市町村長が適当と認めるものをいう。以下同じ。）の居宅その他の場所（当該保育を必要とする乳児・幼児の居宅を除く。）において、家庭的保育者による保育を行う事業（利用定員が五人以下であるものに限る。次号において同じ。）

二　満三歳以上の幼児に係る保育の体制の整備の状況その他の地域の事情を勘案して、保育が必要と認められる児童であつて満三歳以上のものについて、家庭的保育者の居宅その他の場所（当該保育が必要と認められる児童の居宅を除く。）において、家庭的保育者による保育を行う事業

⑩　この法律で、小規模保育事業とは、次に掲げる事業をいう。

一　保育を必要とする乳児・幼児であつて満三歳未満のものについて、当該保育を必要とする乳児・幼児を保育することを目的とする施設（利用定員が六人以上十九人以下であるものに限る。）において、保育を行う事業

二　満三歳以上の幼児に係る保育の体制の整備の状況その他の地域の事情を勘案して、保育が必要と認められる児童であつて満三歳以上のものについて、前号に規定する施設において、保育を行う事業

⑪　この法律で、居宅訪問型保育事業とは、次に掲げる事業をいう。

一　保育を必要とする乳児・幼児であつて満三歳未満のものについて、当該保育を必要とする乳児・幼児の居宅において家庭的保育者による保育を行う事業

二　満三歳以上の幼児に係る保育の体制の整備の状況その他の地域の事情を勘案して、保育が必要と認められる児童であつて満三歳以上のものについて、当該保育が必要と認められる児童の居宅において家庭的保育者による保育を行う事業

⑫　この法律で、事業所内保育事業とは、次に掲げる事業をいう。

一　保育を必要とする乳児・幼児であつて満三歳未満のものについて、次に掲げる施設において、保育を行う事業

イ　事業主がその雇用する労働者の監護する乳児若しくは幼児及びその他の乳児若しくは幼児を保育するために自ら設置する施設又は事業主から委託を受けて当該事業主が雇用する労働者の監護する乳児若しくは幼児及びその他の乳児若しくは幼児の保育を実施する施設

ロ　事業主団体がその構成員である事業主の雇用する労働者の監護する乳児若しくは幼児及びその他の乳児若しくは幼児を保育するために自ら設置する施設又は事業主団体から委託を受けてその構成員である事業主の雇用する労働者の監護する乳児若しくは幼児及びその他の乳児若しくは幼児の保育を実施する施設

ハ　地方公務員等共済組合法（昭和三十七年法律第百五十

二号）の規定に基づく共済組合その他の内閣府令で定める組合（以下ハにおいて「共済組合等」という。）が当該共済組合等の構成員として内閣府令で定める者（以下ハにおいて「共済組合等の構成員」という。）の監護する乳児若しくは幼児及びその他の乳児若しくは幼児を保育するために自ら設置する施設又は共済組合等から委託を受けて当該共済組合等の構成員の監護する乳児若しくは幼児及びその他の乳児若しくは幼児の保育を実施する施設

二　満三歳以上の幼児に係る保育の体制の整備の状況その他の地域の事情を勘案して、保育が必要と認められる児童であつて満三歳以上のものについて、前号に規定する施設において、保育を行う事業

⑬　この法律で、病児保育事業とは、保育を必要とする乳児・幼児又は保護者の労働若しくは疾病その他の事由により家庭において保育を受けることが困難となつた小学校に就学している児童であつて、疾病にかかつているものについて、保育所、認定こども園、病院、診療所その他内閣府令で定める施設において、保育を行う事業をいう。

⑭　この法律で、子育て援助活動支援事業とは、内閣府令で定めるところにより、次に掲げる援助のいずれか又は全てを受けることを希望する者と当該援助を行うことを希望する者（個人に限る。以下この項において「援助希望者」という。）との連絡及び調整並びに援助希望者への講習の実施その他の必要な支援を行う事業をいう。

一　児童を一時的に預かり、必要な保護（宿泊を伴つて行うものを含む。）を行うこと。

二　児童が円滑に外出することができるよう、その移動を支援すること。

⑮　この法律で、親子再統合支援事業とは、内閣府令で定めるところにより、親子の再統合を図ることが必要と認められる児童及びその保護者に対して、児童虐待の防止等に関する法律（平成十二年法律第八十二号）第二条に規定する児童虐待（以下単に「児童虐待」という。）の防止に資する情報の提供、相談及び助言その他の必要な支援を行う事業をいう。

⑯　この法律で、社会的養護自立支援拠点事業とは、内閣府令で定めるところにより、措置解除者等又はこれに類する者が相互の交流を行う場所を開設し、これらの者に対する情報の提供、相談及び助言並びにこれらの者の支援に関連する関係機関との連絡調整その他の必要な支援を行う事業をいう。

⑰　この法律で、意見表明等支援事業とは、第三十三条の三の三に規定する意見聴取等措置の対象となる児童の同条各号に規定する措置を行うことに係る意見又は意向及び第二十七条第一項第三号の措置その他の措置が採られている児童その他の者の当該措置における処遇に係る意見又は意向について、児童の福祉に関し知識又は経験を有する者が、意見聴取その他これらの者の状況に応じた適切な方法により把握するとともに、これらの意見又は意向を勘案して児童相談所、都道府県その他の関係機関との連絡調整その他の必要な支援を行う事業をいう。

⑱　この法律で、妊産婦等生活援助事業とは、家庭生活に支障が生じている特定妊婦その他これに類する者及びその者の監護すべき児童を、生活すべき住居に入居させ、又は当該事業に係る事業所その他の場所に通わせ、食事の提供その他日常生活を営むのに必要な便宜の供与、児童の養育に係る相談及び助言、母子生活支援施設その他の関係機関との連絡調整、民法（明治二十九年法律第八十九号）第八百十七条の二第一項に規定する特別養子縁組（以下単に「特別養子縁組」という。）に係る情報の提供その他の必要な支援を行う事業をいう。

⑲　この法律で、子育て世帯訪問支援事業とは、内閣府令で定めるところにより、要支援児童の保護者その他の内閣府令で定める者に対し、その居宅において、子育てに関する情報の提供並びに家事及び養育に係る援助その他の必要な支援を行う事業をいう。

⑳　この法律で、児童育成支援拠点事業とは、養育環境等に関する課題を抱える児童について、当該児童に生活の場を与えるための場所を開設し、情報の提供、相談及び関係機関との連絡調整を行うとともに、必要に応じて当該児童の保護者に対し、情報の提供、相談及び助言その他の必要な支援を行う事業をいう。

㉑　この法律で、親子関係形成支援事業とは、内閣府令で定めるところにより、親子間における適切な関係性の構築を目的として、児童及びその保護者に対し、当該児童の心身の発達の状況等に応じた情報の提供、相談及び助言その他の必要な支援を行う事業をいう。

第六条の四　この法律で、里親とは、次に掲げる者をいう。

一　内閣府令で定める人数以下の要保護児童を養育することを希望する者（都道府県知事が内閣府令で定めるところにより行う研修を修了したことその他の内閣府令で定める要件を満たす者に限る。）のうち、第三十四条の十九に規定する養育里親名簿に登録されたもの（以下「養育里親」という。）

二　前号に規定する内閣府令で定める人数以下の要保護児童を養育すること及び養子縁組によつて養親となることを希望する者（都道府県知事が内閣府令で定めるところにより行う研修を修了した者に限る。）のうち、第三十四条の十九に規定する養子縁組里親名簿に登録されたもの（以下「養子縁組里親」という。）

三　第一号に規定する内閣府令で定める人数以下の要保護児童を養育することを希望する者（当該要保護児童の父母以外の親族であつて、内閣府令で定めるものに限る。）のうち、都道府県知事が第二十七条第一項第三号の規定により児童を委託する者として適当と認めるもの

第七条　この法律で、児童福祉施設とは、助産施設、乳児院、母子生活支援施設、保育所、幼保連携型認定こども園、児童厚生施設、児童養護施設、障害児入所施設、児童発達支援センター、児童心理治療施設、児童自立支援施設、児童家庭支援センター及び里親支援センターとする。

②　この法律で、障害児入所支援とは、障害児入所施設に入所し、又は独立行政法人国立病院機構若しくは国立研究開発法人国立精神・神経医療研究センターの設置する医療機関であ

つて内閣総理大臣が指定するもの（以下「指定発達支援医療機関」という。）に入院する障害児に対して行われる保護、日常生活における基本的な動作及び独立自活に必要な知識技能の習得のための支援並びに障害児入所施設に入所し、又は指定発達支援医療機関に入院する障害児のうち知的障害のある児童、肢体不自由のある児童又は重度の知的障害及び重度の肢体不自由が重複している児童（以下「重症心身障害児」という。）に対し行われる治療をいう。

第三節　児童福祉審議会等

第八条　第九項、第十八条の二十の二第二項、第二十七条第六項、第三十三条の十五第三項、第三十五条第六項、第四十六条第四項及び第五十九条第五項の規定によりその権限に属させられた事項を調査審議するため、都道府県に児童福祉に関する審議会その他の合議制の機関を置くものとする。ただし、社会福祉法（昭和二十六年法律第四十五号）第十二条第一項の規定により同法第七条第一項に規定する地方社会福祉審議会（第九項において「地方社会福祉審議会」という。）に児童福祉に関する事項を調査審議させる都道府県にあつては、この限りでない。

② 前項に規定する審議会その他の合議制の機関（以下「都道府県児童福祉審議会」という。）は、同項に定めるもののほか、児童、妊産婦及び知的障害者の福祉に関する事項を調査審議することができる。

③ 市町村は、第三十四条の十五第四項の規定によりその権限に属させられた事項及び前項の事項を調査審議するため、児童福祉に関する審議会その他の合議制の機関を置くことができる。

④ 都道府県児童福祉審議会は、都道府県知事の、前項に規定する審議会その他の合議制の機関（以下「市町村児童福祉審議会」という。）は、市町村長の管理に属し、それぞれその諮問に答え、又は関係行政機関に意見を具申することができる。

⑤ 都道府県児童福祉審議会及び市町村児童福祉審議会（以下「児童福祉審議会」という。）は、特に必要があると認めるときは、関係行政機関に対し、所属職員の出席説明及び資料の提出を求めることができる。

⑥ 児童福祉審議会は、特に必要があると認めるときは、児童、妊産婦及び知的障害者、これらの者の家族その他の関係者に対し、第一項本文及び第二項の事項を調査審議するため必要な報告若しくは資料の提出を求め、又はその者の出席を求め、その意見を聴くことができる。

⑦ 児童福祉審議会は、前項の規定により意見を聴く場合においては、意見を述べる者の心身の状況、その者の置かれている環境その他の状況に配慮しなければならない。

⑧ こども家庭審議会、社会保障審議会及び児童福祉審議会は、必要に応じ、相互に資料を提供する等常に緊密な連絡をとらなければならない。

⑨ こども家庭審議会、社会保障審議会及び都道府県児童福祉審議会（第一項ただし書に規定する都道府県にあつては、地方社会福祉審議会とする。第十八条の二十の二第二項、第二十七条第六項、第三十三条の十二第一項及び第三項、第三十三条の十三、第三十三条の十五、第四十六条第四項並びに第五十九条第五項及び第六項において同じ。）は、児童及び知的障害者の福祉を図るため、芸能、出版物、玩具、遊戯等を推薦し、又はそれらを製作し、興行し、若しくは販売する者等に対し、必要な勧告をすることができる。

第九条　児童福祉審議会の委員は、児童福祉審議会の権限に属する事項に関し公正な判断をすることができる者であつて、かつ、児童又は知的障害者の福祉に関する事業に従事する者及び学識経験のある者のうちから、都道府県知事又は市町村長が任命する。

② 児童福祉審議会において、特別の事項を調査審議するため必要があるときは、臨時委員を置くことができる。

③ 児童福祉審議会の臨時委員は、前項の事項に関し公正な判断をすることができる者であつて、かつ、児童又は知的障害者の福祉に関する事業に従事する者及び学識経験のある者のうちから、都道府県知事又は市町村長が任命する。

④ 児童福祉審議会に、委員の互選による委員長及び副委員長各一人を置く。

第四節　実施機関

第十条　市町村は、この法律の施行に関し、次に掲げる業務を行わなければならない。

一　児童及び妊産婦の福祉に関し、必要な実情の把握に努めること。

二　児童及び妊産婦の福祉に関し、必要な情報の提供を行うこと。

三　児童及び妊産婦の福祉に関し、家庭その他からの相談に応ずること並びに必要な調査及び指導を行うこと並びにこれらに付随する業務を行うこと。

四　児童及び妊産婦の福祉に関し、心身の状況等に照らし包括的な支援を必要とすると認められる要支援児童等その他の者に対して、これらの者に対する支援の種類及び内容その他の内閣府令で定める事項を記載した計画の作成その他の包括的かつ計画的な支援を行うこと。

五　前各号に掲げるもののほか、児童及び妊産婦の福祉に関し、家庭その他につき、必要な支援を行うこと。

② 市町村長は、前項第三号に掲げる業務のうち専門的な知識及び技術を必要とするものについては、児童相談所の技術的援助及び助言を求めなければならない。

③ 市町村長は、第一項第三号に掲げる業務を行うに当たつて、医学的、心理学的、教育学的、社会学的及び精神保健上の判定を必要とする場合には、児童相談所の判定を求めなければならない。

④ 市町村は、この法律による事務を適切に行うために必要な体制の整備に努めるとともに、当該事務に従事する職員の人材の確保及び資質の向上のために必要な措置を講じなければならない。

⑤ 国は、市町村における前項の体制の整備及び措置の実施に関し、必要な支援を行うように努めなければならない。

第十条の二　市町村は、こども家庭センターの設置に努めなければならない。

② こども家庭センターは、次に掲げる業務を行うことにより、

児童及び妊産婦の福祉に関する包括的な支援を行うことを目的とする施設とする。

一　前条第一項第一号から第四号までに掲げる業務を行うこと。

二　児童及び妊産婦の福祉に関する機関との連絡調整を行うこと。

三　児童及び妊産婦の福祉並びに児童の健全育成に資する支援を行う者の確保、当該支援を行う者が相互の有機的な連携の下で支援を円滑に行うための体制の整備その他の児童及び妊産婦の福祉並びに児童の健全育成に係る支援を促進すること。

四　前三号に掲げるもののほか、児童及び妊産婦の福祉に関し、家庭その他につき、必要な支援を行うこと。

③　こども家庭センターは、前項各号に掲げる業務を行うに当たつて、次条第一項に規定する地域子育て相談機関と密接に連携を図るものとする。

第十条の三　市町村は、地理的条件、人口、交通事情その他の社会的条件、子育てに関する施設の整備の状況等を総合的に勘案して定める区域ごとに、その住民からの子育てに関する相談に応じ、必要な助言を行うことができる地域子育て相談機関（当該区域に所在する保育所、認定こども園、地域子育て支援拠点事業を行う場所その他の内閣府令で定める場所であつて、的確な相談及び助言を行うに足りる体制を有すると市町村が認めるものをいう。以下この条において同じ。）の整備に努めなければならない。

②　地域子育て相談機関は、前項の相談及び助言を行うほか、必要に応じ、こども家庭センターと連絡調整を行うとともに、地域の住民に対し、子育て支援に関する情報の提供を行うよう努めなければならない。

③　市町村は、その住民に対し、地域子育て相談機関の名称、所在地その他必要な情報を提供するよう努めなければならない。

第十一条　都道府県は、この法律の施行に関し、次に掲げる業務を行わなければならない。

一　第十条第一項各号に掲げる市町村の業務の実施に関し、市町村相互間の連絡調整、市町村に対する情報の提供、市町村職員の研修その他必要な援助を行うこと及びこれらに付随する業務を行うこと。

二　児童及び妊産婦の福祉に関し、主として次に掲げる業務を行うこと。

イ　各市町村の区域を超えた広域的な見地から、実情の把握に努めること。

ロ　児童に関する家庭その他からの相談のうち、専門的な知識及び技術を必要とするものに応ずること。

ハ　児童及びその家庭につき、必要な調査並びに医学的、心理学的、教育学的、社会学的及び精神保健上の判定を行うこと。

ニ　児童及びその保護者につき、ハの調査又は判定に基づいて心理又は児童の健康及び心身の発達に関する専門的な知識及び技術を必要とする指導その他必要な指導を行うこと。

ホ　児童の一時保護を行うこと。

ヘ　児童の権利の保護の観点から、一時保護の解除後の家庭その他の環境の調整、当該児童の状況の把握その他の措置により当該児童の安全を確保すること。

ト　里親に関する次に掲げる業務を行うこと。

(1)　里親に関する普及啓発を行うこと。

(2)　里親につき、その相談に応じ、必要な情報の提供、助言、研修その他の援助を行うこと。

(3)　里親と第二十七条第一項第三号の規定により入所の措置が採られて乳児院、児童養護施設、児童心理治療施設又は児童自立支援施設に入所している児童及び里親相互の交流の場を提供すること。

(4)　第二十七条第一項第三号の規定による里親への委託に資するよう、里親の選定及び里親と児童との間の調整を行うこと。

(5)　第二十七条第一項第三号の規定により里親に委託しようとする児童及びその保護者並びに里親の意見を聴いて、当該児童の養育の内容その他の内閣府令で定める事項について当該児童の養育に関する計画を作成すること。

チ　養子縁組により養子となる児童、その父母及び当該養子となる児童の養親となる者、養子縁組により養子となつた児童、その養親となつた者及び当該養子となつた児童の父母（特別養子縁組により親族関係が終了した当該養子となつた児童の実方の父母を含む。）その他の児童を養子とする養子縁組に関する者につき、その相談に応じ、必要な情報の提供、助言その他の援助を行うこと。

リ　児童養護施設その他の施設への入所の措置、一時保護の措置その他の措置の実施及びこれらの措置の実施中における処遇に対する児童の意見又は意向に関し、都道府県児童福祉審議会その他の機関の調査審議及び意見の具申が行われるようにすることその他の児童の権利の擁護に係る環境の整備を行うこと。

ヌ　措置解除者等の実情を把握し、その自立のために必要な援助を行うこと。

三　前二号に掲げるもののほか、児童及び妊産婦の福祉に関し、広域的な対応が必要な業務並びに家庭その他につき専門的な知識及び技術を必要とする支援を行うこと。

②　都道府県知事は、市町村の第十条第一項各号に掲げる業務の適切な実施を確保するため必要があると認めるときは、市町村に対し、体制の整備その他の措置について必要な助言を行うことができる。

③　都道府県知事は、第一項又は前項の規定による都道府県の事務の全部又は一部を、その管理に属する行政庁に委任することができる。

④　都道府県知事は、第一項第二号トに掲げる業務（以下「里親支援事業」という。）に係る事務の全部又は一部を内閣府令で定める者に委託することができる。

⑤　前項の規定により行われる里親支援事業に係る事務に従事する者又は従事していた者は、その事務に関して知り得た秘密を漏らしてはならない。

⑥ 都道府県は、この法律による事務を適切に行うために必要な体制の整備に努めるとともに、当該事務に従事する職員の人材の確保及び資質の向上のために必要な措置を講じなければならない。
⑦ 国は、都道府県における前項の体制の整備及び措置の実施に関し、必要な支援を行うように努めなければならない。

第十二条　都道府県は、児童相談所を設置しなければならない。
② 児童相談所の管轄区域は、地理的条件、人口、交通事情その他の社会的条件について政令で定める基準を参酌して都道府県が定めるものとする。
③ 児童相談所は、児童の福祉に関し、主として前条第一項第一号に掲げる業務（市町村職員の研修を除く。）並びに同項第二号（イを除く。）及び第三号に掲げる業務並びに障害者の日常生活及び社会生活を総合的に支援するための法律第二十二条第二項及び第三項並びに第二十六条第一項に規定する業務を行うものとする。
④ 都道府県は、児童相談所が前項に規定する業務のうち第二十八条第一項各号に掲げる措置を採ることその他の法律に関する専門的な知識経験を必要とするものについて、常時弁護士による助言又は指導の下で適切かつ円滑に行うため、児童相談所における弁護士の配置又はこれに準ずる措置を行うものとする。
⑤ 児童相談所は、必要に応じ、巡回して、第三項に規定する業務（前条第一項第二号ホに掲げる業務を除く。）を行うことができる。
⑥ 児童相談所長は、その管轄区域内の社会福祉法に規定する福祉に関する事務所（以下「福祉事務所」という。）の長（以下「福祉事務所長」という。）に必要な調査を委嘱することができる。
⑦ 都道府県知事は、第三項に規定する業務の質の評価を行うことその他必要な措置を講ずることにより、当該業務の質の向上に努めなければならない。
⑧ 国は、前項の措置を援助するために、児童相談所の業務の質の適切な評価の実施に資するための措置を講ずるよう努めなければならない。

第十二条の二　児童相談所には、所長及び所員を置く。
② 所長は、都道府県知事の監督を受け、所務を掌理する。
③ 所員は、所長の監督を受け、前条に規定する業務をつかさどる。
④ 児童相談所には、第一項に規定するもののほか、必要な職員を置くことができる。

第十二条の三　児童相談所の所長及び所員は、都道府県知事の補助機関である職員とする。
② 所長は、次の各号のいずれかに該当する者でなければならない。
一　医師であつて、精神保健に関して学識経験を有する者
二　学校教育法に基づく大学又は旧大学令（大正七年勅令第三百八十八号）に基づく大学において、心理学を専修する学科又はこれに相当する課程を修めて卒業した者（当該学科又は当該課程を修めて同法に基づく専門職大学の前期課程を修了した者を含む。）
三　社会福祉士
四　精神保健福祉士
五　公認心理師
六　児童の福祉に関する事務をつかさどる職員（以下「児童福祉司」という。）として二年以上勤務した者又は児童福祉司たる資格を得た後二年以上所員として勤務した者
七　前各号に掲げる者と同等以上の能力を有すると認められる者であつて、内閣府令で定めるもの
③ 所長は、内閣総理大臣が定める基準に適合する研修を受けなければならない。
④ 相談及び調査をつかさどる所員は、児童福祉司たる資格を有する者でなければならない。
⑤ 判定をつかさどる所員の中には、第二項第一号に該当する者又はこれに準ずる資格を有する者及び同項第二号に該当する者若しくはこれに準ずる資格を有する者又は同項第五号に該当する者が、それぞれ一人以上含まれなければならない。
⑥ 心理に関する専門的な知識及び技術を必要とする指導をつかさどる所員の中には、第二項第一号に該当する者若しくはこれに準ずる資格を有する者、同項第二号に該当する者若しくはこれに準ずる資格を有する者又は同項第五号に該当する者が含まれなければならない。
⑦ 前項に規定する指導をつかさどる所員の数は、政令で定める基準を標準として都道府県が定めるものとする。
⑧ 児童の健康及び心身の発達に関する専門的な知識及び技術を必要とする指導をつかさどる所員の中には、医師及び保健師が、それぞれ一人以上含まれなければならない。

第十二条の四　児童相談所には、必要に応じ、児童を一時保護する施設（以下「一時保護施設」という。）を設けなければならない。
② 都道府県は、一時保護施設の設備及び運営について、条例で基準を定めなければならない。この場合において、その基準は、児童の身体的、精神的及び社会的な発達のために必要な生活水準を確保するものでなければならない。
③ 都道府県が前項の条例を定めるに当たつては、次に掲げる事項については内閣府令で定める基準に従い定めるものとし、その他の事項については内閣府令で定める基準を参酌するものとする。
一　一時保護施設に配置する従業者及びその員数
二　一時保護施設に係る居室の床面積その他一時保護施設の設備に関する事項であつて、児童の適切な処遇の確保に密接に関連するものとして内閣府令で定めるもの
三　一時保護施設の運営に関する事項であつて、児童の適切な処遇及び安全の確保並びに秘密の保持に密接に関連するものとして内閣府令で定めるもの

第十二条の五　この法律で定めるもののほか、当該都道府県内の児童相談所を援助する中央児童相談所の指定その他児童相談所に関し必要な事項は、命令でこれを定める。

第十二条の六　保健所は、この法律の施行に関し、主として次の業務を行うものとする。
一　児童の保健について、正しい衛生知識の普及を図るこ

と。

二　児童の健康相談に応じ、又は健康診査を行い、必要に応じ、保健指導を行うこと。

三　身体に障害のある児童及び疾病により長期にわたり療養を必要とする児童の療育について、指導を行うこと。

四　児童福祉施設に対し、栄養の改善その他衛生に関し、必要な助言を与えること。

②　児童相談所長は、相談に応じた児童、その保護者又は妊産婦について、保健所に対し、保健指導その他の必要な協力を求めることができる。

第五節　児童福祉司

第十三条　都道府県は、その設置する児童相談所に、児童福祉司を置かなければならない。

②　児童福祉司の数は、各児童相談所の管轄区域内の人口、児童虐待に係る相談に応じた件数、第二十七条第一項第三号の規定による里親への委託の状況及び市町村におけるこの法律による事務の実施状況その他の条件を総合的に勘案して政令で定める基準を標準として都道府県が定めるものとする。

③　児童福祉司は、都道府県知事の補助機関である職員とし、次の各号のいずれかに該当する者のうちから、任用しなければならない。

一　児童虐待を受けた児童の保護その他児童の福祉に関する専門的な対応を要する事項について、児童及びその保護者に対する相談及び必要な指導等を通じて的確な支援を実施できる十分な知識及び技術を有する者として内閣府令で定めるもの

二　都道府県知事の指定する児童福祉司若しくは児童福祉施設の職員を養成する学校その他の施設を卒業し、又は都道府県知事の指定する講習会の課程を修了した者

三　学校教育法に基づく大学又は旧大学令に基づく大学において、心理学、教育学若しくは社会学を専修する学科又はこれらに相当する課程を修めて卒業した者（当該学科又は当該課程を修めて同法に基づく専門職大学の前期課程を修了した者を含む。）であつて、内閣府令で定める施設において一年以上相談援助業務（児童その他の者の福祉に関する相談に応じ、助言、指導その他の援助を行う業務をいう。第八号及び第六項において同じ。）に従事したもの

四　医師

五　社会福祉士

六　精神保健福祉士

七　公認心理師

八　社会福祉主事として二年以上相談援助業務に従事した者であつて、内閣総理大臣が定める講習会の課程を修了したもの

九　第二号から前号までに掲げる者と同等以上の能力を有すると認められる者であつて、内閣府令で定めるもの

④　児童福祉司は、児童相談所長の命を受けて、児童の保護その他児童の福祉に関する事項について、相談に応じ、専門的技術に基づいて必要な指導を行う等児童の福祉増進に努める。

⑤　児童福祉司の中には、他の児童福祉司が前項の職務を行うため必要な専門的技術に関する指導及び教育を行う児童福祉司（次項及び第七項において「指導教育担当児童福祉司」という。）が含まれなければならない。

⑥　指導教育担当児童福祉司は、児童福祉司としておおむね五年以上（第三項第一号に規定する者のうち、内閣府令で定める施設において二年以上相談援助業務に従事した者その他の内閣府令で定めるものにあつては、おおむね三年以上）勤務した者であつて、内閣総理大臣が定める基準に適合する研修の課程を修了したものでなければならない。

⑦　指導教育担当児童福祉司の数は、政令で定める基準を参酌して都道府県が定めるものとする。

⑧　児童福祉司は、児童相談所長が定める担当区域により、第四項の職務を行い、担当区域内の市町村長に協力を求めることができる。

⑨　児童福祉司は、内閣総理大臣が定める基準に適合する研修を受けなければならない。

⑩　第三項第二号の施設及び講習会の指定に関し必要な事項は、政令で定める。

第十四条　市町村長は、前条第四項に規定する事項に関し、児童福祉司に必要な状況の通報及び資料の提供並びに必要な援助を求めることができる。

②　児童福祉司は、その担当区域内における児童に関し、必要な事項につき、その担当区域を管轄する児童相談所長又は市町村長にその状況を通知し、併せて意見を述べなければならない。

第十五条　この法律で定めるもののほか、児童福祉司の任用叙級その他児童福祉司に関し必要な事項は、命令でこれを定める。

第六節　児童委員

第十六条　市町村の区域に児童委員を置く。

②　民生委員法（昭和二十三年法律第百九十八号）による民生委員は、児童委員に充てられたものとする。

③　厚生労働大臣は、児童委員のうちから、主任児童委員を指名する。

④　前項の規定による厚生労働大臣の指名は、民生委員法第五条の規定による推薦によつて行う。

第十七条　児童委員は、次に掲げる職務を行う。

一　児童及び妊産婦につき、その生活及び取り巻く環境の状況を適切に把握しておくこと。

二　児童及び妊産婦につき、その保護、保健その他福祉に関し、サービスを適切に利用するために必要な情報の提供その他の援助及び指導を行うこと。

三　児童及び妊産婦に係る社会福祉を目的とする事業を経営する者又は児童の健やかな育成に関する活動を行う者と密接に連携し、その事業又は活動を支援すること。

四　児童福祉司又は福祉事務所の社会福祉主事の行う職務に協力すること。

五　児童の健やかな育成に関する気運の醸成に努めること。

六　前各号に掲げるもののほか、必要に応じて、児童及び妊産婦の福祉の増進を図るための活動を行うこと。

②　主任児童委員は、前項各号に掲げる児童委員の職務につい

て、児童の福祉に関する機関と児童委員（主任児童委員である者を除く。以下この項において同じ。）との連絡調整を行うとともに、児童委員の活動に対する援助及び協力を行う。
③ 前項の規定は、主任児童委員が第一項各号に掲げる児童委員の職務を行うことを妨げるものではない。
④ 児童委員は、その職務に関し、都道府県知事の指揮監督を受ける。
第十八条 市町村長は、前条第一項又は第二項に規定する事項に関し、児童委員に必要な状況の通報及び資料の提供を求め、並びに必要な援助を求め、児童委員に必要な指示をすることができる。
② 児童委員は、その担当区域内における児童又は妊産婦に関し、必要な事項につき、その担当区域を管轄する児童相談所長又は市町村長にその状況を通知し、併せて意見を述べなければならない。
③ 児童委員が、児童相談所長に前項の通知をするときは、緊急の必要があると認める場合を除き、市町村長を経由するものとする。
④ 児童相談所長は、その管轄区域内の児童委員に必要な調査を委嘱することができる。
第十八条の二 都道府県知事は、児童委員の研修を実施しなければならない。
第十八条の二の二 内閣総理大臣及び厚生労働大臣は、児童委員の制度の運用に当たつては、必要な情報交換を行う等相互に連携を図りながら協力しなければならない。
第十八条の三 この法律で定めるもののほか児童委員に関し必要な事項は、命令でこれを定める。

第七節 保育士

第十八条の四 この法律で、保育士とは、第十八条の十八第一項の登録を受け、保育士の名称を用いて、専門的知識及び技術をもつて、児童の保育及び児童の保護者に対する保育に関する指導を行うことを業とする者をいう。
第十八条の五 次の各号のいずれかに該当する者は、保育士となることができない。
一 心身の故障により保育士の業務を適正に行うことができない者として内閣府令で定めるもの
二 禁錮以上の刑に処せられた者
三 この法律の規定その他児童の福祉に関する法律の規定であつて政令で定めるものにより、罰金の刑に処せられ、その執行を終わり、又は執行を受けることがなくなつた日から起算して三年を経過しない者
四 第十八条の十九第一項第二号若しくは第三号又は第二項の規定により登録を取り消され、その取消しの日から起算して三年を経過しない者
五 国家戦略特別区域法（平成二十五年法律第百七号）第十二条の五第八項において準用する第十八条の十九第一項第二号若しくは第三号又は第二項の規定により登録を取り消され、その取消しの日から起算して三年を経過しない者
第十八条の六 次の各号のいずれかに該当する者は、保育士となる資格を有する。
一 都道府県知事の指定する保育士を養成する学校その他の施設（以下「指定保育士養成施設」という。）を卒業した者（学校教育法に基づく専門職大学の前期課程を修了した者を含む。）
二 保育士試験に合格した者
第十八条の七 都道府県知事は、保育士の養成の適切な実施を確保するため必要があると認めるときは、その必要な限度で、指定保育士養成施設の長に対し、教育方法、設備その他の事項に関し報告を求め、若しくは指導をし、又は当該職員に、その帳簿書類その他の物件を検査させることができる。
② 前項の規定による検査を行う場合においては、当該職員は、その身分を示す証明書を携帯し、関係者の請求があるときは、これを提示しなければならない。
③ 第一項の規定による権限は、犯罪捜査のために認められたものと解釈してはならない。
第十八条の八 保育士試験は、内閣総理大臣の定める基準により、保育士として必要な知識及び技能について行う。
② 保育士試験は、毎年一回以上、都道府県知事が行う。
③ 保育士として必要な知識及び技能を有するかどうかの判定に関する事務を行わせるため、都道府県に保育士試験委員（次項において「試験委員」という。）を置く。ただし、次条第一項の規定により指定された者に当該事務を行わせることとした場合は、この限りでない。
④ 試験委員又は試験委員であつた者は、前項に規定する事務に関して知り得た秘密を漏らしてはならない。
第十八条の九 都道府県知事は、内閣府令で定めるところにより、一般社団法人又は一般財団法人であつて、保育士試験の実施に関する事務（以下「試験事務」という。）を適正かつ確実に実施することができると認められるものとして当該都道府県知事が指定する者（以下「指定試験機関」という。）に、試験事務の全部又は一部を行わせることができる。
② 都道府県知事は、前項の規定により指定試験機関に試験事務の全部又は一部を行わせることとしたときは、当該試験事務の全部又は一部を行わないものとする。
③ 都道府県は、地方自治法（昭和二十二年法律第六十七号）第二百二十七条の規定に基づき保育士試験に係る手数料を徴収する場合においては、第一項の規定により指定試験機関が行う保育士試験を受けようとする者に、条例で定めるところにより、当該手数料の全部又は一部を当該指定試験機関へ納めさせ、その収入とすることができる。
第十八条の十八 保育士となる資格を有する者が保育士となるには、保育士登録簿に、氏名、生年月日その他内閣府令で定める事項の登録を受けなければならない。
② 保育士登録簿は、都道府県に備える。
③ 都道府県知事は、保育士の登録をしたときは、申請者に第一項に規定する事項を記載した保育士登録証を交付する。
第十八条の十九 都道府県知事は、保育士が次の各号のいずれかに該当する場合には、その登録を取り消さなければならない。
一 第十八条の五各号（第四号を除く。）のいずれかに該当するに至つた場合
二 虚偽又は不正の事実に基づいて登録を受けた場合

三　第一号に掲げる場合のほか、児童生徒性暴力等（教育職員等による児童生徒性暴力等の防止等に関する法律（令和三年法律第五十七号）第二条第三項に規定する児童生徒性暴力等をいう。以下同じ。）を行つたと認められる場合

② 都道府県知事は、保育士が第十八条の二十一又は第十八条の二十二の規定に違反したときは、その登録を取り消し、又は期間を定めて保育士の名称の使用の停止を命ずることができる。

第十八条の二十　都道府県知事は、保育士の登録がその効力を失つたときは、その登録を消除しなければならない。

第十八条の二十の二　都道府県知事は、次に掲げる者（第十八条の五各号のいずれかに該当する者を除く。以下この条において「特定登録取消者」という。）については、その行つた児童生徒性暴力等の内容等を踏まえ、当該特定登録取消者の改善更生の状況その他その後の事情により保育士の登録を行うのが適当であると認められる場合に限り、保育士の登録を行うことができる。

一　児童生徒性暴力等を行つたことにより保育士又は国家戦略特別区域限定保育士（国家戦略特別区域法第十二条の五第二項に規定する国家戦略特別区域限定保育士をいう。次号及び第三項において同じ。）の登録を取り消された者

二　前号に掲げる者以外の者であつて、保育士又は国家戦略特別区域限定保育士の登録を取り消されたもののうち、保育士又は国家戦略特別区域限定保育士の登録を受けた日以後の行為が児童生徒性暴力等に該当していたと判明した者

② 都道府県知事は、前項の規定により保育士の登録を行うに当たつては、あらかじめ、都道府県児童福祉審議会の意見を聴かなければならない。

③ 都道府県知事は、第一項の規定による保育士の登録を行おうとする際に必要があると認めるときは、第十八条の十九の規定により保育士の登録を取り消した都道府県知事（国家戦略特別区域法第十二条の五第八項において準用する第十八条の十九の規定により国家戦略特別区域限定保育士の登録を取り消した都道府県知事を含む。）その他の関係機関に対し、当該特定登録取消者についてその行つた児童生徒性暴力等の内容等を調査し、保育士の登録を行うかどうかを判断するために必要な情報の提供を求めることができる。

第十八条の二十の三　保育士を任命し、又は雇用する者は、その任命し、又は雇用する保育士について、第十八条の五第二号若しくは第三号に該当すると認めたとき、又は当該保育士が児童生徒性暴力等を行つたと思料するときは、速やかにその旨を都道府県知事に報告しなければならない。

② 刑法の秘密漏示罪の規定その他の守秘義務に関する法律の規定は、前項の規定による報告（虚偽であるもの及び過失によるものを除く。）をすることを妨げるものと解釈してはならない。

第十八条の二十の四　国は、次に掲げる者について、その氏名、保育士の登録の取消しの事由、行つた児童生徒性暴力等に関する情報その他の内閣総理大臣が定める事項に係るデータベースを整備するものとする。

一　児童生徒性暴力等を行つたことにより保育士の登録を取り消された者

二　前号に掲げる者以外の者であつて、保育士の登録を取り消されたもののうち、保育士の登録を受けた日以後の行為が児童生徒性暴力等に該当していたと判明した者

② 都道府県知事は、保育士が児童生徒性暴力等を行つたことによりその登録を取り消したとき、又は保育士の登録を取り消された者（児童生徒性暴力等を行つたことにより保育士の登録を取り消された者を除く。）の保育士の登録を受けた日以後の行為が児童生徒性暴力等に該当していたことが判明したときは、前項の情報を同項のデータベースに迅速に記録することその他必要な措置を講ずるものとする。

③ 保育士を任命し、又は雇用する者は、保育士を任命し、又は雇用しようとするときは、第一項のデータベース（国家戦略特別区域法第十二条の五第八項において準用する第一項のデータベースを含む。）を活用するものとする。

第十八条の二十一　保育士は、保育士の信用を傷つけるような行為をしてはならない。

第十八条の二十二　保育士は、正当な理由がなく、その業務に関して知り得た人の秘密を漏らしてはならない。保育士でなくなつた後においても、同様とする。

第十八条の二十三　保育士でない者は、保育士又はこれに紛らわしい名称を使用してはならない。

第十八条の二十四　この法律に定めるもののほか、指定保育士養成施設、保育士試験、指定試験機関、保育士の登録その他保育士に関し必要な事項は、政令でこれを定める。

第二章　福祉の保障

第一節　療育の指導、小児慢性特定疾病医療費の支給等

第一款　療育の指導

第十九条　保健所長は、身体に障害のある児童につき、診査を行ない、又は相談に応じ、必要な療育の指導を行なわなければならない。

② 保健所長は、疾病により長期にわたり療養を必要とする児童につき、診査を行い、又は相談に応じ、必要な療育の指導を行うことができる。

③ 保健所長は、身体障害者福祉法（昭和二十四年法律第二百八十三号）第十五条第四項の規定により身体障害者手帳の交付を受けた児童（身体に障害のある十五歳未満の児童については、身体障害者手帳の交付を受けたその保護者とする。以下同じ。）につき、同法第十六条第二項第一号又は第二号に掲げる事由があると認めるときは、その旨を都道府県知事に報告しなければならない。

第二款　小児慢性特定疾病医療費の支給〔略〕

第三款　療育の給付〔略〕

第四款　雑則〔略〕

第二節　居宅生活の支援

第一款　障害児通所給付費、特例障害児通所給付費及び高額障害児通所給付費の支給

第二十一条の五の二　障害児通所給付費及び特例障害児通所給付費の支給は、次に掲げる障害児通所支援に関して次条及び

第二十一条の五の四の規定により支給する給付とする。
一　児童発達支援（治療に係るものを除く。）
二　放課後等デイサービス
三　居宅訪問型児童発達支援
四　保育所等訪問支援

第二十一条の五の三　市町村は、通所給付決定保護者が、第二十一条の五の七第八項に規定する通所給付決定の有効期間内において、都道府県知事が指定する障害児通所支援事業を行う者（以下「指定障害児通所支援事業者」という。）から障害児通所支援（以下「指定通所支援」という。）を受けたときは、当該通所給付決定保護者に対し、当該指定通所支援（同条第七項に規定する支給量の範囲内のものに限る。以下この条及び次条において同じ。）に要した費用（食事の提供に要する費用その他の日常生活に要する費用のうち内閣府令で定める費用（以下「通所特定費用」という。）を除く。）について、障害児通所給付費を支給する。
②〔略〕

第二十一条の五の四　市町村は、次に掲げる場合において、必要があると認めるときは、内閣府令で定めるところにより、当該指定通所支援又は第二号に規定する基準該当通所支援（第二十一条の五の七第七項に規定する支給量の範囲内のものに限る。）に要した費用（通所特定費用を除く。）について、特例障害児通所給付費を支給することができる。
一　通所給付決定保護者が、第二十一条の五の六第一項の申請をした日から当該通所給付決定の効力が生じた日の前日までの間に、緊急その他やむを得ない理由により指定通所支援を受けたとき。
二　通所給付決定保護者が、指定通所支援以外の障害児通所支援（第二十一条の五の十九第一項の都道府県の条例で定める基準又は同条第二項の都道府県の条例で定める指定通所支援の事業の設備及び運営に関する基準に定める事項のうち都道府県の条例で定めるものを満たすと認められる事業を行う事業所により行われるものに限る。以下「基準該当通所支援」という。）を受けたとき。
三　その他政令で定めるとき。
②　都道府県が前項第二号の条例を定めるに当たつては、第一号から第三号までに掲げる事項については内閣府令で定める基準に従い定めるものとし、第四号に掲げる事項については内閣府令で定める基準を標準として定めるものとし、その他の事項については内閣府令で定める基準を参酌するものとする。
一　基準該当通所支援に従事する従業者及びその員数
二　基準該当通所支援の事業に係る居室の床面積その他基準該当通所支援の事業の設備に関する事項であつて障害児の健全な発達に密接に関連するものとして内閣府令で定めるもの
三　基準該当通所支援の事業の運営に関する事項であつて、障害児の保護者のサービスの適切な利用の確保、障害児の安全の確保及び秘密の保持に密接に関連するものとして内閣府令で定めるもの
四　基準該当通所支援の事業に係る利用定員
③〔略〕

第二十一条の五の五　障害児通所給付費又は特例障害児通所給付費（以下この款において「障害児通所給付費等」という。）の支給を受けようとする障害児の保護者は、市町村の障害児通所給付費等を支給する旨の決定（以下「通所給付決定」という。）を受けなければならない。
②　通所給付決定は、障害児の保護者の居住地の市町村が行うものとする。ただし、障害児の保護者が居住地を有しないとき、又は明らかでないときは、その障害児の保護者の現在地の市町村が行うものとする。

第二十一条の五の六　通所給付決定を受けようとする障害児の保護者は、内閣府令で定めるところにより、市町村に申請しなければならない。
②　市町村は、前項の申請があつたときは、次条第一項に規定する通所支給要否決定を行うため、内閣府令で定めるところにより、当該職員をして、当該申請に係る障害児又は障害児の保護者に面接をさせ、その心身の状況、その置かれている環境その他内閣府令で定める事項について調査をさせるものとする。この場合において、市町村は、当該調査を障害者の日常生活及び社会生活を総合的に支援するための法律第五十一条の十四第一項に規定する指定一般相談支援事業者その他の内閣府令で定める者（以下この条において「指定障害児相談支援事業者等」という。）に委託することができる。
③　前項後段の規定により委託を受けた指定障害児相談支援事業者等は、障害児の保健又は福祉に関する専門的知識及び技術を有するものとして内閣府令で定める者に当該委託に係る調査を行わせるものとする。
④　第二項後段の規定により委託を受けた指定障害児相談支援事業者等の役員（業務を執行する社員、取締役、執行役又はこれらに準ずる者をいい、相談役、顧問その他いかなる名称を有する者であるかを問わず、法人に対し業務を執行する社員、取締役、執行役又はこれらに準ずる者と同等以上の支配力を有するものと認められる者を含む。次項並びに第二十一条の五の十五第三項第六号（第二十四条の九第三項（第二十四条の十第四項において準用する場合を含む。）及び第二十四条の二十八第二項（第二十四条の二十九第四項において準用する場合を含む。）において準用する場合を含む。）、第二十四条の十七第十一号及び第二十四条の三十六第十一号において同じ。）若しくは前項の内閣府令で定める者又はこれらの職にあつた者は、正当な理由なしに、当該委託業務に関して知り得た個人の秘密を漏らしてはならない。
⑤　第二項後段の規定により委託を受けた指定障害児相談支援事業者等の役員又は第三項の内閣府令で定める者で、当該委託業務に従事するものは、刑法その他の罰則の適用については、法令により公務に従事する職員とみなす。

第二十一条の五の七　市町村は、前条第一項の申請が行われたときは、当該申請に係る障害児の心身の状態、当該障害児の介護を行う者の状況、当該障害児及びその保護者の障害児通所支援の利用に関する意向その他の内閣府令で定める事項を勘案して障害児通所給付費等の支給の要否の決定（以下この条及び第三十三条の二十三の二第一項第二号において「通所

支給要否決定」という。）を行うものとする。

② 市町村は、通所支給要否決定を行うに当たつて必要があると認めるときは、児童相談所その他内閣府令で定める機関（次項、第二十一条の五の十及び第二十一条の五の十三第三項において「児童相談所等」という。）の意見を聴くことができる。

③ 児童相談所等は、前項の意見を述べるに当たつて必要があると認めるときは、当該通所支給要否決定に係る障害児、その保護者及び家族、医師その他の関係者の意見を聴くことができる。

④ 市町村は、通所支給要否決定を行うに当たつて必要と認められる場合として内閣府令で定める場合には、内閣府令で定めるところにより、前条第一項の申請に係る障害児の保護者に対し、第二十四条の二十六第一項第一号に規定する指定障害児相談支援事業者が作成する障害児支援利用計画案の提出を求めるものとする。

⑤ 前項の規定により障害児支援利用計画案の提出を求められた障害児の保護者は、内閣府令で定める場合には、同項の障害児支援利用計画案に代えて内閣府令で定める障害児支援利用計画案を提出することができる。

⑥ 市町村は、前二項の障害児支援利用計画案の提出があつた場合には、第一項の内閣府令で定める事項及び当該障害児支援利用計画案を勘案して通所支給要否決定を行うものとする。

⑦ 市町村は、通所給付決定を行う場合には、障害児通所支援の種類ごとに月を単位として内閣府令で定める期間において障害児通所給付費等を支給する障害児通所支援の量（以下「支給量」という。）を定めなければならない。

⑧ 通所給付決定は、内閣府令で定める期間（以下「通所給付決定の有効期間」という。）内に限り、その効力を有する。

⑨ 市町村は、通所給付決定をしたときは、当該通所給付決定保護者に対し、内閣府令で定めるところにより、支給量、通所給付決定の有効期間その他の内閣府令で定める事項を記載した通所受給者証（以下「通所受給者証」という。）を交付しなければならない。

⑩ 指定通所支援を受けようとする通所給付決定保護者は、内閣府令で定めるところにより、指定障害児通所支援事業者に通所受給者証を提示して当該指定通所支援を受けるものとする。ただし、緊急の場合その他やむを得ない事由のある場合については、この限りでない。

⑪ 通所給付決定保護者が指定障害児通所支援事業者から指定通所支援を受けたとき（当該通所給付決定保護者が当該指定障害児通所支援事業者に通所受給者証を提示したときに限る。）は、市町村は、当該通所給付決定保護者が当該指定障害児通所支援事業者に支払うべき当該指定通所支援に要した費用（通所特定費用を除く。）について、障害児通所給付費として当該通所給付決定保護者に支給すべき額の限度において、当該通所給付決定保護者に代わり、当該指定障害児通所支援事業者に支払うことができる。

⑫ 前項の規定による支払があつたときは、当該通所給付決定保護者に対し障害児通所給付費の支給があつたものとみなす。

⑬ 市町村は、指定障害児通所支援事業者から障害児通所給付費の請求があつたときは、第二十一条の五の三第二項第一号の内閣総理大臣が定める基準及び第二十一条の五の十九第二項の指定通所支援の事業の設備及び運営に関する基準（指定通所支援の取扱いに関する部分に限る。）に照らして審査の上、支払うものとする。

⑭ 市町村は、前項の規定による審査及び支払に関する事務を連合会に委託することができる。

第二十一条の五の八　通所給付決定保護者は、現に受けている通所給付決定に係る障害児通所支援の支給量その他の内閣府令で定める事項を変更する必要があるときは、内閣府令で定めるところにより、市町村に対し、当該通所給付決定の変更の申請をすることができる。

② 市町村は、前項の申請又は職権により、前条第一項の内閣府令で定める事項を勘案し、通所給付決定保護者につき、必要があると認めるときは、通所給付決定の変更の決定を行うことができる。この場合において、市町村は、当該決定に係る通所給付決定保護者に対し通所受給者証の提出を求めるものとする。

③ 第二十一条の五の五第二項、第二十一条の五の六（第一項を除く。）及び前条（第一項を除く。）の規定は、前項の通所給付決定の変更の決定について準用する。この場合において、必要な技術的読替えは、政令で定める。

④ 市町村は、第二項の通所給付決定の変更の決定を行つた場合には、通所受給者証に当該決定に係る事項を記載し、これを返還するものとする。

第二十一条の五の九　通所給付決定を行つた市町村は、次に掲げる場合には、当該通所給付決定を取り消すことができる。

一　通所給付決定に係る障害児が、指定通所支援及び基準該当通所支援を受ける必要がなくなつたと認めるとき。

二　通所給付決定保護者が、通所給付決定の有効期間内に、当該市町村以外の市町村の区域内に居住地を有するに至つたと認めるとき。

三　通所給付決定に係る障害児又はその保護者が、正当な理由なしに第二十一条の五の六第二項（前条第三項において準用する場合を含む。）の規定による調査に応じないとき。

四　その他政令で定めるとき。

② 前項の規定により通所給付決定の取消しを行つた市町村は、内閣府令で定めるところにより、当該取消しに係る通所給付決定保護者に対し通所受給者証の返還を求めるものとする。

第二十一条の五の十　都道府県は、市町村の求めに応じ、市町村が行う第二十一条の五の五から前条までの規定による業務に関し、その設置する児童相談所等による技術的事項についての協力その他市町村に対する必要な援助を行うものとする。

第二十一条の五の十一　市町村が、災害その他の内閣府令で定める特別の事情があることにより、障害児通所支援に要する費用を負担することが困難であると認めた通所給付決定保護者が受ける障害児通所給付費の支給について第二十一条の五の三第二項の規定を適用する場合においては、同項第二号中「額」とあるのは、「額」の範囲内において市町村が定める額」とする。

② 前項に規定する通所給付決定保護者が受ける特例障害児通所給付費の支給について第二十一条の五の四第三項の規定を適用する場合においては、同項中「を控除して得た額を基準として、市町村が定める」とあるのは、「の範囲内において市町村が定める額を控除して得た額とする」とする。

第二十一条の五の十二　市町村は、通所給付決定保護者が受けた障害児通所支援に要した費用の合計額（内閣総理大臣が定める基準により算定した費用の額（その額が現に要した費用の額を超えるときは、当該現に要した額）の合計額を限度とする。）から当該費用につき支給された障害児通所給付費及び特例障害児通所給付費の合計額を控除して得た額が、著しく高額であるときは、当該通所給付決定保護者に対し、高額障害児通所給付費を支給する。

② 前項に定めるもののほか、高額障害児通所給付費の支給要件、支給額その他高額障害児通所給付費の支給に関し必要な事項は、指定通所支援に要する費用の負担の家計に与える影響を考慮して、政令で定める。

第二十一条の五の十三　市町村は、第二十一条の五の三第一項、第二十一条の五の四第一項又は前条第一項の規定にかかわらず、放課後等デイサービスを受けている障害児（以下この項において「通所者」という。）について、引き続き放課後等デイサービスを受けなければその福祉を損なうおそれがあると認めるときは、当該通所者からの申請により、当該通所者が満十八歳に達した後においても、当該通所者が満二十歳に達するまで、内閣府令で定めるところにより、引き続き放課後等デイサービスに係る障害児通所給付費、特例障害児通所給付費又は高額障害児通所給付費（次項において「放課後等デイサービス障害児通所給付費等」という。）を支給することができる。ただし、当該通所者が障害者の日常生活及び社会生活を総合的に支援するための法律第五条第七項に規定する生活介護その他の支援を受けることができる場合は、この限りでない。

② 前項の規定により放課後等デイサービス障害児通所給付費等を支給することができることとされた者については、その者を障害児又は障害児の保護者とみなして、第二十一条の五の三から前条までの規定を適用する。この場合において、必要な技術的読替えその他これらの規定の適用に関し必要な事項は、政令で定める。

③ 市町村は、第一項の場合において必要があると認めるときは、児童相談所等の意見を聴くことができる。

第二十一条の五の十四　この款に定めるもののほか、障害児通所給付費、特例障害児通所給付費又は高額障害児通所給付費の支給及び指定障害児通所支援事業者の障害児通所給付費の請求に関し必要な事項は、内閣府令で定める。

第二款　指定障害児通所支援事業者〔略〕

第三款　業務管理体制の整備等〔略〕

第四款　肢体不自由児通所医療費の支給〔略〕

第五款　障害児通所支援及び障害福祉サービスの措置

第二十一条の六　市町村は、障害児通所支援又は障害者の日常生活及び社会生活を総合的に支援するための法律第五条第一項に規定する障害福祉サービス（以下「障害福祉サービス」という。）を必要とする障害児の保護者が、やむを得ない事由により障害児通所給付費若しくは特例障害児通所給付費又は同法に規定する介護給付費若しくは特例介護給付費（第五十六条の六第一項において「介護給付費等」という。）の支給を受けることが著しく困難であると認めるときは、当該障害児につき、政令で定める基準に従い、障害児通所支援若しくは障害福祉サービスを提供し、又は当該市町村以外の者に障害児通所支援若しくは障害福祉サービスの提供を委託することができる。

第二十一条の七　障害児通所支援事業を行う者及び障害者の日常生活及び社会生活を総合的に支援するための法律第五条第一項に規定する障害福祉サービス事業を行う者は、前条の規定による委託を受けたときは、正当な理由がない限り、これを拒んではならない。

第六款　子育て支援事業

第二十一条の八　市町村は、次条に規定する子育て支援事業に係る福祉サービスその他地域の実情に応じたきめ細かな福祉サービスが積極的に提供され、保護者が、その児童及び保護者の心身の状況、これらの者の置かれている環境その他の状況に応じて、当該児童を養育するために最も適切な支援が総合的に受けられるように、福祉サービスを提供する者又はこれに参画する者の活動の連携及び調整を図るようにすることその他の地域の実情に応じた体制の整備に努めなければならない。

第二十一条の九　市町村は、児童の健全な育成に資するため、その区域内において、放課後児童健全育成事業、子育て短期支援事業、乳児家庭全戸訪問事業、養育支援訪問事業、地域子育て支援拠点事業、一時預かり事業、病児保育事業、子育て援助活動支援事業、子育て世帯訪問支援事業、児童育成支援拠点事業及び親子関係形成支援事業並びに次に掲げる事業であつて主務省令で定めるもの（以下「子育て支援事業」という。）が着実に実施されるよう、必要な措置の実施に努めなければならない。

一　児童及びその保護者又はその他の者の居宅において保護者の児童の養育を支援する事業

二　保育所その他の施設において保護者の児童の養育を支援する事業

三　地域の児童の養育に関する各般の問題につき、保護者からの相談に応じ、必要な情報の提供及び助言を行う事業

第二十一条の十　市町村は、児童の健全な育成に資するため、地域の実情に応じた放課後児童健全育成事業を行うとともに、当該市町村以外の放課後児童健全育成事業を行う者との連携を図る等により、第六条の三第二項に規定する児童の放課後児童健全育成事業の利用の促進に努めなければならない。

第二十一条の十の二　市町村は、児童の健全な育成に資するため、乳児家庭全戸訪問事業及び養育支援訪問事業を行うよう

努めるとともに、乳児家庭全戸訪問事業により要支援児童等（特定妊婦を除く。）を把握したとき又は当該市町村の長が第二十六条第一項第三号の規定による送致若しくは同項第八号の規定による通知若しくは児童虐待の防止等に関する法律第八条第二項第二号の規定による送致若しくは同項第四号の規定による通知を受けたときは、養育支援訪問事業の実施その他の必要な支援を行うものとする。

② 市町村は、母子保健法（昭和四十年法律第百四十一号）第十条、第十一条第一項若しくは第二項（同法第十九条第二項において準用する場合を含む。）、第十七条第一項又は第十九条第一項の指導に併せて、乳児家庭全戸訪問事業を行うことができる。

③ 市町村は、乳児家庭全戸訪問事業又は養育支援訪問事業の事務の全部又は一部を当該市町村以外の内閣府令で定める者に委託することができる。

④ 前項の規定により行われる乳児家庭全戸訪問事業又は養育支援訪問事業の事務に従事する者又は従事していた者は、その事務に関して知り得た秘密を漏らしてはならない。

第二十一条の十の三　市町村は、乳児家庭全戸訪問事業又は養育支援訪問事業の実施に当たつては、母子保健法に基づく母子保健に関する事業との連携及び調和の確保に努めなければならない。

第二十一条の十の四　都道府県知事は、母子保健法に基づく母子保健に関する事業又は事務の実施に際して要支援児童等と思われる者を把握したときは、これを当該者の現在地の市町村長に通知するものとする。

第二十一条の十の五　病院、診療所、児童福祉施設、学校その他児童又は妊産婦の医療、福祉又は教育に関する機関及び医師、歯科医師、保健師、助産師、看護師、児童福祉施設の職員、学校の教職員その他児童又は妊産婦の医療、福祉又は教育に関連する職務に従事する者は、要支援児童等と思われる者を把握したときは、当該者の情報をその現在地の市町村に提供するよう努めなければならない。

② 刑法の秘密漏示罪の規定その他の守秘義務に関する法律の規定は、前項の規定による情報の提供をすることを妨げるものと解釈してはならない。

第二十一条の十一　市町村は、子育て支援事業に関し必要な情報の収集及び提供を行うとともに、保護者から求めがあつたときは、当該保護者の希望、その児童の養育の状況、当該児童に必要な支援の内容その他の事情を勘案し、当該保護者が最も適切な子育て支援事業の利用ができるよう、相談に応じ、必要な助言を行うものとする。

② 市町村は、前項の助言を受けた保護者から求めがあつた場合には、必要に応じて、子育て支援事業の利用についてあつせん又は調整を行うとともに、子育て支援事業を行う者に対し、当該保護者の利用の要請を行うものとする。

③ 市町村は、第一項の情報の収集及び提供、相談並びに助言並びに前項のあつせん、調整及び要請の事務を当該市町村以外の者に委託することができる。

④ 子育て支援事業を行う者は、前三項の規定により行われる情報の収集、あつせん、調整及び要請に対し、できる限り協力しなければならない。

第二十一条の十二　前条第三項の規定により行われる情報の提供、相談及び助言並びにあつせん、調整及び要請の事務（次条及び第二十一条の十四第一項において「調整等の事務」という。）に従事する者又は従事していた者は、その事務に関して知り得た秘密を漏らしてはならない。

第二十一条の十三　市町村長は、第二十一条の十一第三項の規定により行われる調整等の事務の適正な実施を確保するため必要があると認めるときは、その事務を受託した者に対し、当該事務に関し監督上必要な命令をすることができる。

第二十一条の十四　市町村長は、第二十一条の十一第三項の規定により行われる調整等の事務の適正な実施を確保するため必要があると認めるときは、その必要な限度で、その事務を受託した者に対し、報告を求め、又は当該職員に、関係者に対し質問させ、若しくは当該事務を受託した者の事務所に立ち入り、その帳簿書類その他の物件を検査させることができる。

② 第十八条の十六第二項及び第三項の規定は、前項の場合について準用する。

第二十一条の十五　国、都道府県及び市町村以外の子育て支援事業を行う者は、内閣府令で定めるところにより、その事業に関する事項を市町村長に届け出ることができる。

第二十一条の十六　国及び地方公共団体は、子育て支援事業を行う者に対して、情報の提供、相談その他の適当な援助をするように努めなければならない。

第二十一条の十七　国及び都道府県は、子育て支援事業を行う者が行う福祉サービスの質の向上のための措置を援助するための研究その他保護者の児童の養育を支援し、児童の福祉を増進するために必要な調査研究の推進に努めなければならない。

第二十一条の十八　市町村は、第十条第一項第四号に規定する計画が作成された者、第二十六条第一項第八号の規定による通知を受けた児童その他の者その他の子育て短期支援事業、養育支援訪問事業、一時預かり事業、子育て世帯訪問支援事業、児童育成支援拠点事業又は親子関係形成支援事業（以下この条において「家庭支援事業」という。）の提供が必要であると認められる者について、当該者に必要な家庭支援事業（当該市町村が実施するものに限る。）の利用を勧奨し、及びその利用ができるよう支援しなければならない。

② 市町村は、前項に規定する者が、同項の規定による勧奨及び支援を行つても、なおやむを得ない事由により当該勧奨及び支援に係る家庭支援事業を利用することが著しく困難であると認めるときは、当該者について、家庭支援事業による支援を提供することができる。

第三節　助産施設、母子生活支援施設及び保育所への入所等

第二十二条　都道府県、市及び福祉事務所を設置する町村（以下「都道府県等」という。）は、それぞれその設置する福祉事務所の所管区域内における妊産婦が、保健上必要があるにもかかわらず、経済的理由により、入院助産を受けることができない場合において、その妊産婦から申込みがあつたとき

は、その妊産婦に対し助産施設において助産を行わなければならない。ただし、付近に助産施設がない等やむを得ない事由があるときは、この限りでない。

② 前項に規定する妊産婦であつて助産施設における助産の実施（以下「助産の実施」という。）を希望する者は、内閣府令の定めるところにより、入所を希望する助産施設その他内閣府令の定める事項を記載した申込書を都道府県等に提出しなければならない。この場合において、助産施設は、内閣府令の定めるところにより、当該妊産婦の依頼を受けて、当該申込書の提出を代わつて行うことができる。

③ 都道府県等は、第二十五条の七第二項第三号、第二十五条の八第三号又は第二十六条第一項第五号の規定による報告又は通知を受けた妊産婦について、必要があると認めるときは、当該妊産婦に対し、助産の実施の申込みを勧奨しなければならない。

④ 都道府県等は、第一項に規定する妊産婦の助産施設の選択及び助産施設の適正な運営の確保に資するため、内閣府令の定めるところにより、当該都道府県等の設置する福祉事務所の所管区域内における助産施設の設置者、設備及び運営の状況その他の内閣府令の定める事項に関し情報の提供を行わなければならない。

第二十三条　都道府県等は、それぞれその設置する福祉事務所の所管区域内における保護者が、配偶者のない女子又はこれに準ずる事情にある女子であつて、その者の監護すべき児童の福祉に欠けるところがある場合において、その保護者から申込みがあつたときは、その保護者及び児童を母子生活支援施設において保護しなければならない。ただし、やむを得ない事由があるときは、適当な施設への入所のあつせん、生活保護法（昭和二十五年法律第百四十四号）の適用等適切な保護を行わなければならない。

② 前項に規定する保護者であつて母子生活支援施設における保護の実施（以下「母子保護の実施」という。）を希望するものは、内閣府令の定めるところにより、入所を希望する母子生活支援施設その他内閣府令の定める事項を記載した申込書を都道府県等に提出しなければならない。この場合において、母子生活支援施設は、内閣府令の定めるところにより、当該保護者の依頼を受けて、当該申込書の提出を代わつて行うことができる。

③ 都道府県等は、前項に規定する保護者が特別な事情により当該都道府県等の設置する福祉事務所の所管区域外の母子生活支援施設への入所を希望するときは、当該施設への入所について必要な連絡及び調整を図らなければならない。

④ 都道府県等は、第二十五条の七第二項第三号、第二十五条の八第三号若しくは第二十六条第一項第五号又は困難な問題を抱える女性への支援に関する法律（令和四年法律第五十二号）第十条の規定による報告又は通知を受けた保護者及び児童について、必要があると認めるときは、その保護者に対し、母子保護の実施の申込みを勧奨しなければならない。

⑤ 都道府県等は、第一項に規定する保護者の母子生活支援施設の選択及び母子生活支援施設の適正な運営の確保に資するため、内閣府令の定めるところにより、母子生活支援施設の設置者、設備及び運営の状況その他の内閣府令の定める事項に関し情報の提供を行わなければならない。

第二十三条の二　都道府県等は、児童及び妊産婦の福祉のため、それぞれその設置する福祉事務所の所管区域内において、妊産婦等生活援助事業が着実に実施されるよう、必要な措置の実施に努めなければならない。

第二十三条の三　妊産婦等生活援助事業を行う都道府県等は、第二十五条の七第二項第三号、第二十五条の八第三号若しくは第二十六条第一項第五号又は困難な問題を抱える女性への支援に関する法律第十条の規定による報告又は通知を受けた妊産婦又はその者の監護すべき児童について、必要があると認めるときは、当該妊産婦に対し、妊産婦等生活援助事業の利用を勧奨しなければならない。

② 都道府県は、障害児入所施設に在所し、又は指定発達支援医療機関に入院している障害児並びに第二十四条の二十四第一項又は第二項の規定により同条第一項に規定する障害児入所給付費等の支給を受けている者及び第三十一条第二項若しくは第三項又は第三十一条の二第一項若しくは第二項の規定により障害児入所施設に在所し、又は指定発達支援医療機関に入院している者が、障害福祉サービスその他のサービスを利用しつつ自立した日常生活又は社会生活を営むことができるよう、自立した日常生活又は社会生活への移行について、市町村その他の関係者との協議の場を設け、市町村その他の関係者との連携及び調整を図ることその他の必要な措置を講じなければならない。

第二十四条　市町村は、この法律及び子ども・子育て支援法の定めるところにより、保護者の労働又は疾病その他の事由により、その監護すべき乳児、幼児その他の児童について保育を必要とする場合において、次項に定めるところによるほか、当該児童を保育所（認定こども園法第三条第一項の認定を受けたもの及び同条第十項の規定による公示がされたものを除く。）において保育しなければならない。

② 市町村は、前項に規定する児童に対し、認定こども園法第二条第六項に規定する認定こども園（子ども・子育て支援法第二十七条第一項の確認を受けたものに限る。）又は家庭的保育事業等（家庭的保育事業、小規模保育事業、居宅訪問型保育事業又は事業所内保育事業をいう。以下同じ。）により必要な保育を確保するための措置を講じなければならない。

③ 市町村は、保育の需要に応ずるに足りる保育所、認定こども園（子ども・子育て支援法第二十七条第一項の確認を受けたものに限る。以下この項及び第四十六条の二第二項において同じ。）又は家庭的保育事業等が不足し、又は不足するおそれがある場合その他必要と認められる場合には、保育所、認定こども園（保育所であるものを含む。）又は家庭的保育事業等の利用について調整を行うとともに、認定こども園の設置者又は家庭的保育事業等を行う者に対し、前項に規定する児童の利用の要請を行うものとする。

④ 市町村は、第二十五条の八第三号又は第二十六条第一項第五号の規定による報告又は通知を受けた児童その他の優先的に保育を行う必要があると認められる児童について、その保護者に対し、保育所若しくは幼保連携型認定こども園におい

て保育を受けること又は家庭的保育事業等による保育を受けること（以下「保育の利用」という。）の申込みを勧奨し、及び保育を受けることができるよう支援しなければならない。

⑤　市町村は、前項に規定する児童が、同項の規定による勧奨及び支援を行つても、なおやむを得ない事由により子ども・子育て支援法に規定する施設型給付費若しくは特例施設型給付費（同法第二十八条第一項第二号に係るものを除く。次項において同じ。）又は同法に規定する地域型保育給付費若しくは特例地域型保育給付費（同法第三十条第一項第二号に係るものを除く。次項において同じ。）の支給に係る保育を受けることが著しく困難であると認めるときは、当該児童を当該市町村の設置する保育所若しくは幼保連携型認定こども園に入所させ、又は当該市町村以外の者の設置する保育所若しくは幼保連携型認定こども園に入所を委託して、保育を行わなければならない。

⑥　市町村は、前項に定めるほか、保育を必要とする乳児・幼児が、子ども・子育て支援法第四十二条第一項又は第五十四条第一項の規定によるあつせん又は要請その他市町村による支援等を受けたにもかかわらず、なお保育が利用できないなど、やむを得ない事由により同法に規定する施設型給付費若しくは特例施設型給付費又は同法に規定する地域型保育給付費若しくは特例地域型保育給付費の支給に係る保育を受けることが著しく困難であると認めるときは、次の措置を採ることができる。

一　当該保育を必要とする乳児・幼児を当該市町村の設置する保育所若しくは幼保連携型認定こども園に入所させ、又は当該市町村以外の者の設置する保育所若しくは幼保連携型認定こども園に入所を委託して、保育を行うこと。

二　当該保育を必要とする乳児・幼児に対して当該市町村が行う家庭的保育事業等による保育を行い、又は家庭的保育事業等を行う当該市町村以外の者に当該家庭的保育事業等により保育を行うことを委託すること。

⑦　市町村は、第三項の規定による調整及び要請並びに第四項の規定による勧奨及び支援を適切に実施するとともに、地域の実情に応じたきめ細かな保育が積極的に提供され、児童が、その置かれている環境等に応じて、必要な保育を受けることができるよう、保育を行う事業その他児童の福祉を増進することを目的とする事業を行う者の活動の連携及び調整を図る等地域の実情に応じた体制の整備を行うものとする。

第四節　障害児入所給付費、高額障害児入所給付費及び特定入所障害児食費等給付費並びに障害児入所医療費の支給〔略〕

第五節　障害児相談支援給付費及び特例障害児相談支援給付費の支給〔略〕

第六節　要保護児童の保護措置等

第二十五条　要保護児童を発見した者は、これを市町村、都道府県の設置する福祉事務所若しくは児童相談所又は児童委員を介して市町村、都道府県の設置する福祉事務所若しくは児童相談所に通告しなければならない。ただし、罪を犯した満十四歳以上の児童については、この限りでない。この場合においては、これを家庭裁判所に通告しなければならない。

②　刑法の秘密漏示罪の規定その他の守秘義務に関する法律の規定は、前項の規定による通告をすることを妨げるものと解釈してはならない。

第二十五条の二　地方公共団体は、単独で又は共同して、要保護児童（第三十一条第四項に規定する延長者及び第三十三条第十項に規定する保護延長者（次項において「延長者等」という。）を含む。次項において同じ。）の適切な保護又は要支援児童若しくは特定妊婦への適切な支援を図るため、関係機関、関係団体及び児童の福祉に関連する職務に従事する者その他の関係者（以下「関係機関等」という。）により構成される要保護児童対策地域協議会（以下「協議会」という。）を置くように努めなければならない。

②　協議会は、要保護児童若しくは要支援児童及びその保護者（延長者等の親権を行う者、未成年後見人その他の者で、延長者等を現に監護する者を含む。）又は特定妊婦（以下この項及び第五項において「支援対象児童等」という。）に関する情報その他要保護児童の適切な保護又は要支援児童若しくは特定妊婦への適切な支援を図るために必要な情報の交換を行うとともに、支援対象児童等に対する支援の内容に関する協議を行うものとする。

③　地方公共団体の長は、協議会を設置したときは、内閣府令で定めるところにより、その旨を公示しなければならない。

④　協議会を設置した地方公共団体の長は、協議会を構成する関係機関等のうちから、一に限り要保護児童対策調整機関を指定する。

⑤　要保護児童対策調整機関は、協議会に関する事務を総括するとともに、支援対象児童等に対する支援が適切に実施されるよう、内閣府令で定めるところにより、支援対象児童等に対する支援の実施状況を的確に把握し、必要に応じて、児童相談所、養育支援訪問事業を行う者、こども家庭センターその他の関係機関等との連絡調整を行うものとする。

⑥　市町村の設置した協議会（市町村が地方公共団体（市町村を除く。）と共同して設置したものを含む。）に係る要保護児童対策調整機関は、内閣府令で定めるところにより、専門的な知識及び技術に基づき前項の業務に係る事務を適切に行うことができる者として内閣府令で定めるもの（次項及び第八項において「調整担当者」という。）を置くものとする。

⑦　地方公共団体（市町村を除く。）の設置した協議会（当該地方公共団体が市町村と共同して設置したものを除く。）に係る要保護児童対策調整機関は、内閣府令で定めるところにより、調整担当者を置くように努めなければならない。

⑧　要保護児童対策調整機関に置かれた調整担当者は、内閣総理大臣が定める基準に適合する研修を受けなければならない。

第二十五条の三　協議会は、前条第二項に規定する情報の交換及び協議を行うため必要があると認めるときは、関係機関等に対し、資料又は情報の提供、意見の開陳その他必要な協力を求めることができる。

②　関係機関等は、前項の規定に基づき、協議会から資料又は情報の提供、意見の開陳その他必要な協力の求めがあつた場

合には、これに応ずるよう努めなければならない。

第二十五条の四　前二条に定めるもののほか、協議会の組織及び運営に関し必要な事項は、協議会が定める。

第二十五条の五　次の各号に掲げる協議会を構成する関係機関等の区分に従い、当該各号に定める者は、正当な理由がなく、協議会の職務に関して知り得た秘密を漏らしてはならない。

一　国又は地方公共団体の機関　当該機関の職員又は職員であつた者

二　法人　当該法人の役員若しくは職員又はこれらの職にあつた者

三　前二号に掲げる者以外の者　協議会を構成する者又はその職にあつた者

第二十五条の六　市町村、都道府県の設置する福祉事務所又は児童相談所は、第二十五条第一項の規定による通告を受けた場合において必要があると認めるときは、速やかに、当該児童の状況の把握を行うものとする。

第二十五条の七　市町村（次項に規定する町村を除く。）は、要保護児童若しくは要支援児童及びその保護者又は特定妊婦（次項において「要保護児童等」という。）に対する支援の実施状況を的確に把握するものとし、第二十五条第一項の規定による通告を受けた児童及び相談に応じた児童又はその保護者（以下「通告児童等」という。）について、必要があると認めたときは、次の各号のいずれかの措置を採らなければならない。

一　第二十七条の措置を要すると認める者並びに医学的、心理学的、教育学的、社会学的及び精神保健上の判定を要すると認める者は、これを児童相談所に送致すること。

二　通告児童等を当該市町村の設置する福祉事務所の知的障害者福祉法（昭和三十五年法律第三十七号）第九条第六項に規定する知的障害者福祉司（以下「知的障害者福祉司」という。）又は社会福祉主事に指導させること。

三　児童自立生活援助の実施又は社会的養護自立支援拠点事業の実施が適当であると認める児童は、これをその実施に係る都道府県知事に報告すること。

四　児童虐待の防止等に関する法律第八条の二第一項の規定による出頭の求め及び調査若しくは質問、第二十九条若しくは同法第九条第一項の規定による立入り及び調査若しくは質問又は第三十三条第一項若しくは第二項の規定による一時保護の実施が適当であると認める者は、これを都道府県知事又は児童相談所長に通知すること。

②　福祉事務所を設置していない町村は、要保護児童等に対する支援の実施状況を的確に把握するものとし、通告児童等又は妊産婦について、必要があると認めたときは、次の各号のいずれかの措置を採らなければならない。

一　第二十七条の措置を要すると認める者並びに医学的、心理学的、教育学的、社会学的及び精神保健上の判定を要すると認める者は、これを児童相談所に送致すること。

二　次条第二号の措置が適当であると認める者は、これを当該町村の属する都道府県の設置する福祉事務所に送致すること。

三　妊産婦等生活援助事業の実施、助産の実施又は母子保護の実施が適当であると認める者は、これをそれぞれその実施に係る都道府県知事に報告すること。

四　児童自立生活援助の実施又は社会的養護自立支援拠点事業の実施が適当であると認める児童は、これをその実施に係る都道府県知事に報告すること。

五　児童虐待の防止等に関する法律第八条の二第一項の規定による出頭の求め及び調査若しくは質問、第二十九条若しくは同法第九条第一項の規定による立入り及び調査若しくは質問又は第三十三条第一項若しくは第二項の規定による一時保護の実施が適当であると認める者は、これを都道府県知事又は児童相談所長に通知すること。

第二十五条の八　都道府県の設置する福祉事務所の長は、第二十五条第一項の規定による通告又は前条第二項第二号若しくは次条第一項第四号の規定による送致を受けた児童及び相談に応じた児童、その保護者又は妊産婦について、必要があると認めたときは、次の各号のいずれかの措置を採らなければならない。

一　第二十七条の措置を要すると認める者並びに医学的、心理学的、教育学的、社会学的及び精神保健上の判定を要すると認める者は、これを児童相談所に送致すること。

二　児童又はその保護者をその福祉事務所の知的障害者福祉司又は社会福祉主事に指導させること。

三　妊産婦等生活援助事業の実施又は保育の利用等（助産の実施、母子保護の実施又は保育の利用若しくは第二十四条第五項の規定による措置をいう。以下同じ。）が適当であると認める者は、これをそれぞれその妊産婦等生活援助事業の実施又は保育の利用等に係る都道府県又は市町村の長に報告し、又は通知すること。

四　児童自立生活援助の実施又は社会的養護自立支援拠点事業の実施が適当であると認める児童は、これをその実施に係る都道府県知事に報告すること。

五　第二十一条の六の規定による措置が適当であると認める者は、これをその措置に係る市町村の長に報告し、又は通知すること。

第二十六条　児童相談所長は、第二十五条第一項の規定による通告を受けた児童、第二十五条の七第一項第一号若しくは第二項第一号、前条第一号又は少年法（昭和二十三年法律第百六十八号）第六条の六第一項若しくは第十八条第一項の規定による送致を受けた児童及び相談に応じた児童、その保護者又は妊産婦について、必要があると認めたときは、次の各号のいずれかの措置を採らなければならない。

一　次条の措置を要すると認める者は、これを都道府県知事に報告すること。

二　児童又はその保護者を児童相談所その他の関係機関若しくは関係団体の事業所若しくは事務所に通わせ当該事業所若しくは事務所において、又は当該児童若しくはその保護者の住所若しくは居所において、児童福祉司若しくは児童委員に指導させ、又は市町村、都道府県以外の者の設置する児童家庭支援センター、都道府県以外の障害者の日常生活及び社会生活を総合的に支援するための法律第五条第十八項に規定する一般相談支援事業若しくは特定相談支援事業（次条第一項第二号及び第三十四条の七において「障害者等相談支援事業」という。）を行う者その他当該指導を適切に行うことができる者として内閣府令で定めるものに委託して指導させること。

三　児童及び妊産婦の福祉に関し、情報を提供すること、相談（専門的な知識及び技術を必要とするものを除く。）に応ずること、調査及び指導（医学的、心理学的、教育学的、社会学的及び精神保健上の判定を必要とする場合を除く。）を行うことその他の支援（専門的な知識及び技術を必要とするものを除く。）を行うことを要すると認める者（次条の措置を要すると認める者を除く。）は、これを市町村に送致すること。

四　第二十五条の七第一項第二号又は前条第二号の措置が適当であると認める者は、これを福祉事務所に送致すること。

五　妊産婦等生活援助事業の実施又は保育の利用等が適当であると認める者は、これをそれぞれその妊産婦等生活援助事業の実施又は保育の利用等に係る都道府県又は市町村の長に報告し、又は通知すること。

六　児童自立生活援助の実施又は社会的養護自立支援拠点事業の実施が適当であると認める児童は、これをその実施に係る都道府県知事に報告すること。

七　第二十一条の六の規定による措置が適当であると認める者は、これをその措置に係る市町村の長に報告し、又は通知すること。

八　放課後児童健全育成事業、子育て短期支援事業、養育支援訪問事業、地域子育て支援拠点事業、一時預かり事業、子育て援助活動支援事業、子育て世帯訪問支援事業、児童育成支援拠点事業、親子関係形成支援事業、子ども・子育て支援法第五十九条第一号に掲げる事業その他市町村が実施する児童の健全な育成に資する事業の実施が適当であると認める者は、これをその事業の実施に係る市町村の長に通知すること。

②　前項第一号の規定による報告書には、児童の住所、氏名、年齢、履歴、性行、健康状態及び家庭環境、同号に規定する措置についての当該児童及びその保護者の意向その他児童の福祉増進に関し、参考となる事項を記載しなければならない。

第二十七条　都道府県は、前条第一項第一号の規定による報告又は少年法第十八条第二項の規定による送致のあつた児童につき、次の各号のいずれかの措置を採らなければならない。

一　児童又はその保護者に訓戒を加え、又は誓約書を提出させること。

二　児童又はその保護者を児童相談所その他の関係機関若しくは関係団体の事業所若しくは事務所に通わせ当該事業所若しくは事務所において、又は当該児童若しくはその保護者の住所若しくは居所において、児童福祉司、知的障害者福祉司、社会福祉主事、児童委員若しくは当該都道府県の設置する児童家庭支援センター若しくは当該都道府県が行う障害者等相談支援事業に係る職員に指導させ、又は市町村、当該都道府県以外の者の設置する児童家庭支援センター、当該都道府県以外の障害者等相談支援事業を行う者若しくは前条第一項第二号に規定する内閣府令で定める者に委託して指導させること。

三　児童を小規模住居型児童養育事業を行う者若しくは里親に委託し、又は乳児院、児童養護施設、障害児入所施設、児童心理治療施設若しくは児童自立支援施設に入所させること。

四　家庭裁判所の審判に付することが適当であると認める児童は、これを家庭裁判所に送致すること。

②　都道府県は、肢体不自由のある児童又は重症心身障害児については、前項第三号の措置に代えて、指定発達支援医療機関に対し、これらの児童を入院させて障害児入所施設（第四十二条第二号に規定する医療型障害児入所施設に限る。）におけると同様な治療等を行うことを委託することができる。

③　都道府県知事は、少年法第十八条第二項の規定による送致のあつた児童につき、第一項の措置を採るにあたつては、家庭裁判所の決定による指示に従わなければならない。

④　第一項第三号又は第二項の措置は、児童に親権を行う者（第四十七条第一項の規定により親権を行う児童福祉施設の長を除く。以下同じ。）又は未成年後見人があるときは、前項の場合を除いては、その親権を行う者又は未成年後見人の意に反して、これを採ることができない。

⑤　都道府県知事は、第一項第二号若しくは第三号若しくは第二項の措置を解除し、停止し、又は他の措置に変更する場合には、児童相談所長の意見を聴かなければならない。

⑥　都道府県知事は、政令の定めるところにより、第一項第一号から第三号までの措置（第三項の規定により採るもの及び第二十八条第一項第一号又は第二号ただし書の規定により採るものを除く。）若しくは第二項の措置を採る場合又は第一項第二号若しくは第三号若しくは第二項の措置を解除し、停止し、若しくは他の措置に変更する場合には、都道府県児童福祉審議会の意見を聴かなければならない。

第二十七条の二　都道府県は、少年法第二十四条第一項又は第二十六条の四第一項の規定により同法第二十四条第一項第二号の保護処分の決定を受けた児童につき、当該決定に従つて児童自立支援施設に入所させる措置（保護者の下から通わせて行うものを除く。）又は児童養護施設に入所させる措置を採らなければならない。

②　前項に規定する措置は、この法律の適用については、前条第一項第三号の児童自立支援施設又は児童養護施設に入所させる措置とみなす。ただし、同条第四項及び第六項（措置を解除し、停止し、又は他の措置に変更する場合に係る部分を除く。）並びに第二十八条の規定の適用については、この限りでない。

第二十七条の三　都道府県知事は、たまたま児童の行動の自由を制限し、又はその自由を奪うような強制的措置を必要とするときは、第三十三条、第三十三条の二及び第四十七条の規定により認められる場合を除き、事件を家庭裁判所に送致しなければならない。

第二十七条の四　第二十六条第一項第二号又は第二十七条第一

項第二号の規定により行われる指導（委託に係るものに限る。）の事務に従事する者又は従事していた者は、その事務に関して知り得た秘密を漏らしてはならない。

第二十八条　保護者が、その児童を虐待し、著しくその監護を怠り、その他保護者に監護させることが著しく当該児童の福祉を害する場合において、第二十七条第一項第三号の措置を採ることが児童の親権を行う者又は未成年後見人の意に反するときは、都道府県は、次の各号の措置を採ることができる。

一　保護者が親権を行う者又は未成年後見人であるときは、家庭裁判所の承認を得て、第二十七条第一項第三号の措置を採ること。

二　保護者が親権を行う者又は未成年後見人でないときは、その児童を親権を行う者又は未成年後見人に引き渡すこと。ただし、その児童を親権を行う者又は未成年後見人に引き渡すことが児童の福祉のため不適当であると認めるときは、家庭裁判所の承認を得て、第二十七条第一項第三号の措置を採ること。

② 前項第一号及び第二号ただし書の規定による措置の期間は、当該措置を開始した日から二年を超えてはならない。ただし、当該措置に係る保護者に対する指導措置（第二十七条第一項第二号の措置をいう。以下この条並びに第三十三条第二項及び第九項において同じ。）の効果等に照らし、当該措置を継続しなければ保護者がその児童を虐待し、著しくその監護を怠り、その他著しく当該児童の福祉を害するおそれがあると認めるときは、都道府県は、家庭裁判所の承認を得て、当該期間を更新することができる。

③ 都道府県は、前項ただし書の規定による更新に係る承認の申立てをした場合において、やむを得ない事情があるときは、当該措置の期間が満了した後も、当該申立てに対する審判が確定するまでの間、引き続き当該措置を採ることができる。ただし、当該申立てを却下する審判があつた場合は、当該審判の結果を考慮してもなお当該措置を採る必要があると認めるときに限る。

④ 家庭裁判所は、第一項第一号若しくは第二号ただし書又は第二項ただし書の承認（以下「措置に関する承認」という。）の申立てがあつた場合は、都道府県に対し、期限を定めて、当該申立てに係る保護者に対する指導措置を採るよう勧告すること、当該申立てに係る保護者に対する指導措置に関し報告及び意見を求めること、又は当該申立てに係る児童及びその保護者に関する必要な資料の提出を求めることができる。

⑤ 家庭裁判所は、前項の規定による勧告を行つたときは、その旨を当該保護者に通知するものとする。

⑥ 家庭裁判所は、措置に関する承認の申立てに対する承認の審判をする場合において、当該措置の終了後の家庭その他の環境の調整を行うため当該保護者に対する指導措置を採ることが相当であると認めるときは、当該都道府県に対し、当該指導措置を採るよう勧告することができる。

⑦ 家庭裁判所は、第四項の規定による勧告を行つた場合において、措置に関する承認の申立てを却下する審判をするときであつて、家庭その他の環境の調整を行うため当該勧告に係る当該保護者に対する指導措置を採ることが相当であると認めるときは、都道府県に対し、当該指導措置を採るよう勧告することができる。

⑧ 第五項の規定は、前二項の規定による勧告について準用する。

第二十九条　都道府県知事は、前条の規定による措置をとるため、必要があると認めるときは、児童委員又は児童の福祉に関する事務に従事する職員をして、児童の住所若しくは居所又は児童の従業する場所に立ち入り、必要な調査又は質問をさせることができる。この場合においては、その身分を証明する証票を携帯させ、関係者の請求があつたときは、これを提示させなければならない。

第三十条　四親等内の児童以外の児童を、その親権を行う者又は未成年後見人から離して、自己の家庭（単身の世帯を含む。）に、三月（乳児については、一月）を超えて同居させる意思をもつて同居させた者又は継続して二月以上（乳児については、二十日以上）同居させた者（法令の定めるところにより児童を委託された者及び児童を単に下宿させた者を除く。）は、同居を始めた日から三月以内（乳児については、一月以内）に、市町村長を経て、都道府県知事に届け出なければならない。ただし、その届出期間内に同居をやめたときは、この限りでない。

② 前項に規定する届出をした者が、その同居をやめたときは、同居をやめた日から一月以内に、市町村長を経て、都道府県知事に届け出なければならない。

③ 保護者は、経済的理由等により、児童をそのもとにおいて養育しがたいときは、市町村、都道府県の設置する福祉事務所、児童相談所、児童福祉司又は児童委員に相談しなければならない。

第三十条の二　都道府県知事は、小規模住居型児童養育事業を行う者、里親（第二十七条第一項第三号の規定により委託を受けた里親に限る。第三十三条の八第二項、第三十三条の十、第三十三条の十四第二項、第四十四条の四、第四十五条の二、第四十六条第一項、第四十七条、第四十八条及び第四十八条の三において同じ。）及び児童福祉施設の長並びに前条第一項に規定する者に、児童の保護について、必要な指示をし、又は必要な報告をさせることができる。

第三十一条　都道府県等は、第二十三条第一項本文の規定により母子生活支援施設に入所した児童については、その保護者から申込みがあり、かつ、必要があると認めるときは、満二十歳に達するまで、引き続きその者を母子生活支援施設において保護することができる。

② 都道府県は、第二十七条第一項第三号の規定により小規模住居型児童養育事業を行う者若しくは里親に委託され、又は児童養護施設、障害児入所施設（第四十二条第一号に規定する福祉型障害児入所施設に限る。次条第一項において同じ。）、児童心理治療施設若しくは児童自立支援施設に入所した児童については満二十歳に達するまで、引き続き第二十七条第一項第三号の規定による委託を継続し、若しくはその者をこれらの児童福祉施設に在所させ、又はこれらの措置を相互に変更する措置を採ることができる。

③　都道府県は、第二十七条第一項第三号の規定により障害児入所施設（第四十二条第二号に規定する医療型障害児入所施設に限る。次条第二項において同じ。）に入所した児童又は第二十七条第二項の規定による委託により指定発達支援医療機関に入院した肢体不自由のある児童若しくは重症心身障害児については満二十歳に達するまで、引き続きその者をこれらの児童福祉施設に在所させ、若しくは同項の規定による委託を継続し、又はこれらの措置を相互に変更する措置を採ることができる。

④　都道府県は、延長者（児童以外の満二十歳に満たない者のうち、次の各号のいずれかに該当するものをいう。）について、第二十七条第一項第一号から第三号まで又は第二項の措置を採ることができる。

一　第二項からこの項までの規定による措置が採られている者

二　第三十三条第八項から第十一項までの規定による一時保護が行われている者（前号に掲げる者を除く。）

⑤　前各項の規定による保護又は措置は、この法律の適用については、母子保護の実施又は第二十七条第一項第一号から第三号まで若しくは第二項に規定する措置とみなす。

⑥　第二項から第四項までの場合においては、都道府県知事は、児童相談所長の意見を聴かなければならない。

第三十一条の二　都道府県は、前条第二項の規定にかかわらず、同項の規定により障害児入所施設に在所している者であつて、障害福祉サービスその他のサービスを利用しつつ自立した日常生活又は社会生活を営むことが著しく困難なものとして内閣府令で定める者について、満二十歳に到達してもなお引き続き在所させる措置を採らなければその福祉を損なうおそれがあると認めるときは、当該者が満二十三歳に達するまで、引き続き当該者を障害児入所施設に在所させる措置を採ることができる。

②　都道府県は、前条第三項の規定にかかわらず、同項の規定により障害児入所施設に在所している者又は委託を継続して指定発達支援医療機関に入院している肢体不自由のある者若しくは重度の知的障害及び重度の肢体不自由が重複している者であつて、障害福祉サービスその他のサービスを利用しつつ自立した日常生活又は社会生活を営むことが著しく困難なものとして内閣府令で定める者について、満二十歳に到達してもなお引き続き在所又は入院させる措置を採らなければその福祉を損なうおそれがあると認めるときは、当該者が満二十三歳に達するまで、引き続き当該者をこれらの施設に在所させ、若しくは同項の規定による委託を継続し、又はこれらの措置を相互に変更する措置を採ることができる。

③　前二項の規定による措置は、この法律の適用については、第二十七条第一項第三号又は第二項の規定による措置とみなす。

④　第一項又は第二項の場合においては、都道府県知事は、児童相談所長の意見を聴かなければならない。

第三十二条　都道府県知事は、第二十七条第一項若しくは第二項の措置を採る権限又は児童自立生活援助の実施の権限の全部又は一部を児童相談所長に委任することができる。

②　都道府県知事又は市町村長は、第二十一条の六の措置を採る権限又は助産の実施若しくは母子保護の実施の権限、第二十一条の十八第一項の規定による勧奨及び支援並びに同条第二項の規定による措置に関する権限、第二十三条第一項ただし書に規定する保護の権限並びに第二十四条の二から第二十四条の七まで及び第二十四条の二十の規定による権限の全部又は一部を、それぞれその管理する福祉事務所の長に委任することができる。

③　市町村長は、保育所における保育を行うことの権限並びに第二十四条第三項の規定による調整及び要請、同条第四項の規定による勧奨及び支援並びに同条第五項又は第六項の規定による措置に関する権限の全部又は一部を、その管理する福祉事務所の長又は当該市町村に置かれる教育委員会に委任することができる。

第三十三条　児童相談所長は、必要があると認めるときは、第二十六条第一項の措置を採るに至るまで、児童の安全を迅速に確保し適切な保護を図るため、又は児童の心身の状況、その置かれている環境その他の状況を把握するため、児童の一時保護を行い、又は適当な者に委託して、当該一時保護を行わせることができる。

②　都道府県知事は、必要があると認めるときは、第二十七条第一項又は第二項の措置（第二十八条第四項の規定による勧告を受けて採る指導措置を除く。）を採るに至るまで、児童の安全を迅速に確保し適切な保護を図るため、又は児童の心身の状況、その置かれている環境その他の状況を把握するため、児童相談所長をして、児童の一時保護を行わせ、又は適当な者に当該一時保護を行うことを委託させることができる。

③　前二項の規定による一時保護の期間は、当該一時保護を開始した日から二月を超えてはならない。

④　前項の規定にかかわらず、児童相談所長又は都道府県知事は、必要があると認めるときは、引き続き第一項又は第二項の規定による一時保護を行うことができる。

⑤　前項の規定により引き続き一時保護を行うことが当該児童の親権を行う者又は未成年後見人の意に反する場合においては、児童相談所長又は都道府県知事が引き続き一時保護を行おうとするとき、及び引き続き一時保護を行つた後二月を超えて引き続き一時保護を行おうとするときごとに、児童相談所長又は都道府県知事は、家庭裁判所の承認を得なければならない。ただし、当該児童に係る第二十八条第一項第一号若しくは第二号ただし書の承認の申立て又は当該児童の親権者に係る第三十三条の七の規定による親権喪失若しくは親権停止の審判の請求若しくは当該児童の未成年後見人に係る第三十三条の九の規定による未成年後見人の解任の請求がされている場合は、この限りでない。

⑥　児童相談所長又は都道府県知事は、前項本文の規定による引き続いての一時保護に係る承認の申立てをした場合において、やむを得ない事情があるときは、一時保護を開始した日から二月を経過した後又は同項の規定により引き続き一時保護を行つた後二月を経過した後も、当該申立てに対する審判が確定するまでの間、引き続き一時保護を行うことができ

る。ただし、当該申立てを却下する審判があつた場合は、当該審判の結果を考慮してもなお引き続き一時保護を行う必要があると認めるときに限る。

⑦　前項本文の規定により引き続き一時保護を行つた場合において、第五項本文の規定による引き続いての一時保護に係る承認の申立てに対する審判が確定した場合における同項の規定の適用については、同項中「引き続き一時保護を行おうとするとき、及び引き続き一時保護を行つた」とあるのは、「引き続いての一時保護に係る承認の申立てに対する審判が確定した」とする。

⑧　児童相談所長は、特に必要があると認めるときは、第一項の規定により一時保護が行われた児童については満二十歳に達するまでの間、次に掲げる措置を採るに至るまで、引き続き一時保護を行い、又は一時保護を行わせることができる。

一　第三十一条第四項の規定による措置を要すると認める者は、これを都道府県知事に報告すること。

二　児童自立生活援助の実施又は社会的養護自立支援拠点事業の実施が適当であると認める満二十歳未満義務教育終了児童等は、これをその実施に係る都道府県知事に報告すること。

⑨　都道府県知事は、特に必要があると認めるときは、第二項の規定により一時保護が行われた児童については満二十歳に達するまでの間、第三十一条第四項の規定による措置（第二十八条第四項の規定による勧告を受けて採る指導措置を除く。第十一項において同じ。）を採るに至るまで、児童相談所長をして、引き続き一時保護を行わせ、又は一時保護を行うことを委託させることができる。

⑩　児童相談所長は、特に必要があると認めるときは、第八項各号に掲げる措置を採るに至るまで、保護延長者（児童以外の満二十歳に満たない者のうち、第三十一条第二項から第四項までの規定による措置が採られているものをいう。以下この項及び次項において同じ。）の安全を迅速に確保し適切な保護を図るため、又は保護延長者の心身の状況、その置かれている環境その他の状況を把握するため、保護延長者の一時保護を行い、又は適当な者に委託して、当該一時保護を行わせることができる。

⑪　都道府県知事は、特に必要があると認めるときは、第三十一条第四項の規定による措置を採るに至るまで、保護延長者の安全を迅速に確保し適切な保護を図るため、又は保護延長者の心身の状況、その置かれている環境その他の状況を把握するため、児童相談所長をして、保護延長者の一時保護を行わせ、又は適当な者に当該一時保護を行うことを委託させることができる。

⑫　第八項から前項までの規定による一時保護は、この法律の適用については、第一項又は第二項の規定による一時保護とみなす。

第三十三条の二　児童相談所長は、一時保護が行われた児童で親権を行う者又は未成年後見人のないものに対し、親権を行う者又は未成年後見人があるに至るまでの間、親権を行う。ただし、民法第七百九十七条の規定による縁組の承諾をするには、内閣府令の定めるところにより、都道府県知事の許可を得なければならない。

②　児童相談所長は、一時保護が行われた児童で親権を行う者又は未成年後見人のあるものについても、監護及び教育に関し、その児童の福祉のため必要な措置をとることができる。この場合において、児童相談所長は、児童の人格を尊重するとともに、その年齢及び発達の程度に配慮しなければならず、かつ、体罰その他の児童の心身の健全な発達に有害な影響を及ぼす言動をしてはならない。

③　前項の児童の親権を行う者又は未成年後見人は、同項の規定による措置を不当に妨げてはならない。

④　第二項の規定による措置は、児童の生命又は身体の安全を確保するため緊急の必要があると認めるときは、その親権を行う者又は未成年後見人の意に反しても、これをとることができる。

第三十三条の二の二　児童相談所長は、一時保護が行われた児童の所持する物であつて、一時保護中本人に所持させることが児童の福祉を損なうおそれがあるものを保管することができる。

②　児童相談所長は、前項の規定により保管する物で、腐敗し、若しくは滅失するおそれがあるもの又は保管に著しく不便なものは、これを売却してその代価を保管することができる。

③　児童相談所長は、前二項の規定により保管する物について当該児童以外の者が返還請求権を有することが明らかな場合には、これをその権利者に返還しなければならない。

④　児童相談所長は、前項に規定する返還請求権を有する者を知ることができないとき、又はその者の所在を知ることができないときは、返還請求権を有する者は、六月以内に申し出るべき旨を公告しなければならない。

⑤　前項の期間内に同項の申出がないときは、その物は、当該児童相談所を設置した都道府県に帰属する。

⑥　児童相談所長は、一時保護を解除するときは、第三項の規定により返還する物を除き、その保管する物を当該児童に返還しなければならない。この場合において、当該児童に交付することが児童の福祉のため不適当であると認めるときは、これをその保護者に交付することができる。

⑦　第一項の規定による保管、第二項の規定による売却及び第四項の規定による公告に要する費用は、その物の返還を受ける者があるときは、その者の負担とする。

第三十三条の三　児童相談所長は、一時保護が行われている間に児童が逃走し、又は死亡した場合において、遺留物があるときは、これを保管し、かつ、前条第三項の規定により権利者に返還しなければならない物を除き、これを当該児童の保護者若しくは親族又は相続人に交付しなければならない。

②　前条第二項、第四項、第五項及び第七項の規定は、前項の場合に、これを準用する。

第三十三条の三の二　都道府県知事又は児童相談所長は、次に掲げる措置に関して必要があると認めるときは、地方公共団体の機関、病院、診療所、医学に関する大学（大学の学部を含む。）、児童福祉施設、当該措置に係る児童が在籍する又は在籍していた学校その他必要な関係機関、関係団体及び児童の福祉に関連する職務に従事する者その他の関係者に対し、資料又は情報の提供、意見の開陳その他必要な協力を求めることができる。

一　第二十六条第一項第二号に規定する措置

二　第二十七条第一項第二号若しくは第三号又は第二項に規定する措置

三　第三十三条第一項又は第二項に規定する措置

②　前項の規定により都道府県知事又は児童相談所長から資料又は情報の提供、意見の開陳その他必要な協力を求められた者は、これに応ずるよう努めなければならない。

第三十三条の三の三　都道府県知事又は児童相談所長は、次に掲げる場合においては、児童の最善の利益を考慮するとともに、児童の意見又は意向を勘案して措置を行うために、あらかじめ、年齢、発達の状況その他の当該児童の事情に応じ意見聴取その他の措置（以下この条において「意見聴取等措置」という。）をとらなければならない。ただし、児童の生命又は心身の安全を確保するため緊急を要する場合で、あらかじめ意見聴取等措置をとるいとまがないときは、次に規定する措置を行つた後速やかに意見聴取等措置をとらなければならない。

一　第二十六条第一項第二号の措置を採る場合又は当該措置を解除し、停止し、若しくは他の措置に変更する場合

二　第二十七条第一項第二号若しくは第三号若しくは第二項の措置を採る場合又はこれらの措置を解除し、停止し、若しくは他の措置に変更する場合

三　第二十八条第二項ただし書の規定に基づき第二十七条第一項第三号の措置の期間を更新する場合

四　第三十三条第一項又は第二項の規定による一時保護を行う場合又はこれを解除する場合

第三十三条の四　都道府県知事、市町村長、福祉事務所長又は児童相談所長は、次の各号に掲げる措置又は助産の実施、母子保護の実施若しくは児童自立生活援助の実施を解除する場合には、あらかじめ、当該各号に定める者に対し、当該措置又は助産の実施、母子保護の実施若しくは児童自立生活援助の実施の解除の理由について説明するとともに、その意見を聴かなければならない。ただし、当該各号に掲げる者から当該措置又は助産の実施、母子保護の実施若しくは児童自立生活援助の実施の解除の申出があつた場合その他内閣府令で定める場合においては、この限りでない。

一　第二十一条の六、第二十一条の十八第二項、第二十四条第五項及び第六項、第二十五条の七第一項第二号、第二十五条の八第二号、第二十六条第一項第二号並びに第二十七条第一項第二号の措置　当該措置に係る児童の保護者

二　助産の実施　当該助産の実施に係る妊産婦

三　母子保護の実施　当該母子保護の実施に係る児童の保護者

四　第二十七条第一項第三号及び第二項の措置　当該措置に係る児童の親権を行う者又はその未成年後見人

五　児童自立生活援助の実施　当該児童自立生活援助の実施に係る措置解除者等

第三十三条の五　第二十一条の六、第二十一条の十八第二項、第二十四条第五項若しくは第六項、第二十五条の七第一項第二号、第二十五条の八第二号、第二十六条第一項第二号若しくは第二十七条第一項第二号若しくは第三号若しくは第二項の措置を解除する処分又は助産の実施、母子保護の実施若しくは児童自立生活援助の実施の解除については、行政手続法第三章（第十二条及び第十四条を除く。）の規定は、適用しない。

第三十三条の六　都道府県は、その区域内における第六条の三第一項各号に掲げる者（以下この条において「児童自立生活援助対象者」という。）の自立を図るため必要がある場合において、その児童自立生活援助対象者から申込みがあつたときは、自ら又は児童自立生活援助事業を行う者（都道府県を除く。次項において同じ。）に委託して、その児童自立生活援助対象者に対し、内閣府令で定めるところにより、児童自立生活援助を行わなければならない。ただし、やむを得ない事由があるときは、その他の適切な援助を行わなければならない。

②　児童自立生活援助対象者であつて児童自立生活援助の実施を希望するものは、内閣府令の定めるところにより、入居を希望する住居その他内閣府令の定める事項を記載した申込書を都道府県に提出しなければならない。この場合において、児童自立生活援助事業を行う者は、内閣府令の定めるところにより、児童自立生活援助対象者の依頼を受けて、当該申込書の提出を代わつて行うことができる。

③　都道府県は、児童自立生活援助対象者が特別な事情により当該都道府県の区域外の住居への入居を希望するときは、当該住居への入居について必要な連絡及び調整を図らなければならない。

④　都道府県は、第二十五条の七第一項第三号若しくは第二項第四号、第二十五条の八第四号若しくは第二十六条第一項第六号の規定による報告を受けた児童又は第三十三条第八項第二号の規定による報告を受けた満二十歳未満義務教育終了児童等について、必要があると認めるときは、これらの者に対し、児童自立生活援助の実施の申込みを勧奨しなければならない。

⑤　都道府県は、児童自立生活援助対象者の住居の選択及び児童自立生活援助事業の適正な運営の確保に資するため、内閣府令の定めるところにより、その区域内における児童自立生活援助事業を行う者、当該事業の運営の状況その他の内閣府令の定める事項に関し情報の提供を行わなければならない。

第三十三条の六の二　都道府県は、児童の健全な育成及び措置解除者等の自立に資するため、その区域内において、親子再統合支援事業、社会的養護自立支援拠点事業及び意見表明等支援事業が着実に実施されるよう、必要な措置の実施に努めなければならない。

第三十三条の六の三　社会的養護自立支援拠点事業を行う都道府県は、第二十五条の七第一項第三号若しくは第二項第四号、第二十五条の八第四号若しくは第二十六条第一項第六号の規定による報告を受けた児童又は第三十三条第八項第二号の規定による報告を受けた満二十歳未満義務教育終了児童等について、必要があると認めるときは、これらの者に対し、社会

的養護自立支援拠点事業の利用を勧奨しなければならない。

第三十三条の六の四　児童相談所長は、児童について、家庭裁判所に対し、養親としての適格性を有する者との間における特別養子縁組について、家事事件手続法（平成二十三年法律第五十二号）第百六十四条第二項に規定する特別養子適格の確認を請求することができる。

② 児童相談所長は、前項の規定による請求に係る児童について、特別養子縁組によつて養親となることを希望する者が現に存しないときは、養子縁組里親その他の適当な者に対し、当該児童に係る民法第八百十七条の二第一項に規定する請求を行うことを勧奨するよう努めるものとする。

第三十三条の六の五　児童相談所長は、児童に係る特別養子適格の確認の審判事件（家事事件手続法第三条の五に規定する特別養子適格の確認の審判事件をいう。）の手続に参加することができる。

② 前項の規定により手続に参加する児童相談所長は、家事事件手続法第四十二条第七項に規定する利害関係参加人とみなす。

第三十三条の七　児童の親権者に係る民法第八百三十四条本文、第八百三十四条の二第一項、第八百三十五条又は第八百三十六条の規定による親権喪失、親権停止若しくは管理権喪失の審判の請求又はこれらの審判の取消しの請求は、これらの規定に定める者のほか、児童相談所長も、これを行うことができる。

第三十三条の八　児童相談所長は、親権を行う者のない児童について、その福祉のため必要があるときは、家庭裁判所に対し未成年後見人の選任を請求しなければならない。

② 児童相談所長は、前項の規定による未成年後見人の選任の請求に係る児童（小規模住居型児童養育事業を行う者若しくは里親に委託中、児童福祉施設に入所中又は一時保護中の児童を除く。）に対し、親権を行う者又は未成年後見人があるに至るまでの間、親権を行う。ただし、民法第七百九十七条の規定による縁組の承諾をするには、内閣府令の定めるところにより、都道府県知事の許可を得なければならない。

第三十三条の九　児童の未成年後見人に、不正な行為、著しい不行跡その他後見の任務に適しない事由があるときは、民法第八百四十六条の規定による未成年後見人の解任の請求は、同条に定める者のほか、児童相談所長も、これを行うことができる。

第三十三条の九の二　国は、要保護児童の保護に係る事例の分析その他要保護児童の健全な育成に資する調査及び研究を推進するものとする。

第七節　被措置児童等虐待の防止等

第三十三条の十　この法律で、被措置児童等虐待とは、小規模住居型児童養育事業に従事する者、里親若しくはその同居人、乳児院、児童養護施設、障害児入所施設、児童心理治療施設若しくは児童自立支援施設の長、その職員その他の従業者、指定発達支援医療機関の管理者その他の従業者、一時保護施設を設けている児童相談所の所長、当該施設の職員その他の従業者又は第三十三条第一項若しくは第二項の委託を受けて児童の一時保護を行う業務に従事する者（以下「施設職員等」と総称する。）が、委託された児童、入所する児童又は一時保護が行われた児童（以下「被措置児童等」という。）について行う次に掲げる行為をいう。

一　被措置児童等の身体に外傷が生じ、又は生じるおそれのある暴行を加えること。

二　被措置児童等にわいせつな行為をすること又は被措置児童等をしてわいせつな行為をさせること。

三　被措置児童等の心身の正常な発達を妨げるような著しい減食又は長時間の放置、同居人若しくは生活を共にする他の児童による前二号又は次号に掲げる行為の放置その他の施設職員等としての養育又は業務を著しく怠ること。

四　被措置児童等に対する著しい暴言又は著しく拒絶的な対応その他の被措置児童等に著しい心理的外傷を与える言動を行うこと。

第三十三条の十一　施設職員等は、被措置児童等虐待その他被措置児童等の心身に有害な影響を及ぼす行為をしてはならない。

第三十三条の十二　被措置児童等虐待を受けたと思われる児童を発見した者は、速やかに、これを都道府県の設置する福祉事務所、児童相談所、第三十三条の十四第一項若しくは第二項に規定する措置を講ずる権限を有する都道府県の行政機関（以下この節において「都道府県の行政機関」という。）、都道府県児童福祉審議会若しくは市町村又は児童委員を介して、都道府県の設置する福祉事務所、児童相談所、都道府県の行政機関、都道府県児童福祉審議会若しくは市町村に通告しなければならない。

② 被措置児童等虐待を受けたと思われる児童を発見した者は、当該被措置児童等虐待を受けたと思われる児童が、児童虐待を受けたと思われる児童にも該当する場合において、前項の規定による通告をしたときは、児童虐待の防止等に関する法律第六条第一項の規定による通告をすることを要しない。

③ 被措置児童等は、被措置児童等虐待を受けたときは、その旨を児童相談所、都道府県の行政機関又は都道府県児童福祉審議会に届け出ることができる。

④ 刑法の秘密漏示罪の規定その他の守秘義務に関する法律の規定は、第一項の規定による通告（虚偽であるもの及び過失によるものを除く。次項において同じ。）をすることを妨げるものと解釈してはならない。

⑤ 施設職員等は、第一項の規定による通告をしたことを理由として、解雇その他不利益な取扱いを受けない。

第三十三条の十三　都道府県の設置する福祉事務所、児童相談所、都道府県の行政機関、都道府県児童福祉審議会又は市町村が前条第一項の規定による通告又は同条第三項の規定による届出を受けた場合においては、当該通告若しくは届出を受けた都道府県の設置する福祉事務所若しくは児童相談所の所長、所員その他の職員、都道府県の行政機関若しくは市町村の職員、都道府県児童福祉審議会の委員若しくは臨時委員又は当該通告を仲介した児童委員は、その職務上知り得た事項であつて当該通告又は届出をした者を特定させるものを漏らしてはならない。

第三十三条の十四　都道府県は、第三十三条の十二第一項の規定による通告、同条第三項の規定による届出若しくは第三項若しくは次条第一項の規定による通知を受けたとき又は相談に応じた児童について必要があると認めるときは、速やかに、当該被措置児童等の状況の把握その他当該通告、届出、通知又は相談に係る事実について確認するための措置を講ずるものとする。

②　都道府県は、前項に規定する措置を講じた場合において、必要があると認めるときは、小規模住居型児童養育事業、里親、乳児院、児童養護施設、障害児入所施設、児童心理治療施設、児童自立支援施設、指定発達支援医療機関、一時保護施設又は第三十三条第一項若しくは第二項の委託を受けて一時保護を行う者における事業若しくは業務の適正な運営又は適切な養育を確保することにより、当該通告、届出、通知又は相談に係る被措置児童等に対する被措置児童等虐待の防止並びに当該被措置児童等及び当該被措置児童等と生活を共にする他の被措置児童等の保護を図るため、適切な措置を講ずるものとする。

③　都道府県の設置する福祉事務所、児童相談所又は市町村が第三十三条の十二第一項の規定による通告若しくは同条第三項の規定による届出を受けたとき、又は児童虐待の防止等に関する法律に基づく措置を講じた場合において、第一項の措置が必要であると認めるときは、都道府県の設置する福祉事務所の長、児童相談所の所長又は市町村の長は、速やかに、都道府県知事に通知しなければならない。

第三十三条の十五　都道府県児童福祉審議会は、第三十三条の十二第一項の規定による通告又は同条第三項の規定による届出を受けたときは、速やかに、その旨を都道府県知事に通知しなければならない。

②　都道府県知事は、前条第一項又は第二項に規定する措置を講じたときは、速やかに、当該措置の内容、当該被措置児童等の状況その他の内閣府令で定める事項を都道府県児童福祉審議会に報告しなければならない。

③　都道府県児童福祉審議会は、前項の規定による報告を受けたときは、その報告に係る事項について、都道府県知事に対し、意見を述べることができる。

④　都道府県児童福祉審議会は、前項に規定する事務を遂行するため特に必要があると認めるときは、施設職員等その他の関係者に対し、出席説明及び資料の提出を求めることができる。

第三十三条の十六　都道府県知事は、毎年度、被措置児童等虐待の状況、被措置児童等虐待があつた場合に講じた措置その他内閣府令で定める事項を公表するものとする。

第三十三条の十七　国は、被措置児童等虐待の事例の分析を行うとともに、被措置児童等虐待の予防及び早期発見のための方策並びに被措置児童等虐待があつた場合の適切な対応方法に資する事項についての調査及び研究を行うものとする。

第八節　情報公表対象支援の利用に資する情報の報告及び公表

第三十三条の十八　指定障害児通所支援事業者及び指定障害児相談支援事業者並びに指定障害児入所施設等の設置者（以下この条及び第三十三条の二十三の二第三項において「対象事業者」という。）は、指定通所支援、指定障害児相談支援又は指定入所支援（以下この条において「情報公表対象支援」という。）の提供を開始しようとするとき、その他内閣府令で定めるときは、内閣府令で定めるところにより、情報公表対象支援情報（その提供する情報公表対象支援の内容及び情報公表対象支援を提供する事業者又は施設の運営状況に関する情報であつて、情報公表対象支援を利用し、又は利用しようとする障害児の保護者が適切かつ円滑に当該情報公表対象支援を利用する機会を確保するために公表されることが適当なものとして内閣府令で定めるものをいう。第八項において同じ。）を、当該情報公表対象支援を提供する事業所又は施設の所在地を管轄する都道府県知事に報告しなければならない。

②　都道府県知事は、前項の規定による報告を受けた後、内閣府令で定めるところにより、当該報告の内容を公表しなければならない。

③　都道府県知事は、前項の規定による公表を行うため必要があると認めるときは、第一項の規定による報告が真正であることを確認するのに必要な限度において、当該報告をした対象事業者に対し、当該報告の内容について、調査を行うことができる。

④　都道府県知事は、対象事業者が第一項の規定による報告をせず、若しくは虚偽の報告をし、又は前項の規定による調査を受けず、若しくは調査を妨げたときは、期間を定めて、当該対象事業者に対し、その報告を行い、若しくはその報告の内容を是正し、又はその調査を受けることを命ずることができる。

⑤　都道府県知事は、指定障害児相談支援事業者に対して前項の規定による処分をしたときは、遅滞なく、その旨をその指定をした市町村長に通知しなければならない。

⑥　都道府県知事は、指定障害児通所支援事業者又は指定障害児入所施設の設置者が第四項の規定による命令に従わないときは、当該指定障害児通所支援事業者又は指定障害児入所施設の指定を取り消し、又は期間を定めてその指定の全部若しくは一部の効力を停止することができる。

⑦　都道府県知事は、指定障害児相談支援事業者が第四項の規定による命令に従わない場合において、当該指定障害児相談支援事業者の指定を取り消し、又は期間を定めてその指定の全部若しくは一部の効力を停止することが適当であると認めるときは、理由を付して、その旨をその指定をした市町村長に通知しなければならない。

⑧　都道府県知事は、情報公表対象支援を利用し、又は利用しようとする障害児の保護者が適切かつ円滑に当該情報公表対象支援を利用する機会の確保に資するため、情報公表対象支援の質及び情報公表対象支援に従事する従業者に関する情報（情報公表対象支援情報に該当するものを除く。）であつて内閣府令で定めるものの提供を希望する対象事業者から提供を受けた当該情報について、公表を行うよう配慮するものとする。

第九節　障害児福祉計画

第三十三条の十九　内閣総理大臣は、障害児通所支援、障害児入所支援及び障害児相談支援（以下この項、次項並びに第三十三条の二十二第一項及び第二項において「障害児通所支援等」という。）の提供体制を整備し、障害児通所支援等の円滑な実施を確保するための基本的な指針（以下この条、次条第一項及び第三十三条の二十二第一項において「基本指針」という。）を定めるものとする。

② 基本指針においては、次に掲げる事項を定めるものとする。

一 障害児通所支援等の提供体制の確保に関する基本的事項

二 障害児通所支援等の提供体制の確保に係る目標に関する事項

三 次条第一項に規定する市町村障害児福祉計画及び第三十三条の二十二第一項に規定する都道府県障害児福祉計画の作成に関する事項

四 その他障害児通所支援等の円滑な実施を確保するために必要な事項

③ 基本指針は、障害者の日常生活及び社会生活を総合的に支援するための法律第八十七条第一項に規定する基本指針と一体のものとして作成することができる。

④ 内閣総理大臣は、基本指針の案を作成し、又は基本指針を変更しようとするときは、あらかじめ、障害児及びその家族その他の関係者の意見を反映させるために必要な措置を講ずるものとする。

⑤ 内閣総理大臣は、障害児の生活の実態、障害児を取り巻く環境の変化その他の事情を勘案して必要があると認めるときは、速やかに基本指針を変更するものとする。

⑥ 内閣総理大臣は、基本指針を定め、又はこれを変更したときは、遅滞なく、これを公表しなければならない。

第三十三条の二十　市町村は、基本指針に即して、障害児通所支援及び障害児相談支援の提供体制の確保その他障害児通所支援及び障害児相談支援の円滑な実施に関する計画（以下「市町村障害児福祉計画」という。）を定めるものとする。

② 市町村障害児福祉計画においては、次に掲げる事項を定めるものとする。

一 障害児通所支援及び障害児相談支援の提供体制の確保に係る目標に関する事項

二 各年度における指定通所支援又は指定障害児相談支援の種類ごとの必要な見込量

③ 市町村障害児福祉計画においては、前項各号に掲げるもののほか、次に掲げる事項について定めるよう努めるものとする。

一 前項第二号の指定通所支援又は指定障害児相談支援の種類ごとの必要な見込量の確保のための方策

二 前項第二号の指定通所支援又は指定障害児相談支援の提供体制の確保に係る医療機関、教育機関その他の関係機関との連携に関する事項

④ 市町村障害児福祉計画は、当該市町村の区域における障害児の数及びその障害の状況を勘案して作成されなければならない。

⑤ 市町村は、当該市町村の区域における障害児の心身の状況、その置かれている環境その他の事情を正確に把握するとともに、第三十三条の二十三の二第一項の規定により公表された結果その他のこの法律に基づく業務の実施の状況に関する情報を分析した上で、当該事情及び当該分析の結果を勘案して、市町村障害児福祉計画を作成するよう努めるものとする。

⑥ 市町村障害児福祉計画は、障害者の日常生活及び社会生活を総合的に支援するための法律第八十八条第一項に規定する市町村障害福祉計画と一体のものとして作成することができる。

⑦ 市町村障害児福祉計画は、障害者基本法（昭和四十五年法律第八十四号）第十一条第三項に規定する市町村障害者計画、社会福祉法第百七条第一項に規定する市町村地域福祉計画その他の法律の規定による計画であつて障害児の福祉に関する事項を定めるものと調和が保たれたものでなければならない。

⑧ 市町村は、市町村障害児福祉計画を定め、又は変更しようとするときは、あらかじめ、住民の意見を反映させるために必要な措置を講ずるよう努めるものとする。

⑨ 市町村は、障害者の日常生活及び社会生活を総合的に支援するための法律第八十九条の三第一項に規定する協議会を設置したときは、市町村障害児福祉計画を定め、又は変更しようとする場合において、あらかじめ、当該協議会の意見を聴くよう努めなければならない。

⑩ 障害者基本法第三十六条第四項の合議制の機関を設置する市町村は、市町村障害児福祉計画を定め、又は変更しようとするときは、あらかじめ、当該機関の意見を聴かなければならない。

⑪ 市町村は、市町村障害児福祉計画を定め、又は変更しようとするときは、第二項に規定する事項について、あらかじめ、都道府県の意見を聴かなければならない。

⑫ 市町村は、市町村障害児福祉計画を定め、又は変更したときは、遅滞なく、これを都道府県知事に提出しなければならない。

第三十三条の二十一　市町村は、定期的に、前条第二項各号に掲げる事項（市町村障害児福祉計画に同条第三項各号に掲げる事項を定める場合にあつては、当該各号に掲げる事項を含む。）について、調査、分析及び評価を行い、必要があると認めるときは、当該市町村障害児福祉計画を変更することその他の必要な措置を講ずるものとする。

第三十三条の二十二　都道府県は、基本指針に即して、市町村障害児福祉計画の達成に資するため、各市町村を通ずる広域的な見地から、障害児通所支援等の提供体制の確保その他障害児通所支援等の円滑な実施に関する計画（以下「都道府県障害児福祉計画」という。）を定めるものとする。

② 都道府県障害児福祉計画においては、次に掲げる事項を定めるものとする。

一 障害児通所支援等の提供体制の確保に係る目標に関する事項

二 当該都道府県が定める区域ごとの各年度の指定通所支援又は指定障害児相談支援の種類ごとの必要な見込量

三　各年度の指定障害児入所施設等の必要入所定員総数

③　都道府県障害児福祉計画においては、前項各号に掲げる事項のほか、次に掲げる事項について定めるよう努めるものとする。

一　前項第二号の区域ごとの指定通所支援の種類ごとの必要な見込量の確保のための方策

二　前項第二号の区域ごとの指定通所支援又は指定障害児相談支援の質の向上のために講ずる措置に関する事項

三　指定障害児入所施設等の障害児入所支援の質の向上のために講ずる措置に関する事項

四　前項第二号の区域ごとの指定通所支援の提供体制の確保に係る医療機関、教育機関その他の関係機関との連携に関する事項

④　都道府県は、第三十三条の二十三の二第一項の規定により公表された結果その他のこの法律に基づく業務の実施の状況に関する情報を分析した上で、当該分析の結果を勘案して、都道府県障害児福祉計画を作成するよう努めるものとする。

⑤　都道府県障害児福祉計画は、障害者の日常生活及び社会生活を総合的に支援するための法律第八十九条第一項に規定する都道府県障害福祉計画と一体のものとして作成することができる。

⑥　都道府県障害児福祉計画は、障害者基本法第十一条第二項に規定する都道府県障害者計画、社会福祉法第百八条第一項に規定する都道府県地域福祉支援計画その他の法律の規定による計画であつて障害児の福祉に関する事項を定めるものと調和が保たれたものでなければならない。

⑦　都道府県は、障害者の日常生活及び社会生活を総合的に支援するための法律第八十九条の三第一項に規定する協議会を設置したときは、都道府県障害児福祉計画を定め、又は変更しようとする場合において、あらかじめ、当該協議会の意見を聴くよう努めなければならない。

⑧　都道府県は、都道府県障害児福祉計画を定め、又は変更しようとするときは、あらかじめ、障害者基本法第三十六条第一項の合議制の機関の意見を聴かなければならない。

⑨　都道府県は、都道府県障害児福祉計画を定め、又は変更したときは、遅滞なく、これを内閣総理大臣に提出しなければならない。

第三十三条の二十三　都道府県は、定期的に、前条第二項各号に掲げる事項（都道府県障害児福祉計画に同条第三項各号に掲げる事項を定める場合にあつては、当該各号に掲げる事項を含む。）について、調査、分析及び評価を行い、必要があると認めるときは、当該都道府県障害児福祉計画を変更することその他の必要な措置を講ずるものとする。

第三十三条の二十三の二・第三十三条の二十三の三　〔略〕

第三十三条の二十四　都道府県知事は、市町村に対し、市町村障害児福祉計画の作成上の技術的事項について必要な助言をすることができる。

②　内閣総理大臣は、都道府県に対し、都道府県障害児福祉計画の作成の手法その他都道府県障害児福祉計画の作成上の重要な技術的事項について必要な助言をすることができる。

第三十三条の二十五　国は、市町村又は都道府県が、市町村障害児福祉計画又は都道府県障害児福祉計画に定められた事業を実施しようとするときは、当該事業が円滑に実施されるように必要な助言その他の援助の実施に努めるものとする。

第十節　雑則

第三十四条　何人も、次に掲げる行為をしてはならない。

一　身体に障害又は形態上の異常がある児童を公衆の観覧に供する行為

二　児童にこじきをさせ、又は児童を利用してこじきをする行為

三　公衆の娯楽を目的として、満十五歳に満たない児童にかるわざ又は曲馬をさせる行為

四　満十五歳に満たない児童に戸々について、又は道路その他これに準ずる場所で歌謡、遊芸その他の演技を業務としてさせる行為

四の二　児童に午後十時から午前三時までの間、戸々について、又は道路その他これに準ずる場所で物品の販売、配布、展示若しくは拾集又は役務の提供を業務としてさせる行為

四の三　戸々について、又は道路その他これに準ずる場所で物品の販売、配布、展示若しくは拾集又は役務の提供を業務として行う満十五歳に満たない児童を、当該業務を行うために、風俗営業等の規制及び業務の適正化等に関する法律（昭和二十三年法律第百二十二号）第二条第四項の接待飲食等営業、同条第六項の店舗型性風俗特殊営業及び同条第九項の店舗型電話異性紹介営業に該当する営業を営む場所に立ち入らせる行為

五　満十五歳に満たない児童に酒席に侍する行為を業務としてさせる行為

六　児童に淫行をさせる行為

七　前各号に掲げる行為をするおそれのある者その他児童に対し、刑罰法令に触れる行為をなすおそれのある者に、情を知つて、児童を引き渡す行為及び当該引渡し行為のなされるおそれがあるの情を知つて、他人に児童を引き渡す行為

八　成人及び児童のための正当な職業紹介の機関以外の者が、営利を目的として、児童の養育をあつせんする行為

九　児童の心身に有害な影響を与える行為をさせる目的をもつて、これを自己の支配下に置く行為

②　児童養護施設、障害児入所施設、児童発達支援センター又は児童自立支援施設においては、それぞれ第四十一条から第四十三条まで及び第四十四条に規定する目的に反して、入所した児童を酷使してはならない。

第三十四条の二　この法律に定めるもののほか、福祉の保障に関し必要な事項は、政令でこれを定める。

第三章　事業、養育里親及び養子縁組里親並びに施設

第三十四条の三　都道府県は、障害児通所支援事業又は障害児相談支援事業（以下「障害児通所支援事業等」という。）を行うことができる。

②　国及び都道府県以外の者は、内閣府令で定めるところによ

り、あらかじめ、内閣府令で定める事項を都道府県知事に届け出て、障害児通所支援事業等を行うことができる。

③　国及び都道府県以外の者は、前項の規定により届け出た事項に変更が生じたときは、変更の日から一月以内に、その旨を都道府県知事に届け出なければならない。

④　国及び都道府県以外の者は、障害児通所支援事業等を廃止し、又は休止しようとするときは、あらかじめ、内閣府令で定める事項を都道府県知事に届け出なければならない。

第三十四条の四　国及び都道府県以外の者は、内閣府令の定めるところにより、あらかじめ、内閣府令で定める事項を都道府県知事に届け出て、児童自立生活援助事業又は小規模住居型児童養育事業を行うことができる。

②　国及び都道府県以外の者は、前項の規定により届け出た事項に変更を生じたときは、変更の日から一月以内に、その旨を都道府県知事に届け出なければならない。

③　国及び都道府県以外の者は、児童自立生活援助事業又は小規模住居型児童養育事業を廃止し、又は休止しようとするときは、あらかじめ、内閣府令で定める事項を都道府県知事に届け出なければならない。

第三十四条の五　都道府県知事は、児童の福祉のために必要があると認めるときは、障害児通所支援事業等、児童自立生活援助事業若しくは小規模住居型児童養育事業を行う者に対して、必要と認める事項の報告を求め、又は当該職員に、関係者に対して質問させ、若しくはその事務所若しくは施設に立ち入り、設備、帳簿書類その他の物件を検査させることができる。

②　第十八条の十六第二項及び第三項の規定は、前項の場合について準用する。

第三十四条の六　都道府県知事は、障害児通所支援事業等、児童自立生活援助事業又は小規模住居型児童養育事業を行う者が、この法律若しくはこれに基づく命令若しくはこれらに基づいてする処分に違反したとき、その事業に関し不当に営利を図り、若しくはその事業に係る児童の処遇につき不当な行為をしたとき、又は障害児通所支援事業者が第二十一条の七の規定に違反したときは、その者に対し、その事業の制限又は停止を命ずることができる。

第三十四条の七　障害者等相談支援事業、小規模住居型児童養育事業又は児童自立生活援助事業を行う者は、第二十六条第一項第二号、第二十七条第一項第二号若しくは第三号又は第三十三条の六第一項の規定による委託を受けたときは、正当な理由がない限り、これを拒んではならない。

第三十四条の七の二　都道府県は、親子再統合支援事業、社会的養護自立支援拠点事業又は意見表明等支援事業を行うことができる。

②　国及び都道府県以外の者は、内閣府令の定めるところにより、あらかじめ、内閣府令で定める事項を都道府県知事に届け出て、親子再統合支援事業、社会的養護自立支援拠点事業又は意見表明等支援事業を行うことができる。

③　国及び都道府県以外の者は、前項の規定により届け出た事項に変更を生じたときは、変更の日から一月以内に、その旨を都道府県知事に届け出なければならない。

④　国及び都道府県以外の者は、親子再統合支援事業、社会的養護自立支援拠点事業又は意見表明等支援事業を廃止し、又は休止しようとするときは、あらかじめ、内閣府令で定める事項を都道府県知事に届け出なければならない。

⑤　親子再統合支援事業、社会的養護自立支援拠点事業又は意見表明等支援事業に従事する者は、その職務を遂行するに当たつては、個人の身上に関する秘密を守らなければならない。

第三十四条の七の三　都道府県知事は、児童の福祉のために必要があると認めるときは、親子再統合支援事業、社会的養護自立支援拠点事業若しくは意見表明等支援事業を行う者に対して、必要と認める事項の報告を求め、又は当該職員に、関係者に対して質問させ、若しくはその事務所若しくは施設に立ち入り、設備、帳簿書類その他の物件を検査させることができる。

②　第十八条の十六第二項及び第三項の規定は、前項の場合について準用する。

第三十四条の七の四　都道府県知事は、親子再統合支援事業、社会的養護自立支援拠点事業又は意見表明等支援事業を行う者が、この法律若しくはこれに基づく命令若しくはこれらに基づいてする処分に違反したとき、又はその事業に関し不当に営利を図り、若しくはその事業に係る児童若しくはその保護者の処遇につき不当な行為をしたときは、その者に対し、その事業の制限又は停止を命ずることができる。

第三十四条の七の五　都道府県は、妊産婦等生活援助事業を行うことができる。

②　国及び都道府県以外の者は、内閣府令の定めるところにより、あらかじめ、内閣府令で定める事項を都道府県知事に届け出て、妊産婦等生活援助事業を行うことができる。

③　国及び都道府県以外の者は、前項の規定により届け出た事項に変更を生じたときは、変更の日から一月以内に、その旨を都道府県知事に届け出なければならない。

④　国及び都道府県以外の者は、妊産婦等生活援助事業を廃止し、又は休止しようとするときは、あらかじめ、内閣府令で定める事項を都道府県知事に届け出なければならない。

⑤　妊産婦等生活援助事業に従事する者は、その職務を遂行するに当たつては、個人の身上に関する秘密を守らなければならない。

第三十四条の七の六　都道府県知事は、児童及び妊産婦の福祉のために必要があると認めるときは、妊産婦等生活援助事業を行う者に対して、必要と認める事項の報告を求め、又は当該職員に、関係者に対して質問させ、若しくはその事務所若しくは施設に立ち入り、設備、帳簿書類その他の物件を検査させることができる。

②　第十八条の十六第二項及び第三項の規定は、前項の場合について準用する。

第三十四条の七の七　都道府県知事は、妊産婦等生活援助事業を行う者が、この法律若しくはこれに基づく命令若しくはこれらに基づいてする処分に違反したとき、又はその事業に関し不当に営利を図り、若しくはその事業に係る妊産婦、児童若しくはその保護者の処遇につき不当な行為をしたときは、その者に対し、その事業の制限又は停止を命ずることができる。

第三十四条の八　市町村は、放課後児童健全育成事業を行うことができる。

② 国、都道府県及び市町村以外の者は、内閣府令で定めるところにより、あらかじめ、内閣府令で定める事項を市町村長に届け出て、放課後児童健全育成事業を行うことができる。

③ 国、都道府県及び市町村以外の者は、前項の規定により届け出た事項に変更を生じたときは、変更の日から一月以内に、その旨を市町村長に届け出なければならない。

④ 国、都道府県及び市町村以外の者は、放課後児童健全育成事業を廃止し、又は休止しようとするときは、あらかじめ、内閣府令で定める事項を市町村長に届け出なければならない。

第三十四条の八の二　市町村は、放課後児童健全育成事業の設備及び運営について、条例で基準を定めなければならない。この場合において、その基準は、児童の身体的、精神的及び社会的な発達のために必要な水準を確保するものでなければならない。

② 市町村が前項の条例を定めるに当たつては、内閣府令で定める基準を参酌するものとする。

③ 放課後児童健全育成事業を行う者は、第一項の基準を遵守しなければならない。

第三十四条の八の三　市町村長は、前条第一項の基準を維持するため、放課後児童健全育成事業を行う者に対して、必要と認める事項の報告を求め、又は当該職員に、関係者に対して質問させ、若しくはその事業を行う場所に立ち入り、設備、帳簿書類その他の物件を検査させることができる。

② 第十八条の十六第二項及び第三項の規定は、前項の場合について準用する。

③ 市町村長は、放課後児童健全育成事業が前条第一項の基準に適合しないと認められるに至つたときは、その事業を行う者に対し、当該基準に適合するために必要な措置を採るべき旨を命ずることができる。

④ 市町村長は、放課後児童健全育成事業を行う者が、この法律若しくはこれに基づく命令若しくはこれらに基づいてする処分に違反したとき、又はその事業に関し不当に営利を図り、若しくはその事業に係る児童の処遇につき不当な行為をしたときは、その者に対し、その事業の制限又は停止を命ずることができる。

第三十四条の九　市町村は、内閣府令で定めるところにより、子育て短期支援事業を行うことができる。

第三十四条の十　市町村は、第二十一条の十の二第一項の規定により乳児家庭全戸訪問事業又は養育支援訪問事業を行う場合には、社会福祉法の定めるところにより行うものとする。

第三十四条の十一　市町村、社会福祉法人その他の者は、社会福祉法の定めるところにより、地域子育て支援拠点事業、子育て世帯訪問支援事業又は親子関係形成支援事業を行うことができる。

② 地域子育て支援拠点事業に従事する者は、その職務を遂行するに当たつては、個人の身上に関する秘密を守らなければならない。

第三十四条の十二　市町村、社会福祉法人その他の者は、内閣府令の定めるところにより、あらかじめ、内閣府令で定める事項を都道府県知事に届け出て、一時預かり事業を行うことができる。

② 市町村、社会福祉法人その他の者は、前項の規定により届け出た事項に変更を生じたときは、変更の日から一月以内に、その旨を都道府県知事に届け出なければならない。

③ 市町村、社会福祉法人その他の者は、一時預かり事業を廃止し、又は休止しようとするときは、あらかじめ、内閣府令で定める事項を都道府県知事に届け出なければならない。

第三十四条の十三　一時預かり事業を行う者は、その事業を実施するために必要なものとして内閣府令で定める基準を遵守しなければならない。

第三十四条の十四　都道府県知事は、前条の基準を維持するため、一時預かり事業を行う者に対して、必要と認める事項の報告を求め、又は当該職員に、関係者に対して質問させ、若しくはその事業を行う場所に立ち入り、設備、帳簿書類その他の物件を検査させることができる。

② 第十八条の十六第二項及び第三項の規定は、前項の場合について準用する。

③ 都道府県知事は、一時預かり事業が前条の基準に適合しないと認められるに至つたときは、その事業を行う者に対し、当該基準に適合するために必要な措置を採るべき旨を命ずることができる。

④ 都道府県知事は、一時預かり事業を行う者が、この法律若しくはこれに基づく命令若しくはこれらに基づいてする処分に違反したとき、又はその事業に関し不当に営利を図り、若しくはその事業に係る乳児若しくは幼児の処遇につき不当な行為をしたときは、その者に対し、その事業の制限又は停止を命ずることができる。

第三十四条の十五　市町村は、家庭的保育事業等を行うことができる。

② 国、都道府県及び市町村以外の者は、内閣府令の定めるところにより、市町村長の認可を得て、家庭的保育事業等を行うことができる。

③ 市町村長は、家庭的保育事業等に関する前項の認可の申請があつたときは、次条第一項の条例で定める基準に適合するかどうかを審査するほか、次に掲げる基準（当該認可の申請をした者が社会福祉法人又は学校法人である場合にあつては、第四号に掲げる基準に限る。）によつて、その申請を審査しなければならない。

一　当該家庭的保育事業等を行うために必要な経済的基礎があること。

二　当該家庭的保育事業等を行う者（その者が法人である場合にあつては、経営担当役員（業務を執行する社員、取締役、執行役又はこれらに準ずる者をいう。第三十五条第五項第二号において同じ。）とする。）が社会的信望を有すること。

三　実務を担当する幹部職員が社会福祉事業に関する知識又は経験を有すること。

四　次のいずれにも該当しないこと。

イ～ル　〔略〕

④　市町村長は、第二項の認可をしようとするときは、あらかじめ、市町村児童福祉審議会を設置している場合にあつてはその意見を、その他の場合にあつては児童の保護者その他児童福祉に係る当事者の意見を聴かなければならない。

⑤　市町村長は、第三項に基づく審査の結果、その申請が次条第一項の条例で定める基準に適合しており、かつ、その事業を行う者が第三項各号に掲げる基準（その者が社会福祉法人又は学校法人である場合にあつては、同項第四号に掲げる基準に限る。）に該当すると認めるときは、第二項の認可をするものとする。ただし、市町村長は、当該申請に係る家庭的保育事業等の所在地を含む教育・保育提供区域（子ども・子育て支援法第六十一条第二項第一号の規定により当該市町村が定める教育・保育提供区域とする。以下この項において同じ。）における特定地域型保育事業所（同法第二十九条第三項第一号に規定する特定地域型保育事業所をいい、事業所内保育事業における同法第四十三条第一項に規定する労働者等の監護する小学校就学前子どもに係る部分を除く。以下この項において同じ。）の利用定員の総数（同法第十九条第三号に掲げる小学校就学前子どもの区分に係るものに限る。）が、同法第六十一条第一項の規定により当該市町村が定める市町村子ども・子育て支援事業計画において定める当該教育・保育提供区域の特定地域型保育事業所に係る必要利用定員総数（同法第十九条第一項第三号に掲げる小学校就学前子どもの区分に係るものに限る。）に既に達しているか、又は当該申請に係る家庭的保育事業等の開始によつてこれを超えることになると認めるとき、その他当該市町村子ども・子育て支援事業計画の達成に支障を生ずるおそれがある場合として内閣府令で定める場合に該当すると認めるときは、第二項の認可をしないことができる。

⑥　市町村長は、家庭的保育事業等に関する第二項の申請に係る認可をしないときは、速やかにその旨及び理由を通知しなければならない。

⑦　国、都道府県及び市町村以外の者は、家庭的保育事業等を廃止し、又は休止しようとするときは、内閣府令の定めるところにより、市町村長の承認を受けなければならない。

第三十四条の十六　市町村は、家庭的保育事業等の設備及び運営について、条例で基準を定めなければならない。この場合において、その基準は、児童の身体的、精神的及び社会的な発達のために必要な保育の水準を確保するものでなければならない。

②　市町村が前項の条例を定めるに当たつては、次に掲げる事項については内閣府令で定める基準に従い定めるものとし、その他の事項については内閣府令で定める基準を参酌するものとする。

一　家庭的保育事業等に従事する者及びその員数

二　家庭的保育事業等の運営に関する事項であつて、児童の適切な処遇及び安全の確保並びに秘密の保持並びに児童の健全な発達に密接に関連するものとして内閣府令で定めるもの

③　家庭的保育事業等を行う者は、第一項の基準を遵守しなければならない。

第三十四条の十七　市町村長は、前条第一項の基準を維持するため、家庭的保育事業等を行う者に対して、必要と認める事項の報告を求め、又は当該職員に、関係者に対して質問させ、若しくは家庭的保育事業等を行う場所に立ち入り、設備、帳簿書類その他の物件を検査させることができる。

②　第十八条の十六第二項及び第三項の規定は、前項の場合について準用する。

③　市町村長は、家庭的保育事業等が前条第一項の基準に適合しないと認められるに至つたときは、その事業を行う者に対し、当該基準に適合するために必要な措置を採るべき旨を勧告し、又はその事業を行う者がその勧告に従わず、かつ、児童福祉に有害であると認められるときは、必要な改善を命ずることができる。

④　市町村長は、家庭的保育事業等が、前条第一項の基準に適合せず、かつ、児童福祉に著しく有害であると認められるときは、その事業を行う者に対し、その事業の制限又は停止を命ずることができる。

第三十四条の十七の二　市町村は、児童育成支援拠点事業を行うことができる。

②　国、都道府県及び市町村以外の者は、内閣府令で定めるところにより、あらかじめ、内閣府令で定める事項を市町村長に届け出て、児童育成支援拠点事業を行うことができる。

③　国、都道府県及び市町村以外の者は、前項の規定により届け出た事項に変更を生じたときは、変更の日から一月以内に、その旨を市町村長に届け出なければならない。

④　国、都道府県及び市町村以外の者は、児童育成支援拠点事業を廃止し、又は休止しようとするときは、あらかじめ、内閣府令で定める事項を市町村長に届け出なければならない。

⑤　児童育成支援拠点事業に従事する者は、その職務を遂行するに当たつては、個人の身上に関する秘密を守らなければならない。

第三十四条の十七の三　市町村長は、児童の福祉のために必要があると認めるときは、児童育成支援拠点事業を行う者に対して、必要と認める事項の報告を求め、又は当該職員に、関係者に対して質問させ、若しくはその事業を行う場所に立ち入り、設備、帳簿書類その他の物件を検査させることができる。

②　第十八条の十六第二項及び第三項の規定は、前項の場合について準用する。

③　市町村長は、児童育成支援拠点事業を行う者が、この法律若しくはこれに基づく命令若しくはこれらに基づいてする処分に違反したとき、又はその事業に関し不当に営利を図り、若しくはその事業に係る児童若しくはその保護者の処遇につき不当な行為をしたときは、その者に対し、その事業の制限又は停止を命ずることができる。

第三十四条の十八　国及び都道府県以外の者は、内閣府令で定めるところにより、あらかじめ、内閣府令で定める事項を都道府県知事に届け出て、病児保育事業を行うことができる。

②　国及び都道府県以外の者は、前項の規定により届け出た事項に変更を生じたときは、変更の日から一月以内に、その旨

を都道府県知事に届け出なければならない。

③　国及び都道府県以外の者は、病児保育事業を廃止し、又は休止しようとするときは、あらかじめ、内閣府令で定める事項を都道府県知事に届け出なければならない。

第三十四条の十八の二　都道府県知事は、児童の福祉のために必要があると認めるときは、病児保育事業を行う者に対して、必要と認める事項の報告を求め、又は当該職員に、関係者に対して質問させ、若しくはその事業を行う場所に立ち入り、設備、帳簿書類その他の物件を検査させることができる。

②　第十八条の十六第二項及び第三項の規定は、前項の場合について準用する。

③　都道府県知事は、病児保育事業を行う者が、この法律若しくはこれに基づく命令若しくはこれらに基づいてする処分に違反したとき、又はその事業に関し不当に営利を図り、若しくはその事業に係る児童の処遇につき不当な行為をしたときは、その者に対し、その事業の制限又は停止を命ずることができる。

第三十四条の十八の三　国及び都道府県以外の者は、社会福祉法の定めるところにより、子育て援助活動支援事業を行うことができる。

②　子育て援助活動支援事業に従事する者は、その職務を遂行するに当たつては、個人の身上に関する秘密を守らなければならない。

第三十四条の十九　都道府県知事は、第二十七条第一項第三号の規定により児童を委託するため、内閣府令で定めるところにより、養育里親名簿及び養子縁組里親名簿を作成しておかなければならない。

第三十四条の二十　本人又はその同居人が次の各号のいずれかに該当する者は、養育里親及び養子縁組里親となることができない。

一　禁錮以上の刑に処せられ、その執行を終わり、又は執行を受けることがなくなるまでの者

二　この法律、児童買春、児童ポルノに係る行為等の規制及び処罰並びに児童の保護等に関する法律（平成十一年法律第五十二号）その他国民の福祉に関する法律で政令で定めるものの規定により罰金の刑に処せられ、その執行を終わり、又は執行を受けることがなくなるまでの者

三　児童虐待又は被措置児童等虐待を行つた者その他児童の福祉に関し著しく不適当な行為をした者

②　都道府県知事は、養育里親若しくは養子縁組里親又はその同居人が前項各号のいずれかに該当するに至つたときは、当該養育里親又は養子縁組里親を直ちに養育里親名簿又は養子縁組里親名簿から抹消しなければならない。

第三十四条の二十一　この法律に定めるもののほか、養育里親名簿又は養子縁組里親名簿の登録のための手続その他養育里親又は養子縁組里親に関し必要な事項は、内閣府令で定める。

第三十五条　国は、政令の定めるところにより、児童福祉施設（助産施設、母子生活支援施設、保育所及び幼保連携型認定こども園を除く。）を設置するものとする。

②　都道府県は、政令の定めるところにより、児童福祉施設（幼保連携型認定こども園を除く。以下この条、第四十五条、第四十六条、第四十九条、第五十条第九号、第五十一条第七号、第五十六条の二、第五十七条及び第五十八条において同じ。）を設置しなければならない。

③　市町村は、内閣府令の定めるところにより、あらかじめ、内閣府令で定める事項を都道府県知事に届け出て、児童福祉施設を設置することができる。

④　国、都道府県及び市町村以外の者は、内閣府令の定めるところにより、都道府県知事の認可を得て、児童福祉施設を設置することができる。

⑤　都道府県知事は、保育所に関する前項の認可の申請があつたときは、第四十五条第一項の条例で定める基準（保育所に係るものに限る。第八項において同じ。）に適合するかどうかを審査するほか、次に掲げる基準（当該認可の申請をした者が社会福祉法人又は学校法人である場合にあつては、第四号に掲げる基準に限る。）によつて、その申請を審査しなければならない。

一　当該保育所を経営するために必要な経済的基礎があること。

二　当該保育所の経営者（その者が法人である場合にあつては、経営担当役員とする。）が社会的信望を有すること。

三　実務を担当する幹部職員が社会福祉事業に関する知識又は経験を有すること。

四　次のいずれにも該当しないこと。

イ～ル　〔略〕

⑥　都道府県知事は、第四項の規定により保育所の設置の認可をしようとするときは、あらかじめ、児童福祉審議会の意見を聴かなければならない。

⑦　都道府県知事は、第四項の規定により保育所の設置の認可をしようとするときは、内閣府令で定めるところにより、あらかじめ、当該認可の申請に係る保育所が所在する市町村の長に協議しなければならない。

⑧　都道府県知事は、第五項に基づく審査の結果、その申請が第四十五条第一項の条例で定める基準に適合しており、かつ、その設置者が第五項各号に掲げる基準（その者が社会福祉法人又は学校法人である場合にあつては、同項第四号に掲げる基準に限る。）に該当すると認めるときは、第四項の認可をするものとする。ただし、都道府県知事は、当該申請に係る保育所の所在地を含む区域（子ども・子育て支援法第六十二条第二項第一号の規定により当該都道府県が定める区域とする。以下この項において同じ。）における特定教育・保育施設（同法第二十七条第一項に規定する特定教育・保育施設をいう。以下この項において同じ。）の利用定員の総数（同法第十九条第二号及び第三号に掲げる小学校就学前子どもに係るものに限る。）が、同法第六十二条第一項の規定により当該都道府県が定める都道府県子ども・子育て支援事業支援計画において定める当該区域の特定教育・保育施設に係る必要利用定員総数（同法第十九条第一項第二号及び第三号に掲げる小学校就学前子どもの区分に係るものに限る。）に既に達しているか、又は当該申請に係る保育所の設置によつてこれを超えることになると認めるとき、その他の当該都道

府県子ども・子育て支援事業支援計画の達成に支障を生ずるおそれがある場合として内閣府令で定める場合に該当すると認めるときは、第四項の認可をしないことができる。

⑨ 都道府県知事は、保育所に関する第四項の申請に係る認可をしないときは、速やかにその旨及び理由を通知しなければならない。

⑩ 児童福祉施設には、児童福祉施設の職員の養成施設を附置することができる。

⑪ 市町村は、児童福祉施設を廃止し、又は休止しようとするときは、その廃止又は休止の日の一月前（当該児童福祉施設が保育所である場合には三月前）までに、内閣府令で定める事項を都道府県知事に届け出なければならない。

⑫ 国、都道府県及び市町村以外の者は、児童福祉施設を廃止し、又は休止しようとするときは、内閣府令の定めるところにより、都道府県知事の承認を受けなければならない。

第三十六条 助産施設は、保健上必要があるにもかかわらず、経済的理由により、入院助産を受けることができない妊産婦を入所させて、助産を受けさせることを目的とする施設とする。

第三十七条 乳児院は、乳児（保健上、安定した生活環境の確保その他の理由により特に必要のある場合には、幼児を含む。）を入院させて、これを養育し、あわせて退院した者について相談その他の援助を行うことを目的とする施設とする。

第三十八条 母子生活支援施設は、配偶者のない女子又はこれに準ずる事情にある女子及びその者の監護すべき児童を入所させて、これらの者を保護するとともに、これらの者の自立の促進のためにその生活を支援し、あわせて退所した者について相談その他の援助を行うことを目的とする施設とする。

第三十九条 保育所は、保育を必要とする乳児・幼児を日々保護者の下から通わせて保育を行うことを目的とする施設（利用定員が二十人以上であるものに限り、幼保連携型認定こども園を除く。）とする。

② 保育所は、前項の規定にかかわらず、特に必要があるときは、保育を必要とするその他の児童を日々保護者の下から通わせて保育することができる。

第三十九条の二 幼保連携型認定こども園は、義務教育及びその後の教育の基礎を培うものとしての満三歳以上の幼児に対する教育（教育基本法（平成十八年法律第百二十号）第六条第一項に規定する法律に定める学校において行われる教育をいう。）及び保育を必要とする乳児・幼児に対する保育を一体的に行い、これらの乳児又は幼児の健やかな成長が図られるよう適当な環境を与えて、その心身の発達を助長することを目的とする施設とする。

② 幼保連携型認定こども園に関しては、この法律に定めるもののほか、認定こども園法の定めるところによる。

第四十条 児童厚生施設は、児童遊園、児童館等児童に健全な遊びを与えて、その健康を増進し、又は情操をゆたかにすることを目的とする施設とする。

第四十一条 児童養護施設は、保護者のない児童（乳児を除く。ただし、安定した生活環境の確保その他の理由により特に必要のある場合には、乳児を含む。以下この条において同じ。）、虐待されている児童その他環境上養護を要する児童を入所させて、これを養護し、あわせて退所した者に対する相談その他の自立のための援助を行うことを目的とする施設とする。

第四十二条 障害児入所施設は、次の各号に掲げる区分に応じ、障害児を入所させて、当該各号に定める支援を行うことを目的とする施設とする。

一 福祉型障害児入所施設 保護並びに日常生活における基本的な動作及び独立自活に必要な知識技能の習得のための支援

二 医療型障害児入所施設 保護、日常生活における基本的な動作及び独立自活に必要な知識技能の習得のための支援並びに治療

第四十三条 児童発達支援センターは、地域の障害児の健全な発達において中核的な役割を担う機関として、障害児を日々保護者の下から通わせて、高度の専門的な知識及び技術を必要とする児童発達支援を提供し、あわせて障害児の家族、指定障害児通所支援事業者その他の関係者に対し、相談、専門的な助言その他の必要な援助を行うことを目的とする施設とする。

第四十三条の二 児童心理治療施設は、家庭環境、学校における交友関係その他の環境上の理由により社会生活への適応が困難となつた児童を、短期間、入所させ、又は保護者の下から通わせて、社会生活に適応するために必要な心理に関する治療及び生活指導を主として行い、あわせて退所した者について相談その他の援助を行うことを目的とする施設とする。

第四十四条 児童自立支援施設は、不良行為をなし、又はなすおそれのある児童及び家庭環境その他の環境上の理由により生活指導等を要する児童を入所させ、又は保護者の下から通わせて、個々の児童の状況に応じて必要な指導を行い、その自立を支援し、あわせて退所した者について相談その他の援助を行うことを目的とする施設とする。

第四十四条の二 児童家庭支援センターは、地域の児童の福祉に関する各般の問題につき、児童に関する家庭その他からの相談のうち、専門的な知識及び技術を必要とするものに応じ、必要な助言を行うとともに、市町村の求めに応じ、技術的助言その他必要な援助を行うほか、第二十六条第一項第二号及び第二十七条第一項第二号の規定による指導を行い、あわせて児童相談所、児童福祉施設等との連絡調整その他内閣府令の定める援助を総合的に行うことを目的とする施設とする。

② 児童家庭支援センターの職員は、その職務を遂行するに当たつては、個人の身上に関する秘密を守らなければならない。

第四十四条の三 里親支援センターは、里親支援事業を行うほか、里親及び里親に養育される児童並びに里親になろうとする者について相談その他の援助を行うことを目的とする施設とする。

② 里親支援センターの長は、里親支援事業及び前項に規定す

る援助を行うに当たつては、都道府県、市町村、児童相談所、児童家庭支援センター、他の児童福祉施設、教育機関その他の関係機関と相互に協力し、緊密な連携を図るよう努めなければならない。

第四十四条の四　第六条の三各項に規定する事業を行う者、里親及び児童福祉施設（指定障害児入所施設及び指定通所支援に係る児童発達支援センターを除く。）の設置者は、児童、妊産婦その他これらの事業を利用する者又は当該児童福祉施設に入所する者の人格を尊重するとともに、この法律又はこの法律に基づく命令を遵守し、これらの者のため忠実にその職務を遂行しなければならない。

第四十五条　都道府県は、児童福祉施設の設備及び運営について、条例で基準を定めなければならない。この場合において、その基準は、児童の身体的、精神的及び社会的な発達のために必要な生活水準を確保するものでなければならない。

②　都道府県が前項の条例を定めるに当たつては、次に掲げる事項については内閣府令で定める基準に従い定めるものとし、その他の事項については厚生労働省令で定める基準を参酌するものとする。

一　児童福祉施設に配置する従業者及びその員数

二　児童福祉施設に係る居室及び病室の床面積その他児童福祉施設の設備に関する事項であつて児童の健全な発達に密接に関連するものとして内閣府令で定めるもの

三　児童福祉施設の運営に関する事項であつて、保育所における保育の内容その他児童（助産施設にあつては、妊産婦）の適切な処遇及び安全の確保並びに秘密の保持並びに児童の健全な発達に密接に関連するものとして内閣府令で定めるもの

③　内閣総理大臣は、前項の内閣府令で定める基準（同項第三号の保育所における保育の内容に関する事項に限る。）を定めるに当たつては、学校教育法第二十五条第一項の規定により文部科学大臣が定める幼稚園の教育課程その他の保育内容に関する事項並びに認定こども園法第十条第一項の規定により主務大臣が定める幼保連携型認定こども園の教育課程その他の教育及び保育の内容に関する事項との整合性の確保並びに小学校及び義務教育学校における教育との円滑な接続に配慮しなければならない。

④　内閣総理大臣は、前項の内閣府令で定める基準を定めるときは、あらかじめ、文部科学大臣に協議しなければならない。

⑤　児童福祉施設の設置者は、第一項の基準を遵守しなければならない。

⑥　児童福祉施設の設置者は、児童福祉施設の設備及び運営についての水準の向上を図ることに努めるものとする。

第四十五条の二　内閣総理大臣は、里親の行う養育について、基準を定めなければならない。この場合において、その基準は、児童の身体的、精神的及び社会的な発達のために必要な生活水準を確保するものでなければならない。

②　里親は、前項の基準を遵守しなければならない。

第四十六条　都道府県知事は、第四十五条第一項及び前条第一項の基準を維持するため、児童福祉施設の設置者、児童福祉施設の長及び里親に対して、必要な報告を求め、児童の福祉に関する事務に従事する職員に、関係者に対して質問させ、若しくはその施設に立ち入り、設備、帳簿書類その他の物件を検査させることができる。

②　第十八条の十六第二項及び第三項の規定は、前項の場合について準用する。

③　都道府県知事は、児童福祉施設の設備又は運営が第四十五条第一項の基準に達しないときは、その施設の設置者に対し、必要な改善を勧告し、又はその施設の設置者がその勧告に従わず、かつ、児童福祉に有害であると認められるときは、必要な改善を命ずることができる。

④　都道府県知事は、児童福祉施設の設備又は運営が第四十五条第一項の基準に達せず、かつ、児童福祉に著しく有害であると認められるときは、都道府県児童福祉審議会の意見を聴き、その施設の設置者に対し、その事業の停止を命ずることができる。

第四十六条の二　児童福祉施設の長は、都道府県知事又は市町村長（第三十二条第三項の規定により第二十四条第五項又は第六項の規定による措置に関する権限が当該市町村に置かれる教育委員会に委任されている場合にあつては、当該教育委員会）からこの法律の規定に基づく措置又は助産の実施若しくは母子保護の実施のための委託を受けたときは、正当な理由がない限り、これを拒んではならない。

②　保育所若しくは認定こども園の設置者又は家庭的保育事業等を行う者は、第二十四条第三項の規定により行われる調整及び要請に対し、できる限り協力しなければならない。

第四十七条　児童福祉施設の長は、入所中の児童で親権を行う者又は未成年後見人のないものに対し、親権を行う者又は未成年後見人があるに至るまでの間、親権を行う。ただし、民法第七百九十七条の規定による縁組の承諾をするには、内閣府令の定めるところにより、都道府県知事の許可を得なければならない。

②　児童相談所長は、小規模住居型児童養育事業を行う者又は里親に委託中の児童で親権を行う者又は未成年後見人のないものに対し、親権を行う者又は未成年後見人があるに至るまでの間、親権を行う。ただし、民法第七百九十七条の規定による縁組の承諾をするには、内閣府令の定めるところにより、都道府県知事の許可を得なければならない。

③　児童福祉施設の長、その住居において養育を行う第六条の三第八項に規定する内閣府令で定める者又は里親（以下この項において「施設長等」という。）は、入所中又は受託中の児童で親権を行う者又は未成年後見人のあるものについても、監護及び教育に関し、その児童の福祉のため必要な措置をとることができる。この場合において、施設長等は、児童の人格を尊重するとともに、その年齢及び発達の程度に配慮しなければならず、かつ、体罰その他の児童の心身の健全な発達に有害な影響を及ぼす言動をしてはならない。

④　前項の児童の親権を行う者又は未成年後見人は、同項の規定による措置を不当に妨げてはならない。

⑤　第三項の規定による措置は、児童の生命又は身体の安全を確保するため緊急の必要があると認めるときは、その親権を行う者又は未成年後見人の意に反しても、これをとることが

できる。この場合において、児童福祉施設の長、小規模住居型児童養育事業を行う者又は里親は、速やかに、そのとつた措置について、当該児童に係る通所給付決定若しくは入所給付決定、第二十一条の六、第二十四条第五項若しくは第六項若しくは第二十七条第一項第三号の措置、助産の実施若しくは母子保護の実施又は当該児童に係る子ども・子育て支援法第二十条第四項に規定する教育・保育給付認定を行つた都道府県又は市町村の長に報告しなければならない。

第四十八条　児童養護施設、障害児入所施設、児童心理治療施設及び児童自立支援施設の長、その住居において養育を行う第六条の三第八項に規定する内閣府令で定める者並びに里親は、学校教育法に規定する保護者に準じて、その施設に入所中又は受託中の児童を就学させなければならない。

第四十八条の二　乳児院、母子生活支援施設、児童養護施設、児童心理治療施設及び児童自立支援施設の長は、その行う児童の保護に支障がない限りにおいて、当該施設の所在する地域の住民につき、児童の養育に関する相談に応じ、及び助言を行うよう努めなければならない。

第四十八条の三　乳児院、児童養護施設、障害児入所施設、児童心理治療施設及び児童自立支援施設の長並びに小規模住居型児童養育事業を行う者及び里親は、当該施設に入所し、又は小規模住居型児童養育事業を行う者若しくは里親に委託された児童及びその保護者に対して、市町村、児童相談所、児童家庭支援センター、里親支援センター、教育機関、医療機関その他の関係機関との緊密な連携を図りつつ、親子の再統合のための支援その他の当該児童が家庭（家庭における養育環境と同様の養育環境及び良好な家庭的環境を含む。）で養育されるために必要な措置を採らなければならない。

第四十八条の四　保育所は、当該保育所が主として利用される地域の住民に対して、その行う保育に関し情報の提供を行わなければならない。

②　保育所は、当該保育所が主として利用される地域の住民に対して、その行う保育に支障がない限りにおいて、乳児、幼児等の保育に関する相談に応じ、及び助言を行うよう努めなければならない。

③　保育所に勤務する保育士は、乳児、幼児等の保育に関する相談に応じ、及び助言を行うために必要な知識及び技能の修得、維持及び向上に努めなければならない。

第四十九条　この法律で定めるもののほか、第六条の三各項に規定する事業及び児童福祉施設の職員その他児童福祉施設に関し必要な事項は、命令で定める。

第四章　費用

第四十九条の二　国庫は、都道府県が、第二十七条第一項第三号に規定する措置により、国の設置する児童福祉施設に入所させた者につき、その入所後に要する費用を支弁する。

第五十条　次に掲げる費用は、都道府県の支弁とする。

一　都道府県児童福祉審議会に要する費用
二　児童福祉司及び児童委員に要する費用
三　児童相談所に要する費用（第九号の費用を除く。）
四　削除
五　第二十条の措置に要する費用
五の二　小児慢性特定疾病医療費の支給に要する費用
五の三　小児慢性特定疾病児童等自立支援事業に要する費用
六　都道府県の設置する助産施設又は母子生活支援施設において市町村が行う助産の実施又は母子保護の実施に要する費用（助産の実施又は母子保護の実施につき第四十五条第一項の基準を維持するために要する費用をいう。次号及び次条第三号において同じ。）
六の二　都道府県が行う助産の実施又は母子保護の実施に要する費用
六の三　障害児入所給付費、高額障害児入所給付費若しくは特定入所障害児食費等給付費又は障害児入所医療費（以下「障害児入所給付費等」という。）の支給に要する費用
六の四　児童相談所長が第二十六条第一項第二号に規定する指導を委託した場合又は都道府県が第二十七条第一項第二号に規定する指導を委託した場合におけるこれらの指導に要する費用
七　都道府県が、第二十七条第一項第三号に規定する措置を採つた場合において、入所又は委託に要する費用及び入所後の保護又は委託後の養育につき、第四十五条第一項又は第四十五条の二第一項の基準を維持するために要する費用（国の設置する乳児院、児童養護施設、障害児入所施設、児童心理治療施設又は児童自立支援施設に入所させた児童につき、その入所後に要する費用を除き、里親支援センターにおいて行う里親支援事業に要する費用を含む。）
七の二　都道府県が、第二十七条第二項に規定する措置を採つた場合において、委託及び委託後の治療等に要する費用
七の三　都道府県が行う児童自立生活援助の実施に要する費用
八　一時保護に要する費用
九　児童相談所の設置並びに都道府県の設置する児童福祉施設の設備及び職員の養成施設に要する費用

第五十一条　次に掲げる費用は、市町村の支弁とする。

一　障害児通所給付費、特例障害児通所給付費若しくは高額障害児通所給付費又は肢体不自由児通所医療費の支給に要する費用
二　第二十一条の六の措置に要する費用
二の二　第二十一条の十八第二項の措置に要する費用
三　市町村が行う助産の実施又は母子保護の実施に要する費用（都道府県の設置する助産施設又は母子生活支援施設に係るものを除く。）
四　第二十四条第五項又は第六項の措置（都道府県若しくは市町村の設置する保育所若しくは幼保連携型認定こども園又は都道府県若しくは市町村の行う家庭的保育事業等に係るものに限る。）に要する費用
五　第二十四条第五項又は第六項の措置（都道府県及び市町村以外の者の設置する保育所若しくは幼保連携型認定こども園又は都道府県及び市町村以外の者の行う家庭的保育事業等に係るものに限る。）に要する費用
六　障害児相談支援給付費又は特例障害児相談支援給付費の支給に要する費用

七　市町村の設置する児童福祉施設の設備及び職員の養成施設に要する費用

八　市町村児童福祉審議会に要する費用

第五十二条　第二十四条第五項又は第六項の規定による措置に係る児童が、子ども・子育て支援法第二十七条第一項、第二十八条第一項（第二号に係るものを除く。）、第二十九条第一項又は第三十条第一項（第二号に係るものを除く。）の規定により施設型給付費、特例施設型給付費、地域型保育給付費又は特例地域型保育給付費の支給を受けることができる保護者の児童であるときは、市町村は、その限度において、前条第四号又は第五号の規定による費用の支弁をすることを要しない。

第五十三条　国庫は、第五十条（第一号から第三号まで及び第九号を除く。）及び第五十一条（第四号、第七号及び第八号を除く。）に規定する地方公共団体の支弁する費用に対しては、政令の定めるところにより、その二分の一を負担する。

第五十四条　削除

第五十五条　都道府県は、第五十一条第一号から第三号まで、第五号及び第六号の費用に対しては、政令の定めるところにより、その四分の一を負担しなければならない。

第五十六条　第四十九条の二に規定する費用を国庫が支弁した場合においては、内閣総理大臣は、本人又はその扶養義務者（民法に定める扶養義務者をいう。以下同じ。）から、都道府県知事の認定するその負担能力に応じ、その費用の全部又は一部を徴収することができる。

②　第五十条第五号、第六号、第六号の二若しくは第七号から第七号の三までに規定する費用（同条第七号に規定する里親支援センターにおいて行う里親支援事業に要する費用を除く。）を支弁した都道府県又は第五十一条第二号から第五号までに規定する費用を支弁した市町村の長は、本人又はその扶養義務者から、その負担能力に応じ、その費用の全部又は一部を徴収することができる。

③　都道府県知事又は市町村長は、第一項の規定による負担能力の認定又は前項の規定による費用の徴収に関し必要があると認めるときは、本人又はその扶養義務者の収入の状況につき、本人若しくはその扶養義務者に対し報告を求め、又は官公署に対し必要な書類の閲覧若しくは資料の提供を求めることができる。

④　第一項又は第二項の規定による費用の徴収は、これを本人又はその扶養義務者の居住地又は財産所在地の都道府県又は市町村に嘱託することができる。

⑤　第一項又は第二項の規定により徴収される費用を、指定の期限内に納付しない者があるときは、第一項に規定する費用については国税の、第二項に規定する費用については地方税の滞納処分の例により処分することができる。この場合における徴収金の先取特権の順位は、国税及び地方税に次ぐものとする。

⑥　保育所又は幼保連携型認定こども園の設置者が、次の各号に掲げる乳児又は幼児の保護者から、善良な管理者と同一の注意をもつて、当該各号に定める額のうち当該保護者が当該保育所又は幼保連携型認定こども園に支払うべき金額に相当する金額の支払を受けることに努めたにもかかわらず、なお当該保護者が当該金額の全部又は一部を支払わない場合において、当該保育所又は幼保連携型認定こども園における保育に支障が生じ、又は生ずるおそれがあり、かつ、市町村が第二十四条第一項の規定により当該保育所における保育を行うため必要であると認めるとき又は同条第二項の規定により当該幼保連携型認定こども園における保育を確保するため必要であると認めるときは、市町村は、当該設置者の請求に基づき、地方税の滞納処分の例によりこれを処分することができる。この場合における徴収金の先取特権の順位は、国税及び地方税に次ぐものとする。

一　子ども・子育て支援法第二十七条第一項に規定する特定教育・保育を受けた乳児又は幼児　同条第三項第一号に掲げる額から同条第五項の規定により支払がなされた額を控除して得た額（当該支払がなされなかつたときは、同号に掲げる額）又は同法第二十八条第二項第一号の規定による特例施設型給付費の額及び同号に規定する政令で定める額を限度として市町村が定める額（当該市町村が定める額が現に当該特定教育・保育に要した費用の額を超えるときは、当該現に特定教育・保育に要した費用の額）の合計額

二　子ども・子育て支援法第二十八条第一項第二号に規定する特別利用保育を受けた幼児　同条第二項第二号の規定による特例施設型給付費の額及び同号に規定する市町村が定める額（当該市町村が定める額が現に当該特別利用保育に要した費用の額を超えるときは、当該現に特別利用保育に要した費用の額）の合計額から同条第四項において準用する同法第二十七条第五項の規定により支払がなされた額を控除して得た額（当該支払がなされなかつたときは、当該合計額）

⑦　家庭的保育事業等を行う者が、次の各号に掲げる乳児又は幼児の保護者から、善良な管理者と同一の注意をもつて、当該各号に定める額のうち当該保護者が当該家庭的保育事業等を行う者に支払うべき金額に相当する金額の支払を受けることに努めたにもかかわらず、なお当該保護者が当該金額の全部又は一部を支払わない場合において、当該家庭的保育事業等による保育に支障が生じ、又は生ずるおそれがあり、かつ、市町村が第二十四条第二項の規定により当該家庭的保育事業等による保育を確保するため必要であると認めるときは、市町村は、当該家庭的保育事業等を行う者の請求に基づき、地方税の滞納処分の例によりこれを処分することができる。この場合における徴収金の先取特権の順位は、国税及び地方税に次ぐものとする。

一　子ども・子育て支援法第二十九条第一項に規定する特定地域型保育（同法第三十条第一項第二号に規定する特別利用地域型保育（次号において「特別利用地域型保育」という。）及び同項第三号に規定する特定利用地域型保育（第三号において「特定利用地域型保育」という。）を除く。）を受けた乳児又は幼児　同法第二十九条第三項第一号に掲げる額から同条第五項の規定により支払がなされた額を控除して得た額（当該支払がなされなかつたときは、同号に掲げる額）又は同法第三十条第二項第一号の規定による特

例地域型保育給付費の額及び同号に規定する政令で定める額を限度として市町村が定める額（当該市町村が定める額が現に当該特定地域型保育に要した費用の額）の合計額は、当該現に特定地域型保育に要した費用の額を超えるとき

二　特別利用地域型保育を受けた幼児　子ども・子育て支援法第三十条第二項第二号の規定による特例地域型保育給付費の額及び同号に規定する市町村が定める額（当該市町村が定める額が現に当該特別利用地域型保育に要した費用の額を超えるときは、当該現に特別利用地域型保育に要した費用の額）の合計額から同条第四項において準用する同法第二十九条第五項の規定により支払がなされた額を控除して得た額（当該支払がなされなかつたときは、当該合計額）

三　特定利用地域型保育を受けた幼児　子ども・子育て支援法第三十条第二項第三号の規定による特例地域型保育給付費の額及び同号に規定する市町村が定める額（当該市町村が定める額が現に当該特定利用地域型保育に要した費用の額を超えるときは、当該現に特定利用地域型保育に要した費用の額）の合計額から同条第四項において準用する同法第二十九条第五項の規定により支払がなされた額を控除して得た額（当該支払がなされなかつたときは、当該合計額）

第五十六条の二　都道府県及び市町村は、次の各号に該当する場合においては、第三十五条第四項の規定により、国、都道府県及び市町村以外の者が設置する児童福祉施設（保育所を除く。以下この条において同じ。）について、その新設（社会福祉法第三十一条第一項の規定により設立された社会福祉法人が設置する児童福祉施設の新設に限る。）、修理、改造、拡張又は整備（以下「新設等」という。）に要する費用の四分の三以内を補助することができる。ただし、一の児童福祉施設について都道府県及び市町村が補助する金額の合計額は、当該児童福祉施設の新設等に要する費用の四分の三を超えてはならない。

一　その児童福祉施設が、社会福祉事業法第二十九条第一項の規定により設立された社会福祉法人、日本赤十字社又は公益社団法人若しくは公益財団法人の設置するものであること。

二　その児童福祉施設が主として利用される地域において、この法律の規定に基づく障害児入所給付費の支給、入所させる措置又は助産の実施若しくは母子保護の実施を必要とする児童、その保護者又は妊産婦の分布状況からみて、同種の児童福祉施設が必要とされるにかかわらず、その地域に、国、都道府県又は市町村の設置する同種の児童福祉施設がないか、又はあつてもこれが十分でないこと。

②　前項の規定により、児童福祉施設に対する補助がなされたときは、内閣総理大臣、都道府県知事及び市町村長は、その補助の目的が有効に達せられることを確保するため、当該児童福祉施設に対して、第四十六条及び第五十八条第一項に規定するもののほか、次に掲げる権限を有する。

一　その児童福祉施設の予算が、補助の効果をあげるために不適当であると認めるときは、その予算について必要な変更をすべき旨を指示すること。

二　その児童福祉施設の職員が、この法律若しくはこれに基づく命令又はこれらに基づいてする処分に違反したときは、当該職員を解職すべき旨を指示すること。

③　国庫は、第一項の規定により都道府県が障害児入所施設又は児童発達支援センターについて補助した金額の三分の二以内を補助することができる。

第五十六条の三　都道府県及び市町村は、次に掲げる場合においては、補助金の交付を受けた児童福祉施設の設置者に対して、既に交付した補助金の全部又は一部の返還を命ずることができる。

一　補助金の交付条件に違反したとき。

二　詐欺その他の不正な手段をもつて、補助金の交付を受けたとき。

三　児童福祉施設の経営について、営利を図る行為があつたとき。

四　児童福祉施設が、この法律若しくはこれに基く命令又はこれらに基いてする処分に違反したとき。

第五十六条の四　国庫は、第五十条第二号に規定する児童委員に要する費用のうち、内閣総理大臣の定める事項に関するものについては、予算の範囲内で、その一部を補助することができる。

第五十六条の四の二　市町村は、保育を必要とする乳児・幼児に対し、必要な保育を確保するために必要があると認めるときは、当該市町村における保育所及び幼保連携型認定こども園（次項第一号及び第二号並びに次条第二項において「保育所等」という。）の整備に関する計画（以下「市町村整備計画」という。）を作成することができる。

②　市町村整備計画においては、おおむね次に掲げる事項について定めるものとする。

一　保育提供区域（市町村が、地理的条件、人口、交通事情その他の社会的条件、保育を提供するための施設の整備の状況その他の条件を総合的に勘案して定める区域をいう。以下同じ。）ごとの当該保育提供区域における保育所等の整備に関する目標及び計画期間

二　前号の目標を達成するために必要な保育所等を整備する事業に関する事項

三　その他内閣府令で定める事項

③　市町村整備計画は、子ども・子育て支援法第六十一条第一項に規定する市町村子ども・子育て支援事業計画と調和が保たれたものでなければならない。

④　市町村は、市町村整備計画を作成し、又はこれを変更したときは、次条第一項の規定により当該市町村整備計画を内閣総理大臣に提出する場合を除き、遅滞なく、都道府県にその写しを送付しなければならない。

第五十六条の四の三　市町村は、次項の交付金を充てて市町村整備計画に基づく事業又は事務（同項において「事業等」という。）の実施をしようとするときは、当該市町村整備計画を、当該市町村の属する都道府県の知事を経由して、内閣総理大臣に提出しなければならない。

②　国は、市町村に対し、前項の規定により提出された市町村

整備計画に基づく事業等（国、都道府県及び市町村以外の者が設置する保育所等に係るものに限る。）の実施に要する経費に充てるため、保育所等の整備の状況その他の事項を勘案して内閣府令で定めるところにより、予算の範囲内で、交付金を交付することができる。

③　前二項に定めるもののほか、前項の交付金の交付に関し必要な事項は、内閣府令で定める。

第五章　費民健康保険団体連合会の児童福祉法関係業務〔略〕

第六章　審査請求

第五十六条の五の五　市町村の障害児通所給付費又は特例障害児通所給付費に係る処分に不服がある障害児の保護者は、都道府県知事に対して審査請求をすることができる。

②　前項の審査請求については、障害者の日常生活及び社会生活を総合的に支援するための法律第八章（第九十七条第一項を除く。）の規定を準用する。この場合において、必要な技術的読替えは、政令で定める。

第七章　雑則

第五十六条の六　地方公共団体は、児童の福祉を増進するため、障害児通所給付費、特例障害児通所給付費、高額障害児通所給付費、障害児相談支援給付費、特例障害児相談支援給付費、介護給付費等、障害児入所給付費、高額障害児入所給付費又は特定入所障害児食費等給付費の支給、第二十一条の六、第二十一条の十八第二項、第二十四条第五項若しくは第六項又は第二十七条第一項若しくは第二項の規定による措置及び保育の利用等並びにその他の福祉の保障が適切に行われるように、相互に連絡及び調整を図らなければならない。

②　地方公共団体は、人工呼吸器を装着している障害児その他の日常生活を営むために医療を要する状態にある障害児が、その心身の状況に応じた適切な保健、医療、福祉その他の各関連分野の支援を受けられるよう、保健、医療、福祉その他の各関連分野の支援を行う機関との連絡調整を行うための体制の整備に関し、必要な措置を講ずるように努めなければならない。

③　児童自立生活援助事業、社会的養護自立支援拠点事業又は放課後児童健全育成事業を行う者及び児童福祉施設の設置者は、その事業を行い、又はその施設を運営するに当たつては、相互に連携を図りつつ、児童及びその家庭からの相談に応ずることその他の地域の実情に応じた積極的な支援を行うように努めなければならない。

第五十六条の七　市町村は、必要に応じ、公有財産（地方自治法第二百三十八条第一項に規定する公有財産をいう。次項において同じ。）の貸付けその他の必要な措置を積極的に講ずることにより、社会福祉法人その他の多様な事業者の能力を活用した保育所の設置又は運営を促進し、保育の利用に係る供給を効率的かつ計画的に増大させるものとする。

②　市町村は、必要に応じ、公有財産の貸付けその他の必要な措置を積極的に講ずることにより、社会福祉法人その他の多様な事業者の能力を活用した放課後児童健全育成事業の実施を促進し、放課後児童健全育成事業に係る供給を効率的かつ計画的に増大させるものとする。

③　国及び都道府県は、前二項の市町村の措置に関し、必要な支援を行うものとする。

第五十六条の八　市町村長は、当該市町村における保育の実施に対する需要の状況等に照らし適当であると認めるときは、公私連携型保育所（次項に規定する協定に基づき、当該市町村から必要な設備の貸付け、譲渡その他の協力を得て、当該市町村との連携の下に保育及び子育て支援事業（以下この条において「保育等」という。）を行う保育所をいう。以下この条において同じ。）の運営を継続的かつ安定的に行うことができる能力を有するものであると認められるもの（法人に限る。）を、その申請により、公私連携型保育所の設置及び運営を目的とする法人（以下この条において「公私連携保育法人」という。）として指定することができる。

②　市町村長は、前項の規定による指定（第十一項において単に「指定」という。）をしようとするときは、あらかじめ、当該指定をしようとする法人と、次に掲げる事項を定めた協定（以下この条において単に「協定」という。）を締結しなければならない。

一　協定の目的となる公私連携型保育所の名称及び所在地
二　公私連携型保育所における保育等に関する基本的事項
三　市町村による必要な設備の貸付け、譲渡その他の協力に関する基本的事項
四　協定の有効期間
五　協定に違反した場合の措置
六　その他公私連携型保育所の設置及び運営に関し必要な事項

③　公私連携保育法人は、第三十五条第四項の規定にかかわらず、市町村長を経由し、都道府県知事に届け出ることにより、公私連携型保育所を設置することができる。

④　市町村長は、公私連携保育法人が前項の規定による届出をした際に、当該公私連携保育法人が協定に基づき公私連携型保育所における保育等を行うために設備の整備を必要とする場合には、当該協定に定めるところにより、当該公私連携保育法人に対し、当該設備を無償又は時価よりも低い対価で貸し付け、又は譲渡するものとする。

⑤　前項の規定は、地方自治法第九十六条及び第二百三十七条から第二百三十八条の五までの規定の適用を妨げない。

⑥　公私連携保育法人は、第三十五条第十二項の規定による廃止又は休止の承認の申請を行おうとするときは、市町村長を経由して行わなければならない。この場合において、当該市町村長は、当該申請に係る事項に関し意見を付すことができる。

⑦　市町村長は、公私連携型保育所の運営を適切にさせるため、必要があると認めるときは、公私連携保育法人若しくは公私連携型保育所の長に対して、必要な報告を求め、又は当該職員に、関係者に対して質問させ、若しくはその施設に立ち入り、設備、帳簿書類その他の物件を検査させることができる。

⑧　第十八条の十六第二項及び第三項の規定は、前項の場合について準用する。

⑨　第七項の規定により、公私連携保育法人若しくは公私連携型保育所の長に対し報告を求め、又は当該職員に、関係者に対し質問させ、若しくは公私連携型保育所に立入検査をさせた市町村長は、当該公私連携型保育所につき、第四十六条第三項又は第四項の規定による処分が行われる必要があると認めるときは、理由を付して、その旨を都道府県知事に通知しなければならない。

⑩　市町村長は、公私連携型保育所が正当な理由なく協定に従つて保育等を行つていないと認めるときは、公私連携保育法人に対し、協定に従つて保育等を行うことを勧告することができる。

⑪　市町村長は、前項の規定により勧告を受けた公私連携保育法人が当該勧告に従わないときは、指定を取り消すことができる。

⑫　公私連携保育法人は、前項の規定による指定の取消しの処分を受けたときは、当該処分に係る公私連携型保育所について、第三十五条第十二項の規定による廃止の承認を都道府県知事に申請しなければならない。

⑬　公私連携保育法人は、前項の規定による廃止の承認の申請をしたときは、当該申請の日前一月以内に保育等を受けていた者であつて、当該廃止の日以後においても引き続き当該保育等に相当する保育等の提供を希望する者に対し、必要な保育等が継続的に提供されるよう、他の保育所及び認定こども園その他関係者との連絡調整その他の便宜の提供を行わなければならない。

第五十七条　都道府県、市町村その他の公共団体は、左の各号に掲げる建物及び土地に対しては、租税その他の公課を課することができない。但し、有料で使用させるものについては、この限りでない。

一　主として児童福祉施設のために使う建物

二　前号に掲げる建物の敷地その他主として児童福祉施設のために使う土地

第五十七条の二　市町村は、偽りその他不正の手段により障害児通所給付費、特例障害児通所給付費若しくは高額障害児通所給付費若しくは肢体不自由児通所医療費又は障害児相談支援給付費若しくは特例障害児相談支援給付費（以下この章において「障害児通所給付費等」という。）の支給を受けた者があるときは、その者から、その障害児通所給付費等の額に相当する金額の全部又は一部を徴収することができる。

②　市町村は、指定障害児通所支援事業者又は指定障害児相談支援事業者が、偽りその他不正の行為により障害児通所給付費、肢体不自由児通所医療費又は障害児相談支援給付費の支給を受けたときは、当該指定障害児通所支援事業者又は指定障害児相談支援事業者に対し、その支払つた額につき返還させるほか、その返還させる額に百分の四十を乗じて得た額を支払わせることができる。

③　都道府県は、偽りその他不正の手段により小児慢性特定疾病医療費又は障害児入所給付費等の支給を受けた者があるときは、その者から、その小児慢性特定疾病医療費又は障害児入所給付費等の額に相当する金額の全部又は一部を徴収することができる。

④　都道府県は、指定小児慢性特定疾病医療機関が、偽りその他不正の行為により小児慢性特定疾病医療費の支給を受けたときは、当該指定小児慢性特定疾病医療機関に対し、その支払つた額につき返還させるほか、その返還させる額に百分の四十を乗じて得た額を支払わせることができる。

⑤　都道府県は、指定障害児入所施設等が、偽りその他不正の行為により障害児入所給付費若しくは特定入所障害児食費等給付費又は障害児入所医療費の支給を受けたときは、当該指定障害児入所施設等に対し、その支払つた額につき返還させるほか、その返還させる額に百分の四十を乗じて得た額を支払わせることができる。

⑥　前各項の規定による徴収金は、地方自治法第二百三十一条の三第三項に規定する法律で定める歳入とする。

第五十七条の三　市町村は、障害児通所給付費等の支給に関して必要があると認めるときは、障害児の保護者若しくは障害児の属する世帯の世帯主その他その世帯に属する者又はこれらの者であつた者に対し、報告若しくは文書その他の物件の提出若しくは提示を命じ、又は当該職員に質問させることができる。

②　都道府県は、小児慢性特定疾病医療費の支給に関して必要があると認めるときは、小児慢性特定疾病児童の保護者若しくは成年患者若しくは小児慢性特定疾病児童等の属する世帯の世帯主その他その世帯に属する者又はこれらの者であつた者に対し、報告若しくは文書その他の物件の提出若しくは提示を命じ、又は当該職員に質問させることができる。

③　都道府県は、障害児入所給付費等の支給に関して必要があると認めるときは、障害児の保護者若しくは障害児の属する世帯の世帯主その他その世帯に属する者又はこれらの者であつた者に対し、報告若しくは文書その他の物件の提出若しくは提示を命じ、又は当該職員に質問させることができる。

④　第十九条の十六第二項の規定は前三項の規定による質問について、同条第三項の規定は前項の規定による権限について準用する。

第五十七条の三の二　市町村は、障害児通所給付費等の支給に関して必要があると認めるときは、当該障害児通所給付費等の支給に係る障害児通所支援若しくは障害児相談支援を行う者若しくはこれを使用する者若しくはこれらの者であつた者に対し、報告若しくは文書その他の物件の提出若しくは提示を命じ、又は当該職員に、関係者に対し質問させ、若しくは当該障害児通所支援若しくは障害児相談支援の事業を行う事業所若しくは施設に立ち入り、その設備若しくは帳簿書類その他の物件を検査させることができる。

②　第十九条の十六第二項の規定は前項の規定による質問又は検査について、同条第三項の規定は前項の規定による権限について準用する。

第五十七条の三の三　内閣総理大臣又は都道府県知事は、障害児通所給付費等の支給に関して必要があると認めるときは、当該障害児通所給付費等の支給に係る障害児の保護者又は障害児の保護者であつた者に対し、当該障害児通所給付費等の支給に係る障害児通所支援若しくは障害児相談支援の内容に関し、報告若しくは文書その他の物件の提出若しくは提示を命じ、又は当該職員に質問させることができる。

② 厚生労働大臣は、小児慢性特定疾病医療費の支給に関して緊急の必要があると認めるときは、当該都道府県の知事との密接な連携の下に、当該小児慢性特定疾病医療費の支給に係る小児慢性特定疾病児童の保護者若しくは成年患者又はこれらの者であつた者に対し、当該小児慢性特定疾病医療費の支給に係る小児慢性特定疾病医療支援の内容に関し、報告若しくは文書その他の物件の提出若しくは提示を命じ、又は当該職員に質問させることができる。

③ 内閣総理大臣は、障害児入所給付費等の支給に関して必要があると認めるときは、当該障害児入所給付費等の支給に係る障害児の保護者又は障害児の保護者であつた者に対し、当該障害児入所給付費等の支給に係る障害児入所支援の内容に関し、報告若しくは文書その他の物件の提出若しくは提示を命じ、又は当該職員に質問させることができる。

④ 内閣総理大臣又は都道府県知事は、障害児通所給付費等の支給に関して必要があると認めるときは、障害児通所支援若しくは障害児相談支援を行つた者若しくはこれを使用した者に対し、その行つた障害児通所支援若しくは障害児相談支援に関し、報告若しくは当該障害児通所支援若しくは障害児相談支援の提供の記録、帳簿書類その他の物件の提出若しくは提示を命じ、又は当該職員に関係者に対し質問させることができる。

⑤ 厚生労働大臣は、小児慢性特定疾病医療費の支給に関して緊急の必要があると認めるときは、当該都道府県の知事との密接な連携の下に、小児慢性特定疾病医療支援を行つた者又はこれを使用した者に対し、その行つた小児慢性特定疾病医療支援に関し、報告若しくは当該小児慢性特定疾病医療支援の提供の記録、帳簿書類その他の物件の提出若しくは提示を命じ、又は当該職員に関係者に対し質問させることができる。

⑥ 内閣総理大臣は、障害児入所給付費等の支給に関して必要があると認めるときは、障害児入所支援を行つた者若しくはこれを使用した者に対し、その行つた障害児入所支援に関し、報告若しくは当該障害児入所支援の提供の記録、帳簿書類その他の物件の提出若しくは提示を命じ、又は当該職員に関係者に対し質問させることができる。

⑦ 第十九条の十六第二項の規定は前各項の規定による質問について、同条第三項の規定は前各項の規定による権限について準用する。

第五十七条の三の四　市町村及び都道府県は、次に掲げる事務の一部を、法人であつて内閣府令で定める要件に該当し、当該事務を適正に実施することができると認められるものとして都道府県知事が指定するもの（以下「指定事務受託法人」という。）に委託することができる。

一　第五十七条の三第一項及び第三項、第五十七条の三の二第一項並びに前条第一項及び第四項に規定する事務（これらの規定による命令及び質問の対象となる者並びに立入検査の対象となる事業所及び施設の選定に係るもの並びに当該命令及び当該立入検査を除く。）

二　その他内閣府令で定める事務（前号括弧書に規定するものを除く。）

② 指定事務受託法人の役員若しくは職員又はこれらの職にあつた者は、正当な理由なしに、当該委託事務に関して知り得た秘密を漏らしてはならない。

③ 指定事務受託法人の役員又は職員で、当該委託事務に従事するものは、刑法その他の罰則の適用については、法令により公務に従事する職員とみなす。

④ 市町村又は都道府県は、第一項の規定により事務を委託したときは、内閣府令で定めるところにより、その旨を公示しなければならない。

⑤ 第十九条の十六第二項の規定は、第一項の規定により委託を受けて行う第五十七条の三第一項及び第三項、第五十七条の三の二第一項並びに前条第一項及び第四項の規定による質問について準用する。

⑥ 前各項に定めるもののほか、指定事務受託法人に関し必要な事項は、政令で定める。

第五十七条の四　市町村は、障害児通所給付費等の支給に関して必要があると認めるときは、障害児の保護者又は障害児の属する世帯の世帯主その他その世帯に属する者の資産又は収入の状況につき、官公署に対し必要な文書の閲覧若しくは資料の提供を求め、又は銀行、信託会社その他の機関若しくは障害児の保護者の雇用主その他の関係人に報告を求めることができる。

② 都道府県は、小児慢性特定疾病医療費の支給に関して必要があると認めるときは、小児慢性特定疾病児童の保護者若しくは成年患者又は小児慢性特定疾病児童等の属する世帯の世帯主その他その世帯に属する者の資産又は収入の状況につき、官公署に対し必要な文書の閲覧若しくは資料の提供を求め、又は銀行、信託会社その他の機関若しくは小児慢性特定疾病児童の保護者若しくは成年患者の雇用主その他の関係人に報告を求めることができる。

③ 都道府県は、障害児入所給付費等の支給に関して必要があると認めるときは、障害児の保護者又は障害児の属する世帯の世帯主その他その世帯に属する者の資産又は収入の状況につき、官公署に対し必要な文書の閲覧若しくは資料の提供を求め、又は銀行、信託会社その他の機関若しくは障害児の保護者の雇用主その他の関係人に報告を求めることができる。

第五十七条の五　租税その他の公課は、この法律により支給を受けた金品を標準として、これを課することができない。

② 小児慢性特定疾病医療費、障害児通所給付費等及び障害児入所給付費等を受ける権利は、譲り渡し、担保に供し、又は差し押さえることができない。

③ 前項に規定するもののほか、この法律による支給金品は、既に支給を受けたものであるとないとにかかわらず、これを差し押さえることができない。

第五十八条　第三十五条第四項の規定により設置した児童福祉施設が、この法律若しくはこの法律に基づいて発する命令又はこれらに基づいてなす処分に違反したときは、都道府県知事は、同項の認可を取り消すことができる。

② 第三十四条の十五第二項の規定により開始した家庭的保育事業等が、この法律若しくはこの法律に基づいて発する命令又はこれらに基づいてなす処分に違反したときは、市町村長は、同項の認可を取り消すことができる。

第五十九条 都道府県知事は、児童の福祉のため必要があると認めるときは、第六条の三第九項から第十二項まで若しくは第三十六条から第四十四条まで（第三十九条の二を除く。）に規定する業務を目的とする施設であつて第三十五条第三項の届出若しくは認定こども園法第十六条の届出をしていないもの又は第三十四条の十五第二項若しくは第三十五条第四項の認可若しくは認定こども園法第十七条第一項の認可を受けていないもの（前条の規定により児童福祉施設若しくは家庭的保育事業等の認可を取り消されたもの又は認定こども園法第二十二条第一項の規定により幼保連携型認定こども園の認可を取り消されたものを含む。）については、その施設の設置者若しくは管理者に対し、必要と認める事項の報告を求め、又は当該職員をして、その事務所若しくは施設に立ち入り、その施設の設備若しくは運営について必要な調査若しくは質問をさせることができる。この場合においては、その身分を証明する証票を携帯させなければならない。

② 第十八条の十六第三項の規定は、前項の場合について準用する。

③ 都道府県知事は、児童の福祉のため必要があると認めるときは、第一項に規定する施設の設置者に対し、その施設の設備又は運営の改善その他の勧告をすることができる。

④ 都道府県知事は、前項の勧告を受けた施設の設置者がその勧告に従わなかつたときは、その旨を公表することができる。

⑤ 都道府県知事は、第一項に規定する施設について、児童の福祉のため必要があると認めるときは、都道府県児童福祉審議会の意見を聴き、その事業の停止又は施設の閉鎖を命ずることができる。

⑥ 都道府県知事は、児童の生命又は身体の安全を確保するため緊急を要する場合で、あらかじめ都道府県児童福祉審議会の意見を聴くいとまがないときは、当該手続を経ないで前項の命令をすることができる。

⑦ 都道府県知事は、第三項の勧告又は第五項の命令をするために必要があると認めるときは、他の都道府県知事に対し、その勧告又は命令の対象となるべき施設の設置者に関する情報その他の参考となるべき情報の提供を求めることができる。

⑧ 都道府県知事は、第三項の勧告又は第五項の命令をした場合には、その旨を当該施設の所在地の市町村長に通知するものとする。

⑨ 都道府県知事は、第五項の命令をした場合には、その旨を公表することができる。

第五十九条の二 第六条の三第九項から第十二項までに規定する業務又は第三十九条第一項に規定する業務を目的とする施設（少数の乳児又は幼児を対象とするものその他の内閣府令で定めるものを除く。）であつて第三十四条の十五第二項若しくは第三十五条第四項の認可又は認定こども園法第十七条第一項の認可を受けていないもの（第五十八条の規定により児童福祉施設若しくは家庭的保育事業等の認可を取り消されたもの又は認定こども園法第二十二条第一項の規定により幼保連携型認定こども園の認可を取り消されたものを含む。）については、その施設の設置者は、その事業の開始の日（第五十八条の規定により児童福祉施設若しくは家庭的保育事業等の認可を取り消された施設又は認定こども園法第二十二条第一項の規定により幼保連携型認定こども園の認可を取り消された施設にあつては、当該認可の取消しの日）から一月以内に、次に掲げる事項を都道府県知事に届け出なければならない。

一 施設の名称及び所在地
二 設置者の氏名及び住所又は名称及び所在地
三 建物その他の設備の規模及び構造
四 事業を開始した年月日
五 施設の管理者の氏名及び住所
六 その他内閣府令で定める事項

② 前項に規定する施設の設置者は、同項の規定により届け出た事項のうち内閣府令で定めるものに変更を生じたときは、変更の日から一月以内に、その旨を都道府県知事に届け出なければならない。その事業を廃止し、又は休止したときも、同様とする。

③ 都道府県知事は、前二項の規定による届出があつたときは、当該届出に係る事項を当該施設の所在地の市町村長に通知するものとする。

第五十九条の二の二 前条第一項に規定する施設の設置者は、次に掲げる事項について、当該施設において提供されるサービスを利用しようとする者の見やすい場所に掲示するとともに、内閣府令で定めるところにより、電気通信回線に接続して行う自動公衆送信（公衆によつて直接受信されることを目的として公衆からの求めに応じ自動的に送信を行うことをいい、放送又は有線放送に該当するものを除く。）により公衆の閲覧に供しなければならない。

一 設置者の氏名又は名称及び施設の管理者の氏名
二 建物その他の設備の規模及び構造
三 その他内閣府令で定める事項

第五十九条の二の三 第五十九条の二第一項に規定する施設の設置者は、当該施設において提供されるサービスを利用しようとする者からの申込みがあつた場合には、その者に対し、当該サービスを利用するための契約の内容及びその履行に関する事項について説明するように努めなければならない。

第五十九条の二の四 第五十九条の二第一項に規定する施設の設置者は、当該施設において提供されるサービスを利用するための契約が成立したときは、その利用者に対し、遅滞なく、次に掲げる事項を記載した書面を交付しなければならない。

一 設置者の氏名及び住所又は名称及び所在地
二 当該サービスの提供につき利用者が支払うべき額に関する事項
三 その他内閣府令で定める事項

第五十九条の二の五 第五十九条の二第一項に規定する施設の

設置者は、毎年、内閣府令で定めるところにより、当該施設の運営の状況を都道府県知事に報告しなければならない。

② 都道府県知事は、毎年、前項の報告に係る施設の運営の状況その他第五十九条の二第一項に規定する施設に関し児童の福祉のため必要と認める事項を取りまとめ、これを各施設の所在地の市町村長に通知するとともに、公表するものとする。

第五十九条の二の六　都道府県知事は、第五十九条、第五十九条の二及び前条に規定する事務の執行及び権限の行使に関し、市町村長に対し、必要な協力を求めることができる。

第五十九条の二の七　町村が一部事務組合又は広域連合を設けて福祉事務所を設置した場合には、この法律の適用については、その一部事務組合又は広域連合を福祉事務所を設置する町村とみなす。

第五十九条の三　町村の福祉事務所の設置又は廃止により助産の実施及び母子保護の実施に係る都道府県又は市町村に変更があつた場合においては、この法律又はこの法律に基づいて発する命令の規定により、変更前の当該助産の実施若しくは母子保護の実施に係る都道府県知事又は市町村長がした行為は、変更後の当該措置を採るべき都道府県知事又は市町村長がした処分その他の行為とみなす。ただし、変更前に行われ、又は行われるべきであつた助産の実施若しくは母子保護の実施に関する費用の支弁及び負担については、変更がなかつたものとする。

第五十九条の四　この法律中都道府県が処理することとされている事務で政令で定めるものは、指定都市及び中核市並びに児童相談所を設置する市（特別区を含む。以下この項において同じ。）として政令で定める市（以下「児童相談所設置市」という。）においては、政令で定めるところにより、指定都市若しくは中核市又は児童相談所設置市（以下「指定都市等」という。）が処理するものとする。この場合においては、この法律中都道府県に関する規定は、指定都市等に関する規定として指定都市等に適用があるものとする。

② 前項の規定により指定都市等の長がした処分（地方自治法第二条第九項第一号に規定する第一号法定受託事務（次項及び第五十九条の六において「第一号法定受託事務」という。）に係るものに限る。）に係る審査請求についての都道府県知事の裁決に不服がある者は、内閣総理大臣に対して再審査請求をすることができる。

③ 指定都市等の長が第一項の規定によりその処理することとされた事務のうち第一号法定受託事務に係る処分をする権限をその補助機関である職員又はその管理に属する行政機関の長に委任した場合において、委任を受けた職員又は行政機関の長がその委任に基づいてした処分につき、地方自治法第二百五十五条の二第二項の再審査請求の裁決があつたときは、当該裁決に不服がある者は、同法第二百五十二条の十七の四第五項から第七項までの規定の例により、内閣総理大臣に対して再々審査請求をすることができる。

④ 都道府県知事は、児童相談所設置市の長に対し、当該児童相談所設置市の円滑な運営が確保されるように必要な勧告、助言又は援助をすることができる。

⑤ この法律に定めるもののほか、児童相談所設置市に関し必要な事項は、政令で定める。

第五十九条の五　第二十一条の三第一項、第三十四条の五第一項、第三十四条の六、第四十六条及び第五十九条の規定により都道府県知事の権限に属するものとされている事務は、児童の利益を保護する緊急の必要があると内閣総理大臣が認める場合にあつては、内閣総理大臣又は都道府県知事が行うものとする。

② 前項の場合においては、この法律の規定中都道府県知事に関する規定（当該事務に係るものに限る。）は、内閣総理大臣に関する規定として内閣総理大臣に適用があるものとする。この場合において、第四十六条第四項中「都道府県児童福祉審議会の意見を聴き、その施設の」とあるのは「その施設の」と、第五十九条第五項中「都道府県児童福祉審議会の意見を聴き、その事業の」とあるのは「その事業の」とする。

③ 第一項の場合において、内閣総理大臣又は都道府県知事が当該事務を行うときは、相互に密接な連携の下に行うものとする。

④ 第一項、第二項前段及び前項の規定は、第十九条の十六第一項の規定により都道府県知事の権限に属するものとされている事務について準用する。この場合において、第一項、第二項前段及び前項中「内閣総理大臣」とあるのは、「厚生労働大臣」と読み替えるものとする。

第五十九条の六　第五十六条第一項の規定により都道府県が処理することとされている事務は、第一号法定受託事務とする。

第五十九条の七　この法律における主務省令は、内閣府令とする。ただし、第二十一条の九各号に掲げる事業のうち内閣総理大臣以外の大臣が所管するものに関する事項については、内閣総理大臣及びその事業を所管する大臣の発する命令とする。

第五十九条の八　内閣総理大臣は、この法律に規定する内閣総理大臣の権限（政令で定めるものを除く。）をこども家庭庁長官に委任する。

② こども家庭庁長官は、政令で定めるところにより、前項の規定により委任された権限の一部を地方厚生局長又は地方厚生支局長に委任することができる。

③ 厚生労働大臣は、厚生労働省令で定めるところにより、第四十六条第三項、第五十七条の三の三第二項及び第五項並びに第五十九条の五第四項において読み替えて準用する同条第一項に規定する厚生労働大臣の権限を地方厚生局長に委任することができる。

④ 前項の規定により地方厚生局長に委任された権限は、厚生労働省令で定めるところにより、地方厚生支局長に委任することができる。

第八章　罰則

第六十条　第三十四条第一項第六号の規定に違反したときは、当該違反行為をした者は、十年以下の懲役若しくは三百万円以下の罰金に処し、又はこれを併科する。

② 第三十四条第一項第一号から第五号まで又は第七号から第九号までの規定に違反したときは、当該違反行為をした者は、三年以下の懲役若しくは百万円以下の罰金に処し、又はこれを併科する。
③ 第三十四条第二項の規定に違反したときは、当該違反行為をした者は、一年以下の懲役又は五十万円以下の罰金に処する。
④ 児童を使用する者は、児童の年齢を知らないことを理由として、前三項の規定による処罰を免れることができない。ただし、過失のないときは、この限りでない。
⑤ 第一項及び第二項（第三十四条第一項第七号又は第九号の規定に違反した者に係る部分に限る。）の罪は、刑法第四条の二の例に従う。

第六十条の二 小児慢性特定疾病審査会の委員又はその委員であつた者が、正当な理由がないのに、職務上知り得た小児慢性特定疾病医療支援を行つた者の業務上の秘密又は個人の秘密を漏らしたときは、一年以下の懲役又は百万円以下の罰金に処する。
② 第五十六条の五の五第二項において準用する障害者の日常生活及び社会生活を総合的に支援するための法律第九十八条第一項に規定する不服審査会の委員若しくは連合会の役員若しくは職員又はこれらの者であつた者が、正当な理由がないのに、職務上知り得た障害児通所支援、障害児入所支援又は障害児相談支援を行つた者の業務上の秘密又は個人の秘密を漏らしたときは、一年以下の懲役又は百万円以下の罰金に処する。
③ 第十九条の二十三第三項、第二十一条の五の六第四項（第二十一条の五の八第三項において準用する場合を含む。）又は第五十七条の三の四第二項の規定に違反した者は、一年以下の懲役又は百万円以下の罰金に処する。

第六十条の三 次の各号のいずれかに該当する場合には、当該違反行為をした者は、一年以下の拘禁刑若しくは五十万円以下の罰金に処し、又はこれを併科する。
一 第二十一条の四の六の規定に違反して、匿名小児慢性特定疾病関連情報の利用に関して知り得た匿名小児慢性特定疾病関連情報の内容をみだりに他人に知らせ、又は不当な目的に利用したとき。
二 第二十一条の四の八の規定による命令に違反したとき。

第六十一条 児童相談所において、相談、調査及び判定に従事した者が、正当な理由なく、その職務上取り扱つたことについて知得した人の秘密を漏らしたときは、これを一年以下の懲役又は五十万円以下の罰金に処する。

第六十一条の二 第十八条の二十二の規定に違反した者は、一年以下の懲役又は五十万円以下の罰金に処する。
② 前項の罪は、告訴がなければ公訴を提起することができない。

第六十一条の三 第十一条第五項、第十八条の八第四項、第十八条の十二第一項、第二十一条の十の二第四項、第二十一条の十二、第二十五条の五又は第二十七条の四の規定に違反した者は、一年以下の懲役又は五十万円以下の罰金に処する。

第六十一条の四 第四十六条第四項又は第五十九条第五項の規定による事業の停止又は施設の閉鎖の命令に違反した者は、六月以下の懲役若しくは禁錮又は五十万円以下の罰金に処する。

第六十一条の五 正当な理由がないのに、第二十一条の四の七第一項の規定による報告若しくは帳簿書類の提出若しくは提示をせず、若しくは虚偽の報告若しくは虚偽の帳簿書類の提出若しくは提示をし、又は同項の規定による質問に対して答弁をせず、若しくは虚偽の答弁をし、若しくは同項の規定による立入り若しくは検査を拒み、妨げ、若しくは忌避したときは、当該違反行為をした者は、五十万円以下の罰金に処する。
② 正当な理由がないのに、第二十九条の規定による児童委員若しくは児童の福祉に関する事務に従事する職員の職務の執行を拒み、妨げ、若しくは忌避し、又はその質問に対して答弁をせず、若しくは虚偽の答弁をし、若しくは児童に答弁をさせず、若しくは虚偽の答弁をさせた者は、五十万円以下の罰金に処する。

第六十一条の六 正当な理由がないのに、第十八条の十六第一項の規定による報告をせず、若しくは虚偽の報告をし、又は同項の規定による質問に対して答弁をせず、若しくは虚偽の答弁をし、若しくは同項の規定による立入り若しくは検査を拒み、妨げ、若しくは忌避したときは、その違反行為をした指定試験機関の役員又は職員は、三十万円以下の罰金に処する。

第六十二条 正当な理由がないのに、第十九条の十六第一項、第二十一条の五の二十二第一項、第二十一条の五の二十七第一項（第二十四条の十九の二において準用する場合を含む。）、第二十四条の十五第一項、第二十四条の三十四第一項若しくは第二十四条の三十九第一項の規定による報告若しくは物件の提出若しくは提示をせず、若しくは虚偽の報告若しくは虚偽の物件の提出若しくは提示をし、又はこれらの規定による質問に対して答弁をせず、若しくは虚偽の答弁をし、若しくはこれらの規定による立入り若しくは検査を拒み、妨げ、若しくは忌避したときは、当該違反行為をした者は、三十万円以下の罰金に処する。
② 次の各号のいずれかに該当する者は、三十万円以下の罰金に処する。
一 第十八条の十九第二項の規定により保育士の名称の使用の停止を命ぜられた者で、当該停止を命ぜられた期間中に、保育士の名称を使用したもの
二 第十八条の二十三の規定に違反した者
三 正当な理由がないのに、第二十一条の十四第一項の規定による報告をせず、若しくは虚偽の報告をし、又は同項の規定による質問に対して答弁をせず、若しくは虚偽の答弁をし、若しくは同項の規定による立入り若しくは検査を拒み、妨げ、若しくは忌避した者
四 第三十条第一項に規定する届出を怠つた者
五 正当な理由がないのに、第五十七条の三の三第一項から第三項までの規定による報告若しくは物件の提出若しくは提示をせず、若しくは虚偽の報告若しくは虚偽の物件の提出若しくは提示をし、又はこれらの規定による当該職員の

質問若しくは第五十七条の三の四第一項の規定により委託を受けた指定事務受託法人の職員の第五十七条の三の三第一項の規定による質問に対して、答弁せず、若しくは虚偽の答弁をした者

六　正当な理由がないのに、第五十九条第一項の規定による報告をせず、若しくは虚偽の報告をし、又は同項の規定による立入調査を拒み、妨げ、若しくは忌避し、若しくは同項の規定による質問に対して答弁をせず、若しくは虚偽の答弁をした者

第六十二条の二　正当な理由がないのに、第五十六条の五の五第二項において準用する障害者の日常生活及び社会生活を総合的に支援するための法律第百三条第一項の規定による処分に違反して、出頭せず、陳述をせず、報告をせず、若しくは虚偽の陳述若しくは報告をし、又は診断その他の調査をしなかつた者は、三十万円以下の罰金に処する。ただし、第五十六条の五の五第二項において準用する同法第九十八条第一項に規定する不服審査会の行う審査の手続における請求人又は第五十六条の五の五第二項において準用する同法第百二条の規定により通知を受けた市町村その他の利害関係人は、この限りでない。

第六十二条の三　第六十条の三の罪は、日本国外において同条の罪を犯した者にも適用する。

第六十二条の四　法人の代表者又は法人若しくは人の代理人、使用人その他の従業者が、その法人又は人の業務に関して、第六十条第一項から第三項まで、第六十条の三、第六十一条の五第一項又は第六十二条第一項の違反行為をしたときは、行為者を罰するほか、その法人又は人に対しても、各本条の罰金刑を科する。

第六十二条の五　第五十九条の二第一項又は第二項の規定による届出をせず、又は虚偽の届出をした者は、五十万円以下の過料に処する。

第六十二条の六　次の各号のいずれかに該当する者は、十万円以下の過料に処する。

一　正当な理由がなく、第五十六条第三項（同条第二項の規定による第五十条第五号、第六号、第六号の二若しくは第七号の三又は第五十一条第三号に規定する費用の徴収に関する部分を除く。）の規定による報告をせず、又は虚偽の報告をした者

二　第五十七条の三の三第四項から第六項までの規定による報告若しくは物件の提出若しくは提示をせず、若しくは虚偽の報告若しくは虚偽の物件の提出若しくは提示をし、又はこれらの規定による当該職員の質問に対して、答弁せず、若しくは虚偽の答弁をした者

三　第五十七条の三の四第一項の規定により委託を受けた指定事務受託法人の職員の第五十七条の三の三第四項の規定による質問に対して、答弁せず、又は虚偽の答弁をした者

第六十二条の七　都道府県は、条例で、次の各号のいずれかに該当する者に対し十万円以下の過料を科する規定を設けることができる。

一　第十九条の六第二項の規定による医療受給者証又は第二十四条の四第二項の規定による入所受給者証の返還を求められてこれに応じない者

二　正当の理由がないのに、第五十七条の三第二項若しくは第三項の規定による報告若しくは物件の提出若しくは提示をせず、若しくは虚偽の報告若しくは虚偽の物件の提出若しくは提示をし、又はこれらの規定による当該職員の質問若しくは第五十七条の三の四第一項の規定により委託を受けた指定事務受託法人の職員の第五十七条の三の三第三項の規定による質問に対して答弁をせず、若しくは虚偽の答弁をした者

第六十二条の八　市町村は、条例で、次の各号のいずれかに該当する者に対し十万円以下の過料を科する規定を設けることができる。

一　第二十一条の五の八第二項又は第二十一条の五の九第二項の規定による通所受給者証の提出又は返還を求められてこれに応じない者

二　正当の理由がないのに、第五十七条の三第一項の規定による報告若しくは物件の提出若しくは提示をせず、若しくは虚偽の報告若しくは虚偽の物件の提出若しくは提示をし、又は同項の規定による当該職員の質問若しくは第五十七条の三の四第一項の規定により委託を受けた指定事務受託法人の職員の第五十七条の三第一項の規定による質問に対して、答弁せず、若しくは虚偽の答弁をした者

三　正当の理由がないのに、第五十七条の三の二第一項の規定による報告若しくは物件の提出若しくは提示をせず、若しくは虚偽の報告若しくは虚偽の物件の提出若しくは提示をし、又は同項の規定による当該職員の質問若しくは第五十七条の三の四第一項の規定により委託を受けた指定事務受託法人の職員の第五十七条の三の二第一項の規定による質問に対して、答弁せず、若しくは虚偽の答弁をし、若しくは同項の規定による検査を拒み、妨げ、若しくは忌避した者

附　則（抄）

第六十三条　この法律は、昭和二十三年一月一日から、これを施行する。〔ただし書略〕

第七十三条　第二十四条第三項の規定の適用については、当分の間、同項中「市町村は、保育の需要に応ずるに足りる保育所、認定こども園（子ども・子育て支援法第二十七条第一項の確認を受けたものに限る。以下この項及び第四十六条の二第二項において同じ。）又は家庭的保育事業等が不足し、又は不足するおそれがある場合その他必要と認められる場合には、保育所、認定こども園」とあるのは、「市町村は、保育所、認定こども園（子ども・子育て支援法第二十七条第一項の確認を受けたものに限る。以下この項及び第四十六条の二第二項において同じ。）」とするほか、必要な技術的読替えは、政令で定める。

②　第四十六条の二第一項の規定の適用については、当分の間、同項中「第二十四条第五項」とあるのは「保育所における保育を行うことの権限及び第二十四条第五項」と、「母子保護の実施のための委託」とあるのは「母子保護の実施のための委託若しくは保育所における保育を行うことの委託」とするほか、必要な技術的読替えは、政令で定める。

附　則（平成三〇・六・二〇法五九）（抄）

（施行期日）

第一条　この法律は、平成三十四年四月一日から施行する。〔ただし書略〕

（児童福祉法の一部改正に伴う経過措置）

第九条　施行日前に前条の規定による改正前の児童福祉法（以下この条において「旧児童福祉法」という。）の規定によりなされた認定等の処分その他の行為（以下この条において「処分等の行為」という。）であって児童（児童福祉法第四条第一項に規定する児童をいう。以下この条において同じ。）以外の満二十歳に満たない小児慢性特定疾病児童等（旧児童福祉法第六条の二第二項に規定する小児慢性特定疾病児童等をいう。以下この条において同じ。）に係るもの又はこの法律の施行の際現に旧児童福祉法の規定によりなされている認定等の申請その他の行為（以下この条において「申請等の行為」という。）であって児童以外の満二十歳に満たない小児慢性特定疾病児童等に係るものは、施行日以後における前条の規定による改正後の児童福祉法（以下この条において「新児童福祉法」という。）の適用については、新児童福祉法の相当規定により成年患者（新児童福祉法第六条の二第二項第二号に規定する成年患者をいう。以下この条において同じ。）に対してなされた処分等の行為又は成年患者によりなされた申請等の行為とみなす。

附　則（令和元・六・二六法四六）（抄）

（施行期日）

第一条　この法律は、令和二年四月一日から施行する。ただし、次の各号に掲げる規定は、当該各号に定める日から施行する。

一・二　〔略〕

三　第二条中児童福祉法第十二条の改正規定（同条第四項及び第六項に係る部分並びに同条第一項の次に一項を加える部分に限る。）及び同法第十二条の五の改正規定　令和五年四月一日

附　則（令和四・五・二五法五二）（抄）

（施行期日）

第一条　この法律は、令和六年四月一日から施行する。〔ただし書略〕

附　則（令和四・六・一五法六六）（抄）

（施行期日）

第一条　この法律は、令和六年四月一日から施行する。ただし、次の各号に掲げる規定は、当該各号に定める日から施行する。

一　附則第七条、第八条及び第十七条の規定　公布の日

二　第一条中児童福祉法第五十九条の改正規定　公布の日から起算して三月を経過した日

三　第一条の規定（前号に掲げる改正規定を除く。）〔中略〕並びに附則第三条〔中略〕の規定　令和五年四月一日

四　第二条中児童福祉法第十八条の二十の三の次に一条を加える改正規定〔中略〕　公布の日から起算して二年を超えない範囲内において政令で定める日

五　〔略〕

（検討）

第二条　政府は、第二条の規定（前条第四号に掲げる改正規定を除く。）による改正後の児童福祉法（以下「新児童福祉法」という。）第十三条第三項第一号の規定の施行の状況、児童その他の者に対する同項第三号に規定する相談援助業務に従事する者に係る資格の取得状況その他の状況を勘案し、次に掲げる事項に係る環境を整備しつつ、児童の生命又は心身の安全を確保する観点から、児童の福祉に関し専門的な知識及び技術を必要とする支援を行う者（以下この項において「支援実施者」という。）に関して、その能力を発揮して働くことができる組織及び資格の在り方について、国家資格を含め、この法律の施行後二年を目途として検討を加え、その結果に基づいて必要な措置を講ずるものとする。

一　支援実施者が実施すべき業務の内容、支援実施者に必要な専門的な知識及び技術に係る内容並びに教育課程の内容の明確化

二　支援実施者を養成するために必要な体制の確保

三　支援実施者がその能力を発揮して働くことができる施設その他の場所における雇用の機会の確保

2　政府は、この法律の施行後五年を目途として、この法律による改正後の児童福祉法及び母子保健法（以下この項において「改正後の両法律」という。）の施行の状況等を勘案し、必要があると認めるときは、改正後の両法律の規定について検討を加え、その結果に基づいて必要な措置を講ずるものとする。

（保育士の欠格事由等に関する経過措置）

第三条　第一条の規定（附則第一条第三号に掲げる改正規定に限る。）による改正後の児童福祉法（以下この条において「第三号改正後児童福祉法」という。）第十八条の五（第一号を除く。）の規定は、附則第一条第三号に掲げる規定の施行の日（以下この条及び附則第十五条において「第三号施行日」という。）以後の行為により第三号改正後児童福祉法第十八条の五各号（第一号を除く。）に該当する者について適用し、第三号施行日前の行為に係る欠格事由については、なお従前の例による。

2　第三号改正後児童福祉法第十八条の十九第一項（第一号及び第三号に限る。）の規定は、第三号施行日以後の行為により同項第一号又は第三号に該当する者について適用し、第三号施行日前の行為に係る登録の取消しについては、なお従前の例による。

3　第三号改正後児童福祉法第十八条の二十の二の規定は、第三号施行日以後の行為により同条第一項各号に該当する者について適用し、第三号施行日前の行為により同項各号に該当する者については、適用しない。

（児童発達支援に関する経過措置）

第四条　この法律の施行の際現に第二条の規定（附則第一条第四号に掲げる改正規定を除く。）による改正前の児童福祉法（以下「旧児童福祉法」という。）第六条の二の二第三項に規定する医療型児童発達支援（以下「旧医療型児童発達支援」という。）に係る旧児童福祉法第二十一条の五の三第一項の指定を受けている者は、この法律の施行の日（以下「施行日」

という。）に、新児童福祉法第六条の二の二第二項に規定する児童発達支援（以下「新児童発達支援」という。）に係る新児童福祉法第二十一条の五の三第一項の指定を受けたものとみなす。この場合において、当該指定を受けたものとみなされた者に係る児童福祉法第二十一条の五の十六第二項に規定する指定の有効期間（以下この項において「有効期間」という。）は、この法律の施行の際現にその者が受けている旧児童福祉法第二十一条の五の三第一項の指定に係る有効期間の残存期間と同一の期間とする。

2　旧児童福祉法第六条の二の二第三項に規定する指定発達支援医療機関は、施行日に、新児童発達支援に係る新児童福祉法第二十一条の五の三第一項の指定を受けたものとみなす。

3　施行日前に行われた旧児童福祉法第二十一条の五の三第一項に規定する指定通所支援（次項において「指定通所支援」という。）であって、旧医療型児童発達支援に係るものについての同条第一項の規定による障害児通所給付費の支給については、なお従前の例による。

4　施行日前に行われた旧児童福祉法第二十一条の五の四第一項第一号の規定による指定通所支援又は同項第二号に規定する基準該当通所支援であって、旧医療型児童発達支援に係るものについての同項の規定による特例障害児通所給付費の支給については、なお従前の例による。

5　この法律の施行の際現に旧医療型児童発達支援に係る児童福祉法第二十一条の五の五第一項に規定する通所給付決定を受けている障害児の保護者は、施行日に、新児童発達支援に係る同項に規定する通所給付決定を受けたものとみなす。

6　施行日前に行われた旧児童福祉法第二十一条の五の十二第一項の規定による障害児通所支援（旧児童福祉法第六条の二の二第一項に規定する障害児通所支援をいう。）であって、旧医療型児童発達支援に係るものについての旧児童福祉法第二十一条の五の十二第一項の規定による高額障害児通所給付費の支給については、なお従前の例による。

7　施行日前に行われた旧児童福祉法第二十一条の五の二十九第一項に規定する肢体不自由児通所医療に係る同項の規定による肢体不自由児通所医療費の支給については、なお従前の例による。

8　この法律の施行前に児童福祉法第三十四条の三第一項に規定する障害児通所支援事業等（旧医療型児童発達支援に係るものに限る。）についての同条第二項の規定による届出を行ってこの法律の施行の際現に当該障害児通所支援事業等を行っている者は、施行日に、同条第一項に規定する障害児通所支援事業等（新児童発達支援に係るものに限る。）についての同条第二項の規定による届出を行って当該障害児通所支援事業等を行っているものとみなす。

（児童自立生活援助に関する経過措置）

第五条　施行日の前日において、旧児童福祉法第六条の三第一項第二号に規定する満二十歳以上義務教育終了児童等であって同項に規定する児童自立生活援助の実施を受けているもののうち、満二十二歳未満である者については、満二十二歳に達する日の属する年度の末日までの間は、新児童福祉法第六条の三第一項第二号に掲げる者に該当するものとみなす。

2　新児童福祉法第五十条第七号の三、第五十三条及び第五十六条第二項の規定は、施行日以後に行われる新児童福祉法第六条の三第一項に規定する児童自立生活援助の実施に要する費用について適用し、施行日前に行われた旧児童福祉法第六条の三第一項に規定する児童自立生活援助の実施に要する費用についての都道府県の支弁及び国庫の負担並びに当該費用についての本人又はその扶養義務者からの費用の徴収については、なお従前の例による。

（一時保護施設の基準に関する経過措置）

第六条　新児童福祉法第十二条の四第一項に規定する一時保護施設に係る同条第二項に規定する基準については、施行日から起算して一年を超えない期間内において同項に規定する都道府県の条例が制定施行されるまでの間は、同条第三項に規定する内閣府令で定める基準をもって、当該都道府県の条例で定められた基準とみなす。

（障害児入所給付費等の支給の申請に関する経過措置）

第七条　新児童福祉法第二十四条の二十四第二項の規定による障害児入所給付費等（児童福祉法第五十条第六号の三に規定する障害児入所給付費等をいう。）の支給の申請は、この法律の施行前においても行うことができる。

2　都道府県知事は、前項の規定による申請があったときは、この法律の施行前においても、児童相談所長の意見を聴くことができる。

（障害児入所施設に在所させる措置等に関する経過措置）

第八条　都道府県知事は、新児童福祉法第三十一条の二第一項又は第二項の場合においては、この法律の施行前においても、児童相談所長の意見を聴くことができる。

（意見聴取等措置に関する経過措置）

第九条　新児童福祉法第三十三条の三の三ただし書の規定は、施行日以後に行われる同条各号に規定する措置について、適用する。

（親子再統合支援事業等に関する経過措置）

第十条　この法律の施行の際現に新児童福祉法第六条の三第十五項に規定する親子再統合支援事業、同条第十六項に規定する社会的養護自立支援拠点事業、同条第十七項に規定する意見表明等支援事業又は同条第十八項に規定する妊産婦等生活援助事業に相当する事業を行っている国及び都道府県以外の者についての新児童福祉法第三十四条の七の二第二項又は第三十四条の七の五第二項の規定の適用については、これらの規定中「あらかじめ」とあるのは、「令和六年六月三十日までに」とする。

2　この法律の施行の際現に新児童福祉法第六条の三第十九項に規定する子育て世帯訪問支援事業又は同条第二十一項に規定する親子関係形成支援事業に相当する事業を行っている市町村、社会福祉法人その他の者についての社会福祉法第六十九条第一項の規定の適用については、同項中「事業開始の日から一月以内」とあるのは、「令和六年六月三十日まで」とする。

3　この法律の施行の際現に新児童福祉法第六条の三第二十項に規定する児童育成支援拠点事業に相当する事業を行っている国、都道府県及び市町村以外の者についての新児童福祉法

第三十四条の十七の二第二項の規定の適用については、同項中「あらかじめ」とあるのは、「令和六年六月三十日までに」とする。

（児童発達支援センターに関する経過措置）

第十一条　この法律の施行前に児童福祉法第三十五条第三項の届出を行い、又は同条第四項の認可を得てこの法律の施行の際現に旧児童福祉法第四十三条第一号に規定する福祉型児童発達支援センター又は同条第二号に規定する医療型児童発達支援センターを設置している者は、施行日に、それぞれ児童福祉法第三十五条第三項の届出を行い、又は同条第四項の認可を得て新児童福祉法第四十三条に規定する児童発達支援センターを設置しているものとみなす。

（里親支援センターの基準に関する経過措置）

第十二条　新児童福祉法第四十四条の三第一項に規定する里親支援センターに係る新児童福祉法第四十五条第一項に規定する基準については、施行日から起算して一年を超えない期間内において同項に規定する都道府県の条例が制定施行されるまでの間は、同条第二項に規定する内閣府令で定める基準をもって、当該都道府県の条例で定められた基準とみなす。

（都道府県知事又は児童相談所長の指導に要する費用に関する経過措置）

第十三条　新児童福祉法第五十条第六号の四及び第五十三条の規定は、児童福祉法第二十六条第一項第二号又は第二十七条第一項第二号の規定による委託に係る指導であって施行日以後に行われるものに要する費用について適用し、施行日前に行われた当該指導に要する費用についての都道府県の支弁及び国庫の負担については、なお従前の例による。

（一時保護の手続に関する経過措置）

第十四条　第三条の規定による改正後の児童福祉法第三十三条第三項から第十一項までの規定は、附則第一条第五号に掲げる規定の施行の日以後に開始される一時保護について適用し、同日前に開始された一時保護については、なお従前の例による。

（罰則に関する経過措置）

第十六条　この法律の施行前にした行為に対する罰則の適用については、なお従前の例による。

（政令への委任）

第十七条　附則第三条から前条までに規定するもののほか、この法律の施行に伴い必要な経過措置（罰則に関する経過措置を含む。）は、政令で定める。

附　則（令和四・一二・一六法一〇四）（抄）

（施行期日）

第一条　この法律は、令和六年四月一日から施行する。ただし、次の各号に掲げる規定は、当該各号に定める日から施行する。

一　（略）

二　（前略）第四条中児童福祉法第二十一条の五の七第一項、第三十三条の十八第一項、第三十三条の二十第五項及び第三十三条の二十二の改正規定並びに第三十三条の二十三の次に二条を加える改正規定（中略）　令和五年四月一日

三　第四条の規定（前号に掲げる改正規定を除く。）（中略）の規定　令和五年十月一日

四　（略）

（児童福祉法の一部改正に伴う経過措置）

第九条　刑法施行日の前日までの間における第五条の規定による改正後の児童福祉法第六十条の三の規定の適用については、同条中「拘禁刑」とあるのは、「懲役」とする。刑法施行日以後における刑法施行日前にした行為に対する同条の適用についても、同様とする。

○児童福祉法等の一部を改正する法律（抄）

令和四・六・一五
法　六　六

改正　令和四・五・二五法五二

第三条　児童福祉法の一部を次のように改正する。

第二十五条の二第一項中「第三十三条第十項」を「第三十三条第十九項」に改める。

第二十八条第二項ただし書中「第九項」を「第十八項」に改める。

第三十一条第四項第二号中「第三十三条第八項から第十一項まで」を「第三十三条第十七項から第二十項まで」に改める。

第三十三条第一項中「児童相談所長は」の下に「、児童虐待のおそれがあるとき、少年法第六条の六第一項の規定により事件の送致を受けたときその他の内閣府令で定める場合であって」を加え、同条第二項中「都道府県知事は」の下に「、前項に規定する場合であって」を加え、同条第三項中「前二項」を「第一項及び第二項」に改め、同条第七項中「第五項本文」を「第十四項本文」に改め、同条第九項中「第十一項」を「第二十項」に改め、同条第十項中「第八項各号」を「第十七項各号」に改め、同条第十二項中「第八項」を「第十七項」に改め、同条第二項の次に次の九項を加える。

児童相談所長又は都道府県知事は、前二項の規定による一時保護を行うときは、次に掲げる場合を除き、一時保護を開始した日から起算して七日以内に、第一項に規定する場合に該当し、かつ、一時保護の必要があると認められる資料を添えて、これらの者の所属する官公署の所在地を管轄する地方裁判所、家庭裁判所又は簡易裁判所の裁判官に次項に規定する一時保護状を請求しなければならない。この場合において、一時保護を開始する前にあらかじめ一時保護状を請求することを妨げない。

一　当該一時保護を行うことについて当該児童の親権を行

う者又は未成年後見人の同意がある場合

二　当該児童に親権を行う者又は未成年後見人がない場合

三　当該一時保護をその開始した日から起算して七日以内に解除した場合

裁判官は、前項の規定による請求（以下この条において「一時保護状の請求」という。）のあつた児童について、第一項に規定する場合に該当すると認めるときは、一時保護状を発する。ただし、明らかに一時保護の必要がないと認めるときは、この限りでない。

前項の一時保護状には、次に掲げる事項（第五号に掲げる事項にあつては、第三項後段に該当する場合に限る。）を記載し、裁判官がこれに記名押印しなければならない。

一　一時保護を行う児童の氏名

二　一時保護の理由

三　発付の年月日

四　裁判所名

五　有効期間及び有効期間経過後は一時保護を開始することができずこれを返還しなければならない旨

一時保護状の請求についての裁判は、判事補が単独ですることができる。

児童相談所長又は都道府県知事は、裁判官が一時保護状の請求を却下する裁判をしたときは、速やかに一時保護を解除しなければならない。ただし、一時保護を行わなければ児童の生命又は心身に重大な危害が生じると見込まれるときは、児童相談所長又は都道府県知事は、当該裁判があつた日の翌日から起算して三日以内に限り、第一項に規定する場合に該当し、かつ、一時保護の必要があると認められる資料及び一時保護を行わなければ児童の生命又は心身に重大な危害が生じると見込まれると認められる資料を添えて、簡易裁判所の裁判官がした裁判に対しては管轄地方裁判所に、その他の裁判所の裁判官がした裁判に対してはその裁判官が所属する裁判所にその裁判の取消しを請求することができる。

前項ただし書の請求を受けた地方裁判所又は家庭裁判所は、合議体で決定をしなければならない。

第七項本文の規定にかかわらず、児童相談所長又は都道府県知事は、同項ただし書の規定による請求をするときは、一時保護状の請求についての裁判が確定するまでの間、引き続き第一項又は第二項の規定による一時保護を行うことができる。

第七項ただし書の規定による請求を受けた裁判所は、当該請求がその規定に違反したとき、又は請求が理由のないときは、決定で請求を棄却しなければならない。

第七項ただし書の規定による請求を受けた裁判所は、当該請求が理由のあるときは、決定で原裁判を取り消し、自ら一時保護状を発しなければならない。

第三十三条の六第四項及び第三十三条の六の三中「第三十三条第八項第二号」を「第三十三条第十七項第二号」に改める。

附　則（抄）

（施行期日）

第一条　この法律は、令和六年四月一日から施行する。ただし、次の各号に掲げる規定は、当該各号に定める日から施行する。

一～四　〔略〕

五　第三条の規定〔中略〕　公布の日から起算して三年を超えない範囲内において政令で定める日

○刑法等の一部を改正する法律の施行に伴う関係法律の整理等に関する法律（抄）

令和四・六・一七
法　六　八

（児童福祉法の一部改正）

第二百二十四条　児童福祉法（昭和二十二年法律第百六十四号）の一部を次のように改正する。

第十八条の五第二号〔中略〕、第三十四条の十五第三項第四号イ、第三十四条の二十第一項第一号及び第三十五条第五項第四号イ中「禁錮」を「拘禁刑」に改める。

第六十条第一項から第三項までの規定、第六十条の二、第六十一条、第六十一条の二第一項及び第六十一条の三中「懲役」を「拘禁刑」に改める。

第六十一条の四中「懲役若しくは禁錮」を「拘禁刑」に改める。

附　則（抄）

（施行期日）

1　この法律は、刑法等一部改正法施行日〔令和七・六・一〕から施行する。〔ただし書略〕

○障害者の日常生活及び社会生活を総合的に支援するための法律等の一部を改正する法律（抄）

令和四・一二・一六
法　一　〇　四

第六条　児童福祉法の一部を次のように改正する。
第二章第九節の節名を次のように改める。
　　第九節　障害児福祉計画等
第三十三条の二十三の三〔中略〕を第三十三条の二十三の十とし、同条の次に次の一条を加える。
第三十三条の二十三の十一　〔略〕
第三十三条の二十三の二の次に次の七条を加える。
第三十三条の二十三の三　〔略〕
第三十三条の二十三の四　〔略〕
第三十三条の二十三の五　〔略〕
第三十三条の二十三の六　〔略〕
第三十三条の二十三の七　〔略〕
第三十三条の二十三の八　〔略〕
第三十三条の二十三の九　〔略〕
第六十条の三第二号中「第二十一条の四の八」の下に「又は第三十三条の二十三の九」を加え、同条に次の一号を加える。
三　第三十三条の二十三の七の規定に違反して、匿名障害児福祉等関連情報の利用に関して知り得た匿名障害児福祉等関連情報の内容をみだりに他人に知らせ、又は不当な目的に利用したとき。
第六十一条の五第一項中「第二十一条の四の七第一項」の下に「若しくは第三十三条の二十三の八第一項」を加え、「同項」を「これら」に改める。

附　則（抄）

（施行期日）
第一条　この法律は、令和六年四月一日から施行する。ただし、次の各号に掲げる規定は、当該各号に定める日から施行する。
一～三　〔略〕
四　〔前略〕第六条の規定〔中略〕　公布の日から起算して三年を超えない範囲内において政令で定める日

○放課後児童健全育成事業の設備及び運営に関する基準

平成二六・四・三〇
厚　労　令　六　三

最終改正　令和五・三・三一厚労令四八

（趣旨）
第一条　この府令は、児童福祉法（昭和二十二年法律第百六十四号。以下「法」という。）第三十四条の八の二第二項の放課後児童健全育成事業の設備及び運営に関する基準（以下「設備運営基準」という。）を市町村（特別区を含む。以下同じ。）が条例で定めるに当たって参酌すべき基準を定めるものとする。
2　設備運営基準は、市町村長（特別区の区長を含む。以下同じ。）の監督に属する放課後児童健全育成事業を利用している児童（以下「利用者」という。）が、明るくて、衛生的な環境において、素養があり、かつ、適切な訓練を受けた職員の支援により、心身ともに健やかに育成されることを保障するものとする。
3　内閣総理大臣は、設備運営基準を常に向上させるように努めるものとする。

（最低基準の目的）
第二条　法第三十四条の八の二第一項の規定により市町村が条例で定める基準（以下「最低基準」という。）は、利用者が、明るくて、衛生的な環境において、素養があり、かつ、適切な訓練を受けた職員の支援により、心身ともに健やかに育成されることを保障するものとする。

（最低基準の向上）
第三条　市町村長は、その管理に属する法第八条第四項に規定する市町村児童福祉審議会を設置している場合にあってはその意見を、その他の場合にあっては児童の保護者その他児童福祉に係る当事者の意見を聴き、その監督に属する放課後児童健全育成事業を行う者（以下「放課後児童健全育成事業者」という。）に対し、最低基準を超えて、その設備及び運営を向上させるように勧告することができる。

２　市町村は、最低基準を常に向上させるように努めるものとする。

（最低基準と放課後児童健全育成事業者）

第四条　放課後児童健全育成事業者は、最低基準を超えて、常に、その設備及び運営を向上させなければならない。

２　最低基準を超えて、設備を有し、又は運営をしている放課後児童健全育成事業者においては、最低基準を理由として、その設備又は運営を低下させてはならない。

（放課後児童健全育成事業の一般原則）

第五条　放課後児童健全育成事業における支援は、小学校に就学している児童であって、その保護者が労働等により昼間家庭にいないものにつき、家庭、地域等との連携の下、発達段階に応じた主体的な遊びや生活が可能となるよう、当該児童の自主性、社会性及び創造性の向上、基本的な生活習慣の確立等を図り、もって当該児童の健全な育成を図ることを目的として行われなければならない。

２　放課後児童健全育成事業者は、利用者の人権に十分配慮するとともに、一人一人の人格を尊重して、その運営を行わなければならない。

３　放課後児童健全育成事業者は、地域社会との交流及び連携を図り、児童の保護者及び地域社会に対し、当該放課後児童健全育成事業者が行う放課後児童健全育成事業の運営の内容を適切に説明するよう努めなければならない。

４　放課後児童健全育成事業者は、その運営の内容について、自ら評価を行い、その結果を公表するよう努めなければならない。

５　放課後児童健全育成事業を行う場所（以下「放課後児童健全育成事業所」という。）の構造設備は、採光、換気等利用者の保健衛生及び利用者に対する危害防止に十分な考慮を払って設けられなければならない。

（放課後児童健全育成事業者と非常災害対策）

第六条　放課後児童健全育成事業者は、軽便消火器等の消火用具、非常口その他非常災害に必要な設備を設けるとともに、非常災害に対する具体的計画を立て、これに対する不断の注意と訓練をするように努めなければならない。

２　前項の訓練のうち、避難及び消火に対する訓練は、定期的にこれを行わなければならない。

（安全計画の策定等）

第六条の二　放課後児童健全育成事業者は、利用者の安全の確保を図るため、放課後児童健全育成事業所ごとに、当該放課後児童健全育成事業所の設備の安全点検、職員、利用者等に対する事業所外での活動、取組等を含めた放課後児童健全育成事業所での生活その他の日常生活における安全に関する指導、職員の研修及び訓練その他放課後児童健全育成事業所における安全に関する事項についての計画（以下この条において「安全計画」という。）を策定し、当該安全計画に従い必要な措置を講じなければならない。

２　放課後児童健全育成事業者は、職員に対し、安全計画について周知するとともに、前項の研修及び訓練を定期的に実施しなければならない。

３　放課後児童健全育成事業者は、利用者の安全の確保に関して保護者との連携が図られるよう、保護者に対し、安全計画に基づく取組の内容等について周知しなければならない。

４　放課後児童健全育成事業者は、定期的に安全計画の見直しを行い、必要に応じて安全計画の変更を行うものとする。

（自動車を運行する場合の所在の確認）

第六条の三　放課後児童健全育成事業者は、利用者の事業所外での活動、取組等のための移動その他の利用者の移動のために自動車を運行するときは、利用者の乗車及び降車の際に、点呼その他の利用者の所在を確実に把握することができる方法により、利用者の所在を確認しなければならない。

（放課後児童健全育成事業者の職員の一般的要件）

第七条　放課後児童健全育成事業において利用者の支援に従事する職員は、健全な心身を有し、豊かな人間性と倫理観を備え、児童福祉事業に熱意のある者であって、できる限り児童福祉事業の理論及び実際について訓練を受けた者でなければならない。

（放課後児童健全育成事業者の職員の知識及び技能の向上等）

第八条　放課後児童健全育成事業者の職員は、常に自己研鑽に励み、児童の健全な育成を図るために必要な知識及び技能の修得、維持及び向上に努めなければならない。

２　放課後児童健全育成事業者は、職員に対し、その資質の向上のための研修の機会を確保しなければならない。

（設備の基準）

第九条　放課後児童健全育成事業所には、遊び及び生活の場としての機能並びに静養するための機能を備えた区画（以下この条において「専用区画」という。）を設けるほか、支援の提供に必要な設備及び備品等を備えなければならない。

２　専用区画の面積は、児童一人につきおおむね一・六五平方メートル以上でなければならない。

３　専用区画並びに第一項に規定する設備及び備品等（次項において「専用区画等」という。）は、放課後児童健全育成事業所を開所している時間帯を通じて専ら当該放課後児童健全育成事業の用に供するものでなければならない。ただし、利用者の支援に支障がない場合は、この限りでない。

４　専用区画等は、衛生及び安全が確保されたものでなければならない。

（職員）

第十条　放課後児童健全育成事業者は、放課後児童健全育成事業所ごとに、放課後児童支援員を置かなければならない。

２　放課後児童支援員の数は、支援の単位ごとに二人以上とする。ただし、その一人を除き、補助員（放課後児童支援員が行う支援について放課後児童支援員を補助する者をいう。第五項において同じ。）をもってこれに代えることができる。

３　放課後児童支援員は、次の各号のいずれかに該当する者であって、都道府県知事又は地方自治法（昭和二十二年法律第六十七号）第二百五十二条の十九第一項の指定都市若しくは同法第二百五十二条の二十二第一項の中核市の長が行う研修を修了したものでなければならない。

一　保育士（国家戦略特別区域法（平成二十五年法律第百七号）第十二条の五第五項に規定する事業実施区域内にある放課後児童健全育成事業所にあっては、保育士又は当該事業実施区域に係る国家戦略特別区域限定保育士）の資格を有する者

二　社会福祉士の資格を有する者

三　学校教育法（昭和二十二年法律第二十六号）の規定による高等学校（旧中等学校令（昭和十八年勅令第三十六号）による中等学校を含む。）若しくは中等教育学校を卒業した者、同法第九十条第二項の規定により大学への入学を認められた者若しくは通常の課程による十二年の学校教育を修了した者（通常の課程以外の課程によりこれに相当する学校教育を修了した者を含む。）又は文部科学大臣がこれと同等以上の資格を有すると認定した者（第九号において「高等学校卒業者等」という。）であって、二年以上児童福祉事業に従事したもの

四　教育職員免許法（昭和二十四年法律第百四十七号）第四条に規定する免許状を有する者

五　学校教育法の規定による大学（旧大学令（大正七年勅令第三百八十八号）による大学を含む。）において、社会福祉学、心理学、教育学、社会学、芸術学若しくは体育学を専修する学科又はこれらに相当する課程を修めて卒業した者（当該学科又は当該課程を修めて同法の規定による専門職大学の前期課程を修了した者を含む。）

六　学校教育法の規定による大学において、社会福祉学、心理学、教育学、社会学、芸術学若しくは体育学を専修する学科又はこれらに相当する課程において優秀な成績で単位を修得したことにより、同法第百二条第二項の規定により大学院への入学が認められた者

七　学校教育法の規定による大学院において、社会福祉学、心理学、教育学、社会学、芸術学若しくは体育学を専攻する研究科又はこれらに相当する課程を修めて卒業した者

八　外国の大学において、社会福祉学、心理学、教育学、社会学、芸術学若しくは体育学を専修する学科又はこれらに相当する課程を修めて卒業した者

九　高等学校卒業者等であり、かつ、二年以上放課後児童健全育成事業に類似する事業に従事した者であって、市町村長が適当と認めたもの

十　五年以上放課後児童健全育成事業に従事した者であって、市町村長が適当と認めたもの

4　第二項の支援の単位は、放課後児童健全育成事業における支援であって、その提供が同時に一又は複数の利用者に対して一体的に行われるものをいい、一の支援の単位を構成する児童の数は、おおむね四十人以下とする。

5　放課後児童支援員及び補助員は、支援の単位ごとに専ら当該支援の提供に当たる者でなければならない。ただし、利用者が二十人未満の放課後児童健全育成事業所であって、放課後児童支援員のうち一人を除いた者又は補助員が同一敷地内にある他の事業所、施設等の職務に従事している場合その他の利用者の支援に支障がない場合は、この限りでない。

（利用者を平等に取り扱う原則）

第十一条　放課後児童健全育成事業者は、利用者の国籍、信条又は社会的身分によって、差別的取扱いをしてはならない。

（虐待等の禁止）

第十二条　放課後児童健全育成事業者の職員は、利用者に対し、法第三十三条の十各号に掲げる行為その他当該利用者の心身に有害な影響を与える行為をしてはならない。

（業務継続計画の策定等）

第十二条の二　放課後児童健全育成事業者は、放課後児童健全育成事業所ごとに、感染症や非常災害の発生時において、利用者に対する支援の提供を継続的に実施するための、及び非常時の体制で早期の業務再開を図るための計画（以下この条において「業務継続計画」という。）を策定し、当該業務継続計画に従い必要な措置を講ずるよう努めなければならない。

2　放課後児童健全育成事業者は、職員に対し、業務継続計画について周知するとともに、必要な研修及び訓練を定期的に実施するよう努めなければならない。

3　放課後児童健全育成事業者は、定期的に業務継続計画の見直しを行い、必要に応じて業務継続計画の変更を行うよう努めるものとする。

（衛生管理等）

第十三条　放課後児童健全育成事業者は、利用者の使用する設備、食器等又は飲用に供する水について、衛生的な管理に努め、又は衛生上必要な措置を講じなければならない。

2　放課後児童健全育成事業者は、放課後児童健全育成事業所において感染症又は食中毒が発生し、又はまん延しないように、職員に対し、感染症及び食中毒の予防及びまん延の防止のための研修並びに感染症の予防及びまん延の防止のための訓練を定期的に実施するよう努めなければならない。

3　放課後児童健全育成事業所には、必要な医薬品その他の医療品を備えるとともに、それらの管理を適正に行わなければならない。

（運営規程）

第十四条　放課後児童健全育成事業者は、放課後児童健全育成事業所ごとに、次の各号に掲げる事業の運営についての重要事項に関する運営規程を定めておかなければならない。

一　事業の目的及び運営の方針

二　職員の職種、員数及び職務の内容

三　開所している日及び時間

四　支援の内容及び当該支援の提供につき利用者の保護者が支払うべき額

五　利用定員

六　通常の事業の実施地域

七　事業の利用に当たっての留意事項

八　緊急時等における対応方法

九　非常災害対策

十　虐待の防止のための措置に関する事項

十一　その他事業の運営に関する重要事項

（放課後児童健全育成事業者が備える帳簿）
第十五条　放課後児童健全育成事業者は、職員、財産、収支及び利用者の処遇の状況を明らかにする帳簿を整備しておかなければならない。

（秘密保持等）
第十六条　放課後児童健全育成事業者の職員は、正当な理由がなく、その業務上知り得た利用者又はその家族の秘密を漏らしてはならない。
2　放課後児童健全育成事業者は、職員であった者が、正当な理由がなく、その業務上知り得た利用者又はその家族の秘密を漏らすことがないよう、必要な措置を講じなければならない。

（苦情への対応）
第十七条　放課後児童健全育成事業者は、その行った支援に関する利用者又はその保護者等からの苦情に迅速かつ適切に対応するために、苦情を受け付けるための窓口を設置する等の必要な措置を講じなければならない。
2　放課後児童健全育成事業者は、その行った支援に関し、市町村から指導又は助言を受けた場合は、当該指導又は助言に従って必要な改善を行わなければならない。
3　放課後児童健全育成事業者は、社会福祉法（昭和二十六年法律第四十五号）第八十三条に規定する運営適正化委員会が行う同法第八十五条第一項の規定による調査にできる限り協力しなければならない。

（開所時間及び日数）
第十八条　放課後児童健全育成事業者は、放課後児童健全育成事業所を開所する時間について、次の各号に掲げる区分に応じ、それぞれ当該各号に定める時間以上を原則として、その地方における児童の保護者の労働時間、小学校の授業の終了の時刻その他の状況等を考慮して、当該事業所ごとに定める。
一　小学校の授業の休業日に行う放課後児童健全育成事業　一日につき八時間
二　小学校の授業の休業日以外の日に行う放課後児童健全育成事業　一日につき三時間
2　放課後児童健全育成事業者は、放課後児童健全育成事業所を開所する日数について、一年につき二百五十日以上を原則として、その地方における児童の保護者の就労日数、小学校の授業の休業日その他の状況等を考慮して、当該事業所ごとに定める。

（保護者との連絡）
第十九条　放課後児童健全育成事業者は、常に利用者の保護者と密接な連絡をとり、当該利用者の健康及び行動を説明するとともに、支援の内容等につき、その保護者の理解及び協力を得るよう努めなければならない。

（関係機関との連携）
第二十条　放課後児童健全育成事業者は、市町村、児童福祉施設、利用者の通学する小学校等関係機関と密接に連携して利用者の支援に当たらなければならない。

（事故発生時の対応）
第二十一条　放課後児童健全育成事業者は、利用者に対する支援の提供により事故が発生した場合は、速やかに、市町村、当該利用者の保護者等に連絡を行うとともに、必要な措置を講じなければならない。
2　放課後児童健全育成事業者は、利用者に対する支援の提供により賠償すべき事故が発生した場合は、損害賠償を速やかに行わなければならない。

附　則

（施行期日）
第一条　この省令は、子ども・子育て支援法及び就学前の子どもに関する教育、保育等の総合的な提供の推進に関する法律の一部を改正する法律の施行に伴う関係法律の整備等に関する法律（平成二十四年法律第六十七号）の施行の日〔子ども・子育て支援法（平成二十四年法律第六十五号）の施行の日〔社会保障の安定財源の確保等を図る税制の抜本的な改革を行うための消費税法の一部を改正する等の法律（平成二十四年法律第六十八号）附則第一条第二号に掲げる規定の施行の日〔平成二七・一〇・一〕の属する年の翌年の四月一日までの間において政令で定める日〕〕から施行する。

（職員の経過措置）
第二条　この省令の施行の日から平成三十二年三月三十一日までの間、第十条第三項の規定の適用については、同項中「修了したもの」とあるのは、「修了したもの（平成三十二年三月三十一日までに修了することを予定している者を含む。）」とする。

附　則（令和四・一一・三〇厚労令一五九）（抄）

（施行期日）
第一条　この省令は、令和五年四月一日から施行する。

（安全計画の策定等に係る経過措置）
第二条　この省令の施行の日から令和六年三月三十一日までの間、〔中略〕第七条の規定による改正後の放課後児童健全育成事業の設備及び運営に関する基準第六条の二の規定の適用については、これらの規定中「講じなければ」とあるのは「講ずるよう努めなければ」と、「実施しなければ」とあるのは「実施するよう努めなければ」と、「周知しなければ」とあるのは「周知するよう努めなければ」とする。

○子どもの貧困対策の推進に関する法律

平成二五・六・二六
法　　六　　四

最終改正　令和四・六・二二法七七

第一章　総則

（目的）

第一条　この法律は、子どもの現在及び将来がその生まれ育った環境によって左右されることのないよう、全ての子どもが心身ともに健やかに育成され、及びその教育の機会均等が保障され、子ども一人一人が夢や希望を持つことができるようにするため、子どもの貧困の解消に向けて、児童の権利に関する条約の精神にのっとり、子どもの貧困対策に関し、基本理念を定め、国等の責務を明らかにし、及び子どもの貧困対策の基本となる事項を定めることにより、子どもの貧困対策を総合的に推進することを目的とする。

（基本理念）

第二条　子どもの貧困対策は、社会のあらゆる分野において、子どもの年齢及び発達の程度に応じて、その意見が尊重され、その最善の利益が優先して考慮され、子どもが心身ともに健やかに育成されることを旨として、推進されなければならない。

2　子どもの貧困対策は、子ども等に対する教育の支援、生活の安定に資するための支援、職業生活の安定と向上に資するための就労の支援、経済的支援等の施策を、子どもの現在及び将来がその生まれ育った環境によって左右されることのない社会を実現することを旨として、子ども等の生活及び取り巻く環境の状況に応じて包括的かつ早期に講ずることにより、推進されなければならない。

3　子どもの貧困対策は、子どもの貧困の背景に様々な社会的な要因があることを踏まえ、推進されなければならない。

4　子どもの貧困対策は、国及び地方公共団体の関係機関相互の密接な連携の下に、関連分野における総合的な取組として行われなければならない。

（国の責務）

第三条　国は、前条の基本理念（次条において「基本理念」という。）にのっとり、子どもの貧困対策を総合的に策定し、及び実施する責務を有する。

（地方公共団体の責務）

第四条　地方公共団体は、基本理念にのっとり、子どもの貧困対策に関し、国と協力しつつ、当該地域の状況に応じた施策を策定し、及び実施する責務を有する。

（国民の責務）

第五条　国民は、国又は地方公共団体が実施する子どもの貧困対策に協力するよう努めなければならない。

（法制上の措置等）

第六条　政府は、この法律の目的を達成するため、必要な法制上又は財政上の措置その他の措置を講じなければならない。

（年次報告）

第七条　政府は、毎年、国会に、子どもの貧困の状況及び子どもの貧困対策の実施の状況に関する報告を提出するとともに、これを公表しなければならない。

2　こども基本法（令和四年法律第七十七号）第八条第一項の規定による国会への報告及び公表がされたときは、前項の規定による国会への報告及び公表がされたものとみなす。

第二章　基本的施策

（子どもの貧困対策に関する大綱）

第八条　政府は、子どもの貧困対策を総合的に推進するため、子どもの貧困対策に関する大綱（以下「大綱」という。）を定めなければならない。

2　大綱は、次に掲げる事項について定めるものとする。

一　子どもの貧困対策に関する基本的な方針

二　子どもの貧困率、一人親世帯の貧困率、生活保護世帯に属する子どもの高等学校等進学率、生活保護世帯に属する子どもの大学等進学率等子どもの貧困に関する指標及び当該指標の改善に向けた施策

三　教育の支援、生活の安定に資するための支援、保護者に対する職業生活の安定と向上に資するための就労の支援、経済的支援その他の子どもの貧困対策に関する事項

四　子どもの貧困に関する調査及び研究に関する事項

五　子どもの貧困対策に関する施策の実施状況についての検証及び評価その他の子どもの貧困対策に関する施策の推進体制に関する事項

3　こども基本法第九条第一項の規定により定められた同項のこども大綱のうち前項各号に掲げる事項に係る部分は、第一項の規定により定められた大綱とみなす。

4　第二項第二号の「子どもの貧困率」、「一人親世帯の貧困率」、「生活保護世帯に属する子どもの高等学校等進学率」及び「生活保護世帯に属する子どもの大学等進学率」の定義は、政令で定める。

（都道府県計画等）

第九条　都道府県は、大綱を勘案して、当該都道府県における子どもの貧困対策についての計画（次項及び第三項において「都道府県計画」という。）を定めるよう努めるものとする。

2　市町村は、大綱（都道府県計画が定められているときは、大綱及び都道府県計画）を勘案して、当該市町村における子どもの貧困対策についての計画（次項において「市町村計画」という。）を定めるよう努めるものとする。

3　都道府県又は市町村は、都道府県計画又は市町村計画を定め、又は変更したときは、遅滞なく、これを公表しなければならない。

（教育の支援）

第十条　国及び地方公共団体は、教育の機会均等が図られるよう、就学の援助、学資の援助、学習の支援その他の貧困の状況にある子どもの教育に関する支援のために必要な施策を講ずるものとする。

（生活の安定に資するための支援）
第十一条　国及び地方公共団体は、貧困の状況にある子ども及びその保護者に対する生活に関する相談、貧困の状況にある子どもに対する社会との交流の機会の提供その他の貧困の状況にある子どもの生活の安定に資するための支援に関し必要な施策を講ずるものとする。
（保護者に対する職業生活の安定と向上に資するための就労の支援）
第十二条　国及び地方公共団体は、貧困の状況にある子どもの保護者に対する職業訓練の実施及び就職のあっせんその他の貧困の状況にある子どもの保護者の所得の増大その他の職業生活の安定と向上に資するための就労の支援に関し必要な施策を講ずるものとする。
（経済的支援）
第十三条　国及び地方公共団体は、各種の手当等の支給、貸付金の貸付けその他の貧困の状況にある子どもに対する経済的支援のために必要な施策を講ずるものとする。
（調査研究）
第十四条　国及び地方公共団体は、子どもの貧困対策を適正に策定し、及び実施するため、子どもの貧困に関する指標に関する研究その他の子どもの貧困に関する調査及び研究その他の必要な施策を講ずるものとする。

附　則（抄）

（施行期日）
第一条　この法律は、公布の日から起算して一年を超えない範囲内において政令で定める日〔平二六・一・一七〕から施行する。
（検討）
第二条　政府は、この法律の施行後五年を経過した場合において、この法律の施行の状況を勘案し、必要があると認めるときは、この法律の規定について検討を加え、その結果に基づいて必要な措置を講ずるものとする。

附　則（令和元・六・一九法四一）

（施行期日）
1　この法律は、公布の日から起算して三月を超えない範囲内において政令で定める日〔令和元・九・七〕から施行する。
（検討）
2　政府は、この法律の施行後五年を目途として、この法律による改正後の子どもの貧困対策の推進に関する法律（以下この項において「新法」という。）の施行の状況を勘案し、必要があると認めるときは、新法の規定について検討を加え、その結果に基づいて必要な措置を講ずるものとする。

○子ども・子育て支援法（抄）

平成二四・八・二二法六五
最終改正　令和五・六・一六法五八

第一章　総則

（目的）
第一条　この法律は、我が国における急速な少子化の進行並びに家庭及び地域を取り巻く環境の変化に鑑み、児童福祉法（昭和二十二年法律第百六十四号）その他の子どもに関する法律による施策と相まって、子ども・子育て支援給付その他の子ども及び子どもを養育している者に必要な支援を行い、もって一人一人の子どもが健やかに成長することができる社会の実現に寄与することを目的とする。
（基本理念）
第二条　子ども・子育て支援は、父母その他の保護者が子育てについての第一義的責任を有するという基本的認識の下に、家庭、学校、地域、職域その他の社会のあらゆる分野における全ての構成員が、各々の役割を果たすとともに、相互に協力して行われなければならない。
2　子ども・子育て支援給付その他の子ども・子育て支援の内容及び水準は、全ての子どもが健やかに成長するように支援するものであって、良質かつ適切なものであり、かつ、子どもの保護者の経済的負担の軽減について適切に配慮されたものでなければならない。
3　子ども・子育て支援給付その他の子ども・子育て支援は、地域の実情に応じて、総合的かつ効率的に提供されるよう配慮して行われなければならない。
（市町村等の責務）
第三条　市町村（特別区を含む。以下同じ。）は、この法律の実施に関し、次に掲げる責務を有する。
一　子どもの健やかな成長のために適切な環境が等しく確保されるよう、子ども及びその保護者に必要な子ども・子育て支援給付及び地域子ども・子育て支援事業を総合的かつ計画的に行うこと。
二　子ども及びその保護者が、確実に子ども・子育て支援給付を受け、及び地域子ども・子育て支援事業その他の子ども・子育て支援を円滑に利用するために必要な援助を行うとともに、関係機関との連絡調整その他の便宜の提供を行うこと。
三　子ども及びその保護者が置かれている環境に応じて、子どもの保護者の選択に基づき、多様な施設又は事業者から、良質かつ適切な教育及び保育その他の子ども・子育て支援が総合的かつ効率的に提供されるよう、その提供体制を確保すること。
2　都道府県は、市町村が行う子ども・子育て支援給付及び地域子ども・子育て支援事業が適正かつ円滑に行われるよう、市町村に対する必要な助言及び適切な援助を行うとともに、子ども・子育て支援のうち、特に専門性の高い施策及び各市町村の区域を超えた広域的な対応が必要な施策を講じなければならない。
3　国は、市町村が行う子ども・子育て支援給付及び地域子ども・子育て支援事業その他この法律に基づく業務が適正かつ円滑に行われるよう、市町村及び都道府県と相互に連携を図りながら、子ども・子育て支援の提供体制の確保に関する施策その他の必要な各般の措置を講じなければならない。

（事業主の責務）

第四条　事業主は、その雇用する労働者に係る多様な労働条件の整備その他の労働者の職業生活と家庭生活との両立が図られるようにするために必要な雇用環境の整備を行うことにより当該労働者の子育ての支援に努めるとともに、国又は地方公共団体が講ずる子ども・子育て支援に協力しなければならない。

（国民の責務）

第五条　国民は、子ども・子育て支援の重要性に対する関心と理解を深めるとともに、国又は地方公共団体が講ずる子ども・子育て支援に協力しなければならない。

（定義）

第六条　この法律において「子ども」とは、十八歳に達する日以後の最初の三月三十一日までの間にある者をいい、「小学校就学前子ども」とは、子どものうち小学校就学の始期に達するまでの者をいう。
2　この法律において「保護者」とは、親権を行う者、未成年後見人その他の者で、子どもを現に監護する者をいう。

第七条　この法律において「子ども・子育て支援」とは、全ての子どもの健やかな成長のために適切な環境が等しく確保されるよう、国若しくは地方公共団体又は地域における子育ての支援を行う者が実施する子ども及び子どもの保護者に対する支援をいう。
2　この法律において「教育」とは、満三歳以上の小学校就学前子どもに対して義務教育及びその後の教育の基礎を培うものとして教育基本法（平成十八年法律第百二十号）第六条第一項に規定する法律に定める学校において行われる教育をいう。
3　この法律において「保育」とは、児童福祉法第六条の三第七項第一号に規定する保育をいう。
4　この法律において「教育・保育施設」とは、就学前の子どもに関する教育、保育等の総合的な提供の推進に関する法律（平成十八年法律第七十七号。以下「認定こども園法」という。）第二条第六項に規定する認定こども園（以下「認定こども園」という。）、学校教育法（昭和二十二年法律第二十六号）第一条に規定する幼稚園（認定こども園法第三条第一項又は第三項の認定を受けたもの及び同条第九項の規定による公示がされたものを除く。以下「幼稚園」という。）及び児童福祉法第三十九条第一項に規定する保育所（認定こども園法第三条第一項の認定を受けたもの及び同条第十項の規定による公示がされたものを除く。以下「保育所」という。）をいう。
5　この法律において「地域型保育」とは、家庭的保育、小規模保育、居宅訪問型保育及び事業所内保育をいい、「地域型保育事業」とは、地域型保育を行う事業をいう。
6　この法律において「家庭的保育」とは、児童福祉法第六条の三第九項に規定する家庭的保育事業として行われる保育をいう。
7　この法律において「小規模保育」とは、児童福祉法第六条の三第十項に規定する小規模保育事業として行われる保育をいう。
8　この法律において「居宅訪問型保育」とは、児童福祉法第六条の三第十一項に規定する居宅訪問型保育事業として行われる保育をいう。
9　この法律において「事業所内保育」とは、児童福祉法第六条の三第十二項に規定する事業所内保育事業として行われる保育をいう。
10　この法律において「子ども・子育て支援施設等」とは、次に掲げる施設又は事業をいう。
一　認定こども園（保育所等（認定こども園法第二条第五項に規定する保育所等をいう。第五号において同じ。）であるもの及び第二十七条第一項に規定する特定教育・保育施設であるものを除く。第三十条の十一第一項第一号、第五十八条の四第一項第一号、第五十八条の十第一項第二号、第五十九条第三号ロ及び第六章において同じ。）
二　幼稚園（第二十七条第一項に規定する特定教育・保育施設であるものを除く。第三十条の十一第一項第二号、第三章第二節（第五十八条の九第六項第三号ロを除く。）、第五十九条第三号ロ及び第六章において同じ。）
三　特別支援学校（学校教育法第一条に規定する特別支援学校をいい、同法第七十六条第二項に規定する幼稚部に限る。以下同じ。）
四　児童福祉法第五十九条の二第一項に規定する施設（同項の規定による届出がされたものに限り、次に掲げるものを除く。）のうち、当該施設に配置する従業者及びその員数その他の事項について内閣府令で定める基準を満たすもの

イ　認定こども園法第三条第一項又は第三項の認定を受けたもの

ロ　認定こども園法第三条第十項の規定による公示がされたもの

ハ　第五十九条の二第一項の規定による助成を受けているもののうち政令で定めるもの

五　認定こども園、幼稚園又は特別支援学校において行われる教育・保育（教育又は保育をいう。以下同じ。）であって、次のイ又はロに掲げる当該施設の区分に応じそれぞれイ又はロに定める一日当たりの時間及び期間の範囲外において、家庭において保育を受けることが一時的に困難となった当該イ又はロに掲げる施設に在籍している小学校就学前子どもに対して行われるものを提供する事業のうち、その事業を実施するために必要なものとして内閣府令で定める基準を満たすもの

イ　認定こども園（保育所等であるものを除く。）、幼稚園又は特別支援学校　当該施設における教育に係る標準的な一日当たりの時間及び期間

ロ　認定こども園（保育所等であるものに限る。）　イに定める一日当たりの時間及び期間を勘案して内閣府令で定める一日当たりの時間及び期間

六　児童福祉法第六条の三第七項に規定する一時預かり事業（前号に掲げる事業に該当するものを除く。）

七　児童福祉法第六条の三第十三項に規定する病児保育事業のうち、当該事業に従事する従業者及びその員数その他の事項について内閣府令で定める基準を満たすもの

八　児童福祉法第六条の三第十四項に規定する子育て援助活動支援事業（同項第一号に掲げる援助を行うものに限る。）のうち、市町村が実施するものであることその他の内閣府令で定める基準を満たすもの

第二章　子ども・子育て支援給付

第一節　通則

（子ども・子育て支援給付の種類）

第八条　子ども・子育て支援給付は、子どものための現金給付、子どものための教育・保育給付及び子育てのための施設等利用給付とする。

第二節　子どものための現金給付

第九条　子どものための現金給付は、児童手当（児童手当法（昭和四十六年法律第七十三号）に規定する児童手当をいう。以下同じ。）の支給とする。

第十条　子どものための現金給付については、この法律に別段の定めがあるものを除き、児童手当法の定めるところによる。

第三節　子どものための教育・保育給付

第一款　通則

（子どものための教育・保育給付）

第十一条　子どものための教育・保育給付は、施設型給付費、特例施設型給付費、地域型保育給付費及び特例地域型保育給付費の支給とする。

（不正利得の徴収）

第十二条　市町村は、偽りその他不正の手段により子どものための教育・保育給付を受けた者があるときは、その者から、その子どものための教育・保育給付の額に相当する金額の全部又は一部を徴収することができる。

2　市町村は、第二十七条第一項に規定する特定教育・保育施設又は第二十九条第一項に規定する特定地域型保育事業者が、偽りその他不正の行為により第二十七条第五項（第二十八条第四項において準用する場合を含む。）又は第二十九条第五項（第三十条第四項において準用する場合を含む。）の規定による支払を受けたときは、当該特定教育・保育施設又は特定地域型保育事業者から、その支払った額につき返還させるべき額を徴収するほか、その返還させるべき額に百分の四十を乗じて得た額を徴収することができる。

3　前二項の規定による徴収金は、地方自治法（昭和二十二年法律第六十七号）第二百三十一条の三第三項に規定する法律で定める歳入とする。

（報告等）

第十三条　市町村は、子どものための教育・保育給付に関して必要があると認めるときは、この法律の施行に必要な限度において、小学校就学前子ども、小学校就学前子どもの保護者若しくは小学校就学前子どもの属する世帯の世帯主その他その世帯に属する者又はこれらの者であった者に対し、報告若しくは文書その他の物件の提出若しくは提示を命じ、又は当該職員に質問させることができる。

2　前項の規定による質問を行う場合においては、当該職員は、その身分を示す証明書を携帯し、かつ、関係人の請求があるときは、これを提示しなければならない。

3　第一項の規定による権限は、犯罪捜査のために認められたものと解釈してはならない。

第十四条　市町村は、子どものための教育・保育給付に関して必要があると認めるときは、この法律の施行に必要な限度において、当該子どものための教育・保育給付に係る教育・保育を行う者若しくはこれを使用する者若しくはこれらの者であった者に対し、報告若しくは文書その他の物件の提出若しくは提示を命じ、又は当該職員に関係者に対して質問させ、若しくは当該教育・保育を行う施設若しくは事業所に立ち入り、その設備若しくは帳簿書類その他の物件を検査させることができる。

2　前条第二項の規定は前項の規定による質問又は検査について、同条第三項の規定は前項の規定による権限について、それぞれ準用する。

（内閣総理大臣又は都道府県知事の教育・保育に関する調査等）

第十五条　内閣総理大臣又は都道府県知事は、子どものための教育・保育給付に関して必要があると認めるときは、この法律の施行に必要な限度において、子どものための教育・保育給付に係る小学校就学前子ども若しくは小学校就学前子どもの保護者又はこれらの者であった者に対し、当該子どものための教育・保育給付に係る教育・保育の内容に関し、報告若しくは文書その他の物件の提出若しくは提示を命じ、又は当該職員に質問させることができる。

2　内閣総理大臣又は都道府県知事は、子どものための教育・保育給付に関して必要があると認めるときは、この法律の施行に必要な限度において、教育・保育を行った者若しくはこれを使用した者に対し、その行った教育・保育に関し、報告若しくは当該教育・保育の提供の記録、帳簿書類その他の物件の提出若しくは提示を命じ、又は当該職員に関係者に対して質問させることができる。

3　第十三条第二項の規定は前二項の規定による質問について、同条第三項の規定は前二項の規定による権限について、それぞれ準用する。

（資料の提供等）

第十六条　市町村は、子どものための教育・保育給付に関して必要があると認めるときは、この法律の施行に必要な限度において、小学校就学前子ども、小学校就学前子どもの保護者又は小学校就学前子どもの扶養義務者（民法（明治二十九年法律第八十九号）に規定する扶養義務者をいう。附則第六条において同じ。）の資産又は収入の状況につき、官公署に対し必要な文書の閲覧若しくは資料の提供を求め、又は銀行、信託会社その他の機関若しくは小学校就学前子どもの保護者の雇用主その他の関係人に報告を求めることができる。

（受給権の保護）

第十七条　子どものための教育・保育給付を受ける権利は、譲り渡し、担保に供し、又は差し押さえることができない。

（租税その他の公課の禁止）

第十八条　租税その他の公課は、子どものための教育・保育給付として支給を受けた金品を標準として、課することができない。

第二款　教育・保育給付認定等

（支給要件）

第十九条　子どものための教育・保育給付は、次に掲げる小学校就学前子どもの保護者に対し、その小学校就学前子どもの第二十七条第一項に規定する特定教育・保育、第二十八条第一項第二号に規定する特別利用保育、同項第三号に規定する特別利用教育、第二十九条第一項に規定する特定地域型保育又は第三十条第一項第四号に規定する特例保育の利用について行う。

一　満三歳以上の小学校就学前子ども（次号に掲げる小学校就学前子どもに該当するものを除く。）

二　満三歳以上の小学校就学前子どもであって、保護者の労働又は疾病その他の内閣府令で定める事由により家庭において必要な保育を受けることが困難であるもの

三　満三歳未満の小学校就学前子どもであって、前号の内閣府令で定める事由により家庭において必要な保育を受けることが困難であるもの

（市町村の認定等）

第二十条　前条各号に掲げる小学校就学前子どもの保護者は、子どものための教育・保育給付を受けようとするときは、内閣府令で定めるところにより、市町村に対し、その小学校就学前子どもごとに、子どものための教育・保育給付を受ける資格を有すること及びその該当する同条各号に掲げる小学校就学前子どもの区分についての認定を申請し、その認定を受けなければならない。

2　前項の認定は、小学校就学前子どもの保護者の居住地の市町村が行うものとする。ただし、小学校就学前子どもの保護者が居住地を有しないとき、又は明らかでないときは、その小学校就学前子どもの保護者の現在地の市町村が行うものとする。

3　市町村は、第一項の規定による申請があった場合において、当該申請に係る小学校就学前子どもが前条第二号又は第三号に掲げる小学校就学前子どもに該当すると認めるときは、政令で定めるところにより、当該小学校就学前子どもに係る保育必要量（月を単位として内閣府令で定める期間において施設型給付費、特例施設型給付費、地域型保育給付費又は特例地域型保育給付費を支給する保育の量をいう。以下同じ。）の認定を行うものとする。

4　市町村は、第一項及び前項の認定（以下「教育・保育給付認定」という。）を行ったときは、その結果を当該教育・保育給付認定に係る保護者（以下「教育・保育給付認定保護者」という。）に通知しなければならない。この場合において、市町村は、内閣府令で定めるところにより、当該教育・保育給付認定に係る小学校就学前子ども（以下「教育・保育給付認定子ども」という。）の該当する前条各号に掲げる小学校就学前子どもの区分、保育必要量その他の内閣府令で定める事項を記載した認定証（以下「支給認定証」という。）を交付するものとする。

5　市町村は、第一項の規定による申請について、当該保護者が子どものための教育・保育給付を受ける資格を有すると認められないときは、理由を付して、その旨を当該申請に係る保護者に通知するものとする。

6　第一項の規定による申請に対する処分は、当該申請のあった日から三十日以内にしなければならない。ただし、当該申請に係る保護者の労働又は疾病の状況の調査に日時を要することその他の特別な理由がある場合には、当該申請のあった日から三十日以内に、当該保護者に対し、当該申請に対する処分をするためになお要する期間（次項において「処理見込期間」という。）及びその理由を通知し、これを延期することができる。

7　第一項の規定による申請をした日から三十日以内に当該申請に対する処分がされないとき、若しくは前項ただし書の規定による通知がないとき、又は処理見込期間が経過した日までに当該申請に対する処分がされないときは、当該申請に係る保護者は、市町村が当該申請を却下したものとみなすことができる。

（教育・保育給付認定の有効期間）

第二十一条　教育・保育給付認定は、内閣府令で定める期間（以下「教育・保育給付認定の有効期間」という。）内に限り、その効力を有する。

（届出）

第二十二条　教育・保育給付認定保護者は、教育・保育給付認定の有効期間内において、内閣府令で定めるところにより、市町村に対し、その労働又は疾病の状況その他の内閣府令で定める事項を届け出、かつ、内閣府令で定める書類その他の

物件を提出しなければならない。

（教育・保育給付認定の変更）

第二十三条　教育・保育給付認定保護者は、現に受けている教育・保育給付認定に係る当該教育・保育給付認定子どもの該当する第十九条各号に掲げる小学校就学前子どもの区分、保育必要量その他の内閣府令で定める事項を変更する必要があるときは、内閣府令で定めるところにより、市町村に対し、教育・保育給付認定の変更の認定を申請することができる。

２　市町村は、前項の規定による申請により、教育・保育給付認定保護者につき、必要があると認めるときは、教育・保育給付認定の変更の認定を行うことができる。この場合において、市町村は、当該変更の認定に係る教育・保育給付認定保護者に対し、支給認定証の提出を求めるものとする。

３　第二十条第二項、第三項、第四項前段及び第五項から第七項までの規定は、前項の教育・保育給付認定の変更の認定について準用する。この場合において、必要な技術的読替えは、政令で定める。

４　市町村は、職権により、教育・保育給付認定保護者につき、第十九条第三号に掲げる小学校就学前子どもに該当する教育・保育給付認定子ども（以下「満三歳未満保育認定子ども」という。）が満三歳に達したときその他必要があると認めるときは、内閣府令で定めるところにより、教育・保育給付認定の変更の認定を行うことができる。この場合において、市町村は、内閣府令で定めるところにより、当該変更の認定に係る教育・保育給付認定保護者に対し、支給認定証の提出を求めるものとする。

５　第二十条第二項、第三項及び第四項前段の規定は、前項の教育・保育給付認定の変更の認定について準用する。この場合において、必要な技術的読替えは、政令で定める。

６　市町村は、第二項又は第四項の教育・保育給付認定の変更の認定を行った場合には、内閣府令で定めるところにより、支給認定証に当該変更の認定に係る事項を記載し、これを返還するものとする。

（教育・保育給付認定の取消し）

第二十四条　教育・保育給付認定を行った市町村は、次に掲げる場合には、当該教育・保育給付認定を取り消すことができる。

一　当該教育・保育給付認定に係る満三歳未満の小学校就学前子どもが、教育・保育給付認定の有効期間内に、第十九条第三号に掲げる小学校就学前子どもに該当しなくなったとき。

二　当該教育・保育給付認定保護者が、教育・保育給付認定の有効期間内に、当該市町村以外の市町村の区域内に居住地を有するに至ったと認めるとき。

三　その他政令で定めるとき。

２　前項の規定により教育・保育給付認定の取消しを行った市町村は、内閣府令で定めるところにより、当該取消しに係る教育・保育給付認定保護者に対し支給認定証の返還を求めるものとする。

（都道府県による援助等）

第二十五条　都道府県は、市町村が行う第二十条、第二十三条及び前条の規定による業務に関し、その設置する福祉事務所（社会福祉法（昭和二十六年法律第四十五号）に定める福祉に関する事務所をいう。）、児童相談所又は保健所による技術的事項についての協力その他市町村に対する必要な援助を行うことができる。

（内閣府令への委任）

第二十六条　この款に定めるもののほか、教育・保育給付認定の申請その他の手続に関し必要な事項は、内閣府令で定める。

第三款　施設型給付費及び地域型保育給付費等の支給

（施設型給付費の支給）

第二十七条　市町村は、教育・保育給付認定子どもが、教育・保育給付認定の有効期間内において、市町村長（特別区の区長を含む。以下同じ。）が施設型給付費の支給に係る施設として確認する教育・保育施設（以下「特定教育・保育施設」という。）から当該確認に係る教育・保育（地域型保育を除き、第十九条第一号に掲げる小学校就学前子どもに該当する教育・保育給付認定子どもにあっては認定こども園において受ける教育・保育（保育にあっては、同号に掲げる小学校就学前子どもに該当する教育・保育給付認定子どもに対して提供される教育に係る標準的な一日当たりの時間及び期間を勘案して内閣府令で定める一日当たりの時間及び期間の範囲内において行われるものに限る。）又は幼稚園において受ける教育に限り、同条第二号に掲げる小学校就学前子どもに該当する教育・保育給付認定子どもにあっては認定こども園において受ける教育・保育又は保育所において受ける保育に限り、満三歳未満保育認定子どもにあっては認定こども園又は保育所において受ける保育に限る。以下「特定教育・保育」という。）を受けたときは、内閣府令で定めるところにより、当該教育・保育給付認定子どもに係る教育・保育給付認定保護者に対し、当該特定教育・保育（保育にあっては、保育必要量の範囲内のものに限る。以下「支給認定教育・保育」という。）に要した費用について、施設型給付費を支給する。

２　特定教育・保育施設から支給認定教育・保育を受けようとする教育・保育給付認定子どもに係る教育・保育給付認定保護者は、内閣府令で定めるところにより、特定教育・保育施設に支給認定証を提示して当該支給認定教育・保育を当該教育・保育給付認定子どもに受けさせるものとする。ただし、緊急の場合その他やむを得ない事由のある場合については、この限りでない。

３　施設型給付費の額は、一月につき、第一号に掲げる額から第二号に掲げる額を控除して得た額（当該額が零を下回る場合には、零とする。）とする。

一　第十九条各号に掲げる小学校就学前子どもの区分、保育必要量、当該特定教育・保育施設の所在する地域等を勘案して算定される特定教育・保育に通常要する費用の額を勘案して内閣総理大臣が定める基準により算定した費用の額（その額が現に当該支給認定教育・保育に要した費用の額を超えるときは、当該現に支給認定教育・保育に要した費用の額）

二 政令で定める額を限度として当該教育・保育給付認定保護者の属する世帯の所得の状況その他の事情を勘案して市町村が定める額

4 内閣総理大臣は、第一項の一日当たりの時間及び期間を定める内閣府令並びに前項第一号の基準を定め、又は変更しようとするときは、文部科学大臣に協議するとともに、こども家庭審議会の意見を聴かなければならない。

5 教育・保育給付認定子どもが特定教育・保育施設から支給認定教育・保育を受けたときは、市町村は、当該教育・保育給付認定子どもに係る教育・保育給付認定保護者が当該特定教育・保育施設に支払うべき当該支給認定教育・保育に要した費用について、施設型給付費として当該教育・保育給付認定保護者に支給すべき額の限度において、当該教育・保育給付認定保護者に代わり、当該特定教育・保育施設に支払うことができる。

6 前項の規定による支払があったときは、教育・保育給付認定保護者に対し施設型給付費の支給があったものとみなす。

7 市町村は、特定教育・保育施設から施設型給付費の請求があったときは、第三項第一号の内閣総理大臣が定める基準及び第三十四条第二項の市町村の条例で定める特定教育・保育施設の運営に関する基準（特定教育・保育の取扱いに関する部分に限る。）に照らして審査の上、支払うものとする。

8 前各項に定めるもののほか、施設型給付費の支給及び特定教育・保育施設の施設型給付費の請求に関し必要な事項は、内閣府令で定める。

（特例施設型給付費の支給）

第二十八条 市町村は、次に掲げる場合において、必要があると認めるときは、内閣府令で定めるところにより、第一号に規定する特定教育・保育に要した費用、第二号に規定する特別利用保育に要した費用又は第三号に規定する特別利用教育に要した費用について、特例施設型給付費を支給することができる。

一 教育・保育給付認定子どもが、当該教育・保育給付認定子どもに係る教育・保育給付認定保護者が第二十条第一項の規定による申請をした日から当該教育・保育給付認定の効力が生じた日の前日までの間に、緊急その他やむを得ない理由により特定教育・保育を受けたとき。

二 第十九条第一号に掲げる小学校就学前子どもに該当する教育・保育給付認定子どもが、特定教育・保育施設（保育所に限る。）から特別利用保育（同号に掲げる小学校就学前子どもに該当する教育・保育給付認定子どもに対して提供される教育に係る標準的な一日当たりの時間及び期間を勘案して内閣府令で定める一日当たりの時間及び期間の範囲内において行われる保育（地域型保育を除く。）をいう。以下同じ。）を受けたとき（地域における教育の体制の整備の状況その他の事情を勘案して必要があると市町村が認めるときに限る。）。

三 第十九条第二号に掲げる小学校就学前子どもに該当する教育・保育給付認定子どもが、特定教育・保育施設（幼稚園に限る。）から特別利用教育（教育のうち同号に掲げる小学校就学前子どもに該当する教育・保育給付認定子どもに対して提供されるものをいい、特定教育・保育を除く。以下同じ。）を受けたとき。

2〜5 （略）

（地域型保育給付費の支給）

第二十九条 市町村は、満三歳未満保育認定子どもが、教育・保育給付認定の有効期間内において、市町村長が地域型保育給付費の支給に係る事業を行う者として確認する地域型保育を行う事業者（以下「特定地域型保育事業者」という。）から当該確認に係る地域型保育（以下「特定地域型保育」という。）を受けたときは、内閣府令で定めるところにより、当該満三歳未満保育認定子どもに係る教育・保育給付認定保護者に対し、当該特定地域型保育（保育必要量の範囲内のものに限る。以下「満三歳未満保育認定地域型保育」という。）に要した費用について、地域型保育給付費を支給する。

2 特定地域型保育事業者から満三歳未満保育認定地域型保育を受けようとする満三歳未満保育認定子どもに係る教育・保育給付認定保護者は、内閣府令で定めるところにより、特定地域型保育事業者に支給認定証を提示して当該満三歳未満保育認定地域型保育を当該満三歳未満保育認定子どもに受けさせるものとする。ただし、緊急の場合その他やむを得ない事由のある場合については、この限りでない。

3 地域型保育給付費の額は、一月につき、第一号に掲げる額から第二号に掲げる額を控除して得た額（当該額が零を下回る場合には、零とする。）とする。

一 地域型保育の種類ごとに、保育必要量、当該地域型保育の種類に係る特定地域型保育の事業を行う事業所（以下「特定地域型保育事業所」という。）の所在する地域等を勘案して算定される当該特定地域型保育に通常要する費用の額を勘案して内閣総理大臣が定める基準により算定した費用の額（その額が現に当該満三歳未満保育認定地域型保育に要した費用の額を超えるときは、当該現に満三歳未満保育認定地域型保育に要した費用の額）

二 政令で定める額を限度として当該教育・保育給付認定保護者の属する世帯の所得の状況その他の事情を勘案して市町村が定める額

4 内閣総理大臣は、前項第一号の基準を定め、又は変更しようとするときは、こども家庭審議会の意見を聴かなければならない。

5 満三歳未満保育認定子どもが特定地域型保育事業者から満三歳未満保育認定地域型保育を受けたときは、市町村は、当該満三歳未満保育認定子どもに係る教育・保育給付認定保護者が当該特定地域型保育事業者に支払うべき当該満三歳未満保育認定地域型保育に要した費用について、地域型保育給付費として当該教育・保育給付認定保護者に支給すべき額の限度において、当該教育・保育給付認定保護者に代わり、当該特定地域型保育事業者に支払うことができる。

6 前項の規定による支払があったときは、教育・保育給付認定保護者に対し地域型保育給付費の支給があったものとみなす。

7 市町村は、特定地域型保育事業者から地域型保育給付費の請求があったときは、第三項第一号の内閣総理大臣が定める基準及び第四十六条第二項の市町村の条例で定める特定地域型保育事業の運営に関する基準（特定地域型保育の取扱いに関する部分に限る。）に照らして審査の上、支払うものとする。

8　前各項に定めるもののほか、地域型保育給付費の支給及び特定地域型保育事業者の地域型保育給付費の請求に関し必要な事項は、内閣府令で定める。

（特例地域型保育給付費の支給）

第三十条　市町村は、次に掲げる場合において、必要があると認めるときは、内閣府令で定めるところにより、当該特定地域型保育（第三号に規定する特定利用地域型保育にあっては、保育必要量の範囲内のものに限る。）に要した費用又は第四号に規定する特例保育（第十九条第二号又は第三号に掲げる小学校就学前子どもに該当する教育・保育給付認定子ども（以下「保育認定子ども」という。）に係るものにあっては、保育必要量の範囲内のものに限る。）に要した費用について、特例地域型保育給付費を支給することができる。

一　満三歳未満保育認定子どもが、当該満三歳未満保育認定子どもに係る教育・保育給付認定保護者が第二十条第一項の規定による申請をした日から当該教育・保育給付認定の効力が生じた日の前日までの間に、緊急その他やむを得ない理由により特定地域型保育を受けたとき。

二　第十九条第一号に掲げる小学校就学前子どもに該当する教育・保育給付認定子どもが、特定地域型保育事業者から特定地域型保育（同号に掲げる小学校就学前子どもに該当する教育・保育給付認定子どもに対して提供される教育に係る標準的な一日当たりの時間及び期間を勘案して内閣府令で定める一日当たりの時間及び期間の範囲内において行われるものに限る。次項及び附則第九条第一項第三号イにおいて「特別利用地域型保育」という。）を受けたとき（地域における教育の体制の整備の状況その他の事情を勘案して必要があると市町村が認めるときに限る。）。

三　第十九条第二号に掲げる小学校就学前子どもに該当する教育・保育給付認定子どもが、特定地域型保育事業者から特定利用地域型保育（特定地域型保育のうち同号に掲げる小学校就学前子どもに該当する教育・保育給付認定子どもに対して提供されるものをいう。次項において同じ。）を受けたとき（地域における同号に掲げる小学校就学前子どもに該当する教育・保育給付認定子どもに係る教育・保育の体制の整備の状況その他の事情を勘案して必要があると市町村が認めるときに限る。）。

四　特定教育・保育及び特定地域型保育の確保が著しく困難である離島その他の地域であって内閣総理大臣が定める基準に該当するものに居住地を有する教育・保育給付認定保護者に係る教育・保育給付認定子どもが、特例保育（特定教育・保育及び特定地域型保育以外の保育をいい、第十九条第一号に掲げる小学校就学前子どもに該当する教育・保育給付認定子どもに係るものにあっては、同号に掲げる小学校就学前子どもに該当する教育・保育給付認定子どもに対して提供される教育に係る標準的な一日当たりの時間及び期間を勘案して内閣府令で定める一日当たりの時間及び期間の範囲内において行われるものに限る。以下同じ。）を受けたとき。

2～5　〔略〕

第四節　子育てのための施設等利用給付

第一款　通則

（子育てのための施設等利用給付）

第三十条の二　子育てのための施設等利用給付は、施設等利用費の支給とする。

（準用）

第三十条の三　第十二条から第十八条までの規定は、子育てのための施設等利用給付について準用する。この場合において、必要な技術的読替えは、政令で定める。

第二款　施設等利用給付認定等

（支給要件）

第三十条の四　子育てのための施設等利用給付は、次に掲げる小学校就学前子ども（保育認定子どもに係る教育・保育給付認定保護者が、現に施設型給付費、特例施設型給付費（第二十八条第一項第三号に係るものを除く。次条第七項において同じ。）、地域型保育給付費若しくは特例地域型保育給付費の支給を受けている場合における当該保育認定子ども又は第七条第十項第四号ハの政令で定める施設を利用している小学校就学前子どもを除く。以下この節及び第五十八条の三において同じ。）の保護者に対し、その小学校就学前子どもの第三十条の十一第一項に規定する特定子ども・子育て支援の利用について行う。

一　満三歳以上の小学校就学前子ども（次号及び第三号に掲げる小学校就学前子どもに該当するものを除く。）

二　満三歳に達する日以後の最初の三月三十一日を経過した小学校就学前子どもであって、第十九条第二号の内閣府令で定める事由により家庭において必要な保育を受けることが困難であるもの

三　満三歳に達する日以後の最初の三月三十一日までの間にある小学校就学前子どもであって、第十九条第二号の内閣府令で定める事由により家庭において必要な保育を受けることが困難であるもののうち、その保護者及び当該保護者と同一の世帯に属する者が第三十条の十一第一項に規定する特定子ども・子育て支援のあった月の属する年度（政令で定める場合にあっては、前年度）分の地方税法（昭和二十五年法律第二百二十六号）の規定による市町村民税（同法の規定による特別区民税を含み、同法第三百二十八条の規定によって課する所得割を除く。以下この号において同じ。）を課されない者（これに準ずる者として政令で定める者を含むものとし、当該市町村民税の賦課期日において同法の施行地に住所を有しない者を除く。次条第七項第二号において「市町村民税世帯非課税者」という。）であるもの

（市町村の認定等）

第三十条の五　前条各号に掲げる小学校就学前子どもの保護者は、子育てのための施設等利用給付を受けようとするときは、内閣府令で定めるところにより、市町村に対し、その小学校就学前子どもごとに、子育てのための施設等利用給付を

受ける資格を有すること及びその該当する同条各号に掲げる小学校就学前子どもの区分についての認定を申請し、その認定を受けなければならない。

2　前項の認定（以下「施設等利用給付認定」という。）は、小学校就学前子どもの保護者の居住地の市町村が行うものとする。ただし、小学校就学前子どもの保護者が居住地を有しないとき、又は明らかでないときは、その小学校就学前子どもの保護者の現在地の市町村が行うものとする。

3　市町村は、施設等利用給付認定を行ったときは、内閣府令で定めるところにより、その結果その他の内閣府令で定める事項を当該施設等利用給付認定に係る保護者（以下「施設等利用給付認定保護者」という。）に通知するものとする。

4　市町村は、第一項の規定による申請について、当該保護者が子育てのための施設等利用給付を受ける資格を有すると認められないときは、理由を付して、その旨を当該申請に係る保護者に通知するものとする。

5　第一項の規定による申請に対する処分は、当該申請のあった日から三十日以内にしなければならない。ただし、当該申請に係る保護者の労働又は疾病の状況の調査に日時を要することその他の特別な理由がある場合には、当該申請のあった日から三十日以内に、当該保護者に対し、当該申請に対する処分をするためになお要する期間（次項において「処理見込期間」という。）及びその理由を通知し、これを延期することができる。

6　第一項の規定による申請をした日から三十日以内に当該申請に対する処分がされないとき、若しくは前項ただし書の規定による通知がないとき、又は処理見込期間が経過した日までに当該申請に対する処分がされないときは、当該申請に係る保護者は、市町村が当該申請を却下したものとみなすことができる。

7　次の各号に掲げる教育・保育給付認定保護者であって、その保育認定子どもについて現に施設型給付費、特例施設型給付費、地域型保育給付費又は特例地域型保育給付費の支給を受けていないものは、第一項の規定にかかわらず、施設等利用給付認定の申請をすることを要しない。この場合において、当該教育・保育給付認定保護者は、子育てのための施設等利用給付を受ける資格を有すること及び当該保育認定子どもが当該各号に定める小学校就学前子どもの区分に該当することについての施設等利用給付認定を受けたものとみなす。

一　第十九条第二号に掲げる小学校就学前子どもに該当する教育・保育給付認定子ども（満三歳に達する日以後の最初の三月三十一日までの間にあるものを除く。）に係る教育・保育給付認定保護者　前条第二号に掲げる小学校就学前子ども

二　第十九条第二号に掲げる小学校就学前子どもに該当する教育・保育給付認定子ども（満三歳に達する日以後の最初の三月三十一日までの間にあるものに限る。）又は満三歳未満保育認定子どもに係る教育・保育給付認定保護者（その者及びその者と同一の世帯に属する者が市町村民税世帯非課税者である場合に限る。）　前条第三号に掲げる小学校就学前子ども

（施設等利用給付認定の有効期間）

第三十条の六　施設等利用給付認定は、内閣府令で定める期間（以下「施設等利用給付認定の有効期間」という。）内に限り、その効力を有する。

（届出）

第三十条の七　施設等利用給付認定保護者は、施設等利用給付認定の有効期間内において、内閣府令で定めるところにより、市町村に対し、その労働又は疾病の状況その他の内閣府令で定める事項を届け出、かつ、内閣府令で定める書類その他の物件を提出しなければならない。

（施設等利用給付認定の変更）

第三十条の八　施設等利用給付認定保護者は、現に受けている施設等利用給付認定に係る小学校就学前子ども（以下「施設等利用給付認定子ども」という。）の該当する第三十条の四各号に掲げる小学校就学前子どもの区分その他の内閣府令で定める事項を変更する必要があるときは、内閣府令で定めるところにより、市町村に対し、施設等利用給付認定の変更の認定を申請することができる。

2　市町村は、前項の規定による申請により、施設等利用給付認定保護者につき、必要があると認めるときは、施設等利用給付認定の変更の認定を行うことができる。

3　第三十条の五第二項から第六項までの規定は、前項の施設等利用給付認定の変更の認定について準用する。この場合において、必要な技術的読替えは、政令で定める。

4　市町村は、職権により、施設等利用給付認定保護者につき、第三十条の四第三号に掲げる小学校就学前子どもに該当する施設等利用給付認定子どもが満三歳に達する日以後の最初の三月三十一日を経過した日以後引き続き同一の特定子ども・子育て支援施設等（第三十条の十一第一項に規定する特定子ども・子育て支援施設等をいう。）を利用するときその他必要があると認めるときは、内閣府令で定めるところにより、施設等利用給付認定の変更の認定を行うことができる。

5　第三十条の五第二項及び第三項の規定は、前項の施設等利用給付認定の変更の認定について準用する。この場合において、必要な技術的読替えは、政令で定める。

（施設等利用給付認定の取消し）

第三十条の九　施設等利用給付認定を行った市町村は、次に掲げる場合には、当該施設等利用給付認定を取り消すことができる。

一　当該施設等利用給付認定に係る満三歳未満の小学校就学前子どもが、施設等利用給付認定の有効期間内に、第三十条の四第三号に掲げる小学校就学前子どもに該当しなくなったとき。

二　当該施設等利用給付認定保護者が、施設等利用給付認定の有効期間内に、当該市町村以外の市町村の区域内に居住地を有するに至ったと認めるとき。

三　その他政令で定めるとき。

2　市町村は、前項の規定により施設等利用給付認定の取消しを行ったときは、理由を付して、その旨を当該取消しに係る施設等利用給付認定保護者に通知するものとする。

（内閣府令への委任）

第三十条の十　この款に定めるもののほか、施設等利用給付認定の申請その他の手続に関し必要な事項は、内閣府令で定める。

第三款　施設等利用費の支給

第三十条の十一　市町村は、施設等利用給付認定子どもが、施設等利用給付認定の有効期間内において、市町村長が施設等利用費の支給に係る施設又は事業として確認する子ども・子育て支援施設等（以下「特定子ども・子育て支援施設等」という。）から当該確認に係る教育・保育その他の子ども・子育て支援（次の各号に掲げる子ども・子育て支援施設等の区分に応じ、当該各号に定める小学校就学前子どもに該当する施設等利用給付認定子どもが受けるものに限る。以下「特定子ども・子育て支援」という。）を受けたときは、内閣府令で定めるところにより、当該施設等利用給付認定子どもに係る施設等利用給付認定保護者に対し、当該特定子ども・子育て支援に要した費用（食事の提供に要する費用その他の日常生活に要する費用のうち内閣府令で定める費用を除く。）について、施設等利用費を支給する。

一　認定こども園　第三十条の四各号に掲げる小学校就学前子ども

二　幼稚園又は特別支援学校　第三十条の四第一号若しくは第二号に掲げる小学校就学前子ども又は同条第三号に掲げる小学校就学前子ども（満三歳以上のものに限る。）

三　第七条第十項第四号から第八号までに掲げる子ども・子育て支援施設等　第三十条の四第二号又は第三号に掲げる小学校就学前子ども

2　施設等利用費の額は、一月につき、第三十条の四各号に掲げる小学校就学前子どもの区分ごとに、子どものための教育・保育給付との均衡、子ども・子育て支援施設等の利用に要する標準的な費用の状況その他の事情を勘案して政令で定めるところにより算定した額とする。

3　施設等利用給付認定子どもが特定子ども・子育て支援施設等から特定子ども・子育て支援を受けたときは、市町村は、当該施設等利用給付認定子どもに係る施設等利用給付認定保護者が当該特定子ども・子育て支援施設等である施設の設置者又は事業を行う者（以下「特定子ども・子育て支援提供者」という。）に支払うべき当該特定子ども・子育て支援に要した費用について、施設等利用費として当該施設等利用給付認定保護者に支給すべき額の限度において、当該施設等利用給付認定保護者に代わり、当該特定子ども・子育て支援提供者に支払うことができる。

4　前項の規定による支払があったときは、施設等利用給付認定保護者に対し施設等利用費の支給があったものとみなす。

5　前各項に定めるもののほか、施設等利用費の支給に関し必要な事項は、内閣府令で定める。

第三章　特定教育・保育施設及び特定地域型保育事業者並びに特定子ども・子育て支援施設等

第一節　特定教育・保育施設及び特定地域型保育事業者

第一款　特定教育・保育施設

（特定教育・保育施設の確認）

第三十一条　第二十七条第一項の確認は、内閣府令で定めるところにより、教育・保育施設の設置者（国（国立大学法人法（平成十五年法律第百十二号）第二条第一項に規定する国立大学法人を含む。第五十八条の九第二項、第三項及び第六項、第六十五条第四号及び第五号並びに附則第七条において同じ。）及び公立大学法人（地方独立行政法人法（平成十五年法律第百十八号）第六十八条第一項に規定する公立大学法人をいう。第五十八条の四第一項第一号、第五十八条の九第二項並びに第六十五条第三号及び第四号において同じ。）を除き、法人に限る。以下同じ。）の申請により、次の各号に掲げる教育・保育施設の区分に応じ、当該各号に定める小学校就学前子どもの区分ごとの利用定員を定めて、市町村長が行う。

一　認定こども園　第十九条各号に掲げる小学校就学前子どもの区分

二　幼稚園　第十九条第一号に掲げる小学校就学前子どもの区分

三　保育所　第十九条第二号に掲げる小学校就学前子どもの区分及び同条第三号に掲げる小学校就学前子どもの区分

2　市町村長は、前項の規定により特定教育・保育施設の利用定員を定めようとするときは、第七十二条第一項の審議会その他の合議制の機関を設置している場合にあってはその意見を、その他の場合にあっては子どもの保護者その他子ども・子育て支援に係る当事者の意見を聴かなければならない。

3　市町村長は、第一項の規定により特定教育・保育施設の利用定員を定めたときは、内閣府令で定めるところにより、都道府県知事に届け出なければならない。

（特定教育・保育施設の確認の変更）

第三十二条　特定教育・保育施設の設置者は、利用定員（第二十七条第一項の確認において定められた利用定員をいう。第三十四条第三項第一号を除き、以下この款において同じ。）を増加しようとするときは、内閣府令で定めるところにより、当該特定教育・保育施設に係る第二十七条第一項の確認の変更を申請することができる。

2　前条第三項の規定は、前項の確認の変更の申請があった場合について準用する。この場合において、必要な技術的読替えは、政令で定める。

3　市町村長は、前項の規定により前条第三項の規定を準用する場合のほか、利用定員を変更したときは、内閣府令で定めるところにより、都道府県知事に届け出なければならない。

（特定教育・保育施設の設置者の責務）

第三十三条　特定教育・保育施設の設置者は、教育・保育給付認定保護者から利用の申込みを受けたときは、正当な理由がなければ、これを拒んではならない。

2　特定教育・保育施設の設置者は、第十九条各号に掲げる小学校就学前子どもの区分ごとの当該特定教育・保育施設における前項の申込みに係る教育・保育給付認定子ども及び当該特定教育・保育施設を現に利用している教育・保育給付認定子どもの総数が、当該区分に応ずる当該特定教育・保育施設の利用定員の総数を超える場合においては、内閣府令で定めるところにより、同項の申込みに係る教育・保育給付認定子どもを公正な方法で選考しなければならない。

3　内閣総理大臣は、前項の内閣府令を定め、又は変更しようとするときは、文部科学大臣に協議しなければならない。

4　特定教育・保育施設の設置者は、教育・保育給付認定子どもに対し適切な特定教育・保育を提供するとともに、市町村、児童相談所、児童福祉法第七条第一項に規定する児童福祉施設（第四十五条第三項及び第五十八条の三第一項において「児童福祉施設」という。）、教育機関その他の関係機関との緊密な連携を図りつつ、良質な特定教育・保育を小学校就学前子どもの置かれている状況その他の事情に応じ、効果的に行うように努めなければならない。

5　特定教育・保育施設の設置者は、その提供する特定教育・保育の質の評価を行うことその他の措置を講ずることにより、特定教育・保育の質の向上に努めなければならない。

6　特定教育・保育施設の設置者は、小学校就学前子どもの人格を尊重するとともに、この法律及びこの法律に基づく命令を遵守し、誠実にその職務を遂行しなければならない。

（特定教育・保育施設の基準）

第三十四条　特定教育・保育施設の設置者は、次の各号に掲げる教育・保育施設の区分に応じ、当該各号に定める基準（以下「教育・保育施設の認可基準」という。）を遵守しなければならない。

一　認定こども園　認定こども園法第三条第一項の規定により都道府県（地方自治法第二百五十二条の十九第一項の指定都市又は同法第二百五十二条の二十二第一項の中核市（以下「指定都市等」という。）の区域内に所在する認定こども園（都道府県が設置するものを除く。以下「指定都市等所在認定こども園」という。）については、当該指定都市等。以下この号において同じ。）の条例で定める要件（当該認定こども園が認定こども園法第三条第一項の認定を受けたものである場合又は同項の規定により都道府県の条例で定める要件に適合しているものとして同条第十項の規定による公示がされたものである場合に限る。）、認定こども園法第三条第三項の規定により都道府県の条例で定める要件（当該認定こども園が同項の認定を受けたものである場合又は同項の規定により都道府県の条例で定める要件に適合しているものとして同条第十項の規定による公示がされたものである場合に限る。）又は認定こども園法第十三条第一項の規定により都道府県の条例で定める設備及び運営についての基準（当該認定こども園が幼保連携型認定こども園（認定こども園法第二条第七項に規定する幼保連携型認定こども園をいう。）である場合に限る。）

二　幼稚園　学校教育法第三条に規定する学校の設備、編制その他に関する設置基準（第五十八条の四第一項第二号及び第三号並びに第五十八条の九第二項において「設置基準」という。）（幼稚園に係るものに限る。）

三　保育所　児童福祉法第四十五条第一項の規定により都道府県（指定都市等又は同法第五十九条の四第一項に規定する児童相談所設置市（以下「児童相談所設置市」という。）の区域内に所在する保育所（都道府県が設置するものを除く。第三十九条第二項及び第四十条第一項第二号において「指定都市等所在保育所」という。）については、当該指定都市等又は児童相談所設置市）の条例で定める児童福祉施設の設備及び運営についての基準（保育所に係るものに限る。）

2　特定教育・保育施設の設置者は、市町村の条例で定める特定教育・保育施設の運営に関する基準に従い、特定教育・保育（特定教育・保育施設が特別利用保育又は特別利用教育を行う場合にあっては、特別利用保育又は特別利用教育を含む。以下この款において同じ。）を提供しなければならない。

3　市町村が前項の条例を定めるに当たっては、次に掲げる事項については内閣府令で定める基準に従い定めるものとし、その他の事項については内閣府令で定める基準を参酌するものとする。

一　特定教育・保育施設に係る利用定員（第二十七条第一項の確認において定める利用定員をいう。第七十二条第一項第一号において同じ。）

二　特定教育・保育施設の運営に関する事項であって、小学校就学前子どもの適切な処遇の確保及び秘密の保持並びに小学校就学前子どもの健全な発達に密接に関連するものとして内閣府令で定めるもの

4　内閣総理大臣は、前項に規定する内閣府令で定める基準及び同項第二号の内閣府令を定め、又は変更しようとするときは、文部科学大臣に協議するとともに、特定教育・保育の取扱いに関する部分についてこども家庭審議会の意見を聴かなければならない。

5　特定教育・保育施設の設置者は、次条第二項の規定による利用定員の減少の届出をしたとき又は第三十六条の規定による確認の辞退をするときは、当該届出の日又は同条に規定する予告期間の開始日の前一月以内に当該特定教育・保育を受けていた者であって、当該利用定員の減少又は確認の辞退の日以後においても引き続き当該特定教育・保育に相当する教育・保育の提供を希望する者に対し、必要な教育・保育が継続的に提供されるよう、他の特定教育・保育施設の設置者その他関係者との連絡調整その他の便宜の提供を行わなければならない。

（変更の届出等）

第三十五条　特定教育・保育施設の設置者は、設置者の住所その他の内閣府令で定める事項に変更があったときは、内閣府令で定めるところにより、十日以内に、その旨を市町村長に届け出なければならない。

2　特定教育・保育施設の設置者は、当該利用定員の減少をしようとするときは、内閣府令で定めるところにより、その利用定員の減少の日の三月前までに、その旨を市町村長に届け出なければならない。

（確認の辞退）

第三十六条　特定教育・保育施設の設置者は、三月以上の予告期間を設けて、当該特定教育・保育施設に係る第二十七条第一項の確認を辞退することができる。

（市町村長等による連絡調整又は援助）

第三十七条　市町村長は、特定教育・保育施設の設置者による第三十四条第五項に規定する便宜の提供が円滑に行われるため必要があると認めるときは、当該特定教育・保育施設の設置者及び他の特定教育・保育施設の設置者その他の関係者相互間の連絡調整又は当該特定教育・保育施設の設置者及び当該関係者に対する助言その他の援助を行うことができる。

2　都道府県知事は、同一の特定教育・保育施設の設置者について二以上の市町村長が前項の規定による連絡調整又は援助を行う場合において、当該特定教育・保育施設の設置者による第三十四条第五項に規定する便宜の提供が円滑に行われるため必要があると認めるときは、当該市町村長相互間の連絡調整又は当該特定教育・保育施設の設置者に対する市町村の区域を超えた広域的な見地からの助言その他の援助を行うことができる。

3　内閣総理大臣は、同一の特定教育・保育施設の設置者について二以上の都道府県知事が前項の規定による連絡調整又は援助を行う場合において、当該特定教育・保育施設の設置者による第三十四条第五項に規定する便宜の提供が円滑に行われるため必要があると認めるときは、当該都道府県知事相互間の連絡調整又は当該特定教育・保育施設の設置者に対する都道府県の区域を超えた広域的な見地からの助言その他の援助を行うことができる。

（報告等）

第三十八条　市町村長は、必要があると認めるときは、この法律の施行に必要な限度において、特定教育・保育施設若しくは特定教育・保育施設の設置者若しくは特定教育・保育施設の設置者であった者若しくは特定教育・保育施設の職員であった者（以下この項において「特定教育・保育施設の設置者であった者等」という。）に対し、報告若しくは帳簿書類その他の物件の提出若しくは提示を命じ、特定教育・保育施設の設置者若しくは特定教育・保育施設の職員若しくは特定教育・保育施設の設置者であった者等に対し出頭を求め、又は当該市町村の職員に関係者に対して質問させ、若しくは特定教育・保育施設、特定教育・保育施設の設置者の事務所その他特定教育・保育施設の運営に関係のある場所に立ち入り、その設備若しくは帳簿書類その他の物件を検査させることができる。

2　第十三条第二項の規定は前項の規定による質問又は検査について、同条第三項の規定は前項の規定による権限について、それぞれ準用する。

（勧告、命令等）

第三十九条　市町村長は、特定教育・保育施設の設置者が、次の各号に掲げる場合に該当すると認めるときは、当該特定教育・保育施設の設置者に対し、期限を定めて、当該各号に定める措置をとるべきことを勧告することができる。

一　第三十四条第二項の市町村の条例で定める特定教育・保育施設の運営に関する基準に従って施設型給付費の支給に係る施設として適正な特定教育・保育施設の運営をしていない場合　当該基準を遵守すること。

二　第三十四条第五項に規定する便宜の提供を施設型給付費の支給に係る施設として適正に行っていない場合　当該便宜の提供を適正に行うこと。

2　市町村長（指定都市等所在認定こども園については当該指定都市等の長を除き、指定都市等所在保育所については当該指定都市等又は児童相談所設置市の長を除く。第五項において同じ。）は、特定教育・保育施設（指定都市等所在認定こども園及び指定都市等所在保育所を除く。以下この項及び第五項において同じ。）の設置者が教育・保育施設の認可基準に従って施設型給付費の支給に係る施設として適正な教育・保育施設の運営をしていないと認めるときは、遅滞なく、その旨を、当該特定教育・保育施設に係る教育・保育施設の認可等（教育・保育施設に係る認定こども園法第十七条第一項、学校教育法第四条第一項若しくは児童福祉法第三十五条第四項の認可又は認定こども園法第三条第一項若しくは第三項の認定をいう。第五項及び次条第一項第二号において同じ。）を行った都道府県知事に通知しなければならない。

3　市町村長は、第一項の規定による勧告をした場合において、その勧告を受けた特定教育・保育施設の設置者が、同項の期限内にこれに従わなかったときは、その旨を公表することができる。

4　市町村長は、第一項の規定による勧告を受けた特定教育・保育施設の設置者が、正当な理由がなくてその勧告に係る措置をとらなかったときは、当該特定教育・保育施設の設置者に対し、期限を定めて、その勧告に係る措置をとるべきことを命ずることができる。

5　市町村長は、前項の規定による命令をしたときは、その旨を公示するとともに、遅滞なく、その旨を、当該特定教育・保育施設に係る教育・保育施設の認可等を行った都道府県知事に通知しなければならない。

（確認の取消し等）

第四十条　市町村長は、次の各号のいずれかに該当する場合においては、当該特定教育・保育施設に係る第二十七条第一項の確認を取り消し、又は期間を定めてその確認の全部若しくは一部の効力を停止することができる。

一　特定教育・保育施設の設置者が、第三十三条第六項の規定に違反したと認められるとき。

二　特定教育・保育施設の設置者が、教育・保育施設の認可基準に従って施設型給付費の支給に係る施設として適正な教育・保育施設の運営をすることができなくなったと当該特定教育・保育施設に係る教育・保育施設の認可等を行った都道府県知事（指定都市等所在認定こども園については当該指定都市等の長とし、指定都市等所在保育所については当該指定都市等又は児童相談所設置市の長とする。）が認めたとき。

三　特定教育・保育施設の設置者が、第三十四条第二項の市町村の条例で定める特定教育・保育施設の運営に関する基準に従って施設型給付費の支給に係る施設として適正な特定教育・保育施設の運営をすることができなくなったとき。

四　施設型給付費又は特例施設型給付費の請求に関し不正があったとき。

五　特定教育・保育施設の設置者が、第三十八条第一項の規定により報告若しくは帳簿書類その他の物件の提出若しくは提示を命ぜられてこれに従わず、又は虚偽の報告をしたとき。
六　特定教育・保育施設の設置者又はその職員が、第三十八条第一項の規定により出頭を求められてこれに応ぜず、同項の規定による質問に対して答弁せず、若しくは虚偽の答弁をし、又は同項の規定による検査を拒み、妨げ、若しくは忌避したとき。ただし、当該特定教育・保育施設の職員がその行為をした場合において、その行為を防止するため、当該特定教育・保育施設の設置者が相当の注意及び監督を尽くしたときを除く。
七　特定教育・保育施設の設置者が、不正の手段により第二十七条第一項の確認を受けたとき。
八　前各号に掲げる場合のほか、特定教育・保育施設の設置者が、この法律その他国民の福祉若しくは学校教育に関する法律で政令で定めるもの又はこれらの法律に基づく命令若しくは処分に違反したとき。
九　前各号に掲げる場合のほか、特定教育・保育施設の設置者が、教育・保育に関し不正又は著しく不当な行為をしたとき。
十　特定教育・保育施設の設置者の役員（業務を執行する社員、取締役、執行役又はこれらに準ずる者をいい、相談役、顧問その他いかなる名称を有する者であるかを問わず、法人に対し業務を執行する社員、取締役、執行役又はこれらに準ずる者と同等以上の支配力を有するものと認められる者を含む。以下同じ。）又はその長のうちに過去五年以内に教育・保育に関し不正又は著しく不当な行為をした者があるとき。

2　前項の規定により第二十七条第一項の確認を取り消された教育・保育施設の設置者（政令で定める者を除く。）及びこれに準ずる者として政令で定める者は、その取消しの日又はこれに準ずる日として政令で定める日から起算して五年を経過するまでの間は、第三十一条第一項の申請をすることができない。

（公示）
第四十一条　市町村長は、次に掲げる場合には、遅滞なく、当該特定教育・保育施設の設置者の名称、当該特定教育・保育施設の所在地その他の内閣府令で定める事項を都道府県知事に届け出るとともに、これを公示しなければならない。
一　第二十七条第一項の確認をしたとき。
二　第三十六条の規定による第二十七条第一項の確認の辞退があったとき。
三　前条第一項の規定により第二十七条第一項の確認を取り消し、又は同項の確認の全部若しくは一部の効力を停止したとき。

（市町村によるあっせん及び要請）
第四十二条　市町村は、特定教育・保育施設に関し必要な情報の提供を行うとともに、教育・保育給付認定保護者から求めがあった場合その他必要と認められる場合には、特定教育・保育施設を利用しようとする教育・保育給付認定子どもに係る教育・保育給付認定保護者の教育・保育に係る希望、当該教育・保育給付認定子どもの養育の状況、当該教育・保育給付認定保護者に必要な支援の内容その他の事情を勘案し、当該教育・保育給付認定子どもが適切に特定教育・保育施設を利用できるよう、相談に応じ、必要な助言又は特定教育・保育施設の利用についてのあっせんを行うとともに、必要に応じて、特定教育・保育施設の設置者に対し、当該教育・保育給付認定子どもの利用の要請を行うものとする。

2　特定教育・保育施設の設置者は、前項の規定により行われるあっせん及び要請に対し、協力しなければならない。

第二款　特定地域型保育事業者

（特定地域型保育事業者の確認）
第四十三条　第二十九条第一項の確認は、内閣府令で定めるところにより、地域型保育事業を行う者の申請により、地域型保育の種類及び当該地域型保育の種類に係る地域型保育事業を行う事業所（以下「地域型保育事業所」という。）ごとに、第十九条第三号に掲げる小学校就学前子どもに係る利用定員（事業所内保育の事業を行う事業所（以下「事業所内保育事業所」という。）にあっては、その雇用する労働者の監護する小学校就学前子どもを保育するため当該事業所内保育の事業を自ら施設を設置し、又は委託して行う事業主に係る当該小学校就学前子ども（当該事業所内保育の事業が、事業主団体に係るものにあっては事業主団体の構成員である事業主の雇用する労働者の監護する小学校就学前子どもとし、共済組合等（児童福祉法第六条の三第十二項第一号ハに規定する共済組合等をいう。）に係るものにあっては共済組合等の構成員（同号ハに規定する共済組合等の構成員をいう。）の監護する小学校就学前子どもとする。以下「労働者等の監護する小学校就学前子ども」という。）及びその他の小学校就学前子どもごとに定める第十九条第三号に掲げる小学校就学前子どもに係る利用定員とする。）を定めて、市町村長が行う。

2　市町村長は、前項の規定により特定地域型保育事業（特定地域型保育を行う事業をいう。以下同じ。）の利用定員を定めようとするときは、第七十二条第一項の審議会その他の合議制の機関を設置している場合にあってはその意見を、その他の場合にあっては子どもの保護者その他子ども・子育て支援に係る当事者の意見を聴かなければならない。

（特定地域型保育事業者の確認の変更）
第四十四条　特定地域型保育事業者は、利用定員（第二十九条第一項の確認において定められた利用定員をいう。第四十六条第三項第一号を除き、以下この款において同じ。）を増加しようとするときは、内閣府令で定めるところにより、当該特定地域型保育事業者に係る第二十九条第一項の確認の変更を申請することができる。

（特定地域型保育事業者の責務）
第四十五条　特定地域型保育事業者は、教育・保育給付認定保護者から利用の申込みを受けたときは、正当な理由がなければ、これを拒んではならない。

2　特定地域型保育事業者は、前項の申込みに係る満三歳未満保育認定子ども及び当該特定地域型保育事業者に係る特定地域型保育事業を現に利用している満三歳未満保育認定子どもの総数が、その利用定員の総数を超える場合においては、内閣府令で定めるところにより、同項の申込みに係る満三歳未満保育認定子どもを公正な方法で選考しなければならない。

3　特定地域型保育事業者は、満三歳未満保育認定子どもに対し適切な地域型保育を提供するとともに、市町村、教育・保育施設、児童相談所、児童福祉施設、教育機関その他の関係機関との緊密な連携を図りつつ、良質な地域型保育を小学校就学前子どもの置かれている状況その他の事情に応じ、効果的に行うように努めなければならない。

4　特定地域型保育事業者は、その提供する地域型保育の質の評価を行うことその他の措置を講ずることにより、地域型保育の質の向上に努めなければならない。

5　特定地域型保育事業者は、小学校就学前子どもの人格を尊重するとともに、この法律及びこの法律に基づく命令を遵守し、誠実にその職務を遂行しなければならない。

（特定地域型保育事業の基準）

第四十六条　特定地域型保育事業者は、地域型保育の種類に応じ、児童福祉法第三十四条の十六第一項の規定により市町村の条例で定める設備及び運営についての基準（以下「地域型保育事業の認可基準」という。）を遵守しなければならない。

2　特定地域型保育事業者は、市町村の条例で定める特定地域型保育事業の運営に関する基準に従い、特定地域型保育を提供しなければならない。

3　市町村が前項の条例を定めるに当たっては、次に掲げる事項については内閣府令で定める基準に従い定めるものとし、その他の事項については内閣府令で定める基準を参酌するものとする。

一　特定地域型保育事業に係る利用定員（第二十九条第一項の確認において定める利用定員をいう。第七十二条第一項第二号において同じ。）

二　特定地域型保育事業の運営に関する事項であって、小学校就学前子どもの適切な処遇の確保及び秘密の保持等並びに小学校就学前子どもの健全な発達に密接に関連するものとして内閣府令で定めるもの

4　内閣総理大臣は、前項に規定する内閣府令で定める基準及び同項第二号の内閣府令を定め、又は変更しようとするときは、特定地域型保育の取扱いに関する部分についてこども家庭審議会の意見を聴かなければならない。

5　特定地域型保育事業者は、次条第二項の規定による利用定員の減少の届出をしたとき又は第四十八条の規定による確認の辞退をするときは、当該届出の日又は同条に規定する予告期間の開始日の前一月以内に当該特定地域型保育を受けていた者であって、当該利用定員の減少又は確認の辞退の日以後においても引き続き当該特定地域型保育に相当する地域型保育の提供を希望する者に対し、必要な地域型保育が継続的に提供されるよう、他の特定地域型保育事業者その他関係者との連絡調整その他の便宜の提供を行わなければならない。

（変更の届出等）

第四十七条　特定地域型保育事業者は、当該特定地域型保育事業所の名称及び所在地その他内閣府令で定める事項に変更があったときは、内閣府令で定めるところにより、十日以内に、その旨を市町村長に届け出なければならない。

2　特定地域型保育事業者は、当該特定地域型保育事業の利用定員の減少をしようとするときは、内閣府令で定めるところにより、その利用定員の減少の日の三月前までに、その旨を市町村長に届け出なければならない。

（確認の辞退）

第四十八条　特定地域型保育事業者は、三月以上の予告期間を設けて、当該特定地域型保育事業者に係る第二十九条第一項の確認を辞退することができる。

（市町村長等による連絡調整又は援助）

第四十九条　市町村長は、特定地域型保育事業者による第四十六条第五項に規定する便宜の提供が円滑に行われるため必要があると認めるときは、当該特定地域型保育事業者及び他の特定地域型保育事業者その他の関係者相互間の連絡調整又は当該特定地域型保育事業者及び当該関係者に対する助言その他の援助を行うことができる。

2　都道府県知事は、同一の特定地域型保育事業者について二以上の市町村長が前項の規定による連絡調整又は援助を行う場合において、当該特定地域型保育事業者による第四十六条第五項に規定する便宜の提供が円滑に行われるため必要があると認めるときは、当該市町村長相互間の連絡調整又は当該特定地域型保育事業者に対する市町村の区域を超えた広域的な見地からの助言その他の援助を行うことができる。

3　内閣総理大臣は、同一の特定地域型保育事業者について二以上の都道府県知事が前項の規定による連絡調整又は援助を行う場合において、当該特定地域型保育事業者による第四十六条第五項に規定する便宜の提供が円滑に行われるため必要があると認めるときは、当該都道府県知事相互間の連絡調整又は当該特定地域型保育事業者に対する都道府県の区域を超えた広域的な見地からの助言その他の援助を行うことができる。

（報告等）

第五十条　市町村長は、必要があると認めるときは、この法律の施行に必要な限度において、特定地域型保育事業者若しくは特定地域型保育事業者であった者若しくは特定地域型保育事業所の職員であった者（以下この項において「特定地域型保育事業者であった者等」という。）に対し、報告若しくは帳簿書類その他の物件の提出若しくは提示を命じ、特定地域型保育事業者若しくは特定地域型保育事業所の職員若しくは特定地域型保育事業者であった者等に対し出頭を求め、又は当該市町村の職員に関係者に対して質問させ、若しくは特定地域型保育事業者の特定地域型保育事業所、事務所その他特定地域型保育事業に関係のある場所に立ち入り、その設備若しくは帳簿書類その他の物件を検査させることができる。

2　第十三条第二項の規定は前項の規定による質問又は検査について、同条第三項の規定は前項の規定による権限について、それぞれ準用する。

（勧告、命令等）

第五十一条　市町村長は、特定地域型保育事業者が、次の各号に掲げる場合に該当すると認めるときは、当該特定地域型保育事業者に対し、期限を定めて、当該各号に定める措置をと

るべきことを勧告することができる。

一 地域型保育事業の認可基準に従って地域型保育給付費の支給に係る事業を行う者として適正な地域型保育事業の運営をしていない場合 当該基準を遵守すること。

二 第四十六条第二項の市町村の条例で定める特定地域型保育事業の運営に関する基準に従って地域型保育給付費の支給に係る事業を行う者として適正な特定地域型保育事業の運営をしていない場合 当該基準を遵守すること。

三 第四十六条第五項に規定する便宜の提供を地域型保育給付費の支給に係る事業を行う者として適正に行っていない場合 当該便宜の提供を適正に行うこと。

2 市町村長は、前項の規定による勧告をした場合において、その勧告を受けた特定地域型保育事業者が、同項の期限内にこれに従わなかったときは、その旨を公表することができる。

3 市町村長は、第一項の規定による勧告を受けた特定地域型保育事業者が、正当な理由がなくてその勧告に係る措置をとらなかったときは、当該特定地域型保育事業者に対し、期限を定めて、その勧告に係る措置をとるべきことを命ずることができる。

4 市町村長は、前項の規定による命令をしたときは、その旨を公示しなければならない。

（確認の取消し等）

第五十二条 市町村長は、次の各号のいずれかに該当する場合においては、当該特定地域型保育事業者に係る第二十九条第一項の確認を取り消し、又は期間を定めてその確認の全部若しくは一部の効力を停止することができる。

一 特定地域型保育事業者が、第四十五条第五項の規定に違反したと認められるとき。

二 特定地域型保育事業者が、地域型保育事業の認可基準に従って地域型保育給付費の支給に係る事業を行う者として適正な地域型保育事業の運営をすることができなくなったとき。

三 特定地域型保育事業者が、第四十六条第二項の市町村の条例で定める特定地域型保育事業の運営に関する基準に従って地域型保育給付費の支給に係る事業を行う者として適正な特定地域型保育事業の運営をすることができなくなったとき。

四 地域型保育給付費又は特例地域型保育給付費の請求に関し不正があったとき。

五 特定地域型保育事業者が、第五十条第一項の規定により報告若しくは帳簿書類その他の物件の提出若しくは提示を命ぜられてこれに従わず、又は虚偽の報告をしたとき。

六 特定地域型保育事業者又はその特定地域型保育事業所の職員が、第五十条第一項の規定により出頭を求められてこれに応ぜず、同項の規定による質問に対して答弁せず、若しくは虚偽の答弁をし、又は同項の規定による検査を拒み、妨げ、若しくは忌避したとき。ただし、当該特定地域型保育事業所の職員がその行為をした場合において、その行為を防止するため、当該特定地域型保育事業者が相当の注意及び監督を尽くしたときを除く。

七 特定地域型保育事業者が、不正の手段により第二十九条第一項の確認を受けたとき。

八 前各号に掲げる場合のほか、特定地域型保育事業者が、この法律その他国民の福祉に関する法律で政令で定めるもの又はこれらの法律に基づく命令若しくは処分に違反したとき。

九 前各号に掲げる場合のほか、特定地域型保育事業者が、保育に関し不正又は著しく不当な行為をしたとき。

十 特定地域型保育事業者が法人である場合において、当該法人の役員又はその事業所を管理する者その他の政令で定める使用人のうちに過去五年以内に保育に関し不正又は著しく不当な行為をした者があるとき。

十一 特定地域型保育事業者が法人でない場合において、その管理者が過去五年以内に保育に関し不正又は著しく不当な行為をした者であるとき。

2 前項の規定により第二十九条第一項の確認を取り消された地域型保育事業を行う者（政令で定める者を除く。）及びこれに準ずる者として政令で定める者は、その取消しの日又はこれに準ずる日として政令で定める日から起算して五年を経過するまでの間は、第四十三条第一項の申請をすることができない。

（公示）

第五十三条 市町村長は、次に掲げる場合には、遅滞なく、当該特定地域型保育事業者の名称、当該特定地域型保育事業所の所在地その他の内閣府令で定める事項を都道府県知事に届け出るとともに、これを公示しなければならない。

一 第二十九条第一項の確認をしたとき。

二 第四十八条の規定による第二十九条第一項の確認の辞退があったとき。

三 前条第一項の規定により第二十九条第一項の確認を取り消し、又は同項の確認の全部若しくは一部の効力を停止したとき。

（市町村によるあっせん及び要請）

第五十四条 市町村は、特定地域型保育事業に関し必要な情報の提供を行うとともに、教育・保育給付認定保護者から求めがあった場合その他必要と認められる場合には、特定地域型保育事業を利用しようとする満三歳未満保育認定子どもに係る教育・保育給付認定保護者の地域型保育に係る希望、当該満三歳未満保育認定子どもの養育の状況、当該教育・保育給付認定保護者に必要な支援の内容その他の事情を勘案し、当該満三歳未満保育認定子どもが適切に特定地域型保育事業を利用できるよう、相談に応じ、必要な助言又は特定地域型保育事業の利用についてのあっせんを行うとともに、必要に応じて、特定地域型保育事業者に対し、当該満三歳未満保育認定子どもの利用の要請を行うものとする。

2 特定地域型保育事業者は、前項の規定により行われるあっせん及び要請に対し、協力しなければならない。

第三款 業務管理体制の整備等〔略〕

第四款 教育・保育に関する情報の報告及び公表

第五十八条 特定教育・保育提供者は、特定教育・保育施設又は特定地域型保育事業者（以下「特定教育・保育施設等」と

いう。）の確認を受け、教育・保育の提供を開始しようとするときその他内閣府令で定めるときは、政令で定めるところにより、その提供する教育・保育に係る教育・保育情報（教育・保育の内容及び教育・保育を提供する施設又は事業者の運営状況に関する情報であって、小学校就学前子どもに教育・保育を受けさせ、又は受けさせようとする小学校就学前子どもの保護者が適切かつ円滑に教育・保育を小学校就学前子どもに受けさせる機会を確保するために公表されることが必要なものとして内閣府令で定めるものをいう。以下同じ。）を、教育・保育を提供する施設又は事業所の所在地の都道府県知事に報告しなければならない。

2　都道府県知事は、前項の規定による報告を受けた後、内閣府令で定めるところにより、当該報告の内容を公表しなければならない。

3　都道府県知事は、第一項の規定による報告に関して必要があると認めるときは、この法律の施行に必要な限度において、当該報告をした特定教育・保育提供者に対し、教育・保育情報のうち内閣府令で定めるものについて、調査を行うことができる。

4　都道府県知事は、特定教育・保育提供者が第一項の規定による報告をせず、若しくは虚偽の報告をし、又は前項の規定による調査を受けず、若しくは調査の実施を妨げたときは、期間を定めて、当該特定教育・保育提供者に対し、その報告を行い、若しくはその報告の内容を是正し、又はその調査を受けることを命ずることができる。

5　都道府県知事は、特定教育・保育提供者に対して前項の規定による処分をしたときは、遅滞なく、その旨を、当該特定教育・保育施設等の確認をした市町村長に通知しなければならない。

6　都道府県知事は、特定教育・保育提供者が、第四項の規定による命令に従わない場合において、当該特定教育・保育施設等の確認を取り消し、又は期間を定めてその確認の全部若しくは一部の効力を停止することが適当であると認めるときは、理由を付して、その旨をその確認をした市町村長に通知しなければならない。

7　都道府県知事は、小学校就学前子どもに教育・保育を受けさせ、又は受けさせようとする小学校就学前子どもの保護者が適切かつ円滑に教育・保育を小学校就学前子どもに受けさせる機会の確保に資するため、教育・保育の質及び教育・保育を担当する職員に関する情報（教育・保育情報に該当するものを除く。）であって内閣府令で定めるものの提供を希望する特定教育・保育提供者から提供を受けた当該情報について、公表を行うよう配慮するものとする。

第二節　特定子ども・子育て支援施設等

（特定子ども・子育て支援施設等の確認）

第五十八条の二　第三十条の十一第一項の確認は、内閣府令で定めるところにより、子ども・子育て支援施設等である施設の設置者又は事業を行う者の申請により、市町村長が行う。

（特定子ども・子育て支援提供者の責務）

第五十八条の三　特定子ども・子育て支援提供者は、施設等利用給付認定子どもに対し適切な特定子ども・子育て支援を提供するとともに、市町村、児童相談所、児童福祉施設、教育機関その他の関係機関との緊密な連携を図りつつ、良質な特定子ども・子育て支援を小学校就学前子どもの置かれている状況その他の事情に応じ、効果的に行うように努めなければならない。

2　特定子ども・子育て支援提供者は、小学校就学前子どもの人格を尊重するとともに、この法律及びこの法律に基づく命令を遵守し、誠実にその職務を遂行しなければならない。

（特定子ども・子育て支援施設等の基準）

第五十八条の四　特定子ども・子育て支援提供者は、次の各号に掲げる子ども・子育て支援施設等の区分に応じ、当該各号に定める基準を遵守しなければならない。

一　認定こども園　認定こども園法第三条第一項の規定により都道府県（指定都市等所在認定こども園（都道府県が単独で又は他の地方公共団体と共同して設立する公立大学法人が設置するものを除く。）については、当該指定都市等。以下この号において同じ。）の条例で定める要件（当該認定こども園が同項の認定を受けたものである場合に限る。）、同条第三項の規定により都道府県の条例で定める要件（当該認定こども園が同項の認定を受けたものである場合に限る。）又は認定こども園法第十三条第一項の規定により都道府県の条例で定める設備及び運営についての基準（当該認定こども園が幼保連携型認定こども園である場合に限る。）

二　幼稚園　設置基準（幼稚園に係るものに限る。）

三　特別支援学校　設置基準（特別支援学校に係るものに限る。）

四　第七条第十項第四号に掲げる施設　同号の内閣府令で定める基準

五　第七条第十項第五号に掲げる事業　同号の内閣府令で定める基準

六　第七条第十項第六号に掲げる事業　児童福祉法第三十四条の十三の内閣府令で定める基準（第五十八条の九第三項において「一時預かり事業基準」という。）

七　第七条第十項第七号に掲げる事業　同号の内閣府令で定める基準

八　第七条第十項第八号に掲げる事業　同号の内閣府令で定める基準

2　特定子ども・子育て支援提供者は、内閣府令で定める特定子ども・子育て支援施設等の運営に関する基準に従い、特定子ども・子育て支援を提供しなければならない。

3　内閣総理大臣は、前項の内閣府令で定める特定子ども・子育て支援施設等の運営に関する基準を定め、又は変更しようとするときは、文部科学大臣に協議しなければならない。

（市町村長等による連絡調整又は援助）

第五十八条の七　市町村長は、特定子ども・子育て支援提供者による前条第二項に規定する便宜の提供が円滑に行われるため必要があると認めるときは、当該特定子ども・子育て支援提供者及び他の特定子ども・子育て支援提供者その他の関係者相互間の連絡調整又は当該特定子ども・子育て支援提供者及び当該関係者に対する助言その他の援助を行うことができる。

2　第三十七条第二項及び第三項の規定は、特定子ども・子育て支援提供者による前条第二項に規定する便宜の提供について準用する。

（報告等）

第五十八条の八　市町村長は、必要があると認めるときは、この法律の施行に必要な限度において、特定子ども・子育て支援を提供する施設若しくは特定子ども・子育て支援提供者若しくは特定子ども・子育て支援提供者であった者若しくは特定子ども・子育て支援を提供する施設若しくは事業所の職員であった者（以下この項において「特定子ども・子育て支援提供者であった者等」という。）に対し、報告若しくは帳簿書類その他の物件の提出若しくは提示を命じ、特定子ども・子育て支援提供者若しくは特定子ども・子育て支援を提供する施設若しくは事業所の職員若しくは特定子ども・子育て支援提供者であった者等に対し出頭を求め、又は当該市町村の職員に関係者に対して質問させ、若しくは特定子ども・子育て支援を提供する施設若しくは事業所、特定子ども・子育て支援提供者の事務所その他特定子ども・子育て支援施設等の運営に関係のある場所に立ち入り、その設備若しくは帳簿書類その他の物件を検査させることができる。

2　第十三条第二項の規定は前項の規定による質問又は検査について、同条第三項の規定は前項の規定による権限について、それぞれ準用する。

（勧告、命令等）

第五十八条の九　市町村長は、特定子ども・子育て支援提供者が、次の各号に掲げる場合に該当すると認めるときは、当該特定子ども・子育て支援提供者に対し、期限を定めて、当該各号に定める措置をとるべきことを勧告することができる。

一　第七条第十項各号（第一号から第三号まで及び第六号を除く。以下この号において同じ。）に掲げる施設又は事業の区分に応じ、当該各号の内閣府令で定める基準に従って施設等利用費の支給に係る施設又は事業として適正な特定子ども・子育て支援施設等の運営をしていない場合　当該基準を遵守すること。

二　第五十八条の四第二項の内閣府令で定める特定子ども・子育て支援施設等の運営に関する基準に従って施設等利用費の支給に係る施設又は事業として適正な特定子ども・子育て支援施設等の運営をしていない場合　当該基準を遵守すること。

三　第五十八条の六第二項に規定する便宜の提供を施設等利用費の支給に係る施設又は事業として適正に行っていない場合　当該便宜の提供を適正に行うこと。

2　市町村長は、特定子ども・子育て支援施設等である幼稚園又は特別支援学校の設置者（国及び地方公共団体（公立大学法人を含む。次項及び第六項において同じ。）を除く。）が設置基準（幼稚園又は特別支援学校に係るものに限る。）に従って施設等利用費の支給に係る施設として適正な子ども・子育て支援施設等の運営をしていないと認めるときは、遅滞なく、その旨を、当該幼稚園又は特別支援学校に係る学校教育法第四条第一項の認可を行った都道府県知事に通知しなければならない。

3　市町村長（指定都市等又は児童相談所設置市の長を除く。）は、特定子ども・子育て支援施設等である第七条第十項第六号に掲げる事業を行う者（国及び地方公共団体を除く。）が一時預かり事業基準に従って施設等利用費の支給に係る事業として適正な子ども・子育て支援施設等の運営をしていないと認めるときは、遅滞なく、その旨を、当該同号に掲げる事業に係る児童福祉法第三十四条の十二第一項の規定による届出を受けた都道府県知事に通知しなければならない。

4　市町村長は、第一項の規定による勧告をした場合において、その勧告を受けた特定子ども・子育て支援提供者が、同項の期限内にこれに従わなかったときは、その旨を公表することができる。

5　市町村長は、第一項の規定による勧告を受けた特定子ども・子育て支援提供者が、正当な理由がなくてその勧告に係る措置をとらなかったときは、当該特定子ども・子育て支援提供者に対し、期限を定めて、その勧告に係る措置をとるべきことを命ずることができる。

6　市町村長（指定都市等所在届出保育施設（指定都市等又は児童相談所設置市の区域内に所在する第七条第十項第四号に掲げる施設をいい、都道府県が設置するものを除く。第二号及び次条第一項第二号において同じ。）については当該指定都市等又は児童相談所設置市の長を除き、指定都市等所在認定こども園において行われる第七条第十項第五号に掲げる事業については当該指定都市等の長を除き、指定都市等又は児童相談所設置市の区域内において行われる同項第六号又は第七号に掲げる事業については当該指定都市等又は児童相談所設置市の長を除く。）は、前項の規定による命令をしたときは、その旨を公示するとともに、遅滞なく、その旨を、次の各号に掲げる子ども・子育て支援施設等（国又は地方公共団体が設置し、又は行うものを除く。）の区分に応じ、当該各号に定める認可若しくは認定を行い、又は届出を受けた都道府県知事に通知しなければならない。

一　幼稚園又は特別支援学校　当該施設に係る学校教育法第四条第一項の認可

二　第七条第十項第四号に掲げる施設（指定都市等所在届出保育施設を除く。）　当該施設に係る児童福祉法第五十九条の二第一項の規定による届出

三　第七条第十項第五号に掲げる事業　当該事業が行われる次のイ又はロに掲げる施設の区分に応じ、それぞれイ又はロに定める認可又は認定

イ　認定こども園（指定都市等所在認定こども園を除く。）　当該施設に係る認定こども園法第十七条第一項の認可又は認定こども園法第三条第一項若しくは第三項の認定

ロ　幼稚園又は特別支援学校　当該施設に係る学校教育法第四条第一項の認可

四　第七条第十項第六号に掲げる事業（指定都市等又は児童相談所設置市の区域内において行われるものを除く。）　当該事業に係る児童福祉法第三十四条の十二第一項の規定による届出

五　第七条第十項第七号に掲げる事業（指定都市等又は児童

相談所設置市の区域内において行われるものを除く。）当該事業に係る児童福祉法第三十四条の十八第一項の規定による届出

（確認の取消し等）

第五十八条の十　市町村長は、次の各号のいずれかに該当する場合においては、当該特定子ども・子育て支援施設等に係る第三十条の十一第一項の確認を取り消し、又は期間を定めてその確認の全部若しくは一部の効力を停止することができる。

一　特定子ども・子育て支援提供者が、第五十八条の三第二項の規定に違反したと認められるとき。

二　特定子ども・子育て支援提供者（認定こども園の設置者及び第七条第十項第八号に掲げる事業を行う者を除く。）が、前条第六項各号に掲げる子ども・子育て支援施設等の区分に応じ、当該各号に定める認可若しくは認定を受け、又は届出を行った施設等利用費の支給に係る施設又は事業として適正な子ども・子育て支援施設等の運営をすることができなくなったと当該認可若しくは認定を行い、又は届出を受けた都道府県知事（指定都市等所在届出保育施設については当該指定都市等又は児童相談所設置市の長とし、指定都市等所在認定こども園において行われる第七条第十項第五号に掲げる事業については当該指定都市等の長とし、指定都市等又は児童相談所設置市の区域内において行われる同項第六号又は第七号に掲げる事業については当該指定都市等又は児童相談所設置市の長とする。）が認めたとき。

三　特定子ども・子育て支援提供者（第七条第十項第四号に掲げる施設の設置者又は同項第五号、第七号若しくは第八号に掲げる事業を行う者に限る。）が、それぞれ同項第四号、第五号、第七号又は第八号の内閣府令で定める基準に従って施設等利用費の支給に係る施設又は事業として適正な特定子ども・子育て支援施設等の運営をすることができなくなったとき。

四　特定子ども・子育て支援提供者が、第五十八条の四第二項の内閣府令で定める特定子ども・子育て支援施設等の運営に関する基準に従って施設等利用費の支給に係る施設又は事業として適正な特定子ども・子育て支援施設等の運営をすることができなくなったとき。

五　特定子ども・子育て支援提供者が、第五十八条の八第一項の規定により報告若しくは帳簿書類その他の物件の提出若しくは提示を命ぜられてこれに従わず、又は虚偽の報告をしたとき。

六　特定子ども・子育て支援提供者又は特定子ども・子育て支援を提供する施設若しくは事業所の職員が、第五十八条の八第一項の規定により出頭を求められてこれに応ぜず、同項の規定による質問に対して答弁せず、若しくは虚偽の答弁をし、又は同項の規定による検査を拒み、妨げ、若しくは忌避したとき。ただし、当該職員がその行為をした場合において、その行為を防止するため、当該特定子ども・子育て支援提供者が相当の注意及び監督を尽くしたときを除く。

七　特定子ども・子育て支援提供者が、不正の手段により第三十条の十一第一項の確認を受けたとき。

八　前各号に掲げる場合のほか、特定子ども・子育て支援提供者が、この法律その他国民の福祉若しくは学校教育に関する法律で政令で定めるもの又はこれらの法律に基づく命令若しくは処分に違反したとき。

九　前各号に掲げる場合のほか、特定子ども・子育て支援提供者が、教育・保育その他の子ども・子育て支援に関し不正又は著しく不当な行為をしたとき。

十　特定子ども・子育て支援提供者が法人である場合において、当該法人の役員若しくはその長又はその事業所を管理する者その他の政令で定める使用人のうちに過去五年以内に教育・保育その他の子ども・子育て支援に関し不正又は著しく不当な行為をした者があるとき。

十一　特定子ども・子育て支援提供者が法人でない場合において、その管理者が過去五年以内に教育・保育その他の子ども・子育て支援に関し不正又は著しく不当な行為をした者であるとき。

2　前項の規定により第三十条の十一第一項の確認を取り消された子ども・子育て支援施設等である施設の設置者又は事業を行う者（政令で定める者を除く。）及びこれに準ずる者として政令で定める者は、その取消しの日又はこれに準ずる日として政令で定める日から起算して五年を経過するまでの間は、第五十八条の二の申請をすることができない。

第四章　地域子ども・子育て支援事業

第五十九条　市町村は、内閣府令で定めるところにより、第六十一条第一項に規定する市町村子ども・子育て支援事業計画に従って、地域子ども・子育て支援事業として、次に掲げる事業を行うものとする。

一　子ども及びその保護者が、確実に子ども・子育て支援給付を受け、及び地域子ども・子育て支援事業その他の子ども・子育て支援を円滑に利用できるよう、子ども及びその保護者の身近な場所において、地域の子ども・子育て支援に関する各般の問題につき、子ども又は子どもの保護者からの相談に応じ、必要な情報の提供及び助言を行うとともに、関係機関との連絡調整その他の内閣府令で定める便宜の提供を総合的に行う事業

二　教育・保育給付認定保護者であって、その保育認定子どもが、やむを得ない理由により利用日及び利用時間帯（当該教育・保育給付認定保護者が特定教育・保育施設等又は特例保育を行う事業者と締結した特定保育（特定教育・保育（保育に限る。）、特定地域型保育又は特例保育をいう。以下この号において同じ。）の提供に関する契約において、当該保育認定子どもが当該特定教育・保育施設等又は特例保育を行う事業者による特定保育を受ける日及び時間帯として定められた日及び時間帯をいう。）以外の日及び時間において当該特定教育・保育施設等又は特例保育を行う事業者による保育（保育必要量の範囲内のものを除く。以下この号において「時間外保育」という。）を受けたものに対し、内閣府令で定めるところにより、当該教育・保育給

付認定保護者が支払うべき時間外保育の費用の全部又は一部の助成を行うことにより、必要な保育を確保する事業

二 教育・保育給付認定保護者又は施設等利用給付認定保護者のうち、その属する世帯の所得の状況その他の事情を勘案して市町村が定める基準に該当するものに対し、当該教育・保育給付認定保護者又は施設等利用給付認定保護者が支払うべき次に掲げる費用の全部又は一部を助成する事業

イ 当該教育・保育給付認定保護者に係る教育・保育給付認定子どもが特定教育・保育、特別利用保育、特別利用教育、特定地域型保育又は特例保育（以下このイにおいて「特定教育・保育等」という。）を受けた場合における日用品、文房具その他の特定教育・保育等に必要な物品の購入に要する費用又は特定教育・保育等に係る行事への参加に要する費用その他これらに類する費用として市町村が定めるもの

ロ 当該施設等利用給付認定保護者に係る施設等利用給付認定子どもが特定子ども・子育て支援（特定子ども・子育て支援施設等である認定こども園又は幼稚園が提供するものに限る。）を受けた場合における食事の提供に要する費用として内閣府令で定めるもの

四 特定教育・保育施設等への民間事業者の参入の促進に関する調査研究その他多様な事業者の能力を活用した特定教育・保育施設等の設置又は運営を促進するための事業

五 児童福祉法第六条の三第二項に規定する放課後児童健全育成事業

六 児童福祉法第六条の三第三項に規定する子育て短期支援事業

七 児童福祉法第六条の三第四項に規定する乳児家庭全戸訪問事業

八 児童福祉法第六条の三第五項に規定する養育支援訪問事業その他同法第二十五条の二第一項に規定する要保護児童対策地域協議会その他の者による同法第二十五条の七第一項に規定する要保護児童等に対する支援に資する事業

九 児童福祉法第六条の三第六項に規定する地域子育て支援拠点事業

十 児童福祉法第六条の三第七項に規定する一時預かり事業

十一 児童福祉法第六条の三第十三項に規定する病児保育事業

十二 児童福祉法第六条の三第十四項に規定する子育て援助活動支援事業

十三 母子保健法（昭和四十年法律第百四十一号）第十三条第一項の規定に基づき妊婦に対して健康診査を実施する事業

第四章の二 仕事・子育て両立支援事業

第五十九条の二 政府は、仕事と子育てとの両立に資する子ども・子育て支援の提供体制の充実を図るため、仕事・子育て両立支援事業として、児童福祉法第五十九条の二第一項に規定する施設（同項の規定による届出がされたものに限る。）のうち同法第六条の三第十二項に規定する業務を目的とするものその他事業主と連携して当該事業主が雇用する労働者の監護する乳児又は幼児の保育を行う業務に係るものの設置者に対し、助成及び援助を行う事業を行うことができる。

2 全国的な事業主の団体は、仕事・子育て両立支援事業の内容に関し、内閣総理大臣に対して意見を申し出ることができる。

第五章 子ども・子育て支援事業計画

（基本指針）

第六十条 内閣総理大臣は、教育・保育及び地域子ども・子育て支援事業の提供体制を整備し、子ども・子育て支援給付並びに地域子ども・子育て支援事業及び仕事・子育て両立支援事業の円滑な実施の確保その他子ども・子育て支援のための施策を総合的に推進するための基本的な指針（以下「基本指針」という。）を定めるものとする。

2 基本指針においては、次に掲げる事項について定めるものとする。

一 子ども・子育て支援の意義並びに子どものための教育・保育給付に係る教育・保育を一体的に提供する体制その他の教育・保育を提供する体制の確保、子育てのための施設等利用給付の円滑な実施の確保並びに地域子ども・子育て支援事業及び仕事・子育て両立支援事業の実施に関する基本的事項

二 次条第一項に規定する市町村子ども・子育て支援事業計画において教育・保育及び地域子ども・子育て支援事業の量の見込みを定めるに当たって参酌すべき標準その他当該市町村子ども・子育て支援事業計画及び第六十二条第一項に規定する都道府県子ども・子育て支援事業支援計画の作成に関する事項

三 児童福祉法その他の関係法律による専門的な知識及び技術を必要とする児童の福祉増進のための施策との連携に関する事項

四 労働者の職業生活と家庭生活との両立が図られるようにするために必要な雇用環境の整備に関する施策との連携に関する事項

五 前各号に掲げるもののほか、子ども・子育て支援給付並びに地域子ども・子育て支援事業及び仕事・子育て両立支援事業の円滑な実施の確保その他子ども・子育て支援のための施策の総合的な推進のために必要な事項

3 内閣総理大臣は、基本指針を定め、又は変更しようとするときは、文部科学大臣その他の関係行政機関の長に協議するとともに、こども家庭審議会の意見を聴かなければならない。

4 内閣総理大臣は、基本指針を定め、又はこれを変更したときは、遅滞なく、これを公表しなければならない。

（市町村子ども・子育て支援事業計画）

第六十一条 市町村は、基本指針に即して、五年を一期とする教育・保育及び地域子ども・子育て支援事業の提供体制の確保その他この法律に基づく業務の円滑な実施に関する計画（以下「市町村子ども・子育て支援事業計画」という。）を定めるものとする。

2 市町村子ども・子育て支援事業計画においては、次に掲げる事項を定めるものとする。

一　市町村が、地理的条件、人口、交通事情その他の社会的条件、教育・保育を提供するための施設の整備の状況その他の条件を総合的に勘案して定める区域（以下「教育・保育提供区域」という。）ごとの当該教育・保育提供区域における各年度の特定教育・保育施設に係る必要利用定員総数（第十九条各号に掲げる小学校就学前子どもの区分ごとの必要利用定員総数とする。）、特定地域型保育事業所（事業所内保育事業所における労働者等の監護する小学校就学前子どもに係る部分を除く。）に係る必要利用定員総数（同条第三号に掲げる小学校就学前子どもに係るものに限る。）その他の教育・保育の量の見込み並びに実施しようとする教育・保育の提供体制の確保の内容及びその実施時期

二　教育・保育提供区域ごとの当該教育・保育提供区域における各年度の地域子ども・子育て支援事業の量の見込み並びに実施しようとする地域子ども・子育て支援事業の提供体制の確保の内容及びその実施時期

三　子どものための教育・保育給付に係る教育・保育の一体的提供及び当該教育・保育の推進に関する体制の確保の内容

四　子育てのための施設等利用給付の円滑な実施の確保の内容

3　市町村子ども・子育て支援事業計画においては、前項各号に規定するもののほか、次に掲げる事項について定めるよう努めるものとする。

一　産後の休業及び育児休業後における特定教育・保育施設等の円滑な利用の確保に関する事項

二　保護を要する子どもの養育環境の整備、児童福祉法第四条第二項に規定する障害児に対して行われる保護並びに日常生活上の指導及び知識技能の付与その他の子どもに関する専門的な知識及び技術を要する支援に関する都道府県が行う施策との連携に関する事項

三　労働者の職業生活と家庭生活との両立が図られるようにするために必要な雇用環境の整備に関する施策との連携に関する事項

四　地域子ども・子育て支援事業を行う市町村その他の当該市町村において子ども・子育て支援の提供を行う関係機関相互の連携の推進に関する事項

4　市町村子ども・子育て支援事業計画は、教育・保育提供区域における子どもの数、子どもの保護者の特定教育・保育施設等及び地域子ども・子育て支援事業の利用に関する意向その他の事情を勘案して作成されなければならない。

5　市町村は、教育・保育提供区域における子ども及びその保護者の置かれている環境その他の事情を正確に把握した上で、これらの事情を勘案して、市町村子ども・子育て支援事業計画を作成するよう努めるものとする。

6　市町村子ども・子育て支援事業計画は、社会福祉法第百七条第一項に規定する市町村地域福祉計画、教育基本法第十七条第二項の規定により市町村が定める教育の振興のための施策に関する基本的な計画（次条第四項において「教育振興基本計画」という。）その他の法律の規定による計画であって子どもの福祉又は教育に関する事項を定めるものと調和が保たれたものでなければならない。

7　市町村は、市町村子ども・子育て支援事業計画を定め、又は変更しようとするときは、第七十二条第一項の審議会その他の合議制の機関を設置している場合にあってはその意見を、その他の場合にあっては子どもの保護者その他子ども・子育て支援に係る当事者の意見を聴かなければならない。

8　市町村は、市町村子ども・子育て支援事業計画を定め、又は変更しようとするときは、インターネットの利用その他の内閣府令で定める方法により広く住民の意見を求めることその他の住民の意見を反映させるために必要な措置を講ずるよう努めるものとする。

9　市町村は、市町村子ども・子育て支援事業計画を定め、又は変更しようとするときは、都道府県に協議しなければならない。

10　市町村は、市町村子ども・子育て支援事業計画を定め、又は変更したときは、遅滞なく、これを都道府県知事に提出しなければならない。

（都道府県子ども・子育て支援事業支援計画）

第六十二条　都道府県は、基本指針に即して、五年を一期とする教育・保育及び地域子ども・子育て支援事業の提供体制の確保その他この法律に基づく業務の円滑な実施に関する計画（以下「都道府県子ども・子育て支援事業支援計画」という。）を定めるものとする。

2　都道府県子ども・子育て支援事業支援計画においては、次に掲げる事項を定めるものとする。

一　都道府県が当該都道府県内の市町村が定める教育・保育提供区域を勘案して定める区域ごとの当該区域における各年度の特定教育・保育施設に係る必要利用定員総数（第十九条各号に掲げる小学校就学前子どもの区分ごとの必要利用定員総数とする。）その他の教育・保育の量の見込み並びに実施しようとする教育・保育の提供体制の確保の内容及びその実施時期

二　子どものための教育・保育給付に係る教育・保育の一体的提供及び当該教育・保育の推進に関する体制の確保の内容

三　子育てのための施設等利用給付の円滑な実施の確保を図るために必要な市町村との連携に関する事項

四　特定教育・保育及び特定地域型保育を行う者並びに地域子ども・子育て支援事業に従事する者の確保及び資質の向上のために講ずる措置に関する事項

五　保護を要する子どもの養育環境の整備、児童福祉法第四条第二項に規定する障害児に対して行われる保護並びに日常生活上の指導及び知識技能の付与その他の子どもに関する専門的な知識及び技術を要する支援に関する施策の実施に関する事項

六　前号の施策の円滑な実施を図るために必要な市町村との連携に関する事項

3　都道府県子ども・子育て支援事業支援計画においては、前項各号に掲げる事項のほか、次に掲げる事項について定めるよう努めるものとする。

一　市町村の区域を超えた広域的な見地から行う調整に関す

る事項

二　教育・保育情報の公表に関する事項

三　労働者の職業生活と家庭生活との両立が図られるようにするために必要な雇用環境の整備に関する施策との連携に関する事項

4　都道府県子ども・子育て支援事業支援計画は、社会福祉法第百八条第一項に規定する都道府県地域福祉支援計画、教育基本法第十七条第二項の規定により都道府県が定める教育振興基本計画その他の法律の規定による計画であって子どもの福祉又は教育に関する事項を定めるものと調和が保たれたものでなければならない。

5　都道府県は、都道府県子ども・子育て支援事業支援計画を定め、又は変更しようとするときは、第七十二条第四項の審議会その他の合議制の機関を設置している場合にあってはその意見を、その他の場合にあっては子どもの保護者その他子ども・子育て支援に係る当事者の意見を聴かなければならない。

6　都道府県は、都道府県子ども・子育て支援事業支援計画を定め、又は変更したときは、遅滞なく、これを内閣総理大臣に提出しなければならない。

（都道府県知事の助言等）

第六十三条　都道府県知事は、市町村に対し、市町村子ども・子育て支援事業計画の作成上の技術的事項について必要な助言その他の援助の実施に努めるものとする。

2　内閣総理大臣は、都道府県に対し、都道府県子ども・子育て支援事業支援計画の作成の手法その他都道府県子ども・子育て支援事業支援計画の作成上重要な技術的事項について必要な助言その他の援助の実施に努めるものとする。

（国の援助）

第六十四条　国は、市町村又は都道府県が、市町村子ども・子育て支援事業計画又は都道府県子ども・子育て支援事業支援計画に定められた事業を実施しようとするときは、当該事業が円滑に実施されるように必要な助言その他の援助の実施に努めるものとする。

第六章　費用等

（市町村の支弁）

第六十五条　次に掲げる費用は、市町村の支弁とする。

一　市町村が設置する特定教育・保育施設に係る施設型給付費及び特例施設型給付費の支給に要する費用

二　都道府県及び市町村以外の者が設置する特定教育・保育施設に係る施設型給付費及び特例施設型給付費並びに地域型保育給付費及び特例地域型保育給付費の支給に要する費用

三　市町村（市町村が単独で又は他の市町村と共同して設立する公立大学法人を含む。次号及び第五号において同じ。）が設置する特定子ども・子育て支援施設等（認定こども園、幼稚園及び特別支援学校に限る。）に係る施設等利用費の支給に要する費用

四　国、都道府県（都道府県が単独で又は他の地方公共団体と共同して設立する公立大学法人を含む。次号及び次条第二号において同じ。）又は市町村が設置し、又は行う特定子ども・子育て支援施設等（認定こども園、幼稚園及び特別支援学校を除く。）に係る施設等利用費の支給に要する費用

五　国、都道府県及び市町村以外の者が設置し、又は行う特定子ども・子育て支援施設等に係る施設等利用費の支給に要する費用

六　地域子ども・子育て支援事業に要する費用

（都道府県の支弁）

第六十六条　次に掲げる費用は、都道府県の支弁とする。

一　都道府県が設置する特定教育・保育施設に係る施設型給付費及び特例施設型給付費の支給に要する費用

二　都道府県が設置する特定子ども・子育て支援施設等（認定こども園、幼稚園及び特別支援学校に限る。）に係る施設等利用費の支給に要する費用

（国の支弁）

第六十六条の二　国（国立大学法人法第二条第一項に規定する国立大学法人を含む。）が設置する特定子ども・子育て支援施設等（認定こども園、幼稚園及び特別支援学校に限る。）に係る施設等利用費の支給に要する費用は、国の支弁とする。

（拠出金の施設型給付費等支給費用への充当）

第六十六条の三　第六十五条の規定により市町村が支弁する同条第二号に掲げる費用のうち、国、都道府県その他の者が負担すべきものの算定の基礎となる額として政令で定めるところにより算定した額（以下「施設型給付費等負担対象額」という。）であって、満三歳未満保育認定子ども（第十九条第二号に掲げる小学校就学前子どもに該当する教育・保育給付認定子どものうち、満三歳に達する日以後の最初の三月三十一日までの間にある者を含む。第六十九条第一項及び第七十条第二項において同じ。）に係るものについては、その額の五分の一を超えない範囲内で政令で定める割合に相当する額（次条第一項及び第六十八条第一項において「拠出金充当額」という。）を第六十九条第一項に規定する拠出金をもって充てる。

2　全国的な事業主の団体は、前項の割合に関し、内閣総理大臣に対して意見を申し出ることができる。

（都道府県の負担等）

第六十七条　都道府県は、政令で定めるところにより、第六十五条の規定により市町村が支弁する同条第二号に掲げる費用のうち、施設型給付費等負担対象額から拠出金充当額を控除した額の四分の一を負担する。

2　都道府県は、政令で定めるところにより、第六十五条の規定により市町村が支弁する同条第四号及び第五号に掲げる費用のうち、国及び都道府県が負担すべきものの算定の基礎となる額として政令で定めるところにより算定した額の四分の一を負担する。

3　都道府県は、政令で定めるところにより、市町村に対し、第六十五条の規定により市町村が支弁する同条第六号に掲げる費用に充てるため、当該都道府県の予算の範囲内で、交付金を交付することができる。

（市町村に対する交付金の交付等）
第六十八条　国は、政令で定めるところにより、第六十五条の規定により市町村が支弁する同条第二号に掲げる費用のうち、施設型給付費等負担対象額から拠出金充当額を控除した額の二分の一を負担するものとし、市町村に対し、国が負担する額及び拠出金充当額を合算した額を交付する。
２　国は、政令で定めるところにより、第六十五条の規定により市町村が支弁する同条第四号及び第五号に掲げる費用のうち、前条第二項の政令で定めるところにより算定した額の二分の一を負担するものとし、市町村に対し、国が負担する額を交付する。
３　国は、政令で定めるところにより、市町村に対し、第六十五条の規定により市町村が支弁する同条第六号に掲げる費用に充てるため、予算の範囲内で、交付金を交付することができる。

第七章　市町村等における合議制の機関

第七十二条　市町村は、条例で定めるところにより、次に掲げる事務を処理するため、審議会その他の合議制の機関を置くよう努めるものとする。
一　特定教育・保育施設の利用定員の設定に関し、第三十一条第二項に規定する事項を処理すること。
二　特定地域型保育事業の利用定員の設定に関し、第四十三条第二項に規定する事項を処理すること。
三　市町村子ども・子育て支援事業計画に関し、第六十一条第七項に規定する事項を処理すること。
四　当該市町村における子ども・子育て支援に関する施策の総合的かつ計画的な推進に関し必要な事項及び当該施策の実施状況を調査審議すること。
２　前項の合議制の機関は、同項各号に掲げる事務を処理するに当たっては、地域の子ども及び子育て家庭の実情を十分に踏まえなければならない。
３　前二項に定めるもののほか、第一項の合議制の機関の組織及び運営に関し必要な事項は、市町村の条例で定める。
４　都道府県は、条例で定めるところにより、次に掲げる事務を処理するため、審議会その他の合議制の機関を置くよう努めるものとする。
一　都道府県子ども・子育て支援事業支援計画に関し、第六十二条第五項に規定する事項を処理すること。
二　当該都道府県における子ども・子育て支援に関する施策の総合的かつ計画的な推進に関し必要な事項及び当該施策の実施状況を調査審議すること。
５　第二項及び第三項の規定は、前項の規定により都道府県に合議制の機関が置かれた場合に準用する

第八章　雑則

（時効）
第七十三条　子どものための教育・保育給付及び子育てのための施設等利用給付を受ける権利並びに拠出金等その他この法律の規定による徴収金を徴収する権利は、これらを行使することができる時から二年を経過したときは、時効によって消滅する。
２　子どものための教育・保育給付及び子育てのための施設等利用給付の支給に関する処分についての審査請求は、時効の完成猶予及び更新に関しては、裁判上の請求とみなす。
３　拠出金等その他この法律の規定による徴収金の納入の告知又は催促は、時効の更新の効力を有する。
（期間の計算）
第七十四条　この法律又はこの法律に基づく命令に規定する期間の計算については、民法の期間に関する規定を準用する。
（審査請求）
第七十五条　第七十一条第二項から第七項までの規定による拠出金等の徴収に関する処分に不服がある者は、厚生労働大臣に対して審査請求をすることができる。
（権限の委任）
第七十六条　内閣総理大臣は、この法律に規定する内閣総理大臣の権限（政令で定めるものを除く。）をこども家庭庁長官に委任する。
２　こども家庭庁長官は、政令で定めるところにより、前項の規定により委任された権限の一部を地方厚生局長又は地方厚生支局長に委任することができる。
（実施規定）
第七十七条　この法律に特別の規定があるものを除くほか、この法律の実施のための手続その他その執行について必要な細則は、内閣府令で定める。

第九章　罰則

第七十八条　第十五条第一項（第三十条の三において準用する場合を含む。以下この条において同じ。）の規定による報告若しくは物件の提出若しくは提示をせず、若しくは虚偽の報告若しくは虚偽の物件の提出若しくは提示をし、又は同項の規定による当該職員の質問に対して、答弁せず、若しくは虚偽の答弁をした者は、三十万円以下の罰金に処する。
第七十九条　第三十八条第一項、第五十条第一項若しくは第五十八条の八第一項の規定による報告若しくは物件の提出若しくは提示をせず、若しくは虚偽の報告若しくは虚偽の物件の提出若しくは提示をし、又はこれらの規定による当該職員の質問に対して答弁をせず、若しくは虚偽の答弁をし、若しくはこれらの規定による検査を拒み、妨げ、若しくは忌避した者は、三十万円以下の罰金に処する。
第八十条　法人の代表者又は法人若しくは人の代理人、使用人その他の従業者が、その法人又は人の業務に関して前条の違反行為をしたときは、行為者を罰するほか、その法人又は人に対しても、同条の刑を科する。
第八十一条　第十五条第二項（第三十条の三において準用する場合を含む。以下この条において同じ。）の規定による報告若しくは物件の提出若しくは提示をせず、若しくは虚偽の報告若しくは虚偽の物件の提出若しくは提示をし、又は同項の規定による当該職員の質問に対して、答弁せず、若しくは虚偽の答弁をした者は、十万円以下の過料に処する。
第八十二条　市町村は、条例で、正当な理由なしに、第十三条

第一項（第三十条の三において準用する場合を含む。以下この項において同じ。）の規定による報告若しくは物件の提出若しくは提示をせず、若しくは虚偽の報告若しくは虚偽の物件の提出若しくは提示をし、又は第十三条第一項の規定による当該職員の質問に対して、答弁せず、若しくは虚偽の答弁をした者に対し十万円以下の過料を科する規定を設けることができる。

2　市町村は、条例で、正当な理由なしに、第十四条第一項（第三十条の三において準用する場合を含む。以下この項において同じ。）の規定による報告若しくは物件の提出若しくは提示をせず、若しくは虚偽の報告若しくは虚偽の物件の提出若しくは提示をし、又は第十四条第一項の規定による当該職員の質問に対して、答弁せず、若しくは虚偽の答弁をし、若しくは同項の規定による検査を拒み、妨げ、若しくは忌避した者に対し十万円以下の過料を科する規定を設けることができる。

3　市町村は、条例で、第二十三条第二項若しくは第四項又は第二十四条第二項の規定による支給認定証の提出又は返還を求められてこれに応じない者に対し十万円以下の過料を科する規定を設けることができる。

附　則（抄）

（施行期日）

第一条　この法律は、社会保障の安定財源の確保等を図る税制の抜本的な改革を行うための消費税法の一部を改正する等の法律（平成二十四年法律第六十八号）附則第一条第二号に掲げる規定の施行の日〔平成二七・一〇・一〕の属する年の翌年の四月一日までの間において政令で定める日〔平成二七・四・一〕から施行する。ただし、次の各号に掲げる規定は、当該各号に定める日から施行する。

一　附則第二条第四項〔中略〕の規定　公布の日

二　第七章の規定並びに附則第四条〔中略〕の規定　平成二十五年四月一日

三・四　〔略〕

（検討等）

第二条　政府は、総合的な子ども・子育て支援の実施を図る観点から、出産及び育児休業に係る給付を子ども・子育て支援給付とすることについて検討を加え、必要があると認めるときは、その結果に基づいて所要の措置を講ずるものとする。

2　政府は、平成二十七年度以降の次世代育成支援対策推進法（平成十五年法律第百二十号）の延長について検討を加え、必要があると認めるときは、その結果に基づいて必要な措置を講ずるものとする。

3　政府は、この法律の公布後二年を目途として、総合的な子ども・子育て支援を実施するための行政組織の在り方について検討を加え、必要があると認めるときは、その結果に基づいて所要の措置を講ずるものとする。

4　政府は、前三項に定める事項のほか、この法律の施行後五年を目途として、この法律の施行の状況を勘案し、必要があると認めるときは、この法律の規定について検討を加え、その結果に基づいて所要の措置を講ずるものとする。

第二条の二　政府は、質の高い教育・保育その他の子ども・子育て支援の提供を推進するため、財源を確保しつつ、幼稚園教諭、保育士及び放課後児童健全育成事業に従事する者等の処遇の改善に資するための所要の措置並びに保育士資格を有する者であって現に保育に関する業務に従事していない者の就業の促進その他の教育・保育その他の子ども・子育て支援に係る人材確保のための所要の措置を講ずるものとする。

（財源の確保）

第三条　政府は、教育・保育その他の子ども・子育て支援の量的拡充及び質の向上を図るための安定した財源の確保に努めるものとする。

（保育の需要及び供給の状況の把握）

第四条　国及び地方公共団体は、施行日の前日までの間、子ども・子育て支援の推進を図るための基礎資料として、内閣府令で定めるところにより、保育の需要及び供給の状況の把握に努めなければならない。

（保育充実事業）

第十四条　保育の実施への需要が増大しているものとして内閣府令で定める要件に該当する市町村（以下この条において「特定市町村」という。）は、当分の間、保育の量的拡充及び質の向上を図るため、小学校就学前子どもの保育に係る子ども・子育て支援に関する事業であって内閣府令で定めるもの（以下この条において「保育充実事業」という。）のうち必要と認めるものを市町村子ども・子育て支援事業計画に定め、当該市町村子ども・子育て支援事業計画に従って当該保育充実事業を行うことができる。

2　特定市町村以外の市町村（次項及び第四項において「事業実施市町村」という。）は、当分の間、保育の量的拡充及び質の向上を図るため特に必要があるときは、保育充実事業のうち必要と認めるものを市町村子ども・子育て支援事業計画に定め、当該市町村子ども・子育て支援事業計画に従って当該保育充実事業を行うことができる。

3　国は、保育充実事業を行う特定市町村又は事業実施市町村に対し、予算の範囲内で、政令で定めるところにより、当該保育充実事業に要する費用の一部を補助することができる。

4　特定市町村又は事業実施市町村を包括する都道府県は、保育充実事業その他の保育の需要に応ずるための特定市町村又は事業実施市町村の取組を支援するため、小学校就学前子どもの保育に係る子ども・子育て支援に関する施策であって、市町村の区域を超えた広域的な見地から調整が必要なもの又は特に専門性の高いものについて協議するため、内閣府令で定めるところにより、当該都道府県、当該特定市町村又は事業実施市町村その他の関係者により構成される協議会を組織することができる。

5　内閣総理大臣は、第一項又は前項の内閣府令を定め、又は変更しようとするときは、文部科学大臣に協議しなければならない。

（労働者の子育ての支援に積極的に取り組む事業主に対する助成）

第十四条の二　政府は、令和三年十月一日から令和九年三月三十一日までの間、仕事・子育て両立支援事業として、第五十九条の二第一項に規定するもののほか、その雇用する労働者に係る育児休業の取得の促進その他の労働者の職業生活と家庭生活との両立が図られるようにするために必要な雇用環境の整備を行うことにより当該労働者の子育ての支援に積極的に取り組んでいると認められる事業主に対し、助成及び援助を行う事業を行うことができる。

（子ども・子育て支援臨時交付金の交付）

第十五条　国は、子ども・子育て支援法の一部を改正する法律（令和元年法律第七号。次項及び附則第二十二条において「平成三十一年改正法」という。）の施行により地方公共団体の子ども・子育て支援給付及び地域子ども・子育て支援事業に要する費用についての負担が増大すること並びに社会保障の安定財源の確保等を図る税制の抜本的な改革を行うための地方税法及び地方交付税法の一部を改正する法律（平成二十四年法律第六十九号）附則第一条第三号に掲げる規定の施行による地方公共団体の地方消費税及び地方消費税交付金（地方税法第七十二条の百十五の規定により市町村に対し交付するものとされる地方消費税に係る交付金をいう。）の増収見込額（次項において「地方消費税増収見込額」という。）が平成三十一年度において平成三十二年度以降の各年度に比して過小であることに対処するため、平成三十一年度に限り、都道府県及び市町村に対して、子ども・子育て支援臨時交付金を交付する。

2　子ども・子育て支援臨時交付金の総額は、平成三十一年改正法の施行により増大した平成三十一年度における地方公共団体の子ども・子育て支援給付及び地域子ども・子育て支援事業に要する費用の状況並びに同年度における地方消費税増収見込額の状況を勘案して予算で定める額（次項及び附則第二十一条第二項において「子ども・子育て支援臨時交付金総額」という。）とする。

3　各都道府県又は各市町村に対して交付すべき子ども・子育て支援臨時交付金の額は、子ども・子育て支援臨時交付金総額を、総務省令で定めるところにより、各都道府県又は各市町村に係る次に掲げる額の合算額により按分した額とする。

一　平成三十一年度における子ども・子育て支援給付に要する費用（教育・保育給付認定保護者及び施設等利用給付認定保護者の経済的負担の軽減に要する費用として総務省令で定める費用に限る。）のうち、各都道府県又は各市町村が負担すべき費用に相当する額として総務省令で定めるところにより算定した額

二　平成三十一年度における地域子ども・子育て支援事業に要する費用（施設等利用給付認定保護者の経済的負担の軽減に要する費用として総務省令で定める費用に限る。）のうち、各都道府県又は各市町村が負担すべき費用に相当する額として総務省令で定めるところにより算定した額

（子ども・子育て支援臨時交付金の算定の時期等）

第十六条　総務大臣は、前条第三項の規定により各都道府県又は各市町村に交付すべき子ども・子育て支援臨時交付金の額を、平成三十二年三月中に決定し、これを当該都道府県又は当該市町村に通知しなければならない。

（子ども・子育て支援臨時交付金の交付時期）

第十七条　子ども・子育て支援臨時交付金は、平成三十二年三月に交付する。

（子ども・子育て支援臨時交付金の算定及び交付に関する都道府県知事の義務）

第十八条　都道府県知事は、政令で定めるところにより、当該都道府県の区域内の市町村に対し交付すべき子ども・子育て支援臨時交付金の額の算定及び交付に関する事務を取り扱わなければならない。

（子ども・子育て支援臨時交付金の額の算定に用いる資料の提出等）

第十九条　都道府県知事は、総務省令で定めるところにより、当該都道府県の子ども・子育て支援臨時交付金の額の算定に用いる資料を総務大臣に提出しなければならない。

2　市町村長は、総務省令で定めるところにより、当該市町村の子ども・子育て支援臨時交付金の額の算定に用いる資料を都道府県知事に提出しなければならない。この場合において、都道府県知事は、当該資料を審査し、総務大臣に送付しなければならない。

（子ども・子育て支援臨時交付金の使途）

第二十条　都道府県及び市町村は、交付を受けた子ども・子育て支援臨時交付金の額を、子ども・子育て支援給付及び地域子ども・子育て支援事業に要する経費に充てるものとする。

（事務の区分）

第二十四条　附則第十八条及び第十九条第二項後段の規定により都道府県が処理することとされている事務は、地方自治法第二条第九項第一号に規定する第一号法定受託事務とする。

（総務省令への委任）

第二十五条　附則第十五条から前条までに定めるもののほか、子ども・子育て支援臨時交付金の算定及び交付に関し必要な事項は、総務省令で定める。

附　則（平成三〇・六・二七法六六）（抄）

（施行期日）

第一条　この法律は、公布の日から起算して一年を超えない範囲内において政令で定める日（平成三一・六・一）から施行する。ただし、次の各号に掲げる規定は、当該各号に定める日から施行する。

一　（略）

二　（前略）第四条（第四号に掲げる改正規定を除く。）（中略）の規定並びに附則第四条の規定　公布の日から起算して三月を経過した日

三　（略）

四　（前略）第四条（子ども・子育て支援法第三十四条第一項第一号、第三十九条第二項及び第四十条第一項第二号の改正規定に限る。）（中略）の規定　平成三十一年四月一日

五　（略）

（子ども・子育て支援法の一部改正に伴う経過措置）

第四条　附則第一条第二号に掲げる規定の施行の際現に第四条の規定（附則第一条第四号に掲げる改正規定を除く。以下この条において同じ。）による改正前の子ども・子育て支援法（以下この条において「旧支援法」という。）第三十一条第三項（旧支援法第三十二条第二項において準用する場合を含む。）又は第三十二条第三項の規定によりされている協議の

申出は、第四条の規定による改正後の子ども・子育て支援法（以下この条において「新支援法」という。）第三十一条第三項（新支援法第三十二条第二項において準用する場合を含む。）又は第三十二条第三項の規定によりされた届出とみなす。

附　則（令和元・五・一七法七）（抄）

改正　令和五・六・一六法五八

（施行期日）

第一条　この法律は、平成三十一年十月一日から施行する。〔ただし書略〕

（児童福祉法第五十九条の二第一項に規定する施設に関する経過措置）

第四条　新法第八条に規定する子育てのための施設等利用給付については、施行日から起算して五年を経過する日までの間は、児童福祉法（昭和二十二年法律第百六十四号）第五十九条の二第一項に規定する施設（同項の規定による届出がされたものに限り、就学前の子どもに関する教育、保育等の総合的な提供の推進に関する法律（平成十八年法律第七十七号）第三条第一項又は第三項の認定を受けたもの及び同条第十項の規定による公示がされたもの並びに新法第七条第十項第四号ハの政令で定める施設を除く。）を同号に掲げる施設とみなして、新法（第五十八条の四第一項（第四号に係る部分に限る。）、第五十八条の九第一項（第一号に係る部分に限る。）及び第五十八条の十第一項（第三号に係る部分に限る。）を除く。）の規定を適用する。

2　市町村（特別区を含む。以下この条において同じ。）は、施行日から起算して五年を経過する日までの間、当該市町村における保育の需要及び供給の状況その他の事情を勘案して特に必要があると認めるときは、当該市町村の条例で定めるところにより、前項の規定により新法第七条第十項第四号に掲げる施設とみなされる施設に係る新法第三十条の十一第一項の規定による施設等利用費の支給について、同項に規定する特定子ども・子育て支援施設等である当該施設のうち当該市町村の条例で定める基準を満たすものが提供する同項に規定する特定子ども・子育て支援を受けたときに限り、行うものとすることができる。この場合において、当該市町村の条例で定める基準は、同号の内閣府令で定める基準を超えない範囲内において定めるものとする。

3　〔略〕

附　則（令和二・六・一〇法四一）（抄）

（施行期日）

第一条　この法律は、公布の日から起算して三月を経過した日から施行する。〔ただし書略〕

（子ども・子育て支援法の一部改正に伴う経過措置）

第二条　この法律の施行の際現に地域型保育事業所（子ども・子育て支援法第四十三条第一項に規定する地域型保育事業所をいう。以下この条において同じ。）について他市町村確認（地域型保育事業所の所在地の市町村以外の市町村の長による確認（同法第二十九条第一項の確認をいう。第一号において同じ。）をいう。以下この条において同じ。）を受けている場合には、当該他市町村確認は、次の各号に掲げる当該地域型保育事業所の区分に応じ、当該各号に定める日に、その効力を失う。

一　所在市町村確認（地域型保育事業所の所在地の市町村の長による確認をいう。以下この条において同じ。）を受けている地域型保育事業所　この法律の施行の日（以下この条から附則第四条までにおいて「施行日」という。）

二　所在市町村確認を受けていない地域型保育事業所　施行日から起算して三月を経過した日

2　前項の規定にかかわらず、同項第二号に掲げる地域型保育事業所について同号に定める日前に所在市町村確認がされたときは、当該地域型保育事業所に係る他市町村確認は、当該所在市町村確認がされた日に、その効力を失う。

3　第一項第二号に掲げる地域型保育事業所が受けている他市町村確認の効力については、同号に定める日（前項の場合にあっては、同項に規定する所在市町村確認がされた日）の前日までの間、なお従前の例による。

附　則（令和三・五・二八法五〇）（抄）

（施行期日）

第一条　この法律は、令和四年四月一日から施行する。ただし、次の各号に掲げる規定は、当該各号に定める日から施行する。

一　第一条中子ども・子育て支援法附則第十四条の次に一条を加える改正規定　令和三年十月一日

二　〔略〕

（検討）

第二条　政府は、子ども・子育て支援に関する施策の実施状況等を踏まえ、少子化の進展への対処に寄与する観点から、児童手当の支給を受ける者の児童の数等に応じた児童手当の効果的な支給及びその財源の在り方並びに児童手当の支給要件の在り方について検討を加え、その結果に基づき、必要な措置を講ずるものとする。

○就学前の子どもに関する教育、保育等の総合的な提供の推進に関する法律

平成一八・六・一五
法　七　七

最終改正　令和五・六・一六法五八

第一章　総則

（目的）

第一条　この法律は、幼児期の教育及び保育が生涯にわたる人格形成の基礎を培う重要なものであること並びに我が国における急速な少子化の進行並びに家庭及び地域を取り巻く環境の変化に伴い小学校就学前の子どもの教育及び保育に対する需要が多様なものとなっていることに鑑み、地域における創意工夫を生かしつつ、小学校就学前の子どもに対する教育及び保育並びに保護者に対する子育て支援の総合的な提供を推進するための措置を講じ、もって地域において子どもが健やかに育成される環境の整備に資することを目的とする。

（定義）

第二条　この法律において「子ども」とは、小学校就学の始期に達するまでの者をいう。

2　この法律において「幼稚園」とは、学校教育法（昭和二十二年法律第二十六号）第一条に規定する幼稚園をいう。

3　この法律において「保育所」とは、児童福祉法（昭和二十二年法律第百六十四号）第三十九条第一項に規定する保育所をいう。

4　この法律において「保育機能施設」とは、児童福祉法第五十九条第一項に規定する施設のうち同法第三十九条第一項に規定する業務を目的とするもの（少数の子どもを対象とするものその他の主務省令で定めるものを除く。）をいう。

5　この法律において「保育所等」とは、保育所又は保育機能施設をいう。

6　この法律において「認定こども園」とは、次条第一項又は第三項の認定を受けた施設、同条第十項の規定による公示がされた施設及び幼保連携型認定こども園をいう。

7　この法律において「幼保連携型認定こども園」とは、義務教育及びその後の教育の基礎を培うものとしての満三歳以上の子どもに対する教育並びに保育を必要とする子どもに対する保育を一体的に行い、これらの子どもの健やかな成長が図られるよう適当な環境を与えて、その心身の発達を助長するとともに、保護者に対する子育ての支援を行うことを目的として、この法律の定めるところにより設置される施設をいう。

8　この法律において「教育」とは、教育基本法（平成十八年法律第百二十号）第六条第一項に規定する法律に定める学校（第九条において単に「学校」という。）において行われる教育をいう。

9　この法律において「保育」とは、児童福祉法第六条の三第七項第一号に規定する保育をいう。

10　この法律において「保育を必要とする子ども」とは、児童福祉法第六条の三第九項第一号に規定する保育を必要とする乳児・幼児をいう。

11　この法律において「保護者」とは、児童福祉法第六条に規定する保護者をいう。

12　この法律において「子育て支援事業」とは、地域の子どもの養育に関する各般の問題につき保護者からの相談に応じ必要な情報の提供及び助言を行う事業、保護者の疾病その他の理由により家庭において養育を受けることが一時的に困難となった地域の子どもに対する保育を行う事業、地域の子どもの養育に関する援助を受けることを希望する保護者と当該援助を行うことを希望する民間の団体若しくは個人との連絡及び調整を行う事業又は地域の子どもの養育に関する援助を行う民間の団体若しくは個人に対する必要な情報の提供及び助言を行う事業であって主務省令で定めるものをいう。

第二章　幼保連携型認定こども園以外の認定こども園に関する認定手続等

（幼保連携型認定こども園以外の認定こども園の認定等）

第三条　幼稚園又は保育所等の設置者（都道府県及び地方自治法（昭和二十二年法律第六十七号）第二百五十二条の十九第一項の指定都市又は同法第二百五十二条の二十二第一項の中核市（以下「指定都市等」という。）を除く。）は、その設置する幼稚園又は保育所等が都道府県（当該幼稚園又は保育所等が指定都市等所在施設（指定都市等の区域内に所在する施設であって、都道府県が単独で又は他の地方公共団体と共同して設立する公立大学法人（地方独立行政法人法（平成十五年法律第百十八号）第六十八条第一項に規定する公立大学法人をいう。以下同じ。）が設置する施設以外のものをいう。以下同じ。）である場合にあっては、当該指定都市等）の条例で定める要件に適合している旨の都道府県知事（当該幼稚園又は保育所等が指定都市等所在施設である場合にあっては、当該指定都市等の長）（保育所に係る児童福祉法の規定による認可その他の処分をする権限に係る事務を地方自治法第百八十条の二の規定に基づく都道府県知事又は指定都市等の長の委任を受けて当該都道府県又は指定都市等の教育委員会が行う場合その他の主務省令で定める場合にあっては、都道府県又は指定都市等の教育委員会。以下この章及び第四章において同じ。）の認定を受けることができる。

2　前項の条例で定める要件は、次に掲げる基準に従い、かつ、主務大臣が定める施設の設備及び運営に関する基準を参酌して定めるものとする。

一　当該施設が幼稚園である場合にあっては、幼稚園教育要領（学校教育法第二十五条第一項の規定に基づき幼稚園に関して文部科学大臣が定める事項をいう。第十条第二項において同じ。）に従って編成された教育課程に基づく教育を行うほか、当該教育のための時間の終了後、当該幼稚園

に在籍している子どものうち保育を必要とする子どもに該当する者に対する教育を行うこと。

二　当該施設が保育所等である場合にあっては、保育を必要とする子どもに対する保育を行うほか、当該保育を必要とする子ども以外の満三歳以上の子ども（当該施設が保育所である場合にあっては、当該保育所が所在する市町村（特別区を含む。以下同じ。）における児童福祉法第二十四条第四項に規定する保育の利用に対する需要の状況に照らして適当と認められる数の子どもに限る。）を保育し、かつ、満三歳以上の子どもに対し学校教育法第二十三条各号に掲げる目標が達成されるよう保育を行うこと。

三　子育て支援事業のうち、当該施設の所在する地域における教育及び保育に対する需要に照らし当該地域において実施することが必要と認められるものを、保護者の要請に応じ適切に提供し得る体制の下で行うこと。

3　幼稚園及び保育機能施設のそれぞれの用に供される建物及びその附属設備が一体的に設置されている場合における当該幼稚園及び保育機能施設（以下「連携施設」という。）の設置者（都道府県及び指定都市等を除く。）は、その設置する連携施設が都道府県（当該連携施設が指定都市等所在施設である場合にあっては、当該指定都市等）の条例で定める要件に適合している旨の都道府県知事（当該連携施設が指定都市等所在施設である場合にあっては、当該指定都市等の長）の認定を受けることができる。

4　前項の条例で定める要件は、次に掲げる基準に従い、かつ、主務大臣が定める施設の設備及び運営に関する基準を参酌して定めるものとする。

一　次のいずれかに該当する施設であること。

イ　当該連携施設を構成する保育機能施設において、満三歳以上の子どもに対し学校教育法第二十三条各号に掲げる目標が達成されるよう保育を行い、かつ、当該保育を実施するに当たり当該連携施設を構成する幼稚園との緊密な連携協力体制が確保されていること。

ロ　当該連携施設を構成する保育機能施設に入所していた子どもを引き続き当該連携施設を構成する幼稚園に入園させて一貫した教育及び保育を行うこと。

二　子育て支援事業のうち、当該連携施設の所在する地域における教育及び保育に対する需要に照らし当該地域において実施することが必要と認められるものを、保護者の要請に応じ適切に提供し得る体制の下で行うこと。

5　都道府県知事（指定都市等所在施設である幼稚園若しくは保育所等又は連携施設については、当該指定都市等の長。第八項及び第九項、次条第一項、第七条第一項及び第二項並びに第八条第一項において同じ。）は、国（国立大学法人法（平成十五年法律第百十二号）第二条第一項に規定する国立大学法人を含む。以下同じ。）、市町村（指定都市等を除く。）及び公立大学法人以外の者から、第一項又は第三項の認定の申請があったときは、第一項又は第三項の条例で定める要件に適合するかどうかを審査するほか、次に掲げる基準（当該認定の申請をした者が学校法人（私立学校法（昭和二十四年法律第二百七十号）第三条に規定する学校法人をいう。以下同じ。）又は社会福祉法人（社会福祉法（昭和二十六年法律第四十五号）第二十二条に規定する社会福祉法人をいう。以下同じ。）である場合にあっては、第四号に掲げる基準に限る。）によって、その申請を審査しなければならない。

一　第一項若しくは第三項の条例で定める要件に適合する設備又はこれに要する資金及び当該申請に係る施設の経営に必要な財産を有すること。

二　当該申請に係る施設を設置する者（その者が法人である場合にあっては、経営担当役員（業務を執行する社員、取締役、執行役又はこれらに準ずる者をいう。）とする。次号において同じ。）が当該施設を経営するために必要な知識又は経験を有すること。

三　当該申請に係る施設を設置する者が社会的信望を有すること。

四　次のいずれにも該当するものでないこと。

イ　申請者が、禁錮以上の刑に処せられ、その執行を終わり、又は執行を受けることがなくなるまでの者であるとき。

ロ　申請者が、この法律その他国民の福祉若しくは学校教育に関する法律で政令で定めるものの規定により罰金の刑に処せられ、その執行を終わり、又は執行を受けることがなくなるまでの者であるとき。

ハ　申請者が、労働に関する法律の規定であって政令で定めるものにより罰金の刑に処せられ、その執行を終わり、又は執行を受けることがなくなるまでの者であるとき。

ニ　申請者が、第七条第一項の規定により認定を取り消され、その取消しの日から起算して五年を経過しない者（当該認定を取り消された者が法人である場合においては、当該取消しの処分に係る行政手続法（平成五年法律第八十八号）第十五条の規定による通知があった日前六十日以内に当該法人の役員（業務を執行する社員、取締役、執行役又はこれらに準ずる者をいい、相談役、顧問その他いかなる名称を有する者であるかを問わず、法人に対し業務を執行する社員、取締役、執行役又はこれらに準ずる者と同等以上の支配力を有するものと認められる者を含む。ホ及び第十七条第二項第七号において同じ。）又はその事業を管理する者その他の政令で定める使用人（以下この号において「役員等」という。）であった者で当該取消しの日から起算して五年を経過しないものを含み、当該認定を取り消された者が法人でない場合においては、当該通知があった日前六十日以内に当該事業の管理者であった者で当該取消しの日から起算して五年を経過しないものを含む。）であるとき。ただし、当該認定の取消しが、認定こども園の認定の取消しのうち当該認定の取消しの処分の理由となった事実及び当該事実の発生を防止するための当該認定こども園の設置者による業務管理体制の整備についての取組の状況その他の当該事実に関して当該認定こども園の設置者が有していた責任の程度を考慮して、ニ本文に規定する認定の取消しに該当しないこととすることが相当であると認められるものとして主務省令で定めるものに該当する場合を除く。

ホ　申請者と密接な関係を有する者（申請者（法人に限る。以下ホにおいて同じ。）の役員に占めるその役員の割合が二分の一を超え、若しくは当該申請者の株式の所有その他の事由を通じて当該申請者の事業を実質的に支配し、若しくはその事業に重要な影響を与える関係にある者として主務省令で定めるもの（以下ホにおいて「申請者の親会社等」という。）、申請者の親会社等の役員と同一の者がその役員に占める割合が二分の一を超え、若しくは申請者の親会社等が株式の所有その他の事由を通じてその事業を実質的に支配し、若しくはその事業に重要な影響を与える関係にある者として主務省令で定めるもの又は当該申請者の役員と同一の者がその役員に占める割合が二分の一を超え、若しくは当該申請者が株式の所有その他の事由を通じてその事業を実質的に支配し、若しくはその事業に重要な影響を与える関係にある者として主務省令で定めるもののうち、当該申請者と主務省令で定める密接な関係を有する法人をいう。）が、第七条第一項の規定により認定を取り消され、その取消しの日から起算して五年を経過していないとき。ただし、当該認定の取消しが、認定こども園の認定の取消しのうち当該認定の取消しの処分の理由となった事実及び当該事実の発生を防止するための当該認定こども園の設置者による業務管理体制の整備についての取組の状況その他の当該事実に関して当該認定こども園の設置者が有していた責任の程度を考慮して、ホ本文に規定する認定の取消しに該当しないこととすることが相当であると認められるものとして主務省令で定めるものに該当する場合を除く。

ヘ　申請者が、認定の申請前五年以内に教育又は保育に関し不正又は著しく不当な行為をした者であるとき。

ト　申請者が、法人で、その役員等のうちにイからニまで又はヘのいずれかに該当する者のあるものであるとき。

チ　申請者が、法人でない者で、その管理者がイからニまで又はヘのいずれかに該当する者であるとき。

6　都道府県知事は、第一項又は第三項の認定をしようとするときは、主務省令で定めるところにより、あらかじめ、当該認定の申請に係る施設が所在する市町村の長に協議しなければならない。

7　指定都市等の長は、第一項又は第三項の認定をしようとするときは、その旨及び次条第一項各号に掲げる事項を都道府県知事に通知しなければならない。

8　都道府県知事は、第一項又は第三項及び第五項に基づく審査の結果、その申請が第一項又は第三項の条例で定める要件に適合しており、かつ、その申請をした者が第五項各号に掲げる基準（その者が学校法人又は社会福祉法人である場合にあっては、同項第四号に掲げる基準に限る。）に該当すると認めるとき（その申請をした者が国、市町村（指定都市等を除く。）又は公立大学法人である場合にあっては、その申請が第一項又は第三項の条例で定める要件に適合していると認めるとき）は、第一項又は第三項の認定をするものとする。ただし、次に掲げる要件のいずれかに該当するとき、その他の都道府県子ども・子育て支援事業支援計画（子ども・子育て支援法（平成二十四年法律第六十五号）第六十二条第一項の規定により当該都道府県が定める都道府県子ども・子育て支援事業支援計画をいう。以下この項及び第十七条第六項において同じ。）（指定都市等の長が第一項又は第三項の認定を行う場合にあっては、同法第六十一条第一項の規定により当該指定都市等が定める市町村子ども・子育て支援事業計画。以下この項において同じ。）の達成に支障を生ずるおそれがある場合として主務省令で定める場合に該当すると認めるときは、第一項又は第三項の認定をしないことができる。

一　当該申請に係る施設の所在地を含む区域（子ども・子育て支援法第六十二条第二項第一号の規定により当該都道府県が定める区域（指定都市等の長が第一項又は第三項の認定を行う場合にあっては、同法第六十一条第二項第一号の規定により当該指定都市等が定める教育・保育提供区域）をいう。以下この項において同じ。）における特定教育・保育施設（同法第二十七条第一項に規定する特定教育・保育施設をいう。以下この項及び第十七条第六項において同じ。）の利用定員の総数（同法第十九条第一号に掲げる小学校就学前子どもに係るものに限る。）が、都道府県子ども・子育て支援事業支援計画において定める当該区域の特定教育・保育施設の必要利用定員総数（同号に掲げる小学校就学前子どもに係るものに限る。）に既に達しているか、又は当該申請に係る施設の認定によってこれを超えることになると認めるとき。

二　当該申請に係る施設の所在地を含む区域における特定教育・保育施設の利用定員の総数（子ども・子育て支援法第十九条第二号に掲げる小学校就学前子どもに係るものに限る。）が、都道府県子ども・子育て支援事業支援計画において定める当該区域の特定教育・保育施設の必要利用定員総数（同号に掲げる小学校就学前子どもに係るものに限る。）に既に達しているか、又は当該申請に係る施設の認定によってこれを超えることになると認めるとき。

三　当該申請に係る施設の所在地を含む区域における特定教育・保育施設の利用定員の総数（子ども・子育て支援法第十九条第三号に掲げる小学校就学前子どもに係るものに限る。）が、都道府県子ども・子育て支援事業支援計画において定める当該区域の特定教育・保育施設の必要利用定員総数（同号に掲げる小学校就学前子どもに係るものに限る。）に既に達しているか、又は当該申請に係る施設の認定によってこれを超えることになると認めるとき。

9　都道府県知事は、第一項又は第三項の認定をしない場合には、申請者に対し、速やかに、その旨及び理由を通知しなければならない。

10　都道府県知事又は指定都市等の長は、当該都道府県又は指定都市等が設置する施設のうち、第一項又は第三項の当該都道府県又は指定都市等の条例で定める要件に適合していると認めるものについては、これを公示するものとする。

11　指定都市等の長は、前項の規定による公示をしたときは、速やかに、次条第一項各号に掲げる事項を記載した書類を都道府県知事に提出しなければならない。

（認定の申請）

第四条　前条第一項又は第三項の認定を受けようとする者は、次に掲げる事項を記載した申請書に、その申請に係る施設が同条第一項又は第三項の条例で定める要件に適合していることを証する書類を添付して、これを都道府県知事に提出しなければならない。

一　氏名又は名称及び住所並びに法人にあっては、その代表者の氏名

二　施設の名称及び所在地

三　保育を必要とする子どもに係る利用定員（満三歳未満の者に係る利用定員及び満三歳以上の者の数に区分するものとする。）

四　保育を必要とする子ども以外の子どもに係る利用定員（満三歳未満の者の数及び満三歳以上の者の数に区分するものとする。）

五　その他主務省令で定める事項

2　前条第三項の認定に係る前項の申請については、連携施設を構成する幼稚園の設置者と保育機能施設の設置者とが異なる場合には、これらの者が共同して行わなければならない。

第五条　削除

（教育及び保育の内容）

第六条　第三条第一項又は第三項の認定を受けた施設及び同条第十項の規定による公示がされた施設の設置者は、当該施設において教育又は保育を行うに当たっては、第十条第一項の幼保連携型認定こども園の教育課程その他の教育及び保育の内容に関する事項を踏まえて行わなければならない。

（認定の取消し）

第七条　都道府県知事は、次の各号のいずれかに該当するときは、第三条第一項又は第三項の認定を取り消すことができる。

一　第三条第一項又は第三項の認定を受けた施設がそれぞれ同条第一項又は第三項の条例で定める要件を欠くに至ったと認めるとき。

二　第三条第一項又は第三項の認定を受けた施設の設置者が第二十九条第一項の規定による届出をせず、又は虚偽の届出をしたとき。

三　第三条第一項又は第三項の認定を受けた施設の設置者が第三十条第一項又は第三項の規定による報告をせず、又は虚偽の報告をしたとき。

四　第三条第一項又は第三項の認定を受けた施設の設置者が同条第五項第四号イからハまで、ト又はチのいずれかに該当するに至ったとき。

五　第三条第一項又は第三項の認定を受けた施設の設置者が不正の手段により同条第一項又は第三項の認定を受けたとき。

六　その他第三条第一項又は第三項の認定を受けた施設の設置者がこの法律、学校教育法、児童福祉法、私立学校法、社会福祉法若しくは私立学校振興助成法（昭和五十年法律第六十一号）又はこれらの法律に基づく命令の規定に違反したとき。

2　都道府県知事は、前項の規定により認定を取り消したときは、その旨を公表しなければならない。

3　都道府県知事又は指定都市等の長は、第三条第十項の規定による公示がされた施設が同条第一項又は第三項の当該都道府県又は指定都市等の条例で定める要件を欠くに至ったと認めるときは、同条第十項の規定によりされた公示を取り消し、その旨を公示しなければならない。

（関係機関の連携の確保）

第八条　都道府県知事は、第三条第一項又は第三項の規定により認定を行おうとするとき及び前条第一項の規定により認定の取消しを行おうとするときは、あらかじめ、学校教育法又は児童福祉法の規定により当該認定又は取消しに係る施設の設置又は運営に関して認可その他の処分をする権限を有する地方公共団体の機関（当該機関が当該都道府県知事である場合を除く。）に協議しなければならない。

2　地方公共団体の長及び教育委員会は、認定こども園に関する事務が適切かつ円滑に実施されるよう、相互に緊密な連携を図りながら協力しなければならない。

第三章　幼保連携型認定こども園

（教育及び保育の目標）

第九条　幼保連携型認定こども園においては、第二条第七項に規定する目的を実現するため、子どもに対する学校としての教育及び児童福祉施設（児童福祉法第七条第一項に規定する児童福祉施設をいう。次条第二項において同じ。）としての保育並びにその実施する保護者に対する子育て支援事業の相互の有機的な連携を図りつつ、次に掲げる目標を達成するよう当該教育及び当該保育を行うものとする。

一　健康、安全で幸福な生活のために必要な基本的な習慣を養い、身体諸機能の調和的発達を図ること。

二　集団生活を通じて、喜んでこれに参加する態度を養うとともに家族や身近な人への信頼感を深め、自主、自律及び協同の精神並びに規範意識の芽生えを養うこと。

三　身近な社会生活、生命及び自然に対する興味を養い、それらに対する正しい理解と態度及び思考力の芽生えを養うこと。

四　日常の会話や、絵本、童話等に親しむことを通じて、言葉の使い方を正しく導くとともに、相手の話を理解しようとする態度を養うこと。

五　音楽、身体による表現、造形等に親しむことを通じて、豊かな感性と表現力の芽生えを養うこと。

六　快適な生活環境の実現及び子どもと保育教諭その他の職員との信頼関係の構築を通じて、心身の健康の確保及び増進を図ること。

（教育及び保育の内容）

第十条　幼保連携型認定こども園の教育課程その他の教育及び保育の内容に関する事項は、第二条第七項に規定する目的及び前条に規定する目標に従い、主務大臣が定める。

2　主務大臣が前項の規定により幼保連携型認定こども園の教育課程その他の教育及び保育の内容に関する事項を定めるに

当たっては、幼稚園教育要領及び児童福祉法第四十五条第二項の規定に基づき児童福祉施設に関して内閣府令で定める基準（同項第三号に規定する保育所における保育の内容に係る部分に限る。）との整合性の確保並びに小学校（学校教育法第一条に規定する小学校をいう。）及び義務教育学校（学校教育法第一条に規定する義務教育学校をいう。）における教育との円滑な接続に配慮しなければならない。

3　幼保連携型認定こども園の設置者は、第一項の教育及び保育の内容に関する事項を遵守しなければならない。

（入園資格）

第十一条　幼保連携型認定こども園に入園することのできる者は、満三歳以上の子ども及び満三歳未満の保育を必要とする子どもとする。

（設置者）

第十二条　幼保連携型認定こども園は、国、地方公共団体（公立大学法人を含む。第十七条第一項において同じ。）、学校法人及び社会福祉法人のみが設置することができる。

（設備及び運営の基準）

第十三条　都道府県（指定都市等所在施設である幼保連携型認定こども園が設置するものを除く。）については、当該指定都市等。次項及び第二十五条において同じ。）は、幼保連携型認定こども園の設備及び運営について、条例で基準を定めなければならない。この場合において、その基準は、子どもの身体的、精神的及び社会的な発達のために必要な教育及び保育の水準を確保するものでなければならない。

2　都道府県が前項の条例を定めるに当たっては、次に掲げる事項については主務省令で定める基準に従い定めるものとし、その他の事項については主務省令で定める基準を参酌するものとする。

一　幼保連携型認定こども園における学級の編制並びに幼保連携型認定こども園に配置する園長、保育教諭その他の職員及びその員数

二　幼保連携型認定こども園に係る保育室の床面積その他幼保連携型認定こども園の設備に関する事項であって、子どもの健全な発達に密接に関連するものとして主務省令で定めるもの

三　幼保連携型認定こども園の運営に関する事項であって、子どもの適切な処遇の確保及び秘密の保持並びに子どもの健全な発達に密接に関連するものとして主務省令で定めるもの

3　主務大臣は、前項に規定する主務省令で定める基準を定め、又は変更しようとするとき、並びに同項第二号及び第三号の主務省令を定め、又は変更しようとするときは、こども家庭審議会の意見を聴かなければならない。

4　幼保連携型認定こども園の設置者は、第一項の基準を遵守しなければならない。

5　幼保連携型認定こども園の設置者は、幼保連携型認定こども園の設備及び運営についての水準の向上を図ることに努めるものとする。

（職員）

第十四条　幼保連携型認定こども園には、園長及び保育教諭を置かなければならない。

2　幼保連携型認定こども園には、前項に規定するもののほか、副園長、教頭、主幹保育教諭、指導保育教諭、主幹養護教諭、養護教諭、主幹栄養教諭、栄養教諭、事務職員、養護助教諭その他必要な職員を置くことができる。

3　園長は、園務をつかさどり、所属職員を監督する。

4　副園長は、園長を助け、命を受けて園務をつかさどる。

5　副園長は、園長に事故があるときはその職務を代理し、園長が欠けたときはその職務を行う。この場合において、副園長が二人以上あるときは、あらかじめ園長が定めた順序で、その職務を代理し、又は行う。

6　教頭は、園長（副園長を置く幼保連携型認定こども園にあっては、園長及び副園長）を助け、園務を整理し、並びに必要に応じ園児（幼保連携型認定こども園に在籍する子どもをいう。以下同じ。）の教育及び保育（満三歳未満の園児については、その保育。以下この条において同じ。）をつかさどる。

7　教頭は、園長（副園長を置く幼保連携型認定こども園にあっては、園長及び副園長）に事故があるときは園長の職務を代理し、園長（副園長を置く幼保連携型認定こども園にあっては、園長及び副園長）が欠けたときは園長の職務を行う。この場合において、教頭が二人以上あるときは、あらかじめ園長が定めた順序で、園長の職務を代理し、又は行う。

8　主幹保育教諭は、園長（副園長又は教頭を置く幼保連携型認定こども園にあっては、園長及び副園長又は教頭。第十一項及び第十三項において同じ。）を助け、命を受けて園務の一部を整理し、並びに園児の教育及び保育をつかさどる。

9　指導保育教諭は、園児の教育及び保育をつかさどり、並びに保育教諭その他の職員に対して、教育及び保育の改善及び充実のために必要な指導及び助言を行う。

10　保育教諭は、園児の教育及び保育をつかさどる。

11　主幹養護教諭は、園長を助け、命を受けて園務の一部を整理し、及び園児（満三歳以上の園児に限る。以下この条において同じ。）の養護をつかさどる。

12　養護教諭は、園児の養護をつかさどる。

13　主幹栄養教諭は、園長を助け、命を受けて園務の一部を整理し、並びに園児の栄養の指導及び管理をつかさどる。

14　栄養教諭は、園児の栄養の指導及び管理をつかさどる。

15　事務職員は、事務をつかさどる。

16　助保育教諭は、保育教諭の職務を助ける。

17　講師は、保育教諭又は助保育教諭に準ずる職務に従事する。

18　養護助教諭は、養護教諭の職務を助ける。

19　特別の事情のあるときは、第一項の規定にかかわらず、保育教諭に代えて助保育教諭又は講師を置くことができる。

（職員の資格）

第十五条　主幹保育教諭、指導保育教諭、保育教諭及び講師（保育教諭に準ずる職務に従事するものに限る。）は、幼稚園の教諭の普通免許状（教育職員免許法（昭和二十四年法律第百四十七号）第四条第二項に規定する普通免許状をいう。以下この条において同じ。）を有し、かつ、児童福祉法第十八

条の十八第一項の登録（第四項及び第四十条において単に「登録」という。）を受けた者でなければならない。

2 主幹養護教諭及び養護教諭は、養護教諭の普通免許状を有する者でなければならない。

3 主幹栄養教諭及び栄養教諭は、栄養教諭の普通免許状を有する者でなければならない。

4 助保育教諭及び講師（助保育教諭に準ずる職務に従事するものに限る。）は、幼稚園の助教諭の臨時免許状（教育職員免許法第四条第四項に規定する臨時免許状をいう。次項において同じ。）を有し、かつ、登録を受けた者でなければならない。

5 養護助教諭は、養護助教諭の臨時免許状を有する者でなければならない。

6 前各項に定めるもののほか、職員の資格に関する事項は、主務省令で定める。

（設置等の届出）

第十六条 市町村（指定都市等を除く。以下この条及び次条第五項において同じ。）（市町村が単独で又は他の市町村と共同して設立する公立大学法人を含む。）は、幼保連携型認定こども園を設置しようとするとき、又はその設置した幼保連携型認定こども園の廃止、休止若しくは設置者の変更その他政令で定める事項（同条第一項及び第三十四条第六項において「廃止等」という。）を行おうとするときは、あらかじめ、都道府県知事に届け出なければならない。

（設置等の認可）

第十七条 国及び地方公共団体以外の者は、幼保連携型認定こども園を設置しようとするとき、又はその設置した幼保連携型認定こども園の廃止等を行おうとするときは、都道府県知事（指定都市等の区域内に所在する幼保連携型認定こども園については、当該指定都市等の長。次項、第三項、第六項及び第七項並びに次条第一項において同じ。）の認可を受けなければならない。

2 都道府県知事は、前項の設置の認可の申請があったときは、第十三条第一項の条例で定める基準に適合するかどうかを審査するほか、次に掲げる基準によって、その申請を審査しなければならない。

一 申請者が、この法律その他国民の福祉若しくは学校教育に関する法律で政令で定めるものの規定により罰金の刑に処せられ、その執行を終わり、又は執行を受けることがなくなるまでの者であるとき。

二 申請者が、労働に関する法律の規定であって政令で定めるものにより罰金の刑に処せられ、その執行を終わり、又は執行を受けることがなくなるまでの者であるとき。

三 申請者が、第二十二条第一項の規定により認可を取り消され、その取消しの日から起算して五年を経過しない者であるとき。ただし、当該認可の取消しが、幼保連携型認定こども園の認可の取消しのうち当該認可の取消しの処分の理由となった事実及び当該事実の発生を防止するための当該幼保連携型認定こども園の設置者による業務管理体制の整備についての取組の状況その他の当該事実に関して当該幼保連携型認定こども園の設置者が有していた責任の程度を考慮して、この号本文に規定する認可の取消しに該当しないこととすることが相当であると認められるものとして主務省令で定めるものに該当する場合を除く。

四 申請者が、第二十二条第一項の規定による認可の取消しの処分に係る行政手続法第十五条の規定による通知があった日から当該処分をする日又は処分をしないことを決定する日までの間に前項の規定による幼保連携型認定こども園の廃止をした者（当該廃止について相当の理由がある者を除く。）で、当該幼保連携型認定こども園の廃止の認可の日から起算して五年を経過しないものであるとき。

五 申請者が、第十九条第一項の規定による検査が行われた日から聴聞決定予定日（当該検査の結果に基づき第二十二条第一項の規定による認可の取消しの処分に係る聴聞を行うか否かの決定をすることが見込まれる日として主務省令で定めるところにより都道府県知事が当該申請者に当該検査が行われた日から十日以内に特定の日を通知した場合における当該特定の日をいう。）までの間に前項の規定による幼保連携型認定こども園の廃止をした者（当該廃止について相当の理由がある者を除く。）で、当該幼保連携型認定こども園の廃止の認可の日から起算して五年を経過しないものであるとき。

六 申請者が、認可の申請前五年以内に教育又は保育に関し不正又は著しく不当な行為をした者であるとき。

七 申請者の役員又はその長のうちに次のいずれかに該当する者があるとき。

イ 禁錮以上の刑に処せられ、その執行を終わり、又は執行を受けることがなくなるまでの者

ロ 第一号、第二号又は前号に該当する者

ハ 第二十二条第一項の規定により認可を取り消された幼保連携型認定こども園において、当該取消しの処分に係る行政手続法第十五条の規定による通知があった日前六十日以内にその幼保連携型認定こども園の設置者の役員又はその園長であった者で当該取消しの日から起算して五年を経過しないもの（当該認可の取消しが、幼保連携型認定こども園の認可の取消しのうち当該認可の取消しの処分の理由となった事実及び当該事実の発生を防止するための当該幼保連携型認定こども園の設置者による業務管理体制の整備についての取組の状況その他の当該事実に関して当該幼保連携型認定こども園の設置者が有していた責任の程度を考慮して、この号に規定する認可の取消しに該当しないこととすることが相当であると認められるものとして主務省令で定めるものに該当する場合を除く。）

ニ 第四号に規定する期間内に前項の規定により廃止した幼保連携型認定こども園（当該廃止について相当の理由がある幼保連携型認定こども園を除く。）において、同号の通知の日前六十日以内にその設置者の役員又はその長であった者で当該廃止の認可の日から起算して五年を経過しないもの

3 都道府県知事は、第一項の認可をしようとするときは、あらかじめ、第二十五条に規定する審議会その他の合議制の機

関の意見を聴かなければならない。

4 指定都市等の長は、第一項の認可をしようとするときは、その旨及び第四条第一項各号に掲げる事項を都道府県知事に通知しなければならない。

5 都道府県知事は、第一項の設置の認可をしようとするときは、主務省令で定めるところにより、あらかじめ、当該認可の申請に係る幼保連携型認定こども園を設置しようとする場所を管轄する市町村の長に協議しなければならない。

6 都道府県知事は、第一項及び第二項に基づく審査の結果、その申請が第十三条第一項の条例で定める基準に適合しており、かつ、第二項各号に掲げる基準に該当しないと認めるときは、第一項の設置の認可をするものとする。ただし、次に掲げる要件のいずれかに該当するとき、その他の都道府県子ども・子育て支援事業支援計画（指定都市等の長が同項の設置の認可を行う場合にあっては、子ども・子育て支援法第六十一条第一項の規定により当該指定都市等が定める市町村子ども・子育て支援事業計画。以下この項において同じ。）の達成に支障を生ずるおそれがある場合として主務省令で定める場合に該当すると認めるときは、第一項の設置の認可をしないことができる。

一 当該申請に係る幼保連携型認定こども園を設置しようとする場所を含む区域（子ども・子育て支援法第六十二条第二項第一号の規定により当該都道府県が定める区域（指定都市等の長が第一項の設置の認可を行う場合にあっては、同法第六十一条第二項第一号の規定により当該指定都市等が定める教育・保育提供区域）をいう。以下この項において同じ。）における特定教育・保育施設の利用定員の総数（同法第十九条第一号に掲げる小学校就学前子どもに係るものに限る。）が、都道府県子ども・子育て支援事業支援計画において定める当該区域の特定教育・保育施設の必要利用定員総数（同号に掲げる小学校就学前子どもに係るものに限る。）に既に達しているか、又は当該申請に係る設置の認可によってこれを超えることになると認めるとき。

二 当該申請に係る幼保連携型認定こども園を設置しようとする場所を含む区域における特定教育・保育施設の利用定員の総数（子ども・子育て支援法第十九条第二号に掲げる小学校就学前子どもに係るものに限る。）が、都道府県子ども・子育て支援事業支援計画において定める当該区域の特定教育・保育施設の必要利用定員総数（同号に掲げる小学校就学前子どもに係るものに限る。）に既に達しているか、又は当該申請に係る設置の認可によってこれを超えることになると認めるとき。

三 当該申請に係る幼保連携型認定こども園を設置しようとする場所を含む区域における特定教育・保育施設の利用定員の総数（子ども・子育て支援法第十九条第三号に掲げる小学校就学前子どもに係るものに限る。）が、都道府県子ども・子育て支援事業支援計画において定める当該区域の特定教育・保育施設の必要利用定員総数（同号に掲げる小学校就学前子どもに係るものに限る。）に既に達しているか、又は当該申請に係る設置の認可によってこれを超えることになると認めるとき。

7 都道府県知事は、第一項の設置の認可をしない場合には、申請者に対し、速やかに、その旨及び理由を通知しなければならない。

（都道府県知事への情報の提供）

第十八条 第十六条の届出を行おうとする者又は前条第一項の認可を受けようとする者は、第四条第一項各号に掲げる事項を記載した書類を都道府県知事に提出しなければならない。

2 指定都市等の長は、当該指定都市等（当該指定都市等が単独で又は他の市町村と共同して設立する公立大学法人を含む。）が幼保連携型認定こども園を設置したときは、速やかに、第四条第一項各号に掲げる事項を記載した書類を都道府県知事に提出しなければならない。

（報告の徴収等）

第十九条 都道府県知事（指定都市等所在施設である幼保連携型認定こども園（都道府県が設置するものを除く。）については、当該指定都市等の長。第二十八条から第三十条まで並びに第三十四条第三項及び第九項を除き、以下同じ。）は、この法律を施行するため必要があると認めるときは、幼保連携型認定こども園の設置者若しくは園長に対して、必要と認める事項の報告を求め、又は当該職員に関係者に対して質問させ、若しくはその施設に立ち入り、設備、帳簿書類その他の物件を検査させることができる。

2 前項の規定による立入検査を行う場合においては、当該職員は、その身分を示す証明書を携帯し、関係者の請求があるときは、これを提示しなければならない。

3 第一項の規定による立入検査の権限は、犯罪捜査のために認められたものと解釈してはならない。

（改善勧告及び改善命令）

第二十条 都道府県知事は、幼保連携型認定こども園の設置者が、この法律又はこの法律に基づく命令若しくは条例の規定に違反したときは、当該設置者に対し、必要な改善を勧告し、又は当該設置者がその勧告に従わず、かつ、園児の教育上又は保育上有害であると認められるときは、必要な改善を命ずることができる。

（事業停止命令）

第二十一条 都道府県知事は、次の各号のいずれかに該当する場合においては、幼保連携型認定こども園の事業の停止又は施設の閉鎖を命ずることができる。

一 幼保連携型認定こども園の設置者が、この法律又はこの法律に基づく命令若しくは条例の規定に故意に違反し、かつ、園児の教育上又は保育上著しく有害であると認められるとき。

二 幼保連携型認定こども園の設置者が前条の規定による命令に違反したとき。

三 正当な理由がないのに、六月以上休止したとき。

2 都道府県知事は、前項の規定により事業の停止又は施設の閉鎖の命令をしようとするときは、あらかじめ、第二十五条に規定する審議会その他の合議制の機関の意見を聴かなければならない。

（認可の取消し）

第二十二条 都道府県知事は、幼保連携型認定こども園の設置者が、この法律若しくはこの法律に基づく命令若しくは条例の規定又はこれらに基づいてする処分に違反したときは、第十七条第一項の認可を取り消すことができる。

2　都道府県知事は、前項の規定による認可の取消しをしようとするときは、あらかじめ、第二十五条に規定する審議会その他の合議制の機関の意見を聴かなければならない。

（運営の状況に関する評価等）

第二十三条　幼保連携型認定こども園の設置者は、主務省令で定めるところにより当該幼保連携型認定こども園における教育及び保育並びに子育て支援事業（以下「教育及び保育等」という。）の状況その他の運営の状況について評価を行い、その結果に基づき幼保連携型認定こども園の運営の改善を図るため必要な措置を講ずるよう努めなければならない。

（運営の状況に関する情報の提供）

第二十四条　幼保連携型認定こども園の設置者は、当該幼保連携型認定こども園に関する保護者及び地域住民その他の関係者の理解を深めるとともに、これらの者との連携及び協力の推進に資するため、当該幼保連携型認定こども園における教育及び保育等の状況その他の当該幼保連携型認定こども園の運営の状況に関する情報を積極的に提供するものとする。

（都道府県における合議制の機関）

第二十五条　第十七条第三項、第二十一条第二項及び第二十二条第二項の規定によりその権限に属させられた事項を調査審議するため、都道府県に、条例で幼保連携型認定こども園に関する審議会その他の合議制の機関を置くものとする。

（学校教育法の準用）

第二十六条　学校教育法第五条、第六条本文、第七条、第九条、第十条、第八十一条第一項及び第百三十七条の規定は、幼保連携型認定こども園について準用する。この場合において、同法第十条中「私立学校」とあるのは「国（国立大学法人法第二条第一項に規定する国立大学法人を含む。）及び地方公共団体（公立大学法人を含む。）以外の者の設置する幼保連携型認定こども園（就学前の子どもに関する教育、保育等の総合的な提供の推進に関する法律第二条第七項に規定する幼保連携型認定こども園をいう。以下同じ。）」と、「大学及び高等専門学校にあつては文部科学大臣に、大学及び高等専門学校以外の学校にあつては都道府県知事」とあるのは「都道府県知事（指定都市等（同法第三条第一項に規定する指定都市等をいう。以下この条において同じ。）の区域内にあつては、当該指定都市等の長）」と、同法第八十一条第一項中「該当する幼児、児童及び生徒」とあるのは「該当する就学前の子どもに関する教育、保育等の総合的な提供の推進に関する法律第十四条第六項に規定する園児（以下この項において単に「園児」という。）」と、「必要とする幼児、児童及び生徒」とあるのは「必要とする園児」と、「文部科学大臣」とあるのは「同法第三十六条第一項に規定する主務大臣」と、「ものとする」とあるのは「ものとする。この場合において、特別支援学校においては、幼保連携型認定こども園の要請に応じて、園児の教育に関し必要な助言又は援助を行うよう努めるものとする」と、同法第百三十七条中「学校教育上」とあるのは「幼保連携型認定こども園の運営上」と読み替えるものとするほか、必要な技術的読替えは、政令で定める。

（学校保健安全法の準用）

第二十七条　学校保健安全法（昭和三十三年法律第五十六号）第三条から第十条まで、第十三条から第二十一条まで、第二十三条及び第二十六条から第三十一条までの規定は、幼保連携型認定こども園について準用する。この場合において、これらの規定中「文部科学省令」とあるのは「就学前の子どもに関する教育、保育等の総合的な提供の推進に関する法律第三十六条第二項に規定する主務省令」と読み替えるほか、同法第九条中「学校教育法第十六条」とあるのは「就学前の子どもに関する教育、保育等の総合的な提供の推進に関する法律第二条第十一項」と、「第二十四条及び第三十条」とあるのは「第三十条」と、同法第十七条第二項中「第十一条から」とあるのは「第十三条から」と、「第十一条の健康診断に関するものについては政令で、第十三条」とあるのは「第十三条」と読み替えるものとするほか、必要な技術的読替えは、政令で定める。

第四章　認定こども園に関する情報の提供等

（教育・保育等に関する情報の提供）

第二十八条　都道府県知事は、第三条第一項若しくは第三項の認定をしたとき、同条第七項の規定による通知を受けたとき、同条第十一項の書類の提出を受けたとき、第十六条の届出を受けたとき、第十七条第一項の認可をしたとき、同条第四項の規定による通知を受けたとき、又は第十八条第二項の書類の提出を受けたときは、インターネットの利用、印刷物の配布その他適切な方法により、これらに係る施設において提供されるサービスを利用しようとする者に対し、第四条第一項各号に掲げる事項及び教育保育概要（当該施設において行われる教育及び保育等の概要をいう。次条第一項において同じ。）についてその周知を図るものとする。第三条第十項の規定による公示を行う場合及び都道府県（都道府県が単独で又は他の地方公共団体と共同して設立する公立大学法人を含む。）が幼保連携型認定こども園を設置する場合も、同様とする。

（変更の届出）

第二十九条　認定こども園の設置者（都道府県及び指定都市等を除く。次条において同じ。）は、第四条第一項各号に掲げる事項及び教育保育概要として前条の規定により周知された事項の変更（主務省令で定める軽微な変更を除く。）をしようとするときは、あらかじめ、その旨を都道府県知事（当該認定こども園が指定都市等所在施設である場合にあっては当該指定都市等の長。次条第一項及び第三項において同じ。）に届け出なければならない。

2　指定都市等の長は、前項の規定による届出を受けたときは、速やかに、都道府県知事に、当該届出に係る書類の写しを送付しなければならない。

3　指定都市等の長は、当該指定都市等が設置する認定こども園について第一項に規定する変更を行ったときは、当該変更に係る事項を記載した書類を都道府県知事に提出しなければならない。

4　都道府県知事は、第一項の規定による届出があったとき、第二項の規定による書類の写しの送付を受けたとき、又は前項の規定による書類の提出を受けたときは、前条に規定する方法により、同条に規定する者に対し、第一項に規定する変更に係る事項についてその周知を図るものとする。都道府県が設置する認定こども園について同項に規定する変更を行う場合も、同様とする。

（報告の徴収等）

第三十条　認定こども園の設置者は、毎年、主務省令で定めるところにより、その運営の状況を都道府県知事に報告しなければならない。

2　指定都市等の長は、前項の規定による報告を受けたときは、速やかに、都道府県知事に、当該報告に係る書類の写しを送付しなければならない。

3　第十九条第一項に定めるもののほか、都道府県知事は、認定こども園の適正な運営を確保するため必要があると認めるときは、その設置者に対し、認定こども園の運営に関し必要な報告を求めることができる。

（名称の使用制限）

第三十一条　何人も、認定こども園でないものについて、認定こども園という名称又はこれと紛らわしい名称を用いてはならない。

2　何人も、幼保連携型認定こども園でないものについて、幼保連携型認定こども園という名称又はこれと紛らわしい名称を用いてはならない。

（学校教育法の特例）

第三十二条　認定こども園である幼稚園又は認定こども園である連携施設を構成する幼稚園に係る学校教育法第二十四条、第二十五条並びに第二十七条第四項から第七項まで及び第十一項の規定の適用については、同法第二十四条中「努めるものとする」とあるのは「努めるとともに、就学前の子どもに関する教育、保育等の総合的な提供の推進に関する法律（平成十八年法律第七十七号）第二条第十二項に規定する子育て支援事業（以下単に「子育て支援事業」という。）を行うものとする」と、同法第二十五条中「保育内容」とあるのは「保育内容（子育て支援事業を含む。）」と、同法第二十七条第四項から第七項まで及び第十一項中「園務」とあるのは「園務（子育て支援事業を含む。）」とする。

第五章　雑則

（児童福祉法の特例）

第三十三条　第三条第一項の認定を受けた公私連携型保育所（児童福祉法第五十六条の八第一項に規定する公私連携型保育所をいう。）に係る同法第五十六条の八の規定の適用については、同条第一項中「保育及び」とあるのは、「保育（満三歳以上の子どもに対し学校教育法第二十三条各号に掲げる目標が達成されるよう保育を行うことを含む。）及び」とする。

（公私連携幼保連携型認定こども園に関する特例）

第三十四条　市町村長（特別区の区長を含む。以下この条において同じ。）は、当該市町村における保育の実施に対する需要の状況等に照らし適当であると認めるときは、公私連携幼保連携型認定こども園（次項に規定する協定に基づき、当該市町村から必要な設備の貸付け、譲渡その他の協力を得て、当該市町村との連携の下に教育及び保育等を行う幼保連携型認定こども園をいう。以下この条において同じ。）の運営を継続的かつ安定的に行うことができる能力を有するものであると認められるもの（学校法人又は社会福祉法人に限る。）を、その申請により、公私連携幼保連携型認定こども園の設置及び運営を目的とする法人（以下この条において「公私連携法人」という。）として指定することができる。

2　市町村長は、前項の規定による指定（第十一項及び第十四項において単に「指定」という。）をしようとするときは、あらかじめ、当該指定をしようとする法人と、次に掲げる事項を定めた協定（以下この条において単に「協定」という。）を締結しなければならない。

一　協定の目的となる公私連携幼保連携型認定こども園の名称及び所在地

二　公私連携幼保連携型認定こども園における教育及び保育等に関する基本的事項

三　市町村による必要な設備の貸付け、譲渡その他の協力に関する基本的事項

四　協定の有効期間

五　協定に違反した場合の措置

六　その他公私連携幼保連携型認定こども園の設置及び運営に関し必要な事項

3　公私連携法人は、第十七条第一項の規定にかかわらず、市町村長を経由し、都道府県知事に届け出ることにより、公私連携幼保連携型認定こども園を設置することができる。

4　市町村長は、公私連携法人が前項の規定による届出をした際に、当該公私連携法人が協定に基づき公私連携幼保連携型認定こども園における教育及び保育等を行うために設備の整備を必要とする場合には、当該協定に定めるところにより、当該公私連携法人に対し、当該設備を無償若しくは時価よりも低い対価で貸し付け、又は譲渡するものとする。

5　前項の規定は、地方自治法第九十六条及び第二百三十七条から第二百三十八条の五までの規定の適用を妨げない。

6　公私連携法人は、第十七条第一項の規定による廃止等の認可の申請を行おうとするときは、市町村長を経由して行わなければならない。この場合において、当該市町村長は、当該申請に係る事項に関し意見を付することができる。

7　市町村長は、公私連携幼保連携型認定こども園の運営を適切にさせるため必要があると認めるときは、公私連携法人若しくは園長に対して必要と認める事項の報告を求め、又は当該職員に関係者に対して質問させ、若しくはその施設に立ち入り、設備、帳簿書類その他の物件を検査させることができる。

8　第十九条第二項及び第三項の規定は、前項の規定による立入検査について準用する。

9　第七項の規定により、公私連携法人若しくは園長に対し報

告を求め、又は当該職員に関係者に対し質問させ、若しくは公私連携幼保連携型認定こども園に立入検査をさせた市町村長（指定都市等の長を除く。）は、当該公私連携幼保連携型認定こども園につき、第二十条又は第二十一条第一項の規定による処分が行われる必要があると認めるときは、理由を付して、その旨を都道府県知事に通知しなければならない。

10 市町村長は、公私連携幼保連携型認定こども園が正当な理由なく協定に従って教育及び保育等を行っていないと認めるときは、公私連携法人に対し、協定に従って教育及び保育等を行うことを勧告することができる。

11 市町村長は、前項の規定により勧告を受けた公私連携法人が当該勧告に従わないときは、指定を取り消すことができる。

12 公私連携法人は、前項の規定による指定の取消しの処分を受けたときは、当該処分に係る公私連携幼保連携型認定こども園について、第十七条第一項の規定による廃止の認可を都道府県知事に申請しなければならない。

13 公私連携法人は、前項の規定による廃止の認可の申請をしたときは、当該申請の日前一月以内に教育及び保育等を受けていた者であって、当該廃止の日以後においても引き続き当該教育及び保育等に相当する教育及び保育等の提供を希望する者に対し、必要な教育及び保育等が継続的に提供されるよう、他の幼保連携型認定こども園その他関係者との連絡調整その他の便宜の提供を行わなければならない。

14 指定都市等の長が指定を行う公私連携法人に対する第三項の規定の適用については、同項中「市町村長を経由し、都道府県知事」とあるのは、「指定都市等の長」とし、第六項の規定は、適用しない。

（緊急時における主務大臣の事務執行）

第三十五条 第十九条第一項、第二十条及び第二十一条第一項の規定により都道府県知事の権限に属するものとされている事務は、園児の利益を保護する緊急の必要があると主務大臣が認める場合にあっては、主務大臣又は都道府県知事が行うものとする。この場合においては、この法律の規定中都道府県知事に関する規定（当該事務に係るもの（同条第二項を除く。）に限る。）は、主務大臣に関する規定として主務大臣に適用があるものとする。

2 前項の場合において、主務大臣又は都道府県知事が当該事務を行うときは、相互に密接な連携の下に行うものとする。

（主務大臣等）

第三十六条 この法律における主務大臣は、内閣総理大臣及び文部科学大臣とする。

2 この法律における主務省令は、主務大臣の発する命令とする。

（権限の委任）

第三十七条 内閣総理大臣は、この法律に規定する内閣総理大臣の権限（政令で定めるものを除く。）をこども家庭庁長官に委任する。

2 こども家庭庁長官は、政令で定めるところにより、前項の規定により委任された権限の一部を地方厚生局長又は地方厚生支局長に委任することができる。

（政令等への委任）

第三十八条 この法律に規定するもののほか、この法律の施行のため必要な事項で、地方公共団体の機関が処理しなければならないものについては政令で、その他のものについては主務省令で定める。

第六章 罰則

第三十九条 第二十一条第一項の規定による事業の停止又は施設の閉鎖の命令に違反した者は、六月以下の懲役若しくは禁錮又は五十万円以下の罰金に処する。

第四十条 次の各号のいずれかに該当する場合には、その違反行為をした者は、三十万円以下の罰金に処する。

一 第十五条第一項又は第四項の規定に違反して、相当の免許状を有しない者又は登録を受けていない者を主幹保育教諭、指導保育教諭、保育教諭、助保育教諭又は講師に任命し、又は雇用したとき。

二 第十五条第一項又は第四項の規定に違反して、相当の免許状を有せず、又は登録を受けていないにもかかわらず主幹保育教諭、指導保育教諭、保育教諭、助保育教諭又は講師となったとき。

三 第十五条第二項、第三項又は第五項の規定に違反して、相当の免許状を有しない者を主幹養護教諭、養護教諭、主幹栄養教諭、栄養教諭又は養護助教諭に任命し、又は雇用したとき。

四 第十五条第二項、第三項又は第五項の規定に違反して、相当の免許状を有しないにもかかわらず主幹養護教諭、養護教諭、主幹栄養教諭、栄養教諭又は養護助教諭となったとき。

五 第三十一条第一項の規定に違反して、認定こども園という名称又はこれと紛らわしい名称を用いたとき。

六 第三十一条第二項の規定に違反して、幼保連携型認定こども園という名称又はこれと紛らわしい名称を用いたとき。

附 則

（施行期日）

1 この法律は、平成十八年十月一日から施行する。

（幼保連携型認定こども園に係る保育室の床面積の特例）

2 都道府県又は指定都市等が第十三条第一項の規定により条例を定めるに当たっては、保育の実施に対する需要その他の条件を考慮して主務省令で定める基準に照らして主務大臣が指定する地域にあっては、政令で定める日までの間、同条第二項の規定にかかわらず、幼保連携型認定こども園に係る保育室の床面積については、同項に規定する主務省令で定める基準を標準として定めるものとする。

（検討）

3 政府は、この法律の施行後五年を経過した場合において、この法律の施行の状況を勘案し、必要があると認めるときは、この法律の規定について検討を加え、その結果に基づいて必要な措置を講ずるものとする。

附 則（平成二四・八・二二法六六）（抄）

（施行期日）

第一条　この法律は、子ども・子育て支援法（平成二十四年法律第六十五号）の施行の日〔平成二七・四・一〕から施行する。〔ただし書略〕

（検討）

第二条　政府は、幼稚園の教諭の免許及び保育士の資格について、一体化を含め、その在り方について検討を加え、必要があると認めるときは、その結果に基づいて所要の措置を講ずるものとする。

2　政府は、前項に定める事項のほか、この法律の施行後五年を目途として、この法律の施行の状況を勘案し、必要があると認めるときは、この法律による改正後の就学前の子どもに関する教育、保育等の総合的な提供の推進に関する法律（以下「新認定こども園法」という。）の規定について検討を加え、その結果に基づいて所要の措置を講ずるものとする。

附　則（平成二七・六・二六法五〇）（抄）

（施行期日）

第一条　この法律は、平成二十八年四月一日から施行する。ただし、次の各号に掲げる規定は、当該各号に定める日から施行する。

一　第六条〔中略〕の規定並びに附則第四条〔中略〕の規定　公布の日

二～五　〔略〕

（就学前の子どもに関する教育、保育等の総合的な提供の推進に関する法律の一部改正に伴う経過措置）

第四条　附則第一条第一号に掲げる規定の施行の日前に就学前の子どもに関する教育、保育等の総合的な提供の推進に関する法律第三条第一項の規定によりされた第六条の規定による改正前の同法第五条第一項の有効期間が定められた児童福祉法（昭和二十二年法律第百六十四号）第三十九条第一項に規定する保育所（以下この条において「保育所」という。）に係る認定（同日において有効期間を経過していないものに限る。）については、同日において就学前の子どもに関する教育、保育等の総合的な提供の推進に関する法律第三条第一項の規定によりされた有効期間の定めがない保育所に係る認定とみなす。

附　則（平成二九・四・二六法二五）（抄）

（施行期日）

第一条　この法律は、平成三十年四月一日から施行する。〔ただし書略〕

（就学前の子どもに関する教育、保育等の総合的な提供の推進に関する法律の一部改正に伴う経過措置）

第二条　この法律の施行の際現に第一条の規定による改正前の就学前の子どもに関する教育、保育等の総合的な提供の推進に関する法律第三条第一項又は第三項の認定を受けている施設（指定都市（地方自治法第二百五十二条の十九第一項に規定する指定都市をいう。以下この条において同じ。）が設置するものに限る。）については、この法律の施行の日（次項及び次条において「施行日」という。）において当該指定都市の長が第一条の規定による改正後の就学前の子どもに関する教育、保育等の総合的な提供の推進に関する法律（次項において「新認定こども園法」という。）第三条第十一項の規定による公示をしたものとみなす。この場合においては、同条第十二項の規定は、適用しない。

2　新認定こども園法第三条第十項の規定は、施行日以後に指定都市の長が同条第一項又は第三項の認定をした場合について適用する。

附　則（平成三〇・六・二七法六六）（抄）

（施行期日）

第一条　この法律は、公布の日から起算して一年を超えない範囲内において政令で定める日〔平成三一・六・一〕から施行する。ただし、次の各号に掲げる規定は、当該各号に定める日から施行する。

一　〔略〕

二　第三条（就学前の子どもに関する教育、保育等の総合的な提供の推進に関する法律附則第二項の改正規定に限る。）〔中略〕の規定　公布の日から起算して三月を経過した日

三　〔略〕

四　〔前略〕第三条（第二号に掲げる改正規定を除く。）〔中略〕及び〔中略〕附則第三条の規定　平成三十一年四月一日

五　〔略〕

（就学前の子どもに関する教育、保育等の総合的な提供の推進に関する法律の一部改正に伴う経過措置）

第三条　附則第一条第四号に掲げる規定の施行の際現に第三条の規定（附則第一条第二号に掲げる改正規定を除く。以下この項において同じ。）による改正前の就学前の子どもに関する教育、保育等の総合的な提供の推進に関する法律（次項において「旧認定こども園法」という。）第三条第一項又は第三項の認定を受けている施設（中核市（地方自治法第二百五十二条の二十二第一項に規定する中核市をいう。以下この条において同じ。）が設置するものに限る。）については、附則第一条第四号に掲げる規定の施行の日において当該中核市の長が第三条の規定による改正後の就学前の子どもに関する教育、保育等の総合的な提供の推進に関する法律（次項において「新認定こども園法」という。）第三条第十一項の規定による公示をしたものとみなす。この場合においては、同条第十二項の規定は、適用しない。

2　附則第十一条第一項の規定により中核市の長がした新認定こども園法第三条第一項又は第三項の認定とみなされた附則第一条第四号に掲げる規定の施行の日前に都道府県知事がした旧認定こども園法第三条第一項又は第三項の認定については、新認定こども園法第三条第十項の規定は、適用しない。

○刑法等の一部を改正する法律の施行に伴う関係法律の整理等に関する法律（抄）

令和四・六・一七
法　六　八

（就学前の子どもに関する教育、保育等の総合的な提供の推進に関する法律の一部改正）

第八十七条　就学前の子どもに関する教育、保育等の総合的な提供の推進に関する法律（平成十八年法律第七十七号）の一部を次のように改正する。

第三条第五項第四号イ及び第十七条第二項第七号イ中「禁錮」を「拘禁刑」に改める。

第三十九条中「懲役若しくは禁錮」を「拘禁刑」に改める。

附　則（抄）

（施行期日）

1　この法律は、刑法等一部改正法施行日〔令和七・六・一〕から施行する。〔ただし書略〕

○児童虐待の防止等に関する法律

平成一二・五・二四
法　八　二

最終改正　令和四・一二・一六法一〇四

（目的）

第一条　この法律は、児童虐待が児童の人権を著しく侵害し、その心身の成長及び人格の形成に重大な影響を与えるとともに、我が国における将来の世代の育成にも懸念を及ぼすことにかんがみ、児童に対する虐待の禁止、児童虐待の予防及び早期発見その他の児童虐待の防止に関する国及び地方公共団体の責務、児童虐待を受けた児童の保護及び自立の支援のための措置等を定めることにより、児童虐待の防止等に関する施策を促進し、もって児童の権利利益の擁護に資することを目的とする。

（児童虐待の定義）

第二条　この法律において、「児童虐待」とは、保護者（親権を行う者、未成年後見人その他の者で、児童を現に監護するものをいう。以下同じ。）がその監護する児童（十八歳に満たない者をいう。以下同じ。）について行う次に掲げる行為をいう。

一　児童の身体に外傷が生じ、又は生じるおそれのある暴行を加えること。

二　児童にわいせつな行為をすること又は児童をしてわいせつな行為をさせること。

三　児童の心身の正常な発達を妨げるような著しい減食又は長時間の放置、保護者以外の同居人による前二号又は次号に掲げる行為と同様の行為の放置その他の保護者としての監護を著しく怠ること。

四　児童に対する著しい暴言又は著しく拒絶的な対応、児童が同居する家庭における配偶者に対する暴力（配偶者（婚姻の届出をしていないが、事実上婚姻関係と同様の事情にある者を含む。）の身体に対する不法な攻撃であって生命又は身体に危害を及ぼすもの及びこれに準ずる心身に有害な影響を及ぼす言動をいう。）その他の児童に著しい心理的外傷を与える言動を行うこと。

（児童に対する虐待の禁止）

第三条　何人も、児童に対し、虐待をしてはならない。

（国及び地方公共団体の責務等）

第四条　国及び地方公共団体は、児童虐待の予防及び早期発見、迅速かつ適切な児童虐待を受けた児童の保護及び自立の支援（児童虐待を受けた後十八歳となった者に対する自立の支援を含む。第三項及び次条第二項において同じ。）並びに児童虐待を行った保護者に対する親子の再統合の促進への配慮その他の児童虐待を受けた児童が家庭（家庭における養育環境と同様の養育環境及び良好な家庭的環境を含む。）で生活するために必要な配慮をした適切な指導及び支援を行うため、関係省庁相互間又は関係地方公共団体相互間、市町村、児童相談所、福祉事務所、配偶者からの暴力の防止及び被害者の保護等に関する法律（平成十三年法律第三十一号）第三条第一項に規定する配偶者暴力相談支援センター（次条第一項において単に「配偶者暴力相談支援センター」という。）、学校及び医療機関の間その他関係機関及び民間団体の間の連携の強化、民間団体の支援、医療の提供体制の整備その他児童虐待の防止等のために必要な体制の整備に努めなければならない。

2　国及び地方公共団体は、児童相談所等関係機関の職員及び学校の教職員、児童福祉施設の職員、医師、歯科医師、保健師、助産師、看護師、弁護士その他児童の福祉に職務上関係のある者が児童虐待を早期に発見し、その他児童虐待の防止に寄与することができるよう、研修等必要な措置を講ずるものとする。

3　国及び地方公共団体は、児童虐待を受けた児童の保護及び自立の支援を専門的知識に基づき適切に行うことができるよう、児童相談所等関係機関の職員、学校の教職員、児童福祉施設の職員その他児童虐待を受けた児童の保護及び自立の支援の職務に携わる者の人材の確保及び資質の向上を図るため、研修等必要な措置を講ずるものとする。

4　国及び地方公共団体は、児童虐待の防止に資するため、児童の人権、児童虐待が児童に及ぼす影響、児童虐待に係る通告義務等について必要な広報その他の啓発活動に努めなければならない。

5　国及び地方公共団体は、児童虐待を受けた児童がその心身に著しく重大な被害を受けた事例の分析を行うとともに、児童虐待の予防及び早期発見のための方策、児童虐待を受けた児童のケア並びに児童虐待を行った保護者の指導及び支援のあり方、学校の教職員及び児童福祉施設の職員が児童虐待の防止に果たすべき役割その他児童虐待の防止等のために必要な事項についての調査研究及び検証を行うものとする。

6　児童相談所の所長は、児童虐待を受けた児童が住所又は居所を当該児童相談所の管轄区域外に移転する場合においては、当該児童の家庭環境その他の環境の変化による影響に鑑み、当該児童及び当該児童虐待を行った保護者について、その移転の前後において指導、助言その他の必要な支援が切れ目なく行われるよう、移転先の住所又は居所を管轄する児童相談所の所長に対し、速やかに必要な情報の提供を行うものとする。この場合において、当該情報の提供を受けた児童相談所長は、児童福祉法（昭和二十二年法律第百六十四号）第二十五条の二第一項に規定する要保護児童対策地域協議会が速やかに当該情報の交換を行うことができるための措置その他の緊密な連携を図るために必要な措置を講ずるものとする。

7　児童の親権を行う者は、児童を心身ともに健やかに育成することについて第一義的責任を有するものであって、親権を行うに当たっては、できる限り児童の利益を尊重するよう努めなければならない。

8　何人も、児童の健全な成長のために、家庭（家庭における養育環境と同様の養育環境及び良好な家庭的環境を含む。）及び近隣社会の連帯が求められていることに留意しなければならない。

（児童虐待の早期発見等）

第五条　学校、児童福祉施設、病院、都道府県警察、女性相談支援センター、教育委員会、配偶者暴力相談支援センターその他児童の福祉に業務上関係のある団体及び学校の教職員、児童福祉施設の職員、医師、歯科医師、保健師、助産師、看護師、弁護士、警察官、女性相談支援員その他児童の福祉に職務上関係のある者は、児童虐待を発見しやすい立場にあることを自覚し、児童虐待の早期発見に努めなければならない。

2　前項に規定する者は、児童虐待の予防その他の児童虐待の防止並びに児童虐待を受けた児童の保護及び自立の支援に関する国及び地方公共団体の施策に協力するよう努めなければならない。

3　第一項に規定する者は、正当な理由がなく、その職務に関して知り得た児童虐待を受けたと思われる児童に関する秘密を漏らしてはならない。

4　前項の規定その他の守秘義務に関する法律の規定は、第二項の規定による国及び地方公共団体の施策に協力するように努める義務の遵守を妨げるものと解釈してはならない。

5　学校及び児童福祉施設は、児童及び保護者に対して、児童虐待の防止のための教育又は啓発に努めなければならない。

（児童虐待に係る通告）

第六条　児童虐待を受けたと思われる児童を発見した者は、速やかに、これを市町村、都道府県の設置する福祉事務所若しくは児童相談所又は児童委員を介して市町村、都道府県の設置する福祉事務所若しくは児童相談所に通告しなければならない。

2　前項の規定による通告は、児童福祉法第二十五条第一項の規定による通告とみなして、同法の規定を適用する。

3　刑法（明治四十年法律第四十五号）の秘密漏示罪の規定その他の守秘義務に関する法律の規定は、第一項の規定による通告をする義務の遵守を妨げるものと解釈してはならない。

第七条　市町村、都道府県の設置する福祉事務所又は児童相談所が前条第一項の規定による通告を受けた場合においては、当該通告を受けた市町村、都道府県の設置する福祉事務所又は児童相談所の所長、所員その他の職員及び当該通告を仲介した児童委員は、その職務上知り得た事項であって当該通告をした者を特定させるものを漏らしてはならない。

（通告又は送致を受けた場合の措置）

第八条　市町村又は都道府県の設置する福祉事務所が第六条第一項の規定による通告を受けたときは、市町村又は福祉事務所の長は、必要に応じ近隣住民、学校の教職員、児童福祉施設の職員その他の者の協力を得つつ、当該児童との面会その他の当該児童の安全の確認を行うための措置を講ずるとともに、必要に応じ次に掲げる措置を採るものとする。

一　児童福祉法第二十五条の七第一項第一号若しくは第二項第一号又は第二十五条の八第一号の規定により当該児童を児童相談所に送致すること。

二　当該児童のうち次条第一項の規定による出頭の求め及び調査若しくは質問、第九条第一項の規定による立入り及び調査若しくは質問又は児童福祉法第三十三条第一項若しくは第二項の規定による一時保護の実施が適当であると認めるものを都道府県知事又は児童相談所長へ通知すること。

2　児童相談所が第六条第一項の規定による通告又は児童福祉法第二十五条の七第一項第一号若しくは第二項第一号若しくは第二十五条の八第一号の規定による送致を受けたときは、児童相談所長は、必要に応じ近隣住民、学校の教職員、児童福祉施設の職員その他の者の協力を得つつ、当該児童との面会その他の当該児童の安全の確認を行うための措置を講ずるとともに、必要に応じ次に掲げる措置を採るものとする。

一　児童福祉法第三十三条第一項の規定により当該児童の一時保護を行い、又は適当な者に委託して、当該一時保護を行わせること。

二　児童福祉法第二十六条第一項第三号の規定により当該児童のうち第六条第一項の規定による通告を受けたものを市町村に送致すること。

三　当該児童のうち児童福祉法第二十五条の八第三号に規定

する保育の利用等（以下この号において「保育の利用等」という。）が適当であると認めるものをその保育の利用等に係る都道府県又は市町村の長へ報告し、又は通知すること。

四　当該児童のうち児童福祉法第六条の三第二項に規定する放課後児童健全育成事業、同条第三項に規定する子育て短期支援事業、同条第五項に規定する養育支援訪問事業、同条第六項に規定する地域子育て支援拠点事業、同条第十四項に規定する子育て援助活動支援事業、子ども・子育て支援法（平成二十四年法律第六十五号）第五十九条第一号に掲げる事業その他市町村が実施する児童の健全な育成に資する事業の実施が適当であると認めるものをその事業の実施に係る市町村の長へ通知すること。

3　前二項の児童の安全の確認を行うための措置、市町村若しくは児童相談所への送致又は一時保護を行う者は、速やかにこれを行うものとする。

（出頭要求等）

第八条の二　都道府県知事は、児童虐待が行われているおそれがあると認めるときは、当該児童の保護者に対し、当該児童を同伴して出頭することを求め、児童委員又は児童の福祉に関する事務に従事する職員をして、必要な調査又は質問をさせることができる。この場合においては、その身分を証明する証票を携帯させ、関係者の請求があったときは、これを提示させなければならない。

2　都道府県知事は、前項の規定により当該児童の保護者の出頭を求めようとするときは、内閣府令で定めるところにより、当該保護者に対し、出頭を求める理由となった事実の内容、出頭を求める日時及び場所、同伴すべき児童の氏名その他必要な事項を記載した書面により告知しなければならない。

3　都道府県知事は、第一項の保護者が同項の規定による出頭の求めに応じない場合は、次条第一項の規定による児童委員又は児童の福祉に関する事務に従事する職員の立入り及び調査又は質問その他の必要な措置を講ずるものとする。

（立入調査等）

第九条　都道府県知事は、児童虐待が行われているおそれがあると認めるときは、児童委員又は児童の福祉に関する事務に従事する職員をして、児童の住所又は居所に立ち入り、必要な調査又は質問をさせることができる。この場合においては、その身分を証明する証票を携帯させ、関係者の請求があったときは、これを提示させなければならない。

2　前項の規定による児童委員又は児童の福祉に関する事務に従事する職員の立入り及び調査又は質問は、児童福祉法第二十九条の規定による児童委員又は児童の福祉に関する事務に従事する職員の立入り及び調査又は質問とみなして、同法第六十一条の五第二項の規定を適用する。

（再出頭要求等）

第九条の二　都道府県知事は、第八条の二第一項の保護者又は前条第一項の児童の保護者が正当な理由なく同項の規定による児童委員又は児童の福祉に関する事務に従事する職員の立入り又は調査を拒み、妨げ、又は忌避した場合において、児童虐待が行われているおそれがあると認めるときは、当該保護者に対し、当該児童を同伴して出頭することを求め、児童委員又は児童の福祉に関する事務に従事する職員をして、必要な調査又は質問をさせることができる。この場合においては、その身分を証明する証票を携帯させ、関係者の請求があったときは、これを提示させなければならない。

2　第八条の二第二項の規定は、前項の規定による出頭の求めについて準用する。

（臨検、捜索等）

第九条の三　都道府県知事は、第八条の二第一項の保護者又は第九条第一項の児童の保護者が正当な理由なく同項の規定による児童委員又は児童の福祉に関する事務に従事する職員の立入り又は調査を拒み、妨げ、又は忌避した場合において、児童虐待が行われている疑いがあるときは、当該児童の安全の確認を行い、又はその安全を確保するため、児童の福祉に関する事務に従事する職員をして、当該児童の住所又は居所の所在地を管轄する地方裁判所、家庭裁判所又は簡易裁判所の裁判官があらかじめ発する許可状により、当該児童の住所若しくは居所に臨検させ、又は当該児童を捜索させることができる。

2　都道府県知事は、前項の規定による臨検又は捜索をさせるときは、児童の福祉に関する事務に従事する職員をして、必要な調査又は質問をさせることができる。

3　都道府県知事は、第一項の許可状（以下「許可状」という。）を請求する場合においては、児童虐待が行われている疑いがあると認められる資料、臨検させようとする住所又は居所に当該児童が現在すると認められる資料及び当該児童の保護者が第九条第一項の規定による立入り又は調査を拒み、妨げ、又は忌避したことを証する資料を提出しなければならない。

4　前項の請求があった場合においては、地方裁判所、家庭裁判所又は簡易裁判所の裁判官は、臨検すべき場所又は捜索すべき児童の氏名並びに有効期間、その期間経過後は執行に着手することができずこれを返還しなければならない旨、交付の年月日及び裁判所名を記載し、自己の記名押印した許可状を都道府県知事に交付しなければならない。

5　都道府県知事は、許可状を児童の福祉に関する事務に従事する職員に交付して、第一項の規定による臨検又は捜索をさせるものとする。

6　第一項の規定による臨検又は捜索に係る制度は、児童虐待が保護者がその監護する児童に対して行うものであるために他人から認知されること及び児童がその被害から自ら逃れることが困難である等の特別の事情から児童の生命又は身体に重大な危険を生じさせるおそれがあることにかんがみ特に設けられたものであることを十分に踏まえた上で、適切に運用されなければならない。

（臨検又は捜索の夜間執行の制限）

第九条の四　前条第一項の規定による臨検又は捜索は、許可状に夜間でもすることができる旨の記載がなければ、日没から日の出までの間には、してはならない。

2　日没前に開始した前条第一項の規定による臨検又は捜索は、必要があると認めるときは、日没後まで継続することができる。

できる。

（許可状の提示）

第九条の五　第九条の三第一項の規定による臨検又は捜索の許可状は、これらの処分を受ける者に提示しなければならない。

（身分の証明）

第九条の六　児童の福祉に関する事務に従事する職員は、第九条の三第一項の規定による臨検若しくは捜索又は同条第二項の規定による調査若しくは質問（以下「臨検等」という。）をするときは、その身分を示す証票を携帯し、関係者の請求があったときは、これを提示しなければならない。

（臨検又は捜索に際しての必要な処分）

第九条の七　児童の福祉に関する事務に従事する職員は、第九条の三第一項の規定による臨検又は捜索をするに当たって必要があるときは、錠をはずし、その他必要な処分をすることができる。

（臨検等をする間の出入りの禁止）

第九条の八　児童の福祉に関する事務に従事する職員は、臨検等をする間は、何人に対しても、許可を受けないでその場所に出入りすることを禁止することができる。

（責任者等の立会い）

第九条の九　児童の福祉に関する事務に従事する職員は、第九条の三第一項の規定による臨検又は捜索をするときは、当該児童の住所若しくは居所の所有者若しくは管理者（これらの者の代表者、代理人その他これらの者に代わるべき者を含む。）又は同居の親族で成年に達した者を立ち会わせなければならない。

2　前項の場合において、同項に規定する者を立ち会わせることができないときは、その隣人で成年に達した者又はその地の地方公共団体の職員を立ち会わせなければならない。

（警察署長に対する援助要請等）

第十条　児童相談所長は、第八条第二項の児童の安全の確認を行おうとする場合、又は同項第一号の一時保護を行おうとし、若しくは行わせようとする場合において、これらの職務の執行に際し必要があると認めるときは、当該児童の住所又は居所の所在地を管轄する警察署長に対し援助を求めることができる。都道府県知事が、第九条第一項の規定による立入り及び調査若しくは質問をさせ、又は臨検等をさせようとする場合についても、同様とする。

2　児童相談所長又は都道府県知事は、児童の安全の確認及び安全の確保に万全を期する観点から、必要に応じ迅速かつ適切に、前項の規定により警察署長に対し援助を求めなければならない。

3　警察署長は、第一項の規定による援助の求めを受けた場合において、児童の生命又は身体の安全を確認し、又は確保するため必要と認めるときは、速やかに、所属の警察官に、同項の職務の執行を援助するために必要な警察官職務執行法（昭和二十三年法律第百三十六号）その他の法令の定めるところによる措置を講じさせるよう努めなければならない。

（調書）

第十条の二　児童の福祉に関する事務に従事する職員は、第九条の三第一項の規定による臨検又は捜索をしたときは、これらの処分をした年月日及びその結果を記載した調書を作成し、立会人に示し、当該立会人とともにこれに署名押印しなければならない。ただし、立会人が署名押印をせず、又は署名押印することができないときは、その旨を付記すれば足りる。

（都道府県知事への報告）

第十条の三　児童の福祉に関する事務に従事する職員は、臨検等を終えたときは、その結果を都道府県知事に報告しなければならない。

（行政手続法の適用除外）

第十条の四　臨検等に係る処分については、行政手続法（平成五年法律第八十八号）第三章の規定は、適用しない。

（審査請求の制限）

第十条の五　臨検等に係る処分については、審査請求をすることができない。

（行政事件訴訟の制限）

第十条の六　臨検等に係る処分については、行政事件訴訟法（昭和三十七年法律第百三十九号）第三十七条の四の規定による差止めの訴えを提起することができない。

（児童虐待を行った保護者に対する指導等）

第十一条　都道府県知事又は児童相談所長は、児童虐待を行った保護者について児童福祉法第二十七条第一項第二号又は第二十六条第一項第二号の規定により指導を行う場合は、当該保護者について、児童虐待の再発を防止するため、医学的又は心理学的知見に基づく指導を行うよう努めるものとする。

2　児童虐待を行った保護者について児童福祉法第二十七条第一項第二号の規定により行われる指導は、親子の再統合への配慮その他の児童虐待を受けた児童が家庭（家庭における養育環境と同様の養育環境及び良好な家庭的環境を含む。）で生活するために必要な配慮の下に適切に行われなければならない。

3　児童虐待を行った保護者について児童福祉法第二十七条第一項第二号の措置が採られた場合においては、当該保護者は、同号の指導を受けなければならない。

4　前項の場合において保護者が同項の指導を受けないときは、都道府県知事は、当該保護者に対し、同項の指導を受けるよう勧告することができる。

5　都道府県知事は、前項の規定による勧告を受けた保護者が当該勧告に従わない場合において必要があると認めるときは、児童福祉法第三十三条第二項の規定により児童相談所長をして児童虐待を受けた児童の一時保護を行わせ、又は適当な者に当該一時保護を行うことを委託させ、同法第二十七条第一項第三号又は第二十八条第一項の規定による措置を採る等の必要な措置を講ずるものとする。

6　児童相談所長は、第四項の規定による勧告を受けた保護者が当該勧告に従わず、その監護する児童に対し親権を行わせることが著しく当該児童の福祉を害する場合には、必要に応じて、適切に、児童福祉法第三十三条の七の規定による請求を行うものとする。

7　都道府県は、保護者への指導（第二項の指導及び児童虐待を行った保護者に対する児童福祉法第十一条第一項第二号ニの規定による指導をいう。以下この項において同じ。）を効果的に行うため、同法第十三条第五項に規定する指導教育担当児童福祉司に同項に規定する指導及び教育のほか保護者への指導を行う者に対する専門的技術に関する指導及び教育を行わせるとともに、第八条の二第一項の規定による調査若しくは質問、第九条第一項の規定による立入り及び調査若しくは質問、第九条の二第一項の規定による調査若しくは質問、第九条の三第一項の規定による臨検若しくは捜索又は同条第二項の規定による調査若しくは質問をした児童の福祉に関する事務に従事する職員並びに同法第三十三条第一項又は第二項の規定による児童の一時保護を行った児童福祉司以外の者に当該児童に係る保護者への指導を行わせることその他の必要な措置を講じなければならない。

（面会等の制限等）

第十二条　児童虐待を受けた児童について児童福祉法第二十七条第一項第三号の措置（以下「施設入所等の措置」という。）が採られ、又は同法第三十三条第一項若しくは第二項の規定による一時保護が行われた場合において、児童虐待の防止及び児童虐待を受けた児童の保護のため必要があると認めるときは、児童相談所長及び当該児童について施設入所等の措置が採られている場合における当該施設入所等の措置に係る同号に規定する施設の長は、内閣府令で定めるところにより、当該児童虐待を行った保護者について、次に掲げる行為の全部又は一部を制限することができる。

一　当該児童との面会

二　当該児童との通信

2　前項の施設の長は、同項の規定による制限を行った場合又は行わなくなった場合は、その旨を児童相談所長に通知するものとする。

3　児童虐待を受けた児童について施設入所等の措置（児童福祉法第二十八条の規定によるものに限る。）が採られ、又は同法第三十三条第一項若しくは第二項の規定による一時保護が行われた場合において、当該児童虐待を行った保護者に対し当該児童の住所又は居所を明らかにしたとすれば、当該保護者が当該児童を連れ戻すおそれがある等再び児童虐待が行われるおそれがあり、又は当該児童の保護に支障をきたすと認めるときは、児童相談所長は、当該保護者に対し、当該児童の住所又は居所を明らかにしないものとする。

第十二条の二　児童虐待を受けた児童について施設入所等の措置（児童福祉法第二十八条の規定によるものを除く。以下この項において同じ。）が採られた場合において、当該児童虐待を行った保護者に当該児童を引き渡した場合には再び児童虐待が行われるおそれがあると認められるにもかかわらず、当該保護者が当該児童の引渡しを求めること、当該保護者が前条第一項の規定による制限に従わないことその他の事情から当該児童について当該施設入所等の措置を採ることが当該保護者の意に反し、これを継続することが困難であると認めるときは、児童相談所長は、次項の報告を行うに至るまで、同法第三十三条第一項の規定により当該児童の一時保護を行い、又は適当な者に委託して、当該一時保護を行わせることができる。

2　児童相談所長は、前項の一時保護を行った、又は行わせた場合には、速やかに、児童福祉法第二十六条第一項第一号の規定に基づき、同法第二十八条の規定による施設入所等の措置を要する旨を都道府県知事に報告しなければならない。

第十二条の三　児童相談所長は、児童福祉法第三十三条第一項の規定により、児童虐待を受けた児童について一時保護を行っている、又は適当な者に委託して、一時保護を行わせている場合（前条第一項の一時保護を行っている、又は行わせている場合を除く。）において、当該児童について施設入所等の措置を要すると認めるときであって、当該児童虐待を行った保護者に当該児童を引き渡した場合には再び児童虐待が行われるおそれがあると認められるにもかかわらず、当該保護者が当該児童の引渡しを求めること、当該保護者が第十二条第一項の規定による制限に従わないことその他の事情から当該児童について施設入所等の措置を採ることが当該保護者の意に反すると認めるときは、速やかに、同法第二十六条第一項第一号の規定に基づき、同法第二十八条の規定による施設入所等の措置を要する旨を都道府県知事に報告しなければならない。

第十二条の四　都道府県知事又は児童相談所長は、児童虐待を受けた児童について施設入所等の措置が採られ、又は児童福祉法第三十三条第一項若しくは第二項の規定による一時保護が行われ、かつ、第十二条第一項の規定により、当該児童虐待を行った保護者について、同項各号に掲げる行為の全部が制限されている場合において、児童虐待の防止及び児童虐待を受けた児童の保護のため特に必要があると認めるときは、内閣府令で定めるところにより、六月を超えない期間を定めて、当該保護者に対し、当該児童の住所若しくは居所、就学する学校その他の場所において当該児童の身辺につきまとい、又は当該児童の住所若しくは居所、就学する学校その他その通常所在する場所（通学路その他の当該児童が日常生活又は社会生活を営むために通常移動する経路を含む。）の付近をはいかいしてはならないことを命ずることができる。

2　都道府県知事又は児童相談所長は、前項に規定する場合において、引き続き児童虐待の防止及び児童虐待を受けた児童の保護のため特に必要があると認めるときは、六月を超えない期間を定めて、同項の規定による命令に係る期間を更新することができる。

3　都道府県知事又は児童相談所長は、第一項の規定による命令をしようとするとき（前項の規定により第一項の規定による命令に係る期間を更新しようとするときを含む。）は、行政手続法第十三条第一項の規定による意見陳述のための手続の区分にかかわらず、聴聞を行わなければならない。

4　第一項の規定による命令をするとき（第二項の規定により第一項の規定による命令に係る期間を更新するときを含む。）は、内閣府令で定める事項を記載した命令書を交付しなければならない。

5　第一項の規定による命令が発せられた後に施設入所等の措置が解除され、停止され、若しくは他の措置に変更された場合、児童福祉法第三十三条第一項若しくは第二項の規定による一時保護が解除された場合又は第十二条第一項の規定による制限の全部若しくは一部が行われなくなった場合は、当該命令は、その効力を失う。同法第二十八条第三項の規定により引き続き施設入所等の措置が採られ、又は同法第三十三条第六項の規定により引き続き一時保護が行われている場合において、第一項の規定による命令が発せられたときであって、当該命令に係る期間が経過する前に同法第二十八条第二項の規定による当該施設入所等の措置の期間の更新に係る承認の申立てに対する審判又は同法第三十三条第五項本文の規定による引き続いての一時保護に係る承認の申立てに対する審判が確定したときも、同様とする。

6　都道府県知事又は児童相談所長は、第一項の規定による命令をした場合において、その必要がなくなったと認めるときは、内閣府令で定めるところにより、その命令を取り消さなければならない。

（施設入所等の措置の解除等）

第十三条　都道府県知事は、児童虐待を受けた児童について施設入所等の措置が採られ、及び当該児童の保護者について児童福祉法第二十七条第一項第二号の措置が採られた場合において、当該児童について採られた施設入所等の措置を解除しようとするときは、当該児童の保護者について同号の指導を行うこととされた児童福祉司等の意見を聴くとともに、当該児童の保護者に対し採られた当該指導の効果、当該児童に対し再び児童虐待が行われることを予防するために採られる措置について見込まれる効果、当該児童の家庭環境その他内閣府令で定める事項を勘案しなければならない。

2　都道府県知事は、児童虐待を受けた児童について施設入所等の措置が採られ、又は児童福祉法第三十三条第二項の規定による一時保護が行われた場合において、当該児童について採られた施設入所等の措置又は行われた一時保護を解除するときは、当該児童の保護者に対し、親子の再統合の促進その他の児童虐待を受けた児童が家庭で生活することを支援するために必要な助言を行うことができる。

3　都道府県知事は、前項の助言に係る事務の全部又は一部を内閣府令で定める者に委託することができる。

4　前項の規定により行われる助言に係る事務に従事する者又は従事していた者は、正当な理由がなく、その事務に関して知り得た秘密を漏らしてはならない。

（施設入所等の措置の解除時の安全確認等）

第十三条の二　都道府県は、児童虐待を受けた児童について施設入所等の措置が採られ、又は児童福祉法第三十三条第二項の規定による一時保護が行われた場合において、当該児童について採られた施設入所等の措置若しくは行われた一時保護を解除するとき又は当該児童が一時的に帰宅するときは、必要と認める期間、市町村、児童福祉施設その他の関係機関との緊密な連携を図りつつ、当該児童の家庭を継続的に訪問することにより当該児童の安全の確認を行うとともに、当該児童の保護者からの相談に応じ、当該児童の養育に関する指導、助言その他の必要な支援を行うものとする。

（児童虐待を受けた児童等に対する支援）

第十三条の三　市町村は、子ども・子育て支援法第二十七条第一項に規定する特定教育・保育施設（次項において「特定教育・保育施設」という。）又は同法第四十三条第二項に規定する特定地域型保育事業（次項において「特定地域型保育事業」という。）の利用について、同法第四十二条第一項若しくは第五十四条第一項の規定により相談、助言若しくはあっせん若しくは要請を行う場合又は児童福祉法第二十四条第三項の規定により調整若しくは要請を行う場合には、児童虐待の防止に寄与するため、特別の支援を要する家庭の福祉に配慮をしなければならない。

2　特定教育・保育施設の設置者又は子ども・子育て支援法第二十九条第一項に規定する特定地域型保育事業者は、同法第三十三条第二項又は第四十五条第二項の規定により当該特定教育・保育施設を利用する児童（同法第十九条第二号又は第三号に該当する児童に限る。以下この項において同じ。）又は当該特定地域型保育事業者に係る特定地域型保育事業を利用する児童を選考するときは、児童虐待の防止に寄与するため、特別の支援を要する家庭の福祉に配慮をしなければならない。

3　国及び地方公共団体は、児童虐待を受けた児童がその年齢及び能力に応じ充分な教育が受けられるようにするため、教育の内容及び方法の改善及び充実を図る等必要な施策を講じなければならない。

4　国及び地方公共団体は、居住の場所の確保、進学又は就業の支援その他の児童虐待を受けた者の自立の支援のための施策を講じなければならない。

（資料又は情報の提供）

第十三条の四　地方公共団体の機関及び病院、診療所、児童福祉施設、学校その他児童の医療、福祉又は教育に関係する機関（地方公共団体の機関を除く。）並びに医師、歯科医師、保健師、助産師、看護師、児童福祉施設の職員、学校の教職員その他児童の医療、福祉又は教育に関連する職務に従事する者は、市町村長、都道府県の設置する福祉事務所の長又は児童相談所長から児童虐待に係る児童又はその保護者の心身の状況、これらの者の置かれている環境その他児童虐待の防止等に係る当該児童、その保護者その他の関係者に関する資料又は情報の提供を求められたときは、当該資料又は情報について、当該市町村長、都道府県の設置する福祉事務所の長又は児童相談所長が児童虐待の防止等に関する事務又は業務の遂行に必要な限度で利用し、かつ、利用することに相当の理由があるときは、これを提供することができる。ただし、当該資料又は情報を提供することによって、当該資料又は情報に係る児童、その保護者その他の関係者又は第三者の権利利益を不当に侵害するおそれがあると認められるときは、この限りでない。

（都道府県児童福祉審議会等への報告）

第十三条の五　都道府県知事は、児童福祉法第八条第二項に規定する都道府県児童福祉審議会（同条第一項ただし書に規定する都道府県にあっては、地方社会福祉審議会）に、第九条第一項の規定による立入り及び調査又は質問、臨検等並びに児童虐待を受けた児童に行われた同法第三十三条第一項又は第二項の規定による一時保護の実施状況、児童の心身に著しく重大な被害を及ぼした児童虐待の事例その他の内閣府令で定める事項を報告しなければならない。

（児童の人格の尊重等）

第十四条　児童の親権を行う者は、児童のしつけに際して、児童の人格を尊重するとともに、その年齢及び発達の程度に配慮しなければならず、かつ、体罰その他の児童の心身の健全な発達に有害な影響を及ぼす言動をしてはならない。

２　児童の親権を行う者は、児童虐待に係る暴行罪、傷害罪その他の犯罪について、当該児童の親権を行う者であることを理由として、その責めを免れることはない。

（親権の喪失の制度の適切な運用）

第十五条　民法（明治二十九年法律第八十九号）に規定する親権の喪失の制度は、児童虐待の防止及び児童虐待を受けた児童の保護の観点からも、適切に運用されなければならない。

（大都市等の特例）

第十六条　この法律中都道府県が処理することとされている事務で政令で定めるものは、地方自治法（昭和二十二年法律第六十七号）第二百五十二条の十九第一項の指定都市（以下「指定都市」という。）及び同法第二百五十二条の二十二第一項の中核市（以下「中核市」という。）並びに児童福祉法第五十九条の四第一項に規定する児童相談所設置市においては、政令で定めるところにより、指定都市若しくは中核市又は児童相談所設置市（以下「指定都市等」という。）が処理するものとする。この場合においては、この法律中都道府県に関する規定は、指定都市等に関する規定として指定都市等に適用があるものとする。

（罰則）

第十七条　第十二条の四第一項の規定による命令（同条第二項の規定により同条第一項の規定による命令に係る期間が更新された場合における当該命令を含む。）に違反した者は、一年以下の懲役又は百万円以下の罰金に処する。

第十八条　第十三条第四項の規定に違反した者は、一年以下の懲役又は五十万円以下の罰金に処する。

附　則（抄）

（施行期日）

第一条　この法律は、公布の日から起算して六月を超えない範囲内において政令で定める日〔平成一二・一一・二〇〕から施行する。〔ただし書略〕

（検討）

第二条　児童虐待の防止等のための制度については、この法律の施行後三年を目途として、この法律の施行状況等を勘案し、検討が加えられ、その結果に基づいて必要な措置が講ぜられるものとする。

附　則（平成一九・六・一法七三）（抄）

（施行期日）

第一条　この法律は、平成二十年四月一日から施行する。

（検討）

第二条　政府は、この法律の施行後三年以内に、児童虐待の防止等を図り、児童の権利利益を擁護する観点から親権に係る制度の見直しについて検討を行い、その結果に基づいて必要な措置を講ずるものとする。

２　政府は、児童虐待を受けた児童の社会的養護に関し、里親及び児童養護施設等の量的拡充に係る方策、児童養護施設等における虐待の防止を含む児童養護施設等の運営の質的向上に係る方策、児童養護施設等に入所した児童に対する教育及び自立の支援の更なる充実に係る方策その他必要な事項について速やかに検討を行い、その結果に基づいて必要な措置を講ずるものとする。

○児童福祉法等の一部を改正する法律（抄）

令和四・六・一五
法　六　六

（児童虐待の防止等に関する法律の一部改正）

第七条　児童虐待の防止等に関する法律（平成十二年法律第八十二号）の一部を次のように改正する。

第八条第二項第三号中「児童福祉法」の下に「第六条の三第十八項に規定する妊産婦等生活援助事業の実施又は同法」を、「その」の下に「妊産婦等生活援助事業の実施又は」を加え、同項第四号中「地域子育て支援拠点事業」の下に「、同条第七項に規定する一時預かり事業」を、「子育て援助活動支援事業」の下に「、同条第十九項に規定する子育て世帯訪問支援事業、同条第二十項に規定する児童育成支援拠点事業、同条第二十一項に規定する親子関係形成支援事業」を加える。

第十二条の四第五項中「第三十三条第六項」を「第三十三条第十五項」に、「第三十三条第五項本文」を「第三十三条第十四項本文」に改める。

附　則（抄）

（施行期日）

第一条　この法律は、令和六年四月一日から施行する。ただし、次の各号に掲げる規定は、当該各号に定める日から施行する。

一～四　〔略〕

五　〔前略〕第七条中児童虐待の防止等に関する法律第十二条の四第五項の改正規定〔中略〕公布の日から起算して三年を超えない範囲内において政令で定める日

○刑法等の一部を改正する法律の施行に伴う関係法律の整理等に関する法律（抄）

令和四・六・一七
法　　六　　八

改正　令和四・五・二五法五二

（船員保険法等の一部改正）
第二百二十一条　次に掲げる法律の規定中「懲役」を「拘禁刑」に改める。
一～五十七　〔略〕
五十八　児童虐待の防止等に関する法律（平成十二年法律第八十二号）第十七条及び第十八条
五十九～八十九　〔略〕

附　則（抄）

（施行期日）
1　この法律は、刑法等一部改正法施行日〔令和七・六・一〕から施行する。〔ただし書略〕

○児童買春、児童ポルノに係る行為等の規制及び処罰並びに児童の保護等に関する法律

平成一一・五・二六
法　五　二

最終改正　令和四・六・二二法七六

第一章　総則

（目的）

第一条　この法律は、児童に対する性的搾取及び性的虐待が児童の権利を著しく侵害することの重大性に鑑み、あわせて児童の権利の擁護に関する国際的動向を踏まえ、児童買春、児童ポルノに係る行為等を規制し、及びこれらの行為等を処罰するとともに、これらの行為等により心身に有害な影響を受けた児童の保護のための措置等を定めることにより、児童の権利を擁護することを目的とする。

（定義）

第二条　この法律において「児童」とは、十八歳に満たない者をいう。

2　この法律において「児童買春」とは、次の各号に掲げる者に対し、対償を供与し、又はその供与の約束をして、当該児童に対し、性交等（性交若しくは性交類似行為をし、又は自己の性的好奇心を満たす目的で、児童の性器等（性器、肛門又は乳首をいう。以下同じ。）を触り、若しくは児童に自己の性器等を触らせることをいう。以下同じ。）をすることをいう。

一　児童

二　児童に対する性交等の周旋をした者

三　児童の保護者（親権を行う者、未成年後見人その他の者で、児童を現に監護するものをいう。以下同じ。）又は児童をその支配下に置いている者

3　この法律において「児童ポルノ」とは、写真、電磁的記録（電子的方式、磁気的方式その他人の知覚によっては認識することができない方式で作られる記録であって、電子計算機による情報処理の用に供されるものをいう。以下同じ。）に係る記録媒体その他の物であって、次の各号のいずれかに掲げる児童の姿態を視覚により認識することができる方法により描写したものをいう。

一　児童を相手方とする又は児童による性交又は性交類似行為に係る児童の姿態

二　他人が児童の性器等を触る行為又は児童が他人の性器等を触る行為に係る児童の姿態であって性欲を興奮させ又は刺激するもの

三　衣服の全部又は一部を着けない児童の姿態であって、殊更に児童の性的な部位（性器等若しくはその周辺部、臀部又は胸部をいう。）が露出され又は強調されているものであり、かつ、性欲を興奮させ又は刺激するもの

（適用上の注意）

第三条　この法律の適用に当たっては、学術研究、文化芸術活動、報道等に関する国民の権利及び自由を不当に侵害しないように留意し、児童に対する性的搾取及び性的虐待から児童を保護しその権利を擁護するとの本来の目的を逸脱して他の目的のためにこれを濫用するようなことがあってはならない。

（児童買春、児童ポルノの所持その他児童に対する性的搾取及び性的虐待に係る行為の禁止）

第三条の二　何人も、児童買春をし、又はみだりに児童ポルノを所持し、若しくは第二条第三項各号のいずれかに掲げる児童の姿態を視覚により認識することができる方法により描写した情報を記録した電磁的記録を保管することその他児童に対する性的搾取又は性的虐待に係る行為をしてはならない。

第二章　児童買春、児童ポルノに係る行為等の処罰等

（児童買春）

第四条　児童買春をした者は、五年以下の懲役又は三百万円以下の罰金に処する。

（児童買春周旋）

第五条　児童買春の周旋をした者は、五年以下の懲役若しくは五百万円以下の罰金に処し、又はこれを併科する。

2　児童買春の周旋をすることを業とした者は、七年以下の懲役及び千万円以下の罰金に処する。

（児童買春勧誘）

第六条　児童買春の周旋をする目的で、人に児童買春をするように勧誘した者は、五年以下の懲役若しくは五百万円以下の罰金に処し、又はこれを併科する。

2　前項の目的で、人に児童買春をするように勧誘することを業とした者は、七年以下の懲役及び千万円以下の罰金に処する。

（児童ポルノ所持、提供等）

第七条　自己の性的好奇心を満たす目的で、児童ポルノを所持した者（自己の意思に基づいて所持するに至った者であり、かつ、当該者であることが明らかに認められる者に限る。）は、一年以下の懲役又は百万円以下の罰金に処する。自己の性的好奇心を満たす目的で、第二条第三項各号のいずれかに掲げる児童の姿態を視覚により認識することができる方法により描写した情報を記録した電磁的記録を保管した者（自己の意思に基づいて保管するに至った者であり、かつ、当該者であることが明らかに認められる者に限る。）も、同様とする。

2　児童ポルノを提供した者は、三年以下の懲役又は三百万円以下の罰金に処する。電気通信回線を通じて第二条第三項各号のいずれかに掲げる児童の姿態を視覚により認識することができる方法により描写した情報を記録した電磁的記録その他の記録を提供した者も、同様とする。

3　前項に掲げる行為の目的で、児童ポルノを製造し、所持し、運搬し、本邦に輸入し、又は本邦から輸出した者も、同項と同様とする。同項に掲げる行為の目的で、同項の電磁的記録を保管した者も、同様とする。

4　前項に規定するもののほか、児童に第二条第三項各号のいずれかに掲げる姿態をとらせ、これを写真、電磁的記録に係る記録媒体その他の物に描写することにより、当該児童に係る児童ポルノを製造した者も、第二項と同様とする。

5　前二項に規定するもののほか、ひそかに第二条第三項各号のいずれかに掲げる児童の姿態を写真、電磁的記録に係る記録媒体その他の物に描写することにより、当該児童に係る児童ポルノを製造した者も、第二項と同様とする。

6　児童ポルノを不特定若しくは多数の者に提供し、又は公然と陳列した者は、五年以下の懲役若しくは五百万円以下の罰金に処し、又はこれを併科する。電気通信回線を通じて第二条第三項各号のいずれかに掲げる児童の姿態を視覚により認識することができる方法により描写した情報を記録した電磁的記録その他の記録を不特定又は多数の者に提供した者も、同様とする。

7　前項に掲げる行為の目的で、児童ポルノを製造し、所持し、運搬し、本邦に輸入し、又は本邦から輸出した者も、同項と同様とする。同項に掲げる行為の目的で、同項の電磁的記録を保管した者も、同様とする。

8　第六項に掲げる行為の目的で、児童ポルノを外国に輸入し、又は外国から輸出した日本国民も、同項と同様とする。

（児童買春等目的人身売買等）

第八条　児童を児童買春における性交等の相手方とさせ又は第二条第三項各号のいずれかに掲げる児童の姿態を描写して児童ポルノを製造する目的で、当該児童を売買した者は、一年以上十年以下の懲役に処する。

2　前項の目的で、外国に居住する児童で略取され、誘拐され、又は売買されたものをその居住国外に移送した日本国民は、二年以上の有期懲役に処する。

3　前二項の罪の未遂は、罰する。

（児童の年齢の知情）

第九条　児童を使用する者は、児童の年齢を知らないことを理由として、第五条、第六条、第七条第二項から第八項まで及び前条の規定による処罰を免れることができない。ただし、過失がないときは、この限りでない。

（国民の国外犯）

第十条　第四条から第六条まで、第七条第一項から第七項まで並びに第八条第一項及び第三項（同条第一項に係る部分に限る。）の罪は、刑法（明治四十年法律第四十五号）第三条の例に従う。

（両罰規定）

第十一条　法人の代表者又は法人若しくは人の代理人、使用人その他の従業者が、その法人又は人の業務に関し、第五条、第六条又は第七条第二項から第八項までの罪を犯したときは、行為者を罰するほか、その法人又は人に対して各本条の罰金刑を科する。

（捜査及び公判における配慮等）

第十二条　第四条から第八条までの罪に係る事件の捜査及び公判に職務上関係のある者（次項において「職務関係者」という。）は、その職務を行うに当たり、児童の人権及び特性に配慮するとともに、その名誉及び尊厳を害しないよう注意しなければならない。

2　国及び地方公共団体は、職務関係者に対し、児童の人権、特性等に関する理解を深めるための訓練及び啓発を行うよう努めるものとする。

（記事等の掲載等の禁止）

第十三条　第四条から第八条までの罪に係る事件に係る児童については、その氏名、年齢、職業、就学する学校の名称、住居、容貌等により当該児童が当該事件に係る者であることを推知することができるような記事若しくは写真又は放送番組を、新聞紙その他の出版物に掲載し、又は放送してはならない。

（教育、啓発及び調査研究）

第十四条　国及び地方公共団体は、児童買春、児童ポルノの所持、提供等の行為が児童の心身の成長に重大な影響を与えるものであることに鑑み、これらの行為を未然に防止することができるよう、児童の権利に関する国民の理解を深めるための教育及び啓発に努めるものとする。

2　国及び地方公共団体は、児童買春、児童ポルノの所持、提供等の行為の防止に資する調査研究の推進に努めるものとする。

第三章　心身に有害な影響を受けた児童の保護のための措置

（心身に有害な影響を受けた児童の保護）

第十五条　こども家庭庁、法務省、都道府県警察、児童相談所、福祉事務所その他の国、都道府県又は市町村の関係行政機関は、児童買春の相手方となったこと、児童ポルノに描写されたこと等により心身に有害な影響を受けた児童に対し、相互に連携を図りつつ、その心身の状況、その置かれている環境等に応じ、当該児童がその受けた影響から身体的及び心理的に回復し、個人の尊厳を保って成長することができるよう、相談、指導、一時保護、施設への入所その他の必要な保護のための措置を適切に講ずるものとする。

2　前項の関係行政機関は、同項の措置を講ずる場合において、同項の児童の保護のため必要があると認めるときは、その保護者に対し、相談、指導その他の措置を講ずるものとする。

（心身に有害な影響を受けた児童の保護のための体制の整備）

第十六条　国及び地方公共団体は、児童買春の相手方となったこと、児童ポルノに描写されたこと等により心身に有害な影響を受けた児童について専門的知識に基づく保護を適切に行うことができるよう、これらの児童の保護に関する調査研究の推進、これらの児童の保護を行う者の資質の向上、これらの児童が緊急に保護を必要とする場合における関係機関の連携協力体制の強化、これらの児童の保護を行う民間の団体との連携協力体制の整備等必要な体制の整備に努めるものとする。

（心身に有害な影響を受けた児童の保護に関する施策の検証等）

第十六条の二　こども家庭審議会及び犯罪被害者等施策推進会議は、相互に連携して、児童買春の相手方となったこと、児童ポルノに描写されたこと等により心身に有害な影響を受けた児童の保護に関する施策の実施状況等について、当該児童の保護に関する専門的な知識経験を有する者の知見を活用しつつ、定期的に検証及び評価を行うものとする。

2　こども家庭審議会又は犯罪被害者等施策推進会議は、前項の検証及び評価の結果を勘案し、必要があると認めるときは、当該児童の保護に関する施策の在り方について、それぞれ内閣総理大臣又は関係行政機関に意見を述べるものとする。

3　内閣総理大臣又は関係行政機関は、前項の意見があった場合において必要があると認めるときは、当該児童の保護を図るために必要な施策を講ずるものとする。

第四章　雑則

（インターネットの利用に係る事業者の努力）

第十六条の三　インターネットを利用した不特定の者に対する情報の発信又はその情報の閲覧等のために必要な電気通信役務（電気通信事業法（昭和五十九年法律第八十六号）第二条第三号に規定する電気通信役務をいう。）を提供する事業者は、児童ポルノの所持、提供等の行為による被害がインターネットを通じて容易に拡大し、これにより一旦国内外に児童ポルノが拡散した場合においてはその廃棄、削除等による児童の権利回復は著しく困難になることに鑑み、捜査機関への協力、当該事業者が有する管理権限に基づき児童ポルノに係る情報の送信を防止する措置その他インターネットを利用したこれらの行為の防止に資するための措置を講ずるよう努めるものとする。

（国際協力の推進）

第十七条　国は、第三条の二から第八条までの規定に係る行為の防止及び事件の適正かつ迅速な捜査のため、国際的な緊密な連携の確保、国際的な調査研究の推進その他の国際協力の推進に努めるものとする。

附　則（抄）

（施行期日）

第一条　この法律は、公布の日から起算して六月を超えない範囲内において政令で定める日〔平成一一・一一・一〕から施行する。

（条例との関係）

第二条　地方公共団体の条例の規定で、この法律で規制する行為を処罰する旨を定めているものの当該行為に係る部分については、この法律の施行と同時に、その効力を失うものとする。

2　前項の規定により条例の規定がその効力を失う場合において、当該地方公共団体が条例で別段の定めをしないときは、その失効前にした違反行為の処罰については、その失効後も、なお従前の例による。

（検討）

第六条　児童買春及び児童ポルノの規制その他の児童を性的搾取及び性的虐待から守るための制度については、この法律の施行後三年を目途として、この法律の施行状況、児童の権利の擁護に関する国際的動向等を勘案し、検討が加えられ、その結果に基づいて必要な措置が講ぜられるものとする。

附　則（平成二六・六・二五法七九）（抄）

（施行期日等）

第一条　この法律は、公布の日から起算して二十日を経過した日から施行する。

2　この法律による改正後の第七条第一項の規定は、この法律の施行の日から一年間は、適用しない。

（経過措置）

第二条　この法律の施行前にした行為に対する罰則の適用については、なお従前の例による。

（検討）

第三条　政府は、インターネットを利用した児童ポルノに係る情報の閲覧等を制限するための措置（次項において「インターネットによる閲覧の制限」という。）に関する技術の開発の促進について、十分な配慮をするものとする。

2　インターネットによる閲覧の制限については、この法律の施行後三年を目途として、前項に規定する技術の開発の状況等を勘案しつつ検討が加えられ、その結果に基づいて必要な措置が講ぜられるものとする。

○刑法等の一部を改正する法律の施行に伴う関係法律の整理等に関する法律（抄）

令和四・六・一七
法　六　八

（児童買春、児童ポルノに係る行為等の規制及び処罰並びに児童の保護等に関する法律の一部改正）

第四十三条　児童買春、児童ポルノに係る行為等の規制及び処罰並びに児童の保護等に関する法律（平成十一年法律第五十二号）の一部を次のように改正する。

第四条から第六条までの規定並びに第七条第一項、第二項及び第六項中「懲役」を「拘禁刑」に改める。

第八条第一項中「懲役」を「拘禁刑」に改め、同条第二項中「有期懲役」を「有期拘禁刑」に改める。

附　則（抄）

（施行期日）

1　この法律は、刑法等一部改正法施行日〔令和七・六・一〕から施行する。〔ただし書略〕

○教育職員等による児童生徒性暴力等の防止等に関する法律

令和三・六・四
法　五　七

最終改正　令和五・六・二三法六七

第一章　総則

（目的）

第一条　この法律は、教育職員等による児童生徒性暴力等が児童生徒等の権利を著しく侵害し、児童生徒等に対し生涯にわたって回復し難い心理的外傷その他の心身に対する重大な影響を与えるものであることに鑑み、児童生徒等の尊厳を保持するため、児童生徒性暴力等の禁止について定めるとともに、教育職員等による児童生徒性暴力等の防止等に関し、基本理念を定め、国等の責務を明らかにし、基本指針の策定、教育職員等による児童生徒性暴力等の防止に関する措置並びに教育職員等による児童生徒性暴力等の早期発見及び児童生徒性暴力等への対処に関する措置等について定め、あわせて、特定免許状失効者等に対する教育職員免許法（昭和二十四年法律第百四十七号）の特例等について定めることにより、教育職員等による児童生徒性暴力等の防止等に関する施策を推進し、もって児童生徒等の権利利益の擁護に資することを目的とする。

（定義）

第二条　この法律において「学校」とは、学校教育法（昭和二十二年法律第二十六号）第一条に規定する幼稚園、小学校、中学校、義務教育学校、高等学校、中等教育学校及び特別支援学校並びに就学前の子どもに関する教育、保育等の総合的な提供の推進に関する法律（平成十八年法律第七十七号）第二条第七項に規定する幼保連携型認定こども園をいう。

2　この法律において「児童生徒等」とは、次に掲げる者をいう。

一　学校に在籍する幼児、児童又は生徒

二　十八歳未満の者（前号に該当する者を除く。）

3　この法律において「児童生徒性暴力等」とは、次に掲げる行為をいう。

一　児童生徒等に性交等（刑法（明治四十年法律第四十五号）第百七十七条第一項に規定する性交等をいう。以下この号において同じ。）をすること又は児童生徒等をして性交等をさせること（児童生徒等から暴行又は脅迫を受けて当該児童生徒等に性交等をした場合及び児童生徒等の心身に有害な影響を与えるおそれがないと認められる特別の事情がある場合を除く。）。

二　児童生徒等にわいせつな行為をすること又は児童生徒等をしてわいせつな行為をさせること（前号に掲げるものを除く。）。

三　刑法第百八十二条の罪、児童買春、児童ポルノに係る行為等の規制及び処罰並びに児童の保護等に関する法律（平成十一年法律第五十二号。次号において「児童ポルノ法」という。）第五条から第八条までの罪又は性的な姿態を撮影する行為等の処罰及び押収物に記録された性的な姿態の影像に係る電磁的記録の消去等に関する法律（令和五年法律第六十七号）第二条から第六条までの罪（児童生徒等に係るものに限る。）に当たる行為をすること（前二号に掲げるものを除く。）。

四　児童生徒等に次に掲げる行為（児童生徒等の心身に有害な影響を与えるものに限る。）であって児童生徒等を著しく羞恥させ、若しくは児童生徒等に不安を覚えさせるようなものをすること又は児童生徒等をしてそのような行為をさせること（前三号に掲げるものを除く。）。

イ　衣服その他の身に着ける物の上から又は直接に人の性的な部位（児童ポルノ法第二条第三項第三号に規定する

性的な部位をいう。）その他の身体の一部に触れること。

ロ　通常衣服で隠されている人の下着又は身体を撮影し、又は撮影する目的で写真機その他の機器を差し向け、若しくは設置すること。

五　児童生徒等に対し、性的羞恥心を害する言動であって、児童生徒等の心身に有害な影響を与えるものをすること（前各号に掲げるものを除く。）。

4　この法律において「児童生徒性暴力等の防止等」とは、児童生徒性暴力等の防止及び早期発見並びに児童生徒性暴力等への対処をいう。

5　この法律において「教育職員等」とは、教育職員（教育職員免許法第二条第一項に規定する教育職員をいう。以下同じ。）並びに学校の校長（園長を含む。）、副校長（副園長を含む。）、教頭、実習助手及び寄宿舎指導員をいう。

6　この法律において「特定免許状失効者等」とは、児童生徒性暴力等を行ったことにより教育職員免許法第十条第一項（第一号又は第二号に係る部分に限る。）の規定により免許状が失効した者及び児童生徒性暴力等を行ったことにより同法第十一条第一項又は第三項の規定により免許状取上げの処分を受けた者をいう。

（児童生徒性暴力等の禁止）

第三条　教育職員等は、児童生徒性暴力等をしてはならない。

（基本理念）

第四条　教育職員等による児童生徒性暴力等の防止等に関する施策は、教育職員等による児童生徒性暴力等が全ての児童生徒等の心身の健全な発達に関係する重大な問題であるという基本的認識の下に行われなければならない。

2　教育職員等による児童生徒性暴力等の防止等に関する施策は、児童生徒等が安心して学習その他の活動に取り組むことができるよう、学校の内外を問わず教育職員等による児童生徒性暴力等を根絶することを旨として行われなければならない。

3　教育職員等による児童生徒性暴力等の防止等に関する施策は、被害を受けた児童生徒等を適切かつ迅速に保護することを旨として行われなければならない。

4　教育職員等による児童生徒性暴力等の防止等に関する施策は、教育職員等による児童生徒性暴力等が懲戒免職の事由（解雇の事由として懲戒免職の事由に相当するものを含む。）となり得る行為であるのみならず、児童生徒等及びその保護者からの教育職員等に対する信頼を著しく低下させ、学校教育の信用を傷つけるものであることに鑑み、児童生徒性暴力等をした教育職員等に対する懲戒処分等について、適正かつ厳格な実施の徹底を図るための措置がとられることを旨として行われなければならない。

5　教育職員等による児童生徒性暴力等の防止等に関する施策は、国、地方公共団体、学校、医療関係者その他の関係者の連携の下に行われなければならない。

（国の責務）

第五条　国は、前条の基本理念（以下単に「基本理念」という。）にのっとり、教育職員等による児童生徒性暴力等の防止等に関する施策を総合的に策定し、及び実施する責務を有する。

（地方公共団体の責務）

第六条　地方公共団体は、基本理念にのっとり、教育職員等による児童生徒性暴力等の防止等に関する施策について、国と協力しつつ、その地域の状況に応じた施策を策定し、及び実施する責務を有する。

（任命権者等の責務）

第七条　教育職員等を任命し、又は雇用する者は、基本理念にのっとり、教育職員等を任命し、又は雇用しようとするときは、第十五条第一項のデータベースを活用するものとする。

2　公立学校（地方公共団体が設置する学校をいう。次項において同じ。）の教育職員等の任命権者は、基本理念にのっとり、児童生徒性暴力等をした教育職員等に対する適正かつ厳格な懲戒処分の実施の徹底を図るものとする。

3　公立学校以外の学校の教育職員等を雇用する者は、基本理念にのっとり、児童生徒性暴力等をした教育職員等に対し、懲戒の実施その他の児童生徒性暴力等の再発の防止のために必要な措置を講ずるものとする。

（学校の設置者の責務）

第八条　学校の設置者は、基本理念にのっとり、その設置する学校における教育職員等による児童生徒性暴力等の防止等のために必要な措置を講ずる責務を有する。

（学校の責務）

第九条　学校は、基本理念にのっとり、関係者との連携を図りつつ、学校全体で教育職員等による児童生徒性暴力等の防止及び早期発見に取り組むとともに、当該学校に在籍する児童生徒等が教育職員等による児童生徒性暴力等を受けたと思われるときは、適切かつ迅速にこれに対処する責務を有する。

（教育職員等の責務）

第十条　教育職員等は、基本理念にのっとり、児童生徒性暴力等を行うことがないよう教育職員等としての倫理の保持を図るとともに、その勤務する学校に在籍する児童生徒等が教育職員等による児童生徒性暴力等を受けたと思われるときは、適切かつ迅速にこれに対処する責務を有する。

（法制上の措置等）

第十一条　国は、教育職員等による児童生徒性暴力等の防止等に関する施策を実施するために必要な法制上又は財政上の措置その他の必要な措置を講ずるものとする。

2　地方公共団体は、教育職員等による児童生徒性暴力等の防止等に関する施策を実施するために必要な財政上の措置その他の必要な措置を講ずるよう努めるものとする。

第二章　基本指針

第十二条　文部科学大臣は、教育職員等による児童生徒性暴力等の防止等に関する施策を総合的かつ効果的に推進するための基本的な指針（以下この条において「基本指針」という。）を定めるものとする。

2　基本指針においては、次に掲げる事項を定めるものとする。

一　教育職員等による児童生徒性暴力等の防止等に関する基本的な方針

二　教育職員等による児童生徒性暴力等の防止等に関する施策の内容に関する事項

三　その他学校において児童生徒等と接する業務に従事する者による児童生徒性暴力等の防止等に関する重要事項

3　文部科学大臣は、基本指針を定め、又は変更するときは、あらかじめ、内閣総理大臣に協議するものとする。

第三章　教育職員等による児童生徒性暴力等の防止に関する措置

（教育職員等に対する啓発等）

第十三条　国及び地方公共団体は、教育職員等に対し、児童生徒等の人権、特性等に関する理解及び児童生徒性暴力等の防止等に関する理解を深めるための研修及び啓発を行うものとする。

2　国及び地方公共団体は、教育職員の養成課程における児童生徒性暴力等の防止等に関する教育の充実その他必要な措置を講ずるものとする。

3　教育職員の養成課程を有する大学は、当該教育職員の養成課程を履修する学生が児童生徒性暴力等の防止等に関する理解を深めるための措置その他必要な措置を講ずるものとする。

（児童生徒等に対する啓発）

第十四条　国、地方公共団体、学校の設置者及びその設置する学校は、児童生徒等の尊厳を保持するため、児童生徒等に対して、何人からも児童生徒性暴力等により自己の身体を侵害されることはあってはならないことについて周知徹底を図るとともに、特に教育職員等による児童生徒性暴力等が児童生徒等の権利を著しく侵害し、児童生徒等に対し生涯にわたって回復し難い心理的外傷その他の心身に対する重大な影響を与えるものであることに鑑み、児童生徒等に対して、教育職員等による児童生徒性暴力等により自己の身体を侵害されることはあってはならないこと及び被害を受けた児童生徒等に対して第二十条第一項（第二十一条において準用する場合を含む。）の保護及び支援が行われること等について周知徹底を図らなければならない。

（データベースの整備等）

第十五条　国は、特定免許状失効者等の氏名及び特定免許状失効者等に係る免許状の失効又は取上げの事由、その免許状の失効又は取上げの原因となった事実等に関する情報に係るデータベースの整備その他の特定免許状失効者等に関する正確な情報を把握するために必要な措置を講ずるものとする。

2　都道府県の教育委員会は、当該都道府県において教育職員の免許状を有する者が特定免許状失効者等となったときは、前項の情報を同項のデータベースに迅速に記録することその他必要な措置を講ずるものとする。

（児童生徒性暴力等対策連絡協議会）

第十六条　地方公共団体は、教育職員等による児童生徒性暴力等の防止等に関係する機関及び団体の連携を図るため、学校、教育委員会、都道府県警察その他の関係者により構成される児童生徒性暴力等対策連絡協議会を置くことができる。

第四章　教育職員等による児童生徒性暴力等の早期発見及び児童生徒性暴力等への対処に関する措置等

（教育職員等による児童生徒性暴力等の早期発見のための措置）

第十七条　学校の設置者及びその設置する学校は、当該学校における教育職員等による児童生徒性暴力等を早期に発見するため、当該学校に在籍する児童生徒等及び教育職員等に対する定期的な調査その他の必要な措置を講ずるものとする。

2　国及び地方公共団体は、教育職員等による児童生徒性暴力等に関する通報及び相談を受け付けるための体制の整備等に必要な措置を講ずるものとする。

（教育職員等による児童生徒性暴力等に対する措置）

第十八条　教育職員等、地方公共団体の職員その他の児童生徒等からの相談に応じる者及び児童生徒等の保護者は、児童生徒等から教育職員等による児童生徒性暴力等に係る相談を受けた場合等において、教育職員等による児童生徒性暴力等の事実があると思われるときは、教育職員等による児童生徒性暴力等を受けたと思われる児童生徒等が在籍する学校又は当該学校の設置者への通報その他の適切な措置をとるものとする。

2　教育職員等、地方公共団体の職員その他の児童生徒等からの相談に応じる者は、前項に規定する場合において犯罪の疑いがあると思われるときは、速やかに、所轄警察署に通報するものとする。

3　教育職員等、地方公共団体の職員その他の児童生徒等からの相談に応じる者（公務員に限る。）は、第一項に規定する場合において犯罪があると思われるときは、刑事訴訟法（昭和二十三年法律第百三十一号）の定めるところにより告発をしなければならない。

4　学校は、第一項の規定による通報を受けたときその他当該学校に在籍する児童生徒等が教育職員等による児童生徒性暴力等を受けたと思われるときは、直ちに、当該学校の設置者にその旨を通報するとともに、当該教育職員等による児童生徒性暴力等の事実の有無の確認を行うための措置を講じ、その結果を当該学校の設置者に報告するものとする。

5　学校は、前項の措置を講ずるに当たり、児童生徒等の人権及び特性に配慮するとともに、その名誉及び尊厳を害しないよう注意しなければならない。

6　学校は、第四項の規定による報告をするまでの間、教育職員等による児童生徒性暴力等を受けたと思われる児童生徒等と当該教育職員等との接触を避ける等当該児童生徒等の保護に必要な措置を講ずるものとする。

7　学校は、第四項の場合において犯罪があると認めるときは、直ちに、所轄警察署に通報し、当該警察署と連携してこれに対処しなければならない。

（専門家の協力を得て行う調査）

第十九条　学校の設置者は、前条第四項の規定による報告を受けたときは、医療、心理、福祉及び法律に関する専門的な知識を有する者の協力を得つつ、当該報告に係る事案について自ら必要な調査を行うものとする。

2　学校の設置者は、前項の調査を行うに当たり、児童生徒等の人権及び特性に配慮するとともに、その名誉及び尊厳を害しないよう注意しなければならない。

3　都道府県は、第一項の調査が適切に行われるよう、学校の設置者に対し、同項の専門的な知識を有する者に関する情報の提供その他の必要な助言をすることができる。

（学校に在籍する児童生徒等の保護及び支援等）

第二十条　学校の設置者及びその設置する学校は、医療、心理、福祉及び法律に関する専門的な知識を有する者の協力を得つつ、教育職員等による児童生徒性暴力等を受けた当該学校に在籍する児童生徒等の保護及び支援並びにその保護者に対する支援を継続的に行うものとする。

2　学校の設置者及びその設置する学校は、前項に規定する児童生徒等と同じ学校に在籍する児童生徒等に対する心理に関する支援その他当該児童生徒等及びその保護者に対する必要な支援を行うものとする。

（教育職員等以外の学校において児童生徒等と接する業務に従事する者による児童生徒性暴力等への準用）

第二十一条　第十七条から前条までの規定は、教育職員等以外の学校において児童生徒等と接する業務（当該学校の管理下におけるものに限る。）に従事する者による児童生徒性暴力等（当該学校の児童生徒等に対するものに限る。）について準用する。

第五章　特定免許状失効者等に対する教育職員免許法の特例等

（特定免許状失効者等に対する教育職員免許法の特例）

第二十二条　特定免許状失効者等（教育職員免許法第五条第一項各号のいずれかに該当する者を除く。）については、その免許状の失効又は取上げの原因となった児童生徒性暴力等の内容等を踏まえ、当該特定免許状失効者等の改善更生の状況その他その後の事情により再び免許状を授与するのが適当であると認められる場合に限り、再び免許状を授与することができる。

2　都道府県の教育委員会は、前項の規定により再び免許状を授与するに当たっては、あらかじめ、都道府県教育職員免許状再授与審査会の意見を聴かなければならない。

3　都道府県の教育委員会は、教育職員免許法第十条第二項（同法第十一条第五項において準用する場合を含む。）の規定により特定免許状失効者等から失効した免許状の返納を受けることとなった都道府県の教育委員会その他の関係機関に対し、当該特定免許状失効者等に係る免許状の失効又は取上げの原因となった児童生徒性暴力等の内容等を調査するために必要な情報の提供を求めることができる。

（都道府県教育職員免許状再授与審査会）

第二十三条　前条第二項に規定する意見を述べる事務をつかさどらせるため、都道府県の教育委員会に、都道府県教育職員免許状再授与審査会を置く。

2　都道府県教育職員免許状再授与審査会の組織及び運営に関し必要な事項は、文部科学省令で定める。

第六章　雑則

（政令への委任）

第二十四条　この法律に定めるもののほか、この法律の実施のための手続その他この法律の施行に関し必要な事項は、政令で定める。

附　則（抄）

（施行期日）

第一条　この法律は、公布の日から起算して一年を超えない範囲内において政令で定める日〔令和四・四・一〕から施行する。ただし、第七条第一項及び第十五条〔中略〕の規定は、公布の日から起算して二年を超えない範囲内において政令で定める日から施行する。

（経過措置）

第二条　第二十二条の規定は、この法律の施行の日（以下この項において「施行日」という。）以後に児童生徒性暴力等を行ったことにより、特定免許状失効者等となった者に係る免許状の再授与について適用し、施行日前に児童生徒性暴力等を行ったことにより、特定免許状失効者等となった者に係る免許状の再授与については、なお従前の例による。

2　前項に定めるもののほか、この法律の施行に関し必要な経過措置は、政令で定める。

（検討）

第七条　政府は、この法律の施行後速やかに、教育職員等以外の学校において児童生徒等と接する業務に従事する者による児童生徒性暴力等の防止に関する措置の在り方等について検討を加え、その結果に基づいて必要な措置を講ずるものとする。

2　政府は、この法律の施行後速やかに、児童生徒等の性的な被害を防止する観点から、児童生徒等と接する業務に従事する者の資格及び児童生徒等に性的な被害を与えた者に係る照会制度の在り方等について検討を加え、必要があると認めるときは、その結果に基づいて所要の措置を講ずるものとする。

3　政府は、前二項に定めるもののほか、この法律の施行後三年を目途として、この法律の施行の状況について検討を加え、必要があると認めるときは、その結果に基づいて所要の措置を講ずるものとする。

○教育職員等による児童生徒性暴力等の防止等に関する法律施行規則

令和四・三・一八
文科令五

（免許管理者による通知）

第一条　免許管理者（教育職員免許法（昭和二十四年法律第百四十七号）第二条第二項に規定する免許管理者をいう。以下この条及び次条において同じ。）は、児童生徒性暴力等を行ったことにより同法第十条第一項（第一号又は第二号に係る部分に限る。）の規定により免許状が失効したとき、又は児童生徒性暴力等を行ったことにより同法第十一条第一項若しくは第三項の規定により免許状取上げの処分を行ったときは、その旨を免許状が失効した者又は免許状取上げの処分を受けた者の免許状を授与した授与権者（同法第五条第七項に規定する授与権者をいい、免許管理者を除く。）に通知するものとする。

（所轄庁による通知及び学校法人等による報告）

第二条　所轄庁（大学附置の国立学校（教育職員免許法第二条第三項に規定する国立学校をいう。次項において同じ。）又は公立学校（同条第三項に規定する公立学校をいう。以下この項及び次項において同じ。）の教育職員等（学校において児童生徒等と接する業務に従事する者を含み、免許状を有しない者を除く。以下この条において同じ。）にあってはその大学の学長、大学附置の学校以外の公立学校（幼保連携型認定こども園を除く。）の教育職員等にあってはその学校を所管する教育委員会、大学附置の学校以外の公立学校（幼保連携型認定こども園に限る。）の教育職員等にあってはその学校を所管する地方公共団体の長、私立学校（同法第二条第三項に規定する私立学校をいう。以下この条において同じ。）の教育職員等にあっては都道府県知事（地方自治法（昭和二十二年法律第六十七号）第二百五十二条の十九第一項の指定都市又は同法第二百五十二条の二十二第一項の中核市（以下この項において「指定都市等」という。）の区域内の幼保連携型認定こども園の教育職員等にあっては、当該指定都市等の長）をいう。以下この条において同じ。）は、教育職員等が、次の各号のいずれかに該当すると認めたときは、速やかにその旨を免許管理者に通知するものとする（所轄庁が免許管理者である場合を除く。）。

一　児童生徒性暴力等を行ったことにより禁錮以上の刑に処せられたとき。

二　公立学校の教育職員等であって児童生徒性暴力等を行ったことにより懲戒免職の処分を受けたとき（懲戒免職の処分を行った者が免許管理者である場合を除く。）。

2　所轄庁（免許管理者を除く。）は、国立学校、公立学校（地方独立行政法人法（平成十五年法律第百十八号）第六十八条第一項に規定する公立大学法人が設置するものに限る。）又は私立学校の教育職員等が児童生徒性暴力等を行い、前項第二号に規定する者の場合における懲戒免職の事由に相当する事由により解雇されたと認められる事実があると思料するときは、速やかにその旨を免許管理者に通知するものとする。

3　学校法人等（教育職員免許法第七条第二項に規定する学校法人等をいう。）は、その設置する私立学校の教育職員等について、第一項第一号に該当すると認めたとき、又は児童生徒性暴力等を行ったことにより当該教育職員等を解雇した場合において、当該解雇の事由が前項に定める事由に該当すると思料するときは、速やかにその旨を所轄庁に報告するものとする。

（都道府県教育職員免許状再授与審査会の委員）

第三条　都道府県教育職員免許状再授与審査会（以下「審査会」という。）の委員は、児童生徒性暴力等に関する学識経験を有する者のうちから、都道府県の教育委員会が任命する。

2　委員の任期は、二年とする。ただし、補欠の委員の任期は、前任者の残任期間とする。

3　委員は、再任されることができる。

（会長）

第四条　審査会に会長を置き、委員の互選により選任する。

2　会長は、会務を総理し、審査会を代表する。

3　会長に事故があるときは、あらかじめその指名する委員が、その職務を代理する。

（議事）

第五条　審査会は、委員の過半数が出席しなければ、会議を開き、議決することができない。

2　審査会の議事は、会議に出席した委員の過半数で決し、可否同数のときは、会長の決するところによる。

3　前項の規定にかかわらず、審査会は、都道府県の教育委員会に対し、特定免許状失効者等について、再び免許状を授与するのが適当であると認められる旨の意見を述べるに当たっては、出席委員全員から意見を聴いた上で、原則として、出席委員の全員一致をもって行うよう努めなければならない。ただし、審査会において議論を尽くしても、出席委員全員の意見が一致しないときは、出席委員の過半数の同意を得た意見を審査会の意見とすることができる。

（雑則）

第六条　前三条に定めるもののほか、審査会の組織及び運営に関し必要な事項は、都道府県の教育委員会規則で定める。

附　則（抄）

（施行期日）

第一条　この省令は、教育職員等による児童生徒性暴力等の防止等に関する法律の施行の日〔令和四・四・一〕から施行する。

（経過措置）

第二条　第一条の規定は、この省令の施行の日前に児童生徒性暴力等を行ったことにより免許状が失効した者、又は児童生徒性暴力等を行ったことにより免許状取上げの処分を受けた者については、適用しない。

○児童手当法

昭四六・五・二七
法　七　三

最終改正　令和五・五・八法一九

第一章　総則

（目的）

第一条　この法律は、子ども・子育て支援法（平成二十四年法律第六十五号）第七条第一項に規定する子ども・子育て支援の適切な実施を図るため、父母その他の保護者が子育てについての第一義的責任を有するという基本的認識の下に、児童を養育している者に児童手当を支給することにより、家庭等における生活の安定に寄与するとともに、次代の社会を担う児童の健やかな成長に資することを目的とする。

（受給者の責務）

第二条　児童手当の支給を受けた者は、児童手当が前条の目的を達成するために支給されるものである趣旨にかんがみ、これをその趣旨に従つて用いなければならない。

（定義）

第三条　この法律において「児童」とは、十八歳に達する日以後の最初の三月三十一日までの間にある者であつて、日本国内に住所を有するもの又は留学その他の内閣府令で定める理由により日本国内に住所を有しないものをいう。

2　この法律にいう「父」には、母が児童を懐胎した当時婚姻の届出をしていないが、その母と事実上婚姻関係と同様の事情にあつた者を含むものとする。

3　この法律において「施設入所等児童」とは、次に掲げる児童をいう。

一　児童福祉法（昭和二十二年法律第百六十四号）第二十七条第一項第三号の規定により同法第六条の三第八項に規定する小規模住居型児童養育事業（以下「小規模住居型児童養育事業」という。）を行う者又は同法第六条の四に規定する里親（以下「里親」という。）に委託されている児童（内閣府令で定める短期間の委託をされている者を除く。）

二　児童福祉法第二十四条の二第一項の規定により障害児入所給付費の支給を受けて若しくは同法第二十七条第一項第三号の規定により入所措置が採られて同法第四十二条に規定する障害児入所施設（以下「障害児入所施設」という。）に入所し、若しくは同法第二十七条第二項の規定により同法第七条第二項に規定する指定発達支援医療機関（次条第一項第四号において「指定発達支援医療機関」という。）に入院し、又は同法第二十七条第一項第三号若しくは第二十七条の二第一項の規定により入所措置が採られて同法第三十七条に規定する乳児院、同法第四十一条に規定する児童養護施設、同法第四十三条の二に規定する児童心理治療施設若しくは同法第四十四条に規定する児童自立支援施設（以下「乳児院等」という。）に入所している児童（当該児童心理治療施設又は児童自立支援施設に通う者及び内閣府令で定める短期間の入所をしている者を除く。）

三　障害者の日常生活及び社会生活を総合的に支援するための法律（平成十七年法律第百二十三号）第二十九条第一項若しくは第三十条第一項の規定により同法第十九条第一項に規定する介護給付費等の支給を受けて又は身体障害者福祉法（昭和二十四年法律第二百八十三号）第十八条第二項若しくは知的障害者福祉法（昭和三十五年法律第三十七号）第十六条第一項第二号の規定により入所措置が採られて障害者支援施設（障害者の日常生活及び社会生活を総合的に支援するための法律第五条第十一項に規定する障害者支援施設をいう。以下同じ。）又はのぞみの園（独立行政法人国立重度知的障害者総合施設のぞみの園法（平成十四年法律第百六十七号）第十一条第一号の規定により独立行政法人国立重度知的障害者総合施設のぞみの園が設置する施設をいう。以下同じ。）に入所している児童（内閣府令で定める短期間の入所をしている者を除き、児童のみで構成する世帯に属している者（十五歳に達する日以後の最初の三月三十一日を経過した児童である父又は母がその子である児童と同一の施設に入所している場合における当該父又は母及びその子である児童を除く。）に限る。）

四　生活保護法（昭和二十五年法律第百四十四号）第三十条第一項ただし書の規定により同法第三十八条第二項に規定する救護施設（以下「救護施設」という。）、同条第三項に規定する更生施設（以下「更生施設」という。）若しくは同法第三十条第一項ただし書に規定する日常生活支援住居施設（次条第一項第四号において「日常生活支援住居施設」という。）に入所し、又は困難な問題を抱える女性への支援に関する法律（令和四年法律第五十二号）第十二条第一項に規定する女性自立支援施設（同号において「女性自立支援施設」という。）に入所している児童（内閣府令で定める短期間の入所をしている者を除き、児童のみで構成する世帯に属している者（十五歳に達する日以後の最初の三月三十一日を経過した児童である父又は母がその子である児童と同一の施設に入所している場合における当該父又は母及びその子である児童を除く。）に限る。）

第二章　児童手当の支給

（支給要件）

第四条　児童手当は、次の各号のいずれかに該当する者に支給する。

一　次のイ又はロに掲げる児童（以下「支給要件児童」という。）を監護し、かつ、これと生計を同じくするその父又は母（当該支給要件児童に係る未成年後見人があるときは、その未成年後見人とする。以下この項において「父母等」という。）であつて、日本国内に住所（未成年後見人が法人である場合にあつては、主たる事務所の所在地とする。）を有するもの

イ　十五歳に達する日以後の最初の三月三十一日までの間にある児童（施設入所等児童を除く。以下この章及び附則第二条第二項において「中学校修了前の児童」という。）

ロ　中学校修了前の児童を含む二人以上の児童（施設入所等児童を除く。）

二　日本国内に住所を有しない父母等がその生計を維持している支給要件児童と同居し、これを監護し、かつ、これと生計を同じくする者（当該支給要件児童と同居することが困難であると認められる場合にあつては、当該支給要件児童を監護し、かつ、これと生計を同じくする者とする。）のうち、当該支給要件児童の生計を維持している父母等が指定する者であつて、日本国内に住所を有するもの（当該支給要件児童の父母等を除く。以下「父母指定者」という。）

三　父母等又は父母指定者のいずれにも監護されず又はこれらと生計を同じくしない支給要件児童を監護し、かつ、その生計を維持する者であつて、日本国内に住所を有するもの

四　十五歳に達する日以後の最初の三月三十一日までの間にある施設入所等児童（以下「中学校修了前の施設入所等児童」という。）が委託されている小規模住居型児童養育事業を行う者若しくは里親又は中学校修了前の施設入所等児童が入所若しくは入院をしている障害児入所施設、指定発達支援医療機関、乳児院等、障害者支援施設、のぞみの園、救護施設、更生施設、日常生活支援住居施設若しくは女性自立支援施設（以下「障害児入所施設等」という。）の設置者

2　前項第一号の場合において、児童を監護し、かつ、これと生計を同じくするその未成年後見人が数人あるときは、当該児童は、当該未成年後見人のうちいずれか当該児童の生計を維持する程度の高い者によつて監護され、かつ、これと生計を同じくするものとみなす。

3　第一項第一号又は第二号の場合において、父及び母、未成年後見人並びに父母指定者のうちいずれか二以上の者が当該父及び母の子である児童を監護し、かつ、これと生計を同じくするときは、当該児童は、当該父若しくは母、未成年後見人又は父母指定者のうちいずれか当該児童の生計を維持する程度の高い者によつて監護され、かつ、これと生計を同じくするものとみなす。

4　前二項の規定にかかわらず、児童を監護し、かつ、これと生計を同じくするその父若しくは母、未成年後見人又は父母指定者のうちいずれか一の者が当該児童と同居している場合（当該いずれか一の者が当該児童を監護し、かつ、これと生計を同じくするその他の父若しくは母、未成年後見人又は父母指定者と生計を同じくしない場合に限る。）は、当該児童は、当該同居している父若しくは母、未成年後見人又は父母指定者によつて監護され、かつ、これと生計を同じくするものとみなす。

第五条　児童手当（施設入所等児童に係る部分を除く。）は、前条第一項第一号から第三号までのいずれかに該当する者の前年の所得（一月から五月までの月分の児童手当については、前々年の所得とする。）が、その者の所得税法（昭和四十年法律第三十三号）に規定する同一生計配偶者及び扶養親族（施設入所等児童を除く。以下「扶養親族等」という。）並びに同項第一号から第三号までのいずれかに該当する者の扶養親族等でない児童で同項第一号から第三号までのいずれかに該当する者が前年の十二月三十一日において生計を維持したものの有無及び数に応じて、政令で定める額以上であるときは、支給しない。ただし、同項第一号に該当する者が未成年後見人であり、かつ、法人であるときは、この限りでない。

2　前項に規定する所得の範囲及びその額の計算方法は、政令で定める。

（児童手当の額）

第六条　児童手当は、月を単位として支給するものとし、その額は、一月につき、次の各号に掲げる児童手当の区分に応じ、それぞれ当該各号に定める額とする。

一　児童手当（中学校修了前の児童に係る部分に限る。）　次のイからハまでに掲げる場合の区分に応じ、それぞれイからハまでに定める額

イ　次条の認定を受けた受給資格に係る支給要件児童の全てが三歳に満たない児童（施設入所等児童を除き、月の初日に生まれた児童については、出生の日から三年を経過しない児童とする。以下この号において同じ。）、三歳以上の児童（月の初日に生まれた児童については、出生の日から三年を経過した児童とする。）であつて十二歳に達する日以後の最初の三月三十一日までの間にある者（施設入所等児童を除く。以下この号において「三歳以上小学校修了前の児童」という。）又は十二歳に達する日以後の最初の三月三十一日を経過した児童であつて十五歳に達する日以後の最初の三月三十一日までの間にある者（施設入所等児童を除く。以下この号において「小学校修了後中学校修了前の児童」という。）である場合（ハに掲げる場合に該当する場合を除く。）　次の(1)から(3)までに掲げる場合の区分に応じ、それぞれ(1)から(3)までに定める額

(1)　当該支給要件児童の全てが三歳に満たない児童又は三歳以上小学校修了前の児童である場合　次の(i)から(iii)までに掲げる場合の区分に応じ、それぞれ(i)から(iii)までに定める額

(i)　当該支給要件児童の全てが三歳に満たない児童である場合　一万五千円に当該三歳に満たない児童の数を乗じて得た額

(ii)　当該三歳以上小学校修了前の児童が一人又は二人いる場合　一万五千円に当該三歳に満たない児童の数を乗じて得た額と、一万円に当該三歳以上小学校修了前の児童の数を乗じて得た額とを合算した額

(iii)　当該三歳以上小学校修了前の児童が三人以上いる場合　一万五千円に当該三歳に満たない児童の数を乗じて得た額と、一万五千円に当該三歳以上小学校修了前の児童の数を乗じて得た額から一万円を控除して得た額とを合算した額

(2)　当該小学校修了後中学校修了前の児童が一人いる場合　次の(i)又は(ii)に掲げる場合の区分に応じ、それぞれ(i)又は(ii)に定める額

(i) 当該支給要件児童の全てが三歳に満たない児童又は小学校修了後中学校修了前の児童である場合　一万五千円に当該三歳に満たない児童の数を乗じて得た額と、一万円に当該小学校修了後中学校修了前の児童の数を乗じて得た額とを合算した額

(ii) 当該支給要件児童のうちに三歳以上小学校修了前の児童がいる場合　一万五千円に当該三歳に満たない児童の数を乗じて得た額、一万五千円に当該三歳以上小学校修了前の児童の数を乗じて得た額から五千円を控除して得た額及び一万円に当該小学校修了後中学校修了前の児童の数を乗じて得た額を合算した額

(3) 当該小学校修了後中学校修了前の児童が二人以上いる場合　一万五千円に当該三歳に満たない児童の数を乗じて得た額、一万五千円に当該三歳以上小学校修了前の児童の数を乗じて得た額及び一万円に当該小学校修了後中学校修了前の児童の数を乗じて得た額を合算した額

ロ　次条の認定を受けた受給資格に係る支給要件児童のうちに十五歳に達する日以後の最初の三月三十一日を経過した児童がいる場合（ハに掲げる場合に該当する場合を除く。）　次の(1)又は(2)に掲げる場合の区分に応じ、それぞれ(1)又は(2)に定める額

(1) 当該十五歳に達する日以後の最初の三月三十一日を経過した児童が一人いる場合　次の(i)又は(ii)に掲げる場合の区分に応じ、それぞれ(i)又は(ii)に定める額

(i) 当該支給要件児童の全てが三歳に満たない児童、三歳以上小学校修了前の児童又は十五歳に達する日以後の最初の三月三十一日を経過した児童である場合　一万五千円に当該三歳に満たない児童の数を乗じて得た額と、一万五千円に当該三歳以上小学校修了前の児童の数を乗じて得た額から五千円を控除して得た額（当該支給要件児童のうちに三歳以上小学校修了前の児童がいない場合には、零とする。）とを合算した額

(ii) 当該支給要件児童のうちに小学校修了後中学校修了前の児童がいる場合　一万五千円に当該三歳に満たない児童の数を乗じて得た額、一万五千円に当該三歳以上小学校修了前の児童の数を乗じて得た額及び一万円に当該小学校修了後中学校修了前の児童の数を乗じて得た額を合算した額

(2) 当該十五歳に達する日以後の最初の三月三十一日を経過した児童が二人以上いる場合　一万五千円に当該三歳に満たない児童の数を乗じて得た額、一万五千円に当該三歳以上小学校修了前の児童の数を乗じて得た額及び一万円に当該小学校修了後中学校修了前の児童の数を乗じて得た額を合算した額

ハ　児童手当の支給要件に該当する者（第四条第一項第一号に係るものに限る。）が未成年後見人であり、かつ、法人である場合　一万五千円に次条の認定を受けた受給資格に係る三歳に満たない児童の数を乗じて得た額、一万円に当該受給資格に係る三歳以上小学校修了前の児童の数を乗じて得た額及び一万円に当該受給資格に係る小学校修了後中学校修了前の児童の数を乗じて得た額を合算した額

二　児童手当（中学校修了前の施設入所等児童に係る部分に限る。）　一万五千円に次条の認定を受けた受給資格に係る三歳に満たない施設入所等児童（月の初日に生まれた施設入所等児童については、出生の日から三年を経過しない施設入所等児童とする。）の数を乗じて得た額と、一万円に当該受給資格に係る三歳以上の施設入所等児童（月の初日に生まれた施設入所等児童については、出生の日から三年を経過した施設入所等児童とする。）であつて十五歳に達する日以後の最初の三月三十一日までの間にある者の数を乗じて得た額とを合算した額

2　児童手当の額は、国民の生活水準その他の諸事情に著しい変動が生じた場合には、変動後の諸事情に応ずるため、速やかに改定の措置が講ぜられなければならない。

（認定）

第七条　児童手当の支給要件に該当する者（第四条第一項第一号から第三号までに係るものに限る。以下「一般受給資格者」という。）は、児童手当の支給を受けようとするときは、その受給資格及び児童手当の額について、内閣府令で定めるところにより、住所地（一般受給資格者が未成年後見人であり、かつ、法人である場合にあつては、主たる事務所の所在地とする。）の市町村長（特別区の区長を含む。以下同じ。）の認定を受けなければならない。

2　児童手当の支給要件に該当する者（第四条第一項第四号に係るものに限る。以下「施設等受給資格者」という。）は、児童手当の支給を受けようとするときは、その受給資格及び児童手当の額について、内閣府令で定めるところにより、次の各号に掲げる者の区分に応じ、当該各号に定める者の認定を受けなければならない。

一　小規模住居型児童養育事業を行う者　当該小規模住居型児童養育事業を行う住居の所在地の市町村長

二　里親　当該里親の住所地の市町村長

三　障害児入所施設等の設置者　当該障害児入所施設等の所在地の市町村長

3　前二項の認定を受けた者が、他の市町村（特別区を含む。以下同じ。）の区域内に住所（一般受給資格者が未成年後見人であり、かつ、法人である場合にあつては主たる事務所の所在地とし、施設等受給資格者が小規模住居型児童養育事業を行う者である場合にあつては当該小規模住居型児童養育事業を行う住居の所在地とし、障害児入所施設等の設置者である場合にあつては当該障害児入所施設等の所在地とする。次条第三項において同じ。）を変更した場合において、その変更後の期間に係る児童手当の支給を受けようとするときも、前二項と同様とする。

（支給及び支払）

第八条　市町村長は、前条の認定をした一般受給資格者及び施設等受給資格者（以下「受給資格者」という。）に対し、児童手当を支給する。

2　児童手当の支給は、受給資格者が前条の規定による認定の請求をした日の属する月の翌月から始め、児童手当を支給すべき事由が消滅した日の属する月で終わる。

3　受給資格者が住所を変更した場合又は災害その他やむを得ない理由により前条の規定による認定の請求をすることができなかつた場合において、住所を変更した後又はやむを得ない理由がやんだ後十五日以内にその請求をしたときは、児童手当の支給は、前項の規定にかかわらず、受給資格者が住所を変更した日又はやむを得ない理由により当該認定の請求をすることができなくなつた日の属する月の翌月から始める。

4　児童手当は、毎年二月、六月及び十月の三期に、それぞれの前月までの分を支払う。ただし、前支払期月に支払うべきであつた児童手当又は支給すべき事由が消滅した場合におけるその期の児童手当は、その支払期月でない月であつても、支払うものとする。

（児童手当の額の改定）

第九条　児童手当の支給を受けている者につき、児童手当の額が増額することとなるに至つた場合における児童手当の額の改定は、その者がその改定後の額につき認定の請求をした日の属する月の翌月から行う。

2　前条第三項の規定は、前項の改定について準用する。

3　児童手当の支給を受けている者につき、児童手当の額が減額することとなるに至つた場合における児童手当の額の改定は、その事由が生じた日の属する月の翌月から行う。

（支給の制限）

第十条　児童手当は、受給資格者が、正当な理由がなくて、第二十七条第一項の規定による命令に従わず、又は同項の規定による当該職員の質問に応じなかつたときは、その額の全部又は一部を支給しないことができる。

第十一条　児童手当の支給を受けている者が、正当な理由がなくて、第二十六条の規定による届出をせず、又は同条の規定による書類を提出しないときは、児童手当の支払を一時差しとめることができる。

（未支払の児童手当）

第十二条　児童手当の一般受給資格者が死亡した場合において、その死亡した者に支払うべき児童手当（その者が監護していた中学校修了前の児童であつた者に係る部分に限る。）で、まだその者に支払つていなかつたものがあるときは、当該中学校修了前の児童であつた者にその未支払の児童手当を支払うことができる。

2　中学校修了前の施設入所等児童が第三条第三項各号に掲げる児童に該当しなくなつた場合において、当該中学校修了前の施設入所等児童が委託されていた施設等受給資格者又は当該中学校修了前の施設入所等児童が入所若しくは入院をしていた障害児入所施設等に係る施設等受給資格者に支払うべき児童手当（当該中学校修了前の施設入所等児童であつた者に係る部分に限る。）で、まだその者に支払つていなかつたものがあるときは、当該中学校修了前の施設入所等児童であつた者にその未支払の児童手当を支払うことができる。

3　前項の規定による支払があつたときは、当該施設等受給資格者に対し当該児童手当の支給があつたものとみなす。

（支払の調整）

第十三条　児童手当を支給すべきでないにもかかわらず、児童手当の支給としての支払が行なわれたときは、その支払われた児童手当は、その後に支払うべき児童手当の内払とみなすことができる。児童手当の額を減額して改定すべき事由が生じたにもかかわらず、その事由が生じた日の属する月の翌月以降の分として減額しない額の児童手当が支払われた場合における当該児童手当の当該減額すべきであつた部分についても、同様とする。

（不正利得の徴収）

第十四条　偽りその他不正の手段により児童手当の支給を受けた者があるときは、市町村長は、地方税の滞納処分の例により、受給額に相当する金額の全部又は一部をその者から徴収することができる。

2　前項の規定による徴収金の先取特権の順位は、国税及び地方税に次ぐものとする。

（受給権の保護）

第十五条　児童手当の支給を受ける権利は、譲り渡し、担保に供し、又は差し押えることができない。

（公課の禁止）

第十六条　租税その他の公課は、児童手当として支給を受けた金銭を標準として、課することができない。

（公務員に関する特例）

第十七条　次の表の上欄に掲げる者（以下「公務員」という。）である一般受給資格者についてこの章の規定を適用する場合においては、第七条第一項中「住所地（一般受給資格者が未成年後見人であり、かつ、法人である場合にあつては、主たる事務所の所在地とする。）の市町村長（特別区の区長を含む。以下同じ。）」とあり、第八条第一項及び第十四条第一項中「市町村長」とあるのは、それぞれ同表の下欄のように読み替えるものとする。

上欄	下欄
一　常時勤務に服することを要する国家公務員その他政令で定める国家公務員（独立行政法人通則法（平成十一年法律第百三号）第二条第四項に規定する行政執行法人に勤務する者を除く。）	当該国家公務員の所属する各省各庁（財政法（昭和二十二年法律第三十四号）第二十一条に規定する各省各庁をいう。以下同じ。）の長（裁判所にあつては、最高裁判所長官とする。以下同じ。）又はその委任を受けた者
二　常時勤務に服することを要する地方公務員その他政令で定める地方公務員（地方独立行政法人法（平成十五年法律第百十八号）第二条第二項に規定する特定地方独立行政法人に勤務する者を除く。）	当該地方公務員の所属する都道府県若しくは市町村の長又はその委任を受けた者（市町村立学校職員給与負担法（昭和二十三年法律第百三十五号）第一条又は第二条に規定する職員にあつては、当該職員の給与を負担する都道府県の長又はそ

の委任を受けた者）

2　第七条第三項の規定は、前項の規定によつて読み替えられる同条第一項の認定を受けた者が当該認定をした者を異にすることとなつた場合について準用する。

3　第一項の規定によつて読み替えられる第七条第一項の認定を受けた者については、第八条第三項中「住所を変更した」とあるのは、「当該認定をした者を異にすることとなつた」と読み替えるものとする。

第三章　費用

（児童手当に要する費用の負担）

第十八条　被用者（子ども・子育て支援法第六十九条第一項各号に掲げる者が保険料を負担し、又は納付する義務を負う被保険者であつて公務員でない者をいう。以下同じ。）に対する児童手当の支給に要する費用（三歳に満たない児童（月の初日に生まれた児童については、出生の日から三年を経過しない児童とする。以下この章において同じ。）に係る児童手当の額に係る部分に限る。）は、その十五分の七に相当する額を同項に規定する拠出金をもつて充て、その四十五分の十六に相当する額を国庫が負担し、その四十五分の四に相当する額を都道府県及び市町村がそれぞれ負担する。

2　被用者に対する児童手当の支給に要する費用（三歳以上の児童（月の初日に生まれた児童については、出生の日から三年を経過した児童とする。）であつて十五歳に達する日以後の最初の三月三十一日までの間にある者（次条において「三歳以上中学校修了前の児童」という。）に係る児童手当の額に係る部分に限る。）は、その三分の二に相当する額を国庫が負担し、その六分の一に相当する額を都道府県及び市町村がそれぞれ負担する。

3　被用者等でない者（被用者又は公務員（施設等受給資格者である公務員を除く。）でない者をいう。以下同じ。）に対する児童手当の支給に要する費用（当該被用者等でない者が施設等受給資格者である公務員である場合にあつては、中学校修了前の施設入所等児童に係る児童手当の額に係る部分に限る。）は、その三分の二に相当する額を国庫が負担し、その六分の一に相当する額を都道府県及び市町村がそれぞれ負担する。

4　次に掲げる児童手当の支給に要する費用は、それぞれ当該各号に定める者が負担する。

一　各省各庁の長又はその委任を受けた者が前条第一項の規定によつて読み替えられる第七条の認定（以下この項において単に「認定」という。）をした国家公務員に対する児童手当の支給に要する費用（当該国家公務員が施設等受給資格者である場合にあつては、中学校修了前の施設入所等児童に係る児童手当の額に係る部分を除く。）　国

二　都道府県知事又はその委任を受けた者が認定をした地方公務員に対する児童手当の支給に要する費用（当該地方公務員が施設等受給資格者である場合にあつては、中学校修了前の施設入所等児童に係る児童手当の額に係る部分を除く。）　当該都道府県

三　市町村長又はその委任を受けた者が認定をした地方公務員に対する児童手当の支給に要する費用（当該地方公務員が施設等受給資格者である場合にあつては、中学校修了前の施設入所等児童に係る児童手当の額に係る部分を除く。）　当該市町村

5　国庫は、毎年度、予算の範囲内で、児童手当に関する事務の執行に要する費用（市町村長が第八条第一項の規定により支給する児童手当の事務の処理に必要な費用を除く。）を負担する。

6　第一項から第三項までの規定による費用の負担については、第七条の規定による認定の請求をした日の属する月の翌月からその年又は翌年の五月までの間（第二十六条第一項又は第二項の規定による届出をした者にあつては、その年の六月から翌年の五月までの間）は、当該認定の請求をした際（第二十六条第一項又は第二項の規定による届出をした者にあつては、六月一日）における被用者又は被用者等でない者の区分による。

（市町村に対する交付）

第十九条　政府は、政令で定めるところにより、市町村に対し、市町村長が第八条第一項の規定により支給する児童手当の支給に要する費用のうち、被用者に対する費用（三歳に満たない児童に係る児童手当の額に係る部分に限る。）については、その四十五分の三十七に相当する額を、被用者に対する費用（三歳以上中学校修了前の児童に係る児童手当の額に係る部分に限る。）についてはその三分の二に相当する額を、被用者等でない者に対する費用（当該被用者等でない者が施設等受給資格者である公務員である場合にあつては、中学校修了前の施設入所等児童に係る児童手当の額に係る部分に限る。）についてはその三分の二に相当する額を、それぞれ交付する。

第四章　雑則

（児童手当に係る寄附）

第二十条　受給資格者が、次代の社会を担う児童の健やかな成長を支援するため、当該受給資格者に児童手当を支給する市町村に対し、当該児童手当の支払を受ける前に、内閣府令で定めるところにより、当該児童手当の額の全部又は一部を当該市町村に寄附する旨を申し出たときは、当該市町村は、内閣府令で定めるところにより、当該寄附を受けるため、当該受給資格者が支払を受けるべき児童手当の額のうち当該寄附に係る部分を、当該受給資格者に代わつて受けることができる。

2　市町村は、前項の規定により受けた寄附を、次代の社会を担う児童の健やかな成長を支援するために使用しなければならない。

（受給資格者の申出による学校給食費等の徴収等）

第二十一条　市町村長は、受給資格者が、児童手当の支払を受ける前に、内閣府令で定めるところにより、当該児童手当の額の全部又は一部を、学校給食法（昭和二十九年法律第百六十号）第十一条第二項に規定する学校給食費（次項において「学校給食費」という。）その他の学校教育に伴つて必要な内

閣府令で定める費用又は児童福祉法第五十六条第二項の規定により徴収する費用（同法第五十一条第四号又は第五号に係るものに限る。）その他これに類するものとして内閣府令で定める費用のうち当該受給資格者に係る十五歳に達する日以後の最初の三月三十一日までの間にある児童（次項において「中学校修了前の児童」という。）に関し当該市町村に支払うべきものの支払に充てる旨を申し出た場合には、内閣府令で定めるところにより、当該受給資格者に児童手当の支払をする際に当該申出に係る費用を徴収することができる。

２　市町村長は、受給資格者が、児童手当の支払を受ける前に、内閣府令で定めるところにより、当該児童手当の額の全部又は一部を、学校給食費、児童福祉法第五十六条第六項各号又は第七項各号に定める費用その他これらに類するものとして内閣府令で定める費用のうち当該受給資格者に係る中学校修了前の児童に関し支払うべきものの支払に充てる旨を申し出た場合には、内閣府令で定めるところにより、当該児童手当の額のうち当該申出に係る部分を、当該費用に係る債権を有する者に支払うことができる。

３　前項の規定による支払があつたときは、当該受給資格者に対し当該児童手当（同項の申出に係る部分に限る。）の支給があつたものとみなす。

第二十二条　市町村長は、児童福祉法第五十六条第二項の規定により費用（同法第五十一条第四号又は第五号に係るものに限る。）を徴収する場合又は同法第五十六条第六項若しくは第七項の規定により地方税の滞納処分の例により処分することができる費用を徴収する場合において、第七条（第十七条第一項において読み替えて適用する場合を含む。）の認定を受けた受給資格者が同法第五十六条第二項の規定により徴収する費用（同法第五十一条第四号又は第五号に係るものに限る。）を支払うべき扶養義務者又は同法第五十六条第六項若しくは第七項の規定により地方税の滞納処分の例により処分することができる費用を支払うべき保護者である場合には、政令で定めるところにより、当該扶養義務者又は保護者に児童手当の支払をする際に保育料（同条第二項の規定により徴収する費用（同法第五十一条第四号又は第五号に係るものに限る。）又は同法第五十六条第六項若しくは第七項の規定により地方税の滞納処分の例により処分することができる費用をいう。次項において同じ。）を徴収することができる。

２　市町村長は、前項の規定による徴収（以下この項において「特別徴収」という。）の方法によつて保育料を徴収しようとするときは、特別徴収の対象となる者（以下この項において「特別徴収対象者」という。）に係る保育料を特別徴収の方法によつて徴収する旨、当該特別徴収対象者に係る特別徴収の方法によつて徴収すべき保育料の額その他内閣府令で定める事項を、あらかじめ特別徴収対象者に通知しなければならない。

（施設等受給資格者が国又は地方公共団体である場合の児童手当の取扱い）

第二十二条の二　市町村長は、施設等受給資格者が国又は地方公共団体である場合においては、内閣府令で定めるところにより、当該施設等受給資格者に委託され、又は当該施設等受給資格者に係る障害児入所施設等に入所している中学校修了前の施設入所等児童に対し児童手当を支払うこととする。この場合において、当該施設等受給資格者は、内閣府令で定めるところにより、当該中学校修了前の施設入所等児童が児童手当として支払を受けた現金を保管することができる。

２　前項の規定による支払があつたときは、当該施設等受給資格者に対し当該児童手当の支給があつたものとみなす。

（時効）

第二十三条　児童手当の支給を受ける権利及び第十四条第一項の規定による徴収金を徴収する権利は、これらを行使することができる時から二年を経過したときは、時効によつて消滅する。

２　児童手当の支給に関する処分についての審査請求は、時効の完成猶予及び更新に関しては、裁判上の請求とみなす。

３　第十四条第一項の規定による徴収金の納入の告知又は督促は、時効の更新の効力を有する。

（期間の計算）

第二十四条　この法律又はこの法律に基づく命令に規定する期間の計算については、民法（明治二十九年法律第八十九号）の期間に関する規定を準用する。

第二十五条　削除

（届出）

第二十六条　第八条第一項の規定により児童手当の支給を受けている一般受給資格者（個人である場合に限る。）は、内閣府令で定めるところにより、市町村長に対し、前年の所得の状況及びその年の六月一日における被用者又は被用者等でない者の別を届け出なければならない。

２　第八条第一項の規定により児童手当の支給を受けている施設等受給資格者（個人である場合に限る。）は、内閣府令で定めるところにより、市町村長に対し、その年の六月一日における被用者又は被用者等でない者の別を届け出なければならない。

３　児童手当の支給を受けている者は、内閣府令で定めるところにより、前二項の規定により届出をする場合を除くほか、市町村長（第十七条第一項の規定によつて読み替えられる第七条の認定をする者を含む。以下同じ。）に対し、内閣府令で定める事項を届け出、かつ、内閣府令で定める書類を提出しなければならない。

（調査）

第二十七条　市町村長は、必要があると認めるときは、受給資格者に対して、受給資格の有無、児童手当の額及び被用者又は被用者等でない者の区分に係る事項に関する書類を提出すべきことを命じ、又は当該職員をしてこれらの事項に関し受給資格者その他の関係者に質問させることができる。

２　前項の規定によつて質問を行なう当該職員は、その身分を示す証票を携帯し、かつ、関係者の請求があるときは、これを提示しなければならない。

（資料の提供等）

第二十八条　市町村長は、児童手当の支給に関する処分に関し必要があると認めるときは、官公署に対し、必要な書類の閲覧若しくは資料の提供を求め、又は銀行、信託会社その他の機関若しくは受給資格者の雇用主その他の関係者に対し、必要な事項の報告を求めることができる。

（報告等）

第二十九条　第十七条第一項の規定によつて読み替えられる第七条の認定をする者は、内閣府令で定めるところにより、児童手当の支給の状況につき、内閣総理大臣に報告するものとする。

２　都道府県知事及び市町村長は、前項の報告に際し、この法律の規定により都道府県又は市町村が処理することとされている事務を円滑に行うために必要な事項について、地域の実情を踏まえ、内閣総理大臣に対して意見を申し出ることができる。

（事務の区分）

第二十九条の二　この法律（第二十条から第二十二条の二まで及び第二十九条を除く。）の規定により市町村が処理することとされている事務（第十七条第一項の規定により読み替えられた第七条第一項、第八条第一項及び第十四条第一項の規定により都道府県又は市町村が処理することとされている事務を含む。）は、地方自治法（昭和二十二年法律第六十七号）第二条第九項第一号に規定する第一号法定受託事務とする。

（実施命令）

第三十条　この法律に特別の規定があるものを除くほか、この法律の実施のための手続その他その執行について必要な細則は、内閣府令で定める。

（罰則）

第三十一条　偽りその他不正の手段により児童手当の支給を受けた者は、三年以下の懲役又は三十万円以下の罰金に処する。ただし、刑法（明治四十年法律第四十五号）に正条があるときは、刑法による。

附　則（抄）

（施行期日）

第一条　この法律は、昭和四十七年一月一日から施行する。

〔ただし書略〕

（特例給付）

第二条　当分の間、第四条に規定する要件に該当する者（第五条第一項の規定により児童手当が支給されない者であつて、その者の前年又は前々年の所得が、当該者の扶養親族等及び当該者の扶養親族等でない児童で当該者が当該年の十二月三十一日において生計を維持したものの有無及び数に応じて、政令で定める額未満であるものに限る。）に対し、国庫、都道府県及び市町村又は第十八条第四項各号に定める者の負担による給付を行う。

２　前項の給付は、月を単位として支給するものとし、その額は、一月につき、五千円に第四項において準用する第七条第一項又は第三項の認定を受けた受給資格に係る中学校修了前の児童の数を乗じて得た額とする。

３　第一項に規定する所得の範囲及びその額の計算方法並びにいずれの月分の給付について前年又は前々年の所得を用いるかの区分は、政令で定める。

４　第六条第二項、第七条第一項及び第三項、第八条から第十一条まで、第十二条第一項、第十三条から第二十二条まで（第十八条第一項、第二項及び第六項を除く。）、第二十三条から第二十九条まで（第二十六条第二項を除く。）並びに第三十条の規定は、第一項の給付について準用する。この場合において、第十八条第三項中「被用者等でない者（被用者又は公務員（施設等受給資格者である公務員を除く。）でない者をいう。以下同じ。）」とあるのは「公務員でない者」と、「費用（当該被用者等でない者が施設等受給資格者である公務員である場合にあつては、中学校修了前の施設入所等児童に係る児童手当の額に係る部分に限る。）」とあるのは「費用」と、第十九条中「第八条第一項の規定により支給する児童手当の支給に要する費用のうち、被用者に対する費用（三歳に満たない児童に係る児童手当の額に係る部分に限る。）についてはその四十五分の三十七に相当する額を、被用者に対する費用（三歳以上中学校修了前の児童に係る児童手当の額に係る部分に限る。）についてはその三分の二に相当する額を、被用者等でない者に対する費用（当該被用者等でない者が施設等受給資格者である公務員である場合にあつては、中学校修了前の施設入所等児童に係る児童手当の額に係る部分に限る。）についてはその三分の二に相当する額を、それぞれ」とあるのは「附則第二条第四項において準用する第八条第一項の規定により行う公務員でない者に対する附則第二条第一項の給付に要する費用についてはその三分の二に相当する額を」と、第二十六条第一項中「被用者等でない者（被用者又は公務員でない者をいう。以下同じ。）の別」とあるのは「被用者等でない者の別」と読み替えるほか、その他の規定に関し必要な技術的読替えは、政令で定める。

５　第一項の給付については、当該給付を児童手当とみなして、特別会計に関する法律（平成十九年法律第二十三号）その他の政令で定める法律の規定を適用する。

６　第一項の給付に係る第二十九条の二の規定の適用については、同条中「第二十二条の二」とあるのは「第二十二条」と、「第二十九条」とあるのは「第二十九条（これらの規定を附則第二条第四項において準用する場合を含む。）」と、「第十七条第一項」とあるのは「第十七条第一項（附則第二条第四項において準用する場合を含む。）」とする。

７　第一項から第五項までに定めるもののほか、第一項の給付の受給資格及び当該給付の額についての認定の特例その他同項から第四項までの規定の適用に関し必要な事項は、政令で定める。

８　偽りその他不正の手段により第一項の給付の支給を受けた者は、三年以下の懲役又は三十万円以下の罰金に処する。ただし、刑法に正条があるときは、刑法による。

（支給要件に関する暫定措置）

第三条　平成二十四年四月分及び同年五月分の児童手当については、第五条の規定は、適用しない。

附　則（平成二四・三・三一法二四）（抄）

改正　平成二四・八・二二法六七

（施行期日）

第一条　この法律は、平成二十四年四月一日から施行する。ただし、次の各号に掲げる規定は、当該各号に定める日から施行する。

一　附則第三十八条の規定　公布の日

二　第二条の規定及び附則第十三条から第十七条までの規定　平成二十四年六月一日

三～六　〔略〕

（検討）

第二条　政府は、速やかに、子育て支援に係る財政上又は税制上の措置等について、この法律による改正後の児童手当法に規定する児童手当の支給並びに所得税並びに道府県民税及び市町村民税に係る扶養控除の廃止による影響を踏まえつつ、その在り方を含め検討を行い、その結果に基づき、必要な措置を講ずるものとする。

２　この法律による改正後の児童手当法附則第二条第一項の給付の在り方について、前項の結果に基づき、必要な措置を講ずるものとする。

（認定等に関する経過措置）

第三条　この法律の施行の日（以下「施行日」という。）の前日において平成二十三年度における子ども手当の支給等に関する特別措置法（平成二十三年法律第百七号）第六条（同法第十六条第一項において読み替えて適用する場合を含む。以下この条において同じ。）の認定を受けている者（同法第九条の規定により子ども手当の額の全部又は一部を支給されていない者及び同法第十条の規定により子ども手当の支払を一時差し止められている者を除く。）及び平成二十四年九月三十日までの間に同法第六条の認定の請求をした者であって施行日以後に同条の認定を受けたもの（同法附則第三条の規定の適用を受けたものに限る。）が、施行日において児童手当の支給要件に該当するときは、その者に対する児童手当の支給に関しては、施行日において第一条の規定による改正後の児童手当法第七条第一項（同法第十七条第一項において読み替えて適用する場合を含む。）又は第二項の規定による認定（以下この条及び次条において「児童手当の支給認定」という。）があったものとみなす。この場合において、その児童手当の支給認定があったものとみなされた児童手当の支給は、同法第八条第二項の規定にかかわらず、施行日の属する月から始める。

２　前項の規定により児童手当の支給認定があったものとみなされた者以外の者であって、施行日の前日において第一条の規定による改正前の児童手当法（以下「旧児童手当法」という。）第七条（旧児童手当法第十七条第一項において読み替えて適用する場合並びに旧児童手当法附則第六条第二項、第七条第五項及び第八条第四項において準用する場合を含む。）の認定を受けているものが、施行日において児童手当の支給要件に該当する場合であって、児童手当の支給を受けようとするときは、児童手当の支給認定の請求をしなければならない。

（附則第三条第一項の規定により児童手当の支給認定があったものとみなされた者に関する経過措置）

第四条　前条第一項の規定により児童手当の支給認定があったものとみなされた者に係る第一条の規定による改正後の児童手当法第十八条第六項の規定の適用については、同項中「第七条の規定による認定の請求をした日の属する月の翌月からその年又は翌年の五月までの間」とあるのは「児童手当法の一部を改正する法律（平成二十四年法律第二十四号）の施行の日（以下この項において「施行日」という。）の属する月から平成二十四年五月までの間」と、「当該認定の請求をした際」とあるのは「施行日」とする。

（児童手当及び旧特例給付等の支給に関する経過措置）

第五条　平成二十二年三月以前の月分の児童手当並びに旧児童手当法附則第六条第一項、第七条第一項及び第八条第一項の給付（以下「旧特例給付等」という。）の支給については、なお従前の例による。

（児童手当の支給及び額の改定に関する経過措置）

第六条　次の各号に掲げる者が、施行日から平成二十四年九月三十日までの間に第一条の規定による改正後の児童手当法第七条第一項（同法第十七条第一項において読み替えて適用する場合を含む。）又は第二項の規定による認定の請求をしたときは、その者に対する児童手当の支給は、同法第八条第二項の規定にかかわらず、それぞれ当該各号に定める月から始める。

一　施行日において第一条の規定による改正後の児童手当法第四条第四項の規定が適用されることにより同条第一項第一号に掲げる者に該当している父又は母　施行日の属する月

二　施行日において未成年後見人、父母指定者（第一条の規定による改正後の児童手当法第四条第一項第二号に規定する父母指定者をいう。以下同じ。）又は同項第四号に掲げる者として中学校修了前の児童（同法第二十二条の三に規定する中学校修了前の児童をいう。以下この条、次条、附則第十三条及び第十四条において同じ。）を養育していることにより同項第一号、第二号又は第四号に掲げる者に該当している者　施行日の属する月

三　施行日から平成二十四年五月三十一日までの間に児童手当の支給要件に該当するに至った者であって、当該支給要件に該当するに至った日において、第一条の規定による改正後の児童手当法第四条第四項の規定が適用されることにより同条第一項第一号に掲げる者に該当するに至った父又は母　その者が同号に掲げる者に該当するに至った日の属する月の翌月

四　施行日から平成二十四年五月三十一日までの間に児童手当の支給要件に該当するに至った者であって、当該支給要件に該当するに至った日において、未成年後見人、父母指定者又は第一条の規定による改正後の児童手当法第四条第一項第四号に掲げる者として中学校修了前の児童を養育することとなったことにより同項第一号、第二号又は第四号に掲げる者に該当するに至った者　その者が同項第一号、第二号又は第四号に掲げる者に該当するに至った日の属する月の翌月

第七条　次の各号に掲げる者が、施行日から平成二十四年九月三十日までの間に第一条の規定による改正後の児童手当法第九条第一項の規定による認定の請求をしたときは、その者に対する児童手当の額の改定は、同項の規定にかかわらず、そ

れぞれ当該各号に定める月から行う。

一　中学校修了前の児童を監護し、かつ、これと生計を同じくするその父又は母であって、施行日から平成二十四年五月三十一日までの間に当該中学校修了前の児童と同居することとなったことにより児童手当の額が増額することとなるに至ったもの　その者が当該中学校修了前の児童と同居することとなった日の属する月の翌月

二　施行日から平成二十四年五月三十一日までの間に未成年後見人、父母指定者又は第一条の規定による改正後の児童手当法第四条第一項第四号に掲げる者として中学校修了前の児童を養育することとなったことにより児童手当の額が増額することとなるに至った者　その者が当該中学校修了前の児童を養育することとなった日の属する月の翌月

（児童手当及び旧特例給付等に要する費用の負担に関する経過措置）

第八条　平成二十二年三月以前の月分の児童手当及び旧特例給付等に要する費用については、なお従前の例による。

（拠出金の徴収に関する経過措置）

第九条　平成二十二年三月以前の月分の児童手当及び旧児童手当法附則第六条第一項の給付並びに平成二十一年度以前の年度の児童育成事業（旧児童手当法第二十九条の二に規定する児童育成事業をいう。）に係る拠出金の徴収については、なお従前の例による。

（事業費充当額相当率の設定に関する経過措置）

第十条　平成二十四年度においては、第一条の規定による改正後の児童手当法第二十一条第三項中「当該年度の前年度の事業費充当額相当率を標準とし、当該前年度以前五年度の各年度における事業費充当額相当率を勘案して」とあるのは、「千分の〇・三を標準として」とする。

2　平成二十五年度においては、第一条の規定による改正後の児童手当法第二十一条第三項中「当該年度の前年度の事業費充当額相当率を標準とし、当該前年度以前五年度の各年度における事業費充当額相当率を勘案して」とあるのは、「平成二十四年度の事業費充当額相当率を標準として」とする。

3　平成二十六年度から平成二十八年度又は子ども・子育て支援法及び就学前の子どもに関する教育、保育等の総合的な提供の推進に関する法律の一部を改正する法律の施行に伴う関係法律の整備等に関する法律（平成二十四年法律第六十七号）の施行の日の前日の属する年度のいずれか早い年度までの各年度においては、第一条の規定による改正後の児童手当法第二十一条第三項中「当該前年度以前五年度」とあるのは、「平成二十四年度以降」とする。

（平成二十二年度等における子ども手当の支給に関する法律により適用される旧児童手当法に関する経過措置）

第十一条　平成二十二年四月から平成二十三年九月までの月分の子ども手当について平成二十二年度等における子ども手当の支給に関する法律（平成二十二年法律第十九号）第二十条の規定を適用する場合においては、旧児童手当法の規定（旧児童手当法の規定に基づく命令の規定を含む。）は、なおその効力を有する。

（平成二十三年度における子ども手当の支給等に関する特別措置法により適用される旧児童手当法に関する経過措置）

第十二条　平成二十三年十月から平成二十四年三月までの月分の子ども手当について平成二十三年度における子ども手当の支給等に関する特別措置法第二十三条の規定を適用する場合においては、旧児童手当法の規定（旧児童手当法の規定に基づく命令の規定を含む。）は、なおその効力を有する。

（児童手当及び新特例給付の支給及び額の改定に関する経過措置）

第十三条　次の各号に掲げる者が、平成二十四年六月一日から同年九月三十日までの間に第二条の規定による改正後の児童手当法（以下「新児童手当法」という。）第七条第一項（新児童手当法第十七条第一項において読み替えて適用する場合を含む。）又は第二項の規定による認定の請求をしたときは、その者に対する児童手当の支給は、新児童手当法第八条第二項の規定にかかわらず、それぞれ当該各号に定める月から始める。

一　平成二十四年六月一日から同年九月三十日までの間に児童手当の支給要件に該当するに至った者であって、当該支給要件に該当するに至った日において、新児童手当法第四条第四項の規定が適用されることにより同条第一項第一号に掲げる者に該当するに至った父又は母　その者が同号に掲げる者に該当するに至った日の属する月の翌月

二　平成二十四年六月一日から同年九月三十日までの間に児童手当の支給要件に該当するに至った者であって、当該支給要件に該当するに至った日において、未成年後見人、父母指定者又は新児童手当法第四条第一項第四号に掲げる者として中学校修了前の児童を養育することとなったことにより同項第一号、第二号又は第四号に掲げる者に該当するに至った者　その者が同項第一号、第二号又は第四号に掲げる者に該当するに至った日の属する月の翌月

第十四条　次の各号に掲げる者が、平成二十四年六月一日から同年九月三十日までの間に新児童手当法第九条第一項の規定による認定の請求をしたときは、その者に対する児童手当の額の改定は、同項の規定にかかわらず、それぞれ当該各号に定める月から行う。

一　中学校修了前の児童を監護し、かつ、これと生計を同じくするその父又は母であって、平成二十四年六月一日から同年九月三十日までの間に当該中学校修了前の児童と同居することとなったことにより児童手当の額が増額することとなるに至ったもの　その者が当該中学校修了前の児童と同居することとなった日の属する月の翌月

二　平成二十四年六月一日から同年九月三十日までの間に未成年後見人、父母指定者又は新児童手当法第四条第一項第四号に掲げる者として中学校修了前の児童を養育することとなったことにより児童手当の額が増額することとなるに至った者　その者が当該中学校修了前の児童を養育することとなった日の属する月の翌月

第十五条　次の各号に掲げる者（附則第十三条の規定の適用を受ける者を除く。）が、平成二十四年六月一日から同年十一月三十日までの間に新児童手当法第七条第一項（新児童手当法第十七条第一項において読み替えて適用する場合を含む。）

又は第二項の規定による認定の請求をしたときは、その者に対する児童手当の支給は、新児童手当法第八条第二項の規定にかかわらず、それぞれ当該各号に定める月から始める。

一　十五歳に達する日以後の最初の三月三十一日を経過した児童である父又は母であって、平成二十四年六月一日において現にその子である中学校修了前の児童（新児童手当法第四条第一項第一号イに規定する中学校修了前の児童をいう。以下この条及び次条において同じ。）と障害者支援施設等（新児童手当法第三条第三項第三号に規定する障害者支援施設若しくはのぞみの園又は同項第四号に規定する救護施設、更生施設若しくは婦人保護施設をいう。以下この条及び次条において同じ。）に入所していることにより児童手当の支給要件（新児童手当法第四条第一項第一号に係るものに限る。）に該当しているもの　同月

二　平成二十四年六月一日において指定医療機関（新児童手当法第三条第三項第二号に規定する指定医療機関をいう。以下この条及び次条において同じ。）の設置者として現に中学校修了前の施設入所等児童（新児童手当法第四条第一項第四号に規定する中学校修了前の施設入所等児童をいう。以下この条及び次条において同じ。）を養育していることにより児童手当の支給要件（新児童手当法第四条第一項第四号に係るものに限る。）に該当している者　同月

三　十五歳に達する日以後の最初の三月三十一日を経過した児童である父又は母であって、平成二十四年六月一日から同年十一月三十日までの間にその子である中学校修了前の児童と障害者支援施設等に入所することとなったことにより児童手当の支給要件（新児童手当法第四条第一項第一号に係るものに限る。）に該当するに至ったもの　その者が当該支給要件に該当するに至った日の属する月の翌月

四　平成二十四年六月一日から同年十一月三十日までの間に児童手当の支給要件に該当するに至った者であって、当該支給要件に該当するに至った日において、指定医療機関の設置者として中学校修了前の施設入所等児童を養育することとなったことにより新児童手当法第四条第一項第四号に掲げる者に該当するに至った者　その者が同号に掲げる者に該当するに至った日の属する月の翌月

第十六条　次の各号に掲げる者（附則第十四条の規定の適用を受ける者を除く。）が、平成二十四年六月一日から同年十一月三十日までの間に新児童手当法第九条第一項の規定による認定の請求をしたときは、その者に対する児童手当の額の改定は、同項の規定にかかわらず、それぞれ当該各号に定める月から行う。

一　十五歳に達する日以後の最初の三月三十一日を経過した児童である父又は母であって、平成二十四年六月一日において現にその子である中学校修了前の児童と障害者支援施設等に入所していることにより児童手当の額が増額することとなるに至ったもの　同月

二　十五歳に達する日以後の最初の三月三十一日を経過した児童である父又は母であって、平成二十四年六月一日から同年十一月三十日までの間にその子である中学校修了前の児童と障害者支援施設等に入所することとなったことにより児童手当の額が増額することとなるに至ったもの　その者がその子である中学校修了前の児童と当該障害者支援施設等に入所することとなった日の属する月の翌月

三　平成二十四年六月一日から同年十一月三十日までの間に指定医療機関の設置者として中学校修了前の施設入所等児童を養育することとなったことにより児童手当の額が増額することとなるに至った者　その者が当該中学校修了前の施設入所等児童を養育することとなった日の属する月の翌月

第十七条　附則第十三条から前条まで（附則第十五条第二号及び第四号並びに前条第三号を除く。）の規定は、新児童手当法附則第二条第一項の給付に係る支給及び額の改定について準用する。この場合において、附則第十三条中「第七条第一項（新児童手当法第十七条第一項において読み替えて適用する場合を含む。）又は第二項」とあるのは「附則第二条第三項において準用する新児童手当法第七条第一項（新児童手当法第十七条第一項において読み替えて適用する場合を含む。）」と、「第八条第二項」とあるのは「附則第二条第三項において準用する新児童手当法第八条第二項」と、附則第十四条中「第九条第一項」及び「同項」とあるのは「附則第二条第三項において準用する新児童手当法第九条第一項」と、附則第十五条中「附則第十三条」とあるのは「附則第十七条において準用する附則第十三条」と、「第七条第一項（新児童手当法第十七条第一項において読み替えて適用する場合を含む。）又は第二項」とあるのは「附則第二条第三項において準用する新児童手当法第七条第一項（新児童手当法第十七条第一項において読み替えて適用する場合を含む。）」と、「第八条第二項」とあるのは「附則第二条第三項において準用する新児童手当法第八条第二項」と、前条中「附則第十四条」とあるのは「附則第十七条において準用する附則第十四条」と、「第九条第一項」及び「同項」とあるのは「附則第二条第三項において準用する新児童手当法第九条第一項」と読み替えるものとする。

（罰則に関する経過措置）

第三十七条　施行日前にした行為及び附則第五条の規定によりなお従前の例によることとされる場合における施行日以後にした行為に対する罰則の適用については、なお従前の例による。

（政令への委任）

第三十八条　この附則に規定するもののほか、この法律の施行に関し必要な経過措置は、政令で定める。

○刑法等の一部を改正する法律の施行に伴う関係法律の整理等に関する法律（抄）

令和四・六・一七
法　　六　　八

（災害救助法等の一部改正）

第八十条　次に掲げる法律の規定中「懲役」を「拘禁刑」に改める。

一　〔略〕

二　児童手当法（昭和四十六年法律第七十三号）第三十一条及び附則第二条第八項

三〜十六　〔略〕

附　則（抄）

（施行期日）

1　この法律は、刑法等一部改正法施行日〔令和七・六・一〕から施行する。〔ただし書略〕

○児童扶養手当法

昭三六・一一・二九
法　　二　　三　　八

最終改正　令和四・六・二二法七六

第一章　総則

（この法律の目的）

第一条　この法律は、父又は母と生計を同じくしていない児童が育成される家庭の生活の安定と自立の促進に寄与するため、当該児童について児童扶養手当を支給し、もつて児童の福祉の増進を図ることを目的とする。

（児童扶養手当の趣旨）

第二条　児童扶養手当は、児童の心身の健やかな成長に寄与することを趣旨として支給されるものであつて、その支給を受けた者は、これをその趣旨に従つて用いなければならない。

2　児童扶養手当の支給を受けた父又は母は、自ら進んでその自立を図り、家庭の生活の安定と向上に努めなければならない。

3　児童扶養手当の支給は、婚姻を解消した父母等が児童に対して履行すべき扶養義務の程度又は内容を変更するものではない。

（用語の定義）

第三条　この法律において「児童」とは、十八歳に達する日以後の最初の三月三十一日までの間にある者又は二十歳未満で政令で定める程度の障害の状態にある者をいう。

2　この法律において「公的年金給付」とは、次の各号に掲げる給付をいう。

一　国民年金法（昭和三十四年法律第百四十一号）に基づく年金たる給付

二　厚生年金保険法（昭和二十九年法律第百十五号）に基づく年金たる給付（同法附則第二十八条に規定する共済組合が支給する年金たる給付を含む。）

三　船員保険法（昭和十四年法律第七十三号）に基づく年金たる給付（雇用保険法等の一部を改正する法律（平成十九年法律第三十号）附則第三十九条の規定によりなお従前の例によるものとされた年金たる給付に限る。）

四　恩給法（大正十二年法律第四十八号。他の法律において準用する場合を含む。）に基づく年金たる給付

五　地方公務員の退職年金に関する条例に基づく年金たる給付

六　旧令による共済組合等からの年金受給者のための特別措置法（昭和二十五年法律第二百五十六号）に基づいて国家公務員共済組合連合会が支給する年金たる給付

七　戦傷病者戦没者遺族等援護法（昭和二十七年法律第百二十七号）に基づく年金たる給付

八　未帰還者留守家族等援護法（昭和二十八年法律第百六十一号）に基づく留守家族手当及び特別手当（同法附則第四十五項に規定する手当を含む。）

九　労働者災害補償保険法（昭和二十二年法律第五十号）に基づく年金たる給付

十　国家公務員災害補償法（昭和二十六年法律第百九十一号。他の法律において準用する場合を含む。）に基づく年金たる補償

十一　公立学校の学校医、学校歯科医及び学校薬剤師の公務災害補償に関する法律（昭和三十二年法律第百四十三号）に基づく条例の規定に基づく年金たる補償

十二　地方公務員災害補償法（昭和四十二年法律第百二十一号）及び同法に基づく条例の規定に基づく年金たる補償

3　この法律にいう「婚姻」には、婚姻の届出をしていないが、事実上婚姻関係と同様の事情にある場合を含み、「配偶者」には、婚姻の届出をしていないが、事実上婚姻関係と同様の事情にある者を含み、「父」には、母が児童を懐胎した当時婚姻の届出をしていないが、その母と事実上婚姻関係と同様の事情にあつた者を含むものとする。

第二章　児童扶養手当の支給

（支給要件）

第四条　都道府県知事、市長（特別区の区長を含む。以下同じ。）及び福祉事務所（社会福祉法（昭和二十六年法律第四十五号）に定める福祉に関する事務所をいう。以下同じ。）を管理する町村長（以下「都道府県知事等」という。）は、次の各号に掲げる場合の区分に応じ、それぞれ当該各号に定める者に対し、児童扶養手当（以下「手当」という。）を支給する。

一　次のイからホまでのいずれかに該当する児童の母が当該児童を監護する場合　当該母

イ　父母が婚姻を解消した児童

ロ　父が死亡した児童

ハ　父が政令で定める程度の障害の状態にある児童

ニ　父の生死が明らかでない児童

ホ　その他イからニまでに準ずる状態にある児童で政令で定めるもの

二　次のイからホまでのいずれかに該当する児童の父が当該児童を監護し、かつ、これと生計を同じくする場合　当該父

イ　父母が婚姻を解消した児童

ロ　母が死亡した児童

ハ　母が前号ハの政令で定める程度の障害の状態にある児童

ニ　母の生死が明らかでない児童

ホ　その他イからニまでに準ずる状態にある児童で政令で定めるもの

三　第一号イからホまでのいずれかに該当する児童を母が監護しない場合若しくは同号イからホまでのいずれかに該当する児童（同号ロに該当するものを除く。）の母がない場合であつて、当該母以外の者が当該児童を養育する（児童と同居して、これを監護し、かつ、その生計を維持することをいう。以下同じ。）とき、前号イからホまでのいずれかに該当する児童を父が監護しないか、若しくはこれと生計を同じくしない場合（父がない場合を除く。）若しくは同号イからホまでのいずれかに該当する児童（同号ロに該当するものを除く。）の父がない場合であつて、当該父以外の者が当該児童を養育するとき、又は父母がない場合であつて、当該父母以外の者が当該児童を養育するとき　当該養育者

2　前項の規定にかかわらず、手当は、母又は養育者に対する手当にあつては児童が第一号から第四号までのいずれかに該当するとき、父に対する手当にあつては児童が第一号、第二号、第五号又は第六号のいずれかに該当するときは、当該児童については、支給しない。

一　日本国内に住所を有しないとき。

二　児童福祉法（昭和二十二年法律第百六十四号）第六条の四に規定する里親に委託されているとき。

三　父と生計を同じくしているとき。ただし、その者が前項第一号ハに規定する政令で定める程度の障害の状態にあるときを除く。

四　母の配偶者（前項第一号ハに規定する政令で定める程度の障害の状態にある父を除く。）に養育されているとき。

五　母と生計を同じくしているとき。ただし、その者が前項第一号ハに規定する政令で定める程度の障害の状態にあるときを除く。

六　父の配偶者（前項第一号ハに規定する政令で定める程度の障害の状態にある母を除く。）に養育されているとき。

3　第一項の規定にかかわらず、手当は、母に対する手当にあつては当該母が、父に対する手当にあつては当該父が、養育者に対する手当にあつては当該養育者が、日本国内に住所を有しないときは、支給しない。

（支給の調整）

第四条の二　同一の児童について、父及び母のいずれもが手当の支給要件に該当するとき、又は父及び養育者のいずれもが手当の支給要件に該当するときは、当該父に対する手当は、当該児童については、支給しない。

2　同一の児童について、母及び養育者のいずれもが手当の支給要件に該当するときは、当該養育者に対する手当は、当該児童については、支給しない。

（手当額）

第五条　手当は、月を単位として支給するものとし、その額は、一月につき、四万千百円とする。

2　第四条に定める要件に該当する児童であつて、父が監護し、かつ、これと生計を同じくするもの、母が監護するもの又は養育者が養育するもの（以下「監護等児童」という。）が二人以上である父、母又は養育者に支給する手当の額は、前項の規定にかかわらず、同項に定める額（次条第一項において「基本額」という。）に監護等児童のうちの一人（以下この項において「基本額対象監護等児童」という。）以外の監護等児童につきそれぞれ次の各号に掲げる監護等児童の区分に応じ、当該各号に定める額（次条第二項において「加算額」という。）を加算した額とする。

一　第一加算額対象監護等児童（基本額対象監護等児童以外の監護等児童のうちの一人をいう。次号において同じ。）　一万円

二　第二加算額対象監護等児童（基本額対象監護等児童及び第一加算額対象監護等児童以外の監護等児童をいう。）　六千円

（手当額の自動改定）

第五条の二　基本額については、総務省において作成する年平均の全国消費者物価指数（以下「物価指数」という。）が平成五年（この項の規定による基本額の改定の措置が講じられたときは、直近の当該措置が講じられた年の前年）の物価指数を超え、又は下るに至つた場合においては、その上昇し、又は低下した比率を基準として、その翌年の四月以降の基本額を改定する。

2　前項の規定は、加算額について準用する。この場合において、同項中「平成五年」とあるのは、「平成二十七年」と読み替えるものとする。

3　前二項の規定による手当の額の改定の措置は、政令で定め

る。

（認定）

第六条　手当の支給要件に該当する者（以下「受給資格者」という。）は、手当の支給を受けようとするときは、その受給資格及び手当の額について、都道府県知事等の認定を受けなければならない。

2　前項の認定を受けた者が、手当の支給要件に該当しなくなつた後再びその要件に該当するに至つた場合において、その該当するに至つた後の期間に係る手当の支給を受けようとするときも、同項と同様とする。

（支給期間及び支払期月）

第七条　手当の支給は、受給資格者が前条の規定による認定の請求をした日の属する月の翌月（第十三条の三第一項において「支給開始月」という。）から始め、手当を支給すべき事由が消滅した日の属する月で終わる。

2　受給資格者が災害その他やむを得ない理由により前条の規定による認定の請求をすることができなかつた場合において、その理由がやんだ後十五日以内にその請求をしたときは、手当の支給は、前項の規定にかかわらず、受給資格者がやむを得ない理由により認定の請求をすることができなくなつた日の属する月の翌月から始める。

3　手当は、毎年一月、三月、五月、七月、九月及び十一月の六期に、それぞれの前月までの分を支払う。ただし、前支払期月に支払うべきであつた手当又は支給すべき事由が消滅した場合におけるその期の手当は、その支払期月でない月であつても、支払うものとする。

（手当の額の改定時期）

第八条　手当の支給を受けている者につき、新たに監護等児童があるに至つた場合における手当の額の改定は、その者がその改定後の額につき認定の請求をした日の属する月の翌月から行う。

2　前条第二項の規定は、前項の改定について準用する。

3　手当の支給を受けている者につき、監護等児童の数が減じた場合における手当の額の改定は、その減じた日の属する月の翌月から行う。

（支給の制限）

第九条　手当は、受給資格者（第四条第一項第一号ロ又はニに該当し、かつ、母がない児童、同項第二号ロ又はニに該当する児童その他政令で定める児童の養育者を除く。以下この項において同じ。）の前年の所得が、その者の所得税法（昭和四十年法律第三十三号）に規定する同一生計配偶者及び扶養親族（以下「扶養親族等」という。）並びに当該受給資格者の扶養親族等でない児童で当該受給資格者が前年の十二月三十一日において生計を維持したものの有無及び数に応じて、政令で定める額以上であるときは、その年の十一月から翌年の十月までは、政令の定めるところにより、その全部又は一部を支給しない。

2　受給資格者が母である場合であつてその監護する児童が父から当該児童の養育に必要な費用の支払を受けたとき、又は受給資格者が父である場合であつてその監護し、かつ、これと生計を同じくする児童が母から当該児童の養育に必要な費用の支払を受けたときは、政令で定めるところにより、受給資格者が当該費用の支払を受けたものとみなして、前項の所得の額を計算するものとする。

第九条の二　手当は、受給資格者（前条第一項に規定する養育者に限る。以下この条において同じ。）の前年の所得が、その者の扶養親族等及び当該受給資格者の扶養親族等でない児童で当該受給資格者が前年の十二月三十一日において生計を維持したものの有無及び数に応じて、政令で定める額以上であるときは、その年の十一月から翌年の十月までは、支給しない。

第十条　父又は母に対する手当は、その父若しくは母の配偶者の前年の所得又はその父若しくは母の民法（明治二十九年法律第八十九号）第八百七十七条第一項に定める扶養義務者でその父若しくは母と生計を同じくするものの前年の所得が、その者の扶養親族等の有無及び数に応じて、政令で定める額以上であるときは、その年の十一月から翌年の十月までは、支給しない。

第十一条　養育者に対する手当は、その養育者の配偶者の前年の所得又はその養育者の民法第八百七十七条第一項に定める扶養義務者でその養育者の生計を維持するものの前年の所得が、その者の扶養親族等の有無及び数に応じて、前条に規定する政令で定める額以上であるときは、その年の十一月から翌年の十月までは、支給しない。

第十二条　震災、風水害、火災その他これらに類する災害により、自己又は所得税法に規定する同一生計配偶者若しくは扶養親族の所有に係る住宅、家財又は政令で定めるその他の財産につき被害金額（保険金、損害賠償金等により補充された金額を除く。）がその価格のおおむね二分の一以上である損害を受けた者（以下「被災者」という。）がある場合においては、その損害を受けた月から翌年の十月までの手当については、その損害を受けた年の前年又は前々年における当該被災者の所得に関しては、第九条から前条までの規定を適用しない。

2　前項の規定の適用により同項に規定する期間に係る手当が支給された場合において、次の各号に該当するときは、その支給を受けた者は、政令の定めるところにより、それぞれ当該各号に規定する手当で同項に規定する期間に係るものに相当する金額の全部又は一部を都道府県、市（特別区を含む。）又は福祉事務所を設置する町村（以下「都道府県等」という。）に返還しなければならない。

一　当該被災者（第九条第一項に規定する養育者を除く。以下この号において同じ。）の当該損害を受けた年の所得が、当該被災者の扶養親族等及び当該被災者の扶養親族等でない児童で当該被災者がその年の十二月三十一日において生計を維持したものの有無及び数に応じて、第九条第一項に規定する政令で定める額以上であること。　当該被災者に支給された手当

二　当該被災者（第九条第一項に規定する養育者に限る。以下この号において同じ。）の当該損害を受けた年の所得が、当該被災者の扶養親族等及び当該被災者の扶養親族等でない児童で当該被災者がその年の十二月三十一日において生

計を維持したものの有無及び数に応じて、第九条の二に規定する政令で定める額以上であること。当該被災者に支給された手当

三　当該被災者の当該損害を受けた年の所得が、当該被災者の扶養親族等の有無及び数に応じて、第十条に規定する政令で定める額以上であること。当該被災者を配偶者又は扶養義務者とする者に支給された手当

第十三条　第九条から第十一条まで及び前条第二項各号に規定する所得の範囲及びその額の計算方法は、政令で定める。

第十三条の二　手当は、母又は養育者に対する手当にあつては児童が第一号、第二号又は第四号のいずれかに該当するとき、父に対する手当にあつては児童が第一号、第三号又は第四号のいずれかに該当するときは、当該児童については、政令で定めるところにより、その全部又は一部を支給しない。

一　父又は母の死亡について支給される公的年金給付を受けることができるとき。ただし、その全額につきその支給が停止されているときを除く。

二　父に支給される公的年金給付の額の加算の対象となつているとき。

三　母に支給される公的年金給付の額の加算の対象となつているとき。

四　父又は母の死亡について労働基準法（昭和二十二年法律第四十九号）の規定による遺族補償その他政令で定める法令によるこれに相当する給付（以下この条において「遺族補償等」という。）を受けることができる場合であつて、当該遺族補償等の給付事由が発生した日から六年を経過していないとき。

2　手当は、受給資格者が次に掲げる場合のいずれかに該当するときは、政令で定めるところにより、その全部又は一部を支給しない。

一　国民年金法の規定に基づく障害基礎年金その他障害を支給事由とする政令で定める給付（次項において「障害基礎年金等」という。）及び国民年金法等の一部を改正する法律（昭和六十年法律第三十四号）附則第三十二条第一項の規定によりなお従前の例によるものとされた同法第一条による改正前の国民年金法に基づく老齢福祉年金以外の公的年金給付を受けることができるとき。ただし、その全額につきその支給が停止されているときを除く。

二　遺族補償等（父又は母の死亡について支給されるものに限る。）を受けることができる場合であつて、当該遺族補償等の給付事由が発生した日から六年を経過していないとき。

3　手当は、受給資格者が障害基礎年金等の給付を受けることができるとき（その全額につきその支給が停止されているときを除く。）は、政令で定めるところにより、当該障害基礎年金等の給付（子を有する者に係る加算に係る部分に限る。）の額に相当する額を支給しない。

4　第一項各号列記以外の部分及び前項の政令を定めるに当たつては、監護等児童が二人以上である受給資格者に支給される手当の額が監護等児童が一人である受給資格者に支給される手当の額を下回ることのないようにするものとする。

第十三条の三　受給資格者（養育者を除く。以下この条において同じ。）に対する手当は、支給開始月の初日から起算して五年又は手当の支給要件に該当するに至つた日の属する月の初日から起算して七年を経過したとき（第六条第一項の規定による認定の請求をした日において三歳未満の児童を監護する受給資格者にあつては、当該児童が三歳に達した日の属する月の翌月の初日から起算して五年を経過したとき）は、政令で定めるところにより、その一部を支給しない。ただし、当該支給しない額は、その経過した日の属する月の翌月に当該受給資格者に支払うべき手当の額の二分の一に相当する額を超えることができない。

2　受給資格者が、前項に規定する期間を経過した後において、身体上の障害がある場合その他の政令で定める事由に該当する場合には、当該受給資格者については、内閣府令で定めるところにより、その該当している期間は、同項の規定を適用しない。

第十四条　手当は、次の各号のいずれかに該当する場合においては、その額の全部又は一部を支給しないことができる。

一　受給資格者が、正当な理由がなくて、第二十九条第一項の規定による命令に従わず、又は同項の規定による当該職員の質問に応じなかつたとき。

二　受給資格者が、正当な理由がなくて、第二十九条第二項の規定による命令に従わず、又は同項の規定による当該職員の診断を拒んだとき。

三　受給資格者が、当該児童の監護又は養育を著しく怠つているとき。

四　受給資格者（養育者を除く。）が、正当な理由がなくて、求職活動その他内閣府令で定める自立を図るための活動をしなかつたとき。

五　受給資格者が、第六条第一項の規定による認定の請求又は第二十八条第一項の規定による届出に関し、虚偽の申請又は届出をしたとき。

第十五条　手当の支給を受けている者が、正当な理由がなくて、第二十八条第一項の規定による届出をせず、又は書類その他の物件を提出しないときは、手当の支払を一時差しとめることができる。

（未支払の手当）

第十六条　手当の受給資格者が死亡した場合において、その死亡した者に支払うべき手当で、まだその者に支払つていなかつたものがあるときは、その者の監護等児童であつた者にその未支払の手当を支払うことができる。

第三章　不服申立て

（審査請求）

第十七条　都道府県知事のした手当の支給に関する処分に不服がある者は、都道府県知事に審査請求をすることができる。

（審査庁）

第十七条の二　第三十三条第二項の規定により市長又は福祉事務所を管理する町村長が手当の支給に関する事務の全部又は一部をその管理に属する行政機関の長に委任した場合における当該事務に関する処分についての審査請求は、都道府県知

事に対してするものとする。

（裁決をすべき期間）

第十八条　都道府県知事は、手当の支給に関する処分についての審査請求がされたときは、当該審査請求がされた日（行政不服審査法（平成二十六年法律第六十八号）第二十三条の規定により不備を補正すべきことを命じた場合にあつては、当該不備が補正された日）から次の各号に掲げる場合の区分に応じそれぞれ当該各号に定める期間内に、当該審査請求に対する裁決をしなければならない。

一　行政不服審査法第四十三条第一項の規定による諮問をする場合　八十日

二　前号に掲げる場合以外の場合　六十日

2　審査請求人は、審査請求をした日（行政不服審査法第二十三条の規定により不備を補正すべきことを命じられた場合にあつては、当該不備を補正した日。第一号において同じ。）から次の各号に掲げる場合の区分に応じそれぞれ当該各号に定める期間内に裁決がないときは、都道府県知事が当該審査請求を棄却したものとみなすことができる。

一　当該審査請求をした日から六十日以内に行政不服審査法第四十三条第三項の規定により通知を受けた場合　八十日

二　前号に掲げる場合以外の場合　六十日

（時効の完成猶予及び更新）

第十九条　手当の支給に関する処分についての不服申立ては、時効の完成猶予及び更新に関しては、裁判上の請求とみなす。

（再審査請求）

第二十条　手当の支給に関する処分に係る審査請求についての都道府県知事の裁決に不服がある者は、内閣総理大臣に対して再審査請求をすることができる。

第四章　雑則

（費用の負担）

第二十一条　手当の支給に要する費用は、その三分の一に相当する額を国が負担し、その三分の二に相当する額を都道府県等が負担する。

（時効）

第二十二条　手当の支給を受ける権利は、これを行使することができる時から二年を経過したときは、時効によつて消滅する。

（不正利得の徴収）

第二十三条　偽りその他不正の手段により手当の支給を受けた者があるときは、都道府県知事等は、国税徴収の例により、受給額に相当する金額の全部又は一部をその者から徴収することができる。

2　国民年金法第九十六条第一項から第五項まで、第九十七条及び第九十八条の規定は、前項の規定による徴収金の徴収について準用する。この場合において、同法第九十七条第一項中「年十四・六パーセント（当該督促が保険料に係るものであるときは、当該納期限の翌日から三月を経過する日までの期間については、年七・三パーセント）」とあるのは、「年十四・六パーセント」と読み替えるものとする。

（受給権の保護）

第二十四条　手当の支給を受ける権利は、譲り渡し、担保に供し、又は差し押えることができない。

（公課の禁止）

第二十五条　租税その他の公課は、手当として支給を受けた金銭を標準として、課することができない。

（期間の計算）

第二十六条　この法律又はこの法律に基づく命令に規定する期間の計算については、民法の期間に関する規定を準用する。

（戸籍事項の無料証明）

第二十七条　市町村長（特別区の区長を含むものとし、地方自治法（昭和二十二年法律第六十七号）第二百五十二条の十九第一項の指定都市においては、区長又は総合区長とする。）は、都道府県知事等又は受給資格者に対して、当該市町村（特別区を含む。）の条例の定めるところにより、受給資格者又は監護等児童の戸籍に関し、無料で証明を行うことができる。

（届出）

第二十八条　手当の支給を受けている者は、内閣府令の定めるところにより、都道府県知事等に対し、内閣府令で定める事項を届け出、かつ、内閣府令で定める書類その他の物件を提出しなければならない。

2　手当の支給を受けている者が死亡したときは、戸籍法（昭和二十二年法律第二百二十四号）の規定による死亡の届出義務者は、内閣府令の定めるところにより、その旨を都道府県知事等に届け出なければならない。

（相談及び情報提供等）

第二十八条の二　都道府県知事等は、第六条第一項の規定による認定の請求又は前条第一項の規定による届出をした者に対し、相談に応じ、必要な情報の提供及び助言を行うものとする。

2　都道府県知事等は、受給資格者（養育者を除く。）に対し、生活及び就業の支援（当該支援に関する情報の提供を含む。次項において同じ。）その他の自立のために必要な支援を行うことができる。

3　都道府県知事等は、受給資格者（養育者を除く。）に対する生活及び就業の支援その他の自立のために必要な支援について、地域の実情を踏まえ、内閣総理大臣に対して意見を申し出ることができる。

（調査）

第二十九条　都道府県知事等は、必要があると認めるときは、受給資格者に対して、受給資格の有無及び手当の額の決定のために必要な事項に関する書類（当該児童の父又は母が支払つた当該児童の養育に必要な費用に関するものを含む。）その他の物件を提出すべきことを命じ、又は当該職員をしてこれらの事項に関し受給資格者、当該児童その他の関係人に質問させることができる。

2　都道府県知事等は、必要があると認めるときは、受給資格者に対して、第三条第一項若しくは第四条第一項第一号ハに規定する政令で定める程度の障害の状態にあることにより手当の支給が行われる児童若しくは児童の父若しくは母につき、その指定する医師の診断を受けさせるべきことを命じ、又は当該職員をしてその者の障害の状態を診断させることができる。

3　前二項の規定によつて質問又は診断を行なう当該職員は、その身分を示す証明書を携帯し、かつ、関係人の請求があるときは、これを提示しなければならない。

（資料の提供等）

第三十条　都道府県知事等は、手当の支給に関する処分に関し必要があると認めるときは、受給資格者、当該児童若しくは受給資格者の配偶者若しくは扶養義務者の資産若しくは収入の状況又は受給資格者、当該児童若しくは当該児童の父若しくは母に対する公的年金給付の支給状況につき、官公署、日本年金機構、法律によつて組織された共済組合若しくは国家公務員共済組合連合会若しくは日本私立学校振興・共済事業団に対し、必要な書類の閲覧若しくは資料の提供を求め、又は銀行、信託会社その他の機関若しくは受給資格者の雇用主その他の関係人に対し、必要な事項の報告を求めることができる。

（手当の支払の調整）

第三十一条　手当を支給すべきでないにもかかわらず、手当の支給としての支払が行なわれたときは、その支払われた手当は、その後に支払うべき手当の内払とみなすことができる。第十二条第二項の規定によりすでに支給を受けた手当に相当する金額の全部又は一部を返還すべき場合におけるその返還すべき金額及び手当の額を減額して改定すべき事由が生じたにもかかわらず、その事由が生じた日の属する月の翌月以降の分として減額しない額の手当が支払われた場合における当該手当の当該減額すべきであつた部分についても、同様とする。

（実施命令）

第三十二条　この法律に特別の規定があるものを除くほか、この法律の実施のための手続その他その執行について必要な細則は、内閣府令で定める。

（町村長が行う事務等）

第三十三条　手当の支給に関する事務の一部は、政令で定めるところにより、町村長（福祉事務所を管理する町村長を除く。）が行うこととすることができる。

2　都道府県知事等は、手当の支給に関する事務の全部又は一部を、その管理に属する行政機関の長に限り、委任することができる。

（町村の一部事務組合等）

第三十三条の二　町村が一部事務組合又は広域連合を設けて福祉事務所を設置した場合には、この法律の規定の適用については、その一部事務組合又は広域連合を福祉事務所を設置する町村とみなし、その一部事務組合の管理者（地方自治法第二百八十七条の三第二項の規定により管理者に代えて理事会を置く同法第二百八十五条の一部事務組合にあつては、理事会）又は広域連合の長（同法第二百九十一条の十三において準用する同法第二百八十七条の三第二項の規定により長に代えて理事会を置く広域連合にあつては、理事会）を福祉事務所を管理する町村長とみなす。

（事務の区分）

第三十三条の三　この法律（第二十八条の二第二項及び第三項を除く。）の規定により都道府県等が処理することとされている事務は、地方自治法第二条第九項第一号に規定する第一号法定受託事務とする。

（経過措置）

第三十四条　この法律に基づき政令を制定し、又は改廃する場合においては、政令で、その制定又は改廃に伴い合理的に必要と判断される範囲内において、所要の経過措置を定めることができる。

（罰則）

第三十五条　偽りその他不正の手段により手当を受けた者は、三年以下の懲役又は三十万円以下の罰金に処する。ただし、刑法（明治四十年法律第四十五号）に正条があるときは、刑法による。

第三十六条　第二十八条第二項の規定に違反して届出をしなかつた戸籍法の規定による死亡の届出義務者は、十万円以下の過料に処する。

附　則（抄）

（施行期日）

1　この法律は、昭和三十七年一月一日から施行する。ただし、附則第二項の規定は、公布の日から施行する。

附　則（平成二二・六・二法四〇）（抄）

（施行期日）

第一条　この法律は、平成二十二年八月一日から施行する。〔ただし書略〕

（検討）

第五条　政府は、この法律の施行後三年を目途として、この法律の施行の状況、父又は母と生計を同じくしていない児童が育成される家庭における父又は母の就業状況及び当該家庭の経済的な状況等を勘案し、当該家庭の生活の安定及び自立の促進並びに児童の福祉の増進を図る観点から、児童扶養手当制度を含め、当該家庭に対する支援施策の在り方について検討を加え、その結果に基づいて必要な措置を講ずるものとする。

附　則（平二四・八・二二法六三）（抄）

（施行期日）

第一条　この法律は、平成二十七年十月一日から施行する。〔ただし書略〕

（児童扶養手当法の一部改正に伴う経過措置）

第百二十五条　附則第四条第三号に規定する改正前国共済法及び同条第四号に規定する改正前国共済施行法、同条第六号に規定する改正前地共済法及び同条第七号に規定する改正前地共済施行法並びに同条第九号に規定する改正前私学共済法に基づく年金たる給付は、前条の規定による改正後の同法第三条第二項に規定する公的年金給付とみなす。

附　則（平成二六・四・二三法二八）（抄）

（施行期日）

第一条　この法律は、平成二十七年四月一日から施行する。ただし、次の各号に掲げる規定は、当該各号に定める日から施行する。
一・二　〔略〕
三　第三条並びに附則第四条第三項及び第四項（中略）の規定　平成二十六年十二月一日

（検討）
第二条　政府は、この法律の施行後五年を目途として、この法律による改正後のそれぞれの法律の規定について、その施行の状況等を勘案しつつ検討を加え、必要があると認めるときは、その結果に基づいて必要な措置を講ずるものとする。

（児童扶養手当法の一部改正に伴う経過措置）
第四条　平成二十六年十二月一日において第三条の規定による改正後の児童扶養手当法（以下この条において「新法」という。）の規定による児童扶養手当（以下この条において「新手当」という。）の支給要件（以下この条において「新支給要件」という。）に該当すべき者（第三条の規定による改正前の児童扶養手当法の規定による児童扶養手当の支給要件（以下この条において「旧支給要件」という。）に該当していない者に限る。）は、同日前においても、同日に新支給要件に該当することを条件として、当該新手当について新法第六条第一項の規定による認定の請求の手続をとることができる。
2　前項の手続をとった者が、平成二十六年十二月一日において、新支給要件に該当しているときは、その者に対する新手当の支給は、新法第七条第一項の規定にかかわらず、同月から始める。
3　次の各号に掲げる者が、平成二十七年三月三十一日までの間に新法第六条第一項の規定による認定の請求をしたときは、その者に対する新手当の支給は、新法第七条第一項の規定にかかわらず、それぞれ当該各号に定める月から始める。
一　平成二十六年十二月一日において現に新支給要件に該当している者（旧支給要件に該当していない者に限り、第一項の手続をとった者を除く。）　同月
二　平成二十六年十二月一日から平成二十七年三月三十一日までの間に新支給要件に該当するに至った者（旧支給要件に該当していない者に限る。）　その者が新支給要件に該当するに至った日の属する月の翌月
4　第一項の手続をとった者及び前項第一号に掲げる者に対する新手当の支給に関し、新法第十三条の三の規定を適用する場合においては、同条第一項中「手当の支給要件に該当するに至つた日の属する月の初日」とあるのは、「平成二十六年十二月一日」とする。

附　則（平成三〇・六・八法四四）（抄）

（施行期日）
第一条　この法律は、平成三十年十月一日から施行する。ただし、次の各号に掲げる規定は、当該各号に定める日から施行する。
一・二　〔略〕
三　第六条中児童扶養手当法第七条第三項の改正規定並びに附則第六条第二項及び第三項の規定　平成三十一年九月一日
四・五　〔略〕

（児童扶養手当に関する経過措置）
第六条　平成三十年十月以前の月分の児童扶養手当の支給の制限については、なお従前の例による。
2　第六条の規定による改正前の児童扶養手当法第七条第三項の規定に基づいて支払われた平成三十一年七月分の児童扶養手当は、第六条の規定による改正後の児童扶養手当法（次項において「新児童扶養手当法」という。）の規定による同月分の児童扶養手当とみなす。
3　平成三十一年八月分の児童扶養手当については、新児童扶養手当法第七条第三項（ただし書を除く。）の規定にかかわらず、同年十一月に支払うものとする。

附　則（令和二・六・五法四〇）（抄）

（施行期日）
第一条　この法律は、令和四年四月一日から施行する。ただし、次の各号に掲げる規定は、当該各号に定める日から施行する。
一～三　〔略〕
四　第十四条及び附則第十三条の規定　令和三年三月一日
五～十一　〔略〕

（児童扶養手当法の一部改正に伴う経過措置）
第十三条　次の各号に掲げる者が、令和三年六月三十日までの間に児童扶養手当法第六条の規定による認定の請求をしたときは、その者に対する児童扶養手当の支給は、同法第七条第一項の規定にかかわらず、当該各号に定める月から始める。
一　令和三年三月一日において現に児童扶養手当法の規定による児童扶養手当の支給要件に該当している者（同日において当該支給要件に該当するに至った者を除く。）であって第十四条の規定による改正後の児童扶養手当法第十三条の二第二項第一号に規定する障害基礎年金等（次号において「障害基礎年金等」という。）を受けているもの　同月
二　令和三年三月一日から同年六月三十日までの間に児童扶養手当の支給要件に該当するに至った者であって障害基礎年金等を受けているもの　その者が当該認定の請求に係る児童扶養手当の支給要件に該当するに至った日又は障害基礎年金等の受給権を有するに至った日のいずれか遅い日の属する月の翌月
2　前項第一号に掲げる者に対する児童扶養手当の支給に関し、児童扶養手当法第十三条の三の規定を適用する場合においては、同条第一項中「手当の支給要件に該当するに至つた日の属する月の初日」とあるのは、「令和三年三月一日」とする。
3　令和三年二月以前の月分の児童扶養手当の支給の制限については、なお従前の例による。

○児童扶養手当法の一部を改正する法律（抄）

昭六〇・六・七
法　四　八

最終改正　平成二二・六・二法四〇

児童扶養手当法（昭和三十六年法律第二百三十八号）の一部を次のように改正する。

第四条に次の二項を加える。

4　第一項の規定にかかわらず、同項第一号イ又は第二号イに該当する児童（同時に同項第一号ロからホまで又は第二号ロからホまでのいずれかに該当する児童を除く。）についての手当は、父母が婚姻を解消した日の属する年の前年（当該手当に係る第六条の認定の請求が当該婚姻を解消した日の属する年の一月一日から五月三十一日までの間に行われた場合にあつては、前々年。以下この項において同じ。）における当該児童の父又は母の所得が、その者の所得税法（昭和四十年法律第三十三号）に規定する扶養親族（当該児童を除く。）及び当該父又は母の同法に規定する扶養親族でない児童で当該父母が婚姻を解消した日の属する年の前年の十二月三十一日において生計を維持したものの有無及び数に応じて、政令で定める額以上であるときは、支給しない。ただし、父又は母の所在が長期間明らかでないこと、父又は母が日本国内に住所を有しないことその他の特別の事情により父、母又は養育者が父又は母に当該児童についての扶養義務の履行を求めることが困難であると認められるときは、この限りでない。

5　前項に規定する所得の範囲及びその額の計算方法は、政令で定める。

第二十九条第一項中「、当該児童」の下に「、第四条第一項第一号イ若しくは第二号イに該当する児童の父母」を加える。

第三十条中「当該児童若しくは受給資格者」を「当該児童、第四条第一項第一号イ若しくは第二号イに該当する児童の父若しくは母若しくは受給資格者」に改める。

附　則

（施行期日等）

第一条　この法律は、昭和六十年八月一日から施行する。ただし、第四条に二項を加える改正規定、第二十九条第一項の改正規定（「、当該児童」の下に「、第四条第一項第一号イ若しくは第二号イに該当する児童の父母」を加える部分に限る。）及び第三十条の改正規定並びに次条の規定は、政令で定める日から施行する。

2　政府は、前項ただし書に規定する政令を定めるに当たつては、婚姻を解消した父母の児童に対する扶養義務の履行の状況、当該父又は母の所得の把握方法の状況等を勘案しなければならない。

（支給要件に関する経過措置）

第二条　この法律による改正後の児童扶養手当法（以下「新法」という。）第四条第四項の規定は、前条第一項ただし書に規定する政令で定める日以後に父母が婚姻（婚姻の届出をしていないが、事実上婚姻関係と同様の事情にある場合を含む。）を解消したことにより新法第四条第一項第一号イ又は第二号イに該当するに至つた児童についての児童扶養手当（以下「手当」という。）に関して適用する。

○刑法等の一部を改正する法律の施行に伴う関係法律の整理等に関する法律（抄）

令和四・六・一七
法　六　八

改正　令和四・五・二五法五二

（船員保険法等の一部改正）

第二百二十一条　次に掲げる法律の規定中「懲役」を「拘禁刑」に改める。

一～二十七　〔略〕

二十八　児童扶養手当法（昭和三十六年法律第二百三十八号）
　第三十五条

二十九～八十九　〔略〕

附　則（抄）

（施行期日）

1　この法律は、刑法等一部改正法施行日（令和七・六・一）から施行する。〔ただし書略〕

○子ども・若者育成支援推進法

平成二一・七・八
法 七 一

最終改正 令和四・六・二二法七七

第一章 総則

（目的）

第一条 この法律は、子ども・若者が次代の社会を担い、その健やかな成長が我が国社会の発展の基礎をなすものであることにかんがみ、日本国憲法及び児童の権利に関する条約の理念にのっとり、子ども・若者をめぐる環境が悪化し、社会生活を円滑に営む上での困難を有する子ども・若者の問題が深刻な状況にあることを踏まえ、子ども・若者の健やかな育成、子ども・若者が社会生活を円滑に営むことができるようにするための支援その他の取組（以下「子ども・若者育成支援」という。）について、その基本理念、国及び地方公共団体の責務並びに施策の基本となる事項を定めること等により、他の関係法律による施策と相まって、総合的な子ども・若者育成支援のための施策（以下「子ども・若者育成支援施策」という。）を推進することを目的とする。

（基本理念）

第二条 子ども・若者育成支援は、次に掲げる事項を基本理念として行われなければならない。

一 一人一人の子ども・若者が、健やかに成長し、社会とのかかわりを自覚しつつ、自立した個人としての自己を確立し、他者とともに次代の社会を担うことができるようになることを目指すこと。

二 子ども・若者について、個人としての尊厳が重んぜられ、不当な差別的取扱いを受けることがないようにするとともに、その意見を十分に尊重しつつ、その最善の利益を考慮すること。

三 子ども・若者が成長する過程においては、様々な社会的要因が影響を及ぼすものであるとともに、とりわけ良好な家庭的環境で生活することが重要であることを旨とすること。

四 子ども・若者育成支援において、家庭、学校、職域、地域その他の社会のあらゆる分野におけるすべての構成員が、各々の役割を果たすとともに、相互に協力しながら一体的に取り組むこと。

五 子ども・若者の発達段階、生活環境、特性その他の状況に応じてその健やかな成長が図られるよう、良好な社会環境（教育、医療及び雇用に係る環境を含む。以下同じ。）の整備その他必要な配慮を行うこと。

六 教育、福祉、保健、医療、矯正、更生保護、雇用その他の各関連分野における知見を総合して行うこと。

七 修学及び就業のいずれもしていない子ども・若者その他の子ども・若者であって、社会生活を円滑に営む上での困難を有するものに対しては、その困難の内容及び程度に応じ、当該子ども・若者の意思を十分に尊重しつつ、必要な支援を行うこと。

（国の責務）

第三条 国は、前条に定める基本理念（以下「基本理念」という。）にのっとり、子ども・若者育成支援施策を策定し、及び実施する責務を有する。

（地方公共団体の責務）

第四条 地方公共団体は、基本理念にのっとり、子ども・若者育成支援に関し、国及び他の地方公共団体との連携を図りつつ、その区域内における子ども・若者の状況に応じた施策を策定し、及び実施する責務を有する。

（法制上の措置等）

第五条 政府は、子ども・若者育成支援施策を実施するため必要な法制上又は財政上の措置その他の措置を講じなければならない。

（年次報告）

第六条 政府は、毎年、国会に、我が国における子ども・若者の状況及び政府が講じた子ども・若者育成支援施策の実施の状況に関する報告を提出するとともに、これを公表しなければならない。

2 こども基本法（令和四年法律第七十七号）第八条第一項の規定による国会への報告及び公表がされたときは、前項の規定による国会への報告及び公表がされたものとみなす。

第二章 子ども・若者育成支援施策

（子ども・若者育成支援施策の基本）

第七条 子ども・若者育成支援施策は、基本理念にのっとり、国及び地方公共団体の関係機関相互の密接な連携並びに民間の団体及び国民一般の理解と協力の下に、関連分野における総合的な取組として行われなければならない。

（子ども・若者育成支援推進大綱）

第八条 政府は、子ども・若者育成支援施策の推進を図るための大綱（以下「子ども・若者育成支援推進大綱」という。）を定めなければならない。

2 子ども・若者育成支援推進大綱は、次に掲げる事項について定めるものとする。

一 子ども・若者育成支援施策に関する基本的な方針

二 子ども・若者育成支援施策に関する次に掲げる事項

イ 教育、福祉、保健、医療、矯正、更生保護、雇用その他の各関連分野における施策に関する事項

ロ 子ども・若者の健やかな成長に資する良好な社会環境の整備に関する事項

ハ 第二条第七号に規定する支援に関する事項

ニ イからハまでに掲げるもののほか、子ども・若者育成支援施策に関する重要事項

三 子ども・若者育成支援施策を総合的に実施するために必要な国の関係行政機関、地方公共団体及び民間の団体の連携及び協力に関する事項

四 子ども・若者育成支援に関する国民の理解の増進に関す

る事項

五　子ども・若者育成支援施策を推進するために必要な調査研究に関する事項

六　子ども・若者育成支援に関する人材の養成及び資質の向上に関する事項

七　子ども・若者育成支援に関する国際的な協力に関する事項

八　前各号に掲げるもののほか、子ども・若者育成支援施策を推進するために必要な事項

3　こども基本法第九条第一項の規定により定められた同項のこども大綱のうち前項各号に掲げる事項に係る部分は、第一項の規定により定められた子ども・若者育成支援推進大綱とみなす。

（都道府県子ども・若者計画等）

第九条　都道府県は、子ども・若者育成支援推進大綱を勘案して、当該都道府県の区域内における子ども・若者育成支援についての計画（以下この条において「都道府県子ども・若者計画」という。）を定めるよう努めるものとする。

2　市町村は、子ども・若者育成支援推進大綱（都道府県子ども・若者計画が定められているときは、子ども・若者育成支援推進大綱及び都道府県子ども・若者計画）を勘案して、当該市町村の区域内における子ども・若者育成支援についての計画（次項において「市町村子ども・若者計画」という。）を定めるよう努めるものとする。

3　都道府県又は市町村は、都道府県子ども・若者計画又は市町村子ども・若者計画を定めたときは、遅滞なく、これを公表しなければならない。これを変更したときも、同様とする。

（国民の理解の増進等）

第十条　国及び地方公共団体は、子ども・若者育成支援に関し、広く国民一般の関心を高め、その理解と協力を得るとともに、社会を構成する多様な主体の参加による自主的な活動に資するよう、必要な啓発活動を積極的に行うものとする。

（社会環境の整備）

第十一条　国及び地方公共団体は、子ども・若者の健やかな成長を阻害する行為の防止その他の子ども・若者の健やかな成長に資する良好な社会環境の整備について、必要な措置を講ずるよう努めるものとする。

（意見の反映）

第十二条　国は、子ども・若者育成支援施策の策定及び実施に関して、子ども・若者を含めた国民の意見をその施策に反映させるために必要な措置を講ずるものとする。

（子ども・若者総合相談センター）

第十三条　地方公共団体は、子ども・若者育成支援に関する相談に応じ、関係機関の紹介その他の必要な情報の提供及び助言を行う拠点（第二十条第三項において「子ども・若者総合相談センター」という。）としての機能を担う体制を、単独で又は共同して、確保するよう努めるものとする。

（地方公共団体及び民間の団体に対する支援）

第十四条　国は、子ども・若者育成支援施策に関し、地方公共団体が実施する施策及び民間の団体が行う子ども・若者の社会参加の促進その他の活動を支援するため、情報の提供その他の必要な措置を講ずるよう努めるものとする。

第三章　子ども・若者が社会生活を円滑に営むことができるようにするための支援

（関係機関等による支援）

第十五条　国及び地方公共団体の機関、公益社団法人及び公益財団法人、特定非営利活動促進法（平成十年法律第七号）第二条第二項に規定する特定非営利活動法人その他の団体並びに学識経験者その他の者であって、教育、福祉、保健、医療、矯正、更生保護、雇用その他の子ども・若者育成支援に関連する分野の事務に従事するもの（以下「関係機関等」という。）は、修学及び就業のいずれもしていない子ども・若者その他の子ども・若者であって、社会生活を円滑に営む上での困難を有するものに対する次に掲げる支援（以下この章において単に「支援」という。）を行うよう努めるものとする。

一　社会生活を円滑に営むことができるようにするために、関係機関等の施設、子ども・若者の住居その他の適切な場所において、必要な相談、助言又は指導を行うこと。

二　医療及び療養を受けることを助けること。

三　生活環境を改善すること。

四　修学又は就業を助けること。

五　前号に掲げるもののほか、社会生活を営むために必要な知識技能の習得を助けること。

六　前各号に掲げるもののほか、社会生活を円滑に営むことができるようにするための援助を行うこと。

2　関係機関等は、前項に規定する子ども・若者に対する支援に寄与するため、当該子ども・若者の家族その他子ども・若者が円滑な社会生活を営むことに関係する者に対し、相談及び助言その他の援助を行うよう努めるものとする。

（関係機関等の責務）

第十六条　関係機関等は、必要な支援が早期かつ円滑に行われるよう、次に掲げる措置をとるとともに、必要な支援を継続的に行うよう努めるものとする。

一　前条第一項に規定する子ども・若者の状況を把握すること。

二　相互に連携を図るとともに、前条第一項に規定する子ども・若者又は当該子ども・若者の家族その他子ども・若者が円滑な社会生活を営むことに関係する者を必要に応じて速やかに適切な関係機関等に誘導すること。

三　関係機関等が行う支援について、地域住民に周知すること。

（調査研究の推進）

第十七条　国及び地方公共団体は、第十五条第一項に規定する子ども・若者が社会生活を円滑に営む上での困難を有することとなった原因の究明、支援の方法等に関する必要な調査研究を行うよう努めるものとする。

（人材の養成等）

第十八条　国及び地方公共団体は、支援が適切に行われるよう、必要な知見を有する人材の養成及び資質の向上並びに第

十五条第一項各号に掲げる支援を実施するための体制の整備に必要な施策を講ずるよう努めるものとする。

（子ども・若者支援地域協議会）

第十九条　地方公共団体は、関係機関等が行う支援を適切に組み合わせることによりその効果的かつ円滑な実施を図るため、単独で又は共同して、関係機関等により構成される子ども・若者支援地域協議会（以下「協議会」という。）を置くよう努めるものとする。

２　地方公共団体の長は、協議会を設置したときは、内閣府令で定めるところにより、その旨を公示しなければならない。

（協議会の事務等）

第二十条　協議会は、前条第一項の目的を達するため、必要な情報の交換を行うとともに、支援の内容に関する協議を行うものとする。

２　協議会を構成する関係機関等（以下「構成機関等」という。）は、前項の協議の結果に基づき、支援を行うものとする。

３　協議会は、第一項に規定する情報の交換及び協議を行うため必要があると認めるとき、又は構成機関等による支援の実施に関し他の構成機関等から要請があった場合において必要があると認めるときは、構成機関等（構成機関等に該当しない子ども・若者総合相談センターとしての機能を担う者を含む。）に対し、支援の対象となる子ども・若者に関する情報の提供、意見の開陳その他の必要な協力を求めることができる。

（子ども・若者支援調整機関）

第二十一条　協議会を設置した地方公共団体の長は、構成機関等のうちから一の機関又は団体を限り子ども・若者支援調整機関（以下「調整機関」という。）として指定することができる。

２　調整機関は、協議会に関する事務を総括するとともに、必要な支援が適切に行われるよう、協議会の定めるところにより、構成機関等が行う支援の状況を把握しつつ、必要に応じて他の構成機関等が行う支援を組み合わせるなど構成機関等相互の連絡調整を行うものとする。

（子ども・若者指定支援機関）

第二十二条　協議会を設置した地方公共団体の長は、当該協議会において行われる支援の全般について主導的な役割を果たす者を定めることにより必要な支援が適切に行われることを確保するため、構成機関等（調整機関を含む。）のうちから一の団体を限り子ども・若者指定支援機関（以下「指定支援機関」という。）として指定することができる。

２　指定支援機関は、協議会の定めるところにより、調整機関と連携し、構成機関等が行う支援の状況を把握しつつ、必要に応じ、第十五条第一項第一号に掲げる支援その他の支援を実施するものとする。

（指定支援機関への援助等）

第二十三条　国及び地方公共団体は、指定支援機関が前条第二項の業務を適切に行うことができるようにするため、情報の提供、助言その他必要な援助を行うよう努めるものとする。

２　国は、必要な支援があまねく全国において効果的かつ円滑に行われるよう、前項に掲げるもののほか、指定支援機関の指定を行っていない地方公共団体（協議会を設置していない地方公共団体を含む。）に対し、情報の提供、助言その他必要な援助を行うものとする。

３　協議会及び構成機関等は、指定支援機関に対し、支援の対象となる子ども・若者に関する情報の提供その他必要な協力を行うよう努めるものとする。

（秘密保持義務）

第二十四条　協議会の事務（調整機関及び指定支援機関としての事務を含む。以下この条において同じ。）に従事する者又は協議会の事務に従事していた者は、正当な理由なく、協議会の事務に関して知り得た秘密を漏らしてはならない。

（協議会の定める事項）

第二十五条　第十九条から前条までに定めるもののほか、協議会の組織及び運営に関し必要な事項は、協議会が定める。

第四章　削除

第二十六条から第三十三条まで　削除

第五章　罰則

第三十四条　第二十四条の規定に違反した者は、一年以下の懲役又は五十万円以下の罰金に処する。

附　則　（抄）

（施行期日）

第一条　この法律は、公布の日から起算して一年を超えない範囲内において政令で定める日〔平成二二・四・一〕から施行する。

（検討）

第二条　政府は、この法律の施行後五年を経過した場合において、我が国における子ども・若者をめぐる状況及びこの法律の施行の状況を踏まえ、子ども・若者育成支援施策の在り方について検討を加え、必要があると認めるときは、その結果に基づいて所要の措置を講ずるものとする。

附　則　（令和四・六・二二法七七）（抄）

（施行期日）

第一条　この法律は、令和五年四月一日から施行する。ただし、次の各号に掲げる規定は、この法律の公布の日又は当該各号に定める法律の公布の日〔令和四・六・二二〕のいずれか遅い日から施行する。

一　〔略〕

二　附則第十一条の規定　こども家庭庁設置法の施行に伴う関係法律の整備に関する法律（令和四年法律第七十六号）

（子ども・若者育成支援推進法の一部改正に伴う経過措置）

第七条　前条の規定による改正前の子ども・若者育成支援推進法第二十六条に規定する本部が同法第八条第一項の規定により作成した同項の子ども・若者育成支援推進大綱は、この法律の施行後は、政府が前条の規定による改正後の子ども・若者育成支援推進法第八条第一項の規定により定めた同項の子ども・若者育成支援推進大綱とみなす。

○刑法等の一部を改正する法律の施行に伴う関係法律の整理等に関する法律（抄）

令和四・六・一七
法　六　八

（災害救助法等の一部改正）

第八十条　次に掲げる法律の規定中「懲役」を「拘禁刑」に改める。

一～七　〔略〕

八　子ども・若者育成支援推進法（平成二十一年法律第七十一号）第三十四条

九～十六　〔略〕

附　則（抄）

（施行期日）

1　この法律は、刑法等一部改正法施行日（令和七・六・一）から施行する。〔ただし書略〕

○少年法（抄）

昭二三・七・一五
法　一　六　八

最終改正　令和五・六・二三法六七

第一章　総則

（この法律の目的）

第一条　この法律は、少年の健全な育成を期し、非行のある少年に対して性格の矯正及び環境の調整に関する保護処分を行うとともに、少年の刑事事件について特別の措置を講ずることを目的とする。

（定義）

第二条　この法律において「少年」とは、二十歳に満たない者をいう。

2　この法律において「保護者」とは、少年に対して法律上監護教育の義務ある者及び少年を現に監護する者をいう。

第二章　少年の保護事件

第一節　通則

（審判に付すべき少年）

第三条　次に掲げる少年は、これを家庭裁判所の審判に付する。

一　罪を犯した少年

二　十四歳に満たないで刑罰法令に触れる行為をした少年

三　次に掲げる事由があつて、その性格又は環境に照して、将来、罪を犯し、又は刑罰法令に触れる行為をする虞のある少年

イ　保護者の正当な監督に服しない性癖のあること。

ロ　正当の理由がなく家庭に寄り附かないこと。

ハ　犯罪性のある人若しくは不道徳な人と交際し、又はいかがわしい場所に出入すること。

ニ　自己又は他人の徳性を害する行為をする性癖のあること。

2　家庭裁判所は、前項第二号に掲げる少年及び同項第三号に掲げる少年で十四歳に満たない者については、都道府県知事又は児童相談所長から送致を受けたときに限り、これを審判に付することができる。

（判事補の職権）

第四条　第二十条第一項の決定以外の裁判は、判事補が一人でこれをすることができる。

（管轄）

第五条　保護事件の管轄は、少年の行為地、住所、居所又は現在地による。

2　家庭裁判所は、保護の適正を期するため特に必要があると認めるときは、決定をもつて、事件を他の管轄家庭裁判所に移送することができる。

3　家庭裁判所は、事件がその管轄に属しないと認めるときは、決定をもつて、これを管轄家庭裁判所に移送しなければならない。

（被害者等による記録の閲覧及び謄写）

第五条の二　裁判所は、第三条第一項第一号又は第二号に掲げる少年に係る保護事件について、第二十一条の決定があつた後、最高裁判所規則の定めるところにより当該保護事件の被害者等（被害者又はその法定代理人若しくは被害者が死亡した場合若しくはその心身に重大な故障がある場合におけるその配偶者、直系の親族若しくは兄弟姉妹をいう。以下同じ。）又は被害者等から委託を受けた弁護士から、その保管する当該保護事件の記録（家庭裁判所が専ら当該少年の保護の必要性を判断するために収集したもの及び家庭裁判所調査官が家庭裁判所による当該少年の保護の必要性の判断に資するよう作成し又は収集したものを除く。）の閲覧又は謄写の申出があるときは、閲覧又は謄写を求める理由が正当でないと認める場合及び少年の健全な育成に対する影響、事件の性質、調査又は審判の状況その他の事情を考慮して閲覧又は謄写をさせることが相当でないと認める場合を除き、申出をした者に

その閲覧又は謄写をさせるものとする。

２　前項の申出は、その申出に係る保護事件を終局させる決定が確定した後三年を経過したときは、することができない。

３　第一項の規定により記録の閲覧又は謄写をした者は、正当な理由がないのに閲覧又は謄写により知り得た少年の氏名その他少年の身上に関する事項を漏らしてはならず、かつ、閲覧又は謄写により知り得た事項をみだりに用いて、少年の健全な育成を妨げ、関係人の名誉若しくは生活の平穏を害し、又は調査若しくは審判に支障を生じさせる行為をしてはならない。

（閲覧又は謄写の手数料）

第五条の三　前条第一項の規定による記録の閲覧又は謄写の手数料については、その性質に反しない限り、民事訴訟費用等に関する法律（昭和四十六年法律第四十号）第七条から第十条まで及び別表第二の一の項の規定（同項上欄中「（事件の係属中に当事者等が請求するものを除く。）」とある部分を除く。）を準用する。

第二節　通告、警察官の調査等

（通告）

第六条　家庭裁判所の審判に付すべき少年を発見した者は、これを家庭裁判所に通告しなければならない。

２　警察官又は保護者は、第三条第一項第三号に掲げる少年について、直接これを家庭裁判所に送致し、又は通告するよりも、先づ児童福祉法（昭和二十二年法律第百六十四号）による措置にゆだねるのが適当であると認めるときは、その少年を直接児童相談所に通告することができる。

（警察官等の調査）

第六条の二　警察官は、客観的な事情から合理的に判断して、第三条第一項第二号に掲げる少年であると疑うに足りる相当の理由のある者を発見した場合において、必要があるときは、事件について調査をすることができる。

２　前項の調査は、少年の情操の保護に配慮しつつ、事案の真相を明らかにし、もつて少年の健全な育成のための措置に資することを目的として行うものとする。

３　警察官は、国家公安委員会規則の定めるところにより、少年の心理その他の特性に関する専門的知識を有する警察職員（警察官を除く。）に調査（第六条の五第一項の処分を除く。）をさせることができる。

（調査における付添人）

第六条の三　少年及び保護者は、前条第一項の調査に関し、いつでも、弁護士である付添人を選任することができる。

（呼出し、質問、報告の要求）

第六条の四　警察官は、調査をするについて必要があるときは、少年、保護者又は参考人を呼び出し、質問することができる。

２　前項の質問に当たつては、強制にわたることがあつてはならない。

３　警察官は、調査について、公務所又は公私の団体に照会して必要な事項の報告を求めることができる。

（押収、捜索、検証、鑑定嘱託）

第六条の五　警察官は、第三条第一項第二号に掲げる少年に係る事件の調査をするについて必要があるときは、押収、捜索、検証又は鑑定の嘱託をすることができる。

２　刑事訴訟法（昭和二十三年法律第百三十一号）中、司法警察職員の行う押収、捜索、検証及び鑑定の嘱託に関する規定（同法第二百二十四条を除く。）は、前項の場合に、これを準用する。この場合において、これらの規定中「司法警察員」とあるのは「司法警察員たる警察官」と、「司法巡査」とあるのは「司法巡査たる警察官」と読み替えるほか、同法第四百九十九条第一項中「検察官」とあるのは「警視総監若しくは道府県警察本部長又は警察署長」と、「政令」とあるのは「国家公安委員会規則」と、同条第三項中「国庫」とあるのは「当該都道府県警察又は警察署の属する都道府県」と読み替えるものとする。

（警察官の送致等）

第六条の六　警察官は、調査の結果、次の各号のいずれかに該当するときは、当該調査に係る書類とともに事件を児童相談所長に送致しなければならない。

一　第三条第一項第二号に掲げる少年に係る事件について、その少年の行為が次に掲げる罪に係る刑罰法令に触れるものであると思料するとき。

イ　故意の犯罪行為により被害者を死亡させた罪

ロ　イに掲げるもののほか、死刑又は無期若しくは短期二年以上の懲役若しくは禁錮に当たる罪

二　前号に掲げるもののほか、第三条第一項第二号に掲げる少年に係る事件について、家庭裁判所の審判に付することが適当であると思料するとき。

２　警察官は、前項の規定により児童相談所長に送致した事件について、児童福祉法第二十七条第一項第四号の措置がとられた場合において、証拠物があるときは、これを家庭裁判所に送付しなければならない。

３　警察官は、第一項の規定により事件を送致した場合を除き、児童福祉法第二十五条第一項の規定により調査に係る少年を児童相談所に通告するときは、国家公安委員会規則の定めるところにより、児童相談所に対し、同法による措置をとるについて参考となる当該調査の概要及び結果を通知するものとする。

（都道府県知事又は児童相談所長の送致）

第六条の七　都道府県知事又は児童相談所長は、前条第一項（第一号に係る部分に限る。）の規定により送致を受けた事件については、児童福祉法第二十七条第一項第四号の措置をとらなければならない。ただし、調査の結果、その必要がないと認められるときは、この限りでない。

２　都道府県知事又は児童相談所長は、児童福祉法の適用がある少年について、たまたま、その行動の自由を制限し、又はその自由を奪うような強制的措置を必要とするときは、同法第三十三条、第三十三条の二及び第四十七条の規定により認められる場合を除き、これを家庭裁判所に送致しなければならない。

（家庭裁判所調査官の報告）

第七条　家庭裁判所調査官は、家庭裁判所の審判に付すべき少年を発見したときは、これを裁判官に報告しなければならな

い。
２　家庭裁判所調査官は、前項の報告に先だち、少年及び保護者について、事情を調査することができる。

第三節　調査及び審判

（事件の調査）
第八条　家庭裁判所は、第六条第一項の通告又は前条第一項の報告により、審判に付すべき少年があると思料するときは、事件について調査しなければならない。検察官、司法警察員、警察官、都道府県知事又は児童相談所長から家庭裁判所の審判に付すべき少年事件の送致を受けたときも、同様とする。
２　家庭裁判所は、家庭裁判所調査官に命じて、少年、保護者又は参考人の取調その他の必要な調査を行わせることができる。

（調査の方針）
第九条　前条の調査は、なるべく、少年、保護者又は関係人の行状、経歴、素質、環境等について、医学、心理学、教育学、社会学その他の専門的智識特に少年鑑別所の鑑別の結果を活用して、これを行うように努めなければならない。

（被害者等の申出による意見の聴取）
第九条の二　家庭裁判所は、最高裁判所規則の定めるところにより第三条第一項第一号又は第二号に掲げる少年に係る事件の被害者等から、被害に関する心情その他の事件に関する意見の陳述の申出があるときは、自らこれを聴取し、又は家庭裁判所調査官に命じてこれを聴取させるものとする。ただし、事件の性質、調査又は審判の状況その他の事情を考慮して、相当でないと認めるときは、この限りでない。

（付添人）
第十条　少年並びにその保護者、法定代理人、保佐人、配偶者、直系の親族及び兄弟姉妹は、家庭裁判所の許可を受けて、付添人を選任することができる。ただし、弁護士を付添人に選任するには、家庭裁判所の許可を要しない。
２　保護者は、家庭裁判所の許可を受けて、付添人となることができる。

（呼出し及び同行）
第十一条　家庭裁判所は、事件の調査又は審判について必要があると認めるときは、少年又は保護者に対して、呼出状を発して、その呼出しをすることができる。
２　家庭裁判所は、少年又は保護者が、正当な理由がなく、前項の規定による呼出しに応じないとき、又は応じないおそれがあるときは、その少年又は保護者に対して、同行状を発して、その同行をすることができる。

（緊急の場合の同行）
第十二条　家庭裁判所は、少年が保護のため緊急を要する状態にあつて、その福祉上必要であると認めるときは、前条第二項の規定にかかわらず、その少年に対して、同行状を発して、その同行をすることができる。
２　裁判長は、急速を要する場合には、前項の処分をし、又は合議体の構成員にこれをさせることができる。

（同行状の執行）
第十三条　同行状は、家庭裁判所調査官がこれを執行する。
２　家庭裁判所は、警察官、保護観察官又は裁判所書記官をして、同行状を執行させることができる。
３　裁判長は、急速を要する場合には、前項の処分をし、又は合議体の構成員にこれをさせることができる。

（証人尋問・鑑定・通訳・翻訳）
第十四条　家庭裁判所は、証人を尋問し、又は鑑定、通訳若しくは翻訳を命ずることができる。
２　刑事訴訟法中、裁判所の行う証人尋問、鑑定、通訳及び翻訳に関する規定は、保護事件の性質に反しない限り、前項の場合に、これを準用する。

（検証、押収、捜索）
第十五条　家庭裁判所は、検証、押収又は捜索をすることができる。
２　刑事訴訟法中、裁判所の行う検証、押収及び捜索に関する規定は、保護事件の性質に反しない限り、前項の場合に、これを準用する。

（援助、協力）
第十六条　家庭裁判所は、調査及び観察のため、警察官、保護観察官、保護司、児童福祉司（児童福祉法第十二条の三第二項第六号に規定する児童福祉司をいう。第二十六条第一項において同じ。）又は児童委員に対して、必要な援助をさせることができる。
２　家庭裁判所は、その職務を行うについて、公務所、公私の団体、学校、病院その他に対して、必要な協力を求めることができる。

（観護の措置）
第十七条　家庭裁判所は、審判を行うため必要があるときは、決定をもつて、次に掲げる観護の措置をとることができる。
一　家庭裁判所調査官の観護に付すること。
二　少年鑑別所に送致すること。
２　同行された少年については、観護の措置は、遅くとも、到着のときから二十四時間以内に、これを行わなければならない。検察官又は司法警察員から勾留又は逮捕された少年の送致を受けたときも、同様である。
３　第一項第二号の措置においては、少年鑑別所に収容する期間は、二週間を超えることができない。ただし、特に継続の必要があるときは、決定をもつて、これを更新することができる。
４　前項ただし書の規定による更新は、一回を超えて行うことができない。ただし、第三条第一項第一号に掲げる少年に係る死刑、懲役又は禁錮に当たる罪の事件でその非行事実（犯行の動機、態様及び結果その他の当該犯罪に密接に関連する重要な事実を含む。以下同じ。）の認定に関し証人尋問、鑑定若しくは検証を行うことを決定したもの又はこれを行つたものについて、少年を収容しなければ審判に著しい支障が生じるおそれがあると認めるに足りる相当の理由がある場合には、その更新は、更に二回を限度として、行うことができる。
５　第三項ただし書の規定にかかわらず、検察官から再び送致を受けた事件が先に第一項第二号の措置がとられ、又は勾留状が発せられた事件であるときは、収容の期間は、これを更新することができない。

6　裁判官が第四十三条第一項の請求により、第一項第一号の措置をとつた場合において、事件が家庭裁判所に送致されたときは、その措置は、これを第一項第一号の措置とみなす。

7　裁判官が第四十三条第一項の請求により第一項第二号の措置をとつた場合において、事件が家庭裁判所に送致されたときは、その措置は、これを第一項第二号の措置とみなす。この場合には、第三項の期間は、家庭裁判所が事件の送致を受けた日から、これを起算する。

8　観護の措置は、決定をもつて、これを取り消し、又は変更することができる。

9　第一項第二号の措置については、収容の期間は、通じて八週間を超えることができない。ただし、その収容の期間が通じて四週間を超えることとなる決定を行うときは、第四項ただし書に規定する事由がなければならない。

10　裁判長は、急速を要する場合には、第一項及び第八項の処分をし、又は合議体の構成員にこれをさせることができる。

（異議の申立て）

第十七条の二　少年、その法定代理人又は付添人は、前条第一項第二号又は第三項ただし書の決定に対して、保護事件の係属する家庭裁判所に異議の申立てをすることができる。ただし、付添人は、選任者である保護者の明示した意思に反して、異議の申立てをすることができない。

2　前項の異議の申立ては、審判に付すべき事由がないことを理由としてすることはできない。

3　第一項の異議の申立てについては、家庭裁判所は、合議体で決定をしなければならない。この場合において、その決定には、原決定に関与した裁判官は、関与することができない。

4　第三十二条の三、第三十三条及び第三十四条の規定は、第一項の異議の申立てがあつた場合について準用する。この場合において、第三十三条第二項中「取り消して、事件を原裁判所に差し戻し、又は他の家庭裁判所に移送しなければならない」とあるのは、「取り消し、必要があるときは、更に裁判をしなければならない」と読み替えるものとする。

（特別抗告）

第十七条の三　第三十五条第一項の規定は、前条第三項の決定について準用する。この場合において、第三十五条第一項中「二週間」とあるのは、「五日」と読み替えるものとする。

2　前条第四項及び第三十二条の二の規定は、前項の規定による抗告があつた場合について準用する。

（少年鑑別所送致の場合の仮収容）

第十七条の四　家庭裁判所は、第十七条第一項第二号の措置をとつた場合において、直ちに少年鑑別所に収容することが著しく困難であると認める事情があるときは、決定をもつて、少年を仮に最寄りの少年院又は刑事施設の特に区別した場所に収容することができる。ただし、その期間は、収容した時から七十二時間を超えることができない。

2　裁判長は、急速を要する場合には、前項の処分をし、又は合議体の構成員にこれをさせることができる。

3　第一項の規定による収容の期間は、これを第十七条第一項第二号の措置により少年鑑別所に収容した期間とみなし、同条第三項の期間は、少年院又は刑事施設に収容した日から、これを起算する。

4　裁判官が第四十三条第一項の請求のあつた事件につき、第一項の収容をした場合において、事件が家庭裁判所に送致されたときは、その収容は、これを第一項の規定による収容とみなす。

（児童福祉法の措置）

第十八条　家庭裁判所は、調査の結果、児童福祉法の規定による措置を相当と認めるときは、決定をもつて、事件を権限を有する都道府県知事又は児童相談所長に送致しなければならない。

2　第六条の七第二項の規定により、都道府県知事又は児童相談所長から送致を受けた少年については、決定をもつて、期限を付して、これに対してとるべき保護の方法その他の措置を指示して、事件を権限を有する都道府県知事又は児童相談所長に送致することができる。

（審判を開始しない旨の決定）

第十九条　家庭裁判所は、調査の結果、審判に付することができず、又は審判に付するのが相当でないと認めるときは、審判を開始しない旨の決定をしなければならない。

2　家庭裁判所は、調査の結果、本人が二十歳以上であることが判明したときは、前項の規定にかかわらず、決定をもつて、事件を管轄地方裁判所に対応する検察庁の検察官に送致しなければならない。

（検察官への送致）

第二十条　家庭裁判所は、死刑、懲役又は禁錮に当たる罪の事件について、調査の結果、その罪質及び情状に照らして刑事処分を相当と認めるときは、決定をもつて、これを管轄地方裁判所に対応する検察庁の検察官に送致しなければならない。

2　前項の規定にかかわらず、家庭裁判所は、故意の犯罪行為により被害者を死亡させた罪の事件であつて、その罪を犯すとき十六歳以上の少年に係るものについては、同項の決定をしなければならない。ただし、調査の結果、犯行の動機及び態様、犯行後の情況、少年の性格、年齢、行状及び環境その他の事情を考慮し、刑事処分以外の措置を相当と認めるときは、この限りでない。

（審判開始の決定）

第二十一条　家庭裁判所は、調査の結果、審判を開始するのが相当であると認めるときは、その旨の決定をしなければならない。

（審判の方式）

第二十二条　審判は、懇切を旨として、和やかに行うとともに、非行のある少年に対し自己の非行について内省を促すものとしなければならない。

2　審判は、これを公開しない。

3　審判の指揮は、裁判長が行う。

（検察官の関与）

第二十二条の二　家庭裁判所は、第三条第一項第一号に掲げる少年に係る事件であつて、死刑又は無期若しくは長期三年を超える懲役若しくは禁錮に当たる罪のものにおいて、その非行事実を認定するための審判の手続に検察官が関与する必要があると認めるときは、決定をもつて、審判に検察官を出席させることができる。

2 家庭裁判所は、前項の決定をするには、検察官の申出がある場合を除き、あらかじめ、検察官の意見を聴かなければならない。

3 検察官は、第一項の決定があつた事件において、その非行事実の認定に資するため必要な限度で、最高裁判所規則の定めるところにより、事件の記録及び証拠物を閲覧し及び謄写し、審判の手続（事件を終局させる決定の告知を含む。）に立ち会い、少年及び証人その他の関係人に発問し、並びに意見を述べることができる。

（国選付添人）

第二十二条の三 家庭裁判所は、前条第一項の決定をした場合において、少年に弁護士である付添人がないときは、弁護士である付添人を付さなければならない。

2 家庭裁判所は、第三条第一項第一号に掲げる少年に係る事件であつて前条第一項に規定する罪のもの又は第三条第一項第二号に掲げる少年に係る事件であつて前条第一項に規定する罪に係る刑罰法令に触れるものについて、第十七条第一項第二号の措置がとられており、かつ、少年に弁護士である付添人がない場合において、事案の内容、保護者の有無その他の事情を考慮し、審判の手続に弁護士である付添人が関与する必要があると認めるときは、弁護士である付添人を付することができる。

3 前二項の規定により家庭裁判所が付すべき付添人は、最高裁判所規則の定めるところにより、選任するものとする。

4 前項（第二十二条の五第四項において準用する場合を含む。）の規定により選任された付添人は、旅費、日当、宿泊料及び報酬を請求することができる。

（被害者等による少年審判の傍聴）

第二十二条の四 家庭裁判所は、最高裁判所規則の定めるところにより第三条第一項第一号に掲げる少年に係る事件であつて次に掲げる罪のもの又は同項第二号に掲げる少年（十二歳に満たないで刑罰法令に触れる行為をした少年を除く。次項において同じ。）に係る事件であつて次に掲げる罪に係る刑罰法令に触れるもの（いずれも被害者を傷害した場合にあつては、これにより生命に重大な危険を生じさせたときに限る。）の被害者等から、審判期日における審判の傍聴の申出がある場合において、少年の年齢及び心身の状態、事件の性質、審判の状況その他の事情を考慮して、少年の健全な育成を妨げるおそれがなく相当と認めるときは、その申出をした者に対し、これを傍聴することを許すことができる。

一 故意の犯罪行為により被害者を死傷させた罪

二 刑法（明治四十年法律第四十五号）第二百十一条（業務上過失致死傷等）の罪

三 自動車の運転により人を死傷させる行為等の処罰に関する法律（平成二十五年法律第八十六号）第四条、第五条又は第六条第三項若しくは第四項の罪

2 家庭裁判所は、前項の規定により第三条第一項第二号に掲げる少年に係る事件の被害者等に審判の傍聴を許すか否かを判断するに当たつては、同号に掲げる少年が、一般に、精神的に特に未成熟であることを十分考慮しなければならない。

3 家庭裁判所は、第一項の規定により審判の傍聴を許す場合において、傍聴する者の年齢、心身の状態その他の事情を考慮し、その者が著しく不安又は緊張を覚えるおそれがあると認めるときは、その不安又は緊張を緩和するのに適当であり、かつ、審判を妨げ、又はこれに不当な影響を与えるおそれがないと認める者を、傍聴する者に付き添わせることができる。

4 裁判長は、第一項の規定により審判を傍聴する者及び前項の規定によりこの者に付き添う者の座席の位置、審判を行う場所における裁判所職員の配置等を定めるに当たつては、少年の心身に及ぼす影響に配慮しなければならない。

5 第五条の二第三項の規定は、第一項の規定により審判を傍聴した者又は第三項の規定によりこの者に付き添つた者について、準用する。

（弁護士である付添人からの意見の聴取等）

第二十二条の五 家庭裁判所は、前条第一項の規定により審判の傍聴を許すには、あらかじめ、弁護士である付添人の意見を聴かなければならない。

2 家庭裁判所は、前項の場合において、少年に弁護士である付添人がないときは、弁護士である付添人を付さなければならない。

3 少年に弁護士である付添人がない場合であつて、最高裁判所規則の定めるところにより少年及び保護者がこれを必要としない旨の意思を明示したときは、前二項の規定は適用しない。

4 第二十二条の三第三項の規定は、第二項の規定により家庭裁判所が付すべき付添人について、準用する。

（被害者等に対する説明）

第二十二条の六 家庭裁判所は、最高裁判所規則の定めるところにより第三条第一項第一号又は第二号に掲げる少年に係る事件の被害者等から申出がある場合において、少年の健全な育成を妨げるおそれがなく相当と認めるときは、最高裁判所規則の定めるところにより、その申出をした者に対し、審判期日における審判の状況を説明するものとする。

2 前項の申出は、その申出に係る事件を終局させる決定が確定した後三年を経過したときは、することができない。

3 第五条の二第三項の規定は、第一項の規定により説明を受けた者について、準用する。

（審判開始後保護処分に付しない場合）

第二十三条 家庭裁判所は、審判の結果、第十八条又は第二十条にあたる場合であると認めるときは、それぞれ、所定の決定をしなければならない。

2 家庭裁判所は、審判の結果、保護処分に付することができず、又は保護処分に付する必要がないと認めるときは、その旨の決定をしなければならない。

3 第十九条第二項の規定は、家庭裁判所の審判の結果、本人が二十歳以上であることが判明した場合に準用する。

（保護処分の決定）

第二十四条　家庭裁判所は、前条の場合を除いて、審判を開始した事件につき、決定をもつて、次に掲げる保護処分をしなければならない。ただし、決定の時に十四歳に満たない少年に係る事件については、特に必要と認める場合に限り、第三号の保護処分をすることができる。
一　保護観察所の保護観察に付すること。
二　児童自立支援施設又は児童養護施設に送致すること。
三　少年院に送致すること。
2　前項第一号及び第三号の保護処分においては、保護観察所の長をして、家庭その他の環境調整に関する措置を行わせることができる。

（没取）
第二十四条の二　家庭裁判所は、第三条第一項第一号及び第二号に掲げる少年について、第十八条、第十九条、第二十三条第二項又は前条第一項の決定をする場合には、決定をもつて、次に掲げる物を没取することができる。
一　刑罰法令に触れる行為を組成した物
二　刑罰法令に触れる行為に供し、又は供しようとした物
三　刑罰法令に触れる行為から生じ、若しくはこれによつて得た物又は刑罰法令に触れる行為の報酬として得た物
四　前号に記載した物の対価として得た物
2　家庭裁判所は、前項に規定する少年について、第十八条、第十九条、第二十三条第二項又は前条第一項の決定をする場合には、決定をもつて、次に掲げる物を没取することができる。
一　私事性的画像記録の提供等による被害の防止に関する法律（平成二十六年法律第百二十六号）第三条第一項から第三項までの規定に触れる行為を組成し、若しくは当該行為の用に供した私事性的画像記録（同法第二条第一項に規定する私事性的画像記録をいう。）が記録されている物若しくはこれを複写した物又は当該行為を組成し、若しくは当該行為の用に供した私事性的画像記録物（同法第二条第二項に規定する私事性的画像記録物をいう。）を複写した物
二　性的な姿態を撮影する行為等の処罰及び押収物に記録された性的な姿態の影像に係る電磁的記録の消去等に関する法律（令和五年法律第六十七号）第二条第一項又は第六条第一項の規定に触れる行為により生じた物を複写した物
3　没取は、その物が本人以外の者に属しないときに限る。ただし、刑罰法令に触れる行為の後、本人以外の者が情を知つて第一項の物を取得し、又は前項の物を保有するに至つたときは、本人以外の者に属する場合であつても、これを没取することができる。

（家庭裁判所調査官の観察）
第二十五条　家庭裁判所は、第二十四条第一項の保護処分を決定するため必要があると認めるときは、決定をもつて、相当の期間、家庭裁判所調査官の観察に付することができる。
2　家庭裁判所は、前項の観察とあわせて、次に掲げる措置をとることができる。
一　遵守事項を定めてその履行を命ずること。
二　条件を附けて保護者に引き渡すこと。
三　適当な施設、団体又は個人に補導を委託すること。

（保護者に対する措置）
第二十五条の二　家庭裁判所は、必要があると認めるときは、保護者に対し、少年の監護に関する責任を自覚させ、その非行を防止するため、調査又は審判において、自ら訓戒、指導その他の適当な措置をとり、又は家庭裁判所調査官に命じてこれらの措置をとらせることができる。

（決定の執行）
第二十六条　家庭裁判所は、第十七条第一項第二号、第十七条の四第一項並びに第二十四条第一項第二号及び第三号の決定をしたときは、家庭裁判所調査官、裁判所書記官、法務事務官、法務教官、警察官、保護観察官又は児童福祉司をして、その決定を執行させることができる。
2　家庭裁判所は、第十七条第一項第二号、第十七条の四第一項並びに第二十四条第一項第二号及び第三号の決定を執行するため必要があるときは、少年に対して、呼出状を発して、その呼出しをすることができる。
3　家庭裁判所は、少年が、正当な理由がなく、前項の規定による呼出しに応じないとき、又は応じないおそれがあるときは、その少年に対して、同行状を発して、その同行をすることができる。
4　家庭裁判所は、少年が保護のため緊急を要する状態にあつて、その福祉上必要であると認めるときは、前項の規定にかかわらず、その少年に対して、同行状を発して、その同行をすることができる。
5　第十三条の規定は、前二項の同行状に、これを準用する。
6　裁判長は、急速を要する場合には、第一項及び第四項の処分をし、又は合議体の構成員にこれをさせることができる。

（少年鑑別所収容の一時継続）
第二十六条の二　家庭裁判所は、第十七条第一項第二号の措置がとられている事件について、第十八条、第十九条、第二十条第一項、第二十三条第二項又は第二十四条第一項の決定をする場合において、必要と認めるときは、決定をもつて、少年を引き続き相当期間少年鑑別所に収容することができる。ただし、その期間は、七日を超えることはできない。

（同行状の執行の場合の仮収容）
第二十六条の三　第二十四条第一項第三号の決定を受けた少年に対して第二十六条第三項又は第四項の同行状を執行する場合において、必要があるときは、その少年を仮に最寄の少年鑑別所に収容することができる。

（保護観察中の者に対する措置）
第二十六条の四　更生保護法（平成十九年法律第八十八号）第六十七条第二項の申請があつた場合において、家庭裁判所は、審判の結果、第二十四条第一項第一号の保護処分を受けた者がその遵守すべき事項を遵守せず、同法第六十七条第一項の警告を受けたにもかかわらず、なお遵守すべき事項を遵守しなかつたと認められる事由があり、その程度が重く、かつ、その保護処分によつては本人の改善及び更生を図ることができないと認めるときは、決定をもつて、第二十四条第一項第二号又は第三号の保護処分をしなければならない。
2　家庭裁判所は、前項の規定により二十歳以上の者に対して第二十四条第一項第三号の保護処分をするときは、その決定

と同時に、本人が二十三歳を超えない期間内において、少年院に収容する期間を定めなければならない。
3 前項に定めるもののほか、第一項の規定による保護処分に係る事件の手続は、その性質に反しない限り、第二十四条第一項の規定による保護処分に係る事件の手続の例による。
（競合する処分の調整）
第二十七条 保護処分の継続中、本人に対して有罪判決が確定したときは、保護処分をした家庭裁判所は、相当と認めるときは、決定をもつて、その保護処分を取り消すことができる。
2 保護処分の継続中、本人に対して新たな保護処分がなされたときは、新たな保護処分をした家庭裁判所は、前の保護処分をした家庭裁判所の意見を聞いて、決定をもつて、いずれかの保護処分を取り消すことができる。
（保護処分の取消し）
第二十七条の二 保護処分の継続中、本人に対し審判権がなかつたこと、又は十四歳に満たない少年について、都道府県知事若しくは児童相談所長から送致の手続がなかつたにもかかわらず、保護処分をしたことを認め得る明らかな資料を新たに発見したときは、保護処分をした家庭裁判所は、決定をもつて、その保護処分を取り消さなければならない。
2 保護処分が終了した後においても、審判に付すべき事由の存在が認められないにもかかわらず保護処分をしたことを認め得る明らかな資料を新たに発見したときは、前項と同様とする。ただし、本人が死亡した場合は、この限りでない。
3 保護観察所、児童自立支援施設、児童養護施設又は少年院の長は、保護処分の継続中の者について、第一項の事由があることを疑うに足りる資料を発見したときは、保護処分をした家庭裁判所に、その旨の通知をしなければならない。
4 第十八条第一項及び第十九条第二項の規定は、家庭裁判所が、第一項の規定により、保護処分を取り消した場合に準用する。
5 家庭裁判所は、第一項の規定により、少年院に収容中の者の保護処分を取り消した場合において、必要があると認めるときは、決定をもつて、その者を引き続き少年院に収容することができる。但し、その期間は、三日を超えることはできない。
6 前三項に定めるもののほか、第一項及び第二項の規定による第二十四条第一項の保護処分の取消しの事件の手続は、その性質に反しない限り、同項の保護処分に係る事件の手続の例による。
（報告と意見の提出）
第二十八条 家庭裁判所は、第二十四条又は第二十五条の決定をした場合において、施設、団体、個人、保護観察所、児童福祉施設又は少年院に対して、少年に関する報告又は意見の提出を求めることができる。
（委託費用の支給）
第二十九条 家庭裁判所は、第二十五条第二項第三号の措置として、適当な施設、団体又は個人に補導を委託したときは、その者に対して、これによつて生じた費用の全部又は一部を支給することができる。
（被害者等に対する通知）
第三十一条の二 家庭裁判所は、第三条第一項第一号又は第二号に掲げる少年に係る事件を終局させる決定をした場合において、最高裁判所規則の定めるところにより当該事件の被害者等から申出があるときは、その申出をした者に対し、次に掲げる事項を通知するものとする。ただし、その通知をすることが少年の健全な育成を妨げるおそれがあり相当でないと認められるものについては、この限りでない。
一 少年及びその法定代理人の氏名及び住居（法定代理人が法人である場合においては、その名称又は商号及び主たる事務所又は本店の所在地）
二 決定の年月日、主文及び理由の要旨
2 前項の申出は、同項に規定する決定が確定した後三年を経過したときは、することができない。
3 第五条の二第三項の規定は、第一項の規定により通知を受けた者について、準用する。

第四節 抗告

（抗告）
第三十二条 保護処分の決定に対しては、決定に影響を及ぼす法令の違反、重大な事実の誤認又は処分の著しい不当を理由とするときに限り、少年、その法定代理人又は付添人から、二週間以内に、抗告をすることができる。ただし、付添人は、選任者である保護者の明示した意思に反して、抗告をすることができない。
（抗告裁判所の調査の範囲）
第三十二条の二 抗告裁判所は、抗告の趣意に含まれている事項に限り、調査をするものとする。
2 抗告裁判所は、抗告の趣意に含まれていない事項であつても、抗告の理由となる事由に関しては、職権で調査をすることができる。
（抗告裁判所の事実の取調べ）
第三十二条の三 抗告裁判所は、決定をするについて必要があるときは、事実の取調べをすることができる。
2 前項の取調べは、合議体の構成員にさせ、又は家庭裁判所の裁判官に嘱託することができる。
（抗告受理の申立て）
第三十二条の四 検察官は、第二十二条の二第一項の決定がされた場合においては、保護処分に付さない決定又は保護処分の決定に対し、同項の決定があつた事件の非行事実の認定に関し、決定に影響を及ぼす法令の違反又は重大な事実の誤認があることを理由とするときに限り、高等裁判所に対し、二週間以内に、抗告審として事件を受理すべきことを申し立てることができる。
2 前項の規定による申立て（以下「抗告受理の申立て」という。）は、申立書を原裁判所に差し出してしなければならない。この場合において、原裁判所は、速やかにこれを高等裁判所に送付しなければならない。
3 高等裁判所は、抗告受理の申立てがされた場合において、抗告審として事件を受理するのを相当と認めるときは、これを受理することができる。この場合においては、その旨の決定をしなければならない。

4 高等裁判所は、前項の決定をする場合において、抗告受理の申立ての理由中に重要でないと認めるものがあるときは、これを排除することができる。

5 第三項の決定は、高等裁判所が原裁判所から第二項の申立書の送付を受けた日から二週間以内にしなければならない。

6 第三項の決定があつた場合には、抗告があつたものとみなす。この場合において、第三十二条の二の規定の適用については、抗告受理の申立ての理由中第四項の規定により排除されたもの以外のものを抗告の趣意とみなす。

（抗告審における国選付添人）

第三十二条の五 前条第三項の決定があつた場合において、少年に弁護士である付添人がないときは、抗告裁判所は、弁護士である付添人を付さなければならない。

2 抗告裁判所は、第二十二条の三第二項に規定する事件（家庭裁判所において第十七条第一項第二号の措置がとられたものに限る。）について、少年に弁護士である付添人がなく、かつ、事案の内容、保護者の有無その他の事情を考慮し、抗告審の審理に弁護士である付添人が関与する必要があると認めるときは、弁護士である付添人を付することができる。

（準用）

第三十二条の六 第三十二条の二、第三十二条の三及び前条に定めるもののほか、抗告審の審理については、その性質に反しない限り、家庭裁判所の審判に関する規定を準用する。

（抗告審の裁判）

第三十三条 抗告の手続がその規定に違反したとき、又は抗告が理由のないときは、決定をもつて、抗告を棄却しなければならない。

2 抗告が理由のあるときは、決定をもつて、原決定を取り消して、事件を原裁判所に差し戻し、又は他の家庭裁判所に移送しなければならない。

（執行の停止）

第三十四条 抗告は、執行を停止する効力を有しない。但し、原裁判所又は抗告裁判所は、決定をもつて、執行を停止することができる。

（再抗告）

第三十五条 抗告裁判所のした第三十三条の決定に対しては、憲法に違反し、若しくは憲法の解釈に誤りがあること、又は最高裁判所若しくは控訴裁判所である高等裁判所の判例と相反する判断をしたことを理由とする場合に限り、少年、その法定代理人又は付添人から、最高裁判所に対し、二週間以内に、特に抗告をすることができる。ただし、付添人は、選任者である保護者の明示した意思に反して、抗告をすることができない。

2 第三十二条の二、第三十二条の三、第三十二条の五第二項及び第三十二条の六から前条までの規定は、前項の場合に、これを準用する。この場合において、第三十三条第二項中「取り消して、事件を原裁判所に差し戻し、又は他の家庭裁判所に移送しなければならない」とあるのは、「取り消さなければならない。この場合には、家庭裁判所の決定を取り消して、事件を家庭裁判所に差し戻し、又は他の家庭裁判所に移送することができる」と読み替えるものとする。

（その他の事項）

第三十六条 この法律で定めるものの外、保護事件に関して必要な事項は、最高裁判所がこれを定める。

第三十七条から第三十九条まで 削除

第三章 少年の刑事事件

第一節 通則

（準拠法例）

第四十条 少年の刑事事件については、この法律で定めるものの外、一般の例による。

第二節 手続

（司法警察員の送致）

第四十一条 司法警察員は、少年の被疑事件について捜査を遂げた結果、罰金以下の刑にあたる犯罪の嫌疑があるものと思料するときは、これを家庭裁判所に送致しなければならない。犯罪の嫌疑がない場合でも、家庭裁判所の審判に付すべき事由があると思料するときは、同様である。

（検察官の送致）

第四十二条 検察官は、少年の被疑事件について捜査を遂げた結果、犯罪の嫌疑があるものと思料するときは、第四十五条第五号本文に規定する場合を除いて、これを家庭裁判所に送致しなければならない。犯罪の嫌疑がない場合でも、家庭裁判所の審判に付すべき事由があると思料するときは、同様である。

2 前項の場合においては、刑事訴訟法の規定に基づく裁判官による被疑者についての弁護人の選任は、その効力を失う。

（勾留に代る措置）

第四十三条 検察官は、少年の被疑事件においては、裁判官に対して、勾留の請求に代え、第十七条第一項の措置を請求することができる。但し、第十七条第一項第一号の措置は、家庭裁判所の裁判官に対して、これを請求しなければならない。

2 前項の請求を受けた裁判官は、第十七条第一項の措置に関して、家庭裁判所と同一の権限を有する。

3 検察官は、少年の被疑事件においては、やむを得ない場合でなければ、裁判官に対して、勾留を請求することはできない。

（勾留に代る措置の効力）

第四十四条 裁判官が前条第一項の請求に基いて第十七条第一項第一号の措置をとつた場合において、検察官は、捜査を遂げた結果、事件を家庭裁判所に送致しないときは、直ちに、裁判官に対して、その措置の取消を請求しなければならない。

2 裁判官が前条第一項の請求に基いて第十七条第一項第二号の措置をとるときは、令状を発してこれをしなければならない。

3 前項の措置の効力は、その請求をした日から十日とする。

（検察官へ送致後の取扱い）

第四十五条 家庭裁判所が、第二十条第一項の規定によつて事件を検察官に送致したときは、次の例による。

一 第十七条第一項第一号の措置は、その少年の事件が再び家庭裁判所に送致された場合を除いて、検察官が事件の送致を受けた日から十日以内に公訴が提起されないときは、その効力を失う。公訴が提起されたときは、裁判所は、検察官の請求により、又は職権をもつて、いつでも、これを取り消すことができる。

二 前号の措置の継続中、勾留状が発せられたときは、その措置は、これによつて、その効力を失う。

三 第一号の措置は、その少年が満二十歳に達した後も、引き続きその効力を有する。

四 第十七条第一項第二号の措置は、これを裁判官のした勾留とみなし、その期間は、検察官が事件の送致を受けた日から、これを起算する。この場合において、その事件が先に勾留状の発せられた事件であるときは、この期間は、これを延長することができない。

五 検察官は、家庭裁判所から送致を受けた事件について、公訴を提起するに足りる犯罪の嫌疑があると思料するときは、公訴を提起しなければならない。ただし、送致を受けた事件の一部について公訴を提起するに足りる犯罪の嫌疑がないか、又は犯罪の情状等に影響を及ぼすべき新たな事情を発見したため、訴追を相当でないと思料するときは、この限りでない。送致後の情況により訴追を相当でないと思料するときも、同様である。

六 第十条第一項の規定により選任された弁護士である付添人は、これを弁護人とみなす。

七 第四号の規定により第十七条第一項第二号の措置が裁判官のした勾留とみなされた場合には、勾留状が発せられているものとみなして、刑事訴訟法中、裁判官による被疑者についての弁護人の選任に関する規定を適用する。

第四十五条の二 前条第一号から第四号まで及び第七号の規定は、家庭裁判所が、第十九条第二項又は第二十三条第三項の規定により、事件を検察官に送致した場合に準用する。

（訴訟費用の負担）

第四十五条の三 家庭裁判所が、先に裁判官により被疑者のため弁護人が付された事件について第二十三条第二項又は第二十四条第一項の決定をするときは、刑事訴訟法中、訴訟費用の負担に関する規定を準用する。この場合において、同法第百八十一条第一項及び第二項中「刑の言渡」とあるのは、「保護処分の決定」と読み替えるものとする。

2 検察官は、家庭裁判所が少年に訴訟費用の負担を命ずる裁判をした事件について、その裁判を執行するため必要な限度で、最高裁判所規則の定めるところにより、事件の記録及び証拠物を閲覧し、及び謄写することができる。

（保護処分等の効力）

第四十六条 罪を犯した少年に対して第二十四条第一項の保護処分がなされたときは、審判を経た事件について、刑事訴追をし、又は家庭裁判所の審判に付することができない。

2 第二十二条の二第一項の決定がされた場合において、同項の決定があつた事件につき、審判に付すべき事由の存在が認められないこと又は保護処分に付する必要がないことを理由とした保護処分に付さない旨の決定が確定したときは、その事件についても、前項と同様とする。

3 第一項の規定は、第二十七条の二第一項の規定による保護処分の取消しの決定が確定した事件については、適用しない。ただし、当該事件につき同条第六項の規定によりその例によることとされる第二十二条の二第一項の決定がされた場合であつて、その取消しの理由が審判に付すべき事由の存在が認められないことであるときは、この限りでない。

（時効の停止）

第四十七条 第八条第一項前段の場合においては第二十一条の決定があつてから、第八条第一項後段の場合においては送致を受けてから、保護処分の決定が確定するまで、公訴の時効は、その進行を停止する。

2 前項の規定は、第二十一条の決定又は送致の後、本人が満二十歳に達した事件についても、これを適用する。

（勾留）

第四十八条 勾留状は、やむを得ない場合でなければ、少年に対して、これを発することはできない。

2 少年を勾留する場合には、少年鑑別所にこれを拘禁することができる。

3 本人が満二十歳に達した後でも、引き続き前項の規定によることができる。

（取扱いの分離）

第四十九条 少年の被疑者又は被告人は、他の被疑者又は被告人と分離して、なるべく、その接触を避けなければならない。

2 少年に対する被告事件は、他の被告事件と関連する場合にも、審理に妨げない限り、その手続を分離しなければならない。

3 刑事施設、留置施設及び海上保安留置施設においては、少年（刑事収容施設及び被収容者等の処遇に関する法律（平成十七年法律第五十号）第二条第四号の受刑者（同条第八号の未決拘禁者としての地位を有するものを除く。）を除く。）を二十歳以上の者と分離して収容しなければならない。

（審理の方針）

第五十条 少年に対する刑事事件の審理は、第九条の趣旨に従つて、これを行わなければならない。

第三節 処分

（死刑と無期刑の緩和）

第五十一条 罪を犯すとき十八歳に満たない者に対しては、死刑をもつて処断すべきときは、無期刑を科する。

2 罪を犯すとき十八歳に満たない者に対しては、無期刑をもつて処断すべきときであつても、有期の懲役又は禁錮を科することができる。この場合において、その刑は、十年以上二十年以下において言い渡す。

（不定期刑）

第五十二条 少年に対して有期の懲役又は禁錮をもつて処断すべきときは、処断すべき刑の範囲内において、長期を定めるとともに、長期の二分の一（長期が十年を下回るときは、長期から五年を減じた期間。次項において同じ。）を下回らない範囲内において短期を定めて、これを言い渡す。この場合において、長期は十五年、短期は十年を超えることはできない。

2 前項の短期については、同項の規定にかかわらず、少年の改善更生の可能性その他の事情を考慮し特に必要があるときは、処断すべき刑の短期の二分の一を下回らず、かつ、長期の二分の一を下回らない範囲内において、これを定めることができる。この場合においては、刑法第十四条第二項の規定を準用する。

3 刑の執行猶予の言渡をする場合には、前二項の規定は、これを適用しない。

（少年鑑別所収容中の日数）

第五十三条 第十七条第一項第二号の措置がとられた場合においては、少年鑑別所に収容中の日数は、これを未決勾留の日数とみなす。

（換刑処分の禁止）

第五十四条 少年に対しては、労役場留置の言渡をしない。

（家庭裁判所への移送）

第五十五条 裁判所は、事実審理の結果、少年の被告人を保護処分に付するのが相当であると認めるときは、決定をもつて、事件を家庭裁判所に移送しなければならない。

（懲役又は禁錮の執行）

第五十六条 懲役又は禁錮の言渡しを受けた少年（第三項の規定により少年院において刑の執行を受ける者を除く。）に対しては、特に設けた刑事施設又は刑事施設若しくは留置施設内の特に分界を設けた場所において、その刑を執行する。

2 本人が二十六歳に達するまでは、前項の規定による執行を継続することができる。

3 懲役又は禁錮の言渡しを受けた十六歳に満たない少年に対しては、刑法第十二条第二項又は第十三条第二項の規定にかかわらず、十六歳に達するまでの間、少年院において、その刑を執行することができる。この場合において、その少年には、矯正教育を授ける。

（刑の執行と保護処分）

第五十七条 保護処分の継続中、懲役、禁錮又は拘留の刑が確定したときは、先に刑を執行する。懲役、禁錮又は拘留の刑が確定してその執行前保護処分がなされたときも、同様である。

（仮釈放）

第五十八条 少年のとき懲役又は禁錮の言渡しを受けた者については、次の期間を経過した後、仮釈放をすることができる。

一 無期刑については七年

二 第五十一条第二項の規定により言い渡した有期の刑については、その刑期の三分の一

三 第五十二条第一項又は同条第一項及び第二項の規定により言い渡した刑については、その刑の短期の三分の一

2 第五十一条第一項の規定により無期刑の言渡しを受けた者については、前項第一号の規定は適用しない。

（仮釈放期間の終了）

第五十九条 少年のとき無期刑の言渡しを受けた者が、仮釈放後、その処分を取り消されないで十年を経過したときは、刑の執行を受け終わつたものとする。

2 少年のとき第五十一条第二項又は第五十二条第一項若しくは同条第一項及び第二項の規定により有期の刑の言渡しを受けた者が、仮釈放後、その処分を取り消されないで仮釈放前に刑の執行を受けた期間と同一の期間又は第五十一条第二項の刑期若しくは第五十二条第一項の長期を経過したときは、そのいずれか早い時期において、刑の執行を受け終わつたものとする。

（人の資格に関する法令の適用）

第六十条 少年のとき犯した罪により刑に処せられてその執行を受け終り、又は執行の免除を受けた者は、人の資格に関する法令の適用については、将来に向つて刑の言渡を受けなかつたものとみなす。

2 少年のとき犯した罪について刑に処せられた者で刑の執行猶予の言渡を受けた者は、その猶予期間中、刑の執行を受け終つたものとみなして、前項の規定を適用する。

3 前項の場合において、刑の執行猶予の言渡を取り消されたときは、人の資格に関する法令の適用については、その取り消されたとき、刑の言渡があつたものとみなす。

第四章 記事等の掲載の禁止

第六十一条 家庭裁判所の審判に付された少年又は少年のとき犯した罪により公訴を提起された者については、氏名、年齢、職業、住居、容ぼう等によりその者が当該事件の本人であることを推知することができるような記事又は写真を新聞紙その他の出版物に掲載してはならない。

第五章 特定少年の特例

第一節 保護事件の特例

（検察官への送致についての特例）

第六十二条 家庭裁判所は、特定少年（十八歳以上の少年をいう。以下同じ。）に係る事件については、第二十条の規定にかかわらず、調査の結果、その罪質及び情状に照らして刑事処分を相当と認めるときは、決定をもつて、これを管轄地方裁判所に対応する検察庁の検察官に送致しなければならない。

2 前項の規定にかかわらず、家庭裁判所は、特定少年に係る次に掲げる事件については、同項の決定をしなければならない。ただし、調査の結果、犯行の動機、態様及び結果、犯行後の情況、特定少年の性格、年齢、行状及び環境その他の事情を考慮し、刑事処分以外の措置を相当と認めるときは、この限りでない。

一 故意の犯罪行為により被害者を死亡させた罪の事件であつて、その罪を犯すとき十六歳以上の少年に係るもの

二 死刑又は無期若しくは短期一年以上の懲役若しくは禁錮に当たる罪の事件であつて、その罪を犯すとき特定少年に係るもの（前号に該当するものを除く。）

第六十三条 家庭裁判所は、公職選挙法（昭和二十五年法律第百号。他の法律において準用する場合を含む。）及び政治資金規正法（昭和二十三年法律第百九十四号）に規定する罪の事件（次項に規定する場合に係る同項に規定する罪の事件を除く。）であつて、その罪を犯すとき特定少年に係るものについて、前条第一項の規定により検察官に送致するかどうかを決定するに当たつては、選挙の公正の確保等を考慮して行わなければならない。

2　家庭裁判所は、公職選挙法第二百四十七条の罪又は同法第二百五十一条の二第一項各号に掲げる者が犯した同項に規定する罪、同法第二百五十一条の三第一項の組織的選挙運動管理者等が犯した同項に規定する罪若しくは同法第二百五十一条の四第一項各号に掲げる者が犯した同項に規定する罪の事件であつて、その罪を犯すとき特定少年に係るものについて、その罪質が選挙の公正の確保に重大な支障を及ぼすと認める場合には、前条第一項の規定にかかわらず、同項の決定をしなければならない。この場合においては、同条第二項ただし書の規定を準用する。

（保護処分についての特例）

第六十四条　第二十四条第一項の規定にかかわらず、家庭裁判所は、第二十三条の場合を除いて、審判を開始した事件につき、少年が特定少年である場合には、犯情の軽重を考慮して相当な限度を超えない範囲内において、決定をもつて、次の各号に掲げる保護処分のいずれかをしなければならない。ただし、罰金以下の刑に当たる罪の事件については、第一号の保護処分に限り、これをすることができる。

一　六月の保護観察所の保護観察に付すること。

二　二年の保護観察所の保護観察に付すること。

三　少年院に送致すること。

2　前項第二号の保護観察においては、第六十六条第一項に規定する場合に、同項の決定により少年院に収容することができるものとし、家庭裁判所は、同号の保護処分をするときは、その決定と同時に、一年以下の範囲内において犯情の軽重を考慮して同項の決定により少年院に収容することができる期間を定めなければならない。

3　家庭裁判所は、第一項第三号の保護処分をするときは、その決定と同時に、三年以下の範囲内において犯情の軽重を考慮して少年院に収容する期間を定めなければならない。

4　勾留され又は第十七条第一項第二号の措置がとられた特定少年については、未決勾留の日数は、その全部又は一部を、前二項の規定により定める期間に算入することができる。

5　第一項の保護処分においては、保護観察所の長をして、家庭その他の環境調整に関する措置を行わせることができる。

（この法律の適用関係）

第六十五条　第三条第一項（第三号に係る部分に限る。）の規定は、特定少年については、適用しない。

2　第十二条、第二十六条第四項及び第二十六条の二の規定は、特定少年である少年の保護事件（第二十六条の四第一項の規定による保護処分に係る事件を除く。）については、適用しない。

3　第二十七条の二第五項の規定は、少年院に収容中の者について、前条第一項第二号又は第三号の保護処分を取り消した場合には、適用しない。

4　特定少年である少年の保護事件に関する次の表の上欄に掲げるこの法律の規定の適用については、これらの規定中同表の中欄に掲げる字句は、同表の下欄に掲げる字句とする。

第四条	第二十条第一項	第六十二条第一項
第十七条の二第一項ただし書、第三十二条ただし書及び第三十五条第一項ただし書（第十七条の三第一項において読み替えて準用する場合を含む。）	選任者である保護者	第六十二条第一項の特定少年
第二十三条第一項	又は第二十条	、第六十二条又は第六十三条第二項
第二十四条の二第一項	前条第一項	第六十四条第一項
第二十五条第一項及び第二十七条の二第六項	第二十四条第一項	第六十四条第一項
第二十六条第一項及び第二項	並びに第二十四条第一項第二号及び第三号	及び第六十四条第一項第三号
第二十六条の三	第二十四条第一項第三号	第六十四条第一項第三号
第二十八条	第二十四条又は第二十五条	第二十五条又は第六十四条

（保護観察中の者に対する収容決定）

第六十六条　更生保護法第六十八条の二の申請があつた場合において、家庭裁判所は、審判の結果、第六十四条第一項第二号の保護処分を受けた者がその遵守すべき事項を遵守しなかつたと認められる事由があり、その程度が重く、かつ、少年院において処遇を行わなければ本人の改善及び更生を図ることができないと認めるときは、これを少年院に収容する旨の決定をしなければならない。ただし、この項の決定により既に少年院に収容した期間が通算して同条第二項の規定により定められた期間に達しているときは、この限りでない。

2　次項に定めるもののほか、前項の決定に係る事件の手続は、その性質に反しない限り、この法律（この項を除く。）の規定による特定少年である少年の保護事件の手続の例による。

3　第一項の決定をする場合においては、前項の規定によりその例によることとされる第十七条第一項第二号の措置における収容及び更生保護法第六十八条の三第一項の規定による留置の日数は、その全部又は一部を、第六十四条第二項の規定により定められた期間に算入することができる。

第二節　刑事事件の特例

第六十七条　第四十一条及び第四十三条第三項の規定は、特定少年の被疑事件（同項の規定については、第二十条第一項又は第六十二条第一項の決定があつたものに限る。）については、適用しない。

2 第四十八条第一項並びに第四十九条第一項及び第三項の規定は、特定少年の被疑事件（第二十条第一項又は第六十二条第一項の決定があつたものに限る。）の被疑者及び特定少年である被告人については、適用しない。

3 第四十九条第二項の規定は、特定少年に対する被告事件については、適用しない。

4 第五十二条、第五十四条並びに第五十六条第一項及び第二項の規定は、特定少年については、適用しない。

5 第五十八条及び第五十九条の規定は、特定少年のとき刑の言渡しを受けた者については、適用しない。

6 第六十条の規定は、特定少年のとき犯した罪により刑に処せられた者については、適用しない。

7 特定少年である少年の刑事事件に関する次の表の上欄に掲げるこの法律の規定の適用については、これらの規定中同表の中欄に掲げる字句は、同表の下欄に掲げる字句とする。

第四十五条	第二十条第一項	第六十二条第一項
第四十五条の三第一項及び第四十六条第一項	第二十四条第一項	第六十四条第一項

第三節 記事等の掲載の禁止の特例

第六十八条 第六十一条の規定は、特定少年のとき犯した罪により公訴を提起された場合における同条の記事又は写真については、適用しない。ただし、当該罪に係る事件について刑事訴訟法第四百六十一条の請求がされた場合（同法第四百六十三条第一項若しくは第二項又は第四百六十八条第二項の規定により通常の規定に従い審判をすることとなつた場合を除く。）は、この限りでない。

附 則（抄）

（施行期日）

第一条 この法律は、昭和二十四年一月一日から、これを施行する。

附 則（平成二〇・六・一八法七一）（抄）

（施行期日）

1 この法律は、公布の日から起算して六月を超えない範囲内において政令で定める日〔平成二〇・一二・一五〕から施行する。ただし、第五条の二第一項の改正規定（「この項及び第三十一条の二において」を削る部分に限る。）及び第九条の二の改正規定は、公布の日から起算して二十日を経過した日から施行する。

（経過措置）

2 この法律の施行の日前にこの法律による改正前の少年法第三十七条第一項の規定により公訴の提起があつた成人の刑事事件については、この法律による改正後の少年法、裁判所法（昭和二十二年法律第五十九号）及び刑事訴訟法（昭和二十三年法律第百三十一号）の規定にかかわらず、なお従前の例による。沖縄の復帰に伴う特別措置に関する法律（昭和四十六年法律第百二十九号）第二十六条第四項の規定により家庭裁判所が権限を有する成人の刑事事件についても、同様とする。

（検討）

3 政府は、この法律の施行後三年を経過した場合において、被害者等による少年審判の傍聴に関する規定その他この法律による改正後の規定の施行の状況について検討を加え、必要があると認めるときは、その結果に基づいて所要の措置を講ずるものとする。

附 則（平成二六・四・一八法二三）（抄）

（施行期日）

第一条 この法律は、公布の日から起算して二十日を経過した日から施行する。ただし、第六条の六第一項、第二十二条の二第一項及び第二十二条の三第二項の改正規定は、公布の日から起算して二月を経過した日から施行する。

（経過措置）

第二条 この法律の施行前にした行為（一個の行為が二個以上の罪名に触れる場合におけるこれらの罪名に触れる行為、犯罪の手段若しくは結果である行為が他の罪名に触れる場合におけるこれらの罪名に触れる行為又は併合罪として処断すべき罪に当たる行為にこの法律の施行前のものと施行後のものがある場合においては、これらの行為を含む。）に係る刑の適用、仮釈放をすることができるまでの期間及び仮釈放期間の終了については、なお従前の例による。ただし、一個の行為が二個以上の罪名に触れる場合におけるこれらの罪名に触れる行為、犯罪の手段若しくは結果である行為が他の罪名に触れる場合におけるこれらの罪名に触れる行為又は併合罪として処断すべき罪に当たる行為にこの法律の施行前のものと施行後のものがある場合において、これらの行為のうちこの法律の施行後のものであるものに係る罪のみについてこの法律による改正後の少年法（以下「新法」という。）第五十一条第二項又は第五十二条第一項及び第二項の規定を適用することとした場合に言い渡すことができる刑が、これらの行為に係る罪の全てについてこの法律による改正前の少年法第五十一条第二項又は第五十二条第一項及び第二項の規定を適用することとした場合に言い渡すことができる刑より重い刑となるときは、刑の適用についてはその重い刑をもつて言い渡すことができる刑とし、仮釈放をすることができるまでの期間については新法第五十八条第一項の規定を適用し、仮釈放期間の終了については新法第五十九条第二項の規定を適用する。

附 則（令和三・五・二八法四七）（抄）

（施行期日）

第一条 この法律は、令和四年四月一日から施行する。

（検察官への送致に関する経過措置）

第二条 第一条の規定による改正後の少年法（以下「新少年法」という。）第六十二条及び第六十三条の規定は、この法律の施行後にした行為に係る事件の家庭裁判所から検察官への送致について適用する。

（司法警察員の送致に関する経過措置）

第三条　新少年法第六十七条第一項（少年法第四十一条に係る部分に限る。）の規定は、この法律の施行後にした行為に係る事件の司法警察員から家庭裁判所への送致について適用する。

（不定期刑、仮釈放及び仮釈放期間の終了に関する経過措置）

第四条　新少年法第六十七条第四項（少年法第五十二条に係る部分に限る。以下この条において同じ。）及び第五項の規定は、この法律の施行前にした行為（一個の行為が二個以上の罪名に触れる場合におけるこれらの罪名に触れる行為、犯罪の手段若しくは結果である行為が他の罪名に触れる場合におけるこれらの罪名に触れる行為又は併合罪として処断すべき罪に当たる行為にこの法律の施行前のものと施行後のものがある場合においては、これらの行為を含む。）に係る刑の適用、仮釈放をすることができるまでの期間及び仮釈放期間の終了については、適用しない。ただし、一個の行為が二個以上の罪名に触れる場合におけるこれらの罪名に触れる行為、犯罪の手段若しくは結果である行為が他の罪名に触れる場合におけるこれらの罪名に触れる行為又は併合罪として処断すべき罪に当たる行為にこの法律の施行前のものと施行後のものがある場合において、これらの行為のうちこの法律の施行後のものであるものに係る罪のみについて新少年法第六十七条第四項の規定を適用することとした場合に言い渡すことができる刑が、これらの行為に係る罪の全てについて同項の規定を適用しないこととした場合に言い渡すことができる刑より重い刑となるときは、刑の適用についてはその重い刑をもって言い渡すことができる刑とし、仮釈放をすることができるまでの期間及び仮釈放期間の終了については同条第五項の規定を適用する。

（換刑処分の禁止に関する経過措置）

第五条　新少年法第六十七条第四項（少年法第五十四条に係る部分に限る。）の規定は、この法律の施行後にした行為について科せられる罰金又は科料（次に掲げる罰金又は科料を除く。）に係る労役場留置の言渡しについて適用する。

一　一個の行為が二個以上の罪名に触れる場合におけるこれらの罪名に触れる行為又は犯罪の手段若しくは結果である行為が他の罪名に触れる場合におけるこれらの罪名に触れる行為にこの法律の施行前のものと施行後のものがある場合において、これらの行為について科せられる罰金又は科料

二　刑法（明治四十年法律第四十五号）第四十八条第二項の規定により併合罪として処断された罪に当たる行為にこの法律の施行前のものと施行後のものがある場合において、これらの行為について科せられる罰金

（人の資格に関する法令の適用に関する経過措置）

第六条　十八歳以上の少年のとき犯した罪により刑に処せられてこの法律の施行前に当該刑の執行を受け終わり若しくは執行の免除を受けた者又は十八歳以上の少年のとき犯した罪について刑に処せられた者でこの法律の施行の際現に当該刑の執行猶予中のものに対する人の資格に関する法令の適用については、新少年法第六十七条第六項の規定は、適用しない。

（記事等の掲載の禁止に関する経過措置）

第七条　新少年法第六十八条の規定は、この法律の施行後に公訴を提起された場合について適用する。

（検討）

第八条　政府は、この法律の施行後五年を経過した場合において、この法律による改正後の規定及び民法の一部を改正する法律（平成三十年法律第五十九号）による改正後の規定の施行の状況並びにこれらの規定の施行後の社会情勢及び国民の意識の変化等を踏まえ、罪を犯した十八歳以上二十歳未満の者に係る事件の手続及び処分並びにその者に対する処遇に関する制度の在り方等について検討を加え、必要があると認めるときは、その結果に基づいて所要の措置を講ずるものとする。

○民事訴訟法等の一部を改正する法律（抄）

令和四・五・二五
法　四　八

（少年法の一部改正）

附則・第四十一条　少年法（昭和二十三年法律第百六十八号）の一部を次のように改正する。

第五条の三中「別表第二の一の項」を「別表第三の一の項」に改める。

附　則（抄）

（施行期日）

第一条　この法律は、公布の日から起算して四年を超えない範囲内において政令で定める日から施行する。〔ただし書略〕

○刑法等の一部を改正する法律の施行に伴う関係法律の整理等に関する法律（抄）

令和四・六・一七
法　六　八

（少年法の一部改正）

第十四条　少年法（昭和二十三年法律第百六十八号）の一部を次のように改正する。

第六条の六第一項第一号ロ中「懲役若しくは禁錮」を「拘禁刑」に改める。

第十七条第四項ただし書中「死刑、懲役又は禁錮」を「拘禁刑以上の刑」に改める。

第二十条第一項中「死刑、懲役又は禁錮」を「拘禁刑以上の刑」に改める。

第二十二条の二第一項中「懲役若しくは禁錮」を「拘禁刑」に改める。

第四十九条第三項中「同条第八号」を「同条第七号」に改める。

第五十一条の見出しを「（死刑と無期拘禁刑の緩和）」に改め、同条第一項中「無期刑」を「無期拘禁刑」に改め、同条第二項中「無期刑」を「無期拘禁刑」に、「有期の懲役又は禁錮」を「有期拘禁刑」に改める。

第五十二条第一項中「有期の懲役又は禁錮」を「有期拘禁刑」に改め、同条第三項中「言渡」を「言渡し」に改める。

第五十六条の見出しを「（拘禁刑の執行）」に改め、同条第一項中「懲役又は禁錮」を「拘禁刑」に改め、同条第三項中「懲役又は禁錮」を「拘禁刑」に改め、「又は第十三条第二項」を削る。

第五十七条中「懲役、禁錮」を「拘禁刑」に改める。

第五十八条第一項中「懲役又は禁錮」を「拘禁刑」に改め、同項第一号中「無期刑」を「無期拘禁刑」に改め、同項第二号中「有期の刑」を「有期拘禁刑」に改め、同項第三号中「刑に」を「拘禁刑に」に改め、「刑の」を削り、同条第二項中「無期刑」を「無期拘禁刑」に改める。

第五十九条第一項中「無期刑」を「無期拘禁刑」に改め、同条第二項中「有期の刑」を「有期拘禁刑」に改める。

第六十二条第二項第二号中「懲役若しくは禁錮」を「拘禁刑」に改める。

（少年法の一部改正に伴う経過措置）

第四百七十七条　刑法等一部改正法等の施行前にした行為に係る新少年法第六条の六第一項（第一号ロに係る部分に限る。）、第十七条第四項ただし書、第二十条第一項、第二十二条の二第一項及び第六十二条第二項（第二号に係る部分に限る。）の規定の適用については、無期の懲役又は禁錮に当たる罪はそれぞれ無期拘禁刑に当たる罪と、有期の懲役又は禁錮に当たる罪はそれぞれその罪について定めた刑と長期及び短期を同じくする有期拘禁刑に当たる罪とみなす。

2　刑法等一部改正法等の施行前にした行為に係る少年法第四十一条及び第六十四条第一項ただし書の規定の適用については、旧拘留に当たる犯罪は、拘留に当たる犯罪とみなす。

3　刑法等一部改正法等の施行前に罪を犯した少年（少年法第二条第一項に規定する少年をいう。次項において同じ。）に対して死刑、懲役又は禁錮をもって処断すべき場合における刑の適用については、なお従前の例による。

4　懲役若しくは禁錮の言渡しを受けた少年に対する刑の執行又は少年のとき懲役若しくは禁錮の言渡しを受けた者に係る仮釈放をすることができるまでの期間及び仮釈放期間の終了については、なお従前の例による。

5　旧少年法第五十六条第一項（前項の規定によりなお従前の例によることとされる場合を含む。）の規定により刑の執行を受けた者に対する刑の執行の継続については、なお従前の例による。

6　保護処分の継続中、懲役、禁錮若しくは旧拘留の刑が確定したとき又は懲役、禁錮若しくは旧拘留の刑が確定してその執行前保護処分がなされたときにおける刑の執行については、なお従前の例による。

附　則（抄）

（施行期日）

1　この法律は、刑法等一部改正法施行日〔令和七・六・一〕から施行する。〔ただし書略〕

〇民事関係手続等における情報通信技術の活用等の推進を図るための関係法律の整備に関する法律（抄）

令和五・六・一四
法　五　三

（少年法の一部改正）

第九十二条　少年法（昭和二十三年法律第百六十八号）の一部を次のように改正する。

第五条の三を削る。

本則に次の一章を加える。

第六章　雑則

（閲覧又は謄写の手数料）

第六十九条　第五条の二第一項の規定による記録の閲覧又は謄写をするには、民事訴訟費用等に関する法律（昭和四十六年法律第四十号）別表第二の一の項下欄に掲げる額の手数料を納めなければならない。

（手数料の納付方法）

第七十条　手数料は、申立書又は申立ての趣意を記載した調書に収入印紙を貼つて納めなければならない。ただし、最高裁判所規則で定める場合には、最高裁判所規則で定めるところにより、現金をもつて納めることができる。

（過納手数料の還付等）

第七十一条　手数料が過大に納められた場合においては、裁判所書記官は、申立てにより、過大に納められた手数料の額に相当する金額の金銭を還付しなければならない。

2　前項の申立ては、その申立てをすることができる事由が生じた日から五年以内にしなければならない。

3　第一項の申立てについてされた裁判所書記官の処分に対しては、その告知を受けた日から一週間の不変期間内に、その裁判所書記官の所属する裁判所に異議を申し立てることができる。

4　手数料還付事件（第一項の申立て及びその申立てについての裁判所書記官の処分並びに前項の規定による異議の申立て及びその異議の申立てについての裁判に係る事件をいう。以下この条において同じ。）に関する手続における期日の呼出しは、呼出状の送達、当該事件について出頭した者に対する期日の告知その他相当と認める方法によつてする。

5　手数料還付事件に関する手続における期日及び期間については、民事訴訟法（平成八年法律第百九号）第九十四条第三項及び第九十五条から第九十七条までの規定を準用する。この場合において、同項中「第一項各号に規定する方法」とあるのは、「呼出状の送達及び当該事件について出頭した者に対する期日の告知」と読み替えるものとする。

6　手数料還付事件に関する手続における送達及び手続の中止については、その性質に反しない限り、民事訴訟法第一編第五章第四節（第百条第二項、第三款及び第百十一条を除く。）及び第百三十条から第百三十二条まで（同条第一項を除く。）の規定を準用する。この場合において、同法第百十二条第一項本文中「前条の規定による措置を開始した」とあるのは「裁判所書記官が送達すべき書類を保管し、いつでも送達を受けるべき者に交付すべき旨の裁判所の掲示場への掲示を始めた」と、同項ただし書中「前条の規定による措置を開始した」とあるのは「当該掲示を始めた」と読み替えるものとする。

7　前項において準用する民事訴訟法第百十条第一項の規定による公示送達については、裁判所書記官が送達すべき書類を保管し、いつでも送達を受けるべき者に交付すべき旨を裁判所の掲示場に掲示してする。

8　手数料還付事件に関する手続における申立てその他の申述（以下この条において「申立て等」という。）のうち、当該申立て等に関するこの法律その他の法令の規定により書面等（書面、書類、文書、謄本、抄本、正本、副本、複本その他文字、図形等人の知覚によつて認識することができる情報が記載された紙その他の有体物をいう。次項及び第十一項において同じ。）をもつてするものとされているものであつて、最高裁判所の定める裁判所に対してするもの（当該裁判所の裁判長、受命裁判官、受託裁判官又は裁判所書記官に対してするものを含む。）については、当該法令の規定にかかわらず、最高裁判所規則で定めるところにより、電子情報処理組織（裁判所の使用に係る電子計算機（入出力装置を含む。以下この項及び第十項において同じ。）と申立て等をする者の使用に係る電子計算機とを電気通信回線で接続した電子情報処理組織をいう。）を用いてすることができる。

9　前項の規定によりされた申立て等については、当該申立て等を書面等をもつてするものとして規定した申立て等に関する法令の規定に規定する書面等をもつてされたものとみなして、当該申立て等に関する法令の規定を適用する。

10　第八項の規定によりされた申立て等は、同項の裁判所の使用に係る電子計算機に備えられたファイルへの記録がされた時に、当該裁判所に到達したものとみなす。

11　第八項の場合において、当該申立て等に関する他の法令の規定により署名等（署名、記名、押印その他氏名又は名称を書面等に記載することをいう。以下この項において同じ。）をすることとされているものについては、当該申立て等をする者は、当該法令の規定にかかわらず、当該署名等に代えて、最高裁判所規則で定めるところにより、氏名又は名称を明らかにする措置を講じなければならない。

12　第八項の規定によりされた申立て等が第十項に規定するファイルに記録されたときは、第八項の裁判所は、当該ファイルに記録された情報の内容を書面に出力しなければならない。

13　第八項の規定によりされた申立て等に係るこの法律その他の法令の規定による手数料還付事件の記録の閲覧若しくは謄写又はその正本、謄本若しくは抄本の交付は、前項の書面をもつてするものとする。当該申立て等に係る書類の送達又は送付も、同様とする。

14　特別の定めがある場合を除き、手数料還付事件に関しては、その性質に反しない限り、非訟事件手続法第二編（第二十七条、第三十一条第二項、第三十一条の二、第三十二条の二、第三十四条第四項、第三十八条、第四十条、第四十二条及び第五十七条第三項を除く。）の規定を準用する。この場合において、次の表の上欄に掲げる同法の規定中同表の中欄に掲げる字句は、それぞれ同表の下欄に掲げる字句に読み替えるものとする。

第二十八条第一項	第七十一条第八項	第七十一条第二項（同法第七十二条後段において準用する場合を含む。）及び第八項
	準用する」と	準用する」と、「ついて、同条第二項の規定は前項の申立てについて」とあるのは「ついて」と
	訴訟が」とあるのは「事件が	準用する。この場合において、同条第二項中「訴訟費用の負担の裁判が確定した」とあるのは、「訴訟が完結した」と読み替えるものとする」とあるのは「準用する
第三十一条第一項	最高裁判所規則で定めるところにより、電子調書（期日又は期日外における手続の方式、内容及び経過等の記録及び公証をするためにこの法律その他の法令の規定により裁判所書記官が作成する電磁的記録（電子的方式、磁気的方式その他人の知覚によっては認識することができない方式で作られる記録であって、電子計算機による情報処理の用に供されるものをいう。以下同じ。）をいう。以下同じ。）	調書
	裁判所の使用に係る電子計算機（入出力装置を含む。以下同じ。）に備えられたファイル（第三十二条の二第二項及び第三十二条の三第一項を除き、以下単に「ファイル」という。）に記録する	記録上明らかにする
第三十二条の三第一項	交付し、又は当該事項を記録した電磁的記録であって裁判所書記官が最高裁判所規則で定める方法により当該事項を証明したものを最高裁判所規則で定める電子情報処理組織を使用してその者の使用に係る電子計算機に備えられたファイルに記録する方法その他の最高裁判所規則で定める方法により提供する	交付する
第三十三条第五項	第九十二条の二第二項の規定は第一項の規定による書面による意見の陳述について、同法第九十二条の五の規定は	第九十二条の五の規定は、
	、それぞれ準用する	準用する
	同法第九十二条の二第二項中「前項」とあり、及び同法第九十二条の五第二項	同条第二項
第五十三条第一項	第百八十二条	第百八十二条、第百八十五条第三項

第百八十九条まで	第百八十九条まで、第二百五条第二項
第二百八条	第二百八条、第二百十五条第二項
を含む。）及び第二百二十九条第四項	を含む。）、第二百二十七条第二項（同法第二百三十一条の三第一項において準用する場合を含む。）、第二百二十九条第四項及び第二百三十二条の二
準用する。	準用する。この場合において、同法第二百五条第三項中「事項又は前項の規定によりファイルに記録された事項若しくは同項の記録媒体に記録された事項」とあり、及び同法第二百十五条第四項中「事項又は第二項の規定によりファイルに記録された事項若しくは同項の記録媒体に記録された事項」とあるのは「事項」と、同法第二百三十一条の二第二項中「方法又は最高裁判所規則で定める電子情報処理組織を使用する方法」とあるのは「方法」と、同法第二百三十一条の三第二項中「若しくは送付し、又は最高裁判所規則で定める電子情報処理組織を使用する」とあるのは「又は送付する」と読み替えるものとする。

第五十七条第一項	電子裁判書（最高裁判所規則で定めるところにより、非訟事件における裁判の内容を裁判所が記録した電磁的記録をいう。以下同じ。）	裁判書
	最高裁判所規則で定めるところにより、主文、当事者及び法定代理人並びに裁判所を記録した電磁的記録（第三項において「電子裁判書に代わる電磁的記録」という。）を作成し、又は電子調書に主文を記録することをもって、電子裁判書	手数料還付事件の申立書又は調書に主文を記載することをもって、裁判書
第五十七条第二項	電子裁判書	裁判書
	記録しなければ	記載しなければ
第五十八条第二項及び第六十一条第二項	最高裁判所規則で定めるところにより、電子裁判書	裁判書
第六十三条第二項	あるのは、「非訟事件の手続の期日	あるのは「手数料還付事件の手続の期日」と、「電子調書」とあるのは「調書」と、「記録しなければ」とあるのは「記載しなければ
第七十四条第一項第六号	記録すべき	記載すべき

（再使用証明）

第七十二条 前条第一項の申立てにおいて、第七十条の規定により納めた収入印紙を当該裁判所における他の手数料の納付について再使用したい旨の申出があったときは、金銭による還付に代えて、還付の日から一年以内に限り再使用をすることができる旨の裁判所書記官の証明を付して還付すべき金額に相当する収入印紙を交付することができる。

2 前項の証明の付された収入印紙の交付を受けた者が、同項の証明に係る期間内に、当該収入印紙を提出してその額に相当する金額の金銭の還付を受けたい旨の申立てをしたときは、同項の裁判所の裁判所書記官は、当該収入印紙の額に相当する金額の金銭を還付しなければならない。

3 前条第三項から第十四項までの規定は、前項の規定による裁判所書記官の処分について準用する。

附則（抄）

この法律は、公布の日から起算して五年を超えない範囲内において政令で定める日から施行する。〔ただし書略〕

○少年警察活動規則

平成一四・九・二七
国家公安委員会規則二〇

最終改正　令和四・三・三一公安委規一三

第一章　総則

（趣旨）

第一条　この規則は、少年の非行の防止及び保護を通じて少年の健全な育成を図るための警察活動（以下「少年警察活動」という。）に関し、必要な事項を定めるものとする。

2　少年警察活動に関しては、警察法（昭和二十九年法律第百六十二号）、警察官職務執行法（昭和二十三年法律第百三十六号）、少年法（昭和二十三年法律第百六十八号）、刑事訴訟法（昭和二十三年法律第百三十一号）、児童福祉法（昭和二十二年法律第百六十四号）、児童虐待の防止等に関する法律（平成十二年法律第八十二号）、犯罪捜査規範（昭和三十二年国家公安委員会規則第二号）その他の法令（地方公共団体の条例又は規則を含む。）によるほか、この規則の定めるところによる。

（定義）

第二条　この規則において、次の各号に掲げる用語の意義は、それぞれ当該各号に定めるところによる。

一　少年　少年法第二条第一項に規定する少年をいう。

二　特定少年　少年法第六十二条第一項に規定する特定少年をいう。

三　犯罪少年　少年法第三条第一項第一号に規定する少年をいう。

四　触法少年　少年法第三条第一項第二号に規定する少年をいう。

五　ぐ犯少年　少年法第三条第一項第三号に規定する少年（特定少年に該当する場合を除く。）をいう。

六　非行少年　犯罪少年、触法少年及びぐ犯少年をいう。

七　不良行為少年　非行少年には該当しないが、飲酒、喫煙、深夜はいかいその他自己又は他人の徳性を害する行為（以下「不良行為」という。）をしている少年をいう。

八　被害少年　犯罪その他少年の健全な育成を阻害する行為により被害を受けた少年をいう。

九　要保護少年　児童福祉法による福祉のための措置又はこれに類する保護のための措置が必要と認められる少年（非行少年又は児童虐待を受けたと思われる児童に該当する場合を除く。）をいう。

十　児童虐待を受けたと思われる児童　児童虐待の防止等に関する法律第二条に規定する児童虐待を受けたと思われる児童をいう。

十一　低年齢少年　十四歳未満の者をいう。

十二　保護者　少年法第二条第二項に規定する者をいう。

十三　少年補導職員　少年相談（少年の非行の防止及び保護に関する相談をいう。以下同じ。）、継続補導（第八条第二項（同条第五項（第十四条第二項において準用する場合を含む。）の規定により読み替えて適用する場合並びに第十三条第三項及び第十四条第二項において準用する場合を含む。）の規定により行う継続的な補導をいう。）、被害少年に対する継続的な支援その他の特に専門的な知識及び技能を必要とする少年警察活動を行わせるため、当該活動に必要な知識及び技能を有する都道府県警察の職員（警察官を除く。）のうちから警察本部長（警視総監及び道府県警察本部長をいう。以下同じ。）が命じた者をいう。

十四　少年サポートセンター　警視庁、道府県警察本部又は方面本部の内部組織のうち、少年補導職員又は前号に規定する知識及び技能を有する警察官（以下「少年補導職員等」という。）を配置し、専門的な知識及び技能を必要とし、又は継続的に実施することを要する少年警察活動について中心的な役割を果たすための組織として警察本部長及び方面本部長が定めるものをいう。

（少年警察活動の基本）

第三条　少年警察活動を行うに際しては、次の各号に掲げる事項を基本とするものとする。
一　少年の健全な育成を期する精神をもって当たるとともに、その規範意識の向上及び立直りに資するよう配意すること。
二　少年の心理、生理その他の特性に関する深い理解をもって当たること。
三　少年の性行及び環境を深く洞察し、非行の原因の究明や犯罪被害等の状況の把握に努め、その非行の防止及び保護をする上で最も適切な処遇の方法を講ずるようにすること。
四　秘密の保持に留意して、少年その他の関係者が秘密の漏れることに不安を抱かないように配意すること。
五　少年の非行の防止及び保護に関する国際的動向に十分配慮すること。

（部門間の連絡等）
第四条　警察本部長及び警察署長は、少年に係る事案の適切な取扱いを確保し、及び少年に対する暴力団の影響の排除、暴走族等の非行集団に係る対策その他の複数の部門に関係する施策を的確に推進するため、少年警察部門（少年警察活動を所掌する部門をいう。以下同じ。）とその他の警察部門との緊密な連絡を保たせるものとする。
2　警察本部長及び警察署長は、全ての警察職員が少年警察活動の基本を理解するよう、適切かつ効果的な教養を実施するものとする。
3　関東管区警察局長は、サイバー特別捜査隊の警察職員が少年警察活動の基本を理解するよう、適切かつ効果的な教養を実施するとともに、少年に係る事案の適切な取扱いを確保するため、サイバー特別捜査隊に、都道府県警察の少年警察部門との緊密な連絡を保たせるものとする。

（関係機関等との連携）
第五条　少年警察活動は、学校、家庭裁判所、児童相談所その他の少年の健全な育成に関係する業務を行う機関又は少年の健全な育成のための活動を行うボランティア若しくは団体との連携と適切な役割分担の下に行うものとする。

第二章　一般的活動

（街頭補導）
第七条　街頭補導（道路その他の公共の場所、駅その他の多数の客の来集する施設又は風俗営業の営業所その他の少年の非行が行われやすい場所において、前条に規定する少年を発見し、必要に応じその場で、これらに第十三条第一項、第十四条第一項、第三十六条第一項、第三十八条第一項又は第三十九条第一項に規定する措置を執る活動をいう。以下同じ。）は、自らの身分を明らかにし、その他相手方の権利を不当に害することのないよう注意して行うものとする。
2　前条に規定する少年を早期に発見するため必要があるときは、街頭補導の実施に当たり、学校その他の関係機関、少年の健全な育成のための活動を行うボランティアその他の関係者の協力を求めるものとする。

（早期発見）
第六条　第二条第六号から第十号までに掲げる少年については、街頭補導（次条第一項に規定する街頭補導をいう。）及び少年相談を適切に実施し、並びに警察の各部門間及び警察と関係機関の連携を図り、これらを早期に発見するように努めるものとする。

（少年相談）
第八条　少年又は保護者その他の関係者から少年相談を受けたときは、懇切を旨として、その内容に応じ、指導又は助言、関係機関への引継ぎその他適切な処理を行うものとする。
2　少年相談に係る少年について、その非行の防止を図るため特に必要と認められる場合には、保護者の同意を得た上で、家庭、学校、交友その他の環境について相当の改善が認められるまでの間、本人に対する助言又は指導その他の補導を継続的に実施するものとする。
3　前項の規定による補導は、少年サポートセンターに配置された少年補導職員等（やむを得ない理由がある場合には、少年サポートセンターの指導の下、少年警察部門に属するその他の警察職員）が実施するものとする。
4　少年サポートセンターにおいては、第二項の規定による補導の適切な実施のため必要があるときは、保護者の同意を得た上で、これを学校関係者その他の適当な者と協力して実施するものとする。
5　特定少年に対する第二項及び前項の規定の適用については、これらの規定中「保護者」とあるのは、「本人」とする。

（少年の規範意識の向上等に資する活動）
第九条　広く少年の参加を得て行うボランティア活動等の社会奉仕体験活動、柔道、剣道等のスポーツ活動その他の少年の規範意識の向上又は社会の一員としての意識の涵養に資するための体験活動については、学校その他の関係機関等が実施する少年の健全な育成のための活動との適切な役割分担の下、少年警察活動に関する知見、警察職員の能力その他警察業務の専門性を生かして、効果的に実施するものとする。

（情報発信）
第十条　少年警察活動については、少年の健全な育成に関する国民の理解を深めるため、少年の非行及び犯罪被害の実態並びに少年警察活動の状況に関する情報を積極的に発信するものとする。この場合においては、関係機関との協議会の開催、関係機関が開催する講習会等への協力その他の適切な方法により、少年警察活動に関する専門的な知見が関係機関等における少年の健全な育成のための活動に反映されるよう配慮するものとする。

（有害環境の影響の排除に係る都道府県知事への連絡等）
第十一条　警察本部長及び警察署長は、少年が容易に見ることができるような状態で性的好奇心をそそる写真、ビデオテープその他の物品が販売されていることその他の少年の心身に有害な影響を与える環境（以下「有害環境」という。）があると認めるときは、都道府県知事その他の関係行政機関に対し、その旨を連絡するものとし、広報啓発その他の地域における民間公益活動、酒類販売業者等の事業者による顧客の年齢確認その他の民間における有害環境の少年に対する影響を排除するための自主的な活動に関し、その求めに応じ、必要な配慮を加えるものとする。

第三章　少年の非行の防止のための活動

第一節　通則

（捜査又は調査を行う部門）

第十二条　警察本部長又は警察署長は、犯罪少年に係る事件の捜査又は触法少年に係る事件の調査（以下「触法調査」という。）若しくはぐ犯少年に係る事件の調査（以下「ぐ犯調査」という。）を少年警察部門に属する警察官に行わせるものとする。ただし、事件の内容及び当該警察本部又は警察署の実情に鑑み、適切な捜査又は調査の実施のため必要と認められるときは、この限りでない。

2　警察本部長又は警察署長は、前項ただし書の場合においても、少年の特性に配慮した捜査又は調査が行われるよう、少年警察部門に属する警察官に捜査又は調査の経過について常に把握させ、捜査又は調査を行う警察官に対する必要な支援を行わせるものとする。

3　関東管区警察局長は、犯罪少年、触法少年又はぐ犯少年に係る事件があると認めるときは、速やかに、サイバー特別捜査隊に、関係都道府県警察の少年警察部門への当該事件の移送又は引継ぎを行わせるものとする。この場合において、適切な捜査又は調査が行われるよう、サイバー特別捜査隊に、当該少年警察部門に対する必要な支援を行わせるものとする。

4　関東管区警察局長は、前項の規定にかかわらず、適切な捜査の実施のため必要と認められる場合には、サイバー特別捜査隊の警察官に、犯罪少年に係る事件の捜査を行わせることができる。この場合において、少年の特性に配慮した捜査が行われるよう、サイバー特別捜査隊に、関係都道府県警察の少年警察部門との緊密な連携を保たせ、当該少年警察部門に属する警察官に対し、当該捜査を行う警察官に対する必要な支援を求めさせるものとする。

（非行少年についての活動）

第十三条　非行少年については、当該少年に係る事件の捜査又は調査のほか、その適切な処遇に資するため必要な範囲において、時機を失することなく、本人又はその保護者に対する助言、学校その他の関係機関への連絡その他の必要な措置をとるものとする。

2　触法調査又はぐ犯調査を行うに当たっては、特に家庭裁判所及び児童相談所との連携を密にしつつ、これを進めなければならない。

3　触法少年であって少年法第六条の六第一項の規定により送致すべき者若しくは児童福祉法第二十五条第一項の規定により通告すべき者に該当しないもの又は十四歳未満のぐ犯少年であって同項の規定により通告すべき者に該当しないものの処遇については、第一項に定めるもののほか、第八条第二項から第四項までの規定を準用する。

（不良行為少年についての活動）

第十四条　不良行為少年を発見したときは、当該不良行為についての注意、その後の非行を防止するための助言又は指導その他の補導を行い、必要に応じ、保護者（学校又は職場の関係者に連絡することが特に必要であると認めるときは、保護者及び当該関係者）に連絡するものとする。

2　第八条第二項から第五項までの規定は、不良行為少年について準用する。

第二節　触法調査

（触法調査の基本）

第十五条　触法調査については、少年法及び児童福祉法に基づく措置に資することを念頭に置き、少年の健全な育成を期する精神をもって、これに当たらなければならない。

2　触法調査を行うに当たっては、特に低年齢少年が精神的に未成熟であり、可塑性に富むこと、迎合する傾向にあること等の特性を有することにかんがみ、特に他人の耳目に触れないようにし、少年に対する言動に注意する等温情と理解をもって当たり、少年の心情と早期の立直りに配慮しなければならない。

（調査すべき事項）

第十六条　触法調査においては、事件の事実、原因及び動機並びに当該少年の性格、行状、経歴、教育程度、環境、家庭の状況、交友関係等について調査するものとする。

（調査指揮）

第十七条　触法調査の指揮については、犯罪捜査規範第十六条から第十九条（事件指揮簿に関する部分を除く。）までの規定を準用する。この場合において、第十六条中「捜査」又は「犯罪の捜査」とあるのは「触法少年に係る事件の調査」と、「捜査態勢」とあるのは「調査態勢」と、第十七条の見出し中「捜査担当部課長」とあるのは「調査担当部長及び課長」と、同条中「刑事部長、警備部長その他犯罪の捜査を担当する部課長」とあるのは「触法少年に係る事件の調査を担当する部長及び課長」と、「犯罪の捜査の」とあるのは「触法少年に係る事件の調査の」と、第十八条中「犯罪の捜査」又は「捜査」とあるのは「触法少年に係る事件の調査」と、第十九条の見出し中「捜査指揮」とあるのは「調査指揮」と、同条第一項中「犯罪の捜査」とあるのは「触法少年に係る事件の調査」と読み替えるものとする。

2　触法少年に係る事件については、警察庁長官（以下「長官」という。）が定める様式の少年事件処理簿を作成し、触法調査の指揮及び事件の送致又は通告その他の事件の処理の経過を明らかにしておかなければならない。

（調査主任官）

第十八条　警察本部長又は警察署長は、個々の触法調査につき、調査主任官を指名するものとする。

2　調査主任官は、前条第一項の規定により読み替えて準用する犯罪捜査規範第十六条から第十九条（事件指揮簿に関する部分を除く。）までの規定により指揮を受け、当該触法調査につき、次に掲げる職務を行うものとする。

一　調査すべき事項及び調査に従事する者の任務分担を定めること。

二　押収物及びその換価代金の出納を承認し、これらの保管の状況を常に把握すること。

三　調査方針を立てること。

四　調査に従事する者に対し、調査の状況に関し報告を求めること。
五　調査の適正な遂行及び当該調査に係る少年の自殺その他の事故の防止について調査に従事する者に対する指導教養を行うこと。
六　家庭裁判所、児童相談所、学校その他の関係機関との連絡調整を行うこと。
七　前各号に掲げるもののほか、警察本部長又は警察署長から特に命ぜられた事項

3　警察本部長又は警察署長は、第一項の規定により調査主任官を指名する場合には、当該事件の内容並びに所属の職員の調査能力、知識経験及び職務遂行の状況を勘案し、前項に規定する職務を的確に行うことができると認められる者を指名しなければならない。

4　調査主任官が交代する場合には、関係書類、証拠物等の引継ぎを確実に行うとともに、調査の状況その他必要な事項を明らかにし、事後の調査に支障を来すことのないようにしなければならない。

（付添人の選任）
第十九条　少年法第六条の三に規定する付添人の選任については、付添人を選任することができる者又は付添人から両者が連署した付添人選任届を差し出させるものとする。

（触法調査のための呼出し及び質問）
第二十条　触法調査のため、触法少年であると疑うに足りる相当の理由のある者（以下この条において「少年」という。）、保護者又は参考人を呼び出すに当たっては、電話、長官が定める様式の呼出状の送付その他適当な方法により、出向くべき日時、場所、用件その他必要な事項を呼出人に確実に伝達しなければならない。この場合において、少年又は重要な参考人の呼出しについては、警察本部長又は警察署長に報告して、その指揮を受けなければならない。

2　少年を呼び出し、質問するに当たっては、当該少年の保護者又はこれに代わるべき者に連絡するものとする。ただし、連絡することが当該少年の福祉上著しく不適当であると認められるときは、この限りでない。

3　少年を呼び出し、質問するに当たっては、当該少年に無用の緊張又は不安を与えることのないよう言動に注意するとともに、やむを得ない場合を除き、夜間に呼び出し、質問すること、長時間にわたり質問すること及び他人の耳目に触れるおそれがある場所において質問することを避けなければならない。

4　少年に質問するに当たっては、当該少年に無用の緊張又は不安を与えることを避け、事案の真相を明らかにし、事後の効果的な指導育成に資するよう、少年の保護者その他の当該少年の保護又は監護の観点から適切と認められる者の立会いについて配慮するものとする。

5　少年、保護者又は参考人を呼び出す場合には、長官が定める様式の呼出簿に所要事項を記載して、その処理の経過を明らかにしておかなければならない。

（令状の請求）
第二十一条　少年法第六条の五第二項において準用する刑事訴訟法中の司法警察職員の行う押収、捜索、検証及び鑑定の嘱託に関する規定（同法第二百二十四条を除く。）による捜索、差押え、記録命令付差押え、検証若しくは身体検査の令状又は鑑定処分許可状は、同法第百九十九条第二項の規定に基づき都道府県公安委員会が指定する警部以上の階級にある司法警察員たる警察官がこれを請求するものとする。ただし、やむを得ないときは、他の司法警察員たる警察官が請求しても差し支えない。

2　前項の令状を請求するに当たっては、順を経て警察本部長又は警察署長に報告し、その指揮を受けなければならない。ただし、急速を要し、指揮を受けるいとまのない場合には、請求後速やかに、その旨を報告するものとする。

3　第一項の令状を請求したときは、長官が定める様式の令状請求簿により、請求の手続、発付後の状況等を明らかにしておかなければならない。

（触法少年に係る事件の送致又は通告）
第二十二条　触法調査の結果、次の各号に該当するときは、当該各号の手続により処理をするものとする。
一　当該少年が少年法第六条の六第一項各号のいずれかに該当するとき　長官が定める様式の触法少年事件送致書を作成し、これに長官が定める様式の身上調査表その他の関係書類を添付して児童相談所長に送致すること。
二　前号に掲げるもののほか、当該少年に保護者がないとき又は保護者に監護させることが不適当であると認められるとき　長官が定める様式の児童通告書により児童相談所に通告するほか、少年法第六条の二第三項の規定に基づく警察職員の職務等に関する規則（平成十九年国家公安委員会規則第二十三号）別記様式の調査概要結果通知書により児童相談所に通知すること。

2　前項の処理をするに当たっては、警察本部長又は警察署長の指揮を受けて行わなければならない。

（関連事件の送致）
第二十三条　数個の触法少年に係る事件が関連する場合において、これらを共に児童相談所長に送致するときは、各別の記録とすることを要しないものとする。

（共通証拠物の取扱い）
第二十四条　触法少年に係る事件が二十歳以上の者又は犯罪少年に係る事件と関連し、これらを送致し、又は送付する場合において、共通の証拠物があるときは、二十歳以上の者又は犯罪少年に係る事件に証拠物を添付し、触法少年に係る事件の記録にその旨を記載するものとする。ただし、触法少年に係る事件のみが重要と認められ、かつ、当該触法少年について児童福祉法第二十七条第一項第四号の措置が執られた場合は、当該措置に係る家庭裁判所に証拠物を送付するものとする。

（指導教養）
第二十五条　警察本部長及び警察署長は、触法調査に従事する者に対し、低年齢少年の特性その他の職務遂行に必要な知識及び技能に関する指導教養を行うものとする。

（準用規定）
第二十六条　触法調査については、この節に規定するもののほ

か、その性質に反しない限り、犯罪捜査規範第十二章の例によるものとする。

第三節　ぐ犯調査

（ぐ犯調査の基本）

第二十七条　犯罪の捜査、触法調査、少年相談その他の活動において、ぐ犯少年と認められる者を発見した場合は、少年法及び児童福祉法に基づく措置に資することを念頭に置き、少年の健全な育成を期する精神をもって、当該少年に係る事件の調査に当たるものとする。

2　ぐ犯調査を行うに当たっては、少年の心理、生理その他の特性にかんがみ、特に他人の耳目に触れないようにし、少年に対する言動に注意する等温情と理解をもって当たり、その心情を傷つけないよう努めなければならない。

（ぐ犯調査を行うことができる警察職員）

第二十八条　少年法第六条の二第三項の規定に基づく警察職員の職務等に関する規則第一条の規定により警察本部長が指定した警察職員は、上司である警察官の命を受け、ぐ犯調査を行うことができる。

（調査すべき事項）

第二十九条　ぐ犯調査においては、事件の事実、原因及び動機並びに当該少年の性格、行状、経歴、教育程度、環境、家庭の状況、交友関係等について調査するものとする。

（調査主任官等）

第三十条　警察本部長又は警察署長は、調査すべき事項及び調査に従事する者の任務分担の決定、関係機関との連絡調整その他の適正な調査の遂行及び管理のために必要な職務を行わせるため、個々のぐ犯調査につき、調査主任官を指名するものとする。

2　調査主任官が交代する場合には、関係書類等の引継ぎを確実に行うとともに、調査の状況その他必要な事項を明らかにし、事後の調査に支障を来すことのないようにしなければならない。

3　ぐ犯少年に係る事件については、長官が定める様式の少年事件処理簿を作成し、ぐ犯調査の指揮及び事件の送致又は通告その他の事件の処理の経過を明らかにしておかなければならない。

（ぐ犯調査のための呼出し及び質問）

第三十一条　ぐ犯調査のため、ぐ犯少年と認められる者（以下この条において「少年」という。）、保護者又は参考人を呼び出すに当たっては、電話、長官が定める様式の呼出状の送付その他適当な方法により、出向くべき日時、場所、用件その他必要な事項を呼出人に確実に伝達しなければならない。この場合において、少年又は重要な参考人の呼出しについては、警察本部長又は警察署長に報告して、その指揮を受けなければならない。

2　少年を呼び出し、質問するに当たっては、当該少年の保護者又はこれに代わるべき者に連絡するものとする。ただし、連絡することが当該少年の福祉上著しく不適当であると認められるときは、この限りでない。

3　少年、保護者又は参考人を呼び出す場合には、長官が定める様式の呼出簿に所要事項を記載して、その処理の経過を明らかにしておかなければならない。

（低年齢少年に係るぐ犯調査における配慮）

第三十二条　低年齢少年に係るぐ犯調査を行うに当たっては、特に低年齢少年が精神的に未成熟であり、可塑性に富むこと、迎合する傾向にあること等の特性を有することにかんがみ、少年の心情と早期の立直りに配慮しなければならない。

2　低年齢少年であってぐ犯少年と認められる者（以下この項及び次項において「少年」という。）を呼び出し、質問するに当たっては、当該少年に無用の緊張又は不安を与えることのないよう言動に注意するとともに、やむを得ない場合を除き、夜間に呼び出し、質問すること、長時間にわたり質問すること及び他人の耳目に触れるおそれがある場所において質問することを避けなければならない。

3　少年に質問するに当たっては、当該少年に無用の緊張又は不安を与えることを避け、事案の真相を明らかにし、事後の効果的な指導育成に資するよう、少年の保護者その他の当該少年の保護又は監護の観点から適切と認められる者の立会いについて配慮するものとする。

（ぐ犯少年に係る事件の送致又は通告）

第三十三条　ぐ犯調査の結果、次の各号に該当するときは、当該各号に定める手続により処理をするものとする。

一　処理をする時において、当該少年が十四歳以上十八歳未満であって、その者を家庭裁判所の審判に付することが適当と認められるとき。　長官が定める様式のぐ犯少年事件送致書を作成し、これに長官が定める様式の身上調査表その他の関係書類を添付して家庭裁判所に送致すること。

二　処理をする時において、当該少年が十四歳以上十八歳未満であって、保護者がないとき又は保護者に監護させることが不適当であると認められ、かつ、家庭裁判所に直接送致するよりも、まず、児童福祉法による措置に委ねるのが適当であると認められるとき。　長官が定める様式の児童通告書により児童相談所に通告すること。

三　処理をする時において、当該少年が低年齢少年であって、保護者がないとき又は保護者に監護させることが不適当であると認められるとき。　長官が定める様式の児童通告書により児童相談所に通告すること。

2　前項の処理をするに当たっては、警察本部長又は警察署長の指揮を受けて行わなければならない。

（指導教養）

第三十四条　警察本部長及び警察署長は、ぐ犯調査に従事する者に対し、職務遂行に必要な知識及び技能に関する指導教養を行うものとする。

第四節　雑則

（長官への委任）

第三十五条　この章に定めるもののほか、触法調査又はぐ犯調査に関する書類の様式その他必要な事項は、長官の定めるところによる。

第四章　少年の保護のための活動

（被害少年についての活動）

第三十六条　被害少年については、適切な助言を行う等必要な支援を実施するものとする。

2　前項に定めるもののほか、被害少年について、その精神的打撃の軽減を図るため特に必要と認められるときは、保護者の同意を得た上で、カウンセリングの実施、関係者への助言その他の継続的な支援を実施するものとする。

3　前項に規定する継続的な支援について、その適切な実施のため必要があるときは、保護者の同意を得た上で、これを学校関係者その他の適当な者と協力して実施するものとする。

4　特定少年に対する前二項の規定の適用については、これらの規定中「保護者」とあるのは「本人」とする。

（福祉犯の被害少年についての活動）

第三十七条　福祉犯（児童買春に係る犯罪、児童にその心身に有害な影響を与える行為をさせる犯罪その他の少年の福祉を害する犯罪であって長官が定めるものをいう。以下同じ。）の被害少年については、当該福祉犯に係る捜査、前条に規定する支援のほか、当該少年が再び被害にあうことを防止するため保護者その他の関係者に配慮を求め、及び関係行政機関への連絡その他の同種の犯罪の発生を防止するため必要な措置をとるものとする。

（要保護少年についての活動）

第三十八条　要保護少年については、児童福祉法第二十五条第一項の規定による児童相談所への通告、同法第三十三条第一項又は第二項の規定による委託を受けて行う一時保護その他これらに類する保護のための措置の適切な実施のため、本人又はその保護者に対する助言、学校その他の関係機関への連絡その他の必要な措置を執るものとする。

2　十八歳未満の要保護少年について、少年に保護者がないとき又は保護者に監護させることが不適当であると認められるときは、長官が定める様式の児童通告書又は口頭により児童相談所に通告するものとする。この場合において、口頭により通告したときは、その内容を記載した書面を事後に当該児童相談所に送付するものとする。

（児童虐待を受けたと思われる児童についての活動）

第三十九条　児童虐待を受けたと思われる児童については、児童虐待の防止等に関する法律第六条第一項の規定による児童相談所への通告又は児童福祉法第三十三条第一項若しくは第二項の規定による委託を受けて行う一時保護の適切な実施のため、本人又はその保護者に対する助言、学校その他の関係機関への連絡その他の必要な措置を執るものとする。

2　児童虐待を受けたと思われる児童を発見したときは、速やかに、長官が定める様式の児童通告書又は口頭により児童相談所に通告するものとする。この場合において、口頭により通告したときは、その内容を記載した書面を事後に当該児童相談所に送付するものとする。

3　児童虐待を受けたと思われる児童については、児童相談所その他の関係機関との緊密な連携の下、当該児童に対するカウンセリング、保護者に対する助言又は指導その他の当該児童に対する支援を的確に実施するほか、児童虐待の防止等に関する法律第十条の規定による援助の求めがあった場合においては、その求めをした者との適切な役割分担の下、必要な措置を執るものとする。

附　則

この規則は、平成十五年一月一日から施行する。

○少年院法（抄）

平成二六・六・一一
法　五　八

最終改正　令和五・五・一七法二八

第一章　総則

（目的）

第一条　この法律は、少年院の適正な管理運営を図るとともに、在院者の人権を尊重しつつ、その特性に応じた適切な矯正教育その他の在院者の健全な育成に資する処遇を行うことにより、在院者の改善更生及び円滑な社会復帰を図ることを目的とする。

（定義）

第二条　この法律において、次の各号に掲げる用語の意義は、それぞれ当該各号に定めるところによる。

一　在院者　保護処分在院者又は受刑在院者をいう。

二　保護処分在院者　少年法（昭和二十三年法律第百六十八号）第二十四条第一項第三号並びに第六十四条第一項第二号（同法第六十六条第一項の規定による決定を受けた場合に限る。）及び第三号の保護処分（第百三十八条第二項及び第四項（第百三十九条第三項において準用する場合を含む。）並びに第百三十九条第二項の規定による措置並びに更生保護法（平成十九年法律第八十八号）第七十二条第一項及び第七十三条の二第一項の規定による措置を含む。次条第一号及び第四条第一項第一号から第三号までにおいて単に「保護処分」という。）の執行を受けるため少年院に収容されている者をいう。

三　受刑在院者　少年法第五十六条第三項の規定により懲役若しくは禁錮の刑の執行を受けるため少年院に収容されている者又は国際受刑者移送法（平成十四年法律第六十六号）第二十一条の規定により適用される少年法第五十六条

第三項の規定により国際受刑者移送法第十六条第一項各号の共助刑の執行を受けるため少年院に収容されている者をいう。

四　保護者　少年法第二条第二項に規定する保護者をいう。

五　保護者等　次のイからハまでのいずれかに該当する者（在院者に対し虐待、悪意の遺棄その他これらに準ずる心身に有害な影響を及ぼす行為をした者であって、その在院者の健全な育成を著しく妨げると認められるものを除く。）をいう。

イ　在院者の保護者

ロ　在院者の配偶者（婚姻の届出をしていないが、事実上婚姻関係と同様の事情にある者を含む。第百十条第一項において同じ。）

ハ　在院者の親族（イ及びロに掲げる者を除く。）

第二章　少年院の運営

（少年院）

第三条　少年院は、次に掲げる者を収容し、これらの者に対し矯正教育その他の必要な処遇を行う施設とする。

一　保護処分の執行を受ける者

二　少年院において懲役又は禁錮の刑（国際受刑者移送法第十六条第一項各号の共助刑を含む。以下単に「刑」という。）の執行を受ける者

（少年院の種類）

第四条　少年院の種類は、次の各号に掲げるとおりとし、それぞれ当該各号に定める者を収容するものとする。

一　第一種　保護処分の執行を受ける者（第五号に定める者を除く。次号及び第三号において同じ。）であって、心身に著しい障害がないおおむね十二歳以上二十三歳未満のもの（次号に定める者を除く。）

二　第二種　保護処分の執行を受ける者であって、心身に著しい障害がない犯罪的傾向が進んだおおむね十六歳以上二十三歳未満のもの

三　第三種　保護処分の執行を受ける者であって、心身に著しい障害があるおおむね十二歳以上二十六歳未満のもの

四　第四種　少年院において刑の執行を受ける者

五　第五種　少年法第六十四条第一項第二号の保護処分の執行を受け、かつ、同法第六十六条第一項の規定による決定を受けた者

2　法務大臣は、各少年院について、一又は二以上の前項各号に掲げる少年院の種類を指定する。

（在院者の分離）

第五条　前条第二項の規定により第二種又は第四種を含む二以上の少年院の種類を指定された少年院においては、在院者は、同条第一項第二号に定める者、同項第四号に定める者及びその他の在院者の別に従い、互いに分離するものとする。

2　前項の規定によるほか、在院者は、性別に従い、互いに分離するものとする。

3　前二項の規定にかかわらず、適当と認めるときは、居室（在院者が主として休息及び就寝のために使用する場所として少年院の長が指定する室をいう。以下同じ。）外に限り、前二項の別による分離をしないことができる。

（実地監査）

第六条　法務大臣は、この法律の適正な施行を期するため、その職員のうちから監査官を指名し、各少年院について、毎年一回以上、これに実地監査を行わせなければならない。

（意見聴取）

第七条　少年院の長は、その少年院の適正な運営に資するため必要な意見を関係する公務所及び公私の団体の職員並びに学識経験のある者から聴くことに努めなければならない。

（少年院視察委員会）

第八条　少年院に、少年院視察委員会（以下「委員会」という。）を置く。

2　委員会は、その置かれた少年院を視察し、その運営に関し、少年院の長に対して意見を述べるものとする。

（組織等）

第九条　委員会は、委員七人以内で組織する。

2　委員は、人格が高潔であって、少年の健全な育成に関する識見を有し、かつ、少年院の運営の改善向上に熱意を有する者のうちから、法務大臣が任命する。

3　委員の任期は、一年とする。ただし、再任を妨げない。

4　委員は、非常勤とする。

5　前各項に定めるもののほか、委員会の組織及び運営に関し必要な事項は、法務省令で定める。

（委員会に対する情報の提供及び委員の視察等）

第十条　少年院の長は、少年院の運営の状況について、法務省令で定めるところにより、定期的に、又は必要に応じて、委員会に対し、情報を提供するものとする。

2　委員会は、少年院の運営の状況を把握するため、委員による少年院の視察をすることができる。この場合において、委員会は、必要があると認めるときは、少年院の長に対し、委員による在院者との面接の実施について協力を求めることができる。

3　少年院の長は、前項の視察及び在院者との面接について、必要な協力をしなければならない。

4　第九十九条の規定にかかわらず、在院者が委員会に対して提出する書面は、検査をしてはならない。

（委員会の意見等の公表）

第十一条　法務大臣は、毎年、委員会が少年院の長に対して述べた意見及びこれを受けて少年院の長が講じた措置の内容を取りまとめ、その概要を公表するものとする。

（裁判官及び検察官の巡視）

第十二条　裁判官及び検察官は、少年院を巡視することができる。

（参観）

第十三条　少年院の長は、その少年院の参観を申し出る者がある場合において相当と認めるときは、これを許すことができる。

（少年院の職員）

第十四条　少年院の職員には、在院者の人権に関する理解を深めさせ、並びに在院者の処遇を適正かつ効果的に行うために必要な知識及び技能を習得させ、及び向上させるために必要

な研修及び訓練を行うものとする。

第三章　処遇の原則等

（処遇の原則）

第十五条　在院者の処遇は、その人権を尊重しつつ、明るく規則正しい環境の下で、その健全な心身の成長を図るとともに、その自覚に訴えて改善更生の意欲を喚起し、並びに自主、自律及び協同の精神を養うことに資するよう行うものとする。

２　在院者の処遇に当たっては、医学、心理学、教育学、社会学その他の専門的知識及び技術を活用するとともに、個々の在院者の性格、年齢、経歴、心身の状況及び発達の程度、非行の状況、家庭環境、交友関係その他の事情を踏まえ、その者の最善の利益を考慮して、その者に対する処遇がその特性に応じたものとなるようにしなければならない。

（処遇の段階）

第十六条　在院者には、その者の改善更生の状況に応じた矯正教育その他の処遇を行うため、第三十五条第一項の成績の評価に応じ、次に掲げる事項に関する法務省令で定める処遇の段階を順次向上又は低下させ、その者にふさわしい処遇を行うものとする。

一　矯正教育の目標、内容及び実施方法

二　第四十四条第一項の支援の実施方法

三　居室の指定、第三十七条第三項の規定による援助その他の法務省令で定める在院者の生活及び行動に関する処遇の実施方法

（保護者に対する協力の求め等）

第十七条　少年院の長は、在院者の処遇について、情報の提供、少年院の職員による面接等を通じて在院者の保護者その他相当と認める者の理解を得るとともに、少年院で実施する活動への参加の依頼等を行うことによりそれらの者の協力を得るように努めるものとする。

２　少年院の長は、必要があると認めるときは、在院者の保護者に対し、その在院者の監護に関する責任を自覚させ、その矯正教育の実効を上げるため、指導、助言その他の適当な措置を執ることができる。

（関係機関等に対する協力の求め等）

第十八条　少年院の長は、在院者の処遇を行うに当たり必要があると認めるときは、家庭裁判所、少年鑑別所、地方更生保護委員会又は保護観察所その他の関係行政機関、学校、病院、児童の福祉に関する機関、民間の篤志家その他の者に対し、協力を求めるものとする。

２　前項の協力をした者は、その協力を行うに当たって知り得た在院者に関する秘密を漏らしてはならない。

（公務所等への照会）

第十九条　少年院の長は、在院者の処遇の適切な実施のため必要があるときは、公務所又は公私の団体に照会して必要な事項の報告を求めることができる。

第四章　入院

（入院時の告知）

第二十条　少年院の長は、在院者に対し、その少年院への入院に際し、次に掲げる事項を告知しなければならない。

一　保健衛生及び医療に関する事項

二　物品の貸与及び支給並びに自弁に関する事項

三　金品の取扱いに関する事項

四　書籍等（書籍、雑誌その他の文書図画（信書及び新聞紙を除く。）をいう。以下同じ。）の閲覧に関する事項

五　宗教上の行為、儀式行事及び教誨に関する事項

六　第八十四条第一項に規定する遵守事項

七　面会及び信書の発受に関する事項

八　懲戒に関する事項

九　第百二十条又は第百二十一条第一項の規定による申出に関する事項

十　苦情の申出に関する事項

２　前項の規定による告知は、法務省令で定めるところにより、平易な表現を用いて、書面で行う。

（識別のための身体検査）

第二十一条　法務省令で定める少年院の職員（以下「指定職員」という。）は、在院者について、その少年院への入院に際し、その者の識別のため必要な限度で、その身体を検査することができる。その後必要が生じたときも、同様とする。

２　女子の在院者について前項の規定により検査を行う場合には、女子の指定職員がこれを行わなければならない。ただし、女子の指定職員がその検査を行うことができない場合には、男子の指定職員が少年院の長の指名する女子の職員を指揮して、これを行うことができる。

（入院の通知）

第二十二条　少年院の長は、在院者がその少年院に入院したときは、速やかに、その旨をその保護者その他相当と認める者に通知するものとする。

第五章　矯正教育

第一節　矯正教育の目的等

（矯正教育の目的及び体系的実施）

第二十三条　矯正教育は、在院者の犯罪的傾向を矯正し、並びに在院者に対し、健全な心身を培わせ、社会生活に適応するのに必要な知識及び能力を習得させることを目的とする。

２　矯正教育を行うに当たっては、在院者の特性に応じ、次節に規定する指導を適切に組み合わせ、体系的かつ組織的にこれを行うものとする。

（被害者等の心情等の考慮）

第二十三条の二　少年院の長は、矯正教育を行うに当たっては、被害者等（在院者が刑若しくは保護処分を言い渡される理由となった犯罪若しくは刑罰法令に触れる行為により害を被った者（以下この項において「被害者」という。）又はその法定代理人若しくは被害者が死亡した場合若しくはその心身に重大な故障がある場合におけるその配偶者、直系の親族若しくは兄弟姉妹をいう。以下この章及び第四十四条第三項において同じ。）の被害に関する心情、被害者等の置かれている状況及び次項の規定により聴取した心情等を考慮するものとする。

2　少年院の長は、在院者について、被害者等から、被害に関する心情、被害者等の置かれている状況又は当該在院者の生活及び行動に関する意見（以下この章及び第四十四条第三項において「心情等」という。）を述べたい旨の申出があったときは、法務省令で定めるところにより、当該心情等を聴取するものとする。ただし、当該被害に係る事件の性質、当該被害者等と当該在院者との関係その他の被害者等に関する事情を考慮して相当でないと認めるときは、この限りでない。

第二十四条に次の二項を加える。

4　少年院の長は、第一項の生活指導を行うに当たっては、被害者等の被害に関する心情、被害者等の置かれている状況及び前条第二項の規定により聴取した心情等を考慮するものとする。

5　少年院の長は、法務省令で定めるところにより、被害者等から、前条第二項の規定により聴取した心情等を在院者に伝達することを希望する旨の申出があったときは、第一項の生活指導を行うに当たり、当該心情等を在院者に伝達するものとする。ただし、その伝達をすることが当該在院者の改善更生を妨げるおそれがあるときその他当該被害に係る事件の性質、矯正教育の実施状況その他の処遇に関する事情を考慮して相当でないと認めるときは、この限りでない。

第二節　矯正教育の内容

（生活指導）

第二十四条　少年院の長は、在院者に対し、善良な社会の一員として自立した生活を営むための基礎となる知識及び生活態度を習得させるため必要な生活指導を行うものとする。

2　将来の進路を定めていない在院者に対し前項の生活指導を行うに当たっては、その特性に応じた将来の進路を選択する能力の習得に資するよう特に配慮しなければならない。

3　次に掲げる事情を有する在院者に対し第一項の生活指導を行うに当たっては、その事情の改善に資するよう特に配慮しなければならない。

一　犯罪又は刑罰法令に触れる行為により害を被った者及びその家族又は遺族の心情を理解しようとする意識が低いこと。

二　麻薬、覚醒剤その他の薬物に対する依存があること。

三　その他法務省令で定める事情

（職業指導）

第二十五条　少年院の長は、在院者に対し、勤労意欲を高め、職業上有用な知識及び技能を習得させるため必要な職業指導を行うものとする。

2　前項の職業指導の実施による収入があるときは、その収入は、国庫に帰属する。

3　少年院の長は、第一項の職業指導を受けた在院者に対しては、出院の際に、法務大臣が定める基準に従い算出した金額の範囲内で、職業上有用な知識及び技能の習得の状況その他の事情を考慮して相当と認められる金額の報奨金（次項において「職業能力習得報奨金」という。）を支給することができる。

4　少年院の長は、在院者がその出院前に職業能力習得報奨金の支給を受けたい旨の申出をした場合において、その使用の目的が、第六十七条第一項第一号に規定する自弁物品等の購入その他相当なものであると認めるときは、前項の規定にかかわらず、法務省令で定めるところにより、その時に出院したとするならばその在院者に支給することができる職業能力習得報奨金に相当する金額の範囲内で、申出の額の全部又は一部の金額を支給することができる。この場合には、その支給額に相当する金額を同項の規定により支給することができる職業能力習得報奨金の金額から減額する。

（教科指導）

第二十六条　少年院の長は、学校教育法（昭和二十二年法律第二十六号）に定める義務教育を終了しない在院者その他の社会生活の基礎となる学力を欠くことにより改善更生及び円滑な社会復帰に支障があると認められる在院者に対しては、教科指導（同法による学校教育の内容に準ずる内容の指導をいう。以下同じ。）を行うものとする。

2　少年院の長は、前項に規定するもののほか、学力の向上を図ることが円滑な社会復帰に特に資すると認められる在院者に対し、その学力の状況に応じた教科指導を行うことができる。

（学校の教育課程に準ずる教育の教科指導）

第二十七条　教科指導により学校教育法第一条に規定する学校（以下単に「学校」という。）のうち、いずれかの学校の教育課程に準ずる教育の全部又は一部を修了した在院者は、その修了に係る教育の範囲に応じて当該教育課程の全部又は一部を修了したものとみなす。

2　少年院の長は、学校の教育課程に準ずる教育について教科指導を行う場合には、当該教科指導については、文部科学大臣の勧告に従わなければならない。

（体育指導）

第二十八条　少年院の長は、在院者に対し、善良な社会の一員として自立した生活を営むための基礎となる健全な心身を培わせるため必要な体育指導を行うものとする。

（特別活動指導）

第二十九条　少年院の長は、在院者に対し、その情操を豊かにし、自主、自律及び協同の精神を養うことに資する社会貢献活動、野外活動、運動競技、音楽、演劇その他の活動の実施に関し必要な指導を行うものとする。

第三節　矯正教育の計画等

（矯正教育課程）

第三十条　法務大臣は、在院者の年齢、心身の障害の状況及び犯罪的傾向の程度、在院者が社会生活に適応するために必要な能力その他の事情に照らして一定の共通する特性を有する在院者の類型ごとに、その類型に該当する在院者に対して行う矯正教育の重点的な内容及び標準的な期間（以下「矯正教育課程」という。）を定めるものとする。

（各少年院における矯正教育課程の指定）

第三十一条　法務大臣は、各少年院について、その少年院において実施すべき矯正教育課程を指定するものとする。

（少年院矯正教育課程）

第三十二条　少年院の長は、その少年院が前条の規定により実施すべき矯正教育課程の指定を受けたときは、法務省令で定めるところにより、当該矯正教育課程ごとに、少年院矯正教育課程を定めるものとする。

2　前項の少年院矯正教育課程には、第十六条に規定する処遇の段階ごとに、当該少年院における矯正教育の目標、内容、実施方法及び期間その他矯正教育の実施に関し必要な事項を定めるものとする。

（在院者の矯正教育課程の指定）

第三十三条　少年院の長は、在院者がその少年院に入院したときは、できる限り速やかに、家庭裁判所及び少年鑑別所の長の意見を踏まえ、その在院者が履修すべき矯正教育課程を指定するものとする。

2　少年院の長は、必要があると認めるときは、少年鑑別所の長の意見を聴いて、在院者に係る前項の矯正教育課程を変更するものとする。

（個人別矯正教育計画）

第三十四条　少年院の長は、前条第一項の規定により在院者が履修すべき矯正教育課程を指定したときは、その者に対する矯正教育の計画（以下「個人別矯正教育計画」という。）を策定するものとする。

2　個人別矯正教育計画には、第三十二条第一項の少年院矯正教育課程に即して、在院者の特性に応じて行うべき矯正教育の目標、内容、実施方法及び期間その他矯正教育の実施に関し必要な事項を定めるものとする。

3　少年院の長は、個人別矯正教育計画を策定しようとするときは、家庭裁判所又は少年鑑別所の長の意見があるときはこれらの意見を踏まえるとともに、できる限り在院者及びその保護者その他相当と認める者の意向を参酌しつつ、在院者との面接その他の適当な方法による調査の結果に基づき、これを策定するものとする。

4　少年院の長は、個人別矯正教育計画を策定するに当たっては、法務省令で定めるところにより、被害者等の被害に関する心情、被害者等の置かれている状況及び第二十三条の二第二項の規定により聴取した心情等を考慮するものとする。

5　少年院の長は、第四条第一項第五号に規定する第五種の少年院に収容されている者（以下「第五種少年院在院者」という。）について、個人別矯正教育計画を策定しようとする場合には、前二項に規定するもののほか、保護観察所の長の意見を踏まえ、策定するものとする。

6　少年院の長は、第一項の規定により個人別矯正教育計画を策定したときは、速やかに、その内容を、在院者に告知し、及びその保護者その他相当と認める者（在院者が第五種少年院在院者である場合にあっては、相当と認める者及び保護観察所の長）に通知するものとする。

7　少年院の長は、必要があると認めるときは、在院者に係る第一項の個人別矯正教育計画を変更するものとする。

8　第二項から第六項までの規定は、前項の規定による個人別矯正教育計画の変更について準用する。

（成績の評価及び告知等）

第三十五条　少年院の長は、在院者について、矯正教育の効果を把握するため、法務省令で定めるところにより、成績の評価を行うものとする。

2　前項の成績の評価は、法務省令で定めるところにより、個人別矯正教育計画において定められた矯正教育の目標の達成の程度その他の法務省令で定める事項に関し、総合的に行うものとする。

3　少年院の長は、第一項の成績の評価を行ったときは、速やかに、その結果を、在院者に告知し、及びその保護者その他相当と認める者（在院者が第五種少年院在院者である場合にあっては、相当と認める者及び保護観察所の長）に通知するものとする。

4　少年院の長は、前項の規定による通知をする場合その他適当と認める場合には、在院者の保護者その他相当と認める者（在院者が第五種少年院在院者である場合にあっては、相当と認める者及び保護観察所の長）に対し、その在院者の生活及び心身の状況を通知するものとする。

（鑑別のための少年鑑別所への収容）

第三十六条　少年院の長は、在院者について、第三十三条第一項の規定により指定された矯正教育課程（同条第二項の規定による変更があったときは、その変更後のもの。第百三十四条第二項において「指定矯正教育課程」という。）又は第三十四条第一項の規定により策定された個人別矯正教育計画（同条第七項の規定による変更があったときは、その変更後のもの）がその者にとって適切なものであるかどうかを確認するためその他必要があると認めるときは、その者に少年鑑別所の長による鑑別を受けさせることができる。

2　前項の規定により少年院の長が在院者に少年鑑別所の長による鑑別を受けさせる場合において、当該少年鑑別所に収容して鑑別を行うことが必要である旨の少年鑑別所の長の意見があるときは、七日間を超えない範囲内で、その在院者を少年鑑別所に収容することができる。ただし、やむを得ない事由があるときは、通じて十四日間を超えない範囲内で、その収容を継続することができる。

第四節　矯正教育の実施

（在院者の日課）

第三十七条　少年院の長は、法務省令で定めるところにより、在院者の日課（食事、就寝その他の起居動作をすべき時間帯、矯正教育の時間帯及び余暇に充てられるべき時間帯を定めたものをいう。次項及び第八十四条第二項第九号において同じ。）を定め、これを在院者に励行させるものとする。

2　少年院の長は、必要と認めるときは、日課に定められた矯正教育の時間帯以外の時間帯においても、矯正教育を行うことができる。

3　少年院の長は、法務省令で定めるところにより、在院者に対し、学習、娯楽、運動競技その他の余暇に充てられるべき時間帯における活動について、援助を与えるものとする。

（集団の編成）

第三十八条　矯正教育は、その効果的な実施を図るため、在院者が履修すべき矯正教育課程、第十六条に規定する処遇の段階その他の事情を考慮し、在院者を適切な集団に編成して行うものとする。

2　少年院の長は、矯正教育を行うに当たり、在院者の心身の状況に照らしてその者が集団生活に適応することが困難であるとき、その他在院者に対して個別に矯正教育を行う必要があると認めるときは、前項の規定にかかわらず、在院者を集団に編成しないことができる。

（矯正教育の院外実施）

第三十九条　矯正教育は、その効果的な実施を図るため必要な限度において、少年院の外の適当な場所で行うことができる。

（矯正教育の援助）

第四十条　少年院の長は、矯正教育の効果的な実施を図るため、その少年院の所在地を管轄する矯正管区の長の承認を得て、事業所の事業主、学校の長、学識経験のある者その他適当と認める者に委嘱して、矯正教育の援助を行わせることができる。

2　少年院の長は、在院者（刑法（明治四十年法律第四十五号）第二十八条、少年法第五十八条又は国際受刑者移送法第二十二条の規定により仮釈放を許すことができる期間を経過していない受刑在院者を除く。以下この条において同じ。）の円滑な社会復帰を図るため必要があると認める場合であって、その者の改善更生の状況その他の事情を考慮し、相当と認めるときは、少年院の職員の同行なしに、その在院者を少年院の外の場所に通わせて、前項の規定による援助として在院者に対する指導を行う者（次項及び第五項第四号において「嘱託指導者」という。）による指導を受けさせることができる。

3　在院者に前項の指導（以下「院外委嘱指導」という。）を受けさせる場合には、少年院の長は、法務省令で定めるところにより、当該嘱託指導者との間において、在院者が受ける院外委嘱指導の内容及び時間、在院者の安全及び衛生を確保するため必要な措置その他院外委嘱指導の実施に関し必要な事項について、取決めを行わなければならない。

4　少年院の長は、在院者に院外委嘱指導を受けさせる場合には、あらかじめ、その在院者が院外委嘱指導に関し遵守すべき事項（以下この条において「特別遵守事項」という。）を定め、これをその在院者に告知するものとする。

5　特別遵守事項は、次に掲げる事項を具体的に定めるものとする。

一　指定された経路及び方法により移動しなければならないこと。

二　指定された時刻までに少年院に帰着しなければならないこと。

三　正当な理由なく、院外委嘱指導を受ける場所以外の場所に立ち入ってはならないこと。

四　嘱託指導者による指導上の指示に従わなければならないこと。

五　正当な理由なく、犯罪性のある者その他接触することにより矯正教育の適切な実施に支障を生ずるおそれがある者と接触してはならないこと。

6　少年院の長は、院外委嘱指導を受ける在院者が第八十四条第一項に規定する遵守事項又は特別遵守事項を遵守しなかった場合その他院外委嘱指導を不適当とする事由があると認める場合には、これを中止することができる。

（在院者の安全及び衛生の確保）

第四十一条　少年院の長は、矯正教育を受ける在院者の安全及び衛生を確保するため必要な措置を講じなければならない。

2　在院者は、前項の規定により少年院の長が講ずる措置に応じて、必要な事項を守らなければならない。

3　第二十五条第一項の職業指導について、第一項の規定により少年院の長が講ずべき措置及び前項の規定により在院者が守らなければならない事項は、労働安全衛生法（昭和四十七年法律第五十七号）その他の法令に定める労働者の安全及び衛生を確保するため事業者が講ずべき措置及び労働者が守らなければならない事項に準じて、法務大臣が定める。

（手当金）

第四十二条　少年院の長は、在院者が矯正教育を受けたことに起因して死亡した場合には、法務省令で定めるところにより、その遺族等（法務省令で定める遺族その他の者をいう。以下同じ。）に対し、死亡手当金を支給することができる。

2　少年院の長は、矯正教育を受けたことに起因して負傷し、又は疾病にかかった在院者が治った場合において、身体に障害が残ったときは、法務省令で定めるところにより、その者に障害手当金を支給することができる。

3　少年院の長は、矯正教育を受けたことに起因して負傷し、又は疾病にかかった在院者が出院の時になお治っていない場合において、その傷病の性質、程度その他の状況を考慮して相当と認められるときは、法務省令で定めるところにより、その者に特別手当金を支給することができる。

（損害賠償との調整等）

第四十三条　国が国家賠償法（昭和二十二年法律第百二十五号）、民法（明治二十九年法律第八十九号）その他の法律による損害賠償の責任を負う場合において、前条の手当金を支給したときは、同一の事由については、国は、その価額の限度においてその損害賠償の責任を免れる。

2　前条の手当金として支給を受けた金銭を標準として、租税その他の公課を課してはならない。

第十二章　規律及び秩序の維持

（少年院の規律及び秩序）

第八十三条　少年院の規律及び秩序は、在院者の処遇の適切な実施を確保し、並びにその改善更生及び円滑な社会復帰を図るのにふさわしい安全かつ平穏な共同生活を保持することができるよう、適正に維持されなければならない。

2　前項の目的を達成するため執る措置は、そのために必要な限度を超えてはならない。

（遵守事項等）

第八十四条　少年院の長は、在院者が遵守すべき事項（次項及び第百十三条第一項において「遵守事項」という。）を定める。

2　遵守事項は、次に掲げる事項を具体的に定めるものとする。

一　犯罪行為をしてはならないこと。

二　他人に対し、粗野若しくは乱暴な言動をし、又は迷惑を及ぼす行為をしてはならないこと。

三　自身を傷つける行為をしてはならないこと。
四　少年院の職員の職務の執行を妨げる行為をしてはならないこと。
五　自己又は他の在院者の収容の確保を妨げるおそれのある行為をしてはならないこと。
六　少年院の安全を害するおそれのある行為をしてはならないこと。
七　少年院内の衛生又は風紀を害する行為をしてはならないこと。
八　金品について、不正な使用、所持、授受その他の行為をしてはならないこと。
九　正当な理由なく、日課に定められた矯正教育の時間帯における矯正教育を拒んではならないこと。
十　前各号に掲げるもののほか、少年院の規律及び秩序を維持するため必要な事項
十一　前各号に掲げる事項について定めた遵守事項又は第四十条第四項（第四十五条第二項において準用する場合を含む。）に規定する特別遵守事項に違反する行為を企て、あおり、唆し、又は援助してはならないこと。

3　前二項のほか、少年院の長又はその指定する職員は、少年院の規律及び秩序を維持するため必要がある場合には、在院者に対し、その生活及び行動について指示することができる。

第十五章　救済の申出等

第一節　救済の申出

（救済の申出）

第百二十条　在院者は、自己に対する少年院の長の措置その他自己が受けた処遇について苦情があるときは、書面で、法務大臣に対し、救済を求める申出をすることができる。

第百二十一条　出院した者は、自己に対する第一号から第四号までに掲げる少年院の長の措置又は自己に対する第五号から第七号までに掲げる少年院の職員による行為について苦情があるときは、書面で、法務大臣に対し、救済を求める申出をすることができる。
一　第七十九条第三項の規定による費用を負担させる処分
二　第百四条第五項前段の規定による発受禁止信書等の引渡しをしない処分（同条第三項の規定による引渡しに係るものに限る。第百二十六条第一項第六号において同じ。）
三　第百九条第一項又は第二項の規定による費用を負担させる処分
四　第百十六条の規定による物を国庫に帰属させる処分
五　身体に対する有形力の行使
六　手錠の使用
七　保護室への収容

2　前項の規定による申出は、出院した日の翌日から起算して三十日以内にしなければならない。

3　天災その他前項の期間内に第一項の規定による申出をしなかったことについてやむを得ない理由があるときは、前項の規定にかかわらず、その理由がやんだ日の翌日から起算して一週間以内に限り、その申出をすることができる。

第百二十二条　第百二十条又は前条第一項の規定による申出（以下「救済の申出」という。）は、これを行う者が自らしなければならない。

（相談員）

第百二十三条　少年院の長の指名を受けた少年院の職員（次項及び第百三十一条第一項において「相談員」という。）は、在院者に対し、救済の申出に関する相談に応じるものとする。

2　相談員は、その相談によって知り得た救済の申出の内容をその少年院の他の職員に漏らしてはならない。

（調査）

第百二十四条　法務大臣は、職権で、救済の申出に関して必要な調査をするものとする。

2　法務大臣は、前項の調査をするため必要があるときは、少年院の長に対し、報告若しくは資料その他の物件の提出を命じ、又はその指名する職員をして、救済の申出をした者その他の関係者に対し質問をさせ、若しくは物件の提出を求めさせ、これらの者が提出した物件を留め置かせ、若しくは検証を行わせることができる。

（処理）

第百二十五条　法務大臣は、救済の申出を受けたときは、これを誠実に処理するものとする。

2　法務大臣は、救済の申出の内容が、その申出をした者に対する第百二十一条第一項第五号から第七号までに掲げる少年院の職員による行為に係るものである場合にあってはできる限り六十日以内に、それら以外のものである場合にあってはできる限り九十日以内にその処理を終えるよう努めるものとする。

（法務大臣の措置）

第百二十六条　法務大臣は、救済の申出の内容がその申出をした者に対する次に掲げる少年院の長の措置に係るものであって、その措置が違法又は不当であることを確認した場合において、必要があると認めるときは、その措置の全部又は一部を取り消し、又は変更するものとする。
一　第五十五条第一項の規定による診療を受けることを許さない処分又は同条第四項の規定による診療の中止
二　第七十一条の規定による領置されている現金の使用又は第七十二条の規定による領置されている金品の交付を許さない処分
三　第七十九条第三項の規定による費用を負担させる処分
四　第八十一条に規定する宗教上の行為の禁止又は制限
五　第百条、第百一条、第百二条第一項又は第百五条の規定による信書の発受又は文書図画の交付の禁止、差止め又は制限
六　第百四条第五項前段の規定による発受禁止信書等の引渡しをしない処分
七　第百九条第一項又は第二項の規定による費用を負担させる処分
八　第百十三条第一項の規定による懲戒
九　第百十六条の規定による物を国庫に帰属させる処分
十　第百十七条第四項の規定による措置

2　法務大臣は、救済の申出の内容がその申出をした者に対する第百二十一条第一項第五号から第七号までに掲げる少年院の職員による行為に係るものであって、同項第五号に掲げる行為にあってはその行為が違法であることを、同項第六号又は第七号に掲げる行為にあってはその行為が違法又は不当であることを確認した場合において、必要があると認めるときは、同様の行為の再発の防止のため必要な措置その他の措置を執るものとする。

（通知）

第百二十七条　法務大臣は、第百二十五条の規定による処理を終えたときは、速やかに、処理の結果（前条第一項の規定による法務大臣の措置を含む。）を救済の申出をした者に通知しなければならない。ただし、在院者による救済の申出（第百二十一条第一項各号に掲げる少年院の長の措置又は少年院の職員による行為に係る救済の申出を除く。）について、その在院者が出院したときは、この限りでない。

（法務省令への委任）

第百二十八条　この節に定めるもののほか、救済の申出に関し必要な事項は、法務省令で定める。

第二節　苦情の申出

（監査官に対する苦情の申出）

第百二十九条　在院者は、自己に対する少年院の長の措置その他自己が受けた処遇について、口頭又は書面で、第六条の規定により実地監査を行う監査官（以下この条及び第百三十一条第一項において単に「監査官」という。）に対し、苦情の申出をすることができる。

2　第百二十二条の規定は、前項の苦情の申出について準用する。

3　監査官は、口頭による苦情の申出を受けるに当たっては、少年院の職員を立ち会わせてはならない。

4　監査官は、苦情の申出を受けたときは、これを誠実に処理し、処理の結果を苦情の申出をした者に通知しなければならない。ただし、その者が出院したときは、この限りでない。

（少年院の長に対する苦情の申出）

第百三十条　在院者は、自己に対する少年院の長の措置その他自己が受けた処遇について、口頭又は書面で、少年院の長に対し、苦情の申出をすることができる。

2　第百二十二条の規定は、前項の苦情の申出について準用する。

3　在院者が口頭で第一項の苦情の申出をしようとするときは、少年院の長は、その指名する職員にその内容を聴取させることができる。

4　前条第四項の規定は、少年院の長が苦情の申出を受けた場合について準用する。

第三節　雑則

（秘密申出）

第百三十一条　少年院の長は、在院者が、救済の申出をし、又は監査官に対し苦情の申出をするに当たり、その内容を少年院の職員（当該救済の申出に関する相談に応じた相談員を除く。）に秘密にすることができるように、必要な措置を講じなければならない。

2　第九十九条の規定にかかわらず、救済の申出又は苦情の申出の書面は、検査をしてはならない。

（不利益取扱いの禁止）

第百三十二条　少年院の職員は、在院者が救済の申出又は苦情の申出をしたことを理由として、その者に対し不利益な取扱いをしてはならない。

附　則（抄）

（施行期日）

第一条　この法律は、公布の日から起算して一年を超えない範囲内において政令で定める日〔平成二七・六・一〕から施行する。ただし、第六条及び第百二十九条の規定は、公布の日から起算して一年六月を超えない範囲内において政令で定める日〔平成二七・七・一〕から施行する。

○刑法等の一部を改正する法律（抄）

令和四・六・一七
法　六　七

（少年院法の一部改正）

第十条　少年院法（平成二十六年法律第五十八号）の一部を次のように改正する。

第二条第三号中「懲役若しくは禁錮の刑」を「拘禁刑」に、「第十六条第一項各号の」を「第十六条第一項の規定による」に改める。

第三条第三号中「懲役又は禁錮の刑」を「拘禁刑」に、「第十六条第一項各号の」を「第十六条第一項の規定により執行する」に、「以下単に「刑」という」を「次条第一項第四号及び第百四十一条第一項ただし書において同じ」に改める。

第四条第一項第四号中「刑」を「拘禁刑」に改める。

附　則（抄）

（施行期日）

1　この法律は、公布の日から起算して三年を超えない範囲内において政令で定める日〔令和七・六・一〕から施行する。〔ただし書略〕

○少年鑑別所法（抄）

平成二六・六・一一
法　五　九

最終改正　令和五・五・一七法二八

第一章　総則

第一節　目的等

（目的）
第一条　この法律は、少年鑑別所の適正な管理運営を図るとともに、鑑別対象者の鑑別を適切に行うほか、在所者の人権を尊重しつつ、その者の状況に応じた適切な観護処遇を行い、並びに非行及び犯罪の防止に関する援助を適切に行うことを目的とする。

（定義）
第二条　この法律において、次の各号に掲げる用語の意義は、それぞれ当該各号に定めるところによる。
一　鑑別対象者　第十七条第一項又は第十八条第一項の規定による鑑別の対象となる者をいう。
二　在所者　少年鑑別所に収容されている者をいう。
三　被観護在所者　少年法（昭和二十三年法律第百六十八号）第十七条第一項第二号の観護の措置（同条第七項の規定により同号の観護の措置とみなされる場合を含む。以下単に「観護の措置」という。）が執られて少年鑑別所に収容されている者又は同法第十四条第二項において準用する刑事訴訟法（昭和二十三年法律第百三十一号）第百六十七条第一項の規定により少年鑑別所に留置されている者をいう。
四　未決在所者　刑事訴訟法の規定により少年鑑別所に勾留（少年法第四十五条第四号の規定により勾留とみなされる場合を含む。第百二十五条第一号及び第三号において同じ。）されている者又は刑事訴訟法第百六十七条第一項（同法第二百二十四条第二項において準ずる場合を含む。）の規定により少年鑑別所に留置されている者をいう。
五　在院中在所者　少年院法（平成二十六年法律第五十八号）第三十六条第二項又は第百三十三条第一項若しくは第二項の規定により少年鑑別所に収容されている者をいう。
六　各種在所者　在所者であって、被観護在所者、未決在所者及び在院中在所者以外のものをいう。
七　保護者　少年法第二条第二項に規定する保護者をいう。
八　保護者等　次のイ又はロのいずれかに該当する者（在所者に対し虐待、悪意の遺棄その他これらに準ずる心身に有害な影響を及ぼす行為をした者であって、その在所者の健全な育成を著しく妨げると認められるものを除く。）をいう。
イ　在所者の保護者
ロ　在所者の親族（イに掲げる者を除き、婚姻の届出をしていないが、事実上婚姻関係と同様の事情にある者を含む。）

第二節　少年鑑別所の運営

（少年鑑別所）
第三条　少年鑑別所は、次に掲げる事務を行う施設とする。
一　鑑別対象者の鑑別を行うこと。
二　観護の措置が執られて少年鑑別所に収容される者その他法令の規定により少年鑑別所に収容すべきこととされる者及び収容することができることとされる者を収容し、これらの者に対し必要な観護処遇を行うこと。
三　この法律の定めるところにより、非行及び犯罪の防止に関する援助を行うこと。

（在所者の分離）
第四条　在所者は、次に掲げる別に従い、それぞれ互いに分離するものとする。
一　性別
二　被観護在所者（未決在所者としての地位を有するものを除く。）、未決在所者（被観護在所者としての地位を有するものを除く。）、未決在所者としての地位を有する被観護在所者、在院中在所者及び各種在所者の別
2　前項の規定にかかわらず、在院中在所者及び各種在所者の別所者が主として休息及び就寝のために使用する場所として少年鑑別所の長が指定する室をいう。以下同じ。）外に限り、同項第二号に掲げる別による分離をしないことができる。

（実地監査）
第五条　法務大臣は、この法律の適正な施行を期するため、その職員のうちから監査官を指名し、各少年鑑別所について、毎年一回以上、これに実地監査を行わせなければならない。

（意見聴取）
第六条　少年鑑別所の長は、その少年鑑別所の適正な運営に資するため必要な意見を関係する公務所及び公私の団体の職員並びに学識経験のある者から聴くことに努めなければならない。

（少年鑑別所視察委員会）
第七条　少年鑑別所に、少年鑑別所視察委員会（以下「委員会」という。）を置く。
2　委員会は、その置かれた少年鑑別所を視察し、その運営に関し、少年鑑別所の長に対して意見を述べるものとする。

（組織等）
第八条　委員会は、委員七人以内で組織する。
2　委員は、人格が高潔であって、少年の健全な育成に関する識見を有し、かつ、少年鑑別所の運営の改善向上に熱意を有する者のうちから、法務大臣が任命する。
3　委員の任期は、一年とする。ただし、再任を妨げない。
4　委員は、非常勤とする。
5　前各項に定めるもののほか、委員会の組織及び運営に関し必要な事項は、法務省令で定める。

（委員会に対する情報の提供及び委員の視察等）
第九条　少年鑑別所の長は、少年鑑別所の運営の状況について、法務省令で定めるところにより、定期的に、又は必要に応じて、委員会に対し、情報を提供するものとする。
2　委員会は、少年鑑別所の運営の状況を把握するため、委員による少年鑑別所の視察をすることができる。この場合にお

いて、委員会は、必要があると認めるときは、少年鑑別所の長に対し、委員による在所者との面接の実施について協力を求めることができる。

3　少年鑑別所の長は、前項の視察及び在所者との面接について、必要な協力をしなければならない。

4　第九十三条（第九十九条において準用する場合を含む。）及び第百一条（第百四条において準用する場合を含む。）の規定にかかわらず、在所者が委員会に対して提出する書面は、検査をしてはならない。

（委員会の意見等の公表）

第十条　法務大臣は、毎年、委員会が少年鑑別所の長に対して述べた意見及びこれを受けて少年鑑別所の長が講じた措置の内容を取りまとめ、その概要を公表するものとする。

（裁判官及び検察官の巡視）

第十一条　裁判官及び検察官は、少年鑑別所を巡視することができる。

（参観）

第十二条　少年鑑別所の長は、その少年鑑別所の参観を申し出る者がある場合において相当と認めるときは、これを許すことができる。

（少年鑑別所の職員）

第十三条　少年鑑別所の職員には、在所者の人権に関する理解を深めさせ、並びに鑑別対象者の鑑別、在所者の観護処遇その他の少年鑑別所の業務を適正かつ効果的に行うために必要な知識及び技能を習得させ、及び向上させるために必要な研修及び訓練を行うものとする。

第三節　関係機関等との連携

（関係機関等に対する協力の求め等）

第十四条　少年鑑別所の長は、第三条各号に掲げる事務を適切に実施するため必要があると認めるときは、家庭裁判所、少年院、地方更生保護委員会又は保護観察所その他の関係行政機関、学校、病院、児童の福祉に関する機関、民間の篤志家その他の者に対し、協力を求めるものとする。

2　前項の協力をした者は、その協力を行うに当たって知り得た鑑別対象者又は在所者に関する秘密を漏らしてはならない。

（公務所等への照会）

第十五条　少年鑑別所の長は、鑑別対象者の鑑別及び在所者の観護処遇の適切な実施のため必要があるときは、公務所又は公私の団体に照会して必要な事項の報告を求めることができる。

第二章　鑑別対象者の鑑別

（鑑別の実施）

第十六条　鑑別対象者の鑑別においては、医学、心理学、教育学、社会学その他の専門的知識及び技術に基づき、鑑別対象者について、その非行又は犯罪に影響を及ぼした資質上及び環境上問題となる事情を明らかにした上、その事情の改善に寄与するため、その者の処遇に資する適切な指針を示すものとする。

2　鑑別対象者の鑑別を行うに当たっては、その者の性格、経歴、心身の状況及び発達の程度、非行又は犯罪の状況、家庭環境並びに交友関係、在所中の生活及び行動の状況（鑑別対象者が在所者である場合に限る。）その他の鑑別を行うために必要な事項に関する調査を行うものとする。

3　前項の調査は、鑑別を求めた者に対して資料の提出、説明その他の必要な協力を求める方法によるほか、必要と認めるときは、鑑別対象者又はその保護者その他参考人との面接、心理検査その他の検査、前条の規定による照会その他相当と認める方法により行うものとする。

（家庭裁判所等の求めによる鑑別等）

第十七条　少年鑑別所の長は、家庭裁判所、地方更生保護委員会、保護観察所の長、児童自立支援施設の長、児童養護施設の長、少年院の長又は刑事施設の長から、次に掲げる者について鑑別を求められたときは、これを行うものとする。

一　保護処分（少年法第六十六条第一項、更生保護法（平成十九年法律第八十八号）第七十二条第一項並びに少年院法第百三十八条第二項及び第百三十九条第二項の規定による措置を含む。次号において同じ。）又は少年法第十八条第二項の規定による措置に係る事件の調査又は審判を受ける者

二　保護処分の執行を受ける者

三　懲役又は禁錮の刑の執行を受ける者

四　更生保護法第四十条の規定（国際受刑者移送法（平成十四年法律第六十六号）第二十一条の規定によりみなして適用する場合を含む。）又は刑法（明治四十年法律第四十五号）第二十五条の二第一項若しくは第二十七条の三第一項若しくは薬物使用等の罪を犯した者に対する刑の一部の執行猶予に関する法律（平成二十五年法律第五十号）第四条第一項の規定により保護観察に付されている者

2　少年鑑別所の長は、前項の規定による鑑別を終えたときは、速やかに、書面で、鑑別を求めた者に対し、鑑別の結果を通知するものとする。

3　前項の通知を受けた者は、鑑別により知り得た秘密を漏らしてはならない。

（少年院の指定等）

第十八条　少年鑑別所の長は、その職員が家庭裁判所から少年法第二十四条第一項第三号の保護処分に係る同項の決定、同法第六十四条第一項第三号の保護処分に係る同項の決定、同法第六十六条第一項の決定若しくは更生保護法第七十二条第一項の決定の執行の指揮を受けたとき、又は地方更生保護委員会から同法第七十三条の二第一項の決定の執行の嘱託を受けたときは、その決定を受けた者について鑑別を行い、少年院法第三十一条の規定により各少年院について指定された矯正教育課程（同法第三十条に規定する矯正教育課程をいう。）その他の事情を考慮して、その者を収容すべき少年院を指定するものとする。

2　少年鑑別所の長は、前項の指定をしたときは、その旨を同項の決定を受けた者に告知し、及び同項の指定に係る少年院の長に通知するものとする。

3　前項の規定による少年院の長に対する通知には、第一項の規定による鑑別の結果を付するものとする。

第三章　在所者の観護処遇（抄）

第一節　通則

（観護処遇）

第十九条　在所者の観護処遇は、この章の定めるところにより行うものとする。

（在所者の観護処遇の原則）

第二十条　在所者の観護処遇に当たっては、懇切にして誠意のある態度をもって接することにより在所者の情操の保護に配慮するとともに、その者の特性に応じた適切な働き掛けを行うことによりその健全な育成に努めるものとする。

2　在所者の観護処遇は、医学、心理学、教育学、社会学その他の専門的知識及び技術を活用して行うものとする。

（未決在所者の観護処遇における留意事項）

第二十一条　未決在所者の観護処遇に当たっては、未決の者としての地位を考慮し、その逃走及び刑事事件に関する証拠の隠滅の防止並びにその防御権の尊重に特に留意しなければならない。

（在院中在所者の観護処遇における留意事項）

第二十二条　在院中在所者の観護処遇に当たっては、矯正教育を受ける者としての地位を考慮し、その改善更生及び円滑な社会復帰に資するよう留意しなければならない。

第二節　入所

（入所時の告知）

第二十三条　少年鑑別所の長は、在所者に対し、その少年鑑別所への入所に際し、在所者としての地位に応じ、次に掲げる事項を告知しなければならない。その少年鑑別所に収容されている在所者がその地位を異にするに至ったときも、同様とする。

一　保健衛生及び医療に関する事項
二　物品の貸与及び支給並びに自弁に関する事項
三　金品の取扱いに関する事項
四　書籍等（書籍、雑誌その他の文書図画（信書及び新聞紙を除く。）をいう。以下同じ。）及び新聞紙の閲覧に関する事項
五　宗教上の行為、儀式行事及び教誨に関する事項
六　第七十三条第一項に規定する遵守事項
七　面会及び信書の発受に関する事項
八　第百九条又は第百十条第一項の規定による申出に関する事項
九　苦情の申出に関する事項

2　前項の規定による告知は、法務省令で定めるところにより、平易な表現を用いて、書面で行う。

（識別のための身体検査）

第二十四条　法務省令で定める少年鑑別所の職員（以下「指定職員」という。）は、在所者について、その少年鑑別所への入所に際し、その者の識別のため必要な限度で、その身体を検査することができる。その後必要が生じたときも、同様とする。

2　女子の在所者について前項の規定により検査を行う場合には、女子の指定職員がこれを行わなければならない。ただし、女子の指定職員がその検査を行うことができない場合には、男子の指定職員が少年鑑別所の長の指名する女子の職員を指揮して、これを行うことができる。

（入所の通知）

第二十五条　少年鑑別所の長は、被観護在所者、未決在所者その他法務省令で定める在所者がその少年鑑別所に入所したときは、速やかに、その旨をその保護者その他相当と認める者に通知するものとする。

第三節　観護処遇の態様等

（観護処遇の態様）

第二十六条　在所者の観護処遇（運動、入浴又は面会の場合その他の法務省令で定める場合における観護処遇を除く。）は、居室外において行うことが適当と認める場合を除き、昼夜、居室において行う。

2　在所者の居室は、その観護処遇上又は鑑別上共同室に収容することが適当と認める場合を除き、できる限り、単独室とする。

3　前項の規定にかかわらず、被観護在所者及び未決在所者については、その保護事件又は刑事事件に関する証拠の隠滅の防止上支障を生ずるおそれがある場合には、その居室は単独室としなければならない。

4　被観護在所者及び未決在所者は、その保護事件又は刑事事件に関する証拠の隠滅の防止上支障を生ずるおそれがある場合には、居室外においても他の在所者と接触をさせてはならない。

（起居動作の時間帯）

第二十七条　少年鑑別所の長は、法務省令で定めるところにより、食事、就寝その他の起居動作をすべき時間帯を定め、これを在所者に告知するものとする。

第四節　健全な育成のための支援

（生活態度に関する助言及び指導）

第二十八条　少年鑑別所の長は、在所者が健全な社会生活を営むことができるよう、在所者に対し、その自主性を尊重しつつ、その生活態度に関し必要な助言及び指導を行うものとする。

（学習等の機会の提供等）

第二十九条　少年鑑別所の長は、在所者の情操を豊かにし、その者が健全な社会生活を営むために必要な知識及び能力を向上させることができるよう、在所者に対し、その自主性を尊重しつつ、学習、文化活動その他の活動の機会を与えるとともに、その活動の実施に関し必要な助言及び援助を行うものとする。

2　前項の場合において、学校教育法（昭和二十二年法律第二十六号）に定める義務教育を終了しない在所者に対しては、学習の機会が与えられるよう特に配慮しなければならない。

附　則（抄）

（施行期日）

第一条　この法律は、少年院法の施行の日〔平成二七・六・一〕から施行する。ただし、第五条〔中略〕の規定は、同法附則第一条ただし書に規定する規定の施行の日〔平成二七・七・一〕から施行する。

○刑法等の一部を改正する法律（抄）

令和四・六・一七
法　六　七

（少年鑑別所法の一部改正）

第十二条　少年鑑別所法の一部を次のように改正する。

第十七条第一項第三号中「懲役又は禁錮の刑」を「拘禁刑」に改め、同項第四号中「（国際受刑者移送法（平成十四年法律第六十六号）第十六条第一項の規定により執行する共助刑を含む。）」に改め、同項第四号中「（平成十四年法律第六十六号）」を削る。

附　則（抄）

（施行期日）
1　この法律は、公布の日から起算して三年を超えない範囲内において政令で定める日〔令和七・六・一〕から施行する。〔ただし書略〕

諸法

諸法編

目　次

○民法〔第一編・第三編・第四編・第五編〕（抄）

明二九・四・二七
法　　八　九

最終改正　令和五・六・一四法五三

第一編　総則

第一章　通則

（基本原則）
第一条　私権は、公共の福祉に適合しなければならない。
2　権利の行使及び義務の履行は、信義に従い誠実に行わなければならない。
3　権利の濫用は、これを許さない。
（解釈の基準）
第二条　この法律は、個人の尊厳と両性の本質的平等を旨として、解釈しなければならない。

第二章　人

第一節　権利能力

第三条　私権の享有は、出生に始まる。
2　外国人は、法令又は条約の規定により禁止される場合を除き、私権を享有する。

第二節　意思能力

第三条の二　法律行為の当事者が意思表示をした時に意思能力を有しなかったときは、その法律行為は、無効とする。

第三節　行為能力

（成年）
第四条　年齢十八歳をもって、成年とする。
（未成年者の法律行為）
第五条　未成年者が法律行為をするには、その法定代理人の同意を得なければならない。ただし、単に権利を得、又は義務を免れる法律行為については、この限りでない。
2　前項の規定に反する法律行為は、取り消すことができる。
3　第一項の規定にかかわらず、法定代理人が目的を定めて処分を許した財産は、その目的の範囲内において、未成年者が自由に処分することができる。目的を定めないで処分を許した財産を処分するときも、同様とする。
（未成年者の営業の許可）
第六条　一種又は数種の営業を許された未成年者は、その営業に関しては、成年者と同一の行為能力を有する。
2　前項の場合において、未成年者がその営業に堪えることができない事由があるときは、その法定代理人は、第四編（親族）の規定に従い、その許可を取り消し、又はこれを制限することができる。
（後見開始の審判）
第七条　精神上の障害により事理を弁識する能力を欠く常況にある者については、家庭裁判所は、本人、配偶者、四親等内の親族、未成年後見人、未成年後見監督人、保佐人、保佐監督人、補助人、補助監督人又は検察官の請求により、後見開始の審判をすることができる。
（成年被後見人及び成年後見人）
第八条　後見開始の審判を受けた者は、成年被後見人とし、これに成年後見人を付する。
（成年被後見人の法律行為）
第九条　成年被後見人の法律行為は、取り消すことができる。ただし、日用品の購入その他日常生活に関する行為については、この限りでない。
（後見開始の審判の取消し）
第十条　第七条に規定する原因が消滅したときは、家庭裁判所は、本人、配偶者、四親等内の親族、後見人（未成年後見人及び成年後見人をいう。以下同じ。）、後見監督人（未成年後見監督人及び成年後見監督人をいう。以下同じ。）又は検察官の請求により、後見開始の審判を取り消さなければならない。
（保佐開始の審判）
第十一条　精神上の障害により事理を弁識する能力が著しく不十分である者については、家庭裁判所は、本人、配偶者、四親等内の親族、後見人、後見監督人、補助人、補助監督人又は検察官の請求により、保佐開始の審判をすることができる。ただし、第七条に規定する原因がある者については、この限りでない。
（被保佐人及び保佐人）
第十二条　保佐開始の審判を受けた者は、被保佐人とし、これに保佐人を付する。
（保佐人の同意を要する行為等）
第十三条　被保佐人が次に掲げる行為をするには、その保佐人の同意を得なければならない。ただし、第九条ただし書に規定する行為については、この限りでない。
一　元本を領収し、又は利用すること。
二　借財又は保証をすること。
三　不動産その他重要な財産に関する権利の得喪を目的とする行為をすること。
四　訴訟行為をすること。
五　贈与、和解又は仲裁合意（仲裁法（平成十五年法律第百三十八号）第二条第一項に規定する仲裁合意をいう。）をすること。
六　相続の承認若しくは放棄又は遺産の分割をすること。
七　贈与の申込みを拒絶し、遺贈を放棄し、負担付贈与の申込みを承諾し、又は負担付遺贈を承認すること。
八　新築、改築、増築又は大修繕をすること。
九　第六百二条に定める期間を超える賃貸借をすること。
十　前各号に掲げる行為を制限行為能力者（未成年者、成年被後見人、被保佐人及び第十七条第一項の審判を受けた被補助人をいう。以下同じ。）の法定代理人としてすること。
2　家庭裁判所は、第十一条本文に規定する者又は保佐人若しくは保佐監督人の請求により、被保佐人が前項各号に掲げる行為以外の行為をする場合であってもその保佐人の同意を得なければならない旨の審判をすることができる。ただし、第九条ただし書に規定する行為については、この限りでない。

3　保佐人の同意を得なければならない行為について、保佐人が被保佐人の利益を害するおそれがないにもかかわらず同意をしないときは、家庭裁判所は、被保佐人の請求により、保佐人の同意に代わる許可を与えることができる。

4　保佐人の同意を得なければならない行為であって、その同意又はこれに代わる許可を得ないでしたものは、取り消すことができる。

（保佐開始の審判等の取消し）

第十四条　第十一条本文に規定する原因が消滅したときは、家庭裁判所は、本人、配偶者、四親等内の親族、未成年後見人、未成年後見監督人、保佐人、保佐監督人又は検察官の請求により、保佐開始の審判を取り消さなければならない。

2　家庭裁判所は、前項に規定する者の請求により、前条第二項の審判の全部又は一部を取り消すことができる。

第四節　住所

（住所）

第二十二条　各人の生活の本拠をその者の住所とする。

（居所）

第二十三条　住所が知れない場合には、居所を住所とみなす。

2　日本に住所を有しない者は、その者が日本人又は外国人のいずれであるかを問わず、日本における居所をその者の住所とみなす。ただし、準拠法を定める法律に従いその者の住所地法によるべき場合は、この限りでない。

（仮住所）

第二十四条　ある行為について仮住所を選定したときは、その行為に関しては、その仮住所を住所とみなす。

第三章　法人

（法人の能力）

第三十四条　法人は、法令の規定に従い、定款その他の基本約款で定められた目的の範囲内において、権利を有し、義務を負う。

第六章　期間の計算

（期間の計算の通則）

第百三十八条　期間の計算方法は、法令若しくは裁判上の命令に特別の定めがある場合又は法律行為に別段の定めがある場合を除き、この章の規定に従う。

（期間の起算）

第百三十九条　時間によって期間を定めたときは、その期間は、即時から起算する。

第百四十条　日、週、月又は年によって期間を定めたときは、期間の初日は、算入しない。ただし、その期間が午前零時から始まるときは、この限りでない。

（期間の満了）

第百四十一条　前条の場合には、期間は、その末日の終了をもって満了する。

第百四十二条　期間の末日が日曜日、国民の祝日に関する法律（昭和二十三年法律第百七十八号）に規定する休日その他の休日に当たるときは、その日に取引をしない慣習がある場合に限り、期間は、その翌日に満了する。

（暦による期間の計算）

第百四十三条　週、月又は年によって期間を定めたときは、その期間は、暦に従って計算する。

2　週、月又は年の初めから期間を起算しないときは、その期間は、最後の週、月又は年においてその起算日に応当する日の前日に満了する。ただし、月又は年によって期間を定めた場合において、最後の月に応当する日がないときは、その月の末日に満了する。

第三編　債権

第一章　総則

（損害賠償の範囲）

第四百十六条　債務の不履行に対する損害賠償の請求は、これによって通常生ずべき損害の賠償をさせることをその目的とする。

2　特別の事情によって生じた損害であっても、当事者がその事情を予見すべきであったときは、債権者は、その賠償を請求することができる。

第五章　不法行為

（不法行為による損害賠償）

第七百九条　故意又は過失によって他人の権利又は法律上保護される利益を侵害した者は、これによって生じた損害を賠償する責任を負う。

（財産以外の損害の賠償）

第七百十条　他人の身体、自由若しくは名誉を侵害した場合又は他人の財産権を侵害した場合のいずれであるかを問わず、前条の規定により損害賠償の責任を負う者は、財産以外の損害に対しても、その賠償をしなければならない。

（近親者に対する損害の賠償）

第七百十一条　他人の生命を侵害した者は、被害者の父母、配偶者及び子に対しては、その財産権が侵害されなかった場合においても、損害の賠償をしなければならない。

（責任能力）

第七百十二条　未成年者は、他人に損害を加えた場合において、自己の行為の責任を弁識するに足りる知能を備えていなかったときは、その行為について賠償の責任を負わない。

第七百十三条　精神上の障害により自己の行為の責任を弁識する能力を欠く状態にある間に他人に損害を加えた者は、その賠償の責任を負わない。ただし、故意又は過失によって一時的にその状態を招いたときは、この限りでない。

（責任無能力者の監督義務者等の責任）

第七百十四条　前二条の規定により責任無能力者がその責任を負わない場合において、その責任無能力者を監督する法定の義務を負う者は、その責任無能力者が第三者に加えた損害を賠償する責任を負う。ただし、監督義務者がその義務を怠らなかったとき、又はその義務を怠らなくても損害が生ずべきであったときは、この限りでない。

2 監督義務者に代わって責任無能力者を監督する者も、前項の責任を負う。

（使用者等の責任）

第七百十五条 ある事業のために他人を使用する者は、被用者がその事業の執行について第三者に加えた損害を賠償する責任を負う。ただし、使用者が被用者の選任及びその事業の監督について相当の注意をしたとき、又は相当の注意をしても損害が生ずべきであったときは、この限りでない。

2 使用者に代わって事業を監督する者も、前項の責任を負う。

3 前二項の規定は、使用者又は監督者から被用者に対する求償権の行使を妨げない。

（注文者の責任）

第七百十六条 注文者は、請負人がその仕事について第三者に加えた損害を賠償する責任を負わない。ただし、注文又は指図についてその注文者に過失があったときは、この限りでない。

（土地の工作物等の占有者及び所有者の責任）

第七百十七条 土地の工作物の設置又は保存に瑕疵があることによって他人に損害を生じたときは、その工作物の占有者は、被害者に対してその損害を賠償する責任を負う。ただし、占有者が損害の発生を防止するのに必要な注意をしたときは、所有者がその損害を賠償しなければならない。

2 前項の規定は、竹木の栽植又は支持に瑕疵がある場合について準用する。

3 前二項の場合において、損害の原因について他にその責任を負う者があるときは、占有者又は所有者は、その者に対して求償権を行使することができる。

（動物の占有者等の責任）

第七百十八条 動物の占有者は、その動物が他人に加えた損害を賠償する責任を負う。ただし、動物の種類及び性質に従い相当の注意をもってその管理をしたときは、この限りでない。

2 占有者に代わって動物を管理する者も、前項の責任を負う。

（共同不法行為者の責任）

第七百十九条 数人が共同の不法行為によって他人に損害を加えたときは、各自が連帯してその損害を賠償する責任を負う。共同行為者のうちいずれの者がその損害を加えたかを知ることができないときも、同様とする。

2 行為者を教唆した者及び幇助した者は、共同行為者とみなして、前項の規定を適用する。

（正当防衛及び緊急避難）

第七百二十条 他人の不法行為に対し、自己又は第三者の権利又は法律上保護される利益を防衛するため、やむを得ず加害行為をした者は、損害賠償の責任を負わない。ただし、被害者から不法行為をした者に対する損害賠償の請求を妨げない。

2 前項の規定は、他人の物から生じた急迫の危難を避けるためその物を損傷した場合について準用する。

（損害賠償請求権に関する胎児の権利能力）

第七百二十一条 胎児は、損害賠償の請求権については、既に生まれたものとみなす。

（損害賠償の方法及び過失相殺）

第七百二十二条 第四百十七条の規定は、不法行為による損害賠償について準用する。

2 被害者に過失があったときは、裁判所は、これを考慮して、損害賠償の額を定めることができる。

（名誉毀損における原状回復）

第七百二十三条 他人の名誉を毀損した者に対しては、裁判所は、被害者の請求により、損害賠償に代えて、又は損害賠償とともに、名誉を回復するのに適当な処分を命ずることができる。

（不法行為による損害賠償請求権の消滅時効）

第七百二十四条 不法行為による損害賠償の請求権は、次に掲げる場合には、時効によって消滅する。

一 被害者又はその法定代理人が損害及び加害者を知った時から三年間行使しないとき。

二 不法行為の時から二十年間行使しないとき。

（人の生命又は身体を害する不法行為による損害賠償請求権の消滅時効）

第七百二十四条の二 人の生命又は身体を害する不法行為による損害賠償請求権の消滅時効についての前条第一号の規定の適用については、同号中「三年間」とあるのは、「五年間」とする。

第四編 親族

第四章 親権

第一節 総則

（親権者）

第八百十八条 成年に達しない子は、父母の親権に服する。

2 子が養子であるときは、養親の親権に服する。

3 親権は、父母の婚姻中は、父母が共同して行う。ただし、父母の一方が親権を行うことができないときは、他の一方が行う。

（離婚又は認知の場合の親権者）

第八百十九条 父母が協議上の離婚をするときは、その協議で、その一方を親権者と定めなければならない。

2 裁判上の離婚の場合には、裁判所は、父母の一方を親権者と定める。

3 子の出生前に父母が離婚した場合には、親権は、母が行う。ただし、子の出生後に、父母の協議で、父を親権者と定めることができる。

4 父が認知した子に対する親権は、父母の協議で父を親権者と定めたときに限り、父が行う。

5 第一項、第三項又は前項の協議が調わないとき、又は協議をすることができないときは、家庭裁判所は、父又は母の請求によって、協議に代わる審判をすることができる。

6 子の利益のため必要があると認めるときは、家庭裁判所は、子の親族の請求によって、親権者を他の一方に変更することができる。

第二節　親権の効力

（監護及び教育の権利義務）
第八百二十条　親権を行う者は、子の利益のために子の監護及び教育をする権利を有し、義務を負う。

（子の人格の尊重等）
第八百二十一条　親権を行う者は、前条の規定による監護及び教育をするに当たっては、子の人格を尊重するとともに、その年齢及び発達の程度に配慮しなければならず、かつ、体罰その他の子の心身の健全な発達に有害な影響を及ぼす言動をしてはならない。

（居所の指定）
第八百二十二条　子は、親権を行う者が指定した場所に、その居所を定めなければならない。

（職業の許可）
第八百二十三条　子は、親権を行う者の許可を得なければ、職業を営むことができない。
2　親権を行う者は、第六条第二項の場合には、前項の許可を取り消し、又はこれを制限することができる。

（財産の管理及び代表）
第八百二十四条　親権を行う者は、子の財産を管理し、かつ、その財産に関する法律行為についてその子を代表する。ただし、その子の行為を目的とする債務を生ずべき場合には、本人の同意を得なければならない。

（父母の一方が共同の名義でした行為の効力）
第八百二十五条　父母が共同して親権を行う場合において、父母の一方が、共同の名義で、子に代わって法律行為をし又は子がこれをすることに同意したときは、その行為は、他の一方の意思に反したときであっても、そのためにその効力を妨げられない。ただし、相手方が悪意であったときは、この限りでない。

（利益相反行為）
第八百二十六条　親権を行う父又は母とその子との利益が相反する行為については、親権を行う者は、その子のために特別代理人を選任することを家庭裁判所に請求しなければならない。
2　親権を行う者が数人の子に対して親権を行う場合において、その一人と他の子との利益が相反する行為については、親権を行う者は、その一方のために特別代理人を選任することを家庭裁判所に請求しなければならない。

（財産の管理における注意義務）
第八百二十七条　親権を行う者は、自己のためにするのと同一の注意をもって、その管理権を行わなければならない。

（財産の管理の計算）
第八百二十八条　子が成年に達したときは、親権を行った者は、遅滞なくその管理の計算をしなければならない。ただし、その子の養育及び財産の管理の費用は、その子の財産の収益と相殺したものとみなす。

第八百二十九条　前条ただし書の規定は、無償で子に財産を与える第三者が反対の意思を表示したときは、その財産については、これを適用しない。

（第三者が無償で子に与えた財産の管理）
第八百三十条　無償で子に財産を与える第三者が、親権を行う父又は母にこれを管理させない意思を表示したときは、その財産は、父又は母の管理に属しないものとする。
2　前項の財産につき父母が共に管理権を有しない場合において、第三者が管理者を指定しなかったときは、家庭裁判所は、子、その親族又は検察官の請求によって、その管理者を選任する。
3　第三者が管理者を指定したときであっても、その管理者の権限が消滅し、又はこれを改任する必要がある場合において、第三者が更に管理者を指定しないときも、前項と同様とする。
4　第二十七条から第二十九条までの規定は、前二項の場合について準用する。

（委任の規定の準用）
第八百三十一条　第六百五十四条及び第六百五十五条の規定は、親権を行う者が子の財産を管理する場合及び前条の場合について準用する。

（財産の管理について生じた親子間の債権の消滅時効）
第八百三十二条　親権を行った者とその子との間に財産の管理について生じた債権は、その管理権が消滅した時から五年間これを行使しないときは、時効によって消滅する。
2　子がまだ成年に達しない間に管理権が消滅した場合において子に法定代理人がないときは、前項の期間は、その子が成年に達し、又は後任の法定代理人が就職した時から起算する。

（子に代わる親権の行使）
第八百三十三条　親権を行う者は、その親権に服する子に代わって親権を行う。

第三節　親権の喪失

（親権喪失の審判）
第八百三十四条　父又は母による虐待又は悪意の遺棄があるときその他父又は母による親権の行使が著しく困難又は不適当であることにより子の利益を著しく害するときは、家庭裁判所は、子、その親族、未成年後見人、未成年後見監督人又は検察官の請求により、その父又は母について、親権喪失の審判をすることができる。ただし、二年以内にその原因が消滅する見込みがあるときは、この限りでない。

（親権停止の審判）
第八百三十四条の二　父又は母による親権の行使が困難又は不適当であることにより子の利益を害するときは、家庭裁判所は、子、その親族、未成年後見人、未成年後見監督人又は検察官の請求により、その父又は母について、親権停止の審判をすることができる。
2　家庭裁判所は、親権停止の審判をするときは、その原因が消滅するまでに要すると見込まれる期間、子の心身の状態及び生活の状況その他一切の事情を考慮して、二年を超えない範囲内で、親権を停止する期間を定める。

（管理権喪失の審判）
第八百三十五条　父又は母による管理権の行使が困難又は不適当であることにより子の利益を害するときは、家庭裁判所は、子、その親族、未成年後見人、未成年後見監督人又は検察官の請求により、その父又は母について、管理権喪失の審判をすることができる。

（親権喪失、親権停止又は管理権喪失の審判の取消し）

第八百三十六条　第八百三十四条本文、第八百三十四条の二第一項又は前条に規定する原因が消滅したときは、家庭裁判所は、本人又はその親族の請求によって、それぞれ親権喪失、親権停止又は管理権喪失の審判を取り消すことができる。

（親権又は管理権の辞任及び回復）

第八百三十七条　親権を行う父又は母は、やむを得ない事由があるときは、家庭裁判所の許可を得て、親権又は管理権を辞することができる。

2　前項の事由が消滅したときは、父又は母は、家庭裁判所の許可を得て、親権又は管理権を回復することができる。

第五章　後見

第一節　後見の開始

第八百三十八条　後見は、次に掲げる場合に開始する。

一　未成年者に対して親権を行う者がないとき、又は親権を行う者が管理権を有しないとき。

二　後見開始の審判があったとき。

第二節　後見の機関

第一款　後見人

（未成年後見人の指定）

第八百三十九条　未成年者に対して最後に親権を行う者は、遺言で、未成年後見人を指定することができる。ただし、管理権を有しない者は、この限りでない。

2　親権を行う父母の一方が管理権を有しないときは、他の一方は、前項の規定により未成年後見人の指定をすることができる。

（未成年後見人の選任）

第八百四十条　前条の規定により未成年後見人となるべき者がないときは、家庭裁判所は、未成年被後見人又はその親族その他の利害関係人の請求によって、未成年後見人を選任する。未成年後見人が欠けたときも、同様とする。

2　未成年後見人がある場合においても、家庭裁判所は、必要があると認めるときは、前項に規定する者若しくは未成年後見人の請求により又は職権で、更に未成年後見人を選任することができる。

3　未成年後見人を選任するには、未成年被後見人の年齢、心身の状態並びに生活及び財産の状況、未成年後見人となる者の職業及び経歴並びに未成年被後見人との利害関係の有無（未成年後見人となる者が法人であるときは、その事業の種類及び内容並びにその法人及びその代表者と未成年被後見人との利害関係の有無）、未成年被後見人の意見その他一切の事情を考慮しなければならない。

（父母による未成年後見人の選任の請求）

第八百四十一条　父若しくは母が親権若しくは管理権を辞し、又は父若しくは母について親権喪失、親権停止若しくは管理権喪失の審判があったことによって未成年後見人を選任する必要が生じたときは、その父又は母は、遅滞なく未成年後見人の選任を家庭裁判所に請求しなければならない。

第八百四十二条　削除

（成年後見人の選任）

第八百四十三条　家庭裁判所は、後見開始の審判をするときは、職権で、成年後見人を選任する。

2　成年後見人が欠けたときは、家庭裁判所は、成年被後見人若しくはその親族その他の利害関係人の請求により又は職権で、成年後見人を選任する。

3　成年後見人が選任されている場合においても、家庭裁判所は、必要があると認めるときは、前項に規定する者若しくは成年後見人の請求により又は職権で、更に成年後見人を選任することができる。

4　成年後見人を選任するには、成年被後見人の心身の状態並びに生活及び財産の状況、成年後見人となる者の職業及び経歴並びに成年被後見人との利害関係の有無（成年後見人となる者が法人であるときは、その事業の種類及び内容並びにその法人及びその代表者と成年被後見人との利害関係の有無）、成年被後見人の意見その他一切の事情を考慮しなければならない。

（辞任した後見人による新たな後見人の選任の請求）

第八百四十五条　後見人がその任務を辞したことによって新たに後見人を選任する必要が生じたときは、その後見人は、遅滞なく新たな後見人の選任を家庭裁判所に請求しなければならない。

第三節　後見の事務

（未成年被後見人の身上の監護に関する権利義務）

第八百五十七条　未成年後見人は、第八百二十条から第八百二十三条までに規定する事項について、親権を行う者と同一の権利義務を有する。ただし、親権を行う者が定めた教育の方法及び居所を変更し、営業を許可し、その許可を取り消し、又はこれを制限するには、未成年後見監督人があるときは、その同意を得なければならない。

（未成年後見人が数人ある場合の権限の行使等）

第八百五十七条の二　未成年後見人が数人あるときは、共同してその権限を行使する。

2　未成年後見人が数人あるときは、家庭裁判所は、職権で、その一部の者について、財産に関する権限のみを行使すべきことを定めることができる。

3　未成年後見人が数人あるときは、家庭裁判所は、職権で、財産に関する権限について、各未成年後見人が単独で又は数人の未成年後見人が事務を分掌して、その権限を行使すべきことを定めることができる。

4　家庭裁判所は、職権で、前二項の規定による定めを取り消すことができる。

5　未成年後見人が数人あるときは、第三者の意思表示は、その一人に対してすれば足りる。

（財産の管理及び代表）

第八百五十九条　後見人は、被後見人の財産を管理し、かつ、その財産に関する法律行為について被後見人を代表する。

2　第八百二十四条ただし書の規定は、前項の場合について準用する。

（利益相反行為）

第八百六十条　第八百二十六条の規定は、後見人について準用する。ただし、後見監督人がある場合は、この限りでない。

（成年後見人による郵便物等の管理）

第八百六十条の二　家庭裁判所は、成年後見人がその事務を行うに当たって必要があると認めるときは、成年後見人の請求により、信書の送達の事業を行う者に対し、期間を定めて、成年被後見人に宛てた郵便物又は民間事業者による信書の送達に関する法律（平成十四年法律第九十九号）第二条第三項に規定する信書便物（次条において「郵便物等」という。）を成年後見人に配達すべき旨を嘱託することができる。

2　前項に規定する嘱託の期間は、六箇月を超えることができない。

3　家庭裁判所は、第一項の規定による審判があった後事情に変更を生じたときは、成年被後見人、成年後見人若しくは成年後見監督人の請求により又は職権で、同項に規定する嘱託を取り消し、又は変更することができる。ただし、その変更の審判においては、同項の規定による審判において定められた期間を伸長することができない。

4　成年後見人の任務が終了したときは、家庭裁判所は、第一項に規定する嘱託を取り消さなければならない。

第八百六十条の三　成年後見人は、成年被後見人に宛てた郵便物等を受け取ったときは、これを開いて見ることができる。

2　成年後見人は、その受け取った前項の郵便物等で成年後見人の事務に関しないものは、速やかに成年被後見人に交付しなければならない。

3　成年被後見人は、成年後見人に対し、成年後見人が受け取った第一項の郵便物等（前項の規定により成年被後見人に交付されたものを除く。）の閲覧を求めることができる。

（支出金額の予定及び後見の事務の費用）

第八百六十一条　後見人は、その就職の初めにおいて、被後見人の生活、教育又は療養看護及び財産の管理のために毎年支出すべき金額を予定しなければならない。

2　後見人が後見の事務を行うために必要な費用は、被後見人の財産の中から支弁する。

（未成年被後見人に代わる親権の行使）

第八百六十七条　未成年後見人は、未成年被後見人に代わって親権を行う。

2　第八百五十三条から第八百五十七条まで及び第八百六十一条から前条までの規定は、前項の場合について準用する。

（財産に関する権限のみを有する未成年後見人）

第八百六十八条　親権を行う者が管理権を有しない場合には、未成年後見人は、財産に関する権限のみを有する。

（委任及び親権の規定の準用）

第八百六十九条　第六百四十四条及び第八百三十条の規定は、後見について準用する。

第五編　相続

第三章　相続の効力

第二節　相続分

（法定相続分）

第九百条　同順位の相続人が数人あるときは、その相続分は、次の各号の定めるところによる。

一　子及び配偶者が相続人であるときは、子の相続分及び配偶者の相続分は、各二分の一とする。

二　配偶者及び直系尊属が相続人であるときは、配偶者の相続分は、三分の二とし、直系尊属の相続分は、三分の一とする。

三　配偶者及び兄弟姉妹が相続人であるときは、配偶者の相続分は、四分の三とし、兄弟姉妹の相続分は、四分の一とする。

四　子、直系尊属又は兄弟姉妹が数人あるときは、各自の相続分は、相等しいものとする。ただし、父母の一方のみを同じくする兄弟姉妹の相続分は、父母の双方を同じくする兄弟姉妹の相続分の二分の一とする。

第七章　遺言

第一節　総則

（遺言能力）

第九百六十一条　十五歳に達した者は、遺言をすることができる。

附　則〔略〕

○行政事件訴訟法

昭三七・五・一六
法　一　三　九

最終改正　令和五・一一・二九法七九

第一章　総則

（この法律の趣旨）

第一条　行政事件訴訟については、他の法律に特別の定めがある場合を除くほか、この法律の定めるところによる。

（行政事件訴訟）

第二条　この法律において「行政事件訴訟」とは、抗告訴訟、当事者訴訟、民衆訴訟及び機関訴訟をいう。

（抗告訴訟）

第三条　この法律において「抗告訴訟」とは、行政庁の公権力の行使に関する不服の訴訟をいう。

2　この法律において「処分の取消しの訴え」とは、行政庁の処分その他公権力の行使に当たる行為（次項に規定する裁決、決定その他の行為を除く。以下単に「処分」という。）の取消しを求める訴訟をいう。

3　この法律において「裁決の取消しの訴え」とは、審査請求その他の不服申立て（以下単に「審査請求」という。）に対する行政庁の裁決、決定その他の行為（以下単に「裁決」という。）の取消しを求める訴訟をいう。

4　この法律において「無効等確認の訴え」とは、処分若しくは裁決の存否又はその効力の有無の確認を求める訴訟をいう。

5　この法律において「不作為の違法確認の訴え」とは、行政庁が法令に基づく申請に対し、相当の期間内に何らかの処分又は裁決をすべきであるにかかわらず、これをしないことについての違法の確認を求める訴訟をいう。

6　この法律において「義務付けの訴え」とは、次に掲げる場合において、行政庁がその処分又は裁決をすべき旨を命ずることを求める訴訟をいう。

一　行政庁が一定の処分をすべきであるにかかわらずこれがされないとき（次号に掲げる場合を除く。）。

二　行政庁に対し一定の処分又は裁決を求める旨の法令に基づく申請又は審査請求がされた場合において、当該行政庁がその処分又は裁決をすべきであるにかかわらずこれがされないとき。

7　この法律において「差止めの訴え」とは、行政庁が一定の処分又は裁決をすべきでないにかかわらずこれがされようとしている場合において、行政庁がその処分又は裁決をしてはならない旨を命ずることを求める訴訟をいう。

（当事者訴訟）

第四条　この法律において「当事者訴訟」とは、当事者間の法律関係を確認し又は形成する処分又は裁決に関する訴訟で法令の規定によりその法律関係の当事者の一方を被告とするもの及び公法上の法律関係に関する確認の訴えその他の公法上の法律関係に関する訴訟をいう。

（民衆訴訟）

第五条　この法律において「民衆訴訟」とは、国又は公共団体の機関の法規に適合しない行為の是正を求める訴訟で、選挙人たる資格その他自己の法律上の利益にかかわらない資格で提起するものをいう。

（機関訴訟）

第六条　この法律において「機関訴訟」とは、国又は公共団体の機関相互間における権限の存否又はその行使に関する紛争についての訴訟をいう。

（この法律に定めがない事項）

第七条　行政事件訴訟に関し、この法律に定めがない事項については、民事訴訟の例による。

第二章　抗告訴訟

第一節　取消訴訟

（処分の取消しの訴えと審査請求との関係）

第八条　処分の取消しの訴えは、当該処分につき法令の規定により審査請求をすることができる場合においても、直ちに提起することを妨げない。ただし、法律に当該処分についての審査請求に対する裁決を経た後でなければ処分の取消しの訴えを提起することができない旨の定めがあるときは、この限りでない。

2　前項ただし書の場合においても、次の各号の一に該当するときは、裁決を経ないで、処分の取消しの訴えを提起することができる。

一　審査請求があつた日から三箇月を経過しても裁決がないとき。

二　処分、処分の執行又は手続の続行により生ずる著しい損害を避けるため緊急の必要があるとき。

三　その他裁決を経ないことにつき正当な理由があるとき。

3　第一項本文の場合において、当該処分につき審査請求がされているときは、裁判所は、その審査請求に対する裁決があるまで（審査請求があつた日から三箇月を経過しても裁決がないときは、その期間を経過するまで）、訴訟手続を中止することができる。

（原告適格）

第九条　処分の取消しの訴え及び裁決の取消しの訴え（以下「取消訴訟」という。）は、当該処分又は裁決の取消しを求めるにつき法律上の利益を有する者（処分又は裁決の効果が期間の経過その他の理由によりなくなつた後においてもなお処分又は裁決の取消しによつて回復すべき法律上の利益を有する者を含む。）に限り、提起することができる。

2　裁判所は、処分又は裁決の相手方以外の者について前項に規定する法律上の利益の有無を判断するに当たつては、当該処分又は裁決の根拠となる法令の規定の文言のみによることなく、当該法令の趣旨及び目的並びに当該処分において考慮されるべき利益の内容及び性質を考慮するものとする。この場合において、当該法令の趣旨及び目的を考慮するに当たつては、当該法令と目的を共通にする関係法令があるときはその趣旨及び目的をも参酌するものとし、当該利益の内容及び性質を考慮するに当たつては、当該処分又は裁決がその根拠となる法令に違反してされた場合に害されることとなる利益の内容及び性質並びにこれが害される態様及び程度をも勘案するものとする。

（取消しの理由の制限）
第十条 取消訴訟においては、自己の法律上の利益に関係のない違法を理由として取消しを求めることができない。
2 処分の取消しの訴えとその処分についての審査請求を棄却した裁決の取消しの訴えとを提起することができる場合には、裁決の取消しの訴えにおいては、処分の違法を理由として取消しを求めることができない。

（被告適格等）
第十一条 処分又は裁決をした行政庁（処分又は裁決があつた後に当該行政庁の権限が他の行政庁に承継されたときは、当該他の行政庁。以下同じ。）が国又は公共団体に所属する場合には、取消訴訟は、次の各号に掲げる訴えの区分に応じてそれぞれ当該各号に定める者を被告として提起しなければならない。
一 処分の取消しの訴え 当該処分をした行政庁の所属する国又は公共団体
二 裁決の取消しの訴え 当該裁決をした行政庁の所属する国又は公共団体
2 処分又は裁決をした行政庁が国又は公共団体に所属しない場合には、取消訴訟は、当該行政庁を被告として提起しなければならない。
3 前二項の規定により被告とすべき国若しくは公共団体又は行政庁がない場合には、取消訴訟は、当該処分又は裁決に係る事務の帰属する国又は公共団体を被告として提起しなければならない。
4 第一項又は前項の規定により国又は公共団体を被告として取消訴訟を提起する場合には、訴状には、民事訴訟の例により記載すべき事項のほか、次の各号に掲げる訴えの区分に応じてそれぞれ当該各号に定める行政庁を記載するものとする。
一 処分の取消しの訴え 当該処分をした行政庁
二 裁決の取消しの訴え 当該裁決をした行政庁
5 第一項又は第三項の規定により国又は公共団体を被告として取消訴訟が提起された場合には、被告は、遅滞なく、裁判所に対し、前項各号に掲げる訴えの区分に応じてそれぞれ当該各号に定める行政庁を明らかにしなければならない。
6 処分又は裁決をした行政庁は、当該処分又は裁決に係る第一項の規定による国又は公共団体を被告とする訴訟について、裁判上の一切の行為をする権限を有する。

（管轄）
第十二条 取消訴訟は、被告の普通裁判籍の所在地を管轄する裁判所又は処分若しくは裁決をした行政庁の所在地を管轄する裁判所の管轄に属する。
2 土地の収用、鉱業権の設定その他不動産又は特定の場所に係る処分又は裁決についての取消訴訟は、その不動産又は場所の所在地の裁判所にも、提起することができる。
3 取消訴訟は、当該処分又は裁決に関し事案の処理に当たつた下級行政機関の所在地の裁判所にも、提起することができる。
4 国又は独立行政法人通則法（平成十一年法律第百三号）第二条第一項に規定する独立行政法人若しくは別表に掲げる法人を被告とする取消訴訟は、原告の普通裁判籍の所在地を管轄する高等裁判所の所在地を管轄する地方裁判所（次項において「特定管轄裁判所」という。）にも、提起することができる。
5 前項の規定により特定管轄裁判所に同項の取消訴訟が提起された場合であつて、他の裁判所に事実上及び法律上同一の原因に基づいてされた処分又は裁決に係る抗告訴訟が係属している場合においては、当該特定管轄裁判所は、当事者の住所又は所在地、尋問を受けるべき証人の住所、争点又は証拠の共通性その他の事情を考慮して、相当と認めるときは、申立てにより又は職権で、訴訟の全部又は一部について、当該他の裁判所又は第一項から第三項までに定める裁判所に移送することができる。

（関連請求に係る訴訟の移送）
第十三条 取消訴訟と次の各号の一に該当する請求（以下「関連請求」という。）に係る訴訟とが各別の裁判所に係属する場合において、相当と認めるときは、関連請求に係る訴訟の係属する裁判所は、申立てにより又は職権で、その訴訟を取消訴訟の係属する裁判所に移送することができる。ただし、取消訴訟又は関連請求に係る訴訟の係属する裁判所が高等裁判所であるときは、この限りでない。
一 当該処分又は裁決に関連する原状回復又は損害賠償の請求
二 当該処分とともに一個の手続を構成する他の処分の取消しの請求
三 当該処分に係る裁決の取消しの請求
四 当該裁決に係る処分の取消しの請求
五 当該処分又は裁決の取消しを求める他の請求
六 その他当該処分又は裁決の取消しの請求と関連する請求

（出訴期間）
第十四条 取消訴訟は、処分又は裁決があつたことを知つた日から六箇月を経過したときは、提起することができない。ただし、正当な理由があるときは、この限りでない。
2 取消訴訟は、処分又は裁決の日から一年を経過したときは、提起することができない。ただし、正当な理由があるときは、この限りでない。
3 処分又は裁決につき審査請求をすることができる場合又は行政庁が誤つて審査請求をすることができる旨を教示した場合において、審査請求があつたときは、処分又は裁決に係る取消訴訟は、その審査請求をした者については、前二項の規定にかかわらず、これに対する裁決があつたことを知つた日から六箇月を経過したとき又は当該裁決の日から一年を経過したときは、提起することができない。ただし、正当な理由があるときは、この限りでない。

（被告を誤つた訴えの救済）
第十五条 取消訴訟において、原告が故意又は重大な過失によらないで被告とすべき者を誤つたときは、裁判所は、原告の申立てにより、決定をもつて、被告を変更することを許すことができる。
2　前項の決定は、書面でするものとし、その正本を新たな被告に送達しなければならない。
3　第一項の決定があつたときは、出訴期間の遵守については、新たな被告に対する訴えは、最初に訴えを提起した時に提起されたものとみなす。
4　第一項の決定があつたときは、従前の被告に対しては、訴えの取下げがあつたものとみなす。
5　第一項の決定に対しては、不服を申し立てることができない。
6　第一項の申立てを却下する決定に対しては、即時抗告をすることができる。
7　上訴審において第一項の決定をしたときは、裁判所は、その訴訟を管轄裁判所に移送しなければならない。

（請求の客観的併合）
第十六条　取消訴訟には、関連請求に係る訴えを併合することができる。
2　前項の規定により訴えを併合する場合において、取消訴訟の第一審裁判所が高等裁判所であるときは、関連請求に係る訴えの被告の同意を得なければならない。被告が異議を述べないで、本案について弁論をし、又は弁論準備手続において申述をしたときは、同意したものとみなす。

（共同訴訟）
第十七条　数人は、その数人の請求又はその数人に対する請求が処分又は裁決の取消しの請求と関連請求とである場合に限り、共同訴訟人として訴え、又は訴えられることができる。
2　前項の場合には、前条第二項の規定を準用する。

（第三者による請求の追加的併合）
第十八条　第三者は、取消訴訟の口頭弁論の終結に至るまで、その訴訟の当事者の一方を被告として、関連請求に係る訴えをこれに併合して提起することができる。この場合において、当該取消訴訟が高等裁判所に係属しているときは、第十六条第二項の規定を準用する。

（原告による請求の追加的併合）
第十九条　原告は、取消訴訟の口頭弁論の終結に至るまで、関連請求に係る訴えをこれに併合して提起することができる。この場合において、当該取消訴訟が高等裁判所に係属しているときは、第十六条第二項の規定を準用する。
2　前項の規定は、取消訴訟について民事訴訟法（平成八年法律第百九号）第百四十三条の規定の例によることを妨げない。
第二十条　前条第一項前段の規定により、処分の取消しの訴えをその処分についての審査請求を棄却した裁決の取消しの訴えに併合して提起する場合には、同項後段において準用する第十六条第二項の規定にかかわらず、処分の取消しの訴えの被告の同意を得ることを要せず、また、その提起があつたときは、出訴期間の遵守については、処分の取消しの訴えは、裁決の取消しの訴えを提起した時に提起されたものとみなす。

（国又は公共団体に対する請求への訴えの変更）
第二十一条　裁判所は、取消訴訟の目的たる請求を当該処分又は裁決に係る事務の帰属する国又は公共団体に対する損害賠償その他の請求に変更することが相当であると認めるときは、請求の基礎に変更がない限り、口頭弁論の終結に至るまで、原告の申立てにより、決定をもつて、訴えの変更を許すことができる。
2　前項の決定には、第十五条第二項の規定を準用する。
3　裁判所は、第一項の規定により訴えの変更を許す決定をするには、あらかじめ、当事者及び損害賠償その他の請求に係る訴えの被告の意見をきかなければならない。
4　訴えの変更を許す決定に対しては、即時抗告をすることができる。
5　訴えの変更を許さない決定に対しては、不服を申し立てることができない。

（第三者の訴訟参加）
第二十二条　裁判所は、訴訟の結果により権利を害される第三者があるときは、当事者若しくはその第三者の申立てにより又は職権で、決定をもつて、その第三者を訴訟に参加させることができる。
2　裁判所は、前項の決定をするには、あらかじめ、当事者及び第三者の意見をきかなければならない。
3　第一項の申立てをした第三者は、その申立てを却下する決定に対して即時抗告をすることができる。
4　第一項の規定により訴訟に参加した第三者については、民事訴訟法第四十条第一項から第三項までの規定を準用する。
5　第一項の規定により第三者が参加の申立てをした場合には、民事訴訟法第四十五条第三項及び第四項の規定を準用する。

（行政庁の訴訟参加）
第二十三条　裁判所は、処分又は裁決をした行政庁以外の行政庁を訴訟に参加させることが必要であると認めるときは、当事者若しくはその行政庁の申立てにより又は職権で、決定をもつて、その行政庁を訴訟に参加させることができる。
2　裁判所は、前項の決定をするには、あらかじめ、当事者及び当該行政庁の意見をきかなければならない。
3　第一項の規定により訴訟に参加した行政庁については、民事訴訟法第四十五条第一項及び第二項の規定を準用する。

（釈明処分の特則）
第二十三条の二　裁判所は、訴訟関係を明瞭にするため、必要があると認めるときは、次に掲げる処分をすることができる。
一　被告である国若しくは公共団体に所属する行政庁又は被告である行政庁に対し、処分又は裁決の内容、処分又は裁決の根拠となる法令の条項、処分又は裁決の原因となる事実その他処分又は裁決の理由を明らかにする資料（次項に規定する審査請求に係る事件の記録を除く。）であつて当該行政庁が保有するものの全部又は一部の提出を求めること。
二　前号に規定する行政庁以外の行政庁に対し、同号に規定する資料であつて当該行政庁が保有するものの全部又は一部の送付を嘱託すること。

2 裁判所は、処分についての審査請求に対する裁決を経た後に取消訴訟の提起があつたときは、次に掲げる処分をすることができる。

一 被告である国若しくは公共団体に所属する行政庁又は被告である行政庁に対し、当該行政庁が保有する審査請求に係る事件の記録であつて当該行政庁が保有するものの全部又は一部の提出を求めること。

二 前号に規定する行政庁以外の行政庁に対し、同号に規定する事件の記録であつて当該行政庁が保有するものの全部又は一部の送付を嘱託すること。

（職権証拠調べ）

第二十四条 裁判所は、必要があると認めるときは、職権で、証拠調べをすることができる。ただし、その証拠調べの結果について、当事者の意見をきかなければならない。

（執行停止）

第二十五条 処分の取消しの訴えの提起は、処分の効力、処分の執行又は手続の続行を妨げない。

2 処分の取消しの訴えの提起があつた場合において、処分、処分の執行又は手続の続行により生ずる重大な損害を避けるため緊急の必要があるときは、裁判所は、申立てにより、決定をもつて、処分の効力、処分の執行又は手続の続行の全部又は一部の停止（以下「執行停止」という。）をすることができる。ただし、処分の効力の停止は、処分の執行又は手続の続行の停止によつて目的を達することができる場合には、することができない。

3 裁判所は、前項に規定する重大な損害を生ずるか否かを判断するに当たつては、損害の回復の困難の程度を考慮するものとし、損害の性質及び程度並びに処分の内容及び性質をも勘案するものとする。

4 執行停止は、公共の福祉に重大な影響を及ぼすおそれがあるとき、又は本案について理由がないとみえるときは、することができない。

5 第二項の決定は、疎明に基づいてする。

6 第二項の決定は、口頭弁論を経ないですることができる。ただし、あらかじめ、当事者の意見をきかなければならない。

7 第二項の申立てに対する決定に対しては、即時抗告をすることができる。

8 第二項の決定に対する即時抗告は、その決定の執行を停止する効力を有しない。

（事情変更による執行停止の取消し）

第二十六条 執行停止の決定が確定した後に、その理由が消滅し、その他事情が変更したときは、裁判所は、相手方の申立てにより、決定をもつて、執行停止の決定を取り消すことができる。

2 前項の申立てに対する決定及びこれに対する不服については、前条第五項から第八項までの規定を準用する。

（内閣総理大臣の異議）

第二十七条 第二十五条第二項の申立てがあつた場合には、内閣総理大臣は、裁判所に対し、異議を述べることができる。執行停止の決定があつた後においても、同様とする。

2 前項の異議には、理由を附さなければならない。

3 前項の異議の理由においては、内閣総理大臣は、処分の効力を存続し、処分を執行し、又は手続を続行しなければ、公共の福祉に重大な影響を及ぼすおそれのある事情を示すものとする。

4 第一項の異議があつたときは、裁判所は、執行停止をすることができず、また、すでに執行停止の決定をしているときは、これを取り消さなければならない。

5 第一項後段の異議は、執行停止の決定をした裁判所に対して述べなければならない。ただし、その決定に対する抗告が抗告裁判所に係属しているときは、抗告裁判所に対して述べなければならない。

6 内閣総理大臣は、やむをえない場合でなければ、第一項の異議を述べてはならず、また、異議を述べたときは、次の常会において国会にこれを報告しなければならない。

（執行停止等の管轄裁判所）

第二十八条 執行停止又はその決定の取消しの申立ての管轄裁判所は、本案の係属する裁判所とする。

（執行停止に関する規定の準用）

第二十九条 前四条の規定は、裁決の取消しの訴えの提起があつた場合における執行停止に関する事項について準用する。

（裁量処分の取消し）

第三十条 行政庁の裁量処分については、裁量権の範囲をこえ又はその濫用があつた場合に限り、裁判所は、その処分を取り消すことができる。

（特別の事情による請求の棄却）

第三十一条 取消訴訟については、処分又は裁決が違法ではあるが、これを取り消すことにより公の利益に著しい障害を生ずる場合において、原告の受ける損害の程度、その損害の賠償又は防止の程度及び方法その他一切の事情を考慮したうえ、処分又は裁決を取り消すことが公共の福祉に適合しないと認めるときは、裁判所は、請求を棄却することができる。この場合には、当該判決の主文において、処分又は裁決が違法であることを宣言しなければならない。

2 裁判所は、相当と認めるときは、終局判決前に、判決をもつて、処分又は裁決が違法であることを宣言することができる。

3 終局判決に事実及び理由を記載するには、前項の判決を引用することができる。

（取消判決等の効力）

第三十二条 処分又は裁決を取り消す判決は、第三者に対しても効力を有する。

2 前項の規定は、執行停止の決定又はこれを取り消す決定に準用する。

第三十三条 処分又は裁決を取り消す判決は、その事件について、処分又は裁決をした行政庁その他の関係行政庁を拘束する。

2 申請を却下し若しくは棄却した処分又は審査請求を却下し若しくは棄却した裁決が判決により取り消されたときは、その処分又は裁決をした行政庁は、判決の趣旨に従い、改めて申請に対する処分又は審査請求に対する裁決をしなければならない。

3 前項の規定は、申請に基づいてした処分又は審査請求を認容した裁決が判決により手続に違法があることを理由として取り消された場合に準用する。

4 第一項の規定は、執行停止の決定に準用する。

（第三者の再審の訴え）

第三十四条 処分又は裁決を取り消す判決により権利を害された第三者で、自己の責めに帰することができない理由により訴訟に参加することができなかつたため判決に影響を及ぼすべき攻撃又は防御の方法を提出することができなかつたものは、これを理由として、確定の終局判決に対し、再審の訴えをもつて、不服の申立てをすることができる。

2 前項の訴えは、確定判決を知つた日から三十日以内に提起しなければならない。

3 前項の期間は、不変期間とする。

4 第一項の訴えは、判決が確定した日から一年を経過したときは、提起することができない。

（訴訟費用の裁判の効力）

第三十五条 国又は公共団体に所属する行政庁が当事者又は参加人である訴訟における確定した訴訟費用の裁判は、当該行政庁が所属する国又は公共団体に対し、又はそれらの者のために、効力を有する。

第二節　その他の抗告訴訟

（無効等確認の訴えの原告適格）

第三十六条 無効等確認の訴えは、当該処分又は裁決に続く処分により損害を受けるおそれのある者その他当該処分又は裁決の無効等の確認を求めるにつき法律上の利益を有する者で、当該処分若しくは裁決の存否又はその効力の有無を前提とする現在の法律関係に関する訴えによつて目的を達することができないものに限り、提起することができる。

（不作為の違法確認の訴えの原告適格）

第三十七条 不作為の違法確認の訴えは、処分又は裁決についての申請をした者に限り、提起することができる。

（義務付けの訴えの要件等）

第三十七条の二 第三条第六項第一号に掲げる場合において、義務付けの訴えは、一定の処分がされないことにより重大な損害を生ずるおそれがあり、かつ、その損害を避けるため他に適当な方法がないときに限り、提起することができる。

2 裁判所は、前項に規定する重大な損害を生ずるか否かを判断するに当たつては、損害の回復の困難の程度を考慮するものとし、損害の性質及び程度並びに処分の内容及び性質をも勘案するものとする。

3 第一項の義務付けの訴えは、行政庁が一定の処分をすべき旨を命ずることを求めるにつき法律上の利益を有する者に限り、提起することができる。

4 前項に規定する法律上の利益の有無の判断については、第九条第二項の規定を準用する。

5 義務付けの訴えが第一項及び第三項に規定する要件に該当する場合において、その義務付けの訴えに係る処分につき、行政庁がその処分をすべきであることがその処分の根拠となる法令の規定から明らかであると認められ又は行政庁がその処分をしないことがその裁量権の範囲を超え若しくはその濫用となると認められるときは、裁判所は、行政庁がその処分をすべき旨を命ずる判決をする。

第三十七条の三 第三条第六項第二号に掲げる場合において、義務付けの訴えは、次の各号に掲げる要件のいずれかに該当するときに限り、提起することができる。

一 当該法令に基づく申請又は審査請求に対し相当の期間内に何らの処分又は裁決がされないこと。

二 当該法令に基づく申請又は審査請求を却下し又は棄却する旨の処分又は裁決がされた場合において、当該処分又は裁決が取り消されるべきものであり、又は無効若しくは不存在であること。

2 前項の義務付けの訴えは、同項各号に規定する法令に基づく申請又は審査請求をした者に限り、提起することができる。

3 第一項の義務付けの訴えを提起するときは、次の各号に掲げる区分に応じてそれぞれ当該各号に定める訴えをその義務付けの訴えに併合して提起しなければならない。この場合において、当該各号に定める訴えに係る訴訟の管轄について他の法律に特別の定めがあるときは、当該義務付けの訴えに係る訴訟の管轄は、第三十八条第一項において準用する第十二条の規定にかかわらず、その定めに従う。

一 第一項第一号に掲げる要件に該当する場合　同号に規定する処分又は裁決に係る不作為の違法確認の訴え

二 第一項第二号に掲げる要件に該当する場合　同号に規定する処分又は裁決に係る取消訴訟又は無効等確認の訴え

4 前項の規定により併合して提起された義務付けの訴え及び同項各号に定める訴えに係る弁論及び裁判は、分離しないでしなければならない。

5 義務付けの訴えが第一項から第三項までに規定する要件に該当する場合において、同項各号に定める訴えに係る請求に理由があると認められ、かつ、その義務付けの訴えに係る処分又は裁決につき、行政庁がその処分若しくは裁決をすべきであることがその処分若しくは裁決の根拠となる法令の規定から明らかであると認められ又は行政庁がその処分若しくは裁決をしないことがその裁量権の範囲を超え若しくはその濫用となると認められるときは、裁判所は、その義務付けの訴えに係る処分又は裁決をすべき旨を命ずる判決をする。

6 第四項の規定にかかわらず、裁判所は、審理の状況その他の事情を考慮して、第三項各号に定める訴えについてのみ終局判決をすることがより迅速な争訟の解決に資すると認めるときは、当該訴えについてのみ終局判決をすることができる。この場合において、裁判所は、当該訴えについてのみ終局判決をしたときは、当事者の意見を聴いて、当該訴えに係る訴訟手続が完結するまでの間、義務付けの訴えに係る訴訟手続を中止することができる。

7 第一項の義務付けの訴えのうち、行政庁が一定の裁決をすべき旨を命ずることを求めるものは、処分についての審査請求がされた場合において、当該処分に係る処分の取消しの訴え又は無効等確認の訴えを提起することができないときに限り、提起することができる。

（差止めの訴えの要件）
第三十七条の四　差止めの訴えは、一定の処分又は裁決がされることにより重大な損害を生ずるおそれがある場合に限り、提起することができる。ただし、その損害を避けるため他に適当な方法があるときは、この限りでない。
２　裁判所は、前項に規定する重大な損害を生ずるか否かを判断するに当たつては、損害の回復の困難の程度を考慮するものとし、損害の性質及び程度並びに処分又は裁決の内容及び性質をも勘案するものとする。
３　差止めの訴えは、行政庁が一定の処分又は裁決をしてはならない旨を命ずることを求めるにつき法律上の利益を有する者に限り、提起することができる。
４　前項に規定する法律上の利益の有無の判断については、第九条第二項の規定を準用する。
５　差止めの訴えが第一項及び第三項に規定する要件に該当する場合において、その差止めの訴えに係る処分又は裁決につき、行政庁がその処分若しくは裁決をすべきでないことがその処分若しくは裁決の根拠となる法令の規定から明らかであると認められ又は行政庁がその処分若しくは裁決をすることがその裁量権の範囲を超え若しくはその濫用となると認められるときは、裁判所は、行政庁がその処分又は裁決をしてはならない旨を命ずる判決をする。

（仮の義務付け及び仮の差止め）
第三十七条の五　義務付けの訴えの提起があつた場合において、その義務付けの訴えに係る処分又は裁決がされないことにより生ずる償うことのできない損害を避けるため緊急の必要があり、かつ、本案について理由があるとみえるときは、裁判所は、申立てにより、決定をもつて、仮に行政庁がその処分又は裁決をすべき旨を命ずること（以下この条において「仮の義務付け」という。）ができる。
２　差止めの訴えの提起があつた場合において、その差止めの訴えに係る処分又は裁決がされることにより生ずる償うことのできない損害を避けるため緊急の必要があり、かつ、本案について理由があるとみえるときは、裁判所は、申立てにより、決定をもつて、仮に行政庁がその処分又は裁決をしてはならない旨を命ずること（以下この条において「仮の差止め」という。）ができる。
３　仮の義務付け又は仮の差止めは、公共の福祉に重大な影響を及ぼすおそれがあるときは、することができない。
４　第二十五条第五項から第八項まで、第二十六条から第二十八条まで及び第三十三条第一項の規定は、仮の義務付け又は仮の差止めに関する事項について準用する。
５　前項において準用する第二十五条第七項の即時抗告についての裁判又は前項において準用する第二十六条第一項の決定により仮の義務付けの決定が取り消されたときは、当該行政庁は、当該仮の義務付けの決定に基づいてした処分又は裁決を取り消さなければならない。

（取消訴訟に関する規定の準用）
第三十八条　第十一条から第十三条まで、第十六条から第十九条まで、第二十一条から第二十三条まで、第二十四条、第三十三条及び第三十五条の規定は、取消訴訟以外の抗告訴訟について準用する。
２　第十条第二項の規定は、処分の無効等確認の訴えとその処分についての審査請求を棄却した裁決に係る抗告訴訟とを提起することができる場合に、第二十条の規定は、処分の無効等確認の訴えをその処分についての審査請求を棄却した裁決に係る抗告訴訟に併合して提起する場合に準用する。
３　第二十三条の二、第二十五条から第二十九条まで及び第三十二条第二項の規定は、無効等確認の訴えについて準用する。
４　第八条及び第十条第二項の規定は、不作為の違法確認の訴えに準用する。

第三章　当事者訴訟

（出訴の通知）
第三十九条　当事者間の法律関係を確認し又は形成する処分又は裁決に関する訴訟で、法令の規定によりその法律関係の当事者の一方を被告とするものが提起されたときは、裁判所は、当該処分又は裁決をした行政庁にその旨を通知するものとする。

（出訴期間の定めがある当事者訴訟）
第四十条　法令に出訴期間の定めがある当事者訴訟は、その法令に別段の定めがある場合を除き、正当な理由があるときは、その期間を経過した後であつても、これを提起することができる。
２　第十五条の規定は、法令に出訴期間の定めがある当事者訴訟について準用する。

（抗告訴訟に関する規定の準用）
第四十一条　第二十三条、第二十四条、第三十三条第一項及び第三十五条の規定は当事者訴訟について、第二十三条の二の規定は当事者訴訟における処分又は裁決の理由を明らかにする資料の提出について準用する。
２　第十三条の規定は、当事者訴訟とその目的たる請求と関連請求の関係にある請求に係る訴訟とが各別の裁判所に係属する場合における移送に、第十六条から第十九条までの規定は、これらの訴えの併合について準用する。

第四章　民衆訴訟及び機関訴訟

（訴えの提起）
第四十二条　民衆訴訟及び機関訴訟は、法律に定める場合において、法律に定める者に限り、提起することができる。

（抗告訴訟又は当事者訴訟に関する規定の準用）
第四十三条　民衆訴訟又は機関訴訟で、処分又は裁決の取消しを求めるものについては、第九条及び第十条第一項の規定を除き、取消訴訟に関する規定を準用する。
２　民衆訴訟又は機関訴訟で、処分又は裁決の無効の確認を求めるものについては、第三十六条の規定を除き、無効等確認の訴えに関する規定を準用する。
３　民衆訴訟又は機関訴訟で、前二項に規定する訴訟以外のものについては、第三十九条及び第四十条第一項の規定を除き、当事者訴訟に関する規定を準用する。

第五章　補則

（仮処分の排除）

第四十四条　行政庁の処分その他公権力の行使に当たる行為については、民事保全法（平成元年法律第九十一号）に規定する仮処分をすることができない。

（処分の効力等を争点とする訴訟）

第四十五条　私法上の法律関係に関する訴訟において、処分若しくは裁決の存否又はその効力の有無が争われている場合には、第二十三条第一項及び第二項並びに第三十九条の規定を準用する。

2　前項の規定により行政庁が訴訟に参加した場合には、民事訴訟法第四十五条第一項及び第二項の規定を準用する。ただし、攻撃又は防御の方法は、当該処分若しくは裁決の存否又はその効力の有無に関するものに限り、提出することができる。

3　第一項の規定により行政庁が訴訟に参加した後において、処分若しくは裁決の存否又はその効力の有無に関する争いがなくなつたときは、裁判所は、参加の決定を取り消すことができる。

4　第一項の場合には、当該争点について第二十三条の二及び第二十四条の規定を、訴訟費用の裁判について第三十五条の規定を準用する。

（取消訴訟等の提起に関する事項の教示）

第四十六条　行政庁は、取消訴訟を提起することができる処分又は裁決をする場合には、当該処分又は裁決の相手方に対し、次に掲げる事項を書面で教示しなければならない。ただし、当該処分を口頭でする場合は、この限りでない。

一　当該処分又は裁決に係る取消訴訟の被告とすべき者

二　当該処分又は裁決に係る取消訴訟の出訴期間

三　法律に当該処分についての審査請求に対する裁決を経た後でなければ処分の取消しの訴えを提起することができない旨の定めがあるときは、その旨

2　行政庁は、法律に処分についての審査請求に対する裁決に対してのみ取消訴訟を提起することができる旨の定めがある場合において、当該処分をするときは、当該処分の相手方に対し、法律にその定めがある旨を書面で教示しなければならない。ただし、当該処分を口頭でする場合は、この限りでない。

3　行政庁は、当事者間の法律関係を確認し又は形成する処分又は裁決に関する訴訟で法令の規定によりその法律関係の当事者の一方を被告とするものを提起することができる処分又は裁決をする場合には、当該処分又は裁決の相手方に対し、次に掲げる事項を書面で教示しなければならない。ただし、当該処分を口頭でする場合は、この限りでない。

一　当該訴訟の被告とすべき者

二　当該訴訟の出訴期間

附　則（抄）

（施行期日）

第一条　この法律は、昭和三十七年十月一日から施行する。

（行政事件訴訟特例法の廃止）

第二条　行政事件訴訟特例法（昭和二十三年法律第八十一号。以下「旧法」という。）は、廃止する。

別表（略）

○民事訴訟法等の一部を改正する法律（抄）

令和四・五・二五
法　四　八

（行政事件訴訟法の一部改正）

附則・第五十八条　行政事件訴訟法（昭和三十七年法律第百三十九号）の一部を次のように改正する。

第十五条第二項中「書面で」を「電子決定書（民事訴訟法（平成八年法律第百九号）第百二十二条において準用する同法第二百五十二条第一項の規定により作成された電磁的記録（電子的方式、磁気的方式その他人の知覚によつては認識することができない方式で作られる記録であつて、電子計算機による情報処理の用に供されるものをいう。）をいう。以下この項において同じ。）を作成して」に、「正本」を「電子決定書（同法第百二十二条において準用する同法第二百五十三条第二項の規定により裁判所の使用に係る電子計算機（入出力装置を含む。）に備えられたファイルに記録されたものに限る。）」に改める。

第十九条第二項中「（平成八年法律第百九号）」を削る。

附　則（抄）

（施行期日）

第一条　この法律は、公布の日から起算して四年を超えない範囲内において政令で定める日から施行する。〔ただし書略〕

（行政事件訴訟法の一部改正に伴う経過措置）

第五十九条　前条の規定による改正後の行政事件訴訟法第十五条第二項（同法第二十一条第二項（同法第三十八条第一項（同法第四十三条第二項において準用する場合を含む。）及び同法第四十三条第一項において準用する場合を含む。）、同法第四十条第二項（同法第四十三条第三項において準用する場合を含む。）及び同法第四十三条第一項において準用する場合を含む。）の規定は、施行日以後に提起される取消訴訟、法令に出訴期間の定めがある当事者訴訟、同法第四十三条第一項に規定する訴訟若しくは同条第三項に規定する訴訟（法令に出訴期間の定めがあるものに限る。）における被告の変更

を許す決定又は抗告訴訟、同条第一項に規定する訴訟若しくは同条第二項に規定する訴訟における訴えの変更を許す決定の送達について適用し、施行日前に提起された取消訴訟、法令に出訴期間の定めがある当事者訴訟、同条第一項に規定する訴訟若しくは同条第三項に規定する訴訟（法令に出訴期間の定めがあるものに限る。）における被告の変更を許す決定又は抗告訴訟、同条第一項に規定する訴訟若しくは同条第二項に規定する訴訟における訴えの変更を許す決定の送達については、なお従前の例による。

○国家賠償法

昭二二・一〇・二七
法　一二五

〔公権力の行使に当る公務員の加害行為に基く損害賠償責任・その公務員に対する求償権〕

第一条　国又は公共団体の公権力の行使に当る公務員が、その職務を行うについて、故意又は過失によつて違法に他人に損害を加えたときは、国又は公共団体が、これを賠償する責に任ずる。

② 前項の場合において、公務員に故意又は重大な過失があつたときは、国又は公共団体は、その公務員に対して求償権を有する。

〔公の営造物の設置管理の瑕疵に基く損害の賠償責任・損害の責任者に対する求償権〕

第二条　道路、河川その他の公の営造物の設置又は管理に瑕疵があつたために他人に損害を生じたときは、国又は公共団体は、これを賠償する責に任ずる。

② 前項の場合において、他に損害の原因について責に任ずべき者があるときは、国又は公共団体は、これに対して求償権を有する。

〔費用負担者の損害賠償責任・内部関係で責任ある者に対する求償権〕

第三条　前二条の規定によつて国又は公共団体が損害を賠償する責に任ずる場合において、公務員の選任若しくは監督又は公の営造物の設置若しくは管理に当る者と公務員の俸給、給与その他の費用又は公の営造物の設置若しくは管理の費用を負担する者とが異なるときは、費用を負担する者もまた、その損害を賠償する責に任ずる。

② 前項の場合において、損害を賠償した者は、内部関係でその損害を賠償する責任ある者に対して求償権を有する。

〔民法の適用〕

第四条　国又は公共団体の損害賠償の責任については、前三条の規定によるの外、民法の規定による。

〔他の法律の適用〕

第五条　国又は公共団体の損害賠償の責任について民法以外の他の法律に別段の定があるときは、その定めるところによる。

〔外国人が被害者である場合の相互保証主義〕

第六条　この法律は、外国人が被害者である場合には、相互の保証があるときに限り、これを適用する。

附　則（抄）

① この法律は、公布の日から、これを施行する。

○年齢計算ニ関スル法律

明三五・一二・二
法　五〇

① 年齢ハ出生ノ日ヨリ之ヲ起算ス
② 民法（明治二九年法律第八九号）第百四十三条ノ規定ハ年齢ノ計算ニ之ヲ準用ス
③ 明治六年第三十六号布告ハ之ヲ廃止ス

○法の適用に関する通則法（抄）

平成一八・六・二一
法　七八

第一章　総則

（趣旨）
第一条　この法律は、法の適用に関する通則について定めるものとする。

第二章　法律に関する通則

（法律の施行期日）
第二条　法律は、公布の日から起算して二十日を経過した日から施行する。ただし、法律でこれと異なる施行期日を定めたときは、その定めによる。

（法律と同一の効力を有する慣習）
第三条　公の秩序又は善良の風俗に反しない慣習は、法令の規定により認められたもの又は法令に規定されていない事項に関するものに限り、法律と同一の効力を有する。

附　則（抄）

（施行期日）
第一条　この法律は、公布の日から起算して一年を超えない範囲内において政令で定める日から施行する。

参　明八・六・八太政官布告第百三号（裁判事務心得）第三条　民事ノ裁判ニ成文ノ法律ナキモノハ習慣ニ依リ習慣ナキモノハ条理ヲ推考シテ裁判スヘシ

○国民の祝日に関する法律

昭二三・七・二〇
法　一七八
最終改正　平成三〇・六・二〇法五七

第一条　自由と平和を求めてやまない日本国民は、美しい風習を育てつつ、よりよき社会、より豊かな生活を築きあげるために、ここに国民こぞつて祝い、感謝し、又は記念する日を定め、これを「国民の祝日」と名づける。

第二条　「国民の祝日」を次のように定める。

元日　一月一日　年のはじめを祝う。
成人の日　一月の第二月曜日　おとなになつたことを自覚し、みずから生き抜こうとする青年を祝いはげます。
建国記念の日　政令で定める日〔二月十一日―昭四一・一二・九政令三七六〕　建国をしのび、国を愛する心を養う。
天皇誕生日　二月二十三日　天皇の誕生日を祝う。
春分の日　春分日　自然をたたえ、生物をいつくしむ。
昭和の日　四月二十九日　激動の日々を経て、復興を遂げた昭和の時代を顧み、国の将来に思いをいたす。
憲法記念日　五月三日　日本国憲法の施行を記念し、国の成長を期する。
みどりの日　五月四日　自然に親しむとともにその恩恵に感謝し、豊かな心をはぐくむ。
こどもの日　五月五日　こどもの人格を重んじ、こどもの幸福をはかるとともに、母に感謝する。

海の日 七月の第三月曜日 海の恩恵に感謝するとともに、海洋国日本の繁栄を願う。

山の日 八月十一日 山に親しむ機会を得て、山の恩恵に感謝する。

敬老の日 九月の第三月曜日 多年にわたり社会につくしてきた老人を敬愛し、長寿を祝う。

秋分の日 秋分日 祖先をうやまい、なくなった人々をしのぶ。

スポーツの日 十月の第二月曜日 スポーツを楽しみ、他者を尊重する精神を培うとともに、健康で活力ある社会の実現を願う。

文化の日 十一月三日 自由と平和を愛し、文化をすすめる。

勤労感謝の日 十一月二十三日 勤労をたつとび、生産を祝い、国民たがいに感謝しあう。

第三条 「国民の祝日」は、休日とする。

2 「国民の祝日」が日曜日に当たるときは、その日後においてその日に最も近い「国民の祝日」でない日を休日とする。

3 その前日及び翌日が「国民の祝日」である日（「国民の祝日」でない日に限る。）は、休日とする。

附 則

1 この法律は、公布の日からこれを施行する。

2 昭和二年勅令第二十五号は、これを廃止する。

附 則（平成二九・六・一六法六三）（抄）

（施行期日）

第一条 この法律は、公布の日から起算して三年を超えない範囲内において政令で定める日〔平成三一・四・三〇〕から施行する。ただし、〔中略〕附則第十条〔中略〕の規定はこの法律の施行の日の翌日から施行する。

2 前項の政令を定めるに当たっては、内閣総理大臣は、あらかじめ、皇室会議の意見を聴かなければならない。

（この法律の失効）

第二条 この法律は、この法律の施行の日以前に皇室典範第四条の規定による皇位の継承があったときは、その効力を失う。

○国旗及び国歌に関する法律

平成一一・八・一三
法 一 二 七

（国旗）
第一条 国旗は、日章旗とする。
２ 日章旗の制式は、別記第一のとおりとする。
（国歌）
第二条 国歌は、君が代とする。
２ 君が代の歌詞及び楽曲は、別記第二のとおりとする。

附 則

（施行期日）
１ この法律は、公布の日から施行する。
（商船規則の廃止）
２ 商船規則（明治三年太政官布告第五十七号）は、廃止する。
（日章旗の制式の特例）
３ 日章旗の制式については、当分の間、別記第一の規定にかかわらず、寸法の割合について縦を横の十分の七とし、かつ、日章の中心の位置について旗の中心から旗竿側に横の長さの百分の一偏した位置とすることができる。

別記第一（第一条関係）
日章旗の制式

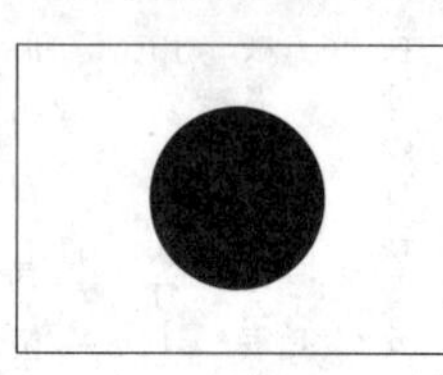

一 寸法の割合及び日章の位置
縦 横の三分の二
日章
直径 縦の五分の三
中心 旗の中心
二 彩色
地 白色
日章 紅色

別記第二（第二条関係）
君が代の歌詞及び楽曲

一 歌詞
君が代は
千代に八千代に
さざれ石の
いわおとなりて
こけのむすまで

二 楽曲
古歌
林広守 作曲

きみがー よーは ちよにーー やちよに
さざれ いしの いわおと なりて
こけの むーすー まーーで

○男女共同参画社会基本法

平成一一・六・二三
法　七　八

最終改正　平成一一・一二・二二法一六〇

我が国においては、日本国憲法に個人の尊重と法の下の平等がうたわれ、男女平等の実現に向けた様々な取組が、国際社会における取組とも連動しつつ、着実に進められてきたが、なお一層の努力が必要とされている。

一方、少子高齢化の進展、国内経済活動の成熟化等我が国の社会経済情勢の急速な変化に対応していく上で、男女が、互いにその人権を尊重しつつ責任も分かち合い、性別にかかわりなく、その個性と能力を十分に発揮することができる男女共同参画社会の実現は、緊要な課題となっている。

このような状況にかんがみ、男女共同参画社会の実現を二十一世紀の我が国社会を決定する最重要課題と位置付け、社会のあらゆる分野において、男女共同参画社会の形成の促進に関する施策の推進を図っていくことが重要である。

ここに、男女共同参画社会の形成についての基本理念を明らかにしてその方向を示し、将来に向かって国、地方公共団体及び国民の男女共同参画社会の形成に関する取組を総合的かつ計画的に推進するため、この法律を制定する。

第一章　総則

（目的）
第一条　この法律は、男女の人権が尊重され、かつ、社会経済情勢の変化に対応できる豊かで活力ある社会を実現することの緊要性にかんがみ、男女共同参画社会の形成に関し、基本理念を定め、並びに国、地方公共団体及び国民の責務を明らかにするとともに、男女共同参画社会の形成の促進に関する施策の基本となる事項を定めることにより、男女共同参画社会の形成を総合的かつ計画的に推進することを目的とする。

（定義）
第二条　この法律において、次の各号に掲げる用語の意義は、当該各号に定めるところによる。

一　男女共同参画社会の形成　男女が、社会の対等な構成員として、自らの意思によって社会のあらゆる分野における活動に参画する機会が確保され、もって男女が均等に政治的、経済的、社会的及び文化的利益を享受することができ、かつ、共に責任を担うべき社会を形成することをいう。

二　積極的改善措置　前号に規定する機会に係る男女間の格差を改善するため必要な範囲内において、男女のいずれか一方に対し、当該機会を積極的に提供することをいう。

（男女の人権の尊重）
第三条　男女共同参画社会の形成は、男女の個人としての尊厳が重んぜられること、男女が性別による差別的取扱いを受けないこと、男女が個人として能力を発揮する機会が確保されることその他の男女の人権が尊重されることを旨として、行われなければならない。

（社会における制度又は慣行についての配慮）
第四条　男女共同参画社会の形成に当たっては、社会における制度又は慣行が、性別による固定的な役割分担等を反映して、男女の社会における活動の選択に対して中立でない影響を及ぼすことにより、男女共同参画社会の形成を阻害する要因となるおそれがあることにかんがみ、社会における制度又は慣行が男女の社会における活動の選択に対して及ぼす影響をできる限り中立なものとするように配慮されなければならない。

（政策等の立案及び決定への共同参画）
第五条　男女共同参画社会の形成は、男女が、社会の対等な構成員として、国若しくは地方公共団体における政策又は民間の団体における方針の立案及び決定に共同して参画する機会が確保されることを旨として、行われなければならない。

（家庭生活における活動と他の活動の両立）
第六条　男女共同参画社会の形成は、家族を構成する男女が、相互の協力と社会の支援の下に、子の養育、家族の介護その他の家庭生活における活動について家族の一員としての役割を円滑に果たし、かつ、当該活動以外の活動を行うことができるようにすることを旨として、行われなければならない。

（国際的協調）
第七条　男女共同参画社会の形成の促進が国際社会における取組と密接な関係を有していることにかんがみ、男女共同参画社会の形成は、国際的協調の下に行われなければならない。

（国の責務）
第八条　国は、第三条から前条までに定める男女共同参画社会の形成についての基本理念（以下「基本理念」という。）にのっとり、男女共同参画社会の形成の促進に関する施策（積極的改善措置を含む。以下同じ。）を総合的に策定し、及び実施する責務を有する。

（地方公共団体の責務）
第九条　地方公共団体は、基本理念にのっとり、男女共同参画社会の形成の促進に関し、国の施策に準じた施策及びその他のその地方公共団体の区域の特性に応じた施策を策定し、及び実施する責務を有する。

（国民の責務）
第十条　国民は、職域、学校、地域、家庭その他の社会のあらゆる分野において、基本理念にのっとり、男女共同参画社会の形成に寄与するように努めなければならない。

（法制上の措置等）
第十一条　政府は、男女共同参画社会の形成の促進に関する施策を実施するため必要な法制上又は財政上の措置その他の措置を講じなければならない。

（年次報告等）
第十二条　政府は、毎年、国会に、男女共同参画社会の形成の状況及び政府が講じた男女共同参画社会の形成の促進に関する施策についての報告を提出しなければならない。

2　政府は、毎年、前項の報告に係る男女共同参画社会の形成の状況を考慮して講じようとする男女共同参画社会の形成の促進に関する施策を明らかにした文書を作成し、これを国会に提出しなければならない。

第二章　男女共同参画社会の形成の促進に関する基本的施策

（男女共同参画基本計画）

第十三条　政府は、男女共同参画社会の形成の促進に関する施策の総合的かつ計画的な推進を図るため、男女共同参画社会の形成の促進に関する基本的な計画（以下「男女共同参画基本計画」という。）を定めなければならない。

2　男女共同参画基本計画は、次に掲げる事項について定めるものとする。

一　総合的かつ長期的に講ずべき男女共同参画社会の形成の促進に関する施策の大綱

二　前号に掲げるもののほか、男女共同参画社会の形成の促進に関する施策を総合的かつ計画的に推進するために必要な事項

3　内閣総理大臣は、男女共同参画会議の意見を聴いて、男女共同参画基本計画の案を作成し、閣議の決定を求めなければならない。

4　内閣総理大臣は、前項の規定による閣議の決定があったときは、遅滞なく、男女共同参画基本計画を公表しなければならない。

5　前二項の規定は、男女共同参画基本計画の変更について準用する。

（都道府県男女共同参画計画等）

第十四条　都道府県は、男女共同参画基本計画を勘案して、当該都道府県の区域における男女共同参画社会の形成の促進に関する施策についての基本的な計画（以下「都道府県男女共同参画計画」という。）を定めなければならない。

2　都道府県男女共同参画計画は、次に掲げる事項について定めるものとする。

一　都道府県の区域において総合的かつ長期的に講ずべき男女共同参画社会の形成の促進に関する施策の大綱

二　前号に掲げるもののほか、都道府県の区域における男女共同参画社会の形成の促進に関する施策を総合的かつ計画的に推進するために必要な事項

3　市町村は、男女共同参画基本計画及び都道府県男女共同参画計画を勘案して、当該市町村の区域における男女共同参画社会の形成の促進に関する施策についての基本的な計画（以下「市町村男女共同参画計画」という。）を定めるように努めなければならない。

4　都道府県又は市町村は、都道府県男女共同参画計画又は市町村男女共同参画計画を定め、又は変更したときは、遅滞なく、これを公表しなければならない。

（施策の策定等に当たっての配慮）

第十五条　国及び地方公共団体は、男女共同参画社会の形成に影響を及ぼすと認められる施策を策定し、及び実施するに当たっては、男女共同参画社会の形成に配慮しなければならない。

（国民の理解を深めるための措置）

第十六条　国及び地方公共団体は、広報活動等を通じて、基本理念に関する国民の理解を深めるよう適切な措置を講じなければならない。

（苦情の処理等）

第十七条　国は、政府が実施する男女共同参画社会の形成の促進に関する施策又は男女共同参画社会の形成に影響を及ぼすと認められる施策についての苦情の処理のために必要な措置及び性別による差別的取扱いその他の男女共同参画社会の形成を阻害する要因によって人権が侵害された場合における被害者の救済を図るために必要な措置を講じなければならない。

（調査研究）

第十八条　国は、社会における制度又は慣行が男女共同参画社会の形成に及ぼす影響に関する調査研究その他の男女共同参画社会の形成の促進に関する施策の策定に必要な調査研究を推進するように努めるものとする。

（国際的協調のための措置）

第十九条　国は、男女共同参画社会の形成を国際的協調の下に促進するため、外国政府又は国際機関との情報の交換その他男女共同参画社会の形成に関する国際的な相互協力の円滑な推進を図るために必要な措置を講ずるように努めるものとする。

（地方公共団体及び民間の団体に対する支援）

第二十条　国は、地方公共団体が実施する男女共同参画社会の形成の促進に関する施策及び民間の団体が男女共同参画社会の形成の促進に関して行う活動を支援するため、情報の提供その他の必要な措置を講ずるように努めるものとする。

第三章　男女共同参画会議

（設置）

第二十一条　内閣府に、男女共同参画会議（以下「会議」という。）を置く。

（所掌事務）

第二十二条　会議は、次に掲げる事務をつかさどる。

一　男女共同参画基本計画に関し、第十三条第三項に規定する事項を処理すること。

二　前号に掲げるもののほか、内閣総理大臣又は関係各大臣の諮問に応じ、男女共同参画社会の形成の促進に関する基本的な方針、基本的な政策及び重要事項を調査審議すること。

三　前二号に規定する事項に関し、調査審議し、必要があると認めるときは、内閣総理大臣及び関係各大臣に対し、意見を述べること。

四　政府が実施する男女共同参画社会の形成の促進に関する施策の実施状況を監視し、及び政府の施策が男女共同参画社会の形成に及ぼす影響を調査し、必要があると認めるときは、内閣総理大臣及び関係各大臣に対し、意見を述べること。

（組織）

第二十三条　会議は、議長及び議員二十四人以内をもって組織する。

（議長）

第二十四条　議長は、内閣官房長官をもって充てる。
2　議長は、会務を総理する。

（議員）
第二十五条　議員は、次に掲げる者をもって充てる。
一　内閣官房長官以外の国務大臣のうちから、内閣総理大臣が指定する者
二　男女共同参画社会の形成に関し優れた識見を有する者のうちから、内閣総理大臣が任命する者
2　前項第二号の議員の数は、同項に規定する議員の総数の十分の五未満であってはならない。
3　第一項第二号の議員のうち、男女のいずれか一方の議員の数は、同号に規定する議員の総数の十分の四未満であってはならない。
4　第一項第二号の議員は、非常勤とする。

（議員の任期）
第二十六条　前条第一項第二号の議員の任期は、二年とする。ただし、補欠の議員の任期は、前任者の残任期間とする。
2　前条第一項第二号の議員は、再任されることができる。

（資料提出の要求等）
第二十七条　会議は、その所掌事務を遂行するために必要があると認めるときは、関係行政機関の長に対し、監視又は調査に必要な資料その他の資料の提出、意見の開陳、説明その他必要な協力を求めることができる。
2　会議は、その所掌事務を遂行するために特に必要があると認めるときは、前項に規定する者以外の者に対しても、必要な協力を依頼することができる。

（政令への委任）
第二十八条　この章に定めるもののほか、会議の組織及び議員その他の職員その他会議に関し必要な事項は、政令で定める。

附　則（抄）

（施行期日）
第一条　この法律は、公布の日から施行する。

○構造改革特別区域法（抄）

平成一四・一二・一八
法　一　八　九
最終改正　令和五・六・七法四三

第一章　総則

（目的）
第一条　この法律は、地方公共団体の自発性を最大限に尊重した構造改革特別区域を設定し、当該地域の特性に応じた規制の特例措置の適用を受けて地方公共団体が特定の事業を実施し又はその実施を促進することにより、教育、物流、研究開発、農業、社会福祉その他の分野における経済社会の構造改革を推進するとともに地域の活性化を図り、もって国民生活の向上及び国民経済の発展に寄与することを目的とする。

（定義）
第二条　この法律において「構造改革特別区域」とは、地方公共団体が当該地域の活性化を図るために自発的に設定する区域であって、当該地域の特性に応じた特定事業を実施し又はその実施を促進するものをいう。
2　この法律において「特定事業」とは、地方公共団体が実施し又はその実施を促進する事業のうち、別表に掲げる事業で、規制の特例措置の適用を受けるものをいう。
3　この法律において「規制の特例措置」とは、法律により規定された規制についての第十二条から第十五条まで、第十八条から第二十条まで及び第二十二条から第三十四条までに規定する法律の特例に関する措置並びに政令又は主務省令（以下この項において「政令等」という。）により規定された規制についての第三十五条の規定による政令等又は第三十六条の規定による条例で規定する政令等の特例に関する措置をいい、これらの措置の適用を受ける場合において当該規制の趣旨に照らし地方公共団体がこれらの措置と併せて実施し又はその実施を促進することが必要となる措置を含むものとする。
4　〔略〕
第二条の二　〔略〕

第二章　構造改革特別区域基本方針〔略〕

第三章　構造改革特別区域計画の認定等〔略〕

第四章　構造改革特別区域における規制の特例措置

（学校教育法の特例）
第十二条　地方公共団体が、その設定する構造改革特別区域において、地域の特性を生かした教育の実施の必要性、地域産業を担う人材の育成の必要性その他の特別の事情に対応するための教育又は研究を株式会社の設置する学校（学校教育法（昭和二十二年法律第二十六号）第一条に規定する学校をいう。以下この条及び別表第二号において同じ。）が行うことが適切かつ効果的であると認めて内閣総理大臣の認定を申請し、その認定を受けたときは、当該認定の日以後は、同法第二条第一項中「及び私立学校法（昭和二十四年法律第二百七十号）第三条に規定する学校法人（以下「学校法人」という。）」とあるのは「、私立学校法（昭和二十四年法律第二百七十号）第三条に規定する学校法人（以下「学校法人」という。）及び構造改革特別区域法（平成十四年法律第百八十九号）第十二条第二項に規定する特別の事情に対応するための教育又は研究を行い、かつ、同項各号に掲げる要件の全てに適合している株式会社（次項、第四条第一項第三号、第九十五条及び附則第六条において「学校設置会社」という。）」と、同条第二項中「学校法人」とあるのは「学校法人又は学校設置会社」と、同法第四条第一項第三号中「都道府県知事」とあるのは「都道府県知事（学校設置会社の設置するものにあつては、構造改革特別区域法第十二条第一項の認定を

受けた地方公共団体の長。第十条、第十四条、第四十四条（第二十八条、第四十九条、第六十二条、第七十条第一項及び第八十二条において準用する場合を含む。）及び第五十四条第三項（第七十条第一項において準用する場合を含む。）において同じ。）」と、同法第九十五条（同法第百二十三条において準用する場合を含む。）中「諮問しなければならない」とあるのは「諮問しなければならない。学校設置会社の設置する大学について第四条第一項の規定による認可を行う場合（設置の認可を行う場合を除く。）及び学校設置会社の設置する大学に対し第十三条第一項の規定による命令を行う場合も、同様とする」と、同法附則第六条中「学校法人」とあるのは「学校法人又は学校設置会社」とする。

2　前項の規定により学校教育法第四条第一項の認可を受けて学校を設置することができる株式会社（以下この条及び第十九条第一項第一号並びに別表第二号において「学校設置会社」という。）は、その構造改革特別区域に設置する学校において、地域の特性を生かした教育の実施の必要性、地域産業を担う人材の育成の必要性その他の特別の事情に対応するための教育又は研究を行うものとし、次に掲げる要件のすべてに適合していなければならない。

一　文部科学省令で定める基準に適合する施設及び設備又はこれらに要する資金並びに当該学校の経営に必要な財産を有すること。

二　当該学校の経営を担当する役員が学校を経営するために必要な知識又は経験を有すること。

三　当該学校設置会社の経営を担当する役員が社会的信望を有すること。

3　学校設置会社は、文部科学省令で定めるところにより、当該学校設置会社の業務及び財産の状況を記載した書類（その作成に代えて電磁的記録（電子的方式、磁気的方式その他の人の知覚によっては認識することができない方式で作られる記録であって、電子計算機による情報処理の用に供されるものをいう。以下この項及び次項において同じ。）の作成がされている場合における当該電磁的記録を含む。次項、第十三項及び次条第五項において「業務状況書類等」という。）を作成し、その設置する学校に備えて置かなければならない。

4　学校設置会社の設置する学校に入学又は入園を希望する者その他の関係人は、学校設置会社の業務時間内は、いつでも、次に掲げる請求をすることができる。

一　業務状況書類等が書面をもって作成されているときは、当該書面の閲覧又は謄写の請求

二　業務状況書類等が電磁的記録をもって作成されているときは、当該電磁的記録に記録された事項を文部科学省令で定める方法により表示したものの閲覧又は謄写の請求

5　第一項の認定を受けた地方公共団体（以下この条において「認定地方公共団体」という。）は、学校設置会社の設置する学校（大学及び高等専門学校を除く。）の教育、組織及び運営並びに施設及び設備の状況について、毎年度、評価を行わなければならない。

6　前項の規定による評価を行った認定地方公共団体は、遅滞なく、その結果を当該学校に通知するとともに、これを公表しなければならない。

7　認定地方公共団体は、学校設置会社の経営の状況の悪化等によりその設置する学校の経営に現に著しい支障が生じ、又は生ずるおそれがあると認められる場合においては、当該学校に在学する者が適切な修学を維持することができるよう、転学のあっせんその他の必要な措置を講じなければならない。

8　認定地方公共団体の長は、第一項の規定により学校教育法第四条第一項の認可又は同法第十三条第一項若しくは第十四条の命令をするときは、あらかじめ、当該認定地方公共団体が設置するこれらの認可又は命令に係る事項を調査審議する審議会その他の合議制の機関の意見を聴かなければならない。

9　認定地方公共団体の長は、第一項の規定により学校教育法第四条第一項の認可をしたときは、遅滞なく、その旨を都道府県知事に通知しなければならない。

10　学校設置会社の設置する学校が大学又は高等専門学校である場合にあっては文部科学大臣、学校設置会社の設置する学校が大学及び高等専門学校以外の学校である場合にあっては認定地方公共団体の長は、当該学校に対して、教育の調査、統計その他に関し必要な報告書の提出を求めることができる。

11　学校設置会社に関する次の表の第一欄に掲げる法律の適用については、同表の第二欄に掲げる規定中同表の第三欄に掲げる字句は、それぞれ同表の第四欄に掲げる字句とする。

教育職員免許法（昭和二十四年法律第百四十七号）	第二条第三項	、当該指定都市等の長）	当該指定都市等の長、学校設置会社（構造改革特別区域法（平成十四年法律第百八十九号）第十二条第二項に規定する学校設置会社をいう。以下同じ。）の設置する私立学校の教員にあっては同条第一項の規定による認定を受けた地方公共団体の長）
教育職員免許法施行法（昭和二十四年法律第百四十八号）	第二条第一項の表備考	理事長	理事長又は学校設置会社（構造改革特別区域法（平成十四年法律第百八十九号）第十二条第二項に規定する学校設置会社をいう。）の代表取締役若しくは代表執行役
地方交付税法（昭和二十五年法律第二百十一号）	第十二条第一項の表	私立の学校	私立の学校（構造改革特別区域法（平成十四年法律第百八十九号）第十二条第二項に規定する学校設置会社の設置するもの

			を除く。以下同じ。）
	第十二条第三項の表	及び特別支援学校	及び特別支援学校（構造改革特別区域法第十二条第二項に規定する学校設置会社の設置するこれらのものを除く。）
旧軍港市転換法（昭和二十五年法律第二百二十号）	第四条第一項第一号	規定する学校	規定する学校（構造改革特別区域法（平成十四年法律第百八十九号）第十二条第二項に規定する学校設置会社の設置するものを除く。）
産業教育振興法（昭和二十六年法律第二百二十八号）	第十九条第一項	私立学校	私立学校（構造改革特別区域法（平成十四年法律第百八十九号）第十二条第二項に規定する学校設置会社の設置するものを除く。次項において同じ。）
理科教育振興法（昭和二十八年法律第百八十六号）	第九条第一項	私立の学校	私立の学校（構造改革特別区域法（平成十四年法律第百八十九号）第十二条第二項に規定する学校設置会社の設置するものを除く。以下この条において同じ。）
私立学校教職員共済法（昭和二十八年法律第二百四十五号）	附則第十項	設置する者	設置する者（構造改革特別区域法（平成十四年法律第百八十九号）第十二条第二項に規定する学校設置会社を除く。）
義務教育諸学校における教育の政治的中立の確保に関する臨時措置法（昭和二十九年法律第百五十七号）	第五条第一項第三号	都道府県知事	都道府県知事（構造改革特別区域法（平成十四年法律第百八十九号）第十二条第二項に規定する学校設置会社の設置するものにあつては、当該学校を所轄する同条第一項の規定による認定を受けた地方公共団体の長）
学校給食法（昭和二十九年法律第百六十号）	第十二条第一項	私立の義務教育諸学校の設置者	私立の義務教育諸学校の設置者（構造改革特別区域法（平成十四年法律第百八十九号）第十二条第二項に規定する学校設置会社を除く。）
夜間課程を置く高等学校における学校給食に関する法律（昭和三十一年法律第百五十七号）	第六条	私立の高等学校の設置者	私立の高等学校の設置者（構造改革特別区域法（平成十四年法律第百八十九号）第十二条第二項に規定する学校設置会社を除く。）
地方教育行政の組織及び運営に関する法律（昭和三十一年法律第百六十二号）	第二十七条の五	都道府県知事	都道府県知事（学校設置会社（構造改革特別区域法（平成十四年法律第百八十九号）第十二条第二項に規定する学校設置会社をいう。以下この条において同じ。）の設置する私立学校に関する事務にあつては、同法第十二条第一項の規定による認定を受けた地方公共団体の長）
		都道府県委員会	都道府県委員会（学校設置会社の設置する私立学校に関する事務にあつては、同項の規定による認定を受けた地方公共団体の教育委員会）
著作権法（昭和四十五年法律第四十八号）	第三十五条第一項	設置されているものを除く。	設置されているものを除き、学校設置会社（構造改革特別区域法（平成十四年法律第百八十九号）第十二条第二項に規定する学校設置会社をいう。第三十八条第一項において同じ。）の設置する学校を含む。
	第三十八条第一項	又は観衆	若しくは観衆
		受けない場合	受けない場合又は学校設置会社の設置する学校において聴衆若しくは観衆

から料金を受けずにその教育若しくは研究を行う活動に利用する場合

12　第三項又は第四項の規定に基づき文部科学省令を制定し、又は改廃する場合においては、当該文部科学省令で、その制定又は改廃に伴い合理的に必要と判断される範囲内において、所要の経過措置（罰則に関する経過措置を含む。）を定めることができる。

13　第三項の規定に違反して業務状況書類等を備えて置かず、業務状況書類等に記載すべき事項を記載せず、若しくは虚偽の記載をし、又は正当な理由がないのに第四項各号の規定による請求を拒んだ学校設置会社の取締役、執行役又は清算人は、二十万円以下の過料に処する。

第十三条　地方公共団体が、その設定する構造改革特別区域において、学校生活への適応が困難であるため相当の期間学校（学校教育法第一条に規定する学校をいい、大学及び高等専門学校を除く。以下この条及び別表第三号において同じ。）を欠席していると認められる児童、生徒若しくは幼児又は発達の障害により学習上若しくは行動上著しい困難を伴うため教育上特別の指導が必要であると認められる児童、生徒若しくは幼児（次項において「不登校児童等」という。）を対象として、当該構造改革特別区域に所在する学校の設置者による教育によっては満たされない特別の需要に応ずるための教育を特定非営利活動法人（特定非営利活動促進法（平成十年法律第七号）第二条第二項の特定非営利活動法人をいう。次項において同じ。）の設置する学校が行うことにより、当該構造改革特別区域における学校教育の目的の達成に資するものと認めて内閣総理大臣の認定を申請し、その認定を受けたときは、当該認定の日以後は、学校教育法第二条第一項中「設置することができる」とあるのは「設置することができる。ただし、構造改革特別区域法（平成十四年法律第百八十九号）第十三条第二項に規定する特別の需要に応ずるための教育を行い、かつ、同項各号に掲げる要件のすべてに適合している特定非営利活動法人（特定非営利活動促進法（平成十年法律第七号）第二条第二項の特定非営利活動法人（次項、第四条第一項第三号及び附則第六条において学校設置非営利法人という。）は、大学及び高等専門学校以外の学校を設置することができる」と、同条第二項中「学校法人」とあるのは「学校法人又は学校設置非営利法人」と、同法第四条第一項第三号中「都道府県知事」とあるのは「都道府県知事（学校設置非営利法人の設置するものにあつては、構造改革特別区域法第十三条第一項の認定を受けた地方公共団体の長。第十条、第十四条、第四十四条（第二十八条、第四十九条、第六十二条、第七十条第一項及び第八十二条において準用する場合を含む。）及び第五十四条第三項（第七十条第一項において準用する場合を含む。）において同じ。）」と、同法附則第六条中「学校法人」とあるのは「学校法人又は学校設置非営利法人」とする。

2　前項の規定により学校教育法第四条第一項の認可を受けて学校を設置することができる特定非営利活動法人（以下この条及び第十九条第一項第二号並びに別表第三号において「学校設置非営利法人」という。）は、その構造改革特別区域に設置する学校において、不登校児童等を対象として、当該構造改革特別区域に所在する学校の設置者による教育によっては満たされない特別の需要に応ずるための教育を行うものとし、次に掲げる要件のすべてに適合していなければならない。

一　文部科学省令で定める基準に適合する施設及び設備又はこれらに要する資金並びに当該学校の経営に必要な財産を有すること。

二　当該学校の経営を担当する役員が学校を経営するために必要な知識又は経験を有すること。

三　当該学校設置非営利法人の経営を担当する役員が社会的信望を有すること。

四　不登校児童等を対象として行う特定非営利活動促進法第二条第一項に規定する特定非営利活動の実績が相当程度あること。

3　前条第三項から第十項まで及び第十二項の規定は、学校設置非営利法人が学校を設置する場合について準用する。この場合において、同項中「第三項又は第四項」とあるのは、「次条第三項において準用する第三項又は第四項」と読み替えるものとする。

4　学校設置非営利法人に関する次の表の第一欄に掲げる法律の適用については、同表の第二欄に掲げる規定中同表の第三欄に掲げる字句は、それぞれ同表の第四欄に掲げる字句とする。

教育職員免許法	第二条第三項	、当該指定都市等の長）	、当該指定都市等の長、学校設置非営利法人（構造改革特別区域法（平成十四年法律第百八十九号）第十三条第二項に規定する学校設置非営利法人をいう。以下同じ。）の設置する私立学校の教員にあつては同条第一項の規定による認定を受けた地方公共団体の長
教育職員免許法施行法	第二条第一項の表備考	理事長	理事長又は学校設置非営利法人（構造改革特別区域法（平成十四年法律第百八十九号）第十三条第二項に規定する学校設置非営利法人をいう。）の代表権を有する理事
地方交付税法	第十二条第一項の表	私立の学校	私立の学校（構造改革特別区域法（平成十四年法律第百八十九号）第十三条第二項に規定する学校設置非営利法人の設置す

			るものを除く。以下同じ。）
	第十二条第三項の表	及び特別支援学校	及び特別支援学校（構造改革特別区域法第十三条第二項に規定する学校設置非営利法人の設置するこれらのものを除く。）
旧軍港市転換法	第四条第一項第一号	規定する学校	規定する学校（構造改革特別区域法（平成十四年法律第百八十九号）第十三条第二項に規定する学校設置非営利法人の設置するものを除く。）
産業教育振興法	第十九条第一項	私立学校	私立学校（構造改革特別区域法（平成十四年法律第百八十九号）第十三条第二項に規定する学校設置非営利法人の設置するものを除く。次項において同じ。）
理科教育振興法	第九条第一項	私立の学校	私立の学校（構造改革特別区域法（平成十四年法律第百八十九号）第十三条第二項に規定する学校設置非営利法人の設置するものを除く。以下この条において同じ。）
私立学校教職員共済法	附則第十項	設置する者	設置する者（構造改革特別区域法（平成十四年法律第百八十九号）第十三条第二項に規定する学校設置非営利法人を除く。）
義務教育諸学校における教育の政治的中立の確保に関する臨時措置法	第五条第一項第三号	都道府県知事	都道府県知事（構造改革特別区域法（平成十四年法律第百八十九号）第十三条第二項に規定する学校設置非営利法人の設置するものにあつては、当該学校を所轄する同条第一項の規定による認定を受けた地方公共団体の長）
学校給食法	第十二条第一項	私立の義務教育諸学校の設置者	私立の義務教育諸学校の設置者（構造改革特別区域法（平成十四年法律第百八十九号）第十三条第二項に規定する学校設置非営利法人を除く。）
夜間課程を置く高等学校における学校給食に関する法律	第六条	私立の高等学校の設置者	私立の高等学校の設置者（構造改革特別区域法（平成十四年法律第百八十九号）第十三条第二項に規定する学校設置非営利法人を除く。）
地方教育行政の組織及び運営に関する法律	第二十七条の五	都道府県知事	都道府県知事（学校設置非営利法人（構造改革特別区域法（平成十四年法律第百八十九号）第十三条第二項に規定する学校設置非営利法人をいう。以下この条において同じ。）の設置する私立学校に関する事務にあつては、同法第十三条第一項の規定による認定を受けた地方公共団体の長）
		都道府県委員会	都道府県委員会（学校設置非営利法人の設置する私立学校に関する事務にあつては、同項の規定による認定を受けた地方公共団体の教育委員会）

5　第三項において準用する前条第三項の規定に違反して業務状況書類等を備えて置かず、業務状況書類等に記載すべき事項を記載せず、若しくは虚偽の記載をし、又は正当な理由がないのに第三項において準用する同条第四項各号の規定による請求を拒んだ学校設置非営利法人の理事又は清算人は、二十万円以下の過料に処する。

第十四条　地方公共団体が、その設定する構造改革特別区域において、地域の特性を生かした教育の実施の必要性、地域産業を担う人材の育成の必要性その他の特別の事情に対応するための教育及び研究並びに職業訓練を当該構造改革特別区域内の職業能力開発促進法（昭和四十四年法律第六十四号）第十五条の七第一項第二号に規定する職業能力開発短期大学校（同号に規定する高度職業訓練で同号に規定する長期間の訓練課程（訓練期間が二年以上であることその他の文部科学省令で定める基準を満たすものに限る。）のもの（以下この条において「特定高度職業訓練」という。）を行うものに限る。以下この条及び別表第四号において同じ。）及び大学が連携して行うことが適切かつ効果的であると認めて内閣総理大臣の認定を申請し、その認定を受けたときは、当該認定の日以後は、当該職業能力開発短期大学校において行う当該特定高度職業訓練を修了した者（学校教育法第九十条第一項に規定する者に限る。）で、当該大学が当該大学に編入学することができる者と同等以上の学力があると認めるものは、文部科学省令で定めるところにより、当該大学に編入学することができる。

２　前項の認定に係る同項に規定する職業能力開発短期大学校は、文部科学省令で定めるところにより、当該職業能力開発短期大学校における特定高度職業訓練の実施状況について評価を行い、その結果に基づき当該特定高度職業訓練の内容その他の当該特定高度職業訓練に関する事項の改善を図るために必要な措置を講ずることにより、当該特定高度職業訓練の水準の向上に努めなければならない。

第十五条　〔略〕

（教育職員免許法等の特例）

第十九条　市町村の教育委員会が、第十二条第一項に規定する特別の事情、第十三条第一項に規定する特別の需要その他当該市町村が設定する構造改革特別区域における教育上の特別の事情に対応するため、次に掲げる者に特別免許状（教育職員免許法第四条第一項に規定する特別免許状をいう。以下この条及び別表第九号において同じ。）を授与する必要があると認める場合において、当該市町村が内閣総理大臣の認定を申請し、その認定を受けたときは、当該認定の日以後は、同法第二条第二項中「免許状」とあるのは「免許状（構造改革特別区域法（平成十四年法律第百八十九号）第十九条第一項の規定による認定を受けた市町村の教育委員会が同項各号に掲げる者に授与する特別免許状（以下「特例特別免許状」という。）を除く。）」と、「教育委員会をいう」とあるのは「教育委員会をいい、当該免許状が特例特別免許状である場合にあつてはその免許状を授与した市町村の教育委員会をいう」と、同法第五条第六項中「教育委員会」とあるのは「教育委員会（特例特別免許状にあつては、構造改革特別区域法第十九条第一項の規定による認定を受けた市町村の教育委員会。）」と、同法第九条第二項中「有する」とあるのは「有する。ただし、特例特別免許状は、その免許状を授与した授与権者の置かれる市町村においてのみ効力を有する」と、同法第二十条中「教育委員会規則」とあるのは「教育委員会規則（特例特別免許状にあつては、その免許状を授与した市町村の教育委員会規則）」と、同法別表第三中「特別免許状」とあるのは「特別免許状（特例特別免許状を除く。）」と、教育職員等による児童生徒性暴力等の防止等に関する法律（令和三年法律第五十七号）第十五条第二項中「教育委員会」とあるのは「教育委員会（構造改革特別区域法（平成十四年法律第百八十九号）第十九条第一項の規定による認定を受けた市町村（以下この項及び第二十二条第二項において「認定市町村」という。）の教育委員会を含む。以下同じ。）」と、「当該都道府県」とあるのは「当該都道府県（認定市町村においては当該認定市町村）」と、第二十二条第二項中「都道府県教育職員免許状再授与審査会」とあるのは「都道府県教育職員免許状再授与審査会（認定市町村においては市町村教育職員免許状再授与審査会。次条において同じ。）」とする。

一　第十二条第一項の規定により内閣総理大臣の認定を受けている市町村の長が学校教育法第四条第一項の規定による設置の認可を行った学校を設置する学校設置会社が、当該学校の教育職員（教育職員免許法第二条第一項に規定する教育職員をいう。以下この項において同じ。）に雇用しようとする者

二　第十三条第一項の規定により内閣総理大臣の認定を受けている市町村の長が学校教育法第四条第一項の規定による設置の認可を行った学校を設置する学校設置非営利法人が、当該学校の教育職員に雇用しようとする者

三　その設定する構造改革特別区域における教育上の特別の事情により、市町村がその給料その他の給与（市町村立学校職員給与負担法（昭和二十三年法律第百三十五号）第一条に規定する給料その他の給与をいう。）又は報酬等（同法第一条に規定する報酬等をいう。）を負担して、当該市町村の教育委員会が教育職員に任命しようとする者

２　前項において読み替えて適用する教育職員免許法第五条第六項の規定により、市町村の教育委員会が特別免許状を授与したときは、当該市町村の教育委員会は、遅滞なく、授与を受けた者の氏名及び職種並びに授与の目的、当該特別免許状に係る学校の種類及び教科その他文部科学省令で定める事項を当該市町村を包括する都道府県の教育委員会に通知しなければならない。

３　第九条第一項の規定により第一項の認定が取り消された場合であっても、同項において読み替えて適用する教育職員免許法第五条第六項の規定により市町村の教育委員会が授与した特別免許状に係る授与権者（同項に規定する授与権者をいう。）及び免許管理者（同法第二条第二項に規定する免許管理者をいう。）は、当該市町村の教育委員会とする。

（私立学校法の特例）

第二十条　地方公共団体が、その設定する構造改革特別区域において、地域の特性に応じた高等学校又は幼稚園における教育の機会を提供するに当たり、その実現を図ろうとする教育の内容、当該教育に必要な教職員の編制並びに施設及び設備、地域における当該教育の需要の状況等に照らし、当該地方公共団体の協力により新たに設立される学校法人（私立学校法（昭和二十四年法律第二百七十号）第三条に規定する学校法人をいう。以下この条において同じ。）が高等学校又は幼稚園を設置して当該地方公共団体との連携及び協力に基づき当該教育を実施することが、他の方法により当該教育の機会を提供するよりも、教育効果、効率性等の観点から適切であると認めて内閣総理大臣の認定を申請し、その認定を受けたときは、当該認定の日以後は、当該教育を実施する高等学校又は幼稚園（以下この条及び別表第十号において「公私協力学校」という。）の設置及び運営を目的とする学校法人（以下この条において「協力学校法人」という。）を設立しようとする者であって第六項の指定を受けたもの（第三項において「指定設立予定者」という。）が、所轄庁（同法第四条に規定する所轄庁をいう。以下この条において同じ。）に対し、同法第三十条第一項の規定による寄附行為の認可を申請した場合においては、所轄庁は、同法第三十一条第一項の規

定にかかわらず、当該寄附行為の認可を決定するに当たり、同法第二十五条第一項の要件に該当しているかどうかの審査を行わないものとする。

2　前項の寄附行為には、私立学校法第三十条第一項各号に掲げる事項のほか、当該寄附行為により設立する学校法人が協力学校法人である旨及びその設置する学校が公私協力学校である旨を定めなければならない。

3　第一項の認定を受けた地方公共団体（以下この条において「協力地方公共団体」という。）の長と協力学校法人の所轄庁とが異なる場合において、指定設立予定者又は協力学校法人が、所轄庁に対し、次に掲げる申請又は届出を行おうとするときは、協力地方公共団体の長を経由して行わなければならない。この場合において、協力地方公共団体の長は、当該申請又は届出に係る事項に関し意見を付すことができるものとし、所轄庁は、その意見に配慮しなければならない。

一　私立学校法第三十条第一項の規定による寄附行為の認可の申請

二　私立学校法第四十五条第一項又は第二項の規定による寄附行為の変更の認可の申請又は届出

三　私立学校法第五十条第二項の規定による解散についての認可又は認定の申請

四　学校教育法第四条第一項の規定による学校の設置廃止、設置者の変更及び同項に規定する政令で定める事項の認可の申請

4　協力地方公共団体の長は、公私協力学校の設置及び運営に関し、次に掲げる事項を定めた基本計画（以下この条において「公私協力基本計画」という。）を定め、これを公告しなければならない。

一　収容定員に関する事項

二　授業料等の納付金に関する事項

三　施設又は設備の整備及び運営に要する経費についての助成措置に関する事項

四　協力学校法人の解散に伴う残余財産の帰属に関する事項

5　公私協力基本計画においては、前項各号に掲げるもののほか、次に掲げる事項を定めるよう努めるものとする。

一　教育目標に関する事項

二　その他公私協力学校の設置及び運営に関する重要事項として文部科学省令で定めるもの

6　第四項の規定により公告された公私協力基本計画に基づき協力学校法人を設立しようとする者は、当該公告を行った協力地方公共団体の長に申し出て、その設立しようとする協力学校法人について、公私協力学校の設置及び運営を行うべき者としての指定を受けなければならない。

7　協力地方公共団体の長は、前項の申出に係る協力学校法人が、公私協力基本計画に基づく公私協力学校の設置を適正に行い、その運営を継続的かつ安定的に行うことができる能力を有するものであると認めるときでなければ、同項の指定をしてはならない。

8　協力地方公共団体の長は、地域における教育の需要の状況の変化その他の事情を考慮して必要があると認めるときは、協力学校法人に協議して、公私協力基本計画を変更することができる。

9　協力地方公共団体は、協力学校法人が公私協力学校の設置について学校教育法第四条第一項の規定による認可を受けた際に、当該協力学校法人が公私協力基本計画に基づき当該公私協力学校における教育を行うために施設又は設備の整備を必要とする場合には、当該公私協力基本計画に定めるところにより、当該協力学校法人に対し、当該施設若しくは設備を無償若しくは時価よりも低い対価で貸し付け、若しくは譲渡し、又は当該施設若しくは設備の整備に要する資金を出えんするものとする。

10　前項の規定は、地方自治法第九十六条及び第二百三十七条から第二百三十八条の五までの規定の適用を妨げない。

11　協力学校法人は、毎会計年度、文部科学省令で定めるところにより、公私協力基本計画に基づき、当該年度における公私協力学校の運営に関する計画（以下この条において「公私協力年度計画」という。）及び収支予算を作成し、協力地方公共団体の長の認可を受けなければならない。これを変更しようとするときも、同様とする。

12　協力地方公共団体は、協力学校法人が公私協力年度計画を実施するに当たり、公私協力基本計画で定める授業料等の納付金による収入の額では、他の得ることが見込まれる収入の額を合算しても、なおその収支の均衡を図ることが困難となると認められる場合には、公私協力基本計画に定めるところにより、当該協力学校法人に対し、当該公私協力年度計画の円滑かつ確実な実施のために必要な額の補助金を交付するものとする。

13　私立学校振興助成法（昭和五十年法律第六十一号）第十二条（第三号に係る部分を除く。）及び第十四条第一項の規定は、第九項又は前項の規定により協力地方公共団体が協力学校法人に対し助成を行う場合について準用する。この場合において、同法第十二条中「所轄庁は、この法律の規定」とあるのは「協力地方公共団体（構造改革特別区域法（平成十四年法律第百八十九号）第二十条第三項に規定する協力地方公共団体をいう。以下同じ。）の長は、同条第九項又は第十二項の規定」と、「学校法人に」とあるのは「協力学校法人（同条第一項に規定する協力学校法人をいう。以下同じ。）に」と、同条第一号及び第二号中「学校法人」とあるのは「協力学校法人」と、同条第四号中「学校法人」とあるのは「協力学校法人」と、「所轄庁」とあるのは「協力地方公共団体の長」と、同法第十四条第一項中「第四条第一項又は第九条に規定する補助金の交付を受ける学校法人」とあるのは「構造改革特別区域法第二十条第九項又は第十二項の規定により助成を受ける協力学校法人」と、「作成しなければならない」とあるのは「作成し、協力地方公共団体の長に届け出なければならない」と読み替えるものとする。

14　協力地方公共団体の長と協力学校法人の所轄庁とが異なる場合において、協力地方公共団体の長及び協力学校法人の所轄庁は、相互に密接な連携を図りながら、協力学校法人に対し、前項において準用する私立学校振興助成法第十二条の規定による権限の行使その他の当該協力学校法人の業務の適切な運営を確保するための措置を講ずるものとする。

15　協力地方公共団体の長は、協力学校法人がその設置する公私協力学校の運営を公私協力基本計画に基づき適正かつ確実に実施することができなくなったと認める場合においては、当該協力学校法人に対し、当該公私協力学校に係る第六項の指定を取り消すことができる。

16　協力学校法人は、前項の規定による指定の取消しの処分を受けたときは、当該処分に係る公私協力学校について、学校教育法第四条第一項の規定による廃止の認可を所轄庁に申請しなければならない。

17　協力地方公共団体の長は、第四項の規定による公私協力基本計画の策定及び第八項の規定による公私協力基本計画の変更並びに第十一項の規定による公私協力年度計画及び収支予算の認可を行おうとするときは、あらかじめ、当該協力地方公共団体の教育委員会に協議しなければならない。

18　教育基本法（平成十八年法律第百二十号）第十五条第二項の規定は、公私協力学校について準用する。

（地方教育行政の組織及び運営に関する法律の特例）

第二十九条　地方公共団体が、その設定する構造改革特別区域において、当該地方公共団体の教育委員会の所管に属する学校（学校教育法第一条に規定する学校をいい、大学を除く。）及び社会教育機関（地方教育行政の組織及び運営に関する法律第三十条に規定する教育機関のうち社会教育に関するものをいう。）（以下この条において「学校等」という。）の校舎その他の施設（以下この条及び別表第十九号において「学校等施設」という。）並びに当該地方公共団体の長の所管に属する地方自治法第二百四十四条第一項に規定する公の施設（以下この項において単に「公の施設」という。）の利用及び配置の状況その他の地域の事情に照らし、当該地方公共団体の長が学校等施設の管理及び整備に関する事務の全部又は一部を管理し、及び執行することが、学校等施設及び公の施設の一体的な利用（学校等施設を学校教育及び社会教育の目的以外の目的に使用することを含む。）又はこれらの総合的な整備の促進を図るため必要であり、かつ、学校等における教育活動の適切な実施に支障を及ぼすおそれがないと認めて内閣総理大臣の認定を申請し、その認定を受けたときは、当該認定の日以後は、地方教育行政の組織及び運営に関する法律第二十一条及び第二十二条の規定にかかわらず、当該学校等施設の管理及び整備に関する事務の全部又は一部については、当該地方公共団体の長が管理し、及び執行する。この場合において、当該地方公共団体の長が管理する学校等施設については、同法第二十八条の規定は、適用しない。

2　前項の認定を受けた地方公共団体の長は、同項の規定により管理し、及び執行する学校等施設の管理及び整備に関する事務のうち学校等における教育活動と密接な関連を有するものとして当該地方公共団体の規則で定めるものを管理し、及び執行するに当たっては、当該地方公共団体の規則で定めるところにより、あらかじめ、当該地方公共団体の教育委員会の意見を聴かなければならない。

3　第一項の認定を受けた地方公共団体の長は、前項の規則を制定し、又は改廃しようとするときは、あらかじめ、当該地方公共団体の教育委員会の意見を聴かなければならない。

4　第一項の規定により地方公共団体の長が学校等施設の管理及び整備に関する事務の全部又は一部を管理し、及び執行する場合における社会教育法（昭和二十四年法律第二百七号）第四十四条第二項及び学校施設の確保に関する政令（昭和二十四年政令第三十四号）第二条第三項の規定の適用については、これらの規定中「教育委員会」とあるのは、「教育委員会（構造改革特別区域法（平成十四年法律第百八十九号）第二十九条第一項の規定により同項の認定を受けた地方公共団体の長がその施設を管理する公立学校にあつては、当該地方公共団体の長）」とする。

（国立大学法人法の特例）

第三十四条　地方公共団体が、その設定する構造改革特別区域において、国立大学法人（国立大学法人法（平成十五年法律第百十二号）第二条第一項に規定する国立大学法人をいう。以下この条及び別表第二十四号において同じ。）がその所有に属する土地等（同法第三十四条の二に規定する土地等をいう。以下この条及び同号において同じ。）を当該土地等において革新的な研究開発、研究開発の成果を活用した新たな事業の創出又は研究開発の成果を活用した施設の整備を行おうとする者に円滑かつ迅速に貸し付けることが、当該構造改革特別区域におけるイノベーションの創出（科学技術・イノベーション基本法（平成七年法律第百三十号）第二条第一項に規定するイノベーションの創出をいう。）に資するものと認めて内閣総理大臣の認定を申請し、その認定を受けたときは、当該認定の日以後は、当該認定に係る国立大学法人による土地等の貸付けに係る国立大学法人法第十一条第八項、第三十四条の二、第三十六条及び第四十条第一項の規定の適用については、同法第十一条第八項中「この法律」とあるのは「この法律若しくは構造改革特別区域法（平成十四年法律第百八十九号）第三十四条の規定により読み替えて適用する第三十四条の二」と、同法第三十四条の二中「文部科学大臣の認可を受けて」とあるのは「あらかじめ、文部科学大臣に届け出て」と、「ものを」とあるのは「ものを構造改革特別区域法第三十四条に規定する者に」と、同法第三十六条第二号中「、第三十四条の二若しくは」とあるのは「若しくは」と、同法第四十条第一項第二号中「この法律」とあるのは「この法律若しくは構造改革特別区域法第三十四条の規定により読み替えて適用する第三十四条の二」と、同項第四号中「第八項」とあるのは「第八項（構造改革特別区域法第三十四条の規定により読み替えて適用する場合を含む。）」とする。

第六章　雑則

（規制の特例措置の見直し）

第四十八条　関係行政機関の長は、規制の特例措置の適用の状況について、定期的に調査を行うとともに、その結果について、本部に報告しなければならない。

2　関係行政機関の長は、前項の調査の結果及び地方公共団体その他の関係者の意見を踏まえ、必要な措置を講ずるものとする。

附　則（抄）

（施行期日）

第一条　この法律は、公布の日から施行する。ただし、次の各号に掲げる規定は、当該各号に定める日から施行する。

一　第三章及び第四章の規定　平成十五年四月一日

二　附則第六条の規定　平成十六年一月一日

（検討）

第二条　政府は、この法律の施行後五年以内に、この法律の施行の状況について検討を加え、その結果に基づいて必要な措置を講ずるものとする。

（提案を募集する期限）

第三条　第三条第三項の募集は、令和九年三月三十一日までの間、行うものとする。

（構造改革特別区域計画の認定を申請する期限）

第四条　第四条第一項の申請は、令和九年三月三十一日までに限り行うことができる。

別表〔略〕

○私立学校法の一部を改正する法律（抄）

令和五・五・八
法　二　一

（構造改革特別区域法の一部改正）

附則・第二十三条　構造改革特別区域法（平成十四年法律第百八十九号）の一部を次のように改正する。

第二十条第一項中「第三十条第一項」を「第二十三条第一項」に、「第三十一条第一項」を「第二十四条第一項」に、「第二十五条第一項」を「第十七条第一項」に改め、同条第二項中「第三十条第一項各号」を「第二十三条第一項各号」に改め、同条第三項第一号中「第三十条第一項」を「第二十三条第一項」に改め、同項第二号中「第四十五条第一項又は第二項」を「第百八条第三項又は第五項」に改め、同項第三号中「第五十条第二項」を「第百九条第三項」に改め、「又は認定」を削り、同条第十三項中「第十四条第一項」を「第十四条第四項本文」に、「第四条第一項又は第九条に規定する補助金の交付を受ける学校法人」を「助成対象学校法人」に、「作成しなければならない」を「並びに当該会計年度の翌会計年度の収支予算書に前項の監査報告（会計監査人設置学校法人等にあつては、私立学校法第八十六条第二項の会計監査報告）を添付して、所轄庁」に、「作成し、協力地方公共団体の長に届け出なければならない」を「を協力地方公共団体の長」に改める。

附　則（抄）

（施行期日）

第一条　この法律は、令和七年四月一日から施行する。〔ただし書略〕

○国家戦略特別区域法（抄）

平成二五・一二・一三
法　一　〇　七

最終改正　令和五・五・八法二一

第一章　総則

（目的）

第一条　この法律は、我が国を取り巻く国際経済環境の変化その他の経済社会情勢の変化に対応して、我が国の経済社会の活力の向上及び持続的発展を図るためには、国が定めた国家戦略特別区域において、経済社会の構造改革を重点的に推進することにより、産業の国際競争力を強化するとともに、国際的な経済活動の拠点を形成することが重要であることに鑑み、国家戦略特別区域に関し、規制改革その他の施策を総合的かつ集中的に推進するために必要な事項を定め、もって国民経済の発展及び国民生活の向上に寄与することを目的とする。

（定義等）

第二条　この法律において「国家戦略特別区域」とは、当該区域において、高度な技術に関する研究開発若しくはその成果を活用した製品の開発若しくは生産若しくは役務の開発若しくは提供に関する事業その他の産業の国際競争力の強化に資する事業又は国際的な経済活動に関連する居住者、来訪者若しくは滞在者を増加させるための市街地の整備に関する事業その他の国際的な経済活動の拠点の形成に資する事業を実施することにより、我が国の経済社会の活力の向上及び持続的発展に相当程度寄与することが見込まれる区域として政令で定める区域をいう。

2　この法律において「特定事業」とは、第十条を除き、次に掲げる事業をいう。

一　別表に掲げる事業で、第十二条の二から第二十七条まで

の規定による規制の特例措置の適用を受けるもの

二　産業の国際競争力の強化又は国際的な経済活動の拠点の形成に資するものとして我が国の経済社会の活力の向上及び持続的発展に寄与することが見込まれる内閣府令で定める事業であって第二十八条第一項に規定する指定金融機関から当該事業を行うのに必要な資金の貸付けを受けて行われるもの

三　〔略〕

3　この法律において「規制の特例措置」とは、第十条、第二十八条の四及び第三十条第一項第七号を除き、法律により規定された規制についての第十二条の二から第二十五条の六までに規定する法律の特例に関する措置及び政令又は主務省令（以下この項及び第二十八条の四において「政令等」という。）により規定された規制についての第二十六条の規定による政令若しくは内閣府令（告示を含む。）・主務省令（第三十九条ただし書に規定する規制にあっては、主務省令。以下「内閣府令・主務省令」という。）又は第二十七条の規定による条例で規定する政令等の特例に関する措置をいい、これらの措置の適用を受ける場合において当該規制の趣旨に照らし地方公共団体がこれらの措置と併せて実施し又はその実施を促進することが必要となる措置を含むものとする。

4　〔略〕

5　この法律において「地方公共団体」とは、都道府県、市町村（特別区を含む。第十九条を除き、以下同じ。）又は地方自治法（昭和二十二年法律第六十七号）第二百八十四条第一項の一部事務組合若しくは広域連合をいい、港湾法（昭和二十五年法律第二百十八号）第四条第一項の規定による港務局を含むものとする。

6　内閣総理大臣は、第一項の政令の制定又は改廃の立案をしようとするときは、あらかじめ、国家戦略特別区域諮問会議及び関係地方公共団体の意見を聴かなければならない。

（基本理念）

第三条　国家戦略特別区域における産業の国際競争力の強化及び国際的な経済活動の拠点の形成は、国が、これらの実現のために必要な政策課題の迅速な解決を図るため、適切に国家戦略特別区域を定めるとともに、規制の特例措置の整備その他必要な施策を、関連する諸制度の改革を推進しつつ総合的かつ集中的に講ずることを基本とし、地方公共団体及び民間事業者その他の関係者が、国と相互に密接な連携を図りつつ、これらの施策を活用して、我が国の経済社会の活力の向上及び持続的発展を図ることを旨として、行われなければならない。

第二章　国家戦略特別区域基本方針〔略〕

第三章　区域計画の認定等〔略〕

第四章　認定区域計画に基づく事業に対する規制の特例措置等

（学校教育法等の特例）

第十二条の三　国家戦略特別区域会議が、第八条第二項第二号に規定する特定事業として、公立国際教育学校等管理事業（国家戦略特別区域内において、都道府県又は地方自治法第二百五十二条の十九第一項の指定都市（以下この条において「都道府県等」という。）が設置する学校教育法（昭和二十二年法律第二十六号）第一条に規定する中学校（同法第七十一条の規定により高等学校における教育と一貫した教育を施すものに限る。）、高等学校又は中等教育学校のうち、国際理解教育及び外国語教育を重点的に行うものその他の産業の国際競争力の強化及び国際的な経済活動の拠点の形成に寄与する人材の育成の必要性に対応するための教育を行うものとして政令で定める基準に適合するもの（以下この項及び第三項第三号において「公立国際教育学校等」という。）の管理を、私立学校法（昭和二十四年法律第二百七十号）第三条に規定する学校法人、同法第六十四条第四項の規定により設立された法人、一般社団法人、一般財団法人又は特定非営利活動促進法（平成十年法律第七号）第二条第二項に規定する特定非営利活動法人であって、当該公立国際教育学校等の管理を担当する役員が当該管理を行うために必要な知識又は経験を有するものとして都道府県等が指定するもの（以下この条において「指定公立国際教育学校等管理法人」という。）に行わせる事業をいう。別表の一の二の項において同じ。）を定めた区域計画について、内閣総理大臣の認定を申請し、その認定を受けたときは、当該認定の日以後は、都道府県等は、学校教育法第五条の規定にかかわらず、条例の定めるところにより、指定公立国際教育学校等管理法人に公立国際教育学校等の管理を行わせることができる。

2　次の各号のいずれかに該当する者は、前項の規定による指定（以下この条において単に「指定」という。）を受けることができない。

一　第十項の規定により指定を取り消され、その取消しの日から起算して二年を経過しない者

二　その役員のうちに、第十二項の規定により刑に処せられ、その執行を終わり、又は執行を受けることがなくなった日から起算して二年を経過しない者がある者

3　第一項の条例には、次に掲げる事項を定めるものとする。

一　指定の手続

二　指定公立国際教育学校等管理法人が行う管理に関する基本的な方針

三　指定公立国際教育学校等管理法人が管理を行う公立国際教育学校等（以下この条において「特定公立国際教育学校等」という。）において生徒に対してされる入学、卒業、退学その他の処分に関する手続及び基準

四　前号に掲げるもののほか、指定公立国際教育学校等管理法人が行う管理に関する基準及び業務の範囲

五　その他指定公立国際教育学校等管理法人が行う管理に関し必要な事項

4　指定は、期間を定めて行うものとする。

5　都道府県等は、指定をしようとするときは、あらかじめ、当該都道府県等の議会の議決を経なければならない。

6　指定公立国際教育学校等管理法人の役員若しくは職員又は

これらの職にあった者は、特定公立国際教育学校等の管理の業務に関して知り得た秘密を漏らし、又は盗用してはならない。

7 指定公立国際教育学校等管理法人の役員又は職員であって特定公立国際教育学校等の管理の業務に従事するものは、刑法（明治四十年法律第四十五号）その他の罰則の適用については、法令により公務に従事する職員とみなす。

8 指定公立国際教育学校等管理法人は、毎年度終了後、その管理を行う特定公立国際教育学校等の管理の業務に関し事業報告書を作成し、当該特定公立国際教育学校等を設置する都道府県等に提出しなければならない。

9 都道府県等の教育委員会は、指定公立国際教育学校等管理法人が管理を行う特定公立国際教育学校等の管理の適正を期するため、指定公立国際教育学校等管理法人に対して、当該管理の業務又は経理の状況に関し報告を求め、実地について調査し、又は必要な指示をすることができる。

10 都道府県等は、指定公立国際教育学校等管理法人が前項の指示に従わないときその他当該指定公立国際教育学校等管理法人による管理を継続することが適当でないと認めるときは、その指定を取り消し、又は期間を定めて管理の業務の全部若しくは一部の停止を命ずることができる。

11・12〔略〕

第五章 国家戦略特別区域諮問会議〔略〕

第六章 雑則〔略〕

附 則（抄）

（施行期日）

第一条 この法律は、公布の日から施行する。ただし、次の各号に掲げる規定は、当該各号に定める日から施行する。

一 第三章、第四章及び第三十七条の規定 公布の日から起算して四月を超えない範囲内において政令で定める日

二・三〔略〕

別表〔略〕

○私立学校法の一部を改正する法律（抄）

令和五・五・八
法 二 一

（租税特別措置法等の一部改正）

附則・第十六条 次に掲げる法律の規定中「第六十四条第四項」を「第百五十二条第五項」に改める。

一～三〔略〕

四 国家戦略特別区域法（平成二十五年法律第百七号）第十二条の三第一項

附 則（抄）

（施行期日）

第一条 この法律は、令和七年四月一日から施行する。〔ただし書略〕

○著作権法（抄）

昭四五・五・六
法四八

最終改正　令和五・六・一四法五三

第一章　総則

第一節　通則

（目的）
第一条　この法律は、著作物並びに実演、レコード、放送及び有線放送に関し著作者の権利及びこれに隣接する権利を定め、これらの文化的所産の公正な利用に留意しつつ、著作者等の権利の保護を図り、もつて文化の発展に寄与することを目的とする。

（定義）
第二条　この法律において、次の各号に掲げる用語の意義は、当該各号に定めるところによる。
一　著作物　思想又は感情を創作的に表現したものであつて、文芸、学術、美術又は音楽の範囲に属するものをいう。
二　著作者　著作物を創作する者をいう。
三　実演　著作物を、演劇的に演じ、舞い、演奏し、歌い、口演し、朗詠し、又はその他の方法により演ずること（これらに類する行為で、著作物を演じないが芸能的な性質を有するものを含む。）をいう。
四～十　〔略〕
十の二　プログラム　電子計算機を機能させて一の結果を得ることができるようにこれに対する指令を組み合わせたものとして表現したものをいう。
十の三　データベース　論文、数値、図形その他の情報の集合物であつて、それらの情報を電子計算機を用いて検索することができるように体系的に構成したものをいう。
十一　二次的著作物　著作物を翻訳し、編曲し、若しくは変形し、又は脚色し、映画化し、その他翻案することにより創作した著作物をいう。
十二　共同著作物　二人以上の者が共同して創作した著作物であつて、その各人の寄与を分離して個別的に利用することができないものをいう。
十三～二十五　〔略〕
2～9　〔略〕

第二節　適用範囲

（保護を受ける著作物）
第六条　著作物は、次の各号のいずれかに該当するものに限り、この法律による保護を受ける。
一　日本国民（わが国の法令に基づいて設立された法人及び国内に主たる事務所を有する法人を含む。以下同じ。）の著作物
二　最初に国内において発行された著作物（最初に国外において発行されたが、その発行の日から三十日以内に国内において発行されたものを含む。）
三　前二号に掲げるもののほか、条約によりわが国が保護の義務を負う著作物

第二章　著作者の権利

第一節　著作物

（著作物の例示）
第十条　この法律にいう著作物を例示すると、おおむね次のとおりである。
一　小説、脚本、論文、講演その他の言語の著作物
二　音楽の著作物
三　舞踊又は無言劇の著作物
四　絵画、版画、彫刻その他の美術の著作物
五　建築の著作物
六　地図又は学術的な性質を有する図面、図表、模型その他の図形の著作物
七　映画の著作物
八　写真の著作物
九　プログラムの著作物
2　事実の伝達にすぎない雑報及び時事の報道は、前項第一号に掲げる著作物に該当しない。
3　〔略〕

第三節　権利の内容

第一款　総則

（著作者の権利）
第十七条　著作者は、次条第一項、第十九条第一項及び第二十条第一項に規定する権利（以下「著作者人格権」という。）並びに第二十一条から第二十八条までに規定する権利（以下「著作権」という。）を享有する。
2　著作者人格権及び著作権の享有には、いかなる方式の履行をも要しない。

第二款　著作者人格権

（公表権）
第十八条　著作者は、その著作物でまだ公表されていないもの（その同意を得ないで公表された著作物を含む。以下この条において同じ。）を公衆に提供し、又は提示する権利を有する。当該著作物を原著作物とする二次的著作物についても、同様とする。
2～4　〔略〕

（氏名表示権）
第十九条　著作者は、その著作物の原作品に、又はその著作物の公衆への提供若しくは提示に際し、その実名若しくは変名を著作者名として表示し、又は著作者名を表示しないこととする権利を有する。その著作物を原著作物とする二次的著作物の公衆への提供又は提示に際しての原著作物の著作者名の表示についても、同様とする。
2～4　〔略〕

（同一性保持権）
第二十条　著作者は、その著作物及びその題号の同一性を保持する権利を有し、その意に反してこれらの変更、切除その他の改変を受けないものとする。

2 前項の規定は、次の各号のいずれかに該当する改変については、適用しない。

一 第三十三条第一項（同条第四項において準用する場合を含む。）、第三十三条の二第一項、第三十三条の三第一項又は第三十四条第一項の規定により著作物を利用する場合における用字又は用語の変更その他の改変で、学校教育の目的上やむを得ないと認められるもの

二 建築物の増築、改築、修繕又は模様替えによる改変

三 特定の電子計算機においては実行し得ないプログラムの著作物を当該電子計算機において実行し得るようにするため、又はプログラムの著作物を電子計算機においてより効果的に実行し得るようにするために必要な改変

四 前三号に掲げるもののほか、著作物の性質並びにその利用の目的及び態様に照らしやむを得ないと認められる改変

第五款 著作権の制限

（私的使用のための複製）

第三十条 著作権の目的となつている著作物（以下この款において単に「著作物」という。）は、個人的に又は家庭内その他これに準ずる限られた範囲内において使用すること（以下「私的使用」という。）を目的とするときは、次に掲げる場合を除き、その使用する者が複製することができる。

一 公衆の使用に供することを目的として設置されている自動複製機器（複製の機能を有し、これに関する装置の全部又は主要な部分が自動化されている機器をいう。）を用いて複製する場合

二 技術的保護手段の回避（第二条第一項第二十号に規定する信号の除去若しくは改変その他の当該信号の効果を妨げる行為（記録又は送信の方式の変換に伴う技術的な制約によるものを除く。）を行うこと又は同号に規定する特定の変換を必要とするよう変換された著作物、実演、レコード若しくは放送若しくは有線放送に係る音若しくは影像の復元を行うことにより、当該技術的保護手段によつて防止される行為を可能とし、又は当該技術的保護手段によつて抑止される行為の結果に障害を生じないようにすること（著作権等を有する者の意思に基づいて行われるものを除く。）をいう。第百十三条第七項並びに第百二十条の二第一号及び第二号において同じ。）により可能となり、又はその結果に障害が生じないようになつた複製を、その事実を知りながら行う場合

三 著作権を侵害する自動公衆送信（国外で行われる自動公衆送信であつて、国内で行われたとしたならば著作権の侵害となるべきものを含む。）を受信して行うデジタル方式の録音又は録画（以下この号及び次項において「特定侵害録音録画」という。）を、特定侵害録音録画であることを知りながら行う場合

四 著作権（第二十八条に規定する権利（翻訳以外の方法により創作された二次的著作物に係るものに限る。）を除く。以下この号において同じ。）を侵害する自動公衆送信（国外で行われる自動公衆送信であつて、国内で行われたとしたならば著作権の侵害となるべきものを含む。）を受信して行うデジタル方式の複製（録音及び録画を除く。以下この号において同じ。）（当該著作権に係る著作物のうち当該複製がされる部分の占める割合、当該部分が自動公衆送信される際の表示の精度その他の要素に照らし軽微なものを除く。以下この号及び次項において「特定侵害複製」という。）を、特定侵害複製であることを知りながら行う場合（当該著作物の種類及び用途並びに当該特定侵害複製の態様に照らし著作権者の利益を不当に害しないと認められる特別な事情がある場合を除く。）

2 前項第三号及び第四号の規定は、特定侵害録音録画又は特定侵害複製であることを重大な過失により知らないで行う場合を含むものと解釈してはならない。

3 私的使用を目的として、デジタル方式の録音又は録画の機能を有する機器（放送の業務のための特別の性能その他の私的使用に通常供されない特別の性能を有するもの及び録音機能付きの電話機その他の本来の機能に附属する機能として録音又は録画の機能を有するものを除く。）であつて政令で定めるものにより、当該機器によるデジタル方式の録音又は録画の用に供される記録媒体であつて政令で定めるものに録音又は録画を行う者は、相当な額の補償金を著作権者に支払わなければならない。

（付随対象著作物の利用）

第三十条の二 写真の撮影、録音、録画、放送その他これらと同様に事物の影像又は音を複製し、又は複製を伴うことなく伝達する行為（以下この項において「複製伝達行為」という。）を行うに当たつて、その対象とする事物又は音（以下この項において「複製伝達対象事物等」という。）に付随して対象となる事物又は音（複製伝達対象事物等の一部を構成するものとして対象となる事物又は音を含む。以下この項において「付随対象事物等」という。）に係る著作物（当該複製伝達行為により作成され、又は伝達されるもの（以下この条において「作成伝達物」という。）のうち当該著作物の占める割合、当該作成伝達物における当該著作物の再製の精度その他の要素に照らし当該作成伝達物において当該著作物が軽微な構成部分となる場合における当該著作物に限る。以下この条において「付随対象著作物」という。）は、当該付随対象事物等の当該複製伝達対象事物等からの分離の困難性の程度、当該作成伝達物において当該付随対象著作物が果たす役割その他の要素に照らし正当な範囲内において、当該複製伝達行為に伴つて、いずれの方法によるかを問わず、利用することができる。ただし、当該付随対象著作物の種類及び用途並びに当該利用の態様に照らし著作権者の利益を不当に害することとなる場合は、この限りでない。

2 前項の規定により利用された付随対象著作物は、当該付随対象著作物に係る作成伝達物の利用に伴つて、いずれの方法によるかを問わず、利用することができる。ただし、当該付随対象著作物の種類及び用途並びに当該利用の態様に照らし著作権者の利益を不当に害することとなる場合は、この限りでない。

（検討の過程における利用）

第三十条の三 著作権者の許諾を得て、又は第六十七条第一

項、第六十八条第一項若しくは第六十九条の規定による裁定を受けて著作物を利用しようとする者は、これらの利用についての検討の過程（当該許諾を得、又は当該裁定を受ける過程を含む。）における利用に供することを目的とする場合には、その必要と認められる限度において、いずれの方法によるかを問わず、当該著作物を利用することができる。ただし、当該著作物の種類及び用途並びに当該利用の態様に照らし著作権者の利益を不当に害することとなる場合は、この限りでない。

（著作物に表現された思想又は感情の享受を目的としない利用）

第三十条の四　著作物は、次に掲げる場合その他の当該著作物に表現された思想又は感情を自ら享受し又は他人に享受させることを目的としない場合には、その必要と認められる限度において、いずれの方法によるかを問わず、利用することができる。ただし、当該著作物の種類及び用途並びに当該利用の態様に照らし著作権者の利益を不当に害することとなる場合は、この限りでない。

一　著作物の録音、録画その他の利用に係る技術の開発又は実用化のための試験の用に供する場合

二　情報解析（多数の著作物その他の大量の情報から、当該情報を構成する言語、音、影像その他の要素に係る情報を抽出し、比較、分類その他の解析を行うことをいう。第四十七条の五第一項第二号において同じ。）の用に供する場合

三　前二号に掲げる場合のほか、著作物の表現についての人の知覚による認識を伴うことなく当該著作物を電子計算機による情報処理の過程における利用その他の利用（プログラムの著作物にあつては、当該著作物の電子計算機における実行を除く。）に供する場合

（図書館等における複製等）

第三十一条　国立国会図書館及び図書、記録その他の資料を公衆の利用に供することを目的とする図書館その他の施設で政令で定めるもの（以下この条及び第百四条の十の四第三項において「図書館等」という。）においては、次に掲げる場合には、その営利を目的としない事業として、図書館等の図書、記録その他の資料（次項及び第六項において「図書館資料」という。）を用いて著作物を複製することができる。

一　図書館等の利用者の求めに応じ、その調査研究の用に供するために、公表された著作物の一部分（国若しくは地方公共団体の機関、独立行政法人又は地方独立行政法人が一般に周知させることを目的として作成し、その著作の名義の下に公表する広報資料、調査統計資料、報告書その他これらに類する著作物（次項及び次条第二項において「国等の周知目的資料」という。）その他の著作物の全部の複製物の提供が著作権者の利益を不当に害しないと認められる特別な事情があるものとして政令で定めるものにあつては、その全部）の複製物を一人につき一部提供する場合

二　図書館資料の保存のため必要がある場合

三　他の図書館等の求めに応じ、絶版その他これに準ずる理由により一般に入手することが困難な図書館資料（以下この条において「絶版等資料」という。）の複製物を提供する場合

2　特定図書館等においては、その営利を目的としない事業として、当該特定図書館等の利用者（あらかじめ当該特定図書館等にその氏名及び連絡先その他文部科学省令で定める情報（次項第三号及び第八項第一号において「利用者情報」という。）を登録している者に限る。第四項及び第百四条の十の四第四項において同じ。）の求めに応じ、その調査研究の用に供するために、公表された著作物の一部分（国等の周知目的資料その他の著作物の全部の公衆送信が著作権者の利益を不当に害しないと認められる特別な事情があるものとして政令で定めるものにあつては、その全部）について、次に掲げる行為を行うことができる。ただし、当該著作物の種類（著作権者若しくはその許諾を得た者又は第七十九条の出版権の設定を受けた者若しくはその公衆送信許諾を得た者による当該著作物の公衆送信（放送又は有線放送を除き、自動公衆送信の場合にあつては送信可能化を含む。以下この条において同じ。）の実施状況を含む。第百四条の十の四第四項において同じ。）及び用途並びに当該特定図書館等が行う公衆送信の態様に照らし著作権者の利益を不当に害することとなる場合は、この限りでない。

一　図書館資料を用いて次号の公衆送信のために必要な複製を行うこと。

二　図書館資料の原本又は複製物を用いて公衆送信を行うこと（当該公衆送信を受信して作成された電磁的記録（電子的方式、磁気的方式その他人の知覚によつては認識することができない方式で作られる記録であつて、電子計算機による情報処理の用に供されるものをいう。以下同じ。）による著作物の提供又は提示を防止し、又は抑止するための措置として文部科学省令で定める措置を講じて行うものに限る。）。

3　前項に規定する特定図書館等とは、図書館等であつて次に掲げる要件を備えるものをいう。

一　前項の規定による公衆送信に関する業務を適正に実施するための責任者が置かれていること。

二　前項の規定による公衆送信に関する業務に従事する職員に対し、当該業務を適正に実施するための研修を行つていること。

三　利用者情報を適切に管理するために必要な措置を講じていること。

四　前項の規定による公衆送信のために作成された電磁的記録に係る情報が同項に定める目的以外の目的のために利用されることを防止し、又は抑止するために必要な措置として文部科学省令で定める措置を講じていること。

五　前各号に掲げるもののほか、前項の規定による公衆送信に関する業務を適正に実施するために必要な措置として文部科学省令で定める措置を講じていること。

4　第二項の規定により公衆送信された著作物を受信した特定図書館等の利用者は、その調査研究の用に供するために必要と認められる限度において、当該著作物を複製することができる。

5 第二項の規定により著作物の公衆送信を行う場合には、第三項に規定する特定図書館等を設置する者は、相当な額の補償金を当該著作物の著作権者に支払わなければならない。

6 第一項各号に掲げる場合のほか、国立国会図書館においては、図書館資料の原本を公衆の利用に供することによるその滅失、損傷若しくは汚損を避けるために当該原本に代えて公衆の利用に供するため、又は絶版等資料に係る著作物を次項若しくは第八項の規定により自動公衆送信（送信可能化を含む。以下この条において同じ。）に用いるため、電磁的記録を作成する場合には、必要と認められる限度において、当該図書館資料に係る著作物を記録媒体に記録することができる。

7 国立国会図書館は、絶版等資料に係る著作物について、図書館等又はこれに類する外国の施設で政令で定めるものにおいて公衆に提示することを目的とする場合には、前項の規定により記録媒体に記録された当該著作物の複製物を用いて自動公衆送信を行うことができる。この場合において、当該図書館等においては、その営利を目的としない事業として、次に掲げる行為を行うことができる。

一 当該図書館等の利用者の求めに応じ、当該利用者が自ら利用するために必要と認められる限度において、自動公衆送信された当該著作物の複製物を作成し、当該複製物を提供すること。

二 自動公衆送信された当該著作物を受信装置を用いて公に伝達すること（当該著作物の伝達を受ける者から料金（いずれの名義をもつてするかを問わず、著作物の提供又は提示につき受ける対価をいう。第九項第二号及び第三十八条において同じ。）を受けない場合に限る。）。

8 国立国会図書館は、次に掲げる要件を満たすときは、特定絶版等資料に係る著作物について、第六項の規定により記録媒体に記録された当該著作物の複製物を用いて、自動公衆送信（当該自動公衆送信を受信して行う当該著作物のデジタル方式の複製を防止し、又は抑止するための措置として文部科学省令で定める措置を講じて行うものに限る。以下この項及び次項において同じ。）を行うことができる。

一 当該自動公衆送信が、当該著作物をあらかじめ国立国会図書館に利用者情報を登録している者（次号において「事前登録者」という。）の用に供することを目的とするものであること。

二 当該自動公衆送信を受信しようとする者が当該自動公衆送信を受信する際に事前登録者であることを識別するための措置を講じていること。

9 前項の規定による自動公衆送信を受信した者は、次に掲げる行為を行うことができる。

一 自動公衆送信された当該著作物を自ら利用するために必要と認められる限度において複製すること。

二 次のイ又はロに掲げる場合の区分に応じ、当該イ又はロに定める要件に従つて、自動公衆送信された当該著作物を受信装置を用いて公に伝達すること。

イ 個人的に又は家庭内において当該著作物が閲覧される場合の表示の大きさと同等のものとして政令で定める大きさ以下の大きさで表示する場合 営利を目的とせず、かつ、当該著作物の伝達を受ける者から料金を受けずに行うこと。

ロ イに掲げる場合以外の場合 公共の用に供される施設であつて、国、地方公共団体又は一般社団法人若しくは一般財団法人その他の営利を目的としない法人が設置するもののうち、自動公衆送信された著作物の公の伝達を適正に行うために必要な法に関する知識を有する職員が置かれているものにおいて、営利を目的とせず、かつ、当該著作物の伝達を受ける者から料金を受けずに行うこと。

10 第八項の特定絶版等資料とは、第六項の規定により記録媒体に記録された著作物に係る絶版等資料のうち、著作権者若しくはその許諾を得た者又は第七十九条の出版権の設定を受けた者若しくはその複製許諾若しくは公衆送信許諾を得た者の申出を受けて、国立国会図書館の館長が当該申出のあつた日から起算して三月以内に絶版等資料に該当しなくなる蓋然性が高いと認めた資料を除いたものをいう。

11 前項の申出は、国立国会図書館の館長に対し、当該申出に係る絶版等資料が当該申出のあつた日から起算して三月以内に絶版等資料に該当しなくなる蓋然性が高いことを疎明する資料を添えて行うものとする。

（引用）

第三十二条 公表された著作物は、引用して利用することができる。この場合において、その引用は、公正な慣行に合致するものであり、かつ、報道、批評、研究その他の引用の目的上正当な範囲内で行なわれるものでなければならない。

2 国等の周知目的資料は、説明の材料として新聞紙、雑誌その他の刊行物に転載することができる。ただし、これを禁止する旨の表示がある場合は、この限りでない。

（教科用図書等への掲載）

第三十三条 公表された著作物は、学校教育の目的上必要と認められる限度において、教科用図書（学校教育法（昭和二十二年法律第二十六号）第三十四条第一項（同法第四十九条、第四十九条の八、第六十二条、第七十条第一項及び第八十二条において準用する場合を含む。）に規定する教科用図書をいう。以下同じ。）に掲載することができる。

2 前項の規定により著作物を教科用図書に掲載する者は、その旨を著作者に通知するとともに、同項の規定の趣旨、著作物の種類及び用途、通常の使用料の額その他の事情を考慮して文化庁長官が定める算出方法により算出した額の補償金を著作権者に支払わなければならない。

3 文化庁長官は、前項の算出方法を定めたときは、これをインターネットの利用その他の適切な方法により公表するものとする。

4 前三項の規定は、高等学校（中等教育学校の後期課程を含む。）の通信教育用学習図書及び教科用図書に係る教師用指導書（当該教科用図書を発行する者の発行に係るものに限る。）への著作物の掲載について準用する。

（教科用図書代替教材への掲載等）

第三十三条の二 教科用図書に掲載された著作物は、学校教育の目的上必要と認められる限度において、教科用図書代替教材（学校教育法第三十四条第二項又は第三項（これらの規定を同法第四十九条、第四十九条の八、第六十二条、第七十条第一項及び第八十二条において準用する場合を含む。以下この項において同じ。）の規定により教科用図書に代えて使用することができる同法第三十四条第二項に規定する教材をいう。以下この項及び次項において同じ。）に掲載し、及び教科用図書代替教材の当該使用に伴つていずれの方法によるかを問わず利用することができる。

２　前項の規定により教科用図書に掲載された著作物を教科用図書代替教材に掲載しようとする者は、あらかじめ当該教科用図書を発行する者にその旨を通知するとともに、同項の規定の趣旨、同項の規定による著作物の利用の態様及び利用状況、前条第二項に規定する補償金の額その他の事情を考慮して文化庁長官が定める算出方法により算出した額の補償金を著作権者に支払わなければならない。

３　文化庁長官は、前項の算出方法を定めたときは、これをインターネットの利用その他の適切な方法により公表するものとする。

（教科用拡大図書等の作成のための複製等）

第三十三条の三　教科用図書に掲載された著作物は、視覚障害、発達障害その他の障害により教科用図書に掲載された著作物を使用することが困難な児童又は生徒の学習の用に供するため、当該教科用図書に用いられている文字、図形等の拡大その他の当該児童又は生徒が当該著作物を使用するために必要な方式により複製することができる。

２　前項の規定により複製する教科用の図書その他の複製物（点字により複製するものを除き、当該教科用図書に掲載された著作物の全部又は相当部分を複製するものに限る。以下この項において「教科用拡大図書等」という。）を作成しようとする者は、あらかじめ当該教科用図書を発行する者にその旨を通知するとともに、営利を目的として当該教科用拡大図書等を頒布する場合にあつては、第三十三条第二項に規定する補償金の額に準じて文化庁長官が定める算出方法により算出した額の補償金を当該著作物の著作権者に支払わなければならない。

３　文化庁長官は、前項の算出方法を定めたときは、これをインターネットの利用その他の適切な方法により公表するものとする。

４　障害のある児童及び生徒のための教科用特定図書等の普及の促進等に関する法律（平成二十年法律第八十一号）第五条第一項又は第二項の規定により教科用図書に掲載された著作物に係る電磁的記録の提供を行う者は、その提供のために必要と認められる限度において、当該著作物を利用することができる。

（学校教育番組の放送等）

第三十四条　公表された著作物は、学校教育の目的上必要と認められる限度において、学校教育に関する法令の定める教育課程の基準に準拠した学校向けの放送番組又は有線放送番組において放送し、有線放送し、地域限定特定入力型自動公衆送信（特定入力型自動公衆送信のうち、専ら当該放送に係る放送対象地域（放送法（昭和二十五年法律第百三十二号）第九十一条第二項第二号に規定する放送対象地域をいい、これが定められていない放送にあつては、電波法（昭和二十五年法律第百三十一号）第十四条第三項第二号に規定する放送区域をいう。）において受信されることを目的として行われるものをいう。以下同じ。）を行い、又は放送同時配信等（放送事業者、有線放送事業者又は放送同時配信等事業者が行うものに限る。第三十八条第三項、第三十九条並びに第四十条第二項及び第三項において同じ。）を行い、及び当該放送番組用又は有線放送番組用の教材に掲載することができる。

２　前項の規定により著作物を利用する者は、その旨を著作者に通知するとともに、相当な額の補償金を著作権者に支払わなければならない。

（学校その他の教育機関における複製等）

第三十五条　学校その他の教育機関（営利を目的として設置されているものを除く。）において教育を担任する者及び授業を受ける者は、その授業の過程における利用に供することを目的とする場合には、その必要と認められる限度において、公表された著作物を複製し、若しくは公衆送信（自動公衆送信の場合にあつては、送信可能化を含む。以下この条において同じ。）を行い、又は公表された著作物であつて公衆送信されるものを受信装置を用いて公に伝達することができる。ただし、当該著作物の種類及び用途並びに当該複製の部数及び当該複製、公衆送信又は伝達の態様に照らし著作権者の利益を不当に害することとなる場合は、この限りでない。

２　前項の規定により公衆送信を行う場合には、同項の教育機関を設置する者は、相当な額の補償金を著作権者に支払わなければならない。

３　前項の規定は、公表された著作物について、第一項の教育機関における授業の過程において、当該授業を直接受ける者に対して当該著作物をその原作品若しくは複製物を提供し、若しくは提示して利用する場合又は当該著作物を第三十八条第一項の規定により上演し、演奏し、上映し、若しくは口述して利用する場合において、当該授業が行われる場所以外の場所において当該授業を同時に受ける者に対して公衆送信を行うときには、適用しない。

（試験問題としての複製等）

第三十六条　公表された著作物については、入学試験その他人の学識技能に関する試験又は検定の目的上必要と認められる限度において、当該試験又は検定の問題として複製し、又は公衆送信（放送又は有線放送を除き、自動公衆送信の場合にあつては送信可能化を含む。次項において同じ。）を行うことができる。ただし、当該著作物の種類及び用途並びに当該公衆送信の態様に照らし著作権者の利益を不当に害することとなる場合は、この限りでない。

２　営利を目的として前項の複製又は公衆送信を行う者は、通常の使用料の額に相当する額の補償金を著作権者に支払わなければならない。

（視覚障害者等のための複製等）

第三十七条　公表された著作物は、点字により複製することができる。

2　公表された著作物については、電子計算機を用いて点字を処理する方式により、記録媒体に記録し、又は公衆送信（放送又は有線放送を除き、自動公衆送信の場合にあつては送信可能化を含む。次項において同じ。）を行うことができる。

3　視覚障害その他の障害により視覚による表現の認識が困難な者（以下この項及び第百二条第四項において「視覚障害者等」という。）の福祉に関する事業を行う者で政令で定めるものは、公表された著作物であつて、視覚によりその表現が認識される方式（視覚及び他の知覚により認識される方式を含む。）により公衆に提供され、又は提示されているもの（当該著作物以外の著作物で、当該著作物において複製されているものその他当該著作物と一体として公衆に提供され、又は提示されているものを含む。以下この項及び同条第四項において「視覚著作物」という。）について、専ら視覚障害者等で当該方式によつては当該視覚著作物を利用することが困難な者の用に供するために必要と認められる限度において、当該視覚著作物に係る文字を音声にすることその他当該視覚障害者等が利用するために必要な方式により、複製し、又は公衆送信を行うことができる。ただし、当該視覚著作物について、著作権者又はその許諾を得た者若しくは第七十九条の出版権の設定を受けた者若しくはその複製許諾若しくは公衆送信許諾を得た者により、当該方式による公衆への提供又は提示が行われている場合は、この限りでない。

（聴覚障害者等のための複製等）

第三十七条の二　聴覚障害者その他聴覚による表現の認識に障害のある者（以下この条及び次条第五項において「聴覚障害者等」という。）の福祉に関する事業を行う者で次の各号に掲げる利用の区分に応じて政令で定めるものは、公表された著作物であつて、聴覚によりその表現が認識される方式（聴覚及び他の知覚により認識される方式を含む。）により公衆に提供され、又は提示されているもの（当該著作物以外の著作物で、当該著作物において複製されているものその他当該著作物と一体として公衆に提供され、又は提示されているものを含む。以下この条において「聴覚著作物」という。）について、専ら聴覚障害者等で当該方式によつては当該聴覚著作物を利用することが困難な者の用に供するために必要と認められる限度において、それぞれ当該各号に掲げる利用を行うことができる。ただし、当該聴覚著作物について、著作権者又はその許諾を得た者若しくは第七十九条の出版権の設定を受けた者若しくはその複製許諾若しくは公衆送信許諾を得た者により、当該聴覚障害者等が利用するために必要な方式による公衆への提供又は提示が行われている場合は、この限りでない。

一　当該聴覚著作物に係る音声について、これを文字にすることその他当該聴覚障害者等が利用するために必要な方式により、複製し、又は自動公衆送信（送信可能化を含む。）を行うこと。

二　専ら当該聴覚障害者等向けの貸出しの用に供するため、複製すること（当該聴覚著作物に係る音声を文字にすることその他当該聴覚障害者等が利用するために必要な方式による当該音声の複製と併せて行うものに限る。）。

（営利を目的としない上演等）

第三十八条　公表された著作物は、営利を目的とせず、かつ、聴衆又は観衆から料金を受けない場合には、公に上演し、演奏し、上映し、又は口述することができる。ただし、当該上演、演奏、上映又は口述について実演家又は口述を行う者に対し報酬が支払われる場合は、この限りでない。

2～5　〔略〕

（時事問題に関する論説の転載等）

第三十九条　新聞紙又は雑誌に掲載して発行された政治上、経済上又は社会上の時事問題に関する論説（学術的な性質を有するものを除く。）は、他の新聞紙若しくは雑誌に転載し、又は放送し、有線放送し、地域限定特定入力型自動公衆送信を行い、若しくは放送同時配信等を行うことができる。ただし、これらの利用を禁止する旨の表示がある場合は、この限りでない。

2　前項の規定により放送され、有線放送され、地域限定特定入力型自動公衆送信が行われ、又は放送同時配信等が行われる論説は、受信装置を用いて公に伝達することができる。

（公開の演説等の利用）

第四十条　公開して行われた政治上の演説又は陳述並びに裁判手続及び行政審判手続（行政庁の行う審判その他裁判に準ずる手続をいう。第四十一条の二において同じ。）における公開の陳述は、同一の著作者のものを編集して利用する場合を除き、いずれの方法によるかを問わず、利用することができる。

2　国若しくは地方公共団体の機関、独立行政法人又は地方独立行政法人において行われた公開の演説又は陳述は、前項の規定によるものを除き、報道の目的上正当と認められる場合には、新聞紙若しくは雑誌に掲載し、又は放送し、有線放送し、地域限定特定入力型自動公衆送信を行い、若しくは放送同時配信等を行うことができる。

3　前項の規定により放送され、有線放送され、地域限定特定入力型自動公衆送信が行われ、又は放送同時配信等が行われる演説又は陳述は、受信装置を用いて公に伝達することができる。

（出所の明示）

第四十八条　次の各号に掲げる場合には、当該各号に規定する著作物の出所を、その複製又は利用の態様に応じ合理的と認められる方法及び程度により、明示しなければならない。

一　第三十二条、第三十三条第一項（同条第四項において準用する場合を含む。）、第三十三条の二第一項、第三十七条第一項、第四十一条の二第一項、第四十二条、第四十二条の二第一項又は第四十七条第一項の規定により著作物を複製する場合

二　第三十四条第一項、第三十七条第三項、第三十七条の二、第三十九条第一項、第四十条第一項若しくは第二項、第四十七条第二項若しくは第三項又は第四十七条の二の規定により著作物を利用する場合

三　第三十二条若しくは第四十二条の規定により著作物を複製以外の方法により利用する場合又は第三十五条第一項、第三十六条第一項、第三十八条第一項、第四十一条、第四十一条の二第二項、第四十二条の二第二項、第四十六条若

しくは第四十七条の五第一項の規定により著作物を利用する場合において、その出所を明示する慣行があるとき。

2　前項の出所の明示に当たつては、これに伴い著作者名が明らかになる場合及び当該著作物が無名のものである場合を除き、当該著作物につき表示されている著作者名を示さなければならない。

3　次の各号に掲げる場合には、前二項の規定の例により、当該各号に規定する二次的著作物の原著作物の出所を明示しなければならない。

一　第四十条第一項、第四十六条又は第四十七条の五第一項の規定により創作された二次的著作物をこれらの規定により利用する場合

二　第四十七条の六第一項の規定により創作された二次的著作物を同条第二項の規定の適用を受けて同条第一項各号に掲げる規定により利用する場合

第四節　保護期間

（保護期間の原則）

第五十一条　著作権の存続期間は、著作物の創作の時に始まる。

2　著作権は、この節に別段の定めがある場合を除き、著作者の死後（共同著作物にあつては、最終に死亡した著作者の死後。次条第一項において同じ。）七十年を経過するまでの間、存続する。

第五章　著作権等の制限による利用に係る補償金

第二節　図書館等公衆送信補償金

（図書館等公衆送信補償金を受ける権利の行使）

第百四条の十の二　第三十一条第五項（第八十六条第三項及び第百二条第一項において準用する場合を含む。第百四条の十の四第二項及び第百四条の十の五第二項において同じ。）の補償金（以下この節において「図書館等公衆送信補償金」という。）を受ける権利は、図書館等公衆送信補償金を受ける権利を有する者（次項及び次条第四号において「権利者」という。）のためにその権利を行使することを目的とする団体であつて、全国を通じて一個に限りその同意を得て文化庁長官が指定するものがあるときは、当該指定を受けた団体（以下この節において「指定管理団体」という。）によつてのみ行使することができる。

2　指定管理団体は、権利者のために自己の名をもつて図書館等公衆送信補償金を受ける権利に関する裁判上又は裁判外の行為を行う権限を有する。

（指定の基準）

第百四条の十の三　文化庁長官は、次に掲げる要件を備える団体でなければ前条第一項の規定による指定をしてはならない。

一　一般社団法人であること。

二　次に掲げる団体を構成員とすること。

イ　第三十一条第二項（第八十六条第三項及び第百二条第一項において準用する場合を含む。次条第四項において同じ。）の規定による公衆送信（以下この節において「図書館等公衆送信」という。）に係る著作物に関し第二十三条第一項に規定する権利を有する者を構成員とする団体（その連合体を含む。）であつて、国内において図書館等公衆送信に係る著作物に関し同項に規定する権利を有する者の利益を代表すると認められるもの

ロ　図書館等公衆送信に係る著作物に関する第二号出版権者を構成員とする団体（その連合体を含む。）であつて、国内において図書館等公衆送信に係る著作物に関する第二号出版権者の利益を代表すると認められるもの

三　前号イ及びロに掲げる団体がそれぞれ次に掲げる要件を備えるものであること。

イ　営利を目的としないこと。

ロ　その構成員が任意に加入し、又は脱退することができること。

ハ　その構成員の議決権及び選挙権が平等であること。

四　権利者のために図書館等公衆送信補償金を受ける権利を行使する業務（第百四条の十の六第一項の事業に係る業務を含む。以下この節において「補償金関係業務」という。）を的確に遂行するに足りる能力を有すること。

（図書館等公衆送信補償金の額）

第百四条の十の四　第百四条の十の二第一項の規定により指定管理団体が図書館等公衆送信補償金を受ける権利を行使する場合には、指定管理団体は、図書館等公衆送信補償金の額を定め、文化庁長官の認可を受けなければならない。これを変更しようとするときも、同様とする。

2　前項の認可があつたときは、図書館等公衆送信補償金の額は、第三十一条第五項の規定にかかわらず、その認可を受けた額とする。

3　指定管理団体は、第一項の認可の申請に際し、あらかじめ、図書館等を設置する者の団体で図書館等を設置する者の意見を代表すると認められるものの意見を聴かなければならない。

4　文化庁長官は、第一項の認可の申請に係る図書館等公衆送信補償金の額が、第三十一条第二項の規定の趣旨、図書館等公衆送信に係る著作物の種類及び用途並びに図書館等公衆送信の態様に照らした著作権者等の利益に与える影響、図書館等公衆送信により電磁的記録を容易に取得することができることにより特定図書館等の利用者が受ける便益その他の事情を考慮した適正な額であると認めるときでなければ、その認可をしてはならない。

5　文化庁長官は、第一項の認可をするときは、文化審議会に諮問しなければならない。

第三節　授業目的公衆送信補償金

（授業目的公衆送信補償金を受ける権利の行使）

第百四条の十一　第三十五条第二項（第百二条第一項において準用する場合を含む。第百四条の十三第二項及び第百四条の十四第二項において同じ。）の補償金（以下この節において「授業目的公衆送信補償金」という。）を受ける権利は、授業目的公衆送信補償金を受ける権利を有する者（次項及び次条第四号において「権利者」という。）のためにその権利を行使することを目的とする団体であつて、全国を通じて一個に

限りその同意を得て文化庁長官が指定するものがあるときは、当該指定を受けた団体（以下この節において「指定管理団体」という。）によつてのみ行使することができる。

２　指定管理団体は、権利者のために自己の名をもつて授業目的公衆送信補償金を受ける権利に関する裁判上又は裁判外の行為を行う権限を有する。

（指定の基準）

第百四条の十二　文化庁長官は、次に掲げる要件を備える団体でなければ前条第一項の規定による指定をしてはならない。

一　一般社団法人であること。

二　次に掲げる団体を構成員とすること。

イ　第三十五条第一項（第百二条第一項において準用する場合を含む。次条第四項において同じ。）の公衆送信（第三十五条第三項の公衆送信に該当するものを除く。以下この節において「授業目的公衆送信」という。）に係る著作物に関し第二十三条第一項に規定する権利を有する者を構成員とする団体（その連合体を含む。）であつて、国内において授業目的公衆送信に係る著作物に関し同項に規定する権利を有する者の利益を代表すると認められるもの

ロ　授業目的公衆送信に係る実演に関し第九十二条第一項及び第九十二条の二第一項に規定する権利を有する者を構成員とする団体（その連合体を含む。）であつて、国内において授業目的公衆送信に係る実演に関しこれらの規定に規定する権利を有する者の利益を代表すると認められるもの

ハ　授業目的公衆送信に係るレコードに関し第九十六条の二に規定する権利を有する者を構成員とする団体（その連合体を含む。）であつて、国内において授業目的公衆送信に係るレコードに関し同条に規定する権利を有する者の利益を代表すると認められるもの

ニ　授業目的公衆送信に係る放送に関し第九十九条第一項及び第九十九条の二第一項に規定する権利を有する者を構成員とする団体（その連合体を含む。）であつて、国内において授業目的公衆送信に係る放送に関しこれらの規定に規定する権利を有する者の利益を代表すると認められるもの

ホ　授業目的公衆送信に係る有線放送に関し第百条の三及び第百条の四に規定する権利を有する者を構成員とする団体（その連合体を含む。）であつて、国内において授業目的公衆送信に係る有線放送に関しこれらの規定に規定する権利を有する者の利益を代表すると認められるもの

三　前号イからホまでに掲げる団体がそれぞれ次に掲げる要件を備えるものであること。

イ　営利を目的としないこと。

ロ　その構成員が任意に加入し、又は脱退することができること。

ハ　その構成員の議決権及び選挙権が平等であること。

四　権利者のために授業目的公衆送信補償金を受ける権利を行使する業務（第百四条の十五第一項の事業に係る業務を含む。以下この節において「補償金関係業務」という。）を的確に遂行するに足りる能力を有すること。

（授業目的公衆送信補償金の額）

第百四条の十三　第百四条の十一第一項の規定により指定管理団体が授業目的公衆送信補償金を受ける権利を行使する場合には、指定管理団体は、授業目的公衆送信補償金の額を定め、文化庁長官の認可を受けなければならない。これを変更しようとするときも、同様とする。

２　前項の認可があつたときは、授業目的公衆送信補償金の額は、第三十五条第二項の規定にかかわらず、その認可を受けた額とする。

３　指定管理団体は、第一項の認可の申請に際し、あらかじめ、授業目的公衆送信が行われる第三十五条第一項の教育機関を設置する者の団体で同項の教育機関を設置する者の意見を代表すると認められるものの意見を聴かなければならない。

４　文化庁長官は、第一項の認可の申請に係る授業目的公衆送信補償金の額が、第三十五条第一項の規定の趣旨、公衆送信（自動公衆送信の場合にあつては、送信可能化を含む。）に係る通常の使用料の額その他の事情を考慮した適正な額であると認めるときでなければ、その認可をしてはならない。

５　文化庁長官は、第一項の認可をしようとするときは、文化審議会に諮問しなければならない。

（補償金関係業務の執行に関する規程）

第百四条の十四　指定管理団体は、補償金関係業務を開始しようとするときは、補償金関係業務の執行に関する規程を定め、文化庁長官に届け出なければならない。これを変更しようとするときも、同様とする。

２　前項の規程には、授業目的公衆送信補償金の分配に関する事項を含むものとし、指定管理団体は、第三十五条第二項の規定の趣旨を考慮して当該分配に関する事項を定めなければならない。

（著作権等の保護に関する事業等のための支出）

第百四条の十五　指定管理団体は、授業目的公衆送信補償金の総額のうち、授業目的公衆送信による著作物等の利用状況、授業目的公衆送信補償金の分配に係る事務に要する費用その他の事情を勘案して政令で定めるところにより算出した額に相当する額を、著作権及び著作隣接権の保護に関する事業並びに著作物の創作の振興及び普及に資する事業のために支出しなければならない。

２　文化庁長官は、前項の政令の制定又は改正の立案をしようとするときは、文化審議会に諮問しなければならない。

３　文化庁長官は、第一項の事業に係る業務の適正な運営を確保するため必要があると認めるときは、指定管理団体に対し、当該業務に関し監督上必要な命令をすることができる。

（報告の徴収等）

第百四条の十六　文化庁長官は、指定管理団体の補償金関係業務の適正な運営を確保するため必要があると認めるときは、指定管理団体に対し、補償金関係業務に関して報告をさせ、若しくは帳簿、書類その他の資料の提出を求め、又は補償金関係業務の執行方法の改善のため必要な勧告をすることがで

きる。

（政令への委任）

第百四条の十七　この節に規定するもののほか、指定管理団体及び補償金関係業務に関し必要な事項は、政令で定める。

附　則（抄）

（施行期日）

第一条　この法律は、昭和四十六年一月一日から施行する。

○東京電力原子力事故により被災した子どもをはじめとする住民等の生活を守り支えるための被災者の生活支援等に関する施策の推進に関する法律

平成二四・六・二七
法　四　八

（目的）

第一条　この法律は、平成二十三年三月十一日に発生した東北地方太平洋沖地震に伴う東京電力株式会社福島第一原子力発電所の事故（以下「東京電力原子力事故」という。）により放出された放射性物質が広く拡散していること、当該放射性物質による放射線が人の健康に及ぼす危険について科学的に十分に解明されていないこと等のため、一定の基準以上の放射線量が計測される地域に居住し、又は居住していた者及び政府による避難に係る指示により避難を余儀なくされている者並びにこれらの者に準ずる者（以下「被災者」という。）が、健康上の不安を抱え、生活上の負担を強いられており、その支援の必要性が生じていること及び当該支援に関し特に子どもへの配慮が求められていることに鑑み、子どもに特に配慮して行う被災者の生活支援等に関する施策（以下「被災者生活支援等施策」という。）の基本となる事項を定めることにより、被災者の生活を守り支えるための被災者生活支援等施策を推進し、もって被災者の不安の解消及び安定した生活の実現に寄与することを目的とする。

（基本理念）

第二条　被災者生活支援等施策は、東京電力原子力事故による災害の状況、当該災害からの復興等に関する正確な情報の提供が図られつつ、行われなければならない。

2　被災者生活支援等施策は、被災者一人一人が第八条第一項の支援対象地域における居住、他の地域への移動及び移動前の地域への帰還についての選択を自らの意思によって行うことができるよう、被災者がそのいずれを選択した場合であっても適切に支援するものでなければならない。

3　被災者生活支援等施策は、東京電力原子力事故に係る放射線による外部被ばく及び内部被ばくに伴う被災者の健康上の不安が早期に解消されるよう、最大限の努力がなされるものでなければならない。

4　被災者生活支援等施策を講ずるに当たっては、被災者に対するいわれなき差別が生ずることのないよう、適切な配慮がなされなければならない。

5　被災者生活支援等施策を講ずるに当たっては、子ども（胎児を含む。）が放射線による健康への影響を受けやすいことを踏まえ、その健康被害を未然に防止する観点から放射線量の低減及び健康管理に万全を期することを含め、子ども及び妊婦に対して特別の配慮がなされなければならない。

6　被災者生活支援等施策は、東京電力原子力事故に係る放射線による影響が長期間にわたるおそれがあることに鑑み、被災者の支援の必要性が継続する間確実に実施されなければならない。

（国の責務）

第三条　国は、原子力災害から国民の生命、身体及び財産を保護すべき責任並びにこれまで原子力政策を推進してきたことに伴う社会的な責任を負っていることに鑑み、前条の基本理念にのっとり、被災者生活支援等施策を総合的に策定し、及び実施する責務を有する。

（法制上の措置等）

第四条　政府は、被災者生活支援等施策を実施するため必要な法制上又は財政上の措置その他の措置を講じなければならない。

（基本方針）

第五条 政府は、第二条の基本理念にのっとり、被災者生活支援等施策の推進に関する基本的な方針（以下「基本方針」という。）を定めなければならない。

2 基本方針には、次に掲げる事項を定めるものとする。

一 被災者生活支援等施策の推進に関する基本的方向

二 第八条第一項の支援対象地域に関する事項

三 被災者生活支援等施策に関する基本的な事項（被災者生活支援等施策の推進に関し必要な計画に関する事項を含む。）

四 前三号に掲げるもののほか、被災者生活支援等施策の推進に関する重要事項

3 政府は、基本方針を策定しようとするときは、あらかじめ、その内容に東京電力原子力事故の影響を受けた地域の住民、当該地域から避難している者等の意見を反映させるために必要な措置を講ずるものとする。

4 政府は、基本方針を策定したときは、遅滞なく、これを国会に報告するとともに、公表しなければならない。

5 前二項の規定は、基本方針の変更について準用する。

（汚染の状況についての調査等）

第六条 国は、被災者の生活支援等の効果的な実施に資するため、東京電力原子力事故に係る放射性物質による汚染の状況の調査について、東京電力原子力事故により放出された可能性のある放射性物質の性質等を踏まえつつ、当該放射性物質の種類ごとにきめ細かく、かつ、継続的に実施するものとする。

2 国は、被災者の第二条第二項の選択に資するよう、前項の調査の結果及び環境中における放射性物質の動態等に関する研究の成果を踏まえ、放射性物質による汚染の将来の状況の予測を行うものとする。

3 国は、第一項の調査の結果及び前項の予測の結果を随時公表するものとする。

（除染の継続的かつ迅速な実施）

第七条 国は、前条第一項の調査の結果を踏まえ、放射性物質により汚染された土壌等の除染等の措置を継続的かつ迅速に実施するため必要な措置を講ずるものとする。

2 前項の場合において、国は、子どもの住居、学校、保育所その他の子どもが通常所在する場所（通学路その他の子どもが通常移動する経路を含む。）及び妊婦の住居その他の妊婦が通常所在する場所における土壌等の除染等の措置を特に迅速に実施するため、必要な配慮をするものとする。

（支援対象地域で生活する被災者への支援）

第八条 国は、支援対象地域（その地域における放射線量が政府による避難に係る指示が行われるべき基準を下回っているが一定の基準以上である地域をいう。以下同じ。）で生活する被災者を支援するため、医療の確保に関する施策、子どもの就学等の援助に関する施策、家庭、学校等における食の安全及び安心の確保に関する施策、放射線量の低減及び生活上の負担の軽減のための地域における取組の支援に関する施策、自然体験活動等を通じた心身の健康の保持に関する施策、家族と離れて暮らすこととなった子どもに対する支援に関する施策その他の必要な施策を講ずるものとする。

2 前項に規定する子どもの就学等の援助に関する施策には、学校における学習を中断した子どもに対する補習の実施及び学校における屋外での運動が困難となった子どもに対する屋外での運動の機会の提供が含まれるものとする。

3 第一項に規定する家庭、学校等における食の安全及び安心の確保に関する施策には、学校給食の共同調理場等における放射性物質の検査のための機器の設置に関する支援が含まれるものとする。

4 第一項に規定する放射線量の低減及び生活上の負担の軽減のための地域における取組には、子どもの保護者等による放射性物質により汚染された土壌等の除染等の措置、学校給食等についての放射性物質の検査その他の取組が含まれるものとし、当該取組の支援に関する施策には、最新の科学的知見に基づき専門的な助言、情報の提供等を行うことができる者の派遣が含まれるものとする。

（支援対象地域以外の地域で生活する被災者への支援）

第九条 国は、支援対象地域以外の地域から移動して支援対象地域以外の地域で生活する被災者を支援するため、支援対象地域からの移動の支援に関する施策、移動先における住宅の確保に関する施策、子どもの移動先における学習等の支援に関する施策、移動先における就業の支援に関する施策、移動先の地方公共団体による役務の提供を円滑に受けることができるようにするための施策、支援対象地域の地方公共団体との関係の維持に関する施策、家族と離れて暮らすこととなった子どもに対する支援に関する施策その他の必要な施策を講ずるものとする。

（支援対象地域以外の地域から帰還する被災者への支援）

第十条 国は、前条に規定する被災者で当該移動前に居住していた地域に再び居住するもの及びこれに準ずる被災者を支援するため、当該地域への移動の支援に関する施策、当該地域における住宅の確保に関する施策、当該地域における就業の支援に関する施策、当該地域の地方公共団体による役務の提供を円滑に受けることができるようにするための施策、家族と離れて暮らすこととなった子どもに対する支援に関する施策その他の必要な施策を講ずるものとする。

（避難指示区域から避難している被災者への支援）

第十一条 国は、政府による避難に係る指示の対象となっている区域から避難している被災者を支援するため、特定原子力事業者（原子力損害の賠償に関する法律（昭和三十六年法律第百四十七号）第三条第一項の規定により東京電力原子力事故による損害の賠償の責めに任ずべき原子力事業者をいう。第十九条において同じ。）による損害賠償の支払の促進等資金の確保に関する施策（当該区域における土地等の取扱いに関するものを含む。）、家族と離れて暮らすこととなった子どもに対する支援に関する施策その他の必要な施策を講ずるものとする。

2 国は、前項に規定する被災者で当該避難前に居住していた地域に再び居住するもの及びこれに準ずる被災者を支援するため、前条の施策に準じた施策を講ずるものとする。

（措置についての情報提供）

第十二条　国は、第八条から前条までの施策に関し具体的に講ぜられる措置について、被災者に対し必要な情報を提供するための体制整備に努めるものとする。

（放射線による健康への影響に関する調査、医療の提供等）

第十三条　国は、東京電力原子力事故に係る放射線による被ばくの状況を明らかにするため、被ばく放射線量の推計、被ばく放射線量の評価に有効な検査等による被ばく放射線量の評価その他必要な施策を講ずるものとする。

2　国は、被災者の定期的な健康診断の実施その他東京電力原子力事故に係る放射線による健康への影響に関する調査について、必要な施策を講ずるものとする。この場合において、少なくとも、子どもである間に一定の基準以上の放射線量が計測される地域に居住したことがある者（胎児である間にその母が当該地域に居住していた者を含む。）及びこれに準ずる者に係る健康診断については、それらの者の生涯にわたって実施されることとなるよう必要な措置が講ぜられるものとする。

3　国は、被災者たる子ども及び妊婦が医療（東京電力原子力事故に係る放射線による被ばくに起因しない負傷又は疾病に係る医療を除いたものをいう。）を受けたときに負担すべき費用についてその負担を減免するために必要な施策その他被災者への医療の提供に係る必要な施策を講ずるものとする。

（意見の反映等）

第十四条　国は、第八条から前条までの施策の適正な実施に資するため、当該施策の具体的な内容に被災者の意見を反映し、当該内容を定める過程を被災者にとって透明性の高いものとするために必要な措置を講ずるものとする。

（調査研究等及び成果の普及）

第十五条　国は、低線量の放射線による人の健康への影響等に関する調査研究及び技術開発（以下「調査研究等」という。）を推進するため、調査研究等を自ら実施し、併せて調査研究等の民間による実施を促進するとともに、その成果の普及に関し必要な施策を講ずるものとする。

（医療及び調査研究等に係る人材の養成）

第十六条　国は、放射線を受けた者の医療及び調査研究等に係る人材を幅広く養成するため、必要な施策を講ずるものとする。

（国際的な連携協力）

第十七条　国は、調査研究等の効果的かつ効率的な推進を図るため、低線量の放射線による人の健康への影響等に関する高度の知見を有する外国政府及び国際機関との連携協力その他の必要な施策を講ずるものとする。

（国民の理解）

第十八条　国は、放射線及び被災者生活支援等施策に関する国民の理解を深めるため、放射線が人の健康に与える影響、放射線からの効果的な防護方法等に関する学校教育及び社会教育における学習の機会の提供に関する施策その他の必要な施策を講ずるものとする。

（損害賠償との調整）

第十九条　国は、被災者生活支援等施策の実施に要した費用のうち特定原子力事業者に対して求償すべきものについて、適切に求償するものとする。

附　則

（施行期日）

1　この法律は、公布の日から施行する。

（見直し）

2　国は、第六条第一項の調査その他の放射線量に係る調査の結果に基づき、毎年支援対象地域等の対象となる区域を見直すものとする。

国際

国際教育法規編

目　次

○児童権利宣言

Declaration of the Rights of the Child

一九五九・一一・二〇
第一四回国連総会
（日本をふくむ賛成七二カ国、反対なしで採択）

前文

国際連合の諸国民は、国際連合憲章において、基本的人権と人間の尊厳および価値とに関する信念をあらためて確認し、かつ、一層大きな自由の中で社会的進歩と生活水準の向上とを促進することを決意したので、

国際連合は、世界人権宣言において、すべて人は、人種、皮膚の色、性、言語、宗教、政治上その他の意見、国民的もしくは社会的出身、財産、門地その他の地位またはこれに類するいかなる事由による差別をも受けることなく、同宣言に掲げるすべての権利と自由とを享有する権利を有すると宣言したので、

児童は、身体的および精神的に未熟であるため、その出生の前後において、適当な法律上の保護を含めて、特別にこれを守り、かつ、世話することが必要であるので、

このような特別の保護が必要であることは、一九二四年のジュネーヴ児童権利宣言に述べられており、また、世界人権宣言ならびに児童の福祉に関係のある専門機関および国際機関の規約により認められているので、

人類は、児童に対し、最善のものを与える義務を負うものであるので、

よつて、ここに、国際連合総会は、

児童が、幸福な生活を送り、かつ、自己と社会の福利のためにこの宣言に掲げる権利と自由を享有することができるようにするため、この児童権利宣言を公布し、また、両親、個人としての男女、篤志団体、地方行政機関および政府に対し、これらの権利を認め、次の原則に従つて漸進的に執られる立法その他の措置によつてこれらの権利を守るように努力することを要請する。

第一条

児童は、この宣言に掲げるすべての権利を有する。すべての児童は、いかなる例外もなく、自己またはその家族のいずれについても、その人種、皮膚の色、性、言語、宗教、政治上その他の意見、国民的もしくは社会的出身、財産、門地その他の地位のため差別を受けることなく、これらの権利を与えられなければならない。

第二条

児童は、特別の保護を受け、また、健全、かつ、正常な方法および自由と尊厳の状態の下で身体的、知能的、道徳的、精神的および社会的に成長することができるための機会および便益を、法律その他の手段によつて与えられなければならない。この目的のために法律を制定するに当つては、児童の最善の利益について、最高の考慮が払われなければならない。

第三条

児童は、その出生の時から姓名および国籍をもつ権利を有する。

第四条

児童は、社会保障の恩恵を受ける権利を有する。児童は、健康に発育し、かつ、成長する権利を有する（shall be entitled to grow and develop in health）。この目的のため、児童とその母は、出産前後の適当な世話を含む特別の世話および保護を与えられなければならない。児童は、適当な栄養、住居、レクリエーションおよび医療を与えられる権利を有する。

第五条

身体的、精神的または社会的に障害のある児童は、その特殊な事情により必要とされる特別の治療、教育および保護を与えられなければならない。

第六条

児童は、その人格の完全な、かつ、調和した発展のため、愛情と理解とを必要とする。児童は、できるかぎり、その両親の責任の下にある保護の中で、また、いかなる場合においても、愛情と道徳的および物質的保障とのある環境の下で育てられなければならない。幼児は、例外的な場合を除き、その母から引き離されてはならない。社会および公の機関は、家庭のない児童および適当な生活維持の方法のない児童に対して特別の養護を与える義務を有する。子供の多い家庭に属する児童については、その援助のため、国その他の機関による費用の負担が望ましい。

第七条

児童は、教育を受ける権利を有する（is entitled to receive education）。その教育は、少なくとも初等の段階においては、無償、かつ、義務的でなければならない。児童は、その一般的な教養を高め、機会均等の原則に基づいて、その能力、判断力ならびに道徳的および社会的責任感を発達させ、社会の有用な一員となりうるような教育を与えられなければならない。

児童の教育および指導について責任を有する者は、児童の最善の利益をその指導の原則としなければならない。その責任は、まず第一に児童の両親にある。

児童は、遊び（play）およびレクリエーションのための充分な機会を与えられる権利を有する。その遊びおよびレクリエーションは、教育におけるのと同じ目的に向けられなければならない。社会および公の機関は、この権利の享有を促進するために努力しなければならない。

第八条

児童は、あらゆる状況にあつて、最初に保護および救済を受けるべき者の中に含められなければならない。

第九条

児童は、あらゆる形態の放任、虐待および搾取から保護されなければならない。児童は、いかなる形態においても売買の対象にされてはならない。

児童は、適当な最低年令に達する前に雇用されてはならない。児童は、いかなる場合にも、その健康および教育に有害であり、またはその身体的、精神的もしくは道徳的発達を妨げる職業もしくは雇用に、従事させられまたは従事することを許されてはならない。

第十条

児童は、人種的、宗教的その他の形態による差別を助長するおそれのある慣行から保護されなければならない。児童は、理解、寛容、諸国民間の友愛、平和および四海同胞の精神の下に、また、その力と才能が、人類のために捧げられるべきであるという充分な意識のなかで、育てられなければならない。

○世界人権宣言

Universal Declaration of Human Rights

一九四八・一二・一〇
国際連合第三回総会

前文

人類社会のすべての構成員の固有の尊厳と平等で譲ることのできない権利とを承認することは、世界における自由、正義及び平和の基礎であるので、

人権の無視及び軽侮が、人類の良心を踏みにじつた野蛮行為をもたらし、言論及び信仰の自由が受けられ、恐怖及び欠乏のない世界の到来が、一般の人々の最高の願望として宣言されたので、

人間が専制と圧迫とに対する最後の手段として反逆に訴えることがないようにするためには、法の支配によつて人権を保護することが肝要であるので、

諸国間の友好関係の発展を促進することが、肝要であるので、

国際連合の諸国民は、国際連合憲章において、基本的人権、人間の尊厳及び価値並びに男女の同権についての信念を再確認し、かつ、一層大きな自由のうちで社会的進歩と生活水準の向上とを促進することを決意したので、

加盟国は、国際連合と協力して、人権及び基本的自由の普遍的な尊重及び遵守の促進を達成することを誓約したので、

これらの権利及び自由に対する共通の理解は、この誓約を完全にするためにもつとも重要であるので、

よつて、ここに、国際連合総会は、

社会の各個人及び各機関が、この世界人権宣言を常に念頭に置きながら、加盟国自身の人民の間にも、また、加盟国の管轄下にある地域の人民の間にも、これらの権利と自由との尊重を指導及び教育によつて促進すること並びにそれらの普遍的かつ効果的な承認と遵守とを国内的及び国際的な漸進的措置によつて確保することに努力するように、すべての人民とすべての国とが達成すべき共通の基準として、この世界人権宣言を公布する。

第一条

すべての人間は、生れながらにして自由であり、かつ、尊厳と権利とについて平等である。人間は、理性と良心とを授けられており、互いに同胞の精神をもつて行動しなければならない。

第二条

1 すべて人は、人種、皮膚の色、性、言語、宗教、政治上その他の意見、国民的若しくは社会的出身、財産、門地その他の地位又はこれに類するいかなる事由による差別をも受けることなく、この宣言に掲げるすべての権利と自由とを享有することができる。

2 さらに、個人の属する国又は地域が独立国であると、信託統治地域であると、非自治地域であると、又は他のなんらかの主権制限の下にあるとを問わず、その国又は地域の政治上、管轄上又は国際上の地位に基づくいかなる差別もしてはならない。

第三条

すべて人は、生命、自由及び身体の安全に対する権利を有する。

第四条

何人も、奴隷にされ、又は苦役に服することはない。奴隷制度及び奴隷売買は、いかなる形においても禁止する。

第五条

何人も、拷問又は残虐な、非人道的な若しくは屈辱的な取扱若しくは刑罰を受けることはない。

第六条

すべて人は、いかなる場所においても、法の下において、人として認められる権利を有する。

第七条

すべての人は、法の下において平等であり、また、いかなる差別もなしに法の平等な保護を受ける権利を有する。すべての

人は、この宣言に違反するいかなる差別に対しても、また、そのような差別をそそのかすいかなる行為に対しても、平等な保護を受ける権利を有する。

第八条

すべての人は、憲法又は法律によつて与えられた基本的権利を侵害する行為に対し、権限を有する国内裁判所による効果的な救済を受ける権利を有する。

第九条

何人も、ほしいままに逮捕、拘禁、又は追放されることはない。

第十条

すべて人は、自己の権利及び義務並びに自己に対する刑事責任が決定されるに当つて、独立の公平な裁判所による公正な公開の審理を受けることについて完全に平等の権利を有する。

第十一条

1 犯罪の訴追を受けた者は、すべて、自己の弁護に必要なすべての保障を与えられた公開の裁判において法律に従つて有罪の立証があるまでは、無罪と推定される権利を有する。

2 何人も、実行の時に国内法又は国際法により犯罪を構成しなかつた作為又は不作為のために有罪とされることはない。また、犯罪が行われた時に適用される刑罰より重い刑罰を課せられない。

第十二条

何人も、自己の私事、家族、家庭若しくは通信に対して、ほしいままに干渉され、又は名誉及び信用に対して攻撃を受けることはない。人はすべて、このような干渉又は攻撃に対して法の保護を受ける権利を有する。

第十三条

1 すべて人は、各国の境界内において自由に移転及び居住する権利を有する。

2 すべて人は、自国その他いずれの国をも立ち去り、及び自国に帰る権利を有する。

第十四条

1 すべて人は、迫害を免れるため、他国に避難することを求め、かつ、避難する権利を有する。

2 この権利は、もつぱら非政治犯罪又は国際連合の目的及び原則に反する行為を原因とする訴追の場合には、援用することはできない。

第十五条

1 すべて人は、国籍をもつ権利を有する。

2 何人も、ほしいままにその国籍を奪われ、又はその国籍を変更する権利を否認されることはない。

第十六条

1 成年の男女は、人種、国籍又は宗教によるいかなる制限をも受けることなく、婚姻し、かつ家庭をつくる権利を有する。成年の男女は、婚姻中及びその解消に際し、婚姻に関し平等の権利を有する。

2 婚姻は、両当事者の自由かつ完全な合意によつてのみ成立する。

3 家庭は、社会の自然かつ基礎的な集団単位であつて、社会及び国の保護を受ける権利を有する。

第十七条

1 すべて人は、単独で又は他の者と共同して財産を所有する権利を有する。

2 何人も、ほしいままに自己の財産を奪われることはない。

第十八条

すべて人は、思想、良心及び宗教の自由に対する権利を有する。この権利は、宗教又は信念を変更する自由並びに単独で又は他の者と共同して、公的に又は私的に、布教、行事、礼拝及び儀式によつて宗教又は信念を表明する自由を含む。

第十九条

すべて人は、意見及び表現の自由に対する権利を有する。この権利は、干渉を受けることなく自己の意見をもつ自由並びにあらゆる手段により、また、国境を越えると否とにかかわりなく、情報及び思想を求め、受け、及び伝える自由を含む。

第二十条

1 すべての人は、平和的集会及び結社の自由に対する権利を有する。

2 何人も、結社に属することを強制されない。

第二十一条

1 すべての人は、直接に又は自由に選出された代表者を通じて、自国の政治に参与する権利を有する。

2 すべて人は、自国においてひとしく公務につく権利を有する。

3 人民の意思は、統治の権力の基礎とならなければならない。この意思は、定期のかつ真正な選挙によつて表明されなければならない。この選挙は、平等の普通選挙によるものでなければならず、また、秘密投票又はこれと同等の自由が保障される投票手続によつて行われなければならない。

第二十二条

すべて人は、社会の一員として、社会保障を受ける権利を有し、かつ、国家的努力及び国際的協力により、また、各地の組織及び資源に応じて、自己の尊厳と自己の人格の自由な発展とに欠くことのできない経済的、社会的及び文化的権利を実現する権利を有する。

第二十三条

1 すべて人は、勤労し、職業を自由に選択し、公正かつ有利な勤労条件を確保し、及び失業に対する保護を受ける権利を有する。

2 すべて人は、いかなる差別をも受けることなく、同等の勤労に対し、同等の報酬を受ける権利を有する。

3 勤労する者は、すべて、自己及び家族に対して人間の尊厳にふさわしい生活を保障する公正かつ有利な報酬を受け、かつ、必要な場合には、他の社会的保護手段によつて補充を受けることができる。

4 すべて人は、自己の利益を保護するために労働組合を組織し、及びこれに参加する権利を有する。

第二十四条

すべて人は、労働時間の合理的な制限及び定期的な有給休暇を含む休息及び余暇をもつ権利を有する。

第二十五条

1 すべて人は、衣食住、医療及び必要な社会的施設等により、自己及び家族の健康及び福祉に十分な生活水準を保持する権利並びに失業、疾病、心身障害、配偶者の死亡、老齢その他不可抗力による生活不能の場合は、保障を受ける権利を有する。

2 母と子とは、特別の保護及び援助を受ける権利を有する。すべての児童は、嫡出であると否とを問わず、同じ社会的保護を受ける。

第二十六条

1 すべて人は、教育を受ける権利を有する。教育は、少なくとも初等の及び基礎的の段階においては、無償でなければならない。初等教育は、義務的でなければならない。技術教育及び職業教育は、一般に利用できるものでなければならず、また、高等教育は、能力に応じ、すべての者にひとしく開放されていなければならない。

2 教育は、人格の完全な発展並びに人権及び基本的自由の尊重の強化を目的としなければならない。教育は、すべての国又は人種的若しくは宗教的集団の相互間の理解、寛容及び友好関係を増進し、かつ、平和の維持のため、国際連合の活動を促進するものでなければならない。

3 親は、子に与える教育の種類を選択する優先的権利を有する。

第二十七条

1 すべて人は、自由に社会の文化生活に参加し、芸術を鑑賞し、及び科学の進歩とその恩恵とにあずかる権利を有する。

2 すべて人は、その創作した科学的、文学的又は美術的作品から生ずる精神的及び物質的利益を保護される権利を有する。

第二十八条

すべて人は、この宣言に掲げる権利及び自由が完全に実現される社会的及び国際的秩序に対する権利を有する。

第二十九条

1 すべて人は、その人格の自由かつ完全な発展がその中にあつてのみ可能である社会に対して義務を負う。

2 すべて人は、自己の権利及び自由を行使するに当つては、他人の権利及び自由の正当な承認及び尊重を保障すること並びに民主的社会における道徳、公の秩序及び一般の福祉の正当な要求を満たすことをもつぱら目的として法律によつて定められた制限にのみ服する。

3 これらの権利及び自由は、いかなる場合にも、国際連合の目的及び原則に反して行使してはならない。

第三十条

この宣言のいかなる規定も、いずれかの国、集団又は個人に対して、この宣言に掲げる権利及び自由の破壊を目的とする活動に従事し、又はそのような目的を有する行為を行う権利を認めるものと解釈してはならない。

（外務省訳）

○経済的、社会的及び文化的権利に関する国際規約〔A規約〕（抄）

International Covenant on Economic, Social and Cultural Rights

昭五四・八・四
条約六

この規約の締約国は、

国際連合憲章において宣明された原則によれば、人類社会のすべての構成員の固有の尊厳及び平等のかつ奪い得ない権利を認めることが世界における自由、正義及び平和の基礎をなすものであることを考慮し、

これらの権利が人間の固有の尊厳に由来することを認め、

世界人権宣言によれば、自由な人間は恐怖及び欠乏からの自由を享受するものであるとの理想は、すべての者がその市民的及び政治的権利とともに経済的、社会的及び文化的権利を享有することのできる条件が作り出される場合に初めて達成されることになることを認め、

人権及び自由の普遍的な尊重及び遵守を助長すべき義務を国際連合憲章に基づき諸国が負つていることを考慮し、

個人が、他人に対し及びその属する社会に対して義務を負うこと並びにこの規約において認められる権利の増進及び擁護のために努力する責任を有することを認識して、

次のとおり協定する。

第一部

第一条

1 すべての人民は、自決の権利を有する。この権利に基づき、すべての人民は、その政治的地位を自由に決定し並びにその経済的、社会的及び文化的発展を自由に追求する。

2　すべての人民は、互恵の原則に基づく国際的経済協力から生ずる義務及び国際法上の義務に違反しない限り、自己のためにその天然の富及び資源を自由に処分することができる。人民は、いかなる場合にも、その生存のための手段を奪われることはない。

3　この規約の締約国（非自治地域及び信託統治地域の施政の責任を有する国を含む。）は、国際連合憲章の規定に従い、自決の権利が実現されることを促進し及び自決の権利を尊重する。

第二部

第二条

1　この規約の各締約国は、立法措置その他のすべての適当な方法によりこの規約において認められる権利の完全な実現を漸進的に達成するため、自国における利用可能な手段を最大限に用いることにより、個々に又は国際的な援助及び協力、特に、経済上及び技術上の援助及び協力を通じて、行動をとることを約束する。

2　この規約の締約国は、この規約に規定する権利が人種、皮膚の色、性、言語、宗教、政治的意見その他の意見、国民的若しくは社会的出身、財産、出生又は他の地位によるいかなる差別もなしに行使されることを保障することを約束する。

3　開発途上にある国は、人権及び自国の経済の双方に十分な考慮を払い、この規約において認められる経済的権利をどの程度まで外国人に保障するかを決定することができる。

第三条

この規約の締約国は、この規約に定めるすべての経済的、社会的及び文化的権利の享有について男女に同等の権利を確保することを約束する。

第四条

この規約の締約国は、この規約に合致するものとして国により確保される権利の享受に関し、その権利の性質と両立しており、かつ、民主的社会における一般的福祉を増進することを目的としている場合に限り、法律で定める制限のみをその権利に課することができることを認める。

第五条

1　この規約のいかなる規定も、国、集団又は個人が、この規約において認められる権利若しくは自由を破壊し若しくはこの規約に定める制限の範囲を超えて制限することを目的とする活動に従事し又はそのようなことを目的とする行為を行う権利を有することを意味するものと解することはできない。

2　いずれかの国において法律、条約、規則又は慣習によつて認められ又は存する基本的人権については、この規約がそれらの権利を認めていないこと又はその認める範囲がより狭いことを理由として、それらの権利を制限し又は侵すことは許されない。

第三部

第十条

この規約の締約国は、次のことを認める。

1　できる限り広範な保護及び援助が、社会の自然かつ基礎的な単位である家族に対し、特に、家族の形成のために並びに扶養児童の養育及び教育について責任を有する間に、与えられるべきである。婚姻は、両当事者の自由な合意に基づいて成立するものでなければならない。

2　産前産後の合理的な期間においては、特別な保護が母親に与えられるべきである。働いている母親には、その期間において、有給休暇又は相当な社会保障給付を伴う休暇が与えられるべきである。

3　保護及び援助のための特別な措置が、出生その他の事情を理由とするいかなる差別もなく、すべての児童及び年少者のためにとられるべきである。児童及び年少者は、経済的及び社会的な搾取から保護されるべきである。児童及び年少者を、その精神若しくは健康に有害であり、その生命に危険があり又はその正常な発育を妨げるおそれのある労働に使用することは、法律で処罰すべきである。また、国は、年齢による制限を定め、その年齢に達しない児童を賃金を支払つて使用することを法律で禁止しかつ処罰すべきである。

第十一条

1　この規約の締約国は、自己及びその家族のための相当な食糧、衣類及び住居を内容とする相当な生活水準についての並びに生活条件の不断の改善についてのすべての者の権利を認める。締約国は、この権利の実現を確保するために適当な措置をとり、このためには、自由な合意に基づく国際協力が極めて重要であることを認める。

2　この規約の締約国は、すべての者が飢餓から免れる基本的な権利を有することを認め、個々に及び国際協力を通じて、次の目的のため、具体的な計画その他の必要な措置をとる。

(a)　技術的及び科学的知識を十分に利用することにより、栄養に関する原則についての知識を普及させることにより並びに天然資源の最も効果的な開発及び利用を達成するように農地制度を発展させ又は改革することにより、食糧の生産、保存及び分配の方法を改善すること。

(b)　食糧の輸入国及び輸出国の双方の問題に考慮を払い、需要との関連において世界の食糧の供給の衡平な分配を確保すること。

第十二条

1　この規約の締約国は、すべての者が到達可能な最高水準の身体及び精神の健康を享受する権利を有することを認める。

2　この規約の締約国が1の権利の完全な実現を達成するためにとる措置には、次のことに必要な措置を含む。

(a)　死産率及び幼児の死亡率を低下させるための並びに児童の健全な発育のための対策

(b)　環境衛生及び産業衛生のあらゆる状態の改善

(c)　伝染病、風土病、職業病その他の疾病の予防、治療及び抑圧

(d)　病気の場合にすべての者に医療及び看護を確保するような条件の創出

第十三条

1　この規約の締約国は、教育についてのすべての者の権利を認める。締約国は、教育が人格の完成及び人格の尊厳についての意識の十分な発達を指向し並びに人権及び基本的自由の

尊重を強化すべきことに同意する。更に、締約国は、教育が、すべての者に対し、自由な社会に効果的に参加すること、諸国民の間及び人種的、種族的又は宗教的集団の間の理解、寛容及び友好を促進すること並びに平和の維持のための国際連合の活動を助長することを可能にすべきことに同意する。

2 この規約の締約国は、1の権利の完全な実現を達成するため、次のことを認める。

(a) 初等教育は、義務的なものとし、すべての者に対して無償のものとすること。

(b) 種々の形態の中等教育（技術的及び職業的中等教育を含む。）は、すべての適当な方法により、特に、無償教育の漸進的な導入により、一般的に利用可能であり、かつ、すべての者に対して機会が与えられるものとすること。

(c) 高等教育は、すべての適当な方法により、特に、無償教育の漸進的な導入により、能力に応じ、すべての者に対して均等に機会が与えられるものとすること。

(d) 基礎教育は、初等教育を受けなかつた者又はその全課程を修了しなかつた者のため、できる限り奨励され又は強化されること。

(e) すべての段階にわたる学校制度の発展を積極的に追求し、適当な奨学金制度を設立し及び教育職員の物質的条件を不断に改善すること。

3 この規約の締約国は、父母及び場合により法定保護者が、公の機関によつて設置される学校以外の学校であつて国によつて定められ又は承認される最低限度の教育上の基準に適合するものを児童のために選択する自由並びに自己の信念に従つて児童の宗教的及び道徳的教育を確保する自由を有することを尊重することを約束する。

4 この条のいかなる規定も、個人及び団体が教育機関を設置し及び管理する自由を妨げるものと解してはならない。ただし、常に、1に定める原則が遵守されること及び当該教育機関において行われる教育が国によつて定められる最低限度の基準に適合することを条件とする。

第十四条

この規約の締約国となる時にその本土地域又はその管轄の下にある他の地域において無償の初等義務教育を確保するに至つていない各締約国は、すべての者に対する無償の義務教育の原則をその計画中に定める合理的な期間内に漸進的に実施するための詳細な行動計画を二年以内に作成しかつ採用することを約束する。

第十五条

1 この規約の締約国は、すべての者の次の権利を認める。

(a) 文化的な生活に参加する権利

(b) 科学の進歩及びその利用による利益を享受する権利

(c) 自己の科学的、文学的又は芸術的作品により生ずる精神的及び物質的利益が保護されることを享受する権利

2 この規約の締約国が1の権利の完全な実現を達成するためにとる措置には、科学及び文化の保存、発展及び普及に必要な措置を含む。

3 この規約の締約国は、科学研究及び創作活動に不可欠な自由を尊重することを約束する。

4 この規約の締約国は、科学及び文化の分野における国際的な連絡及び協力を奨励し及び発展させることによつて得られる利益を認める。

第四部

第十六条

1 この規約の締約国は、この規約において認められる権利の実現のためにとつた措置及びこれらの権利の実現についてもたらされた進歩に関する報告をこの部の規定に従つて提出することを約束する。

2(a) すべての報告は、国際連合事務総長に提出するものとし、同事務総長は、この規約による経済社会理事会の審議のため、その写しを同理事会に送付する。

(b) 国際連合事務総長は、また、いずれかの専門機関の加盟国であるこの規約の締約国によつて提出される報告又はその一部が当該専門機関の基本文書によりその任務の範囲内にある事項に関連を有するものである場合には、それらの報告又は関係部分の写しを当該専門機関に送付する。

第十七条

1 この規約の締約国は、経済社会理事会が締約国及び関係専門機関との協議の後この規約の効力発生の後一年以内に作成する計画に従い、報告を段階的に提出する。

2 報告には、この規約に基づく義務の履行程度に影響を及ぼす要因及び障害を記載することができる。

3 関連情報がこの規約の締約国により国際連合又はいずれかの専門機関に既に提供されている場合には、その情報については、再び提供の必要はなく、提供に係る情報について明確に言及することで足りる。

第十八条

経済社会理事会は、人権及び基本的自由の分野における国際連合憲章に規定する責任に基づき、いずれかの専門機関の任務の範囲内にある事項に関するこの規約の規定の遵守についてもたらされた進歩に関し当該専門機関が同理事会に報告することにつき、当該専門機関と取極を行うことができる。報告には、当該専門機関の権限のある機関がこの規約の当該規定の実施に関して採択した決定及び勧告についての詳細を含ませることができる。

第十九条

経済社会理事会は、第十六条及び第十七条の規定により締約国が提出する人権に関する報告並びに前条の規定により専門機関が提出する人権に関する報告を、検討及び一般的な性格を有する勧告のため又は適当な場合には情報用として、人権委員会に送付することができる。

第二十条

この規約の締約国及び関係専門機関は、前条にいう一般的な性格を有する勧告に関する意見又は人権委員会の報告において若しくはその報告で引用されている文書において言及されている一般的な性格を有する勧告に関する意見を、経済社会理事会に提出することができる。

第二十一条

経済社会理事会は、一般的な性格を有する勧告を付した報告、並びにこの規約の締約国及び専門機関から得た情報であつてこの規約において認められる権利の実現のためにとられた措置及びこれらの権利の実現についてもたらされた進歩に関する情報の概要を、総会に随時提出することができる。

第二十二条

経済社会理事会は、技術援助の供与に関係を有する国際連合の他の機関及びこれらの補助機関並びに専門機関に対し、この部に規定する報告により提起された問題であつて、これらの機関がそれぞれの権限の範囲内でこの規約の効果的かつ漸進的な実施に寄与すると認められる国際的措置をとることの適否の決定に当たつて参考となるものにつき、注意を喚起することができる。

第二十三条

この規約の締約国は、この規約において認められる権利の実現のための国際的措置には条約の締結、勧告の採択、技術援助の供与並びに関係国の政府との連携により組織される協議及び検討のための地域会議及び専門家会議の開催のような措置が含まれることに同意する。

第二十四条

この規約のいかなる規定も、この規約に規定されている事項につき、国際連合の諸機関及び専門機関の任務をそれぞれ定めている国際連合憲章及び専門機関の基本文書の規定の適用を妨げるものと解してはならない。

第二十五条

この規約のいかなる規定も、すべての人民がその天然の富及び資源を十分かつ自由に享受し及び利用する固有の権利を害するものと解してはならない。

第五部

第二十六条

1 この規約は、国際連合又はいずれかの専門機関の加盟国、国際司法裁判所規程の当事国及びこの規約の締約国となるよう国際連合総会が招請する他の国による署名のために開放しておく。

2 この規約は、批准されなければならない。批准書は、国際連合事務総長に寄託する。

3 この規約は、1に規定する国による加入のために開放しておく。

4 加入は、加入書を国際連合事務総長に寄託することによつて行う。

5 国際連合事務総長は、この規約に署名し又は加入したすべての国に対し、各批准書又は各加入書の寄託を通報する。

第二十七条

1 この規約は、三十五番目の批准書又は加入書が国際連合事務総長に寄託された日の後三箇月で効力を生ずる。

2 この規約は、三十五番目の批准書又は加入書が寄託された後に批准し又は加入する国については、その批准書又は加入書が寄託された日の後三箇月で効力を生ずる。

第二十八条

この規約は、いかなる制限又は例外もなしに、連邦国家のすべての地域について適用する。

第二十九条

1 この規約のいずれの締約国も、改正を提案し及び改正案を国際連合事務総長に提出することができる。同事務総長は、直ちに、この規約の締約国に対し、改正案を送付するものとし、締約国による改正案の審議及び投票のための締約国会議の開催についての賛否を同事務総長に通告するよう要請する。締約国の三分の一以上が会議の開催に賛成する場合には、同事務総長は、国際連合の主催の下に会議を招集する。会議において出席しかつ投票する締約国の過半数によつて採択された改正案は、承認のため、国際連合総会に提出する。

2 改正は、国際連合総会が承認し、かつ、この規約の締約国の三分の二以上の多数がそれぞれの国の憲法上の手続に従つて受諾したときに、効力を生ずる。

3 改正は、効力を生じたときは、改正を受諾した締約国を拘束するものとし、他の締約国は、改正前のこの規約の規定(受諾した従前の改正を含む。)により引き続き拘束される。

第三十条

第二十六条5の規定により行われる通報にかかわらず、国際連合事務総長は、同条1に規定するすべての国に対し、次の事項を通報する。

(a) 第二十六条の規定による署名、批准及び加入

(b) 第二十七条の規定に基づきこの規約が効力を生ずる日及び前条の規定により改正が効力を生ずる日

第三十一条

1 この規約は、中国語、英語、フランス語、ロシア語及びスペイン語をひとしく正文とし、国際連合に寄託される。

2 国際連合事務総長は、この規約の認証謄本を第二十六条に規定するすべての国に送付する。

○市民的及び政治的権利に関する国際規約〔B規約〕（抄）

International Covenant on Civil and Political Rights

昭五四・八・四
条約七

この規約の締約国は、

〔以下、本規約の前文は、「経済的、社会的及び文化的権利に関する国際規約」（A規約）の前文と同じ〕

次のとおり協定する。

第一部

第一条〔A規約第一条と同じ〕〔略〕

第二部

第二条

1 この規約の各締約国は、その領域内にあり、かつ、その管轄の下にあるすべての個人に対し、人種、皮膚の色、性、言語、宗教、政治的意見その他の意見、国民的若しくは社会的出身、財産、出生又は他の地位等によるいかなる差別もなしにこの規約において認められる権利を尊重し及び確保することを約束する。

2 この規約の各締約国は、立法措置その他の措置がまだとられていない場合には、この規約において認められる権利を実現するために必要な立法措置その他の措置をとるため、自国の憲法上の手続及びこの規約の規定に従つて必要な行動をとることを約束する。

3 この規約の各締約国は、次のことを約束する。

(a) この規約において認められる権利又は自由を侵害された者が、公的資格で行動する者によりその侵害が行われた場合にも、効果的な救済措置を受けることを確保すること。

(b) 救済措置を求める者の権利が権限のある司法上、行政上若しくは立法上の機関又は国の法制で定める他の権限のある機関によつて決定されることを確保すること及び司法上の救済措置の可能性を発展させること。

(c) 救済措置が与えられる場合に権限のある機関によつて執行されることを確保すること。

第三条

この規約の締約国は、この規約に定めるすべての市民的及び政治的権利の享有について男女に同等の権利を確保することを約束する。

第四条

1 国民の生存を脅かす公の緊急事態の場合においてその緊急事態の存在が公式に宣言されているときは、この規約の締約国は、事態の緊急性が真に必要とする限度において、この規約に基づく義務に違反する措置をとることができる。ただし、その措置は、当該締約国が国際法に基づき負う他の義務に抵触してはならず、また、人種、皮膚の色、性、言語、宗教又は社会的出身のみを理由とする差別を含んではならない。

2 1の規定は、第六条、第七条、第八条1及び2、第十一条、第十五条、第十六条並びに第十八条の規定に違反することを許すものではない。

3 義務に違反する措置をとる権利を行使するこの規約の締約国は、違反した規定及び違反するに至つた理由を国際連合事務総長を通じてこの規約の他の締約国に直ちに通知する。更に、違反が終了する日に、同事務総長を通じてその旨通知する。

第五条〔A規約第五条と同じ〕〔略〕

第三部

第六条

1 すべての人間は、生命に対する固有の権利を有する。この権利は、法律によつて保護される。何人も、恣意的にその生命を奪われない。

2〜6〔略〕

第七条〜第九条〔略〕

第十条

1 自由を奪われたすべての者は、人道的にかつ人間の固有の尊厳を尊重して、取り扱われる。

2(a) 被告人は、例外的な事情がある場合を除くほか有罪の判決を受けた者とは分離されるものとし、有罪の判決を受けていない者としての地位に相応する別個の取扱いを受ける。

(b) 少年の被告人は、成人とは分離されるものとし、できる限り速やかに裁判に付される。

3 行刑の制度は、被拘禁者の矯正及び社会復帰を基本的な目的とする処遇を含む。少年の犯罪者は、成人とは分離されるものとし、その年齢及び法的地位に相応する取扱いを受ける。

第十一条

何人も、契約上の義務を履行することができないことのみを理由として拘禁されない。

第十二条

1 合法的にいずれかの国の領域内にいるすべての者は、当該領域内において、移動の自由及び居住の自由についての権利を有する。

2 すべての者は、いずれの国（自国を含む。）からも自由に離れることができる。

3 1及び2の権利は、いかなる制限も受けない。ただし、その制限が、法律で定められ、国の安全、公の秩序、公衆の健康若しくは道徳又は他の者の権利及び自由を保護するために必要であり、かつ、この規約において認められる他の権利と両立するものである場合は、この限りでない。

4 何人も、自国に戻る権利を恣意的に奪われない。

第十三条〔略〕

第十四条

1 すべての者は、裁判所の前に平等とする。すべての者は、その刑事上の罪の決定又は民事上の権利及び義務の争いについての決定のため、法律で設置された、権限のある、独立の、かつ、公平な裁判所による公正な公開審理を受ける権利を有する。報道機関及び公衆に対しては、民主的社会における道徳、公の秩序若しくは国の安全を理由として、当事者の私生活の利益のため必要な場合において又はその公開が司法の利益を害することとなる特別な状況において裁判所が真に必要があると認める限度で、裁判の全部又は一部を公開しないことができる。もつとも、刑事訴訟又は他の訴訟において言い渡される判決は、少年の利益のために必要がある場合又は当該手続が夫婦間の争い若しくは児童の後見に関するものである場合を除くほか、公開する。

2　刑事上の罪に問われているすべての者は、法律に基づいて有罪とされるまでは、無罪と推定される権利を有する。

3　すべての者は、その刑事上の罪の決定について、十分平等に、少なくとも次の保障を受ける権利を有する。

(a)　その理解する言語で速やかにかつ詳細にその罪の性質及び理由を告げられること。

(b)　防御の準備のために十分な時間及び便益を与えられ並びに自ら選任する弁護人と連絡すること。

(c)　不当に遅延することなく裁判を受けること。

(d)　自ら出席して裁判を受け及び、直接に又は自ら選任する弁護人を通じて、防御すること。弁護人がいない場合には、弁護人を持つ権利を告げられること。司法の利益のために必要な場合には、十分な支払手段を有しないときは自らその費用を負担することなく、弁護人を付されること。

(e)　自己に不利な証人を尋問し又はこれに対し尋問させること並びに自己に不利な証人と同じ条件で自己のための証人の出席及びこれに対する尋問を求めること。

(f)　裁判所において使用される言語を理解すること又は話すことができない場合には、無料で通訳の援助を受けること。

(g)　自己に不利益な供述又は有罪の自白を強要されないこと。

4　少年の場合には、手続は、その年齢及びその更生の促進が望ましいことを考慮したものとする。

5　有罪の判決を受けたすべての者は、法律に基づきその判決及び刑罰を上級の裁判所によつて再審理される権利を有する。

6　確定判決によつて有罪と決定された場合において、その後に、新たな事実又は新しく発見された事実により誤審のあつたことが決定的に立証されたことを理由としてその有罪の判決が破棄され又は赦免が行われたときは、その有罪の判決の結果刑罰に服した者は、法律に基づいて補償を受ける。ただし、その知られなかつた事実が適当な時に明らかにされなかつたことの全部又は一部がその者の責めに帰するものであることが証明される場合は、この限りでない。

7　何人も、それぞれの国の法律及び刑事手続に従つて既に確定的に有罪又は無罪の判決を受けた行為について再び裁判され又は処罰されることはない。

第十五条〔略〕

第十六条

すべての者は、すべての場所において、法律の前に人として認められる権利を有する。

第十七条

1　何人も、その私生活、家族、住居若しくは通信に対して恣意的に若しくは不法に干渉され又は名誉及び信用を不法に攻撃されない。

2　すべての者は、1の干渉又は攻撃に対する法律の保護を受ける権利を有する。

第十八条

1　すべての者は、思想、良心及び宗教の自由についての権利を有する。この権利には、自ら選択する宗教又は信念を受け入れ又は有する自由並びに、単独で又は他の者と共同して及び公に又は私的に、礼拝、儀式、行事及び教導によつてその宗教又は信念を表明する自由を含む。

2　何人も、自ら選択する宗教又は信念を受け入れ又は有する自由を侵害するおそれのある強制を受けない。

3　宗教又は信念を表明する自由については、法律で定める制限であつて公共の安全、公の秩序、公衆の健康若しくは道徳又は他の者の基本的な権利及び自由を保護するために必要なもののみを課することができる。

4　この規約の締約国は、父母及び場合により法定保護者が、自己の信念に従つて児童の宗教的及び道徳的教育を確保する自由を有することを尊重することを約束する。

第十九条

1　すべての者は、干渉されることなく意見を持つ権利を有する。

2　すべての者は、表現の自由についての権利を有する。この権利には、口頭、手書き若しくは印刷、芸術の形態又は自ら選択する他の方法により、国境とのかかわりなく、あらゆる種類の情報及び考えを求め、受け及び伝える自由を含む。

3　2の権利の行使には、特別の義務及び責任を伴う。したがつて、この権利の行使については、一定の制限を課することができる。ただし、その制限は、法律によつて定められ、かつ、次の目的のために必要とされるものに限る。

(a)　他の者の権利又は信用の尊重

(b)　国の安全、公の秩序又は公衆の健康若しくは道徳の保護

第二十条

1　戦争のためのいかなる宣伝も、法律で禁止する。

2　差別、敵意又は暴力の扇動となる国民的、人種的又は宗教的憎悪の唱道は、法律で禁止する。

第二十一条

平和的な集会の権利は、認められる。この権利の行使については、法律で定める制限であつて国の安全若しくは公共の安全、公の秩序、公衆の健康若しくは道徳の保護又は他の者の権利及び自由の保護のため民主的社会において必要なもの以外のいかなる制限も課することができない。

第二十二条

1　すべての者は、結社の自由についての権利を有する。この権利には、自己の利益の保護のために労働組合を結成し及びこれに加入する権利を含む。

2　1の権利の行使については、法律で定める制限であつて国の安全若しくは公共の安全、公の秩序、公衆の健康若しくは道徳の保護又は他の者の権利及び自由の保護のため民主的社会において必要なもの以外のいかなる制限も課することができない。この条の規定は、1の権利の行使につき、軍隊及び警察の構成員に対して合法的な制限を課することを妨げるものではない。

3　この条のいかなる規定も、結社の自由及び団結権の保護に関する千九百四十八年の国際労働機関の条約の締約国が、同条約に規定する保障を阻害するような立法措置を講ずること又は同条約に規定する保障を阻害するような方法により法律を適用することを許すものではない。

第二十三条

1　家族は、社会の自然かつ基礎的な単位であり、社会及び国による保護を受ける権利を有する。

2　婚姻をすることができる年齢の男女が婚姻をしかつ家族を形成する権利は、認められる。

3　婚姻は、両当事者の自由かつ完全な合意なしには成立しない。

4　この規約の締約国は、婚姻中及び婚姻の解消の際に、婚姻に係る配偶者の権利及び責任の平等を確保するため、適当な措置をとる。その解消の場合には、児童に対する必要な保護のため、措置がとられる。

第二十四条

1　すべての児童は、人種、皮膚の色、性、言語、宗教、国民的若しくは社会的出身、財産又は出生によるいかなる差別もなしに、未成年者としての地位に必要とされる保護の措置であつて家族、社会及び国による措置についての権利を有する。

2　すべての児童は、出生の後直ちに登録され、かつ、氏名を有する。

3　すべての児童は、国籍を取得する権利を有する。

第二十五条

すべての市民は、第二条に規定するいかなる差別もなく、かつ、不合理な制限なしに、次のことを行う権利及び機会を有する。

(a)　直接に、又は自由に選んだ代表者を通じて、政治に参与すること。

(b)　普通かつ平等の選挙権に基づき秘密投票により行われ、選挙人の意思の自由な表明を保障する真正な定期的選挙において、投票し及び選挙されること。

(c)　一般的な平等条件の下で自国の公務に携わること。

第二十六条

すべての者は、法律の前に平等であり、いかなる差別もなしに法律による平等の保護を受ける権利を有する。このため、法律は、あらゆる差別を禁止し及び人種、皮膚の色、性、言語、宗教、政治的意見その他の意見、国民的若しくは社会的出身、財産、出生又は他の地位等のいかなる理由による差別に対しても平等のかつ効果的な保護をすべての者に保障する。

第二十七条

種族的、宗教的又は言語的少数民族が存在する国において、当該少数民族に属する者は、その集団の他の構成員とともに自己の文化を享有し、自己の宗教を信仰しかつ実践し又は自己の言語を使用する権利を否定されない。

第四部

第二十八条

1　人権委員会（以下「委員会」という。）を設置する。委員会は、十八人の委員で構成するものとし、この部に定める任務を行う。

2　委員会は、高潔な人格を有し、かつ、人権の分野において能力を認められたこの規約の締約国の国民で構成する。この場合において、法律関係の経験を有する者の参加が有益であることに考慮を払う。

3　委員会の委員は、個人の資格で、選挙され及び職務を遂行する。

第二十九条～第五十三条〔人権委員会の構成機能等〕〔略〕

○女子に対するあらゆる形態の差別の撤廃に関する条約（抄）

Convention on the Elimination of All Forms of Discrimination against Women

昭六〇・七・一
条約七

この条約の締約国は、

国際連合憲章が基本的人権、人間の尊厳及び価値並びに男女の権利の平等に関する信念を改めて確認していることに留意し、

世界人権宣言が、差別は容認することができないものであるとの原則を確認していること、並びにすべての人間は生まれながらにして自由であり、かつ、尊厳及び権利について平等であること並びにすべての人は性による差別その他のいかなる差別もなしに同宣言に掲げるすべての権利及び自由を享有することができることを宣明していることに留意し、

人権に関する国際規約の締約国がすべての経済的、社会的、文化的、市民的及び政治的権利の享有について男女に平等の権利を確保する義務を負つていることに留意し、

国際連合及び専門機関の主催の下に各国が締結した男女の権利の平等を促進するための国際条約を考慮し、

更に、国際連合及び専門機関が採択した男女の権利の平等を促進するための決議、宣言及び勧告に留意し、

しかしながら、これらの種々の文書にもかかわらず女子に対する差別が依然として広範に存在していることを憂慮し、

女子に対する差別は、権利の平等の原則及び人間の尊厳の尊重の原則に反するものであり、女子が男子と平等の条件で自国の政治的、社会的、経済的及び文化的活動に参加する上で障害となるものであり、社会及び家族の繁栄の増進を阻害するもの

であり、また、女子の潜在能力を自国及び人類に役立てるために完全に開発することを一層困難にするものであることを想起し、

窮乏の状況においては、女子が食糧、健康、教育、雇用のための訓練及び機会並びに他の必要とするものを享受する機会が最も少ないことを憂慮し、

衡平及び正義に基づく新たな国際経済秩序の確立が男女の平等の促進に大きく貢献することを確信し、

アパルトヘイト、あらゆる形態の人種主義、人種差別、植民地主義、新植民地主義、侵略、外国による占領及び支配並びに内政干渉の根絶が男女の権利の完全な享有に不可欠であることを強調し、

国際の平和及び安全を強化し、国際緊張を緩和し、すべての国（社会体制及び経済体制のいかんを問わない。）の間で相互に協力し、全面的かつ完全な軍備縮小を達成し、特に厳重かつ効果的な国際管理の下での核軍備の縮小を達成し、諸国間の関係における正義、平等及び互恵の原則を確認し、外国の支配の下、植民地支配の下又は外国の占領の下にある人民の自決の権利及び人民の独立の権利を実現し並びに国の主権及び領土保全を尊重することが、社会の進歩及び発展を促進し、ひいては、男女の完全な平等の達成に貢献することを確認し、

国の完全な発展、世界の福祉及び理想とする平和は、あらゆる分野において女子が男子と平等の条件で最大限に参加することを必要としていることを確信し、

家族の福祉及び社会の発展に対する従来完全には認められていなかつた女子の大きな貢献、母性の社会的重要性並びに家庭及び子の養育における両親の役割に留意し、また、出産における女子の役割が差別の根拠となるべきではなく、子の養育には男女及び社会全体が共に責任を負うことが必要であることを認識し、

社会及び家庭における男子の伝統的役割を女子の役割とともに変更することが男女の完全な平等の達成に必要であることを認識し、

女子に対する差別の撤廃に関する宣言に掲げられている諸原則を実施すること及びこのために女子に対するあらゆる形態の差別を撤廃するための必要な措置をとることを決意して、

次のとおり協定した。

第一部

第一条

この条約の適用上、「女子に対する差別」とは、性に基づく区別、排除又は制限であつて、政治的、経済的、社会的、文化的、市民的その他のいかなる分野においても、女子（婚姻をしているかいないかを問わない。）が男女の平等を基礎として人権及び基本的自由を認識し、享有し又は行使することを害し又は無効にする効果又は目的を有するものをいう。

第二条

締約国は、女子に対するあらゆる形態の差別を非難し、女子に対する差別を撤廃する政策をすべての適当な手段により、かつ、遅滞なく追求することに合意し、及びこのため次のことを約束する。

(a) 男女の平等の原則が自国の憲法その他の適当な法令に組み入れられていない場合にはこれを定め、かつ、男女の平等の原則の実際的な実現を法律その他の適当な手段により確保すること。

(b) 女子に対するすべての差別を禁止する適当な立法その他の措置（適当な場合には制裁を含む。）をとること。

(c) 女子の権利の法的な保護を男子との平等を基礎として確立し、かつ、権限のある自国の裁判所その他の公の機関を通じて差別となるいかなる行為からも女子を効果的に保護することを確保すること。

(d) 女子に対する差別となるいかなる行為又は慣行も差し控え、かつ、公の当局及び機関がこの義務に従つて行動することを確保すること。

(e) 個人、団体又は企業による女子に対する差別を撤廃するためのすべての適当な措置をとること。

(f) 女子に対する差別となる既存の法律、規則、慣習及び慣行を修正し又は廃止するためのすべての適当な措置（立法を含む。）をとること。

(g) 女子に対する差別となる自国のすべての刑罰規定を廃止すること。

第三条

締約国は、あらゆる分野、特に、政治的、社会的、経済的及び文化的分野において、女子に対して男子との平等を基礎として人権及び基本的自由を行使し及び享有することを保障することを目的として、女子の完全な能力開発及び向上を確保するためのすべての適当な措置（立法を含む。）をとる。

第四条

1　締約国が男女の事実上の平等を促進することを目的とする暫定的な特別措置をとることは、この条約に定義する差別と解してはならない。ただし、その結果としていかなる意味においても不平等な又は別個の基準を維持し続けることとなつてはならず、これらの措置は、機会及び待遇の平等の目的が達成された時に廃止されなければならない。

2　締約国が母性を保護することを目的とする特別措置（この条約に規定する措置を含む。）をとることは、差別と解してはならない。

第五条

締約国は、次の目的のためのすべての適当な措置をとる。

(a) 両性のいずれかの劣等性若しくは優越性の観念又は男女の定型化された役割に基づく偏見及び慣習その他あらゆる慣行の撤廃を実現するため、男女の社会的及び文化的な行動様式を修正すること。

(b) 家庭についての教育に、社会的機能としての母性についての適正な理解並びに子の養育及び発育における男女の共同責任についての認識を含めることを確保すること。あらゆる場合において、子の利益は最初に考慮するものとする。

第六条

締約国は、あらゆる形態の女子の売買及び女子の売春からの搾取を禁止するためのすべての適当な措置（立法を含む。）をとる。

第二部

第七条

締約国は、自国の政治的及び公的活動における女子に対する差別を撤廃するためのすべての適当な措置をとるものとし、特に、女子に対して男子と平等の条件で次の権利を確保する。

(a)　あらゆる選挙及び国民投票において投票する権利並びにすべての公選による機関に選挙される資格を有する権利

(b)　政府の政策の策定及び実施に参加する権利並びに政府のすべての段階において公職に就き及びすべての公務を遂行する権利

(c)　自国の公的又は政治的活動に関係のある非政府機関及び非政府団体に参加する権利

第八条

締約国は、国際的に自国政府を代表し及び国際機関の活動に参加する機会を、女子に対して男子と平等の条件でかついかなる差別もなく確保するためのすべての適当な措置をとる。

第九条

1　締約国は、国籍の取得、変更及び保持に関し、女子に対して男子と平等の権利を与える。締約国は、特に、外国人との婚姻又は婚姻中の夫の国籍の変更が、自動的に妻の国籍を変更し、妻を無国籍にし又は夫の国籍を妻に強制することとならないことを確保する。

2　締約国は、子の国籍に関し、女子に対して男子と平等の権利を与える。

第三部

第十条

締約国は、教育の分野において、女子に対して男子と平等の権利を確保することを目的として、特に、男女の平等を基礎として次のことを確保することを目的として、女子に対する差別を撤廃するためのすべての適当な措置をとる。

(a)　農村及び都市のあらゆる種類の教育施設における職業指導、修学の機会及び資格証書の取得のための同一の条件。このような平等は、就学前教育、普通教育、技術教育、専門教育及び高等技術教育並びにあらゆる種類の職業訓練において確保されなければならない。

(b)　同一の教育課程、同一の試験、同一の水準の資格を有する教育職員並びに同一の質の学校施設及び設備を享受する機会

(c)　すべての段階及びあらゆる形態の教育における男女の役割についての定型化された概念の撤廃を、この目的の達成を助長する男女共学その他の種類の教育を奨励することにより、また、特に、教材用図書及び指導計画を改訂すること並びに指導方法を調整することにより行うこと。

(d)　奨学金その他の修学援助を享受する同一の機会

(e)　継続教育計画（成人向けの及び実用的な識字計画を含む。）、特に、男女間に存在する教育上の格差をできる限り早期に減少させることを目的とした継続教育計画を利用する同一の機会

(f)　女子の中途退学率を減少させること及び早期に退学した女子のための計画を策定すること。

(g)　スポーツ及び体育に積極的に参加する同一の機会

(h)　家族の健康及び福祉の確保に役立つ特定の教育的情報（家族計画に関する情報及び助言を含む。）を享受する機会

第十一条

1　締約国は、男女の平等を基礎として同一の権利、特に次の権利を確保することを目的として、雇用の分野における女子に対する差別を撤廃するためのすべての適当な措置をとる。

(a)　すべての人間の奪い得ない権利としての労働の権利

(b)　同一の雇用機会（雇用に関する同一の選考基準の適用を含む。）についての権利

(c)　職業を自由に選択する権利、昇進、雇用の保障並びに労働に係るすべての給付及び条件についての権利並びに職業訓練及び再訓練（見習、上級職業訓練及び継続的訓練を含む。）を受ける権利

(d)　同一価値の労働についての同一報酬（手当を含む。）及び同一待遇についての権利並びに労働の質の評価に関する取扱いの平等についての権利

(e)　社会保障（特に、退職、失業、傷病、障害、老齢その他の労働不能の場合における社会保障）についての権利及び有給休暇についての権利

(f)　作業条件に係る健康の保護及び安全（生殖機能の保護を含む。）についての権利

2　締約国は、婚姻又は母性を理由とする女子に対する差別を防止し、かつ、女子に対して実効的な労働の権利を確保するため、次のことを目的とする適当な措置をとる。

(a)　妊娠又は母性休暇を理由とする解雇及び婚姻をしているかいないかに基づく差別的解雇を制裁を課して禁止すること。

(b)　給料又はこれに準ずる社会的給付を伴い、かつ、従前の雇用関係、先任及び社会保障上の利益の喪失を伴わない母性休暇を導入すること。

(c)　親が家庭責任と職業上の責務及び社会的活動への参加とを両立させることを可能とするために必要な補助的な社会的サービスの提供を、特に保育施設網の設置及び充実を促進することにより奨励すること。

(d)　妊娠中の女子に有害であることが証明されている種類の作業においては、当該女子に対して特別の保護を与えること。

3　この条に規定する事項に関する保護法令は、科学上及び技術上の知識に基づき定期的に検討するものとし、必要に応じて、修正し、廃止し、又はその適用を拡大する。

第十二条

1　締約国は、男女の平等を基礎として保健サービス（家族計画に関連するものを含む。）を享受する機会を確保することを目的として、保健の分野における女子に対する差別を撤廃するためのすべての適当な措置をとる。

2　1の規定にかかわらず、締約国は、女子に対し、妊娠、分べん及び産後の期間中の適当なサービス（必要な場合には無料にする。）並びに妊娠及び授乳の期間中の適当な栄養を確保する。

第十三条　締約国は、男女の平等を基礎として同一の権利、特に次の権利を確保することを目的として、他の経済的及び社会的活動の分野における女子に対する差別を撤廃するためのすべての適当な措置をとる。

(a) 家族給付についての権利

(b) 銀行貸付け、抵当その他の形態の金融上の信用についての権利

(c) レクリエーション、スポーツ及びあらゆる側面における文化的活動に参加する権利

〔以下略〕

○あらゆる形態の人種差別の撤廃に関する国際条約（抄）

International Convention on the Elimination of All Forms of Racial Discrimination

平成七・一二・二〇
条約二六

この条約の締約国は、

国際連合憲章がすべての人間に固有の尊厳及び平等の原則に基礎を置いていること並びにすべての加盟国が、人種、性、言語又は宗教による差別のないすべての者のための人権及び基本的自由の普遍的な尊重及び遵守を助長し及び奨励するという国際連合の目的の一を達成するために、国際連合と協力して共同及び個別の行動をとることを誓約したことを考慮し、

世界人権宣言が、すべての人間は生まれながらにして自由であり、かつ、尊厳及び権利について平等であること並びにすべての人がいかなる差別をも、特に人種、皮膚の色又は国民的出身による差別を受けることなく同宣言に掲げるすべての権利及び自由を享有することができることを宣明していることを考慮し、

すべての人間が法律の前に平等であり、いかなる差別に対しても、また、いかなる差別の扇動に対しても法律による平等の保護を受ける権利を有することを考慮し、

国際連合が植民地主義並びにこれに伴う隔離及び差別のあらゆる慣行（いかなる形態であるかいかなる場所に存在するかを問わない。）を非難してきたこと並びに千九百六十年十二月十四日の植民地及びその人民に対する独立の付与に関する宣言（国際連合総会決議第千五百十四号（第十五回会期））がこれらを速やかにかつ無条件に終了させる必要性を確認し及び厳粛に宣明したことを考慮し、

千九百六十三年十一月二十日のあらゆる形態の人種差別の撤廃に関する国際連合宣言（国際連合総会決議第千九百四号（第十八回会期））が、あらゆる形態及び表現による人種差別を全世界から速やかに撤廃し並びに人間の尊厳に対する理解及び尊重を確保する必要性を厳粛に確認していることを考慮し、

人種的相違に基づく優越性のいかなる理論も科学的に誤りであり、道徳的に非難されるべきであり及び社会的に不正かつ危険であること並びに理論上又は実際上、いかなる場所においても、人種差別を正当化することはできないことを確信し、

人種、皮膚の色又は種族的出身を理由とする人間の差別が諸国間の友好的かつ平和的な関係に対する障害となること並びに諸国民の間の平和及び安全並びに同一の国家内に共存している人々の調和をも害するおそれがあることを再確認し、

人種に基づく障壁の存在がいかなる人間社会の理想にも反することを確信し、

世界のいくつかの地域において人種差別が依然として存在していること及び人種的優越又は憎悪に基づく政府の政策（アパルトヘイト、隔離又は分離の政策等）がとられていることを危険な事態として受けとめ、

あらゆる形態及び表現による人種差別を速やかに撤廃するために必要なすべての措置をとること並びに人種間の理解を促進し、いかなる形態の人種隔離及び人種差別もない国際社会を建設するため、人種主義に基づく理論及び慣行を防止し並びにこれらと戦うことを決意し、

千九百五十八年に国際労働機関が採択した雇用及び職業についての差別に関する条約及び千九百六十年に国際連合教育科学文化機関が採択した教育における差別の防止に関する条約に留意し、

あらゆる形態の人種差別の撤廃に関する国際連合宣言に具現された原則を実現すること及びこのための実際的な措置を最も早い時期にとることを確保することを希望して、

次のとおり協定した。

第一部

第一条

1 この条約において、「人種差別」とは、人種、皮膚の色、世系又は民族的若しくは種族的出身に基づくあらゆる区別、排除、制限又は優先であって、政治的、経済的、社会的、文化的その他のあらゆる公的生活の分野における平等の立場での人権及び基本的自由を認識し、享有し又は行使することを妨げ又は害する目的又は効果を有するものをいう。

2 この条約は、締約国が市民と市民でない者との間に設ける区別、排除、制限又は優先については、適用しない。

3 この条約のいかなる規定も、国籍、市民権又は帰化に関する締約国の法規に何ら影響を及ぼすものと解してはならない。ただし、これらに関する法規は、いかなる特定の民族に対しても差別を設けていないことを条件とする。

4 人権及び基本的自由の平等な享有又は行使を確保するため、保護を必要としている特定の人種若しくは種族の集団又は個人の適切な進歩を確保することのみを目的として、必要に応じてとられる特別措置は、人種差別とみなさない。ただし、この特別措置は、その結果として、異なる人種の集団に対して別個の権利を維持することとなってはならず、また、その目的が達成された後は継続してはならない。

第二条

1 締約国は、人種差別を非難し、また、あらゆる形態の人種差別を撤廃する政策及びあらゆる人種間の理解を促進する政策をすべての適当な方法により遅滞なくとることを約束する。このため、

(a) 各締約国は、個人、集団又は団体に対する人種差別の行為又は慣行に従事しないこと並びに国及び地方のすべての公の当局及び機関がこの義務に従って行動するよう確保することを約束する。

(b) 各締約国は、いかなる個人又は団体による人種差別も後援せず、擁護せず又は支持しないことを約束する。

(c) 各締約国は、政府（国及び地方）の政策を再検討し及び人種差別を生じさせ又は永続化させる効果を有するいかなる法令も改正し、廃止し又は無効にするために効果的な措置をとる。

(d) 各締約国は、すべての適当な方法（状況により必要とされるときは、立法を含む。）により、いかなる個人、集団又は団体による人種差別も禁止し、終了させる。

(e) 各締約国は、適当なときは、人種間の融和を目的とし、かつ、複数の人種で構成される団体及び運動を支援し並びに人種間の障壁を撤廃する他の方法を奨励すること並びに人種間の分断を強化するようないかなる動きも抑制することを約束する。

2 締約国は、状況により正当とされる場合には、特定の人種の集団又はこれに属する個人に対し人権及び基本的自由の十分かつ平等な享有を保障するため、社会的、経済的、文化的その他の分野において、当該人種の集団又は個人の適切な発展及び保護を確保するための特別かつ具体的な措置をとる。この措置は、いかなる場合においても、その目的が達成された後、その結果として、異なる人種の集団に対して不平等な又は別個の権利を維持することとなってはならない。

第三条

締約国は、特に、人種隔離及びアパルトヘイトを非難し、また、自国の管轄の下にある領域におけるこの種のすべての慣行を防止し、禁止し及び根絶することを約束する。

第四条

締約国は、一の人種の優越性若しくは一の皮膚の色若しくは種族的出身の人の集団の優越性の思想若しくは理論に基づくあらゆる宣伝及び団体又は人種的憎悪及び人種差別（形態のいかんを問わない。）を正当化し若しくは助長することを企てるあらゆる宣伝及び団体を非難し、また、このような差別のあらゆる扇動又は行為を根絶することを目的とする迅速かつ積極的な措置をとることを約束する。このため、締約国は、世界人権宣言に具現された原則及び次条に明示的に定める権利に十分な考慮を払って、特に次のことを行う。

(a) 人種的優越又は憎悪に基づく思想のあらゆる流布、人種差別の扇動、いかなる人種若しくは皮膚の色若しくは種族的出身を異にする人の集団に対するものであるかを問わずすべての暴力行為又はその行為の扇動及び人種主義に基づく活動に対する資金援助を含むいかなる援助の提供も、法律で処罰すべき犯罪であることを宣言すること。

(b) 人種差別を助長し及び扇動する団体及び組織的宣伝活動その他のすべての宣伝活動を違法であるとして禁止するものとし、このような団体又は活動への参加が法律で処罰すべき犯罪であることを認めること。

(c) 国又は地方の公の当局又は機関が人種差別を助長し又は扇動することを認めないこと。

第五条

第二条に定める基本的義務に従い、締約国は、特に次の権利の享有に当たり、あらゆる形態の人種差別を禁止し及び撤廃すること並びに人種、皮膚の色又は民族的若しくは種族的出身による差別なしに、すべての者が法律の前に平等であるという権利を保障することを約束する。

(a) 裁判所その他のすべての裁判及び審判を行う機関の前での平等な取扱いについての権利

(b) 暴力又は傷害（公務員によって加えられるものであるかいかなる個人、集団又は団体によって加えられるものであるかを問わない。）に対する身体の安全及び国家による保護についての権利

(c) 政治的権利、特に普通かつ平等の選挙権に基づく選挙に投票及び立候補によって参加し、国政及びすべての段階における政治に参与し並びに公務に平等に携わる権利

(d) 他の市民的権利、特に、

(i) 国境内における移動及び居住の自由についての権利

(ii) いずれの国（自国を含む。）からも離れ及び自国に戻る権利

(iii) 国籍についての権利

(iv) 婚姻及び配偶者の選択についての権利

(v) 単独で及び他の者と共同して財産を所有する権利

(vi) 相続する権利

(vii) 思想、良心及び宗教の自由についての権利
(viii) 意見及び表現の自由についての権利
(ix) 平和的な集会及び結社の自由についての権利
(e) 経済的、社会的及び文化的権利、特に、
(i) 労働、職業の自由な選択、公正かつ良好な労働条件、失業に対する保護、同一の労働についての同一報酬及び公正かつ良好な報酬についての権利
(ii) 労働組合を結成し及びこれに加入する権利
(iii) 住居についての権利
(iv) 公衆の健康、医療、社会保障及び社会的サービスについての権利
(v) 教育及び訓練についての権利
(vi) 文化的な活動への平等な参加についての権利
(f) 輸送機関、ホテル、飲食店、喫茶店、劇場、公園等一般公衆の使用を目的とするあらゆる場所又はサービスを利用する権利

第六条

締約国は、自国の管轄の下にあるすべての者に対し、権限のある自国の裁判所及び他の国家機関を通じて、この条約に反して人権及び基本的自由を侵害するあらゆる人種差別の行為に対する効果的な保護及び救済措置を確保し、並びにその差別の結果として被ったあらゆる損害に対し、公正かつ適正な賠償又は救済を当該裁判所に求める権利を確保する。

第七条

締約国は、人種差別につながる偏見と戦い、諸国民の間及び人種又は種族の集団の間の理解、寛容及び友好を促進し並びに国際連合憲章、世界人権宣言、あらゆる形態の人種差別の撤廃に関する国際連合宣言及びこの条約の目的及び原則を普及させるため、特に教授、教育、文化及び情報の分野において、迅速かつ効果的な措置をとることを約束する。

第二部・第三部〔略〕

○障害者の権利に関する条約（抄）

Convention on the Rights of Persons with Disabilities

平成二六・一・二二
条約一

前文

この条約の締約国は、

(a) 国際連合憲章において宣明された原則が、人類社会の全ての構成員の固有の尊厳及び価値並びに平等のかつ奪い得ない権利が世界における自由、正義及び平和の基礎を成すものであると認めていることを想起し、

(b) 国際連合が、世界人権宣言及び人権に関する国際規約において、全ての人はいかなる差別もなしに同宣言及びこれらの規約に掲げる全ての権利及び自由を享有することができることを宣明し、及び合意したことを認め、

(c) 全ての人権及び基本的自由が普遍的であり、不可分のものであり、相互に依存し、かつ、相互に関連を有すること並びに障害者が全ての人権及び基本的自由を差別なしに完全に享有することを保障することが必要であることを再確認し、

(d) 経済的、社会的及び文化的権利に関する国際規約、市民的及び政治的権利に関する国際規約、あらゆる形態の人種差別の撤廃に関する国際条約、女子に対するあらゆる形態の差別の撤廃に関する条約、拷問及び他の残虐な、非人道的な又は品位を傷つける取扱い又は刑罰に関する条約、児童の権利に関する条約及び全ての移住労働者及びその家族の構成員の権利の保護に関する国際条約を想起し、

(e) 障害が発展する概念であることを認め、また、障害が、機能障害を有する者とこれらの者に対する態度及び環境による障壁との間の相互作用であって、これらの者が他の者との平等を基礎として社会に完全かつ効果的に参加することを妨げるものによって生ずることを認め、

(f) 障害者に関する世界行動計画及び障害者の機会均等化に関する標準規則に定める原則及び政策上の指針が、障害者の機会均等を更に促進するための国内的、地域的及び国際的な政策、計画及び行動の促進、作成及び評価に影響を及ぼす上で重要であることを認め、

(g) 持続可能な開発に関連する戦略の不可分の一部として障害に関する問題を主流に組み入れることが重要であることを強調し、

(h) また、いかなる者に対する障害に基づく差別も、人間の固有の尊厳及び価値を侵害するものであることを認め、

(i) さらに、障害者の多様性を認め、

(j) 全ての障害者（より多くの支援を必要とする障害者を含む。）の人権を促進し、及び保護することが必要であることを認め、

(k) これらの種々の文書及び約束にもかかわらず、障害者が、世界の全ての地域において、社会の平等な構成員としての参加を妨げる障壁及び人権侵害に依然として直面していることを憂慮し、

(l) あらゆる国（特に開発途上国）における障害者の生活条件を改善するための国際協力が重要であることを認め、

(m) 障害者が地域社会における全般的な福祉及び多様性に対して既に貴重な貢献をしており、又は貴重な貢献をし得ることを認め、また、障害者による人権及び基本的自由の完全な享有並びに完全な参加を促進することにより、その帰属意識が高められること並びに社会の人的、社会的及び経済的開発並びに貧困の撲滅に大きな前進がもたらされることを認め、

(n) 障害者にとって、個人の自律及び自立（自ら選択する自由を含む。）が重要であることを認め、

(o) 障害者が、政策及び計画（障害者に直接関連する政策及び計画を含む。）に係る意思決定の過程に積極的に関与する機会を有すべきであることを考慮し、

(p) 人種、皮膚の色、性、言語、宗教、政治的意見その他の意見、国民的な、種族的な、先住民族としての若しくは社会的な出身、財産、出生、年齢又は他の地位に基づく複合的又は加重的な形態の差別を受けている障害者が直面する困難な状況を憂慮し、

(q) 障害のある女子が、家庭の内外で暴力、傷害若しくは虐待、放置若しくは怠慢な取扱い、不当な取扱い又は搾取を受ける一層大きな危険にしばしばさらされていることを認め、

(r) 障害のある児童が、他の児童との平等を基礎として全ての人権及び基本的自由を完全に享有すべきであることを認め、また、このため、児童の権利に関する条約の締約国が負う義務を想起し、

(s) 障害者による人権及び基本的自由の完全な享有を促進するためのあらゆる努力に性別の視点を組み込む必要があることを強調し、

(t) 障害者の大多数が貧困の状況下で生活している事実を強調し、また、この点に関し、貧困が障害者に及ぼす悪影響に対処することが真に必要であることを認め、

(u) 国際連合憲章に定める目的及び原則の十分な尊重並びに人権に関する適用可能な文書の遵守に基づく平和で安全な状況が、特に武力紛争及び外国による占領の期間中における障害者の十分な保護に不可欠であることに留意し、

(v) 障害者が全ての人権及び基本的自由を完全に享有することを可能とするに当たっては、物理的、社会的、経済的及び文化的な環境並びに健康及び教育を享受しやすいようにし、並びに情報及び通信を利用しやすいようにすることが重要であることを認め、

(w) 個人が、他人に対し及びその属する地域社会に対して義務を負うこと並びに国際人権章典において認められる権利の増進及び擁護のために努力する責任を有することを認識し、

(x) 家族が、社会の自然かつ基礎的な単位であること並びに社会及び国家による保護を受ける権利を有することを確信し、また、障害者及びその家族の構成員が、障害者の権利の完全かつ平等な享有に向けて家族が貢献することを可能とするために必要な保護及び支援を受けるべきであることを確信し、

(y) 障害者の権利及び尊厳を促進し、及び保護するための包括的かつ総合的な国際条約が、開発途上国及び先進国において、障害者の社会的に著しく不利な立場を是正することに重要な貢献を行うこと並びに障害者が市民的、政治的、経済的、社会的及び文化的分野に均等な機会により参加することを促進することを確信して、

次のとおり協定した。

第一条（目的）　この条約は、全ての障害者によるあらゆる人権及び基本的自由の完全かつ平等な享有を促進し、保護し、及び確保すること並びに障害者の固有の尊厳の尊重を促進することを目的とする。

障害者には、長期的な身体的、精神的、知的又は感覚的な機能障害であって、様々な障壁との相互作用により他の者との平等を基礎として社会に完全かつ効果的に参加することを妨げ得るものを有する者を含む。

第二条（定義）　この条約の適用上、

「意思疎通」とは、言語、文字の表示、点字、触覚を使った意思疎通、拡大文字、利用しやすいマルチメディア並びに筆記、音声、平易な言葉、朗読その他の補助的及び代替的な意思疎通の形態、手段及び様式（利用しやすい情報通信機器を含む。）をいう。

「言語」とは、音声言語及び手話その他の形態の非音声言語をいう。

「障害に基づく差別」とは、障害に基づくあらゆる区別、排除又は制限であって、政治的、経済的、社会的、文化的、市民的その他のあらゆる分野において、他の者との平等を基礎として全ての人権及び基本的自由を認識し、享有し、又は行使することを害し、又は妨げる目的又は効果を有するものをいう。障害に基づく差別には、あらゆる形態の差別（合理的配慮の否定を含む。）を含む。

「合理的配慮」とは、障害者が他の者との平等を基礎として全ての人権及び基本的自由を享有し、又は行使することを確保するための必要かつ適当な変更及び調整であって、特定の場合において必要とされるものであり、かつ、均衡を失した又は過度の負担を課さないものをいう。

「ユニバーサルデザイン」とは、調整又は特別な設計を必要とすることなく、最大限可能な範囲で全ての人が使用することのできる製品、環境、計画及びサービスの設計をいう。ユニバーサルデザインは、特定の障害者の集団のための補装具が必要な場合には、これを排除するものではない。

第三条（一般原則）　この条約の原則は、次のとおりとする。

(a) 固有の尊厳、個人の自律（自ら選択する自由を含む。）及び個人の自立の尊重
(b) 無差別
(c) 社会への完全かつ効果的な参加及び包容
(d) 差異の尊重並びに人間の多様性の一部及び人類の一員としての障害者の受入れ
(e) 機会の均等
(f) 施設及びサービス等の利用の容易さ
(g) 男女の平等
(h) 障害のある児童の発達しつつある能力の尊重及び障害のある児童がその同一性を保持する権利の尊重

第五条（平等及び無差別）　1　締約国は、全ての者が、法律の前に又は法律に基づいて平等であり、並びにいかなる差別もなしに法律による平等の保護及び利益を受ける権利を有することを認める。

2　締約国は、障害に基づくあらゆる差別を禁止するものとし、いかなる理由による差別に対しても平等かつ効果的な法的保護を障害者に保障する。

3　締約国は、平等を促進し、及び差別を撤廃することを目的として、合理的配慮が提供されることを確保するための全ての適当な措置をとる。

4　障害者の事実上の平等を促進し、又は達成するために必要な特別の措置は、この条約に規定する差別と解してはならな

い。

第七条（障害のある児童） 1 締約国は、障害のある児童が他の児童との平等を基礎として全ての人権及び基本的自由を完全に享有することを確保するための全ての必要な措置をとる。

2 障害のある児童に関する全ての措置をとるに当たっては、児童の最善の利益が主として考慮されるものとする。

3 締約国は、障害のある児童が、自己に影響を及ぼす全ての事項について自由に自己の意見を表明する権利並びにこの権利を実現するための障害及び年齢に適した支援を提供される権利を有することを確保する。この場合において、障害のある児童の意見は、他の児童との平等を基礎として、その児童の年齢及び成熟度に従って相応に考慮されるものとする。

第二十四条（教育） 1 締約国は、教育についての障害者の権利を認める。締約国は、この権利を差別なしに、かつ、機会の均等を基礎として実現するため、障害者を包容するあらゆる段階の教育制度及び生涯学習を確保する。当該教育制度及び生涯学習は、次のことを目的とする。

(a) 人間の潜在能力並びに尊厳及び自己の価値についての意識を十分に発達させ、並びに人権、基本的自由及び人間の多様性の尊重を強化すること。

(b) 障害者が、その人格、才能及び創造力並びに精神的及び身体的な能力をその可能な最大限度まで発達させること。

(c) 障害者が自由な社会に効果的に参加することを可能とすること。

2 締約国は、1の権利の実現に当たり、次のことを確保する。

(a) 障害者が障害に基づいて一般的な教育制度から排除されないこと及び障害のある児童が障害に基づいて無償のかつ義務的な初等教育から又は中等教育から排除されないこと。

(b) 障害者が、他の者との平等を基礎として、自己の生活する地域社会において、障害者を包容し、質が高く、かつ、無償の初等教育を享受することができること及び中等教育を享受することができること。

(c) 個人に必要とされる合理的配慮が提供されること。

(d) 障害者が、その効果的な教育を容易にするために必要な支援を一般的な教育制度の下で受けること。

(e) 学問的及び社会的な発達を最大にする環境において、完全な包容という目標に合致する効果的で個別化された支援措置がとられること。

3 締約国は、障害者が教育に完全かつ平等に参加し、及び地域社会の構成員として完全かつ平等に参加することを容易にするため、障害者が生活する上での技能及び社会的な発達のための技能を習得することを可能とする。このため、締約国は、次のことを含む適当な措置をとる。

(a) 点字、代替的な文字、意思疎通の補助的及び代替的な形態、手段及び様式並びに定位及び移動のための技能の習得並びに障害者相互による支援及び助言を容易にすること。

(b) 手話の習得及び聾社会の言語的な同一性の促進を容易にすること。

(c) 盲人、聾者又は盲聾者（特に盲人、聾者又は盲聾者である児童）の教育が、その個人にとって最も適当な言語並びに意思疎通の形態及び手段で、かつ、学問的及び社会的な発達を最大にする環境において行われることを確保すること。

4 締約国は、1の権利の実現の確保を助長することを目的として、手話又は点字について能力を有する教員（障害のある教員を含む。）を雇用し、並びに教育に従事する専門家及び職員（教育のいずれの段階において従事するかを問わない。）に対する研修を行うための適当な措置をとる。この研修には、障害についての意識の向上を組み入れ、また、適当な意思疎通の補助的及び代替的な形態、手段及び様式の使用並びに障害者を支援するための教育技法及び教材の使用を組み入れるものとする。

5 締約国は、障害者が、差別なしに、かつ、他の者との平等を基礎として、一般的な高等教育、職業訓練、成人教育及び生涯学習を享受することができることを確保する。このため、締約国は、合理的配慮が障害者に提供されることを確保する。

○学習権宣言

The Right to Learn

一九八五・三・一九―二九
第四回ユネスコ国際成人教育会議採択

学習権

学習権を承認することは、今や、以前にもまして重大な人類の課題である。

学習権とは、
読み、書きできる権利であり、
疑問をもち、じっくりと考える権利であり、
想像し、創造する権利であり、
自分自身の世界を知り、歴史を書き綴る権利であり、
教育の諸条件を利用する権利であり、
個人および集団の技能を発達させる権利である。

成人教育パリ会議は、この権利の重要性を再確認する。

学習権は、将来のためにたくわえておく文化的贅沢品ではない。

学習権は、生き残るという問題が解決されたのちにはじめて必要になる権利ではない。

学習権は、基礎的欲求が満たされたのちに行使される第二段階の権利ではない。

学習権は、人類が生き残るために不可欠な手段である。

もし、世界の人びとが、食糧生産およびその他の欠くことのできない人間的欲求を自分で満たすことを望むならば、彼等は学習権をもたなければならない。

もし、女性も男性も、より健康な生活を享受すべきであるとするならば、彼等は学習権をもたなければならない。

もし、われわれが戦争を防止すべきであるとするならば、われわれは平和に生き、相互に理解しあうことを学ばなければならない。

「学習」が鍵になる語（the key word）である。

学習権がなければ、人間の発達はあり得ない。

学習権がなければ、農業や工業の躍進も、地域保健の進歩も、さらには学習条件の変化もないであろう。

この権利がなければ、都市や農村で働く人びとの生活水準の改善もないであろう。

要約すれば、学習権の承認は、今日の人類にとつて非常に重要な問題を解決するために、われわれがなしうる最善の寄与なのである。

しかし、学習権は、経済発展の手段であるだけではない。それは、基本権の一つとして認められなければならない。学習するという行為は、すべての教育活動の中心に位置し、人間を成り行きに身をまかせるままの客体から自分自身の歴史を創造する主体に変えるものである。

学習権は、基本的人権の一つであり、その正当性は普遍的に認められている。学習権は、人類の一部にだけ限定されることはできない。それは、男性だけの、あるいは工業国だけの、あるいは富裕な階層だけの、あるいは学校教育を受けることのできる幸福な若者だけの、排他的な特権であつてはならない。パリ会議は、すべての国にたいし、必要なあらゆる人的・物的資源を利用できるようにし、かつ、教育制度をよりいっそう公正にする方向で再考し、さらにさまざまの地域で開発に成功した諸方策を活用することによつて、この権利を実現し、すべての者がこの権利を有効に行使するのに必要な条件をつくり出すことを要求する。

われわれは、この権利を世界的規模で促進するために、政府・非政府のすべての団体にたいし、国連、ユネスコおよびその他の専門機関との協働を強く求める。

これまでエルシノア、モントリオール、東京、パリと続くユネスコ会議で記録されてきた成人教育の偉大な進歩にもかかわらず、一方には問題の大きさと複雑さ、他方には個人と集団が妥当な解決を見出す能力の問題があり、この二つの間の隔たりは狭められてはいない。

第四回国際成人教育会議は、一九八五年三月、ユネスコ本部で会合し、現代の問題の規模の大きさにもかかわらず、またはそのゆえにこそ、これまでの会議で採択された訴えを繰り返す。これにより、女性および男性が、個人的にも集団的にも、自らが目標、必要条件および実施手続きを選ぶことのできる種類の成人教育を発展させるのに必要な教育的・文化的・科学的・技術的諸方策を身につけることができるように、成人教育活動を強力かつ明確に発展させる断固として創意に満ちた努力を行うことを、すべての国にたいして訴える。

本会議は、女性および女性団体が貢献してきた人間関係における力および方向を認め、これを称賛する。その独自の経験と方法は、平和や女性と男性との間の平等のような、人類の将来を左右する基本問題にとつて、中心的な位置を占める。それゆえに、成人教育を発展させ、より人間的な社会を実現する計画にたいする女性の参加は、これを欠くことができない。

人類が将来どのようになるかを誰が決めようとするのか。これは、すべての政府、非政府団体、個人および集団が直面している問題である。これはまた、成人教育活動に従事している女性および男性、ならびに個人、集団、さらには人類全体に至るすべての人びとが自らと自らの運命とを支配できることを求める女性および男性が直面している問題でもある。

（平原春好訳）

○ユネスコ学校図書館宣言

School Library Manifesto

一九九九・一一・二六
第三〇回ユネスコ総会採択

すべての者の教育と学習のための学校図書館

学校図書館は、情報と知識を基盤とする今日の社会にふさわしく行動するために必須な情報と思想を提供する。児童生徒が責任ある市民として生きられるようにするため、学校図書館は生涯学習のスキルを与えるとともにその想像力を培う。

学校図書館の使命

学校図書館は、学校の全構成員が批判的に考え、いかなる形態及び媒体の情報を効果的に用いられるようにするため、学習サービス、図書及び資料を提供する。学校図書館は、ユネスコ公立図書館宣言の諸原則に基づき、より広範な図書館情報ネットワークと連携する。

図書館職員は、創作であろうと記録であろうと、印刷物であろうと電子情報であろうと、館内であろうと遠隔地であろうと、図書及びその他の情報源の利用を支援する。これらの資料は教科書、教材及び教育方法を補完し充実させる。

司書と教員が連携することにより、児童生徒は識字、読書、学習、問題解決及び情報コミュニケーション技術のスキルにおいて高い水準に到達することが実証されている。

学校図書館サービスは、年齢、人種、性別、宗教、国籍、言語、職業的または社会的地位に関わらず、学校の全構成員に平等に提供されなければならない。図書館の通常のサービスと資料が利用できない者には、特別なサービスと資料が提供されなければならない。

サービスや蔵書へのアクセスは国連の世界人権宣言に基づくものでなければならず、あらゆる形態のイデオロギー的、政治的若しくは宗教的検閲または商業的圧力に服してはならない。

財政、立法及びネットワーク

学校図書館は、識字、教育、情報提供並びに経済的、社会的及び文化的発展に関する長期的戦略にとってきわめて重要である。地域、地方及び国の公的機関の責任として、学校図書館は明確な立法及び政策により維持されなければならない。学校図書館は訓練された職員、資料、技術及び設備を確保するために適切かつ継続的な資金を与えられなければならない。学校図書館の利用は無償でなければならない。

学校図書館は地域、地方及び国の図書館情報ネットワークに必須の構成員である。

学校図書館が公立図書館のような他の種類の図書館と施設若しくは資料またはそのいずれかを共有する場合においても、学校図書館に固有の目的は承認され維持されなければならない。

学校図書館の目標

学校図書館は教育の過程に統合されている。

以下の事項は、識字、情報リテラシー、教育活動、学習及び文化の発達にとって重要であり、かつ中核的な学校図書館サービスである。

・学校のミッション及び教育課程に示された教育目標を支援しかつ促進すること
・子どもの読書及び学習の習慣及び楽しみ並びに生涯にわたる図書館の利用を培い持続させること
・知識、理解、想像及び楽しみのために情報を創造し利用することを経験する機会を与えること
・児童生徒が、その形態、形式または媒体に関わらず情報を評価し利用できるスキルを学び実習することを支援すること。そのさい、社会におけるコミュニケーションの様式に対する感受性を含むものとする。
・地域、地方、国及び地球的規模の資料と機会を利用できるようにし、学習者が異なる思想、経験及び意見に接することができるようにすること
・文化的及び社会的な認識と感受性を向上させる活動を組織すること
・学校のミッションを達成するため、児童生徒、教員、教育行政職員及び保護者と協力すること
・知的自由と情報へのアクセスが市民としての有効かつ責任ある行動と民主主義への参加にとってきわめて重要であるという観念を普及すること
・読書と学校図書館の資料とサービスを学校内外に増進すること

学校図書館は、政策とサービスを開発し、資料を選択し入手し、適切な情報源に物理的かつ知的にアクセスできるようにし、教育施設を提供し、訓練された職員を雇用することにより、これらの機能を果たす。

職　員

学校司書は専門的資格を有する職員であって、可能な限り適切な職員配置により支援され、学校の全構成員と協力し、公立図書館等と連携することにより、学校図書館の企画運営に責任を負う。

学校司書の役割は、国の法的・財政的制度の下で、予算並びに学校の教育課程及び教育方法により多様であろう。さまざまな状況の下で、学校司書が有効な学校図書館サービスを開発し運営する際に必要となる共通の知識が存在する。すなわち、資源、図書館及び情報の管理並びに教育活動に関する知識である。

ネットワーク化が進展する環境にあって、学校司書は教員及び児童生徒に情報を取り扱う多様なスキルを設計し教育する能力をもたなければならない。したがって、学校司書は自らの専門的訓練と専門性の向上を継続しなければならない。

運営と管理　効果的かつ責任ある運営を確保するために

・学校図書館サービスに関する方針は学校の教育課程と関連づけつつ、目標、優先事項及びサービスを明確にするよう策定されなければならない。
・学校図書館は専門的基準に基づいて組織され維持されなければならない。
・サービスは学校の全構成員が利用できるものでなければならず、地域社会の状況に即して運営されなければならない。
・教員、学校管理職、教育行政職員、保護者、その他の図書館司書及び情報専門職員並びに地域社会のグループとの協力は

奨励されなければならない。

宣言の実施

政府は、教育を所管する官庁を通じて、この宣言の原理を実施する戦略、政策、計画を開発するよう促される。計画は司書と教員を入門的及び継続的訓練プログラムにこの宣言の周知をふくめなければならない。

（中嶋哲彦訳）

○教員の地位に関する勧告

Recommendation concerning the Status of Teachers

一九六六・一〇・五
特別政府間会議採択

教員の地位に関する特別政府間会議は、

教育を受ける権利が基本的人権であることを想起し、

世界人権宣言第二六条、児童の権利宣言第五、第七および第一〇の諸原則ならびに諸国民間の平和、相互の尊重および理解の理想を青少年の間に促進することに関する国際連合宣言を遂行して、すべての者に適切な教育を与えることが国の責任であることを自覚し、

不断の道徳的および文化的進歩ならびに経済的および社会的発展に不可欠の貢献をなすものとして、役立てることのできるすべての才能と知能を完全に利用するため、一般教育、技術教育および職業教育をより広範に普及する必要を意識し、

教育の進歩における教員の果たす不可欠の役割ならびに人間性の開発および現代社会の発展に対する教員の貢献の重要性を認識し、

教員がこの役割にふさわしい地位を享受することを保障することに関心を持ち、

それぞれの国において、教育の制度および組織を決定する法令および慣習が非常に多様であることを考慮し、

また、それぞれの国において、教育職員に適用される措置が、とくに公共の役務に関する規制が教育職員に適用されているかどうかによつて多様であることを考慮し、

これらの相違にもかかわらず、教員の地位に関してすべての国で同じような問題が起こつており、また、これらの問題は一連の共通の基準および措置の適用を必要としており、かつ、そのことを明らかにすることがこの勧告の目的であることを確信し、

教員に適用される現行の国際諸条約、とくに、国際労働機関の総会によつて採択された一九四八年の結社の自由及び団結権の保護に関する条約、一九四九年の団結権及び団体交渉権についての原則の適用に関する条約、一九五一年の同一価値の労働についての男女労働者に対する同一報酬に関する条約、一九五八年の差別待遇（雇用及び職業）条約ならびに国際連合教育科学文化機関の総会によつて採択された一九六〇年の教育における差別待遇の防止に関する条約のような基本的人権に関する文書の諸規定に注目し、

また、国際連合教育科学文化機関と国際教育局とが合同で招集した国際公教育会議によつて採択された初等学校および中等学校の教員の養成および地位に関する諸側面についての勧告ならびに国際連合教育科学文化機関の総会によつて採択された一九六二年の技術教育および職業教育に関する勧告にも注目し、

とくに教員に関連する問題に関する諸規定によつて現行の基準を補足し、かつ、教員不足の問題を解決することを希望して、

この勧告を採択した。

Ⅰ 定義

1 この勧告の適用上、

(a) 「教員」とは、学校において児童・生徒の教育に責任を有するすべての者をいう。

(b) 教員に関して用いられる「地位」とは、教員の任務の重要性およびその任務を遂行する教員の能力の評価の程度によつて示される社会的地位または尊敬ならびに他の専門職集団と比較して教員に与えられる労働条件、報酬その他の物質的便益の双方を意味する。

Ⅱ 適用範囲

2 この勧告は、技術教育、職業教育または芸術教育を行なう学校を含めて、保育所、幼稚園、初等学校、中間学校または中等学校のいずれを問わず、中等教育段階修了までのすべての国・公立および私立の学校のすべての教員に適用する。

III　指導原則

3　教育は、最初の学年から、人格の全面的発達ならびに共同社会の精神的、道徳的、社会的、文化的および経済的進歩を目指すとともに、人権および基本的自由に対する深い尊敬の念を植えつけるものとする。これらの諸価値の枠内で、教育が平和ならびにすべての諸国民間および人種的集団間または宗教的集団間の理解、寛容および友好に貢献することを最も重視するものとする。

4　教育の進歩は、教育職員一般の資格および能力ならびに個々の教員の人間的、教育的および技術的資質に大いに依存していることを確認するものとする。

5　教員の地位は、教育の目的および目標に照らして評価される教育の必要性にふさわしいものとする。教員の適切な地位および教育職に対する社会的尊敬が教育の目的および目標の完全な実現にとつて非常に重要であることを認識するものとする。

6　教育の仕事は、専門職とみなされるものとする。教育の仕事は、きびしい不断の研究を通じて獲得され、かつ、維持される専門的知識および特別の技能を教員に要求する公共の役務の一形態であり、また、教員が受け持つ児童・生徒の教育および福祉に対する個人および共同の責任感を要求するものである。

7　教員の養成および雇用のすべての面において、人種、皮膚の色、性別、宗教、政治的意見、民族、社会的出身または経済的条件を理由とするいかなる形式の差別も行なわれないものとする。

8　教員の労働条件は、効果的な学習を最もよく促進し、かつ、教員がその職業的任務に専念できるようなものとする。

9　教員団体は、教育の進歩に大いに寄与することができ、したがつて、教育政策の決定に関与させられるべき勢力として認められるものとする。

IV　教育目標および教育政策

10　人的その他のあらゆる資源を利用して、前記の指導原則に合致した総合的教育政策の樹立に必要な範囲で、適切な措置が各国において講じられるものとする。その際、当局は、次の原則および目標が教員に及ぼす影響を考慮するものとする。

(a)　最大限の教育の機会が与えられることは、すべての子どもの基本的権利である。特別の教育上の扱いを必要とする子どもには、正当な配慮が払われるものとする。

(b)　あらゆる便益は、すべての者が性別、人種、皮膚の色、宗教、政治的意見、民族、社会的出身または経済的条件を理由とする差別をされることなく教育を受ける権利を享受できるように、平等に与えられるものとする。

(c)　教育は、一般的な公共の利益にとつて基本的に重要な事業であるので、国の責任として認識されるものとし、国は、十分な学校網、これらの学校における無償の教育および貧しい児童・生徒に対する物質的援助を提供するものとする。ただし、この規定は、父母および場合により法定保護者が子どものために国・公立以外の学校を選択する自由、または個人および団体が国によつて定めもしくは承認された最少限の教育基準にしたがつて教育施設を設置しおよび管理する自由に干渉するものと解されないものとする。

(d)　教育は経済成長に不可欠な要因であるので、教育計画は、生活条件を改善するための経済的および社会的計画全体の不可欠の一部をなすものとする。

(e)　教育は継続的過程であるので、教育活動の諸部門は、すべての児童・生徒のための教育の質を改善するとともに、教員の地位を高めるよう調整されるものとする。

(f)　子どもがいかなる種類の教育のいかなる段階にも進学する機会を制限しないように、相互に適切に関連づけられた弾力性ある学校制度に自由に入れるようにするものとする。

(g)　いかなる国も、教育の目標として、量のみに満足することなく、質の向上にも努めるものとする。

(h)　教育には、長期および短期の双方の計画および課程編成が必要である。今日の児童・生徒を共同社会に効果的に受け入れることは、現在の必要よりはむしろ将来の要請に依存している。

(i)　すべての教育計画は、計画の各段階において、自国民の生活に精通し、かつ、母国語で教えることができるその国の有能かつ資格のある十分な数の教員の養成および研修を早期に用意することを含むものとする。

(j)　教員養成および現職教育の分野における調整された系統的および継続的な研究および実践は、国際的次元での研究計画および研究成果の交換を含めて、欠くことのできないものである。

(k)　教育政策およびその明確な目標を定めるため、当局、教員団体、使用者団体、労働者団体、父母の団体、文化団体および学術研究機関の間で緊密な協力が行なわれるものとする。

(l)　教育の目的および目標の達成は教育に利用される財政手段に大いに依存するので、すべての国において、国家予算の範囲内で、教育の発展のために国民所得の十分な割合が優先的に確保されるものとする。

V　教員養成

選　抜

11　教員養成課程への入学に関する政策は、必要な道徳的、知的および身体的な資質を有し、かつ、要求される専門的知識および技能を有する十分な数の教員を社会に提供する必要性を基礎とするものとする。

12　この必要に応ずるため、教育当局は、教員養成に十分な魅力を持たせ、かつ、適切な機関に十分な定員を設けるものとする。

13　適切な教員養成機関における所定の課程を修了することが、教職に就くすべての者に要求されるものとする。

14 教員養成課程への入学が認められるためには、適切な中等教育の課程を修了しており、かつ、教職に携わるのにふさわしい者となることに役立つような個人的資質を有することの証明に基づくものとする。

15 教員養成課程への入学が認められるための一般的基準を維持するものとするが、他方、入学に必要な正式の若干の学力資格を欠いてはいるが、貴重な経験、とくに技術的・職業的な分野における貴重な経験を有する者には、入学を認めることができる。

16 教員養成課程の学生が定められた課程を受け、かつ、相応な生活ができるように、十分な奨学金または財政的援助を与えるものとする。当局は、できる限り、無償の教員養成機関の制度を設けるよう努力するものとする。

17 教員養成のための機会および奨学金または財政的援助に関する情報は、教員を志望する学生その他の者にとつて容易に入手できるようにするものとする。

18 (1) 他国で修了した教員養成課程の価値に対しては、教職に就く権利の全部または一部を確認する際に、公正な考慮を払うものとする。

(2) 国際的に合意された基準により教職の地位を与える教員免許状を、国際的に承認するための措置が講じられるものとする。

教員養成課程

19 教員養成課程の目的は、一般教育および個人的教養、他人を教育する能力、国の内外を問わず良好な人間関係の基礎をなす諸原理の理解ならびに授業および実例によつて社会的、文化的および経済的な進歩に貢献する責任感を各々の学生に育成することとする。

20 教員養成課程は、基本的に、次のものを含むものとする。

(a) 一般教育科目

(b) 教育に応用される哲学、心理学および社会学の主要綱、教育、比較教育、実験教育学、学校管理ならびに種々の教科の教科教育法の理論と歴史に関する研究

(c) 学生が教えようとする分野に関する科目

(d) 完全な資格を有する教員の指導の下における授業および課外活動指導の実習

21 (1) すべての教員は、大学もしくは大学に相当する機関または教員養成のための特別な機関において、一般教養科目、専門教育科目および教職科目を履修するものとする。

(2) 教員養成課程の内容には、障害児施設、技術学校、職業学校等各種の学校で教員が果たすことを求められる任務に応じて、合理的な変化を持たせることができる。技術学校および職業学校の場合には、その課程には、工業、商業または農業において獲得されるべき若干の実際的な経験を含むものとする。

22 教員養成課程には、個人的な学問的もしくは専門的教育または技能修練の課程と同時に、またはそれに引き続いて、教職専門課程を置くことができる。

23 教職のための教育は、通常、全日制とするものとする。ただし、比較的年齢の高い教職志望者および他の例外的な事情にある者には、課程の全部または一部を定時制で行なうよう特別の措置を講じることができる。この場合、その課程の内容および到達水準は、全日制課程のものと同一水準であることを条件とする。

24 初等教育、中等教育、技術教育、専門教育または職業教育のいずれの教員であるかを問わず、異なる種類の教員を、相互に有機的に関係する機関または地理的に隣接する機関において教育を与えることが望ましいことを考慮するものとする。

教員養成機関

25 教員養成機関の教員は、自己の担当科目について高等教育と同水準で教える資格を有するものとする。教職専門科目の教員は、学校で教えた経験を有するものとし、この経験は、可能な場合にはどこででも、学校での授業を補うことによつて定期的に更新されるものとする。

26 教育一般および個々の教科の授業に関する研究および実験は、教員養成機関における研究上の便益の供与ならびに教員および学生の研究作業を通じて促進されるものとする。教員養成に携わるすべての教員は、その関係分野における研究成果を知り、これを学生に伝達するよう努めるものとする。

27 学生は、教員と同様に、教員養成機関における生活、活動および紀律に関する措置について、意見を表明する機会を有するものとする。

28 教員養成機関は、学校が研究成果および教育方法の進歩に遅れないようにするとともに、学校および教員の経験をその仕事に反映させつつ、教育活動の発展の中心をなすものとする。

29 教員養成機関は、個々にまたは共同して、他の高等教育機関または教育当局と協力しまたは単独で、学生が満足に課程を修了したことを証明する責任を有するものとする。

30 学校当局は、教員養成機関と協力して、新卒教員をその受けた教員養成教育ならびに個人的な志望および事情に応じて就職させる適切な措置を講ずるものとする。

Ⅵ 教員の継続教育

31 当局および教員は、教育の質および内容ならびに教育技術の系統的改善を確保するための現職教育の重要性を認識するものとする。

32 当局は、教員団体と協議の上、すべての教員が無償で利用できる広範な現職教育制度の確立を促進するものとする。このような制度には、多様な選択の余地を設けるものとし、かつ、教員養成機関、科学的および文化的機関ならびに教員団体を参加させるものとする。特に、いつたん教職を離れた後に教職に復帰する教員のために、再教育課程を設けるものとする。

33 (1) 継続教育の課程その他の適当な便益は、教員が資格を改善し、その職務の範囲を変更もしくは拡大しまたは昇進を求め、かつ、その担当教科および教育分野において内容・方法ともに時代遅れとならないようにすることができるように、計画されるものとする。

(2) 教員が一般教養および教員としての資格を改善するため、書籍その他の資料を利用できるようにする措置を講ず

るものとする。

34 教員は、継続教育の課程および便益に参加する機会が与えられ、かつ、その参加を奨励されるものとし、また、これを十分に利用するものとする。

35 学校当局は、学校が教科においても教授方法においても関係ある研究成果を採用できるようにするため、あらゆる努力を払うものとする。

36 当局は、教員の継続教育のため、教員が団体でまたは個々に、自国および他国を旅行することを奨励し、およびできる限りこれを援助するものとする。

37 教員の養成および継続教育のために講じられる措置は、国際的または地域的規模による財政的および技術的協力によつて発展させ、および補充することが望ましい。

VII　雇用および経歴

教職への就任

38 教員団体との協力により、教員採用に関する政策が適切な段階で明確にされ、かつ、教員の義務および権利を定める規則が制定されるものとする。

39 教員および使用者の双方は、教職に就くための試験的採用期間が、新採用者を励まし、および有益な手ほどきをし、また、その教員自身の実際の教育能力を向上させるとともに、適正な専門的基準を確立しおよび維持するための機会であることを認識するものとする。通常の試験的採用期間は、あらかじめ知らされるものとし、これを満足に修了するための条件は、専門的能力に厳密に関連づけられるものとする。教員は、その試験的採用期間を満足に修了することができなかつた場合には、その理由を知らされるものとし、かつ、意見を述べる権利を有するものとする。

昇進および昇格

40 教員は、必要な資格を有することを条件として、教育の仕事の範囲内で、いずれかの種類または段階の学校から他の種類または段階の学校へ異動することができるものとする。

41 教育の組織および構造は、個々の学校の組織および構造を含めて、個々の教員が付加的責任を履行するのに十分な機会を与え、かつ、この付加的責任を認識させるものとする。ただし、この付加的責任は、教員の教育活動の質または系統性をそこなわないことを条件とする。

42 十分な大きさの学校では、異なつた教員が種々の責任を分担することから、児童・生徒も利益を得、教員も機会を与えられるという利点があることを考慮するものとする。

43 視学官、教育行政官、教育管理者または他の特別の責任を負うような教育における責任のある職は、できる限り、経験豊かな教員に与えられるものとする。

44 昇格は、教員団体との協議により定められた厳密に専門的な基準を参考にして、新しい職に対する教員の適格性の客観的な評価に基づいて行なうものとする。

身分保障

45 教職における雇用の安定および身分の保障は、教育および教員の利益にとつて不可欠のものであり、学校制度または学校内の組織に変更があつた場合にも保護されるものとする。

46 教員は、教員の専門職としての地位または経歴に影響を及ぼす恣意的措置から十分に保護されるものとする。

専門職としての行為の違背に関する懲戒手続

47 専門職としての行為に違背した教員に適用される懲戒のための措置は、明確に定められるものとする。その審査手続およびその結果としてのいかなる措置も、教育を行なうことの禁止を含む場合または児童・生徒の保護もしくは福祉のために必要がある場合を除き、当該教員が要求する時にのみ公開されるものとする。

48 懲罰を提起しまたは適用する権限を有する当局または機関は、明確に指定されるものとする。

49 懲戒事案を取り扱う機関を設置する場合には、教員団体と協議するものとする。

50 すべての教員は、すべての懲戒手続の各段階において公正な保護を受けるものとし、かつ、特に左に掲げる権利を享受するものとする。

(a) 懲戒事項およびその理由について文書により通知を受ける権利

(b) 事案の証拠を十分に知る権利

(c) 自己の弁護の準備のために十分な時間を与えられて、自己を弁護しおよび自己の選任した代理人によつて弁護を受ける権利

(d) 決定およびその理由について文書により通知を受ける権利

(e) 明確に指定された権限ある当局または機関に不服を申し立てる権利

51 当局は、教員が同僚の参加の下に審査を受ける場合には、懲戒からの保護および懲戒自体の効果が著しく高められるということを認識するものとする。

52 右の47項から51項までの規定は、刑法上処罰される行為に対して国内法令にしたがつて通常適用される手続にはなんらの影響を及ぼすものでない。

健康診断

53 教員は、定期健康診断を受けることを要求されるものとし、かつ、その定期健康診断は無償で提供されるものとする。

家庭の責任を有する女子教員

54 結婚は、女子教員の採用または継続雇用の妨げとはみなされないものとし、かつ、報酬その他の労働条件に影響を及ぼさないものとする。

55 使用者は、妊娠および出産休暇を理由として雇用契約を終了させることを禁止されるものとする。

56 家庭の責任を有する教員の子どもの世話をするため、望ましい場合には、託児所または保育所等の措置が考慮されるものとする。

57 家庭の責任を有する女子教員が自己の家庭のある地域で教育の職を得ることができ、かつ、夫婦がともに教員である場合には、その夫婦が同一地区内または同一の学校で教えることができるような措置が講じられるものとする。

58 退職年齢前に教職を離れた家庭の責任を有する女子教員は、適切な事情のある場合には、教職に復帰するよう奨励さ

れるものとする。

非常勤の勤務

59 当局および学校は、必要な場合に、なんらかの理由で常勤で勤務することのできない有資格教員が行なう非常勤の勤務の価値を認識するものとする。

60 正式に非常勤制で雇用された教員は、

(a) 常勤制で雇用された教員の報酬に比例した報酬を受け、かつ、同一の基本的な雇用条件を享受するものとし、

(b) 有給休暇、疾病休暇および出産休暇に関して、常勤制で雇用された教員の権利に相当する権利を同一の資格要件にしたがつて認められるものとし、さらに、

(c) 使用者による年金制度の適用範囲を含めて、十分かつ適切な社会保障の保護を受ける資格があるものとする。

Ⅷ 教員の権利および責任

職業上の自由

61 教職にある者は、専門的職務の遂行にあたつて学問の自由を享受するものとする。教員は、生徒に最も適した教具および方法を判断する資格を特に有しているので、承認された計画の枠内で、かつ、教育当局の援助を受けて、教材の選択および使用、教科書の選択ならびに教育方法の適用にあたつて、不可欠の役割を与えられるものとする。

62 教員および教員団体は、新しい課程、教科書および教具の開発に参加するものとする。

63 いかなる監視または監督の制度も、教員の専門的な職務の遂行にあたつて教員を励まし、かつ、援助するように計画されるものとし、また、教員の自由、創意および責任を減じないようなものとする。

64 (1) 教員の仕事についてなんらかの直接評価が必要とされる場合には、その評価は客観的なものとし、かつ、当該教員に知らされるものとする。

(2) 教員は、不当と考える評価に対して不服を申し立てる権利を有するものとする。

65 教員は、児童・生徒の進歩の評価に役立つと思われる評価技術を利用する自由を享受するものとするが、個々の児童・生徒にいかなる不公平も生じないことを確保するものとする。

66 当局は、異なつた種類の課程および継続教育に対する個々の児童・生徒の適性に関する教員の勧告を正当に重視するものとする。

67 児童・生徒の利益のために、教員と父母の緊密な協力を促進するあらゆる可能な努力がなされるものとするが、教員は、本質的に教員の専門職上の責任である問題についての父母の不公正または不当な干渉から保護されるものとする。

68 (1) 学校または教員に対して苦情を有する父母は、最初に、校長および当該教員との話合いの機会を与えられるものとする。引き続き、上級機関に苦情を申し出る場合には、文書によるものとし、かつ、その写しを当該教員に交付するものとする。

(2) 苦情の調査にあたつては、教員は、自己を弁護するための公正な機会を与えられ、かつ、その経過は、公開されないものとする。

69 教員は、児童・生徒の事故を避けるために最大の注意を払うものとするが、教員の使用者は、校内においてまたは校外の学校活動において生ずる児童・生徒の傷害事故に際して、教員が損害賠償を負担させられる危険から教員を保護するものとする。

教員の責任

70 すべての教員は、その専門職としての地位がかなりの程度教員自身に依存していることを認識し、その専門上の仕事のすべてにおいて、可能な最高の水準を達成するよう努めるものとする。

71 教員の職務遂行に関する職業上の基準は、教員団体の参加の下に定められ、かつ、維持されるものとする。

72 教員および教員団体は、児童・生徒、教育活動および社会一般の利益のために当局と十分協力するよう努めるものとする。

73 倫理綱領または行動綱領は、教職の威信および合意された原則にしたがつた職責の遂行を確保するために大いに寄与するものであるので、教員団体により制定されるものとする。

74 教員は、児童・生徒および成人の利益のための課外活動に参加するよう心がけるものとする。

教員と教育活動全体との関係

75 教員がその責任を果たすことのできるように、当局は、教育政策、学校組織、教育活動の新たな発展等の問題について教員団体と協議するための承認された手段を設け、かつ、定期的に利用するものとする。

76 当局および教員は、教育活動の質の向上のために設けられた措置、教育研究ならびに改良された新しい教育方法の開発および普及に、教員が、教員団体を通じてまたはその他の方法により、参加することの重要性を認識するものとする。

77 当局は、一学校内でまたはより広範囲で、同一教科の教員の協力を促進するための研究会の設置とその活動を助長するものとし、かつ、この種の研究会の意見および提案に対しては正当な考慮を払うものとする。

78 教育活動の諸側面について責任を有する行政職員およびその他の職員は、教員との良好な関係を確立するよう努めるものとし、かつ、その努力は教員の側からも同様に行なわれるものとする。

教員の権利

79 教員の社会生活および公的生活への参加は、教員の個人的発達、教育活動および社会全体の利益のために奨励されるものとする。

80 教員は、市民が一般に享受しているすべての市民的権利を行使する自由を有し、かつ、公職に就く資格を有するものとする。

81 教員は、公職に就く要件として教職を離れなければならない場合にも、先任権および年金に関しては教職にとどめられるものとし、かつ、公職の任期終了後は、従前の職またはこれと同等の職に復帰することができるものとする。

82 教員の給与および労働条件は、教員団体と教員の使用者との間の交渉の過程を経て決定されるものとする。

83 教員が教員団体を通じて公のまたは民間の使用者と交渉する権利を保障する法定のまたは任意の機構が、設置されるものとする。

84 雇用条件等から生じる教員と使用者との間の紛争の解決を取り扱うために、適切な合同機構が設置されるものとする。この目的のために設けられた手段および手続が尽された場合または当事者間の交渉が決裂した場合には、教員団体は、他の団体にその正当な利益を守るために通常認められているような他の手段をとる権利を有するものとする。

IX　効果的な教授および学習の条件

85 教員は価値ある専門家であるので、教員の仕事は、時間および労力を浪費することがないように組織され、かつ、援助されるものとする。

学級規模

86 学級規模は、教員が児童・生徒の一人ひとりに注意を払うことができるようなものとする。促進教育等を目的とする小集団または個人の教育のため、および必要に応じて視聴覚教具を用いる多人数の集団の教育のため、随時、措置を講ずることができるものとする。

補助職員

87 教員がその専門的職務に専念することができるように、学校には、教育以外の職務を処理する補助職員を置くものとする。

教　具

88 (1) 当局は、教員および児童・生徒に最新の教具を提供するものとする。このような教具は、教員に代わるものとはみなされず、教育の質を向上させ、かつ、より多くの児童・生徒に教育の利益を及ぼす手段とみなされるものとする。

(2) 当局は、このような教具の利用のための研究を助長し、かつ、教員がこのような研究に積極的に参加するよう奨励するものとする。

労働時間

89 教員の一日および一週あたりの労働時間は、教員団体との協議により定められるものとする。

90 授業時間を定める場合には、左に掲げる教員の労働量に関するすべての要素を考慮するものとする。

(a) 教員が受け持つことを要求される一日および一週あたりの児童・生徒数

(b) 授業の十分な計画および準備ならびに教育評価に要する時間

(c) 毎日の担当授業科目数

(d) 教員が研究、課外活動ならびに監督事務および児童・生徒のカウンセリングに参加するために必要とされる時間

(e) 教員が児童・生徒の進歩について父母に報告し、および父母と相談することのできる時間をとることが望ましいということ

91 教員は、現職教育の課程への参加に必要な時間を与えられるものとする。

92 教員の課外活動への参加は、過重な負担とならないものとし、かつ、教員の主たる職務の遂行を妨げないものとする。

93 学級での授業のほかに特別の教育責任を有する教員は、これに応じて正規の授業時間を軽減されるものとする。

年次有給休暇

94 すべての教員は、給与の全額を支給される十分な年次休暇をとる権利を享受するものとする。

研修休暇

95 (1) 教員は、給与の全額または一部を支給される研修休暇をときどき与えられるものとする。

(2) 研修休暇の期間は、先任権および年金のための在職期間に通算されるものとする。

(3) 人口集中地から離れた地域で行政当局がそのように認定した地域の教員は、他の地域の教員より多くの回数の研修休暇を与えられるものとする。

特別休暇

96 二国間および多数国間の文化交流の枠内で与えられた休暇は、勤務とみなされるものとする。

97 技術援助計画に参加している教員は、休暇を与えられるものとし、かつ、本国における先任権、昇格資格および年金権を保障されるものとする。さらに、臨時の出費を償うための特別な措置が講じられるものとする。

98 外国からの客員教員も、同様に、その本国から休暇を与えられるものとし、かつ、先任権および年金権を保障されるものとする。

99 (1) 教員は、教員団体の活動に参加することができるように、給与の全額を支給される休暇を随時与えられるものとする。

(2) 教員は、教員団体の役職に就く権利を有するものとし、かつ、この場合において、当該教員の諸権利は、公職にある教員と同様のものとする。

100 教員は、雇用に先立つて行なわれた取決めにしたがい、正当な個人的理由があるときは、給与の全額を支給される休暇を与えられるものとする。

疾病休暇および出産休暇

101 (1) 教員は、有給の疾病休暇を与えられる権利を有するものとする。

(2) 給与の全額または一部が支給される休暇期間を決定するにあたつては、教員を児童・生徒から長期間隔離することが必要な場合のあることを考慮するものとする。

102 国際労働機関が定めた母性保護の分野における基準、特に、一九一九年の母性保護条約および一九五二年の母性保護条約（改正）ならびにこの勧告126項に掲げる基準を実施するものとする。

103 子どものある女子教員は、失職することなく、かつ、雇用に基づくすべての権利を完全に保護されて、産後一年以内は、その要求により無給の追加休暇をとることができるような措置によつて、教職にとどまることを奨励されるものとする。

教員の交流

104 当局は、教員の各国間の専門的および文化的交流ならびに教員の外国旅行が、教育活動にとつても、教員自身にとつても価値あることを認識するものとし、かつ、このような機会

を拡大するよう努め、および個々の教員が外国で得た経験を考慮するものとする。

105 このような交流への参加者の選抜は、いかなる差別もなしに行なわれるものとし、かつ、選抜された者は、特定の政治的見解を代表する者とみなされないものとする。

106 外国で研究しおよび勤務するために旅行する教員は、そのための十分な便宜ならびにその職および地位に対する適切な保障を与えられるものとする。

107 教員は、外国で得た教育上の経験を教員の同僚とわかち合うことを奨励されるものとする。

学校の建物

108 学校の建物は、安全であり、全体のデザインが魅力的であり、かつ、配置が機能的であるものとする。学校の建物は、効果的な教育に役立ち、かつ、課外活動のための使用に適するものとし、特に農村地域では地域社会のセンターとして役立つものとする。学校の建物は、また、定められた衛生基準にしたがうとともに、耐久性、適応性および容易かつ経済的な維持を考慮して建築されるものとする。

109 当局は、児童・生徒および教員の健康および安全をいかなる場合にも脅かさないように、学校施設が適切に維持されることを保障するものとする。

110 新設学校の計画にあたつては、教員の代表と協議するものとする。既設学校の施設の新築または増築にあたつては、当該学校の教職員と協議するものとする。

農村地域またはへき地の教員に対する特例

111（1） 人口集中地から離れた地域で行政当局がそのように認定した地域の教員およびその家族に対しては、相応な住宅が提供されるものとし、かつ、その提供は、無償でまたは家賃を補助して行なわれることが望ましいものとする。

（2） 教員が通常の教育の仕事のほかに地域活動を促進しおよび刺激することを期待されている国においては、開発計画には、教員のための適当な住居の提供を含めるものとする。

112（1） 教員は、へき地の学校への任用または転任にあたつて、自己および家族のための移転費用および旅費を支給されるものとする。

（2） へき地の教員は、その専門職としての水準を維持することができるように、必要な場合には、特別の旅行の便宜を与えられるものとする。

（3） へき地の学校へ転任する教員は、誘引策として、休暇で帰省するときは年に一回勤務地から郷里までの旅費を支給されるものとする。

113 教員は、特に困難な条件の下に置かれる場合には、常に、年金計算上の所得に含まれる特別困難手当の支給によつて補償されるものとする。

X 教員の給与

114 教員の地位に影響を及ぼすさまざまな要素のなかでも、給与は、特に重視されるものとする。現在の世界の情勢では、教員に与えられる地位または尊敬、その役割の重要性についての評価の程度等の給与以外の要素が、他の類似の専門職の場合と同様に、教員の置かれている経済的地位に依存するところが大きいからである。

115 教員の給与は、

（a） 社会に対する教育の機能の重要性、したがつて教員の重要性、ならびに教員が教職に就いたときから負うあらゆる種類の責任を反映するものとし、

（b） 類似のまたは同等の資格を必要とする他の職業に支給される給与に比較して有利なものとし、

（c） 教員が自己および家族の相応な生活水準を確保するとともに、さらに研修を積みまたは文化活動を続けつつ、もつて専門職としての資質を高める手段を提供するものとし、

（d） 教員の職の中には、より高度の資質および経験を必要とし、ならびに一層大きな責任を伴うものがあることを考慮に入れるものとする。

116 教員は、教員団体との合意によつて定められた給与表に基づいて給与を支給されるものとする。いかなる事情の下でも、有資格教員は、試験的採用期間中でもまたは臨時的採用の場合でも、正式に採用された教員に対して定められた給与表よりも低い給与表に基づいて給与を支給されることがないものとする。

117 給与体系は、異なる教員集団の間で摩擦を起こさせるような不公平または変則を生じないように計画されるものとする。

118 授業時間数の最大限が定められている場合には、その正規の担当授業時間数が通常の授業時間数の最大限を超える教員は、承認された算定表に基づいて追加報酬を受けるものとする。

119 給与の間差は、資格水準、経験年数、責任の程度等の客観的な基準に基づくものとするが、最低給与と最高給与との関係は、合理的なものとする。

120 いかなる学位をも持たない職業科または技術科の教員を基本給与表に給与格付けするにあたつては、その実務上の訓練および経験の価値が考慮されるものとする。

121 教員の給与は、一年単位で算定されるものとする。

122（1） 定期的な、できれば年一回の給与増額による、同一等級内の昇給が定められるものとする。

（2） 基本給与表の最低から最高に達する期間は、一〇年から一五年の期間を超えないものとする。

（3） 教員は、試験的または臨時的採用期間中に行なつた勤務について昇給を認められるものとする。

123（1） 教員の給与表は、生計費の上昇、国内における生活水準の向上を導く生産性の向上、賃金または給与水準の一般的上昇動向等の要素を考慮するため、定期的に検討されるものとする。

（2） 生計費指数にしたがつて自動的に給与を改訂する制度が採用されている場合には、指数の選択は、教員団体の参加の下に決定されるものとし、かつ、支給される生計費手当はすべて、年金計算上の所得の一部とみなされるものとする。

124 給与決定を目的とするいかなる勤務評定制度も、関係教員団体との事前協議およびその承認なくして採用され、または

適用されないものとする。

XI　社会保障

一般規定

125　すべての教員は、勤務する学校の種類を問わず、同一のまたは類似の社会保障の保護を受けるものとする。この保護は、試験的採用期間および教員として正式に採用されている者の研修期間にも、及ぼされるものとする。

126(1)　教員は、国際労働機関の一九五二年の社会保障（最低基準）条約に含まれているすべての事故に関する社会保障措置、すなわち、医療、疾病給付、失業給付、老齢給付、業務災害給付、家族給付、出産給付、廃疾給付および遺族給付により保護されるものとする。

(2)　教員に与えられる社会保障の基準は、国際労働機関の関係文書、特に一九五二年の社会保障（最低基準）条約に定められているものと少なくとも同程度に有利なものとする。

(3)　教員のための社会保障給付は、権利として与えられるものとする。

127　教員に対する社会保障の保護は、128項から140項に示されるところにしたがい、教員の特殊な雇用条件を考慮するものとする。

医　療

128　医療施設が乏しい地域においては、教員は、適切な医療を受けるために必要な旅費を支給されるものとする。

疾病給付

129(1)　疾病給付は、所得の停止を伴う勤務不能の全期間を通じて支給されるものとする。

(2)　疾病給付は、所得の停止のつどその第一日から支給されるものとする。

(3)　疾病給付の支給期間が一定の期間に限定されている場合において教員を児童・生徒から隔離する必要があるときは、支給期間の延長措置が講じられるものとする。

業務災害給付

130　教員は、学校での授業中に受ける災害の結果のみならず、学校施設または敷地外での学校活動に従事しているときに受ける災害の結果に対しても、保護されるものとする。

131　子どもの間で流行する一定の伝染病は、児童・生徒との接触によってその伝染病にさらされた教員が感染した場合には、職業病とみなされるものとする。

老齢給付

132　教員が国内のいずれかの教育当局の下で得た年金計算上の資格は、教員が国内の他のいずれの当局の下での雇用に移った場合においても、通算されるものとする。

133　教員の不足が真に認められる場合において、年金の受給資格を取得した後も引き続き勤務する教員は、国内法令を考慮して、その後の勤務年数を年金の計算上加算され、または適当な機関を通じて追加年金を受けることができるものとする。

134　老齢給付は、教員が引き続き十分な生活水準を維持することができるように、最終の所得を考慮して定めるものとする。

廃疾給付

135　廃疾給付は、身体または精神の障害のために教職を離れることを余儀なくされた教員に支給されるものとする。事故が疾病給付の延長その他の方法によって償われない場合には、年金を支給する措置が講じられるものとする。

136　教員は、障害が部分的なものにすぎず、非常勤で教えることができる場合には、部分的廃疾給付を支給されるものとする。

137(1)　廃疾給付は、教員が引き続き十分な生活水準を維持することができるように、最終の所得を考慮して定めるものとする。

(2)　障害のある教員の健康を回復するため、またはそれが不可能なときはその健康を改善するために、医療およびそれに類する給付の措置を講ずるとともに、障害のある教員ができる限り従前の活動に再び就くことを準備させるための機能回復役務についての措置を講ずるものとする。

遺族給付

138　遺族給付の受給資格の条件および給付額は、遺族が十分な生活水準を維持し、かつ、遺児の福祉および教育を確保することができるようなものとする。

教員に社会保障を与える方法

139(1)　教員に対する社会保障の保護は、公共部門またはそれが適切な場合には民間部門に雇用されている者に適用される一般的制度によって、できる限り確保されるものとする。

(2)　一般的制度が補償されるべき一またはそれ以上の事故について存在していない場合には、法令によるまたは法令によらない特別の制度を設けるものとする。

(3)　一般的制度の下における給付水準は、この勧告で定める水準より低い場合には、補完的制度によって勧告の水準まで引き上げるものとする。

140　基金の運用を含めて、特別の制度および補完的制度の運営に教員団体の代表者を関与させる可能性に対する考慮を払うものとする。

XII　教員の不足

141(1)　いかなる深刻な教員供給の問題も、例外的なものと認められる措置によって対処するものとし、かつ、その措置は、すでに確立したまたは確立されるべき専門的基準をいかなる点においても低下させまたは危うくするものではなく、および児童・生徒の教育上の損失を最少限にとどめるものであるということを、指導原則とするものとする。

(2)　権限ある当局は、過大学級、教員の担当授業時間の不当な延長等の教員の不足に対処するための一定の便宜的処置が教育の目的および目標と両立しないものであり、かつ、児童・生徒にとって有害であることを認識して、緊急にこれらの便宜的処置を不必要なものにし、それらを廃止するための措置を講ずるものとする。

142　教員の供給を考慮すべき事情が教員の短期の集中的な臨時養成過程を設けることを必要とする発展途上国においては、教育事業を指導および指示する能力を有する専門的訓練を受けた教員群を養成するために、十分に専門的かつ広範な課程を設けるものとする。

143 (1) 短期の臨時養成課程に入学する学生は、後に全課程の必要科目の修得を完了することができるように、通常の専門的養成課程または一層高度の課程への入学に適用される基準によって選抜されるものとする。

(2) これらの学生は、現職中に教職の資格を完全に取得できるように、給与の全額を支給される特別研修休暇を含む措置および特別の便宜を与えられるものとする。

144 (1) 資格のない者は、できる限り、教員としての資格を有する教員の直接の監督および指導の下で勤務することを要求されるものとする。

(2) これらの者は、雇用継続の条件として、その資格を取得しまたは完全なものにすることを要求されるものとする。

145 当局は、教員の社会的および経済的地位、生活および労働の条件、雇用条件ならびに教員としての将来性を改善することが、有能で経験のある教員の不足の現状を克服し、および多数の十分に資格を有する者を教職に引きつけ、かつ、引きとめておくための最良の手段であることを認識するものとする。

XIII 最終規定

146 教員が若干の点でこの勧告で定める地位より有利な地位を享受している場合には、この勧告の規定は、すでに教員に与えられている地位を低下させるために援用されないものとする。

（名古屋大学教育法研究会の訳による）

○高等教育教員の地位に関する勧告（抄）

Recommendation concerning the Status of Higher-Education Teaching Personnel

一九九七・一一・一一
第二九回ユネスコ総会採択

前文

一九九七年一〇月二一日から一一月一二日までパリで開催された第二十九回国際連合教育科学文化機関（ユネスコ）総会は、世界人権宣言（一九四八年）第二十六条を履行して、全ての者に教育を提供する国家の責任を意識し、

経済的、社会的及び文化的権利に関する国際規約（一九六六年）第十三条第一項cを履行して、特に高等教育を提供する国家の責任を想起し、

高等教育と研究が、知識の探求、増進及び移転に役立ち、きわめて豊かな文化的科学的財産となることを意識し、

併せて、政府並びに学生、産業界及び労働者といった重要な社会集団が、高等教育制度による事業と成果に高い関心を持ち、それらから便益を得られることを意識し、

高等教育の進展における高等教育教員の確固たる役割と人類及び現代社会の発展における彼らの貢献の重要性を認識し、

他の市民と同様に高等教育教員には、全ての人々の文化的、経済的、社会的及び政治的権利をともに守るよう努力することが期待されていることを確信し、

社会と経済の変化に対応するよう高等教育を見直す必要と、高等教育教員がそのプロセスに参画する必要性を了解し、

学問の自由を浸食しかねない好ましからざる政治的圧力に研究者のコミュニティがさらされやすいことへの懸念を表明し、

教育、教授及び研究への権利が、学問の自由がある環境と高等教育機関の自律性があってはじめて完全に享受されること、そして研究成果、仮説及び見解の自由な交流が、高等教育にとって最も重要であり、そのことが学術活動（scholarship）と研究の精度と客観性の最も強い保障となることに思いを致し、

世界における文化の多様性を認識しつつ、高等教育教員がこの役割に対してふさわしい地位を得られるよう保障することに配慮し、

様々な国で高等教育の構成や組織を定める要素となる法律、規則、運用及び伝統の大きな多様性を考慮に入れ、

様々な国で高等教育教員に適用される取り決めの多様性、とりわけ公共事業に関する規則等が彼らに適用されるか否かによる多様性に留意し、

それでもなお、全ての国で類似の問題が高等教育教員の地位に関して生じていること、さらにそれらの問題が共通の対応策の採用を求めており、実施可能な限り、本勧告の目的である共通の基準の適用を求めていることを確信し、

ユネスコが教育における全ての形態における差別を禁じるだけでなく、機会の平等と全ての段階において教育を受けている者のための待遇の平等を向上させる義務を有することを認めた教育における差別待遇の防止に関するユネスコ条約（一九六〇年）、教員の地位に関する勧告（一九六六年）、科学研究者の地位に関するユネスコ勧告（一九七四年）、結社の自由、団結権及び団体交渉権並びに機会及び待遇の均等に関する国際労働機関の諸文書等に留意し、

高等教育機関とその教員及び研究者に特に関わる問題に関する規定を持つ関連規則等に規定されている国際的基準を構成する既存の条約、規約及び勧告を補完することを希望して、

一九九七年一一月一一日にこの勧告を採択する。

Ⅰ 定義

1 本勧告において、

(a) 「高等教育」とは、中等教育後の段階における学修、トレーニング又は研究のためのトレーニングの課程であって、国の機関によって認可され、若しくはそれに加え

て認証機関により高等教育機関として認可された大学その他の教育機関が提供するものをいう。

(b) 高等教育に関する「研究」とは、慎重かつ的確な判断に基づくよく訓練された精査を含む、特定された問題の性質と状況により手段や方法が異なる独創的な科学的、技術的及び工学的研究、医学的、文化的、社会科学及び人文科学的又は教育学的な研究であって、当該問題の明確化又は解決を目的とし、組織の枠組みの中で行われる場合には適切な施設・設備によってサポートされるものをいう。

(c) 「学術活動」とは、高等教育教員が自己の研究課題を常時最新のものとし、学術書を編集し、研究成果を公表し、自己の研究分野における教員としての教授技能を向上させ、学術的信頼性を高める過程をいう。

(d) 「社会貢献活動」とは、教育機関の所在地とみなされる国又は地域内の非常に多様な地域社会に貢献するために、その活動が当該教育機関のミッションに反しない限りにおいて、当該教育機関の資源を学外で提供する事業をいう。この事業は、教授活動としては、夜間学級、短期講座、セミナー及び講習会を通じて提供される公開講座、生涯教育、遠隔教育等の幅広い活動を含むことが考えられる。この事業は、研究活動としては、公共団体、民間団体及び非営利団体に対する専門的知識の提供、様々な形態での相談業務、応用研究及び研究成果の活用への参加につながるものとなることが考えられる。

(e) 「高等教育機関」とは、大学その他の高等教育の施設、センター及び組織並びにこれらに附属する研究センター及び文化センターであって、認証機関又は国の機関によって認可された公立又は私立のものをいう。

(f) 「高等教育教員」とは、高等教育機関又は高等教育の課程において、教授活動、学術活動、研究又は学生や地域社会全体に対する教育事業の提供に従事するすべての者をいう。

Ⅱ　適用範囲

2 本勧告は、全ての高等教育教員に適用する。

Ⅲ　基本原則

3 国際連合と加盟国とが探求する国際平和、国際理解、国際協力及び持続可能な開発というグローバルな目的の実現には、特に、ユネスコが定義する平和のための教育と平和を広げる教育が必要であり、併せて責任のある市民として地域社会に貢献し並びに効果的な学術活動と高度な研究を遂行することができる資格及び教養のある高等教育機関の修了者が求められ、その結果として、優れた能力と高い資格を持つ高等教育教員が求められる。

4 高等教育機関、特に大学は、伝統的な知識と文化に対する見解を自由に守り、広め、表明し、そして既定の学説によって束縛されることなく新たな知識を探求する学者の共同体である。新たな知識の探求と応用は、高等教育機関に課せられた使命の要となるものである。独創的な研究が求められない高等教育機関においては、高等教育教員は、学術活動と改善された教授技術を通じて自己の研究課題に関する知識を維持し、発展させるべきである。

5 高等教育、学術活動及び研究における進歩は、学問の自由、専門職としての責任、団体性、そして機関としての自律性に支えられた人的、教育的及び技術的な質と同様に、人的及び物的な基盤と資源や高等教育教員の資格、専門的知識に大いに依存する。

6 高等教育における教授活動を行う職は、ひとつの専門的職業であり、厳しく、生涯にわたる学修と研究によって修得され、最新の状態が保たれる専門的な知識及び技能を高等教育教員に求める公共事業のひとつの形態であり、また、学生及び地域社会全体の教育、福祉並びに学術活動と研究における高度の専門的な水準の維持について、個人及び組織の責任についての自覚が求められる。

7 高等教育教員の労働条件は、効果的な教授活動、学術活動、研究及び地域社会における活動を最大限に促進し、高等教育教員がその職務を最善に遂行することができるものであるべきである。

8 高等教育教員を代表する組織は、教育の発展に大いに貢献することができる力と他の利害関係を有する者と共に高等教育政策の決定に関与すべき力としてみなされ、認められるべきである。

9 国際的基準と同様に国内の法令とその運用に沿うよう、それぞれの加盟国における高等教育機関の制度の多様性が尊重されるべきである。

Ⅳ　教育目的と教育政策

10 加盟国は、国家計画全般、特に高等教育のための計画の立案におけるすべての段階のそれぞれにおいて、次のことを保障するために必要なあらゆる措置をとるべきである。

(a) 高等教育が、人類の発展と社会の進歩に向けられること。

(b) 高等教育が、生涯学習の目標の達成及びその他の形態と段階の教育の発展に貢献すること。

(c) 公費が高等教育機関に対して配分された場合には、当該資金は、有効性についての公共への結果責任に従い、公共への投資としてみなされること。

(d) 高等教育に対する財政支出が、公共への投資とみなされ、その還元の多くは必然的に長期間を要し、政府と社会公共の優先事項に従うものであること。

(e) 公的な財政支出の正当性に関する根拠は、常に世論の前に示されていること。

11 解決すべき諸課題の多様な側面を反映した最新の資料を有し、その蔵書について検閲その他の知性への干渉を受けない図書館を、高等教育教員が利用することができるものとし、また、検閲を受けることなく、教授活動、学術活動又は研究に必要な国際的なコンピューター・システム、衛星通信プログラム及びデータベースを利用することができる。

12 高等教育教員によって得られた研究成果の公表と普及は、科学、技術、教育及び文化一般の振興を促進するという観点と同様に、受けるべき評価を得られるように支援するという観点から奨励され、促進されるべきである。このために、高等教育教員が書籍、雑誌及びデータベースの中から自ら選択し、これらの学術活動の成果の著者又は共著者である場合には自らの名前により、研究と学術活動の成果を公表することは、自由に行われるべきである。高等教育教員の知的所有権は、適切な法的保護を受けられるべきであり、特に国内の及び国際的な著作権法によって与えられる保護を受けられるようにすべきである。

13 全世界の高等教育教員の間の意見や情報の交換は、高等教育と研究の健全な発展にとって重要であり、また、積極的に促進されるべきである。このために、高等教育教員が、そのキャリアを通じ、高等教育や研究に関する国際的な会合に参加し、政治的な制限を受けることなく外国に旅行し、インターネット又はビデオによる会議を利用できるようにすべきである。

14 国内外を含めた高等教育機関の間の高等教育教員による幅広い交流の場を提供する、シンポジウム、セミナー及び共同研究プロジェクトを含む事業、並びに教育上及び学術活動上の情報の交換は促進され、奨励されるべきである。科学者と研究従事者との間と同様に、大学、研究機関及び学会の間におけるコミュニケーションと直接的な関係を広げることは促進されるべきであり、また、他の国の高等教育教員が公文書館、図書館、研究所及びこれらに類する機関における公開資料について知ることができるようにすべきである。

15 加盟国と高等教育機関は、開発途上国、特に後発開発途上国からの高等教育教員の流出を認識すべきである。加盟国と高等教育機関は、これらの国の高等教育教員に対する十分な勤務条件を提供しうる研究環境の維持を支援するための開発途上国に対する援助計画を奨励すべきであり、このことにより、このような流出を抑制し、最終的にその方向を変えることが可能となる。

16 高等教育の職に従事するための他国の学位及び資格証明を承認するための公平、公正かつ合理的な国内の方針とその方法は、一九九三年の高等教育における学修及び資格証明の承認に関するユネスコ勧告に従って確立されるべきである。

V 機関の権利、義務及び責任

A 機関の自律性

17 学問の自由の適切な享受並びに以下に示す高等教育機関の義務及び責任の履行には、高等教育機関の自律性が求められる。自律性とは、高等教育機関が、その研究活動、水準、運営及び関連する活動に関して、特に国が資金を提供する場合には公共的結果責任を負う制度に従い、学問の自由と人権を尊重し、有効な意思決定を行うために必要な範囲における自治をいう。ただし、機関としての自律性の在り方は、それぞれの設置形態により異なる場合がある。

18 自律性は、学問の自由についての機関としての表現形態であり、高等教育教員と高等教育機関に与えられた任務の適切な遂行を保障するために必要な前提条件である。

19 加盟国は、高等教育機関の自律性に対するいかなる原因による脅威であっても、高等教育機関を保護する義務を負う。

20 自律性は、この勧告又は関連規則等に掲げる他の国際基準に定める高等教育教員の権利を制限する理由として、高等教育機関によって利用されるべきではない。

21 自治、団体性及び適切な研究上の指導力は、高等教育機関にとって重要な自律性に不可欠な構成要素である。

B 機関の結果責任

22 加盟国と高等教育機関は、相当の財政的投資が行われているとの観点から、高等教育機関が享受する自律性の程度と高等教育機関の結果責任の制度との間で適切なバランスを確保すべきである。高等教育機関は、結果責任を果たすため、その管理を公開するよう努力すべきである。高等教育機関は、次のことについて結果責任を負うべきである。

(a) 国民に対する教育上の使命の在り方についての効果的なコミュニケーション

(b) 教授活動、学術活動及び研究の機能における質と卓越性のために専念し、高等教育機関の学術的な使命に反する干渉から教授活動、学術活動及び研究の本来あるべき形を保護し、保障すること。

(c) 学問の自由と基本的人権を効果的に支援すること。

(d) 高等教育機関が利用することのできる資源の範囲内で、できる限り多くの学位等の資格のある個人に対して質の高い教育を保障すること。

(e) 高等教育機関の使命と提供される資源とが一致する限り、生涯学習の機会の提供に深く関与すること。

(f) 学生に対する公平、公正かつ差別のない処遇を保障すること。

(g) 女性及び少数民族に対する公平な処遇を保障し、性的及び人種的嫌がらせを排除する政策と手続きを採用すること。

(h) 高等教育教員が学級又は研究の場における職務において暴力、脅迫又は嫌がらせにより妨害されないようにすること。

(i) 虚偽のない公開された経理を行うこと。

(j) 資源を効率的に利用すること。

(k) 団体としての手続又は高等教育教員を代表する組織との交渉により、教授活動、学術活動、研究及び地域社会における活動において、高等教育教員の指針となる学問及び言論の自由の原則に適合する文書又は倫理綱領を作成すること。

(l) 経済的、社会的、文化的及び政治的権利を侵害するような知識、科学及び技術の使用を防ぎ、一般的に受け入れられている学問上の倫理、人権及び平和に反する目的のために用いられないようにするために努力することにより、これらの諸権利の実現を支援すること。

(m) 社会が直面している現代の問題に取り組むことを確保

すること。このために、高等教育機関の諸活動と同様にその教育課程は、妥当とみなされた場合には、地域社会及び社会全体の現在及び将来のニーズに応じたものであるべきであり、また、高等教育機関は、その卒業生の就労の機会を増大させる上で重要な役割を果たすべきである。

(n)　可能かつ妥当と判断される場合には、国、地域、政治、民族その他の障壁を越えた国際的な学術的協力を奨励し、一の国が他の国によって科学的技術的に搾取されることを防止するよう努め、知識の探求と活用及び文化遺産の保護における世界のすべての研究者のコミュニティの対等な協力関係を促進すること。

(o)　図書館を最新化することを確保し、検閲を受けることなく、教授活動、学術活動又は研究のために高等教育教員又は学生が必要とする情報を提供して、現代的な教授活動、研究及び情報の資源を利用できるようにすること。

(p)　高等教育機関の使命に必要な施設、設備及びそれらの適切な維持管理を確保すること。

(q)　機密度の高い研究に従事する場合には、当該研究が高等教育機関の教育上の使命及び目的に矛盾しないよう、並びに平和、人権、持続可能な開発及び環境という一般的な目的に反しないことを確保すること。

23　機関の結果責任に関する制度は、科学的な方法論に基づくものであり、明瞭で実際的で費用効果があり、簡明なものであるべきである。この制度は、その実施に当たり、公平、公正かつ衡平であるべきであり、その方法論と結果の双方は、公開されるべきである。

24　高等教育機関は、個別に又は共同して、機関の自律性と学問の自由を損なうことなく、高等教育機関の目標を実現するための質的保証の仕組みを含む適切な結果責任に関する制度を立案し、実施すべきである。高等教育教員を代表する組織は、可能な場合には、当該制度の立案に参加すべきである。国が定める結果責任に関する制度が設けられる場合において適当な場合には、その手続については、関係する高等教育機関及び高等教育教員を代表する組織と交渉すべきである。

Ⅵ　高等教育教員の権利と自由

A　個人の権利と自由：市民的権利、学問の自由、公表の権利及び情報の国際的な交換

25　高等教育の研究職に就く機会は、適切な学位等の資格、研究能力及び実績にのみ基づいて与えられるべきであり、いかなる差別もなく社会のすべての構成員について平等であるべきである。

26　高等教育教員は、他のすべての集団や個人と同様に、国際的に認められたすべての市民について適用される市民的、政治的、社会的及び文化的権利を享受すべきである。このため、すべての高等教育教員は、個人の自由と安全及び移動の自由と同様に、思想、良心、宗教、表現、集会及び結社の自由を享受すべきである。高等教育教員は、国の政策及び高等教育に影響を与える政策に関する意見を自由に表明することにより社会の変化に貢献する権利を含む市民的権利の行使を妨げられるべきではない。高等教育教員は、単にこのような権利を行使したことを理由としていかなる処罰も受けるべきではない。高等教育教員は、恣意的に逮捕され又は抑留されるべきではなく、拷問又は残虐な、非人道的な若しくは品位を傷つける取扱いを受けるべきではない。高等教育教員は、自己の権利が著しく侵害された場合には、関係する国内機関、地域的機関又は国際連合の機関のような国際的な機関に申立てを行う権利を有するべきであり、高等教育教員を代表する組織は、このような場合において十分な支援を行うべきである。

27　既述の高等教育教員に関する国際基準の維持は、国内外における高等教育の利益のために受け入れられるべきである。このため、学問の自由の原則は、誠実に遵守されるべきである。高等教育教員は、学問の自由の維持、すなわち、既定の学説によって束縛されることなく、教授し討論する自由、研究とその成果を普及させ公表する自由、自己の勤務する機関又はその制度について自己の意見を自由に表明する自由、機関による検閲からの自由並びに専門学会又は代表的な学術団体に参加する自由を有する。すべての高等教育教員は、いかなる差別もなく、また、国その他のいかなる者からの抑圧も受けずに、自らの職務を遂行する権利を有するべきである。高等教育教員は、その働く環境が役立つものであり、民主的社会を発展させようと全ての者が取り組む民主的な雰囲気を必要とする場合にのみ、学問の自由の原則を効果的に実現することができる。

28　高等教育教員は、いかなる干渉も受けることなく、専門職としての責任と教授活動の水準、方法に関する知的な厳格さを含む、一般に認められた専門職としての規範に従って教授する権利を有する。高等教育教員は、自己の持つ最高の知識及び良心に反して指導すること又は国内外の人権に関する基準に反する教育課程及び方法を用いることを強制されるべきではない。高等教育教員は、教育課程の策定において重要な役割を果たすべきである。

29　高等教育教員は、専門職としての責任並びに知的な厳格さ、科学的な探求及び研究の倫理に関する国内外に認められた専門職としての規範に従い、いかなる干渉又は抑圧も受けることなく研究活動を行う権利を有する。高等教育教員は、本勧告の12に定める、自己が著者又は共著者である研究の成果を公表し伝達する権利を有するべきである。

30　高等教育教員は、その職務以外の専門職としての活動、特に、専門職としての技能を向上させ又はその知識を地域社会の諸問題に対して応用することができる活動を行う権利を有する。ただし、機関の方針や規則に従い、又は、国内の法律がありその運用が行われている場合はそれに従った自己の所属する機関における任務を、そうした活動が妨げないことを条件とする。

B　自治と団体性

31　高等教育教員は、他の部門の研究者のコミュニティが高等教育機関の管理機関に参加する権利を尊重しつつ、いか

なる差別もなく、自己の能力に応じて、当該管理機関に参加し及び自己の所属する機関を含む高等教育機関の機能を批判する権利と機会を有するべきであり、また、高等教育機関内の研究者集団の代表の過半数を選出する権利を有するべきである。

32 団体性の原則は、学問の自由、責任の共有、内部の意思決定機構とその運用におけるすべての関係者の参加の原則及び協議の仕組みの開発を含む。団体の意思決定は、社会全体の利益のために学術的な卓越性及び質を向上させるため、高等教育に係る政策の実施及び策定、教育課程、研究、地域社会における活動、資源の配分並びに他の関連する活動に関する決定を含むべきである。

Ⅶ 高等教育教員の義務と責任

33 高等教育教員は、研究者のコミュニティの他の構成員の学問の自由を尊重し、反対の見解についての公正な議論を確保する義務を含む権利の行使が特別な義務及び責任を伴うことを認識すべきである。学問の自由は、真摯な真理の探求に基づき研究する学者としての義務に合致した方法によって学問の自由を行使する義務を伴う。教授活動、研究及び学術活動は、倫理上及び職務上の基準に十分に従って行われるべきであり、また、世界の歴史的及び文化的遺産を保護することと同様に、適切であると判断された場合には、社会が直面している現代的な問題に対応すべきである。

34 特に、高等教育教員の学問の自由に固有のものである高等教育教員の個人としての義務は、以下のとおりである。

(a) 高等教育機関と国が提供する財源の範囲内で効果的に学生を教授すること、男子及び女子の学生に対して公正及び公平であり、かつ、すべての人種及び宗教の学生並びに障害のある学生を平等に取り扱うこと、高等教育教員と学生との間の意見の自由な交換を奨励すること並びに学生に対し勉学における指導ができるようにすること。高等教育教員は、それが求められている場合には、各科目のシラバスに記されている最低限度の内容が満たされるようにすべきである。

(b) 学術的な研究を行い、その研究の成果を公表すること、又は独創的な研究が必要とされない場合には学修と研究を通じて自己の研究課題に関する知識を維持し及び開発させること並びに教授方法論の開発を通じて教育上の技能を向上させること。

(c) 証拠、偏りのない論理及び誠実な報告に対する適切な配慮を伴う真摯な知識の探求に基づき研究と学術活動を行うこと。

(d) 人間、動物、遺産又は環境が関係する研究の倫理を守ること。

(e) 同僚の教員や学生の学問的な著作を尊重し、認めること。特に、出版物の内容について実質的に貢献し、責任を共有するすべての者が当該出版物の著者に含められるようにすること。

(f) 同僚による審査等の過程の結果として閲覧することが可能な未公表の原稿又は研究や訓練のための資金申請書を見ることによって初めて得られた新たな情報、概念又はデータについては、著者の許可がない限り、その使用を差し控えること。

(g) 研究を実施する国の法令に従って研究が行われるようにすること、研究が人権に関する国際的な規範に違反しないようにすること、研究の成果及びその基礎になるデータが被験者を危険にさらしかねない場合又は匿名性を確保しなければならない場合を除き、当該研究が行われている機関の研究者に有効に利用されるようにすること。

(h) 利害の衝突を避け、適切な情報公開及び当該高等教育機関との十分な協議により利害の衝突を解決し、その結果、高等教育教員は当該高等教育機関の承認を得ること。

(i) 研究の目的で高等教育機関に対して、又は他の専門家の団体や学術的な団体に対して管理を委ねられたすべての資金を誠実に取り扱うこと。

(j) 同僚の教員及び学生について専門的な評価を行う場合には、公平かつ公正であること。

(k) 自己の専門性に関連しない事項について研究的な手続きを踏まずに発言し又は執筆する場合には、自己の専門的知識の性格について公衆の誤解を招かないようにその責任を自覚すること。

(l) 高等教育機関及び専門家集団の団体的管理に求められる適切な義務を履行すること。

35 高等教育教員は、その地位が本人及びその業績の質に大きく依存するものであることから、専門の職務において可能な限り高い水準を達成するように努めるべきである。

36 高等教育教員は、その職務、専門職としての自由及び知識の進歩に必要な高等教育機関の自律性を失うことなく、高等教育機関の公共への説明責任に対して貢献すべきである。

Ⅷ 教員の養成

37 高等教育におけるキャリアを得るための養成課程へのアクセスを管理する方針は、必要な倫理的、知的及び教授の資質を有し、かつ、必要とされる専門的な知識及び技能を有する適切な数の高等教育教員を社会に供給するニーズに基づくものである。

38 高等教育教員の養成に関わるすべての局面で、いかなる差別もあってはならない。

39 高等教育におけるキャリアを求める者のうち、同等の学位等の資格及び業績を有する女子及び少数民族に対して、均等な機会と処遇が与えられるべきである。

Ⅸ 雇用条件

A 研究職への採用

40 高等教育教員の雇用者は、効果的な教授活動、研究、学術活動及び地域社会における活動に大いに役立ち、公平でいかなる差別もない雇用条件を設定すべきである。

41 研究者のコミュニティにおいて不利な立場にある構成員について事実上の平等を促進することを目的とする一時的な措置は、差別と解されるべきではない。ただし、機会及び処遇の均等という目的が達成され、その継続を確保するための制度が存在する場合には、当該措置は、停止されるものとする。

42 高等教育の教授活動を行う職及び研究職に初めて就く場合の試用期間は、初任者に対する激励及び有用な入門のための機会として、そして専門家としての適切な基準を確立し、維持するための機会、並びに自己の教授と研究の能力を開発するための機会として認められる。通常の試用期間は、事前に知らされるべきであり、また、その期間を良好に終了するための条件は、厳密に専門的な能力に関連を有するものであるべきである。試用期間にある者が当該期間を良好に終了することができない場合には、当該者は、その遂行能力を向上させる相応の機会が与えられるように、その理由を知り、試用期間が終了するまで相応の期間をもってそうした情報を得る権利を有するべきである。彼らは、不服申立てを行う権利も有するべきである。

43 高等教育教員は、次の制度を享受できるようにすべきである。

(a) 任命、その制度がある場合には終身在職権、昇進、解雇その他の関連する事項についての公平な手続を含むキャリア開発のための公正で開かれた制度

(b) 関連規則等に掲げる国際基準に合致する高等教育機関における効果的で、公平、かつ、公正な労使関係の体制

44 高等教育教員が迫害を被っている場合には、他の高等教育機関及びその高等教育教員との連帯を認める規定が設けられるべきである。このような連帯は、精神面のものであると同様に物質面でのものであり、可能な場合には、迫害の犠牲者のための保護及び雇用又は教育を含むべきである。

B 雇用の保障

45 その制度がある場合には、終身在職権又はこれと同等の職業上の制度は、学問の自由を保障し、恣意的な決定から保護する主要な手続上の措置のひとつとなる。この制度は、有能な高等教育教員の個人の応答責任と職の保持可能性を高める。

46 その制度がある場合には、終身在職権又はこれと同等の職業上の制度を含む雇用の保障は、高等教育教員と同様に高等教育の利益に欠くことのできないものであり、確保されるべきである。厳格な評価の後、継続的な雇用を確保した高等教育教員は、専門性に係る理由と正当な手続によってのみ解雇されることをこの制度は保障する。高等教育教員は意図したものではない財政的な理由によっても解職され得る。ただし、この場合はすべての経理が公共の監査に開かれ、高等教育機関が雇用の終了を防止するためのすべての合理的な代替措置をとり、雇用手続の終了における不公平を防ぐための法的な措置があることを条件とする。その制度がある場合には、終身在職権又はこれと同等の職業上の制度は、高等教育機関又は高等教育制度の組織又は内部において変更がある場合においても可能な限り保護されるべきであり、また、学術団体に認められるような教授活動、学術活動及び研究並びに高等教育機関に認められるような地域社会における活動に関する明示された客観的な基準を満たす者に対して、合理的な試用期間の後に与えられるべきである。

C 評価

47 高等教育機関は、次の制度を確保すべきである。

(a) 高等教育教員の職務についての評価と査定は、教授活動、学習活動及び研究の過程の不可分の一部であり、高等教育機関の主たる機能は、個々の関心と能力に基づく個人の開発であること。

(b) 評価は、研究活動、教授活動及び他の同僚により学術的又は専門的であると解される職務における能力に関する学術的な基準にのみ基づいて行われること。

(c) 評価の手続においては、一定の変動しない形で証明しにくい個人の能力を計測することに内在する難しさを十分に考慮すること。

(d) 学生、同僚及び管理者によって行われる高等教育教員の職務についての直接的な査定が評価に含まれる場合には、このような査定は客観的であること、並びにその基準と結果が当事者に知らされること。

(e) 高等教育機関の職員の配置を決定し、雇用の更新を検討する場合には、高等教育教員についての評価の結果を考慮すること。

(f) 高等教育教員は、不当と認める査定については、公平な機関に対して不服申立てを行う権利を有すること。

D 懲戒と解雇

48 研究者のコミュニティのいかなる構成員も、独立した第三者による同僚からのヒアリング又は仲裁人若しくは裁判所のような公平な機関において立証することができる公正かつ十分な理由がない限り、解雇を含む懲戒処分を受けるべきではない。

49 すべての高等教育教員は、解雇を含む懲戒手続のいかなる段階においても、関連規則等に掲げる国際基準に従い公平な保護を受けられるようにすべきである。

50 懲戒処分としての解雇は、職務上の行為に関連する公正かつ十分な理由によってのみ行われるべきである。例えば、持続的な職務の怠慢、著しい能力の欠如、研究結果の捏造若しくは偽造、重大な財政上の不正行為、学生、同僚若しくは研究者のコミュニティの他の構成員に対する性的その他の非行又はこれらについての脅迫及び金銭的、性的その他の利益の見返りとしての成績、資格若しくは学位の偽造又は雇用の継続の見返りとしての部下若しくは同僚に対する性的、金銭的その他の物質的な利益の要求等による教育の過程における不正行為を含む。

51 高等教育教員は、最終的で拘束力のある決定権限を有する仲裁人又は裁判所のような独立した外部機関に対し解雇の決定に関する不服申立てを行う権利を有するべきである。

E 雇用条件についての交渉

52　高等教育教員は、結社の自由に関する権利を享受すべきであり、この権利は、効果的に奨励されるべきである。団体交渉又はこれと同等の手続は、関連規則等に掲げる国際労働機関の基準に従って促進されるべきである。

53　高等教育教員の給与、勤務条件及び雇用条件に関するすべての事項は、高等教育教員を代表する組織と高等教育教員の雇用者との間の任意の交渉のプロセスを通じて決定されるべきである。ただし、国際基準に従ったこれと同等の他の手続が与えられている場合は、この限りでない。

54　高等教育教員がその組織を通じて雇用者と交渉する権利を確保する国内法及び国際基準に適合する適切な機構が、公的なものであるか私的なものであるかを問わず、法令又は協定によって設置されるべきである。このような法令上の権利は、公平なプロセスを通じて不当に遅延することなく執行されるようにすべきである。

55　このような交渉のために設けられた手続で解決策を得られなかった場合又は当事者間の交渉が決裂した場合には、高等教育教員を代表する組織は、正当な利益を保護するために他の組織に一般的に開かれている措置をとる権利を有するべきである。

56　高等教育教員は、雇用条件に起因する雇用者との紛争の解決のために公平な苦情処理と仲裁の手続又はこれと同等の手続を利用することができるようにすべきである。

F　給与、労働量、社会保障給付、健康及び安全

57　高等教育教員が自己の職務に十分に専念することができ、継続的な訓練及び教授の各段階に不可欠な知識と技能の定期的な更新のために必要な時間を割り当てることができるような報酬を高等教育教員に与えるため、財政上の実行可能なすべての措置をとるべきである。

58　高等教育教員の給与については、次のことを考慮すべきである。

(a)　社会における高等教育及び高等教育教員の重要性と高等教育教員がその職に就いた時から負う様々な責任と並ぶ高等教育教員の重要性を反映すること。

(b)　少なくとも類似の又は同程度の資格を必要とする他の職業において支払われる給与と同等であること。

(c)　専門職としての資質を向上させるため更に進んだ教育又は文化的若しくは科学的な活動を行うために投資する手段を提供することと併せ、高等教育教員とその家族に相当の生活水準を確保すること。

(d)　特定の職については、より高度な資格と実績が要求され、より大きな責任を伴うものがあるという事実を考慮すること。

(e)　定期的に遅滞なく給与が支払われること。

(f)　生活費の上昇、より高い生活水準をもたらす生産性の向上、賃金又は給与の水準における一般的な上昇の傾向等の要因を考慮して定期的に見直すこと。

59　給与の差異は、客観的な基準に基づくべきである。

60　高等教育教員の給与は、高等教育教員を代表する組織との合意において設定された給与表に基づいて支払われるべきである。ただし、国際基準に従ったこれと同等の他の手続が設けられている場合は、この限りでない。資格のある高等教育教員は、試用期間又は一時的に雇用される場合において、同じ水準の常勤の高等教育教員のために定められた額よりも低い額の給与が支払われるべきではない。

61　公正で平等な能力評価制度は、質の保証及び質の管理の向上のための手段となりうる。当該制度が給与を決定する目的で導入され、適用される場合には、高等教育教員を代表する組織との事前の協議が行われるべきである。

62　高等教育教員の労働量は、公正で公平であるべきであり、学生に対する高等教育教員の義務及び責任並びに学術活動、研究活動及び研究管理に関する義務を有効に遂行できるようにすべきであり、通常の労働量を超えて教授することが求められる者については給与の面で十分な考慮が払われるべきであり、また、当該労働量を決定するに当たっては高等教育教員を代表する組織と交渉すべきである。ただし、国際基準に従ったこれと同等の他の手続が設けられている場合は、この限りでない。

63　高等教育教員は、その健康と安全に悪影響がなく、これらを害することのない労働環境を与えられるべきであり、また、疾病、障害及び年金の受給資格に関する措置を含む社会保障措置並びに国際労働機関の条約及び勧告に含まれるすべての不測の事態における健康及び安全を保護するための措置によって保護されるべきである。これらの措置の基準は、関連する国際労働機関の条約及び勧告に定める基準と少なくとも同等のものであるべきである。高等教育教員のための社会保障給付は、権利として与えられるべきである。

64　高等教育教員が取得する年金の権利は、高等教育教員が他の高等教育機関に雇用のために異動する場合には、国内、二国間及び多国間の課税に関する法律その他の規則に従うことを条件として、国内外で移転することができるようにすべきである。高等教育教員を代表する組織は、その制度がある場合は、高等教育教員のために作成された年金制度の管理及び運営、特に民間の及び保険料分担制度に参加する代表を選出する権利を有するべきである。

G　学修と研究のための休暇及び年次休暇

65　高等教育教員は、その制度がある場合は、給与の全部又は一部の支給により、一定の間隔で、サバティカル休暇などの学修と研究のための休暇を与えられるべきである。

66　学修と研究のための休暇の期間は、年金制度の規則に従い、勤務年数と年金の算定において算入されるべきである。

67　高等教育教員は、専門的な活動に参加することができるようにするため、給与の全部又は一部が支給される特別の休暇が与えられるべきである。

68　二国間及び多国間の文化的、科学的交流又は外国に対する技術援助計画の枠組みの範囲内で与えられる休暇は、勤務とみなされるべきであり、その所属機関における勤務年数の算定、昇任する資格及び年金の権利は、保障されるべきである。更に、これらに係る追加の経費を補うために特別の措置がとられるべきである。

69　高等教育教員は、給与の全額が支給される十分な年次休暇を取得する権利を享受すべきである。

H　女子の高等教育教員の雇用条件

70　関連規則等に掲げる国際基準によって認められた権利を保障するため、男女平等の原則に基づき、女子の高等教育教員の機会及び処遇の均等を促進するためのすべての必要な措置がとられるべきである。

I　障害を有する高等教育教員の雇用条件

71　障害を有する高等教育教員の勤務条件に関して定められた基準が、少なくとも、関連規則等に掲げる国際基準に関連する規定に適合するようすべての必要な措置がとられるべきである。

J　非常勤の高等教育教員の雇用条件

72　資格を有する非常勤の高等教育教員が提供する役務の価値は、認められるべきである。定期的に非常勤で雇用される高等教育教員については、次のことが保障されるべきである。

(a)　常勤で雇用される高等教育教員に準ずる割合で報酬を受け、同等の基本的な雇用条件を享受すること。

(b)　有給休暇、病気休暇及び出産休暇は、常勤で雇用される高等教育教員に与えられる条件と同等の条件において与えられるべきであり、関係する報酬額は、労働時間又は勤務状況に応じて決定されること。

(c)　その制度がある場合は、雇用者による年金制度の対象とすることを含む十分かつ適当な社会保障による保護を受ける資格を有すること。

X　活用及び実施

73　加盟国と高等教育機関は、この勧告の適用範囲及び目的に含まれる活動を行うすべての国内外の政府及び非政府の組織との協力並びにこれらの組織の間の協力を奨励することにより、高等教育教員の地位に関する自らの行動を拡大し、補完するためにすべての実行可能な措置をとるべきである。

74　加盟国と高等教育機関は、自国の領域内でこの勧告に定める原則を実施するために設けられた規定を適用するためのすべての実行可能な措置をとるべきである。

75　事務局長は、加盟国が提供する情報と事務局長が適当と認める方法により収集した信頼し得る証拠に裏付けられた他の情報に基づき、学問の自由及び高等教育教員の人権の尊重に関わる世界の情勢について包括的な報告書を作成するものとする。

76　ある国の領域内にある高等教育機関が直接的又は間接的に当該国の権限の下になく、他の独立した当局の下にある場合には、関係する当局は、当該高等教育機関がこの勧告の規定を実施することができるようにこの勧告文を当該高等教育機関に送付すべきである。

XI　最終規定

77　高等教育教員が特定の事項に関してこの勧告に規定する地位よりも一層有利な地位を享受している場合には、この勧告の規定は、既に認められている地位を低下させることを求めるものであるべきではない。

関連規則等〔略〕

（窪田眞二訳）

○教育における差別の防止に関する条約（仮訳）

Convention against Discrimination in Education

一九六〇・一二・一四
第一一回ユネスコ総会採択
一九六二・五・二二効力発生

国際連合教育科学文化機関の総会は、千九百六十年十一月十四日から同年十二月十五日までパリにおいてその第十一回会期として会合し、

世界人権宣言が、無差別の原則を主張し、かつ、すべて人は教育を受ける権利を有すると宣言していることを想起し、

教育における差別がこの宣言に言明された権利の侵害であることを考慮し、

国際連合教育科学文化機関が、その憲章の条項のもとにおいて、人権の普遍的尊重及び教育の機会均等をすべての人のために助長するための諸国民間の協力の関係をつくる目的を有することを考慮し、

したがって、国際連合教育科学文化機関が、各国の教育制度の多様性を尊重しつつも、教育における差別はいかなる形態のものも排除する義務だけでなく、教育の機会及び待遇の平等をすべての人のために促進する義務も有することを認識し、

この会期の議事日程の第十七・一・四議題である教育における差別の種々の面に関する提案を審議し、

この問題を国際条約及び加盟国に対する勧告の対象とすべきことを第十回会期において決定したので、

千九百六十年十二月十四日にこの条約を採択する。

第一条

1　この条約の適用上、「差別」には、何らかの区別、除外、制限又は優遇であって、人種、皮膚の色、性、言語、宗教、政治上その他の意見、国民的若しくは社会的出身、経済的条件又は出生に基づき、教育における待遇の平等を無効にし又

は害すること、及び、特に次に掲げることを目的又は効果として有するものを含む。

(a) いずれかの種類又は段階の教育を受ける機会を個人又は個人の集団から奪うこと。

(b) 個人又は個人の集団を水準の低い教育に限定すること。

(c) 次条の規定に従うことを条件として、個人又は個人の集団のための別個の教育制度又は教育機関を設け又は維持すること。

(d) 人間の尊厳と両立しない条件を個人又は個人の集団に課すること。

2 この条約の適用上、「教育」とは、すべての種類及び段階の教育をいい、かつ、教育を受ける機会、教育の水準及び質、並びに教育が与えられる条件を含む。

第二条

次に掲げる状態は、一国において許されている場合は、前条の意味における差別を構成するものとはみなさない。

(a) 両性の生徒のための別個の教育制度又は教育機関の設置又は維持。ただし、その制度又は機関が、教育の均等な機会を提供し、同じ水準の資格を有する教育職員及び同質の校舎と設備を提供し、かつ、同一又は同等の教育課程を履修する機会を与える場合に限る。

(b) 宗教上又は言語上の理由により、生徒の両親又は法定保護者の希望に応じた教育を提供する別個の教育制度又は教育機関の設置又は維持。ただし、その制度への参加又はその機関への通学が任意であり、かつ、与えられる教育は権限のある当局が、特に同じ水準の教育のため、定め又は承認することのある基準に適合する場合に限る。

(c) 私立の教育機関の設置又は維持。ただし、その機関の目的が、いずれかの集団の排除を確保するためではなく、公の機関が提供する教育施設のほかに教育施設を提供することにあり、その教育機関がこの目的にそって運営され、かつ、与えられる教育は権限のある当局が、特に同じ水準の教育のため、定め又は承認することのある基準に適合する場合に限る。

第三条

この条約の意味における差別を除去し及び防止するため、締約国は、次のことを約束する。

(a) 教育上の差別をもたらす法令の規定及び行政上の通達を廃止し、並びにそのような差別をもたらす行政上の慣行を停止すること。

(b) 必要な場合には法律の制定により、教育機関への生徒の入学について差別が行なわれないようにすること。

(c) 授業料について、並びに生徒に対する奨学金その他の形態の援助の供与並びに外国で研究を続行するために必要な許可及び便宜の供与について、成績又は必要に基づく場合のほか、国民の間に公の機関による待遇の差別を許さないこと。

(d) 公の機関が教育機関に与えるいかなる形態の援助においても、生徒が特定の集団に属することだけを根拠とした制限又は優遇を許さないこと。

(e) 自国の領域内に居住する外国人に対し、自国民に対して与えるものと同じ教育の機会を与えること。

第四条

締約国は、さらに、実情及び国民的慣習に適合した方法を講ずれば教育に関する機会の平等と待遇の平等の促進に資し、並びに特に次のことに資する国内政策を策定し、発展させ及び実施することを約束する。

(a) 初等教育を、無償で、かつ、義務的なものとすること。種々の形態の中等教育を、一般に利用可能なものとし、かつすべての者がそれを利用する機会を与えられるものとすること。高等教育を、個人の能力を基礎としてすべての者が等しくそれを利用する機会を与えられるものとすること。法律に規定された就学の義務のすべての者による履行を確保すること。

(b) 教育の水準が同じ段階のすべての公教育機関において同等であることを確保すること、及び、与えられる教育の質に関する条件も同等であることを確保すること。

(c) 初等教育を受けなかった者又は初等教育の全課程を修了しなかった者の教育と、個人の能力を基礎としたこれらの者の教育の継続とを、適当な方法によって奨励し及び強化すること。

(d) 教職のための訓練を差別なしに提供すること。

第五条

1 締約国は、次のことに同意する。

(a) 教育は、人格の完成並びに人権及び基本的自由の尊重の強化を目的としなければならないものであること。教育は、すべての国又は人種的若しくは宗教的集団間の理解、寛容及び友好を促進し、かつ、平和の維持のための国際連合の活動を助長しなければならないものであること。

(b) 両親及び場合により法定保護者の自由、すなわち、第一には、公の機関が維持する教育機関以外の機関であって権限のある当局が定め又は承認することのある最低限の教育水準に適合するものを子のために選択する自由、並びに、第二には、その国の法令の適用のために国内でとられる手続にそった方式により、自己の信念に一致した子の宗教教育及び道徳教育を確保する自由を尊重することが肝要であること。また、いかなる個人又は個人の集団も、自己の信念と両立しない宗教教育を受けることを強要されてはならないこと。

(c) 次に掲げる条件が整う場合は、少数民族の構成員が自己の教育活動(学校の維持及び、当該国の教育政策のいかんによっては、少数民族の言語の使用又は教授を含む。)を行う権利を認めることが肝要であること。

(i) この権利が、当該少数民族の構成員による共同体全体の文化と言語との理解及び共同体全体の活動への参加を妨げるような方式又は国家主権を害するような方式で行使されないこと。

(ii) 教育の水準が、権限のある当局が定め又は承認した一般的水準よりも低くないこと。

(iii) このような学校への就学が、任意であること。

2 締約国は、前項の諸原則の適用を確保するために必要ないっさいの措置を講ずることを約束する。

第六条

締約国は、この条約の適用にあたり、国際連合教育科学文化機関総会が今後採択する勧告であって、教育における各種の形態の差別を防止し、かつ、教育における機会と待遇との平等を確保するために執るべき措置を定めるものに最大の注意を払うことを約束する。

第七条

締約国は、国際連合教育科学文化機関の総会が決定する期限及び様式により総会に提出する定期報告の中で、この条約の適用のために採択した立法上及び行政上の規定並びに執った他の措置（第四条の国内政策の策定及び発展のために執った措置、並びにその政策の適用にあたって達成された結果及び遭遇した障害を含む。）に関する情報を提供しなければならない。

第八条

この条約の解釈又は適用に関して二以上の締約国間に生起した紛争で交渉により解決することができないものは、他に紛争解決の手段がない場合は、当事国の要請に基づき、決定のため国際司法裁判所に付託するものとする。

第九条

この条約には、いかなる留保も認めない。

第十条

この条約は、二以上の国家間において締結された協定に基づいて個人又は集団が享有する権利がこの条約の条文又は精神に反しない場合は、その権利を縮小する効果を有するものとされてはならない。

第十一条

この条約は、英語、フランス語、ロシア語及びスペイン語で起草する。これらの四本文は、ひとしく正文とする。

第十二条

1　この条約は、国際連合教育科学文化機関の加盟国により、各自の憲法上の手続に従って批准され又は受諾されなければならない。

2　批准書又は受諾書は、国際連合教育科学文化機関事務局長に寄託されるものとする。

第十三条

1　この条約は、国際連合教育科学文化機関の加盟国ではない国家であって機関の執行委員会によって加入を勧奨されるものすべての加入のために開放しておく。

2　加入は、国際連合教育科学文化機関事務局長に加入書を寄託することによって効力を生ずる。

第十四条

この条約は、三番目の批准書、受諾書又は加入書の寄託の日の三箇月後に、その日以前に文書を寄託した国家についてだけ効力を生ずる。この条約は、その他の国家については、その批准書、受諾書又は加入書の寄託の三箇月後に効力を生ずる。

第十五条

締約国は、この条約がその本土だけでなく自国が国際関係について責任を有する非自治地域、信託統治地域、植民地及びその他の地域のすべてにも適用されるものであることを認める。締約国は、それらの地域へのこの条約の適用を確保するために、必要な場合は、批准、受諾又は加入の際又は事前に、それらの地域の政府又はその他の権限のある当局に協議すること、及び、この条約が適用される地域について国際連合教育科学文化機関事務局長に通告することを約束する。この通告は、その受領の日から三箇月後に効力を生ずる。

第十六条

1　各締約国は、自国のために、又は自国が国際関係について責任を有する地域のために、この条約を廃棄することができる。

2　廃棄は、通告書を国際連合教育科学文化機関事務局長に寄託することによって行うものとする。

3　廃棄は、廃棄書の受領の十二箇月後に効力を生ずる。

第十七条

国際連合教育科学文化機関事務局長は、機関の加盟国、第十三条の非加盟国及び国際連合に対し、第十二条及び第十三条の規定に基づくすべての批准書、受諾書及び加入書の寄託について、並びに第十五条の規定に基づく通告及び第十六条の規定に基づく廃棄について通報するものとする。

第十八条

1　この条約は、国際連合教育科学文化機関の総会によって改正されることができる。もっとも、その改正はいずれも、その改正する条約の締約国となる国家だけを拘束するものとする。

2　総会がこの条約の全部又は一部を改正する新しい条約を採択したときは、その新しい条約に別段の規定がある場合を除いて、この条約は、新しい改正条約が効力を生ずる日から、批准、受諾又は加入への開放を停止する。

第十九条

この条約は、国際連合憲章第百二条の規定に従って、国際連合事務局に登録されるものとする。

千九百六十年十二月十五日にパリにおいて国際連合教育科学文化機関の総会の第十一回会期の議長及び事務局長の署名を有する正文二通を作成した。両正文は、国際連合教育科学文化機関の記録に寄託しておく。両正文の認証謄本は、第十二条及び第十三条のすべての国家並びに国際連合に送達されるものとする。

以上は、国際連合教育科学文化機関総会がパリで開催されて千九百六十年十二月十五日に閉会を宣言されたその第十一回会期において正当に採択した条約の真正な本文である。

以上の証拠として、われわれは、千九百六十年十二月十五日に署名した。

総会議長
アカレウオルク・アプテウオルド

事務局長
ヴィトリノ・ヴェロネーゼ

（日本ユネスコ国内委員会の仮訳を基に今野健一訳）

資料編

目次

○大日本帝国憲法

明二二・二・一一

告文

皇朕レ謹ミ畏ミ
皇祖
皇宗ノ神霊ニ誥ケ白サク皇朕レ天壌無窮ノ宏謨ニ循ヒ惟神ノ宝祚ヲ継承シ旧図ヲ保持シテ敢テ失墜スルコト無シ顧ミルニ世局ノ進運ニ膺リ人文ノ発達ニ随ヒ宜ク
皇祖
皇宗ノ遺訓ヲ明徴ニシ典憲ヲ成立シ条章ヲ昭示シ内ハ以テ子孫ノ率由スル所ト為シ外ハ以テ臣民翼賛ノ道ヲ広メ永遠ニ遵行セシメ益々国家ノ丕基ヲ鞏固ニシ八洲民生ノ慶福ヲ増進スヘシ茲ニ皇室典範及憲法ヲ制定ス惟フニ此レ皆
皇祖
皇宗ノ後裔ニ貽シタマヘル統治ノ洪範ヲ紹述スルニ外ナラス而シテ朕カ躬ニ逮テ時ト倶ニ挙行スルコトヲ得ルハ洵ニ
皇祖
皇宗及我カ
皇考ノ威霊ニ倚藉スルニ由ラサルハ無シ皇朕レ仰テ
皇祖
皇宗及
皇考ノ神祐ヲ祈リ併セテ朕カ現在及将来ニ臣民ニ率先シ此ノ憲章ヲ履行シテ愆ラサラムコトヲ誓フ庶幾クハ
神霊此レヲ鑒ミタマヘ

憲法発布勅語

朕国家ノ隆昌ト臣民ノ慶福トヲ以テ中心ノ欣栄トシ朕カ祖宗ニ承クルノ大権ニ依リ現在及将来ノ臣民ニ対シ此ノ不磨ノ大典ヲ宣布ス

惟フニ我カ祖我カ宗ハ我カ臣民祖先ノ協力輔翼ニ倚リ我カ帝国ヲ肇造シ以テ無窮ニ垂レタリ此レ我カ神聖ナル祖宗ノ威徳ト並ニ臣民ノ忠実勇武ニシテ国ヲ愛シ公ニ殉ヒ以テ此ノ光輝アル国史ノ成跡ヲ貽シタルナリ朕我カ臣民ハ即チ祖宗ノ忠良ナル臣民ノ子孫ナルヲ回想シ其ノ朕カ意ヲ奉体シ朕カ事ヲ奨順シ相与ニ和衷協同シ益々我カ帝国ノ光栄ヲ中外ニ宣揚シ祖宗ノ遺業ヲ永久ニ鞏固ナラシムルノ希望ヲ同クシ此ノ負担ヲ分ツニ堪フルコトヲ疑ハサルナリ

朕祖宗ノ遺烈ヲ承ケ万世一系ノ帝位ヲ践ミ朕カ親愛スル所ノ臣民ハ即チ朕カ祖宗ノ恵撫慈養シタマヒシ所ノ臣民ナルヲ念ヒ其ノ康福ヲ増進シ其ノ懿徳良能ヲ発達セシメムコトヲ願ヒ又其ノ翼賛ニ依リ与ニ倶ニ国家ノ進運ヲ扶持セムコトヲ望ミ乃チ明治十四年十月十二日ノ詔命ヲ履践シ茲ニ大憲ヲ制定シ朕カ率由スル所ヲ示シ朕カ後嗣及臣民及臣民ノ子孫タル者ヲシテ永遠ニ循行スル所ヲ知ラシム

国家統治ノ大権ハ朕カ之ヲ祖宗ニ承ケテ之ヲ子孫ニ伝フル所ナリ朕及朕カ子孫ハ将来此ノ憲法ノ条章ニ循ヒ之ヲ行フコトヲ愆ラサルヘシ

朕ハ我カ臣民ノ権利及財産ノ安全ヲ貴重シ及之ヲ保護シ此ノ憲法及法律ノ範囲内ニ於テ其ノ享有ヲ完全ナラシムヘキコトヲ宣言ス

帝国議会ハ明治二十三年ヲ以テ之ヲ召集シ議会開会ノ時ヲ以テ此ノ憲法ヲシテ有効ナラシムルノ期トスヘシ

将来若此ノ憲法ノ或ル条章ヲ改定スルノ必要ナル時宜ヲ見ルニ至ラハ朕及朕カ継統ノ子孫ハ発議ノ権ヲ執リ之ヲ議会ニ付シ議会ハ此ノ憲法ニ定メタル要件ニ依リ之ヲ議決スルノ外朕カ子孫及臣民ハ敢テ之カ紛更ヲ試ミルコトヲ得サルヘシ

朕カ在廷ノ大臣ハ朕カ為ニ此ノ憲法ヲ施行スルノ責ニ任スヘク朕カ現在及将来ノ臣民ハ此ノ憲法ニ対シ永遠ニ従順ノ義務ヲ負フヘシ

明治二十二年二月十一日

御名　御璽

大日本帝国憲法

第一章　天皇

第一条　大日本帝国ハ万世一系ノ天皇之ヲ統治ス

第二条　皇位ハ皇室典範ノ定ムル所ニ依リ皇男子孫之ヲ継承ス

第三条　天皇ハ神聖ニシテ侵スヘカラス

第四条　天皇ハ国ノ元首ニシテ統治権ヲ総攬シ此ノ憲法ノ条規ニ依リ之ヲ行フ

第五条　天皇ハ帝国議会ノ協賛ヲ以テ立法権ヲ行フ

第六条　天皇ハ法律ヲ裁可シ其ノ公布及執行ヲ命ス

第七条　天皇ハ帝国議会ヲ召集シ其ノ開会閉会停会及衆議院ノ解散ヲ命ス

第八条　天皇ハ公共ノ安全ヲ保持シ又ハ其ノ災厄ヲ避クル為緊急ノ必要ニ由リ帝国議会閉会ノ場合ニ於テ法律ニ代ルヘキ勅令ヲ発ス

② 此ノ勅令ハ次ノ会期ニ於テ帝国議会ニ提出スヘシ若議会ニ於テ承諾セサルトキハ政府ハ将来ニ向テ其ノ効力ヲ失フコトヲ公布スヘシ

第九条　天皇ハ法律ヲ執行スル為ニ又ハ公共ノ安寧秩序ヲ保持シ及臣民ノ幸福ヲ増進スル為ニ必要ナル命令ヲ発シ又ハ発セシム但シ命令ヲ以テ法律ヲ変更スルコトヲ得ス

第十条　天皇ハ行政各部ノ官制及文武官ノ俸給ヲ定メ及文武官ヲ任免ス但シ此ノ憲法又ハ他ノ法律ニ特例ヲ掲ケタルモノハ各々其ノ条項ニ依ル

第十一条　天皇ハ陸海軍ヲ統帥ス

第十二条　天皇ハ陸海軍ノ編制及常備兵額ヲ定ム

第十三条　天皇ハ戦ヲ宣シ和ヲ講シ及諸般ノ条約ヲ締結ス

第十四条　天皇ハ戒厳ヲ宣告ス

② 戒厳ノ要件及効力ハ法律ヲ以テ之ヲ定ム

第十五条　天皇ハ爵位勲章及其ノ他ノ栄典ヲ授与ス

第十六条　天皇ハ大赦特赦減刑及復権ヲ命ス

第十七条　摂政ヲ置クハ皇室典範ノ定ムル所ニ依ル

② 摂政ハ天皇ノ名ニ於テ大権ヲ行フ

第二章 臣民権利義務

第十八条 日本臣民タルノ要件ハ法律ノ定ムル所ニ依ル

第十九条 日本臣民ハ法律命令ノ定ムル所ノ資格ニ応シ均ク文武官ニ任セラレ及其ノ他ノ公務ニ就クコトヲ得

第二十条 日本臣民ハ法律ノ定ムル所ニ従ヒ兵役ノ義務ヲ有ス

第二十一条 日本臣民ハ法律ノ定ムル所ニ従ヒ納税ノ義務ヲ有ス

第二十二条 日本臣民ハ法律ノ範囲内ニ於テ居住及移転ノ自由ヲ有ス

第二十三条 日本臣民ハ法律ニ依ルニ非スシテ逮捕監禁審問処罰ヲ受クルコトナシ

第二十四条 日本臣民ハ法律ニ定メタル裁判官ノ裁判ヲ受クルノ権ヲ奪ハルヽコトナシ

第二十五条 日本臣民ハ法律ニ定メタル場合ヲ除ク外其ノ許諾ナクシテ住所ニ侵入セラレ及捜索セラルヽコトナシ

第二十六条 日本臣民ハ法律ニ定メタル場合ヲ除ク外信書ノ秘密ヲ侵サルヽコトナシ

第二十七条 日本臣民ハ其ノ所有権ヲ侵サルヽコトナシ

② 公益ノ為必要ナル処分ハ法律ノ定ムル所ニ依ル

第二十八条 日本臣民ハ安寧秩序ヲ妨ケス及臣民タルノ義務ニ背カサル限ニ於テ信教ノ自由ヲ有ス

第二十九条 日本臣民ハ法律ノ範囲内ニ於テ言論著作印行集会及結社ノ自由ヲ有ス

第三十条 日本臣民ハ相当ノ敬礼ヲ守リ別ニ定ムル所ノ規程ニ従ヒ請願ヲ為スコトヲ得

第三十一条 本章ニ掲ケタル条規ハ戦時又ハ国家事変ノ場合ニ於テ天皇大権ノ施行ヲ妨クルコトナシ

第三十二条 本章ニ掲ケタル条規ハ陸海軍ノ法令又ハ紀律ニ牴触セサルモノニ限リ軍人ニ準行ス

第三章 帝国議会

第三十三条 帝国議会ハ貴族院衆議院ノ両院ヲ以テ成立ス

第三十四条 貴族院ハ貴族院令ノ定ムル所ニ依リ皇族華族及勅任セラレタル議員ヲ以テ組織ス

第三十五条 衆議院ハ選挙法ノ定ムル所ニ依リ公選セラレタル議員ヲ以テ組織ス

第三十六条 何人モ同時ニ両議院ノ議員タルコトヲ得ス

第三十七条 凡テ法律ハ帝国議会ノ協賛ヲ経ルヲ要ス

第三十八条 両議院ハ政府ノ提出スル法律案ヲ議決シ及各々法律案ヲ提出スルコトヲ得

第三十九条 両議院ノ一ニ於テ否決シタル法律案ハ同会期中ニ於テ再ヒ提出スルコトヲ得ス

第四十条 両議院ハ法律又ハ其ノ他ノ事件ニ付各々其ノ意見ヲ政府ニ建議スルコトヲ得但シ其ノ採納ヲ得サルモノハ同会期中ニ於テ再ヒ建議スルコトヲ得ス

第四十一条 帝国議会ハ毎年之ヲ召集ス

第四十二条 帝国議会ハ三箇月ヲ以テ会期トス必要アル場合ニ於テハ勅命ヲ以テ之ヲ延長スルコトアルヘシ

第四十三条 臨時緊急ノ必要アル場合ニ於テ常会ノ外臨時会ヲ召集スヘシ

② 臨時会ノ会期ヲ定ムルハ勅命ニ依ル

第四十四条 帝国議会ノ開会閉会会期ノ延長及停会ハ両院同時ニ之ヲ行フヘシ

② 衆議院解散ヲ命セラレタルトキハ貴族院ハ同時ニ停会セラルヘシ

第四十五条 衆議院解散ヲ命セラレタルトキハ勅命ヲ以テ新ニ議員ヲ選挙セシメ解散ノ日ヨリ五箇月以内ニ之ヲ召集スヘシ

第四十六条 両議院ハ各々其ノ総議員三分ノ一以上出席スルニ非サレハ議事ヲ開キ議決ヲ為スコトヲ得ス

第四十七条 両議院ノ議事ハ過半数ヲ以テ決ス可否同数ナルトキハ議長ノ決スル所ニ依ル

第四十八条 両議院ノ会議ハ公開ス但シ政府ノ要求又ハ其ノ院ノ決議ニ依リ秘密会ト為スコトヲ得

第四十九条 両議院ハ各々天皇ニ上奏スルコトヲ得

第五十条 両議院ハ臣民ヨリ呈出スル請願書ヲ受クルコトヲ得

第五十一条 両議院ハ此ノ憲法及議院法ニ掲クルモノヽ外内部ノ整理ニ必要ナル諸規則ヲ定ムルコトヲ得

第五十二条 両議院ノ議員ハ議院ニ於テ発言シタル意見及表決ニ付院外ニ於テ責ヲ負フコトナシ但シ議員自ラ其ノ言論ヲ演説刊行筆記又ハ其ノ他ノ方法ヲ以テ公布シタルトキハ一般ノ法律ニ依リ処分セラルヘシ

第五十三条 両議院ノ議員ハ現行犯罪又ハ内乱外患ニ関ル罪ヲ除ク外会期中其ノ院ノ許諾ナクシテ逮捕セラルヽコトナシ

第五十四条 国務大臣及政府委員ハ何時タリトモ各議院ニ出席シ及発言スルコトヲ得

第四章 国務大臣及枢密顧問

第五十五条 国務各大臣ハ天皇ヲ輔弼シ其ノ責ニ任ス

② 凡テ法律勅令其ノ他国務ニ関ル詔勅ハ国務大臣ノ副署ヲ要ス

第五十六条 枢密顧問ハ枢密院官制ノ定ムル所ニ依リ天皇ノ諮詢ニ応ヘ重要ノ国務ヲ審議ス

第五章 司法

第五十七条 司法権ハ天皇ノ名ニ於テ法律ニ依リ裁判所之ヲ行フ

② 裁判所ノ構成ハ法律ヲ以テ之ヲ定ム

第五十八条 裁判官ハ法律ニ定メタル資格ヲ具フル者ヲ以テ之ニ任ス

② 裁判官ハ刑法ノ宣告又ハ懲戒ノ処分ニ由ルノ外其ノ職ヲ免セラルヽコトナシ

③ 懲戒ノ条規ハ法律ヲ以テ之ヲ定ム

第五十九条 裁判ノ対審判決ハ之ヲ公開ス但シ安寧秩序又ハ風俗ヲ害スルノ虞アルトキハ法律ニ依リ又ハ裁判所ノ決議ヲ以テ対審ノ公開ヲ停ムルコトヲ得

第六十条 特別裁判所ノ管轄ニ属スヘキモノハ別ニ法律ヲ以テ之ヲ定ム

第六十一条 行政官庁ノ違法処分ニ由リ権利ヲ傷害セラレタリトスルノ訴訟ニシテ別ニ法律ヲ以テ定メタル行政裁判所ノ裁判ニ属スヘキモノハ司法裁判所ニ於テ受理スルノ限ニ在ラス

第六章　会計

第六十二条　新ニ租税ヲ課シ及税率ヲ変更スルハ法律ヲ以テ之ヲ定ムヘシ
② 但シ報償ニ属スル行政上ノ手数料及其ノ他ノ収納金ハ前項ノ限ニ在ラス
③ 国債ヲ起シ及予算ニ定メタルモノヲ除ク外国庫ノ負担トナルヘキ契約ヲ為スハ帝国議会ノ協賛ヲ経ヘシ

第六十三条　現行ノ租税ハ更ニ法律ヲ以テ之ヲ改メサル限ハ旧ニ依リ之ヲ徴収ス

第六十四条　国家ノ歳出歳入ハ毎年予算ヲ以テ帝国議会ノ協賛ヲ経ヘシ
② 予算ノ款項ニ超過シ又ハ予算ノ外ニ生シタル支出アルトキハ後日帝国議会ノ承諾ヲ求ムルヲ要ス

第六十五条　予算ハ前ニ衆議院ニ提出スヘシ

第六十六条　皇室経費ハ現在ノ定額ニ依リ毎年国庫ヨリ之ヲ支出シ将来増額ヲ要スル場合ヲ除ク外帝国議会ノ協賛ヲ要セス

第六十七条　憲法上ノ大権ニ基ツケル既定ノ歳出及法律ノ結果ニ由リ又ハ法律上政府ノ義務ニ属スル歳出ハ政府ノ同意ナクシテ帝国議会之ヲ廃除シ又ハ削減スルコトヲ得ス

第六十八条　特別ノ須要ニ因リ政府ハ予メ年限ヲ定メ継続費トシテ帝国議会ノ協賛ヲ求ムルコトヲ得

第六十九条　避クヘカラサル予算ノ不足ヲ補フ為ニ又ハ予算ノ外ニ生シタル必要ノ費用ニ充ツル為ニ予備費ヲ設クヘシ

第七十条　公共ノ安全ヲ保持スル為緊急ノ需用アル場合ニ於テ内外ノ情形ニ因リ政府ハ帝国議会ヲ召集スルコト能ハサルトキハ勅令ニ依リ財政上必要ノ処分ヲ為スコトヲ得
② 前項ノ場合ニ於テハ次ノ会期ニ於テ帝国議会ニ提出シ其ノ承諾ヲ求ムルヲ要ス

第七十一条　帝国議会ニ於テ予算ヲ議定セス又ハ予算成立ニ至ラサルトキハ政府ハ前年度ノ予算ヲ施行スヘシ

第七十二条　国家ノ歳出歳入ノ決算ハ会計検査院之ヲ検査確定シ政府ハ其ノ検査報告ト倶ニ之ヲ帝国議会ニ提出スヘシ
② 会計検査院ノ組織及職権ハ法律ヲ以テ之ヲ定ム

第七章　補則

第七十三条　将来此ノ憲法ノ条項ヲ改正スルノ必要アルトキハ勅命ヲ以テ議案ヲ帝国議会ノ議ニ付スヘシ
② 此ノ場合ニ於テ両議院ハ各ゝ其ノ総員三分ノ二以上出席スルニ非サレハ議事ヲ開クコトヲ得ス出席議員三分ノ二以上ノ多数ヲ得ルニ非サレハ改正ノ議決ヲ為スコトヲ得ス

第七十四条　皇室典範ノ改正ハ帝国議会ノ議ヲ経ルヲ要セス
② 皇室典範ヲ以テ此ノ憲法ノ条規ヲ変更スルコトヲ得ス

第七十五条　憲法及皇室典範ハ摂政ヲ置クノ間之ヲ変更スルコトヲ得ス

第七十六条　法律規則命令又ハ何等ノ名称ヲ用ヰタルニ拘ラス此ノ憲法ニ矛盾セサル現行ノ法令ハ総テ遵由ノ効力ヲ有ス
② 歳出上政府ノ義務ニ係ル現在ノ契約又ハ命令ハ総テ第六十七条ノ例ニ依ル

○教育ニ関スル勅語

明二三・一〇・三〇

朕惟フニ我カ皇祖皇宗国ヲ肇ムルコト宏遠ニ徳ヲ樹ツルコト深厚ナリ我カ臣民克ク忠ニ克ク孝ニ億兆心ヲ一ニシテ世世厥ノ美ヲ済セルハ此レ我カ国体ノ精華ニシテ教育ノ淵源亦実ニ此ニ存ス爾臣民父母ニ孝ニ兄弟ニ友ニ夫婦相和シ朋友相信シ恭倹己レヲ持シ博愛衆ニ及ホシ学ヲ修メ業ヲ習ヒ以テ知能ヲ啓発シ徳器ヲ成就シ進テ公益ヲ広メ世務ヲ開キ常ニ国憲ヲ重シ国法ニ遵ヒ一旦緩急アレハ義勇公ニ奉シ以テ天壌無窮ノ皇運ヲ扶翼スヘシ是ノ如キハ独リ朕カ忠良ノ臣民タルノミナラス又以テ爾祖先ノ遺風ヲ顕彰スルニ足ラン

斯ノ道ハ実ニ我カ皇祖皇宗ノ遺訓ニシテ子孫臣民ノ倶ニ遵守スヘキ所之ヲ古今ニ通シテ謬ラス之ヲ中外ニ施シテ悖ラス朕爾臣民ト倶ニ拳々服膺シテ咸其徳ヲ一ニセンコトヲ庶幾フ

明治二十三年十月三十日

御名　御璽

○教育勅語等排除に関する決議

昭二三・六・一九
衆議院可決

民主平和国家として世界史的建設途上にあるわが国の現実は、その精神内容において未だ決定的な民主化を確認するを得ないのは遺憾である。これが徹底に最も緊要なことは教育基本法に則り、教育の革新と振興とをはかることにある。しかるに既に過去の文書となつている教育勅語並びに陸海軍軍人に賜わりたる勅諭その他の教育に関する諸詔勅が、今日もなお国民道徳の指導原理としての性格を持続しているかの如く誤解されるのは、従来の行政上の措置が不十分であつたがためである。

思うに、これらの詔勅の根本理念が主権在君並びに神話的国体観に基いている事実は、明かに基本的人権を損い、且つ国際信義に対して疑点を残すもととなる。よつて憲法第九十八条の本旨に従い、ここに衆議院は院議を以て、これらの詔勅を排除し、その指導原理的性格を認めないことを宣言する。政府は直ちにこれらの詔勅の謄本を回収し、排除の措置を完了すべきである。

右決議する。

○教育勅語等の失効確認に関する決議

昭二三・六・一九
参議院可決

われらは、さきに日本国憲法の人類普遍の原理に則り、教育基本法を制定して、わが国家及びわが民族を中心とする教育の誤りを徹底的に払拭し、真理と平和とを希求する人間を育成する民主主義的教育理念をおごそかに宣明した。その結果として、教育勅語は、軍人に賜はりたる勅諭、戊申詔書、青少年学徒に賜はりたる勅語その他の諸詔勅とともに、既に廃止せられその効力を失つている。

しかし教育勅語等が、あるいは従来の如き効力を今日なお保有するかの疑いを懐く者あるをおもんばかり、われらはとくに、それらが既に効力を失つている事実を明確にするとともに、政府をして教育勅語その他の諸詔勅の謄本をもれなく回収せしめる。

われらはここに、教育の真の権威の確立と国民道徳の振興のために、全国民が一致して教育基本法の明示する新教育理念の普及徹底に努力をいたすべきことを期する。

右決議する。

○教育基本法〔旧法〕

昭二二・三・三一
法　二　五

われらは、さきに、日本国憲法を確定し、民主的で文化的な国家を建設して、世界の平和と人類の福祉に貢献しようとする決意を示した。この理想の実現は、根本において教育の力にまつべきものである。

われらは、個人の尊厳を重んじ、真理と平和を希求する人間の育成を期するとともに、普遍的にしてしかも個性ゆたかな文化の創造をめざす教育を普及徹底しなければならない。

ここに、日本国憲法の精神に則り、教育の目的を明示して、新しい日本の教育の基本を確立するため、この法律を制定する。

第一条（教育の目的）　教育は、人格の完成をめざし、平和的な国家及び社会の形成者として、真理と正義を愛し、個人の価値をたつとび、勤労と責任を重んじ、自主的精神に充ちた心身ともに健康な国民の育成を期して行われなければならない。

第二条（教育の方針）　教育の目的は、あらゆる機会に、あらゆる場所において実現されなければならない。この目的を達成するためには、学問の自由を尊重し、実際生活に即し、自発的精神を養い、自他の敬愛と協力によつて、文化の創造と発展に貢献するように努めなければならない。

第三条（教育の機会均等）　すべて国民は、ひとしく、その能力に応ずる教育を受ける機会を与えられなければならないものであつて、人種、信条、性別、社会的身分、経済的地位又は門地によつて、教育上差別されない。

② 国及び地方公共団体は、能力があるにもかかわらず、経済的理由によつて修学困難な者に対して、奨学の方法を講じなければならない。

第四条（義務教育）　国民は、その保護する子女に、九年の普通教育を受けさせる義務を負う。

② 国又は地方公共団体の設置する学校における義務教育については、授業料は、これを徴収しない。

第五条（男女共学）　男女は、互に敬重し、協力し合わなければならないものであつて、教育上男女の共学は、認められなければならない。

第六条（学校教育）　法律に定める学校は、公の性質をもつものであつて、国又は地方公共団体の外、法律に定める法人のみが、これを設置することができる。

② 法律に定める学校の教員は、全体の奉仕者であつて、自己の使命を自覚し、その職責の遂行に努めなければならない。このためには、教員の身分は尊重され、その待遇の適正が、期せられなければならない。

第七条（社会教育）　家庭教育及び勤労の場所その他社会において行われる教育は、国及び地方公共団体によつて奨励されなければならない。

② 国及び地方公共団体は、図書館、博物館、公民館等の施設の設置、学校の施設の利用その他適当な方法によつて教育の目的の実現に努めなければならない。

第八条（政治教育）　良識ある公民たるに必要な政治的教養は、教育上これを尊重しなければならない。

② 法律に定める学校は、特定の政党を支持し、又はこれに反対するための政治教育その他政治的活動をしてはならない。

第九条（宗教教育）　宗教に関する寛容の態度及び宗教の社会生活における地位は、教育上これを尊重しなければならない。

② 国及び地方公共団体が設置する学校は、特定の宗教のための宗教教育その他宗教的活動をしてはならない。

第十条（教育行政）　教育は、不当な支配に服することなく、国民全体に対し直接に責任を負つて行われるべきものである。

② 教育行政は、この自覚のもとに、教育の目的を遂行するに必要な諸条件の整備確立を目標として行われなければならない。

第十一条（補則）　この法律に掲げる諸条項を実施するために必要がある場合には、適当な法令が制定されなければならない。

附　則

この法律は、公布の日から、これを施行する。

教育基本法〔旧法〕の収録について

成嶋　隆

1　旧教基法の制定の経緯

二〇〇六年一二月に新教基法にとって代わられた旧教基法は、戦後教育改革の主柱として一九四七年に制定された、わが国における最初の基本法である。その制定の経緯は以下のとおりである。

戦前日本の教育は、教育勅語に示された忠君愛国の思想を国民(臣民)に注入して皇国民を錬成するための制度であった。教育を受けることは臣民の義務とされ、中央集権的・官僚主義的な教育行政により教育実践は厳しく統制されていた。

一九四五年にポツダム宣言を受諾して降伏した日本は、連合国総司令部(GHQ)による占領の下に置かれた。GHQは、それまでの軍国主義的・超国家主義的な教育を改革するための四つの指令を発する一方、アメリカ本国に教育使節団の派遣を要請した。四六年三月に来日した第一次アメリカ教育使節団は、日本の教育状況を視察し、その民主化・自由化を提言する報告書をGHQに提出した。

四五年一〇月から始まっていた憲法改正作業は、四六年春から議会における憲法改正案の審議に入っていた。同年五月に文部大臣に就任した田中耕太郎は、第九〇帝国議会衆議院の帝国憲法改正委員会で、憲法の中に教育に関する一章を設けてはどうかとの質問に対し、憲法全体の振り合いから妥当でないとし、別に教育権の独立の理念に基づく「教育根本法」を制定するとの構想を表明した。

四六年八月、アメリカ教育使節団の日本視察に協力した日本教育家委員会を発展的に解消し、教育刷新委員会(以下、教刷委)が設置された。以後、同委員会が戦後教育改革の立案・実施を担当していくことになる。一方、文部省に大臣官房審議室が設置され、その参事事務取扱となった田中二郎の指導の下で教基法など教育改革立法の立案が進められた。

文部省で起草・検討が重ねられた旧教基法案は、四七年二月二八日に教刷委総会で承認され、閣議決定、枢密院審議を経て、同年三月一三日に第九二帝国議会に提出された。旧教基法案は無修正で衆議院・貴族院を通過し、同年三月三一日に公布と同時に施行された。四六年一一月三日に公布された日本国憲法が、四七年五月三日から施行される約一ヶ月前に、旧教基法が公布・施行されたことになる。

旧教基法については、連合国による「押しつけ」であるとしてその正当性を否認する議論があるが、同法制定の経緯が示すのは、その成立の力学における自主性と国際協調性の交錯という事情である。同法を生み出したのは、田中耕太郎文相・田中二郎文部省参事らの文部当局者および南原繁・務台理作らの教刷委のメンバーなど日本側の努力と、戦後教育改革の方向性を示唆したGHQとその背後にあった戦後の国際的な平和・民主主義の思想潮流の力であったといえる。

2　旧教基法の概要

旧教基法は、前文において「〔憲法の〕理想の実現は、根本において教育の力にまつべきもの……」、「日本国憲法の精神に則り、……この法律を制定する」と述べ、また本文各条はいずれも日本国憲法の教育条項を敷衍し、これを他の教育法令に架橋する一般的・原理的な性格の規定であった。たとえば教育の機会均等に関する同法三条は、憲法二六条一項の教育を受ける権利の平等保障の趣旨を教育の機会均等原則として具体化し、また法の下の平等に関する憲法一四条一項に示された五つの差別禁止事由(人種・信条・性別・社会的身分・門地)に加えて「経済的地位」による教育上の差別を禁じている。また、義務教育に関する同法四条は、憲法二六条二項の義務教育規定を、「九年」の義務教育(年限主義)と国公立学校の義務教育における「授業料の不徴収」というかたちで具体化した。これらのことから、旧教基法は憲法と一体関係にあるものと理解され、同法には「準憲法」「憲法付属法」「教育憲法」などの呼称が与えられた。

旧教基法の準憲法的性格については、その規範的意味をどのように解すべきかという論点があった。学説の中には準憲法的性格に積極的な意味を見いだし、同法違反の教育立法は間接的に違憲となると説くものもあったが、多くの学説・判例は、同法が法的効力において他の法律よりも優越的な効力をもつものではなく、他の教育法令を解釈・運用する際に同法がその基準となるという点に準憲法としての規範的意味を見いだしている。

旧教基法は、前文・一条などにおいて、憲法価値に連なる教育の目的・理念を明示した。教育目的の法定については、その妥当性をめぐって論争があるが、少なくとも旧教基法における教育目的の定立については、教育勅語に示された国家主義的な教育のあり方を否認し、戦後教育の理念を提示する必要があったという歴史的事情がふまえられねばならない。そして思想・良心の自由を保障し、国家の価値中立性原則に立脚する日本国憲法と一体関係にある旧教基法の下では、教育の目的・理念はそれ自体が未来に開かれたものであり、教育実践を通して豊かに発展させられるべきものと解される。旧教基法の教育目的規定は、その意味で、教育実践にとっては宣言・訓示規定と解すべきだったといえよう。旧教基法は、自由な精神的・文化的営みである教育実践を通して、自ずから憲法価値が実現されるという思想に立脚していたのである。

右の思想を端的に示していたのが旧教基法一〇条である。同条は一項で教育に対する「不当な支配」を禁止し(自主性原理)、教育が「国民全体に対し直接に責任を負って行われるべきものである」とした(直接責任原理)。そして二項では教育行政の任務を「教育の目的を遂行するに必要な諸条件の整備確立」と定めた。旧教基法一〇条は、教育の自由を保障する規定として、戦後の教育裁判においてその規範性を発揮し、教育に対する権力的な介入に対する有効な歯止めとして機能してきたといってよい。

以上のように、旧教基法は、教育実践の自主性・自律性を確保し、権利としての教育を保障するための法制的な枠組みを定める基本法として、日本国憲法とともに約六〇年間にわたり戦後日本の教育のあり方を律してきたのである。(平成一九年一二月)

○教育委員会法〔旧法〕（抄）

昭二三・七・一五
法　一　七　〇

第一章　総則

（この法律の目的）
第一条　この法律は、教育が不当な支配に服することなく、国民全体に対し直接に責任を負つて行われるべきであるという自覚のもとに公正な民意により、地方の実情に即した教育行政を行うために、教育委員会を設け、教育本来の目的を達成することを目的とする。

第二条　教育委員会の組織、権限及び職務は、この法律の定めるところによる。

（設置）
第三条　教育委員会は、都道府県及び市（特別区を含む。以下同じ。）町村にこれを設置する。但し、町村は、必要がある場合には、一部事務組合を設けて、その組合に教育委員会を設置することができる。
2　前項の一部事務組合の教育委員会に関し必要な事項は、政令でこれを定めることができる。
3　この法律で「都道府県委員会」とは、都道府県に設置する教育委員会を、「地方委員会」とは、市町村に設置する教育委員会をいう。

（権限）
第四条　教育委員会は、従来都道府県若しくは都道府県知事又は市町村若しくは市町村長（特別区の区長を含む。以下同じ。）の権限に属する教育、学術及び文化（教育という。以下同じ。）に関する事務、並びに将来法律又は政令により当該地方公共団体及び教育委員会の権限に属すべき教育事務を管理し、及び執行する。
2　大学及び私立学校は、法律に別段の定がある場合を除いては、教育委員会の所管に属しない。

（経費の負担）
第五条　教育委員会に要する経費は、当該地方公共団体の負担とする。

（経費の補助）
第六条　教育委員会に要する経費及びその所掌に係る経費は、国庫からこれを補助することができる。

第二章　教育委員会の組織

第一節　教育委員会の委員

（委員）
第七条　都道府県委員会は七人の委員で、地方委員会は五人の委員で、これを組織する。
2　第三項に規定する委員を除く委員は、日本国民たる都道府県又は市町村の住民が、これを選挙する。
3　委員のうち一人は、当該地方公共団体の議会の議員のうちから、議会において、これを選挙する。

（任期）
第八条　選挙による委員の任期は四年とし、二年ごとにその半数を改選する。但し、補欠委員は、前任者の残任期間在任する。
2　前項の任期は、通常選挙の日から、これを起算する。
3　議会において選挙する委員の任期は、議員の任期中とする。

（選挙）
第九条　都道府県又は市町村の議会の議員の選挙権又は被選挙権を有する者は、都道府県委員会又は地方委員会の委員の選挙権又は被選挙権を有する。

第十条　国会の議員、地方公共団体の議会の議員（第七条第三項の委員たる議員を除く。）、国家公務員及び地方公共団体の有給の職員は、教育委員会の委員を兼ねることができない。
2　都道府県委員会の委員と、地方委員会の委員とは、これを兼ねることができない。

第十一条　通常選挙は、二年ごとに、選挙による委員の定数の半数についてこれを行う。

第十二条　委員の選挙においては、選挙区を設けない。

第十三条　委員の選挙に関する事務は、当該地方公共団体の選挙管理委員会が、これを管理する。

第十四条　都道府県委員会の委員の選挙と、地方委員会の委員の選挙とは、これを同時に行うことができる。

第十五条　委員の選挙は、市町村の議会の議員の選挙に関する選挙人名簿により、これを行う。

第十六条　委員の候補者は、選挙人の推薦によるものでなければならない。
2　前項の推薦は、選挙人が本人の承諾を得て、六十人以上の連署をもつて、その代表者から選挙長に届け出なければならない。

第十七条　委員の被選挙権を有する者は、同時に二つの教育委員会の委員の候補者となることができない。

第十八条　委員の候補者の届出には、供託金を要しない。

第十九条　教育委員会の委員の選挙においては、有効投票の最多数を得た者をもつて当選人とする。
2　当選人を定めるに当り得票数が同じであるときは、選挙会において、選挙長が、くじでこれを定める。

第二十条　在任期間を異にする委員の選挙を合併して行つた場合においては、得票数の多い者から、在任期間の長い当選人を選ばなければならない。
2　得票数が同じである者のうち、任期の長短を定める必要がある場合には、選挙会において、選挙長が、くじでこれを定めなければならない。

第二十一条―第二十七条　〔略―編者〕

第二十八条　委員の選挙については、この法律又はこれに基く政令に別段の定がある場合を除いては、地方自治法に定める普通地方公共団体の議会の議員の選挙に関する規定を準用する。

（委員の解職の請求）
第二十九条　委員の選挙権を有する者は、委員の解職の請求をすることができる。

２　前項の解職の請求に関しては、地方自治法に定める普通地方公共団体の議会の議員の解職の請求の例による。

（委員の辞職及び資格の決定）

第三十条　委員の辞職及び資格の決定については、地方自治法第六章第八節の規定（第百二十六条但書の規定を除く。）を準用する。但し、「普通地方公共団体の議会」とあるのは、「教育委員会」と、「議員」とあるのは「委員」と読み替えるものとする。

（委員の報酬及び費用弁償）

第三十一条　地方公共団体は、当該教育委員会の委員に対し報酬を支給しなければならない。但し、給料は支給しない。

２　委員は、職務を行うために要する費用の弁償を受けることができる。

３　報酬及び費用弁償の額並びにその支給方法は、当該地方公共団体の条例でこれを定めなければならない。

（委員の服務等）

第三十二条　委員の宣誓、法令等に従う義務及び服務に関しては、別に地方公共団体の職員に関して規定する法律で、これを定める。

第二節　教育委員会の会議

（委員長及び副委員長）

第三十三条　教育委員会は、委員のうちから委員長及び副委員長各一人を選挙しなければならない。

２　委員長及び副委員長の任期は、一年とする。但し、再選されることができる。

３　委員長は、教育委員会の会議を主宰する。

４　副委員長は、委員長を助け、委員長に事故があるとき又は委員長が欠けたときは、その職務を行う。

（会議の招集）

第三十四条　教育委員会の会議は、委員長が、これを招集する。

２　委員二人以上の者から、書面で会議に付議すべき事件を示して、臨時会の招集の請求があるときは、委員長は、これを招集しなければならない。

３　会議開催の場所及び日時は、会議に付議すべき事件とともに、委員長が、あらかじめこれを告示しなければならない。

４　招集は、開会の日前、都道府県委員会にあつては七日、地方委員会にあつては三日までに、これを告示しなければならない。但し、急施を要する場合は、この限りでない。

（定例会及び臨時会）

第三十五条　教育委員会の会議は、定例会及び臨時会とする。

２　定例会は、毎月一回これを招集しなければならない。

３　臨時会は、必要がある場合において、その事件に限り、これを招集する。

４　会議招集の告示後に急施を要する事件があるときは、前条第三項及び前項の規定にかかわらず、直ちに、これを会議に付議することができる。

（会議の定足数）

第三十六条　教育委員会の会議は、在任委員の半数以上が出席しなければ、これを開くことができない。但し、同一の事件につき再度招集しても、なお半数に達しないときは、この限りでない。

（会議の公開）

第三十七条　教育委員会の会議は、これを公開する。但し、委員の発議により、出席委員の三分の二以上の多数で議決したときは、秘密会を開くことができる。

２　前項の委員の発議は、討論を行わないで、その可否を決しなければならない。

（議決の方法）

第三十八条　教育委員会の議事は、出席委員の過半数で、これを決する。

（議事参与の制限）

第三十九条　教育委員会の委員は自己又は、配偶者若しくは三親等以内の親族の一身上に関する事件については、その議事に参与することができない。但し、会議に出席し、発言することができる。

（会議規則）

第四十条　教育委員会は、会議規則及び傍聴人規則を設けなければならない。

２　この法律に別段の定がある場合を除いては、教育委員会の会議に関する事項は、会議規則でこれを定めることができる。

第三節　教育長及び事務局

（教育長）

第四十一条　教育委員会に、教育長を置く。

２　教育長は、別に教育職員の免許に関して規定する法律の定める教育職員の免許状を有する者のうちから、教育委員会が、これを任命する。

３　教育長の任期は、四年とする。但し、再任することができる。

第四十二条　教育長は、教育委員会の指揮監督を受け、教育委員会の処理するすべての教育事務をつかさどる。

（事務局）

第四十三条　教育委員会の職務権限に属する事項に関する事務を処理させるため、教育委員会に事務局を置く。

（事務局の部課）

第四十四条　都道府県委員会の事務局には、教育委員会規則の定めるところにより、必要な部課（会計及び土木建築に関する部課を除く。）を置く。但し、教育の調査及び統計に関する部課並びに教育指導に関する部課は、これを置かなければならない。

２　地方委員会の事務局には、教育委員会規則の定めるところにより、必要な部課を置くことができる。

（事務局の職員）

第四十五条　都道府県委員会の事務局に、指導主事、教科用図書の検定又は採択、教科内容及びその取扱、建築その他必要な事項に関する専門職員並びにその他必要な事務職員を置く。

２　地方委員会の事務局には、都道府県委員会の事務局に準じて必要な職員を置く。

３　前二項に規定する職員の定数は、当該地方公共団体の条例でこれを定めなければならない。

4 第一項及び第二項の職員並びに学校の事務職員は、教育長の推薦により、教育委員会が、これを任命する。

第四十六条　指導主事は、教員に助言と指導を与える。但し、命令及び監督をしてはならない。

第四十七条　教科用図書の検定又は採択、教科内容及びその取扱、その他特殊な事項に関する専門職員には、教員をもつて、これに充てることができる。但し、その期間中は、教員の職務を行わないことができる。

第三章　教育委員会の職務権限

（教育委員会の所管）

第四十八条　都道府県委員会は、都道府県の設置する学校その他の教育機関を、地方委員会は、当該地方公共団体の設置する学校その他の教育機関をそれぞれ所管する。

2 当該教育委員会は、その協議により都道府県の設置する高等学校を市町村に、又は市町村の設置する高等学校を都道府県に移管することができる。

（教育委員会の事務）

第四十九条　教育委員会は左の事務を行う。但し、この場合において教育長に対し、助言と推薦を求めることができる。

一 学校その他の教育機関の設置及び廃止に関すること。

二 学校その他の教育機関の運営及び管理に関すること。

三 教科内容及びその取扱に関すること。

四 教科用図書の採択に関すること。

五 別に教育公務員の任免等に関して規定する法律の規定に基き、校長及び教員の任免その他の人事に関すること。

六 教育委員会及び学校その他の教育機関の職員の任免その他の人事に関すること。

七 教員その他教育関係職員の組織する労働組合に関すること。

八 学校その他の教育機関の敷地の設定及び変更並びに校舎その他建物の営繕、保全の計画及びその実施の指導に関すること。

九 教具その他の設備の整備計画に関すること。

十 教育委員会規則の制定又は改廃に関すること。

十一 教育委員会の所掌に係る歳入歳出予算に関すること。

十二 教育目的のための基本財産及び積立金の管理に関すること。

十三 教育事務のための契約に関すること。

十四 社会教育に関すること。

十五 校長、教員その他教育職員の研修に関すること。

十六 証書及び公文書類を保管すること。

十七 教育の調査及び統計に関すること。

十八 その他法律に別段の定のない、その所轄地域の教育事務に関すること。

第五十条　都道府県委員会は、前条各号に掲げる事務を行う外、左の事務を行う。但し、この場合において、教育長に対し、助言と推薦を求めることができる。

一 別に教育職員の免許に関して規定する法律の定めるところに従い、教育職員の免許状を発行すること。

二 文部大臣の定める基準に従い、都道府県内のすべての学校の教科用図書の検定を行うこと。

三 地方委員会に対し、技術的、専門的な助言と指導を与えること。

四 高等学校の通学区域の設定又は変更に関すること。

五 その他法令により、その職務権限に属する事項

第五十一条　校長及び教員の任免、給与等の人事その他共通する必要な事項を決定するために、都道府県内の地方委員会と都道府県委員会が連合して協議会を設けることができる。

2 前項の協議会の決議は、全員一致によらなければならない。

3 協議会に関して必要な事項は、当該教育委員会の協議によつて、これを定めなければならない。

第五十二条　特別区の教育委員会については、第四十九条第一項第三号及び第四号の規定は、これを適用せず、都の教育委員会が、これを行う。

（教育委員会規則）

第五十三条　教育委員会は、法令に違反しない限りにおいて、その権限に属する事務に関し教育委員会規則を制定することができる。

2 教育委員会規則は、一定の公告式により、これを告示しなければならない。

（通学区域の設定）

第五十四条　都道府県委員会は、高等学校の教育の普及及びその機会均等を図るため、その所轄の地域を数箇の通学区域に分ける。但し、必要がある場合には、生徒の就学につきこれを調整することができる。

（報告書の提出）

第五十五条　都道府県委員会は、地方委員会に対し、文部大臣は、都道府県委員会及び地方委員会に対し、各所轄区域の教育に関する年報その他必要な報告書を提出させることができる。

2 法律に別段の定がある場合の外、文部大臣は、都道府県委員会及び地方委員会に対し、都道府県委員会は、地方委員会に対して行政上及び運営上指揮監督をしてはならない。

（予算の編成）

第五十六条　教育委員会は、毎会計年度、その所掌に係る歳入歳出の見積に関する書類を作成し、これを地方公共団体における予算の統合調整に供するため、地方公共団体の長に送付しなければならない。

第五十七条　地方公共団体の長は、毎会計年度、歳入歳出予算を作成するに当つて、教育委員会の送付に係る歳出見積を減額しようとするときは、あらかじめ教育委員会の意見を求めなければならない。

第五十八条　地方公共団体の長は、教育委員会の歳出見積を減額した場合においては、教育委員会の送付に係る歳出見積について、その詳細を歳入歳出予算に附記するとともに、地方公共団体の議会が教育委員会の送付に係る歳出額を修正する場合における必要な財源についても明記しなければならない。

（予算の執行）

第五十九条　地方公共団体の議会において予算を議決したときは、地方公共団体の長は、教育委員会の所掌に係る予算を、当該教育委員会に配当しなければならない。

第六十条　教育委員会は、その所掌に係る予算について、その配当の範囲内で、支出を出納長又は収入役に命令する。

（議会の議決を経るべき事件）

第六十一条　教育委員会は、法令により地方公共団体の議会の議決を経るべき事件のうち、左のものに関する議案の原案を、地方公共団体の長に送付する。

一　教育目的のための基本財産及び積立金の設置、管理及び処分に関すること。

二　教育事業のための地方債に関すること。

三　授業料その他教育に関する使用料及び手数料に関すること。

四　第三十一条第三項、第四十五条第三項及び第六十六条第二項に規定する条例の制定又は改廃に関すること。

第六十二条　地方公共団体の長は、前条各号の事件につきその議案を地方公共団体の議会の議決に付するに当つて、教育委員会の送付に係る原案を修正しようとするときは、あらかじめ教育委員会の意見を求めなければならない。

第六十三条　地方公共団体の長は、教育委員会の送付に係る原案を修正した場合においては、その議案に教育委員会の送付に係る原案及び教育委員会の意見を附記しなければならない。

第六十四条・第六十五条〔略―編者〕

第四章　雑則

（学校その他教育機関の職員）

第六十六条　都道府県及び市町村に校長、教員及び学校の事務職員を置く。

2　校長、教員及び学校の事務職員の定数は、法律又は政令に別段の定がある場合の外、当該地方公共団体の条例で、これを定めなければならない。

3　校長及び教員の身分に関しては、この法律に別段の定があるものを除く外、別に教育公務員の任免等に関して規定する法律の定めるところによる。

4　教育委員会の所管に属する学校以外の教育機関に、必要な職員を置く。

第六十七条・第六十八条〔略―編者〕

附　則

第六十九条　この法律は、公布の日からこれを施行する。〔但書略―編者〕

第七十条　大阪市、京都市、名古屋市、神戸市及び横浜市（五大市という。以下同じ。）を除く市町村の教育委員会の設置は、昭和二十五年十一月一日までに、これを行わなければならない。但しその設置に関し必要な事項は、政令でこれを定めることができる。

第七十一条　この法律施行後、都道府県又は五大市の教育委員会が成立するまでの間、この法律により教育委員会が行うべき事務は、なお従前の例により、各相当機関がこれを行う。

第七十二条　この法律により初めて行う都道府県又は五大市の教育委員会の委員の選挙は、昭和二十三年十月五日に、任期四年の委員の選挙と、任期二年の委員の選挙とをそれぞれ一つの選挙で合併して、これを行う。

2　前項の選挙が行われたときは、都道府県及び五大市の議会は、二十日以内に第七条第三項の委員を選挙し、その結果を都道府県知事、又は市長に報告しなければならない。

第七十三条　前条第一項の選挙が行われたときは、都道府県知事又は五大市の市長は、二十日以内に、教育委員会の会議を招集しなければならない。

2　都道府県及び五大市の教育委員会は、昭和二十三年十一月一日に成立するものとする。

第七十四条―第七十六条〔略―編者〕

第七十七条　昭和二十三年十一月一日に都道府県及び五大市の教育局部の長及びその職員は、それぞれ現にある級及び現に受ける号俸に相当する給料をもつて、都道府県又は五大市の教育委員会の教育長又は事務局の職員に、任用されたものとみなす。

2　前項の教育長の在任期間は、昭和二十四年三月三十一日までとする。

第七十八条―第八十五条〔略―編者〕

第八十六条　教科用図書は、第四十九条第四号及び第五十条第二号の規定にかかわらず、用紙割当制が廃止されるまで、文部大臣の検定を経た教科用図書又は文部大臣において著作権を有する教科用図書のうちから、都道府県委員会が、これを採択する。

第八十七条　市（五大市を除く。この条中以下同じ。）町村に教育委員会が設置されるまでの間、市町村の教育に関する事務は、従来市町村又は市町村長の権限に属するものを除く外、都道府県委員会が、これを所管する。

第八十八条・第八十九条〔略―編者〕

第九十条　教育事務のために設ける市町村の一部事務組合は、これを市町村学校組合と称する。

第九十一条―第九十五条〔略―編者〕

教育委員会法〔旧法〕の収録について

宗像誠也

教育委員会法（昭二三、法一七〇）は、地方教育行政の組織及び運営に関する法律（昭三一、法一六二）によつて取つて代わられるまでの、公選制教育委員会を規定した法律であつた。

これを今回資料編に入れることとした理由は、教育委員会の公選制を廃止して任命制にした地方教育行政の組織及び運営に関する法律の制定に当たつては世論の強い反対があり、そのためいわゆる乱闘国会で審議を尽くさずに強行採決され成立したものであつて、今日もなお公選制教育委員会制度復活の声が続いているという事実のみにあるのではない。沖縄県の本土復帰が具体的日程に上つた今日、その沖縄県では現に公選制教育委員会が存在しており、本土復帰に際しては、これをどうするかということが一つの問題となるような情況が予想される、という理由が加わつてのことである。〔中略〕

かえりみれば、戦後、教育行政改革の三原則が唱えられた。すなわち、教育行政の民主化、その地方分権、その一般行政からの独立性の保持、がそれであつた。この三原則を機構化しようとしたものが教育委員会法であつたといつてよい。それによれば、都道府県段階と市町村段階とに公選制による教育委員会を設け、これに従来文部省が専有した教育行政の権限を大幅に委譲し、文部省はいわゆるサービス機関となる。さらに教育委員会は、それぞれの地方首長に対して相対的に独立した権限を保有する、という構想であつた。

教育委員会法においてまず注目すべきことは、それが第一条（この法律の目的）において、教育基本法第十条（教育行政）のことばそのまま、「教育が不当な支配に服することなく、国民全体に対し直接に責任を負つて行われるべきであるという自覚」を表明し、「公正な民意により、地方の実情に即した教育行政を行う」という目的を掲げていることである。すなわち、教育基本法第十条は、もともと、公選制教育委員会を予想していたのだということがわかる。――地方教育行政の組織及び運営に関する法律では、当然、このようなことばは除かれている。

教育行政の民主化が、教育委員の直接公選に依拠するのだから、選挙に関する規定（第九条以下）がこの法の一重要部分をなすのは当然だが、なお会議の公開の原則（第三十七条）が取られているのは、住民の直接参加を確立する趣旨であつた。

教育長が、その免許状を有する専門職であることが想定されている（第四十一条）のも注意を要するところである。事実、教育職員免許法（昭二四、法一四七）は、当初、教育長免許状、指導主事免許状、校長免許状を規定していたのである。それは、アメリカの教育委員会制度の基本原理である。素人統制（layman control）と専門的指導性（professional leadership）との両輪による教育行政、という思想によるものであつた。ところがやがてこれらの免許状は廃止され、地方教育行政の組織及び運営に関する法律に至つて、市町村教育長は、「教育委員のうちから」任命されることになつてしまつているのは、はなはだ右の原理に反するものである。

なお指導主事の任務として「教員に助言と指導を与える。但し、命令及び監督をしてはならない」（第四十六条）と明記されているのも注意すべきであろう。専門的指導は権力的なものでないとする思想であつて、従前の視学との違いを強調したのであつた。

教育行政の地方分権は、中央地方の縦の統制関係の廃絶を意味する。それ故に、原則として、文部大臣は都道府県教育委員会に対し、都道府県教育委員会は地方教育委員会に対して「行政上及び運営上指揮監督をしてはならない」（第五十五条2）とし、ただ「必要な報告書を提出させることができる」（同条1）として、それらの間の上下関係という発想を取らなかつた。

教育行政の地方分権は、特に教育内容についての文部省の中央統制を廃し、それに関する権限が教育委員会に委ねられた点に認められよう。すなわち都道府県教育委員会の事務のなかに教科書の検定が入つており（第五十条二）、「教科用図書の検定又は採択」、「教育内容及びその取扱」等に関する専門職員が置かれることになつていた（第四十五条、第四十七条）。ただし、当時行なわれていた「用紙割当制が廃止されるまで」、文部大臣が教科書検定をすることになつていたのである（第八十六条）。現行の、教科書の発行に関する臨時措置法（昭二三、法一三二）の「臨時」の意味も、ここから理解されるのである。

地方首長に対する教育委員会の相対的独立性の保持という原則は、教育予算原案の送付権に集中的に表現されている（第五十六条乃至第六十三条、特に第五十八条）。事実若干の地方自治体では、いわゆる二本建教育予算が議会に提出された例がある。地方首長の立場からは、これは最もわずらわしいものと考えられたのであつた。

最後に教育委員会設置の時期について一言する。この法律は公布の日から施行されることになつており（第六十九条）、都道府県と五大市（第七十条）には、昭和二三年一一月一日に設置され、若干の市町村は自発的にこの時に設置したが、その他の市町村には昭和二五年までに設置するものと定められており（同条）、市町村教育委員会の未設置の間は、都道府県教育委員会がその市町村の教育事務を所管することとされた（第八十七条）。ところが小さい町村（当時は町村合併以前であつた）にまで一律に教育委員会を置き、そこに有資格の教育長を専任し、その教育委員会が教員の任免権をもつ、ということの可否が論議の対象となり、設置単位の問題を中心として制度の改正が要望されることとなつた。この問題は、市町村学校組合に関する規定（第三条1後段、同条2、第九十条）が、すでに予想していたことでもあつた。そのため法改正によつて設置時期が一応昭和二七年に延期され、なお検討が続けられていたが、その結論を得ないまま、国会の解散という事態に逢着し、全く準備不足のまま昭和二七年に全国市町村に一斉に設置されることとなり、住民は理解不足のまま選挙せざるを得なかつた。その後の事情を詳述する暇はないが、この不幸な事態によつて生じた混乱が、公選制廃止を方向づける一つの原因となつたといえよう。

（昭和四五年二月）

○戦後教育法年表

ゴシック＝教育法関係
明朝＝教育・社会一般

1945（昭20）年

7・26 ポツダム宣言
8・14 大東亜戦争終結に関する詔勅、ポツダム宣言受諾
・15 「玉音放送」、鈴木貫太郎内閣総辞職
9・15 **文部省・新日本建設ノ教育方針**
・22 降伏後ニ於ケル米国ノ初期ノ対日方針
10・5 **戦時教育令廃止**
・22 **占領軍総司令部（GHQ）・日本教育制度ニ対スル管理政策**
・30 **GHQ・教員及教育関係官ノ調査、除外、認可ニ関スル件**
12・1 全日本教職員組合結成
・2 全日本教育者組合結成
・15 **GHQ・国家神道、神社神道ニ対スル政府ノ保証、支援、保全、監督並ニ弘布ノ廃止ニ関スル件**
・31 **GHQ・修身、日本歴史及ビ地理停止ニ関スル件**

1946（昭21）年

1・1 天皇「人間宣言」
3・6 政府、憲法改正草案要綱を発表
4・7 第一次アメリカ教育使節団報告書公表（提出3・31）
5・6 **教職員の除去・就職禁止及び復職に関する勅令**
5・15 文部省・新教育指針
6・27 **第九〇回帝国議会における憲法改正案審議のさい、田中耕太郎文部大臣、教育根本法の制定を示唆**
・29 GHQ、地理科授業再開を許可
8・3 衆議院・文教再建に関する決議
・10 **教育刷新委員会官制公布**
10・8 **文部省通牒「勅語及び詔書等の取扱いについて」**
・12 GHQ、日本歴史授業再開を許可
11・3 **日本国憲法公布**
・16 当用漢字・現代かなづかい告示
・19 文部省『国のあゆみ』発表
12・22 全日本教員組合協議会発足
・27 教育刷新委員会建議「教育の理念及び教育基本法に関すること」

1947（昭22）年

2・20 教育刷新委員会「六・三制実施断行に関する声明」
3・7 高橋文部大臣、全日本教員組合協議会と団体協約を締結
・11 高橋文部大臣、教員組合全国連盟と団体協約を締結
・20 文部省「学習指導要領 一般編（試案）」発行
・31 **教育基本法、学校教育法（学校法）公布**
4・1 **新制中学校発足**
・1 六・三制発足
・11 **日本の教育制度刷新に関する極東委員会指令（GHQ発表）**
5・3 **日本国憲法施行**
・3 **教育基本法公布に関する文部大臣訓令**
6・8 日本教職員組合結成
7・8 大学基準協会設立
12・12 児童福祉法公布

1948（昭23）年

1・15 **大学設置委員会官制公布**
・27 **高等学校設置基準公布**
2・4 **文部省学校教育局「新制中学校・新制高等学校望ましい運営の指針」発表**
・16 教育漢字及び同音訓範囲を告示
4・1 新制高等学校発足
6・19 **衆議院・教育勅語等排除に関する決議**
・19 **参議院・教育勅語等の失効確認に関する決議**
・27 全国PTA協議会結成総会
7・10 **教科書の発行に関する臨時措置法、日本学術会議法、市町村立学校職員給与負担法公布**
・15 **教育委員会法公布**
・22 公務員の争議禁止などに関するマッカーサー書簡
11・1 公選制教育委員会発足
12・10 世界人権宣言国連総会採択（国際連合）

1949（昭24）年

1・12 **教育公務員特例法公布**
2・13 占領軍（東京軍政部）、教員の共産主義活動につき警告
・25 都道府県教育長協議会結成
3・22 六・三制予算全額削除
4・26 衆議院、六・三制完全実施に関する決議
5・13 **教育刷新委員会、六・三制完全実施促進に関する決議**
・31 **文部省設置法、教育職員免許法、同施行法、国立学校設置法公布**
6・1 国立学校設置法による国立大学発足
・10 **社会教育法公布**
8・30 **大学設置審議会、短期大学設置基準を決定**
9・15 シャウプ使節団勧告発表
・19 **人事院規則一四―七（政治的行為）公布**
12・15 **私立学校法公布**

1950（昭25）年

4・30 **図書館法公布**
5・2 東北大学・イールズ講演中止事件
・30 **文化財保護法、地方財政平衡交付金法公布**
6・25 朝鮮戦争勃発
9・22 第二次アメリカ教育使節団報告書
11・10 第二回教育委員選挙実施
12・13 **地方公務員法公布**

1951（昭26）年

3・7 政府、国立大学管理法案、公立大学管理法案を国会提出
・12 社会教育法一部改正公布（社会教育主事など追加）
5・5 児童憲章制定
6・11 産業教育振興法公布
7・1 文部省『学習指導要領 一般篇（試案）』改訂版発行
9・8 サンフランシスコ講和条約調印
11・16 政令改正諮問委員会「教育制度の改革に関する答申」

1952（昭27）年

2・20 東大ポポロ座事件（大学の学問の自由）
3・27 私立学校振興会法公布
4・28 対日平和条約・日米安保条約発効、GHQ廃止
6・6 文部省設置法一部改正（中央教育審議会設置等）
・12 教育刷新審議会廃止令公布
・18 日教組第九回大会で教師の倫理綱領決定
7・21 ユネスコ活動に関する法律公布
・31 文部省設置法一部改正（任務・権限など大改訂）
8・8 義務教育費国庫負担法公布
10・5 第一回教育委員選挙実施
11・1 地方教育委員会一せい設置

1953（昭28）年

4・22 国立大学の評議会に関する暫定措置を定める規則公布
6・3 山口日記事件（山口教組制作の教材「小学生日記」等が偏向していると訴えられる）
8・5 学校法等一部改正（文部大臣の教科書検定権明示）
・8 学校図書館法、理科教育振興法公布
・14 青年学級振興法公布
・18 一般職職員給与法一部改正（大学、高校、小中の三本建給与）
・27 公立学校施設費国庫負担法
10・31 学校法施行令公布

1954（昭29）年

1・18 中教審答申「教員の政治的中立性維持に関する答申」
3・3 文部省、偏向教育事例二四件を国会に提出
・14 日教組、一せい振替授業による教育二法案反対闘争
6・1 へき地教育振興法、盲学校、ろう学校及び養護学校への就学奨励に関する法律（のち「聾」に）公布
・3 義務教育諸学校における教育の政治的中立の確保に関する臨時措置法、教育公務員特例法一部改正

1955（昭30）年

5・16 生徒体罰暴行傷害被告控訴事件大阪高裁判決（棄却、体罰は暴行に該当）
8・5 女子教育職員の産前産後の休暇中における学校教育の正常な実施の確保に関する法律公布（61年改題＝現行・産休法）
・8 日本学校給食会法公布
・13 日本民主党「うれうべき教科書の問題」第一集刊行（〜第三集）
12・29 地方財政再建促進特別措置法公布

1956（昭31）年

3・19 一〇大学元・現学長「文教政策の傾向に関する声明」
・30 就学困難な児童のための教科用図書の給与に対する国の補助に関する法律公布（57年改題＝現行・就学奨励法）
6・30 地方教育行政の組織及び運営に関する法律（地方教育行政法）公布
10・1 任命制教育委員会発足
・22 大学設置基準公布
12・13 幼稚園設置基準公布
・18 日本、国連加盟

1957（昭32）年

2・14 佐賀教組三日間の一せい休暇闘争
4・1 科学技術系学生八千人増募計画実施（60年度まで）
5・20 盲学校、聾学校及び養護学校の幼稚部及び高等部における学校給食に関する法律（06年改題＝現行・特別支援学校給食法）公布
10・4 ソ連、人工衛星（スプートニク）打上げ
12・4 学校法施行規則一部改正（教頭職の省令化）
・20 都道府県教育長協議会・教職員の勤務評定試案

1958（昭33）年

4・10 学校保健法（08年改題＝現行・学校保健安全法）公布
・25 義務教育諸学校施設費国庫負担法公布、日本育英会法（04年廃止）一部改正（特別貸与奨学金制度を創設）
5・1 公立義務教育諸学校の学級編制及び教職員定数の標準に関する法律（標準法）公布（59年度から実施）
7・9 市町村立学校職員給与負担法一部改正（校長管理職手当）
8・28 小中学校学習指導要領 道徳編公示
9・11 アメリカ、国防教育法公布
・15 日教組、勤評反対全国統一行動
10・1 小学校学習指導要領、中学校学習指導要領公示
12・2 文部省告示「教科用図書検定基準」

1959（昭34）年

10・31 文部省教育白書『わが国の教育水準』
12・17 **日本学校安全会法公布（85年廃止）**

1960（昭35）年

1・19 日米新安保条約調印
3・10 日教組勤評反対全国統一行動
4・30 **地財法等一部改正（公立小中学校建物の維持・修繕費の住民転嫁禁止など）**
10・15 高等学校学習指導要領公示
12・27 国民所得倍増計画、閣議決定

1961（昭36）年

6・16 **スポーツ振興法（01年全部改正＝スポーツ基本法）公布**
6・17 **学校法一部改正（高等専門学校の設置）**
8・25 経団連・日経連「技術教育の画期的振興策の確立推進にかんする要望」
10・26 文部省の全国一せい学力調査実施、日教組テ阻止闘争
11・6 **公立高等学校の設置、適正配置及び教職員定数の標準等に関する法律（01年改題）公布**

1962（昭37）年

1・26 文部省「高等学校生徒急増対策」決定→63・1・22改定
3・31 **義務教育諸学校の教科用図書の無償に関する法律公布**
4・18 **都教組勤評反対闘争・地方公務員法違反事件東京地裁判決（無罪）**
10・15 キューバ危機（米ソ対立激化）

1963（昭38）年

1・14 経済審議会答申「経済発展における人的能力開発の課題と対策」
・28 中教審答申「大学教育の改善について」
5・22 **東大ポポロ座事件最高裁判決（無罪判決破棄差戻し）**
8・23 **学校法施行規則改正（高校入試の適格者主義への転換）**
12・21 **義務教育諸学校の教科用図書の無償措置に関する法律公布**

1964（昭39）年

2・26 **教科書費国庫負担請求事件最高裁判決（敗訴）、小学校学テ阻止公務執行妨害罪事件福岡地裁小倉支部判決（初の学テ違法判決）**
3・14 文部省、「小中学校道徳指導資料（第一集）」配布
6・2 **勤評記入提出義務違憲確認訴訟長野地裁判決（棄却）**
・5 日本教育大学協会、「教員養成関係学部設置基準要項」決定
・19 **学校法一部改正（短期大学の恒久的制度化）**
7・3 憲法調査会報告書、池田内閣総理大臣に提出

1965（昭40）年

2・7 ベトナム戦争で、米北爆開始
3・31 **国立養護教諭養成所設置法（80年廃止）公布**
5・18 ILO関係国内法（地方公務員法一部改正など）公布
6・12 **家永三郎、教科書検定を違憲とし、国にたいし損害賠償請求の民事訴訟を起こす（第一次訴訟）**
・22 日韓条約調印
11・16 **都教組勤評反対闘争・地方公務員法違反事件東京高裁判決（有罪）**

1966（昭41）年

5・25 **北海道学テ阻止公務執行妨害事件旭川地裁判決（一部有罪）**
6・14 ILO八七号条約発効
・25 **国民の祝日に関する法律一部改正（建国記念の日、敬老の日、体育の日新設）**
7・9 **人事院規則一七―〇（管理職員等の範囲）公布**
・22 **岩教組学テ阻止・地方公務員法違反事件盛岡地裁判決（有罪）**
10・4 「教員の地位に関する勧告」（ユネスコ特別政府間会議採択）
・31 中教審答申「後期中等教育拡充整備について」（別記・期待される人間像）

1967（昭42）年

6・23 **家永三郎、文部大臣にたいし教科書検定不合格処分の取消を求める行政訴訟を提起（第二次訴訟）**
7・26 **群教組勤評反対闘争・地方公務員法違反事件前橋地裁判決（無罪）**
12・18 **佐教組及び福教組の地方公務員法違反事件福岡高裁判決（無罪）**

1968（昭43）年

2・22 **京教組勤評反対闘争・地方公務員法違反事件京都地裁判決（無罪）**
3月 **教育公務員特例法一部改正（教職特別手当）、学校法一部改正（教頭法制化）**
3・29 **和教組勤評反対闘争・地方公務員法違反事件大阪高裁判決（無罪）**
6・15 文化庁設置
・26 **北海道学テ阻止公務執行妨害罪等事件札幌高裁判決（棄却建造物侵入罪有罪、公務執行妨害罪無罪）**
・26 小笠原返還協定発効
7・8 京都府教委、学習指導要領案反対声明
・11 小学校学習指導要領公示

1969（昭44）年

1・19 東大安田講堂封鎖解除
2・19 **岩教組学テ阻止闘争・地方公務員法違反事件仙台高裁判決（無罪）**
4・2 **都教組勤評反対闘争・地方公務員

法違反事件最高裁判決（原判決取消し・無罪）
4・14 中学校学習指導要領公示
・30 中教審答申「当面する大学教育の課題に対応する方策について」
7・18 経済同友会「高次福祉社会のための高等教育制度」を発表
・20 アメリカ、アポロ一一号月面着陸
8・7 大学の運営に関する臨時措置法公布
9・18 日経連「教育の基本問題に関する見解」提言

1970（昭45）年

3・5 核兵器の不拡散に関する条約発効
5・18 日本私学振興財団法（98年廃止）公布
7・16 和教組勤評反対闘争事件最高裁（一小）判決（無罪確定）
・17 教科書検定不合格処分取消請求事件東京地裁判決（第二次家永教科書訴訟「杉本判決」、一部認容＝家永勝訴）
8・31 大学設置基準の一部改正（一般教育の弾力化）
10・15 高等学校学習指導要領公示

1971（昭46）年

2・27 文部省、小中学校指導要録の新様式を都道府県教委に通達
3・13 盲・聾・養護学校小中学部学習指導要領公示
・23 福教組・佐教組一斉休暇・地方公務員法違反事件最高裁（三小）判決（上告棄却、勝訴）
4・30 社会教育審議会答申「急激な社会構造の変化に対処する社会教育のあり方について」
6・11 中教審答申「今後における学校教育の総合的な拡充整備のための基本的施策について」
・14 教育制度検討委員会第一次報告「日本の教育はどうあるべきか」
7・5 文部省「教育職員に対し時間外勤務を命ずる場合に関する規程」（文部大臣訓令）と「国立及び公立の義務教育諸学校等の教育職員の給与等に関する特別措置法の実施について」を公示
12・17 「教科書裁判」の文書提出命令に関する国の特別抗告について最高裁（三小）決定（棄却）

1972（昭47）年

3・18 大学設置基準一部改正（単位互換制度を認める）
4・6 静岡県高教組時間外手当金等請求上告事件最高裁（一小）判決（棄却＝教組側勝訴）
・28 日の丸強制掲揚反対による府高教組副委員長の公務執行妨害罪事件大阪地裁判決（無罪）
6・12 教育制度検討委員会第二次報告「日本の教育をどう改めるべきか」
7・3 教育職員養成審議会建議「教員養成の改善方策について」
10・17 盲・ろう・養護学校高等部学習指導要領公示
・27 学習指導要領（小・中・高）総則一部改正（弾力的運用）
12・26 修学旅行・遠足の引率に関する静岡市教組時間外手当金等請求上告事件最高裁（三小）判決（棄却、教組側勝訴）

1973（昭48）年

2・19 文部省「高等学校生徒指導要録の改定について」通知→26日通知を一部修正
3・22 暴力行為等処罰法違反被告事件最高裁（一小）判決（東大ポポロ座事件再上告審、棄却＝有罪確定）
6・18 教育制度検討委員会第三次報告「日本の教育をどう改めるべきか（続篇）」
7・20 教育職員免許法等一部改正（教員資格認定試験制度の創設等）
9・14 勤務評定書提出遅延校長の降任処分取消請求事件最高裁（三小）判決（原判決破棄・差戻し）

1974（昭49）年

2・25 学校教育の水準の維持向上のための義務教育諸学校の教育職員の人材確保に関する特別措置法公布
4・26 社会教育審議会建議「在学青少年に対する社会教育の在り方について」
5・21 教育制度検討委員会最終報告「日本の教育改革を求めて」
・27 中教審答申「教育・学術・文化における国際交流について」
6・1 学校法一部改正（教頭職法制化等）
7・16 国家賠償請求事件東京地裁判決（第一次家永教科書訴訟「高津判決」、一部認容＝家永勝訴）
・19 昭和女子大学生身分確認請求上告事件最高裁（三小）判決（棄却）
10・6 最高裁（大法廷）、猿払など国公法違反三事件で公務員の政治的行為の禁止は憲法二一条に違反しないと判示（原判決破棄有罪）
・14 国立大学協会「教育系大学・学部における大学院の問題」について報告書
12・10 京都旭丘中学校三教諭の転任・懲戒処分取消請求再上告事件最高裁（三小）判決（棄却・一部破棄差戻し）

1975（昭50）年

2・5 福岡県教委、内申抜き処分実施
4・30 ベトナム戦争終結
6・9 和歌山教組勤評反対闘争にかかる懲戒免職処分無効確認請求事件和歌山地裁判決（認容）
7・11 学校法一部改正（専修学校制度創設、76・1・11施行）、私立学校振興助成法公布
12・20 教科書検定不合格処分取消請求控

訴事件東京高裁判決（第二次訴訟「畔上判決」、棄却＝家永勝訴）

1976（昭51）年

1・10 専修学校設置基準公布

3・1 小・中・高校主任制度施行

5・17 日教組の中央教育課程検討委員会最終報告「教育課程改革試案」

・21 北海道学テ上告事件最高裁（大法廷）判決（一部棄却・一部破棄自判＝有罪）および岩手学テ上告事件（破棄自判＝有罪）

・25 学校法一部改正（独立大学院制度）

10・6 教育課程審議会「審議のまとめ―教育課程の基準の改善について」を発表

12・13 保育所設置費国庫負担金請求事件東京地裁判決（摂津訴訟、棄却）

1977（昭52）年

3・15 単位不認定等違法確認請求上告事件最高裁（三小）判決（富山大経済学部単位不認定事件、上告棄却＝原告学生敗訴）同前（専攻科単位不認定事件、一部上告棄却・一部原判決破棄自判原告学生勝訴）

5・2 国立大共通一次試験を実施する大学入試センター発足

7・21 懲戒免職処分取消請求事件山口地裁判決（桃山中「毛沢東語録」解説・配布事件、棄却）

・23 学習指導要領（小・中）公示

9・22 文部省告示「教科用図書検定基準」「同実施細則」

1978（昭53）年

5・30 学校法施行規則一部改正（在外日本人学校高等部を日本の高等学校並みに扱う）

6・16 中教審答申「教員の資質能力の向上について」

・17 国立学校設置法等一部改正（教員大学院大学の設置）

8・30 高等学校学習指導要領公示

10・23 教育課程審議会答申「盲・ろう・養護学校の小学部、中学部および高等部の教育課程の基準の改善について」

1979（昭54）年

1・13 初の国公立大学共通一次学力試験実施（～1・14）

4・1 養護学校教育義務制実施

7・2 盲聾養護学校学習指導要領公示

9・21 国際人権規約「経済的、社会的、文化的権利に関する国際規約」（A規約）「市民的、政治的権利に関する国際規約」（B規約）日本で発効

1980（昭55）年

4・24 日本学術会議「科学者憲章」採択

5・22 標準法等一部改正（一二年間で小中学校の「四〇人学級」を実施）

12・24 自民党『いま教科書は――教育正常化への提言』を発行

1981（昭56）年

2・12 東京・中野区で全国初の教育委員準公選区民投票（郵送）実施

4・1 水戸五中体罰暴行罪事件東京高裁判決（原審破棄、教員無罪）

5・9 社会教育審議会答申「青少年の徳性と社会教育」

6・11 放送大学学園法公布

・11 中教審答申「生涯教育について」

1982（昭57）年

1・22 経済同友会「行政改革――今後の文教政策に望む」との意見書

3・23 大学設置基準・短期大学設置基準一部改正（単位互換の制度化等）

4・8 教科書検定不合格処分取消請求上告事件最高裁（一小）判決（第二次訴訟「中村判決」、原判決破棄、差戻し）

6・22 日本学校健康会法（86年廃止）公布（日本学校給食会法・日本学校安全会法廃止）

・24 青少年問題審議会答申「青少年の非行等問題行動への対応について」

9・1 国立又は公立の大学における外国人教員の任用に関する特別措置法公布

11・16 教科用図書検定調査審議会答申「歴史教科書の記述に関する検定の在り方について」

1983（昭58）年

2・18 損害賠償請求上告事件最高裁（三小）判決（沖縄県金武中課外クラブ事故事件、破棄差戻、顧問教諭の不在と事故の予見可能性）

3・10 文部省初等中等教育局長通知「校内暴力等児童生徒の問題行動に対する指導の徹底について」

6・7 損害賠償請求上告事件最高裁（三小）判決（北九州市立小児童失明事件、上告棄却、放課後の教室における教諭等の注意義務）

・30 中教審答申「教科書の在り方について」

7・8 損害賠償請求上告事件最高裁（二小）判決（静岡県立商高ラグビー部員事故事件、一部破棄差戻、教諭の注意義務の範囲）

・19 日教組第二次教育制度検討委員会最終報告「現代日本の教育改革」

11・22 教育職員養成審議会答申「教員の養成及び免許制度の改善について」

12・10 中曽根内閣総理大臣「教育改革七つの構想」発表

1984（昭59）年

1・19 家永三郎中央大教授、一九八〇年教科書検定にたいする損害賠償を

請求する訴訟を東京地裁に起こす（第三次訴訟）

3・13　世界を考える京都座会「学校活性化のための七つの提言」を発表

4・3　日教組、教育改革国民プラン（第一次試案）「いま、日本の教育をどう改めるか」

7・20　学校法施行規則一部改正（公立高校入試の弾力化）

・20　文部省初等中等教育局長通知「高等学校の入学者選抜について」

8・7　日本育英会法（04年廃止）全部改正（利息付き奨学資金の新設）

1985（昭60）年

2・5　大学設置基準・短期大学設置基準一部改正（教授等の資格緩和）

4・22　三室小学校「いじめ」事件浦和地裁判決（認容）

11・13　熊本玉東中丸刈り校則事件熊本地裁判決（棄却、生徒側敗訴）

・13　国大協、受験機会複数化決定

12・2　日教組「教育改革提言（第一次報告）」

1986（昭61）年

3・13　福岡県教組内申抜き処分事件最高裁（一小）判決（棄却）

・18　傷害致死被告事件水戸地裁土浦支部判決（岐陽高校体罰死亡事件、有罪）

・19　損害賠償請求控訴事件東京高裁判決（第一次教科書訴訟「鈴木判決」、棄却＝家永敗訴）

・20　キリスト教徒日曜日訴訟東京地裁判決（棄却）

5・16　日教組「教育改革提言（第二次報告）」

6・4　日本を守る国民会議の高校教科書「新編日本史」の検定合格が国内、中国、韓国などで問題化

1987（昭62）年

3・31　学校法施行規則一部改正（単位制高校制度化）

5・16　国立学校設置法施行規則等一部改正（国立学校等に寄付講座・寄付研究部門開設可能になる）

8・7　臨時教育審議会「教育改革に関する第四次答申（最終答申）」

12・18　教育職員養成審議会答申「教員の資質能力の向上方策等について」

1988（昭63）年

4・1　単位制高等学校制度スタート（単位制高等学校教育規程施行）

5・31　教育公務員特例法等一部改正（初任者研修制度化）

7・1　文部省機構改革　生涯学習局新設

・15　麹町中学内申書事件最高裁（二小）判決（棄却、思想・良心の自由）

11・15　学校法一部改正（高等学校修業年限短縮等）

12・19　大学審議会答申「大学院制度の弾力化について」

・28　教育職員免許法一部改正（免許状の種類、必要単位数等改正）

1989（昭64・平成元）年

3・15　学習指導要領（小・中・高）、教育要領（幼）公示

4・4　教科用図書検定規則・教科用図書検定基準全面改定（審査基準の簡素化等）

6・27　教科書検定処分取消請求事件東京高裁判決（第二次訴訟差戻控訴審「丹野判決」、却下）

9・1　学校法施行規則一部改正（大学院飛び入学）、大学院設置基準一部改正（修士課程一年修了）

・8　校長着任拒否闘争懲戒処分取消訴訟最高裁（二小）判決（棄却）

10・3　損害賠償請求事件東京地裁判決（第三次家永教科書訴訟〔加藤判決〕、一部認容）

11・10　ベルリンの壁崩壊

・20　国連総会「子どもの権利条約」を全会一致で採択→90・9・2発効→・21日本政府署名

12・2　マルタで米ソ首脳が会談。冷戦終結を宣言

・22　教育職員免許法一部改正（高校社会を地理歴史と公民に）

1990（平成2）年

1・13　初の大学入試センター試験実施

・18　伝習館事件最高裁（一小）判決（1）上告棄却、（2）原判決破棄・自判＝請求棄却

・30　中教審答申「生涯学習の基盤整備について」

3・23　都立高専木曽駒ヶ岳遭難事件（一・二次）最高裁（二小）判決（棄却、高専助教授らの注意義務違反）

・27　厚生省通知「保育所保育指針」

6・29　生涯学習の振興のための施策の推進体制等の整備に関する法律公布

10・3　東西ドイツ統一

12・26　いわき市いじめ自殺事件福島地裁いわき支部判決（一部認容＝確定）

1991（平成3）年

1・17　多国籍軍によるイラク、クウェート領内への空爆開始（湾岸戦争）

2・8　大学審議会答申「大学教育の改善について」「学位制度の見直し及び大学院の評価について」「学位授与制度機関の創設について」

4・2　学校法一部改正（準学士制度の創設、高専の分野拡大等）

・10　教育行政情報非公開決定処分取消等請求事件福岡高裁判決（棄却）

・19　中教審答申「新しい時代に対応する教育の諸制度の改革について」

6・3　大学設置基準等一部改正（基準の大綱化等）

・17　南アフリカがアパルトヘイト終結宣言

・25　高等専門学校設置基準一部改正（基

準の大綱化）

9・3　バイクの三ない原則違反による退学勧告損害賠償請求事件最高裁（三小）判決（上告棄却）

1992（平成4）年

3・13　筋ジストロフィ疾患を理由とする高校入学不許可処分取消請求事件神戸地裁判決（一部認容・一部棄却＝確定）

・19　修徳学園バイク退学処分事件東京高裁判決（控訴棄却（退学処分違法））

・23　学校法施行規則一部改正（学校五日制実施）

・30　そばアレルギー給食訴訟札幌地裁判決（一部認容）

6・24　箕面市指導要録を請求者（大学生）に全面開示

7・29　生涯学習審議会答申「今後の社会の動向に対応した生涯学習の振興方策について」

9・12　学校週五日制スタート（毎月第二土曜日が休日）

1993（平成5）年

1・19　東京都公文書開示審査会、個人情報を除き体罰事故報告書の開示を答申

・23　神奈川・大和市教委、職員会議録の公開決定

・28　学校法施行規則一部改正（障害児の通級指導の充実）

2・10　女子高生校門圧死事件神戸地裁判決（有罪）

3・10　学校法施行規則一部改正（単位制高校、調査書なし入学者選抜、高校間連携、総合学科等）

・16　損害賠償請求事件最高裁（三小）判決（第一次家永教科書訴訟、棄却）

10・20　損害賠償請求事件東京高裁判決（第三次家永教科書検定訴訟「川上判決」、原判決変更）

11・1　マーストリヒト条約発効により欧州連合（EU）創設

1994（平成6）年

1・31　東京・中野区議会、教育委員準公選制の一年後廃止を決定

3・29　「児童（子ども）の権利に関する条約」国会で批准→5・22発効

5・20　中野富士見中学校いじめ訴訟東京高裁判決（原判決一部変更、控訴一部認容、一部棄却）

6・21　専修学校設置基準一部改正（「専門士」の称号新設）

7・1　法務省通知、子ども人権オンブズマン制度の創設

11・24　学校法施行規則一部改正（学校五日制次年度から月二回実施）

1995（平成7）年

1・17　阪神・淡路大震災発生

2・13　山形県新庄市明倫中学校マット死事件最高裁決定（三少年の再抗告を棄却）

3・20　地下鉄サリン事件発生

1996（平成8）年

2・22　大阪府（府立東淀川高校）「日の丸」掲揚妨害処分事件大阪地裁判決（損害賠償請求棄却）

3・8　エホバの証人退学処分等取消訴訟最高裁（二小）判決（棄却、請求認容）

4・24　生涯学習審議会答申「地域における生涯学習機会の充実方策について」

7・18　修徳高校パーマ退学訴訟最高裁（一小）判決（棄却）

・19　中教審答申「21世紀を展望した我が国の教育の在り方について（第一次答申）」

9・27　高槻市内申書非開示処分取消請求事件大阪高裁判決（棄却＝確定）

1997（平成9）年

6・13　大学の教員等の任期に関する法律

・26　中教審答申「21世紀を展望した我が国の教育の在り方について（第二次答申）」

7・28　教育職員養成審議会答申「新たな時代に向けた教員養成の改善方策について」

・31　学校法施行規則一部改正（大学「飛び入学」制度化）

8・29　損害賠償請求事件最高裁（三小）判決（第三次家永教科書検定訴訟、一部認容）、教科書訴訟終結

1998（平成10）年

6・4　教育職員免許法改正（教職科目の増加など）

・5　学校法改正（中等教育学校）

・9　中央省庁等改革基本法成立

・30　中教審答申「新しい時代を拓く心を育てるために」

7・29　教育課程審議会答申「幼稚園、小学校、中学校、高等学校、盲学校、聾学校及び養護学校の教育課程の基準の改善について」

9・21　中教審答申「今後の地方教育行政の在り方について」

10・13　大阪府教委、府立高女子生徒に生徒指導要録を全面開示決定。在校生への開示は初めて

1999（平成11）年

5・21　学校法等一部改正（学長権限強化）

7・16　地方分権一括法の公布（教育長の承認制の廃止など）

・23　社会経済生産性本部が「選択・責任・連帯の教育改革」を発表

8・9　国旗国歌法成立

・23　中学生自殺事件作文開示訴訟東京高裁判決（棄却＝確定）

11・25　指導要録非開示処分取消請求、調

査書非開示処分取消請求各控訴事件大阪高裁判決（原判決変更、認容＝確定）

12・16　東京都教委、教員人事考課制度（五段階業績評価）の導入決定

2000（平成12）年

1・21　**学校法施行規則一部改正（校長・教頭の資格要件の緩和、学校評議員制度導入など）**

4・28　**教育公務員特例法一部改正（大学院修学休業制度創設）**

9・8　**ゲルニカ訴訟最高裁（二小）判決（棄却、児童の国家斉唱拒否と担任への戒告処分）**

12・21　川崎市で全国初の「子どもの権利条例」が成立

・22　教育改革国民会議最終答申（奉仕活動実施や教育基本法の見直し）

2001（平成13）年

1・6　中央省庁再編、文部省は科学技術庁と統合して文部科学省（文科省）に

3・31　**標準法等一部改正（学級編制基準設定の弾力化等）**

6・8　大阪教育大学附属池田小学校児童殺傷事件

・29　**「日の丸」引き下ろし処分取消請求訴訟最高裁（二小）判決（認容、戒告処分の手続的適法性）**

7・11　**地方教育行政法一部改正（教育委員への保護者任命の促進、不適格教員の任免等）。学校法一部改正（出席停止要件の明確化等）。**

9・11　アメリカで同時多発テロ事件発生

11・27　**学校法一部改正（大学や大学院への飛び入学）**

2002（平成14）年

1・17　文科省、「確かな学力の向上のためのアピール」発表

・28　**知覧いじめ訴訟鹿児島地裁判決（一部認容・確定、生徒らの暴行と自殺の相当因果関係）**

・31　**神奈川・津久井いじめ自殺事件東京高裁判決（一部控訴棄却・付帯控訴棄却、いじめと自殺の相当因果関係、予見可能性）**

4・1　**小学校・中学校学校設置基準施行**
完全学校週五日制実施

5・31　**教育職員免許法一部改正（免許状の取り上げ等）→7・1施行**

6・12　**教育公務員特例法一部改正（一〇年経験者研修等）→03・4・1施行**

7・29　中教審答申「青少年の奉仕活動・体験活動の推進方策等について」

12・18　構造改革特別区域法公布

・19　文科省、「危機管理マニュアル」

2003（平成15）年

3・20　中教審答申「新しい時代にふさわしい教育基本法と教育振興基本計画の在り方について」

・31　**専門職大学院設置基準、学校教育法施行規則改正（学校選択制）**

5・30　個人情報保護関連五法公布

6・18　**独立行政法人日本学生支援機構法公布**

7・17　次世代育成支援対策推進法公布

9・19　**学校法施行規則及び告示一部改正（外国人学校の取扱い、大学・専修学校による個別審査）**

10・1　**国立大学法人法等施行**

・7　中教審答申「初等中等教育における当面の教育課程及び指導の充実・改善方策について」

11・11　**大田区指導要録開示訴訟最高裁（三小）判決（一部破棄自判、一部棄却）**

12・5　ＩＬＯ共同専門家委員会（ＣＥＡＲＴ）報告。指導力不足教員政策・教員評価制度が「教員の地位勧告」を遵守していないと指摘

2004（平成16）年

1・20　文科省、「学校安全緊急アピール」を発表。中教審答申「食に関する指導体制の整備について」

3・4　中教審答申「今後の学校の管理運営の在り方について」

・31　**教育費負担法及び公立養護学校整備特別措置法（06年廃止）一部改正**

5・12　**私立学校法改正（管理運営制度見直し、財務情報公開）**

・21　**学校法改正（栄養教諭の創設、薬学教育期間延長）**

6・9　**地方教育行政法改正（学校運営協議会の設置等）**

7・26　高知県こども条例、県議会で可決成立、都道府県で初

10・23　新潟県中越大震災

12・9　**発達障害者支援法成立**

2005（平成17）年

1・28　中教審答申「子どもを取り巻く環境の変化を踏まえた今後の幼児教育の在り方について」

・28　中教審答申「我が国の高等教育の将来像」

・31　**高等学校卒業程度認定試験規則制定**

4・1　地域再生法公布、個人情報の保護に関する法律施行

6・10　**食育基本法成立→6・17公布**

7・15　**学校法一部改正（短期大学卒業者への学位授与、准教授・助教職の新設）**

・25　**文字・活字文化振興法成立**

9・16　**山形マット死事件民事訴訟最高裁（三小）判決（棄却、不受理、少年らの不法行為認定）**

10・26　中教審義務教育特別部会答申「新しい時代の義務教育を創造する」

12・1　**高等学校公民科現代社会教科書検定訴訟最高裁（一小）判決（棄却）**

・8　中教審答申「特別支援教育を推進するための制度の在り方につい

て」

2006（平成18）年

4・3 **学校法施行規則一部改正（教頭の資格要件の緩和など）**
7・11 中教審答申「今後の教員養成・免許制度の在り方について」
9・21 **国歌斉唱義務不存在確認等請求事件東京地裁判決（義務不存在）**
10・1 **就学前の子どもに関する教育、保育等の総合的な提供の推進に関する法律施行**
11・27 **不当利得返還請求事件最高裁（三小）判決（授業料返還義務あり）**
12・15 **新教育基本法成立**

2007（平成19）年

1・30 中教審答申「次代を担う自立した青少年の育成に向けて」
3・29 **入学許可請求控訴事件東京高裁判決（控訴棄却、国立大学入学試験不合格判定へも司法審査権が及ぶ）**
・29 中教審答申「今後の教員給与の在り方について」
4・1 **専門職大学院設置基準等一部改正（教職大学院制度の創設）**
6・20 **教育関連三法の改正法成立**
7・16 新潟県中越沖地震発生

2008（平成20）年

1・7 文科省、「学校の危機管理マニュアル」公表
・31 教育再生会議最終報告（ゆとり教育見直し）
2・19 中教審答申「新しい時代を切り拓く生涯学習の振興方策について」
3・28 新幼稚園教育要領、小学校及び中学校学習指導要領公示
6・11 **学校保健法等一部改正（学校保健安全法への改称）**
7・1 「教育振興基本計画」閣議決定
9・17 **損害賠償請求控訴事件高松高裁判決（原判決取消、請求一部認容）（サッカー大会での落雷事故における危険回避義務）**
11・25 **大学設置基準等一部改正（複数大学による共同教育課程編成）**

2009（平成21）年

3・9 高等学校学習指導要領、特別支援学校学習指導要領公示
4・28 **天草市小学生体罰損害賠償請求事件最高裁（三小）判決**
5・28 教育再生懇談会第四次報告（「教育安心社会」の実現）
7・8 **子ども・若者育成支援推進法公布**
10・23 **求償金請求事件最高裁（二小）判決（棄却、求償権の範囲）**
12・10 **教育債務履行等請求事件（江戸川学園訴訟）最高裁（一小）判決（破棄自判）**

2010（平成22）年

2・25 **公文書非公開決定処分取消等請求事件最高裁（三小）判決（教職員自己申告票中の設定目標、達成状況等は非公開情報）**
4・1 **公立高等学校に係る授業料の不徴収及び高等学校等就学支援金の支給に関する法律（13年改題＝現行・高校等就学支援金法）施行**
・2 文科省、「生徒指導提要」を発表

2011（平成23）年

1・31 中教審答申「グローバル化社会の大学院教育」
3・11 東日本大震災発生
4・22 **標準法等改正（小学校一年生35人学級）**
5・30 **「日の丸・君が代」訴訟（①事件→6・6②事件、6・14③事件、6・21④事件についても最高裁判決、いずれも国旗国歌に係る職務命令は憲法十九条に違反しない）**
8・24 スポーツ基本法施行
12・24 **「日本再生の基本戦略」閣議決定**

2012（平成24）年

1・16 **教職員国旗国歌訴訟（懲戒処分取消等請求訴訟）最高裁（一小）判決（一部破棄自判、一部棄却）**
2・9 **教職員国旗国歌訴訟（予防訴訟）最高裁（一小）判決（棄却）**
3・23 **大阪府立学校条例、大阪府教育行政基本条例、職員基本条例成立**
8・22 **子ども・子育て関連三法公布**
・28 中教審答申「教職生活の全体を通じた教員の資質能力の総合的な向上方策について」「新たな未来を築くための大学教育の質的転換に向けて」
9・11 **政府、国際人権A規約（一三条二項(b)・(c)）の適用留保撤回を閣議決定し、国連に通告**

2013（平成25）年

1・21 中教審答申「今後の青少年の体験活動の推進について」
2・26 教育再生実行会議第一次提言（いじめ問題等）
4・15 教育再生実行会議第二次提言（教育委員会制度等）
5・28 教育再生実行会議第三次提言（大学教育等）
6・14 **第2期教育振興基本計画閣議決定**
・26 子どもの貧困対策の推進に関する法律公布
・28 **いじめ防止対策推進法公布**
9・27 **地公災基金広島県支部長（県立高校教諭）事件広島高裁判決（公務外認定処分取消請求控訴事件、棄却、教諭の精神疾患発症・自殺と公務起因性）**
10・11 文科省、いじめ防止基本方針策定
・30 教育再生実行会議第四次提言（高等学校教育と大学教育との接続・

大学入学者選抜）

11・28　**七生養護学校「ここから」裁判最高裁（一小）判決（原告勝訴、教育への不当な支配）**

2014（平成26）年

1・28　中学校及び高等学校学習指導要領解説一部改訂（領土問題）

2・19　**障害者の権利に関する条約が国内発効**

4・1　**公立高等学校に係る授業料の不徴収及び高等学校等就学支援金の支給に関する法律一部改正（所得制限の導入と就学支援金制度への一本化）**

6・20　**地方教育行政法一部改正（教育委員会制度の改正）**

・27　**学校法及び国立大学法人法の一部改正（学長のリーダーシップの確立等のガバナンス改革）**

7・3　教育再生実行会議第五次提言（今後の学制等）

10・21　中教審答申「道徳に係る教育課程の改善等について」

12・22　中教審答申「子供の発達や学習者の意欲・能力等に応じた柔軟かつ効果的な教育システムの構築について」（小中一貫教育の制度化）

・22　中教審答申「新しい時代にふさわしい高大接続の実現に向けた高等学校教育、大学教育、大学入学者選抜の一体的改革について」

2015（平成27）年

3・4　教育再生実行会議第六次提言（「学び続ける」社会、全員参加型社会の教育）

5・14　教育再生実行会議第七次提言（教師の在り方）

・20　**文部科学省設置法一部改正（スポーツ庁の設置）**

・27　**独立行政法人大学評価・学位授与機構法改正（国立大学財務・経営センターとの統合）**

6・24　**学校法等一部改正（義務教育学校）**

7・3　**文科省「特別の教科道徳」の解説編と総則を公表**

・8　教育再生実行会議第八次提言（教育投資・教育財源）

10・28　中教審「高等教育予算の充実・確保に係る緊急提言」「教職員定数に係る緊急提言」

12・21　中教審答申「新しい時代の教育や地方創生の実現に向けた学校と地域の連携・協働の在り方と今後の推進方策について」「これからの学校教育を担う教員の資質能力の向上について」「チームとしての学校の在り方と今後の改善方策について」

2016（平成28）年

1・22　第五期科学技術基本計画閣議決定（Society5.0）

3・29　安全保障関連法施行

4・1　**障害を理由とする差別の解消の推進に関する法律施行**

・14　熊本地方地震発生

5・20　教育再生実行会議第九次提言（可能性を開花させる教育）

・30　中教審答申「個人の能力と可能性を開花させ、全員参加による課題解決社会を実現するための教育の多様化と質保証の在り方について」

7・12　**懲戒処分取消等請求事件（不起立〇七年停職処分）最高裁（三小）判決（上告棄却）**

12・21　中教審答申「幼稚園、小学校、中学校、高等学校及び特別支援学校の学習指導要領等の改善及び必要な方策等について」

2017（平成29）年

3・31　**文科省「義務教育の段階における普通教育に相当する教育の機会の確保等に関する基本指針」策定**

・31　新幼稚園教育要領、小学校及び中学校学習指導要領公示

4・1　**標準法等一部改正（基礎定数等の新設等）**

・1　県費負担教職員の給与負担等が指定都市に移行

6・1　教育再生実行会議第十次提言（学校、家庭、地域の教育力の向上）

12・26　文科省「学校における働き方改革に関する緊急対策」策定

2018（平成30）年

3・30　高等学校学習指導要領一部改正

4・26　**大川小児童津波被災国賠請求控訴事件仙台高裁判決（原告勝訴、県市の組織的過失認容）**

6・1　**地域における大学の振興及び若者の雇用機会の創出による若者の修学及び就業の促進に関する法律公布**

・15　**第3期教育振興基本計画閣議決定**

11・26　中教審答申「二〇四〇年に向けた高等教育のグランドデザイン」

2019（平成31）年

1・25　中教審答申「新しい時代の教育に向けた持続可能な学校指導・運営体制の構築のための学校における働き方改革に関する総合的な方策について」

・25　文科省、公立学校の教師の勤務時間の上限に関するガイドライン

4・1　**専門職大学・専門職短期大学制度発足**

・26　アイヌの人々の誇りが尊重される社会を実現するための施策の推進に関する法律公布

2019（令和元）年

5・9　文科省「学校・教育委員会等向け虐待対応の手引き」公表

・17　**大学等における修学の支援に関す**

る法律公布
・17 教育再生実行会議第十一次提言（新時代に対応した高等学校改革）
6・28 **日本語教育の推進に関する法律公布**
・28 **学校教育の情報化の推進に関する法律公布**
12・11 **公立の義務教育諸学校等の教育職員の給与等に関する特別措置法改正（一年単位の変形労働時間制）**
・19 文科相、GIGAスクール構想発表

2020（令和2）年

1・17 **文科省、公立学校の教育職員の業務量の適切な管理その他教育職員の服務を監督する教育委員会が教育職員の健康及び福祉の確保を図るために講ずべき措置に関する指針（7・17改正）**
4・16 新型コロナウイルス感染症拡大防止のための緊急事態宣言全国化（5・16まで）
5・22 文科省、学校における新型コロナウイルス感染症に関する衛生管理マニュアル（令和4・4・1改訂）
6・5 文科省、大学等における新型コロナウイルス感染症への対応ガイドライン、新型コロナウイルス感染症に対応した持続的な学校運営のためのガイドライン（令和4・4・1改訂）

2021（令和3）年

1・26 中教審答申「『令和の日本型教育』の構築を目指して～全ての子供たちの可能性を引き出す、個別最適な学びと、協働的な学びの実現」
3・26 第六期科学技術・イノベーション基本計画閣議決定
4・1 **標準法一部改正（令和7年度末までに小学校で35人学級）**
6・3 教育再生実行会議第十二次提言（ポストコロナ期の学び）
・4 **教育職員等による児童生徒性暴力等の防止等に関する法律公布**
・11 国家公務員法等一部改正法公布（65歳への定年引き上げ）
9・18 **医療的ケア児及びその家族に対する支援に関する法律施行**
・24 **特別支援学校設置基準公布**

2022（令和4）年

2・25 文科省「教育進化のための改革ビジョン」公表
3・31 **学校法施行規則一部改正省令公布（高等学校等における日本語指導）**
4・1 改正少年法施行（成年年齢の18歳への引き下げ）
5・18 **教育公務員特例法及び教育職員免許法一部改正法公布（免許更新制規定の削除、教員等の研修記録）**
6・2 内閣府・総合科学技術イノベーション会議「Society5.0 の実現に向けた教育人材育成に関する政策パッケージ」公表
・17 **在外教育施設における教育の振興に関する法律公布・施行**
8・31 **文科省、公立の小学校等の校長及び教員としての資質の向上に関する指標の策定に関する指針改正、学校法施行規則の一部を改正する省令（研修主事）施行**
12・6 文科省「生徒指導提要」改訂
・19 中教審答申「『令和の日本型学校教育』を担う教師の養成・採用・研修等の在り方について～『新たな教師の学びの姿』の実現と、多様な専門性を有する質の高い教職員集団の形成～」
・27 文科省「学校部活動及び新たな地域クラブ活動の在り方等に関する総合的なガイドライン」を公表

2023（令和5）年

2・27 中教審・幼児教育と小学校教育の架け橋特別委員会「学びや生活の基盤をつくる幼児教育と小学校教育の接続について～幼保小の協働による架け橋期の教育の充実～」（審議まとめ）を公表
3・8 中教審答申「次期教育振興基本計画について」
・31 文科省「誰一人取り残されない学びの保障に向けた不登校対策（COCOLOプラン）」を公表
4・18 文科省・外務省「在外教育施設における教育の振興に関する施策を総合的かつ効果的に推進するための基本的な方針」を公表
・28 文科省通知「5類感染症への移行後の学校における新型コロナウイルス感染症対策について」、学校で児童生徒等や教職員の新型コロナウイルスの感染が確認された場合の対応ガイドライン改訂
6・2 日本語教育の適正かつ確実な実施を図るための日本語教育機関の認定等に関する法律公布（一部の経過措置を除き令和6・4・1施行）（日本語教育機関の認定制度）
・13 「こども未来戦略方針」閣議決定
・16 「第4期教育振興基本計画」閣議決定
・30 文科省「水害リスクを踏まえた学校施設の水害対策の推進のための手引～子供の安全確保と学校教育活動の早期再開のための靭やかな学校施設を目指して～」を公表
7・4 文科省「初等中等教育段階における生成AIの利用に関する暫定的なガイドライン」を公表

180	体罰事故報告書非開示決定取消請求事件	[1]高知地判令3・2・5（未載）

教育個人情報保護訴訟

181	高槻市調査書（内申書）開示訴訟	[1]大阪地判平6・12・20 判時1534・3, [控]大阪高判平8・9・27 判タ935・84
182	東久留米市指導要録開示訴訟	東京地判平6・1・31 判時1523・58
183	西宮市指導要録開示訴訟	[1]神戸地判平10・3・4 判例自治187・43, [控]大阪高判平11・11・25 判タ1050・111
184	調査書特記事項欄開示訴訟	東京地判平13・9・12 判時1804・28
185	大田区指導要録開示訴訟	[1]東京地判平9・1・17（未載）, [控]東京高判平10・10・27（未載）, [上]最三判平15・11・11 判時1846・3
186	伊東市指導要録・就学指導調査個票開示訴訟	静岡地判平14・10・31 判タ1153・139
187	入試センター試験成績等開示訴訟	[1]横浜地判平11・3・8 判時1739・33, [控]東京高判平12・3・30 判時1739・26
188	品川区事故報告書開示訴訟	[1]東京地判平8・5・23 判例自治169・37, [控]東京高判平9・3・12 判タ973・152
189	町田いじめ作文開示訴訟	[1]東京地判平9・5・9 判時1613・97, [控]東京高判平11・8・23 判時1692・47
190	君が代不起立教員調査文書削除請求事件	[1]大阪地判平19・4・26 判タ1269・132, [控]大阪高判平19・11・30（未載）
191	君が代不起立教員情報利用停止請求事件	[1]横浜地判平23・8・31 判時2187・15, [控]東京高判平24・7・18 判時2187・3
192	私立中全生徒成績一覧表教委提出事件	東京地判平20・10・24 判時2032・76
193	教員再任用選考資料開示訴訟	さいたま地判平26・11・19 判例自治402・74
194	大津いじめアンケート不開示国賠請求事件	大津地判平26・1・14 判時2213・75
195	出水市いじめ自殺アンケート開示請求事件	鹿児島地判平27・12・15 判時2298・29

入学金・授業料返還訴訟

196	第1次東京学納金返還訴訟（消費者契約法違憲）	[1]東京地判平15・10・23 判時1846・29, [控]東京高判平17・2・24（未載）, [上]最二判平18・11・27 判時1958・61 判タ1232・82
197	消費者契約法施行直前医大学納金返還訴訟	[1]大阪地判平15・11・11 民集60巻9号3792, [控]大阪高判平16・9・10 判時1882・44, [上]最二判平18・11・27民集60巻9号3732 判時1958・33 判タ1232・97
198	推薦・一般入試学納金返還訴訟	[1]東京地判平16・3・30（未載）, [控]東京高判平17・3・10民集60巻9号3514, [上]最二判平18・11・27 民集60巻9号3437
199	学納金返還訴訟（入学式欠席条項）	[1]大阪地判平16・3・5 民集60巻9号3651, [控]大阪高判平17・4・22 民集60巻9号3698, [上]最二判平18・11・27 民集60巻9号3597
200	専願要件なし推薦入学者の年度開始後の入学辞退事件	[上]最三判平22・3・30 判時2077・44
201	鍼灸学校学納金返還訴訟	[上]最二判平18・12・22 判時1958・69

153	国立大学附属中出願書類作成拒否事件	大阪地判平16・10・29 判時1886・87
154	スポーツ推薦入試不合格損害賠償請求事件	①大阪地判平14・11・1 判時1890・59, 控大阪高判平16・10・14 判時1890・54
155	尼崎市立高身障者入学不許可事件	神戸地判平4・3・13 判時1414・26
156	留萌町立中特殊学級入級処分取消訴訟	①旭川地判平5・10・26 判時1490・49, 控札幌高判平6・5・24 判時1519・67
157	障害児不登校損害賠償請求事件	①大阪地判平12・2・17 判タ1054・145, 控大阪高判平14・3・14 判タ1146・230
158	障害児給食指導不登校損害賠償請求事件	大阪地判平17・11・4 判時1936・106
159	特別支援学校就学校指定仮の義務づけ申立事件	大阪地決平20・7・18 判例自治316・37
160	障害児就学中学校指定の仮の義務づけ申立事件	奈良地決平21・6・26 判例自治328・21
161	就学通知処分取消等請求事件	①横浜地判令2・3・18 判例自治472・52
162	喀痰吸引器具の確保義務付け等請求事件	①名古屋地判令2・8・19 判時2478・24
163	神戸市立高専進級拒否・退学処分事件（エホバの証人信徒学生退学事件）	①神戸地判平5・2・22 判時1524・20, 控大阪高判平6・12・22 判時1524・8, 上最二判平8・3・8 民集50巻3号469
164	日曜参観授業国家賠償請求事件（日曜日訴訟）	東京地判昭61・3・20 判時1185・67
165	宗教団体関係者大学入学不許可損害賠償請求事件	東京地判平18・2・20 判タ1236・268
166	国立大学医学部入学許可請求事件	①前橋地判平18・10・27 判タ1273・315, 控東京高判平19・3・29 判時1979・70

教育情報公開訴訟

167	高校退学者数非公開処分取消訴訟	①福岡地判平2・3・14 行集41巻3号509, 控福岡高判平3・4・10 判時1391・140
168	教員採用試験問題開示訴訟	①高知地判平10・3・31 判時1677・41, 控高松高判平10・12・24 判時1704・50, 上最二判平14・10・11 判時1805・38
169	教科書採択協議会議事録公開請求事件	名古屋地判平13・11・9 判例自治230・52
170	枚方市学力テスト学校別成績公開請求事件	①大阪地判平18・8・3 判タ1235・183, 控大阪高判平19・1・31 判例自治296・60
171	全国学力テスト学校別成績公開請求事件	大阪地判平21・5・15 判時2065・31
172	全国学力テスト市町村別・学校別データ公開請求事件	大阪地判平22・6・18 判例自治340・68
173	全国学力テスト市内平均正答率公開請求事件	横浜地判平28・10・12 判例自治428・70
174	兵庫県体罰報告書等公開請求事件	①神戸地判平18・2・16 判タ1254・162, 控大阪高判平18・12・22 判タ1254・132
175	茨木市教職員評価育成システム文書公開請求事件	①大阪地判平19・3・27 判例自治294・35, 控大阪高判平20・10・30（未載), 上最一判平22・2・25 判時2084・3　判タ1327・63
176	校長自死事件調査報告書公表事件	①広島地判平19・4・27 判例自治333・42, 控広島高判平20・10・16 判例自治333・29, 上最三判平22・4・27 判例自治333・22
177	教科書調査員名簿公開請求事件	横浜地判平23・6・15 判例自治353・9
178	教職員懲戒処分関係文書公開請求事件	横浜地判平23・6・1 判例自治353・53
179	都立高入試合格者最低点開示請求事件	東京地判平25・7・19 判例自治386・42

120	豊中市立中いじめ集団暴行死事件	大阪地判平9・4・23判時1630・84
121	野球部いじめ賠償請求事件	大阪地判平12・9・13判時1765・86
122	津久井町立中いじめ自殺事件	[一]横浜地判平13・1・15判時1772・63, [控]東京高判平14・1・31判時1773・3
123	千葉公立中いじめ事件	千葉地判平13・1・24判例自治216・62
124	旭川市立中性的いじめ事件	旭川地判平13・1・30判時1749・121
125	知覧町立中いじめ自殺事件	[一]鹿児島地判平14・1・28判時1800・108
126	神奈川県立高吹奏楽部いじめ自殺事件	横浜地判平18・3・28判時1938・107
127	私立高校寮内いじめ負傷事件	神戸地姫路支判平18・7・10判時1965・122
128	鹿沼いじめうつ病自殺事件	[一]宇都宮地判平17・9・29（未載）, [控]東京高判平19・3・28判時1963・44
129	広島市立中いじめ統合失調症発症事件	広島地判平19・5・24判時1984・49
130	京都市立中いじめ転校事件	京都地判平22・6・2判時2101・99
131	名古屋市立小いじめ不登校事件	名古屋地判平25・1・31判時2188・87
132	桐生市立小いじめ自殺事件	前橋地判平26・3・14判時2226・49（控訴後和解）
133	兵庫県立高いじめ自殺事件	神戸地判平28・3・30判時2338・24
134	私立中いじめ自殺調査・報告義務訴訟	[一]高知地判平24・6・5判タ1384・246, [控]高松高判平24・12・20（未載）
135	公立中生徒自殺事件調査・報告義務訴訟	宮崎地判平26・8・6判例自治395・49
136	大津市立中いじめ自殺事件	[一]大津地判平31・2・19判時2474・76, [控]大阪高判令2・2・27判時2474・54, [上]最一決令3・1・21（未載）

校則裁判

137	熊本玉東中丸刈り校則事件	熊本地判昭60・11・13判時1174・48
138	京都神川中標準服校則事件	京都地判昭61・7・10判例自治31・50
139	千葉大原中制服校則事件	[一]千葉地判平元・3・13判時1331・63, [控]東京高判平元・7・19判時1331・61
140	兵庫小野中丸刈り校則事件	[一]神戸地判平6・4・27判タ868・159, [控]大阪高判平6・11・29（未載）, [上]最一判平8・2・22判時1560・72
141	千葉バイク退学事件	[一]千葉地判昭62・10・30判時1266・81, [控]東京高判平元・3・1（未載）, [上]最三判平3・9・3判時1401・56
142	高知バイク停学事件	[一]高知地判昭63・6・6判時1295・50, [控]高松高判平2・2・19判時1362・44
143	修徳高バイク退学事件	[一]東京地判平3・5・27判時1387・25, [控]東京高判平4・3・19判時1417・40
144	修徳高パーマ退学事件	[一]東京地判平3・6・21判時1388・3, [控]東京高判平4・10・30判時1443・30, [上]最一判平8・7・18判時1599・53
145	北陽高喫煙退学事件	大阪地判平3・6・28判時1406・60
146	府立高校染髪禁止校則事件	[一]大阪地判令3・2・16（web）

学校教育措置訴訟

147	内申書裁判	[一]東京地判昭54・3・28判時921・18, [控]東京高判昭57・5・19判時1041・24, [上]最二判昭63・7・15判時1287・65
148	富山大学単位不認定事件	[一]富山地判昭45・6・6行集21巻6号871, [控]名古屋高金沢支判昭46・4・9行集22巻4号480, [上]最三判昭52・3・15民集31巻2号234・280
149	大分高校入試合同選抜損害賠償請求事件	[一]大分地判昭62・2・23判時1231・96, [控]福岡高判昭63・5・31行集39巻5・6号462
150	東京都立高校原級留置き取消訴訟	[一]東京地判昭62・4・1行集38巻4・5号347, [控]東京高判昭62・12・16判タ676・74
151	私立学校道徳教育債務履行請求事件	[一]東京地判平18・9・26判時1952・105, [控]東京高判平19・10・31判時2009・90, [上]最一判平21・12・10民集63巻10号2463
152	養護学校入学願書不受理事件	京都地判平3・4・12判タ774・153

91	大阪教育大附属池田小児童殺傷事件	大阪地判平15・8・28 判時1837・13（控訴取下）

学校配置・学校環境

92	富山立山町立小学校廃止処分執行停止事件	名古屋高金沢支決昭51・6・18 判時842・70
93	学校環境破壊高層マンション建築差止事件	大阪地決昭54・3・31 判時937・58

学生処分

94	昭和女子大退学処分事件	[1]東京地判昭38・11・20 判時353・9, [控]東京高判昭42・4・10 判時478・16, [上]最三判昭49・7・19 民集28巻5号790

体罰・生活指導

95	高校生体罰的懲戒自殺事件	最三判昭52・10・25 判タ355・260
96	水戸五中体罰刑事事件	東京高判昭56・4・1 判時1007・133
97	岐陽高修学旅行体罰死亡事件	水戸地土浦支判昭61・3・18 判タ589・142
98	福岡生き埋め体罰事件	福岡地判平8・3・19 判時1605・97
99	東久留米市立中体罰事件	東京地判平8・9・17 判タ919・182
100	目黒区立小体罰事件	東京地判平13・3・23 判例自治220・70
101	障害児暴行損害賠償請求事件	神戸地判平17・11・11 判時1918・48
102	龍野市小学生体罰自殺事件	神戸地姫路支判平12・1・31 判タ1024・140
103	担任そそのかし集団暴行事件	千葉地判平16・4・28 判時1860・92
104	小学校教師いじめ事件	さいたま地判平17・4・15 判時1922・121
105	天草市小学生悪ふざけ体罰ＰＴＳＤ事件	[1]熊本地判平19・6・15 判例自治319・18, [控]福岡高判平20・2・26 判例自治319・13, [上]最三判平21・4・28 判時2045・118 判タ1299・124
106	北九州市小学生体罰自殺事件	福岡地小倉支判平21・10・1 判時2067・81
107	生駒市立中女子中学生頭髪染色事件	[1]大阪地判平23・3・28 判時2143・105, [控]大阪高判平23・10・18 判例自治357・44
108	県立高バレーボール部活暴行事件	前橋地判平24・2・17 判時2192・86
109	不正行為事情聴取後自殺事件	さいたま地判平20・7・30（web）
110	道立高生インターネット書き込み事情聴取自殺事件	札幌地判平25・2・15 判時2179・87
111	府立高生徒間トラブル長時間指導後自殺事件	大阪地判平31・3・27 判タ1464・60
112	道立高校生メールトラブル指導後自殺事件	[1]札幌地判平31・4・25 判時2437・86 判例自治458・28
113	津市立中バレーボール部体罰・暴言損害賠償請求事件	[1]津地判平28・2・4 判時2303・90, [控]名古屋高判平28・9・30（未載）
114	大阪市立桜宮高バスケットボール部体罰自殺事件	東京地判平28・2・24 判時2320・71 判タ1432・204
115	遠軽町立小自殺調査・報告義務訴訟	札幌地判平25・6・3 判時2202・82
116	高校生自殺センター見舞金請求事件	[1]東京地判平26・5・30 判タ1413・304, [控]東京高判平26・12・10（未載）

いじめ

117	埼玉三室小いじめ負傷事件	浦和地判昭60・4・22 判時1159・68
118	いわき小川中いじめ自殺事件	福島地いわき支判平2・12・26 判時1372・27
119	中野富士見中いじめ自殺事件	[1]東京地判平3・3・27 判時1378・26, [控]東京高判平6・5・20 判時1495・42

教師研修

67	教師自主研修賃金カット事件	[1]札幌地判昭46・5・10 判時651・105, [控]札幌高判昭52・2・10 判時865・97, [上]最三判平5・11・2 判時1518・125
68	「指導力不足」長期研修命令取消訴訟	仙台地判平15・2・17 判タ1148・204

教師の勤務条件

69	時間外勤務損害賠償請求事件	[1]京都地判平20・4・23 労判961・13, [控]大阪高判平21・10・1 労判993・25, [上]最三判平23・7・12 判時2130・139
70	時間外勤務未払賃金請求事件	[1]さいたま地判令3・10・1 労判 1255・5

学校事故

71	横浜市立中プール飛び込み事故損害賠償請求事件	[1]横浜地判昭57・7・16 判時1057・107, [控]東京高判昭59・5・30 判時1119・83, [上]最二判昭62・2・6 判時1232・100
72	沖縄公立中課外クラブ事故損害賠償請求事件	[1]那覇地名護支判昭54・3・13 民集37巻1号113, [控]福岡高那覇支判昭56・3・27 民集37巻1号117, [上]最二判昭58・2・18 民集37巻1号101
73	北九州市立小紙飛行機失明事故損害賠償請求事件	[1]福岡地小倉支判昭56・8・28 判時1032・113, [控]福岡高判昭57・9・20（未載）, [上]最三判昭58・6・7 判時1084・70
74	静岡県立商高ラグビー部員事故損害賠償請求事件	[1]静岡地判昭53・3・1（未載）, [控]東京高判昭54・12・11 判時958・63, [上]最二判昭58・7・8 判時1089・44
75	都立高専木曽駒ヶ岳遭難事件（一次訴訟）	[1]東京地判昭59・6・26 判時1131・93 判タ528・131, [控]東京高判昭61・12・17 判時1222・37 判タ624・254, [上]最二判平2・3・23 判タ725・57
	同（二次訴訟）	[1]東京地判昭63・3・24 判時1272・31 判タ676・194, [控]東京高判平元・5・30 判時1314・61, [上]最二判平2・3・23 判時1345・73 判タ725・58
76	広島市立中柔道部事故損害賠償請求事件	[1]広島地判平3・10・31（未載）, [控]広島高判平6・3・16 判時1505・74, [上]最一判平9・9・4 判時1619・60 判タ955・126
77	神戸市立中竹刀直撃失明事件	[1]神戸地判平9・8・4 判時1641・112, [控]大阪高判平10・5・12 判時1664・68, [上]最三判平11・3・11（未載）
78	高校サッカー試合中落雷事故事件	[1]高知地判平15・6・30（未載）, [控]高松高判平16・10・29 判時1913・66, [上]最二判平18・3・13 判時1929・41, [差戻]高松高判平20・9・17 判時2029・42
79	小学校朝自習中事故損害賠償請求事件	[1]千葉地判平18・7・19 判例自治306・76, [控]東京高判平19・4・11 判例自治306・86, [上]最二判平20・4・18 判時2006・74
80	湯河原市立小サッカー事故報告義務訴訟	[1]横浜地小田原支判昭57・3・27 民集41巻1号103, [控]東京高判昭58・12・12 民集41巻1号111, [上]最二判昭62・2・13 民集41巻1号95
81	自閉症児体育館倉庫転落事件	東京地八王子支判平20・5・29 判時2026・53
82	横浜市立中柔道部事故事件	横浜地判平23・12・27 判時2140・28
83	道立高柔道部事故事件	札幌地判平24・3・9 判時2148・101 判タ1382・110
84	サッカーボール加害事故損害賠償請求事件	[1]大阪地判平23・6・27 判時2173・61, [控]大阪高判平24・6・7 判時 2158・51, [上]最一判平27・4・9 判時 2261・145
85	私立高柔道部試合前練習事故事件	[1]横浜地判平25・2・15 判タ1390・252, [控]東京高判平25・7・3 判時2195・20
86	愛荘町立中柔道部乱取り死亡事故事件	[1]大津地判平25・5・14 判時2199・68, [控]大阪高判平26・1・31（未載）, [上]最一判平27・2・5（未載）
87	県立高武道大会柔道事故事件	[1]福岡地判平29・4・24 判時2360・13, [控]福岡高判平30・2・1 判例自治435・55
88	東大阪市立中バドミントン部熱中症事故事件	[1]大阪地判平28・5・24 判時2331・36, [控]大阪高判平28・12・22 判時2331・31
89	大川小児童津波被災国賠請求事件	[1]仙台地判平28・10・26 判時2387・81, [控]仙台高判平30・4・26 判時2387・31, [上]最一判令元・10・10（未載）（上告棄却）
90	スクールセクハラ損害賠償請求事件	名古屋地岡崎支判平30・6・29 判時2399・56

	事件	判例自治237・87
41	高校生徒会機関紙寄稿拒絶事件	[一]前橋地高崎支判平13・10・11 判時1782・95, [控]東京高判平16・2・25 判時1867・54
42	高校生徒会誌切り取り事件	[一]前橋地判平12・11・1（未載），[控]東京高判平14・5・9 判時1832・119, [上]最一判平16・7・15 判時1875・48　判タ1167・137

教師処分事件

43	内申抜き処分取消請求事件	[一]福岡地判昭52・12・27 判時877・17, [控]福岡高判昭56・11・27 判時1026・30, [上]最一判昭61・3・13 判時1187・24
44	校長着任拒否闘争処分事件	[一]福岡地判昭56・7・29 判時1021・36, [控]福岡高判昭60・9・27 判タ572・48, [上]最二判平元・9・8 判例自治72・19
45	転任処分執行停止事件	高知地決昭45・2・12 行集21巻2号109
46	吹田二中転任処分事件	[一]大阪地判昭51・6・21 行集27巻6号875, [控]大阪高判昭55・3・25 行集31巻3号538, [上]最一判昭61・10・23 判時1219・127
47	県立高校教諭指導員転任処分事件	[一]神戸地判平11・9・30 判例自治232・58, [控]大阪高判平13・10・19 判例自治232・51
48	横浜市立小教師担任はずし処分事件	[一]横浜地判平10・3・27 判時1667・103, [控]東京高判平11・11・15 労判788・60　判例自治202・35
49	授業内容訓告国賠請求事件	東京地八王子支判平16・5・27 判例自治266・49
50	七生養護「ここから」裁判	[一]東京地判平21・3・12（未載），[控]東京高判平23・9・16（未載），[上]最一判平25・11・28（未載）
51	中学教諭飲酒運転懲戒免職処分事件	[一]熊本地判平18・3・27 判タ1251・198, [控]福岡高判平18・11・9 判タ1251・192, [上]最一判平19・7・12（上告不受理）
52	高校教諭飲酒運転懲戒免職処分事件	[一]津地判平19・4・26 判タ1246・107, [控]名古屋高判平20・2・20 判例自治307・65
53	中学教諭酒気帯び運転懲戒免職処分事件	[一]長野地判平24・11・30 判時2205・129, [控]東京高判平25・5・29 判時2205・125
54	北海道立高教員ソフトウェア違法コピー懲戒免職事件	[一]札幌地判平28・6・14 判時2332・95, [控]札幌高判平28・11・18 判時2332・90
55	東京都立高教員不適切メール懲戒免職事件	東京地判平27・10・26 判例自治413・82
56	高校教諭セクハラ懲戒免職事件	[一]福島地判平28・6・7 判例自治427・54, [控]仙台高判平28・11・30 判例自治427・48, [上]最二判平29・8・25（未載）
57	高校長入試実施要綱違反懲戒免職事件	東京地判平30・5・15 判例自治449・66
58	新任教員免職処分事件	[一]大阪地判平19・5・21（web），[控]大阪高判平20・8・29 判時2033・125
59	条件附採用教員免職処分執行停止事件	東京高決平24・7・12 判時2155・112
60	条件附採用教員免職処分事件	東京地判平26・12・8 判例自治405・43
61	選考試験不正教員採用決定取消処分事件①	[一]大分地判平28・1・14 判時2352・13, [控]福岡高判平29・6・5 判時2352・3, [上]最一判平30・6・28（未載）
62	選考試験不正教員採用決定取消処分事件②	[一]大分地判平27・2・23 判時2352・36, [控]福岡高判平28・9・5 判時2352・25
63	高校教諭定年退職者再任用不合格処分事件	[一]熊本地判平25・3・13（未載），[控]福岡高判平25・9・27 判時2207・39
64	都立高教諭再任用不合格損害賠償請求事件	[一]東京地判平26・3・6 判例自治402・27, [控]東京高判平26・10・30 判例自治402・20
65	元都立高校長非常勤教員採用選考不合格処分事件	[一]東京地判平24・1・30 判タ1402・85, [控]東京高判平25・2・7 判例自治373・42
66	高校柔道部顧問停職処分事件	[一]神戸地判平30・3・27 判例自治466・49, [控]大阪高判平30・11・9 判例自治466・59, [上]最一判令2・7・6 判時2472・3

13	埼玉県立福岡高校卒業式予行練習中止事件	(A)浦和地判平11・6・28 判タ1037・112（確定），(B)1浦和地判平12・8・7 判例自治211・69，控東京高判平13・5・30 判時1778・34
14	日の出町立小日の丸引き下ろし処分事件	1東京地判平12・4・26 判タ1053・122，控東京高判平13・1・30（未載），上最判平13・6・29（未載）
15	都立養護学校日の丸裁判	1東京地判平13・3・22（web），控東京高判平14・1・28 判時1792・52
16	滋賀県立学校卒業式妨害処分事件	大津地判平13・5・7 判タ1087・117　判例自治221・42
17	君が代ピアノ伴奏職務命令拒否処分事件	1東京地判平15・12・3 判時1845・135，控東京高判平16・7・7（未載），上最三判平19・2・27 判時1962・3 判タ1236・109
18	北九州ココロ訴訟	1福岡地判平17・4・26（web），控福岡高判平20・12・15（未載），上最一判平23・7・14（未載）
19	日の丸抗議ブラウス戒告処分事件	1東京地判平18・3・22（web），控東京高判平18・12・26 判時1964・155
20	再発防止研修執行停止事件	東京地決平16・7・23 判時1871・142
21	再発防止研修取消請求事件	東京地判平19・7・19 判タ1282・163
22	東京日の丸・君が代予防訴訟	1東京地判平18・9・21 判時1952・44 判タ1228・88，控東京高判平22・1・28 判時2113・30　判タ1364・94，上最一判平24・2・9 判時2152・24　判タ1371・99
23	君が代再雇用合格取消事件（解雇訴訟）	1東京地判平19・6・20 判時2001・136，控東京高判平22・2・23（未載），上最一判平23・7・14（未載）
24	都立高教諭再雇用拒否処分取消請求事件	1東京地判平21・1・19 判時2056・148，控東京高判平21・10・15 判時2063・147，上最二判平23・5・30 民集65巻4号1780　判時2123・3　判タ1354・51
25	君が代再雇用不合格事件（不採用訴訟）	1東京地判平20・2・7 判時2007・141，控東京高判平22・1・28 判時2086・148，上最一判平23・6・6 民集65巻4号1855 判時2123・18　判タ1354・69
26	君が代再雇用拒否国賠請求事件(再雇用二次訴訟)	1東京地判平22・5・25 判例自治440・61，控東京高判平27・12・10 判例自治440・75，上最一判平30・7・19 判時2396・55　判タ1456・51
27	東京君が代不起立処分事件（04年処分）	1東京地判平21・3・26 判タ1314・146，控東京高判平23・3・10 判時2113・62，上最一判平24・1・16 判時2147・127　判タ1370・80
28	中学校教諭不起立処分事件	1東京地判平21・3・19（未載），控東京高判平22・4・21（未載），上最三判平23・6・14 民集65巻4号2148　判時2123・23　判タ1354・75
29	不起立停職処分取消請求事件	1東京地判平21・3・26（未載），控東京高判平23・3・25（未載），上最一判平24・1・16 判時2147・139　判タ1370・93
30	不起立07年停職処分取消請求事件	1東京地判平26・3・24（未載），控東京高判平27・5・28 判時2278・21，上最三判平28・5・31（未載）
31	不起立08年停職処分取消請求事件	1東京地判平29・5・22 判例自治439・50，控東京高判平31・3・14（未載）
32	不起立09年停職処分取消請求事件	1東京地判平30・5・24（未載），控東京高判令2・3・25（web），上最二決令3・2・17①（未載），最二決令3・2・17②（未載）
33	区立小教諭伴奏拒否減給取消請求事件	1東京地判平27・10・8 判例自治414・54，控東京高判平28・7・19 判例自治414・48
34	東京君が代不起立懲戒処分事件	1東京地判平29・9・15 判時2385・12，控東京高判平30・4・18 判時2385・3
35	広島高校教諭不起立処分事件	1広島地判平21・2・26（未載），控広島高判平22・5・24（未載），上最三判平23・6・21 判時2123・35　判タ1354・87
36	神奈川こころの自由裁判	1横浜地判平21・7・16（未載），控東京高判平22・3・17（未載），上最三決平23・6・21（未載）
37	大阪府立特別支援学校教員不起立減給処分取消請求事件	1大阪地判平27・12・21 判時2341・83，控大阪高判平28・10・24 判時2341・68，上最一決平29・3・30（未載）
38	都立板橋高校事件	1東京地判平18・5・30（未載），控東京高判平20・5・29 判時2010・47，上最一判平23・7・7 判時2130・144
39	京都市君が代カセット購入代金返還請求住民訴訟	1京都地判平4・11・4 判時1438・37，控大阪高判平8・1・25 判タ909・124，上最一判平11・1・29（上告棄却）

教師の市民的自由

40	憲法9条ポロシャツ国家賠償請求	1福岡地小倉支判平12・7・13 判例自治211・54，控福岡高判平13・12・13

○主要教育法判例分野別リスト

＊収録判例は，教育法判例としての重要性から選択してあるが，分野によっては（日の丸・君が代処分，朝鮮学校就学支援金不支給事件等），注目すべき動態的傾向として，近年の判例をやや網羅的に収録した。

＊審級の略称は以下のとおり。
第一審＝[1]　控訴審＝[控]　上告審＝[上]　差戻し審＝[差戻]

＊判例集の略称は以下のとおり。
民集＝最高裁判所民事判例集　行集＝行政事件裁判例集　判時＝判例時報　判タ＝判例タイムズ
判例自治＝判例地方自治　労判＝労働判例

＊「旭川地判昭 41・5・25 判時 453・16」は，「旭川地方裁判所昭和 41 年 5 月 25 日判決，判例時報 453 号 16 頁所収」を表す。

＊「(未載)」は判例集未登載，「(web)」は（未載）のもののうち，最高裁ホームページ（https://www.courts.go.jp/index.html）の裁判例情報から検索可能（統合検索で裁判所名と裁判年月日を入力）な判例。

教育憲法裁判

1	北海道学力テスト事件（学テ刑事事件）	[1]旭川地判昭41・5・25 判時453・16，[控]札幌高判昭43・6・26 判時524・24，[上]最大判昭51・5・21 刑集30巻5号615
2	教科書裁判（家永教科書訴訟）(①，②…等は，第1次訴訟から第3次訴訟を通しての年月日順を表示)	<第1次訴訟> ②[1]（高津判決）東京地判昭49・7・16 判時751・47，⑤[控]（鈴木判決）東京高判昭61・3・19 判時1188・1，⑧[上]（可部判決）最三判平5・3・16 民集47巻5号 3483，判時1456・62 <第2次訴訟> ①[1]（杉本判決）東京地判昭45・7・17 判時597・3，604・29，③[控]（畔上判決）東京高判昭50・12・20 判時800・19，④[上]（中村判決）最一判昭57・4・8 民集36巻 4号 594　判時1040・3，⑥[差戻]（丹野判決）東京高判平元・6・27 判時1317・36 <第3次訴訟> ⑦[1]（加藤判決）東京地判平元・10・3 判時平成2年 2月 15日臨増・3，⑨[控]（川上判決）東京高判平5・10・20 判時1473・3，⑩[上]（大野判決）最三判平9・8・29 民集 51巻 7号 2921，判時1623・49
3	横浜教科書訴訟	[1]横浜地判平10・4・22 判時1640・3，[控]東京高判平14・5・29 判時1796・28，[上]最一判平17・12・1 判時1922・72
4	伝習館高校事件	[1]福岡地判昭53・7・28 判時900・3，[控]福岡高判昭58・12・24 判時1101・3，[上]最一判平2・1・18 民集44巻1号1
5	朝鮮高校就学支援金支給校不指定処分取消請求事件	[1]広島地判平29・7・19（web），[控]広島高判令2・10・16（未載）
6	朝鮮高校就学支援金支給校指定義務付け請求事件	[1]大阪地判平29・7・28（web），[控]大阪高判平30・9・27（web），[上]最三決令元・8・27（未載）（上告棄却）
7	朝鮮高校就学支援金不支給国家賠償請求事件	[1]東京地判平29・9・13（web），[控]東京高判平30・10・30（web），[上]最三決令元・8・27（未載）（上告棄却）
8	朝鮮高校生就学支援金不支給違憲損害賠償請求事件	[1]名古屋地判平30・4・27 判時2400・20，[控]名古屋高判令元・10・3（web），[上]最二決令2・9・2（未載）
9	九州朝鮮高校生就学支援金差別国家賠償請求事件	[1]福岡地小倉支判平31・3・14（web），[控]福岡高判令2・10・30（web），[上]最一決令3・5・27（未載）
10	大阪朝鮮学園補助金不交付決定事件	[1]大阪地判平29・1・26 判時2390・22，[控]大阪高判平30・3・20 判時2390・3，[上]最二決平30・11・28（未載）

日の丸・君が代処分および関連事件

11	日の丸掲揚反対刑事事件（大阪府高教組事件）	大阪地判昭47・4・28 判タ283・256
12	ゲルニカ訴訟（卒業式生徒君が代斉唱拒否による教師戒告事件）	[1]福岡地判平10・2・24 判タ965・277，[控]福岡高判平11・11・26（未載），[上]最二判平12・9・8（未載）

※　学校教育法施行規則に定める退学・停学・訓告以外で認められると考えられるものの例

・　放課後等に教室に残留させる。
・　授業中、教室内に起立させる。
・　学習課題や清掃活動を課す。
・　学校当番を多く割り当てる。
・　立ち歩きの多い児童生徒を叱って席につかせる。
・　練習に遅刻した生徒を試合に出さずに見学させる。

(3)　正当な行為（通常、正当防衛、正当行為と判断されると考えられる行為）

○　児童生徒から教員等に対する暴力行為に対して、教員等が防衛のためにやむを得ずした有形力の行使

・　児童が教員の指導に反抗して教員の足を蹴ったため、児童の背後に回り、体をきつく押さえる。

○　他の児童生徒に被害を及ぼすような暴力行為に対して、これを制止したり、目前の危険を回避するためにやむを得ずした有形力の行使

・　休み時間に廊下で、他の児童を押さえつけて殴るという行為に及んだ児童がいたため、この児童の両肩をつかんで引き離す。
・　全校集会中に、大声を出して集会を妨げる行為があった生徒を冷静にさせ、別の場所で指導するため、別の場所に移るよう指導したが、なおも大声を出し続けて抵抗したため、生徒の腕を手で引っ張って移動させる。
・　他の生徒をからかっていた生徒を指導しようとしたところ、当該生徒が教員に暴言を吐きつばを吐いて逃げ出そうとしたため、生徒が落ち着くまでの数分間、肩を両手でつかんで壁へ押しつけ、制止させる。
・　試合中に相手チームの選手とトラブルになり、殴りかかろうとする生徒を、押さえつけて制止させる。

ての考え方を正しく理解しておく必要がある。また、機会あるごとに自身の体罰に関する認識を再確認し、児童生徒への指導の在り方を見直すとともに、自身が児童生徒への指導で困難を抱えた場合や、周囲に体罰と受け取られかねない指導を見かけた場合には、教員個人で抱え込まず、積極的に管理職や他の教員等へ報告・相談することが必要である。

(2) 体罰の実態把握と事案発生時の報告の徹底

1.　教育委員会は、校長に対し、体罰を把握した場合には教育委員会に直ちに報告するよう求めるとともに、日頃から、主体的な体罰の実態把握に努め、体罰と疑われる事案があった場合には、関係した教員等からの聞き取りのみならず、児童生徒や保護者からの聞き取りや、必要に応じて第三者の協力を得るなど、事実関係の正確な把握に努めることが必要である。あわせて、体罰を行ったと判断された教員等については、体罰が学校教育法に違反するものであることから、厳正な対応を行うことが必要である。

2.　校長は、教員に対し、万が一体罰を行った場合や、他の教員の体罰を目撃した場合には、直ちに管理職へ報告するよう求めるなど、校内における体罰の実態把握のために必要な体制を整備することが必要である。

また、教員や児童生徒、保護者等から体罰や体罰が疑われる事案の報告・相談があった場合は、関係した教員等からの聞き取りや、児童生徒や保護者からの聞き取り等により、事実関係の正確な把握に努めることが必要である。

加えて、体罰を把握した場合、校長は直ちに体罰を行った教員等を指導し、再発防止策を講じるとともに、教育委員会へ報告することが必要である。

3.　教育委員会及び学校は、児童生徒や保護者が、体罰の訴えや教員等との関係の悩みを相談することができる体制を整備し、相談窓口の周知を図ることが必要である。

5　部活動指導について

(1) 部活動は学校教育の一環であり、体罰が禁止されていることは当然である。成績や結果を残すことのみに固執せず、教育活動として逸脱することなく適切に実施されなければならない。

(2) 他方、運動部活動においては、生徒の技術力・身体的能力、又は精神力の向上を図ることを目的として、肉体的、精神的負荷を伴う指導が行われるが、これらは心身の健全な発達を促すとともに、活動を通じて達成感や、仲間との連帯感を育むものである。ただし、その指導は学校、部活動顧問、生徒、保護者の相互理解の下、年齢、技能の習熟度や健康状態、場所的・時間的環境等を総合的に考えて、適切に実施しなければならない。

指導と称し、部活動顧問の独善的な目的を持って、特定の生徒たちに対して、執拗かつ過度に肉体的・精神的負荷を与える指導は教育的指導とは言えない。

(3) 部活動は学校教育の一環であるため、校長、教頭等の管理職は、部活動顧問に全て委ねることなく、その指導を適宜監督し、教育活動としての使命を守ることが求められる。

別紙

学校教育法第11条に規定する児童生徒の懲戒・体罰等に関する参考事例

本紙は、学校現場の参考に資するよう、具体の事例について、通常、どのように判断されうるかを示したものである。本紙は飽くまで参考として、事例を簡潔に示して整理したものであるが、個別の事案が体罰に該当するか等を判断するに当たっては、本通知2(1)の諸条件を総合的に考え、個々の事案ごとに判断する必要がある。

(1) 体罰（通常、体罰と判断されると考えられる行為）

○　身体に対する侵害を内容とするもの

・　体育の授業中、危険な行為をした児童の背中を足で踏みつける。
・　帰りの会で足をぶらぶらさせて座り、前の席の児童に足を当てた児童を、突き飛ばして転倒させる。
・　授業態度について指導したが反抗的な言動をした複数の生徒らの頬を平手打ちする。
・　立ち歩きの多い生徒を叱ったが聞かず、席につかないため、頬をつねって席につかせる。
・　生徒指導に応じず、下校しようとしている生徒の腕を引いたところ、生徒が腕を振り払ったため、当該生徒の頭を平手で叩（たた）く。
・　給食の時間、ふざけていた生徒に対し、口頭で注意したが聞かなかったため、持っていたボールペンを投げつけ、生徒に当てる。
・　部活動顧問の指示に従わず、ユニフォームの片づけが不十分であったため、当該生徒の頬を殴打する。

○　被罰者に肉体的苦痛を与えるようなもの

・　放課後に児童を教室に残留させ、児童がトイレに行きたいと訴えたが、一切、室外に出ることを許さない。
・　別室指導のため、給食の時間を含めて生徒を長く別室に留め置き、一切室外に出ることを許さない。
・　宿題を忘れた児童に対して、教室の後方で正座で授業を受けるよう言い、児童が苦痛を訴えたが、そのままの姿勢を保持させた。

(2) 認められる懲戒（通常、懲戒権の範囲内と判断されると考えられる行為）（ただし肉体的苦痛を伴わないものに限る。）

することは誤りであるという認識を持ち、部活動の指導に当たる教員等は、生徒の心身の健全な育成に資するよう、生徒の健康状態等の十分な把握や、望ましい人間関係の構築に留意し、適切に部活動指導をすることが必要です。

貴職におかれましては、本通知の趣旨を理解の上、児童生徒理解に基づく指導が徹底されるよう積極的に取り組むとともに、都道府県・指定都市教育委員会にあっては所管の学校及び域内の市区町村教育委員会等に対して、都道府県知事にあっては所轄の私立学校に対して、国立大学法人学長にあっては附属学校に対して、構造改革特別区域法第12条第1項の認定を受けた地方公共団体の長にあっては認可した学校に対して、本通知の周知を図り、適切な御指導をお願いいたします。

記

1 体罰の禁止及び懲戒について

体罰は、学校教育法第11条において禁止されており、校長及び教員（以下「教員等」という。）は、児童生徒への指導に当たり、いかなる場合も体罰を行ってはならない。体罰は、違法行為であるのみならず、児童生徒の心身に深刻な悪影響を与え、教員等及び学校への信頼を失墜させる行為である。

体罰により正常な倫理観を養うことはできず、むしろ児童生徒に力による解決への志向を助長させ、いじめや暴力行為などの連鎖を生む恐れがある。もとより教員等は指導に当たり、児童生徒一人一人をよく理解し、適切な信頼関係を築くことが重要であり、このために日頃から自らの指導の在り方を見直し、指導力の向上に取り組むことが必要である。懲戒が必要と認める状況においても、決して体罰によることなく、児童生徒の規範意識や社会性の育成を図るよう、適切に懲戒を行い、粘り強く指導することが必要である。

ここでいう懲戒とは、学校教育法施行規則に定める退学（公立義務教育諸学校に在籍する学齢児童生徒を除く。）、停学（義務教育諸学校に在籍する学齢児童生徒を除く。）、訓告のほか、児童生徒に肉体的苦痛を与えるものでない限り、通常、懲戒権の範囲内と判断されると考えられる行為として、注意、叱責、居残り、別室指導、起立、宿題、清掃、学校当番の割当て、文書指導などがある。

2 懲戒と体罰の区別について

(1) 教員等が児童生徒に対して行った懲戒行為が体罰に当たるかどうかは、当該児童生徒の年齢、健康、心身の発達状況、当該行為が行われた場所的及び時間的環境、懲戒の態様等の諸条件を総合的に考え、個々の事案ごとに判断する必要がある。この際、単に、懲戒行為をした教員等や、懲戒行為を受けた児童生徒・保護者の主観のみにより判断するのではなく、諸条件を客観的に考慮して判断すべきである。

(2) (1)により、その懲戒の内容が身体的性質のもの、すなわち、身体に対する侵害を内容とするもの（殴る、蹴る等）、児童生徒に肉体的苦痛を与えるようなもの（正座・直立等特定の姿勢を長時間にわたって保持させる等）に当たると判断された場合は、体罰に該当する。

3 正当防衛及び正当行為について

(1) 児童生徒の暴力行為等に対しては、毅然とした姿勢で教職員一体となって対応し、児童生徒が安心して学べる環境を確保することが必要である。

(2) 児童生徒から教員等に対する暴力行為に対して、教員等が防衛のためにやむを得ずした有形力の行使は、もとより教育上の措置たる懲戒行為として行われたものではなく、これにより身体への侵害又は肉体的苦痛を与えた場合は体罰には該当しない。また、他の児童生徒に被害を及ぼすような暴力行為に対して、これを制止したり、目前の危険を回避したりするためにやむを得ずした有形力の行使についても、同様に体罰に当たらない。これらの行為については、正当防衛又は正当行為等として刑事上又は民事上の責めを免れうる。

4 体罰の防止と組織的な指導体制について

(1) 体罰の防止

1. 教育委員会は、体罰の防止に向け、研修の実施や教員等向けの指導資料の作成など、教員等が体罰に関する正しい認識を持つよう取り組むことが必要である。
2. 学校は、指導が困難な児童生徒の対応を一部の教員に任せきりにしたり、特定の教員が抱え込んだりすることのないよう、組織的な指導を徹底し、校長、教頭等の管理職や生徒指導担当教員を中心に、指導体制を常に見直すことが必要である。
3. 校長は、教員が体罰を行うことのないよう、校内研修の実施等により体罰に関する正しい認識を徹底させ、「場合によっては体罰もやむを得ない」などといった誤った考え方を容認する雰囲気がないか常に確認するなど、校内における体罰の未然防止に恒常的に取り組むことが必要である。また、教員が児童生徒への指導で困難を抱えた場合や、周囲に体罰と受け取られかねない指導を見かけた場合には、教員個人で抱え込まず、積極的に管理職や他の教員等へ報告・相談できるようにするなど、日常的に体罰を防止できる体制を整備することが必要である。
4. 教員は、決して体罰を行わないよう、平素から、いかなる行為が体罰に当たるかについは得させるために直接又は間接に必要かつ有利な行為をすることをいう。

1.　教科・科目等の授業のみならず、生徒会活動、部活動等の授業以外の教育活動も学校の教育活動の一環であり、生徒がその本来の目的を逸脱し、教育活動の場を利用して選挙運動や政治的活動を行うことについて、教育基本法第14条第2項に基づき政治的中立性が確保されるよう、高等学校等は、これを禁止することが必要であること。

2.　放課後や休日等であっても、学校の構内での選挙運動や政治的活動については、学校施設の物的管理の上での支障、他の生徒の日常の学習活動等への支障、その他学校の政治的中立性の確保等の観点から教育を円滑に実施する上での支障が生じないよう、高等学校等は、これを制限又は禁止することが必要であること。

3.　放課後や休日等に学校の構外で行われる生徒の選挙運動や政治的活動については、以下の点に留意すること。

(1)　放課後や休日等に学校の構外で生徒が行う選挙運動や政治的活動については、違法なもの、暴力的なもの、違法若しくは暴力的な政治的活動等になるおそれが高いものと認められる場合には、高等学校等は、これを制限又は禁止することが必要であること。また、生徒が政治的活動等に熱中する余り、学業や生活などに支障があると認められる場合、他の生徒の学業や生活などに支障があると認められる場合、又は生徒間における政治的対立が生じるなどして学校教育の円滑な実施に支障があると認められる場合には、高等学校等は、生徒の政治的活動等について、これによる当該生徒や他の生徒の学業等への支障の状況に応じ、必要かつ合理的な範囲内で制限又は禁止することを含め、適切に指導を行うことが求められること。

(2)　改正法により選挙権年齢の引下げが行われ、満18歳以上の生徒が選挙運動をできるようになったことに伴い、高等学校等は、これを尊重することとなること。

その際、生徒が公職選挙法等の法令に違反することがないよう、高等学校等は、生徒に対し、選挙運動は18歳の誕生日の前日以降可能となることなど公職選挙法上特に気を付けるべき事項などについて周知すること。

(3)　放課後や休日等に学校の構外で行われる選挙運動や政治的活動は、家庭の理解の下、生徒が判断し、行うものであること。

その際、生徒の政治的教養が適切に育まれるよう、学校・家庭・地域が十分連携することが望ましいこと。

第4　インターネットを利用した政治的活動等

インターネットを利用した選挙運動や政治的活動については、様々な意見・考え方についての情報発信や情報共有などの観点から利便性、有用性が認められる一方で、送られてきた選挙運動用の電子メールを他人に転送するなどの公職選挙法上認められていない選挙運動を生徒が行ってしまうといった問題が生じ得ることから、政治的教養の教育や高等学校等の生徒による政治的活動等に係る指導を行うに当たっては、こうしたインターネットの特性についても十分留意すること。

第5　家庭や地域の関係団体等との連携・協力

本通知の趣旨にのっとり、現実の政治を素材とした実践的な教育活動をより一層充実させるとともに、高等学校等の生徒による政治的活動等に関して指導するに当たっては、学校としての方針を保護者やPTA等に十分説明し、共有すること等を通じ、家庭や地域の関係団体等との連携・協力を図ること。

○体罰の禁止及び児童生徒理解に基づく指導の徹底について（通知）

平成25・3・13
24文科初第1269号
文部科学省初等中等教育局長、
スポーツ・青少年局長通知

昨年末、部活動中の体罰を背景とした高校生の自殺事案が発生するなど、教職員による児童生徒への体罰の状況について、文部科学省としては、大変深刻に受け止めております。体罰は、学校教育法で禁止されている、決して許されない行為であり、平成25年1月23日初等中等教育局長、スポーツ・青少年局長通知「体罰禁止の徹底及び体罰に係る実態把握について」においても、体罰禁止の徹底を改めてお願いいたしました。

懲戒、体罰に関する解釈・運用については、平成19年2月に、裁判例の動向等も踏まえ、「問題行動を起こす児童生徒に対する指導について」(18文科初第1019号文部科学省初等中等教育局長通知）別紙「学校教育法第11条に規定する児童生徒の懲戒・体罰に関する考え方」を取りまとめましたが、懲戒と体罰の区別等についてより一層適切な理解促進を図るとともに、教育現場において、児童生徒理解に基づく指導が行われるよう、改めて本通知において考え方を示し、別紙において参考事例を示しました。懲戒、体罰に関する解釈・運用については、今後、本通知によるものとします。

また、部活動は学校教育の一環として行われるものであり、生徒をスポーツや文化等に親しませ、責任感、連帯感の涵養（かんよう）等に資するものであるといった部活動の意義をもう一度確認するとともに、体罰を厳しい指導として正当化に及ぼす影響などの政策形成の仕組みや選挙の具体的な投票方法など、政治や選挙についての理解を重視すること。あわせて、学校教育全体を通じて育むことが求められる、論理的思考力、現実社会の諸課題について多面的・多角的に考察し、公正に判断する力、現実社会の諸課題を見いだし、協働的に追究し解決する力、公共的な事柄に自ら参画しようとする意欲や態度を身に付けさせること。

3. 指導に当たっては、学校が政治的中立性を確保しつつ、現実の具体的な政治的事象も取り扱い、生徒が有権者として自らの判断で権利を行使することができるよう、より一層具体的かつ実践的な指導を行うこと。

　また、現実の具体的な政治的事象については、種々の見解があり、一つの見解が絶対的に正しく、他のものは誤りであると断定することは困難である。加えて、一般に政治は意見や信念、利害の対立状況から発生するものである。そのため、生徒が自分の意見を持ちながら、異なる意見や対立する意見を理解し、議論を交わすことを通して、自分の意見を批判的に検討し、吟味していくことが重要である。したがって、学校における政治的事象の指導においては、一つの結論を出すよりも結論に至るまでの冷静で理性的な議論の過程が重要であることを理解させること。

　さらに、多様な見方や考え方のできる事柄、未確定な事柄、現実の利害等の対立のある事柄等を取り上げる場合には、生徒の考えや議論が深まるよう様々な見解を提示することなどが重要であること。

　その際、特定の事柄を強調しすぎたり、一面的な見解を十分な配慮なく取り上げたりするなど、特定の見方や考え方に偏った取扱いにより、生徒が主体的に考え、判断することを妨げることのないよう留意すること。また、補助教材の適切な取扱いに関し、同様の観点から発出された平成27年3月4日付け26文科初第1257号「学校における補助教材の適正な取扱いについて」にも留意すること。

4. 生徒が有権者としての権利を円滑に行使することができるよう、選挙管理委員会との連携などにより、具体的な投票方法など実際の選挙の際に必要となる知識を得たり、模擬選挙や模擬議会など現実の政治を素材とした実践的な教育活動を通して理解を深めたりすることができるよう指導すること。

　なお、多様な見解があることを生徒に理解させることなどにより、指導が全体として特定の政治上の主義若しくは施策又は特定の政党や政治的団体等を支持し、又は反対することとならないよう留意すること。

5. 教員は、公職選挙法第137条及び日本国憲法の改正手続に関する法律（平成19年法律第51号）第103条第2項においてその地位を利用した選挙運動及び国民投票運動が禁止されており、また、その言動が生徒の人格形成に与える影響が極めて大きいことに留意し、学校の内外を問わずその地位を利用して特定の政治的立場に立って生徒に接することのないよう、また不用意に地位を利用した結果とならないようにすること。

第3　高等学校等の生徒の政治的活動等

　今回の法改正により、18歳以上の高等学校等の生徒は、有権者として選挙権を有し、また、選挙運動を行うことなどが認められることとなる。このような法改正は、未来の我が国を担っていく世代である若い人々の意見を、現在と未来の我が国の在り方を決める政治に反映させていくことが望ましいという意図に基づくものであり、今後は、高等学校等の生徒が、国家・社会の形成に主体的に参画していくことがより一層期待される。

　他方で、1）学校は、教育基本法第14条第2項に基づき、政治的中立性を確保することが求められていること、2）高等学校等は、学校教育法（昭和22年法律第26号）第50条及び第51条並びに学習指導要領に定める目的・目標等を達成するべく生徒を教育する公的な施設であること、3）高等学校等の校長は、各学校の設置目的を達成するために必要な事項について、必要かつ合理的な範囲内で、在学する生徒を規律する包括的な権能を有するとされていることなどに鑑みると、高等学校等の生徒による政治的活動等は、無制限に認められるものではなく、必要かつ合理的な範囲内で制約を受けるものと解される。

　これらを踏まえ、高等学校等は、生徒による選挙運動及び政治的活動について、以下の事項に十分留意する必要がある。

　なお、地方自治法（昭和22年法律第67号）等の法律に基づき、公職選挙法中普通地方公共団体の選挙に関する規定が準用される住民投票において、投票運動を高等学校等の生徒が行う場合は、選挙運動に準じて指導等を行うこととし、日本国憲法の改正手続に関する法律第100条の2に規定する国民投票運動を高等学校等の生徒が行う場合は、政治的活動に準じて指導等を行うこととする。

【この通知の第3以下における用語の定義について】

「選挙運動」とは、特定の選挙について、特定の候補者の当選を目的として、投票を得又は得させるために直接又は間接に必要かつ有利な行為をすることをいい、有権者である生徒が行うものをいう。

「政治的活動」とは、特定の政治上の主義若しくは施策又は特定の政党や政治的団体等を支持し、又はこれに反対することを目的として行われる行為であって、その効果が特定の政治上の主義等の実現又は特定の政党等の活動に対する援助、助長、促進又は圧迫、干渉になるような行為をすることをいい、選挙運動を除く。

「投票運動」とは、特定の住民投票について、特定の投票結果となることを目的として、投票を得又

○高等学校等における政治的教養の教育と高等学校等の生徒による政治的活動等について（通知）

平成27・10・29
27文科初第933号
文部科学省初等中等教育局長

日本国憲法の改正手続に関する法律の一部を改正する法律（平成26年法律第75号）により、施行後4年を経過した日（平成30年6月21日）以後にその期日がある国民投票から、国民投票の期日の翌日以前に18歳の誕生日を迎える者は、投票権を有することになりました。また、公職選挙法等の一部を改正する法律（平成27年法律第43号）（以下「改正法」という。）により、施行日（平成28年6月19日）後に初めて行われる国政選挙（衆議院議員の総選挙又は参議院議員の通常選挙）の公示日以後にその期日を公示され又は告示される選挙から改正法が適用されることとなり、適用される選挙期日の翌日以前に18歳の誕生日を迎える等の公職選挙法（昭和25年法律第100号）第9条の各項に規定する要件を満たす者は、国政選挙及び地方選挙において選挙権を有し、同法第137条の2により、選挙運動を行うことが認められることとなりました。

これらの法改正に伴い、今後は、高等学校、中等教育学校及び高等部を置く特別支援学校（以下「高等学校等」という。）にも、国民投票の投票権や選挙権を有する生徒が在籍することとなります。

高等学校等においては、教育基本法（平成18年法律第120号）第14条第1項を踏まえ、これまでも平和で民主的な国家・社会の形成者を育成することを目的として政治的教養を育む教育（以下「政治的教養の教育」という。）を行ってきたところですが、改正法により選挙権年齢の引下げが行われたことなどを契機に、習得した知識を活用し、主体的な選択・判断を行い、他者と協働しながら様々な課題を解決していくという国家・社会の形成者としての資質や能力を育むことが、より一層求められます。このため、議会制民主主義など民主主義の意義、政策形成の仕組みや選挙の仕組みなどの政治や選挙の理解に加えて現実の具体的な政治的事象も取り扱い、生徒が国民投票の投票権や選挙権を有する者（以下「有権者」という。）として自らの判断で権利を行使することができるよう、具体的かつ実践的な指導を行うことが重要です。その際、法律にのっとった適切な選挙運動が行われるよう公職選挙法等に関する正しい知識についての指導も重要です。

他方で、学校は、教育基本法第14条第2項に基づき、政治的中立性を確保することが求められるとともに、教員については、学校教育に対する国民の信頼を確保するため公正中立な立場が求められており、教員の言動が生徒に与える影響が極めて大きいことなどから法令に基づく制限などがあることに留意することが必要です。

また、現実の具体的な政治的事象を扱いながら政治的教養の教育を行うことと、高等学校等の生徒が、実際に、特定の政党等に対する援助、助長や圧迫等になるような具体的な活動を行うことは、区別して考える必要があります。

こうしたことを踏まえ、高等学校等における政治的教養の教育と高等学校等の生徒による政治的活動等についての留意事項等を、下記のとおり取りまとめましたので、通知します。

また、このことについて、各都道府県教育委員会におかれては、所管の高等学校等及び域内の市区町村教育委員会に対して、各指定都市教育委員会におかれては、所管の高等学校等に対して、各都道府県知事及び構造改革特別区域法第12条第1項の認定を受けた地方公共団体の長におかれては、所轄の高等学校等及び学校法人等に対して、附属学校を置く各国立大学法人学長におかれては、設置する附属高等学校等に対して、御周知くださるようお願いします。

なお、この通知の発出に伴い、昭和44年10月31日付け文初高第483号「高等学校における政治的教養と政治的活動について」は廃止します。

記

第1　高等学校等における政治的教養の教育

教育基本法第14条第1項には「良識ある公民として必要な政治的教養は、教育上尊重されなければならない。」とある。このことは、国家・社会の形成者として必要な資質を養うことを目標とする学校教育においては、当然要請されていることであり、日本国憲法の下における議会制民主主義など民主主義を尊重し、推進しようとする国民を育成するに当たって欠くことのできないものであること。

また、この高等学校等における政治的教養の教育を行うに当たっては、教育基本法第14条第2項において、「特定の政党を支持し、又はこれに反対するための政治教育その他政治的活動」は禁止されていることに留意することが必要であること。

第2　政治的教養の教育に関する指導上の留意事項

1.　政治的教養の教育は、学習指導要領に基づいて、校長を中心に学校として指導のねらいを明確にし、系統的、計画的な指導計画を立てて実施すること。また、教科においては公民科での指導が中心となるが、総合的な学習の時間や特別活動におけるホームルーム活動、生徒会活動、学校行事なども活用して適切な指導を行うこと。

　指導に当たっては、教員は個人的な主義主張を述べることは避け、公正かつ中立な立場で生徒を指導すること。

2.　政治的教養の教育においては、議会制民主主義など民主主義の意義とともに、選挙や投票が政策

〔2022-12-06 Ver.1.0.0〕

○生徒指導提要（改訂版）（抄）

令和 4・12
文部科学省

※〔編集部注：目次のみ収録〕

○通知等

○事項索引

使い方

1．法令名略称は，巻末見返の「略称表」を参照のこと。
2．「何々法2③[4]」とあるのは，「何々法第2条第3項第4号」であることを示す。
3．「――」の部分は，直前の事項と同一であることを示す。
4．「→」は，別の項目を参照することを示す。
5．ゴシック見出し事項の「＊」は法令用語ではないものであることを示す。
6．なお他の六法では，学校教育法を学教法，地方教育行政の組織及び運営に関する法律を地教行法，教育職員免許法を教免法と略すこともあるが，本書ではそれぞれ，学校法，地方教育行政法，免許法とする。

教育小六法〈2024 年版〉

昭和25（1950）年３月31日　初版発行
令和６（2024）年１月31日　2024年版発行

編集委員　勝野正章
　　　　　窪田眞二
　　　　　今野健一
　　　　　中嶋哲彦
　　　　　野村武司
発行者　佐久間重嘉

〒102-0072 東京都千代田区飯田橋 1-9-3
TEL 03―3261―1111㈹
FAX 03―5211―3300
http://www.gakuyo.co.jp/
学陽書房

文唱堂印刷／東京美術紙工
©2024, Printed in Japan　ISBN978-4-313-01200-4　C2032

国旗国歌法	国旗及び国歌に関する法律
国公法	国家公務員法
雇用機会均等法	雇用の分野における男女の均等な機会及び待遇の確保等に関する法律
さ行	
災害復旧費負担法	公立学校施設災害復旧費国庫負担法
産休法	女子教職員の出産に際しての補助教職員の確保に関する法律
産振法	産業教育振興法
私学事業団法	日本私立学校振興・共済事業団法
私学助成法	私立学校振興助成法
私学法	私立学校法
施設費負担法	義務教育諸学校等の施設費の国庫負担等に関する法律
自治法	地方自治法
児童虐待防止法	児童虐待の防止等に関する法律
児童生徒性暴力防止法	教育職員等による児童生徒性暴力等の防止等に関する法律
児童の権利条約	児童の権利に関する条約
児童買春・児童ポルノ処罰法	児童買春、児童ポルノに係る行為等の規制及び処罰並びに児童の保護等に関する法律
社教法	社会教育法
就学奨励法	就学困難な児童及び生徒に係る就学奨励についての国の援助に関する法律
生涯学習振興法	生涯学習の振興のための施策の推進体制等の整備に関する法律
障害児童生徒教科用特定図書促進法	障害のある児童及び生徒のための教科用特定図書等の普及の促進等に関する法律
障害者権利条約	障害者の権利に関する条約
障害者差別解消法	障害を理由とする差別の解消の推進に関する法律
障害者総合支援法	障害者の日常生活及び社会生活を総合的に支援するための法律
小学校基準	小学校設置基準
小中免許特例法	小学校及び中学校の教諭の普通免許状授与に係る教育職員免許法の特例等に関する法律
情報公開法	行政機関の保有する情報の公開に関する法律
女子差別撤廃条約	女子に対するあらゆる形態の差別の撤廃に関する条約
人規	人事院規則
人権教育啓発推進法	人権教育及び人権啓発の推進に関する法律
人種差別撤廃条約	あらゆる形態の人種差別の撤廃に関する国際条約
スポーツ振興センター法	独立行政法人日本スポーツ振興センター法
青少年インターネット法	青少年が安全に安心してインターネットを利用できる環境の整備等に関する法律
設置法	文部科学省設置法
専修学校基準	専修学校設置基準
専門職大学院基準	専門職大学院設置基準
専門職大学基準	専門職大学設置基準
専門職短大基準	専門職短期大学設置基準
た行	
大学院基準	大学院設置基準
大学改革支援・学位機構法	独立行政法人大学改革支援・学位授与機構法
大学基準	大学設置基準
大学修学支援法	大学等における修学の支援に関する法律
大学通信教育基準	大学通信教育設置基準

単位制高校規程	単位制高等学校教育規程
男女参画法	男女共同参画社会基本法
短大基準	短期大学設置基準
短大通信教育基準	短期大学通信教育設置基準
地位勧告	教員の地位に関する勧告
地公法	地方公務員法
地財法	地方財政法
地方教育行政法	地方教育行政の組織及び運営に関する法律
地方公務員育児休業法	地方公務員の育児休業等に関する法律
地方大学振興法	地域における大学の振興及び若者の雇用機会の創出による若者の修学及び就業の促進に関する法律
地方独行法人法	地方独立行政法人法
中学校基準	中学校設置基準
中立確保法	義務教育諸学校における教育の政治的中立の確保に関する臨時措置法
定通法	高等学校の定時制教育及び通信教育振興法
道交法	道路交通法
特別支援学校基準	特別支援学校設置基準
特別支援学校給食法	特別支援学校の幼稚部及び高等部における学校給食に関する法律
特別支援学校就学奨励法	特別支援学校への就学奨励に関する法律
独立行政法人管理令	独立行政法人の組織、運営及び管理に係る共通的な事項に関する政令
な行	
日本語教育推進法	日本語教育の推進に関する法律
認定こども園法	就学前の子どもに関する教育、保育等の総合的な提供の推進に関する法律
は行	
犯罪被害者等給付金支援法	犯罪被害者等給付金の支給等による犯罪被害者等の支援に関する法律
犯罪被害者保護法	犯罪被害者等の権利利益の保護を図るための刑事手続に付随する措置に関する法律
標準法	公立義務教育諸学校の学級編制及び教職員定数の標準に関する法律
風俗営業法	風俗営業等の規制及び業務の適正化等に関する法律
へき振法	へき地教育振興法
母子寡婦福祉法	母子及び父子並びに寡婦福祉法
ま行	
免許法	教育職員免許法
免許法施行法	教育職員免許法施行法
や行	
夜間学校給食法	夜間課程を置く高等学校における学校給食に関する法律
幼稚園基準	幼稚園設置基準
ら行	
理振法	理科教育振興法
労基法	労働基準法
労組法	労働組合法

法令名索引 (50音順)

資　　料（50音順）

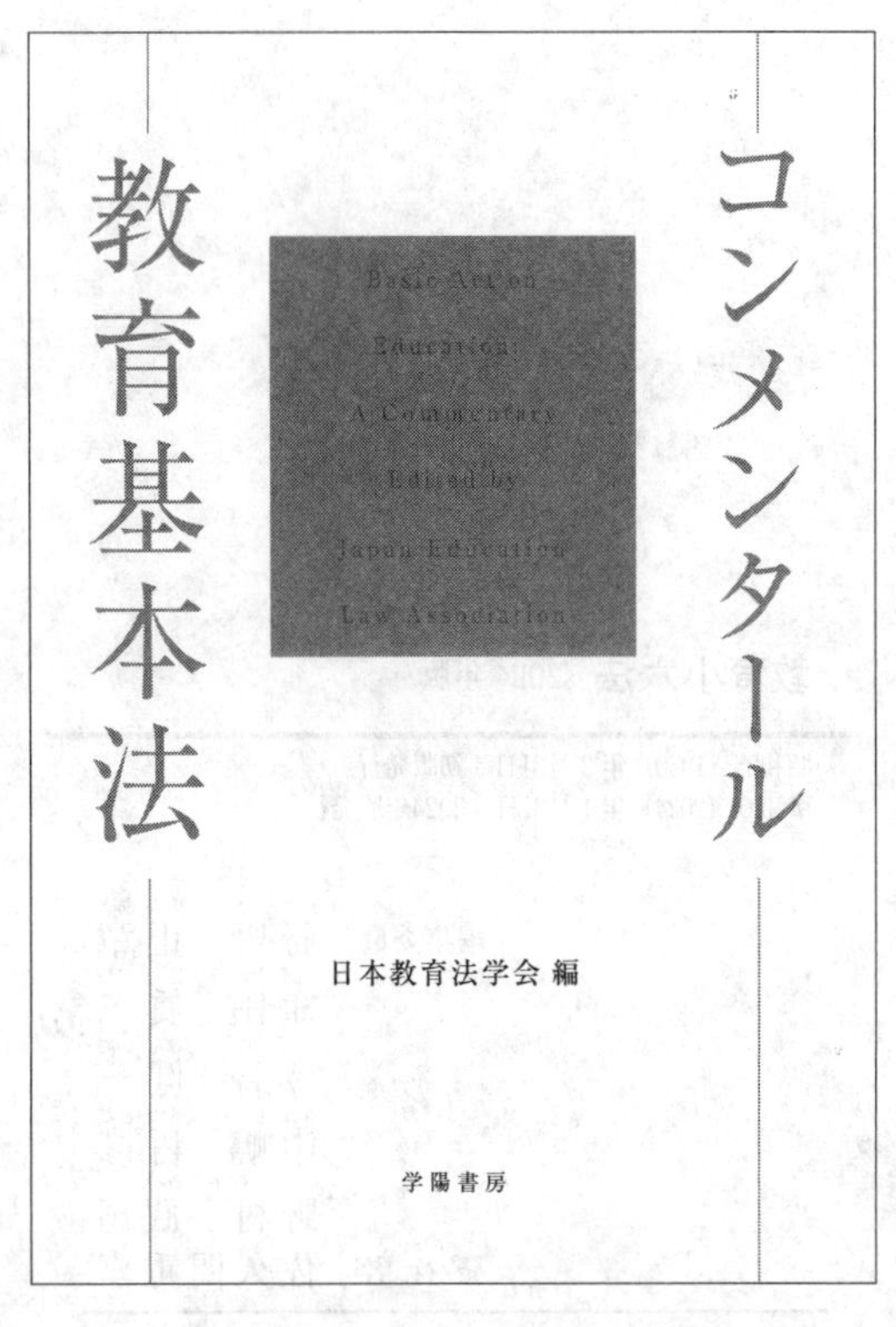

コンメンタール教育基本法

日本教育法学会 編

A 5判

定価 6600円（10%税込）